文白对照

二十四史新译

漢書

一

主编 楼宇烈

执行主编 梁光玉 萧祥剑

〔东汉〕班固 撰 谦德书院 译

团结出版社

图书在版编目（C I P）数据

汉书 / (东汉) 班固著；谦德书院译 . -- 北京：
团结出版社，2024.12
ISBN 978-7-5234-0578-9

Ⅰ . ①汉… Ⅱ . ①班… ②谦… Ⅲ . ①《汉书》- 译
文 Ⅳ . ① K234.104.2

中国国家版本馆 CIP 数据核字 (2023) 第 208363 号

责任编辑：梁光玉
封面设计：肖宇岐

出　版：团结出版社
（北京市东城区东皇城根南街 84 号 邮编：100006）
电　话：（010）65228880 65244790
网　址：http://www.tjpress.com
E-mail：zb65244790@vip.163.com
经　销：全国新华书店
印　装：天宇万达印刷有限公司

开　本：145mm × 210mm　32 开
印　张：125.25　字　数：2395 千字
版　次：2024 年 12 月 第 1 版　印　次：2024 年 12 月 第 1 次印刷

书　号：978-7-5234-0578-9
定　价：520.00 元（全五册）

《二十四史新译》编辑出版委员会

顾　　问：

郑建邦　许嘉璐　朱永新

郝时晋　楼宇烈　韩兆琦

主　　编：

楼宇烈

执行主编：

梁光玉　萧祥剑

出版统筹：

萧祥剑

编辑出版委员会成员（按年龄次序排列）：

楼宇烈　武　斌　牛喜平　周月亮　马建农　王　进

梁光玉　赵广宁　石　岗　马平安　孙福万　史原鹏

高　斌　李绵军　张　阳　冯　哲　李　旭　慕云五

潘铭基　萧祥剑　张　俊　何　全　吴江波　郝二伟

李秀桂　魏　旭　刘浩然

《汉书》翻译小组：

李旭　刘亚坤　王俊媛　仝浥寧　刘晋湘

《二十四史新译》推荐序

一个中国人，一定要认识和了解中国的历史文化，才能够称得上是一个真正意义上的中国人。

我们中华民族，自古以来就是一个重视历史的民族。远在上古时期，我们的先祖就建立起了史官制度，所谓“左史记言，右史记事，事为《春秋》，言为《尚书》”，将历史的经验教训作为借鉴，以继往开来。清代学者章实斋先生更是提出了“六经皆史”的说法。由此可见，历史在中华文化中有着何等重要的地位。

《二十四史》是我国古代二十四部史书典籍的总称，由《史记》《汉书》《后汉书》《三国志》《晋书》《宋书》《南齐书》《梁书》《陈书》《魏书》《北齐书》《周书》《隋书》《南史》《北史》《旧唐书》《新唐书》《旧五代史》《新五代史》《宋史》《辽史》《金史》《元史》《明史》组成。这些史书统一使用了本纪、列传的纪传体形式编写，并先后由各朝代官方史官编撰或是得到朝廷认可，因此被称为“正史”。

《二十四史》系统载录了中华民族从始祖黄帝起始一直到清兵入关、明朝灭亡（1644）期间上下四千多年的中国历史，共计约三千二百余卷，四千余万字，涵盖了我国古代社会政治、经济、军

事、思想、文化、艺术、天文、地理、科技、宗教、道德、民俗等各方面的内容，是一部记载中华民族的起源和发展脉络的重要典籍。这么规模宏大的历史书写，在世界历史长河和各国文明史上，都是绝无仅有的，它不仅是我们中华民族的巨大文化财富，更是人类共同文化遗产中的瑰宝。

这份延续四千多年而没有中断的历史财富，首先得益于我们中国文字的独特性，汉字作为一种表意文字，虽然有从甲骨文到金文、小篆、隶书、楷书的演进过程，但是基本没有太大的变化，是世界上迄今为止使用时间最长的文字。汉字不断发展，后来不仅是以音来表意，还以形来表意，所以能够打通古今，贯通南北，一直传承下来，今人依旧可以读懂古人的文字。而且，中国古人采用文言文作为书面表达的载体，这种超越时空的语言表达形式，让中国古人的文章不仅简洁、精练、优美，而且几千年后的人依旧能够读懂。中华文化在语言文字上的这两大特色，是历代典籍能够延续传承至今的重要基石，也是《二十四史》得以没有中断、不断传承的根本因素。

除了语言文字的独特性，中华文化还有两大重要的人文精神传统，就是“以天为则”和“以史为鉴”。遍览历朝史实，我们不难发现，历史演进的循环规律，体现的正是天道的自然规律。因此，学习历史对于我们认识天道，懂得人道是极为重要的。在中国历史上，每个朝代政权相对稳定以后，首要的事情就是修订礼乐，其次就是修前朝历史，这是中国历代的一个传统，体现的就是“以史为鉴”的精神。正是因为这一精神传统，才让我们拥有了世界上最系统、最完备的历史著作，才让我们的文明得以延续传

承至今。

中国古人的历史书写，不是简单的史实记录，而是思想的传承，其要旨正如司马迁在《报任安书》中所说："究天人之际，通古今之变，成一家之言。"这段话体现的不仅是司马迁撰写《史记》的初衷，也堪称是每一部史书编撰者所希望达到的标准。《二十四史》中的每部史书，虽然不能说都达到了司马迁《史记》的同等水平，但其精神和初衷都是相通和一致的，而且也都是同类史籍中成就最高和最优秀的，因此才得以历代流传，最终得到官方认可，成为钦定的"国史"。

《二十四史》是我们中华民族的集体家国记忆，它以浩瀚的篇幅、严谨的编纂、深邃的思想，承载着中华民族历史文化的精髓。然而，由于其文言文的表述方式，对当代许多普通读者来说，想要阅读这些史籍，往往存在阅读理解上的障碍。因此，将《二十四史》翻译成白话文，让每个国人都能够读懂国史，对于我们今天传承和弘扬中华优秀传统文化具有重要意义。

团结出版社和谦德书院的全体同仁，秉承"为往圣继绝学"的恢弘大愿，一直致力于古籍的注译和普及工作。在编撰完成《群书治要续编》这一重大文化工程之后，又耗费巨大人力物力，首次采用简体字的形式将《二十四史》进行文白对照翻译，前后历时近十年，终于完成《二十四史新译》这一规模浩大的国史今译工程，可以说是一件功在当代、利在子孙的文化盛事。

《二十四史新译》不仅是对史籍原文的精准翻译，更是对我国历史的一次深入解读和文化传承。在翻译过程中，译者们秉持着严谨的态度，力求在保持原文内涵的基础上，用通俗易懂的白

话文，再现古人的历史书写，这样的翻译工作，既需要深厚的古文功底和历史学识，又需要对现代汉语能够娴熟运用，其难度可想而知。

《二十四史新译》的价值，我想首先应该体现在其对历史的普及与传播上。历史是一个民族的集体记忆，是一个民族文化的根脉。然而，由于文言文的晦涩难懂，许多人对《二十四史》望而却步，无法领略其精彩魅力。《二十四史新译》的问世，则可使更多的人能够轻松阅读，并由此深入了解我们的国史。这对于增强国人的历史修养、人文素养、文化自信，凝聚民族精神都有巨大的推动作用。

对于文史学者来说，《二十四史新译》则提供了更为便捷的阅读材料，更可为其深入研究历史提供新的思路和启示。

我们今天处在一个信息化、全球化的时代，文化的交流与传播显得尤为重要。《二十四史新译》的出版，也是中华文化走向世界、与世界文化交流互鉴的重要载体。

需要说明的是，这么庞大的一项史籍今译工程，无论是策划组织者和实施者，都需要巨大的耐心和勇气。而且，这项工作要想做到完全没有错漏和缺憾，是十分困难的事情。因此，我要对《二十四史新译》全体译者和编辑们表示由衷的敬意和感谢。同时，我也希望广大读者能够珍惜这部大书，认真阅读、深入思考，从前人历史中汲取经验和智慧，为中华民族的文化复兴和祖国强盛奉献自己的力量。

一个民族的历史是一个民族安身立命的基础，《二十四史》是我们中华民族最宏大的历史书写，是我们全体中华儿女的家国

记忆和精神家园。“如果不从源远流长的历史连续性来认识中国，就不可能理解古代中国，也不可能理解现代中国，更不可能理解未来中国。”因此，阅读和学习《二十四史》，不仅是我们认识古代中国的文化窗口，还是我们建设今日中国的智慧源泉，更是我们走向未来中国的精神指引。

《二十四史新译》的问世，为我们今天传承与弘扬中华优秀传统文化注入了新的活力。“以史为镜，可以知兴替”，将历史作为一面镜子，从历史中汲取兴衰存亡的经验教训，对于我们个人的修身处事和国家的治理发展都有着重要的意义。

过去，读书人要拥有一部《二十四史》极为不易。今天，随着经济的发展和科技的进步，一个单位，甚至一个中等收入的家庭要备置一套《二十四史》并不是一件难事。但是，能够抽出时间来阅读这部大书，则是一件很不容易的事情。《二十四史新译》令国史易读，为大众读史提供了最大程度的方便，希望它的出版，能够给全社会带来一个阅读国史的新高潮。让我们大家都能够从历史中汲取智慧，共同书写中华民族更加辉煌灿烂的篇章！

《二十四史新译》出版在即，谨以此序，献上最诚挚的祝贺与最美好的祝愿！

楼宇烈

二〇二四年（岁次甲辰）五月

《二十四史新译》总序

《书》云："学古入官，议事以制，政乃不迷。"《易》曰："君子以多识前言往行，以畜其德。"近代史家亦有言：凡一国之国民，当对其一国之历史略有所知，且当存之以温情与敬意也。故知史书乃为学者之不可不读也。

古之著录，首列经史。经书者，诠大道之理体；史书者，载日用之事迹。经为阳，史属阴；经显理，史纪事。故有"柔日读经，刚日读史"之说也。然理事无碍，性相一如，故经史本为一也。其于学焉，则经史并重而互参，则能知体晓用，通权达变，识时识势，知进知退，穷则守志抱一，达则觉世牖民，成通达经史学问之大人君子。

《二十四史》乃吾国历代官方钦定正史之总称。自司马迁作《史记》，创纪表书传之体，后世班固继之而著《汉书》，自此历代史官皆循此体而修史，以纪一朝之史实，垂信后世，为之殷鉴，以遗子孙。虽国祚兴废，朝代更迭，然修史之传统未尝有变。迨至有清一代，《二十四史》终成，蔚为大观，举世罕见。

此《二十四史》，实乃吾国先民活动之总迹，历朝兴衰成败之全录，各代典章制度之大成，百代人物传记之荟萃。举凡帝王

将相、儒林宗师、高僧名道、隐士逸民、孝子贤妇、侠客豪杰，乃至佞臣酷吏、奇人异士，其事迹足以示劝惩、昭法戒者，无不载于简牍，以垂后世。故而历代治乱安危之原故，政事是非善恶之利害，帝王英明昏庸之能否，群臣忠贤奸佞之情实，诸朝典章制度之得失，士林学术思想之流变，科技文明发展之进程，人事因果吉凶之征验，俱可备览而察焉。故史书之用，实可辅益经书而垂训世人，令人追慕前贤而进德修业，知晓世路艰难而谨慎其事，明察善恶昭彰而朝乾夕惕，取法前车之鉴而改弦易辙，熟谙时势之几而或出或处，通达古今之变而谋虑深远。是谓善读史者，可识古而知今，鉴往而察来焉。

余与谦德众同仁多年矢志于古籍今译工作，以期为往圣继绝学，赓续中华文脉，弘扬中华道统。余尝因撰《群书治要续编》而遍览诸史，见其卷帙浩繁，文言艰涩，实令普通读者望而却步。往昔前辈虽有语译之创举，然无单行之分史，故而难以普及大众。为此，余乃发愿组织学人编撰《二十四史》之文白对照本，因异于前译，故取名曰《二十四史新译》，欲令吾国之正史普罗大众皆能读也。自公元二零一六年（岁次丙申）语译《史记》始，迄今不觉已近十度春秋，其间备历艰辛，遇多磨砺，然蒙中华历代古圣先贤之护佑，受司马子长、班孟坚等历代史官之精神鼓舞，得多位前辈、师长之指引提携，此《二十四史新译》终得陆续问世。今抚卷展览，感慨良多。

惟此《二十四史》洋洋数千万字，语译后则逾亿字，余等虽集众人之力，精诚恭敬从事，且有前人成果之参考，得科技手段之助益，然囿于语译者精力、能力各异，其行文、精审亦有良否，校

雠工作则更繁巨，故差错则亦在所难免。故此首刊之本，实为请教诸方家之初梓，祈望仁者校正，使其日臻完善。果此《二十四史新译》行世，能令读者于史海泛舟，拾碎金屑玉，得读史之裨益，进而迈入正史之门，对吾国史心生敬意与温情，于吾国固有文化生大信解，则吾与诸仁者所费之心力，功不唐捐也。

古时刊修国史，皆国家费巨资、集众贤方能成就之鸿业。今逢中华民族复兴之伟大时代，国力日增，文化日盛，斯有此《二十四史新译》之问世，岂非史家千年难遇之美事，民族文化复兴之祯祥哉！是书即将陆续刊行，故略述编撰之旨趣与缘起，以为总序。

萧祥剑

二〇二四年（岁次甲辰）六月于谦德山房

出版前言

《汉书》又称《前汉书》，是我国第一部纪传体断代史，记载了汉高祖元年（前206）至王莽地皇四年（23）共二百三十年的史事。《汉书》包括纪12篇，表8篇，志10篇，列传70篇，共100篇，后人将其划分为120卷，全书共80余万字。《汉书》是继《史记》之后中国古代又一部重要史书，因此历史上常把司马迁和班固并称“班马”“迁固”等，《史记》和《汉书》合称“史汉”。与《史记》《后汉书》《三国志》合称“前四史”，成为纪传体史书的典范之作，是古代官方钦定的“二十四史”之一。

所谓断代史，是指以朝代为断限的史书。《汉书》接踵《史记》，首开“包举一代”的断代史先例，以后历代的正史几乎沿用《汉书》的体例，即纪传体断代史。“自尔迄今，无改斯道。”（刘知几《史通》）

司马迁《史记》只记载到汉武帝太初年间，以后的历史就阙而不录了。因此有很多人续写《史记》，其中有刘向、刘歆、冯商、扬雄、褚少孙、卫衡、史岑、梁审等人。《汉书》最早的作者是班固的父亲班彪，他认为这些续编“多鄙俗，不足以踵继其书”。班彪为《史记》所作的六十五篇《后传》，是后来撰写《汉书》的基础。班彪死后，班固继承父业，继续完成这部《史记后传》。

班固，字孟坚，扶风安陵（今陕西咸阳）人。班固二十三岁时居丧回乡，感觉其父所撰《史记后传》叙事不详，于是凭借家藏的丰富图书，潜心钻研，力求完善。永平五年（62），有人上书汉明帝，告发班固“私改作国史”。汉明帝下诏将班固收押，关进了京兆监狱，家中的书稿也被查抄。在其弟班超和一些地方官的帮助下，班固得以出狱，后来进入校书部，担任兰台令史。班固获释后与陈宗、尹敏、孟异等人共同撰写汉光武帝的《世祖本纪》。书成之后，汉明帝任命班固为郎官，典校秘书。不久，汉明帝下诏让班固继续完成《史记后传》。班固为了颂扬汉德，将西汉史独立成书，名称确定为《汉书》。后世正史的编纂也都沿用《汉书》的命名方式，以朝代为名。《汉书》与《史记》基本奠定了后世史书的编写体例。

永元四年（92），窦宪密谋叛乱，事败自杀，班固因与窦宪关系密切而受到牵连，死在狱中，终年六十一岁。班固去世时《汉书》还剩下八篇表和《天文志》尚未完成。汉和帝命其妹班昭（曹大家）参考东观藏书阁的资料，续写《汉书》，然而八表完成后，班昭便去世。汉和帝让马续（字季则）补续《天文志》，至此《汉书》前后经两代四人编写，历三、四十年始完成。其中，班昭成为“二十四史”中唯一一位女性作者。

《汉书》基本沿用了《史记》的体例，将《史记》的五种体例变更为四种，这四个组成部分的形式尽管不同，但通过它们之间的互相联系、互相补充，可以形成为一部完整的汉代史。其中，将本纪省称为纪，将朝代大事记于纪中以确定其纲领性。改书为志，对于典章制度等则一律录入志中。取消世家，将列传改为

传，传则详记以历史人物为主体的史事。《汉书》进一步规范了纪传体体例，为后世确立了史书编写的规范。关于帝王纪，《汉书》统一为一帝一纪的方式，以帝王为中心编排史事。增补了《惠帝纪》，取消了《项羽本纪》，将其事迹移入《陈胜项籍传》。王莽虽然称帝十余年，《汉书》也未为其立纪，而是归入《王莽传》。同时，班固还收录了很多诏书，能够更好地表明当时治理政事的情况。这些改动都是为了史书的体例统一、严整，使十二纪能够更好地起到全书提纲挈领的作用。

《汉书》的八篇表中，前六表基本继承《史记》，《百官公卿表》与《古今人表》则为《汉书》新增部分。《百官公卿表》在序中详述了秦汉以来职官的沿革、变更、职司、员数、秩禄等，在表中记载了汉代百官的任免升迁，是研究秦汉官制的重要史料。以后各正史也大都设有职官志或表，应该说首创之功在于班固。《古今人表》中，班固把从三皇五帝到秦汉之际的著名人物，以儒家的“仁义忠孝”思想为标准，分为四类九等，表列出来。

《汉书》的十志，是在《史记》八书的基础上发展而来的，也是《汉书》最具创新性和精华的部分。《汉书》将《史记》的《律书》与《历书》合并为《律历志》，将《礼书》和《乐书》合并为《礼乐志》，《郊祀志》在《史记》的《封禅书》基础上进行了改编和扩充，《沟洫志》对《史记》的《河渠书》进行了增补，《食货志》改编自《史记》的《平准书》，《天文志》基本采用了《史记》的《天官书》。以上六志虽然基于《史记》改编，但都做了较大调整，并补充了新内容，并且内容多贯通古今，而不专叙西汉一朝，使之更有条理性和完整性。

《刑法志》《五行志》《艺文志》《地理志》则是班固新增的内容。《刑法志》概述上古时期至西汉的兵制和刑法演变，论述了历代和西汉在刑法方面的功过得失，开创了后世刑律研究的先河。此后历代正史也多沿用这一体例，设有《刑法志》。《五行志》继承了董仲舒、刘向等人的五行灾异学说，从天人感应的角度把人事与自然灾祸联系起来，目的是对君主治国的弊病进行劝谏，对君主的不当行为有一定的约束意味，此后历代正史也都延续了这一体例。而且也使大量古时的天文、气象资料得以保存下来。《艺文志》记载了先秦到西汉时期的各类典籍目录，是中国现存最早的图书分类目录。此后一些正史也设有《艺文志》（或改称《经籍志》）。在史书中列《地理志》也是从班固开始的。班固在《地理志》中，详述了汉朝疆域内各郡国、侯国、县、道、邑的沿革、人口、山川、河流、特产、盐铁、都尉设置等方面的情况，并总括了西汉时期全国人口、疆域面积、耕地等方面的概况。卷末介绍了各地的风土人情，为当政者依据民俗、民风治国提供了参考。

《汉书》将《史记》中的世家去掉，将相关内容合并入传。以时代的先后顺序为主，先专传、合传，次类传，再次为边疆各族传，而以“贼臣”《王莽传》居末。体例分明，条理清晰。此外又新增《董仲舒传》《张骞传》《李陵传》《元后传》《外戚传》等内容。最后一篇为《叙传》，叙述其撰写西汉专史的动机、凡例等。

《汉书》还收录了大量的政论家相关文献，如贾谊的《治安策》《论积贮疏》，晁错的《论贵粟疏》《言兵事疏》《募民徙塞下疏》，枚乘的《谏吴王谋逆》等。

其外，《汉书·艺文志》保存了我国第一部图书总目录《七略》，由刘歆完成，他编辑宫廷藏书，分成辑略、六艺略、诸子略、诗赋略、兵书略、术数略和方技略七类。其中辑略是全书的总序，将书分为6大类，38小类，共著录图书603家，合计13219卷，基本上反映了汉朝图书的全貌。《七略》后来失传，但其材料因《汉书》得以流传。

《史记》所记之事终于武帝太初年间，当时苏武尚未归汉，所以没有记载他的事迹。而李陵、张骞这两位重要人物的事迹也过于简略。《汉书》里增加了《李陵传》《张骞传》《苏武传》。班固将《史记·大宛列传》扩充为《西域传》，讲述了西域几十个国家的历史，汉朝与匈奴在西域的战争情况以及汉朝与西域各国在经济文化上的交流。《汉书》又将《史记》的匈奴、南越、东越、朝鲜、西南夷等列传加以补充，写成《匈奴传》《西南夷两越朝鲜传》，增补大量史实，为研究相关历史保存了珍贵的资料。

班固著述《汉书》贯彻了司马迁秉笔直书的实录精神，虽然基于宣汉的原则，但班固仍如实记录了汉高祖弑杀功臣，吕后毒杀赵王刘如意等事件，以及汉宣帝对汉成帝的评价“乱我家者，太子也”，此外还收录刘向多篇谏书，表明汉成帝任用外戚专权，是导致西汉衰落的始端。范晔评论班固“若固之序事，不激诡，不抑抗，赡而不秽，详而有体”。

《汉书》虽为断代史，但是有断有通，这在表、志以及《货殖传》中均有体现。《百官公卿表》序中详细记述了秦汉以来职官的沿革，其“略表举大分，以通古今，备温故知新之义”，明显具有通史特点。《古今人表》“究极经传，继世相次，总备古今之略”，

把历代人物按善恶、智愚分为三阶九等表出，目的是为了“显善昭恶，劝戒后人”，也是通史的写法。《汉书》的十志更是贯通而下，从古至今论述下来，并不以朝代为界限。因为典章制度这些东西，都是沿袭历史，如律历、礼乐、郊祀、刑法、食货等，不会因朝代的变迁而完全改变。《货殖传》中班固基本引述《史记》的《货殖列传》，列举并评述了古今布衣致富之人，例如春秋战国时的范蠡、子贡、白圭、猗顿、乌氏、巴寡妇清以及西汉的卓氏、程郑、罗裒、孔氏等，也都超出了一朝一代的范围。

后世学者对于《汉书》的评价历来褒贬不一。唐代刘知几十分赞赏《汉书》，将《汉书》评为史学六家之一，认为《汉书》“究西都之首末，穷刘氏之废兴，包举一代，撰成一书。言皆精炼，事甚该密，故学者寻讨，易为其功。自尔迄今，无改斯道。”南宋的郑樵则对《汉书》持批评态度。郑樵在《通志》总序中评价班固“断汉为代，是致周秦不相因，古今成间隔”，认为班固“遂失会通之旨，司马迁之门户自此衰矣。”《后汉书》的作者范晔则一方面称赞班固的《汉书》能够对史事据实而录，“不激诡、不抑抗、赡而不秽，详而有体，使读之者亹亹而不厌”，而另一方面则批评《汉书》不褒扬杀身成仁，重义守节的义士，“其论议常排死节，否正直，不叙杀身成仁之为美，轻仁义，贱守节”。

《汉书》作为“二十四史”第二部正史，一经成书，就为世人所重视。在体例上，对《史记》的体例加以改造，创立断代纪传体，被后世奉为圭臬。

《汉书》不仅是一部伟大的史学著作，也是一部文学巨著。在文学上，《汉书》用词古朴典雅，工整凝炼，而且行文崇尚藻

饰，多用骈体，与《史记》形成了鲜明的对照。自东汉已降，《汉书》一直受到文人的推崇。

《汉书》好用古字，很多地方直录古书，未加训诂，因此文意深奥很难理解。从东汉开始，就有学者为《汉书》作注解，如应劭所撰《汉书集解音义》、服虔所撰《汉书音训》、荀悦的《汉纪》等。此外为《汉书》作注比较出名的人物还有伏俨、刘德、韦昭、晋灼、臣瓒、蔡谟等人。但是这些注释“屡经迁易，后人习读，以意刊改，传写既多，弥更浅俗”，有鉴于《汉书》注解的混乱局面，唐朝颜师古汇集二十三家注解，编成《汉书注》，达到“归其真正，一往难识者，皆从而释之”的目的。颜注属于集注，注释全面详细，考证翔实，集各家注释之大成。

清末王先谦所著的《汉书补注》，以汲古阁本为底本，以颜师古的《汉书注》为基础，旁采隋朝至清朝诸家之说，经多年穷究，汇编成集，基本包括了隋唐之后学者对《汉书》的研究，应该说《汉书补注》是迄今为止对《汉书》注释最为完备的版本。

历朝刊印的《汉书》版本主要有宋朝的景祐本，明朝虞山毛氏的汲古阁本，清朝乾隆四年武英殿刊印的武英殿本，清朝同治年间刊印的局本，以及商务印书馆以景祐本为底本刊印的百衲本等，这些都是《汉书》的善本。

本书采用的是底本为张元济《百衲本二十四史》之《汉书》（下文简称百衲本《汉书》），参考了景祐本、汲古阁本、殿本和局本等版本，并汲取和吸收最新的研究成果，以及对其中的古字进行了查证，选用了可识的字体。

本书原文据百衲本《汉书》，但不录颜师古注，并且依据文意

进行分段。本书白话文翻译基本上是直译，但一些地方不拘泥原字原句的对译，而是在忠于著者原意和行文风格的前提下予以意译。同时，本书采取现今通用规范形式进行简体横排，并用左页原文、右页译文的形式（即文白对照）。对原文中通假字或有古今字差别者，则一仍其字，而在译文则用相应的今字。

全书分为五册，第一册为卷一至卷二十四，第二册为卷二十五至卷三十五，第三册为卷三十六至卷六十二，第四册为卷六十三至卷八十六，第五册为卷八十七至卷一百。

由于译者水平有限，本书中难免存在错误和疏漏，欢迎广大读者不吝赐教，给予斧正。

目 录

第一册

卷一——卷二十四

卷一上

高帝纪第一上

高祖，沛丰邑中阳里人也，姓刘氏。母媪尝息大泽之陂，梦与神遇。是时雷电晦冥，父太公往视，则见交龙于上。已而有娠，遂产高祖。

高祖为人，隆准而龙颜，美须髯，左股有七十二黑子。宽仁爱人，意豁如也。常有大度，不事家人生产作业。及壮，试吏，为泗上亭长，廷中吏无所不狎侮。好酒及色。常从王媪、武负贳酒，时饮醉卧，武负、王媪见其上常有怪。高祖每酤留饮，酒雠数倍。及见怪，岁竟，此两家常折券弃责。

高祖常繇咸阳，纵观秦皇帝，喟然大息，曰："嗟乎，大丈夫当如此矣！"

单父人吕公善沛令，辟仇，从之客，因家焉。沛中豪杰吏闻令有重客，皆往贺。萧何为主吏，主进，令诸大夫曰："进不满千钱，坐之堂下。"高祖为亭长，素易诸吏，乃绐为谒曰"贺钱万"，实不持一钱。谒入，吕公大惊，起，迎之门。吕公者，好相人，见高祖状貌，因重敬之，引入坐上坐。萧何曰："刘季固多大言，少成事。"高祖因狎侮诸客，遂坐上坐，无所诎。酒阑，吕公因目固留高祖。竟酒，后。吕公曰："臣少好相人，相人多矣，无如季相，愿季自爱。臣有息女，愿为箕帚妾。"酒罢，吕媪怒吕公曰："公始常欲奇此女，与贵人。沛令善公，求之不与，何自妄许与刘季？"吕公曰："此非儿女子所知。"卒与高祖。吕公女即吕后也，生孝惠帝、鲁元公主。

高祖，是沛县丰邑中阳里的人，姓刘。他的母亲有次曾在水塘旁边小憩，梦里与天神相会。当时雷电交加，天色昏暗，他的父亲刘太公前去接应，看见一条蛟龙盘在他的母亲身上。不久他的母亲就怀孕了，于是生下了高祖。

高祖本人，高鼻梁而眉骨突起似龙，留着一把很美的络腮胡子，左大腿上面有七十二粒黑痣。他宽厚仁慈，爱护他人，胸怀开阔。平常有宏伟抱负，但不愿意侍奉家人和从事劳动赚钱。等到成年后，出任小吏，当上了泗上亭长，府中的官吏他都看不上。高祖喜欢酒色。经常到王婆、武妈的店里赊酒，有时会喝得烂醉如泥，武妈、王婆经常在他身上看到有异象出现。高祖每次赊酒痛饮后，酒价总是被数倍抬高。等到看见了他身上出现的异象后，年底结算酒钱时，这两家就经常会撕毁欠条，免掉酒债。

高祖曾经到咸阳服徭役，亲眼见到秦始皇后，他深深长叹道：“啊，大丈夫就应当像这样！”

单父县的吕公与沛县县令交好，为了躲避仇家，寄居到县令家，后来全家迁往沛县。沛县的官员听说县令有贵客迁来，都前去道贺。萧何是县令的属吏，负责收礼钱，他对各位官员说：“没有送够一千钱的人，都坐在堂下。”高祖当亭长时，平常就看不上这些官员，就递上个名帖假称“贺礼一万钱”，实际没有送一文钱。名帖送入，吕公看到后大吃一惊，起身到门口迎接。吕公喜欢给人看相，看见高祖样貌非凡，就对他特别敬重，把他引到上座就坐。萧何说：“刘季经常说大话，很少能做成事。”高祖因为看不上这些客人，就毫不客气地坐到上座，神态自若。酒席过半，吕公就给高祖递眼色让他留下。酒席结束，他挽留高祖。吕公说：“我年轻时就喜欢给人看相，看了很多人，都不如你的相，希望你能保重。我有一个女儿，愿意嫁给你为

高祖尝告归之田。吕后与两子居田中，有一老父过请饮，吕后因餔之。老父相后曰："夫人天下贵人也。"令相两子，见孝惠帝，曰："夫人所以贵者，乃此男也。"相鲁元公主，亦皆贵。老父已去，高祖适从旁舍来，吕后具言客有过，相我子母皆大贵。高祖问，曰："未远。"乃追及，问老父。老父曰："乡者夫人儿子皆以君，君相贵不可言。"高祖乃谢曰："诚如父言，不敢忘德。"及高祖贵，遂不知老父处。

高祖为亭长，乃以竹皮为冠，令求盗之薛治，时时冠之，及贵常冠，所谓"刘氏冠"也。

高祖以亭长为县送徒骊山，徒多道亡。自度比至皆亡之，到丰西泽中亭，止饮，夜皆解纵所送徒。曰："公等皆去，吾亦从此逝矣！"徒中壮士愿从者十余人。高祖被酒，夜径泽中，令一人行前。行前者还报曰："前有大蛇当径，愿还。"高祖醉，曰："壮士行，何畏！"乃前，拔剑斩蛇。蛇分为两，道开。行数里，醉困卧。后人来至蛇所，有一老妪夜哭。人问妪何哭，妪曰："人杀吾子。"人曰："妪子何为见杀？"妪曰："吾子，白帝子也，化为蛇，当道，今者赤帝子斩之，故哭。"人乃以妪为不诚，欲苦之，妪因忽不见。后人至，高祖觉。告高祖，高祖乃心独喜，自负。诸从者日益畏之。

妻。”散席后，吕氏生气地对吕公说：“你过去常说女儿有福相，将来要嫁给贵人。沛县县令和你交好，想要娶她你都不肯，现在为什么要随便许配给刘季呢？”吕公说：“这不是你们妇人能知道的。”最终还是将女儿嫁给了高祖。吕公的女儿就是吕后，后来生了汉孝惠帝和鲁元公主。

高祖曾经请假回家种田。吕后和两个孩子住在田舍中，有一天一个老人经过向她讨水喝，吕后还送了饭给他吃。老人看了吕后的相说道：“夫人将来会成为天下的贵人。”吕后又让他给两个孩子看相，老人看了孝惠帝，说：“夫人将来能成为贵人，是因为有这个儿子。”他又看了鲁元公主，也说将来会成为贵人。老人走后，恰好高祖从另外的田舍回来，吕后告诉他刚才有客人路过，说我母子三人都是大贵之相。高祖问老人哪去了，吕后答道：“他还没走远。”高祖于是追上老人，问他自己的面相如何。老人说：“刚才说您的夫人儿子都是大贵之相，这都是因为您，您的面相贵不可言。”高祖于是称谢道：“果真如您所说，我不会忘记您的恩德。”等到高祖登基，这位老人的去向却不得而知。

高祖当亭长时，就戴着用竹皮制成的斗笠，还让掌管捕盗的亭卒去薛地学习制作斗笠的手艺，他常常戴着这种斗笠，登基后仍然戴着，就是后来所说的“刘氏冠”。

高祖当亭长时为沛县送役夫到骊山，半路上有很多役夫逃跑了。他想着到骊山时役夫可能都跑掉了，到丰西泽中亭时，就停下让役夫休息，并请他们喝酒，到了晚上就把所有的役夫放走。他说：“你们都逃走吧，我从此也要远走高飞了！”役夫中有十多个勇士愿意跟着高祖一起走。高祖乘着酒兴，晚上带着众人从泽中的小路逃走，派一人走在前面探路。探路的人回来报告说：“前面有大蛇挡路，我们还是回去吧。”高祖带着醉意，说道：“勇士前行，有什么可畏惧的！”于是他上前，拔剑斩蛇。蛇被分为两段，道路也能通行了。走了几里后，高祖又醉又困，就躺在路上。后面有人想要追上高祖，经过他斩蛇的地方，看见有一个老妇人晚上在路边哭泣。这人询问老妇人为何哭泣，老妇人说：“别人杀了我的儿子。”这人说：

秦始皇帝尝曰“东南有天子气”，于是东游以厌当之。高祖隐于芒、砀山泽间，吕后与人俱求，常得之。高祖怪，问之，吕后曰：“季所居上常有云气，故从往常得季。”高祖又喜。沛中子弟或闻之，多欲附者。

秦二世元年秋七月，陈涉起蕲，至陈，自立为楚王，遣武臣、张耳、陈馀略赵地。八月，武臣自立为赵王。郡县多杀长吏以应涉。九月，沛令欲以沛应之。掾、主吏萧何、曹参曰：“君为秦吏，今欲背之，帅沛子弟，恐不听。愿君召诸亡在外者，可得数百人，因以劫众，众不敢不听。”乃令樊哙召高祖。高祖之众已数百人矣。

于是樊哙从高祖来。沛令后悔，恐其有变，乃闭城城守，欲诛萧、曹。萧、曹恐，逾城保高祖。高祖乃书帛射城上，与沛父老曰：“天下同苦秦久矣。今父老虽为沛令守，诸侯并起，今屠沛。沛今共诛令，择可立立之，以应诸侯，即室家完。不然，父子俱屠，无为也。”父老乃帅子弟共杀沛令，开城门迎高祖，欲以为沛令。高祖曰：“天下方扰，诸侯并起，今置将不善，一败涂地。吾非敢自爱，恐能薄，不能完父兄子弟。此大事，愿更择可者。”萧、曹皆文吏，自爱，恐事不就，后秦种族其家，尽让高祖。诸父老皆曰：“平生所闻刘季奇怪，当贵，且卜筮之，莫如刘季最吉。”高祖数让，众莫肯为，高祖乃立为沛公。祠黄帝，祭蚩尤于沛廷，而衅鼓旗。帜皆赤，由所杀蛇白帝子，杀者赤帝子故也。于是少年豪吏如萧、曹、樊哙等皆为

“您的儿子为什么被杀?”老妇人说:“我的儿子是白帝之子,变成大蛇,挡着道路,现在被赤帝的儿子杀了,所以我在这里哭泣。”这人以为老妇人胡说,想要盘问一番,老妇人忽然就不见了。这人追上高祖时,高祖已经醒来。他就把这件事告诉了高祖,高祖心里暗暗高兴,更加相信自己不凡。那些跟着他的人也越来越敬畏他。

秦始皇曾说过“东南方有天子之气,”于是他就东巡去镇压。高祖隐藏在芒、砀两县的山泽中,吕后与别人一起去找他,经常能找到。高祖感到奇怪,就问吕后,吕后说:“你待的地方上面经常会有云气,所以跟着云气走就能找到你。”高祖又很高兴。沛县的子弟也听到这种传说,很多人都想要依附高祖。

秦二世元年(前209)秋七月,陈涉在蕲县起义,到了陈县后,就自立为楚王,他派武臣、张耳、陈馀攻占赵地。八月,武臣自立为赵王。各个郡县接连发生杀死县级官吏来响应陈涉起义之事。九月,沛县县令想在沛县响应陈涉。下属萧何、曹参进言说:“您作为秦朝的官吏,现在却想背叛秦朝,带领沛县子弟起义,大家恐怕不会听从。如果您能召集那些逃亡在外的人,可以得数百人,凭借他们的力量来号召那些还有顾虑的沛县子弟,大家就不敢不听。”于是县令就派樊哙去邀请高祖。这时高祖身边已经有数百人了。

当樊哙跟着高祖率众归来时。沛县县令却后悔了,他害怕高祖会夺权,就紧闭城门,据城而守,还想杀掉萧何、曹参。萧何、曹参感到害怕,就偷偷翻过城墙前去投靠高祖。高祖于是写下帛书射到城上,告知沛县父老:“天下遭受秦朝的暴政已经很久了。现在你们虽然为县令守城,但各地义军并起,等他们到来时就会屠城。如果大家现在能杀掉县令,然后推举可以拥戴的人作为首领,响应义军,就能保全家室。否则,全家都会被杀,这是毫无必要的。”于是沛县父老就带领子弟杀死县令,打开城门迎接高祖,想让他做沛县县令。高祖推辞道:“如今天下大乱,各地义军并起,现在推举首领不当,就会一败涂地。我不是贪生怕死之人,而是担心才能浅薄,不能保全各位父老兄弟。这是一件大事,希望能再选一个可靠的人。”萧何、曹参都是文官,担心自己的性命,害怕此事不成,将来会被秦朝诛灭

收沛子弟，得三千人。

是月，项梁与兄子羽起吴。田儋与从弟荣、横起齐，自立为齐王。韩广自立为燕王。魏咎自立为魏王。陈涉之将周章西入关，至戏，秦将章邯距破之。

秦二年十月，沛公攻胡陵、方与，还守丰。秦泗川监平将兵围丰。二日，出与战，破之。令雍齿守丰。十一月，沛公引兵之薛。秦泗川守壮兵败于薛，走至戚，沛公左司马得杀之。沛公还军亢父，至方与。赵王武臣为其将所杀。十二月，楚王陈涉为其御庄贾所杀。魏人周市略地丰沛，使人谓雍齿曰："丰，故梁徙也，今魏地已定者数十城。齿今下魏，魏以齿为侯守丰；不下，且屠丰。"雍齿雅不欲属沛公，及魏招之，即反为魏守丰。沛公攻丰，不能取。沛公还之沛，怨雍齿与丰子弟畔之。

正月，张耳等立赵后赵歇为赵王。东阳宁君、秦嘉立景驹为楚王，在留。沛公往从之，道得张良，遂与俱见景驹，请兵以攻丰。时章邯从陈，别将司马𡰖将兵北定楚地，屠相，至砀。东阳宁君、沛公引兵西，与战萧西，不利，还收兵聚留。二月，攻砀，三日拔之。收砀兵，得六千人，与故合九千人。三月，攻下邑，拔之。还击丰，不下。四月，项梁击杀景驹、秦嘉，止薛，沛公往见之。项梁益沛公卒五千人，五大夫将十人。沛公还，引兵攻丰，拔之。雍齿奔魏。

九族，就竭力推举高祖。各位父老都说：“平日常听说刘季的一些奇异之事，说会成为贵人，我们也曾向神明问卜，都说没有比刘季更合适的人了。”高祖多次辞让，大家都不同意，高祖于是被拥立为沛公。在沛县官署祭祀黄帝和蚩尤，并用牲血涂鼓祭旗。旗帜都为红色，这是因为所杀之蛇是白帝之子，而挥剑斩蛇的是赤帝之子。于是青年豪吏如萧何、曹参、樊哙等人都召集沛县子弟，义军很快就扩充到三千人。

同月，项梁与他哥哥的儿子项羽在吴地起兵。田儋与堂弟田荣、田横在齐地起兵，自立为齐王。韩广自立为燕王。魏咎自立为魏王。陈涉的将领周章向西进入函谷关，到达戏水，秦将章邯奋力抵抗并打败了他。

秦二世二年（前208）十月，沛公攻打胡陵、方与后，回到丰邑驻守。秦朝名平的泗水郡监带兵包围丰邑。两天后，沛公发兵与他交战，打败秦军。并派雍齿驻守丰邑。十一月，沛公带兵到薛县。秦朝名壮的泗水郡守的兵被打败，壮逃到戚县，被沛公的左司马擒获杀死。沛公回师亢父，到达方与。赵王武臣被他的部将所杀。十二月，楚王陈涉被他的车夫庄贾所杀。魏将周市攻占丰邑和沛县，派人对雍齿说：“丰邑是过去魏国迁都来的地方，现在魏地已被收复数十城。雍将军如今归顺魏的话，魏就任命你为侯驻守丰邑；如果不归顺，魏兵就要屠城。”雍齿平素不愿当沛公属下，魏招降时，马上归顺，为魏驻守丰邑。沛公攻打丰邑，不能攻下。然后他带兵回到沛县，对雍齿与丰邑子弟的叛变非常愤恨。

正月，张耳等人立赵国之后赵歇为赵王。东阳宁君、秦嘉立景驹为楚王，驻守在留县。沛公前去投奔景驹，路上遇见张良，就一起去见景驹，请景驹派兵攻打丰邑。这时章邯正领兵追击陈涉的军队，别将司马𡰖领兵向北平定楚地，屠了相县，到达砀县。东阳宁君和沛公领兵向西，与司马夷在萧县的西面交战，不能取胜，就撤回军队聚集在留县。二月，攻打砀县，三天就攻下。收编驻守砀县的士兵，得六千人，与之前的三千人会合后共有九千人。三月，攻下邑县，夺取此地。回师攻打丰邑，无法攻下。四月，项梁击杀景驹、秦嘉，驻兵在

五月，项羽拔襄城还。项梁尽召别将。六月，沛公如薛，与项梁共立楚怀王孙心为楚怀王。章邯破杀魏王咎、齐王田儋于临济。七月，大霖雨。沛公攻亢父。章邯围田荣于东阿。沛公与项梁共救田荣，大破章邯东阿。田荣归，沛公、项羽追北，至城阳，攻屠其城。军濮阳东，复与章邯战，又破之。

章邯复振，守濮阳，环水。沛公、项羽去，攻定陶。八月，田荣立田儋子市为齐王。定陶未下，沛公与项羽西略地至雍丘，与秦军战，大败之，斩三川守李由。还攻外黄，外黄未下。

项梁再破秦军，有骄色。宋义谏，不听。秦益章邯兵。九月，章邯夜衔枚击项梁定陶，大破之，杀项梁。时连雨自七月至九月。沛公、项羽方攻陈留，闻梁死，士卒恐，乃与将军吕臣引兵而东，徙怀王自盱台都彭城。吕臣军彭城东，项羽军彭城西，沛公军砀。魏咎弟豹自立为魏王。后九月，怀王并吕臣、项羽军自将之。以沛公为砀郡长，封武安侯，将砀郡兵。以羽为鲁公，封长安侯，吕臣为司徒，其父吕青为令尹。

章邯已破项梁，以为楚地兵不足忧，乃渡河北击赵王歇，大破之。歇保钜鹿城，秦将王离围之。赵数请救，怀王乃以宋义为上将，项羽为次将，范增为末将，北救赵。

初，怀王与诸将约，先入定关中者王之。当是时，秦兵强，常乘胜逐北，诸将莫利先入关。独羽怨秦破项梁，奋势，愿与沛公西入关。怀王诸老将皆曰："项羽为人慓悍祸贼，尝攻襄城，襄城无噍

薛县，沛公前去见项梁。项梁给沛公增兵五千人，五大夫将十员。沛公回来后，带兵攻打丰邑，最终夺取此地。雍齿逃到魏地。

五月，项羽攻下襄城后返回。项梁把别将全部召回。六月，沛公到达薛县，和项梁一起拥立楚怀王的孙子芈心为楚怀王。秦将章邯在临济破杀魏王咎、齐王田儋。七月，连绵大雨。沛公攻打亢父。章邯在东阿县围困齐将田荣。沛公与项梁一起带兵援救田荣，在东阿县大败秦将章邯。田荣带兵回去，沛公、项羽追击秦兵，到达城阳县，攻打屠杀，血洗城阳。驻军在濮阳县东面，再次与章邯交战，又打败了他的军队。

章邯重振旗鼓，镇守濮阳县，挖掘壕沟引水保卫城池。沛公、项羽就带兵离去，攻打定陶。八月，田荣立田儋的儿子田市为齐王。定陶还没攻下，沛公与项羽向西攻占土地一直到雍丘，与秦军交战，大败秦兵，斩杀三川太守李由。然后回师攻打外黄，无法攻下。

项梁再次打败秦军，显露出骄矜的神色。宋义劝谏他要保持警惕，项梁不听。秦朝又给章邯增兵。九月，章邯夜间派人衔枚偷袭在定陶的项梁，大破项梁军队，并杀死了他。当时从七月到九月一直阴雨连绵。沛公、项羽正在攻打陈留，听到项梁已死，士兵惊恐，就和将军吕臣领兵向东，把楚怀王从盱眙迁都到彭城。吕臣在彭城的东面驻军，项羽在彭城的西面驻军，沛公在砀县驻军。魏咎的弟弟魏豹自立为魏王。闰九月，楚怀王合并吕臣、项羽的军队自己亲自指挥。并任命沛公为砀郡长，又加封武安侯，统领砀郡的军队。任命项羽为鲁公，又加封长安侯，任命吕臣为司徒，他的父亲吕青为令尹。

秦将章邯打败项梁后，认为楚地的叛军已经不足为患，就渡河北上攻打赵王歇的军队，大败赵王歇。赵王歇退守钜鹿城，秦将王离领兵包围。赵王多次向楚怀王求救，怀王就任命宋义为上将，项羽为副将，范增为末将，带兵向北援救赵军。

起初，楚怀王曾经与诸位将领约定，最先平定关中的人就封他为王。当时，秦兵强大，经常乘胜向北追击义军，诸将都畏惧秦军威势而不敢入关。只有项羽怨恨秦军杀死项梁，勃然大怒，愿意和沛公向西入关。怀王的一些老将都说："项羽为人慓悍又喜欢杀戮，曾经

类，所过无不残灭。且楚数进取，前陈王、项梁皆败，不如更遣长者扶义而西，告谕秦父兄。秦父兄苦其主久矣，今诚得长者往，毋侵暴，宜可下。项羽不可遣，独沛公素宽大长者。”卒不许羽，而遣沛公西收陈王、项梁散卒。乃道砀至阳城与杠里，攻秦军壁，破其二军。

秦三年十月，齐将田都畔田荣，将兵助项羽救赵。沛公攻破东郡尉于成武。十一月，项羽杀宋义，并其兵渡河，自立为上将军，诸将黥布等皆属。十二月，沛公引兵至栗，遇刚武侯，夺其军四千余人，并之，与魏将皇欣、武满军合，攻秦军，破之。故齐王建孙田安下济北，从项羽救赵。羽大破秦军钜鹿下，虏王离，走章邯。

二月，沛公从砀北攻昌邑，遇彭越。越助攻昌邑，未下。沛公西过高阳，郦食其为里监门，曰：“诸将过此者多，吾视沛公大度。”乃求见沛公。沛公方踞床，使两女子洗。郦生不拜，长揖曰：“足下必欲诛无道秦，不宜踞见长者。”于是沛公起，摄衣谢之，延上坐。食其说沛公袭陈留。沛公以为广野君，以其弟商为将，将陈留兵。三月，攻开封，未拔。西与秦将杨熊会战白马，又战曲遇东，大破之。杨熊走之荥阳，二世使使斩之以徇。四月，南攻颍川，屠之。因张良遂略韩地。

时赵别将司马卬方欲渡河入关，沛公乃北攻平阴，绝河津。南，战雒阳东，军不利，从轘辕至阳城，收军中马骑。六月，与南阳

攻占襄城，襄城没有留下活口，他率军经过的地方都遭到残杀毁灭。况且楚军多次用兵，前有陈涉、项梁都失败了，不如另派一位宽厚长者带领义军向西攻入函谷关，告谕秦地父老兄弟。当地百姓苦于秦朝暴政多年，现在要是有一位长者领兵，不侵犯暴掠，应该是能够攻下咸阳的。不能派项羽，只有沛公平日就是一个宽厚的长者。”最终楚怀王不同意项羽前去，而派沛公向西接收陈涉与项梁的散兵。沛公就率军从砀县出发，到达阳城与杠里，攻打秦军堡垒，打败了这两地的守军。

秦二世三年（前207）十月，齐将田都背叛齐王田荣，领兵帮助项羽援救赵国。沛公在成武打败了秦朝东郡尉的军队。十一月，项羽杀死宋义，接收了他的士兵后渡过黄河，自立为上将军，宋义原来的诸位将领如英布等都归项羽统率。十二月，沛公领兵到达栗县，遇见楚怀王的将军刚武侯，夺取了他率领的四千余人的军队，合成一军，并和魏将皇欣、武满的军队会合，攻打秦军，大胜。前齐王田建的孙子田安率军从济北，跟随项羽援救赵国。项羽在钜鹿城下大胜秦军，俘虏了秦将王离，秦将章邯逃走。

二月，沛公从砀县出发向北进攻昌邑，遇见彭越。彭越帮助沛公进攻昌邑，无法攻下。沛公向西经过高阳，郦食其是高阳里的守门小吏，说道：“经过高阳的将领有很多，我认为沛公是有宏伟抱负的人。”于是求见沛公。沛公当时坐在床上，让两个女子给他洗脚。郦食其没有行拜见之礼，而是拱手长揖道：“足下如果真想推翻无道的秦朝，那就不应该坐着来接见长者。”沛公听到这话后马上起身，整理衣服并表达歉意，并请郦食其上座。郦食其建议沛公袭击陈留。沛公任命他为广野君，并封他的弟弟郦商为将，率领陈留的军队。三月，进攻开封县，无法攻下。于是沛公率军向西与秦将杨熊在白马县会战，又在曲遇邑东面交战，大胜秦军。杨熊逃到荥阳，秦二世派人将他斩首示众。四月，沛公向南进攻颍川，并屠城。并借着张良的力量攻占韩地。

当时赵国别将司马卬正想渡过黄河进入函谷关，沛公就向北进攻平阴，阻断黄河渡口。领兵向南，在洛阳东面与秦军交战，军队没

守齮战犨东，破之。略南阳郡，南阳守走，保城守宛。沛公引兵过宛西。张良谏曰："沛公虽欲急入关，秦兵尚众，距险。今不下宛，宛从后击，强秦在前，此危道也。"于是沛公乃夜引军从他道还，偃旗帜，迟明，围宛城三匝。南阳守欲自刭，其舍人陈恢曰："死未晚也。"乃逾城见沛公，曰："臣闻足下约先入咸阳者王之，今足下留守宛。宛郡县连城数十，其吏民自以为降必死，故皆坚守乘城。今足下尽日止攻，士死伤者必多；引兵去宛，宛必随足下。足下前则失咸阳之约，后有强宛之患。为足下计，莫若约降，封其守，因使止守，引其甲卒与之西。诸城未下者，闻声争开门而待足下，足下通行无所累。"沛公曰："善。"七月，南阳守齮降，封为殷侯，封陈恢千户。引兵西，无不下者。至丹水，高武侯鳃、襄侯王陵降。还攻胡阳，遇番君别将梅鋗，与偕攻析、郦，皆降。所过毋得卤掠，秦民喜。遣魏人宁昌使秦。是月章邯举军降项羽，羽以为雍王。瑕丘申阳下河南。

八月，沛公攻武关，入秦。秦相赵高恐，乃杀二世，使人来，欲约分王关中，沛公不许。九月，赵高立二世兄子子婴为秦王。子婴诛灭赵高，遣将将兵距峣关。沛公欲击之，张良曰："秦兵尚强，未可轻。愿先遣人益张旗帜于山上为疑兵，使郦食其、陆贾往说秦将，啖以利。"秦将果欲连和，沛公欲许之。张良曰："此独其将欲叛，恐其士卒不从，不如因其怠懈击之。"沛公引兵绕峣关，逾蒉山，击

有获胜，就从轘辕到达阳城，并接收军中需要的马骑。六月，在犨县东面与南阳郡守吕齮交战，打败秦军。攻占南阳郡，南阳郡守逃走，据守宛城。沛公打算率军绕过宛城西面。张良劝谏道："沛公虽然急着想攻入函谷关，但秦兵还有很多，他们据守险地，负隅顽抗。现在如果不攻下宛城，要是宛兵从后面攻击，而前面又有秦兵，这是一条危险的道路。"沛公就乘夜率军从别的道路绕回，进攻宛城，偃旗息鼓，天还没亮，就把宛城包围了三圈。南阳郡守想要自刎，他的亲信陈恢说："还未到死的时候。"于是陈恢翻越城墙而出拜见沛公，说道："我听说足下曾经同诸位将领约定先攻入咸阳的人就称王，现在足下攻打宛城。而宛城附近还有几十个郡县，守卫的军民自认为投降必会被处死，所以都登城固守。现在足下如果整天进攻，一定会有很多士兵死伤；如果放弃攻城而领兵西去，宛城的秦兵一定会跟在足下后面追击。到那时足下前面失掉先入咸阳者为王的约定，后面留有宛城追兵的忧患。我为足下考虑，不如约请宛城守军投降，并封郡守为侯，仍命他驻守在此，带领他的士兵一起向西。前方还没攻下的各个城池，听到风声后一定会争相打开城门来迎接足下，足下就会畅通无阻，没有后患了。"沛公说："很好。"七月，南阳郡守吕齮投降，沛公封他为殷侯，封陈恢为千户。然后领兵向西，势如破竹，所过之城无不攻下。到达丹水时，秦朝的高武侯鳃、襄侯王陵投降。回师攻打胡阳之时，遇到番阳县令的别将梅鋗，与他一起进攻析县和郦县，都归降了。沛公命令军队经过的地方不得掳掠，秦地百姓非常高兴。沛公又派魏人宁昌去秦地劝降。同月，章邯率军投降项羽，项羽封他为雍王。瑕丘人申阳攻下河南。

八月，沛公攻下武关，进入秦地。秦朝丞相赵高非常害怕，就杀掉了秦二世，派人来见沛公，想约定平分关中之地，沛公没有同意。九月，赵高立秦二世哥哥的儿子子婴为王。子婴诛杀赵高后，就派遣将领带兵据守峣关。沛公想要攻打他们，张良劝阻道："秦兵还很强大，不能轻视他们。应该先派人在附近山上遍插旌旗，故布疑兵，再派郦食其、陆贾前去游说秦将，以利相诱。"秦将果然想要同沛公讲和，沛公打算同意。张良说："这只是他们的将领想要背叛秦朝，

秦军，大破之蓝田南。遂至蓝田，又战其北，秦兵大败。

元年冬十月，五星聚于东井。沛公至霸上。秦王子婴素车白马，系颈以组，封皇帝玺符节，降枳道旁。诸将或言诛秦王，沛公曰：“始怀王遣我，固以能宽容，且人已服降，杀之不祥。”乃以属吏。遂西入咸阳。欲止宫休舍，樊哙、张良谏，乃封秦重宝财物府库，还军霸上。萧何尽收秦丞相府图籍文书。十一月，召诸县豪杰曰：“父老苦秦苛法久矣，诽谤者族，耦语者弃市。吾与诸侯约，先入关者王之，吾当王关中。与父老约，法三章耳：杀人者死，伤人及盗抵罪。余悉除去秦法。吏民皆按堵如故。凡吾所以来，为父兄除害，非有所侵暴，毋恐！且吾所以军霸上，待诸侯至而定要束耳。”乃使人与秦吏行至县乡邑告谕之。秦民大喜，争持牛羊酒食献享军士。沛公让不受，曰：“仓粟多，不欲费民。”民又益喜，唯恐沛公不为秦王。

或说沛公曰：“秦富十倍天下，地形强。今闻章邯降项羽，羽号曰雍王，王关中。即来，沛公恐不得有此。可急使守函谷关，毋内诸侯军，稍征关中兵以自益，距之。”沛公然其计，从之。十二月，项羽果帅诸侯兵欲西入关，关门闭。闻沛公已定关中，羽大怒，使黥布等攻破函谷关，遂至戏下。沛公左司马曹毋伤闻羽怒，欲攻沛公，使人言羽曰：“沛公欲王关中，令子婴相，珍宝尽有之。”欲以求封。亚父范增说羽曰：“沛公居山东时，贪财好色，今闻其入关，珍

恐怕士兵不会听从，不如乘其懈怠而攻打他们。”沛公于是带兵绕过峣关，翻过蒉山，攻打秦军，大胜后又进军蓝田南面。于是到达蓝田，又在北面与秦军交战，秦兵大败。

高祖元年（前206）冬十月，五星在东井汇聚。沛公带兵到达霸水上。秦王子婴驾着白马乘坐素车，颈上系着丝带，封好皇帝的玉玺符节，在枳道亭旁向沛公投降。众将中有人提出杀掉秦王，沛公说：“当初楚怀王派我入关，是因为我能宽厚待人，况且秦王已经屈服投降，再杀掉他是不吉利的。”于是把子婴交给下属看管。接着向西进入咸阳。来到咸阳后沛公想入秦宫休息，樊哙、张良劝阻后，沛公就把秦朝贵重的珍宝、财物和府库封存，带领军队回到霸上。萧何把秦朝丞相府的图籍文书全部收好。十一月，沛公召集各县豪杰说：“各位父老苦于秦朝的严刑峻法很久了，诽谤别人的会被灭族，相对私语的会斩首示众。我曾经与反秦的各位将领约定，先攻入函谷关的人为王，现在应当是我在关中称王。如今我同各位父老约法三章：杀人的要死，伤人及抢劫的依据情节轻重来治罪。其余的秦朝法令全都废除。官民都不作改变，一如往昔。我此次率军前来，是为了帮各位父老兄弟除害，不会在这里侵犯暴掠，大家不要害怕！我之所以驻军霸上，是要等各位起义将领到达之后一齐执行这约法三章。”于是沛公派人与秦朝故吏下行到县、乡、邑告知百姓。秦地百姓非常高兴，争相带着牛羊和酒食来犒劳沛公的将士。沛公推辞不接受，说道：“秦朝仓库有很多粮食，不想再给百姓增加负担。”秦地人民更是欢喜，唯恐沛公不做秦王。

有人向沛公提议道：“秦地财富是天下的十倍，地形又险要。现在听说章邯投降了项羽，项羽封他为雍王，并派他来关中称王。要是他来，沛公恐怕不能占据此地。应该迅速派兵守住函谷关，不要让各起义军队进来，然后从关中稍微征集一些士兵来加强自身兵力，再抵挡章邯的军队。”沛公认为这条计策非常好，就听从了。十二月，项羽果然率领各路义军想要从西进入函谷关，发现关门紧闭。项羽听说沛公已经平定关中，勃然大怒，派英布等人攻破函谷关，直达戏下。沛公的左司马曹毋伤听说项羽动怒，想要攻打沛公，就派人向项

物无所取，妇女无所幸，此其志不小。吾使人望其气，皆为龙，成五色，此天子气。急击之，勿失。”于是飨士，旦日合战。是时，羽兵四十万，号百万。沛公兵十万，号二十万，力不敌。会羽季父左尹项伯素善张良，夜驰见张良，具告其实，欲与俱去，毋特俱死。良曰：“臣为韩王送沛公，不可不告，亡去不义。”乃与项伯俱见沛公。沛公与伯约为婚姻，曰：“吾入关，秋毫无所敢取，籍吏民，封府库，待将军。所以守关者，备他盗也。日夜望将军到，岂敢反邪！愿伯明言不敢背德。”项伯许诺，即夜复去。戒沛公曰：“旦日不可不早自来谢。”项伯还，具以沛公言告羽，因曰：“沛公不先破关中兵，公巨能入乎？且人有大功，击之不祥，不如因善之。”羽许诺。

沛公旦日从百余骑见羽鸿门，谢曰：“臣与将军戮力攻秦，将军战河北，臣战河南，不自意先入关，能破秦，与将军复相见。今者有小人言，令将军与臣有隙。”羽曰：“此沛公左司马曹毋伤言之，不然，籍何以至此？”羽因留沛公饮。范增数目羽击沛公，羽不应。范增起，出谓项庄曰：“君王为人不忍，汝入以剑舞，因击沛公，杀之。不者，汝属且为所虏。”庄入为寿。寿毕，曰：“军中无以为乐，请以剑舞。”因拔剑舞。项伯亦起舞，常以身翼蔽沛公。樊哙闻事急，直入，怒甚。羽壮之，赐以酒。哙因谯让羽。有顷，沛公起如厕，招樊哙出，置车官属，独骑，与樊哙、靳彊、滕公、纪成步，从间道走军，使张良留谢羽。羽问：“沛公安在？”曰：“闻将军有意督过之，脱身去，间至军，故使臣献璧。”羽受之。又献玉斗范增。增

羽密报:“沛公想要在关中称王,让子婴做丞相,秦朝的珍宝现在都归他所有。”曹毋伤想以此来求得项羽的封赏。亚父范增劝说项羽:“沛公在山东时,贪财好色,现在听说他入关后,不取珍宝,不近女色,看来他的志向不小。我曾经派人观望他头上的云气,都呈龙形,五彩斑斓,这是天子之气。一定要趁早攻击,不要失去这个机会。”于是项羽犒劳士兵,下令明天与沛公的军队交战。当时,项羽拥兵四十万,号称百万。沛公拥兵十万,号称二十万,兵力悬殊,不敌项羽。恰好项羽的叔父左尹项伯平常与张良交好,就连夜骑马飞奔去见张良,详细告诉了项羽明天要派兵攻打沛公的实情,想叫张良和他一起离去,不必与沛公一同赴死。张良说:“我为韩王送沛公到此,不能不告而别,就此离去是不义的。”于是张良和项伯一起去见沛公。沛公与项伯是儿女亲家,对他说道:“我入关之后,不敢取秋毫之物,登记官民,封存府库,等待将军。我派兵守关,是为了防备其他盗贼。日夜盼望将军的到来,怎么敢背叛他!希望您回去后告诉将军我不敢有背德之心。”项伯答应了他,连夜回去。临行时告戒沛公说:“明天一定要早点来拜见谢罪。”项伯回去后,把沛公的话转告给项羽,接着说:“沛公如果不先打败关中的秦兵,您哪能顺利入关呢?况且沛公立有大功,攻打他不得人心,不如就此善待于他。”项羽同意了。

早上沛公带着数百骑人马在鸿门拜见项羽,并谢罪道:“我和将军同心协力攻打秦朝,将军在河北作战,我在河南作战,没料到是我先入关,打败秦朝,与将军又在此相见。现在有小人进谗言,让将军与我有嫌隙。”项羽说:“这是您左司马曹毋伤告诉我的,不然,我怎么会采取行动?”项羽于是留住沛公一起饮酒。宴席上范增多次给项羽递眼色让他杀掉沛公,项羽都没理会。范增就起身离席,出去对项庄说:“将军为人不忍心,你进去舞剑,乘机刺杀沛公,把他杀掉。否则,我们早晚会成他的俘虏。”项庄于是入席敬酒。敬酒完毕后,说道:“军中没有什么能作乐,我愿舞剑来给大家助酒兴。”项庄于是拔剑起舞。项伯也随之拔剑起舞,用自己的身体来护住沛公。樊哙听闻事态紧急,直接冲入帐内,怒目而视。项羽欣赏他的勇猛,就赐酒给他。樊哙乘机责问项羽。过了一会儿,沛公起身离席上厕所,召唤

怒，撞其斗，起曰："吾属今为沛公虏矣！"

沛公归数日，羽引兵西屠咸阳，杀秦降王子婴，烧秦宫室，所过无不残灭。秦民大失望。羽使人还报怀王，怀王曰："如约。"羽怨怀王不肯令与沛公俱西入关，而北救赵，后天下约。乃曰："怀王者，吾家所立耳，非有功伐，何以得专主约！本定天下，诸将与籍也。"春正月，阳尊怀王为义帝，实不用其命。

二月，羽自立为西楚霸王，王梁、楚地九郡，都彭城。背约，更立沛公为汉王，王巴、蜀、汉中四十一县，都南郑。三分关中，立秦三将：章邯为雍王，都废丘；司马欣为塞王，都栎阳；董翳为翟王，都高奴。楚将瑕丘申阳为河南王，都洛阳。赵将司马卬为殷王，都朝歌。当阳君英布为九江王，都六。怀王柱国共敖为临江王，都江陵。番君吴芮为衡山王，都邾。故齐王建孙田安为济北王。徙魏王豹为西魏王，都平阳。徙燕王韩广为辽东王。燕将臧荼为燕王，都蓟。徙齐王田市为胶东王。齐将田都为齐王，都临菑。徙赵王歇为代王。赵相张耳为常山王。汉王怨羽之背约，欲攻之，丞相萧何谏，乃止。

夏四月，诸侯罢戏下，各就国。羽使卒三万人从汉王，楚子、诸侯人之慕从者数万人，从杜南入蚀中。张良辞归韩，汉王送至褒中，因说汉王烧绝栈道，以备诸侯盗兵，亦视项羽无东意。

樊哙一同出去，留下一同前来的车马随从，自己骑马，樊哙、靳彊、滕公、纪成等人步行，从小道回到自己军营，让张良留下向项羽谢罪。项羽问："沛公去哪儿了？"张良回答："沛公听说将军有意怪罪他，就脱身离去，现在可能已经回到自己军营了，他特意让我向将军献上玉璧。"项羽接受了玉璧。张良又向范增进献玉斗。范增生气，把玉斗摔碎，起身说道："我们早晚会成为沛公的俘虏！"

沛公回营几天后，项羽带兵从西攻入咸阳并屠城，杀死秦朝降王子婴，焚烧秦朝宫殿，大军经过之处无不残杀毁坏。秦地百姓非常失望。项羽派人回来向楚怀王报告，楚怀王说："按照约定应是先入关的沛公为王。"项羽怨恨楚怀王当初不让他与沛公一起从西入关，而是派他向北援救赵国，让他失去了先入关称王的机会。他说："楚怀王，是我家拥立的，没有任何功劳，怎能让他独断专行！其实平定天下，靠的是各路将领与我。"春正月，项羽表面尊奉怀王为义帝，实际上并不听从他的命令。

二月，项羽自立为西楚霸王，统辖梁、楚等九个郡，建都彭城。违背先入关称王的约定，改立沛公为汉王，统辖巴、蜀、汉中等四十一个县，建都南郑。把关中一分为三，分别立三位秦朝旧将为王：章邯为雍王，建都废丘；司马欣为塞王，建都栎阳；董翳为翟王，建都高奴。又封楚将瑕丘申阳为河南王，建都洛阳。赵将司马卬为殷王，建都朝歌。当阳君英布为九江王，建都六县。怀王的柱国共敖为临江王，建都江陵。番君吴芮为衡山王，建都邾县。前齐王田建的孙子田安为济北王。改封魏王豹为西魏王，建都平阳。改封燕王韩广为辽东王。燕将臧荼为燕王，建都蓟县。改封齐王田市为胶东王。齐将田都为齐王，建都临菑。改封赵王歇为代王。赵相张耳为常山王。汉王刘邦怨恨项羽违背约定，想要攻打项羽，丞相萧何劝阻后，就暂时作罢。

夏四月，诸侯在戏下分别，各自去往自己的封国。项羽拨了三万士兵给汉王，楚与诸侯国里因为仰慕汉王而愿意追随他的也有数万人，汉王率领这些人马从杜县向南进入蚀中。张良向汉王辞别回到韩国，汉王亲送张良到褒中，分别时张良建议汉王烧毁栈道，防止其

汉王既至南郑，诸将及士卒皆歌讴思东归，多道亡还者。韩信为治粟都尉，亦亡去，萧何追还之，因荐于汉王，曰："必欲争天下，非信无可与计事者。"于是汉王齐戒设坛场，拜信为大将军，问以计策。信对曰："项羽背约而王君王于南郑，是迁也。吏卒皆山东之人，日夜企而望归，及其锋而用之，可以有大功。天下已定，民皆自宁，不可复用。不如决策东向。"因陈羽可图、三秦易并之计。汉王大说，遂听信策，部署诸将。留萧何收巴蜀租，给军粮食。

五月，汉王引兵从故道出袭雍。雍王邯迎击汉陈仓，雍兵败，还走；战好畤，又大败，走废丘。汉王遂定雍地。东如咸阳，引兵围雍王废丘，而遣诸将略地。

田荣闻羽徙齐王市于胶东而立田都为齐王，大怒，以齐兵迎击田都。都走降楚。六月，田荣杀田市，自立为齐王。时彭越在钜野，众万余人，无所属。荣与越将军印，因令反梁地。越击杀济北王安，荣遂并三齐之地。燕王韩广亦不肯徙辽东。秋八月，臧荼杀韩广，并其地。塞王欣、翟王翳皆降汉。

初，项梁立韩后公子成为韩王，张良为韩司徒。羽以良从汉王，韩王成又无功，故不遣就国，与俱至彭城，杀之。及闻汉王并关中，而齐、梁畔之，羽大怒，乃以故吴令郑昌为韩王，距汉。令萧公角击彭越，越败角兵。时张良徇韩地，遗羽书曰："汉欲得关中，如约即止，不敢复东。"羽以故无西意，而北击齐。

他诸侯借此偷袭汉中，也向项羽表示自己安居汉中再无东进之意。

汉王来到南郑，路上将士都唱着歌想着回到故乡，有很多人都逃回去了。韩信是治粟都尉，也跟着东归的人逃走了，萧何追上韩信劝他回来，并把他推荐给汉王，他说道："如果您想要争夺天下，除了韩信外就没有可以帮您谋划大事的人了。"于是汉王斋戒沐浴，设立坛场，拜韩信为大将军，并向他请教夺取天下的计策。韩信回答："项羽违背约定而改封大王到南郑，明显是在贬谪您。您手下的将士都是山东人，日夜都盼望着能够回去，如果能及时利用这股士气，一定可以建功立业。如果等到天下已经平定，百姓都安居乐业，那就没有士气可用了。不如您早早定下要带兵向东的计策。"韩信还一并讲了打败项羽与兼并三秦的计策。汉王非常高兴，于是按照韩信的计策，部署各位将领。让萧何留守汉中收取巴、蜀的租税，来供给军队粮食。

五月，汉王带兵从故道县袭击雍地。雍王章邯在陈仓迎击汉军，兵败后撤退；又在好畤县与汉军交战，再次大败，章邯逃往废丘。汉王于是平定了雍地。然后他率军向东进入咸阳，领兵包围了章邯据守的废丘，又派遣各位将领攻占土地。

齐将田荣听说项羽把齐王田市改封到胶东然后另立田都为齐王，勃然大怒，就率领齐兵迎击田都。田都败走投降楚国。六月，田荣杀掉田市，自立为齐王。当时彭越驻军在钜野，有一万多士兵，尚无归属。田荣授予彭越将军印，令他回到梁地。彭越于是进攻并杀死了济北王田安，田荣就占有了三齐之地。燕王韩广也不肯迁往辽东。秋八月，臧荼杀掉韩广，占领其地。塞王司马欣、翟王董翳都投降汉国。

起初，项梁立韩国后裔公子成为韩王，张良任韩司徒。项羽因为张良追随汉王，韩王成又没功劳，所以不让他回到封国，和他一起去往彭城，杀死了他。项羽听说汉王兼并关中，而齐国、梁国又背叛了他，勃然大怒，于是把原来的吴县县令郑昌封为韩王，让他抵挡汉军。又命萧公角攻进攻彭越，但他率领的军队被彭越打败。当时张良在韩地巡行，送信给项羽说："汉王想要得到关中，是按照先入关

九月，汉王遣将军薛欧、王吸出武关，因王陵兵，从南阳迎太公、吕后于沛。羽闻之，发兵距之阳夏，不得前。

二年冬十月，项羽使九江王布杀义帝于郴。陈馀亦怨羽独不王己，从田荣藉助兵，以击常山王张耳。耳败走降汉，汉王厚遇之。陈馀迎代王歇还赵，歇立馀为代王。张良自韩间行归汉，汉王以为成信侯。

汉王如陕，镇抚关外父老。河南王申阳降，置河南郡。使韩太尉韩信击韩，韩王郑昌降。十一月，立韩太尉信为韩王。汉王还归，都栎阳，使诸将略地，拔陇西。以万人若一郡降者，封万户。缮治河上塞。故秦苑囿园池，令民得田之。

春正月，羽击田荣城阳，荣败走平原，平原民杀之。齐皆降楚，楚焚其城郭，齐人复畔之。诸将拔北地，虏雍王弟章平。赦罪人。二月癸未，令民除秦社稷，立汉社稷。施恩德，赐民爵。蜀汉民给军事劳苦，复勿租税二岁。关中卒从军者，复家一岁。举民年五十以上，有修行，能帅众为善，置以为三老，乡一人。择乡三老一人为县三老，与县令丞尉以事相教，复勿繇戍。以十月赐酒肉。

三月，汉王自临晋渡河，魏王豹降，将兵从。下河内，虏殷王卬，置河内郡。至修武，陈平亡楚来降。汉王与语，说之，使参乘，监诸将。南渡平阴津，至洛阳，新城三老董公遮说汉王曰："臣闻

称王的约定行事，占领关中后他就会停兵，不敢再向东前进。”项羽因此暂时没有向西用兵之意，而向北攻打齐王田荣。

九月，汉王派将军薛欧、王吸从武关出兵，并会合驻军在南阳王陵的兵力，一起从南阳到沛县迎接刘太公和吕后。项羽听到这个消息，就派兵在阳夏拦截，王陵等人的军队无法前行。

高祖二年（前205）冬十月，项羽派九江王英布在郴县杀了义帝。陈馀也怨恨项羽唯独不封他为王，就跟齐王田荣借兵，攻打常山王张耳。张耳败走投降汉国，汉王厚加礼遇他。陈馀迎接代王赵歇回到赵地，赵歇又立陈馀为代王。张良从韩国逃走沿着小路回到汉地，汉王封他为成信侯。

汉王到达陕县后，安抚关外父老。河南王申阳投降汉国，汉王在这里设置河南郡。又派韩太尉韩信进攻韩国，韩王郑昌投降。十一月，封韩太尉韩信为韩王。汉王回到汉中，建都栎阳，又派各位将领攻占土地，夺取陇西。凡是带领万人或者一郡来降的，都封为万户。又修理河上的要塞。秦朝原先的园林池塘，都开放给百姓让他们耕种。

春正月，项羽在城阳攻打田荣，田荣败走平原县，当地百姓杀掉了他。齐人都投降楚国，楚军焚烧了齐的城郭，齐人又背叛楚。汉王派各位将领向北攻占土地，俘虏了雍王章邯的弟弟章平。并赦免罪人。二月五日，下令百姓废除秦朝的社稷坛，设立汉国的社稷坛。广施恩德，赐民爵禄。蜀汉百姓因为负担军需非常辛苦，就免除他们两年的租税。关中从军的士兵，就免除他们家里一年的租税。凡是年龄超过五十岁的百姓，有修养德行，能带领大家做善事的，安排他做三老，每乡设有一人。选择三老中的一人任县三老，和县令、县丞、县尉一同商议政事，免除他们的戍边之役。每年十月赐给他们酒肉。

三月，汉王从临晋县渡过黄河，魏王豹归降，带兵跟着汉王出征。攻下河内，俘虏了殷王司马卬，设置河内郡。大军到达修武，陈平逃离楚国来降。汉王和他谈话，非常高兴，让他任参乘，监视各位将领。大军向南渡过平阴津，到达洛阳，新城三老董公拦马向汉王

‘顺德者昌，逆德者亡’，‘兵出无名，事故不成’。故曰：‘明其为贼，敌乃可服。’项羽为无道，放杀其主，天下之贼也。夫仁不以勇，义不以力，三军之众为之素服，以告之诸侯，为此东伐，四海之内莫不仰德。此三王之举也。”汉王曰：“善，非夫子无所闻。”于是汉王为义帝发丧，袒而大哭，哀临三日。发使告诸侯曰：“天下共立义帝，北面事之。今项羽放杀义帝江南，大逆无道。寡人亲为发丧，兵皆缟素。悉发关中兵，收三河士，南浮江汉以下，愿从诸侯王击楚之杀义帝者。”

夏四月，田荣弟横收得数万人，立荣子广为齐王。羽虽闻汉东，既击齐，欲遂破之而后击汉，汉王以故得劫五诸侯兵，东伐楚。到外黄，彭越将三万人归汉。汉王拜越为魏相国，令定梁地。汉王遂入彭城，收羽美人货赂，置酒高会。羽闻之，令其将击齐，而自以精兵三万人从鲁出胡陵，至萧，晨击汉军，大战彭城灵壁东睢水上，大破汉军，多杀士卒，睢水为之不流。围汉王三匝。大风从西北起，折木发屋，扬砂石，昼晦，楚军大乱，而汉王得与数十骑遁去。过沛，使人求室家，室家亦已亡，不相得。汉王道逢孝惠、鲁元，载行。楚骑追汉王，汉王急，推堕二子。滕公下收载，遂得脱。审食其从太公、吕后间行，反遇楚军，羽常置军中以为质。诸侯见汉败，皆亡去。塞王欣、翟王翳降楚，殷王卬死。

吕后兄周吕侯将兵居下邑，汉王往从之。稍收士卒，军砀。

诉说："臣听说'顺德者昌，逆德者亡'，'兵出无名，事故不成'。所以说：'明其为贼，敌乃可服。'项羽是暴虐之人，放逐并杀死义帝，是天下的罪人。光靠武力并不能彰显仁义，让三军将士都为义帝穿上丧服，并告知各诸侯，表明这次东征是为了义帝，那么四海之内都会敬慕您的德行。这是追从三王的义举。"汉王说："讲得好，没有您的教诲我是不懂这个道理的。"于是汉王为义帝发丧，丧礼上脱下左袖并大哭，聚众举哀三天。又派使者告知各诸侯："天下共同拥立义帝，对他称臣。现在项羽把义帝放逐到江南并杀害，大逆不道。我亲自为义帝发丧，全军都穿着丧服。尽发关中士兵，聚集三河将士，沿着长江、汉水南下，希望各位诸侯王能够一起攻打楚国杀害义帝的人。"

夏四月，齐王田荣的弟弟田横接收了数万被项羽打败的残军，立田荣的儿子田广为齐王。项羽虽然听闻汉军东进，但已经发兵攻打齐国，就想着打败齐军后再进攻汉军，汉王因此能够兼并魏、殷等五路诸侯的兵马，向东讨伐楚国。大军到外黄时，彭越带领三万士兵归顺。汉王封彭越为魏相国，命他平定梁地。汉王于是进入彭城，接收了项羽的美女与财物，摆下盛大的酒宴。项羽听到消息，另派一员大将攻打齐国，亲自带领三万精兵从鲁地出发经过胡陵，到达萧县，在清晨攻打汉军，在彭城灵壁东面的睢水边上大战，大胜汉军，汉军士兵大肆被杀，尸体阻塞睢水，无法流动。楚军把汉王包围了三重。忽然大风从西北吹来，树木折断，房屋掀起，砂石扬起，白天就像黑夜一样，楚军顿时大乱，而汉王乘机与数十人马冲破包围逃走。经过沛县时，他派人寻找家眷，发现全家都已经逃走，不知去向。汉王在路上遇到儿子孝惠帝与女儿鲁元公主，就载着他们一起奔逃。楚兵追赶汉王，汉王见情势紧急，就把两个孩子推下车去。滕公跳下车去又把两个孩子抱上来，总算得以脱身。审食其跟着刘太公与吕后从小路逃走，反而遇到楚军，项羽把他们扣在军中做人质。诸侯看见汉军溃败，都各自逃走。塞王司马欣、翟王董翳投降楚国，殷王司马卬被杀死。

吕后的哥哥周吕侯带兵在下邑县驻扎，汉王于是前往投奔。稍

汉王西过梁地，至虞，谓谒者随何曰："公能说九江王布使举兵畔楚，项王必留击之。得留数月，吾取天下必矣。"随何往说布，果使畔楚。

五月，汉王屯荥阳，萧何发关中老弱未傅者悉诣军。韩信亦收兵与汉王会，兵复大振。与楚战荥阳南京、索间，破之。筑甬道，属河，以取敖仓粟。魏王豹谒归视亲疾。至则绝河津，反为楚。

六月，汉王还栎阳。壬午，立太子，赦罪人。令诸侯子在关中者皆集栎阳为卫。引水灌废丘，废丘降，章邯自杀。雍地定，八十余县，置河上、渭南、中地、陇西、上郡。令祠官祀天地四方上帝山川，以时祠之。兴关中卒乘边塞。关中大饥，米斛万钱，人相食。令民就食蜀汉。

秋八月，汉王如荥阳，谓郦食其曰："缓颊往说魏王豹，能下之，以魏地万户封生。"食其往，豹不听。汉王以韩信为左丞相，与曹参、灌婴俱击魏。食其还，汉王问："魏大将谁也？"对曰："柏直。"王曰："是口尚乳臭，不能当韩信。骑将谁也？"曰："冯敬。"曰："是秦将冯无择子也，虽贤，不能当灌婴。步卒将谁也？"曰："项它。"曰："不能当曹参。吾无患矣。"九月，信等虏豹，传诣荥阳。定魏地，置河东、太原、上党郡。信使人请兵三万人，愿以北举燕赵，东击齐，南绝楚粮道。汉王与之。

三年冬十月，韩信、张耳东下井陉击赵，斩陈馀，获赵王歇。置常山、代郡。甲戌晦，日有食之。十一月癸卯晦，日有食之。

微聚集了一些士兵后，驻军在砀县。

汉王向西经过梁地，到达虞城县，对来拜见他的随何说：“您如果能劝说九江王英布让他起兵叛楚，项羽就一定会留下兵力攻打他。只要项羽能把兵力留下数月，我就一定能夺取天下。”随何于是前去劝说英布，果然让他背叛楚国。

五月，汉王在荥阳屯兵，萧何征集关中年老体弱和尚未成年的人都到军队里去。韩信也招收兵马与汉王会师，汉王兵力又重振。与楚军在荥阳南面的京、索之间交战，打败楚军。汉军在河边修建通道，来运送敖仓的粮食。魏王豹以探望母亲疾病的名义告假回归故里。刚到就封锁渡口，反而为楚国抵挡汉军。

六月，汉王回到栎阳。初六日，立太子，赦免罪人。又命在关中的各诸侯之子都来守卫栎阳。引水灌入废丘，废丘军民投降，雍王章邯自杀。雍地平定，有八十余县，设置河上、渭南、中地、陇西、上郡。命掌管祭祀的官员祭祀天地、四方、上帝、山川，按时进行祭祀。又派关中士兵镇守边塞。此时关中发生大饥荒，一斛米价值一万钱，人开始吃人。汉王就安排饥民去蜀、汉地区度过饥荒。

秋八月，汉王到达荥阳，对郦食其说：“你去婉言劝说魏王豹，如果成功，就封你为魏地万户侯。”郦食其奉命前往，魏王豹并不听从。汉王于是任韩信为左丞相，与曹参、灌婴一起攻打魏国。郦食其回来，汉王问道：“魏大将是谁？”郦食其答：“柏直。”汉王说：“他年少无知，缺乏经验，不是韩信的对手。骑将是谁？”郦食其答：“冯敬。”汉王说：“他是秦将冯无择的儿子，虽然有才能，但不是灌婴对手。步将是谁？”郦食其说：“项它。”汉王说：“他也不是曹参的对手。我没什么可担忧的了。”九月，韩信等人俘虏了魏王豹，把他押解到荥阳。平定魏地后，汉王设置了河东、太原、上党郡。韩信派人向汉王请求增兵三万人，想要向北灭掉燕国、赵国，向东攻打齐国，向南断绝楚国的粮道。汉王如数拨给了他。

高祖三年（前204）冬十月，韩信、张耳向东经过井陉攻打赵国，斩杀陈馀，俘获赵王歇。设置常山、代郡。十月三十日，发生日食。十一月三十日，又发生日食。

随何既说黥布，布起兵攻楚。楚使项声、龙且攻布，布战不胜。十二月，布与随何间行归汉。汉王分之兵，与俱收兵至成皋。

项羽数侵夺汉甬道，汉军乏食，与郦食其谋桡楚权。食其欲立六国后以树党，汉王刻印，将遣食其立之。以问张良，良发八难。汉王辍饭吐哺，曰："竖儒几败乃公事！"令趋销印。又问陈平，乃从其计，与平黄金四万斤，以间疏楚君臣。

夏四月，项羽围汉荥阳，汉王请和，割荥阳以西者为汉。亚父劝项羽急攻荥阳，汉王患之。陈平反间既行，羽果疑亚父。亚父大怒而去，发病死。

五月，将军纪信曰："事急矣！臣请诳楚，可以间出。"于是陈平夜出女子东门二千余人，楚因四面击之。纪信乃乘王车，黄屋左纛，曰："食尽，汉王降楚。"楚皆呼万岁，之城东观，以故汉王得与数十骑出西门遁。令御史大夫周苛、魏豹、枞公守荥阳。羽见纪信，问："汉王安在？"曰："已出去矣。"羽烧杀信。而周苛、枞公相谓曰："反国之王，难与守城。"因杀魏豹。

汉王出荥阳，至成皋。自成皋入关，收兵欲复东。辕生说汉王曰："汉与楚相距荥阳数岁，汉常困。愿君王出武关，项王必引兵南走，王深壁，令荥阳成皋间且得休息。使韩信等得辑河北赵地，连燕齐，君王乃复走荥阳。如此，则楚所备者多，力分。汉得休息，复与之战，破之必矣。"汉王从其计，出军宛叶间，与黥布行收兵。

随何已经说服英布归顺，英布就起兵攻打楚国。楚国派项声、龙且攻打英布，英布接连失利。十二月，英布与随何从小路回到汉国。汉王分给他兵马，与他一起撤回到成皋。

项羽多次侵占汉军的取粮通道，粮食缺乏，汉王就与郦食其商量削弱楚国势力的办法。郦食其想要拥立六国后裔来作为羽翼，汉王就刻下六国印，打算派郦食其前往分封。临行前汉王询问张良意见，张良认为分封六国会面临八件难事。汉王马上停止用饭，吐出嘴里的食物，说道："郦食其这小子差点坏了我的大事！"然后下令销毁刻下的六国印。又询问陈平，并听从了他的计策，给了他四万斤黄金，用来离间疏远楚国的君臣关系。

夏四月，项羽包围了汉国的荥阳，汉王求和，以荥阳为界来划分，西面是汉国。亚父范增劝项羽应该乘势猛攻荥阳，汉王非常担忧。陈平此时已经收买了部分楚军将领来诋毁范增，项羽果然开始怀疑他。范增勃然大怒地离开楚军营地，发疽而死。

五月，将军纪信对汉王说："情况紧急！臣请求假扮大王来欺骗楚军，大王可以趁此机会逃出去。"于是陈平夜间从荥阳东门放出两千多女子，楚军就从四面追赶她们。纪信扮成汉王乘上王车从东门出来，黄缯车盖，左边插着大旗，说道："粮食已经没有了，汉王向楚国投降。"楚军齐呼万岁，都到城东去围观，因此汉王能够和数十人马从西门逃走。他命御史大夫周苛、魏豹、枞公留守荥阳。项羽看见是纪信，厉声问道："汉王在哪里？"纪信回答："他早已逃出去了。"项羽就把纪信烧死了。而城中的周苛、枞公商量说："魏豹是反国的王，很难和我们一起守城。"于是杀死了魏豹。

汉王逃出荥阳，到达成皋。从成皋入关，招收兵马想要再次东征。辕生劝说汉王："汉与楚在荥阳相持了数年，汉经常处于被动。如果大王从武关出兵，项王一定会带兵向南追去，大王在深沟高垒中抵抗他们，让荥阳、成皋的汉军能够得休整的机会。另外派韩信等人平定河北赵地，使燕、齐连成一片，大王就重新发兵荥阳。如此，楚军必然要拉长防线，使兵力分散。汉军得到休整后，再与他们交战，就一定会打败楚军。"汉王听从了他的计策，从宛县与叶县之间

羽闻汉王在宛，果引兵南，汉王坚壁不与战。是月，彭越渡睢，与项声、薛公战下邳，破杀薛公。羽使终公守成皋，而自东击彭越。汉王引兵北，击破终公，复军成皋。六月，羽已破走彭越，闻汉复军成皋，乃引兵西拔荥阳城，生得周苛。羽谓苛：“为我将，以公为上将军，封三万户。”周苛骂曰：“若不趋降汉，今为虏矣！若非汉王敌也。”羽亨周苛，并杀枞公，而虏韩王信，遂围成皋。汉王跳，独与滕公共车出成皋玉门，北渡河，宿小修武。自称使者，晨驰入张耳、韩信壁，而夺之军。乃使张耳北收兵赵地。

秋七月，有星孛于大角。汉王得韩信军，复大振。八月，临河南乡，军小脩武，欲复战。郎中郑忠说止汉王，高垒深堑勿战。汉王听其计，使卢绾、刘贾将卒二万人，骑数百，渡白马津入楚地，佐彭越烧楚积聚，复击破楚军燕郭西，攻下睢阳、外黄十七城。九月，羽谓海春侯大司马曹咎曰：“谨守成皋。即汉王欲挑战，慎勿与战，勿令得东而已。我十五日必定梁地，复从将军。”羽引兵东击彭越。

汉王使郦食其说齐王田广，罢守兵与汉和。

四年冬十月，韩信用蒯通计，袭破齐。齐王亨郦生，东走高密。项羽闻韩信破齐，且欲击楚，使龙且救齐。

汉果数挑成皋战，楚军不出，使人辱之数日，大司马咎怒，渡兵汜水。士卒半渡，汉击之，大破楚军，尽得楚国金玉货赂。大司马

出兵，与英布沿路招收兵马。

项羽听说汉王在宛县，果然带兵向南攻打，汉王坚守营地不与他交战。同月，彭越渡过睢水，和楚将项声、薛公在下邳交战，打败薛公并将他杀死。项羽派终公据守成皋，自己领兵向东攻打彭越。汉王乘机带兵北上，打败了终公，重新收复成皋。六月，项羽已经打败并赶走彭越，听说汉军收复了成皋，就带兵向西攻占荥阳城，生擒主将周苛。项羽对周苛说："归降的话，我就拜你为上将军，封赏三万户。"周苛怒斥道："你不快点向汉国投降，很快就要成为俘虏了！你是打不过汉王的。"项羽烹杀了周苛，一并处死了枞公，俘虏了韩王信，然后包围了成皋。汉王仓皇出逃，只和滕公乘坐一辆车从成皋玉门出来，向北渡过黄河，夜宿在小修武。清晨，他自称是汉王的使者，赶回张耳、韩信的营地，亲自带领这支军队。然后他派张耳去北边赵地调集汉兵。

秋七月，有彗星出现在大角星旁。汉王取得了韩信的军队后，兵力又大振。八月，他率军到达黄河南边，驻军在小脩武，想要再和楚军交战。郎中郑忠劝阻汉王，建议他不要在深沟高垒中和楚军相持。汉王听从了他的计策，派卢绾、刘贾带着两万士兵，几百骑兵，从白马津渡过黄河进入楚地，协助彭越烧掉楚军积蓄的粮草，又在燕县西面打败楚军，攻下了睢阳、外黄等十七座城池。九月，项羽对海春侯大司马曹咎说："小心守住成皋。即使汉王来挑战，想要你们出兵，千万不要和他交战，不让他们继续东进就行了。我在十五天内一定能平定梁地，到时再与将军会合。"于是项羽领兵向东进攻彭越。

汉王派郦食其去游说齐王田广，田广下令军队停止守备与汉军联合。

高祖四年（前203）冬十月，韩信采用蒯通的计策，偷袭齐军获胜。齐王烹杀了郦生，向东逃到高密。项羽听说韩信打败了齐军，还想要攻打楚军，就派龙且领兵援救齐军。

汉军果然多次向成皋的楚军挑战，楚军坚守城池并不出兵，汉王就派人辱骂楚军，持续数天，大司马曹咎勃然大怒，带兵渡过汜水，想要攻打汉军。楚军刚渡过一半，汉军就发起进攻，大败楚军，

咎、长史欣皆自刭汜水上。汉王引兵渡河，复取成皋，军广武，就敖仓食。

羽下梁地十余城，闻海春侯破，乃引兵还。汉军方围钟离眜于荥阳东，闻羽至，尽走险阻。羽亦军广武，与汉相守。丁壮苦军旅，老弱罢转饷。汉王、羽相与临广武之间而语。羽欲与汉王独身挑战，汉王数羽曰：“吾始与羽俱受命怀王，曰先定关中者王之。羽负约，王我于蜀汉，罪一也。羽矫杀卿子冠军，自尊，罪二也。羽当以救赵还报，而擅劫诸侯兵入关，罪三也。怀王约入秦无暴掠，羽烧秦宫室，掘始皇帝冢，收私其财，罪四也。又强杀秦降王子婴，罪五也。诈阬秦子弟新安二十万，王其将，罪六也。皆王诸将善地，而徙逐故主，令臣下争畔逆，罪七也。出逐义帝彭城，自都之，夺韩王地，并王梁楚，多自与，罪八也。使人阴杀义帝江南，罪九也。夫为人臣而杀其主，杀其已降，为政不平，主约不信，天下所不容，大逆无道，罪十也。吾以义兵从诸侯诛残贼，使刑余罪人击公，何苦乃与公挑战！”羽大怒，伏弩射中汉王。汉王伤胸，乃扪足曰：“虏中吾指！”汉王病创卧，张良强请汉王起行劳军，以安士卒，毋令楚乘胜。汉王出行军，疾甚，因驰入成皋。

十一月，韩信与灌婴击破楚军，杀楚将龙且，追至城阳，虏齐王广。齐相田横自立为齐王，奔彭越。汉立张耳为赵王。

楚国的金玉财物全都缴获。大司马曹咎、长史司马欣都在汜水边自刎而死。汉王带兵渡过黄河，重新夺取成皋，驻军在广武，从敖仓运粮。

项羽攻下梁地十余座城池，听说海春侯曹咎被汉军打败，就带兵返回。汉军正在荥阳东面围困锺离眛，听说项羽带兵赶到，都逃到险阻之地。项羽也驻军在广武，与汉军对峙。年轻人为行军打仗所累，年老体弱之人因为运送军粮而疲惫不堪。汉王、项羽一起来到广武涧前谈话。项羽想要单独挑战汉王，汉王列举他的罪行说道："我当初和你都奉楚怀王之命，说好了先平定关中的人称王。你违背约定，让我在蜀汉为王，这是第一条罪。你假传怀王旨意杀死卿子冠军宋义，自封上将军，这是第二条罪。你援救赵国后就应当返回报告怀王，却擅自强迫诸侯的军队和你一起入关，这是第三条罪。怀王约定进入秦地后不能抢劫财物，你却烧掉秦朝宫殿，挖开秦始皇的陵墓，把秦地财物都据为己有，这是第四条罪。你又强行杀死已经投降的秦王子婴，这是第五条罪。你用欺诈手段在新安坑杀了二十万秦兵，却把他们的将领封为王，这是第六条罪。你把手下的各位将领都封在好地方，却把原来的诸侯王放逐，让臣下因为争夺王位而背叛其主，这是第七条罪。你把义帝赶出彭城，自己又在那里建都，夺取韩王的土地，兼并梁地和楚地，把这些都划给了自己，这是第八条罪。你派人在江南秘密杀死义帝，这是第九条罪。你身为臣子却杀害自己的君主，杀害已经投降的人，执掌国政不公平，主持盟约不守信，不被天下所容，大逆不道，这是第十条罪。我带领义军跟着诸侯一起讨伐你，派个受过刑的罪犯攻打你就行了，我又何苦与你挑战！"项羽勃然大怒，下令埋伏好的弓弩手射中了汉王。汉王胸口受伤，却用手摸着脚说道："这个贼子只是射中了我的脚趾！"汉王因为箭伤而卧床不起，张良强行请汉王起来去慰劳将士，以此来稳定军心，不让楚军乘胜进攻。汉王出去巡视军营后，病情加重，马上赶回了成皋。

十一月，韩信和灌婴打败楚军，杀死楚军大将龙且，追到城阳，俘虏了齐王田广。齐相田横自立为齐王，投奔彭越。汉王立张耳为赵王。

汉王疾瘉，西入关，至栎阳，存问父老，置酒。枭故塞王欣头栎阳市。留四日，复如军，军广武。关中兵益出，而彭越、田横居梁地，往来苦楚兵，绝其粮食。

韩信已破齐，使人言曰："齐边楚，权轻，不为假王，恐不能安齐。"汉王怒，欲攻之。张良曰："不如因而立之，使自为守。"春二月，遣张良操印，立韩信为齐王。秋七月，立黥布为淮南王。八月，初为算赋。北貉、燕人来致枭骑助汉。汉王下令：军士不幸死者，吏为衣衾棺敛，转送其家。四方归心焉。

项羽自知少助食尽，韩信又进兵击楚，羽患之。汉遣陆贾说羽，请太公，羽弗听。汉复使侯公说羽，羽乃与汉约，中分天下，割鸿沟以西为汉，以东为楚。九月，归太公、吕后，军皆称万岁。乃封侯公为平国君。羽解而东归。汉王欲西归，张良、陈平谏曰："今汉有天下太半，而诸侯皆附，楚兵罢食尽，此天亡之时，不因其几而遂取之，所谓养虎自遗患也。"汉王从之。

汉王箭伤好了后，向西进入函谷关，到达栎阳，慰问当地父老，摆下酒宴。又割掉原塞王司马欣的头，挂在栎阳街市上示众。停留了四天，他又回到军中，驻军在广武。关中士兵争相赶赴楚汉战场，而彭越、田横驻守梁地，来回袭击楚军，断绝了他们的运粮通道。

韩信攻下齐国后，派人对汉王说："齐国在楚国边上，我的权力太小，如果不能做个假王的话，恐怕不能使齐国安定。"汉王勃然大怒，想要攻打他。张良说："不如就趁此机会封他为齐王，让他守住齐地。"春二月，汉王派张良带着王印，立韩信为齐王。秋七月，立英布为淮南王。八月，开始推行算赋法。北貉、燕人派了一些勇猛的骑兵来协助汉军。汉王下令："不幸阵亡的士兵，就派人给他穿好衣服裹上单被，用棺木收敛，送回家乡。"天下百姓都真心归附。

项羽自己知道现在身边没有帮手，粮食也快吃完了，韩信又屡次派兵攻打楚军，心中非常担忧。汉王派陆贾劝说项羽，释放太公和吕后，项羽不听。于是又派侯公来劝说他，项羽就与汉王约定，平分天下，以鸿沟为界来划分，西面是汉国，东面是楚国。九月，项羽把太公与吕后放回，汉军齐呼万岁。汉王于是封侯公为平国君。项羽率军解了荥阳之困后东归。汉王也打算西归，张良、陈平劝谏说："现在汉王已经拥有大半个天下，各路诸侯也都前来归附，而楚军疲惫不堪，粮食断绝，这是上天要使楚国灭亡，如果不趁此机会拿下他们，就是所说的养虎为患啊。"汉王听从了他们的建议。

卷一下

高帝纪第一下

五年冬十月，汉王追项羽至阳夏南止军，与齐王信、魏相国越期会击楚，至固陵，不会。楚击汉军，大破之，汉王复入壁，深堑而守。谓张良曰："诸侯不从，奈何？"良对曰："楚兵且破，未有分地，其不至固宜。君王能与共天下，可立致也。齐王信之立，非君王意，信亦不自坚。彭越本定梁地，始君王以魏豹故，拜越为相国。今豹死，越亦望王，而君王不早定。今能取睢阳以北至穀城皆以王彭越，从陈以东傅海与齐王信，信家在楚，其意欲复得故邑。能出捐此地以许两人，使各自为战，则楚易败也。"于是汉王发使使韩信、彭越。至，皆引兵来。

十一月，刘贾入楚地，围寿春。汉亦遣人诱楚大司马周殷。殷畔楚，以舒屠六，举九江兵迎黥布，并行屠城父，随刘贾皆会。

十二月，围羽垓下。羽夜闻汉军四面皆楚歌，知尽得楚地，羽与数百骑走，是以兵大败。灌婴追斩羽东城。楚地悉定，独鲁不下。汉王引天下兵欲屠之，为其守节礼义之国，乃持羽头示其父兄，鲁乃降。初，怀王封羽为鲁公，及死，鲁又为之坚守，故以鲁公葬羽于穀城。汉王为发丧，哭临而去。封项伯等四人为列侯，赐姓刘氏。诸民略在楚者皆归之。汉王还至定陶，驰入齐王信壁，夺其军。初

高祖五年（前202）冬十月，汉王追击项羽到阳夏南面，停止前进，与齐王韩信、魏相国彭越约定日期一同会师攻打楚军，汉王率军到达固陵，韩信和彭越并未按照约定前来会师。项羽领兵攻打汉军，大败汉军，汉王又收兵回营，挖掘深沟来据守。他对张良说："诸侯不听从我们，怎么办？"张良回答："楚军就算被打败，韩信和彭越也不会分到土地，他们不来会师也是情理之中。如果大王能够和他们共享天下，他们马上就会来会师。立韩信为齐王，不是出自您的本意，韩信对您的信心也不坚定。彭越本来平定了梁地，最初大王因为魏王豹来归降的关系，才封彭越为魏相国。现在魏王豹已死，彭越也想称王，而大王不能早早定夺。如果现在把睢阳以北至穀城的土地都划给彭越并封他为王，把陈县以东连带渤海的土地划给齐王韩信，韩信的家在楚地，他本想收复自己的家乡。大王要是能舍弃这些土地来许给他们两人，让他们各自为战，那么楚国就很容易打败了。"于是汉王派使者把这消息带给韩信、彭越。使者带到后，他们两人都带兵前来会师了。

十一月，刘贾攻入楚地，包围寿春。汉王又派人诱降楚大司马周殷。周殷背叛楚国，带着舒县的兵马进攻六县，率领九江的兵马配合英布，两军一同攻打城父县，英布与刘贾都同汉王会师。

十二月，汉军在垓下合围项羽。项羽夜里听到四面的汉军都唱着楚歌，以为他们已经完全占领了楚地，他就带着数百骑人马出逃，楚军因此大败。灌婴追击项羽到东城并斩杀了他。楚地全部平定，只有鲁地不降。汉王想要率领天下兵马攻打它，但又因为它是守节礼义之国，就拿着项羽的首级展示给当地父老兄弟，鲁地于是投降。起初，怀王封项羽为鲁公，他死后，鲁地又为他坚守，所以就按照鲁公的丧仪把项羽葬在穀城。汉王为他发丧，并到他的灵前哭泣哀悼。

项羽所立临江王共敖前死，子尉嗣立为王，不降。遣卢绾、刘贾击虏尉。

春正月，追尊兄伯号曰武哀侯。下令曰："楚地已定，义帝亡后，欲存恤楚众，以定其主。齐王信习楚风俗，更立为楚王，王淮北，都下邳。魏相国建城侯彭越勤劳魏民，卑下士卒，常以少击众，数破楚军，其以魏故地王之，号曰梁王，都定陶。"又曰："兵不得休八年，万民与苦甚，今天下事毕，其赦天下殊死以下。"

于是诸侯上疏曰："楚王韩信、韩王信、淮南王英布、梁王彭越、故衡山王吴芮、赵王张敖、燕王臧荼昧死再拜言，大王陛下：先时秦为亡道，天下诛之。大王先得秦王，定关中，于天下功最多。存亡定危，救败继绝，以安万民，功盛德厚。又加惠于诸侯王有功者，使得立社稷。地分已定，而位号比拟，亡上下之分，大王功德之著，于后世不宣。昧死再拜上皇帝尊号。"汉王曰："寡人闻帝者贤者有也，虚言亡实之名，非所取也。今诸侯王皆推高寡人，将何以处之哉？"诸侯王皆曰："大王起于细微，灭乱秦，威动海内。又以辟陋之地，自汉中行威德，诛不义，立有功，平定海内，功臣皆受地食邑，非私之也。大王德施四海，诸侯王不足以道之，居帝位甚实宜，愿大王以幸天下。"汉王曰："诸侯王幸以为便于天下之民，则可矣。"于是诸侯王及太尉长安侯臣绾等三百人，与博士稷嗣君叔孙通谨择良日二月甲午，上尊号。汉王即皇帝位于汜水之阳。尊王后曰皇后，太子曰皇太子，追尊先媪曰昭灵夫人。

汉王封项伯等四人为列侯，赐刘姓。被掳掠到楚地的百姓都让他们返回原籍。汉王带着军队回到定陶，然后又快马加鞭进入齐王韩信的营地，夺了他的兵权。起初项羽所立的临江王共敖已死，他的儿子共尉继位为王，不肯投降。汉王就派卢绾、刘贾攻打并俘虏了他。

春正月，汉王追尊他的长兄刘伯为武哀侯。下令说："楚地已经平定，义帝没有后代，想要安抚楚地百姓，就应选定楚地之主。齐王韩信熟悉楚地风俗，改立为楚王，统辖淮北地区，建都下邳。魏相国建城侯彭越体恤魏民，爱护士兵，经常以少胜多，几次打败楚军，现将魏故地赐给他，号为梁王，建都定陶。"又说："战争持续了八年，给百姓带来了深重的苦难，现在天下已经统一，除了被判斩首的死刑犯外，其他犯人一律赦免。"

于是诸侯上奏说："楚王韩信、韩王信、淮南王英布、梁王彭越、原衡山王吴芮、赵王张敖、燕王臧荼冒死上书，大王陛下：过去秦朝无道，天下共同诛讨。大王最先俘虏秦王子婴，平定关中，功劳最大。生死存亡之时平定危机，令天下免遭破坏，复兴被断绝的国脉，使万民享有安定生活，功劳极大德泽深厚。同时又施加恩惠给有功的诸侯王，让他们能够分封建国。现在诸侯王的封地和名位已定，而他们的位号和大王一样，没有上下之分，这样大王显著的功劳德行，就不能在后世宣扬。所以臣等冒死再拜请陛下加上皇帝尊号。"汉王推辞说："寡人听说贤明的皇帝才会有尊号，不符合实际的虚名，是不该取得的。现在诸侯王都推举寡人称帝，寡人怎么受得起？"诸侯王都说："大王崛起于微贱，消灭乱秦，威震海内。后来又凭借巴蜀偏僻之地，从汉中施行威势和德政，诛讨不义之师，封立有功之人，平定海内，功臣都领受封地与食邑，没有私自占有这些土地。大王的恩德遍及四海，诸侯王不能与您相比，您居帝位是非常切合实际的，希望大王能够满足天下百姓的愿望。"汉王说："诸侯王都认为寡人称帝是有利于天下百姓的话，那寡人就准奏了。"于是诸侯王及太尉长安侯卢绾等三百人，与博士稷嗣君叔孙通慎重选择吉日二月初三日，上皇帝尊号。汉王在汜水北面登上帝位。尊王后吕后为皇后，太子刘盈为皇太子，追尊先母为昭灵夫人。

诏曰："故衡山王吴芮与子二人、兄子一人，从百粤之兵，以佐诸侯，诛暴秦，有大功，诸侯立以为王。项羽侵夺之地，谓之番君。其以长沙、豫章、象郡、桂林、南海立番君芮为长沙王。"又曰："故粤王亡诸世奉粤祀，秦侵夺其地，使其社稷不得血食。诸侯伐秦，亡诸身帅闽中兵以佐灭秦，项羽废而弗立。今以为闽粤王，王闽中地，勿使失职。"

帝乃西都洛阳。夏五月，兵皆罢归家。诏曰："诸侯子在关中者，复之十二岁，其归者半之。民前或相聚保山泽，不书名数，今天下已定，令各归其县，复故爵田宅，吏以文法教训辨告，勿笞辱。民以饥饿自卖为人奴婢者，皆免为庶人。军吏卒会赦，其亡罪而亡爵及不满大夫者，皆赐爵为大夫。故大夫以上赐爵各一级，其七大夫以上，皆令食邑，非七大夫以下，皆复其身及户，勿事。"又曰："七大夫、公乘以上，皆高爵也。诸侯子及从军归者，甚多高爵，吾数诏吏先与田宅，及所当求于吏者，亟与。爵或人君，上所尊礼，久立吏前，曾不为决，甚亡谓也。异日秦民爵公大夫以上，令丞与亢礼。今吾于爵非轻也，吏独安取此！且法以有功劳行田宅，今小吏未尝从军者多满，而有功者顾不得，背公立私，守尉长吏教训甚不善。其令诸吏善遇高爵，称吾意。且廉问，有不如吾诏者，以重论之。"

帝置酒雒阳南宫。上曰："通侯诸将毋敢隐朕，皆言其情。吾所

高祖下诏说："原衡山王吴芮与两个儿子，一个侄子，从百越之地起兵，协助诸侯，诛灭暴秦，建有大功，诸侯立他为王。后来被项羽侵占了他的土地，降称为番君。现在把长沙、豫章、象郡、桂林、南海等地封给他，立番君吴芮为长沙王。"又说："前越王亡诸世代侍奉越祀，秦朝侵占了他的土地，使越地的祖先无人祭祀。诸侯伐秦，亡诸亲自带领闽中士兵来协助灭秦，项羽把他废掉没有立为王。现在封亡诸为闽越王，统辖闽中之地，不让他失去旧职。"

高祖于是建都洛阳。夏五月，士兵都解甲归田。高祖下诏说："在关中的诸侯子弟，免除十二年赋役，已经回到原籍的，免除六年赋役。过去有百姓一起逃到深山之中来躲避秦乱，没有列入户籍，现在天下已定，让他们各自回到自己的郡县，恢复原有的爵位与田地房屋，各地官吏要按照法令条文来教导训诫，不得鞭笞羞辱。百姓中因为饥饿自己卖给他人为奴婢的，都免除他们的奴婢身份恢复成平民。前秦的军官士兵一律赦免其罪，其中无罪且没有爵位或者原来的爵位不到大夫的，都赐爵为大夫。原来的爵位在大夫以上的，各加一级。其中七大夫以上的，都赐给食邑，七大夫以下的，都免除本人及家庭的赋税，不用服徭役。"又说："七大夫、公乘以上，都是高等级的爵位。诸侯子弟及从军回乡的，很多都有高等级的爵位，我已经多次下令办事官吏要先分给他们田地房屋，他们向办事官吏提出的正当要求，应该迅速帮他们解决。有爵位的或者诸侯国君，都是受皇帝尊重礼待的，有人多次向办事官吏请求处理问题，却得不到妥善解决，这是不正常的。过去秦朝的人爵位等级在公大夫以上的，是按照与令丞平等的礼节相待。现在我对于爵位等级也不敢轻视，怎么有些官吏能如此不尊重！况且法令规定应该给有功劳的人田地房屋，现在有些小吏没有从军却首先满足自身需求，有功劳的人反而得不到，违背公法而谋取私利，这是郡守、郡尉、县令没有好好教导训诫导致的。应该告诫各位办事官吏善加礼遇有高等级爵位的人，不要辜负我的厚望。还应该进行察访，对于那些不按照我的旨意办事的人，一定要给予重罚。"

高祖在洛阳南宫摆下酒宴。他说："各位通侯和将领，不要对

以有天下者何？项氏之所以失天下者何？”高起、王陵对曰：“陛下嫚而侮人，项羽仁而敬人。然陛下使人攻城略地，所降下者，因以与之，与天下同利也。项羽妒贤嫉能，有功者害之，贤者疑之，战胜而不与人功，得地而不与人利，此其所以失天下也。”上曰：“公知其一，未知其二。夫运筹帷幄之中，决胜千里之外，吾不如子房；填国家，抚百姓，给饷餽，不绝粮道，吾不如萧何；连百万之众，战必胜，攻必取，吾不如韩信。三者皆人杰，吾能用之，此吾所以取天下者也。项羽有一范增而不能用，此所以为我禽也。”群臣说服。

初，田横归彭越。项羽已灭，横惧诛，与宾客亡入海。上恐其久为乱，遣使者赦横，曰：“横来，大者王，小者侯；不来，且发兵加诛。”横惧，乘传诣雒阳，未至三十里，自杀。上壮其节，为流涕，发卒二千人，以王礼葬焉。

戍卒娄敬求见，说上曰：“陛下取天下与周异，而都雒阳，不便，不如入关，据秦之固。”上以问张良，良因劝上。是日，车驾西都长安。拜娄敬为奉春君，赐姓刘氏。六月壬辰，大赦天下。

秋七月，燕王臧荼反，上自将征之。九月，虏荼。诏诸侯王视有功者立以为燕王。荆王臣信等十人皆曰：“太尉长安侯卢绾功最多，请立以为燕王。”使丞相哙将兵平代地。

利幾反，上自击破之。利幾者，项羽将。羽败，利幾为陈令，降，上侯之颍川。上至雒阳，举通侯籍召之，而利幾恐，反。

后九月，徙诸侯子关中。治长乐宫。

我有所隐晦，都来说一说。我为什么能够取得天下？项羽为什么会失掉天下？”高起、王陵答道：“陛下平日里对人似乎不太尊重，项羽似乎能够关心尊重别人。但是陛下派人攻占城池，夺取土地，拿下的地方，都给了有功之人，这是与天下共享利益的表现。而项羽妒贤嫉能，迫害有功之人，怀疑贤才之士，打了胜仗却不与人分享战功，得到土地而不愿意赏给功臣，这就是他失掉天下的原因。”高祖说：“你只知其一，不知其二。运筹于帷幄之中，决胜于千里之外，我不如张良；安定国家，抚恤百姓，供给粮饷，保证粮道畅通，我不如萧何；指挥百万大军，战无不胜，攻无不克，我不如韩信。这三位都是人中豪杰，而我能够重用他们，这就是我能取得天下的原因。项羽有一个贤才范增，但不能重用他，所以他才被我所擒。”群臣都心悦诚服。

起初，田横来投奔彭越。项羽被杀后，田横害怕被诛杀，就带着下属逃到海岛上。高祖担心时间久了会滋生祸乱，就派使者去赦免田横，赦令说：如果田横回来，就可以封王，下属可以封侯；如果不回来，就派兵进行诛讨。”田横非常害怕，就乘坐驿车赶赴洛阳，离洛阳城还有三十里时，他自杀了。高祖赞赏他的节操，为他哭泣，派了两千士兵，按照王的丧仪进行安葬。

一个叫娄敬的守边士兵求见，他建议高祖：“陛下取得天下与周朝不同，而建都在洛阳，不太适宜，不如进入函谷关，据守险要的秦地。”高祖向张良询问意见，张良就劝他同意。同日，皇帝车驾驶向西都长安。封娄敬为奉春君，赐刘姓。六月八日，大赦天下。

秋七月，燕王臧荼造反，高祖亲自带兵征讨。九月，俘虏臧荼。下诏各诸侯王推举有功之臣立为新燕王。楚王韩信等十人都说：“太尉长安侯卢绾功劳最多，请立他为燕王。”高祖派丞相樊哙带兵平定代地。

利幾造反，高祖亲自带兵把他打败。利幾，原来是项羽的将领。项羽兵败时，利幾是陈县县令，投降后，高祖封他为颍川侯。高祖到洛阳，召见所有位列通侯的大臣，而利幾因为其项羽旧部的身份感到害怕，就造反了。

闰九月，高祖挑选诸侯子弟来关中。并建造长乐宫。

六年冬十月，令天下县邑城。

人告楚王信谋反，上问左右，左右争欲击之。用陈平计，乃伪游云梦。十二月，会诸侯于陈，楚王信迎谒，因执之。诏曰："天下既安，豪桀有功者封侯，新立，未能尽图其功。身居军九年，或未习法令，或以其故犯法，大者死刑，吾甚怜之。其赦天下。"田肯贺上曰："甚善，陛下得韩信，又治秦中。秦，形胜之国也，带河阻山，县隔千里，持戟百万，秦得百二焉。地势便利，其以下兵于诸侯，譬犹居高屋之上建瓴水也。夫齐，东有琅邪、即墨之饶，南有泰山之固，西有浊河之限，北有勃海之利，地方二千里，持戟百万，县隔千里之外，齐得十二焉，此东西秦也。非亲子弟，莫可使王齐者。"上曰："善。"赐金五百斤。上还至雒阳，赦韩信，封为淮阴侯。

甲申，始剖符封功臣曹参等为通侯。诏曰："齐，古之建国也，今为郡县，其复以为诸侯。将军刘贾数有大功，及择宽惠脩絜者，王齐、荆地。"春正月丙午，韩王信等奏请以故东阳郡、鄣郡、吴郡五十三县立刘贾为荆王，以砀郡、薛郡、郯郡三十六县立弟文信君交为楚王。壬子，以云中、雁门、代郡五十三县立兄宜信侯喜为代王，以胶东、胶西、临淄、济北、博阳、城阳郡七十三县立子肥为齐王，以太原郡三十一县为韩国，徙韩王信都晋阳。

上已封大功臣二十余人，其余争功，未得行封。上居南宫，从復道上见诸将往往耦语，以问张良。良曰："陛下与此属共取天下，今已为天子，而所封皆故人所爱，所诛皆平生仇怨。今军吏计功，以

高祖六年(前201)冬十月,下令天下各县邑修筑城池。

有人向高祖告密说楚王韩信要谋反,高祖向左右征求意见,左右都主张出兵征讨。高祖采纳陈平的计策,假称要去云梦游猎。十二月,高祖在陈地召集诸侯,楚王韩信前去谒见,就乘机将他拿下。高祖下诏说:“天下已经安定,豪杰中有功的人都封为侯爵,我新登帝位,还没能按照功劳全部进行封赏。由于身在军中九年,有人没有时间学习法令,有人因此触犯法令,严重的被判处了死刑,我非常同情他们。所以现在要大赦天下。”田肯向高祖表示祝贺,说道:“陛下说的对极了,拿下了韩信,又在关中建都。秦,是险要之地,靠山环河,远隔千里,即使是百万大军,秦地以两万之兵也可抵挡。地势便利,出兵征讨诸侯时,就犹如在高屋之上倒下水瓶。齐,东面有富饶的琅琊、即墨,南面有险固的泰山,西面有黄河来阻挡,北面有渤海做防卫,地方有二千里,远隔在千里之外,即使是百万大军,齐地以二十万之兵也可抵挡,这就相当于是东西二秦。不是至亲子弟,不能派他去做齐王。”高祖说:“很好。”并赐给田肯黄金五百斤。高祖回到洛阳,赦免韩信,降为淮阴侯。

十二月二十八日,高祖剖分信符封功臣曹参等为通侯。下诏说:“齐,古代是建国之地,现在改为郡县,应该恢复成国封给诸侯。将军刘贾屡建大功,可以推举像他这样宽厚慈惠,高尚廉洁的人,做齐、荆等地之王。”春正月二十一日,韩王信等上奏请求把原东阳郡、鄣郡、吴郡共五十三县封给刘贾,并立他为荆王,把砀郡、薛郡、郯郡共三十六县封给高祖的弟弟文信侯刘交,并立他为楚王。二十七日,把云中、雁门、代郡共五十三县封给高祖的哥哥宜信侯刘喜,并立他为代王,把胶东、胶西、临淄、济北、博阳、城阳郡共七十三县封给高祖的儿子刘肥,并立他为齐王,把太原郡共三十一县设为韩国,改封韩王信建都晋阳。

高祖已经封赏了二十多位大功臣,其余没得到封赏的人争夺功劳,使封赏工作不能正常进行。高祖住在南宫,在复道上经常会看到各位将领相对私语,就向张良询问原因。张良说:“陛下和这些人

天下为不足用遍封，而恐以过失及诛，故相聚谋反耳。”上曰：“为之奈何？”良曰：“取上素所不快，计群臣所共知最甚者一人，先封以示群臣。”三月，上置酒，封雍齿，因趣丞相急定功行封。罢酒，群臣皆喜，曰：“雍齿且侯，吾属亡患矣！”

上归栎阳，五日一朝太公。太公家令说太公曰：“天亡二日，土亡二王。皇帝虽子，人主也；太公虽父，人臣也。奈何令人主拜人臣！如此，则威重不行。”后上朝，太公拥彗，迎门却行。上大惊，下扶太公。太公曰：“帝，人主，奈何以我乱天下法！”于是上心善家令言，赐黄金五百斤。夏五月丙午，诏曰：“人之至亲，莫亲于父子，故父有天下传归于子，子有天下尊归于父，此人道之极也。前日天下大乱，兵革并起，万民苦殃，朕亲被坚执锐，自帅士卒，犯危难，平暴乱，立诸侯，偃兵息民，天下大安，此皆太公之教训也。诸王、通侯、将军、群卿、大夫已尊朕为皇帝，而太公未有号。今上尊太公曰太上皇。”

秋九月，匈奴围韩王信于马邑，信降匈奴。

七年冬十月，上自将击韩王信于铜鞮，斩其将。信亡走匈奴，与其将曼丘臣、王黄共立故赵后赵利为王，收信散兵，与匈奴共距汉。上从晋阳连战，乘胜逐北，至楼烦，会大寒，士卒堕指者什二三。遂至平城，为匈奴所围，七日，用陈平秘计得出。使樊哙留定代地。

一起取得天下，现在您已经是天子，但封赏的都是原来就与您交好的人，诛杀的都是素来就结下仇怨的人。现在各位将领计算功绩，认为天下土地少不能遍封功臣，而又害怕因为过失遭到诛杀，所以就聚在一起商量着要谋反了。”高祖担忧道：“怎么办才好？”张良说：“找一个陛下平日里最憎恶的，也是群臣都知道您讨厌他的人，首先进行封赏，来安定群臣之心。”三月，高祖摆下酒宴，封赏了过去的仇人雍齿，并催促丞相马上论功行赏。散席后，群臣都非常高兴，他们说道：“雍齿还能封侯，我们还有什么可担忧的！”

高祖回到栎阳，每五天朝见一次太公。太公的家臣向太公建议说：“天上没有两个太阳，地上没有两个君王。陛下虽然是您的儿子，却是帝王；您虽然是陛下的父亲，却是臣子。怎么能让帝王去拜见臣子！这样下去，帝王的权威就很难树立。”以后高祖来朝见，太公就亲自拿着扫帚扫门表示恭敬，并挡着门向后退去。高祖非常吃惊，马上下来扶太公。太公说：“皇帝，是万民之主，不能因为我乱了君臣之法！”高祖认为太公家臣的建议非常好，就赐给他黄金五百斤。夏五月二十三日，下诏说：人间至亲，没有比父子更亲的了，所以父亲有天下会传给儿子，儿子有天下会让父亲享有尊荣，这是最高的人伦。过去天下大乱，战争并起，万民受苦，朕亲自身穿坚甲，手持利兵，率领士兵，冒着危难，平定暴乱，封立诸侯，停战收兵，让百姓得到修养生息，至此天下大安，这都是太公教导有方。各王、通侯、将军、郡卿、大夫都已经尊朕为皇帝，但太公还没有名号。现在尊奉太公为太上皇。”

秋九月，匈奴在马邑围困韩王信，韩王信向匈奴投降。

高祖七年（前200）冬十月，他亲自带兵到铜鞮县攻打韩王信，斩杀其主将。信逃到匈奴，与其部将曼丘臣、王黄共同拥立原赵国后裔赵利为王，并接收韩王信的散兵，与匈奴一起抵抗汉军。高祖从晋阳接连作战，乘胜追剿败兵，到达楼烦，恰巧遇到严寒，冻掉手指的士兵占了十分之二三。于是高祖只能率军退到平城，被匈奴包围，七日之后，用陈平献出的美人计才得以脱困。高祖派樊哙留守来安定代地。

十二月，上还过赵，不礼赵王。是月，匈奴攻代，代王喜弃国，自归雒阳，赦为合阳侯。辛卯，立子如意为代王。

春，令郎中有罪耐以上，请之。民产子，复勿事二岁。

二月，至长安。萧何治未央宫，立东阙、北阙、前殿、武库、大仓。上见其壮丽，甚怒，谓何曰："天下匈匈，劳苦数岁，成败未可知，是何治宫室过度也！"何曰："天下方未定，故可因以就宫室。且夫天子以四海为家，非令壮丽亡以重威，且亡令后世有以加也。"上说。自栎阳徙都长安。置宗正官以序九族。夏四月，行如雒阳。

八年冬，上东击韩信余寇于东垣。还过赵，赵相贯高等耻上不礼其王，阴谋欲弑上。上欲宿，心动，问"县名何？"曰："柏人。"上曰："柏人者，迫于人也。"去弗宿。

十一月，令士卒从军死者为槥，归其县，县给衣衾棺葬具，祠以少牢，长吏视葬。十二月，行自东垣至。

春三月，行如雒阳。令吏卒从军至平城及守城邑者皆复终身勿事。爵非公乘以上毋得冠刘氏冠。贾人毋得衣锦绣绮縠絺纻罽，操兵，乘骑马。秋八月，吏有罪未发觉者，赦之。九月，行自雒阳至，淮南王、梁王、赵王、楚王皆从。

九年冬十月，淮南王、梁王、赵王、楚王朝未央宫，置酒前殿。上奉玉卮为太上皇寿，曰："始大人常以臣亡赖，不能治产业，不如

十二月，高祖返回时经过赵地，对赵王没有以礼相待。同月，匈奴攻打代国，代王刘喜弃国出逃，自己回到洛阳，高祖赦免了他的罪，降为合阳侯。二十一日，高祖立皇子刘如意为代王。

春，诏令郎中凡是犯有应罚剃去鬓须以上罪行的，都要向上级请示。百姓生了子女，可以免除两年徭役。

二月，高祖到长安。萧何负责兴建未央宫，建造东阙、北阙、前殿、武库、大仓。高祖看见宫殿十分壮丽，非常生气，对萧何说："天下动荡不安，百姓长期受苦，成败还不可知，为什么还要过度兴建宫殿呢！"萧何说："正是因为天下还没有完全平定，所以才要兴建宫殿。而且天子以四海为家，宫殿如果不壮丽就不能彰显自己的威严和权势，同时还可以向后世昭示不必再行扩建了。"高祖很高兴。就从栎阳迁都到长安。并设立宗正官来掌管皇族事务。夏四月，高祖巡行到洛阳。

高祖八年（前199）冬，在东垣攻打韩信的余党。高祖率军返回时经过赵地，赵相贯高等人对去年冬天高祖经过赵地没有以礼相待赵王一事耿耿于怀，就阴谋要杀死高祖。高祖本打算在赵地留宿，忽然心跳不已，问人说："此县叫什么？"那人回答："柏人。"高祖说："柏人，是受人胁迫的意思。"于是离去没有留宿。

十一月，诏令对于从军而死的士兵一律用小棺材盛装他们的遗体，把他们送回原籍，由原籍供给装殓的衣服单被、棺材和丧葬用具，用少牢进行祭祀，县吏亲自参加葬礼。十二月，高祖从东垣回到都城。

春三月，高祖巡行到洛阳。诏令对于从军到平城及坚守城池的官兵，一律免除终身徭役。爵位等级达不到公乘以上的不得戴刘氏冠。商人不得穿着织锦刺绣、绫绸绉纱，细葛布和毛织物，不能手拿兵器，骑马。秋八月，诏令对于过去有罪但没被告发的官员，一律赦免其罪。九月，高祖从洛阳回到都城，淮南王、梁王、赵王、楚王等随同回朝。

高祖九年（前198）冬十月，淮南王、梁王、赵王、楚王来未央宫朝见，在前殿摆下酒宴。高祖捧着玉杯为太上皇敬酒贺寿，说道："当初

仲力。今某之业所就孰与仲多?”殿上群臣皆称万岁,大笑为乐。

十一月,徙齐楚大族昭氏、屈氏、景氏、怀氏、田氏五姓关中,与利田宅。十二月,行如雒阳。

贯高等谋逆发觉,逮捕高等,并捕赵王敖下狱。诏敢有随王,罪三族。郎中田叔、孟舒等十人自髡钳为王家奴,从王就狱。王实不知其谋。春正月,废赵王敖为宣平侯。徙代王如意为赵王,王赵国。丙寅,前有罪殊死以下皆赦之。

二月,行自雒阳至。贤赵臣田叔、孟舒等十人,召见与语,汉廷臣无能出其右者。上说,尽拜为郡守、诸侯相。

夏六月乙未晦,日有蚀之。

十年冬十月,淮南王、燕王、荆王、梁王、楚王、齐王、长沙王来朝。

夏五月,太上皇后崩。秋七月癸卯,太上皇崩,葬万年。赦栎阳囚死罪以下。八月,令诸侯王皆立太上皇庙于国都。

九月,代相国陈豨反。上曰:“豨尝为吾使,甚有信。代地吾所急,故封豨为列侯,以相国守代,今乃与王黄等劫掠代地!吏民非有罪也,能去豨、黄来归者,皆赦之。”上自东,至邯郸。上喜曰:“豨不南据邯郸而阻漳水,吾知其亡能为矣。”赵相周昌奏常山二十五城亡其二十城,请诛守尉。上曰:“守尉反乎?”对曰:“不。”上曰:“是力不足,亡罪。”上令周昌选赵壮士可令将者,白见四人。上嫚骂曰:“竖子能为将乎!”四人惭,皆伏地。上封各千户,以为将。左右谏曰:“从入蜀汉,伐楚,赏未遍行,今封此,何功?”上曰:“非汝所知。陈豨反,赵代地皆豨有。吾以羽檄征天下兵,未有至

父亲总认为我不务正业，不能经营产业，不如二哥勤劳。现在我的产业与二哥比起来谁更多？”殿上群臣齐呼万岁，笑声不断，一片欢乐。

十一月，迁移齐、楚的世家大族昭氏、屈氏、景氏、怀氏、田氏五姓到关中，分给他们好的田地与房屋。十二月，高祖巡行到洛阳。

贯高等人阴谋暗杀高祖之事被人告发，高祖就把他们全部逮捕，同时还把赵王张敖逮捕入狱。诏令说有谁敢追随赵王的，就灭掉三族。赵郎中田叔、孟舒等十人自己剃去头发，用铁圈束颈作为赵王家奴，跟着赵王一起入狱。赵王确实不知道暗杀高祖的阴谋。春正月，高祖废赵王张敖为宣平侯。改封代主刘如意为赵王，统辖赵国。正月二十八日，诏令除死刑外，以前的罪犯一律赦免。

二月，高祖从洛阳回到都城。他赞赏赵臣田叔、孟舒等十人的行为，召见并同他们交谈，发现朝廷大臣没有能超过他们的。高祖非常高兴，把他们都封为郡守与诸侯相。

夏六月三十日，发生日食。

高祖十年（前197）冬十月，淮南王、燕王、荆王、梁王、楚王、齐王、长沙王来朝见。

夏五月，太上皇后驾崩。秋七月十四日，太上皇驾崩，安葬在万年。栎阳县的犯人除死罪外一律赦免。八月，诏令各地诸侯王在国都建立太上皇庙。

九月，代国相国陈豨造反。高祖说：“陈豨曾经是我的下属，非常有信用。代地是我看重的地方，所以封他为列侯，作为相国来镇守代地，没想到现在竟然与王黄等人在这里作乱！代地官民是无罪的，凡是能离开陈豨、王黄来归顺的，一律赦免。”高祖亲自率军东征，大军到达邯郸。高祖高兴地说：“陈豨不在南面占据邯郸而倚仗漳水来守卫，我看他是做不成什么的。”赵国相国周昌上奏常山郡的二十五座城池已经被陈豨攻占了二十座，请求诛杀常山郡守郡尉。高祖说：“郡守郡尉也参与造反了吗？”周昌回答：“没有。”高祖说：“这是因为他们兵力不足造成的，无罪。”高祖命令周昌选择能够担任将领的赵地壮士，周昌带来四人引见给高祖。高祖骂道：“这些

者，今计唯独邯郸中兵耳。吾何爱四千户，不以慰赵子弟！”皆曰：“善。”又求：“乐毅有后乎？”得其孙叔，封之乐乡，号华成君。问豨将，皆故贾人。上曰：“吾知与之矣。”乃多以金购豨将，豨将多降。

十一年冬，上在邯郸。豨将侯敞将万余人游行，王黄将骑千余军曲逆，张春将卒万余人度河攻聊城。汉将军郭蒙与齐将击，大破之。太尉周勃道太原入定代地，至马邑，马邑不下，攻残之。豨将赵利守东垣，高祖攻之不下。卒骂，上怒。城降，卒骂者斩之。诸县坚守不降反寇者，复租赋三岁。

春正月，淮阴侯韩信谋反长安，夷三族。将军柴武斩韩王信于参合。

上还雒阳。诏曰：“代地居常山之北，与夷狄边，赵乃从山南有之，远，数有胡寇，难以为国。颇取山南太原之地益属代，代之云中以西为云中郡，则代受边寇益少矣。王、相国、通侯、吏二千石择可立为代王者。”燕王绾、相国何等三十三人皆曰：“子恒贤知温良，请立以为代王，都晋阳。”大赦天下。

二月，诏曰：“欲省赋甚。今献未有程，吏或多赋以为献，而诸侯王尤多，民疾之。令诸侯王、通侯常以十月朝献，及郡各以其口数率，人岁六十三钱，以给献费。”又曰：“盖闻王者莫高于周文，伯者

小子能当将领吗！”四人感到惭愧，都伏在地上。高祖把他们都封为千户，任命为将。左右都劝谏说：“自从进入蜀汉，攻打楚国，封赏还没有完全施行，现在却对他们进行封赏，他们有什么功劳？”高祖说：“你们不知道。陈豨造反，赵、代两地都被他占据。我发出羽檄征集天下兵马，还没有人来，现在只能依靠这些邯郸城中的士兵了。我有什么舍不得这四个千户的官职，而不用来激励赵地子弟呢！”大家都说：“对。”高祖又问：“燕国名将乐毅有后人吗？”然后找到他的孙子乐叔，封在乐乡，号华成君。高祖又询问陈豨部将的情况，得知他们原先都是商人。高祖说：“我知道用什么办法了。”于是用很多黄金来收买陈豨的部将，陈豨的部将大多都归降了。

高祖十一年（前196）冬，在邯郸。陈豨部将侯敞率领一万多士兵游动袭击，王黄率领一千多骑兵在曲逆驻军，叛将张春率领一万多士兵渡过黄河攻打聊城。汉将军郭蒙与齐将一起带兵进攻，大胜叛军。太尉周勃领兵从太原取道进入代地，大军到达马邑，马邑不降，周勃强攻夺取马邑。陈豨部将赵利据守东垣，高祖不能攻下。叛军大骂高祖，他非常生气。攻占东垣后，高祖斩杀了骂他的叛军。各县坚守不向叛军投降的，免除三年租赋。

春正月，淮阴侯韩信在长安谋反，被诛灭三族。将军柴武在参合斩杀韩王信。

高祖回到洛阳。下诏说：“代地在常山北面，与夷狄相邻，赵地则在常山南面，与夷狄相距较远，代地多次受到胡寇侵扰，很难建国。现在从山南太原之地划分出一部分归属代地，代地云中以西设为云中郡，这样代地受到边寇侵扰情况就会减少。在王、相国、通侯、俸禄二千石的官吏中选择可以立为代王的人。”燕王卢绾、丞相萧何等三十三人齐奏：“皇子刘恒贤明多智，温和善良，请立他为代王，建都晋阳。”随后高祖下诏大赦天下。

二月，高祖下诏说：“朕很想减轻赋税。现在向国库上交时没有统一的章程，地方官吏经常多征收赋税来上交，而各地诸侯王征收的赋税更多，百姓非常困苦。现在通知各诸侯王、通侯每年十月来上

莫高于齐桓，皆待贤人而成名。今天下贤者智能岂特古之人乎？患在人主不交故也，士奚由进！今吾以天之灵，贤士大夫定有天下，以为一家，欲其长久，世世奉宗庙亡绝也。贤人已与我共平之矣，而不与吾共安利之，可乎？贤士大夫有肯从我游者，吾能尊显之。布告天下，使明知朕意。御史大夫昌下相国，相国酂侯下诸侯王，御史中执法下郡守，其有意称明德者，必身劝，为之驾，遣诣相国府，署行、义、年。有而弗言，觉，免。年老癃病，勿遣。”

三月，梁王彭越谋反，夷三族。诏曰：“择可以为梁王、淮阳王者。”燕王绾、相国何等请立子恢为梁王，子友为淮阳王。罢东郡，颇益梁；罢颍川郡，颇益淮阳。

夏四月，行自雒阳至。令丰人徙关中者皆复终身。

五月，诏曰：“粤人之俗，好相攻击，前时秦徙中县之民南方三郡，使与百粤杂处。会天下诛秦，南海尉它居南方长治之，甚有文理，中县人以故不耗减，粤人相攻击之俗益止，俱赖其力。今立它为南粤王。”使陆贾即授玺绶。它稽首称臣。

六月，令士卒从入蜀、汉、关中者皆复终身。

秋七月，淮南王布反。上问诸将，滕公言故楚令尹薛公有筹策。上召见，薛公言布形势，上善之，封薛公千户。诏王、相国择可

交赋税，各地计算赋税的方式以人口数为准，每人每年缴纳六十三钱，上交国库。”又说：“听说王者没有能超过周文王的，霸者没有能胜过齐桓公的，他们都是依靠贤人辅佐而成名的。现在天下才智出众之人难道还没有古代多吗？只怕帝王不能尊重人才，人才也就不能被发现！现在我仰仗天上的神明，依靠贤士大夫的辅佐而平定天下，奠定汉朝基业，想要长久延续下去，世世代代侍奉宗庙不要断绝。各位贤才曾经与我一起平定天下，却不能和我一起享受荣华富贵，这可以吗？凡是能够辅佐我治理国家的贤士大夫，我一定会给予高官厚禄。特此布告天下，让大家都清楚知道朕的心意。御史大夫周昌收下诏书转给相国，相国酂侯萧何收下诏书转发给各地诸侯王，御史中丞收下诏书下发给各地郡守，凡是各地有贤德之名的人才，一定要亲自前去劝勉，并派车把他们送到都城，先去相国府报到，填写品行、才能和年龄。如果有隐瞒人才不报的，察觉之后，给予撤职。年老体弱的人，就不必派来了。”

三月，梁王彭越谋反，被诛灭三族。高祖下诏说：“选择可以立为梁王、淮阳王的人。”燕王卢绾、相国萧何等人请求立皇子刘恢为梁王，皇子刘友为淮阳王。废除东郡，划分一部分归入梁地；废除颍川郡，划分一部分归入淮阳。

夏四月，高祖从洛阳回到都城。诏令迁到关中的原丰县人都免除终身徭役。

五月，高祖下诏说：“越人的习俗，喜欢互相攻击，过去秦朝曾经迁徙中原百姓到桂林、象郡、南海三郡，让他们与百越之民混杂而居。后来恰逢天下诛讨暴秦，南海尉赵佗在这里长期治理，很有章法，中原迁来百姓没有受到伤害，越人互相攻击的风气也停止了，这都仰赖赵佗的治理有方。现在立赵佗为南越王。”又派陆贾授予赵佗印玺。赵佗俯首称臣。

六月，诏令凡是跟着高祖进入蜀、汉、关中的士兵一律免除终身徭役。

秋七月，淮南王英布造反。高祖向各位将领询问计策，滕公说原楚令尹薛公有妙计。高祖召见了他，薛公向高祖分析了英布的形

立为淮南王者，群臣请立子长为王。上乃发上郡、北地、陇西车骑，巴蜀材官及中尉卒三万人为皇太子卫，军霸上。布果如薛公言，东击杀荆王刘贾，劫其兵，度淮击楚，楚王交走入薛。上赦天下死罪以下，皆令从军；征诸侯兵，上自将以击布。

十二年冬十月，上破布军于会缶，布走，令别将追之。

上还，过沛，留，置酒沛宫，悉召故人父老子弟佐酒。发沛中儿得百二十人，教之歌。酒酣，上击筑，自歌曰："大风起兮云飞扬，威加海内兮归故乡，安得猛士兮守四方！"令儿皆和习之。上乃起舞，慷慨伤怀，泣数行下。谓沛父兄曰："游子悲故乡。吾虽都关中，万岁之后吾魂魄犹思沛。且朕自沛公以诛暴逆，遂有天下，其以沛为朕汤沐邑，复其民，世世无有所与。"沛父老诸母故人日乐饮极欢，道旧故为笑乐。十余日，上欲去，沛父兄固请。上曰："吾人众多，父兄不能给。"乃去。沛中空县皆之邑西献。上留止，张饮三日。沛父兄皆顿首曰："沛幸得复，丰未得，唯陛下哀矜。"上曰："丰者，吾所生长，极不忘耳。吾特以其为雍齿故反我为魏。"沛父兄固请之，乃并复丰，比沛。

汉别将击布军洮水南北，皆大破之，追斩布番阳。

周勃定代，斩陈豨于当城。

诏曰："吴，古之建国也，日者荆王兼有其地，今死亡后。朕

势，高祖非常满意，封薛公为千户。诏令王、相国选择可以立为淮南王的人，群臣请求立皇子刘长为王。高祖于是调集上郡、北地、陇西车骑、巴蜀勇士及三万中尉卒作为皇太子的护卫，在霸上驻军。英布果然如薛公所说，向东攻打荆王刘贾，夺下了他的兵马，渡过淮水进攻楚地，楚王刘交逃到薛地。高祖赦免天下死罪以下的犯人，命他们都加入军队；同时向诸侯征集兵马，亲自率军攻打英布。

高祖十二年（前195）冬十月，在会缶打败英布的军队，英布逃走，高祖命别将追击他。

高祖回到都城，经过沛县，暂且停留，在沛宫摆下酒宴，召集所有的旧交父老子弟一起陪同饮宴。又叫来一百二十个沛县青年，教他们唱歌。酒喝得尽兴之时，高祖击筑，自己唱道："大风吹起啊云飞扬，我统一了天下啊回到故乡，怎能得到勇士啊守卫四方！"让青年们都跟着一起唱。高祖就随着歌声起舞，内心有所感触而悲伤，眼泪不断流下。他对沛县父兄说："游子总是想念着自己的故乡。我虽然身处关中，去世之后我的魂魄仍然会思念着沛县。而且朕以沛公的身份起兵来诛讨暴秦，然后取得天下，希望把沛县作为朕收取赋税的私邑，免除沛县百姓的徭役，世世代代不用缴纳赋税。"沛县的父老老妇旧交连日畅饮，极尽欢乐之情，并愉快地讲起高祖的往事。十多天后，高祖想要离去，沛县父兄坚持让他留下。高祖说："我的随从众多，父兄不能供给。"就离去了。沛县百姓全都去县西送别高祖并献上礼物。高祖又留了下来，设下帷帐摆了三天的饯别酒。沛县父兄都叩首说："沛县幸蒙皇恩得以免除徭役，而丰县却不能，希望陛下也能够体恤丰县百姓。"高祖说："丰县，是我生长的地方，当然是不会忘的。我只是因为雍齿曾经在这里背叛我回到魏地，就不想照拂他们了。"沛县父兄再三请求，高祖就同意免除丰县的赋税和徭役，和沛县一样。

汉别将在洮水南北攻打英布的残军，大胜叛军，在番阳追击并斩杀英布。

周勃平定代地，在当城斩杀陈豨。

高祖下诏说："吴，古代是建国之地，过去荆王兼有此地，现在

欲复立吴王，其议可者。”长沙王臣等言：“沛侯濞重厚，请立为吴王。”已拜，上召谓濞曰：“汝状有反相。”因拊其背，曰：“汉后五十年东南有乱，岂汝邪？然天下同姓一家，汝慎毋反。”濞顿首曰：“不敢。”

十一月，行自淮南还。过鲁，以大牢祠孔子。

十二月，诏曰：“秦皇帝、楚隐王、魏安釐王、齐愍王、赵悼襄王皆绝亡后。其与秦始皇帝守冢二十家，楚、魏、齐各十家，赵及魏公子亡忌各五家，令视其冢，复亡与它事。”

陈豨降将言豨反时燕王卢绾使人之豨所阴谋。上使辟阳侯审食其迎绾，绾称疾。食其言绾反有端。春二月，使樊哙、周勃将兵击绾。诏曰：“燕王绾与吾有故，爱之如子，闻与陈豨有谋，吾以为亡有，故使人迎绾。绾称疾不来，谋反明矣。燕吏民非有罪也，赐其吏六百石以上爵各一级。与绾居，去来归者，赦之，加爵亦一级。”诏诸侯王议可立为燕王者，长沙王臣等请立子建为燕王。

诏曰：“南武侯织亦粤之世也，立以为南海王。”

三月，诏曰：“吾立为天子，帝有天下，十二年于今矣。与天下之豪士贤大夫共定天下，同安辑之。其有功者上致之王，次为列侯，下乃食邑。而重臣之亲，或为列侯，皆令自置吏，得赋敛，女子公主。为列侯食邑者，皆佩之印，赐大第室。吏二千石，徙之长安，受小第室。入蜀汉定三秦者，皆世世复。吾于天下贤士功臣，可谓亡负矣。其有不义背天子擅起兵者，与天下共伐诛之。布告天下，使明知朕意。”

荆王已经死去没有后代。朕想重立吴王，请大家推举可立之人。”长沙王吴芮等人上奏：“沛侯刘濞持重敦厚，请求立他为吴王。”加封之后，高祖召见刘濞说：“你的容貌有反叛之相。”然后又用手抚摸他的背，说：“汉朝往后五十年东南方有叛乱，难道是你吗？但现在天下刘姓是一家人，你千万不要造反。”刘濞叩首说：“不敢。”

十一月，高祖从淮南回到都城。路过鲁地，用太牢祭祀孔子。

十二月，高祖下诏说：“秦始皇、楚隐王（陈胜）、魏安釐王、齐愍王、赵悼襄王都没有后代。现在定下为秦始皇守墓的有二十家，为楚、魏、齐王守墓的各有十家，为赵王及魏信陵君守墓的各有五家，让这些人照看他们的坟墓，免除其他徭役。”

陈豨降将告密说陈豨造反时，燕王卢绾曾经派人到陈豨那里一起参与阴谋。高祖派辟阳侯审食其去请卢绾来都城，卢绾推脱有病不能前来。审食其回来对高祖说卢绾有谋反的迹象。春二月，高祖派樊哙、周勃带兵攻打卢绾。并下诏说：“燕王卢绾与我有旧交，我爱他就像儿子一样，听说他与陈豨有勾结，我认为这不是事实，就派人请他到都城来查问一下。卢绾称病不来，他参与陈豨谋反一事就昭然若揭了。燕地的官民是无罪的，赏赐六百石以上的官吏各晋升一级爵位。和卢绾在一处，现在愿意弃暗投明的，都赦免他们的罪过，也晋升一级爵位。”又诏令诸侯王推举可以立为燕王之人，长沙王吴芮等人请求立皇子刘建为燕王。

高祖下诏说：“南武侯织也是越人的后代，立他为南海王。”

三月，高祖下诏说：“我登基为天子，称帝天下，现在已经十二年了。与天下的豪杰贤士一起平定天下，共同让国家安定和睦。现在对于有功之臣上等封为王，次等封为列侯，下等赐予食邑。而对于功臣的亲属，有的封为列侯，都允许他们自己设置官吏，自己征收赋税，他们的女儿也是公主。凡是有食邑的列侯，都佩戴印绶，并赏赐大宅。俸禄二千石以上的官吏，都迁徙到长安，赏赐小宅。曾经跟着我进入蜀汉平定三秦的将士，都世世代代免除徭役。我对于天下的贤士功臣，可以说是没有亏待了。如果有背叛天子擅自起兵的不义之

上击布时，为流矢所中，行道疾。疾甚，吕后迎良医。医入见，上问医。曰：“疾可治。”于是上嫚骂之，曰：“吾以布衣提三尺取天下，此非天命乎？命乃在天，虽扁鹊何益！”遂不使治疾，赐黄金五十斤，罢之。吕后问曰：“陛下百岁后，萧相国既死，谁令代之？”上曰：“曹参可。”问其次，曰：“王陵可，然少戆，陈平可以助之。陈平知有余，然难独任。周勃重厚少文，然安刘氏者必勃也，可令为太尉。”吕后复问其次，上曰：“此后亦非乃所知也。”

卢绾与数千人居塞下候伺，幸上疾愈，自入谢。夏四月甲辰，帝崩于长乐宫。卢绾闻之，遂亡入匈奴。

吕后与审食其谋曰：“诸将故与帝为编户民，北面为臣，心常鞅鞅，今乃事少主，非尽族是，天下不安。”以故不发丧。人或闻，以语郦商。郦商见审食其曰：“闻帝已崩，四日不发丧，欲诛诸将。诚如此，天下危矣。陈平、灌婴将十万守荥阳，樊哙、周勃将二十万定燕代，此闻帝崩，诸将皆诛，必连兵还乡，以攻关中。大臣内畔，诸将外反，亡可蹻足待也。”审食其入言之，乃以丁未发丧，大赦天下。

五月丙寅，葬长陵。已下，皇太子群臣皆反至太上皇庙。群臣曰：“帝起细微，拨乱世反之正，平定天下，为汉太祖，功最高。”上尊号曰高皇帝。

徒，我将与天下臣民一起诛讨。特此布告天下，让大家都清楚知道朕的心意。”

高祖攻打英布时，被飞箭射中，在征讨途中就病了。病情越来越严重，吕后就请来良医。医生入宫进见，高祖问他病情如何。医生说：“病可以治好。”高祖于是对医生骂道：“我以平民身份手提三尺宝剑取得天下，这不是天命吗？命在于天，即使是扁鹊对我来说又有什么用！”于是高祖不让医生诊治疾病，并赏赐给他五十斤黄金，让他出宫。吕后问道：“陛下百年之后，萧何丞相也已死去，让谁接替他做丞相？”高祖说：“曹参可以。”吕后又问曹参之后谁能继任为相，高祖说：“王陵可以，但他的性格有些刚直，陈平可以协助他。陈平智谋有余，但是难以单独任丞相。周勃持重敦厚，缺少文才，但是安定刘氏江山的一定是周勃，可以让他担任太尉。”吕后又问再往后是谁来继任丞相，高祖说：“再往后我也不知道了。”

卢绾与数千人停留在边塞附近等待时机，希望高祖能够病愈，就亲自入朝谢罪。夏四月二十五日，高祖在长乐宫驾崩。卢绾听到这个消息后，就逃到匈奴去了。

吕后与审食其密谋说：“各位将领过去与陛下都是同登户籍的平民，后来他们北面称臣，心里总是感到不满，现在又要侍奉少主，如果不把他们全部诛灭，天下就会不安。”因此不发布高祖去世的消息。有人听说此事，就告诉了郦商。郦商去见审食其说：“听说陛下已经驾崩，过了四天仍然不发布去世的消息，想要诛杀各位将领。果真如此，天下就危险了。陈平、灌婴各自带领十万士兵镇守荥阳，樊哙、周勃各自带领二十万士兵镇守燕、代之地，他们要是听到陛下驾崩后，各位将领都要被诛杀，一定会联合起来回过头攻打关中。内有大臣叛乱，外有诸将造反，国家败亡就可以跷足而待了。”审食其就进宫把这些话告诉吕后，吕后就在四月二十八日发布高祖去世的消息，并宣布大赦天下。

五月十七日，将高祖葬在长陵。下棺之后，皇太子、群臣都回到太上皇庙。群臣说：“陛下崛起于微贱，治理乱世，恢复正常，平定天下，成为汉朝开国君主，功劳最高。”于是上尊号称为高皇帝。

初，高祖不修文学，而性明达，好谋，能听，自监门戍卒，见之如旧。初顺民心作三章之约。天下既定，命萧何次律令，韩信申军法，张苍定章程，叔孙通制礼仪，陆贾造《新语》。又与功臣剖符作誓，丹书铁契，金匮石室，藏之宗庙。虽日不暇给，规摹弘远矣。

赞曰：《春秋》晋史蔡墨有言，陶唐氏既衰，其后有刘累，学扰龙，事孔甲，范氏其后也。而大夫范宣子亦曰："祖自虞以上为陶唐氏，在夏为御龙氏，在商为豕韦氏，在周为唐杜氏，晋主夏盟为范氏。"范氏为晋士师，鲁文公世奔秦。后归于晋，其处者为刘氏。刘向云战国时刘氏自秦获于魏。秦灭魏，迁大梁，都于丰，故周市说雍齿曰"丰，故梁徙也"。是以颂高祖云："汉帝本系，出自唐帝。降及于周，在秦作刘。涉魏而东，遂为丰公。"丰公，盖太上皇父。其迁日浅，坟墓在丰鲜焉。及高祖即位，置祠祀官，则有秦、晋、梁、荆之巫，世祠天地，缀之以祀，岂不信哉！由是推之，汉承尧运，德祚已盛，断蛇著符，旗帜上赤，协于火德，自然之应，得天统矣。

起初，高祖不喜欢做学问，但是性情通达，喜欢思考，善于听取别人的意见，从守门小吏到戍边士兵，都能一见如故。入关之初就能顺应民心约法三章。天下平定之后，又命令萧何整理法律条令，韩信完善军队法纪，张苍制定音律历法，叔孙通规定礼仪制度，陆贾创作《新语》。又与各位功臣剖符盟誓，制作丹书铁契，放在金柜石室，藏在宗庙里面。高祖虽然日理万机，时间不够，但订立的制度影响深远。

赞辞说：《春秋》中晋国史官蔡墨曾说唐尧衰微之后，后代有刘累，学习驯龙之术，侍奉夏朝的天子孔甲，晋国范氏是他的后代。而晋大夫范宣子也说过：“我的祖先从虞以上为陶唐氏，在夏朝为御龙氏，在商朝为豕韦氏，在周朝为唐杜氏，在晋为盟主时为范氏。”范氏任晋国的执法官员，鲁文公时出走秦国。后来又回到晋国，留居秦国的后代为刘氏。刘向说战国时刘氏从秦国迁居到魏国。后来秦国攻打魏国，魏国迁到大梁，建都丰地，所以周市劝说雍齿说“丰邑是过去魏国迁都来的地方”。因此赞颂高祖说：“汉朝天子的宗族世系，出自于陶唐尧帝。子孙到周朝时，住在秦国姓刘。然后迁居魏国向东，于是为丰公。”丰公，可能是太上皇的父亲。因为迁来丰地的日子不久，坟墓在丰地的不多。等到高祖即位，设置掌管祭祀的官员，于是有秦、晋、梁、荆之地的祖庙，世世祭祀天地，祖先香火不断，这是有根源的啊！由此推断，汉朝继承尧帝运势，福禄隆盛，斩断白蛇应合预言，旗帜都为红色，符合火德以火代木的自然规律，切合天之正统。

卷二

惠帝纪第二

孝惠皇帝，高祖太子也，母曰吕皇后。帝年五岁，高祖初为汉王。二年，立为太子。十二年四月，高祖崩。五月丙寅，太子即皇帝位，尊皇后曰皇太后。赐民爵一级。中郎、郎中满六岁爵三级，四岁二级。外郎满六岁二级。中郎不满一岁一级。外郎不满二岁赐钱万。宦官尚食比郎中。谒者、执楯、执戟、武士、驺比外郎。太子御骖乘赐爵五大夫，舍人满五岁二级。赐给丧事者，二千石钱二万，六百石以上万，五百石、二百石以下至佐史五千。视作斥上者，将军四十金，二千石二十金，六百石以上六金，五百石以下至佐史二金。减田租，复十五税一。爵五大夫、吏六百石以上及宦皇帝而知名者有罪当盗械者，皆颂系。上造以上及内外公孙耳孙有罪当刑及当为城旦舂者，皆耐为鬼薪白粲。民年七十以上若不满十岁有罪当刑者，皆完之。又曰："吏所以治民也，能尽其治则民赖之，故重其禄，所以为民也。今吏六百石以上父母妻子与同居，及故吏尝佩将军都尉印将兵及佩二千石官印者，家唯给军赋，他无有所与。"

令郡诸侯王立高庙。

元年冬十二月，赵隐王如意薨。民有罪，得买爵三十级以免死

汉惠帝，是高祖的太子，母亲是吕后。惠帝五岁时，高祖刚刚成为汉王。高祖二年（前205），被立为太子。十二年（前195）四月，高祖驾崩。五月十七日，太子继承皇帝位，尊母亲吕后为皇太后。赏赐百姓爵位一级。中郎、郎中担任职位满六年的晋升爵位三级，满四年的晋升二级。外郎担任职位满六年的晋升爵位二级。中郎担任职位不满一年的晋升爵位一级。外郎担任职位不满二年的赏赐一万钱。宦官尚食的俸禄与郎中相同。谒者、执楯、执戟、武士、驺骑等人的俸禄与外郎相同。太子御马参乘赏赐五大夫爵位，舍人担任职位满五年的晋升爵位二级。赏赐为高祖操办丧事的官吏，俸禄二千石的二万钱，俸禄六百石以上的一万钱，俸禄五百石、二百石以下的到佐吏五千钱。赏赐为高祖开挖墓穴的官吏，将军四十斤黄金，俸禄二千石的二十斤黄金，俸禄六百石以上的六斤黄金，俸禄五百石以下的到佐吏二斤黄金。减免田租，恢复十五税一的制度。凡是爵位等级在五大夫、俸禄在六百石以上的官吏以及曾经侍奉过皇帝，皇帝也知道他姓名的人，犯了罪应当被戴上刑具，可以适当宽容，不加刑具。对爵位在上造以上以及皇家内外诸侯之孙和远代子孙等人，犯了罪应当处以刑罚的，以及被判城旦和舂米之刑的，都减为鬼薪、白粲。百姓七十岁以上以及不满十岁的，犯了罪应当处以刑罚的，都免受肉刑与髡刑。诏令又说："官吏的职责就是治理百姓，只要尽力把事情做好就会得到百姓的信赖，所以提高他们的俸禄，也是为了让他们把百姓的事情做得更好。现在凡是俸禄在六百石以上与父母妻子居住在一起的官吏，以及曾佩将军印、都尉印带过兵或曾佩二千石官印的官吏，都只给他们家人军赋作为赏赐，其他亲属不给。"

惠帝下令各郡的诸侯王建造高祖宗庙。

惠帝元年（前194）冬十二月，赵隐王刘如意去世。百姓如果犯

罪。赐民爵，户一级。

春正月，城长安。

二年冬十月，齐悼惠王来朝，献城阳郡以益鲁元公主邑，尊公主为太后。

春正月癸酉，有两龙见兰陵家人井中，乙亥夕而不见。陇西地震。

夏旱。郃阳侯仲薨。秋七月辛未，相国何薨。

三年春，发长安六百里内男女十四万六千人城长安，三十日罢。

以宗室女为公主，嫁匈奴单于。

夏五月，立闽越君摇为东海王。

六月，发诸侯王、列侯徒隶二万人城长安。

秋七月，都厩灾。南越王赵佗称臣奉贡。

四年冬十月壬寅，立皇后张氏。

春正月，举民孝弟力田者复其身。

三月甲子，皇帝冠，赦天下。省法令妨吏民者；除挟书律。长乐宫鸿台灾。宜阳雨血。

秋七月乙亥，未央宫凌室灾；丙子，织室灾。

五年冬十月，雷；桃李华，枣实。

春正月，复发长安六百里内男女十四万五千人城长安，三十日罢。

夏，大旱。

秋八月己丑，相国参薨。

九月，长安城成。赐民爵，户一级。

罪，可以出钱买三十级爵位来免除死罪。赏赐民爵，每户一级。

春正月，修建长安城。

惠帝二年（前193）冬十月，齐悼惠王来朝见，进献城阳郡来增加鲁元公主的食邑，尊鲁元公主为太后。

春正月初四日，有两条龙出现在兰陵一户平民家中的井里，到初六晚上不见了。陇西发生地震。

夏天发生旱灾。郃阳侯刘仲去世。秋七月初五日，丞相萧何去世。

惠帝三年（前192）春，征调长安方圆六百里之内的男女共十四万六千人去修建长安城，三十天完工。

以刘姓皇族的女儿为公主，嫁给匈奴单于。

夏五月，封闽越君摇为东海王。

六月，征调各诸侯王、列侯家中的奴隶二万人修建长安城。

秋七月，都厩发生火灾。南越王赵佗称臣纳贡。

惠帝四年（前191）冬十月壬寅日，立皇后张氏。

春正月，让各地推举百姓中孝顺父母，敬爱兄长，努力耕田之人，免除其徭役。

三月十七日，惠帝举行冠礼，大赦天下。免除损害官民的法令；废除私藏书籍有罪的秦律。长乐宫鸿台发生火灾。宜阳地区下起血雨。

秋七月二十日，未央宫凌室发生火灾；二十一日，织室发生火灾。

惠帝五年（前190）冬十月，雷声轰隆；桃李开花，枣树结果。

春正月，再次征调长安六百里之内的男女共十四万五千人去修建长安城，三十天完工。

夏，发生大旱。

秋八月己丑日，丞相曹参去世。

九月，长安城建成。赏赐民爵，每户一级。

六年冬十月辛丑，齐王肥薨。

令民得卖爵。女子年十五以上至三十不嫁，五算。

夏六月，舞阳侯哙薨。

起长安西市，修敖仓。

七年冬十月，发车骑、材官诣荥阳，太尉灌婴将。

春正月辛丑朔，日有蚀之。夏五月丁卯，日有蚀之，既。

秋八月戊寅，帝崩于未央宫。九月辛丑，葬安陵。

赞曰：孝惠内修亲亲，外礼宰相，优宠齐悼、赵隐，恩敬笃矣。闻叔孙通之谏则惧然，纳曹相国之对而心说，可谓宽仁之主。遭吕太后亏损至德，悲夫！

惠帝六年（前189）冬十月辛丑日，齐王刘肥去世。

惠帝下令百姓可以出钱购买爵位。女子十五岁以上到三十岁不出嫁的，征税六百钱。

夏六月，舞阳侯樊哙去世。

建造长安西市，修建敖仓。

惠帝七年（前188）冬十月，派车骑将军、材官到荥阳，由太尉灌婴统率。

春正月初一日，发生日食。夏五月二十九日，发生日全食。

秋八月十二日，惠帝在未央宫驾崩。九月五日，安葬在安陵。

赞辞说：孝惠帝对内关爱宗室，对外礼待宰相，优待宠爱齐悼王、赵隐王，恩惠礼敬，非常深厚。听到叔孙通提醒注意礼仪的谏言就深感惭愧，采纳丞相曹参提出健全法度的建议就心中喜悦，可以说是宽厚仁慈的君主。可惜因为吕太后而有损名声政绩，真是可悲啊！

卷三

高后纪第三

高皇后吕氏，生惠帝。佐高祖定天下，父兄及高祖而侯者三人。惠帝即位，尊吕后为太后。太后立帝姊鲁元公主女为皇后，无子，取后宫美人子名之以为太子。惠帝崩，太子立为皇帝，年幼，太后临朝称制，大赦天下。乃立兄子吕台、产、禄、台子通四人为王，封诸吕六人为列侯。语在《外戚传》。

元年春正月，诏曰："前日孝惠皇帝言欲除三族罪、妖言令，议未决而崩。今除之。"二月，赐民爵，户一级。初置孝弟力田二千石者一人。夏五月丙申，赵王宫丛台灾。立孝惠后宫子强为淮阳王，不疑为恒山王，弘为襄城侯，朝为轵侯，武为壶关侯。秋，桃李华。

二年春，诏曰："高皇帝匡饬天下，诸有功者皆受分地为列侯，万民大安，莫不受休德。朕思念至于久远而功名不著，亡以尊大谊，施后世。今欲差次列侯功以定朝位，臧于高庙，世世勿绝，嗣子各袭其功位。其与列侯议定奏之。"丞相臣平言："谨与绛侯臣勃、曲周侯臣商、颍阴侯臣婴、安国侯臣陵等议，列侯幸得赐餐钱奉邑，陛下加惠，以功次定朝位，臣请臧高庙。"奏可。春正月乙卯，地震，羌道、武都道山崩。夏六月丙戌晦，日有蚀之。秋七月，恒山王不疑薨。行八铢钱。

三年夏，江水、汉水溢，流民四千余家。秋，星昼见。

高皇后吕氏，生下惠帝。辅佐高祖平定天下，她的父亲兄弟在高祖时就有三人封侯。惠帝即位后，尊吕后为太后。太后立惠帝姐姐鲁元公主的女儿为皇后，没有生下儿子，就强取后宫美人的儿子谎称为皇后所生立为太子。惠帝驾崩，太子立为皇帝，年纪幼小，由吕太后当政代行皇帝权力，大赦天下。然后封她哥哥的儿子吕台、吕产、吕禄以及吕台的儿子吕通四人为王，封吕氏六人为列侯。详见《外戚传》。

吕后元年（前187）春正月，下诏说："过去孝惠皇帝想要废除对重罪诛灭三族、讨论过失之话视为妖言的严酷法令，还没来得及实行他就驾崩了。现在宣布废除。"二月，赏赐民爵，每户一级。开始在孝弟力田等乡官中设置一人俸禄为二千石。夏五月初四日，赵王宫丛台发生火灾。立孝惠帝后宫生的儿子刘强为淮阳王，刘不疑为衡山王，刘弘为襄城侯，刘朝为轵侯，刘武为壶关侯。秋，桃李开花。

吕后二年（前186）春，下诏说："高皇帝平定天下，凡是有功之臣都被分封土地，赐予列侯之位，百姓大安，没有不受到恩泽与美德。朕考虑到年代久远的话功名就得不到彰显，无法尊崇大义，传给后世。现在想按照列侯功劳的大小来确定朝廷中的位置次序，把功劳簿保存在高祖庙中，代代相传，让子孙承袭他们的功位。此事丞相与列侯商议决定后上报。"丞相陈平上奏："臣与绛侯周勃、曲周侯郦商、颍阴侯灌婴、安国侯王陵等人商议，列侯幸蒙皇恩得以赏赐租税与封邑，陛下又另外施予恩惠，以功劳大小确定朝廷位次，臣等请求把功劳簿保存在高祖庙中。"此奏得到准许。春正月二十七日，发生地震，羌道、武都道山崩。夏六月三十日，发生日食。秋七月，恒山王刘不疑去世。发行八铢钱。

吕后三年（前185）夏，长江、汉水泛滥，流亡的灾民有四千余户。秋，白天出现星星。

四年夏，少帝自知非皇后子，出怨言，皇太后幽之永巷。诏曰：“凡有天下治万民者，盖之如天，容之如地；上有欢心以使百姓，百姓欣然以事其上，欢欣交通而天下治。今皇帝疾久不已，乃失惑昏乱，不能继嗣奉宗庙，守祭祀，不可属天下。其议代之。”群臣皆曰：“皇太后为天下计，所以安宗庙社稷甚深。顿首奉诏。”五月丙辰，立恒山王弘为皇帝。

五年春，南粤王尉佗自称南武帝。秋八月，淮阳王彊薨。九月，发河东、上党骑屯北地。

六年春，星昼见。夏四月，赦天下。秩长陵令二千石。六月，城长陵。匈奴寇狄道，攻阿阳。行五分钱。

七年冬十二月，匈奴寇狄道，略二千余人。春正月丁丑，赵王友幽死于邸。己丑晦，日有蚀之，既。以梁王吕产为相国，赵王禄为上将军。立营陵侯刘泽为琅邪王。夏五月辛未，诏曰：“昭灵夫人，太上皇妃也；武哀侯、宣夫人，高皇帝兄姊也。号谥不称，其议尊号。”丞相臣平等请尊昭灵夫人曰昭灵后，武哀侯曰武哀王，宣夫人曰昭哀后，六月，赵王恢自杀。秋九月，燕王建薨。南越侵盗长沙，遣隆虑侯灶将兵击之。

八年春，封中谒者张释卿为列侯。诸中官、宦者令丞皆赐爵关内侯，食邑。夏，江水、汉水溢，流万余家。

秋七月辛巳，皇太后崩于未央宫。遗诏赐诸侯王各千金，将相列侯下至郎吏各有差。大赦天下。

上将军禄、相国产颛兵秉政，自知背高皇帝约，恐为大臣诸侯王所诛，因谋作乱。时齐悼惠王子朱虚侯章在京师，以禄女为妇，知其谋，乃使人告兄齐王，令发兵西。章欲与太尉勃、丞相平为内

吕后四年（前184）夏，少帝知道自己不是皇后所生，口出怨言，吕后把他囚禁在永巷。下诏说：“凡是拥有天下治理万民的人，就应该像上天那样包罗，像大地那样容纳；皇上以爱护之心来治理百姓，百姓就会欣然侍奉皇上，欢欣交融才能天下大治。现在少帝疾病长久不愈，甚至失去理智，精神错乱，不能继承帝位，奉祀宗庙，主持祭祀，不能把天下交给他。应商议可以代替他的人。”群臣都说：“皇太后是为天下考虑，对于宗庙社稷的安定影响深远。臣等叩首奉诏。”五月十七日，立恒山王刘弘为皇帝。

吕后五年（前183）春，南越王尉佗自称南武帝。秋八月，淮阳王刘彊去世。九月，调集河东、上党骑兵驻守北地。

吕后六年（前182）春，白天出现星星。夏四月，大赦天下。把为高祖守陵的长陵令俸禄加到二千石。六月，修建长陵城。匈奴入侵狄道，进攻河阳。发行五分钱。

吕后七年（前181）冬十二月，匈奴入侵狄道，掠走二千余人。春正月十八日，赵王刘友在府邸囚禁而死。三十日，发生日全食。任命梁王吕产为相国，赵王吕禄为上将军。立营陵侯刘泽为琅琊王。夏五月十九日，吕后下诏说：“昭灵夫人，是太上皇妃；武哀侯、宣夫人，是高皇帝的哥哥和姐姐。谥号与身份不相称，应另外商议尊号。”丞相陈平等人请求尊昭灵夫人为昭灵后，武哀侯为武哀王，宣夫人为昭哀后。六月，赵王刘恢自杀。秋九月，燕王刘建去世。南越侵犯长沙，派隆虑侯周灶率兵攻打。

吕后八年（前180）春，封中谒者张释卿为列侯。各宦官、主管宦官的令丞都赐爵关内侯，并享有食邑。夏，长江、汉水泛滥，流亡的灾民有一万余户。

秋七月三十日，吕后在未央宫驾崩。遗诏赏赐给各诸侯王每人千金，将相、列侯以下到郎吏按照级别，各有赏赐。大赦天下。

上将军吕禄、相国吕产专擅兵权，把持朝政，自知违背高皇帝非刘氏不得封王的盟约，害怕被大臣、各诸侯王所杀，于是阴谋作乱。此时齐悼惠王的儿子朱虚侯刘章在京都，他娶了吕禄的女儿为妻，知

应，以诛诸吕。齐王遂发兵，又诈琅邪王泽发其国兵，并将而西。产、禄等遣大将军灌婴将兵击之。婴至荥阳，使人谕齐王与连和，待吕氏变而共诛之。

太尉勃与丞相平谋，以曲周侯郦商子寄与禄善，使人劫商令寄绐说禄曰："高帝与吕后共定天下，刘氏所立九王，吕氏所立三王，皆大臣之议。事已布告诸侯王，诸侯王以为宜。今太后崩，帝少，足下不急之国守藩，乃为上将将兵留此，为大臣诸侯所疑。何不速归将军印，以兵属太尉，请梁王亦归相国印，与大臣盟而之国？齐兵必罢，大臣得安，足下高枕而王千里，此万世之利也。"禄然其计，使人报产及诸吕老人。或以为不便，计犹豫未有所决。禄信寄，与俱出游，过其姑吕媭。媭怒曰："汝为将而弃军，吕氏今无处矣！"乃悉出珠玉宝器散堂下，曰："无为它人守也！"

八月庚申，平阳侯窋行御史大夫事，见相国产计事。郎中令贾寿使从齐来，因数产曰："王不早之国，今虽欲行，尚可得邪？"具以灌婴与齐楚合从状告产。平阳侯窋闻其语，驰告丞相平、太尉勃。勃欲入北军，不得入。襄平侯纪通尚符节，乃令持节矫内勃北军。勃复令郦寄、典客刘揭说禄，曰："帝使太尉守北军，欲令足下之国，急归将印辞去。不然，祸且起。"禄遂解印属典客，而以兵授太尉勃。勃入军门，行令军中曰："为吕氏右袒，为刘氏左袒。"军皆左袒。勃遂将北军。然尚有南军，丞相平召朱虚侯章佐勃。勃令章监军门，令平阳侯告卫尉，毋内相国产殿门。产不知禄已去北军，入未央宫欲为乱。殿门弗内，徘徊往来。平阳侯驰语太尉勃，勃尚恐不胜，未敢诵言诛之，乃谓朱虚侯章曰："急入宫卫帝。"章从勃请卒

道了吕禄的阴谋，就马上派人告诉他的哥哥齐王刘襄这个消息，让齐王派兵向西。刘章准备与太尉周勃、丞相陈平作为内应，诛灭吕氏诸人。齐王于是起兵，又欺骗琅琊王刘泽调集他封国内的军队，会师向西。吕产、吕禄等人派大将军灌婴带兵阻击。灌婴到荥阳，派人告诉齐王并与他联合，等待吕氏发动叛乱时一同诛讨。

太尉周勃与丞相陈平密谋，认为曲周侯郦商的儿子郦寄与吕禄交好，就派人威逼郦商让他的儿子郦寄欺骗吕禄说："高帝与吕后一起平定天下，刘氏立下的九王，吕氏立下的三王，都是大臣商议后决定的。此事已经告知各诸侯王，诸侯王都表示赞同。现在太后崩驾，皇帝年少，足下不急着去自己的封国镇守，却以上将军身份带兵留在京都，就会引起大臣与诸侯的猜疑。为什么不马上交还将军印，把兵权交给太尉，让梁王吕产也交还相国印，和大臣结盟后再去往封国？如此齐兵必然撤回，大臣得以安心，足下也可以高枕无忧称王千里之外，这才是万世之利啊。"吕禄同意了郦寄的计策，并派人转告吕产及吕氏诸位老人。有人认为此计不好，犹豫不决。吕禄相信郦寄，与他一起去劝说诸人，拜访他的姑姑吕媭。吕媭大怒说道："你身为将军却放弃兵权，吕氏如今将死无葬身之地了！"然后她把珠玉宝器都拿出来丢到堂下，说道："我也不用为别人守着这些东西了！"

八月庚申日，平阳侯曹窋兼任御史大夫，去见相国吕产商议国事。郎中令贾寿出使齐国归来，责怪吕产说："您不早日去自己的封国，现在虽然想走，还能走得了吗？"然后把灌婴与齐、楚联合之事详细告诉吕产。平阳侯曹窋听到他们的谈话后，马上告诉丞相陈平与太尉周勃。周勃想进入北军，不得入内。襄平侯纪通掌管符节，周勃就让他拿着符节假传诏令让自己入营掌管北军。周勃又派郦寄、典客刘揭去劝说吕禄，他们说道："皇上派太尉接管北军，想让足下去往封国，您应该马上交还将军印辞别离去。不然，就要大祸临头。"吕禄于是解下将军印交给刘揭，然后把兵权移交给太尉周勃。周勃进入军营之门，传令军中说："凡是拥护吕氏的露出右臂，拥护刘氏的露出左臂。"将士都露出左臂。周勃于是掌管了北军。但是还有南军掌握在吕氏手中，丞相陈平让朱虚侯刘章协助周勃。周勃派刘章监守军

千人，入未央宫掖门，见产廷中。日餔时，遂击产。产走。天大风，从官乱，莫敢斗者。逐产，杀之郎中府吏舍厕中。

章已杀产，帝令谒者持节劳章。章欲夺节，谒者不肯，章乃从与载，因节信驰斩长乐卫尉吕更始。还入北军，复报太尉勃。勃起拜贺章，曰："所患独产，今已诛，天下定矣。"辛酉，斩吕禄，笞杀吕媭。分部悉捕诸吕男女，无少长皆斩之。

大臣相与阴谋，以为少帝及三弟为王者皆非孝惠子，复共诛之，尊立文帝。语在《周勃》《高五王传》。

赞曰：孝惠、高后之时，海内得离战国之苦，君臣俱欲无为，故惠帝拱已，高后女主制政，不出房闼，而天下晏然，刑罚罕用，民务稼穑，衣食滋殖。

门，派平阳侯曹窋告诉卫尉，不要让相国吕产进入殿门。吕产不知道吕禄已经失去北军的控制权，想进入未央宫发动叛乱。但殿门守军不让他进去，他只能在殿外来回徘徊。平阳侯曹窋马上将此事告诉太尉周勃，周勃担心不能取胜，就不敢公开说要诛杀吕氏，然后他对朱虚侯刘章说："你马上进宫保护皇帝。"刘章于是请求周勃调兵千人，进入未央宫旁门，看见吕产正在廷中。等到午后时分，就开始攻击吕产。吕产逃走。此天空刮起大风，吕产的随从顿时大乱，没有人敢再抵抗。刘章带兵追赶吕产，在郎中府吏官舍的厕所里把他杀了。

刘章已经杀死吕产，皇帝派谒者拿着符节慰劳刘章。刘章想要夺取符节，谒者不肯，刘章就与谒者一起乘车，拿着符节飞快驶入长乐宫斩杀长乐宫卫尉吕更始。然后刘章返回北军，把这些情况报告给太尉周勃。周勃起身拜谢并祝贺刘章，他说："我担心的只有吕产，现在他已经被杀，天下就可以安定了。"辛酉日，斩杀吕禄，笞杀吕媭。分派人马将吕氏男女全都抓起来，不分老少一律斩杀。

大臣们私下商议，认为少帝及其三个为王的弟弟都不是惠帝的儿子，应该一起杀掉，尊立文帝。详见《周勃传》和《高五王传》。

赞辞说：孝惠帝、高后之时四海之内得以脱离战乱之苦，君臣都想无为而治，所以惠帝垂衣拱手治理天下，高后作为女性临朝执政，不出宫闱，而天下安定，刑罚少用，百姓务农，衣食丰足。

卷四

文帝纪第四

孝文皇帝，高祖中子也，母曰薄姬。高祖十一年，诛陈豨，定代地，立为代王，都中都。十七年秋，高后崩，诸吕谋为乱，欲危刘氏。丞相陈平、太尉周勃、朱虚侯刘章等共诛之，谋立代王。语在《高后纪》《高五王传》。

大臣遂使人迎代王。郎中令张武等议，皆曰："汉大臣皆故高帝时将，习兵事，多谋诈，其属意非止此也，特畏高帝、吕太后威耳。今已诛诸吕，新喋血京师，以迎大王为名，实不可信。愿称疾无往，以观其变。"中尉宋昌进曰："群臣之议皆非也。夫秦失其政，豪杰并起，人人自以为得之者以万数，然卒践天子位者，刘氏也，天下绝望，一矣。高帝王子弟，地犬牙相制，所谓盘石之宗也，天下服其强，二矣。汉兴，除秦烦苛，约法令，施德惠，人人自安，难动摇，三矣。夫以吕太后之严，立诸吕为三王，擅权专制，然而太尉以一节入北军，一呼士皆袒左，为刘氏，畔诸吕，卒以灭之。此乃天授，非人力也。今大臣虽欲为变，百姓弗为使，其党宁能专一邪？内有朱虚、东牟之亲，外畏吴、楚、淮南、琅邪、齐、代之强。方今高帝子独淮南王与大王，大王又长，贤圣仁孝，闻于天下，故大臣因天下之心而欲迎立大王，大王勿疑也。"代王报太后，计犹豫未定。卜之，兆得大横。占曰："大横庚庚，余为天王，夏启以光。"代王曰："寡人固已为王，又何王乎？"卜人曰："所谓天王者，乃天子也。"于是代王乃遣太后弟薄昭见太尉勃，勃等具言所以迎立王者。昭还报曰："信矣，无可疑者。"代王笑谓宋昌曰："果如公言。"乃令宋昌骖乘，张武等六人乘六乘传诣长安。至高陵止，而使宋昌先之长

汉文帝，是汉高祖的第四子，母亲是薄姬。高祖十一年（前196），诛杀陈豨，平定代地，立他为代王，建都在中都。他被立为代王后十七年的秋天，吕后驾崩，吕氏诸人阴谋叛乱，想要夺取刘氏江山。丞相陈平、太尉周勃、朱虚侯刘章等人共同诛灭吕氏，一起商议立代王为皇帝。详见《高后纪》和《高五王传》。

大臣们于是派人迎接代王。代王的郎中令张武等人提议，都说："汉朝大臣都是原来高祖时的将领，熟悉带兵打仗，深谙阴谋诡计，他们要的不止是现在的地位，只是畏惧高祖与吕后的威严罢了。现在吕氏诸人已被诛灭，京都血流遍地，此时以迎接大王称帝为名让您入京，实在是不可信。希望您借口有病不要前往，以观察情况的变化。"中尉宋昌进言道："群臣的这些议论都不对。秦朝政治混乱，豪杰并起，人人都觉得自己能取得天下，不下万数，但最终即位为天子的，只有刘氏，天下想要称帝的人已经绝望，这是其一。高祖把子弟封为王，封地犬牙交错，相互制约，就是所谓的宗室封藩固如磐石，天下臣服汉朝的强大，这是其二。汉朝建立，废除了秦朝严酷的法令，减轻刑罚，施行德惠，人人自安，很难动摇，这是其三。以吕太后的威严，立吕家诸人为三王，独揽权力，独断专行，然而太尉周勃拿着符节进入北军，一声呼喊后将士都露出左臂，拥护刘氏，反对诸吕，最终把吕氏消灭了。这说明汉朝政权是上天授予的，不是靠人的力量就能够改变的。现在大臣们虽然想要作乱，但百姓不愿意受他们驱使，靠他们自己的党羽就能够达到这一目的吗？况且京都内有朱虚侯刘章、东牟侯刘兴居等亲戚照应，外有吴、楚、淮南、琅琊、齐、代等强大的诸侯王让人畏惧。现在高祖的儿子只有淮南王与大王，大王又年长，德才兼备，仁爱孝顺，闻名天下，所以大臣们顺应天下万民的心愿想要迎立大王，大王就不要有所怀疑了。"代王把此

安观变。

昌至渭桥，丞相已下皆迎。昌还报，代王乃进至渭桥。群臣拜谒称臣，代王下拜。太尉勃进曰："愿请间。"宋昌曰："所言公，公言之；所言私，王者无私。"太尉勃乃跪上天子玺。代王谢曰："至邸而议之。"

闰月己酉，入代邸。群臣从至，上议曰："丞相臣平、太尉臣勃、大将军臣武、御史大夫臣苍、宗正臣郢、朱虚侯臣章、东牟侯臣兴居、典客臣揭再拜言大王足下：子弘等皆非孝惠皇帝子，不当奉宗庙。臣谨请阴安侯、顷王后、琅邪王、列侯、吏二千石议，大王高皇帝子，宜为嗣。愿大王即天子位。"代王曰："奉高帝宗庙，重事也。寡人不佞，不足以称。愿请楚王计宜者，寡人弗敢当。"群臣皆伏，固请。代王西乡让者三，南乡让者再。丞相平等皆曰："臣伏计之，大王奉高祖宗庙最宜称，虽天下诸侯万民皆以为宜。臣等为宗庙社稷计，不敢忽。愿大王幸听臣等。臣谨奉天子玺符再拜上。"代王曰："宗室将相王列侯以为莫宜寡人，寡人不敢辞。"遂即天子位。群臣以次侍。使太仆婴、东牟侯兴居先清宫，奉天子法驾迎代邸。皇帝即日夕入未央宫。夜拜宋昌为卫将军，领南北军，张武为郎中令，行殿中。还坐前殿，下诏曰："制诏丞相、太尉、御史大夫：

事禀报给太后，一时犹豫不定，难以决策。于是他决定用龟甲卜问吉凶，龟文呈横形。卜人占辞道："大横预示着更替，我将要做天王，就像夏启那样光大父亲的基业。"代王说："寡人本来就是王，又为何还会称王？"卜人说："卦中所说的天王，指的是天子啊。"于是代王派太后的弟弟薄昭去见太尉周勃，周勃等人向他详尽告知了迎立代王之意。薄昭回来向代王报告说："此事是可信的，不用怀疑了。"代王于是笑着对宋昌说："果然如您所言。"于是代王命宋昌任骖乘，让张武等六人乘坐六辆快车，一起去往长安。车驾到高帝陵就停止前行，然后派宋昌先到长安观察动静。

宋昌到达渭桥，丞相以下的官员都前来迎接。宋昌返回高帝陵向代王报告，代王于是前行到渭桥。群臣都来拜见代王，自称臣子，代王也俯身回拜。太尉周勃进言说："希望请求片刻时间来向您禀报一些事情。"宋昌说："要是太尉禀报的是公事，就请当着群臣的面上奏；要是禀报的是私事，对于王者来说是没有私事的。"太尉周勃于是跪着呈上天子玉玺。代王辞谢说："到了京都的府邸再行商议。"

闰九月二十九日，代王进入府邸。群臣都跟着到了府邸，呈上奏议说："丞相陈平、太尉周勃、大将军柴武、御史大夫张苍、宗正刘郢、朱虚侯刘章、东牟侯刘兴居、典客刘揭再次下拜向大王足下进言：刘弘等人都不是孝惠帝的儿子，不应当奉祀宗庙。我们恭敬地与阴安侯、顷王后、琅琊王、列侯、俸禄二千石的官吏商议，大王是高祖的儿子，应该继承大统。希望大王即位为天子。"代王说："奉祀高祖宗庙，是非常重大的事情。寡人不才，不足以担此重任。希望请叔父楚王考虑更加合适的人选，寡人实在是不敢当。"群臣都伏在地上，坚持请求代王同意。代王向西辞让了三次，又向南辞让了两次。丞相陈平等人都说："臣再三考虑，大王奉祀高祖宗庙是最合适的，即使是天下诸侯万民也都认为是合适的。我们为宗庙社稷考虑，不敢疏忽。希望大王能够听从我们的请求。我们恭敬地奉上天子玉玺、符节再次拜请呈上。"代王说："既然宗室、将、相、王、列侯都认为寡人是合适的人选，寡人就不敢再推辞了。"代王于是即天子位。群臣依次陪侍。派太仆灌婴、东牟侯刘兴居先去清扫未央宫，奉天子车

间者诸吕用事擅权，谋为大逆，欲危刘氏宗庙，赖将相列侯宗室大臣诛之，皆伏其辜。朕初即位，其赦天下，赐民爵一级，女子百户牛酒，酺五日。”

元年冬十月辛亥，皇帝见于高庙。遣车骑将军薄昭迎皇太后于代。诏曰：“前吕产自置为相国，吕禄为上将军，擅遣将军灌婴将兵击齐，欲代刘氏。婴留荥阳，与诸侯合谋以诛吕氏。吕产欲为不善，丞相平与太尉勃等谋夺产等军。朱虚侯章首先捕斩产。太尉勃身率襄平侯通持节承诏入北军。典客揭夺吕禄印。其益封太尉勃邑万户，赐金五千斤。丞相平、将军婴邑各三千户，金二千斤。朱虚侯章、襄平侯通邑各二千户，金千斤。封典客揭为阳信侯，赐金千斤。”

十二月，立赵幽王子遂为赵王，徙琅邪王泽为燕王。吕氏所夺齐楚地皆归之。尽除收帑相坐律令。

正月，有司请蚤建太子，所以尊宗庙也。诏曰：“朕既不德，上帝神明未歆飨也，天下人民未有惬志。今纵不能博求天下贤圣有德之人而嬗天下焉，而曰豫建太子，是重吾不德也。谓天下何？其安之。”有司曰：“豫建太子，所以重宗庙社稷，不忘天下也。”上曰：“楚王，季父也，春秋高，阅天下之义理多矣，明于国家之体。吴王于朕，兄也；淮南王，弟也：皆秉德以陪朕，岂为不豫哉！诸侯王宗室昆弟有功臣，多贤及有德义者，若举有德以陪朕之不能终，是社稷之灵，天下之福也。今不选举焉，而曰必子，人其以朕为忘贤有德者而专于子，非所以忧天下也。朕甚不取。”有司固请曰：“古者殷周有国，治安皆且千岁，有天下者莫长焉，用此道也。立嗣必子，所

驾来代王府邸迎接。皇帝当天傍晚进入未央宫。夜里封宋昌为卫将军，统领南军和北军，张武为郎中令，巡查殿中。皇帝回到前殿坐朝，下诏说：“制诏丞相、太尉、御史大夫：过去吕氏诸人当权执政，独揽权力，阴谋篡逆，想要危害刘氏天下，仰赖将、相、列侯、宗室、大臣把他们诛灭，现在他们都已经服罪。朕刚即位，应该大赦天下，赏赐民爵，每户一级，女子每百户赐给牛、酒，聚饮五日。”

文帝元年（前179）冬十月二日，皇帝在高祖宗庙接见群臣。并派车骑将军薄昭去代地迎接皇太后。下诏说：“从前吕产自封为相国，吕禄为上将军，擅自派将军灌婴带兵攻打齐国，想要取代刘氏。灌婴将军停留在荥阳，与诸侯合谋诛灭吕氏。吕产图谋篡逆，丞相陈平与太尉周勃等人用计夺取吕产控制的北军。朱虚侯刘章首先抓住并斩杀吕产。太尉周勃亲自率领襄平侯纪通拿着符节奉诏进入北军。典客刘揭夺取吕禄的相国印。因此加封太尉周勃食邑万户，赏赐五千斤黄金。加封丞相陈平、将军灌婴食邑各三千户，赏赐二千斤黄金。加封朱虚侯刘章、襄平侯纪通食邑各二千户，赏赐一千斤黄金。封典客刘揭为阳信侯，赏赐一千斤黄金。”

十二月，立赵幽王的儿子刘遂为赵王，改封琅琊王刘泽为燕王。吕氏夺取的齐、楚之地都归还原主。废除一人有罪，株连妻子他人的秦朝律令。

正月，主管官吏请求文帝早立太子，为了尊奉宗庙。文帝下诏说：“朕德行浅薄，天帝神明并不享受我供奉的祭品，天下百姓对我也没有很满意。现在不能广求天下圣贤有德之人来禅让帝位，却说要早立太子，这是加重我的无德。我拿什么向天下人交代呢？立太子一事还是先缓一缓吧。”主管官吏说：“早立太子，正是以宗庙、社稷为重，不忘天下。”文帝说：“楚王，是朕的叔父，年岁高，见识了很多天下的道理，了解国家的大体。吴王是朕的哥哥；淮南王是朕的弟弟：他们都秉持才德来辅佐朕，这难道不是早就安排好的合适人选！各诸侯王、宗室兄弟中的有功之臣，很多都是贤德仁义之人，如果从中推举有德行的人来接替朕不能做到底的帝位，这就是社稷之灵，天下之福了。现在不去推选贤德之人，而说一定要立太子，人们就会以

从来远矣。高帝始平天下，建诸侯，为帝者太祖。诸侯王列侯始受国者亦皆为其国祖。子孙继嗣，世世不绝，天下之大义也。故高帝设之以抚海内。今释宜建而更选于诸侯宗室，非高帝之志也。更议不宜。子启最长，敦厚慈仁，请建以为太子。”上乃许之。因赐天下民当为父后者爵一级。封将军薄昭为轵侯。

三月，有司请立皇后。皇太后曰：“立太子母窦氏为皇后。”

诏曰：“方春和时，草木群生之物皆有以自乐，而吾百姓鳏寡孤独穷困之人或阽于死亡，而莫之省忧。为民父母将何如？其议所以振贷之。”又曰：“老者非帛不煖，非肉不饱。今岁首，不时使人存问长老，又无布帛酒肉之赐，将何以佐天下子孙孝养其亲？今闻吏禀当受鬻者，或以陈粟，岂称养老之意哉！具为令。”有司请令县道，年八十已上，赐米人月一石，肉二十斤，酒五斗。其九十已上，又赐帛人二匹，絮三斤。赐物及当禀鬻米者，长吏阅视，丞若尉致。不满九十，啬夫、令史致。二千石遣都吏循行，不称者督之。刑者及有罪耐以上，不用此令。

楚元王交薨。

四月，齐楚地震，二十九山同日崩，大水溃出。

六月，令郡国无来献。施惠天下，诸侯四夷远近欢洽。乃修代

为朕忘记了贤德之人而一定要让自己的儿子继承帝位，这不是真正的为天下着想。朕觉得此事很不可取。”主管官吏再三请求说：“古代殷、周建国，天下太平接近千年，拥有天下的王朝没有比这更久的了，就是因为采用了传位太子的方法。立太子一定要是皇帝的儿子，这是由来已久的。高祖当初平定天下，封立诸侯，成为汉朝皇帝的太祖。各诸侯王、列侯当初领受封国的也都成为封国的国祖。子孙继承，世世代代不断绝，这是天下的大义。所以高祖要立太子来安定四海。现在放弃应该立子为太子，而是另从诸侯宗室中再去推选，这不是高祖的本意。另行推选其他人是不合适的。皇子刘启最为年长，宽宏厚道，慈善仁爱，请求立他为太子。”文帝于是同意了。因此赏赐天下百姓中应当继承父业的人每人一级爵位。封将军薄昭为轵侯。

三月，主管官吏请求立皇后。皇太后说：“立太子的母亲窦氏为皇后。”

文帝下诏说：“当此春日和暖之时，草木群生之物都各有其乐，而我们百姓中的鳏寡孤独穷困之人有的处在死亡边缘，不能省视疾苦。作为百姓的父母要做些什么来怜悯他们？应该商议如何赈济他们。”又说：“老人不穿布帛不会暖，不吃肉食不会饱。现在正值岁首，应该经常派人慰问父老，如果不赐给他们布帛酒肉，又怎么能帮助天下的子孙尽孝奉养他们的亲人？现在听说有的官吏在发放粮食时，竟然发给他们旧米，这能符合奉养老人的意图吗！应该制定具体的法令。”于是主管官吏通知各县、道，凡是八十岁以上的老人，赐给每人每月一石米，二十斤肉，五斗酒。九十岁以上的老人，又加赐每人二匹帛，三斤絮。给九十岁以上的老人赏赐东西及发放粮食时，县令要亲自查看，县丞或县尉要亲自送交。不满九十的，由啬夫、令史送交。二千石要派都吏去巡察，对不执行诏令的官吏要进行责罚。已被判刑及有罪处以剃去鬓须刑罚以上的老人，不执行此令。

楚元王刘交去世。

四月，齐、楚发生地震，二十九座山同日崩塌，大水冲破堤岸。

六月，诏令郡国不用向朝廷进献财物。恩惠遍施天下，诸侯及四夷，无论远近都欢乐融洽。于是文帝下令表述从代地来京都的辅佐

来功。诏曰:“方大臣诛诸吕迎朕,朕狐疑,皆止朕,唯中尉宋昌劝朕,朕以得保宗庙。已尊昌为卫将军,其封昌为壮武侯。诸从朕六人,皆至九卿。”又曰:“列侯从高帝入蜀汉者六十八人益邑各三百户。吏二千石以上从高帝颍川守尊等十人食邑六百户,淮阳守申屠嘉等十人五百户,卫尉足等十人四百户。”封淮南王舅赵兼为周阳侯,齐王舅驷钧为靖郭侯,故常山丞相蔡兼为樊侯。

二年冬十月,丞相陈平薨。诏曰:“朕闻古者诸侯建国千余,各守其地,以时入贡,民不劳苦,上下欢欣,靡有违德。今列侯多居长安,邑远,吏卒给输费苦,而列侯亦无繇教训其民。其令列侯之国,为吏及诏所止者,遣太子。”

十一月癸卯晦,日有食之。诏曰:“朕闻之,天生民,为之置君以养治之。人主不德,布政不均,则天示之灾以戒不治。乃十一月晦,日有食之,適见于天,灾孰大焉!朕获保宗庙,以微眇之身托于士民君王之上,天下治乱,在予一人,唯二三执政犹吾股肱也。朕下不能治育群生,上以累三光之明,其不德大矣。令至,其悉思朕之过失,及知见之所不及,匄以启告朕。及举贤良方正能直言极谏者,以匡朕之不逮。因各敕以职任,务省繇费以便民。朕既不能远德,故憪然念外人之有非,是以设备未息。今纵不能罢边屯戍,又饬兵厚卫,其罢卫将军军。太仆见马遗财足,余皆以给传置。”

官吏的功劳。下诏说:“当大臣们诛灭吕氏诸人后迎立朕为帝时,朕心中感到疑虑,很多人都劝朕不要离开代地,只有中尉宋昌劝朕应该上京,朕才能保全宗庙,继承大统。已经封宋昌为卫将军,现加封他为壮武侯。其余随朕上京的六人,都晋升官位至九卿。”又说:“跟着高祖进入蜀、汉的六十八位列侯每人加封食邑三百户。跟着高祖的二千石以上官吏,颍川郡守尊等十人封食邑六百户,淮阳郡守申屠嘉等十人封食邑五百户,卫尉足等十人封食邑四百户。”封淮南王的舅舅赵兼为周阳侯,齐王的舅舅驷钧为靖郭侯,原常山丞相蔡兼为樊侯。

文帝二年(前178)冬十月,丞相陈平去世。下诏说:“朕听说古代诸侯建立国家的有一千多个,各自镇守自己的封地,按时向朝廷进贡,百姓不觉劳累辛苦,上下一片欢乐,没有违背道德之事。现在列侯大多住在长安,离封邑非常远,官兵供给运送既浪费又辛苦,而列侯也没有机会去教导训诫自己封邑的百姓。命令列侯都回到自己的封邑去,其中在朝廷担任官吏及诏令恩准留京的,派太子前往。”

十一月三十日,发生日食。文帝下诏说:“朕曾听说,天生万民,为他们设立君主来进行治理。如果君主缺乏德行,施政不公平,上天就会显示灾祸来告诫他治理得不当。而十一月三十日,发生日食,上天的谴责已经降下,有什么灾祸还能比这更大呢!朕能够奉祀宗庙,以卑微之身依托在百姓和诸侯王之上,天下的安定与动乱,在我一人,各位执政大臣都相当于我的股肱。朕对下不能管理百姓,对上连累日月星辰的光辉,导致日食的发生,朕德行的缺乏是非常严重的。各位大臣接到诏令后,都要认真想想朕的过失,以及朕还没有考虑到的问题,请求你们告诉朕。还要推举贤良方正,能直言极谏的人,来匡正朕的过错。因此让各位大臣整顿自己的职务,一定要减轻徭役来方便百姓。朕既不能让德行播及远方,所以忧虑不安,担心外族的侵扰,因而边境的设防一直没有停止。现在即使不能撤除驻守边境的军队,也不应该再增加兵力保卫京都,应撤除卫将军统领的军队。太仆掌管的马匹数量也要减少,在保证朝廷的基本所需后,其余的都划拨给驿站。”

春正月丁亥，诏曰："夫农，天下之本也，其开藉田，朕亲率耕，以给宗庙粢盛。民谪作县官及贷种食未入、入未备者，皆赦之。"

三月，有司请立皇子为诸侯王。诏曰："前赵幽王幽死，朕甚怜之，已立其太子遂为赵王。遂弟辟彊及齐悼惠王子朱虚侯章、东牟侯兴居有功，可王。"乃立辟彊为河间王，章为城阳王，兴居为济北王。因立皇子武为代王，参为太原王，揖为梁王。

五月，诏曰："古之治天下，朝有进善之旌，诽谤之木，所以通治道而来谏者也，今法有诽谤訞言之罪，是使众臣不敢尽情，而上无由闻过失也。将何以来远方之贤良？其除之。民或祝诅上，以相约而后相谩，吏以为大逆，其有他言，吏又以为诽谤。此细民之愚，无知抵死，朕甚不取。自今以来，有犯此者勿听治。"

九月，初与郡守为铜虎符、竹使符。

诏曰："农，天下之大本也，民所恃以生也，而民或不务本而事末，故生不遂。朕忧其然，故今兹亲率群臣农以劝之。其赐天下民今年田租之半。"

三年冬十月丁酉晦，日有食之。十一月丁卯晦，日有蚀之。

诏曰："前日诏遣列侯之国，辞未行。丞相朕之所重，其为朕率列侯之国。"遂免丞相勃，遣就国。十二月，太尉颍阴侯灌婴为丞相。罢太尉官，属丞相。

春正月十五日，文帝下诏说："农业，是天下的根本，应该开辟藉田，朕亲自带领人们耕种，以供给宗庙祭祀所需的谷物。对于百姓中犯有拖欠交纳及偿还给县署的种子与粮食之罪，或者交纳数量不够之罪，一律赦免。"

三月，主管官吏请求立皇子为诸侯王。文帝下诏说："从前赵幽王刘友被软禁而死，朕非常同情，已经立他的太子刘遂为赵王。刘遂的弟弟刘辟彊及齐悼惠王的儿子朱虚侯刘章、东牟侯刘兴居有功，可以立为王。"于是立刘辟彊为河间王，刘章为城阳王，刘兴居为济北王。同时立皇子刘武为代王，刘参为太原王，刘揖为梁王。

五月，文帝下诏说："古代治理天下，朝廷都会树起进善言的旌旗，立有供百姓书写政治缺失的表木，是为了畅通治理国家途径而招来更多敢于进谏的人，现在的法令中有诽谤訞言之罪，这就使得众臣不敢尽情表达自己的意见，而皇上也就无法听到自己的过失了。这又怎么能招来远方的贤良之士呢？应该废除。百姓中有人诅咒皇帝，开始一起约定互相隐瞒而后来又互相告发，官吏认为是大逆不道，如果有其他言论，官吏又会认为是诽谤。这是小民的愚昧表现，因为无知而触犯死罪，朕认为非常不可取。从今以后，如果有犯这种罪行的，不必审理治罪。"

九月，开始发给郡守铜虎符、竹使符。

文帝下诏说："农业，是天下的根本，百姓赖以为生的，如果百姓不专心务农而去经商，那么生存所需的衣食就会缺乏。朕感到非常担忧，所以现在亲自率领群臣进行农耕以示劝勉。并免除天下百姓今年应缴纳田租的一半作为奖励。"

文帝三年（前177）冬十月三十日，发生日食。十一月三十日，又发生日食。

文帝下诏说："之前诏令列侯各自回到自己的封国去，有人推辞还没有走。丞相是朕最为倚重之人，应该为朕在列侯中作表率，回到自己的封国去。"于是免去丞相周勃的职务，派他回到封国。十二月，封太尉颍阴侯灌婴为丞相。废除太尉这一官职，太尉掌管的兵权归属于丞相。

夏四月，城阳王章薨。淮南王长杀辟阳侯审食其。

五月，匈奴入居北地、河南为寇。上幸甘泉，遣丞相灌婴击匈奴，匈奴去。发中尉材官属卫将军，军长安。

上自甘泉之高奴，因幸太原，见故群臣，皆赐之。举功行赏，诸民里赐牛酒。复晋阳、中都民三岁租。留游太原十余日。

济北王兴居闻帝之代，欲自击匈奴，乃反，发兵欲袭荥阳。于是诏罢丞相兵，以棘蒲侯柴武为大将军，将四将军十万众击之。祁侯缯贺为将军，军荥阳。秋七月，上自太原至长安。诏曰："济北王背德反上，诖误吏民，为大逆。济北吏民兵未至先自定及以军城邑降者，皆赦之，复官爵。与王兴居去来者，亦赦之。"八月，虏济北王兴居，自杀。赦诸与兴居反者。

四年冬十二月，丞相灌婴薨。

夏五月，复诸刘有属籍，家无所与。赐诸侯王子邑各二千户。

秋九月，封齐悼惠王子七人为列侯。

绛侯周勃有罪，逮诣廷尉诏狱。

作顾成庙。

五年春二月，地震。

夏四月，除盗铸钱令。更造四铢钱。

六年冬十月，桃李华。

十一月，淮南王长谋反，废迁蜀严道，死雍。

七年冬十月，令列侯太夫人、夫人、诸侯王子及吏二千石无得擅征捕。

夏四月，城阳王刘章去世。淮南王刘长杀死辟阳侯审食其。

五月，匈奴侵入北地、河南进行掠夺。文帝驾临甘泉宫，派丞相灌婴带兵攻打匈奴，匈奴退去。征调中尉属下的材官归属于卫将军，驻守长安。

文帝从甘泉到高奴，顺路来到太原，接见过去代地的群臣，全都进行赏赐。论功行赏，百姓都赐给牛、酒。免除晋阳、中都百姓的三年赋税与徭役。停留在太原游览了十余日。

济北王刘兴居听说文帝去了代地，打算亲自领兵攻打匈奴，就乘机造反，征调兵马想要袭击荥阳。于是文帝下令丞相灌婴撤回军队，并任命棘蒲侯柴武为大将军，率领四名将军共十万兵马讨伐叛军。任命祁侯缯贺为将军，驻扎荥阳。秋七月，文帝从太原回到长安。下诏说："济北王背弃恩德，犯上作乱，连累济北的官吏和百姓，是大逆不道。济北官民在朝廷大军还没到时，就先自己决定归顺朝廷的以及率领军队、献出城邑归降的，一律赦免其罪，恢复官爵。与济北王刘兴居，一起造反后来又投降的，也赦免其罪。"八月，俘虏了济北王刘兴居，他最终自杀。文帝赦免了与他一起造反的人。

文帝四年（前176）冬十二月，丞相灌婴去世。

夏五月，免除与刘氏同宗之人的徭役，对家徒四壁之人给予一些生活必需品。赐给各诸侯王子食邑每人二千户。

秋九月，封齐悼惠王的七个儿子为列侯。

绛侯周勃有罪，逮捕后下廷尉诏狱。

修建顾成庙。

文帝五年（前175）春二月，发生地震。

夏四月，废除私自铸造钱币的法令。重新铸造四铢钱。

文帝六年（前174）冬十月，桃李开花。

十一月，淮南王刘长谋反，后被废除王位流放到蜀严道，路上死在雍地。

文帝七年（前173）冬十月，下令对列侯太夫人、夫人、诸侯王子及二千石的官吏不得擅自进行搜捕。

夏四月，赦天下。

六月癸酉，未央宫东阙罘罳灾。

八年夏，封淮南厉王长子四人为列侯。

有长星出于东方。

九年春，大旱。

十年冬，行幸甘泉。

将军薄昭死。

十一年冬十一月，行幸代。春正月，上自代还。

夏六月，梁王揖薨。

匈奴寇狄道。

十二年冬十二月，河决东郡。

春正月，赐诸侯王女邑各二千户。

二月，出孝惠皇帝后宫美人，令得嫁。

三月，除关无用传。

诏曰："道民之路，在于务本。朕亲率天下农，十年于今，而野不加辟，岁一不登，民有饥色，是从事焉尚寡，而吏未加务也。吾诏书数下，岁劝民种树，而功未兴，是吏奉吾诏不勤，而劝民不明也。且吾农民甚苦，而吏莫之省，将何以劝焉？其赐农民今年租税之半。"

又曰："孝悌，天下之大顺也。力田，为生之本也。三老，众民之师也。廉吏，民之表也。朕甚嘉此二三大夫之行。今万家之县，云无应令，岂实人情？是吏举贤之道未备也。其遣谒者劳赐三老、孝者帛人五匹，悌者、力田二匹，廉吏二百石以上率百石者三匹。及问民所不便安，而以户口率置三老孝悌力田常员，令各率其意以道

夏四月，赦天下。

六月二日，未央宫东面宫阙的屏风发生火灾。

文帝八年（前172）夏，封淮南厉王刘长的四个儿子为列侯。

有长星出现在东方。

文帝九年（前171）春，发生大旱。

文帝十年（前170）冬，巡行到甘泉宫。

将军薄昭去世。

文帝十一年（前169）冬十一月，巡行代地。春正月，文帝从代地回到京都。

夏六月，梁王刘揖去世。

匈奴侵略狄道。

文帝十二年（前168）冬十二月，黄河在东郡决堤。

春正月，赐给各诸侯王女食邑每人二千户。

二月，遣散孝惠皇帝后宫嫔妃，下令可以自行婚配。

三月，废除出入关卡要检查身份证明的法令。

文帝下诏说："教导百姓的途径，在于专心致力于农事。朕亲自率领天下人进行农耕，到现在已经十年了，但田地还是得不到更多开垦，每逢歉收之年，百姓就会面有饥色，这是因为从事农业的人还是很少，而各地官吏不能更加重视农业。我多次下诏，每年劝百姓要多种树，但功效甚微，这也是因为地方官吏对我的诏令执行得不认真，对百姓的劝勉更没有具体的措施。况且我们的农民非常辛苦，而地方官吏又对他们毫不关心，这怎么能够劝勉他们专心务农呢？因此今年免除农民应缴纳租税的一半。"

又说："孝顺父母，友爱兄弟，是顺乎伦常的天道。勤于农事，是生活的根本。三老，是百姓的老师。廉吏，是百姓的表率。朕非常钦佩这些人的操行。现在拥有万户人家的县里，却说没有人响应察举诏令，这难道符合人之常情吗？这表明了地方官吏推举贤才的措施不够完备。现在派谒者慰问三老、孝顺父母的，每人赏赐五匹帛，

民焉。”

十三年春二月甲寅，诏曰：“朕亲率天下农耕以供粢盛，皇后亲桑以奉祭服，其具礼仪。”

夏，除秘祝，语在《郊祀志》。五月，除肉刑法，语在《刑法志》。

六月，诏曰：“农，天下之本，务莫大焉。今廑身从事，而有租税之赋，是谓本末者无以异也，其于劝农之道未备。其除田之租税。赐天下孤寡布帛絮各有数。”

十四年冬，匈奴寇边，杀北地都尉卬。遣三将军军陇西、北地、上郡，中尉周舍为卫将军，郎中令张武为车骑将军，军渭北，车千乘，骑卒十万人。上亲劳军，勒兵，申教令，赐吏卒。自欲征匈奴，群臣谏，不听。皇太后固要上，乃止。于是以东阳侯张相如为大将军，建成侯董赫、内史栾布皆为将军，击匈奴，匈奴走。

春，诏曰：“朕获执牺牲珪币以事上帝宗庙，十四年于今。历日弥长，以不敏不明而久抚临天下，朕甚自媿。其广增诸祀坛场珪币。昔先王远施不求其报，望祀不祈其福，右贤左戚，先民后己，至明之极也。今吾闻祠官祝釐，皆归福于朕躬，不为百姓，朕甚媿之。夫以朕之不德，而专乡独美其福，百姓不与焉，是重吾不德也。其令祠官致敬，无有所祈。”

十五年春，黄龙见于成纪。上乃下诏议郊祀。公孙臣明服色，

友爱兄弟的、勤于农事的每人赏赐二匹帛，二百石以上的廉吏每一百石加赏三匹帛。为了经常了解百姓有哪些不便之处，现在按户口比例设置一些固定的三老、孝悌力田人员，让他们各自领会诏书的意义来教导百姓。”

文帝十三年（前167）春二月十六日，下诏说：“朕亲自率领天下人进行农耕，来供给祭祀宗庙用的谷物，皇后亲自种桑养蚕来供给祭祀所穿礼服之需，并建立耕桑的礼仪制度。”

夏，废除秘祝这一官职，详见《郊祀志》。五月，废除肉刑法令，详见《刑法志》。

六月，文帝下诏说：“农业，是天下的根本，没有比这更重要的了。现在农民自己勤劳耕作，却还要与商人一样缴纳赋税，这就使得务农与经商没有差别，是由于鼓励农耕的措施还不完备。现在免除农田的租税。赐给天下孤寡之人布帛、丝絮各若干。”

文帝十四年（前166）冬，匈奴侵犯边境，杀死北地都尉孙卬。文帝派三位将军驻军在陇西、北地、上郡，任命中尉周舍为卫将军，郎中令武为车骑将军，驻军在渭北，总计有战车千辆，骑兵十万人。文帝亲自慰劳军士，整治军队，申明教令，赏赐官兵。文帝想要亲自带兵征讨匈奴，群臣劝阻，他并不听从。皇太后竭力劝阻文帝，他这才作罢。于是任命东阳侯张相如为大将军，建成侯董赫、内史栾布都为将军，攻打匈奴，匈奴退走。

春，文帝下诏说：“朕供奉牺牲玉帛来祭祀天帝宗庙，到现在已经十四年了。在位的时间很久，让我这样一个既不聪明又不英明之人长久统治天下，朕感到非常惭愧。应该扩建各种祭祀坛场和增加玉帛数量。过去先王远施恩惠而不求别人回报，遥祭山川地祇而不为自己祈福，尊贤贬亲，先民后己，非常贤明。现在我听说祠官祭神祈福，都希望把福祉归到朕的身上，而不为百姓祈福，这让朕感到非常惭愧。以朕这样的无德之人，独自享有神明赐予的福祉，而不与百姓同享，这就更加重了我的无德。现在下令祠官向神明致敬时，不要为我个人祈福。”

文帝十五年（前165）春，黄龙出现在成纪。文帝就下诏商议郊

新垣平设五庙，语在《郊祀志》。夏四月，上幸雍，始郊见五帝，赦天下，修名山大川尝祀而绝者，有司以岁时致礼。

九月，诏诸侯王公卿郡守举贤良能直言极谏者，上亲策之，傅纳以言。语在《晁错传》。

十六年夏四月，上郊祀五帝于渭阳。

五月，立齐悼惠王子六人、淮南厉王子三人皆为王。

秋九月，得玉杯，刻曰“人主延寿”。令天下大酺，明年改元。

后元年冬十月，新垣平诈觉，谋反，夷三族。

春三月，孝惠皇后张氏薨。

诏曰：“间者数年比不登，又有水旱疾疫之灾，朕甚忧之。愚而不明，未达其咎。意者朕之政有所失而行有过与？乃天道有不顺，地利或不得，人事多失和，鬼神废不享与？何以致此？将百官之奉养或费，无用之事或多与？何其民食之寡乏也！夫度田非益寡，而计民未加益，以口量地，其于古犹有余，而食之甚不足者，其咎安在？无乃百姓之从事于末以害农者蕃，为酒醪以靡谷者多，六畜之食焉者众与？细大之义，吾未能得其中。其与丞相列侯吏二千石博士议之，有可以佐百姓者，率意远思，无有所隐。”

二年夏，行幸雍棫阳宫。

六月，代王参薨。匈奴和亲。诏曰：“朕既不明，不能远德，使方外之国或不宁息。夫四荒之外不安其生，封圻之内勤劳不处，二者之咎，皆自于朕之德薄而不能达远也。间者累年，匈奴并暴边境，多杀吏民，边臣兵吏又不能谕其内志，以重吾不德。夫久结难

祭事宜。公孙臣明确服色，新垣平修建五帝庙，详见《郊祀志》。夏四月，文帝驾临雍地，开始举行郊祭朝拜五帝，大赦天下，恢复了名山大川曾经断绝的祭祀，主管官吏按照四季进行祭祀。

九月，诏令各诸侯王、公卿、郡守推举贤良能直言极谏的人，文帝亲自问策，让他们陈述意见并加以采纳。详见《晁错传》。

文帝十六年（前164）夏四月，在渭阳举行郊祭祭祀五帝。

五月，立齐悼惠王的六个儿子、淮南厉王的三个儿子都为王。

秋九月，文帝得玉杯，上面刻有“人主延寿”四字。于是下令天下百姓欢聚饮酒，第二年改为元年。

文帝后元元年（前163）冬十月，新垣平因为欺诈之事被发觉，谋反，诛灭三族。

春三月，孝惠皇后张氏去世。

文帝下诏说：“过去几年频繁歉收，又有水旱疾疫之灾，朕非常忧虑。我既愚昧又不贤明，不明白上天降下灾祸的原因。是因为朕的政事有差错且行为有过失呢？还是因为天道不顺，不能获得地利，人事有很多失和，鬼神不愿意享受祭祀呢？到底是什么原因导致的呢？是百官的俸禄太高，做了很多无用的事吗？为什么百姓的粮食竟然如此缺乏！丈量耕地并没有减少，计算人口也没有增加，按照人口来衡量耕地，比起古代还要多，而粮食却非常不足，到底是哪里出现了过失呢？莫非是百姓从事商业而给农业造成很大损害，为了酿酒浪费了很多谷物，饲养的牲畜也消耗了很多粮食吗？从大小两方面来考虑，我还没能找出其中的原因。现在与丞相、列侯、二千石的官吏、博士来共同商议，对百姓有帮助的建议，不管是简单的看法还是深入的见解，都可以畅所欲言。”

文帝后元二年（前162）夏，巡行雍地的棫阳宫。

六月，代王刘参去世。与匈奴进行和亲。文帝下诏说：“朕既不英明，又不能将德行播及远方，使得异域之国经常侵扰。边境百姓不能安定生活，域内人民也辛勤劳苦不得安居，这两方面的过失，都是由于朕的德行浅薄而不能播及远方。过去几年，匈奴不断侵扰边境，

连兵，中外之国将何以自宁？今朕夙兴夜寐，勤劳天下，忧苦万民，为之恻怛不安，未尝一日忘于心，故遣使者冠盖相望，结彻于道，以谕朕志于单于。今单于反古之道，计社稷之安，便万民之利，新与朕俱弃细过，偕之大道，结兄弟之义，以全天下元元之民。和亲以定，始于今年。”

三年春二月，行幸代。

四年夏四月丙寅晦，日有蚀之。五月，赦天下。免官奴婢为庶人。行幸雍。

五年春正月，行幸陇西。三月，行幸雍。秋七月，行幸代。

六年冬，匈奴三万骑入上郡，三万骑入云中。以中大夫令免为车骑将军屯飞狐，故楚相苏意为将军屯句注，将军张武屯北地，河内太守周亚夫为将军次细柳，宗正刘礼为将军次霸上，祝兹侯徐厉为将军，次棘门，以备胡。

夏四月，大旱，蝗。令诸侯无入贡。弛山泽。减诸服御。损郎吏员。发仓庾以振民。民得卖爵。

七年夏六月己亥，帝崩于未央宫。遗诏曰：“朕闻之，盖天下万物之萌生，靡不有死。死者天地之理，物之自然，奚可甚哀！当今之世，咸嘉生而恶死，厚葬以破业，重服以伤生，吾甚不取。且朕既不德，无以佐百姓；今崩，又使重服久临，以罹寒暑之数，哀人父子，伤长老之志，损其饮食，绝鬼神之祭祀，以重吾不德，谓天下何！朕获保宗庙，以眇眇之身托于天下君王之上，二十有余年矣。赖天之灵，社稷之福，方内安宁，靡有兵革。朕既不敏，常畏过行，以羞先帝之遗德；惟年之久长，惧于不终。今乃幸以天年得复供养

杀害了很多官吏和百姓，边境的官兵又不能向他们告知我想要修好的意图，更加重了我的无德。这样长久结下仇怨，兵事不断，中外之国将怎样维持各自的安宁呢？现在朕早起晚睡，为天下操劳，为万民忧虑，痛苦与不安，心里一天都不曾忘记，所以派遣使者往来不断，路上车辙相连，把朕的意愿告知给单于。现在单于又回到了过去友好相处的道路上来，考虑到社稷的安定，为了百姓的利益，和朕相约都不计较过去的小错，一起追求和平的大道，结为兄弟之国，来保全天下百姓。和亲之事已经确定，从今年开始。”

文帝后元三年（前161）春二月，巡行代地。

文帝后元四年（前160）夏四月三十日，发生日食。五月，赦天下。免除官家奴婢，让他们成为平民。文帝巡行雍地。

文帝后元五年（前159）春正月，巡行陇西。三月，巡行雍地。秋七月，巡行代地。

文帝后元六年（前158）冬，匈奴三万人马入侵上郡，三万人马入侵云中。文帝任命中大夫令免为车骑将军驻军飞狐，原楚相苏意为将军，驻军句注，将军张武驻军北地，河内太守周亚夫为将军，驻军细柳，宗正刘礼为将军，驻军霸上，祝兹侯徐厉为将军，驻军棘门，以防备匈奴。

夏四月，发生大旱和蝗灾。诏令诸侯不用向朝廷纳贡。解除百姓开采山泽的禁令。减少服饰车马。精简官员人数。开放粮仓赈济百姓。允许民间买卖爵位。

文帝后元七年（前157）夏六月初一日，他在未央宫驾崩。留下遗诏说：“朕听说，天下万物萌生之后，没有不会死亡的。死亡是天地间的常理，万物的自然归宿，有什么可悲哀的呢！当今之世，人们都喜欢活着而厌恶死亡，死后进行厚葬以致家产丧失，服丧过度以致妨害生人，我认为非常不可取。况且朕没有什么德行，不能给百姓带来帮助；现在死了，又让人们长久服丧，使他们遭受严寒酷暑的折磨，让别人的父子为我悲哀，使年长者伤神，减少饮食，中断对鬼神的祭祀，这就更加重了我的无德，让我怎么同天下人交代！朕能够奉祀宗庙，以卑微之身依托在天下君王之上，到现在已经二十多年了。

于高庙，朕之不明与嘉之，其奚哀念之有！其令天下吏民，令到出临三日，皆释服。无禁取妇嫁女祠祀饮酒食肉。自当给丧事服临者，皆无践。绖带无过三寸。无布车及兵器。无发民哭临宫殿中。殿中当临者，皆以旦夕各十五举音，礼毕罢。非旦夕临时，禁无得擅哭。以下，服大红十五日，小红十四日，纤七日，释服。它不在令中者，皆以此令比类从事。布告天下，使明知朕意。霸陵山川因其故，无有所改。归夫人以下至少使。”令中尉亚夫为车骑将军，属国悍为将屯将军，郎中令张武为复土将军，发近县卒万六千人，发内史卒万五千人，臧郭穿复土属将军武。赐诸侯王以下至孝悌力田金钱帛各有数。乙巳，葬霸陵。

赞曰：孝文皇帝即位二十三年，宫室苑囿车骑服御无所增益。有不便，辄弛以利民。尝欲作露台，召匠计之，直百金。上曰：“百金，中人十家之产也。吾奉先帝宫室，常恐羞之，何以台为！”身衣弋绨，所幸慎夫人衣不曳地，帷帐无文绣，以示敦朴，为天下先。治霸陵，皆瓦器，不得以金银铜锡为饰，因其山，不起坟。南越尉佗自立为帝，召贵佗兄弟，以德怀之，佗遂称臣。与匈奴结和亲，后而背约入盗，令边备守，不发兵深入，恐烦百姓。吴王诈病不朝，赐以几杖。群臣袁盎等谏说虽切，常假借纳用焉。张武等受赂金钱，觉，更加赏赐，以愧其心。专务以德化民，是以海内殷富，兴于礼义，断狱数百，几致刑措。呜呼，仁哉！

仰赖上天的威灵，社稷的洪福，国内安宁，没有战乱。朕不聪明，常常害怕言行有过失，使先帝留下的美德蒙羞；而在位的时间越长，越害怕不能善终。现在有幸尽享天年得以供奉在高庙中，是对朕这个不英明之人的厚待，有什么可悲哀的呢！现在命令天下官民，诏令到达后吊唁三天，就除去丧服。不得禁止娶妻、嫁女、祭祀、饮酒、吃肉。应当服丧的人，都不要大肆披麻戴孝。麻带不超过三寸宽。不要布置灵车和用兵器护灵。不要让百姓到宫殿中来哭丧。朝廷中应当来哭灵的，只能在早晚各哭十五声，礼毕就停止。不是早晚之时，禁止擅自哭泣。下葬后，服大功十五天，小功十四天，缌麻七天，然后全部除去孝服。其他没有在诏令中提及的事项，都依据此令来参照处理。布告天下，让百姓都明白朕的心意。霸陵的山川要保留原貌，不要有所改变。后宫夫人以下到少使的都遣送回家。”任命中尉周亚夫为车骑将军，属国悍为将屯将军，郎中令张武为复土将军，征调附近各县士卒一万六千人，内史统辖的士卒一万五千人，从事开挖墓穴，下放棺椁，填土建陵等工作，归张武将军统领。赐给诸侯王以下到孝悌力田金钱、布帛各若干。六月初七日，安葬在霸陵。

赞辞说：孝文皇帝即位二十三年，宫殿、苑囿、车骑、服饰之类都没有增加。对百姓有不便的事，就开放禁令来方便百姓。文帝曾经想要建造露台，召来工匠进行计算，造价要百金。文帝说：“百金，是十户中等人家的产业。我继承了先帝的宫室，经常担心有所蒙羞，还要建造什么露台呢！”文帝平时身穿黑色绨衣，所宠爱的慎夫人衣长不拖地，帷帐不刺绣，来显示自己的俭朴，作为天下的表率。建造霸陵陵墓，都用瓦器，不准用金银铜锡装饰，依山建陵，不另起坟。南越王尉佗自立为帝，文帝把尉佗兄弟召来加封，用德义进行感召，尉佗于是重新称臣。与匈奴相约和亲，后来匈奴违背约定进行侵扰，文帝也是下令边境官兵加强守备，不派兵深入匈奴境内，担心给百姓带来烦扰。吴王谎称有病不来朝见，文帝就赐给他几杖表示慰问。袁盎等群臣进谏的言辞虽然激烈尖锐，但文帝常常予以宽容并采纳他们的意见。张武等人接受金钱贿赂，发觉后，就增加对他们的赏赐，让其心中感到惭愧。文帝专注于用德行来教化百姓，因此四海之内，

般实富足，礼义兴盛，判决讼案仅数百件，几乎到了放置刑罚不用的程度。唉，真是仁德之帝啊！

卷五

景帝纪第五

孝景皇帝，文帝太子也。母曰窦皇后。后七年六月，文帝崩。丁未，太子即皇帝位，尊皇太后薄氏曰太皇太后，皇后曰皇太后。

九月，有星孛于西方。

元年冬十月，诏曰："盖闻古者祖有功而宗有德，制礼乐各有由。歌者，所以发德也；舞者，所以明功也。高庙酎，奏《武德》《文始》《五行》之舞。孝惠庙酎，奏《文始》《五行》之舞。孝文皇帝临天下，通关梁，不异远方；除诽谤，去肉刑，赏赐长老，收恤孤独，以遂群生；减耆欲，不受献，罪人不帑，不诛亡罪，不私其利也；除宫刑，出美人，重绝人之世也。朕既不敏，弗能胜识。此皆上世之所不及，而孝文皇帝亲行之。德厚侔天地，利泽施四海，靡不获福。明象乎日月，而庙乐不称，朕甚惧焉。其为孝文皇帝庙为《昭德》之舞，以明休德。然后祖宗之功德，施于万世，永永无穷，朕甚嘉之。其与丞相、列侯、中二千石、礼官具礼仪奏。"丞相臣嘉等奏曰："陛下永思孝道，立《昭德》之舞以明孝文皇帝之盛德，皆臣嘉等愚所不及。臣谨议：世功莫大于高皇帝，德莫盛于孝文皇帝。高皇帝庙宜为帝者太祖之庙，孝文皇帝庙宜为帝者太宗之庙。天子宜世世献祖宗之庙。郡国诸侯宜各为孝文皇帝立太宗之庙。诸侯王列侯使者侍祠天子所献祖宗之庙。请宣布天下。"制曰"可"。

汉景帝，是汉文帝的太子。母亲是窦皇后。后元七年（前157）六月，文帝驾崩。六月九日，太子即皇帝位，尊皇太后薄氏为太皇太后，皇后窦氏为皇太后。

九月，有彗星出现在西方。

景帝元年（前156）冬十月，下诏说："听说古代称有取天下之功的帝王为'祖'，有治天下之德的帝王为'宗'，制定礼乐也就各有依据。歌，是用来颂扬德行的；舞，是用以彰显功绩的。在高祖庙献酒祭祀，奏《武德》《文始》《五行》等舞。在惠帝庙献酒祭祀，奏《文始》《五行》之舞。孝文皇帝君临天下，开放关卡桥梁，畅通无阻，边远地区也是一样；废除诽谤之罪，取消肉刑，赏赐老人，收容救济孤独无依之人，尽量满足天下众生的愿望；节制各种嗜欲，不接受进献的物品，不惩罚罪人的妻子儿女，不让无罪的人受到诛罚，不求自己的私利；废除宫刑，遣散后宫，对断绝别人后代之事非常重视。朕不聪明，不能完全认识到孝文皇帝的功绩。以上列举的这些都是前代帝王未能做到，而孝文皇帝亲自实行的。他的厚德齐等天地，恩泽广施四海，没有人不获得关爱。他的圣明如同日月，而宗庙祭祀时的乐舞却不相称，朕感到非常不安。因此为孝文皇帝庙作《昭德》之舞，来彰显他的美德。然后祖宗的功德，才能流传万世，永世无穷，朕非常赞同这种做法。此事交给丞相、列侯、中二千石、礼官共同商议制定出礼仪然后上奏。"丞相申屠嘉等人奏道："陛下长念孝道，作《昭德》之舞来彰显孝文皇帝的盛德，都是我们这些愚钝的臣子想不到的。臣谨议：世间取天下之功没有大于高皇帝的，治天下之德没有大于文皇帝的。因此高皇帝庙应为帝王的太祖庙，孝文皇帝庙应为帝王的太宗庙。天子应该世世代代祭祀祖宗之庙。郡国诸侯应该各自为孝文皇帝立太宗之庙。各诸侯王、列侯要派使者陪同天子祭祀祖

春正月，诏曰："间者岁比不登，民多乏食，夭绝天年，朕甚痛之。郡国或硗陿，无所农桑毄畜；或地饶广，荐草莽，水泉利，而不得徙。其议民欲徙宽大地者，听之。"

夏四月，赦天下。赐民爵一级。

遣御史大夫青翟至代下与匈奴和亲。

五月，令田半租。

秋七月，诏曰："吏受所监临，以饮食免，重；受财物，贱买贵卖，论轻。廷尉与丞相更议著令。"廷尉信谨与丞相议曰："吏及诸有秩受其官属所监、所治、所行、所将，其与饮食计偿费，勿论。它物，若买故贱，卖故贵，皆坐臧为盗，没入臧县官。吏迁徙免罢，受其故官属所将监治送财物，夺爵为士伍，免之。无爵，罚金二斤，令没入所受。有能捕告，畀其所受臧。"

二年冬十二月，有星孛于西南。

令天下男子年二十始傅。

春三月，立皇子德为河间王，阏为临江王，馀为淮阳王，非为汝南王，彭祖为广川王，发为长沙王。

夏四月壬午，太皇太后崩。

六月，丞相嘉薨。

封故相国萧何孙係为列侯。

秋，与匈奴和亲。

三年冬十二月，诏曰："襄平侯嘉子恢说不孝，谋反，欲以杀

宗之庙。请向天下宣布。”景帝下制说“可以”。

春正月，景帝下诏说：“近来年景歉收，百姓大多缺乏粮食，因为饥饿夭折而死，朕感到非常痛惜。有的郡国土地瘠薄狭隘，没有办法发展农业，养殖牲畜；有的郡国土地肥沃广阔，牧草茂盛，水流丰富，却不能让百姓迁居。因此对于想要迁徙到广阔土地的百姓，一律准许。”

夏四月，赦天下。赏赐民爵，每户一级。

景帝派遣御史大夫陶青（庄青翟是武帝时人，此处应为陶青）到代下与匈奴和亲。

五月，诏令农田租税减免一半。

秋七月，景帝下诏说：“当今法令对于官吏因接受食物就予以免职的处罚过重；而对于接受财物，低价买进，高价卖出来牟取暴利的惩治过轻。廷尉与丞相应该重新商议制定法令。”廷尉信与丞相申屠嘉恭敬商议后制定法令如下：“官吏及各位有爵位等级的文武百官，凡是接受下属食物的要按价偿还，免予处罚。凡是其他东西，如果低价买进，高价卖出，都按盗窃赃物惩治，没收入官。官吏在调动与罢免时，接受原来下属赠送财物的，削去爵位，贬为士卒，并予除名。没有爵位的，罚二斤黄金，勒令没收接受的财物。有能逮捕罪犯，申报上官的，给予其没收的赃物。”

景帝二年（前155）冬十二月，有彗星出现在西南方。

诏令天下男子满二十岁开始服徭役。

春三月，立皇子刘德为河间王，皇子刘阏为临江王，皇子刘馀为淮阳王，皇子刘非为汝南王，皇子刘彭祖为广川王，皇子刘发为长沙王。

夏四月二十五日，太皇太后驾崩。

六月，丞相申屠嘉去世。

封前相国萧何的孙子萧係为列侯。

秋，与匈奴和亲。

景帝三年（前154）冬十二月，下诏说：“襄平侯纪嘉的儿子纪恢

嘉，大逆无道。其赦嘉为襄平侯，及妻子当坐者复故爵。论恢说及妻子如法。”

春正月，淮阳王宫正殿灾。

吴王濞、胶西王卬、楚王戊、赵王遂、济南王辟光、菑川王贤、胶东王雄渠皆举兵反。大赦天下。遣太尉亚夫、大将军窦婴将兵击之。斩御史大夫晁错以谢七国。

二月壬子晦，日有蚀之。

诸将破七国，斩首十余万级。追斩吴王濞于丹徒。胶西王卬、楚王戊、赵王遂、济南王辟光、菑川王贤、胶东王雄渠皆自杀。夏六月，诏曰：“乃者吴王濞等为逆，起兵相胁，诖误吏民，吏民不得已。今濞等已灭，吏民当坐濞等及逋逃亡军者，皆赦之。楚元王子蓺等与濞等为逆，朕不忍加法，除其籍，毋令污宗室。”立平陆侯刘礼为楚王，续元王后。立皇子端为胶西王，胜为中山王。赐民爵一级。

四年春，复置诸关用传出入。

夏四月己巳，立皇子荣为皇太子，彻为胶东王。

六月，赦天下，赐民爵一级。

秋七月，临江王阏薨。

十月戊戌晦，日有蚀之。

五年春正月，作阳陵邑。夏，募民徙阳陵，赐钱二十万。

遣公主嫁匈奴单于。

六年冬十二月，雷，霖雨。

秋九月，皇后薄氏废。

七年冬十一月庚寅晦，日有蚀之。

说不孝，企图谋反，并想要杀死他的父亲，实在是大逆不道。现在赦免纪嘉仍为襄平侯，应当连坐的妻儿都恢复原来的爵位。对纪恢说及其妻儿都依法处决。”

春正月，淮阳王宫正殿发生火灾。

吴王刘濞、胶西王刘卬、楚王刘戊、赵王刘遂、济南王刘辟光、菑川王刘贤、胶东王刘雄渠一起举兵造反。景帝下令大赦天下。派遣太尉周亚夫、大将军窦婴带兵征讨。斩杀建议削藩的御史大夫晁错来安抚发动叛乱的七国。

二月初一日，发生日食。

各路将领打败七国叛军，斩首十余万人。在丹徒追击并斩杀吴王刘濞。胶西王刘卬、楚王刘戊、赵王刘遂、济南王刘辟光、菑川王刘贤、胶东王刘雄渠都自杀。夏六月，景帝下诏说：“前次吴王濞等人犯上作乱，举兵威胁朝廷，连累官民，官民不得已而相从。现在刘濞等人已被消灭，对受刘濞蒙蔽应当连坐的官民及逃亡的士兵，一律赦免。楚元王的儿子刘蓺等人参与刘濞等人的叛乱，朕不忍加以惩治，废除其宗籍，不要让其玷污宗室。”立平陆侯刘礼为楚王，继承元王之位。立皇子刘端为胶西王，刘胜为中山王。赏赐民爵，每户一级。

景帝四年（前153）春，恢复出入各关口要用身份证明的法令。

夏四月二十一日，立皇子刘荣为皇太子，刘彻为胶东王。

六月，赦天下，赏赐民爵，每户一级。

秋七月，临江王刘阏去世。

十月三十日，发生日食。

景帝五年（前152）春，修建阳陵邑。夏，招募百姓迁居阳陵，每户赐钱二十万。

派公主嫁给匈奴单于。

景帝六年（前151）冬十二月，雷声轰隆，下起大雨。

秋九月，皇后薄氏被废。

景帝七年（前150）冬十一月三十日，发生日食。

春正月，废皇太子荣为临江王。

二月，罢太尉官。

夏四月乙巳，立皇后王氏。

丁巳，立胶东王彻为皇太子。赐民为父后者爵一级。

中元年夏四月，赦天下，赐民爵一级。封故御史大夫周苛、周昌孙子为列侯。

二年春二月，令诸侯王薨、列侯初封及之国，大鸿胪奏谥、诔、策。列侯薨及诸侯太傅初除之官，大行奏谥、诔、策。王薨，遣光禄大夫吊襚祠赗，视丧事，因立嗣子。列侯薨，遣太中大夫吊祠，视丧事，因立嗣。其薨葬，国得发民輓丧，穿复土，治坟无过三百人毕事。

匈奴入燕。

改磔曰弃市，勿复磔。

三月，临江王荣坐侵太宗庙地，征诣中尉，自杀。

夏四月，有星孛于西北。

立皇子越为广川王，寄为胶东王。

秋七月，更郡守为太守，郡尉为都尉。

九月，封故楚、赵傅相内史前死事者四人子皆为列侯。

甲戌晦，日有蚀之。

三年冬十一月，罢诸侯御史大夫官。

春正月，皇太后崩。

夏旱，禁酤酒。秋九月，蝗。有星孛于西北。戊戌晦，日有蚀之。

春正月，废皇太子刘荣为临江王。

二月，废除太尉这一官职。

夏四月十七日，立皇后王氏。

四月二十九日，立胶东王刘彻为皇太子。赏赐百姓中继承父业的人每人一级爵位。

景帝中元元年（前149）夏四月，赦天下，赏赐民爵，每户一级。封原御史大夫周苛、周昌的孙子为列侯。

景帝中元二年（前148）春二月，诏令各诸侯王去世，派列侯去往他的封国进行吊唁，由大鸿胪奏其事迹，朝廷赐予谥号、诔文、哀策。列侯去世，派诸侯太傅作为吊丧官员进行吊唁，由大行人奏其事迹，朝廷赐予谥号、诔文、哀策。亲王去世，派光禄大夫进行吊唁并赠送衣服和丧葬用品，主持丧事，确立王嗣。列侯去世，派太中大夫进行吊唁，主持丧事，确立嗣子。王侯安葬之时，封国可以征调百姓牵引灵车，开凿墓穴，填土起坟，陵墓完工不超过三百人。

匈奴入侵燕地。

改磔刑为弃市，并废除磔刑。

三月，临江王刘荣因为擅自在文帝宗庙土地上修建宫室，被召往中尉府邸问罪，刘荣因害怕而自杀。

夏四月，有彗星出现在西北方。

立皇子刘越为广川王，刘寄为胶东王。

秋七月，改郡守为太守，郡尉为都尉。

九月，封因劝谏其王不能谋反而被杀的原楚相张尚、太傅赵夷吾、赵相建德、内史王悍等四人的儿子为列侯。

七月三十日，发生日食。

景帝中元三年（前147）冬十一月，废除诸侯御史大夫这一官职。

春正月，皇太后驾崩。

夏，发生旱灾，禁止卖酒。秋九月，发生蝗灾。有彗星出现在西北方。九月三十日，发生日食。

立皇子乘为清河王。

四年春三月，起德阳宫。

御史大夫绾奏禁马高五尺九寸以上，齿未平，不得出关。

夏，蝗。

秋，赦徒作阳陵者，死罪欲腐者，许之。

十月戊午，日有蚀之。

五年夏，立皇子舜为常山王。六月，赦天下，赐民爵一级。

秋八月己酉，未央宫东阙灾。

更名诸侯丞相为相。

九月，诏曰："法令度量，所以禁暴止邪也。狱，人之大命，死者不可复生。吏或不奉法令，以货赂为市，朋党比周，以苛为察，以刻为明，令亡罪者失职，朕甚怜之。有罪者不伏罪，奸法为暴，甚亡谓也。诸狱疑，若虽文致于法而于人心不厌者，辄谳之。"

六年冬十月，行幸雍，郊五畤。

十二月，改诸官名。定铸钱伪黄金弃市律。

春三月，雨雪。

夏四月，梁王薨。分梁为五国，立孝王子五人皆为王。

五月，诏曰："夫吏者，民之师也，车驾衣服宜称。吏六百石以上，皆长吏也，亡度者或不吏服，出入闾里，与民亡异。令长吏二千石车朱两幡，千石至六百石朱左幡。车骑从者不称其官衣服，下吏出入闾巷亡吏体者，二千石上其官属，三辅举不如法令者，皆上丞相御史请之。"先是吏多军功，车服尚轻，故为设禁。又惟酷吏奉宪

立皇子刘乘为清河王。

景帝中元四年（前146）春三月，兴建德阳宫。

御史大夫卫绾奏请禁止高五尺九寸以上的成年马，和牙没长平的幼马，运出关外。

夏，发生蝗灾。

秋，景帝赦免修建阳陵的囚犯，犯有死罪愿意接受宫刑的，均可准许。

十月二十六日，发生日食。

景帝中元五年（前145）夏，立皇子刘舜为常山王。六月，赦天下，赏赐民爵，每户一级。

秋八月二十二日，未央宫东面宫阙发生火灾。

诸侯丞相改名为相。

九月，景帝下诏说："法令与法规，是用来制止暴乱与邪恶的。刑狱，可以决定人的生死，死者不能复生。有的官吏不执行法令，以财物贿赂进行交易，结党营私，排除异己，以威严逼迫供认，以严酷审察案情，让无罪之人失去官职，蒙受不白之冤，朕感到非常同情。有罪之人不承认自己所犯的罪行，因法作奸，干尽坏事，那就另当别论。而对于各种疑难案件，即使引用法令进行判决但人心不服的，就应该将案情上报。"

景帝中元六年（前144）冬十月，巡行雍地，在五畤举行郊祭。

十二月，改各官官名。颁布民间私铸钱币处以弃市的法令。

春三月，下起雪。

夏四月，梁王去世。把梁国一分为五，立梁孝王的五个儿子都为王。

五月，景帝下诏说："官吏，是百姓的表率，车驾、衣服应该与其职位相称。俸禄六百石以上的官吏，都是长吏，有的不注重礼仪制度，不穿官服，出入在乡里，与普通百姓没有不同。现在规定二千石长吏车驾两边的车轓为红色，一千石至六百石长吏车驾左边的车轓为红色。凡是车骑与随从人员的衣服与其官职不相称的，下属官吏出入乡间有失官吏风范的，二千石的上报给主管官署进行处理，负责治理

失中，乃诏有司减笞法，定箠令。语在《刑法志》。

六月，匈奴入雁门，至武泉，入上郡，取苑马。吏卒战死者二千人。

秋七月，辛亥晦，日有蚀之。

后元年春正月，诏曰："狱，重事也。人有智愚，官有上下。狱疑者谳有司。有司所不能决，移廷尉。有令谳而后不当，谳者不为失。欲令治狱者务先宽。"三月，赦天下，赐民爵一级，中二千石诸侯相爵右庶长。夏，大酺五日，民得酤酒。

五月，地震。秋七月乙巳晦，日有蚀之。

条侯周亚夫下狱死。

二年冬十月，省彻侯之国。

春，匈奴入雁门，太守冯敬与战死。发车骑材官屯。

春，以岁不登，禁内郡食马粟，没入之。

夏四月，诏曰："雕文刻镂，伤农事者也；锦绣纂组，害女红者也。农事伤则饥之本也，女红害则寒之原也。夫饥寒并至，而能亡为非者寡矣。朕亲耕，后亲桑，以奉宗庙粢盛祭服，为天下先；不受献，减太官，省繇赋，欲天下务农蚕，素有畜积，以备灾害。强毋攘弱，众毋暴寡，老耆以寿终，幼孤得遂长。今岁或不登，民食颇寡，其咎安在？或诈伪为吏，吏以货赂为市，渔夺百姓，侵牟万民。县丞，长吏也，奸法与盗盗，甚无谓也。其令二千石各修其职；不事官职耗乱者，丞相以闻，请其罪。布告天下，使明知朕意。"

京畿地区的三辅查举不遵守法令的，都上报给丞相与御史请示。”原先因为官吏多有军功，车驾、衣服崇尚轻便，所以设立禁令。又担心酷吏奉行法令，不合准则，就向主管官吏下达了减笞法、定箠令。详见《刑法志》。

六月，匈奴入侵雁门，到达武泉，入侵上郡，掠取苑囿中的马匹。汉军官兵有二千人战死。

秋七月三十日，发生日食。

景帝后元元年（前143）春正月，下诏说：“刑狱，是重大之事。人有智愚之别，官有高低之分。对于疑难案件应先将案情上报给主管官吏进行请示。主管官吏不能决断，就移交廷尉处理。上报请示后即使处理不当，主管官吏也不承担过失。意图让审理案件之人务必先从宽考虑。”三月，赦天下，赏赐民爵，每户一级，中二千石与诸侯都赐爵右庶长。夏，全国欢饮五天，百姓可以自由卖酒。

五月，发生地震。秋七月三十日，发生日食。

条侯周亚夫被关入监牢，死在狱中。

景帝后元二年（前142）冬十月，下令撤销列侯要去往封国的规定。

春，匈奴入侵雁门，雁门太守冯敬与之交战，战死。景帝派车骑材官驻守雁门。

春，因为年景歉收，禁止内郡用粮食喂马，违反规定的人没收其马。

夏四月，景帝下诏说：“刻镂花纹，消耗人力，对农事有损；编织锦绣，耗费精力，对女红有害。农事有损就会导致饥荒，女红有害就会导致受寒。饥寒交迫，而能不为非作歹的人是很少的。朕亲自耕种，皇后亲自种桑养蚕，来供给宗庙祭祀所需的谷物、祭服，为天下做出榜样；朕不接受进献的物品，让太官减少膳食，减轻徭役和赋税，是想要天下专心致力于农桑，平常储备粮食，来防备灾荒。不准以强凌弱，以众暴寡，让老人能够尽享天年，让年幼的孤儿得到顺利成长。现在年景歉收，百姓粮食缺乏，原因是什么呢？有的官吏弄虚作假，以财物贿赂进行交易，掠夺百姓，侵害万民。县丞，是长吏，有

五月，诏曰："人不患其不知，患其为诈也；不患其不勇，患其为暴也；不患其不富，患其亡厌也。其唯廉士，寡欲易足。今訾算十以上乃得官，廉士算不必众。有市籍不得官，无訾又不得官，朕甚愍之。訾算四得官，亡令廉士久失职，贪夫长利。"

秋，大旱。

三年春正月，诏曰："农，天下之本也。黄金珠玉，饥不可食，寒不可衣，以为币用，不识其终始。间岁或不登，意为末者众，农民寡也。其令郡国务劝农桑，益种树，可得衣食物。吏发民若取庸采黄金珠玉者，坐臧为盗。二千石听者，与同罪。"

皇太子冠，赐民为父后者爵一级。

甲子，帝崩于未央宫。遗诏赐诸侯王列侯马二驷，吏二千石黄金二斤，吏民户百钱。出宫人归其家，复终身。二月癸酉，葬阳陵。

赞曰：孔子称"斯民，三代之所以直道而行也"，信哉！周秦之敝，罔密文峻，而奸轨不胜。汉兴，扫除烦苛，与民休息。至于孝文，加之以恭俭，孝景遵业，五六十载之间，至于移风易俗，黎民醇厚。周云成康，汉言文景，美矣！

的因法作奸，助盗为盗，这是不能容忍的。现命令二千石各自履行其职责；凡是疏于职守与昏聩无能的，丞相都应进行追究，并对其进行惩处。特此布告天下，让百姓清楚知道朕的心意。”

五月，景帝下诏说：“人不必担心其不聪明，而是担心其弄虚作假；不必担心其不勇敢，而是担心其恃强施暴；不必担心其不富裕，而是担心其贪得无厌。只有廉洁之人，节制欲望，容易满足。现在规定有财产十万以上的人才可以为官，而对廉洁之人就不必如此要求。有市籍的商人不得为官，没有财产的人也不能为官，朕感到非常惋惜。现在下令有财产四万的人就能为官，不要使廉洁之人长久不能任职，而让贪婪之人长久占据其位。”

秋，发生大旱。

景帝后元三年（前141）春正月，下诏说：“农业，是天下的根本。黄金珠玉，在饥饿时不能吃，在寒冷时不能穿，当作钱币来使用，始终无法识别。有时年景歉收，朕认为是经商的人过多，而务农的人过少的缘故。现在下令郡国务必要鼓励农民耕种田地，种桑养蚕，多种树，就可以获得衣服和食物。如果有官吏利用财物雇佣民力开采黄金珠玉的，按盗窃赃物惩治。二千石对此不进行追究的，与其同罪。”

为皇太子举行冠礼，赏赐百姓中继承父业的人每人一级爵位。

正月二十七日，景帝在未央宫驾崩。遗诏赏赐各诸侯王、列侯每人八匹马，二千石的官吏每人二斤黄金，官民每户一百钱。遣散宫人让她们各自回家，免除终身徭役。二月六日，安葬在阳陵。

赞辞说：孔子曾说“现在的人，在夏、商、周三代就遵循正道而行”，这是非常正确的！周朝和秦朝的弊端，是法网严密而律令苛刻，但犯法作乱之人仍然不可胜数。汉朝兴起，扫除繁杂苛细的法令，与民休养生息。到了孝文帝，更加恭谨俭约，孝景帝遵守世业，五六十年之间，转移风气，改变习俗，黎民淳朴忠厚。周朝赞美成康之世，汉朝称颂文景之治，真是美好的盛世啊！

卷六

武帝纪第六

孝武皇帝，景帝中子也，母曰王美人。年四岁立为胶东王。七岁为皇太子，母为皇后。十六岁，后三年正月，景帝崩。甲子，太子即皇帝位，尊皇太后窦氏曰太皇太后，皇后曰皇太后。三月，封皇太后同母弟田蚡、胜皆为列侯。

建元元年冬十月，诏丞相、御史、列侯、中二千石、二千石、诸侯相举贤良方正直言极谏之士。丞相绾奏："所举贤良，或治申、商、韩非、苏秦、张仪之言，乱国政，请皆罢。"奏可。

春二月，赦天下，赐民爵一级。年八十复二算，九十复甲卒。行三铢钱。

夏四月己巳，诏曰："古之立教，乡里以齿，朝廷以爵，扶世导民，莫善于德。然即于乡里先耆艾，奉高年，古之道也。今天下孝子顺孙愿自竭尽以承其亲，外迫公事，内乏资财，是以孝心阙焉，朕甚哀之。民年九十以上，有受鬻法，为复子若孙，令得身帅妻妾遂其供养之事。"

五月，诏曰："河海润千里，其令祠官修山川之祠，为岁事，曲加礼。"

赦吴楚七国帑输在官者。

秋七月，诏曰："卫士转置送迎二万人，其省万人。罢苑马，以赐贫民。"

议立明堂。遣使者安车蒲轮，束帛加璧，征鲁申公。

汉武帝，是汉景帝的第十子，母亲是王美人。四岁立为胶东王。七岁立为皇太子，母亲立为皇后。十六岁，景帝后元三年（前141）正月，景帝驾崩。正月二十七日，太子即皇帝位，尊皇太后窦氏为太皇太后，皇后王氏为皇太后。三月，封皇太后的同母弟弟田蚡、田胜都为列侯。

建元元年（前140）冬十月，武帝诏令丞相、御史、列侯、中二千石、二千石、诸侯相国推举贤良方正直言极谏之人。丞相卫绾上奏："所推举贤良之士，如果有陈说申不害、商鞅、韩非、苏秦、张仪的言论，惑乱国政，请求一律罢去。"武帝准许。

春二月，赦天下，赏赐民爵，每户一级。对八十岁的人免除全家两口人的算赋，九十岁的人免除全家革车之赋。发行三铢钱。

夏四月初九日，武帝下诏说："古代树立的孝道，乡里以年龄为尊，朝廷以爵位为重，辅助世道，教导百姓，没有比德行更好的。那么在乡里中尊重长者，奉养老人，是古代就流传下来的道理。现在天下的孝子顺孙愿意尽自己的心力来赡养自己的长辈，但是对外受迫于公事，对内缺乏资财，所以孝心缺失，朕感到非常同情。九十岁以上的百姓，朝廷已有供给米粟熬制糜粥之法，现在免除其子孙的赋税与徭役，让他们可以带着妻妾履行对老人的供养之事。"

五月，武帝下诏说："河海润泽千里，可令掌管祭祀的官吏修建山川之祠，每年进行祭祀，祭礼也要进行增加。"

赦免吴、楚七国之乱中没入为官家奴婢的犯人妻儿，予以遣返。

秋七月，武帝下诏说："宫廷卫士去故置新常要二万人，现在省去一万人。开放朝廷养马的苑囿，赐给贫民放牧砍樵。"

商议决定修建明堂。派遣使者用安稳舒适的车子，奉上布帛与

二年冬十月，御史大夫赵绾坐请毋奏事太皇太后，及郎中令王臧皆下狱，自杀。丞相婴、太尉蚡免。

春二月丙戌朔，日有蚀之。夏四月戊申，有如日夜出。

初置茂陵邑。

三年春，河水溢于平原，大饥，人相食。

赐徙茂陵者户钱二十万，田二顷。初作便门桥。

秋七月，有星孛于西北。

济川王明坐杀太傅、中傅废迁防陵。

闽越围东瓯，东瓯告急。遣中大夫严助持节发会稽兵，浮海救之。未至，闽越走，兵还。

九月丙子晦，日有蚀之。

四年夏，有风赤如血。六月，旱。秋九月，有星孛于东北。

五年春，罢三铢钱，行半两钱。

置《五经》博士。

夏四月，平原君薨。

五月，大蝗。

秋八月，广川王越、清河王乘皆薨。

六年春二月乙未，辽东高庙灾。夏四月壬子，高园便殿火。上素服五日。

五月丁亥，太皇太后崩。

秋八月，有星孛于东方，长竟天。

闽越王郢攻南越。遣大行王恢将兵出豫章，大司农韩安国出会稽，击之。未至，越人杀郢降，兵还。

美玉，征召鲁申公。

建元二年（前139）冬十月，御史大夫赵绾因请不要向太皇太后奏事而获罪，与郎中令王臧都被关入监牢，自杀身亡。丞相窦婴、太尉田蚡被免职。

春二月初一，发生日食。夏四月二十四日，夜晚如同白天。

开始设置茂陵邑。

建元三年（前138）春，黄河水在平原泛滥，发生大饥荒，有人吃人之事。

赐给迁移到茂陵的人每户二十万钱、二顷田。开始修建便门桥。

秋七月，有彗星出现在西北方。

济川王刘明杀死太傅、中傅，被废后迁徙到防陵。

闽越军围困东瓯，东瓯向汉廷报告情势危急并请求援助。武帝派中大夫严助拿着符节征调驻守会稽的军队，漂洋过海援救东瓯。大军还没到，闽越军就退走，大军于是返回。

九月二日，发生日食。

建元四年（前137）夏，狂风卷起红尘颜色如血。六月，发生大旱。秋九月，有彗星出现在东北方。

建元五年（前136）春，废除三铢钱，发行半两钱。

设置《五经》博士。

夏四月，武帝外祖母平原君去世。

五月，发生大蝗灾。

秋八月，广川王刘越、清河王刘乘都去世。

建元六年（前135）春二月初三日，辽东的高祖庙发生火灾。夏四月二十一日，高园别殿失火。武帝身穿素服五日以示自责。

五月二十六日，太皇太后驾崩。

秋八月，有彗星出现在东方，长至满天。

闽越王郢攻打南越。武帝派大行王恢带兵从豫章出击，大司农韩安国带兵从会稽出击。大军还没到，越人杀死郢向汉朝投降，大军

元光元年冬十一月，初令郡国举孝廉各一人。

卫尉李广为骁骑将军屯云中，中尉程不识为车骑将军屯雁门，六月罢。

夏四月，赦天下，赐民长子爵一级。复七国宗室前绝属者。

五月，诏贤良曰："朕闻昔在唐虞，画象而民不犯，日月所烛，莫不率俾。周之成康，刑错不用，德及鸟兽，教通四海。海外肃昚，北发渠搜，氐羌徕服。星辰不孛，日月不蚀，山陵不崩，川谷不塞；麟凤在郊薮，河洛出图书。呜虖，何施而臻此与！今朕获奉宗庙，夙兴以求，夜寐以思，若涉渊水，未知所济。猗与伟与！何行而可以章先帝之洪业休德，上参尧舜，下配三王！朕之不敏，不能远德，此子大夫之所睹闻也。贤良明于古今王事之体，受策察问，咸以书对，著之于篇，朕亲览焉。"于是董仲舒、公孙弘等出焉。

秋七月癸未，日有蚀之。

二年冬十月，行幸雍，祠五畤。

春，诏问公卿曰："朕饰子女以配单于，金币文绣赂之甚厚，单于待命加嫚，侵盗亡已。边境被害，朕甚闵之。今欲举兵攻之，何如？"大行王恢建议宜击。夏六月，御史大夫韩安国为护军将军，卫尉李广为骁骑将军，太仆公孙贺为轻车将军，大行王恢为将屯将军，太中大夫李息为材官将军，将三十万众屯马邑谷中，诱致单于，欲袭击之。单于入塞，觉之，走出。六月，军罢。将军王恢坐首谋不进，下狱死。

于是返回。

元光元年（前134）冬十一月，武帝开始命令郡国各自推举一个孝廉。

任命卫尉李广为骁骑将军驻守云中，中尉程不识为车骑将军驻守雁门，六月收兵。

夏四月，赦天下，赏赐百姓长子爵位，每户一级。恢复因谋反之罪而被除名的七国宗室的族籍。

五月，武帝诏令贤良说："朕听说过去在唐虞之世，只是画着罪衣来象征五刑而百姓就可以不触犯法律，日月所照之处，没有不臣服的。周朝成康之世，刑罚放置不用，盛德遍及鸟兽，教化通行四海。海外的肃眘，北方的渠搜，还有氐羌都前来臣服。没有彗星出现，不再发生日食和月食，山陵不崩塌，河谷不阻塞；麒麟凤凰在郊野嬉戏，黄河洛水出现图书。唉，要怎样广施恩泽才能出现这样的盛世啊！现在朕能够奉祀宗庙，早起努力工作，晚睡深入思考，如同涉过深潭，不知道要怎样才能到达对岸。真是美好又伟大啊！怎么才能用行动发扬光大先帝的大业与美德，向上比肩尧舜，向下媲美夏禹、商汤、周文王！朕不聪明，德行不能播及远方，这是各位大夫亲眼目睹亲耳听闻的。贤良之士对于古今王事的兴衰非常明了，接受策问考察，都要认真作答，然后编辑成册，让朕亲自阅看。"于是董仲舒、公孙弘等人被选拔出来。

秋七月三十日，发生日食。

元光二年（前133）冬十月，文帝巡行雍地，在五畤举行祭祀。

春，武帝下诏问公卿说："朕打扮好美女嫁给匈奴单于，又送给他们非常丰厚的金钱和刺绣华美的丝织品，但单于收到后表现得更加傲慢，不停侵犯掠夺。边境深受其害，朕感到非常忧虑。现在想要发兵征讨，你们觉得怎么样？"大行王恢建议应该出兵攻打。夏六月，任命御史大夫韩安国为护军将军，卫尉李广为骁骑将军，大仆公孙贺为轻车将军，大行王恢为将屯将军，太中大夫李息为材官将军，带领三十万兵马埋伏在马邑城外的山谷中，想要诱使单于入塞，然

秋九月，令民大酺五日。

三年春，河水徙，从顿丘东南流入勃海。

夏五月，封高祖功臣五人后为列侯。

河水决濮阳，泛郡十六。发卒十万救决河。起龙渊宫。

四年冬，魏其侯窦婴有罪，弃市。

春三月乙卯，丞相蚡薨。

夏四月，陨霜杀草。五月，地震。赦天下。

五年春正月，河间王德薨。

夏，发巴蜀治南夷道，又发卒万人治雁门阻险。

秋七月，大风拔木。

乙巳，皇后陈氏废。捕为巫蛊者，皆枭首。

八月，螟。

征吏民有明当世之务、习先圣之术者，县次续食，令与计偕。

六年冬，初算商车。

春，穿漕渠通渭。

匈奴入上谷，杀略吏民。遣车骑将军卫青出上谷，骑将军公孙敖出代，轻车将军公孙贺出云中，骁骑将军李广出雁门。青至龙城，获首虏七百级。广、敖失师而还。诏曰："夷狄无义，所从来久。间者匈奴数寇边境，故遣将抚师。古者治兵振旅，因遭虏之方入，将吏新会，上下未辑，代郡将军敖、雁门将军广所任不肖，校尉又背义妄行，弃军而北，少吏犯禁。用兵之法：不勤不教，将率之过也；教

后发动攻击。单于进入边塞后，察觉了汉军的行动，马上退出边塞。六月，收兵。将军王恢因首倡其议却畏缩不敢前进而获罪，被关入监牢，并死在狱中。

秋九月，武帝下令全国百姓欢饮五日。

元光三年（前132）春，黄河改道，从顿丘东南流入渤海。

夏五月，封高祖的五位功臣后代为列侯。

黄河在濮阳决堤，泛滥十六郡。调集十万士兵堵塞被黄河冲开的缺口。兴建龙渊宫。

元光四年（前131）冬，魏其侯窦婴有罪，被斩首示众。

春三月十七日，丞相田蚡去世。

夏四月，严霜冻坏草木。五月，发生地震。赦天下。

元光五年（前130）春正月，河间王刘德去世。

夏，征调巴蜀百姓修建南夷道，又调集一万士兵修建雁门关口。

秋七月，大风吹起树木。

七月十四日，皇后陈氏被废。逮捕使用巫蛊之人，都斩首。

八月，发生螟灾。

征召官民中有明白当世的要务、熟悉先世圣人学说的人，到京都对策，沿途县乡负责供给食物，命令各郡国的簿计使与他们一起上京。

元光六年（前129）冬，开始向商人的车船征税。

春，开凿运粮的河道通向渭水。

匈奴入侵上谷，杀死掠夺官民。武帝派车骑将军卫青从上谷出兵，骑将军公孙敖从代郡出兵，轻车将军公孙贺从云中出兵，骁骑将军李广从雁门出兵。卫青率军到达龙城，斩获敌首七百级。李广、公孙敖失利而回。武帝下诏说："夷狄没有道义，由来已久。过去匈奴多次侵犯边境，所以派遣将领带兵迎敌。古代用兵是出则治兵，入则振旅，这次出兵，因为突然遭到匈奴的侵犯，我军将士刚刚集合起来，上下还没统一协调，而从代郡出兵的将军公孙敖、从雁门出兵的

令宣明，不能尽力，士卒之罪也。将军已下廷尉，使理正之，而又加法于士卒，二者并行，非仁圣之心。朕闵众庶陷害，欲刷耻改行，复奉正义，厥路亡繇。其赦雁门、代郡军士不循法者。”

夏，大旱，蝗。

六月，行幸雍。

秋，匈奴盗边。遣将军韩安国屯渔阳。

元朔元年冬十一月，诏曰：“公卿大夫，所使总方略，壹统类，广教化，美风俗也。夫本仁祖义，褒德禄贤，劝善刑暴，五帝三王所繇昌也。朕夙兴夜寐，嘉与宇内之士臻于斯路。故旅耆老，复孝敬，选豪俊，讲文学，稽参政事，祈进民心，深诏执事，兴廉举孝，庶几成风，绍休圣绪。夫十室之邑，必有忠信；三人并行，厥有我师。今或至阖郡而不荐一人，是化不下究，而积行之君子雍于上闻也。二千石官长纪纲人伦，将何以佐朕烛幽隐，劝元元，厉蒸庶，崇乡党之训哉？且进贤受上赏，蔽贤蒙显戮，古之道也。其与中二千石、礼官、博士议不举者罪。”有司奏议曰：“古者，诸候贡士，壹适谓之好德，再適谓之贤贤，三適谓之有功，乃加九锡；不贡士，壹则黜爵，再则黜地，三而黜爵地毕矣。夫附下罔上者死，附上罔下者刑，与闻国政而无益于民者斥，在上位而不能进贤者退，此所以劝善黜恶也。今诏书昭先帝圣绪，令二千石举孝廉，所以化元元，移风易俗也。不举孝，不奉诏，当以不敬论。不察廉，不胜任也，当免。”奏可。

将军李广所指挥的军队品行不良，校尉又违背命令擅自行动，以致弃军逃跑，小吏违反军令。用兵之法：不重视加强对士兵的教导，是将领的过失；在教令公布明示之后，而不能尽力作战，是士兵的罪过。将军已交由廷尉审理，依军法处置，如果对士兵也要进行惩罚，让将军与士兵一起治罪，这样做就不是仁圣之心。朕同情普通士兵受到牵连，如果他们想雪耻改行，立功赎罪，重新杀敌卫国，也就没有机会了。因此赦免雁门、代郡两军中不遵守军法的士兵。”

夏，发生大旱，蝗灾。

六月，武帝巡行雍地。

秋，匈奴侵犯边境。武帝派将军韩安国驻守渔阳。

元朔元年（前128）冬十一月，武帝下诏说：“公卿大夫，其任务是制定总体治国方略，统一纲纪和条例，宣扬教化，改变社会风气。要以仁义为根本，颂扬德行，启用贤良之士，劝导百姓向善，惩治不法之徒，这是五帝三王能够昌盛的原因。朕早起晚睡，努力工作，就是希望和天下的有识之士一起走上这条道路。所以优待老人，推崇孝敬，选拔豪俊，讲习文学，同贤良之士商讨政事，祈求能够满足百姓的愿望，多次诏令主管官员，倡导推举孝廉，以至蔚然成风，以继承五帝三王的美好事业。十户人家的地方，一定会有忠诚可信之人；三人一起走在路上，一定会有可以当我老师的人。而现在有些地方竟然全郡不能推举一个贤良之士给朝廷，这是朝廷的教化没有下达到民间，而积德行善的君子被埋没在乡野。二千石官吏是主管推行诏令与举荐人才的，这样怎么能辅佐朕体察下情，劝勉百姓，激励民众，推崇乡党之训呢？况且推举贤才会受到君王奖赏，埋没贤才受到严重惩罚，这是古代就有的道理。请中二千石、礼官、博士一起商议对不举荐贤良的郡县官吏应该如何定罪。”主管官吏奏议说：“在古代，诸侯向朝廷举荐人才，第一次举荐称为好德，第二次举荐称为贤贤，第三次举荐称为有功，朝廷赐予他九种物品作为奖赏；诸侯不向朝廷举荐人才，第一次削爵，第二次削地，第三次爵位和封地都削了。勾结下属而欺瞒君王的处死，谄附君王而欺压下属的判刑，参与

十二月，江都王非薨。

春三月甲子，立皇后卫氏。诏曰："朕闻天地不变，不成施化；阴阳不变，物不畅茂。《易》曰'通其变，使民不倦'。《诗》云'九变复贯，知言之选'。朕嘉唐虞而乐殷周，据旧以鉴新。其赦天下，与民更始。诸逋贷及辞讼在孝景后三年以前，皆勿听治。"

秋，匈奴入辽西，杀太守；入渔阳、雁门，败都尉，杀略三千余人。遣将军卫青出雁门，将军李息出代，获首虏数千级。

东夷薉君南闾等口二十八万人降，为苍海郡。

鲁王馀、长沙王发皆薨。

二年冬，赐淮南王、菑川王几杖，毋朝。

春正月，诏曰："梁王、城阳王亲慈同生，愿以邑分弟，其许之。诸侯王请与子弟邑者，朕将亲览，使有列位焉。"于是藩国始分，而子弟毕侯矣。

匈奴入上谷、渔阳、杀略吏民千余人。遣将军卫青、李息出云中，至高阙，遂西至符离，获首虏数千级。收河南地，置朔方、五原郡。

三月乙亥晦，日有蚀之。

夏，募民徙朔方十万口。又徙郡国豪杰及訾三百万以上于茂陵。

国家政事而不能造福百姓的黜免，身居高位而不能举荐贤才的退位，这样才能奖励好人，惩罚坏人。现在诏书要求发扬先帝举贤任能的美德，命令二千石官吏推举孝廉，是为了教化百姓，转移风气，改变习俗。对于那些不举孝，不奉行诏令的官吏，应当以不敬罪论处。不察廉，就是不能胜任自己的官职，应当罢免。”武帝准许。

十二月，江都王刘非去世。

春三月十三日，立皇后卫氏。武帝下诏说：“朕听说天地不变，不成施化；阴阳不变，物不畅茂。《易经》说‘根据形势通达变化，百姓才不会产生厌倦的心思’。《诗经》说‘根据事情的变化，选择他人的言辞来听从’。朕欣赏唐虞之时而乐观殷周之世，根据历史的经验作为现在的借鉴。现在大赦天下，和百姓重新开始。借贷官物拖欠不还以及被起诉的，凡是发生在孝景帝后元三年以前的，一律免予处理。”

秋，匈奴入侵辽西，杀死辽西太守；又入侵渔阳、雁门，打败都尉，杀死掠夺三千余人。武帝派将军卫青从雁门出兵，将军李息从代郡出兵，斩获敌首数千级。

东夷薉君南闾等率二十八万人归顺汉朝，设立苍海郡。

鲁王刘馀、长沙王刘发都去世。

元朔二年（前127）冬，赏赐淮南王、菑川王几杖，免予朝见。

春正月，武帝下诏说：“梁王、城阳王是亲生的同胞兄弟，其愿意把食邑分给二弟，现在准许这样做。各诸侯王请求分给其他子弟食邑的，朕将亲自阅看名单，让他们能有列侯之位。”于是原来的藩国开始划分出了一些食邑，而诸侯子弟全部成为列侯了。

匈奴入侵上谷、渔阳，杀死掠夺官民千余人。武帝派将军卫青、李息从云中出兵，到达高阙，然后向西到达符离，斩获敌首数千级。收复黄河以南的地区，设置朔方、五原郡。

三月三十日，发生日食。

夏，招募百姓十万人迁徙到朔方郡。又迁徙郡国豪杰及钱财在三百万以上的人到茂陵。

秋，燕王定国有罪，自杀。

三年春，罢苍海郡。三月，诏曰："夫刑罚所以防奸也，内长文所以见爱也；以百姓之未洽于教化，朕嘉与士大夫日新厥业，祗而不解。其赦天下。"

夏，匈奴入代，杀太守；入雁门，杀略千余人。

六月庚午，皇太后崩。

秋，罢西南夷，城朔方城。令民大酺五日。

四年冬，行幸甘泉。

夏，匈奴入代、定襄、上郡，杀略数千人。

五年春，大旱。大将军卫青将六将军兵十余万人出朔方、高阙，获首虏万五千级。

夏六月，诏曰："盖闻导民以礼，风之以乐。今礼坏乐崩，朕甚闵焉。故详延天下方闻之士，咸荐诸朝。其令礼官劝学，讲议洽闻，举遗举礼，以为天下先。太常其议予博士弟子，崇乡党之化，以厉贤材焉。"丞相弘请为博士置弟子员，学者益广。

秋，匈奴入代，杀都尉。

六年春二月，大将军卫青将六将军兵十余万骑出定襄，斩首三千余级。还，休士马于定襄、云中、雁门。赦天下。

夏四月，卫青复将六将军绝幕，大克获。前将军赵信军败，降匈奴。右将军苏建亡军，独身脱还，赎为庶人。

六月，诏曰："朕闻五帝不相复礼，三代不同法，所繇殊路而建德一也。盖孔子对定公以徕远，哀公以论臣，景公以节用，非期不

秋，燕王刘定国有罪，自杀。

元朔三年（前126）春，废除苍海郡。三月，武帝下诏说：“刑罚是用来防止作奸犯科的，崇尚文德是为了显示对人才的尊重；现在百姓还没受到教化的熏陶，朕愿意与士大夫每日更新汉家帝业，恭敬不懈。可赦天下。”

夏，匈奴入侵代郡，杀死太守；入侵雁门，杀死掠夺千余人。

六月初二日，皇太后驾崩。

秋，免除对西南夷的征讨，修建朔方城。下令全国百姓欢饮五日。

元朔四年（前125）冬，武帝巡行甘泉县。

夏，匈奴入侵代郡、定襄、上郡，杀死掠夺数千人。

元朔五年（前124）春，发生大旱。大将军卫青带领六名将军及士兵十余万人从朔方、高阙出击，斩获敌首一万五千级。

夏六月，武帝下诏说：“听说执政者应该用礼仪教导百姓，用音乐感化人民。现在礼乐崩坏，朕感到非常惋惜。所以广泛招揽天下有道博闻之士，全都推荐给朝廷。命礼官主持讲学，研究论议，博学多闻，列举遗漏之文，复兴破坏之礼，作为天下的榜样。太常应该商议将参加学礼的有道博闻之士设为博士弟子，这样既可以推崇乡里教化，又可以奖励贤才。”丞相公孙弘奏请为博士设置弟子生员，学礼的人更加多了。

秋，匈奴入侵代郡，杀死都尉。

元朔六年（前123）春二月，大将军卫青带领六名将军和十余万兵马从定襄出击，斩敌首三千余级。大军返回后，兵马在定襄、云中、雁门进行休整。赦天下。

夏四月，卫青再次带领六名将军及士兵穿过匈奴南面边界的沙漠，大获全胜。前将军赵信兵败，投降匈奴。右将军苏建的军队被击溃，独自逃回，赎罪为平民。

六月，武帝下诏说：“朕听说五帝不会沿用过去的礼仪，三代不会因袭前朝的法度，他们所处的历史时代虽然不同但建立的德政是

同，所急异务也。今中国一统而北边未安，朕甚悼之。日者大将军巡朔方，征匈奴，斩首虏万八千级，诸禁锢及有过者，咸蒙厚赏，得免减罪。今大将军仍复克获，斩首虏万九千级，受爵赏而欲移卖者，无所流貤。其议为令。”有司奏请置武功赏官，以宠战士。

元狩元年冬十月，行幸雍，祠五畤。获白麟，作《白麟之歌》。

十一月，淮南王安、衡山王赐谋反，诛。党与死者数万人。

十二月，大雨雪，民冻死。

夏四月，赦天下。

丁卯，立皇太子。赐中二千石爵右庶长，民为父后者一级。诏曰：“朕闻咎繇对禹，曰在知人，知人则哲，惟帝难之。盖君者心也，民犹支体，支体伤则心憯怛。日者淮南、衡山修文学，流货赂，两国接壤，怵于邪说，而造篡弑，此朕之不德。《诗》云：‘忧心惨惨，念国之为虐。’已赦天下，涤除与之更始。朕嘉孝弟力田，哀夫老眊孤寡鳏独或匮于衣食，甚怜愍焉。其遣谒者巡行天下，存问致赐。曰‘皇帝使谒者赐县三老、孝者帛，人五匹；乡三老、弟者、力田帛，人三匹；年九十以上及鳏寡孤独帛，人二匹，絮三斤；八十以上米，人三石。有冤失职，使者以闻。县乡即赐，毋赘聚’。”

一致的。过去孔子对鲁定公问政回答‘近悦远来’，对鲁哀公问政回答‘政在选贤’，对齐景公问政回答‘政在节财’，这不是要求不同，而是根据具体情况的不同来决定亟待解决的事情。现在中国统一但北面边境尚未安定，朕对此事非常挂心。前日大将军卫青巡行朔方，征讨匈奴，斩敌首一万八千级，很多被判刑及有过错的，都因为军功蒙受厚赏，得以免罪减罪。现在大将军又一次战胜敌人并有所掳获，斩敌首一万九千级，此次被封赏爵位而想要转卖的，如果不按照等次就不能转移。可在商议后制定相关法令。”主管官吏奏请皇上设置赏官，命名为武功爵，来奖励战士。

元狩元年（前122）冬十月，武帝巡行雍地，在五畤举行祭祀。获得白麒麟，作《白麟之歌》。

十一月，淮南王刘安、衡山王刘赐谋反，被处死。牵连致死的党羽有数万人。

十二月，下起大雪，有百姓被冻死。

夏四月，赦天下。

四月二十一日，立皇太子。赏赐中二千石右庶长爵位，赏赐百姓中继承父业的人每人一级爵位。武帝下诏说：“朕听说皋陶对禹曾说，最难的是鉴察人的品行和才能，能够知人的才是贤明之人，即使是舜帝还是会认为知人很难。君王是心脏，百姓犹如肢体，肢体受伤心脏就会悲痛。前日淮南王与衡山王修讲文学，交流财货，两国接壤，被邪说引诱，而生起弑君篡位的心思，这体现了朕的无德。《诗经》说：‘心中忧戚，想起那朝政太残暴。’现在已经赦免天下，清除余毒后重新开始。朕奖励有孝德和努力耕田之人，关心老人和孤寡鳏独，对于缺衣少食者，感到非常同情。现在派谒者巡行天下，进行慰问与赏赐。诏令说‘皇帝派谒者赏赐县三老、尊老者帛，每人五匹；赏赐乡三老、爱幼者、力田者帛，每人三匹；赏赐九十岁以上的老人及鳏寡孤独帛，每人二匹，絮三斤；赏赐八十岁以上的老人米，每人三石。蒙受冤屈失去常业的，使者要向上级报告。县乡要马上赏赐，不要进行会聚而延误赏期’。”

五月乙巳晦，日有蚀之。

匈奴入上谷，杀数百人。

二年冬十月，行幸雍，祠五畤。

春三月戊寅，丞相弘薨。

遣骠骑将军霍去病出陇西，至皋兰，斩首八千余级。

夏，马生余吾水中。南越献驯象、能言鸟。

将军去病、公孙敖出北地二千余里，过居延，斩首虏三万余级。

匈奴入雁门，杀略数百人。遣卫尉张骞、郎中令李广皆出右北平。广杀匈奴三千余人，尽亡其军四千人，独身脱还，及公孙敖、张骞皆后期，当斩，赎为庶人。

江都王建有罪，自杀。胶东王寄薨。

秋，匈奴昆邪王杀休屠王，并将其众合四万余人来降，置五属国以处之。以其地为武威、酒泉郡。

三年春，有星孛于东方。夏五月，赦天下。立胶东康王少子庆为六安王。封故相国萧何曾孙庆为列侯。

秋，匈奴入右北平、定襄，杀略千余人。

遣谒者劝有水灾郡种宿麦。举吏民能假贷贫民者以名闻。

减陇西、北地、上郡戍卒半。

发谪吏穿昆明池。

四年冬，有司言关东贫民徙陇西、北地、西河、上郡、会稽凡七十二万五千口，县官衣食振业，用度不足，请收银锡造白金及皮币以足用。初算缗钱。

春，有星孛于东北。

夏，有长星出于西北。

五月三十日，发生日食。

匈奴入侵上谷，杀死数百人。

元狩二年（前121）冬十月，武帝巡行雍地，在五畤举行祭祀。

春三月初八日，丞相公孙弘去世。

派骠骑将军霍去病从陇西出兵，到达皋兰山，斩敌首八千余级。

夏，有天马生在余吾水中。南越进献驯养的大象、能说话的鸟。

将军霍去病、公孙敖从北地出击二千余里，军队经过居延，斩敌首三万余级。

匈奴入侵雁门，杀死掠夺数百人。武帝派卫尉张骞、郎中令李广都带兵从右北平出击。李广杀死匈奴三千余人，而自己军队的四千人都被击溃，只身逃回，公孙敖、张骞的军队都迟到，未能与霍去病、李广的军队及时会合，按律当斩，赎罪为平民。

江都王刘建有罪，自杀。胶东王刘寄去世。

秋，匈奴昆邪王杀死休屠王，并带领总共四万余人来归降，设五属国对他们进行安置。把其原来的土地设为武威、酒泉郡。

元狩三年（前120）春，有彗星出现在东方。夏五月，赦天下。立胶东康王的小儿子刘庆为六安王。封原相国萧何的曾孙萧庆为列侯。

秋，匈奴入侵右北平、定襄，杀死掠夺千余人。

派谒者劝导遭受水灾的郡县种植冬麦。推举官民中能宽容贫民的人上报给朝廷。

减少陇西、北地、上郡一半的戍卒。

派因罪被贬谪的官吏开凿昆明池。

元狩四年（前119）冬，主管官吏上报说关东贫民迁徙到陇西、北地、西河、上郡、会稽的共七十二万五千口，县官要向他们提供衣食，并进行救济使其有产业，用度不足，请求收集银、锡铸造白金币及制造白鹿皮币来满足用度。开始对商人财产进行征税。

春，有彗星出现在东北方。

夏，有长星出现在西北方。

大将军卫青将四将军出定襄，将军去病出代，各将五万骑。步兵踵军后数十万人。青至幕北围单于，斩首万九千级，至阗颜山乃还。去病与左贤王战，斩获首虏七万余级，封狼居胥山乃还。两军士死者数万人。前将军广、后将军食其皆后期。广自杀，食其赎死。

五年春三月甲午，丞相李蔡有罪，自杀。

天下马少，平牡马匹二十万。

罢半两钱，行五铢钱。

徙天下奸猾吏民于边。

六年冬十月，赐丞相以下至吏二千石金，千石以下至乘从者帛，蛮夷锦各有差。

雨水亡冰。

夏四月乙巳，庙立皇子闳为齐王，旦为燕王，胥为广陵王。初作诰。

六月，诏曰："日者有司以币轻多奸，农伤而末众，又禁兼并之涂，故改币以约之。稽诸往古，制宜于今。废期有月，而山泽之民未谕。夫仁行而从善，义立则俗易，意奉宪者所以导之未明与？将百姓所安殊路，而挢虔吏因乘势以侵蒸庶邪？何纷然其扰也！今遣博士大等六人分循行天下，存问鳏寡废疾，无以自振业者贷与之。谕三老孝弟以为民师，举独行之君子，征诣行在所。朕嘉贤者，乐知其人。广宣厥道，士有特招，使者之任也。详问隐处亡位，及冤失职，奸猾为害，野荒治苛者，举奏。郡国有所以为便者，上丞相、御史以闻。"

大将军卫青带领四名将军从定襄出兵，将军霍去病从代郡出兵，各自率领五万骑兵。步兵紧随骑兵之后有数十万人。卫青率军到漠北包围单于，斩首一万九千级，一直打到阗颜山才返回。霍去病与匈奴左贤王交战，斩获敌首七万余级，在狼居胥山筑坛祭天，以告成功，然后返回。两军战死的士兵有数万人。前将军李广、后将军赵食其都因迷路，未能参战。李广自杀，赵食其赎罪免死。

元狩五年（前118）春三月十一日，丞相李蔡有罪，自杀。

天下马匹数量减少，公马价格每匹提高到二十万钱。

废除半两钱，发行五铢钱。

迁徙天下奸诈虚伪的官民到边境居住。

元狩六年（前117）冬十月，赏赐丞相以下到二千石官吏黄金，赏赐一千石以下到乘骑侍从布帛，赏赐蛮夷首领各自不同等级的锦缎。

冬天降水没有冰雪。

夏四月二十九日，在宗庙立皇子刘闳为齐王，刘旦为燕王，刘胥为广陵王。开始作诰。

六月，武帝下诏说："前日主管官吏认为钱币重量轻，给奸邪之人以可乘之机，有很多伪造的假币，伤害了农民的利益，而从商的人增多，又为了抑制贫富悬殊，禁止富人兼并贫民，所以改革币制用来制约奸邪与兼并。汲取历史经验，然后制定出了适合现在的政策。废除半两钱已经一年多了，但偏远地区百姓仍然不明白告示的意思。上面实行了好的政策下面就应该积极遵从，上面确立了准则下面就可以改变社会风俗，现在币制改革受到阻碍，是地方官吏对百姓的引导宣传不够明确呢？还是百姓的理解不同，让那些假托上命，敲诈勒索的官吏因此乘机侵犯百姓的利益呢？为何有这么多纷纷扰扰！现在派博士褚大等六人分别巡行天下，慰问鳏寡和残疾人，对无法自己治业的给与借贷帮助。诏谕三老、孝弟作为百姓的师表，推举志节高尚的君子，应征到天子所在的地方。朕尊重贤者，乐意知道他们的情况。要广泛宣传一条原则，对于有特殊才能，品行高洁的人可以特招，这是使者的责任。要详细查问才能被埋没而不被任用的人和蒙

秋九月，大司马骠骑将军去病薨。

元鼎元年夏五月，赦天下，大酺五日。

得鼎汾水上。

济东王彭离有罪，废徙上庸。

二年冬十一月，御史大夫张汤有罪，自杀。十二月，丞相青翟下狱死。

春，起柏梁台。

三月，大雨雪。夏，大水，关东饿死者以千数。

秋九月，诏曰："仁不异远，义不辞难，今京师虽未为丰年，山林池泽之饶与民共之。今水潦移于江南，迫隆冬至，朕惧其饥寒不活。江南之地，火耕水耨，方下巴蜀之粟致之江陵，遣博士中等分循行，谕告所抵，无令重困。吏民有振救饥民免其厄者，具举以闻。"

三年冬，徙函谷关于新安。以故关为弘农县。

十一月，令民告缗者以其半与之。

正月戊子，阳陵园火。夏四月，雨雹，关东郡国十余饥，人相食。

常山王舜薨。子勃嗣立，有罪，废徙房陵。

四年冬十月，行幸雍，祠五畤。赐民爵一级，女子百户牛酒。行自夏阳，东幸汾阴。十一月甲子，立后土祠于汾阴脽上。礼毕，行幸荥阳。还至洛阳，诏曰："祭地冀州，瞻望河洛，巡省豫州，观于周室，邈

冤受屈而失其常业的人，对于奸滑为害，田野荒芜与治理严苛的人与事，都要向朝廷上奏。郡国有方便百姓的意见，也可以上报给丞相、御史。”

秋九月，大司马骠骑将军霍去病去世。

元鼎元年（前116）夏五月，赦天下，武帝下令全国百姓欢饮五日。

在汾水上面获得宝鼎。

济东王刘彭离有罪，废除王位贬到上庸。

元鼎二年（前115）冬十一月，御史大夫张汤有罪，自杀。十二月，丞相庄青翟被关入监牢，并死在狱中。

春，修建柏梁台。

三月，下起大雪。夏，发大水，关东饿死的人数以千计。

秋九月，武帝下诏说：“仁没有远近，义不辞艰难，现在京师虽然不是丰收之年，山林、池泽的丰富资源应该与百姓共同开采。如今大水已经转移到江南，隆冬就要到来，朕担忧江南百姓饥寒交迫，无法生活。江南地区，采用火耕水耨之法，烧去杂草，灌水种稻，马上调集巴蜀粮食到江陵，派博士中等人分别巡行各地，告知灾民粮食已经送到，不要加重他们的困苦。官民中有救助饥民，使其免受困境的，要把事迹详细上报朝廷。”

元鼎三年（前114）冬，迁移函谷关到新安。把原来的关址设为弘农县。

十一月，武帝下令对揭发偷税漏税的百姓，用被告发之人财产的一半进行奖赏。

正月戊子日，阳陵园失火。夏四月，下起冰雹，关东十几个郡国发生饥荒，有人吃人之事。

常山王刘舜去世。他的儿子刘勃继位，有罪，废除王位贬到房陵。

元鼎四年（前113）冬十月，武帝巡行雍地，在五畤举行祭祀。赏赐民爵，每户一级，女子每百户赏赐牛、酒若干。武帝从夏阳出发，向东到达汾阴。十一月八日，在汾阴脽上面建起后土祠。祭礼完毕，武帝巡行荥阳。回到洛阳后，下诏说：“在冀州祭祀地神，远望黄河洛

而无祀。询问耆老，乃得孽子嘉。其封嘉为周子南君，以奉周祀。”

春二月，中山王胜薨。

夏，封方士栾大为乐通侯，位上将军。

六月，得宝鼎后土祠旁。秋，马生渥洼水中。作《宝鼎》《天马之歌》。

立常山宪王子商为泗水王。

五年冬十月，行幸雍，祠五畤。遂逾陇，登空同，西临祖厉河而还。

十一月辛巳朔旦，冬至。立泰畤于甘泉。天子亲郊见，朝日夕月。诏曰：“朕以眇身托于王侯之上，德未能绥民，民或饥寒，故巡祭后土以祈丰年。冀州脽壤乃显文鼎，获荐于庙。渥洼水出马，朕其御焉。战战兢兢，惧不克任，思昭天地，内惟自新。《诗》云：‘四牡翼翼，以征不服。’亲省边垂，用事所极。望见泰一，修天文禷。辛卯夜，若景光十有二明。《易》曰：‘先甲三日，后甲三日。’朕甚念年岁未咸登，饬躬斋戒，丁酉，拜况于郊。”

夏四月，南越王相吕嘉反，杀汉使者及其王、王太后。赦天下。

丁丑晦，日有蚀之。

秋，蛙、蝦蟆斗。

遣伏波将军路博德出桂阳，下湟水；楼船将军杨僕出豫章，下浈水；归义越侯严为戈船将军，出零陵，下离水；甲为下濑将军，下苍梧。皆将罪人，江淮以南楼船十万人。越驰义侯遗别将巴蜀罪

水，在豫州巡行视察，观览周王室的旧址，发现宗庙已经很久没有人祭祀了。询问当地的老年人，找到周王室的后代姬嘉。现在封姬嘉为周子南君，奉祀周朝宗庙。”

春二月，中山王刘胜去世。

夏，封方士栾大为乐通侯，爵位等同上将军。

六月在后土祠旁边获得宝鼎。秋，有天马生在渥洼水中。作《宝鼎之歌》《天马之歌》。

立常山宪王的儿子刘商为泗水王。

元鼎五年（前112）冬十月，武帝巡行雍地，在五畤举行祭祀。然后翻越陇山，登上空同山，一直向西走到祖厉河才返回。

十一月初一日，冬至。在甘泉县建起泰畤。武帝亲自到郊外，行祭祀日月之礼。下诏说：“朕以微末之身依托在王侯之上，德行未能安民，百姓还会遭受饥寒，所以巡祭地神来祈求丰年。在冀州后土祠旁边发现刻镂花纹的宝鼎，得以进献给祖庙。渥洼水中生出的马，为朕驾驭。我时常战战兢兢，担心不能胜任，想要昭明天地之德，只有自己改过更新。《诗经》说：‘四马健壮齐整，征讨不服之地！’我亲自巡视边陲时，所到之处一定会进行祭祀。望见泰一神，修建天文坛。十一月十一夜，有像日光一样的十二道亮光。《易经》说：‘先甲三日应自新，后甲三日应叮咛。’朕心中非常挂念今年没有全部丰收，就修身正己，沐浴斋戒，在后甲三日丁酉（十一月十七日），举行郊祭来感谢上天赐予光明。”

夏四月，南越王相吕嘉造反，杀死汉朝使者及南越王、王太后。赦天下。

四月三十日，发生日食。

秋，青蛙、蛤蟆互斗。

武帝派伏波将军路博德从桂阳出兵，沿着湟水而下；楼船将军杨仆从豫章出兵，沿着浈水而下；归义越侯严为戈船将军，从零陵出兵，沿着离水而下；甲为下濑将军，沿着苍梧而下。都带领罪人出征，江淮以南用楼船载十万人。越驰义侯何遗另外带领巴蜀罪人，向夜

人，发夜郎兵，下牂柯江，咸会番禺。

九月，列侯坐献黄金酎祭宗庙不如法夺爵者百六人，丞相赵周下狱死。乐通侯栾大坐诬罔要斩。

西羌众十万人反，与匈奴通使，攻故安，围枹罕。匈奴入五原，杀太守。

六年冬十月，发陇西、天水、安定骑士及中尉、河南、河内卒十万人，遣将军李息、郎中令徐自为征西羌，平之。

行东，将幸缑氏，至左邑桐乡，闻南越破，以为闻喜县。春，至汲新中乡，得吕嘉首，以为获嘉县。驰义侯遗兵未及下，上便令征西南夷，平之。遂定越地，以为南海、苍梧、郁林、合浦、交阯、九真、日南、珠厓、儋耳郡。定西南夷，以为武都、牂柯、越巂、沈黎、文山郡。

秋，东越王馀善反，攻杀汉将吏。遣横海将军韩说、中尉王温舒出会稽，楼船将军杨仆出豫章，击之。又遣浮沮将军公孙贺出九原，匈河将军赵破奴出令居，皆二千余里，不见虏而还。乃分武威、酒泉地置张掖、敦煌郡，徙民以实之。

元封元年冬十月，诏曰："南越、东瓯咸伏其辜，西蛮、北夷颇未辑睦，朕将巡边垂，择兵振旅，躬秉武节，置十二部将军，亲帅师焉。"行自云阳，北历上郡、西河、五原，出长城，北登单于台，至朔方，临北河。勒兵十八万骑，旌旗径千余里，威震匈奴。遣使者告单于曰："南越王头已县于汉北阙矣。单于能战，天子自将待边；不能，亟来臣服。何但亡匿幕北寒苦之地为！"匈奴詟焉。还，祠黄帝于桥山，乃归甘泉。

郎征发士兵，沿着牂柯江而下，一起在番禺会师。

九月，列侯因酎祭宗庙时进献的黄金成色不足而获罪，被削爵为民的有一百六十人，丞相赵周被关入监牢，并死在狱中。乐通侯栾大因欺君罔上而获罪被腰斩。

西羌十万人造反，并派出使者与匈奴勾结，攻打故安，包围枹罕。匈奴也入侵五原，杀死太守。

元鼎六年（前111）冬十月，征发陇西、天水、安定骑兵及中尉、河南、河内士兵十万人，派将军李息、郎中令徐自为征讨西羌，平定叛乱。

武帝东巡，将要驾临缑氏县，行至左邑县桐乡时，听说南越叛军已被打败，非常高兴，就把此地改为闻喜县。春，武帝行至汲县新中乡，得知吕嘉已被斩首，就把此地改为获嘉县。驰义侯何遗的兵马还没撤回，武帝就命他征讨西南夷，平定了这里。于是越地平定，设置南海、苍梧、郁林、合浦、交阯、九真、日南、珠厓、儋耳九郡。西南夷平定后，设置武都、牂柯、越嶲、沈黎、文山五郡。

秋，东越王馀善造反，攻打并杀死汉朝将领和官吏。武帝派横海将军韩说、中尉王温舒从会稽出兵，楼船将军杨仆从豫章出兵，一同攻打东越王。又派浮沮将军公孙贺从九原出兵，匈河将军赵破奴从令居出兵，都远征二千余里，没有发现匈奴兵马然后返回。于是从武威、酒泉划出一部分土地设置张掖、敦煌郡，迁徙百姓充实此地。

元封元年（前110）冬十月，武帝下诏说：“南越、东瓯都已伏罪，但是西蛮、北夷还没臣服，朕准备巡视边陲，挑选精兵，整顿军队，亲自拿着符节，部署十二部将军，自己率领军队。”从云阳出发，向北经过上郡、西河、五原，出长城后，向北登上单于台，到达朔方，来到北河。武帝率兵十八万骑，旌旗绵延千余里，威震匈奴。他派使者告诉单于说：“南越王的人头已经悬挂在汉朝宫廷北阙了。单于如果能战，天子会亲自率军在边境等候；单于如果不能战，应该马上来臣服。何必要逃跑躲藏在漠北苦寒之地呢！”匈奴受到震慑。武帝率

东越杀王馀善降。诏曰:“东越险阻反覆,为后世患,迁其民于江淮间。”遂虚其地。

春正月,行幸缑氏。诏曰:“朕用事华山,至于中岳,获驳麃,见夏后启母石。翌日亲登嵩高,御史乘属、在庙旁吏卒咸闻呼万岁者三。登礼罔不答。其令祠官加增太室祠,禁无伐其草木。以山下户三百为之奉邑,名曰崇高,独给祠,复亡所与。”行,遂东巡海上。

夏四月癸卯,上还,登封泰山,降坐明堂。诏曰:“朕以眇身承至尊,兢兢焉惟德菲薄,不明于礼乐,故用事八神。遭天地况施,著见景象,屑然如有闻。震于怪物,欲止不敢,遂登封泰山,至于梁父,然后升禮肃然。自新,嘉与士大夫更始,其以十月为元封元年。行所巡至,博、奉高、蛇丘、历城、梁父,民田租逋赋贷,已除。加年七十以上孤寡帛,人二匹。四县无出今年算。赐天下民爵一级,女子百户牛酒。”

行自泰山,复东巡海上,至碣石。自辽西历北边九原,归于甘泉。

秋,有星孛于东井,又孛于三台。

齐王闳薨。

二年冬十月,行幸雍,祠五畤。春,幸缑氏,遂至东莱。夏四月,还祠泰山。至瓠子,临决河,命从臣将军以下皆负薪塞河堤,作《瓠子之歌》。赦所过徒,赐孤独高年米,人四石。还,作甘泉通天台、长安飞廉馆。

军返回，在桥山祭祀黄帝，然后回到甘泉宫。

东越百姓杀死叛王馀善来归降。武帝下诏说："东越地势险阻而人反复无常，可能给后世带来祸患，迁徙东越百姓到江淮地区居住。"于是把当地居民全部迁出。

春正月，武帝驾临缑氏县。下诏说："朕在华山祭祀，又在嵩山祭祀，获得驳麃，见到夏启的母亲涂山氏所化之石。第二天亲登嵩山，御史和随行官属、在庙旁的官兵三呼万岁之后，都听到山谷回应。山神对朕有礼岂能不答。现在下令掌管祭祀的官员扩建太室祠，禁止砍伐附近草木。把嵩山下三百户作为奉邑，名为崇高，只供给太室祠祭祀所需，免除其他赋税和徭役。"武帝继续前行，向东巡视海上。

夏四月初七日，武帝从东海返回，登上泰山祭祀天地，然后下山到明堂。下诏说："朕以微末之身继承至尊之位，小心谨慎，唯恐德行浅薄，不明礼乐，所以祭祀八方之神。幸蒙天地赐予，在嵩山见到奇异景象，忽然间山谷回应'万岁'之声。受到这种奇异景象的震动，想要停止前行却不敢，于是登上泰山祭祀天地，又到梁父山祭祀，然后在肃然山设立祭坛。朕将从此改过更新，与士大夫一起重新开始美好的进程，把十月作为元封之年。巡行经过的地方，如博、奉高、蛇丘、历城、梁父等地，百姓所欠的田租赋税，一律免除。赏赐七十岁以上的孤寡老人布帛，每人二匹。四县不用缴纳今年的算赋。赏赐天下百姓民爵，每户一级，赏赐女子每百户牛、酒若干。"

武帝从泰山出发，再次向东巡视海上，到达碣石县。从辽西经过北边九原，回到甘泉宫。

秋，有彗星出现在东井星，又有彗星出现在三台星。

齐王刘闳去世。

元封二年（前109）冬十月，武帝巡行雍地，在五畤举行祭祀。春，驾临缑氏县，然后到东莱。夏四月，返回途中祭祀泰山。到达瓠子堤，视察黄河决口，命令随行的大臣凡是将军以下都背驮草袋树枝堵塞河堤，作《瓠子之歌》。赦免经过地方的罪犯，赏赐孤、独和老

朝鲜王攻杀辽东都尉，乃募天下死罪击朝鲜。

六月，诏曰："甘泉宫内中产芝，九茎连叶。上帝博临，不异下房，赐朕弘休。其赦天下，赐云阳都百户牛酒。"作《芝房之歌》。

秋，作明堂于泰山下。

遣楼船将军杨仆、左将军荀彘将应募罪人击朝鲜。又遣将军郭昌、中郎将卫广发巴蜀兵平西南夷未服者，以为益州郡。

三年春，作角抵戏，三百里内皆观。

夏，朝鲜斩其王右渠降，以其地为乐浪、临屯、玄菟、真番郡。

楼船将军杨仆坐失亡多免为庶民，左将军荀彘坐争功弃市。

秋七月，胶西王端薨。

武都氐人反，分徙酒泉郡。

四年冬十月，行幸雍，祠五畤。通回中道，遂北出萧关，历独鹿、鸣泽，自代而还，幸河东。春三月，祠后土。诏曰："朕躬祭后土地祇，见光集于灵坛，一夜三烛。幸中都宫，殿上见光。其赦汾阴、夏阳、中都死罪以下，赐三县及杨氏皆无出今年租赋。"

夏，大旱，民多暍死。

秋，以匈奴弱，可遂臣服，乃遣使说之。单于使来，死京师。匈奴寇边，遣拔胡将军郭昌屯朔方。

五年冬，行南巡狩，至于盛唐，望祀虞舜于九嶷。登灊天柱山，自寻阳浮江，亲射蛟江中，获之。舳舻千里，薄枞阳而出，作《盛唐

人稻米，每人四石。返回后，兴建甘泉通天台、长安飞廉馆。

朝鲜王攻杀辽东都尉，于是招募天下犯有死罪的犯人攻打朝鲜以立功赎罪。

六月，武帝下诏说："甘泉宫内长出灵芝，九茎连叶。这是天帝驾临，普降宫殿，赐予朕洪福。现在大赦天下，赏赐云阳都百姓每百户牛、酒若干。"作《芝房之歌》。

秋，在泰山下修建明堂。

武帝派楼船将军杨僕、左将军荀彘率领响应招募的罪犯攻打朝鲜。又派将军郭昌、中郎将卫广征调巴蜀士兵平定西南夷中没有臣服的民族，设置益州郡。

元封三年（前108）春，作角抵戏，三百里内的百姓都来观看。

夏，朝鲜百姓斩杀其王右渠后投降，朝廷在此地设置乐浪、临屯、玄菟、真番郡。

楼船将军杨僕因士兵损失太多而获罪被免职为平民，左将军荀彘因争夺军功而获罪被斩首示众。

秋七月，胶西王刘端去世。

武都氐人造反，分别被迁往酒泉郡。

元封四年（前107）冬十月，武帝巡行雍地，在五畤举行祭祀。修通回关中大道，武帝从此道北出萧关，经过独鹿、鸣泽，从代郡返回，驾临河东。春三月，祭祀地神。下诏说："朕亲自祭祀后土地神，看见神光在灵坛会聚，一晚上显现三次。朕在中都宫，殿上也能看见神光。因此赦免汾阴、夏阳、中都死罪以下的犯人，赏赐以上三县及杨氏县都不用缴纳今年的租税。"

夏，发生大旱，百姓中暑而死。

秋，武帝认为匈奴现在势力很弱，可以让其臣服，就派遣使者前往游说。单于派使者前来，结果在京都病死。匈奴入侵边境，武帝派拔胡将军郭昌驻守朔方。

元封五年（前106）冬，武帝到南方巡视，到达盛唐县，在九嶷山遥祭虞舜。登上天柱山，从寻阳上船巡江，亲自在江中射蛟，将其

枞阳之歌》。遂北至琅邪，并海，所过礼祠其名山大川。春三月，还至泰山，增封。甲子，祠高祖于明堂，以配上帝，因朝诸侯王列侯，受郡国计。夏四月，诏曰："朕巡荆扬，辑江淮物，会大海气，以合泰山。上天见象，增修封禅。其赦天下。所幸县毋出今年租赋，赐鳏寡孤独帛，贫穷者粟。"还幸甘泉，郊泰畤。

大司马大将军青薨。

初置刺史部十三州。名臣文武欲尽，诏曰："盖有非常之功，必待非常之人，故马或奔踶而致千里，士或有负俗之累而立功名。夫泛驾之马，跅驰之士，亦在御之而已。其令州郡察吏民有茂材异等可为将相及使绝国者。"

六年冬，行幸回中。春，作首山宫。

三月，行幸河东，祠后土。诏曰："朕礼首山，昆田出珍物，化或为黄金。祭后土，神光三烛。其赦汾阴殊死以下，赐天下贫民布帛，人一匹。"

益州、昆明反，赦京师亡命令从军，遣拔胡将军郭昌将以击之。

夏，京师民观角抵于上林平乐馆。

秋，大旱，蝗。

太初元年冬十月，行幸泰山。

十一月甲子朔旦，冬至，祀上帝于明堂。

乙酉，柏梁台灾。

十二月，禫高里，祠后土。东临勃海，望祠蓬莱。春，还，受计于甘泉。

捕获。船只千里相连，从枞阳县出发，作《盛唐枞阳之歌》。然后向北到达琅琊，直到海滨，凡是经过的地方，都对当地的名山大川以礼祭祀。春三月，返回时经过泰山，对其加封。三月二十一日，在明堂祭祀高祖，以配享天，然后召见各诸侯王、列侯，接受郡国呈上的簿计。夏四月，武帝下诏说："朕巡行荆、扬，祭祀江、淮，会大海之气，合于泰山。上天显示奇异景象，所以增修封禅之仪。现在赦免天下。所经过的县，不用缴纳今年的租税，赏赐鳏寡孤独布帛，赏赐贫穷之人粮食。"然后武帝回到甘泉宫，在泰畤举行郊祭。

大司马大将军卫青去世。

开始设置十三州刺史。因为文武名臣后继无人，武帝下征贤诏说："凡是要建立非常之功，必须等待非常之人，所以喜欢踢蹋的马有的却能奔驰千里，不合流俗受到讥议的人有的却能建立功业。那些不受驾驭的马，不受约束的人，只要指挥得当就可以让其有所作为。现在命令州郡考察官员和百姓中才德优异超群的可以作为将相及出使他国的人选。"

元封六年（前105）冬，武帝巡行回中。春，兴建首山宫。

三月，武帝巡行河东，祭祀地神。下诏说："朕以礼祭祀首山，昆田出现奇异之物，有的化为黄金。祭祀地神，神光三次显现。现在赦免汾阴县被判斩首以下的罪犯，赏赐天下贫民布帛，每人一匹。"

益州、昆明造反，武帝赦免京都的死囚令其从军，派遣拔胡将军郭昌带兵平叛。

夏，京都百姓在上林平乐馆观看角抵戏。

秋，发生大旱，蝗灾。

太初元年（前104）冬十月，武帝巡行泰山。

十一月初一日，冬至，武帝在明堂祭祀天帝。

十一月二十三日，柏梁台发生火灾。

十二月，武帝在高里山祭地，并祭祀地神。然后向东到渤海，遥祭蓬莱。春，返回京都，在甘泉宫接受郡国簿计。

二月，起建章宫。

夏五月，正历，以正月为岁首。色上黄，数用五，定官名，协音律。

遣因杅将军公孙敖筑塞外受降城。

秋八月，行幸安定。遣贰师将军李广利发天下谪民西征大宛。

蝗从东方飞至敦煌。

二年春正月戊申，丞相庆薨。

三月，行幸河东，祠后土。令天下大酺五日，膢五日，祠门户，比腊。

夏四月，诏曰："朕用事介山，祭后土，皆有光应。其赦汾阴、安邑殊死以下。"

五月，籍吏民马，补车骑马。

秋，蝗。遣浚稽将军赵破奴二万骑出朔方击匈奴，不还。

冬十二月，御史大夫兒宽卒。

三年春正月，行东巡海上。夏四月，还，修封泰山，禪石闾。

遣光禄勋徐自为筑五原塞外列城，西北至卢朐，游击将军韩说将兵屯之。强弩都尉路博德筑居延。

秋，匈奴入定襄、云中，杀略数千人，行坏光禄诸亭障；又入张掖、酒泉，杀都尉。

四年春，贰师将军广利斩大宛王首，获汗血马来。作《西极天马之歌》。

秋，起明光宫。

冬，行幸回中。

徙弘农都尉治武关，税出入者以给关吏卒食。

二月，兴建建章宫。

夏五月，订正历法，把正月作为岁首。把黄色作为上色，印文用五字，统一官名，协调音律。

武帝派因杅将军公孙敖修筑塞外受降的城邑。

秋八月，武帝巡行安定县。派贰师将军李广利征调天下有罪受罚之民西征大宛。

蝗虫从东方飞到敦煌。

太初二年（前103）春正月戊申日，丞相石庆去世。

三月，武帝巡行河东，祭祀地神。下令天下百姓欢饮五日，膢五日，祭祀宗庙，祭礼规格与腊祭相同。

夏四月，武帝下诏说："朕祭祀介山，祭祀地神，都有神光感应。现在赦免汾阴、安邑被判斩首以下的罪犯。"

五月，登记官民马匹，补充车骑用马。

秋，发生蝗灾。武帝派浚稽将军赵破奴带领二万人马从朔方出兵攻打匈奴，全军覆没。

冬十二月，御史大夫兒宽去世。

太初三年（前102）春正月，武帝向东巡行海上。夏四月，返回途中，在泰山祭天，在石闾山设祭。

武帝派光禄勋徐自为修筑五原塞外的城邑，西北到卢朐山，游击将军韩说带兵驻守。强弩都尉路博德修筑居延城。

秋，匈奴入侵定襄、云中，杀死掠夺数千人，破坏光禄勋修筑的亭障；又入侵张掖、酒泉，杀死都尉。

太初四年（前101）春，贰师将军李广利斩大宛王首级，获得汗血马。武帝作《西极天马之歌》。

秋，兴建明光宫。

冬，武帝巡行回中。

迁弘农都尉到武关设税卡，向出入关卡的人收取关税来供给守关官吏和士兵的生活所需。

天汉元年春正月，行幸甘泉，郊泰畤。三月，行幸河东，祠后土。

匈奴归汉使者，使使来献。

夏五月，赦天下。

秋，闭城门大搜。发谪戍屯五原。

二年春，行幸东海。还幸回中。

夏五月，贰师将军三万骑出酒泉，与右贤王战于天山，斩首虏万余级。又遣因杅将军出西河，骑都尉李陵将步兵五千人出居延北，与单于战，斩首虏万余级。陵兵败，降匈奴。

秋，止禁巫祠道中者。大搜。

渠黎六国使使来献。

泰山、琅邪群盗徐教等阻山攻城，道路不通。遣直指使者暴胜之等衣绣衣杖斧分部逐捕。刺史郡守以下皆伏诛。

冬十一月，诏关都尉曰："今豪杰多远交，依东方群盗。其谨察出入者。"

三年春二月，御史大夫王卿有罪，自杀。

初榷酒酤。

三月，行幸泰山，修封，祀明堂，因受计。还幸北地，祠常山，瘗玄玉。夏四月，赦天下。行所过毋出田租。

秋，匈奴入雁门，太守坐畏愞弃市。

四年春正月，朝诸侯王于甘泉宫。发天下七科谪及勇敢士，遣贰师将军李广利将六万骑、步兵七万人出朔方，因杅将军公孙敖万骑、步兵三万人出雁门，游击将军韩说步兵三万人出五原，强弩都尉路博德步兵万余人与贰师会。广利与单于战余吾水上连日，敖与左贤王战不利，皆引还。

天汉元年（前100）春正月，武帝驾临甘泉宫，在泰畤举行郊祭。三月，武帝巡行河东，祭祀地神。

匈奴送还汉朝使者，并派使者前来朝献。

夏五月，赦天下。

秋，关闭城门大肆搜捕过度奢侈之人。发配罪犯戍守五原边境。

天汉二年（前99）春，武帝巡视东海。返回时巡行回中。

夏五月，贰师将军李广利率领三万人马从酒泉出兵，与匈奴右贤王在天山交战，斩敌首一万余级。武帝又派遣因杅将军从西河出兵，骑都尉李陵带领步兵五千人从居延北出击，与单于交战，斩敌首一万余级。李陵兵败，投降匈奴。

秋，禁止百姓巫觋在道路中祭祀。大肆搜捕奸人。

西域渠黎六国派使者前来朝献。

泰山、琅琊群盗徐敦等人凭借高山险阻攻陷城邑，道路不通。武帝派遣直指使者暴胜之等人身穿绣衣，手持斧头分头追捕。刺史、郡守以下督捕不力的官吏都被处死。

冬十一月，武帝下诏对关都尉说："现在豪杰多与远方的人结交，依附东方群盗。要对出入关卡的人仔细检查。"

天汉三年（前98）春三月，御史大夫王卿有罪，自杀。

开始规定酒类由政府专卖。

三月，武帝巡行泰山，进行祭天，在明堂举行仪式，接受各地簿计。返回时巡行北地，祭祀常山，埋下一块黑玉。夏四月，赦天下。路上经过的地方免除一年田租。

秋，匈奴入侵雁门关，雁门太守因畏敌不前而获罪被斩首示众。

天汉四年（前97）春正月，各诸侯王在甘泉宫朝见武帝。征发天下应服兵役的七种人及勇士，派贰师将军李广利带领六万骑兵、七万步兵从朔方出击，派因杅将军公孙敖带领一万骑兵、三万步兵从雁门关出击，派游击将军韩说带领步兵三万人从五原出击，派强弩将军都尉路博德带领步兵一万余人与贰师将军李广利会师。李广利与单于在余吾水上连续交战数日，公孙敖与匈奴左贤王交战失利，都率军退回。

夏四月，立皇子髆为昌邑王。

秋九月，令死罪入赎钱五十万减死一等。

太始元年春正月，因杅将军敖有罪，要斩。

徙郡国吏民豪桀于茂陵、云陵。

夏六月，赦天下。

二年春正月，行幸回中。

三月，诏曰："有司议曰，往者朕郊见上帝，西登陇首，获白麟以馈宗庙，渥洼水出天马，泰山见黄金，宜改故名。今更黄金为麟趾褭蹄以协瑞焉。"因以班赐诸侯王。

秋，旱。九月，募死罪入赎钱五十万减死一等。

御史大夫杜周卒。

三年春正月，行幸甘泉宫，飨外国客。

二月，令天下大酺五日。行幸东海，获赤雁，作《朱雁之歌》。幸琅邪，礼日成山。登之罘，浮大海。山称万岁。冬，赐行所过户五千钱，鳏寡孤独帛人一匹。

四年春三月，行幸泰山。壬午，祀高祖于明堂，以配上帝，因受计。癸未，祀孝景皇帝于明堂。甲申，修封。丙戌，禪石闾。夏四月，幸不其，祠神人于交门宫，若有乡坐拜者。作《交门之歌》。夏五月，还幸建章宫，大置酒，赦天下。

秋七月，赵有蛇从郭外入邑，与邑中蛇群斗孝文庙下，邑中蛇死。

冬十月甲寅晦，日有蚀之。

十二月，行幸雍，祠五畤，西至安定、北地。

夏四月，立皇子刘髆为昌邑王。

秋九月，下令犯有死罪的犯人如果交纳五十万赎罪钱，可以减一等死罪。

太始元年（前96）春正月，因杅将军公孙敖有罪，被腰斩。

迁移郡国的官民豪杰到茂陵、云阳。

夏六月，赦天下。

太始二年（前95）春正月，武帝巡行回中。

三月，武帝下诏说："根据主管官吏的建议，昔日朕郊祭天帝，西登陇首山，获得白麒麟进献给宗庙，渥洼水中生出天马，泰山看见黄金，这些祥瑞的出现代表着应该改变旧法。现在改黄金为麟足马蹄的形状来符合祥瑞。"然后按爵位等级的顺序赐给各诸侯王。

秋，发生旱灾。九月，招募犯有死罪的犯人交纳五十万赎罪钱，可以减一等死罪。

御史大夫杜周去世。

太始三年（前94）春正月，武帝驾临甘泉宫，设宴招待外国宾客。

二月，下令天下百姓欢饮五日。武帝巡视东海，获得赤雁，作《朱雁之歌》。接着巡行琅琊，在成山以礼祭日。登上之罘山，在大海上乘船。群臣三呼万岁。冬，赏赐路上经过的地方每户五千钱，鳏寡孤独每人一匹布帛。

太始四年（前93）春三月，武帝巡行泰山。三月二十五日，在明堂祭祀高祖，以配享天帝，然后接受各地的簿计。二十六日，在明堂祭祀孝景皇帝。二十七日，以礼祭天。二十九日，在石闾山祭地。夏四月，武帝驾临不其县，在交门宫祭祀海上神人，隐约可见有神人坐在那里接受叩拜。作《交门之歌》。夏五月，武帝回到建章宫，大摆宴席，赦免天下。

秋七月，赵地有条蛇从城外进入城中，与城中的蛇在孝文帝庙前群相争斗，城中的蛇最后死掉了。

冬十月三十日，发生日食。

十二月，武帝巡行雍地，在五畤举行祭祀，然后向西到达安定、

征和元年春正月，还，行幸建章宫。

三月，赵王彭祖薨。

冬十一月，发三辅骑士大搜上林，闭长安城门索，十一日乃解。巫蛊起。

二年春正月，丞相贺下狱死。

夏四月，大风发屋折木。

闰月，诸邑公主、阳石公主皆坐巫蛊死。

夏，行幸甘泉。

秋七月，按道侯韩说、使者江充等掘蛊太子宫。壬午，太子与皇后谋斩充，以节发兵与丞相刘屈氂大战长安，死者数万人。庚寅，太子亡，皇后自杀。初置城门屯兵。更节加黄旄。御史大夫暴胜之、司直田仁坐失纵，胜之自杀，仁要斩。八月辛亥，太子自杀于湖。

癸亥，地震。

九月，立赵敬肃王子偃为平干王。

匈奴入上谷、五原，杀略吏民。

三年春正月，行幸雍，至安定、北地。匈奴入五原、酒泉，杀两都尉。三月，遣贰师将军广利将七万人出五原，御史大夫商丘成二万人出西河，重合侯马通四万骑出酒泉。成至浚稽山与虏战，多斩首。通至天山，虏引去，因降车师。皆引兵还。广利败，降匈奴。

夏五月，赦天下。

六月，丞相屈氂下狱要斩，妻枭首。

秋，蝗。

北地。

征和元年（前92）春正月，武帝返回，驾临建章宫。

三月，赵王刘彭祖去世。

冬十一月，调集三辅骑士大肆搜查上林苑，关闭长安城门搜捕奸人，十一日才解禁。巫蛊之祸由此开始。

征和二年（前91）春正月，丞相公孙贺下狱死。

夏四月，大风吹起房屋，吹断树木。

闰五月，诸邑公主、阳石公主都因受到巫蛊牵连而获罪被赐死。

夏，武帝驾临甘泉宫。

秋七月，按道侯韩说、使者江充等人在太子宫中挖出埋在地下的桐木人偶。七月九日，太子与皇后见江充栽赃陷害就密谋想要杀掉他，太子持节调兵与丞相刘屈氂在长安大战，死者有数万人。七月十七日，太子逃走，皇后自杀。开始在京都城门驻扎士兵。给符节加上黄旄用来区别太子手中的兵符。御史大夫暴胜之、司直田仁因放走太子而获罪，暴胜之自杀，田仁被腰斩。八月初八日，太子在湖县自杀。

八月二十日，发生地震。

九月，立赵敬肃王的儿子刘偃为平干王。

匈奴入侵上谷、五原，杀死掠夺当地官民。

征和三年（前90）春正月，武帝巡行雍地，到达安定、北地。匈奴入侵五原、酒泉，杀死两都尉。三月，武帝派贰师将军李广利带领七万人从五原出兵，御史大夫商丘成带领二万人从西河出兵，重合侯马通带领四万人马从酒泉出兵。商丘成率军到达浚稽山与匈奴交战，斩敌首甚多。马通率军到达天山，匈奴退走，乘势征服了车师国。商、马二人都领兵返回。李广利兵败，投降匈奴。

夏五月，赦天下。

六月，丞相刘屈氂被关入监牢并腰斩，他的妻子被斩首。

秋，发生蝗灾。

九月，反者公孙勇、胡倩发觉，皆伏辜。

四年春正月，行幸东莱，临大海。

二月丁酉，陨石于雍，二，声闻四百里。

三月，上耕于钜定。还幸泰山，修封。庚寅，祀于明堂。癸巳，禫石闾。夏六月，还幸甘泉。

秋八月辛酉晦，日有蚀之。

后元元年春正月，行幸甘泉，郊泰畤，遂幸安定。

昌邑王髆薨。

二月，诏曰："朕郊见上帝，巡于北边，见群鹤留止，以不罗罔，靡所获献。荐于泰畤，光景并见。其赦天下。"

夏六月，御史大夫商丘成有罪自杀。侍中仆射莽何罗与弟重合侯通谋反，侍中驸马都尉金日磾、奉车都尉霍光、骑都尉上官桀讨之。

秋七月，地震，往往涌泉出。

二月春正月，朝诸侯王于甘泉宫，赐宗室。

二月，行幸盩厔五柞宫。乙丑，立皇子弗陵为皇太子。丁卯，帝崩于五柞宫，入殡于未央宫前殿。三月甲申，葬茂陵。

赞曰：汉承百王之弊，高祖拨乱反正，文景务在养民，至于稽古礼文之事，犹多阙焉。孝武初立，卓然罢黜百家，表章《六经》。遂畴咨海内，举其俊茂，与之立功。兴太学，修郊祀，改正朔，定历数，协音律，作诗乐，建封禫，礼百神，绍周后，号令文章，焕焉可述。后嗣得遵洪业，而有三代之风。如武帝之雄材大略，不改文景之恭俭以济斯民，虽《诗》《书》所称何有加焉！

九月，公孙勇、胡倩谋反之事被察觉，都被处死。

征和四年（前89）春正月，武帝巡行东莱，到达大海。

二月初三日，有两块陨石落在雍地，四百里内都能听到声响。

三月，武帝在钜定亲耕。返回途中登上泰山，祭天。三月二十六日，在明堂举行祭祀。二十九日，在石闾山祭地。夏六月，回到甘泉宫。

秋八月三十日，发生日食。

后元元年（前88）春正月，武帝驾临甘泉宫，在泰畤举行郊祭，然后巡行安定。

昌邑王刘髆去世。

二月，武帝下诏说："朕郊祭时看见天帝神光，巡视北边时，看见群鹤栖息，就没有下令网罗捕杀，所以无所收获。在泰畤祭祀时，神奇的光影一起出现。因此赦免天下。"

夏六月，御史大夫商丘成有罪，自杀。侍中仆射莽河罗与弟弟重合侯马通谋反，侍中驸马都尉金日磾、奉车都尉霍光、骑都尉上官桀一起领兵征讨。

秋七月，发生地震，到处都有泉水涌出。

后元二年（前87）春正月，各诸侯王在甘泉宫朝见武帝，武帝赏赐宗室。

二月，武帝驾临盩厔县五柞宫。二月十二日，立皇子刘弗陵为皇太子。十四日，武帝在五柞宫驾崩，灵柩停放在未央宫前殿。三月初二日，安葬在茂陵。

赞辞说：汉朝在群雄逐鹿的局面下建立，高祖拨乱反正，文帝、景帝致力于让百姓休养生息，对于考察古事，礼乐仪制之事，还有很多缺失。武帝初登帝位，毅然罢黜百家，独崇儒术，宣扬《六经》。然后访求海内贤士，举荐天下人才，给他们建功立业的机会。兴办太学，举行郊祭，改变正朔，订正历法，协调音律，创作诗乐，建立封禅，礼祭百神，继承周朝之后，号令文章，辉煌的功绩值得记述。他作为后代继承并发扬了前代帝王的功业，确实有夏商周三代君主的

风范。像武帝这样的雄才大略，如果能够沿袭文帝、景帝时期的恭谨俭约来治理百姓，那样即使是《诗经》《尚书》里称道的帝王也不能超过他！

卷七

昭帝纪第七

孝昭皇帝，武帝少子也。母曰赵倢伃，本以有奇异得幸，及生帝，亦奇异。语在《外戚传》。武帝末，戾太子败，燕王旦、广陵王胥行骄嫚，后元二年二月上疾病，遂立昭帝为太子，年八岁。以侍中奉车都尉霍光为大司马大将军，受遗诏辅少主。明日，武帝崩。戊辰，太子即皇帝位，谒高庙。帝姊鄂邑公主益汤沐邑，为长公主，共养省中。大将军光秉政，领尚书事，车骑将军金日磾、左将军上官桀副焉。

夏六月，赦天下。

秋七月，有星孛于东方。

济北王宽有罪，自杀。

赐长公主及宗室昆弟各有差。追尊赵倢伃为皇太后，起云陵。

冬，匈奴入朔方，杀略吏民。发军屯西河，左将军桀行北边。

始元元年春二月，黄鹄下建章宫太液池中。公卿上寿。赐诸侯王、列侯、宗室金钱各有差。

己亥，上耕于钩盾弄田。

益封燕王、广陵王及鄂邑长公主各万三千户。

夏，为太后起园庙云陵。

益州廉头、姑缯、牂柯谈指、同并二十四邑皆反。遣水衡都尉吕破胡募吏民及发犍为、蜀郡犇命击益州，大破之。

有司请河内属冀州，河东属并州。

汉昭帝，是汉武帝的的小儿子。母亲是赵婕妤，本因有奇异而得宠，等到生昭帝时，也有奇异之事发生。详见《外戚传》。武帝末年，戾太子兵败自杀，燕王刘旦、广陵王刘胥为人都很傲慢，后元二年（前87）二月武帝病重，于是立昭帝为太子，当时年仅八岁。任命侍中奉车都尉霍光为大司马、大将军，受武帝遗诏辅佐少主。次日，武帝驾崩。二月十五日，太子即皇帝位，祭祀高祖宗庙。昭帝的姐姐鄂邑公主加封汤沐邑，为长公主，供养在宫中。大将军霍光主持国政，领尚书事，车骑将军金日磾、左将军上官桀为其副手。

夏六月，赦天下。

秋七月，有彗星出现在东方。

济北王刘宽有罪，自杀。

赏赐长公主及宗室兄弟各有等级。追尊赵婕妤为皇太后，并为她修建云陵。

冬，匈奴入侵朔方，杀死掠夺当地官民。朝廷派兵驻守西河，左将军上官桀巡视北方边境。

始元元年（前86）春二月，黄鹄栖息在建章宫的太液池中。公卿认为这是祥瑞之兆，都向昭帝祝颂长寿。赏赐诸侯王、列侯、宗室金钱各有等级。

三月二十三日，昭帝跟着钩盾在弄田学习耕种。

加封燕王、广陵王及鄂邑长公主各一万三千户食邑。

夏，为太后兴建园庙云陵。

益州所属的廉头、姑缯、牂柯谈指、同并等二十四邑都造反。朝廷派水衡都尉吕破胡招募官民并征调犍为、蜀郡的士兵应命奔赴益州，大破叛军。

主管官吏奏请河内归属冀州，河东归属并州。

秋七月，赦天下，赐民百户牛酒。大雨，渭桥绝。

八月，齐孝王孙刘泽谋反，欲杀青州刺史隽不疑，发觉，皆伏诛。迁不疑为京兆尹，赐钱百万。

九月丙子，车骑将军日磾薨。

闰月，遣故廷尉王平等五人持节行郡国，举贤良，问民所疾苦、冤、失职者。

冬，无冰。

二年春正月，大将军光、左将军桀皆以前捕斩反虏重合侯马通功封，光为博陆侯，桀为安阳侯。

以宗室毋在位者，举茂材刘辟彊、刘长乐皆为光禄大夫，辟彊守长乐卫尉。

三月，遣使者振贷贫民毋种、食者。秋八月，诏曰："往年灾害多，今年蚕麦伤，所振贷种、食勿收责，毋令民出今年田租。"

冬，发习战射士诣朔方，调故吏将屯田张掖郡。

三年春二月，有星孛于西北。

秋，募民徙云陵，赐钱田宅。

冬十月，凤皇集东海，遣使者祠其处。

十一月壬辰朔，日有蚀之。

四年春三月甲寅，立皇后上官氏。赦天下。辞讼在后二年前，皆勿听治。夏六月，皇后见高庙。赐长公主、丞相、将军、列侯、中二千石以下及郎吏宗室钱帛各有差。

徙三辅富人云陵，赐钱，户十万。

秋七月，诏曰："比岁不登，民匮于食，流庸未尽还，往时令民

秋七月，赦天下，赏赐百姓每百户牛、酒若干。下起大雨，渭桥被冲断。

八月，齐孝王的孙子刘泽谋反，打算杀死青州刺史隽不疑，被察觉，都被处死。升隽不疑为京兆尹，并赏赐一百万钱。

九月二日，车骑将军金日磾去世。

闰十月，朝廷派原廷尉王平等五人手拿符节巡行郡国，举荐贤良之士，查问百姓疾苦及遭受冤屈、官员失职之事。

冬，气候温暖，没有冰雪。

始元二年（前85）春正月，大将军霍光、左将军上官桀都因从前逮捕并斩杀造反的重合侯马通有功而受到加封，霍光为博陆侯，上官桀为安阳侯。

从不在位的宗室中，举荐才德优异的刘辟彊、刘长乐都为光禄大夫，刘辟彊为长乐宫卫尉。

三月，派使者赈济没有种子与粮食的贫民。秋八月，昭帝下诏说：“往年灾害频繁，今年蚕、麦都受到损害，赈济的种子、粮食不予收债，不要让百姓缴纳今年的田租。”

冬，派遣熟悉战事的弓箭手到朔方，调集曾担任官吏和将领的人屯田张掖郡。

始元三年（前84）春二月，有彗星出现在西北方。

秋，招募百姓迁居云陵，并赏赐钱、田地和房屋。

冬十月，凤凰在东海聚集，派使者到那里进行祭祀。

十一月初一日，发生日食。

始元四年（前83）春三月二十五日，立皇后上官氏。赦天下。诉讼在武帝后元二年前的，都不再审理。夏六月，皇后祭祀高祖庙。赏赐长公主、丞相、将军、列侯、中二千石以下及郎、吏、宗室钱、帛各有等级。

迁徙三辅富人到云陵，赏钱，每户十万。

秋七月，昭帝下诏说：“因为近来年景歉收，百姓缺乏粮食，

共出马，其止勿出。诸给中都官者，且减之。”

冬，遣大鸿胪田广明击益州。

廷尉李种坐故纵死罪弃市。

五年春正月，追尊皇太后父为顺成侯。

夏阳男子张延年诣北阙，自称卫太子，诬罔，要斩。

夏，罢天下亭母马及马弩关。

六月，封皇后父骠骑将军上官安为桑乐侯。

诏曰：“朕以眇身获保宗庙，战战栗栗，夙兴夜寐，修古帝王之事，通《保傅传》《孝经》《论语》《尚书》，未云有明。其令三辅、太常举贤良各二人，郡国文学高第各一人。赐中二千石以下至吏民爵各有差。”

罢儋耳、真番郡。

秋，大鸿胪广明、军正王平击益州，斩首捕虏三万余人，获畜产五万余头。

六年春正月，上耕于上林。

二月，诏有司问郡国所举贤良文学民所疾苦。议罢盐铁榷酤。

移中监苏武前使匈奴，留单于庭十九岁乃还，奉使全节，以武为典属国，赐钱百万。

夏，旱，大雩，不得举火。

秋七月，罢榷酤官，令民得以律占租，卖酒升四钱。以边塞阔远，取天水、陇西、张掖郡各二县置金城郡。

流亡在外受雇佣的人不能全部返回，过去曾下令百姓供给马匹，现在停止执行，不用再供给。向京都各官府供给马匹的数量，都要减少。”

冬，派大鸿胪田广明前往益州平叛。

廷尉李种因故意放纵犯有死罪之人逃走而获罪被斩首示众。

始元五年（前82）春正月，追尊皇太后的父亲为顺成侯。

夏阳男子张延年到未央宫北阙，自称为卫太子，欺君罔上，被腰斩。

夏，废除天下诸亭蓄养母马及马高五尺六寸、齿未齐、弩十石以上不允许出关的命令。

六月，封皇后的父亲骠骑将军上官安为桑乐侯。

昭帝下诏说：“朕以微末之身得以奉祀宗庙，战战兢兢，早起晚睡，学习古代帝王之事，朕虽然已经理解了《保傅传》《孝经》《论语》《尚书》的内容，但还没到明了熟习的程度。现在命令三辅、太常举荐贤良之士各二人，郡国中文学方面非常优异的人才各一人。赏赐中二千石以下至官民爵位，各有等级。”

废除儋耳、真番二郡。

秋，大鸿胪田广明、军正王平平定益州叛乱，斩首俘获三万余人，缴获牲畜五万余头。

始元六年（前81）春正月，昭帝在上林苑亲自耕种。

二月，诏令主管官吏询问郡国举荐的贤良文学之士，向他们了解民间疾苦。商议后决定废除盐、铁、酒的政府专卖政策。

移中监苏武，曾在武帝时出使匈奴，被扣留在匈奴王庭十九年才返回，奉命出使，保全气节，昭帝任命苏武为典属国，赐钱一百万。

夏，发生旱灾，举行雩祭来求雨，令民间不能点火以抑阳助阴。

秋七月，免去酒类专卖官吏，令百姓按规定自报应纳的租税，卖酒一升交税四钱。因为边塞广阔深远，从天水、陇西、张掖郡各自划分出二县设置金城郡。

诏曰："钩町侯毋波率其君长人民击反者，斩首捕虏有功。其立毋波为钩町王。大鸿胪广明将率有功，赐爵关内侯，食邑。"

元凤元年春，长公主共养劳苦，复以蓝田益长公主汤沐邑。

泗水戴王前薨，以毋嗣，国除。后宫有遗腹子煖，相、内史不奏言，上闻而怜之，立煖为泗水王。相、内史皆下狱。

三月，赐郡国所选有行义者涿郡韩福等五人帛，人五十匹，遣归。诏曰："朕闵劳以官职之事，其务修孝弟以教乡里。令郡县常以正月赐羊酒。有不幸者赐衣被一袭，祠以中牢。"

武都氐人反，遣执金吾马適建、龙额侯韩增、大鸿胪广明将三辅、太常徒，皆免刑击之。

夏六月，赦天下。

秋七月乙亥晦，日有蚀之，既。

八月，改始元为元凤。

九月，鄂邑长公主、燕王旦与左将军上官桀、桀子票骑将军安、御史大夫桑弘羊皆谋反，伏诛。初，桀、安父子与大将军光争权，欲害之，诈使人为燕王旦上书言光罪。时上年十四，觉其诈。后有谮光者，上辄怒曰："大将军国家忠臣，先帝所属，敢有谮毁者，坐之。"光由是得尽忠。语在《燕王》《霍光传》。

冬十月，诏曰："左将军安阳侯桀、票骑将军桑乐侯安、御史大夫弘羊皆数以邪枉干辅政，大将军不听，而怀怨望，与燕王通谋，置驿往来相约结。燕王遣寿西长、孙纵之等赂遗长公主、丁外人、谒者杜延年、大将军长史公孙遗等，交通私书，共谋令长公主置

昭帝下诏说："鉤町侯毋波率领部落首领和百姓平定叛乱，斩首俘获敌人有功。现在立毋波为鉤町王。大鸿胪田广明率军平叛有功，赐予关内侯爵位和封地。"

元凤元年（前80）春，长公主供养劳累辛苦，再增加蓝田为她的汤沐邑。

泗水戴王刘贺已经去世，因为没有儿子，封国被废除。后宫有遗腹子刘煖，本国的相和内史没有如实上奏，昭帝听说后非常怜悯，就立刘煖为泗水王。相和内史都被关入监牢。

三月，赏赐郡国推选的有行义的涿郡韩福等五人帛，每人五十匹，然后把他们送回家乡。昭帝下诏说："朕不忍心用官职之事劳役韩福等人，希望他们致力施行孝悌来教化乡里。下令郡县每年正月赏赐他们羊酒进行慰问。如果有去世的赏赐衣被一套，并用猪羊来祭祀。"

武都氐人造反，朝廷派执金吾马適建、龙頟侯韩增、大鸿胪田广明率领三辅、太常的囚徒，都免除刑罚，出击平叛。

夏六月，赦天下。

秋七月三十日，发生日全食。

八月，把年号从始元改为元凤。

九月，鄂邑长公主、燕王刘旦与左将军上官桀、上官桀的儿子骠骑将军上官安、御史大夫桑弘羊等人谋反，都被处死。起初，上官桀、上官安父子与大将军霍光争权，想要加害他，就派人假托燕王刘旦的名义上书朝廷揭发霍光的罪行。当时昭帝十四岁，发觉其中有诈。后来又有人诬告霍光，昭帝大怒道："大将军是国家的忠臣，受先帝所托，敢有进谗言毁谤的人，一定要问罪。"霍光因此能够尽心竭力，效忠朝廷。详见《燕王传》和《霍光传》。

冬十月，昭帝下诏说："左将军安阳侯上官桀、骠骑将军桑乐侯上官安、御史大夫桑弘羊等人屡次不合正道，干预朝政，大将军不听，他们就心怀怨恨，与燕王合谋，传递消息相互勾结。燕王派寿西长、孙纵之等人贿赂长公主、丁外人、谒者杜延年、大将军长史公孙

酒，伏兵杀大将军光，征立燕王为天子，大逆毋道。故稻田使者燕仓先发觉，以告大司农敞，敞告谏大夫延年，延年以闻。丞相征事任宫手捕斩桀，丞相少史王寿诱将安入府门，皆已伏诛，吏民得以安。封延年、仓、宫、寿皆为列侯。”又曰：“燕王迷惑失道，前与齐王子刘泽等为逆，抑而不扬，望王反道自新，今乃与长公主及左将军桀等谋危宗庙。王及公主皆自伏辜。其赦王太子建、公主子文信及宗室子与燕王、上官桀等谋反父母同产当坐者，皆免为庶人。其吏为桀等所诖误，未发觉在吏者，除其罪。”

二年夏四月，上自建章宫徙未央宫，大置酒。赐郎从官帛，及宗室子钱，人二十万。吏民献牛酒者赐帛，人一匹。

六月，赦天下。诏曰：“朕闵百姓未赡，前年减漕三百万石。颇省乘舆马及苑马，以补边郡三辅传马。其令郡国毋敛今年马口钱，三辅、太常郡得以叔粟当赋。”

三年春正月，泰山有大石自起立，上林有柳树枯僵自起生。

罢中牟苑赋贫民。诏曰：“乃者民被水灾，颇匮于食，朕虚仓廪，使使者振困乏。其止四年毋漕。三年以前所振贷，非丞相御史所请，边郡受牛者勿收责。”

夏四月，少府徐仁、廷尉王平、左冯翊贾胜胡皆坐纵反者，仁自杀，平、胜胡皆要斩。

冬，辽东乌桓反，以中郎将范明友为度辽将军，将北边七郡郡

遗等人，传递密信，一起谋划让长公主摆下酒宴，邀请大将军霍光，然后埋下伏兵将他杀死，征立燕王为天子，实在是大逆不道。稻田使者燕仓率先察觉此事，报告给大司农杨敞，杨敞告诫大夫杜延年，杜延年得知此事后向上奏报。丞相征事任宫亲手逮捕并斩杀上官桀，丞相少史王寿诱使上官安进入府门，都已被诛杀，官民才能够转危为安。因此封杜延年、燕仓、任宫、王寿都为列侯。”又说：“燕王不明事理，违背道义，从前与齐王的儿子刘泽等人作乱，当时对他的罪行抑而不扬，希望他能回归正道，改过自新，现在又与长公主及左将军上官桀等人阴谋危害宗庙社稷。燕王及长公主皆已伏罪。赦免燕王太子刘建，长公主的儿子文信及宗室中父母兄弟参与燕王、上官桀等人谋反应当连坐的子弟，都免予刑罚，废为平民。其下属受上官桀等人蒙蔽被迫参与叛乱，但没查出有谋逆行为的，都免除他们的罪行。”

元凤二年（前79）夏四月，昭帝从建章宫迁到未央宫，大摆宴席。赏赐郎从官帛，赏赐宗室子弟钱，每人二十万。官民进献牛酒的赐帛，每人一匹。

六月，赦天下。昭帝下诏说：“朕怜悯百姓不够富足，前年转运粮食减少三百万石。所乘车马及苑马也减少很多，用来补充边郡及三辅驿马。现在下令郡国今年不得征收马口钱，三辅、太常允许郡国可以交纳粮食当赋税。”

元凤三年（前78）春正月，泰山有大石自行站立，上林苑有柳树枯死偃卧后又自行死而复生。

免去中牟苑贫民的赋税。昭帝下诏说：“前次百姓遭受水灾，粮食非常缺乏，朕从国库调出粮食，派使者赈济贫困之人。现在再免去第四年应上交转运的粮食。三年以前所发放的赈济，不是出于丞相御史的奏请，而是由朕亲自所赐的，边郡接收犁牛的屯田徙民无需交纳欠款。”

夏四月，少府徐仁、廷尉王平、左冯翊贾胜胡都因纵容反叛而获罪，徐仁自杀，王平、贾胜胡都被腰斩。

冬，辽东乌桓造反，昭帝任命中郎将范明友为度辽将军，率领

二千骑击之。

四年春正月丁亥，帝加元服，见于高庙。赐诸侯王、丞相、大将军、列侯、宗室下至吏民金帛牛酒各有差。赐中二千石以下及天下民爵。毋收四年、五年口赋。三年以前逋更赋未入者，皆勿收。令天下酺五日。

甲戌，丞相千秋薨。

夏四月，诏曰："度辽将军明友前以羌骑校尉将羌王侯君长以下击益州反虏，后复率击武都反氐，今破乌桓，斩虏获生，有功。其封明友为平陵侯。平乐监傅介子持节使，诛斩楼兰王安，归首县北阙，封义阳侯。"

五月丁丑，孝文庙正殿火，上及群臣皆素服。发中二千石将五校作治，六日成。太常及庙令丞郎吏皆劾大不敬，会赦，太常轑阳侯德免为庶人。

六月，赦天下。

五年春正月，广陵王来朝，益国万一千户，赐钱二千万，黄金二百斤，剑二，安车一，乘马二驷。

夏，大旱。

六月，发三辅及郡国恶少年吏有告劾亡者，屯辽东。

秋，罢象郡，分属郁林、牂柯。

冬十一月，大雷。

十二月庚戌，丞相䜣薨。

六年春正月，募郡国徒筑辽东玄菟城。夏，赦天下。诏曰："夫谷贱伤农，今三辅、太常谷减贱，其令以叔粟当今年赋。"

北边七郡的二千郡卒前去平定叛乱。

元凤四年（前77）春正月初二日，昭帝行冠礼，拜谒高祖庙。赏赐诸侯王、丞相、大将军、列侯、宗室下到官民金帛及牛酒，各有等级。赏赐中二千石以下及天下百姓爵位。停止征收第四年、第五年的人口税。三年以前拖欠没交更赋的，都免予收取。下令天下百姓欢饮五日。

二月二十一日，丞相田千秋去世。

夏四月，昭帝下诏说："度辽将军范明友从前出任羌骑校尉时率领羌王侯首领以下出击益州的造反者，后来又率领羌军出击武都的造反者，现在大败乌桓，斩杀生俘敌人众多，有功。因此封范明友为平陵侯。平乐监傅介子持节出使，诛杀不向汉朝臣服的楼兰王安，把他首级带回并悬挂北阙，封为义阳侯。"

五月丁丑日，文帝庙正殿发生火灾，昭帝及群臣都身穿素服。昭帝派中二千石率领五校士兵进行修复，六日完工。太常及庙令丞郎官都被定为大不敬之罪，恰逢大赦，太常轑阳侯江德免予刑罚，贬为平民。

六月，赦天下。

元凤五年（前76）春正月，广陵王进京朝见，加封其国一万一千户，赏赐二千万钱，二百斤黄金，二柄剑，一辆安车，八匹乘马。

夏，发生大旱。

六月，昭帝征发三辅及郡国中因官吏告发而逃亡在外，品行不良的少年，屯戍辽东。

秋，废除象郡，所属地区划分给郁林、牂柯。

冬，十一月，雷声轰隆。

十二月初六日，丞相王䜣去世。

元凤六年（前75）春正月，招募郡国囚犯修筑辽东玄菟城。夏，赦天下。昭帝下诏说："粮食价钱低就会损害农民的利益，现在三辅、太常各地粮食降价，下令各地可以用粮食当作今年的赋税交纳。"

右将军张安世宿卫忠谨，封富平侯。

乌桓复犯塞，遣度辽将军范明友击之。

元平元年春二月，诏曰："天下以农桑为本。日者省用，罢不急官，减外繇，耕桑者益众，而百姓未能家给，朕甚愍焉。其减口赋钱。"有司奏请减什三，上许之。

甲申，晨有流星，大如月，众星皆随西行。

夏四月癸未，帝崩于未央宫。六月壬申，葬平陵。

赞曰：昔周成以孺子继统，而有管、蔡四国流言之变。孝昭幼年即位，亦有燕、盍、上官逆乱之谋。成王不疑周公，孝昭委任霍光，各因其时以成名，大矣哉！承孝武奢侈余敝师旅之后，海内虚耗，户口减半，光知时务之要，轻繇薄赋，与民休息。至始元、元凤之间，匈奴和亲，百姓充实。举贤良文学，问民所疾苦，议盐铁而罢榷酤，尊号曰"昭"，不亦宜乎！

右将军张安世值宿守卫忠诚谨慎，封为富平侯。

乌桓再次侵犯边塞，昭帝派度辽将军范明友率军出击。

元平元年（前74）春二月，昭帝下诏说：“天下以农桑为本。往日曾经节省用度，裁减多余的官员，减少额外的徭役，于是从事农桑的人有所增多，但百姓生活仍不富足，朕感到非常不安。现在决定减免口赋钱。”主管官吏奏请减免十分之三，昭帝准许。

二月十七日，清晨出现流星，像月亮一样大，群星都随流星向西划过天空。

夏四月十七日，昭帝在未央宫驾崩。六月七日，安葬在平陵。

赞辞说：过去周成王以孺子继承大统，而有管、蔡四国散布流言，诬蔑周公。昭帝幼年即位，也有燕、盍、上官谋反作乱，诋毁霍光。成王信任周公，昭帝委任霍光，君臣各自都能在自己的时代成名，真是了不起啊！昭帝承武帝崇尚奢侈、穷兵黩武之后，国库空虚，人口减半，而霍光明白当世的要务，减轻劳役，降低赋税，与百姓休养生息。到始元、元凤年间，匈奴进行和亲，百姓生活充实。推举贤良文学之士，询问民间疾苦，召开盐铁会议，废除酒类专卖，尊号是“昭”，不是很合适嘛！

卷八

宣帝纪第八

孝宣皇帝，武帝曾孙，戾太子孙也。太子纳史良娣，生史皇孙。皇孙纳王夫人，生宣帝，号曰皇曾孙。生数月，遭巫蛊事，太子、良娣、皇孙、王夫人皆遇害。语在《太子传》。曾孙虽在襁褓，犹坐收系郡邸狱。而邴吉为廷尉监，治巫蛊于郡邸，怜曾孙之亡辜，使女徒复作淮阳赵徵卿、渭城胡组更乳养，私给衣食，视遇甚有恩。

巫蛊事连岁不决。至后元二年，武帝疾，往来长杨、五柞宫，望气者言长安狱中有天子气，上遣使者分条中都官狱系者，轻重皆杀之。内谒者令郭穰夜至郡邸狱，吉拒闭，使者不得入，曾孙赖吉得全。因遭大赦，吉乃载曾孙送祖母史良娣家。语在《吉》及《外戚传》。

后有诏掖庭养视，上属籍宗正。时掖庭令张贺尝事戾太子，思顾旧恩，哀曾孙，奉养甚谨，以私钱供给教书。既壮，为取暴室啬夫许广汉女，曾孙因依倚广汉兄弟及祖母家史氏。受《诗》于东海澓中翁，高材好学，然亦喜游侠，斗鸡走马，具知闾里奸邪，吏治得失。数上下诸陵，周遍三辅，常困于莲勺卤中。尤乐杜、鄠之间，率常在下杜。时会朝请，舍长安尚冠里，身足下有毛，卧居数有光耀。每买饼，所从买家辄大雠，亦以是自怪。

元平元年四月，昭帝崩，毋嗣。大将军霍光请皇后征昌邑王。

汉宣帝，是武帝曾孙，戾太子的孙子。戾太子娶史良娣，生下史皇孙。史皇孙娶王夫人，生下宣帝，号为曾皇孙。宣帝生下数月后，就遇到巫蛊之祸，太子、良娣、皇孙、王夫人都被杀害。详见《太子传》。曾孙虽然在襁褓之中，也被关入郡邸狱。当时丙吉任廷尉监，在郡邸负责处理巫蛊事件，他同情曾孙无辜受到牵连，就令服劳役的女犯淮阳赵徵卿、渭城胡组交替哺育曾孙，用自己的钱财供给衣食，对他有深厚的恩情。

巫蛊事件接连几年不能结案。到后元二年（前87），武帝患病，往来长杨宫、五柞宫，观望云气的方士说长安狱中有天子气，武帝派使者分别通知京师各官署对于因巫蛊之事收监入狱的罪犯，不论罪行轻重一律处死。内谒者令郭穰晚上到郡邸狱检查，丙吉闭门拒绝，使者不能入内，曾孙仰赖丙吉庇佑得以保全。后来遇到大赦，丙吉就用车载着曾孙送到其祖母史良娣家。详见《丙吉传》和《外戚传》。

后来有诏令派掖庭供养照顾曾孙，并令宗正写入皇家宗籍。当时的掖庭令张贺曾经侍奉过戾太子，怀念戾太子往日的恩情，怜悯曾孙，对他的供养非常尽心，用自己的钱财供他读书。等到曾孙长大，就为他娶宫中负责织染的暴室属官许广汉的女儿为妻，曾孙因此可以依靠许广汉兄弟及祖母史氏家。他跟着东海澓中翁学习《诗经》，才能高超喜欢学习，又喜欢交游，轻生重义，斗鸡走马，熟知民间奸邪，吏治得失。他多次到先祖陵墓凭吊，去三辅之地了解民情，曾经受困在莲勺县盐池中，被人侮辱。尤其喜欢在杜县、鄠县之间游玩，经常在下杜。他去京都朝见皇帝时，住在长安的尚冠里，从身上到脚下长有毛，睡觉时会发出光亮。每次去买饼，这家店的生意就会变好，人们都对此感到奇怪。

元平元年（前74）四月，昭帝驾崩，没有儿子。大将军霍光奏请

六月丙寅，王受皇帝玺绶，尊皇后曰皇太后。癸巳，光奏王贺淫乱，请废。语在《贺》及《光传》。

秋七月，光奏议曰："礼，人道亲亲故尊祖，尊祖故敬宗。大宗毋嗣，择支子孙贤者为嗣。孝武皇帝曾孙病已，有诏掖庭养视，至今年十八，师受《诗》《论语》《孝经》，操行节俭，慈仁爱人，可以嗣孝昭皇帝后，奉承祖宗，子万姓。"奏可。遣宗正德至曾孙尚冠里舍，洗沐，赐御府衣。太仆以軨猎车奉迎曾孙，就齐宗正府。庚申，入未央宫，见皇太后，封为阳武侯。已而群臣奉上玺绶，即皇帝位，谒高庙。

八月己巳，丞相敞薨。

九月，大赦天下。

十一月壬子，立皇后许氏。赐诸侯王以下金钱，至吏民鳏寡孤独各有差。皇太后归长乐宫。初置屯卫。

本始元年春正月，募郡国吏民訾百万以上徙平陵。遣使者持节诏郡国二千石谨牧养民而风德化。

大将军光稽首归政，上谦让委任焉。论定策功，益封大将军光万七千户，车骑将军光禄勋富平侯安世万户。诏曰："故丞相安平侯敞等居位守职，与大将军光、车骑将军安世建议定策，以安宗庙，功赏未加而薨。其益封敞嗣子忠及丞相阳平侯义、度辽将军平陵侯明友、前将军龙雒侯增、太仆建平侯延年、太常蒲侯昌、谏大夫宜春侯谭、当涂侯平、杜侯屠耆堂、长信少府关内侯胜邑户各有差。封御史大夫广明为昌水侯，后将军充国为营平侯，大司农延年为阳城侯，少府乐成为爰氏侯，光禄大夫迁为平丘侯。赐右扶风德、典属国武、廷尉光、宗正德、大鸿胪贤、詹事畸、光禄大夫吉、

皇后征召昌邑王，立为皇太子。六月一日，昌邑王接受皇帝印玺，尊皇后为皇太后。六月二十八日，霍光上奏皇太后说昌邑王行为淫乱，请求将他废除。详见《昌邑王刘贺传》和《霍光传》。

秋七月，霍光奏议说："礼代表着人爱自己的至亲所以会尊重祖先，尊重祖先所以会敬奉宗族。昭帝没有后代，应该从支子孙中选择贤德之人作为继承人。武帝曾孙刘病已，有诏令由掖庭进行供养照顾，到现在已经十八岁，跟着老师学习《诗经》《论语》《孝经》，操行节俭，慈仁爱人，可以作昭帝的继承人，奉承祖宗基业，统治天下百姓。"皇太后准许。派宗正刘德到曾孙在尚冠里的住处，沐浴，赐御府衣。太仆用轻便小车迎接曾孙，先去宗正府。七月二十五日，进入未央宫，朝见皇太后，封为阳武侯。然后群臣奉上天子印玺，即皇帝位，拜谒高庙。

八月初五日，丞相杨敞去世。

九月，大赦天下。

十一月十九日，立皇后许氏。赏赐诸侯王以下，到官民及鳏寡孤独金钱，各有等级。皇太后回到长乐宫。长乐宫开始设置驻兵守卫。

本始元年（前73）春正月，招募郡国官民钱财在一百万以上的迁移到平陵。派使者持节诏令郡国二千石要谨慎治理百姓，以道德感化。

大将军霍光叩首请求还政于宣帝，宣帝谦让再三仍委任他重职。论功行赏，加封大将军霍光食邑一万七千户，加封车骑将军光禄勋富平侯张安世食邑一万户。下诏说："前丞相安平侯杨敞等处于高位，尽忠职守，与大将军霍光、车骑将军张安世建议定策，安定宗庙，还没论功行赏就去世了。现在加封杨敞的儿子杨忠及丞相阳平侯蔡义、度辽将军平陵侯范明友、前将军龙雒侯韩增、太仆建平侯杜延年、太常蒲侯苏昌、谏大夫宜春侯王谭、当涂侯魏圣（"平"字误，根据《功臣表》，应为魏圣）、杜侯屠耆堂、长信少府关内侯夏侯胜食邑户口各有等级。封御史大夫田广明为昌水侯，后将军赵充国为营平侯，大司农田延年为阳城侯，少府史乐成为爰氏侯，光禄大夫王迁为

京辅都尉广汉爵皆关内侯。德、武食邑。”

夏四月庚午，地震。诏内郡国举文学高第各一人。

五月，凤皇集胶东、千乘。赦天下。赐吏二千石、诸侯相，下至中都官、宦吏、六百石爵，各有差，自左更至五大夫。赐天下人爵各一级，孝者二级，女子百户牛酒。租税勿收。

六月，诏曰：“故皇太子在湖，未有号谥。岁时祠，其议谥，置园邑。”语在《太子传》。

秋七月，诏立燕刺王太子建为广阳王，立广陵王胥少子弘为高密王。

二年春，以水衡钱为平陵，徙民起第宅。

大司农阳城侯田延年有罪，自杀。

夏五月，诏曰：“朕以眇身奉承祖宗，夙夜惟念孝武皇帝躬履仁义，选明将，讨不服，匈奴远遁，平氐、羌、昆明、南越，百蛮乡风，款塞来享；建太学，修郊祀，定正朔，协音律；封泰山，塞宣房，符瑞应，宝鼎出，白麟获。功德茂盛，不能尽宣，而庙乐未称，其议奏。”有司奏请宜加尊号。六月庚午，尊孝武庙为世宗庙，奏《盛德》《文始》《五行》之舞，天子世世献。武帝巡狩所幸之郡国，皆立庙。赐民爵一级，女子百户牛酒。

匈奴数侵边，又西伐乌孙。乌孙昆弥及公主因国使者上书，言昆弥愿发国精兵击匈奴，唯天子哀怜，出兵以救公主。秋，大发兴调关东轻车锐卒，选郡国吏三百石伉健习骑射者，皆从军。御史大夫田广明为祁连将军，后将军赵充国为蒲类将军，云中太守田顺为

平丘侯。赐予右扶风周德、典属国苏武、廷尉李光、宗正刘德、大鸿胪章贤、詹事宋畸、光禄大夫丙吉、京辅都尉赵广汉关内侯爵位。周德、苏武赏赐食邑。”

夏四月十日，发生地震。诏令内地的郡国举荐文学方面非常优异的人才各一人。

五月，凤凰聚集在胶东、千乘。赦天下。赏赐二千石官吏、诸侯相，下到中都官、宦官、爵位六百石的，各有等级，从左更到五大夫。赏赐天下百姓爵位，每人一级，孝子二级，赏赐女子每百户牛、酒若干。租税免收。

六月，宣帝下诏说：“前皇太子在湖县去世，没有谥号。应按时祭祀，商议谥号，设置守护陵园的县邑。”详见《太子传》。

秋七月，宣帝下诏立燕刺王太子刘建为广阳王，立广陵王刘胥的小儿子刘弘为高密王。

本始二年（前72）春，用天子私有的钱财修建平陵，迁移百姓到这里建起住宅。

大司农阳城侯田延年有罪，自杀。

夏五月，宣帝下诏说：“朕以微末之身而继承祖宗基业，早晚都怀念孝武皇帝亲身履行仁义，选择名将，征讨不服，匈奴远逃，平氐、羌、昆明、南越，少数民族望风归顺，前来通好，进献贡品；兴建太学，举行郊祭，确定正朔，协调音律；泰山封禅，宣房筑堤，祥瑞感应，出现宝鼎，获得白麟。丰功盛德，不能尽宣，而庙乐与功德不相称，主管官吏商议后奏报。”主管官吏奏请应加尊号。六月庚午日，尊武帝庙为世祖庙，奏《盛德》《文始》《五行》之舞，天子世世代代供奉进献。武帝巡狩所到的郡国，都建庙祭祀。赏赐民爵，每户一级，赏赐女子每百户牛、酒若干。

匈奴多次侵犯边境，又向西入侵乌孙。乌孙昆弥及嫁过去的汉朝公主通过汉朝使者向朝廷上书，说昆弥希望朝廷派遣精兵攻打匈奴，祈求天子怜悯乌孙当前的处境，出兵援救公主。秋，宣帝大肆征调关东轻车锐卒，选拔各郡国三百石官吏中体格强健熟习骑射的，都

虎牙将军，及度辽将军范明友、前将军韩增，凡五将军，兵十五万骑，校尉常惠持节护乌孙兵，咸击匈奴。

三年春正月癸亥，皇后许氏崩。戊辰，五将军师发长安。夏五月，军罢。祁连将军广明、虎牙将军顺有罪，下有司，皆自杀。校尉常惠将乌孙兵入匈奴右地，大克获，封列侯。

大旱，郡国伤旱甚者，民毋出租赋。三辅民就贱者，且毋收事，尽四年。

六月己丑，丞相义薨。

四年春正月，诏曰："盖闻农者兴德之本也，今岁不登，已遣使者振贷困乏。其令太官损膳省宰，乐府减乐人，使归就农业。丞相以下至都官令丞上书入谷，输长安仓，助贷贫民。民以车船载谷入关者，得毋用传。"

三月乙卯，立皇后霍氏。赐丞相以下至郎吏从官金钱帛各有差。赦天下。

夏四月壬寅，郡国四十九地震，或山崩水出。诏曰："盖灾异者，天地之戒也。朕承洪业，奉宗庙，托于士民之上，未能和群生。乃者地震北海、琅邪，坏祖宗庙，朕甚惧焉。丞相、御史其与列侯、中二千石博问经学之士，有以应变，辅朕之不逮，毋有所讳。令三辅、太常、内郡国举贤良方正各一人。律令有可蠲除以安百姓，条奏。被地震坏败甚者，勿收租赋。"大赦天下。上以宗庙堕，素服，避正殿五日。

五月，凤皇集北海安丘、淳于。

秋，广川王吉有罪，废迁上庸，自杀。

让他们从军。任命御史大夫田广明为祁连将军，后将军赵充国为蒲类将军，云中太守田顺为虎牙将军，以及度辽将军范明友、前将军韩增，共五将军，率领十五万人马，校尉常惠持节总领乌孙兵，一同攻打匈奴。

本始三年（前71）春正月十三日，皇后许氏驾崩。十八日，五将军从长安出兵。夏五月，收兵。祁连将军田广明、虎牙将军田顺有罪，关入监牢，都自杀。校尉常惠率领乌孙兵攻入匈奴右地，大获全胜，封为列侯。

发生大旱，郡国受灾严重的，免除百姓租税。三辅地区的贫困百姓，免除租税徭役，到本始四年。

六月十一日，丞相蔡义去世。

本始四年（前70）春正月，宣帝下诏说："听闻农业是国家振兴的根本，今年歉收，已派遣使者赈济贫困百姓。现在下令太官减少膳食和宰杀，乐府裁减乐工，让他们都回去从事农业。丞相以下到京都各官署官员都要上报交纳谷物的数量，送到长安仓，帮助朝廷赈济贫民。民间用车船装载谷物入关的，不用盘查。"

三月十一日，立皇后霍氏。赏赐丞相以下到郎官从官金、钱、帛各有等级。赦天下。

夏四月二十九日，四十九个郡国发生地震，有的地方山崩水出。宣帝下诏说："灾祸的出现，是天地发出的警戒。朕继承大业，奉祀宗庙，依托在百姓之上，却不能令众生和谐融洽。因而北海、琅琊发生地震，毁坏祖宗宗庙，朕感到非常惶恐。丞相、御史与列侯、中二千石及研究经学的博学之士，随机应变，提出建议，弥补朕的不足之处，希望不要有所隐瞒。下令三辅、太常、内地的郡国举荐贤良方正之士各一人。为了安定百姓，有可以废除的律令，要逐条上奏。受地震破坏严重的，免收租税。"宣布大赦天下。宣帝因为宗庙被地震毁坏，身穿素服，避离正殿五日以示自责。

五月，凤凰聚集在北海安丘、淳于。

秋，广川王刘吉有罪，废处王位，贬到上庸，自杀。

地节元年春正月，有星孛于西方。

三月，假郡国贫民田。

夏六月，诏曰："盖闻尧亲九族，以和万国。朕蒙遗德，奉承圣业，惟念宗室属未尽而以罪绝，若有贤材，改行劝善，其复属，使得自新。"

冬十一月，楚王延寿谋反，自杀。

十二月癸亥晦，日有蚀之。

二年春三月庚午，大司马大将军光薨。诏曰："大司马大将军博陆侯宿卫孝武皇帝三十余年，辅孝昭皇帝十有余年，遭大难，躬秉义，率三公、诸侯、九卿、大夫定万世策，以安宗庙。天下蒸庶，咸以康宁，功德茂盛，朕甚嘉之。复其后世，畴其爵邑，世世毋有所与。功如萧相国。"

夏四月，凤皇集鲁，群鸟从之。大赦天下。

五月，光禄大夫平丘侯王迁有罪，下狱死。

上始亲政事，又思报大将军功德，乃复使乐平侯山领尚书事，而令群臣得奏封事，以知下情。五日一听事，自丞相以下各奉职奏事，以傅奏其言，考试功能。侍中尚书功劳当迁及有异善，厚加赏赐，至于子孙，终不改易。枢机周密，品式备具，上下相安，莫有苟且之意也。

三年春三月，诏曰："盖闻有功不赏，有罪不诛，虽唐虞犹不能以化天下。今胶东相成劳来不怠，流民自占八万余口，治有异等。其秩成中二千石，赐爵关内侯。"

又曰："鳏寡孤独高年贫困之民，朕所怜也。前下诏假公田，贷种、食。其加赐鳏寡孤独高年帛。二千石严教吏谨视遇，毋令失职。"

地节元年（前69）春正月，有彗星出现在西方。

三月，借郡国田地给贫民耕种。

夏六月，宣帝下诏说："听说尧让九族亲厚和睦，才能令万国和谐融洽。朕蒙受先祖德泽，继承帝业，想到宗室成员血脉相连但因罪被除去宗籍，如果有贤德之人，改掉不好的行为，努力向善，就可以恢复宗籍，使其可以改过自新。"

冬十一月，楚王刘延寿谋反，自杀。

十二月三十日，发生日食。

地节二年（前68）春三月初八日，大司马大将军霍光去世。宣帝下诏说："大司马大将军博陆侯守护孝武皇帝三十余年，辅佐孝昭皇帝十余年，遭遇大难，秉持忠义，率领三公、诸侯、九卿、大夫制定长久之策，安定宗庙。让天下百姓，都得安宁，丰功盛德，朕感到非常钦佩。现在让其后代享受荣光，爵位封邑世代相传，免去赋税徭役。功劳如同萧何丞相。"

夏四月，凤凰聚集在鲁郡，群鸟追随着它。大赦天下。

五月，光禄大夫平丘侯王迁有罪，被关入监牢，并死在狱中。

宣帝开始亲政，又思念大将军霍光的功德，就任命霍光侄孙乐平侯霍山领尚书事，而令群臣上书奏事，以便知晓下情。五天处理一次政事，从丞相以下各署官吏奉行职责奏陈事情，然后让官吏陈述建议和措施，考查他们的才能。侍中尚书功劳应当升迁及有特殊贡献的，要厚加赏赐，其职位可以传给子孙，不变其位。由此朝廷机构周全细密，标准完备，上下相安无事，没有敷衍了事之意。

地节三年（前67）春三月，宣帝下诏说："听闻有功不赏，有罪不诛，即使是唐尧虞舜也不能感化天下。现在胶东国相王成不懈慰问前来的人，流民自来归附的已有八万余人，政绩非常优异。现在将王成的俸禄提升到中二千石，赏赐关内侯爵位。"

又说："鳏寡孤独与年老贫困的百姓，是朕关怀爱护之人。过去曾下诏借给公田，赈济种子、粮食。现在再加赐鳏寡孤独及老人帛。二千石应严格要求官吏郑重对待他们，不要让他们失去常业。"

令内郡国举贤良方正可亲民者。

夏四月戊申，立皇太子，大赦天下。赐御史大夫爵关内侯，中二千石爵右庶长，天下当为父后者爵一级。赐广陵王黄金千斤，诸侯王十五人黄金各百斤，列侯在国者八十七人黄金各二十斤。

冬十月，诏曰："乃者九月壬申地震，朕甚惧焉。有能箴朕过失，及贤良方正直言极谏之士以匡朕之不逮，毋讳有司。朕既不德，不能附远，是以边境屯戍未息。今复饬兵重屯，久劳百姓，非所以绥天下也。其罢车骑将军、右将军屯兵。"又诏："池籞未御幸者，假与贫民。郡国宫馆，勿复修治。流民还归者，假公田，贷种、食，且勿算事。"

十一月，诏曰："朕既不逮，导民不明，反侧晨兴，念虑万方，不忘元元。唯恐羞先帝圣德，故并举贤良方正以亲万姓，历载臻兹，然而俗化阙焉。传曰：'孝弟也者，其为仁之本与！'其令郡国举孝弟、有行义闻于乡里者各一人。"

十二月，初置廷尉平四人，秩六百石。

省文山郡，并蜀。

四年春二月，封外祖母为博平君，故酂侯萧何曾孙建世为侯。

诏曰："导民以孝，则天下顺。今百姓或遭衰绖凶灾，而吏繇事，使不得葬，伤孝子之心，朕甚怜之。自今诸有大父母、父母丧者勿繇事，使得收敛送终，尽其子道。"

夏五月，诏曰："父子之亲，夫妇之道，天性也。虽有患祸，犹蒙死而存之。诚爱结于心，仁厚之至也，岂能违之哉！自今子首匿父母，妻匿夫，孙匿大父母，皆勿坐。其父母匿子，夫匿妻，大父母

宣帝下令内地的郡国举荐可以亲近民众，作为榜样的贤良方正之士。

夏四月二十二日，立皇太子，大赦天下。赏赐御史大夫关内侯爵位，赏赐中二千石右庶长爵位，赏赐天下百姓中继承父业的人每人一级爵位。赏赐广陵王黄金千斤，诸侯王十五人每人黄金百斤，在封国的列侯八十七人每人黄金二十斤。

冬十月，宣帝下诏说："前次九月二十六日发生的地震，朕感到非常惶恐。希望群臣能劝谏朕改正过失，并举荐贤良方正直言极谏之士来匡正朕的不足，不要避讳权贵。朕缺乏德行，不能使边远之地归附，因此边境屯守不停。现在又整顿军队，重兵屯守，长期劳顿百姓，这不是安抚天下的计策。现在撤回车骑将军、右将军屯驻的士兵。"又下诏说："皇家没使用的陂池禁苑，都借给贫民。郡国的离宫别馆，不再修建。返回的流民，借给公田，赈济种子、粮食，免除赋税和徭役。"

十一月，宣帝下诏说："朕考虑不周，不能清楚教导百姓，夙兴夜寐，辗转反侧，思考国家大事，不忘天下百姓。唯恐让先帝盛德蒙羞，所以推举贤良方正之士作为榜样亲近百姓，到现在历经多年，但风俗教化尚未改变。《论语》说：'孝与悌，是施行仁义的根本啊！'现在下令郡国举荐孝弟、躬行仁义闻名乡里的各一人。"

十二月，开始设置廷尉平四人，俸禄六百石。

废除文山郡，所辖之县并入蜀郡。

地节四年(前66)春二月，封外祖母为博平君，前酂侯萧何的曾孙萧建世为侯。

宣帝下诏说："教导百姓以孝为先，天下就会和顺。现在百姓有时遇到父母丧事，还要去服徭役，使父母不能安葬，伤害孝子之心，朕感到非常同情。从现在起，凡是有祖父母、父母丧事的可以免除徭役，让他们能够收殓送终，尽人子之道。"

夏五月，宣帝下诏说："父子之亲，夫妇之道，是人的天性。即使遇到祸患，仍然愿意舍身相救。真诚之爱积聚于心，仁厚之至，难道能够违背吗！从现在起，凡是儿子主谋藏匿犯罪的父母，妻子藏

匿孙，罪殊死，皆上请廷尉以闻。”

立广川惠王孙文为广川王。

秋七月，大司马霍禹谋反。诏曰：“乃者，东织室令史张赦使魏郡豪李竟报冠阳侯霍云谋为大逆，朕以大将军故，抑而不扬，冀其自新。今大司马博陆侯禹与母宣成侯夫人显及从昆弟冠阳侯云、乐平侯山、诸姊妹婿度辽将军范明友、长信少府邓广汉、中郎将任胜、骑都尉赵平、长安男子冯殷等谋为大逆。显前又使女侍医淳于衍进药杀共哀后，谋毒太子，欲危宗庙。逆乱不道，咸伏其辜。诸为霍氏所诖误未发觉在吏者，皆赦除之。”八月己酉，皇后霍氏废。

九月，诏曰：“朕惟百姓失职不赡，遣使者循行郡国问民所疾苦。吏或营私烦扰，不顾厥咎，朕甚闵之。今年郡国颇被水灾，已振贷。盐，民之食，而贾咸贵，众庶重困。其减天下盐贾。”

又曰：“令甲，死者不可生，刑者不可息。此先帝之所重，而吏未称。今系者或以掠辜若饥寒瘐死狱中，何用心逆人道也！朕甚痛之。其令郡国岁上系囚以掠笞若瘐死者所坐名、县、爵、里，丞相御史课殿最以闻。”

十二月，清河王年有罪，废迁房陵。

元康元年春，以杜东原上为初陵，更名杜县为杜陵。徙丞相、将军、列侯、吏二千石、訾百万者杜陵。

三月，诏曰：“乃者凤皇集泰山、陈留，甘露降未央宫。朕未能章先帝休烈，协宁百姓，承天顺地，调序四时，获蒙嘉瑞，赐兹祉

匿犯罪的丈夫，孙子藏匿犯罪的祖父母，都可以不定罪。父母藏匿犯罪的儿子，丈夫藏匿犯罪的妻子，祖父母藏匿犯罪的孙子，犯有死罪的，都要上报廷尉后再行决断。”

立广川惠王的孙子刘文为广川王。

秋七月，大司马霍禹谋反。宣帝下诏说：“前次，东织室令史张赦派魏郡豪杰李竟举报冠阳侯霍云阴谋作乱，朕因为大将军霍光的关系，抑而不扬，希望他能改过自新。现在大司马博陆侯霍禹与他的母亲宣成侯夫人显及从昆弟子冠阳侯霍云、乐平侯霍山、各姐夫妹夫度辽将军范明友、长信少府邓广汉、中郎将任胜、骑都尉赵平、长安男子冯殷等人共谋作乱。霍禹的母亲又指使女侍医淳于衍进药毒杀恭哀皇后，图谋毒杀太子，想要危害宗庙社稷。这些人谋反作乱，大逆不道，都已伏法。凡是被霍氏蒙蔽但没有参与具体犯罪的，一律赦免。”八月初一日，皇后霍氏被废。

九月，宣帝下诏说：“朕担忧百姓失去常业生活困难，现在派使者巡行郡国询问民间疾苦。有些官吏谋求私利烦扰百姓，不顾灾祸，朕感到非常同情。今年很多郡国遭受水灾，已经赈济。盐，是百姓的必需品，但价格都很高，更加重了百姓的困苦。现在下令降低天下盐价。”

又说：“法令的首条说，处死的人不可复生，受刑的人不可再长。这就是先帝重视刑罚的原因，但有些官吏不能领会其意。现在被关入监牢的人有的因遭受严刑拷打，有的因饥寒折磨而死在狱中，居心多么的违背人道啊！朕感到非常痛心。现在下令郡国每年上报因拷打或饥寒而死在狱中的犯人的姓名、属县、官爵、邑里，丞相和御史要在考核时把详细情况奏报朝廷。”

十二月，清河王刘年有罪，废除王位贬到房陵。

元康元年（前65）春，把杜东原上设为初陵，杜县改名为杜陵。迁徙丞相、将军、列侯、二千石官吏、钱财百万者到杜陵。

三月，宣帝下诏说：“前次凤凰聚集在泰山、陈留，甘露降在未央宫。朕未能弘扬先帝彪炳的功业，让百姓安宁和乐，承奉天道，遵

福，夙夜兢兢，靡有骄色，内省匪解，永惟罔极。《书》不云乎？'凤皇来仪，庶尹允谐。'其赦天下徒，赐勤事吏中二千石以下至六百石爵，自中郎吏至五大夫，佐史以上二级，民一级，女子百户牛酒。加赐鳏寡孤独、三老、孝弟力田帛。所振贷勿收。"

夏五月，立皇考庙。益奉明园户为奉明县。

复高皇帝功臣绛侯周勃等百三十六人家子孙，令奉祭祀，世世勿绝。其毋嗣者，复其次。

秋八月，诏曰："朕不明六艺，郁于大道，是以阴阳风雨未时。其博举吏民，厥身修正，通文学，明于先王之术，宣究其意者，各二人，中二千石各一人。"

冬，置建章卫尉。

二年春正月，诏曰："《书》云'文王作罚，刑兹无赦'，今吏修身奉法，未有能称朕意，朕甚愍焉。其赦天下，与士大夫厉精更始。"

二月乙丑，立皇后王氏。赐丞相以下至郎从官钱帛各有差。

三月，以凤皇甘露降集，赐天下吏爵二级，民一级，女子百户牛酒，鳏寡孤独高年帛。

夏五月，诏曰："狱者万民之命，所以禁暴止邪，养育群生也。能使生者不怨，死者不恨，则可谓文吏矣。今则不然。用法或持巧心，析律贰端，深浅不平，增辞饰非，以成其罪。奏不如实，上亦亡繇知。此朕之不明，吏之不称，四方黎民将何仰哉！二千石各察官属，勿用此人。吏务平法。或擅兴繇役，饰厨传，称过使客，越职逾法，以取名誉，譬犹践薄冰以待白日，岂不殆哉！今天下颇被疾疫之

循地理，使四时调和有序，竟蒙天地献上祥瑞，赐以这样的福祉，自是夙夜匪懈，兢兢业业，没有骄矜之色，自我反省，不敢懈怠，不断思考。《尚书》不是说过吗？‘凤凰来舞，仪表非凡，百官和谐。’因此赦免天下犯人，赏赐勤于职事的官吏中二千石以下到六百石爵位，从中郎吏到五大夫，佐史以上二级，百姓一级，女子每百户牛、酒若干。加赐鳏寡孤独、三老、孝弟力田帛。免收原有的赈济。”

夏五月，修建皇考庙。增加奉明园户口设为奉明县。

免除高祖皇帝功臣绛侯周勃等一百三十六家嫡长子孙的赋税和徭役，让他们供奉家庙祭祀，世世代代不得断绝。要是没有嫡长子孙的，就免除下面子孙的赋税和徭役。

秋八月，宣帝下诏说：“朕不懂得六艺，不精通天地理法，所以阴阳风雨未按其时。现在下令广泛推举官民，要品格端正，精通文学，懂得先王治国之术，并了解其中深意的，丞相与御史各推举二人，中二千石各推举一人。”

冬，设置建章卫尉。

元康二年（前64）春正月，宣帝下诏说：“《尚书》说‘周文王制定法律，对于触犯刑罚之人一律不予赦免’，现在有些官吏虽然修身奉法，仍不能让朕感到满意，朕非常难过。现在决定赦免天下，望他们与士大夫振奋精神，重新开始。”

二月二十六日，立皇后王氏。赏赐丞相以下到郎从官钱、帛各有等级。

三月，因为凤凰、甘露降临，赏赐天下官吏爵位二级，百姓爵位一级，女子每百户牛、酒若干，鳏寡孤独和老人帛若干。

夏五月，宣帝下诏说：“刑狱关系到万民的生命，是用来制止暴乱，停止邪恶，养育众生的。要能使生者不责怪，死者不抱恨，才可以担任文吏。现在却不是这样。有的依法断罪持机巧之心，解释律条，妄生枝节，宽严不平，上纲上线，掩盖过错，确定罪名。案情不如实上报，朝廷也无法了解真相。朕不能明察，官吏不能称职，这样下去，四方黎民将如何仰仗！二千石各自检察自己的下属，不得用这种徇私枉法的人来掌管刑狱。官吏首务是执法公平。而有的擅自征发

灾，朕甚愍之。其令郡国被灾甚者，毋出今年租赋。”

又曰：“闻古天子之名，难知而易讳也。今百姓多上书触讳以犯罪者，朕甚怜之。其更讳询。诸触讳在令前者，赦之。”

冬，京兆尹赵广汉有罪，要斩。

三年春，以神爵数集泰山，赐诸侯王、丞相、将军、列侯二千石金，郎从官帛，各有差。赐天下吏爵二级，民一级，女子百户牛酒，鳏寡孤独高年帛。

三月，诏曰：“盖闻象有罪，舜封之，骨肉之亲粲而不殊。其封故昌邑王贺为海昏侯。”

又曰：“朕微眇时，御史大夫丙吉、中郎将史曾、史玄、长乐卫尉许舜、侍中光禄大夫许延寿皆与朕有旧恩。及故掖庭令张贺辅导朕躬，修文学经术，恩惠卓异，厥功茂焉。《诗》不云乎？‘无德不报。’封贺所子弟子侍中中郎将彭祖为阳都侯，追赐贺谥曰阳都哀侯。吉、曾、玄、舜、延寿皆为列侯。故人下至郡邸狱复作尝有阿保之功，皆受官禄田宅财物，各以恩深浅报之。”

夏六月，诏曰：“前年夏，神爵集雍。今春，五色鸟以万数飞过属县，翱翔而舞，欲集未下。其令三辅毋得以春夏擿巢探卵，弹射飞鸟。具为令。”

立皇子钦为淮阳王。

四年春正月，诏曰：“朕惟耆老之人，发齿堕落，血气衰微，亦

徭役，整治饮食传舍，让路过的使者满意，超出职权和法规，来博取自己的名誉，譬如踏着薄冰等待烈日，难道不危险吗！现在天下很多地方遭受瘟疫之灾，朕感到非常同情。下令郡国受灾严重的地方，免去今年租税。”

又说：“听说古代的天子之名，因为难以被百姓知晓而容易犯忌讳。现在百姓中有很多因上书触犯忌讳而犯罪的，朕感到非常同情。决定改名为询。凡是在此诏令前触犯忌讳而获罪的，一律赦免。”

冬，京兆尹赵广汉有罪，被腰斩。

元康三年（前63）春，因为凤凰多次聚集在泰山，赏赐诸侯王、丞相、将军、列侯、二千石金，郎从官帛，各有等级。赏赐天下官吏爵位二级，百姓一级，女子每百户牛、酒若干，鳏寡孤独和老人帛若干。

三月，宣帝下诏说：“听说舜的弟弟象有罪，舜为天子后把他封到有鼻之国，骨肉之亲即使分散也不殊绝。现在决定封原昌邑王刘贺为海昏侯。”

又说：“朕微贱时，御史大夫丙吉、中郎将史曾、史玄、长乐卫尉许舜、侍中光禄大夫许延寿都对朕有旧恩。还有原掖庭令张贺亲自辅导朕，学习文学经术，恩惠突出，功劳甚大。《诗经》不是说过吗？‘无德不报。’现在封张贺过继的弟弟的儿子侍中中郎将张彭祖为阳都侯，追赐张贺的谥号为阳都哀侯。丙吉、史曾、史玄、许舜、许延寿都为列侯。故人中下到郡邸狱的女犯胡组、赵征卿对朕也有哺乳养育的功劳，都赏赐官位俸禄，田地房屋，钱财物品，各按恩的深浅进行报答。”

夏六月，宣帝下诏说：“前年夏，凤凰聚集在雍地。今年春，数万五色鸟飞过三辅诸县，翱翔飞舞，想要栖息却没落下。现在下令三辅告知百姓不得在春夏时掏鸟巢取鸟蛋，不得弹射飞鸟。具为令。”

立皇子刘钦为淮阳王。

元康四年（前62）春正月，宣帝下诏说：“朕觉得年老之人，头

亡暴虐之心，今或罹文法，拘执囹圄，不终天命，朕甚怜之。自今以来，诸年八十以上，非诬告杀伤人，佗皆勿坐。”

遣太中大夫彊等十二人循行天下，存问鳏寡，览观风俗，察吏治得失，举茂材异伦之士。

二月，河东霍徵史等谋反，诛。

三月，诏曰：“乃者，神爵五采以万数集长乐、未央、北宫、高寝、甘泉泰畤殿中及上林苑。朕之不逮，寡于德厚，屡获嘉祥，非朕之任。其赐天下吏爵二级，民一级，女子百户牛酒。加赐三老、孝弟力田帛，人二匹，鳏寡孤独各一匹。”

秋八月，赐故右扶风尹翁归子黄金百斤，以奉其祭祀。又赐功臣適后黄金，人二十斤。

丙寅，大司马卫将军安世薨。

比年丰，谷石五钱。

神爵元年春正月，行幸甘泉，郊泰畤。三月，行幸河东，祠后土。诏曰：“朕承宗庙，战战栗栗，惟万事统，未烛厥理。乃元康四年嘉谷玄稷降于郡国，神爵仍集，金芝九茎产于函德殿铜池中，九真献奇兽，南郡获白虎、威凤为宝。朕之不明，震于珍物，饬躬斋精，祈为百姓。东济大河，天气清静，神鱼舞河。幸万岁宫，神爵翔集。朕之不德，惧不能任。其以五年为神爵元年。赐天下勤事吏爵二级，民一级，女子百户牛酒，鳏寡孤独高年帛。所振贷物勿收。行所过毋出田租。”

西羌反，发三辅、中都官徒弛刑，及应募佽飞射士、羽林孤儿，胡、越骑，三河、颍川、沛郡、淮阳、汝南材官，金城、陇西、天水、安定、北地、上郡骑士、羌骑，诣金城。夏四月，遣后将军赵充国、强弩将军许延寿击西羌。

发牙齿脱落，血气衰弱，也没有暴虐之心，现在有的受到法律惩处，被关进监狱，不能终其天年，朕感到非常同情。从现在起，凡是年龄八十岁以上的，除了犯有诬告与杀伤人罪外，其余都不定罪。”

宣帝派遣太中大夫李彊等十二人巡行天下，慰问鳏寡，观览风俗民情，察看吏治得失，举荐才德优异、贤能出众之士。

二月，河东霍徵史等人谋反，被诛杀。

三月，宣帝下诏说：“前次，凤凰和数万五色鸟聚集在长乐宫、未央宫、北宫、高寝、甘泉宫泰畤殿中及上林苑。朕比上不足，德行浅薄，却屡次获得上天降下的祥瑞，并非是朕一己之功。现在赏赐天下官吏爵位二级，百姓一级，女子每百户牛、酒若干。加赐三老、孝弟力田帛，每人二匹，鳏寡孤独每人一匹。”

秋八月，赏赐原右扶风郡尹翁归的儿子黄金百斤，用来供奉祭祀其父。又赏赐功臣的嫡系后代黄金，每人二十斤。

八月十一日，大司马卫将军安世去世。

连年丰收，每石谷五钱。

神爵元年（前61）春正月，宣帝驾临甘泉宫，在泰畤举行郊祭。三月，巡行河东，祭祀地神。下诏说：“朕继承宗庙，战战兢兢，只想万事统一，不能考察事理。而元康四年，嘉禾黑粟在郡国生长，凤凰屡次聚集，金芝九茎在函德殿铜池中长出，九真进献麒麟，南郡获得白虎、威凤为宝。朕不英明，看见珍奇之物接连出现非常感动，就修身正己，斋洁身心，为百姓祈祷。东渡大河，天气明朗，神鱼在河中游动。亲临万岁宫，凤凰飞翔，群集一处。朕缺乏德行，担心不能符合上天的期望。现在把元康五年作为神爵元年。赏赐天下勤于职事的官吏爵位二级，百姓一级，女子每百户牛、酒若干，鳏寡孤独和老人帛若干。赈济之物免收。经过的地方免去田租。”

西羌造反，宣帝征集三辅、中都官狱中的轻刑犯人，以及响应招募的佽飞射士、羽林孤儿，胡、越骑兵，三河、颍川、沛郡、淮阳、汝南的材官，金城、陇西、天水、安定、北地、上郡的骑士，羌地的骑兵，都集中到金城。夏四月，宣帝派遣后将军赵充国、强弩将军许延

六月，有星孛于东方。

即拜酒泉太守辛武贤为破羌将军，与两将军并进。诏曰："军旅暴露，转输烦劳，其令诸侯王、列侯、蛮夷王侯君长当朝二年者，皆毋朝。"

秋，赐故大司农朱邑子黄金百斤，以奉祭祀。后将军充国言屯田之计，语在《充国传》。

二年春二月，诏曰："乃者正月乙丑，凤皇甘露降集京师，群鸟从以万数。朕之不德，屡获天福，祗事不怠，其赦天下。"

夏五月，羌虏降服，斩其首恶大豪杨玉、酋非首。置金城属国以处降羌。

秋，匈奴日逐王先贤掸将人众万余来降。使都护西域骑都尉郑吉迎日逐，破车师，皆封列侯。

九月，司隶校尉盖宽饶有罪，下有司，自杀。

匈奴单于遣名王奉献，贺正月，始和亲。

三年春，起乐游苑。

三月丙午，丞相相薨。

秋八月，诏曰："吏不廉平则治道衰。今小吏皆勤事，而奉禄薄，欲其毋侵渔百姓，难矣。其益吏百石以下奉十五。"

四年春二月，诏曰："乃者凤皇甘露降集京师，嘉瑞并见。修兴泰一、五帝、后土之祠，祈为百姓蒙祉福。鸾凤万举，蜚览翱翔，集止于旁。斋戒之暮，神光显著。荐鬯之夕，神光交错。或降于天，或登于地，或从四方来集于坛。上帝嘉向，海内承福。其赦天下，赐民

寿攻打西羌。

六月，有彗星出现在东方。

就地封酒泉太守辛武贤为破羌将军，与赵充国、许延寿两位将军一起平叛。宣帝下诏说："军队远征辛苦，军需转运烦劳，现在下令诸侯王、列侯、蛮夷王侯首领应当明年正月前来朝见的，一律免朝。"

秋，赏赐原大司农朱邑的儿子黄金百斤，用来供奉祭祀其父。后将军赵充国提议在边塞进行屯田之策，详见《赵充国传》。

神爵二年（前60）春二月，宣帝下诏说："前次正月十九日，凤凰与甘露降临京都，数以万计的群鸟追随其后。朕缺乏德行，却屡次获得上天降下的福祉，只能敬于其事，毫不懈怠，现在决定赦免天下。"

夏五月，西羌叛军投降，斩其罪魁大豪杨玉、酋非首级。设置金城属国来安置投降的西羌军民。

秋，匈奴日逐王先贤掸率领万余人来归降。宣帝派都护西域骑都尉郑吉迎接日逐王，攻破车师国，都封为列侯。

九月，司隶校尉盖宽饶有罪，被关入监牢，自杀。

匈奴单于派遣题王都犁胡次来汉朝进献贡品，祝贺来年正月之喜，开始进行和亲。

神爵三年（前59）春，兴建乐游苑。

三月初六，丞相魏相去世。

秋八月，宣帝下诏说："官吏如果不廉洁公平的话治国之道就会衰微。现在小吏都勤于职事，但俸禄微薄，想让他们不侵夺百姓，很难做到。现在下令百石以下的官吏俸禄增加十分之五。"

神爵四年（前58）春二月，宣帝下诏说："前次凤凰、甘露降临京都，祥瑞一起出现。修建泰一、五帝、后土之祠，为百姓祈求福祉。鸾凤聚集万数，有的高飞盘旋，俯视都城，有的栖息停留在树上。朕斋戒的傍晚，神光显明。献酒的黄昏，神光交错。有的从天而降，有的从地而升，有的从四方前来会聚到坛前。天帝歆享，海内受

爵一级，女子百户牛酒，鳏寡孤独高年帛。”

夏四月，颍川太守黄霸以治行尤异秩中二千石，赐爵关内侯，黄金百斤。及颍川吏民有行义者爵，人二级，力田一级，贞妇顺女帛。

令内郡国举贤良可亲民者各一人。

五月，匈奴单于遣弟呼留若王胜之来朝。

冬十月，凤皇十一集杜陵。

十一月，河南太守严延年有罪，弃市。

十二月，凤皇集上林。

五凤元年春正月，行幸甘泉，郊泰畤。

皇太子冠。皇太后赐丞相、将军、列侯、中二千石帛，人百匹，大夫人八十匹，夫人六十匹。又赐列侯嗣子爵五大夫，男子为父后者爵一级。

夏，赦徒作杜陵者。

冬十二月乙酉朔，日有蚀之。

左冯翊韩延寿有罪，弃市。

二年春三月，行幸雍，祠五畤。

夏四月己丑，大司马车骑将军增薨。

秋八月，诏曰：“夫婚姻之礼，人伦之大者也；酒食之会，所以行礼乐也。今郡国二千石或擅为苛禁，禁民嫁娶不得具酒食相贺召。由是废乡党之礼，令民亡所乐，非所以导民也。《诗》不云乎？‘民之失德，乾糇以愆。’勿行苛政。”

冬十一月，匈奴呼遬累单于帅众来降，封为列侯。

十二月，平通侯杨恽坐前为光禄勋有罪，免为庶人。不悔过，怨望，大逆不道，要斩。

福。现在决定赦免天下，赏赐民爵，每户一级，女子每百户牛、酒若干，鳏寡孤独和老人帛若干。”

夏四月，颍川太守黄霸因为政绩优异俸禄升到中二千石，赏赐关内侯爵位，黄金百斤。还赏赐颍川官民中躬行仁义之人爵位，每人二级，力田赏一级，贞妇顺女赏帛。

宣帝下令内地的郡国举荐可以亲近民众，作为榜样的贤良之士。

五月，匈奴单于派遣他的弟弟呼留若王胜之前来朝见宣帝。

冬十月，十一只凤凰聚集在杜陵。

十一月，河南太守严延年有罪，被斩首示众。

十二月，凤凰聚集在上林。

五凤元年（前57）春正月，宣帝驾临甘泉宫，在泰畤举行郊祭。

皇太子行冠礼。皇太后赏赐丞相、将军、列侯、中二千石帛，每人一百匹，大夫人每人八十匹，夫人每人六十匹。又赏赐列侯的嫡长子五大夫爵位，赏赐百姓中继承父业的男子爵位一级。

夏，赦免修建杜陵的犯人。

冬十二月初一日，发生日食。

左冯翊韩延寿有罪，被斩首示众。

五凤二年（前56）春三月，宣帝巡行雍地，在五畤举行祭祀。

夏四月初七日，大司马车骑将军韩增去世。

秋八月，宣帝下诏说：“婚姻之礼，是人伦中的大事；酒食之会，是举行礼乐的形式。现在有的郡国二千石擅自制定苛刻的禁令，规定民间嫁娶时不得摆设酒宴招待贺客。由此就废除了乡党之礼，让百姓嫁娶时失掉了欢乐气氛，这并不能教导百姓。《诗经》不是说过吗？‘百姓之间丢失美德，为了干粮互相埋怨。’不应施行苛政，取消嫁娶时不得摆设酒宴的禁令。”

冬十一月，匈奴呼遬累单于率众来归降，朝廷封他为列侯。

十二月，平通侯杨恽因从前担任光禄勋时有罪，被贬为平民。他不思悔过，对朝廷不满，大逆不道，被腰斩。

三年春正月癸卯，丞相吉薨。

三月，行幸河东，祠后土。诏曰："往者匈奴数为边寇，百姓被其害。朕承至尊，未能绥定匈奴。虚闾权渠单于请求和亲，病死。右贤王屠耆堂代立。骨肉大臣立虚闾权渠单于子为呼韩邪单于，击杀屠耆堂。诸王并自立，分为五单于，更相攻击，死者以万数，畜产大耗什八九，人民饥饿，相燔烧以求食，因大乖乱。单于阏氏子孙昆弟及呼遬累单于、名王、右伊秩訾、且渠、当户以下将众五万余人来降归义。单于称臣，使弟奉珍朝贺正月，北边晏然，靡有兵革之事。朕饬躬齐戒，郊上帝，祠后土，神光并见，或兴于谷，烛耀齐宫，十有余刻。甘露降，神爵集。已诏有司告祠上帝、宗庙。三月辛丑，鸾凤又集长乐宫东阙中树上，飞下止地，文章五色，留十余刻，吏民并观。朕之不敏，惧不能任，娄蒙嘉瑞，获兹祉福。《书》不云乎？'虽休勿休，祗事不怠。'公卿大夫其勖焉。减天下口钱。赦殊死以下。赐民爵一级，女子百户牛酒。大酺五日。加赐鳏寡孤独高年帛。"

置西河、北地属国以处匈奴降者。

四年春正月，广陵王胥有罪，自杀。

匈奴单于称臣，遣弟谷蠡王入侍。以边塞亡寇，减戍卒什二。

大司农中丞耿寿昌奏设常平仓，以给北边，省转漕。赐爵关内侯。

夏四月辛丑晦，日有蚀之。诏曰："皇天见异，以戒朕躬，是朕之不逮，吏之不称也。以前使使者问民所疾苦，复遣丞相、御史掾二十四人循行天下，举冤狱，察擅为苛禁深刻不改者。"

五凤三年（前55）春正月二十六日，丞相丙吉去世。

三月，宣帝巡行河东，祭祀地神。下诏说："过去匈奴多次侵犯边境，百姓遭受其害。朕作为天子，不能安定匈奴。虚闾权渠单于请求和亲，后来病死。右贤王屠耆堂取代他成为单于。亲信大臣立虚闾权渠单于的儿子为呼韩邪单于，杀死屠耆堂。诸王自立，分为五单于，互相攻击，死者数以万计，牲畜损失十之八九，匈奴百姓饥饿，为了食物互相掠夺烧杀，因而局势非常动荡。单于阏氏子孙兄弟及呼遬累单于、名王、右伊秩訾、且渠，当户以下率领五万余人来归降。单于称臣，派其弟奉上珍宝朝贺新春，北方边境安定，没有战争之事。朕修身正己，进行斋戒，郊祭天帝，祭祀后土，神光齐现，有的降临在地上，光辉照耀斋宫，历时十余刻。甘露落下，凤凰聚集。已经诏令主管官吏禀告天帝、宗庙。三月二十五日，鸾凤又聚集在长乐宫东阙的树上，有的飞下来落到地上，羽毛色彩斑斓，停留十余刻，官民一起观看。朕不聪明，担心不能符合上天的期望，而屡次蒙受祥瑞，获得福祉。《尚书》不是说过吗？'虽然受到他人的称赞，但也不要沾沾自喜，只能敬于其事，毫不懈怠。'公卿大夫都应该自勉。现在决定减少天下口赋钱。赦免死罪以下的犯人。赏赐民爵，每户一级，赏赐女子每百户牛、酒若干。全国百姓欢饮五日。加赐鳏寡孤独和老人帛若干。"

设置西河、北地属国用来安置匈奴归降的军民。

五凤四年（前54）春正月，广陵王刘胥有罪，自杀。

匈奴单于称臣，派其弟谷蠡王入朝侍奉。因为边塞不受侵犯，减少戍卒十分之二。

大司农中丞耿寿昌奏请设置常平仓，供给北方边境军需，减少转运粮饷。宣帝赏赐他关内侯爵位。

夏四月三十日，发生日食。宣帝下诏说："皇天显示异象，是给朕的告诫，是朕缺乏德行，官吏不称职导致的。以前曾派使者询问民间疾苦，再派丞相、御史属官共二十四人巡行天下，审理冤案，调查擅自制定苛刻禁令不改的官吏。"

甘露元年春正月，行幸甘泉，郊泰畤。

匈奴呼韩邪单于遣子右贤王铢娄渠堂入侍。

二月丁巳，大司马车骑将军延寿薨。

夏四月，黄龙见新丰。

丙申，太上皇庙火。甲辰，孝文庙火。上素服五日。

冬，匈奴单于遣弟左贤王来朝贺。

二年春正月，立皇子嚻为定陶王。

诏曰："乃者凤皇甘露降集，黄龙登兴，醴泉滂流，枯槁荣茂，神光并见，咸受祯祥。其赦天下。减民算三十。赐诸侯王、丞相、将军、列侯、中二千石金钱各有差。赐民爵一级，女子百户牛酒，鳏寡孤独高年帛。"

夏四月，遣护军都尉禄将兵击珠崖。

秋九月，立皇子宇为东平王。

冬十二月，行幸萯阳宫属玉观。

匈奴呼韩邪单于款五原塞，愿奉国珍朝三年正月。诏有司议。咸曰："圣王之制，施德行礼，先京师而后诸夏，先诸夏而后夷狄。《诗》云：'率礼不越，遂视既发。相土烈烈，海外有截。'陛下圣德，充塞天地，光被四表。匈奴单于乡风慕义，举国同心，奉珍朝贺，自古未之有也。单于非正朔所加，王者所客也，礼仪宜如诸侯王，称臣昧死再拜，位次诸侯王下。"诏曰："盖闻五帝三王，礼所不施，不及以政。今匈奴单于称北藩臣，朝正月，朕之不逮，德不能弘覆。其以客礼待之，位在诸侯王上。"

三年春正月，行幸甘泉，郊泰畤。

匈奴呼韩邪单于稽侯狦来朝，赞谒称藩臣而不名。赐以玺绶、

甘露元年（前53）春正月，宣帝驾临甘泉宫，在泰畤举行郊祭。

匈奴呼韩邪单于派遣其子右贤王铢娄渠堂入朝侍奉。

二月二十一日，大司马车骑将军许延寿去世。

夏四月，黄龙出现在新丰。

四月初一日，太上皇庙失火。初九日，孝文帝庙失火。宣帝身穿素服五日。

冬，匈奴单于派遣其弟左贤王来朝贺。

甘露二年（前52）春正月，立皇子刘嚻为定陶王。

宣帝下诏说："前次凤凰、甘露降临，黄龙升天，甘泉涌流，枯木逢春，繁荣茂盛，神光齐现，皆为吉兆。现在决定赦免天下。百姓算赋减三十钱。赏赐诸侯王、丞相、将军、列侯、中二千石金、钱各有等级。赏赐民爵，每户一级，赏赐女子每百户牛、酒若干，鳏寡孤独和老人帛若干。"

夏四月，宣帝派护军都尉张禄带兵攻打珠崖。

秋九月，立皇子刘宇为东平王。

冬十二月，宣帝驾临萯阳宫属玉观。

匈奴呼韩邪单在五原塞叩请，愿意奉上国宝在甘露三年正月来朝贺。宣帝诏令主管官吏进行商议。都说："圣王之制，施德行礼，先京都然后中原，先中原然后夷狄。《诗经》说：'殷商先祖契遵循礼法不逾越规定，因此能够一呼百应。他的孙子相土英明威武，四海之外全都臣服。'陛下的圣德，充满天地，遍及方外。匈奴单于向风慕义，举国同心，奉上国宝来朝贺，这是自古未有之事。单于不受朝廷历法，是王者之客，朝见礼仪应该和诸侯王一样，称臣昧死再拜，位列诸侯王之下。"宣帝于是下诏说："听闻五帝三王，对待夷狄，不施礼仪，不用政令。现在匈奴单于自称为藩臣，朝贺正月，朕缺乏德行，不能播及到此。应该用客礼相待，位列诸侯王之上。"

甘露三年（前51）春正月，宣帝驾临甘泉宫，在泰畤举行郊祭。

匈奴呼韩邪单于稽侯狦前来朝贺，赞谒时称藩臣而不报名。宣

冠带、衣裳、安车、驷马、黄金、锦绣、缯絮。使有司道单于先行就邸长安，宿长平。上自甘泉宿池阳宫。上登长平阪，诏单于毋谒。其左右当户之群皆列观，蛮夷君长王侯迎者数万人，夹道陈。上登渭桥，咸称万岁。单于就邸。置酒建章宫，飨赐单于，观以珍宝。二月，单于罢归。遣长乐卫尉高昌侯忠、车骑都尉昌、骑都尉虎将万六千骑送单于。单于居幕南，保光禄城。诏北边振谷食。郅支单于远遁，匈奴遂定。

诏曰："乃者凤皇集新蔡，群鸟四面行列，皆乡凤皇立，以万数。其赐汝南太守帛百匹，新蔡长吏、三老、孝弟力田、鳏寡孤独各有差。赐民爵二级。毋出今年租。"

三月己丑，丞相霸薨。

诏诸儒讲《五经》同异，太子太傅萧望之等平奏其议，上亲称制临决焉。乃立梁丘《易》、大小夏侯《尚书》、穀梁《春秋》博士。

冬，乌孙公主来归。

四年夏，广川王海阳有罪，废迁房陵。

冬十月丁卯，未央宫宣室阁火。

黄龙元年春正月，行幸甘泉，郊泰畤。

匈奴呼韩邪单于来朝，礼赐如初。二月，单于归国。

诏曰："盖闻上古之治，君臣同心，举措曲直，各得其所。是以上下和洽，海内康平，其德弗可及已。朕既不明，数申诏公卿大夫务行宽大，顺民所疾苦，将欲配三王之隆，明先帝之德也。今吏或以不禁奸邪为宽大，纵释有罪为不苛，或以酷恶为贤，皆失其中。奉诏宣化如此，岂不谬哉！方今天下少事，繇役省减，兵革不动，而民

帝赏赐他玺绶、冠带、衣裳、安车、驷马、黄金、锦绣、缯絮。派主管官吏接待单于，带他先去长安馆舍，留宿长平阪。宣帝从甘泉宫去往池阳宫休息。然后登长平阪，传诏单于不用拜见。左右当户之类的大臣一同列观，蛮夷首领及王侯分列道路两旁，欢迎人群数以万计。宣帝登上渭桥，大家齐呼万岁。单于住在馆舍。宣帝在建章宫摆下酒宴，款待单于，并带他观览汉室珍宝。二月，单于返回。宣帝派长乐卫尉高昌侯董忠、车骑都尉韩昌、骑都尉虎带领一万六千人马护送单于。单于住在沙漠以南，驻守光禄城。宣帝诏令北方边境向他赈济粮食。郅支单于远逃，匈奴从此安定。

宣帝下诏说："前次凤凰聚集在新蔡，群鸟在四面排列，都向着凤凰而立，数以万计。因此赏赐汝南太守一百匹帛，新蔡的长吏、三老、孝弟力田、鳏寡孤独各有不同赏赐。赏赐民爵，每户二级。免去今年租税。"

三月初六日，丞相黄霸去世。

宣帝诏令诸位儒生讲论《五经》异同，太子太傅萧望之等人归纳后上奏，然后由宣帝亲自裁定评判。于是博士中增立梁丘《易经》、大小夏侯《尚书》、穀梁《春秋》。

冬，乌孙公主刘解忧归汉。

甘露四年（前50）夏，广川王刘海阳有罪，废除王位贬到房陵。

冬十月二十三日，未央宫宣室阁失火。

黄龙元年（前49）春正月，宣帝驾临甘泉宫，在泰畤举行郊祭。

匈奴呼韩邪单于前来朝见，礼遇与赏赐和上次一样。二月，单于回国。

宣帝下诏说："听闻上古之治，君臣同心，言行举动，是非曲直，各得其所。因此上下融洽，海内太平，其德行不可匹及。朕不英明，多次申令告诫公卿大夫一定要宽大为怀，关心民间疾苦，打算匹配三王的盛世，宣扬先帝的德泽。现在官吏中有的把不惩治奸邪当作宽大，把宽容纵放有罪之人当作不严苛，有的把残酷凶恶之人当作贤能，这都是不恰当的。如此接受诏令，施布教化，难道不荒谬吗！当今天

多贫，盗贼不止，其咎安在？上计簿，具文而已，务为欺谩，以避其课。三公不以为意，朕将何任？诸请诏省卒徒自给者皆止。御史察计簿，疑非实者，按之，使真伪毋相乱。”

三月，有星孛于王良、阁道，入紫宫。

夏四月，诏曰：“举廉吏，诚欲得其真也。吏六百石位大夫，有罪先请，秩禄上通，足以效其贤材，自今以来毋得举。”

冬十二月甲戌，帝崩于未央宫。癸巳，尊皇太后曰太皇太后。

赞曰：孝宣之治，信赏必罚，综核名实，政事文学法理之士咸精其能，至于技巧工匠器械，自元、成间鲜能及之，亦足以知吏称其职，民安其业也。遭值匈奴乖乱，推亡固存，信威北夷，单于慕义，稽首称藩。功光祖宗，业垂后嗣，可谓中兴，侔德殷宗、周宣矣！

下少事，减省徭役，不动兵革，但百姓中还是有很多贫困之人，盗贼不断兴起，原因到底是什么呢？各地呈上的计簿，空有其文，并不相符，欺上瞒下，避免追究。三公对此不以为意，朕还能委任何人了解真实的情况？凡是请求减少随从差役，用其费用自给的都停止执行。御史审查各地呈上的计簿，怀疑不符合实际的，要进行查证，不能让其以假乱真。”

三月，有彗星出现在王良星、阁道星之间，后来进入紫宫星。

夏四月，宣帝下诏说：“推举廉吏，是想要获得真正的廉洁之人。俸禄六百石的官吏位列大夫，有犯法的行为要先上报朝廷请示，俸禄也是由朝廷确定的，足以给其他贤德之士做出榜样，从现在起俸禄六百石的官吏不得再推举为廉吏。”

冬十二月初七日，宣帝在未央宫驾崩。二十六日，尊皇太后为太皇太后。

赞辞说：孝宣帝治理国家，有功必赏，有罪必罚，赏罚严明，综合考核事物，以求名实相符，政事、文学、法理之士都能发挥自己所长，至于技巧、工匠、器械，自元帝、成帝年间鲜有能及，也足以知道官吏的才能与职位相称，百姓安居乐业。遭受匈奴侵犯，却能推亡固存，让呼韩邪单于前来朝见，郅支单于远逃，显示天威于北夷，单于倾慕仁义，叩首自称藩臣。功劳光耀祖宗，事业流传后代，可以称得上是中兴之主，他的德行可以同殷高宗武丁和周宣王相比！

卷九

元帝纪第九

孝元皇帝，宣帝太子也。母曰共哀许皇后，宣帝微时生民间。年二岁，宣帝即位。八岁，立为太子。壮大，柔仁好儒。见宣帝所用多文法吏，以刑名绳下，大臣杨恽、盖宽饶等坐刺讥辞语为罪而诛，尝侍燕从容言："陛下持刑太深，宜用儒生。"宣帝作色曰："汉家自有制度，本以霸王道杂之，奈何纯任德教，用周政乎！且俗儒不达时宜，好是古非今，使人眩于名实，不知所守，何足委任？"乃叹曰："乱我家者，太子也！"繇是疏太子而爱淮阳王，曰："淮阳王明察好法，宜为吾子。"而王母张倢伃尤幸。上有意欲用淮阳王代太子，然以少依许氏，俱从微起，故终不背焉。

黄龙元年十二月，宣帝崩。癸巳，太子即皇帝位，谒高庙。尊皇太后曰太皇太后，皇后曰皇太后。

初元元年春正月辛丑，孝宣皇帝葬杜陵。赐诸侯王、公主、列侯黄金，吏二千石以下钱帛，各有差。大赦天下。三月，封皇太后兄侍中中郎将王舜为安平侯。丙午，立皇后王氏。以三辅、太常、郡国公田及苑可省者振业贫民，赀不满千钱者赋贷种、食。封外祖父平恩戴侯同产弟子中常侍许嘉为平恩侯，奉戴侯后。

夏四月，诏曰："朕承先帝之圣绪，获奉宗庙，战战兢兢。间者地数动而未静，惧于天地之戒，不知所繇。方田作时，朕忧蒸庶之失业，临遣光禄大夫褒等十二人循行天下，存问耆老鳏寡孤独困乏失职之民，延登贤俊，招显侧陋，因览风俗之化。相守二千石诚能

汉元帝，是汉宣帝的太子。母亲是恭哀许皇后，宣帝微贱时生在民间。元帝两岁时，宣帝即位。八岁时，被立为太子。长大成人后，他性格柔和仁慈，喜好儒术。看见宣帝起用的多是通晓法令、执法严峻的官吏，用刑律管束臣民，大臣杨恽、盖宽饶等人因用言语讥刺天子获罪而被诛杀，元帝曾在陪侍酒宴时从容进言："陛下用刑太深，应该起用儒生。"宣帝动怒说："汉家自有制度，本是王霸二道一起使用，为何要只用道德教化，效仿周朝政治呢！况且一般儒生不了解世情，喜欢厚古薄今，使人迷惑于名实，不知道应该做什么，怎么能委以重任呢？"宣帝于是叹道："乱我汉家天下的，将是太子啊！"因此疏远太子而喜爱淮阳王，宣帝说："淮阳王观察入微喜欢学法，应该作为我的继承人。"淮阳王的母亲张婕妤更加得宠。宣帝有意用淮阳王取代太子，但因为年少依靠许氏，两人一起从微贱时走过来，所以最终没有背弃许皇后而另立太子。

黄龙元年（前49）十二月，宣帝驾崩。二十六日，太子即皇帝位，拜谒高庙。尊皇太后为太皇太后，皇后为皇太后。

初元元年（前48）春正月初四日，孝宣皇帝安葬在杜陵。赏赐诸侯王、公主、列侯黄金，二千石以下的官吏钱、帛，各有等级。大赦天下。三月，封皇太后的哥哥侍中中郎将王舜为安平侯。初十日，立皇后王氏。把三辅、太常、郡国公田及空闲的苑囿借给贫民耕种，家产不满千钱的借给种子、粮食。封外祖父平恩戴侯同母弟弟的儿子中常侍许嘉为平恩侯，作为戴侯后嗣继承爵位。

夏四月，元帝下诏说："朕继承先帝的基业，奉祀宗庙，战战兢兢。近来数次发生地震，并不平静，对天地显示的警戒感到惶恐，但又不知道原因。正当耕作时节，朕担心百姓中有人失其常业，及时派遣光禄大夫褒等十二人巡行天下，慰问年老、鳏寡、孤独、贫困、失

正躬劳力，宣明教化，以亲万姓，则六合之内和亲，庶几虖无忧矣。《书》不云乎？‘股肱良哉，庶事康哉！’布告天下，使明知朕意。”又曰：“关东今年谷不登，民多困乏。其令郡国被灾害甚者毋出租赋。江海陂湖园池属少府者以假贫民，勿租赋。赐宗室有属籍者马一匹至二驷，三老、孝者帛五匹，弟者、力田三匹，鳏寡孤独二匹，吏民五十户牛酒。”

六月，以民疾疫，令大官损膳，减乐府员，省苑马，以振困乏。

秋八月，上郡属国降胡万余人亡入匈奴。

九月，关东郡国十一大水，饥，或人相食，转旁郡钱谷以相救。诏曰：“间者阴阳不调，黎民饥寒，无以保治，惟德浅薄，不足以充入旧贯之居。其令诸宫馆希御幸者勿缮治，太仆减谷食马，水衡省肉食兽。”

二年春正月，行幸甘泉，郊泰畤。赐云阳民爵一级，女子百户牛酒。

立弟竟为清河王。

三月，立广陵厉王太子霸为王。

诏罢黄门乘舆狗马，水衡禁囿、宜春下苑、少府佽飞外池、严籞池田假与贫民。诏曰：“盖闻贤圣在位，阴阳和，风雨时，日月光，星辰静，黎庶康宁，考终厥命。今朕恭承天地，托于公侯之上，明不能烛，德不能绥，灾异并臻，连年不息。乃二月戊午，地震于陇西郡，毁落太上皇庙殿壁木饰，坏败豲道县城郭官寺及民室屋，压杀人众。山崩地裂，水泉涌出。天惟降灾，震惊朕师。治有大亏，咎至于斯。夙夜兢兢，不通大变，深惟郁悼，未知其序。间者岁数不登，

业的百姓，延揽擢用贤士，招致并让寒士显耀，观览风俗教化。郡守国相及二千石果能亲身勤于职事，宣明朝廷教化，使百姓相亲相爱，这样就会使天下和睦亲善，或许就没什么可担忧的了。《尚书》不是说过吗？‘股肱之臣贤良，万事就能安宁！’现在布告天下，让百姓清楚知道朕的心意。”又说：“关东今年谷物歉收，很多百姓都处于贫困中。现在下令郡国受灾严重的免去租税。属于少府的江、海、陂、湖、园池可以借给贫民谋生，免除租税。赏赐有宗籍的宗室马一匹至八匹，赏赐三老、孝者帛五匹，悌者、力田帛三匹，鳏寡孤独帛二匹，赏赐官民每五十户牛、酒若干。”

六月，因为民间瘟疫流行，元帝下令宫廷减膳，减少乐府乐工，减少御苑马匹，用来赈济贫困百姓。

秋八月，上郡属国归降的一万多胡人，逃亡进入匈奴地区。

九月，关东的十一个郡国发大水，饥荒严重，有的地方出现人吃人之事，朝廷调运附近郡国的钱财粮食来救灾。元帝下诏说：“近来阴阳不调，百姓饥寒，不能安定生活，只因朕的德行浅薄，不足以担负治理天下的重任而居住在先帝的宫室。现在下令打算驾临的各宫馆不必进行修缮，太仆减少喂马的粮食，水衡减少饲养吃肉的猛兽。”

初元二年（前47）春正月，元帝驾临甘泉宫，在泰畤举行郊祭。赏赐云阳百姓爵位一级，赏赐女子每百户牛、酒若干。

立其弟刘竟为清河王。

三月，立广陵厉王太子刘霸为王。

元帝下诏免去黄门的车驾与狗马，水衡管辖的御苑、宣春下苑、少府的佽飞外池、射苑的池田，都借给贫民谋生。诏书说：“听闻圣贤帝王在位时，阴阳协调，风雨和顺，日月闪耀，星辰静谧，百姓安宁，尽享天年。现在朕恭承天地，依托在公侯之上，贤明不能照耀四海，德行不能安定万民，灾祸屡次出现，连年不断。二月二十八日，在陇西郡发生地震，太上皇庙的殿壁木饰毁坏脱落，豲道县城郭官寺及百姓房屋损坏倒塌，压死很多人。山崩地裂，泉水涌出。上天降下灾祸，多次对朕发出警示。治国方面有大的过错，原因就在于此。日

元元困乏，不胜饥寒，以陷刑辟，朕甚闵之。郡国被地动灾甚者无出租赋。赦天下。有可蠲除减省以便万姓者，条奏，毋有所讳。丞相、御史、中二千石举茂材异等直言极谏之士，朕将亲览焉。”

夏四月丁巳，立皇太子。赐御史大夫爵关内侯，中二千石右庶长，天下当为父后者爵一级，列侯钱各二十万，五大夫十万。

六月，关东饥，齐地人相食。秋七月，诏曰：“岁比灾害，民有菜色，惨怛于心。已诏吏虚仓廪，开府库振救，赐寒者衣。今秋禾麦颇伤。一年中地再动。北海水溢，流杀人民。阴阳不和，其咎安在？公卿将何以忧之？其悉意陈朕过，靡有所讳。”

冬，诏曰：“国之将兴，尊师而重傅。故前将军望之傅朕八年，道以经书，厥功茂焉。其赐爵关内侯，食邑八百户，朝朔望。”

十二月，中书令弘恭、石显等谮望之，令自杀。

三年春，令诸侯相位在郡守下。

珠厓郡山南县反，博谋群臣。待诏贾捐之以为宜弃珠厓，救民饥馑。乃罢珠厓。

夏四月乙未晦，茂陵白鹤馆灾。诏曰：“乃者火灾降于孝武园馆，朕战栗恐惧。不烛变异，咎在朕躬。群司又未肯极言朕过，以至于斯，将何以寤焉！百姓仍遭凶厄，无以相振，加以烦扰乎苛吏，拘牵乎微文，不得永终性命，朕甚闵焉。其赦天下。”

夏，旱。立长沙炀王弟宗为王。封故海昏侯贺子代宗为侯。

夜战战兢兢，不明白发生灾祸的原因，内心感到非常痛苦，不知道应该怎么做才好。近年多次歉收，百姓贫困，忍受不了饥寒，就挺而走险陷入牢狱，朕感到非常同情。郡国遭受地震灾害严重的免去租税。赦免天下。凡是可以废除减省以方便百姓的，可以逐条上奏，不要有所避讳。丞相、御史、中二千石都推举才德优异、敢于直言极谏之士，朕将亲自阅看他们提出的建议。”

夏四月二十八日，立皇太子。赏赐御史大夫关内侯爵位，中二千石右庶长爵位，天下百姓中应当继承父业的，每人爵位一级，列侯每人赏钱二十万，五大夫每人赏钱十万。

六月，关东发生饥荒，齐地出现人吃人之事。秋七月，元帝下诏说：“连年发生灾害，百姓面有菜色，朕心中感到悲痛。已诏令官吏开放粮仓，打开府库赈济百姓，赐予寒者衣物。今秋谷麦也受灾严重。一年中又发生了几次地震。北海泛滥，淹死百姓。阴阳不协调，原因在哪里？公卿认为应该如何处置？希望能全心全意陈述朕的过失，不必有所避讳。”

冬，元帝下诏说：“国家想要兴盛，就要尊师重傅。原前将军萧望之做了朕八年师傅，教导经书，功劳甚大。现在赏赐关内侯爵位，食邑八百户，每月只在初一、十五入朝觐见。”

十二月，中书令弘恭、石显等人诬告萧望之，令他自杀。

初元三年（前46）春，元帝下令诸侯国相位次在郡守之下。

珠厓郡山南县造反，元帝向群臣征求意见。待诏贾捐之认为应该放弃珠厓，救助处于饥荒中的百姓。于是元帝废除珠厓郡。

夏四月三十日，茂陵白鹤馆发生火灾。元帝下诏说：“前次火灾发生在武帝陵园馆中，朕战栗恐惧。不明白发生灾祸的原因，过错在于朕本身。群臣又不肯竭力陈说朕的过失，以至于发生此事，朕将如何安睡啊！百姓还在遭受灾荒穷困，国家不能尽力赈济，加上严苛官吏的搅扰，受法律条文的束缚，不得尽享天年，朕感到非常同情。现在决定赦免天下。”

夏，发生旱灾。立长沙炀王的弟弟刘宗为王。封原海昏侯刘贺的

六月，诏曰："盖闻安民之道，本繇阴阳。间者阴阳错谬，风雨不时。朕之不德，庶几群公有敢言朕之过者，今则不然。媮合苟从，未肯极言，朕甚闵焉。惟烝庶之饥寒，远离父母妻子，劳于非业之作，卫于不居之宫，恐非所以佐阴阳之道也。其罢甘泉、建章宫卫，令就农。百官各省费。条奏毋有所讳。有司勉之，毋犯四时之禁。丞相御史举天下明阴阳灾异者各三人。"于是言事者众，或进擢召见，人人自以得上意。

四年春正月，行幸甘泉，郊泰畤。三月，行幸河东，祠后土。赦汾阴徒。赐民爵一级，女子百户牛酒，鳏寡高年帛。行所过无出租赋。

五年春正月，以周子南君为周承休侯，位次诸侯王。

三月，行幸雍，祠五畤。

夏四月，有星孛于参。诏曰："朕之不逮，序位不明，众僚久旷，未得其人。元元失望，上感皇天，阴阳为变，咎流万民，朕甚惧之。乃者关东连遭灾害，饥寒疾疫，夭不终命。《诗》不云乎？'凡民有丧，匍匐救之。'其令太官毋日杀，所具各减半。乘舆秣马，无乏正事而已。罢角抵、上林宫馆希御幸者、齐三服官、北假田官、盐铁官、常平仓。博士弟子毋置员，以广学者。赐宗室子有属籍者马一匹至二驷，三老、孝者帛，人五匹，弟者、力田三匹，鳏寡孤独二匹，吏民五十户牛酒。"省刑罚七十余事。除光禄大夫以下至郎中保父母同产之令。令从官给事宫司马中者，得为大父母父母兄弟通籍。

冬十二月丁未，御史大夫贡禹卒。

儿子刘代宗为侯。

六月，元帝下诏说：“听闻安民之道，阴阳协调是根本。近来阴阳错乱，风雨不调。朕缺乏德行，诸位公卿中或许有敢于直言朕的过失之人，其实不然。只会迎合顺从，不肯极力进谏，朕感到非常不安。经常挂念百姓的饥寒，他们远离父母妻子，从事不急之务，守卫不居之宫，这恐怕不符合阴阳协调之道啊。现在决定撤掉甘泉宫、建章宫的守卫，让他们返乡务农。百官各自节省开支。逐条上奏不必有所避讳。主管官吏要恪尽职守，不要耽误四季农时。丞相和御史各自推举三个天下通晓阴阳灾异之人。”于是提出建议的人多起来了，有的被提拔召见，人人都自以为能明白天子的心意。

初元四年（前45）春正月，元帝驾临甘泉宫，在泰畤举行郊祭。三月，元帝巡行河东，祭祀地神。赦免汾阴犯人。赏赐民爵，每户一级，赏赐女子每百户牛、酒若干，鳏寡和老人帛若干。经过的地方免除今年租税。

初元五年（前44）春正月，封周子南君为周承休侯，位列诸侯王。

三月，元帝巡行雍地，在五畤举行祭祀。

夏四月，有彗星出现在参星。元帝下诏说：“朕能力不足，官吏任用不明，职责不清，群臣长久旷职，不得其人。百姓失望，上天感应，阴阳变化，万民遭殃，朕感到非常担忧。前次关东接连遭受灾害，饥寒瘟疫，百姓夭亡，不能尽享天命。《诗经》不是说过吗？‘凡是邻里有灾祸发生，就应当尽力救助。’现在下令太官不要每日宰杀牲畜，供应的膳食减少一半。车驾马匹，没有祭祀巡守等重要之事就不使用。停止角抵之戏，暂停修缮打算驾临的上林宫馆，废除齐三服官、北假田官、盐铁官、常平仓。博士弟子不设专员，要广泛召集天下学者。赏赐有宗籍的宗室男子每人马一匹至八匹，赏赐三老、孝者帛，每人五匹，悌者、力田每人三匹，鳏寡孤独每人二匹，赏赐官民每五十户牛、酒若干。”减轻刑罚七十余件。废除光禄大夫以下到郎中的父母兄弟，一人有过，全都连坐的法令。下令负责宫中及司马门中的侍从之官，应当核对出入宫门人员的祖父母、父母、兄弟的情况。

冬十一月初九日，御史大夫贡禹去世。

卫司马谷吉使匈奴，不还。

永光元年春正月，行幸甘泉，郊泰畤。赦云阳徒。赐民爵一级，女子百户牛酒，高年帛。行所过毋出租赋。

二月，诏丞相、御史举质朴敦厚逊让有行者，光禄岁以此科第郎、从官。

三月，诏曰："五帝、三王任贤使能，以登至平，而今不治者，岂斯民异哉？咎在朕之不明，亡以知贤也。是故壬人在位，而吉士雍蔽。重以周秦之弊，民渐薄俗，去礼义，触刑法，岂不哀哉！繇此观之，元元何辜？其赦天下，令厉精自新，各务农亩。无田者皆假之，贷种、食如贫民。赐吏六百石以上爵五大夫，勤事吏二级，为父后者民一级，女子百户牛酒，鳏寡孤独高年帛。"是月雨雪，陨霜伤麦稼，秋罢。

二年春二月，诏曰："盖闻唐虞象刑而民不犯，殷周法行而奸轨服。今朕获承高祖之洪业，托位公侯之上，夙夜战栗，永惟百姓之急，未尝有忘焉。然而阴阳未调，三光晻昧。元元大困，流散道路，盗贼并兴。有司又长残贼，失牧民之术。是皆朕之不明，政有所亏。咎至于此，朕甚自耻。为民父母，若是之薄，谓百姓何！其大赦天下，赐民爵一级，女子百户牛酒，鳏寡孤独高年、三老、孝弟力田帛。"又赐诸侯王、公主、列侯黄金，中二千石以下至中都官长吏各有差，吏六百石以上爵五大夫，勤事吏各二级。

三月壬戌朔，日有蚀之。诏曰："朕战战栗栗，夙夜思过失，不

卫司马谷吉出使匈奴，被杀。

永光元年（前43）春正月，元帝驾临甘泉宫，在泰畤举行郊祭。赦免云阳犯人。赏赐民爵，每户一级，赏赐女子每百户牛、酒若干，老人赐帛。经过的地方免除租税。

二月，诏令丞相、御史推举质朴、敦厚、谦让、有德行的人，光禄勋每年依照此科对郎与从官进行考核，评定等级次第。

三月，元帝下诏说："五帝、三王任用有贤德、有才能的人，达到公道大行，人尽其力的治世，而现在不能治理，难道是百姓有所不同吗？原因在于朕不英明，不能识别贤才。所以奸佞之人在位，而贤人受到排挤。特别是周秦沿袭已久的弊病，使得百姓慢慢轻贱传统风俗，抛弃礼义，触犯刑法，岂不可悲！由此看来，百姓有什么罪？现在决定赦免天下，令犯法之人努力改过自新，各自致力农事。没有田地的都借给他们公田，和贫民一样借给种子与粮食。赏赐六百石以上的官吏五大夫爵位，勤于职事的官吏爵位二级，继承父业的百姓爵位一级，赏赐女子每百户牛、酒若干，鳏寡孤独和老人帛若干。"本月下起雪，严霜冻伤庄稼，秋天没有收获。

永光二年（前42）春二月，元帝下诏说："听说尧舜让犯人穿着不同颜色的衣服，百姓就可以不犯法，商周推行法令，犯法作乱之人就可以被慑服。现在朕能继承高祖的伟业，地位依托在公侯之上，日夜战栗，常念百姓的疾苦，不曾忘记。然而阴阳不协调，日月星辰昏暗。百姓非常困苦，流离分散在道路上，各地盗贼兴起。主管官吏又助长残害，治理百姓没有采取有效措施。这都是因为朕的不英明，执政有亏。原因就在于此，朕感到非常内疚。作为百姓的父母，德行如此浅薄，这将如何安抚百姓！现在决定大赦天下，赏赐民爵，每户一级，赏赐女子每百户牛、酒若干，鳏寡孤独和老人、三老、孝弟力田帛若干。"又赏赐诸侯王、公主、列侯黄金，中二千石以下到中都官长吏各有等级，赏赐六百石以上的官吏五大夫爵位，勤于职事的官吏每人二级爵位。

三月初一日，发生日食。元帝下诏说："朕战战栗栗，日夜反省

敢荒宁。惟阴阳不调，未烛其咎，娄敕公卿，日望有效。至今有司执政，未得其中，施与禁切，未合民心。暴猛之俗弥长，和睦之道日衰，百姓愁苦，靡所错躬。是以氛邪岁增，侵犯太阳，正气湛掩，日久夺光。乃壬戌，日有蚀之。天见大异，以戒朕躬，朕甚悼焉。其令内郡国举茂材异等贤良直言之士各一人。”

夏六月，诏曰：“间者连年不收，四方咸困。元元之民，劳于耕耘，又亡成功，困于饥馑，亡以相救。朕为民父母，德不能覆，而有其刑，甚自伤焉。其赦天下。”

秋七月，西羌反，遣右将军冯奉世击之。八月，以太常任千秋为奋威将军，别将五校并进。

三年春，西羌平，军罢。

三月，立皇子康为济阳王。

夏四月癸未，大司马车骑将军接薨。

冬十一月，诏曰：“乃者己丑地动，中冬雨水，大雾，盗贼并起。吏何不以时禁？各悉意对。”

冬，复盐铁官、博士弟子员。以用度不足，民多复除，无以给中外繇役。

四年春二月，诏曰：“朕承至尊之重，不能烛理百姓，娄遭凶咎。加以边竟不安，师旅在外，赋敛转输，元元骚动，穷困亡聊，犯法抵罪。夫上失其道而绳下以深刑，朕甚痛之。其赦天下，所贷贫民勿收责。”

三月，行幸雍，祠五畤。

夏六月甲戌，孝宣园东阙灾。

过失，不敢荒废懈怠，贪图安逸。对于阴阳不协调，不知道原因在哪里，屡次告诫公卿，期望他们勤于职事。至今一些执政的官吏，不能抓住根本，施惠微薄而禁令烦苛，不能获得民心。暴猛的风气日渐增长，和睦的大道日渐衰微，百姓愁苦，没有办法安身立命。因此邪恶之气增加，侵犯太阳，正气被掩盖，太阳被夺光。三月初一，发生日食。上天显示异象，是对朕自身提出警戒，朕感到非常悲哀。现在下令内地的郡国各自举荐才德优异贤良直言之士一人。"

夏六月，元帝下诏说："近来连年歉收，四方都很贫困。各地百姓，勤劳耕种，但无收获，受困饥饿，无法相救。朕作为百姓父母，恩德不能播及，而施加刑罚，自己心中感到非常伤悲。现在决定赦免天下。"

秋七月，西羌造反，元帝派右将军冯奉世率军平叛。八月，元帝任命太常任千秋为奋威将军，另外率领五校之兵与冯奉世一同平叛。

永光三年（前41）春，西羌平定，收兵。

三月，立皇子刘康为济阳王。

夏四月初九日，大司马车骑将军王接去世。

冬十一月，元帝下诏说："前次十月八日发生地震，仲冬下雨，起大雾，盗贼四起。官吏为何不能采取相应的禁令？应该各自尽心提出对策。"

冬，再次设置盐铁官、博士弟子员。因为用度不足，百姓的赋役大多免除，不用去京都与外地服徭役。

永光四年（前40）春二月，元帝下诏说："朕继承至尊的重任，不能英明治理百姓，让他们屡次遭受灾祸。加上边境不太平，大军在外，而征收赋税与周转运输，让百姓疲于奔命，生活贫困，无以聊生，因而触犯法律，抵偿罪责。对这种朝廷失去治理之道而用严刑峻法管束臣民的局面，朕感到非常痛心。现在决定赦免天下，借给贫民的粮钱不用偿还。"

三月，元帝驾临雍地，在五畤举行祭祀。

夏闰六月二十七日，宣帝园陵东阙发生火灾。

戊寅晦，日有蚀之。诏曰："盖闻明王在上，忠贤布职，则群生和乐，方外蒙泽。今朕晻于王道，夙夜忧劳，不通其理，靡瞻不眩，靡听不惑，是以政令多还，民心未得，邪说空进，事亡成功。此天下所著闻也。公卿大夫好恶不同，或缘奸作邪，侵削细民，元元安所归命哉！乃六月晦，日有蚀之。《诗》不云虖？'今此下民，亦孔之哀！'自今以来，公卿大夫其勉思天戒，慎身修永，以辅朕之不逮。直言尽意，无有所讳。"

九月戊子，罢卫思后园及戾园。冬十月乙丑，罢祖宗庙在郡国者。诸陵分属三辅。以渭城寿陵亭部原上为初陵。诏曰："安土重迁，黎民之性；骨肉相附，人情所愿也。顷者有司缘臣子之义，奏徙郡国民以奉园陵，令百姓远弃先祖坟墓，破业失产，亲戚别离，人怀思慕之心，家有不安之意。是以东垂被虚耗之害，关中有无聊之民，非久长之策也。《诗》不云虖？'民亦劳止，迄可小康，惠此中国，以绥四方。'今所为初陵者，勿置县邑，使天下咸安土乐业，亡有动摇之心。布告天下，令明知之。"又罢先后父母奉邑。

五年春正月，行幸甘泉，郊泰畤。三月，上幸河东，祠后土。

秋，颍川水出，流杀人民。吏、从官县被害者与告，士卒遣归。

冬，上幸长杨射熊馆，布车骑，大猎。

十二月乙酉，毁太上皇、孝惠皇帝寝庙园。

建昭元年春三月，上幸雍，祠五畤。

三十日，发生日食。元帝下诏说："听说英明的君王在上，忠诚贤明之人各司其职，就能让百姓和睦快乐，方外之地蒙受恩泽。现在朕对于王道幽晦不明，日夜忧愁，不能明白其真谛，看到一件事就定不了标准，听到一句话就拿不了主意，因此政令反复，不能得到民心，只发表不切实际的言谈，不能办成事情。这是天下所共知的。公卿大夫的好恶不同，有的缘奸作邪，侵夺百姓，人民还能依靠何人啊！六月三十日，发生日食。《诗经》不是说过吗？'如今天下百姓饱受灾祸，处境是多么让人悲哀！'从今往后，公卿大夫应该认真思考上天给予的警戒，为长治久安而真诚修身，辅佐朕的不足之处。尽情地表达意见，不要有所避讳。"

九月十三日，撤去卫思后园陵与戾太子园陵。冬十月二十日，撤去在郡国的祖宗祠庙。各园陵分别归属三辅管辖。把渭城县寿陵亭部原上设为初陵。元帝下诏说："久居故土，不愿迁徙，是黎民的本性；骨肉相连，是人共有的感情。近来主管官吏因为臣子之义，奏请迁徙郡国百姓奉祀园陵，让百姓远离舍弃先祖坟墓，丧失家产，失去常业，亲戚分离，迁出的人怀有思念亲人之心，在家乡的亲人心里又有不安之意。因此关东就会因迁徙而遭受虚耗损害，迁入关中的人又无以聊生，这不是长久之计。《诗经》不是说过吗？'百姓实在辛苦，只求可以小康，恩泽惠及中原，然后安定四方。'现在设置的初陵，不必迁徙百姓设置县邑，让天下都能安居乐业，不必担心迁徙流动。特此布告天下，让百姓清楚知道。"又撤去先后为其父母守冢祭祀的奉邑。

永光五年（前39）春正月，元帝驾临甘泉宫，在泰畤举行郊祭。三月，元帝又驾临河东，祭祀地神。

秋，颍川大水泛滥，淹死百姓。遭受水灾的本县官吏和皇上从官都准假，士兵都回归原籍。

冬，元帝驾临长杨宫射熊馆，布列车骑，进行大规模狩猎。

十二月十六日，太上皇、孝惠皇帝寝庙园陵发生火灾。

建昭元年（前38）春三月，元帝驾临雍地，在五畤举行祭祀。

秋八月，有白蛾群飞蔽日，从东都门至枳道。

冬，河间王元有罪，废迁房陵。罢孝文太后、孝昭太后寝园。

二年春正月，行幸甘泉，郊泰畤。三月，行幸河东，祠后土。益三河大郡太守秩。户十二万为大郡。

夏四月，赦天下。

六月，立皇子舆为信都王。闰月丁酉，太皇太后上官氏崩。

冬十一月，齐楚地震，大雨雪，树折屋坏。

淮阳王舅张博、魏郡太守京房坐窥道诸侯王以邪意，漏泄省中语，博要斩，房弃市。

三年夏，令三辅都尉、大郡都尉秩皆二千石。

六月甲辰，丞相玄成薨。

秋，使护西域骑都尉甘延寿、副校尉陈汤挢发戊己校尉屯田吏士及西域胡兵攻郅支单于。冬，斩其首，传诣京师，县蛮夷邸门。

四年春正月，以诛郅支单于告祠郊庙。赦天下。群臣上寿置酒，以其图书示后宫贵人。

夏四月，诏曰："朕承先帝之休烈，夙夜栗栗，惧不克任。间者阴阳不调，五行失序，百姓饥馑。惟烝庶之失业，临遣谏大夫博士赏等二十一人循行天下，存问耆老鳏寡孤独乏困失职之人，举茂材特立之士。相将九卿，其帅意毋怠，使朕获观教化之流焉。"

六月甲申，中山王竟薨。

蓝田地沙石雍霸水，安陵岸崩雍泾水，水逆流。

秋七月，有白蛾成群飞舞，遮天蔽日，从东都门一直到枳道。

冬，河间王刘元有罪，废除王位贬到房陵。撤去孝文太后、孝昭太后陵园。

建昭二年（前37）春正月，元帝驾临甘泉宫，在泰畤举行郊祭。三月，元帝巡行河东，祭祀地神。增加三河郡太守的俸禄。人口有十二万户为大郡。

夏四月，赦天下。

六月，立皇子刘舆为信都王。闰八月八日，太皇太后上官氏驾崩。

冬十一月，齐楚发生地震，下起大雪，树木折断，房屋损坏。

淮阳王的舅舅张博、魏郡太守京房因以邪意诱导淮阳王，漏泄宫中机密而获罪，张博被腰斩，京房被斩首示众。

建昭三年（前36）夏，元帝下令三辅都尉、大郡都尉的俸禄都为二千石。

六月十九日，丞相韦玄成去世。

秋，元帝派护卫西域的骑都尉甘延寿、副校尉陈汤假托奉诏调集戊己校尉、屯田将士及西域胡兵攻打郅支单于。冬，斩其首级，传到京都，悬挂在蛮夷邸门外示众。

建昭四年（前35）春正月，把诛杀郅支单之事告祭宗庙祖先。赦天下。群臣祝寿。元帝摆下酒宴，把征讨郅支的图书展示给后宫贵人看。

夏四月，元帝下诏说："朕继承先帝的彪炳功业，日夜战战栗栗，担心不能胜任。前次阳阴不协调，五行次序混乱，百姓处于饥饿当中。现在想要了解民众失其常业的情况，派遣谏大夫博士赏等二十一人巡行天下，慰问老人、鳏寡孤独、贫困和失业之人，举荐才德优异之士。相将九卿，要遵循朕的意图，不要懈怠，使朕能够了解教化风俗的情况。"

六月初五日，中山王刘竟去世。

蓝田地的沙石堵塞霸水，安陵岸崩塌堵塞泾水，出现水倒流的情况。

五年春三月，诏曰："盖闻明王之治国也，明好恶而定去就，崇敬让而民兴行，故法设而民不犯，令施而民从。今朕获保宗庙，兢兢业业，匪敢解怠，德薄明晻，教化浅微。传不云虖？'百姓有过，在予一人。'其赦天下，赐民爵一级，女子百户牛酒，三老、孝弟力田帛。"又曰："方春农桑兴，百姓勠力自尽之时也，故是月劳农劝民，无使后时。今不良之吏，覆案小罪，征召证案，兴不急之事，以妨百姓，使失一时之作，亡终岁之功，公卿其明察申敕之。"

夏六月庚申，复戾园。

壬申晦，日有蚀之。

秋七月庚子，复太上皇寝庙园、原庙、昭灵后、武哀王、昭哀后、卫思后园。

竟宁元年春正月，匈奴虖韩邪单于来朝。诏曰："匈奴郅支单于背叛礼义，既伏其辜，虖韩邪单于不忘恩德，乡慕礼义，复修朝贺之礼，愿保塞传之无穷，边垂长无兵革之事。其改元为竟宁，赐单于待诏掖庭王樯为阏氏。"

皇太子冠。赐列侯嗣子爵五大夫，天下为父后者爵一级。

二月，御史大夫延寿卒。

三月癸未，复孝惠皇帝寝庙园、孝文太后、孝昭太后寝园。

夏，封骑都尉甘延寿为列侯。赐副校尉陈汤爵关内侯，黄金百斤。

五月壬辰，帝崩于未央宫。

毁太上皇、孝惠、孝景皇帝庙。罢孝文、孝昭太后、昭灵后、武

建昭五年(前34)春三月,元帝下诏说:“听说英明的君王治理国家,明确爱憎是非而确定礼教,提倡恭敬谦让而百姓实行,所以制定法令而民众不犯,施行法令而民众遵循。现在朕奉祀宗庙,兢兢业业,不敢懈怠,德行浅薄,幽晦不明,教化微薄。《论语》不是说过吗?‘百姓如有过错,都由我一人承担。’现在决定赦免天下,赏赐民爵,每户一级,赏赐女子每百户牛、酒若干,三老、孝弟力田帛若干。”又说:“正值春耕与蚕桑的时节,是百姓竭尽全力进行农事的时候,所以本月要慰劳农民,劝勉百姓,不要违背农时。现在有不良之吏,为了查究小罪,征召与案件有牵连的人,兴起一些不急之事,来妨害百姓,使他们延误农时失去节令,导致年终没有收获,对于这种情况,公卿要清楚了解并宣示诏令,保证不妨害农事。”

夏六月十七日,恢复戾太子园陵。

六月三十日,发生日食。

秋七月二十八日,恢复太上皇寝庙园陵、高祖原庙、昭灵后、武哀王、昭哀后、卫思后园陵。

竟宁元年(前33)春正月,匈奴呼韩邪单于前来朝见。元帝下诏说:“匈奴郅支单于背叛礼义,已经伏罪,呼韩邪单于不忘恩德,向往大汉礼义,再次施行朝贺之礼,希望保持中原与塞外长久的和睦友好,边境长久没有兵革之事。现在改元为竟宁,赐予单于待诏掖庭王樯为阏氏。”

皇太子行冠礼。赏赐列侯的嫡长子五大夫爵位,天下继承父业的人爵位一级。

二月,御史大夫繁延寿去世。

三月十四日,恢复孝惠皇帝寝庙园陵、孝文太后、孝昭太后陵园。

夏,封骑都尉甘延寿为列侯。赏赐副校尉陈汤关内侯爵位,黄金百斤。

五月二十五日,元帝在未央宫驾崩。

太上皇、孝惠皇帝、孝景皇帝庙发生火灾。撤去孝文皇帝、孝昭

哀王、昭哀后寝园。

秋七月丙戌，葬渭陵。

赞曰：臣外祖兄弟为元帝侍中，语臣曰元帝多材艺，善史书。鼓琴瑟，吹洞箫，自度曲，被歌声，分刌节度，穷极幼眇。少而好儒，及即位，征用儒生，委之以政，贡、薛、韦、匡迭为宰相。而上牵制文义，优游不断，孝宣之业衰焉。然宽弘尽下，出于恭俭，号令温雅，有古之风烈。

太后、昭灵后、武哀王、昭哀后陵园。

秋七月十九日，元帝安葬在渭陵。

赞辞说：臣外祖兄弟做过元帝侍中，告诉臣说元帝多才多艺，擅长隶书。会弹琴瑟，能吹洞箫，自己作曲，应和歌声，调节音律，穷极要妙。少年时喜欢儒术，等到即位，就征召任用儒生，委任他们政事，贡禹、薛广德、韦贤、匡衡等人相继为宰相。但元帝被文义牵制，临事犹豫，不能决断，孝宣皇帝中兴的基业由此转衰。然而他能宽待臣下，恭谨俭约，号令温雅，有古代贤王的风采和德业。

卷十

成帝纪第十

孝成皇帝，元帝太子也。母曰王皇后，元帝在太子宫生甲观画堂，为世嫡皇孙。宣帝爱之，字曰太孙，常置左右。年三岁而宣帝崩，元帝即位，帝为太子。壮好经书，宽博谨慎。初居桂宫，上尝急召，太子出龙楼门，不敢绝驰道，西至直城门，得绝乃度，还入作室门。上迟之，问其故，以状对。上大说，乃著令，令太子得绝驰道云。其后幸酒，乐燕乐，上不以为能。而定陶恭王有材艺，母傅昭仪又爱幸，上以故常有意欲以恭王为嗣。赖侍中史丹护太子家，辅助有力，上亦以先帝尤爱太子，故得无废。

竟宁元年五月，元帝崩。六月己未，太子即皇帝位，谒高庙。尊皇太后曰太皇太后，皇后曰皇太后。以元舅侍中卫尉阳平侯王凤为大司马大将军，领尚书事。

乙未，有司言："乘舆车、牛马、禽兽皆非礼，不宜以葬。"奏可。

七月，大赦天下。

建始元年春正月乙丑，皇曾祖悼考庙灾。

立故河间王弟上郡库令良为王。

有星孛于营室。

罢上林诏狱。

二月，右将军长史姚尹等使匈奴还，去塞百余里，暴风火发，烧杀尹等七人。

赐诸侯王、丞相、将军、列侯、王太后、公主、王主、吏二千石

汉成帝，是元帝的太子。母亲是王皇后，元帝为太子时，成帝生于宫中甲观的彩绘之堂，是嫡皇孙。宣帝非常喜爱他，为他取字太孙，经常置于左右。成帝三岁时宣帝驾崩，元帝即位，成帝被立为太子。成年后喜欢读经书，心胸开阔，细心慎重。原先住在桂宫，元帝曾经紧急召见，太子从龙楼门出来，不敢横穿天子所行的驰道，向西走到直城门，才横穿过去，又返回到作室门。元帝看见他迟到，就询问原因，太子将不敢横穿驰道，绕道而行的情况告知。元帝非常高兴，于是下令，说太子可以横穿驰道。后来他变得好酒，追逐宴饮酒色之乐，元帝认为他无能。而定陶恭王有才能技艺，母亲傅昭仪又受到宠爱，元帝因此常有意立恭王为太子。仰赖侍中史丹保护太子家，辅助有力，而元帝又因宣帝特别喜爱太子，所以才没有被废。

竟宁元年（前33）五月，元帝驾崩。六月二十二日，太子即皇帝位，拜谒高祖庙。尊皇太后为太皇太后，皇后为皇太后。封长舅侍中卫尉阳平侯王凤为大司马大将军，领尚书事。

七月二十八日，主管官吏上奏："所乘车子、牛马、禽兽都不合礼仪，不应随葬。"成帝准许。

七月，大赦天下。

建始元年（前32）春正月初一日，皇曾祖悼考庙发生火灾。

立原河间王的弟弟上郡库令刘良为王。

有彗星出现在营室。

废除上林诏狱。

二月，右将军长史姚尹等出使匈奴返回途中，离边塞百余里时，遭遇暴风失火，烧死姚尹等七人。

赏赐诸侯王、丞相、将军、列侯、王太后、公主、王主、二千石官

黄金，宗室诸官吏千石以下至二百石及宗室子有属籍者、三老、孝弟力田、鳏寡孤独钱帛，各有差，吏民五十户牛酒。

诏曰："乃者火灾降于祖庙，有星孛于东方，始正而亏，咎孰大焉！《书》云：'惟先假王正厥事。'群公孜孜，帅先百寮，辅朕不逮。崇宽大，长和睦，凡事恕己，毋行苛刻。其大赦天下，使得自新。"

封舅诸吏光禄大夫关内侯王崇为安成侯。赐舅王谭、商、立、根、逢时爵关内侯。

夏四月，黄雾四塞，博问公卿大夫，无有所讳。六月，有青蝇无万数集未央宫殿中朝者坐。

秋，罢上林宫馆希御幸者二十五所。

八月，有两月相承，晨见东方。

九月戊子，流星光烛地，长四五丈，委曲蛇形，贯紫宫。

十二月，作长安南北郊，罢甘泉、汾阴祠。是日大风，拔甘泉畤中大木十韦以上。郡国被灾什四以上，毋收田租。

二年春正月，罢雍五畤。辛巳，上始郊祀长安南郊。诏曰："乃者徙泰畤、后土于南郊、北郊，朕亲饬躬，郊祀上帝。皇天报应，神光并见。三辅长无共张繇役之劳，赦奉郊县长安、长陵及中都官耐罪徒。减天下赋钱，算四十。"

闰月，以渭城延陵亭部为初陵。

二月，诏三辅内郡举贤良方正各一人。

三月，北宫井水溢出。

辛丑，上始祠后土于北郊。

丙午，立皇后许氏。

吏黄金，宗室各官吏千石以下到二百石及有宗籍的宗室男子、三老、孝弟力田、鳏寡孤独钱、帛，各有等级，赏赐官民五十户牛、酒若干。

成帝下诏说："前次祖庙发生火灾，有彗星出现在东方，朕刚刚登基上天就降下警戒，过失真是太严重了！《尚书》说：'古代明君遭遇灾祸时，就修正德行来对应。'希望各位公卿勤勉不懈，为百官作榜样，弥补朕的不足。崇尚宽大，提倡和睦，凡事要宽恕自己，对人不要太过苛刻。现在决定大赦天下，使犯人能够改过自新。"

封舅舅诸吏光禄大夫、关内侯王崇为安成侯。赏赐舅舅王谭、王商、王立、王根、王逢时关内侯爵位。

夏四月，黄雾四起，成帝广泛询问公卿大夫，不要有所避讳。六月，有不知多少万数的青蝇聚集在未央宫殿中朝臣的坐席上。

秋，撤去上林宫馆打算驾临的二十五处。

八月，有两个月亮上下相托，早晨出现在东方。

九月二十八日，流星光芒照耀地面，长四五丈，委曲蛇形，贯穿紫宫。

十二月，在长安南北郊建起举行祭祀的地方，撤去甘泉、汾阴祠庙。这日刮大风，吹起甘泉畤中十围以上的大树。郡国中十分之四以上遭受灾害，免去田租。

建始二年（前31）春正月，撤去雍地的五畤。二十三日，成帝开始在长安南郊举行郊祭。下诏说："前次迁移泰畤、后土到南郊、北郊，朕修身正己，郊祭天帝。皇天感应，神光齐现。免去三辅地区常年供应器物的徭役之劳，赦免奉祀的长安县、长陵县及中都官中被剃去鬓须的犯人。减少天下的税钱，算赋减四十。"

闰正月，把渭城县延陵亭部设置为初陵。

二月，诏令三辅内郡举荐贤良方正之士各一人。

三月，北宫井水流出。

十四日，成帝开始在长安北郊祭祀地神。

十九日，立皇后许氏。

罢六厩、技巧官。

夏，大旱。

东平王宇有罪，削樊、亢父县。

秋，罢太子博望苑，以赐宗室朝请者。减乘舆厩马。

三年春三月，赦天下徒。赐孝弟力田爵二级。诸逋租赋所振贷勿收。

秋，关内大水。七月，虒上小女陈持弓闻大水至，走入横城门，阑入尚方掖门，至未央宫钩盾中。吏民惊上城。九月，诏曰："乃者郡国被水灾，流杀人民，多至千数。京师无故讹言大水至，吏民惊恐，奔走乘城。殆苛暴深刻之吏未息，元元冤失职者众。遣谏大夫林等循行天下。"

冬十二月戊申朔，日有蚀之。夜，地震未央宫殿中。诏曰："盖闻天生众民，不能相治，为之立君以统理之。君道得，则草木昆蟲咸得其所；人君不德，谪见天地，灾异娄发，以告不治。朕涉道日寡，举错不中，乃戊申日蚀地震，朕甚惧焉。公卿其各思朕过失，明白陈之。'女无面从，退有后言。'丞相、御史与将军、列侯、中二千石及内郡国举贤良方正能直言极谏之士，诣公车，朕将览焉。"

越嶲山崩。

四年春，罢中书宦官，初置尚书员五人。

夏四月，雨雪。

五月，中谒者丞陈临杀司隶校尉辕丰于殿中。

秋，桃李实。大水，河决东郡金堤。冬十月，御史大夫尹忠以河决不忧职，自杀。

撤去六厩、技巧官。

夏，发生大旱。

东平王刘宇有罪，削去封地中的樊县、亢父县。

秋，撤去太子博望苑，赐予来京朝见的宗室。减少天子车驾的厩马。

建始三年（前30）春三月，赦免天下犯人。赏赐孝弟力田爵位二级。对拖欠租税之人的赈济物免予偿还。

秋，关内发大水。七月，虒上有个小女孩陈持弓听说大水到来，走入横城门，擅自闯入尚方署的边门，一直走到未央宫的钩盾署中。官民受惊都登上城墙。九月，成帝下诏说："前次郡国遭受水灾，淹死百姓，多达千数。京都无故谣言大水到来，导致官民惊慌害怕，奔走登城。可能是苛刻暴虐的官吏不断，百姓遭受冤屈，失去常业的非常多，导致这种情况发生。现在派遣谏大夫林等人巡行天下。"

冬十二月初一日，发生日食。夜，未央宫中发生地震。成帝下诏说："听说天生万民，不能自治，就为他们设立君王统辖治理。符合为君之道，则草木昆虫都各得其所；君王没有德行，则天地见责，屡现灾祸，来告诫不符合治国之道。朕对为君之道涉猎太少，而行为措施多有不当，于是在初一，日蚀、地震同时发生，朕感到非常惶恐。公卿应该各自思考朕的过失，明白告诉朕。《尚书》说过'你不要当面顺从，背后却有异议。'丞相、御史与将军、列侯、中二千石及内地的郡国举荐贤良方正能直言极谏之士，到公车署上书，朕将亲自阅看。"

赵巂郡发生山崩。

建始四年（前29）春，撤去中书宦官，开始设置尚书员五人。

夏四月，下雪。

五月，中谒者丞陈临在殿中杀死司隶校尉辕丰。

秋，桃李结果。发大水，黄河在东郡金堤决口。冬十月，御史大夫尹忠因黄河决口有亏职守，自杀。

河平元年春三月，诏曰："河决东郡，流漂二州，校尉王延世堤塞辄平，其改元为河平。赐天下吏民爵，各有差。"

夏四月己亥晦，日有蚀之，既。诏曰："朕获保宗庙，战战栗栗，未能奉称。传曰：'男教不修，阳事不得，则日为之蚀。'天著厥异，辜在朕躬。公卿大夫其勉悉心，以辅不逮。百寮各修其职，惇任仁人，退远残贼。陈朕过失，无有所讳。"大赦天下。

六月，罢典属国并大鸿胪。

秋九月，复太上皇寝庙园。

二年春正月，沛郡铁官冶铁飞。语在《五行志》。

夏六月，封舅谭、商、立、根、逢时皆为列侯。

三年春二月丙戌，犍为地震山崩，雍江水，水逆流。

秋八月乙卯晦，日有蚀之。

光禄大夫刘向校中秘书。谒者陈农使，使求遗书于天下。

四年春正月，匈奴单于来朝。

赦天下徒，赐孝弟力田爵二级，诸逋租赋所振贷勿收。

二月，单于罢归国。

三月癸丑朔，日有蚀之。

遣光禄大夫博士嘉等十一人行举濒河之郡水所毁伤困乏不能自存者，财振贷。其为水所流压死，不能自葬，令郡国给棺椟葬埋。已葬者与钱，人二千。避水它郡国，在所冗食之，谨遇以文理，无令失职。举惇厚有行能直言之士。

壬申，长陵临泾岸崩，雍泾水。

河平元年（前28）春三月，成帝下诏说："黄河在东郡决口，泛滥兖、豫二州，校尉王延世堵塞金堤决口使黄河回归故道，平息水患，现在决定改元为河平。赏赐天下官民爵位，各有等级。"

夏四月三十日，发生日全食。成帝下诏说："朕继承宗庙，战战栗栗，不能守好先帝基业。《礼记》说：'天子不修教化，国内政事出现问题，就会发生日食。'上天显示异象，过错都在朕自身。公卿大夫应该尽心竭力，来弥补朕的不足之处。百官各尽其职，推崇仁人，疏远贼人。陈述朕的过失，不要有所避讳。"大赦天下。

六月，撤去典属国与大鸿胪。

秋九月，恢复太上皇寝庙园陵。

河平二年（前27）春正月，沛郡铁官铸铁时铁飞上了天。详见《五行志》。

夏六月，封舅舅王谭、王商、王立、王根、王逢时都为列侯。

河平三年（前26）春二月二十七日，犍为郡发生地震山崩，堵塞江水，水倒流。

秋八月三十日，发生日食。

光禄大夫刘向校勘整理宫中藏书。成帝派谒者陈农为使者，让他向天下寻求前代散逸之书。

河平四年（前25）春正月，匈奴单于前来朝见。

赦免天下犯人，赏赐孝弟力田爵位二级，对于拖欠租税之人的赈济物免予偿还。

二月，单于朝见完毕后回国。

三月初一日，发生日食。

成帝派遣光禄大夫博士孟嘉等十一人巡行靠近黄河的郡国，了解因遭受水灾而贫困，不能自谋生计的情况，根据受害轻重来区别赈济。被水淹死，不能自葬的，命令郡国供给小棺埋葬。已经埋葬给予钱财，每人二千。在其他郡国躲避水灾的，由所在地发放粮食，要以礼相待，不要让他们失其常业。举荐敦厚有德行能直言之士。

三月二十日，长陵县靠近泾水的地方河岸崩塌，堵塞泾水。

夏六月庚戌，楚王嚣薨。

山阳火生石中，改元为阳朔。

阳朔元年。

春二月丁未晦，日有蚀之。

三月，赦天下徒。

冬，京兆尹王章有罪，下狱死。

二年春，寒。诏曰："昔在帝尧立羲、和之官，命以四时之事，令不失其序。故《书》云'黎民于蕃时雍'，明以阴阳为本也。今公卿大夫或不信阴阳，薄而小之，所奏请多违时政。传以不知，周行天下，而欲望阴阳和调，岂不谬哉！其务顺四时月令。"

三月，大赦天下。

夏五月，除吏八百石、五百石秩。

秋，关东大水，流民欲入函谷、天井、壶口、五阮关者，勿苛留。遣谏大夫博士分行视。

八月甲申，定陶王康薨。

九月，奉使者不称。诏曰："古之立太学，将以传先王之业，流化于天下也。儒林之官，四海渊原，宜皆明于古今，温故知新，通达国体，故谓之博士。否则学者无述焉，为下所轻，非所以尊道德也。'工欲善其事，必先利其器。'丞相、御史其与中二千石、二千石杂举可充博士位者，使卓然可观。"

是岁，御史大夫张忠卒。

三年春三月壬戌，陨石东郡，八。

夏六月，颍川铁官徒申屠圣等百八十人杀长吏，盗库兵，自

夏六月二十九日，楚王刘嚣去世。

山阳县有火生在石中，改元为阳朔。

阳朔元年（前24）。

春二月三十日，发生日食。

三月，赦免天下犯人。

冬，京兆尹王章有罪，被关入监牢，并死在狱中。

阳朔二年（前23）春，寒冷。成帝下诏说："过去尧帝立羲、和二官，命他们掌管四时之事，让事情都能按顺序进行。所以《尚书》说'黎民变得和睦'，说明阴阳是根本。现在公卿大夫有的不信阴阳，认为是小事，奏请之事很多都违背月令。他们递相因循，以不知为知，让天下深受其害，而想要阴阳协调，岂不荒谬！现在下令公卿大夫一定要顺应四时月令。"

三月，大赦天下。

夏五月，俸禄八百石的官吏减为六百石，俸禄五百石的官吏减为四百石。

秋，关东发大水，流民想进入函谷、天井、壶口、五阮关的，不要阻止。派谏议大夫博士去各地巡视。

八月二十二日，定陶王刘康去世。

九月，有些奉命出使的官吏不称职。成帝下诏说："古代设立太学，是用来传扬先王的功业，让教化流传天下。儒家的官吏，要求通晓四海，都应该学贯古今，温故知新，明白国体，所以称为为博士。否则学者在学识方面没有论述，就会被下面的人轻视，这就彰显不了尊重道德的目的。《论语》说'工欲善其事，必先利其器。'丞相、御史以及中二千石、二千石各自举荐可任博士的人选，让他们发挥卓然可观的作用。"

同年，御史大夫张忠去世。

阳朔三年（前22）春三月七日，有八块陨石落到东郡。

夏六月，颍川铁官属下的刑徒申屠圣等一百八十人杀死长吏，盗

称将军，经历九郡。遣丞相长史、御史中丞逐捕，以军兴从事，皆伏辜。

秋八月丁巳，大司马大将军王凤薨。

四年春正月，诏曰："夫《洪范》八政，以食为首，斯诚家给刑错之本也。先帝劭农，薄其租税，宠其强力，令与孝弟同科。间者，民弥惰怠，乡本者少，趋末者众，将何以矫之？方东作时，其令二千石勉劝农桑，出入阡陌，致劳来之。《书》不云乎？'服田力啬，乃亦有秋。'其勖之哉！"

二月，赦天下。

秋九月壬申，东平王宇薨。

闰月壬戌，御史大夫于永卒。

鸿嘉元年春二月，诏曰："朕承天地，获保宗庙，明有所蔽，德不能绥，刑罚不中，众冤失职，趋阙告诉者不绝。是以阴阳错谬，寒暑失序，日月不光，百姓蒙辜，朕甚闵焉。《书》不云乎？'即我御事，罔克耆寿，咎在厥躬。'方春生长时，临遣谏大夫理等举三辅、三河、弘农冤狱。公卿大夫、部刺史明申敕守相，称朕意焉。其赐天下民爵一级，女子百户牛酒，加赐鳏寡孤独高年帛。逋贷未入者勿收。"

壬午，行幸初陵，赦作徒。以新丰戏乡为昌陵县，奉初陵，赐百户牛酒。

上始为微行出。

冬，黄龙见真定。

二年春，行幸云阳。

三月，博士行饮酒礼，有雉蜚集于庭，历阶升堂而雊，后集诸

取库中兵器，自称将军，流窜九郡。成帝派丞相长史、御史中丞进行追捕，以军兴法行事，后都伏罪。

秋八月三十日，大司马大将军王凤去世。

阳朔四年（前21）春正月，成帝下诏说："《尚书·洪范》里提到国家施政的八个方面，把粮食作为首位，因为它是生活富裕与不用刑罚的根本。先帝鼓励农耕，薄收赋税，奖励努力耕种的人，让其与孝弟同等。近来，百姓越来越懒惰懈怠，安心农业的少，从事商业的多，这种情况将怎么纠正呢？正值春耕时，特此下令二千石劝勉农桑，要深入田间，鼓励农民进行耕种。《尚书》不是说过吗？'努力从事农业生产，秋天才会有收获。'都应努力呀！"

二月，赦天下。

秋九月十六日，东平王刘宇去世。

闰十二月初七日，御史大夫于永去世。

鸿嘉元年（前20）春二月，成帝下诏说："朕承天地之恩，奉祀宗庙，明不足体察民情，德不能安定四方，刑罚不当，导致很多人含冤失业，奔赴朝廷申诉的络绎不绝。因此阴阳错乱，寒暑失序，日月无光，百姓受罪，朕感到非常同情。《尚书》不是说过吗？'为我治事的，缺少年高的贤者，使国家危亡，罪责在我。'正值春天万物生长时，特此派遣谏大夫理等巡察三辅、三河、弘农冤狱。公卿大夫、部刺史应明确向郡守和诸侯国相宣示诏令，要不负朕的心意。现在决定赏赐天下百姓爵位一级，女子每百户牛、酒若干，加赐鳏寡孤独和老人帛若干。借贷官物，拖欠不还的免予偿还。"

二月二十八日，成帝驾临初陵，赦免在初陵服劳役的刑徒。把新丰县的戏乡划归昌陵县，来奉祀初陵，赏赐百姓每百户牛、酒若干。

成帝开始微服出行。

冬，黄龙出现在真定。

鸿嘉二年（前19）春，成帝巡行云阳。

三月，博士行饮酒礼，有雉鸡飞翔集结在殿庭，跨过台阶，登上

府，又集承明殿。

诏曰："古之选贤，傅纳以言，明试以功，故官无废事，下无逸民，教化流行，风雨和时，百谷用成，众庶乐业，咸以康宁。朕承鸿业十有余年，数遭水旱疾疫之灾，黎民娄困于饥寒，而望礼义之兴，岂不难哉！朕既无以率道，帝王之道日以陵夷，意乃招贤选士之路郁滞而不通与，将举者未得其人也？其举敦厚有行义能直言者，冀闻切言嘉谋，匡朕之不逮。"

夏，徙郡国豪杰赀五百万以上五千户于昌陵。赐丞相、御史、将军、列侯、公主、中二千石冢地、第宅。

六月，立中山宪王孙云客为广德王。

三年夏四月，赦天下。令吏民得买爵，贾级千钱。

大旱。

秋八月乙卯，孝景庙阙灾。

冬十一月甲寅，皇后许氏废。

广汉男子郑躬等六十余人攻官寺，篡囚徒，盗库兵，自称山君。

四年春正月，诏曰："数敕有司，务行宽大，而禁苛暴，讫今不改。一人有辜，举宗拘系，农民失业，怨恨者众，伤害和气，水旱为灾，关东流冗者众，青、幽、冀部尤剧，朕甚痛焉。未闻在位有恻然者，孰当助朕忧之！已遣使者循行郡国。被灾害什四以上，民赀不满三万，勿出租赋。逋贷未入，皆勿收。流民欲入关，辄籍内。所之郡国，谨遇以理，务有以全活之。思称朕意。"

秋，勃海、清河河溢，被灾者振贷之。

殿堂然后大声鸣叫，后来聚集在各官署上，又聚集在承明殿上。

成帝下诏说："古代选拔贤才，首先让他陈述意见并加以采纳，然后对他进行试用来考察能力，所以官吏不会荒废职事，没有避世隐居之人，教化广泛传播，风雨适应时令，粮食得到丰收，百姓安居乐业，一片祥和安宁。朕继承大业十余年，屡次遭受水旱瘟疫之灾，黎民经常受困于饥寒，而希望礼义盛行，岂不很难！朕既不能遵循正道，致使帝王之道日渐衰微，思索再三是招选贤士的道路阻塞不通吗，还是举荐的人不符合要求呢？应该推举敦厚有德行能直言的人才，希望听到他们的直言进谏与高明谋略，匡正朕的不足之处。"

夏，迁徙郡国豪杰财产在五百万以上的五千户到昌陵。赏赐丞相、御史、将军、列侯、公主、中二千石墓地、宅邸。

六月，立中山宪王的孙子刘云客为广德王。

鸿嘉三年（前18）夏四月，赦天下。下令官民可以买爵位，每级价格一千钱。

发生大旱。

秋八月十五日，孝景帝庙阙发生火灾。

冬十一月十七日，皇后许氏被废。

广汉男子郑躬等六十余人进攻官署，释放囚徒，盗取库中兵器，自称山君。

鸿嘉四年（前17）春正月，成帝下诏说："多次诏令主管官吏，一定要心怀宽大，禁止苛刻暴虐，至今不改。一人有罪，全族拘禁，农民失其常业，怨恨的人有很多，伤害天地间的和气，导致水旱成灾，关东流离失所的人非常多，青州、幽州、冀州更加严重，朕感到非常痛心。但没见到在位的官吏流露出悲伤之情，谁能帮助朕分担忧虑啊！现在已经派遣使者巡行郡国。凡是田地受灾十分之四以上，百姓财产不满三万，免去租税。借贷官物，拖欠不还的，都免予偿还。流民想要入关，登记名籍后就可放他们进入。流民所到的郡国，要以礼相待，一定要让他们全部活下来。希望能不负朕的心意。"

秋，勃海、清河泛滥成灾，对遭受水灾之人给予赈济。

冬，广汉郑躬等党与寖广，犯历四县，众且万人。拜河东都尉赵护为广汉太守，发郡中及蜀郡合三万人击之。或相捕斩，除罪。旬月平，迁护为执金吾，赐黄金百斤。

永始元年春正月癸丑，太官凌室火。戊午，戾后园阙火。

夏四月，封婕妤赵氏父临为成阳侯。五月，封舅曼子侍中骑都尉光禄大夫王莽为新都侯。六月丙寅，立皇后赵氏。大赦天下。

秋七月，诏曰："朕执德不固，谋不尽下，过听将作大匠万年言昌陵三年可成。作治五年，中陵、司马殿门内尚未加功。天下虚耗，百姓罢劳，客土疏恶，终不可成。朕惟其难，怛然伤心。夫'过而不改，是谓过矣'。其罢昌陵，及故陵勿徙吏民，令天下毋有动摇之心。"立城阳孝王子俚为王。

八月丁丑，太皇太后王氏崩。

二年春正月己丑，大司马车骑将军王音薨。

二月癸未夜，星陨如雨。乙酉晦，日有蚀之。诏曰："乃者，龙见于东莱，日有蚀之。天著变异，以显朕邮，朕甚惧焉。公卿申敕百寮，深思天诫，有可省减便安百姓者，条奏。所振贷贫民，勿收。"又曰："关东比岁不登，吏民以义收食贫民、入谷物助县官振赡者，已赐直，其百万以上，加赐爵右更，欲为吏补三百石，其吏也迁二等。三十万以上，赐爵五大夫，吏亦迁二等，民补郎。十万以上，家无出租赋三岁。万钱以上，一年。"

冬十一月，行幸雍，祠五畤。

十二月，诏曰："前将作大匠万年知昌陵卑下，不可为万岁居，奏请营作，建置郭邑，妄为巧诈，积土增高，多赋敛繇役，兴卒暴之

冬，广汉郑躬等党羽逐渐发展，流窜四县，多达万人。成帝封河东都尉赵护为广汉太守，征调广汉郡中及蜀郡的士卒共三万人进行剿灭。并下令党羽内部互相捕杀，可以免罪。一个月就平定了，升赵护为执金吾，赏赐黄金百斤。

永始元年（前16）春正月二十二日，太官凌室失火。二十七日，戾后园阙也失火。

夏四月，封婕妤赵氏的父亲赵临为成阳侯。五月，封舅舅王曼的儿子侍中骑都尉、光禄大夫王莽为新都侯。六月七日，立皇后赵氏。大赦天下。

秋七月，成帝下诏说："朕不能遵循仁德，没有广泛采纳臣下的意见，误听将作大匠解万年说的话，相信昌陵三年可以建成。修建五年，中陵、司马殿门尚未动工。而天下消耗巨大，百姓疲惫不堪，从别处运来筑陵的土疏松粗劣，最终很难建成。朕想到修建昌陵如此劳民伤财，就感到伤心。《论语》说'过而不改，是谓过矣。'现在决定停建昌陵，返回延陵，不要迁徙官民，让天下百姓不要有动摇之心。"立城阳孝王的儿子刘俚为王。

八月十九日，太皇太后王氏驾崩。

永始二年（前15）春正月初三日，大司马车骑将军王音去世。

二月二十八日，星辰像雨一样坠落。三十日，发生日食。成帝下诏说："前次，龙出现在东莱，又有日食。上天显示异象，表明朕的过失，朕感到非常惶恐。公卿要向百官宣示诏令，认真思考上天给予的警戒，有能够减轻负担方便百姓的意见，要逐条上奏。赈济贫民的钱粮，免予偿还。"又说："关东连年歉收，官民出于道义供养给贫民、或者捐献谷物帮助县官赈济的，官府应偿还相应的钱，百万以上的，加赐右更爵位，已经做官的，补三百石，官升二级。三十万以上，赐五大夫爵位，已经做官的，官升二级，普通百姓补为郎官。十万以上的，家里免除三年租税。一万以上的，免除一年租税。"

冬十一月，成帝巡行雍地，在五畤举行祭祀。

十二月，成帝下诏说："从前将作大匠解万年明知昌陵地势低洼，不可以作为皇帝墓地，却奏请在这里兴建陵墓，建立奉陵的城

作。卒徒蒙辜，死者连属，百姓罢极，天下匮竭。常侍闳前为大司农中丞，数奏昌陵不可成。侍中卫尉长数白宜早止，徙家反故处。朕以长言下闳章，公卿议者皆合长计。长首建至策，闳典主省大费，民以康宁。闳前赐爵关内侯，黄金百斤。其赐长爵关内侯，食邑千户，闳五百户。万年佞邪不忠，毒流众庶，海内怨望，至今不息，虽蒙赦令，不宜居京师。其徙万年敦煌郡。”

是岁，御史大夫王骏卒。

三年春正月己卯晦，日有蚀之。诏曰：“天灾仍重，朕甚惧焉。惟民之失职，临遣太中大夫嘉等循行天下，存问耆老，民所疾苦。其与部刺史举惇朴逊让有行义者各一人。”

冬十月庚辰，皇太后诏有司复甘泉泰畤、汾阴后土、雍五畤、陈仓陈宝祠。语在《郊祀志》。

十一月，尉氏男子樊並等十三人谋反，杀陈留太守，劫略吏民，自称将军。徒李谭等五人共格杀並等，皆封为列侯。

十二月，山阳铁官徒苏令等二百二十八人攻杀长吏，盗库兵，自称将军，经历郡国十九，杀东郡太守、汝南都尉。遣丞相长史、御史中丞持节督趣逐捕。汝南太守严䜣捕斩令等。迁䜣为大司农，赐黄金百斤。

四年春正月，行幸甘泉，郊泰畤，神光降集紫殿。大赦天下。赐云阳吏民爵，女子百户牛酒，鳏寡孤独高年帛。三月，行幸河东，祠后土，赐吏民如云阳，行所过无出田租。

夏四月癸未，长乐临华殿、未央宫东司马门皆灾。

六月甲午，霸陵园门阙灾。出杜陵诸未尝御者归家。诏曰：“乃

邑，胡作非为，奸巧诡诈，从别处运土来增高地基，耗费钱财，滥用民力，急于求成。导致参加修建昌陵的卒徒受到折磨，死者不断，百姓疲惫不堪，天下消耗巨大。常侍王闳以前任大司农中丞，多次上奏说昌陵不能建成。侍中尉淳于长也多次劝说应早日停建，让已经迁徙的人口返回原籍。朕因淳于长的建议而将王闳的奏章下发给公卿讨论，公卿商讨后都同意淳于长的建议。淳于长最早提出良策，王闳减少钱财民力的浪费，让百姓能够安宁。之前已经赏赐王闳关内侯爵位，黄金百斤。现在赏赐淳于长关内侯爵位，食邑千户，王闳食邑五百户。解万年奸邪不忠，坑害百姓，国内怨声载道，至今没有停止，虽然赦免其罪，但不应住在京都。决定将解万年流放到敦煌郡。”

同年，御史大夫王骏去世。

永始三年（前14）春正月三十日，发生日食。成帝下诏说：“天灾仍然多次出现，朕感到非常惶恐。担忧百姓失其常业，特此派遣太中大夫嘉等人巡行天下，慰问德高望重的老人，了解民间的疾苦。可与部刺史举荐淳朴谦让有德行的各一人。”

冬十月初五日，皇太后诏令主管官吏恢复甘泉泰畤、汾阴后土、雍地五畤、陈仓陈宝祠。详见《郊祀志》。

十一月，尉氏县男子樊並等十三人谋反，杀死陈留太守，劫掠官民，自称将军。刑徒李谭等五人一同杀死樊並等人，都封为列侯。

十二月，山阳铁官属下的刑徒苏令等二百二十八人攻杀长吏，盗取库中兵器，自称将军，流窜十九个郡国，杀死东郡太守、汝南都尉。成帝派丞相长史、御史中丞持节督促追捕。汝南太守严䜣捕杀苏令等人。升严䜣为大司农，赏赐黄金百斤。

永始四年（前13）春正月，成帝驾临甘泉宫，在泰畤举行郊祭，神光降临紫殿。大赦天下。赏赐云阳官民爵位，女子每百户牛、酒若干，鳏寡孤独和老人帛若干。三月，成帝巡行河东，祭祀地神，同云阳一样赏赐河东官民，途中经过的地方免除田租。

夏四月十一日，长乐临华殿、未央宫东司马门都发生火灾。

六月二十三日，霸陵园门阙发生火灾。将杜陵中未被宣帝宠幸

者，地震京师，火灾娄降，朕甚惧之。有司其悉心明对厥咎，朕将亲览焉。”

又曰：“圣王明礼制以序尊卑，异车服以章有德，虽有其财，而无其尊，不得逾制，故民兴行，上义而下利。方今世俗奢僭罔极，靡有厌足。公卿列侯亲属近臣，四方所则，未闻修身遵礼，同心忧国者也。或乃奢侈逸豫，务广第宅，治园池，多畜奴婢，被服绮縠，设钟鼓，备女乐，车服嫁娶葬埋过制。吏民慕效，寖以成俗，而欲望百姓俭节，家给人足，岂不难哉！《诗》不云乎？‘赫赫师尹，民具尔瞻。’其申敕有司，以渐禁之。青绿民所常服，且勿止。列侯近臣，各自省改。司隶校尉察不变者。”

秋七月辛未晦，日有蚀之。

元延元年春正月己亥朔，日有蚀之。

三月，行幸雍，祠五畤。

夏四月丁酉，无云有雷，声光耀耀，四面下至地，昏止。赦天下。

秋七月，有星孛于东井。诏曰：“乃者，日蚀星陨，谪见于天，大异重仍。在位默然，罕有忠言。今孛星见于东井，朕甚惧焉。公卿大夫、博士、议郎其各悉心，惟思变意，明以经对，无有所讳；与内郡国举方正能直言极谏者各一人，北边二十二郡举勇猛知兵法者各一人。”

封萧相国后喜为酂侯。

冬十二月辛亥，大司马大将军王商薨。

是岁，昭仪赵氏害后宫皇子。

的女子遣返回家。成帝下诏说："前次，京都发生地震，火灾多次出现，朕感到非常惶恐。希望主管官吏能尽心指出朕的过失，朕将亲自阅看。"

又说："圣明的君王规定礼制来让尊卑有序，区分车服来彰显有德之人，有些人虽有钱财，但没有尊贵的地位，不可以逾越礼制，所以百姓注重自己的德行，崇尚道义而轻视利益。当今世俗奢侈逾礼，不合法度，不知满足。公卿列侯与亲属近臣，是四方臣民的表率，不曾听说这些人修身养性，遵守礼法，同心忧国的。有的人奢侈无度，贪图安逸，一心扩建宅邸，修建园林池塘，蓄养奴婢，穿着绫罗绸缎，陈列钟鼓，备有歌舞伎，车服与嫁娶埋葬都逾越礼制。官民因羡慕而仿效，逐渐形成奢侈风气，而希望百姓节约，家家丰衣足食，岂不很难！《诗经》不是说过吗？'地位显赫的太师尹氏，百姓都仰望着你。'现在敕命主管官吏，要慢慢禁止这种奢侈之风。青绿二色是百姓常服，不必禁。列侯近臣，应各自反省并改正错误。司隶校尉要查处那些不改变的人。"

秋七月三十日，发生日食。

元延元年（前12）春正月初一日，发生日食。

三月，成帝巡行雍地，在五畤举行祭祀。

夏四月初一日，无云有雷，电光闪耀，从四面落到地上，黄昏才停止。赦天下。

秋七月，有彗星出现在东井。成帝下诏说："前次，日食出现，星辰陨落，上天见责，仍然不断显示异象。而在位的公卿沉默不语，很少进谏忠言。现在彗星出现在东井，朕感到非常害怕。公卿大夫、博士、议郎都应尽心，认真思考上天显示异象的原因，明白指出朕的过失，不要有所避讳；要与内地的郡国举荐品行方正能直言极谏的各一人，北方的二十二郡国举荐勇猛果敢又熟知兵法的各一人。"

封丞相萧何的后代萧喜为酂侯。

冬十二月十八日，大司马大将军王商去世。

同年，昭仪赵氏害死后宫美人生下的皇子。

二年春正月，行幸甘泉，郊泰畤。

三月，行幸河东，祠后土。

夏四月，立广陵孝王子宇为王。

冬，行幸长杨宫，从胡客大校猎。宿萯阳宫，赐从官。

三年春正月丙寅，蜀郡岷山崩，雍江三日，江水竭。

二月，封侍中卫尉淳于长为定陵侯。

三月，行幸雍，祠五畤。

四年春正月，行幸甘泉，郊泰畤。

二月，罢司隶校尉官。

三月，行幸河东，祠后土。

甘露降京师，赐长安民牛酒。

绥和元年春正月，大赦天下。

二月癸丑，诏曰："朕承太祖鸿业，奉宗庙二十五年，德不能绥理宇内，百姓怨恨者众。不蒙天祐，至今未有继嗣，天下无所系心。观于往古近事之戒，祸乱之萌，皆由斯焉。定陶王欣于朕为子，慈仁孝顺，可以承天序，继祭祀。其立欣为皇太子。封中山王舅谏大夫冯参为宜乡侯，益中山国三万户，以慰其意。赐诸侯王、列侯金，天下当为父后者爵，三老、孝弟力田帛，各有差。"

又曰："盖闻王者必存二王之后，所以通三统也。昔成汤受命，列为三代，而祭祀废绝。考求其后，莫正孔吉。其封吉为殷绍嘉侯。"三月，进爵为公，及周承休侯皆为公，地各百里。

行幸雍，祠五畤。

夏四月，以大司马票骑大将军为大司马，罢将军官。御史大夫

元延二年（前11）春正月，成帝驾临甘泉宫，在泰畤举行郊祭。

三月，成帝巡行河东，祭祀地神。

夏四月，立广陵孝王的儿子刘宇为王。

冬，成帝驾临长杨宫，让胡地来客人进行围猎。住在萯阳宫，赏赐随从官员。

元延三年（前10）春正月初十日，蜀郡岷山发生崩塌，堵塞江水三日，导致江水断流。

二月，封侍中卫尉淳于长为定陵侯。

三月，成帝巡行雍地，在五畤举行祭祀。

元延四年（前9）春正月，成帝驾临甘泉宫，在泰畤举行郊祭。

二月，撤去司隶校尉官。

三月，成帝巡行河东，祭祀地神。

京都降下甘露，赏赐长安百姓牛、酒若干。

绥和元年（前8）春正月，大赦天下。

二月初九日，成帝下诏说："朕继承太祖大业，奉祀宗庙已经二十五年，德行不能安抚天下，百姓中怨恨的人有很多。不受上天庇佑，至今未有继承人，天下百姓心中无所寄托。从古往今来的教训看，祸乱的萌生，都是因此而起。定陶王刘欣对于朕来说就像儿子一样，仁慈孝顺，可以承奉天序，继承祭祀。现在决定立刘欣为皇太子。封中山王的舅舅谏大夫冯参为宜乡侯，增加中山国食邑三万户，以表抚慰之意。赏赐诸侯王、列侯黄金，赏赐天下百姓中继承父业的人爵位，赏赐三老、孝弟力田帛，各有等级。"

又说："听说天子一定要封前朝两代帝王的后代，这样才能象征天、地、人三统相通。过去成汤受天之命，列为夏、商、周三代，但后来祭祀断绝。寻求其后代，确定孔吉为正统。现在决定封孔吉为殷绍嘉侯。"三月，孔吉晋升爵位为公，与周承休侯都为公爵，封地各百里。

成帝巡行雍地，在五畤举行祭祀。

夏四月，任命大司马骠骑将军王根为大司马，撤去将军官。御

为大司空，封为列侯。益大司马、大司空奉如丞相。

秋八月庚戌，中山王兴薨。

冬十一月，立楚孝王孙景为定陶王。

定陵侯淳于长大逆不道，下狱死。廷尉孔光使持节赐贵人许氏药，饮药死。

十二月，罢部刺史，更置州牧，秩二千石。

二年春正月，行幸甘泉，郊泰畤。

二月壬子，丞相翟方进薨。

三月，行幸河东，祀后土。

丙戌，帝崩于未央宫。皇太后诏有司复长安南北郊。四月己卯，葬延陵。

赞曰：臣之姑充后宫为婕妤，父子昆弟侍帷幄，数为臣言成帝善修容仪，升车正立，不内顾，不疾言，不亲指，临朝渊嘿，尊严若神，可谓穆穆天子之容者矣！博览古今，容受直辞。公卿称职，奏议可述。遭世承平，上下和睦。然湛于酒色，赵氏乱内，外家擅朝，言之可为於邑。建始以来，王氏始执国命，哀、平短祚，莽遂篡位，盖其威福所由来者渐矣！

史大夫为大司空，封为列侯。增加大司马、大司空的俸禄，与丞相相同。

秋八月初九日，中山王刘兴去世。

冬十一月，立楚孝王的孙子刘景为定陶王。

定陵侯淳于长大逆不道，被关入监牢，并死在狱中。廷尉孔光为使持节赐贵人许氏毒药，许氏服毒而死。

十二月，撤去部刺史，改设州牧，俸禄为二千石。

绥和二年（前7）春正月，成帝驾临甘泉宫，在泰畤举行郊祭。

二月十三日，丞相翟方进去世。

三月，成帝巡行河东，祭祀地神。

三月十八日，成帝在未央宫驾崩。皇太后诏令主管官吏恢复长安南北郊的祭祀。四月十一日，成帝安葬在延陵。

赞辞说：臣的姑姑在成帝后宫中被封为婕妤，父子兄弟在帐幕侍奉她时，她多次对臣说成帝非常注重修饰容貌仪表，登车后就端正站立，不回头看，不急促说话，不用手指指点点，临朝时庄严深沉，尊贵严肃如同神明，可谓是端庄盛美的天子容仪！博览古今，包容直言。公卿都很称职，奏议文采斐然。恰逢太平盛世，上下一片和睦。但成帝沉溺酒色，赵氏姐妹祸乱内宫，王氏外戚独揽朝政，说起来让人叹息。从建始以来，王氏开始把持国政，哀帝与平帝在位时间都很短，王莽于是篡位，王家的威福就是从成帝开始慢慢形成的！

卷十一

哀帝纪第十一

孝哀皇帝，元帝庶孙，定陶恭王子也。母曰丁姬。年三岁嗣立为王，长好文辞法律。元延四年入朝，尽从傅、相、中尉。时成帝少弟中山孝王亦来朝，独从傅。上怪之，以问定陶王，对曰："令，诸侯王朝，得从其国二千石。傅、相、中尉皆国二千石，故尽从之。"上令诵《诗》，通习，能说。他日问中山王："独从傅在何法令？"不能对。令诵《尚书》，又废。及赐食于前，后饱；起下，袜系解。成帝由此以为不能，而贤定陶王，数称其材。时王祖母傅太后随王来朝，私赂遗上所幸赵昭仪及帝舅票骑将军曲阳侯王根。昭仪及根见上亡子，亦欲豫自结为长久计，皆更称定陶王，劝帝以为嗣。成帝亦自美其材，为加元服而遣之，时年十七矣。明年，使执金吾任宏守大鸿胪，持节征定陶王，立为皇太子。谢曰："臣幸得继父守藩为诸侯王，材质不足以假充太子之宫。陛下圣德宽仁，敬承祖宗，奉顺神祇，宜蒙福祐子孙千亿之报。臣愿且得留国邸，旦夕奉问起居，俟有圣嗣，归国守藩。"书奏，天子报闻。后月余，立楚孝王孙景为定陶王，奉恭王祀，所以奖厉太子专为后之谊。语在《外戚传》。

绥和二年三月，成帝崩。四月丙午，太子即皇帝位，谒高庙。尊皇太后曰太皇太后，皇后曰皇太后。大赦天下。赐宗室王子有属者马各一驷，吏民爵，百户牛酒，三老、孝弟力田、鳏寡孤独帛。太皇

汉哀帝，是元帝的庶孙，定陶恭王的儿子。母亲是丁姬。三岁时继位为王，长大后喜欢文辞法律。元延四年（前9）入朝，傅、相、中尉都随同他前来。当时成帝的幼弟中山孝王也前来朝见，却只有傅随同他前来。成帝非常不解，就问定陶王，定陶王答道："朝廷有令，诸侯王朝见时，封国中二千石的官吏应随同前来。傅、相、中尉都是封国中的二千石，所以都应一同前来。"成帝叫他背诵《诗经》，都很熟悉，也能说明其义。另一日，成帝问中山王："只让傅同来是依据哪条法令？"中山王不能回答。叫他背诵《尚书》，又背不出来。成帝宴请他，别人都吃完了他才吃饱；起身离席时，袜带也松开了。成帝因此认为中山王无能，而喜欢定陶王，经常夸赞他的才能。当时定陶王的祖母傅太后随他来朝，私下贿赂成帝宠爱的赵昭仪及成帝的舅舅骠骑将军、曲阳侯王根。赵昭仪及王根见成帝无子，也想早日与定陶王结交来为长远打算，就都极力夸赞定陶王，劝成帝把他作为继承人。成帝也很欣赏定陶王的才能，就在朝中为他举行冠礼后让他返回封地，当时定陶王十七岁。第二年，成帝派执金吾任宏代理大鸿胪，持符节征召定陶王，立为皇太子。定陶王谢诏说："小臣有幸能够继承父业受封为诸侯王，资质不足以担当太子之位。陛下圣德宽仁，敬承祖宗，奉顺神祇，理应蒙受上天福报多子多孙。臣愿暂留京都府邸，早晚侍奉起居，待陛下有圣嗣之后，就回国驻守封地。"奏书上呈后，成帝知晓了定陶王的心意。一个多月后，成帝立楚孝王的孙子刘景为定陶王，奉祀定陶恭王，这是奖励太子为宗庙祭祀之事考虑。详见《外戚传》。

绥和二年（前7）三月，成帝驾崩。四月初四日，太子即皇帝位，拜谒高祖庙。尊皇太后为太皇太后，皇后为太后。大赦天下。赏赐有宗籍的宗室王子各四匹马，赏赐官民爵位，赏赐百姓每百户牛、酒若

太后诏尊定陶恭王为恭皇。

五月丙戌，立皇后傅氏。诏曰："《春秋》'母以子贵'，尊定陶太后曰恭皇太后，丁姬曰恭皇后，各置左右詹事，食邑如长信宫、中宫。"追尊傅父为崇祖侯、丁父为褒德侯。封舅丁明为阳安侯，舅子满为平周侯。追谥满父忠为平周怀侯，皇后父晏为孔乡侯，皇太后弟侍中光禄大夫赵钦为新成侯。

六月，诏曰："郑声淫而乱乐，圣王所放，其罢乐府。"

曲阳侯根前以大司马建社稷策，益封二千户。太仆安阳侯舜辅导有旧恩，益封五百户，及丞相孔光、大司空汜乡侯何武益封各千户。

诏曰："河间王良丧太后三年，为宗室仪表，益封万户。"

又曰："制节谨度以防奢淫，为政所先，百王不易之道也。诸侯王、列侯、公主、吏二千石及豪富民多畜奴婢，田宅亡限，与民争利，百姓失职，重困不足。其议限列。"有司条奏："王、列侯得名田国中，列侯在长安及公主名田县道，关内侯、吏民名田，皆无得过三十顷。诸侯王奴婢二百人，列侯、公主百人，关内侯、吏民三十人。年六十以上，十岁以下，不在数中。贾人皆不得名田、为吏，犯者以律论。诸名田畜奴婢过品，皆没入县官。齐三服官、诸官织绮绣，难成，害女红之物，皆止，无作输。除任子令及诽谤诋欺法。掖庭宫人年三十以下，出嫁之。官奴婢五十以上，免为庶人。禁郡国无得献名兽。益吏三百石以下奉。察吏残贼酷虐者，以时退。有司无得举赦前往事。博士弟子父母死，予宁三年。"

干，赏赐三老、孝弟力田、鳏寡孤独帛。太皇太后下诏尊定陶恭王为恭皇。

五月十九日，哀帝立傅氏为皇后。下诏说：“《春秋》说‘母以子贵’，现在尊定陶太后为恭皇太后，丁姬为恭皇后，各设置左右詹事，食邑与太后、皇后相同。”追尊傅太后的父亲为崇祖侯，恭皇后丁姬的父亲为褒德侯。封舅舅丁明为阳安侯，舅舅的儿子丁满为平周侯。追谥丁满的父亲丁忠为平周怀侯，皇后的父亲傅晏为孔乡侯，皇太后的弟弟侍中光禄大夫赵钦为新成侯。

六月，哀帝下诏说：“郑声为靡靡之音，被圣王所弃，现在决定撤去乐府。”

曲阳侯王根担任大司马时曾建议立太子来安定社稷，加封食邑二千户。太仆安阳侯王舜对哀帝有辅导旧恩，加封食邑五百户，另外丞相孔光、大司空汜乡侯何武各自加封食邑千户。

哀帝下诏说：“河间王刘良为太后服丧三年，是宗室表率，加封食邑一万户。”

又说：“节俭克制，严守礼法来防止奢侈淫逸，是治理国家的首要任务，是历代帝王不可改变的常法。诸侯王、列侯、公主、二千石官吏及巨富之民很多都蓄养奴婢，田宅无限，与民众争夺利益，使百姓失其常业，加重困苦，用度不足。应该商讨拟定条例加以限禁。”主管官吏逐条上奏：“诸王、列侯在封国占有的田地，列侯在长安及公主在县道占有的田地，关内侯、官民占有的田地，都不能超过三十顷。诸侯王可以蓄养奴婢二百人，列侯、公主可以蓄养奴婢一百人，关内侯、官民可以蓄养奴婢三十人。六十岁以上，十岁以下的奴婢，不在此数中。商人都不能占有田地、担任官吏，违反者依法论处。凡是占有田地与蓄养奴婢超过规定的，都没入县官。齐三服官、诸官所织的绮绣，难以制成，耗费女红，都停止制作，不用献给朝廷。废除二千石官吏任职满三年可以保一子为郎官的法令以及诽谤诋欺法。掖庭宫人三十岁以下的，可以出嫁。官家奴婢五十岁以上的，免去奴籍而为平民。禁止郡国进献珍禽异兽。增加三百石以下官吏的俸禄。监察

秋，曲阳侯王根、成都侯王况皆有罪。根就国，况免为庶人，归故郡。

诏曰："朕承宗庙之重，战战兢兢，惧失天心。间者日月亡光，五星失行，郡国比比地动。乃者河南、颍川郡水出，流杀人民，坏败庐舍。朕之不德，民反蒙辜，朕甚惧焉。已遣光禄大夫循行举籍，赐死者棺钱，人三千。其令水所伤县邑及他郡国灾害什四以上，民赀不满十万，皆无出今年租赋。"

建平元年春正月，赦天下。侍中骑都尉新成侯赵钦、成阳侯赵䜣皆有罪，免为庶人，徙辽西。

太皇太后诏外家王氏田非冢茔，皆以赋贫民。

二月，诏曰："盖闻圣王之治，以得贤为首。其与大司马、列侯、将军、中二千石、州牧、守、相举孝弟惇厚能直言通政事，延于侧陋可亲民者，各一人。"

三月，赐诸侯王、公主、列侯、丞相、将军、中二千石、中都官郎吏金钱帛，各有差。

冬，中山孝王太后媛、弟宜乡侯冯参有罪，皆自杀。

二年春三月，罢大司空，复御史大夫。

夏四月，诏曰："汉家之制，推亲亲以显尊尊。定陶恭皇之号不宜复称定陶。尊恭皇太后曰帝太太后，称永信宫；恭皇后曰帝太后，称中安宫。立恭皇庙于京师。赦天下徒。"

罢州牧，复刺史。

六月庚申，帝太后丁氏崩。上曰："朕闻夫妇一体。《诗》云：

残酷暴虐的官吏，发现后马上免职。主管官吏不得加刑或赦免已经审理的旧案。博士弟子的父母去世，给予三年丧假。”

秋，曲阳侯王根、成都侯王况都有罪。王根去往封地，王况免予刑罚，废为平民，返回家乡。

哀帝下诏说：“朕继承奉祀宗庙的重任，战战兢兢，害怕失去天意。近来日月黯淡无光，五星不按轨道运行，郡国经常发生地震。同时河南、颍川郡黄河决口，泛滥成灾，淹死百姓，冲坏房屋。朕的德行浅薄，百姓反受其罪，朕感到非常惶恐。现在已经派遣光禄大夫巡行灾区进行登记，赐予死者置办棺材之钱，每人三千。下令遭受水灾的县邑及其他郡国受灾十分之四以上，百姓财产不满十万，都免除今年租税。”

建平元年（前6）春正月，赦天下。侍中骑都尉新成侯赵钦、成阳侯赵䜣都有罪，免予刑罚，废为平民，流放到辽西。

太皇太后诏令外戚王氏家族中不是墓地所需的田地，都交给贫民耕种。

二月，哀帝下诏说：“听说圣明的君王治理国家，把任用贤才作为首位。现在下令大司马、列侯、将军、中二千石、州牧、守、相举荐孝悌敦厚、能直言进谏、通晓政事的贤才，即使地位微贱，也可担任地方官，各一人。”

三月，赏赐诸侯王、公主、列侯、丞相、将军、中二千石、中都官郎吏金、钱、帛，各有等级。

冬，中山孝王太后冯媛、太后的弟弟宜乡侯冯参有罪，都自杀。

建平二年（前5）春三月，撤去大司空，恢复御史大夫。

夏四月，哀帝下诏说：“汉家的制度，推崇至亲，加以尊号，来显示其尊贵地位。定陶恭皇的号不应再称定陶。尊恭皇太后为帝太太后，称永信宫；恭皇后为帝太后，称中安宫。在京都建立恭皇庙。赦免天下犯人。”

撤去州牧，恢复刺史。

六月初五日，帝太后丁氏驾崩。哀帝说：“朕听说夫妇为一体。

'榖则异室，死则同穴。'昔季武子成寝，杜氏之殡在西阶下，请合葬而许之。附葬之礼，自周兴焉。'郁郁乎文哉！吾从周。'孝子事亡如事存。帝太后宜起陵恭皇之园。"遂葬定陶。发陈留、济阴近郡国五万人穿复土。

待诏夏贺良等言赤精子之谶，汉家历运中衰，当再受命，宜改元易号。诏曰："汉兴二百载，历数开元。皇天降非材之佑，汉国再获受命之符，朕之不德，曷敢不通！夫基事之元命，必与天下自新，其大赦天下。以建平二年为太初元将元年。号曰陈圣刘太平皇帝。漏刻以百二十为度。"

七月，以渭城西北原上永陵亭部为初陵。勿徙郡国民，使得自安。

八月，诏曰："待诏夏贺良等建言改元易号，增益漏刻，可以永安国家。朕过听贺良等言，冀为海内获福，卒亡嘉应。皆违经背古，不合时宜。六月甲子制书，非赦令也，皆蠲除之。贺良等反道惑众，下有司。"皆伏辜。

丞相博、御史大夫玄、孔乡侯晏有罪。博自杀，玄减死二等论，晏削户四分之一。语在《博传》。

三年春正月，立广德夷王弟广汉为广平王。

癸卯，帝太太后所居桂宫正殿火。

三月己酉，丞相当薨。有星孛于河鼓。

夏六月，立鲁顷王子部乡侯闵为王。

冬十一月壬子，复甘泉泰畤、汾阴后土祠，罢南北郊。

东平王云、云后谒、安成恭侯夫人放皆有罪。云自杀，谒、放弃市。

《诗经》说：‘生则不能在一室，死则同埋一墓穴。’过去鲁国大夫季武子的陵寝建成后，他的妻子杜氏的灵柩停放在西阶下，子孙请求合葬而得到准许。合葬之礼，从周朝就兴起了。孔子说‘周朝的礼乐制度多么完备啊！我遵循周礼。’孝子侍奉死者如同侍奉生者。帝太后应应该在恭皇的园陵修建陵墓。”于是将帝太后安葬在定陶。征调陈留、济阴附近郡国的五万人从事开挖墓穴，下放棺椁，填土建陵等工作。

待诏夏贺良等人作汉高祖为赤帝之子的谶言，说汉家气数衰微，当再受天命，应更改年号。哀帝下诏说：“汉朝兴盛二百年，数次开创纪元。皇天赐福朕这无能之人，汉朝再获受命之符，朕的德行浅薄，怎么敢不遵循！大凡再受天命，一定与天下改过自新，现在决定大赦天下。把建平二年作为太初元将元年。号为陈圣刘太平皇帝。漏刻增至一百二十度。”

七月，把渭城西北原上永陵亭部设置为初陵。不用迁徙郡国百姓，使他们能安居乐业。

八月，哀帝下诏说：“待诏夏贺良等人建议更改年号，增加漏刻，可以使国家永远安定。朕误信夏贺良等人的话，希望为海内获得福祉，最终没有祥瑞降临。他们的建议违反义理，背弃古训，不合时宜。六月初九日所下的制书，除赦令以外，一律废除。夏贺良等人违反正道，迷惑众人，交由主管官吏处置。”夏贺良等人都伏罪。

丞相朱博、御史大夫赵玄、孔乡侯傅晏有罪。朱博自杀，赵玄减死罪二等论处，傅晏削减食邑四分之一户。详见《朱博传》。

建平三年（前4）春正月，立广德夷王的弟弟刘广汉为广平王。

二十一日，帝太太后居住的桂宫正殿失火。

三月二十八日，丞相平当去世。有彗星出现于河鼓星。

夏六月，立鲁顷王的儿子部乡侯刘闵为王。

冬十一月初五日，恢复甘泉泰畤、汾阴后土祠，废除南北郊祭。

东平王刘云、东平王后谒、安成恭侯夫人放都有罪。刘云自杀，谒、放都被斩首示众。

四年春，大旱。关东民传行西王母筹，经历郡国，西入关至京师。民又会聚祠西王母，或夜持火上屋，击鼓号呼相惊恐。

二月，封帝太太后从弟侍中傅商为汝昌侯，太后同母弟子侍中郑业为阳信侯。

三月，侍中驸马都尉董贤、光禄大夫息夫躬、南阳太守孙宠皆以告东平王封列侯。语在《贤传》。

夏五月，赐中二千石至六百石及天下男子爵。

六月，尊帝太太后为皇太太后。

秋八月，恭皇园北门灾。

冬，诏将军、中二千石举明兵法有大虑者。

元寿元年春正月辛丑朔，日有蚀之。诏曰："朕获保宗庙，不明不敏，宿夜忧劳，未皇宁息。惟阴阳不调，元元不赡，未睹厥咎。娄敕公卿，庶几有望。至今有司执法，未得其中，或上暴虐，假势获名，温良宽柔，陷于亡灭。是故残贼弥长，和睦日衰，百姓愁怨，靡所错躬。乃正月朔，日有蚀之，厥咎不远，在余一人。公卿大夫其各悉心勉帅百寮，敦任仁人，黜远残贼，期于安民。陈朕之过失，无有所讳。其与将军、列侯、中二千石举贤良方正能直言者各一人。大赦天下。"

丁巳，皇太太后傅氏崩。

三月，丞相嘉有罪，下狱死。

秋九月，大司马票骑将军丁明免。

孝元庙殿门铜龟蛇铺首鸣。

二年春正月，匈奴单于、乌孙大昆弥来朝。二月，归国，单于不说。语在《匈奴传》。

夏四月壬辰晦，日有蚀之。

建平四年（前3）春，发生大旱。关东民间谣言西王母将至，为其传行诏筹，经过郡国，从西入关到京都。百姓又聚集起来祭祀西王母，有人夜间拿着火把，登上屋顶，打鼓哀号，一片惊恐。

二月，封帝太太后的堂弟侍中傅商为汝昌侯，太后同母弟弟的儿子侍中郑业为阳信侯。

三月，侍中驸马都尉董贤、光禄大夫息夫躬、南阳太守孙宠都因告发东平王有功而封为列侯。详见《董贤传》。

夏五月，赏赐中二千石到六百石的官吏以及天下男子爵位。

六月，尊帝太太后为皇太太后。

秋八月，恭皇园北门发生火灾。

冬，诏令将军、中二千石举荐通晓兵法，有远大谋略的人。

元寿元年（前2）春正月初一日，发生日食。哀帝下诏说："朕奉祀宗庙，既不英明也不聪明，整夜忧劳，无暇休息。仍是阴阳不协调，百姓不富足，不知道过错在哪里。朕多次诏令公卿，希望他们能励精图治。至今主管官吏执法，不懂得适当，有的凶暴残虐，借势获名，而温良宽柔之人，却陷入灭亡的境地。因此残害之风日益增长，和睦之气日渐衰微，百姓忧愁怨恨，没有安身立命之处。于是正月初一，发生日食，原因不必深究，在我一人。公卿大夫都要尽心竭力为百官作出表率，重用有德行的人，斥逐凶残暴虐之人，希望能够安定百姓。陈述朕的过失，不要有所避讳。现在下令将军、列侯、中二千石举荐贤良方正能直言的各一人。大赦天下。"

十七日，皇太太后傅氏驾崩。

三月，丞相王嘉有罪，被关入监牢，并死在狱中。

秋九月，大司马骠骑将军丁明被免职。

孝元帝庙殿门上龟蛇相交之形的铜铺首发出声音。

元寿二年（前1）春正月，匈奴单于、乌孙大昆弥前来朝见。二月，回国，单于走时并不愉快。详见《匈奴传》。

夏四月三十日，发生日食。

五月，正三公官分职。大司马卫将军董贤为大司马，丞相孔光为大司徒，御史大夫彭宣为大司空，封长平侯。正司直、司隶，造司寇职，事未定。

六月戊午，帝崩于未央宫。秋九月壬寅，葬义陵。

赞曰：孝哀自为藩王及充太子之宫，文辞博敏，幼有令闻。睹孝成世禄去王室，权柄外移，是故临朝娄诛大臣，欲强主威，以则武、宣。雅性不好声色，时览卞射武戏。即位痿痹，末年寖剧，飨国不永，哀哉！

五月，改变三公职掌，让其分管各自职务。任命大司马卫将军董贤为大司马，丞相孔光为大司徒，御史大夫彭宣为大司空，封长平侯。改变司直、司隶职掌，创设司寇一职，此事尚未确定。

六月初三日，哀帝在未央宫驾崩。秋九月十八日，安葬在义陵。

赞辞说：汉哀帝从藩王到被立为太子，文辞广博，才思敏捷，幼年时就有美名。目睹汉成帝时世禄远离王室，权力转向外戚，所以哀帝执政时屡次诛杀大臣，想要加强君王的威严，以效法武帝、宣帝。哀帝本性不爱声色，只是有时会观看徒手搏斗和角力之戏。即位时身患肢体萎缩麻痹之病，后来逐渐加重，在位时间不久就驾崩了，真是哀伤啊！

卷十二

平帝纪十二

孝平皇帝，元帝庶孙，中山孝王子也。母曰卫姬。年三岁嗣立为王。元寿二年六月，哀帝崩，太皇太后诏曰：“大司马贤年少，不合众心。其上印绶，罢。”贤即日自杀。新都侯王莽为大司马，领尚书事。秋七月，遣车骑将军王舜、大鸿胪左咸使持节迎中山王。辛卯，贬皇太后赵氏为孝成皇后，退居北宫，哀帝皇后傅氏退居桂宫。孔乡侯傅晏、少府董恭等皆免官爵，徙合浦。九月辛酉，中山王即皇帝位，谒高庙，大赦天下。

帝年九岁，太皇太后临朝，大司马莽秉政，百官总己以听于莽。诏曰：“夫赦令者，将与天下更始，诚欲令百姓改行絜己，全其性命也。往者有司多举奏赦前事，累增罪过，诛陷亡辜，殆非重信慎刑，洒心自新之意也。及选举者，其历职更事有名之士，则以为难保，废而弗举，甚谬于赦小过举贤材之义。诸有臧及内恶未发而荐举者，皆勿案验。令士厉精乡进，不以小疵妨大材。自今以来，有司无得陈赦前事置奏上。有不如诏书为亏恩，以不道论。定著令，布告天下，使明知之。”

元始元年春正月，越裳氏重译献白雉一，黑雉二，诏使三公以荐宗庙。

群臣奏言大司马莽功德比周公，赐号安汉公，及太师孔光等皆益封。语在《莽传》。赐天下民爵一级，吏在位二百石以上，一切满

汉平帝，是元帝的庶出之孙，中山孝王的儿子。母亲是卫姬。三岁时继位为王。元寿二年（前1）六月，哀帝驾崩，太皇太后下诏说："大司马董贤年少，不得众人之心。应当交还印绶，免去其职。"董贤当日自杀。新都侯王莽被任命为大司马，领尚书事。秋七月，太皇太后派车骑将军王舜、大鸿胪左咸使持节迎接中山王。七月三十日，贬皇太后赵氏为孝成皇后，退居北宫，哀帝皇后傅氏退居桂宫。孔乡侯傅晏、少府董恭等人都免去官职爵位，流放到合浦。九月初一日，中山王即皇帝位，拜谒高祖庙，大赦天下。

平帝当时九岁，太皇太后临朝称制，大司马王莽主持朝政，百官总摄己职听命于王莽。太皇太后下诏说："朝廷发布赦令，是想要与天下重新开始，真心希望百姓能改变行为，修洁自身，保全性命。过去主管官吏多上奏检举赦令发布前所犯之事，累增罪过，陷害杀戮无辜之人，这不是朝廷希望官吏看重信义，谨慎用刑，犯人能彻底悔改，改过自新的本意。选取任用贤才时，担任过职位，有经历又有名望的士人，就因为曾有罪过而不可保，就认为无用而不举荐，这就完全违背了孔子说的'赦小过，举贤才'的准则。对于有贪污财物及品行方面的问题但没被察觉而被举荐的人，一律不必追究。让士人发愤图强，向上进取，不因小的过失而妨碍大的才能。从今往后，主管官吏不必陈奏赦令发布前所犯之事。如有不遵循此诏书的，都视为辜负皇恩，以大逆不道论处。特定此令，布告天下，使百姓清楚知道其事。"

元始元年（1）春正月，越裳国经辗转翻译而来，献上白雉一只，黑雉二只，诏令三公将此物进献宗庙。

群臣上奏说大司马王莽的功德比肩周公，赐号为安汉公，太师孔光等人都加封。详见《王莽传》。赏赐天下百姓爵位一级，官吏职位

秩如真。

立故东平王云太子开明为王，故桃乡顷侯子成都为中山王。封宣帝耳孙信等三十六人皆为列侯。太仆王恽等二十五人前议定陶傅太后尊号，守经法，不阿指从邪，右将军孙建爪牙大臣，大鸿胪咸前正议不阿，后奉节使迎中山王，及宗正刘不恶、执金吾任岑、中郎将孔永、尚书令姚恂、沛郡太守石诩，皆以前与建策，东迎即位，奉事周密勤劳，赐爵关内侯，食邑各有差。赐帝征即位所过县邑吏二千石以下至佐史爵，各有差。又令诸侯王、公、列侯、关内侯亡子而有孙若子同产子者，皆得以为嗣。公、列侯嗣子有罪，耐以上先请。宗室属未尽而以罪绝者，复其属，其为吏举廉佐史，补四百石。天下吏比二千石以上年老致仕者，参分故禄，以一与之，终其身。遣谏大夫行三辅，举籍吏民，以元寿二年仓卒时横赋敛者，偿其值。义陵民冢不妨殿中者勿发。天下吏民亡得置什器储偫。

二月，置羲和官，秩二千石；外史、闾师，秩六百石。班教化，禁淫祀，放郑声。

乙未，义陵寝神衣在柙中，丙申旦，衣在外床上，寝令以急变闻。用太牢祠。

夏五月丁巳朔，日有蚀之。大赦天下。公卿、将军、中二千石举敦厚能直言者各一人。

六月，使少傅左将军丰赐帝母中山孝王姬玺书，拜为中山孝王后。赐帝舅卫宝、宝弟玄爵关内侯。赐帝女弟四人号皆曰君，食邑各二千户。

封周公后公孙相如为褒鲁侯，孔子后孔均为褒成侯，奉其祀。追谥孔子曰褒成宣尼公。

二百石以上，试守未满的都发全俸。

立原东平王刘云的太子刘开明为王，立原桃乡顷侯的儿子刘成都为中山王。封宣帝远孙刘信等三十六人都为列侯。太仆王恽等二十五人从前商议定陶傅太后尊号时，严守经法，不迎合奉承，右将军孙建为得力大臣，大鸿胪左咸公正不阿，后来持节迎接中山王，还有宗正刘不恶、执金吾任岑、中郎将孔永、尚书令姚恂、沛郡太守石诩，过去都曾参与决策，东迎中山王即位，办事周密勤劳，赏赐关内侯爵位，食邑各有等级。赏赐平帝即位前来京都时经过的县邑的官吏，从二千石以下到佐史爵位，各有等级。又诏令诸侯王、公、列侯、关内侯无子而有孙或过继兄弟之子的，都可以继承爵位。公、列侯的嫡长子有罪，犯剃去鬓须刑罚以上的要先请示朝廷。名列宗籍的宗室因犯罪被削除的，恢复其宗籍，担任官吏的宗室因依廉吏升为佐史的，补四百石俸禄。天下官吏俸禄同二千石以上年老退休的，三分其原禄，把其中之一给予本人，终身享有。派谏大夫巡行三辅，统计官民交纳的赋税，登记成册，凡是元寿二年（前1）哀帝驾崩时加收的赋税，如数退还。百姓坟地不妨碍义陵正殿的不必迁走。天下官民不得购置日用器具来储备。

二月，设置羲和官，俸禄为二千石；设置外史、闾师，俸禄为六百石。颁布教化之令，禁止不合礼制的祭祀，摒弃靡靡之音。

二月七日，原本存放在义陵柜中的哀帝之衣，八日的早晨，却出现在外床上，寝令以非常之变上奏朝廷。朝廷用太牢进行祭祀。

夏五月初一日，发生日食。大赦天下。公卿、将军、中二千石举荐敦厚能直言的各一人。

六月，朝廷派少傅左将军甄丰赐予平帝的母亲中山孝王姬玺书，封为中山孝王后。赏赐平帝的舅舅卫宝、卫宝的弟弟卫玄关内侯爵位。平帝的四个妹妹都赐号为君，每人赏赐食邑二千户。

封周公后代公孙相如为褒鲁侯，孔子后代孔均为褒成侯，奉祀先祖。追谥孔子为褒成宣尼公。

罢明光宫及三辅驰道。

天下女徒已论，归家，顾山钱月三百。复贞妇，乡一人。置少府海丞、果丞各一人；大司农部丞十三人，人部一州，劝农桑。

太皇太后省所食汤沐邑十县，属大司农，常别计其租入，以赡贫民。

秋九月，赦天下徒。

以中山苦陉县为中山孝王后汤沐邑。

二年春，黄支国献犀牛。

诏曰："皇帝二名，通于器物，今更名，合于古制。使太师光奉太牢告祠高庙。"

夏四月，立代孝王玄孙之子如意为广宗王，江都易王孙盱台侯宫为广川王，广川惠王曾孙伦为广德王。封故大司马博陆侯霍光从父昆弟曾孙阳、宣平侯张敖玄孙庆忌、绛侯周勃玄孙共、舞阳侯樊哙玄孙之子章皆为列侯，复爵。赐故曲周侯郦商等后玄孙郦明友等百一十三人爵关内侯，食邑各有差。

郡国大旱，蝗，青州尤甚，民流亡。安汉公、四辅、三公、卿大夫、吏民为百姓困乏献其田宅者二百三十人，以口赋贫民。遣使者捕蝗，民捕蝗诣吏，以石斗受钱。天下民赀不满二万，及被灾之郡不满十万，勿租税。民疾疫者，舍空邸第，为置医药。赐死者一家六尸以上葬钱五千，四尸以上三千，二尸以上二千。罢安定呼池苑，以为安民县，起官寺市里，募徙贫民，县次给食。至徙所，赐田宅什器，假与犁、牛、种、食。又起五里于长安城中，宅二百区，以居贫民。

撤去明光宫及三辅驰道。

天下女犯已定罪的，令其回家，每月出钱三百雇人伐木。免除贞妇的赋税和徭役，每乡一人。设置少府海丞、果丞各一人；设置大司农郡丞十三人，每人管辖一个州，劝勉农桑之事。

太皇太后让出所食汤沐邑十县，归属于大司农，经常另外计算其租税收入，用来周济贫民。

秋九月，赦免天下犯人。

把中山苦陉县作为中山孝王后的汤沐邑。

元始二年（2）春，黄支国进献犀牛。

太皇太后下诏说："皇帝以二字为名，原名箕子，与器物名相同，现在改名为衎，符合古制？派太师孔光进献太牢祭祀高祖庙并告知此事。"

夏四月，立代孝王玄孙的儿子刘如意为广宗王，江都易王的孙子盱台侯刘宫为广川王，广川惠王的曾孙刘伦为广德王。封原大司马博陆侯霍光从父兄弟的曾孙霍阳、宣平侯张敖的玄孙张庆忌、绛侯周勃的玄孙周共、舞阳侯樊哙玄孙的儿子樊章都为列侯，恢复其爵位。赏赐原曲周侯郦商等的后代玄孙郦明友等一百一十三人关内侯爵位，食邑各有等级。

郡国发生大旱、蝗灾，青州尤其严重，百姓四处逃亡。安汉公、四辅、三公、卿大夫、官民为帮助贫困百姓而捐献田地房屋的有二百三十人，按照人口分给贫民。朝廷派遣使者负责捕杀蝗虫，百姓把捕杀的蝗虫送到官吏那里，用石斗量蝗后按照数量获得赏钱。天下百姓财产不满二万的，以及受灾的郡县财产不满十万的，都免去租税。生病的百姓，都安置在捐献的房屋中，为他们进行医治。赐予一家死六人以上的死者五千葬钱，死四人以上的三千葬钱，死二人以上的二千葬钱。撤去安定的呼池苑，改为安民县，兴建官署与街市里巷，招募贫民迁居到此，路上每到一县都供给粮食。到迁居的地方后，赐予田地房屋与各种器具，并借给犁、牛、种子、粮食。又在长安城中兴建五个居民里，二百区房屋，让贫民居住。

秋，举勇武有节明兵法，郡一人，诣公车。

九月戊申晦，日有蚀之。赦天下徒。

使谒者大司马掾四十四人持节行边兵。

遣执金吾候陈茂假以钲鼓，募汝南、南阳勇敢吏士三百人，谕说江湖贼成重等二百余人皆自出，送家在所收事。重徙云阳，赐公田宅。

冬，中二千石举治狱平，岁一人。

三年春，诏有司为皇帝纳采安汉公莽女。语在《莽传》。又诏光禄大夫刘歆等杂定婚礼。四辅、公卿、大夫、博士、郎、吏家属皆以礼娶，亲迎立轺并马。

夏，安汉公奏车服制度，吏民养生、送终、嫁娶、奴婢、田宅、器械之品。立官稷及学官。郡国曰学，县、道、邑、侯国曰校。校、学置经师一人。乡曰庠，聚曰序，序、庠置《孝经》师一人。

阳陵任横等自称将军，盗库兵，攻官寺，出囚徒。大司徒掾督逐，皆伏辜。

安汉公世子宇与帝外家卫氏有谋。宇下狱死，诛卫氏。

四年春正月，郊祀高祖以配天，宗祀孝文以配上帝。

改殷绍嘉公曰宋公，周承休公曰郑公。

诏曰："盖夫妇正则父子亲，人伦定矣。前诏有司复贞妇，归女徒，诚欲以防邪辟，全贞信。及眊悼之人刑罚所不加，圣王之所制也。惟苛暴吏多拘系犯法者亲属，妇女老弱，搆怨伤化，百姓苦之。其明敕百僚，妇女非身犯法，及男子年八十以上七岁以下，家非坐不道，诏所名捕，它皆无得系。其当验者，即验问。定著令。"

秋，诏令举荐勇武而通晓兵法之士，每郡一人，到公车署报到。

九月三十日，发生日食。赦免天下犯人。

朝廷派谒者大司马属官四十四人持符节巡视守边军队。

朝廷派执金吾候陈茂暂用钲鼓，招募汝南、南阳的勇敢官兵三百人，晓谕并劝说江湖盗贼成重等二百余人自首，送回原籍并从事赋役。将贼首成重迁到云阳，并赏赐公田公宅。

冬，诏令中二千石举荐审理案件公平的官吏，每年一人。

元始三年(3)春，诏令主管官吏为平帝送聘礼给安汉公王莽的女儿。详见《王莽传》。又诏令光禄大夫刘歆等人共同审定婚礼。四辅、公卿、大夫、博士、郎、吏的家属都要按礼节迎娶，迎娶时乘两马并驾的小车。

夏，安汉公奏请建立车马衣服的制度，官民的养生、送终、嫁娶、奴婢、田宅、用具都按照等级加以规定。建立官稷及学官。郡国的称为学，县、道、邑、侯国的称为校。校、学都设置经师一人。乡的称为庠，村落的称为序，序、庠都设置讲授《孝经》的官吏一人。

阳陵任横等人自称将军，盗取库中兵器，攻打官署，释放囚徒。大司徒属官监督抓捕，全都伏罪。

安汉公王莽的嫡子王宇与平帝外戚家卫氏密谋造反。王宇被关入监牢并死在狱中，卫氏被诛杀。

元始四年(4)春正月，郊祭高祖以配享上天，祭祀文帝以配享天帝。

改殷绍嘉公为宋公，周承休公为郑公。

太皇太后下诏说：“夫妇和睦则父子相亲，人伦稳定。从前曾诏令主管官吏免除贞妇的赋税和徭役，让女犯回家，本来是想防止邪僻，保全贞信。对于八十岁以上和七岁以下的人，不施加刑罚，这是圣明君王制定的准则。但现在有些苛刻暴虐的官吏多拘禁犯法者的亲属，都是妇女老弱，结下仇怨损害教化，百姓深受其苦。现在明谕百官，妇女本身没有犯法，以及男子在八十岁以上至七岁以下，家里没有犯了大逆不道之罪，诏令指名逮捕的，都不得拘禁。应当查问的，就地查问。特定此令。”

二月丁未，立皇后王氏，大赦天下。

遣太仆王恽等八人置副，假节，分行天下，览观风俗。

赐九卿已下至六百石、宗室有属籍者爵，自五大夫以上各有差。赐天下民爵一级，鳏寡孤独高年帛。

夏，皇后见于高庙。加安汉公号曰“宰衡”。赐公太夫人号曰功显君。封公子安、临皆为列侯。

安汉公奏立明堂、辟雍。尊孝宣庙为中宗，孝元庙为高宗，天子世世献祭。

置西海郡，徙天下犯禁者处之。

梁王立有罪，自杀。

分京师置前煇光、后丞烈二郡。更公卿、大夫、八十一元士官名位次及十二州名。分界郡国所属，罢置改易，天下多事，吏不能纪。

冬，大风吹长安城东门屋瓦且尽。

五年春正月，祫祭明堂。诸侯王二十八人、列侯百二十人、宗室子九百余人征助祭。礼毕，皆益户，赐爵及金帛，增秩补吏，各有差。

诏曰：“盖闻帝王以德抚民，其次亲亲以相及也。昔尧睦九族，舜惇叙之。朕以皇帝幼年，且统国政，惟宗室子皆太祖高皇帝子孙及兄弟吴顷、楚元之后，汉元至今，十有余万人，虽有王侯之属，莫能相纠，或陷入刑罪，教训不至之咎也。《传》不云乎？‘君子笃于亲，则民兴于仁。’其为宗室自太上皇以来族亲，各以世氏，郡国置宗师以纠之，致教训焉。二千石选有德义者以为宗师。考察不从教令有冤失职者，宗师得因邮亭书言宗伯，请以闻。常以岁正月赐宗师帛各十匹。”

二月初七日，立皇后王氏，大赦天下。

朝廷派太仆王恽等八人作为副使，暂持符节，分别巡行天下，观览风俗。

赏赐九卿以下至六百石、有宗籍的宗室爵位，从五大夫以上各有等级。赏赐天下百姓爵位一级，赏鳏寡孤独和老人帛若干。

夏，皇后拜谒高祖庙。安汉公王莽加号为“宰衡”。安汉公太夫人赐号为功显君。封安汉公的儿子王安、王临都为列侯。

安汉公王莽奏请建立明堂、辟雍。尊宣帝庙为中宗，元帝庙为高宗，天子世世代代进献祭祀。

设置西海郡，迁徙天下触犯禁令之人到此居住。

梁王刘立有罪，自杀。

从京都划出一部分土地设置前煇光、后丞烈二郡。更改公卿、大夫、八十一元士的官名位次及十二州的名称。划分郡国所属的边界，撤去、设置、更改，天下很多事情，官吏不能清楚记录。

冬，大风吹尽长安城东门的屋瓦。

元始五年（5）春正月，在明堂举行祫祭。诸侯王二十八人、列侯一百二十人、宗室子弟九百余人参加助祭。礼毕，都增加食邑户口，赏赐爵位及金帛，增加俸禄，补任官吏，各有等级。

太皇太后下诏说：“听说帝王应先用德行安抚百姓，其次爱自己的亲人以互相帮助。过去尧使九族和睦，舜又依序使之敦睦。朕因皇帝年幼，暂统国政，念及宗室子弟都是太祖高皇帝的子孙及其兄弟吴顷王、楚元王的后代，汉朝建立至今，刘氏子孙已经有十余万人，虽有王侯的属籍，也不能保证不触犯刑律，有的陷入刑罪，这是教训不至的过失。《论语》不是说过吗？‘君王宽厚对待自己的亲人，百姓就会走上仁德之道。’现在规定宗室从太上皇以来的族亲，各个世系姓氏，郡国设置都宗师来纠察，对其进行教导与训诫。二千石选派有德义之士作为宗师。考察其中有不遵从教令或者蒙受冤屈，失其常业的，宗师将情况告知宗伯，然后报告朝廷。每年正月赏赐宗师

羲和刘歆等四人使治明堂、辟廱，令汉与文王灵台、周公作洛同符。太仆王恽等八人使行风俗，宣明德化，万国齐同。皆封为列侯。

征天下通知逸经、古记、天文、历算、钟律、小学、《史篇》、方术、《本草》及以《五经》《论语》《孝经》《尔雅》教授者，在所为驾一封轺传，遣诣京师。至者数千人。

闰月，立梁孝王玄孙之耳孙音为王。

冬十二月丙午，帝崩于未央宫。大赦天下。有司议曰："礼，臣不殇君。皇帝年十有四岁，宜以礼敛，加元服。"奏可。葬康陵。诏曰："皇帝仁惠，无不顾哀，每疾一发，气辄上逆，害于言语，故不及有遗诏。其出媵妾，皆归家得嫁，如孝文时故事。"

赞曰：孝平之世，政自莽出，褒善显功，以自尊盛。观其文辞，方外百蛮，亡思不服；休征嘉应，颂声并作。至乎变异见于上，民怨于下，莽亦不能文也。

帛，每人十匹。”

羲和官刘歆等四人负责掌管明堂、辟雍，使汉与周文王建灵台、周公建洛邑相符合。太仆王恽等八人作为使者，巡行各地，了解风俗，宣扬德化，万国一致。都封为列侯。

征召天下通晓散逸经书、古事记录、天文、历法算术、音律、文字音形义、《史籀篇》、方术、《本草》以及教授《五经》《论语》《孝经》《尔雅》的，从所在地乘轻便马车，派到京都。后来到京都的有数千人。

闰五月，立梁孝王玄孙的耳孙刘音为王。

冬十二月十六日，平帝在未央宫驾崩。大赦天下。主管官吏上奏：“依照礼制，臣无早亡之君。皇帝已十四岁，应依照礼制入殓，行冠礼。”太皇太后准许。平帝安葬在康陵。太皇太后下诏说：“皇帝仁厚，无不顾念哀怜，每次发病，气就上涌，不能言语，所以来不及留下遗诏。现在决定遣返皇后的陪嫁侍妾，让其回家另嫁，和文帝时一样。”

赞辞说：平帝之世，政令都从王莽所出，褒扬善良，彰显功勋，展示自己位高势盛。观其文辞，方外各族，无不归顺；吉兆祥瑞，颂声齐作。至于在上发生的变化，在下出现的民怨，王莽也不能掩饰了。

卷十三

异姓诸侯王表第一

昔《诗》《书》述虞夏之际，舜禹受禮，积德累功，洽于百姓，摄位行政，考之于天，经数十年，然后在位。殷周之王，乃繇离稷，修仁行义，历十余世，至于汤武，然后放杀。秦起襄公，章文、缪、献、孝、昭、严，稍蚕食六国，百有余载，至始皇，乃并天下。以德若彼，用力如此其艱难也。

秦既称帝，患周之败，以为起于处士横议，诸侯力争，四夷交侵，以弱见夺。于是削去五等，堕城销刃，箝语烧书，内锄雄俊，外攘胡粤，用壹威权，为万世安。然十余年间，猛敌横发乎不虞，適戍强于五伯，闾阎偪于戎狄，向应瘉于谤议，奋臂威于甲兵。乡秦之禁，适所以资豪桀而速自毙也。是以汉亡尺土之阶，繇一剑之任，五载而成帝业。书传所记，未尝有焉。何则？古世相革，皆承圣王之烈，今汉独收孤秦之弊。镌金石者难为功，摧枯朽者易为力，其势然也。故据汉受命，谱十八王，月而列之，天下一统，乃以年数。讫于孝文，异姓尽矣。

古代的《诗经》《尚书》中记载，虞夏之际，舜和禹接受禅让，积聚仁德，多创功业，与百姓关系融洽，开始代理君位，进行执政，接受上天的考察，历经数十年，然后在位。殷周之王，是契和后稷，施行仁义，历经十余代，到汤武时，然后遭到放逐杀戮。秦起于襄公，历经文公、缪公、献公、孝公、昭襄王、庄襄王的励精图治，开始蚕食六国，前后共有一百余年，到始皇时，才统一天下。即使像他们这样以德治国，也是努力了很久才奠定了这样的基业，可见其中的艰难。

秦始皇称帝以后，考虑周朝败亡的原因，认为是由于那些不做官之人肆意发表言论，诸侯势力强大，四夷交相侵犯，天子权力逐渐被削弱而灭亡。于是下令削去五等爵位，摧毁城池，销毁兵器，禁民私语，焚烧禁书，对内铲除豪杰之士，对外抵抗胡越侵犯，统一威势权力，认为这样做就可以万世稳固了。但仅仅十余年间，没想到凶猛的敌人突然发难，戍边之徒比春秋五霸还要强大，平民的的威胁比戎狄还要严重，天下人的响应比毁谤非议还要惨痛，振臂而起比披甲士兵还要威武。过去秦朝的禁令，恰好因此帮助了豪杰之士而加速了自身的灭亡。所以大汉虽无尺地之阶，只用一剑之力，五年就成就帝业。这是古代典籍记载中，从未有过的事情。这是为什么呢？古代的王朝更替，都是继承了圣王的大业，现在大汉却是因为秦朝的弊政而建立。镌刻金石的难以成功，摧枯拉朽的易于奏效，是形势使然。所以自大汉接受天命，共有十八王记录在册，按月份排列，天下统一以后封的，就按年代排序。到文帝时，异姓王就没有了。

汉	楚	分为衡山	分为临江	分为九江	赵 常山	分为代	齐 临淄	分为济北	分为胶东
元年一月	西楚霸王项籍始，为天下主，命立十八王。	王吴芮始，故番君。	王共敖始，故楚柱国。	王英布始，故楚将。	王张耳始，故赵将。	廿七 王赵歇始，故赵王。	王田都始，故齐将。	王田安始，故齐将。	二十 王田市始，故齐王。
二月	二 都彭城。	二 都邾。	二 都江陵。	二 都六。	二 都襄国。	廿八 都代。	二 都临淄。	二 都博阳。	廿一 都即墨。
三月	三	三	三	三	三	廿九	三	三	廿二
四月	四	四	四	四	四	三十	四 田荣击都，降楚。	四	廿三
五月	五	五	五	五	五	卅一	五 王田荣始，故齐相。	五	廿四 田荣击杀市。属齐。
六月	六	六	六	六	六	卅二	二	六 田荣击杀安。属齐。	
七月	七	七	七	七	七	卅三	三		

雍 分关中	塞 分关中	翟 分关中	燕	分为辽东	魏	分为殷	韩	分为河南	
王章邯始，故秦将。	王司马欣始，故秦长史。	王董翳始，故秦都尉。	王臧荼始，故燕将。	三十 王韩广始，故燕王。	十九 王魏豹始，故魏王。	王司马卬始，故赵将。	廿二 王韩成始，故韩王。	王申阳始，故楚将。	
二 都废丘。	二 都栎阳。	二 都高奴。	二 都蓟。	卅一 都无终。	二十 都平阳。	二 都朝歌。	廿三 都阳翟。	二 都雒阳。	
三	三	三	三	卅二	廿一	三	廿四	三	
四	四	四	四	卅三	廿二	四	廿五	四	
五	五	五	五	卅四	廿三	五	廿六	五	
六	六	六	六	卅五	廿四	六	廿七 项籍诛成。	六	
七 邯守废丘，汉围之。	七 欣降汉。	七 翳降汉。	七	卅六 臧荼击杀广。属燕。	廿五	七	王郑昌始，项王立之。	七	

八月	八	八	八	八	八	卅四	四		
九月	九	九	九	九	九 耳降汉。	卅五 歇复赵王。	五		
十月	十	十	十	十	代王歇还王赵。	歇以陈馀为代王，号成安君。	六		
十一月	十一	十一	十一	十一	卅七	二	七		
十二月	十二	十二	十二	十二	卅八	三	项籍击荣，走平原，民杀之。		
二年一月	二年一月	二年一月	十三	二年一月	卅九	四	二 项籍复立故齐王田假为王。		
二月	二	二	十四	二	四十	五	田荣弟横反城阳，击假，假奔楚。杀假。		
三月 项王三万人破汉兵五十六万。	三	三	十五	三	四十一	六	王广始，故田荣子，横立之。		
四月	四	四	十六	四	四十二	七	二		

八	属汉，为渭南、河上郡。	属汉，为上郡。	八		廿六	八	二	八	
九			九		廿七	九	三	九 阳降汉。	
十 汉拔我陇西。			十		廿八	十	王韩信始，汉立之。	属汉，为河南郡。	
十一			十一		廿九	十一	二		
十二 汉拔我北地。			十二		卅	十二	三		
二年一月			二年一月		卅一	十三	四		
二			二		卅二 豹降，为王。	十四 卬降汉。	五		
三			三		卅三 从汉伐楚。	属汉，为河内郡。	六 从汉伐楚。		
四			四		卅四 豹归，畔汉。		七		

五月	五	五	十七	五	四十三	八	三		
六月	六	六	十八	六	四十四	九	四		
七月	七	七	十九	七	四十五	十	五		
八月	八	八	廿	八	四十六	十一	六		
九月	九	九	廿一	九	四十七	十二	七		
十月	十	十	廿二	十	四十八汉灭歇。	十三	八		
十一月	十一	十一	廿三	十一		属汉，为太原郡。	九		
十二月	十二	十二	廿四	布降汉。			十		
三年一月	三年一月	三年一月	廿五				十一		
二月	二	二	廿六				十二		
三月	三	三	廿七				十三		
四月	四围汉荥阳。	四	廿八				十四		
五月	五	五	廿九				十五		

五 汉杀邯。属汉为中地、陇西、北地郡。			五		卅五		八		
			六		卅六		九		
			七		卅七		十		
			八		卅八 汉将韩信击虏豹。		十一		
			九		属汉，为河东、上党郡。		十二		
			十				二年一月		
			十一				二		
			十二				三		
			三年一月				四		
			二				五		
			三				六		
			四				七		
			五				八		

六月	六	六	卅				十六		
七月	七	七	卅一				十七		
八月	八	八	子尉嗣为王。				十八		
九月	九	九	二				十九		
十月	十	十	三				廿		
十一月	十一 汉将韩信击杀龙且。	十一	四		复赵，王张耳始，汉立之。		廿一 汉将韩信击杀广。属汉，为郡。		
十二月	十二	十二	五		二				
四年一月	四年一月	四年一月	六		三			齐国。	
二月	二	二	七		四			王韩信始，汉立之。	
三月	三	三	八		五			二	
四月	四	四	九		六			三	
五月	五	五	十		七			四	
六月	六	六	十一	更为淮南国。	八			五	
七月	七	七	十二	王英布始，汉立之。	九			六	
八月	八	八	十三	二	十			七	
九月	九	九	十四	三	十一			八	
五年 即皇帝位。	正月 汉诛籍。王韩信始。	十 芮徙长沙。	十二月 汉虏尉。	二年	十二月乙丑，耳薨。	以太原为国。		徙韩信王楚。	

			六				九		
			七				十		
			八				十一		
			九				十二		
			十				三年一月		
			十一				二		
			十二				三		
			四年一月				四		
			二				五		
			三				六		
			四				七		
			五				八		
			六				九		
			七				十		
			八				十一		
			九 反。汉诛荼。		置梁国。		十二		初置长沙国。
			后九月，王卢绾始，故太尉。		王彭越始。		四年		二月乙未，王吴芮始，六月，薨。

六年	十一月信废为侯。			三	一 子敖嗣为王。	王韩信始。九月，信反，降匈奴。			
七年				四	二				
八年				五	三 敖废为侯。				
九年				六					
十年				七					
十一年				八 布反，诛。					
十二年									
孝惠元年									
二年									
三年									
四年									
五年									
六年									
七年	初置鲁国。		初置淮阳国。		复置常山国。		初置吕国。		
高后元年	四月，王张偃始，高后外孙。		四月辛卯，王强始，高后所诈立孝惠子。		四月辛卯，王不疑始，高后所诈立孝惠子。		四月辛卯，王吕台始，高后兄子。		

			二		二		五 信徙太原。		成王臣嗣。
			三		三				二
			四		四				三
			五		五				四
			六		六 越反，诛。				五
			绾反，降匈奴。						六
									七
									八
									哀王回嗣。
									二
									三
									四
									五
									六
									七

二年	二		二		不疑薨，谥曰哀，无子。十月癸丑，王义始，故襄城侯。		台薨，谥曰肃。子嘉嗣为王。		
三年	三		三		二		二		
四年	四		四		义立为帝。五月丙辰，王朝始，故轵侯。		三		
五年	五		五 强薨，谥曰怀，无子。		二		四		
六年	六		王武始，故壶关侯。		三		嘉坐骄废。十一月，王吕产始。		
七年	七		二		四	赵王吕禄始，高后兄子。	产徙梁。十一月丁巳，王大始，故平昌侯。		
八年	八 偃废为侯。		三 武以非子诛。		五 朝以非子诛。	八月，汉大臣共诛禄。			
孝文元年									
二年									

									共王若嗣。
									二
									三
									四
							初置梁国。		五
			初置燕国。				二月，王吕产始。		六
			七月癸丑，王吕通。八月，汉大臣共诛通。				二 汉大臣共诛产。		七
									八

三年									
四年									
五年									
六年									
七年									
八年									
九年									
十年									
十一年									
十二年									
十三年									
十四年									
十五年									
十六年									
后元元年									
二年									
三年									
四年									
五年									
六年									
七年									

									靖王产嗣。
									二
									三
									四
									五
									六
									七
									八
									九
									十
									十一
									十二
									十三
									十四
									十五
									十六
									十七
									十八
									十九
									二十
									二十一
									二十二 来朝，薨。无子，国除。

卷十四

诸侯王表第二

昔周监于二代，三圣制法，立爵五等，封国八百，同姓五十有余。周公、康叔建于鲁、卫，各数百里；太公于齐，亦五侯九伯之地。《诗》载其制曰："介人惟藩，大师惟垣。大邦惟屏，大宗惟翰。怀德惟宁，宗子惟城。毋俾城坏，毋独斯畏。"所以亲亲贤贤，褒表功德，关诸盛衰，深根固本，为不可拔者也。故盛则周、邵相其治，致刑错；衰则五伯扶其弱，与共守。自幽、平之后，日以陵夷，至虖陀阸河洛之间，分为二周，有逃责之台，被窃鈇之言。然天下谓之共主，强大弗之敢倾。历载八百余年，数极德尽，既于王赧，降为庶人，用天年终。号位已绝于天下，尚犹枝叶相持，莫得居其虚位，海内无主，三十余年。

秦据势胜之地，骋狙诈之兵，蚕食山东，壹切取胜。因矜其所习，自任私知，姗笑三代，荡灭古法，窃自号为皇帝，而子弟为匹夫，内亡骨肉本根之辅，外亡尺土藩翼之卫。陈、吴奋其白挺，刘、项随而毙之。故曰，周过其历，秦不及期，国势然也。

汉兴之初，海内新定，同姓寡少，惩戒亡秦孤立之败，于是剖裂疆土，立二等之爵。功臣侯者百有余邑，尊王子弟，大启九国。自雁门以来，尽辽阳，为燕、代。常山以南，太行左转，度河、济，渐于

从前周朝从夏、商两代吸取教训，文王、武王及周公制定法令，设立公、侯、伯、子、男五等爵位，分封八百诸侯国，与天子同姓的有五十多个。周公、康叔在鲁、卫建立封国，方圆各有数百里；姜太公在齐建立封国，也是五等诸侯、九州之伯的地方。《诗经》里记载当时的制度说：“把军队作为藩篱，把百姓作为垣墙。把大国诸侯作为屏障，把王室同姓作为栋梁。有德行就能让天下安宁，太子就能自居城中。不要让城毁坏，不要让太子孤立不安。”所以亲人和贤士一同受封，嘉奖表彰有功德之人，这是关系到国家兴衰的根本，是不能改变的。所以周朝强盛时有周公、邵公参与治理国家，达到刑法放置不用的境界；衰落时有五霸帮助扶持，一同守卫天下。自从幽王、平王之后，国家渐渐衰微，甚至落到夹在黄河、洛水间的狭窄崎岖之地，分裂成西周与东周，有赧王躲到高台逃债，有代表王权的铡刀被窃取失去统治的传言。然而天下仍将其视为共同崇奉的主人，诸侯虽然强大也不敢倾覆周室。历经八百余年，功德失尽，止于赧王，天子被降为庶人，自然消亡。虽然称号和王位已经断绝于天下，仍然有枝叶维持，无人占据空虚的王位，海内没有天子，有三十余年。

秦朝凭借地理优势，驱使诡诈的军队，蚕食崤山以东的诸侯国，逐步取得胜利，最终兼并天下。因而夸耀自己的武功，自认为明白立国之业，嘲笑夏、商、周三代，消灭古代法度，自称为皇帝，可子弟却是平民，在内没有骨肉亲族辅佐，在外没有尺地藩国护卫。陈胜、吴广揭竿而起，刘邦、项籍随后灭亡了秦朝。所以说，周朝享国长久，超过预计，秦朝历史太短，未到百年，都是国势造成的。

汉朝兴起之初，天下刚刚平定，同姓宗亲很少，高祖吸取秦朝因孤立无援而灭亡的教训，于是划分疆土，立王侯二等爵位。封侯的功臣有一百余座城邑，王室子弟更加尊贵，拥有九个诸侯国。自雁门向

海，为齐、赵。穀、泗以往，奄有龟、蒙，为梁、楚。东带江、湖，薄会稽，为荆吴。北界淮濒，略庐、衡，为淮南。波汉之阳，亘九嶷，为长沙。诸侯比境，周市三垂，外接胡越。天子自有三河、东郡、颍川、南阳，自江陵以西至巴蜀，北自云中至陇西，与京师内史凡十五郡，公主、列侯颇邑其中。而藩国大者夸州兼郡，连城数十，宫室百官同制京师，可谓挢枉过其正矣。虽然，高祖创业，日不暇给，孝惠享国又浅，高后女主摄位，而海内晏如，亡狂狡之忧，卒折诸吕之难，成太宗之业者，亦赖之于诸侯也。

然诸侯原本以大，末流滥以致溢，小者淫荒越法，大者睽孤横逆，以害身丧国。故文帝采贾生之议分齐、赵，景帝用晁错之计削吴、楚。武帝施主父之册，下推恩之令，使诸侯王得分户邑以封子弟，不行黜陟，而藩国自析。自此以来，齐分为七，赵分为六，梁分为五，淮南分为三。皇子始立者，大国不过十余城。长沙、燕、代虽有旧名，皆亡南北边矣。景遭七国之难，抑损诸侯，减黜其官。武有衡山、淮南之谋，作左官之律，设附益之法，诸侯惟得衣食税租，不与政事。

至于哀、平之际，皆继体苗裔，亲属疏远，生于帷墙之中，不为士民所尊，势与富室亡异。而本朝短世，国统三绝，是故王莽知汉中外殚微，本末俱弱，亡所忌惮，生其奸心；因母后之权，假伊周之称，颛作威福庙堂之上，不降阶序而运天下。诈谋既成，遂据南面之尊，分遣五威之吏，驰传天下，班行符命。汉诸侯王厥角稽首，奉

东，经过辽水以北，是燕国和代国。常山向南，太行山向东，渡过黄河与济水，一直到渤海，是齐国和赵国。穀水、泗水一带，包括龟山、蒙山，是梁国和楚国。东临长江、鄱阳湖，靠近会稽，是吴国。北临淮河，包括庐山、衡山，是淮南国。汉水向北，到九嶷山，是长沙国。各诸侯国互相紧邻，围绕在汉水北、东、南三边，外接匈奴和南越。天子拥有河东、河南、河内、东郡、颍川、南阳，从江陵向西到巴蜀，北边从云中到陇西，包括京都的内史，共十五郡，公主、列侯的封邑也在其中。大的藩国跨州兼郡，连接数十城，宫室和百官的制度与京都一样，可谓矫枉过正了。即使这样，高祖创立基业，事务繁多，没有闲暇，惠帝在位时间又短，高后以女主身份代理君位，海内却一片安宁，没有发生叛乱，后来平定诸吕之乱，成就文帝的大业，也是依赖诸侯的力量。

但诸侯原本就势力强大，后来弊端日渐突显，小的诸侯国，君主荒淫违法，大的诸侯国，君主横行无道，以致害己亡国。所以文帝采用贾谊的建议分割齐国和赵国，景帝采用晁错的计策削弱吴国和楚国。武帝实施主父偃的策略，发布推恩令，使诸侯王可以将自己的户口和城邑封给子弟，不用废黜迁徙，藩国自行分崩离析。从此以后，齐国分为七个小国，赵国分为六个小国，梁国分为五个小国，淮南国分为三个小国。皇子受封为王时，大国也不过十余座城邑。长沙、燕、代等国虽然还保留着原来的名称，但都没有过去的南北边界了。景帝遭受七国之难，就削弱诸侯，裁减官吏。武帝时有衡山王、淮南王的谋反，就制定左官律，规定诸侯官吏的地位低于朝廷官吏，设立附益法，严惩阿谀奉承诸侯之人，诸侯只能得到衣食租税，不可参与政事。

到了哀帝、平帝之时，诸侯都是继承先祖王位的后代子孙，与天子关系疏远，出生在深宫之中，不被士人百姓所尊敬，他们的势力与富裕人家没有不同。而本朝天子又都早亡，国统三次断绝，所以王莽知道汉朝内外交困，本末孱弱，就无所忌惮，生出奸心；凭借姑姑太皇太后王政君的权势，假称伊尹周公，欺骗人心，在朝堂上独揽大权，作威作福，不下台阶就号令天下。诡计一成，就篡夺帝位，自立

上玺韨，唯恐在后，或乃称美颂德，以求容媚，岂不哀哉！是以究其终始强弱之变，明监戒焉。

号谥	属	始封	子
楚元王交	高帝弟。	六年正月丙午立，二十三年薨。	孝文二年，夷王郢客嗣，四年薨。
			孝景四年，文王礼以元王子平陆侯绍封，三年薨。
代王喜	高帝兄。	正月壬子立，七年，为匈奴所攻，弃国自归，废为郃阳侯，孝惠二年薨。	吴 高祖十二年十月辛丑，王濞以故代王子沛侯立，四十二年，孝景三年，反，诛。
齐悼惠王肥	高帝子。	正月壬子立，十三年薨。	孝惠七年，哀王襄嗣，十二年薨。
			孝文十六年，孝王将闾以悼惠王子杨虚侯绍封，十一年薨。
			城阳 孝文二年二月乙卯，景王章以悼惠王子朱虚侯立，二年薨。

为君，然后分别派遣五威将帅，传告天下，说自己是接受天命，才改朝换代。汉朝的诸侯王慑于威势，只能俯首称臣，奉上自己的玺绶，惟恐落在后面，有的还对王莽歌功颂德，奉承献媚，难道不悲哀吗！所以要探究诸侯从始至终，由强到弱的变化，通过鉴察往事来警戒后世。

孙	曾孙	玄孙	六世	七世
六年，王戊嗣，二十一年，孝景三年，反，诛。				
七年，安王道嗣，二十二年薨。	元朔元年，襄王注嗣，十二年薨。	元鼎元年，节王纯嗣，十六年薨。	天汉元年，王延寿嗣，三十二年，地节元年，谋反，诛。	
孝文二年，文王则嗣，十四年薨，亡后。				
孝景四年，懿王寿嗣，二十三年薨。	元光四年，厉王次昌嗣，五年薨，亡后。			
四年，共王喜嗣，八年，徙淮南，四年，复还，凡三十三年薨。	孝景后元年，顷王延嗣，二十六年薨。	元狩六年，敬王义嗣，九年薨。	元封三年，惠王武嗣，十一年薨。	天汉四年，荒王顺嗣，四十六年薨。

			八世 甘露三年，戴王恢嗣，八年薨。
			济北 二月乙卯，王兴居以悼惠王子东牟侯立，二年谋反，诛。
			菑川 十六年四月丙寅，懿王志以悼惠王子安都侯立为济北王，十一年，孝景四年，徙菑川，三十五年薨。

			八世 元延四年，怀王友嗣，六年薨。
			济南 四月丙寅，王辟光以悼王子扐侯立，十一年反，诛。

九世 永光元年，孝王景嗣，二十四年薨。	十世 鸿嘉二年，哀王云嗣，一年薨，亡后。永始元年，王俚以云弟绍封，二十五年，王莽篡位，贬为公，明年废。			
元光六年，靖王建嗣，二十年薨。	元封二年，顷王遗嗣，三十五年薨。	元平元年，思王终古嗣，二十八年薨。	初元三年，考王尚嗣，六年薨。	永光四年，孝王横嗣，三十一年薨。

九世 建平四年，王永嗣，十二年，王莽篡位，贬为公，明年废。				

			菑川 四月丙寅，王贤以悼惠王子武城侯立，十一年反，诛。
			胶西 四月丙寅，王卬以悼惠王子平昌侯立，十一年反，诛。
			胶东 四月丙寅，王熊渠以悼惠王子白石侯立，十一年反，诛。
荆王贾	高帝从父弟。	六年正月丙午立，六年十二月，为英布所攻，亡后。	
淮南厉王长	高帝子。	十一年十月庚午立，二十三年，孝文六年，谋反，废徙蜀，死雍。	十六年四月丙寅，王安以厉王子阜陵侯绍封，四十三年，元狩元年，谋反，自杀。
			衡山 四月丙寅，王赐以厉王子阳周侯立为庐江王，十二年，徙衡山，四十三年，谋反，自杀。

			济北 四月丙寅，王勃以厉王子安阳侯立为衡山王，十二年，徙济北，一年薨，谥曰贞王。
赵隐王如意	高帝子。	九年四月立，十二年，为吕太后所杀，亡后。	
代王	高帝子。	十一年正月丙子立，十七年，高后八年，为皇帝。	
赵共王恢	高帝子。	十一年三月丙午，为梁王，十六年，高后七年，徙赵，其年自杀，亡后。	
赵幽王友	高帝子。	十一年三月丙寅，立为淮阳王，二年，徙赵，十四年，高后七年，自杀。	孝文元年，王遂以幽王子绍封，二十六年，孝景三年，反，诛。
			河间 孝文二年三月乙卯，文王辟彊以幽王子立，十三年薨。

孝景六年，成王胡嗣，五十四年薨。	天汉四年，王宽嗣，十一年，后二年，谋反，自杀。			

十五年，哀王福嗣，一年薨，亡后。				

燕灵王建	高帝子。	十二年二月甲午立，十五年，高后七年，薨。吕太后杀其子。	
燕敬王泽	高帝从祖昆弟。	高后七年，以营陵侯立为琅邪王，二年，孝文元年，徙燕，二年薨。	三年，康王嘉嗣，二十六年薨。
右高祖十一人。吴随父，凡十二人。			
梁怀王揖	文帝子。	二年二月乙卯立，十年薨，亡后。	

梁孝王武	文帝子。	二月乙卯，立为代王，三年，徙为淮阳王，十年，徙梁，三十五年薨。	孝景后元年，恭王买嗣，七年薨。
		八世 阳朔元年，王立嗣，二十七年，元始三年，有罪，废，徙汉中，自杀。元始五年二月丁酉，王音以孝王玄孙之曾孙绍封，五年，王莽篡位，贬为公，明年废。	

孝景六年，王定国嗣，二十四年，坐禽兽行，自杀。				

建元五年，平王襄嗣，四十年薨。	太始元年，贞王毋伤嗣，十一年薨。	始元二年，敬王定国嗣，四十年薨。	初元四年，夷王遂嗣，六年薨。	永光五年，荒王嘉嗣，十五年薨。

		济川 孝景中六年五月丙戌，王明以孝王子桓邑侯立，七年，建元三年，坐杀中傅，废迁房陵。	
		济东 五月丙戌，王彭离以孝王子立，二十九年，坐杀人，废迁上庸。	

		山阳 五月丙戌，哀王定以孝王子立，九年薨，亡后。	
		济阴 五月丙戌，哀王不识以孝王子立，二年薨，亡后。	
代孝王参	文帝子。	二月乙卯，立为太原王，三年，更为代王，七年薨。	孝文后三年，恭王登嗣，二十九年薨。

清河 元光三年，刚王义嗣，十九年，元鼎三年，徙清河，三十八年薨。	太始三年，顷王阳嗣，二十五年薨。	地节元年，王年嗣，四年，坐与同产妹奸，废迁房陵，与邑百家。	广宗 元始二年四月丁酉，王如意以孝王玄孙之子绍封，七年，王莽篡位，贬为公，明年废。	

右孝文三人。齐、城阳、两济北、济南、菑川、胶西、胶东、赵、河间、淮南、衡山十二人随父，凡十五人。			
河间献王德	景帝子。	二年三月甲寅立，二十六年薨。	元光六年，共王不周嗣，四年薨。
临江哀王阏	景帝子。	三月甲寅立，三年薨，亡后。	

鲁共王馀	景帝子。	三月甲寅，立为淮阳王，二年，徙鲁，二十八年薨。	元朔元年，安王光嗣，四十年薨。
江都易王非	景帝子。	三月甲寅，立为汝南王，二年，徙江都，二十八年薨。	元朔二年，王建嗣，六年，元狩二年，谋反，自杀。
赵敬肃王彭祖	景帝子。	二月甲寅，立为广川王，四年，徙赵，六十三年薨。	征和元年，顷王昌嗣，十九年薨。

元朔四年，刚王基嗣，十二年薨。	元鼎四年，顷王缓嗣，十七年薨。	天汉四年，孝王庆嗣，四十三年薨。	五凤四年，王元嗣，十七年，建昭元年，坐杀人，废迁房陵。	
			建始元年正月丁亥，惠王良以孝王子绍封，二十七年薨。	建平二年，王尚嗣，十四年，王莽篡位，贬为公，明年废。

后元元年，孝王庆忌嗣，三十七年薨。	甘露三年，顷王封嗣，二十八年薨。	阳朔二年，文王睃嗣，十九年薨，亡后。		
	建平三年六月辛卯，王闵以顷王子部乡侯绍封，十三年，王莽篡位，贬为公，明年，献神书言莽德，封列侯，赐姓王。			
广世 元始二年四月丁酉，王宫以易王庶孙盱眙侯子绍封，五年，王莽篡位，贬为公，明年废。				
本始元年，怀王尊嗣，五年薨。				
地节四年二月甲子，哀王高以顷王子绍封，四月薨。	元康元年，共王充嗣，五十六年薨。	元延三年，王隐嗣，十九年，王莽篡位，贬为公，明年废。		

			平干 征和二年，顷王偃以敬肃王小子立，十一年薨。
长沙定王发	景帝子。	三月甲寅立，二十八年薨。	元朔二年，戴王庸嗣，二十七年薨。
胶西于王端	景帝子。	三年六月乙巳立，四十七年，元封三年薨，亡后。	
中山靖王胜	景帝子。	六月乙巳立，四十二年薨。	元鼎五年，哀王昌嗣，二年薨。
胶东王	景帝子。	四年四月乙巳立，四年为皇太子。	
临江愍王荣	景帝子。	七年十一月己酉，以故皇太子立，三年，坐侵庙壖地为宫，自杀。	
广川惠王越	景帝子。	中二年四月乙巳立，十二年薨。	建元五年，缪王齐嗣，四十五年薨。

元凤元年，缪王元嗣，二十四年，五凤二年，坐杀谒者，会薨，不得代。				
天汉元年，顷王附朐嗣，十七年薨。	始元四年，刺王建德嗣，三十四年薨。	黄龙元年，炀王旦嗣，二年薨，亡后。		
		初元四年，孝王宗以刺王子绍封，三年薨。	永光二年，缪王鲁人嗣，四十八年薨。	居摄二年，舜嗣，二年，王莽篡位，贬为公，明年废。
元封元年，糠王昆侈嗣，二十一年薨。	征和四年，顷王辅嗣，三年薨。	始元元年，宪王福嗣，十七年薨。	地节元年，怀王脩嗣，十五年薨，亡后。	广德 鸿嘉二年八月，夷王云客以怀王从父弟子绍封，一年薨，亡后。
				广平 建平三年正月壬寅，王汉以夷王弟绍封，十三年，王莽篡位，贬为公，明年废。

征和二年，王去嗣，二十二年，本始四年，坐亨姬不道，废徙上庸，予邑百户。				
地节四年五月庚午，戴王文以缪王子绍封，二年薨。	元康二年，王汝阳嗣，十五年，甘露四年，杀人，废徙房陵。			

胶东康王寄	景帝子。	四月乙巳立，二十八年薨。	元狩三年，哀王贤嗣，十四年薨。
			六安 元狩二年七月壬子，恭王庆以康王少子立，三十八年薨。
清河哀王乘	景帝子。	中三年三月丁酉立，十二年薨，亡后。	
常山宪王舜	景帝子。	中五年三月丁巳立，三十二年薨。	元鼎三年，王勃嗣，坐宪王丧服奸，废徙房陵。
			真定 元鼎三年，顷王平以宪王子绍封，二十五年薨。
			泗水 元鼎二年，思王商以宪王少子立，十五年薨。

	广德 元始二年四月丁酉，静王榆以惠王曾孙戴王子绍封，四年薨。	居摄元年，王赤嗣，三年，王莽篡位，贬为公，明年废。		
元封五年，戴王通平嗣，二十四年薨。	始元五年，顷王音嗣，五十四年薨。	河平元年，恭王授嗣，十四年薨。	永始三年，王般嗣，二十三年，王莽篡位，贬为公，明年废。	
始元四年，夷王禄嗣，十年薨。	本始元年，缪王定嗣，二十三年薨。	甘露四年，顷王光嗣，二十七年薨。	阳朔二年，王育嗣，三十三年，王莽篡位，贬为公，明年废。	
征和四年，烈王偃嗣，十八年薨。	本始三年，孝王申嗣，三十三年薨。	建昭元年，安王雍嗣，十六年薨。	阳朔三年，共王普嗣，十五年薨。	绥和二年，王杨嗣，十六年，王莽篡位，贬为公，明年废。
太初二年，哀王安世嗣，一年薨，亡后。				

右孝景十四人。楚、济川、济东、山阳、济阴五人随父，凡十九人。			
齐怀王闳	武帝子。	元狩六年四月乙巳立，八年，元封元年薨，亡后。	
燕刺王旦	武帝子。	四月乙巳立，三十七年，元凤元年，坐谋反，自杀。	广阳 本始元年五月，顷王建以刺王子绍封，二十九年薨。
广陵厉王胥	武帝子。	四月乙巳立，六十三年，五凤四年，坐祝诅上，自杀。	初元二年三月壬申，孝王霸以厉王子绍封，十三年薨。
			高密 本始元年十月，哀王弘以厉王子立，八年薨。

三年，戴王贺以思王子绍封，二十年薨。	元凤元年三月丙子，勤王综嗣，三十九年薨。	永光三年，戾王骏嗣，三十一年薨。	元廷三年，王靖嗣，十九年，王莽篡位，贬为公，明年废。	
初元五年，穆王舜嗣，二十一年薨。	阳朔二年，思王璜嗣，二十一年薨。	建平四年，王嘉嗣，十二年，王莽篡位，贬为公，明年废。		

建昭五年，共王意嗣，十三年薨。	建始二年，哀王护嗣，十五年薨，亡后。			
元延二年，靖王守以孝王子绍封，十七年薨。	居摄二年，王宏嗣，三年，王莽篡位，贬为公，明年废。			
元康元年，顷王章嗣，三十四年薨。	建始二年，怀王宽嗣，十一年薨。	鸿嘉元年，王慎嗣，二十九年，王莽篡位，贬为公，明年废。		

昌邑哀王髆	武帝子。	天汉四年六月乙丑立，十一年薨。	始元元年，王贺嗣，十二年，征为昭帝后，立二十七日，以行淫乱，废归故国，予邑三千户。
右孝武四人。六安、真定、泗水、平干四人随父，凡八人。			
淮阳宪王钦	宣帝子。	元康三年四月丙子立，三十六年薨。	河平二年，文王玄嗣，二十六年薨。
东平思王宇	宣帝子。	甘露二年十月乙亥立，三十二年薨。	鸿嘉元年，炀王云嗣，十六年，建平三年，坐祝诅上，自杀。

楚孝王嚣	宣帝子。	十月乙亥，立为定陶王，四年，徙楚，二十八年薨。	阳朔元年，怀王芳嗣，一年薨，亡后。
			阳朔二年，思王衍以孝王子绍封，二十一年薨。

元寿二年，王縯嗣，十九年，王莽篡位，贬为公，明年废。				
元始元年二月丙辰，王开明嗣，立五年薨，亡后。				

中山 元始元年二月丙辰，王成都以思王孙桃乡顷侯宣子立，奉中山孝王后，八年，王莽篡位，贬为公，明年，献书言莽德，封列侯，赐姓王。	居摄元年，严乡侯子匡为东平王。			
元寿元年，王纡嗣，十年，王莽篡位，贬为公，明年废。				

中山哀王竟	宣帝子。	初元二年二月丁巳，立为清河王，五年，徙中山王，十三年薨，亡后。	
右孝宣四人。燕王继绝，高密随父，凡六人。			
定陶共王康	元帝子。	永光三年三月，立为济阳王，八年，徙山阳，八年，河平四年四月，徙定陶，凡十九年薨。	阳朔三年，王欣嗣，十四年，绥和元年，为皇太子。
中山孝王兴	元帝子	建昭二年六月乙亥，立为信都王，十五年，阳朔二年，徙中山，凡三十年薨。	绥和二年，王箕子嗣，六年，元寿二年，立为皇帝。
右孝元二人。广陵继绝，凡三人。孝成时河间、广德、定陶三国，孝哀时广平一国，孝平时东平、中山、广德、广世、广宗五国，皆继绝。			

信都 绥和元年十一月壬子，王景以孝王孙立为定陶王，奉恭王后，三年，建平二年，徙信都，十三年，王莽篡位，贬为公，明年废。				

卷十五上

王子侯表第三上

大哉，圣祖之建业也！后嗣承序，以广亲亲。至于孝武，以诸侯王畺土过制，或替差失轨，而子弟为匹夫，轻重不相准，于是制诏御史："诸侯王或欲推私恩分子弟邑者，令各条上，朕且临定其号名。"自是支庶毕侯矣。《诗》云："文王孙子，本支百世"，信矣哉！

号谥名	属	始封位次
羹颉侯信	帝兄子。	七年中封，十三年，高后元年，有罪，削爵一级，为关内侯。
合阳侯喜	帝兄，为代王。匈奴攻代，弃国，废为侯。	八年九月丙午封，七年，孝惠二年薨，以子为王，谥曰顷王。
德哀侯广		一百二十七 十二年十一月庚辰，以兄子封，七年八月薨。
右高祖。		

伟大啊，圣祖建立的功业！后代按照顺序继承王位，形成了宗室同盟。到武帝时，因为诸侯王的疆土过于广大，有的逾越本分，不守法度，而没有受封的子弟又和平民一样，地位差别巨大，于是诏令御史："诸侯王中有想施加恩惠，分封子弟城邑的，让他们各自上奏，朕将亲自确定其名号。"从此宗室中旁支也都受封为侯了。《诗经》说："文王子孙，百代不绝"，可见是真的！

子	孙	曾孙	玄孙
沛 十一年十二月癸巳，侯濞以帝兄子封，十二年，为吴王。			
高后三年，顷侯通嗣，二十四年薨。	孝景六年，康侯龁嗣，二十四年薨。	元鼎四年，侯何嗣。五年，坐酎金免。	泰山 元康四年，广玄孙长安大夫猛，诏复家。

六世	七世		
	元寿二年五月甲子，侯勋以广玄孙之孙长安公乘绍封，千户，九年，王莽篡位，绝。		

上邳侯郢客	楚元王子。	一百二十八 二年五月丙申封，七年，为楚王。
朱虚侯章	齐悼惠王子。	一百二十九 五月丙申封，八年，为城阳王。
东牟侯兴居	齐悼惠王子。	六年四月丁酉封，四年，为济北王。
右高后。		
管共侯罢军	齐悼惠王子。	四年五月甲寅封，二年薨。
氏兵共侯宁国	齐悼惠王子。	五月甲寅封，十一年薨。
营平侯信都	齐悼惠王子。	五月甲寅封，十年薨。
杨丘共侯安	齐悼惠王子。	五月甲寅封，十二年薨。
杨虚侯将闾	齐悼惠王子。	五月甲寅封，十二年，为齐王。
朸侯辟光	齐悼惠王子。	五月甲寅封，十二年，为济南王。
安都侯志	齐悼惠王子。	五月甲寅封，十二年，为济北王。
平昌侯卬	齐悼惠王子。	五月甲寅封，十二年，为胶西王。
武成侯贤	齐悼惠王子。	五月甲寅封，十二年，为菑川王。
白石侯雄渠	齐悼惠王子。	五月甲寅封，十二年，为胶东王。
阜陵侯安	淮南厉王子。	八年五月丙午封，八年，为淮南王。
安阳侯勃	淮南厉王子。	五月丙午封，八年，为衡山王。
阳周侯赐	淮南厉王子。	五月丙午封，八年，为庐江王。
东城哀侯良	淮南厉王子。	五月丙午封，七年薨，亡后。
右孝文。		
平陆侯礼	楚元王子。	元年四月乙巳封，三年，为楚王。

六年，侯戎奴嗣，二十年，孝景三年，反，诛。			
十五年，侯偃嗣，十年，孝景三年，反，诛。			
十四年，侯广嗣，十一年，孝景三年，反，诛。			
十六年，侯偃嗣，十一年，孝景四年，坐出国界，耐为司寇。			

休侯富	楚元王子。	四月乙巳封，三年，以兄子楚王戊反，免。三年，侯富更封红侯，六年薨，谥曰懿。
沈猷夷侯岁	楚元王子。	四月乙巳封，二十年薨。
宛朐侯埶	楚元王子。	四月乙巳封，三年，反，诛。
棘乐敬侯调	楚元王子。	三年八月壬子封，十六年薨。
乘氏侯买	梁孝王子。	中五年五月丁卯封，一年，为梁王。
桓邑侯明	梁孝王子。	五月丁卯封，一年，为济川王。
右孝景。		
兹侯明	河间献王子。	元光五年正月壬子封，四年，元朔三年，坐杀人，自杀。
安城思侯苍	长沙定王子。	六年七月乙巳封，十三年薨。
宜春侯成	长沙定王子。	七月乙巳封，十七年，元鼎五年，坐酎金免。
句容哀侯党	长沙定王子。	七月乙巳封，二年薨，亡后。
容陵侯福	长沙定王子。	七月乙巳封，十七年，元鼎五年，坐酎金免。
杏山侯成	楚安王子。	后九月壬戌封，十七年，元鼎五年，坐酎金免。
浮丘节侯不害	楚安王子。	后九月壬戌封，十一年薨。
广戚节侯将	鲁共王子。	元朔元年十月丁酉封，薨。
丹阳哀侯敢	江都易王子。	十二月甲辰封，六年，元狩元年薨，亡后。
盱台侯蒙之	江都易王子。	十二月甲辰封，十六年，元鼎五年，坐酎金免。
胡孰顷侯胥行	江都易王子。	正月丁卯封，十六年薨。
秣陵终侯缠	江都易王子。	正月丁卯封，元鼎四年薨，亡后。

七年，怀侯登嗣，一年薨。	中元年，敬侯嘉嗣，二十四年薨。	元朔四年，哀侯章嗣，一年薨，亡后。	
建元五年，侯受嗣，十八年，元狩五年，坐为宗正听请，不具宗室，耐为司寇。			
建元三年，恭侯应嗣，十五年薨。	元朔元年，侯庆嗣，十六年，元鼎五年，坐酎金免。		
元鼎元年，节侯自当嗣。	侯寿光嗣，五凤二年，坐与姊乱，下狱病死。		豫章
			会稽
元狩五年，侯霸嗣，六年，元鼎五年，坐酎金免。			沛
侯始嗣，元鼎五年，坐酎金免。			
			无湖

元鼎五年，侯圣嗣，坐知人脱亡名数，以为保，杀人，免。			丹阳

淮陵侯定国	江都易王子。	正月丁卯封，十六年，元鼎五年，坐酎金免。
张梁哀侯仁	梁共王子。	二年五月乙巳封，十三年薨。
龙丘侯代	菑川懿王子。	五月乙巳封，十五年，元鼎五年，坐酎金免。
剧原侯错	菑川懿王子。	五月乙巳封，十七年薨。
怀昌夷侯高遂	菑川懿王子。	五月乙巳封，二年薨。
平望夷侯赏	菑川懿王子。	五年乙巳封，七年薨。
临众敬侯始昌	菑川懿王子。	五月乙巳封，三十一年薨。
葛魁节侯宽	菑川懿王子。	五月乙巳封，八年薨。
益都敬侯胡	菑川懿王子。	五月乙巳封，薨。
平的戴侯强	菑川懿王子。	五月乙巳封，十七年薨。
剧魁夷侯黑	菑川懿王子。	五月乙巳封，十七年薨。
寿梁侯守	菑川懿王子。	五月乙巳封，十五年，元鼎五年，坐酎金免。
平度康侯行	菑川懿王子。	五月乙巳封，四十七年薨。
宜成康侯偃	菑川懿王子。	五月乙巳封，十一年薨。
临朐夷侯奴	菑川懿王子。	五月乙巳封，四十一年薨。

			淮陵
元鼎三年，侯顺嗣，二十三年，征和三年，为奴所杀。			
			琅邪
元鼎二年，孝侯广昌嗣。	戴侯骨嗣。	质侯吉嗣。	节侯嚣嗣。
六世 侯胜容嗣。			
四年，胡侯延年嗣。	节侯胜时嗣。	侯可置嗣。	
元狩三年，原侯楚人嗣，二十六年薨。	太始三年，敬侯光嗣，十四年薨。	神爵四年，顷侯起嗣。	孝侯均嗣。
六世 侯旦嗣。			
太始元年，康侯革生嗣，十八年薨。	元凤三年，顷侯广平嗣，薨。	原侯农嗣。	临原节侯理嗣。
六世 釐侯贤嗣。	七世 侯商嗣，王莽篡位，绝。		
元狩四年，侯戚嗣，五年，元鼎三年，坐缚家吏恐猲受赇，弃市。			
原侯广嗣。	侯嘉嗣，元凤三年，坐非广子免。		
元狩元年，思侯中时嗣，三十年薨。	太始三年，节侯福嗣，十三年薨。	神爵四年，顷侯鼻嗣。	釐侯利亲嗣。
六世 侯宣嗣。			
元狩元年，思侯招嗣，三年薨。	四年，康侯德嗣。	孝侯利亲嗣。	釐侯婴嗣。
六世 侯向嗣。			
			寿乐
元凤元年，节侯庆忌嗣，三年薨。	四年，质侯帅军嗣	顷侯钦嗣。	孝侯宗嗣。
六世 侯嘉嗣。			
元鼎元年，侯福嗣，十二年，太初元年，坐杀弟弃市。			平原
戴侯乘嗣。	节侯赏嗣。	孝侯信嗣。	东海 安侯袆嗣。

雷侯稀	城阳共王子。	五月甲戌封，十五年，元鼎五年，坐酎金免。
东莞侯吉	城阳共王子。	五月甲戌封，五年，痼病不任朝，免。
辟土节侯壮	城阳共王子。	五月甲戌封，三年薨。
尉文节侯丙	赵敬肃王子。	六月甲午封，五年薨。
封斯戴侯胡伤	赵敬肃王子。	六月甲午封，二十五年薨。
榆丘侯受福	赵敬肃王子。	六月甲午封，十五年，元鼎五年，坐酎金免。
襄嚵侯建	赵敬肃王子。	六月甲午封，十五年，元鼎五年，坐酎金免。
邯会衍侯仁	赵敬肃王子。	六月甲午封，薨。
朝节侯义	赵敬肃王子。	六月甲午封，十三年薨。
东城侯遗	赵敬肃王子。	六月甲午封，十一年，元鼎元年，为孺子所杀。
阴城思侯苍	赵敬肃王子。	六月甲午封，十七年，太初元年薨。嗣子有罪，不得代。
广望节侯忠	中山靖王子。	六月甲午封，三十年薨。
将梁侯朝平	中山靖王子。	六月甲午封，十五年，元鼎五年，坐酎金免。
薪馆侯未央	中山靖王子。	六月甲午封，十五年，元鼎五年，坐酎金免。
陆城侯贞	中山靖王子。	六月甲午封，十五年，元鼎五年，坐酎金免。
薪处侯嘉	中山靖王子。	六月甲午封，十五年，元鼎五年，坐酎金免。
蒲领侯嘉	广川惠王子。	三年十月癸酉封，有罪，绝。
西熊侯明	广川惠王子。	十月癸酉封，薨，亡后。

六世 侯岑嗣。			
			东海
五年，侯明嗣，十二年，元鼎五年，坐酎金免。			东海
元狩元年，侯犊嗣，十年，元鼎五年，坐酎金免。			南郡
太初三年，原侯如意嗣，五十二年薨。	甘露四年，孝侯宫嗣。	侯仁嗣。	
			广平
哀侯慧嗣。	后元年，勤侯贺嗣，三十五年薨。	甘露元年，原侯张嗣。	釐侯康嗣。
六世 节侯重嗣。	七世 怀侯苍嗣，薨，亡后。		
元鼎三年，戴侯禄嗣。	侯固城嗣，五凤四年，坐酎金少四两免。		
天汉四年，顷侯中嗣，十三年薨。	始元三年，思侯何齐嗣。	恭侯遂嗣。	侯阁嗣。
			涿
			涿

			涿
			涿
			东海

枣彊侯晏	广川惠王子。	十月癸酉封，薨，亡后。
毕梁侯婴	广川惠王子。	十月癸酉封，十九年，元封四年，坐首匿罪人，为鬼薪。
旁光侯殷	河间献王子。	十月癸酉封，十年，元鼎元年，坐贷子钱不占租，取息过律，会赦，免。
距阳宪侯匄	河间献王子。	十月癸酉封，十四年薨。
蒌节侯退	河间献王子。	十月癸酉封，十六年薨。
阿武戴侯豫	河间献王子。	十月癸酉封，二十四年薨。
参户节侯免	河间献王子。	十月癸酉封，四十六年薨。
州乡节侯禁	河间献王子。	十月癸酉封，十一年薨。
平城侯礼	河间献王子。	十月癸酉封，六年，元狩三年，坐恐猲取鸡以令买偿免，复谩，完为城旦。
广侯顺	河间献王子。	十月癸酉封，十四年，元鼎五年，坐酎金免。
盖胥侯让	河间献王子。	十月癸酉封，十四年，元鼎五年，坐酎金免。
阴安康侯不害	济北贞王子。	十月癸酉封，十一年薨。
荣关侯骞	济北贞王子。	十月癸酉封，坐谋杀人，会赦，免。
周望康侯何	济北贞王子。	十月癸酉封，八年薨。
陪缪侯则	济北贞王子。	十月癸酉封，十一年薨。
前侯信	济北贞王子。	十月癸酉封，十四年，元鼎五年，坐酎金免。
安阳侯乐	济北贞王子。	十月癸酉封，三十八年薨。

			魏
			魏
元鼎五年，侯湊嗣，坐酎金免。			
元封元年，釐侯婴嗣，二十二年薨。	后元年，原侯益寿嗣，三十一年薨。	五凤元年，安侯充世嗣，三年薨。	四年，侯遗嗣，二十年，建始四年薨，亡后。
太初三年，敬侯宣嗣，二十年薨。	始元三年，节侯信嗣，二十三年薨。	神爵元年，釐侯婴齐嗣。	顷侯黄嗣。
六世 侯长久嗣，王莽篡位，绝。			
元凤元年，敬侯严嗣。	顷侯元嗣。	孝侯利亲嗣。	侯度嗣。
元鼎二年，思侯齐嗣。	元封六年，宪侯惠嗣。	釐侯商嗣。	恭侯伯嗣。
六世 侯禹嗣，王莽篡位，绝。			
			勃海
			魏
元鼎三年，哀侯秦客嗣，三年薨，亡后。			魏
			茌平
元狩五年，侯当时嗣，六年，元鼎五年，坐酎金免。			
元鼎二年，侯邑嗣，五年，坐酎金免。			平原
			平原
后元年，穅侯延年嗣，十六年薨。	本始二年，康侯记嗣，十五年薨。	五凤元年，安侯戚嗣。	平原 哀侯得嗣，薨，亡后。

五据侯臞丘	济北式王子。	十月癸酉封，十四年，元鼎五年，坐酎金免。
富侯龙	济北式王子。	十月癸酉封，十六年，元康元年，坐使奴杀人，下狱瘐死。
平侯遂	济北式王子。	十月癸酉封，四年，元狩元年，坐知人盗官母马为臧，会赦，复作。
羽康侯成	济北式王子。	十月癸酉封，六十年薨。
胡母侯楚	济北式王子。	二月癸酉封，十四年，元鼎五年，坐酎金免。
离石侯绾	代共王子。	正月壬戌封，后更为涉侯，坐上书谩，耐为鬼薪。
邵侯顺	代共王子。	正月壬戌封，二十六年，天汉元年，坐杀人及奴凡十六人，以捕匈奴千骑，免。
利昌康侯嘉	代共王子。	正月壬戌封，五十一年薨。
蔺侯罢军	代共王子。	正月壬戌封，后更为武原侯，坐盗贼免。
临河侯贤	代共王子。	正月壬戌封，后更为高俞侯，坐酎金免。
湿成侯忠	代共王子。	正月壬戌封，后更为端氏侯，薨，亡后。
土军侯郢客	代共王子。	正月壬戌封，后更为钜乘侯，坐酎金免。
皋琅侯迁	代共王子。	正月壬戌封，薨，亡后。
千章侯遇	代共王子。	正月壬戌封，后更为夏丘侯，坐酎金免。
博阳顷侯就	齐孝王子。	三月乙卯封，薨。
宁阳节侯恬	鲁共王子。	三月乙卯封，五十二年薨。
瑕丘节侯政	鲁共王子。	三月乙卯封，五十三年薨。
公丘夷侯顺	鲁共王子。	三月乙卯封，三十年薨。

			泰山
地节三年，恭侯系嗣。	侯弃嗣，王莽篡位，绝。		
			泰山
元凤五年，戴侯乐嗣，十二年薨。	元康二年，顷侯万世嗣。	节侯光禄嗣。	刺侯般嗣。
六世 侯换嗣，王莽篡位，绝。			
			西河
			临淮
			平原

侯终古嗣，元鼎五年，坐酎金免。			济南
元凤六年，安侯庆忌嗣，十八年薨。	五凤元年，康侯信嗣。	孝侯皍嗣。	侯方嗣。
元平元年，思侯国嗣，四年薨。	本始四年，孝侯汤嗣，十年薨。	神爵二年，炀侯奉义嗣。	釐侯遂成嗣。
六世 侯禹嗣。			
太始元年，康侯置嗣。	地节四年，炀侯延寿嗣，九年薨。	五凤元年，思侯赏嗣。	侯元嗣，王莽篡位，绝。

郁根侯骄	鲁共王子。	三月乙卯封，十四年，元鼎五年，坐酎金免。
西昌侯敬	鲁共王子。	三月乙卯封，十四年，元鼎五年，坐酎金免。
陆地侯义	中山靖王子。	三月乙卯封，十四年，元鼎五年，坐酎金免。
邯平侯顺	赵敬肃王子。	三月乙卯封，十四年，元鼎五年，坐酎金免。
武始侯昌	赵敬肃王子。	四月甲辰封，三十四年，为赵王。
烏氏节侯贺	赵敬肃王子。	四月甲辰封，十八年薨。
易安侯平	赵敬肃王子。	四月甲辰封，二十年薨。
路陵侯童	长沙定王子。	四年三月乙丑封，四年，元狩二年，坐杀人，自杀。
攸舆侯则	长沙定王子。	三月乙丑封，二十二年，太初元年，坐篡死罪囚，弃市。
荼陵节侯䜣	长沙定王子。	三月乙丑封，十年薨。
建成侯拾	长沙定王子。	三月乙丑封，元鼎二年，坐使行人奉璧皮荐，贺元年十月不会，免。
安众康侯丹	长沙定王子。	三月乙丑封，三十年薨。
叶平侯喜	长沙定王子。	三月乙丑封，十三年，元鼎五年，坐酎金免。
利乡侯婴	城阳共王子。	三月乙丑封，五年，元狩三年，有罪免。
有利侯钉	城阳共王子。	三月乙丑封，三年，元狩元年，坐遗淮南王书称臣弃市。
东平侯庆	城阳共王子。	三月乙丑封，五年，元狩三年，坐与姊奸，下狱瘐死。
运平侯记	城阳共王子。	三月乙丑封，十三年，元鼎五年，坐酎金免。

			辛处
			广平
			魏
元封三年，思侯安意嗣，二十七年薨。	始元六年，康侯千秋嗣，十六年薨。	元康元年，孝侯汉强嗣。	侯酆嗣，王莽篡位，绝。
元封五年，康侯种嗣。	侯德嗣，始元元年，坐杀人免。		鄗
			南阳
			南阳
元鼎二年，哀侯汤嗣，十一年，太初元年薨，亡后。			桂阳
元封六年，节侯山柎嗣，三十八年薨。	地节三年，缪侯毋妨嗣。	釐侯褒嗣。	侯歙嗣。
侯崇嗣，居摄元年举兵，为王莽所灭。			
侯宠，建武二年以崇从父弟绍封。	建武十三年，侯松嗣。		今见

			东海
			东海
			东海

山州侯齿	城阳共王子。	三月乙丑封，十三年，元鼎五年，坐酎金免。
海常侯福	城阳共王子。	三月乙丑封，十三年，元鼎五年，坐酎金免。
驺丘敬侯宽	城阳共王子。	三月乙丑封，六年薨。
南城节侯贞	城阳共王子。	三月乙丑封，四十二年薨。
广陵庣侯裘	城阳共王子。	三月乙丑封，七年薨。
杜原侯皋	城阳共王子。	三月乙丑封，十三年，元鼎五年，坐酎金免。
临乐敦侯光	中山靖王子。	四月甲午封，二十年薨。
东野戴侯章	中山靖王子。	四月甲午封，薨。
高平侯喜	中山靖王子。	四月甲午封，十三年，元鼎五年，坐酎金免。
广川侯颇	中山靖王子。	四月甲午封，十三年，元鼎五年，坐酎金免。
重侯担	河间献王子。	四月甲午封，四年，元狩二年，坐不使人为秋请免。
被阳敬侯燕	齐孝王子。	四月乙卯封，十三年薨。
定敷侯越	齐孝王子。	四月乙卯封，十二年薨。
稻夷侯定	齐孝王子。	四月乙卯封，薨。
山原侯国	齐孝王子。	四月乙卯封，二十七年薨。五百五十户。
繁安夷侯忠	齐孝王子。	四月乙卯封，十八年薨。
柳康侯阳已	齐孝王子。	四月乙卯封，薨。

			琅邪
元狩四年，原侯报德嗣。	侯毋害嗣，本始二年，坐使人杀兄弃市。		
始元四年，戴侯猛嗣，二十二年薨。	神爵元年，元侯尊嗣，二年薨。	四年，釐侯充国嗣。	顷侯遂嗣。
六世 侯友嗣，王莽篡位，绝。			
元狩五年，侯成嗣，六年，元鼎五年，坐酎金免。			
元封六年，宪侯建嗣。	列侯固嗣。	五凤三年，节侯万年嗣。	侯广都嗣，王莽篡位，绝。
侯中时嗣，太初四年薨，亡后。			
			平原
			平原
元鼎五年，穅侯偃嗣，二十八年薨。	始元二年，顷侯寿嗣。	孝侯定嗣。	节侯闳嗣。
六世 侯广嗣，王莽篡位，绝。			
元鼎四年，思侯德嗣，五十一年薨。	元康四年，宪侯福嗣。	恭侯汤嗣。	定侯乘嗣，王莽篡位，绝。
简侯阳都嗣。	本始二年，戴侯咸嗣，四十二年薨。	甘露元年，顷侯阅嗣。	侯永嗣，王莽篡位，绝。
天汉三年，康侯弃嗣，十四年薨。	始元三年，安侯守嗣，二十二年薨。	侯发嗣。	勃海 甘露二年，孝侯外人嗣，十八年，建始五年薨。
元封四年，安侯守嗣。	节侯寿汉嗣。	元凤五年，顷侯嘉嗣。	孝侯光嗣。
六世 侯起嗣。			
敷侯罢师嗣。	于侯自为嗣。	安侯携嗣。	缪侯轲嗣。

云夷侯信	齐孝王子。	四月乙卯封，十四年薨。
牟平共侯渫	齐孝王子。	四月乙卯封，五年薨。
柴原侯代	齐孝王子。	四月乙卯封，三十四年薨。
柏畅戴侯终古	赵敬肃王子。	五年十一月辛酉封，薨。
鄗安侯延年	赵敬肃王子。	十一月辛酉封，十二年，元鼎五年，坐酎金免。
乘丘节侯将夜	中山靖王子。	三月癸酉封，十一年薨。
高丘哀侯破胡	中山靖王子。	三月癸酉封，八年，元鼎元年薨，亡后。
柳宿夷侯盖	中山靖王子。	三月癸酉封，四年薨。
戎丘侯让	中山靖王子。	三月癸酉封，十二年，元鼎五年，坐酎金免。
樊舆节侯修	中山靖王子。	二月癸酉封，三十六年薨。
曲成侯万岁	中山靖王子。	三月癸酉封，十二年，元鼎五年，坐酎金免。
安郭于侯传富	中山靖王子。	三月癸酉封，薨。五百二十户。
安险侯应	中山靖王子。	三月癸酉封，十二年，元鼎五年，坐酎金免。
安道侯恢	中山靖王子。	三月癸酉封，十二年，元鼎五年，坐酎金免。
夫夷敬侯义	长沙定王子。	三月癸酉封，十二年薨。
舂陵节侯买	长沙定王子。	六月壬子封，四年薨。
都梁敬侯定	长沙定王子。	六月壬子封，八年薨。

六世 侯守嗣，王莽篡位，绝。			
元鼎六年，侯茂发嗣。	太始二年，康侯遂嗣。	釐侯终古嗣。	侯得之嗣，王莽篡位，绝。
元狩三年，节侯奴嗣，二十五年薨。	太始二年，敬侯更生嗣，二十九年薨。	地节四年，康侯建嗣，一年薨。	元康元年，孝侯鼩嗣。
六世 釐侯威嗣。	七世 侯隆嗣，王莽篡位，绝。		
征和二年，节侯胜之嗣，二十七年薨。	元康二年，敬侯贤嗣。	三年，康侯齐嗣。	恭侯莫如嗣，薨，亡后。
侯朱嗣，始元三年薨，亡后。			中山
元鼎四年，戴侯德嗣。	侯外人嗣，元康四年，坐为子时与后母乱，免。		
元狩三年，侯苏嗣，八年，元鼎五年，坐酎金免。			
后元年，炀侯过伦嗣。	思侯异众嗣。	顷侯土生嗣。	侯自予嗣，王莽篡位，绝。
			涿
釐侯偃嗣。	侯崇嗣，元康元年，坐首匿死罪免。		涿

元鼎五年，节侯禹嗣，五十八年薨。	五凤三年，顷侯奉宗嗣。	釐侯庆嗣。	怀侯福嗣。
六世 侯商嗣，王莽篡位，绝。			
元狩三年，戴侯熊渠嗣，五十六年薨。	元康元年，孝侯仁嗣。	侯敞嗣。	建武二年，立敞子祉为城阳王。
元鼎元年，顷侯傒嗣。	节侯弘嗣。	原侯顺怀嗣。	炀侯容嗣。
六世 侯佗人嗣，王莽篡位，绝。			

洮阳靖侯狩燕	长沙定王子。	六月壬子封，七年，元狩六年薨，亡后。
众陵节侯贤	长沙定王子。	六月壬子封，五十年薨。
终弋侯广置	衡山赐王子。	六年四月丁丑封，十一年，元鼎五年，坐酎金免。
麦侯昌	城阳顷王子。	元鼎元年四月戊寅封，五年，坐酎金免。
钜合侯发	城阳顷王子。	四月戊寅封，五年，坐酎金免。
昌侯差	城阳顷王子。	四月戊寅封，五年，坐酎金免。
蒉侯方	城阳顷王子。	四月戊寅封，五年，坐酎金免。
虖葭康侯泽	城阳顷王子。	四月戊寅封，六十二年薨。
原洛侯敢	城阳顷王子。	四月戊寅封，二十六年，征和三年，坐杀人弃市。
挟术侯昆景	城阳顷王子。	四月戊寅封，十六年，天汉元年薨，亡后。
挟釐侯霸	城阳顷王子。	四月戊寅封，三十五年薨。
枋节侯让	城阳顷王子。	四月戊寅封，薨。
文成侯光	城阳顷王子。	四月戊寅封，五年，坐酎金免。
校靖侯云	城阳顷王子。	四月戊寅封，五年，坐酎金免。
庸侯馀	城阳顷王子。	四月戊寅封，有罪死。
翟侯寿	城阳顷王子。	四月戊寅封，五年，坐酎金免。
鱣侯应	城阳顷王子。	四月戊寅封，五年，坐酎金免。
彭侯强	城阳顷王子。	四月戊寅封，五年，坐酎金免。
瓡节侯息	城阳顷王子。	四月戊寅封，五十五年薨。
虚水康侯禹	城阳顷王子。	四月戊寅封，三十八年薨。
东淮侯类	城阳顷王子。	四月戊寅封，五年，坐酎金免。
拘侯贤	城阳顷王子。	四月戊寅封，五年，坐酎金免。
淯侯不疑	城阳顷王子。	四月戊寅封，五年，坐酎金免。

本始四年，戴侯真定嗣，二十二年薨。	黄龙元年，顷侯庆嗣。	侯胥嗣，王莽篡位，绝。	
			汝南
			琅邪
			平原
			琅邪
神爵元年，夷侯舜嗣。	顷侯阁嗣。		侯永嗣，王莽篡位，绝。
			琅邪
			琅邪
始元五年，夷侯戚嗣，二十一年薨。	神爵元年，节侯贤嗣。	顷侯思嗣。	孝侯众嗣，薨，亡后。
侯兴嗣，为人所杀。			平原
			东海
			琅邪
			东海
			襄贲
			东海
元康四年，质侯守嗣，七年薨。			
地节元年，息侯爵嗣，七年薨。	五凤四年，侯敞嗣，王莽篡位，绝。		
			北海
			千乘
			东海

陆元侯何	菑川靖王子。	七月辛卯封，薨。
广饶康侯国	菑川靖王子。	七月辛卯封，五十年薨。
缾敬侯成	菑川靖王子。	七月辛卯封，五十四年薨。
俞间炀侯毋害	菑川靖王子。	七月辛卯封，四十四年薨。
甘井侯光	广川缪王子。	七月乙酉封，二十五年，征和二年，坐杀人弃市。
襄堤侯圣	广川缪王子。	七月乙酉封，五十年，地节四年，坐奉酎金斤八两少四两，免。
皋虞炀侯建	胶东康王子。	元封元年五月丙午封，九年薨。
魏其炀侯昌	胶东康王子。	五月丙午封，十七年薨。
祝兹侯延年	胶东康王子。	五月丙午封，五年，坐弃印绶出国免。
高乐康侯	齐孝王子。	不得封年，薨，亡后。
参馥侯则	广川惠王子。	不得封年，坐酎金免。
沂陵侯喜	广川惠王子。	不得封年，坐酎金免。
沈阳侯自为	河间献王子。	不得封年。
漳北侯宽	赵敬肃王子。	不得封年，元凤三年，为奴所杀。
南䜌侯佗	赵敬肃王子。	不得封年，征和二年，坐酎金免。
南陵侯庆	赵敬肃王子。	不得封年，后三年，坐为沛郡太守横恣罔上，下狱瘐死。

原侯贾嗣。	侯延寿嗣，五凤三年，坐知女妹夫亡命笞二百，首匿罪，免。		寿光
地节三年，共侯坊嗣，十四年薨。	甘露元年，侯麟嗣，王莽篡位，绝。		
地节二年，顷侯龙嗣，五十年薨。	元康三年，原侯融嗣。	侯闵嗣，王莽篡位，绝。	
地节三年，原侯况嗣，十年薨。	五凤元年，侯瞵嗣，十二年，初元三年薨，亡后。		
			钜鹿
元始二年，圣子伦以曾祖广川惠王曾孙为广德王。			钜鹿
太初四年，穅侯定嗣，十四年薨。	本始二年，节侯裒嗣。	釐侯勋嗣。	颂侯显嗣。
六世 侯乐嗣，王莽篡位，绝。			
本始四年，原侯傅光嗣，三十三年薨。	甘露三年，孝侯禹嗣。	质侯蟜嗣。	侯嘉嗣，王莽篡位，绝。
			琅邪
			济南
			东海
			东海
			勃海
			魏
			钜鹿
			临淮

鄗侯舟	赵敬肃王子。	不得封年，征和四年，坐祝禮上，要斩。
安檀侯福	赵敬肃王子。	不得封年，后三年，坐为常山太守祝禮上，讯未竟，病死。
爰戚侯当	赵敬肃王子。	不得封年，后三年，坐与兄廖谋反，自杀。
栗节侯乐	赵敬肃王子。	征和元年封，二十七年薨。
洨夷侯周舍	赵敬肃王子。	元年封，薨。
猇节侯起	赵敬肃王子。	元年封，十三年薨。
揤裴戴侯道	赵敬肃王子。	元年封，十二年薨。
澎侯屈氂	中山靖王子。	二年三月丁巳封，三年，坐为丞相祝禮，要斩。
右孝武。		

			常山
			魏
			济南
地节四年，炀侯忠嗣。	质侯终根嗣。	侯况嗣。	
孝侯惠嗣。	节侯迺始嗣。	哀侯勋嗣。	侯承嗣。
始元六年，夷侯充国嗣，二十年薨。	神爵元年，恭侯广明嗣。	釐侯固嗣。	侯钜鹿嗣。
元凤元年，哀侯尊嗣。	顷侯章嗣。	釐侯景嗣。	东海侯发嗣。

卷十五下

王子侯表第三下

孝元之世，亡王子侯者，盛衰终始，岂非命哉！元始之际，王莽擅朝，伪褒宗室，侯及王之孙焉；居摄而愈多，非其正，故弗录。旋踵亦绝，悲夫！

号谥姓名	属	始封
松兹戴侯霸	六安共王子。	始元五年六月辛丑封，二十二年薨。
温水侯安国	胶东哀王子。	六月辛丑封，十年，本始二年，坐上书为妖言，会赦，免。
兰旗顷侯临朝	鲁安王子。	六月辛丑封，二十二年薨。
容丘戴侯方山	鲁安王子。	六月辛丑封。
良成顷侯文德	鲁安王子。	六月辛丑封。
蒲领炀侯禄	清河纲王子。	六年五月乙卯封。
南曲炀侯迁	清河纲王子。	五月乙卯封，三十年薨。
高城节侯梁	长沙顷王子。	六月乙未封。
成献侯喜	中山康王子。	元凤五年十一月庚子封，十五年薨。

元帝之世，没有王子诸侯，这由盛转衰的过程，难道不是天命吗！元始年间，王莽开始独揽朝政，假意褒扬宗室，连诸侯王的孙子都能受封为侯；他摄政之时封了很多人为侯，不是正统的分封，所以不做记录。紧接着他篡夺帝位，废除了汉室的分封，可悲啊！

子	孙	曾孙	玄孙
神爵二年，共侯始嗣。	顷侯缇嗣。	侯均嗣。王莽篡位，绝者凡百八十一人。	
神爵二年，节侯去疾嗣，七年薨。	甘露元年，釐侯嘉嗣。	侯位嗣，绝。	
顷侯未央嗣。	侯昭嗣，绝。		
共侯舜嗣。	釐侯原嗣。	戴侯元嗣。	侯闵嗣，绝。
哀侯推嗣，亡后。			
元延三年，节侯不识以推弟绍封。	侯京嗣，免。		
甘露三年，节侯江嗣。	侯尊嗣，免。		
质侯景嗣。	顷侯请士嗣。	侯冯嗣，免。	
神爵元年，顷侯得疵嗣。	炀侯偳嗣。	哀侯贵嗣，建平元年薨，亡后。	涿郡

新市康侯吉	广川缪王子。	十一月庚子封，二十五年薨。
江阳侯仁	城阳慧王子。	六年十一月乙丑封，十年，元康元年，坐役使附落免。
阳武侯	孝武皇帝曾孙。	元平元年七月庚申封，即日即皇帝位。
右孝昭十二。		
朝阳荒侯圣	广陵厉王子。	本始元年七月壬子封。
平曲节侯曾	广陵厉王子。	七月壬子封，十九年，五凤四年，坐父祝诅上，免，后复封。
南利侯昌	广陵厉王子。	七月壬子封，五年，地节二年，坐贼杀人免。
安定戾侯贤	燕刺王子。	七月壬子封。
东襄爱侯宽	广川缪王子。	三年四月壬申封。
宣处节侯章	中山康王子。	三年六月甲辰封，四年薨。
修市原侯寅	清河纲王子。	四年四月己丑封，三年薨。
东昌趮侯成	清河纲王子。	四月己丑封。
新乡侯豹	清河纲王子。	四月己丑封，四年薨。
修故侯福	清河纲王子。	四月己丑封，五年，元康元年，坐首匿群盗弃市。
东阳节侯弘	清河纲王子。	四月己丑封，十年薨。
新昌节侯庆	燕刺王子。	五月癸丑封。
邯蕾节侯偃	赵顷王子。	地节二年四月癸卯封，九年薨。
乐阳缪侯说	赵顷王子。	四月癸卯封。
桑中戴侯广汉	赵顷王子。	四月癸卯封。
张侯嵩	赵顷王子。	四月癸卯封，八年，神爵二年，坐贼杀人，上书要上，下狱瘐死。
景成原侯雍	河间献王子。	四月癸卯封，六年薨。

甘露三年，顷侯义嗣。	侯钦嗣。		堂阳
			东海
思侯广德嗣。	侯安国嗣，免。		济南
釐侯临嗣。	侯农嗣，免。		东海
			汝南
顷侯延年嗣。	侯昱嗣，免。		钜鹿
侯使亲嗣，建昭元年薨，亡后。			信都
地节三年，原侯众嗣，薨，亡后。			
地节三年，顷侯千秋嗣。	釐侯元嗣。	侯云嗣，免。	勃海
顷侯亲嗣。	节侯霸嗣。	侯祖嗣，免。	
地节四年，釐侯步可嗣。	炀侯尊嗣。	侯佟嗣，元始元年上书言王莽宜居摄，莽篡位，赐姓王。	
			清河
神爵二年，釐侯纵嗣。	顷侯乃始嗣。	哀侯封亲嗣。	侯伯造嗣，免。
顷侯称嗣。	哀侯未央嗣，薨，亡后。		涿
元延元年，釐侯嫋以未央弟绍封。	侯晋嗣，免。		
神爵三年，釐侯胜嗣。	顷侯度嗣。	侯定嗣，免。	魏
孝侯宗嗣。	顷侯崇嗣。	侯镇嗣，免。	常山
节侯纵嗣。	顷侯敞嗣，亡后。		
元延二年，侯舜以敞弟绍封，十九年免。			
			常山
元康四年，顷侯欧嗣。	釐侯禹嗣。	节侯福嗣，免。	勃海

平隄严侯招	河间献王子。	四月癸卯封，一年薨。
乐乡宪侯佟	河间献王子。	四月癸卯封，九年薨。
高郭节侯曤	河间献王子。	四月癸卯封，薨。
乐望孝侯光	胶东戴王子。	四年二月甲寅封。
成康侯饶	胶东戴王子。	二月甲寅封。
柳泉节侯强	胶东戴王子。	二月甲寅封，十七年薨。
复阳严侯延年	长沙顷王子。	元康元年正月癸卯封。
钟武节侯度	长沙顷王子。	正月癸卯封。
高城节侯梁	长沙顷王子。	正月癸卯封。
富阳侯赐	六安夷王子。	二年五月丙戌封，二十八年，建昭二年，坐上书归印绶免八百户。
海昏侯贺	昌邑哀王子。	三年四月壬子，以昌邑王封，四年，神爵三年薨。坐故行淫辟，不得置后。
曲梁安侯敬	平干顷王子。	七月壬子封。
遽乡侯宣	真定列王子。	四年三月甲寅封，二年薨，亡后。
新利侯偃	胶东戴王子。	神爵元年四月癸巳封，十一年，甘露四年，坐上书谩，免，复更封户都侯，建始三年又上书谩，免。四百户。
乐信顷侯强	广川缪王子。	三年四月戊戌封。
昌成节侯元	广川缪王子。	四月戊戌封，四年薨。
广乡孝侯明	平干顷王子。	七月壬申封。
成乡质侯庆	平干顷王子。	七月壬申封，九百户。

三年，缪侯荣嗣。	节侯曾世嗣。	釐侯育嗣。	钜鹿 侯乃始嗣，免。
神爵三年，节侯蒯嗣。	顷侯邓嗣。	釐侯胜嗣。	钜鹿 侯地绪嗣，免。
孝侯久长嗣。	顷侯菲嗣。	共侯称嗣。	哀侯霸嗣，薨，亡后。
			郑 元延元年，侯异众以霸弟绍封。
六世 侯发嗣，免。			
釐侯林嗣。	侯起嗣，免。		北海
侯新嗣，免。			北海
黄龙元年，孝侯建嗣。	炀侯万年嗣。	侯永昌嗣，免。	南阳
炀侯汉嗣。	侯道嗣，免。		南阳
孝侯宣嗣。	哀侯霸嗣，亡后。		
元延二年，节侯则以霸叔父绍封。			
质侯景嗣。	顷侯诸士嗣。	侯冯嗣，免。	
初元三年，釐侯代宗以贺子绍封。	原侯保世嗣。	侯会邑嗣，免，建武后封。	豫章
节侯时光嗣。	侯郗辩嗣，免。		魏郡
			常山
孝侯何嗣。	节侯贺嗣。	侯涉嗣，免。	钜鹿
五凤三年，顷侯齿嗣。	釐侯应嗣。	质侯江嗣，建平三年薨，亡后。	信都
节侯安嗣。	釐侯周齐嗣。	侯充国嗣，免。	钜鹿
节侯霸嗣，鸿嘉三年薨，亡后。			广平
元延二年，侯果以霸弟绍封，十九年免。			

平利节侯世	平干顷王子。	四年三月癸丑封。
平乡孝侯壬	平干顷王子。	三月癸丑封。
平纂节侯梁	平干顷王子。	三月癸丑封，薨，亡后。
成陵节侯充	平干顷王子。	三月癸丑封，四百一十户。
西梁节侯辟兵	广川戴王子。	三年乙亥封，七年薨。
历乡康侯必胜	广川缪王子。	七月壬子封，五年薨。
阳城愍侯田	平干顷王子。	七月壬子封。
祚阳侯仁	平王顷王子。	五凤元年四月乙未封，十三年，初元五年，坐擅兴繇赋，削爵一级，为关内侯，九百一十户。
武陶节侯朝	广川缪王子。	七月壬午封。
阳兴侯昌	河间孝王子。	十二月癸巳封，二十六年，建始二年，坐朝私留它县，使庶子杀人，弃市。千三百五十户。
利乡孝侯安	中山顷王子。	甘露元年三月壬辰封。
都乡孝侯景	赵顷王子。	二年七月辛未封。
昌虑康侯弘	鲁孝王子。	四年闰月丁亥封。
平邑侯敞	鲁孝王子。	闰月丁亥封，二年，初元元年，坐杀一家二人弃市。
山乡节侯绾	鲁孝王子。	闰月丁亥封。
建陵靖侯遂	鲁孝王子。	闰月丁亥封，一年薨。
合阳节侯平	鲁孝王子。	闰月丁亥封，千一百六十户。
东安孝侯强	鲁孝王子。	闰月丁亥封。
承乡节侯当	鲁孝王子。	闰月丁亥封，二千七百户。

质侯嘉嗣。	釐侯禹嗣。	侯旦嗣，免。	魏郡
节侯成嗣。	侯阳嗣，免。		魏郡
			平原
侯德嗣，鸿嘉三年，坐弟与后母乱，共杀兄，德知不举，不道，下狱瘐死。			广平
甘露三年，孝侯广嗣。	哀侯宫嗣。	侯敞嗣，免。	钜鹿
甘露元年，顷侯长寿嗣。	缪侯宫嗣。	侯东之嗣，免。	钜鹿
节侯贤嗣。	釐侯说嗣。	侯报嗣，免。	
			广平
孝侯弘嗣。	节侯勋嗣。	侯京嗣，免。	钜鹿
			涿郡
戴侯遂嗣。	侯国嗣，免。		常山
侯溱嗣，免。			东海
釐侯奉世嗣。	侯盖嗣，免。		泰山
			东海
侯丘嗣，免。			东海
黄龙元年，节侯鲁嗣。	侯连文嗣，免。		东海
孝侯安上嗣，建始元年薨，亡后。			东海
侯拔嗣，免。			东海
侯德天嗣，鸿嘉二年，坐恐猲国人，受财臧五百以上，免。			东海

建阳节侯咸	鲁孝王子。	闰月丁亥封。
高乡节侯休	城阳惠王子。	十一月壬申封。
兹乡孝侯弘	城阳荒王子。	十一月壬申封。
藉阳侯显	城阳荒王子。	十一月壬申封，十六年，建昭四年，坐恐猲国民取财物，免。六百户。
都平爱侯丘	城阳荒王子。	十一月壬申封。
枣原侯山	城阳荒王子。	十一月壬申封。
箕愿侯文	城阳荒王子。	十一月壬申封。
高广节侯勋	城阳荒王子。	十一月壬申封。
即来节侯佼	城阳荒王子。	十一月壬申封。
右孝宣。		
胶乡敬侯汉	高密哀王子。	初元元年三月丁巳封，七百四十户。
桃炀侯良	广川缪王子。	三月封。
安平釐侯习	长沙孝王子。	三月封。
阳山节侯宗	长沙孝王子。	三月封。
庸釐侯谈	城阳荒王子。	三月封，九百一十户。
昆山节侯光	城阳荒王子。	三月封。

孝侯霸嗣。	侯并嗣，免。		东海
顷侯兴嗣。	侯革始嗣，免。		琅邪
顷侯昌嗣。	节侯应嗣。	侯宇嗣，免。	琅邪
			东海
恭侯䜣嗣。	侯堪嗣，免。		东海
节侯蓊嗣。	侯妾得嗣，薨，亡后。		琅邪
节侯瞵嗣。	侯襃嗣，免。		琅邪
哀侯贺嗣。	质侯福嗣。	侯吴嗣，免。	琅邪
侯钦嗣，免。			琅邪
节侯成嗣，阳朔四年薨，亡后。			琅邪
共侯敞嗣。	侯狗嗣，免。		钜鹿
侯嘉嗣，免。			钜鹿
侯买奴嗣，免。			桂阳
侯端嗣，永光二年，坐强奸人妻，会赦，免。			琅邪
侯仪嗣，免。			琅邪

折泉节侯根	城阳荒王子。	三月封。
博石顷侯渊	城阳荒王子。	三月封。
要安节侯胜	城阳荒王子。	三月封。
房山侯勇	城阳荒王子。	三月封，五十六年薨。
式节侯宪	城阳荒王子。	三月封，三百户。
临乡顷侯云	广阳顷王子。	五年六月封。
西乡顷侯容	广阳顷王子。	六月封。
阳乡思侯发	广阳顷王子。	六月封。
益昌顷侯婴	广阳顷王子。	永光三年三月封。
羊石顷侯回	胶东顷王子。	三月封。
石乡炀侯理	胶东顷王子。	三月封。
新城节侯根	胶东顷王子。	三月封。
上乡侯歙	胶东顷王子。	三月封，三十九年免。
于乡节侯定	泗水勤王子。	三月封。
就乡节侯玮	泗水勤王子。	三月封，七年薨，亡后。
石山节侯玄	城阳戴王子。	三月封。

侯诩嗣，免。			琅邪
侯获嗣，免。			琅邪
哀侯守嗣，薨，亡后。			琅邪
			琅邪
哀侯霸嗣，鸿嘉元年薨，亡后。			泰山
元延元年，侯萌以霸弟绍封，十九年免。			
侯交嗣，免。			涿
侯景嗣，免。			涿
侯度嗣，免。			涿
共侯政嗣。	侯福嗣，免。		涿
共侯成嗣。	侯顺嗣，免。		北海
侯建国嗣，免。			北海
侯霸嗣，免。			北海
			北海
侯圣嗣，免。			东海
			东海
釐侯嘉嗣，免。			

都阳节侯音	城阳戴王子。	三月封。
参封侯嗣	城阳戴王子。	三月封。
伊乡顷侯迁	城阳戴王子。	三月封，薨，亡后。
襄平侯聖	广阳厉王子。	五年三月封，四十七年免。
贳乡侯平	梁敬王子。	建昭元年正月封，四年，病狂自杀。
乐侯义	梁敬王子。	正月封，四年，坐使人杀人，髡为城旦。
中乡侯延年	梁敬王子。	正月封，四十六年薨。
郑顷侯罢军	梁敬王子。	正月封。
黄节侯顺	梁敬王子。	正月封。
平乐节侯迁	梁敬王子。	正月封。
菑乡釐侯就	梁敬王子。	正月封。
东乡节侯方	梁敬王子。	正月封。
陵乡侯䜣	梁敬王子。	正月封，七年，建始二年，坐使人伤家丞，又贷谷息过律，免。
溧阳侯钦	梁敬王子。	正月封。
釐乡侯固	梁敬王子。	正月封，二十一年，鸿嘉四年，坐上书归印绶，免。四百七十二户。
高柴节侯发	梁敬王子。	正月封。

侯闳嗣，免。			
侯般嗣，免。			
节侯骏嗣。	侯良嗣，免。		
釐侯申嗣，元寿二年薨，亡后。			济阴
侯宝嗣，免。			
侯逢喜嗣，免。			济南
侯护嗣，免。			沛
			沛
侯毕嗣，免。			沛
			沛

临都节侯未央	梁敬王子。	正月封。
高质侯舜	梁敬王子。	正月封。
北乡侯谭	菑川孝王子。	四年六月封，四十三年免。
兰陵节侯宜	广陵孝王子。	五年十二月封。
广平节侯德	广陵孝王子。	十二月封。
博乡节侯交	六安缪王子。	竟宁元年四月丁卯封。
柏乡戴侯买	赵哀王子。	四月丁卯封。
安乡孝侯喜	赵哀王子。	四月丁卯封。
广釐侯便	菑川孝王子。	四月丁卯封。
平节侯服	菑川孝王子。	四月丁卯封。
右孝元。		

昌乡侯宪	胶东顷王子。	建始二年正月封，三十年，元寿二年，坐使家丞封上印绶，免。
顺阳侯共	胶东顷王子。	正月封，三十九年免。
乐阳侯获	胶东顷王子。	正月封，三十九年免。
平城釐侯邑	胶东顷王子。	正月封。
密乡顷侯林	胶东顷王子。	正月封。
乐都炀侯訢	胶东顷王子。	正月封。
卑梁侯都	高密顷王子。	正月封，三十九年免。
胶阳侯恁	高密顷王子。	正月封，三十九年免。
武乡侯庆	高密顷王子。	正月封。
成乡釐侯安	高密顷王子。	正月封。
丽兹共侯赐	高密顷王子。	正月封。
实梁怀侯强	河间孝王子。	正月封，四年薨，亡后。
广戚炀侯勋	楚孝王子。	河平三年二月乙亥封。

釐侯贤嗣。	侯隐嗣，免。		沛
侯息嗣，免。			
釐侯始嗣。	侯便翁嗣，免。		
共侯谭嗣。	侯便强嗣，免。		
侯德嗣，免。			
侯就嗣，免。			
顷侯云嗣。	侯谭嗣，免。		
釐侯胡嗣。	侯合众嗣，免。		
节侯护嗣。	侯宇嗣，免。		齐
侯嘉嗣，免。			齐

节侯珍嗣。	侯理嗣，免。		
孝侯钦嗣。	侯敞嗣，免。		
缪侯临嗣。	侯延年嗣，免。		
侯劲嗣，免。			
侯德嗣，免。			
侯放嗣，免。			

阴平釐侯回	楚孝王子。	阳朔二年正月丙午封。
乐平侯訢	淮阳宪王子。	闰六月壬午封，病狂易，免，元寿二年更封共乐侯。
郚乡侯闵	鲁顷王子。	四年四月甲寅封，十七年，建平三年，为鲁王。
建乡釐侯康	鲁顷王子。	四月甲寅封。
安丘侯常	高密顷王子。	鸿嘉元年正月癸巳封，二十八年免。
栗乡顷侯护	东平思王子。	四月辛巳封。
桑丘侯顷	东平思王子。	四月辛巳封。

侯显嗣。	子婴，居摄元年为孺子，王莽篡位，为定安公，莽败，死。		
侯诗嗣，免。			
承乡 元始元年二月丙午，侯閎以孝王孙封，八年免。			
外黄 元始元年二月丙辰，侯圉以宪王孙封，八年免。			
高阳 二月丙辰，侯并以宪王孙封，八年免。			
平陆 二月丙辰，侯宠以宪王孙封，八年免。			
宰乡 侯延以顷王孙封，八年免。			
侯自当嗣，免。			
侯玄成嗣，免。			
金乡 元始元年二月丙辰，侯不害以思王孙封，八年免。			
平通 二月丙辰，侯旦以思王孙封，八年免。			
西安 二月丙辰，侯汉以思王孙封，八年薨。			
湖乡 二月丙辰，侯开以思王孙封，八年免。			
重乡 二月丙辰，侯少柏以思王孙封，八年薨。			
阳兴 二月丙辰，侯寄生以思王孙封，八年免。			

桃乡顷侯宣	东平思王子。	二年正月戊子封。
新阳顷侯永	鲁顷王子。	五月戊子封。
陵石侯庆	胶东共王子。	四年六月乙巳封，二十五年免。

陵阳 二月丙辰，侯嘉以思王孙封，八年免。			
高乐 二月丙辰，侯修以思王孙封，八年免。			
平邑 二月丙辰，侯闵以思王孙封，八年免。			
平纂 二月丙辰，侯况以思王孙封，八年免。			
合昌 二月丙辰，侯辅以思王孙封，八年免。			
伊乡 二月丙辰，侯开以思王孙封，八年免。			
就乡 二月丙辰，侯不害以思王孙封，八年免。			
胶乡 二月丙辰，侯武以思王孙封，八年免。			
宜乡 二月丙辰，侯恢以思王孙封，八年免。			

昌城 二月丙辰，侯丰以思王孙封，八年免。			
乐安 二月丙辰，侯禹以思王孙封，八年免。			
侯立嗣，免。			
侯级嗣，免。			

祁乡节侯贤	梁夷王子。	永始二年五月乙亥封。
富阳侯萌	东平思王子。	三年三月庚申封，二十三年免。
曲乡顷侯凤	梁荒王子。	六月辛卯封，十七年薨。
桃山侯钦	城阳孝王子。	四年五月戊申封，二十一年免。
昌阳侯霸	泗水戾王子。	五月戊申封，二十一年免。
临安侯闵	胶东共王子。	五月戊申封，二十一年免。
徐乡侯炔	胶东共王子。	元延元年二月癸卯封，二十一年，王莽建国元年，举兵欲诛莽，死。
台乡侯畛	菑川孝王子。	二年正月癸卯封，十八年免。
西阳顷侯並	东平思王子。	四月甲寅封。
堂乡哀侯恢	胶东共王子。	绥和元年五月戊午封，三年薨，亡后。
安国侯吉	赵共王子。	六月丙寅封，十六年免。
梁乡侯交	赵共王子。	六月丙寅封，十六年免。
襄乡顷侯福	赵共王子。	六月丙寅封。
容乡釐侯强	赵共王子。	六月丙寅封。
缊乡侯固	赵共王子。	六月丙寅封，十六年免。

侯富嗣，免。			
侯云嗣，免。			济南
			齐

侯偃嗣，免。			东莱
侯章嗣，免。			
侯弘嗣，免。			

广昌侯贺	河间孝王子。	六月丙寅封，十六年免。
都安节侯普	河间孝王子。	六月丙寅封。
乐平侯永	河间孝王子。	六月丙寅封，十六年免。
方乡侯常得	广阳惠王子。	六月丙寅封，十六年免。
庸乡侯宰	六安顷王子。	三年七月庚午封，十五年免。
右孝成。		
南昌侯宇	河间惠王子。	建平二年五月丁酉封，十二年免。
严乡侯信	东平炀王子。	五月丁酉封，四年，坐父大逆，免，元始元年复封。六年，王莽居摄二年，东郡太守翟义举兵，立信为天子，兵败，死。
武平侯璜	东平炀王子。	五月丁酉封，四年，坐父大逆，免，元始元年复封，居摄二年举兵死。
陵乡侯曾	楚思王子。	四年三月丁卯封，至王莽六年，举兵欲诛莽，死。
武安侯慢	楚思王子。	三月丁卯封，二年，元寿二年，坐使奴杀人免，元始元年复封，八年免。

侯胥嗣，免。			

湘乡侯昌	长沙王子。	五月丙午封，十一年免。
方乐侯嘉	广陵缪王子。	元寿元年五月乙卯封，十一年免。
宜禾节侯得	河间孝王子。	二年四月丁酉封。
富春侯玄	河间孝王子。	四月丁酉封，十年免。
右孝哀。		

陶乡侯恢	东平炀王子。	元始元年二月丙辰封，八年免。
釐乡侯褒	东平炀王子。	二月丙辰封，八年免。
昌乡侯且	东平炀王子。	二月丙辰封，八年免。
新乡侯鲤	东平炀王子。	二月丙辰封，八年免。
郚乡侯光	楚思王子。	二月丙辰封，八年免。
新城侯武	楚思王子。	二月丙辰封，八年免。
宜陵侯丰	楚思王子。	二月丙辰封，八年免。
堂乡侯护	楚思王子。	二月丙辰封，八年免。
成陵侯由	楚思王子。	二月丙辰封，八年免。
成阳侯众	楚思王子。	二月丙辰封，八年免。
复昌侯休	楚思王子。	二月丙辰封，八年免。
安陆侯平	楚思王子。	二月丙辰封，八年免。
梧安侯誉	楚思王子。	二月丙辰封，八年免。
朝乡侯充	楚思王子。	二月丙辰封，八年免。
扶乡侯普	楚思王子。	二月丙辰封，八年免。
方城侯宣	广阳缪王子。	二年四月丁酉封，七年免。
当阳侯益	广阳思王子。	四月丁酉封，七年免。

侯恢嗣，免。			

广城侯疌	广阳思王子。	四月丁酉封，七年免。
春城侯允	东平炀王子。	四月丁酉封，七年免。
昭阳侯赏	长沙刺王子。	五年闰月丁酉封，四年免。
承阳侯景	长沙刺王子。	闰月丁酉封，四年免。
信昌侯广	真定共王子。	闰月丁酉封，四年免。
吕乡侯尚	楚思王子。	闰月丁酉封，四年免。
李乡侯般	楚思王子。	闰月丁酉封，四年免。
宛乡侯隆	楚思王子。	闰月丁酉封，四年免。
寿泉侯承	楚思王子。	闰月丁酉封，四年免。
杏山侯遵	楚思王子。	闰月丁酉封，四年免。
右孝平。		

卷十六

高惠高后文功臣表第四

自古帝王之兴，曷尝不建辅弼之臣所与共成天功者乎！汉兴自秦二世元年之秋，楚陈之岁，初以沛公总帅雄俊，三年然后西灭秦，立汉王之号，五年东克项羽，即皇帝位，八载而天下乃平，始论功而定封。讫十二年，侯者百四十有三人。时大城名都民人散亡，户口可得而数裁什二三，是以大侯不过万家，小者五六百户。封爵之誓曰："使黄河如带，泰山若厉，国以永存，爰及苗裔。"于是申以丹书之信，重以白马之盟，又作十八侯之位次。高后二年，复诏丞相陈平尽差列侯之功，录弟下竟，臧诸宗庙，副在有司。始未尝不欲固根本，而枝叶稍落也。

故逮文、景四五世间，流民既归，户口亦息，列侯大者至三四万户，小国自倍，富厚如之。子孙骄逸，忘其先祖之艰难，多陷法禁，陨命亡国，或亡子孙。讫于孝武后元之年，靡有孑遗，耗矣。罔亦少密焉。故孝宣皇帝愍而录之，乃开庙臧，览旧籍，诏令有司求其子孙，咸出庸保之中，并受复除，或加以金帛，用章中兴之德。

降及孝成，复加恤问，稍益衰微，不绝如线。善乎，杜业之纳说也！曰："昔唐以万国致时雍之政，虞、夏以多群后飨共己之治。汤法三圣，殷氏太平。周封八百，重译来贺。是以内恕之君乐继绝世，隆名之主安立亡国，至于不及下车，德念深矣。成王察牧野之

自古以来，帝王的兴起，何尝不是通过辅佐之臣的群策群力才能成就天下的功业呢！汉朝兴起于秦二世元年（前209）的秋天，陈胜建立张楚国，自立为王，起初沛公响应起义，统领群雄，三年后西进关中，推翻秦朝，受封为汉王，五年后东克楚国，打败项羽，登上帝位，历经八年天下才平定，于是开始论功行赏，确定封地。到了高祖十二年（前195），受封为侯的有一百四十三人。当时大城名都的百姓都流散逃亡，统计上来的户口数比原来减少十分之二三，因此大的列侯所享食邑不过万户，小的列侯食邑只有五六百户。封爵的誓词说："如同黄河，滔滔不绝，如同泰山，坚若磐石，国家永存，传至后世。"于是赐予丹书铁券，斩杀白马，进行盟誓，确立了十八位列侯的位次。高后二年（前194），又诏令丞相陈平按照列侯功劳的大小，记录在册，收藏在宗庙，主管官吏保存副本。开始没有不想巩固根基，但后来枝叶渐渐凋零了。

所以到了文、景之时，历经四五代，流民回乡，户口增长，大的列侯所享食邑有三四万户，小国也增加了一倍户口，财富也是如此。子孙骄奢安逸，忘记了先祖的艰难，很多人触犯法律，丧命亡国，有的没有子孙，后嗣断绝。到了武帝后元年间，当初受封的列侯，已经没有后代继承其位了。法网严密也是原因之一。所以宣帝对此感叹，下令将受封为侯的功臣重新进行登记，于是打开宗庙所藏，查询过去的档案，诏令主管官吏寻找他们的子孙，发现很多人已经沦为雇工，决定免除他们的徭役，有人还被赏赐金帛，彰显中兴之德。

到成帝时，又加抚恤慰问，列侯后代日渐衰微，不绝如缕。很好啊，杜业的谏言！他说："过去尧帝因为封立万国而使天下太平，舜帝、禹帝因为诸侯才能无为而治。成汤效法尧、舜、禹，商朝才能享有太平。周朝分封八百个诸侯国，即使是边远蛮夷，也要辗转翻译，

克，顾群后之勤，知其恩结于民心，功光于王府也，故追述先父之志，录遗老之策，高其位，大其寓，爱敬饬尽，命赐备厚。大孝之隆，于是为至。至其没也，世主叹其功，无民而不思。所息之树且犹不伐，况其庙乎？是以燕、齐之祀与周并传，子继弟及，历载不堕。岂无刑辟，繇祖之竭力，故支庶赖焉。迹汉功臣，亦皆割符世爵，受山河之誓，存以著其号，亡以显其魂，赏亦不细矣。百余年间而袭封者尽，或绝失姓，或乏无主，朽骨孤于墓，苗裔流于道，生为愍隶，死为转尸。以往况今，甚可悲伤。圣朝怜闵，诏求其后，四方忻忻，靡不归心。出入数年而不省察，恐议者不思大义，设言虚亡，则厚德掩息，遴柬布章，非所以视化劝后也。三人为众，虽难尽继，宜从尤功。”于是成帝复绍萧何。

哀、平之世，增修曹参、周勃之属，得其宜矣。以缀续前记，究其本末，并序位次，尽于孝文，以昭元功之侯籍。

前来祝贺。因此心存宽厚的君王重视延续断绝的诸侯世系，有盛名的君王会安置已经灭亡的诸侯国的后代，武王入殷，没有下车，就封立黄帝、尧帝、舜帝后裔，显示其对先圣仁德的怀念之深。成王深知牧野之战的重要性，顾念参战诸侯的功劳，以此激励后来者，让其知道功臣在百姓中享有威望，立下的功劳王室也感到光荣，所以追述先父武王之志，发挥遗老的作用，记录他们提出的计策，让他们身居高位，住上大屋，享尽尊崇，赏赐丰厚。对功臣的嘉奖，已经到了这样的程度。召公去世后，后代的周王赞颂他的功绩，没有百姓不怀念他。曾经休息过的棠树，百姓因为爱戴他，尚且没有砍伐，何况他的庙呢？因此燕国祭祀召公、齐国祭祀姜尚，和周朝祭祀先祖一样，无论是儿子还是兄弟继承，历经多年，不曾断绝。难道不用刑罚，先祖努力创立的功业，所以子孙也能世代享受。追寻汉朝受封的功臣，也都剖分信符，世袭爵位，面对山河进行盟誓，名号得以留存传扬，即使是死亡也能彰显其英魂，赏赐也很丰厚。一百多年里，当初受封的功臣，已经没有后代继承爵位了，有的失去姓名，有的无主祭人，尸骨弃于墓中，后代散落民间，活着的时候是奴隶，死后也无安葬之地。从古代先贤受到的厚待，对比汉朝功臣如今的遭遇，令人悲伤。朝廷应怜悯这种境况，下诏寻找他们的后代，四方都会感到欣喜，没有不安心的。经过数年而不寻找，恐怕后面的君主忘掉大义，会说已经找不到功臣的后代，那么深厚的恩德就无法体现，事情办得草率简略，就起不到教化后人的作用。三人成众，虽然很难找到全部继承人，应该先从封功最高者开始。”于是成帝最先选定了萧何的后代。

哀帝、平帝之世，找到了曹参、周勃的后代，让他们继承先祖的爵位，延续过去的祭祀。因此编撰接续前面的记载，探究功臣受封的过程，并按照位次排列，截止到文帝时，彰显列侯名册上开国功臣的勋绩。

号谥姓名	侯状户数	始封	位次
平阳懿侯曹参	以中涓从起沛，至霸上，侯。以将军入汉，以假左丞相定魏、齐，以右丞相，侯，万六百户。	六年十二月甲申封，十二年薨。	二
信武肃侯靳歙	以中涓从起宛朐，入汉，以骑都尉定三秦，击项籍，别定江汉，侯，五千三百户。以将军攻狶、布。	十二月甲申封，九年薨。	十一
汝阴文侯夏侯婴	以令史从降沛，为太仆，常奉车，竟定天下，及全皇太子、鲁元公主，侯，六千九百户。	十二月甲申封，三十年薨。	八
清河定侯王吸	以中涓从起丰，至霸上，为骑郎将，入汉，以将军击项籍，侯，二千二百户。	十二月甲申封，二十三年薨。	十四
阳陵景侯傅宽	以舍人从起横阳，至霸上，为骑将，入汉，定三秦，属淮阴，定齐，为齐丞相，侯，二千六百户。	十二月甲申封，十二年薨。	十 位次曰武忠侯。

子	孙	曾孙	玄孙
孝惠六年，靖侯窋嗣，二十九年薨。	孝文后四年，简侯奇嗣，七年薨。	孝景四年，夷侯时嗣，二十三年薨。	元光五年，共侯襄嗣，十六年薨。
六世 元鼎二年，侯宗嗣，二十四年，征和二年，坐与中人奸，阑入宫掖门，入财赎完为城旦。户二万三千。	七世 元康四年，参玄孙之孙杜陵公乘喜诏复家。	八世	九世 元寿二年五月甲子，侯本始以参玄孙之玄孙杜陵公士绍封，千户，元始元年益满二千户。
十世 建武二年，侯宏嗣，以本始子举兵佐军，绍封。	十一世 侯旷嗣，今见。		
高后六年，侯亭嗣，二十一年，孝文后三年，坐事国人过律，免。	孙	曾孙	玄孙
六世 元康四年，歙玄孙之子长安上造安汉诏复家。			
孝文九年，夷侯灶嗣，七年薨。	十六年，共侯赐嗣，四十一年薨。	元光二年，侯颇嗣，十八年，元鼎二年，坐尚公主与父御婢奸，自杀。	玄孙
六世 元康四年，婴玄孙之子长安大夫信诏复家。			
孝文元年，哀侯疆嗣。七年薨。	八年，孝侯伉嗣，二十年薨。	孝景五年，哀侯不害嗣，十九年，元光二年薨，亡后。	元康四年，吸玄孙长安大夫充国诏复家。
元寿二年八月，诏赐吸代后爵关内侯，不言世。			
孝惠六年，顷侯清嗣，二十二年薨。	孝文十五年，共侯明嗣，二十二年薨。	孝景四年，侯偃嗣，三十一年，元狩元年，坐与淮南王谋反，诛。	玄孙

广严侯召欧	以中涓从起沛，至霸上，为连敖，入汉，以骑将定燕、赵，得燕将军，侯，二千二百户。	十二月甲申封，二十三年薨。	二十八
广平敬侯薛欧	以舍人从起丰，至霸上，为郎，入汉，以将军击项籍将锺离眛，侯，四千五百户。	十二月甲申封，十四年薨。	十五
博阳严侯陈濞	以舍人从砀，以刺客将入汉，以都尉击项羽荥阳，绝甬道，杀追士卒，侯。	十二月甲申封，三十年薨。	十九
堂邑安侯陈婴	以自定东阳为将，属楚项梁，为楚柱国。四岁，项羽死，属汉，定豫章、浙江，都浙，定自为王壮息，侯，六百户。复相楚元王十二年。	十二月甲申封，十八年薨。	八十六
曲逆献侯陈平	以故楚都尉，汉王二年初起修武，为都尉，以护军中尉出奇计，定天下，侯，五千户。	十二月甲申封，二十四年薨。	四十七

六世	七世 元康四年，宽玄孙之孙长陵士伍景诏复家。		
孝文二年，戴侯胜嗣，九年薨。	十一年，共侯嘉嗣，十三年，孝文后七年薨，亡后。	曾孙	元康四年，欧玄孙安陵大夫不识诏复家。
高后元年，靖侯山嗣，二十六年薨。	平棘 孝文后三年，侯泽嗣，孝景中三年，有罪，免。中五年，泽复封，三十三年薨，谥曰节侯。	元朔四年，侯穰嗣，三年，元狩元年，坐受淮南赂称臣，在赦前，免。	元康四年，欧玄孙长安大夫去病诏复家。
塞 孝文后三年，侯始嗣，九年，坐谋杀人，会赦，免。孝景中五年，始复封，二年，后元年，有罪，免。	孙	元康四年，濞曾孙茂陵公乘寿诏复家。	

高后五年，共侯禄嗣，十八年薨。	孝文三年，侯午嗣，尚馆陶公主，四十八年薨。	元光六年，侯季须嗣。十三年，元鼎元年，坐母公主卒未除服奸，兄弟争财，当死，自杀。	
	隆虑 孝景中五年，侯融以长公主子侯，万五千户，二十九年，坐母丧未除服奸，自杀。		
六世 元康四年，婴玄孙之子霸陵公士尊诏复家。			
孝文三年，共侯买嗣，二年薨。	五年，简侯悝嗣，二十二年薨。	孝景五年，侯何嗣，二十三年，元光五年，坐略人妻，弃市。户万六千。	
六世 元康四年，平玄孙之子长安簪褭莫诏复家。	元始二年，诏赐平代后者凤爵关内侯，不言世。		

留文成侯张良	以厩将从起下邳，以韩申都下韩，入武关，设策降秦王婴，解上与项羽隙，请汉中地，常为计谋，侯，万户。	正月丙午封，十六年薨。	六十二
射阳侯刘缠	兵初起，与诸侯共击秦，为楚左令尹。汉王与项有隙于鸿门，缠解难，以破羽降汉，侯。	正月丙午封，九年，孝惠三年薨。嗣子睢有罪，不得代。	
酂文终侯萧何	以客初从入汉，为丞相，守蜀及关中，给军食，佐定诸侯，为法令宗庙，侯，八千户。	正月丙午封，九年薨。	一

高后三年，侯不疑嗣，十年，孝文五年，坐与门大夫杀故楚内史，赎为城旦。	孙	曾孙	玄孙
六世 元康四年，良玄孙之子阳陵公乘千秋诏复家。			
孝惠三年，哀侯禄嗣，六年薨，亡后。高后二年，封何夫人禄母同为侯，孝文元年罢。			
筑阳 高后二年，定侯延以何少子封，孝文元年更为酂，二年薨。	炀侯遗嗣，一年薨，亡后。		
	武阳 五年，侯则以何孙遗弟绍封，二十年有罪，免。二万六千户。		
	孝景二年，侯嘉以则弟绍封，二千户，七年卒。	中二年，侯胜嗣，二十一年，坐不斋，耐为隶臣。	
		酂 元狩三年，共侯庆以何曾孙绍封，二千四百户，三年薨。	六年，侯寿成嗣，十年，坐为太常牺牲瘦，免。
			地节四年，安侯建世以何玄孙绍封，十四年薨。
六世 甘露二年，思侯辅嗣。	七世 侯获嗣，永始元年，坐使奴杀人，减死，完为城旦。		
六世 永始元年七月癸卯，釐侯喜以何玄孙之子南䜌长绍封，三年薨。	七世 永始四年，质侯尊嗣，五年薨。	八世 绥和元年，质侯章嗣，元始元年，益封满二千户，十三年薨。	九世 王莽居摄元年，侯禹嗣，建国元年更为萧乡侯，莽败，绝。

绛武侯周勃	以中涓从起沛，至霸上，侯。定三秦，食邑，为将军，入汉，定陇西，击项籍，守峣关，定泗水、东海，侯，八千一百户。	正月丙午封，三十三年薨。	四
舞阳武侯樊哙	以舍人起沛，从至霸上，为侯。以郎入汉，定三秦，为将军，击项籍，再益封。从破燕，执韩信，侯，五千户。	正月丙午封，十三年薨。	五
曲周景侯郦商	以将军从起岐，攻长社以南，别定汉及蜀，定三秦，击项籍，侯，四千八百户。	正月丙午封，二十二年薨。	六
颍阴懿侯灌婴	以中涓从起砀，至霸上，为昌文君，入汉，定三秦，食邑。以将军属韩信，定齐、淮南及八邑，杀项籍，侯，五千户。	正月丙午封，二十六年薨。	九

孝文十二年，侯胜之嗣，六年，有罪，免。			
修 后三年，侯亚夫以勃子绍封，十八年，有罪，免。			
平曲 孝景后元年，共侯坚以勃子绍封，十九年薨。	元朔五年，侯建德嗣，十二年，元鼎五年，坐酎金免。	元康四年，勃曾孙槐里公乘广汉诏复家。	元始二年，侯共以勃玄孙绍封，千户。
孝惠七年，侯伉嗣，九年，高后八年，坐吕氏诛。			

孝文元年，荒侯市人以哙子绍封，二十九年薨。	孝景七年，侯它广嗣，中六年，坐非子免。	元康四年，哙曾孙长陵不更胜客诏复家。	玄孙
六世 元始二年，侯章以哙玄孙之子绍封，千户。			
孝文元年，侯寄嗣，三十二年，有罪，免。户万八千。			
缪 孝景中三年，靖侯坚绍封。	元光四年，康侯遂成嗣。	怀侯世宗嗣。	元鼎二年，侯终根嗣，二十九年，后二年，祝诅上，腰斩。
六世 元康四年，商玄孙之子长安公士共诏复家。	元始二年，诏赐商代后者猛友爵关内侯。		
孝文五年，平侯何嗣，二十八年薨。	孝景中三年，侯彊嗣，十三年，有罪，免。户八千四百。		

汾阴悼侯周昌	初起，以职志击秦，入汉，出关，以内史坚守敖仓，以御史大夫侯，比清阳侯。	正月丙午封，十年薨。	十六
梁邹孝侯武虎	兵初起，以谒者从击破秦，入汉，定三秦，出关，以将军击定诸侯，比博阳侯，二千八百户。	正月丙午封，十一年薨。	二十
成敬侯董渫	初起以舍人从击秦，为都尉，入汉，定三秦，出关，以将军定诸侯，比厌次侯，二千八百户。	正月丙午封，七年薨。	二十五
蓼夷侯孔聚	以执盾前元年从起砀，以左司马入汉，为将军，三以都尉击项籍，属韩信，侯。	正月丙午封，三十年薨。	三十
费侯陈贺	以舍人前元年从起砀，以左司马入汉，用都尉属韩信，击项籍，为将军，定会稽、浙江、湖陵，侯。	正月丙午封，二十二年薨。	三十一
阳夏侯陈豨	以特将将卒五百人前元年从起宛朐，至霸上，为游击将军，别定代，破臧荼，侯。	正月丙午封，十年，以赵相国反，自为王，十二年，诛。	

	临汝 元光二年，侯贤以婴孙绍封，九年，元朔五年，坐子伤人首匿，免。千户。	元康四年，婴曾孙长安官首匿诏复家。	元寿二年八月，诏赐婴代后者谊爵关内侯。
孝惠四年，哀侯开方嗣，十六年薨。	孝文前五年，侯意嗣，十三年，坐行赇，髡为城旦。		
	安阳 孝景中二年，侯左车以昌孙绍封，八年，建元元年，有罪，免。	元康四年，昌曾孙沃侯国士伍明诏复家。	
孝惠五年，侯最嗣，五十八年薨。	元光三年，顷侯婴齐嗣，二十年薨。	元鼎四年，侯山柎嗣，一年，坐酎金免。	玄孙
六世 元康四年，虎玄孙之子夫夷侯国公乘充竟诏复家。			

节氏 孝惠元年，康侯赤嗣，四十四年，有罪，免。户五千六百。孝景中五年，赤复封，八年薨。	建元四年，共侯罢军嗣，五年薨。	元光三年，侯朝嗣，十二年，元狩三年，坐为济南太守与城阳王女通，耐为鬼薪。	元康四年，渫玄孙平陵公乘诎诏复家。
孝文九年，侯臧嗣，四十五年，元朔三年，坐为太常衣冠道桥坏不得度，免。	孙	曾孙	元康四年，聚玄孙长安公士宣诏复家。
孝文元年，共侯常嗣，二十四年薨。	孝景二年，侯偃嗣，八年，有罪，免。		
巢 孝景中六年，侯最以贺子绍封，二年薨，亡后。		元康四年，贺曾孙茂陵上造侨诏复家。	

隆虑克侯周灶	以卒从起砀，以连敖入汉，以长鈹都尉击项籍，侯。	正月丁未封，三十九年薨。	三十四
阳都敬侯丁复	以越将从起薛，至霸上，以楼烦将入汉，定三秦，属周吕侯，破龙且彭城，为大司马，破项籍叶，为将军，忠臣，侯，七千八百户。	正月戊申封，十九年薨。	十七
阳信胡侯吕青	以汉五年用令尹初从，功比堂邑侯，千户。	正月壬子封，十年薨。	八十七
东武贞侯郭蒙	以户卫起薛，属周吕侯，破秦军杠里，陷杨熊军曲遇，入汉，为城将，定三秦，以都尉坚守敖仓，为将军破项籍，侯，三千户。	正月戊午封，十九年薨。	四十一
汁防肃侯雍齿	以赵将前三年从定诸侯，二千五百户，功比平定侯。齿故沛豪，有力，与上有隙，故晚从。	三月戊子封，九年薨。	五十七
棘蒲刚侯陈武	以将军前元年将卒二千五百人起薛，别救东阿，至霸上，二岁十月入汉，击齐历下军临菑，侯。	三月丙申封，三十八年，孝文后元年薨。子奇反，诛，不代。	十三
都昌严侯朱轸	以舍人前元年从起沛，以队帅先降翟王，虏章邯，侯。	三月庚子封，十四年薨。	二十三
武彊严侯严不职	以舍人从起沛至霸上，以骑将入汉，还击项籍，属丞相宁，功侯。用将军击黥布，侯。	三月庚子封，二十年薨。	三十三

孝文后二年，侯通嗣，十二年，孝景中元年，有罪，完为城旦。	孙	曾孙	元康四年，灶玄孙阳陵公乘诏复家。
高后六年，趮侯宁嗣，十二年薨。	孝文十年，侯安城嗣，十五年，孝景二年，有罪，免。户万七千。	元康四年，复曾孙临沂公士赐诏复家。	
孝惠四年，顷侯臣嗣，十八年薨。	孝文七年，怀侯义嗣，二年薨。	九年，惠侯它嗣，十九年薨。	孝景五年，共侯善嗣，五年薨。
六世 中三年，侯谈嗣，三十五年，元鼎五年，坐酎金免。			元康四年二月，青玄孙长陵大夫阳诏复家。
高后六年，侯它嗣，三十一年，孝景六年，有罪，弃市。户万一百。	孙	曾孙	元康四年，蒙玄孙茂陵公士广汉诏复家。
孝惠三年，荒侯钜鹿嗣，三十八年薨。	孝景三年，侯野嗣，十年薨。	终侯桓嗣，不得年，元鼎五年，坐酎金免。	
子	孙	元康四年，武曾孙云阳上造嘉诏复家。	
高后元年，刚侯率嗣，十五年薨。	孝文八年，夷侯诎嗣，十六年薨。	孝景元年，共侯偃嗣，二年薨。	三年，侯辟彊嗣，五年，中元年薨，亡后。
			元康四年，轸玄孙昌侯国公士先诏复家。
高后七年，简侯婴嗣，十九年薨。	孝文后二年，侯青翟嗣，四十七年，元鼎二年，坐为丞相建御史大夫汤不直，自杀。	元康四年，不职曾孙长安公乘仁诏复家。	

贳齐合侯傅胡害	以越户将从破秦，入汉，定三秦，以都尉击项籍，侯，六百户，功比台侯。	三月庚子封，二年薨。	三十六
海阳齐信侯摇毋馀	以越队将从破秦，入汉，定三秦，以都尉击项籍，侯，千七百户。	三月庚子封，九月薨。	三十七
南安严侯宣虎	以河南将军汉王三年降晋阳，以重将破臧荼，侯，九百户。	三月庚子封，三十年薨。	六十三
肥如敬侯蔡寅	以魏太仆汉王三年初从，以车骑将军破龙且及彭城，侯，千户。	三月庚子封，二十四年薨。	六十六
曲成圉侯虫达	以西城户将三十七人从起砀，至霸上，为执金吾，五年，为二队将，属周吕侯，入汉，定三秦，以都尉破项籍陈下，侯，四千户。以将军击燕、代。	三月庚子封，二十二年薨。	十八 位次曰夜侯恒。
河阳严侯陈涓	以卒前元年起砀从，以二队将入汉，击项籍，得梁郎将处，侯。以丞相定齐。	三月庚子封，二十二年薨。	二十九
淮阴侯韩信	初以卒从项梁，梁死，属项羽为郎中，至咸阳，亡从入汉，为连敖票客。萧何言信为大将军，别定魏、赵，为齐王，徙楚，擅发兵，废为侯。	六年封，五年，十一年，坐谋反诛。	

八年，共侯方山嗣，二十年薨。	孝文元年，炀侯赤嗣，十一年薨。	十二年，康侯遗嗣，四十四年薨。	元朔五年，侯猜嗣，八年，元鼎元年，坐杀人，弃市。
			元康四年，胡害玄孙茂陵公士世诏复家。
元寿二年八月，诏赐胡害为后者爵大上造。			
孝惠三年，哀侯昭襄嗣，九年薨。	高后五年，康侯建嗣，三十年薨。	孝景四年，哀侯省嗣，十年薨，亡后。	玄孙
六世 元康四年，毋馀玄孙之子不更未央诏复家。	元寿二年八月，诏赐毋馀代后者贤爵关内侯。		
孝文九年，共侯戎嗣，十一年薨。	后四年，侯千秋嗣，十一年，孝景中元年，坐伤人，免。户二千一百。	元康四年，虎曾孙南安簪褭护诏复家。	
孝文三年，严侯戎嗣，十四年薨。	后元年，侯奴嗣，七年，孝景元年薨，亡后。	元康四年，寅曾孙肥如大夫福诏复家。	
孝文元年，侯捷嗣，八年，有罪，免。十四年，捷复封，十八年，复免。户九千三百。孝景中五年，侯捷复封，五年薨。	建元二年，侯皇柔嗣，二十四年，元鼎二年，坐为汝南太守知民不用赤侧钱为赋，为鬼薪。	曾孙	元康四年，达玄孙茂陵公乘宣诏复家。
孝文元年，信嗣，三年，坐不偿人责过六月，免。	孙	曾孙	元康四年，涓玄孙即丘公士元诏复家。

芒侯耏跖	以门尉前元年初起砀，至霸上，为定武君，入汉，还定三秦，为都尉击项羽，功侯。	六年封，三年薨，亡后。	
敬市侯阎泽赤	以执盾初起从入汉，为河上守，迁为殷相，击项籍，侯，千户，功比平定侯。	四月癸未封，三年薨。	五十五
柳丘齐侯戎赐	以连敖从起薛，以三队将入汉，定三秦，以都尉破项籍军，为将军，侯，八千户。	六月丁亥封，十八年薨。	三十九
魏其严侯周止	以舍人从起沛，以郎中入汉，为周信侯，定三秦，以为骑郎将，破项籍东城，侯，千户。	六月丁亥封，十八年薨。	四十四
祁穀侯缯贺	以执盾汉王三年初起从晋阳，以连敖击项籍。汉王败走，贺击楚追骑，以故不得进。汉王顾谓贺祈王。战彭城，斩项籍，争恶，绝延壁，侯，千四百户。	六月丁亥封，三十三年薨。	五十一
平悼侯工师喜	初以舍人从击破秦，以郎中入汉，以将军定诸侯，守雒阳，侯，比费侯贺，千三百户。	六月丁亥封，六年薨。	三十二位次曰聊城侯。
鲁侯奚涓	以舍人从起沛，至咸阳为郎，入汉，以将军定诸侯，四千八百户，功比舞阳侯，死军事。	重平 六年，侯涓亡子，封母底为侯，十九年薨。	七
城父严侯尹恢	初以谒者从入汉，以将军击定诸侯，以右丞相备守淮阳，功比厌次侯，二千户。	六年封，九年薨。	二十六

张 九年，侯昭嗣，四年，有罪，免，孝景三年，诏以故列侯将兵击吴楚，复封。	侯申嗣，元朔六年，坐尚南宫公主不敬，免。		
九年，夷侯无害嗣，三十八年薨。	孝文后四年，戴侯续嗣，八年薨。	孝景五年，侯毂嗣，四十年，元鼎五年，坐酎金免。	
六世 元康四年，泽赤玄孙之子长安上造章世诏复家。			
高后五年，侯安国嗣，三十年薨。	孝景四年，敬侯嘉成嗣，十年薨。	后元年，侯角嗣，有罪，免。户三千。	元康四年，赐玄孙长安公士元生诏复家。
高后五年，侯简嗣，二十九年，孝景三年，谋反，诛。户三千。	孙	曾孙	元康四年，止玄孙长陵不更广世诏复家。

孝文十二年，顷侯胡嗣，十七年薨。	孝景六年，侯它嗣，十九年，元光二年，坐射擅罢，免。	曾孙	元康四年，贺玄孙茂陵公大夫赐诏复家。
十二年，靖侯奴嗣，三十一年薨。	孝文十六年，侯执嗣，十九年，孝景中五年，坐匿死罪，会赦，免。户三千三百。		
孝惠三年，侯开方嗣，七年，高后三年，夺爵为关内侯。	孙	曾孙	玄孙
六世 元康四年，恢玄孙之子新丰簪裊般诏复家。			

任侯张越	以骑都尉汉五年从起东垣，击燕、代，属雍齿，有功，为车骑将军。	六年封，十六年，高后三年，坐匿死罪，免。户七百五十。	
棘丘侯襄	以执盾队史前元年从起砀，破秦，治粟内史入汉，以上郡守击定西魏地，功侯。	六年封，十四年，高后元年，有罪，免。户九百七十。	
河陵顷侯郭亭	以连敖前元年从起单父，以塞路入汉，还定三秦，属周吕侯，以都尉击项籍，功侯。	七月庚寅封，二十四年薨。	二十七
昌武靖信侯单究	初以舍人从，以郎入汉，定三秦，以郎骑将军击诸侯，侯，九百户，功比魏其侯。	七月庚寅封，十三年薨。	四十五
高宛制侯丙猜	初以客从入汉，定三秦，以中尉破项籍，侯，千六百五户，比斥丘侯。	七月戊戌封，七年薨。	四十一
宣曲齐侯丁义	以卒从起留，以骑将入汉，定三秦，破籍军荥阳，为郎骑将，破钟离眛军固陵，侯，六百七十户。	七月戊戌封，三十二年薨。	四十三
终陵齐侯华毋害	以越将从起留，入汉，定三秦，击臧荼，侯，七百四十户。从攻马邑及布。	七月戊戌封，三十五年薨。	四十六

孝文三年，惠侯欧嗣，二十二年薨。	孝景二年，胜侯客嗣，八年，有罪，免。		
	南 中六年，靖侯延居绍封，十五年薨。	元光六年，侯则嗣，十七年，元鼎五年，坐酎金免。	元康四年，亭玄孙茂陵公乘贤诏复家。
孝惠六年，惠侯如意嗣，四十三年薨。	孝景中元四年，侯贾成嗣，十六年薨。	元光五年，侯德嗣，四年，元朔三年，坐伤人二旬内死，弃市。户六百。	

六世	七世 元康四年，究玄孙之孙阳陵公乘万年诏复家。		
孝惠元年，简侯得嗣，三十年薨。	孝文十六年，平侯武嗣，二十四年薨。	建元元年，侯信嗣，三年，坐出入属车间，免。户三千二百。	
六世	七世 元康四年，猜玄孙之孙高宛大夫蹻诏复家。	八世 元始三年，猜玄孙之曾孙内诏赐爵关内侯。	
发娄 孝文十一年，侯通嗣，十七年，有罪，赦为鬼薪。户千一百。孝景中五年，通复封，十一年，有罪，免。	孙	元康四年，义曾孙阳安公士年诏复家。	
孝文四年，共侯勃嗣，十六年薨。	后四年，侯禄嗣，七年，孝景四年，坐出界，耐为司寇。户千五百。	元康四年，曾孙於陵大夫告诏复家。	

东茅敬侯刘到	以舍人从起砀，至霸上，以二队入汉，定三秦，以都尉击项籍，破臧荼，侯，捕韩王信，为将军。益邑千户。	八月丙辰封，二十四年薨。	四十八
斥丘懿侯唐厉	以舍人初从起丰，以左司马入汉，以亚将攻籍，却敌，为东部都尉，破籍，侯成武，为汉中尉，击布，为斥丘侯，千户。	八月丙辰封，二十年薨。	四十
台定侯戴野	以舍人从起砀，用队率入汉，以都尉击籍，籍死，击临江，属将军贾，功侯。以将军击燕、代。	八月甲子封，二十五年薨。	三十五
安国武侯王陵	以自聚党定南阳，汉王还击项籍，以兵属，从定天下，侯，五千户。	八月甲子封，二十一年薨。	十二
乐成节侯丁礼	以中涓骑从起砀，为骑将入汉，定三秦，为正奉侯，以都尉击籍，属灌婴，杀龙且，更为乐成侯，千户。	八月甲子封，二十六年薨。	四十二
辟阳幽侯审食其	以舍人初起，侍吕后、孝惠。二岁十月，吕后入楚，食其侍从一岁，侯。	八月甲子封，二十五年，为淮南王长所杀。	五十九
鄘成制侯周緤	以舍人从起沛，至霸上，入汉，定三秦，食邑池阳，击项籍荥阳，绝甬道，从度平阴，遇韩信军襄国。楚、汉分鸿沟，以緤为信，战不利，不敢离上，侯，二千二百户。	八月甲子封，二十七年薨。	二十二

孝文三年，侯告嗣，十二年，十六年，坐事国人过员，免。	孙	元康四年，到曾孙鲖阳公乘咸诏复家。	
孝文九年，共侯朝嗣，十三年薨。	后六年，侯贤嗣，四十三年薨。	元鼎二年，侯尊嗣，二年，坐酎金免。	
		元康四年，厉曾孙长安公士广意诏复家。	
孝文四年，侯午嗣，二十二年，孝景三年，坐谋反，诛。	孙	曾孙	元康四年，野玄孙长陵上造安昌诏复家。
高后八年，哀侯忌嗣，一年薨。	孝文元年，终侯斿嗣，三十九年薨。	建元元年，安侯辟方嗣，二十年薨。	元狩三年，侯定嗣，八年，元鼎五年，坐酎金免。

			元康四年，陵玄孙长安公乘襄诏复家。
孝文五年，夷侯马从嗣，十八年薨。	后七年，式侯吾客嗣，四十二年薨。	元鼎二年，侯义嗣，三年，坐言五利侯不道，弃市。户二千四百。	玄孙
六世	七世 元康四年，礼玄孙之孙长安公士禹诏复家。		
孝文四年，侯平嗣，二十一年，孝景二年，坐谋反，自杀。		元康四年，食其曾孙茂陵公乘非诏复家。	
侯昌嗣，有罪，免。			长沙

安平敬侯鄂秋	以谒者汉王三年初从，定诸侯，有功秩，举萧何功，因故侯，二千户。	八月甲子封，十二年薨。	六十一
北平文侯张苍	以客从起武阳，至霸上，为常山守，得陈馀，为代相，徙赵相，以代相侯，为计相四岁，淮南相十四岁。千二百户。	八月丁丑封，五十年薨。	六十五
高胡侯陈夫乞	以卒从起杠里，入汉，以都尉击籍，将军定燕，千户。	六年封，二十五年薨。	八十二
厌次侯爰类	以慎将元年从起留，入汉，以都尉守广武，功侯。	六年封，二十二年薨。	二十四
平皋炀侯刘它	汉六年以砀郡长初从，功比轶侯，侯，五百八十户。实项氏，赐姓。	七年十月癸亥封，十年薨。	百二十一
复阳刚侯陈胥	以卒从起薛，以将军入汉，以右司马击项籍，侯，千户。	七年十月甲子封，三十一年薨。	四十九

郸 孝景中元年，康侯应以吕弟绍封，一年薨。	中二年，侯仲居嗣，三十四年，元鼎三年，坐为太常收赤侧钱不收，完为城旦。	元康四年，缧曾孙长安公士禹诏赐黄金十斤复家，死，亡子，复免。	沛 元始元年，缧玄孙护以诏书为次复禹同产弟子，死，亡子，绝。
孝惠三年，简侯嘉嗣，九年薨。	高后八年，顷侯应嗣，十四年薨。	孝文十四年，炀侯寄嗣，二十五年薨。	孝景后三年，侯但嗣，十九年，元狩元年，坐与淮南王安通，遗王书称臣尽力，弃市。
六世 元康四年，秋玄孙之子解大夫后诏复家。			
孝景六年，康侯奉嗣，八年薨。	后元年，侯类嗣，七年，建元五年，坐临诸侯丧后，免。	曾孙	玄孙
六世 元康四年，苍玄孙之子长安公士盖宗诏复家。			
孝文五年，炀侯程嗣，薨，亡后。			元康四年，夫乞玄孙长陵公乘胜之诏复家。
孝文元年，侯贺嗣，五年，谋反，诛。	孙	曾孙	玄孙
六世 元康四年，类玄孙之子阳陵公士世诏复家。	七世 元始三年，类玄孙之孙万诏赐爵关内侯。		
孝惠五年，共侯远嗣，三十四年薨。	孝景元年，节侯光嗣，十六年薨。	建元元年，侯胜嗣，二十八年，元鼎五年，坐酎金免。	玄孙
六世	七世 元康四年，它玄孙之孙长安簪裊胜之诏复家。		
孝文十一年，共侯嘉嗣，十八年薨。	孝景六年，康侯拾嗣，二十五年薨。	元朔元年，侯彊嗣，七年，元狩二年，坐父拾非嘉子，免。	
		元康四年，胥曾孙云阳簪裊幸诏复家。	玄孙

阳河齐侯其石	以中谒者从入汉，以郎中骑从定诸侯，侯，五百户，功比高湖侯。	十一月甲子封，三年薨。	八十三
柏至靖侯许盎	以骈邻从起昌邑，以说卫入汉，以中尉击籍，侯，千户。	十月戊辰封，十四年，高后元年，有罪，免，三年，复封，六年薨。	五十八
中水严侯吕马童	以郎骑将汉元年从好畤，以司马击龙且，复共斩项籍，侯，千五百户。	正月己酉封，三十年薨。	百一
杜衍严侯王翥	以中郎骑汉王二年从起下邳，属淮阴侯，从灌婴共斩项羽，侯，千七百户。	正月己酉封，十八年薨。	百二
赤泉严侯杨喜	以郎中骑汉王二年从起杜，属淮阴，后从灌婴共斩项籍，侯，千九百户。	正月己酉封，十三年，高后元年，有罪，免，二年，复封，十八年薨。	百三
朝阳齐侯华寄	以舍人从起薛，以连敖入汉，以都尉击项羽，复攻韩王信，侯，千户。	三月壬寅封，十二年薨。	六十九

六世 元始元年，胥玄孙之子传诏赐帛百疋。			
十年，侯安国嗣，五十一年薨。	孝景中四年，侯午嗣，三十三年薨。	埤山 元鼎四年，共侯章更封，十三年薨。	元封元年，侯仁嗣，征和三年，坐祝诅，要斩。
六世 元康四年，石玄孙之子长安官大夫益寿诏复家。			
孝文元年，简侯禄嗣，十四年薨。	十五年，侯昌嗣，三十二年薨。	元光二年，侯安如嗣，十三年薨。	元狩三年，侯福嗣，五年，元鼎二年，坐为奸，为鬼薪。
六世 元康四年，盎玄孙之子长安公士建诏复家。			
孝文十年，夷侯瑕嗣，三年薨。	十三年，共侯青眉嗣，三十二年薨。	建元六年，靖侯德嗣，一年薨。	元光元年，侯宜城嗣，二十二年，元鼎五年，坐酎金免。
六世	七世 元康四年，马童玄孙之孙长安公士建明诏复家。		

高后六年，共侯福嗣，七年薨。	孝文五年，孝侯市臣嗣，七年薨。	十二年，侯舍嗣，二十四年，有罪，为鬼薪。户三千四百。	
孝景后元年，侯郢人以翥子绍封，十二年薨。	元光四年，侯定国嗣，十三年，元狩五年，有罪，免。	元康四年，翥曾孙长安大夫安乐诏复家。	
孝文十二年，定侯敷嗣，十五年薨。	临汝 孝景四年，侯毋害嗣，六年，坐诈给人臧六百，免。中五年，毋害复封，十二年，元光二年，有罪，免。	曾孙	元康四年，喜玄孙茂陵不更孟尝诏赐黄金十斤，复家。
六世 子恢代复。	七世 子谭代。	八世 子并代，永始元年，赐帛百疋。	元始二年，求复不得。
高后元年，文侯要嗣，二十一年薨。	孝文十四年，侯当嗣，三十九年，元朔二年，坐教人上书枉法，耏为鬼薪。户五千。	曾孙	元康四年，寄玄孙奉明大夫定国诏复家。

棘阳严侯杜得臣	以卒从起湖陵，入汉，以郎将迎左丞相军击项籍，侯，二千户。	七月丙申封，二十六年薨。	八十一
涅阳严侯吕腾	以骑士汉三年从出关，以郎中共击斩项羽，侯，千五百户，比杜衍侯。	七年封，二十五年，孝文五年薨。子成实非子，不得代。	百四
平棘懿侯林挚	以客从起亢父，斩章邯所置蜀守，用燕相侯，千户。	七年封，二十四年薨。	六十四
深泽齐侯赵将夕	以赵将汉王三年降，属淮阴侯，定赵、齐、楚，以击平城功侯，七百户。	八年十月癸丑封，十二年，高后元年，有罪，免，二年，复封，二年薨。	九十八

捭项侯温疥	以燕将军汉王四年从破曹咎军，为燕相告燕王荼反，侯。以燕相国定卢绾。千九百户。	十月丙辰封，二十五年薨。	九十一
历简侯程黑	以赵卫将军汉王三年从起卢奴，击项羽敖仓下，为将军攻臧荼有功，封千户。	十月癸酉封。十四年薨。	九十二
武原靖侯卫胠	汉七年以梁将军从初起，击韩信、陈豨、黥布军，功侯，二千八百户，功比高陵侯。	十二月丁未封，八年薨。	九十三
稟祖侯陈锴	高帝七年为将从击代陈豨有功，侯，六百户。	十二月丁未封，七年薨。	百二十四

孝文六年，侯但嗣，四十三年薨。	元光四年，怀侯武嗣，七年，元朔五年薨，亡后。		
	孙	曾孙	玄孙
六世 元康四年，腾玄孙之子涅阳不更忠诏复家。			
孝文五年，侯辟彊嗣，有罪，为鬼薪。		元康四年，挚曾孙项圉大夫常驩诏复家，死，亡子，绝。	
孝文后二年，戴侯头嗣，八年薨。	孝景三年，侯脩嗣，七年，有罪，耏为司寇。	曾孙	元康四年，将夕玄孙平陵上造延世诏复家。
	臾 中五年，夷胡侯以头子绍封，二十一年，元朔五年薨，亡后。		

孝文六年，文侯仁嗣，十七年薨。	后七年，侯何嗣，七年，孝景四年薨。	曾孙	元康四年，疥玄孙长安公士福诏复家。
高后三年，孝侯鼈嗣，二十二年薨。	孝文后元年，侯灶嗣，十四年，孝景中元年，有罪，免。	曾孙	玄孙
六世 元康四年，黑玄孙之子长安簪褭弘诏复家。	元始五年。诏赐黑代复者安爵关内侯。		
孝惠四年，共侯寄嗣，三十七年薨。	孝景三年，侯不害嗣，十二年，后二年，坐葬过律，免。	曾孙	元康四年，胠玄孙郭公乘尧诏复家。
孝惠三年，怀侯婴嗣，十九年薨。	孝文七年，共侯应嗣，十四年薨。	后五年，节侯安嗣，三十一年薨。	元狩二年，侯千秋嗣，九年，元鼎五年，坐酎金免。
六世 元康四年，错玄孙之子茂陵公乘主儒诏复家。			

宋子惠侯许瘛	以汉三年用赵右林将初击定诸侯，五百三十六户，功比历侯。	二月丁卯封，四年薨。	九十九
猗氏敬侯陈遬	以舍人从起丰，入汉，以都尉击项羽，侯，千一百户。	三月丙戌封，十一年薨。	五十 位次曰长陵侯。
清简侯室中同	以弩将初起，从入汉，以都尉击项羽、代，侯，比彭侯，户千。	三月丙戌封，五年薨。	七十一
彊圉侯留肸	以客吏初起，从入汉，以都尉击项籍、代，侯，比彭侯，千户。	三月丙戌封，三年薨。	七十二
彭简侯秦同	以卒从起薛，以弩将入汉，以都尉击项羽、代，侯，千户。	三月丙戌封，二十二年薨。	七十
吴房严侯杨武	以郎中骑将汉元年从起下邽，击阳夏，以骑都尉斩项籍，侯，七百户。	三月辛卯封，三十二年薨。	九十四
宁严侯魏遬	以舍人从砀，入汉，以都尉击臧荼功侯，千户。	四月辛卯封，三十五年薨。	七十八
昌圉侯旅卿	以齐将汉王四年从韩信起无盐，定齐，击项羽，又击韩王信于代，侯，千户。	六月戊申封，三十四年薨。	百九
共严侯旅罢师	以齐将汉王四年从淮阴侯起，击项籍，又攻韩王信于平城，有功，侯，千二百户。	六月壬子封，二十六年薨。	百一十四

十二年，共侯留嗣，二十五年薨。	孝文十年，侯九嗣，二十二年，孝景中二年，坐寄使匈奴买塞外禁物，免。	曾孙	玄孙
六世	七世 元康四年，瘛玄孙之孙宋子大夫通诏复家。		
孝惠七年，靖侯支嗣，三十四年薨。	孝景三年，顷侯羌嗣，一年薨，亡后。	元康四年，遬曾孙猗氏大夫胡诏赐黄金十斤，复家。	
孝惠元年，顷侯圣嗣，二十二年薨。	孝文八年，康侯鲋嗣，五十二年薨。	元狩三年，共侯古嗣，七年薨。	元鼎四年，侯生嗣，一年，坐酎金免。
			元康四年，同玄孙高宛簪褭武诏复家。
十一年，戴侯章复嗣，二十九年薨。	孝文三年，侯复嗣，二年，有罪，免。	元康四年，肹曾孙长安大夫定诏复家。	

孝文三年，戴侯执嗣，二十三年薨。	孝景三年，侯武嗣，十一年，后元年，有罪，免。	曾孙	元康四年，同玄孙费公士寿王诏复家。
孝文十三年，侯去疾嗣，二十五年，孝景后三年，有罪，耐为司寇。	元康四年，武孙霸陵公乘谈诏赐黄金十斤，复家，亡子，绝。		谈兄孙为次复，亡子，绝。
孝文十六年，共侯连嗣，八年薨。	孝文后元年，侯指嗣，三年，坐出国界，免。	曾孙	元康四年，遬玄孙长安公士都诏复家。
孝文十五年，侯通嗣，十一年，孝景三年，坐谋反，诛。	孙	曾孙	元康四年，卿玄孙昌上造光诏赐黄金十斤，复家。
六世 子赐代，死，无子，绝。有同产子，元始二年求不得。			
孝文七年，惠侯党嗣，八年薨。	十五年，怀侯高嗣，五年薨，亡子。	元康四年，罢师曾孙霸陵簪褭信诏复家。	

阏氏节侯冯解散	以代大与汉王三年降，为雁门守，以将军平代反寇，侯，千户。	六月壬子封，四年薨。	一百
安丘懿侯张说	以卒从起方与，属魏豹，一岁五月，以执盾入汉，以司马击项羽，以将军定代，侯，二千户。	七月癸酉封，三十二年薨。	六十七
襄平侯纪通	父城以将军从击破秦，入汉，定三秦，功比平定侯，战好畤，死事，子侯。	九月丙午封，五十二年薨。	六十六
龙阳敬侯陈署	以卒从，汉王元年起霸上，以谒者击项籍，斩曹咎，侯，户千。	九月己未封，十八年薨。	八十四
平严侯张瞻师	以赵骑将汉王五年从击诸侯，比吴房侯，千五百户。	九年十二月壬寅封，八年薨。	九十五
陆量侯须无	诏以为列诸侯，自置吏令长，受令长沙王。	三月丙戌封，三年薨。	百三十七
高景侯周成	父苛以内史从击破秦，为御史大夫，入汉，围取诸侯，守荥阳，功比辟阳侯，骂项籍死事，子侯。	四月戊寅封，三十五年，孝文后五年，谋反，下狱死。	六十
离侯邓弱	四月戊寅封。《楚汉春秋》亦阙。成帝时，光禄大夫滑湛日旁占验曰："邓弱以长沙将兵侯。"		
义陵侯吴郢	以长沙柱国侯，千五百户。	九月丙子封，七年薨。	百三十四

十二年，共侯它嗣，一年薨，亡后。	孝文二年，文侯遗以它遗腹子嗣，十四年薨。	十六年，共侯胜之嗣，十三年薨。	孝景六年，侯平嗣，三十九年，元鼎五年，坐酎金免。
孝文十三年，共侯奴嗣，十三年薨。	孝景三年，敬侯执嗣，一年薨。	四年，康侯新嗣，三十一年薨。	元狩元年，侯拾嗣，九年，元鼎四年，坐入上林谋盗鹿，又搏揜，完为城旦。
六世 元康四年，说玄孙之子阳陵上造舜诏复家。			
孝景中三年，康侯相夫嗣，十九年薨。	元朔元年，侯夷吾嗣，十九年，元封元年薨，亡后。		元康四年，通玄孙长安簪裹万年诏复家。
高后七年，侯坚嗣，十八年，孝文后元年，有罪，免。			
孝惠五年，康侯悍嗣，三十七年薨。	孝景四年，侯寄嗣。	侯安国嗣，不得年，元狩元年，为人所杀。	玄孙

六世 元康四年，瞻师玄孙之子敏上造连城诏复家。			
十二年，共侯桑嗣，三十四年薨。	孝文后三年，康侯庆忌嗣，五年薨。	孝景元年，侯冉嗣，四十四年，元鼎五年，坐酎金免。	
		元康四年，无曾孙郦阳秉铎圣诏复家。	
子	绳 孝景中元年，侯应以成孙绍封。	侯平嗣，元狩四年，坐为太常不缮园屋，免。	元康四年，成玄孙长安公大夫赐诏复家。
孝惠四年，侯重嗣，十年，高后七年薨，亡后。			

宣平武侯张敖	嗣父耳为赵王，坐相贯高等谋反，废王为侯。	九年封，十七年薨。	三
东阳武侯张相如	高祖六年为中大夫，以河间守击陈豨，力战，功侯，千三百户。	十一年十二月癸巳封，三十二年薨。	百一十八

慎阳侯乐说	淮阴侯韩信舍人，告信反，侯，二千户。	十二月甲寅封，五十一年薨。	百三十一
开封愍侯陶舍	以右司马汉王五年初从，以中尉击燕、代，侯，比共侯，二千户。	十二月丙辰封，一年薨。	百一十五
禾成孝侯公孙昔	以卒汉王五年初从，以郎中击代击陈豨，侯，千九百户。	正月己未封，二十年薨。	百一十七

高后二年，侯偃为鲁王，孝文元年复为侯，十五年薨，谥共。	六年，哀侯欧嗣，十七年薨。	孝景中三年，侯王嗣，十四年，有罪，免。	
		睢陵 元光三年，侯广国以王弟绍封，十八年薨。	元鼎二年，侯昌嗣，十二年，太初二年，坐为太常乏祠，免。
			元始二年，侯庆忌以敖玄孙绍封，千户。
		信都 高后八年四月丁酉，侯侈以鲁太后子封，孝文元年，以非正免。	
		乐昌 四月丁亥，侯受以鲁太后子封，元年免。	元康四年，耳玄孙长陵公乘遂诏复家。
孝文十六年，共侯般嗣，五年薨。	后五年，戴侯安国嗣，六年薨。	孝景四年，哀侯彊嗣，十三年，建元元年薨，亡后。	玄孙

六世 元康四年，相如玄孙之子茂陵公乘宣诏复家。			
孝景中六年，靖侯愿嗣，四年薨。	建元元年，侯买之嗣，二十二年，元狩五年，坐铸白金，弃市。	曾孙	玄孙
六世 元康四年，说玄孙之子长安公士通诏复家。			
十二年，夷侯青嗣，四十八年薨。	孝景中三年，节侯偃嗣，十七年薨。	元光五年，侯睢嗣，十八年，元狩五年，坐酎金免。	玄孙
六世	七世 元康四年，舍玄孙之孙长安公士元始诏复家。		
孝文五年，怀侯渐嗣，九年薨。	孙	元康四年，昔曾孙霸陵公乘广意诏复家。	

堂阳哀侯孙赤	以中涓从起沛，以郎入汉，以将军击项籍，为惠侯，坐守荥阳降楚，免，复来，以郎击籍，为上党守击陈豨，侯，八百户。	正月己未封，九年薨。	七十七
祝阿孝侯高色	以客从起齧桑，以上队将入汉，以将军击魏太原、井陉，属淮阴侯，罂度军破项籍及豨，侯，千八百户。	正月己卯封，二十一年薨。	七十四
长修平侯杜恬	以汉王二年用御史初从出关，以内史击诸侯，攻项昌，以廷尉死事，侯，千九百户。	三月丙戌封，四年薨。	百八 位次曰信平侯。
江邑侯赵尧	以汉五年为御史，用奇计徙御史大夫周昌为赵相，代昌为御史大夫，从击陈豨，功侯，六百户。	十一月封，高后元年，有罪，免。	
营陵侯刘泽	汉三年为郎中击项羽，以将军击陈豨，得王黄，侯。帝从昆弟，万一千户。	十一月封，十五年，高后七年，为琅邪王。	八十八
土军式侯宣义	高祖六年为中地守，以廷尉击陈豨，侯，一千一百户，就国后为燕相。	二月丁亥封，七年薨。	百二十二 位次曰信成侯。
广阿懿侯任敖	以客从起沛，为御史，守丰二岁，击项籍，为上党守，陈豨反，坚守，侯，千八百户。后迁为御史大夫。	二月丁亥封，十九年薨。	八十九

高后元年，侯德嗣，四十三年，孝景中六年，有罪免。	孙	元康四年，赤曾孙霸陵公乘明诏复家。	
孝文五年，侯成嗣，十四年，后三年，坐事国人过律，免。	孙	曾孙	元康四年，色玄孙长陵上造弘诏复家。
孝惠三年，怀侯中嗣，十七年薨。	孝文五年，侯意嗣，二十七年，有罪，免。	阳平 孝景中五年，侯相夫绍封，三十七年，元封三年，坐为太常与大乐令中可当郑舞人擅繇，阑出入关，免。	

孝惠六年，孝侯莫如嗣，三十五年薨。	孝景三年，康侯平嗣，十九年薨。	建元六年，侯生嗣，八年，元朔二年，坐与人妻奸，免。	玄孙
六世 元康四年，义玄孙之子阿武不更寄诏复家。			
孝文三年，夷侯敬嗣，一年薨。	四年，敬侯但嗣，四十年薨。	建元五年，侯越人嗣，二十一年，元鼎二年，坐为太常庙酒酸，免。	元康四年，敖玄孙广阿簪裊定诏复家。

须昌贞侯赵衍	以谒者汉王元年初从起汉中。雍军塞渭上，上计欲还，衍言从它道，道通，后为河间守，豨反，诛都尉相如，功侯，千四百户。	二月己丑封，三十二年薨。	百七
临辕坚侯戚鳃	初从为郎，以都尉守蕲城，以中尉侯，五百户。	二月乙酉封，六年薨。	百一十六
汲绍侯公上不害	高祖六年为太仆，击代豨有功，侯，千三百户。为赵太仆。	二月乙酉封，三年薨。	百二十三
宁陵夷侯吕臣	以舍人从起留，以郎入汉，破曹咎成皋，为都尉击豨，功侯，千户。	二月辛亥封，二十七年薨。	七十三
汾阳严侯靳彊	以郎中骑千人前三年从起栎阳，击项羽，以中尉破锺离昧军，功侯。	三月辛亥封，十一年薨。	九十六
戴敬侯秘彭祖	以卒从起沛，以卒开沛城门，为太公仆，以中厩令击陈豨，功侯，千一百户。	三月癸酉封，十一年薨。	百二十六
衍简侯翟盱	以汉王二年为燕令，以都尉下楚九城，坚守燕，侯，九百户。	七月己丑封，十二年薨。	百三十
平州共侯昭涉掉尾	汉四年以燕相从击项籍，还击臧荼，侯，千户。	八月甲辰封，十八年薨。	百一十一

孝文十六年，戴侯福嗣，四年薨。	后四年，侯不害嗣，八年，孝景五年，有罪，免。	曾孙	玄孙
六世	七世 元康四年，衍玄孙之孙长安簪裊步昌诏复家。		
孝惠五年，夷侯触龙嗣，三十七年薨。	孝景四年，共侯中嗣，十六年薨。	建元四年，侯贤嗣，二十五年，元鼎五年，坐酎金免。	元康四年，鳃玄孙梁郎官大夫常诏复家。
六世	七世 元始二年，鳃玄孙之孙少诏赐爵关内侯。		
孝惠二年，夷侯武嗣，二十七年薨。	孝文十四年，康侯通嗣，二十七年薨。	建元二年，侯广德嗣，九年，元光五年，坐妻大逆，弃市。	元康四年，不害玄孙安陵五大夫常诏复家。
孝文十一年，戴侯谢嗣，十六年薨。	孝景四年，惠侯始嗣，十七年薨。	曾孙	元康四年，吕臣玄孙南陵公大夫得诏复家。
高后三年，共侯解嗣，三十三年薨。	孝景五年，康侯胡嗣，十二年绝，不得状。	江邹 元鼎五年，侯石封嗣，九年，太始四年，坐为太常行幸离宫道桥苦恶，大仆敬声系以谒闻，赦免。	元康四年，彊玄孙长安公乘忠诏复家。
高后三年，共侯悼嗣，十二年薨。	孝文八年，夷侯安国嗣，四十八年薨。	元朔五年，安侯轸嗣，十二年薨。	元鼎五年，侯蒙嗣，二十五年，后元年，坐祝诅上，大逆，腰斩。
六世	七世 元康四年，彭祖玄孙之孙阳陵大夫政诏复家。		
高后四年，祇侯山嗣，二年薨。	六年，节侯嘉嗣，四十四年薨。	建元三年，侯不疑嗣，十年，元朔元年，坐挟诏书论，耐为司寇。	元康四年，盱玄孙阳陵公乘光诏复家。
孝文二年，戴侯种嗣，三年薨。	五年，怀侯它人嗣，四年薨。	九年，孝侯马童嗣，二十九年薨。	孝景后一年，侯昧嗣，二十四年，元狩五年，坐行驰道中，免。
			元康四年，掉尾玄孙涪不更福诏复家。

中牟共侯单右车	以卒从沛，入汉，以郎击布，功侯，二千二百户。始高祖微时有急，给高祖马，故得侯。	十二年十月乙未封，二十三年薨。	百二十五
邔严侯黄极忠	以群盗长为临江将，已而为汉击临江王及诸侯，破布，封千户。	十月戊戌封，二十七年薨。	百十三
博阳节侯周聚	以卒从丰，以队率入汉，击项籍成皋有功，为将军，布反，定吴郡，侯。	十月辛丑封，二十四年薨。	五十三
阳羡定侯灵常	以荆令尹汉五年初从，击钟离眛及陈公利幾，徙为汉中大夫，从至陈，取韩信，迁中尉，以击布，侯，二千户。	十月壬寅封，十四年薨。	百一十九
下相严侯泠耳	以客从起沛，入汉，用兵击破齐田解军，以楚丞相坚守彭城距布军，功侯，二千户。	十月己酉封，十八年薨。	八十五
高陵围侯王虞人	以骑司马汉王元年从起废丘，以都尉破田横、龙且，追籍至东城，以将军击布，侯，九百户。	十二月丁亥封，十年薨。	九十二
期思康侯贲赫	淮南王英布中大夫，告反，侯，一千户。	十二月癸卯封，二十九年，孝文十四年薨，亡后。	百三十二

孝文八年，敬侯缯嗣，五年薨。	十三年，戴侯终根嗣，三十七年薨。	元光二年，侯舜嗣，十八年，元鼎五年，坐酎金免。	玄孙
六世 元康四年，右车玄孙之子阳陵不更充国诏复家。			
孝文十二年，夷侯荣成嗣，九年薨。	后元五年，共侯明嗣，三十五年薨。	元朔五年，侯遂嗣，八年，元鼎元年，坐掩搏夺公主马，髡为城旦。户四千。	
六世 元康四年，极忠玄孙之子巴[illegible]公乘调诏复家。	元始元年，赐极忠代后者敞爵关内侯。		
孝文九年，侯遬嗣，十五年，孝景元年，有罪，夺爵一级。	孙	元康四年，聚曾孙长陵公乘万年诏复家。	
高后七年，共侯贺嗣，八年薨。	孝文七年，哀侯胜嗣，六年薨，亡后。	曾孙	元康四年，常玄孙南和大夫横诏复家。
孝文三年，侯顺嗣，二十三年，孝景三年，坐谋反，诛。	孙	曾孙	元康四年，耳玄孙长安公士安诏复家。
高后三年，侯弄弓嗣，十八年薨。	孝文十三年，侯行嗣，十二年，孝景三年，谋反，诛。		
子	孙	曾孙	元康四年，赫玄孙寿春大夫充诏复家。

戚圉侯季必	以骑都尉汉二年初起栎阳，攻破废丘，因击项籍，属韩信，破齐，攻臧荼，为将军，击韩信，侯，千五百户。	十二月癸卯封，十六年薨。	九十
穀阳定侯冯谿	以卒前二年起柘，击籍，定代，为将军，功侯。	正月乙丑封，二十二年薨。	百五
严敬侯许猜	以楚将汉二年降，从起临济，以郎中击项羽、陈豨，侯，六百户。	正月乙丑封，四十年薨。	百一十二
成阳定侯奚意	以魏郎汉王二年从起阳武，击项籍，属魏王豹，豹反，徙属相国彭越，以太原尉定代，侯，六百户。	正月乙酉封，二十六年薨。	百一十
桃安侯刘襄	以客从，汉王二年起定陶，以大谒者击布，侯，千户。为淮南太守。项氏亲。	三月丁巳封，七年，孝惠七年，有罪，免，二年，复封，十六年薨。	百三十五
高梁共侯郦疥	父食其以客从破秦，以列侯入汉，还定诸侯，常使使约和诸侯，说齐王死事，子侯。	二月丙寅封，六十三年薨。	六十六
纪信匡侯陈仓	以中涓从起丰，以骑将入汉，以将军击项籍，后攻卢绾，侯，七百户。	六月壬辰封，十年薨。	八十

孝文元年，贲侯长嗣，三年薨。	四年，躁侯瑕嗣，三十八年薨。	建元三年，侯信成嗣，二十年，元狩五年，坐为太常纵丞相侵神道，为隶臣。	元康四年，必玄孙长安公士买之诏复家。
孝文七年，共侯熊嗣，十八年薨。	孝景二年，隐侯卯嗣，三年薨。	五年，懿侯解中嗣，十二年薨。	建元四年，侯偃嗣。
六世 元康四年，谿玄孙之子穀阳不更武诏复家。			
孝景二年，侯恢嗣，十六年薨。	建元二年，炀侯则嗣，九年薨。	元光五年，节侯周嗣，三年薨。	元朔二年，侯广宗嗣，十五年，元鼎五年，坐酎金免。
六世 元康四年，猜玄孙之子平寿公士任寿诏复家。			
孝文十一年，侯信嗣，二十九年，建元元年，有罪，要斩。	孙	元康四年，意曾孙阳陵公乘通诏复家。	
孝文十年，懿侯舍嗣，三十年薨。	建元元年，厉侯由嗣，十三年薨。	元朔二年，侯自为嗣，十五年，元鼎五年，坐酎金免。	玄孙
六世 元康四年，襄玄孙之子长安上造益寿诏复家。			
元光三年，侯勃嗣。	侯平嗣，元狩元年，坐诈衡山王取金，免。	曾孙	元康四年，食其玄孙阳陵公乘赐诏复家。
高后三年，夷侯开嗣，二十二年薨。	孝文后二年，侯炀嗣，八年，孝景二年，反，诛。	曾孙	玄孙

景严侯王竞	以车司马汉元年初从起高陵，属刘贾，以都尉从军，侯，五百户。	六月壬辰封，七年薨。	百六
张节侯毛释之	以中涓从起丰，以郎骑入汉，还从击诸侯，侯，七百户。	六月壬辰封，二十六年薨。	七十九
煮枣端侯革朱	以越连敖从起薛，别以越将入汉，击诸侯，以都尉侯，九百户。	六月壬辰封，七年，孝惠七年薨。嗣子有罪，不得代。	七十五
傿陵严侯朱濞	以卒从起丰，入汉，以都尉击项籍、臧荼，侯，二千七百户。	十二月封，十一年薨。	五十二
卤严侯张平	以中尉前元年从起单父，不入关，以击黥布、卢绾，得南阳，侯，二千七百户。	十二月封，十二年薨。	四十八
右高祖百四十七人。周吕、建成二人在《外戚》，羹颉、合阳、沛、德四人在《王子》，凡百五十三人。			
便顷侯吴浅	以父长沙王功侯，二千户。	元年九月癸卯封，三十七年薨。	百三十三
轪侯黎朱苍	以长沙相侯，七百户。	二年四月庚子封，八年薨。	百二十

平都孝侯刘到	以齐将高祖三年定齐降，侯，千户。	五年六月乙亥封，十三年薨。	百一十
右孝惠三人。			
南宫侯张买	以父越人为高祖骑将从军，以中大夫侯。	元年四月丙寅，封。	

六世 元康四年，仓玄孙之子长安公士千秋诏复家。			
孝惠七年，戴侯真粘嗣，十九年薨。	孝文十一年，侯嫖嗣，二十二年，孝景十年，有罪，免。	曾孙	元康四年，竞玄孙长安公士昌诏复家。
孝文十一年，侯鹿嗣，二年薨。	十三年，侯舜嗣，二十三年，孝景中六年，有罪，免。	曾孙	元康四年，释之玄孙长安公士景诏复家。
孝文二年，康侯式以朱子绍封，二十一年薨。	孝景中二年，侯昌嗣，二年，有罪，免。	曾孙	元康四年，朱玄孙阳陵大夫奉诏复家。
高后四年，共侯庆嗣，十一年，孝文七年薨，亡后。		元康四年，濞曾孙阳陵公士言诏复家。	
高后五年，侯胜嗣，七年，孝文四年，有罪，为隶臣。		曾孙	玄孙
六世 元康四年，平玄孙之子长安公士常诏复家。			
孝文后七年，共侯信嗣，六年薨。	孝景六年，侯广志嗣。	侯千秋嗣，元鼎五年，坐酎金免。	编 元康四年，浅玄孙长陵上造长乐诏复家。
高后三年，孝侯豨嗣，二十一年薨。	孝文十六年，彭祖嗣，二十四年薨。	侯扶嗣，元封元年，坐为东海太守行过擅发卒为卫，当斩，会赦，免。	玄孙 江夏

六世 元康四年，苍玄孙之子竟陵簪袅汉诏复家。			
孝文三年，侯成嗣，三十五年，孝景后二年，有罪，免。		元康四年，到曾孙长安公乘如意诏复家。	
侯生嗣，孝武初有罪，为隶臣。万六千六百户。			北海

梧齐侯阳城延	以军匠从起郏，入汉，后为少府，作长乐、未央宫，筑长安城先就，侯。	四月乙酉封，六年薨。	七十六
平定敬侯齐受	以卒从起留，以家车吏入汉，以骁骑都尉击项籍，得楼烦将，用齐丞相侯。	四月乙酉封，九年薨。	五十四
博成敬侯冯无择	以悼武王郎中从高祖起丰，攻雍，共击项籍，力战，奉悼武王出荥阳，侯。	四月己丑封，三年薨。	
沅陵顷侯吴阳	以父长沙王功侯。	七月丙申封，二十五年薨。	百三十六
中邑贞侯朱进	以执矛从入汉，以中尉破曹咎，用吕相侯，六百户。	四年四月丙申封，二十二年薨。	
乐平简侯卫毋择	以队率从起沛，属皇䜣，以郎击陈馀，用卫尉侯，六百户。	四月丙申封，二年薨。	
山都贞侯王恬启	汉五年为郎中柱下令，以卫将军击陈豨，用梁相侯。	四月丙申封，八年薨。	
祝兹夷侯徐厉	以舍人从沛，以郎中入汉，还，得雍王邯家属，用常山丞相侯。	四月丙申封，十一年薨。	
成阴夷侯周信	以卒从起单父，为吕后舍人，度吕后，为河南守，侯，五百户。	四月丙申封，十六年薨。	
俞侯吕它	父婴以连敖从高祖破秦，入汉，以都尉定诸侯，功比朝阳侯，死事，子侯。	四月丙申封，四年，坐吕氏诛。	
醴陵侯越	以卒从，汉二年起栎阳，以卒吏击项羽，为河内都尉，用长沙相侯，六百户。	四月丙申封，八年，孝文四年，有罪，免。	
右高后十二人。扶柳、襄城、轵、壶关、昌平、赘其、腾、昌城、腄、祝兹、建陵十一人在《恩泽外戚》，洨、沛、信都、乐昌、东平五人随父，上邳、朱虚、东牟三人在《王子，凡三十一人 。			

七年，敬侯去疾嗣，三十四年薨。	孝景中三年，靖侯偃嗣，十五年薨。	元光三年，侯戎奴嗣，十四年，元狩五年，坐使人杀季父，弃市。户三千三百。	玄孙
六世 元康四年，延玄孙之子梧公士注诏复家。			
孝文二年，齐侯市人嗣，四年薨。	六年，共侯应人嗣，四十一年薨，亡后。	元光二年，康侯延居嗣，八年薨。	元鼎二年，侯昌嗣，二年，元鼎四年，有罪，免。
			元康四年，受玄孙安平大夫安德诏复家。
四年，侯代嗣，八年，坐吕氏诛。			
孝文后二年，顷侯福嗣，十七年薨。	孝景中五年，哀侯周嗣，薨，亡后。		
孝文后二年，侯悼嗣，二十一年，孝景后三年，有罪，免。			
六年，共侯胜嗣，四十一年薨。	孝景后三年，侯俢嗣，六年，建元六年，坐买田宅不法，有请赇吏，死。		
孝文四年，宪侯中黄嗣，二十三年薨。	孝景四年，敬侯触龙嗣，二十三年薨。	元狩五年，侯当嗣，八年，元封元年，坐阑入甘泉上林，免。	
孝文七年，康侯悼嗣，二十九年薨。	孝景中六年，侯偃嗣，九年，建元六年，有罪，免。		
孝文十二年，侯勃嗣，十五年，有罪，免。			

阳信夷侯刘揭	高祖十三年为郎，以典客夺吕禄印，闭殿门止产等，共立皇帝，侯，二千户。	元年十一月辛丑封，十四年薨。	
壮武侯宋昌	以家吏从高祖起山东，以都尉从荥阳，食邑，以代中尉劝王，骖乘入即帝位，侯，千四百户。	四月辛亥封，三十三年，孝景中四年，有罪，夺爵一级，为关内侯。	
樊侯蔡兼	以睢阳令高祖初从阿，以韩家子还定北地，用常山相侯，千二百户。	六月丙寅封，十四年薨。	
沶陵康侯魏驷	以阳陵君侯。	七年三月丙寅封，十二年薨，亡后。	
南郎侯起	以信平君侯。	三月丙寅封，坐后父故削爵一级，为关内侯。	
黎顷侯召奴	以父齐相侯。	十年四月癸丑封，十一年薨。	
缾侯孙单	父卬以北地都尉匈奴入力战死事，子侯。	十四年三月丁巳封，十二年，孝景前三年，坐反，诛。	
弓高壮侯韩隤当	以匈奴相国降，侯。故韩王子。	十六年六月丙子封。	

十五年，侯中意嗣，十四年，孝景六年，有罪，免。			
十五年，康侯客嗣，十八年薨。	孝景中二年，共侯平嗣，二十一年薨。	元朔二年，侯辟方嗣，元鼎四年，坐搏揜，完为城旦。	
后五年，侯渍嗣，三十五年薨。	元朔五年，侯延嗣，十九年，元封六年，坐不出持马，要斩。户千八百。		
不得子嗣侯者年名。	元朔五年，侯则嗣，薨，亡后。		
	龙頟 元朔五年四月丁未，侯謮以都尉击匈奴得王，侯，十二年，元鼎五年，坐酎金免。		
	按道 元封元年五月己卯，愍侯说以横海将军击东越，侯，十九年，为卫太子所杀。	延和三年，侯兴嗣，四年，坐祝诅上，要斩。	齐

		后元元年，侯曾以兴弟绍封龙頟，三十一年薨。	五凤元年，思侯宝嗣，鸿嘉元年薨，亡后。
			元封元年，节侯共以宝从父昆弟绍封。

襄城哀侯韩婴	以匈奴相国降，侯，二千户。韩王信太子之子。	六月丙子封，七年薨。	
故安节侯申屠嘉	孝文二年举淮阳守，从高祖功，食邑五百户，用丞相侯。	后三年四月丁巳封，七年薨。	
右孝文十人。轵、鄡、周阳三人在《外戚》，管、氏丘、营平、阳虚、杨丘、朸、安都、平昌、武成、白石、阜陵、安阳、阳周、东城十四人在《王子》，凡二十七人。			

六世 侯敞弓嗣，王莽败，绝。			
后七年，侯释之嗣，三十一年，元朔四年，坐诈疾不从，耐为隶臣。			魏
孝景前三年，侯共嗣，二十二年薨。	清安 元狩三年，侯臾更封，五年，元鼎元年，坐为九江太守受故官送，免。		

卷十七

景武昭宣元成功臣表第五

昔《书》称"蛮夷帅服"，《诗》云"徐方既俫"，《春秋》列潞子之爵，许其慕诸夏也。汉兴至于孝文时，乃有弓高、襄城之封，虽自外俫，本功臣后。故至孝景始欲侯降者，丞相周亚夫守约而争。帝黜其议，初开封赏之科，又有吴楚之事。武兴胡越之伐，将帅受爵，应本约矣。后世承平，颇有劳臣，辑而序之，续元功次云。

号谥姓名	功状户数	始封
俞侯栾布	以将军吴楚反击齐，侯。	六年四月丁卯封，六年薨。
建陵哀侯卫绾	以将军击吴楚，用中尉侯。	四月丁卯封，二十一年薨。
建平敬侯程嘉	以将军击吴楚，用江都相侯。	四月丁卯封，十八年薨。
平曲侯公孙浑邪	以将军击吴楚，用陇西太守侯。	四月己巳封，五年，中四年，有罪，免。

过去《尚书》说“蛮夷相率归服”，《诗经》说“徐国已经来朝”，《春秋》记载了潞子受封为侯的经过，称赞他仰慕华夏的文明。汉朝兴起后到文帝时，有弓高侯韩颓当、襄城侯韩婴受封为侯，虽然从匈奴来，但他们是功臣韩王信的后代。所以到景帝时想要封匈奴来降的徐卢庸为侯，丞相周亚夫遵守盟约，据理力争。景帝没有采纳他的意见，首开封赏匈奴降将的先河，吴、楚七国之乱后，又封平定叛乱的功臣为侯。武帝时兴兵讨伐匈奴和南越，封立下战功的将军为侯，符合高祖订下的不是功臣不得封侯的盟约。后世享有太平生活，有很多因政绩突出而受封为侯的功臣，按照位次进行编撰，接续开国功臣之后。

子	孙	曾孙	玄孙
中六年，侯贲嗣，二十二年，元狩六年，坐为太常雍牺牲不如令，免。			
元光五年，侯信嗣，十八年，元鼎五年，坐酎金免。			
元光二年，节侯横嗣，一年薨。	三年，侯回嗣，四年薨，亡后。		
南奅 元朔五年四月丁卯，侯贺以将军击匈奴得王，侯。十二年，元鼎五年，坐酎金免。			

江阳康侯苏息	以将军击吴楚，用赵相侯。	中二年，懿侯卢嗣，八年薨。
遽侯横	父建德以赵相不听王遂反，死事，子侯，千一百七十户。	中二年四月乙巳封，六年，后二年，有罪，弃市。
新市侯王弃之	父悍以赵内史，王遂反不听，死事，子侯。	四月乙巳封，八年薨。
商陵侯赵周	父夷吾以楚太傅，王戊反不听，死事，子侯。	四月乙巳封，三十六年，元鼎五年，坐为丞相知列侯酎金轻，下狱自杀。
山阳侯张当居	父尚以楚相，王戊反不听，死事，子侯。	四月乙巳封，二十四年，元朔五年，坐为太常择博士弟子故不以实，完为城旦。
安陵侯于军	以匈奴王降侯，千五百五十户。	中三年十一月庚子封，十三年，建元六年薨，亡后。
桓侯赐	以匈奴王降侯。	十二月丁丑封。
遒侯陆彊	以匈奴王降侯，千五百七十户。	十二月丁丑封。
容城携侯徐卢	以匈奴王降侯，七百户。	十二月丁丑封，七年薨。
易侯仆黚	以匈奴王降侯，千一百十户。	十二月丁丑封，六年，后三年薨，亡后。
范阳靖侯范代	以匈奴王降侯，六千二百户。	十二月丁丑封，十四年薨。
翕侯邯郸	以匈奴王降侯。	十二月丁丑封，六年，元光四年，坐行来不请长信，免。
亚谷简侯卢它之	以匈奴东胡王降侯，千户。故燕王绾子。	中五年四月丁巳封，二年薨。
塞侯直不疑	以御史大夫侯，前有将兵击吴楚功。	后元年八月封，六年薨。

蒿绎 太初二年，侯贺复以丞相封。三年，延和二年，以子敬声有罪，下狱死。			
建元二年，侯朋嗣，十六年薨。	元朔六年，侯雎嗣，十一年，元鼎五年，坐酎金免。		
炀侯始昌嗣，元光四年为人所贼杀。			
侯则嗣，孝武后元年坐祝诅上，要斩。			
建元二年，康侯缠嗣，十四年薨。	元朔三年，侯光嗣，四十年，后元二年，坐祝诅上，要斩。		
元光二年，怀侯德嗣，四年薨，亡后。			涿郡 元始二年，玄孙政诏赐爵关内侯。
			内黄

后元年，侯种嗣，七年薨。	建元五年，康侯漏嗣，七年薨。	元光六年，侯贺嗣，三十九年，延和二年，坐受卫太子节，掠死。	
建元四年，康侯相如嗣，十二年薨。	元朔四年，侯坚嗣，十三年，元鼎五年，坐酎金免。		

右孝景十八人。平陆、休、沈猷、红、宛朐、棘乐、乘氏、桓邑八人在《王子》，魏其、盖二人在《外戚》，隆虑一人随父，凡二十九人。		
翕侯赵信	以匈奴相国降侯，元朔二年击匈奴功益封，千六百八十户。	元光四年十月壬午封，六年，元朔六年，为右将军击匈奴，兵败，降匈奴。
特辕侯乐	以匈奴都尉降侯，六百五十户。	元朔元年后九月丙寅封，十三年，元鼎元年薨，亡后。
亲阳侯月氏	以匈奴相降侯，六百八十户。	元朔二年十月癸巳封，五年，坐谋反入匈奴，要斩。
若阳侯猛	以匈奴相降侯，五百三十户。	十月癸巳封，五年，坐谋反入匈奴，要斩。
平陵侯苏建	以都尉从车骑将军击匈奴功侯，元朔五年，用游击将军从大将军，益封，凡一千户。	三月丙辰封，六年，坐为前将军与翕侯信俱败，独身脱来归，当斩，赎罪，免。
岸头侯张次公	以都尉从车骑将军击匈奴侯，从大将军，益封，凡二千户。	五月己巳封，五年，元狩元年，坐与淮南王女陵奸，受财物，免。
涉安侯於单	以匈奴单于太子降侯。	三年四月丙子封，五月薨，亡后。
昌武侯赵安稽	以匈奴王降侯，以昌武侯从骠骑将军击左王，益封。	四年七月庚申封，二十一年薨。
襄城侯桀龙	以匈奴相国降侯，四百户。	七月庚申封，三十二年，与浞野侯俱战死事。
安乐侯李蔡	以将军再击匈奴得王，侯，二千户。	四月乙巳封，六年，元狩五年，坐以丞相侵卖园陵道壖地，自杀。
合骑侯公孙敖	以护军都尉三从大将军击匈奴，至右王庭得王侯，元朔六年，从大将军，益封，九千五百户。	以五年四月丁未封，至元狩二年坐将兵击匈奴与票骑将军期后，畏懦当斩，赎罪。
轵侯李朔	以校尉三从大将军击匈奴，至右王庭得虏阏氏功侯。	四月乙卯封，六年，有罪，当免。

			内黄
			南阳
			舞阳
			平氏
			武当
			皮氏
太初元年，侯充国嗣，四年薨，亡后。			舞阳
太初三年，侯病已嗣，十五年，后二年，坐祝诅上，下狱瘐死。			襄垣
			昌
			高城
			西安

从平侯公孙戎奴	以校尉三从大将军击匈奴，至右王庭为雁行上石山先登，侯，一千一百户。	四月乙卯封，三年，元狩二年，坐为上党太守发兵击匈奴不以闻，免。
随城侯赵不虞	以校尉三从大将军击匈奴，攻辰吾先登石累，侯，七百户。	四月乙卯封，三年，元狩二年，坐为定襄都尉，匈奴败，太守以闻非实，谩，免。
博望侯张骞	以校尉数从大将军击匈奴，知道水，及前使绝国大夏，侯。	六年三月甲辰封，元狩二年，坐以将军击匈奴畏懦，当斩，赎罪，免。
众利侯郝贤	以上谷太守四从大将军击匈奴，首虏千级以上，侯，千一百户。	五月壬辰封，二年，元狩二年，坐为上谷太守入戍卒财物，上计谩，免。
潦悼侯王援訾	以匈奴赵王降侯，五百六十户。	元狩元年七月壬午封，二年薨，亡后。
从票侯赵破奴	以司马再从票骑将军击匈奴，得两王子骑将侯，二千户。	二年五月丙戌封，九年，元鼎五年，坐酎金免。元封三年，以匈河将军击楼兰，封浞野侯。五年，太初二年，以浚稽将军击匈奴，为虏所获，军没。
宜冠侯高不识	以校尉从票骑将军再击匈奴。侯，一千一百户。故匈奴归义。	五月庚戌封，四年坐击匈奴增首不以实，当斩，赎罪，免。
煇渠忠侯仆朋	以校尉从票骑将军再出击匈奴得王，侯，从票骑将军虏五王，益封。故匈奴归义。	二年二月乙丑封，八年薨。
下摩侯謼毒尼	以匈奴王降封，七百户。	六月乙亥封，九年薨。
湿阴定侯昆邪	以匈奴昆邪王将众十万降侯，万户。	三年七月壬午封，四月薨。
煇渠慎侯应庇	以匈奴王降侯。	七月壬午封，五年，元鼎三年薨，亡后。

			乐昌
			千乘
			姑莫
			舞阳
			昌
元鼎四年，侯雷电嗣，二十二年，延和三年，以五原属国都尉与贰师将军俱击匈奴，没。			鲁阳
元鼎五年，炀侯伊即轩嗣。	侯冠支嗣，神爵三年，诏居弋居山，坐将家属阑入恶师居，免。		猗氏
元鼎元年，魏侯苏嗣，十年，元封五年薨，亡后。			平原
			鲁阳

河綦康侯乌黎	以匈奴右王与浑邪降侯，六百户。	七月壬午封，六年薨。
常乐侯稠雕	以匈奴大当户与浑邪降侯，五百七十户。	七月壬午封，十八年薨。
邳离侯路博德	以右北平太守从票骑将军击左王，得重，会期，虏首万二千七百人，侯，千六百户。	四年六月丁卯封，十五年，太初元年，坐见知子犯逆不道罪免。
义阳侯卫山	以北地都尉从票骑将军击匈奴得王，侯，千一百户。	六月丁卯封，二十六年，太始四年，坐教人诬告众利侯当时弃市罪，狱未断病死。
杜侯复陆支	以匈奴归义因孰王从票骑将军击左王，以少破多，捕虏三千一百，侯，千三百户。	六月丁卯封，五年薨。
众利侯伊即轩	以匈奴归义楼剸王从票骑将军击左王，手剑合，侯，千一百户。	六月丁卯封，十四年薨。
湘成侯敞屠洛	以匈奴符离王降侯，千八百户。	六月丙子封，七年，元鼎五年，坐酎金免。
散侯董舍吾	以匈奴都尉降侯，千一百户。	六月丙子封，十七年薨。
臧马康侯雕延年	以匈奴王降侯，八百七十户。	六月丙子封，五年薨，亡后。
瞭侯次公	以匈奴归义王降侯，七百九十户。	元鼎四年六月丙午封，五年，坐酎金免。
术阳侯建德	以南越王兄越高昌侯侯，三千户。	五年三月壬午封，四年，坐使南海逆不道，诛。
龙侯摎广德	父乐以校尉击南越死事，子侯，六百七十户。	三月壬午封，六年，坐酎金免。
成安侯韩延年	父千秋以校尉击南越死事，子侯，千三百八十户。	三月壬午封，七年，元封六年，坐为太常行大行令事留外国书一月，乏兴，入谷赎，完为城旦。
昆侯渠复絫	以属国大首渠击匈奴侯。	五月戊戌封。

元鼎三年，侯馀利鞮嗣，四十二年，本始二年薨，亡后。			济南
太初三年，侯广汉嗣，六年，太始元年薨，亡后。			济南
			朱虚
			平氏
元鼎三年，侯偃嗣。	侯屠耆嗣。	侯宣平嗣。	重平 侯福嗣，河平四年，坐非子免。
元封六年，侯当时嗣。	侯辅宗嗣，始元五年薨，亡后，为诸县。		
			阳成
太初三年，侯安汉嗣。	侯贤嗣，征和三年，坐祝诅上，下狱病死。		阳成
			朱虚
			舞阳
			下邳

			郏
侯乃始嗣，地节四年薨，亡后。			钜鹿

骐侯驹幾	以属国骑击匈奴捕单于兄侯，五百二十户。	五月壬子封。
梁期侯任破胡	以属国都尉间出击匈奴将军絫絺缦等侯。	五月辛巳封。
滕侯毕取	以南越将军降侯，五百一十户。	六年三月乙酉封。
将梁侯杨仆	以楼船将军击南越推锋却敌侯。	三月乙酉封，四年，元封四年，坐为将军击朝鲜畏懦，入竹二万个，赎完为城旦。
安道侯揭阳定	以南越揭阳令闻汉兵至自定降，侯，六百户。	三月乙酉封。
随桃顷侯赵光	以南越苍梧王闻汉兵至降，侯，三千户。	四月癸亥封，薨。
湘成侯监居翁	以南越桂林监闻汉兵破番禺，谕瓯骆民四十余万降，侯，八百三十户。	五月壬申封。
海常严侯苏弘	以伏波司马得南越王建德侯。	七月乙酉封，七年，太初元年薨，亡后。
外石侯吴阳	以故东越衍侯佐繇王功侯，千户。	元封元年正月壬午封，九年薨。
下鄌侯左将黄同	以故瓯骆左将斩西于王功侯，七百户。	四月丁酉封。
缭荣侯刘福	以校尉从横海将军击南越侯。	正月乙卯封，二年，有罪，免。
蘌儿严侯辕终古	以军卒斩东越徇北将军侯。	闰月癸卯封，六年，太初元年薨，亡后。
开陵侯建成	以故东粤建成侯与繇王斩馀善侯，二千户。	闰月癸卯封。

侯督嗣。	釐侯崇嗣，阳朔二年薨，亡后。		北屈
	元延元年六月己未，侯诗以崇弟绍封，五百五十户。		
侯当千嗣，太始四年，坐卖马一匹贾钱十五万，过平，臧五百以上，免。			
侯奉义嗣，后二年，坐祝诅上，要斩。			南阳
侯当时嗣，延和四年，坐杀人，弃市。			南阳
侯昌乐嗣，本始元年薨。嗣子有罪，不得代。			元始五年，放以光玄孙绍封，千户。
侯益昌嗣，五凤四年，坐为九真太守盗使人出买犀、奴婢，臧百万以上，不道，诛。			堵阳
太初四年，侯首嗣，十四年，后二年，坐祝诅上，要斩。			济阳
侯奉汉嗣，后二年，坐祝诅上，要斩。			南阳
侯禄嗣，征和三年，坐舍卫太子所私幸女子，又祝诅上，要斩。			临淮

临蔡侯孙都	以南粤郎，汉军破番禺，为伏波得南粤相吕嘉，侯，千户。	闰月癸卯封。
东城侯居股	以故东粤繇王斩东粤王馀善侯，万户。	闰月癸卯封，二十年，延和三年，坐卫太子举兵谋反，要斩。
无锡侯多军	以东粤将军，汉兵至，弃军降，侯，千户。	元年封。
涉都侯喜	以父弃故南海太守，汉兵至，以越邑降，子侯，二千四十户。	元年封，八年，太初二年薨，亡后。
平州侯王唊	以朝鲜将，汉兵至，降，侯，千四百八十户。	三年四月丁卯封，四年薨，亡后。
荻苴侯韩陶	以朝鲜相将，汉兵围之，降，侯，五百四十户。	四月丁卯封，十九年，延和二年薨，封终身，不得嗣。
澅清侯参	以朝鲜尼谿相使人杀其王右渠，降，侯，千户。	六月丙辰封，十一年，天汉二年，坐匿朝鲜亡虏，下狱病死。
騠兹侯稽谷姑	以小月氏右苴王将众降，侯，千九百户。	四年十一月丁未封，三年，太初元年薨，亡后。
浩侯王恢	以故中郎将将兵捕得车师王，侯。	正月甲申封，一月，坐使酒泉矫制害，当死，赎罪，免。
瓡讘侯杆者	以小月氏王将军众千骑降，侯，七百六十户。	正月乙酉封，二年薨。
幾侯张路	以朝鲜王子汉兵围朝鲜降侯。	三年癸未封，六年，使朝鲜，谋反，格死。
涅阳康侯最	以父朝鲜相路人，汉兵至，首先降，道死，子侯。	三月壬寅封，五年，太初元年薨，亡后。
海西侯李广利	以贰师将军击大宛斩王，侯，八千户。	太初四年四月丁巳封，十一年，延和三年，击匈奴兵败，降。
新畤侯赵弟	以贰师将军骑士斩郁成王首，侯。	四月丁巳封，七年，太始三年，坐为太常鞫狱不实，入钱百万赎死，而完为城旦。

侯襄嗣，太初元年，坐击番禺夺人虏掠，死。			河内
			九江
侯卯嗣，延和四年，坐与归义赵文王将兵追反虏，到弘农擅弃兵还，赎罪，免。			会稽
			南阳
			梁父
			勃海
			齐
			琅邪
六月，侯胜嗣，五年，天汉二年薨，制所幸封，不得嗣。			河东
			河东
			齐
			齐

承父侯续相如	以使西域发外王子弟，诛斩扶乐王首，虏二千五百人，侯，千百五十户。	太始三年五月封，五年，延和四年四月癸亥，坐贼杀军吏，谋入蛮夷，祝诅上，要斩。
开陵侯成娩	以故匈奴介和王将兵击车师，不得封年。	
秺侯商丘成	以大鸿胪击卫太子，力战，亡它意，侯，二千一百二十户。	延和二年七月癸巳封，四年，后二年，坐为詹事侍祠孝文庙，醉歌堂下曰“出居，安能郁郁”，大不敬，自杀。
重合侯莽通	以侍郎发兵击反者如侯，侯，四千八百七十户。	七月癸巳封，四年，后二年，坐发兵与卫尉溃等谋反，要斩。
德侯景建	以长安大夫从莽通共杀如侯，得少傅石德，侯，三千七百三十五户。	七月癸巳封，四年，后二年，坐共莽通谋反，要斩。
题侯张富昌	以山阳卒与李寿共得卫太子，侯，八百五十八户。	九月封，四年，后二年四月甲戌，为人所贼杀。
邘侯李寿	以新安令史得卫太子，侯，一百五十户。	九月封，三年，坐为卫尉居守，擅出长安界，送海西侯至高桥，又使吏谋杀方士，不道，诛。
轑阳侯江喜	以圉啬夫捕反者故城父令公孙勇侯，千一百二十户。	二年十一月封。
当涂康侯魏不害	以圉守尉捕反者淮阳胡倩侯，侯圣与议定策，益封，凡二千二百户。	十一月封，薨。
蒲侯苏昌	以圉小史捕反者故越王子邹起侯，千二十六户。	十一月封。

			东莱
侯顺嗣。	质侯襃嗣，薨，亡后。		
	元延元年六月乙未，釐侯级以襃弟绍封，千二十户。	侯参嗣，王莽败，绝。	
			济阴
			勃海
			济南
			钜鹿
			河内
六年，侯仁嗣，永光四年，坐使家丞上书还印符，随方士，免。			清河
爰侯圣嗣。	剌侯杨嗣。	戴侯向嗣。	九江 侯坚居嗣，居摄二年，更为翼汉侯，王莽篡位，为翼新侯，莽败，绝。
侯夷吾嗣，鸿嘉三年，坐婢自赎为民后略以为婢，免。			琅邪

丞父侯孙王	以告反者太原白义等侯，千一百五十户。	四年三月乙酉封，三年，始元元年，坐杀人，会赦，免。
右孝武七十五人。武安、周阳、长平、冠军、平津、周子南、乐通、牧丘、富民九人在《外戚恩泽》，南奅、龙頟、宜春、阴安、发干五人随父，凡八十九人，王子不在其中。		
秺敬侯金日磾	以驸马都尉发觉侍中莽何罗反侯，二千二百一十八户。	始元二年侯，丙子封，一日薨。
建平敬侯杜延年	以谏大夫告左将军等反侯，二千户，以太仆与大将军先定策，益封，二千三百六十户。	元凤元年七月甲子封，二十八年薨。
宜城戴侯燕仓	以假稻田使者先发觉左将军桀等反谋，告大司农敞，侯。侯安削户六百，定七百户。	七月甲子封，六年薨。
弋阳节侯任宫	以故丞相征事手捕反者左将军桀，侯，九百一十五户。	七月甲子封，三十三年薨。
商利侯王山寿	以丞相少史诱反者车骑将军安入丞相府，侯，九百一十五户。	七月甲子封，十四年，元康元年，坐为代郡太守故劾十人罪不直，免。
成安严侯郭忠	以张掖属国都尉匈奴入寇与战，斩黎汗王，侯，七百二十四户。	三年二月癸丑封，七年薨。
平陵侯范明友	以校尉击反氐，后以将军击乌桓，获王，虏首六千二百，侯，与大将军光定策，益封，凡二千九百二十户。	四年七月乙巳封，十一年，地节四年，坐谋反诛。
义阳侯傅介子	以平乐厩监使诛楼兰王，斩首，侯，七百五十九户。	七月乙巳封，十三年，元康元年薨。嗣子有罪，不得代。
右孝昭八人。博陆、安阳、宜春、安平、富平、阳平六人在《恩泽外戚》，桑乐一人随父，凡十五人。		

			东莱
始元二年，侯赏嗣，四十二年薨，亡后。	孙	元始四年，侯常以日磾曾孙绍侯，千户，王莽败，绝。	
甘露二年，孝侯缓嗣，十九年薨。	竟宁元年，荒侯业嗣，三十四年薨。	元始二年，侯辅嗣。	济阳 侯宪嗣，建武中以先降梁王，薨，不得代。
元平元年，刺侯安嗣，四十一年薨。	竟宁元年，釐侯尊嗣，十年薨。	阳朔二年，炀侯武嗣。	济阴 侯级嗣。
六世 侯旧嗣，王莽败，绝。			
初元二年，刚侯千秋嗣，三十二年薨。	河平三年，愿侯恽嗣，二年薨。	阳朔元年，孝侯岑嗣，二十四年薨。	元始元年，侯固嗣，更始元年，为兵所杀。
			徐
本始三年，爱侯迁嗣，四年薨。	元康三年，刻侯赏嗣，四十一年薨。	阳朔三年，郾侯长嗣。	颍川 釐侯萌嗣，薨，亡后。
六世 居摄元年，侯每以忠玄孙之子绍封，王莽败，绝。			
			武当
		元始四年，侯长以介子曾孙绍封，更始元年，为兵所杀。	平氏

长罗壮侯常惠	以校尉光禄大夫持节将乌孙兵击匈奴，获名王，首虏三万九千级，侯，二千八百五十户。	本始四年四月癸巳封，二十四年薨。
爰戚靖侯赵长年	以平陵大夫告楚王延寿反，侯，千五百三十户。	地节二年四月癸卯封，十七年薨。
博成侯张章	以长安男子先发觉大司马霍禹等谋反，以告期门董忠，忠以闻，侯，三千九百一十三户。	四年八月乙丑封，九年薨。
高昌壮侯董忠	以期门受张章言霍禹谋反，告左曹杨恽，侯，再坐法，削户千一百，定七十九户。	八月乙丑封，十九年薨。
平通侯杨恽	以左曹中郎受董忠等言霍禹等谋，以告侍中金安上，侯，二千五百户。	八月乙丑封，十年，五凤三年，坐为光禄勋诽谤政治，免。
都成敬侯金安上	以侍中中郎将受杨恽言霍禹等反谋，传言止内霍氏禁闼，侯，千七百七十一户。	八月乙丑封，十一年薨。
合阳爱侯梁喜	以平阳大夫告霍徵史、徵史子信、家监回伦、故侍郎郑尚时谋反，侯，千五百户。	元康四年二月壬午封，四十一年薨。
安远缪侯郑吉	以校尉光禄大夫将兵迎日逐王降，又破车师，侯，坐法削户三百，定七百九十户。	神爵三年四月壬戌封，十一年薨。
归德靖侯先贤掸	以匈奴单于从兄日逐王率众降，侯，二千二百五十户。	四月戊戌封，二十六年薨。
信成侯王定	以匈奴乌桓屠蓦单于子左大将军率众降，侯，千六百户，后坐弟谋反，削百五户。	五凤二年九月癸巳封，十二年薨。
义阳侯厉温敦	以匈奴謼连累单于率众降，侯，千五百户。	三年二月甲子封，四年，坐子伊细王谋反，削爵为关内侯，食邑千户。

初元二年，严侯成嗣，十六年薨。	建始三年，爱侯邯嗣，五年薨。	河平四年，侯翕嗣，四十九年，建武四年薨，亡后。	陈留
节侯䜣嗣。	永始四年，侯牧嗣，四十年，建武四年，以先降梁王，免。		
五凤元年，侯建嗣，十二年，建始四年，坐尚阳邑公主与婢奸主旁，数醉骂主，免。			淮阳
初元二年，炀侯宏嗣，四十一年，建平元年，坐佞邪，免，二年，复封故国，三年薨。	元寿元年，侯武嗣，二年，坐父宏前为佞邪，免。	建武二年五月己巳，侯永绍封。	千乘
			博阳
五凤三年，夷侯常嗣，一年薨，亡后。	元始元年，侯钦以安上孙绍封，为王莽诛。	元始元年，戴侯杨嗣，王莽败，绝。	
建始二年，侯放嗣。	元始五年，侯萌以喜孙绍封，千户，王莽败，绝。		平原
初元元年，侯光嗣，八年，永光三年薨，亡后。	居摄元年，侯永以吉曾孙绍封，千户，王莽败，绝。		慎
竟宁元年，炀侯富昌嗣，二年薨。	建始二年，侯讽嗣，五十六年薨。	建武二年，侯襄嗣。	汝南 侯霸嗣，永平十四年，有罪免。
初元五年，侯广汉嗣，三年，永光三年薨，亡后。	元始五年，侯杨以定孙绍封，千户。		细阳

右孝宣十一人。阳都、营平、平丘、昌水、阳城、爰氏、扶阳、高平、阳城、博阳、邛成、将陵、建成、西平、平恩、平昌、乐陵、平台、乐昌、博望、乐成二十一人在《恩泽外戚》，乐平、冠阳、鄭、周子南君四人随父，凡三十六人。		
义成侯甘延寿	以使西域骑都尉讨郅支单于斩王以下千五百级，侯，四百户，孙迁益封，凡二千户。	竟宁元年四月戊辰封，九年薨。
驷望忠侯冷广	以湿沃公士告男子马政谋反，侯，千八百户。	鸿嘉元年正月辛丑封，薨。
延乡节侯李谭	以尉氏男子捕得反者樊並侯，千户。	永始四年七月己巳封，十三年薨。
新山侯称忠	以捕得反者樊並侯，千户。	十一月己酉封。
童乡釐侯钟祖	以捕得反者樊並侯，千户。	七月己酉封，薨，亡后。
楼虚侯訾顺	以捕得反者樊並侯，千户。	七月己酉封。
右孝元一人。安平、平恩、扶阳三人随父，阳平、乐安二人在《恩泽外戚》，凡六人。孝成五人。安昌、高阳、安阳、城阳、高陵、定陵、殷绍嘉、宜乡、氾乡、博山十人在《恩泽外戚》，武阳、博阳、赞、骐、龙頟、开陵、乐陵、博望、乐成、安平、平阿、成都、红阳、曲阳、高平十五人随父，凡三十人。		

阳朔元年，炀侯建嗣，十九年薨。	建平元年，节侯迁嗣，居摄二年更为诛郅支侯，十四年薨。	建国二年，侯相嗣，建武四年，为兵所杀。	
侯何齐嗣，王莽败，绝。			琅邪
元始元年，侯成嗣，王莽败，绝。			
元始五年，侯匡以祖子绍封，王莽败，绝。			

卷十八

外戚恩泽侯表第六

自古受命及中兴之君，兴灭继绝，修废举逸，然后天下归仁，四方之政行焉。《传》称武王克殷，追存贤圣，至乎不及下车。世代虽殊，其揆一也。高帝拨乱诛暴，庶事草创，日不暇给，然犹修祀六国，求聘四皓，过魏则宠无忌之墓，适赵则封乐毅之后。及其行赏而授位也，爵以功为先后，官用能为次序。后嗣共己遵业，旧臣继踵居位。至乎孝武，元功宿将略尽。会上亦兴文学，进拔幽隐，公孙弘自海濒而登宰相，于是宠以列侯之爵。又畴咨前代，询问耆老，初得周后，复加爵邑。自是之后，宰相毕侯矣。元、成之间，晚得殷世，以备宾位。

汉兴，外戚与定天下，侯者二人。故誓曰："非刘氏不王，若有亡功非上所置而侯者，天下共诛之。"是以高后欲王诸吕，王陵廷争；孝景将侯王氏，条侯犯色。卒用废黜。是后薄昭、窦婴、上官、卫、霍之侯，以功受爵。其余后父据《春秋》褒纪之义，帝舅缘《大雅》申伯之意，寖广博矣。是以别而叙之。

自古受天之命的君王和中兴的君王，一定会扶助被灭亡的国家，复兴被断绝的国脉，兴复废业，推举隐逸之士，然后天下归附仁德，四方的仁政开始施行。《礼记》说周武王攻克殷商，追思圣贤，没有下车就封立黄帝、尧帝、舜帝后裔。世代虽然不同，但道理都是一样的。高祖平定乱世，诛灭暴秦，国家刚刚建立，事务繁多，没有闲暇，然而还是祭祀六国国君，访求商山四皓，经过魏国就祭拜魏无忌之墓，到了赵国就封乐毅的后代。等到他论功行赏，授予官爵时，爵位以功劳大小为先后，官职按照能力为次序。后代帝王约束自己，遵守世业，旧臣恪尽职守，相继为官。到了武帝时，开国功臣和老将大多去世。正好武帝提倡文学，提拔隐居未仕之人，公孙弘从海濒来到长安，最终登上宰相之位，于是封爵为列侯。武帝又访求前代君王的后人，询问老人，找到周朝后裔，就加封爵位食邑。从此以后，宰相都可以受封为侯。元帝、成帝年间，又找到商朝后裔，封爵为侯。

汉朝兴起时，外戚也参与平定天下，受封为侯的有两人。所以高祖立下盟约说：“不是刘氏不可为王，如果有不是功臣，不是皇帝所封而为侯的，天下的人可以一起诛讨。”因此高后想封诸吕为王，王陵廷据理力争；景帝想封王氏为侯，条侯周亚夫犯言直谏。最后景帝放弃了这个想法。此后薄昭、窦婴、上司桀、卫青、霍去病的列侯之位，是因功受爵。再往后皇后的父亲受封为侯，是依据《春秋》中记载的周天子封赏纪国国君，皇帝的舅舅受封为侯，是依据《大雅》中记载的周宣王封赏长舅申伯，外戚受封为侯的标准已变得宽泛。因此另外列表记述。

号谥姓名	侯状户数	始封
临泗侯吕公	以汉王后父赐号。	元年封，四年薨，高后元年追尊曰吕宣王。
周吕令武侯泽	以客从入汉，定三秦，将兵下砀，汉王败彭城，往从之，佐定天下。	六年正月丙戌封，三年薨。
建成康侯释之	以客从击秦。汉王入汉，使释之归丰卫太上皇。	六年四月丙戌封，九年薨。
右高祖三人。		
扶柳侯吕平	以皇太后姊长姁子侯。	元年四月丙寅封，八年，反，诛。
襄城侯义	以孝惠子侯。	四月辛卯封，三年，为常山王。
轵侯朝	以孝惠子侯。	四月辛卯封，四年，为常山王。
壶关侯武	以孝惠子侯。	四月辛卯封，六年，为淮阳王。
昌平侯大	以孝惠子侯。	二月癸未封，七年，为吕王。
赘其侯吕胜	以皇太后昆弟子淮阳丞相侯。	四月丙申封，八年，反，诛。
滕侯吕更始	为舍人郎中十二岁，以都尉屯霸上，用楚丞相侯。	四月丙申封，八年，反，诛。

子	孙	曾孙	玄孙
侯台嗣，高祖九年更封为鄜侯，四年，高后元年，为吕王，二年薨，谥曰肃，追尊令武曰悼武王。	腄 三年，王嘉嗣，坐骄废。侯通，嘉弟，六年四月丁酉封，八年，为燕王，九月，反，诛。 东平 侯庀，通弟，八年五月丙辰封，九月，反，诛。		
洨 侯产，台弟，高后元年四月辛卯封，六年，为吕王，七年，为梁王，八年，反，诛。			
孝惠二年，侯则嗣，七年，有罪，免。则弟种，高后元年四月乙酉封，奉吕宣王国，七年，更为不其侯，八年，反，诛。			
汉阳 侯禄，种弟，高后元年九月丙寅封，八年，为赵王，追尊康侯曰赵昭王，九月，反，诛。			

吕成侯吕忿	以皇太后昆弟子侯。	四月丙申封，八年，反，诛。
祝兹侯吕莹	以皇太后昆弟子侯。	八年四月丁酉封，九月，反，诛。
建陵侯张释寺人	以大谒者劝王诸吕侯。	四月丁酉封，九月，免。
右高后十人。五人随父，凡十五人。		
轵侯薄昭	高祖七年为郎，从军十七年，以中大夫迎帝于代，以车骑将军迎皇太后，侯，万户。	元年正月乙巳封，十年，坐杀使者，自杀。帝临，为置后。
郚侯驷钧	以齐王舅侯。	四月辛未封，六年，坐济北王兴居举兵反弗救，免。
周阳侯赵兼	以淮南王舅侯。	四月辛未封，六年，有罪，免。
右孝文三人。		
章武景侯窦广国	以皇太后弟侯，万一千户。	孝文后七年六月乙卯封，七年薨。
南皮侯窦彭祖	以皇太后兄子侯。	六月乙卯封，二十一年薨。
魏其侯窦婴	以将军屯荥阳扞破吴楚七国侯。皇太后昆弟子。	三年六月乙巳封，二十三年，元光四年，有罪，弃市。
盖靖侯王信	以皇后兄侯。	中五年五月甲戌封，二十五年薨。
右孝景四人。		
武安侯田蚡	以皇太后同母弟侯。	孝景后三年三月封，十年薨。
周阳懿侯田胜	以皇太后同母弟侯。	三月封，十二年薨。
长平烈侯卫青	以将军击匈奴取朔方侯，后破右贤王，益封，又封三子。皇后弟。	元朔二年二月丙辰封，二十三年薨。

十一年，易侯戎奴嗣，三十年薨。	建元二年，侯梁嗣。		
孝景七年，共侯定嗣，十八年薨。	元光三年，侯常生嗣，十年，元狩元年，坐谋杀人，未杀，免。		
建元六年，夷侯良嗣，五年薨。	元光五年，侯桑林嗣，十八年，元鼎五年，坐酎金免。		
元光三年，顷侯充嗣。	侯受嗣，元鼎五年坐酎金免。		
元光四年，侯恬嗣，五年，元朔三年，坐衣襜褕入宫，不敬，免。			
元光六年，侯祖嗣，八年，元狩三年，坐当归轵侯宅不与，免。			
宜春 侯伉，五年四月丁未以青功封，元鼎元年坐挢制不害免，太初元年嗣侯，五年阑入宫，完为城旦。			

平津献侯公孙弘	以丞相诏所褒侯，三百七十三户。	元朔三年十一月乙丑封，六年薨。
冠军景桓侯霍去病	以校尉击匈奴侯，后以将军破祈连迎昆邪王，益封。皇后姊子。	六年四月壬申封，七年薨。
周子南君姬嘉	以周后诏所褒侯，三千户。	元鼎四年十一月丁卯封，六年薨。
乐通侯栾大	以方术诏所褒侯，三千户。	四年四月乙巳封，五年，坐罔上，要斩。
牧丘恬侯石庆	以丞相及父万石积行侯。	五年九月丁丑封，十年薨。
富民定侯车千秋	以丞相侯，八百户，以遗诏益封，凡千六百户。	征和四年六月丁巳封，十二年薨。
右孝武九人。三人随父，凡十二人。		

阴安 侯不疑，四月丁未以青功封，十二年，元鼎五年，坐酎金免。			
发干 侯登，四月丁未以青功封，坐酎金免。	元康四年，诏赐青孙钱五十万，复家。	永始元年，青曾孙玄以长安公乘为侍郎。	元始四年，赐青玄孙赏爵关内侯。
元狩三年，侯度嗣，十三年，元封四年，坐为山阳太守诏征钜野令史成不遣，完为城旦。			高城
南阳 元鼎元年，哀侯嬗嗣，七年薨，亡后。	乐平 侯山，地节二年四月癸巳以从祖祖父大将军光功封，三千户，四年，坐谋反，诛。		东郡
	冠阳 侯云，山弟，三年四月戊申以大将军光功封，千八百户，四年，坐谋反，诛。		南阳
元封四年，君置嗣，二十四年薨。	始元四年，君当嗣，十六年，地节三年，坐使奴杀家丞，弃市。		长社
	元康元年三月丙戌，君延年以当弟绍封，初元五年正月癸巳，更封为周承休侯，位次诸侯王，二十九年薨，谥曰考。	建昭三年，质侯安嗣，四年薨。	阳朔二年，釐侯世嗣，八年薨。
六世 永始二年，侯当嗣，七年，绥和元年，进爵为公，地满百里，元始四年，为郑公，王莽篡位，为章牟公。	七世 天凤元年，公常嗣，建武二年五月戊辰更为周承休侯。	八世 五年，侯武嗣，十三年，更为卫公。	观
			高平
太初三年，侯德嗣，二年，天汉元年，坐为太常失法罔上，祠不如令，完为城旦。			平原
元凤四年，侯顺嗣，六年，本始三年，坐为虎牙将军击匈奴诈增虏获，自杀。			蕲

博陆宣成侯霍光	以奉车都尉捕反者莽何罗侯，二千三百五十户，后以大将军益封，万七千二百户。	始元二年正月壬寅封，十七年薨。
安阳侯上官桀	以骑都尉捕反者莽何罗侯，二千三百户。女孙为皇后。	正月壬寅封，五年，元凤元年，反，诛。
宜春敬侯王䜣	以丞相侯，子谭与大将军光定策，益封，坐法削户五百，定六百八户。	元凤四年二月乙丑封，二年薨。
安平敬侯杨敞	以丞相侯，七百户，与大司马大将军光定策，益封子忠，凡五千五百四十七户。	六年二月乙丑封，一年薨。
富平敬侯张安世	以右将军光禄勋辅政勤劳侯，以车骑将军与大将军光定策，益封，凡万三千六百四十户。	十一月乙丑封，十三年薨。
阳平节侯蔡义	以丞相侯，前为御史大夫与大将军光定策，益封，凡七百户。	元平元年九月戊戌封，三年，本始四年薨，亡后。
右孝昭六人。一人桑乐侯随父，凡七人。		
营平壮侯赵充国	以后将军与大将军光定策功侯，千二百七十九户。	本始元年八月辛未封，二十二年薨。
平丘侯王迁	以光禄大夫与大将军光定策功侯，千二百五十三户。	八月辛未封，五年，地节二年，坐平尚书听请受臧六百万，自杀。
昌水侯田广明	以鸿胪击武都反氐赐爵关内侯，以左冯翊与大将军光定策侯，二千七百户。	八月辛未封，三年，坐为祁连将军击匈奴不至期，自杀。

地节二年四月癸卯，侯禹嗣，四年，谋反，要斩。		元始二年四月乙酉，侯阳以光从父昆弟之曾孙龙勒士伍绍封，三千户，王莽篡位，绝。	北海河间东郡
桑乐侯安 始元五年六月辛丑以皇后父车骑将军封，千五百户，二年，反，诛。			荡阴千乘
元凤六年，康侯谭嗣，四十五年薨。	建始三年，孝侯咸嗣，十八年薨。	元延元年，釐侯章嗣，八年薨。	汝南 建平三年，侯强嗣，二十六年，更始元年，为兵所杀。
元平元年，顷侯忠嗣，十一年薨。	元康三年，侯谭嗣，九年，五凤四年，坐为典属国季父恽有罪，谭言诽，免。		汝南
阳都 元康四年，爱侯延寿嗣，十一年薨。元康三年三月乙未，侯彭祖以世父故掖庭令贺有旧恩封，千六百户，四年，神爵三年，为小妻所杀。	甘露三年，缪侯敞嗣，四年薨。	初元二年，共侯临嗣，十五年薨。	平原 思侯放嗣，三十六年薨。
六世 建平元年，侯纯嗣，王莽建国四年更为张乡侯，建武中为武始侯。			今见
甘露三年，质侯弘嗣，二十二年薨。	建始四年，考侯钦嗣，七年薨。	阳朔三年，侯岑嗣，十二年，元延三年，坐父钦诈以长安女子王君侠子为嗣，免。户二千九百四十四。	济南
			肥城
			於陵

阳城侯田延年	以大司农与大将军光定策功侯，二千四百五十三户。	八月辛未封，二年，坐为大司农盗都内钱三千万，自杀。
爰氏肃侯便乐成	以少府与大将军光定策功侯，二千三百二十七户。	八月辛未封，一年薨。
扶阳节侯韦贤	以丞相侯，七百一十一户。	三年六月甲辰封，十年薨。
平恩戴侯许广汉	以皇太子外祖父昌成君侯，五千六百户。	地节三年四月戊申封，七年薨，亡后。
高平宪侯魏相	以丞相侯，八百一十三户。	地节三年六月壬戌封，八年薨。
平昌节侯王无故	以帝舅关内侯侯，六百户。	四年二月甲寅封，九年薨。
乐昌共侯王武	以帝舅关内侯侯，六百户。	二月甲寅封，十四年薨。
阳城缪侯刘德	以宗正关内侯行谨重为宗室率，侯，子安民以户五百赎弟更生罪，减一等，定户六百四十户。	四年三月甲寅封，十年薨。
乐陵安侯史高	以悼皇考舅子侍中关内侯与发霍氏奸，侯，二千三百户。	八月乙丑封，二十四年薨。
		武阳顷侯丹
邛成共侯王奉光	以皇后父关内侯侯，二千七百五十户。	元康二年三月癸未封，十八年薨。
		安平夷侯舜

			济阳
本始二年，康侯辅嗣，三年薨。	地节元年，哀侯临嗣，二年薨，亡子，绝。	元始五年闰月丁酉，侯凤以乐成曾孙绍封，千户，王莽败，绝。	单父
神爵元年，共侯玄成嗣，九年，有罪，削一级为关内侯，永光二年二月丁酉复以丞相侯，六年薨。	建昭三年，顷侯宽嗣。	元延元年，釐侯育嗣。	萧 侯湛嗣，元始中户千四百二十，王莽败，绝。
初元元年，共侯嘉以广汉弟子中常侍绍侯，二十二年薨。	河平一年，严侯况嗣。	鸿嘉二年，质侯旦嗣，二十九年薨。	建国四年，侯散嗣，王莽败，绝。
神爵三年，侯弘嗣，六年，甘露元年，坐酎宗庙骑至司马门，不敬，削爵一级为关内侯。			柘
五凤元年，考侯接嗣，十六年薨。	永光三年，釐侯临嗣，二十一年薨。	鸿嘉元年，侯获嗣，三十八年，建武五年，诏书复获。	
甘露二年，戾侯商嗣，二十七年薨。	河平四年，侯安嗣，二十七年，元始三年，为王莽所杀。		汝南
五凤二年，节侯安民嗣，八年薨。	初元元年，釐侯庆忌嗣，二十一年薨。	居摄元年，侯飒嗣，王莽败，绝。	汝南
永光二年，严侯术嗣，十一年薨。	建始二年，康侯崇嗣，四年薨，亡后。元延二年六月癸巳，侯淑以崇弟绍封，亡后。	元始四年，侯岑以高曾孙绍封，王莽败，绝。	
鸿嘉元年四月庚辰以帝为太子时辅导有旧恩侯，千三百户，七年薨。	永始四年，炀侯邯嗣，十一年薨。	元寿二年，侯获嗣，更始元年为兵所杀。	郑
初元二年，侯敞嗣，二十八年薨。	鸿嘉二年，侯勋嗣，十四年，建平二年，坐选举不以实骂廷史，大不敬，免。	元始元年，侯坚固以奉光曾孙绍封，王莽败，绝。	济阴
初元元年癸卯以皇太后兄侍中中郎将封，千四百户，十三年薨。	建昭四年，刚侯章嗣，十四年薨。	阳朔四年，釐侯渊嗣，二十五年薨。	元始五年，怀侯买嗣，王莽败，绝。

将陵哀侯史曾	以悼皇考舅子侍中中郎将关内侯有旧恩侯，二千二百户。	三月乙未封，五年，神爵四年薨，亡后。
平台康侯史玄	以悼皇考舅子侍中中郎将关内侯有旧恩侯，千九百户。	三月乙未封，二十五年薨。
博望顷侯许舜	以皇太子外祖父同产弟长乐卫尉有旧恩侯，千五百户。	三月乙未封，四年薨。
乐成敬侯许延寿	以皇太子外祖父同产弟侍中关内侯有旧恩侯，千五百户。	三月乙未封，十年薨。
博阳定侯丙吉	以御史大夫关内侯有旧恩功德茂侯，千三百三十户。	元康三年二月乙未封，八年薨。
建成定侯黄霸	以丞相侯，六百户，侯赏以定陶太后不宜立号，益封，二千二百户。	五凤三年二月壬申封，四年薨。
西平安侯于定国	以丞相侯，六百六十户。	甘露三年五月甲子封，十一年薨。
右孝宣二十人。一人阳都侯随父，凡二十一人。		
阳平顷侯王禁	以皇后父侯，二千六百户，子凤以大将军益封五千四百户，凡八千户。	初元元年三月癸卯封，六年薨。
		安成共侯崇
		平阿安侯谭

建昭元年，戴侯恁嗣，十九年薨。	鸿嘉二年，侯习嗣。		常山
神爵三年，康侯敞嗣，八年薨。	甘露三年，戾侯党嗣，二十六年薨。	河平四年，釐侯并嗣，薨，亡后。	
		元延二年六月癸巳，侯报子以并弟绍封，千户，王莽败，绝。	
甘露元年，思侯汤嗣，六年薨。	初元二年，哀侯常嗣，九年薨。		平氏
	元延二年，节侯恭以常弟绍封，千户。	建昭元年，康侯去疾嗣，二十一年，鸿嘉三年薨，亡后，侯修嗣，王莽败，绝。	
五凤三年，侯显嗣，二年，甘露元年坐酎宗庙骑至司马门，不敬，夺爵一级为关内侯。	鸿嘉元年六月己巳，康侯昌以吉孙绍封。	元始二年，釐侯並嗣。	南顿 侯胜客嗣，王莽败，绝。
甘露三年，思侯赏嗣，三十年薨。	阳朔三年，忠侯辅嗣，二十七年薨。	居摄二年，侯辅嗣，王莽败，绝。	沛
永光四年，顷侯永嗣，二十四年薨。	鸿嘉元年，侯恬嗣，四十三年，更始元年绝。		临淮
永光二年，敬成侯凤嗣，二十年薨。	阳朔三年，釐侯襄嗣，十九年薨。	建平四年，康侯岑嗣，十三年薨。	东郡 建国三年，侯莫嗣，十二年，更始元年，为兵所杀。
建始元年二月壬子，以皇太后母弟散骑光禄大夫关内侯侯，万户，二年薨。	建始三年，靖侯奉世嗣，三十九年薨。	建国二年，侯持弓嗣，王莽败，绝。	汝南
河平二年六月乙亥，以皇太后弟关内侯侯，二千一百户，十一年薨。	永始元年，刺侯仁嗣，十九年，为王莽所杀。	元始四年，侯述嗣，建武二年薨，绝。	沛

		成都景成侯商
		红阳荒侯立
		曲阳炀侯根
		高平戴侯逢时
乐安侯匡衡	以丞相侯，六百四十七户。	建昭三年七月癸亥封，七年，建始四年，坐颛地盗土，免。
右孝元二人。一人安平侯随父，凡三人。		
安昌节侯张禹	以丞相侯，六百一十七户，益户四百。	河平四年六月丙午封，二十一年薨。
高阳侯薛宣	以丞相侯，千九十户。	鸿嘉元年四月庚辰封，五年，永始二年，坐西州盗贼群辈免，其年复封，十年，绥和二年，坐不忠孝，父子贼伤近臣，免。

六月乙亥，以皇太后弟关内侯侯，二千户，以大司马益封二千户，十六年薨。	元延四年，侯况嗣，四年，绥和二年，坐山陵未成置酒歌舞，免。		山阳
	建平元年，侯邑以况弟绍封，王莽篡位，为隆信公，与莽俱死。		
六月乙亥封，以皇太后弟关内侯侯，二千一百户，三十年薨。	元始四年，侯柱嗣，王莽败，绝。	曾孙 武桓侯泓，建武元年以父丹为将军战死，往与上有旧，侯。	南阳
六月乙亥，以皇太后弟关内侯侯，三千七百户，再以大司马益封七千七百户，哀帝又益二千户，凡万二千四百户，二十一年薨。	建平元年，侯涉嗣，王莽篡位，为直道公，为莽所杀。		九江
六月乙亥，以皇太后弟关内侯侯，三千户，十八年薨。	元延四年，侯置嗣，王莽败，绝。		临淮
新都侯莽	永始元年五月乙未，以帝舅曼子侯，千五百户，后篡位，诛。	褒新 侯安，元始四年四月甲子以莽功侯，二千户，莽篡位，为信迁公，病死。 赏都 侯临，四月甲子以莽功侯，二千户。莽篡位为天子，侯为统义阳王，自杀。	南阳
			僮
建平二年，侯宏嗣，二十八年，更始元年，为兵所杀。			汝南
			东莞

安阳敬侯王音	以皇太后从弟大司马车骑将军侯，千六百户，子舜益封。	六月己巳封，五年薨。
成阳节侯赵临	以皇后父侯，二千户。	永始元年四月乙亥封，五年薨。
		新成侯钦
高陵共侯翟方进	以丞相侯，千户，哀帝即位，益子宣五百户。	永始二年十一月壬子封，八千户，八年薨。
定陵侯淳于长	以侍中卫尉言昌陵不可成侯，千户。皇太后姊子。	元延三年二月丙午封，二年，绥和元年，坐大逆，下狱死。
殷绍嘉侯孔何齐	以殷后孔子世吉適子侯，千六百七十户，后六月进爵为公，地方百里，建平二年益户九百三十二。	绥和元年二月甲子封，八年，元始二年，更为宋公。
宜乡侯冯参	以中山王舅侯，千户。	绥和元年二月甲子封，建平元年，坐姊中山太后祝诅，自杀。
氾乡侯何武	以大司空侯，千户，哀帝即位益千户。	四月乙丑封，十年，元始三年，为莽所杀，赐谥曰刺。
博山简烈侯孔光	以丞相侯，千户，元始元年益万户。	二年三月丙戌封，二年，建平二年，坐众职废，免，元寿元年五月乙卯复以丞相侯，六年薨。
右孝成十人。安成、平阿、成都、红阳、曲阳、高平、新都、武阳侯八人随父，凡十八人。		
阳安侯丁明	以帝舅侯，五千户。	绥和二年四月壬寅封，七年，元始元年，为王莽所杀。
孔乡侯傅晏	以皇后父侯，三千户，又益二千户。	四月壬寅封，六年，元寿二年，坐乱妻妾位免，徙合浦。
平周侯丁满	以帝舅子侯，千七百三十九户。	五月己丑封，元始三年，坐非正免。

永始二年，侯舜嗣，王莽篡位，为安新公。	建国三年，公摄嗣，更号和新公，与莽俱死。		
元延二年，侯䜣嗣，建平元年，坐弟昭仪绝继嗣，免，徙辽西。			新息
绥和二年五月壬辰以皇太后弟封，一年，建平元年，坐弟昭仪绝继嗣，免，徙辽西。			穰
绥和二年，侯宣嗣，十二年，居摄元年，弟东郡太守义举兵欲讨莽，莽灭其宗。			琅邪
			汝南
			沛
元始四年，侯况嗣，建国四年薨。			南阳
元始五年，侯放嗣，王莽败，绝。			顺阳
			夏丘
			湖阳

高乐节侯师丹	以大司马关内侯侯，二千三十六户。	绥和二年七月庚午封，一年，建平元年，坐漏泄免，元始三年二月癸巳更为义阳侯，二月薨。
高武贞侯傅喜	以帝祖母皇太太后从父弟大司马侯，二千三十户。	建平元年正月丁酉封，十五年薨。
杨乡侯朱博	以丞相侯，二千五十户，上书以故事不过千户，还千五十户。	建平二年四月乙亥封，八月，坐诬罔，自杀。
新甫侯王嘉	以丞相侯，千六十八户。	三年四月丁酉封，三年，元寿元年，罔上，下狱瘐死。
汝昌侯傅商	以皇太太后从父弟封，千户，后以奉先侯祀益封，凡五千户。	四年二月癸卯封，一年，元寿元年，坐外附诸侯免。
阳新侯郑业	以皇太太后同母弟子侯，千户。	八月辛卯封，二年，元寿二年，坐非正免。
高安侯董贤	以侍中驸马都尉告东平王云祝诅反逆侯，千户，后益封，二千户。	建平四年八月辛卯封，二年，元寿二年，坐为大司马不合众心免，自杀。
方阳侯孙宠	以骑都尉与息夫躬告东平王反谋侯，千户。	八月辛卯封，二年，元寿二年，坐前为奸谗免，徙合浦。
宜陵侯息夫躬	以博士弟子因董贤告东平王反谋侯，千户。	八月辛卯封，二年，元寿二年，坐祝诅，下狱死。
长平顷侯彭宣	以大司空侯，二千七十四户。	元寿二年五月甲子封，四年薨。
右孝哀十三人。新成、新都、平阳、营陵、德五人随父，凡十八人。		
扶德侯马宫	以大司徒侯，二千户。	元始元年二月丙辰封，王莽篡位，为太子师，卒官。
扶平侯王崇	以大司空侯，二千户。	二月丙辰封，三年，为傅婢所毒，薨。
广阳侯甄丰	以左将军光禄勋定策安宗庙侯，五千三百六十五户。	二月癸巳封，王莽篡位，为广新公，后为王莽所杀。

侯业嗣，王莽败，绝。			新野东海
建国二年，侯劲嗣，王莽败，绝。			杜衍
			湖陵
元始四年，侯崇绍封，王莽败，绝。			新野
元寿二年五月，侯昌以商兄子绍奉祀封，八月，坐非正免。			阳穀
			新野
			朱扶
			龙亢
			杜衍
元始四年，节侯圣嗣，十四年薨。	天凤五年，侯业嗣，王莽败，绝。		济南
			赣榆
			临淮
			南阳

承阳侯甄邯	以侍中奉车都尉定策安宗庙功侯，二千四百户。	三月癸卯封，王莽篡位，为承新公。
褒鲁节侯公子宽	以周公世鲁顷公玄孙之玄孙奉周祀侯，二千户。	六月丙午封，薨。
褒成侯孔均	以孔子世褒成烈君霸曾孙奉孔子祀侯，二千户。	六月丙午封。
防乡侯平晏	以长乐少府与刘歆、孔永、孙迁四人使治明堂辟雍得万国欢心功侯，各千户。	五年闰月丁丑封，王莽篡位，为就新公。
红休侯刘歆	以侍中牺和与平晏同功侯。	闰月丁酉封，王莽篡位，为国师公，后为莽所诛。
宁乡侯孔永	以侍中五官中郎将与平晏同功侯。	闰月丁酉封，王莽篡位，为大司马。
定乡侯孙迁	以常侍谒者与平晏同功侯。	闰月丁酉封。
常乡侯王恽	以太仆与阎迁、陈崇等八人使行风俗齐同万国功侯，各千户。	闰月丁酉封。
望乡侯阎迁	以鸿胪与王恽同功侯。	闰月丁酉封。
南乡侯陈崇	以大司徒司直与王恽同功侯。	闰月丁酉封。
邑乡侯李翕	以水衡都尉与王恽同功侯。	闰月丁酉封。
亭乡侯郝党	以中郎将与王恽同功侯。	闰月丁酉封。
章乡侯谢殷	以中郎将与王恽同功侯。	闰月丁酉封。
蒙乡侯逯普	以骑都尉与王恽同功侯。	闰月丁酉封，王莽篡位，为大司马。
卢乡侯陈凤	以中郎将与王恽同功侯。	闰月丁酉封。
成武侯孙建	以强弩将军有折冲之威侯。	闰月丁酉封，王莽篡位，为成新公。
明统侯侯辅	以骑都尉明为人后一统之义侯。	闰月丁酉封。
破胡侯陈冯	以父汤前为副校尉讨郅支单于侯，千四百户。	七月丙申封。
讨狄侯杜勋	以前为军假丞手斩郅支单于首侯，千户。	七月丙申封。
右孝平二十二人，邛成、博陆、宣平、红、舞阳、秺、乐陵、都成、新甫、爰氏、合阳、义阳、章乡、信成、随桃、褒新、赏都十七人随父继世，凡三十九人。		

			汝南
十一月，侯相如嗣，更姓公孙氏，后更为姬氏。			南阳平
			瑕丘

卷十九上

百官公卿表第七上

《易》叙宓羲、神农、黄帝作教化民，而《传》述其官，以为宓羲龙师名官，神农火师火名，黄帝云师云名，少昊鸟师鸟名。自颛顼以来，为民师而命以民事，有重黎、句芒、祝融、后土、蓐收、玄冥之官，然已上矣。《书》载唐虞之际，命羲和四子，顺天文，授民时；咨四岳，以举贤材，扬侧陋；十有二牧，柔远能迩；禹作司空，平水土；弃作后稷，播百谷；卨作司徒，敷五教；咎繇作士，正五刑；垂作共工，利器用；尞作朕虞，育草木鸟兽；伯夷作秩宗，典三礼；夔典乐，和神人；龙作纳言，出入帝命。夏、殷亡闻焉，周官则备矣。天官冢宰，地官司徒，春官宗伯，夏官司马，秋官司寇，冬官司空，是为六卿，各有徒属职分，用于百事。太师、太傅、太保，是为三公，盖参天子，坐而议政，无不总统，故不以一职为官名。又立三少为之副，少师、少傅、少保，是为孤卿，与六卿为九焉。记曰三公无官，言有其人然后充之，舜之于尧，伊尹于汤，周公、召公于周，是也。或说司马主天，司徒主人，司空主土，是为三公。四岳谓四方诸侯。自周衰，官失而百职乱，战国并争，各变异。秦兼天下，建皇帝之号，立百官之职。汉因循而不革，明简易，随时宜也。其后颇有所改。王莽篡位，慕从古官，而吏民弗安，亦多虐政，遂以乱亡。故略表举大分，以通古今，备温故知新之义云。

《易经》中记载了伏羲、神农、黄帝时如何设置官职，然后通过官员教化百姓，而《左传》中也记载了上古时如何确定官名，伏羲以龙命名师与官，神农以火命名师与官，黄帝以云命名师与官，少昊以鸟命名师与官。自颛顼以来，作为民师而受命管理民事的官员，有重黎、句芒、祝融、后土、蓐收、玄冥，上古时的事情距今已非常遥远。《尚书》中记载了尧舜之时，尧帝任命羲氏与和氏的两对兄弟，顺应天体运行，教授百姓农时；分管四方诸侯，举荐才能出众之士，出身微贱之人；任命十二州牧，怀柔远方，优抚近地；舜帝命禹任司空，治理水土；弃任后稷，播种百谷；离任司徒，宣扬五常之教；咎繇任士，制定五刑；垂任共工，推广工具；益任朕虞，培育草木鸟兽；伯夷任秩宗，制定三礼；夔任典乐，调和神人；龙任纳言，传达帝命。夏、商两代没有设置官员的记载，周朝官员的设置则有详细记载。天官冢宰，地官司徒，春官宗伯，夏官司马，秋官司寇，冬官司空，这是六卿，各有属官职责，总管百事。太师、太傅、太保，这是三公，辅佐天子，坐而议政，无不统理，所以不用具体职位作为官名。另外设置三少作为辅佐之官，少师、少傅、少保，这是孤卿，与六卿合称为九卿。据典籍记载三公不必备员，由当时的贤士来担任，尧帝时是舜，商汤时是伊尹，周成王时是周公、召公。还有说司马主天，司徒主人，司空主土，这是三公。四岳是四方诸侯。自周朝衰落后，失去官员，各种职位混乱，战国纷争，各诸侯国的官职也有很大变动。秦朝统一天下，创设皇帝名号，制定百官之职。汉朝沿袭秦朝官制而没有改革，是考虑到秦朝官制简单明了，适合当时的需要。此后也有所增减。王莽篡位后，因为仰慕古代官制，就更改百官名称，官民都感到不便，也多有暴政，最终因天下大乱而灭亡。所以简单列表举示秦汉官员设置的大体情况，用来区分古今，以备温故知新。

相国、丞相，皆秦官，金印紫绶，掌丞天子助理万机。秦有左右，高帝即位，置一丞相，十一年更名相国，绿绶。孝惠、高后置左右丞相，文帝二年复置一丞相。有两长史，秩千石。哀帝元寿二年更名大司徒。武帝元狩五年初置司直，秩比二千石，掌佐丞相举不法。

太尉，秦官，金印紫绶，掌武事。武帝建元二年省。元狩四年初置大司马，以冠将军之号。宣帝地节三年置大司马，不冠将军，亦无印绶官属。成帝绥和元年初赐大司马金印紫绶，置官属，禄比丞相，去将军。哀帝建平二年复去大司马印绶、官属，冠将军如故。元寿二年复赐大司马印绶，置官属，去将军，位在司徒上。有长史，秩千石。

御史大夫，秦官，位上卿，银印青绶，掌副丞相。有两丞，秩千石。一曰中丞，在殿中兰台，掌图籍秘书，外督部刺史，内领侍御史员十五人，受公卿奏事，举劾按章。成帝绥和元年更名大司空，金印紫绶，禄比丞相，置长史如中丞，官职如故。哀帝建平二年复为御史大夫，元寿二年复为大司空，御史中丞更名御史长史。侍御史有绣衣直指，出讨奸猾，治大狱，武帝所制，不常置。

太傅，古官，高后元年初置，金印紫绶。后省，八年复置。后省，哀帝元寿二年复置。位在三公上。

太师、太保，皆古官，平帝元始元年皆初置，金印紫绶。太师位在太傅上，太保次太傅。

前后左右将军，皆周末官，秦因之，位上卿，金印紫绶。汉不常

相国、丞相，都是秦朝官职，佩带金印紫绶，辅佐天子，协理万机。秦朝有左右丞相，高祖即位，设置一位丞相，十一年（前196）改名相国，佩带绿绶。惠帝、吕后时设置左右丞相，文帝二年（前179）又设置一位丞相。属下有两位长史，俸禄为一千石。哀帝元寿二年（前1）改名大司徒。武帝元狩五年（前118）开始设置司直，俸禄比二千石，负责辅佐丞相，检举不法官吏。

太尉，是秦朝官职，佩带金印紫绶，掌管军队事务。武帝建元二年（前139）撤销。元狩四年（前117）开始设置大司马，冠以将军称号。宣帝地节三年（前67）设置大司马，不冠将军，也不佩带印绶，没有属官。成帝绥和元年（前8）开始赐予大司马佩带金印紫绶，设置属官，俸禄与丞相一样，取消将军称号。哀帝建平二年（前5）再次取消大司马的印绶、属官，但和以前一样，冠以将军称号。元寿二年（前1）再次赐予大司马印绶，设置属官，取消将军称号，位列司徒之上。属下有长史，俸禄为一千石。

御史大夫，是秦朝官职，位列上卿，佩带银印青绶，职位相当于副丞相。属下有两位御史中丞，俸禄为一千石。一位御史中丞，在宫中兰台，掌管图书秘籍，另一位御史中丞对外监督各部刺史，对内领导十五位侍御史，接受公卿奏事，按照奏章进行弹劾。成帝绥和元年（前7）改名大司空，佩带金印紫绶，俸禄和丞相一样，设置长史，职责如同御史中丞，官职和以前一样。哀帝建平二年恢复为御史大夫，元寿二年恢复为大司空，御史中丞改名御史长史。侍御史也担任绣衣直指，出外讨伐奸猾之人，审理重大案件，武帝时开始设置，不是常设官职。

太傅，是古代官职，高后元年（前187）开始设置，佩带金印紫绶。后来撤销，高后八年（前180）恢复设置。后来撤销，哀帝元寿二年恢复设置。位列三公之上。

太师、太保，都是古代官职，平帝元始元年（1）开始设置，佩带金印紫绶。太师位列太傅之上，太保位列太傅之下。

前后左右将军，都是周朝末年的官职，秦朝沿袭，位列上卿，佩

置，或有前后，或有左右，皆掌兵及四夷。有长史，秩千石。

奉常，秦官，掌宗庙礼仪，有丞。景帝中六年更名太常。属官有太乐、太祝、太宰、太史、太卜、太医六令丞，又均官、都水两长丞，又诸庙寝园食官令长丞，有廱太宰、太祝令丞，五畤各一尉。又博士及诸陵县皆属焉。景帝中六年更名太祝为祠祀，武帝太初元年更曰庙祀，初置太卜。博士，秦官，掌通古今，秩比六百石，员多至数十人。武帝建元五年初置《五经》博士，宣帝黄龙元年稍增员十二人。元帝永光元年分诸陵邑属三辅。王莽改太常曰秩宗。

郎中令，秦官，掌宫殿掖门户，有丞。武帝太初元年更名光禄勋。属官有大夫、郎、谒者，皆秦官。又期门、羽林皆属焉。大夫掌论议，有太中大夫、中大夫、谏大夫，皆无员，多至数十人。武帝元狩五年初置谏大夫，秩比八百石，太初元年更名中大夫为光禄大夫，秩比二千石，太中大夫秩比千石如故。郎掌守门户，出充车骑，有议郎、中郎、侍郎、郎中，皆无员，多至千人。议郎、中郎秩比六百石，侍郎比四百石，郎中比三百石。中郎有五官、左、右三将，秩皆比二千石。郎中有车、户、骑三将，秩皆比千石。谒者掌宾赞受事，员七十人，秩比六百石，有仆射，秩比千石。期门掌执兵送从，武帝建元三年初置，比郎，无员，多至千人，有仆射，秩比千石。平帝元始元年更名虎贲郎，置中郎将，秩比二千石。羽林掌送从，次期门，武帝太初元年初置，名曰建章营骑，后更名羽林骑。又取从军死事之子孙养羽林，官教以五兵，号曰羽林孤儿。羽林有令丞。宣帝令中郎将、骑都尉监羽林，秩比二千石。仆射，秦官，自侍中、尚书、博士、郎皆有。古者重武官，有主射以督课之，军屯吏、驺、宰、永巷宫人皆有，取其领事之号。

带金印紫绶。汉朝不常设置，有时设有前后将军，有时设有左右将军，掌管军队及负责边防军务。属下有长史，俸禄为一千石。

奉常，是秦朝官职，负责宗庙礼仪，设有奉常丞辅佐。景帝中元六年（前144）改名太常。属官有太乐、太祝、太宰、太史、太卜、太医六位令丞，又有均官、都水两位长丞，各宗庙陵园有食官令长丞，雍地设有太宰、太祝令丞，五畤增设一位都尉。博士及各陵县都归其管辖。景帝中元六年太祝改名为祠祀，武帝太初元年（前104）改为庙祀，开始设置太卜。博士，是秦朝官职，通晓古今，俸禄比六百石，官员多达数十人。武帝建元五年（前136）开始设置《五经》博士，宣帝黄龙元年（前49）官员增加十二人。元帝永光元年（前43）把陵邑划归三辅管辖。王莽时太常改为秩宗。

郎中令，是秦朝官职，掌管宫殿掖庭门户，设有郎中丞辅佐。武帝太初元年改名光禄勋。属官有大夫、郎、谒者，都是秦朝官职。期门、羽林都归其管辖。大夫掌管上朝奏议，有太中大夫、中大夫、谏大夫，都没有固定的官员，多达数十人。武帝元狩五年开始设置谏大夫，俸禄比八百石，太初元年中大夫改名为光禄大夫，俸禄比二千石，太中大夫和以前一样俸禄比一千石。郎负责守卫门户，皇帝出行时担任车骑侍卫，有议郎、中郎、侍郎、郎中，都没有固定的官员，多达千人。议郎、中郎俸禄比六百石，侍郎俸禄比四百石，郎中俸禄比三百石。中郎有五官、左、右三将，俸禄都比二千石。郎中有车、户、骑三将，俸禄都比一千石。谒者负责接待来宾，进行导引，官员为七十人，俸禄比六百石，长官为谒者仆射，俸禄比一千石。期门负责携带兵器，护卫随从，武帝建元三年（前138）开始设置，与郎品级相同，没有固定的官员，多达千人，长官为期门仆射，俸禄比一千石。平帝元始元年改名虎贲郎，设置中郎将，俸禄比二千石。羽林负责护卫随从，位列期门之下，武帝太初元年开始设置，最初叫做建章营骑，后来改名羽林骑。选拔从军战死将士的子孙养在羽林，教授各种兵器，号称羽林孤儿。长官为羽林令、羽林丞。宣帝命令中郎将、骑都尉监察羽林，俸禄比二千石。仆射，是秦朝官职，从侍中、尚书、博士、郎都设有此职。古代重视武官，主射者掌事，督察考核百官，军屯吏、驺、

卫尉，秦官，掌宫门卫屯兵，有丞。景帝初更名中大夫令，后元年复为卫尉。属官有公车司马、卫士、旅贲三令丞。卫士三丞。又诸屯卫候、司马二十二官皆属焉。长乐、建章、甘泉卫尉皆掌其宫，职略同，不常置。

太仆，秦官，掌舆马，有两丞。属官有大厩、未央、家马三令，各五丞一尉。又车府、路軨、骑马、骏马四令丞；又龙马、闲驹、橐泉、騊駼、承华五监长丞；又边郡六牧师菀令各三丞；又牧橐、昆蹏令丞，皆属焉。中太仆掌皇太后舆马，不常置也。武帝太初元年更名家马为挏马，初置路軨。

廷尉，秦官，掌刑辟，有正、左右监，秩皆千石。景帝中六年更名大理，武帝建元四年复为廷尉。宣帝地节三年初置左右平，秩皆六百石。哀帝元寿二年复为大理。王莽改曰作士。

典客，秦官，掌诸归义蛮夷，有丞。景帝中六年更名大行令，武帝太初元年更名大鸿胪。属官有行人、译官、别火三令丞，及郡邸长丞。武帝太初元年更名行人为大行令，初置别火。王莽改大鸿胪曰典乐。初，置郡国邸属少府，中属中尉，后属大鸿胪。

宗正，秦官，掌亲属，有丞。平帝元始四年更名宗伯。属官有都司空令丞，内官长丞。又诸公主家令、门尉皆属焉。王莽并其官于秩宗。初，内官属少府，中属主爵，后属宗正。

治粟内史，秦官，掌谷货，有两丞。景帝后元年更名大农令，武帝太初元年更名大司农。属官有太仓、均输、平准、都内、籍田五令丞，斡官、铁市两长丞。又郡国诸仓农监、都水六十五官长丞皆属焉。騪粟都尉，武帝军官，不常置。王莽改大司农曰羲和，后更为纳

宰、永巷宫人都设有此职，作为掌事官员的名称。

卫尉，是秦朝官职，掌宫门守卫驻军，设有卫尉丞辅佐。景帝初年改名中大夫令，后元元年（前143）恢复为卫尉。属官有公车司马、卫士、旅贲三位令丞。还有三位卫士丞。各卫候、司马共二十二个官都归其管辖。长乐、建章、甘泉卫尉都负责守卫各自宫室，职责大致相同，不常设置。

太仆，是秦朝官职，掌管车马，设有两位太仆丞辅佐。属官有大厩、未央、家马三位太仆令，每个太仆令属下有五位丞和一位尉。有车府、路軨、骑马、骏马四位令丞；还有龙马、闲驹、橐泉、騊駼、承华五位监长丞；边郡有六位牧师菀令，属下各有三位丞；还有牧橐、昆蹄令和丞都归其管辖。中太仆掌管皇太后车马，不常设置。武帝太初元年家马改名为挏马，开始设置路軨。

廷尉，是秦朝官职，掌管刑罚，属下有廷尉正监、廷尉左右监，俸禄都为一千石。景帝中元六年改名大理，武帝建元四年（前137）恢复为廷尉。宣帝地节三年（前67）开始设置廷尉左右平，俸禄都为六百石。哀帝元寿二年恢复为大理。王莽时改为作士。

典客，是秦朝官职，掌管归顺的蛮夷，设有典客丞辅佐。景帝中元六年改名大行令，武帝太初元年改名大鸿胪。属官有行人、译官、别火三位令丞，以及郡邸长丞。武帝太初元年行人改名为大行令，开始设置别火。王莽时大鸿胪改名典乐。起初，设置郡国邸，归少府管辖，后来归中尉管辖，最后归大鸿胪管辖。

宗正，是秦朝官职，掌管皇帝亲属，设有宗正丞辅佐。平帝元始四年（4）改名宗伯。属官有都司空令丞，内官长丞。还有各公主家令、门尉都归其管辖。王莽时将其官员合并到秩宗。起初，内官归少府管辖，后来归主爵管辖，最后归宗正管辖。

治粟内史，是秦朝官职，掌管谷物财货，设有两丞辅佐。景帝后元元年改名大农令，武帝太初元年改名大司农。属官有太仓、均输、平准、都内、籍田五位令丞，斡官、铁市两位长丞。还有郡国诸仓农监、都水六十五位长丞都归其管辖。騪粟都尉，是武帝时的军官，不常设置。王莽时大司农改名为羲和，后来改为纳言。起初，斡官归少

言。初，斡官属少府，中属主爵，后属大司农。

少府，秦官，掌山海池泽之税，以给共养，有六丞。属官有尚书、符节、太医、太官、汤官、导官、乐府、若卢、考工室、左弋、居室、甘泉居室、左右司空、东织、西织、东园匠十六官令丞，又胞人、都水、均官三长丞，又上林中十池监，又中书谒者、黄门、钩盾、尚方、御府、永巷、内者、宦者八官令丞。诸仆射、署长、中黄门皆属焉。武帝太初元年更名考工室为考工，左弋为佽飞，居室为保宫，甘泉居室为昆台，永巷为掖廷。佽飞掌弋射，有九丞两尉，太官七丞，昆台五丞，乐府三丞，掖廷八丞，宦者七丞，钩盾五丞两尉。成帝建始四年更名中书谒者令为中谒者令，初置尚书，员五人，有四丞。河平元年省东织，更名西织为织室。绥和二年，哀帝省乐府。王莽改少府曰共工。

中尉，秦官，掌徼循京师，有两丞、候、司马、千人。武帝太初元年更名执金吾。属官有中垒、寺互、武库、都船四令丞。都船、武库有三丞，中垒两尉。又式道左右中候、候丞及左右京辅都尉、尉丞兵卒皆属焉。初，寺互属少府，中属主爵，后属中尉。

自太常至执金吾，秩皆中二千石，丞皆千石。

太子太傅、少傅，古官。属官有太子门大夫、庶子、先马、舍人。

将作少府，秦官，掌治宫室，有两丞、左右中候。景帝中六年更名将作大匠。属官有石库、东园主章、左右前后中校七令丞，又主章长丞。武帝太初元年更名东园主章为木工。成帝阳朔三年省中候及左右前后中校五丞。

詹事，秦官，掌皇后、太子家，有丞。属官有太子率更、家令丞，仆、中盾、卫率、厨厩长丞，又中长秋、私府、永巷、仓、厩、祠祀、食官令长丞。诸宦官皆属焉。成帝鸿嘉三年省詹事官，并属大

府管辖，后来归主爵管辖，最后归大司农管辖。

少府，是秦朝官职，掌管山海池泽的税收，用来供养皇帝，设有六丞辅佐。属官有尚书、符节、太医、太官、汤官、导官、乐府、若卢、考工室、左弋、居室、甘泉居室、左右司空、东织、西织、东园匠十六位令丞，还有胞人、都水、均官三位长丞，上林苑中还有十位池监，还有中书谒者、黄门、钩盾、尚方、御府、永巷、内者、宦者八位令丞。各仆射、署长、中黄门都归其管辖。武帝太初元年考工室改名为考工，左弋改为佽飞，居室改为保宫，甘泉居室改为昆台，永巷改为掖廷。佽飞掌管弋射，属下有九位丞和两位尉，太官令属下有七位丞，昆台令属下有五位丞，乐府令属下有三位丞，掖廷令属下有八位丞，宦者令属下有七位丞，钩盾令属下有五位丞和两位尉。成帝建始四年（前29）中书谒者令改名为中谒者令，开始设置尚书，官员人数为五人，属下有四位丞。河平元年（前28）撤销东织，西织改名为织室。绥和二年（前7），哀帝撤销乐府。王莽时少府改为共工。

中尉，是秦朝官职，负责巡查京都，设有两位丞、候、司马、千人辅佐。武帝太初元年改名执金吾。属官有中垒、寺互、武库、都船四位令丞。都船令、武库令属下有三位丞，中垒令属下有两位尉。还有式道左右中候、候丞以及左右京辅都尉、尉丞士兵都归其管辖。起初，寺互归少府管辖，后来归主爵管辖，最后归中尉管辖。

从太常到执金吾，俸禄都为中二千石，丞的俸禄都为一千石。

太子太傅、少傅，是古代官职。属官有太子门大夫、庶子、先马、舍人。

将作少府，是秦朝官职，掌管修建宫室，设有两位丞、左右中候辅佐。景帝中元六年改名将作大匠。属官有石库、东园主章、左右前后中校七位令丞，还有主章长丞。武帝太初元年东园主章改名为木工。成帝阳朔三年（前22）撤销中候以及左右前后中校五位丞。

詹事，是秦朝官职，掌管皇后、太子家事，设有詹事丞辅佐。属官有太子率更令、家令、丞，仆、中盾、卫率、厨厩长、丞，还有中长秋、私府、永巷、仓、厩、祠祀、食官令、长、丞。各宦官都归其管

长秋。长信詹事掌皇太后宫，景帝中六年更名长信少府，平帝元始四年更名长乐少府。

将行，秦官，景帝中六年更名大长秋，或用中人，或用士人。

典属国，秦官，掌蛮夷降者。武帝元狩三年昆邪王降，复增属国，置都尉、丞、候、千人。属官，九译令。成帝河平元年省并大鸿胪。

水衡都尉，武帝元鼎二年初置，掌上林苑，有五丞。属官有上林、均输、御羞、禁圃、辑濯、钟官、技巧、六厩、辩铜九官令丞。又衡官、水司空、都水、农仓，又甘泉上林、都水七官长丞皆属焉。上林有八丞十二尉，均输四丞，御羞两丞，都水三丞，禁圃两尉，甘泉上林四丞。成帝建始二年省技巧、六厩官。王莽改水衡都尉曰予虞。初，御羞、上林、衡官及铸钱皆属少府。

内史，周官，秦因之，掌治京师。景帝二年分置左右内史。右内史武帝太初元年更名京兆尹，属官有长安市、厨两令丞，又都水、铁官两长丞。左内史更名左冯翊，属官有廪牺令丞尉。又左都水、铁官、云垒、长安四市四长丞皆属焉。

主爵中尉，秦官，掌列侯。景帝中六年更名都尉，武帝太初元年更名右扶风，治内史右地。属官有掌畜令丞。又右都水、铁官、厩、廱厨四长丞皆属焉。与左冯翊、京兆尹是为三辅，皆有两丞。列侯更属大鸿胪。元鼎四年更置三辅都尉、都尉丞各一人。

自太子太傅至右扶风，皆秩二千石，丞六百石。

护军都尉，秦官，武帝元狩四年属大司马，成帝绥和元年居大司马府比司直，哀帝元寿元年更名司寇，平帝元始元年更名护军。

辖。成帝鸿嘉三年（前18）撤销詹事官，事务归大长秋负责。长信詹事掌管皇太后宫，景帝中元六年改名长信少府，平帝元始四年改名长乐少府。

将行，是秦朝官职，景帝中元六年改名大长秋，有时用宦官担任，有时用士人担任。

典属国，是秦朝官职，掌管归降的蛮夷。武帝元狩三年（前120）昆邪王投降，增设属国，设置都尉、丞、候、千人。属官有九译令。成帝河平元年撤销，事务归大鸿胪负责。

水衡都尉，武帝元鼎二年（前115）开始设置，掌管上林苑，设有五位丞辅佐。属官有上林、均输、御羞、禁圃、辑濯、锺官、技巧、六厩、辨铜九位令丞。有衡官、水司空、都水、农仓，还有甘泉宫的上林令、都水七位长丞都归其管辖。上林令属下有八位丞和十二位尉，均输令属下有四位丞，御羞令属下有两位丞，都水令属下有三位丞，禁圃令属下有两位尉，甘泉宫的上林令属下有四位丞。成帝建始二年（前31）撤销技巧令、六厩官。王莽时水衡都尉改为予虞。起初，御羞令、上林令、衡官及铸钱令都归少府管辖。

内史，是周朝官职，秦朝沿袭，掌管京都。景帝二年（前155），分别设置左右内史。右内史武帝太初元年改名京兆尹，属官有长安市、厨两位令丞，还有都水、铁官两位长丞。左内史改名左冯翊，属官有廪牺令丞尉。还有左都水、铁官、云垒、长安四市的四位长丞都归其管辖。

主爵中尉，是秦朝官职，掌管列侯。景帝中元六年改名都尉，武帝太初元年改名右扶风，管理内史右地。属官有掌畜令丞。还有右都水、铁官、厩、廱厨四位长丞都归其管辖。与左冯翊、京兆尹合称三辅，属下都有两位丞。列侯改由大鸿胪管辖。元鼎四年（前113）改设三辅都尉、都尉丞各一人。

从太子太傅到右扶风，俸禄都为二千石，丞俸禄为六百石。

护军都尉，是秦朝官职，武帝元狩四年归大司马管辖，成帝绥和元年，居于大司马府，与司直品级相同，哀帝元寿元年（前2）改名

司隶校尉，周官，武帝征和四年初置。持节，从中都官徒千二百人，捕巫蛊，督大奸猾。后罢其兵。察三辅、三河、弘农。元帝初元四年去节。成帝元延四年省。绥和二年，哀帝复置，但为司隶，冠进贤冠，属大司空，比司直。

城门校尉掌京师城门屯兵，有司马、十二城门候。中垒校尉掌北军垒门内，外掌西域。屯骑校尉掌骑士。步兵校尉掌上林苑门屯兵。越骑校尉掌越骑。长水校尉掌长水宣曲胡骑。又有胡骑校尉，掌池阳胡骑，不常置。射声校尉掌待诏射声士。虎贲校尉掌轻车。凡八校尉，皆武帝初置，有丞、司马。自司隶至虎贲校尉，秩皆二千石。西域都护加官，宣帝地节二年初置，以骑都尉、谏大夫使护西域三十六国，有副校尉，秩比二千石，丞一人，司马、候、千人各二人。戊己校尉，元帝初元元年置，有丞、司马各一人，候五人，秩比六百石。

奉车都尉掌御乘舆车，驸马都尉掌驸马，皆武帝初置，秩比二千石。侍中、左右曹诸吏、散骑、中常侍，皆加官，所加或列侯、将军、卿大夫、将、都尉、尚书、太医、太官令至郎中，亡员，多至数十人。侍中、中常侍得入禁中，诸曹受尚书事，诸吏得举法，散骑骑并乘舆车。给事中亦加官，所加或大夫、博士、议郎，掌顾问应对，位次中常侍。中黄门有给事黄门，位从将大夫。皆秦制。

爵：一级曰公士，二上造，三簪袅，四不更，五大夫，六官大夫，七公大夫，八公乘，九五大夫，十左庶长，十一右庶长，十二左更，十三中更，十四右更，十五少上造，十六大上造，十七驷车庶长，

司寇，平帝元始元年改名护军。

司隶校尉，是周朝官职，武帝征和四年（前89）开始设置。持有符节，从中都官调集一千二百名士卒，搜捕涉及巫蛊之人，监督奸猾官吏。后来撤销属下的士卒。巡察三辅、三河、弘农的官吏。元帝初元四年（前45）不再持有符节。成帝元延四年（前9）撤销。绥和二年，哀帝恢复设置，改名为司隶，戴进贤冠，归大司空管辖，与司直品级相同。

城门校尉掌管京都城门驻军，属下有司马、十二城门候。中垒校尉掌管北军垒门内，对外负责西域事务。屯骑校尉掌管骑士。步兵校尉掌管上林苑门驻军。越骑校尉掌管越骑。长水校尉掌管长水宣曲胡骑。还有胡骑校尉，掌管池阳胡骑，不常设置。射声校尉掌管待诏射声士。虎贲校尉掌管轻车。这八位校尉，都是武帝时开始设置，属下有丞、司马。从司隶至虎贲校尉，俸禄都为二千石。西域都护是加在其他官职上的称号，宣帝地节二年（前68）开始设置，以骑都尉、谏大夫为使者，领其职，护卫西域三十六国，属下有副校尉，俸禄比二千石，还有丞一人，司马、候、千人各二人。戊己校尉，元帝初元元年（前48）设置，属下有丞、司马各一人，候五人，俸禄比六百石。

奉车都尉掌管天子车驾，驸马都尉掌管天子随从车辆的马匹，都是武帝时开始设置，俸禄比二千石。侍中、左右曹诸吏、散骑、中常侍，都是加在其他官职上的称号，所加官职有列侯、将军、卿大夫、将、都尉、尚书、太医、太官令到郎中，没有固定的官员，多达数十人。侍中、中常侍可以进入宫内，加诸曹的官员负责接受尚书奏事，加诸吏的官员负责检举弹劾不法官吏，加散骑的官员可以在天子出行时骑从左右。给事中也是加在其他官职上的称号，所加官职有大夫、博士、议郎，负责天子随时的询问、应答，位列中常侍之下。中黄门属下有给事黄门，位列将、大夫之下。都是秦朝设置的官职。

爵：一级为公士，二级为上造，三级为簪袅，四级为不更，五级为大夫，六级为官大夫，七级为公大夫，八级为公乘，九级为五大夫，十级为左庶长，十一级为右庶长，十二级为左更，十三级为中更，十四级为右更，十五级为少上造，十六级为大上造，十七级为驷车庶

十八大庶长，十九关内侯，二十彻侯。皆秦制，以赏功劳。彻侯金印紫绶，避武帝讳，曰通侯，或曰列侯，改所食国令长名相，又有家丞、门大夫，庶子。

诸侯王，高帝初置，金玺盭绶，掌治其国。有太傅辅王，内史治国民，中尉掌武职，丞相统众官，群卿大夫都官如汉朝。景帝中五年令诸侯王不得复治国，天子为置吏，改丞相曰相，省御史大夫、廷尉、少府、宗正、博士官，大夫、谒者、郎诸官长丞皆损其员。武帝改汉内史为京兆尹，中尉为执金吾，郎中令为光禄勋，故王国如故。损其郎中令，秩千石；改太仆曰仆，秩亦千石。成帝绥和元年省内史，更令相治民，如郡太守，中尉如郡都尉。

监御史，秦官，掌监郡。汉省，丞相遣史分刺州，不常置。武帝元封五年初置部刺史，掌奉诏条察州，秩六百石，员十三人。成帝绥和元年更名牧，秩二千石。哀帝建平二年复为刺史，元寿二年复为牧。

郡守，秦官，掌治其郡，秩二千石。有丞，边郡又有长史，掌兵马，秩皆六百石。景帝中二年更名太守。

郡尉，秦官，掌佐守典武职甲卒，秩比二千石。有丞，秩皆六百石。景帝中二年更名都尉。

关都尉，秦官。农都尉、属国都尉，皆武帝初置。

县令、长，皆秦官，掌治其县。万户以上为令，秩千石至六百石。减万户为长，秩五百石至三百石。皆有丞、尉，秩四百石至二百石，是为长吏。百石以下有斗食、佐史之秩，是为少吏。大率十里一亭，亭有长。十亭一乡，乡有三老、有秩、啬夫、游徼。三老掌教化。

长，十八级为大庶长，十九级为关内侯，二十级为彻侯。都是秦朝设置的爵位，用来封赏有功之人。彻侯佩戴金印紫绶，后来避武帝名讳，改为通侯，或者叫列侯，所食之县的县令、县长改为相，属下有家丞、门大夫，庶子。

诸侯王，高祖时开始封立，佩戴金玺绿绶，掌管其封国。属下有太傅辅佐诸侯王，内史管理封国百姓，中尉掌管军队，丞相统领众官，各卿大夫官职都和汉朝一样。景帝中元五年（前145）命诸侯王不再治理其封国，天子为其设置官吏，丞相改为相，撤销御史大夫、廷尉、少府、宗正、博士官，大夫、谒者、郎等官的长丞都减少人数。武帝时汉内史改为京兆尹，中尉改为执金吾，郎中令改为光禄勋，诸侯国还同过去一样，没有更改。减少郎中令的俸禄，改为一千石；太仆改为仆，俸禄也是一千石。成帝绥和元年撤销内史，改命相管理封国百姓，职责如同郡太守，中尉职责如同郡都尉。

监御史，是秦朝官职，掌管监察郡守。汉朝撤销，由丞相派遣史，分别监察各州，不常设置。武帝元封五年（前106）开始设置部刺史，奉天子命令，监察各州，俸禄为六百石，官员十三人。成帝绥和元年改名为牧，俸禄为二千石。哀帝建平二年恢复为刺史，元寿二年恢复为牧。

郡守，是秦朝官职，负责一郡的治理，俸禄为二千石。属下有丞，边郡郡守属下还有长史，掌管兵马，俸禄都为六百石。景帝中元二年（前148）改名太守。

郡尉，是秦朝官职，辅佐郡守掌管一郡的武官士卒，俸禄比二千石。属下有丞，俸禄都为六百石。景帝中元二年改名都尉。

关都尉，是秦朝官职。农都尉、属国都尉，都是武帝时开始设置。

县令、县长，都是秦朝官职，负责一县的治理。万户以上的县叫县令，俸禄为一千石到六百石。不到万户的县叫县长，俸禄为五百石到三百石。属下都有丞、尉，俸禄为四百石到二百石，是长吏。俸禄一百石以下有斗食、佐史，是少吏。十里大概为一亭，有亭长。十

啬夫职听讼，收赋税。游徼徼循禁贼盗。县大率方百里，其民稠则减，稀则旷，乡、亭亦如之，皆秦制也。列侯所食县曰国，皇太后、皇后、公主所食曰邑，有蛮夷曰道。凡县、道、国、邑千五百八十七，乡六千六百二十二，亭二万九千六百三十五。

凡吏秩比二千石以上，皆银印青绶，光禄大夫无。秩比六百石以上，皆铜印黑绶，大夫、博士、御史、谒者、郎无。其仆射、御史治书尚符玺者，有印绶。比二百石以上，皆铜印黄绶。成帝阳朔二年除八百石、五百石秩。绥和元年，长、相皆黑绶。哀帝建平二年，复黄绶。吏员自佐史至丞相，十三万二百八十五人。

亭为一乡，乡有三老、有秩、啬夫、游徼。三老负责教化百姓。啬夫负责听理诉讼，征收赋税。游徼负责巡逻警戒，抓捕贼盗。县大概方圆百里，百姓多县就小，百姓少县就大，乡、亭也是如此，都是秦朝设置的制度。列侯所食之县叫国，皇太后、皇后、公主所食之县叫邑，县有蛮夷叫道。县、道、国、邑共有一千五百八十七个，乡共有六千六百二十二个，亭共有二万九千六百三十五个。

凡是俸禄比二千石以上的官吏，都佩戴银印青绶，光禄大夫没有印绶。俸禄比六百石以上的官吏，都佩戴铜印黑绶，大夫、博士、御史、谒者、郎没有印绶。仆射、治书御史、尚符玺郎，有印绶。俸禄比二百石以上，都佩戴铜印黄绶。成帝阳朔二年（前23）废除俸禄为八百石、五百石的官吏。绥和元年，县长、相都佩戴黑绶。哀帝建平二年，恢复为黄绶。官员人数从佐史到丞相，共有十三万二百八十五人。

卷十九下

百官公卿表第七下

	相国					
	丞相	太尉	御史大夫	列将军	奉常	郎中令
	大司徒					
	太师	大司马	大司空		太常	光禄勋
	太傅					
	太保					
高帝元年	沛相萧何为丞相。		内史周苛为御史大夫守荥阳，三年死。			
二						
三						
四			中尉周昌为御史大夫，六年徙为赵丞相。			

							左内史
卫尉	太仆	廷尉	典客	宗正		水衡都尉	
			大行令	治粟内史	中尉 执金吾		左冯翊
中大夫令		大理	大鸿胪	大司农	少府	主爵都尉	右内史
						右扶风	京兆尹
	滕令夏侯婴为太仆。			执盾襄为治粟内史。	职志周昌为中尉，三年迁。		内史周苛迁。

五		太尉卢绾，后九月为燕王。				郎中令王恬启。
六						
七					博士叔孙通为奉常，三年徙为太子太傅。	
八						
九	丞相何迁为相国。					
十			符玺御史赵尧为御史大夫，十年免。			
十一		绛侯周勃为太尉，后官省。				
十二					太子太傅叔孙通复为奉常。	
孝惠元年						
二	七月辛未，相国何薨。七月癸巳，齐相曹参为相国。					
三						
四						
五	八月己丑，相国参薨。					
六	十月己丑，安国侯王陵为右丞相，曲逆侯陈平为左丞相。	绛侯周勃复为太尉，十年迁。				

		廷尉义渠。	广平侯薛欧为典客。		军正阳成延为少府，二十一年卒。中尉丙猜。		殷内史杜恬。
将军郦商为卫尉。	汲侯公上不害为太仆。						
		中地守宣义为廷尉。					
卫尉王氏。					中尉戚鳃。		
		廷尉育。					
营陵侯刘泽为卫尉。							
		长修侯杜恬为廷尉。					
		土军侯宣义为廷尉。					

七					奉常免。	
高后元年	十一月甲子，右丞相陵为太傅，左丞相平为右丞相，典客审食其为左丞相。		上党守任敖为御史大夫，三年免。			
二						
三						
四			平阳侯曹窋为御史大夫，五年免。			
五						
六						
七	七月辛巳，左丞相食其为太傅。				奉常根。	
八	九月丙戌，复为丞相，后九月免。		淮南丞相张苍为御史大夫，四年迁。			
孝文元年	十月辛亥，右丞相平为左丞相，太尉周勃为右丞相，八月辛未免。	十月辛亥，将军灌婴为太尉，二年迁，官省。		太中大夫薄昭为车骑将军。 代中尉宋昌为卫将军。		郎中令张武。
二	十月，丞相平薨。十一月乙亥，绛侯勃复为丞相。				奉常饶。	

			辟阳侯审食其为典客，一年迁。				
				上邳侯刘郢客为宗正，七年为楚王。			
		廷尉围。	典客刘揭。				
		河南守吴公为廷尉。					
卫尉足。							

三	十二月，丞相勃免。乙亥，太尉灌婴为丞相。					
四	十二月乙巳，丞相婴薨。正月甲午，御史大夫张苍为丞相。		御史大夫围。			
五						
六						
七			典客冯敬为御史大夫。			
八						
九						
十						
十一						
十二					奉常昌闾。	
十三						
十四						
十五						
十六			淮阳守申屠嘉为御史大夫，二年迁。			
后元年						
二	八月戊戌，丞相苍免。庚午，御史大夫申屠嘉为丞相。		八月庚午，开封侯陶青为御史大夫，七年迁。			
三						
四						
五						
六						
七					奉常信。	
孝景元年						太中大夫周仁为郎中令，十三年老病免，食二千石禄。

		中郎将张释之为廷尉。	典客冯敬，四年迁。				
			典客靓。				
	太仆婴薨。						
		廷尉冒。廷尉嘉。					
					中尉周舍。		内史董赤。
		廷尉宜昌。					
		廷尉信。					
		廷尉歐。		平陆侯刘礼为宗正，二年为楚王。	中尉嘉。		中大夫晁错为左内史，一年迁。

二	六月，丞相嘉薨。八月丁未，御史大夫陶青为丞相。		八月丁巳，左内史朝错为御史大夫。		奉常斿。	
三		中尉周亚夫为太尉，五年迁，官省。	正月壬子，错有罪要斩。	故詹事窦婴为大将军。	故吴相袁盎为奉常。奉常殷。	
四			御史大夫介。		南皮侯窦彭祖为奉常。	
五					安丘侯张欧为奉常。	
六						
七	六月乙巳，丞相青免。太尉周亚夫为丞相。		太仆刘舍为御史大夫，三年迁。		鄼侯萧胜为奉常。	
中元年						
二						
三	九月戊戌，丞相亚夫免。御史大夫刘舍为丞相。		太子太傅卫绾为御史大夫，四年迁。		煮枣侯乘昌为奉常。	
四						
五					轪侯吴利为奉常。	
六					奉常利更为太常。	
后元年	七月丙午，丞相舍免。八月壬辰，御史大夫卫绾为丞相。		八月壬辰，卫尉直不疑为御史大夫，三年免。			郎中令贺。
二						

		廷尉胜。		德侯刘通为宗正，三年薨。	河间大傅卫绾为中尉，四年赐告，后为太子太傅。		
姚丘侯刘舍为太仆。							
					济南太守郅都为中尉，三年免。		
		廷尉福。					
					少府神。	主爵都尉不疑。	
中大夫令直不疑更为卫尉。		廷尉瑕更为大理。			济南都尉宁成为中尉，四年迁。		
				大农令惠。	中尉广意。	主爵都尉奴。	

三					柏至侯许昌为太常，二年迁。	
孝武建元元年	六月，丞相绾免。丙寅，魏其侯窦婴为丞相。	武安侯田蚡为太尉。	齐相牛抵为御史大夫。			郎中令王臧，一年有罪自杀。
二	十月，丞相婴免。三月乙未，太常许昌为丞相。	太尉蚡免，官省。	御史大夫赵绾，有罪自杀。		南陵侯赵周为太常，四年免。	郎中令石建，六年卒。
三						
四			武强侯严青翟为御史大夫，二年，坐窦太后丧不办免。			
五						
六	六年癸巳，丞相昌免。武安侯田蚡为丞相。		大农令韩安国为御史大夫，四年病免。		太常定。	
元光元年					太常王臧。	
二						
三						
四	三月乙卯，丞相蚡薨。五月丁巳，平棘侯薛泽为丞相。		九月，中尉张欧为御史大夫，五年老病免，食上大夫禄。		宣平侯张欧为太常。	
五						

	淮南太守灌夫为太仆，二年为燕相。		大行令光。		中尉张敺，九年迁。		中尉宁成为内史，下狱论。内史印。
		大理信。	大行令过期。				内史石庆。
				北地都尉韩安国为大农令，三年迁。			内史石徧。
		廷尉迁。廷尉建。					江都相郑当时为右内史，五年贬为詹事。
		廷尉武。	大行令王恢。				
	太仆贺，三十三年迁。	廷尉殷。		大农令殷。		东海太守汲黯为主爵都尉，十一年徙。	
陇西太守李广为卫尉。							
							内史充。
		廷尉翟公。		詹事郑当时为大农令，十一年免。	故御史大夫韩安国为中尉，一年迁。		右内史番係。博士公孙弘为左内史，四年迁。

六					太常司马当时。	
元朔元年						
二					蓼侯孔臧为太常，三年坐南陵桥坏衣冠道绝免。	
三			左内史公孙弘为御史大夫，二年迁。			
四						
五	十一月乙丑，丞相泽免。 御史大夫公孙弘为丞相。		四月丁未，河东太守九江番係为御史大夫。		山阳侯张当居为太常，坐选子弟不以实免。	
六					绳侯周平为太常，四年坐不缮园陵免。	右北平太守李广为郎中令，五年免。
元狩元年			乐安侯李蔡为御史大夫，一年迁。			
二	三月戊寅，丞相弘薨。 壬辰，御史大夫李蔡为丞相。					
三			三月壬辰，廷尉张汤为御史大夫，六年有罪自杀。	冠军侯霍去病为票骑将军。		

中尉韩安国为卫尉，二年为将军。			大行令丘。		中大夫赵禹为中尉。		
卫尉苏建。		中大夫张汤为廷尉，五年迁。			少府孟贲。中尉李息。		左内史李沮，四年为将军。
				宗正刘弃。	少府产。		右内史贲。
					中尉赵禹为少府。中尉殷容。	主爵都尉李蔡。	主爵都尉汲黯为右内史，五年免。
			大行令李息。	宗正刘受。	中尉司马安。	会稽太守朱买臣为主爵都尉。	左内史敞。
卫尉张骞。		廷尉李友。廷尉安。廷尉禹。			中尉霸。	主爵都尉赵食其，二年为将军。	

四		大将军卫青为大司马大将军。票骑将军霍去病为大司马票骑将军。			戚侯李信成为太常，二年坐纵丞相李蔡侵道免。	
五	三月甲午，丞相蔡有罪自杀。四月乙卯，太子少傅严青翟为丞相。					郎中令李敢。
六		九月，大司马去病薨。			俞侯栾贲为太常，坐牺牲不如令免。	郎中令徐自为，十三年为光禄勋。
元鼎元年					盖侯王信为太常。	
二	二月壬辰，丞相青翟有罪自杀。二月辛亥，太子太傅赵周为丞相。		二月辛亥，太子太傅石庆为御使大夫，三年迁。		广安侯任越人为太常，坐庙酒酸论。	
三					郪侯周仲居为太常，坐不收赤侧钱收行钱论。	
四					睢陵侯张广国为太常。	
五	九月辛巳，丞相周下狱死。丙申，御使大夫石庆为丞相。				平曲侯周建德为太常。阳平侯杜相为太常，五年坐擅繇大乐令论。	

				沈猷侯刘受为宗正，二年坐听请不具宗室论。大农令颜异，二年坐腹非诛。	河内太守王温舒为中尉，五年迁。	中尉丞杨仆为主爵都尉。	定襄太守义纵为右内史，二年下狱弃市。
卫尉充国，三年坐斋不谨弃市。		廷尉司马安。					
				大农令正夫。			右内史王晁。
		廷尉霸。					右内史苏纵。
			中郎将张骞为大行令，三年卒。	大农令孔仅。	少府当，四年下狱死。	水衡都尉张罢。	
		中尉王温舒为廷尉，一年复徙中尉。			关都尉尹齐为中尉，一年抵罪。		
		故少府赵禹为廷尉，四年以老贬为燕相。		宗正刘安国。大农令客。	廷尉王温舒为中尉，二年免。	水衡都尉豹。	右内史李信成。中大夫兒宽为左内史，三年迁。
卫尉路博德。							

六			齐相卜式为御史大夫，一年贬为太子太傅。			
元封元年			左内史兒宽为御史大夫，八年卒。			
二						
三						
四					鄚侯萧寿成为太常，坐牺牲不如令论。	
五		大将军青薨。			成安侯韩延年为太常，二年坐留外国使人入粟赎论。	
六						
太初元年					睢陵侯张昌为太常，二年坐乏祠论。	郎中令自为更为光禄勋。
二	正月戊寅，丞相庆薨。闰月丁丑，大仆公孙贺为丞相。					
三			正月，胶东太守延广为御史大夫。		牧丘侯石德为太常，三年坐庙牲瘦入谷赎论。	
四						

				大农令张成。	少府豹为中尉。		
						水衡都尉阎奉。	御史中丞咸宣为左内史，六年免。
		御史中丞杜周为廷尉，十一年免。			故中尉王温舒为少府，三年徙。		
						水衡都尉德迁。	少府王温舒为右内史，二年免。
					少府德有罪自杀。右辅都尉王温舒行中尉事，二年狱族。		
			大鸿胪壶充国。		中尉。	故左内史咸宣为右扶风，三年下狱自杀。	京兆尹无忌。左冯翊殷周。
	侍中公孙敬声为太仆，十二年下狱死。		大鸿胪商丘成，十二年迁。		少府王伟。		
					搜粟都尉上官桀为少府，年老免。		

天汉元年			济南太守琅邪王卿为御史大夫，二年有罪自杀。			
二					新畤侯赵弟为太常，五年坐鞫狱不实论。	
三			二月，执金吾杜周为御史大夫，四年卒。			
四						
太始元年						
二						
三			三月，光禄大夫河东暴胜之公子为御史大夫，三年下狱自杀。		容城侯唯涂光为太常，徙为安定都尉。	
四					江都侯靳石为太常，四年坐为谒问囚故太仆敬声乱尊卑免。	
征和元年						
二	四月壬申，丞相贺下狱死。五月丁巳，涿郡太守刘屈氂为左丞相。		九月大鸿胪商丘成为御史大夫，四年坐祝诅自杀。			光禄勋韩说少卿为太子所杀。

				大司农桑弘羊，四年贬为搜粟都尉。			
					故廷尉杜周为执金吾，一年迁。		
		廷尉吴尊。					
					弘农太守沛范方渠中翁为执金吾。		左冯翊韩不害。
		廷尉郭居。		大司农。			
					少府充国。	水衡都尉守。	
						直指使者江充为水衡都尉，五年为太子所斩。	
		廷尉常。			光禄大夫公孙遗守少府。		
		廷尉信。					京兆尹于己衍坐大逆诛。

三	六月壬寅，丞相屈氂下狱要斩。					
四	六月丁巳，大鸿胪田千秋为丞相。				缪侯郦终根为太常，十一年坐祝诅诛。	光禄勋有禄。
后元元年						
二		二月丁卯，侍中奉车都尉霍光为大司马大将军。	二月乙卯，搜粟都尉桑弘羊为御史大夫，七年坐谋反诛。	侍中驸马都尉金日磾为车骑将军，一年薨。太仆上官桀为左将军，七年反，诛。	当涂侯魏不害为太常，六年坐孝文庙风发瓦免。	
孝昭始元元年						尚书令张安世为光禄勋，六年迁。
二						
三						
四				卫尉王莽为右将军卫尉，三年卒。骑都尉上官安为车骑将军，三年反，诛。		

邗侯李寿为卫尉，坐居守擅出长安界使吏杀人下狱死。		廷尉意。	高庙郎中田千秋为大鸿胪，一年迁。				
			大鸿胪戴仁坐祝诅诛。淮阳太守田广明为鸿胪，五年迁。			右辅都尉王䜣为右扶风，九年迁。	
守卫尉不害。							京兆尹建坐祝诅要斩。
守卫尉遗。	太仆并左将军。				执金吾郭广意免。		
卫尉天水王莽稚叔，三年迁。		司隶校尉雒阳李仲季主为廷尉，四年坐诬罔下狱弃市。			执金吾河东马適建子孟任职，六年坐杀人下狱自杀。	水衡都尉吕辟胡，五年为云中太守。	青州刺史隽不疑为京兆尹，五年病免。
				光禄大夫刘辟彊为宗正，数月卒。			
					胶西太守齐徐仁中孙为少府，六年坐纵反者自杀。		
大鸿胪田广明为卫尉，五年迁。							

五						
六					轑阳侯江德为太常，四年坐庙郎夜饮失火免。	
元凤元年			九月庚午，右扶风王䜣为御史大夫，三年迁。	光禄勋张安世为右将军光禄勋，六年迁。		光禄勋并右将军。
二						
三				中郎将范明友为度辽将军卫尉，十二年迁。		
四	正月甲戌，丞相千秋薨。二月乙丑，御史大夫王䜣为丞相。		二月乙丑，大司农杨敞为御史大夫，二年迁。		蒲侯苏昌为太常，十一年坐籍霍山书泄秘书免。	
五	十二月庚戌，丞相䜣薨。					
六	十一月己丑，御史大夫杨敞为丞相。		十一月，少府蔡义为御史大夫，一年迁。			
元平元年	八月己巳，丞相敞薨。九月戊戌，御史大夫蔡义为丞相。		九月戊戌，左冯翊田广明为御史大夫，三年为祁连将军。	右将军安世为车骑将军光禄勋，七年迁。水衡都尉赵充国为后将军。水衡都尉光禄大夫韩增为前将军，十三年迁。		

		军正齐王平子心为廷尉，四年坐纵首匿谋反者下狱弃市。					
				大将军司马杨敞为大司农，四年迁。			守京兆尹樊福。
	谏大夫杜延年为太仆，十五年免。			太中大夫刘德为宗正，数月免。	执金吾壶信。	中郎将赵充国为水衡都尉，六年迁。	左冯翊贾胜胡，二年坐纵谋反者弃市。
卫尉并将军。		廷尉夏国。		青州刺史刘德为宗正，二十二年薨。	光禄大夫蔡义为少府，三年迁。		卫尉田广明为左冯翊，四年迁。
				河内太守平原赵彭祖为大司农，三年卒。			京兆尹彭祖。
		钜鹿太守淮阳朱寿少乐为廷尉，坐侍中邢元下狱风吏杀元弃市。	詹事韦贤为大鸿胪，四年为长信少府。		沛国太守李寿为执金吾。		
		廷尉李光，四年免。		河东太守田延年为大司农，三年有罪自杀。	便乐成为少府，四年卒。	右扶风周德。	
					执金吾延寿。		左冯翊武。

孝宣本始元年						
二						
三	六年己丑，丞相义薨。甲辰，长信少府韦贤为丞相。		六月甲辰，大司农魏相为御史大夫，四年迁。			
四						
地节元年						
二		三月庚午，大司马光薨。		侍中中郎将霍禹为右将军，一年迁。		
三	正月甲申，丞相贤赐金免。六月壬辰，御史大夫魏相为丞相。	四月戊申，车骑将军光禄勋张安世为大司马车骑将军，七月戊戌，更为大司马卫将军。右将军霍禹为大司马。七月壬辰，大司马禹下狱要斩。	六月辛丑，太子太傅丙吉为御史大夫，八年迁。			度辽将军卫尉范明友为光禄勋，一年坐谋反诛。

							守京兆尹广陵相成。
			詹事东海宋畸翁壹为大鸿胪，二年迁。	河南太守魏相为大司农，一年迁。	博士后仓为少府，二年。执金吾辟兵，三年。		
		廷尉李义。		大司农淳于赐。	少府恶。	光禄大夫于定国为水衡都尉，二年迁。	颍川太守赵广汉为京兆尹，六年下狱要斩。
			山阳太守梁为大鸿胪。		左冯翊宋畸为少府，六年坐议凤皇下彭城未至京师不足美贬为泗水太傅。	六安相朱山拊为右扶风，一年下狱死。	大鸿胪宋畸为左冯翊，一年迁。左冯翊延，三年免。
		水衡都尉光禄大夫于定国为廷尉，十七年迁。				水衡都尉朱辅。右扶风博。	
					执金吾郅元。	颍川太守广为右扶风，三年。	
				大司农辅。	执金吾延年。		左冯翊官。

四					弋阳侯任宫为太常，四年坐人盗茂陵园中物免。	
元康元年						
二						
三						
四		八月丙寅，大司马安世薨。			蒲侯苏昌复为太常，六年病免。	
神爵元年		前将军韩增为大司马车骑将军。				中郎将杨恽为诸吏光禄勋，五年免。
二				后将军充国。		
三	三年丙午，丞相相薨。四月戊戌，御史大夫丙吉为丞相。		七月甲子，大鸿胪萧望之为御史大夫，三年贬为太子太傅。			

				北海太守朱邑为大司农，四年卒。		勃海太守龚遂为水衡都尉。	颍川太守让为左冯翊。
	北海太守张延寿为太仆，四年病免。				平原太守萧望之为少府，一年徙。	东海太守尹翁归为右扶风，四年卒。	守京兆尹彭城太守遗。
					执金吾广意。		少府萧望之为左冯翊，三年迁。
							守京兆尹颍川太守黄霸，数月还故官。
					太中大夫李彊中君守少府，三年迁。	光禄大夫冯奉世为水衡都尉，十四年迁。	
	太仆戴长乐，五年免。		左冯翊萧望之为大鸿胪，二年迁。	大司农王禹，四年迁。		广陵太守陈万年为右扶风，五年迁。	胶东相张敞为京兆尹，八年免。左冯翊彊，三年免。
卫尉忠。					南阳太守贤为执金吾。		
			少府李彊为大鸿胪。		光禄大夫梁丘贺为少府。		东郡太守韩延寿为左冯翊，二年下狱弃市。

四						
五凤元年						
二		四月己丑，大司马增薨。五月，强弩将军许延寿为大司马车骑将军。	八月壬午，太子太傅黄霸为御史大夫，一年迁。		卫尉韦玄成为太常，二年免。	
三	正月癸卯，丞相吉薨。二月壬申，御史大夫黄霸为丞相。		六月辛酉，西河太守杜延年为御史大夫，三年以病赐安车驷马免。			
四						
甘露元年		三月丁巳，大司马延寿薨。			蒲侯苏昌复为太常，二年病免。	
二			五年己丑，廷尉于定国为御史大夫，一年迁。			
三	三月己丑，丞相霸薨。五月甲午，御史大夫于定国为丞相。		五月甲午，太仆陈万年为御史大夫，七年卒。		雁门太守建平侯杜缓为太常，七年坐盗贼多免。	
四				典属国常惠为右将军，四年薨。		
黄龙元年		十二月癸酉，侍中乐陵侯史高为大司马车骑将军。		太子太傅萧望之为前将军，一年为光禄勋，二年免。		

河内太守韦玄成为卫尉，二年迁。							
			大司农王禹为大鸿胪。	大司农延。			守左冯翊勃海太守信。
卫尉弘。	右扶风陈万年为太仆，五年迁。			宗正刘丁。			守左冯翊五原太守延寿。
					执金吾田听天，三年迁。		
		执金吾田听天为廷尉，三年迁。					守左冯翊广川相充郎。
	博阳侯丙显为太仆，一年为建章卫尉。						
卫尉顺。	秺侯金赏为侍中太仆，七年迁。	中山相加守廷尉。			执金吾平。	右扶风武。	京兆尹成。
		廷尉解延年。					左冯翊常。

孝元初元元年						光禄勋并将军。
二						光禄勋赏。
三				执金吾冯奉世为右将军，三年为诸吏典属国，二年为光禄勋。侍中卫尉许嘉为右将军，五年迁。		光禄大夫周堪为光禄勋，三年贬为河东太守。
四					弋阳侯任千秋长伯为太常，四年以将军将兵。	
五			六月辛酉，长信少府贡禹为御史大夫，十二月丁未卒。丁巳，长信少府薛广德为御史大夫，一年以病赐安车驷马免。			
永光元年	十一月戊寅，丞相定国赐金，安车驷马免。	七年癸未，大司马高赐金，安车驷马免。九月戊子，侍中卫尉王接为大司马车骑将军。	七月辛亥，太子太傅韦玄成为御史大夫，一年迁。			太仆金赏为光禄勋，一年卒。

平昌侯王接为卫尉，五年迁。			大鸿胪显，十一年。	散骑谏大夫刘更生为宗正，二年免。大司农宏。	淮阳中尉韦玄成为少府，二年为太子太傅。水衡都尉冯奉世为执金吾，二年迁。	水衡都尉冯奉世。	太原太守陈遂为京兆尹，一年迁。
		京兆尹陈遂为廷尉，二年卒。		大司农充郎。			京兆尹代郡范。守左冯翊延免。
					丞相司直南郡李延寿子惠为执金吾，九年迁。	淮阳相郑弘为右扶风，四年迁。	
		廷尉魏郡尹忠子宾，十四年为诸吏光禄大夫。			少府延，二年免。		京兆尹成。
							河南太守刘彭祖为左冯翊，二年迁太子太傅。
卫尉云。	故建章卫尉丙显为太仆，十年免。			大司农尧。	侍中中大夫欧阳馀为少府，五年卒。		

二	二月丁酉，御史大夫韦玄成为丞相。		二月丁酉，右扶风郑弘为御史大夫，五年有罪自杀。			
三		四月癸未，大司马接薨。七月壬戌，左将军卫尉许嘉为大司马车骑将军。		右将军奉世为左将军光禄勋，二年卒。侍中中郎将王商为右将军，十一年迁。		
四						
五						
建昭元年						太子少傅匡衡为光禄勋，一年迁。
二			八月癸亥，诸吏散骑光禄勋匡衡为御史大夫，一年迁。			左曹西平侯于永为光禄勋，十六年迁。
三	六月甲辰，丞相玄成薨。七月癸亥，御史大夫匡衡为丞相。		七月戊辰，卫尉李延寿为御史大夫，三年卒。一姓繁。			
四						

				光禄大夫非调为大司农。		右扶风强，五年。	陇西太守冯野王为左冯翊，五年迁。
				宗正刘临。		水衡都尉福。	光禄大夫琅邪张谭仲叔为京兆尹，四年不胜任免。
					尚书令五鹿充宗为少府，五年贬为玄菟太守。	右扶风。	
执金吾李延寿为卫尉，一年迁。			左冯翊冯野王为大鸿胪，五年为上郡太守。				左冯翊郭延。
阳平侯王凤为侍中卫尉，三年迁。							
						中郎将丙禹为水衡都尉，五年。	

五						
竟宁元年		六月己未，侍中卫尉王凤为大司马大将军。	三月丙寅，太子少傅张谭为御史大夫，三年坐选举不实免。			
孝成建始元年					骐侯驹普为太常，数月薨。	
二					宗正刘庆忌为太常，五年病免。	
三	十二月丁丑，丞相衡免。	八月癸丑，大司马嘉赐金免。	十月乙卯，诸吏左曹光禄大夫尹忠为御史大夫，一年坐河决自杀。	右将军王商为左将军，一年迁。执金吾千秋为右将军，一年迁。		
四	三月甲申，右将军王商为丞相。		十一月壬戌，少府张忠为御史大夫，六年卒。	右将军千秋为左将军，三年薨。长乐卫尉史丹为右将军，三年迁。		

							京兆尹王昌稺宾，二年转为雁门太守。
	太仆谭。			阳城侯刘庆忌宁君为宗正，三年迁。	河南太守召信臣为少府，二年徙。中少府安平侯王章子然为执金吾，三年迁。		
卫尉王罢军。						常山太守温顺子教为右扶风，一年迁。	弘农太守宋平次君为京兆尹。河南太守毕众为左冯翊。
	执金吾王章为太仆，五年病免。	蜀郡太守何寿为廷尉，四年徙。	大鸿胪浩赏，二年徙。		右扶风温顺为少府，二年坐买公田与近臣下狱论。弋阳侯任千秋长伯为执金吾，一年迁。	水衡都尉爵。太原太守让为右扶风。	河东太守杜陵甄尊少公为京兆尹，二年贬为河南太守。
				宗正刘通。		南阳太守王昌为右扶风，三年免。	
			河南太守汉为大鸿胪，一年免。		东平相钜鹿张忠子赣为少府，十一月迁。		守京辅都尉王遵为京兆尹，二年免。大鸿胪浩赏为左冯翊，九月减死罪一等论。

河平元年						
二						
三				右将军丹为左将军，十三年薨。太仆王章为右将军。	宜春侯王咸长伯为太常，一年病免。平昌侯王临为太常，六年薨。	
四	四月壬寅，丞相商免。六月丙午，诸吏散骑光禄大夫张禹为丞相。					
阳朔元年						
二			四月癸卯，侍中太仆王音为御史大夫，一年迁。			

卫尉王玄中都。				千乘太守东莱刘顺为宗正，四年坐使合阳侯举子免。	司隶校尉王骏为少府，七年徙。执金吾辅。	水衡都尉王勋。	杜陵韩勋长宾为左冯翊，三年为少府。
		北海太守安成范延寿子路为廷尉，八年卒。		廷尉何寿为大司农。		汉中太守平原王赏少公为右扶风，三年免。	楚相齐宋登为京兆尹，三年贬为东莱都尉，未发，坐漏泄省中语下狱自杀。
	侍中中郎将王音为太仆，三年迁。				右曹光禄大夫辛庆忌为执金吾，四年贬为云中太守。		光禄大夫武为左冯翊。
			大夫韦安世为大鸿胪，二年为长乐卫尉。			侍中奉车都尉金敞为水衡都尉，一年迁。	司隶校尉王章为京兆尹，一年下狱死。
侍中水衡都尉金敞为卫尉，四年卒。				常山太守刘武成为宗正，四年卒。		水衡都尉顺。河内太守甄尊为右扶风，三年迁。	弘农太守平陵逄信少子为京兆尹，三年迁陈留太守。薛宣为左冯翊，二年迁。
	史柱国卫公为太仆。		大鸿胪勋。				

三		八月丁巳，大司马凤薨。九月甲子，御史大夫王音为大司马车骑将军。	十一月丁卯，诸吏散骑光禄勋于永为御史大夫，二年卒。			右将军王章为光禄勋，数月薨。
四						云中太守辛庆忌为光禄勋，四年迁。
鸿嘉元年	三月庚戌，丞相禹赐金，安车驷马免。四月庚辰，御史大夫薛宣为丞相。		正月癸巳，少府薛宣为御史大夫。四月庚辰，京兆尹王骏为御史大夫，五年卒。	光禄勋辛庆忌为右将军。	平台侯史中为太常，六月病免。建平侯杜业君都为太常，七年免。	
二						
三						右将军庆忌为光禄勋，四年迁。光禄勋并将军。
四						
永始元年						

	右扶风甄尊为太仆。				护西域骑都尉韩立子渊为执金吾，五年坐选举不实免。	左曹水衡都尉河内苟参威神。	
	京兆尹逢信为太仆，六年迁。				左冯翊薛宣为少府，二年迁。	水衡都尉禹。太原太守淳于信中君为右扶风。	少府王骏为京兆尹，一年迁。
阳平侯王襄为卫尉，五年徙。			大鸿胪慎。	千乘令刘庆忌为宗正，六月坐平都公主杀子贬为辽东太守。	东都太守琅邪王赏中子为少府，四年免。		太原太守河内邓义子华为京兆尹，一年为钜鹿太守。庐江太守赵增寿稺公为左冯翊，一年迁。
		左冯翊赵增寿为廷尉，五年贬为常山都尉。					陇西太守刘威子然为京兆尹，一年卒。泗水相茂陵满黔子桥为左冯翊，四年贬为汉中都尉。
						张掖太守牛商子夏为右扶风，四年免。	丞相司直翟方进为京兆尹，三年迁。
					中少府韩勋为执金吾，四年迁。		
					南阳太守陈咸为少府，二年免。	水衡都尉淳于长，三年免。	

二	十月己丑，丞相宣免。十一月壬子，执金吾翟方进为丞相。	正月乙巳，大司马音薨。二月丁酉，特进成都侯王商为大司马卫将军。	三月丁酉，京兆尹翟方进为御史大夫，八月贬为执金吾。十一月壬子，诸吏散骑光禄勋孔光为御史大夫，七年贬为廷尉。			诸吏散骑光禄大夫孔光为光禄勋，九月迁。执金吾韩勋为光禄勋，六月迁。
三				右将军辛庆忌为左将军，三年卒。光禄勋韩勋为右将军，一年卒。		少府师丹为光禄勋，二年迁侍中光禄大夫。
四		十一月庚申，大司马商赐金，安车驷马免。		执金吾廉褒为右将军，五年免。	鄼侯萧尊为太常，六年薨。	
元延元年		正月壬戌，成都侯商复为大司马卫将军，十二月乙未迁为大司马大将军，辛亥薨。庚申，光禄勋王根为大司马票骑将军。		执金吾尹岑为右将军，二年薨。		大鸿胪平当为光禄勋，七月坐前议昌陵贬为钜鹿太守。曲阳侯王根为光禄勋，一月迁。

太仆逢信为卫尉，二年免。	卫尉王襄为太仆，三年病免。		长信少府平当为大鸿胪，三年迁。		御史大夫翟方进为执金吾，一月迁。		信都太守长安宗正子泄为京兆尹，二年贬为河南太守。琅邪太守朱博为左冯翊，一年迁。
		琅邪太守陈庆君卿为廷尉，一年为长信少府。		朔方太守刘它人为宗正。左冯翊朱博为大司农，一年为犍为太守。	光禄大夫师丹为少府，五月迁。詹事许商为少府，二年为侍中光禄大夫。金城太守廉褒子上为执金吾，一年迁。	东平太傅彭宣为右扶风，一年迁。	河内太守杜陵庞真稺孙为左冯翊，三年迁。
侍中水衡都尉淳于长为卫尉，三年免。		右扶风彭宣为廷尉，三年以王国人为太原太守。		会稽太守沛刘交游君为宗正，十年。汝南太守严䜣子庆为大司农，三年卒。	护羌校尉尹岑子河为执金吾，一年迁。	光禄大夫颍川师临子威为水衡都尉，八月迁。水衡都尉临为右扶风，三年为沛郡都尉。	司隶校尉何武为京兆尹，一年贬为楚内史。
	护军都尉甄舜子节为太仆。东莱太守平陵范隆伟公为太仆，二年免。				左冯翊庞真为少府，四年迁。广汉太守赵护子夏为执金吾。	侍中光禄大夫赵彪大伯为侍中水衡都尉，三年卒。	广陵太守王建为京兆尹。河南太守徐让子张为左冯翊，四年免。

二						乐昌侯王安惠公为光禄勋，数月病免。
三				廷尉朱博为后将军，二年免。		尚书仆射赵玄少平为光禄勋，二年为太子太傅。
四						
绥和元年		四月丁丑，大司马票骑将军根更为大司马，七月甲寅赐金，安车驷马免。十一月丙寅，侍中骑都尉光禄大夫王莽为大司马。	三月戊午，廷尉何武为御史大夫，四月乙卯为大司空，一年免。	廷尉孔光为左将军，一年迁。执金吾王咸为右将军，一年迁。		侍中光禄大夫师丹为诸吏散骑光禄勋，十一月为太子太傅。大司农许商为光禄勋，四月迁。
二	二月壬子，丞相方进薨。三月丙戌，左将军孔光为丞相。	十一月丁卯，大司马莽赐金，安车驷马免。庚午，左将军师丹为大司马，四月徙。	十月癸酉，大司马丹为大司空，一年免。	右将军王咸为左将军，十月免。卫尉傅喜为右将军，十一月赐金罢。太子太傅师丹为左将军，五月迁。光禄勋彭宣为右将军，二年迁。	安丘侯刘常为太常，四年病，赐金百斤，安车驷马免就国。	大司农彭宣为光禄勋，六月迁。卫尉王能为侍中光禄勋，二年贬为弘农，坐吕宽自杀。
孝哀建平元年		四月丁酉，侍中光禄大夫傅喜为大司马。	十月壬午，京兆尹朱博为大司空。	右将军彭宣为左将军，一年坐与淮阳王婚免。		

		光禄大夫朱博为廷尉，一年迁。	太山太守萧育守大鸿胪，数月徙。				广陵太守孙宝为京兆尹，一年免。
	护军都尉任宏伟公为太仆，二年徙。	沛郡太守何武为廷尉，二年迁。	九江太守王嘉为大鸿胪，三年迁。	大司农尧。		水衡都尉南阳王超骄军，三年坐淳于长自杀。守鸿胪太山太守萧育为右扶风，三年免。	
				北地太守谷永为大司农，一年免。			
成阳侯赵䜣君伟为卫尉，六月。侍中光禄大夫司农赵玄为卫尉，一月为中少府。	驸马都尉王舜为太仆，二年病免。	御史大夫孔光为廷尉，九月迁。少府庞真为廷尉，二年为长信少府。		侍中光禄大夫许商为大司农，数月迁。太原太守彭宣为大司农，一年迁。	詹事平陵贾延初卿为少府，三年。太仆宏为执金吾，十一月贬为代郡太守。光禄大夫王臧幼公为执金吾，三月迁，南阳谢尧长平一年迁。	京兆都尉甄丰长伯为水衡都尉，二年为泗水相。	长信少府薛宣为京兆尹，一年贬为淮阳相。丞相司直琅邪遂义子赣为左冯翊，坐选举免。
太子中庶子傅喜稚游为卫尉，二月迁。侍中光禄大夫王龚子即为卫尉，二月迁。城门校尉丁望为卫尉，三年迁。			执金吾谢尧为大鸿胪，三年徙。	大司农河东梁相子夏，一年迁。	光禄大夫钜鹿阎宗君阑为执金吾，六年卒。执金吾河内孙云子叔，三年迁。	故太仆范隆为右扶风，八月为冀州牧。太山马嘉次君为右扶风，一年免。	光禄大夫朱博为京兆尹，数月迁。光禄大夫郁汉游君为京兆尹，数月病，为中大夫。大鸿胪王嘉为京兆尹，二年迁。
		大司农梁相廷尉，二年贬为东海都尉。		大司农左咸，一年徙。			司隶校尉东海方赏君宾为左冯翊，二年迁。

二	四月乙未，丞相光免。御史大夫朱博为丞相，八月甲戌有罪自杀。十二月甲寅，御史大夫平当为丞相。	二月丁丑，大司马喜免。阳安侯丁明为大司马卫将军。	四月戊午，大司空博为御史大夫，乙亥迁。中尉赵玄为御史大夫，五月下狱论。九月乙酉，诸吏散骑光禄勋平当为御史大夫，二月迁。十月丙寅，京兆尹王嘉为御史大夫，一年迁。	光禄勋丁望为左将军卒。执金吾公孙禄为右将军，一年迁。		卫尉望为光禄勋，一月迁。光禄大夫平当为光禄勋，四月迁。
三	三月己酉，丞相当薨。四月丁酉，御史大夫王嘉为丞相。		四月丁酉，河南太守王崇为御史大夫，九月贬。	右将军公孙禄为左将军，二年免。执金吾蟜望为右将军，一年迁。		少府贾延为光禄勋，三年迁。
四			三月丁卯，诸吏散骑光禄勋贾延为御史大夫，一年迁。	诸吏散骑光禄大夫王安为右将军，一年迁。	建平侯杜业为太常，三年贬为上党都尉。	
元寿元年	三月丙午，丞相嘉下狱死。七月丙午，御史大夫孔光为丞相。	正月辛丑，大司马卫将军明更为大司马票骑大将军。特进孔乡侯傅晏为大司马卫将军，辛亥赐金，安车驷马免。	五月乙卯，诸吏光禄大夫孔光为御史大夫，二月迁。七月丙午，汜乡侯何武为御史大夫，二年免。	御史大夫何武为前将军，二年免。		詹事马宫为光禄勋，二年迁。

少府贾延为卫尉，十一月还故官。执金吾孙云为卫尉，四年迁。	城门校尉丁宪子尉为太仆，四年迁。		大鸿胪云阳毕申世叔，五年徙。		卫尉贾延为少府，一年迁。五官中郎将颍川公孙禄中子为执金吾。	侍中水衡都尉让。大鸿胪谢尧为扶风，一年迁。	
		左冯翊方赏为廷尉，四年徙。		御史大夫王崇为大司农，二年迁。	尚书令涿郡赵昌君仲为少府，一年为河内太守。将作大匠东海蟜望王君为执金吾，三月迁。光禄大夫萧育为执金吾，一年免。	光禄大夫东海魏章子让为右扶风，一年免。	颍川太守毋将隆为京兆尹，一年迁。大司农左咸为左冯翊，三年为复土将军。
				陈留太守渤海刘不恶子丽为宗正，更名容。	光禄大夫董恭君孟为少府，一年迁。京兆尹毋将隆为执金吾，一年贬为沛郡都尉。	光禄大夫龚胜为右扶风，一年归故官。	光禄大夫茂陵申屠博次孙为京兆尹，一年迁。
少府董恭为卫尉，二月为光禄大夫。右扶风弘谭为卫尉，一年迁。					卫尉孙云为少府，一月。陈留太守茂陵耿丰为少府，二年为复土将军。京兆尹申屠博为执金吾，一年免。	光禄大夫沛弘谭巨君为右扶风，冬迁。	京兆尹南阳翟萌幼中。

		九月己卯，大司马明免。十一月壬午，诸吏光禄大夫韦赏为大司马车骑将军，己丑卒。十二月庚子，侍中驸马都尉董贤为大司马卫将军。	八月辛卯，光禄大夫彭宣为御史大夫。			
二	五月甲子，丞相光为大司徒，九月辛酉为太傅。右将军马宫为大司徒。	五月甲子，大司马卫将军贤更为大司马，六月乙未免。庚申，新都侯王莽为大司马。	五月甲子，御史大夫宣为大司空，三月病免。八月戊午，右将军王崇为大司空。	安阳侯王舜为车骑将军，八月迁。卫尉王崇为右将军，二月。光禄勋马宫为右将军，三月迁。光禄勋甄丰为右将军，六月迁。执金吾孙建为右将军，二年迁。	博阳侯丙昌长矫为太常，二年贬为东郡太守。	左曹中郎将甄丰为光禄勋，一年迁。
孝平元始元年	二月丙辰，太傅孔光为太师，大司马王莽为太傅，大司马车骑将军王舜为太保车骑将军。	二月丙辰，大司马莽迁。				侍中奉车都尉甄邯子心为光禄勋，三年迁。

						光禄大夫南夏常仲齐为右扶风。	
大司农王崇为卫尉，二年迁。建成侯黄辅子元为卫尉。	长乐卫尉王恽子敬为太仆，五年迁。	故廷尉梁相复为大理，二年坐除吏不次免。	复土将军左咸为大鸿胪。	卫尉弘谭为大司农。	光禄大夫韩容子伯为执金吾，一月免。护军都尉孙建子夏为执金吾，三月迁。	大鸿胪毕由为右扶风，六月贬为定襄太守。	京兆尹清河孙意子承。廷尉方赏为左冯翊，一年迁。
				中郎将萧咸为大司农，一年卒。	少府宗伯凤君房。中郎将任岑为执金吾，一年卒。	右辅都尉赵恢君向为右扶风，一年免。	大司徒司直金钦为京兆尹，一月为侍中。光禄大夫左冯翊张嘉。

二			二月癸酉，大司空王崇病免。四月丁酉，少傅左将军甄丰为大司空。	右将军孙建为左将军光禄勋。甄邯为右将军光禄勋。	安昌侯张宏子夏为太常，二年贬为越骑校尉。	
三					城门校尉刘岑子张为太常，二年徙为宗伯。	
四						
五	四月乙未，太师光薨。大司徒宫为大司马，八月壬午免。十二月丙午，长乐少府平晏为大司徒。			执金吾王骏为步兵将军。		太仆恽为光禄勋。

			大鸿胪桥仁。	光禄大夫孙宝为大司农，数月免。	左辅都尉尹赏为执金吾，一年卒。	中郎将幸成子渊为水衡都尉。大司马司直沛武襄君孟为右扶风，三年为冀州牧。	
		尚书令颍川钟元宁君为大理。			执金吾长安王骏君公，三年迁。		左冯翊匡咸子期。
				宗正容更为宗伯，一年免。		将作大匠谢尧为右扶风，年七十病免，赐爵关内侯。	京兆尹锺义。左冯翊沛孙信子儒。
			大鸿胪左咸。	太常刘岑为宗伯。大司农尹咸。		尚书令南阳邓冯君侯为右扶风。	宰衡护军武襄为京兆尹，数月迁。中郎将南阳郝党子严为左冯翊。

卷二十

古今人表第八

自书契之作，先民可得而闻者，经传所称，唐虞以上，帝王有号谥，辅佐不可得而称矣，而诸子颇言之，虽不考虖孔氏，然犹著在篇籍，归乎显善昭恶，劝戒后人，故博采焉。孔子曰："若圣与仁，则吾岂敢？"又曰："何事于仁，必也圣乎！""未知，焉得仁？""生而知之者，上也；学而知之者，次也；困而学之，又其次也；困而不学，民斯为下矣。"又曰："中人以上，可以语上也。""唯上智与下愚不移。"传曰：譬如尧、舜，禹、稷、卨与之为善则行，鲧、讙兜欲与为恶则诛。可与为善，不可与为恶，是谓上智。桀纣，龙逢、比干欲与之为善则诛，于莘、崇侯与之为恶则行。可与为恶，不可与为善，是谓下愚。齐桓公，管仲相之则霸，竖貂辅之则乱。可与为善，可与为恶，是谓中人。因兹以列九等之序，究极经传，继世相次，总备古今之略要云。

自从文字被创造出来，能够了解上古贤人，就是通过经传的记载，尧、舜之前，帝王有谥号，但辅佐他们的大臣却没有被记载下来，但是诸子百家的著作中却多次提到他们，虽然与孔子的著述无法相互印证，但还是将他们记载在书中，是为了宣扬善行，揭露恶行，劝诫后人，所以我广泛采纳这些资料，将他们收录在此表。孔子说："如果说到圣与仁，那我怎么敢当呢？"又说："岂止是仁人，简直是圣人！""不知道，这怎么算得上仁呢？""生来就知道的人，是最聪明的；通过学习才知道的人，是次一等的；感到困惑而又不学习的人，是最愚笨的。"又说："中等资质以上的人，可以告诉他高深的学问。""只有最聪明的人和最愚笨的人是不可改变的。"经义中这样解释：比如尧、舜、禹、稷、契，和他们一起做善事就可以，鲧、讙兜想要和他们一起作恶就被诛杀。能够一起做善事，不能一起作恶，这就叫上智。夏桀、商纣这样的恶人，关龙逢和比干想要和他们一起做善事就被诛杀，于莘、崇侯和他们一起做恶事就可以。能够一起作恶，不能一起做善事，这叫下愚。齐桓公，管仲辅佐他就成为霸主，竖貂辅佐他就国家大乱。能够一起做善事，也能一起作恶，这叫中人。我根据这个，将他们排列出九等次序，穷尽经传，世代相承，依次排序，总体将古今人物的概要整理完全。

上上 圣人	上中 仁人	上下 智人	中上
太昊帝宓羲氏			
	女娲氏		
	共工氏		
	容成氏		
	大廷氏		
	柏皇氏		
	中央氏		
	栗陆氏		
	骊连氏		
	赫胥氏		
	尊卢氏		
	沌浑氏		
	昊英氏		
	有巢氏		
	朱襄氏		
	葛天氏		
	阴康氏		
	亡怀氏		
	东扈氏		
	帝鸿氏		
炎帝 神农氏	悉诸 炎帝师。		
	少典 炎帝妃，生黄帝。		
	列山氏		
	归臧氏		
黄帝 轩辕氏	方雷氏 黄帝妃，生玄嚣，是为青阳。	仓颉 黄帝史。	
	絫祖 黄帝妃，生昌意。		
	彤鱼氏 黄帝妃，生夷鼓。		
	⿰巾每母 黄帝妃，生仓林。		
	封钜 黄帝师。		
	大填 黄帝师。		
	大山稽 黄帝师。		
	力牧		
	风后		
	鬼臾区		
	封胡		
	孔甲		
	岐伯		
	泠沦氏		
少昊帝金天氏	五鸟		

中中	中下	下上	下中	下下 愚人
				蚩尤

	五鸠		
	昌仆 昌意妃，生颛顼。		
颛顼帝高阳氏	女禄 颛顼妃，生老童。		
	娇极 老童妃，生重黎。		
	吴回		
	后土		
	蓐收		
	玄冥		
	熙		
	柱		
	帅味		
	允格		
	台骀		
	穷蝉 颛顼子，生敬康。		
	大款 颛顼师。		
	柏夷亮父 颛顼师。		
	绿图 颛顼师。		
	侨极 玄嚣子，生帝喾。		
帝喾高辛氏			
	姜原 帝喾妃，生弃。		
	简逷 帝喾妃，生卨。		
	陈丰 帝喾妃，生尧。		
	娵訾 帝喾妃，生挚。		
	祝融		
	陆终 祝融子。		
	女溃 陆终妃，生六子：一曰昆吾，二曰参胡，三曰彭祖，四曰会乙，五曰曹姓，六曰季连。		
	廖叔安		
	舟人		
	赤松子 帝喾师。		
	柏招 帝喾师。		
	句望 敬康子，生蟜牛。		

				九黎

	帝挚		
帝尧陶唐氏	女皇 尧妃，散宜氏女。		
	羲仲		
	羲叔		
	和仲		
	和叔		
	仓舒		
	隤敳		
	梼戭		
	大临		
	尨降		
	咎繇		
	仲容		
	叔达		
	柏奋		
	仲堪		
	叔献		
	季仲		
	柏虎		
	仲熊		
	叔豹		
	季熊		
	尹寿 尧师。		
	被衣		
	方回		
	王兒		
	齧缺		
	许繇		
	巢父		
	子州支父		
帝舜 有虞氏	娥皇 舜妃。	敤手 舜妹。	
	女罃 舜妃。	董父	
		石户之农	
	姞人 弃妃。	北人亡择	
		雒陶	
	卨	续身	
	垂	柏阳	
	朱斨	东不訾	
	柏誉	秦不虚	
	柏益	昭明	
	龙	卨子。	
	夔		
帝禹 夏后氏	女趫 禹妃，涂山氏女，生启。	奚仲	
	启	相土	

			朱 尧子。	共工	
			阏伯	讙兜	
			实沈	三苗	
				鲧	
			女志 鲧妃，有嫢氏女，生禹。		
			鼓叜 蟜牛子，生舜。		
			象 舜弟。		
			商均 舜子。		
				有扈氏	

	禹子。	昭明子。 六卿 不窋 弃子。	
			胤
			靡
		少康 相子。	女艾
		二姚 少康妃。	冥 根圉子。 垓 冥子。
		芬 芒 槐子。 泄	微 垓子。 鞠 不窋子。
		不降	扃 不降弟。
		刘絫	
	公刘 鞠子。		廑
		关龙逢	
帝汤 殷商氏	有娎氏 汤中妃，生大丁。 大丁 伊尹 咎单	仲虺 老彭 义伯 中伯 卞随 务光	虞公遂 逢公柏陵 费昌 终古 夏太史令。 外丙 大丁弟。 中壬 外丙弟。

昌若 相土子。			太康 启子，昆弟五人，号五观。	
根圉 昌若子。				
	中康 太康弟。		羲和	
		后夔玄妻		羿 韩浞 奡
有扔君 武罗 柏因 熊髡 尨圉	相 中康子。 后缗 相妃，生少康。	斟灌氏 斟寻氏	逄门子 殪 柏封叔	
虞后氏杼 少康子。				
槐 杼子。				
报丁 微子。				
报乙		孔甲 不降子。		
报丙		皋		
主壬				
主癸		发		
		韦	癸 发子，是为桀。	
		鼓	末嬉 桀妃。	
			于莘	
		昆吾	推侈 葛伯 尹谐	
庆节 公刘子。				
	皇仆 庆节子。			

	太甲 大丁子。		
			沃丁 太甲子。
			大庚 沃丁弟。
			小甲 大庚子。
			雍己 小甲弟。
	大戊 雍己弟。	伊陟	孟献 益后。
	巫咸	臣扈	中衍
			中丁 大戊弟。
		外壬 中丁弟。	
		河亶甲 外壬弟。	
	祖乙 河亶甲弟。	巫贤	
			祖辛 祖乙子。
			沃甲 祖辛弟。
			祖丁 祖辛子。
			南庚 沃甲子。
		大彭	
		豕韦	
		阳甲 祖丁子。	
	盘庚 阳甲弟。		
		小辛 盘庚子。	
		小乙 小辛弟。	
	武丁 小乙子。		刘姓豕韦
	傅说		
		祖己	
	甘盘		
		孝己	
	大王亶父 公祖子。	祖伊	
			祖庚 武丁子。
	姜女 大王妃。		
	太伯		

	差弗 皇仆子。			
	毁隃 差弗子。			
	公非 毁隃子。			
	辟方 公非子。			
	高圉 辟方子。			
	夷竢 高圉子。			
	亚圉 高圉子。			
	云都 亚圉弟。			
	公祖 亚圉子。			
	甲 祖庚弟。			
	冯辛 甲子。			

	中雍		
	王季		
	大任		
	王季妃，生文王。		
	微子		
	纣兄。		
	箕子		
	比干		
	伯夷		
	叔齐		
		太师挚	胶鬲
		亚饭干	微中
			商容
		三饭缭	师涓
			梅伯
		四饭缺	邢侯
		鼓方叔	鬼侯
		播鼗武	
		少师阳	
		击磬襄	伯达
			伯适
			中突
文王周氏			中曶
	大姒	虢中	叔夜
	文王妃。	虢叔	叔夏
	大颠	粥熊	季随
	闳夭	辛甲	季騧
	散宜生	周任	成叔武
	南宫适	史扁	文王子。
	祭公	向挚	霍叔处
		殷太史。	文王子。
武王	师尚父	邑姜	檀伯达
文王子。	毕公	武王妃。	
	文王子。	大姬	
	太师庇	武王妃。	苏忿生
	少师强	曹叔振铎	
		文王子。	滕叔绣
		毛叔郑	文王子。
		文王子。	原公
		虞阏父	文王子。
		陈胡公满	郜子
		舜后。	文王子。
	成王诵	卫康叔封	雍子

	庚丁 冯辛弟。			
			武乙 庚丁子。	
			大丁 武乙子。	
			乙 大丁子。	
				辛 乙子，是为纣。
				妲己 纣妃。
				费中
				飞廉
				恶来
				左强
伯邑考 文王子。				
楚熊丽 鬻子。				
虞侯				
芮侯				
吴周章 中雍曾孙。	芮伯 巢伯			
杜伯				
楚熊狂 丽子。				
虞中 周章弟。	季胜 恶来弟。			
杞东楼公 禹后。				
邘侯 武王子。	秦女妨 恶来子。			
韩侯				

	武王子。	文王子。	文王子。
	召公	聃季载	酆侯
	周同姓。	文王子。	文王子。
周公	史佚	君陈	郇侯
文王子。		芮伯	文王子。
		师伯	唐叔虞
		毛公	武王子。
		师氏	应侯
		龙臣	武王子。
		中桓	右史戎夫
		南宫髦	
		康王钊	祝雍
		成王子。	
			邘叔
			商子
			穆王满
			昭王子。
			吕侯
			君牙
			伯臩
			祭公谋父
			密母

武王子。	楚子绎			禄父
齐丁公伋	狂子。			纣子。
师尚父子。	孟会			管叔鲜
鲁公伯禽	季胜子。			文王子。
周公子。	蔡中胡			蔡叔
凡伯	叔度子。			文王子。
周公子。				
蒋侯				
周公子。				
邢侯				
周公子。				
茅侯				
周公子。				
胙侯				
周公子。				
祭侯	卫康叔			
周公子。	封子。			
晋侯燮	陈申公			
虞子。	满子。			
秦旁皋				
女防子。				
楚熊艾				
绎子。				
宋微中				
启子。	蔡伯		祭公	
鲁孝公	胡子。	蔡侯宫	辛繇靡	
伯禽子。	楚熊亶	伯子。		
齐乙公	艾子。	衡父		
丁公子。	宋公稽	孟增子。		昭王瑕
晋武公	仲子。			康王子。
燮子。	卫孝伯			房后
秦大几	康伯子。			
旁皋子。	陈柏公			
鲁炀公	申公弟。			
孝公子。	陈孝公			
齐癸公	造父			
乙子。	衡父子。			
秦大雒	徐隐王			
大乙子。				
楚熊盘				
艾子。				
卫嗣伯	铅陵卓子			
孝伯子。				
卫疌				
嗣伯子。	楚熊锡		鲁幽公	
秦非子	盘子。		炀公子。	
大雒子。	宋愍公	共王伊扈	齐哀公	
	共公子。	穆王子。	癸公子。	
	卫靖伯	晋成侯	密康公	宋炀公
	疌子。	武侯子。	懿王坚	愍公弟。

		宋弗父何 愍公子。	
			共伯和
		芮良夫	
			嘉父
			谭大夫
		召虎	寺人孟子
		方叔	
		南中	伯阳父
	周宣王靖 厉王子。	中山父	史伯
		申伯	
		尹吉父	师服
		韩侯	
		蹶父	
			张中
			程伯休父

秦嬴
非子子。
秦侯
嬴子。
史伯
宋父
何子。
秦中
伯子。
鲁武公
慎公弟。
秦严公
仲子。
楚熊霸
严子。
宋世子士
蔡夷侯
奄父
造父六世孙。
虢文公

楚挚红
渠子。
卫贞伯
靖伯子。
鲁献公
厉公弟。
燕惠公
邵公九世。
宋釐公
厉公子。
曹夷伯
振铎六世。
鲁慎公
献公子。
齐文公
厉公弟。
晋釐侯
靖侯子。
楚熊纠
严弟。
卫武公
釐公子。
宋惠公
釐公子。
燕釐侯
十世。
宋戴公
惠公子。
郑桓公友

陈慎侯
孝侯子。
蔡厉侯
宣侯子。
鲁厉公
魏公子。
晋厉侯
成侯子。
卫顷侯
贞伯子。
楚熊延
挚弟。
蔡武侯
厉侯子。
卫釐公
顷公子。
楚熊勇
延子。
晋靖侯
厉侯子。
郝颜
夏父
蔡夷侯
武侯子。
楚熊罗
纠子。
陈釐公
幽公子。
晋献侯
釐侯子。
晋缪侯
献侯子。
齐成公
文公子。
鲁孝公
懿公子。
陈武公
釐公子。
蔡釐侯
夷侯子。
燕顷侯
十一世。
齐严侯
成侯子。
陈夷公
武公子。
陈平公
夷公弟。

穆王子。
诗作。
孝王辟方
共王弟。
夷王折
懿王子。
齐武公
献公子。
杞题公
东楼子。
曹幽伯
夷伯子。
陈幽公
慎公子。
齐厉公
武公子。
鲁懿公
武公子。
叔术
肝
曹戴伯
幽伯子。
曹惠伯
戴伯子。

齐胡公
哀公弟。
鲁魏公
幽公弟。
楚熊挚
渠子。
宋厉公
愍公子。
齐献公
胡公弟。
厉王胡
夷王子。
卫巫
楚熊严
勇子。
伯御
鲁懿公兄子。
卫共伯
釐公子。
晋殇公
缪公弟。
幽王宫涅
宣王子。
褒姒
虢石父
皇父卿士
司徒皮
太宰冢伯

		宋正考父	
		宋孔父 大金子。	臧哀伯
		卫太子伋 公子寿	

	楚若敖 咢子。			膳夫中术 内史掫子 趣马蹶
秦襄公 严公子。		鲁惠公 孝公子。		师氏萬
文子				
	晋文侯仇 缪侯子。	秦文公 襄公子。		申侯
辛有	赵叔带 奄父子。	楚霄敖 若敖子。		
	宋武公 戴公子。	郑武公 桓公子。		平王宜臼
	卫严公 武公子。	燕哀侯 十二世。		
	陈文公 平公子。	燕郑侯 十三世。		
	宋宣公 武公子。	蔡共侯 釐公子。		
	楚蚡冒 宁子。	齐釐公 严公子。	晋昭侯 文侯子。	曹缪公 惠公子。
		燕缪侯 十四世。	潘父	
			曹桓公 缪公子。	曲沃桓叔 晋文侯弟。
			蔡戴侯 共公子。	
		陈桓侯鲍 文侯子。	蔡宣侯 戴侯子。	晋孝侯 昭侯子。
宋大金 考父子。	宋缪公和 宣公弟。			曲沃严伯 桓叔子。
	蔡桓侯 封人 宣侯子。	展亡骇		
臧釐伯	郑仪父		郑严公 寤生 武公子。	鲁隐公 惠公子。
	颍考叔	宋司徒 皇父		公子翚
石碏			叔段	
		司空牛父	晋鄂侯 孝侯子。	卫桓公完 严公子。
	郑公子吕			
		公子縠生	宰咺	
	曹严公 亦姑 桓公子。			公子州吁
		彤班	宋殇公 宣公子。	
楚武王 蚡冒弟。				
		桓王林 平王孙，泄父子。	华督	芮伯
邓曼 楚武王夫人。	秦宪公 文公子。			
		卫宣公晋 桓公子。	蔡哀侯 桓侯弟。	
鲁施父				
			晋哀侯 鄂侯子。	
	宋严公冯	虞公	晋小子侯	

			随季良
			鲁申繻
			楚保申
			齐寺人费
			王青二友
	管仲	鲍叔牙	高傒
		召忽	
		隰朋	
		宁戚	王子成父
		宋仇牧	
			宾须亡
		鲁曹刿	麦丘人
			轮边
		楚鬻拳	平陵老愚公
			陈公子完 佗子。
			虢史嚚
			周内史过
		宰孔	

鬭伯比熊	缪公子。	虞叔	哀侯子。	陈厉公
率且比	燕宣公		秦出公曼	桓公弟。
	十五世。			
	观丁父	楚瑕丘		
	薳章	随少师	郑厉公突	
郑祭足			严公子。	
楚文王	严王佗	鲁严公同	夫人哀姜	长狄侨如
武王子。	桓王子。	桓公子。		
骓甥	邓祁侯			
聃甥	卫惠公朔			
	宣公子。			
养甥	公子黔牟			
谢丘章	左公子泄	郑昭公忽		
辛甲		厉公兄。		
	潘和	高渠弥	周公黑肩	
	秦武公	郑子亹		齐襄公儿
	出公兄。	昭公弟。	连称	
石之纷如	燕桓侯	右公子职		
	十六世。		管至父	公子亡知
	齐公子纠	王子克	雍人禀	
齐桓公		纪侯	鲋里乙	
小白				
襄公弟。	鲁公孙隐	纪季	宋愍公捷	
萧叔大心	颛孙	齐伯氏	南宫万	
		寺人貂	子游	
		易牙	猛获	
石祁子	曹釐公夷			
	严公子。	常之巫	南宫牛	
原繁			郑子婴齐	
	宋桓公		子亹子。	
	御说	卫公子	傅瑕	
	愍公弟。	开方	晋愍侯	
		釐王胡齐	哀侯弟。	
		严王子。	曲沃武公	
	秦德公		严公子。	
	武公弟。			
	秦宣公	陈宣公	王子颓	
	德公子。	杵臼		
		严公弟。		
			䓕国	
息妫		息侯		
	燕严侯	惠王毋凉	边柏	
	十七世。			
虢叔			楚杜敖	
	郑文公椄	郑高克	文王子。	
	厉公子。	公孙素		
鲁御孙				
	彊锄	陈辕涛涂	陈太子	
			御寇	

		鲁公子季友	
			楚屈完
		鲁公子奚斯	
		卫弘寅	
		荀息	
			卜偃
		宋公子目夷	辛廖
			梁馀子养
		宫之奇	
			罕夷
			申生
		百里奚	狐突
			秦缪公 成公弟。
		奄息	
		中行	秦缪夫人
			公孙枝
		针虎	繇余
			蹇叔
			烛之武
			内史叔兴
			卜徒父
			禽息
			王廖
		狐偃	
		赵衰	
	宁武子		晋文公 献公子。
		衰妻	夫人姜氏
		介子推	
			魏犨 毕万子。
		推母	
			颠颉
		郤縠	胥臣
		舟之侨	贾佗
		荀林父	董因
			竖头须
			齐国严子

			鲁公子牙	
召伯廖	秦成公 宣公弟。	楚申侯 鲁公子般	圉人荦	
齐中孙湫	曹昭公班 釐公子，作诗。	鲁闵公启 严公子。	公子庆父	
			卜齮	
许夫人 先丹木	卫戴公 黔牟子。		卫懿公 惠公子。	
羊舌大夫	赵夙		晋献公 武公子。	
		史华龙滑		
史苏	毕万 毕公后。			晋骊姬
鲁釐公		奚齐	优施	
	士蒍 臣猛足	卓子	梁五	
楚逢伯			东关五	
	井伯	赵孟 夙子，生衰。	虞公 为晋所灭，太王后。	
卫宁严子	卫文公 戴公弟。			
富辰			虢公 为晋所灭，王季后。	
晋冀芮	宋襄公 桓公子。	蔡缪公		
庆郑				
韩简	蔡严侯 穆侯子。	许釐公	郑子华	
郑叔詹		襄王郑	曹共公 昭公子。	
皇武子	燕襄公 十八世。		惠后	王子带
釐负羁妻		晋惠公 献公子。		
	梁卜招父			
曹竖侯獳			梁伯	
		里克		
	卫元咺	虢射		楚成王恽
楚子玉				
		宋襄公 成公子。	晋怀公 惠公子。	
鬬宜申				
	叔武			潘崇
成大心	针严子	齐孝公 桓公子。	卫成公 文公子。	
栾悼子 晋李离				
	仓葛		曹共公 昭公子。	
		郑子臧		
寺人披	郑缪公兰 文公子。		齐公子 无诡	
曹文公寿 共公子。	石臭			
			齐昭公 孝公子。	
燕桓公 十九世。	陈缪公 宣公子。			
秦康公				

		先轸	周内史
		狼瞫	叔服
		阳处父	孟明视
		宁嬴	
		臾骈	西气术
			士会
		郑弦高	绕朝
			石癸
			公孙寿
		叔仲惠伯	
			荡意诸
		宋方叔 嘉子。	公冉务人
			卜楚丘
		乐豫	
			晋赵盾 衰子。
		董狐	
			鉏麑
			宋伯夏 叔子。
		令尹子文	楚严王 穆王子。
			王孙满
		楚蒍贾	箴尹克黄
		申叔时	魏颗
		孙叔敖	五参
			陈应
			申公申培
			乐伯
			优孟
			郑公子弃疾
			子反

穆公子。 晋襄公 文公子。 邾文公 宋子哀 邾子貜且 鲁公孙敖 蔡文公 严公子。 单襄子 灵辄 祁弥明 郑子良 士良子 泄冶 孔达 王子伯廖 晋解阳 荀尹 箕郑 公子雍 秦景公 桓公子。 楚郏公 钟仪 楚共王 严王子。	陈共公 缪公子。 鲁文公 周匡王班 齐君舍 昭公子。 单伯 鲁叔孙 得臣 秦共公 康公子。 晋成公 黑臀 灵公弟。 秦桓公 共公子。 卫穆公速 逢大夫 王札子 鲁公子 归生 申舟 齐惠公 懿公弟。 陈成公 灵公子。 燕宣公 二十世。 曹宣公庐 文公子。 吴寿梦	周顷王 王臣 夏父不忌 宋昭公 胥申父 狐射姑 鲁宣公 周定王榆 宋文公鲍 昭公弟。 翟丰舒 召伯 毛伯 少师庆 士蘁 郑襄公坚 灵公子。 卫缪公 成公子。 周简王夷 定王子。 鲁成公	郈歇 阎职 晋赵穿 郑灵公 公子归生 子公 晋先縠 楚子越 縠阳竖	楚缪王 商臣 齐懿公 商人 晋灵公 夷皋 襄公子。 陈灵公 共公子。 夏姬 孔宁 仪行父

			逢丑父 宾媚人 范文子 士燮
			臧宣叔
		曹郗时	
			韩献子厥
			程婴
			羊舌
			公孙杵臼
			刘康公
			单襄公
			苗贲皇
			叔婴齐 宋华元 孟献子 乐正求
			牧中 晋悼公周
			郑唐
			楚工尹襄 祁奚 羊舌职 魏绛 张老 籍偃 汝齐
			宋子罕
			向戌

晋郤克	中雍后，十五	宣公子。		
	世。			
辟司徒妻		齐顷公		
		惠公子。		
	郑悼公	卫定公		
荀罃	襄公子。	缪公子。	郑公子班	
	申公巫臣	卫子良夫		
郑贾人			曹成公	
		中叔于奚	负刍	
伯宗	王孙阅		宣公弟。	
伯宗妻		宋共公瑕		
			屠颜贾	
秦医缓	燕昭公	文公子。		
	二十一世。	晋景公		
桑田巫		成公子。		
	赵朔			
吕相	盾子。	宋平公		
	郤犨	成公子。		
郤至	郤锜		宋荡子	
		叔孙侨如		
	中行偃	公子偃	晋厉公	
姚句耳	胥童		景公子。	
	栾书	长鱼矫		
	羊鱼			
吕绮	鲍严子牵			
养由基				
	向于			
叔山舟	郑成公纶			
匡句须		羊斟	宋鱼石	
鲍国	燕武公		庆克	
晋解狐	二十二世。		国佐	
	郑廖			
祁午				
韩亡忌	杨干			
	子服佗			
铜鞮伯华				
	叔梁纥			
		灵王泄心	楚公子申	
		简王子。		
鲁匠庆	秦堇父	鲁襄公	公子壬夫	
卫柳壮	狄斯弥		郑釐公	
			成公子。	
	士鞅	齐灵公环		
		顷公子。		程郑
吴诸樊	尹公佗		子驷	
		卫献公衎		西鉏吾
齐晏桓子	庾公差	定公子。	孙蒯	
楚子囊	公孙丁		朱庶其	

			范宣子
			士匄。
			晋邢蒯
			齐殖绰
			郑游昄
			齐杞梁
		鲁季文子	殖妻
	范武子		
			华州
		乐王鲋	祝佗父
			申蒯
	晋叔向	楚申叔豫	陈不占
	向母		士鞅
		齐大史三人	卫右宰
			谷臣
	蘧伯玉	南史氏	
			厚成子
	吴季札	陈文子	
			卫公子荆
	郑子产	卞严子	
			绛老人
	晏平仲		
		臧文仲	史赵
			士文伯
仲尼	太子晋		
		宰我	郑卑湛
	左丘明	子贡	
		冉有	行人子羽
	颜渊		
		季路	冯简子
	闵子骞		
		子游	子大叔
	冉伯牛	子夏	卫北宫文子
		曾子	鲁叔孙豹
	仲弓		
		子张	狐丘子林
		曾皙	晋赵文子

郑师慧 卫大叔仪 公子鱄 曹武公胜 成公子。 郑简公嘉 釐公子。 晋阳罕 行人子员 子朱 楚湫举 薳奄 赵武 朔子。 鬷蔑 郑子皮 刘定公 公孙楚 公孙黑 韩宣子厥	无终子 嘉父 姜戎驹支 楚令尹 子南 观起 燕文公 二十三世。 鲁国归父 郑公孙夏 燕懿公 二十四世。 楚康王 共王子。 晋亥唐 秦医和 晋船人 固来 舟人清涓 鲁谢息 郑定公 简公子。 燕悼公 二十六世。 薳启疆	卫殇公焱 献公弟。 孙文子 林父。 福阳子 妘姓。 楚屈建 鲁臧坚 宋华臣 晋叔鱼 齐崔杼 庆封 庆嗣 吴遏 寿梦子。 晋平公彪 悼公子。 齐陈桓子 卫襄公恶 献公子。 曹平公 武公子。 陈惠公 哀公孙。 郑孔张 周原伯鲁	郑尉止 卫宁喜 巢牛臣 宋伊戾 吴馀祭 景王贵 灵王子。 鲁昭公稠 晋昭公夷 平公子。 燕惠公 二十五世。 陈公子招 周儋桓伯 鲁南蒯 莒子庚舆 晋顷公 昭公子。 宋元公佐 平公子。	齐严公光 灵公子。 楚夹敖 康王子。 蔡景侯 蔡灵侯 陈哀公弱 成公子。 吴馀眛 馀祭弟。 宋寺人柳 鲁竖牛 楚灵王围	

		子贱		
			孟釐子	
		南容		
			孟懿子	
		公冶长	南宫敬叔	
		公西华		
		有若	郑子	
		漆彫启	老子	
		澹台灭明		
			南荣畴	
		樊迟		
		巫马期		
		司马牛		
		子羔	公伯寮	
		原宪		
		颜路	公肩子	
		商瞿		
		季次	子石	
		公良		
			隰成子	
		颜刻	琴牢	
			楚子西	

鲁叔孙	申子亹			晋邢侯
昭子			蔡平侯	
	左史倚相		景侯子。	雍子
楚薳罢			樊顷子	楚公子比
	申亡宇			
			司徒丑	
	申亥			观从
吴厥由	亡宇子。		子鼍	
	晋籍谈		宾猛	
卫史鼍	子鉏商			周悼王猛
				景王子。
师旷	周史大弢		蔡悼侯	
屠蒯			灵侯孙。	
	蛸子	齐景公	梁丘据	
子服惠伯		杵臼		
		严公弟。	曹桓公	
晋荀吴			平公子。	
	孝成子			
裨灶			南宫极	敬王丐
	齐虞人			景王子，悼王兄。
里析			顿子	
	越石父	裔款		
梓慎			胡子髡	
	柏常骞	许男		
申须			沈子罃	楚平王
				弃疾
	燕子于			灵王弟。
林既			陈夏啮	
				费亡极
北郭骚	魏献子		鲁季平子	
	绛孙。			曹声公
逢于何		燕共公	宋乐大心	悼公弟。
	司马弥牟	二十七世。		
司马穰苴				
			季公鸟	吴僚
	司马笃			馀昧子。
			公叔务人	
	魏戊			
楚伍奢		楚太子建		曹隐公通
	智徐吾		寺人僚祖	平公弟。
伍尚				
	孟丙			
		燕平公		
鲁师已	成鱄	二十八世。	臧昭伯	
			厚昭伯	
	阎没	专诸		
子家羁				吴夫概
	汝宽	秦哀公	吴王阖庐	
		景公子。		
吴孙武	楚司马			

			公子闉	
			伍子胥	
			江上丈人	
			史鱼	
			公叔文子	
			中叔圉 祝佗	
			王孙贾	
			公父文伯母	
			卫公子逞	
			观射父	
			鸣犊	
			窦犨	
			越勾践 允常子。	
			大夫种	
		范蠡	后庸	

申包胥
蔡墨
楚史皇
王孙由于
铲金
屠羊说
莫敖大心
蒙谷
陈逢滑
司马狗
颜仇由
大夫选
陈司城贞子
颜烛邹
郵亡邮
王良
柏乐
阳城胥渠
扁鹊
董安于
田饶
仇氾

子期
沈尹戌
卫彪傒
苌弘
员公辛
王孙章
楚石奢
刘文公卷
季康子
公父文伯
东野毕
周舍
田果
行人烛过
燕简公二十九世。
严先生

楚昭王平王子。
锺建
郑献公禹定公子。
宋景公兜栾元公子。
宋中几
齐高张
荣驾鹅
秦惠公哀公孙。
郑声公胜献公子。
赵简子武子孙。
韩悼子宣子子。
齐国夏
桑掩胥

楚郄宛
越王允常夏少康后。
鬬且
鲁定公
宋昭公
邾严公
夷射姑
楚囊瓦
唐成公
蔡昭侯悼侯弟。
晋定公顷公子。
陈怀公惠公子。
滕悼公
许幼
莒郊公
邾悼公
顿子
胡子
薛襄子
小邾子

徐子章禹
卫灵公元襄公子。
南子
蒯聩
宋朝
弥子瑕
雍渠
黎且子。
季桓子
曹靖公路声公子。
范吉射
中行寅
杞隐公悼公子。
杞釐公隐公子。
曹伯阳为宋所灭。

			诸稽到
			苦成
			皋如
			计然
		叶公子高	
			仪封人
		达巷党人	
			长沮
	朱张		
			桀溺
	少连		
			丈人
			何蒉
			楚狂接舆
		孟之反	师襄子
		大连	师己
			宾牟贾
		颜丁	公肩瑕
		颜柳	
		周丰	卫视夷
		采桑羽	

荣声期		鲁哀公		公孙彊
			齐悼公	
	秦悼公		阳生	
	惠公弟。	齐晏孺子		
楚芋尹文				田乞
			鲍牧	完六世孙。
	燕献公			
	三十世。	高昭子	田恒	齐简公壬
隰斯弥			陈乞子。	
市南熊	楚白公胜	楚慧王章	诸御鞅	
宜僚		昭王子。		子我
	屈固		卫太叔遗	子行
大陆子方		申鸣		
		孔文子	卫出公辄	
严善				
	檀弓			
鲁太师		太叔疾	浑良夫	
	公仪中子			
公明贾		陈辕颇		
	皋鱼		孔悝	
陈亢		蔡成公	石气	
	颜亡父	昭公子。	狐黡	
子服景伯		齐平公惊	卫简公	
	颜隃伦	简公子。	蒯聩	
林放		厥党童子		
	颜夷		原壤	
			叔孙武叔	
陈司败	陈弃疾	革子成	卫公孙朝	
				卫侯起
陈子禽	工尹商阳			
			尾生亩	石国
阳肤		周元王赤		阳虎
尾生高	齐禽敖	敬王子。		
		晋出公		
		定公子。	互乡童子	
申枨	饿者			
师冕				
	陈子亢		茀肸	
郑戴胜之		公之鱼		陈愍公
				为楚所灭。
南郭惠子	陈尊己			
			公山不狃	
姑布子卿		宋桓魋		
宋子韦				
	秦厉共公	匡人		
公输般	悼公子。		杞愍公	
		贞定王	釐公子。	

			史留
		乐正子春	豫让
			青荓子
		石仇	
			赵襄子
		子服子	简子子。
			知过
		惠子	鲍焦
			墨翟
		公房皮	禽屈釐
			我子
			田俅子
			随巢子
			胡非子
		段干木	魏文侯
			桓子孙。
		田子方	
		宁越	李克
		太史屠黍	魏成子
		翟黄	躬吾君
		任座	
			牛畜
		李悝	
			荀䜣
		赵仓堂	
			徐越
		屈侯鲋	

离朱 陈太宰喜 吴行人仪 郑鄚魁絫 燕考公桓 三十一世。 魏桓子 献子曾孙。 韩康子 贞子子。 高赫 原过 任章 中山武公 周桓公子。 韩武子 康子子。 公季成 司马庚 司马喜 司马期 赵公中达 田大公和 秦简公 厉公子。	郑共公丑 哀公弟。 晋定公 昭公子。 田襄子 悼子子。 鲁悼公 出公子。 燕成公 三十二世。 秦躁公 厉公子。 赵献侯 襄子兄孙。 赵桓子 襄子弟。 楚简王 惠王子。 燕愍公 三十三世。 乐阳 赵烈侯 献侯子。	元王子。 晋哀公忌 智伯 齐宣公 平公子。 蔡元侯 声侯子。 卫悼公 出公叔子。 卫敬公 悼公子。 西周桓公 考王弟。 鲁元公 悼公子。 周威公 桓公子。 东周惠公 威公子。 秦灵公 怀公孙。 卫慎公 敬公子。	杞釐公 郑哀公易 声公子。 蔡声侯产 成侯子。 蔡侯齐 为楚所灭。 杞简公春 为楚所灭。 思王叔袭 定王子。 周考哲王嵬 思王弟。 秦怀公 躁公子。 卫怀公 敬公弟。 周威烈王 考王子。 郑幽公 共公子。 宋昭公 景公子。 晋幽公 懿公子。 楚声王 简王子。	吴王夫差 太宰嚭

		西门豹		
		公仪休	鲁穆公 元公子。	
	子思			
		泄柳	费惠公	
		申详		
			颜敢 王慎	
			长息 公明高	
			严仲子 聂政 聂政姊	
			孟胜	
			徐弱	
	孟子		白圭 邹忌 孙膑	
			田忌	
			太史儋	
		赵良	商鞅 申子	
			屈宜咎	
			铎椒	
			郑敖子华	

韩景侯虔 武侯子。	燕釐公 三十四世。			
			元安王骄 威烈王子。	
	秦惠公 简公子。			
孙子		晋列侯 幽公子。		
南宫边			郑繻公骀	
	赵武公 列侯弟。			
列子		宋悼公 昭公子。		
		楚悼公 声王子。		郑相 驷子阳
	韩烈侯 景侯子。			
				齐康公 为田氏所灭。
魏武侯 文侯子	吴起			
	韩文侯	韩相侯粲		
	赵敬侯 烈侯子。	宋休公 悼公子。		
阳成君				
	魏惠王 武王子。	晋孝公 列公子。		
			韩哀侯 文侯子。	
大监突				
		秦出公 惠公子。		
	齐桓侯 和侯子。			郑康公乙 为韩所灭。
徐子				
		楚肃王 悼王子。		
齐威王 田桓侯子。	赵成侯 敬侯子。			晋靖公
		韩懿侯 哀侯子。		任伯 为韩魏所灭。
	燕桓公 三十五世。	鲁共公 缪公子。		
			周夷烈王喜 元安王子。	
章子				
		庞涓		
	秦献公 灵公子。			
大成午		宋辟公 休公子。		
	赵肃侯 成侯子。			
		卫声公 慎公子。		
	秦孝公 献公子。			
		楚唐蔑		
甘龙	韩昭侯 懿侯子。			
杜挚				
	燕文公 桓公子，三十六世。	卫成公 声公子。		
子桑子			周显圣王扁 夷烈王子。	
被雍	安陵缠	楚宣王 肃王子。		
昭奚恤				
			宋剔成君 辟公子。	
江乙	苏秦			
沈尹华	张仪	鲁康公		

			史举
			闾丘光
			闾丘印
			颜歜
			王升
			尹文子
			番君
			唐易子
			如耳
			西周武公
	屈原		
			陈轸
		昭廷	占尹
	渔父		应竖
			秦武王
			惠王子。
		樗里子	任鄙
			公羊子
	肥义		榖梁子
			万章
			告子
		甘茂	薛居州
		滕文公	乐正子
			高子
			仲梁子
		公孙丑	
			孔穿
			子思玄孙。

	齐宣王		岩跻	
	辟彊			
冯赫	威王子。			
淳于髡		鲁景公		
	靖郭君	康公子。		
昆辩				
		唐尚		
	于陵中子			
司马错	秦惠王	楚威王		
	孝王子。			
犀首				
公中用	魏襄王	卫平公		
史起	惠王子。	成公子。		
荡疑	韩宣王	卫嗣君	慎靓王	
	昭王子。	平公子。	显王子。	
魏哀王	燕易王	鲁平公	越王无疆	
襄王子。	三十七世。	景公子。	勾践十世。为楚所灭。	
韩襄王	周昭文君	燕王哙		
宣王子。		三十八世。		
	赧王延			
苏代	慎靓王子。	子之		
		楚怀王		夫人郑袖
苏厉	马犯	威王子。		
	周景			
宋遗	令尹子椒	靳尚		
上官大夫				
	子兰	魏昭王		
乌获		哀王子。		
轧子	孟说		赵武灵王	
聅子		鲁愍公	肃侯子。	
		平公子。		
沈子	戚子		李兑	
	根牟子	楚顷襄王	田不礼	
		怀王子。		
北宫子	申子		代君章	
	慎子	卫怀君		
鲁子	严周	嗣君子。	齐愍王	
公扈子	惠施		宣王子。	
	公孙龙			
尸子		齐襄王	淖齿	宋君偃
捷子	魏公子牟	愍王子。		为齐所灭。
邹衍				
田骈	狐爰			
惠盎				
王孙贾				

			王歜
			燕昭王 三十九世，哙子。
		乐毅	郭隗
			白起
			田单
			赵奢
			缩高
		廉颇	公孙弘
		虞卿	
	鲁仲连		侯嬴
			平原君
	蔺相如		
			毛遂
			蒙恬
		朱英	
	孙卿		
		王翦	
			韩非
			燕将渠
			乐閒
			高渐离
		孔襄 孔鲋弟子。	

宋玉	唐勒			
严辛	景瑳	燕惠王		
范雎		四十世，昭王	骑劫	
苏不释		子。		
	秦昭襄王			
叶阳君	武王弟。	韩釐王		
		襄王子。		
泾阳君	穰侯			
	赵惠文王			
安陆君	武灵王弟。	魏安釐王		
		昭王子。		
唐雎	陈筮			
孟尝君	雍门周	燕武成王		
魏公子	范座	惠王子。		
		赵孝成王	赵括	
朱亥	左师触龙	惠文王子。	韩王安	
春申君		燕孝王	为秦所灭。	
	庞煖	四十二世，武成王		
秦孝文王		子。		
昭襄王子。			赵王迁	
		李园	为秦所灭。	
华阳夫人	楚考烈王	鲁顷公		
	顷襄王子。	为楚所灭。		
秦严襄王			楚幽王	
文王子。	韩桓惠王	魏景湣王	考烈王子。	楚王负刍
	釐王子。	安釐王子。		为秦所灭。
	卫元君	赵悼襄王	燕栗腹	
吕不韦	怀君弟。	孝成王子。		燕王喜
			剧辛	为秦所灭。
淳于越	秦始皇			
			代王嘉	
李牧			为秦所灭。	魏王假
燕太子丹	李斯			为秦所灭。
鞠武	秦武阳			齐王建
				为秦所灭。
			秦二世	
荆轲	项梁		胡亥	赵高
樊於期		卫君角		
	秦子婴	为秦所灭。		阎乐
孔鲋	项羽	董翳		
孔穿孙。	陈胜	司马欣		
	吴广			

卷二十一上

律历志第一上

《虞书》曰“乃同律度量衡”，所以齐远近立民信也。自伏羲画八卦，由数起，至黄帝、尧、舜而大备。三代稽古，法度章焉。周衰官失，孔子陈后王之法，曰：“谨权量，审法度，修废官，举逸民，四方之政行矣。”汉兴，北平侯张苍首律历事，孝武帝时乐官考正。至元始中王莽秉政，欲耀名誉，征天下通知钟律者百余人，使羲和刘歆等典领条奏，言之最详。故删其伪辞，取正义，著于篇。

一曰备数，二曰和声，三曰审度，四曰嘉量，五曰权衡。参五以变，错综其数，稽之于古今，效之于气物，和之于心耳，考之于经传，咸得其实，靡不协同。

数者，一、十、百、千、万也，所以算数事物，顺性命之理也。《书》曰：“先其算命。”本起于黄钟之数，始于一而三之，三三积之，历十二辰之数，十有七万七千一百四十七，而五数备矣。其算法用竹，径一分，长六寸，二百七十一枚而成六觚，为一握。径象乾律黄钟之一，而长象坤吕林钟之长。其数以《易》大衍之数五十，其用四十九，成阳六爻，得周流六虚之象也。夫推历生律制器，规圆矩方，权重衡平，准绳嘉量，探赜索隐，钩深致远，莫不用焉。度长短者不失豪氂，量多少者不失圭撮，权轻重者不失黍絫。纪于一，协

《尚书·虞书》上说“要统一律历和度量衡”，这样无论远近的百姓都能拥有统一的度量标准，交易时才能有据可依。从伏羲推演八卦产生数字开始，到黄帝、尧、舜时期，数字计量已基本成熟。经过夏商周三代帝王在古法基础上的不断精进，使度量标准更加趋于完备。随着周朝衰亡，诸侯势力的兴起，度量衡再度失去了统一的标准，当孔子谈论起有关后代帝王应遵循的治国方略时曾强调：“要谨慎对待度量衡和律历，整顿吏治，从节行超俗的人中选拔人才，这样天下才能得以治理。”汉朝兴起后，北平侯张苍率先制定律令和历法，到孝武帝时期又由乐官对其进行了考核与修正。到了元始年间，王莽执政，他想显扬自己的声名，于是就征集天下精通律历的一百多位贤士，同时命令羲和刘歆主持新律制定工作，并要求事无巨细，逐条上奏请旨颁布。因此去其糟粕，取其精华，著于此篇。

第一数字要完整、精确，第二音律要和协，第三制定标准长度单位，第四制定标准量器，第五制定标准衡器。纵观古今，考证典籍，只有统一了标准，一切的变化和数理，才可万变不离其宗，才能通晓寰宇万事万物。

数字，有一、十、百、千、万等等，事物计数时，要符合命理术数。《尚书》上说：“首先要明确命理术数。”黄钟为万事之本，从一开始而后依次乘以三，以此类推，经过十二次积数相乘，推算出十七万七千一百四十七，这也就是五行变化所需的全部数字。具体算法是用直径一分，长六寸的竹子，共二百七十一枚，即为六觚之数，形成一握。直径恰好是阳律中黄钟的十分之一，长度恰好是阴律中林钟吕的长度。《易经》中大衍之数为五十，用四十九作为基数，组成阳卦六爻，从而推演出六爻周流六虚之象。并由此推演出历法，产生新律，制造出各种计算用的工具，用圆规绘制圆形，用矩画方形，

于十，长于百，大于千，衍于万，其法在算术。宣于天下，小学是则。职在太史，羲和掌之。

声者，宫、商、角、徵、羽也。所以作乐者，谐八音，荡涤人之邪意，全其正性，移风易俗也。八音：土曰埙，匏曰笙，皮曰鼓，竹曰管，丝曰弦，石曰磬，金曰钟，木曰柷。五声和，八音谐，而乐成。商之为言章也，物成孰可章度也。角，触也，物触地而出，戴芒角也。宫，中也，居中央，畅四方，唱始施生，为四声纲也。徵，祉也，物盛大而繁祉也。羽，宇也，物聚臧宇覆之也。夫声者，中于宫，触于角，祉于徵，章于商，宇于羽，故四声为宫纪也。协之五行，则角为木，五常为仁，五事为貌；商为金为义为言；徵为火为礼为视；羽为水为智为听；宫为土为信为思。以君臣民事物言之，则宫为君，商为臣，角为民，徵为事，羽为物。唱和有象，故言君臣位事之体也。

五声之本，生于黄钟之律。九寸为宫，或损或益，以定商、角、徵、羽。九六相生，阴阳之应也。律十有二，阳六为律，阴六为吕。律以统气类物，一曰黄钟，二曰太族，三曰姑洗，四曰蕤宾，五曰夷则，六曰亡射。吕以旅阳宣气，一曰林钟，二曰南吕，三曰应钟，四曰大吕，五曰夹钟，六曰中吕，有三统之义焉。其传曰，黄帝之所作也。黄帝使泠纶，自大夏之西，昆仑之阴，取竹之解谷生，其窍厚均者，断两节间而吹之，以为黄钟之宫。制十二筒以听凤之鸣，其雄

通过秤锤和精准的刻度来为物体称重，无论是探索细致入微的事物，还是广博精深的事物，没有不用到这些工具的。测量长度精确到不差毫厘，测量容积不差分毫，称量轻重不差黍絫。记数从一开始，超过十的，大于百的，大于千的，甚至超过万的，都以算术的方法计算。同时，朝廷下令将算术的方法公布天下，要求大家从小开始学习这些知识。这项工作属于太史的职责所在，由羲和掌管。

声音，有宫、商、角、徵、羽五声。制定乐律的人，通过金、石、丝、竹、匏、土、革、木八种材质制成的乐器来调和五声，制作出的乐曲可净化人们的邪念，端正人们的品行，移风易俗。八音包括：土制的埙，匏制的笙，皮制的鼓，竹制的管，丝制的弦，石制的磬，金属制的钟，木制的柷。五声调和，八音和谐，便形成乐曲。商相当于主旋律，物质成熟后可准确地进行测量。角，即为触，植物的根芽触地而发，犹如幼苗的萌芽。宫，即为中，位居中央，四通八达，最先发声，为四声纲领。徵，即为祉，事物繁盛便会积聚福祉。羽，即为宇，事物聚集、隐藏在宇宙之内。声音，即以宫为中心，萌发于角，到了徵逐渐增强，到达商更为显著，直到羽便扩散到整个宇宙，因此四声从宫开始。对应五行而言，则角对应木，在五常中为仁，在五事中为貌；商对应金，在五常中为义，在五事中为言；徵对应火，在五常中为礼，在五事中为视；羽对应水，在五常中为智，在五事中为听；宫对应土，在五常中为信，在五事中为思。如果从君、臣、民、事、物方面来说，那么宫即为君，商即为臣，角即为民，徵即为事，羽即为物。一唱一和，彼此呼应，这也正是君臣位事间的关系。

五声的本源，均由黄钟的律音衍生而来。以九寸作为宫调，通过提高或者降低，来确定商、角、徵、羽的音调。阴阳、柔刚相生相克，是阴阳呼应的结果。律分为十二种，其中六阳为律，六阴为吕。律代表阳气，用来统领气息模仿事物，一为黄钟，二为太族，三为姑洗，四为蕤宾，五为夷则，六为亡射。吕代表阴气，用来集中天阳，发出气息，一为林钟，二为南吕，三为应钟，四为大吕，五为夹钟，六为中吕，有三统之义，相传是由黄帝制定的。黄帝派泠纶从大夏往西，到达昆仑山的北麓，砍下解谷中生长的一种竹子，那里产的竹子厚薄均

鸣为六，雌鸣亦六，比黄钟之宫，而皆可以生之，是为律本。至治之世，天地之气合以生风；天地之风气正，十二律定。黄钟：黄者，中之色，君之服也；钟者，种也。天之中数五，五为声，声上宫，五声莫大焉。地之中数六，六为律，律有形有色，色上黄，五色莫盛焉。故阳气施种于黄泉，孳萌万物，为六气元也。以黄色名元气律者，著宫声也。宫以九唱六，变动不居，周流六虚。始于子，在十一月。大吕：吕，旅也，言阴大，旅助黄钟宣气而牙物也。位于丑，在十二月。太族：族，奏也，言阳气大，奏地而达物也。位于寅，在正月。夹钟：言阴夹助太族宣四方之气而出种物也。位于卯，在二月。姑洗：洗，洁也，言阳气洗物辜洁之也。位于辰，在三月。中吕：言微阴始起未成，著于其中旅助姑洗宣气齐物也。位于巳，在四月。蕤宾：蕤，继也，宾，导也，言阳始导阴气使继养物也。位于午，在五月。林钟：林，君也，言阴气受任，助蕤宾君主种物使长大楙盛也。位于未，在六月。夷则：则，法也，言阳气正法度而使阴气夷当伤之物也。位于申，在七月。南吕：南，任也，言阴气旅助夷则任成万物也。位于酉，在八月。亡射：射，厌也，言阳气究物而使阴气毕剥落之，终而复始，亡厌已也。位于戌，在九月。应钟，言阴气应亡谢，该臧万物而杂阳阂种也。位于亥，在十月。

三统者，天施，地化，人事之纪也。十一月，《乾》之初九，阳气伏于地下，始著为一，万物萌动，钟于太阴，故黄钟为天统，律长

匀，截断两端的竹节，吹奏竹子中间的部位，所发出的声音被定义为黄钟的宫调。制作十二个这样的竹筒，来模仿凤凰的鸣叫声，其中模仿雄凤凰鸣叫六声，模仿雌凤凰也鸣叫六声，然后参照黄钟的宫调，确定其他的音调，这就是音律的由来。在太平盛世，天地之气和合而形成风；天地之气端正，十二律得以确定。黄钟：黄乃中正之色，也是君主服饰的颜色；钟，意为种。天的中间数字是五，五作为音律数字，声音在宫上，五声中没有比它更响亮的了。地的中间数字是六，六作为律音，律有形有色，颜色为明黄色，五色中没有比它更艳丽的了。因此阳气深植于地下，滋养万物使之萌芽生长，为六气之首。以明黄色来命名音律之首，是为了突显宫调。宫调以阳九唱响再以阴六和声，变化不息，周流六虚。从子位开始，对应的是十一月。大吕：吕，即为旅，意为阴气强盛，助力于黄钟疏通气流，使万物萌芽。位于丑位，对应的是十二月。太族：族，即为奏，意为阳气大盛，传播至地面而通达作物。位于寅位，对应的是正月。夹钟：意为阴气位于两旁，助力太族散布四方气流，使深埋地下的作物长出地面。位于卯位，对应的是二月。姑洗：洗即为洁，意为阳气洗涤万物，使之洁净。位于辰位，对应的是三月。中吕：意为微弱的阴气刚开始滋生仍未形成，它参与其中是为了一同助力姑洗宣泄气流，滋养万物。位于巳位，对应的是四月。蕤宾：蕤，即为继；宾，即为导，意为阳气开始主宰阴气，使其继续滋养万物。位于午位，对应的是五月。林钟：林，即为君，意为阴气受命助力蕤宾，主宰播种成功的作物，使它们茂盛地生长。位于未位，对应的是六月。夷则：则，即为法，意为通过阳气来端正法度，使阴气损伤那些应当毁弃的物质。位于申位，对应的是七月。南吕：南，即为任，意为助力阴气共同阻止万物生长。位于酉位，对应的是八月。亡射：射，即为厌，意为阳气穷究万物，而阴气将剥落该剥落的万物，周而复始，没有穷尽。位于戌位，对应的是九月。应钟：意为阴气呼应亡射，收藏该收藏的万物，并且夹杂着阳气，将作物封闭于地下。位于亥位，对应的是十月。

所谓三统，即天造地设，记载世事的历法。十一月时，对应的是《乾》卦第一爻初九，此时阳气像潜龙一样潜伏于地下，开始汇聚凝

九寸。九者，所以究极中和，为万物元也。《易》曰："立天之道，曰阴与阳。"六月，《坤》之初六，阴气受任于太阳，继养化柔，万物生长，楙之于未，令种刚强大，故林钟为地统，律长六寸。六者，所以含阳之施，楙之于六合之内，令刚柔有体也。"立地之道，曰柔与刚。""《乾》知太始，《坤》作成物。"正月，《乾》之九三，万物棣通，族出于寅，人奉而成之，仁以养之，义以行之，令事物各得其理。寅，木也，为仁；其声，商也，为义。故太族为人统，律长八寸。象八卦，宓戏氏之所以顺天地，通神明，类万物之情也。"立人之道，曰仁与义。""在天成象，在地成形。""后以裁成天地之道，辅相天地之宜，以左右民。"此三律之谓矣，是为三统。

其于三正也，黄钟子为天正，林钟未之衝丑为地正，太族寅为人正。三正正始，是以地正适其始纽于阳东北丑位。《易》曰"东北丧朋，乃终有庆"，答应之道也。及黄钟为宫，则太族、姑洗、林钟、南吕皆以正声应，无有忽微，不复与它律为役者，同心一统之义也。非黄钟而它律，虽当其月自宫者，则其和应之律有空积忽微，不得其正。此黄钟至尊，亡与并也。

《易》曰："参天两地而倚数。"天之数始于一，终于二十有五。其义纪之以三，故置一得三，又二十五分之六，凡二十五置，终天之数，得八十一，以天地五位之合终于十者乘之，为八百一十分，应历一统千五百三十九岁之章数，黄钟之实也。繇此之义，起十二

结为一体，万物萌动，种子被盛阴所包裹，所以黄钟为天统，律长九寸。九这个数字代表终极平衡，是万物之首。《易经》上说："阴、阳即为上天运化的规律。"六月，对应的是《坤》卦第一爻初六，阴气受到盛阳的主宰，开始运化、给养万物复苏，并在未时生长茂盛，促使种子强壮、成熟，所以林钟为地统，律长六寸。六这个数字代表受到盛阳主宰在六合之内萌发、茂盛，刚柔并济。"刚、柔即为大地运化的规律。""《乾》主宰宇宙万物的初始萌发，《坤》主宰宇宙万物运化成熟。"正月，对应的是乾卦中的九三爻，此时阳气使万物疏通，蠢蠢欲动，并在寅时破土而出，在人们的精心培育下成长，以仁德抚养它，以道义引导它，使事物按照各自的习性生长。寅，对应五行中的木，五常中的仁，它的声音，是商调，对应五常中的义。所以太族为人统，律长八寸。根据三统历，布设八卦图，伏羲氏通过它顺应天地、通达神灵、推演万物特性。"仁、义即为人类循环的规律。""在天显现出虚空的表象，在地呈现出实质的形体。""后世的君王通过总结天地间的运化规律，来治理天下，教化百姓。"这就是所说的三律，这就是三统。

五声还要对应三正，黄钟在子位为天正；林钟在未位，与丑位相对冲，为地正；太族在寅位为人正。三正从正位开始，与地正相对应，同时兼顾阳位于东北丑位。《易经》上说"即使东北方有所损伤，最终也会有一定的福祉"，这便是答和应的规律。若黄钟作为天正的宫调，那么太族、姑洗、林钟、南吕都会以地正之声相应，分毫不差，不再对应其他律音，这便是齐心协力的道义所在。若不是黄钟而是其他律音，即使以它所对应的月份作为宫调，那么与之相应的律音也会有差异，无法得到正音。这就是黄钟至尊之位的缘由，其他宫调无法逾越。

《易经》上说："以奇数为天之数，以偶数为地之数，而组成了卦爻之数。"天数从一开始，将一、三、五、七、九，五位奇数相加，总和为二十五。天数用三来计数，即一三得三，又二十五分之六，共置二十五个数字，即为全部的天数，得八十一，用天地五位数字之合乘以十，为八百一十分，与历法一统的一千五百三十九年的章数相

律之周径。地之数始于二，终于三十。其义纪之以两，故置一得二，凡三十置，终地之数，得六十，以地中数六乘之，为三百六十分，当期之日，林钟之实。人者，继天顺地，序气成物，统八卦，调八风，理八政，正八节，谐八音，舞八佾，监八方，被八荒，以终天地之功，故八八六十四。其义极天地之变，以天地五位之合终于十者乘之，为六百四十分，以应六十四卦，大族之实也。《书》曰："天功人其代之。"天兼地，人则天，故以五位之合乘焉，"唯天为大，唯尧则之"之象也。地以中数乘者，阴道理内，在中馈之象也。三统相通，故黄钟、林钟、太族律长皆全寸而亡余分也。

天之中数五，地之中数六，而二者为合。六为虚，五为声，周流于六虚。虚者，爻律夫阴阳，登降运行，列为十二，而律吕和矣。太极元气，函三为一。极，中也。元，始也。行于十二辰，始动于子。参之于丑，得三。又参之于寅，得九。又参之于卯，得二十七。又参之于辰，得八十一。又参之于巳，得二百四十三。又参之于午，得七百二十九。又参之于未，得二千一百八十七。又参之于申，得六千五百六十一。又参之于酉，得万九千六百八十三。又参之于戌，得五万九千四十九。又参之于亥，得十七万七千一百四十七。此阴阳合德，气钟于子，化生万物者也。故孳萌于子，纽牙于丑，引达于寅，冒茆于卯，振美于辰，已盛于巳，咢布于午，昧薆于未，申坚于申，留孰于酉，毕入于戌，该阂于亥。出甲于甲，奋轧于乙，明炳于丙，大盛于丁，丰楙于戊，理纪于己，敛更于庚，悉新于辛，怀任于壬，陈揆于癸。故阴阳之施化，万物之终始，既类旅于律吕，又经历于日辰，而变化之情可见矣。

吻合，这便是黄钟的实数。通过这个概念，就可以推演出十二律的周径。地数从二开始，将二、四、六、八、十，五位偶数相加，总和为三十。地数用二来计数，即一二得二，共置三十个数字，即为全部的地数，得六十，乘以六，得到三百六十分，正好是一年的天数，这便是林钟的实数。人顺应天时，按时劳作，统领八卦，调和八风，治理八政，端正八节，协调八音，舞蹈八佾，监察八方，踏足八荒，以此来完成天地大业，所以八八六十四。它包含了天地间一切的变数，用天地五位之数的合乘以十，得六百四十分，恰好与六十四卦相对应，这便是太族的实数。《尚书》上说："天之功业由人代为实现。"天地之间，由人来替天行道，所以用天数五位的和与之相乘，"唯有天最大，唯有尧能替天行道"。用地数的中间数字六来乘，六六三十六，阴的规律就在相乘的数字内，阴主内，犹如居于内室一样。三统相通，因此黄钟、林钟、太族的律长都达到了，不会多余一分。

天数的中间数字是五，地数的中间数字是六，二者五位相得而各有合。六是爻位，五是声位，在天地四方流动不息。虚，即指爻和律都有阴阳，它们上下运行，共分为十二音律，从而使律、吕和谐。太极原始之气，包含了天、地、人，三合为一。极，即为中间的意思。元，意为开始。在十二时辰中运行，首先从子时开始。到了丑时以三相乘得三。又乘以三到达寅时，三三得九。又到了卯时以三相乘，三九二十七。又到辰时以三相乘，三乘以二十七得八十一。又在巳时以三乘以八十一，得二百四十三。又在午时以三乘以二百四十三，得七百二十九。又在未时以三乘以七百二十九，得二千一百八十七。又在申时以三乘以二千一百八十七，得六千五百六十一。到了酉时又以三乘以六千五百六十一，得一万九千六百八十三。又在戌时以三乘以一万九千六百八十三，得五万九千零四十九。最后又在亥时以三乘以五万九千零四十九，得十七万七千一百四十七。这时阴阳相合，气在子时生发，运化万物。因此子时滋生，丑时萌芽，寅时生长，卯时破土而出，辰时茁壮向上，巳时强壮茂盛，午时开枝散叶，未时果实飘香，申时丰硕饱满，酉时亟待收获，戌时颗粒归仓，亥时包裹封藏。甲时破壳而出，乙时奋力发芽，丙时光明显著，丁时强盛壮大，戊时繁盛茂

玉衡杓建，天之纲也；日月初躔，星之纪也。纲纪之交，以原始造设，合乐用焉。律吕唱和，以育生成化，歌奏用焉。指顾取象，然后阴阳万物靡不条鬯该成。故以成之数忖该之积，如法为一寸，则黄钟之长也。参分损一，下生林钟。参分林钟益一，上生太族。参分太族损一，下生南吕。参分南吕益一，上生姑洗。参分姑洗损一，下生应钟。参分应钟益一，上生蕤宾。参分蕤宾损一，下生大吕。参分大吕益一，上生夷则。参分夷则损一，下生夹钟。参分夹钟益一，上生亡射。参分亡射损一，下生中吕。阴阳相生，自黄钟始而左旋，八八为伍。其法皆用铜。职在大乐，太常掌之。

度者，分、寸、尺、丈、引也，所以度长短也。本起黄钟之长。以子谷秬黍中者，一黍之广，度之九十分，黄钟之长。一为一分，十分为寸，十寸为尺，十尺为丈，十丈为引，而五度审矣。其法用铜，高一寸，广二寸，长一丈，而分寸尺丈存焉。用竹为引，高一分，广六分，长十丈，其方法矩，高广之数，阴阳之象也。分者，自三微而成著，可分别也。寸者，忖也。尺者，蒦也。丈者，张也。引者，信也。夫度者，别于分，忖于寸，蒦于尺，张于丈，信于引。引者，信天下也。职在内官，廷尉掌之。

密，已时形成果实，庚时聚集能量，辛时秀实新成，壬时封存收藏，癸时万物休眠。因此阴阳造化，催使万物循环往复，斗转星移，因时而动，变化的规律显而易见。

北斗七星中的玉衡星以及北斗星斗柄的指向，即为天纲要则所在；指示着日月运行，是其他星宿位置排序的参照。纲纪相交，就形成了原始混沌的初貌，以配合旋律。律和吕一唱一和，形成运化，以配合音节。星象以斗柄所示为坐标，从而使阴阳万物无不畅达完备。因此根据一个已知数可推算出其他数值，如假设法为一寸，也就是黄钟的长度。去掉黄钟长度的三分之一，就是林钟的长度。把林钟的长度再加上它的三分之一，就是太族的长度。去掉太族长度的三分之一，就是南吕的长度。把南吕的长度再加上它的三分之一，就是姑洗的长度。去掉姑洗长度的三分之一，就是应钟的长度。把应钟的长度再加上它的三分之一，就是蕤宾的长度。去掉蕤宾长度的三分之一，就是大吕的长度。把大吕的长度再加上它的三分之一，就是夷则的长度。去掉夷则长度的三分之一，就是夹钟的长度。把夹钟的长度再加上它的三分之一，就是亡射的长度。去掉亡射长度的三分之一，就是中吕的长度。阴阳相生，从黄钟开始向左旋转，八八为一组。这些规制需要用铜制的乐器来确定。这是大乐官职责所在，由太常负责掌管。

度包括分、寸、尺、丈、引，是用来测量长短的长度单位。最初起源于黄钟的长度。以中等谷黍为标准进行测量，北方黑色谷黍一黍的宽度为九十分，正好是黄钟的长度。一为一分，十分为一寸，十寸为一尺，十尺为一丈，十丈即为一引，这是五种测量长度的单位。制作方法是用铜铸造标尺，高一寸，宽二寸，长一丈，这样分、寸、尺、丈就都可测量了。用竹制作测量引的标尺，高一分，宽六分，长十丈，它的方形根据矩来制作，它的高和宽数值，与阴阳相对。分，是把许多微小的事物组合在一起，从而变得显著，也可以分开。寸，即为忖，可揣度、思量。尺，即为蒦，意为标尺。丈，即为张，丈量的意思。引，即为信，伸长的意思。所以有关测量，分用来区分，寸用来揣度，尺用来规范，丈用来丈量，引用来延伸。引，意为无限伸展。具体的测量工

量者，龠、合、升、斗、斛也，所以量多少也。本起于黄钟之龠，用度数审其容，以子谷秬黍中者千有二百实其龠，以井水准其槩。十龠为合，十合为升，十升为斗，十斗为斛，而五量嘉矣。其法用铜，方尺而圆其外，旁有庣焉。其上为斛，其下为斗。左耳为升，右耳为合龠。其状似爵，以縻爵禄。上三下二，参天两地，圆而函方，左一右二，阴阳之象也。其圆象规，其重二钧，备气物之数，合万有一千五百二十。声中黄钟，始于黄钟而反覆焉，君制器之象也。龠者，黄钟律之实也，跃微动气而生物也。合者，合龠之量也。升者，登合之量也。斗者，聚升之量也。斛者，角斗平多少之量也。夫量者，跃于龠，合于合，登于升，聚于斗，角于斛也。职在太仓，大司农掌之。

衡权者，衡，平也，权，重也，衡所以任权而均物平轻重也。其道如砥，以见准之正，绳之直，左旋见规，右折见矩。其在天也，佐助旋机，斟酌建指，以齐七政，故曰玉衡。《论语》云："立则见其参于前也，在车则见其倚于衡也。"又曰："齐之以礼。"此衡在前居南方之义也。

权者，铢、两、斤、钧、石也，所以称物平施，知轻重也。本起于黄钟之重。一龠容千二百黍，重十二铢，两之为两。二十四铢为两。十六两为斤。三十斤为钧。四钧为石。忖为十八，《易》十有八变之象也。五权之制，以义立之，以物钧之，其余小大之差，以轻重为宜。圆而环之，令之肉倍好者，周旋无端，终而复始，无穷已也。

作是内官的职责所在，由廷尉负责掌管。

测量容积的工具有龠、合、升、斗、斛，是用来测量容积的。最初起源于黄钟的竹管，通过测量来确定它能容纳多少，以北方中等黑色谷黍为标准，一千二百颗谷黍装满竹管，或用井水装满竹管。二龠为一合，十合为一升，十升为一斗，十斗为一斛，这是五种测量容积的工具。制作方法是用铜铸造，内方外圆形，旁边有预留口。上面为斛，下面为斗。左边为升，右边为二龠。其外形犹如爵形酒器，用以分配爵位和俸禄。上面的三种度量代表天数，下面的两种度量代表地数，外圆内方，左边为一升，右边为两龠，其形状是阴阳的具体表现。它的圆形为规，重达二钧，具备阴阳万物之数，共有一万一千五百二十铢。声音符合黄钟律，从黄钟长度开始反复覆减损、增益三分之一，是君主制作器物的依据。龠是黄钟律长的容积，音律微动而产生气流。合为二龠的数量。以十为单位，升是比合高一等的容量。斗是把升聚集在一起的容量。斛是用角盛，装平一斗的容量。量器以龠为原始单位，以二龠为一合，以十合为一升，十升为一斗，再用角装盛十斗为一斛。具体操作属于太仓的职责所在，由大司农负责掌管。

衡权中，衡的意思为秤杆，权的意思为秤锤，通过调节秤锤来使秤杆平衡，从而测量其轻重。它的原理就像砥石砺物一样，通过绳子的垂直程度来判断是否平正，左转为规，右折为矩，好比天上的北斗星，可以辅助观测星象，斟酌斗柄所指的方向，来协调七政，因此称为玉衡。《论语》上说："站立时看到它在前方引导，坐在车上时就看到它倚着车头的横木。"又说："用礼制来引导他们。"说明衡位于前方，人居于南方的意思。

称重的单位有铢、两、斤、钧、石，用来称量物体的重量，判断它的轻重。最初起源于黄钟的重量。一龠装一千二百粒黍子，重量为十二铢，十二铢的两倍为一两。也就是二十四铢为一两。十六两为一斤。三十斤为一钧。四钧为一石。一钧有一万一千五百二十铢，除以《易经》六十四爻的数字，得出十八，象征《易经》有十八种变数。这五种权衡单位，以义立之，用来衡量物体，大小的差别，用轻重来

铢者，物繇忽微始，至于成著，可殊异也。两者，两黄钟律之重也。二十四铢而成两者，二十四气之象也。斤者，明也，三百八十四铢，《易》二篇之爻，阴阳变动之象也。十六两成斤者，四时乘四方之象也。钧者，均也，阳施其气，阴化其物，皆得其成就平均也。权与物均，重万一千五百二十铢，当万物之象也。四百八十两者，六旬行八节之象也。三十斤成钧者，一月之象也。石者，大也，权之大者也。始于铢，两于两，明于斤，均于钧，终于石，物终石大也。四钧为石者，四时之象也。重百二十斤者，十二月之象也。终于十二辰而复于子，黄钟之象也。千九百二十两者，阴阳之数也。三百八十四爻，五行之象也。四万六千八十铢者，万一千五百二十物历四时之象也，而岁功成就，五权谨矣。

权与物钧而生衡，衡运生规，规圆生矩，矩方生绳，绳直生准，准正则平衡而钧权矣，是为五则。规者，所以规圆器械，令得其类也。矩者，所以矩方器械，令不失其形也。规矩相须，阴阳位序，圆方乃成。准者，所以揆平取正也。绳者，上下端直，经纬四通也。准绳连体，衡权合德，百工繇焉，以定法式，辅弼执玉，以翼天子。《诗》云："尹氏大师，秉国之钧，四方是维，天子是毗，俾民不迷。"咸有五象，其义一也。以阴阳言之，大阴者，北方。北，伏也，阳气伏于下，于时为冬。冬，终也，物终臧，乃可称。水润下。知者谋，谋者重，故为权也。大阳者，南方。南，任也，阳气任养物，于时为夏。夏，假也，物假大，乃宣平。火炎上。礼者齐，齐者平，故为衡也。少阴者，西方。西，迁也，阴气迁落物，于时为秋。秋，𪏆也，物𪏆敛，乃成孰。金从革，改更也。义者成，成者方，故为矩也。少阳者，东方。东，动也，阳气动物，于时为春。春，蠢也，物蠢生，乃动

区分比较合适。秤锤为圆形，上有很多小孔，回旋不定，周而复始，无穷无尽。铢，是最小的称重单位，体积较大的物体，外形上就可以明显区分。两是两个黄钟律管重量的意思。二十四铢为一两，代表二十四个节气。斤，即为显著的意思，含有三百八十四铢，是《易经》二篇的爻数，代表了阴阳变数。十六两为一斤，代表四个季节乘以四方。钧，意为平均，阳气散布，阴气将万物转化成形，使之都得到平均的结果。秤锤与物体重量均平，重量就有一万一千五百二十铢，恰好代表万物。四百八十两，代表六旬周行八节。三十斤为一钧，代表一个月。石，即为大的意思，是重量最大的单位。从铢开始，铢的两倍即为两，到斤就比较明显了，钧较为平均，石即为最重的单位，物体的重量单位到石即为最重。四钧为一石，代表一年有四季。重一百二十斤，代表一年有十二个月。到十二时辰停止又从子时开始，这是黄钟的象征。一千九百二十两代表阴阳之数。三百八十四爻，这是五行的象征。四万六千零八十铢，除以四，得到一万一千五百二十诛，代表经过四季，时为一岁，这就是五权制。

秤锤和物重相等便会形成平衡，保持秤杆水平，就产生了规，用圆规绘制圆继而又产生矩，用矩画中正的方形而生成绳，绳垂直形成准绳，准绳中正则秤杆平直，物体与秤锤两端均衡，这就是五则。规是画圆的工具，画出的圆无论大小都是正圆。矩是画方的工具，画出的矩形无论大小都是直角。规和矩互相配合，再加之阴阳有序，就能画出任意的圆和方。准是用来保持物体水平、中正的。绳，上下垂直，经纬畅通。准和绳连在一起，再加之衡和权协调一致，这些工具被各类工匠广泛应用，以此来确定法度，就像辅弼官拿着玉笏辅助天子执政一样。《诗经》上说：“尹氏担任太师一职，执掌国家权衡，维护四方稳定，辅佐君王治理天下，使百姓安居乐业。”有这么五种象，与五则的意义相符。用阴阳来比喻，则大阴代表北方。北，即为伏的意思，阳气蛰伏于地下，对应的时令为冬季。冬，即为终的意思，万物终日潜藏起来，于是可以揣度。五行属水，水往低处流。犹如智者善于谋略，有谋略的人都比较持重，以此象征权。大阳代表南方。南，即为孕育的意思，阳气滋养万物，对应的时令为夏季。夏，即为假的

运。木曲直。仁者生，生者圆，故为规也。中央者，阴阳之内，四方之中，经纬通达，乃能端直，于时为四季。土稼啬蕃息。信者诚，诚者直，故为绳也。五则揆物，有轻重圆方平直阴阳之义，四方四时之体，五常五行之象。厥法有品，各顺其方而应其行。职在大行，鸿胪掌之。

《书》曰："予欲闻六律、五声、八音、七始咏，以出内五言，女听。"予者，帝舜也。言以律吕和五声，施之八音，合之成乐。七者，天地四时人之始也。顺以歌咏五常之言，听之则顺乎天地，序乎四时，应人伦，本阴阳，原情性，风之以德，感之以乐，莫不同乎一。唯圣人为能同天下之意，故帝舜欲闻之也。今广延群儒，博谋讲道，修明旧典，同律，审度，嘉量，平衡，钧权，正准，直绳，立于五则，备数和声，以利兆民，贞天下于一，同海内之归。凡律度量衡用铜者，名自名也，所以同天下，齐风俗也。铜为物之至精，不为燥湿寒暑变其节，不为风雨暴露改其形，介然有常，有似于士君子之行，是以用铜也。用竹为引者，事之宜也。

历数之起上矣。传述颛顼命南正重司天，火正黎司地，其后三苗乱德，二官咸废，而闰余乖次，孟陬殄灭，摄提失方。尧复育

意思，物体很大且使之平整。五行属火，火焰向上。犹如遵循礼制的人做事守规矩，处事就能公平，以此象征衡。少阴代表西方。西，即为迁的意思，阴气凋零万物，对应的时令为秋季。秋，即为内敛的意思，万物收敛，进入成熟期。五行属金，金主变革，变动更新。犹如正义之士会获取成功，成功者处事方正，循规蹈矩，以此象征矩。少阳代表东方。东，即为动的意思，阳气促使万物萌动，对应的时令为春季。春，即为蠢，万物蠢蠢欲动，蓬勃欲出。五行属木，木可曲可直。犹如仁德之人能伸能屈，处事圆滑，以此象征规。最后一个为位居中央者，它存在于阴阳之内，处于四方的中央，它使经纬畅通，从而端正笔直，对应的时令为一年四季。五行属土，土可春耕秋收，繁衍生息。犹如信守诺言的人恳切真诚，以此象征绳。通过五则判断事物，从轻重、方圆、平直、阴阳的不同角度来衡量，同时结合它们所对应的四方与四季，以及五常、五行的共性之处。法则虽有不同，但都能按照各自的特性运行。这是大行的职责所在，由鸿胪负责掌管。

《尚书》上说："我想传扬六律、五声、八音、七始的歌咏，向天下人宣告五言，你来听一听。"书中的"我"，指的是舜帝。这句话的意思是说用律、吕调和五声，用八音乐器演奏，把它们合成音乐。七指的是天、地、四季和人的关系。以此来顺应、歌颂人伦五常的音调，使听者能顺应天时，遵循四季的规律，以应人伦，以阴阳为根本，还原人的真性情，通过仁德教化，以音乐感化百姓，莫不归为一统。只有圣人能做到与天下人同心同德，因此舜帝才想传扬它。如今广纳群儒，群策群力，宣讲道理，修缮旧制，统一律历和度量衡，确立五则，使数字完备，音律和谐，以此造福天下万民，实现天下一统，海内归一。所有律器和度量衡器都用铜铸造，然后各自命名。因铜与同谐音，所以寓意一统天下，风俗齐备。铜为万物之精华，不会因为干燥、潮湿、严寒、酷暑，而使性状发生改变，也不会因为风吹、雨淋、日晒、夜露而变形，铜很稳定，一成不变，具有学者、君子的风范，所以选用铜来铸造。用竹来制作引器，是因为竹子制作比较方便。

历法的推算历史悠久。相传在远古时代，颛顼任命南正重掌管天文，火正黎掌管地理，后来三苗人叛乱，这两位官员都被罢免了，

重、黎之后，使纂其业，故《书》曰：“乃命羲、和，钦若昊天，历象日月星辰，敬授民时。”“岁三百有六旬有六日，以闰月定四时成岁，允厘百官，众功皆美。”其后以授舜曰：“咨尔舜，天之历数在尔躬。”“舜亦以命禹。”至周武王访箕子，箕子言大法九章，而五纪明历法。故自殷周，皆创业改制，咸正历纪，服色从之，顺其时气，以应天道。三代既没，五伯之末史官丧纪，畴人子弟分散，或在夷狄，故其所记，有《黄帝》《颛顼》《夏》《殷》《周》及《鲁历》。战国扰攘，秦兼天下，未皇暇也，亦颇推五胜，而自以为获水德，乃以十月为正，色上黑。

汉兴，方纲纪大基，庶事草创，袭秦正朔。以北平侯张苍言，用《颛顼历》，比于六历，疏阔中最为微近。然正朔服色，未睹其真，而朔晦月见，弦望满亏，多非是。

至武帝元封七年，汉兴百二岁矣，大中大夫公孙卿、壶遂、太史令司马迁等言“历纪坏废，宜改正朔”。是时御史大夫兒宽明经术，上乃诏宽曰：“与博士共议，今宜何以为正朔？服色何上？”宽与博士赐等议，皆曰：“帝王必改正朔，易服色，所以明受命于天也。创业变改，制不相复，推传序文，则今夏时也。臣等闻学褊陋，不能明。陛下躬圣发愤，昭配天地，臣愚以为三统之制，后圣复前圣者，二代在前也。今二代之统绝而不序矣，唯陛下发圣德，宣考天地四时之极，则顺阴阳以定大明之制，为万世则。”于是乃诏御

从而导致一岁中剩余的日子和置闰发生错乱，无法推算准确的正月，摄提星所指的方位不准。尧帝时，又重新培养重、黎的后人，命他们继承祖业，因此《尚书》中有载："于是任命羲、和，让他们顺应天时，观测日月星辰的运行，教授百姓按时令生息劳作。""一岁有三百六十六天，每四年通过置闰的方法调整一次时差，因此百官治理得当，各项事业蒸蒸日上。"后来尧把它传授给舜说："舜啊，以后律历就交由你掌管了。""舜也同样叮嘱禹。"直到周武王时期，他拜访箕子，箕子向他介绍了九章大法和五纪历法。由此从殷、周开始，君王在建立帝位时，都要相应地更改制度，重新确立历纪，并更换相应颜色的服饰，顺应天时，遵循自然规律。夏商周三代衰亡之后，春秋五霸取代周王室之后，史官便不再遵照历法，那些精通历法的学者四下分散，有的投靠了夷狄，所以他们所记载的，只有《黄帝历》《颛顼历》《夏历》《商历》《周历》以及《鲁历》。战国时期，天下大乱，秦统一六国后，还没来得及修订历法，只不过根据五行的推演，自认为应以水为德，于是把十月作为正月，服饰崇尚黑色。

汉朝兴起后，百废待兴，朝纲初立，万事都处于初创阶段，于是就沿袭了秦朝的历法。又采纳北平侯张苍的建议，使用《颛顼历》，这六种历法相比较，《颛顼历》虽不尽如人意，但最为贴近天地历法。只是《颛顼历》中对每月初一时间的推算和应崇尚的服饰颜色都未作出详细的说明，而且每月初一、月末时观察月亮的亏盈，也有很多内容记载不准确。

到了武帝元封七年（前104）时，汉朝已建立了一百零二年，大中大夫公孙卿、壶遂、太史令司马迁等人谏言："现行历法中存在很多谬误，应重新确定正朔"。正值御史大夫倪宽精通经术，于是皇上就命令倪宽说："你与博士一同商议，看何时最适宜定为岁首？朝服应选用什么颜色为最佳？"倪宽与博士赐等人共同讨论，一致认为："帝王务必要改换历法和服饰的颜色，以此来表明受命于上天。帝王从创业之初，就要着手改换历法，历法没有重复的，考证历史文献可知，如今汉朝应采用夏历。臣等学识浅薄，无法通晓事理。还须陛下亲自过问，奋发图强，仁德与天地相匹配，臣愚见，三统之制就是后

史曰："乃者有司言历未定，广延宣问，以考星度，未能雠也。盖闻古者黄帝合而不死，名察发敛，定清浊，起五部，建气物分数。然则上矣。书缺乐弛，朕甚难之。依违以惟，未能修明。其以七年为元年。"遂诏卿、遂、迁与侍郎尊、大典星射姓等议造《汉历》。乃定东西，立晷仪，下漏刻，以追二十八宿相距于四方，举终以定朔晦分至，躔离弦望。乃以前历上元泰初四千六百一十七岁，至于元封七年，复得阏逢摄提格之岁，中冬十一月甲子朔旦冬至，日月在建星，太岁在子，已得太初本星度新正。姓等奏不能为算，愿募治历者，更造密度，各自增减，以造汉《太初历》。乃选治历邓平及长乐司马可、酒泉候宜君、侍郎尊及与民间治历者，凡二十余人，方士唐都、巴郡落下闳与焉。都分天部，而闳运算转历。其法以律起历，曰："律容一龠，积八十一寸，则一日之分也。与长相终。律长九寸，百七十一分而终复，三复而得甲子。夫律阴阳九六，爻象所从出也。故黄钟纪元气之谓律。律，法也，莫不取法焉。"与邓平所治同。于是皆观新星度、日月行，更以算推，如闳、平法。法，一月之日二十九日八十一分日之四十三。先藉半日，名曰阳历；不藉，名曰阴历。所谓阳历者，先朔月生；阴历者，朔而后月乃生。平曰："阳历朔皆先旦月生，以朝诸侯王群臣便。"乃诏迁用邓平所造八十一分律历，罢废尤疏远者十七家，复使校历律昏明。宦者淳于陵渠复覆《太初历》晦朔弦望，皆最密，日月如合璧，五星如连珠。陵渠奏状，遂用邓平历，以平为太史丞。

代圣人重复先人的历法，可见二代之前应该有章可循。如今，二代制度已失传，无从考证了，只能恳请陛下发扬圣德，考察天地四季的变化，调顺阴阳来确立历法，作为今后万代需遵循的法则。”于是武帝诏命御史说：“在此之前，有关部门说历法没有确定，于是广纳贤能之人，考察星象，推演历法，还未完成此事。听说上古时代黄帝能与天地相合而不死，黄帝明察万物生发、收敛规律，分辨律声的清浊，推演五行，建立节气以及万物法则。但这毕竟是很久远的事了。如今典籍缺乏，音律废弃，我对完成这件事没有信心。此事仍需再三斟酌，谨慎对待，到目前为止还是没有头绪。就把元封七年改为太初元年（前104）。”于是武帝便命公孙卿、壶遂、司马迁和侍郎尊、大典星射姓等人负责制定《汉历》。确定东西南北的方位，安装测量日影长度的日晷仪，布置计时的漏壶，用来追踪测算二十八星宿所对应的四方的位置，从而确定每月初一、月末，以及春分、秋分，冬至、夏至的时间，观测月亮运行及月盈月亏的时间。根据旧历追溯至上元泰初四千六百一十七年之前，向下推演至元封七年，重新推演出甲寅年，即仲冬十一月初一甲子日零时为冬至，这时日月位于建星之处，太岁运行至子时的位置，以此得出太初星的初始数值。射姓等人上奏，表示不擅长推算，恳请武帝招募精通历法之人，重新确立更为精准的测量方式，查漏补缺，编订汉朝《太初历》。于是武帝选拔了精通历法的邓平以及长乐县的司马可、酒泉郡的候宜君、侍郎尊和一些民间深谙历法的百姓，共计二十多人，方士唐都以及巴郡人落下闳也参与其中。唐都划分天上二十八星宿的分布，落下闳推演历数。他采用的方法是根据音律，度量衡来确定历法，他说：“律的容积是一龠，积为八十一寸，正好是一天的分数。与律长相对应。律长九寸，到一百七十一分时结束，紧接着又重新开始，经过三次重复即为一个甲子。律中的阴阳数字是九和六，这是从爻象演化而来的。因此用黄钟调理元气称为律。由此，律便可作为标准法则，没有不遵循这一规律的。”这一研究结果恰好与邓平的观点一致。于是，大家便都来观测新的星度以及日月的运行轨迹，重新进行推算，和落下闳、邓平的结论一样。结论为，一个月有二十九天八十一分四十三秒。先借半日，称

后二十七年，元凤三年，太史令张寿王上书言：“历者天地之大纪，上帝所为。传黄帝《调律历》，汉元年以来用之。今阴阳不调，宜更历之过也。”诏下主历使者鲜于妄人诘问，寿王不服。妄人请与治历大司农中丞麻光等二十余人杂候日月晦朔弦望、八节二十四气，钧校诸历用状。奏可。诏与丞相、御史、大将军、右将军史各一人杂候上林清台，课诸历疏密，凡十一家。以元凤三年十一月朔旦冬至，尽五年十二月，各有第。寿王课疏远。案汉元年不用黄帝《调历》，寿王非汉历，逆天道，非所宜言，大不敬。有诏勿劾。复候，尽六年。《太初历》第一，即墨徐万且、长安徐禹治《太初历》亦第一。寿王及待诏李信治黄帝《调历》，课皆疏阔，又言黄帝至元凤三年六千余岁。丞相属宝、长安单安国、安陵杯育治《终始》，言黄帝以来三千六百二十九岁，不与寿王合。寿王又移《帝王录》，舜、禹年岁不合人年。寿王言化益为天子代禹，骊山女亦为天子，在殷周间，皆不合经术。寿王历乃太史官《殷历》也。寿王猥曰安得五家历，又妄言《太初历》亏四分日之三，去小余七百五分，以故阴阳不调，谓之乱世。劾寿王吏八百石，古之大夫，服儒衣，诵不详之辞，作袄言欲乱制度，不道。奏可。寿王候课，比三年下，终不服。再劾死，更赦勿劾，遂不更言，诽谤益甚，竟以下吏。故历本之验在于天，自汉历初起，尽元凤六年，三十六岁，而是非坚定。

为阳历；不借，即为阴历。所谓阳历，就是每月初一前能看见月亮；所谓阴历，就是每月初一后才能看见月亮。邓平说：“阳历初一在零时以前可看见月亮，是为了方便诸侯和群臣的朝见。”于是武帝便下诏命司马迁使用邓平所创的八十一分律历，废除差别甚大的其他十七家历法，又下令再次校验该律历中是否还存在不足之处。宦官淳于陵渠再次推演《太初历》中的晦、朔、弦、望，认为推演结果比其他历法都更加精确，日月运行完全吻合，并出现五星连珠的天文奇观。淳于陵渠向武帝奏明情况，于是武帝下令使用邓平所创的历法，并任命他为太史丞。

二十七年后的元凤三年（前78），太史令张寿王给皇帝上书说：“历法是天地间的大事，是上天所为。相传黄帝的《调律历》，从汉朝建立就开始使用。如今阴阳不调，应该修正《太初历》中的误差。”于是昭帝就命令负责历法工作的使者鲜于妄人去质问张寿王。张寿王并不接受质疑，于是鲜于妄人请求与负责历法的大司农中丞麻光等二十多人共同观测日月运行以及晦、朔、弦、望、八节、二十四节气的具体时间，以此来验证历法的精准度。昭帝批准了他的奏请。下诏命丞相、御史大夫、大将军、右将军各派一人，一起在上林清台观察天象，来验证各种历法的疏密之处，参与验证的共有十一家历法。从元凤三年（前78）十一月初一零时冬至开始，到元凤五年（前76）十二月为止，将十一家历法按照准确度排序。通过检验证明，张寿王所推荐的历法误差最大。实则汉朝建立之初并未使用过黄帝的《调律历》，张寿王非议汉朝历法，悖逆天道，说了不该说的话，犯下大不敬之罪。然而昭帝却下令不追究他的罪责。重新观测天象，到元凤六年（前75）止。结果仍然是《太初历》准确度位居第一，即墨县人徐万且、长安县人徐禹观测《太初历》，也得出准确度第一的结论。张寿王以及待诏李信所推荐的黄帝《调律历》，误差很大，张寿王又说，从黄帝时期到元凤三年（前78），前后有六千多年。丞相府委托官员宝、长安县人单安国、安陵县人桮育研究天文学典籍《终始》，都说从黄帝时期以来，只经历了三千六百二十九年，与张寿王所说不符。张寿王又拿出《帝王录》验证，然而舜帝、禹帝的岁数与平常人不一

至孝成世，刘向总六历，列是非，作《五纪论》。向子歆究其微眇，作《三统历》及《谱》以说《春秋》，推法密要，故述焉。

夫历《春秋》者，天时也，列人事而因以天时。传曰："民受天地之中以生，所谓命也。是故有礼谊动作威仪之则以定命也，能者养以之福，不能者败以取祸。"故列十二公二百四十二年之事，以阴阳之中制其礼。故春为阳中，万物以生；秋为阴中，万物以成。是以事举其中，礼取其和，历数以闰正天地之中，以作事厚生，皆所以定命也。《易》金火相革之卦曰"汤武革命，顺乎天而应乎人"，又曰"治历明时"，所以和人道也。

周道既衰，幽王既丧，天子不能班朔，鲁历不正，以闰余一之岁为蔀首。故《春秋》刺"十一月乙亥朔，日有食之"。于是辰在申，

样。张寿王说伯益代替禹成为天子，在商朝和周朝，骊山女也成为天子，这些说法在经史典籍中都没有记载。张寿王所使用的历法正是太史官保存的《殷历》。张寿王狡辩说哪能有五家历法进行验证，又妄言说《太初历》差四分之三天，误差七百零五分，导致阴阳不调，因此称《太初历》为乱世之历。有人弹劾张寿王，要求罢免他的官职，并罚俸八百石。在古代，士大夫身着儒服，口吐不祥言论，妖言惑众妄图扰乱国家制度，即犯有大逆不道之罪。昭帝批准了弹劾。张寿王连续三年观测试验，他的准确度都是最低，但他始终不肯接受现实。这时，又有人弹劾张寿王，奏请判处他死罪，昭帝再次赦免了他，岂料张寿王仍固执己见，对《太初历》的诋毁之辞更多，最终被羁押入狱。所以历法的准确度，可通过天体运行进行验证，从汉朝最先开始使用，到元凤六年（前75），前后经过三十六年时间，《太初历》的科学地位才得以确立。

到了孝成帝时期，刘向汇总六种历法，罗列出各种历法中存在的优势和谬误，编撰了《五纪论》。刘向的儿子刘歆钻研各种历法中的微妙之处，编撰了《三统历》和《三统历谱》，用来解说《春秋》，推演方法精确缜密，因此要详细阐述一下。

《春秋》一书的编撰，是根据天体运行规律，将各国的人物和事件结合天时进行排列对比的。传说“人领受到天地间的中气而具有生命，这就是所谓的命。因此有仪态、言谈、举止、容貌决定命运的说法，贤能之人通过提升自身修养而得到福报，无能之辈因败坏修养而招致祸患。”因此书中列出十二位君王在二百四十二年间发生的事情，采用阴阳平衡的原理来规范礼制。因此将春天定为阳中，万物得以生长；秋天为阴中，万物得以成熟。将人物、事件贯穿其中，并通过礼教来解读万物间的联系，通过历法置闰来调和天地间的偏差，引导人们因时而作，繁衍生息，一切皆有定数。《易经》上说：从五行中金与火相克的卦象分析，“汤武变革既顺应天命，又是人心所向”，又说“研究历法，可洞察天机”，通过历法来诠释人道。

周王朝日渐衰落，周幽王去世后，天子不能继续颁布历法，确定每年的朔望时间，鲁国的历法不精确，它用一年中剩下的时间来置

而司历以为在建戌，史书建亥。哀十二年，亦以建申流火之月为建亥，而怪蛰虫之不伏也。自文公闰月不告朔，至此百有余年，莫能正历数。故子贡欲去其饩羊，孔子爱其礼，而著其法于《春秋》。经曰："冬十月朔，日有食之。"传曰："不书日，官失之也。天子有日官，诸侯有日御，日官居卿以底日，礼也。日御不失日以授百官于朝。"言告朔也。元典历始曰元。传曰："元，善之长也。"共养三德为善。又曰："元，体之长也。"合三体而为之原，故曰元。于春三月，每月书王，元之三统也。三统合于一元，故因元一而九三之以为法，十一三之以为实。实如法得一。黄钟初九，律之首，阳之变也。因而六之，以九为法，得林钟初六，吕之首，阴之变也。皆参天两地之法也。上生六而倍之，下生六而损之，皆以九为法。九六，阴阳夫妇子母之道也。律娶妻而吕生子，天地之情也。六律六吕，而十二辰立矣。五声清浊，而十日行矣。传曰"天六地五"，数之常也。天有六气，降生五味。夫五六者，天地之中合，而民所受以生也。故日有六甲，辰有五子，十一而天地之道毕，言终而复始。太极中央元气，故为黄钟，其实一龠，以其长自乘，故八十一为日法，所以生权衡度量，礼乐之所繇出也。经元一以统始，《易》太极之首也。春秋二以目岁，《易》两仪之中也。于春每月书王，《易》三极之统也。于四时虽亡事必书时月，《易》四象之节也。时月以建分至启闭之分，《易》八卦之位也。象事成败，《易》吉凶之效也。朝聘会盟，《易》大业之本也。故《易》与《春秋》，天人之道也。传曰："龟，象也。筮，数也，物生而后有象，象而后有滋，滋而后有数。"

闰，并放在一年的岁首。因此《春秋》一书讽刺说：“十一月初一为乙亥日，出现日食现象”。这时北斗星的斗柄指向申位，然而掌管历法的官员却以为斗柄指向戌位，因此史书上错误地记载着斗柄指向亥位时，为阴历十一月。鲁哀公十二年（前483），北斗星的斗柄指向申位时，为阴历七月，而史官误以为斗柄指向亥位，还奇怪该蛰伏的虫类为何没有蛰伏躲藏起来。从鲁文公六年（前621）开始，闰月时周王室没有公布朔日，到孔子的年代已有一百多年了，历法已无法被校正。因此在当时，子贡提出去掉每月初一告祭祖庙的活羊，孔子对此大为不满，因为他很看重这种礼仪，这件事也被记录在《春秋》之中。《春秋》上说：“冬季十月初一，出现日食现象。”《左传》上说：“没有时间记录，是日官的失职。天子设置日官，诸侯设有日御，日官具有非常重要的地位，专门负责观测天体运行，这是礼制要求的。日御官不可遗漏日期的记载，因为要在朝廷上告知百官。”这就是告朔。历法的开始称为元。传说：“元，乃是百善之首。”同时具有正直、刚克、柔克三种品德称为善。又说：“元，好比身体的主宰。”三体合一称为原，也就是元。在元年春季的三个月中，分别记录为春王正月、春王二月、春王三月等，王者必通三统。三统合为一元，因此用元一乘以三的九次方，得出法数，即一万九千六百八十三，将三的十一次方作为实数，即十七万七千一百四十七。用实数除以法数得出九。也就是黄钟初九，是音律的首位数字，这是阳的变数。用六乘以黄钟之数，得出五十四，再以九作为除数，便得到林钟初六，是音吕的首位数字，这是阴的变数。这便是参天两地之法。音律向上生以六乘，加倍，向下生以六除，减半，都以九作为法数。九六即为阴阳、夫妇、子母的规律。律娶妻而吕生子，是天地的常情。六律六吕，便形成十二辰位。五声中各有清浊，就形成了十日。传说：“天六地五”，这是常数。天有阴、阳、风、雨、晦、明六气，地有酸、苦、甘、辛、咸五味。五和六是天数、地数的中间之数，人们凭借这些数字得以认知万物，繁衍生息。所以日有六甲，辰有五子，二个数字相加得出十一，而天地间的规律全都包含其中，周而复始。太极乃位于中央的元气，这是黄钟的位置，它的容积是一龠，用它的长度九来自乘，得出

是故元始有象一也，春秋二也，三统三也，四时四也，合而为十，成五体。以五乘十，大衍之数也，而道据其一，其余四十九，所当用也，故蓍以为数。以象两两之，又以象三三之，又以象四四之，又归奇象闰十九及所据一加之，因以再扐两之，是为月法之实。如日法得一，则一月之日数也，而三辰之会交矣，是以能生吉凶。故《易》曰："天一地二，天三地四，天五地六，天七地八，天九地十。天数五，地数五，五位相得而各有合。天数二十有五，地数三十，凡天地之数五十有五，此所以成变化而行鬼神也。"并终数为十九，《易》穷则变，故为闰法。参天九，两地十，是为会数。参天数二十五，两地数三十，是为朔望之会。以会数乘之，则周天朔旦冬至，是为会月。九会而复元，黄钟初九之数也。经于四时，虽亡事必书时月。时所以记启闭也，月所以纪分至也。启闭者，节也。分至者，中也。节不必在其月，故时中必在正数之月。故传曰："先王之正时也，履端于始，举正于中，归余于终。履端于始，序则不愆；举正于中，民则不惑；归余于终，事则不悖。"此圣王之重闰也。以五位乘会数，而朔旦冬至，是为章月。四分月法，以其一乘章月，

八十一，作为日法数，由此创造了度量衡，礼、乐也由此而生。从元一开始统领万物，对应《易经》中的以太极为首。一年的收成取决于春秋二季，对应《易经》中的乾坤两仪。在元年春王正月、二月、三月进行记录，对应《易经》中的三极之统。在四季中，即使没有重大事件发生也要按时记录时令和月份，对应《易经》中四季的象。通过记录时节、月份来确立春分、秋分，夏至、冬至，以及立春、立夏、立秋、立冬的具体时间，对应《易经》中的八卦之位。象，用来传达事物成败的信息，对应《易经》中吉凶之兆。诸侯定期朝见天子或会盟，对应《易经》中的大业之根本。因此《易经》与《春秋》，是天人合一的至上法则。《左传》上说："龟甲，可作为占卜吉凶的象。蓍草，是可推算吉凶的数据。事物发生便会呈现出象，根据象可预知事物的发展轨迹，从而获取相关的数据。"

因此在元初始时就有象一，春秋为象二，三统为象三，四季为象四，四象相加为十，形成五体。用五乘十，即得出大衍之数五十，而道占据其中之一，其余的四十九，可作为备用数字，所以可用蓍草来推演数据。用象乘以二，又乘以三，再乘以四，其余的归为奇象，闰在十九之后再加上一，再将得出的总和乘以二，就是月法的实数。假如日法得出的是一，则是一月的日数，然而这样日、月、星辰就会交汇在一起，从而产生吉凶。因此，《易经》上说："天为一地为二，天为三地为四，天为五地为六，天为七地为八，天为九地为十。天数有五个，地数有五个，五个天数和五个地数相加各得出一个总和。天数的总和是二十五，地数的总和是三十，天数、地数的总和是五十五，这些数据便可产生千万种变化，神鬼莫测。"把天数和地数的最后一个数相加为十九，《易经》中周而复始地进行演推，穷则变，因此产生了闰法。天数九乘以三，得出二十七，地数十乘以二，得出二十，将这两个数相加为四十七，是为会数。用天数之和二十五乘以三，得出七十五，地数之和三十乘以二，得出六十，将这两个数相加为一百三十五，是为朔望的会数。用会数四十七来乘以朔望的会数一百三十五，得出六千三百四十五，则从正月初一零时到冬至的一个周期为会月之数。如此循环往复，会月乘以九，得出五万七千一百

是为中法。参闰法为周至，以乘月法，以减中法而约之，则七扐之数，为一月之闰法，其余七分。此中朔相求之术也。朔不得中，是谓闰月，言阴阳虽交，不得中不生。故日法乘闰法，是为统岁。三统，是为元岁。元岁之闰，阴阳灾，三统闰法。《易》九厄曰："初入元，百六，阳九；次三百七十四，阴九；次四百八十，阳九；次七百二十，阴七；次七百二十，阳七；次六百，阴五；次六百，阳五；次四百八十，阴三；次四百八十，阳三。凡四千六百一十七岁，与一元终。经岁四千五百六十，灾岁五十七。"是以《春秋》曰："举正于中。"又曰："闰月不告朔，非礼也。闰以正时，时以作事，事以厚生，生民之道于是乎在矣。不告闰朔，弃时正也，何以为民？"故善僖"五年春王正月辛亥朔，日南至，公既视朔，遂登观台以望，而书，礼也。凡分至启闭，必书云物，为备故也。"至昭二十年二月己丑，日南至，失闰，至在非其月。梓慎望氛气而弗正，不履端于始也。故传不曰冬至，而曰日南至。极于牵牛之初，日中之时景最长，以此知其南至也。斗纲之端连贯营室，织女之纪指牵牛之初，以纪日月，故曰星纪。五星起其初，日月起其中，凡十二次。日至其初为节，至其中斗建下为十二辰。视其建而知其次。故曰："制礼上物，不过十二，天之大数也"。经曰春王正月，传曰周正月"火出，于夏为三月，商为四月，周为五月。夏数得天"，得四时之正也。三代各据一统，明三统常合，而迭为首，登降三统之首，周还五行之道也。故三五相包而生。天统之正，始施于子半，日萌色赤。地统受之于丑初，日肇化而黄，至丑半，日牙化而白。人统受之于寅初，日孽成而黑，至寅半，日生成而青。天施复于子，地化自丑毕于辰，人生自寅成于申。故历数三统，天以甲子，地以甲辰，人以甲申。孟仲季迭用事为统首。三微之统既著，而五行自青始，其序亦如之。五行与三统相错。传曰"天有三辰，地有五行"，然则三统五星可知也。《易》曰："参五以变，错综其数。通其变，遂成天下之文；极其数，遂定天下之象。"

零五，九倍的会月后，便又到了正月，也正是黄钟初九的数。经历四季，即使没有重大事件发生，也要记录下时令和月份。根据时令来确定立春、立夏和立秋、立冬的时间，根据月份来确定春分、秋分、冬至、夏至的时间。立春、立夏、立秋、立冬为节气。春分、秋分、夏至、冬至为中气。并不是每个月都有固定的节气，但每个月必定有与之对应的中气。传说："先王的正时，从冬至开始，通过中气来端正月，把余分留在岁末置闰。从冬至开始，顺序就不会出错；通过中气来端正月，百姓就不会困惑；把余分留在岁末置闰，事情就不会悖逆常理。"这也正是圣明的君主重视置闰的原因。用五乘以会数四十七，得出二百三十五，便是从初一零时到冬至，这就是章月。用四分之一的月法乘以章月，就是中法。用三乘以闰法得出周至，用周至乘以月法，以此减去中法，再以通法约之，则零余为奇数七，这就是一个月的闰法，所余七分。这也就是求中朔的方法。如果某月中气，便称为闰月，意为即使阴阳相交，没有中气，也无法产生结果。因此日法八十一乘以闰法十九，得出一千五百三十九，就是统岁数。用三乘以统岁数一千五百三十九，便得出四千六百一十七，这便是元岁数。每逢元岁置闰，便会出现大的水旱灾害共计五十七年，这叫阴阳灾，也被称为三统闰法。《易经》中关于灾害的记载："从进入元岁开始，最开始的一百零六年中，共出现过九次旱灾；在接下来的三百七十四年中，共出现过九次水灾；接下来的四百八十年中，又出现了九次旱灾；再过七百二十年，又出现过七次水灾；再过七百二十年，又出现了七次旱灾；再过六百年，出现五次水灾；再过六百年，出现五次旱灾；再过四百八十年，出现三次水灾；再过四百八十年，出现三次旱灾。前后共计四千六百一十七年，恰好是一个元岁的总年数。其中太平的年景共计四千五百六十年，出现灾害的年景共计五十七年。"因此《春秋》上有载："举中气来正月。"意为一年中的余分需要用置闰的方法来填补，称为举正于中。又说："闰月不告朔，是不符合礼制的。闰月是用来修正时令的，拥有准确的时令，百姓才能按时令生产劳作，只有这样作物才得以丰产，育民之道无外乎就是这样了。若不如实告朔，便无法准确修正一年的时令，那又该如何治理百姓呢？"因此在

太极运三辰五星于上，而元气转三统五行于下。其于人，皇极统三德五事。故三辰之合于三统也，日合于天统，月合于地统，斗合于人统。五星之合于五行，水合于辰星，火合于荧惑，金合于太白，木合于岁星，土合于填星。三辰五星而相经纬也。天以一生水，地以二生火，天以三生木，地以四生金，天以五生土。五胜相乘，以生小周，以乘《乾》《坤》之策，而成大周。阴阳比类，交错相成，故九六之变登降于六体。三微而成著，三著而成象，二象十有八变而成卦，四营而成易，为七十二，参三统两四时相乘之数也。参之则得《乾》之策，两之则得《坤》之策。以阳九九之，为六百四十八；以阴六六之，为四百三十二，凡一千八十，阴阳各一卦之微算策也。八之，为八千六百四十，而八卦小成。引而信之，又八之，为六万九千一百二十，天地再之，为十三万八千二百四十，然后大成。五星会终，触类而长之，以乘章岁，为二百六十二万六千五百六十，而与日月会。三会为七百八十七万九千六百八十，而与三统会。三统二千三百六十三万九千四十，而复于太极上元。九章岁而六之为法，太极上元为实，实如法得一，阴阳各万一千五百二十，当万物气体之数，天下之能事毕矣。

《春秋》中有文字专门赞扬鲁僖公："鲁僖公五年春王正月，朝廷正确公布了辛亥是朔日，冬至这天，鲁僖公还亲自去视察朔日的变化，于是他登上高台观望，然后记录下来，这样做才符合礼制。凡是每年的春分、秋分、冬至、夏至以及立春、立夏、立秋、立冬之时，都要记录下天象云气的变化，以此来预测年内可能发生的灾害"。到了鲁昭公二十年（前522）二月己丑日，冬至时，因少算了一个闰月，导致冬至所在的月份出错。鲁国的阴阳家梓慎在观测天象时发现云气变化反常，这是由于纪年开始时出现偏差造成的。因此《左传》中不说冬至，而说太阳南至。太阳运行到牵牛星的初度位置，这一天的正午时分，日影为全年中最长，由此来确定太阳南至。北斗星的柄端与营室星相连，织女星的纪端指向牵牛星的初度，根据这个现象来判断日月的位置，因此称为星纪。五星起于星纪之初，日月起于星纪之中，共计十二次。太阳运行到它的初端，节气开始，太阳运行到它的中端斗建处时，中气开始，称为十二辰气。十二节气为各次的起点，十二中气为各次的中点，通过观测北斗星的斗柄便可知道它的运行次度。因此说："按礼制上供物品，不过十二，这是周天的大数。"经史中记载说"春王正月"，传说：周朝正月"火星出现，在夏朝为三月，在商朝为四月，在周朝为五月。夏历与天体运行相吻合"，对四季的划分是准确的。三代各自拥有历法，以此来明确天、地、人三统，明确三统常重合的天体运行规律，并以不同月份在三统中依次作为岁首，在五行中周而复始。因此三五之数相互包容而生。天统开始于子时正中，太阳也在这时发出红色光芒。地统开始于丑时的初端，太阳在这时发出黄色的光芒，到了丑时正中，太阳转而发白光。人统开始于寅时的初端，这时的日光变为黑色，到了寅时正中，日光才转为青光。天统在子时发挥作用，地统从丑时开始运化万物而到辰时结束，人统从寅时开始，在申时结束。因此历法中有三统术，天统首日为甲子，地统首日为甲辰，人统首日为甲申，孟、仲、季轮流作为三统之首。三统既已形成秩序，那么五行便从青色开始，次序也是一样的。五行与三统交错对应。传说："天有三辰，地有五行"，因此通过金、木、水、火、土的五行运化规律便可推知三统。《易经》上说："天地间

的变化，错综复杂，囊括了所有的数。通晓了它的变化规律，就能了解天下之事；全部掌握了它的内容，就能预知天下的变化。”太极在天上运转三辰、五星，元气在地下运转三统、五行对于人而言，帝王需要秉承正直、刚克、柔克三德以及貌、言、视、听、思这五事。因此三辰与三统相对应，日合于天统，月合于地统，北斗合于人统。五星与五行相合，水合于水星，火合于火星，金合于金星，木合于木星，土合于土星，三辰五星纵横交错。天以一生水，地以二生火，天以三生木，地以四生金，天以五生土。五行相克之数相乘，而生成小周之数，再乘以《乾》《坤》的策数，从而形成大周之数。阴阳对应排列，相互交错，因而产生九六之变，再经过运算生成六爻。三统开始的数为“蓍”，用三乘以“蓍”得到“象”，用二乘以“象”得出十八变数，称为“卦”，“卦”再乘以四得出七十二“易”，是三倍的三与两倍的四相乘得出的数字。用三乘以《易》得出《乾》卦的策数二百一十六，用二乘以《易》得出《坤》卦的策数一百四十四。以阳九数乘它，得出六百四十八；以阴六数乘它得出四百三十二，两者相加得出一千零八十，是阴阳各一卦的起始策数。再用八乘它是八千六百四十，此数便是八卦小成之数。以此推算，再乘以八是六万九千一百二十，天地再以二相乘，得出十三万八千二百四十，这便是八卦的大成之数。大成之数也是金、木、水、火、土五星运行最终会合的年数，以此类推，用它乘以章岁十九，得出二百六十二万六千五百六十，这恰好是五星运行与日分、月分、食分最终相会合的年数。三次会合共计七百八十七万九千六百八十年，这便是三统之会。三次三统之会的年数为二千三百六十三万九千零四十年，之后便又回到日、月、五星开始运行的初始点。九乘以章岁十九再乘以六的得数，用太极上元的数值去除，得出的数值为二万三千零四十，一分为二，阴、阳各占一万一千五百二十，这便是宇宙万物运行的气数，依此观测天下，则一切事物的变化规律皆包含其中了。

卷二十一下

律历志第一下

统母

日法八十一。元始黄钟初九自乘，一龠之数，得日法。

闰法十九，因为章岁。合天地终数，得闰法。

统法千五百三十九。以闰法乘日法，得统法。

元法四千六百一十七。参统法，得元法。

会数四十七。参天九，两地十，得会数。

章月二百三十五。五位乘会数，得章月。

月法二千三百九十二。推大衍象，得月法。

通法五百九十八。四分月法，得通法。

中法十四万五百三十。以章月乘通法，得中法。

周天五十六万二千一百二十。以章月乘月法，得周天。

岁中十二。以三统乘四时，得岁中。

月周二百五十四。以章月加闰法，得月周。

朔望之会百三十五。参天数二十五，两地数三十，得朔望之会。

会月六千三百四十五。以会数乘朔望之会，得会月。

统月万九千三十五。参会月，得统月。

元月五万七千一百五。参统月，得元月。

章中二百二十八。以闰法乘岁中，得章中。

统中万八千四百六十八。以日法乘章中，得统中。

元中五万五千四百四。参统中，得元中。

统母

日法：八十一。由元始黄钟初九乘以九，便是一龠的数值，得出日法一日八十一分，为《三统历》的本母。

闰法：十九，这是章岁的年法数。天地的终数相加，得出闰法。

统法：一千五百三十九。用闰法乘以日法，得出统法。

元法：四千六百一十七。用三乘以统法数，得出元法。

会数：四十七。用三乘以天数九，用二乘以地数十，得出会数。

章月：二百三十五。用五乘以会数，得出章月。

月法：二千三百九十二。推演大衍象，得出月法。

通法：五百九十八。将月法除以四，得出通法。

中法：十四万零五百三十。用章月数乘以通法数，得出中法。

周天：五十六万二千一百二十。用章月数乘以月法数，得出周天。

岁中：十二。用三统乘以四季，得出岁中。

月周：二百五十四。用章月数加上闰法数，得出月周。

朔望之会：一百三十五。用三乘以天数之和二十五，再用二乘以地数之和三十，得朔望之会。

会月：六千三百四十五。用会数乘以朔望之会，得出会月。

统月：一万九千零三十五。用三乘以会月数，得出统月。

元月：五万七千一百五。用三乘以统月数，得出元月。

章中：二百二十八。用闰法数乘以岁中数，得出章中。

统中：一万八千四百六十八。用日法数乘以章中数，得出统中。

元中：五万五千四百零四。用三乘以统中数，得出元中。

策余八千八十。什乘元中，以减周天，得策余。

周至五十七。参闰法，得周至。

纪母

木金相乘为十二，是为岁星小周。小周乘《巛》策，为千七百二十八，是为岁星岁数。

见中分二万七百三十六。

积中十三，中余百五十七。

见中法千五百八十三。

见闰分万二千九十六。

积月十三，月余万五千七十九。

见月法三万七十七。

见中日法七百三十万八千七百一十一。

见月日法二百四十三万六千二百三十七。

金火相乘为八，又以火乘之为十六而小复。小复乘《乾》策，为三千四百五十六，是为太白岁数。

见中分四万一千四百七十二。

积中十九，中余四百一十三。

见中法二千一百六十一。

见闰分二万四千一百九十二。

积月十九，月余三万二千三十九。

见月法四万一千五十九。

晨中分二万三千三百二十八。

积中十，中余千七百一十八。

夕中分万八千一百四十四。

策余：八千零八十。用十乘以元中数，再减去周天数，得出策余。

周至：五十七。用三乘以闰法数，得出周至数。

纪母

天以三生木，地以四生金，木金相乘即为三乘以四，得出十二，这是木星围绕太阳运行一周的时间，称为小周。小周乘以《巛》策，得出一千七百二十八，这是木星的年岁。

见中分：二万零七百三十六。

积中：十三，中余：一百五十七。

见中法：一千五百八十三。

见闰分：一万二千零九十六。

积月：十三，月余：一万五千零七十九。

见月法：三万零七十七。

见中日法：七百三十万八千七百一十一。

见月日法：二百四十三万六千二百三十七。

地以四生金，地以二生火，金火相乘即为四乘以二，得出八，再用火乘以八，得出十六，这是金星相会的周期，称为小复。再用小复乘以《乾》策，得出三千四百五十六，这是太白金星的年岁。

见中分：四万一千四百七十二。

积中：十九，中余：四百一十三。

见中法：二千一百六十一。

见闰分：二万四千一百九十二。

积月：十九，月余：三万二千零三十九。

见月法：四万一千零五十九。

晨中分：二万三千三百二十八。

积中：十，中余：一千七百一十八。

夕中分：一万八千一百四十四。

积中八，中余八百五十六。

晨闰分万三千六百八。

积月十一，月余五千一百九十一。

夕闰分万五百八十四。

积月八，月余二万六千八百四十八。

见中日法九百九十七万七千三百三十七。

见月日法三百三十二万五千七百七十九。

土木相乘而合经纬为三十，是为镇星小周。小周乘《巛》策，为四千三百二十，是为镇星岁数。

见中分五万一千八百四十。

积中十二，中余千七百四十。

见中法四千一百七十五。

见闰分三万二百四十。

积月十二，月余六万三千三百。

见月法七万九千三百二十五。

见中日法千九百二十七万五千九百七十五。

见月日法六百四十二万五千三百二十五。

火经特成，故二岁而过初，三十二过初为六十四岁而小周。小周乘《乾》策，则太阳大周，为万三千八百二十四岁，是为荧惑岁数。

见中分十六万五千八百八十八。

积中二十五，中余四千一百六十三。

见中法六千四百六十九。

见闰分九万六千七百六十八。

积月二十六，月余五万二千九百五十四。

见月法十二万二千九百一十一。

积中：八，中余：八百五十六。

晨闰分：一万三千六百零八。

积月：十一，月余：五千一百九十一。

夕闰分：一万零五百八十四。

积月：八，月余：二万六千八百四十八。

见中日法：九百九十七万七千三百三十七。

见月日法：三百三十二万五千七百七十九。

天以五生土，天以三生木，土木相乘即为五乘以三，得出一十五，再与经纬二相乘，得出三十，这是土星围绕太阳运行一周的时间，称为小周。小周乘以《巛》策，得出四千三百二十年，这是土星的年数。

见中分：五万一千八百四十。

积中：十二，中余：一千七百四十。

见中法：四千一百七十五。

见闰分：三万零二百四十。

积月：十二，月余：六万三千三百。

见月法：七万九千三百二十五。

见中日法：一千九百二十七万五千九百七十五。

见月日法：六百四十二万五千三百二十五。

火星的运行有些特殊，它大致是两年围绕太阳运行一周，三十二周即为六十四年，这是小周数。用小周数乘以《乾》策，则得出太阳的大周数为一万三千八百二十四年，这是火星的年岁。

见中分：十六万五千八百八十八。

积中：二十五，中余：四千一百六十三。

见中法：六千四百六十九。

见闰分：九万六千七百六十八。

积月：二十六，月余：五万二千九百五十四。

见月法：十二万二千九百一十一。

见中日法二千九百八十六万七千三百七十三。

见月日法九百九十五万五千七百九十一。

水经特成，故一岁而及初，六十四及初而小复。小复乘《巛》策，则太阴大周，为九千二百一十六岁，是为辰星岁数。

见中分十一万五百九十二。

积中三，中余三万二千四百六十九。

见中法二万九千四十一。

见闰分六万四千五百一十二。

积月三，月余五十一万四百二十三。

见月法五十五万一千七百七十九。

晨中分六万二千二百八。

积中二，中余四千一百二十六。

夕中分四万八千三百八十四。

积中一，中余万九千三百四十三。

晨闰分三万六千二百八十八。

积月二，月余十一万四千六百八十二。

夕闰分二万八千二百二十四。

积月一，月余三十九万五千七百四十一。

见中日法一亿二千四百八万二千二百九十七。

见月日法四千四百六十九万四千九十九。

合太阴太阳之岁数而中分之，各万一千五百二十。阳施其气，阴成其物。

以星行率减岁数，余则见数也。

东九西七乘岁数，并九七为法，得一，金、水晨夕岁数。

见中日法：二千九百八十六万七千三百七十三。

见月日法：九百九十五万五千七百九十一。

水星的运行有些特殊，它围绕太阳运行一周称为及初，六十四个及初为一个小复。用小复乘以《巛》策，得出太阴大周为九千二百一十六年，这是水星的年岁。

见中分：十一万零五百九十二。

积中：三，中余：三万二千四百六十九。

见中法：二万九千零四十一。

见闰分：六万四千五百一十二。

积月：三，月余：五十一万零四百二十三。

见月法：五十五万零一千七百七十九。

晨中分：六万二千二百零八。

积中：二，中余：四千一百二十六。

夕中分：四万八千三百八十四。

积中：一，中余：一万九千三百四十三。

晨闰分：三万六千二百八十八。

积月：二，月余：十一万四千六百八十二。

夕闰分：二万八千二百二十四。

积月：一，月余：三十九万五千七百四十一。

见中日法：一亿零三千四百零八万二千二百九十七。

见月日法：四千四百六十九万四千零九十九。

将太阴、太阳的年岁相加再除以二，得出阴阳各占一万一千五百二十年。阳施发阳气，阴滋养万物。

以木星、火星、土星围绕太阳运行的数率减去年岁，则余下的即可得出相会的年数。

用东九西七乘以年数，合并九七为一个法度，得出一，即为金星、水星早晨、傍晚可以看到的年数。

以岁中乘岁数，是为星见中分。

星见数，是为见中法。

以岁闰乘岁数，是为星见闰分。

以章岁乘见数，是为见月法。

以元法乘见数，是为见中日法。

以统法乘见数，是为见月日法。

五步

木，晨始见，去日半次。顺，日行十一分度二，百二十一日。始留，二十五日而旋。逆，日行七分度一，八十四日。复留，二十四日三分而旋。复顺，日行十一分度二，百一十一日有百八十二万八千三百六十二分而伏。凡见三百六十五日有百八十二万八千三百六十五分，除逆，定行星三十度百六十六万一千二百八十六分。凡见一岁，行一次而后伏。日行不盈十一分度一。伏三十三日三百三十三万四千七百三十七分，行星三度百六十七万三千四百五十一分。一见，三百九十八日五百一十六万三千一百二分，行星三十三度三百三十三万四千七百三十七分。通其率，故曰日行千七百二十八分度之百四十五。

金，晨始见，去日半次。逆，日行二分度一，六日，始留，八日而旋。始顺，日行四十六分度三十三，四十六日。顺，疾，日行一度九十二分度十五，百八十四日而伏。凡见二百四十四日，除逆，定行星二百四十四度。伏，日行一度九十二分度三十三有奇。伏八十三日，行星百一十三度四百三十六万五千二百二十分。凡晨见、伏三百二十七日，行星三百五十七度四百三十六万五千二百二十分。夕始见，去日半次。顺，日行一度九十二分度十五，百八十一

用年中乘以年数，便得出行星相会的中分数。

行星相会的年数，便是相会的中法。

用年数的闰数乘以年数，便是行星相会的闰分数。

用章岁乘以相会的数值，便是见月法。

用元法乘以相会的数值，便是见中日法。

用统法乘以见数，便是见月日法。

五步

木星，早晨可见，去日半次。木星以顺时针方向运行，每天运行十一分二度，共运行一百二十一天。然后停止二十五天。之后以逆时针方向运行，每天运行七分一度，共运行八十四天。然后又停止二十四天三分后再次回转。又以顺时针方向运行，每天运行十一分二度，共运行一百一十一天一百八十二万八千三百六十二分后伏。共出现三百六十五天又一百八十二万八千三百六十五分，去除逆时针运行度数，可判定木星的运行度数为三十度一百六十六万一千二百八十六分。在一年中出现，运行一次后伏。每天运行不足十一分一度。伏三十三天三百三十三万四千七百三十七分，木星运行三度一百六十七万三千四百五十一分。一个回归日即为三百九十八天五百一十六万三千一百零二分，木星运行三十三度三百三十三万四千七百三十七分。这是木星的运行规律，由此而言，木星每天运行一千七百二十八分一百四十五分之一度。

金星，早晨可见，去日半次。金星以逆时针方向运行，每天运行二分一度，共运行六天，然后停止八天。之后以顺时针方向运行，每天运行四十六分三十三度，共运行四十六天。然后转为顺时针方向运行，并且速度加快，每天运行一度九十二分十五度，共运行一百八十四天后伏。共出现二百四十四天，去除逆时针运行度数，可判定金星运行度数为二百四十四度。而后伏，每天运行一度九十二分三十三度有余。伏八十三天，金星运行一百一十三度四百三十六万五千二百二十分。早晨出现、共伏三百二十七天，金

日百七分日四十五。顺，迟，日行四十六分度三十三，四十六日。始留，七日百七分日六十二分而旋。逆，日行二分度一，六日而伏。凡见二百四十一日，除逆，定行星二百四十一度。伏，逆，日行八分度七有奇。伏十六日百二十九万五千三百五十二分，行星十四度三百六万九千八百六十八分。一凡夕见伏，二百五十七日百二十九万五千三百五十二分，行星二百二十六度六百九十万七千四百六十九分。一复，五百八十四日百二十九万五千三百五十二分。行星亦如之，故曰日行一度。

土，晨始见，去日半次。顺，日行十五分度一，八十七日，始留，三十四日而旋。逆，日行八十一分度五，百一日。复留，三十三日八十六万二千四百五十五分而旋。复顺，日行十五分度一，八十五日而伏。凡见三百四十日八十六万二千四百五十五分，除逆，定行星五度四百四十七万三千九百三十分。伏，日行不盈十五分度三。三十七日千七百一十七万一百七十分，行星七度八百七十三万六千五百七十分。一见，三百七十七日千八百三万二千六百二十五分，行星十二度千三百二十一万五百分。通其率，故曰日行四千三百二十分度之百四十五。

火，晨始见，去日半次。顺，日行九十二分度五十三，二百七十六日，始留，十日而旋。逆，日行六十二分度十七，六十二日。复留，十日而旋。复顺，日行九十二分度五十三，二百七十六日而伏。凡见

星运行三百五十七度四百三十六万五千二百二十分。晚上出现，去日半次。以顺时针方向运行，每天运行一度九十二分十五度，共运行一百八十一天一百零七分，每天四十五。之后继续以顺时针方向运行，但速度减慢，每天运行四十六分三十三度，共计运行四十六天。然后停止运行，经过七天一百零七分，每天六十二分后又开始回转。以逆时针方向运行，每天运行二分一度，经过六天就伏。可见天数共计二百四十一天，去除逆时针运行度数，可判定金星运行二百四十一度。而后就伏，转为逆时针运行，每天运行八分七度有余。伏十六天一百二十九万五千三百五十二分，金星运行十四度三百零六万九千八百六十八分。一般晚上出现的伏日数为二百五十七日一百二十九万五千三百五十二分，金星运行二百二十六度六百九十万七千四百六十九分。一个回归日即为五百八十四天一百二十九万五千三百五十二分。这就是金星的运行规律，由此而言，金星每天运行一度。

土星，早晨可见，去日半次。土星以顺时针方向运行，每天运行十五分一度，共运行八十七天。然后停止三十四天。之后以逆时针方向运行，每天运行八十一分五度，共运行一百零一天。然后又停止三十三天八十六万二千四百五十五分后再次回转。重新以顺时针方向运行，每天运行十五分一度，共运行八十五天后伏。一年三百六十五天，共可见三百四十日八十六万二千四百五十五分，去除逆时针运行度数，可判定土星的运行度数为五度四百四十七万三千九百三十分。而后就伏，每天运行不足十五分三度。伏三十七天一千七百一十七万零一百七十分，土星运行七度八百七十三万六千五百七十分。一个回归日即为三百七十七天一千八百零三万二千六百二十五分，土星运行十二度一千三百二十一万五百分。这是土星的运行规律，由此而言，土星每天运行四千三百二十分一百四十五分之一度。

火星，早晨可见，去日半次。火星以顺时针方向运行，每天运行九十二分五十三度，共运行二百七十六天。然后停止十天。之后以逆时针方向运行，每天运行六十二分十七度，共运行六十二天。然后又停止十天后再次回转。重新以顺时针方向运

六百三十四日，除逆，定行星三百一度。伏，日行不盈九十二分度七十三，伏百四十六日千五百六十八万九千七百分，行星百一十四度八百二十一万八千五分。一见，七百八十日千五百六十八万九千七百分，凡行星四百一十五度八百二十一万八千五分。通其率，故曰日行万三千八百二十四分度之七千三百五十五。

水，晨始见，去日半次。逆，日行二度，一日。始留，二日而旋。顺，日行十分度六，十七日。顺，疾，日行一度三分度一，十八日而伏。凡见二十八日，除逆，定行星二十八度。伏，日行一度九分度七有奇，三十七日一亿二千二百二万九千六百五分，行星六十八度四千六百六十一万一百二十八分。凡晨见、伏，六十五日一亿二千二百二万九千六百五分，行星九十六度四千六百六十一万一百二十八分。夕始见，去日半次。顺，疾，日行一度三分度一，十六日二分日一。顺，迟，日行七分度六，七日。留，一日二分日一而旋。逆，日行二度，一日而伏。凡见二十六日，除逆，定行星二十六度。伏，逆，日行十五分度四有奇，二十四日，行星六度五千八百六十六万二千八百二十分。凡夕见伏，五十日，行星十九度七千五百四十一万九千四百七十七分。一复，百一十五日一亿二千二百二万九千六百五分。行星亦如之，故曰日行一度。

统术

推日月元统，置太极上元以来，外所求年，盈元法除之，余不

行，每天运行九十二分五十三度，共运行二百七十六天后伏。共可见六百三十四天，去除逆时针运行度数，可判定火星的运行度数为三百零一度。而后就伏，每天运行不足九十二分七十三度，伏一百四十六天一千五百六十八万九千七百分，火星运行一百一十四度八百二十一万八千零五分。一个回归日是七百八十天一千五百六十八万九千七百分，土星共运行四百一十五度八百二十一万八千零五分。这是火星的运行规律，由此而言火星每天运行一万三千八百二十四分七千三百五十五分之一度。

水星，早晨可见，去日半次。水星以逆时针方向运行，每天运行二度，运行一天。然后停留两天开始回转。以顺时针方向运行，每天运行十分六度，经过十七天后继续以顺时针方向运行，但速度加快，每天运行三分一度，十八天后伏。共可见二十八天，去除逆时针方向运行度数，可判定水星的运行度数为二十八度。而后就伏，每天运行一度九分七度有余，伏三十七天一亿二千二百零二万九千六百零五分，水星运行六十八度四千六百六十一万零一百二十八分。凡是早晨出现、伏共六十五天一亿二千二百零二万九千六百零五分，水星运行九十六度四千六百六十一万零一百二十八分。凡是晚上出现的，去日半次。以顺时针方向运行，速度加快，每天运行一度又三分之一度，共运行十六天又二分之一日后，顺时针运行速度变慢，每天运行七分六度，共运行七天。停留一天又二分之一天，重新开始回转。逆时针方向运行，每天运行二度，一天后伏。共可见二十六天，去除逆时针运行度数，可判定水星运行度数为二十六度。伏时逆时针运行，每天运行十五分四度有余，共运行二十四天，水星运行六度五千八百六十六万二千八百二十分。凡是晚上出现伏，则经过五十天，水星运行十九度七千五百四十一万九千四百七十七分。一个回归日，需一百一十五天一亿二千二百零二万九千六百零五分。这是水星的运行规律，由此而言，水星每天运行一度。

统术

推演日月元统，须从太极的上元开始，不计算所要推演的年

盈统者，则天统甲子以来年数也。盈统，除之，余则地统甲辰以来年数也。又盈统，除之，余则人统甲申以来年数也。各以其统首日为纪。

推天正，以章月乘入统岁数，盈章岁得一，名曰积月，不盈者名曰闰余。闰余十二以上，岁有闰。求地正，加积月一；求人正，加二。

推正月朔，以月法乘积月，盈日法得一，名曰积日，不盈者名曰小余。小余三十八以上，其月大。积日盈六十，除之，不盈者名曰大余。数从统首日起，算外，则朔日也。求其次月，加大余二十九，小余四十三。小余盈日法得一，从大余，数除如法。求弦，加大余七，小余三十一。求望，倍弦。

推闰余所在，以十二乘闰余，加七得一。盈章中，数所得，起冬至，算外，则中至终闰盈。中气在朔若二日，则前月闰也。

推冬至，以策余乘入统岁数，盈统法得一，名曰大余，不盈者名曰小余。除数如法，则所求冬至日也。

求八节，加大余四十五，小余千一十。求二十四气，三其小余，加大余十五，小余千一十。

推中部二十四气，皆以元为法。

推五行，其四行各七十三日，统法分之七十七。中央各十八日，统法分之四百四。冬至后，中央二十七日六百六分。

推合晨所在星，置积日，以统法乘之，以十九乘小余而并之。盈周天，除去之；不盈者，令盈统法得一度。数起牵牛，算外，则合晨所入星度也。

推其日夜半所在星，以章岁乘月小余，以减合晨度。小余不足者，破全度。

数，充满元法的就去除它，剩下不足一统的，就是天统甲子以来的年数。充满一统的，就去除它，剩下的就是地统甲辰以来的年数。又充满一统，就去除它，则剩下的就是人统甲申以来年数。各自以它的统首日作为纪。

推演天正，用章月数乘以入统岁数，章岁数满了得一，称为积月，章岁数不满的称为闰余。闰余达到十二以上，则这一年就会置闰。求地正：加一个积月；求人正：加两个积月。

推演正月朔，用月法乘以积月，日法数满了得一，称为积日，日法数不满的称为小余。小余达到三十八以上，则该月即为大月。积日满六十，就去除它，不满六十的则称为大余。计算是从统的首日开始，计算所除去的，就是朔日。求第二个月：即加上大余二十九，小余四十三。小余满了日法得一，并入大余，大余满六十就除去，算法同上。求弦：加上大余七，小余三十一。求望：弦乘以二即得出望。

推演闰余所在，就是用十二乘以闰余，加上七得一。章中满了，得出的数便是闰余。从冬至起，多出来的数字就是中气到终点闰满。中气在朔望两天的，则前一个月为闰月。

推演冬至，用策余乘以入统岁数，统法满了得一，称为大余，不满的就称为小余。除数与前面一样，所得即是所求的冬至日。

求八节，就是把大余四十五，小余一千零一十加在一起。求二十四时气，用三乘以小余，再加上大余十五，小余一千零一十。

推演中部二十四气，都以元作为法数。

推演五行，其中春木、夏火、秋金、冬水四行各有七十三天，统法分为七十七天。中央各十八天，统法分为四百零四天。冬至后，中央二十七天六百零六分。

推演清晨可见的星，设置积日，并用积日乘以统法，另外用十九乘以小余再加上积日。周天满了就去除它；不满周天的，若统法满了得一度。从牵牛星开始计算，算出多余的，即为清晨可见的星。

推演每天夜半可见的星，用章岁乘以每月小余，再减去合晨度。小余不足，就破全度。

推其月夜半所在星，以月周乘月小余，盈统法得一度，以减合晨度。

推诸加时，以十二乘小余为实，各盈分母为法，数起于子，算外，则所加辰也。

推月食，置会余岁积月，以二十三乘之，盈百三十五，除之。不盈者，加二十三得一月，盈百三十五，数所得，起其正，算外，则食月也。加时，在望日冲辰。

纪术

推五星见复，置太极上元以来，尽所求年，乘大终见复数，盈岁数得一，则定见复数也。不盈者名曰见复余。见复余盈其见复数，一以上见在往年，倍一以上，又在前往年，不盈者在今年也。

推星所见中次，以见中分乘定见复数，盈见中法得一，则积中也。不盈者名曰中余。以元中除积中，余则中元余也。以章中除之，余则入章中数也。以十二除之，余则星见中次也。中数从冬至起，次数从星纪起，算外，则星所见中次也。

推星见月，以闰分乘定见复数，以章岁乘中余从之，盈见月法得一，并积中，则积月也。不盈者名曰月余。以元月除积月余，名曰月元余。以章月除月元余，则入章月数也。以十二除之，至有闰之岁，除十三入章。三岁一闰，六岁二闰，九岁三闰，十一岁四闰，十四岁五闰，十七岁六闰，十九岁七闰。不盈者数起于天正，算外，则星所见月也。

推至日，以中法乘中元余，盈元法得一，名曰积日，不盈者名曰小余。小余盈二千五百九十七以上，中大。数除积日如法，算外，则冬至也。

推演每月夜半可见的星，用月周乘以每月小余，统法满了得一度，再减去合晨度。

推演各加时，用十二乘以小余为实数，各分母满了为法数，从子时开始计算，算出多余的，就是加时。

推演月食：设置日月交会的积月，用二十三相乘，满了一百三十五就除去它。不满一百三十五的，加上二十三得一月，满一百三十五，即为计算所得的数字，从正开始，计算除去的，就是月食。月食加时，就是在望日冲辰。

纪术

推算五星现复，自从太极上元以来，所有的所求年数乘以大统现复数，年数满了得一，就是定现复数。年数不满的就叫现复余。从现复余数满溢的现复数，一以上的就出现在前一年，一倍以上的，又出现在更前一年，不满的，则出现在今年。

推算星所出现的中次，用现中分乘以定现复数，现中法满了得一，就是积中。不满的称为中余。用元中除以积中，所余的数字就是中元余。用章中除以中元余数，余数归入章中数。再用十二去除，余数就是星所出现的中次。中数从冬至起算，次数从星纪起算，计算出余数，就是星所出现的中次。

推算星现月，用闰分乘以定现复数，再用章岁乘以中余数，将得出的两个积数相加，现月法满了得一，加上积中，就是积月。不满现月法的称为月余。用元月除以积月余，称为月元余。用章月除以月元余，并入章月数。用十二除以章月数，等到置闰的年份，除以十三后并入章月数。三年置一闰，六年置两闰，九年置三闰，十一年置四闰，十四年置五闰，十七年置六闰，十九年置七闰。不满现月法的从天正起算，计算出余数，就是星所现月。

推算至曰，用中法乘以中元余，元法满了得一，称为积日，不满的称为小余。小余满二千五百九十七以上的，称为中大数。用之前同样的方法除以积日，计算出余数，即为冬至。

推朔日，以月法乘月元余，盈日法得一，名曰积日，余名曰小余。小余三十八以上，月大。数除积日如法，算外，则星见月朔日也。

推入中次日度数，以中法乘中余，以见中法乘其小余并之，盈见中日法得一，则入中日入次度数也。中以至日数，次以次初数，算外，则星所见及日所在度数也。求夕，在日后十五度。

推入月日数，以月法乘月余，以见月法乘其小余并之，盈见月日法得一，则入月日数也。并之大余，数除如法，则见日也。

推后见中，加积中于中元余，加后中余于中余，盈其法得一，从中元余，除数如法，则后见中也。

推后见月，加积月于月元余，加后月余于月余，盈其法得一，从月元余，除数如法，则后见月也。

推至日及入中次度数，如上法。

推朔日及入月数，如上法。

推晨见加夕，夕见加晨，皆如上法。

推五步，置始见以来日数，至所求日，各以其行度数乘之。其星若日有分者，分子乘全为实，分母为法。其两有分者，分母分度数乘全，分子从之，令相乘为实，分母相乘为法，实如法得一，名曰积度。数起星初见所在宿度，算外，则星所在宿度也。

岁术

推岁所在，置上元以来，外所求年，盈岁数，除去之，不盈者以百四十五乘之，以百四十四为法，如法得一，名曰积次，不盈者

推算朔日，用月法乘以月元余数，日法满了得一，称为积日，不满的称为小余。小余数在三十八以上的，称为月大数。用之前同样的方法除以积日，计算出余数，即为朔日。

推算入中次日度数，用中法乘以中余数，用现中法乘以它的小余数，再把两个积数相加。现中日法满了得一，就是入中日入次度数。当中日到了日数，接着用次初数，计算出余数，即为星所现及日所在的度数。求夕，在日后十五度。

推算入月日数，用月法乘以月余，用现月法乘以它的小余，再把它们的积数相加，现月日法满了得一，就是入月日数。加上大余数，用之前同样的方法相除，即为现日数。

推算后现中，把积中加进中元余数，把后中余加进中余数，其法满了得一，加上中元余数，用之前同样的方法相除，即为后现中数。

推算后现月，把积月加进月元余数，把后月余数加进月余数，其法满了得一，加上月元余数，用之前同样的方法相除，即为后现月。

推算至日以及入中次度数，方法同上。

推算朔日以及入月数，方法同上。

推算晨现加夕，夕现加晨，方法皆同上。

推算五步，从开始出现以来的日数，到所求的日数，各自采用它们所运行的度数来乘它们。其中的某行星如果日中有分的，则用分子乘以全数作为除数，分母作为被除数。若其中的两颗行星有中分的，则分母分度数乘以全数，分子数也一样，让分子乘以全数作为除数，分母乘以全数作为被除数，除数和被除数相等，则得出一，称为积度。从星初现所在的宿度起算，计算出余数，即为星所在的宿度数。

岁术

推算木星所在的位置，从上元以来，不计算所求年数，年数满了，就除去。年岁不满的，乘以一百四十五，再以一百四十四作为除数，与除数相等得出一，名为积次，不满的名为次余。积次满十二，

名曰次余。积次盈十二，除去之，不盈者名曰定次。数从星纪起，算尽之外，则所在次也。欲知太岁，以六十除积次，余不盈者，数从丙子起，算尽之外，则太岁日也。

赢缩。传曰："岁弃其次而旅于明年之次，以害鸟帑，周楚恶之。"五星之赢缩不是过也。过次者殃大，过舍者灾小，不过者亡咎。次度。六物者，岁时日月星辰也。辰者，日月之会而建所指也。

星纪，初斗十二度，大雪。中牵牛初，冬至。于夏为十一月，商为十二月，周为正月。终于婺女七度。

玄枵，初婺女八度，小寒。中危初，大寒。于夏为十二月，商为正月，周为二月。终于危十五度。

诹訾，初危十六度，立春。中营室十四度，惊蛰。今日雨水，于夏为正月，商为二月，周为三月。终于奎四度。

降娄，初奎五度，雨水。今日惊蛰。中娄四度，春分。于夏为二月，商为三月，周为四月。终于胃六度。

大梁，初胃七度，谷雨。今日清明。中昴八度，清明。今日谷雨，于夏为三月，商为四月，周为五月。终于毕十一度。

实沈、初毕十二度，立夏。中井初，小满。于夏为四月，商为五月，周为六月。终于井十五度。

鹑首，初井十六度，芒种。中井三十一度，夏至。于夏为五月，商为六月，周为七月。终于柳八度。

就除去，不满十二的名为定次。从星纪起算，计算结果以外的，即为所在次。想推算太岁，用六十除以积次，余数不满十二的，从丙子起算，计算结果以外的，则为太岁日。

木星盈亏。相传："木星偏离了它的轨道，错行至第二年的轨道上，这样有损轸星，因此周楚的百姓都害怕灾害降临。"其实五星的盈亏不是什么过错。错过了一年的轨迹灾祸就大，错过了一个晚上灾祸就小，最好是不偏离轨道。这就是行星轨迹的标准。六物是指岁、时、日、月、星、辰。辰是日月交会时斗柄所指的方向。

星纪，最初在斗星十二度，节令为大雪。中期在牵牛星初度，节令为冬至。在夏朝时为十一月，在商朝时为十二月，在周朝时为正月。最后在婺女星七度。

玄枵，最初在婺女星八度，节令为小寒。中期到危星初度，节令为大寒。在夏朝时为十二月，在商朝时为正月，在周朝时为二月。结束时在危星十五度。

诹訾，最初在危星十六度，节令为立春。中期到营室星十四度，节令为惊蛰。如今称为雨水，在夏朝时为正月，在商朝时为二月，在周朝时为三月。结束时在奎星四度。

降娄，最初时在奎星五度，节令为雨水。如今称为惊蛰。中期到娄星四度，节令为春分。在夏朝时为二月，在商朝时为三月，在周朝时为四月。结束时在胃星六度。

大梁，最初时在胃星七度，节令为谷雨。如今称为清明。中期在昴星八度，节令为清明。如今称为谷雨。在夏朝时为三月，在商朝时为四月，在周朝时为五月。结束时在毕星十一度。

实沈，最初在毕星十二度，节令为立夏。中期在井星初度，节令为小满。在夏朝时为四月，在商朝时为五月，在周朝时为六月。结束时在井星十五度。

鹑首，最初在井星十六度，节令为芒种。中期在井星三十一度，节令为夏至。在夏朝时为五月，在商朝时为六月，在周朝时为七月。结束时在柳星八度。

鹑火，初柳九度，小暑。中张三度，大暑。于夏为六月，商为七月，周为八月。终于张十七度。

鹑尾，初张十八度，立秋。中翼十五度，处暑。于夏为七月，商为八月，周为九月。终于轸十一度。

寿星，初轸十二度，白露。中角十度，秋分。于夏为八月，商为九月，周为十月。终于氐四度。

大火，初氐五度，寒露。中房五度，霜降。于夏为九月，商为十月，周为十一月。终于尾九度。

析木，初尾十度，立冬。中箕七度，小雪。于夏为十月，商为十一月，周为十二月。终于斗十一度。

角十二。　亢九。　氐十五。　房五。　心五。　尾十八。　箕十一。

东七十五度。

斗二十六。　牛八。　女十二。　虚十。　危十七。　营室十六。　壁九。

北九十八度。

奎十六。　娄十二。　胃十四。　昴十一。　毕十六。　觜二。　参九。

西八十度。

井三十三。　鬼四。　柳十五。　星七。　张十八。　翼十八。　轸十七。

南百一十二度。

九章岁为百七十一岁，而九道小终。九终千五百三十九岁而大

鹑火，最初在柳星九度，节令为小暑。中期在张星三度，节令为大暑。在夏朝时为六月，在商朝时为七月，在周朝时为八月。结束时在张星十七度。

鹑尾，最初时在张星十八度，节令为立秋。中期到翼星十五度，节令为处暑。在夏朝时为七月，在商朝时为八月，在周朝时为九月。结束时在轸星十一度。

寿星，最初在轸星十二度，节令为白露。中期在角星十度，节令为秋分。在夏朝时为八月，在商朝时为九月，在周朝时为十月。结束时在氐星四度。

大火，最初在氐星五度，节令为寒露。中期在房星五度，节令为霜降。在夏朝时为九月，在商朝时为十月，在周朝时为十一月。结束时在尾星九度。

析木，最初在尾星十度，节令为立冬。中期在箕星七度，节令为小雪。在夏朝时为十月，在商朝时为十一月，在周朝时为十二月。结束时在斗星十一度。

角星为十二颗。亢星为九颗。氐星为十五颗。房星为五颗。心星为五颗。尾星为十八颗。箕星为十一颗。

位于东边七十五度。

斗星为二十六颗。牛星为八颗。女星为十二颗。虚星为十颗。危星为十七颗。营室星为十六颗。壁星为九颗。

位于北边九十八度。

奎星为十六颗。娄星为十二颗。胃星为十四颗。昴星为十一颗。毕星为十六颗。觜星为二颗。参星为九颗。

位于西边八十度。

井星为三十三颗。鬼星为四颗。柳星为十五颗。星宿为七颗。张星宿为十八颗。翼星为十八颗。轸星为十七颗。

位于南边一百一十二度。

九章岁为九乘以十九，为一百七十一年，其间出现九道小终。经

终。三终而与元终。进退于牵牛之前四度五分。九会。阳以九终，故日有九道。阴兼而成之，故月有十九道。阳名成功，故九会而终。四营而成易，故四岁中余一，四章而朔余一，为篇首，八十一章而终一统。

一，甲子元首。汉太初元年。　十，辛酉。　十九，己未。

二十八，丁巳。　三十七，乙卯。　四十六，壬子。　五十五，庚戌。　六十四，戊申。　七十三，丙午，中。

甲辰二统。　辛丑。　己亥。　丁酉。　乙未。　壬辰。　庚寅。　戊子。　丙戌，季。

甲申三统。　辛巳。　乙卯。　丁丑。文王四十二年。　乙亥。微二十六年。　壬申。　庚午。　戊辰。　丙寅，孟。愍二十二年。

二，癸卯。　十一，辛丑。　二十，己亥。　二十九，丁酉。　三十八，甲午。　四十七，壬辰。五十六，庚寅。　六十五，戊子。　七十四，乙酉，中。

癸未。　辛巳。　己卯。　丁丑。　甲戌。壬申。　庚午。　戊辰。　乙丑，季。

癸亥。　辛酉。　己未。　丁巳。周公五年。　甲寅。　壬子。　庚戌。　戊申元四年。　乙巳，孟。

三，癸未。　十二，辛巳。　二十一，己卯。　三十，丙子。　三十九，甲戌。　四十八，壬申。　五十七，庚子。　六十六，丁卯。　七十五，乙丑，中。

癸亥。　辛酉。　己未。　丙辰。　甲寅。　壬子。　庚戌。　丁未。　乙巳，季。

癸卯。　辛丑。　己亥。　丙申。　甲午。　壬辰。　庚

过九终共一千五百三十九年后便是大终。三终过后即为元终。进退于牵牛星前面的四度五分之间。共交会九次。因为阳以九为终结，所以日有九道。阴由阳九道和日九道组成，因此月有十九道。阳意味着成功，因此交会九次后便结束。四次公转而成为易，所以四年中便多余一天，四个章岁多余一天朔，将它作为篇首，八十一个章岁后就完成了一统。

一、甲子元首。汉太初元年（前104）。　十，辛酉。　十九，己未。

二十八，丁巳。　三十七，乙卯。　四十六，壬子。　五十五，庚戌。　六十四，戊申。　七十三，丙午，中。

甲辰二统。　辛丑。　己亥。　丁酉。　乙未。　壬辰。　庚寅。　戊子。　丙戌，季。

甲申三统。　辛巳。　乙卯。　丁丑。文王四十二年。　乙亥。微二十六年。　壬申。　庚午。　戊辰。　丙寅，孟。愍二十二年。

二、癸卯。　十一，辛丑。　二十，己亥。　二十九，丁酉。　三十八，甲午。　四十七，壬辰。　五十六，庚寅。　六十五，戊子。　七十四，乙酉，中。

癸未。　辛巳。　己卯。　丁丑。　甲戌。　壬申。　庚午。　戊辰。　乙丑，季。

癸亥。　辛酉。　己未。　丁巳。周公五年。甲寅。　壬子。　庚戌。　戊申。元四年。　乙巳，孟。

三、癸未。　十二，辛巳。　二十一，己卯。　三十，丙子。　三十九，甲戌。　四十八，壬申。　五十七，庚子。　六十六，丁卯。　七十五，乙丑，中。

癸亥。　辛酉。　己未。　丙辰。　甲寅。　壬子。　庚戌。　丁未。　乙巳，季。

癸卯。　辛丑。　己亥。　丙申。　甲午。　壬辰。　庚寅。

寅。成十二年。　丁亥。　乙酉，孟。

四，癸亥。初元二年。　十三，辛酉。　二十二，戊午。　三十一，丙辰。　四十，甲寅。　四十九，壬子。　五十八，己酉。　六十七，丁未。　七十六，乙巳，中。

癸卯。　辛丑。　戊戌。　丙申。　甲午。　壬辰。　己丑。　丁亥。　乙酉，季。

癸未。　辛巳。　戊寅。　丙子。　甲戌。　壬申。惠三十八年。　己巳。　丁卯。　乙丑，孟。

五，癸卯。河平元年。　十四，庚子。　二十三，戊戌。　三十二，丙申。　四十一，甲午。　五十，辛卯。　五十九，己丑。　六十八，丁亥。　七十七，乙酉，中。

癸未。　庚辰。　戊寅。　丙子。　甲戌。　辛未。　己巳。　丁卯。　乙丑，季。商太甲元年。

癸亥。　庚申。　戊午。　丙辰。　甲寅。献十五年。　辛亥。　己酉。　丁未。　乙巳，孟。楚元三年。

六，壬午。　十五，庚辰。　二十四，戊寅。　三十三，丙子。　四十二，癸酉。　五十一，辛未。　六十，己巳。　六十九，丁卯。　七十八，甲子，中。

壬戌。　庚申。　戊午。　丙辰。　癸丑。　辛亥。　己酉。　丁未。　甲辰，季。

壬寅。　庚子。　戊戌。　丙申。炀二十四年。　癸巳。　辛卯。　己丑。　丁亥。康四年。　甲申，孟。

七，壬戌。始建国三年。　十六，庚申。　二十五，戊午。　三十四，乙卯。　四十三，癸丑。　五十二，辛亥。　六十一，己酉。　七十，丙午。　七十九，甲辰，中。

壬寅。　庚子。　戊戌。　乙未。　癸巳。　辛卯。　己丑。　丙戌。　甲申，季。

成十二年。 丁亥。 乙酉，孟。

四，癸亥。初元二年（前47）。 十三，辛酉。 二十二，戊午。 三十一，丙辰。 四十，甲寅。 四十九，壬子。 五十八，己酉。 六十七，丁未。 七十六，乙巳，中。

癸卯。 辛丑。 戊戌。 丙申。 甲午。 壬辰。 己丑。 丁亥。 乙酉，季。

癸未。 辛巳。 戊寅。 丙子。 甲戌。 壬申。惠三十八年。 己巳。 丁卯。 乙丑，孟。

五，癸卯。河平元年（前28）。 十四，庚子。 二十三，戊戌。 三十二，丙申。 四十一，甲午。 五十，辛卯。 五十九，己丑。 六十八，丁亥。 七十七，乙酉，中。

癸未。 庚辰。 戊寅。 丙子。 甲戌。 辛未。 己巳。 丁卯。 乙丑，季。商太甲元年（前1754）。

癸亥。 庚申。 戊午。 丙辰。 甲寅。献十五年。 辛亥。 己酉。 丁未。 乙巳，孟。楚元三年（前199）。

六，壬午。 十五，庚辰。 二十四，戊寅。 三十三，丙子。四十二，癸酉。 五十一，辛未。 六十，己巳。 六十九，丁卯。七十八，甲子，中。

壬戌。 庚申。 戊午。 丙辰。 癸丑。 辛亥。 己酉。 丁未。 甲辰，季。

壬寅。 庚子。 戊戌。 丙申。炀二十四年。 癸巳。 辛卯。 己丑。 丁亥。康四年。 甲申，孟。

七，壬戌。始建国三年。 十六，庚申。 二十五，戊午。三十四，乙卯。 四十三，癸丑。 五十二，辛亥。 六十一，己酉。七十，丙午。 七十九，甲辰，中。

壬寅。 庚子。 戊戌。 乙未。 癸巳。 辛卯。 己丑。 丙戌。 甲申，季。

壬午。　庚辰。　戊寅。　乙亥。　癸酉。　辛未。　己巳。定七年。　丙寅。　甲子，孟。

八，壬寅。　十七，庚子。　二十六，丁酉。　三十五，乙未。　四十四，癸巳。　五十三，辛卯。　六十二，戊子。　七十一，丙戌。　八十，甲申，中。

壬午。　庚辰。　丁丑。　乙亥。　癸酉。　辛未。　戊辰。　丙寅。　甲子，季。

壬戌。　庚申。　丁巳。　乙卯。　癸丑。　辛亥。僖五年。　戊申。　丙午。　甲辰，孟。

九，壬午。　十八，己卯。　二十七，丁丑。　三十六，乙亥。　四十五，癸酉。　五十四，庚午。　六十三，戊辰。　七十二，丙寅。　八十一，甲子，中。

壬戌。　己未。　丁巳。　乙卯。　癸丑。　庚戌。　戊申。　丙午。　甲辰，季。

壬寅。　己亥。　丁酉。　乙未。　癸巳。懿九年。　庚寅。　戊子。　丙戌。　甲申，孟。元朔六年。

推章首朔旦冬至日，置大余三十九，小余六十一，数除如法，各从其统首起。求其后章，当加大余三十九，小余六十一，各尽其八十一章。

推篇，大余亦如之，小余加一。求周至，加大余五十九，小余二十一。

世经

《春秋》昭公十七年"郯子来朝"，传曰昭子问少昊氏鸟名何故，对曰："吾祖也，我知之矣。昔者，黄帝氏以云纪，故为云师而云名；炎帝氏以火纪，故为火师而火名；共工氏以水纪，故为水师而水名；太昊氏以龙纪，故为龙师而龙名。我高祖少昊挚之立也，

壬午。 庚辰。 戊寅。 乙亥。 癸酉。 辛未。 己巳。定七年。 丙寅。 甲子，孟。

八，壬寅。 十七，庚子。 二十六，丁酉。 三十五，乙未。 四十四，癸巳。 五十三，辛卯。 六十二，戊子。 七十一，丙戌。 八十，甲申，中。

壬午。 庚辰。 丁丑。 乙亥。 癸酉。 辛未。 戊辰。 丙寅。 甲子，季。

壬戌。 庚申。 丁巳。 乙卯。 癸丑。 辛亥。僖五年（前657）。 戊申。 丙午。 甲辰，孟。

九，壬午。 十八，己卯。 二十七，丁丑。 三十六，乙亥。 四十五，癸酉。 五十四，庚午。 六十三，戊辰。 七十二，丙寅。 八十一，甲子，中。

壬戌。 己未。 丁巳。 乙卯。 癸丑。 庚戌。 戊申。 丙午。 甲辰，季。

壬寅。 己亥。 丁酉。 乙未。 癸巳。懿九年。 庚寅。 戊子。 丙戌。 甲申，孟。元朔六年（前123）。

推算章首朔旦的冬至日：用大余三十九，小余六十一，按之前的算法相除，各自从它的统首起算。求此后的章年数，应加上大余三十九，小余六十一，各自完成它的八十一章。

推算篇首：大余仍为三十九，小余加上一。求出周至，加上大余五十九，小余二十一。

世经

《春秋》昭公十七年（前525）记载："郯国的国君郯子来鲁国朝见"，相传昭子询问少昊氏，为何他们的部落都以鸟命名？少昊氏回答道："据我所知，我的祖先以凤鸟为图腾。从前，黄帝部落通过云来纪事，因此文武百官都以云来命名；炎帝部落通过火来纪事，因此文武百官都以火来命名；共工部落通过水纪事，因此文武百官都

凤鸟适至，故纪于鸟，为鸟师而鸟名。”言郯子据少昊受黄帝，黄帝受炎帝，炎帝受共工，共工受太昊，故先言黄帝，上及太昊。稽之于《易》，炮牺、神农、黄帝相继之世可知。

太昊帝　《易》曰：“炮牺氏之王天下也。”言炮牺继天而王，为百王先，首德始于木，故为帝太昊。作罔罟以田渔，取牺牲故天下，号曰炮牺氏。《祭典》曰：“共工氏伯九域。”言虽有水德，在火木之间，非其序也。任知刑以强，故伯而不王。秦以水德，在周、汉木火之间。周人迁其行序，故《易》不载。

炎帝　《易》曰：“炮牺氏没，神农氏作。”言共工伯而不王，虽有水德，非其序也。以火承木，故为炎帝。教民耕农，故天下号曰神农氏。

黄帝　《易》曰：“神农氏没，黄帝氏作。”火生土，故为土德。与炎帝之后战于阪泉，遂王天下。始垂衣裳，有轩冕之服，故天下号曰轩辕氏。

少昊帝　《考德》曰：少昊曰清。清者，黄帝之子清阳也，是其子孙名挚立。土生金，故为金德，天下号曰金天氏。周迁其乐，故《易》不载，序于行。

颛顼帝　《春秋外传》曰少昊之衰，九黎乱德，颛顼受之，乃命重黎。苍林昌意之子也。金生水，故为水德。天下号曰高阳氏。周

以水来命名；太昊部落通过龙来纪事，因此文武百官都以龙来命名。我的高祖少昊挚，在建立部落之初，恰好有五色凤鸟飞来，因此就通过鸟来纪事，文武百官也都以鸟来命名。”从郯子这段话可知，少昊氏从黄帝那里传承了帝位，黄帝从炎帝那里传承了帝位，炎帝从共工那里传承了帝位，共工又从太昊那里传承了帝位，因此先提及黄帝，再往前一直追溯到太昊氏。考证《易经》可知，这就是炮牺氏、神农氏、黄帝之间的传承关系。

太昊帝　《易经》上说：“炮牺氏称王天下。”意思是说炮牺氏继承天命而称王天下，为百王之首，他享有木德，具有运化万物的德行，因此称为太昊。他制作网来打猎和捕鱼，选取供祭祀用的纯色全体牲畜，因此天下人都称他为炮牺氏。《祭典》上说：“共工氏称霸九州。”意思是说虽然享有水德，但水德位于火德与木德之间，他的位次不对。共工氏凭借刑杀而强大，因此说他是称霸天下而不是称王天下。如同秦朝享有水德，但因其处在周朝、汉朝木德、火德之间。周人搞乱了他的位次，因此《易经》上没有记载。

炎帝　《易经》上说：“炮牺氏衰落之后，神农氏兴起。”意思是说共工只能称霸而不能称王，即使享有水德，位次也不对。应该是以火德继承木德，所以是炎帝。他教授百姓农事耕作，因此天下人称他为神农氏。

黄帝　《易经》上说：“神农氏衰落之后，黄帝氏兴起。”火生土，因此黄帝享有土德。他与炎帝的后裔交战于阪泉，从而称王天下。他采用无为而治的方式，同时产生了轩车和冕服，因此天下人称他为轩辕氏。

少昊帝　《考德》上说：少昊名为清。清，据说黄帝的儿子名为清阳，他的子孙中有位名叫挚的登上了帝位。土生金，因此少昊享有金德，天下人称为金天氏。周人打乱了他的节律，因此《易经》里没有记载，只是记录了他的位次。

颛顼帝　《春秋外传》上说：少昊氏衰落之后，九黎族发生叛乱，颛顼领受天命，继承帝位，便任命重黎。他们是苍林昌意的儿子。金生水，因此享有水德。天下人称其为高阳氏。周人打乱了他的

礜其乐，故《易》不载，序于行。

帝喾　《春秋外传》曰，颛顼之所建，帝喾受之。清阳玄嚣之孙也。水生木，故为木德。天下号曰高辛氏。帝挚继之，不知世数。周礜乐，故《易》不载。周人禘之。

唐帝　《帝系》曰，帝喾四妃，陈丰生帝尧，封于唐。盖高辛氏衰，天下归之。木生火，故为火德，天下号曰陶唐氏。让天下于虞，使子朱处于丹渊为诸侯。即位七十载。

虞帝　《帝系》曰，颛顼生穷蝉，五世而生瞽叟，瞽叟生帝舜，处虞之妫汭，尧嬗以天下。火生土，故为土德。天下号曰有虞氏。让天下于禹，使子商均为诸侯。即位五十载。

伯禹　《帝系》曰，颛顼五世而生鲧，鲧生禹，虞舜嬗以天下。土生金，故为金德。天下号曰夏后氏。继世十七王，四百三十二岁。

成汤　《书经·汤誓》汤伐夏桀。金生水，故为水德。天下号曰商，后曰殷。

《三统》，上元至伐桀之岁，十四万一千四百八十岁，岁在《大火》《房》五度，故传曰："大火，阏伯之星也。实纪商人。"后为成汤，方即世崩没之时，为天子用事十三年矣。商十二月乙丑朔旦冬至，故《书序》曰："成汤既没，太甲元年，使伊尹作《伊训》。"《伊训》篇曰："惟太甲元年十有二月乙丑朔，伊尹祀于先王，诞资有牧方明。"言虽有成汤、太丁、外丙之服，以冬至越茀祀先王于方明以配上帝，是朔旦冬至之岁也。后九十五岁，商十二月甲申朔旦冬至，亡余分，是为孟统。自伐桀至武王伐纣，六百二十九岁，故传曰殷"载祀六百"。

节律，因此《易经》上没有记载，只记录了位次。

帝喾 《春秋外传》上说：颛顼所建立的制度，帝喾完全沿袭下来。帝喾是清阳玄嚣的孙子。水生木，因此享有木德。天下人称其为高辛氏。后来帝挚继承了他的帝位，具体年代不详。周人打乱了他的节律，因此《易经》上没有记载。周人为帝喾祭祀。

唐帝 《帝系》上说：帝喾有四个妃子，陈丰生了帝尧，被封于唐。大概是高辛氏衰落之后，天下就归顺了帝尧。木生火，因此帝尧享有火德，天下人称其为陶唐氏。后来帝尧将帝位禅让给虞舜，派他的儿子朱到丹渊作了诸侯。唐帝在位七十年。

虞帝 《帝系》上说：颛顼生下穷蝉，经历了五代人才有了瞽叟，瞽叟生下虞舜，把虞舜安置在妫水转弯的地方，尧帝将帝位禅让给他。火生土，因此舜帝享有土德，天下人称其为有虞氏。后来他又把帝位禅让给大禹，并让自己的儿子商均作了诸侯。虞帝在位五十年。

伯禹 《帝系》上说：颛顼的五世后裔生下鲧，鲧又生下禹，虞舜禅让帝位给禹。土生金，因此禹享有金德，天下人称其为夏后氏。夏朝先后有十七位帝王在位，夏朝享国四百三十二年。

成汤 《书经·汤誓》上说：商汤讨伐夏桀。金生水，因此商汤享有水德。天下人称其为商，后世人称殷商。

《三统历》上说，从太极上元到讨伐夏桀这一年，前后共计十四万一千四百八十年，这一年在大火星、房星五度，据传说："大火星，为阏伯之星，对应的是商朝人。"后来成汤领受天命，传承帝位，在位十三年。于商朝纪年的十二月乙丑朔旦冬至日驾崩，因此《书序》上有载："成汤王驾崩于太甲元年，同年朝廷命令伊尹撰写《伊训》。"在《伊训》中有一篇文告说："太甲元年十二月乙丑初一，伊尹祭祀先王，诸侯在明堂谈论相关事宜。"意思是说商朝已有成汤、太丁、外丙三位先王，冬至这天，在明堂祭祀上天，同时也让去世的先王配享祭祀，这是朔旦冬至之年。此时，商朝已过去九十五年，商的纪元在十二月甲申朔旦冬至，没有余分，恰好是一个孟统。从成汤讨伐夏桀再到武王伐纣，共经历了六百二十九年，因此据传说：殷商

《殷历》曰，当成汤方即世用事十三年，十一月甲子朔旦冬至，终六府首。当周公五年，则为距伐桀四百五十八岁，少百七十一岁，不盈六百二十九。又以夏时乙丑为甲子，计其年乃孟统后五章，癸亥朔旦冬至也。以为甲子府首，皆非是。凡殷世继嗣三十一王，六百二十九岁。

《四分》，上元至伐桀十三万二千一百一十三岁，其八十八纪，甲子府首，入伐桀后百二十七岁。

《春秋历》，周文王四十二年十二月丁丑朔旦冬至，孟统之二会首也。后八岁而武王伐纣。

武王　《书经·牧誓》武王伐商纣。水生木，故为木德。天下号曰周室。

《三统》，上元至伐纣之岁，十四万二千一百九岁，岁在鹑火张十三度。文王受命九年而崩，再期，在大祥而伐纣，故《书序》曰："惟十有一年，武王伐纣，作《太誓》。"八百诸侯会。还归二年，乃遂伐纣克殷，以箕子归，十三年也。故《书序》曰："武王克殷，以箕子归，作《洪范》。"《洪范》篇曰："惟十有三祀，王访于箕子。"自文王受命而至此十三年，岁亦在鹑火，故传曰："岁在鹑火，则我有周之分野也。"师初发，以殷十一月戊子，日在析木箕七度，故传曰："日在析木。"是夕也，月在房五度。房为天驷，故传曰："月在天驷。"后三日得周正月辛卯朔，合辰在斗前一度，斗柄也，故传曰："辰在斗柄。"明日壬辰，晨星始见。癸巳武王始发，丙午还师，戊午度于孟津。孟津去周九百里，师行三十里，故三十一日而度。明日己未冬至，晨星与婺女伏，历建星及牵牛，至于婺女天鼋之首，故传曰："星在天鼋。"《周书·武成》篇："惟一月壬辰，旁死霸，若翌日癸巳，武王乃朝步自周，于征伐纣。"序曰："一月戊午，师度于

"有六百多年的历史"。

《殷历》上说：成汤执掌朝政十三年，驾崩于十一月甲子朔旦冬至，也就是历法的第六个起算点。到周公五年时，距离商汤讨伐夏桀已有四百五十八年，少了一百七十一年，不满六百二十九。又根据夏朝的计时方式，以乙丑作为甲子，计算它的年份，则是孟统之后的第五章，癸亥朔旦冬至。说它是甲子朔旦第六章的起点，是不对的。殷商前后的确有三十一位帝王在位，享国六百二十九年。

《四分历》上说：从上元到讨伐夏桀共有十三万二千一百一十三年，共为八十八纪，以甲子为蔀首，记入讨伐夏桀后的第一百二十七年。

《春秋历》上说：周文王四十二年十二月丁丑朔旦冬至，是孟统的第二次起始点。八年后武王伐纣。

武王　《书经·牧誓》上说：武王伐纣。水生木，因此武王享有木德。天下人称其为周室。

《三统历》上说，从上元到武王讨伐商纣这一年，共计十四万二千一百零九年，这一年在鹑火星、张星十三度。文王领受天命，却于九年之后驾崩，过了两年，武王在一个大吉大利的日子里起兵伐纣，因此《书序》有载："十一年，武王伐纣，制作《太誓》。"八百名诸侯云集于孟津。两年后，武王伐纣攻克殷商成功，再到箕子归降，共用时十三年。因此《书序》中有载："武王战胜了殷，以箕子归降作为标志，写入《洪范》。"《洪范》中有文章记载："在十三年祭祀之时，武王向箕子询问国事。"从文王领受天命至此时，恰好有十三年，这年木星也在鹑火，据传说："木星在鹑火，即为周朝的分野。"军队始发，因为殷十一月戊子，太阳位于析木星、箕星七度，据传说："太阳位于析木星。"这天晚上，月亮位于房星五度。房星即为天驷星，因此据传说："月亮位于天驷星。"三天后恰逢周朝正月辛卯朔，日月交会的地方为北斗前一度，也就是斗柄的位置，因此据传说："日月交会于斗柄。"第二天为壬辰，水星出现在早晨。于是武王在癸巳之日发兵，丙午时班师还朝，并于戊午在孟津渡河。孟津距离周有九百

孟津。”至庚申，二月朔日也。四日癸亥，至牧野，夜陈，甲子昧爽而合矣。故《外传》曰：“王以二月癸亥夜陈。”《武成》篇曰：“粤若来三月，既死霸，粤五日甲子，咸刘商王纣。”是岁也，闰数余十八，正大寒中，在周二月己丑晦。明日闰月庚寅朔。三月二日庚申惊蛰。四月己丑朔死霸。死霸，朔也。生霸，望也。是月甲辰望，乙巳，旁之。故《武成》篇曰：“惟四月既旁生霸，粤六日庚戌，武王燎于周庙。翌日辛亥，祀于天位。粤五日乙卯，乃以庶国祀馘于周庙。”文王十五而生武王，受命九年而崩，崩后四年而武王克殷。克殷之岁八十六矣，后七岁而崩。故《礼记·文王世子》曰：“文王九十七而终，武王九十三而终。”凡武王即位十一年，周公摄政五年，正月丁巳朔旦冬至，《殷历》以为六年戊午，距炀公七十六岁，入孟统二十九章首也。后二岁，得周公七年“复子明辟”之岁。是岁二月乙亥朔，庚寅望，后六日得乙未。故《召诰》曰：“惟二月既望，粤六日乙未。”又其三月甲辰朔，三日丙午。《召诰》曰：“惟三月丙午朏。”古文《月采》篇曰“三日曰朏”。是岁十二月戊辰晦，周公以反政。故《洛诰》篇曰：“戊辰，王在新邑，烝祭岁，命作策，惟周公诞保文武受命，惟七年。”

成王元年正月己巳朔，此命伯禽俾侯于鲁之岁也。后三十年四月庚戌朔，十五日甲子哉生霸。故《顾命》曰“惟四月哉生霸，王有疾不豫，甲子，王乃洮沬水”，作《顾命》。翌日乙丑，成王崩。康王

里，军队每天行军三十里，因此要三十一天才能渡河。第二天为己未冬至，水星隐伏于婺女星，经过建星和牵牛星，直到婺女星和天鼋星的首部，据传说："水星位于天鼋。"《周书·武成》有文章记载："一月初二的月象，月亮暗淡无光，第二天为癸巳日，武王早晨从镐京出发前往伐纣。"《序传》上说："一月戊午，军队在孟津渡河。"到了庚申，也就是二月初一。到了四日癸亥，军队抵达牧野，连夜排兵布阵，在甲子日拂晓时分军阵已摆好。因此《外传》上说："武王在二月癸亥夜晚排兵布阵。"《武成》上说："从三月初一起，月亮晦暗无光，在五日甲子，商纣王被杀死。"这一年，闰数余十八，恰逢大寒的中期，是周历的二月己丑晦。第二天是闰月庚寅朔日。三月二日是庚申惊蛰。四月己丑朔日，月亮无光。月亮无光，即为朔日。月亮皎洁，即为望日。这月甲辰是望日，乙巳，就是十六日。因此《武成》篇上说："四月望日，六天后是庚戌，武王在周庙祭祀。第二天辛亥日，祭祀上天。五天后为乙卯日，将其庶国俘虏的左耳割下，在周庙献祭。"文王十五岁时生下武王，文王领受天命九年后驾崩，文王驾崩四年后武王克殷成功。武王打败殷朝时已八十六岁，七年后驾崩。因此《礼记·文王世子》有载："文王活了九十七年，武王活了九十三年。"武王在位共十一年，周公代为执政五年，正月丁巳朔旦冬至，《殷历》记载的是六年戊午，距离鲁炀公七十六年，记入孟统第二十九章的起算点。两年后，也就是周公七年，这一年周公将摄政权交还给成王。这年二月乙亥是朔日，庚寅是望日，六天后是乙未。因此《召诰》说："二月十六，六天后是乙未。"这年的三月甲辰是朔日，三日丙午。《召诰》说："三月丙午月初生明。"古文《月采》篇中有载："初三，初生的月亮皎洁明亮"。这年十二月戊辰晦，周公还政给成王。因此《洛诰》篇有载："戊辰，王在新邑举行四季的宗庙祭祖仪式，诏命作策文，周公继承文王、武王遗志，领受天命，共辅政七年。"

成王元年（前1116）正月己巳朔日，这是成王封周公的儿子伯禽为鲁国诸侯的一年。三十年（前1087）后四月庚戌是朔日，十五日甲子月亮初生明亮。因此《顾命》上记载："四月十五日月亮初生明亮，成王身体抱恙，甲子这天，成王盥洗净身"，制作《顾命》。第二天乙

十二年六月戊辰朔，三日庚午，故《毕命丰刑》曰：“惟十有二年六月庚午朏，王命作策《丰刑》。”

《春秋》《殷历》皆以殷，鲁自周昭王以下亡年数，故据周公、伯禽以下为纪。鲁公伯禽，推即位四十六年，至康王十六年而薨。故传曰“燮父、禽父并事康王”，言晋侯燮、鲁公伯禽俱事康王也。子考公就立，酋。考公，《世家》即位四年，及炀公熙立。炀公二十四年正月丙申朔旦冬至，《殷历》以为丁酉，距微公七十六岁。

《世家》，炀公即位六十年，子幽公宰立。幽公，《世家》即位十四年，及微公茀立，濆。微公二十六年正月乙亥朔旦冬至，《殷历》以为丙子，距献公七十六岁。

《世家》，微公即位五十年，子厉公翟立，櫂。厉公，《世家》即位三十七年，及献公具立。献公十五年正月甲寅朔旦冬至，《殷历》以为乙卯，距懿公七十六岁。

《世家》，献公即位五十年，子慎公执立，嗅。慎公，《世家》即位三十年，及武公敖立。武公，《世家》即位二年，子懿公被立，戏。懿公九年正月癸巳朔旦冬至，《殷历》以为甲午，距惠公七十六岁。

《世家》，懿公即位九年，兄子柏御立。柏御，《世家》即位十一年，叔父孝公称立。孝公，《世家》即位二十七年，子惠公皇立。惠公三十八年正月壬申朔旦冬至，《殷历》以为癸酉，距釐公七十六岁。

《世家》，惠公即位四十六年，子隐公息立。

凡伯禽至春秋，三百八十六年。

丑，成王驾崩。康王十二年（前1075）六月戊辰是朔日，三日庚午，因此《毕命丰刑》上有载：“十二年六月庚午，月亮皎洁明亮，康王命人制作《丰刑》。”

《春秋》《殷历》都是以殷的历法纪年，鲁国从周昭王开始，不再采用周历纪年，因此只能根据周公、伯禽以下来推演纪年。鲁公伯禽，按纪年推断，他在位四十六年，于周康王十六年薨。因此据传说：“燮父、伯禽一同事奉康王”，这句话是说晋侯燮、鲁公伯禽在同一时期事奉康王。伯禽的儿子考公即位，考公即为酋。考公，《世家》上说：考公即位四年后驾崩，他的弟弟炀公熙即位。炀公二十四年正月丙申朔旦冬至，《殷历》记载为丁酉，距离鲁微公七十六年。

《世家》上说：炀公在位六十年后，他的儿子幽公宰即位。鲁幽公，《世家》上说：在位十四年后，由弟弟鲁微公茀即位，鲁微公茀即为濞。鲁微公二十六年（前965）正月乙亥朔旦冬至，《殷历》记载为丙子，距离鲁献公七十六年。

《世家》上说：鲁微公在位五十年，儿子鲁厉公翟即位，鲁厉公翟即为櫂。鲁厉公，《世家》上说：他在位三十七年后，弟弟鲁献公具即位。鲁献公十五年（前891）正月甲寅朔旦冬至，《殷历》记载为乙卯，距离鲁懿公七十六年。

《世家》上说：鲁献公在位五十年后，他的儿子鲁慎公执即位，慎公执即为嗅。鲁慎公，《世家》上说：他在位三十年后，弟弟鲁武公敖即位。鲁武公，《世家》上说：他在位两年，儿子鲁懿公被即位，鲁懿公被即为戏。懿公九年正月癸巳朔旦冬至，《殷历》记载为甲午，距离鲁惠公七十六年。

《世家》上说：鲁懿公在位九年后，他哥哥的儿子鲁柏御（一作伯御）即位。柏御，《世家》上说：他在位十一年后，他的叔父鲁孝公称即位。孝公，《世家》上说：他在位二十七年后，他的儿子鲁惠公皇即位。鲁惠公三十八年正月壬申朔旦冬至，《殷历》记载为癸酉，距离鲁僖公七十六年。

《世家》上说：惠公在位四十六年后，他的儿子鲁隐公息即位。

从伯禽封侯到春秋纪年开始，共经历了三百八十六年。

春秋　隐公，《春秋》即位十一年，及桓公轨立。此元年上距伐纣四百岁。

桓公，《春秋》，即位十八年，子庄公同立。

庄公，《春秋》，即位三十二年，子愍公启方立。

愍公，《春秋》，即位二年，及釐公申立。釐公五年正月辛亥朔旦冬至，《殷历》以为壬子，距成公七十六岁。

是岁距上元十四万二千五百七十七岁，得孟统五十三章首。故传曰："五年春王正月辛亥朔，日南至。""八月甲午，晋侯围上阳。"童谣云："丙子之辰，龙尾伏辰，袀服振振，取虢之旂。鹑之贲贲，天策焞焞，火中成军，虢公其奔。"卜偃曰："其九月十月之交乎？丙子旦，日在尾，月在策，鹑火中，必是时也。"冬十二月丙子灭虢。言历者以夏时，故周十二月，夏十月也。是岁，岁在大火。故传曰晋侯使寺人披伐蒲，重耳奔狄。董因曰："君之行，岁在大火。"后十二年，釐之十六岁，岁在寿星。故传曰重耳处狄十二年而行，过卫五鹿，乞食于野人，野人举凷而与之。子犯曰："天赐也，后十二年，必获此土。岁复于寿星，必获诸侯。"后八岁，釐之二十四年也，岁在实沈，秦伯纳之。故传曰董因云："君以辰出，而以参入，必获诸侯。"

《春秋》，釐公即位三十三年，子文公兴立。文公元年，距辛亥朔旦冬至二十九岁。是岁闰余十三，正小雪，闰当在十一月后，而在三月，故传曰"非礼也"。后五年，闰余十，是岁亡闰，而置闰。闰，所以正中朔也。亡闰而置闰，又不告朔，故经曰"闰月不告朔"，言

春秋 隐公，《春秋》上说：鲁隐公在位十一年后，弟弟鲁桓公轨即位。此元年距离武王伐纣已过去四百年。

鲁桓公，《春秋》上说：他在位十八年后，他的儿子鲁庄公同即位。

鲁庄公，《春秋》上说：他在位三十二年后，他的儿子鲁愍公启方即位。

鲁愍公，《春秋》上说：他在位两年后，弟弟鲁僖公申即位。鲁僖公五年正月辛亥朔旦冬至，《殷历》记载为壬子，此时距离鲁成公七十六年。

这一年距上元已过去了十四万二千五百七十七年，到了孟统第五十三章的起算点。因此据传说："鲁僖公五年，春王正月初一为辛亥日，冬至。""八月甲午，晋侯包围了上阳。"童谣说："丙子之辰，龙尾伏辰，袀服振振，取虢之旂。鹑之贲贲，天策焞焞，火中成军，虢公其奔。"卜偃说："九月十月日月能交会吗？丙子旦，太阳在尾，月亮在策，鹑火位于中间，必定是这个时候。"冬季十二月丙子，晋国消灭了虢国。讲述历史的人采用的是夏历，因此周的十二月，也是夏的十月。这一年，木星在大火。因此据传说：晋侯派贴身侍卫披攻打蒲城，重耳逃往北狄。董因说："重耳逃亡时，木星在大火。"十二年后，鲁僖公十六年（前644），木星在寿星。因此据传说：重耳在北狄待了十二年后离开，经过卫五鹿，向村民乞食，村民就把土块递给他。子犯说："这是上天赐给他的，十二年后，必定要取得这片土地。木星再次到寿星，必定会俘虏诸侯。"八年后，鲁僖公二十四年（前636），木星在实沈，秦穆公收留了重耳。因此据传说董因说："君在辰星出现时逃亡，又在参星出现时回到晋国，必定会俘虏诸侯。"

《春秋》上说：鲁僖公在位三十三年后，他的儿子鲁文公兴即位。鲁文公元年，距离辛亥朔旦冬至为二十九年。这一年闰余十三，正好是小雪，置闰应该在十一月之后，却在三月置闰，因此据传说："这不符合礼制。"五年后，闰余十，这一年本没有闰，却置了闰。闰，是用来端正月的。没有闰而置闰，又不告朔，因此据传说："闰月

亡此月也。传曰：“不告朔，非礼也。”

《春秋》，文公即位十八年，子宣公倭立。

宣公，《春秋》即位十八年，子成公黑肱立。成公十二年正月庚寅朔旦冬至，《殷历》以为辛卯，距定公七年七十六岁。

《春秋》，成公即位十八年，子襄公午立。襄公二十七年，距辛亥百九岁。九月乙亥朔，是建申之月也。鲁史书：“十二月乙亥朔，日有食之。”传曰：“冬十一月乙亥朔，日有食之，于是辰在申，司历过也，再失闰矣。”言时实行以为十一月也，不察其建，不考之于天也。二十八年距辛亥百一十岁，岁在星纪，故经曰：“春无冰。”传曰：“岁在星纪，而淫于玄枵。”三十年岁在娵訾。三十一年岁在降娄。是岁距辛亥百一十三年，二月有癸未，上距文公十一年会于承匡之岁夏正月甲子朔凡四百四十有五甲子，奇二十日，为日二万六千六百有六旬。故传曰绛县老人曰“臣生之岁，正月甲子朔，四百四十有五甲子矣。其季于今，三之一也。”师旷曰：“郤成子会于承匡之岁也，七十三年矣。”史赵曰：“亥有二首六身，下二如身，则其日数也。”士文伯曰：“然则二万六千六百有六旬也。”

《春秋》，襄公即位三十一年，子昭公稠立。昭公八年岁在析木，十年岁在颛顼之虚，玄枵也。十八年距辛亥百三十一岁，五月有丙子、戊寅、壬午，火始昏见，宋、卫、陈、郑火。二十年春王正月，距辛亥百三十三岁，是辛亥后八章首也。正月己丑朔旦冬至，失闰。故传曰：“二月己丑，日南至。”三十二年，岁在星纪，距辛亥

时不告朔”，意思是说，默认为没有这个月。据传说：“不告朔，是不符合礼制的。”

《春秋》上说：鲁文公在位十八年后，他的儿子鲁宣公倭即位。

鲁宣公，《春秋》上说：他在位十八年后，他的儿子鲁成公黑肱即位。鲁成公十二年正月庚寅朔旦冬至，《殷历》记载为辛卯，距离鲁定公七年（前503）有七十六年。

《春秋》上说：鲁成公在位十八年后，他的儿子鲁襄公午即位。襄公二十七年，距离辛亥一百零九年。九月初一是乙亥日，这是建申月。据鲁国史书记载：“十二月初一为乙亥日，出现日食。”据传说：“冬季十一月初一是乙亥日，出现日食，于是辰在申，这是因负责历法的官员失误造成的，又错过一次置闰。”意思是说当时实际上已经是十一月了，历法官员没有观测北斗斗柄所指的方向，也没有观测天象。鲁襄公二十八年（前545）距离辛亥有一百一十年，木星在星纪，因此经史典籍上有载：“春天没有冰。”据传说：“木星本该在星纪，却错误地出现在玄枵星。”鲁襄公三十年（前543），木星在娵訾。鲁襄公三十一年（前542），木星在降娄星。这一年距离辛亥有一百一十三年，二月有癸未，往前追溯，距离鲁文公十一年会盟于承匡那年，夏历正月初一甲子日，共经历了四百四十五个甲子零二十天，共计是二万六千六百零六天。因此据绛县老人讲：“臣出生的那年，正月初一是甲子日，有四百四十五个甲子。其余的天数到如今，正好是六十天一个甲子的三分之一。”师旷说：“郤成子会盟于承匡的那年，至今已有七十三年了。”晋国的赵史官说：“亥有二个头六个身，把亥字上面的二画取下来放在它的旁边，就是它的天数。”士文伯说：“那就有二万六千六百零六天。”

《春秋》上说：鲁襄公在位三十一年后，他的儿子鲁昭公稠即位。鲁昭公八年（前534），木星在析木星，鲁昭公十年（前532），木星在颛顼之虚，即玄枵星。鲁昭公十八年（前524）距离辛亥有一百三十一年，五月有丙子、戊寅、壬午，火星开始不规则乱现，宋国、卫国、陈国、郑国因此都发生了火灾。鲁昭公二十年（前522）春王正月，距离辛亥有一百三十三年，这年为辛亥后的第八章起算点。

百四十五岁，盈一次矣。故传曰："越得岁，吴伐之，必受其咎。"

《春秋》，昭公即位三十二年，及定公宋立。定公七年，正月己巳朔旦冬至，《殷历》以为庚午，距元公七十六年。

《春秋》，定公即位十五年，子哀公将立。哀公十二年冬十二月流火，非建戌之月也。是月也螽，故《传》曰："火伏而后蛰者毕，今火犹西流，司历过也。"《诗》曰："七月流火。"《春秋》，哀公即位二十七年。自《春秋》尽哀十四年，凡二百四十二年。

六国 《春秋》哀公后十三年逊于邾，子悼公曼立，宁。悼公，《世家》即位三十七年，子元公嘉立。元公四年正月戊申朔旦冬至，《殷历》以为己酉，距康公七十六岁。元公，《世家》即位二十一年，子穆公衍立，显。穆公，《世家》即位三十三年，子恭公奋立。恭公，《世家》即位二十二年，子康公毛立。康公四年正月丁亥朔旦冬至，《殷历》以为戊子，距缗公七十六岁。康公，《世家》即位九年，子景公偃立。景公，《世家》即位二十九年，子平公旅立。平公，《世家》即位二十年，子缗公贾立。缗公二十一年正月丙寅朔旦冬至，《殷历》以为丁卯，距楚元七十六岁。缗公，《世家》即位二十三年，子顷公雠立。顷公，《表》十八年，秦昭王之五十一年也，秦始灭周。周凡三十六王，八百六十七岁。

秦伯昭王，《本纪》无天子五年。孝文王，《本纪》即位一年。

正月己丑朔旦冬至，没有置闰。因此据传说："二月己丑冬至。"鲁昭公三十二年，木星在星纪，距离辛亥有一百四十五年，盈满了一次。因此据传说："越国有木星，吴国去攻打它，必定会受到惩罚。"

《春秋》上说：鲁昭公在位三十二年后，他的弟弟鲁定公宋即位。鲁定公七年（前503），正月己巳朔旦冬至，《殷历》记载为庚午，距离鲁元公有七十六年。

《春秋》上说：鲁定公在位十五年后，他的儿子鲁哀公蒋即位。鲁哀公十二年（前483）冬季十二月，火星由中天西降，然而这时并不是九月。同时，这个月也发生了蝗灾，因此《传》上说："火星隐伏后，昆虫应蛰伏躲藏进入休眠状态，然而如今火星仍然西降，这是掌管历法的官员的失误。"《诗经》上说："七月流火。"《春秋》上说：鲁哀公在位二十七年。从《春秋》到鲁哀公十四年（前481）纪年结束，前后共计二百四十二年。

六国　《春秋》上说：鲁哀公在春秋过后的第十三年，在邾退位，他的儿子鲁悼公曼即位，鲁悼公曼即姬宁。鲁悼公，《世家》上说：他在位三十七年后，他的儿子鲁元公嘉即位。鲁元公四年（前425）正月戊申朔旦冬至，《殷历》记载为己酉，距离鲁康公七十六年。鲁元公，《世家》上说：他在位二十一年后，他的儿子鲁穆公衍即位，鲁穆公衍即姬显。鲁穆公，《世家》上说：他在位三十三年后，他的儿子鲁恭公奋即位。鲁恭公，《世家》上说：他在位二十二年后，他儿子鲁康公毛即位。鲁康公四年正月丁亥朔旦冬至，《殷历》记载为戊子，距鲁缗公七十六年。鲁康公，《世家》上说：他在位九年后，他的儿子鲁景公偃即位。鲁景公，《世家》上说：他在位二十九年后，他的儿子鲁平公旅即位。鲁平公，《世家》上说：他在位二十年后，他的儿子鲁缗公贾即位。鲁缗公二十一年（前278）正月丙寅朔旦冬至，《殷历》记载为丁卯，距离楚元王七十六年。鲁缗公，《世家》上说：他在位二十三年，他的儿子鲁顷公雠即位。鲁顷公，《表》上说：他在位十八年，秦昭王五十一年（前256），秦才灭亡周朝。周朝共有三十六位君王在位，前后共计八百六十七年。

秦国霸主秦昭王，《本纪》上说：（秦昭王五十一年，秦灭周，

元年，楚考烈王灭鲁顷公为家人，周灭后六年也。庄襄王，《本纪》即位三年。始皇，《本纪》即位三十七年。二世，《本纪》即位三年。凡秦伯五世，四十九岁。

汉高祖皇帝，著《纪》，伐秦继周。木生火，故为火德。天下号曰“汉”。距上元年十四万三千二十五岁，岁在大棣之东井二十度，鹑首之六度也。故《汉志》曰岁在大棣，名曰敦牂，太岁在午。八年十一月乙巳朔旦冬至，楚元三年也。故《殷历》以为丙午，距元朔七十六岁。著《纪》，高帝即位十二年。

惠帝，著《纪》即位七年。
高后，著《纪》即位八年。
文帝，前十六年，后七年，著《纪》即位二十三年。

景帝，前七年，中六年，后三年，著《纪》即位十六年。

武帝建元、元光、元朔各六年。元朔六年十一月甲申朔旦冬至，《殷历》以为乙酉，距初元七十六岁。元狩、元鼎、元封各六年。汉历太初元年，距上元十四万三千一百二十七岁。前十一月甲子朔旦冬至，岁在星纪婺女六度，故《汉志》曰岁名困敦，正月岁星出婺女。太初、天汉、太始、征和各四年，后元二年，著《纪》即位五十四年。

昭帝始元、元凤各六年，元平一年，著《纪》即位十三年。

宣帝本始、地节、元康、神爵、五凤、甘露各四年，黄龙一年，

所以）天下已经五年没有君王。秦孝文王，《本纪》上说：他只在位一年。秦孝文王元年，楚考烈王消灭了鲁国，并将鲁顷公贬为仆人，这是周灭亡后六年的事。秦庄襄王，《本纪》上说：他共在位三年。秦始皇，《本纪》上说：他在位三十七年。秦二世，《本纪》上说：他在位三年。从秦昭王灭周到秦二世灭亡，秦朝称霸五世，前后共计四十九年。

汉高祖皇帝，有载于《汉书·高帝纪》，他讨伐秦国，继承周朝。木生火，因此汉享有火德，国号为“汉”。汉距上元时代共有十四万三千零二十五年，木星在大棣星的东井二十度，鹑首星六度。因此《汉志》上说：木星在大棣，名为敦牂，太岁星在午。汉高祖八年（前199）十一月乙巳朔旦冬至，这年也是楚元王三年。《殷历》记载为丙午，距离武帝元朔元年（前128）有七十六年。据《汉书·高帝纪》记载，汉高祖在位十二年。

惠帝，有载于《汉书·惠帝纪》，他在位七年。

高后，有载于《汉书·高后纪》，她在位八年。

文帝，纪元年号有前元十六年、后元七年，有载于《汉书·文帝纪》，他在位二十三年。

景帝，纪元年号有前元七年、中元六年、后元三年，有载于《汉书·景帝纪》，他在位十六年。

武帝，纪元年号有建元、元光、元朔各六年。元朔六年（前123）十一月甲申朔旦冬至，《殷历》记载为乙酉，距离元帝初元元年有七十六年。还有纪元年号元狩、元鼎、元封各六年。紧接着是汉历太初元年（前104），距离上元十四万三千一百二十七年。之前十一月甲子朔旦冬至，木星在星纪婺女星六度，因此《汉志》上说：木星也称为困敦，正月时木星脱离婺女星。其后还有纪元年号太初、天汉、太始、征和各四年，后元两年，有载于《汉书·武帝纪》，他在位五十四年。

昭帝有纪元年号始元、元凤各六年，元平一年，有载于《汉书·昭帝纪》，他在位十三年。

宣帝有纪元年号本始、地节、元康、神爵、五凤、甘露各四年，

著《纪》即位二十五年。

元帝初元二年十一月癸亥朔旦冬至，《殷历》以为甲子，以为纪首。是岁也，十月日食，非合辰之会，不得为纪首。距建武七十六岁。初元、永光、建昭各五年，竟宁一年，著《纪》即位十六年。

成帝建始、河平、阳朔、鸿嘉、永始、元延各四年，绥和二年，著《纪》即位二十六年。

哀帝建平四年，元寿二年，著《纪》即位六年。

平帝，著《纪》即位元始五年，以宣帝玄孙婴为嗣，谓之孺子。孺子，著《纪》新都侯王莽居摄三年，王莽居摄，盗袭帝位，窃号曰新室。始建国五年，天凤六年，地皇三年，著《纪》盗位十四年。更始帝，著《纪》以汉宗室灭王莽，即位二年。赤眉贼立宗室刘盆子，灭更始帝。自汉元年讫更始二年，凡二百三十岁。

光武皇帝，著《纪》以景帝后高祖九世孙受命中兴复汉，改元曰建武，岁在鹑尾之张度。建武三十一年，中元二年，即位三十三年。

黄龙一年，有载于《汉书·宣帝纪》，他在位二十五年。

元帝初元二年（前47）十一月癸亥朔旦冬至，《殷历》记载为甲子，作为纪首。这一年，十月出现日食，不是日月交会的良辰，不可作为纪首。距离光武帝纪元年号有七十六年。元帝纪元年号有初元、永光、建昭各五年，还有竟宁一年，有载于《汉书·元帝纪》，他在位十六年。

成帝有纪元年号建始、河平、阳朔、鸿嘉、永始、元延各四年，还有绥和二年，有载于《汉书·成帝纪》，他在位二十六年。

哀帝有纪元年号建平四年，还有元寿二年，有载于《汉书·哀帝纪》，他在位六年。

平帝，有载于《汉书·平帝纪》，他即位于元始五年，之后立宣帝的玄孙刘婴为嗣子，称他为孺子。孺子，有载于《本纪》，据记载，在此期间新都侯王莽摄政三年，王莽名义上是暂居帝位，处理政务，实则是盗取帝位，私取国号，自称"新室"。纪元年号有始建国五年，天凤六年，地皇三年，有载于《本纪》，据记载他盗取帝位十四年。接下来为更始帝，有载于《汉书·更始帝纪》，据记载他作为汉朝的宗室灭掉王莽，在位二年。赤眉军立宗室刘盆子，将更始帝取而代之。从汉朝元年到更始二年止，前后共计二百三十年。

光武皇帝，有载于《汉书·光武帝纪》，记载刘秀凭借景帝的后代、高祖九世孙的身份领受天命，光复汉室，将纪元年号改为建武，这一年木星在鹑尾星张星位置。建武纪元年号共计三十一年，还有中元二年，光武帝在位共计三十三年。

卷二十二

礼乐志第二

《六经》之道同归，而《礼》《乐》之用为急。治身者斯须忘礼，则暴嫚入之矣；为国者一朝失礼，则荒乱及之矣。人函天地阴阳之气，有喜怒哀乐之情。天禀其性而不能节也，圣人能为之节而不能绝也，故象天地而制礼乐，所以通神明，立人伦，正情性，节万事者也。

人性有男女之情，妒忌之别，为制婚姻之礼；有交接长幼之序，为制乡饮之礼；有哀死思远之情，为制丧祭之礼；有尊尊敬上之心，为制朝觐之礼。哀有哭踊之节，乐有歌舞之容，正人足以副其诚，邪人足以防其失。故婚姻之礼废，则夫妇之道苦，而淫辟之罪多；乡饮之礼废，则长幼之序乱，而争斗之狱蕃；丧祭之礼废，则骨肉之恩薄，而背死忘先者众；朝聘之礼废，则君臣之位失，而侵陵之渐起。故孔子曰："安上治民，莫善于礼；移风易俗，莫善于乐。"礼节民心，乐和民声，政以行之，刑以防之。礼乐政刑四达而不悖，则王道备矣。

乐以治内而为同，礼以修外而为异；同则和亲，异则畏敬；和亲则无怨，畏敬则不争。揖让而天下治者，礼乐之谓也。二者并行，合

《诗》《书》《礼》《乐》《易》《春秋》，这《六经》殊途同归，所秉持的宗旨是一致的，而这种宗旨在《礼》《乐》之中体现得尤为突出。注重自我修养的人，一旦失去礼数，凶暴傲慢的思想就会乘虚而入；治国者一旦失去礼数，则年荒世乱就会降临。人包含有天、地、阴、阳之气，具有喜、怒、哀、乐之情。上天赋予人类这种秉性却无法控制人类有所节制，即使圣人也只能是加以节制而无法完全摒弃这种天性，因此圣人效法天地规律制定礼乐，以此来通达神明，建立人伦，端正心性，使万事万物有所节制。

人有男女之情，就会产生嫉妒，因此人们制定出婚姻的礼制；人有长幼尊卑之分，因此人们制定出乡饮酒礼；人有哀悼逝者、追思先人之情，因此人们制定出丧礼、祭祀的礼制；对于尊长，须存有敬重尊上之心，因此人们制定出朝贡、拜谒的礼制。人会在悲痛时捶胸顿足，在高兴时载歌载舞，从举止便可判断率真之人的真诚，也可对邪恶之人预先有所防范。因此若没有婚姻礼制，那么夫妻间的关系就容易被破坏，男女间放荡淫乱的罪过就会增多；若没有乡饮酒礼，那么长幼之间的次序就会混乱，争斗的纠纷便会屡禁不止；若没有丧祭的礼制，那么骨肉间的恩情就会淡薄，背弃逝者祖先的人便会越来越多；若没有朝贡、拜谒的礼制，那么君臣之位就会不合乎常理，侵犯欺凌的现象便会时有发生。因此孔子说：“安邦定国、治理百姓，没有比崇尚礼制更有效的了；移风易俗、引导教化，没有比礼乐更有效的了。”礼制可以约束百姓的思想，音乐可以陶冶百姓的情操，施行政令以实行礼制，再通过刑罚加以规范。礼制、音乐、政令、刑罚四项措施通达且并行不悖，王道才能完备。

音乐可以陶冶人的内在修养，实现社会和谐，礼制可以涵养人的外在举止，实现尊卑有序；和谐能促进人与人之间和睦相亲，尊

为一体。敬之意难见，则著之于享献辞受，登降跪拜；和之说难形，则发之于诗歌咏言、钟石筦弦。盖嘉其敬意而不及其财贿，美其欢心而不流其声音。故孔子曰："礼云礼云，玉帛云乎哉？乐云乐云，钟鼓云乎哉？"此礼乐之本也。故曰："知礼乐之情者能作，识礼乐之文者能述；作者之谓圣，述者之谓明。明圣者，述作之谓也。"

王者必因前王之礼，顺时施宜，有所损益，即民之心，稍稍制作，至太平而大备。周监于二代，礼文尤具，事为之制，曲为之防，故称礼经三百，威仪三千。于是教化浃洽，民用和睦，灾害不生，祸乱不作，囹圄空虚，四十余年。孔子美之曰："郁郁乎文哉！吾从周。"及其衰也，诸侯逾越法度，恶礼制之害己，去其篇籍。遭秦灭学，遂以乱亡。

汉兴，拨乱反正，日不暇给，犹命叔孙通制礼仪，以正君臣之位。高祖说而叹曰："吾乃今日知为天子之贵也！"以通为奉常，遂定仪法，未尽备而通终。

至文帝时，贾谊以为"汉承秦之败俗，废礼义，捐廉耻，今其甚者杀父兄，盗者取庙器，而大臣特以簿书不报期会为故，至于风俗流溢，恬而不怪，以为是适然耳。夫移风易俗，使天下回心而乡道，

卑有序能使人产生敬畏之心；和睦相亲便会少生怨恨，敬畏之心则可避免争斗。通过礼制实现天下大治的，这便是礼乐的功效。二者相辅相成，缺一不可。若敬畏之心无以言表，还可以通过奉献酒食、推辞谦让、作揖礼让及跪拜来表达；若和睦相亲的情愫难以形容，还可以通过诗词歌赋和钟石管弦来抒发。这些行为既可以传递赞美他人的敬意，又不涉及财物，既可讨得对方欢心，又不失赞美之意。因此孔子说："礼制礼制，难道只有玉帛才能传达吗？音乐音乐，难道只有钟鼓才能表现吗？"这就是礼乐的根本。因此说："通晓礼乐根本的人，可以通过礼乐来抒发情感，熟知礼乐制度的人，可以通过礼乐来传递思想；通过礼乐传情达意的人称为圣，通过礼乐阐明观点的人称为明。圣明之人，则是通过礼乐使自己通达的。"

执政的君王在沿袭先帝礼制时，一定要顺应时代的需求，施行礼制之前，在内容上要加以更新和修改，既顺应民心，又渐趋完善，这样到了太平盛世时，礼制也就相对完备了。周朝借鉴夏、商二代的礼乐经验，相关的礼乐制度尤其完备，大事小情都有明确而详尽的制度规定，因此自诩为"礼经三百，威仪三千。"于是周朝初期的治理便实现了教化贯通，国泰民安，灾害不生，祸乱不兴，牢狱空虚的成效，这样的情形持续了四十多年。孔子赞美它说："礼仪太完备了！我要向周朝学习。"等到周朝衰落时，诸侯纷纷僭越法度，憎恶礼制对他们的束缚，于是摒弃了相关条款。又遭逢秦朝禁止各家学说，于是礼乐制度便从此散乱流失了。

汉朝建立之初，汉高祖拨乱反正，开始治理乱世，虽然是百废待兴，没有一丝闲暇时光，但他还是诏命叔孙通制定礼制，用来匡正君臣间的尊卑次序。高祖高兴地赞叹道："我今天才体会到作为天子的尊贵！"之后高祖任命叔孙通担任奉常一职，进一步制定和完善汉朝的礼法制度，但遗憾的是礼制还没完备，叔孙通就去世了。

到了文帝执政时期，贾谊认为"汉朝沿袭了秦朝的恶俗，天下人忽视礼义，不顾廉耻，如今有甚者竟然会杀害自己的父亲兄长，盗贼竟然敢偷窃宗庙的器物，而大臣们整日以汇总上报文案簿书为由，并不真正关心实事，导致社会风气不正、邪风横行，大家却熟视无睹，

类非俗吏之所能为也。夫立君臣，等上下，使纲纪有序，六亲和睦，此非天之所为，人之所设也。人之所设，不为不立，不修则坏。汉兴至今二十余年，宜定制度，兴礼乐，然后诸侯轨道，百姓素朴，狱讼衰息。”乃草具其仪，天子说焉。而大臣绛、灌之属害之，故其议遂寝。

至武帝即位，进用英隽，议立明堂，制礼服，以兴太平。会窦太后好黄老言，不说儒术，其事又废。后董仲舒对策言：“王者欲有所为，宜求其端于天。天道大者，在于阴阳。阳为德，阴为刑。天使阳常居大夏而以生育长养为事，阴常居大冬而积于空虚不用之处，以此见天之任德不任刑也。阳出布施于上而主岁功，阴入伏臧于下而时出佐阳。阳不得阴之助，亦不能独成。王者承天意以从事，故务德教而省刑罚。刑罚不可任以治世，犹阴之不可任以成岁也。今废先王之德教，独用执法之吏治民，而欲德化被四海，故难成也。是故古之王者莫不以教化为大务，立大学以教于国，设庠序以化于邑。教化以明，习俗以成，天下尝无一人之狱矣。至周末世，大为无道，以失天下。秦继其后，又益甚之。自古以来，未尝以乱济乱，大败天下如秦者也。习俗薄恶，民人抵冒。今汉继秦之后，虽欲治之，无可奈何。法出而奸生，令下而诈起，一岁之狱以万千数，如以汤止沸，沸俞甚而无益。辟之琴瑟不调，甚者必解而更张之，乃可鼓也。为政而不行，甚者必变而更化之，乃可理也。故汉得天下以来，常欲善治，而至今不能胜残去杀者，失之当更化而不能更化也。古人有言曰：‘临渊羡鱼，不如归而结网。’今临政而愿治七十余岁矣，不如退而更化。更化则可善治，而灾害日去，福禄日来矣。”是时，上方征讨四夷，锐志武功，不暇留意礼文之事。

见怪不怪。然而，移风易俗，使天下人转变观念、归于正道，也并不是那些俗吏所能实现的。需设置君臣之序，使上下尊卑有别，纲纪有序，六亲和睦，这些秩序并非上天所为，需要人为设置。既然秩序是人为设置的，那么不作为就无法使之确立，不修明便会导致伤风败俗。从汉朝建立至今已有二十多年时间，理应制定相关制度，崇尚礼乐，以此来约束诸侯步入正轨，教化百姓素朴顺服，只有这样，那些无谓的官司与纷争才会逐渐消失。”于是贾谊草拟了相关礼制，文帝大悦。然而这一举动遭到朝中大臣周勃、灌婴之辈的诟病，文帝也因此将贾谊的建议暂时搁置。

直到汉武帝即位，他举贤任能，大力选拔杰出人才，共同商议建立明堂，定制礼服等措施，以此来振兴太平盛世。岂料窦太后崇尚黄帝和老子的道家学说，不推崇儒学，因此制定礼制之事就又不了了之了。后来董仲舒在试卷中写道：“君王想有所作为，应努力求得上天的庇佑。天道无边，在于阴阳运化。阳代表仁德，阴代表刑罚。上天设置阳常居盛夏，以此来滋养万物生长；设置阴常居寒冬，以此来积聚暂时空虚不用的能量，由此可见，就连上天都是主张仁德，不主张刑罚的。阳气向地表生发，主宰一年的时序，阴气藏伏地下，不时辅正阳气。若阳得不到阴的辅正，也无法单独完成一年的收获与储备。因此，帝王秉承天意治理天下，也应致力于仁德教化而刑罚有度。不能把刑罚作为治理国家的主要手段，就像不能把阴作为完成一年时序的主宰一样。如今摒弃先王的仁德教化，只用执法的官吏来治理百姓，要想施以仁德来使四海之内的百姓都受到教化，是很难成功的。所以古代的帝王无不以仁德教化为主，他们在国都设立太学来教导民众，在乡村设立庠序学校来施行教化。成果显著，文明之风盛行，曾一度形成了天下无人身陷囹圄的局面。直到周朝末期，人们大行无道之事，以致周朝灭亡，失去了天下。秦朝步周朝之后尘，所行更是有过之而无不及。自古以来，从未听说过还有哪个朝代像秦朝那样，以残暴手段治理乱世的，最终秦朝衰败灭亡了。在当时，民风轻薄恶劣，百姓抵触忤逆。现如今，汉朝在秦朝之后建国，即使想治理，却也无可奈何。法令一出，便有奸贼产生，政律颁布，便会出现

至宣帝时，琅邪王吉为谏大夫，又上疏言：“欲治之主不世出，公卿幸得遭遇其时，未有建万世之长策，举明主于三代之隆者也。其务在于簿书断狱听讼而已，此非太平之基也。今俗吏所以牧民者，非有礼义科指可世世通行者也，以意穿凿，各取一切。是以诈伪萌生，刑罚无极，质朴日消，恩爱寖薄。孔子曰：‘安上治民，莫善于礼’，非空言也。愿与大臣延及儒生，述旧礼，明王制，驱一世之民，济之仁寿之域，则俗何以不若成康？寿何以不若高宗？”上不纳其言，吉以病去。

至成帝时，犍为郡于水滨得古磬十六枚，议者以为善祥。刘向因是说上：“宜兴辟雍，设庠序，陈礼乐，隆雅颂之声，盛揖攘之容，以风化天下。如此而不治者，未之有也。或曰，不能具礼。礼以养人为本，如有过差，是过而养人也。刑罚之过，或至死伤。今之刑，非皋陶之法也，而有司请定法，削则削，笔则笔，救时务也。至于礼乐，则曰不敢，是敢于杀人不敢于养人也。为其俎豆筦弦之间

新的诈谋，一年之内，牢狱中的犯人成千上万，就像用热水平息沸腾的开水，只会使水更加沸腾，徒劳无功。就如同琴瑟不协调，严重的必先将其拆解，改弦更张，才能重新弹奏。治理国家更是如此，政令无法推行，严重的必先彻底改变现状，重新制定礼制，才能达到治理的目的。因此，从汉朝执掌天下以来，总是想将天下治理好，但至今也无法转恶为善，减少刑罚，是因为没有从根本上解决问题，没有及时更改教化所致。古人曾说：'与其临渊羡鱼，不如退而结网。'汉朝建立以来的七十多年间，一直想实现治理，不如先改弦更张，实现变革。只有变革才能治理好国家，使灾害日益减少，福祉与日俱增。"然而此时，武帝正致力于征讨四夷，锐意于武功，没有时间和精力留意礼制修文之类的事情。

到了宣帝执政时期，琅琊人王吉担任谏大夫，他又给皇帝上书道："想治理好天下的君主并非世代都有，公卿们有幸身逢其时，但圣朝目前还未建立起可以惠泽万代、助力明主实现三世兴盛的长策。官吏们的精力多用在簿书、断狱和听讼上，这些都不是实现天下太平的根基。如今那些俗吏治理百姓的依据，都不是可以世代通行的礼法准则，他们根据自己的理解牵强附会，各取所需。所以导致诈伪萌生，刑罚无度，使得百姓的质朴日益消失，恩爱之情淡薄。孔子说：'治国安邦，教化百姓，没有比礼制更有效的了'，这并非空话。希望朝中的大臣乃至儒生，共同商讨、整理旧时礼制，彰明王者之制，鞭策万民，使他们都能安居乐业，福寿安康。这样的礼俗教化岂不是可与周成王、周康王时期相媲美吗？君主享有长寿又怎会不及殷高宗呢？"然而，宣帝并没有采纳他的建议，王吉只好称病辞官。

到了成帝执政时期，有人在犍为郡的河边挖到十六枚古磬，大家都认为这是祥瑞之兆。刘向因此给成帝上书道："应当在京师兴建辟雍，在乡村设置庠序，推行礼乐，使雅颂之声盛隆，使揖让之礼盛行，以此来教化天下人。如果这样治理仍然无法实现天下太平，那真是前所未闻。有人说，礼仪不可能面面俱到。但以礼制来教化百姓才是根本，即使有不足之处，这些过错也同样可以起到教化人的作用。过度的刑罚会对百姓造成伤害。如今的刑法，早已不是上古时皋

小不备，因是绝而不为，是去小不备而就大不备，或莫甚焉。夫教化之比于刑法，刑法轻，是舍所重而急所轻也。且教化，所恃以为治也，刑法所以助治也。今废所恃而独立其所助，非所以致太平也。自京师有悖逆不顺之子孙，至于陷大辟受刑戮者不绝，繇不习五常之道也。夫承千岁之衰周，继暴秦之余敝，民渐渍恶俗，贪饕险诐，不闲义理，不示以大化，而独欧以刑罚，终已不改。故曰：‘导之以礼乐，而民和睦。’初，叔孙通将制定礼仪，见非于齐鲁之士，然卒为汉儒宗，业垂后嗣，斯成法也。”成帝以向言下公卿议，会向病卒，丞相大司空奏请立辟雍。案行长安城南，营表未作，遭成帝崩，群臣引以定谥。

及王莽为宰衡，欲耀众庶，遂兴辟雍，因以篡位，海内畔之。世祖受命中兴，拨乱反正，改定京师于土中。即位三十年，四夷宾服，百姓家给，政教清明，乃营立明堂、辟雍。显宗即位，躬行其礼，宗祀光武皇帝于明堂，养三老五更于辟雍，威仪既盛美矣。然德化未流洽者，礼乐未具，群下无所诵说，而庠序尚未设之故也。孔子曰：“辟如为山，未成一匮，止，吾止也。”今叔孙通所撰礼仪，与律令同录，臧于理官，法家又复不传。汉典寝而不著，民臣莫有言者。又通没之后，河间献王采礼乐古事，稍稍增辑，至五百余篇。今学者不能昭见，但推士礼以及天子，说义又颇谬异，故君臣长幼

陶时期的法令了，而应有专门的机构制定法令，该删则删，该增则增，以适应时代需求为宗旨，根据具体情况决断。提及增设礼乐，就说不敢，这是为敢于杀人而不敢施行教化找借口啊。因为俎豆、管弦等礼器还不完备，就拒绝施以礼乐教化而不作为，这种因小失大的行为，实在令人惋惜。对比教化与刑罚，刑罚应占比较轻才是，实在不该避重就轻。况且施行教化是为了确保国家的长治久安，刑法只是用来辅助治理的。如今摒弃治国之要务而唯独迷信辅助手段，这样做是无法实现天下太平的。从京师出现忤逆不孝的子孙开始，直到大逆不道、遭受杀戮之刑的人络绎不绝，这些都是由于不通晓仁、义、礼、智、信五常之理造成的。汉朝建立在千年的周朝衰败之后，继承了太多暴秦遗留下的弊政，百姓已逐渐浸染了许多不良习俗，他们贪婪险恶，无视法理，面对这种情况，若不对他们施以教化，而只是一味用刑罚手段治理，那么恶劣的社会风气始终无法扭转。所以说：'只有用礼乐进行引导，才能使百姓和睦。'起初，叔孙通打算制定礼仪时，遭到齐地、鲁地读书人的非议，但最终仍然成为汉朝儒生的一代宗师，他所创立的礼制也垂范后世，造福子孙，成为影响汉室礼仪的法典。"当成帝与公卿们讨论刘向的谏言时，刘向却在这个时候病逝了，丞相大司空奏请成帝设立辟雍。大臣们根据建筑方案在长安城南选址，刚刚确定好位置还未来得及上表请奏，成帝就驾崩了，群臣便因此事为他确定谥号为成帝。

等到王莽做了宰衡，他哗众取宠想在众人面前炫耀，于是开始兴建辟雍，并因此篡夺了帝位，导致举国上下众叛亲离。世祖光武帝领受天命，光复中兴，他拨乱反正，将都城改定在洛阳。他在位三十年，四夷安定臣服，百姓生活富裕，政治教化清明，于是建立了明堂、辟雍。显宗即位后，亲自推行礼制，在明堂祭祀光武皇帝，在辟雍以父兄之礼奉养老人，礼制威仪完备，盛大华美。然而当时道德教化仍然不够普及，礼乐也不够完备，群臣百姓也无更多颂赞之辞，这些都是因为乡村的庠序还没有设立的缘故。孔子说："就如同造山一样，局面还没有完全打开，就停止不干了，最终功亏一篑，我也不愿再多说了。"如今叔孙通所撰写的礼制，和汉朝的律令一起，记录在

交接之道寖以不章。

乐者，圣人之所乐也，而可以善民心。其感人深，移风易俗，故先王著其教焉。

夫民有血气心知之性，而无哀乐喜怒之常，应感而动，然后心术形焉。是以纤微癄瘁之音作，而民思忧；阐谐嫚易之音作，而民康乐；粗厉猛奋之音作，而民刚毅；廉直正诚之音作，而民肃敬；宽裕和顺之音作，而民慈爱；流辟邪散之音作，而民淫乱。先王耻其乱也，故制雅颂之声，本之情性，稽之度数，制之礼仪，合生气之和，导五常之行，使之阳而不散，阴而不集，刚气不怒，柔气不慑，四畅交于中，而发作于外，皆安其位而不相夺，足以感动人之善心也，不使邪气得接焉，是先王立乐之方也。

王者未作乐之时，因先王之乐以教化百姓，说乐其俗，然后改作，以章功德。《易》曰："先王以作乐崇德，殷荐之上帝，以配祖考。"昔黄帝作《咸池》，颛顼作《六茎》，帝喾作《五英》，尧作《大章》，舜作《招》，禹作《夏》，汤作《濩》，武王作《武》，周公作《勺》。《勺》，言能勺先祖之道也。《武》，言以功定天下也。《濩》，言救民也。《夏》，大承二帝也。《招》，继尧也。《大章》，章之也。《五英》，英华茂也。《六茎》，及根茎也。《咸池》，备矣。自夏以往，其流不可闻已，《殷颂》犹有存者。《周诗》既备，而其器用张陈，《周官》具焉。典者自卿大夫师瞽以下，皆选有道德之

册，被司法官员所收藏，但法家却没有将它继续传承下来。汉朝的典籍就此搁置，无人问津，朝臣、百姓再无人提及。另外，叔孙通去世之后，河间献王刘德在民间收集了一些礼乐旧事，稍稍加以完善整理，竟达五百多篇。可惜现如今的学者大多无法参透其中的奥妙，只是凭借推论尽可能还原古代士人之礼，在讲解时又经常出错，因此君臣长幼之间应遵循的礼仪，渐渐模糊不清了。

礼乐，是圣人所推崇的，它可以陶冶情操，使人心向善。它感人至深，又可移风易俗，因此古代帝王很注重礼乐教化的作用。

人有血气、思想的本性，就会产生喜、怒、哀、乐的正常反应，人通过感知事物，内心有所触动，然后就会形成对事物的认知。因此，细微憔悴的乐声响起，人就会产生忧虑；和谐舒缓的乐声响起，人就会安宁快乐；高亢激昂的乐声响起，人就会刚毅果敢；正直纯洁的乐声响起，人就会肃然起敬；宏大和顺的乐声响起，人就会仁慈友爱；淫邪散乱的乐声响起，人就会淫邪放纵。先王为这种淫邪混乱感到羞耻，于是就制定了雅颂之乐。礼乐既要秉持人的情性，又具有约束的功效，根据礼制创作而成，调和阴阳之气，倡导五常之举，使之外显却不离散，收敛却不凝滞，刚气不怒，柔气不慑，阴、阳、刚、柔通畅交融，将情志抒发得淋漓尽致，使其各得其所且互不侵扰，这样便足以触动人们心底的善良，使邪气无法入侵，这就是先王推崇礼乐的初心。

若后世的君王还未创作礼乐，便可采用先王的礼乐教化百姓，通过音乐使他们和悦安乐，同时达到移风易俗的目的，之后再进行修改创作，彰明新政的功德。《易经》上说："先王通过创作礼乐来推崇德政，用盛乐来荐祭上苍，同时配飨祖先。"从前黄帝制作《咸池》，颛顼制作《六茎》，帝喾制作《五英》，尧制作《大章》，舜制作《招乐》，禹制作《夏乐》，汤制作《濩乐》，武王制作《武乐》，周公制作《勺乐》。《勺乐》，表达了后世君王能够传承先祖仁德之意。《武乐》，表达了帝王领受天命，以功业安定天下之意。《濩乐》，表达了商汤以武力拯救百姓于水火之意。《夏乐》，表达了禹帝继承发扬尧、舜二帝功业之意。《招乐》，表达了舜帝继承尧帝功业之意。《大

人，朝夕习业，以教国子。国子者，卿大夫之子弟也，皆学歌九德，诵六诗，习六舞、五声、八音之和。故帝舜命夔曰：“女典乐，教胄子，直而温，宽而栗，刚而无虐，简而无敖。诗言志，歌咏言，声依咏，律和声，八音克谐。”此之谓也。又以外赏诸侯德盛而教尊者。其威仪足以充目，音声足以动耳，诗语足以感心，故闻其音而德和，省其诗而志正，论其数而法立。是以荐之郊庙则鬼神飨；作之朝廷则群臣和，立之学官则万民协。听者无不虚己竦神，说而承流，是以海内遍知上德，被服其风，光辉日新，化上迁善，而不知所以然，至于万物不夭，天地顺而嘉应降。故《诗》曰：“钟鼓锽锽，磬管锵锵，降福穰穰。”《书》云：“击石拊石，百兽率舞。”鸟兽且犹感应，而况于人乎？况于鬼神乎？故乐者，圣人之所以感天地，通神明，安万民，成性类者也。然自《雅》《颂》之兴，而所承衰乱之音犹在，是谓淫过凶嫚之声，为设禁焉。世衰民散，小人乘君子，心耳浅薄，则邪胜正。故《书》序“殷纣断弃先祖之乐，乃作淫声，用变乱正声，以说妇人。”乐官师瞽抱其器而犇散，或适诸侯，或入河海。夫乐本情性，浃肌肤而臧骨髓，虽经乎千载，其遗风余烈尚犹不绝。至春秋时，陈公子完奔齐。陈，舜之后，《招乐》存焉。故孔子适齐闻《招》，三月不知肉味，曰“不图为乐之至于斯！”美之甚也。

章》，表达了彰明德行之意。《五英》，表达了圣德昌盛之意。《六茎》，表达了万世基业，重在根基之意。《咸池》，则表达了万事齐备之意。从夏朝之后，这些音乐就失传了，只有《殷颂》尚存民间。《周诗》通过孔子的整理，得以保存，其演奏所需的乐器，《周官》上说，都保存完整。负责主持典礼的人，从卿大夫到师瞽以下官员，选拔的都是道德高尚之人，他们朝夕练习，而后教导国子。所谓的国子，主要是卿大夫的子弟，按照王室要求，他们必须学唱九德，诵读六诗，演习六舞，精通五声、八音之和。因此舜帝任命夔时说："你负责掌管礼乐，教导国子，要让他们正直温和，宽容谨慎，刚毅且不粗暴，简约但不傲慢。诗以言志，歌以咏情，用五声协调歌唱，用六律调和乐曲，八音就和谐了。"这就是当年舜帝对礼乐教化的要求。又，对外用礼乐奖赏诸侯中德行最高的人，对于尊贵的贵族，也将礼乐视为一种礼制来教导他们。演奏礼乐时，其威仪足以令人大开眼界，乐声足以悦耳动听，诗歌足以感化人心，因此听到这样的乐音，人们自然就会崇尚仁德，追求和睦，欣赏诗歌吟诵，使他们树立正确的志向，这样一来，君王施行教化，建立法令的目的就达到了。君王还将它用于荐祭郊庙，让鬼神共同享受；在朝堂之上奏响礼乐，则群臣和睦，在学馆设立礼乐，则万民和洽。听到乐音的人，无不振作精神，洗耳恭听，愉快地接受并将它传承下去，因此举国上下便都知道了皇帝的仁德，沐浴在他的恩泽之下，民风得以改善，日新月异，潜移默化地引导人们改过向善，致使万物不受摧残，天地和顺，祥瑞降临。因此《诗经》上赞颂道："钟鼓锽锽，磬管锵锵，降福穰穰。"《尚书》中也有类似的记载："击打石块，百兽便随之起舞。"鸟兽对于音律尚且有所感应，更何况是人呢？更何况是鬼神呢？因此圣人通过音乐来感动天地，通达神明，安定百姓，教化民众遵循礼制。虽然《雅》《颂》之类的音乐作为主流兴盛起来，但是衰败堕落的靡靡之音仍然存在，其中淫乱之声甚至比凶恶轻慢之声危害更大，为此设令禁止淫乱之声的传播。世道衰微人心离散，小人趁势欺凌君子，人们思想意识浅薄，极易被邪恶占据上风，压倒正义。因此《尚书》序中有载："商纣摒弃祖先的礼乐，制作了淫乱的靡靡之音，用来取

周道始缺，怨刺之诗起。王泽既竭，而诗不能作。王官失业，《雅》《颂》相错，孔子论而定之，故曰“吾自卫反鲁，然后乐正，《雅》《颂》各得其所。”是时，周室大坏，诸侯恣行，设两观，乘大路。陪臣管仲、季氏之属，三归《雍》彻，八佾舞廷。制度遂坏，陵夷而不反。桑间、濮上，郑、卫、宋、赵之声并出，内则致疾损寿，外则乱政伤民。巧伪因而饰之，以营乱富贵之耳目。庶人以求利，列国以相间。故秦穆遗戎而由余去，齐人馈鲁而孔子行。至于六国，魏文侯最为好古，而谓子夏曰：“寡人听古乐则欲寐，及闻郑、卫，余不知倦焉。”子夏辞而辨之，终不见纳，自此礼乐丧矣。

汉兴，乐家有制氏，以雅乐声律世世在大乐官，但能纪其铿铃鼓舞，而不能言其义。高祖时，叔孙通因秦乐人制宗庙乐。大祝迎神于庙门，奏《嘉至》，犹古降神之乐也。皇帝入庙门，奏《永至》，以为行步之节，犹古《采茅》《肆夏》也。乾豆上，奏《登歌》，独上歌，不以筦弦乱人声，欲在位者遍闻之，犹古《清庙》之歌也。《登

代正义的礼乐之声，只为了博得宠妃的欢心。”当时的乐师们抱着乐器四处逃亡，有的投奔诸侯，有的隐居江湖。音乐来源于人的情性，透过肌肤深入骨髓，即使经历上千年的洗礼，遗风余烈，经久不衰。在春秋时期，陈公子完投奔到齐国。陈完是舜帝的后代，《招乐》因陈完的投奔而得以保存在齐国。孔子到齐国后恰好听闻《招乐》，于是三个月感觉不到肉的香味，孔子说：“没想到音乐竟能达到这样的境界！”孔子对它赞赏不已。

当周朝大行无道之事、国运衰落之际，产生了大量哀怨、讽刺类的诗词。直到君王的德泽枯竭后，便再无新创作的诗词了。官员们失职，就连《雅》《颂》也出现了混杂的现象，孔子通过研究得出结论，所以孔子说：“我从卫国返回鲁国后，音乐还比较端正，《雅》《颂》也各得其所，互不侵扰。”与此同时，周王室已衰败没落，诸侯肆意横行，僭越身份私设两观，并乘坐着天子的车子。重臣管仲、季氏之流，娶三个老婆，享受着只有王室才能享有的《雍》乐，在自己的府邸舞蹈八佾。礼乐制度因此被败坏，日渐衰落而无复兴之望。在卫国桑林间、濮水沿岸，郑、卫、宋、赵的靡靡之音同时响起，不绝于耳。这些淫乱之声内损阳寿，导致疾病发生，外耗精力，乱政伤民。奸巧虚假之事被它所掩盖，高贵的思想意识被它所干扰。平民百姓利用它来谋取利益，诸侯间因为它而产生隔阂。因此当秦穆公把女乐送给西戎后，西戎的贤士由余就离开了，齐人送给鲁国女乐，孔子便离开鲁国。直到六国时期，就连最喜欢古乐的魏文侯都对子夏说：“寡人听到古乐声就犯困，可听到郑国、卫国的靡靡之音时，却不知疲倦。”子夏与魏文侯辩论试图说服他，但最终子夏的观点也未被接受，从此以后礼乐就失传了。

汉朝建立之后，专门从事音乐的人当中有个制氏家族，因为擅长雅乐音律而世代在宫中担任乐官一职，但是到了汉朝，制氏家族也只能记录铿锵的雅乐节奏，以鼓乐伴舞，却说不出其中的含义了。高祖执政时期，叔孙通根据秦乐创作了宗庙祭祀的音乐。神祀官在庙门口恭迎神灵时，首先演奏《嘉至》乐，这是一种犹如古代神仙下凡的音乐。等到皇帝进入庙门时，再演奏《永至》乐，节奏与皇帝行走的

歌》再终，下奏《休成》之乐，美神明既飨也。皇帝就酒东厢，坐定，奏《永安》之乐，美礼已成也。又有《房中祠乐》，高祖唐山夫人所作也。周有《房中乐》，至秦名曰《寿人》。凡乐，乐其所生，礼不忘本。高祖乐楚声，故《房中乐》楚声也。孝惠二年，使乐府令夏侯宽备其箫管，更名曰《安世乐》。

高庙奏《武德》《文始》《五行》之舞；孝文庙奏《昭德》《文始》《四时》《五行》之舞；孝武庙奏《盛德》《文始》《四时》《五行》之舞。《武德舞》者，高祖四年作，以象天下乐已行武以除乱也。《文始舞》者，曰本舜《招舞》也，高祖六年更名曰《文始》，以示不相袭也。《五行舞》者，本周舞也，秦始皇二十六年更名曰《五行》也。《四时舞》者，孝文所作，以示天下之安和也。盖乐已所自作，明有制也；乐先王之乐，明有法也。孝景采《武德舞》以为《昭德》，以尊大宗庙。至孝宣，采《昭德舞》为《盛德》，以尊世宗庙。诸帝庙皆常奏《文始》《四时》《五行舞》云。高祖六年又作《昭容乐》《礼容乐》。《昭容》者，犹古之《昭夏》也，主出《武德舞》。《礼容》者，主出《文始》《五行舞》。舞人无乐者，将至至尊之前不敢以乐也；出用乐者，言舞不失节，能以乐终也。大氐皆因秦旧事焉。

初，高祖既定天下，过沛，与故人父老相乐，醉酒欢哀，作“风

步伐一致，犹如古代的《采荠》《肆夏》乐。在敬献干果等祭祀礼器时，演奏的是《登歌》乐，一人独唱，没有管弦伴奏干扰歌声，为的是在场的官员都能听到颂词，犹如古代的《清庙》之歌。演奏两遍《登歌》乐之后，接下来演奏的是《休成》乐，以赞美神明，同时恭请神明享受祭礼。皇帝此时便可到东厢房饮酒、休息，坐定之后，演奏的是《永安》乐，赞美祭礼完成。又有《房中祠乐》，这是由汉高祖的唐山夫人创作的乐曲。周朝有《房中乐》，到了秦朝称为《寿人》。凡是音乐，都是因为喜欢从而激发创作灵感，礼乐的创作初衷就是提醒人们不要忘本。高祖比较欣赏楚国的音乐，所以《房中乐》便采用楚国音律的元素创作而成。孝惠帝二年（前193），惠帝命乐府令夏侯宽，将演奏这首曲子的箫管乐器都准备齐全，并将《房中乐》改名为《安世乐》。

高祖庙祭祀时所演奏的是《武德》《文始》《五行》歌舞；孝文庙祭祀时所演奏的是《昭德》《文始》《四时》《五行》歌舞；孝武庙则在祭祀时演奏的是《盛德》《文始》《四时》《五行》歌舞。《武德舞》始创于高祖四年，用来表达高祖为百姓除暴安良，使天下太平之意。《文始舞》原本为舜帝时的《招舞》，高祖六年更名为《文始舞》，为了表示不是抄袭原作。《五行舞》原本是周舞，秦始皇二十六年（前221）更名为《五行舞》。《四时舞》是孝文帝创作的，来表达百姓安居、天下和顺之意。一般自己创作的音乐，都是为了表明创作意图；而沿袭先帝的音乐，则是为了表明承袭先王之制。孝景帝采集《武德舞》，创作出《昭德舞》，以此来表达对大宗庙的尊崇。到了孝宣帝时，又采集《昭德舞》，创作出《盛德舞》，以此来表达对世宗庙的尊崇。各帝庙都经常演奏《文始》《四时》《五行舞》等。高祖六年（前201）又创作了《昭容乐》《礼容乐》。《昭容乐》就如同古代的《昭夏乐》，创作灵感主要来源于《武德舞》。《礼容乐》的创作灵感主要来源于《文始舞》《五行舞》。舞者没有音乐伴奏，表示不敢在近前以音乐叨扰了至尊；离开庙堂才敢以音乐伴奏，是为了保持舞蹈的节奏，随着音乐结束。这个流程大多沿袭了秦朝旧制。

起初，高祖平定天下，班师还朝时路过家乡沛县，同老朋友和父

起"之诗，令沛中僮儿百二十人习而歌之。至孝惠时，以沛宫为原庙，皆令歌儿习吹以相和，常以百二十人为员。文、景之间，礼官肄业而已。至武帝定郊祀之礼，祠太一于甘泉，就乾位也；祭后土于汾阴，泽中方丘也。乃立乐府，采诗夜诵，有赵、代、秦、楚之讴。以李延年为协律都尉，多举司马相如等数十人造为诗赋，略论律吕，以合八音之调，作十九章之歌。以正月上辛用事甘泉圜丘，使童男女七十人俱歌，昏祠至明。夜常有神光如流星止集于祠坛，天子自竹宫而望拜，百官侍祠者数百人皆肃然动心焉。

《安世房中歌》十七章，其诗曰：

大孝备矣，休德昭清。高张四县，乐充宫庭。芬树羽林，云景杳冥，金支秀华，庶旄翠旌。

《七始华始》，肃倡和声。神来宴娭，庶几是听。鬻鬻音送，细齐人情。忽乘青玄，熙事备成。清思眑眑，经纬冥冥。

我定历数，人告其心。敕身齐戒，施教申申。乃立祖庙，敬明尊亲。大矣孝熙，四极爰轃。

王侯秉德，其邻翼翼，显明昭式。清明鬯矣，皇帝孝德。竟全大功，抚安四极。

海内有奸，纷乱东北。诏抚成师，武侯承德。行乐交逆，《箫》《勺》群慝。肃为济哉，盖定燕国。

老乡亲们一同摆酒庆功，醉酒后乐极生悲，创作了“大风歌”，并诏令一百二十名沛县儿童共同练习并演唱此歌。到孝惠帝执政时期，他将沛宫更名为原庙，还诏令唱歌的儿童，以祭祀音乐为背景，演练“大风歌”作为和声，经常以一百二十人作为定员。到了文帝、景帝时期，礼官只是按照礼制规定演奏而已。到武帝时，制定了在郊外祭祀祖先的礼仪，在甘泉郊庙祭祀太一，方位对应的是八卦中的乾位；在汾阴郊庙祭祀后土，祭坛设在水洼中的方形丘地上。于是武帝设立乐府，搜集诗歌，并在夜晚吟诵，包括赵国、代国、秦地、楚国等多地地方民歌。任命李延年担任协律都尉，多次启用司马相如等数十人创作诗赋，微调律吕，用来配合八音之调，同时武帝还创作了十九首歌曲。正月，武帝在甘泉郊庙的圜丘上祭祀，派童男童女七十人合唱他所创作的歌曲，从黄昏一直唱到天亮。深夜，时常有神光显现，如流星一般，凝聚、停留在祭坛四周，武帝亲自在竹宫遥拜，陪同的文武百官以及侍者共计数百人，都肃然起敬，深受感动。

《安世房中歌》十七章，诗的大意是说：

大孝齐备，美德显扬。四周高悬着乐器，音乐之声充斥着宫廷。羽葆纷纷犹如树林一般，云和日深远幽暗，羽葆犹如金枝秀美的繁花，用各色羽毛装饰的旌旗异常漂亮。

《七始华始》，需要心存敬畏的和声共唱。神明便会前来宴饮嬉乐，聆听乐声。用音乐恭敬谨慎地欢送神明，乐声感人。神明旋即乘青云而去，祥瑞之事就齐备了。淡淡的思绪飘渺幽静，天地空旷高远。

我制定历法，人人都尽心尽力。谨饬自身，虔诚斋戒，不停地进行教育。于是建立祖宗的祠庙，敬奉神明尊奉宗亲。孝顺的福报极大，四海之内都前来朝拜。

王侯若能够秉持仁德，他的邻居都会很恭谨，这是显而易见的。政治清明畅达，是皇帝的孝德。完成了大功，安抚了四方。

海内有奸邪之人，在东北方向制造动乱。下诏慰问军队，武将领受军命。用音乐去征伐，《箫》《勺》之乐能安抚群恶。他们恭敬地

大海荡荡水所归，高贤愉愉民所怀。大山崔，百卉殖。民何贵？贵有德。

安其所，乐终产。乐终产，世继绪。飞龙秋，游上天。高贤愉，乐民人。

丰草葽，女罗施。譱何如，谁能回！大莫大，成教德；长莫长，被无极。

雷震震，电耀耀。明德乡，治本约。治本约，泽弘大。加被宠，咸相保。施德大，世曼寿。

都荔遂芳，窅窊桂华。孝奏天仪，若日月光。乘玄四龙，回驰北行。羽旄殷盛，芬哉芒芒。孝道随世，我署文章。《桂华》。

冯冯翼翼，承天之则。吾易久远，烛明四极。慈惠所爱，美若休德。杳杳冥冥，克绰永福。《美若》。

硙硙即即，师象山则。呜呼孝哉，案抚戎国。蛮夷竭欢，象来致福。兼临是爱，终无兵革。

嘉荐芳矣，告灵飨矣。告灵既飨，德音孔臧。惟德之臧，建侯之常。承保天休，令问不忘。

皇皇鸿明，荡侯休德。嘉承天和，伊乐厥福。在乐不荒，惟民之则。

浚则师德，下民咸殖。令问在旧，孔容翼翼。

孔容之常，承帝之明。下民之乐，子孙保光。承顺温良，受帝之

服从了，燕国因此获得安定。

大海浩荡无边，百流最终归于大海，高明的贤人，受万民敬仰。大山崔嵬，能滋养百花。人们崇尚什么？人们崇尚有道德的人。

万物各得其所，各乐其终。各乐其终，就能世代相传，无穷无尽。驰骋的飞龙，在天上遨游。贤能的人温文尔雅，百姓就会安乐。

青草茂盛，松萝缠绕。有什么能比这更完美的，有谁能来改变！能形成教化的德行不分大小；能惠泽四海的恩情，不论短长。

雷声震震，电光闪闪。彰显仁德是治理天下的根本。治理天下的根本，恩泽宏大。施以仁德，使人人得到庇佑，家家户户都能受到保护。德政施行得越普遍，在世间传承的时间就会越长久。

泽兰、香草都很芬芳，桂花的香气此起彼伏。以孝道感召上天，就像日月的光芒。神明乘坐着由四条黑龙拉的车，在天空遨游并向北行。用羽毛装饰的旌旗华美而众多。世人尊崇孝道，因此我题写文章。《桂华》。

对于百姓的恩泽厚重盛满，奉天承运。我的疆域广远安固，光耀四方。仁慈宽厚地施惠于百姓，是一种美德。宽广深远，福寿绵长。《美若》。

国运昌盛，像众山一样，高大巍峨且充实盈满。通过崇尚孝道来安抚少数民族。蛮夷部落尽情欢畅，纷纷竭诚来进贡。接纳这种爱戴，最终可避免发生战乱。

用最甜美的贡品祭祀，诚邀神明来享用。谨言慎行、德行良好的人邀请，神灵便会前来享用。美善仁德，是封立诸侯的唯一标准。领受上天赐予的恩德，美名千古流芳。

皇恩浩荡，昌盛清明，天下是否太平，完全取决于帝王的修德。完美地领受上天的祥和之气，这是音乐带来的福祉。即使欢乐无比也不放纵，这是作人的本分。

深刻的法律和宽厚的德政，可以蓄养万民。若帝王的美好声名得以流传很久，那么他的言谈举止必定恭谨有度。

保持恭谨有度的言谈举止，使先帝的英明主张得以传承。百姓

光。嘉荐令芳，寿考不忘。

承帝明德，师象山则。云施称民，永受厥福。承容之常，承帝之明。下民安乐，受福无疆。

《郊祀歌》十九章，其诗曰：

练时日，侯有望，焫膋萧，延四方。九重开，灵之斿，垂惠恩，鸿祜休。灵之车，结玄云，驾飞龙，羽旄纷。灵之下，若风马，左仓龙，右白虎。灵之来，神哉沛，先以雨，般裔裔。灵之至，庆阴阴，相放悲，震澹心。灵已坐，五音饬，虞至旦，承灵亿。牲茧栗，粢盛香，尊桂酒，宾八乡。灵安留，吟青黄，遍观此，眺瑶堂。众嫭并，绰奇丽，颜如荼，兆逐靡。被华文，厕雾縠，曳阿锡，佩珠玉。侠嘉夜，茝兰芳，澹容与，献嘉觞。

《练时日》一

帝临中坛，四方承宇，绳绳意变，备得其所。清和六合，制数以五。海内安宁，兴文匽武。后土富媪，昭明三光。穆穆优游，嘉服上黄。

《帝临》二

青阳开动，根荄以遂，膏润并爱，跂行毕逮。霆声发荣，壛处顷听，枯槁复产，乃成厥命。众庶熙熙，施及夭胎，群生啿啿，惟春之祺。

的安乐可以使子孙永葆荣光。恭顺善良，可以得到上天的庇佑。永远不可忘记，用最美味的贡品祭祀祖先。

领受、传承上天的明德，就像众山一样屹立不倒。公平地施恩于百姓，使他们能永享幸福、安康。君王应保持恭谨有礼的举止，彰显上天的英明。百姓生活安乐，国家才会永远地享有福祉。

《郊祀歌》十九章，其诗说：

选择良辰吉日，前去祭祀，点燃油脂，焚好香，诚邀四方神明。九重天门徐徐打开，神灵翩翩下凡，赐予凡间恩惠，播撒无边的福祉与美善。神明所乘坐的车骑，环绕着祥瑞的青云，驾御着飞龙，用五彩羽毛装饰的旌旗纷繁密布。神明下凡，飞驰如马，疾速如风，左青龙，右白虎在两侧守卫、相伴。神明降临，雨水丰沛，先以雨开道，而后轻盈袅娜，翩翩而至。神灵到来，祥云遮天蔽日，祥光震慑人心。神明安坐，五音齐鸣，一直欢愉到天明，才使神明安宁。以初生的牛犊和芳香的黍稷，以及杯中的桂花酒作为贡品，敬献给宴飨的八方神明。神明安坐、停留，便开始吟诵四时之乐，环顾四周，远眺华丽的厅堂。众多美丽的少女排列整齐，她们柔美绰约，颜如凝脂，令观者追随，并为之倾倒。她们个个身披华服，轻纱如云雾般轻盈缥缈，衣带飘摇，环佩叮当。她们手捻香草，芷兰幽香，淡雅安闲地献上佳酿。

《练时日》第一章

天帝降临至祭坛中央，四方神明环绕四周，各据一隅，戒慎谨敬以防意变，他们奉承圣旨，听候发下德音。上下天地一片清朗升平，大地用五来制数。海内安宁，兴文息武。大地富庶，三光昭明。四方神明恭敬悠闲，皇帝吉服的颜色崇尚黄色。

《帝临》第二章

春天阳气升发，万物萌动，作物的根须开始生长，土地肥沃和雨露滋润双管齐下，使之生长旺盛。春雷使草木茂盛，洞穴中冬眠的蛰虫听到雷声后苏醒，凋零枯萎的草木又开始焕发生机。众生充满喜乐，欣欣向荣，这种喜悦甚至感染到幼小生命及胚胎，众生丰厚，这就是春天带来的福祉。

《青阳》三 邹子乐。

朱明盛长，旉与万物，桐生茂豫，靡有所诎。敷华就实，既阜既昌，登成甫田，百鬼迪尝。广大建祀，肃雍不忘，神若宥之，传世无疆。

《朱明》四 邹子乐。

西颢沆砀，秋气肃杀，含秀垂颖，续旧不废。奸伪不萌，祆孽伏息，隅辟越远，四貉咸服。既畏兹威，惟慕纯德，附而不骄，正心翊翊。

《西颢》五 邹子乐。

玄冥陵阴，蛰虫盖臧，屮木零落，抵冬降霜。易乱除邪，革正异俗，兆民反本，抱素怀朴。条理信义，望礼五岳。籍敛之时，掩收嘉谷。

《玄冥》六 邹子乐。

惟泰元尊，媪神蕃釐，经纬天地，作成四时。精建日月，星辰度理，阴阳五行，周而复始。云风雷电，降甘露雨，百姓蕃滋，咸循厥绪。继统共勤，顺皇之德，鸾路龙鳞，罔不肸饰。嘉笾列陈，庶几宴享，灭除凶灾，烈腾八荒。钟鼓竽笙，云舞翔翔，招摇灵旗，九夷宾将。

《惟泰元》七 建始元年，丞相匡衡奏罢“鸾路龙鳞”，更定诗曰“涓选休成”。

天地并况，惟予有慕，爰熙紫坛，思求厥路。恭承禋祀，缊豫为纷，黼绣周张，承神至尊。千童罗舞成八溢，合好效欢虞泰一。九歌毕奏斐然殊，鸣琴竽瑟会轩朱。璆磬金鼓，灵其有喜，百官济

《青阳》第三章 邹子乐

夏天万物竞相生长，自由舒展，草木生长旺盛且充满光泽，势不可挡。开花结果，硕果累累，丰收在望，献祭百神享用。祭祀规模宏大，始终保持庄严肃穆，努力求得神明的庇佑，降下绵延不绝的福祉。

《朱明》第四章 邹子乐

进入秋季，空气中弥漫着白气，寒气逼人，作物经历了从初生清秀到饱满成熟的过程，每棵作物都充实丰硕。奸诈和虚伪都没机会萌发，妖孽只得伏藏，偏远地方的四夷纷纷前来臣服。他们既畏惧圣朝的威仪，又仰慕圣朝的仁德，于是他们虔诚、恭敬地臣服，不敢有丝毫的骄傲、怠慢。

《西颢》第五章 邹子乐

北方的神明掌管寒冷地带，蛰虫都隐藏起来冬眠，草木凋零，到了冬天气温下降，寒气逼人。此时，适合平定动乱、消除邪恶，移风易俗，万民返璞归真，生活安宁。遵循忠信礼义，遥祭五岳。在籍田收割时，将丰收的谷物颗粒归仓。

《玄冥》第六章 邹子乐

泰一乃至尊天神，地神洪福齐天，他们各自掌管天、地，运化形成四季。日、月、星辰精准地运行，阴阳五行，相生相克，周而复始。风云雷电，根据时令普降甘露，使百姓得以繁衍生息，都能安守他们的本分。天子继承帝位，要时刻恭敬勤勉，顺应上天之德，有虞氏的鸾路车如龙鳞般光彩夺目，也离不开精心的装饰。盛满果脯的祭器已摆好，差不多就可以享受祭祀的酒食了，消除灾祸，威震八方。钟鼓竽笙齐奏，舞者翩翩起舞，招摇灵旗，九夷皆来归顺。

《惟泰元》第七章 建始元年（前32），丞相匡衡上奏：将“鸾路龙鳞”改为：“涓选休成”。

天地一片祥和，恩泽四方，是我心中所向往和仰慕的，兴修祭祀大典所用的紫坛，为迎接神明的降临开辟道路。敬奉心意虔诚地祭祀，云气氤氲弥漫，锦绣的朝服随风飘舞，恭迎至尊的神明。众多童

济，各敬厥事。盛牲实俎进闻膏，神奄留，临须摇。长丽前掞光耀明，寒暑不忒况皇章。展诗应律鋗玉鸣，函宫吐角激徵清。发梁扬羽申以商，造兹新音永久长。声气远条凤鸟鶪，神夕奄虞盖孔享。

《天地》八　丞相匡衡奏罢“黼绣周张”，更定诗曰“肃若旧典”。

日出入安穷？时世不与人同。故春非我春，夏非我夏，秋非我秋，冬非我冬。泊如四海之池，遍观是邪谓何？吾知所乐，独乐六龙，六龙之调，使我心若。訾黄其何不徕下！

《日出入》九

太一况，天马下，沾赤汗，沫流赭。志俶傥，精权奇，籋浮云，晻上驰。体容与，迣万里，今安匹，龙为友。元狩三年马生渥洼水中作。

天马徕，从西极，涉流沙，九夷服。天马徕，出泉水，虎脊两，化若鬼。天马徕，历无草，径千里，循东道。天马徕，执徐时，将摇举，谁与期？天马徕，开远门，竦予身，逝昆仑。天马徕，龙之媒，游阊阖，观玉台。《天马》十。太初四年诛宛王获宛马作。

子共演八佾舞乐，以欢快的乐曲取悦天帝。奏毕九歌，不同凡响，又以鸣琴鼓瑟告慰炎黄先祖。玉磬金鼓奏响，神明甚是欢喜，百官济济一堂，都恭敬地各司其职。将盛满祭牲的礼器进献给神明，馥郁的香味引得神明片刻停留，逍遥而至。灵鸟在前开道，灵光照耀，为皇室的礼制赐福，使天地时令寒暑不差。吟诵诗歌、演奏音律，玉器声叮当作响，宫音轻柔、角音高亢、徵音清扬。歌声绕梁不绝，羽音高扬缠绵与商音重叠，如此新式的音乐一经问世，便将永久传承下去。德音悠远绵长，引得凤鸟翱翔，神明欢愉地享用祭品。

《天地》第八章　丞相匡衡上奏：将“黼绣周张”，改为“肃若旧典”。

太阳东升西落，怎会有穷尽？时光更迭流逝，怎会与人再度重逢。因此这个春季不是我想象中的春季，夏季也不是我想象中的夏季，秋季不是我想象中的秋季，冬季也不是我想象中的冬季。人力渺小，与天地相比，人力犹如四海中的一个小湖泊，遍观之后该如何面对呢？我深知自己的乐趣所在，只有独自驾驭六龙升天。六龙的步调节奏，顿时使我心胸畅爽。哎，黄龙为何还不降临带我升入仙界呢？

《日出入》第九章

天帝恩赐，天马下凡，只见它浑身被赤色汗水浸湿，流着赭红色的唾液。它气宇不凡，精力异于寻常，它腾云驾雾，疾驰飞奔。稍一纵身，就已奔驰到万里之外，什么才能和它匹配呢，只有龙可以与它为伍。元狩三年（前120）天马诞生在渥洼水中时作。

天马到来，来自遥远的西域，它穿越沙漠，所到之处使九夷臣服。天马到来，来自甘泉的源头，它长有双脊，毛色如虎，变化如鬼神般灵异。天马到来，它穿越不毛之地，千里迢迢，沿着东边的大路，远道而来。天马到来，就在太岁在辰之时，它将前蹄奋摇高举，是在期待谁的出现呢？天马到来，距离很远时我便开门迎接它，它恭敬地载着我驰骋，朝着昆仑仙境的方向飞奔。天马到来，向我传递来神龙的气息，使我周游天门，观览瑶台。《天马》第十章。太初四年（前101）诛杀大宛王，汉武帝获得大宛国的天马时所写。

天门开，詄荡荡，穆并骋，以临飨。光夜烛，德信著，灵寖鸿，长生豫。大朱涂广，夷石为堂，饰玉梢以舞歌，体招摇若永望。星留俞，塞陨光，照紫幄，珠熉黄。幡比翅回集，贰双飞常羊。月穆穆以金波，日华耀以宣明。假清风轧忽，激长至重觞。神裴回若留放，殣冀亲以肆章。函蒙祉福常若期，寂漻上天知厥时。泛泛滇滇从高斿，殷勤此路胪所求。佻正嘉吉弘以昌，休嘉砰隐溢四方。专精厉意逝九阂，纷云六幕浮大海。

《天门》十一

景星显见，信星彪列，象载昭庭，日亲以察。参侔开阖，爰推本纪。汾脽出鼎，皇祐元始。五音六律，依韦飨昭，杂变并会，雅声远姚。空桑琴瑟结信成，四兴递代八风生。殷殷钟石羽籥鸣。河龙供鲤醇牺牲。百末旨酒布兰生。泰尊柘浆析朝酲。微感心攸通修名，周流常羊思所并。穰穰复正直往宁，冯𪈆切和疏写平。上天布施后土成，穰穰丰年四时荣。

天门大开，天空浩瀚空旷，令人置身忘我的境地，众神肃然温和，驰骋而来，一同享用祭祀。夜晚，祭坛四周神光闪耀，这是德信感动上天的显明，神明恩泽广大，德佑我寿诞长生，安适欢欣。经过精心装饰的祭坛，用红漆涂满大殿，用平整的巨石搭建殿堂，舞者手持装饰着美玉的竹竿载歌载舞，竹竿上绘有人们远望的北斗星图案。众星为了挽留神明，便竞相闪烁着耀眼的光芒，璀璨的星光照耀着紫色的帷帐，如珍珠一般闪着金光。舞者翻转竹竿犹如飞鸟展翅，逍遥地盘旋着，比翼齐飞。月色柔和地洒下金波，太阳也光芒四射。想凭借和缓的清风使神明尽可能长久驻足，便迅速地不断向神明奉上祭品。神明因此犹豫徘徊，使我得以觐见，希望挽留神明，于是便亲自上前敬献华章，以表明诚意。若有幸求得神明的眷顾，那么幸福就指日可待了，寂寥高远的上苍，飨宴有时。我将跟随神明的指引，在浩浩荡荡的天界遨游，一路上殷勤地侍奉神明，以表明心愿。挑选良辰吉日祭祀神明，使美善吉祥得以弘扬昌大，使美好嘉祥充斥四方。一心一意地振奋精神飞上九天，驾着祥云遍览天地四方、浮游大海。

《天门》第十一章

德星在天空中显现，土星排列分明，天象对汉室的偏爱已经昭然若揭，日趋显明。德星的显现，相当于开天辟地，需要更改开启新的纪元。在汾阴的高丘上发现古鼎，这是天降福祉的祥瑞开端。祭祀用的五音六律，曲调要抑扬响亮，乐声要交错多变，这样高雅的音乐才能更加悠扬。选用空桑之木制成的琴瑟，果然名副其实，再配以舞者四人排列翩翩起舞，祈求风调雨顺。洪亮的钟磬之声与羽徵声齐鸣。河龙供鲤，祭祀所选用的供品要精美纯正。祭祀用的美酒要预先用多种香料浸泡酝酿，这样酿出的美酒犹如盛开的兰花般甜美。同时，还要用大杯盛满可以醒酒的甘蔗汁，以防神明因贪杯而醉酒。君王细微的心意能通达神明，使他的美名得到神明庇佑，周旋徜徉，思考如何与神道相会。神明赐予深厚的福佑，使之归于正道，得偿所愿，河伯命令灵蠵极力配合水神，疏导河道，使水泻平均。上天安排土神助力他的功绩，使丰年常有，四季繁荣。

《景星》十二　元鼎五年得鼎汾阴作。

齐房产草，九茎连叶，宫童效异，披图案谍。玄气之精，回复此都，蔓蔓日茂，芝成灵华。

《齐房》十三　元封二年芝生甘泉齐房作。

后皇嘉坛，立玄黄服，物发冀州，兆蒙祉福。沇沇四塞，假狄合处，经营万亿，咸遂厥宇。

《后皇》十四

华爗爗，固灵根。神之斿，过天门，车千乘，敦昆仑。神之出，排玉房，周流杂，拔兰堂。神之行，旌容容，骑沓沓，般纵纵。神之徕，泛翊翊，甘露降，庆云集。神之揄，临坛宇，九疑宾，夔龙舞。神安坐，鴹吉时，共翊翊，合所思。神嘉虞，申贰觞，福滂洋，迈延长。沛施祐，汾之阿，扬金光，横泰河，莽若云，增阳波。遍胪欢，腾天歌。

《华爗爗》十五

五神相，包四邻，土地广，扬浮云。扢嘉坛，椒兰芳，璧玉精，垂华光。益亿年，美始兴，交于神，若有承。广宣延，咸毕觞，灵舆位，偃蹇骧。卉汨胪，析奚遗？淫渌泽，𧊒然归。

《景星》第十二章　元鼎五年（前112）在汾阴得到鼎时创作。

在斋戒的居室周围生长的草，不同的植株却叶片相连，宫女感到很诧异，就翻开谱牒查找原因。原来这些草是因为吸收了天地的精华，周而复始地凝聚了甘泉，日久天长，便孕育出具有灵性的灵芝草。

《齐房》第十三章　元封二年（前109）芝草生长在甘泉斋房时创作。

祭祀皇天、后土的祭坛建好了，确定以象征天地的黑色与黄色作为祭服的颜色。在冀州发现了宝鼎，使亿万百姓承蒙天赐福祉。四方屏藩之国以及居住在北方遥远边境的戎狄部落，都前来归顺，统治万民，共享安宁。

《后皇》第十四章

神明的车辆华光四射，远远望去便知是祖先神明。只见神明出游，正经过天门，上千辆的车齐聚昆仑山前。神明出游，专供神仙居住的房舍整齐排列着，交错周游，环聚在用兰花熏香的殿堂。神明出行，旌旗飞扬，车骑疾驶，随从众多。神明到来，飘然仙至，普降甘露，祥云聚集。神明彼此牵引着下凡，驾临祭坛、宫室，虞舜也来做客，欣赏夔和龙舞蹈。神明安坐，便能感受到神明所带来的祥和。神明对祭祀很满意，再次饮酒，于是赐下福祉，使福寿绵长。所赐的福祉丰厚盛大，就在汾水的转弯处降下丰沛的甘露，神明的金光闪烁飞扬，使大河充盈，漫无边际的云霞，映照着波光粼粼的湖面。到处是一遍祥和、欢乐的景象，歌声响彻云霄。

《华烨烨》第十五章

勾芒、祝融、后土、蓐收、玄冥五位神明相助，保佑四方太平，宽广辽阔的土地上祥云缭绕。轻抚坛壁，细嗅椒兰的芬芳，璧玉细腻精良，散发出莹润的华光。即使再过一亿年，美瑞福庆始终兴盛不衰，无论何时与神交会，都要保持虔诚恭顺。广泛地接引神明到来，请神明将美酒一饮而尽，神明的车马各就其位，腾空奔驰。风驰电掣、并驾齐驱，为何离去得了无踪迹？神明赐下丰厚的福禄后，就离

《五神》十六

朝陇首，览西垠，雷电尞，获白麟。爰五止，显黄德，图匈虐，熏鬻殛，辟流离，抑不详，宾百僚，山河飨。掩回辕，鬗长驰，腾雨师，洒路陂。流星陨，感惟风，籋归云，抚怀心。

《朝陇首》十七　元狩元年行幸雍获白麟作。

象载瑜，白集西，食甘露，饮荣泉。赤雁集，六纷员，殊翁杂，五采文。神所见，施祉福，登蓬莱，结无极。

《象载瑜》十八　太始三年行幸东海获赤雁作。

赤蛟绥，黄华盖，露夜零，昼晻濭。百君礼，六龙位，勺椒浆，灵已醉。灵既享，锡吉祥，芒芒极，降嘉觞。灵殷殷，烂扬光，延寿命，永未央。杳冥冥，塞六合，泽汪濊，辑万国。灵禗禗，象舆轙，票然逝，旗逶蛇。礼乐成，灵将归，托玄德，长无衰。

《赤蛟》十九

其余巡狩福应之事，不序郊庙，故弗论。

是时，河间献王有雅材，亦以为治道非礼乐不成，因献所集雅乐。天子下大乐官，常存肄之，岁时以备数，然不常御，常御及郊庙皆非雅声。然诗乐施于后嗣，犹得有所祖述。昔殷周之《雅》《颂》，乃上本有娀、姜原，禼、稷始生，玄王、公刘、古公、大伯、王

开了。

《五神》第十六章

在陇山山巅朝拜，远观西方无垠的天际，只见天空雷电霹雳，电光石火，与此同时，意外获得了白麟。白麟的蹄子上有五趾，显现出土德，意图惩戒暴虐的匈奴，铲除妖孽、恶人，消除灾祸，抑制不祥，邀请诸神之官前来做客，与山河一起共享荐祭。须臾间，调转车辕，天马飞驰，雨神飞腾降雨，清洒道路。流星陨落，感慨轻风送爽，追随着归去的云彩，抚慰归心。

《朝陇首》第十七章　元狩元年（前122）到雍地时获得白麟所作。

用美玉装饰象车，祥瑞的白麟跟随，饮食甘露和清澈甜美的山泉水。这时，一群赤色的大雁翔集，纷纭而至，它们的脖颈处毛色斑斓，五彩缤纷。这是神明赐下福祉征验，登上蓬莱仙阁，置身无极的境界。

《象载瑜》第十八章　太始三年（前94）到东海时得到赤雁时所创作。

缰绳如赤蛟一般闪着红光，黄色的华盖金光笼罩，露气在夜晚零落，白天云气阴暗。为诸神和六龙斟上椒香的美酒，众神皆醉。神明享用完祭祀，就赏赐下吉祥，福祉广阔无边，这是因为美酒使神明高兴。神明恩泽深厚，闪烁着明亮耀眼的光芒，使福寿绵延，地久天长。晦暗幽远的天色，充斥着天地四方，恩泽汪洋，使万国安定。神明将要离开，象车准备出发，转瞬飘然远逝，旌旗逶迤。到这时，礼乐完成，神明即将归去，仰仗浩荡的天德，福祉将绵延千古，永不衰竭。

《赤蛟》第十九章

其他的一些诗作，乃武帝在外巡视所作，以及宣帝根据福瑞应验之类的事制作的诗作，内容不涉及郊庙祭祀的，因此没有载录。

当时，河间献王刘德天赋异禀，同时他也认为治理国家，没有礼乐制度是不行的，因此他把所收集到的用于郊庙祭祀的雅乐进献给武帝。武帝将刘德进献的雅乐交给大乐官，诏命由他们整理、保存、演练，并在每年新年时演奏，但这些音乐，平时并不常用，日常郊

季、姜女、大任、太姒之德，乃及成汤、文、武受命，武丁、成、康、宣王中兴，下及辅佐阿衡、周、召、太公、申伯、召虎、仲山甫之属，君臣男女有功德者，靡不褒扬。功德既信美矣，褒扬之声盈乎天地之间，是以光名著于当世，遗誉垂于无穷也。今汉郊庙诗歌，未有祖宗之事，八音调均，又不协于钟律，而内有掖庭材人，外有上林乐府，皆以郑声施于朝廷。

至成帝时，谒者常山王禹世受河间乐，能说其义，其弟子宋晔等上书言之，下大夫博士平当等考试。当以为“汉承秦灭道之后，赖先帝圣德，博受兼听，修废官，立大学，河间献王聘求幽隐，修兴雅乐以助化。时大儒公孙弘、董仲舒等皆以为音中正雅，立之大乐。春秋乡射，作于学官，希阔不讲，故自公卿大夫观听者，但闻铿鎗，不晓其意，而欲以风谕众庶，其道无由。是以行之百有余年，德化至今未成。今晔等守习孤学，大指归于兴助教化。衰微之学，兴废在人。宜领属雅乐，以继绝表微。孔子曰：‘人能弘道，非道弘人。’河间区区，小国藩臣，以好学修古，能有所存，民到于今称之，况于圣主广被之资，修起旧文，放郑近雅，述而不作，信而好古，于以风示海内，扬名后世，诚非小功小美也。”事下公卿，以为久远难分明，当议复寝。

祭所用的音乐都不是雅乐。然而诗、乐得以传承后世，还是需要继承前人的音乐。例如从前殷周时期的《雅》《颂》，再往前追溯，有娀、姜原。殷商的祖先离、周的祖先稷，接下来是玄王、公刘、古公、大伯、王季、姜女、大任、太姒秉承了祖先的仁德，才促使成汤建商、文王、武王领受天命建立周朝，使武丁、成王、康王、宣王光复中兴，辅臣阿衡、周公、召公、太公、申伯、召虎、仲山甫等人，无论是君臣，也不分男女，都是有功劳和德行的人，世人没有不褒奖赞扬他们的。他们的功劳、德行名副其实，对他们的赞美之声响彻天地，因此他们不仅享誉当代，而且他们的美名千古流芳。如今汉朝郊祭时选用的诗歌，与祖先的事迹毫无关联，而且八音的韵调，也不符合钟律，而且内宫有专职侍奉的乐人，外殿有上林苑的乐府，都演奏郑国的音乐，使靡靡之音响彻朝廷内外。

到了成帝执政时期，使者常山郡人王禹，世代学习河间的音乐，而且他能解释其中的乐理，于是他的弟子宋晔等人便将此事启奏给成帝，成帝便派大夫博士平当等人对他进行测评。平当认为："汉朝在秦朝德政衰亡之后建国，所幸仰仗先帝的圣德，博学兼听，重新建立学官、太学，河间献王刘德在民间遍寻退隐的贤士，收集、整理雅乐，以此来辅助教化。当时的大儒公孙弘、董仲舒等人都认为，应该把雅乐作为音乐中的正声，确定为典雅庄重的音乐。在春秋两季举行的乡射比赛上，由官学教师演奏雅乐，但是由于雅乐平日里不经常演奏，所以从公卿大夫到普通听众，在欣赏雅乐时，只听到铿锵之声，却无法领会其中的乐理，若想用雅乐来教化百姓，也找不到有效的方法。因此雅乐虽然流传了一百多年，但是至今也没实现了道德教化。如今宋晔等人坚持练习这冷门的学问，并以辅助德政教化为宗旨。即将衰微没落的学问，它的复兴与荒废完全在于人为操作。应该收集整理雅乐，用来延续绝学，使即将衰微没落的学问发扬光大。孔子说：'人能够弘扬正道，并非正道使人显扬。'区区一个河间，不过是臣属的小国，只是因为喜好而研究学习古典艺术，就能存蓄先贤的圣德，百姓至今仍称赞有加，更何况英明的君主，仁德覆盖天地，若能复兴古典艺术，疏远郑国的靡靡之音而多接触雅乐，只叙述和阐

是时，郑声尤甚。黄门名倡丙彊、景武之属富显于世，贵戚五侯定陵、富平外戚之家淫侈过度，至与人主争女乐。哀帝自为定陶王时疾之，又性不好音，及即位，下诏曰："惟世俗奢泰文巧，而郑卫之声兴。夫奢泰则下不孙而国贫，文巧则趋末背本者众，郑卫之声兴则淫辟之化流，而欲黎庶敦朴家给，犹浊其源而求其清流，岂不难哉！孔子不云乎？'放郑声，郑声淫。'其罢乐府官。郊祭乐及古兵法武乐，在经非郑卫之乐者，条奏，别属他官。"丞相孔光、大司空何武奏："郊祭乐人员六十二人，给祠南北郊。大乐鼓员六人，《嘉至》鼓员十人，邯郸鼓员二人，骑吹鼓员三人，江南鼓员二人，淮南鼓员四人，巴俞鼓员三十六人，歌鼓员二十四人，楚严鼓员一人，梁皇鼓员四人，临淮鼓员二十五人，兹邡鼓员三人，凡鼓十二，员百二十八人，朝贺置酒陈殿下，应古兵法。外郊祭员十三人，诸族乐人兼《云招》给祠南郊用六十七人，兼给事雅乐用四人，夜诵员五人，刚、别柎员二人，给《盛德》主调篪员二人，听工以律知日冬夏至一人，钟工、磬工、箫工员各一人，仆射二人主领诸乐人，皆不可罢。竽工员三人，一人可罢。琴工员五人，三人可罢。柱工员二人，一人可罢。绳弦工员六人，四人可罢。郑四会员六十二人，一人给事雅乐，六十一人可罢。张瑟员八人，七人可罢。《安世乐》鼓员二十人，十九人可罢。沛吹鼓员十二人，族歌鼓员二十七人，陈吹鼓员十三人，商乐鼓员十四人，东海鼓员十六人，长乐鼓员十三人，缦乐鼓员十三人，凡鼓八，员百二十八人，朝贺置酒，陈前殿房中，不应经法。治竽员五人，楚鼓员六人，常从倡三十人，常从象人四人，诏随常从倡十六人，秦倡员二十九人，秦倡象人员三人，诏随秦倡

明先人的学说，自己不随意创作，相信并爱好古典艺术，采用先贤们的教导来劝导天下人，扬名后世，这可不是一般的小功小德啊。”于是成帝将这件事交给朝中的公卿大夫们讨论，大家一致认为，雅乐失传太久，难以分辨，因此平当的建议又被暂时搁置了。

在当时，郑国的音乐甚为流行。宫廷中著名的歌伎有丙彊、景武等人，他们十分富有，尽人皆知，还有贵戚五侯定陵侯淳于长、富平侯张放等，这些贵臣外戚，生活淫乱奢靡，甚至同皇帝争夺歌舞女乐。哀帝在即位之前，还是定陶王时就对这些事深恶痛绝，再加上他生性不喜欢音乐，到他即位后，便下诏说：“由于世间过度崇尚奢靡，华而不实，而且郑国和卫国的靡靡之音盛行。过度奢靡导致国人傲慢无礼，而且挥霍无度也是造成国家贫穷的主要原因，华而不实，相互攀比，导致舍本逐末的人日益增多，郑国和卫国靡靡之音的盛行，导致百姓逐渐背离了道德教化，要想使黎民百姓敦厚朴实，生活富裕，犹如水的源头浑浊而要求水流清澈一样，岂不困难！孔子不是也这样说：‘疏远郑国音乐，郑国的音乐充满淫邪。’因此废除乐府以及相关官员。郊祭时选用的音乐以及古代兵法中习武时所选用的军乐，符合经典的标准，而且又与郑国、卫国音乐无关的，逐条上奏，由各部门分别审查，审查通过可以使用。”丞相孔光、大司空何武上奏道：“参与演奏郊祭乐的共有六十二人，负责南北郊祭典礼。大乐鼓手六人，演奏《嘉至》乐的鼓手十人，邯郸鼓手二人，骑吹鼓手三人，江南鼓手二人，淮南鼓手四人，巴俞鼓手三十六人，歌鼓手二十四人，楚严鼓手一人，梁皇鼓手四人，临淮鼓手二十五人，兹邡鼓手三人，参演的鼓共有十二面，鼓手共计一百二十八人，在朝贺置办酒席时按照古代兵法的阵容，排列在殿下。另外郊祭中还有十三人，是各族乐人以及在南郊祭祀时负责演奏《云招》乐的，共计六十七人，加上演奏时兼任其他事务的四人，夜诵员五人，演奏刚、别拊鼓的鼓手二人，演奏《盛德》乐时吹篪音的二人，通过音律判断冬至、夏至的一人，还有钟工匠、磬工匠、箫工匠各一人，仆射二人主管各位乐人，以上这些人员都不可或缺。竽工匠有三人，可以裁减一人。琴工匠有五人，可以裁减三人。柱工匠有二人，可裁减一人。

一人，雅大人员九人，朝贺置酒为乐。楚四会员十七人，巴四会员十二人，铫四会员十二人，齐四会员十九人，蔡讴员三人，齐讴员六人，竽瑟钟磬员五人，皆郑声，可罢。师学百四十二人，其七十二人给大官桐马酒，其七十人可罢。大凡八百二十九人，其三百八十八人不可罢。可领属大乐，其四百四十一人不应经法，或郑卫之声，皆可罢。”奏可。然百姓渐渍日久，又不制雅乐有以相变，豪富吏民湛沔自若，陵夷坏于王莽。

今海内更始，民人归本，户口岁息，平其刑辟，牧以贤良，至于家给，既庶且富，则须庠序礼乐之教化矣。今幸有前圣遗制之威仪，诚可法象而补备之，经纪可因缘而存著也。孔子曰："殷因于夏礼，所损益，可知也；周因于殷礼，所损益，可知也；其或继周者，虽百世可知也。”今大汉继周，久旷大仪，未有立礼成乐，此贾谊、仲舒、王吉、刘向之徒所为发愤而增叹也。

给弦上绳的工匠六人，可裁减四人。郑国与四方乐舞会合的有六十二人，一人负责主持雅乐，其余六十一人可以裁减。调整瑟弦的工匠有八人，可裁减七人。《安世乐》的鼓手有二十人，可裁减十九人。沛的吹鼓手十二人，族歌鼓手有二十七人，军阵吹鼓手十三人，商乐鼓手十四人，东海鼓手十六人，长乐鼓手十三人，杂乐鼓手十三人，参演的鼓共有八面，鼓手一百二十八人，在朝贺置办酒席时，在前殿的房中列阵演奏，这些不合礼制。修理竽器的有五人，楚鼓手有六人，平常跟随的歌舞伎有三十人，跟随的戴假面的人有四人，诏令跟随日常伴歌舞乐人的有十六人，秦国的歌舞乐人有二十九人，秦国歌舞伎中戴假面的有三人，诏令跟随秦国歌舞伎的有一人，负责雅乐的有九人，负责朝贺置办酒席时表演。演奏楚国乐舞的有十七人，演奏巴人乐舞的有十二人，演奏铫地乐舞的有十二人，演奏齐国乐舞的有十九人，蔡歌吟唱者三人，齐歌吟唱者六人，演奏竽、瑟、钟、磬的有五人，演奏的都是郑国的音乐，可以裁减掉。跟随老师学艺的学徒一百四十二人，其中七十二人给大官挏马酒，其余七十人可以裁减，这些人共计八百二十九人，其中三百八十八人不可裁减，可以让他们就此演奏雅乐，其余四百四十一人不符合礼制，或者是郑国、卫国的靡靡之音，都可以裁减掉。”该奏议得到哀帝批准。然而百姓受靡靡之音的感染时日已久，朝廷又没有制作出相应的雅乐加以替代，无论是豪强富贾，还是官员百姓仍然沉湎于郑国、卫国的靡靡之音当中，无法自拔，逐渐世风日下，以致最终被王莽篡权。

如今国内开始革新，百姓返璞归真，人口数量逐年递增，刑法公平公正，官员恪尽职守，百姓生活富裕，丰衣足食，国家繁荣富强，那么庠序、学校的礼乐教化就显得尤为重要了。如今所幸有前代明君遗留下来的礼制威仪，确实可以效仿并根据需要适当增减，国家的法度、法规因此而得以保存、显著。孔子说：“殷代因遵循夏礼，加以增减，由此了解了夏礼；周遵循殷礼，加以增减，由此了解了殷礼；以此类推，后世有继承周礼的人，即使经过百年之久，仍然可以大致了解周礼。”如今大汉朝沿袭周朝礼乐，礼乐之制已荒弃已久，至今仍未制定出新的、完整的礼乐制度，这也是贾谊、董仲舒、王吉、刘向等人之所以奋力疾呼的原因所在。

卷二十三

刑法志第三

夫人宵天地之貌，怀五常之性，聪明精粹，有生之最灵者也。爪牙不足以供耆欲，趋走不足以避利害，无毛羽以御寒暑，必将役物以为养，用仁智而不恃力，此其所以为贵也。故不仁爱则不能群，不能群则不胜物，不胜物则养不足。群而不足，争心将作，上圣卓然先行敬让博爱之德者，众心说而从之。从之成群，是为君矣；归而往之，是为王矣。《洪范》曰："天子作民父母，为天下王。"圣人取类以正名，而谓君为父母，明仁爱德让，王道之本也。爱待敬而不败，德须威而久立，故制礼以崇敬，作刑以明威也。圣人既躬明哲之性，必通天地之心，制礼作教，立法设刑，动缘民情，而则天象地。故曰先王立礼，"则天之明，因地之性"也。刑罚威狱，以类天之震曜杀戮也；温慈惠和，以效天之生殖长育也。《书》云"天秩有礼""天讨有罪"。故圣人因天秩而制五礼，因天讨而作五刑。大刑用甲兵，其次用斧钺；中刑用刀锯，其次用钻凿；薄刑用鞭扑。大者陈诸原野，小者致之市朝，其所繇来者上矣。

人效仿天地之貌，具有仁、义、礼、智、信五种品行，人拥有聪明、智慧，生性纯朴，是所有生灵当中最具有灵性的。人们发现，灵活的双手和锋利的牙齿不足以趋利避害、满足生存需求和生活欲望，身上也没有足够的毛发以御寒暑，便开始从自然界中获取各种生活所需的物资，以此来维持生命。人善于运用仁爱智慧，而并非简单的以武力征服，这也正是人比其他动物高贵的原因所在。因此人若不具备仁爱就无法形成群体，不形成群体就无法集中力量战胜自然界中的万物，战胜不了自然界中的万物，就无法满足日常所需的给养。即便形成群体，若欲望未能得到满足，也必将产生争夺之心，于是先古圣贤率先垂范，以恭敬、谦让、博爱、包容的仁德，使民众心悦诚服地臣服于他们。追随的人多了，就形成了群体，先古圣贤自然就成为了君主。越来越多的人归附于君主，他们便成了王者。《尚书·洪范》上说："天子如同父母一样爱护百姓，便可称王天下。"先古圣贤为了确立地位，而将君王比作父母，君王要像父母对待子女那样爱护百姓，要施以仁爱，施以德政，懂得谦让，这才是王道的根本。施以仁爱德政，便会受到百姓的拥戴与尊敬，君臣关系才不会败坏，要恩威并重，君王的地位才能长久保持，因此君王需要通过制定礼制使百姓崇敬，通过制订刑法来显明君王的威严。圣人本身具有通达事理的能力，必定通晓天地运化的规律，他们根据天道制定礼制，并对百姓施行教化，他们建立法制、设置刑狱，顺应民心，依照上天的法则统领大地。因此说：古代君王建立礼制，是"根据上天之明，依照大地本性"。刑罚和监狱，就好比上天通过雷电彰显杀戮的威力；温和慈祥，包容和谐，就好比上天孕育万物的恩泽。《尚书》有载："上天按等级赏赐有礼之人""上天讨伐有罪之人"。因此圣人根据上天的礼法秩序制定出吉、嘉、宾、军、凶五礼，又根据上天的刑

自黄帝有涿鹿之战以定火灾，颛顼有共工之陈以定水害。唐虞之际，至治之极，犹流共工，放讙兜，窜三苗，殛鲧，然后天下服。夏有甘扈之誓，殷、周以兵定天下矣。天下既定，戢臧干戈，教以文德，而犹立司马之官，设六军之众，因井田而制军赋。地方一里为井，井十为通，通十为成，成方十里；成十为终，终十为同，同方百里；同十为封，封十为畿，畿方千里。有税有赋。税以足食，赋以足兵。故四井为邑，四邑为丘。丘，十六井也，有戎马一匹，牛三头。四丘为甸。甸，六十四井也，有戎马四匹，兵车一乘，牛十二头，甲士三人，卒七十二人，干戈备具，是谓乘马之法。一同百里，提封万井，除山川沈斥，城池邑居，园囿术路，三千六百井，定出赋六千四百井，戎马四百匹，兵车百乘，此卿大夫采地之大者也，是谓百乘之家。一封三百一十六里，提封十万井，定出赋六万四千井，戎马四千匹，兵车千乘，此诸侯之大者也，是谓千乘之国。天子畿方千里，提封百万井，定出赋六十四万井，戎马四万匹，兵车万乘，故称万乘之主。戎马车徒干戈素具，春振旅以搜，夏拔舍以苗，秋治兵以狝，冬大阅以狩，皆于农隙以讲事焉。五国为属，属有长；十国为连，连有帅；三十国为卒，卒有正；二百一十国为州，州有牧。连帅比年简车，卒正三年简徒，群牧五载大简车徒，此先王为国立武足兵之大略也。

罚规律制订出墨、劓、剕、宫、大辟五刑。大刑用甲兵，即武力征讨，其次用斧钺，即斩首；中刑用刀锯，即肢体伤残，其次用钻凿，即在脸上刻字或剜去髌骨；小刑用鞭扑，即用鞭子或棍棒抽打。触犯大刑的人，要将他的尸体抛置于原野，触犯小刑的人，要在街市游街示众，这些刑罚手段由来已久。

自古以来，即使是黄帝也有涿鹿之战，以平定蚩尤之乱，颛顼也是通过战争平定了共工之乱。唐尧、虞舜时期，天下安定昌盛到达了极点，依然还是流放了共工、驱逐了讙兜，将三苗驱逐到西部边疆，并诛杀了鲧，然后天下才得以顺服。夏朝有为了讨伐有扈氏而作的《甘誓》，殷和周也都是通过武力才平定了天下。平定天下之后，就把武器收起来，施以德政以教化百姓，但仍然设有掌管军队的司马一职，设置六军部队，通过井田制定收缴军赋。方圆一里的土地面积划为一井，十井即为一通，十通即为一成，一成的占地面积为十里见方；十成即为一终，十终即为一同，一同的占地面积为百里见方；十同即为一封，十封即为一畿，一畿的占地百积为千里见方。根据持有土地面积，收缴田租有军赋。田租用来满足粮食供应，兵赋用来满足军队日常开销。因此四井即为一邑，四邑即为一丘。一丘有十六井，饲养战马一匹，牛三头。四丘即为一甸。一甸有六十四井，饲养战马四匹，备有战车一辆，牛十二头，甲士三人，士卒七十二人，还有储备作战所需的武器，这就是所说的军民合一的乘马法。一同有百里，共计有一万井，除去山川水泽和无法耕种的盐碱地，以及城市村庄，园囿大道之外，共计三千六百井，其余可用来耕种的六千四百井，用于缴纳军赋，饲养战马四百匹，备有战车一百辆，如此规模，在卿大夫的采邑当中也算比较大的，被称为百乘之家。一封有三百一十六里，占地总面积共计十万井，按照规定，用来耕种的六万四千井，用于缴纳军赋，饲养战马四千匹，备有战车一千辆，如此规模在诸侯当中算是比较大的，被称为千乘之国。天子的王畿占地面积一千里见方，共计有一百万井，按照规定，用来耕种的六十四万井，用于缴纳军赋，饲养战马四万匹，备有战车一万辆，因此称为万乘之主。战马、战车、武器，平素就要准备齐全，春季通过狩猎来整顿军队，夏季通过修

周道衰，法度堕，至齐桓公任用管仲，而国富民安。公问行伯用师之道，管仲曰：“公欲定卒伍，修甲兵，大国亦将修之，而小国设备，则难以速得志矣。”于是乃作内政而寓军令焉，故卒伍定虖里，而军政成虖郊。连其什伍，居处同乐，死生同忧，祸福共之，故夜战则其声相闻，昼战则其目相见，缓急足以相死。其教已成，外攘夷狄，内尊天子，以安诸夏。齐桓既没，晋文接之，亦先定其民，作被庐之法，总帅诸侯，迭为盟主。然其礼已颇僭差，又随时苟合以求欲速之功，故不能充王制。二伯之后，浸以陵夷，至鲁成公作丘甲，哀公用田赋，搜狩治兵大阅之事皆失其正。《春秋》书而讥之，以存王道。于是师旅亟动，百姓罢敝，无伏节死难之谊。孔子伤焉，曰：“以不教民战，是谓弃之。”故称子路曰：“由也，千乘之国，可使治其赋也。”而子路亦曰：“千乘之国，摄虖大国之间，加之以师旅，因之以饥馑，由也为之，比及三年，可使有勇，且知方也。”治其赋兵教以礼谊之谓也。

整苗草在野外露营，秋季通过秋狝狩猎来练兵，冬季通过狩猎来对军队进行大检阅，以上这些活动都是利用农闲时间来进行讲演训练。五个诸侯国为一属，每属都有负责的官员；十个诸侯国为一连，每连都有统帅；三十个诸侯国为一卒，每卒有卒正；二百一十个诸侯国为一州，每州有州牧官员。连和帅每年检阅战车，卒正每三年检阅一次兵卒将士，州牧每五年大规模检阅一次战车和兵卒，这就是先王为国家建立军队、充实军备的大方针。

周朝衰败之后，法令制度被毁坏，直到齐桓公时，他启用管仲治理国家，使得国富民强，生活安定。齐桓公问管仲称霸与武力之间的关系，管仲答道："公想稳定军队，增强作战能力，其他大国也是这样做的，而小国要想通过提升战斗力来制敌，短期内是很难实现目标的。"于是管仲从治理内政入手，开始整顿军纪，因此在邻里间，通过卒伍制度将百姓联合起来，军政要务就在治理封邑的同时完成。五人为伍，十人为什，用什伍制把人们联系在一起，他们居于邻里，有福同享，有难同当，生死与同，福祸共担，因此无论是夜晚作战还是白天作战，他们都可以相互听到声音，彼此关照，面对紧急情况时，他们完全能舍命相救。这种教化一旦形成，对外可铲除夷狄的进犯，对内尊奉天子，使诸侯安定。齐桓公没落后，晋文公沿袭了他的做法，也是先稳定民心，制定被庐法，统率诸侯，继而称霸诸侯。然而他的礼制有很多地方已超出诸侯国的本分，但晋文公因急功近利而不遵从道义行事，所以他所制定的礼制不能算作是先王的法制。齐桓公、晋文公衰败之后，世风日下，直到鲁成公时，鲁国制定丘甲制，增加了百姓的赋税压力；哀公时又开始征缴田赋，四季狩猎、整顿军队的大阅兵等已形同虚设。关于此事，《春秋》尚有记载，并对其加以批评、指责，认为这种做法无以保存王道。自此之后，战事频发，百姓疲顿困乏，战友间再没有舍生取义的情谊。孔子很伤感地说："将没有经过训练的民众投入战争，这相当于让他们去送死。"因此他评价子路说："仲由，可派他去一个千乘之国，让他负责治理税赋和军队工作。"而子路也说："千乘之国，被操控于几个大国之间，内忧外患，让我去治理，三年时间，可使人人有勇气，个

春秋之后，灭弱吞小，并为战国，稍增讲武之礼，以为戏乐，用相夸视。而秦更名角抵，先王之礼没于淫乐中矣。雄桀之士因势辅时，作为权诈以相倾覆，吴有孙武，齐有孙膑，魏有吴起，秦有商鞅，皆禽敌立胜，垂著篇籍。当此之时，合从连衡，转相攻伐，代为雌雄。齐愍以技击强，魏惠以武卒奋，秦昭以锐士胜。世方争于功利，而驰说者以孙、吴为宗。时唯孙卿明于王道，而非之曰：彼孙、吴者，上势利而贵变诈；施于暴乱昏嫚之国，君臣有间，上下离心，政谋不良，故可变而诈也。夫仁人在上，为下所卬，犹子弟之卫父兄，若手足之扞头目，何可当也？邻国望我，欢若亲戚，芬若椒兰，顾视其上，犹焚灼仇雠。人情岂肯为其所恶而攻其所好哉？故以桀攻桀，犹有巧拙；以桀诈尧，若卵投石，夫何幸之有！《诗》曰："武王载旆，有虔秉钺，如火烈烈，则莫我敢遏。"言以仁谊绥民者，无敌于天下也。若齐之技击，得一首则受赐金。事小敌脆，则媮可用也；事巨敌坚，则涣然离矣。是亡国之兵也。魏氏武卒，衣三属之甲，操十二石之弩，负矢五十个，置戈其上，冠胄带剑，赢三日之粮，日中而趋百里，中试则复其户，利其田宅。如此，则其地虽广，其税必寡，其气力数年而衰。是危国之兵也。秦人，其生民也陿阸，其使民也酷烈。劫之以势，隐之以阸，狃之以赏庆，道之以刑罚，使民所以要利于上者，非战无由也。功赏相长，五甲首而隶五家，是最为有数，故能四世有胜于天下。然皆干赏蹈利之兵，庸徒鬻卖之道耳，未有安制矜节之理也。故虽地广兵强，鳃鳃常恐天下之一合而共轧己也。至乎齐桓、晋文之兵，可谓入其域而有节制矣，然犹未本仁义之统也。故齐之技击不可以遇魏之武卒，魏之武卒不可以直秦之锐士，秦之锐士不可以当桓、文之节制，桓、文之节制不可以敌汤、武之仁义。

个懂道理。”这就是所说的，治理税赋和军队，同时也要施以礼仪教化。

春秋以后，诸侯国之间弱肉强食，逐渐合并，进入战国时期，这时候，稍微增加了一些讲习武事的礼仪，并将其编为游戏取乐，彼此间互相夸耀。秦朝将其命名为角抵戏，先王的礼制就这样淹没在不合正道的荒淫取乐之中了。各国的枭雄因动荡的时势而崛起，攻于机变狡诈互相倾轧陷害，吴国有孙武，齐国有孙膑，魏国有吴起，秦国有商鞅，这些人都非常善于擒敌制胜，他们的军事韬略被撰著为篇籍，流传后世。与此同时，各国间合纵连横，转而互相攻击，一争雌雄。其中，齐愍王凭借齐军的战斗技巧而强大，魏惠王凭借魏军武卒奋勇而著称，秦昭王凭借秦军精锐的士卒而取胜。各诸侯国之间彼此争斗，为追逐名利而游说的人以孙武、吴起为尊奉对象。当时只有孙卿深谙王道，就批判这种情况说：孙武、吴起等人，崇尚权势、利益，惯于机变狡诈；他们在凶残、暴乱、昏聩、轻慢的国家之间游说，使君臣间产生隔阂，上下离心离德，在政治谋略上居心不良，因此他们的机变狡诈才有可乘之机。若是由仁德之人执政，为天下人所仰慕，就像儿子、兄弟保卫自己的父亲、兄长，就像手足捍卫自己的头脑，谁能与之匹敌呢？对待邻邦像亲戚一样和睦喜乐，像椒兰一样芬芳；对待觊觎君王地位之人，怒火中烧，像仇敌一样。从人性的角度讲，人怎会为了他所憎恶的而去攻击他所喜好的呢？因此用桀的手段来攻击桀，还有可能投机取巧；若用桀去欺诈尧，就如同以卵击石，哪有侥幸可言！《诗经》上说：“武王高举旗帜，虔诚地手握兵器，如烈火一般猛烈，则所向披靡，无人敢阻止。”这句话是说以仁义来安抚万民，更会天下无敌。像齐国那样，凡是在战场上以博击取胜，斩获敌人首级一枚的，就能获得赏金。在小规模战争，敌人比较脆弱的情况下，这种激励机制还勉强可以使用；若遇到大规模军事战斗，敌人无比坚强时，全军就会涣然离散。这样的军队乃亡国之军。魏国的武卒，身穿三层铠甲，使用的是重达十二石的箭弩，背着五十枚箭矢，将长戈扛在肩上，戴着头盔携带宝剑，随身带着三天的粮食，一天之内行军百里，考核通过则免除他家的赋税和徭役，还

故曰："善师者不陈，善陈者不战，善战者不败，善败者不亡。"若夫舜修百僚，咎繇作士，命以"蛮夷猾夏，寇贼奸轨"，而刑无所用，所谓善师不陈者也。汤、武征伐，陈师誓众，而放禽桀、纣，所谓善陈不战者也。齐桓南服强楚，使贡周室，北伐山戎，为燕开路，存亡继绝，功为伯首，所谓善战不败者也。楚昭王遭阖庐之祸，国灭出亡，父老送之。王曰："父老反矣！何患无君？"父老曰："有君如是其贤也！"相与从之。或犇走赴秦，号哭请救，秦人为之出兵。二国并力，遂走吴师，昭王返国，所谓善败不亡者也。若秦因四世之胜，据河山之阻，任用白起、王翦豺狼之徒，奋其爪牙，禽猎六国，以并天下。穷武极诈，士民不附，卒隶之徒，还为敌雠，猋起云合，果共轧之。斯为下矣。凡兵，所以存亡继绝，救乱除害也。故伊、吕之将，子孙有国，与商周并。至于末世，苟任诈力，以快贪残，

奖励他田地和房舍。这样一来，魏国的领土虽然广阔，但他的税收必定很少，国力也将在数年之内衰落。这样的军队是危害国家的军队。秦国的百姓，本来生活就贫困潦倒，国家还要横征暴敛，残酷地奴役百姓。以强权势力威逼百姓，使他们陷入穷困，他们以利益引诱百姓，以刑罚来威慑百姓，役使百姓要想求取功劳和奖赏，除了打仗再没有其他出路。秦国的政策是根据功劳进行相应赏赐，能斩获五个敌人首级，就可以得到奴役五家人的奖赏，这种做法对于刺激将士杀敌很有效，因此秦国经过四代君王的争战而坐拥天下。然而秦国的军队是求取赏赐追逐利益的军队，不过是平庸无为之辈出卖劳动力罢了，缺乏稳定的制度也不懂节操之理。因此即使秦国土地辽阔，军队强大，但秦国君王终日战战兢兢，害怕天下人同心协力来共同倾轧他。齐桓公、晋文公的军队虽然算是达到了一定的境界而且很有节制的，但仍然算不上仁义之师。因此齐国的搏击战术无法抵御魏国武卒，魏国的武卒又不敌秦国精锐的士兵，秦国精锐的士兵又无法战胜齐桓公、晋文公的节制之兵，而齐桓公、晋文公的节制之兵又无法与商汤、周武王的仁义之师相匹敌。

因此说："善于用兵的人不摆阵法，善于摆阵法的人不惧战斗，善于战斗的人不惧失败，敢于面对失败的人不会灭亡。"就好比舜治理百官，任命皋陶为负责司法的官员，告诉他"蛮夷进犯华夏，乃劫掠杀人、为非作歹之人"，然而并未对他们施以刑罚，这就是善于用兵的人不摆阵法。商汤、周武王进行征伐之战，列队进行战前宣誓，桀、纣于是被擒，这就是说善于摆阵法的人不惧战斗。齐桓公向南征服了强大的楚国，迫使它进贡周王室，又向北面讨伐山戎，为燕国解除了隐患，能保存即将灭亡的诸侯国，延续即将断绝的诸侯国，齐桓公的功劳可谓是五霸之最，这就是说善于作战的人不惧失败。楚昭王遭受到阖庐的进攻，国家灭亡而四处逃亡，百姓来为他送别。楚昭王说："你们回去吧！何愁没有君主呢？"百姓说："哪还有如您这样贤明的君主啊！"于是跟随他一起逃亡。有人奔走到秦国，号哭着求援，秦国就为他派出军队。两个国家齐心协力，将吴国的军队驱逐出境，楚昭王返回了楚国，这就是说善于面对失败的人不会灭亡。像

争城杀人盈城，争地杀人满野。孙、吴、商、白之徒，皆身诛戮于前，而国灭亡于后。报应之势，各以类至，其道然矣。

汉兴，高祖躬神武之材，行宽仁之厚，总揽英雄，以诛秦、项。任萧、曹之文，用良、平之谋，骋陆、郦之辩，明叔孙通之仪，文武相配，大略举焉。天下既定，踵秦而置材官于郡国，京师有南北军之屯。至武帝平百粤，内增七校，外有楼船，皆岁时讲肄，修武备云。至元帝时，以贡禹议，始罢角抵，而未正治兵振旅之事也。

古人有言："天生五材，民并用之，废一不可，谁能去兵？"鞭朴不可弛于家，刑罚不可废于国，征伐不可偃于天下；用之有本末，行之有逆顺耳。孔子曰："工欲善其事，必先利其器。"文德者，帝王之利器；威武者，文德之辅助也。夫文之所加者深，则武之所服者大；德之所施者博，则威之所制者广。三代之盛，至于刑错兵寝者，其本末有序，帝王之极功也。

秦国这样凭借四世的努力征战，占据山河险要，任用白起、王翦这样如狼似虎的猛将，奋其爪牙，最终吞并六国，统一了天下。但是用尽了武力和奸诈的政权，军士和百姓们都不愿归附，最后在服役的士兵隶徒中，陈胜、吴广掀起灭秦狂潮，一时间风起云涌，最后共同颠覆了它。这就是最低级的用兵之道。凡是军卒，是用来保障国家不灭亡，确保后世不断绝，除暴安良，铲除祸害的。因此像伊尹、吕望这样的将领，子孙后代才会享有国家，与商朝、周朝一样，存续始终。到了末期，诈谋之术随处可见，以贪婪残暴取乐，为争夺城市而满城杀戮，为争夺土地而哀鸿遍野。孙武、吴起、商鞅、白起等人，都是先被诛杀而后国家灭亡的。报应，真是善恶终有报，他们的下场恰恰说明这一点。

汉朝建立后，汉高祖天赋神武之材，行为宽厚仁慈，统领各路英雄豪杰，诛杀秦王和项羽。他任用萧何、曹参担任丞相，采用张良、陈平进献的计谋，将陆贾、郦生的辩才发挥到极致，弘扬叔孙通所制定的礼仪，文韬武略相互配合，最终成就建国大业。天下安定后，仍然沿袭秦国旧制，在郡县设置预备兵，京师驻扎有南北二军。到武帝执政时期，平定百越，又在京师内增设七支由校尉率领的军队，京师外有战船水军，每年如期演练，习武备战。到了元帝执政时期，元帝采纳了贡禹的建议，废除了角抵戏，但也并未匡正重振军心的方略。

古人说："上天造就了金、木、水、火、土五种材质，人类都可以加以利用，缺一不可，谁又能去掉军队呢？"治家不可废弃鞭扑，治国不能废除刑罚，治理天下免不了征伐。只是在运用时要分清主次，在实行的时候要轻重得当罢了。孔子说："工匠想要做好他的事情，必定先要使他的工具精良。"礼乐教化，是帝王的利器；刑法和武力，是用来辅助礼乐教化的。礼乐教化影响的程度越深，那么武力所能征服的地方就越大；道德所施及的范围越广，那么刑法所能威慑的范围就越广。夏、商、周三代盛世，以至于能达到刑罚无用、战争不起的局面，就是因为做到了本末有序的缘故，这是帝王最伟大的功绩啊。

昔周之法，建三典以刑邦国，诘四方：一曰，刑新邦用轻典；二曰，刑平邦用中典；三曰，刑乱邦用重典。五刑，墨罪五百，劓罪五百，宫罪五百，刖罪五百，杀罪五百，所谓刑平邦用中典者也。凡杀人者踣诸市，墨者使守门，劓者使守关，宫者使守内，刖者使守囿，完者使守积。其奴，男子入于罪隶，女子入舂槁。凡有爵者，与七十者，与未龀者，皆不为奴。

周道既衰，穆王眊荒，命甫侯度时作刑，以诘四方。墨罚之属千，劓罚之属千，髌罚之属五百，宫罚之属三百，大辟之罚其属二百。五刑之属三千，盖多于平邦中典五百章，所谓刑乱邦用重典者也。

春秋之时，王道浸坏，教化不行，子产相郑而铸刑书。晋叔向非之曰："昔先王议事以制，不为刑辟。惧民之有争心也，犹不可禁御，是故闲之以谊，纠之以政，行之以礼，守之以信，奉之以仁；制为禄位以劝其从，严断刑罚以威其淫。惧其未也，故诲之以忠，愯之以行，教之以务，使之以和，临之以敬，莅之以强，断之以刚。犹求圣哲之上，明察之官，忠信之长，慈惠之师。民于是乎可任使也，而不生祸乱。民知有辟，则不忌于上，并有争心，以征于书，而徼幸以成之，弗可为矣。夏有乱政而作禹刑，商有乱政而作汤刑，周有乱政而作九刑。三辟之兴，皆叔世也。今吾子相郑国，制参辟，铸刑书，将以靖民，不亦难乎！《诗》曰：'仪式刑文王之德，日靖四方。'

从前周朝的法律，分为轻、中、重三种类型，以此来规范诸侯国，治理天下：一是对新建立的诸侯国，使用轻典；二是对平素遵纪守法的国家用中典；三是对忤逆无序的国家用重典。还有五种常用的刑罚：触犯墨刑的罪行有五百种，触犯劓刑的罪行有五百种，触犯宫刑的罪行有五百种，触犯刖刑的罪行有五百种，触犯辟刑的罪行有五百种，这些就是前面提到的惩治遵纪守法国家所动用的中典。凡是杀人犯都要在街市游行斩首，判处墨刑的犯人让他去看守城门，判处劓刑的犯人让他去戍守边关，判处宫刑的人让他去宫内服役，判处刖刑的犯人让他去看守苑囿，四肢完整的犯人让他去看守积聚的物资。判决完毕的罪犯，男子前往官府服役为奴，女子从事舂米和做饭的劳役。凡是拥有爵位的人，以及年满七十岁的老者和未满七岁，还没有换牙的儿童，都不必入府为奴。

周朝衰败之后，周穆王昏聩、糊涂，他诏命司寇吕侯根据时宜制定刑法，以此来刑罚天下。触犯墨刑的罪行增加至一千条，触犯劓刑的罪行增加至一千条，触犯髌刑的罪行有五百条，触犯宫刑的罪行有三百条，触犯死刑的罪行有二百条。五种刑罚手段，针对的条目共有三千条，这些大多来源于平素遵纪守法国家的中典五百条里的条目，这就是之前提到过的对于忤逆无序的邦国施用重典。

春秋时期，王道逐渐遭到破坏，教化之风难以推行，子产在担任郑国丞相时，将刑法制度刻在鼎上。晋国大夫羊舌肸指责他说："从前先王都是根据罪行情况，然后再定罪，而不是预先制定刑律。这样做是怕百姓了解刑律后产生争斗的思想，即使这样仍然无法禁止奸盗等罪行发生，所以才用道德行为来约束百姓，用政令来纠正他们，用礼制为他们的行为作示范，用诚信使他们保持操行，用仁德进行教化；通过设置官爵禄位，勉励百姓遵从教化，通过严厉的判决，震慑他们的放纵行为。即使这样仍然害怕达不到预期的效果，因此还要用忠诚来教诲他们，根据他们的行为给予奖励，通过树立美好的追求来引导他们，与他们和睦相处，温和地役使他们，彼此尊重，要有强大而有力的治理手段，果敢地做出决断。尽管如此，还需要寻求拥有极高道德、才能的圣贤之人来辅佐君王，启用

又曰：‘仪刑文王，万邦作孚。’如是，何辟之有？民知争端矣，将弃礼而征于书。锥刀之末，将尽争之，乱狱滋丰，货赂并行。终子之世，郑其败虖！”子产报曰：“若吾子之言，侨不材，不能及子孙，吾以救世也。”偷薄之政，自是滋矣。孔子伤之，曰：“导之以德，齐之以礼，有耻且格；导之以政，齐之以刑，民免而无耻。”礼乐不兴，则刑罚不中；刑罚不中，则民无所错手足。”孟氏使阳肤为士师，问于曾子，亦曰：“上失其道，民散久矣。如得其情，则哀矜而勿喜。”

陵夷至于战国，韩任申子，秦用商鞅，连相坐之法，造参夷之诛；增加肉刑、大辟，有凿颠、抽胁、镬亨之刑。

至于秦始皇，兼吞战国，遂毁先王之法，灭礼谊之官，专任刑罚，躬操文墨，昼断狱，夜理书，自程决事，日县石之一。而奸邪并

行事公正的官员，敬奉恪守诚信的尊长，拜谒仁爱博学的人为师。这样百姓才会任劳任怨，服从差遣，而不制造灾祸动乱。若百姓预先了解刑律，便不再敬畏、忌惮君王，产生争斗的思想，从而拥有了与君王争讼的凭证，他们往往会心存侥幸，试图逃避刑罚，就不好治理了。夏朝先出现了乱政从而制定了禹刑，商朝先出现了乱政，从而制定了汤刑，周朝先出现了乱政，从而制定了九刑。这三种刑法的设立，都是在朝代末期。如今您作为郑国的丞相，参照夏、商、周三朝的刑法，将他们铸刻在鼎上，用来治理百姓，岂不困难重重！《诗经》上有载：'参照文王的仁德教化来制定刑法，则会使四方安宁。'又说：'像文王那样制定刑法，则万邦都会诚信归顺。'如您所为，刑律会起到怎样的作用？百姓了解了刑律的界限，便会摒弃礼义而求证于刑书。即使是针尖般的小事，也会争得不可开交，这样只会使本来就错综复杂的案件变得更加繁复，同时也会产生贿赂的行为。在您有生之年，郑国恐怕要衰败了！”子产回复羊舌肸道：“如您所言，我的才能有限，顾及不到后世子孙，我只求用这样的方法能挽救当代。”浇薄的政治，就是这样滋生的。孔子为此而感伤地说：“用仁德来引导他们，用礼制来约束他们，会使百姓产生廉耻之心，且自觉遵守法律；若用政令来诱导他们，用刑罚来惩戒他们，只会令百姓暂时被豁免，却失去了廉耻之心。”“礼乐制度不兴盛，刑罚就不会得当；刑罚不得当，则百姓就会手足无措。”鲁国的孟孙氏任命阳肤担任监狱官，他向曾子请教，曾子答道：“君王不以仁义治理天下，百姓早已离心离德了。你若能审清案情，就应更加同情和怜悯那些受到刑罚的人，而不要自鸣得意。”

王道日渐衰败，直到战国时期，韩国任用申子担任丞相一职，秦国任用商鞅，实行了一人犯法，其家属、亲族和邻居等都要连带受罚的法律，此后便产生了诛杀三族的法令；还增加了肉刑和处死犯人的科目，比如凿开犯人的颅骨、抽取犯人的肋骨、把犯人放在锅里烹煮等刑法。

到了秦始皇执政时期，他兼并六国，于是废弃了先王的律法和礼制，撤销了负责掌管礼制的官职，并专注于刑罚，亲自起草文书，白

生，赭衣塞路，囹圄成市，天下愁怨，溃而叛之。

汉兴，高祖初入关，约法三章曰："杀人者死，伤人及盗抵罪。"蠲削烦苛，兆民大说。其后四夷未附，兵革未息，三章之法不足以御奸，于是相国萧何攈摭秦法，取其宜于时者，作律九章。

当孝惠、高后时，百姓新免毒蠚，人欲长幼养老。萧、曹为相，填以无为，从民之欲，而不扰乱，是以衣食滋殖，刑罚用稀。

及孝文即位，躬修玄默，劝趣农桑，减省租赋。而将相皆旧功臣，少文多质，惩恶亡秦之政，论议务在宽厚，耻言人之过失。化行天下，告讦之俗易。吏安其官，民乐其业，畜积岁增，户口浸息。风流笃厚，禁罔疏阔。选张释之为廷尉，罪疑者予民，是以刑罚大省，至于断狱四百，有刑错之风。

即位十三年，太仓令淳于公有罪当刑，诏狱逮系长安。淳于公无男，有五女，当行会逮，骂其女曰："生子不生男，缓急非有益！"其少女缇萦，自伤悲泣，乃随其父至长安，上书曰："妾父为吏，齐中皆称其廉平，今坐法当刑。妾伤夫死者不可复生，刑者不可复

天审判诉讼案件，晚上处理朝廷文书，他为自己规定的工作量为每天一百二十斤竹简。尽管如此，奸邪不正之人依然层出不穷，罪犯塞满道路，牢狱密如街市，百姓怨声载道，纷纷反叛秦国。

汉朝初期，高祖刚一进入关中，就与百姓约法三章说："杀人的人要判处死刑，伤害他人以及盗窃的人，根据罪行大小，抵偿他应负的罪责。"同时废除了繁杂苛刻的秦朝刑律，万民为之大悦。此后，因四方少数民族还没有归附，战事始终没有停止，约法三章已不足以惩戒奸邪之人，于是相国萧何从秦朝刑律中挑选中一部分，结合当时的实际情况，制定了包括盗律、贼律、囚律、捕律、杂律、具律、户律、兴律、厩律在内的九章法律。

到了孝惠帝、吕后执政时期，百姓刚刚摆脱了战争的荼毒，人人都一心想着抚养子女，敬奉老人。萧何、曹参先后担任丞相，以清静无为的政策来治理国家，顺应民心，让百姓按照自己的意愿生活，而不横加干涉，因此百姓们丰衣足食，国家经济得到恢复，也很少动用刑罚了。

直到孝文帝即位，他继续奉行清静无为的治国之策，鼓励百姓重视农耕桑织等，他减免田租和兵赋。而且朝中将相官员大多都是从前跟随高祖一起打天下的功臣元老，这些人并不刻意追求华美形式，更注重实际，他们以秦国衰败的恶政为教训，所制定的政策以宽厚为原则，以议论他人的过失为耻。这样的教化遍行天下，揭露他人隐私的恶习得以转变。官吏们恪尽职守，百姓们安居乐业，国家财力逐年递增，人口日渐增长。风俗教化淳朴，法令疏阔。孝文帝选拔张释之担任廷尉一职，将存有疑点的案件，参考民意适度处罚，因此刑罚明显减少，以至于全年被判处有罪的只有四百人，形成了刑法搁置不用的风气。

孝文帝在位十三年（前167），齐国太仓令淳于意因获罪将要被处以肉刑，奉诏囚禁他的监狱，将他押解到长安。淳于意没有儿子，只有五个女儿，当被押解临行时，他骂女儿说："所生的孩子里没有男孩，到了紧要关头，女儿派不上用场！"他最小的女儿缇萦，独自哀伤悲泣，于是就随同父亲一起来到长安，她给皇帝上书说道："臣妾

属，虽后欲改过自新，其道亡繇也。妾愿没入为官婢，以赎父刑罪，使得自新。”书奏天子，天子怜悲其意，遂下令曰：“制诏御史：盖闻有虞氏之时，画衣冠异章服以为戮，而民弗犯，何治之至也！今法有肉刑三，而奸不止，其咎安在？非乃朕德之薄，而教不明与！吾甚自愧。故夫训道不纯而愚民陷焉。《诗》曰：‘恺弟君子，民之父母。’今人有过，教未施而刑已加焉，或欲改行为善，而道亡繇至，朕甚怜之。夫刑至断支体，刻肌肤，终身不息，何其刑之痛而不德也！岂为民父母之意哉？其除肉刑，有以易之；及令罪人各以轻重，不亡逃，有年而免。具为令。”

丞相张仓、御史大夫冯敬奏言：“肉刑所以禁奸，所由来者久矣。陛下下明诏，怜万民之一有过被刑，刑者终身不息，及罪人欲改行为善而道亡繇至，于盛德，臣等所不及也。臣谨议请定律曰：诸当完者，完为城旦舂；当黥者，髡钳为城旦舂；当劓者，笞三百；当斩左止者，笞五百；当斩右止，及杀人先自告，及吏坐受赇枉法，守县官财物而即盗之，已论命复有籍笞罪者，皆弃市。罪人狱已决，完为城旦舂，满三岁为鬼薪白粲。鬼薪白粲一岁，为隶臣妾。隶臣妾一岁，免为庶人。隶臣妾满二岁，为司寇。司寇一岁，及作如司寇二岁，皆免为庶人。其亡逃及有耐罪以上，不用此令。前令之刑城旦舂岁而非禁锢者，完为城旦舂岁数以免。臣昧死请。”制曰：“可。”是后，外有轻刑之名，内实杀人。斩右止者又当死。斩左止者笞五百，当劓者笞三百，率多死。

的父亲做官时，齐国百姓都称赞他廉洁公正，如今犯罪应当受罚。但是臣妾很哀伤，人死不能复生，被处以肉刑的人，肢体无法再恢复如初，即使以后想改过自新，也再没有机会了。臣妾愿意入官府为奴，以此来替父赎罪，使他得以重新作人。”上书到了天子手里，文帝读后非常哀悯她的心意，于是下令道：“制诏御史：朕曾听说有虞氏执政时，让犯人穿着特殊标志的衣服、帽子，来代替刑罚，百姓因此而不敢犯罪，这是何等高明的治理手段啊！如今刑法有三种肉刑，但奸邪之人仍然屡禁不止，原因何在呢？难道是朕的仁德浅薄，教化不明确所致？朕很惭愧。还是因为教化引导得不够，导致百姓陷入罪恶。《诗经》上说：‘平易近人的谦谦君子，是百姓的父母。’如今有人犯罪，还没进行教化就加之以断肢的刑罚，就算有人想改过自新，也再没有机会了，朕很同情他们。刑罚导致人肢体断截，在肌肤上刻字，终生都无法复原，这是何等痛苦而不道德的刑罚啊！这怎么符合百姓的父母的含义啊！朕下令废除肉刑，以其他处罚方式代替；根据情况量刑定罪，不逃亡的，到了一定年数就免除刑罚。以此为令。”

丞相张仓、御史大夫冯敬上书说道：“通过肉刑来禁止奸邪的发生，这种刑罚由来已久。陛下颁布英明的诏令，怜悯万民，一旦犯有过错，将终生受苦不息，等到犯人想改过自新时却没有机会了，如此盛大的恩德，臣等无法企及。臣等恭谨地建议，请求确定刑罚为：所有应当处以终生劳役的人，把终生劳役的，男子改为为期四年的城旦劳役，女子改为舂膳之刑；把应当处以刻字黥刑的，男子改为剃去头发、佩戴刑具的城旦刑，女子改为舂刑；把应当处以割鼻子的劓刑，改为用竹板打三百下；把应当斩左脚的，改为用竹板打五百下；把应当斩右脚的，以及杀了人主动自首的，外加官吏收受贿赂、徇私枉法的，看守官府财物而监守自盗的，和罪犯重新获罪的，都处以游街示众的刑罚。案件判决完毕，将完刑改为城旦刑或舂刑，服役满三年后，男子改为服采薪刑，女子改为服择米刑。采薪和择米刑满一年的，改为入官府服役为奴、为婢的刑罚。服为奴、为婢刑满一年，则可免于刑罚，成为平民。需服为奴、为婢刑二年的，则改为服司寇

景帝元年，下诏曰："加笞与重罪无异，幸而不死，不可为人。其定律：笞五百曰三百，笞三百曰二百。"犹尚不全。至中六年，又下诏曰："加笞者，或至死而笞未毕，朕甚怜之。其减笞三百曰二百，笞二百曰一百。"又曰："笞者，所以教之也，其定箠令。"丞相刘舍、御史大夫卫绾请："笞者，箠长五尺，其本大一寸，其竹也，末薄半寸，皆平其节。当笞者笞臀。毋得更人，毕一罪乃更人。"自是笞者得全，然酷吏犹以为威。死刑既重，而生刑又轻，民易犯之。

及至孝武即位，外事四夷之功，内盛耳目之好，征发烦数，百姓贫耗，穷民犯法，酷吏击断，奸轨不胜。于是招进张汤、赵禹之属，条定法令，作见知故纵、监临部主之法，缓深故之罪，急纵出之诛。其后奸猾巧法，转相比况，禁罔浸密。律令凡三百五十九章，大辟四百九条，千八百八十二事，死罪决事比万三千四百七十二事。文书盈于几阁，典者不能遍睹。是以郡国承用者駮，或罪同而论异。奸吏因缘为市，所欲活则傅生议，所欲陷则予死比，议者咸冤伤之。

刑，将其发配至边疆服役。服司寇刑满一年，以及相当于服刑满二年的，则免于刑罚，成为平民。其中逃亡的以及犯有重罪的，不适用此法令。在此法令颁布之前服城旦刑、舂刑但没有被监禁的，服完城旦刑、舂刑的，一样免除刑罚，成为平民。臣等冒死请示。”皇帝下诏说：“准奏。”从此之后，对外有了刑罚减轻的好名声，对内而言，实则是在杀人。斩右脚的又要被处以死刑。斩左脚的改为用竹板打五百下，应当服劓刑的改为用竹板打三百下，最终导致服刑之人大都被打死了。

景帝元年（前156），皇帝又下诏说：“增加笞刑和死刑没太大区别，侥幸没有死的，今后生活也不能自理。重新制定刑法应为：打五百下的改为三百下，打三百下的改为二百下。”但这样仍然无法保全犯人的生命。到了景帝中元六年（前144），景帝再次下诏说：“被增加笞打次数的犯人，有的直到死，笞打数还没打完，朕很同情他们。将打三百下改为二百下，打二百下改为一百下。”又说：“笞打，只是为了起到教育他们的目的，要确定行刑刑具的法令。”丞相刘舍、御史大夫卫绾上书请奏说：“竹板，长五尺，手持一端宽一寸，竹板末端宽半寸，竹节削平。应当受笞刑的犯人，笞打他的臀部。行刑期间，中途不得换人，惩罚完一个犯人后，才能更换行刑人员。”从此之后，接受笞刑的犯人，才得以保全性命，但残酷的官吏仍把这个作为威吓。死刑既然太重，而生刑又判处得太轻，这样百姓就容易犯法。

等到孝武帝即位后，对外他热衷于征讨四夷、开疆拓土，对内则喜欢大肆奢靡的享受，他频繁征集、动用民间的人力和物资，使百姓穷困潦倒，贫困的百姓触犯法律，残酷的官吏则滥用职权断案，却始终无法制止犯罪。于是武帝启用张汤、赵禹等人，将法令逐条细化，细化为知情不报罪、监管不力，负责官员也要负连带责任的法令，针对官吏重罪轻判、轻罪重判，以及对于提前释放犯人出狱的官员，一律处以重刑。从此之后，奸邪、狡猾的官吏钻法律空子，互相比较，法律越来越严密。细化后的法令共计三百五十九条，处以重刑的有四百零九条，细化的情形有一千八百八十二种，死罪的判决和旧的法律相比，细化的情况为一万三千四百七十二条。法案文件装满了几个

宣帝自在闾阎而知其若此。及即尊位，廷史路温舒上疏，言秦有十失，其一尚存，治狱之吏是也。语在《温舒传》。上深愍焉，乃下诏曰："间者吏用法，巧文浸深，是朕之不德也。夫决狱不当，使有罪兴邪，不辜蒙戮，父子悲恨，朕甚伤之。今遣廷史与郡鞠狱，任轻禄薄，其为置廷平，秩六百石，员四人。其务平之，以称朕意。"于是选于定国为廷尉，求明察宽恕黄霸等以为廷平，季秋后请谳。时上常幸宣室，斋居而决事，狱刑号为平矣。时涿郡太守郑昌上疏言："圣王置谏争之臣者，非以崇德，防逸豫之生也；立法明刑者，非以为治，救衰乱之起也。今明主躬垂明听，虽不置廷平，狱将自正；若开后嗣，不若删定律令。律令一定，愚民知所避，奸吏无所弄矣。今不正其本，而置廷平以理其末也，政衰听怠，则廷平将招权而为乱首矣。"宣帝未及修正。

元帝初立，乃下诏曰："夫法令者，所以抑暴扶弱，欲其难犯而易避也。今律烦多而不约，自典文者不能分明，而欲罗元元之不逮，斯岂刑中之意哉！其议律令可蠲除轻减者，条奏，惟在便安万姓

书架，就连负责断案的官员也无法完全了解。因此郡、诸侯国的断案官员无所适从，有的罪行相同而判决相异。奸诈的官吏趁机以此作为交易，想要犯人活命，就附上使他活下来的评议，想要置人于死地就参照死罪案例，受到处罚的犯人，都为此感到冤枉哀痛。

宣帝在即位之前，曾在民间生活过，所以比较了解刑律的情况。等到他登上帝位，廷史路温舒上奏书，说秦朝有十宗罪过，其中还有一宗罪过仍然存在，那就是负责断案的狱吏。详见《温舒传》。宣帝为此深感哀痛，于是他下诏道："素来狱吏断案，动用法律，舞文弄墨，随意量刑的弊端日益加深，这是朕的失职。断案不公，会让有罪之人产生邪恶的念头，无辜的人惨遭杀戮，父子间悲伤痛恨，朕对此十分难过。如今特派朝廷官员与郡、诸侯国官员共同审理案件，朝廷特派的官员职务轻、俸禄薄，所设的官职名为廷平，享受官俸六百石，定员四人。希望大家务必要公平断案，不要辜负朕的期望。"于是选拔了定国担任廷尉，任命以明察宽恕而著称的黄霸等人担任廷平，于秋季之后将各地的疑难案件上报至朝廷复审。当时宣帝经常待在宣室殿，在那里斋居并处理政务，各种疑难案件他都亲自过问，自那之后，冤假错案大为减少。当时，涿郡太守郑昌上书道："英明的君王设置直言进谏的大臣，不是形同虚设以颂扬圣德的，而是用来防止安逸享乐的；建立法制并明确刑罚条例，不是为了治罪而治罪，而是为了拯救衰败动乱的，使国家重新复兴。如今英明的君王亲自审理案件，即使不设置廷平，官司的判决也将日趋公正；如果是为了后世子孙着想，不如重新删改裁定现行法令。法律一旦确定，百姓就知道如何避免犯罪，奸邪的官吏将无法再钻法律的空子了。如今并不是从根本上端正法律，而设置廷平，不过是在治理法律的末端，等到政治衰败、治理懈怠之时，则廷平也将会招揽权力而成为动乱的祸首。"宣帝没来得及修改纠正。

元帝刚刚登基，就下诏说："法令，是用来约束强暴、扶助弱小的，是希望人们知道法令不可触犯，而且知道如何避免触犯法令。如今的法令太过繁复、不简明，即使是掌管法文条例的专员也无法分辨清楚，却想用它去约束目不识丁的平民百姓，这岂是刑法的本

而已。”

至成帝河平中，复下诏曰：“《甫刑》云‘五刑之属三千，大辟之罚其属二百’，今大辟之刑千有余条，律令烦多，百有余万言，奇请它比，日以益滋，自明习者不知所由，欲以晓喻众庶，不亦难乎！于以罗元元之民，夭绝亡辜，岂不哀哉！其与中二千石、二千石、博士及明习律令者议减死刑及可蠲除约省者，令较然易知，条奏。《书》不云乎？‘惟刑之恤哉！’其审核之，务准古法，朕将尽心览焉。”有司无仲山父将明之材，不能因时广宣主恩，建立明制，为一代之法，而徒钩摭微细，毛举数事，以塞诏而已。是以大议不立，遂以至今。议者或曰，法难数变，此庸人不达，疑塞治道，圣智之所常患者也。故略举汉兴以来，法令稍定而合古便今者。

汉兴之初，虽有约法三章，网漏吞舟之鱼，然其大辟，尚有夷三族之令。令曰：“当三族者，皆先黥，劓，斩左右止，笞杀之，枭其首，菹其骨肉于市。其诽谤詈诅者，又先断舌。”故谓之具五刑。彭越、韩信之属皆受此诛。至高后元年，乃除三族罪、袄言令。孝文二年，又诏丞相、太尉、御史：“法者，治之正，所以禁暴而卫善人也。今犯法者已论，而使无罪之父母妻子同产坐之及收，朕甚弗取。其议。”左右丞相周勃、陈平奏言：“父母妻子同产相坐及收，所以累其心，使重犯法也。收之之道，所由来久矣。臣之愚计，以为如其故便。”文帝复曰：“朕闻之，法正则民悫，罪当则民从。且夫牧民而道之以善者，吏也；既不能道，又以不正之法罪之，是法反害于民，

意！重新议定法令，其中可以撤销或删减的部分，逐条上奏，以使百姓更加方便、安定为宗旨。”

到了成帝河平年间，又再次下诏说：“《尚书·甫刑》上说：‘五刑的条目有三千条，死刑的刑罚条目有二百条’，如今关于死刑的条目就多达一千多条，律令过于繁复，有一百多万字，法令之外的附加案例，与日俱增，就连具体办案的官员都搞不清它的出处，这种状况下，想让百姓熟知法令，岂不是难上加难啊！用这样的法令来约束平民百姓，使无辜之人身陷囹圄或夭亡，岂不令人哀痛！特诏命中二千石、二千石官员、博士以及熟悉法令的人共同商议减免死刑条目以及可以撤销、减少的条目，使法令明晰、易懂，逐条上奏。《尚书》中不也提到吗？‘刑法务必要慎重！’要认真地审查核实，务必以古代法律为依据，朕将全心全意关注此事。”然而官员当中缺乏像周朝仲山父那样明察秋毫的人，不能及时、准确地广泛宣传成帝的恩德，没能建立圣明的法令制度，作为当时可供执行的法令，而只是吹毛求疵，列举出一些微小的事例，用来搪塞、应付诏令而已。因此皇帝的诏命执行不力，一直拖沓至今。参与议定法令的人当中，有人说，法令不可数次变更，这是平庸之人不通达事理，顾虑重重而阻挡了治理的进程，是圣贤的明君最忌讳的。平庸之人因此还大致列举了几条自汉朝建立以来，所制定的既符合古法又便于当代执行的法令条文。

汉朝建立初期，虽然有约法三章的制约，但仍然是法网疏阔，甚至疏漏掉可以吞下船只的大鱼。然而当时的大辟之刑，仍然保留着株连三族的法令。法令规定：“被判处株连三族罪刑的，都要先在面额刺字，然后割去鼻子，斩左右脚，再用竹板将他杖毙，割下他的头颅，然后在街市上把他的尸体剁成肉酱。其中诽谤骂人诅咒的，还要外加一条，先割掉他的舌头。”因此这就是所谓齐备的五刑。彭越、韩信等人都是被处以这样的刑罚。到了高后元年（前187），才撤销了灭三族的刑罚、撤销了袄言令。孝文帝二年（前178），又下诏给丞相、太尉、御史大夫说：“法令，是治理天下的根本保证，通过法令来禁止残暴发生，保护善良的百姓。如今犯法的人已被定罪，却使无罪的父母、妻子、儿女以及同胞兄弟姐妹一起接受惩罚，朕认

为暴者也。朕未见其便，宜孰计之。”平、勃乃曰：“陛下幸加大惠于天下，使有罪不收，无罪不相坐，甚盛德，臣等所不及也。臣等谨奉诏，尽除收律、相坐法。”其后，新垣平谋为逆，复行三族之诛。由是言之，风俗移易，人性相近而习相远，信矣。夫以孝文之仁，平、勃之知，犹有过刑谬论如此甚也，而况庸材溺于末流者乎？

《周官》有五听、八议、三刺、三宥、三赦之法。五听：一曰辞听，二曰色听，三曰气听，四曰耳听，五曰目听。八议：一曰议亲，二曰议故，三曰议贤，四曰议能，五曰议功，六曰议贵，七曰议勤，八曰议宾。三刺：一曰讯群臣，二曰讯群吏，三曰讯万民。三宥：一曰弗识，二曰过失，三曰遗忘。三赦：一曰幼弱，二曰老眊，三曰蠢愚。凡囚，“上罪梏拲而桎，中罪梏桎，下罪梏；王之同族拲，有爵者桎，以待弊。”高皇帝七年，制诏御史：“狱之疑者，吏或不敢决，有罪者久而不论，无罪者久系不决。自今以来，县道官狱疑者，各谳所属二千石官，二千石官以其罪名当报。所不能决者，皆移廷尉，廷尉亦当报之。廷尉所不能决，谨具为奏，傅所当比律令以闻。”上恩如此，吏犹不能奉宣。故孝景中五年复下诏曰：“诸狱疑，虽文致于

为这种做法极不可取。你们讨论一下该如何解决此事。”左、右丞相周勃、陈平上书道：“父母、妻子、儿女以及同胞兄弟姐妹一起接受惩罚，是为了制约天下人的思想，使他因顾念亲情而不敢触犯法令。他们的家眷被收入官府为奴婢，这种作法由来已久。依照臣等的愚见，认为还是维持现状为好。”文帝又下诏说：“朕听说，若法令公正，那么百姓自然就会谨慎遵守，刑罚得当，百姓自然会心悦诚服地服从。治理国家，引导百姓向善，这才是合格的官吏；若不能引导人心向善，反而使用过度的刑罚来惩戒他们，这样的法令，反而成为残害百姓的工具，是残暴之举。朕没发现这条法令的益处，你们再仔细讨论一下。”陈平、周勃于是说：“所幸，陛下愿施行恩惠给天下人，使有罪之人不受刑拘之苦，无罪之人不受牵连，一起接受刑罚，如此盛大的仁德，是臣等所不具备的。臣等恭谨奉行诏命，彻底撤销拘捕法、连坐法。”从此之后，直到新垣平犯下谋反忤逆之罪，才又重新施行株连三族的刑罚。因此说，移风易俗，人性相近而习惯却相差很大，的确是这样。以孝文帝的仁德，陈平、周勃的智慧，尚且不可避免地出现过度刑罚之事和相关的荒谬言论，更何况那些沉溺于不良风俗习惯的平庸之辈呢？

《周礼》记载，审案有五听、八议、三刺、三宥、三赦的规定。五听，即五种断案方式：一为判断言辞，即根据他的讼辞，判断是否合理，二为察言观色，即观察他的神情是否正常，三为观察气息，即观察他的气息是否平稳，四为仔细聆听，即仔细聆听他的言辞是否准确，五为观察眼神，即观察他的眼神是否坚定。八议：一为议亲，即指对于皇亲国戚进行特别审议，以减免刑罚，二为议故，即指对皇帝的故交旧友进行特别审议，以减免刑罚，三为议贤，即指对有德行的人进行特别审议，以减免刑罚，四为议能，即指对有奇才异能的人进行特别审议，以减免刑罚，五为议功，即指对有大功之人，审议他的功勋，以减免刑罚，六为议贵，即指对显贵进行特别审议，以减免刑罚，七为议勤，即指对勤于国事者进行特别审理，以减免刑罚，八为议宾，即指对先朝后裔而享受国宾待遇者进行特别审议，以减免刑罚。三刺，即三种询问方式：一为询问群臣，二是询问群吏，三是

法而于人心不厌者，辄谳之。”其后狱吏复避微文，遂其愚心。至后元年，又下诏曰：“狱，重事也。人有愚智，官有上下。狱疑者谳，有令谳者已报谳而后不当，谳者不为失。”自此之后，狱刑益详，近于五听三宥之意。三年复下诏曰：“高年老长，人所尊敬也；鳏寡不属逮者，人所哀怜也。其著令：年八十以上，八岁以下，及孕者未乳，师、朱儒当鞠系者，颂系之。”至孝宣元康四年，又下诏曰：“朕念夫耆老之人，发齿堕落，血气既衰，亦无逆乱心，今或罗于文法，执于囹圄，不得终其年命，朕甚怜之。自今以来，诸年八十非诬告杀伤人，它皆勿坐。”至成帝鸿嘉元年，定令：“年未满七岁，贼斗杀人及犯殊死者，上请廷尉以闻，得减死。”合于三赦幼弱老眊之人。此皆法令稍近古而便民者也。

询问万民。三宥，即三种可从轻处罚的情况：一是弗识，即指因不知法而犯罪的情况，二为过失，即指因疏忽而犯罪的情况，三为遗忘，即指因忘记法令条文而犯罪的情况。还有三赦，即三种情况下可以赦免他的刑罚：一为幼弱，即指七岁以下的孩子犯罪可获赦免，二为老耄，即指八十岁以上高龄老人犯罪可获赦免，三为蠢愚，即愚笨无知或痴呆笨拙的人犯罪可获赦免。所有的囚犯，“犯重罪的，佩戴梏拲桎等刑具，犯中罪的，佩戴梏桎两种刑具，犯轻罪的，佩戴梏刑具；皇帝的宗亲犯罪佩戴拲具，有爵位的人犯罪佩戴桎具，等待判决。”高祖七年（前200），下诏给御史中丞说：“案件存在疑点的，官吏不能决断的，有罪之人很久没有定罪的，无罪之人长期关押未释放的。审理案件有以上几种情况的，从今往后，县、道官员断案存在疑问的，各自上报直属上级二千石官员裁定，二千石官员裁定后将其罪行情况上报。无法裁定的，一律移交给廷尉，廷尉也将裁定结果上报。廷尉无法裁定的，郑重地详实上奏，并附上可参照的相关法律条文。”皇恩如此盛大，但下级官吏仍然不能遵照执行。因此到了孝景帝中元五年（前145）又重新下诏说：“各种存疑案件，即使是已经判决完的案件，如果当事人心有不服的，立即复审。”从此之后，断案的官吏刻意回避细碎的法律条文，仍然一味地随意裁决。到了景帝后元元年（前143），又下诏说：“案件，是国家的大事。人有聪明、愚蠢之分，官职有高低、上下之别。若存疑案件需要重新判决的，呈报重审后，发现原判决有裁定不当的情况时，原裁定官员不以失职罪论处。”自此之后，审理案件的官员才开始认真裁决，这样做，才更符合五听三宥的初衷。景帝后元三年（前141）又下诏说：“高龄老者，人人都应尊敬；鳏寡无依者，人人都应哀怜。特颁布法令：八十岁以上的老者，八岁以下的儿童，以及有孕在身未生产的妇女，盲人乐师、侏儒等，因触犯法令需要拘捕时，可宽容不带刑具。”到了孝宣帝元康四年（前62），宣帝又下诏说：“朕考虑到老年人，头发、牙齿都掉光了，血气衰弱，也再没有暴逆之心，如今依照法律条文，身陷囹圄，有生之年无法善终的，朕十分怜悯他们。从今往后，年龄八十岁以上的，除了诬告、杀伤人而犯罪的，其他的一律不予追究。”到了成帝鸿

孔子曰：“如有王者，必世而后仁；善人为国百年，可以胜残去杀矣。”言圣王承衰拨乱而起，被民以德教，变而化之，必世然后仁道成焉；至于善人，不入于室，然犹百年胜残去杀矣。此为国者之程式也。今汉道至盛，历世二百余载，考自昭、宣、元、成、哀、平六世之间，断狱殊死，率岁千余口而一人，耐罪上至右止，三倍有余。古人有言曰：“满堂而饮酒，有一人乡隅而悲泣，则一堂皆为之不乐。”王者之于天下，譬犹一堂之上也，故一人不得其平，为之凄怆于心。今郡国被刑而死者岁以万数，天下狱二千余所，其冤死者多少相覆，狱不减一人，此和气所以未洽者也。

原狱刑所以蕃若此者，礼教不立，刑法不明，民多贫穷，豪桀务私，奸不辄得，狱豻不平之所致也。《书》云“伯夷降典，悊民惟刑”，言制礼以止刑，犹堤之防溢水也。今堤防陵迟，礼制未立；死刑过制，生刑易犯；饥寒并至，穷斯滥溢；豪桀擅私，为之囊橐，奸有所隐，则狃而浸广：此刑之所以蕃也。孔子曰：“古之知法者能省刑，本也；今之知法者不失有罪，末矣。”又曰：“今之听狱者，求所以杀之；古之听狱者，求所以生之。”与其杀不辜，宁失有罪。今之狱吏，上下相驱，以刻为明，深者获功名，平者多患害。谚曰：“鬻棺者欲岁之疫。”非憎人欲杀之，利在于人死也。今治狱吏欲陷害人，

嘉元年（前20），修订法令为："年龄不满七岁，因打架斗殴或杀人被判处死罪的儿童，要上报至廷尉署裁决，可以减免死罪。"这样做，符合三赦幼弱、年长者的初衷。这些法令稍微接近上古时代仁德教化且对百姓有利。

孔子说："君王治理天下，必须经过三十年的仁政才能有所成就；采用善政的手段治理国家一百年，才能让人们战胜邪恶，忘却杀戮。"这句话是说，英明的君王继承前朝衰败的国家，拨乱反正，建立新政权，要对百姓施以道德教化，通过道德教化去感化他们，使其转变，必须要经过三十年的仁政，才能取得效果；至于采用善政的手段治理国家，虽未达到仁政的境界，但也要经历一百年才能战胜邪恶，使百姓忘却杀戮。这是治理国家必经的过程。如今汉朝正处于极盛时期，经过了两百多年的治理，考察从昭帝、宣帝、元帝、成帝、哀帝到平帝，这六世帝王之间，判处死刑的，大概每年一千多人中只有一人，从剃除鬓须的刑罚到斩右脚的刑罚，每年一千人中只有三人。古人说："满屋子人都在饮酒，其中有一人向着墙角哭泣，那么满屋人都会为此感到不高兴。"帝王对于天下人而言，就好比一家之主，所以只要有一人遭遇不平等待遇，内心就会凄怆不安。如今郡国中每年因遭受刑罚致死的人，数以万计，全天下的监狱有二千多所，其中含冤而死的人多得彼此覆盖，监狱仍然是人满为患，这是和谐的社会气氛还没有形成的原因。

狱刑屡禁不止，是由礼仪教化没有建立，刑法不够明确，百姓生活穷困潦倒，才能出众的人谋求私利，邪恶的行为得不到有效遏制，判决不公正等原因所引发的。《尚书》上说："伯夷颁布法典，先引导百姓通达礼仪，然后才对违法行为，依法论处"，这句话是说，用礼仪教化来防止滥用刑罚，就好比用堤坝来防止洪水泛滥一样。如今堤坝被破坏，而礼制还没有建立；死刑过度，而生刑又极容易触犯；百姓饥寒交迫，民不聊生；而才能出众之人只顾谋取私利，像装物品的口袋，一旦为邪恶开了口子，那么罪行将习惯性地逐渐蔓延，这就是狱刑之所以屡禁不止的缘故。孔子说："古代执法的官员能够尽量减少犯罪，这才是法令的根本；如今执法的官员不放过

亦犹此矣。凡此五疾，狱刑所以尤多者也。

自建武、永平，民亦新免兵革之祸，人有乐生之虑，与高、惠之间同，而政在抑强扶弱，朝无威福之臣，邑无豪桀之侠。以口率计，断狱少于成、哀之间什八，可谓清矣。然而未能称比隆于古者，以其疾未尽除，而刑本不正。

善乎！孙卿之论刑也，曰："世俗之为说，以为治古者无肉刑，有象刑墨黥之属，菲履赭衣而不纯，是不然矣。以为治古，则人莫触罪邪，岂独无肉刑哉，亦不待象刑矣。以为人或触罪矣，而直轻其刑，是杀人者不死，而伤人者不刑也。罪至重而刑轻，民无所畏，乱莫大焉。凡制刑之本，将以禁暴恶，且惩其未也。杀人者不死，伤人者不刑，是惠暴而宽恶也。故象刑非生于治古，方起于乱今也。凡爵列官职，赏庆刑罚，皆以类相从者也。一物失称，乱之端也。德不称位，能不称官，赏不当功，刑不当罪，不祥莫大焉。夫征暴诛悖，治之威也。杀人者死，伤人者刑，是百王之所同也，未有知其所由来者也。故治则刑重，乱则刑轻，犯治之罪固重，犯乱之罪固轻也。《书》云'刑罚世重世轻'，此之谓也。"所谓"象刑惟明"者，言象天道而作刑，安有菲屦赭衣者哉？

任何一个有罪之人，这是法令的末端。”孔子又说：“如今审理案件的官员，琢磨的是如何杀死罪犯；古代审理案件的官员，考虑的是怎样使人活命。”与其杀死一个无辜之人，宁可放过一个有罪之人。如今的断案官员，彼此攀比，把执法苛刻视作高明，手段狠辣之人获得功劳名声，力求公正之人大多祸患无穷。民间流传着一句谚语说：“开棺材铺就希望连年瘟疫。”并不是他憎恨某人想杀死他，而是他想从死人身上获利。如今狱吏想要陷害人，也是这样。就是这五种弊端，导致狱刑屡禁不止。

从后汉建武时期、永平时期开始，百姓刚刚摆脱了战乱之苦，大多产生了安居乐业的想法，与当年高祖、惠帝时期情况相同，而治国理政的重点应以抑制强暴、扶助弱小为主，朝廷中没有了作威作福的大臣，乡邑间没有了不法的豪桀大侠。根据人口大致统计，案件发生率低于成帝、哀帝时期的十分之八，可以算得上太平盛世了。然而仍然无法与上古时期的仁政相比，这是因为很多弊端还没有完全消除，制定刑法的根本目的还没有实现。

说得太好了！孙卿是这样评价刑罚的，他说：“世俗中存在这样一种说法，认为上古时期，天下太平时，不存在肉刑，只有象刑、墨黥之类的刑罚，或用穿草履、囚衣来代替刑罚，其实不然。假如上古时代只以这种方式治国，那就没人触犯刑法了，不但没有肉刑，就连象刑也用不着了。认为人若犯罪，从轻处罚就能起到惩戒的作用，杀人者不处以死刑，伤人者不会受到严惩。极重的罪行也是从轻发落，百姓根本不畏惧刑罚，这样一来，天下岂不是要大乱了，大凡制定刑法的初衷，都是为了禁止暴恶，防患于未然。若杀人者不死，伤人者不被处罚，这是对残暴的纵容和对邪恶的宽恕。因此象刑并非产生于太平的上古时代，而是兴起于动乱的当今社会。凡是封赏爵位官职，赏赐、庆祝、刑罚，都要根据功劳、过失的等级相应施予。一种事物失去平衡，就会成为动乱的开端。道德与爵位不相称，能力与官职不相配，赏赐与功绩不相当，刑罚与罪过不相符，没有比这些更不吉祥的了。征讨残暴势力，诛杀叛乱分子，以展现治理天下的威严所在。杀人者偿命，伤人者受刑，这是历朝历代帝王一致认同的，没人知

孙卿之言既然，又因俗说而论之曰：禹承尧舜之后，自以德衰而制肉刑，汤武顺而行之者，以俗薄于唐虞故也。今汉承衰周暴秦极敝之流，俗已薄于三代，而行尧舜之刑，是犹以鞿而御駻突，违救时之宜矣。且除肉刑者，本欲以全民也，今去髡钳一等。转而入于大辟。以死罔民，失本惠矣。故死者岁以万数，刑重之所致也。至乎穿窬之盗，忿怒伤人，男女淫佚，吏为奸臧，若此之恶，髡钳之罚又不足以惩也。故刑者岁十万数，民既不畏，又曾不耻，刑轻之所生也。故俗之能吏，公以杀盗为威，专杀者胜任，奉法者不治，乱名伤制，不可胜条。是以罔密而奸不塞，刑蕃而民愈嫚。必世而未仁，百年而不胜残，诚以礼乐阙而刑不正也。岂宜惟思所以清原正本之论，删定律令，篹二百章，以应大辟。其余罪次，于古当生，今触死者，皆可募行肉刑。及伤人与盗，吏受赇枉法，男女淫乱，皆复古刑，为三千章。诋欺文致微细之法，悉蠲除。如此，则刑可畏而禁易避，吏不专杀，法无二门，轻重当罪，民命得全，合刑罚之中，殷天人之和，顺稽古之制，成时雍之化。成康刑错，虽未可致，孝文断狱，庶几可及。《诗》云“宜民宜人，受禄于天”。《书》曰“立功立事，可以永年”。言为政而宜于民者，功成事立，则受天禄而永年命，所谓“一人有庆，万民赖之”者也。

道它究竟起源于何时。所以天下太平则刑罚就重，天下大乱则刑罚就轻，在太平时代触犯法律，罪行就显得重，在动乱时代触犯法律，罪行就显得轻。《尚书》上说：‘刑罚随着时代不同，有重有轻’，说的就是这个道理。”所谓“象刑惟明”，是指根据天地运化的规律，制定轻重缓急的刑罚，怎能只是穿上草履、囚衣之类的手段，就能实现惩恶扬善的目的呢？

这是孙卿关于刑罚的观点，同时他又结合了世俗的言论说：夏禹继承了尧舜的帝位之后，认为自己的仁德无法与先帝相比，于是就制定了肉刑，商汤、武王继续沿袭、施行，是因为他们感觉到当时的民俗与唐尧、虞舜时期相比，已不那么淳厚。如今汉朝承继了周朝的衰败和秦朝的极端暴政，与三代民风相比，世风日下，政治浇薄，却仍然沿用尧舜时期的刑罚，就好比用普通的缰绳驾驭凶悍的野马一样，这种扭转时弊的方式是不合时宜的。况且废除肉刑的本意是为了保全百姓的肢体完整，如今却将髡钳刑罚废除，用死刑代替它。通过死刑来治理，已经失去了惠泽百姓的初衷。因此每年执行死刑的人数以万计，这就是刑罚过重的结果。而那些翻墙入室的盗贼，因一时冲动伤人的，男女通奸淫乱的以及官吏贪赃枉法的，诸如此类的恶行，却仅判处髡钳这样的刑罚，显然是不足以惩戒他们的。因此每年因这些罪行受刑的人高达十几万，百姓既不畏惧刑罚，也不会因此而感到耻辱，这就是刑罚太轻的结果。所以民众普遍认为，善于为官之人，通过杀死盗贼树立威严，敢于杀伐决断的人，被视为称职的官员，将秉公执法的官员视为不作为的官员，这种破坏法制声名的事例，举不胜举。因此法网虽然严密，奸邪的罪恶行为却没有得到控制。刑法条目繁多，百姓却愈加轻慢。过了三十年，也没能实现仁政教化，经历了百年之后，仍然无法战胜残暴，这的的确确是由缺乏礼乐教化，且刑罚不当造成的。难道不应该认真思考一下，什么才是制定刑法的根本目的吗？删减、修订现有法令，撰写二百章对应死刑的条目。其余罪行划分等级，对于那些在古代能活命，如今却触犯了死刑的，可以让其缴纳一定数额的赎金，然后处以肉刑。至于伤人和偷盗的罪行，官吏收受贿赂、贪赃枉法的，以及男女通奸淫乱的，都参

照古代刑法进行裁决，制定相关的三千章判决条目。而对于那些毁谤丑化、舞文弄法、繁复细碎的刑法，一律废除。只有这样，才能使百姓对刑法心生畏惧，从而避免触犯法令，也不能再以杀伐决断来评判执法官员是否称职，执法标准一致，判决的轻重应与罪行相符，这样百姓的性命才能得以保全。适度刑罚，使天人和谐，沿袭祖制，使人心向善。如成王、康王执政期间刑罚搁置不用，虽然未必能达到那样的局面，但孝文帝执政期间处理案件的境界，应该可以实现。《诗经》上说："宜民宜人，受禄于天"。《尚书》上说："立功立事，可以永年"。是说利于百姓，顺应民意的德政，才能建立功绩事业，蒙受上天的福祉，使国运长久，正所谓："一人有庆，万民赖之"。

卷二十四上

食货志第四上

《洪范》八政，一曰食，二曰货。食谓农殖嘉谷可食之物，货谓布帛可衣，及金刀龟贝，所以分财布利通有无者也。二者，生民之本，兴自神农之世。“斫木为耜，煣木为耒，耒耨之利以教天下”，而食足；“日中为市，致天下之民，聚天下之货，交易而退，各得其所”，而货通。食足货通，然后国实民富，而教化成。黄帝以下“通其变，使民不倦”。尧命四子以“敬授民时”，舜命后稷以“黎民祖饥”，是为政首。禹平洪水，定九州，制土田，各因所生远近，赋入贡棐，楙迁有无，万国作乂。殷周之盛，《诗》《书》所述，要在安民，富而教之。故《易》称“天地之大德曰生，圣人之大宝曰位；何以守位曰仁，何以聚人曰财。”财者，帝王所以聚人守位，养成群生，奉顺天德，治国安民之本也。故曰：“不患寡而患不均，不患贫而患不安；盖均亡贫，和亡寡，安亡倾。”是以圣王域民，筑城郭以居之；制庐井以均之，开市肆以通之，设庠序以教之；士农工商，四人有业。学以居位曰士，辟土殖谷曰农，作巧成器曰工，通财鬻货曰商。圣王量能授事，四民陈力受职，故朝亡废官，邑亡敖民，地亡旷土。

《尚书·洪范》上说：在施政方面有八项要务，一是食，二是货。食指的是培育出优质可食用谷物的粮食生产活动，货指的是可制成衣服的布帛，以及用黄金、白银等五金、龟贝制成的钱币，人们通过钱币可以进行商品交易，互通有无，产生利润。这两项要务，直接关系着百姓生活的根本，从上古神农时代就开始兴起。“砍下木头制成翻土用的农具，将木头烤弯制成扶手，安装在犁上，将高效的犁、锄等农具的使用方法传授给天下人”，耕种效率提高了，生产出的粮食就充足了；“中午时分形成集市，吸引百姓聚集，各地产的不同货物汇聚在一起，交易完成后，集市解散，人们都得到自己想要的东西”，各取所需的交易，实现了货物的流通。粮食充足、货物流通，可以使国家殷实，百姓富足，礼制教化的风气才得以形成。从黄帝时期往后，“商品交易变得更加通畅、便捷，百姓从中获得利益，乐此不疲”。尧帝派羲仲、羲叔、和仲、和叔四人“根据农时节令，教授百姓开展农业生产活动”，舜帝派后稷解决“粮食产量低，百姓挨饿的问题”，并把它作为首要的政务来抓。大禹平息了洪灾，使九州安定，他规范田地，根据各地远近差异，缴纳贡赋，然后将各地进贡的土畜特产集中交易，人们通过商贸互通有无，各国都得到治理，彼此间的联系也更加紧密。关于商朝、周朝的强盛，《诗经》和《尚书》中都有所记载，治理天下的关键在于使百姓安定，只有生活富足了，才能对他们施以仁德教化。因此《易经》中有载：“天与地最大的功德就是滋养万物，圣人最看重的就是享有尊贵的帝位；怎样守住帝位，在于施行仁政，怎样团结民众，在于雄厚的财力。”财富，是帝王团结民众，巩固帝位，治理百姓，顺应天地恩德，治国安邦的根本所在。因此说：“不怕物资少，就怕分配不平均，不怕贫穷，就怕人心不安定；财富平均分配，就会消除贫穷，物资不分众寡，实现了平衡，怎会

理民之道，地著为本。故必建步立畮，正其经界。六尺为步，步百为畮，畮百为夫，夫三为屋，屋三为井，井方一里，是为九夫。八家共之，各受私田百畮，公田十畮，是为八百八十畮，余二十畮以为庐舍。出入相友，守望相助，疾病相救，民是以和睦，而教化齐同，力役生产可得而平也。

民受田，上田夫百畮，中田夫二百畮，下田夫三百畮。岁耕种者为不易上田；休一岁者为一易中田；休二岁者为再易下田，三岁更耕之，自爰其处。农民户人已受田，其家众男为余夫，亦以口受田如比。士工商家受田，五口乃当农夫一人。此谓平土可以为法者也。若山林薮泽原陵淳卤之地，各以肥硗多少为差。有赋有税。税谓公田什一及工商衡虞之入也。赋共车马甲兵士徒之役，充实府库赐予之用。税给郊社宗庙百神之祀，天子奉养百官禄食庶事之费。民年二十受田，六十归田。七十以上，上所养也；十岁以下，上所长也；十一以上，上所强也。种谷必杂五种，以备灾害。田中不得有树，用妨五谷。力耕数耘，收获如寇盗之至。还庐树桑，菜茹有畦，瓜瓠果蓏殖于疆易。鸡豚狗彘毋失其时，女修蚕织，则五十可以衣帛，

有国家危亡的忧患。”因此，英明的君王根据区域划分百姓，修建城邑让他们居住；并修建井田、庐舍平均分配给他们；同时设置集市供他们进行贸易往来；创办学校对他们施以教化；使人们从事士、农、工、商，四种不同职业。通过学习做官的，称为士，开辟土地种植谷物的，称为农，利用技术制作器物的，称为工，流通货物买卖商品的，称为商。英明的君王根据每个人不同的才能让他们从事不同的职业，百姓也根据自己的能力选择不同的职业，因此，朝廷里没有无能的官员，城邑中没有游手好闲的无业游民，田野里没有闲置荒芜的田地。

治理百姓的方法，关键在于让他们在一个地方定居下来。因此，一定要精确地丈量和划分田亩，明确土地的边界。六尺为一步，一百步为一亩，一百亩为一夫，三夫即为一屋，三屋为一井，一井即为方圆一里，也就是九百亩。由八个家庭共同拥有，每个家庭拥有一百亩私田，十亩公田，这是八百八十亩，剩余的二十亩田地用来修建屋舍。八户人家出入为友，守望相助，谁家有人生病就互相救助，百姓因此生活和睦，共同接受礼制教化，他们辛勤劳作，并将生产所得平均分配。

农民接受国家分配的田地，每户分配上等农田一百亩，中等农田二百亩，下等农田三百亩。每年耕种的上等农田，不需要休耕；中等农田每耕种一年，则需要休耕一年；下等农田每耕种一年，则需要休耕两年，三年间如何更替耕种，由农民自行安排。每户农民家庭由户主一人接受田地分配，家中其他男子都按户主之外的劳动力比例接受田地分配。士、工、商家里也分配田地，五户所分配的田地相当于一个农民家庭分配的田地。这是平原土地的分配规则。如果是山林、大湖、丘陵、盐碱地，则根据土地的肥沃贫瘠程度，划分等级。按规定，农民耕种国家土地，要缴纳赋税。农民按照公田亩数，缴纳十分之一的赋税，工匠、商贾以及看守山林的人，也要根据所接受田地的亩数，以各自的收入缴纳一定比例的赋税。其中，赋用来供养战车、战马，铸造兵器以及训练士兵，还有一部分用来充实府库，以及赏赐之用。税是用来供给郊祀宗庙、百神，天子奉养、百官薪俸

七十可以食肉。

在野曰庐，在邑曰里。五家为邻，五邻为里，四里为族，五族为党，五党为州，五州为乡。乡，万二千五百户也。邻长位下士，自此以上，稍登一级，至乡而为卿也。于是里有序而乡有庠。序以明教，庠以行礼而视化焉。春令民毕出在野，冬则毕入于邑。其《诗》曰："四之日举止，同我妇子，馌彼南亩。"又曰："十月蟋蟀，入我床下，嗟我妇子，聿为改岁，入此室处。"所以顺阴阳，备寇贼，习礼文也。春将出民，里胥平旦坐于右塾，邻长坐于左塾，毕出然后归，夕亦如之。入者必持薪樵，轻重相分，班白不提挈。冬，民既入，妇人同巷，相从夜绩，女工一月得四十五日。必相从者，所以省费燎火，同巧拙而合习俗也。男女有不得其所者，因相与歌咏，各言其伤。

是月，余子亦在于序室。八岁入小学，学六甲五方书计之事，始知室家长幼之节。十五入大学，学先圣礼乐，而知朝廷君臣之

食物以及其他事宜的费用。百姓年满二十岁就可以参与分田，六十岁归还田地。七十岁以上的和十岁以下的，由天子奉养；十一岁以上的，皇帝为了使他们变得强壮，要求他们参加生产劳动。在粮食生产过程中，种植谷物一定要五种谷物都种一些，以防止灾害发生。田地间不能有树，以免妨碍五谷生长。农田要精耕细作，不断耕耘，收获时要像强盗来过一样，没有残留，颗粒归仓。在庐舍的周围种植桑树，菜地要畦垄整齐，瓜果之类种植在田边。不要错过鸡、猪、狗等牲畜的繁殖时令，女子要养蚕纺织，百姓到了五十岁就可以穿丝织的衣服，七十岁便可以吃肉。

人们居住的房屋，建于田野中的称为庐舍，建于城邑中的称为里巷。五家为一邻，五邻为一里，四里为一族，五族为一党，五党为一州，五州即为一乡。一乡，拥有百姓一万二千五百户。邻长的级别最低，为下士，自此往上，官位一级高于一级，到乡长，其级别就是卿了。这样在里巷设立学校，称为序，在乡设立学校称为庠。序主要以彰明教化为主，庠则施行礼仪，并进行示范教育。春季要求百姓全部到田野，进行农事耕作，冬季农事完毕，再全部回到城邑之中。《诗经》上说："夏历二月时有所行动，带上妇人孩子，到田间给耕作的家人送饭。"又说："十月时，蟋蟀躲到我的床底下，把妇人孩子唤来，告诉他们一年的耕作即将完成，可以返回旧屋了。"人们通过这些来顺应阴阳运化，防御贼寇，学习礼仪文化。到了春季农忙时节，人们即将去田野劳作，里巷的小官吏大清晨便坐在右边的小屋里，邻长则坐在左边的小屋里，等人们全走光了，他们才离开，晚上也是这样。收工回来的人们必须带回一些柴火，轻重不等，头发斑白的人可以不带。到了冬季，人们回到里巷过冬，妇人们在同一个屋子里，一起在夜晚纺织，女工一个月，相当于早晚共做了四十五天工。要求必须在一起劳作，不仅可以节省点火的费用，还可以互相切磋、交流纺织技术，使风俗融合。青年男女，若有还没成家的，就彼相对唱，抒发各自的情感。

这个月，其余不参加劳作的男子进入学堂。他们从八岁开始，先进入小学，学习五行方术的算法、方位以及文字与筹算，开始学习

礼。其有秀异者，移乡学于庠序；庠序之异者，移国学于少学。诸侯岁贡少学之异者于天子，学于大学，命曰造士。行同能偶，则别之以射，然后爵命焉。

孟春之月，群居者将散，行人振木铎徇于路，以采诗，献之大师，比其音律，以闻于天子。故曰王者不窥牖户而知天下。

此先王制土处民富而教之之大略也。故孔子曰："道千乘之国，敬事而信，节用而爱人，使民以时。"故民皆劝功乐业，先公而后私。其《诗》曰："有渰凄凄，兴云祁祁，雨我公田，遂及我私。"民三年耕，则余一年之畜。衣食足而知荣辱，廉让生而争讼息，故三载考绩。孔子曰"苟有用我者，期月而已可也，三年有成"，成此功也。三考黜陟，余三年食，进业曰登；再登曰平，余六年食；三登曰泰平，二十七岁，遗九年食。然后至德流洽，礼乐成焉。故曰："如有王者，必世而后仁"，繇此道也。

周室既衰，暴君污吏慢其经界，繇役横作，政令不信，上下相诈，公田不治。故鲁宣公"初税亩"，《春秋》讥焉。于是上贪民怨，灾害生而祸乱作。

家庭成员间的长幼礼节。十五岁进入大学，学习先圣礼乐，了解朝廷君臣间的礼仪。其中成绩优异的学生，就从乡学转移到庠序。庠序中的佼佼者，就从国学转移到少学。诸侯每年把少学中成绩最为突出的学生推荐给天子，让他们在京师的太学里继续深造，称为造士。对于德才兼备的学生，还要额外教授他们射箭，完成学业之后，由天子授予他爵位。

农历正月时，聚居在一起的人们即将分散到田间去劳作，有人摇着木舌铜铃沿路巡视，以采集民谣、诗歌，交给宫中掌管音律的大师，由他们为之谱上匹配的音乐，然后献给天子。因此说君王足不出户，不用深入田间地头就知道天下的事情。

这就是先王治理国家，使百姓生活富裕，从而施行教化的大致方略。因此孔子说："治理千乘规模的国家，官员们要恪尽职守，讲求信用，生活节俭，爱民如子，教导百姓因时而作。"因此百姓都努力建功立业，乐于效力，先公而后私。《诗经》上说："乌云密布，即将要下雨了，雨滴先落到公田里，然后再流到我的私田。"百姓每耕作三年，就会积攒出一年的蓄养。衣食足而知荣辱，便会形成廉洁、谦让的礼仪之风，争斗、官司自然就平息了，所以政府每三年考核一次官员的政绩。孔子说："如果君王任用我来治理百姓，则一年便可初见成效，三年就能大功告成了"，孔子所说的成功就是成就这样的功绩。政府每三年考核一次官员，决定他们的职务任免和职位升降。拥有三年的粮食储备，并且事业不断发展的称为登；两次达到登，称为平，此时便已拥有了六年的粮食储备；三次达到登称为泰平，即在二十七年间，实现了九年的粮食储备。然后君王的仁德教化便可遍布天下，礼乐制度形成。因此说："若要成为英明的君王，必须要经历三十年的治理，才能实现仁德之治"，就是依据这个道理而言的。

周朝衰败之后，残暴的君王和贪官污吏们忽视先王法度，徭役繁重，官吏胡作非为，政令失去诚信，欺上瞒下，公田无人耕作管理。因此鲁宣便公开始推行"初税亩"制度，《春秋》中还有对于"初税亩"制度的指责和非议。正是从那时起，上贪下怨，灾害不断发生，祸乱兴起。

陵夷至于战国，贵诈力而贱仁谊，先富有而后礼让。是时，李悝为魏文侯作尽地力之教，以为地方百里，提封九万顷，除山泽邑居参分去一，为田六百万亩，治田勤谨则亩益三升，不勤则损亦如之。地方百里之增减，辄为粟百八十万石矣。又曰籴甚贵伤民，甚贱伤农；民伤则离散，农伤则国贫。故甚贵与甚贱，其伤一也。善为国者，使民毋伤而农益劝。今一夫挟五口，治田百亩，岁收亩一石半，为粟百五十石，除十一之税十五石，余百三十五石。食，人月一石半，五人终岁为粟九十石，余有四十五石。石三十，为钱千三百五十，除社闾尝新春秋之祠，用钱三百，余千五十。衣，人率用钱三百，五人终岁用千五百，不足四百五十。不幸疾病死丧之费，及上赋敛，又未与此。此农夫所以常困，有不劝耕之心，而令籴至于甚贵者也。是故善平籴者，必谨观岁有上中下孰。上孰其收自四，余四百石；中孰自三，余三百石；下孰自倍，余百石。小饥则收百石，中饥七十石，大饥三十石。故大孰则上籴三而舍一，中孰则籴二，下孰则籴一，使民适足，贾平则止。小饥则发小孰之所敛，中饥则发中孰之所敛，大饥则发大孰之所敛，而粜之。故虽遇饥馑水旱，籴不贵而民不散，取有余以补不足也。行之魏国，国以富强。

这种衰败之势一直持续到战国时期，当时的社会欺诈与暴力盛行，人们忽视仁义之举，一味追逐物质上的富足，而将谦恭礼让置于脑后。此时，李悝为魏文侯制定出可以充分利用土地，提高生产力的政令，李悝提出，方圆百里的土地，占地面积共计九万顷，除去三分之一的山林、湖泽、城邑、民居，可耕种农田为六百万亩，若精耕细作，亩产便可提高三斗的产量，反之亩产将减少三斗。方圆百里的田地，这一增一减之间，谷粟的产量就会相差一百八十万石。李悝又说：粮食进价过高会损害士、工、商的利益，而粮食进价过低又会损害农民的利益；士、工、商利益受损，就会使他们流离失所，农民利益受损便会使国家陷入贫困。因此粮食价格太高和太低，都会有一部分民众利益受损。善于治理国家的君王，既要让士、工、商的利益不受到损害，同时也要提高农民劳作的积极性。如今一个拥有五口人的农民家庭，耕种田地一百亩，一年的收成是每亩产粮一石半，共计收获谷粟一百五十石，除去十分之一的赋税十五石，剩余一百三十五石。自家食用，每人每月以一石半计算，五个人一年共食用九十石谷粟，剩余四十五石。以每石三十钱的价格出售，获得一千三百五十钱，除去社闾品尝新收获的五谷，以及春秋祭祀，花费三百钱，还剩一千零五十钱。全家穿衣，按每人大致需三百钱计算，五个人全年用钱一千五百钱，还差四百五十钱无力支付。另外，不幸患病的、死丧的费用，以及需要上交的赋税，都还没计算在内。这就是造成农民持续贫困的原因，长期的贫困生活使他们没心思勤奋耕作，这也是使粮食价格居高不下的主要原因。因此要想保持粮食价格的稳定，必须细心观察每年粮食的大丰收、中等丰收、小丰收情况。大丰收年能收获多于平常四倍的粮食，农民手中能剩余四百石谷粟；中等丰收年能收获多于平常三倍的粮食，农民手中能剩余三百石谷粟；小丰收年能收获多于平常一倍的粮食，农民手中能剩余一百石谷粟。遇上小饥荒年只能收一百石粮食，中等饥荒年只能收七十石粮食，如果是大饥荒年就只能收三十石粮食。因此赶上丰收之年，政府要收购全年产量四分之三的粮食，留四分之一给百姓，赶上中等丰收年，政府要收购全年产量二分之一的粮食，若是小丰收年，则政府

及秦孝公用商君，坏井田，开仟伯，急耕战之赏，虽非古道，犹以务本之故，倾邻国而雄诸侯。然王制遂灭，僭差亡度。庶人之富者累巨万，而贫者食糟糠；有国强者兼州域，而弱者丧社稷。至于始皇，遂并天下，内兴功作，外攘夷狄，收泰半之赋，发闾左之戍。男子力耕不足粮饟，女子纺绩不足衣服。竭天下之资财以奉其政，犹未足以澹其欲也。海内愁怨，遂用溃畔。

汉兴，接秦之敝，诸侯并起，民失作业，而大饥馑。凡米石五千，人相食，死者过半。高祖乃令民得卖子，就食蜀汉。天下既定，民亡盖臧，自天子不能具醇驷，而将相或乘牛车。上于是约法省禁，轻田租，什五而税一，量吏禄，度官用，以赋于民。而山川园池市肆租税之入，自天子以至封君汤沐邑，皆各为私奉养，不领于天子之经费。漕转关东粟以给中都官，岁不过数十万石。孝惠、高后之间，衣食滋殖。文帝即位，躬修俭节，思安百姓。时民近战国，皆背本趋末，贾谊说上曰：

向每户收购一百石粮食，其余的留给百姓，以满足他们的生活所需，粮食价格因此保持稳定。到了小饥荒年时，政府便发售小丰收年时囤积的粮食，中等饥荒年发售中等丰收年囤积的粮食，大饥荒年时政府将大丰收年时所囤积的粮食发售给百姓。因此，即使遭遇荒年和水旱灾害，粮食价格始终保持平稳态势，百姓便不会因米价过高而流离失所，这就是用余粮填补不足的政策。这项政策在魏国实行之后，国家变得富强起来。

到了秦孝公执政时期，他任用商鞅变法，采用废井田、开仟佰，土地可自由买卖的政策，将耕种与征战作为执政的当务之急，这样做，虽然与古代农业政策不符，但也是以农业为根本，改革取得成效，使秦国的国力超过邻国，并且雄霸诸侯。然而周朝的制度被彻底破坏，诸侯们无节制地僭越礼制。百姓中富足的人积累了万贯家财，而贫穷的人却只能以糟糠果腹；诸侯国之间弱肉强食，弱小的国家丧失了主权社稷。到了秦始皇执政时期，他吞并六国，在国内大兴土木，对外讨伐夷狄，收取超出百姓总收入一半以上的赋税，征派居住在里巷左侧的贫民去戍守边疆。男子拼命耕作，收获的粮食也不够吃，女子辛勤纺织，织的布也不够穿衣。竭尽天下的资产，来遵循秦王的政策，还是不能满足他的欲望。最终导致海内愁怨，众叛亲离，叛乱频发。

汉朝建立之后，承接了秦朝恶政形成的弊端，诸侯共同叛乱，百姓失去了所从事的工作，同时又赶上大饥荒年。米价暴涨，一石要五千钱，人们吃不上饭，甚至出现了人吃人的情况，一半以上的人被饿死。于是高祖下令百姓可以买卖孩子，到较为盛产粮食的蜀、汉去生活。天下太平之后，战争使百姓没有多余的物资可储备，天子所乘的车子，驾车的马匹颜色都不一致，将、相们有的只能乘坐牛车外出。于是高祖简化、减免繁复的政令，减轻田租赋税，只收取十五分之一的赋税，根据官吏的薪奉和政府开支，向百姓按需收取赋税。而山川、园池、市场租税的收入，以及自天子以下大小封君汤沐邑的收入，作为花费开销，不再从国家经费中支出。从关东漕运到京师供给各官府的粮食，每年不超过几十万石。到了孝惠帝、高后执政时期，

筦子曰："仓廪实而知礼节"。民不足而可治者，自古及今，未之尝闻。古之人曰："一夫不耕，或受之饥；一女不织，或受之寒。"生之有时，而用之亡度，则物力必屈。古之治天下，至孅至悉也，故其畜积足恃。今背本而趋末，食者甚众，是天下之大残也；淫侈之俗，日日以长，是天下之大贼也。残贼公行，莫之或止；大命将泛，莫之振救。生之者甚少而靡之者甚多，天下财产何得不蹶！汉之为汉几四十年矣，公私之积犹可哀痛。失时不雨，民且狼顾；岁恶不入，请卖爵、子。既闻耳矣，安有为天下阽危者若是而上不惊者！

世之有饥穰，天之行也，禹、汤被之矣。即不幸有方二三千里之旱，国胡以相恤？卒然边境有急，数十百万之众，国胡以馈之？兵旱相乘，天下大屈，有勇力者聚徒而衡击，罢夫羸老易子咬其骨。政治未毕通也，远方之能疑者并举而争起矣，乃骇而图之，岂将有及乎？

夫积贮者，天下之大命也。苟粟多而财有余，何为而不成？以攻则取，以守则固，以战则胜。怀敌附远，何招而不至？今殴民而归

衣物和食物逐渐增多，国力稍有好转。等到文帝即位后，他率先垂范，倡导节俭，为了让百姓休养生息而操劳。当时百姓刚刚脱离战乱不久，大多数人都背离农业根本，而趋于获利较快的商业，贾谊因此劝谏文帝说：

管仲说："仓库充足之后，百姓才知道礼节"。民不聊生时能治理好国家的，从古至今，从未听说过。古人说："一夫不耕种，就有饥饿的危险；一女不纺织，就有受冻的危险。"物资的生产是有时节限制的，然而使用物资却毫无节制，那么物资必定会匮乏。古人治理天下，有远见，考虑问题细致而且周到，所以他们的物资储备很充裕。如今的人弃农从商，放弃最根本的事宜，而去求取末端细节，吃饭的人远远超过了生产的人，这是天下最大的祸患；淫乱奢靡的风气，日益增长，这是天下最大的危害。残忍暴虐的行为公然进行，无人来制止；国运即将倾覆，无人来拯救。从事生产劳动的人很少，却有大量的人奢靡浪费，长此以往，天下的财富怎能不枯竭呢？汉朝建立将近四十年了，无论公家还是私人，财富的积累仍然不足，令人哀痛。到了季节却滴雨未降，百姓就会感到恐慌；年景不好，颗粒无收，人们为了生存不得不出卖官爵和子女。听闻这些，哪里还有面对天下危亡而高枕无忧的皇上啊！

世上有饥荒和丰收的不同年景，这是由上天决定的，大禹、商汤也曾经遭遇过自然灾害的侵袭。假如国家不幸遭遇方圆二、三千里的大旱灾，那么将用什么去救济灾民呢？假如边境突然之间军情告急，几十万上百万的军队，国家将拿什么作为粮饷呢？当战争与旱灾同时出现时，假如国家的物资储备极度匮乏，有勇力的人便会趁机聚众滋事叛乱，疲惫之人和年老体弱之人无奈只得易子而食。真到那个时候，国家的政令也未必能顺利推行，若远方的诸侯群起而攻之，联合起来对抗朝廷，忤逆造反、图谋不轨，等到那时再治理国家还来得及吗？

物资储备，是国家安定的根基。假如粮食充裕而且财富有余，做什么事情不会成功呢？进攻必定能夺取，防守必定会坚固，战争必定会取胜。到那时，召唤远方的敌人前来归顺，何愁招之不来呢？如

之农，皆著于本，使天下各食其力，末技游食之民转而缘南亩，则畜积足而人乐其所矣。可以为富安天下，而直为此廪廪也，窃为陛下惜之！

于是上感谊言，始开耤田，躬耕以劝百姓。晁错复说上曰：

圣王在上而民不冻饥者，非能耕而食之，织而衣之也，为开其资财之道也。故尧、禹有九年之水，汤有七年之旱，而国亡捐瘠者，以畜积多而备先具也。今海内为一，土地人民之众不避汤、禹，加以亡天灾数年之水旱，而畜积未及者，何也？地有遗利，民有余力，生谷之土未尽垦，山泽之利未尽出也，游食之民未尽归农也。民贫，则奸邪生。贫生于不足，不足生于不农，不农则不地著，不地著则离乡轻家，民如鸟兽，虽有高城深池，严法重刑，犹不能禁也。

夫寒之于衣，不待轻暖；饥之于食，不待甘旨；饥寒至身，不顾廉耻。人情，一日不再食则饥，终岁不制衣则寒。夫腹饥不得食，肤寒不得衣，虽慈父不能保其子，君安能以有其民哉！明主知其然也，故务民于农桑，薄赋敛，广畜积，以实仓廪，备水旱，故民可得而有也。

民者，在上所以牧之，趋利如水走下，四方亡择也。夫珠玉金银，饥不可食，寒不可衣，然而众贵之者，以上用之故也。其为物轻微易臧，在于把握，可以周海内而亡饥寒之患，此令臣轻背其主，而

今应该规劝百姓回归农业，将重心放在农业上，使他们自食其力，让那些从商的游食之民也转而以务农为主，只有这样，才能积蓄大量物资，人人安居乐业。本来可以国富民强，天下安定的，如今却形成如此岌岌可危的局面，臣暗自为陛下感到惋惜啊！

贾谊的一番话，深深地打动了文帝，于是他始创籍田，亲自耕种来劝勉百姓务农。晁错又劝谏文帝道：

有英明的君主治理天下，百姓便不会为了寒冷饥饿而发愁，这并不是要求君主亲自耕种供养他们吃喝，或者亲自纺织供养他们穿戴，而是为他们开辟致富的道路。因此虽然尧帝、禹帝时期曾遭遇了九年的水灾，商汤时期曾遭遇了七年的旱灾，但是国内并没有因寒冷饥饿而死亡的人，这就是预先做好物资储备的优势。如今天下统一，所拥有的土地和人口数量不比商汤、大禹时期少，也没有遭遇连年的天灾水患，但是物资储备却不如商汤、大禹时期充裕，这是什么原因呢？土地还能创造更大的利润，百姓也还有多余的精力，可用于种植谷物的土地没有完全开垦，山川湖泽的资源还有待开发利用，游食的百姓还没有完全回归农业。百姓生活贫困，则会产生奸邪的想法。然而贫困源于物资不充足，物资不充足源于务农的人太少，不务农，便不会依附土地，不依附土地就会背井离乡，忽略了家庭，百姓就像鸟兽一样，即使有高墙深池，严刑厉法，仍然无法禁止他们迁徙的脚步。

寒冷的时候，就不追求衣服是否轻暖了；饥饿时，就不挑剔食物是否甘美了；饥寒交迫时，人就顾不得廉耻了。人的本性是一天不吃两餐饭就会感觉饥饿，一年不制作衣服就会感觉寒冷。当饥寒交迫，没饭吃没衣服穿时，即使是慈父也无力保护她的孩子，君主又如何保护他的百姓！英明的君主非常明白这个道理，所以他要求百姓重视农业生产，种桑养蚕，并减轻他们的赋税，增加物资储备，使仓库充实，来预防水旱灾害的侵袭，因此受到百姓的拥戴。

百姓，完全在于统治者如何引导他们，人都有追逐利益的天性，就像水往下流一样自然，从高到低地流淌并不加以选择。金银珠玉，饿了不能充饥，冷了不能御寒，但大家都觉得它贵重，是因为

民易去其乡，盗贼有所劝，亡逃者得轻资也。粟米布帛生于地，长于时，聚于力，非可一日成也；数石之重，中人弗胜，不为奸邪所利，一日弗得而饥寒至。是故明君贵五谷而贱金玉。

今农夫五口之家，其服役者不下二人，其能耕者不过百亩，百亩之收不过百石。春耕夏耘，秋获冬臧，伐薪樵，治官府，给繇役；春不得避风尘，夏不得避暑热，秋不得避阴雨，冬不得避寒冻，四时之间亡日休息；又私自送往迎来，吊死问疾，养孤长幼在其中。勤苦如此，尚复被水旱之灾，急政暴赋，赋敛不时，朝令而暮改当具。有者半贾而卖，亡者取倍称之息，于是有卖田宅鬻子孙以偿责者矣。而商贾大者积贮倍息，小者坐列贩卖，操其奇赢，日游都市，乘上之急，所卖必倍。故其男不耕耘，女不蚕织，衣必文采，食必粱肉；亡农夫之苦，有仟伯之得。因其富厚，交通王侯，力过吏势，以利相倾；千里游敖，冠盖相望，乘坚策肥，履丝曳缟。此商人所以兼并农人，农人所以流亡者也。

今法律贱商人，商人已富贵矣；尊农夫，农夫已贫贱矣。故俗之所贵，主之所贱也；吏之所卑，法之所尊也。上下相反，好恶乖

它们是统治者所喜爱并使用的东西。它们作为财富的一种，小巧轻便，易于收藏，便于携带，可以带着它们去周游海内外而免受饥寒之苦，它们能轻易使大臣背弃他的君主，让百姓离开自己的故乡，盗贼为了它铤而走险，逃亡者带着它逍遥法外。粟米布帛生长于土地，按时令生长，还需要投入大量的精力去看管和维护，不是一天就能有所收获的；几石的重量，平常人就难以背负，奸邪之人很难从中渔利，然而一天不吃饭或者不穿衣服，就要挨饿受冻。因此英明的君主更应该重视五谷而轻视金银珠玉。

如今一个有五口人的农民家庭，为官府服徭役的人不得少于二人，其余的人，能耕种的土地超不过一百亩，一百亩粮田所收获的粮食也不过是一百石。除了春耕、夏耘，秋收、冬藏之外，他们还要砍柴，为官府修缮房屋，为国家服徭役；春天顾不上躲避风尘，夏天不能躲避暑热，秋天不能躲避阴雨，冬天不能躲避寒冻，一年四季，没有时间休息；私下他们还要打理生活中的迎来送往，吊唁死者，探望病人，赡养老人，抚养孩子，这些费用也都包括在劳动所得当中。尽管如此勤劳辛苦，还要应对水旱灾害的侵袭，再加上残暴的统治和繁重的赋税，而且收缴赋税不按农时，早上颁布的政令晚上就收齐赋税了。凡此种种，使有产业的人家，只得半价贱卖，没有产业的人家就只得借两倍利息的高利贷，导致农民变卖田产、卖掉子孙来偿还债务。然而那些大富豪却囤积了大量的资产，并从中赚取成倍的利润，小商贩或坐守市场、摆摊叫卖，或掌握一些紧俏物资，以行商的方式穿梭在都市中，赶上政府急需采购时也可以趁机捞取数倍的利润。因此这些商贾小贩之中，男子不用耕耘，女子不用养蚕织布，却都穿着绫罗绸缎，吃着美食佳肴；不必像农民那样辛苦地劳作，却能赚取比耕种更可观的收入。他们凭借这些财富，勾结拉拢王侯，其势力甚至超过官吏，他们利用钱财相互倾轧；他们遨游千里之外，一路上络绎不绝，乘坐好车驾着好马，衣着华丽而奢侈。这就是商人之所以兼并农民，而农民流离失所的原因。

如今的法律虽然轻商重农，但商人已经很富有了；农民依然贫穷。因此世俗所推崇的，正是君主所轻视的；官吏所鄙视的，正是法

迕，而欲国富法立，不可得也。方今之务，莫若使民务农而已矣。欲民务农，在于贵粟；贵粟之道，在于使民以粟为赏罚。今募天下入粟县官，得以拜爵，得以除罪。如此，富人有爵，农民有钱，粟有所渫。夫能入粟以受爵，皆有余者也；取于有余，以供上用，则贫民之赋可损，所谓损有余补不足，令出而民利者也。顺于民心，所补者三：一曰主用足，二曰民赋少，三曰劝农功。今令民有车骑马一匹者，复卒三人。车骑者，天下武备也，故为复卒。神农之教曰："有石城十仞，汤池百步，带甲百万，而亡粟，弗能守也。"以是观之，粟者，王者大用，政之本务。令民入粟受爵至五大夫以上，乃复一人耳，此其与骑马之功相去远矣。爵者，上之所擅，出于口而亡穷；粟者，民之所种，生于地而不乏。夫得高爵与免罪，人之所甚欲也。使天下人入粟于边，以受爵免罪，不过三岁，塞下之粟必多矣。

于是文帝从错之言，令民入粟边，六百石爵上造，稍增至四千石为五大夫，万二千石为大庶长，各以多少级数为差。错复奏言："陛下幸使天下入粟塞下拜爵，甚大惠也。窃恐塞卒之食不足用大渫天下粟。边食足以支五岁，可令入粟郡县矣；足支一岁以上，可时赦，勿收农民租。如此，德泽加于万民，民俞勤农。时有军役，若遭

律所尊重的。上下人的思想恰恰相反，好恶相悖，在这种情况下，要想使国家富强，法制建立，是不可能实现的。如今的当务之急，莫过于让百姓致力于发展农业。要想让百姓致力于农业，在于提高谷粟的价格，将粮食视为贵重之物；将粮食视为贵重之物的方法就是让百姓知道，粮食生产可以作为赏罚的手段。政府收缴天下的粮食，农民将粮食交给官府，根据缴纳粮食的多少，可以获得爵位或免除罪过。如此一来，富人获得爵位，农民获得利益，政府储备粮食。能缴纳粮食被授予爵位的，都是有余粮的家庭；从有余粮的家庭收缴粮食，以供给政府使用，则贫民的赋税就可相应减少，这就是所谓的损有余补不足。政策一经发布，百姓即可从中获得利益。这是顺应民心的好事，这样做的好处有三：一是君主的花费相对充足，二是百姓的赋税相应减少，三是农民的生产积极性大大提高。如今的法令规定，百姓有战马一匹的，可以免除三人的兵役或免去三人的赋税。战马，是天下重要的战略装备，因此要推行免除服兵役或免去缴纳三人赋税的政策。神农氏曾教导说："即使拥有十仞高的石头城墙，拥有百步宽的护城河，拥有身披铠甲的百万士卒，但是如果没有粮食，也无法守得住城池。"由此看来，粮食，是统治天下的根本，也是稳定政权的关键。引导百姓通过缴纳粮食获得五大夫以上的爵位，才可免除一人的徭役，这与战马的功劳相比，还差得很远。爵位，由统治者掌控，一开口便可说出无穷无尽的爵位进行赏赐；而粮食，是百姓种植的，春种秋收，生生不息。获得爵位或免除刑罚，这是人们非常向往的事情。因此通过这种手段让天下人把粮食缴纳给边境军队，来换取爵位或免除刑罚，这样做，不超过三年，边境地区的粮食储备必定会很多。

于是，文帝采纳了晁错的建议，让百姓把粮食缴纳给边境的军队，缴纳六百石粮食，被授予上造爵位，后来增加到缴纳四千石粮食，被授予五大夫爵位，缴纳一万二千石粮食被授予大庶长爵位，分别以缴纳粮食多少来确定爵位等级的高低。晁错又上奏道："陛下让百姓缴纳粮食给边境军队，以此来换取爵位的方法，实在是洪恩浩荡。臣曾暗自担心，守边士卒的食物不足，而分散了天下人的粮食。如

水旱，民不困乏，天下安宁；岁孰且美，则民大富乐矣。”上复从其言，乃下诏赐民十二年租税之半。明年，遂除民田之租税。

后十三岁，孝景二年，令民半出田租，三十而税一也。其后，上郡以西旱，复修卖爵令，而裁其贾以招民；及徒复作，得输粟于县官以除罪。始造苑马以广用，宫室列馆车马益增修矣。然娄敕有司以农为务，民遂乐业。至武帝之初七十年间，国家亡事，非遇水旱，则民人给家足，都鄙廪庾尽满，而府库余财。京师之钱累百巨万，贯朽而不可校。太仓之粟陈陈相因，充溢露积于外，腐败不可食。众庶街巷有马，仟伯之间成群，乘牸牝者摈而不得会聚。守闾阎者食粱肉；为吏者长子孙；居官者以为姓号。人人自爱而重犯法，先行谊而黜愧辱焉。于是罔疏而民富，役财骄溢，或至并兼豪党之徒以武断于乡曲。宗室有土，公卿大夫以下争于奢侈，室庐车服僭上亡限。物盛而衰，固其变也。

是后，外事四夷，内兴功利，役费并兴，而民去本。董仲舒说上曰：“《春秋》它谷不书，至于麦禾不成则书之，以此见圣人于五

今边境的粮食足够食用五年，可命令百姓向郡县缴纳粮食了；当国库的粮食足够吃一年以上的，便可以及时减免赋税，不收取农民的田租。如此一来，将恩泽施与农民，农民便更加勤勉务农。即使有军役，或遭受水旱灾害，只要百姓不贫困，天下也会安宁；若赶上风调雨顺的好年景，粮食收成好，则百姓都会富足安乐了。”文帝再次采纳了他的建议，于是下诏减免一半的租税。第二年，便免除了全国百姓的农田租税。

过了十三年，即孝景帝二年（前135），景帝诏令百姓缴纳一半的田租，收取三十分之一的税。之后，上郡以西地区发生了旱灾，朝廷才又重新开始实行卖爵令，降低卖爵的价格，以此来吸引百姓缴纳粮食，犯罪的人想豁免刑罚，可以向官府缴纳粮食。朝廷开始建造马场，以此来扩大马匹的储备量，同时也使宫室、行宫等处对于车马需求的增加和保养得到满足。但仍然多次下令有关部门要以农业为本业，百姓才逐渐得以安居乐业。从汉朝建立，直到武帝初年，这七十多年间，国家没有发生重大事变，没有遭遇过水旱灾害的侵袭，百姓生活可以自给自足，京都和城邑的大小粮仓都堆满了粮食，而且官府的府库里也有了剩余的财物。京师国库里的铜钱积累了上百万，穿钱的绳子都腐朽了，钱多得无法计数。京师太仓储备的粮食谷物，逐年增积，陈粮上面又堆上陈米，满仓后便堆积在仓外，导致粮食腐败不能食用。百姓的街头巷尾，马匹随处可见，田间小道上马匹成群，甚至骑母马的人，还会被边缘化，排斥在众人之外。看守里门的官吏，每餐吃的都是精美的饭食；有些官吏，因任职时间较久，以至于他的子孙可以在当地长大成人；有些官吏以官职作为姓氏称呼。人人自爱且敬畏法律，将道义放在首位而不耻龌龊行为，于是法网疏阔而百姓富足。有些豪强凭借财富骄横自满，有的甚至兼并土地，凭借威势在乡里为非作歹。皇室宗亲拥有自己的封邑，公卿大夫以下都争相奢侈，房子、车乘、服饰，方方面面僭越礼制，没有限度。盛极而衰，这就是事物发展的规律。

此后，武帝对外征讨四夷，连年征战，对内追逐功利，劳役繁重，税费大增，导致百姓再次脱离农业。董仲舒劝谏武帝道：“《春

谷最重麦与禾也。今关中俗不好种麦，是岁失《春秋》之所重，而损生民之具也。愿陛下幸诏大司农，使关中民益种宿麦，令毋后时。”又言：“古者税民不过什一，其求易共；使民不过三日，其力易足。民财内足以养老尽孝，外足以事上共税，下足以畜妻子极爱，故民说从上。至秦则不然，用商鞅之法，改帝王之制，除井田，民得卖买，富者田连仟伯，贫者亡立锥之地。又颛川泽之利，管山林之饶，荒淫越制，逾侈以相高；邑有人君之尊，里有公侯之富，小民安得不困？又加月为更卒，已，复为正一岁，屯戍一岁，力役三十倍于古；田租口赋，盐铁之利，二十倍于古。或耕豪民之田，见税什五。故贫民常衣牛马之衣，而食犬彘之食。重以贪暴之吏，刑戮妄加，民愁亡聊，亡逃山林，转为盗贼，赭衣半道，断狱岁以千万数。汉兴，循而未改。古井田法虽难卒行，宜少近古，限民名田，以澹不足，塞并兼之路。盐铁皆归于民。去奴婢，除专杀之威。薄赋敛，省繇役，以宽民力。然后可善治也。”仲舒死后，功费愈甚，天下虚耗，人复相食。

武帝末年，悔征伐之事，乃封丞相为富民侯。下诏曰：“方今之务，在于力农。”以赵过为搜粟都尉。过能为代田，一亩三圳。岁代处，故曰代田，古法也。后稷始圳田，以二耜为耦，广尺深尺曰圳，

秋》中没有其他谷物的记录，却有关于小麦和稻谷歉收的记载，由此可见，在五谷中，圣人对于小麦与稻谷的重视程度。如今关中的风俗是百姓不喜欢种麦子，这样关中每年将绝收《春秋》中最为重视的粮食作物，从而影响了百姓赖以生存的生活物资储备。希望陛下诏令大司农，带领关中百姓加种冬小麦，千万不可错过农时。”又说：“古代官府仅征缴百姓十分之一的赋税，百姓比较容易承担；服徭役也不超过三天，百姓的体力很容易实现。百姓的财力，对内足以奉养老人，尽到孝心，对外足以事奉皇上，缴纳赋税，向下足以爱护妻子儿女，因此百姓心悦诚服地归附于君王。到了秦朝却不是这样了，商鞅变法，改变了帝王的制度，废除了井田制，百姓可以自行买卖土地，富有的人田地纵横交错，贫穷的人没有立锥之地。同时，政府还掌控着山川、河泽的收益，占据山林的富饶，荒淫无度，僭越礼制，奢靡攀比成风；城邑中也有如君王般尊贵的人，里巷里也有像公侯般富有的人，平民百姓怎能不贫困呢？外加每年要为政府服役一个月，服役期满后，还要为中都官服役一年，驻守边境一年，这些劳役是古代的三十倍；还有田租和人头税，以及盐铁支出，加起来是古代的二十倍。有人耕种的是豪绅的田地，还要额外缴纳十分之五的税。因此贫穷的百姓只能穿着牛马之衣，吃着猪狗之食。再加上贪官污吏，妄加刑戮，民不聊生，无奈百姓便逃亡至山林之中，落草为寇，囚犯随处可见，每年要审理的案件数以千万计。汉朝建立之后，因循旧制而不加以改变。古代的井田制虽然难以立刻实现，但至少可以效仿古制，限制百姓以私人名义占有土地，以弥补不足，杜绝地方势力兼并土地。将盐铁利益归还给百姓。释放奴婢，废除贵族可以擅自杀人的特权。减轻赋税，减少徭役，以缓解百姓的负担。然后才能将国家治理好。”董仲舒死后，赋税和徭役愈发沉重，国库空虚，甚至又出现了人吃人的现象。

到了武帝末年，他非常后悔曾经的征伐之事，就封丞相为富民侯。下诏说：“如今的首要任务，在于全力发展农业。”任命赵过为搜粟都尉。赵过很能干，他推行代田法，一亩地开三条垄沟。每年在田地与垄沟之间交替种植，因此称为代田，是一种古老的种植方法。

长终亩。一亩三圳，一夫三百圳，而播种于圳中。苗生叶以上，稍耨陇草，因隤其土以附苗根。故其《诗》曰："或芸或芓，黍稷儗儗。"芸，除草也。耔，附根也。言苗稍壮，每耨辄附根，比盛暑，陇尽而根深，能风与旱，故儗儗而盛也。其耕耘下种田器，皆有便巧。率十二夫为田一井一屋，故亩五顷，用耦犁，二牛三人，一岁之收常过缦田亩一斛以上，善者倍之。过使教田太常、三辅，大农置工巧奴与从事，为作田器。二千石遣令长、三老、力田及里父老善田者受田器，学耕种养苗状。民或苦少牛，亡以趋泽，故平都令光教过以人挽犁。过奏光以为丞，教民相与庸挽犁。率多人者田日三十亩，少者十三亩，以故田多垦辟。过试以离宫卒田其宫壖地，课得谷皆多其旁田亩一斛以上。令命家田三辅公田，又教边郡及居延城。是后边城、河东、弘农、三辅、太常民皆便代田，用力少而得谷多。

至昭帝时，流民稍还，田野益辟，颇有畜积。宣帝即位，用吏多选贤良，百姓安土，岁数丰穰，谷至石五钱，农人少利。时大司农中丞耿寿昌以善为算能商功利得幸于上，五凤中奏言："故事，岁漕关东谷四百万斛以给京师，用卒六万人。宜籴三辅、弘农、河东、上党、太原郡谷足供京师，可以省关东漕卒过半。"又白增海租三倍，

上古时代的后稷最先在田间开垄沟，用两耜并在一起两人并耕，宽、深各一尺的深沟叫甽，一直延伸至地头。一亩有三甽，一个农民耕种一百亩地，可犁出三百条甽，然后把种子播撒在甽中。等禾苗生出叶子后，就稍将垄上的杂草除掉，同时将垄上的土覆盖在禾苗的根部。因此《诗经》上有载：“边拔草来边培土，黍米稷米长势旺。”芸，意为锄草。耔，意为培土。意思是说禾苗稍微壮了一点，就常常给它锄草培土。等到盛暑时节，垄上的土已全部培完而根部也加深了，能抵挡狂风和旱灾，因此禾苗生长茂盛。当时所使用的耕耘、播种的工具，都十分方便灵巧。基本上十二个农民共用一口井一间庐舍，可耕地一千二百亩，折合汉朝田亩的五百亩，采用耦耕的方式，犁上架二头牛，由三人配合操作，每年的收获往往超过没使用代田法耕种的田地，每亩可增产一斛以上，耕种得好的，增产甚至能达到两斛。赵过就派人到太常、三辅等地传授耕种经验，大司农也派官奴参与到代田法的推广当中并改良制作种田工具。二千石官员派县令、三老、乡官以及里巷中善于种田的父老乡亲掌握新农具的使用方法，学习耕种和护苗的方法。百姓中因贫苦没有牛的，怕错过雨后耕种的农时，于是平都令光教授赵过等，用人力拉犁的方法。赵过上奏武帝，推荐光担任粟都尉丞，教授百姓彼此协作拉犁。人多时，每天大概能深耕三十亩，人少时每天也能深耕十三亩，因此田地大多被深耕完成。赵过尝试着让离宫的护卫耕种宫庙之外的空地，收获的粮食比其他田地多产出一斛以上。武帝下诏给有爵位的人家，可以耕种三辅地区的公田，又在边郡以及居延城附近指导新的耕种方法。从此后，边境上的城市、河东、弘农、三辅、太常的百姓都采用更为便利的代田法耕种，能起到事半功倍的作用。

到昭帝执政时期，流亡的百姓渐渐回归故里，田野里开垦的农田不断增多，国库的粮食也有了一些积蓄。到宣帝即位后，他大多任用贤良之人为官，百姓生活安定，再加上连年丰收，粮食价格跌至每石五钱，粮食利润低，农民利益再次受到损害。当时大司农中丞耿寿昌善于计算，精通商业利润及经济效益方面的研究，很受宣帝器重，五凤年间耿寿昌向宣帝上奏说：“依照惯例，每年关东地区要水运

天子皆从其计。御史大夫萧望之奏言:“故御史属徐宫家在东莱,言往年加海租,鱼不出。长老皆言武帝时县官尝自渔,海鱼不出,后复予民,鱼乃出。夫阴阳之感,物类相应,万事尽然。今寿昌欲近籴漕关内之谷,筑仓治船,费直二万万余,有动众之功,恐生旱气,民被其灾。寿昌习于商功分铢之事,其深计远虑,诚未足任,宜且如故。”上不听。漕事果便,寿昌遂白令边郡皆筑仓,以谷贱时增其贾而籴,以利农,谷贵时减贾而粜,名曰常平仓。民便之。上乃下诏,赐寿昌爵关内侯。而蔡癸以好农使劝郡国,至大官。

元帝即位,天下大水,关东郡十一尤甚。二年,齐地饥,谷石三百余,民多饿死,琅邪郡人相食。在位诸儒多言盐铁官及北假田官、常平仓可罢,毋与民争利。上从其议,皆罢之。又罢建章、甘泉宫卫,角抵、齐三服官,省禁苑以予贫民,减诸侯王庙卫卒半。又减关中卒五百人,转谷振贷穷乏。其后用度不足,独复盐铁官。

成帝时,天下亡兵革之事,号为安乐,然俗奢侈,不以畜聚为意。永始二年,梁国、平原郡比年伤水灾,人相食,刺史守相坐免。

四百万斛粮食供给京师食用，需动用兵卒六万人。若改为在三辅、弘农、河东、上党、太原郡等地征缴粮食，供应京师，则可以节省关东水运一半以上的兵卒。”他又建议提高三倍海洋捕捞的租税，宣帝都采纳了他的建议。御史大夫萧望之上表说道：“原先御史大夫的属下徐宫，家在东莱郡，说往年提高了海租税，鱼就不出来。老人们都说，武帝时期，官府曾亲自经营捕捞业，结果海鱼产量明显降低，后来又由百姓自主捕捞，海鱼产量才逐渐增长。阴阳相感，同类相应，世间的万物都是这样。如今耿寿昌打算就近征缴水运关内的粮食，修建仓库、打造船只，费用高达二亿多，这样劳民伤财的大工程，恐怕会引起旱灾的气象，使百姓遭受灾害的侵袭。耿寿昌精通商业利润的研究，善于计算一分一铢的小利，但他缺乏深谋远虑，实难托付重任，应当按照惯例执行。”宣帝没有采纳他的建议。水运的事情果然便利了许多，耿寿昌随后建议在边郡皆修建粮仓，在粮食价格低时加价买入，使农民从中获利，等到粮食价格高时再降价出卖，来平抑米价，这种做法称为常平仓。完全属于惠民政策。宣帝下诏，赏赐耿寿昌关内侯的爵位。蔡癸因为喜欢农业而被派往郡国发展农力，后来也成为朝廷的官员。

元帝即位后，国内爆发大规模水灾，关东十一郡受灾尤其严重。元帝初元二年（前47），齐地闹饥荒，粮食价格为一石三百多钱，百姓大多被饿死，琅琊郡出现了人吃人的现象。在职的诸位儒生都谏言说，应该撤销盐铁官及北假田官、常平仓，不要和百姓争夺利益。元帝采纳了大家的建议，把盐铁官及北假田官、常平仓都撤销了。同时又撤销了建章宫和甘泉宫的宫卫，取消角抵戏的表演，撤销齐国的三服官，减缩皇室禁苑的面积，将公田交予贫民耕种，裁减诸侯宗庙半数的护卫。又裁减关中驻军五百人，派他们去转运粮食，救济灾民。后来，即使在财政支出不足的情况下，也只是恢复了盐铁官。

成帝执政时期，国内外没有征战，号称安居乐业，但是民风奢靡，不重视粮食储备。到成帝永始二年（前15），梁国、平原郡连年爆发水灾，民不聊生，再次出现了人吃人的现象，部分刺史、郡守、诸侯

哀帝即位，师丹辅政，建言："古之圣王莫不设井田，然后治乃可平。孝文皇帝承亡周乱秦兵革之后，天下空虚，故务劝农桑，帅以节俭。民始充实，未有并兼之害，故不为民田及奴婢为限。今累世承平，豪富吏民訾数巨万，而贫弱俞困。盖君子为政，贵因循而重改作，然所以有改者，将以救急也。亦未可详，宜略为限。"天子下其议。丞相孔光、大司空何武奏请："诸侯王、列侯皆得名田国中。列侯在长安，公主名田县道，及关内侯、吏民名田皆毋过三十顷。诸侯王奴婢二百人，列侯、公主百人，关内侯、吏民三十人。期尽三年，犯者没入官。"时田宅奴婢贾为减贱，丁、傅用事，董贤隆贵，皆不便也。诏书且须后，遂寝不行。宫室苑囿府库之臧已侈，百姓訾富虽不及文景，然天下户口最盛矣。

平帝崩，王莽居摄，遂篡位。王莽因汉承平之业，匈奴称藩，百蛮宾服，舟车所通，尽为臣妾，府库百官之富，天下晏然。莽一朝有之，其心意未满，狭小汉家制度，以为疏阔。宣帝始赐单于印玺，与天子同，而西南夷钩町称王。莽乃遣使易单于印，贬钩町王为侯。二方始怨，侵犯边境。莽遂兴，发三十万众，欲同时十道并出，一举灭匈奴；慕发天下囚徒丁男甲卒转委输兵器，自负海江淮而至北边，使者驰传督趣，海内扰矣。又动欲慕古，不度时宜，分裂州郡，改职作官，下令曰："汉氏减轻田租，三十而税一，常有更赋，罢癃

国相都因此事被免职。

哀帝即位后，由师丹辅佐政务，他谏言说：“古代英明的君王没有不设立井田制的，然后天下被治理得安定太平。孝文皇帝承接周朝的衰败和秦朝的暴政后，国力空虚，因此致力于发展农业生产和种桑养蚕，率先垂范，崇尚节俭。百姓的生活开始逐渐充裕，因为没出现过兼并的情况，所以对于民田和奴婢的使用未作出明确限制。如今数代先帝在太平盛世中世代传承，贫富差距极大，富绅官吏的资产高达上亿，但贫苦百姓却日益贫穷。君王治理国政，更注重因循祖制而不加以改革，即使有需要改革的，也是为了救急。但也不是完全改变，只是适当做一些调整。”哀帝将师丹的建议交由大臣们讨论。丞相孔光、大司空何武等请奏说：“诸侯王、列侯在国内都享有私田。列侯在长安，公主在各县道也都享有私田，除此之外关内侯、官吏所享有的私田面积一律不得超过三十顷。诸侯王只能拥有二百名奴婢，列侯、公主只能拥有一百名奴婢，以及关内侯、官吏只能拥有三十名奴婢。改革以三年为期限，逾期不遵照执行的，超出规定数额的私田和奴婢，一律收入官府。”一时间，田宅、奴婢的价格锐减。当时，外戚丁氏、傅氏正掌握实权，董贤受哀帝器重，因这些政策有损他们的利益，所以他们纷纷反对。哀帝只得下令暂且推后执行，后来也就不了了之了。宫殿、苑囿、府库中收藏的珍宝奢侈丰盈，百姓的资财虽然比不上文帝、景帝之时，但国家的人口数量已经到达了汉朝有史以来的最高峰值。

平帝驾崩后，王莽摄政，而后篡夺了帝位。王莽继承了汉朝二百多年治理的功绩，匈奴称臣，百蛮宾服，交通便利，舟车所及之地，都称臣归顺，府库充盈富有，国泰民安。王莽一朝拥有，却欲壑难填，他鄙视汉家制度，认为汉制不够详备。从宣帝时期才刚刚赐给单于印玺，拥有印玺相当于天子的地位，在西南地区，汉朝皇帝封夷狄人的首领为鉤町王。结果王莽就派使者前去换回单于的印玺，并将钩町王贬为侯。双方产生怨恨，就此夷狄频繁侵犯汉朝边境。于是王莽发动三十万大军，打算同时分十路进发，一举歼灭匈奴；他征发全国的囚徒、成年男子、兵士转运军用物资和兵器，从沿海、江淮一

咸出，而豪民侵陵，分田劫假，厥名三十，实什税五也。富者骄而为邪，贫者穷而为奸，俱陷于辜，刑用不错。今更名天下田曰王田，奴婢曰私属，皆不得卖买。其男口不满八，而田过一井者，分余田与九族乡党。”犯令，法至死，制度又不定，吏缘为奸，天下謷謷然，陷刑者众。

后三岁，莽知民愁，下诏诸食王田及私属皆得卖买，勿拘以法。然刑罚深刻，它政悖乱。边兵二十余万人仰县官衣食，用度不足，数横赋敛，民俞贫困。常苦枯旱，亡有平岁，谷贾翔贵。

末年，盗贼群起，发军击之，将吏放纵于外。北边及青徐地人相食，雒阳以东米石二千。莽遣三公将军开东方诸仓振贷穷乏，又分遣大夫谒者教民煮木为酪；酪不可食，重为烦扰。流民入关者数十万人，置养澹官以廪之，吏盗其廪，饥死者什七八。莽耻为政所致，乃下诏曰：“予遭阳九之厄，百六之会，枯旱霜蝗，饥馑荐臻，蛮夷猾夏，寇贼奸轨，百姓流离。予甚悼之，害气将究矣。”岁为此言，以至于亡。

带一直运送到北部边陲，还要派专人驾车督运，举国上下一片哗然。他还动不动就效仿古代礼制，不分时宜，重新划分州郡，变更官员职能，他下令说："汉朝为减轻田租，只收取三十分之一的税，曾有出钱代服兵役的赋税，就连残疾人也要缴纳，而且豪绅强取豪夺，将田地分租给农民，然后劫取赋税，名义上是三十分之一，但实际上到了农民手中时是十分之五的赋税。富有的人骄横邪恶，贫穷之人走投无路而作奸犯科，都无辜触犯刑法，遭受刑罚。如今把国内所有的田地都归为国家，改名为王田，奴婢改名为私属，皆不许买卖。家中男子不足八人的农民家庭，而所耕种的田地超过一井的，则要把多余的田地分给九族乡亲。"凡违反法令者，判处死刑，新制度的实操性很差，官吏们趁机弄虚作假，天下怨声载道，一片哗然，越来越多的人陷入刑罚。

改革三年之后，王莽了解到百姓的怨尤，又下诏，国内的王田以及私属的奴婢都可以买卖，不算违法行为。然而当时刑罚严峻苛刻，政局混乱。戍守边境的将士多达二十多万人，全部由国家供给衣食，国家经费常常支出不足，于是便在国内横征暴敛，致使百姓越发贫困。加之旱灾频发，粮食生产达不到正常年景的产量，谷价飞涨。

到了王莽末年，盗贼群起，朝廷派军队前去镇压，岂料将领在外不受军，恣意放纵。北方边境和青州、徐州多地又出现了人吃人的现象，洛阳以东地区，米价涨到一石二千钱。王莽派遣三公将军打开东部各粮仓救济贫困百姓，又分别派遣大夫、谒者等官员，教百姓用草木煮粥喝；这样的粥难以下咽，更增加了百姓的怨恨情绪。几十万的流民涌入关中，朝廷不得不派养赡官开仓放米，岂料负责放粮的官吏监守自盗，从中渔利，灾民被饿死了十分之七八。王莽不愿承认这是执政失误导致的结果，于是下诏说："我遭遇阳九困厄，百年一遇的灾害，旱灾、霜灾、蝗灾，导致饥荒之年再现，蛮夷侵犯华夏，寇贼为非作歹，百姓流离失所。我万分哀痛，恐怕气运将尽。"他每年都这样说，以至于真的灭亡。

卷二十四下

食货志第四下

凡货，金钱布帛之用，夏殷以前其详靡记云。太公为周立九府圜法：黄金方寸，而重一斤；钱圜函方，轻重以铢；布帛广二尺二寸为幅，长四丈为匹。故货宝于金，利于刀，流于泉，布于布，束于帛。

太公退，又行之于齐。至管仲相桓公，通轻重之权，曰："岁有凶穰，故谷有贵贱；令有缓急，故物有轻重。人君不理，则畜贾游于市，乘民之不给，百倍其本矣。故万乘之国必有万金之贾，千乘之国必有千金之贾者，利有所并也。计本量委则足矣，然而民有饥饿者，谷有所臧也。民有余则轻之，故人君敛之以轻；民不足则重之，故人君散之以重。凡轻重敛散之以时，即准平。守准平，使万室之邑必有万钟之臧，臧繦千万；千室之邑必有千钟之臧，臧繦百万。春以奉耕，夏以奉耘，耒耜器械，种饟粮食，必有取澹焉。故大贾畜家不得豪夺吾民矣。"桓公遂用区区之齐合诸侯，显伯名。

所谓货币，即指金银、钱币、布帛之类可用于交易的一般流通物，在夏、殷之前没有关于货币的详细记载。姜太公为周朝建立了大府、王府、内府、外府、泉府、天府、职内、职金、职币九个掌管财币的机构的币制：一寸见方的黄金，重为一斤；钱币外圆而内方，以铢为单位；布帛幅宽二尺二寸，长四丈为一匹。因此货币的属性是比金属宝贵，比刀剑锐利，比泉水流通畅达，比布匹散播得更加广泛，比丝帛更易束聚。

姜太公退位后，回到齐地继续推行币制。直到齐桓公时期，管仲为相，他主张利用商品货币流通规律，参与市场活动，他说："年景有饥荒年和丰收年之分，因此粮食价格有高有低，应根据商品价格的波动，制定出相应宽缓或紧要的法令。若君王置之不理，则大商人在市场上追逐利润，趁百姓生活不能自给，而哄抬物价，赚取上百倍的利润。因此说万乘之国必定有家财万金的商人，千乘之国必定有家财千金的商人，这是因为商人聚拢资金，囤积商品，为牟取暴利而操控市场价格。如果根据成本、产量进行消费，则是可以满足供给的，然而当百姓遭遇饥荒年时，国家有足够的粮食储备以赈济百姓。当供过于求时，百姓就会轻视物资，而使物价下跌，因此君王应以较高的价格收购；当供不应求时，则物以稀为贵，因此君王再以较低的价格出售，以保持物价平稳。凡是这种根据商品价格不同，适时收购、出售，以调节物价的方法，即是平抑物价法。保持物价平稳，使有上万户人口的城邑拥有万锺以上的物资储备和千万贯的储备金；使有千户人口的城邑拥有千锺的物资储备和百万贯的储备金。春天按时耕种，夏天进行除草，各种农机农具，粮食种子，一应俱全。只有这样，那些妄图垄断市场的大商人便再无可趁之机。"齐桓公采纳管仲建议，一个区区小国，最终竟联合诸侯称霸天下。

其后百余年，周景王时患钱轻，将更铸大钱，单穆公曰："不可。古者天降灾戾，于是乎量资币，权轻重，以救民。民患轻，则为之作重币以行之，于是有母权子而行，民皆得焉。若不堪重，则多作轻而行之，亦不废重，于是乎有子权母而行，小大利之。今王废轻而作重，民失其资，能无匮乎？民若匮，王用将有所乏；乏将厚取于民；民不给，将有远志，是离民也。且绝民用以实王府，犹塞川原为潢洿也，竭亡日矣。王其图之。"弗听，卒铸大钱，文曰"宝货"，肉好皆有周郭，以劝农澹不足，百姓蒙利焉。

秦兼天下，币为二等：黄金以溢为名，上币；铜钱质如周钱，文曰"半两"，重如其文。而珠玉龟贝银锡之属为器饰宝臧，不为币，然各随时而轻重无常。

汉兴，以为秦钱重难用，更令民铸荚钱。黄金一斤。而不轨逐利之民畜积余赢以稽市物，痛腾跃，米至石万钱，马至匹百金。天下已平，高祖乃令贾人不得衣丝乘车，重税租以困辱之。孝惠、高后时，为天下初定，复弛商贾之律，然市井子孙亦不得为官吏。孝文五年，为钱益多而轻，乃更铸四铢钱，其文为"半两"。除盗铸钱令，使民放铸。贾谊谏曰：

法使天下公得顾租铸铜锡为钱，敢杂以铅铁为它巧者，其罪黥。然铸钱之情，非殽杂为巧，则不可得赢；而殽之甚微，为利甚

一百多年后，周景王时期，他担心钱币太轻，打算改为铸造大钱，单穆公说："不可这样做。据说古代天降灾害，于是乎要衡量财产和货币，权衡轻重，以帮百姓解决生活中的实际困难。若百姓嫌钱太轻，就为他们铸造重钱，于是轻钱、重钱同时流通，百姓都觉得很方便。若嫌钱过重，则多造轻钱，重钱也不废止，于是乎重钱、轻钱同时流通，小钱大钱各有各的作用。如今君王打算废止轻钱而只造重钱，百姓的利益无形中受到损失，国家岂不也同样受损吗？若百姓资财匮乏，则君王的税收也会相应减少，国库空虚便要从百姓身上索取，百姓无法满足君王的要求，就会产生逃亡他国的思想，这是离散百姓的做法。况且竭尽百姓的财物来充实国库，犹如为了使池塘蓄满水而阻塞河川一般，池塘的水不日也将枯竭。望君王三思而行。"周景王没有采纳他的建议，最终造了大钱，上面刻有"宝货"字样，钱的外缘和孔洞都有凸起的轮廓，用来勉励生产，补充不足，百姓也从中受益。

秦国统一天下后，将货币分为二等：以镒作为黄金的重量单位，属于上等货币；铜钱的形状和材质犹如周钱一样，正面刻有"半两"字样，钱也正好有半两重。而珠玉龟贝银锡之类，作为器物装饰可用来收藏，不能作为货币流通，但可随时进行买卖，没有固定的价格。

汉朝建立之后，认为秦朝的钱币太重不便于流通，便下令民众铸造荚钱。黄金的计量单位也恢复为周制时的斤。然而不法之徒仍然用盈余的积蓄炒作货物，致使物价飞涨，米价甚至达到一石一万钱，一匹马竟然价值一百金。等到天下平定后，高祖便下令商人不得穿丝绸衣服，不得乘坐车子，并加重商业赋税，以此来制约他们的发展势力，并使他们社会地位低下。到孝惠帝、高后时期，考虑到天下刚刚平定，于是重新放松对商人的法律制约，然而商人的子孙仍然不能做官。到了孝文帝五年（前175），由于钱币日益增多而且大多为轻钱，于是就改铸为四铢钱，并在上面刻有"半两"字样。废除了不可私自铸钱的法令，民间可开放铸钱。贾谊因此进谏文帝说：

法律允许百姓公开雇工开采铜和锡，用来铸造钱币，若有奸诈之人敢以铅、铁混杂其中，将被处以脸上刺字的黥刑。然而铸钱的

厚。夫事有召祸而法有起奸，今令细民人操造币之势，各隐屏而铸作，因欲禁其厚利微奸，虽黥罪日报，其势不止。乃者，民人抵罪，多者一县百数，及吏之所疑，榜笞奔走者甚众。夫县法以诱民，使入陷阱，孰积于此！曩禁铸钱，死罪积下；今公铸钱，黥罪积下。为法若此，上何赖焉！

又民用钱，郡县不同：或用轻钱，百加若干；或用重钱，平称不受。法钱不立，吏急而壹之乎，则大为烦苛，而力不能胜；纵而弗呵乎，则市肆异用，钱文大乱。苟非其术，何乡而可哉！

今农事弃捐而采铜者日蕃，释其耒耨，冶镕炊炭，奸钱日多，五谷不为多。善人怵而为奸邪，愿民陷而之刑戮，刑戮将甚不详，奈何而忽！国知患此，吏议必曰禁之。禁之不得其术，其伤必大。令禁铸钱，则钱必重。重则其利深，盗铸如云而起，弃市之罪又不足以禁矣。奸数不胜而法禁数溃，铜使之然也。故铜布于天下，其为祸博矣。

今博祸可除，而七福可致也。何谓七福？上收铜勿令布，则民不铸钱，黥罪不积，一矣。伪钱不蕃，民不相疑，二矣。采铜铸作者

真实情况是，若不弄虚作假，掺杂其他物质，就无利可图；即使掺杂很少的杂质，也能获取相当可观的利润。此事必将招惹祸患，引发邪恶之举，如今诏令平民百姓皆可铸造钱币，他们隐藏起来铸钱，很可能出现唯利是图的奸诈之举，即使有法令每天对违法之人处以黥刑，也无法杜绝这种行为。从前，百姓服法，一个县最多不过一百人左右，其中还包括一些官吏认为有嫌疑的人，被鞭笞拷打而入狱的。如今朝廷以法令诱使百姓犯罪，使他们落入法网，再没有比如今更多的罪犯了！从前禁止私人铸造钱币，违法者处以死刑；如今百姓可公开铸造钱币，违法者却要处黥刑。法令制定成这样，皇上将如何治理国家呢？

另外，如今百姓所使用的钱币，各郡县都不相同：有的使用轻钱，一百钱还要额外再加若干钱；有的使用重钱，即使是等量交换，百姓也不愿接受。合法的钱币不被大众所接受，官吏们迫切地希望货币能够统一，免得像如今这样，大力整治却收效甚微；若放任自流，不加管理吧，则市场交易中货币使用不同，钱币的实际价值与所刻铭文不符。若找不到有效的治理手段，百姓都不知该何去何从！

如今放弃农事而去开采铜矿的人与日俱增，他们丢弃农具，跑去学习冶炼技术，不合格的劣币日益增多，却不见粮食产量增加。善良之人因利益诱惑而走上邪路，谨慎的百姓因铸造劣币而遭受刑戮，滥用刑戮便会招致不祥，这些岂能忽略！国家因此而受到困扰，官吏们也议论说，务必要禁止百姓公开铸钱。若不能行之有效地禁止铸钱，那么将对国家造成极大的伤害。只有明令禁止百姓公开铸钱，钱币的质量才能得以保证，钱币才会更有价值。钱币价值提升了，流通过程中便会产生高额的利润，这也导致偷偷铸钱的行为如云而起，即使是游街示众，执行死刑也无法彻底禁止。铸造假币的人太多，又会造成法不责众的局面，究其原因，这一切都是由铜矿的自由开采造成的。因此说，铜散布于天下，将会引发多种祸患。

如今若能除此大祸，便会带来七大好处。什么是七大好处呢？由朝廷管控铜的储备量，百姓不得私自散布，那么百姓就无法铸钱，黥刑自然就不再增加，这是其一。假钱被禁止流通，百姓之间不再

反于耕田，三矣。铜毕归于上，上挟铜积以御轻重，钱轻则以术敛之，重则以术散之，货物必平，四矣。以作兵器，以假贵臣，多少有制，用别贵贱，五矣。以临万货，以调盈虚，以收奇羡，则官富实而末民困，六矣。制吾弃财，以与匈奴逐争其民，则敌必怀，七矣。故善为天下者，因祸而为福，转败而为功。今久退七福而行博祸，臣诚伤之。上不听。是时，吴以诸侯即山铸钱，富埒天子，后卒叛逆。邓通，大夫也，以铸钱财过王者。故吴、邓钱布天下。

武帝因文、景之畜，忿胡、粤之害，即位数年，严助、朱买臣等招徕东瓯，事两粤，江淮之间萧然烦费矣。唐蒙、司马相如始开西南夷，凿山通道千余里，以广巴蜀，巴蜀之民罢焉。彭吴穿秽貊、朝鲜，置沧海郡，则燕齐之间靡然发动。及王恢谋马邑，匈奴绝和亲，侵扰北边，兵连而不解，天下共其劳。干戈日滋，行者赍，居者送，中外骚扰相奉，百姓抏敝以巧法，财赂衰耗而不澹。入物者补官，出货者除罪，选举陵夷，廉耻相冒，武力进用，法严令具。兴利之臣自此而始。

其后，卫青岁以数万骑出击匈奴，遂取河南地，筑朔方。时又通西南夷道，作者数万人，千里负担馈饟，率十余钟致一石，散币于

彼此怀疑，这是其二。那些跑来开采铜矿的人重新回去耕种，这是其三。铜完全归属于国家所有，朝廷可根据铜的储备量决定造钱的数量，钱轻就设法收紧，钱重就设法流通，钱和物必定会实现平衡，这是其四。铜可以用来制作兵器，还可以用来赏赐贵臣，赏赐多少由国家控制，根据铜的占有量能区分贵贱，这是其五。用铜来监督市场行情，调控物价涨落，通过税收使国库充盈，使国家富足，并且消除百姓的贫困，这是其六。尽可能掌控天下的财富，以此来与匈奴抗衡，获取民心，则敌人必定归顺，这是其七。因此，善于统治天下的，可以因祸而得福，转败为胜。如今，由于长期忽视了铜带来的七大好处，而是任凭铜的散布招致祸患，臣实在是为此而哀痛。文帝没有采纳贾谊的建议。与此同时，吴王刘濞凭借诸侯身份在山里开采铜矿铸造钱币，拥有的财富和天子不相上下，后来终于叛逆朝廷。邓通，是文帝时期的大夫，因铸造钱币，财富超过君王。因此文帝时期，吴国和邓通的钱币流通于天下。

武帝凭借文帝、景帝所积累的财富，再加上他对匈奴和南越侵扰的憎恶与愤怒，即位几年后，他任用严助、朱买臣等人收复东瓯国，平定了两越及江淮之间的骚乱动荡，耗费了大量的财力。唐蒙、司马相如开始开辟通往西南夷的通路，凿山开路地开辟了上千里的通道，来扩展巴蜀势力，巴蜀地区的百姓因此疲惫不堪。彭吴连通了秽貊与朝鲜，并在新开拓的地区设置了沧海郡，燕国和齐国之间因此战事不断。等到王恢在马邑设谋，匈奴断绝了与汉朝的和亲，频繁侵扰汉朝北部边陲，导致连年征战，硝烟不断，百姓饱受战争之苦。战事与日俱增，出征的将士做好充分的准备，居家的亲人前去相送，内忧外患导致民不聊生，百姓不得不通过舞弊手段来躲避刑罚，国家因财力衰竭而入不敷出。此时，武帝制定相应政策，缴纳财物可买卖官职，缴纳赎金可免除罪责，举贤任能日渐衰落，有些官吏不顾廉耻，有些官吏因武力得到升迁，有些官吏执法严苛，手段强硬。追逐利益的臣子从此出现。

后来，卫青每年率领数万骑兵讨伐匈奴，于是攻克了河套以南大部地区，并建立朔方城。当时新开辟的西南夷通道，工程仍在继

邛僰以辑之。数岁而道不通，蛮夷因以数攻，吏发兵诛之。悉巴蜀租赋不足以更之，乃募豪民田南夷，入粟县官，而内受钱于都内。东置沧海郡，人徒之费疑于南夷。又兴十余万人筑卫朔方，转漕甚远，自山东咸被其劳，费数十百巨万，府库并虚。乃募民能入奴婢得以终身复，为郎增秩，及入羊为郎，始于此。

此后四年，卫青比岁十余万众击胡，斩捕首虏之士受赐黄金二十余万斤，而汉军士马死者十余万，兵甲转漕之费不与焉。于是大司农陈臧钱经用，赋税既竭，不足以奉战士。有司请令民得买爵及赎禁锢免减罪；请置赏官，名曰武功爵，级十七万，凡直三十余万金。诸买武功爵官首者试补吏，先除；千夫如五大夫；其有罪又减二等；爵皆至乐卿，以显军功。军功多用超等，大者封侯卿大夫，小者郎。吏道杂而多端，则官职耗废。

自公孙弘以《春秋》之义绳臣下取汉相，张汤以峻文决理为廷尉，于是见知之法生，而废格沮诽穷治之狱用矣。其明年，淮南、衡山、江都王谋反迹见，而公卿寻端治之，竟其党与，坐而死者数万人，吏益惨急而法令察。当是时，招尊方正贤良文学之士，或至公卿大夫。公孙弘以宰相，布被，食不重味，为下先，然而无益于俗，

续，参与劳作的工人多达数万人，千里运送粮饷，运送一石粮食的费用大约要十多锺粮食，于是朝廷诏令在邛人、僰人聚居地收购粮食。历经几年，道路仍未贯通，蛮夷因此屡屡进犯，朝廷发兵征剿他们。这些费用，即使是竭尽了巴、蜀所有的赋税，也不够支付，于是就招募豪民到南夷种田，把所产的粮食上缴给地方政府，然后再从京师领取粮款。在东边设置沧海郡，相关人员所产生的费用与经营南夷的费用基本相等。汉武帝又发动十多万人修筑、守卫朔方城，因水运路途遥远，从山东开始沿途百姓都要受其所累，花费高达千万甚至上亿钱，国库和地方府库几近空虚。于是武帝号召百姓，能释放奴婢去移民的，可免去终身赋税或劳役，郎官释放奴婢的，可增加爵位俸禄，羊倌只要向国家缴纳财物也能做郎官，就是开始于这个时期。

之后的四年间，卫青连年率十多万大军攻打匈奴，斩杀、俘获敌人的汉军将士受到的黄金赏赐达二十多万斤，然而汉军的将士和马匹也死伤大半，有十多万之众，损耗非常大，这还不包括运送兵器和铠甲及粮饷的费用。于是大司农上奏朝廷说，国库中的储备金以及征收上来的赋税马上就用完了，不够支付将士们的费用。有相关官员就请奏说，可以让百姓向朝廷缴纳金钱，以购买爵位，以及用金钱来赎买罪刑；奏请将购买爵位的官职设置为武功爵，每级十七万金，共计三十多万金。那些购买了武功爵中最高官阶的人，可尝试优先作为官吏替补；千夫武功爵相当于五大夫爵；若有罪之人，缴纳赎金后可减罪二等；用钱可购买的最高爵位叫做乐卿武功爵。这个官阶也用来表彰获得军功的将士。战功赫赫的可越级封赏，封赏的最高级别相当于封侯和卿大夫，战功次之的也相当于郎官。朝廷对于官职的赏赐繁杂而纷乱，导致很多官职名不副实。

自从公孙弘凭借《春秋》中所推崇的道义约束众臣，而被汉武帝封为丞相之后，张汤又因严苛残酷的执法手段担任了廷尉一职，于是便产生了知情不报罪、妨碍公务罪、不执行诏令罪以及诽谤罪等，臣民一旦触犯，必追根溯源、彻底清查、羁押入狱。到了第二年，淮南王、衡山王、江都王密谋造反的计划败露，办案的公卿顺藤摸瓜，究其党羽及受牵连被定死罪的人，竟高达数万，执法官员办案手

稍务于功利矣。

其明年，票骑仍再出击胡，大克获。浑邪王率数万众来降，于是汉发车三万两迎之。既至，受赏，赐及有功之士。是岁费凡百余巨万。

先是十余岁，河决，灌梁、楚地，固已数困，而缘河之郡堤塞河，辄坏决，费不可胜计。其后番係欲省底柱之漕，穿汾、河渠以为溉田；郑当时为渭漕回远，凿漕直渠自长安至华阴；而朔方亦穿溉渠。作者各数万人，历二三期而功未就，费亦各以巨万十数。

天子为伐胡故，盛养马，马之往来食长安者数万匹，卒掌者关中不足，乃调旁近郡。而胡降者数万人皆得厚赏，衣食仰给县官，县官不给，天子乃损膳，解乘舆驷，出御府禁臧以澹之。

其明年，山东被水灾，民多饥乏，于是天子遣使虚郡国仓廪以振贫。犹不足，又募豪富人相假贷。尚不能相救，乃徙贫民于关以西，及充朔方以南新秦中，七十余万口，衣食皆仰给于县官。数岁，贷与产业，使者分部护，冠盖相望，费以亿计，县官大空。而富商贾或滞财役贫，转毂百数，废居邑，封君皆氐首仰给焉。冶铸鬻盐，财或累万金，而不佐公家之急，黎民重困。

段更加严苛残暴。在当时，汉武帝招贤纳士，诏命四方推荐方正、贤良、有学识的士人，有的甚至被封为公卿大夫。身为丞相的公孙弘，生活十分俭朴，他使用布制的被子，饮食杜绝奢靡，率先垂范，然而他的行为对后世的民俗传承并未起到什么积极作用，只是徒有个俭朴的名声罢了。

又过了一年之后，骠骑将军霍去病再次出兵征讨匈奴，并大获全胜。浑邪王率数万人前来投降汉朝，于是汉朝派出三万辆车前去迎接他们。并授予他们赏赐，再加上朝廷给有战功的将士的赏赐，那一年朝廷各项费用支出竟超过了十亿。

在此之前的十多年间，黄河决口，淹没了梁国、楚国等地，国家财力数次陷入困境，而且黄河沿岸的郡县筑堤封堵黄河决口，但很快又都崩塌，所耗费的金钱不计其数。后来，河东郡太守番係建议利用砥柱山之水，连通汾河、黄河的水渠，用以灌溉农田；郑当时认为渭水的河运，水道曲折而遥远，便重新开凿了一条从长安到华阴的笔直水道；而且朔方城也开凿了灌溉水渠。动用的劳动力各自有几万人，历时两三年仍未竣工，花费也各自高达数亿。

汉武帝为了攻打匈奴，于是便大规模养马，在长安地区饲养的马匹有几万匹之多，给马钉掌的技工忙不过来，于是就从长安周边的郡县征调。而匈奴投降的数万人都得到丰厚的赏赐，衣食也都要依靠朝廷供给，当朝廷供给不足时，汉武帝就降低膳食标准，减少驾车的马匹数量，还拿出御府的珍藏来弥补经费的不足。

又过了一年，山东遭遇水灾，大部分百姓饥饿贫困，民不聊生，于是汉武帝派特使，打开各郡、诸侯国的粮仓，救济灾民。这些粮食仍然不够灾民吃的，于是朝廷又向富人、豪强募集借贷。这样也仍然无法从根本上解决问题，于是朝廷便将灾民迁移至函谷关以西地区，或是朔方城以南的新秦中，被迁移的灾民高达七十多万人，而这些灾民的衣食也都依靠朝廷供给。几年间，朝廷出资帮助他们生产自救，又派出使者前往各个安居点督导工作，官员们所乘的车前后相连，络绎不绝，仅这些又花费数亿，国库和地方府库几近空虚。然而富商积蓄财货，役使贫民长途贩运，从中牟取暴利，往来运输的车

于是天子与公卿议，更钱币以澹用，而摧浮淫并兼之徒。是时禁苑有白鹿而少府多银锡。自孝文更造四铢钱，至是岁四十余年，从建元以来，用少，县官往往即多铜山而铸钱，民亦盗铸，不可胜数。钱益多而轻，物益少而贵。有司言曰："古者皮币，诸侯以聘享。金有三等，黄金为上，白金为中，赤金为下。今半两钱法重四铢，而奸或盗摩钱质而取鋊，钱益轻薄而物贵，则远方用币烦费不省。"乃以白鹿皮方尺，缘以缋，为皮币，直四十万。王侯宗室朝觐聘享，必以皮币荐璧，然后得行。

又造银锡白金。以为天用莫如龙，地用莫如马，人用莫如龟，故白金三品：其一曰重八两，圜之，其文龙，名"白撰"，直三千；二曰以重差小，方之，其文马，直五百；三曰复小，椭之，其文龟，直三百。令县官销半两钱，更铸三铢钱，重如其文。盗铸诸金钱罪皆死，而吏民之犯者不可胜数。

于是以东郭咸阳、孔仅为大农丞，领盐铁事，而桑弘羊贵幸。咸阳，齐之大鬻盐，孔仅，南阳大冶，皆致产累千金，故郑当时进言之。弘羊，洛阳贾人之子，以心计，年十三侍中。故三人言利事析秋

辆多达数百辆，甚至就连拥有封国的诸侯，也要仰其鼻息，依靠他们的供给。从事冶金行业和贩卖食盐的商人，家财积累高达万金，却不辅助国家财政的困难，百姓生活苦不堪言。

于是汉武帝和公卿们商议，重新铸造钱币以缓解眼下的财政危机，同时打击那些骄奢淫逸、侵吞他人财产的有钱人。当时帝王的苑囿中有白鹿，而且内廷少府中还贮存着大量的银锡。自从孝文帝重新铸造四铢钱开始，到当时已过去四十多年，自武帝建元以来，这些银锡就很少流通，官府往往是采用铜山开采的铜铸钱，民间私自铸钱的，不计其数。铸造的钱币越多，就越不值钱，物资越稀缺物价越高。相关官员提出："从前使用皮币，诸侯之间的友好往来以及向当朝天子进贡，都使用皮币。金属分为三个等级，黄金是最上等的金属，白银是中等的金属，铜是下等金属。如今半两钱法定重四铢，而有些不法之徒偷偷地摩擦钱币，磨取铜屑，使钱变得更加轻薄，钱币贬值导致物价更加昂贵，对于偏远地区的百姓而言，使用钱币也是存在诸多不便。"于是汉武帝诏令采用一尺见方的白鹿皮，在其边缘绘制图案，作为皮币，价值四十万。王侯宗亲朝拜天子，或彼此间友好往来以及向皇上进贡时，必须要使用皮币以表忠心，然后才能流通。

朝廷又采用银锡合金铸造了新的货币，称为白金币。人们认为对于上天而言，龙最为尊贵，对于大地而言，马最为尊贵，对于个人而言，龟最为尊贵，因此白金币分为三个品级：一种是八两重的圆形货币，正面刻有龙的图案，称为"白撰"，价值三千；一种是重量稍轻的方形钱币，正面刻有马的图案，价值五百；一种体积更小，是椭圆形的钱币，正面刻有龟的图案，价值三百。汉武帝诏命官府销毁半两钱，改为铸造三铢钱，使钱币重量和它的名称一致。私下铸币的，一律按罪处死，然而官吏百姓中犯法的人，仍然数不胜数。

于是汉武帝任命东郭咸阳、孔仅为大司农丞，掌管天下盐铁事业，而桑弘羊也受到汉武帝的重用。东郭咸阳，是齐国的煮盐大户，孔仅，是南阳的冶炼大户，都是家财累积高达万金，因此郑当时向汉武帝推荐了他们。桑弘羊，是洛阳富商之子。因他善于心算，年

豪矣。

法既益严，吏多废免。兵革数动，民多买复及五大夫、千夫，征发之士益鲜。于是除千夫、五大夫为吏，不欲者出马；故吏皆適令伐棘上林，作昆明池。

其明年，大将军、票骑大出击胡，赏赐五十万金，军马死者十余万匹，转漕车甲之费不与焉。是时财匮，战士颇不得禄矣。

有司言三铢钱轻，轻钱易作奸诈，乃更请郡国铸五铢钱，周郭其质，令不可得摩取鋊。

大农上盐铁丞孔仅、咸阳言："山海，天地之臧，宜属少府，陛下弗私，以属大农佐赋。愿募民自给费，因官器作煮盐，官与牢盆。浮食奇民欲擅斡山海之货，以致富羡，役利细民。其沮事之议，不可胜听。敢私铸铁器煮盐者，釱左趾，没入其器物。郡不出铁者，置小铁官，使属在所县。"使仅、咸阳乘传举行天下盐铁，作官府，除故盐铁家富者为吏。吏益多贾人矣。

商贾以币之变，多积货逐利。于是公卿言："郡国颇被灾害，贫民无产业者，募徙广饶之地。陛下损膳省用，出禁钱以振元元，宽贷，而民不齐出南亩，商贾滋众。贫者畜积无有，皆仰县官。异时算轺车贾人之缗皆钱有差小，请算如故。诸贾人末作贳贷卖买，居邑

仅十三岁就被任命为侍中。此三人都是精明强干，极具商业头脑的人才。

国家制定的法令日趋严苛，官吏大部分被罢免。战事频发，大部分民众都通过花钱来免除自己的兵役，或者购买五大夫、千夫的爵位，可被征调的服兵役的人就更少了。于是汉武帝下诏，命具有千夫、五大夫爵位的人做官，不愿做官的人，就要向朝廷贡献马匹；被罢免的官吏则发配到上林去伐木，建造昆明池。

第二年，大将军、骠骑将军霍去病大举征讨匈奴，受到五十万金的赏赐，战死的军马多达十几万匹，这些费用当中，还不包括运送粮饷以及武器铠甲的费用。此时的国库，已经钱财匮乏，战士们甚至领不到粮饷了。

相关官员提出，三铢钱太轻，轻钱容易被不法之徒造假，于是汉武帝重新诏命各郡、诸侯国铸造五铢钱，并把钱的边缘做成凸起的轮廓，这样那些不法之徒便无法磨擦钱币，取得铜屑。

大司农上书请奏，盐铁丞孔仅、东郭咸阳也请奏说："山和海，乃天地之宝藏，应该归内廷少府管理，然而陛下大公无私，交由大司农，以此来补贴赋税不足的问题。希望可以招募百姓，自筹资金，由官府提供煮盐的工具，百姓通过官府提供的这些工具煮盐。那些不劳而获的诸侯，企图垄断山林、海洋的物产，牟取利润并奴役百姓。有关此类事情的议论，多得数不胜数。奏请皇上下诏，对于胆敢私自铸铁煮盐之人，给他的左脚戴上刑具，并没收他的煮盐工具。不出产铁的郡县，设置小铁官，由他来掌管所在郡县的铁器经营。"汉武帝派孔仅、东郭咸阳奉命出使，巡游全国各地，传达皇帝诏命，设置盐铁官府，让从前富有的盐铁大户担任盐铁官吏。官吏中的商人也就更多了。

商人担心货币变化无常，就通过囤积大量货物来牟取利润。于是朝中公卿请奏说："郡县及诸侯国所遭受的灾害巨大，没有产业的贫民，被迁移到广阔富饶的地方。陛下为节省费用，省吃俭用，拿出内廷府库的珍宝救济灾民，放宽贷款政策，然而即使如此，百姓中仍有很多人弃农从商，导致商贾日益增多。贫苦人家没有积蓄，全家上

贮积诸物，及商以取利者，虽无市籍，各以其物自占，率缗钱二千而算一。诸作有租及铸，率缗钱四千算一。非吏比者、三老、北边骑士，轺车一算；商贾人轺车二算；船五丈以上一算。匿不自占，占不悉，戍边一岁，没入缗钱。有能告者，以其半畀之。贾人有市籍，及家属，皆无得名田，以便农。敢犯令，没入田货。”

是时，豪富皆争匿财，唯卜式数求入财以助县官。天子乃超拜式为中郎，赐爵左庶长，田十顷，布告天下，以风百姓。初，式不愿为官，上强拜之，稍迁至齐相。语自在其传。孔仅使天下铸作器，三年中至大司农，列九卿。而桑弘羊为大司农中丞，管诸会计事，稍稍置均输以通货物。始令吏得入谷补官，郎至六百石。

自造白金五铢钱后五岁，而赦吏民之坐盗铸金钱死者数十万人。其不发觉相杀者，不可胜计。赦自出者百余万人。然不能半自出，天下大氐无虑皆铸金钱矣。犯法者众，吏不能尽诛，于是遣博士褚大、徐偃等分行郡国，举并兼之徒守相为利者。而御史大夫张汤方贵用事，减宣、杜周等为中丞，义纵、尹齐、王温舒等用惨急苛刻为九卿。直指夏兰之属始出。而大农颜异诛矣。初，异为济南亭长，以廉直稍迁至九卿。上与汤既造白鹿皮币，问异。异曰：“今王侯朝贺以仓璧，直数千，而其皮荐反四十万，本末不相称。”天子不说。汤又与异有隙，及人有告异以它议，事下汤治异。异与客语，客

下都依靠官府。从前还能征收一些车船税、商人的所得税也都有等级，奏请继续按过去的方式征税。商人们通过放高利贷或低买高卖的方式盈利，有的在城邑中囤积大量货物，靠经营赢利，这些人即使没有商人的户籍，也应根据各自申报的财物数量，向官府缴纳财产税，财产税一律按两千贯钱收取一算的税率征缴。各种手工业及冶铁和煮盐也都应缴纳租税，一律按四千贯钱收取一算的税率征缴。除了官吏、三老、北部边境的骑士，家里有一辆小车的，须缴纳一算的财产税；商用的小车要缴纳二算的财产税；五丈以上的船要缴纳一算财产税。隐瞒不报，或申报不实的，处以戍守边境一年的处罚，并没收其财产。若有人举报，则将其财产的一半奖给举报人。有户籍的商人，以及他的家属，都不得以私名占有农田，以此来维护农民的利益。若有违反法令者，没收田产和财物。”

当时，豪强富商都争相隐瞒财产，只有卜式多次请求捐献财产，帮助政府缓解财政危机。汉武帝就破格提升卜式为中郎，赐封他左庶长的爵位，赏农田十顷，并昭告天下，以此来劝勉百姓。起初，卜式不愿做官，皇上强行授予他官职，后来逐渐升迁至齐国相。该内容在他的传记里有所记载。孔仅督导天下人铸造铁器，三年时间官至大司农，位列九卿之列。而桑弘羊担任大司农中丞，管理各种会计类事宜，后来逐渐设置均输官，负责货物的正常流通。从那时开始，官员可以通过缴纳粮食来补升官职，补升为郎官，须缴纳粮食六百石。

自从铸造发行白金币和五铢钱以来，五年期间，所赦免的因非法铸币被判处死刑的官员和百姓就多达几十万人。而同样有罪应被处死的逃逸者，更是数不胜数。所赦免的自首之人达一百多万人。然而还不到犯罪总人数的一半，差不多天下之人都在私自铸钱。朝廷终因法不责众，于是派遣博士褚大、徐偃等人分别巡游各郡县、诸侯国，揭发侵吞他人财产的不法之徒以及以权谋私的郡守和诸侯。而御史大夫张汤受到汉武帝重用，减宣、杜周等人先后担任中丞，义纵、尹齐、王温舒等人，因执法手段严苛而位列九卿，夏兰等人这时也被汉武帝任命为直指官，然而大司农颜异却被诛杀。起初，颜异担任济南郡亭长，他凭借廉洁正直逐渐升任九卿。当时，汉武帝与张

语初令下有不便者，异不应，微反唇。汤奏当异九卿见令不便，不入言而腹非，论死。自是后有腹非之法比，而公卿大夫多谄谀取容。

天子既下缗钱令而尊卜式，百姓终莫分财佐县官，于是告缗钱纵矣。

郡国铸钱，民多奸铸，钱多轻，而公卿请令京师铸官赤仄，一当五，赋官用非赤仄不得行。白金稍贱，民弗宝用，县官以令禁之，无益，岁余终废不行。是岁，汤死而民不思。其后二岁，赤仄钱贱，民巧法用之，不便，又废。于是悉禁郡国毋铸钱，专令上林三官铸。钱既多，而令天下非三官钱不得行，诸郡国前所铸钱皆废销之，输入其铜三官。而民之铸钱益少，计其费不能相当，唯真工大奸乃盗为之。

杨可告缗遍天下，中家以上大氐皆遇告。杜周治之，狱少反者。乃分遣御史廷尉正监分曹往，即治郡国缗钱，得民财物以亿计，奴婢以千万数，田大县数百顷，小县百余顷，宅亦如之。于是商

汤已经制造了白鹿皮币，于是征询颜异的意见。颜异说：“如今的王侯们进贡青色玉璧来朝见天子，价值数千金，而衬托青色玉璧的皮币反而要四十万，这是本末倒置啊。”汉武帝听后不悦。再加上张汤本就与颜异有嫌隙，当有人告发说颜异对于发行皮币有不同意见时，汉武帝便将此事交由张汤审理。颜异与客人谈话，客人说诏令颁布，存在诸多不便之处，颜异并未做出回应，只是微微撇了撇嘴唇。张汤便上奏说，颜异位列九卿，发现诏令存在不便之处，不向朝廷谏言而是在心里非议它，应当判处死刑。从此之后，因为有了颜异的前车之鉴，公卿大夫们大多是阿谀奉承的取悦皇上。

汉武帝颁布财产税法令，且重用卜式，但是百姓始终不愿拿出财产，来缓解政府的财政危机，于是一时间，告发富人藏匿财产、逃避缴税之风盛行起来。

各郡县、诸侯国铸造钱币，百姓大多在铸币上做文章，钱币普遍重量太轻，于是公卿们请奏说，让京师的铸币官统一用红铜铸造带有轮廓的赤仄币，将一枚钱币当作五枚来使用，缴纳赋税时除赤仄币之外的其他币种是不被承认的。白金币因此逐渐贬值，百姓不再把它当作宝物来使用，虽然朝廷下令阻止这种行为，但也无济于事，一年多后终究还是将其废止，不再流通了。这一年，张汤死，然而百姓无人哀思他。两年后，赤仄币也开始贬值，百姓们想方设法规避使用它，因此带来极大的不便，朝廷只得再次废止它的流通。也就是从那时起，朝廷下诏各郡县、诸侯国一律不得铸钱，只授命上林三官来铸造钱币。钱币的种类很多，于是汉武帝就诏告天下，除了三官钱之外，其他币种不得流通，各郡县、诸侯国之前所铸造的钱币统统作废销毁，并将铜原料运往三官府。这样一来，民间私自铸币的事就日益减少了，他们计算发现铸币成本与利润之间无法持平，只有技艺高超的工匠和不法的豪强仍偷着铸币。

朝廷派杨可督办民间逃避缴税的案件，此类事件竟然普遍存在，几乎每个中等以上家庭都被告发。案件由杜周负责审理，杜周办理的案件很少有人因含冤翻案。于是朝廷分派御史、廷尉、正监等分批前往案发地点，处理各郡县、诸侯国藏匿财产偷税漏税的案

贾中家以上大氐破，民偷甘食好衣，不事畜臧之业，而县官以盐铁缗钱之故，用少饶矣。益广关，置左右辅。

初，大农斡盐铁官布多，置水衡，欲以主盐铁；及杨可告缗，上林财物众，乃令水衡主上林。上林既充满，益广。是时粤欲与汉用船战逐，乃大修昆明池，列馆环之。治楼船，高十余丈，旗织加其上，甚壮。于是天子感之，乃作柏梁台，高数十丈。宫室之修，繇此日丽。

乃分缗钱诸官，而水衡、少府、太仆、大农各置农官，往往即郡县比没入田田之。其没入奴婢，分诸苑养狗马禽兽，及与诸官。官益杂置多，徒奴婢众，而下河漕度四百万石，及官自籴乃足。

所忠言：“世家子弟富人或斗鸡走狗马，弋猎博戏，乱齐民。”乃征诸犯令，相引数千人，名曰“株送徒”。入财者得补郎，郎选衰矣。

是时山东被河灾，及岁不登数年，人或相食，方二三千里。天子怜之，令饥民得流就食江淮间，欲留，留处。使者冠盖相属于道

子，征缴上来的百姓财物数以亿计，奴婢数以千万计，较大的县城瞒报田地数百顷，小县城瞒报的田地也有一百多顷，房产也是同样的情况。于是商人及中等以上的家庭大多破产，百姓苟且偷生，尽量满足美食好衣的追求，不再积蓄产业和财富，而朝廷因为专营盐铁行业，以及征缴财产税的缘故，国力渐渐增强了。汉武帝便扩大了关中的地域范围，并设置了左右辅都尉。

起初，大司农在国内布置了很多负责盐铁经营的官员，紧接着朝廷又设置水衡都尉，本打算由水衡都尉来主管盐铁事务；等到杨可督办的逃避缴税案件取得成效后，上林苑所掌管的财物变多了，于是朝廷命水衡都尉掌管上林苑。既然上林苑财物充盈了，所要排期办理的事务也与日俱增。当时，南越想与汉朝进行水战，于是汉武帝下令大修昆明池，并在昆明池的四周建有高大的馆舍。所建造的楼船，高十多丈，楼船上旗帜飞扬，蔚为壮观。于是汉武帝深受感慨，又下令建造了柏梁台，台高数十丈。皇家殿室的建造，从此日趋富丽堂皇。

朝廷把征缴来的财产税及田产、奴婢等，分给各官府，而命水衡、少府、太仆、大司农等官员各自分管农业，并由他们在没收的田地上带领百姓耕种。没收来的奴婢，就分派到各苑囿去，专职喂养狗马禽兽等，或者将他们分派到各官府。官职设置纷繁复杂，再加上服刑的罪犯和奴婢人数众多，因而通过漕运运送至京城的四百万石粮食根本不够吃，官员们还要自己购买一部分谷物才行。

所忠谏言道："那些纨绔的世家子弟和有钱人，成天不是斗鸡、赛狗、赛马，就是射猎、赌博游戏，扰乱了百姓的正常生活秩序。"于是朝廷下令拘捕了一些游手好闲的无业游民，因此事受到牵连的就有数千人，这些被招供出来的同案犯，称为"株送徒"。这些人可以缴纳财物来赎罪，或者再多缴纳财物补个郎官的职务，郎官的选拔制度，从那时起便开始衰败了。

当时，山东正遭遇黄河水灾，再加上庄稼连年收成不好，甚至出现了人吃人的现象，方圆二三千里的地域都陷入灾情当中。武帝怜悯百姓的疾苦，于是诏令饥民可以流亡到江淮一带谋生，想留在当地

护之，下巴蜀粟以振焉。

明年，天子始出巡郡国。东度河，河东守不意行至，不辩，自杀。行西逾陇，卒，从官不得食，陇西守自杀。于是上北出萧关，从数万骑行猎新秦中，以勒边兵而归。新秦中或千里无亭徼，于是诛北地太守以下，而令民得畜边县。官假马母，三岁而归，及息什一，以除告缗，用充入新秦中。

既得宝鼎，立后土、泰一祠，公卿白议封禅事，而郡国皆豫治道，修缮故宫，及当驰道县，县治宫储，设共具，而望幸。

明年，南粤反，西羌侵边。天子为山东不澹，赦天下囚，因南方楼船士二十余万人击粤，发三河以西骑击羌，又数万人度河筑令居。初置张掖、酒泉郡，而上郡、朔方、西河、河西开田官，斥塞卒六十万人戍田之。中国缮道馈粮，远者三千，近者千余里，皆仰给大农。边兵不足，乃发武库工官兵器以澹之。车骑马乏，县官钱少，买马难得，乃著令，令封君以下至三百石吏以上差出牝马天下亭，亭有畜字马，岁课息。

齐相卜式上书，愿父子死南粤。天子下诏褒扬，赐爵关内侯，

的，可在那里定居。朝廷派出的特使，络绎不绝地在路上往来，护送饥民，同时又从巴蜀地区运来粮食赈济灾民。

第二年，武帝开始巡察各郡县、诸侯国。他向东渡过黄河，河东郡太守没想到皇帝会大驾光临至此，情急之下因招待不周，畏罪自杀。武帝又向西穿过陇山，因行程仓促紧张，随行的官员们连饭都吃不上，陇西郡的太守因此也自杀了。于是，巡察的队伍向北出了萧关，武帝诏令随行的数万骑兵在新秦中打猎，以此来检阅边防将士的战斗力，之后返回京城。在巡察的过程中，武帝发现新秦中这个地方，方圆千里之内没有设置边哨、亭障，于是便下令诛杀了北地郡太守及其下属官员，并诏令百姓可以到边境各县放牧牲畜。官府借贷给百姓母马，三年后归还，只收取十分之一的利息，取消牧马人的财产税，牧马所产生的利润，用来补给新秦中的建设。

武帝元鼎五年（前112）得到一尊宝鼎，于是建立后土祠、泰一天帝祠庙，公卿们上奏有关封禅的事宜，然而那些郡县、诸侯国都已预先开始修筑道路，修缮旧宫，沿途那些靠近大路的县城，也提前预备了行宫以及皇帝的生活物品，并摆设酒食器具，等待武帝车驾的幸临。

第二年，南越发生叛乱，西部羌族入侵边境。考虑到山东受水灾影响仍未过去，百姓生活物资依然供给不足，于是武帝便赦免了天下的囚犯，借助南方的二十多万战船兵卒讨伐南越，发动三河以西的骑兵讨伐羌人，同时又派出数万人渡过黄河修筑令居城。先是设置了张掖、酒泉郡，又在上郡、朔方、西河、河西郡等地增设屯田官，并派六十万兵卒移民到边境，一边戍守，一边耕种。从中原内地修整道路用来运输粮食，长途有三千里路程，最近的也要一千多里，而这些往来运输都要经由大司农来统一调度。边防的兵器不足，就从工官手里和武库里调拨兵器，来满足边境的需要。战车和战马不够，财政资金不足，很难买到马匹，武帝就颁布诏令，要求从郡县、诸侯国受封的列侯，到年俸三百石以上的官员，根据不同的等级缴纳不同数目的母马，分配给天下各亭饲养，亭中有母马的，每年负责马匹的交配繁殖。

齐国国相卜式上书说，请求朝廷允许他父子并肩作战，即使战

黄金四十斤，田十顷。布告天下，天下莫应。列侯以百数，皆莫求从军。至饮酎，少府省金，而列侯坐酎金失侯者百余人。乃拜卜式为御史大夫。式既在位，见郡国多不便县官作盐铁，器苦恶，贾贵，或强令民买之。而船有算，商者少，物贵，乃因孔仅言船算事。上不说。

汉连出兵三岁，诛羌，灭两粤，番禺以西至蜀南者置初郡十七，且以其故俗治，赋税。南阳、汉中以往，各以地比给初郡吏卒奉食币物，传车马被具。而初郡又时时小反，杀吏，汉发南方吏卒往诛之，间岁万余人，费仰大农。大农以均输调盐铁助赋，故能澹之。然兵所过县，县以为訾给毋乏而已，不敢言轻赋法矣。

其明年，元封元年，卜式贬为太子太傅。而桑弘羊为治粟都尉，领大农，尽代仅斡天下盐铁。弘羊以诸官各自市相争，物以故腾跃，而天下赋输或不偿其僦费，乃请置大农部丞数十人，分部主郡国，各往往置均输盐铁官，令远方各以其物如异时商贾所转贩者为赋，而相灌输。置平准于京师，都受天下委输。召工官治车诸器，皆仰给大农。大农诸官尽笼天下之货物，贵则卖之，贱则买之。如此，富商大贾亡所牟大利，则反本，而万物不得腾跃。故抑天下之物，名曰“平准”。天子以为然而许之。于是天子北至朔方，东封泰山，

死南越也在所不惜。武帝很受感动，于是下诏褒奖，赐封他关内侯的爵位，赏赐黄金四十斤，农田十顷。并昭告天下，希望百姓以卜式为榜样，然而天下却无人响应。朝廷封的列侯数以百计，却没有一人愿意从军的。到了宗庙祭祀饮酎的时候，少府检查每年诸侯按户缴纳的助祭酎金，发现列侯缴纳的助祭酎金分量不够，因此被削夺侯位的有一百多人。于是武帝便授予卜式御史大夫称号。卜式担任了御史大夫之后，发现各郡县、诸侯国掌管盐铁工作的官员大多都不称职，导致铁器质量差，价格昂贵，有的还强迫百姓购买。而且船只也要征收赋税，通过船只运输货物的商人很少，这样商品的价格就会上涨，于是卜式就通过孔仅向朝廷反映船只征收赋税一事。武帝听后大为不悦。

朝廷连续三年向外发兵，铲除了西羌叛乱，灭掉了南越和东越国，从番禺以西直到蜀南地区，初设了十七个郡县，并且按照当地的风俗习惯治理百姓，征收赋税。南阳、汉中一带，各自根据地域大小，按比例供给初设各郡县吏卒的薪俸、食物、钱币和货物，以及驿传所用的车马被服等用具。然而，初设的这些郡县，时常发生小规模叛乱，当地官员被杀死，朝廷便派遣南方汉军前去镇压，每隔一年差不多就要征调一万多人，费用全都由大司农筹措支付。大司农只得不定期地向各郡县、诸侯国调拨盐铁收入，来补贴开支，勉强得以维持。然而军队所经过的郡县，各郡县认为只要保证了军队所需的物资供给就行了，不敢要求减轻赋税的法令。

第二年，是元封元年（前110），卜式被贬为太子太傅。而桑弘羊担任治粟都尉，并兼任大司农事务，完全接替了孔仅掌管天下的盐铁产业。桑弘羊发现官员们在市场上买卖、炒作货物，导致物价飞涨，而且朝廷所征收的赋税和各地缴纳的赋税物资，运往京城，货物本身的价值还不足以抵扣运输的费用，于是桑弘羊请奏武帝设置大司农部丞数十人，分别派往各郡县、诸侯国掌管当地的大司农事务，各大司农部丞往往又设置为均输官和盐官、铁官，诏令边远地区的各郡县、诸侯国，根据市价将货物在当地进行交易，然后把折合的钱款上缴朝廷作为赋税，运输至朝廷。在京城设置物价平准机构，负

巡海上，旁北边以归。所过赏赐，用帛百余万匹，钱金以巨万计，皆取足大农。

弘羊又请令民得入粟补吏，及罪以赎。令民入粟甘泉各有差，以复终身，不复告缗。它郡各输急处，而诸农各致粟，山东漕益岁六百万石。一岁之中，太仓、甘泉仓满。边余谷，诸均输帛五百万匹。民不益赋而天下用饶。于是弘羊赐爵左庶长，黄金者再百焉。

是岁小旱，上令百官求雨。卜式言曰："县官当食租衣税而已，今弘羊令吏坐市列，贩物求利。亨弘羊，天乃雨。"久之，武帝疾病，拜弘羊为御史大夫。

昭帝即位六年，诏郡国举贤良文学之士，问以民所疾苦，教化之要。皆对愿罢盐铁酒榷均输官，毋与天下争利，视以俭节，然后教化可兴。弘羊难，以为此国家大业，所以制四夷，安边足用之本，不可废也。乃与丞相千秋共奏罢酒酤。弘羊自以为国兴大利，伐其

责保持国内商品的运输价格和物价的平稳。召集雇工、工匠制造运输车辆等器物，费用由大司农支付。负责大司农事务的诸多官员，把控着全国的物资交易与流通，物价上涨则卖出储备物资，物价下跌时则回购剩余物资，以此来平抑物价。这样，那些富商巨贾就无法从中牟取暴利，有的甚至会亏本，商品价格就不会出现大涨大落的现象。因此这种平抑物价的方法，叫做“平准”。武帝觉得所言很有道理，就批准了他的奏请。于是武帝向北到达朔方郡，向东封祭泰山，巡察海上，最后沿着北部边境回到京城。所到之处都给予赏赐，花费的布帛达一百多万匹，钱款、黄金数以亿计，这些支出也都由大司农负责筹措。

桑弘羊又请奏说，百姓可以通过缴纳粮食来换取官职，罪犯可以通过缴纳粮食来减免罪刑。让百姓根据一定的等级标准向甘泉仓缴纳、输送粮食，得以免除终身劳役，缴纳粮食量多的百姓，可以不再为财产税缴纳不足而担忧。其他郡县、诸侯国的百姓可以分别向急需粮食的地方缴纳、输送，各地的农事官员统一向朝廷运送粮食，山东漕运到京城的粮食每年增加到六百万石。诏令颁布仅一年内，太仓、甘泉仓的粮食就已经满仓了。边境的储备粮也是大有盈余，按均输法在当地交易后，折合成五百万匹帛。没有增加百姓的税赋，而全国的财政收入也足以支付各项费用支出。于是武帝封赏桑弘羊左庶长的爵位，赏赐黄金二百斤。

这一年出现了轻微的旱灾，武帝诏令百官一同求雨。卜式谏言说：“朝廷官员所享有的俸禄，应从征缴的赋税中支出，如今桑弘羊让官员们坐在集市中买卖货物，牟取利润。只有把桑弘羊下锅煮了，天才会下雨。”过了一段时间，武帝患病，就授予桑弘羊御史大夫的称号。

昭帝即位六年后，他要求各郡县、诸侯国向朝廷推荐贤良、文学之士，然后向这些人询问百姓的疾苦，向他们征求当务之急的治民之策。这些人一致表示，希望朝廷能撤销盐铁、酒榷专营，罢免均输官，朝廷不要和百姓争夺利益，应该引导百姓节俭，之后才能施以教化。桑弘羊坚决反对，他认为盐铁、酒榷专营以及均输官都是国家

功，欲为子弟得官，怨望大将军霍光，遂与上官桀等谋反，诛灭。

宣、元、成、哀、平五世，亡所变改。元帝时尝罢盐铁官，三年而复之。贡禹言："铸钱采铜，一岁十万人不耕，民坐盗铸陷刑者多。富人臧钱满室，犹无厌足。民心动摇，弃本逐末，耕者不能半，奸邪不可禁，原起于钱。疾其末者绝其本，宜罢采珠玉金银铸钱之官，毋复以为币，除其贩卖租铢之律，租税禄赐皆以布帛及谷，使百姓壹意农桑。"议者以为交易待钱，布帛不可尺寸分裂。禹议亦寝。

自孝武元狩五年三官初铸五铢钱，至平帝元始中，成钱二百八十亿万余云。

王莽居摄，变汉制，以周钱有子母相权，于是更造大钱，径寸二分，重十二铢，文曰"大钱五十"。又造契刀、错刀。契刀，其环如大钱，身形如刀，长二寸，文曰"契刀五百"。错刀，以黄金错其文，曰"一刀直五千"。与五铢钱凡四品，并行。

莽即真，以为书"劉"字有金刀，乃罢错刀、契刀及五铢钱，而更作金、银、龟、贝、钱、布之品，名曰"宝货"。

大业，也是使四夷顺服，边境安定，满足百姓日常消费的根本所在，不可轻易废除。于是桑弘羊就同丞相田千秋一起上奏昭帝，提出可以废除酒税。桑弘羊自认为，他对国家振兴立了大功，于是居功自傲，想为子弟们在朝中谋取官位，因他非常憎恨大将军霍光，便与上官桀等人密谋造反，最终被昭帝处死。

宣帝、元帝、成帝、哀帝、平帝五代君王，基本上沿用了前朝所制定的经济政策，未作出什么大的改变。在元帝执政期间，曾罢免过盐铁官，但仅仅过了三年之后就又恢复了。贡禹说："铸钱需要采铜，一年当中有十几万人都不去耕种，百姓因私自铸钱而受到处罚的人很多。富人私藏的钱币装满了整间屋子，却还不满足。民心动摇，放弃农业而去追逐商业带来的利润，耕种的人减少了一半，不法之徒屡禁不止，都是因为钱的缘故。要想解决这种状况，必须从根本上入手，应该罢免负责开采珠玉、金银和铸钱的官员，不再铸造钱币，废除以钱币缴纳赋税的法令，租税、薪俸和赏赐都用布帛和谷物来代替，使百姓一心一意地致力于农桑。"大臣们经过讨论一致认为，商品交易需要钱币为媒介，而布帛不能以尺寸分割，不便交易。贡禹的建议因此被搁置了。

从孝武帝元狩五年（前118），上林苑的三官府开始铸造五铢钱，到平帝元始年间，全国共铸造五铢钱二百八十亿万之多。

平帝时期，王莽开始摄政，他改变汉朝制度，根据周朝的钱有子钱、母钱之分这一依据，于是开始改造大钱，大钱直径为一寸二分，重十二铢，钱币正面刻有"大钱五十"的字样。又铸造了契刀币、错刀币。契刀币，它的边缘如同大钱一样，身形如刀，长二寸，钱币的正面刻有"契刀五百"的字样。错刀币，是用黄金镶嵌它的纹刻，钱币上刻有"一刀值五千"的字样。这三种钱币和五铢钱共四类钱币，同时在市场上流通。

等到王莽正式篡夺了皇位后，他认为"劉"字的书写带有金、有刀，于是就废除了错刀币、契刀币以及五铢钱，而改铸金、银、龟、贝、钱、布等各类钱币，称之为"宝货"。

小钱径六分，重一铢，文曰“小钱直一”。次七分，三铢，曰“幺钱一十”。次八分，五铢，曰“幼钱二十”。次九分，七铢，曰“中钱三十”。次一寸，九铢，曰“壮钱四十”。因前“大钱五十”，是为钱货六品，直各如其文。

黄金重一斤，直钱万。朱提银重八两为一流，直一千五百八十。它银一流直千。是为银货二品。

元龟岠冉长尺二寸，直二千一百六十，为大贝十朋。公龟九寸，直五百，为壮贝十朋。侯龟七寸以上，直三百，为幺贝十朋。子龟五寸以上，直百，为小贝十朋。是为龟宝四品。

大贝四寸八分以上，二枚为一朋，直二百一十六。壮贝三寸六分以上，二枚为一朋，直五十。幺贝二寸四分以上，二枚为一朋，直三十。小贝寸二分以上，二枚为一朋，直十。不盈寸二分，漏度不得为朋，率枚直钱三。是为贝货五品。

大布、次布、弟布、壮布、中布、差布、厚布、幼布、幺布、小布。小布长寸五分，重十五铢，文曰“小布一百”。自小布以上，各相长一分，相重一铢，文各为其布名，直各加一百。上至大布，长二寸四分，重一两，而直千钱矣。是为布货十品。

凡宝货五物，六名，二十八品。

铸作钱布皆用铜，殽以连锡，文质周郭放汉五铢钱云。其金银与它物杂，色不纯好，龟不盈五寸，贝不盈六分，皆不得为宝货。元龟为蔡，非四民所得居，有者，入大卜受直。

百姓愦乱，其货不行。民私以五铢钱市买。莽患之，下诏：“敢

小钱直径六分，重一铢，钱币正面刻有“小钱值一”的字样。另外一种小钱直径七分，重三铢，钱币正面刻有“幺钱一十”的字样。另外一种直径八分，重五铢，叫“幼钱二十”。另外一种直径九分，重七铢，叫“中钱三十”。还有一种直径一寸，重九铢，叫“壮钱四十”。再加上前面提到的“大钱五十”，这就是六种钱币，价值各自对应钱币上面的文字。

黄金以斤为单位，一斤重的黄金，值钱一万钱。银以流为单位，以朱提县所产的纯银八两为一流，价值一千五百八十钱。其他产地的银，一流价值一千钱。这是两种银币。

大龟币，两侧龟边相距一尺二寸，价值二千一百六十钱，相当于十朋大贝币。公龟龟甲长九寸，价值五百钱，相当于十朋壮贝币。侯龟龟甲长七寸以上，价值三百钱，相当于十朋幺贝币。子龟龟甲长五寸以上，价值一百钱，相当于十朋小贝币。这是龟宝四品。

大贝币直径在四寸八分以上，二枚为一朋，价值二百一十六钱。壮贝币直径在三寸六分以上，二枚为一朋，价值五十钱。幺贝币直径在二寸四分以上，二枚为一朋，价值三十钱。小贝币直径在一寸二分以上，二枚为一朋，价值十钱。直径不够一寸二分的，不符合要求，不能为朋，每枚大概价值三钱。这就是贝货五品。

还有大布、次布、弟布、壮布、中布、差布、厚布、幼布、幺布、小布。小布长一寸五分，重十五铢，其正面的文字为“小布一百”。从小布往上，长度每增加一分，重量各增加一铢，其正面的文字对应的就是其布的名称，价值各加一百。一直到大布，大布长二寸四分，重一两，价值却值一千钱了。这就是布货十品。

宝货共计五种不同材质，六个名称，二十八个品种。

铸造钱币都采用铜为原材料，其中掺杂少量铅和锡，钱币上所刻铭文、重量、外形轮廓都仿照汉朝的五铢钱。其它金属掺杂进银中，导致银成色不纯正，龟甲两边距离不满五寸的，贝币直径不满六分的，都不得作为宝货来使用。大龟币以蔡地出产的为最佳，不是一般人家所能收藏的，若有家中收藏大龟币的，也要交给太卜府兑换成钱币。

百姓被这些繁复的钱币搞得很混乱，导致货币很难在市场上流

非井田挟五铢钱者为惑众，投诸四裔以御魑魅。”于是农商失业，食货俱废，民涕泣于市道。坐卖买田宅奴婢铸钱抵罪者，自公卿大夫至庶人，不可称数。莽知民愁，乃但行小钱直一，与大钱五十，二品并行，龟贝布属且寝。

莽性躁扰，不能无为，每有所兴造，必欲依古得经文。国师公刘歆言周有泉府之官，收不雠，与欲得，即《易》所谓“理财正辞，禁民为非”者也。莽乃下诏曰：“夫《周礼》有赊贷，《乐语》有五均，传记各有斡焉。今开赊贷，张五均，设诸斡者，所以齐众庶，抑并兼也。”遂于长安及五都立五均官，更名长安东西市令及洛阳、邯郸、临甾、宛、成都市长皆为五均司市师。东市称京，西市称畿，洛阳称中，余四都各用东西南北为称。皆置交易丞五人，钱府丞一人，工商能采金银铜连锡登龟取贝者，皆自占司市钱府，顺时气而取之。

又以《周官》税民：凡田不耕为不殖，出三夫之税；城郭中宅不树艺者为不毛，出三夫之布；民浮游无事，出夫布一匹。其不能出布者，冗作，县官衣食之。诸取众物鸟兽鱼鳖百虫于山林水泽及畜牧者，嫔妇桑蚕织纴纺绩补缝，工匠医巫卜祝及它方技商贩贾人

通。人们私下还是惯用汉朝的五铢钱在市场上进行交易。王莽为此感到焦虑，于是下诏说："有胆敢非议井田制、私自携带五铢钱的人，按惑众罪论处，把他们流放到四野八荒的边远地区，与孤魂野鬼为伴。"于是农民、商人都放弃了本业，粮食、货物也都没有了，百姓在街市的道路上哭泣。因买卖田宅、奴婢、铸钱的罪行受到处罚的人，上到公卿大夫下到平民百姓，数不胜数。王莽知道百姓心中怨恨，就只好流行价值一钱的小钱和价值五十钱的大钱，两种钱币共同使用，龟币、贝币、布币等种类的货币暂且停止使用。

王莽性情急躁容易冲动，他不能接受自己无所作为，每次有了新的创作灵感，他都必定要从古代的经史典籍中找到类似的文字。国师公刘歆说，周朝有泉府官，负责收购市场上的滞销商品，给予人们想要的紧俏货物，这就是《易经》中所说的："用正确的方法来治理财货，禁止百姓胡作非为"。于是王莽下诏说："《周礼》上说，朝廷有负责赊账、借贷的官员，《周书·乐语》上说，朝廷有负责五均的官员，典籍中记载着这些官员都各司其职。如今我朝也设置负责赊账、借贷的官员，以及负责实行五均的官员，希望他们各司其职，以方便百姓生活，抑制兼并事件发生。"于是王莽在长安以及洛阳、邯郸、临淄、宛城、成都分别设立五均官，将长安东西市令以及洛阳、邯郸、临淄、宛城、成都的市长均改名为五均司市师。将长安的东市令改名为京五均司市师，将西市令改名为畿五均司市师，将洛阳的改名为中五均司市师，其余四座都城各自用东、西、南、北来命名，改名为东、西、南、北五均司市师。他还命令每个集市必须设置五位交易丞，一位钱府丞。有工匠、商人有意愿开采金、银、铜、铅、锡，或是进献龟贝的，都亲自向司市钱府申报，并在适宜的时节前去开采、捕获。

王莽又根据《周礼》所载，找到了向百姓收取赋税的方法：凡不愿耕种田地的人，视其为脱离生产，需缴纳三个劳动力的赋税；城郭中住宅周围不栽种瓜果、蔬菜的人家，视其为不种植作物，需缴纳三个劳动力的布帛；百姓中有游手好闲不务正业的人，需缴纳一匹布的赋税。其中若有交不出布匹的人，则命他去打散工，衣食都由政

坐肆列里区谒舍，皆各自占所为于其在所之县官，除其本，计其利，十一分之，而以其一为贡。敢不自占，自占不以实者，尽没入所采取，而作县官一岁。

诸司市常以四时中月实定所掌，为物上中下之贾，各自用为其市平，毋拘它所。众民卖买五谷布帛丝绵之物，周于民用而不雠者，均官有以考捡厥实，用其本贾取之，毋令折钱。万物卬贵，过平一钱，则以平贾卖与民。其贾氐贱减平者，听民自相与市，以防贵庾者。民欲祭祀丧纪而无用者，钱府以所入工商之贡但赊之，祭祀毋过旬日，丧纪毋过三月。民或乏绝，欲贷以治产业者，均授之，除其费，计所得受息。毋过岁什一。

羲和鲁匡言："名山大泽，盐铁钱布帛，五均赊贷，斡在县官，唯酒酤独未斡。酒者，天之美禄，帝王所以颐养天下，享祀祈福，扶衰养疾。百礼之会，非酒不行。故《诗》曰：'无酒酤我'，而《论语》曰：'酤酒不食'，二者非相反也。夫《诗》据承平之世，酒酤在官，和旨便人，可以相御也。《论语》孔子当周衰乱，酒酤在民，薄恶不诚，是以疑而弗食。今绝天下之酒，则无以行礼相养；放而亡限，则费财伤民。请法古，令官作酒，以二千五百石为一均，率开一卢以卖，雠五十酿为准。一酿用粗米二斛，曲一斛，得成酒六斛六斗。各以其市月朔米曲三斛，并计其贾而参分之，以其一为酒一斛之平。

府供给。所有在山林、湖泊中猎取的生物，包括鸟、兽、鱼、鳖、百虫等等，以及专职以畜牧为生的百姓和种桑养蚕、织丝纺纱、缝缝补补的妇女，还有工匠、医生、巫师、卜祝和其他有一技之长的百姓、所有的商贩，包括走街串巷的行商、在市场摆摊的小贩和坐堂开店的，开旅馆的人，一律向官府申报自己在什么地方，从事什么行业，除去本钱，计算他的利润，并缴纳利润的十分之一作为税金。若有人胆敢漏报或瞒报利润的，没收他的全部收入，并在官府劳役一年。

各司市通常要在四季的第二个月，根据实际情况制定合理的商品价格，分别制定货物上、中、下三等的价格，再通过价格调控来平抑物价，不必受其他地区的影响。百姓买卖五谷、布帛、丝绵等物，这些都是百姓日常生活的必需品，若此类商品出现滞销，则由均官经过考评，确认情况属实，就由官府以该商品本来的价格进行回购，不能让商家亏本。当物价飞涨，超出正常价格一钱时，就由官府将紧俏的商品以平常的价格卖给百姓。若商品价格跌落至平常价格以下的，就任百姓自由买卖，以防止有人囤积货物，趁机哄抬物价。百姓有想祭祀祖先或家里要办理丧事，却没钱的，政府就可以用所收入的工商税，不计利息地借贷给他们，祭祀的借贷周期不超过十天，办理丧事的借贷周期不超过三个月。穷困的百姓有想置办一些产业的，可向政府贷款，政府都会受理，除去必要的生产费用，根据他的所得收取一定比例的利息。一般不会超过一年总收入的十分之一。

大司农鲁匡说："名山大泽，盐、铁、钱、布、帛的价格，以及五均、借贷的经济政策，都由政府掌控，只有卖酒行业还没有人掌管。酒，是上天的完美馈赠，帝王用它来颐养百姓，敬天理神祈求赐福，帮扶衰弱，调养疾病。在我们所举行的各种礼仪活动中，不能没有酒。因此《诗经》上有载：'如果没有酒，那么就算只酿了一夜的酒也可以'，然而《论语》中记载：'只酿了一夜的酒还不能喝'，其实这两种说法并不冲突。《诗经》上所说的是在太平盛世时，酒的买卖由官府掌管，美酒甘醇怡人，可以尽情享用。《论语》中孔子所描述的是周朝末期濒临衰败时，酒在民间由百姓自由买卖，店家不诚信经营，往酒里兑水，食客们因此产生怀疑而不喝。如今断绝天下的美

除米曲本贾，计其利而什分之，以其七入官，其三及醩截灰炭给工器薪樵之费。”

羲和置命士督五均六斡，郡有数人，皆用富贾。洛阳薛子仲、张长叔、临菑姓伟等，乘传求利，交错天下。因与郡县通奸，多张空簿，府臧不实，百姓俞病。莽知民苦之，复下诏曰：“夫盐，食肴之将；酒，百药之长，嘉会之好；铁，田农之本；名山大泽，饶衍之臧；五均赊贷，百姓所取平，卬以给澹；铁布铜冶，通行有无，备民用也。此六者，非编户齐民所能家作，必卬于市，虽贵数倍，不得不买。豪民富贾，即要贫弱，先圣知其然也，故斡之。每一斡为设科条防禁，犯者罪至死。”奸吏猾民并侵，众庶各不安生。

后五岁，天凤元年，复申下金银龟贝之货，颇增减其贾直。而罢大小钱，改作货布，长二寸五分，广一寸，首长八分有奇，广八分，其圜好径二分半，足枝长八分，间广二分，其文右曰“货”，左曰“布”，重二十五铢，直货泉二十五。货泉径一寸，重五铢，文右曰“货”，左曰“泉”，枚直一，与货布二品并行。又以大钱行久，罢

酒，那么百姓在祭祀时就没有可用来行使礼仪和进贡的东西了；无限度地开放，则会劳民伤财。臣请奏，可效仿古法，命官府酿酒，并以二千五百石为一均，率先开放一个酒肆来卖酒，以五十酿为单位起售。一酿需使用糙米二斛，米曲一斛，酿成后得到美酒六斛六斗。并于每月的初一卖酒，如共用去三斛米曲，则计算三斛米曲的总价，再把他除以三，将三分之一作为一斛酒的平常价格。除去糙米、米曲等成本价格，计算它的利润并分成十份，将其中的七份缴纳给官府，其余三份利润以及酒糟和灰炭，则作为偿付工匠、器械、柴火的费用。”

大司农设置命士来监督五均、六斡，每个郡县安置几人，全都由富商担任官职。洛阳薛子仲、张长叔、临淄的姓伟等人，借助官府驿站车马的便利条件，牟取利润，在国内穿梭往来。他们顺势与郡县官吏相勾结，狼狈为奸，制造虚假账目，使官府储备与账簿不符，百姓全都怨声载道。王莽了解到百姓的这些疾苦之后，重新下诏说：“盐，是饭菜的主宰；酒，是百药的引领，宴会庆典的美物；铁，是农业生产的根本；名山大泽，蕴含着丰富的宝藏；五均赊贷，是百姓用来平抑物价，确保物资正常供给的依靠；熔铸钱币，是为了互通有无，使百姓的商品交易更顺畅。这六件事，不是寻常百姓家独自可以做到的，必须依靠市场进行买卖和交易，有些物资，即使价格高出数倍，也不得不买。豪强富商，势必会以强凌弱，先代圣贤早已预知了这种情况，所以要对他们进行制约。每一种制裁手段都需要有相应的法令条例，以防止人们作奸犯科，违抗者处以死刑。”尽管如此，但还是有不法之徒勾结官吏，侵占百姓利益，使百姓无法安定地生活。

五年后，即天凤元年（14），王莽再次颁布法令，诏令百姓使用金银龟贝等作为货币，只是稍微调整了一下它们的价值。废除了大、小钱，改为铲形钱币货布，这种钱币全长二寸五分，宽一寸，钱币上端长八分多，宽八分，打有一圆孔，圆孔的直径为二分半，钱币下端的足枝长八分，中间宽二分，正面右边刻有“货”的字样，左边刻有“布”的字样，钱币重二十五铢，与二十五货泉的价值相等。货泉是最为常

之，恐民挟不止，乃令民且独行大钱，与新货泉俱枚直一，并行尽六年，毋得复挟大钱矣。每壹易钱，民用破业，而大陷刑。莽以私铸钱死，及非沮宝货投四裔，犯法者多，不可胜行，乃更轻其法：私铸作泉布者，与妻子没入为官奴婢；吏及比伍，知而不举告，与同罪；非沮宝货，民罚作一岁，吏免官。犯者愈众，及五人相坐皆没入，郡国槛车铁锁，传送长安钟官，愁苦死者什六七。

作货布后六年，匈奴侵寇甚，莽大募天下囚徒人奴，名曰猪突豨勇，壹切税吏民，訾三十而取一。又令公卿以下至郡县黄绶吏，皆保养军马，吏尽复以与民。民摇手触禁，不得耕桑，繇役烦剧，而枯旱蝗虫相因。又用制作未定，上自公侯，下至小吏，皆不得奉禄，而私赋敛，货赂上流，狱讼不决。吏用苛暴立威，旁缘莽禁，侵刻小民。富者不得自保，贫者无以自存，起为盗贼，依阻山泽，吏不能禽而覆蔽之，浸淫日广，于是青、徐、荆楚之地往往万数。战斗死亡，缘边四夷有所系虏，陷罪，饥疫，人相食，及莽未诛，而天下户口减半矣。

见的外圆内方钱币，直径为一寸，重五铢，正面右边刻有“货”的字样，左边刻有“泉”的字样，一枚价值一钱，与货布一起，两种钱币同时流通。又因为大钱流通的时间太久，诏令停止流通，但王莽怕百姓私下携带使用，无法完全禁止，于是又诏令说，百姓中暂且使用大钱的，其价值与新发行的货布币、货泉币相同，都是一比一的兑换关系，就这样共同流通了六年之后，不得再使用大钱交易。每更改一次钱币，都会有大量的百姓破产，或是出现大批因钱币触犯法律的人。王莽将私自铸钱的人判处死刑，以及非议诋毁新版钱币的人发配到边远地区，为此而犯法的人实在是太多了，法不责众，于是就只得更改、减轻刑罚。私自铸造货泉币、货布币的人，携妻带子一同被收入官府为奴、为婢；相关官吏以及左邻右舍，知道情况而不举报的，与犯人同罪；非议诋毁新版钱币的人，若是普通百姓，则罚他做一年苦役，若是官员就免去他的职务。谁知犯法的人与日俱增，罪犯连同他的左邻右舍五户人家，都被收入官府为奴为婢，各郡县、诸侯国用囚车、铁锁，将这些犯人押送到长安掌管铸钱的官员处服苦役，十有六七的人，都因痛苦不堪而死去。

铸造货布币六年之后，匈奴人屡屡进犯中原，王莽大规模招募天下的囚犯、奴隶，由这些人组建军队，称为猪突豨勇，所有的费用支出一律由官吏征缴赋税而来，每家每户必须缴纳三十分之一的财产税。又诏令说，上至公卿大夫，下至各郡县黄绶级别的小官吏，都要保养军马，官吏又把军马全部转交给百姓，并命令他们来保养。百姓摇摇手都有可能触犯禁令，根本无心耕田、采桑，繁重的徭役之苦，还有旱灾、蝗虫等自然灾害接连不断。再加上制度也不完善，上至公侯，下到小吏，都领不到俸禄，他们便私下收取赋税，贿赂上级官员，官司纠纷连续不断。官吏们凭借着苛刻残暴的执法手段树立威信，假借王莽所制定的禁令，侵害剥夺百姓。富人有的也不能自保，贫困的百姓更是无法生存，于是大家群起而结为盗贼，凭借山泽的险阻优势，官吏无法擒获他们，从而隐藏起来，岂料时局不断恶化，于是青州、徐州、荆楚等地，藏匿于山林之中的就有数万人。在战争中死亡的，被发配到边境地区被少数民族所俘虏的，犯法被处死

自发猪突豨勇后四年，而汉兵诛莽。后二年，世祖受命，荡涤烦苛，复五铢钱，与天下更始。

赞曰：《易》称："裒多益寡，称物平施"，《书》云"楙迁有无"，周有泉府之官，而《孟子》亦非"狗彘食人之食不知敛，野有饿莩而弗知发"。故管氏之轻重，李悝之平籴，弘羊均输，寿昌常平，亦有从徕。顾古为之有数，吏良而令行，故民赖其利，万国作乂。及孝武时，国用饶给，而民不益赋，其次也。至于王莽，制度失中，奸轨弄权，官民俱竭，亡次矣。

的，因饥饿、疾病而死的，以及人吃人幸存下来的，直到王莽被杀之前，天下的人口已经减少了一半。

自从发派猪突豨勇四年后，汉朝的军队在长安诛杀了王莽。两年后，世祖光武帝刘秀奉天承运，铲除王莽制造的混乱局面和苛刻的律法，恢复使用五铢钱，与天下百姓一起迎接新气象。

赞辞说：《易经》上说："减去多余的，补充不足的，根据物品的多少，均衡施与"，《尚书》上说："通过交易，互通有无"，周朝设有掌管国家税收、收购滞销物资的官职，而《孟子》中曾提到："狗和猪开始吃人的食物时，就该收购粮食入仓，荒野中有饿死的人时就该开仓赈济灾民了"。因此管子关于供求关系的理论，李悝的平籴法，桑弘羊的均输策略，耿寿昌首创的常平仓，都是从满足百姓的根本生活需求出发的。只是借鉴古人的经验要有节制，官吏有良知，政令才得以很好地推行，百姓才能够真正从中获得好处，天下才能实现太平盛世。到孝武帝执政时期，国家财力充足，百姓没有增加赋税，这就是稍逊色于太平盛世一些的。至于王莽执政时期，制度混乱，奸佞小人掌握权力，官员百姓都被压榨一空，和太平盛世相比，这简直是最差的了。

文白对照

二十四史新译

漢書

二

主编 楼宇烈
执行主编 梁光玉 萧祥剑
〔东汉〕班固 撰 谦德书院 译

团结出版社

图书在版编目（C I P）数据

汉书 / (东汉) 班固著；谦德书院译．-- 北京：团结出版社，2024.12

ISBN 978-7-5234-0578-9

Ⅰ．①汉… Ⅱ．①班… ②谦… Ⅲ．①《汉书》-译文 Ⅳ．① K234.104.2

中国国家版本馆 CIP 数据核字 (2023) 第 208363 号

责任编辑：梁光玉
封面设计：肖宇岐

出　版：团结出版社
（北京市东城区东皇城根南街 84 号　邮编：100006）
电　话：（010）65228880　65244790
网　址：http://www.tjpress.com
E-mail：zb65244790@vip.163.com
经　销：全国新华书店
印　装：天宇万达印刷有限公司

开　本：145mm×210mm　32 开
印　张：125.25　字　数：2395 千字
版　次：2024 年 12 月 第 1 版　印　次：2024 年 12 月 第 1 次印刷

书　号：978-7-5234-0578-9
定　价：520.00 元（全五册）

目　录

第二册

卷二十五—卷三十五

卷二十五上

郊祀志第五上

《洪范》八政，三曰祀。祀者，所以昭孝事祖，通神明也。旁及四夷，莫不修之；下至禽兽，豺獭有祭。是以圣王为之典礼。民之精爽不贰，齐肃聪明者，神或降之，在男曰觋，在女曰巫，使制神之处位，为之牲器。使先圣之后，能知山川，敬于礼仪，明神之事者，以为祝；能知四时牺牲，坛场上下，民姓所出者，以为宗。故有神民之官，各司其序，不相乱也。民神异业，敬而不黩，故神降之嘉生，民以物序，灾祸不至，所求不匮。

及少昊之衰，九黎乱德，民神杂扰，不可放物。家为巫史，享祀无度，民黩齐明而神弗蠲。嘉生不降，祸灾荐臻，莫尽其气。颛顼受之，乃命南正重司天以属神，命火正黎司地以属民，使复旧常，亡相侵黩。

自共工氏霸九州，其子曰句龙，能平水土，死为社祠。有烈山氏王天下，其子曰柱，能殖百谷，死为稷祠。故郊祀社稷，所从来尚矣。

《尚书·洪范》中记载：食、货、祀、司空、司徒、司寇、宾、师这八项为施政要务，其中第三项即为祭祀。祭祀，就是为了向祖先昭示自己的孝心，人们通过祭祀，可通达神明。说到祭祀活动，就连周边的少数民族在内，没有不注重祭祀的；甚至连禽兽，豺狼和水獭也有祭祀的举动。因此圣明的君王为祭祀制定了典法礼仪。在祭祀时，祭祀者要全神贯注，庄严敬畏肃穆地祈求神灵的降临。祭祀过程中，敬请神灵降临的男子称为觋，敬请神灵降临的女子称为巫，神灵降临至神位，百姓便供奉给神灵牺牲和礼器。上古圣贤的后裔，还要主动遥祭山川，崇尚礼仪。能与神灵沟通，传达神灵旨意的人称为祝，这类人能预知四季祭祀的时间、负责祭祀场所的布置。神灵来源于同一姓氏的，称为宗。因此出现了专门沟通上神和下民的官员，他们按照祖宗灵位排序，避免祭祀时出现混乱。阳间的百姓和阴间的神灵各有不同的本业，彼此尊敬互不侵犯，因此神灵便会赐福给阳间的百姓，百姓遵循自然规律，繁衍生息，灾祸自然不会降临，所求都会得到满足。

到了少昊氏衰败之后，九黎部落中以蚩尤为代表的首领出现乱德行为，他们杂拜鬼神，不可方物。家族中有人身为女巫男巫的，在祭祀时不懂规矩，神灵感到被玷污而不再显灵。从此福瑞便不再降临，灾祸频发，祭祀完全失去了意义。直到颛顼领受天命，于是他命令南正重掌管有关天象的事务，按照礼仪敬天理神，命令火正黎掌管有关地理的事务，按照礼仪治理万民，这样才使天地又恢复了从前的正常秩序，不要有侵犯玷污神灵的事情发生。

自从共工氏称霸九州后，他有个儿子名叫句龙，能治理水土问题，句龙死后，百姓便把他当作土地神来祭祀。此后有烈山氏炎帝称王天下，他有个儿子名叫柱，善于培育百谷，柱死后，百姓便把他当作

《虞书》曰，舜在璇玑玉衡，以齐七政。遂类于上帝，禋于六宗，望秩于山川，遍于群神。揖五瑞，择吉月日，见四岳诸牧，班瑞。岁二月，东巡狩，至于岱宗。岱宗，泰山也。柴，望秩于山川。遂见东后。东后者，诸侯也。合时月正日，同律度量衡，修五礼五乐，二帛二牲一死为贽。五月，巡狩至南岳。南岳者，衡山也。八月，巡狩至西岳。西岳者，华山也。十一月，巡狩至北岳。北岳者，恒山也。皆如岱宗之礼。中岳，嵩高也。五载一巡狩。

禹遵之。后十三世，至帝孔甲，淫德好神，神黩，二龙去之。其后十三世，汤伐桀，欲迁夏社，不可，作《夏社》。乃迁烈山子柱，而以周弃代为稷祠。后八世，帝太戊有桑榖生于廷，一暮大拱，惧。伊陟曰："祆不胜德。"太戊修德，桑榖死。伊陟赞巫咸。后十三世，帝武丁得傅说为相，殷复兴焉，称高宗。有雉登鼎耳而雊，武丁惧。祖己曰："修德。"武丁从之，位以永宁。后五世，帝乙嫚神而震死。后三世，帝纣淫乱，武王伐之。由是观之，始未尝不肃祗，后稍怠嫚也。

五谷神来祭祀。因此后人便在郊外祭祀土地神和五谷神，这也就是郊祀社稷的起源。

《尚书·虞书》上说：舜通过观天仪的观察，整理出日、月、金、木、水、火、土这七种天象。于是根据不同分类，以不同的方式祭祀上天，如燃柴升烟祭祀日、月、雷、风、山、泽，通过遥望祭祀山川，遍祭群神。舜帝收集齐璧、璜、圭、琮、璋五种以玉制成的礼器，挑选良辰吉日，在牧守与四方诸侯会晤，并分别把瑞玉制成的礼器颁发给他们。每年二月，舜帝都要到东方巡察，向东到达岱宗。所谓的岱宗，即指泰山。舜帝在此焚烧柴薪，以祭祀山川。之后会见东方诸侯。所谓的东后，即为东方各国诸侯。大家共同调和、确定统一的四季、月份并纠正日期，统一音律和度量衡，修订五礼五乐，并统一将玄、纁、黄三色丝帛，加上羔羊和大雁，以及一只雉鸡作为初次拜见尊长所送的礼物。五月，舜帝便巡察到了南岳。所谓的南岳，即指衡山。八月，巡察到西岳。所谓西岳，即指华山。十一月，巡察到北岳。所谓北岳，即指恒山。每到一处，舜帝所行的祭祀礼仪都与岱宗的礼仪相同。所谓中岳，即指嵩山。舜帝每五年巡察中岳一次。

禹帝一直遵照执行。这种祭祀方法在夏朝沿袭了十三代，直到孔甲帝执政时期，他亵渎神灵，使神灵感到被玷污，于是护佑夏朝的两条神龙就此离去。其后又经历三代，商汤讨伐夏桀成功后，企图变更土地神，最终却未能实现，于是就作了《夏社》。于是就贬谪了烈山氏炎帝的儿子柱，以周朝姬氏的祖先“弃”代替柱，成为五谷神，享用后世的祭祀。此后商朝经历了八代帝王，到了太戊帝时期，在他的庭院里生长着桑、榖二树，一夜之间就长得一抱粗，太戊帝害怕极了。伊尹的儿子伊陟就说：“妖不胜德。”太戊帝于是就开始修养德行，不久，桑、榖二树就死了。伊陟将此事告诉了负责祭祀的巫咸。经过十三代帝王后，到了武丁帝时期，他任命傅说为宰相，殷商再度兴盛，武丁被后人称为高宗。当时有只雉鸡登在鼎耳上鸣叫，武丁很害怕。祖己说：“要修养德行。”武丁便接受了他的建议，国家一直很安宁。又经过五代帝王之后，帝乙轻慢神灵，被雷震而死。又经过三代帝王之后，帝纣淫乱，武王便率兵讨伐他。由此看来，开国之初的帝

周公相成王，王道大洽，制礼作乐，天子曰明堂辟雍，诸侯曰泮宫。郊祀后稷以配天，宗祀文王于明堂以配上帝。四海之内各以其职来助祭。天子祭天下名山大川，怀柔百神，咸秩无文。五岳视三公，四渎视诸侯。而诸侯祭其疆内名山大川，大夫祭门、户、井、灶、中霤五祀，士庶人祖考而已。各有典礼，而淫祀有禁。

后十三世，世益衰，礼乐废。幽王无道，为犬戎所败，平王东徙雒邑。秦襄公攻戎救周，列为诸侯，而居西，自以为主少昊之神，作西畤，祠白帝，其牲用骝驹、黄牛、羝羊各一云。

其后十四年，秦文公东猎汧渭之间，卜居之而吉。文公梦黄蛇自天下属地，其口止于鄜衍。文公问史敦，敦曰："此上帝之征，君其祠之。"于是作鄜畤，用三牲郊祭白帝焉。

自未作鄜畤，而雍旁故有吴阳武畤，雍东有好畤，皆废无祀。或曰："自古以雍州积高，神明之隩，故立畤郊上帝，诸神祠皆聚云。盖黄帝时尝用事，晚周亦郊焉。"其语不经见，缙绅者弗道。

作鄜畤后九年，文公获若石云，于陈仓北阪城祠之。其神或岁不至，或岁数。来也常以夜，光辉若流星，从东方来，集于祠城，若雄雉，其声殷殷云，野鸡夜鸣。以一牢祠之，名曰陈宝。

王对待神灵都是十分恭敬、谨慎的，只是后世的帝王慢慢懈怠了。

周公摄政辅佐成王，那时的王道非常和谐，周公制定礼乐，天子祭天的地方称为明堂、辟雍，诸侯祭祀的地方称为泮宫。郊祭后稷以配享上天，在明堂宗祭文王以配享上天。四海之内的诸侯，按各自的次序来京城辅助祭祀。天子祭祀天下的名山、大川，怀柔百神，也都是根据神灵的位序进行祭祀。祭祀五岳就像对待三公一样恭敬有礼，祭祀四水就像对待诸侯一样彬彬有礼。诸侯一般只祭祀他们疆域内的名山、大川即可，大夫则祭祀门神、户神、井神、灶神、宅神五位，百姓一般只祭祀祖先就可以了。无论是祭祀什么神灵，各自都有规定的典制礼仪，而放纵、不恭的祭祀是绝对要被禁止的。

周朝经过了十三代帝王之后，皇权日渐衰落，礼乐也被废止。幽王昏庸无道，最终被犬戎击败，平王向东迁都洛阳。秦襄公因讨伐犬戎，援救周王有功，而被列为诸侯，居住于黄河以西，自古以来秦氏都以少昊氏为始祖神灵，他们在河西建造了祭祀天地五帝的西畤，供奉白帝，以马驹、黄牛、羝羊各一头作为祭品。

十四年之后，秦文公在汧水与渭水以东打猎，选了一块风水宝地安营扎寨。文公梦见一条黄蛇自天上，直垂到地面，蛇嘴正落在鄜地的沃野之上。梦醒后文公询问大夫史敦，这梦代表什么含义，史敦说："这是上天的征兆，您应在此地祭祀上天。"于是文公下令在鄜地建造了祭祀天地的鄜畤，并用三牲郊祭白帝。

在建造鄜地祭坛之前，在雍城附近的吴阳有座武畤，雍城以东有座好畤，如今都已废弃不用，无人祭祀了。有人说："自古以来，因为雍州地势较高，向来被视为是神明居住之地，所以在此建造祭坛来郊祀上天，诸神的祠庙也都云集在这里。大概是黄帝时期曾在这里祭祀，到了晚周也还进行过郊祀祭典。"这种说法在经史典籍中查寻不到，士大夫们也很少提及。

建造鄜畤九年之后，秦文公得到一件玉石类的宝物，便在陈仓以北的山坡上筑城祭祀它。这件宝物所承载的神灵，有时候一年都不来一次，有时候一年来数次。即使来也常常是在夜晚，它的光辉像流星一般闪耀，从东方而来，聚集在祭祀城之上，它的声音像雄鸡

作陈宝祠后七十一年，秦德公立，卜居雍。子孙饮马于河，遂都雍。雍之诸祠自此兴。用三百牢于鄜畤。作伏祠，磔狗邑四门，以御蛊灾。

后四年，秦宣公作密畤于渭南，祭青帝。

后十三年，秦穆公立，病卧五日不寤，寤，乃言梦见上帝，上帝命穆公平晋乱。史书而臧之府。而后世皆曰上天。

穆公立九年，齐桓公既霸，会诸侯于葵丘，而欲封禅。管仲曰："古者封泰山禅梁父者七十二家，而夷吾所记者十有二焉。昔无怀氏封泰山，禅云云；虙羲封泰山，禅云云；神农氏封泰山，禅云云；炎帝封泰山，禅云云；黄帝封泰山，禅亭亭；颛顼封泰山，禅云云；帝喾封泰山，禅云云；尧封泰山，禅云云；舜封泰山，禅云云；禹封泰山，禅会稽；汤封泰山，禅云云；周成王封泰山，禅于社首；皆受命然后得封禅。"桓公曰："寡人北伐山戎，过孤竹；西伐，束马县车，上卑耳之山；南伐至召陵，登熊耳山，以望江汉。兵车之会三，乘车之会六，九合诸侯，一匡天下，诸侯莫违我。昔三代受命，亦何以异乎？"于是管仲睹桓公不可穷以辞，因设之以事，曰："古之封禅，鄗上黍，北里禾，所以为盛；江淮间一茅三脊，所以为藉也。东海致比目之鱼，西海致比翼之鸟。然后物有不召而自至者十有五焉。今凤皇麒麟不至，嘉禾不生，而蓬蒿藜莠茂，鸱枭群翔，而欲封禅，无乃不可乎？"于是桓公乃止。

一样，殷殷鸣叫，引得野鸡纷纷夜啼。每次都以牛、羊、猪三牲齐备的太牢礼祭祀它，神灵名为陈宝。

建造陈宝祠之后的七十一年，秦德公称王，选择在雍城居住。他的子孙立下“饮马于河”之志，于是定都雍城。雍城的各种祭祀活动也从那时开始，逐渐昌盛。用三百太牢礼在鄜畤进行祭祀。在伏日进行祭祀，就是将宰杀后的狗分尸，分别悬挂于城邑的四座城门，以此来防御蛊灾。

四年后，秦宣公在渭南建造了密畤，用来祭祀青帝。

十三年后，秦穆公称王，卧病在床五日不醒，醒来后，就说自己梦见了上帝，上帝命他平定晋国内乱。史官将此事记录下来，并收藏在宫中。然而后世却都说秦穆公上过天。

秦穆公称王的第九年，齐桓公已经称霸，他与各位诸侯在葵丘会盟，于是便产生了“祭天”“祭地”的想法。管仲说：“史料记载，在泰山上设坛祭天，在梁父山上设坛祭地的共有七十二位帝王，而臣印象中的只有十二家。从前无怀氏在泰山祭天，在云云山祭地；伏羲氏在泰山祭天，在云云山祭地；神农氏在泰山祭天，在云云山祭地；炎帝在泰山祭天，在云云山祭地；黄帝在泰山祭天，在亭亭山祭地；颛顼在泰山祭天，在云云山祭地；帝喾在泰山祭天，在云云山祭地；尧帝在泰山祭天，在云云山祭地；舜帝在泰山祭天，在云云山祭地；禹在泰山祭天，在会稽山祭地；汤在泰山祭天，在云云山祭地；周成王在泰山祭天，在社首山祭地；他们都是在领受天命之后成为帝王，才有资格在此祭天祭地的。”齐桓公说：“寡人向北征讨山戎，经过孤竹国；向西征伐，勒马停车，亲登卑耳山；向南征伐至召陵，登顶熊耳山，眺望长江、汉水。武装会盟三次，和平会盟有六次，联合诸侯九次会盟，统一天下，诸侯都没有反对我的。这与远古时代的夏商周三代帝王领受天命，有什么差别呢？”于是管仲发现很难用言语说服齐桓公，于是就举了几个真实事例，说：“古代祭祀天地，要用鄗上产的黍米，北里产的谷粟，用祭祀的礼器将它们盛满；再用长江、淮河之间的一种有三条脊骨的菁茅，编织成蒲垫铺路。还有东海进贡来的比目鱼，西海进贡来的比翼鸟。然后还有十五种不召自来的祥瑞之

是岁，秦穆公纳晋君夷吾。其后三置晋国之君，平其乱。穆公立三十九年而卒。

后五十年，周灵王即位。时诸侯莫朝周，苌弘乃明鬼神事，设射不来。不来者，诸侯之不来朝者也。依物怪，欲以致诸侯。诸侯弗从，而周室愈微。后二世，至敬王时，晋人杀苌弘。

是时，季氏专鲁，旅于泰山，仲尼讥之。

自秦宣公作密畤后二百五十年，而秦灵公于吴阳作上畤，祭黄帝；作下畤，祭炎帝。

后四十八年，周太史儋见秦献公曰："周始与秦国合而别，别五百载当复合，合七十年而伯王出焉。"儋见后七年，栎阳雨金，献公自以为得金瑞，故作畦畤栎阳，而祀白帝。

后百一十岁，周赧王卒，九鼎入于秦。或曰，周显王之四十二年，宋大丘社亡，而鼎沦没于泗水彭城下。

自赧王卒后七年，秦庄襄王灭东周，周祀绝。后二十八年，秦并天下，称皇帝。

秦始皇帝既即位，或曰："黄帝得土德，黄龙地螾见。夏得木德，青龙止于郊，草木畅茂。殷得金德，银自山溢。周得火德，有赤乌之符。今秦变周，水德之时。昔文公出猎，获黑龙，此其水德之瑞。"于是秦更名河曰"德水"，以冬十月为年首，色上黑，度以六为名，音上大吕，事统上法。

物。如今凤凰、麒麟未至，优质的五谷未生，田野里蓬蒿杂草茂盛，鸱枭成群飞翔，在这种条件下祭祀天地，恐怕不太好吧？”于是齐桓公只得打消祭祀天地的想法。

同年，秦穆公帮助晋惠公回国即位。之后为了平定晋国内乱，秦穆公又三次为晋国设立国君。秦穆公在位三十九年后驾崩。

五十年后，周灵王即帝位。当时各诸侯国早已不来都城觐见周王，大夫苌弘便借助鬼神之力，设置射“貍首”之礼，将不来觐见的诸侯头像作为靶心射箭。他试图通过灵异之事，要求诸侯国服从周天子。诸侯国不服从，于是周王朝逐渐衰败了。后来又经过两代帝王，到敬王执政时期，晋国人索性将苌弘杀死。

在当时，季氏专权于鲁国，他在泰山进行祭祀，遭到孔子的讥讽。

从秦宣公建造密畤后的二百五十年，秦灵公又在吴阳建造了上畤，用来供奉黄帝；建造下畤，用来供奉炎帝。

四十八年后，周太史儋觐见秦献公时说：“周朝最初与秦国交好，而后又主权分裂，分裂五百年后便会重新交好，交好七十年后，会有一位霸主横空出世。”自太史儋觐见秦献公七年后，栎阳下起了一场黄金雨，秦献公自认为是得到了金德的祥瑞，于是便在栎阳建造祭祀天地的畦畤，用来供奉白帝。

一百一十年后，周赧王驾崩，周朝的九尊宝鼎被秦国掳走。有人说，周显王四十二年（前327），宋国的泰丘神社损毁时，就曾有一尊宝鼎沉没于彭城的泗水之中。

自从周赧王驾崩之后七年，秦国庄襄公灭了东周，从此就断绝了周王室的祭祀。二十八年后，秦国兼并天下，秦王嬴政称皇帝。

秦始皇即位之后，有人说：“黄帝得土德，于是就有黄龙和大蚯蚓出现。夏朝得木德，于是有青龙降落在郊外，草木格外茂盛。殷朝得金德，于是有银从山中流溢而出。周朝得火德，于是有祥瑞的赤乌从天而降。如今秦朝取代周朝，是得水德的时代。之前文公外出狩猎，捕获黑龙，这就是水德的祥瑞之兆。”于是秦始皇把黄河改名为“德水”，把冬十月作为一年的开始，崇尚黑色，把六作为吉祥数字，

即帝位三年，东巡郡县，祠驺峄山，颂功业。于是从齐鲁之儒生博士七十人，至于泰山下。诸儒生或议曰："古者封禅为蒲车，恶伤山之土石草木；扫地而祠，席用苴秸，言其易遵也。"始皇闻此议各乖异，难施用，由此黜儒生。而遂除车道，上自泰山阳。至颠，立石颂德，明其得封也。从阴道下，禅于梁父。其礼颇采泰祝之祀雍上帝所用，而封臧皆秘之，世不得而记。

始皇之上泰山，中阪遇暴风雨，休于大树下。诸儒既黜，不得与封禅，闻始皇遇风雨，即讥之。

于是始皇遂东游海上，行礼祠名山川及八神，求仙人羡门之属。八神将自古而有之；或曰太公以来作之。齐所以为齐，以天齐也。其祀绝，莫知起时。八神，一曰天主，祠天齐。天齐渊水，居临菑南郊山下下者。二曰地主，祠泰山梁父。盖天好阴，祠之必于高山之下畤，命曰"畤"；地贵阳，祭之必于泽中圜丘云。三曰兵主，祠蚩尤。蚩尤在东平陆监乡，齐之西竟也。四曰阴主，祠三山；五曰阳主，祠之罘山；六曰月主，祠之莱山：皆在齐北，并勃海。七曰日主，祠盛山。盛山斗入海，最居齐东北阳，以迎日出云。八曰四时主，祠琅邪。琅邪在齐东北，盖岁之所始。皆各用牢具祠，而巫祝所损益，圭币杂异焉。

音律崇尚大吕，政事崇尚法令。

秦始皇即位三年后，巡察东部各郡县，在鲁县的峄山祭祀，歌颂秦朝的功业。当时随行的还有他从齐鲁征集来的儒生博士七十人，一同抵达泰山脚下。众儒生七嘴八舌地议论说："古代帝王祭祀天地，都要事先用蒲草包裹车轮，以免破坏山上的土石草木；而且要尽除一切官威，虔诚地进行祭祀，而且要用苴秸编成的草席，据说是这样有益于传承。"秦始皇认为这些说法很荒谬，难以实行，由此很排斥儒生。随性地开辟车道，上到泰山南麓。到达山巅后，立石碑为秦朝歌功颂德，表明他具备祭祀天地的资格。祭天之后从山的北麓登至梁父山，在那里祭地。祭地礼仪主要采用秦国在雍城祭祀天帝时的礼仪形式，而且所有礼仪都秘而不宣，以致世人无法得知，也无从记录。

秦始皇在登泰山时，中途遇到暴风雨，于是只得在大树下休息。当时众儒生已经被斥退，并未参与祭祀天地的仪式，他们听说秦始皇在山上遭遇风雨，于是都讥笑他。

紧接着秦始皇便向东巡察海上，沿途祭祀名山、大川以及上古所祭祀的八神，求访仙人羡门高以及他的同宗。八神，自古以来就有供奉八神的说法；有人说是姜太公所封。齐国之所以叫齐，是因泰山而命名。齐国的祭祀不知是从什么时候断绝的。所谓的八神，一是天主，祭祀于泰山。泰山有深潭，位于临淄南郊山下面。二是地主，祭祀于泰山、梁父山。大概是因为天帝喜好阴，所以祭祀一定要选在高山的下面，祭坛称为"畤"；而地神喜好阳，所以祭祀一定要在水中建一座圆形的祭坛。三是兵主，即祭祀蚩尤。蚩尤葬在东平陆监乡，那里是齐国的西部边境。四是阴主，祭祀于三山；五是阳主，祭祀于之罘山；六是月主，祭祀于之莱山。这些山都位于齐国北面，临近渤海。七是日主，祭祀于盛山。盛山高直峻立，直入大海，位于齐国的东北边境，每日迎接太阳升起。八是四时主，祭祀于琅琊山。琅琊山位于齐国东北面，据说是每年祭祀开始的地方。祭祀八神，要用各自专属的太牢祭品和祭祀器具，然而后来被巫师们擅自增减，其中夹杂了玉圭和钱币，也就各不相同了。

自齐威、宣时，驺子之徒论著终始五德之运，及秦帝而齐人奏之，故始皇采用之。而宋毋忌、正伯侨、元尚、羡门高最后，皆燕人，为方仙道，形解销化，依于鬼神之事。驺衍以阴阳主运显于诸侯，而燕齐海上之方士传其术不能通，然则怪迂阿谀苟合之徒自此兴，不可胜数也。

自威、宣、燕昭使人入海求蓬莱、方丈、瀛洲。此三神山者，其传在勃海中，去人不远。盖尝有到者，诸仙人及不死之药皆在焉。其物禽兽尽白，而黄金银为宫阙。未至，望之如云；及到，三神山反居水下，水临之，患且至，则风辄引船而去，终莫能至云。世主莫不甘心焉。

及秦始皇至海上，则方士争言之。始皇如恐弗及，使人赍童男女入海求之。船交海中，皆以风为解，曰未能至，望见之焉。其明年，始皇复游海上，至琅邪，过恒山，从上党归。后三年，游碣石，考入海方士，从上郡归。后五年，始皇南至湘山，遂登会稽，并海上，几遇海中三神山之奇药。不得，还到沙丘崩。

二世元年，东巡碣石，并海，南历泰山，至会稽，皆礼祠之，而胡亥刻勒始皇所立石书旁，以章始皇之功德。其秋，诸侯叛秦。三年而二世弑死。

始皇封禅之后十二年而秦亡。诸儒生疾秦皇焚《诗》《书》，诛灭文学，百姓怨其法，天下叛之，皆说曰："始皇上泰山，为风雨所击，不得封禅云。"此岂所谓无其德而用其事者邪？

从齐威王、齐宣王开始，邹子之辈著书论述五德终始的运行，到秦始皇称帝时，齐人就把这些论著献给秦始皇，因此秦始皇采用这些说法。而宋毋忌、正伯侨、元尚、羡门高是后来人，都是燕国人，他们假借仙家道术，灵魂出窍，依附于鬼神之事。邹衍通过阴阳主宰气运的理论，在诸侯间享有盛誉，然而燕国、齐国海上方士传播他的理论却根本行不通，反而是那些阿谀逢迎，不讲原则随声附和之人就此进身，这样的例子数不胜数。

齐威王、齐宣王、燕昭王都曾派人到海上寻访蓬莱、方丈、瀛洲。这三座神山，传说位于渤海之中，距离人烟之地不远。据说曾有人到达过那里，诸位仙人以及长生不死的仙药都在那里。那里的万物和禽兽都是白色，而宫殿都是用黄金、白银修建而成的。没靠近仙山之前，远望仙山云雾缭绕；靠近之后，三座神山反而没于水下，波涛汹涌而来，灾祸即将降临，仙人怕人靠近，就用风把船吹远，世人始终无法抵达仙山。世间的君主听到这样的描述，没有不钦羡的。

等到秦始皇来到海上，方士们争先恐后地向他讲述此类事件。秦始皇怕自己也无法到达，便派人先带着童男童女到海上去寻找仙山。船到海中，都以风浪太大无法抵达作为借口，说没有到达仙山，只是远远看见。第二年，秦始皇重游海上，先到达琅琊山，途经恒山时，取道上党郡而归。三年后，秦始皇巡游碣石山，考察曾到过海上的方士，从上郡归。五年后，秦始皇南巡至湘山，于是登上会稽山，濒临海上，每次都希望能遇到海中的三座神山和长生不老的奇药。但始终没能如愿，回来的路上在沙丘驾崩。

秦二世元年（前209），秦二世向东巡游至碣石山，濒临海上，又南巡经过泰山，最终到达会稽山，所到之处，他都举行祭祀之礼，并在秦始皇所立的石碑文旁雕刻，以彰显秦始皇的功德。同年秋天，诸侯反叛秦朝。三年后，秦二世被杀。

秦始皇祭祀天地之后十二年，秦朝灭亡。众儒生痛恨秦始皇焚烧《诗经》《尚书》，销毁儒家文献经典，百姓怨恨秦朝严苛的法令，天下人共同反叛秦朝，都说："秦始皇上泰山时，被风雨所袭击，说明他不具备祭祀天地的资格。"这难道就是所说的没有德行，而偏

昔三代之居皆河洛之间，故嵩高为中岳，而四岳各如其方，四渎咸在山东。至秦称帝，都咸阳，则五岳、四渎皆并在东方。自五帝以至秦，迭兴迭衰，名山大川或在诸侯，或在天子，其礼损益世殊，不可胜记。及秦并天下，令祠官所常奉天地名山大川鬼神可得而序也。

于是自崤以东，名山五，大川祠二。曰太室。太室，嵩高也。恒山，泰山，会稽，湘山。水曰泲，曰淮。春以脯酒为岁祷，因泮冻；秋涸冻；冬塞祷祠。其牲用牛犊各一，牢具圭币各异。自华以西，名山七，名川四。曰华山，薄山。薄山者，襄山也。岳山，岐山，吴山，鸿冢，渎山。渎山，蜀之岷山也。水曰河，祠临晋；沔，祠汉中；湫渊，祠朝那；江水，祠蜀。亦春秋泮涸祷塞如东方山川；而牲亦牛犊牢具圭币各异。而四大冢鸿、岐、吴、岳，皆有尝禾。陈宝节来祠，其河加有尝醪。此皆雍州之域，近天子都，故加车一乘，骝驹四。霸、产、丰、涝、泾、渭、长水，皆不在大山川数，以近咸阳，尽得比山川祠，而无诸加。汧、洛二渊，鸣泽、蒲山、岳婿山之属，为小山川，亦皆祷塞泮涸祠，礼不必同。而雍有日、月、参、辰、南北斗、荧惑、太白、岁星、填星、辰星、二十八宿、风伯、雨师、四海、九臣、十四臣、诸布、诸严、诸逐之属，百有余庙。西亦有数十祠。于湖有周天子祠。于下邽有天神。丰、镐有昭明、天子辟池。于杜、亳有五杜主之祠、寿星祠；而雍、菅庙祠亦有杜主。杜主，故周之右将军，其在秦中最小鬼之神者也。各以岁时奉祠。

要去崇尚德行之事吗?

上古时期的夏商周三个朝代,大都居在黄河、洛水一带,因此将嵩山作为中岳,而四岳分别位于不同的四个方位,而四渎都位于崤山以东。直到秦始皇称帝,定都咸阳,则五岳、四渎都位于东方了。从五帝到秦始皇,朝代兴衰交替,名山、大川有的位于诸侯国境内,有的位于天子脚下,礼仪制度各有增减,世代各有不同,无法悉数记载。直等秦始皇兼并天下,才诏令祭祀官将经常祭祀的天地、名山、大川、鬼神有序地记录下来。

于是从崤山以东,要祭祀五座名山、二条大河。位于中央的山是太室山。所谓的太室山,就是嵩山。其他依次为恒山、泰山、会稽山、湘山。二条大河分别是泲水和淮水。春天用肉干和美酒作为一年的祭品,春天冰雪消融;秋天河水开始结冰;冬天要向神灵祈福献祭。祭品选用大牛和牛犊各一头,以全套太牢为膳,还有不同数量的玉圭和钱币。从华山向西,有七座名山,四条名川。它们分别是华山、薄山。薄山,即襄山。岳山、岐山、吴山、鸿冢山、渎山。渎山,在蜀地被称为岷山。四条名川分别是黄河,祭祀于临晋县;沔水,祭祀于汉中;湫渊,祭祀于朝那;长江,祭祀于蜀郡成都。也是分别在春季、秋季祭祀,在冰雪消融、万物复苏和结冰之时,祈福献祭,如同祭祀东方的山川一样;祭品也是选用大牛、牛犊各一头,以全套太牢为膳,还有不同数量的玉圭和钱币。四大冢祀分别是鸿山、岐山、吴山、岳山,在秋季都会举行用新谷供祭的仪式。陈宝节也要祭祀,祭祀黄河时要有敬献美酒的仪式。这些都是雍州一带的祭祀习俗,靠近天子居住的都城,祭祀时祭品中还要加上一辆车和周身红色、颈毛黑色的小马驹四匹。在祭祀霸水、产水、丰水、涝水、泾水、渭水、长水时,这些河流都不在大山、大川之列,因其距离咸阳较近,便都以祭祀山川的礼仪进行祭祀,只是没有额外附加的祭品。而汧水、洛水流域,鸣泽水、蒲山、岳婿山之类,属于小山川,也都要分别在万物复苏的春节和河水开始结冰的秋季进行祭祀,同时向神灵祈福献祭,只是祭祀的礼仪不必完全相同。而且在雍地,还要祭祀日、月、参、辰、南北斗、火星、金星、木星、土星、水星、二十八星宿、风

唯雍四畤上帝为尊。其光景动人民，唯陈宝。故雍四畤，春以为岁祠祷，因泮冻，秋涸冻，冬赛祠，五月尝驹，及四中之月月祠，若陈宝节来一祠。春夏用骍，秋冬用骝。畤驹四匹，木寓龙一驷，木寓车马一驷，各如其帝色。黄犊羔各四，圭币各有数，皆生瘗埋，无俎豆之具。三年一郊。秦以十月为岁首，故常以十月上宿郊见，通权火，拜于咸阳之旁，而衣上白，其用如经祠云。西畤、畦畤，祠如其故，上不亲往。诸此祠皆太祝常主，以岁时奉祠之。至如它名山川诸神及八神之属，上过则祠，去则已。郡县远方祠者，民各自奉祠，不领于天子之祝官。祝官有秘祝，即有灾祥，辄祝祠移过于下。

汉兴，高祖初起，杀大蛇，有物曰："蛇，白帝子，而杀者赤帝子也。"及高祖祷丰枌榆社，徇沛，为沛公，则祀蚩尤，衅鼓旗。遂以十月至霸上，立为汉王。因以十月为年首，色上赤。

二年，东击项籍而还入关，问："故秦时上帝祠何帝也？"对曰："四帝，有白、青、黄、赤帝之祠。"高祖曰："吾闻天有五帝，

伯、雨师、四海、九臣、十四臣、诸布、诸严、诸逐之类的星宿神灵，共计一百多座祭祀祠庙。西部也有几十座祠庙。在湖县有周天子祠。在下邽有天神祠。在丰县、镐县有昭明、天子辟池。在杜县、亳县有五座杜主祠、寿星祠；而雍县、菅地也有杜主的祠庙。杜主，是过去周朝的右将军，他是秦中位列最低的神灵。一年四季诸神都按时享用祭祀。

雍地有四座最为尊贵的祭坛，用来祭祀上帝。而神灵降临时，最光彩照人的，只有陈宝神。从前雍地的四个祭坛，每年从春季开始祭祀祈祷，春季冰雪消融，秋季河水结冰，冬季酬报神恩，五月的祭祀，用马驹作为祭品，四季中的仲月都加举行月祭，就像陈宝神按节来享用祭祀一样。春季和夏季用赤色的马做祭品，秋季用黑鬃黑尾的红马做祭品。每次祭祀时，用马驹四匹，木头雕刻的龙四条，以及木头雕刻的马车，各自漆上所奉祀神灵的帝色。黄色的牛犊、羊羔各四头，玉圭、钱币各有定数，将它们全部活埋于地下，不需要礼器。每三年郊祭一次。秦朝将十月作为一年的开始，因此常常在十月斋戒、郊祭，祭祀时点燃柴火，在咸阳城郊祭拜，祭祀者身着白衣，祭品与平时祭祀一样。西畤、畦畤的祭祀仪式仍然依照惯例，皇帝不必亲自前往。通常情况下，诸如此类的祭祀都由太祝来主持，每年根据时令举行祭祀。至于其他名山大川的各位神灵以及八神等，皇帝巡游至此就举行祭祀，若不来此地则没有祭祀的规定。较为偏远的郡县，则由当地百姓自行奉祭，不受朝廷祝官的管辖。祝官有秘祝官，当出现吉凶灾变的征兆时，秘祝官负责把皇帝的过错转移到臣子或百姓身上，由他们代为受过。

汉朝建立，在高祖刚兴兵起义之初，曾杀过一条大蛇，当时有神灵告诉他说："这条蛇是白帝的儿子，而杀蛇的人是赤帝的儿子。"高祖的家乡为丰县的枌榆社，因他从沛县起兵，故称为沛公，则祭蚩尤，用牲畜的血涂在军鼓军旗的缝隙处。最终在十月抵达霸上，立为汉王。因此汉朝以十月作为一年的开端，服装颜色崇尚赤色。

汉二年（前205），汉高祖刘邦向东征讨项羽，而后回到关中，问秦人："从前秦祭祀上帝时，奉祭的是什么帝？"秦人答："共祭祀四

而四，何也？”莫知其说。于是高祖曰：“吾知之矣，乃待我而具五也。”乃立黑帝祠，名曰北畤。有司进祠，上不亲往。悉召故秦祀官，复置太祝、太宰，如其故仪礼。因令县为公社。下诏曰：“吾甚重祠而敬祭。今上帝之祭及山川诸神当祠者，各以其时礼祠之如故。”

后四岁，天下已定，诏御史令丰治枌榆社，常以时，春以羊彘祠之。令祝立蚩尤之祠于长安。置祠祀官、女巫。其梁巫祠天、地、天社、天水、房中、堂上之属；晋巫祠五帝、东君、云中君、巫社、巫祠、族人炊之属；秦巫祠杜主、巫保、族累之属；荆巫祠堂下、巫先、司命、施糜之属；九天巫祀九天，皆以岁时祠宫中。其河巫祠河于临晋，而南山巫祠南山、秦中。秦中者，二世皇帝也。各有时日。

其后二岁，或言曰周兴而邑立后稷之祠，至今血食天下。于是高祖制诏御史：“其令天下立灵星祠，常以岁时祠以牛。”

高祖十年春，有司请令县常以春二月及腊祠稷以羊彘，民里社各自裁以祠。制曰：“可。”

文帝即位十三年，下诏曰：“秘祝之官移过于下，朕甚弗取，其除之。”

始名山大川在诸侯，诸侯祝各自奉祠，天子官不领。及齐、淮

位上帝，有白帝、青帝、黄帝、赤帝，并且都有各自的祠庙。”高祖说：“我听说一共有五位上帝，而你们为何只祭祀四位？”没有人知道原因。于是高祖说：“我知道原因，等我来了，五位上帝就齐全了。”于是他建造了黑帝庙，名为北畤。但只是安排有关官员到庙里祭祀，高祖并不亲自前往。他把过去秦朝的祀官全召集来，重新任命太祝官、太宰官，并要求他们按照过去祭祀上帝的礼仪，根据时令在北畤举行祭祀。同时，高祖还诏令各县必须设立祭祀天地鬼神的公社。他下诏说：“我非常重视祠庙、恭谨祭祀。从今往后，上帝以及山川诸神的祭祀，各自按照时令，采用和从前一样的礼仪来祭祀。”

四年后，汉朝江山稳定，高祖刘邦诏令御史中丞，让丰县修缮扮榆土地神庙，并定期地根据时令举行祭祀，春天用羊和猪作为祭品来祭祀。诏令祝官在长安建造蚩尤祠庙。设置专门的祠祀官员、女巫主持祭祀活动。其中梁地的巫师负责祭祀天、地、天社、天水、房中、堂上等神灵；晋地的巫师负责祭祀五帝、东君、云中君、巫社、巫祠、族人炊等神灵；秦地的巫师负责祭祀杜主、巫保、族累等神灵；荆地的巫师负责祭祀堂下、巫先、司命、施糜等神灵；九天巫师负责祭祀九天，根据四季在宫中举行祭祀仪式。其中河巫在临晋县祭祀黄河，南山巫师负责祭祀秦岭、秦中。所谓的秦中，就是秦二世皇帝。祭祀这些神灵，都有各自的祭辰。

之后又过了两年，有人说周朝建立后在各邑建造了祭祀后稷的祠庙，直到现在仍然用杀牲取血的方式祭祀。于是高祖下诏给御史：“在天下建造灵星祠，每年定期地根据时令用牛作为祭品举行祭祀。”

高祖十年（前197）春季，有关官员奏请高祖，诏令各县每年在春季的二月及冬季的腊月用羊和猪作为祭品，祭祀社稷神，民间乡里各自酌情建造里社进行祭祀。高祖批复：“可以。”

汉文帝即位十三年后，下诏说：“秘祝官把朕的过失转移到臣子或百姓身上，让他们代为受过，朕认为这种做法很不可取，把它废除。”

最初名山大川位于诸侯国境内，由各诸侯国自行安排祝官，举

南国废，令太祝尽以岁时致礼如故。

明年，以岁比登，诏有司增雍五畤路车各一乘，驾被具；西畤、畦畤寓车各一乘，寓马四匹，驾被具；河、湫、汉水，玉加各二；及诸祀皆广坛场，圭币俎豆以差加之。

鲁人公孙臣上书曰："始秦得水德，及汉受之，推终始传，则汉当土德，土德之应黄龙见。宜改正朔，服色上黄。"时丞相张苍好律历，以为汉乃水德之时，河决金堤，其符也。年始冬十月，色外黑内赤，与德相应。公孙臣言非是，罢之。明年，黄龙见成纪。文帝召公孙臣，拜为博士，与诸生申明土德，草改历服色事。其夏，下诏曰："有异物之神见于成纪，毋害于民，岁以有年。朕几郊祀上帝诸神，礼官议，毋讳以朕劳。"有司皆曰："古者天子夏亲郊祀上帝于郊，故曰郊。"于是，夏四月，文帝始幸雍郊见五畤，祠衣皆上赤。

赵人新垣平以望气见上，言"长安东北有神气，成五采，若人冠冕焉。或曰东北神明之舍；西方神明之墓也。天瑞下，宜立祠上帝，以合符应。"于是作渭阳五帝庙，同宇，帝一殿，面五门，各如其帝色。祠所用及仪亦如雍五畤。

明年夏四月，文帝亲拜霸渭之会，以郊见渭阳五帝。五帝庙临渭，其北穿蒲池沟水。权火举而祠，若光辉然属天焉。于是贵平至上大夫，赐累千金。而使博士诸生刺《六经》中作《王制》，谋议巡

行祭祀活动，天子的祝官不参与祭祀。等到撤销了齐国、淮南国的封国之后，文帝诏令太祝每年根据节令，像之前那样祭祀。

第二年，因频频丰收，文帝诏令有关官员为雍地五畤各增加一辆配饰齐全的皇家专乘车马；在西畤、畦畤各增加一辆配饰齐全的木质雕刻车辆，以及四匹木质雕刻马匹；在黄河、湫水、汉水，各增加二枚玉圭；各祭坛都进行扩建，玉圭、钱币、礼器都根据需要增加。

鲁国人公孙臣上书说："最初秦国得水德，汉朝取而代之，根据五行相生相克的规律，那么汉朝应该得土德，土德的符应，是黄龙出现。应该更改岁首时间，服色崇尚黄色。"当时丞相张苍喜好研究律历，他认为汉朝是得水德的，河水在金堤决口，就是得水德的符应。岁首应为冬季十月，崇尚的颜色应为外黑内赤，和水德相应。公孙臣所言有误，不可采纳。第二年，成纪县出现了黄龙。文帝就召见公孙臣，拜为博士，让他向众儒生详细介绍土德，草拟更改律历及服色诸多事宜的方案。同年夏天，文帝下诏说："有灵异的神物在成纪显灵，不仅人畜无害，反而连年丰收。朕将郊祀上帝诸神，掌管礼仪的官员们商议安排，不必顾虑朕劳累。"有关官员们都说："古代天子在夏季亲自到郊外去郊祀上帝，因此称为郊祀。"于是，夏季四月，文帝首次来到雍地五畤郊祀，身着赤色祭服。

赵国人新垣平善于观察云气，预测吉凶，他上奏朝廷说："长安城东北方向有神气，五彩斑斓，犹如人的冠冕一样。有人说东北方向是神明的居所；西方是神明的坟墓所在。如今天降祥瑞，应建造祠庙祭祀上天，以迎合祥瑞的符应。"于是文帝诏令在渭阳建造五帝祠庙，五位上帝在同一座祠庙内，每位上帝分别享有一座神殿，五扇大门分别漆有五位上帝所代表的颜色。祭祀所用的礼器都和雍地五畤的标准一样。

第二年夏季四月，文帝亲自前往霸水、渭水交汇之处，郊祀渭阳五帝。五帝庙濒临渭水，庙北面穿引蒲池之水。燃起柴火进行祭祀，光芒照亮天际。从那时起，文帝便很器重新垣平，官至上大夫，累计赏赐千金。又诏令博士、众儒生考察《六经》中的相关记载制作《王

狩封禅事。

文帝出长门，若见五人于道北，遂因其直立五帝坛，祠以五牢。

其明年，平使人持玉杯，上书阙下献之。平言上曰：“阙下有宝玉气来者。”已视之，果有献玉杯者，刻曰“人主延寿”。平又言：“臣候日再中”。居顷之，日却复中。于是始更以十七年为元年，令天下大酺。平言曰：“周鼎亡在泗水中，今河决通于泗，臣望东北汾阴直有金宝气，意周鼎其出乎？兆见不迎则不至。”于是上使使治庙汾阴南，临河，欲祠出周鼎。人有上书告平所言皆诈也。下吏治，诛夷平。是后，文帝怠于改正服鬼神之事，而渭阳、长门五帝使祠官领，以时致礼，不往焉。

明年，匈奴数入边，兴兵守御。后岁少不登。数岁而孝景即位。十六年，祠官各以岁时祠如故，无有所兴。

武帝初即位，尤敬鬼神之祀。汉兴已六十余岁矣，天下艾安，缙绅之属皆望天子封禅改正度也，而上乡儒术，招贤良。赵绾、王臧等以文学为公卿，欲议古立明堂城南，以朝诸侯，草巡狩封禅改历服色事未就。窦太后不好儒术，使人微伺赵绾等奸利事，按绾、臧，绾、臧自杀，诸所兴为皆废。六年，窦太后崩。其明年，征文学之士。

明年，上初至雍，郊见五畤。后常三岁一郊。见是时上求神君，舍之上林中磃氏馆。神君者，长陵女子，以乳死，见神于先后宛若。

制》，商讨巡狩、祭祀天地等事。

文帝出长门，仿佛看到五个人在道路北边，于是便在那五个人曾经站立的位置建造五帝坛，并用五套太牢礼进行祭祀。

第二年，新垣平派人捧着玉杯，在阙门下请求进献给皇帝。新垣平对皇上说："宫阙之下呈现出一派宝玉的祥瑞之气。"文帝命人察看，果然有人，说是来进献玉杯，玉杯上刻着"人主延寿"的字样。新垣平又说："臣等待太阳再次回到中天"。等了一会儿，太阳果然又返回到中天。于是文帝更改年号，将十七年作为后元元年（前163），诏令百姓普天同庆。新垣平说道："周朝的宝鼎曾经在泗水河畔遗失，如今黄河决口的水与泗水相通，臣望见东北方向汾阴县的位置呈现出金宝瑞气，难道周鼎会在那里出现吗？祥瑞的征兆若不迎接就会消失不见了。"于是文帝派使者到汾阴县建造祠庙，濒临黄河，想通过祭祀祝祷周鼎出现。有人上书举告说，新垣平所说的都是假的。文帝命官吏查办属实，于是诛杀了新垣平。此后，文帝便对更改正朔、服色和鬼神之事失去了兴趣，把渭阳、长门的五帝祠庙交给祠官掌管，按时祭祀，自己再没去过那里。

第二年，匈奴数次入侵边境，文帝发兵戍守防御。后来年景不好，粮食歉收。几年之后，孝景帝即位。孝景帝十六年（前141），虽然负责祭祀的官员依然按照惯例按时祭祀，但仍然没有什么起色。

武帝即位之初，尤其重视祭祀鬼神。那时，汉朝已建立六十多年，天下安定，士大夫们都希望天子举行祭祀天地的大典，以修改正朔和度量，武帝比较崇尚儒术，于是便在国内招纳贤良。赵绾、王臧等人因学识渊博做了公卿，他们希望能效法古人在城南建造明堂，让诸侯们前来觐见，于是草拟巡察、封禅、修改律历、服色等事宜的奏折，却没有得到预期的结果。因为窦太后不喜欢儒术，她暗中派人调查赵绾等人的不法行为，并暗中打压赵绾、王臧等人，最终赵绾、王臧等人自杀，诸多有待兴作的事宜统统废止。武帝六年（前135），窦太后驾崩。第二年，武帝再度在国内征召学识渊博之人。

元光二年（前133），武帝初次巡游至雍县，郊祀五帝祠庙。之后通常是每三年郊祀一次。当时，武帝访求神灵，并将其灵位安置在

宛若祠之其室，民多往祠。平原君亦往祠，其后子孙以尊显。及上即位，则厚礼置祠之内中。闻其言，不见其人云。

是时，李少君亦以祠灶、谷道、却老方见上，上尊之。少君者，故深泽侯人，主方。匿其年及所生长。常自谓七十，能使物，却老。其游以方遍诸侯。无妻子。人闻其能使物及不死，更馈遗之，常余金钱衣食。人皆以为不治产业而饶给，又不知其何所人，愈信，争事之。少君资好方，善为巧发奇中。常从武安侯宴，坐中有年九十余老人，少君乃言与其大父游射处，老人为儿从其大父，识其处，一坐尽惊。少君见上，上有故铜器，问少君。少君曰："此器齐桓公十年陈于柏寝。"已而按其刻，果齐桓公器。一宫尽骇，以为少君神，数百岁人也。少君言上："祠灶皆可致物，致物而丹沙可化为黄金，黄金成以为饮食器则益寿，益寿而海中蓬莱仙者乃可见之，以封禅则不死，黄帝是也。臣尝游海上，见安期生，安期生食臣枣，大如瓜。安期生仙者，通蓬莱中，合则见人，不合则隐。"于是天子始亲祠灶，遣方士入海求蓬莱安期生之属，而事化丹沙诸药齐为黄金矣。久之，少君病死。天子以为化去不死也，使黄锤史宽舒受其方，而海上燕齐怪迂之方士多更来言神事矣。

上林苑的磃氏馆。这位神灵，本是高祖陵寝所在县的一位女子，因难产去世，在她的妯娌宛若身上显灵。宛若就把她供奉在自己家中，当地百姓纷纷前去祭拜。就连武帝的外祖母平原君也去祭拜过她，之后她的子孙便都做了大官。等到武帝即位，便用厚礼将这位神灵安置在上林苑中祭祀。只能听到神灵讲话，却从未见过她的踪影。

在当时，方士李少君凭借祭祀灶神祈福、种谷得金的方术以及长生不老等方术被武帝召见，武帝十分尊崇他。李少君是从前深泽侯国人，掌管方术、医药。他隐瞒自己的年龄、籍贯以及生平经历。常自称七十岁，能差使鬼神，长生不老。他凭借着方术周游诸侯列国。没有娶妻生子。人们听说他能差使鬼神，并且懂得长生不老术，便争先恐后向他送礼，因此他的金钱、衣食总是宽裕有余。人们都以为他不需置办产业就很富足，又不了解他的根底，于是更加迷信他，争相侍奉他。李少君凭借奇异的方术，很善于伺机发言，并且言谈巧妙地恰中事理，迎合人意。时常跟随武安侯田蚡一起出席各种宴席，席间有位九十多岁的老者，李少君竟说，他曾和这位老者的祖父一起游玩、习射，并能说出具体的地名，老人自幼跟随祖父，也认识那个地方，在座的人都感到震惊。李少君觐见武帝，武帝指着身边的古铜器，问李少君是否认识。李少君说："这是齐桓公十年，陈列在柏寝台的铜器。"随后武帝命人查看铜器上的铭刻，果然是齐桓公时的器物。宫里的人全都惊讶异常，认为李少君就是神仙，是几百岁的人了。李少君对武帝说："祭祀灶神皆可招致鬼神降临，鬼神降临便可把丹砂化为黄金，用黄金制成饮食用的器皿，人就可以延年益寿、长生不老，这样，人便可以到海中去拜见蓬莱仙子，之后再举行祭祀天地的封禅大典，人就可以长生不老，黄帝曾经就是这样做的。臣曾经在海上云游，见到过安期生，安期生给臣吃了一枚枣，这枣硕大如瓜。安期生是仙人，在人间与蓬莱仙境之间畅通无阻，和安期生投缘的人，便能看见他，不投缘的人，他便隐而不见。"于是武帝亲自祭祀灶神，并派遣方士到海中访求蓬莱仙境的安期生众仙，并且将药剂与丹砂融合，希望能化为黄金。过了一段时间，李少君病死。武帝却认为他并没有死，而是化作了神仙，于是便派东莱郡吏宽舒研

亳人谬忌奏祠泰一方，曰：“天神贵者泰一，泰一佐曰五帝。古者天子以春秋祭泰一东南郊，日一太牢，七日，为坛开八通之鬼道。”于是，天子令太祝立其祠长安城东南郊，常奉祠如忌方。其后，人上书言“古者天子三年一用太牢祠三一：天一、地、泰一。”天子许之，令太祝领祠之于忌泰一坛上，如其方。后人复有言“古天子常以春解祠，祠黄帝用一枭、破镜；冥羊用羊祠；马行用一青牡马；泰一、皋山山君用牛；武夷君用干鱼；阴阳使者以一牛。”令祠官领之如其方，而祠泰一于忌泰一坛旁。

后二年，郊雍，获一角兽，若麃然。有司曰：“陛下肃祗郊祀，上帝报享，锡一角兽，盖麟云。”于是以荐五畤，畤加一牛以燎。赐诸侯白金，以风符应合于天也。于是济北王以为天子且封禅，上书献泰山及其旁邑，天子以它县偿之。常山王有罪，䙴，天子封其弟真定，以续先王祀，而以常山为郡。然后五岳皆在天子之郡。

明年，齐人少翁以方见上。上有所幸李夫人，夫人卒，少翁以方盖夜致夫人及灶鬼之貌云，天子自帷中望见焉。乃拜少翁为文成将军，赏赐甚多，以客礼礼之。文成言：“上即欲与神通，宫室被服非象神，神物不至。”乃作画云气车，及各以胜日驾车辟恶鬼。又作甘泉宫，中为台室，画天地泰一诸鬼神，而置祭具以致天神。居岁

究、领受他遗留下来的方术，而燕地、齐地荒唐、迂曲的方士也都纷纷谈论自己在海上遇到鬼神的事。

亳县人谬忌上书武帝，请奏祭祀天帝，他说：“天神中最为尊贵的当属天帝，天帝的辅佐是五帝。上古时代，天子会在春、秋两季于东南方郊祀天帝，每天敬奉一个太牢礼，共敬奉七天，同时为了开辟通达八方的神道而搭建祭坛。”于是武帝诏令太祝在长安城东南方的郊外搭建天帝祠庙，并按照谬忌所提供的方术时常祭祀。之后，又有人上书说：“上古时代，天子每三年便会用一次太牢礼祭祀三神：即天一、地一、天帝。”武帝批准了他的奏议，并诏令太祝按照奏折中所说的方式，在谬忌祭祀天帝的祭坛上举行祭祀。后来又有人说：“古代的天子通常在春季祭祀以谢罪祈福，祭祀黄帝要用枭一头、破镜兽一头；冥羊神要用羊来祭祀；马行神要用一匹青牡马来祭祀；天帝及皋山山君，则要用牛来祭祀；用干鱼祭祀武夷君；用一头牛祭祀阴阳使者。”武帝又诏令负责祭祀的官员，按照所说的方法举行祭祀，并在谬忌祭祀天帝的祭坛旁，建造了天帝祠庙。

两年后，武帝在雍县郊祀，猎获一只独角兽，这只独角兽看起来貌似麋鹿。有关官员说：“陛下虔诚恭敬地举行郊祀，于是上天为了回报您的献祭，赐予独角兽，这只独角兽应该就是人们常说的麒麟。”于是武帝将此兽献祭给五帝祠庙，同时还额外焚烧了一头牛作为祭品。并赐给诸侯白金币，以此来答谢上天所赐的符瑞。济北王认为天子应该封惮祭祀天地，于是就上书把泰山以及周边的城邑献给朝廷，武帝用其他的县邑补偿了他。常山王犯罪被贬，武帝便册封其弟刘平为真定王，以接续祭祀先王的祠庙，而将常山改为郡。这之后，五岳便都在天子管辖的范围之内了。

第二年，齐国人少翁凭借方术觐见武帝。武帝有一位宠幸的李夫人，夫人去世后，少翁就用方术在夜里招致李夫人和灶神显灵，武帝透过床帷看见了他们。于是便任命少翁为文成将军，重重地赏赐了他，并且用招待宾客的礼仪来款待他。文成将军说：“皇上既然想和神灵相通，可宫室中的被服、鞋帽等物品上没有神的形象，神灵还是不会降临的。”于是武帝诏令在宫中绘制一些祥云缭绕的车辆，并在

余，其方益衰，神不至。乃帛书以饭牛，阳不知，言此牛腹中有奇。杀视得书，书言甚怪。天子识其手，问之，果为书。于是诛文成将军，隐之。

其后又作柏梁、铜柱、承露仙人掌之属矣。

文成死明年，天子病鼎湖甚，巫医无所不致。游水发根言上郡有巫，病而鬼下之。上召置祠之甘泉。及病，使人问神君，神君言曰："天子无忧病。病少瘉，强与我会甘泉。"于是上病瘉，遂起，幸甘泉，病良已。大赦，置寿宫神君。神君最贵者曰太一，其佐曰太禁、司命之属，皆从之。非可得见，闻其言，言与人音等。时去时来，来则风肃然。居室帷中，时昼言，然常以夜。天子祓，然后入。因巫为主人，关饮食，所欲言，行下。又置寿宫、北宫，张羽旗，设共具，以礼神君。神君所言，上使受书，其名曰"画法"。其所言，世俗之所知也，无绝殊者，而天子心独憙。其事秘，世莫知也。

后三年，有司言元宜以天瑞，不宜以一二数。一元曰"建"，二元以长星曰"光"，今郊得一角兽曰"狩"云。

其明年，天子郊雍，曰："今上帝朕亲郊，而后土无祀，则礼不答也。"有司与太史令谈、祠官宽舒议："天地牲，角茧栗。今陛下

风光美好的吉祥日子里驾车驱赶恶鬼。又兴建甘泉宫，在正中央修建台室，并在台室中绘制天神、地神、天帝诸位神灵，设置祭祀用品以招致天神降临。过了一年多，文成将军的方术也没有显灵，神灵依然没有降临。于是文成将军便用事先写好字的帛书喂牛，假装不知情，说这头牛腹中有异物。杀牛一看，得到一卷帛书，书上的语言很怪异。武帝认识文成将军的笔迹，审问之后，果然是他写的。于是武帝诏令诛杀了文成将军，并把这件事隐瞒下来。

这之后，武帝又建造了柏梁台、铜柱、承露仙人掌等奉祀神灵的器物。

文成将军死后的第二年，武帝在鼎湖宫病得很严重，巫医们动用一切方术，可谓是无所不用其极。方士游水发根说，上郡有位巫医，他能差使鬼神为患者祛除病痛。武帝召见此人来甘泉宫举行祭祀。在武帝患病期间，巫医通过祭祀询问神君，神君说道："天子不必担忧。很快就会痊愈，然后振作精神与我在甘泉宫相会。"于是武帝的病果然痊愈了，他起身，驾临甘泉宫，身体已完全康复。武帝大赦天下，将神君敬奉在寿宫。神君中最为尊贵的当属天帝，辅佐他的神灵名为太禁、司命等，都跟随着天帝。看不到他们的样貌，只能听到他们的声音，他们讲话的声音和人一样。他们行踪不定，时去时来，来时微风肃然。身处居室或帷幕中，有时白天偶尔也能听到他们交谈，但他们通常是在夜晚讲话。武帝只有在斋戒沐浴之后，才能进入。平时大多依靠巫医作为主人，关于饮食，和所要说的话，就通过巫医来传达。宫中又设置寿宫、北宫，树立羽旗，摆设供品，用来敬奉神君。神君说的话，武帝都派人加以记录，名为"画法"。其实神君所言，世俗之人也基本上都知道，与人们的认知并没有太大差别，但偏偏武帝心生欢喜。因此这件事极为隐秘，世人不知道。

三年后，有关官员说纪元年应该根据上天的祥瑞来命名，不适宜以一元、二元来排序。一元名为"建"，二元因长星而应命名为"光"，如今郊祀得到一只独角兽，应将纪元命名为"元狩"。

第二年，武帝郊祀于雍县，说："如今上帝由朕亲自来祭祀，但后土却无人祭祀，祭礼还不是很周全。"有关官员就和太史令司马谈、

亲祠后土，后土宜于泽中圜丘为五坛，坛一黄犊牢具。已祠尽瘗，而从祠衣上黄。”于是天子东幸汾阴。汾阴男子公孙滂洋等见汾旁有光如绛，上遂立后土祠于汾阴脽上，如宽舒等议。上亲望拜，如上帝礼。礼毕，天子遂至荥阳。还过雒阳，下诏封周后，令奉其祀。语在《武纪》。上始巡幸郡县，浸寻于泰山矣。

其春，乐成侯上书言栾大。栾大，胶东宫人，故尝与文成将军同师，已而为胶东王尚方。而乐成侯姊为康王后，无子。王死，它姬子立为王，而康后有淫行，与王不相中，相危以法。康后闻文成死，而欲自媚于上，乃遣栾大入，因乐成侯求见言方。天子既诛文成，后悔其方不尽，及见栾大，大说。大为人长美，言多方略，而敢为大言，处之不疑。大言曰：“臣常往来海中，见安期、羡门之属，顾以臣为贱，不信臣。又以为康王诸侯耳，不足与方。臣数以言康王，康王又不用臣。臣之师曰：‘黄金可成，而河决可塞，不死之药可得，仙人可致也。’然臣恐效文成，则方士皆掩口，恶敢言方哉！”上曰：“文成食马肝死耳。子诚能修其方，我何爱乎！”大曰：“臣师非有求人，人者求之。陛下必欲致之，则贵其使者，令为亲属，以客礼待之，勿卑。使各佩其信印，乃可使通言于神人。神人尚肯邪不邪，尊其使然后可致也。”于是上使验小方，斗棋，棋自相触击。

负责祭祀官宽舒建议说："祭祀天地的牺牲应选用初生的小牛犊，其牛角大小应该像蚕茧、板栗一般大。如今陛下亲自祭祀后土，后土的祭坛适宜建造在大湖中的圜丘上，设置五个祭坛，每个祭坛都选用一头黄牛的牛犊作为祭品。祭祀完毕，将它们全部埋于土中，随行祭祀的官员应穿着黄色礼服。"于是武帝东渡来到汾阴。汾阴县男子公孙滂洋等人看见汾河河畔闪现着绛色的光芒，于是武帝便诏令在汾阴脽建造后土祠庙，规模依照宽舒等人的建议。武帝亲自前往遥望拜祭，与祭祀上帝的礼仪一样。祭祀礼仪完毕，武帝便来到荥阳。返程时途经洛阳，下诏册封周国的后裔，命他们接续奉祀。详见《武帝纪》。武帝就此开始巡察郡县，随后来到泰山。

当年春季，乐成侯上书推荐栾大。栾大，乃胶东宫人，从前曾和文成将军同门学习方术，后来为胶东王掌管方术和药品。乐成侯的姐姐是胶东康王刘寄的王后，一直没有子嗣。康王刘寄驾崩，其他姬妾所生的儿子被册封为诸侯，而康王后因有淫乱行为，与胶东王刘贤不和，于是二人便彼此以国法相威胁。康王后听说文成将军的死讯，就想主动向武帝献媚，于是派栾大入宫，凭借乐成侯的关系求见武帝，说他精通方术。武帝诛杀文成将军后，正后悔没有将文成将军的方术全部保留下来，等见到栾大，极为高兴。栾大生得高大英俊，说自己精通很多方略，且敢说大话，很容易博得他人的信任。栾大说道："臣经常往来于海中，见过安期生、羡门高等仙人，他们认为臣的地位低下，不信任臣下。又认为康王不过是个诸侯，没资格得到神仙的药方。臣几次将情况告知康王，康王都不肯重用臣。臣的恩师说：'黄金可以炼成，黄河决口也可以堵塞，长生不老的丹药也能得到，神仙也可以招致而来。'然而臣怕步文成将军后尘，所以方士们都闭口不言，不敢再谈论方术了！"武帝说："文成将军是因涉足了不该研究的领域而致死的。你若能潜心研习方术，我又怎会吝惜对你的赏赐！"栾大说："臣下的恩师从不求任何人，都是别人去求他。陛下若一定要召见他，须派身份尊贵的使者前往，将臣的恩师作为天子的亲信，并用款待宾客的礼仪来招待他，不能轻视他。让他分别佩带不同的信印，才能传话给神灵。神灵究竟愿不愿降临，还要看陛下是否

是时，上方忧河决而黄金不就，乃拜大为五利将军。居月余，得四印；得天士将军、地士将军、大通将军印。制诏御史："昔禹疏九河，决四渎。间者，河溢皋陆，堤繇不息。朕临天下二十有八年，天若遗朕士而大通焉。《乾》称'飞龙''鸿渐于般'，朕意庶几与焉。其以二千户封地士将军大为乐通侯。"赐列侯甲第，童千人。乘舆斥车马帷帐器物以充其家。又以卫长公主妻之，赍金十万斤，更名其邑曰当利公主。天子亲如五利之弟，使者存问共给，相属于道。自大主将相以下，皆置酒其家，献遗之。天子又刻玉印曰"天道将军"，使使衣羽衣，夜立白茅上，五利将军亦衣羽衣，立白茅上受印，以视不臣也。而佩"天道"者，且为天子道天神也。于是五利常夜祠其家，欲以下神。后装治行，东入海求其师云。大见数月，佩六印，贵震天下，而海上燕齐之间，莫不扼掔而自言有禁方能神仙矣。

其夏六月，汾阴巫锦为民祠魏脽后土营旁，见地如钩状，掊视得鼎。鼎大异于众鼎，文镂无款识，怪之，言吏。吏告河东太守胜，胜以闻。天子使验问巫得鼎无奸诈，乃以礼祠，迎鼎至甘泉，从上行，荐之。至中山，晏温，有黄云焉。有鹿过，上自射之，因之以祭云。至长安，公卿大夫皆议尊宝鼎。天子曰："间者河溢，岁数不登，故巡祭后土，祈为百姓育谷。今年丰楙未报，鼎曷为出哉？"有司皆言："闻昔泰帝兴神鼎一，一者一统，天地万物所系象也。黄帝作宝鼎三，象天地人。禹收九牧之金，铸九鼎，象九州。皆尝鬺享上

恭谨敬畏，然后才能请来。”于是武帝用一个小方术来考验栾大，让他演示斗棋，只见棋盘中的棋子，不通过外力便可自相撞击。

当时，武帝正为黄河决口和铸造黄金的事忧心忡忡，于是就任命栾大为五利将军。过了一个多月，栾大就得到四枚官印，包括天士将军、地士将军、大通将军印。武帝颁布诏书给御史中丞说：“从前大禹疏通九河、四渎，以疏导洪水。此前黄河水泛滥，淹没了两岸的平地，为此每年要不断地发动徭役修筑堤坝。朕在位二十八年，上天若派人来辅佐朕，那栾大可算是其中之一。《乾卦》称‘飞龙’‘鸿渐于般’，正合朕意。以二千户食邑封地册封将军栾大为乐通侯。”同时赏赐给他列侯的宅第，僮仆千人。赏赐车辆、马匹、帷帐、器物等来充实他家。又把卫长公主嫁给栾大，还送给他十万金作为嫁妆，并将卫长公主改名为当利公主。武帝还亲自来到五利将军的宅第，派使者询问供给，往来的使者络绎不绝。上至天子的姑姑，下至将相大夫及以下官员，都在家中预备好酒席，敬献给栾大享用。武帝又刻玉印为“天道将军”，派使者身着羽衣，夜晚踩在白茅之上，五利将军也身着羽衣，脚踩白茅，接受玉印，以此来表示他不是一般的人臣。之所以佩带“天道将军”的军印，是为了帮天子引导神灵。于是夜晚，五利将军常常在家中祭祀。想要招致天神。后来又整理行装，向东到海上访求他的恩师。栾大在长安的几个月之内，前后佩带了六枚军印，尊贵的程度震动天下，而濒临海边的燕国、齐国之间的方士们无不扼腕，表示自己也有秘方能修炼成神仙。

六月进入夏季，汾阴县有位名叫锦的巫师，在魏脽后土祠庙旁为百姓祭祀，他发现地面呈现钩状，用手扒开土一看，居然是一只宝鼎。宝鼎异乎寻常的巨大，上面刻有花纹，没有铭文，他感到很怪异，就报告了官府。官吏上报给河东太守胜，胜又上报了朝廷。武帝派人查验巫师所得的宝鼎没有欺诈，便以礼祭祀，将宝鼎迎接到甘泉宫，置于武帝身边，准备将它献祭给上天。后来，武帝来到中山，当时天气晴暖，天边出现一片黄云。突然有一只鹿跑过，武帝亲手将它射杀，顺便连它一同祭祀。武帝返回长安后，公卿大夫们纷纷议论尊奉宝鼎。武帝说：“近来黄河洪水泛滥，庄稼连年歉收，因此朕巡察

帝鬼神。其空足曰鬲，以象三德，飨承天祜。夏德衰，鼎迁于殷；殷德衰，鼎迁于周；周德衰，鼎迁于秦；秦德衰，宋之社亡，鼎乃沦伏而不见。《周颂》曰：‘自堂徂基，自羊徂牛，鼐鼎及鼒，不吴不敖，胡考之休。’今鼎至甘泉，以光润龙变，承休无疆。合兹中山，有黄白云降，盖若兽之为符，路弓乘矢，集获坛下，报祠大亨。唯受命而帝者心知其意而合德焉。鼎宜视宗祢庙，臧于帝庭，以合明应。”制曰：“可。”

入海求蓬莱者，言蓬莱不远，而不能至者，殆不见其气。上乃遣望气佐候其气云。

其秋，上雍，且郊。或曰“五帝，泰一之佐也，宜立泰一而上亲郊之”。上疑未定。

齐人公孙卿曰：“今年得宝鼎，其冬辛巳朔旦冬至，与黄帝时等。”卿有札书曰：“黄帝得宝鼎冕候，问于鬼臾区，鬼臾区对曰：‘黄帝得宝鼎神策，是岁己酉朔旦冬至，得天之纪，终而复始。’于是黄帝迎日推策，后率二十岁复朔旦冬至，凡二十推，三百八十年，黄帝仙登于天。”卿因所忠欲奏之。所忠视其书不经，疑其妄言，谢曰：“宝鼎事已决矣。尚何以为！”卿因嬖人奏之。上大说，乃召问卿。对曰：“受此书申公，申公已死。”上曰：“申公何人也？”卿

郡县，祭祀后土，为百姓祈求五谷丰登。今年丰收的讯息还未上报，宝鼎却为何出现呢？”有关官员都说：“听说从前泰帝铸造过一尊神鼎，用一来表示一统，象征天地万物合为一统之意。黄帝铸造过三尊宝鼎，以此来象征天、地、人。大禹收集九州的金属，铸造了九尊宝鼎，以此来象征九州。都曾经用宝鼎来烹煮牺牲来祭祀上帝鬼神。宝鼎的空足称为鬲，用三足来象征三德，祭祀天地，承接福佑。夏朝的德政衰败后，宝鼎就传到殷朝；殷朝的德政衰败后，宝鼎就传到周朝；周朝的德政衰败后，宝鼎就传到秦朝；秦朝的德政衰败后，宋国的社坛也被毁坏，宝鼎就此沦没不见了。《周颂》上说：‘从庙堂到门内，祭祀用羊又用牛，大鼎中鼎小鼎’‘不喧哗也不傲慢，寿命就会长久。’如今宝鼎来到甘泉宫，因其光芒变幻无穷，所承受的福祉必定连绵不绝。这正与中山所降临的祥瑞黄云相应合，就像以神兽作为符瑞，以及搭弓放箭，射中奔鹿，这些都是在祭坛下所获得的，是上天享用祭祀的回报。唯有领受天命的帝王，才能领会其中的奥妙并与天地合德。宝鼎应放置在祖庙之内，收藏在帝王的庭堂之中，以迎合显明的祥瑞。”武帝下诏说：“可以。”

但凡到海上访求蓬莱仙人的方士，都说蓬莱仙境不远，但是却无人能抵达，大概是没得到仙气的指引。武帝便派出善于观察云气的方士，帮助他们望气。

当年秋天，武帝来到雍县，准备郊祀五帝神。有人说“五帝是天帝的辅佐，应专门建造一座天帝祠庙，并由陛下亲自去郊祀”。武帝为此事犹豫不决。

齐国人公孙卿说：“今年得宝鼎，今年冬季辛巳初一是冬至日，和黄帝时一样。”公孙卿在札书中记载：“黄帝在冕候获得宝鼎，询问佐臣鬼臾区，鬼臾区答道：‘黄帝获得宝鼎后占卜，这一年己酉初一是冬至，这是上天新纪年的开始，终而复始。’于是黄帝经过推算，预知了未来的节气和历数，二十年之后，会重复出现初一即是冬至日的情况，如此推演二十次，共计是三百八十年，然后黄帝即可升天成仙。”公孙卿打算通过武帝宠臣所忠把他的札书进献给武帝。所忠看他的书不见于经典，怀疑是公孙卿胡编乱造的，就推辞说：“宝鼎之

曰："齐人，与安期生通，受黄帝言，无书，独有此鼎书。曰'汉兴复当黄帝之时。'曰'汉之圣者，在高祖之孙且曾孙也。宝鼎出而与神通，封禅。封禅七十二王，唯黄帝得上泰山封。'申公曰：'汉帝亦当上封，上封则能仙登天矣。黄帝万诸侯，而神灵之封君七千。天下名山八，而三在蛮夷，五在中国。中国华山、首山、太室山、泰山、东莱山，此五山黄帝之所常游，与神会。黄帝且战且学仙，患百姓非其道，乃断斩非鬼神者。百余岁然后得与神通。黄帝郊雍上帝，宿三月。鬼臾区号大鸿，死葬雍，故鸿冢是也。其后黄帝接万灵明庭。明庭者，甘泉也。所谓寒门者，谷口也。黄帝采首山铜，铸鼎于荆山下。鼎既成，有龙垂胡髯下迎黄帝。黄帝上骑，群臣后宫从上龙七十余人，龙乃上去。余小臣不得上，乃悉持龙髯，龙髯拔，堕，堕黄帝之弓。百姓卬望黄帝既上天，乃抱其弓与龙髯号，故后世因名其处曰鼎湖，其弓曰乌号。'"于是天子曰："嗟乎！诚得如黄帝，吾视去妻子如脱屣耳。"拜卿为郎，使东候神于太室。

上遂郊雍，至陇西，登空桐，幸甘泉。令祠官宽舒等具泰一祠坛，祠坛放亳忌泰一坛，三陔。五帝坛环居其下，各如其方。黄帝西

事已有定论。卿何必再说这些？”公孙卿不死心，又托武帝宠幸的嬖人把札书呈了上去。武帝看后非常高兴，随即召见并询问公孙卿。公孙卿答道：“这套札书是申公传给我的，如今申公已经死了。”武帝问道：“申公是何许人？”公孙卿说道：“他是齐国人，和安期生素有来往，安期生曾把黄帝所说的话转告给他，但却没有相关的记载，只流传下来这部关于宝鼎的札书。书中有载：‘汉朝建国时，又将与黄帝时的历数。’书中还说：‘汉朝历代帝王中最为圣明的帝王，应当是高祖的孙辈，而且是曾孙。到那时，宝鼎再次出现而通达神灵，帝王便可举行祭祀天地的封禅仪式。自古以来封禅的共有七十二位帝王，其中只有黄帝得以登上泰山祭祀天地。’申公说：‘汉朝的明主也应登上泰山祭祀天地，登上泰山祭祀天地的圣帝，最后就能升天成仙。黄帝所封的诸侯众多，而且祭祀神灵的君王也极多。天下的名山有八座，其中有三座位于蛮夷之地，有五座位于中原地区。中原有华山、首山、太室山、泰山、东莱山，这五座是黄帝经常巡游的名山，并在那里与众神灵相会。黄帝一边作战一边学习仙术，因为担忧百姓指责他的行为，于是就斩杀了那些非议鬼神的人。黄帝活了一百多岁，然后得以通达神灵。黄帝在雍县郊祀上帝，住了三个月。鬼臾区号大鸿，死后就葬在雍县，他的墓冢就在原来的鸿冢。之后黄帝在明庭恭迎万方神灵。明庭，就是甘泉宫。所谓寒门，指的就是谷口。黄帝开采首山铜，在荆山下铸造宝鼎。鼎铸好后，有一条神龙垂下胡须迎接黄帝。黄帝骑在龙身上，群臣及后宫内侍有七十多人也一同骑在龙身上，于是神龙飞腾而去。其余的小臣没能爬上龙身，全都抓着龙须，龙须被拔断，人掉了下来，随之掉下来的还有黄帝的弓。地上的百姓抬头望见黄帝升天，于是就抱着他的弓和龙须号啕大哭，因此后世的人们就把这个地方称为鼎湖，黄帝的弓名叫乌号。”’武帝听后说：“嗟乎！若真能像黄帝那样飞升，在我看来，舍弃妻子、儿女就像脱鞋一样便易，无所顾忌了。”武帝拜公孙卿为郎官，派他到东方的太室山迎候神灵。

随后武帝在雍县举行郊祀仪式，而后来到陇西郡，登上空桐山，巡幸至甘泉宫。诏令负责祭祀的官员宽舒等人筹备在祠坛祭祀天

南，除八通鬼道。泰一所用，如雍一畤物，而加醴枣脯之属，杀一犛牛以为俎豆牢具。而五帝独有俎豆醴进。其下四方地，为腏，食群神从者及北斗云。已祠，胙余皆燎之。其牛色白，白鹿居其中，彘在鹿中，鹿中水而酒之。祭日以牛，祭月以羊彘特。泰一祝宰则衣紫及绣，五帝各如其色，日赤，月白。

十一月辛巳朔旦冬至，昒爽，天子始郊拜泰一。朝朝日，夕夕月，则揖；而见泰一如雍郊礼。其赞飨曰："天始以宝鼎神策授皇帝，朔而又朔，终而复始，皇帝敬拜见焉。"而衣上黄。其祠列火满坛，坛旁亨炊具。有司云"祠上有光"。公卿言"皇帝始郊见泰一云阳，有司奉瑄玉嘉牲荐飨，是夜有美光，及昼，黄气上属天。"太史令谈、祠官宽舒等曰："神灵之休，祐福兆祥，宜因此地光域立泰畤坛以明应。令太祝领，秋及腊间祠。三岁天子壹郊见。"

其秋，为伐南越，告祷泰一，以牡荆画幡日月北斗、登龙，以象太一三星，为泰一锋，命曰"灵旗"。为兵祷，则太史奉以指所伐国。而五利将军使不敢入海，之泰山祠。上使人随验，实无所见。五利妄言见其师，其方尽，多不雠。上乃诛五利。

帝的事宜，祠坛依照亳县人谬忌所设计的泰一坛建造而成，共三层。五帝祭坛环绕在泰一祠坛下方，分别对应各自的方位。黄帝的祭坛位于西南方，周围开辟了八条通达神灵的道路。祭祀天帝所用的供品，和雍县祭祀天帝时所用的供品一样，且另外增加了醴酒、大枣、干肉之类，杀一头牦牛作为祭品盛放在俎豆礼器之中。而五帝神还有专门盛放醴酒的礼器。祭坛下边的四个方位，相继祭祀着众神灵，以及众神灵的随从和北斗。祭祀结束后，将祭品全部焚烧。祭祀用的牛要选用白色的，并在牛肚中放置一头白鹿，在白鹿体内放置一头猪，鹿的体内还盛满美酒。用牛祭祀太阳，用羊和猪祭祀月亮。主持天帝祭祀的太祝、太宰要穿着紫色的华服。主持五帝祭祀的太祝、太宰分别根据五帝所属的颜色着装，祭祀太阳要身着红色华服，祭祀月亮要身着白色华服。

十一月辛巳初一是冬至日，拂晓时分，武帝便开始郊祀天帝。日出时祭祀太阳，日落时祭祀月亮，祭祀时要作揖行礼；而祭祀天帝的礼仪，则与雍县祭祀礼一致。祭祀时的祝辞为："上帝将宝鼎神策授予皇帝，并且再次出现朔旦为冬至日的新纪元开端，终而复始，皇帝恭敬拜见天神。"祭祀的礼服以黄色为尊贵。祭祀时烈火满坛，祭坛旁边摆放着烹煮的炊具。有关官员说："祠庙的祭坛上有光芒"。公卿说："当初皇帝在云阳县郊祀天帝神时，有关官员捧着瑄玉、牺牲进献给神灵享用，当晚祭坛上就出现了美丽的光芒，到了白天，空中升腾起黄色的云气。"太史令司马谈、负责祭祀的官员宽舒等人都说："神灵美善，降临福祉与吉祥，应在出现祥光的地方建造天帝祭坛，以此来彰明祥瑞的应兆。平时诏令太祝管理，分别在秋季和腊月间举行祭祀。天子每三年亲自前往郊祀一次。"

当年秋季，为了征讨南越国，武帝在天帝祠庙进行祷告，用牡荆作旗杆，并在旗幡上绘制日、月、北斗和腾龙，以此象征太一星座的三星，作为泰一锋旗，称为"灵旗"。为出征而祈祷，寓意旗开得胜，太史官要举着灵旗指向将要征讨的国家。然而五利将军栾大作为使者却不敢入海，他来到泰山祠庙进行祭祀。武帝派人跟随他前去查验，实际上却什么也没看见。五利将军栾大信口雌黄，说见到了他的

其冬，公孙卿候神河南，言见仙人迹缑氏城上，有物如雉，往来城上。天子亲幸缑氏视迹，问卿："得毋效文成、五利乎？"卿曰："仙者非有求人主，人主者求之。其道非少宽暇，神不来。言神事，如迂诞，积以岁，乃可致。"于是郡国各除道，缮治宫馆名山神祠所，以望幸矣。

其春，既灭南越，嬖臣李延年以好音见。上善之，下公卿议，曰："民间祠有鼓舞乐，今郊祀而无乐，岂称乎？"公卿曰："古者祠天地皆有乐，而神祇可得而礼。"或曰："泰帝使素女鼓五十弦瑟，悲，帝禁不止，故破其瑟为二十五弦。"于是塞南越，祷祠泰一、后土，始用乐舞。益召歌儿，作二十五弦及坎侯瑟自此起。

其来年冬，上议曰："古者先振兵释旅，然后封禅。"乃遂北巡朔方，勒兵十余万骑，还祭黄帝冢桥山，释兵凉如。上曰："吾闻黄帝不死，有冢，何也？"或对曰："黄帝以仙上天，群臣葬其衣冠。"既至甘泉，为且用事泰山，先类祠泰一。

自得宝鼎，上与公卿诸生议封禅。封禅用希旷绝，莫知其仪体，而群儒采封禅《尚书》《周官》《王制》之望祀射牛事。齐人丁公年九十余，曰："封禅者，古不死之名也。秦始皇不得上封。陛下必欲上，稍上即无风雨，遂上封矣。"上于是乃令诸儒习射牛，草封

恩师，致使他的方术使用殆尽，大多已不再灵验。于是武帝诛杀了五利将军。

当年冬季，公孙卿在河南迎候神灵，并说在缑氏城上看见了仙人的踪迹，有一只像野鸡一样的东西，穿梭往来于城市上空。武帝就亲自到缑氏城去看仙人踪迹，他问公孙卿："你该不会是仿效文成将军和五利将军的做法吧？"公孙卿说："仙人并不有求于人主，而是人主有求于仙人。此事切莫操之过急，不然神仙是不会来的。说起神仙的事，貌似荒诞迂曲，但实际上，只要假以时日，就一定可以招致神仙降临。"于是各郡县、诸侯国纷纷修路，修缮名山上的宫馆及祠庙，以等待武帝前来迎候神仙。

第二年春季，南越国被歼灭，宠臣李延年将一首优美的乐曲进献给武帝。武帝对这首乐曲非常满意，就交给公卿们讨论，说："民间祭祀时尚且要配以鼓乐和舞蹈，如今郊祀没有音乐，怎能这样呢？"公卿们说："上古时代祭祀天地时都有音乐，神灵通过礼乐来享受祭礼。"有人说："天帝命素女弹奏五十弦的瑟，乐曲悲凉哀婉，使天帝情不自禁地忧伤，因此把瑟一分为二，变成二十五弦。"于是武帝因歼灭南越国而祭祀天帝、后土，并开始使用礼乐和舞蹈。还广招歌童伴唱，制作二十五弦琴和坎篌瑟，也就是从那时开始的。

来年冬季，武帝与大臣们商议说："上古时代要先整顿军队，解除军事行动，才能举行祭祀天地的封禅仪式。"于是便向北巡察朔方边陲，统率十余万骑兵，返程时在桥山祭祀黄帝衣冠冢，并在凉如解除了武装。武帝说："我听说黄帝并没有死，但是却有墓冢，这是怎么回事？"有人答道："黄帝升天成仙，于是群臣埋葬了他的衣冠。"武帝抵达甘泉宫后，因即将到泰山举行祭祀天地的封禅礼，于是先按照礼仪祭祀了天帝。

自从获得宝鼎后，武帝和公卿、众儒生便开始商议封禅的事情。因为之前已经很久没有人举行过封禅大典了，所以大家都不太清楚封禅的礼仪细节，于是众儒生便从《尚书》《周官》《王制》等典籍中查找到封禅时要望祭、射牛的相关事例。齐国人丁公已九十多岁，他说："封禅，意味着千古流芳。秦始皇没资格祭祀天地，于是

禅仪。数年，至且行，天子既闻公孙卿及方士之言，黄帝以上封禅皆致怪物与神通，欲放黄帝以接神人蓬莱，高世比德于九皇，而颇采儒术以文之。群儒既已不能辩明封禅事，又拘于《诗》《书》古文而不敢骋。上为封祠器视群儒，群儒或曰“不与古同”，徐偃又曰“太常诸生行礼不如鲁善”，周霸属图封事，于是上黜偃、霸，而尽罢诸儒弗用。

三月，乃东幸缑氏，礼登中岳太室。从官在山上闻若有言“万岁”云。问上，上不言；问下，下不言。乃令祠官加增太室祠，禁毋伐其山木，以山下户凡二百封崈高，为之奉邑，独给祠，复，无有所与。上因东上泰山，泰山草木未生，乃令人上石立之泰山颠。

上遂东巡海上，行礼祠八神。齐人之上疏言神怪奇方者以万数，乃益发船，令言海中神山者数千人求蓬莱神人。公孙卿持节常先行候名山，至东莱，言夜见大人，长数丈，就之则不见，见其迹甚大，类禽兽云。群臣有言见一老父牵狗，言“吾欲见巨公”，已忽不见。上既见大迹，未信，及群臣又言老父，则大以为仙人也。宿留海上，与方士传车及间使求神仙人以千数。

封禅很不顺利。陛下要是想登顶封禅的话，必须缓慢地攀登才不会遭遇风雨，而后便可以登顶祭祀天地了。”武帝于是诏令众儒生演习射牛仪式，草拟封禅的相关礼仪。数年后，到了即将封禅的日子，武帝听了公孙卿和方士们的话，黄帝以及从前封禅的帝王，都能招致灵异之物或通达神灵，武帝也想仿效黄帝，可以迎请来蓬莱仙境的仙人，想到自己的圣德可与上古时代的九皇相比拟，武帝就想让众儒生为他歌功颂德。众儒生本就对封禅之事不甚了解，又拘泥于《诗》《书》等古文文法的限制而无从着笔。于是武帝便把封禅的礼器拿给众儒生看，众儒生中有人说：“和古代的不同”，徐偃又说：“由太常培养出的众儒生反而不如鲁国的儒生更熟悉祭祀礼仪”，周霸召集众儒生商讨封禅事宜，于是武帝没让徐偃、周霸参与封禅大典，并将所有的儒生全部罢免不用。

三月，武帝向东巡幸到达缑氏城，并按照礼仪登上中岳嵩山祭祀。随行的官员们仿佛听到山上有人喊“万岁”。官员们问武帝是否听到喊声，武帝没有回答；又问下面的人，下面的人也不说。于是武帝诏令祭祀官增设对嵩山的祭祀，禁止砍伐山上树木，并把山下共二百户人家封为专职祭祀嵩山的人员，将他们的居住地封为奉邑，命他们只负责祭祀，免除一切徭役和赋税，不增加任何负担。随后武帝向东登上泰山，泰山的草木还未萌芽，于是武帝命人把事先刻好的石碑运上泰山山顶。

之后武帝又东巡海上，举行了祭祀八方神灵的仪式。齐国人上书说，当地能通达神灵、拥有神奇方术的人数以万计，于是武帝诏令增派船只，载着那些号称海上有神山的数千位方士，去访求蓬莱仙人。公孙卿手持符节，走在最前面，在名山脚下恭候武帝，到东莱县之后，他说夜晚看到一位身材高大的人，身高数丈，但走到近前却不见踪影，只看见他的脚印非常大，类似禽兽的脚印。群臣中有人说看见一位老者牵着狗，对他说：“我想见天子”，话音刚落便忽然不见了踪影。武帝看到大脚印后，还将信将疑，但听到群臣说起老者的事，便深信是遇到仙人了。于是武帝宿留在海上，赐给方士传车，这其间陆续派出去访求神仙的方士多达千人。

四月，还至奉高。上念诸儒及方士言封禅人殊，不经，难施行。天子至梁父，礼祠地主。至乙卯，令侍中儒者皮弁缙绅，射牛行事。封泰山下东方，如郊祠泰一之礼。封广丈二尺，高九尺，其下则有玉牒书，书秘。礼毕，天子独与侍中奉车子侯上泰山，亦有封。其事皆禁。明日，下阴道。丙辰，禅泰山下阯东北肃然山，如祭后土礼。天子皆亲拜见，衣上黄而尽用乐焉。江淮间一茅三脊为神藉。五色土益杂封。纵远方奇兽飞禽及白雉诸物，颇以加祠。兕牛象犀之属不用。皆至泰山，然后去。封禅祠，其夜若有光，昼有白云出封中。

天子从禅还，坐明堂，群臣更上寿。下诏改元封元年。语在《武纪》。又曰："古者天子五载一巡狩，用事泰山，诸侯有朝宿地。其令诸侯各治邸泰山下。"

天子既已封泰山，无风雨，而方士更言蓬莱诸神若将可得，于是上欣然庶几遇之，复东至海上望焉。奉车子侯暴病，一日死。上乃遂去，并海上，北至碣石，巡自辽西，历北边至九原。五月，乃至甘泉，周万八千里云。

其秋，有星孛于东井。后十余日，有星孛于三能。望气王朔言："候独见填星出如瓜，食顷，复入。"有司皆曰："陛下建汉家封禅，天其报德星云。"

四月，武帝返程时途经奉高县。他觉得众儒生以及方士们所说的封禅之事，每个人的说法都不一样，有些说法荒诞不经，难以实现。到达梁父山，在此处祭祀土地神。到了乙卯日，武帝诏令侍从、众儒生以及头戴白色鹿皮帽子的官员，演习射牛的礼仪。并在泰山脚下的东方祭祀土地神，礼仪跟郊祀天帝的礼仪一样。祭坛宽一丈二尺，高九尺，下面埋着玉牒书，书中所载内容秘而不宣。祭礼完毕，武帝单独与侍中奉车都尉子侯登上泰山，再次举行祭天仪式。这件事禁止对外传扬。第二天，一行人从泰山的北麓下山。丙辰日，又在泰山脚下东北方向肃然山举行了祭地仪式，礼仪跟祭祀后土的礼仪一样。武帝亲自拜祭，他身着黄色礼服，祭祀时还使用了礼乐。选用江淮一带生长的一种有三脊的茅草纺织成草垫，祭神时用来摆设供品。并将五色土混杂在一起进行封土。将边远地区运来的奇兽飞禽和白雉等放生，以此来增加祭礼。没选用兕牛犀象之类的动物做供品。而是运到泰山后，便将它们放生了。在封禅的祠庙里，夜晚仿佛有灵光若隐若现，白天则有白色云气从封土中升腾而起。

武帝祭祀归来，升坐明堂，群臣交替着前来祝贺。武帝诏令改这一年为元封元年。详见《武帝纪》。武帝又说："上古时代的天子每五年巡察一次，并到泰山行祭祀天地的封禅礼，因此，陪祭的诸侯们需要有可以住宿的地方。现命诸侯王各自在泰山脚下修建官邸。"

武帝已在泰山完成了封禅大典，且没有遭遇风雨袭击，方士们便纷纷说，蓬莱诸仙似乎也可以遇到，于是武帝欣然前往，希望能遇到仙人，他再次东游至海上眺望。这时，奉车都尉子侯突然得了急症，一天之内就死了。武帝无奈只得离去，沿着海域，向北巡游到碣石，又从辽西郡开始巡察，经过北方边境到达九原县。五月，才返回甘泉宫，此次巡察行程达一万八千里。

这年秋季，在星座东井宿的方位上出现了彗星。十多天后，又有彗星出现在了星座三能宿的方位上。负责观测天象的望气官王朔说："我观测天象时发现，土星孤零零地出现，像瓜一样，片刻又隐没不见了。"有关官员都说："陛下建立汉朝，举行封禅大典，这大概是上天以德星出现的方式回报于天下吧。"

其来年冬，郊雍五帝。还，拜祝祠泰一。赞飨曰：“德星昭衍，厥维休祥。寿星仍出，渊耀光明。信星昭见，皇帝敬拜泰祝之享。”

其春，公孙卿言见神人东莱山，若云“欲见天子”。天子于是幸缑氏城，拜卿为中大夫。遂至东莱，宿，留之数日，毋所见，见大人迹云。复遣方士求神人采药以千数。是岁旱。天子既出亡名，乃祷万里沙，过祠泰山。还至瓠子，自临塞决河，留二日，湛祠而去。

来年冬季，武帝在雍县郊祀五帝。还朝后，又拜祭了天帝祠庙。武帝在赞辞中说道："德星普照，福瑞吉祥。寿星频出，闪耀光芒。土星显现，皇帝敬拜，恭请天帝享食。"

当年春季，公孙卿说在东莱山见到了仙人，仙人这样说"我想见天子"。于是武帝到达缑氏城，封公孙卿为中大夫。随即来到东莱县，在那里停留了数日，什么也没见到，只看到了巨人的脚印。于是武帝再次派遣数千位方士前去访求仙人并寻求长生不老的丹药。当年天下大旱。武帝没有合理的名义出巡，只得在经过万里沙时进行祈祷，途经泰山时举行了祭祀仪式。返程时瓠子堤决口，亲自到黄河的决口处参与救援，并在那里停留了两天，然后将白马、玉璧等祭品沉入河底，祭祀之后便离开了。

卷二十五下

郊祀志第五下

是时既灭两粤，粤人勇之乃言："粤人俗鬼，而其祠皆见鬼，数有效。昔东瓯王敬鬼，寿百六十岁。后世怠嫚，故衰耗。"乃命粤巫立粤祝祠，安台无坛，亦祠天神帝百鬼，而以鸡卜。上信之，粤祠鸡卜自此始用。

公孙卿曰："仙人可见，上往常遽，以故不见。今陛下可为馆如缑氏城，置脯枣，神人宜可致。且仙人好楼居。"于是令长安则作飞廉、桂馆，甘泉则作益寿、延寿馆，使卿持节设具而候神人。乃作通天台，置祠具其下，将招来神仙之属。于是甘泉更置前殿，始广诸宫室。夏，有芝生甘泉殿房内中。天子为塞河，兴通天，若有光云，乃下诏：甘泉房中生芝九茎，赦天下，毋令复作。

其明年，伐朝鲜。夏，旱。公孙卿曰："黄帝时，封则天旱，干封三年。"上乃下诏："天旱，意干封乎？其令天下尊祠灵星焉。"

明年，上郊雍五畤，通回中道，遂北出萧关，历独鹿、鸣泽，自西河归，幸河东祠后土。

明年冬，上巡南郡，至江陵而东。登礼灊之天柱山，号曰南岳。浮江，自浔阳出枞阳，过彭蠡，礼其名山川。北至琅邪，并海上。四

当时汉朝已消灭了南越、闽越，越人勇之说："越人有崇尚鬼神的习俗，而且他们在祭祀时时常有鬼神出现，每次都非常灵验。从前东瓯王恭敬地祭祀鬼神，活了一百六十岁。他的后世子孙怠慢鬼神，因此寿命逐渐衰减。"于是武帝诏令越人巫师在越地修建祭祀祠庙，设置类似于祭坛的高台，同样祭祀天帝、神灵和百鬼，并且通过鸡来占卜。武帝对于用鸡占卜深信不疑，越人祭祀时用鸡占卜的方法非常灵验，汉人也从那时开始采用这种方法。

公孙卿说："仙人是可以见到的，只是陛下来去比较仓促，因此没能遇到。如今陛下可以像在缑氏城那样修建馆舍，并置办干肉和大枣，便可以招致神明降临。仙人喜欢居于高楼。"于是武帝诏令在长安建造飞廉、桂馆，在甘泉宫建造益寿馆、延寿馆，派公孙卿手持符节布置礼器、祭品，迎候神灵。又建造了通天台，并在台下陈设礼器、祭品，用来招待降临的神仙。甘泉宫又建造了前殿，扩建了各个宫室。夏季，甘泉宫的房中竟然长出了灵芝仙草。武帝为了封堵黄河决口，兴建了通天台，仿佛看到神光闪现，于是下诏：甘泉房中长出九茎灵芝，于是大赦天下，不再有复作的劳役。

第二年，汉军征讨朝鲜。夏季，旱情严重。公孙卿说："黄帝时，祭祀天地后就会出现旱情，这是因为封禅就要封土，当时就干旱了三年。"于是武帝下诏："天旱，真的是封禅时封土所致吗？这是让天下百姓都恭敬地祭祀主管农事的灵星啊。"

又过了一年，武帝在雍县郊祀五帝，此时的回中要道已全线贯通，于是武帝便北出萧关，经过独鹿、鸣泽，从西河返程，巡幸到河东时，祭祀了后土。

第二年冬季，天子巡察至南郡，抵达江陵后再向东行。登上灊地的天柱山举行祭礼仪式，天柱山号称南岳。而后乘船沿江而下，从

月，至奉高修封焉。

初，天子封泰山，泰山东北阯古时有明堂处，处险不敞。上欲治明堂奉高旁，未晓其制度。济南人公玉带上黄帝时明堂图。明堂中有一殿，四面无壁，以茅盖，通水，水圜宫垣，为复道，上有楼，从西南入，名曰昆仑，天子从之入，以拜祀上帝焉。于是上令奉高作明堂汶上，如带图。及是岁修封，则祠泰一、五帝于明堂上坐，合高皇帝祠坐对之。祠后土于下房，以二十太牢。天子从昆仑道入，始拜明堂如郊礼。毕，尞堂下。而上又上泰山，自有秘祠其颠。而泰山下祠五帝，各如其方，黄帝并赤帝所，有司侍祠焉。山上举火，下悉应之。还幸甘泉，郊泰畤。春幸汾阴，祠后土。

明年，幸泰山，以十一月甲子朔旦冬至日祀上帝于明堂，毋修封。其赞飨曰："天增授皇帝泰元神策，周而复始。皇帝敬拜泰一。"东至海上，考入海及方士求神者，莫验，然益遣，几遇之。乙酉，柏梁灾。十二月甲午朔，上亲禅高里，祠后土。临勃海，将以望祀蓬莱之属，几至殊庭焉。

上还，以柏梁灾故，受计甘泉。公孙卿曰："黄帝就青灵台，十二日烧，黄帝乃治明庭。明庭，甘泉也。"方士多言古帝王有都甘泉者。其后天子又朝诸侯甘泉，甘泉作诸侯邸。勇之乃曰："粤俗有火灾，复起屋，必以大，用胜服之。"于是作建章宫，度为千门万

浔阳县出了枞阳县，途经彭蠡泽，礼祭当地的名山大川。向北到达琅琊郡，沿海域继续前行。四月时，抵达奉高县举行祭天仪式。

起初，武帝在泰山祭天时，泰山东北方向的山脚下，有一座古代的明堂遗址，其地势险要，占地也并不开阔。武帝准备在奉高县附近修建明堂，但不清楚建造明堂的规制要求。济南人公玉带（或作公王带）进献了黄帝时期的明堂建筑图。图中显现，明堂中央是一座殿堂，四周没有墙壁，屋顶用茅草覆盖，整座明堂以水贯通，水流环绕宫墙。明堂内建有上下两层通道，上面有楼，从西南方向进入，名为昆仑道，天子从这里进入，祭拜上帝。于是武帝诏令在奉高县的汶水上修建明堂，就按照公玉带进献的图纸的规制施工。等到这年修整封土时，就在明堂的上层阁楼里祭祀天帝、五帝。配享的高皇帝的神位与天帝、五帝神位相对而设。在明堂的下层，用二十太牢礼祭祀后土。武帝从昆仑道进入，按照郊祀礼仪的流程，开始在明堂内祭拜。祭祀完毕后，便在堂下焚柴燎祭。武帝再次登上泰山，亲自在山顶秘密的祭祀。而后在泰山脚下祭祀五帝，分别按照他们各自的方位，黄帝和赤帝在同一个方位，有关官员在旁边侍奉祭祀。山上举起火把，山下也举火与之呼应。返程时巡幸甘泉宫，郊祀于天帝祭坛。春季巡幸至汾阴县，祭祀后土。

又过了一年，武帝巡幸至泰山，以十一月甲子朔旦为冬至日，在明堂祭祀天帝，没有修整封土。其赞辞说："上天增授皇帝泰一神策，周而复始。皇帝虔诚地敬拜天帝。"随后东巡至海上，考察入海的人和访求神仙的方士，虽然多次都不灵验，但仍然增派访求方士，希望他们能够遇到神仙。乙酉日，柏梁台发生火灾。十二月甲午初一日，武帝亲临高里封禅，祭祀后土。他濒临渤海，遥望蓬莱等地，希望能望见神仙的居所。

武帝还朝后，因为柏梁台火灾的缘故，在甘泉宫接受郡县所上呈的计簿。公孙卿说道："黄帝建成青灵台后，仅十二天就被烧了，于是黄帝又建造了明庭。明庭，就是甘泉宫。"方士们纷纷说古代帝王建都于甘泉。此后，天子又在甘泉接受诸侯朝见，于是甘泉又建造了诸侯觐见的馆舍。越人勇之便说道："越地的风俗是遇到火灾，要

户。前殿度高未央。其东则凤阙，高二十余丈。其西则商中，数十里虎圈。其北治大池，渐台高二十馀丈，名曰泰液，池中有蓬莱、方丈、瀛州、壶梁，象海中神山龟鱼之属。其南有玉堂璧门大鸟之属。立神明台、井幹楼，高五十丈，辇道相属焉。

夏，汉改历，以正月为岁首，而色上黄，官更印章以五字，因为太初元年。是岁，西伐大宛，蝗大起。丁夫人、雒阳虞初等以方祠诅匈奴、大宛焉。

明年，有司言雍五畤无牢孰具，芬芳不备。乃令祠官进畤犊牢具，色食所胜，而以木寓马代驹云。及诸名山川用驹者，悉以木寓马代。独行过亲祠，乃用驹，它礼如故。

明年，东巡海上，考神仙之属，未有验者。方士有言黄帝时为五城十二楼，以候神人于执期，名曰迎年。上许作之如方，名曰明年。上亲礼祠，上犊黄焉。

公玉带曰："黄帝时虽封泰山，然风后、封巨、岐伯令黄帝封东泰山，禅凡山，合符，然后不死。"天子既令设祠具，至东泰山，卑小，不称其声，乃令祠官礼之，而不封焉。其后令带奉祠候神物。复还泰山，修五年之礼如前，而加禅祠石闾。石闾者，在泰山下阯南方，方士言仙人闾也，故上亲禅焉。

重新建造房屋，新建造的房屋一定要比原来的更大，这是用更大的规模来制服火灾。”于是武帝诏令建造了建章宫，规划建成千门万户。预计前殿的高度要高出未央宫。东边为凤阙门，高二十多丈。西边是商庭，方圆几十里都是虎圈。北边建有一个大水池，渐台高二十多丈，名为泰液池，池中模仿海上的仙山，建有蓬莱、方丈、瀛州、壶梁小岛，还雕刻了石龟、石鱼之类海中生物。南边建有玉堂宫、璧门宫，以雕刻的神鸟作为装饰。搭建神明台、井幹楼，高五十丈，其间有辇道彼此连接。

夏季，汉朝修改了历法，以正月作为一年的开端，崇尚黄色，刻有官名的印章改为五个字，并确定当年的年号为太初元年。这一年，汉军向西征讨大宛，蝗灾大规模爆发。丁夫人、洛阳人虞初等人作法，用方术来诅咒匈奴、大宛。

第二年，有关官员说，雍县祭祀五帝时，采用的太牢没有煮熟，不具备熟肉的芳香气味。于是武帝诏令负责祭祀的官员为五畤发放熬煮牺牲祭品的器具，颜色要根据五帝所属的颜色配置，用木偶马代替马驹。祭祀名山大川所需要的马驹，都用木偶马代替。只有皇帝亲自祭祀时，才选用真马驹，其他祭礼照旧办理。

又过了一年，武帝东巡来到海上，考察访求仙人之事，仍然没有灵验。方士中有人说：黄帝时，为访求仙人建造过五城十二楼，就为了在执期这个地方迎候仙人，称作迎年。武帝同意按照这种说法建造五城十二楼，并将其命名为明年。武帝还亲自前往祭祀，进献的是黄色的小牛犊。

公玉带说：“黄帝当时虽然在泰山祭祀天地，行封禅大典，但他的大臣风后、封钜、岐伯等人建议黄帝再到东泰山祭天，到凡山祭地，这样才符合祭祀神灵的要求，然后才能长生不老。”武帝诏令设置祭具，抵达东泰山祭天，但东泰山山势低矮，名不副实，于是武帝就命负责祭祀的官员代为祭祀，并未在此地祭天。随后命公玉带在此地奉祭，迎候神灵降临。武帝重新回到泰山，像五年前那样行礼，还增加了在石闾山祭地的仪式。石闾山，位于泰山南麓的山脚下，方士们说那里是仙人的故居，因此武帝亲自前去祭地。

其后五年，复至泰山修封，还过祭恒山。

自封泰山后，十三岁而周遍于五岳、四渎矣。

后五年，复至泰山修封。东幸琅邪，礼日成山，登之罘，浮大海，用事八神延年。又祠神人于交门宫，若有乡坐拜者云。

后五年，上复修封于泰山。东游东莱，临大海。是岁，雍县无云如靁者三，或如虹气苍黄，若飞鸟集棫阳宫南，声闻四百里。陨石二，黑如黳，有司以为美祥，以荐宗庙。而方士之候神入海求蓬莱者终无验，公孙卿犹以大人之迹为解。天子犹羁縻不绝，几遇其真。

诸所兴，如薄忌泰一及三一、冥羊、马行、赤星，五。宽舒之祠官以岁时致礼。凡六祠，皆大祝领之。至如八神，诸明年、凡山它名祠，行过则祠，去则已。方士所兴祠，各自主，其人终则已，祠官不主。它祠皆如故。甘泉泰一、汾阴后土，三年亲郊祠，而泰山五年一修封。武帝凡五修封。昭帝即位，富于春秋，未尝亲巡祭云。

宣帝即位，由武帝正统兴，故立三年，尊孝武庙为世宗，行所巡狩郡国皆立庙。告祠世宗庙日，有白鹤集后庭。以立世宗庙告祠孝昭寝，有雁五色集殿前。西河筑世宗庙，神光兴于殿旁，有鸟如白鹤，前赤后青。神光又兴于房中，如烛状。广川国世宗庙殿上有锺音，门户大开，夜有光，殿上尽明。上乃下诏赦天下。

之后的五年，武帝再次来到泰山修整封土，返程途中顺路祭祀了恒山。

自从在泰山祭天后，武帝在十三年间，将五岳、四渎全都祭祀了一遍。

又过了五年，武帝再次来到泰山修整封土。并向东巡幸到琅琊郡，在成山之颠祭拜，登芝罘山，并在大海上巡游，在延年楼祭祀八方神灵。又在交门宫祭祀神仙，仿佛有神仙在祠堂里与武帝相坐而拜。

又过了五年，武帝又来到泰山修整封土。之后向东巡游至东莱县，濒临大海。这一年，雍县多次出现晴天霹雳的现象，有时天地间呈现黄绿色的云气，犹如飞鸟聚集盘旋在棫阳宫南面，声音响彻四野八荒。其间还有二块陨石坠落，色如黑玉，有关官员认为这是祥瑞之兆，就把它献祭于宗庙。然而到海上访求蓬莱仙人、迎候神仙的方士们始终没有结果，公孙卿仍然用巨人的脚印作为托辞。武帝访求仙人的信念依然坚定执着，他日夜期盼着能遇到真正的神仙。

国内又新建了几处祭祀场所，如薄忌的天帝庙以及三一庙、冥羊庙、马行庙、赤星庙等，共五处。负责祭祀的官员宽舒，每年按时举行祭祀礼。连后土庙在内，共有六座祠庙，都由太祝掌管。至于八方神灵，以及明年、凡山等其他名祠，只有在武帝经过时才举行祭祀，离开后就不再祭祀了。方士自行建造的祠庙，由他们各自举行祭祀，方士死后，祭祀也就停止了，负责祭祀的官员不参与。其他的祠庙也都一样。甘泉宫的天帝庙、汾阴县的后土庙，武帝每三年亲自前往郊祀一次，每五年前往泰山修整封土一次。武帝在位期间，共修整封土五次。昭帝即位，因年纪较轻，从未亲自巡游祭祀过。

宣帝即位，因为他是武帝的嫡系相承，所以即位三年后，便尊奉孝武庙为世宗庙，并在他所巡视的郡国都建造了世宗庙。告祀世宗庙的当天，有白鹤聚集在后庭盘旋。因建造世宗庙而告祭孝昭帝的陵寝时，殿前有五色雁集中盘旋。在西河建筑世宗庙时，有神光在殿旁闪现，有一只白鹤状的大鸟，前身是赤色，后身是青色。之后神光又在房室中闪现，犹如烛光一般。广川国的世宗庙大殿上有钟声

时，大将军霍光辅政，上共已正南面，非宗庙之祀不出。十二年，乃下诏曰："盖闻天子尊事天地，修祀山川，古今通礼也。间者，上帝之祠阙而不亲十有余年，朕甚惧焉。朕亲饬躬齐戒，亲奉祀，为百姓蒙嘉气、获丰年焉。"

明年正月，上始幸甘泉，郊见泰畤，数有美祥。修武帝故事，盛车服，敬齐祠之礼，颇作诗歌。

其三月，幸河东，祠后土，有神爵集，改元为神爵。制诏太常："夫江海，百川之大者也，今阙焉无祠。其令祠官以礼为岁事，以四时祠江海雒水，祈为天下丰年焉。"自是五岳、四渎皆有常礼。东岳泰山于博，中岳泰室于嵩高，南岳灊山于灊，西岳华山于华阴，北岳常山于上曲阳，河于临晋，江于江都，淮于平氏，济于临邑界中，皆使者持节侍祠。唯泰山与河岁五祠，江水四，余皆一祷而三祠云。

时，南郡获白虎，献其皮牙爪，上为立祠。又以方士言，为随侯、剑宝、玉宝璧、周康宝鼎立四祠于未央宫中。又祠太室山于即墨，三户山于下密，祠天封苑火井于鸿门。又立岁星、辰星、太白、荧惑、南斗祠于长安城旁。又祠参山八神于曲城，蓬山石社石鼓于临朐，之罘山于腄，成山于不夜，莱山于黄。成山祠日，莱山祠月。又祠四时于琅邪，蚩尤于寿良。京师近县鄠，则有劳谷、五床山、日月、五帝、仙人、玉女祠。云阳有径路神祠，祭休屠王也。又立五龙山仙人祠及黄帝、天神、帝原水，凡四祠于肤施。

响起，同时门户大开，夜晚有灵光闪现，将大殿照得通明。宣帝便诏令大赦天下。

当时，大将军霍光辅政，宣帝严肃恭敬地端坐在朝堂之上，除了宗庙祭祀之外，一般不外出。宣帝即位十二年后，便下诏说："朕曾听闻天子虔诚地奉祭天地，祭祀山川，这是古往今来的通礼。迄今为止，天帝祠庙已有十多年未按时祭祀了，朕为此深感不安。朕决定亲自沐浴斋戒，亲身前去祭祀，为百姓祈祷祥瑞、福祉，企盼五谷丰登的好年景。"

第二年正月，宣帝才亲自来到甘泉宫，郊祀天帝，祭祀期间，多次出现祥瑞之兆。祭祀礼效仿武帝时的规制，选用盛车华服，还要恭敬地行斋戒祭祀礼节，同时制作了很多诗歌。

当年三月，宣帝巡幸至河东郡，祭祀后土神，因当时聚集了很多神鸟，于是改年号为神爵。他还下诏给太常说："江河湖海，乃是百川合流之处，如今却无人祭祀。今命负责祭祀的官员，每年按时举行祭礼，在四季祭祀江海、洛水，为百姓祈求丰收的好年景。"从此五岳、四渎都按时举行祭祀礼。东岳泰山祭祀于博县，中岳泰室祭祀于嵩山，南岳灊山祭祀于潜县，西岳华山祭祀于华阴县，北岳常山祭祀于上曲阳县，黄河祭祀于临晋县，长江祭祀于江都县，淮水祭祀于平氏县，济水祭祀于临邑县境内，以上祭祀均由朝廷派使者，手持符节主持祭祀。只有泰山和黄河是每五年祭祀一次，江水每四年祭祀一次，其余的都是每年祈祷一次，每三年祭祀一次。

当时，南郡捕获到一只白虎，人们把虎皮、虎牙和虎爪献给朝廷，宣帝因此建立祠庙。又根据方士的建议，为随侯珠、斩蛇宝剑、玉宝璧、周康王宝鼎四件宝物分别在未央宫建立了四座祠庙。又在即墨县祭祀太室山，在下密县祭祀三户山，在鸿门县祭祀天封苑火井。又在长安城旁建立了木星、水星、金星、火星、南斗星祠庙。又在曲城县祭祀参山的八方神灵，在临朐县祭祀蓬山的石社石鼓，在腄县祭祀芝罘山，在不夜县祭祀成山，在黄县祭祀莱山。在成山祭祀太阳，在莱山祭祀月亮。又在琅琊县祭祀四季，在寿良县祭祀蚩尤。京城附近的郊县鄠，则有劳谷、五牀山、日、月、五帝、仙人、玉女等祠

或言益州有金马碧鸡之神，可醮祭而致，于是遣谏大夫王褒使持节而求之。

大夫刘更生献淮南枕中洪宝苑秘之方，令尚方铸作。事不验，更生坐论。京兆尹张敞上疏谏曰：“愿明主时忘车马之好，斥远方士之虚语，游心帝王之术，太平庶几可兴也。”后尚方待诏皆罢。

是时，美阳得鼎，献之。下有司议，多以为宜荐见宗庙，如元鼎时故事。张敞好古文字，桉鼎铭勒而上议曰：“臣闻周祖始乎后稷，后稷封于斄，公刘发迹于豳，大王建国于郊梁，文武兴于酆镐。由此言之，则郊梁、丰镐之间周旧居也，固宜有宗庙坛场祭祀之臧。今鼎出于郊东，中有刻书曰：‘王命尸臣：“官此栒邑，赐尔旂鸾黼黻琱戈。”尸臣拜手稽首曰：“敢对扬天子丕显休命。”’臣愚不足以迹古文，窃以传记言之，此鼎殆周之所以褒赐大臣，大臣子孙刻铭其先功，臧之于宫庙也。昔宝鼎之出于汾脽也，河东太守以闻，诏曰：‘朕巡祭后土，祈为百姓蒙丰年，今谷嗛未报，鼎焉为出哉？’博问耆老，意旧臧与？诚欲考得事实也。有司验脽上非旧臧处，鼎大八尺一寸，高三尺六寸，殊异于众鼎。今此鼎细小，又有款识，不宜荐见于宗庙。”制曰：“京兆尹议是。”

上自幸河东之明年正月，凤凰集祋祤，于所集处得玉宝，起步寿宫，乃下诏赦天下。后间岁，凤凰神爵甘露降集京师，赦天下。

庙；云阳县有径路神祠庙，用来祭祀匈奴休屠王。又在肤施县建立了五龙山仙人祠以及黄帝、天神、帝原水共四座祠庙。

有人说益州有金马、碧鸡神，可用祭祀的方法招致它降临，于是宣帝派遣谏大夫王褒手持符节前去求神。

大夫刘向把淮南王枕中的洪宝苑秘方献给宣帝，宣帝诏令尚方署根据秘方铸造黄金。结果却并不理想，刘向也因此受到质疑。京兆尹张敞上疏谏言道："希望明主不要时刻贪恋驰骋游乐，应远离那些方士，贬斥他们的不实之辞，潜心研习帝王之术，这样，太平盛世基本上就能实现了。"之后，宣帝撤销了尚方署以及待诏官。

就在那个时候，有人在美阳县得到一尊宝鼎，就把它进献给朝廷。宣帝让有关官员讨论该如何安置宝鼎，大多数官员认为应把它奉祭于宗庙，如同元鼎年间一样。张敞喜爱古代文字，他考察宝鼎上镌刻的铭文，向宣帝上奏说："臣听说周朝的祖先开始于后稷，后稷受封于斄县，他的后代公刘在豳地发迹，大王在岐梁建国，文王、武王在酆镐兴起。由此而言，岐梁、丰镐一带是周朝人的旧居，当地应该会有宗庙坛场祭祀的遗迹。如今岐梁以东发现宝鼎，上面所刻的铭文说：'王命主事大臣去治理栒邑，并赐给他旌旗、鸾车、黼黻、琱戈。主事大臣跪拜叩首说他必定尽力弘扬天子圣德和旨意。'臣愚昧，无法考究古文的文迹，只是通过传记上所记载的内容来解释，这只宝鼎大概是周王朝褒奖大臣的，大臣的子孙在宝鼎上镌刻了祖先的功绩，并将它珍藏在宫庙之内。从前在汾脽发现过宝鼎，河东太守报告给武帝，武帝下诏说：'朕巡祭后土，为百姓祈求丰收的好年景，如今粮食作物不见丰产，却出现一只宝鼎，是什么征兆呢？'于是广泛请教年长的老者，这只宝鼎是不是从前就藏在这里？只为探明究竟。有关官员经过查验得知，汾脽并非宝鼎最初的出土地，宝鼎大八尺一寸，高三尺六寸，与一般的宝鼎截然不同。如今这只鼎较之细小，又刻有铭文，不宜奉祭于宗庙。"于是宣帝下诏说："京兆尹张敞的建议是正确的。"

宣帝巡幸河东郡的第二年正月，凤凰聚集盘旋于祋祤县，人们在凤凰翔集的地方，挖出了宝玉，于是在此地建造步寿宫，宣帝便下

其冬，凤凰集上林，乃作凤凰殿，以答嘉瑞。明年正月，复幸甘泉，郊泰畤，改元曰五凤。明年，幸雍祠五畤。其明年春，幸河东，祠后土，赦天下。后间岁，改元为甘露。正月，上幸甘泉，郊泰畤。其夏，黄龙见新丰。建章、未央、长乐宫钟虡铜人皆生毛，长一寸所，时以为美祥。后间岁正月，上郊泰畤，因朝单于于甘泉宫。后间岁，改元黄龙。正月，复幸甘泉，郊泰畤，又朝单于于甘泉宫。至冬而崩。凤皇下郡国凡五十余所。

元帝即位，遵旧仪，间岁正月，一幸甘泉郊泰畤，又东至河东祠后土，西至雍祠五畤。凡五奉泰畤、后土之祠。亦施恩泽，时所过毋出田租，赐百户牛酒，或赐爵，赦罪人。

元帝好儒，贡禹、韦玄成、匡衡等相继为公卿。禹建言汉家宗庙祭祀多不应古礼，上是其言。后韦玄成为丞相，议罢郡国庙，自太上皇、孝惠帝诸园寝庙皆罢。后元帝寝疾，梦神灵谴罢诸庙祠，上遂复焉。后或罢或复，至哀、平不定。语在《韦玄成传》。

成帝初即位，丞相衡、御史大夫谭奏言："帝王之事莫大乎承天之序，承天之序莫重于郊祀，故圣王尽心极虑以建其制。祭天于南郊，就阳之义也；瘗地于北郊，即阴之象也。天之于天子也，因

诏，大赦天下。又隔了一年，凤凰、神爵、甘露聚集降落于京城，宣帝再次下诏，大赦天下。当年冬季，凤凰翔集于上林苑，于是宣帝诏令在上林苑建造凤凰殿，以此来回应祥瑞之兆。到了第二年正月，宣帝再次巡幸来到甘泉宫，郊祀于天帝祭坛，改年号为五凤元年（前57）。到了第二年，宣帝巡幸至雍县祭祀于五帝祭坛。第二年春季，巡幸至河东郡，祭祀后土神，诏令大赦天下。隔了一年，改年号为甘露元年（前53）。正月，宣帝抵达甘泉宫，郊祀天帝。当年夏季，有黄龙出现在新丰县。建章宫、未央宫、长乐宫悬挂钟的木架和铜人身上都长了毛，毛长一寸多，当时被人们视为是祥瑞之兆。后来隔了一年的正月，皇上郊祭天帝时，顺便在甘泉宫接见匈奴的单于。后来又隔了一年，改年号为黄龙元年（前49）。正月，宣帝再次来到甘泉宫，郊祀天帝，又在甘泉宫接见了匈奴单于。到了冬季，宣帝驾崩。凤凰降落在各郡县、诸侯国的五十多个地方。

元帝即位，遵照旧时的礼仪，每隔一年的正月，他都要巡幸至甘泉宫郊祀天帝一次，再向东巡游至河东郡祭祀后土神，向西到达雍县祭祀五帝。元帝在位，先后五次祭祀天帝、后土祠庙。同时也普施恩泽，凡是他祭祀经过的地方，都减免了当年的田租、赋税，每一百户百姓，便可接受牛和酒的赏赐，有的直接赏赐爵位，有罪之人被赦免。

元帝尊崇儒术，贡禹、韦玄成、匡衡等人相继成为公卿。贡禹建议说，汉家宗庙的祭祀，有很多不符合古代礼仪的地方，元帝很认同他的说法。后来韦玄成担任丞相，建议撤销各郡县、诸侯国的宗庙，从太上皇到孝惠帝，一律撤销各陵寝、宗庙的祭祀。后来元帝身患重病，梦见神灵谴责他废除各宗庙祭祀之事，于是元帝重新举行祭祀之礼。再后来，时而废止，时而恢复，直到哀帝、平帝执政时期，祭祀一事也始终没有定数。详见《韦玄成传》。

成帝即位之初，丞相匡衡、御史大夫张谭上奏说道："在帝王的政事之中，没有比顺应天意、位序传承更重要的事了，而在顺应天意的位序传承中，没有比郊祀更重要的，因此圣明的君主都尽心竭虑地建立郊祀礼制。在南郊祭天，有崇尚太阳之意；在北郊祭地，有崇

其所都而各飨焉。往者，孝武皇帝居甘泉宫，即于云阳立泰畤，祭于宫南。今行常幸长安，郊见皇天反北之泰阴，祠后土反东之少阳，事与古制殊。又至云阳，行溪谷中，阸狭且百里，汾阴则渡大川，有风波舟楫之危，皆非圣主所宜数乘。郡县治道共张，吏民困苦，百官烦费。劳所保之民，行危险之地，难以奉神灵而祈福祐，殆未合于承天子民之意。昔者周文、武郊于丰鄗，成王郊于雒邑。由此观之，天随王者所居而飨之，可见也。甘泉泰畤、河东后土之祠宜可徙置长安，合于古帝王。愿与群臣议定。”奏可。大司马车骑将军许嘉等八人以为所从来久远，宜如故。右将军王商、博士师丹、议郎翟方进等五十人以为《礼记》曰“燔柴于太坛，祭天也；瘗埋于大折，祭地也。”兆于南郊，所以定天位也。祭地于大折，在北郊，就阴位也。郊处各在圣王所都之南北。《书》曰“越三日丁巳，用牲于郊，牛二。”周公加牲，告徙新邑，定郊礼于雒。明王圣主，事天明，事地察。天地明察，神明章矣。天地以王者为主，故圣王制祭天地之礼必于国郊。长安，圣主之居，皇天所观视也。甘泉、河东之祠非神灵所飨，宜徙就正阳大阴之处。违俗复古，循圣制，定天位，如礼便。于是衡、谭奏议曰：“陛下圣德，悤明上通，承天之大，典览群下，使各悉心尽虑，议郊祀之处，天下幸甚。臣闻广谋从众，则合于天心，故《洪范》曰‘三人占，则从二人言’，言少从多之义也。论当往古，宜于万民，则依而从之；违道寡与，则废而不行。今议者五十八人，其五十人言当徙之义，皆著于经传，同于上世，便于吏民；八人不桉经艺，考古制，而以为不宜，无法之议，难以定吉凶。《太誓》曰：‘正稽古立功立事，可以永年，丕天之大律。’《诗》曰‘毋曰高高在上，陟降厥士，日监在兹’，言天之日监王者之处也。又曰：‘乃眷西顾，此维予宅，’言天以文王之都为居也。宜于长安定南北郊，为万世基。”天子从之。

尚月亮之意。天地对于天子而言，则是随着天子定都的地方享受他们各自的祭祀。从前，孝武皇帝居住在甘泉宫，就在云阳县建立天帝祠庙，在皇宫的南面进行祭祀。如今陛下的居住地是在长安，而郊祀天帝反而北到太阴之地，祭祀后土反而在东面少阳之地，这种情况有违古制。而且到云阳县，需穿行于溪谷之中，还要经历长达百里的狭窄山路，而且到了汾阴县还要渡过黄河，又有在风波中行船的风险，这些客观条件都不适合圣明的君主屡次前往。为了祭祀顺畅，途经的郡县还要修整道路，提供各种生活器物，这样做劳民伤财，官民困苦且百官花费极大。既劳民伤财，旅途又是艰险重重，这样的祭祀，很难实现奉祭神灵、祈求福佑的愿望，基本上失去了传承天意、爱护百姓的初衷。从前周文王、周武王在丰鄗郊祀，周成王在洛邑郊祀。由此看来，天地会跟随帝王确定的居住地享受祭祀，这是显而易见的。甘泉宫的天帝祭坛、河东郡的后土祠庙应迁至长安，这样才与古代帝王的做法相合。希望朝中群臣共同商议，确定此事。”他的奏议被批准了。大司马车骑将军许嘉等八人认为祭祀的礼仪由来已久，还是应该依照惯例举行。右将军王商、博士师丹、议郎翟方进等五十人认为，《礼记》上说：“焚柴于太坛，以此来祭天；举行瘗埋礼，以此来祭地。”之所以将祭坛的位置定在南郊，是为了确定天的阳位。在大折祭地，选址于北郊，是为了靠近阴位。郊祀的位置应该分别选定在圣明的君主所定都城的南面和北面。《尚书》上说：“过三天就是丁巳日，郊祀时要使用牺牲祭品，要有两头牛。”周公之所以增加牺牲的数量，是为了禀告天帝，朝廷将迁徙新都，在洛阳举行郊祀礼。明王圣主，奉祭天帝要聪慧严明，事奉大地要精明细致。天地明察，神明才会显现。天地以帝王为主宰，因此圣王制定祭祀天地的礼仪一定要在都城的郊外。长安，是圣王居住的地方，也是皇天所注视的地方。甘泉宫、河东郡的祭祀并非神灵享受祭祀的上佳之选，应迁徙到靠近正阳、太阴的地方。陛下应破除陈规，恢复古制，遵循圣制，确定天位，遵照适宜的礼制。于是匡衡、张谭上奏道：“陛下圣德聪慧，通达天帝，承天德运，统览群下，使众人尽心竭虑，共商最佳的郊祀之地，这是百姓极大的幸运。臣听闻广泛听取群众的建议，

既定，衡言：“甘泉泰畤紫坛，八觚宣通象八方。五帝坛周环其下，又有群神之坛。以《尚书》禋六宗、望山川、遍群神之义，紫坛有文章采镂黼黻之饰及玉、女乐，石坛、仙人祠，瘗鸾路、骍驹、寓龙马，不能得其象于古。臣闻郊柴飨帝之义，扫地而祭，上质也。歌大吕舞《云门》以俟天神，歌太蔟舞《咸池》以俟地祇，其牲用犊，其席槀秸，其器陶匏，皆因天地之性，贵诚上质，不敢修其文也。以为神祇功德至大，虽修精微而备庶物，犹不足以报功，唯至诚为可，故上质不饰，以章天德。紫坛伪饰、女乐、鸾路、骍驹、龙马、石坛之属，宜皆勿修。”

共同谋略，便会与上天的旨意相通，因此《尚书·洪范》中有载：‘三人占卜，则应听从两人所说的’，说的就是少数服从多数的意思。讨论的结果是应当回归古制，这样也有益于万民，就应该按照这种方法行事；若是违背客观规律，只有少数人认同的事，就要废止且不采用它。如今议事的共有五十八人，其中有五十人都陈述了应当迁徙的意义，这些说法在经史典籍中也都有据可查，既合于古制，又便于百姓；其余的八人没有考察经艺，有悖古制，认为这样做不妥，没有依据的言论，难以评定吉凶。《尚书·太誓》上说：‘遵循古制，正确地行立功立德之事，可以使国运长久，这是奉天承运的基本法则。’《诗经》中有载：‘不要认为上天高高在上，不知晓天下事，其实有天神来往于人间，每天都在注视着我们的一举一动’，说的就是上帝每天都在注视着帝王所居住的地方。又说：‘回头西望，这就是我的地方，’说的是上帝以文王的都城为居住点。奏请陛下恩准，应在长安确定南北郊祭祀地点，为后世子孙的祭祀奠定基础。”成帝采纳了他们的建议。

事情确定后，匡衡说：“甘泉宫祭祀天帝的祭坛是紫色的，八角象征着四通八达。五帝的祭坛环绕在其下，再往下是群神的祭坛。《尚书》上说，祭祀六宗、望祭山川、遍祭群神的大义，如今的紫坛饰有花纹、彩色雕镂、黼黻的装饰以及玉器、女乐、石坛、仙人祠，天子专用的车辆、赤色的马驹、木质的龙马等，这些均不符合古制的要求。臣听说，郊祀天帝，焚柴奉祭神灵的本义，以扫地为祭，是为了崇尚质朴。歌唱大吕舞《云门》，是为了期盼天神降临，歌唱太蔟舞《咸池》，是为了恭迎地神降临，祭祀用的牺牲选用小牛犊，祭祀用的席子是槁秸编织而成，礼器选用的是实用而符合古制的器具，这些都是遵循天地本性，以诚挚、质朴为贵，不过分加以修饰。以此来彰显神灵的功德至上，即使用再精美的礼器和众物，也无法完全报答上天的功德与眷顾，只有至诚至真的言行，崇尚质朴的本性，不加以过分修饰，才能彰显上天的圣德。如今紫色的祭坛上，太多人为的装饰，还有女乐、天子专用的车辆、赤色的马驹、木质的龙马、石坛之类的装饰，都应该取消。”

衡又言："王者各以其礼制事天地，非因异世所立而继之。今郊雍鄜、密、上下畤，本秦侯各以其意所立，非礼之所载术也。汉兴之初，仪制未及定，即且因秦故祠，复立北畤。今既稽古，建定天地之大礼，郊见上帝，青赤白黄黑五方之帝皆毕陈，各有位馔，祭祀备具。诸侯所妄造，王者不当长遵。及北畤，未定时所立，不宜复修。"天子皆从焉。及陈宝祠，由是皆罢。

明年，上始祀南郊，赦奉郊之县及中都官耐罪囚徒。是岁，衡、谭复条奏："长安厨官县官给祠郡国候神方士使者所祠，凡六百八十三所，其二百八所应礼，及疑无明文，可奉祠如故。其余四百七十五所不应礼，或复重，请皆罢。"奏可。本雍旧祠二百三所，唯山川诸星十五所为应礼云。若诸布、诸严、诸逐，皆罢。杜主有五祠，置其一。又罢高祖所立梁、晋、秦、荆巫、九天、南山、莱中之属，及孝文渭阳、孝武薄忌泰一、三一、黄帝、冥羊、马行、泰一、皋山山君、武夷、夏后启母石、万里沙、八神、延年之属，及孝宣参山、蓬山、之罘、成山、莱山、四时、蚩尤、劳谷、五床、仙人、玉女、径路、黄帝、天神、原水之属，皆罢。候神方士使者副佐、本草待诏七十余人皆归家。

明年，匡衡坐事免官爵。众庶多言不当变动祭祀者。又初罢甘泉泰畤作南郊日，大风坏甘泉竹宫，折拔畤中树木十围以上百余。天子异之，以问刘向。对曰："家人尚不欲绝种祠，况于国之神宝旧畤！且甘泉、汾阴及雍五畤始立，皆有神祇感应，然后营之，非苟

匡衡又说："先王分别以各自的礼制奉祭天地，并不是前朝所建立的规制，就必须完全沿袭继承。就好比如今雍县的鄜坛、密坛、上畤、下畤，这些本是当年秦国国君按照自己的意念分别建立的，并非礼经上所记载的。汉朝建立之初，仪制仍未来得及确定，暂且依照秦朝的旧例祭祀祠庙，重新建立了北畤。如今既然已考证古制，制定了祭祀天地的大礼，即郊祀天帝，青、赤、白、黄、黑五方之帝也都确立了各自的方位，分别享用供奉，祭祀礼器一应俱全。诸侯们擅自建造的祠庙，帝王不必尊奉。至于北畤祠庙，那是在汉朝初年，未确定祭祀礼仪时所建立的祠庙，也不适宜再加以修缮了。"成帝完全批准了他的奏议。包括陈宝祠在内，从那时起便全都废弃不用了。

第二年，成帝开始在南郊祭祀，减免了参与郊祀的郡县的赋税，同时赦免了京都因犯耐罪而被剃掉鬓须的囚徒。这一年，匡衡、张谭再次分条上奏道："长安的厨官、县官，要为来自各郡县、诸侯国的方士、使者提供祭祀场所，共计六百八十三处，其中有二百零八处需依照古制礼仪祭祀，至于一些疑似没有文字依据的，可依照惯例祭祀。其余的四百七十五处不当祭祀，有的属于重复设置，请奏全部将其废止。"奏议被批准。雍县原有旧祠庙二百零三处，只有山川诸星十五处是应当祭祀的。至于诸布、诸严、诸逐，全部废止。杜主神有五座祠庙，只保留其中一座即可。又废止了高祖时所建立的梁、晋、秦、荆地的巫师、九天、南山、莱中等祠庙，以及孝文帝在渭阳、孝武帝薄忌天帝祠庙、三一祠庙、黄帝、冥羊、马行、泰一、皋山君、武夷、夏后启母石、万里沙、八神、延年等祠庙，还有孝宣帝建造的参山、蓬山、芝罘、成山、莱山、四季、蚩尤、涝谷、五牀、仙人、玉女、径路、黄帝、天神、原水等祠庙，一律废止。迎候神仙的方士、使者、副佐、以方药本草待诏的七十多人都遣送回家。

第二年，匡衡犯事获罪，被革除官职和爵位。众人纷纷议论说，不应该擅自变动祭祀。还有当初不该废止甘泉宫的天帝祠庙而改在长安城的南郊祭祀，撤销祭坛当天，狂风便吹坏了甘泉宫的竹宫，祭坛中十围粗的树木，被折断或连根拔起的有百余棵。成帝感到非常诧异，便询问刘向。刘向答道："平常百姓家尚且不想断绝祠庙的

而已也。武、宣之世，奉此三神，礼敬敕备，神光尤著。祖宗所立神祇旧位，诚未易动。及陈宝祠，自秦文公至今七百余岁矣，汉兴世世常来，光色赤黄，长四五丈，直祠而息，音声砰隐，野鸡皆雊。每见雍太祝祠以太牢，遣候者乘传驰诣行在所，以为福祥。高祖时五来，文帝二十六来，武帝七十五来，宣帝二十五来，初元元年以来亦二十来，此阳气旧祠也。及汉宗庙之礼，不得擅议，皆祖宗之君与贤臣所共定。古今异制，经无明文，至尊至重，难以疑说正也。前始纳贡禹之议，后人相因，多所动摇。《易大传》曰：'诬神者殃及三世。'恐其咎不独止禹等。"上意恨之。

后上以无继嗣故，令皇太后诏有司曰："盖闻王者承事天地，交接泰一，尊莫著于祭祀。孝武皇帝大圣通明，始建上下之祀，营泰畤于甘泉，定后土于汾阴，而神祇安之，飨国长久，子孙蕃滋，累世遵业，福流于今。今皇帝宽仁孝顺，奉循圣绪，靡有大愆，而久无继嗣。思其咎职，殆在徙南北郊，违先帝之制，改神祇旧位，失天地之心，以妨继嗣之福。春秋六十，未见皇孙，食不甘味，寝不安席，朕甚悼焉。《春秋》大复古，善顺祀。其复甘泉泰畤，汾阴后土如故，及雍五畤、陈宝祠在陈仓者。"天子复亲郊礼如前。又复长安、雍及郡国祠著明者且半。

香火传承，更何况是国家的神宝旧畤呢！况且甘泉宫、汾阴县以及雍县的五帝祠庙在建造之初，都是因为那里有神灵显明，之后才在其基础上营造了祠庙，并非随随便便就建造在那里的。武帝、宣帝执政时期，供奉这三位神灵，礼节恭敬完备，因此那时的灵光尤其显著。祖宗所设立的神灵旧址，实在不应轻易改动。至于陈宝祠，自从秦文公到如今已有七百多年历史了，汉朝建立以来，神灵世世代代频繁降临，并伴有赤黄色的灵光，长四五丈，一直持续到祭祀结束后才停息，同时发出砰然的响声，引得野鸡齐鸣。每当雍县的太祝用太牢祭祀时，都要派遣使者乘着传车，飞驰着到天子的行宫报告神灵的到来，以彰显天降福祉祥瑞。高祖时期共前来祭祀过五次，文帝时期前来祭祀过二十六次，武帝时期前来祭祀过七十五次，宣帝时期前来祭祀过二十五次，自从元帝初元元年以来，也先后前来祭祀过二十次了，这里是阳气聚集的祠庙旧址。至于汉朝宗庙的礼仪，微臣不敢擅自议论，那都是先帝与前朝贤臣共同商议制定的。古今制度不同，经史典籍中也没有明确的记载，至尊至重的事，难以妄自猜测。前不久刚采纳贡禹的建议，后人便彼此因袭传承，但如今大多数人又有所动摇。《易经·大传》上说：‘亵渎神灵的人，要殃及三代。’恐怕这些过失不单单会落在贡禹等人头上。”成帝听闻此言之后，就心生悔意。

后来成帝因为没有子嗣的缘故，就让皇太后下诏给有关官员说：“听说帝王事奉天地，通达天帝，尊崇神灵莫过于祭祀。孝武皇帝英明通达，最初建立了祭祀天地的礼仪，在甘泉宫建造了天帝祠庙，在汾阴县建立后土祠庙，使神灵安享祭祀，国运长久，子孙繁衍昌盛，后世帝王遵循祖制，蒙受天帝福佑至今。如今皇帝宽厚、仁慈、孝敬、恭顺，奉承遵循先帝的统绪，没有重大过失，却一直没有子嗣传承。反思他的主要过失，就是将祭坛迁徙至南北郊祠，有违先帝祭祀的礼制，改变了神灵的旧位，失去了天地的庇佑，以至于伤害到子嗣传承的福分。我已经六十岁了，仍未看见皇孙，食不甘味，寝不安席，感到万分哀痛。《春秋》大义，崇尚复古，注重祭祀。今诏令重新启用甘泉宫的天帝祠庙、汾阴县的后土祠庙，以及雍县的五帝祠庙、

成帝末年颇好鬼神，亦以无继嗣故，多上书言祭祀方术者，皆得待诏，祠祭上林苑中长安城旁，费用甚多，然无大贵盛者。谷永说上曰："臣闻明于天地之性，不可或以神怪；知万物之情，不可罔以非类。诸背仁义之正道，不遵《五经》之法言，而盛称奇怪鬼神，广崇祭祀之方，求报无福之祠，及言世有仙人，服食不终之药，遥兴轻举，登遐倒景，览观县圃，浮游蓬莱，耕耘五德，朝种暮获，与山石无极，黄冶变化，坚冰淖溺，化色五仓之术者，皆奸人惑众，挟左道，怀诈伪，以欺罔世主。听其言，洋洋满耳，若将可遇；求之，盪盪如系风捕景，终不可得。是以明王距而不听，圣人绝而不语。昔周史苌弘欲以鬼神之术辅尊灵王会朝诸侯，而周室愈微，诸侯愈叛。楚怀王隆祭祀，事鬼神，欲以获福助，却秦师，而兵挫地削，身辱国危。秦始皇初并天下，甘心于神仙之道，遣徐福、韩终之属多赍童男童女入海求神采药，因逃不还，天下怨恨。汉兴，新垣平、齐人少翁、公孙卿、栾大等，皆以仙人、黄冶、祭祠、事鬼使物、入海求神采药贵幸，赏赐累千金。大尤尊盛，至妻公主，爵位重絫，震动海内。元鼎、元封之际，燕齐之间方士瞋目扼掔，言有神仙祭祀致福之术者以万数。其后，平等皆以术穷诈得，诛夷伏辜。至初元中，有天渊玉女、钜鹿神人、轑阳侯师张宗之奸，纷纷复起。夫周秦之末，三五之隆，已尝专意散财，厚爵禄，竦精神，举天下以求之矣。旷日经年，靡有毫氂之验，足以揆今。经曰：'享多仪，仪不及物，惟曰不享。'《论语》说曰：'子不语怪神。'唯陛下距绝此类，毋令奸人有以窥朝者。"上善其言。

陈仓县的陈宝祠庙。”成帝又像过去一样，亲自前往这些地方举行郊祭礼。又重新启用了长安、雍县以及各郡县、诸侯国将近半数的，较为著名的祠庙。

成帝晚年非常迷信鬼神，也是因为没有子嗣的缘故，许多上书谈论祭祀和方术的人，都得到待诏的官职，他们在长安城附近的上林苑祭祀时，耗资巨大，却始终没什么效果。太常丞谷永便劝说成帝道：“臣听闻要明察天地的秉性，不可被神怪所迷惑；要通晓万物的情理，不可被异类之说所蒙蔽。那些背弃仁义正道的言论，以及那些不遵循《五经》之法言的人，往往大肆宣扬灵异鬼怪之事，四处散播有关祭祀的方术，甚至祭祀不能福佑后世子孙的祠庙，以及说世上有仙人，只要服用长生不老的仙药，就能飘飘然地游弋到远方，飞升成仙，游览仙境，浮游于蓬莱仙境之中，耕耘五德，朝种暮收，同山石同寿，点沙成金，使冰雪消融，能使身体的五脏具有五色五仓之方术，这些都是邪恶之徒妖言惑众的言辞，他们凭借旁门左道之术，心怀奸诈，以欺诈蒙蔽君主。听他们夸夸其谈，洋洋洒洒不绝于耳，仿佛真能遇到仙人一样；真派他去访求仙人，则如捕风捉影空无一物了，始终不可得。因此英明的君主应远离这些人并拒绝采信他们的话，圣人是绝对不会谈论这些的。从前周朝史官苌弘想用鬼神之术辅佐周灵王，使诸侯们尊重王权并前来朝见，结果反而使周王朝变得更加衰弱，诸侯们更加叛离。楚怀王很重视祭祀，尊崇鬼神，想要通过祭祀获得神灵的福佑和帮助，从而击败秦国军队，结果却丧师割地，身辱国危。秦始皇刚兼并天下之时，一心沉湎于神仙之道，派遣徐福、韩终等人带着众多童男童女到海上去寻求神仙，获取仙药，结果他们却趁机逃走，再没有回来，国家为此耗费巨资，引得百姓怨恨。汉朝建立后，新垣平、齐国人少翁、公孙卿、栾大等人，都凭借访求仙人、冶炼黄金、祭祀、事奉鬼神、入海求神、采集仙药等说辞而得到荣宠与富贵，获得的赏赐多达千金。栾大尤其受到尊崇，还娶了公主为妻，爵位一个加一个，震动海内。武帝元鼎、元封年间，燕国、齐国一带的方士无不瞋目扼腕，说可以通过祭祀令神仙赐福的人，数以万计。这以后，新垣平等人都因为方术穷尽，骗术败露而

后成都侯王商为大司马卫将军辅政，杜邺说商曰："'东邻杀牛，不如西邻之瀹祭'，言奉天之道，贵以诚质大得民心也。行秽祀丰，犹不蒙祐；德修荐薄，吉必大来。古者坛场有常处，尞禋有常用，赞见有常礼；牺牲玉帛虽备而财不匮，车舆臣役虽动而用不劳。是故每举其礼，助者欢说，大路所历，黎元不知。今甘泉、河东天地郊祀，咸失方位，违阴阳之宜。及雍五畤皆旷远，奉尊之役休而复起，缮治共张，无解已时，皇天著象殆可略知。前上甘泉，先敺失道；礼月之夕，奉引复迷。祠后土还，临河当渡，疾风起波，船不可御。又雍大雨，坏平阳宫垣。乃三月甲子，震电灾林光宫门。祥瑞未著，咎征仍臻。迹三郡所奏，皆有变故。不答不飨，何以甚此！《诗》曰'率由旧章'。旧章，先王法度，文王以之，交神于祀，子孙千亿。宜如异时公卿之议，复还长安南北郊。"

伏罪被杀。到了元帝初元年间，有天渊玉女、钜鹿神人、轑阳侯的老师张宗等奸诈小人，又纷纷蠢蠢欲动。周朝、秦朝末期，三皇五帝兴盛之时，就曾斥巨资，并加以丰厚的爵禄，精神抖擞地在全天下访求神仙。旷日持久、经年累月，也没有丝毫的成效，这些先例足以成为今天的镜鉴。经书中记载的《尚书·周书·洛诰》之辞说：'祭祀有诸多礼仪，只有祭物而心意不够敬虔，神灵也是不会享用的。'《论语》上说：'孔子不谈论灵异和鬼神之类。'臣望陛下能拒绝诸如此类之事，不要让奸诈小人趁机钻了朝廷的空子。"成帝非常认同谷永的观点。

后来成都侯王商担任大司马卫将军一职，辅佐朝政，杜邺劝王商说："'东邻杀牛祭祀，不如西邻用汤煮菜来祭祀，'意思是说事奉上天之道，以诚实质朴、大得民心最为可贵。若做事缺乏德行，即使祭品准备得再丰盛，也依然得不到福佑；若为人德行高尚，即使祭品单薄一些，得到的福瑞也必定会很丰厚。古代的祭坛有固定的地方，焚柴和瘗埋祭品也都有相应的规定，祭祀时的祝辞也有特定的礼仪标准；即使牺牲、玉帛一应俱全，国家财政也不会匮乏，即使车马臣民参与其中也不会影响了他们的生活。因此每次祭礼，助祭的人都是欢乐喜悦的，天子所乘坐的车经过的地方，甚至都不会叨扰百姓。如今甘泉宫、河东郡的天地郊祀，都失去了方位，违背了阴阳的调和。还有雍县的五帝祠庙，都位于空旷辽远之地，祭祀活动接连不断，沿途官民需要提供的各种器物可谓是没完没了，上天昭示的异象已初露端倪。之前在甘泉宫，在前面开路的人迷了路，祭祀月亮的傍晚，走在最前面的人再次迷路。祭祀后土返程的途中，抵达黄河边，准备渡河的时候，突然狂风大作、波涛汹涌，致使船只无法前行。后来又在雍县遭遇大雨，平阳宫的城垣被损坏。在三月甲子日，林光宫的宫门遭受雷劈，发生了火灾。祥瑞还没有显现，灾祸的征兆却已经降临了。考察三个郡县呈上来的奏书，各地都发生了变故。不遵循上天的旨意，就无法享受上天赐予的福祉，还有什么比这个更严重呢！《诗经》上有载：'遵循旧章'。旧章，是指先王的法度，文王遵循旧章祭祀神灵，后世子孙千万。臣请奏，还是应该向之前公卿

后数年，成帝崩，皇太后诏有司曰："皇帝即位，思顺天心，遵经义，定郊礼，天下说憙。惧未有皇孙，故复甘泉泰畤、汾阴后土，庶几获福。皇帝恨难之，卒未得其祐。其复南北郊长安如故，以顺皇帝之意也。"

哀帝即位，寝疾，博征方术士，京师诸县皆有侍祠使者，尽复前世所常兴诸神祠官，凡七百余所，一岁三万七千祠云。

明年，复令太皇太后诏有司曰："皇帝孝顺，奉承圣业，靡有解怠，而久疾未瘳。夙夜唯思，殆继体之君不宜改作。其复甘泉泰畤、汾阴后土祠如故。"上亦不能亲至，遣有司行事而礼祠焉。后三年，哀帝崩。

平帝元始五年，大司马王莽奏言："王者父事天，故爵称天子。孔子曰：'人之行莫大于孝，孝莫大于严父，严父莫大于配天。'王者尊其考，欲以配天，缘考之意，欲尊祖，推而上之，遂及始祖。是以周公郊祀后稷以配天，宗祀文王于明堂以配上帝。《礼记》天子祭天地及山川，岁遍。《春秋穀梁传》以十二月下辛卜，正月上辛郊。高皇帝受命，因雍四畤起北畤，而备五帝，未共天地之祀。孝文十六年用新垣平，初起渭阳五帝庙，祭泰一、地祇，以太祖高皇帝配。日冬至祠泰一，夏至祠地祇，皆并祠五帝，而共一牲，上亲郊拜。后平伏诛，乃不复自亲，而使有司行事。孝武皇帝祠雍，曰：'今上帝朕亲郊，而后土无祠，则礼不答也。'于是元鼎四年十一月甲子始立后土祠于汾阴。或曰，五帝，泰一之佐，宜立泰一。五年十一月癸未始立泰一祠于甘泉，二岁一郊，与雍更祠，亦以高祖配，不岁事天，皆未应古制。建始元年，徙甘泉泰畤、河东后土于长安南北郊。

所建议的那样，重新在长安南北郊举行祭祀之礼。”

数年之后，成帝驾崩，皇太后下诏给有关官员道：“皇帝即位，本想顺应天意，遵循经义，制定郊祀之礼，使天下百姓欢欣喜悦。因担心没有皇孙，才又恢复了在甘泉宫祭祀天帝、在汾阴县祭祀后土的旧制，希望能得到神灵的福佑。皇帝勉为其难祭祀，最终也没有得到神灵的福佑，诞下皇子。今命和从前一样，恢复在长安南北郊的郊祀之礼，以顺应皇帝的心意。”

哀帝即位后，卧病不起，朝廷四处征求方士、术士，京师各郡县都有专职事奉祭祀的使者，前朝曾祭祀诸神的祠庙再次重新启用，共计七百多所，一年之中的祭祀典礼多达三万七千次。

第二年，太皇太后重新下诏给有关官员道：“皇帝孝顺，秉承圣业，从无懈怠，却久病不愈。日夜忧思，大概是继承皇位的君主不适宜更改前朝旧制。今特令和从前一样，恢复甘泉宫的天帝祭祀、汾阴县的后土祭祀。”皇上因病无法亲自前往，就派遣有关官员代为前往祭祀。三年后，哀帝驾崩。

平帝元始五年（5），大司马王莽上奏说道：“帝王像事奉父亲那样事奉天帝，所以帝王的爵号称天子。孔子说：‘人的德行中，没有比孝更为重要的了，孝中没有比尊敬父亲更为重要的了，尊敬父亲没有比配享上天更为重要的了。’帝王尊敬他的祖先，打算德配于天，沿袭祖先的夙愿，即是想尊崇祖先，不断向前追溯，便追溯到他的始祖。因此周公郊祀后稷以德配于天，在明堂祭祀文王以德配于天帝。《礼记》上说：天子祭祀天地和山川，每年祭祀一遍。《春秋榖梁传》上说：在十二月辛日占卜，在正月辛日举行郊祀礼。高皇帝奉天承运，根据雍县其他的四座天帝祠庙而建造了北畤，从而使五帝齐备。但却没有恭奉地祭祀天帝和后土。孝文帝十六年（前164）重用新垣平，起初在渭阳建造的五帝祠庙，祭祀天帝和后土，以太祖高皇帝配享祭祀。冬至这天祭祀天帝，夏至这天祭祀地神，并一起祭祀五帝，共用一份太牢牺牲，皇上亲自前往郊祀拜礼。后来新垣平伏罪被诛杀，皇上才不再亲自前去祭祀，而是派有关官员代为办理祭祀事宜。孝武皇帝在雍县祭祀时说：‘如今祭祀上帝，由朕亲自前往郊祀，

永始元年三月，以未有皇孙，复甘泉、河东祠。绥和二年，以卒不获祐，复长安南北郊。建平三年，惧孝哀皇帝之疾未瘳，复甘泉、汾阴祠，竟复无福。臣谨与太师孔光、长乐少府平晏、大司农左咸、中垒校尉刘歆、太中大夫朱阳、博士薛顺、议郎国由等六十七人议，皆曰宜如建始时丞相衡等议，复长安南北郊如故。”

莽又颇改其祭礼，曰：“《周官》天地之祀，乐有别有合。其合乐曰：‘以六律、六钟、五声、八音、六舞大合乐’，祀天神，祭地祇，祀四望，祭山川，享先妣先祖。凡六乐，奏六歌，而天地神祇之物皆至。四望，盖谓日月星海也。三光高而不可得亲，海广大无限界，故其乐同。祀天则天文从，祭地则地理从。三光，天文也。山川，地理也。天地合祭，先祖配天，先妣配地，其谊一也。天地合精，夫妇判合。祭天南郊，则以地配，一体之谊也。天地位皆南乡，同席，地在东，共牢而食。高帝、高后配于坛上，西乡，后在北，亦同席共牢。牲用茧栗，玄酒陶匏。《礼记》曰天子籍田千亩以事天地，繇是言之，宜有黍稷。天地用牲一，燔尞瘗埋用牲一，高帝、高后用牲一。天用牲左，及黍稷燔尞南郊；地用牲右，及黍稷瘗于北郊。其旦，东乡再拜朝日；其夕，西乡再拜夕月。然后孝弟之道备，而神祇嘉享，万福降辑。此天地合祀，以祖妣配者也。其别乐曰‘冬日至，于地上

然而后土却无人祭祀，这样祭祀之礼便仍存在不合理之处。’于是元鼎四年（前113）十一月甲子日，开始在汾阴县建立后土祠庙。有人说，五帝是天帝的辅佐之臣，应该建造一座天帝祠庙。元鼎五年（前112）十一月癸未日，开始在甘泉宫建立天帝祠庙，每两年郊祭一次，和雍县的祭祀交替举行，也以高祖来配享天帝，但并不是每年都祭祀上帝，这与古制不相符。成帝建始元年（前32），将甘泉宫的天帝祠庙和河东郡的后土祠庙全都迁到长安的南北郊进行祭祀。永始元年（前16）三月，因一直未诞下皇子，又恢复了甘泉宫和河东郡的祭祀礼。成帝绥和二年（前7），最终因未能获得上天的福佑，又将祭祀迁至长安南北郊进行。哀帝建平三年（前3），皇太后担心孝哀皇帝的病无法康复，再次恢复了甘泉宫、汾阴县的祠庙祭祀，但最终也还是没能获得上天的福祐。臣谨同太师孔光、长乐少府平晏、大司农左咸、中垒校尉刘歆、太中大夫朱阳、博士薛顺、议郎国由等共六十七人经过反复商议，一致认为应遵循成帝建始年间，丞相匡衡等人的建议，像从前一样恢复长安南北郊的祭祀。”

王莽后又将祭祀礼仪做了改动，他说：“《周官》上有载，祭祀天地时选用的礼乐，彼此间既存在差别，又有相通之处。其中相通的音乐有：‘六律、六钟、五声、八音、六舞大合祭乐’，祭祀天神，祭祀后土，祭祀四望，祭祀山川，以先妣先祖配享祭祀。只要奏响六乐、六歌，则天地神灵都会降临。四望，基本上是指日、月、星辰、大海。日、月、星辰三光高远，无法企及，因此不能亲身前往祭祀，大海广阔无垠，浩瀚无际，因此祭祀它们所选用的音乐是一样的。祭祀天则连同天文现象一起祭祀，祭祀地则连同地理特征一起祭祀。比如三光，就属于天文现象。山川，就属于地理特征。若同时祭祀天地，就以先祖来配享天帝，以先妣来配享后土，它的意义是相同的。天地融合，夫妻一体。在南郊祭天，就以后土来配享，象征天地合二为一。祭祀天地时，先一致向南，天地同席，后土的方位偏向东边，共同享用祭品。高祖、高后在祭坛上配享祭祀，先一致向西，高后的位置偏向北方，也是同席共享祭品。祭牲用小牛犊，用陶匏盛装玄酒。《礼记》上说：天子通过亲耕田地千亩，来事奉天地，由此而言，祭品

之圜丘奏乐六变，则天神皆降；夏日至，于泽中之方丘奏乐八变，则地祇皆出。’天地有常位，不得常合，此其各特祀者也。阴阳之别于日冬夏至，其会也以孟春正月上辛若丁。天子亲合祀天地于南郊，以高帝、高后配。阴阳有离合，《易》曰‘分阴分阳，迭用柔刚’。以日冬至使有司奉祠南郊，高帝配而望群阳，日夏至使有司奉祭北郊，高后配而望群阴，皆以助致微气，通道幽弱。当此之时，后不省方，故天子不亲而遣有司，所以正承天顺地，复圣王之制，显太祖之功也。渭阳祠勿复修。群望未悉定，定复奏。”奏可。三十余年间，天地之祠五徙焉。

后莽又奏言：“《书》曰‘类于上帝，禋于六宗’。欧阳、大小夏侯三家说六宗，皆曰上不及天，下不及地，旁不及四方，在六者之间，助阴阳变化，实一而名六，名实不相应。《礼记》祀典，功施于民则祀之。天文日月星辰，所昭仰也；地理山川海泽，所生殖也。《易》有八卦，《乾》《坤》六子，水火不相逮，雷风不相悖，山泽通气，然后能变化，既成万物也。臣前奏徙甘泉泰畤、汾阴后土皆复于南北郊。谨桉《周官》‘兆五帝于四郊’，山川各因其方，今五帝兆居在雍五畤，不合于古。又日月雷风山泽，《易》卦六子之尊气，所谓六宗也。星辰水火沟渎，皆六宗之属也。今或未特祀，或无兆

应该还有黍稷。祭祀天地时用一头牛犊奉祭，焚柴瘗埋牺牲，高祖、高后共用一头牛犊祭牲。天帝享用左侧的牺牲，并在南郊焚烧黍稷；后土享用右侧的牺牲，并在北郊焚烧黍稷，而后瘗埋。拂晓时分，要面向东方朝着太阳拜祭两次；到了傍晚，要面向西方朝着月亮拜祭两次。如此这般之后，尊敬父母、友爱兄弟的礼仪才算结束，从而神灵降临，享受祭品，万福随之降临。这就是共同祭祀天地，以祖妣来配享的方式。其中存在差别的音乐是：‘冬至日，在地上环形的土丘上演奏六种变音，则天神降临；夏至日，在湖中的方丘上演奏八种变音，则后土神就会显现。’天、地分别有固定的位置，不会经常会合，这就是它们需要分别祭祀的原因。阴阳的划分以冬至、夏至为界，它们的相会在孟春正月上旬的辛日若丁。天子亲自前往南郊，共同祭祀天地，以高祖、高后配享。阴阳有离有合，《易经》上说：‘分阴分阳，以柔和刚交替转换’。在冬至日，朝廷派有关官员到南郊奉祭，以高祖配享并望祭群阳，在夏至日，朝廷派有关官员到北郊奉祭，以高后配享并望祭群阴，借此有助于招致精妙之气，通导幽弱。每当这个时候，君主都不可外出巡游四方，因此天子无法亲自前往祭祀，从而派有关官员代为办理，为的是奉天承运，光复圣王之制，彰显太祖的丰功伟绩。渭阳县的祠庙未重新修缮。其他各望祭还没有完全确定，确定后再上奏。”该奏议得到批准。三十多年间，天地祠庙先后被迁徙了五次。

后来王莽又上奏道：“《尚书》上说：‘类祭上天，焚柴祭祀六宗’。欧阳、大小夏侯三家解说六宗，都说上不及天，下不及地，旁不及四方，在六方之间，辅助阴阳变化，实则为一宗，只不过名为六宗，名不副实。《礼记》中对于祀典的解释是，只要是将福泽施于百姓的神灵，就可享受祭祀。天文包括：日、月、星辰，它们昭明高悬，令人敬仰；地理包括：山、川、海、泽，可以令万物生长繁殖。《易经》中有八卦，《乾》《坤》卦又有六子，水火互不相容，雷风不相悖逆，山河气息相通，然后才能进行变化，从而形成万物。臣前不久请奏，将甘泉宫的天帝祠庙和汾阴县的后土祠庙迁徙至长安城的南北郊。谨遵《周官》中所载：‘在四郊建立五帝祭坛’的教诲，山川各具其位，如

居。谨与太师光、大司徒宫、羲和歆等八十九人议，皆曰天子父事天，母事地。今称天神曰皇天上帝，泰一兆曰泰畤，而称地祇曰后土，与中央黄灵同，又兆北郊未有尊称。宜令地祇称皇地后祇，兆曰广畤。《易》曰‘方以类聚，物以群分’。分群神以类相从为五部，兆天地之别神：中央帝黄灵后土畤及日庙、北辰、北斗、填星、中宿中宫于长安城之未地兆；东方帝太昊青灵勾芒畤及靁公、风伯庙、岁星、东宿东宫于东郊兆；南方炎帝赤灵祝融畤及荧惑星、南宿南宫于南郊兆；西方帝少皞白灵蓐收畤及太白星、西宿西宫于西郊兆；北方帝颛顼黑灵玄冥畤及月庙、雨师庙、辰星、北宿北宫于北郊兆。”奏可。于是长安旁诸庙兆畤甚盛矣。

莽又言：“帝王建立社稷，百王不易。社者，土也。宗庙，王者所居。稷者，百谷之主，所以奉宗庙，共粢盛，人所食以生活也。王者莫不尊重亲祭，自为之主，礼如宗庙。《诗》曰‘乃立冢土’。又曰‘以御田祖，以祈甘雨’。《礼记》曰‘唯祭宗庙社稷，为越绋而行事’。圣汉兴，礼仪稍定，已有官社，未立官稷。”遂于官社后立官稷，以夏禹配食官社，后稷配食官稷。稷种穀树。徐州牧岁贡五色土各一斗。

莽篡位二年，兴神仙事，以方士苏乐言，起八风台于宫中。台成万金，作乐其上，顺风作液汤。又种五梁禾于殿中，各顺色置其方

今五帝的祭祀在雍县的五帝祠庙举行，这样不符合古制。又有《易》卦中所说的，日、月、靁、风、山、泽六子之尊气，就是所说的六宗。星辰、水、火、沟、渎，也都归属于六宗的一部分。如今都没有特别的加以祭祀，有的甚至都没有祭坛。臣恭谨地和太师孔光、大司徒宫、羲和刘歆等八十九人商议，一致认为天子应像事奉父亲一样事奉天帝，像事奉母亲一样事奉后土。如今称呼天神为皇天上帝，祭祀天帝的祭坛称为泰畤，而称地神为后土，与位于五帝中央的黄灵神同祠，建立在北郊的祭坛还没有尊称。应诏令地神为皇地后祇，祭坛称为广畤。《易经》上说：‘各种人或事物，按其性质分门别类，各自聚集’。群神按照不同的类别，可划分为五部，为天地之外的其他神灵建造祭坛：中央是黄灵后土畤以及太阳神庙、北辰、北斗、土星、中宿中宫星，在长安城的未地建立祭坛；东方是帝太昊青灵勾芒畤以及靁公、风伯、木星、东宿东宫星，在东郊建立祭坛；南方是炎帝赤灵祝融畤以及火星、南宿南宫星，在南郊建立祭坛；西方是帝少皞白灵蓐收畤以及金星、西宿西宫星，在西郊建立祭坛；北方是帝颛顼黑灵玄冥畤以及月庙、雨师庙、辰星、北宿北宫星，在北郊建立祭坛。”奏议得到批准。于是长安城附近的各种祠庙、祭坛兴盛一时。

王莽又说：“帝王建立社稷祠庙，后世的百位君王不再变更。社，即指土地神。宗庙，即指帝王神灵安居之所。稷，即指百谷之神，祭祀宗庙时，也将它作为祭品，因为它是人类赖以生存的粮食。历代帝王没有不尊敬、重视且亲自前往祭祀的，帝王还应当亲自主持祭祀，祭祀礼仪同祭祀宗庙一样隆重。《诗经》上说：‘于是建立社庙’。又说：‘奉祭稷神，以此来祈求天降甘露’。《礼记》上说：‘只有宗庙社稷，是在丧期也可以举行的祭祀活动’。圣汉建国以来，礼仪逐渐确立，已建立了官社神庙，却还没有建立官稷神庙。”于是朝廷又下令在官社神庙后面建立了官稷神庙，以夏禹配享官社神庙，以后稷配享官稷神庙。在官稷神庙处种植榖树。徐州的牧守每年进贡五色土各一斗。

王莽篡位的第二年，大兴神仙之事，他根据方士苏乐的建议，在宫中建造八风台。建造八风台，共耗费了一万金，王莽终日在上面

面，先鬻鹤髋、毒冒、犀玉二十余物渍种，计粟斛成一金，言此黄帝谷仙之术也。以乐为黄门郎，令主之。莽遂崇鬼神淫祀，至其末年，自天地六宗以下至诸小鬼神，凡千七百所，用三牲鸟兽三千余种。后不能备，乃以鸡当鹜雁，犬当麋鹿。数下诏自以当仙，语在其传。

赞曰：汉兴之初，庶事草创，唯一叔孙生略定朝廷之仪。若乃正朔、服色、郊望之事，数世犹未章焉。至于孝文，始以夏郊，而张仓据水德，公孙臣、贾谊更以为土德，卒不能明。孝武之世，文章为盛，太初改制，而兒宽、司马迁等犹从臣、谊之言，服色数度，遂顺黄德，彼以五德之传，从所不胜，秦在水德，故谓汉据土而克之。刘向父子以为帝出于《震》，故包羲氏始受木德，其后以母传子，终而复始，自神农、黄帝下历唐虞三代而汉得火焉。故高祖始起，神母夜号，著赤帝之符，旗章遂赤，自得天统矣。昔共工氏以水德间于木火，与秦同运，皆非其次序，故皆不永。由是言之，祖宗之制盖有自然之应，顺时宜矣。究观方士祠官之变，谷永之言，不亦正乎！不亦正乎！

寻欢作乐，后又顺着风向建造了液汤。又在宫殿的庭院中种植五梁禾，根据它们的颜色分别种植在对应的方位，先用熬煮鹤髓、玳瑁、犀玉等二十多味药材的水来浸泡种子，生长出的粟米，成熟后一斛就价值一金，据说这是黄帝通过谷粟成仙的方法。王莽任命苏乐为黄门郎，让他主持这件事。王莽疯狂地迷信鬼神淫祀，到了王莽末年，上至天地六宗，下到各路小鬼神，都要进行祭祀，祭祀的地点共计一千七百多所，选用的三牲、鸟兽达三千多种。后来祭品无法准备齐全时，就用鸡代替鹜雁，用狗代替麋鹿。王莽还数次下诏，认为自己要升天成仙了，详见《王莽传》。

赞辞说：汉朝建立之初，礼法、制度以及其他万事都处于初创阶段，只是由叔孙通大致制定了朝廷的礼仪制度。至于像正朔、服色、郊望等诸多事宜，经历了数代帝王也还没有确定下来。到了孝文帝执政时期，开始在夏天举行郊祀礼，但张仓是根据汉朝为水德推算，而公孙臣、贾谊却认为汉朝应为土德，最终也没有定论。孝武帝时期，礼乐法度兴盛一时，于太初年间改革了礼制，而兒宽、司马迁等人仍然支持公孙臣、贾谊的观点，经过数次改革之后，最终还是将服色确定为黄色，认为汉朝应为土德，他们根据五德的顺序位次，以及相生相克的原理，坚持认为秦为水德，汉朝以土德胜克秦朝。刘向父子认为关于帝王传承的说法源于《震》卦，所以上古时代从庖羲氏开始，接受的是木德，之后由母亲传给儿子，即木生火，以此类推，终而复始，从神农、黄帝以下经过唐尧、虞舜、夏、商、周三代直到汉朝，则应为火德。因此高祖开始兴起时，有神母夜晚哭号，表明高祖乃赤帝之子，于是旗帜的色彩也选用赤色，自然得到天之统绪。从前共工氏以水德夹在木德、火德之间，就像秦朝的命运一样，因为不是它们该有的次序，因此都不长久。由此而言，祖宗的制度大致有其自然的传统，要顺应时宜，才能获得成功。对照那些方士、祠官的所作所为，谷永的观点，是很有道理的！很有道理的！

卷二十六

天文志第六

凡天文在图籍昭昭可知者，经星常宿中外官凡百一十八名，积数七百八十三星，皆有州国官宫物类之象。其伏见早晚，邪正存亡，虚实阔狭，及五星所行，合散犯守，陵历斗食，彗孛飞流，日月薄食，晕適背穴，抱珥虹蜺，迅雷风祆，怪云变气，此皆阴阳之精，其本在地，而上发于天者也。政失于此，则变见于彼，犹景之象形，乡之应声。是以明君睹之而寤，饬身正事，思其咎谢，则祸除而福至，自然之符也。

中宫天极星，其一明者，泰一之常居也，旁三星三公，或曰子属。后句四星，末大星正妃，余三星后宫之属也。环之匡卫十二星，藩臣。皆曰紫宫。

前列直斗口三星，随北耑锐，若见若不见，曰阴德，或曰天一。紫宫左三星曰天枪，右四星曰天棓。后十七星绝汉抵营室，曰阁道。

北斗七星，所谓“旋、玑、玉衡以齐七政”。杓携龙角，衡殷南斗，魁枕参首。用昏建者杓；杓，自华以西南。夜半建者衡；衡，殷

在有关天文的图书、典籍中，明确记载了人类已知的天文学内容，包括经星、常宿在内的中外星官共一百一十八名，星辰总数为七百八十三颗，它们分别与地上的州、国、官、宫、物相对应，并成为它们的象征。这些星辰的出现，有的在早上，有的在晚上，人们通过观测星辰的出没，预知地上事物的正邪、存亡、虚实和宽窄，以及金、木、水、火、土五星运行或合或离，是否相犯或相守，是否相侵蚀或相遮掩，还有彗星、孛星、飞星、流星的出现，日月相互遮掩，太阳周围的云气形成日晕，或在两旁形成半环形的光圈，或者是出现彩虹，还有迅雷、疾风、怪异的云气等天文现象，这些都是阴阳精魄所在，它的根本生于地下，而升发于上天。当朝政出现失误时，则会反映在天文现象当中，如影随形，就像声音的回音一样。因此英明的君主看到怪异的天文现象而有所顿悟，自我反省，谨慎地对待政事，思过谢罪，则可免除祸患而使福祉降临，这就是大自然给予我们的信号。

中宫天极星，其中最亮的一颗，是天帝泰一的居所，周围的三星分别是天帝的三公，或者也可称为天帝的子星。它尾部弯曲低垂的四颗星，最末端的大星是天帝的正妃，其余三星属于天帝的后妃之属。周围环绕守护的十二颗星，是天帝的藩臣。这些星都归属于紫微宫。

前列正对着北斗有三颗星，顺着北方排列、顶端呈锐角状，若隐若现的那颗星，名为阴德星，又叫天一星。紫微宫左面有三颗星为天枪星，右面的四颗星为天棓星。后面的十七颗星横跨银河直抵营室星，称为阁道星。

北斗七星，就是所谓“通过观测天璇、天玑、玉衡来判断七项政事”的星座。北斗的斗杓与龙角星相连，斗衡正对着南斗星，北斗

中州河、济之间。平旦建者魁；魁，海岱以东北也。斗为帝车，运于中央，临制四海。分阴阳，建四时，均五行，移节度，定诸纪，皆系于斗。

斗魁戴筐六星，曰文昌宫：一曰上将，二曰次将，三曰贵相，四曰司命，五曰司禄，六曰司灾。在魁中，贵人之牢。魁下六星两两而比者，曰三能。三能色齐，君臣和；不齐，为乖戾。柄辅星，明近，辅臣亲强；斥小，疏弱。

杓端有两星：一内为矛，招摇；一外为盾，天蜂。有句圜十五星，属杓，曰贱人之牢。牢中星实则囚多，虚则开出。

天一、枪、棓、矛、盾动摇，角大，兵起。

东宫苍龙，房、心。心为明堂，大星天王，前后星子属。不欲直；直，王失计。房为天府，曰天驷。其阴，右骖。旁有两星曰衿。衿北一星曰牽。东北曲十二星曰旗。旗中四星曰天市。天市中星众者实，其中虚则耗。房南众星曰骑官。

左角，理；右角，将。大角者，天王帝坐廷。其两旁各有三星，

中居于首位的第一星紧邻着参宿的顶端。在黄昏时通过观测北斗星斗柄的方向来判定时令，要以杓星为准。杓星代表华夏以西南地区。在子夜时分观测斗柄来判定时令时要以衡星为准；衡星代表中原各州、黄河、济水一带。在黎明时观测斗柄来判定时令时，要以魁星为准；魁星代表大海、泰山以东北的地区。北斗星是天帝泰一的车驾，运行于天的中央，君临四海。人们通过观测北斗星，确立阴阳，建立四季，调节五行运化和时节气候的变换，制定纪年历法，所有这些都与北斗星的运行有着密不可分的联系。

斗魁之星上有六颗星，形似箩筐，被称为文昌宫：一星名为上将，二星名为次将，三星名为贵相，四星名为司命，五星名为司禄，六星名为司灾。在斗魁星区中，这些星对应着人的牢狱之灾。斗魁星下有六颗星，两两并列，名为三能星。若三能星亮度一样，则表明君臣和睦；若三能星亮度不同，则表明君臣乖戾。斗柄上的辅星，明亮而且靠近的，表明辅臣亲睦、朝廷强盛；辅星昏暗而且远离的，则表明君臣疏离，国力衰败。

斗柄末端有两颗星：距离较近的一颗名为矛星，又名招摇星。距离远的那颗名为盾星，又名天蜂星。还有弯曲低垂的十五颗星，都归属于杓星，对应着贱人之牢狱。牢中星密集，则表明地上关押的囚犯多，牢中虚空，则表明地上关押的囚犯少。

天一星、枪星、棓星、矛星、盾星闪烁，星光芒角大，则表明地上有战争。

东宫之星为苍龙星，有角宿、亢宿、氐宿、房宿、心宿、尾宿、箕宿为其所属。其中，心宿是天帝的明堂，中央的大星是天帝，前后星分别是天帝子星，代表地上的太子和庶子。这几颗星最好不排列成一条直线，若排成一条直线，则表明君主执政有失。房宿是天帝的天府，房宿四星名为天驷星。北边是右骖星。旁边两星名为衿星。衿星北面有一星名为辖。东北边弯曲的十二星名为旗星。旗星中间四颗名为天市星。天市星区中，星多则表明年景好，粮食丰收，天市星区中，星少则表明粮食歉收。房宿南边的众星名为骑官星。

左边的角宿星，被视为天帝的狱官，右边的角宿星，被视为将

鼎足句之，曰摄提。摄提者，直斗杓所指，以建时节，故曰“摄提格”。亢为宗庙，主疾。其南北两大星，曰南门。氐为天根，主疫。尾为九子，曰君臣；斥绝，不和。箕为敖客，后妃之府，曰口舌。火犯守角，则有战。房、心，王者恶之。

南宫朱鸟，权、衡。衡、太微，三光之廷。筐卫十二星，藩臣：西，将；东，相；南四星，执法；中，端门；左右，掖门。掖门内六星，诸侯。其内五星，五帝坐。后聚十五星，曰哀乌，郎位；旁一大星，将位也。月、五星顺入，轨道，司其出，所守，天子所诛也。其逆入，若不轨道，以所犯名之；中坐，成形，皆群下不从谋也。金、火尤甚。廷藩西有随星四，名曰少微，士大夫。权，轩辕，黄龙体。前大星，女主象；旁小星，御者后宫属。月、五星守犯者，如衡占。

东井为水事。火入之，一星居其左右，天子且以火为败。东井西曲星曰戉；北，北河；南，南河；两河、天阙间为关梁。舆鬼，鬼祠事；中白者为质。火守南北河，兵起，谷不登。故德成衡，观成潢，伤成戉，祸成井，诛成质。

军。大角星，是天帝的朝廷。它的两侧各有三颗星，呈鼎足之势相互勾连，称为摄提星。摄提星，随着北斗星的斗杓指向十二时辰，以此来测定时令节气，因此称为“摄提格”。亢宿是天帝的宗庙，主疾病。它的南北有两颗大星，称为南门。氐宿是上天自然的禀赋，主瘟疫、流行病。尾宿有九颗子星，是天帝的藩臣；若星距远，则表明君臣不和。箕宿代表是非之人，对应的是后妃居住的后宫，称为口舌。若火星冲犯角宿星并留守下来，则预示着会发生战争。若火星冲犯房宿、心宿并留守下来，则是君王最为惧怕的星象。

南宫即指朱鸟星座，星座内包含了权星、衡星等七个星宿。衡星也称为太微垣，位于北斗之南，是日、月、金木水火土五星之廷。它的旁边环绕着十二颗星，好比它的藩臣。西侧的为将军；东侧的为国相；南面的四星是执法星；位于中间的星，是端门；左右的星为掖门。在掖门的区域内有六颗星，是诸侯星。内部的五颗星分别代表五帝的座位。后面聚集着十五颗星，称为哀乌，位于郎位星座；它的旁边有一颗大星，位于天庭的将位，称为将位星。月亮及金木水火土五星自西向东顺时针进入，按照正常的轨道运行，观测它们的出入与停留，则可预知天子对于藩臣的诛罚情况。若月亮及金木水火土五星自东向西逆时针进入，并且不按常规运行，则可根据它所冲犯的星座，预知哪位官员会被定罪；若冲犯的是五帝星座，那么即将有大的灾祸降临，是藩臣、百姓将要犯上作乱的征象。如果是金星、火星冲犯，情形会尤为严重。太微廷中藩臣各星官的西侧有四颗跟从的星，名为少微星，是天庭中的士大夫。权星，也就是轩辕星，形似黄龙。前面的大星，是皇后的象征；旁边小星是后宫的妃嫔。月亮及五星是“守”还是“犯”的情况，要像衡星那样，进行占卜。

东井宿掌管水情之事。火星冲犯这个星宿区域，有一颗子星在它的左右，而且，天子之事以火星代表败象。东井宿的西侧隐伏着一颗星名为戍星；戍星的北面是北河星；南面是南河星；两河星、天阙星之间是日、月、五星运行的关口和桥梁。舆鬼宿掌管祭祀之事；其中发白光的是质星。若火星停留在南、北河星区域，则表明会发生战争，或是粮食歉收。因此可通过观测衡星来判断君王是否施行德

柳为鸟喙，主木草。七星，颈，为员宫，主急事。张，嗉，为厨，主觞客。翼为羽翮，主远客。

轸为车，主风。其旁有一小星，曰长沙，星星不欲明；明与四星等，若五星入轸中，兵大起。轸南众星曰天库，库有五车。车星角，若益众，及不具，亡处车马。

西宫咸池，曰天五潢。五潢，五帝车舍。火入，旱；金，兵；水，水。中有三柱，柱不具，兵起。

奎曰封豨，为沟渎。娄为聚众。胃为天仓。其南众星曰廥积。

昴曰旄头，胡星也。为白衣会。毕曰罕车，为边兵，主弋猎。其大星旁小星为附耳。附耳摇动，有谗乱臣在侧。昴、毕间为天街。其阴，阴国；阳，阳国。

参为白虎。三星直者，是为衡石。下有三星，锐，曰罚，为斩艾事。其外四星，左右肩股也。小三星隅置，曰觜觿，为虎首，主葆旅事。其南有四星，曰天厕。天厕下一星，曰天矢。矢黄则吉；青、白、黑、凶。其西有句曲九星，三处罗列：一曰天旗，二曰天苑，三曰九斿。其东有大星曰狼，狼角变色，多盗贼。下有四星曰弧，直狼。比

政，通过观测潢星来判断君王是否贪图游乐，通过观测戊星来判断君王是否言有所失，通过观测井宿来判断君王是否会有灾祸，通过观测质星来判断君王是否会诛罚藩臣。

柳宿是朱鸟七宿的第三星，相当于鸟的嘴，主草木。七星是朱鸟七宿的第四星，位置相当于朱鸟的脖颈，是朱鸟的咽喉部位，因此主急切之事。张宿是朱鸟七宿的第五宿，位于朱鸟的鸟嗉，主厨房之事，掌管以食待客。翼宿是朱鸟七宿的第六宿，位于朱鸟的鸟翼，因此主远方之客。

轸宿相当于车子，掌管风。它的旁边有一颗小星，名为长沙，这颗星不适宜光亮；若长沙星的亮度与轸宿四星一样，又或者金木水火土五星恰好进入轸宿星域，则预示着要爆发战争。轸宿南面的众星称为天库星，天库星中包含了五车星。若五车星出现芒角，而且呈众多分散状，则预示着车马有失。

西宫咸池星，称为天五潢星。五潢星，是天帝的车库。若火星冲犯该星区域，则表明会有旱情发生；若金星冲犯该星区域，则表明会爆发战争；若水星冲犯该星区域，则表明会有水灾。五潢星的中间每柱三颗，共三柱排列的九星组成，若星柱分散，则表明将爆发战争。

奎宿又称为封豨，主沟渠、河道。娄宿主聚敛。胃宿主天仓。它的南面众星称为廥积星。

昴宿又称旄头星，代表胡人，掌管丧事。毕宿又称为罕车星，主边兵，掌管游猎之事。大星旁边的小星为附耳星。若附耳星闪烁不定，则表明帝王身边有进谗言的乱臣。昴宿、毕宿之间为天街。天街北面的星为阴国，主北国之事；其南面的星为阳国，主南国之事。

参宿是西方白虎七宿的末一宿。参宿中央的三星，代表三将军，它们东西直列，像衡器一样。下有三星，呈锐角状排列，称为罚星，主杀伐之事。外边的四星像白虎的左右肩、股。小三星排列在一角，称为觜觿，相当于白虎的头，主军旅之事。它的南面有四颗星，称为天厕星。天厕星下方有一颗星，称为天矢星。天矢星呈黄色，则吉祥；呈青色、白色、黑色则主凶。它的西侧有弯曲相连的九星，分三处罗

地有大星，曰南极老人。老人见，治安；不见，兵起。常以秋分时候之南郊。

北宫玄武，虚、危。危为盖屋；虚为哭泣之事。其南有众星，曰羽林天军。军西为垒，或曰戉。旁一大星，北落。北落若微亡，军星动角益稀，及五星犯北落，入军，军起。火、金、水尤甚。火入，军忧；水，水患；木、土，军吉。危东六星，两两而比，曰司寇。

营室为清庙，曰离宫、阁道。汉中四星，曰天驷。旁一星，曰王梁。王梁策马，车骑满野。旁有八星，绝汉，曰天横。天横旁，江星。江星动，以人涉水。

杵、臼四星，在危南。匏瓜，有青黑星守之，鱼盐贵。

南斗为庙，其北建星。建星者，旗也。牵牛为牺牲，其北河鼓。河鼓大星，上将；左，左星：右，右将。婺女，其北织女。织女，天女孙也。

岁星曰东方春木，于人五常仁也，五事貌也。仁亏貌失，逆春令，伤木气，罚见岁星。岁星所在，国不可伐，可以伐人。超舍而前为赢，退舍为缩。赢，其国有兵不复；缩，其国有忧，其将死，国倾败。所去，失地；所之，得地。一曰，当居不居，国亡；所之，国昌；已居之，又东西去之，国凶，不可举事用兵。安静中度，吉。出入不当

列：一为天旗，二为天苑，三为九斿。它的东侧有一颗大星名为狼星，若狼星的光有芒角且变色，则表明盗贼多发。下方有四颗星名为弧星，正对着狼星。狼星与地平线之间有一颗大星，名为南极老人星。老人星出现，则表明社会治安稳定；老人星不出现，则表明会发生兵乱。一般是在秋分时，出现在南方郊外。

北宫七宿合称为玄武，代表星宿有虚宿、危宿。危宿形似屋顶；虚宿主哭泣之事。它的南面有众多小星，名为羽林天军。羽林天军星的西侧为垒星，或称为戍星。旁边的一颗大星，是北落星。若北落星时隐时见，羽林天军星闪烁不定、芒角稀少，或者金木水火土五星冲犯北落星，或进入羽林天军星区域，则表明会有战事爆发。五星中以火星、金星、水星尤为严重。火星进入羽林天军星区域，军队则忧；水星进入星区则会发生水灾；土星、木星进入星区则军队吉祥。危宿东侧六星，两两并列，名为司寇星。

营室宿，是天庭中的清庙，代表星宿为离宫星、阁道星。银河中有四颗星称为天驷。旁边的一颗星称为王梁星。王梁主天马之星，若宛如策马，则表明将有刀兵之乱。旁边有八颗星，横跨银河，称为天横星。天横星旁边有一颗星，名为江星。若江星闪烁不定，则表明有人涉水。

杵星、臼星星座有四颗星在危宿以南。匏瓜星，若有青黑色的外来客星停留其中，则表明人间鱼盐贵。

南斗星是天帝的庙堂，它的北面有建星。建星，犹如庙堂前的旌旗。牵牛星是天帝祭祀的牺牲，它的北面是河鼓星。河鼓三星中最大的一颗，为上将；左侧的为左星；右侧的为右将。婺女星宿，北面是织女星。织女星是天帝的孙女儿。

木星称为是东方春木，对应人伦五常仁、义、礼、智、信中的仁，代表五事貌、言、视、听、思中的相貌。若天下人丧失仁义，不注重仪容，则是忤逆春令，伤害木气，惩罚的征兆便会显现于木星。木星所在的天区，它所对应的国家，不可战胜，攻击别国则无往不胜。木星运行超前为赢，运行不足为缩。若木星为赢，则所对应国家的军队将溃不成军并难以恢复；若木星为缩，则所对应国家将有忧患，其将帅

其次，必有天祆见其舍也。

岁星赢而东南，《石氏》“见彗星”，《甘氏》“不出三月乃生彗，本类星，末类彗，长二丈”。赢东北，《石氏》“见觉星”，《甘氏》“不出三月乃生天棓，本类星，末锐，长四尺。”缩西南，《石氏》“见欃云，如牛”，《甘氏》“不出三月乃生天枪，左右锐，长数丈”。缩西北，《石氏》“见枪云，如马”，《甘氏》“不出三月乃生天欃，本类星，末锐，长数丈”。《石氏》“枪、欃、棓、彗异状，其殃一也，必有破国乱君，伏死其辜，余殃不尽，为旱凶饥暴疾”。至日行一尺，出二十余日乃入，《甘氏》“其国凶，不可举事用兵”。出而易，“所当之国，是受其殃”。又曰“祆星，不出三年，其下有军，及失地，若国君丧”。

荧惑曰南方夏火，礼也，视也。礼亏视失，逆夏令，伤火气，罚见荧惑。逆行一舍二舍为不祥，居之三月国有殃，五月受兵，七月国半亡地，九月地太半亡。因与俱出入，国绝祀。荧惑为乱为贼，为疾为丧，为饥为兵，所居之宿国受殃。殃还至者，虽大当小；居之久殃乃至者，当小反大。已去复还居之，若居之而角者，若动者，绕环之，及乍前乍后，乍左乍右，殃愈甚。一曰，荧惑出则有大兵，入则兵散。周还止息，乃为其死丧。寇乱在其野者亡地，以战不胜。东行疾则兵聚于东方，西行疾则兵聚于西方；其南为丈夫丧，北为女

败亡，国力倾覆。木星离开天区对应之国，则该国会丧失领土；木星来到天区对应之国，则该国将获得土地。还有一种说法，木星应该停留而不停留的天区对应之国，预示着国将败亡；木星所到之国，国力昌盛；木星停留之国，随即又向东西方运行而去的，对应的国家会有凶险，不可轻易发兵；木星运行安然适度，则是吉兆。木星运行不按常规出入星宿区域，则必定会有不祥的天象出现在所对应的星区。

木星运行超前，出现在东南方。《石氏》上说“有彗星出现”，《甘氏》上说“不出三月生成彗星，头像星，尾像彗星，长二丈”。超前运行出现在东北方，《石氏》上说“会出现天觉星”，《甘氏》上说“不出三月就生成天棓星，头像星，尾部尖锐，长四尺”。运行不足出现在西南方，《石氏》上说“会出现欃云星，形状如牛”，《甘氏》上说“不出三月生成天枪星，左右尖锐，长数丈”。运行不足出现在西北方，《石氏》上说“出现枪云星，形状如马”，《甘氏》上说“不出三月生成天欃星，头像星，尾部尖锐，长数丈”。《石氏》上说“枪状、欃状、棓状、扫帚状形态各异，却都预示着同样的灾殃，必定会出现国破君乱，百姓伏尸，殃祸不尽，是干旱、凶险、饥荒、暴疾的预兆”。若木星一日运行一尺，出现二十余日后隐伏，《甘氏》上说“这种现象预示国家将遭遇凶险，不可轻易动用兵事”。若木星出现，但却有所改变，则“预示所对应之国，正遭遇殃祸”。又说“若木星出现变异，不出三年，所对应之国必会有战争爆发，到时候会丧失国土，或国破君亡”。

火星称为南方夏火，代表人伦五常中的礼，代表五事中的视。若一个国家不重视礼仪，君王有失察的情况，则会忤逆夏令，伤损火气，火星便会呈现出对其惩罚的预兆。自东向西逆行在一舍、二舍范围之内的，被视为不祥，停留在星区内三个月之久，其对应的国家必定会有殃祸发生，若停留五个月之久，则必定会爆发外敌入侵的战争，若停留七个月之久，则会丧失一半的国土，若停留九个月之久，则半数以上的国土都将丧失。若九个月后仍然是这种时隐时现的状况，则国家将败亡，社稷祭祀随之断绝。火星预示着乱国、强盗，疾病和丧事，以及饥荒、战乱，所停留的星区对应的国家将遭遇殃祸。

子丧。荧惑，天子理也，故曰虽有明天子，必视荧惑所在。

太白曰西方秋金，义也，言也。义亏言失，逆秋令，伤金气，罚见太白。日方南太白居其南，日方北太白居其北，为赢，侯王不宁，用兵进吉退凶。日方南太白居其北，日方北太白居其南，为缩，侯王有忧，用兵退吉进凶。当出不出，当入不入，为失舍，不有破军，必有死王之墓，有亡国。一曰，天下匽兵，野有兵者，所当之国大凶。当出不出，未当入而入，天下匽兵，兵在外，入。未当出而出，当入而不入，天下起兵，有至破国。未当出而出，未当入而入，天下举兵，所当之国亡。当期而出，其国昌。出东为东方，入为北方；出西为西方，入为南方。所居久，其国利；易，其乡凶。入七日复出，将军战死。入十日复出，相死之。入又复出，人君恶之。已出三日而复微入，三日乃复盛出，是为耎而伏，其下国有军，其众败将北。已入三日，又复微出，三日乃复盛入，其下国有忧，帅师虽众，敌食其粮，用其兵，虏其帅。出西方，失其行，夷狄败；出东方，失其行，中国败。一曰，出蚤为月食，晚为天袄及彗星，将发于亡道之国。

其中，殃祸很快就应验的，反而是来势大、灾情小；若停留很长时间才应验的，其灾情反而会由小逐渐变大。若火星运行已离开星区，却又返回该星区并停留下来的，而且星光带有芒角，或闪烁不定的、环绕的、忽前忽后、忽左忽右的，则预示灾情会愈演愈烈。还有一种说法是，火星出现则会爆发大规模战争，隐伏则会出现军兵溃散的局面。若火星旋转后又停止运行的，则被视为死丧之兆。暴乱发生在火星所对应的国家，则该国会丧失国土，作战也没有取胜的可能。火星向东超前运行，则战乱会集中在东方，向西超前运行的，则战乱会集中在西方；火星向南方运行，预示家中的丈夫会丧命，向北方运行，预示家中的妻子会丧命。火星，是天帝的狱官，因此说，即使是有德行的圣明天子，也必定会观测火星的运行情况。

金星称为西方秋金，代表人伦五常中的义，代表五事中的言。一个国家若存在义亏言失的情况，则是忤逆了秋令，伤损金气，金星就会呈现出对其惩罚的征兆。太阳向南运行而金星在太阳的南面，太阳向北运行而金星在太阳的北面，这时的金星运行是超前的，表明王侯蠢蠢欲动，若此时发兵，则进攻为吉，退守为凶。若太阳向南运行，而金星在太阳的北面，或太阳向北运行而金星在太阳的南面，这时的金星运行是不足的，表明王侯有忧患，若此时发兵，则退守为吉，进攻为凶。金星在该出现时不出现，该隐伏时不隐伏，运行不规律时，即使没打败仗，也必定会出现国破君亡之事。还有一种说法是，天下皆偃旗息鼓，而金星所对应的国家会有战争，且该国有大凶。金星在应该出现时未出现，在不该隐伏时隐伏，天下基本没有战事，但会有外敌入侵。金星在不该出现时出现，在应该隐伏时不隐伏，则预示着天下战乱纷争，会发生国家破败的情况。金星在不该出现时出现，在不该隐伏时隐伏，则预示着天下会爆发激烈的战争，金星所对应的国家会亡国。若金星按照正常秩序运行，如期出现，则预示着所对应的国家繁荣昌盛。金星如期出现在东方时，显现则东方之国昌盛，隐伏则北方之国昌盛；金星如期出现在西方时，显现则西方之国昌盛，隐伏则南方之国昌盛。在所对应的国家停留得越久，对这个国家越有利；若出现变异，则这个国家会遭遇凶险。隐伏七天后又

太白出而留桑榆间，疾其下国。上而疾，未尽期日过参天，病其对国。太白经天，天下革，民更王，是为乱纪，人民流亡。昼见与日争明，强国弱，小国强，女主昌。

太白，兵象也。出而高，用兵深吉浅凶；埤，浅吉深凶。行疾，用兵疾吉迟凶；行迟，用兵迟吉疾凶。角，敢战吉，不敢战凶；击角所指吉，逆之凶。进退左右，用兵进退左右吉，静凶。圜以静，用兵静吉趮凶。出则兵出，入则兵入。象太白吉，反之凶。赤角，战。

太白者，犹军也，而荧惑，忧也。故荧惑从太白，军忧；离之，军舒。出太白之阴，有分军；出其阳，有偏将之战。当其行，太白还之，破军杀将。

重新显现的，则预示着该国的将军战死沙场。隐伏十天后又重新显现的，则预示着该国的国相将去世。若是刚隐伏又显现的，君王特别不希望出现这种情况。已经显现三天，之后渐渐隐伏，三天后又星光明亮的，是懦弱且臣服的表现，所对应的国家有战事，而且军队将会败北。已隐伏三天，又渐渐显现，三天后又全部隐伏的，所对应的国家必有忧患，即使率领千军万马，敌军也会抢夺其军粮，俘获其兵卒与将帅。金星出现在西方且运行不规律，则预示着夷狄败落；若出现在东方且运行不规律，则预示着中原之国败落。还有一种说法是，金星超前显现，则有月食发生，若延迟显现，则有异常星变及彗星出现，这些天象将发生在无道之国。

若金星出现且停留在桑树、榆树树冠之上，则会给所对应的国家带来损害。若金星快速上升，还未到规定的时间，已升至天空的三分之一，则会给敌国带来损害。若金星划过天空，则预示着天下将会有改朝换代的革命，更换君主，纲纪大乱，百姓流亡。金星白天出现与太阳争辉，则预示着强国国力日趋衰弱，弱国国力日益增强，将由女主把持朝纲。

金星，是战争的象征。若金星出现且位置高，则用兵深入为吉，轻率肤浅为凶；若金星出现但位置低下，则用兵浅显为吉，长驱直入为凶。金星运行快，发兵迅速为吉，迟缓为凶；若运行较慢，则发兵迟缓为吉，迅速为凶。若星光带有芒角，则骁勇善战为吉，怯懦畏战为凶；攻打芒角所指的方向为吉，逆向为凶。金星运行时，出现进退或左右摇摆，则用兵如其运行之势为吉，静守为凶。若金星只是安静地旋转，则按兵不动为吉，操之过急为凶。金星出现则发兵，隐伏则收兵。军事行动与金星运行规律一致为吉，反之为凶。星光色赤且带有芒角，则预示着要爆发战争。

金星，象征战争，而火星象征忧患。因此若火星跟随金星运行，则预示士卒有忧患；二星分离，则预示士卒从容。若火星出现在金星以北，则预示着军队被迫分散；若火星出现在金星以南，则预示着偏将出战。若火星在正常的轨道上运行，金星反而来依附它，则预示着全军覆没。

辰星，杀伐之气，战斗之象也。与太白俱出东方，皆赤而角，夷狄败，中国胜；与太白俱出西方，皆赤而角，中国败，夷狄胜。

五星分天之中，积于东方，中国大利；积于西方，夷狄用兵者利。

辰星不出，太白为客；辰星出，太白为主人。辰星与太白不相从，虽有军不战。辰星出东方，太白出西方。若辰星出西方，太白出东方，为格，野虽有兵，不战。辰星入太白中，五日乃出，及入而上出，破军杀将，客胜；下出，客亡地。辰星来抵，太白不去，将死。正其上出，破军杀将，客胜；下出，客亡地。视其所指，以名破军。辰星绕环太白，若斗，大战，客胜，主人吏死。辰星过太白，间可椷剑，小战，客胜；居太白前旬三日，军罢；出太白左，小战；历太白右，数万人战，主人吏死；出太白右，去三尺，军急约战。

凡太白所出所直之辰，其国为得位，得位者战胜。所直之辰顺其色而角者胜，其色害者败。太白白比狼，赤比心，黄比参右肩，青比参左肩，黑比奎大星。色胜位，行胜色，行得尽胜之。

辰星曰北方冬水，知也，听也。知亏听失，逆冬令，伤水气，罚

水星，有杀伐之气，是战斗的象征。与金星同时显现在东方，都呈赤色且星光带有芒角，则预示着夷狄军败，中原之国取胜；与金星同时显现在西方，都呈赤色且星光带有芒角，则预示着中原之国战败，夷狄获胜。

五星分布于中天，集中在东方，则预示着中原之国大利；若集中在西方，则预示着对夷狄的军队有利。

水星不出现时，金星为客星；水星出现时，金星为主星。水星与金星不相随，所对应的国家即使整顿军队，也不会爆发战争。水星出现在东方，金星出现在西方。若水星出现在西方，金星出现在东方，便形成阻隔，四野虽布有军兵，却没有战事。水星被金星的光芒遮蔽，五天后重新出现，被遮蔽后从上方运行而出，则预示着主军全军覆没，客军获胜；若被遮蔽后从下方运行而出，则预示着客军陷入绝境。若水星接近，但金星不离开，则预示着大将阵亡。若水星从金星正上方运行而出，则预示着全军覆没，客军获胜；若水星从金星正下方运行而出，则预示着客军陷入绝境。观测水星运行的星区，来预测战败的军将。水星环绕金星运行，若两星相较量，则预示将有大战，且客军获胜，主军的统帅将会阵亡。若水星经过金星，两星之间的距离可容下一剑之宽，则预示将发生小的战事，且客军获胜；若水星停留在金星之前十三天，则预示战争结束；若水星出现在金星左侧，预示有小战；若水星经过金星右侧，预示将爆发数万人的战争，且主军统率将阵亡；若水星出现在金星右侧，且距离三尺，则预示着军队急切挑战。

凡是金星出现时所对应的辰位，它所对应的国家被称为“得位”，处于得位的国家，在战争上中会取胜。若与所对应辰位的星光颜色协调，同时伴有芒角的，则预示着该国在战争中会取胜，若星光色不协调，则预示着该国在战争中会失败。有时，金星的颜色像狼星那样白，有时像心宿那样红，有时像参宿右角星那样黄，有时像左角星那样青，有时像奎大星那样黑。金星不失本色胜于得位，运行的状况胜于星光不失本色，若运行合乎规律则可胜过一切。

水星称为北方冬水，代表人伦五常中的智，代表五事中的听。

见辰星。出早为月食，晚为彗星及天妖。一时不出，其时不和；四时不出，天下大饥。失其时而出，为当寒反温，当温反寒。当出不出，是谓击卒，兵大起。与它星遇而斗，天下大乱。出于房、心间，地动。

填星曰中央季夏土，信也，思心也。仁义礼智以信为主，貌言视听以心为正，故四星皆失，填星乃为之动。填星所居，国吉。未当居而居之，若已去而复还居之，国得土，不乃得女子。当居不居，既已居之，又东西去之，国失土，不乃失女，不，有土事若女之忧。居宿久，国福厚；易，福薄。当居不居，为失填，其下国可伐；得者，不可伐。其羸，为王不宁；缩，有军不复。一曰，既已居之又东西去之，其国凶，不可举事用兵。失次而上一舍三舍，有王命不成，不乃大水；失次而下二舍，有后戚，其岁不复，不乃天裂若地动。

凡五星，岁与填合则为内乱，与辰合则为变谋而更事，与荧惑合则为饥，为旱，与太白合则为白衣之会，为水。太白在南，岁在北，名曰牝牡，年谷大孰。太白在北，岁在南，年或有或亡。荧惑与太白合则为丧，不可举事用兵；与填合则为忧，主孽卿；与辰合则

一个国家若智损听失，则是忤逆了冬令，损伤水气，水星便显现出惩罚的征兆。水星超前运行则会有月食发生，水星运行延迟则会有彗星或变异星象出现。一个季节不出现，则时节气候不相调和；四季都不出现，则天下会发生重大饥荒。若水星不如期出现，则气候反常，应该寒冷时反而变得温暖，在应该温暖时反而变得寒冷。若水星应出现时却没出现，这是所谓的伏兵四起之象，预示着将爆发大的战乱。若水星与五星中其他四星相遇，且彼此冲犯，则预示着天下大乱。若水星出现于房宿星、心宿星之间，则会有地震发生。

土星称为中央夏土，代表人伦五常中的信，代表五事中的思。仁、义、礼、智、信人伦五常中，以信为最重要。貌、言、视、听、思五事中，以思为根本，因此当其他四星运行失常时，土星就会为之所动。土星所处星区对应的国家吉祥。不应停留而停留的星区，若已经运行离去却又返回停留的，所对应的国家将扩张国土面积，或女性比例提高。在应停留却没有停留的星区，或短暂停留之后又向东西方向运行而去的，则其所对应的国家将丧失国土，或者女性比例降低，再不然，会因土地或女性的事情令人忧虑。停留时间长的星区，其所对应的国家将洪福齐天；停留时间短的国家将福祉浅薄。应该停留却没有停留的，称为失填，其所对应的国家可征讨外敌；土星应该停留且已经停留的，所对应的国家不可征伐外敌。土星运行超前的，预示着所对应国家的君主不宁；土星运行延迟的，预示着军队有去无回。还有一种说法，短暂停留之后又向东西方向运行而去的，它所对应的国家将遭遇凶险，不可举事发兵。土星运行失常而超前出现在一舍、三舍的，预示着君王的命令无法推行，不然，就会发大水；土星运行失常而延迟出现在二舍的，则预示着会有外敌入侵，所对应国家当年的年景不好，不然，将会发生天崩地裂的大地震。

凡是五星运行，木星与土星会合则会发生内乱，与水星会合则会有谋变之事或官员易职，与火星会合则会发生饥荒、旱灾，与金星会合则会有白衣丧事或水灾发生。金星在南而木星在北，称为牝牡，预示五谷丰登。若金星在北，木星在南，则预示着收成不稳定，或有或无。火星与金星会合则预示有白衣丧事，不可举事发兵；与土星会

为北军，用兵举事大败。填与辰合则将有覆军下师；与太白合则为疾，为内兵。辰与太白合则为变谋，为兵忧。凡岁、荧惑、填、太白四星与辰斗，皆为战，兵不在外，皆为内乱。一曰，火与水合为淬，与金合为铄，不可举事用兵。土与金合国亡地，与木合则国饥，与水合为雍沮，不可举事用兵。木与金合斗，国有内乱。同舍为合，相陵为斗。二星相近者其殃大，二星相远者殃无伤也，从七寸以内必之。

凡月食五星，其国皆亡：岁以饥，荧惑以乱，填以杀，太白强国以战，辰以女乱。月食大角，王者恶之。

凡五星所聚宿，其国王天下：从岁以义，从荧惑以礼，从填以重，从太白以兵，从辰以法。以法者，以法致天下也。三星若合，是谓惊立绝行，其国外内有兵与丧，民人乏饥，改立王公。四星若合，是谓大汤，其国兵丧并起，君子忧，小人流。五星若合，是谓易行：有德受庆，改立王者，掩有四方，子孙蕃昌；亡德受罚，离其国家，灭其宗庙，百姓离去，被满四方。五星皆大，其事亦大；皆小，其事亦小也。

凡五星色，皆圜，白为丧为旱，赤中不平为兵，青为忧为水，黑为疾为多死，黄吉；皆角，赤犯我城，黄地之争，白哭泣之声，青有兵忧，黑水。五星同色，天下匽兵，百姓安宁，歌舞以行，不见灾疾，

合则预示将有忧虑，要提防朝中的卿相；与水星会合则预示战事失败，举事发兵将大败。土星与水星会合则预示全军覆没；与金星会合则预示将发生疾疫或流行病，或暴发内乱。水星与金星会合则预示有谋变，或兵患之忧。凡木星、火星、土星、金星与水星光芒彼此冲犯，都预示着将会爆发战争，并且战事都不在境外而是内乱。还有一种说法，火与水会合为淬火，与金会合为熔炼，因此不可举事发兵。土星与金星会合，国家陷入绝境，与木星会合则国内发生饥荒，与水星会合则会发生河道阻塞，不可举事发兵。木星与金星会合，光芒彼此冲犯，则国家有内乱。两星运行在同一宿内会合，星光彼此冲犯。若二星之间距离较近，则预示殃祸大，若二星之间距离较远，则预示灾害不会造成什么伤害，二星相距七寸以内，必会造成伤害。

凡月亮遮蔽了五星的，其所对应的国家必然灭亡：遮蔽了木星，会发生饥荒，遮蔽了火星会发生动乱，遮蔽了土星会有杀戮之灾，遮蔽了金星，则强国发动战争，遮蔽了水星则后宫的妃嫔会引发祸乱。月亮遮蔽了大角星，是君王最不愿看到的。

凡是五星集中的星区，其所对应的国家将称霸天下：跟随木星则彰显道义，跟随火星则彰显礼仪，跟随土星则彰显德政，跟随金星则彰显武力，跟随水星则彰显法制。彰显法制，即指通过法制来治理天下。若三星会合在一起，就是所谓的惊位绝行，其所对应的国家会发动兵乱或丧事，百姓贫困饥荒，政权将改朝换代。若四星会合在一起，就是所谓的大动荡，所对应的国家兵荒马乱、丧事并发，君子忧患，百姓流散。若五星会合在一起，就是所谓的易行：仁德之君领受天命，改立成王，拥有四方土地，子孙昌盛；无德之君遭受天谴，背离国家，社稷断绝，百姓离弃，四处流浪。若五星的形状巨大，则预示着将发生大事件；若五星的形状较小，则预示着将发生的事件也小。

关于金、木、水、火、土五星的颜色，五星周围的光晕皆为环形，白色预示丧事、旱灾，红色且中央深浅不平，则预示有战争，青色预示有忧患、水灾，黑色预示疾疫和重大伤亡，只有黄色预示吉祥；五星的芒角，红色预示有外敌入侵城池，黄色预示因掠夺土地而发生战

五谷蕃昌。

凡五星，岁，缓则不行，急则过分，逆则占。荧惑，缓则不出，急则不入，违道则占。填，缓则不建，急则过舍，逆则占。太白，缓则不出，急则不入，逆则占。辰，缓则不出，急则不入，非时则占。五星不失行，则年谷丰昌。

凡以宿星通下变者，维星散，句星信，则地动。有星守三渊，天下大水，地动，海鱼出。纪星散者山崩，不即有丧。龟、鳖星不居汉中，川有易者。辰星入五车，大水。荧惑入积水，水，兵起；入积薪，旱，兵起；守之，亦然。极后有四星，名曰句星。斗杓后有三星，名曰维星。散者，不相从也。三渊，盖五车之三柱也。天纪属贯索。积薪在北戍西北。积水在北戍东北。

角、亢、氐，沇州。房、心，豫州。尾、箕，幽州。斗，江、湖。牵牛、婺女，扬州。虚、危，青州。营室、东壁，并州。奎、娄、胃，徐州。昴、毕，冀州。觜觿、参、益州。东井、舆鬼，雍州。柳、七星、张，三河。翼、轸，荆州。

争，白色代表哭泣，青色预示有战争，黑色预示水灾。若五星同色，则战事偃旗息鼓，天下太平，歌舞升平，不见灾疾，五谷丰登。

关于五星的运行，木星，运行迟缓，则无法按时到达预定的宿度，运行超前，则会超出预定的宿度，若出现逆行，则需要进行占卜。火星，运行迟缓，则无法出现在该出现的时刻；运行超前，则在该隐伏的时刻没有隐伏，若违背正常运行轨迹，则需要进行占卜。土星，运行迟缓，则无法按时到达预定的宿度；运行超前，则会超出预定的宿度，逆行则需要进行占卜。金星，运行迟缓，则在该出现的时刻没有出现；运行超前，则在该隐伏的时刻没有隐伏，若出现逆行则需要进行占卜。水星，运行迟缓，则在该出现的时刻没有出现；运行超前，则在该隐伏的时刻没有隐伏，若运行的轨迹与时令不符，则需要占卜。只有五星正常运转时，才能五谷丰登，国力昌盛。

结合五星的运行，可预测地上与之相对应的地区的自然现象，北斗星斗柄的后三颗星没有随行，且勾星伸展则预示将发生地震。有行星停留在三渊星区，则预示将会有大水、地震、海鱼跃出等现象出现。纪星分散无序排布，则预示有山崩，且不久会有丧事发生。若龟星、鳖星没有位于银河之内，则预示将出现河川改道的情况。水星进入五车星星区，则预示有大水灾。火星进入积水星星区，则预示有水灾和战争爆发；火星进入积薪星星区，则预示有旱灾、战争发生；若火星停滞不前，也是同样的征兆。天极后面有四颗星，名为勾星。北斗斗柄后面有三颗星，名为维星。散，即指分散未随行的意思。三渊星，即指五车星星区内的三柱星。天纪星归属于贯索星座。积薪星位于北戍星区的西北方向。积水星位于北戍星区的东北方向。

角宿、亢宿、氐宿所对应的区域为沇州。房宿、心宿所对应的区域是豫州。尾宿、箕宿所对应的区域是幽州。斗宿，所对应的区域是长江中下游和两湖一带。牵牛宿、婺女宿所对应的区域是扬州。虚宿、危宿所对应的区域是青州。营室宿、东壁宿所对应的区域是并州。奎宿、娄宿、胃宿所对应的区域是徐州。昴宿、毕宿所对应的区域是冀州。觜觿宿、参宿所对应的区域是益州。东井宿、舆鬼宿所对应

甲乙，海外，日月不占。丙丁，江、淮、海、岱。戊己，中州河、济。庚辛，华山以西。壬癸，常山以北。一曰，甲齐，乙东夷，丙楚，丁南夷，戊魏，己韩，庚秦，辛西夷，壬燕、赵，癸北夷。子周，丑翟，寅赵，卯郑，辰邯郸，巳卫，午秦，未中山，申齐，酉鲁，戌吴、越，亥燕、代。

秦之疆，候太白，占狼、弧。吴、楚之疆，候荧惑，占鸟、衡。燕、齐之疆，候辰星，占虚、危。宋、郑之疆，候岁星，占房、心。晋之疆，亦候辰星，占参、罚。及秦并吞三晋、燕、代，自河、山以南者中国。中国于四海内则在东南，为阳，阳则日、岁星、荧惑、填星，占于街南，毕主之。其西北则胡、貉、月氏旃裘引弓之民，为阴，阴则月、太白、辰星，占于街北，昴主之。故中国山川东北流，其维，首在陇、蜀，尾没于勃海碣石。是以秦、晋好用兵，复占太白。太白主中国，而胡、貉数侵掠，独占辰星。辰星出入趮疾，常主夷狄，其大经也。

凡五星，早出为赢，赢为客；晚出为缩，缩为主人。五星赢缩，必有天应见杓。

太岁在寅曰摄提格。岁星正月晨出东方，《石氏》曰名监德，在斗、牵牛。失次，杓，早水，晚旱。《甘氏》在建星、婺女。《太初历》在营室、东壁。

的区域是雍州。柳宿、七星宿、张宿所对应的区域是河南、河东、河内等地。翼宿、轸宿所对应的区域是荆州。

甲乙日，在海外不占卜日月。丙丁日，在长江、淮河、大海和泰山不占卜日月。戊己日，在中原的黄河、济江地区不占卜日月。庚辛日，在华山以西不占卜日月。壬癸日，在常山以北不占卜日月。还有一种说法，甲日占卜齐国，乙日占卜东夷，丙日占卜楚国，丁日占卜南夷，戊日占卜魏国，己日占卜韩国，庚日占卜秦国，辛日占卜西夷，壬日占卜燕国、赵国，癸日占卜北夷。子日占卜周国，丑日占卜翟国，寅日占卜赵国，卯日占卜郑国，辰日占卜邯郸，巳日占卜卫国，午日占卜秦国，未日占卜中山国，申日占卜齐国，酉日占卜鲁国，戌日占卜吴国和越国，亥日占卜燕国、代国。

秦国的疆域，对应的是金星，可占卜狼宿和弧宿。吴国、楚国的疆域对应的是火星，可占卜鸟宿、衡宿。燕国、齐国的疆域对应的是水星，可占卜虚宿和危宿。宋国、郑国的疆域对应的是木星，可占卜房宿、心宿。晋国的疆域对应的是水星，可占卜参宿和罚宿。从秦国并吞三晋、燕国、代国之后，自黄河、华山以南为中原。中原位于四海之内的东南方，为阳，对应的是太阳、木星、火星、土星，可在天街以南观测它们的征候，由毕宿主管。中原的西北方则生活着胡人、北夷、大月氏等少数民族，他们以动物皮毛作为衣服，善于骑射，为阴，阴对应的是月亮、金星、水星，可在天街以北观测它们的征候，由昴宿主管。因此，中原地区的山脉、河流呈东北走向，它的脉络，开端始于陇山、蜀地，末端结束于渤海碣石山。秦、晋两国经常发生战事，可以通过金星进行占卜。金星主管中原地区，而针对北方少数民族的数次侵略，可单独观测水星。若水星运行超前，通常预示夷狄将要入侵，基本情况大致如此。

金、木、水、火、土五星，运行超前为赢，赢为客；运行迟缓为缩，缩为主人。五星运行超前或迟缓，必定有相应的天象呈现于北斗星的斗柄。

太岁星位于寅位，称为摄提格。木星于正月的清晨出现于东方，《石氏星经》中有载，此时名为监德，位于斗星、牵牛星星区。运行失常，在斗柄星区出现，提早出现预示会有水灾，延迟出现预示会有旱

在卯曰单阏。二月出,《石氏》曰名降入,在婺女、虚、危。《甘氏》在虚、危。失次,杓,有水灾。《太初》在奎、娄。

在辰曰执徐。三月出,《石氏》曰名青章,在营室、东壁。失次,杓,早旱,晚水,《甘氏》同。《太初》在胃、昴。

在巳曰大荒落。四月出,《石氏》曰名路踵,在奎、娄。《甘氏》同。《太初》在参、罚。

在午曰敦牂。五月出。《石氏》曰名启明,在胃、昴、毕。失次,杓,早旱,晚水。《甘氏》同。《太初》在东井、舆鬼。

在未曰协洽。六月出,《石氏》曰名长烈,在觜觿、参。《甘氏》在参、罚。《太初》在注、张、七星。

在申曰涒滩。七月出。《石氏》曰名天晋,在东井、舆鬼。《甘氏》在弧。《太初》在翼、轸。

在酉曰作詻。《尔雅》作作噩。八月出,《石氏》曰名长壬,在柳、七星、张。失次,杓,有女丧、民疾。《甘氏》在注、张。失次,杓,有火。《太初》在角、亢。

灾。《甘氏星经》上说，在建星和婺女星之间出现。《太初历》中有载，在营室星、东壁星之间出现。

太岁星位于卯位称为单阏。木星于二月清晨出现于东方，《石氏星经》中有载，此时称为降入，位于婺女宿、虚宿、危宿星区。《甘氏星经》上说，在虚宿、危宿之间出现。运行失常，在斗柄星区出现，则预示着会发生水灾。《太初历》上说，在奎宿、娄宿之间出现。

太岁星位于辰位称为执徐。木星于三月清晨出现于东方，《石氏星经》中有载，此时称为青章，位于营室宿、东壁宿星区。运行失常，出现于北斗斗柄处，提前出现则预示会发生旱灾，延迟出现则预示会发生水灾，《甘氏星经》中说法相同。《太初历》中有载，在胃宿、昴宿之间出现。

太岁星位于巳位称为大荒落。木星于四月清晨出现于东方，《石氏星经》中有载，此时称为路踵，位于奎宿、娄宿星区。《甘氏星经》中说法一致。《太初历》中有载，在参宿、罚星之间出现。

太岁星位于午位称为敦牂。木星于五月清晨出现于东方，《石氏星经》中有载，此时称为启明，位于胃宿、昴宿、毕宿星区。运行失常，在斗柄星区出现，提早出现则预示会有旱灾，延迟出现则预示会有水灾。《甘氏星经》中说法一致。《太初历》中有载，在东井宿、舆鬼宿之间出现。

太岁星位于未位称为协洽。木星于六月清晨出现于东方，《石氏星经》中有载，此时称为长烈，位于觜觽宿、参宿星区。《甘氏星经》中有载，在参宿、罚星之间出现。《太初历》中有载，在柳宿、张宿和七星宿之间出现。

太岁星位于申位称为涒滩。木星于七月清晨出现于东方，《石氏星经》中有载，此时称为天晋，位于东井宿、舆鬼宿星区。《甘氏星经》中有载，在弧星出现。《太初历》中有载，在翼宿、轸宿之间出现。

太岁星位于酉位称作詻。《尔雅》写作“作噩”。木星于八月清晨出现于东方，《石氏星经》中有载，此时称为长壬，位于柳宿、七星宿、张宿星区。运行失常，在斗柄星区出现，预示有女子丧命、民间会

在戌曰掩茂。九月出，《石氏》曰名天睢，在翼、轸。失次，杓，水。《甘氏》在七星、翼。《太初》在氐、房、心。

在亥曰大渊献。十月出，《石氏》曰名天皇，在角、亢始。《甘氏》在轸、角、亢。《太初》在尾、箕。

在子曰困敦。十一月出，《石氏》曰名天宗，在氐、房始。《甘氏》同。《太初》在建星、牵牛。

在丑曰赤奋若。十二月出，《石氏》曰名天昊，在尾、箕。《甘氏》在心、尾。《太初》在婺女、虚、危。

《甘氏》《太初历》所以不同者，以星赢缩在前，各录后所见也。其四星亦略如此。

古历五星之推，亡逆行者，至甘氏、石氏《经》，以荧惑、太白为有逆行。夫历者，正行也。古人有言曰："天下太平，五星循度，亡有逆行。日不食朔，月不食望。"夏氏《日月传》曰："日月食尽，主位也；不尽，臣位也。"《星传》曰："日者德也，月者刑也，故曰日食修德，月食修刑。"然而历纪推月食，与二星之逆亡异。荧惑主内乱，太白主兵，月主刑。自周室衰，乱臣贼子师旅数起，刑罚失中，虽其亡乱臣贼子师旅之变，内臣犹不治，四夷犹不服，兵革犹不寝，刑罚犹不错，故二星与月为之失度，三变常见；及有乱臣贼子伏尸流血之兵，大变乃出，甘、石氏见其常然，因以为纪，皆非正行

发生疾疫。《甘氏星经》中有载，在柳宿、张宿之间出现。运行失常，在斗柄星区出现，预示会发生火灾。《太初历》中有载，在角宿、亢宿之间出现。

太岁星位于戌位称为掩茂。木星于九月清晨出现于东方，《石氏星经》中有载，此时称为天睢，位于翼宿、轸宿星区。运行失常，在斗柄星区出现，则预示会发生水灾。《甘氏星经》中有载，在七星宿、翼宿之间出现。《太初历》中有载，在氐宿、房宿、心宿之间出现。

太岁星位于亥位称为大渊献。木星于十月清晨出现于东方，《石氏星经》中有载，此时称为天皇，位于角宿、亢宿星区。《甘氏星经》中有载，在轸宿、角宿、亢宿之间出现。《太初历》中有载，在尾宿、箕宿之间出现。

太岁星位于子位称为困敦。木星于十一月清晨出现于东方，《石氏星经》有载，此时称为天宗，位于氐宿、房宿星区。《甘氏星经》中观点相同。《太初历》中有载，在建星、牵牛宿之间出现。

太岁星位于丑位称为赤奋若。木星于十二月清晨出现于东方，《石氏星经》有载，此时称为天昊，位于尾宿、箕宿星区。《甘氏星经》中有载，在心宿、尾宿之间出现。《太初历》中有载，在婺女宿、虚宿、危宿之间出现。

《甘氏星经》《太初历》中有些记载之所以不同，是因为行星运行快慢在先，而各种记载在后。其它四星的情况也大致如此。

远古时期的历法中，关于五星运行的推演，未记载其逆行的相关情况，直到甘氏、石氏的《星经》，才有了火星、金星逆行的相关记载。古代历法，只记载了五星的正常运行轨迹。古语讲："天下太平，五星按常规运行，不会出现逆行。初一不会发生日食，十五不会发生月食。"夏氏的《日月传》中有载："日、月出现全食，代表君王安于本位；若日、月出现偏食，则代表大臣忠于职守。"《星传》中有载："太阳象征仁德，月亮象征刑狱，因此说日食发生应注重修养德行，月食发生应注重整治法度。"然而历法中所记载的推算月食与火星、金星的逆行没有差异。火星主内乱，金星主战争，月主刑狱。自从周王室衰败之后，乱臣贼子之间，战事频发，刑罚过当，然而，即使没有乱

也。《诗》云“彼月而食，则惟其常；此日而食，于何不臧？”《诗传》曰：“月食非常也，比之日食犹常也，日食则不臧矣。”谓之小变，可也；谓之正行，非也。故荧惑必行十六舍，去日远而颛恣。太白出西方，进在日前，气盛乃逆行。及月必食于望，亦诛盛也。

国皇星，大而赤，状类南极。所出，其下起兵。兵强，其冲不利。

昭明星，大而白，无角，乍上乍下。所出国，起兵多变。

五残星，出正东，东方之星。其状类辰，去地可六丈，大而黄。

六贼星，出正南，南方之星。去地可六丈，大而赤，数动，有光。

司诡星，出正西，西方之星。去地可六丈，大而白，类太白。

咸汉星，出正北，北方之星。去地可六丈，大而赤，数动，察之中青。

此四星所出非其方，其下有兵，冲不利。

四填星，出四隅，去地可四丈。地维臧光，亦出四隅，去地可二丈，若月始出。所见下，有乱者亡，有德者昌。

臣贼子作乱，挑起战争，周朝的内臣也是治理不当，四夷也是拒不归顺，内外战争无法停息，刑罚无法适度施行，因此金星、火星与月亮的运行都出现了失常，逆行的现象频繁出现；到了乱臣贼子大规模发动战争，遍地伏尸流血时，日、月、行星的运行则会出现大的变化，甘氏、石氏观测到它们的规律，并加以记录，因此《星经》中才会有关于行星逆行的记载。《诗经》上说："出现月食现象已习以为常；那么出现日食现象，又有什么不吉祥呢？"《诗传》上说："发生月食属于异常现象，但和发生日食相比，它又算是平常的，发生日食则代表不祥。"称这种自然现象为小变，是比较准确的；若称这种自然现象为正常运行，则不符合事实。因此火星必行十六舍，远离太阳时才能恣意独行。金星出现在西方，当它运行在距离太阳很近的位置时，因气盛而出现逆行。那么，月亮必定会在十五日出现月食，这也是削弱金星盛气的迹象。

国皇星，巨大而且呈红色，形状类似南极老人星。它的出现预示着所对应的区域会有战争爆发。且它所对应的区域兵卒势力强悍，而敌方作战不利。

昭明星，巨大而且呈白色，星光无芒角，忽上忽下。它的出现预示着所对应的区域，战事多变。

五残星，出现于正东方，乃东方之星。它的形状类似水星，距离地面大约六丈高，巨大而呈黄色。

六贼星，出现于正南方，乃南方之星。距离地面大约六丈高，巨大且呈红色，摇摆不定，有光。

司诡星，出现于正西方，乃西方之星。距离地面大约六丈高，巨大且呈白色，形状类似金星。

咸汉星，出现于正北方，乃北方之星。距离地面大约六丈高，巨大且呈红色，摇摆不定，对它进行观测，可见中间呈青色。

若这四颗星未按照正常的方位出现，则它们所对应的区域，将爆发战争，且战况对敌方不利。

四填星，出现于东南、西南、东北、西北四个方位，距离地面大约四丈高。地维星隐藏光芒，也出现在东南、西南、东北、西北四个

烛星，状如太白，其出也不行，见则灭。所烛，城邑乱。

如星非星，如云非云，名曰归邪。归邪出，必有归国者。

星者，金之散气，其本曰人。星众，国吉，少则凶。汉者，亦金散气，其本曰水。星多，多水，少则旱，其大经也。

天鼓，有音如雷非雷，音在地而下及地。其所住者，兵发其下。

天狗，状如大流星，有声，其下止地，类狗。所坠及，望之如火光炎炎中天。其下圜，如数顷田处，上锐，见则有黄色，千里破军杀将。

格泽者，如炎火之状，黄白，起地而上，下大上锐。其见也，不种而获。不有土功，必有大客。

蚩尤之旗，类彗而后曲，象旗。见则王者征伐四方。

旬始，出于北斗旁，状如雄鸡。其怒，青黑色，象伏鳖。

枉矢，状类大流星，蛇行而仓黑，望如有毛目然。

长庚，广如一匹布著天。此星见，起兵。

方位，距离地面大约二丈高，看起来它就像初生的月亮一样。它的出现预示着所对应的区域，忤逆暴乱的君王将败亡，仁德宽厚的君王将昌盛。

烛星，形状貌似金星，它出现后不运行，转瞬即逝。它所照耀的区域，城邑内会有暴乱发生。

似星非星，似云非云的星象，名为归邪。当归邪现象出现时，则预示着必定会有前来归降者。

所谓的星球，其实是宇宙中的金属所散发出的气体，它的运行规律取决于人为的解释。星体众多，则下方所对应区域内的国家就吉祥，反之，星体寡少，则预示凶邪。银河，其实也是宇宙中金属所散发出的气体，它的存在像流动的水一样。银河系星体众多，则预示将发生水灾，反之星体寡少则预示会有旱情，大体就是这样。

天鼓星，会发出似雷非雷的巨响，这种巨响甚至在地面上也能感受到。它所经过的区域，将会有战争爆发。

天狗星，形状如大流星，有声音，这种声音传到地面，听起来像狗叫一般。它所坠落的地方，远远看去犹如燃烧的火苗，直冲云霄。它坠落的地面会产生一个圆坑，有数顷粮田大小，且圆坑的顶端尖锐如漏斗形，若地表呈现黄色，则预示着方圆千里之内的战争将全军覆没。

格泽星，形状貌似燃烧的火焰，呈黄白色，从地平线升起，下大上尖。它的出现预示着它所对应的区域，即使不耕种也会有收获。不是有大型的土木工程，就必定有尊贵的宾客到来。

蚩尤旗星，貌似彗星且它的尾部弯曲，像一面旗帜。它的出现则预示着君王要征讨四方。

旬始星，出现于北斗星附近，形状犹如雄鸡。它的星光有芒角刺出，呈青黑色，如同趴着的鳖。

枉矢星，形状类似大流星，蜿蜒运行且呈苍黑色，对它进行观测，表面仿佛有肉眼可见的毛发一样。

长庚星，宽阔得犹如一匹布挂在天上。当该星出现时，则预示会有战争爆发。

星磙至地，则石也。

天曜而见景星。景星者，德星也，其状无常，常出于有道之国。

日有中道，月有九行。

中道者，黄道。一曰光道。光道北至东井，去北极近；南至牵牛，去北极远；东至角，西至娄，去极中。夏至至于东井，北近极，故晷短；立八尺之表，而晷景长尺五寸八分。冬至至于牵牛，远极，故晷长；立八尺之表，而晷景长丈三尺一寸四分。春秋分日至娄、角，去极中，而晷中；立八尺之表，而晷景长七尺三寸六分。此日去极远近之差，晷景长短之制。去极远近难知，要以晷景。晷景者，所以知日之南北也。日，阳也。阳用事则日进而北，昼进而长，阳胜，故为温暑；阴用事则日退而南，昼退而短，阴胜，故为凉寒也。故日进为暑，退为寒。若日之南北失节，晷过而长为常寒，退而短为常燠。此寒燠之表也，故曰为寒暑。一曰，晷长为潦，短为旱，奢为扶。扶者，邪臣进而正臣疏，君子不足，奸人有余。

月有九行者：黑道二，出黄道北；赤道二，出黄道南；白道二，出黄道西；青道二，出黄道东。立春、春分，月东从青道；立秋、秋分，西从白道；立冬、冬至，北从黑道；立夏、夏至，南从赤道。然用之，一决房中道。青赤出阳道，白黑出阴道。若月失节度而妄行，出阳道则旱风，出阴道则阴雨。

星体陨落到地上，形成陨石。

天气晴朗时会出现景星。景星乃德泽之星，它的形状无常，通常出现于治理有道的国家上空。

太阳运行在中道，而月亮的运行有九条轨道。

中道指的就是黄道。也叫光道。太阳沿光道运行，向北至东井宿，距离北极最近；向南至牵牛星，距离北极最远；向东至角宿，向西至娄宿，距离北极居中。太阳在夏至时运行至东井宿，距离北极较近，因此太阳的影子短；竖立一根八尺高的标杆，它的影子长度只有一尺五寸八分。太阳在冬至时运行至牵牛宿，距离北极较远，因此太阳的影子长；竖立一根八尺高的标杆，它的影子长一丈三尺一寸四分。太阳在春分、秋分时运行至娄宿、角宿，距离北极居中，因此太阳的影子长度中等；竖立一根八尺高的标杆，它的影子长度为七尺三寸六分。这就是太阳距离北极远近所产生的差异，人们通过太阳影子的长短来确定时令。太阳距离北极的远近，难以测量，人们通常根据太阳影子的长度来测定。根据日影的长度，从而判断太阳的南北位置。日，指的就是太阳。阳气盛，则太阳逐渐向北推移，白天逐渐变长，阳胜于阴，则气候形成温暑；阴气盛，则太阳逐渐向南推移，白天逐渐变短，阴胜于阳，则气候变得凉寒。因此太阳北进形成暑、南退成为寒。若太阳的南北运行失去节令，日影过长为常寒，日影过短为常暑。这是寒暑的表现，因此称为寒暑。还有一种说法，日影长为涝，日影短为旱，过分了为扶。所谓的扶，是指朝廷内奸邪当道而忠臣受到排挤，正人君子不常有，而处处是奸佞小人。

月亮的运行有九条轨道：黑道两条，出现在黄道以北；赤道两条，出现在黄道以南；白道两条，出现在黄道以西；青道两条，出现在黄道以东。立春、春分时，月亮从东侧沿着青道运行；立秋、秋分时，月亮从西侧沿着白道运行；立冬、冬至时，月亮在北边沿着黑道运行；立夏、夏至时，月亮在南边沿着赤道运行。然而要想准确判断月亮的运行轨道，主要取决于它在房宿中运行的轨迹。月亮运行在青、赤两道之间为出阳道，月亮运行于黑、白两道之间为出阴道。若月亮运行失常，出现妄行现象，则出阳道预示有旱灾和狂风，出阴道预

凡君行急则日行疾，君行缓则日行迟。日行不可指而知也，故以二至二分之星为候。日东行，星西转。冬至昏，奎八度中；夏至，氐十三度中；春分，柳一度中；秋分，牵牛三度七分中：此其正行也。日行疾，则星西转疾，事势然也。故过中则疾，君行急之感也；不及中则迟，君行缓之象也。

至月行，则以晦朔决之。日冬则南，夏则北；冬至于牵牛，夏至于东井。日之所行为中道，月、五星皆随之也。

箕星为风，东北之星也。东北地事，天位也，故《易》曰“东北丧朋”。及《巽》在东南，为风；风，阳中之阴，大臣之象也，其星，轸也。月去中道，移而东北入箕，若东南入轸，则多风。西方为雨；雨，少阴之位也。月失中道，移而西入毕，则多雨。故《诗》云“月离于毕，俾滂沱矣”，言多雨也。《星传》曰“月入毕则将相有以家犯罪者”，言阴盛也。《书》曰“星有好风，星有好雨，月之从星，则以风雨”，言失中道而东西也。故《星传》曰“月南入牵牛南戒，民间疾疫；月北入太微，出坐北，若犯坐，则下人谋上。”

一曰月为风雨，日为寒温。冬至日南极，晷长，南不极则温为害；夏至日北极，晷短，北不极则寒为害。故《书》曰“日月之行，则

示阴雨不绝。

凡君王治国理政过度严苛，则太阳运行速度会加快，君王治国理政过度宽缓，则太阳运行会迟缓。太阳的运行无法屈指判断，因此只能通过夏至、冬至、春分、秋分时的星象作为参考。太阳向东运行，恒星向西运转。冬至黄昏，太阳在奎宿八度中；夏至时，太阳在氐宿十三度中；春分时，太阳在柳宿一度中；秋分时，太阳在牵牛宿三度七分中，这是太阳正常的运行轨迹。太阳运行速度加快，则恒星向西运转的速度也会加快，这是形势的必然。因此说超过中度则为快行，是君王治国理政过度严苛的感应；不及中度则为迟缓，是君王治国理政过度宽缓的征兆。

说到月亮的运行，则取决于每月的初一和十五。冬季太阳运行偏南，夏季运行偏北；冬至运行至牵牛宿，夏至运行至东井宿。太阳运行于中道，月亮和五星都随之而行。

箕星是风的象征，乃东北之星。它与地面上的东北方向相对应，因此《易经》中记载："东北丧友"，在《易经·巽卦》中有载，东南为风；风是阳中之阴，是大臣的象征，所对应的星是轸宿。月亮离开中道，向东北方运行进入箕宿星区，若向东南方运行进入轸宿星区，则会出现多风天气。若向西方运行则会出现降雨；雨是少阴的位象。月亮离开中道，向西运行进入毕宿星区，则会出现多雨天气。因此《诗经》有载："月亮离开毕宿，大雨滂沱"，说的就是多雨的天气。《星传》上说："月亮运行进入毕宿星区，则将相之家会因家属犯罪而受到牵连"，说的就是阴气过盛之象。《尚书》上说："星宿有好风的，星宿也有好雨的，月亮运行至这些星宿附近时，则会引发风雨"，说的就是月亮偏离中道而向东、向西运行时，会出现多风多雨的天气。因此，《星传》上说："月亮运行向南进入牵牛宿以南，民间会有疾疫发生；月亮运行向北进入太微星宿，若其出现在中心星宿五帝座以北，且对五帝座造成冲犯，则预示所对应的区域会出现以下犯上的情况"。

还有一种说法是月亮主风雨，太阳主寒温。冬至时太阳运行于南回归线，日影最长，这时若太阳未能运行至南回归线，则气温会过

有冬有夏”也。政治变于下，日月运于上矣。月出房北，为雨为阴，为乱为兵；出房南，为旱为夭丧。水旱至冲而应，及五星之变，必然之效也。

两军相当，日晕等，力均；厚长大，有胜；薄短小，亡胜。重抱大破亡。抱为和，背为不和，为分离相去。直为自立，立兵破军，若曰杀将。抱且戴，有喜。围在中，中胜；在外，外胜。青外赤中，以和相去；赤外青中，以恶相去。气晕先至而后去，居军胜。先至先去，前有利，后有病，后至后去，前病后利；后至先去，前后皆病，居军不胜。见而去，其后发疾，虽胜亡功。见半日以上，功大。白虿屈短，上下锐，有者下大流血。日晕制胜，近期三十日，远期六十日。

其食，食所不利；复生，生所利；不然，食尽为主位。以其直及日所躔加日时，用名其国。

凡望云气，仰而望之，三四百里；平望，在桑榆上，千余里，二千里；登高而望之，下属地者居三千里。云气有兽居上者，胜。

分炎热，形成伤害；夏至时太阳运行至北回归线，日影最短，这时若太阳未能运行至北回归线，则天气寒冷，形成伤害。因此《尚书》中有载：“日月运行，产生了冬夏”。在人间是政治变化决定一切，在宇宙间是日月运行决定一切。月亮出现在房宿以北，则预示会出现阴雨天气，民间会有战乱爆发；月亮出现在房宿以南，则预示会有旱灾，民间会出现夭亡之丧。水旱灾害会通过月亮的运行而显现，以及五星运行的变异之象，这些都会在地面上有所效应。

假设两军对垒，若太阳的光晕相等，则两军势均力敌；若光晕厚长且大，则预示有一方获胜；若光晕薄短且小，则预示没有战胜方。若光晕层层环绕，则预示有大败亡。若光晕环抱太阳，则预示交战双方最终言和，若光晕背向太阳则预示双方失和，属分离之象。光晕直预示自立，可破敌取胜，或者诛杀敌将。光晕环绕在太阳上方，则预示有喜。若太阳的光晕在光环之中，则预示城中之军获胜；若太阳的光晕在光环之外，则预示城外之军获胜。若光晕外围青，里面红，则预示战争以言和告终；反之，外围红，里面青，则预示交战双方以恶斗告终。若太阳的光晕先出现后散去，则预示守军获胜。若太阳的光晕先出现先散去，则预示守军先胜后败；若太阳的光晕后出现后散去，则预示守军将转败为胜；若太阳的光晕后出现先散去，则预示守军前后失利，无法取胜。若太阳的光晕一出现随即散去，则预示此后会发生危险，即使获胜也徒劳无功。若太阳的光晕出现半日以上，则预示战功显著。若出现短促、弯曲的白虹，且上下尖锐，则预示白虹所对应的区域将伏尸遍野、血流成河。太阳的光晕所预示的克敌制胜的情况，短则三十日，长则六十日便会应验。

日食的出现，对日食出现的区域不利；对日食消失，恢复日光的区域有利；不然，日食就会应验在君王身上。根据日食发生的区域和太阳运行的度数，结合日食发生的时间，集中体现在他所统治的国家。

观望云气，昂首向上观望，可以望到三四百里远；平视而望，或在桑树、榆树之上观望，可望到千余里，甚至两千里；登高观望，向下远眺可达三千里。云气似有兽状居于其上的，所对应的区域美好

自华以南，气下黑上赤。嵩高、三河之郊，气正赤。常山以北，气下黑上青。勃、碣、海、岱之间，气皆黑。淮、江之间，气皆白。

徒气白。土功气黄。车气乍高乍下，往往而聚。骑气卑而布。卒气抟。前卑而后高者，疾；前方而后高者，锐；后锐而卑者，却。其气平者其行徐。前高后卑者，不止而反。气相遇者，卑胜高，锐胜方。气来卑而循车道者，不过三四日，去之五六里见。气来高七八尺者，不过五六日，去之十余二十里见。气来高丈余二丈者，不过三四十日，去之五六十里见。

捎云精白者，其将悍，其士怯。其大根而前绝远者，战。精白，其芒低者，战胜；其前赤而印者，战不胜。陈云如立垣。杼云类杼。柚云抟而耑锐。杓云如绳者，居前竟天，其半半天。蜺云者，类斗旗故。锐钩云句曲。诸此云见，以五色占。而泽抟密，其见动人，乃有占；兵必起，占斗其直。

王朔所候，决于日旁。日旁云气，人主象。皆如其形以占。

故北夷之气如群畜穹闾，南夷之气类舟船幡旗。大水处，败军场，破国之虚，下有积泉，金宝上，皆有气，不可不察。海旁蜃气象楼台，广野气成宫阙然。云气各象其山川人民所聚积。故候息耗

绝妙。

从华山开始往南，云气下黑上红。嵩山、河南、河东、河内之郊，云气呈正红色。常山以北，云气下黑上青。渤海、碣石山、东海、泰山之间，云气皆呈黑色。淮、江一带，云气皆呈白色。

徭役集中的地方云气呈白色。大兴土木的地方云气呈黄色。有车战的地方云气忽高忽低，凝聚成团。骑兵穿梭往来，云气低回、遍布。步兵聚集之地云气集聚。云气前低后高，则表明行进速度快；云气前边平后边高，则表明兵卒锐不可挡；云气后边尖锐且低回，则表明退缩不前。云气平缓表明行进速度缓慢。云气前高后低，表明持续退缩。双方云气相遇，云气低回的一方将获胜，云气尖锐的一方将战胜平直的一方。云气靠近时低回，且依循车道而行，不出三、四天时间，在距离五、六里的地方便可察觉到对方的行踪。云气在七八尺的高度行进，则不出五、六日，在距离十几二十里的地方便可察觉到对方的行踪。云气在一丈或两丈的高度行进，则不出三、四十日，在距离五、六十里的地方便可察觉到对方的行踪。

拂掠的云气呈青白色，则表明军队的主将强悍而兵卒怯弱。云气的根部庞大且前端与之相差悬殊，则表明将有战争爆发。云气呈青白色，且前端低回，则表明战事将会获胜；云气前端呈红色且高高扬起，则预示战事无法获胜。遍布排列的云气犹如耸立的城墙。梭形的云气犹如机杼。轴状的云气团聚，两端尖锐。杓状的云气犹如绳索一般，或遍布天空，或将天空分为两半。霓虹般的云气犹如战旗招展。钩状的云气弯曲散布。诸如此类的云气出现，则需通过五色法进行占卜。根据云气的色泽、团聚、浓密程度进行预测，一旦出现要引起人们的重视，及时占卜才有意义；预示前方将有战事发动，它所对应的地方便是交战之地。

王朔所做的望气占卜，往往取决于太阳周围的云气。太阳周围的云气，代表人主之象，是君王的象征。皆可用云的形状来占测。

因此北方夷狄的云气犹如成群的牲畜和毡帐，南方蛮夷的云气犹如舟船和旗幡。遭遇了水灾后的地区，败军的战场，破国的废墟，埋藏着古币的地方，或是金银财宝的上空，都会有云气出现，不可不

者，入国邑，视封畺田畴之整治，城郭室屋门户之润泽，次至车服畜产精华。实息者吉，虚耗者凶。

若烟非烟，若云非云，郁郁纷纷，萧索轮囷，是谓庆云。庆云见，喜气也。若雾非雾，衣冠不濡，见则其城被甲而趋。

夫雷电、赮虹、辟历、夜明者，阳气之动者也，春夏则发，秋冬则臧，故候书者亡不司。

天开县物，地动坼绝。山崩及陁，川塞溪垘；水澹地长，泽竭见象。城郭门闾，润息槁枯；宫庙廊第，人民所次。谣俗车服，观民饮食。五谷草木，观其所属。仓府厩库，四通之路。六畜禽兽，所产去就；鱼鳖鸟鼠，观其所处。鬼哭若謼，与人逢遌。讹言，诚然。

凡候岁美恶，谨候岁始。岁始或冬至日，产气始萌。腊明日，人众卒岁，壹会饮食，发阳气，故曰初岁。正月旦，王者岁首；立春，四时之始也。四始者，候之日。

而汉魏鲜集腊明正月旦决八风。风从南，大旱；西南，小旱；西方，有兵；西北，戎叔为，小雨，趣兵；北方，为中岁；东北，为上岁；东方，大水；东南，民有疾疫，岁恶。故八风各与其冲对，课多

察。海市蜃楼的云气犹如楼台，旷野、沙漠中的云气犹如宫廷。千姿百态的云气是地面上的山川形势、百姓气质所凝聚而成的反映。因此观测它的盈实或虚耗，深入国都城邑，验看它的疆土和田畴的整治情况，城郭屋舍是否润泽，再看车服畜产是否精良。云气盈实，则预示吉祥，云气虚耗，则预示凶险。

似烟非烟，似云非云，郁郁葱葱，云气漂流缠绕，这样的云气被称为庆云。庆云出现，主喜气。似雾非雾，沾衣不湿的云气，如果此类云气出现，则预示着该城将有披甲上阵的战事发生。

雷电、霓虹和彩霞、霹雳和夜晚出现的极光，这些都是受阳气发动所产生的自然现象，到了春季、夏季则发动，等到秋季、冬季则隐藏起来，因此占卜者和记录者没有不注重这些自然现象的。

在自然现象中，天开显现的物象，地震造成的地裂。山崩地陷，山河堵塞，溪水绝流；水动荡，地长高，河泽枯竭，这些现象的发生都是吉凶的征兆。此外对于城郭巷闾，要观察它们是润泽将息，还是枯竭衰亡；对宫室庙宇，官邸宅第，观察普通百姓居所的等次。对于民谣、风俗、车骑、服饰等，重在观察百姓的饮食。对五谷草木，要着重观察它们所属的类别。对仓廪、府库、马厩等，要观察四周的交通道路。对六畜禽兽，重在观察它们的产地和用场；对鱼鳖鸟鼠，要观察它们的居处环境和生活习性。有鬼怪哭泣，犹如呼嚎，人逢必露惊貌。事间万物都遵循一定的规律，若遇到异象必然会有所表现，因此可以望气预测吉凶。这种说法虽然是俚俗传言，但或多或少有些道理。

凡是占卜一年的吉凶，要郑重的在年初进行。年初的第一天或冬至日，阳气开始生发。腊八的第二天，百姓开始为度过年关而筹备，大家团聚在一起饮宴，迎接阳气的上升，因此称为初岁。正月初一是一年开始，是君王规定的岁首；立春，是四季的开始。冬至、腊八、正月初一和立春，这四天，都是占卜的日子。

且汉朝的魏鲜，通常在腊八第二天和正月初一占卜八面来风。风从南面来，预示天下大旱；风从西南来，预示着小旱；风从西面来，预示会爆发战争；风从西北来，预示当年大豆的收成好，天降

者为胜。多胜少，久胜亟，疾胜徐。旦至食，为麦；食至日跌，为稷；跌至晡，为黍；晡至下晡，为叔；下晡至日入，为麻。欲终日有云，有风，有日，当其时，深而多实；亡云，有风日，当其时，浅而少实；有云风，亡日，当其时，深而少实；有日，亡云，不风，当其时者稼有败。如食顷，小败；孰五斗米顷，大败。风复起，有云，其稼复起。各以其时用云色占种所宜。雨雪，寒，岁恶。

是日光明，听都邑人民之声。声宫，则岁美，吉；商，有兵；徵，旱；羽，水；角，岁恶。

或从正月旦比数雨。率日食一升，至七升而极；过之，不占。数至十二日，直其月，占水旱。为其环域千里内占，即为天下候，竟正月。月所离列宿，日、风、云，占其国。然必察太岁所在。金，穰；水，毁；木，饥；火，旱。此其大经也。

小雨，用兵贵在神速；风从北面来，预示当年为中等收成；风从东北来，预示当年为丰年；风从东面来，预示将有大水；风从东南来，预示民间将有疾疫流行，收成很不好。因此八面之风分别对应八个不同方位，通过占卜，了解得越全面越好。通过占卜得到的结果，多胜少，长久胜过短促，及时胜过迟缓。从寅时到辰时，是占卜麦子收成的最佳时辰；辰时到未时是占卜稷收成的最佳时辰；未时到晡时为占卜谷黍收成的最佳时辰；晡时到申时，为占卜大豆收成的最佳时辰；申时到酉时为占卜麻收成的最佳时辰。若正月初一全天有云，有风，有太阳，则为三有，占卜正当其时，预示着当年的粮食必定会大丰收；若正月初一全天无云，而有风，有太阳，占卜正当其时，预示当年粮食歉收，收成不足；若正月初一全天有云，有风，没太阳，占卜正当其时，预示着当年粮食虽可丰收，但仍存在短缺现象；若正月初一全天有太阳，无云，无风，占卜正当其时，预示当年粮食歉收，收成不好。如果只是短暂的无云、无风，则预示当年粮食为稍稍歉收；如果无云、无风的时间是蒸五斗米那么久，则预示当年粮食歉收严重。本来无风，后来又起风，而且有云，则预示当年粮食产量先有所损害后来又有起色。在不同时间，根据云气的颜色占卜当年适宜耕种的农作物。若正月初一出现雨雪、极寒天气，则预示当年年景不好。

正月初一这天，若天气晴朗，聆听城邑中百姓的声音。若声音如宫调一般，则预示当年风调雨顺，年景好，为吉兆；若声音如商调一般，则预示当年将爆发战争；若声音如徵调一般，则预示当年有旱灾发生；若声音如羽调一般，则预示当年有水灾发生；若声音如角调一般，则预示当年年景不好。

或是从正月初一开始计数下雨的天数。若一天有雨，则预示百姓每人有一升的口粮，若两天有雨，则预示百姓每人有两升的口粮，以此类推，以七升为极限；过了七天便不再占卜计数。还有一种方法是占卜从初一到十二日，预测从一月到十二月的雨情，并以此作为判断一年十二个月中水灾、旱灾的依据。这种方法只能占卜方圆千里之内的区域。要想占卜天下的总体情况，则要在整个正月里进行占卜。通过观测月亮所经过的二十八星宿所对应的区域，以及太阳、风云的

正月上甲，风从东方来，宜蚕；从西方来，若旦有黄云，恶。

冬至短极，县土炭，炭动，麋鹿解角，兰根出，泉水踊，略以知日至，要决晷景。

夫天运三十岁一小变，百年中变，五百年大变，三大变一纪，三纪而大备，此其大数也。

春秋二百四十二年间，日食三十六，彗星三见，夜常星不见，夜中星陨如雨者各一。当是时，祸乱辄应，周室微弱，上下交怨，杀君三十六，亡国五十二，诸侯奔走不得保其社稷者不可胜数。自是之后，众暴寡，大并小。秦、楚、吴、粤，夷狄也，为强伯。田氏篡齐，三家分晋，并为战国，争于攻取，兵革递起，城邑数屠，因以饥馑疾疫愁苦，臣主共忧患，其察机祥候星气尤急。近世十二诸侯七国相王，言从横者继踵，而占天文者因时务论书传，故其占验鳞杂米盐，亡可录者。

周卒为秦所灭。始皇之时，十五年间彗星四见，久者八十日，长或竟天。后秦遂以兵内兼六国，外攘四夷，死人如乱麻。又荧惑守

变化，来占卜其所对应的区域内的国家。而且占卜过程中一定要仔细察看木星所处的方位。木星处于西方，为金，预示粮食丰收；木星处于北方，为水，预示粮食歉收；木星处于东方，为木，预示当年将有饥荒；木星处于南方，为火，预示将有旱灾。基本情况大致如此。

正月上旬的第一个甲日，若风从东方来，则预示当年适宜养蚕；若风从西方来，且早晨有黄色云气，则为不吉。

冬至这天，白昼最短，临近冬至时，分别在衡器的两端悬挂土和木炭，并使衡器保持平衡状态，当悬挂木炭的一端下沉时，则麋鹿的角会根据时令脱落、兰根如期发芽，泉水涌动，由此可大概判断冬至的到来，而最精确的判断还是要根据测量日影的长度来确定冬至的到来。

天运的气数，三十年会出现一次小的变化，一百年会有一次中度变化，五百年会发生巨大变化，三次巨大变化为一纪，三纪为一个完整的运行周期，这就是天运的气数。

春秋时期的二百四十二年间，共发生日食三十六次，彗星出现过三次，夜里恒星不出现、夜中出现陨石雨的情况各一次。当这些现象出现时，各国间的祸乱纷纷显应，周王室衰败，臣民无不怨恨，先后发生过三十六次弑君事件，亡国的情况共发生了五十二次，亡国的诸侯逃亡至其他诸侯国，无法保全其社稷的情况数不胜数。从那时起，弱肉强食，大国兼并小国的现象屡见不鲜。秦、楚、吴、越原本是夷狄之邦，自此竟成为强大的诸侯国。随着田氏篡齐，三家分晋，战国形成，各诸侯国之间争战不断，彼此掠夺领土，战火硝烟遍布天下，城邑惨遭数次屠灭，战争引发饥荒、疾疫，民不聊生，苦不堪言，君臣陷入忧患，那时占卜察验、云气观望、星象预测就显得尤为迫切。春秋末期的十二个诸侯国，进入战国的七大强国先后称王，主张合纵连横的策士，接踵而至，从事天文占候的术士，顺应时势，著书立说，一时间，关于天文占候类的书籍鱼龙混杂，完全没有参考的价值。

最终周王室被秦国所灭。进入秦始皇时期，十五年间彗星出现四次，最长的一次出现了八十天，其长度可横过天空。后来秦国以武

心，及天市芒角，色赤如鸡血。始皇既死，適庶相杀，二世即位，残骨肉，戮将相，太白再经天。因以张楚并兴，兵相跆籍，秦遂以亡。

项羽救钜鹿，枉矢西流。枉矢所触，天下之所伐射，灭亡象也。物莫直于矢，今蛇行不能直而枉者，执矢者亦不正，以象项羽执政乱也。羽遂合从，坑秦人，屠咸阳。凡枉矢之流，以乱伐乱也。

汉元年十月，五星聚于东井，以历推之，从岁星也。此高皇帝受命之符也。故客谓张耳曰："东井秦地，汉王入秦，五星从岁星聚，当以义取天下。"秦王子婴降于枳道，汉王以属吏，宝器妇女亡所取，闭宫封门，还军次于霸上，以候诸侯。与秦民约法三章，民亡不归心者，可谓能行义矣，天之所予也。五年遂定天下，即帝位。此明岁星之崇义，东井为秦之地明效也。

三年秋，太白出西方，有光几中，乍北乍南，过期乃入。辰星出四孟。是时，项羽为楚王，而汉已定三秦，与相距荥阳。太白出西方，有光几中，是秦地战将胜，而汉国将兴也。辰星出四孟，易主之表也。后二年，汉灭楚。

七年，月晕，围参、毕七重。占曰："毕、昴间，天街也；街北，胡也；街南，中国也。昴为匈奴，参为赵，毕为边兵。"是岁高皇帝自将兵击匈奴，至平城，为冒顿单于所围，七日乃解。

力对内兼并六国，在外攘平四夷，杀人如麻。当时火星停留在心宿，天市星辰出现芒角，颜色赤红如鸡血。秦始皇驾崩后，適庶之间相互残杀，秦二世即位，骨肉相残，屠杀将相，金星再次划过中天。因此陈胜、吴广等起义并起，尸横遍野，相互践踏，于是秦国灭亡。

项羽救援钜鹿城时，枉矢星向西划过天空。枉矢星所到之处，它所对应的区域都显现出杀伐、灭亡的征象。天下万物没有比箭矢更笔直的了，而枉矢星的运行却像蛇行一样蜿蜒划过，以此预示像项羽这样执政不正的人，天下必会出现混乱。项羽率领众将士，进入函谷关后，坑杀秦兵，屠戮咸阳。这正是枉矢星的征象，以乱伐乱。

汉元年（前206）十月，汉高祖率义军入秦时，正逢五星汇聚于东井宿，按照历法推算，其它四星随行于岁星。这也正是高祖领受天命、登基称帝的征兆。因此有客人对张耳说："东井宿所对应的区域正是秦地，汉王入秦，五星随行于岁星而汇聚在一起，这预示着汉王必定会以仁义夺取天下。"秦王子婴在枳道投降，汉高祖嘱咐属下官员，凡是珠宝、器物、妇女一律不许掳掠，之后他下令封闭了秦朝宫门，返回霸上，将军队驻扎在那里，等着诸侯联军的到来。他与秦国的百姓约法三章，杀人者要处死、伤人者要抵罪、盗窃者要判罪，秦国的百姓无不真心归附于他，这真可谓是施行仁义啊，也是上天赐予他的恩泽。于是汉高祖仅用了五年时间就平定了天下，登基做了皇帝。这件事充分验证了岁星是崇尚仁义之星，东井宿所对应的区域正是秦地。

汉三年（前204）秋季，金星出现在西方，星光近身，忽北忽南，逾期才隐伏不见。水星出现于四季的第一个月。当时项羽还是楚王，而汉高祖刘邦已平定三秦，两军在荥阳一带交战。金星出现在西方，星光近身，则预示着驻扎秦地的军队将在战争中取胜，而且也预示着汉国将兴起。水星出现在四季的第一个月，则预示着朝代更迭，是改换君主的象征。两年之后，汉灭楚。

汉七年（前200），月亮周围出现光晕，围绕着参宿、毕宿，包裹了七层。星占家说："毕宿、昴宿之间，是天街；天街以北象征着胡地；天街以南象征着中原地区。昴宿代表匈奴，参宿代表赵国，毕宿

十二年春，荧惑守心。四月，宫车晏驾。

孝惠二年，天开东北，广十余丈，长二十余丈。地动，阴有余；天裂，阳不足：皆下盛强将害上之变也。其后有吕氏之乱。

孝文后二年正月壬寅，天欃夕出西南。占曰："为兵丧乱。"其六年十一月，匈奴入上郡、云中，汉起三军以卫京师。其四月乙巳，水、木、火三合于东井。占曰："外内有兵与丧，改立王公。东井，秦也。"八月，天狗下梁野，是岁诛反者周殷长安市。其七年六月，文帝崩。其十一月戊戌，土、水合于危。占曰："为雍沮，所当之国不可举事用兵，必受其殃。一曰将覆军。危，齐也。"其七月，火东行，行毕阳，环毕东北，出而西，逆行至昴，即南乃东行。占曰："为丧死寇乱。毕、昴，赵也。"

孝景元年正月癸酉，金、水合于婺女。占曰："为变谋，为兵忧。婺女，粤也，又为齐。"其七月乙丑，金、木、水三合于张。占曰："外内有兵与丧，改立王公。张，周地，今之河南也，又为楚。"其二年七月丙子，火与水晨出东方，因守斗。占曰："其国绝祀。"至其十二月，水、火合于斗。占曰："为淬，不可举事用兵，必受其殃。"一曰："为北军，用兵举事大败。斗，吴也，又为粤。"是岁彗星出西南。其三月，立六皇子为王，王淮阳、汝南、河间、临江、长沙、广川。其三年，吴、楚、胶西、胶东、淄川、济南、赵七国反。吴、楚兵

代表戍守边疆的将士。”那一年，汉高祖刘邦亲自率军出击匈奴，到达平城后，不料被冒顿单于围困，七日后才得以解围。

汉十二年（前195）春季，火星停留在心宿。当年四月，汉高祖驾崩。

孝惠帝二年（前193），天空的东北方出现一道裂缝，宽十多丈，长二十多丈。同时伴有地震，这是阴气过盛的表现；天空裂开一道口子，是阳气不足的表现，也是臣子太过强势，对君主造成伤害的征兆。随后便发生了吕氏乱政的事情。

孝文帝后元二年（前162）正月壬寅日，天欃星在傍晚时分出现于西南方。星占家说：“这是战争丧乱的征兆。”文帝后元六年（前158）十一月，匈奴入侵上郡、云中郡，汉朝发动三军保卫京师。那一年的四月乙巳日，水星、木星、火星三星汇聚于东井宿。星占家说：“国内外将爆发战争或丧乱，朝廷将改立王公。东井宿所对应的区域是秦地。”八月，天狗星所对应的区域是梁地，那一年在长安，谋反者周殷被斩首示众。文帝后元七年（前157）六月，文帝驾崩。那年的十一月戊戌日，土星、水星汇聚于危宿。星占家说：“土与水合是壅塞之兆，其所对应区域内的国家不可举事用兵，否则必受其害。还有一种说法是将会全军覆没。危宿，所对应的区域齐国。”同年七月，火星东行，运行到毕宿以南，并环行于毕宿的东北方，随后向西运行而云，逆行至昴宿，随即向南又向东运行。星占家说：“这是有丧乱和盗寇的征兆。毕宿、昴宿，所对应的区域是赵地。”

孝景帝元年（前156）正月癸酉日，金星、水星汇聚于婺女宿。星占家说：“这是谋乱、兵患的征兆。婺女宿所对应的区域是越地，同时也对应着齐地。”这年的七月乙丑日，金星、木星、水星汇聚于张宿。星占家说：“这是国内外将爆发战争和丧乱的征兆，是改立王公的征兆。张宿所对应的区域是周地，即现在的河南郡，同时又对应着楚地。”孝景帝二年（前155）七月丙子日，火星和水星在早晨出现于东方，而后停留在斗宿。星占家说：“它所对应的诸侯国将断绝祭祀。”到了同年十二月，水星、火星汇聚于斗宿。星占家说：“这是淬火，不可举事用兵，否则必受其害。”还有一种说法：“淬火预示着北

先至攻梁，胶西、胶东、淄川三国攻围齐。汉遣大将军周亚夫等戍止河南，以候吴楚之敝，遂败之。吴王亡走粤，粤攻而杀之。平阳侯败三国之师于齐，咸伏其辜，齐王自杀。汉兵以水攻赵城，城坏，王自杀。六月，立皇子二人，楚元王子一人为王，王胶西、中山、楚。徙济北为淄川王，淮阳为鲁王，汝南为江都王。七月，兵罢。天狗下，占为："破军杀将。狗又守御类也，天狗所降，以戒守御。"吴、楚攻梁，梁坚城守，遂伏尸流血其下。

三年，填星在娄，几入，还居奎，奎，鲁也。占曰："其国得地为得填。"是岁鲁为国。

四年七月癸未，火入东井，行阴，又以九月己未入舆鬼，戊寅出。占曰："为诛罚，又为火灾。"后二年，有栗氏事。其后未央东阙灾。

中元三年，填星当在觜觿、参，去居东井。占曰："亡地，不乃有女忧。"其三年正月丁亥，金、木合于觜觿，为白衣之会。三月丁酉，彗星夜见西北，色白，长丈，在觜觿，且去益小，十五日不见。占曰："必有破国乱君，伏死其辜。觜觿，梁也。"其五月甲午，金、木俱在东井。戊戌，金去木留，守之二十日。占曰："伤成于戉。木为诸侯，诛将行于诸侯也。"其六月壬戌，蓬星见西南，在房南，去房可二丈，大如二斗器，色白；癸亥，在心东北，可长丈所；甲子，在尾

方的军队，若举事用兵必大败。斗宿，所对应的区域为吴地，同时也对应着越地。”同年彗星出现于西南方。三月时，景帝分别册立六位皇子为淮阳王、汝南王、河间王、临江王、长沙王、广川王。景帝三年（前154），吴、楚、胶西、胶东、淄川、济南、赵七国叛乱。吴、楚之军率先抵到，攻打梁国，胶西、胶东、淄川三国围攻齐国。汉朝派遣大将军周亚夫等戍守河南，等待吴、楚叛军疲敝战败时，将他们一网打尽。吴王逃亡至越国，越军将他攻而杀之。在齐国，平阳侯曹奇打败了三个叛乱的诸侯国，三位诸侯都接受了应有的惩罚，齐王随后自杀。汉军用水攻的方法进攻赵国，城池破败，赵王自杀。同年六月，景帝册立两位皇子为王，封楚元王的一个儿子为王，并将胶西国、中山国、楚国作为他的封地。同时，景帝还将济北王改封为淄川王，淮阳王改封为鲁王，汝南王改封为江都王。七月，战争结束。天狗星下沉，星占家说：“这是全军覆没的征兆。天狗星象征着守御，天狗星下沉，是以此警示守御者。”吴国、楚国攻打梁国，梁国坚持守御，于是在天狗星所对应的区域内伏尸遍野，血流成河。

景帝三年（前154），土星运行至娄宿，出没了几次，返回停留于奎宿，奎宿所对应的区域是鲁国。星占家说：“这个国家将来必定会成为诸侯的封地。”那一年，被封为鲁国。

景帝四年（前153）七月癸未日，火星进入东井宿，运行于黄道之北，又在九月己未日进入舆鬼宿，戊寅日才离开该星区。星占家说：“这是诛罚的征兆，同时又是火灾的征兆。”两年后，景帝废栗氏之事发生。后来未央宫东门又失了火。

景帝中元三年（前147），土星本应该运行于觜觿宿、参宿之间，却偏离了轨道停留在东井宿。星占家说：“这是丧失国土或者是女主有忧患的征兆。”景帝中元三年（前147）正月丁亥日，金星、木星汇聚于觜觿宿，这是将有白衣丧事的征兆。三月丁酉日，彗星夜间出现于西北方，星光呈白色，长一丈，处于觜觿宿，离去时越来越小，十五日后消失不见。星占家说：“必定会有国家衰败或君王举丧的情况发生，犯罪者受到应有的惩罚。觜觿宿，对应的区域是梁地。”那一年五月甲午日，金星、木星汇聚于东井宿。到了戊戌日，金星离开，木星

北，可六丈；丁卯，在箕北，近汉，稍小，且去时，大如桃。壬申去，凡十日。占曰：“蓬星出，必有乱臣。房、心间，天子宫也。”是时，梁王欲为汉嗣，使人杀汉争臣袁盎。汉桉诛梁大臣，斧钺用。梁王恐惧，布车入关，伏斧戉谢罪，然后得免。

中三年十一月庚午夕，金、火合于虚，相去一寸。占曰：“为铄，为丧。虚，齐也。”

四年四月丙申，金、木合于东井。占曰：“为白衣之会。井，秦也。”其五年四月乙巳，水、火合于参。占曰：“国不吉。参，梁也。”其六年四月，梁孝王死。五月，城阳王、济阴王死。六月，成阳公主死。出入三月，天子四衣白，临邸第。

后元年五月壬午，火、金合于舆鬼之东北，不至柳，出舆鬼北可五寸。占曰：“为铄，有丧。舆鬼，秦也。”丙戌，地大动，铃铃然，民大疫死，棺贵，至秋止。

孝武建元三年三月，有星孛于注、张，历太微。干紫宫，至于天汉。《春秋》“星孛于北斗，齐、鲁、晋之君皆将死乱。”今星孛历五宿，其后济东、胶西、江都王皆坐法削黜自杀，淮阳、衡山谋反

停留，停留了二十日。星占家说："这种星象预示有人将被斧钺所伤。木星代表诸侯，伤者应该是位诸侯。"当年六月壬戌日，蓬星出现于西南方，位于房宿以南，距离房宿大约有二丈，犹如两个斗器的大小，呈白色；癸亥日，位于心宿的东北方，长约一丈多；甲子日，位于尾宿以北，长约六丈；丁卯日，位于箕宿以北，临近银河，稍小，将离去时，又变得犹如桃子一样大。壬申日离去，共停留了十日。星占家说："蓬星出现，则预示朝廷中必有乱臣出现。位于房宿、心宿之间，对应的是天子居住的宫殿。"当时，梁王想继承汉室的江山，派人刺杀汉朝的诤臣袁盎。朝廷根据当时的律法诛杀了梁国的大臣，所使用的工具就是斧钺。梁王惊恐万分，乘布车入关，背着斧钺向景帝伏法认罪，才得以赦免。

景帝中元三年（前147）十一月庚午日黄昏，金星、火星汇聚于虚宿，距离一寸远。星占家说："这是火烁金，预示着将有丧事发生。虚宿，所对应的区域是齐国。"

景帝中元四年（前146）四月丙申日，金星、木星汇聚于东井宿。星占家说："将会有白衣丧事发生。东井宿，对应的区域是秦国。"景帝中元五年（前145）四月乙巳日，水星、火星汇聚于参宿。星占家说："这预示着它所对应区域内的国家不吉。参宿，它所对应的区域是梁国。"景帝中元六年（前144）四月，梁孝王去世。五月，城阳王、济阴王相继去世。六月，成阳公主去世。三个月当中，天子共穿丧服四次，莅临诸侯王府吊唁。

景帝后元元年（前143）五月壬午日，火星、金星汇聚于舆鬼宿的东北方，还未到柳宿的位置，距离舆鬼宿以北大约五寸远。星占家说："这是火烁金，预示将有丧事发生。舆鬼宿，所对应的区域为秦国。"丙戌日，发生了大地震，伴随着铃铃的声响，民间爆发了众大疾疫导致大量百姓死亡，棺椁价格昂贵，直到秋天，这场疾疫才得到有效控制。

孝武帝建元三年（前138）三月，有彗星出现于注宿、张宿之间，并经行太微星垣。冲犯紫宫星区，抵达银河。《春秋》上说："彗星出现于北斗，则预示齐、鲁、晋三国的君王都将死于祸乱"。如今彗星

而诛。

三年四月，有星孛于天纪，至织女。占曰："织女有女变，天纪为地震。"至四年十月而地动，其后陈皇后废。

六年，荧惑守舆鬼。占曰："为火变，有丧。"是岁高园有火灾，窦太后崩。

元光元年六月，客星见于房。占曰："为兵起。"其二年十一月，单于将十万骑入武州，汉遣兵三十余万以待之。

元光中，天星尽摇，上以问候星者。对曰："星摇者，民劳也。"后伐四夷，百姓劳于兵革。

元鼎五年，太白入于天苑。占曰："将以马起兵也。"一曰："马将以军而死耗。"其后以天马故诛大宛，马大死于军。

元鼎中，荧惑守南斗。占曰："荧惑所守，为乱贼丧兵；守之久，其国绝祀。南斗，越分也。"其后越相吕嘉杀其王及太后，汉兵诛之，灭其国。

元封中，星孛于河戍，占曰："南戍为越门，北戍为胡门。"其后汉兵击拔朝鲜，以为乐浪、玄菟郡。朝鲜在海中，越之象也；居北方，胡之域也。

太初中，星孛于招摇。《星传》曰："客星守招摇，蛮夷有乱，民死君。"其后汉兵击大宛，斩其王。招摇，远夷之分也。

经过五宿，此后济东王、胶西王、江都王都因犯法被削夺了王位而自杀，其中淮阳王、衡山王因谋反被诛杀。

武帝建元三年（前138）四月，有彗星出现于天纪星，后运行至织女星。星占家说："织女星昭示女主有变，天纪星预示将有地震发生。"到了建元四年（前137）十月，果然发生了地震，后来陈皇后被废。

武帝建元六年（前135），火星停留在舆鬼宿。星占家说："这是火变，预示将有丧事发生。"那一年，汉高祖的陵寝发生了火灾，窦太后驾崩。

武帝元光元年（前134）六月，有客星出现于房宿。星占家说："这预示将有战争爆发。"武帝元光二年（前133）十一月，单于率领十万铁骑进犯武州县，汉朝派军三十余万迎战敌军。

武帝元光年间，天上的星全都闪烁不定，武帝询问星占家。星占家答："星光闪烁不定的天象，预示着百姓徭役繁重。"随后，武帝征讨四夷，百姓陷于战争带来的无休止的徭役之中。

武帝元鼎五年（前112），金星进入天苑星区。星占家说："将由马匹引发战争。"还有一种说法："马匹将使汉军伤亡惨重。"之后便有了为夺取天马，汉军大举进攻大宛的战争，大部分汉军死于这场争夺战。

武帝元鼎年间，火星停留在南斗宿。星占家说："火星停留预示着将有乱贼出现，使军队遭受损失；停留的时间长，它所对应区域内的国家将断绝祭祀。南斗所对应的区域是越国。"后来越国丞相吕嘉杀害了南越国王及太后，汉出兵讨伐，灭了越国。

武帝元封年间，彗星出现于南、北河戍星区。星占家说："南河对应的是越国的门户，北河对应的是胡人的门户。"后来汉军攻占了朝鲜，在朝鲜设立乐浪郡、玄菟郡。朝鲜位于海中，越国的门户象征朝鲜；停留在北方，对应的是胡人的区域。

太初年间，彗星出现于招摇星附近。《星传》上说："客星停留在招摇星，预示南方蛮夷部落将发生动乱，百姓将失去国君。"后来汉朝发兵进攻大宛，斩首了大宛王。招摇星所对应的区域是偏远的蛮

孝昭始元中，汉宦者梁成恢及燕王候星者吴莫如见蓬星出西方天市东门，行过河鼓，入营室中。恢曰：“蓬星出六十日，不出三年，下有乱臣戮死于市。”后太白出西方，下行一舍，复上行二舍而下去。太白主兵，上复下，将有戮死者。后太白出东方，入咸池，东下入东井。人臣不忠，有谋上者。后太白入太微西藩第一星，北出东藩第一星，北东下去。太微者，天廷也，太白行其中，宫门当闭，大将被甲兵，邪臣伏诛。荧惑在娄，逆行至奎，法曰：“当有兵”。后太白入昴。莫如曰：“蓬星出西方，当有大臣戮死者。太白星入东井、太微廷，出东门，汉有死将。”后荧惑出东方，守太白。兵当起，主人不胜。后流星下燕万载宫极，东去，法曰“国恐，有诛”。其后左将军桀、票骑将军安与长公主、燕剌王谋作乱，咸伏其辜。兵诛乌桓。

元凤四年九月，客星在紫宫中斗枢极间。占曰：“为兵。”其五年六月，发三辅郡国少年诣北军。五年四月，烛星见奎、娄间。占曰：“有土功，胡人死，边城和”。其六年正月，筑辽东、玄菟城。二月，度辽将军范明友击乌桓还。

元平元年正月庚子，日出时有黑云，状如猋风乱鬊，转出西北，东南行，转而西，有顷亡。占曰：“有云如众风，是谓风师，法有大兵”。其后兵起乌孙，五将征匈奴。

夷少数民族地区。

孝昭帝始元年间，汉朝宦官梁成恢和燕王的星占家吴莫如，观测到彗星出现于西方天市东门，划过河鼓星区，进入营室宿。梁成恢说：“彗星出现六十天，不出三年，其所对应区域内的国家将有乱臣贼子被斩首示众。”后来金星出现西方，向下运行一舍，又向上运行二舍后，下行离去。金星主军队，上下往复，预示有人将被戮杀。之后金星出现在东方，进入咸池星，向东进入东井宿，预示着大臣不忠，有谋上忤逆之人。再后来金星进入太微星座西边第一星区，向北运行出东边第一星的位置，朝着东北方向运行而去。太微星座象征着天廷，金星运行其中，则预示着宫门应该紧闭，大将身穿铠甲率领兵卒，奸邪的恶臣将被处死。火星处于娄宿，由东向西逆行至奎宿，星占家说：“必将爆发战争”。后来金星进入昴宿。吴莫如说：“蓬星出现于西方，则预示着必定有大臣被戮杀。金星进入东井宿、太微廷，运行出东门，则预示着汉军会有大将军身亡。”后来火星出现在东方，与金星相守，这预示着必有战争爆发，且主战方无法取胜。后有流星陨落，从燕国万载宫的屋顶上划过，向东而去，星占家说：“国家有难，有人被诛杀”。之后左将军上官桀、骠骑将军上官安与长公主、燕刺王刘旦谋乱，最终都得到了应有的惩罚。有军队讨伐乌桓。

昭帝元凤四年（前77）九月，有客星在紫宫天枢星与北斗星之间出现。星占家说：“这是战争的征兆。”昭帝元凤五年（前76）六月，朝廷征调三辅郡、诸侯国少年到北军服役。昭帝元凤五年四月，烛星曾出现在奎宿、娄宿之间。星占家说：“这预示着将大兴土木，将会有胡人死亡，边城和平”。昭帝六年（前75）正月，开始修筑辽东郡、玄菟郡城墙。二月，度辽将军范明友征讨乌桓国，凯旋而归。

昭帝元平元年（前74）正月庚子日，日出时有黑云缭绕，形状犹如狂风吹乱的头发，黑云向西北方向运转，又朝东南方向行进，而后又转向西方，过了一会儿便消失不见了。星占家说：“云气形状犹如大风吹散的头发，被称为风师，据占星法记载，这种天象预示着必有大规模战争爆发。”后来战争在乌孙国爆发，汉军五位将军共同征讨匈奴。

二月甲申，晨有大星如月，有众星随而西行。乙酉，牂云如狗，赤色，长尾三枚，夹汉西行。大星如月，大臣之象，众星随之，众皆随从也。天文以东行为顺，西行为逆，此大臣欲行权以安社稷。占曰："太白散为天狗，为卒起。卒起见，祸无时，臣运柄。牂云为乱君。"到其四月，昌邑王贺行淫辟，立二十七日，大将军霍光白皇太后废贺。

三月丙戌，流星出翼、轸东北，干太微，入紫宫。始出小，且入大，有光。入有顷，声如雷，三鸣止。占曰："流星入紫宫，天下大凶。"其四月癸未，宫车晏驾。

孝宣本始元年四月壬戌甲夜，辰星与参出西方。其二年七月辛亥夕，辰星与翼出，皆为蚤。占曰："大臣诛。"其后荧惑守房之钩钤。钩钤，天子之御也。占曰："不太仆，则奉车，不黜即死也。房、心，天子宫也。房为将相，心为子属也。其地宋，今楚彭城也。"四年七月甲辰，辰星在翼，月犯之。占曰："兵起，上卿死将相也。"是日，荧惑入舆鬼天质。占曰："大臣有诛者，名曰天贼在大人之侧。"

地节元年正月戊午乙夜，月食荧惑，荧惑在角、亢。占曰："忧在宫中，非贼而盗也。有内乱，谗臣在旁。"其辛酉，荧惑入氐中。氐，天子之宫，荧惑入之，有贼臣。其六月戊戌申夜，客星又居左右角间，东南指，长可二尺，色白。占曰："有奸人在宫廷间。"其

昭帝元平元年二月甲申日，清晨出现了一颗犹如月亮般明亮的大星，还有众星随行于它，向西运行。乙酉日，出现赤色牂云，形状像狗，红色，有三条长尾，从两面沿着银河向西运行。大星如月，这是大臣的象征，众星随行大星则预示着众人都跟随他。天文历法中规定自西向东运行为顺行，自东向西运行为逆行，这种天象是大臣想要行使权力使国家安定。星占家说："金星涣散犹如天狗星、卒起星。卒起星出现，则预示着国家将随时存在祸患，大臣玩弄权柄。牂云为乱君的征兆。"到了同年四月，昌邑王刘贺行为淫乱，即位二十七天后，大将军霍光向皇太后禀告实情，而后废黜了刘贺。

昭帝元平元年三月丙戌日，有流星出现于翼宿、轸宿东北方，冲犯太微星座，进入紫宫星区。显现时形状很小，隐伏时却变大，有光。短暂进入，伴随着如雷般的响声，响了三次才停止。星占家说："流星进入紫宫星区，则预示着天下大凶。"同年四月癸未日，昭帝驾崩。

孝宣帝本始元年（前73）四月壬戌日初更时分，水星出现于参宿以西。本始二年（前72）七月辛亥日傍晚，水星出现于翼宿以西，两次出现的时间都比历法推算的时间提前了。星占家说："这预示着有大臣将被诛杀。"后来火星停留在房宿的钩钤星星区。钩钤星象征着天帝的车驾。星占家说："不是太仆就是奉车都尉，不是被废黜，就是被处死。房宿、心宿代表的是天子的宫廷范围。房宿象征将相，心宿象征儿子。其所对应的区域是宋国，是如今楚国的彭城。"孝宣帝本始四年（前70）七月甲辰，水星出现于翼宿，受到月亮的冲犯。星占家说："这将预示着必有战争爆发，还预示着将有上卿或将相死。"当日，火星进入舆鬼宿天质星星区。星占家说："这预示着将有大臣被诛杀，他是帝王身边的奸臣贼子。"

宣帝地节元年（前69）正月戊午日二更时分，月亮遮掩住火星，火星位于角宿、亢宿之。星占家说："这预示着宫中将有忧患发生，非贼即盗。国内有内乱，帝王身边有谗谀的奸臣。"辛酉日，火星运行进入氐宿中部。氐宿，是天子居住的宫殿，火星进入其中，则预示着有贼臣。同年六月戊戌日初更时分，有彗星位于左右角星之间，彗尾指向

丙寅，又有客星见贯索东北，南行，至七月癸酉夜入天市，芒炎东南指，其色白。占曰："有戮卿。"一曰："有戮王。期皆一年，远二年。"是时，楚王延寿谋逆自杀。四年，故大将军霍光夫人显、将军霍禹、范明友、奉车霍山及诸昆弟宾婚为侍中、诸曹、九卿、郡守皆谋反，咸伏其辜。

黄龙元年三月，客星居王梁东北可九尺，长丈余，西指，出阁道间，至紫宫。其十二月，宫车晏驾。

元帝初元元年四月，客星大如瓜，色青白，在南斗第二星东可四尺。占曰："为水饥。"其五月，勃海水大溢。六月，关东大饥，民多饿死，琅邪郡人相食。

二年五月，客星见昴分，居卷舌东可五尺，青白色，炎长三寸。占曰："天下有妄言者。"其十二月，钜鹿都尉谢君男诈为神人，论死，父免官。

五年四月，彗星出西北，赤黄色，长八尺所，后数日长丈余，东北指，在参分。后二岁余，西羌反。

孝成建始元年九月戊子，有流星出文昌，色白，光烛地，长可四丈，大一围，动摇如龙蛇形。有顷，长可五六丈，大四围所，诎折委曲，贯紫宫西，在斗西北子亥间。后诎如环，北方不合，留一刻所。占曰："文昌为上将贵相。"是时，帝舅王凤为大将军，其后宣帝舅子王商为丞相，皆贵重任政。凤妒商，谮而罢之。商自杀，亲属皆废黜。

东南，长约二尺，呈白色。星占家说：“这预示着有奸臣在宫廷之中。”到了丙寅日，又有彗星出现在贯索星东北，向南运行，到七月癸酉夜进入天市，星光很亮，彗尾指向东南，呈白色。星占家说：“这预示着将有卿士被杀戮。”还有一种说法是：“也是戮杀帝王的征兆。期限都是一年，最长不会超过两年。”当时，楚王延寿因谋反自杀。宣帝地节四年（前66），原大将军霍光的夫人显、将军霍禹、范明友、奉车都尉霍山以及妻弟中担任侍中、诸曹、九卿、郡守之职的人一起谋反，最后都受到应有的惩罚。

宣帝黄龙元年（前49）三月，有彗星停留在王梁星东北方约九尺的地方，长一丈多，彗尾指向西，划过阁道星区，运行到紫宫星区。那一年的十二月，皇帝驾崩。

元帝初元元年（前48）四月，有客星出现，形状大如瓜，呈白色，出现于南斗第二星以东约四尺的地方。星占家说：“这预示着有水患，百姓遭遇饥荒。”五月，渤海海水暴涨。六月，关东出现大规模饥荒，百姓大多饿死，琅琊郡出现了人吃人的情况。

元帝初元二年（前47）五月，有彗星出现在昴宿，停留在卷舌星以东约五尺远的地方，呈青白色，光焰长约三寸。星占家说：“这预示着天下有妄言之人。”同年十二月，钜鹿都尉谢君之子，谎称自己是神人，最终被判处死刑，其父官职被免。

元帝初元五年（前44）四月，有彗星出现于西北方，呈赤黄色，大约八尺长，之后的几天内又长到一丈多长，彗尾指向东北，位于参宿。两年之后，西羌谋反叛乱。

孝成帝建始元年（前32）九月戊子日，有流星出现于文昌星区，呈白色，星光照耀大地，流星约四丈长，约有一围之粗，运行的轨迹犹如龙蛇之形，摇摆不定。片刻，变得约五六丈长，大约四围之粗，蜿蜒曲折，横贯紫宫星区以西，位于北斗西北方的子位、亥位之间。之后弯曲如环，北方不闭合，停留大约一刻钟的时间。星占家说：“文昌星代表上将、朝中权贵以及大臣。”当时，成帝的舅舅王凤作为大将军，后来宣帝的外甥王商任丞相，都是贵胄从政。王凤嫉妒王商，于是向成帝进谗言弹劾他，导致王商被罢黜官职。王商自杀，他的亲属

四年七月，荧惑隃岁星，居其东北半寸所如连李。时岁星在关星西四尺所，荧惑初从毕口大星东东北往，数日至，往疾去迟。占曰：“荧惑与岁星斗，有病君饥岁。”至河平元年三月，旱，伤麦，民食榆皮。二年十二月壬申，太皇太后避时昆明东观。

十一月乙卯，月食填星，星不见，时在舆鬼西北八九尺所。占曰：“月食填星，流民千里。”河平元年三月，流民入函谷关。

河平二年十月下旬，填星在东井轩辕南耑大星尺余，岁星在其西北尺所，荧惑在其西北二尺所，皆从西方来。填星贯舆鬼，先到岁星次，荧惑亦贯舆鬼。十一月上旬，岁星、荧惑西去填星，皆西北逆行。占曰：“三星若合，是谓惊位，是谓绝行，外内有兵与丧，改立王公。”其十一月丁巳，夜郎王歆大逆不道，牂柯太守立捕杀歆。三年九月甲戌，东郡庄平男子侯母辟兄弟五人群党为盗，攻燔官寺，缚县长吏，盗取印绶，自称将军。三月辛卯，左将军千秋卒，右将军史丹为左将军。四年四月戊申，梁王贺薨。

阳朔元年七月壬子，月犯心星。占曰：“其国有忧，若有大丧。房、心为宋，今楚地。”十一月辛未，楚王友薨。

四年闰月庚午，飞星大如缶，出西南，入斗下。占曰：“汉使匈奴。”明年，鸿嘉元年正月，匈奴单于雕陶莫皋死。五月甲午，遣中

受到牵连，都被废黜。

成帝建始四年（前29）七月，火星越过木星，停留在木星东北方向约半寸远的地方，二星犹如并蒂连理。当时木星位于天关星以西大约四尺远的地方，火星最初是在毕宿的出口处出现，位于大星以东并向东北方运行，几天后停留下来，它的运行来时迅疾，去时迟缓。星占家说：“火星与木星的星光相冲犯，预示着国君有病，年景饥荒。”到了成帝河平元年（前28）三月，果然出现旱灾，麦子的收成受到影响，百姓只能吃榆树皮充饥。成帝河平二年（前27）十二月壬申日，太皇太后为了躲避火星的时令忌讳，而居住在昆明湖东观。

成帝建始四年（前29）十一月乙卯日，月亮遮掩土星，土星消失不见，当时土星位于舆鬼宿西北方约八九尺远的地方。星占家说：“月亮遮掩土星，预示着百姓流离失所，跋涉千里。”河平元年（前28）三月，流亡的百姓进入函谷关。

成帝河平二年（前27）十月下旬，土星出现于东井宿轩辕星以南，距离大星一尺多远，木星出现于它的西北方一尺多远的地方，火星出现于它的西北方二尺多远的地方，都来自于西方。土星横贯舆鬼宿，最先出现，紧接着是木星，火星也是横贯舆鬼宿。十一月上旬，木星、火星向西运行离开土星，都是朝着西北方逆行。星占家说：“三星若汇聚在一起，则称为惊位，意思是绝行，预示着国内国外都有战争爆发、丧事以及改立王公。”同年十一月丁巳日，夜郎王歆大逆不道，牂柯郡太守陈立将王歆羁押斩杀。河平三年（前26）九月甲戌日，东郡庄平男子侯母辟兄弟五人，结党做了强盗，他们攻打焚烧政府官衙，捆缚县长，盗取印绶，自称将军。三月辛卯日，左将军任千秋去世，右将军史丹担任左将军。河平四年（前25）四月戊申日，梁王刘贺驾崩。

成帝阳朔元年（前24）七月壬子日，月亮冲犯心宿。星占家说：“它所对应区域将会有忧患，或是大丧事。房宿、心宿所对应的是宋国，如今是楚地。”那一年的十一月辛未日，楚王刘友驾崩。

成帝阳朔四年（前21）闰月庚午，一颗巨大如缶的流星出现于西南方，进入北斗星区下。星占家说：“汉朝将派使臣出使匈奴。”第二

郎将杨兴使吊。

永始二年二月癸未夜，东方有赤色，大三四围，长二三丈，索索如树，南方有大四五围，下行十余丈，皆不至地灭。占曰：“东方客之变气，状如树木，以此知四方欲动者。”明年十二月己卯，尉氏男子樊並等谋反，贼杀陈留太守严普及吏民，出囚徒，取库兵，劫略令丞，自称将军，皆诛死。庚子，山阳铁官亡徒苏令等杀伤吏民，篡出囚徒，取库兵，聚党数百人为大贼，逾年经历郡国四十余。一日有两气同时起，并见，而並、令等同月俱发也。

元延元年四月丁酉日餔时，天曜晏，殷殷如雷声，有流星头大如缶，长十余丈，皎然赤白色，从日下东南去。四面或大如盂，或如鸡子，耀耀如雨下，至昏止。郡国皆言星陨。《春秋》星陨如雨为王者失势诸侯起伯之异也。其后王莽遂颛国柄。王氏之兴萌于成帝时，是以有星陨之变。后莽遂篡国。

绥和元年正月辛未，有流星从东南入北斗，长数十丈，二刻所息。占曰：“大臣有系者。”其年十一月庚子，定陵侯淳于长坐执左道下狱死。

二年春，荧惑守心。二月乙丑，丞相翟方进欲塞灾异，自杀。三月丙戌，宫车晏驾。

年，成帝鸿嘉元年（前20）正月，匈奴单于雕陶莫皋去世。五月甲午日，朝廷派中郎将杨兴前往匈奴吊唁。

成帝永始二年（前15）二月癸未夜，东方天际出现赤色的光，粗约三四围，长二三丈，像树木一样瑟瑟抖动，伴有细微的声响，南方天际也出现了赤色的光，粗约四五围，下行十余丈，还没到达地面就消失不见了。星占家说："东方萦绕着变色的云气，形状犹如树木，以此可知四方势力正蠢蠢欲动。"第二年十二月己卯日，尉氏男子樊並等人谋反，残害了陈留郡太守严普以及众多官吏和当地百姓，他还释放了狱中的囚徒，抢掠了府库中的兵器，胁迫县令、县丞，自称将军，后来这股势力遭到镇压后，谋反之人被全部处死。庚子日，山阳县铁官手下，有个叫苏令的工匠带着一些人逃跑了，他们杀害当地官吏和百姓，释放狱中囚徒，抢夺府库兵器，聚集党羽数百人做了大强盗；两年间先后在四十多个郡县、诸侯国流窜。对应天象，一天之中，两个不同方位同时出现妖异的云气，而樊並、苏令等人便在同一个月内先后叛乱。

成帝元延元年（前12）四月丁酉日申时，天空晴朗无云，突然天空中发出如雷般的殷殷声，同时出现了一颗头大如缶的流星，长十余丈，通体明亮，呈赤白色，经过太阳下方划向东南方向。四周散布着或巨大如盆，或小如蛋卵的细碎流星，闪烁着犹如下雨一般落下，这种现象直到黄昏才结束。各郡县、诸侯国都上报朝廷说发现了许多陨石。《春秋》上说，流星雨预示着君王失势，诸侯欲争霸业。后来，王莽果然专权国政了。王氏家族的兴起，就是始于成帝执政期间，因此才会出现流星雨的异变征兆。最终王莽篡国称帝。

成帝绥和元年（前8）正月辛未日，有流星从东南方划入北斗星星区，长数十丈，大约经历了半小时之后方才平息。星占家说："这预示着大臣将有被囚禁的。"那一年十一月庚子日，定陵侯淳于长因信奉旁门左道的奸邪方术被捕入狱，后被处死。

成帝绥和二年（前7）春季，火星停留在心宿。二月乙丑日，成帝听信谗言，认为天象多变需大臣替身消灾，并斥责丞相翟方进为相九年，未能顺天应人，致使阳阳失调，于是丞相翟方进只得自杀，以谢

哀帝建平元年正月丁未日出时，有著天白气，广如一匹布，长十余丈，西南行，讙如雷，西南行一刻而止，名曰天狗。传曰："言之不从，则有犬祸诗妖。"到其四年正月、二月、三月，民相惊动，讙哗奔走，传行诏筹祠西王母，又曰"从目人当来。"十二月，白气出西南，从地上至天，出参下，贯天厕，广如一匹布，长十余丈，十余日去。占曰："天子有阴病。"其三年十一月壬子，太皇太后诏曰："皇帝宽仁孝顺，奉承圣绪，靡有解怠，而久病未瘳。夙夜惟思，殆继体之君不宜改作。《春秋》大复古，其复甘泉泰畤、汾阴后土如故。"

二年二月，彗星出牵牛七十余日。传曰："彗所以除旧布新也。牵牛，日、月、五星所从起，历数之元，三正之始。彗而出之，改更之象也。其出久者，为其事大也。"其六月甲子，夏贺良等建言当改元易号，增漏刻。诏书改建平二年为太初元年，号曰陈圣刘太平皇帝，刻漏以百二十为度。八月丁巳，悉复蠲除之，贺良及党与皆伏诛流放。其后卒有王莽篡国之祸。

元寿元年十一月，岁星入太微，逆行干右执法。占曰："大臣有忧，执法者诛，若有罪。"二年十月戊寅，高安侯董贤免大司马位，归第自杀。

天下。三月丙戌日，成帝驾崩。

哀帝建平元年（前6）正月丁未日，日出时，天空笼罩着一层白气，宽阔得犹如一匹白布，长十余丈，西南走向，同时伴有如雷般的嘈杂声，白气向西南方运行了大约一刻钟后消失，名为天狗。相传："忠言不被采纳，便会有天狗出现，预示妖言惑众。"到了哀帝建平四年（前3）正月、二月、三月，百姓骚动不已，纷纷奔走相告，传言天降诏书，筹划祭祀西王母，又说"会有一个眼睛竖着长的人出现"。十二月，白气出现于西南方，从地面一直上升到空中，停留在参宿下方，横贯天厕星区，宽阔得犹如一匹白布，长十余丈，十多天后才散去。星占家说："天子将有阴病。"建平三年十一月壬子日，太皇太后诏告天下："皇帝宽仁孝顺，承奉帝祠，少有懈怠，而久病未愈。日思夜想，大概是继承帝位的君王不宜改制。《春秋》有载，应注重古制，恢复甘泉宫的天帝祭坛和汾阴县的后土祠庙，并按照惯例祭祀。"

哀帝建平二年（前5）二月，有彗星出现于牵牛宿长达七十多天。相传："彗星出现预示着除旧布新。牵牛宿，是日、月以及金、木、水、火、土五星运行的起始点，也是计算律历纪元的开端，是天正、地正、人正三正岁首的开始。有彗星出现在牵牛宿，这是除旧布新的征兆。彗星出现的时间长，则预示将发生的事件较大。"那一年六月甲子日，夏贺良等人谏言应当更改纪元年号，增加漏刻。于是哀帝下诏，改建平二年为太初元年，号称"陈圣刘太平皇帝"，增加刻漏每日以一百二十刻为准。八月丁巳日，又全盘推翻，夏贺良及其党羽都被判有罪，或处死或流放。再后来便出现了王莽篡国之祸。

哀帝元寿元年（前2）十一月，木星进入太微星座，逆行冲犯了右执法星。星占家说："此天象预示着大臣将有忧患，执法官将有杀身之祸，或有罪罚。"元寿二年十月戊寅日，高安侯董贤被罢免大司马一职，回到家中后自杀身亡。

卷二十七上

五行志第七上

《易》曰："天垂象，见吉凶，圣人象之；河出图，雒出书，圣人则之。"刘歆以为虙羲氏继天而王，受《河图》，则而画之，八卦是也；禹治洪水，赐《雒书》，法而陈之，《洪范》是也。圣人行其道而宝其真。降及于殷，箕子在父师位而典之。周既克殷，以箕子归，武王亲虚己而问焉。故经曰："惟十有三祀，王访于箕子，王乃言曰：'乌呼，箕子！惟天阴骘下民，相协厥居，我不知其彝伦逌叙'。箕子乃言曰：'我闻在昔，鲧陻洪水，汩陈其五行，帝乃震怒，弗畀《洪范》九畴，彝伦逌斁。鲧则殛死，禹乃嗣兴，天乃锡禹《洪范》九畴，彝伦逌叙。'"此武王问《雒书》于箕子，箕子对禹得《雒书》之意也。

"初一曰五行；次二曰羞用五事；次三曰农用八政；次四曰叶用五纪；次五曰建用皇极；次六曰艾用三德，次七曰明用稽疑；次八曰念用庶征；次九曰向用五福，畏用六极。"凡此六十五字，皆《雒书》本文，所谓天乃锡禹大法九章常事所次者也。以为《河图》《雒书》相为经纬，八卦、九章相为表里。昔殷道弛，文王演《周易》；周道敝，孔子述《春秋》。则《乾》《坤》之阴阳，效《洪范》之咎征，天人之道粲然著矣。

《易经》上说：“上天要昭示人间的祸福迹象，显现吉凶，圣人便会进行观察；黄河出图，洛水出书，圣人便加以效法，绘制出八卦。”刘歆经过研究认为伏羲氏领受天命而称王天下，上天便授予他《河图》，他效仿着将它们绘制出来，形成了八卦；大禹治水，上天便赐予他《洛书》，他效仿着将它们陈述出来，形成了《洪范》。圣贤之人遵循他们的思想并将其视为珍宝，用来治理国家。到了殷商时期，箕子担任太师一职，谨遵先贤的思想，制定出礼仪制度。后来周朝战胜了殷商，因为箕子的归顺，武王亲自谦逊地向他请教。因此经史典籍上说：“武王十三年，亲自拜访箕子，武王对箕子说：‘啊，箕子！上天降赐福祉给天下的百姓，为了使他们能够安居乐业，但其中仍有一些天地人的伦常道理我不是很明白’。于是箕子说道：‘据说，在上古时代，鲧用堵塞的方法治理洪水，违背了五行的规律，导致上天震怒，没有将《洪范》九章传授给他，天地人的伦常道理被败坏了。鲧最终因治水失败而被处死，后来禹继承父业，他采用疏导的方法治理洪水，于是上天便赐予他《洪范》九章，天地人的伦常道理就此有了秩序。’”这就是武王向箕子请教《洛书》的故事，箕子在与武王的问答中，提及大禹如何得到《洛书》，以及《洛书》与《洪范》九章之间的联系。

《尚书·洪范》上说：“最先记载的是五行，即金、木、水、火、土；其次记载了慎行五事，即貌、言、视、听、思；第三记载了农用八政，即粮食、财货、祭祀、司空、司徒、司寇、礼宾、军队；第四记载了协调五纪，即岁、月、日、星辰、历数，以此来观测天象；第五记载的是建用皇极；第六记载了修养三德，即正直、刚克、柔克；第七记载了吉凶占测；第八为关心庶民百姓；第九是珍惜五福，敬畏六极，即夭折、疾病、忧患、贫困、凶恶、孱弱。”原文关于这九点，共六十五个

汉兴，承秦灭学之后，景、武之世，董仲舒治《公羊春秋》，始推阴阳，为儒者宗。宣、元之后，刘向治《穀梁春秋》，数其祸福，传以《洪范》，与仲舒错。至向子歆治《左氏传》，其《春秋》意亦已乖矣；言《五行传》，又颇不同。是以揽仲舒，别向、歆，传载眭孟、夏侯胜、京房、谷永、李寻之徒所陈行事，讫于王莽，举十二世，以傅《春秋》，著于篇。

经曰："初一曰五行。五行：一曰水，二曰火，三曰木，四曰金，五曰土。水曰润下，火曰炎上，木曰曲直，金曰从革，土爰稼穑。"

传曰："田猎不宿，饮食不享，出入不节，夺民农时，及有奸谋，则木不曲直。"

说曰：木，东方也。于《易》，地上之木为《观》。其于王事，威仪容貌亦可观者也。故行步有佩玉之度，登车有和鸾之节，田狩有三驱之制，饮食有享献之礼，出入有名，使民以时，务在劝农桑，谋在安百姓：如此，则木得其性矣。若乃田猎驰骋不反宫室，饮食沈

字，都来源于《洛书》中的原文，这是上天赐予大禹的《洪范》九章大法，也是天地人伦常道理的秩序精髓所在。世人认为《河图》《洛书》互为经纬，八卦、九章互为表里。从前殷商时期道义废弛，文王通过推演《周易》，得出《周易》六十四卦和三百八十四爻；周朝衰败后，孔子撰写《春秋》。解释了《易经》中关于《乾》《坤》以及阴阳的作用法则，并效法《尚书·洪范》九章的主张，梳理祸福的征兆及关联，使天地人的运行规律变得明晰。

汉朝兴起后，沿袭了秦朝灭绝后的学术理论，在汉景帝、汉武帝执政期间，董仲舒研究《公羊春秋》，着手推演阴阳之间的运化规律，成为儒家学派的一代宗师。到了汉宣帝、汉元帝两朝之后，刘向研究《榖梁春秋》，梳理春秋时期的祸福灾害，并结合《洪范五行传》中的观点进行深入研究，他发现自己的有些观点与董仲舒的解释存在差异。到了刘向之子刘歆研究《左传》时，他发现很多论断与《春秋》中论述的观点相悖逆；再对比《五行传》，发现了更多不同之处。总结董仲舒的说法，对比刘向、刘歆父子的不同观点，再结合眭孟、夏侯胜、京房、谷永、李寻等人所陈述的关于五行的说法，截至王莽篡汉时，前后共经历了十二代帝王，参照《春秋》著述的方法，撰写本篇《五行志》。

据经史记载："第一是五行。五行：一为水，二为火，三为木，四为金，五为土。水的天然属性是向下滋润，火的天然属性是向上燃烧，木的天然属性是可弯可直，金的天然属性是通过熔炼具有可塑性，土的天然属性是可以实现耕种、收获。"

《五行传》上说："狩猎不遵循时节，饮食不遵从享献之礼，征伐没有节制，抢占农时，以及心存奸邪阴谋，这样一来，木便丧失了可弯可直的属性。"

据说：木，代表东方。《易经》中有载，地上之木与《观》卦相对应。对于君王执政而言，它要求君王仪容威严，举止得体。因此走路时，要有佩戴玉佩的规矩，乘车时，车马上要有悬挂銮铃的礼节，外出狩猎，要遵守一年只狩猎三次的制度，饮食上要有敬享、呈献的礼节，征伐要有正当的理由，不可在耕种的时节役使百姓，不能抢占

湎不顾法度，妄兴繇役以夺民时，作为奸诈以伤民财，则木失其性矣。盖工匠之为轮矢者多伤败，及木为变怪，是为木不曲直。

《春秋》成公十六年“正月，雨，木冰”。刘歆以为上阳施不下通，下阴施不上达，故雨，而木为之冰，雰气寒，木不曲直也。刘向以为冰者阴之盛而水滞者也，木者少阳，贵臣卿大夫之象也。此人将有害，则阴气胁木，木先寒，故得雨而冰也。是时叔孙乔如出奔，公子偃诛死。一曰，时晋执季孙行父，又执公，此执辱之异。或曰，今之长老名木冰为“木介”。介者，甲。甲，兵象也。是岁晋有鄢陵之战，楚王伤目而败。属常雨也。

《传》曰：“弃法律，逐功臣，杀太子，以妾为妻，则火不炎上。”

说曰：火，南方，扬光辉为明者也。其于王者，南面乡明而治。《书》云：“知人则悊，能官人。”故尧舜举群贤而命之朝，远四佞而放诸壄。孔子曰：“浸润之谮、肤受之诉不行焉，可谓明矣。”贤佞分别，官人有序，帅由旧章，敬重功勋，殊别適庶，如此则火得其性矣。若乃信道不笃，或耀虚伪，谗夫昌，邪胜正，则火失其性矣。自上而降，及滥炎妄起。灾宗庙，烧宫馆，虽兴师众，弗能救也，是为火不炎上。

农时，大力发展农桑产业，致力于使百姓安居乐业。只有这样，木便可以具有天然属性。若外出狩猎尽兴驰骋，毫无节制，流连忘返，饮食方面一味沉湎于美味佳肴而不顾法度，随意役使百姓而抢占了耕作的时令，行为奸诈，使百姓的财产受到损害，则木便会丧失它的天然属性。于是工匠在制作车轮和箭矢时，无法矫正木的曲直，这就是木头发生变异，丧失了可弯可直的天然属性的表现。

《春秋》有载，鲁成公十六年（前575）“正月，雨，木冰”。刘歆认为这是上层的阳气无法下通，下层的阴气无法上达所致，因此才会形成雨，然而树木上结满冰霜，这是由于雾气寒冷所致，使树木不能保持可弯可直的天然属性。刘向认为冰是由于阴气过盛，寒冷的雾气遇冷凝结而形成冰。木属少阳，是贵族、大臣、公卿大夫的象征。如果此类人将罹患灾祸，则阴气就会胁迫树木，树木率先受到寒气侵袭，因此降雨时便会形成冰。在当时，叔孙乔如出奔齐国，公子偃被诛杀。还有一种说法是，那一年晋国扣留了季孙行父，又扣留了鲁成公，这是因受到执擒之辱而产生的怪异现象。也有人说，如今一些年长者仍然把树木上凝结的冰霜称为“木介”。介，就是铠甲的意思。铠甲，乃是战争的象征。那一年晋国爆发了鄢陵之战，楚王在战争中被射伤了眼睛而惨遭失败。尽管只是寻常的降雨。

《洪范五行传》上说：“废弃法律，驱逐功臣，诛杀太子，将妾视为妻子，火就无法向上燃烧。”

据说：火，代表南方，是散发光辉的光明之物。对于君王而言，即为坐北朝南，迎向光明的统治之道。《尚书·皋陶谟》上说：“了解他人，自己便拥有智慧，从而善于用人。”因此尧帝、舜帝选拔天下贤士让他们入朝为官，参与政务，驱逐四佞，并将他们流放至偏远的蛮荒之地。孔子说：“潜移默化、经年累月的谗言、诉说，都不让其得逞，这样便可以做到光明正大了。”作为君王，要分得清贤臣与奸佞小人，官员与百姓尊卑分明有序，行事谨遵法度，敬重功臣元勋，嫡庶有别，只有这样，火才能保持它的天然属性。如果不信守道义，或者虚伪炫耀，使奸谗小人得逞，邪气压倒正气，火就会丧失它的天然属性。便会自上而下，火焰下垂，以致邪焰肆虐。最终导致宗庙

《春秋》桓公十四年“八月壬申，御廪灾”。董仲舒以为先是四国共伐鲁，大破之于龙门。百姓伤者未瘳，怨咎未复，而君臣俱惰，内怠政事，外侮四邻，非能保守宗庙终其天年者也，故天灾御廪以戒之。刘向以为御廪，夫人八妾所舂米之臧以奉宗庙者也，时夫人有淫行，挟逆心，天戒若曰，夫人不可以奉宗庙。桓不寤，与夫人俱会齐，夫人谮桓公于齐侯，齐侯杀桓公。刘歆以为御廪，公所亲耕耤田以奉粢盛者也，弃法度亡礼之应也。

严公二十年“夏，齐大灾”。刘向以为齐桓好色，听女口，以妾为妻，適庶数更，故致大灾。桓公不寤，及死，適庶分争，九月不得葬。《公羊传》曰，大灾，疫也。董仲舒以为鲁夫人淫于齐，齐桓姊妹不嫁者七人。国君，民之父母；夫妇，生化之本。本伤则末夭，故天灾所予也。

釐公二十年“五月乙巳，西宫灾”。《穀梁》以为愍公宫也，以谥言之则若疏，故谓之西宫。刘向以为釐立妾母为夫人以入宗庙，故天灾愍宫，若曰，去其卑而亲者，将害宗庙之正礼。董仲舒以为釐娶于楚，而齐媵之，胁公使立以为夫人。西宫者，小寝，夫人之居也。若曰，妾何为此宫！诛去之意也。以天灾之，故大之曰西宫也。左氏以为西宫者，公宫也。言西，知有东。东宫，太子所居。言宫，举区皆灾也。

受灾，宫馆被焚，即使再兴师动众，也无法扑灭，这就是火焰无法向上燃烧的表现。

《春秋》上说，桓公十四年“八月壬申日，鲁国皇家粮仓失火”。董仲舒认为，之前是四个诸侯国共同征伐鲁国，在龙门一战中，鲁国惨败。鲁国百姓受到伤害，尚未痊愈，怨恨之气尚未平复，然而鲁国的君臣们却都懒散懈怠，不关心政事，对外欺辱四邻，这样做，怎能保全宗庙社稷的持久，因此天帝降灾焚烧皇家粮仓以警示鲁国君臣。刘向认为，皇家粮仓储藏的是国君夫人和八妾所舂之米，用来享献宗庙祭祀的，当时国君夫人行为淫乱，挟藏忤逆之心，天帝降下火灾，仿佛是在告诫他们，行为淫乱的夫人不可以再奉祀宗庙。鲁桓公却不知醒悟，还携夫人一起到齐国会见齐侯，夫人在齐侯面前诋毁桓公，于是齐侯便杀了鲁桓公。刘歆认为，皇家粮仓储存着鲁国君王亲耕籍田所收获的粮食，是用以敬奉社稷的地方，皇家粮仓被烧是对其废弃法度、无视礼制的处罚。

严公二十年（前674）“夏季，齐国大灾”。刘向认为，齐桓公好色，他听从妇人之言，将妾视为正妻，嫡庶多次更改，因此才招致大灾。齐桓公仍不醒悟，直到他去世时，太子与其他几个儿子为抢夺君位仍然争执不下，致使齐桓公死后九个月还不得安葬。《公羊传》上说：大灾是一场疾疫。董仲舒认为，鲁桓公的夫人在齐国行淫乱之事，齐桓公的姊妹中有七人无法出嫁。国君乃百姓之父母；夫妇是繁衍生息的根本。根本受到伤害，末梢便会夭亡，因此这就是天降灾祸对他的处罚。

鲁僖公二十年（前640）“五月乙巳日，鲁国西宫发生火灾”。《穀梁传》中认为这是鲁愍公所居住的宫殿，从谥号上来说，关系显得疏远，因此称为西宫。刘向认为，鲁僖公追封身为媵妾的生母为夫人，并参与宗庙祭祀，因此天降大火烧毁了鲁愍公的旧居之宫，天意仿佛在昭示，撤销卑微者的夫人身份并将她请出宗庙，否则将有损于宗庙祭祀的正礼。董仲舒认为鲁僖公娶楚国女子为夫人，而娶齐国女子为媵妾，齐国胁迫鲁僖公册立齐女为夫人。西宫比君王所居住的宫室略小，是专供夫人居住的地方。天意仿佛在昭示，媵妾怎么可

宣公十六年“夏，成周宣榭火”。榭者，所以臧乐器，宣其名也。董仲舒、刘向以为十五年王札子杀召伯、毛伯，天子不能诛。天戒若曰，不能行政令，何以礼乐为而臧之？《左氏经》曰：“成周宣榭火，人火也。人火曰火，天火曰灾。”榭者，讲武之坐屋。

成公三年“二月甲子，新宫灾”。《穀梁》以为宣宫，不言谥，恭也。刘向以为时鲁三桓子孙始执国政，宣公欲诛之，恐不能，使大夫公孙归父如晋谋。未反，宣公死。三家谮归父于成公。成公父丧未葬，听谗而逐其父之臣，使奔齐，故天灾宣宫，明不用父命之象也。一曰，三家亲而亡礼，犹宣公杀子赤而立。亡礼而亲，天灾宣庙，欲示去三家也。董仲舒以为成居丧亡哀戚心，数兴兵战伐，故天灾其父庙，示失子道，不能奉宗庙也。一曰，宣杀君而立，不当列于群祖也。

襄公九年“春，宋灾”。刘向以为先是宋公听谗，逐其大夫华弱，出奔鲁。《左氏传》曰，宋灾，乐喜为司城，先使火所未至彻小

以居住在这里！天降大火便是诛罚驱逐的意思。因天降灾祸于此，因此才特别声明是西宫。左丘明认为西宫本该是国君所居住的地方。之所以称为西宫，是因为必定还有东宫。东宫是太子居住的地方。如果只说是宫中着火，而不加特指，那就成了整个皇宫都遭受了火灾。

鲁宣公十六年（前593）“夏季，洛阳城郊的宣榭殿着火”。榭是用来存放乐器的地方，宣是它的名称。董仲舒、刘向都认为，鲁宣公十五年（前594）时，王札子杀害了召伯、毛伯两位大夫，而周天子却无法诛罚王札子。于是天降大火仿佛是在告诫周天子，连政令都无法施行，还保留这些礼仪乐器何用？《左传》上说：“成周洛阳的宣榭殿着火，其实是人为造成的。凡是起火，人为原因引发的，称为火，从天而降的称为灾。”榭这种建筑，是周天子讲习武艺的场所。

鲁成公三年（前588）“二月甲子日，新建成的宫殿就发生了火灾”。《穀梁传》中认为这座新建成的宫殿是鲁宣公居住的，之所以没以谥号称为宣宫，是出自对鲁宣公的尊敬。刘向认为，当时鲁国三桓的子孙把持朝政，而鲁宣公想要除掉他们，又担心不能成功，于是就派大夫公孙归的父亲到晋国去寻求援助。公孙归的父亲还没有返回，鲁宣公驾崩。三桓这三家就向鲁成公进谗言诬陷公孙归的父亲。鲁成公便在父亲过世还没下葬之时，听信谗言，驱逐公孙归的父亲，使他被迫逃往齐国，因此，天降大火焚烧了宣公的寝宫，以此来昭示鲁成公违背父命的错误之举。还有一种说法是，三桓这三家是国君最亲近的宗室，然而他们却不遵循礼义，重蹈当年鲁宣公杀害同父异母兄弟，前太子姬赤而夺得君位的覆辙。都是连宗亲之间都不遵循礼仪的行为，于是天降大火焚烧了宣庙，这是在向世人发出警告，应该废除这三家的权势。董仲舒认为，鲁成公为父居丧期间毫无哀痛之心，仍多次兴兵征伐，因此天降大火焚烧其父的庙堂，以此来昭示鲁成公丧失为子之道，没能尊奉宗庙。还有一种说法是，这场大火是在告诉大家，鲁宣公杀害储君自立为王，没有资格位列鲁国的宗庙。

鲁襄公九年（前564）“春季，宋国发生了火灾”。刘向认为，首先宋公听信谗言，驱逐了大夫华弱，迫使他投奔鲁国，才引发此大

屋，涂大屋，陈畚䕬，具绠缶，备水器，畜水潦，积土涂，缮守备，表火道，储正徒。郊保之民，使奔火所。又饬众官，各慎其职。晋侯闻之，问士弱曰："宋灾，于是乎知有天道，何故？"对曰："古之火正，或食于心，或食于咮，以出入火。是故咮为鹑火，心为大火。陶唐氏之火正阏伯，居商丘，祀大火，而火纪时焉。相土因之，故商主大火。商人阅其祸败之衅必始于火，是以知有天道。"公曰："可必乎？"对曰："在道。国乱亡象，不可知也。"说曰：古之火正，谓火官也，掌祭火星，行火政。季春昏，心星出东方，而咮、七星、鸟首正在南方，则用火；季秋，星入，则止火，以顺天时，救民疾。帝喾则有祝融，尧时有阏伯，民赖其德，死则以为火祖，配祭火星，故曰"或食于心，或食于咮也。"相土，商祖契之曾孙，代阏伯后主火星。宋，其后也，世司其占，故先知火。贤君见变，能修道以除凶；乱君亡象，天不谴告，故不可必也。

三十年"五月甲午，宋灾"。董仲舒以为伯姬如宋五年，宋恭公

火。《左传》上说：宋国发生了火灾。当时乐喜担任宋国的司城，他先是在大火还未燃烧时就派人做好了各项灭火的措施：拆撤小房子，不便拆除的大房子便涂上泥巴以防火，摆列好盛土的簸箕等工具，备齐取水用的井绳、瓦罐，准备好盛水的大缸等容器，池塘蓄满了水，堆积灭火用的沙土，修缮必备的救火工具，并标志了火势的方向和逃生的路径。调集了城市和郊野的役夫、百姓，训练他们在火灾发生时迅速赶赴现场救援。同时还告诫百官，都要谨慎地各司其职。晋侯听说后，问他的大夫士弱说："通过宋国发生火灾这件事，知道确实要遵循天道，是什么原因？"士弱回答说："古代负责防火事宜的官员，有的祭祀心宿，有的祭祀咮宿，是为了对火事做到收放自如，灵活运用。这是因为硃宿是鹑火星，心宿是大火星。尧帝陶唐氏即尧帝时期的防火官员是阏伯，他住在商丘，祭祀心宿，通过观测大火星的运行情况来推算火灾发生的时节。后来官员相土沿袭了他的做法，所以说商朝祭祀的主星是大火星。商朝人预知他们的灾祸或败亡都要先观测大火星的变化，他们也因此了解了天道。"晋侯说："天道必然会有昭示吗？"士弱回答说："也取决于人道。如果国家动荡不安，天帝就不再彰显警示的天象了，人们也就无从预知了。"据说：古代的防火官员称为火官，他们掌管祭祀火星，执行防治火灾的政务。暮春黄昏时分，心星出现于东方，而咮星、七星、鸟首星位于南方，这时便可通过火来预知祸福；到了晚秋时节，火星消失不见，这时就不能再用火来预测了，只有这样才能顺应天时，解救黎民百姓的疾苦。帝喾时期的火官是祝融，尧时的火官是阏伯，黎民百姓仰仗他们的仁德，所以他们去世后被世人敬为火祖，配祭火星，因此说"有的配祭于心星，有的配祭于硃星"。相土是殷商始祖契的曾孙，代替阏伯主持祭祀火星的礼仪。宋国是殷商的后裔，宋人世代沿袭通过观测火星来占卜祸福，因此能预知火灾的发生。贤德的君主察觉到天象的变化，能通过遵循天道来治国理政，以此来消除灾害凶兆；昏庸的君主则无法察觉天象的异样，天帝也不会预先警示他，因此说不是任何时候都能预知天道的。

鲁襄公三十年（前543）"五月甲午日，宋国发生火灾"。董仲舒

卒，伯姬幽居守节三十余年，又忧伤国家之患祸，积阴生阳，故火生灾也。刘向以为先是宋公听谗而杀太子痤，应火不炎上之罚也。

《左氏传》昭公六年“六月丙戌，郑灾”。是春三月，郑人铸刑书。士文伯曰：“火见，郑其火乎？火未出而作火以铸刑器，臧争辟焉。火而象之，不火何为？”说曰：火星出于周五月，而郑以三月作火铸鼎，刻刑辟书，以为民约，是为刑器争辟，故火星出，与五行之火争明为灾，其象然也，又弃法律之占也。不书于经，时不告鲁也。

九年“夏四月，陈火”。董仲舒以为陈夏徵舒杀君，楚严王托欲为陈讨贼，陈国辟门而待之，至因灭陈。陈臣子尤毒恨甚，极阴生阳，故致火灾。刘向以为先是陈侯弟招杀陈太子偃师，皆外事，不因其宫馆者，略之也。八年十月壬午，楚师灭陈，《春秋》不与蛮夷灭中国，故复书陈火也。《左氏经》曰“陈灾”。《传》曰“郑裨灶曰：‘五年，陈将复封，封五十二年而遂亡。’子产问其故，对曰：‘陈，水属也。火，水妃也，而楚所相也。今火出而火陈，逐楚而建陈也。妃以五成，故曰五年。岁五及鹑火，而后陈卒亡，楚克有之，天之道也。’”说曰：颛顼以水王，陈其族也。今兹岁在星纪，后五年在大梁。大梁，昴也。金为水宗，得其宗而昌，故曰“五年陈将复封”。楚之先为火正，故曰“楚所相也”。天以一生水，地以二生火，天以三生木，地以四生金，天以五生土。五位皆以五而合，而阴阳易位，故曰“妃以五成”。然则水之大数六，火七，木八，金九，土十。故水以

认为，鲁国伯姬嫁到宋国五年，宋恭公驾崩，伯姬幽居深宫守节三十多年，还时刻为国家的祸乱担忧，这样的行为积阴而生阳，因此发生了火灾。刘向认为这是过去宋公听信谗言，杀害太子痤，从而应验了火不炎上的惩罚。

《左传》上说：鲁昭公六年（前536）“六月丙戌日，郑国发生火灾”。在这一年的春季三月，郑国人把刑法条款铸刻在宝鼎上。晋国大夫士文伯说：“火星出现，郑国将要发生火灾吗？在火星未出现之前，郑国人就用火冶炼铸成了铸刻着刑法条例的鼎器，有了这样的法律鼎器，郑国人就会出现诉讼官司，火星出现的天象，怎么可能不发生火灾呢？”据说：火星出现于周朝历法的五月，而郑国在三月以火冶炼铸造大鼎，并刻上法律条文，以此来约束民众要遵循法律的规定，这就是寓刑于器，为了避免诉讼官司，因此火星出现，它为了与五行之火争明，看哪个更亮，才引发了火灾，此天象就是这个意思，而且他们在铸造之前也未进行占卜。这件事情并未载入《春秋》，是因为当时郑国没有通告鲁国。

鲁昭公九年（前533）“夏季四月，陈国发生火灾”。董仲舒认为，陈国的夏徵舒弑杀了他的国君，楚严王以此事为由要为陈国讨伐贼寇，陈国打开国门等待楚军的到来，谁知楚军赶到后就灭掉了陈国。陈国的臣民百姓愤恨至极，于是极阴而生阳，从而引发火灾。刘向认为，是陈侯的弟弟公子招杀害陈国太子偃师在前，这些事都发生在郊祭的时候，并没有引发王室宫殿的火灾，因此略而不记。鲁昭公八年十月壬午日，楚国出师灭了陈国，《春秋》中的相关记载，只字不提蛮夷之地的楚国灭掉中原诸侯国陈国，而只是记载了陈国发生了火灾。《左传》中有载“陈灾”。《洪范五行传》上说：“郑国大夫裨灶说：‘五年后，陈国将再次被封立为国，复国五十二年后，再次灭亡。’大夫子产询问其中的缘故，裨灶回答说：‘陈国是属水的国家。火是水的妃子，也正是楚国的象征。如今大火星出现，陈国发生火灾，这就预示着要驱逐楚国重新建立陈国了。阴阳相生相克都是以五行循环完成的，因此说是五年之后。木星五年之后运行至鹑火星，而后陈国最终灭亡，楚国战胜陈国，也是天道注定。’”据说：颛顼因担任水

天一为火二牡，木以天三为土十牡，土以天五为水六牡，火以天七为金四牡，金以天九为木八牡。阳奇为牡，阴耦为妃。故曰“水，火之牡也；火，水妃也”。于《易》，《坎》为水，为中男，《离》为火，为中女，盖取诸此也。自大梁四岁而及鹑火，四周四十八岁，凡五及鹑火，五十二年而陈卒亡。火盛水衰，故曰“天之道也”。哀公十七年七月己卯，楚灭陈。

昭十八年“五月壬午，宋、卫、陈、郑灾”。董仲舒以为象王室将乱，天下莫救，故灾四国，言亡四方也。又宋、卫、陈、郑之君皆荒淫于乐，不恤国政，与周室同行。阳失节则火灾出，是以同日灾也。刘向以为宋、陈，王者之后；卫、郑，周同姓也。时周景王老，刘子、单子事王子猛，尹氏、召伯、毛伯事王子鼂。子鼂，楚之出也。及宋、卫、陈、郑亦皆外附于楚，亡尊周室之心。后二年，景王崩，王室乱，故天灾四国。天戒若曰，不救周，反从楚，废世子，立不正，以害王室，明同罪也。

定公二年“五月，雉门及两观灾”。董仲舒、刘向以为此皆奢僭过度者也。先是，季氏逐昭公，昭公死于外。定公即位，既不能

官而称王，陈国是他的后裔。如今木星在星纪，五年后位于大梁。大梁是昴星所对应的区域，位于金牛星座。金是水的宗本，水得其宗本而昌盛，因此说：“五年后陈国就要复国。”楚国的祖先祝融是火官，因此说“火星是楚国的主治”。天以一生水，地以二生火，天以三生木，地以四生金，天以五生土。金、木、水、火、土五行都以五相生相克，而根据阴阳交换位次，因此说“阴阳的相生相克都是以五来完成的”。然而水的大数是六，火的大数是七，木的大数是八，金的大数是九，土的大数是十。因此水以天一为火二的牡，木以天三为土十的牡，土以天五为水六的牡，火以天七为金四的牡，金以天九为木八的牡。阳以奇数为牡，阴以偶数为妃配。因此说“水是火的牡；火是水的妃”。《易经》中有载，《坎》为水，为次子，《离》为火，为次女，大概就是由此而来的。从大梁星四年而运行到鹑火星，然后经过四个周期共四十八年，再加上开始的那一次，共有五次运行到鹑火星，四加四十八共五十二年，陈国最终灭亡。火盛水衰，因此说“天道注定”。后来鲁哀公十七年（前478）七月己卯日，楚国灭了陈国。

鲁昭公十八年（前524）“五月壬午日，宋、卫、陈、郑四国发生火灾”。董仲舒认为这是预示周王室将要发生动乱，天下无人能挽救危机，因此以火灾降及四国，警示四方将亡。又因为宋、卫、陈、郑四国国君都贪图荒淫享乐，不理朝政，与周王室同流合污。阳气失去节制从而发生火灾，因此同一天遭遇火灾。刘向认为，宋、陈二国，是上古时代夏王朝和商王朝的后裔；卫、郑两国是周王朝的同宗同姓。当时周景王年老，周大夫刘子和单子拥护周王太子姬猛，尹氏、召伯、毛伯三位大夫则拥护周王的另一个儿子姬鼌（一作姬朝）。姬鼌的生母是楚人。且宋、卫、陈、郑四国都依附于楚国，没有尊崇周天子的心思。二年之后，周景王驾崩，周王室大乱，因此天帝降灾于四国。天帝仿佛在昭示四国，不援救周王室，反而依附于蛮夷之地的楚国，联合废黜太子，册立名不正言不顺的庶出之子为周王，损害了王室的礼制，无异于同罪共犯。

鲁定公二年（前508）“五月，宫城的南门和两个阙楼遭到火灾”。董仲舒、刘向都认为这是对那些奢侈无度的僭越者的惩罚。在

诛季氏，又用其邪说，淫于女乐，而退孔子。天戒若曰，去高显而奢僭者。一曰，门阙，号令所由出也，今舍大圣而纵有罪，亡以出号令矣。京房《易传》曰："君不思道，厥妖火烧宫"。

哀公三年"五月辛卯，桓、釐宫灾。"董仲舒、刘向以为此二宫不当立，违礼者也。哀公又以季氏之故不用孔子。孔子在陈闻鲁灾，曰："其桓、釐之宫乎！"以为桓，季氏之所出，釐，使季氏世卿者也。

四年"六月辛丑，亳社灾"。董仲舒、刘向以为亡国之社，所以为戒也。天戒若曰，国将危亡，不用戒矣。《春秋》火灾，屡于定、哀之间，不用圣人而纵骄臣，将以亡国，不明甚也。一曰，天生孔子，非为定、哀也，盖失礼不明，火灾应之，自然象也。

高后元年五月丙申，赵丛台灾。刘向以为是时吕氏女为赵王后，嫉妒，将为谗口以害赵王。王不寤焉，卒见幽杀。

惠帝四年十月乙亥，未央宫凌室灾；丙子，织室灾。刘向以为元年吕太后杀赵王如意，残戮其母戚夫人。是岁十月壬寅，太后立帝姊鲁元公主女为皇后。其乙亥，凌室灾。明日，织室灾。凌室所以供养饮食，织室所以奉宗庙衣服，与《春秋》御廪同义。天戒若曰，皇后亡奉宗庙之德，将绝祭祀。其后，皇后亡子，后宫美人有男，太

此之前，鲁国的季氏驱逐鲁昭公，使他死于异地。鲁定公即位后，不仅没有诛罚季氏，反而取信于季氏的奸邪主张，沉湎于女乐，导致孔子退避离去。天帝的警告仿佛在说，除掉这些位高权重、奢侈无度的僭越者。还有一种说法是，门阙是发号施令的地方，如今抛弃伟大的圣贤之人而纵容罪臣，也就没什么号令可发了。京房的《易传》中有载："国君不思正道，由之而生的妖异便会火烧宫门。"

鲁哀公三年（前492）"五月辛卯日，祭祀鲁桓公、鲁僖公的两座宗庙发生火灾"。董仲舒、刘向都认为这两座宗庙不应当建立，有违礼制。当时鲁哀公因为取信于季氏的缘故，没有任用孔子。孔子在陈国听闻鲁国塑地发生火灾的消息，就说："大概是鲁桓公、鲁僖公的两座宗庙被焚烧了吧！"因为鲁桓公本是季氏的直系宗亲，鲁僖公则是使季氏世代承袭卿大夫官爵的国君。

鲁哀公四年（前491）"六月辛丑日，亳社发生火灾"。董仲舒、刘向认为，亳社乃已灭亡的殷商社庙，因此天帝降灾警告。仿佛在说，国家处于危机将亡的紧要关头，不必再尊奉此社庙了。《春秋》中所记载的火灾，多次发生在鲁定公、鲁哀公执政期间，这是因为这两位国君没有任用圣贤之人，反而放纵骄横奸邪之臣，因此导致亡国，他们实在是昏庸至极。还有一种说法是，天帝降生孔子于世，并不是为了拯救鲁定公、鲁哀公的，这两位国君不遵循礼制，治国不清明，就会有天帝降下火灾进行惩罚，这也是自然而然的天象。

汉初高后元年（前187）五月丙申日，赵国的丛台发生火灾。刘向认为，当时吕氏女做了赵王的王后，她因嫉妒赵王对其他妃嫔的宠爱，就向高后进谗言诬陷赵王。赵王不知觉醒，最终被高后幽禁杀害。

惠帝四年（前191）十月乙亥日，未央宫的藏冰室发生火灾；丙子日，织作室也发生火灾。刘向认为，惠帝元年（前194）吕太后杀害赵王如意，以残忍的手段杀害赵王的母亲戚夫人。当年十月壬寅日，太后册立惠帝的姐姐鲁元公主的女儿为皇后。当月乙亥日，藏冰室发生火灾，第二天，织作室又发生火灾。藏冰室是用来供养饮食的地方，织作室是用来制作祭祀礼服的地方，这两个地方与《春秋》中所记

后使皇后名之，而杀其母。惠帝崩，嗣子立，有怨言，太后废之，更立吕氏子弘为少帝。赖大臣共诛诸吕而立文帝，惠后幽废。

文帝七年六月癸酉，未央宫东阙罘思灾。刘向以为东阙所以朝诸侯之门也，罘思在其外，诸侯之象也。汉兴，大封诸侯王，连城数十。文帝即位，贾谊等以为违古制度，必将叛逆。先是，济北、淮南王皆谋反，其后吴楚七国举兵而诛。

景帝中五年八月己酉，未央宫东阙灾。先是，栗太子废为临江王，以罪征诣中尉，自杀。丞相条侯周亚夫以不合旨称疾免，后二年下狱死。

武帝建元六年六月丁酉，辽东高庙灾。四月壬子，高园便殿火。董仲舒对曰："《春秋》之道举往以明来，是故天下有物，视《春秋》所举与同比者，精微眇以存其意，通伦类以贯其理，天地之变，国家之事，粲然皆见，亡所疑矣。按《春秋》鲁定公、哀公时，季氏之恶已孰，而孔子之圣方盛。夫以盛圣而易孰恶，季孙虽重，鲁君虽轻，其势可成也。故定公二年五月两观灾。两观，僭礼之物。天灾之者，若曰，僭礼之臣可以去。已见罪征，而后告可去，此天意也。定公不知省。至哀公三年五月，桓宫、釐宫灾。二者同事，所为一也，若曰燔贵而去不义云尔。哀公未能见，故四年六月亳社灾。两观、桓、釐庙、亳社，四者皆不当立，天皆燔其不当立者以示鲁，欲其去乱臣而用圣人也。季氏亡道久矣，前是天不见灾者，鲁未有贤圣臣，

载的皇宫的粮仓性质相同。天帝降灾警告，仿佛是在说，皇后不具备制作祭祀礼服的德行，将断绝后世的宗庙祭祀。这之后，皇后始终没有生下儿子，后宫美人产下男婴，太后便让皇后把男婴说成是自己所生，然后杀了孩子的生母。惠帝驾崩后，被册立为嗣子的男孩即位，当他得知生母被害之事后，怨愤不已，太后便把他废掉，重新册立了吕氏之子刘弘为少帝。吕太后驾崩后，仰仗诸位元勋大臣的通力合作，最终诛灭了吕氏王侯，册立孝文帝。吕太后所册立的惠帝的张皇后，最终被幽禁废黜。

文帝七年（前173）六月癸酉日，未央宫东阙楼的花格屏墙起火。刘向认为，东阙是用来会见诸侯的大门，花格屏墙在门的外边，是诸侯的象征。汉朝建立后，大封诸侯王，各王都有数十座城池相互连接。文帝即位后，贾谊等人认为这种情况有违古制，日后必会引起诸侯叛乱。先是济北王、淮南王皆谋反叛乱，后来又有吴、楚等七国举兵造反，最终全部被诛灭。

景帝中元五年（前152）八月己酉日，未央宫东阙楼发生火灾。在此之前，栗太子刘荣被废黜，贬为临江王，后又因获罪被征召至中尉署听审，随后刘荣在中尉署自杀。丞相条侯周亚夫因不愿附和景帝的旨意，便以生病为由，被免去官职，两年后被羁押入狱而死。

武帝建元六年（前135）六月丁酉日，辽东郡的高庙发生火灾。四月壬子日，高祖陵寝的便殿发生火灾。董仲舒在对策中说：“《春秋》之道在于列举以往的事例，明鉴未来之事，因此要想参透天下的各种事物，只要对照《春秋》中所列举的类似事件就可以了，悉心体会其细微之处所蕴含的深意，触类旁通地领悟其中的道理，这样，无论是天地间发生的巨变，还是与国政相关的各种事务，都可以一览无余，茅塞顿开。考察《春秋》可知，早在鲁定公、鲁哀公时期，鲁国季氏的奸恶势力已经形成，而当时孔子的圣德之光正盛。若用强盛的圣德之光来克制或替代已形成的奸恶势力，虽然当时季孙氏位高权重，鲁国国君在形势上迫于压力，但要想实现统治也是可以做到的。因此鲁定公二年五月，两座阙楼发生火灾。这两座阙楼都是僭越礼制的产物，天帝降灾焚烧它们，仿佛在说，僭越礼制的臣子应当铲

虽欲去季孙，其力不能，昭公是也。至定、哀乃见之，其时可也。不时不见，天之道也。今高庙不当居辽东，高园殿不当居陵旁，于礼亦不当立，与鲁所灾同。其不当立久矣，至于陛下时天乃灾之者，殆亦其时可也。昔秦受亡周之敝，而亡以化之；汉受亡秦之敝，又亡以化之。夫继二敝之后，承其下流，兼受其猥，难治甚矣。又多兄弟亲戚骨肉之连，骄扬奢侈，恣睢者众，所谓重难之时者也。陛下正当大敝之后，又遭重难之时，甚可忧也。故天灾若语陛下，'当今之世，虽敝而重难，非以太平至公，不能治也。视亲戚贵属在诸侯远正最甚者，忍而诛之，如吾燔辽东高庙乃可；视近臣在国中处旁仄及贵而不正者，忍而诛之，如吾燔高园殿乃可'云尔。在外而不正者，虽贵如高庙，犹灾燔之，况诸侯乎！在内不正者，虽贵如高园殿，犹燔灾之，况大臣乎！此天意也。罪在外者天灾外，罪在内者天灾内。燔甚罪当重，燔简罪当轻，承天意之道也。"

除。先是出现责罚的征兆，然后天帝又告诫应当铲除，这就是天意。然而鲁定公并没有醒悟。直到鲁哀公三年（前492）五月，鲁桓宫、鲁僖宫再次发生火灾。这两起火灾性质相同，所要昭示的道理也一样，仿佛是说，焚烧显贵铲除不义之徒。谁知鲁哀公仍未能觉醒，因此在鲁哀公四年六月，亳社再次遭受火灾。两座阙楼，鲁桓公、鲁僖公的两座祭庙、亳社，这四所建筑都不应该建立或留存，这几次火灾，天帝都是以销毁不应存立的东西来昭示鲁国国君，警示他铲除奸佞乱臣而任用圣贤之人。在鲁国，季氏无道乱政已久，从前天帝未降下灾祸的原因，是因为鲁国还未出现圣贤之臣，即使想铲除季孙氏，也是心有余而力不足，鲁昭公就是这样。直到鲁定公、鲁哀公时期，天帝才以火灾昭示他们，是因为圣贤之臣出现，时机已经成熟。时机不成熟时，也不会发生火灾，这就是天道的体现。如今，高庙不应建立在辽东，高祖陵寝的便殿不应建立在陵墓的旁边，按照礼制而言更不应该建立，这与鲁国所发生的火灾性质相同。辽东高庙和高祖陵寝便殿不应建立已是很久远的事了，直到陛下执政时期，天帝才降下灾祸，其中原因大概是应天道而行的时辰到了。从前，秦朝沿袭了衰败的周朝弊端，而没有进行改革；汉朝沿袭了衰败的秦朝弊端，也没有加以改革。汉朝继承周、秦两朝的衰败之后，承受着前朝遗毒的影响，同时接纳了前朝的积弊麻烦，时政是很难治理的。再加上诸多血脉相连的兄弟、宗亲和诸侯王，他们骄横张扬、奢侈无礼、无法无天者众多，当时的局面正所谓积重难返。陛下面对着天下严重破败的局面，内忧外患，处境实在令人担忧。因此天降火灾，仿佛在警示陛下：‘如今这个时代，虽然积重难返，内忧外患，非得拿出大刀阔斧、大公无私的魄力，天下才能得到治理。先从皇亲国戚以及远方的诸侯王中，挑选几个行为最不正当、最不安分的代表，杀一儆百，就像焚烧辽东高庙这样就可以了；再看朝廷中的近臣以及皇亲国戚，挑选几个为非作歹的达官显贵，杀一儆百，就像焚烧高祖陵寝的便殿这样就可以了’如此这般。远在外地，行为不端的，即使身份如高庙般尊贵，神圣不可侵犯，天帝都能降灾将其烧毁，更何况那些诸侯王！身在朝中，行为不端的，即使如高祖陵寝的便殿般尊贵，天帝都能降灾

先是，淮南王安入朝，始与帝舅太尉武安侯田蚡有逆言。其后胶西于王、赵敬肃王、常山宪王皆数犯法，或至夷灭人家，药杀二千石，而淮南、衡山王遂谋反。胶东、江都王皆知其谋，阴治兵弩，欲以应之。至元朔六年，乃发觉而伏辜。时田蚡已死，不及诛。上思仲舒前言，使仲舒弟子吕步舒持斧钺治淮南狱，以《春秋》谊颛断于外，不请。既还奏事，上皆是之。

太初元年十一月乙酉，未央宫柏梁台灾。先是，大风发其屋，夏侯始昌先言其灾日。后有江充巫蛊卫太子事。

征和二年春，涿郡铁官铸铁，铁销，皆飞上去，此火为变使之然也。其三月，涿郡太守刘屈釐为丞相。后月，巫蛊事兴，帝女诸邑公主、阳石公主、丞相公孙贺、子太仆敬声、平阳侯曹宗等皆下狱死。七月，使者江充掘蛊太子宫，太子与母皇后议，恐不能自明，乃杀充，举兵与丞相刘屈釐战，死者数万人，太子败走，至湖自杀。明年，屈釐复坐祝禧要斩，妻枭首也。成帝河平二年正月，沛郡铁官铸铁，铁不下，隆隆如雷声，又如鼓音，工十三人惊走。音止，还视地，地陷数尺，炉分为十，一炉中销铁散如流星，皆上去，与征和二年同象。其夏，帝舅五人封列侯，号五侯。元舅王凤为大司马大将军秉政。后二年，丞相王商与凤有隙，凤谮之，免官，自杀。明年，京兆尹王章讼商忠直，言凤颛权，凤诬章以大逆罪，下狱死。妻子徙合

将其烧毁，更何况那些大臣！这就是天帝的意志。在外犯罪的诸侯，天帝就在外面降灾诛罚，在内犯罪的大臣，天帝就在身边降灾诛罚。罪恶深重的火势就大，罪责较轻的火势就小一些，这就是遵承天帝之意。”

在此之前，淮南王刘安入朝觐见武帝，在与汉武帝的舅舅太尉武安侯田蚡的交谈中，言语中透露出叛逆的言论。之后，又有胶西于王刘端、赵敬肃王刘彭祖、常山宪王刘舜也都多次犯法，有的是夷灭他人全家，有的是用毒药杀害二千石的地方官员，而后是淮南王刘安、衡山王刘赐谋反叛乱。胶东康王刘寄、江都易王刘非也都参与了谋反叛乱的策划行动，还暗中准备兵弩武器，随时准备起兵响应。直到元朔六年（前123），谋反的企图被朝廷发觉，反王也先后伏法并被处斩。此时的田蚡已经过世，不能再处死法办。汉武帝想起董仲舒之前所说的一番话，于是就派董仲舒的学生吕步舒持御赐的斧钺查办淮南王刘安策反一案，根据《春秋》之道，独自裁决，不必请示朝廷。事后还朝奏报，汉武帝一律认同。

武帝太初元年（前104）十一月乙酉日，未央宫的柏梁台发生火灾。先前，大风刮坏了皇宫里的屋瓦，夏侯始昌预言说不久将会有灾祸降临。其后就发生了江充以巫蛊罪诬陷卫太子之事。

到了武帝征和二年（前91）春季，涿郡的铁官在铸铁的时候，铁熔化后都飞上了天，这是火的天然属性发生变异导致的。同年三月，涿郡太守刘屈氂做了丞相。一个月后，巫蛊案发生，汉武帝的女儿诸邑公主、阳石公主、丞相公孙贺、公孙贺之子太仆公孙敬声、平阳侯曹宗等人都被收监处死。七月，负责巫蛊案的专使江充在太子寝宫搜寻巫蛊之物，太子与其母卫皇后商议，害怕自己百口莫辩，遭受诬陷，于是就杀了江充，并发兵与丞相刘屈氂对战，死伤数万人，后来以太子失败逃亡告终，太子逃到湖县后自杀。第二年，刘屈氂又因犯诅咒之罪而被腰斩，他的妻子也被枭首示众。成帝河平二年（前27）正月，沛郡的铁官在熔铸铁水时，铁水不下，熔炉内发出如雷般隆隆的响声，又好像是有人在擂鼓一样，十三个铸铁工匠都被吓跑了。隆隆声停止之后，铸铁工匠回来察看，发现地面下陷了数尺，熔炉分裂为

浦。后许皇后坐巫蛊废，而赵飞燕为皇后，妹为昭仪，贼害皇子，成帝遂亡嗣。皇后、昭仪皆伏辜。一曰，铁飞属金不从革。

昭帝元凤元年，燕城南门灾。刘向以为时燕王使邪臣通于汉，为谗贼，谋逆乱。南门者，通汉道也。天戒若曰，邪臣往来，为奸谗于汉，绝亡之道也。燕王不寤，卒伏其辜。

元凤四年五月丁丑，孝文庙正殿灾。刘向以为孝文，太宗之君，与成周宣榭火同义。先是，皇后父车骑将军上官安、安父左将军桀谋为逆，大将军霍光诛之。皇后以光外孙，年少不知，居位如故。光欲后有子，因上侍疾医言，禁内后宫皆不得进，唯皇后颛寝。皇后年六岁而立，十三年而昭帝崩，遂绝继嗣。光执朝政，犹周公之摄也。是岁正月，上加元服，通《诗》《尚书》，有明悊之性。光亡周公之德，秉政九年，久于周公，上既已冠而不归政，将为国害。故正月加元服，五月而灾见。古之庙皆在城中，孝文庙始出居外，天戒若曰，去贵而不正者。宣帝既立，光犹摄政，骄溢过制，至妻显杀许皇后，光闻而不讨，后遂诛灭。

十份，炉中熔铸的铁水犹如流星般飞散，都上了天，与征和二年的异象相同。那一年夏季，成帝的五个舅舅都被封为列侯，号称五侯。大舅王凤为大司马、大将军执掌朝政。两年后，丞相王商与王凤产生嫌隙，王凤便在成帝面前谗言诬陷王商，王商因此被免职，而后自杀身亡。转年，京兆尹王章上书说，王商忠厚耿直，王凤专权霸道。王凤于是就以大逆之罪诬陷王章，使他被羁押入狱，而后死在狱中。王章的妻子和儿女也被流放至合浦。再后来，许皇后因巫蛊罪被废黜，于是赵飞燕被册封为皇后，她的妹妹被封为昭仪，她们合谋杀害了成帝之子，成帝因此而断绝了子嗣。赵皇后、赵昭仪两姐妹最终也都得到应有的处罚。还有一种说法是，熔铸的铁水飞溅上天，是属于金不从革，即金属丧失了可熔可铸的天然属性。

昭帝元凤元年（前80），燕国都城南门发生火灾。刘向认为，当时燕王派奸邪之臣勾结朝廷大臣，谗言诬陷，谋划叛乱。燕城南门是通往汉朝都城长安的道路。天帝发出警告，仿佛在说，奸邪之臣彼此往来，谗言挑拨，危害朝廷，这是绝亡之路。燕王却没有醒悟，最终因此受到惩罚。

昭帝元凤四年（前77）五月丁丑日，孝文帝祠庙的正殿发生火灾。刘向认为，孝文帝乃太宗之君，是汉朝的第二代皇帝，因此这次火灾与成周洛阳的宣榭起火寓意相同。起初，皇后的父亲车骑将军上官安和上官安的父亲左将军上官桀，父子二人密谋叛乱，事情败露被大将军霍光所杀。皇后身为霍光的外孙女，入宫时才只有六岁，因她年少无知，因此还依旧做皇后。霍光为了让皇后生儿子，就以昭帝应遵照御医的嘱咐为借口，禁止后宫女子接近昭帝，嫔妃们都不得进入昭帝寝宫，只有皇后专房侍寝。皇后册封时年仅六岁，做了十三年皇后，昭帝就驾崩了，于是就断绝了子嗣。昭帝驾崩后，由霍光把持朝政，就像当年西周时期的周公摄政。元凤四年正月，昭帝行加冠礼。当时的昭帝已通晓《诗经》《尚书》，天资聪慧。霍光也不及周公那般仁德，然而他却在朝中执政九年，摄政时间比周公长，昭帝既然行了加冠之礼，便已成年，霍光却迟迟不肯归还朝政，这种行为将有损于国家。因此，正月昭帝行加冠礼，五月就发生了火灾。古时候的宗

宣帝甘露元年四月丙申，太上皇庙灾。甲辰，孝文庙灾。元帝初元三年四月乙未，孝武园白鹤馆灾。刘向以为先是前将军萧望之、光禄大夫周堪辅政，为佞臣石显、许章等所谮，望之自杀，堪废黜。明年，白鹤馆灾。园中五里驰逐走马之馆，不当在山陵昭穆之地。天戒若曰，去贵近逸游不正之臣，将害忠良。后章坐走马上林下烽驰逐，免官。

永光四年六月甲戌，孝宣杜陵园东阙南方灾。刘向以为先是上复征用周堪为光禄勋，及堪弟子张猛为太中大夫，石显等复谮毁之，皆出外迁。是岁，上复征堪领尚书，猛给事中，石显等终欲害之。园陵小于朝廷，阙在司马门中，内臣石显之象也。孝宣，亲而贵；阙，法令所从出也。天戒若曰，去法令，内臣亲而贵者必为国害。后堪希得进见，因显言事，事决显口。堪病不能言。显诬告张猛，自杀于公车。成帝即位，显卒伏辜。

成帝建始元年正月乙丑，皇考庙灾。初，宣帝为昭帝后而立父庙，于礼不正。是时大将军王凤颛权擅朝，甚于田蚡，将害国家，故天于元年正月而见象也。其后浸盛，五将世权，遂以亡道。

庙都建在城内，孝文帝祠庙是最先建在城外的，这次火烧文帝祠庙正殿，天帝的警告仿佛在说，铲除位高权重却行为不端之人。宣帝即位后，霍光仍然把持朝政，骄横无度，不遵循礼制，以至于后来他的妻子显谋害了许皇后，霍光了解内情却不申讨法办其妻，最终霍光过世后，霍氏家族因谋反被诛灭全族。

宣帝甘露元年（前53）四月丙申日，太上皇的祠庙发生火灾。甲辰日，孝文帝的祠庙发生火灾。元帝初元三年（前46）四月乙未日，孝武帝陵寝园的白鹤馆发生火灾。刘向认为，在此之前，将军萧望之、光禄大夫周堪辅佐朝政，被奸佞之臣石显、许章等人诬陷，后萧望之自杀，周堪被废黜。第二年，白鹤馆发生火灾。白鹤馆距离孝武帝陵寝园五里，是专供人们驰骋游玩的跑马离宫，本不应建在祖宗陵寝之地。天帝警告仿佛在说，铲除这些只知道游玩享乐，行为不端的达官显贵，否则他们将残害忠良。再后来，许章因在上林苑中举火跑马、追逐射猎而被免去官职。

元帝永光四年（前40）六月甲戌日，孝宣帝的杜陵寝园东阙楼以南发生火灾。刘向认为，在此之前，元帝又任命周堪为光禄勋，任命周堪的学生张猛为太中大夫，宦官石显等人诋毁陷害周堪和张猛，于是二人都被调离都城，贬离京师。这一年，元帝再次征召周堪担任尚书一职，任命张猛为给事，然而宦官石显等人仍然要诬陷他二人。陵园小于朝廷，阙楼又位于司马门中，是宦官石显的象征。孝宣帝乃元帝之父，身份尊贵；阙楼是朝廷发号施令的地方。天帝的警告仿佛在说，不遵循法令，独宠宦官内臣，使其显贵，这必将给国家带来祸患。后来周堪很少有机会觐见元帝，尚书事务只能通过石显上奏，朝政的决断也要通过石显之口传达。周堪苦于没有谏言的机会。石显诬告张猛，使得张猛在公车署内自杀。成帝即位后，石显最终被绳之以法。

成帝建始元年（前32）正月乙丑日，皇考祠庙发生火灾。起初，宣帝作为昭帝的后嗣，为他的亲生父亲建立祠庙，这不符合礼制。当时大将军王凤专权朝政，势力甚至超过了当年的田蚡，这种行为必将危害国家，因此天帝于元年正月降灾警告。后来情况日益严重，成帝

鸿嘉三年八月乙卯，孝景庙北阙灾。十一月甲寅，许皇后废。

永始元年正月癸丑，大官凌室灾。戊午，戾后园南阙灾。是时，赵飞燕大幸，许后既废，上将立之，故天见象于凌室，与惠帝四年同应。戾后，卫太子妾，遭巫蛊之祸，宣帝既立，追加尊号，于礼不正。又戾后起于微贱，与赵氏同应。天戒若曰，微贱亡德之人不可以奉宗庙，将绝祭祀，有凶恶之祸至。其六月丙寅，赵皇后遂立，姊妹骄妒，贼害皇子，卒皆受诛。

永始四年四月癸未，长乐宫临华殿及未央宫东司马门灾。六月甲午，孝文霸陵园东阙南方灾。长乐宫，成帝母王太后之所居也。未央宫，帝所居也。霸陵，太宗盛德园也。是时，太后三弟相续秉政，举宗居位，充塞朝廷，两宫亲属将害国家，故天象仍见。明年，成都侯商薨，弟曲阳侯根代为大司马秉政。后四年，根乞骸骨，荐兄子新都侯莽自代，遂覆国焉。

哀帝建平三年正月癸卯，桂宫鸿宁殿灾，帝祖母傅太后之所居也。时，傅太后欲与成帝母等号齐尊，大臣孔光、师丹等执政，以为不可，太后皆免官爵，遂称尊号。后三年，帝崩，傅氏诛灭。

平帝元始五年七月己亥，高皇帝原庙殿门灾尽。高皇帝庙在长安城中，后以叔孙通讥复道，故复起原庙于渭北，非正也。是时平

的五个舅舅在同一天受封为大司马，掌握朝中大权，于是朝政也就偏离了正道。

成帝鸿嘉三年（前18）八月乙卯日，孝景帝的祠庙北边的阙楼发生火灾。十一月甲寅日，许皇后被废黜。

成帝永始元年（前16）正月癸丑日，太官令掌管的藏冰室发生火灾。戊午日，戾后陵园的南阙楼发生火灾。当时，赵飞燕倍受成帝宠爱，许皇后已被废黜，成帝准备册立赵飞燕为皇后，因此天帝将征兆降灾于藏冰室，这与惠帝四年那场冰室之灾寓意相似。戾后身为卫太子的媵妾，武帝时因遭受巫蛊案牵连身亡，宣帝即位后，追封其尊号为戾后，这种行为不符合礼制。又因为，戾后出身卑贱，和赵飞燕一样。天帝的警告仿佛在说，出身卑贱且丧失仁德之人没有资格配享宗庙祭祀，否则将会使宗庙祭祀断绝，预示着将要有凶恶大祸发生。同年六月丙寅日，赵皇后被册立为皇后，赵氏姐妹二人骄横嫉妒，谋害皇子，最终二人都受到应有惩罚，因罪被处死。

成帝永始四年（前13）四月癸未日，长乐宫的临华殿和未央宫的东司马门发生火灾。六月甲午日，孝文帝的霸陵寝园东阙楼以南遭受火灾。长乐宫是成帝的母亲王太后所居住的地方。未央宫是成帝所住的地方。霸陵寝园是太宗孝文帝的陵寝盛德园。当时，王太后的三个弟弟相继把持朝政，整个王氏宗族在朝中占据要位，地位显赫，充塞朝廷，王太后、赵皇后这两宫的亲属将危害国家利益，因此天象一再出现。第二年，成都侯王商去世，他的弟弟曲阳侯王根代替王商担任大司马一职，在朝中执掌大权。四年后，王根告老还乡，推荐他哥哥的儿子新都侯王莽代替自己，于是汉朝最终覆灭在王莽手中。

哀帝建平三年（前4）正月癸卯日，桂宫的鸿宁殿发生火灾，那是哀帝的祖母傅太后所居住的地方。当时，傅太后妄图与成帝的母亲等号齐尊，大臣孔光、师丹等人执掌朝政，他们都认为不能这样做，傅太后便怂恿哀帝一并免去他们的官爵等级，傅太后由此如愿获封尊号。三年后，哀帝驾崩，傅氏一族被诛灭。

平帝元始五年（前5）七月己亥日，高皇帝原庙的殿门发生火灾，被化为灰烬。高皇帝庙原本位于长安城中，后因惠帝建设复道，叔孙

帝幼，成帝母王太后临朝，委任王莽，将篡绝汉，堕高祖宗庙，故天象见也。其冬，平帝崩。明年，莽居摄，因以篡国，后卒夷灭。

《传》曰："治宫室，饰台榭，内淫乱，犯亲戚，侮父兄，则稼穑不成。"

说曰：土，中央，生万物者也。其于王者，为内事。宫室、夫妇、亲属，亦相生者也。古者天子诸侯，宫庙大小高卑有制，后夫人媵妾多少进退有度，九族亲疏长幼有序。孔子曰："礼，与其奢也，宁俭。"故禹卑宫室，文王刑于寡妻，此圣人之所以昭教化也。如此则土得其性矣。若乃奢淫骄慢，则土失其性。亡水旱之灾而草木百谷不孰，是为稼穑不成。

严公二十八年"冬，大亡麦禾。"董仲舒以为夫人哀姜淫乱，逆阴气，故大水也。刘向以为水旱当书，不书水旱而曰"大亡麦禾"者，土气不养，稼穑不成者也。是时，夫人淫于二叔，内外亡别，又因凶饥，一年而三筑台，故应是而稼穑不成，饰台榭内淫乱之罚云。遂不改寤，四年而死，祸流二世，奢淫之患也。

《传》曰："好战攻，轻百姓，饰城郭，侵边境，则金不从革。"

说曰：金，西方，万物既成，杀气之始也。故立秋而鹰隼击，秋分而微霜降。其于王事，出军行师，把旄杖钺，誓士众，抗威武，所

通谏言在渭水以北重新修建一座原庙，因此这座原庙并非正庙。当时平帝年幼，成帝的母亲王太后临朝听政，朝政便全权委任王莽掌管，王太后想篡夺汉朝江山，毁掉高祖宗庙，因此天帝降下灾象。那一年冬季，平帝驾崩。第二年，王莽摄政，就此篡国，最终汉朝灭亡。

《洪范五行传》上说："修建宫室，装饰台榭，内宫淫乱，冲犯亲戚，侮辱父兄，则农业就会遭受重大损害。"

据说：土地，居于天地中央，是孕育万物生长的根本。对于帝王而言，就是要修整内宫之事。宫室、夫妇、亲属，也是相辅相成、相互依存的关系。古代的天子诸侯，其宫庙的大小、高低都有明确的礼制规定，王后夫人、媵妾的多少和选取、废黜也有一定的制度约束，九族亲疏长幼也都有各自的礼制秩序。孔子说："在礼仪上，与其奢靡，不如节俭为好。"因此大禹住在狭窄简陋的宫室，周文王以礼对待正妻，这就是圣贤之人之所以能够彰显教化的缘故。能做到这些，就能保持土的天然属性。反之，若奢侈淫乱、骄横傲慢，则土便会丧失它的天然属性。即使没有水、旱灾害，草木、庄稼也长不好，导致农事无成。

鲁严公（鲁庄公）二十八年（前666）"冬季，麦苗大面积受损"。董仲舒认为，鲁严公的夫人哀姜行为荒淫秽乱，冲逆了阴气，因而天降大水淹死了麦苗。刘向则认为，水、旱之灾应有所记载，不记载水、旱灾情而只说"麦苗大面积受损"，应该是土气不足，无法涵养作物的征兆，从而导致粮食歉收。当时，鲁夫人哀姜与她的两个小叔子有淫乱之事，不注重男女之别，又在饥荒严重的情况下，一年之内竟三次修筑高台，从而导致农事无成，这正是上天对修饰高台、沉迷于淫乱之事的惩罚。鲁严公最终也没有醒悟，四年后驾崩，使灾祸殃及后世两代，这就是奢靡淫乱所造成的祸患。

《洪范五行传》上说："滥用武力，热衷于战争，不顾及百姓疾苦，过度修饰城郭，进犯边境，就会导致金属丧失它的天然属性，从而冶炼失败。"

据说：金代表西方，万物成熟之后，便会出现肃杀之气。因此立秋之后，可见鹰隼搏击长空，秋分过后微霜初降。对于国事政务而

以征畔逆止暴乱也。《诗》云“有虔秉钺，如火烈烈。”又曰：“载戢干戈，载櫜弓矢。”动静应谊，“说以犯难，民忘其死。”如此则金得其性矣。若乃贪欲恣睢，务立威胜，不重民命，则金失其性。盖工冶铸金铁，金铁冰滞涸坚，不成者众，及为变怪，是为金不从革。

《左氏传》曰昭公八年“春，石言于晋”。晋平公问于师旷，对曰：“石不能言，神或冯焉。作事不时，怨讟动于民，则有非言之物而言。今宫室崇侈，民力彫尽，怨讟并兴，莫信其性，石之言不亦宜乎！”于是晋侯方筑虒祁之宫。叔向曰：“君子之言，信而有征。”刘歆以为金石同类，是为金不从革，失其性也。刘向以为石白色为主，属白祥。

成帝鸿嘉三年五月乙亥，天水冀南山大石鸣，声隆隆如雷，有顷止。闻平襄二百四十里，野鸡皆鸣。石长丈三尺，广厚略等，旁著岸胁，去地二百余丈，民俗名曰石鼓。石鼓鸣，有兵。是岁，广汉钳子谋攻牢，篡死罪囚郑躬等，盗库兵，劫略吏民，衣绣衣，自号曰山君，党与浸广。明年冬，乃伏诛，自归者三千余人。后四年，尉氏樊並等谋反，杀陈留太守严普，自称将军，山阳亡徒苏令等党与数百人盗取库兵，经历郡国四十余，皆逾年乃伏诛。是时起昌陵，作者数万人，徙郡国吏民五千余户以奉陵邑。作治五年不成，乃罢昌陵，还徙家。石鸣，与晋石言同应，师旷所谓“民力彫尽”，《传》云“轻百姓”者也。虒祁离宫去绛都四十里，昌陵亦在郊野，皆与城郭同

言，就是率军出师，举战旗、执斧钺，带领官兵宣誓，提振军威，为讨伐叛逆、镇压暴动做好准备。《诗经》上说：“赤诚勇猛，手执斧钺，如火烈烈，势不可挡。”又说：“车载枪矛，弓箭入韬。”动静行止，适当有度，“舍生取义，民不畏死。”只有做到这些，才能使金保持其天然属性。反之，若贪婪无度、恣意妄为，为了树立威名而无休止地征伐，无视百姓疾苦，就会导致金丧失它的天然属性。工匠冶炼金属、铁器，就会出现铁水凝滞如冰、坚硬得无法加工的现象，根本造不出所需的刀剑或器具，并出现异变之象，这就是金属丧失天然属性，从而冶炼失败。

《左传》上说：鲁昭公八年（前534）“春季，晋国出现了一块会说话的石头”。晋平公因为此事询问大夫师旷，师旷回答说：“石头本身不会说话，大概是神灵在借助石头发声。役使百姓不遵照农时，使他们心中产生怨恨的情绪，这就会有本不会说话的东西突然说话。如今宫室修建得如此高大奢华，民力耗尽，怨声载道，民不聊生，不合常理的异象就会出现，石头说话不正是如此吗！”当时，晋侯正修筑虒祁之宫。叔向说：“君子师旷所言极是，并得到验证。”刘歆认为金与石是同类之物，石头说话和金属无法冶炼一样，都是丧失了它的天然本性。刘向则认为石头以白为主色，石头说话应属于白色灾异。

成帝鸿嘉三年（前18）五月乙亥日，天水郡冀县的南山上有块大石头发出轰鸣声，犹如隆隆的雷声，过了一会儿才停止。又有传闻说，在距离平襄县二百四十里的地方，野鸡齐鸣。轰鸣的巨石长一丈三尺，长宽高大致相等，一侧依附着山崖的半腰，距离地面约二百余丈，世人俗称它为石鼓。石鼓轰鸣，就预示着要打仗了。这一年，广汉郡有个受钳刑正在服劳役的囚徒，谋反越狱，和他一起的还有死刑犯郑躬等人，他们盗取府库中的兵器，劫掠当地官员和百姓，穿着锦绣服装，自称山君，聚集的党羽越来越多。转年冬季，才被缉拿归案，认罪处斩，主动投降的有三千多人。四年后，尉氏县的樊並等人谋反，杀害了陈留县太守严普，自称将军，山阳县逃犯苏令等党羽数百人，盗取府库里的兵器，并在四十多个郡县、诸侯国之间流窜，都

占。城郭属金，宫室属土，外内之别云。

《传》曰："简宗庙，不祷祠，废祭祀，逆天时，则水不润下。"

说曰：水，北方，终臧万物者也。其于人道，命终而形臧，精神放越，圣人为之宗庙以收魂气，春秋祭祀，以终孝道。王者即位，必郊祀天地，祷祈神祇，望秩山川，怀柔百神，亡不宗事。慎其齐戒，致其严敬，鬼神歆飨，多获福助。此圣王所以顺事阴气，和神人也。至发号施令，亦奉天时。十二月咸得其气，则阴阳调而终始成。如此则水得其性矣。若乃不敬鬼神，政令逆时，则水失其性。雾水暴出，百川逆溢，坏乡邑，溺人民，及淫雨伤稼穑，是为水不润下。京房《易传》曰："颛事有知，诛罚绝理，厥灾水。其水也，雨杀人以陨霜，大风天黄。饥而不损兹谓泰，厥灾水，水杀人。辟遏有德兹谓狂，厥灾水，水流杀人，已水则地生虫。归狱不解，兹谓追非，厥水寒，杀人。追诛不解，兹谓不理，厥水五谷不收。大败不解，兹谓皆阴。解，舍也，王者于大败，诛首恶，赦其众，不则皆函阴气，厥水流入国邑，陨霜杀叔草。"

是到第二年才伏法处斩的。那时候朝廷正大兴土木修建昌陵，动用的民工多达数万人，从各郡县、诸侯国共迁徙了五千多户官民前来充实陵邑。耗时五年时间，也没有修建完成，只得被迫停止修建昌陵，让迁徙来的官民返回原籍。石头轰鸣，与春秋时期晋国的石头说话寓意相似，即师旷所说的“民力耗尽”，以及《洪范五行传》中所讲的“无视百姓疾苦”。虒祁离宫距离绛都四十里，昌陵也位于郊野，占卜的方法与城郭一样。城郭属金，宫室属土，只不过是内外之别罢了。

《洪范五行传》上说：“简化宗庙祭祀的礼仪，不按时令祈祷神祠，废弃祭祀之礼，违逆天时，就会出现水不润下的现象。”

据说：水代表北方，是最终收藏万物之所。对于人道而言，人的生命结束后就要把形骸埋藏起来，而人的精神则超脱地在世间游荡，圣人因此建造宗庙用来收敛游荡的魂魄之气，并在春、秋两季按时节进行祭祀，使生者通过这种方式奉行孝亲之道。天子即位，必须郊祀天地，祈祷神明庇佑，望祭山川，敬奉百神，对于祭祀之事绝不敢有半点不恭。祭祀前要恭谨地净身斋戒，力求做到肃穆虔诚，鬼神才会欣然前来享用祭品，人才可以得到神灵所赐的福祉与庇佑。这就是英明的君王恭谨奉事阴气，使神明与人之间关系和睦融洽的做法。即使是发号施令，也要遵循天时节气。若一年的十二个月都能做到顺应节气，则阴阳调和、善始善终。只有这样，才能使水保持它的天然属性。如果不敬奉鬼神，发号施令违背天时节气，则水将丧失它的天然属性。便会出现云雾弥漫，黑水暴发，百川泛滥，冲毁城邑，淹溺百姓，以及淫雨不断，影响作物生长，这些都是水不润下的表现。京房在《易传》中所说：“专权纵欲，诛罚无理，则会引发水灾。水灾就是天降大雨，泛滥成灾而使人丧命，或者天降寒霜、大风刮得天昏地暗。饥荒之年，若仍不知减膳节约，这就是所说的奢侈浪费，将会引发水灾，洪水泛滥，威胁百姓生命。限制有德才的人，不重用他们，这就是所说的傲慢无知，将会引发水灾，洪水泛滥，威胁生命，被洪水淹没过的土地还会滋生害虫。冤狱不止，无法结案，这就是因循错误，执法不公，将会引发滴水成冰，天寒杀人。追杀不懈，这就是所说的无视义理，将引发水灾，使五谷绝收。对于败

桓公元年“秋，大水”。董仲舒、刘向以为桓弑兄隐公，民臣痛隐而贱桓。后宋督弑其君，诸侯会，将讨之，桓受宋赂而归，又背宋。诸侯由是伐鲁，仍交兵结仇，伏尸流血，百姓愈怨，故十三年夏复大水。一曰，夫人骄淫，将弑君，阴气盛。桓不寤，卒弑死。刘歆以为桓易许田，不祀周公，废祭祀之罚也。

严公七年“秋，大水，亡麦苗”。董仲舒、刘向以为严母文姜与兄齐襄公淫，共杀桓公，严释父仇，复取齐女，未入，先与之淫，一年再出，会于道逆乱，臣下贱之之应。

十一年“秋，宋大水”。董仲舒以为时鲁、宋比年为乘丘、鄑之战，百姓愁怨，阴气盛，故二国俱水。刘向以为时宋愍公骄慢，睹灾不改，明年与其臣宋万博戏，妇人在侧，矜而骂万，万杀公之应。

二十四年，“大水”。董仲舒以为夫人哀姜淫乱不妇，阴气盛也。刘向以为哀姜初入，公使大夫宗妇见，用币，又淫于二叔，公弗能禁。臣下贱之，故是岁、明年仍大水。刘歆以为先是严饰宗庙，刻

军穷追不舍，这就是所说的阴气过盛。懈，就是舍弃、不追的意思，作为君王，对于败军，只诛杀其首领即可，而赦免其他部众，否则就会聚集、包藏阴气，洪水将会涌入国邑，并且天降寒霜，庄稼作物被冻死。”

鲁桓公元年（前708）“秋季，发生水灾”。董仲舒、刘向一致认为，鲁桓公弑杀他的哥哥鲁隐公，臣民们哀痛鲁隐公的同时，都非常鄙视鲁桓公的所作所为。后来，宋国的华父督犯上作乱，弑杀君王，于是各国诸侯会盟，准备讨伐宋国，鲁桓公因接受了宋国的贿赂而撤军，但很快又背弃了宋国。各路诸侯因此展开了征伐鲁国的战争，战争无休无止，结成仇怨，伏尸遍野，血流成河，战争使百姓愈发怨愤，因此鲁桓公十三年（前699）夏季，再次发生水灾。还有一种说法是，因为鲁桓公的夫人骄横淫荡，想要杀害鲁桓公，导致阴气过盛。鲁桓公不醒悟，最终被弑杀。刘歆则认为，这是因为鲁桓公用建有周公祠庙的许田郡与郑国做交易，不再祭祀周公，水灾是他废弃祭祀之礼所受到的惩罚。

鲁严公七年（前687）“秋季，发生水灾，麦苗被淹死”。董仲舒、刘向都认为，鲁严公的母亲文姜与她的哥哥齐襄公行淫乱之事，还共同谋害了鲁桓公，然而，鲁严公无视杀父之仇，竟然还娶了齐国的女子为妻，没迎娶之前，鲁严公就先与其交媾，一年之后才举行仪式，所有的灾祸皆因鲁严公倒行逆施引起，同时也遭到大臣和百姓们的鄙视，水灾就是对这些丑事的惩罚。

鲁严公十一年（前683）“秋季，宋国发大水”。董仲舒认为，当时鲁、宋两国连年为了争夺乘丘、鄑郡而战，百姓忧愁怨愤，阴气过盛，因此导致鲁、宋两国都发生水灾。刘向则认为，当时宋愍公骄横傲慢，看到了天灾的警示仍然不知悔改，第二年宋愍公与大臣宋万博弈，正好有位妇人站在一旁观看，宋愍公为维护自尊而骂了宋万，宋万一怒之下将宋愍公杀死，水灾就是对这件事的惩罚。

鲁严公二十四年（前670），“大水”。董仲舒认为，这是夫人哀姜行为淫乱，不守妇道，阴气过盛所致。刘向认为，哀姜刚刚嫁到鲁国，鲁严公让宗室大夫的夫人前来拜见，拜见时用玉璧作为见面礼，

桷丹楹，以夸夫人，简宗庙之罚也。

宣公十年“秋大水，饥”。董仲舒以为时比伐邾取邑，亦见报复，兵仇连结，百姓愁怨。刘向以为宣公杀子赤而立，子赤，齐出也，故惧，以济西田赂齐。邾子貜且亦齐出也，而宣比与邾交兵。臣下惧齐之威，创邾之祸，皆贱公行而非其正也。

成公五年“秋，大水”。董仲舒、刘向以为时成幼弱，政在大夫，前此一年再用师，明年复城郓以强私家，仲孙蔑、叔孙侨如颛会宋、晋，阴胜阳。

襄公二十四年“秋，大水。”董仲舒以为先是一年齐伐晋，襄使大夫帅师救晋，后又侵齐，国小兵弱，数敌强大，百姓愁怨，阴气盛。刘向以为先是襄慢邻国，是以邾伐其南，齐伐其北，莒伐其东，百姓骚动，后又仍犯强齐也。大水，饥，谷不成，其灾甚也。

高后三年夏，汉中、南郡大水，水出流四千余家。四年秋，河南大水，伊、雒流千六百余家，汝水流八百余家。八年夏，汉中、南郡水复出，流六千余家。南阳沔水流万余家。是时女主独治，诸吕

这种行为不符合礼制，后来哀姜又和她的两个小叔子淫乱通奸，鲁严公制止不了。此事遭到大臣和百姓的鄙视，因此当年和第二年连年发生水灾。刘歆则认为，在此之前鲁严公装饰宗庙，雕梁画栋、丹朱上色，以此来向夫人夸耀，而这种行为是对宗庙的亵渎与怠慢不敬，因此受到天帝惩罚，发生了水灾。

鲁宣公十年（前599）“秋季，大水，饥荒”。董仲舒认为，这是当年鲁国频频对邾国发动战争，夺取其城邑，同时遭到反击，于是战争接连不断，百姓怨声载道所致。刘向认为，鲁宣公杀死子赤而自立为君。子赤是齐国夫人姜氏之女所生，因为害怕齐国兴师问罪，于是就把济西的田地送给齐国。邾国的子貜也是齐国女子所生，而鲁宣公却与邾国连年交战。臣民百姓都担心齐国日后强大，会惩罚鲁国曾对邾国造成的祸患，因此大家都十分鄙视鲁宣公的不正当行为，这才是引发水灾的原因。

鲁成公五年（前586）“秋季，大水”。董仲舒、刘向都认为，当时鲁成公尚处于幼弱之年，朝政由大夫代为执掌，在此之前，一年当中两次出兵打仗，第二年又修建郓城，只为增强私家的权势，仲孙蔑、叔孙侨如二人还擅自与宋、晋两国会盟，这些行为都是阴气胜过阳气的表现，从而引发水灾。

鲁襄公二十四年（前549）“秋季，大水”。董仲舒认为，在此前一年，齐国征伐晋国，鲁襄公派大夫率领军队前去救援晋国，后来又侵犯齐国，鲁国国小兵弱，却多次与强国、大国为敌，百姓为此忧愁怨愤，阴气过盛而引发了此次水灾。刘向则认为，在此之前，鲁襄公侮辱、怠慢邻国，因此引起邾国从南面进攻鲁国，齐国从北面进攻，莒国从东面进攻，鲁国百姓骚动不安，可是后来鲁国又多次进犯强大的齐国，这就引发了水灾。洪水泛滥，淹没粮田，五谷绝收，年景饥荒，灾情严重。

高后三年（前185）夏季，汉中郡、南郡发生水灾，河水泛滥，淹没了四千多户人家。高后四年秋季，河南郡发大水，伊河、洛河泛滥，淹没了一千六百多户人家，汝水泛滥，淹没了八百多户人家。高后八年夏季，汉中郡、南郡又先后发生水灾，淹没六千多户人家。南阳沔水

相王。

文帝后三年秋，大雨，昼夜不绝三十五日。蓝田山水出，流九百余家。汉水出，坏民室八千余所，杀三百余人。先是，赵人新垣平以望气得幸，为上立渭阳五帝庙，欲出周鼎，以夏四月，郊见上帝。岁余惧诛，谋为逆，发觉，要斩，夷三族。是时，比再遣公主配单于，赂遗甚厚，匈奴愈骄，侵犯北边，杀略多至万余人，汉连发军征讨戍边。

元帝永光五年夏及秋，大水。颍川、汝南、淮阳、庐江雨，坏乡聚民舍，及水流杀人。先是一年有司奏罢郡国庙，是岁又定迭毁，罢太上皇、孝惠帝寝庙，皆无复修，通儒以为违古制。刑臣石显用事。

成帝建始三年夏，大水，三辅霖雨三十余日，郡国十九雨，山谷水出，凡杀四千余人，坏官寺民舍八万三千余所。元年，有司奏徙甘泉泰畤、河东后土于长安南北郊。二年，又罢雍五畤、郡国诸旧祀，凡六所。

泛滥，淹没了一万多户人家。当时女主吕氏独自掌管朝政，吕氏一族都被封为诸侯王。

文帝后元三年（前162）秋季，天降大雨，昼夜不停地下了三十五天。蓝田县山洪泛滥，淹没了九百多户人家。汉水泛滥，淹没民宅八千多间，致三百多人丧生。在此之前，赵人新垣平凭借观测云气预知吉凶，受到文帝的宠幸，他为文帝主持在渭水以北修建五帝庙的工程，希望能再次挖掘到周鼎，从而在夏季四月，举行郊祀仪式，拜见天帝。此事持续了一年多时间，后来因骗局败露，害怕被处死，就密谋造反，被察觉后执行了腰斩之刑，诛灭三族。当时，朝廷还多次派遣公主远嫁匈奴的单于，赠送的礼物也颇为丰厚，然而匈奴的气焰越来越骄横、嚣张，频繁进犯汉朝北部边境，杀戮的百姓高达一万多人，汉朝为此连年发兵征讨匈奴，以保卫边境。

元帝永光五年（前39）夏季和秋季，先后发生重大水灾。颍川、汝南、淮阳、庐江大雨滂沱，冲毁了城乡民舍，大水淹死了很多百姓。在此前一年，有关官员曾奏请撤销各郡县、诸侯国的宗庙祭祀，这一年又规定了依次撤销、废除宗庙的迭毁制度，就连太上皇和孝惠帝的寝庙也被废除，都没有再进行修缮，通晓儒学的儒生们认为，这样做违逆了古代礼制。宦官石显在朝中掌管大权。

成帝建始三年（前30）夏季，大水，长安周边的三辅地区连续下了三十多天的大雨，各郡县、诸侯国连续下了十九天的大雨，导致山洪暴发，共淹死四千多人，冲毁官衙、民舍八万三千多间。早在建始元年，有关官员曾奏请把甘泉的天帝祠庙与河东的后土祠庙分别搬迁至长安城以南、以北的郊野。建始二年，又撤销了雍地的五帝祭坛以及各郡县、诸侯国的旧有祭祀祠庙，共六处。

卷二十七中之上

五行志第七中之上

经曰："羞用五事。五事：一曰貌，二曰言，三曰视，四曰听，五曰思。貌曰恭，言曰从，视曰明，听曰聪，思曰容。恭作肃；从作艾；明作哲；聪作谋；容作圣。休征：曰肃，时雨若；艾，时阳若；哲，时奥若；谋，时寒若；圣，时风若。咎征：曰狂，恒雨若；僭，恒阳若；舒，恒奥若；急，恒寒若；霿，恒风若。"

《传》曰："貌之不恭，是谓不肃，厥咎狂，厥罚恒雨，厥极恶。时则有服妖，时则有龟孽，时则有鸡祸，时则有下体生上之痾，时则有青眚青祥。唯金沴木。"

说曰：凡草物之类谓之妖。妖犹夭胎，言尚微。虫豸之类谓之孽。孽则牙孽矣。及六畜，谓之祸，言其著也。及人，谓之痾。痾，病貌，言浸深也。甚则异物生，谓之眚；自外来，谓之祥，祥犹祯也。气相伤，谓之沴。沴犹临莅，不和意也。每一事云"时则"以绝之，言非必俱至，或有或亡，或在前或在后也。

孝武时，夏侯始昌通《五经》，善推《五行传》，以传族子夏侯

《尚书·洪范》上说："要谨慎地对待五件事。这五件事分别为：一是容貌，二是言论，三是眼光，四是听觉，五为思想。具体的要求是，容貌要恭敬肃穆，言论要顺从，眼光要明亮，听觉要敏锐，思想要通达。容貌恭敬肃穆，臣民才能严肃地安守本分；言论谦和，臣民才能恭顺服从；眼光分明，行事才能明智；听觉敏锐，才能便于谋划；思想通达，才能为人圣明。善政的验征：恭敬严肃，犹如及时雨，从而风调雨顺；言辞谦和，犹如和煦的暖阳，普照大地；做事明智，犹如寒暑因时而易，从而节气顺和；谋划合理，犹如寒暑应时而至，从而四季分明；通达圣明，犹如和风宜人，从而万物和谐。恶行的验征：狂妄自大，犹如大雨不止；僭越，犹如酷日恒阳；懈怠，犹如冷暖无序；急躁，犹如恒寒不消；昏庸，犹如狂风不息。"

《洪范五行传》上说："仪态不恭就是所谓的不严肃，会失去不庄重，主要表现是恣意狂妄，将受到的惩罚是大雨滂沱不止，后果非常严重。有时会有异装的服妖出现，有时会有龟孽出现，有时会有鸡瘟出现，有时会有下体长到上身的怪病出现，有时会有青色可以预兆吉凶的怪物出现。用五行解释，需出现金克木。"

据说：凡是草木、动物之类都有可能出现妖异现象，称为妖。妖就像孕而未生的胚胎，细微未显。虫豸之类的妖异称为孽。孽就是妖孽。孽附着于牛羊等六畜身上，称为祸，是说怪异显著。孽附着于人的身上，称为痾。痾，就会显现病症，说明危害严重了。更严重的甚至会生出异物，称为眚；如果异物由外界侵入，则称为祥，祥也就是祯。邪气入侵造成损伤，称为沴。沴即为莅临不和的意思。总之，各种情况均概括为"时有发生"，就是说事物未必全部或必然发生，而是或有或无，有时发生在事前，有时发生在事后。

孝武帝执政期间，夏侯始昌精通《五经》，善于推演研究《五行

胜，下及许商，皆以教所贤弟子。其传与刘向同，唯刘歆传独异。貌之不恭，是谓不肃。肃，敬也。内曰恭，外曰敬。人君行己，体貌不恭，怠慢骄蹇，则不能敬万事，失在狂易，故其咎狂也。上嫚下暴，则阴气胜，故其罚常雨也。水伤百谷，衣食不足，则奸轨并作，故其极恶也。一曰，民多被刑，或形貌丑恶，亦是也。风俗狂慢，变节易度，则为剽轻奇怪之服，故有服妖。水类动，故有龟孽。于《易》，《巽》为鸡，鸡有冠距文武之貌。不为威仪，貌气毁，故有鸡祸。一曰，水岁鸡多死及为怪，亦是也。上失威仪，则下有强臣害君上者，故有下体生于上之痾。木色青，故有青眚青祥。凡貌伤者病木气，木气病则金沴之，冲气相通也。于《易》，《震》在东方，为春为木也；《兑》在西方，为秋为金也；《离》在南方，为夏为火也；《坎》在北方，为冬为水也。春与秋，日夜分，寒暑平，是以金木之气易以相变，故貌伤则致秋阴常雨，言伤则致春阳常旱也。至于冬夏，日夜相反，寒暑殊绝，水火之气不得相并，故视伤常奥，听伤常寒者，其气然也。逆之，其极曰恶；顺之，其福曰攸好德。刘歆貌传曰有鳞虫之孽，羊祸，鼻痾。说以为于天文东方辰为龙星，故为鳞虫；于《易》《兑》为羊，木为金所病，故致羊祸，与常雨同应。此说非是。春与秋，气阴阳相敌，木病金盛，故能相并，唯此一事耳。祸与妖痾祥眚同类，不得独异。

传》，他把学术理论传给了他的本家子弟夏侯胜，然后往下传授给许商，就这样世代相承的把学术理论传授给自己的得意门生。他们所传授的精髓与刘向的观点一致，只有刘歆的观点与之存在差异。仪态不恭敬，称为不肃。肃就是恭敬的意思。内在表现为恭，外在表现为敬。国君的言谈举止，如果仪态不恭敬，则会表现出怠慢骄横，就无法认真对待各项国家事务，过失往往是由于恣意狂妄、轻率而不持重造成的，因此错就错在一个狂字上。若国君轻慢无礼，则臣民便会残暴不仁，则会导致阴气过盛，因此天帝就用无休无止的大雨惩罚他。洪水损毁百谷，致使百姓衣食不足，久而久之就会造成作奸犯科图谋不轨的事情一起发生，因此说后果十分严重。还有一种说法认为，黎民百姓大多受到刑罚，以至于有的肢体残缺、样貌丑陋，也会引起大雨不停。社会风气狂傲轻浮，百姓丧失气节，反复无常，便会喜欢轻浮怪异的服饰，因此就会出现服妖。水族出现动乱，因此会出现龟孽。《易经》上说，《巽》卦的卦象是鸡，鸡有高耸的鸡冠和坚利的距爪，是文武官员的象征。如果不注重仪容的威严，就会使形貌气质受损，因而产生鸡瘟。还有一种说法是，水灾年鸡大多死亡或是出现怪异，说的也是这个道理。如果国君失去威仪，则会有强势的大臣以下犯上，威胁到国君，因此就会出现下体长在上身的怪病。草木颜色发青，因而便会出现青眚、青祥的现象。凡是样貌受损的，同时会损伤木气，木气被损伤则需要以金气来消除，这是因为气与气之间的冲撞是相互连通的。《易经》上说，《震》卦代表东方，是春季和木气的象征；《兑》卦代表西方，是秋季和金气的象征；《离》卦代表南方，是夏季和火气的象征；《坎》卦代表北方，是冬季和水气的象征。春分和秋分一样，都是日夜等长，寒暑适中，因为金木之气容易相互转化，所以，样貌仪态受到损伤，就会导致秋季阴雨连绵不绝，而言论有失就会导致春季晴天多而持续干旱。至于说到冬至与夏至，一个是夜长昼短，一个是昼长夜短，情况正好相反，寒热分明，相差悬殊，水火二气不可相容相通，因此，眼光不分明就会导致持续高温，听觉不敏锐就会导致常寒不暖，这就是气的运行规律。若是违背了它的运行规律，后果是相当严重的；若能

史记成公十六年，公会诸侯于周，单襄公见晋厉公视远步高，告公曰："晋将有乱。"鲁侯曰："敢问天道也？抑人故也？"对曰："吾非瞽史，焉知天道？吾见晋君之容，殆必祸者也。夫君子目以定体，足以从之，是以观其容而知其心矣。目以处谊，足以步目。晋侯视远而足高，目不在体，而足不步目，其心必异矣。目体不相从，何以能久？夫合诸侯，民之大事也，于是乎观存亡。故国将无咎，其君在会，步言视听必皆无谪，则可以知德矣。视远，曰绝其谊；足高，曰弃其德；言爽，曰反其信；听淫，曰离其名。夫目以处谊，足以践德，口以庇信，耳以听名者也，故不可不慎。偏丧有咎；既丧，则国从之。晋侯爽二，吾是以云。"后二年，晋人杀厉公。凡此属，皆貌不恭之咎云。

《左氏传》桓公十三年，楚屈瑕伐罗，斗伯比送之，还谓其驭曰："莫嚣必败，举止高，心不固矣。"遽见楚子以告。楚子使赖人

顺应自然，则会有福祉降临，即所谓的好德而得善报。刘歆在提及样貌时说，有鳞虫之孽、羊祸、鼻痾。他认为在天文学上，代表东方的星辰是龙星，因此龙也称为鳞虫；《易经》上说，《兑》卦以羊为物象，如果木被金所伤，将会导致羊祸发生，与常雨不停的惩罚寓意相似。其实这种说法欠妥。春季与秋季一样，阴阳之气相冲，木衰则金盛，因此才能相辅相成，只有这一种情况。就像祸与妖、怪病、祥眚属于同类，没有太大的差异。

历史上记载，鲁成公十六年（前575），鲁成公与诸侯会盟于周，单襄公看见晋厉公走路时两眼高视远方，步履高抬的样子，就对鲁成公说："晋国要出乱子了。"鲁成公说："请问这是天意，还是人为原因导致的呢？"单襄公回答说："我不是占卜的史官，怎能知晓天道？我是看见晋侯的这副尊容，估计晋国必将有灾祸发生。君子的眼睛是用来观察事物的，走路的样子应该从容不迫，我刚才观察他的样貌仪态，就可以了解他的心志了。目光所及远近适中，脚步跟随目光的指引，走起路来自然稳健。晋侯目光远眺而脚抬得很高，目光没有很好的指引身体，脚步也没有跟随目光的指引，说明他的心志必定发生了变异。目光与身体不协调，怎能长久呢？再说诸侯会盟是关系民生的大事，由此便可以洞察到兴衰存亡的契机和端倪。因此国家若无灾祸，国君在会盟中的言谈举止、观瞻耳闻必然都是协调得体的，无可指责，也就可以获悉他的德行了。目光远眺就是断绝道义的表现；脚抬得过高就是舍弃仁德的表现；说话爽直而有失诚恳就是违反信义；耳听不正之言就是背离名分。人通过眼睛来传递正义，通过脚步来履行仁德，通过言语来维护信义，通过耳朵来聆听道义，所以目视、耳闻、言谈、举止都不能不谨慎。万一有所偏颇就会出现差错，带来灾难；若是完全丧失礼仪规范，则整个国家也就跟着陷入灾祸。晋侯如今两个方面都有失体统，我是根据这些做出判断的。"两年后，晋国人杀害了晋厉公。所有这些，都说明仪态不恭必将导致灾祸。

《左传》上说，鲁桓公十三年（前99），楚国的屈瑕奉旨讨伐罗国，斗伯比为他送行，在送行回来的路上，斗伯比对驾车的人说：

追之，弗及。莫嚣行，遂无次，且不设备。及罗，罗人军之，大败。莫嚣缢死。

釐公十一年，周使内史过赐晋惠公命，受玉，惰。过归告王曰："晋侯其无后乎！王赐之命，而惰于受瑞，先自弃也已，其何继之有！礼，国之干也；敬，礼之舆也。不敬则礼不行，礼不行则上下昏，何以长世！"二十一年，晋惠公卒，子怀公立，晋人杀之，更立文公。

成公十三年，晋侯使郤锜乞师于鲁，将事不敬。孟献子曰："郤氏其亡乎！礼，身之干也；敬，身之基也。郤子无基。且先君之嗣卿也，受命以求师，将社稷是卫，而惰弃君命也，不亡何为！"十七年，郤氏亡。

成公十三年，诸侯朝王，遂从刘康公伐秦。成肃公受脤于社，不敬。刘子曰："吾闻之曰，民受天地之中以生，所谓命也。是以有礼义动作威仪之则，以定命也。能者养以之福；不能者败以取祸，是故君子勤礼，小人尽力。勤礼莫如致敬，尽力莫如惇笃。敬在养神，笃在守业。国之大事，在祀与戎。祀有执膰，戎有受脤，神之大节也。今成子惰，弃其命矣，其不反乎！"五月，成肃公卒。

“屈瑕这次出征必定会失败，他走路时脚抬得很高，说明他心志不稳定。”回到朝中，斗伯比随即觐见楚王，向楚王禀告了实情。于是楚王便派出一位赖国人去追赶屈瑕，可惜没有追上。屈瑕率军前进，果然队列不齐，军容不整，而且对于作战缺乏充分的准备。到了罗国，罗国人发起进攻，楚军大败。屈瑕自缢身亡。

鲁僖公十一年（前649），周王派一位名叫过的内史向晋惠公传达王命，晋惠公在接受圭玉时，态度怠慢而不积极。过回到朝中禀告周王说：“晋侯恐怕将断绝子嗣了！天子赐他圭玉，他却懒于接受福瑞，这是主动放弃自己的福瑞，还有什么后继可言！礼仪，是立国之本；恭敬，是礼仪的基础。缺乏恭敬之心，礼仪就无法施行，不能施行礼仪，则上下昏庸不堪，浑浑噩噩，如何能永世长存！”鲁僖公二十一年（前639），晋惠公去世，他的儿子晋怀公被册立为国君，晋国人弑杀了晋怀公，改立晋文公。

鲁成公十三年（前578），晋侯派郤锜到鲁国求援，郤锜奉行君命却行为不敬。孟献子说：“郤氏要灭族了吧！礼仪，是立身行事的根本；恭敬，是立身行事的基础。郤子已失去根基。况且他作为他父亲卿位的继承人，奉国君的命令前来求援，就是为了保护社稷的危亡，而他却如此懈怠，弃君令于不顾，怎能不灭亡呢！”鲁成公十七年（前574），郤氏果然灭亡。

鲁成公十三年（前578），诸侯们朝见周王，而后跟随周大夫刘康公一起讨伐秦国。周大夫成肃公在土地神庙接受祭肉时，表现得怠慢而无礼。刘康公说：“我听说，百姓领受天地间的中和之气而降生，这就是所谓的天命。因此就有了礼义的举止和威仪的行为规范，通过得体的仪容获得上天的庇佑，从而福寿绵长。能够遵守规则的，就能福寿安康，颐养天年；不能遵守规则的，就会招致祸端，自取灭亡。因此君子都勤谨奉行礼仪，小人尽力而为。勤谨于礼仪，没有比恭敬更重要的了，尽力而为，没有比敦厚老实更重要的了。恭敬的目的是为了奉养神明，得到庇佑，敦厚老实是为了时刻提醒自己要安分守己。对于国家而言，最重要的事莫过于祭祀和征战。祭祀要举行敬奉祭肉之礼，征战前要举行以牲肉颁赐众人之礼，这些都是祭

成公十四年，卫定公享苦成叔，宁惠子相。苦成叔敖，宁子曰："苦成家其亡乎！古之为享食也，以观威仪省祸福也。故《诗》曰：'兕觥其觩，旨酒思柔，匪儌匪傲，万福来求。'今夫子傲，取祸之道也。"后三年，苦成家亡。

襄公七年，卫孙文子聘于鲁。君登亦登。叔孙穆子相，趋进曰："诸侯之会，寡君未尝后卫君。今吾子不后寡君，寡君未知所过，吾子其少安！"孙子亡辞，亦亡悛容。穆子曰："孙子必亡，为臣而君，过而不悛，亡之本也。"十四年，孙子逐其君而外叛。

襄公二十八年，蔡景侯归自晋，入于郑。郑伯享之，不敬。子产曰："蔡君其不免乎！日其过此也，君使子展往劳于东门，而敖。吾曰：'犹将更之。'今还，受享而惰，乃其心也。君小国，事大国，而惰敖以为己心，将得死乎？君若不免，必由其子。淫而不父，如是者必有子祸。"三十年，为世子般所杀。

奉神明的至上大礼。如今成肃公对此礼仪表现出怠慢不敬，这无异于是弃自己的生命于不顾，他的命运将无可挽救了！”那一年五月，成肃公去世。

鲁成公十四年（前577），卫定公设宴款待晋国大夫苦成叔，还有卫国大夫宁惠子作陪。席间，苦成叔桀骜不驯，傲慢无礼，宁惠子便说：“苦成家族将要败亡了！自古以来，通过设宴款待宾客，来观察宾客的威仪，从而判断他们的祸福吉凶。因此《诗经》上有载：‘酒器如虬，美酒绵柔，不贪不傲，福佑绵长。’今天苦成叔在酒宴上竟如此傲慢，这是为自己招惹祸端的行为啊。”三年后，苦成家族败亡。

鲁襄公七年（前566），卫国大夫孙文子访问鲁国。会面后，鲁襄公登上一级台阶，孙文子也并肩登上一级台阶。鲁国大夫叔孙穆子作为赞相礼官，连忙上前对孙文子说：“在诸侯会盟之时，我们的国君未曾怠慢过卫君。如今你却不愿走在我们国君的后面，我们的国君不知是哪里出现了失误，受到如此轻视，还是请先生放慢脚步吧！”孙文子无言以对，但也毫无悔改之意。叔孙穆子说：“孙文子必将败亡，身为臣子却是一副国君的派头，出现失误还不知悔改，这是导致败亡的根本原因。”鲁襄公十四年，孙文子将卫君驱逐出境，然而后来，孙氏的采邑同样背叛了孙文子。

鲁襄公二十八年（前545），蔡景侯从晋国回国，途经郑国。郑伯设宴款待他，席间，蔡景侯傲慢无礼，有失礼数。郑国大夫子产说：“蔡君恐怕无法避免灾祸了！从前，蔡景侯去晋国时途经这里，国君曾派子展到国都东门去慰劳他，当时他就表现出一副桀骜不驯，傲慢无礼的样子。我说：‘蔡景侯会意识到错误并加以改正的。’如今他从晋回国又途经这里，享受宴请的同时，却依然表现出怠慢无礼的样子，说明他就是这样的人。蔡国是一个小国，身为小国之君，与大国往来，却表现出一副傲慢无礼的样子，还自认为本该如此，这种人将来能善终吗？如果他本人能免于灾祸，那么迟早会落在他的后辈身上。他行为荒淫无度，丧失了做父亲的资格，这样必定会给后世子孙招来杀身之祸。”鲁襄公三十年，蔡景侯最终被世子般所杀。

襄公三十一年，公薨。季武子将立公子裯，穆叔曰："是人也，居丧而不哀，在戚而有嘉容，是谓不度。不度之人，鲜不为患。若果立，必为季氏忧。"武子弗听，卒立之。比及葬，三易衰，衰衽如故衰。是为昭公。立二十五年，听谗攻季氏。兵败，出奔，死于外。

襄公三十一年，卫北宫文子见楚令尹围之仪，言于卫侯曰："令尹似君矣，将有它志；虽获其志，弗能终也。"公曰："子何以知之？"对曰："《诗》云'敬慎威仪，惟民之则'，令尹无威仪，民无则焉。民所不则，以在民上，何以终世。"

昭公十一年夏，周单子会于戚。视下言徐。晋叔向曰："单子其死乎！朝有著定，会有表，衣有襘，带有结。会朝之言必闻于表著之位，所以昭事序也；视不过结襘之中，所以道容貌也。言以命之，容貌以明之，失则有阙。今单子为王官伯，而命事于会，视不登带，言不过步，貌不道容而言不昭矣。不道不恭，不昭不从，无守气矣。"十二月，单成公卒。

昭公二十一年三月，葬蔡平公，蔡太子朱失位，位在卑。鲁大夫送葬者归告昭子。昭子叹曰："蔡其亡乎！若不亡，是君必不终。

鲁襄公三十一年（前542），鲁襄公去世。季武子打算拥立鲁襄公之子公子姬裯为鲁国国君，公孙穆叔说："姬裯这个人啊，服丧期间毫无哀痛之情，处于悲伤时期却面露喜色，这是不孝的表现。不孝之人，很少能躲避灾祸。如果拥立他为国君，必定会成为季氏的隐患。"季武子不听，最终还是拥立公子姬裯为国君。到了鲁襄公入葬的时候，这位新国君三次更换孝服，刚穿上的孝服转眼就被弄脏，像旧孝服一样。这就是鲁昭公。即位二十五年后，他听信谗言攻打季氏。最终因战败出逃，死在了国外。

鲁襄公三十一年（前542），卫国大夫北宫文子看到楚国令尹围的仪态，就对卫侯说："楚国令尹表现出国君的气派，此人将来可能会心存异志；不过即使他如愿以偿了，也注定不会长久。"卫侯说："你是怎么知道的？"北宫文子回答说："《诗经》上说，'身居高位的人要特别虔敬谨慎自己的威仪，这样才能成为臣民的榜样'，如今这位令尹丝毫不注重威仪，不检点自己的举止，那么百姓也就没有效法的标准了。没有做到以身作则，却又居于百姓之上的人，是不可能善终的。"

鲁昭公十一年（前531）夏季，周朝大夫单子与诸侯会盟于卫国的戚地。他目光向下，说话迟缓。晋国大夫叔向说："单子死期将近了！诸侯朝见天子时，朝堂之上都会设有固定的席位，王室大夫会见诸侯时，也有一定的排列次序，衣领要交叉，衣带要挽结。会见诸侯时，讲话的声音要确保让每一位列席者都听到，从而将天子的意图传达得清晰、明白；而目光则应注视着对方的衣领交会与衣带扭结的中间，以此展示神情专注的仪态。言语是用来发号施令的，仪态神情是用来表明态度的，做不到就会造成失误。今天单子作为周天子的百官之长，在传达天子诏命的会盟上，目光不及诸侯的衣带高度，声音无法让每一位诸侯都听到，神态不够专注，言语也不够清晰。态度不明朗，人们自然不会恭敬，语言不清晰，人们自然难以从命，单子的表现说明他没有守身的底气了。"那年十二月，单子去世。

鲁昭公二十一年（前521）三月，安葬蔡平公，葬礼上，蔡国的太子朱没有站在他应该站的位置，而是站在了卑微的位置上。参加

《诗》曰：‘不解于位，民之攸塈。’今始即位而适卑，身将从之。”十月，蔡侯朱出奔楚。

晋魏舒合诸侯之大夫于翟泉，将以城成周。魏子莅政，卫彪傒曰：“将建天子，而易位以令，非谊也。大事奸谊，必有大咎。晋不失诸侯，魏子其不免乎！”是行也，魏献子属役于韩简子，而田于大陆，焚焉而死。

定公十五年，邾隐公朝于鲁，执玉高，其容仰。公受玉卑，其容俯。子赣观焉，曰：“以礼观之，二君者皆有死亡焉。夫礼，死生存亡之体也。将左右周旋，进退俯仰，于是乎取之；朝祀丧戎，于是乎观之。今正月相朝，而皆不度，心已亡矣。嘉事不体，何以能久？高仰，骄也；卑俯，替也。骄近乱，替近疾。君为主，其先亡乎！”

庶征之恒雨，刘歆以为《春秋》大雨也，刘向以为大水。

隐公九年“三月癸酉，大雨，震电；庚辰，大雨雪”。大雨，雨水也；震，雷也。刘歆以为三月癸酉，于历数春分后一日，始震电之时也，当雨，而不当大雨。大雨，常雨之罚也。于始震电八日之间而大雨雪，常寒之罚也。刘向以为周三月，今正月也，当雨水，雪杂雨，电未可以发也。既已发也，则雪不当复降。皆失节，故谓之异。于

葬礼的鲁国大夫回国后将这件事告诉了昭子。昭子叹息说："蔡国要败亡了！就算没有败亡，这位新国君也必定无法善终。《诗经》上说：'国君在执政期间不懈怠，百姓才能安居乐业。'如今刚即位就屈尊于卑微的位置，以后他整个人也将随之而下，失去君位。"那一年十月，蔡国这位新国君就出逃到楚国。

晋国的大夫魏舒在翟泉与各诸侯国派来的大夫们会面，共同商议修建成周洛阳城防之事。魏舒在晋国代表国君督办此事，卫国大夫彪傒说："要修建天子之城，却派魏大夫代替国君来发号施令，这样做是不符合礼仪的。在大事上有违礼制，必定会招致大灾大难。即使晋国的诸侯之位得以保全，但魏舒本人也难以避免灾祸！"为天子修建城防一事，魏舒把事情交给韩简子全权负责，自己却跑到旷野打猎去了，谁知不幸遭遇大火，最终被烧死在那里。

鲁定公十五年（前495），邾隐公前来朝见鲁公，邾隐公手执玉圭，高高举起，上仰着脸。鲁公则态度谦卑地接受了玉圭，俯身低头表示恭敬。一旁的子贡看见了，于是说："从行礼中可以看出，这两位国君都有将死的征兆。礼仪，乃是生死存亡的根本。人们左右周旋、进退俯仰，都要以礼相待；朝见、祭祀、治丧、演武，也都要观察礼仪是否符合标准。如今两国国君在正月里朝会，而且二人的做法都不符合礼仪，对待礼仪心不在焉。如此重大的朝会之事都无视礼仪，还怎么能长久下去？趾高气扬是骄傲的表现；俯首帖耳是颓废的表现。骄傲之人容易叛乱，颓废之人容易患病。鲁国国君作为此次朝会的发起者，恐怕要先死吧！"

久雨不停的诸多征兆，刘歆认为是《春秋》中所说的滂沱大雨，刘向认为应该是发大水。

鲁隐公九年（前714）"三月癸酉日，天降大雨，伴有雷电；庚辰日，有大雨雪"。大雨，指的就是降水；震指的是打雷。刘歆认为三月癸酉日，在历法上是春分后的第一天，是春雷乍响的时节，是该下雨了，但不会是下大雨。大雨，是指常雨不停的惩罚。在雷电出现的最初八天之内天降大雪，这是以恒寒不暖进行惩罚。刘向认为周历的三月，也就是汉历的正月，应该是有降水的，比如雨雪夹杂，但雷电

《易》，雷以二月出，其卦曰《豫》，言万物随雷出地，皆逸豫也。以八月入，其卦曰《归妹》，言雷复归。入地则孕毓根核，保藏蛰虫，避盛阴之害；出地则养长华实，发扬隐伏，宣盛阳之德。入能除害，出能兴利，人君之象也。是时，隐以弟桓幼，代而摄立。公子翚见隐居位已久，劝之遂立。隐既不许，翚惧而易其辞，遂与桓共杀隐。天见其将然，故正月大雨水而雷电。是阳不闭阴，出涉危难而害万物。天戒若曰，为君失时，贼弟佞臣将作乱矣。后八日大雨雪，阴见间隙而胜阳，篡杀之祸将成也。公不寤，后二年而杀。

昭帝始元元年七月，大水雨，自七月至十月。成帝建始三年秋，大雨三十余日；四年九月，大雨十余日。

《左氏传》愍公二年，晋献公使太子申生帅师，公衣之偏衣，佩之金玦。狐突叹曰："时，事之征也；衣，身之章也；佩，衷之旗也。故敬其事，则命以始；服其身，则衣之纯；用其衷，则佩之度。今命以时卒，閟其事也；衣以龙服，远其躬也；佩以金玦，弃其衷也。服以远之，时以閟之，龙凉冬杀，金寒玦离，胡可恃也！"梁馀子养曰："帅师者，受命于庙，受脤于社，有常服矣。弗获而尨，命可知也。死而不孝，不如逃之。"罕夷曰："尨奇无常，金玦不复，君有心矣。"后四年，申生以谗自杀。近服妖也。

则还不到发生的时候。既然已经有了雷电，那么就不应该再降雪了。以上这些都不符合节令特点，因此才被称为异象。《易经》上说：雷电出现在二月，其对应的卦象为《豫》卦，是说万物随着雷声开始萌动，从地下萌发而出，万物生机勃勃。而到了八月，雷电就消声入地，其对应的卦象为《归妹》卦，是说雷声又隐没了。雷声收入地下则植物就开始孕育根或核，隐藏蛰伏的动物，这时都开始冬眠，为了回避过盛阴气的伤害；地面上即将成熟的果实，此时开始积蓄能量，开花结果，发扬隐伏潜在之气，通达盛阳孕育下的生机。藏纳可以革除弊害，收获可以振兴利益，这就是人君的象征。当时，鲁隐公因弟弟鲁桓公年纪尚小，便代替他摄政。公子翚见鲁隐公摄政已久，就劝他自立为国君。鲁隐公拒绝了，公子翚害怕因此得罪鲁桓公，于是就改变了说辞，反过来在鲁桓公面前诬陷鲁隐公，并与鲁桓公共同密谋杀害了鲁隐公。天帝看到有这样的事情发生，于是就在正月连降大雨且雷电交加。这就是阳气无法禁闭阴气，使阴气生发而出，伤害万物。天帝的警告仿佛在说，身为国君坐失良机，致使邪恶的弟弟和奸佞的臣子作乱。八天后天降大雪，阴气从间隙流出，克胜了阳气，篡位杀身之祸就发生了。鲁隐公没有醒悟，两年后被杀。

昭帝始元元年（前86）七月，天降大雨，从七月一直下到十月。成帝建始三年（前30）秋季，大雨连续下了三十多天；建始四年（前29）九月，大雨连续下了十多天。

《左传》上说：鲁愍公二年，晋献公派太子申生率兵出征，晋献公让太子申生身着左右两侧颜色不同的偏衣，佩戴上金玦。晋大夫狐突看到后叹息说："论时间，眼下是太子出征的重要时刻；论着装，它应是身份的象征；论佩饰，它应是心意的表白。因此，如果重视太子的此次出征，就应该在年初的春、夏之际提前下诏；他所穿的衣服，也应该是颜色纯正的官服；如果信任太子的忠心，就应让他佩戴表明忠心的玉佩。如今却在一年即将结束之际命他出征，从时令上看属于封闭的阶段，则预示着事难成；身着杂色的衣服，则表示对他的感情比较疏远；佩戴金玦，则是不认可他的忠心。通过着装可以看出对太子的疏远，通过出征时令的选择预示战事无成，杂色代表凉薄，

《左氏传》曰，郑子臧好聚鹬冠，郑文公恶之，使盗杀之。刘向以为近服妖者也。一曰，非独为子臧之身，亦文公之戒也。初，文公不礼晋文，又犯天子命而伐滑，不尊尊敬上。其后晋文伐郑，几亡国。

昭帝时，昌邑王贺遣中大夫之长安，多治仄注冠，以赐大臣，又以冠奴。刘向以为近服妖也。时王贺狂悖，闻天子不豫，弋猎驰骋如故，与驺奴宰人游居娱戏，骄嫚不敬。冠者尊服，奴者贱人，贺无故好作非常之冠，暴尊象也。以冠奴者，当自至尊坠至贱也。其后帝崩，无子，汉大臣征贺为嗣。即位，狂乱无道，缚戮谏者夏侯胜等。于是大臣白皇太后，废贺为庶人。贺为王时，又见大白狗冠方山冠而无尾，此服妖，亦犬祸也。贺以问郎中令龚遂，遂曰："此天戒，言在仄者尽冠狗也。去之则存，不去则亡矣。"贺既废数年，宣帝封之为列侯，复有罪，死不得置后，又犬祸无尾之效也。京房《易传》曰："行不顺，厥咎人奴冠，天下乱，辟无适，妾子拜。"又曰："君不正，臣欲篡，厥妖狗冠出朝门。"

冬季意味着肃杀，金意味寒冷，玦是诀绝的意思，这样一来，太子还有什么依靠呢！”晋国大夫梁馀子养说：“领兵出征的统率，在太庙领受军命，在神社接受祭肉，着装也有规定的服饰。如今得不到正式的礼服，而身着这种杂色的服装，那么结局可想而知了。与其战死还落个不孝的骂名，还不如就此逃走。”晋国大夫罕夷说：“杂色奇服表示此次出征不利，金玦表示有去无回，通过这些说明国君心中另有打算。”四年后，中生因遭受谗言诬陷而自杀身亡。这件事和之前所说的服妖之事很相似。

《左传》上说：郑子臧喜好用鹬鸟羽毛装饰冠帽，郑文公不喜欢子臧的这种着装风格，于是便派人将他暗杀了，刘向认为这件事与奇装异服招致服妖的说法很相似。另一种说法认为，这件事的前因后果不仅在于郑子臧本身，也是对郑文公的警戒。最初，郑文公对晋文公不礼貌，还违抗周天子的命令前去攻打滑国，他的这些举动，既不尊敬至尊的天子，对待上宾也没有以礼相待。到后来晋文公讨伐郑国，郑国接近亡国了。

昭帝执政时期，昌邑王刘贺派中大夫到长安来，临行前制作了很多侧注冠帽，用来赐赠给朝中的大臣们，他还让奴仆们也都戴上这种冠帽。刘向认为这种穿戴类似奇装异服。在当时，昌邑王刘贺恣意狂妄，他听说皇帝患病，仍然跑马打猎射鸟，驰骋如故，还与饲养马匹的奴隶、掌管膳食的厨子嬉戏、玩乐，骄纵放荡，傲慢不守规矩。冠帽本是戴在头上表示尊贵的服饰，而奴仆是卑贱之人，刘贺无缘无故地对制作这种外形奇特的冠帽感兴趣，这已经属于冒犯尊贵的表现。然而他还让奴仆佩戴这种冠帽，这种行为意味着将至尊丢在地上，随意践踏。后来，昭帝驾崩，没有子嗣继承皇位，朝中大臣便推荐刘贺作为皇嗣继承皇位。刘贺即位后，狂乱无道，羁押并杀害了敢于谏言的夏侯胜等人。因此，大臣们奏请皇太后废黜刘贺为庶民。在刘贺还是昌邑王的时候，曾看见大白狗戴着方山冠帽，没长尾巴，这就是服妖，也叫犬祸。刘贺向郎中令龚遂询问此事，龚遂说：“这是天帝的警告，是在提醒您，周围人大多就像衣冠禽兽。如果能及时把他们赶走，您的王位还可以保存，如果不能及时把他们赶

成帝鸿嘉、永始之间，好为微行出游。选从期门郎有材力者，及私奴客，多至十余，少五六人，皆白衣袒帻，带持刀剑。或乘小车，御者在茵上，或皆骑，出入市里郊野，远至旁县。时，大臣车骑将军王音及刘向等数以切谏。谷永曰："《易》称'得臣无家'，言王者臣天下，无私家也。今陛下弃万乘之至贵，乐家人之贱事；厌高美之尊称，好匹夫之卑字；崇聚票轻无谊之人，以为私客；置私田于民间，畜私奴车马于北宫；数去南面之尊，离深宫之固，挺身独与小人晨夜相随，乌集醉饱吏民之家，乱服共坐，溷肴亡别，闵勉遁乐，昼夜在路。典门户奉宿卫之臣执干戈守空宫，公卿百寮不知陛下所在，积数年矣。昔虢公为无道，有神降曰'赐尔土田'，言将以庶人受土田也。诸侯梦得土田，为失国祥，而况王者畜私田财物，为庶人之事乎！"

《左氏传》曰，周景王时大夫宾起见雄鸡自断其尾。刘向以为近鸡祸也。是时，王有爱子子鼂，王与宾起阴谋欲立之。田于北山，将因兵众杀適子之党，未及而崩。三子争国，王室大乱。其后，

走，您的王位将不保。”刘贺被废黜数年之后，新君汉宣帝封他做了列侯，但他却再次犯罪，因此死后不能再保留爵位，这又是犬祸无尾的应验。京房在《易传》中提到：“行为逆乱，就要遭受人奴戴冠，使天下大乱，国君无嫡子，媵妾所生的庶子继承皇位的处罚。”又说：“为君者不行正道，则大臣要篡位，这种形势下出现的妖异就是狗戴冠帽出入朝门。”

成帝鸿嘉、永始年间，喜欢乔装改扮成庶民微服出游。他从期门郎官中挑选武功高强之人，和私家奴仆、门客随行，多则十几人，少则五六人，这些人一律身穿白色衣服，束着头巾，佩带刀剑武器。有时是乘坐小车，成帝与赶车人一同坐在车中的茵垫上，有时是骑马，出入城内街巷和郊外旷野，最远到达过长安以外的郡县。当时，大臣车骑将军王音以及刘向等人多次恳切地劝阻成帝。谷永说：“《易经》上说‘得臣无家’，意思是说天子应以天下为家，没有自己的私家。如今陛下放弃天子的至尊至贵，喜欢普通百姓家的卑贱琐事；厌倦了至高无上的尊号，爱好匹夫庶民的小辈贱称；喜欢聚集那些轻薄不义之人，作为私客；在民间私置田产，在北宫畜养私奴车马；多次抛下皇帝的尊严，离开坚固的深宫，只身外出，单独和一帮卑贱小人日夜相随，形影不离，与一帮乌合之众在吏民家中开怀畅饮、酒醉饭饱，还不讲究服饰穿着，与他们杂坐在一起，混乱而没有君臣之别，无止境地游荡取乐，流连忘返，不分昼夜地在外游玩。致使主管宫廷门户、侍奉宿卫的臣子手持干戈，空守无主殿堂，公卿百官都不知陛下身在什么地方，这样的情况已经持续好几年了。古时候虢公做了有失为君之道的事，便有神明由天而降，对他说：‘赐给你田地’，意思是说他将以庶民百姓的身份接受田地。诸侯梦中得赐田，都是失职亡国的征兆，更何况您身为天子，却还在宫外私置田产财物，甘愿做庶民百姓的事情呢！”

《左传》上说：周景王时期，大夫宾起看到雄鸡自断尾巴。刘向认为这与鸡祸相似。当时，周王有个爱子，名叫子鼌，周王与宾起私下商议打算册立他为太子。于是计划趁北山围猎的机会，派军队杀掉嫡子的党羽，然而这一计划还未实现，周王就驾崩了。三个皇子争夺

宾起诛死，子鼂奔楚而败。京房《易传》曰：“有始无终，厥妖雄鸡自啮断其尾。”

宣帝黄龙元年，未央殿辂軨中雌鸡化为雄，毛衣变化而不鸣，不将，无距。元帝初元中，丞相府史家雌鸡伏子，渐化为雄，冠距鸣将。永光中，有献雄鸡生角者。京房《易传》曰：“鸡知时，知时者当死。”房以为己知时，恐当之。刘向以为房失鸡占。鸡者小畜，主司时，起居人，小臣执事为政之象也。言小臣将秉君威，以害正事，犹石显也。竟宁元年，石显伏辜，此其效也。一曰，石显何足以当此？昔武王伐殷，至于牧野，誓师曰：“古人有言曰‘牝鸡无晨；牝鸡之晨，惟家之索’。今殷王纣惟妇言用。”繇是论之，黄龙、初元、永光鸡变，乃国家之占，妃后象也。孝元王皇后以甘露二年生男，立为太子。妃，王禁女也。黄龙元年，宣帝崩，太子立，是为元帝。王妃将为皇后，故是岁未央殿中雌鸡为雄，明其占在正宫也。不鸣不将无距，贵始萌而尊未成也。至元帝初元元年，将立王皇后，先以为婕妤。三月癸卯制书曰：“其封婕妤父丞相少史王禁为阳平侯，位特进。”丙午，立王婕妤为皇后。明年正月，立皇后子为太子。故应是，丞相府史家雌鸡为雄，其占即丞相少史之女也。伏子者，明已有子也。冠距鸣将者，尊已成也。永光二年，阳平顷侯禁薨，子凤嗣侯，为侍中卫尉。元帝崩，皇太子立，是为成帝。尊皇后为皇太后，以后弟凤为大司马大将军，领尚书事，上委政，无所与。王氏之权自凤起，故于凤始受爵位时，雄鸡有角，明视作威颛君害上危国者，从此人始也。其后群弟世权，以至于莽，遂篡天下。即位五年，王太后乃崩，此其效也。京房《易传》曰：“贤者居明夷之世，知时而伤，或众在位，厥妖鸡生角。鸡生角，时主独。”又曰：“妇人颛政，国不静；牝鸡雄鸣，主不荣。”故房以为己亦在占中矣。

王位，致使王室大乱。后来，宾起被杀，子鼂被迫逃奔到楚国并以失败告终。京房在《易传》中说："有始无终，这种事的征兆便是雄鸡自断尾巴。"

宣帝黄龙元年（前49），未央宫中的辂軨厩，有一只雌鸡变成了雄鸡，虽然羽毛成了雄鸡的样子，但它不会鸣叫，不会率领鸡群，也没有爪距。元帝初元年间，丞相府少史家中，有一只雌鸡孵小鸡，渐渐地，这只雌鸡竟然变成了雄鸡，头上生冠，也有爪距，会鸣叫，也能率领鸡群。元帝永光年间，有人进献来一只头上长角的雄鸡。京房在《易传》中说："母鸡能报时，知时者应死。"京房认为自己就属于知时之人，害怕自己也应验了这个恶征。刘向认为京房对于鸡的占卜有误。鸡是一种小动物，天亮便鸣叫，为百姓生活起居提供时间参考，这是小臣执事为政掌握大权的征象。意思是说小臣若是掌握了君王的权威，将对政务造成危害，就像石显那样。元帝竟宁元年（前33），石显伏法，就是这种异象的应验。还有一种说法认为，仅凭石显一人，怎能完全应验此征兆？从前周武王讨伐殷纣，行至牧野，誓师说"古人说过：'雌鸡不能鸣报天明，雌鸡报明，就要家破人亡'。如今殷王纣只听信妇人之言。"由此而论，黄龙、初元、永光年间出现的雌鸡的异象，都是关于国家命运的征兆，是妃、后将要出现变故的象征。孝元帝的王皇后在甘露二年（前52）诞下一名男婴并册立为太子。原来，这位妃子是王禁的女儿王政君。黄龙元年（前49），孝宣帝驾崩，太子即位，也就是孝元帝。这位王姓妃子将被尊封为皇后，因此那一年，未央宫中的雌鸡变成雄鸡，昭示其征兆是出现在正宫。变身后的雄鸡不会报时，也不会率领鸡群，脚上也没有爪距，这是说虽然身份变得高贵了，但真正的威仪还没有确立。到了元帝初元元年（前48），将要册立王政君为王皇后，先是册封她为王婕妤。三月癸卯日，正式下诏书："册封王婕妤的父亲即丞相少史王禁为阳平侯，位列特进，享受相应待遇。"丙午日，册立王婕妤为王皇后。第二年正月，册立王皇后的儿子为太子。正好应验了丞相府少史王禁家中雌鸡变为雄鸡的异象，它应验的就是丞相少史王禁的女儿王政君。孵小鸡时，即说明诞下子嗣。有鸡冠、爪距，会鸣叫、能率领鸡群，

成公七年“正月，鼷鼠食郊牛角；改卜牛，又食其角。”刘向以为近青祥，亦牛祸也，不敬而傋霿之所致也。昔周公制礼乐，成周道，故成王命鲁郊祀天地，以尊周公。至成公时，三家始颛政，鲁将从此衰。天愍周公之德，痛其将有败亡之祸，故于郊祭而见戒云。鼠，小虫，性盗窃，鼷又其小者也。牛，大畜，祭天尊物也。角，兵象，在上，君威也。小小鼷鼠，食至尊之牛角，象季氏乃陪臣盗窃之人，将执国命以伤君威而害周公之祀也。改卜牛，鼷鼠又食其角，天重语之也。成公怠慢昏乱，遂君臣更执于晋。至于襄公，晋为溴梁之会，天下大夫皆夺君政。其后三家逐昭公，卒死于外，几绝周公之祀。董仲舒以为鼷鼠食郊牛，皆养牲不谨也。京房《易传》曰：“祭天不慎，厥妖鼷鼠啮郊牛角。”

说明皇后的威仪已经树立。元帝永光二年（前42），阳平顷侯王禁去世，他的儿子王凤继承爵位，嗣立为侯，担任侍中兼任卫尉。元帝驾崩，皇太子即位，便是汉成帝。他尊封王皇后为皇太后，任命皇太后的弟弟王凤为大司马大将军，负责统领宫中的尚书事务，成帝将朝政大权交给舅舅掌握，自己一概不过问。王氏的权势从王凤开始兴盛，因此，在王凤刚受封爵位的时候，便出现了雄鸡长角的异象，就是在昭示王凤作威作福、专权朝政、危及皇权、危害国家的事。再后来王凤的弟弟在朝中世代掌权，以致到了王莽掌权时，终于篡夺了汉朝天下。王莽称帝第五年，王太后才驾崩，这就是关于雌鸡变异的应验。京房在《易传》上说："贤明之人身处昏暗之世，明明知晓天时却为此而受到伤害，奸佞小人窃权在位，因此才会出现鸡生角的异象。鸡生角，昭示了当朝君主大权旁落的状况。"又说："妇人专政，国家不得安宁；雌鸡像雄鸡一样鸣叫，使君主受辱。"因此京房认为自己也在所应之事当中了。

鲁成公七年（前584）"正月，鼷鼠啃食了郊祀所用之牛的角；后来改用其他的牛进行占卜，其角又再次被鼷鼠啃食"。刘向认为这事与青祥类似，也就是牛祸，这是由于不敬且无知所导致的。从前周公制定礼乐，为周国治理天下奠定了基础，因此周成王命令鲁国也像天子那样郊祀天地，以此来表示对周公的敬重。到了鲁成公的时候，季氏、叔孙、孟孙三家大夫开始实行专政，鲁国就此衰落。天帝哀怜周公的德泽，为鲁国的败亡之灾而感到伤痛，因此在郊祭时显示警示。老鼠是小动物，生性惯于盗窃，鼷鼠又是老鼠中体型最小的。牛是大牲畜，是用来祭天的尊贵之物。牛角是征战的象征，在头上又是君威的体现。小小的鼷鼠，啃食了最为尊贵之用的牛角，则预示着季孙氏之辈都是盗窃之人，他们图谋执掌国家大权来损害国君的权威，破坏对周公的祭祀。改用另外的牛来占卜，鼷鼠再次啃食这头牛的角，这也是天帝在反复告诫。鲁成公怠慢昏乱，国政大败，于是君臣先后被扣留在晋国。到了鲁襄公的时候，晋国召集诸侯在溴梁会盟，这时天下很多诸侯国都是大夫夺取了国君的治国之政。后来三家大夫驱逐昭公，昭公最终死在外边，对周公的祭祀也几乎断绝。董

定公十五年“正月，鼷鼠食郊牛，牛死”。刘向以为定公知季氏逐昭公，罪恶如彼，亲用孔子为夹谷之会，齐人徕归郓、讙、龟阴之田，圣德如此，反用季桓子，淫于女乐，而退孔子，无道甚矣。《诗》曰：“人而亡仪，不死何为！”是岁五月，定公薨，牛死之应也。京房《易传》曰：“子不子，鼠食其郊牛。”

哀公元年“正月，鼷鼠食郊牛”。刘向以为天意汲汲于用圣人，逐三家，故复见戒也。哀公年少，不亲见昭公之事，故见败亡之异。已而哀不寤，身奔于粤，此其效也。

昭帝元凤元年九月，燕有黄鼠衔其尾舞王宫端门中，王往视之，鼠舞如故。王使吏以酒脯祠，鼠舞不休，一日一夜死。近黄祥，时燕剌王旦谋反将死之象也。其月，发觉伏辜。京房《易传》曰：“诛不原情，厥妖鼠舞门。”

成帝建始四年九月，长安城南有鼠衔黄蒿、柏叶，上民冢柏及榆树上为巢，桐柏尤多。巢中无子，皆有干鼠矢数十。时议臣以为恐有水灾。鼠，盗窃小虫，夜出昼匿；今昼去穴而登木，象贱人将居显贵之位也。桐柏，卫思后园所在也。其后，赵皇后自微贱登至尊，与

仲舒认为鼷鼠啃食郊祀之牛，都是因为养牲口不小心导致的。京房在《易传》中说："祭天不谨慎，由此而引发的妖祥是鼷鼠啃食祭祀用牛之角。"

鲁定公十五年（前495）"正月，鼷鼠啃食郊祀用的牛，牛死"。刘向认为，鲁定公知道季孙氏驱逐了鲁昭公，罪恶已经彰显出来，因此在亲自参加夹谷会盟时，让孔子作为他的陪臣。会盟时孔子迫使齐国归还了郓、讙、龟阴等地的田地。孔子圣德如此，回国后鲁国国君却依然重用季桓子执政，自己终日沉迷于女乐歌舞，他还辞退了孔子，真是昏庸无道至极了。《诗经》上说："人如果不顾礼仪，那活着还有什么意义！"那一年五月，鲁定公去世，这正是应验了祭祀用牛之死的征兆。京房在《易传》上说："生而为人，却不了解做人的道理，老鼠因此会啃食其祭祀用的牛。"

鲁哀公元年（前494）"正月，鼷鼠啃食郊祀用牛"。刘向认为，天帝的意思是执意希望鲁国国君任用孔子，把季孙氏等三家大夫从朝廷中驱逐，因此反复显示这一警戒。然而鲁哀公年少无知，不曾亲眼看到鲁昭公时期三家大夫作乱害政时的情形，因此天帝再次显示出败亡之征的异象。然而这之后哀公仍然没有醒悟，最终逃奔到越国，这就是异象的应验。

昭帝元凤元年（前80）九月，燕国的王宫正门之内，出现黄鼠叼着自己的尾巴跳舞的异象。燕王前往察看，黄鼠也不害怕，继续跳舞。燕王让小吏用酒和肉脯喂它，黄鼠跳个不停，一天一夜之后死掉。这件事与黄祥相类似。这是当时燕刺王刘旦谋反，被处死的征象。就在这个月，燕王谋反之事被朝廷发觉，最终伏法认罪，被处死。京房在《易传》上说："诛罚而不留情面，预示此祸的妖异就是老鼠在门中跳舞。"

成帝建始四年（前29）九月，位于长安城以南，有老鼠叼着黄蒿和柏树叶，在民间坟冢周围的柏树、榆树上造窝，尤其是在桐柏造的最多。造好的窝里没有小鼠，都是只有数十粒的干鼠屎。当时参加廷议的大臣们都认为，恐怕是要发水灾的征兆。老鼠是惯于偷盗的小动物，夜晚出来活动，白天藏在窝里。如今却在白天离开洞穴，爬到

卫后同类。赵后终无子而为害。明年，有鸢焚巢，杀子之异也。天象仍见，甚可畏也。一曰，皆王莽窃位之象云。京房《易传》曰："臣私禄罔辟，厥妖鼠巢。"

文公十三年，"大室屋坏"。近金沴木，木动也。先是，冬，釐公薨，十六月乃作主。后六月，又吉禘于太庙而致釐公，《春秋》讥之。经曰："大事于太庙，跻釐公。"《左氏》说曰：太庙，周公之庙，飨有礼义者也；祀，国之大事也。恶其乱国之大事于太庙，故言大事也。跻，登也，登釐公于愍公上，逆祀也。釐虽愍之庶兄，尝为愍臣，臣子一例，不得在愍上。又未三年而吉禘，前后乱贤父圣祖之大礼，内为貌不恭而狂，外为言不从而僭。故是岁自十二月不雨，至于秋七月。后年，若是者三，而太室屋坏矣。前堂曰太庙，中央曰太室；屋，其上重屋尊高者也，象鲁自是陵夷，将堕周公之祀也。《穀梁》《公羊经》曰，世室，鲁公伯禽之庙也。周公称太庙，鲁公称世室。大事者，祫祭也。跻釐公者，先祢后祖也。

景帝三年十二月，吴二城门自倾，大船自覆。刘向以为近金沴木，木动也。先是，吴王濞以太子死于汉，称疾不朝，阴与楚王戊谋为逆乱。城犹国也，其一门名曰楚门，一门曰鱼门。吴地以船为家，

树上，这是卑贱之人要跃居显贵之位的征兆。桐柏，是卫思后陵园所在地。从那以后，皇后赵飞燕从微贱的地位跃居至尊之位，其情况与当年的卫后相似。赵皇后最终也没有子嗣，从而做出危害皇子的事。第二年，又发生了鸢鸟焚巢之事，这是象征杀子的异象。天象频繁出现，太可怕了。还有一种说法认为，这些都是王莽窃国篡汉的征兆。京房在《易传》上说："臣子自封爵禄，欺君罔上，就会出现老鼠筑巢的异象。"

鲁文公十三年（前614），"大室屋坏"。这种异象与金克木相类似，指木气动荡。在此之前，冬季，鲁僖公去世，过了十六个月才在祖庙中建立了神位。又过了六个月，在太庙举行下葬后的吉祭时，把鲁僖公的神位升到受祭之位。《春秋》对此也作了讥评，说："在太庙行大事举行祭祀时，摆上了鲁僖公的神位。"《左传》上说：太庙，是周公之庙，是用来祭祀有礼仪的先祖；祀，乃国家大事。为防止出现乱国的大事，才会在太庙进行祭祀，所以称其为大事。跻，就是登上的意思，把鲁僖公的神位升至鲁悯公之上，这是违反祭祀礼仪的。鲁僖公虽然是鲁悯公的庶出兄长，但曾是鲁悯公的臣子，应属于臣子一列，不应位居鲁悯公之上。再者，还未满三年之丧期就举行吉祭，这种做法就扰乱了贤父之祭与圣祖之祭的大礼。从意识层面讲，是态度不恭敬而表现出的恣意狂妄之举，从义理上说，则是名不正言不顺的僭越之举。因此这一年从十二月开始就不再下雨，一直旱到第二年秋季七月。此后几年，也多次出现类似的大旱，从而使太室的大屋遭到破坏。前堂称为太庙，中央的庙堂称为太室；屋，就是太室顶上的重楼，是太室的最尊贵、最高的地方，重楼受损则象征着鲁国从此将日趋衰败，对周公的祭祀也将日趋毁弃。《榖梁》《公羊经》上说：世室，是鲁公伯禽的祠庙。周公祠庙称为太庙，鲁公祠庙称为世室。逢有大事时，进行祫祭。鲁僖公跻身于太庙，则是说先祭祀了亡父，而后才祭祀祖先。

景帝三年（前54）十二月，吴国的两座城门自己倾倒了，大船自己翻覆了。刘向认为这与金克木相类似，是木气动荡所致。在此之前，吴王刘濞因为他的太子死在汉廷，就借口有病不再进京朝见天子了，

以鱼为食。天戒若曰，与楚所谋，倾国覆家。吴王不寤，正月，与楚俱起兵，身死国亡。京房《易传》曰：“上下咸悖，厥妖城门坏。”

宣帝时，大司马霍禹所居第门自坏。时禹内不顺，外不敬，见戒不改，卒受灭亡之诛。

哀帝时，大司马董贤第门自坏。时贤以私爱居大位，赏赐无度，骄嫚不敬，大失臣道，见戒不改。后贤夫妻自杀，家徙合浦。

《传》曰：“言之不从，是谓不艾，厥咎僭，厥罚恒阳，厥极忧。时则有诗妖，时则有介虫之孽，时则有犬祸，时则有口舌之痾，时则有白眚白祥。惟木沴金。”

“言之不从”，从，顺也。“是谓不乂”，乂，治也。孔子曰；“君子居其室，出其言不善，则千里之外违之，况其迩者乎！”《诗》云：“如蜩如螗，如沸如羹。”言上号令不顺民心，虚哗愦乱，则不能治海内，失在过差，故其咎僭。僭，差也。刑罚妄加，群阴不附，则阳气胜，故其罚常阳也。旱伤百谷，则有寇难，上下俱忧，故其极忧也。君炕阳而暴虐，臣畏刑而柑口，则怨谤之气发于歌谣，故有诗妖。介虫孽者，谓小虫有甲飞扬之类，阳气所生也，于《春秋》为螽，今谓之蝗，皆其类也。于《易》，《兑》为口，犬以吠守，而不可信，言气毁故有犬祸。一曰，旱岁犬多狂死及为怪，亦是也。及人，则多病口喉欬者，故有口舌痾。金色白，故有白眚白祥。凡言伤者，病金气；金气病，则木沴之。其极忧者，顺之，其福曰康宁。刘歆言传曰

暗地里他与楚王刘戊谋划发动叛乱。城就相当于国，倾倒的两座城门，一座叫楚门，一座叫鱼门。吴地之人以船为家，以鱼为食。天帝的警戒仿佛在说，吴王与楚王所谋划的事，将导致国破家亡。然而吴王并没有醒悟，第二年正月，他与楚王同时起兵叛乱，结果身死国亡。京房在《易传》中说："上下悖乱，所出现的妖异就是城门自毁。"

宣帝时，大司马霍禹所居住的宅第的大门自己倒塌了。当时，霍禹对宣帝心存不恭顺的想法，外表也显露出不恭敬的举止，被天帝警戒后却不知悔改，最终受到灭亡的诛罚。

哀帝时，大司马董贤宅第的大门自己倒塌了。当时，董贤因受到哀帝的宠爱而居于高位，得到不计其数的封赏，以至于他骄横傲慢，对皇帝也不再恭敬，大失为臣之道，被天帝警戒后也不知悔改。最终董贤夫妻自杀，整个家族被流放到合浦。

《洪范五行传》上说："若君王的言辞不够谦和，则会出现问题，会造成僭越礼制的错误，对于这种错误的惩罚便是恒阳，惩罚到了极致便会有灾祸发生。到那时，会有诗妖出现，或出现介虫之孽，或有犬祸发生，人会患有口舌生疮的怪病，会出现白眚白祥的异象。用五行来解释，需木克金来化解。"

"言之不从"，从，就是顺从的意思。"是谓不乂"，乂，就是治理的意思。孔子说："君子居于家中，如果他所讲的话不够谦逊，那么，即使是远在千里之外的人也会反对，更何况是近在身边的人呢！"《诗经》中提到："就像蝉一样聒噪，就像锅中的热汤一样沸腾。"都是在说，如果居于高位的人发号施令不能顺应民心，则会空相惊嚷、混乱不安，这样就无法治理好国家，错就错在说话不经过思考，因此出现偏颇、过失。僭，就是差错、罪过的意思。不依照法律，随意乱施刑罚，众阴不能归依，致使阳气过盛，因此上天就会以常阳而少阴的方式进行惩罚。干旱会对百谷造成伤害，从而引发寇贼增多，朝廷上下都为此事而担忧，因此造成的后果是很严重的。如果君王专横暴虐，大臣们因为害怕受到刑罚而缄口不言，那么百姓的怨愤之声就会以歌谣的形式在民间流传，从而产生了诗妖。有甲壳的虫子，也能形成灾祸，小虫有甲，会飞，这种虫是由阳气所产生的，在

时有毛虫之孽。说以为天文西方参为虎星，故为毛虫。

史记周单襄公与晋郤锜、郤犨、郤至、齐国佐语，告鲁成公曰："晋将有乱，三郤其当之虖！夫郤氏，晋之宠人也，三卿而五大夫，可以戒惧矣。高位实疾颠，厚味实腊毒。今郤伯之语犯，叔迂，季伐。犯则陵人，迂则诬人，伐则掩人。有是宠也，而益之以三怨，其谁能忍之！虽齐国子亦将与焉。立于淫乱之国，而好尽言以招人过，怨之本也。唯善人能受尽言，齐其有虖？"十七年，晋杀三郤。十八年，齐杀国佐。凡此属，皆言不从之咎云。

晋穆侯以条之役生太子，名之曰仇；其弟以千畮之战生，名之曰成师。师服曰："异哉，君之名子也！夫名以制谊，谊以出礼，礼以体政，政以正民，是以政成而民听；易则生乱。嘉耦曰妃，怨耦曰仇，古之命也。今君名太子曰仇，弟曰成师，始兆乱矣，兄其替呼！"及仇嗣立，是为文侯。文侯卒，子昭侯立，封成师于曲沃，号

《春秋》中被称为螽，如今被人们称为蝗，都属于这一类。《易经》上说，口对应的卦象为《兑》卦，狗通过吠叫看家护院，然而如果得不到主人的信任，言论就会受到压制，从而造成犬祸。还有一种说法认为，大旱之年狗大多会疯狂而死，甚至表现出怪异的行为，也是同样的道理。具体到人身上，则大多是患有口舌生疮、咽喉肿痛、咳嗽之类的病症。金呈白色，从而会出现白眚白祥。凡受言论之伤，都是金气之害；金气受害，则需由木气来克制。情况特别严重时，只有将它理顺过来，才能得到康宁之福。刘歆说，相传时有毛虫之孽。还说当西方的参星为虎星时，就会出现毛虫之孽。

据史书中记载，周朝大夫单襄公与晋国大夫郤锜、郤犨、郤至、齐国国佐交谈，之后他对鲁成公说："晋国将会发生动乱，三郤大概要遭殃了！郤氏，是晋国最得宠的家族、宠臣，郤氏家族中有三人都是高居卿位，五个人身为大夫，这样的家族势力，晋国国君肯定会心存芥蒂的。地位越高，摔得越重，就好比味道越重的腊肉中反而有大量的腊毒。如今郤锜说话毫无顾忌，郤犨说话不合情理，郤至说话自吹自擂。说话毫无顾忌的人往往会表现出盛气凌人的样子，说话不合情理的人往往会诬陷他人，说话自吹自擂的人往往会掩盖他人的功劳。身为宠臣世家，而有这三种容易引发仇怨的缺点，谁会甘心情愿地忍受呢！就连齐国的国佐也有同样的毛病，因此他也将遇上麻烦。身处淫乱失治的国家，说话却肆无忌惮，毫无顾忌，这种行为是结怨的根源。只有心地善良的人才能忍受他们的直言不讳，齐国有这种人吗？"鲁成公十七年（前574），晋国国君诛杀了三郤。鲁成公十八年（前573），齐国国君杀了国佐。凡是此类人，都是祸从口出的受害者。

晋穆侯在与条国交战期间，生下太子，并给他取名为仇；仇的弟弟是在千晦战役期间出生的，于是便取名为成师。师服说："真是奇怪啊，晋穆侯竟然这样为儿子取名！取名关系到制定义理，只有具备义理才有礼仪，有了礼仪才能规范政令，通过政令来端正民众，因此政令合理规范，百姓才会心甘情愿地服从，反之则容易引发动乱。好的配偶称为妃，冤家对头称为仇，古往今来都是这样。如今晋

桓叔。后晋人杀昭侯而纳桓叔，不克。复立昭侯子孝侯，桓叔子严伯杀之。晋人立其弟鄂侯。鄂侯生哀侯，严伯子武公复杀哀侯及其弟，灭之，而代有晋国。

宣公六年，郑公子曼满与王子伯廖语，欲为卿。伯廖告人曰："无德而贪，其在《易经》《丰》之《离》，弗过之矣。"间一岁，郑人杀之。

襄公二十九年，齐高子容与宋司徒见晋知伯，汝齐相礼。宾出，汝齐语知伯曰："二子皆将不免！子容专，司徒侈，皆亡家之主也。专则速及，侈将以其力敝，专则人实敝之，将及矣。"九月，高子出奔燕。

襄公三十一年正月，鲁穆叔会晋归，告孟孝伯曰："赵孟将死矣！其语偷，不似民主；且年未盈五十，而谆谆焉如八九十者，弗能久矣。若赵孟死，为政者其韩子虖？吾子盍与季孙言之？可以树善，君子也。"孝伯曰："民生几何，谁能毋偷！朝不及夕，将焉用树！"穆叔告人曰："孟孙将死矣！吾语诸赵孟之偷也，而又甚焉。"九月，孟孝伯卒。

昭公元年，周使刘定公劳晋赵孟，因曰："子弁冕以临诸侯，盍亦远绩禹功，而大庇民乎？"对曰："老夫罪戾是惧，焉能恤远？吾侪偷食，朝不谋夕，何其长也？"刘子归，以语王曰："谚所谓老

穆侯为太子起名为仇，给太子的弟弟起名为成师，这是从一开始就昭示着祸乱啊，将来哥哥的王位必将会被弟弟夺取！”后来，太子仇继承君位，就是晋文侯。晋文侯驾崩后，他的儿子晋昭侯嗣立为君，封成师于曲沃，号为桓叔。再后来，晋国人杀死晋昭侯，本想拥立桓叔入朝为君，结果却没成功。于是又拥立了晋昭侯之子晋孝侯为君，桓叔的儿子严伯后又将晋孝侯杀害。晋国人又拥立晋孝侯的弟弟晋鄂侯为君。晋鄂侯生下晋哀侯，结果晋哀侯和他的弟弟都被于伯的儿子武公所杀，最终国君的宗子一系被灭绝，武公取而代之，拥有晋国。

鲁宣公六年（前603），郑国公子曼满与王子伯廖交谈，话语中透露出他想做国卿的想法。伯廖对其他人说：“没有道德却还贪图显赫的爵位，就好比《易经》中的《丰》卦和《离》卦，转瞬即逝，终难长久。”时隔一年，曼满就被郑国人杀了。

鲁襄公二十九年（前544），齐国高子容与宋国司徒觐见晋国的知伯，晋国大夫汝齐担任司仪。等到两位宾客走后，汝齐对知伯说：“这二位都难逃灾祸啊！高子容专横、自以为是，司徒奢靡无道，都是将要败亡的命运。专横、自以为是的人，祸患就在眼前，而奢靡无道之人恃宠而骄，因此而败亡，专横、自以为是的人，败亡得还要更快一些。”这年九月，高子容出逃至燕国。

鲁襄公三十一年（前542）正月，鲁国大夫穆叔与晋国会盟后回国，他对鲁国大夫孟孝伯说：“晋国大夫赵孟快要死了！他所说的话都是苟且偷生的言论，不像是为民做主的大臣；而且他年纪不满五十岁，讲起话来却絮絮叨叨地好像八九十岁的老翁，活不了多久了。若赵孟死了，那么代替他执政的会是韩子吗？你何不找季孙谈谈？好提前与韩子建立良好关系，韩子可是位正人君子啊。”孟孝伯说：“人生几何，谁不想苟且偷生！朝不虑夕，还建立什么良好关系！”听了这番话，穆叔又对别人说：“孟孝伯快要死了！我跟他说晋国赵孟萎靡不振，而他却比赵孟还消极。”当年九月，孟孝伯去世。

鲁昭公元年（前533），周天子派大夫刘定公到晋国去慰问晋大夫赵孟，刘定公趁机对赵孟说：“您头戴冠冕，以大臣的身份接待诸侯，何不也像大禹会盟诸侯的丰功伟绩一般，给民众造大福祉呢？”

将知而耄及之者，其赵孟之谓虖！为晋正卿以主诸侯，而侪于隶人，朝不谋夕，弃神人矣。神怒民畔，何以能久？赵孟不复年矣！"是岁，秦景公弟后子奔晋，赵孟问："秦君何如？"对曰："无道。"赵孟曰："亡虖？"对曰："何为？一世无道，国未艾也。国于天地，有与立焉。不数世淫，弗能敝也。"赵孟曰："夭虖？"对曰："有焉。"赵孟曰："其几何？"对曰："鍼闻国无道而年谷和孰，天赞之也，鲜不五稔。"赵孟视荫，曰："朝夕不相及，谁能待五？"后子出而告人曰："赵孟将死矣！主民玩岁而愒日，其与几何？"冬，赵孟卒。昭五年，秦景公卒。

昭公元年，楚公子围会盟，设服离卫。鲁叔孙穆子曰："楚公子美矣君哉！"伯州犁曰："此行也，辞而假之寡君。"郑行人子羽曰："假不反矣。"伯州犁曰："子姑忧子皙之欲背诞也。"子羽曰："假而不反，子其无忧虖？"齐国子曰："吾代二子闵矣。"陈公子招曰："不忧何成？二子乐矣！"卫齐子曰："苟或知之，虽忧不害。"退会，子羽告人曰："齐、卫、陈大夫其不免乎！国子代人忧，子招乐忧，齐子虽忧弗害。夫弗及而忧，与可忧而乐，与忧而弗害，皆取忧之道也。《太誓》曰：'民之所欲，天必从之。'三大夫兆忧矣，能无至乎！言以知物，其是之谓矣。"

赵孟回答说："老夫诚惶诚恐，生怕犯下什么过错，哪里还顾得上考虑长远之事呢？我辈不过是苟且偷生，朝不虑夕，岂敢期望长远之事呢！"刘定公回国后把这一情况告诉周天子说："俗话说，人老顾虑的就多，然而衰老、颓废也随之而来了，这话就是赵孟的真实写照！他身为晋国的正卿，主持诸侯会盟，然而却将自己等同于卑贱之人，朝不虑夕，主动放弃了神灵和百姓对他的嘱托。这种行为必将导致天怒人怨，怎能长久下去？赵孟剩下的时间超不过一年了！"这一年，秦景公的弟弟后子逃亡到晋国，赵孟问他："秦君现况如何？"后子回答说："昏庸无道。"赵孟说："国家将要灭亡了吗？"后子回答说："那怎么会呢？一代国君昏庸无道，国家还不至于陷入绝境。立国于天地之间，自然会受到上天的眷顾与庇佑。不经过几代荒淫乱政的国君，是不会灭亡的。"赵孟说："会短命夭折吗？"后子回答说："有可能。"赵孟说："大约多长时间？"后子回答说："我听说国君无道而粮食依然能够丰收，这是上天的帮助与庇佑，年景好的话，最少还可以维持五年。"赵孟看着树影说："朝不虑夕，谁还能等上五年之久？"后子告退后对人们说："赵孟快要死了！主持朝政而终日只是虚度时光，只顾眼前，还能坚持多长时间呢？"那年冬季，赵孟去世。鲁昭公五年（前537），秦景公去世。

鲁昭公元年（前541），楚国公子围参加各诸侯国会盟，在此期间，他摆出国君的架势，身穿礼服、配置卫兵。鲁国大夫叔孙穆子说："楚公子美得像一位国君啊！"楚国太宰伯州犁说："此次参加会盟，临行前特意从国君那里借来的这些服饰。"郑国大夫行人子羽说："借了国君的服饰就不会还了。"伯州犁说："你还是多担心担心郑国的子晳吧，他就是个叛逆之臣。"子羽说："借了不还，难道你不为此担心吗？"齐国大夫国子说："我替您二位担心了。"陈国的公子招说："人没有忧患意识怎么能行呢？我看您二位乐在其中呢！"卫国大夫齐子说："若有先见之明，那么即使发生了令人担忧的事情，也会因为有所防备而不至于遭受太大损害。"会盟结束后，子羽对人们说："齐国、卫国、陈国的大夫可能都将要罹患灾祸了！国子替人担忧，公子招幸灾乐祸，齐子认为虽然担忧，却不以为然。一味地担

昭公十五年，晋籍谈如周葬穆后。既除丧而燕，王曰：“诸侯皆有以填抚王室，晋独无有，何也？”籍谈对曰：“诸侯之封也，皆受明器于王室，故能荐彝器。晋居深山，戎翟之与邻，拜戎不暇，其何以献器？”王曰：“叔氏其忘诸乎！叔父唐叔，成王之母弟，其反亡分乎？昔而高祖司晋之典籍，以为大正，故曰籍氏。女，司典之后也，何故忘之？”籍谈不能对。宾出，王曰：“籍父其无后乎！数典而忘其祖。”籍谈归，以语叔向。叔向曰：“王其不终乎！吾闻所乐必卒焉。今王乐忧，若卒以忧，不可谓终。王一岁而有三年之丧二焉，于是乎以丧宾燕，又求彝器，乐忧甚矣。三年之丧，虽贵遂服，礼也。王虽弗遂，燕乐已早。礼，王之大经也；一动而失二礼，无大经矣。言以考典，典以志经。忘经而多言举典，将安用之！”

哀公十六年，孔丘卒，公诔之曰：“旻天不吊，不憖遗一老，俾屏予一人。”子赣曰：“君其不殁于鲁乎？夫子之言曰：‘礼失则昏，名失则愆。’失志为昏，失所为愆。生弗能用，死而诔之，非礼也；称

忧他人，却不考虑自己的真实处境者，幸灾乐祸者，还有虽然担忧却不以为然者，这三种人都将同样遭遇忧患打击。《太誓》上说：'民心所向，天必依从。'这三位大夫已经具备了忧患将至的征兆，灾祸能不降临吗？从一个人的言谈举止便可预知事情的结果，说的大概就是这种情况。"

鲁昭公十五年（前527），晋国大夫籍谈到洛阳参加周王室穆后的葬礼。葬礼结束之后，举行宴会款待宾客，周天子对籍谈说："其他诸侯国都有礼器呈献给王室，唯独晋国没有，这是为什么？"籍谈回答说："诸侯在受封之时，都接受了王室封赏的明德之器，因此能进献礼器。晋国居于深山之中，终日与戎狄为邻，拜戎狄都还来不及，哪还有礼器可进献呢？"周天子说："叔氏难道忘了吗！你的叔父唐叔是成王的同母兄弟，怎会分不到礼器呢？从前你们的高祖曾负责掌管晋国的典籍，身为大臣，才以职务'籍'作为姓氏。你是司典之臣的后人啊，怎会不知晓这些事呢？"籍谈无言以对。等到宾客都退去之后，周天子说："籍父的后世子孙要断绝了吧！世代掌管典籍之臣的后裔，竟然忘记了他的祖先。"籍谈回国后，把此事告诉了叔向。叔向说："周天子恐怕将不得善终了！我听说，人爱好什么，将来必会因什么而死。如今周天子以办丧事为由，向诸侯国索要礼器，恐怕日后他会死在丧事上了，那就不是善终了。周天子一年之内遇上了两个服三年之期的大丧，于是他趁着办丧事的机会，宴请前来吊唁的宾客，还向他们索要礼器，以丧忧为乐，实在是太过分了。服丧三年，即使是贵为天子也应恭谨遵守，这是礼制。即使天子不用服丧三年，举办类似的饮宴似乎也太早了。礼制是天子自律和治理天下的根本法则啊；这一举动就违反了两条礼法，已无纲常可言了。尽管如此，还要引经据典地说教他人，典籍是记载纲常礼仪的，周天子已经忘记了纲常之礼，却还大谈典故，还有什么用呢！"

鲁哀公十六年（前479），孔丘去世，鲁哀公为孔子致悼词说："苍天不眷顾我，不愿为我留下这位老人，让他来辅佐我执政。"子贡说："国君不可能最后死在鲁国吧？我们的先生生前这样说过：'人失去礼仪则变得昏庸，失去名分便会犯错。'丧失了志向就变得

'予一人'，非名也。君两失之。"二十七年，公孙于邾，遂死于越。

庶征之恒阳，刘向以为《春秋》大旱也。其夏旱雩祀，谓之大雩。不伤二谷，谓之不雨。京房《易传》曰："欲德不用兹谓张，厥灾荒。荒，旱也，其旱阴云不雨，变而赤，因而除。师出过时兹谓广，其旱不生。上下皆蔽兹谓隔，其旱天赤三月，时有雹杀飞禽。上缘求妃兹谓僭，其旱三月大温亡云。居高台府，兹谓犯阴侵阳，其旱万物根死，数有火灾。庶位逾节兹谓僭，其旱泽物枯，为火所伤。"

釐公二十一年"夏，大旱"。董仲舒、刘向以为齐桓既死，诸侯从楚，釐尤得楚心。楚来献捷，释宋之执。外倚强楚，炕阳失众，又作南门，劳民兴役。诸雩旱不雨，略皆同说。

宣公七年"秋，大旱"。是夏，宣与齐侯伐莱。

襄公五年"秋，大雩"。先是宋鱼石犇楚，楚伐宋，取彭城以封鱼石。郑畔于中国而附楚，襄与诸侯共围彭城，城郑虎牢以御楚。是岁郑伯使公子发来聘，使大夫会吴于善道。外结二国，内得郑聘，有炕阳动众之应。

昏庸无为，失去自己的本分就会犯错。先生在世的时候，得不到重用，死了却如此致词悼念，这不符合礼义；自称‘予一人’，这也不符合名分。国君这两点都有失误。”鲁哀公二十七年，鲁哀公在邾国被迫让位，最后在逃亡中死于越国。

各种征兆中的恒阳，刘向认为就是《春秋》中所说的大旱。而当夏季出现干旱天气时的祭天求雨行为称为大雩。出现干旱情况，但春秋两季的粮食作物没有受到损害的，称为不雨。京房在《易传》中说：“想求得贤才却不重用，这种行为称为虚张声势，从而易出现灾荒。荒，即因旱而荒。干旱的时候也有阴云，但就是不下雨，再变而为无云，因而除。带兵出征时间过长，这种行为称为旷日持久，从而易引发旱灾，寸草不生，庄稼也无法存活生长。朝野上下受到蒙蔽，这种行为称为阻隔不通，从而易引发旱灾，天空三个月无云，偶尔还会有冰雹击杀飞鸟的现象。攀附权贵或到处寻求配偶，这种行为称为僭妄，易引发旱灾，三个月持续高温，且没有云雾。在高处修建官府，这种行为称为侵犯阴阳，易导致大旱，万物将从根部被旱死，常伴有火灾发生。地位卑微的人越级，这种行为称为僭越，易引发旱灾，所有充满水分的东西都将变得干枯，易燃。”

鲁僖公二十一年（前639）“夏季，大旱”。董仲舒、刘向都认为，齐桓公死后，诸侯都归顺于楚国，其中鲁僖公尤得楚君欢心。楚国人来到鲁国释放俘虏，也释放了宋国的国君。鲁国对外仰仗强大的楚国，对内残暴不得民心，又大兴土木，劳民伤财地修建了南门。为了缓解干旱，多次求雨也没有成功，上天对于不得民心的君王大致都是这样的惩罚。

鲁宣公七年（前602）“秋季，大旱”。这年夏季，鲁宣公与齐侯共同征伐莱国。

鲁襄公五年（前588）“秋季，因大旱而举行求雨雩祀”。在此之前，宋臣鱼石逃往楚国，楚国征伐宋国，夺取了彭城，并把这个地方封给鱼石。郑国背叛中原后归附了楚国，鲁襄公与诸侯一起围攻彭城，在原属郑国的虎牢修筑城防，用来防御楚国。这一年郑伯派使臣公子姬发来鲁国访问，于是鲁国派大夫到善道与吴国会晤。对外结

八年“九月，大雩”。时作三军，季氏盛。

二十八年“八月，大雩”。先是，比年晋使荀吴、齐使庆封来聘，是夏邾子来朝。襄有炕阳自大之应。

昭公三年“八月，大雩”。刘歆以为昭公即位年十九矣，犹有童心，居丧不哀，炕阳失众。

六年“九月，大雩”。先是莒牟夷以二邑来奔，莒怒伐鲁，叔弓帅师，距而败之，昭得入晋。外和大国，内获二邑，取胜邻国，有炕阳动众之应。

十六年“九月，大雩”。先是昭公母夫人归氏薨，昭不戚，又大蒐于比蒲。晋叔向曰：“鲁有大丧而不废蒐。国不恤丧，不忌君也；君亡戚容，不顾亲也。殆其失国”。与三年同占。

二十四年“八月，大雩”。刘歆以为《左氏传》二十三年邾师城翼，还经鲁地，鲁袭取邾师，获其三大夫。邾人诉于晋，晋人执我行人叔孙婼，是春乃归之。

二十五年“七月上辛大雩，季辛又雩”，旱甚也。刘歆以为时后氏与季氏有隙。又季氏之族有淫妻为谗，使季平子与族人相恶，皆共谮平子。子家驹谏曰：“谗人以君徼幸，不可。”昭公遂伐季氏，

交两国，对内又有郑使来访，鲁襄公因此具有炕阳动众的征验。

鲁襄公八年（前565）“九月，因大旱而举行求雨雩祀”。当时，鲁国军队扩编为三军，季氏势力更加强盛。

鲁襄公二十八年（前545）“八月，因大旱而举行祈雨雩祀”。在此之前，晋国使臣荀吴、齐国使臣庆封连年来访，这一年夏季邾子来鲁国朝见。鲁襄公遇上了因为暴厉炕阳引起的天应。

鲁昭公三年（前539）“八月，因大旱举行求雨雩祀”。刘歆认为，鲁昭公即位，已经十九岁了，但还是童心未泯，心智不够成熟，服丧期间毫无哀痛之情，这种行为属于高傲自大不得人心，从而引发炕阳，失去民心。

鲁昭公六年（前536）“九月，因大旱而求雨雩祀”。在此之前，莒国大夫牟夷带着二座城邑来投奔鲁国，莒国大怒，发兵攻打鲁国，鲁国大夫叔弓率兵抵御，并战胜了莒军，随后鲁昭公前往朝见晋国国君。鲁国对外结好大国，对内获得莒国的两座城邑，又在与邻国的交战中取胜，从而因炕阳动众而引发天应。

鲁昭公十六年（前526）“九月，因大旱求雨雩祀”。在此之前，鲁昭公的母亲归氏去世，鲁昭公不仅没表示出伤痛之情，还在比蒲举行大规模的春猎。晋国大夫叔向说：“鲁国有大丧却还不停止田猎之事。国民不哀痛国丧，是心中不敬重国君的表现；君也没有哀痛的表现，是不顾念亲人。鲁国恐怕要亡国了。”这与鲁昭公三年（前539）之事的征兆相同。

鲁昭公二十四年（前518）“八月，因大旱求雨举行祭祀”。刘歆认为天旱与下边的事情有关：《左传》上说，鲁昭公二十三年时，邾国军队修筑城防，返回时途经鲁国境内，鲁国趁机消灭了邾军，还俘获了邾国三位大夫。邾人向晋国控诉求援，于是晋国就扣押了鲁国使臣叔孙婼，直到第二年的春季才将他释放。

鲁昭公二十五年（前517）“七月上旬辛卯日，因大旱求雨举行雩祀，七月下旬辛亥日又因干旱举行同样的求雨祭祀”，旱情十分严重。刘歆认为，当时后氏与季氏两家产生嫌隙，再加上季氏家族内，有行为淫荡的妻子进献谗言，使季平子与本族人关系紧张，相互仇视，导

为所败，出奔齐。

定公十年“九月，大雩”。先是定公自将侵郑，归而城中城。二大夫帅师围郓。

严公三十一年“冬，不雨”。是岁，一年而三筑台，奢侈不恤民。

釐公二年“冬十月不雨”，三年“春正月不雨，夏四月不雨，六月雨”。先是者，严公夫人与公子庆父淫，而杀二君。国人攻之，夫人逊于邾，庆父奔莒。釐公即位，南败邾，东败莒，获其大夫。有炕阳之应。

文公二年，“自十有二月不雨，至于秋七月”。文公即位，天子使叔服会葬，毛伯赐命。又会晋侯于戚。公子遂如齐纳币，又与诸侯盟。上得天子，外得诸侯，沛然自大。跻釐公主。大夫始颛事。

十年，“自正月不雨，至于秋七月”。先是公子遂会四国而救郑。楚使越椒来聘。秦人归禭。有炕阳之应。

十三年，“自正月不雨，至于秋七月”。先是曹伯、杞伯、滕子来朝，郕伯来犇，秦伯使遂来聘，季孙行父城诸及郓。二年之间，五国趋之，内城二邑。炕阳失众。一曰，不雨而五谷皆孰，异也。文公时，大夫始颛盟会，公孙敖会晋侯，又会诸侯盟于垂陇。故不雨而生者，阴不出气而私自行，以象施不由上出，臣下作福而私自成。一曰，不雨近常阴之罚，君弱也。

致族人都谮毁诬陷季平子。子家驹懿伯向鲁昭公进谏说："那些攻击季平子的人想利用国君实现他们自己的目的，国君不可上当。"但鲁昭公还是讨伐了季氏，并且被季氏打败，逃奔至齐国。

鲁定公十年（前500）"九月，为求雨举行隆重的祭祀仪式"。先前鲁定公亲自率兵入侵郑国，班师回朝后又兴修中城的城墙。他还派两位大夫率军围攻郓邑。

鲁严公三十一年（前663）"冬季，没有降雨"。这一年，一年之内三次兴修台榭，鲁国国君奢靡荒淫，不顾及百姓疾苦。

鲁僖公二年（前658）"冬季十月无雨"，鲁僖公三年"春季正月无雨，夏季四月无雨，六月才下了雨"。在此之前，鲁严公的夫人与公子庆父有奸情，因此两位鲁君先后被杀。鲁国人攻伐他们，夫人在邾国被迫退位，而庆父则逃奔于莒国。鲁僖公即位后，向南战胜了邾国，向东战胜了莒国，并俘获莒国大夫。鲁僖公因此而有炕阳的天应。

鲁文公二年（前625），"从十二月起无雨，一直到第二年秋季七月"。文公即位后，周天子派使臣叔服前来鲁国参加鲁僖公的葬礼，同时派使臣毛伯同来鲁国赐鲁文公圭玉。鲁文公对外与晋侯在戚地会晤，派公子遂到齐国行纳币礼定婚，又与诸侯会盟。上得周天子关照，对外广结诸侯之谊，于是心中骄傲自大起来。他把其父鲁僖公的神位升进太庙。大夫季孙氏由此开始专权。

鲁文公十年，"从正月开始一直不下雨，直到秋季七月"。在此之前公子联合晋、宋、卫、许四个诸侯国共同抗楚救郑。后来，楚国使臣越椒来访。秦国人来赠丧服。鲁文公有了炕阳的天应。

鲁文公十三年"从正月一直不下雨，直到秋季七月"。在此之前曹伯、杞伯、滕子来朝见鲁君，郕伯投奔鲁国，秦国的使臣来访，季孙行父在诸城和郓城修建城墙。二年之内，五国君臣先后来到鲁国，而且鲁国国内还为两座邑城修建了城墙。因此鲁国国君炕阳失众，骄傲自大起来。还有一种说法是，天不下雨而五谷却都成熟了，这种异象很少见。鲁文公时期，大夫们开始专权，主持会盟之事，公孙敖与晋侯会晤，又在垂陇与各位诸侯会盟。虽然不下雨，谷物却

惠帝五年夏，大旱，江河水少，溪谷绝。先是发民男女十四万六千人城长安，是岁城乃成。

文帝三年秋，天下旱。是岁夏，匈奴右贤王寇侵上郡，诏丞相灌婴发车骑士八万五千人诣高奴，击右贤王走出塞。其秋，济北王兴居反，使大将军讨之，皆伏诛。

后六年春，天下大旱。先是发车骑材官屯广昌，是岁二月，复发材官屯陇西。后匈奴大入上郡、云中，烽火通长安，三将军屯边，又三将军屯京师。

景帝中三年秋，大旱。

武帝元光六年夏，大旱。是岁，四将军征匈奴。

元朔五年春，大旱。是岁，六将军众十余万征匈奴。

元狩三年夏，大旱。是岁发天下故吏伐棘上林，穿昆明池。

天汉元年夏，大旱；其三年夏，大旱。先是贰师将军征大宛还。天汉元年，发適民。二年夏，三将军征匈奴，李陵没不还。

征和元年夏，大旱。是岁发三辅骑士闭长安城门，大搜，始治巫蛊。明年，卫皇后、太子败。

昭帝始元六年，大旱。先是大鸿胪田广明征益州，暴师连年。

还能成熟，是因为阴气没有发散而出，象征着恩施并不由国君发出，都是大臣们在下边作威作福、私自做主行事。还有一种说法是，天不下雨相当于上天常阴少阳的惩罚，象征国君势弱无为。

汉惠帝五年（前190）夏季，大旱，江河水少，溪谷绝流。先前朝廷从百姓中征调男女共十四万六千人修筑长安城，到这一年才修筑完成。

文帝三年（前177）秋季，天下大旱。这一年的夏季，匈奴右贤王入侵上郡，文帝诏令丞相灌婴亲率车骑步兵共八万五千人前往高奴县，与右贤王展开正面交锋，将匈奴赶出塞外。那一年秋季，济北王刘兴居谋反叛乱，朝廷又派大将军前去征讨叛贼，最后叛贼被绳之以法。

文帝后元六年（前158）春季，天下大旱。在此之前朝廷先是征调车骑步兵屯驻在广昌县，同年二月又征调步兵屯驻在陇西县。后来匈奴大举入侵上郡、云中等地，战火硝烟已经波及到京城长安，为此特派三位将军率兵戍守边境，又派了三位将军驻扎在京师。

景帝中元三年（前147）秋季，天下大旱。

武帝元光六年（前129）夏季，天下大旱。这一年，朝廷派出四位将军前去征伐匈奴。

元朔五年（前124）春季，天下大旱。这一年，朝廷派六位将军率领十余万军队征伐匈奴。

武帝元狩三年（前120）夏季，大旱。这一年，武帝将全国被废黜的官员全部征调到上林苑去砍伐荆棘林，挖掘长安城外的昆明池。

天汉元年（前100）夏季，大旱；连续三年夏季，持续大旱。在此之前，武帝派遣贰师将军李广利讨伐大宛，得胜而归。天汉元年再次征调服刑人员扩充军队。第二年夏季，武帝派遣三位将军出征讨伐匈奴，李陵率领的汉军战死沙场没有回来。

武帝征和元年（前92）夏季，天下大旱。这一年，朝廷调遣三辅地区的骑兵，关闭长安城门，在城内进行大搜捕，开始了对巫蛊案的追查。第二年，卫皇后和太子因巫蛊案而败亡。

昭帝始元六年（前81），大旱。在此之前，朝廷派遣大鸿胪田广

宣帝本始三年夏，大旱，东西数千里。先是五将军众二十万征匈奴。

神爵元年秋，大旱。是岁，后将军赵充国征西羌。

成帝永始三年、四年夏，大旱。

《左氏传》晋献公时童谣曰“丙子之晨，龙尾伏辰，袀服振振，取虢之旂。鹑之贲贲，天策焞焞，火中成军，虢公其犇。”是时虢为小国，介夏阳之阸，怙虞国之助，亢衡于晋，有炕阳之节，失臣下之心。晋献伐之，问于卜偃曰：“吾其济乎？”偃以童谣对曰：“克之。十月朔丙子旦，日在尾，月在策，鹑火中，必此时也。”冬十二月丙子朔，晋师灭虢，虢公丑奔周。周十二月，夏十月也。言天者以夏正。

史记晋惠公时童谣曰：“恭太子更葬兮，后十四年，晋亦不昌，昌乃在其兄。”是时，惠公赖秦力得立，立而背秦，内杀二大夫，国人不说。及更葬其兄恭太子申生而不敬，故诗妖作也。后与秦战，为秦所获，立十四年而死。晋人绝之，更立其兄重耳，是为文公，遂伯诸侯。

《左氏传》文、成之世童谣曰：“鸜之鹆之，公出辱之。鸜鹆之羽，公在外野，往馈之马。鸜鹆跦跦，公在乾侯，征褰与襦。鸜鹆之巢，远哉摇摇，裯父丧劳，宋父以骄。鸜鹆鸜鹆，往歌来哭。”至昭公时，有鸜鹆来巢。公攻季氏，败，出奔齐，居外野，次乾侯。八年，死于外，归葬鲁。昭公名裯。公子宋立，是为定公。

明前去征讨益州，因此军队连年在外作战。

宣帝本始三年（前71）夏季，大旱，千里疆域横贯东西，全部受灾。在此之前，朝廷派出五位将军率军二十万征伐匈奴。

神爵元年（前61）秋季，大旱。这一年，后将军赵充为国出征讨伐西羌。

成帝永始三年（前14）、成帝永始四年（前13）夏季，大旱。

《左传》上说：晋献公时期的童谣这样唱道“丙子日的早晨，龙尾星被照耀，军服威武整齐，为夺虢国而战。鹑火星像鹑鸟，天策星没光耀，鹑火星下整装，虢公可能要跑。”在那个时候，虢国是个小国，他凭借着夏阳的险阻，仰仗着虞国的支援，抗衡晋国，虢国国君有炕阳失众的天应。晋献公在出征讨伐虢国之前，询问卜偃说：“此战能否成功？”卜偃就用童谣来回答他说：“能成功。十月初一丙子日的凌晨，太阳在龙尾星之上，月亮在天策星之上，鹑火星在太阳与月亮之间，这是个吉时，一定要在这个时辰灭掉虢国。”那一年冬季十二月丙子初一，晋军灭掉虢国，虢公姬丑逃奔洛阳。周历的十二月，也就是夏历的十月。一般通晓天文的人，都是以夏历为准。

据史料记载，晋惠公时期有童谣这样唱道：“把恭太子改葬啊，十四年后，晋国也要遭殃，要想再次强大，仰仗他的兄长。”当时，晋惠公仰仗秦国的势力得以继承君位，即位后他背叛了秦国，在国内杀死了两位大夫，从而引起国内臣民的极大不满。等到改葬他的哥哥恭太子申生时，他不注重礼仪，没有按照礼制安葬，因此便有诗妖出现。后来晋国与秦国之间发起战争，晋惠公被秦军捉获，在位十四年后驾崩。晋国人没有拥立他的后嗣继承君位，而是改立他的哥哥重耳为君，这就是晋文公，后来称霸于诸侯。

《左传》上说：在鲁文公、鲁成公执政期间，有童谣这样唱道：“八哥鸣叫，昭公出逃，倍感耻辱。八哥理羽，昭公在外，需要马匹。八哥蹦跳，公在乾侯，缺吃少穿。八哥还巢，远居飘摇，昭公去世，定公得立。八哥鸣叫，哀悼昭公。”到了鲁昭公执政期间，果然有八哥来筑巢。鲁昭公攻打季氏，以失败告终，于是逃亡至齐国，露宿在旷野，驻扎在乾侯。八年后，鲁昭公死在国外，后来归葬鲁国。昭公

元帝时童谣曰："井水溢，灭灶烟，灌玉堂，流金门。"至成帝建始二年三月戊子，北宫中井泉稍上，溢出南流，象春秋时先有鸜鹆之谣，而后有来巢之验。井水，阴也；灶烟，阳也；玉堂、金门，至尊之居：象阴盛而灭阳，窃有宫室之应也。王莽生于元帝初元四年，至成帝封侯，为三公辅政，因以篡位。

成帝时童谣曰："燕燕尾涎涎，张公子，时相见。木门仓琅根，燕飞来，啄皇孙，皇孙死，燕啄矢。"其后帝为微行出游，常与富平侯张放俱称富平侯家人，过阳阿主作乐，见舞者赵飞燕而幸之，故曰："燕燕尾涎涎"，美好貌也。张公子谓富平侯也。"木门仓琅根"，谓宫门铜锾，言将尊贵也。后遂立为皇后。弟昭仪贼害后宫皇子，卒皆伏辜，所谓"燕飞来，啄皇孙，皇孙死，燕啄矢"者也。

成帝时歌谣又曰："邪径败良田，谗口乱善人。桂树华不实，黄爵巢其颠。故为人所羡，今为人所怜。"桂，赤色，汉家象。华不实，无继嗣也。王莽自谓黄，象黄爵巢其颠也。

严公十七年"冬，多麋"。刘歆以为毛虫之孽为灾。刘向以为麋色青，近青祥也。麋之为言迷也，盖牝兽之淫者也。是时，严公将取齐之淫女，其象先见，天戒若曰，勿取齐女，淫而迷国。严不寤，遂取之。夫人既入，淫于二叔，终皆诛死，几亡社稷。董仲舒指略同。京房《易传》曰："废正作淫，大不明，国多麋。"又曰："《震》遂泥，厥咎国多麋。"

名为姬裯。公子姬宋被拥立为鲁君，也就是鲁定公。

汉元帝执政期间有童谣这样唱道："井水冒，灭烟灶，灌玉堂，金门泡。"到了汉成帝建始二年（前31）三月戊子日，北宫的井泉，水位逐渐上升，井水溢出井口向南流淌，这件事与春秋时期先有八哥的童谣，而后确实发生了八哥归巢的应验相类似。井水，属阴；烟灶属阳；玉堂和金门，那都是皇帝居住的场所，所有的征兆都象征着阴盛灭阳，这是宫室被抢占的征兆。王莽出生于元帝初元四年（前45），到了成帝执政时期被封为侯，位居三公辅佐朝政，他凭借辅政而最终篡位。

汉成帝执政期间有童谣这样唱道："燕燕尾涎涎，张公子，时相见。木门仓琅根，燕飞来，啄皇孙，皇孙死，燕啄矢。"后来汉成帝乔装改扮成平民百姓微服出游，常常跟富平侯张放一起，自称是富平侯的家人。有一次，他们到阳阿公主家寻欢作乐，汉成帝见到了舞女赵飞燕并爱上了她，因此童谣里说："燕燕尾涎涎"，意思是说好漂亮的容貌啊。'张公子'即指富平侯。"木门仓琅根"，是指宫门上的铜门环，意思是说赵飞燕将要发达了。后来果然被册立为皇后。她的妹妹一进宫就被封为昭仪，后因姐妹俩联手暗杀了后宫的皇子，最后双双落网，得到应有的惩罚，这就是所谓的"燕飞来，啄皇孙，皇孙死，燕啄矢"的意思。

汉成帝时期还有歌谣这样唱道："邪道坏良田，谗言毁好人。桂树开花不结果，黄雀筑巢在树颠。曾经为人羡慕，如今被人可怜。"桂树，赤色，是汉朝的象征。华不实，即指没有子孙继嗣。王莽自称崇尚黄色，正应了"黄雀筑巢在树颠"，王莽侵占汉室，使之倾覆。

鲁严公十七年（前677）"冬季，麋鹿繁殖数量多"。刘歆认为，这属于毛虫之孽，将引发灾害。刘向认为麋鹿的毛色为青色，因此这种异象类似青祥。麋字的发音是迷，意指母兽之中最为淫荡的一种。当时，鲁严公准备迎娶齐国的淫荡女子，于是事情的征兆就率先显露出来，天帝的警戒仿佛在说，不要迎娶齐国女子，她将淫荡而乱国。但严公没有醒悟，还是迎娶了她。这位夫人嫁到鲁国之后，与两个小叔子通奸，虽然他们最终都受到了应有的惩罚，被处以死刑，但国

昭帝时，昌邑王贺闻人声曰“熊”，视而见大熊。左右莫见，以问郎中令龚遂，遂曰：“熊，山野之兽，而来入宫室，王独见之，此天戒大王，恐宫室将空，危亡象也。”贺不改寤，后卒失国。

《左氏传》襄公十七年十一月甲午，宋国人逐猘狗，猘狗入于华臣氏，国人从之。臣惧，遂奔陈。先是臣兄阅为宋卿，阅卒，臣使贼杀阅家宰，遂就其妻。宋平公闻之，曰：“臣不唯其宗室是暴，大乱宋国之政。”欲逐之。左师向戌曰：“大臣不顺，国之耻也，不如盖之。”公乃止。华臣炕暴失义，内不自安，故犬祸至，以奔亡也。

高后八年三月，祓霸上，还过枳道，见物如仓狗，橶高后掖，忽而不见。卜之，赵王如意为崇。遂病掖伤而崩。先是，高后鸩杀如意，支断其母戚夫人手足，搉其眼以为人彘。

文帝后五年六月，齐雍城门外有狗生角。先是帝兄齐悼惠王亡后，帝分齐地，立其庶子七人皆为王。兄弟并强，有炕阳心，故犬祸见也。犬守御，角兵象，在前而上乡者也。犬不当生角，犹诸侯不当举兵乡京师也。天之戒人蚤矣，诸侯不寤。后六年，吴、楚畔，济南、胶西、胶东三国应之，举兵至齐。齐王犹与城守，三国围之。会

家社稷也接近灭亡了。董仲舒的看法与此大致相同。京房在《易传》中提到："荒废正道，行为淫乱，是不明智的行为，国内麋鹿大量繁殖。"又说："《震》卦对应的卦象是坠入泥中，所导致的灾害就是国内麋鹿大量繁殖。"

昭帝执政期间，昌邑王刘贺听到有人说："有熊"，他定睛一看，果然是只大熊。但周围的人谁都没看见，他问郎中令龚遂这是怎么回事，龚遂说："熊，乃山林中的野兽，却突然来到您的宫殿，还只有您一人看见，这是天帝在告诫您，恐怕王宫要废弃而空无其主了，这是危亡的象征。"刘贺没有及时醒悟，也不知悔改，最终亡了国。

《左传》上说：鲁襄公十七年（前556）十一月甲午日，宋国人追赶一条疯狗，疯狗仓皇逃进华臣的家，人们也跟着跑了进来。华臣害怕极了，于是就逃奔到陈国。在此之前，华臣的哥哥华阅是宋国的上卿，华阅死后，华臣便派盗贼杀死了华阅的管家，还霸占了华阅的妻子。宋平公听闻这件事，说："华臣的暴行，不仅扰乱了宗族的秩序，他的行为还会导致宋国国政大乱。"于是便打算将华臣驱逐出国。左师向戌说："大臣大逆不道，是国家的耻辱，不如隐藏此事，不对外宣扬。"宋公只得作罢。华臣炕阳横暴，丧失了仁义道德，心里也不踏实，因此当犬祸从天而降时，他便逃离了宋国。

汉高后八年（前180）三月，在霸上举行祈求神明驱除灾祸的祭祀仪式，在回朝的路上，当经过枳道时，只见一个像黑狗一样的东西拘持住高后的腋下，忽然又不见了。占卜此事，说是赵王刘如意的冤魂作祟。然而后来高后却因腋下生病而驾崩。在此之前，高后曾用毒酒杀害了刘如意，并砍断了他母亲戚夫人的手足，挖去了双眼，制成人彘。

文帝后元五年（前159）六月，齐国雍城门外，有一条狗头上长出角来。在此之前，文帝的哥哥齐悼惠王去世，文帝便把齐国的地盘分割了，将嫡子之外的其余七个庶出之子都封为王。随着这几个弟兄长大成人，他们的势力也逐渐强大起来，不免存有炕阳的野心，因此会出现犬祸的异象。犬是看守门户的家畜，角是兵器的象征，生在头顶，有犯上之意。犬不应该长角，这就好比诸侯王不应该发兵进攻

汉破吴、楚，因诛四王。故天狗下梁而吴、楚攻梁，狗生角于齐而三国围齐。汉卒破吴、楚于梁，诛四王于齐。京房《易传》曰："执政失，下将害之，厥妖狗生角。君子苟免，小人陷之，厥妖狗生角。"

景帝三年二月，邯郸狗与彘交。悖乱之气，近犬豕之祸也。是时赵王遂悖乱，与吴、楚谋为逆，遣使匈奴求助兵，卒伏其辜。犬，兵革失众之占；豕，北方匈奴之象。逆言失听，交于异类，以生害也。京房《易传》曰："夫妇不严，厥妖狗与豕交。兹谓反德，国有兵革。"

成帝河平元年，长安男子石良、刘音相与同居，有如人状在其室中，击之，为狗，走出。去后有数人被甲持兵弩至良家，良等格击，或死或伤，皆狗也。自二月至六月乃止。

鸿嘉中，狗与彘交。

《左氏》昭公二十四年十月癸酉，王子鼂以成周之宝圭湛于河，幾以获神助。甲戌，津人得之河上，阴不佞取将卖之，则为石。是时王子鼂篡天子位，万民不乡，号令不从，故有玉变，近白祥也。癸酉入而甲戌出，神不享之验云。玉化为石，贵将为贱也。后二年，子鼂奔楚而死。

京师一样。天帝很早就已经在告诫人们了，然而诸侯王都没有醒悟。六年后，吴王、楚王发动叛乱，济南王、胶西王、胶东王三位诸侯王响应叛乱，他们带兵来到齐国。齐王犹豫不决，后来索性据守城防，于是三个叛乱的诸侯国便将齐国包围。恰好这时朝廷军队镇压了吴、楚叛军，并顺势诛杀了四个响应叛乱的诸侯王。因此说天狗星对应着梁国，而吴、楚叛军进攻梁国，狗头上长角的位置对应的是齐国，三个叛乱的诸侯国就围攻齐国。朝廷最终在梁国大破吴、楚叛军，在齐国处死了四个叛乱的诸侯王。京房在《易传》中提到："执政有失误，而臣下就会产生谋害叛乱的想法，就会出现狗头上生出角的妖祥。君子苟且免祸，小人制造事端，出现狗头生出角的妖异。"

景帝三年（前154）二月，在邯郸城内，竟然有狗和猪交配在一起。这种悖乱反常的异象，类似于犬豕之祸。当时赵王刘遂叛乱，与吴、楚二王密谋造反，他还派人到匈奴请求援助，最后被绳之以法。犬，代表战争与失众；豕，代表北方匈奴。赵王没有采纳逆耳的忠言，与异族勾结，最终制造出祸端。京房在《易传》中提到："夫妻关系不和，就会出现狗与猪交配的异象。这就是所谓的背德，对于国家而言会爆发战争。"

成帝河平元年（前28），长安城里有两个男子，一个名叫石良，一个名叫刘音，二人同住一个房间，一天，他们看见有个人形的东西坐在屋内，刚要打它，那东西突然变成狗，跑掉了。这之后有好几个身披甲胄、手持兵器的人来石良家找他打架，石良等人与来人格斗，这几个人有的死有的伤，都变成了狗。这类事件从二月一直持续到六月才停止。

成帝鸿嘉年间，狗与猪交配。

《左传》上说：鲁昭公二十四年（前518）十月癸酉日，王子姬鼂把洛阳王室的宝圭沉入黄河，以此来祭拜河神，希望得到神明的庇佑。甲戌日，渡口有船家从黄河边捡到这块宝圭，周大夫阴不佞取走宝圭想要将它卖掉，谁知宝圭竟变成了一块石头。当时，王子鼂篡夺天子之位，百姓不服，他发号施令无人听从，因此才会有宝圭变成石头的事情发生，这与白祥相类似。癸酉日沉入黄河，而第二天甲戌

史记秦始皇帝三十六年，郑客从关东来，至华阴，望见素车白马从华山上下，知其非人，道住止而待之。遂至，持璧与客曰："为我遗镐池君。"因言"今年祖龙死。"忽不见，郑客奉璧，即始皇二十八年过江所湛璧也。与周子鼂同应。是岁，石陨于东郡，民或刻其石曰："始皇死而地分。"此皆白祥，炕阳暴虐，号令不从，孤阳独治，群阴不附之所致也。一曰，石，阴类也，阴持高节，臣将危君，赵高、李斯之象也。始皇不畏戒自省，反夷灭其旁民，而燔烧其石。是岁始皇死，后三年而秦灭。

孝昭元凤三年正月，泰山莱芜山南匈匈有数千人声。民视之，有大石自立，高丈五尺，大四十八围，入地深八尺，三石为足。石立处，有白乌数千集其旁。眭孟以为石阴类，下民象，泰山岱宗之岳，王者易姓告代之处，当有庶人为天子者。孟坐伏诛。京房《易传》曰："'《复》，崩来无咎。'自上下者为崩，厥应泰山之石颠而下，圣人受命人君虏。"又曰："石立如人，庶士为天下雄。立于山，同姓；平地，异姓。立于水，圣人；于泽，小人。"

天汉元年三月，天雨白毛；三年八月，天雨白氂。京房《易

日就又在黄河岸边出现，这是神明不接受祭享的验证。圭玉化作石头，这预示着贵者将变成贱者。两年后，王子鼂逃奔至楚国而死。

据史料记载，秦始皇帝三十六年（前211），有位郑国客人来自关东，经过华阴县，他远远地望见一匹白马拉着白色的车从华山上下来，他心里非常清楚，车上的一定不是凡人，于是便停在道旁，等着看一看。车到跟前了，车上的人将手中的璧玉交给客人说："请替我送给镐池君。"接着又说："今年祖龙死。"说完就忽然不见了。郑国来的客人进献了璧玉，正是秦始皇二十八年过长江时，为了祭祀神明而沉到江中的那块璧玉。这件事与周子鼂那件事寓意相同。这一年，有陨石坠落在东郡，百姓中有人在陨石上刻了一句话："始皇死后天下分裂。"这些都属于白祥，是炕阳暴虐，号令无法施行，群阴不附和，阳火独旺所导致的。还有一种说法认为，石头属于阴类，阴处于高位则会出现臣下犯上，危害君主的现象，赵高、李斯就是这样。秦始皇缺乏敬畏心理，不善于自我反省，反而把居住在陨石附近的百姓都杀光了，并将陨石烧毁。同年秦始皇驾崩，三年后秦朝灭亡。

汉孝昭帝元凤三年（前78）正月，泰山附近的莱芜县大山南麓传来汹汹的嘈杂声，好像是几千人在喧哗。人们好奇地跑去观看，只见一块巨大的石块自己立了起来，巨石高一丈五尺，周长足足有四十八围，入地八尺深，巨石下方有三块较小的石头像是它的足。巨石耸立的地方，旁边聚集了数千只白乌鸦。眭孟认为石头属阴，是下民的象征，而号称岱宗的泰山乃五岳之首，新君即位、改朝换代，都要来此地祭祀天地，告知天帝，巨石自立且白乌聚集的异象说明民间的庶民百姓当中将会有人成为天子了。眭孟因此论断而被处以死刑。京房在《易传》说："'《复》卦中认为崩来无咎。'自上而下称为崩，它所应征的就是泰山的石头从高处坠下，圣人受命为君，当今的君王将成为俘虏。"又说："石立如人，预示着庶民中将有人称雄天下。石立于山上，预示着新君出自同宗同姓；石立于平地，预示着新君出自异姓。石立于水中，预示着新君为圣人；石立于泽塘，预示着新君是小人。"

武帝天汉元年（前100）三月，天降白毛雨；天汉三年（前98）八

传》曰："前乐后忧，厥妖天雨羽。"又曰："邪人进，贤人逃，天雨毛。"

史记周威烈王二十三年，九鼎震。金震，木动之也。是时，周室衰微，刑重而虐，号令不从，以乱金气。鼎者，宗庙之宝器也。宗庙将废，宝鼎将迁，故震动也。是岁晋三卿韩、魏、赵篡晋君而分其地，威烈王命以为诸侯。天子不恤同姓，而爵其贼臣，天下不附矣。后三世，周致德祚于秦。其后秦遂灭周，而取九鼎。九鼎之震，木沴金，失众甚。

成帝元延元年正月，长安章城门门牡自亡，函谷关次门牡亦自亡。京房《易传》曰："饥而不损兹谓泰，厥灾水，厥咎牡亡。"妖辞曰："关动牡飞，辟为亡道臣为非，厥咎乱臣谋篡。"故谷永对曰："章城门通路寝之路，函谷关距山东之险，城门关守国之固，固将去焉，故牡飞也。"

月，天降白氂雨。京房在《易传》中说到："先乐而后忧，就会出现天降白毛雨的异象。"又说："奸邪之人得志，圣贤之人被斥退，就会出现天降白毛雨的异象。"

据史料记载，周威烈王二十三年（前404），九鼎突然发出震动。金属质地的宝鼎发生震动，这是木气动荡所致。当时，周王室气运衰微，刑罚严苛而暴虐，朝廷发号施令无人听从，从而扰乱了金气。宝鼎，本是宗庙祭祀中的神器。宗庙社稷眼看不保，宝鼎即将被迁移，因此发生震动。那一年，晋国的三卿大夫韩、赵、魏三大家族联手篡夺了晋君之位，并瓜分了晋国的领土，无奈，周威烈王只得封他们为诸侯。天子不体恤同姓的晋君，反而赐封乱臣贼子爵位，于是普天下的臣民们从此再无人依附于周天子了。又经过三代，周天子将德泽福祉拱手相让给了秦国。再后来秦国灭周，最终夺取了九鼎。九鼎突然震动，属于木克金的现象，预示着君王大失天下民众。

汉成帝元延元年（前12）正月，长安城章城门上的门闩不翼而飞，函谷关次门的门闩也消失不见了。京房在《易传》中提到："年景饥荒而不注重节俭，称之为奢侈，将导致水灾发生，其灾殃的征兆就是门闩无故丢失。"《易妖变传》上说："关门震动，门闩不翼而飞，预示着君王昏庸无道，大臣为非作歹，同时也是乱臣贼子阴谋篡位的征兆。"因此谷永回应说："章城门是通往天子正宫的必经之路，函谷关是抵御关东诸侯的险要，城门坚固与否，直接关系着国家的命运安危，固防即将失守，因此门闩便会无故消失了。"

卷二十七中之下

五行志第七中之下

《传》曰："视之不明，是谓不悊，厥咎舒，厥罚恒奥，厥极疾。时则有草妖，时则有蠃虫之孽，时则有羊祸，时则有目痾，时则有赤眚赤祥。惟水沴火。"

"视之不明，是谓不悊"，悊，知也。《诗》云："尔德不明，以亡陪亡卿；不明尔德，以亡背亡仄。"言上不明，暗昧蔽惑，则不能知善恶，亲近习，长同类，亡功者受赏，有罪者不杀，百官废乱，失在舒缓，故其咎舒也。盛夏日长，暑以养物，政弛缓，故其罚常奥也。奥则冬温，春夏不和，伤病民人，故极疾也。诛不行则霜不杀草，繇臣下则杀不以时，故有草妖。凡妖，貌则以服，言则以诗，听则以声。视则以色者，五色物之大分也，在于眚祥，故圣人以为草妖，失秉之明者也。温奥生虫，故有蠃虫之孽，谓螟螣之类当死不死，未当生而生，或多于故而为灾也。刘歆以为属思心不容。于《易》，刚而包柔为《离》，《离》为火为目。羊上角下蹄，刚而包柔，羊大目而不精明，视气毁故有羊祸。一曰，暑岁羊多疫死，及为怪，亦是也。及人，则多病目者，故有目痾。火色赤，故有赤眚赤祥。凡视伤者病火气，火气伤则水沴之。其极疾者，顺之，其福曰寿。刘歆视传曰有羽虫之孽，鸡祸说以为于天文南方喙为鸟星，故为羽虫；祸亦从羽，故为鸡；鸡于《易》自在《巽》。说非是。庶征之恒奥，刘向以为《春秋》亡冰也。小奥不书，无冰然后书，举其大者也。京房《易传》曰："禄不遂行兹谓欺，厥咎奥，雨雪四至而温。臣安禄乐逸兹谓乱，奥而生虫。知罪不诛兹谓舒，其奥，夏则暑杀人，冬则物华

《洪范五行传》上说："君王不能明察秋毫，被定义为缺乏智慧，过错一般表现为行事风格消极懈怠，所受到的天谴就是天气持续闷热，最为严重的后果就是容易引发疾疫。随之而来的异象是有草妖出现，或有蠃虫之孽出现，抑或出现羊祸，或出现目赤肿痛的眼疾，或有赤眚赤祥出现。用五行来解释，这属于水克火。"

"眼光不明，不能明察秋毫，被视为缺乏智慧"，悊，即指智慧。《诗经》上说："作为君王，若执政不够明智，就会失去辅佐的大臣；作为君王，若执政充满智慧，臣民便不会背叛。"意思是说，为君者，若不能明察秋毫，昏庸无道，受到蒙蔽，就无法辨别是非善恶，只会亲近亲信之人，提拔同类之人，奖赏没有功劳的人，对于有罪之人不进行处罚，文武百官玩忽职守，行事风格消极懈怠，因此往往会因为萎靡不振而遭受天遣。盛夏时节白昼较长，万物在暑热中得到滋养，因此君王若执政松弛无效，则会引发持续高温的惩罚。持续高温就会导致冬季不寒冷，春季不调和，四季失调，那样便易引发疾疫，危害百姓的健康，因此最严重的后果就是疾疫流行。纵容恶人的罪行，不进行处罚，大自然就会出现秋霜无法杀灭害草的现象，生杀大权掌握在臣下手中，刑罚不合时宜，因此就会出现草妖。凡是妖，都会用服饰来修饰外貌，以诗歌的形式发表言论，发出声音让人们听到。具有夺目的色彩，因为天地万物大致分为五种颜色，如出现青祥，则圣人认为这是草妖出现，也是大权旁落的征兆。气候持续温暖就会滋生病虫害，因此会出现蠃虫之孽，指的是诸如螟螣之类的害虫，在应该被冻死的季节存活了下来，在不该滋生的时候滋生出来，或者数量超常，泛滥成灾。刘歆认为这是事与愿违所引发的灾祸。在《易经》上，刚包柔的表现对应的是《离》卦，《离》卦为火，为目。好比羊头上长角，足下有蹄，这就是刚包柔的表现。羊的眼睛很

实。重过不诛，兹谓亡征，其咎当寒而奥六日也。”

桓公十五年“春，亡冰”。刘向以为周春，今冬也。先是，连兵邻国，三战而再败也，内失百姓，外失诸侯，不敢行诛罚，郑伯突篡兄而立，公与相亲，长养同类，不明善恶之罚也。董仲舒以为象夫人不正，阴失节也。

成公元年“二月，无冰”。董仲舒以为方有宣公之丧，君臣无悲哀之心，而炕阳，作丘甲。刘向以为时公幼弱，政舒缓也。

襄公二十八年“春，无冰”。刘向以为先是公作三军，有侵陵用

大，看东西却不精明，因此称视觉不明，不能明察秋毫为羊祸。还有一种说法认为，气温高的年份，羊大多死于疾疫，人们往往认为出现了异象，其实也是这个道理。对于人而言，大多会出现眼疾，从而产生目痾。目赤上火，因此被称为赤眚赤祥。凡是视力受损的人都是病在火气上，火气带来的损伤需要用水来克制。火气损伤严重则会致病，只有使火气顺服，才会有福祉，称之为寿。刘歆对于史料中所记载的关于羽虫之孽就是鸡祸的解释是在天文学中，南方的鸟星也称为鸟喙，因此鸟也称为羽虫；灾祸和羽毛相关的，便被称为鸡祸。鸡在《易经》中对应的是《巽》卦。刘歆的这种说法有误。持续高温的诸多征兆，刘向认为是《春秋》中所记载的冬季无冰雪。小暖冬一般不记载，只有情形严重的无冰雪暖冬才会有所记载。京房在《易传》中提到："无功而受禄的行为叫做欺骗，它所导致的灾祸就是持续高温，虽然也有降雨降雪，但天气却温暖不冷。臣下安于享乐，沉溺淫逸的行为叫做乱，它所导致的灾祸就是气候温暖而害虫滋生。明知有罪却纵容而不治罪的行为，叫做舒，它所导致的灾祸是持续高温，夏季酷热难耐，冬季则植物开花结果。纵容恶人的罪行，不施行诛罚的行为叫做亡征，它所导致的灾祸就是应该寒冷的冬季却温暖得犹如六月天。"

鲁桓公十五年（前697）"春季，不结冰"。刘向认为周朝的春季，相当于现在的冬季。在此之前，鲁桓公联合诸侯，向邻国发起战争，多次挑起战争，却接连失败，他对内丧失了民众拥护，对外失去了诸侯各国的信任，然而他始终不敢诛罚主战大臣，甚至郑伯姬突篡夺其兄长的君位后自立为王，鲁桓公依然与他交好，助纣为虐，二人情投意合，无冰之灾就是对他不能正确看待善恶关系的惩罚。董仲舒认为无冰之灾则是昭示了夫人作风不正，阴气失节。

鲁成公元年（前590）"二月，不结冰"。董仲舒认为，这是因为鲁宣公刚刚驾崩，还处于服丧期内，然而鲁成公君臣并无悲痛之情，反而炕阳失众，还制定增征甲士的丘甲军赋法。刘向则认为是当时鲁成公年幼无知，对待朝政松弛无度才导致灾祸降临。

鲁襄公二十八年（前545）"春季，不结冰"。刘向认为，在此之

武之意，于是邻国不和，伐其三鄙，被兵十有余年，因之以饥馑，百姓怨望，臣下心离，公惧而弛缓，不敢行诛罚，楚有夷狄行，公有从楚心，不明善恶之应。董仲舒指略同。一曰，水旱之灾，寒暑之变，天下皆同，故曰“无冰”，天下异也。桓公杀兄弑君，外成宋乱，与郑易邑，背畔周室。成公时，楚横行中国，王札子杀召伯、毛伯，晋败天子之师于贸戎，天子皆不能讨。襄公时，天下诸侯之大夫皆执国权，君不能制。渐将日甚，善恶不明，诛罚不行。周失之舒，秦失之急，故周衰亡寒岁，秦灭亡奥年。

武帝元狩六年冬，亡冰。先是，比年遣大将军卫青、霍去病攻祁连，绝大幕，穷追单于，斩首十余万级，还，大行庆赏。乃闵海内勤劳，是岁遣博士褚大等六人持节巡行天下，存赐鳏寡，假与乏困，举遗逸独行君子诣行在所。郡国有以为便宜者，上丞相、御史以闻。天下咸喜。

昭帝始元二年冬，亡冰。是时上年九岁，大将军霍光秉政，始行宽缓，欲以说下。

僖公三十三年“十二月，陨霜不杀草”。刘歆以为草妖也。刘向以为今十月，周十二月。于《易》五为天位，君位，九月阴气至，五通于天位，其卦为《剥》，剥落万物，始大杀矣，明阴从阳命，臣受君

前，鲁襄公扩充三军，企图对外发动战争，从而导致他与邻国的关系紧张，邻国从三个方向进犯鲁国边境，连续十几年战事不断，因而导致国家出现饥荒，民不聊生，怨声载道，大臣们离心离德，鲁襄公因担忧局势而使朝政松弛荒废，也不敢诛罚不法大臣，另外，楚国是夷狄之族，然而鲁襄公却动了亲近楚国的心思，于是便会出现无冰之灾的异象，这是对他不分善恶的惩罚。董仲舒的观点与此大致相同。还有一种说法认为，水旱之灾，寒暑之变，天下各地都一样，因此说“无冰”，这属于全天下的异象。鲁桓公杀害他的兄长而篡夺王位，对外助成宋国政变，与郑国交换城邑，背叛了周室。鲁成公时期，楚国横行于中原，王札子杀害周大夫召伯和毛伯，晋国在贸戎打败周天子的军队，对于这些事，周天子都无力讨伐。鲁襄公时期，天下都是各诸侯国的大夫掌握国家大权，周天子无力控制，最终大权旁落。情况日益恶化，君王善恶不分，诛罚不力。周朝的失败在于朝政松弛荒废，秦朝的失败在于急切苛暴，因此周朝衰败时没有寒冬，而秦朝灭亡时，则没有暑热。

汉武帝元狩六年（前117）冬季，不结冰。在此之前，汉武帝连年派遣大将军卫青、霍去病出兵征讨祁连山，穿越沙漠，对匈奴单于穷追不舍，斩首匈奴兵将十余万人，汉军胜利还朝时，汉武帝大肆庆功封赏。后来，汉武帝体恤国内百姓疾苦，当年派博士褚大等六人，奉持武帝新授的符节在国内巡视，慰问和抚恤鳏寡孤独，政府还赈贷贫困百姓，命各郡县、诸侯国举荐隐逸于民间的圣贤君子，前来武帝的行宫觐见。各郡县、诸侯国若有可谏言之人，立即上报丞相、御史大夫转奏天子。此举令天下百姓欢欣雀跃。

昭帝始元二年（前85）冬季，不结冰。当时，昭帝才刚满九岁，朝政大权由大将军霍光执掌，他为了调养生息，取悦民心，便在开始执政时，采取了宽松和缓的政策。

鲁僖公三十三年（前627）“十二月，霜降却不能使草木枯萎凋零”。刘歆认为这是草妖。刘向认为周朝的十二月相当于汉朝的十月。在《易经》上，五是天位、君位，九月阴气至，五通于天位，其对应的卦象是《剥》卦，剥即剥落万物，天地开始一片肃杀了，表明阴气

令而后杀也。今十月陨霜而不能杀草，此君诛不行，舒缓之应也。是时公子遂颛权，三桓始世官，天戒若曰，自此之后，将皆为乱矣。文公不寤，其后遂杀子赤，三家逐昭公。董仲舒指略同。京房《易传》曰："臣有缓兹谓不顺，厥异霜不杀也。"

《书序》曰："伊陟相太戊，亳有祥，桑穀共生。"《传》曰："俱生乎朝，七日而大拱。伊陟戒以修德，而木枯。"刘向以为殷道既衰，高宗承敝而起，尽凉阴之哀，天下应之，既获显荣，怠于政事，国将危亡，故桑穀之异见。桑犹丧也，穀犹生也，杀生之秉失而在下，近草妖也。一曰，野木生朝而暴长，小人将暴在大臣之位，危亡国家，象朝将为虚之应也。

《书序》又曰："高宗祭成汤，有蜚雉登鼎耳而雊。"祖己曰："惟先假王，正厥事。"刘向以为雉雊鸣者雄也，以赤色为主。于《易》，《离》为雉，雉，南方，近赤祥也。刘歆以为羽虫之孽。《易》有《鼎卦》，鼎，宗庙之器，主器奉宗庙者长子也。野鸟自外来，入为宗庙器主，是继嗣将易也。一曰，鼎三足，三公象，而以耳行。野鸟居鼎耳，小人将居公位，败宗庙之祀。野木生朝，野鸟入庙，败亡之异也。武丁恐骇，谋于忠贤，修德而正事，内举傅说，授以国政，外伐鬼方，以安诸夏，故能攘木鸟之妖，致百年之寿，所谓"六沴作见，若是共御，五福乃降，用章于下"者也。一曰，金沴木曰木不曲直。

必须服从于阳气，即大臣领受君令而执行杀罚。如今进入十月，有霜降却不能使草木枯萎凋零，这是君王诛罚力度不够，朝政宽缓不振的征兆。当时，公子遂专权，三桓家族父子相继为卿，天帝的告诫仿佛在说，从此之后，将会出现祸乱了。然而鲁文公不醒悟，后来公子遂杀害子赤，季氏、叔孙、孟孙三家驱逐了鲁昭公。董仲舒的看法大致相同。京房在《易传》中提到："大臣执行政令松弛宽缓，就会出现有霜降却不能使草木枯萎凋零的异象。"

《书序》上说："伊陟辅佐太戊，亳地出现异象，即桑树与构树共生。"《洪范五行传》上说："这两种树共生于宫廷之内，七日内必长成两手合拱那么粗。伊陟告诫太戊必须要修整仁德，随后两棵树很快就枯死了。"刘向认为，殷商的国运出现衰败的迹象，高宗在形势荒敝的情况下即位，服丧期间他居于丧庐之中，三年不说话，将服丧的哀痛做到了极致，天下臣民一呼百应，然而在他收获了巨大的荣耀之后，却又荒于政事，导致国家面临即将危亡的险境，因此会有桑树、构树共生于宫廷之内的异象出现。桑与丧偕音，构树表示还有生机，这种异象昭示了生杀予夺的大权落到大臣手中，这种异象与草妖很相似。还有一种说法认为，野树生于宫廷之内而迅速长大，则预示着小人很快将占居大臣之位，从而危害国家利益，这是朝廷将化为乌有的征兆。

《书序》上说："高宗祭祀成汤时，有野鸡飞来落在鼎耳上鸣叫。"祖己说："这是在提醒君王，要端正为王之道，勤于政务。"刘向认为，野鸡中鸣叫的是雄鸡，以赤为主色。在《易经》中，《离》卦对应的是野鸡，雉星位于南方，野鸡的出现与赤祥相似。刘歆则认为这是羽虫之孽。在《易经》中有《鼎》卦，鼎是宗庙中的礼器，只有嫡长子才有掌管礼器、奉祀宗庙的资格。野鸡从外边飞来，停留在宗庙祭祀的礼器之上，这预示着继嗣将要改变。还有一种说法认为，鼎有三足，是三公之象，而提耳才能搬动。野鸡落到鼎耳上，是昭示小人将要占居三公之位，败坏宗庙祭祀。野树共生于宫廷之内，野鸟飞入宗庙，这些异象都预示着国家即将败亡。高宗武丁因此忧心忡忡，与忠贤之士共同商议对策，于是开始修养德行、整顿政务，在内提拔任

僖公三十三年“十二月，李梅实”。刘向以为周十二月，今十月也，李梅当剥落，今反华实，近草妖也。先华而后实，不书华，举重者也。阴成阳事，象臣颛君作威福。一曰，冬当杀，反生，象骄臣当诛，不行其罚也。故冬华者，象臣邪谋有端而不成，至于实，则成矣。是时僖公死，公子遂颛权，文公不寤，后有子赤之变。一曰，君舒缓甚，奥气不臧，则华实复生。董仲舒以为李梅实，臣下强也。记曰：“不当华而华，易大夫；不当实而实，易相室。”冬，水王，木相，故象大臣。刘歆以为庶征皆以虫为孽，思心蠃虫孽也。李梅实，属草妖。

惠帝五年十月，桃李华，枣实。昭帝时，上林苑中大柳树断仆地，一朝起立，生枝叶，有虫食其叶，成文字，曰：“公孙病已立”。又昌邑王国社有枯树复生枝叶。眭孟以为木阴类，下民象，当有故废之家公孙氏从民间受命为天子者。昭帝富于春秋，霍光秉政，以孟妖言，诛之。后昭帝崩，无子，征昌邑王贺嗣位，狂乱失道，光废之，更立昭帝兄卫太子之孙，是为宣帝。帝本名病已。京房《易传》曰：“枯杨生稊，枯木复生，人君亡子。”

用傅说，将国政交付于他，对外征伐鬼方少数民族势力，使华夏各邦得以安定，因此化解了野树共生、野鸡鸣叫的异象，得以长寿百年，这就是所谓的“六灾出现，只要能恭治国事，五福便会降临，要将此事向天下宣扬”。还有一种说法，用五行来解释的话，则认为金克木，导致木不能弯曲。

鲁僖公三十三年（前627）“十二月，李树、梅树结出果实”。刘向认为，周朝的十二月相当于汉朝的十月，按时间计算，李树、梅树已经到了花果凋零的季节，然而却开花结果，这种异象与草妖相似。本来是先开花后结果，而没有记载开花只记载结出果实，这是只记载了重要内容。阴胜于阳，则象征着大臣专权，作威作福。还有一种说法认为，冬季本为肃杀之季，反而出现植物开花结果的异象，这预示着骄臣本应受到诛罚，却没有对其施行惩罚。因此植物会在冬季开花结果，象征大臣已露出奸邪的端倪，只是还没实现，等到结了果实，就成为现实了。当时鲁僖公驾崩，公子遂专权，鲁文公不醒悟，后来便发生了子赤被杀的变乱。还有一种说法是，君王执政松弛宽缓，导致暑热之气无法收敛，于是植物再次开花结果。董仲舒认为李树、梅树结果实，预示着大臣强势。《洪范五行传》中提到：“不该开花的季节开花，预示着要更换大夫；不该结果的季节结果，预示着要更换相国。”冬季，以水为王，以木为相，因此说这种异象代表大臣。刘歆认为很多灾害发生的征兆，都是因为虫孽，心中的灾祸表现为蠃虫孽。李树、梅树结果实，属于草妖。

汉惠帝五年（前190）十月，桃树、李树开花，枣树结果。汉昭帝时期，上林苑中的大柳树折断倒在地上，突然有一天竟然自己立了起来，并长出枝叶，有虫子啃食树叶，显现字形，说：“公孙病已立”。另，昌邑王国的社庙里有一棵枯树死而复生，长出枝叶。眭孟认为木属阴类，是子民的象征，枯木复生的异象预示着也许曾被废黜而衰落的公孙氏家族，将从民间受命，成为天子。当时汉昭帝年纪尚轻，朝廷由霍光执政，他认为眭孟说的是疯话，于是就杀了眭孟。后来昭帝驾崩，没留下子嗣，于是征召昌邑王刘贺作为昭帝的继嗣，继承帝位，昌邑王狂乱无道，霍光又废了他，改立昭帝的兄长卫太子的孙

元帝初元四年，皇后曾祖父济南东平陵王伯墓门梓柱卒生枝叶，上出屋。刘向以为王氏贵盛将代汉家之象也。后王莽篡位，自说之曰："初元四年，莽生之岁也，当汉九世火德之厄，而有此祥兴于高祖考之门。门为开通，梓犹子也，言王氏当有贤子开通祖统，起于柱石大臣之位，受命而王之符也。"

建昭五年，兖州刺史浩赏禁民私所自立社。山阳橐茅乡社有大槐树，吏伐断之，其夜树复立其故处。成帝永始元年二月，河南街邮樗树生支如人头，眉目须皆具，亡发耳。哀帝建平三年十月，汝南西平遂阳乡柱仆地，生支如人形，身青黄色，面白，头有頾发，稍长大，凡长六寸一分。京房《易传》曰："王德衰，下人将起，则有木生为人状。"

哀帝建平三年，零陵有树僵地，围丈六尺，长十丈七尺。民断其本，长九尺余，皆枯。三月，树卒自立故处。京房《易传》曰："弃正作淫，厥妖木断自属。妃后有颛，木仆反立，断枯复生。天辟恶之。"

元帝永光二年八月，天雨草，而叶相摎结，大如弹丸。平帝元始三年正月，天雨草，状如永光时。京房《易传》曰："君吝于禄，信衰贤去，厥妖天雨草。"

昭公二十五年"夏，有鸜鹆来巢"。刘歆以为羽虫之孽，其色黑，又黑祥也，视不明听不聪之罚也。刘向以为有蜚有蜮不言来

子为帝，这就是汉宣帝，汉宣帝本名叫病已。京房在《易传》中提到：“枯杨重新长出嫩芽，枯木复生，这些异象预示着君王没有子嗣。”

汉元帝初元四年（前45），皇后的曾祖父济南的东平陵王伯，他的墓门梓柱上突然长出枝叶，并滋长地钻出室外。刘向认为这是王氏的富贵强盛将要取代汉家的征兆。后来王莽篡位，他就这件事说：“初元四年，是我出生的年份，当时正值汉朝九代帝王，出现火德灾厄，却有这一祥瑞出现在我高祖的墓门上。门是通道，梓与子偕音，这种异象预示着王氏家族必会有贤德子孙开通祖宗的皇统，从担任朝廷的柱石大臣开始，最终领受天命，成为天下之主的符瑞。”

汉元帝建昭五年（前34），兖州刺史浩赏禁止民间私自设立神庙。山阳郡橐茅乡的社庙旁有棵大槐树，官吏把它砍了，谁知当晚，这棵大槐树又重新立在了原地。成帝永始元年（前16）二月，河南郡街邮长出一棵樗树，生出的枝杈犹如人头，眉目、胡须俱全，只是没有头发和耳朵。哀帝建平三年（前4）十月，汝南郡西平县遂阳乡有根柱子倒在地上，生出的新枝犹如人形，身子呈青黄色，面部呈白色，头上有胡须和毛发，继续长，毛发竟长达六寸一分。京房在《易传》中说：“君王的德泽衰败，下边的大臣百姓便会崛起，这时就会出现树木生出人形的异象。”

哀帝建平三年（前4），零陵郡有棵树僵死在地上，树干合围一丈六尺，长十丈七尺。百姓截断了它的树干，取走一段，长九尺多，整棵树完全枯死了。三月，这棵树突然自己立在了原地。京房在《易传》中说：“摒弃正道，行为荒淫，出现的异象就是树木被砍断了还能自己再接上。天子对妃嫔专宠偏爱，倒下的树木就会自己立起来，砍断而枯死的树干能够复活重生。上天最厌恶这种事情。”

元帝永光二年（前42）八月，天降草雨，草的叶子互相缠绕，有弹丸那么大。平帝元始三年正月，天降草雨，当时的情形和永光二年那次一样。京房在《易传》中说：“君王赏赐给大臣的俸禄少，忠信就会消失，贤人便会离去，这时就会出现天降草雨的异象。”

鲁昭公二十五年（前517）“夏季有八哥来筑巢”。刘歆认为，羽虫之孽，呈黑色，又称为黑祥，预示着君王不能明察秋毫，不善于听

者，气所生，所谓眚也；鸜鹆言来者，气所致，所谓祥也。鸜鹆，夷狄穴藏之禽，来至中国，不穴而巢，阴居阳位，象季氏将逐昭公，去宫室而居外野也。鸜鹆白羽，旱之祥也；穴居而好水，黑色，为主急之应也。天戒若曰，既失众，不可急暴；急暴，阴将持节阳以逐尔，去宫室而居外野矣。昭不寤，而举兵围季氏，为季氏所败，出奔于齐，遂死于外野。董仲舒指略同。

景帝三年十一月，有白颈乌与黑乌群斗楚国吕县，白颈不胜，堕泗水中，死者数千。刘向以为近白黑祥也。时楚王戊暴逆无道，刑辱申公，与吴王谋反。乌群斗者，师战之象也。白颈者小，明小者败也。堕于水者，将死水地。王戊不寤，遂举兵应吴，与汉大战，兵败而走，至于丹徒，为越人所斩，堕死于水之效也。京房《易传》曰："逆亲亲，厥妖白黑乌斗于国。"

昭帝元凤元年，有乌与鹊斗燕王宫中池上，乌堕池死，近黑祥也。时燕王旦谋为乱，遂不改寤，伏辜而死。楚、燕皆骨肉藩臣，以骄怨而谋逆，俱有乌鹊斗死之祥，行同而占合，此天人之明表也。燕一乌鹊斗于宫中而黑者死，楚以万数斗于野外而白者死，象燕阴谋未发，独王自杀于宫，故一乌水色者死，楚炕阳举兵，军师大败于野，故众乌金色者死，天道精微之效也。京房《易传》曰："专征劫杀，厥妖乌鹊斗。"

取谏言的惩罚。刘向认为，当时出现了蜚、蜮两种虫子，但是却没说他们滋生的原因，这是由气产生的，即所谓的眚；说到八哥则提到它由来的原因，这是由气导致的，即所谓的祥。八哥，是夷狄地区穴居的禽类，来到中原地区，不穴居而筑巢，属于阴居阳位，象征着季氏将要驱逐鲁昭公，使他离开宫室而退居于荒野。八哥的羽毛呈白色，是旱情的祥异；八哥穴居且喜欢在水中游弋，羽毛为黑色，则预示着君王将面临危急的事情。天帝仿佛在告诫说，既然已经失去了百姓的拥护，就再不可急躁且暴虐了；否则，属阴的大臣将操控权力把你赶走，你就得被迫离开宫室而流亡在外了。然而鲁昭公不醒悟，发兵攻打季氏，结果被季氏打败，被迫逃往齐国，最终死在国外。董仲舒对此事的看法大致相似。

汉景帝三年（前154）十一月，有白颈乌鸦与黑乌鸦在楚国的吕县成群搏斗，最终白颈乌鸦战败，纷纷坠落泗水中，死了数千只乌鸦。刘向认为这与白黑祥相似。当时楚王刘戊暴戾犯上，丧失了为臣之道，施刑侮辱申公，与吴王刘濞谋反叛乱。因此会出现乌鸦成群搏斗的异象，这是军队打仗的象征。白颈乌鸦体型小，说明两军对峙，实力弱小的一方将会失败。掉进水中，说明将死于水地。楚王刘戊不醒悟，仍然举兵响应吴王造反，与汉军展开了激烈的战斗，最终兵败而逃，跑到丹徒时，被越地人斩首，这便是死于水地的应验。京房在《易传》上说："皇亲叛逆，就会出现白黑乌鸦在国内搏斗的异象。"

昭帝元凤元年（前80），有乌鸦和喜鹊在燕王宫中的水池上空打斗，后来乌鸦掉进池中淹死，这种异象与黑祥相似。当时燕王刘旦阴谋造反，并执迷不悟，不知悔改，最终伏罪而死。楚、燕二王都是身为皇亲国戚的骨肉至亲藩臣，他们因骄横和对朝廷的怨恨，从而密谋造反，都出现了乌鹊相斗而死的异象，他们行为相似，所占之象也大致一样，这是天帝在明确地昭示世人啊。在燕国，是单个乌鸦与喜鹊在宫中搏斗，而黑色乌鸦死了，在楚国，是上万只乌鸦在野外相斗，而白颈乌鸦的死亡，预示着燕王的阴谋尚未发动，只有燕王一人在宫中伏罪自杀，因此是一只黑色的乌鸦死掉。而楚王则是炕阳失

昭帝时有鹈鹕或曰秃鹙，集昌邑王殿下，王使人射杀之。刘向以为水鸟色青，青祥也。时王驰骋无度，慢侮大臣，不敬至尊，有服妖之象，故青祥见也。野鸟入处，宫室将空。王不寤，卒以亡。京房《易传》曰："辟退有德，厥咎狂，厥妖水鸟集于国中。"

成帝河平元年二月庚子，泰山山桑谷有䳒焚其巢。男子孙通等闻山中群鸟䳒鹊声，往视，见巢爇，尽堕地中，有三䳒鷇烧死。树大四围，巢去地五丈五尺。太守平以闻。䳒色黑，近黑祥，贪虐之类也。《易》曰："鸟焚其巢，旅人先笑后号咷。"泰山，岱宗，五岳之长，王者易姓告代之处也。天戒若曰，勿近贪虐之人，听其贼谋，将生焚巢自害其子绝世易姓之祸。其后赵蜚燕得幸，立为皇后，弟为昭仪，姊妹专宠，闻后宫许美人、曹伟能生皇子也，昭仪大怒，令上夺取而杀之，皆并杀其母。成帝崩，昭仪自杀，事乃发觉，赵后坐诛。此焚巢杀子后号咷之应也。一曰，王莽贪虐而任社稷之重，卒成易姓之祸云。京房《易传》曰："人君暴虐，鸟焚其舍。"

鸿嘉二年三月，博士行大射礼，有飞雉集于庭，历阶登堂而雊。后雉又集太常、宗正、丞相、御史大夫、大司马车骑将军之府，

众，举兵叛乱，大军在野外大败，因此是众多白颈乌鸦死掉，真可谓天道精微无误。京房在《易传》说："密谋造反，就会出现乌鹊相斗的异象。"

昭帝执政时期，有鹈鹕也叫秃鹙的鸟，降落在昌邑王的殿前，昌邑王派人将其射杀。刘向认为这些水鸟呈青色，这种现象的出现属于青祥。当时，昌邑王驰骋无度，不遵法度，他怠慢侮辱大臣，不尊敬天子，并出现服妖的征验，因此会出现青祥的异象。野鸟飞入宫中，则预示着宫室将被空废而无人居住。昌邑王不醒悟，最终获罪而亡。京房在《易传》中说："君王斥退有德行的贤臣，他的过错在于行为狂傲不羁，因此便会出现水鸟聚集在城中的异象。"

成帝河平元年（前28）二月庚子日，在泰山郡山桑谷有老鹰把自己的巢穴烧掉了。一个名叫孙通的男子，听见山中有群鸟、老鹰和喜鹊的鸣叫声，前去查看，发现原来是鸟巢被烧掉了，全部掉在地上，其中还有三只老鹰的幼鸟也被烧死了。那棵树有四围粗，鸟巢距离地面约五丈五尺高。后来泰山郡太守平也听说了此事。老鹰是黑色的，这种异象与黑祥相似，是贪婪暴虐的象征。《易经》上说："鸟焚烧自己的巢穴，则是旅人先笑后嚎啕大哭的征兆。"泰山，即岱宗，五岳之首，是称王天下的帝王祭告天帝的地方。有鸟在此焚烧巢穴，仿佛天帝在告诫说，不要接近贪婪而狠毒的人，若听信了他们的阴谋谗言，就会发生焚烧巢穴，伤害自己子嗣、绝后易姓的灾祸。之后不久，赵飞燕得到成帝的宠幸，册封为皇后，她的妹妹也被册封为昭仪，姐妹二人独占了成帝的宠爱，当她们得知后宫许美人、曹伟能诞下皇子时，昭仪大怒，让成帝把孩子夺走并杀掉，同时还杀死了孩子的母亲。成帝驾崩后，昭仪自杀，事情最终败露，赵飞燕后被贬为庶人，而后自杀。这就是焚巢杀子而后败亡号啕的应验。还有一种说法是指王莽贪婪暴虐，却肩负着统理国家社稷的重任，最终酿成篡位易姓改朝换代的灾祸。京房在《易传》中说："国君暴虐，就会出现鸟焚烧自己巢穴的异象。"

成帝鸿嘉二年（前19）三月，博士们举行大射礼时，有野鸡飞来聚集在庭院中，它们拾阶而上，登堂入室，不停鸣叫。后来野鸡群又

又集未央宫承明殿屋上。时大司马车骑将军王音、待诏宠等上言："天地之气，以类相应，谴告人君，甚微而著。雉者听察，先闻雷声，故《月令》以纪气。经载高宗雊雉之异，以明转祸为福之验。今雉以博士行礼之日大众聚会，飞集于庭，历阶登堂，万众睢睢，惊怪连日。径历三公之府，太常宗正典宗庙骨肉之官，然后入宫。其宿留告晓人，具备深切，虽人道相戒，何以过是！"后帝使中常侍晁闳诏音曰："闻捕得雉，毛羽颇摧折，类拘执者，得无人为之？"音复对曰："陛下安得亡国之语？不知谁主为佞讇之计，诬乱圣德如此者！左右阿谀甚众，不待臣音复讇而足。公卿以下，保位自守，莫有正言。如令陛下觉寤，惧大祸且至身，深责臣下，绳以圣法，臣音当先受诛，岂有以自解哉！今即位十五年，继嗣不立，日日驾车而出，泆行流闻，海内传之，甚于京师。外有微行之害，内有疾病之忧，皇天数见灾异，欲人变更，终已不改。天尚不能感动陛下，臣子何望？独有极言待死，命在朝暮而已。如有不然，老母安得处所，尚何皇太后之有！高祖天下当以谁属乎！宜谋于贤知，克己复礼，以求天意，继嗣可立，灾变尚可销也。"

同样聚集在太常、宗正、丞相、御史大夫、大司马车骑将军等大臣们的府中，甚至还聚集到未央宫承明殿的屋顶上。当时，大司马车骑将军王音、待诏宠等人谏言成帝说："天地气运，物以类聚，通过异象昭示君王，要从小处着眼，纵观全局。野鸡的洞察能力最强，能最先听到雷声，因此《月令》上说，野鸡可以预报节气。据史料记载，殷商高宗执政期间，因察觉到野鸡登在鼎耳鸣叫的异象，及时修正自己的德行，从而转祸为福。如今野鸡在博士举行大射礼的日子成群聚集，并聚集于庭院之中，拾阶而上，登堂入室鸣叫，万众皆仰视而见，终日里惶恐不安，不解其故。后来野鸡群还聚集在三公大臣的府邸及太常、宗正等主持宗庙和宗室事宜的官府，最后进入皇宫。这是在明确地告诫人们，这种警示已经很周到、深切了，即使是人的劝诫，也不过如此！"之后，成帝派中常侍晁闳传诏王音说："听说捕到的野鸡，羽毛大多有所损伤，好像是被人抓获捆绑所致，这些野鸡不会是有人故意抓来放飞的吧？"王音回禀说："陛下怎可说出这种亡国丧家的话？不知是谁编出这样的奸佞谗言，来扰乱圣德之君的视听！陛下周围阿谀奉承的人太多了，微臣王音没必要再说这些无稽之谈了。如今公卿大臣以下，个个只图自保官位，没人敢出来说句真话。如陛下仍然无法觉悟，微臣担心将有大祸要降临，到那时，即使深责臣下，将微臣绳之以法，就算微臣甘愿第一个被处罚，又能解决什么问题呢！而今，陛下即位已经十五年，仍然没有确立继嗣的人选，每天驾车出游，这种淫逸的行为远近闻名，世人皆知，海内外对此议论纷纷，流言蜚语沸沸扬扬，比京城还严重。如今陛下在外受到微服私游的危害影响，内在的身体又面临患病之忧，天帝数次通过灾异进行警示，是希望您有所修正，然而陛下却始终未改。天帝尚且不能打动陛下，微臣还能抱什么希望？只有冒死把道理说尽，微臣的性命也不过是朝夕罢了。如果陛下终究不听天谴人谏，修正德行，那么将置老母于何地，她又该如何保有皇太后的地位呢！高祖开创的社稷江山，将落入谁手啊！当务之急，陛下应求得贤能智慧之人的帮助，克制、修正自己的不良行为，遵从天意、恢复礼制，以此求得老天的恩德庇佑，从而才有可能确立继嗣子孙的人选，灾祸才能得以消除。"

成帝绥和二年三月，天水平襄有燕生爵，哺食至大，俱飞去。京房《易传》曰："贼臣在国，厥咎燕生爵，诸侯销。"一曰，生非其类，子不嗣世。

史记鲁定公时，季桓子穿井，得土缶，中得虫若羊，近羊祸也。羊者，地上之物，幽于土中，象定公不用孔子而听季氏，暗昧不明之应也。一曰，羊去野外而拘土缶者，象鲁君失其所而拘于季氏，季氏亦将拘于家臣也。是岁季氏家臣阳虎囚季桓子。后三年，阳虎劫公伐孟氏，兵败，窃宝玉大弓而出亡。

《左氏传》鲁襄公时，宋有生女子赤而毛，弃之堤下，宋平公母共姬之御者见而收之，因名曰弃。长而美好，纳之平公，生子曰佐。后宋臣伊戾谗太子痤而杀之。先是，大夫华元出奔晋，华弱奔鲁，华臣奔陈，华合比奔卫。刘向以为时则火灾赤眚之明应也。京房《易传》曰："尊卑不别，厥妖女生赤毛。"

惠帝二年，天雨血于宜阳，一顷所，刘向以为赤眚也。时又冬雷，桃李华，常奥之罚也。是时政舒缓，诸吕用事，谗口妄行，杀三皇子，建立非嗣，及不当立之王，退王陵、赵尧、周昌。吕太后崩，大臣共诛灭诸吕，僵尸流血。京房《易传》曰："归狱不解，兹谓追非，厥咎天雨血；兹谓不亲，民有怨心，不出三年，无其宗人。"又曰："佞人禄，功臣僇，天雨血。"

成帝绥和二年（前7）三月，天水郡的平襄县发生了燕子孵化出雀鸟的异象，喂养长大之后，雀鸟都飞走了。京房在《易传》中说：“奸臣把持朝政，由此引发的灾祸就是燕子生雀，各诸侯王也会因此而被罢黜。”还有一种说法认为，生出另类的东西，则预示着自己的子嗣无法继承帝位。

据史料记载，鲁定公时期，季桓子掘井时，得到一个土盆，盆中有个像羊一样的小动物，这种异象与羊祸相似。羊，本是生活在地面上的动物，如今被埋藏于土中，这是鲁定公不任用孔子，反而听信季氏谗言，黑白不分、是非不辨的应验。还有一种说法认为，羊不在野外却被扣在土盆里，预示着鲁定公将丧失他的君位，而受制于季氏，季氏最终也将受制于自己的家臣。那一年，季氏家臣阳虎囚禁了季桓子。三年后，阳虎劫持鲁定公，讨伐孟孙氏，结果战败，便盗走鲁国国宝玉璜和大弓，叛逃了。

《左传》上说：鲁襄公时期，宋国有位妇人生下一个浑身长满红毛的女儿，并将她遗弃在河堤之下，宋平公的母亲共姬的车夫发现了这个女孩，便收养了她，取名为弃。女孩长大成人后出落得非常漂亮，就被平公纳为姬妾，生下一个儿子取字叫佐。后来宋臣伊戾向平公进谗言，太子痤被杀。在此之前，宋大夫华元逃往晋国，华弱逃往鲁国，华臣逃往陈国，华合比逃往卫国。刘向认为当时所发生的事都是火灾赤眚的征验。京房在《易传》中说：“尊卑不分，就会出现女孩全身长满红毛的异象。”

汉惠帝二年（前93），天降血雨于宜阳，覆盖面积有一顷地那么大。刘向认为这是赤眚。同时还伴有冬季打雷，桃树、李树开花的异象，这是暖冬的天罚。那时，朝政松弛宽缓，吕氏家族执政专权，他们谗言诬陷忠良，为所欲为，杀害了三位皇子，拥立的太子也并非惠帝的嫡亲，还封赏了不该为王的吕氏族人，并罢免了王陵、赵尧、周昌等重臣的职务。吕太后驾崩后，大臣们联合起来消灭了吕氏诸王，一时间尸横遍野，血流成河。京房在《易传》中说：“归罪不释，叫做因循错误，就会出现天降血雨的异象；为政不善，使百姓心生怨怼，不出三年，就会亡族灭宗。”又说：“奸佞小人享受官禄，功臣反遭杀

哀帝建平四年四月，山阳湖陵雨血，广三尺，长五尺，大者如钱，小者如麻子。后二年，帝崩，王莽擅朝，诛贵戚丁、傅，大臣董贤等皆放徙远方，与诸吕同象。诛死者少，雨血亦少。

《传》曰："听之不聪，是谓不谋，厥咎急，厥罚恒寒，厥极贫。时则有鼓妖，时则有鱼孽，时则有豕祸，时则有耳痾，时则有黑眚黑祥。惟火沴水。"

"听之不聪，是谓不谋"，言上偏听不聪，下情隔塞，则不能谋虑利害，失在严急，故其咎急也。盛冬日短，寒以杀物，政促迫，故其罚常寒也。寒则不生百谷，上下俱贫，故其极贫也。君严猛而闭下，臣战栗而塞耳，则妄闻之气发于音声，故有鼓妖。寒气动，故有鱼孽。雨以龟为孽，龟能陆处，非极阴也。鱼去水而死，极阴之孽也。于《易》《坎》为豕，豕大耳而不聪察，听气毁，故有豕祸也。一曰，寒岁豕多死，及为怪，亦是也。及人，则多病耳者，故有耳痾。水色黑，故有黑眚黑祥。凡听伤者病水气，水气病则火沴之。其极贫者，顺之，其福曰富。刘歆听传曰有介虫孽也，庶征之恒寒。刘向以为春秋无其应，周之末世舒缓微弱，政在臣下，奥暖而已，故籍秦以为验。秦始皇帝即位尚幼，委政太后，太后淫于吕不韦及嫪毐，封毐为长信侯，以太原郡为毐国，宫室苑囿自恣，政事断焉。故天冬雷，以见阳不禁闭，以涉危害，舒奥迫近之变也。始皇既冠，毐惧诛作乱，始皇诛之，斩首数百级，大臣二十人，皆车裂以徇，夷灭其宗，迁四千余家于房陵。是岁四月，寒，民有冻死者。数年之间，缓急如此，寒奥辄应，此其效也。刘歆以为大雨雪，及未当雨雪而

戮，就会出现天降血雨的异象。”

哀帝建平四年（前3）四月，山阳郡湖陵县天降血雨，覆盖面积有三尺宽、五尺长。血雨的雨点，大的犹如钱币，小的犹如麻子。两年后，哀帝驾崩，王莽执掌朝政，他诛杀了外戚丁氏、傅氏，还将大臣董贤等人都发配至偏远地区，于是便出现了与当年吕氏一族所招致的相同的异象，只是因为他诛杀的人相对较少，因此血雨所覆盖的面积也就相对小了。

《洪范五行传》说：“不能广纳言论，就无法做出正确的决断，错误在于处理事情武断急躁，所引发的天罚是天气持续寒冷，最为严重的情况将导致国家衰亡。同时伴有鼓妖、鱼孽、猪祸出现，有时也会伴有人耳生疾的现象，会出现黑眚黑祥。从五行的角度解释，属于火克水。”

“不能广纳言论，就会做出错误的决断”，这句话是说国君偏听不明，对下情壅塞不知，就无法深谋远虑地权衡利害关系，往往会因执政严苛、急躁而造成失误，具体表现为急躁易怒。隆冬季节，昼短夜长，寒冷的气候能肃杀万物，因此，如果处理国家大事也急躁迫切，就会引发气温持续寒冷的天罚。天寒，百谷就不能生长，国家和百姓便都会陷入贫困，因此说最严重的后果就是贫穷。国君行事严苛暴虐，就会导致下情无法上达，大臣们因为惧怕而不敢谏言，国君就好比塞上了自己的耳朵，于是便会出现幻听的异象，犹如音乐声一般，这便是鼓妖。寒气动，便会引发鱼孽。降雨多会引发龟孽，龟能在陆地上生活，不属于极阴之物；鱼离开水便会死，这便是极阴之孽的表现。在《易经》中，《坎》卦对应的是猪，猪耳大却听力不好，因此当国君不能广纳言论时，就会出现猪祸。还有一种说法认为，气候寒冷的年份，猪大多会死亡，人们认为这很怪异，其实就是这个道理。对于人而言，则大多会患有耳病。水呈黑色，因此属于黑眚黑祥。凡是听力受损的疾病都是源于水气受损，水气受损从而火气相害。到了极为贫穷之时，若能顺天而行，便可得到天赐的福气，即富足。刘歆通过考证发现，引发介虫孽，大多的征兆都是气候持续寒冷。刘向则认为在春秋时期没有此类应验，周朝末期，为政松弛萎靡，国势

雨雪，及大雨雹，陨霜杀叔草，皆常寒之罚也。刘向以为常雨属貌不恭。京房《易传》曰："有德遭险，兹谓逆命，厥异寒。诛过深，当奥而寒，尽六日，亦为雹。害正不诛，兹谓养贼，寒七十二日，杀蜚禽。道人始去兹谓伤，其寒物无霜而死，涌水出。战不量敌，兹谓辱命，其寒虽雨物不茂。闻善不予，厥咎聋。"

桓公八年"十月，雨雪"。周十月，今八月也，未可以雪，刘向以为时夫人有淫齐之行，而桓有妒媢之心，夫人将杀，其象见也。桓不觉寤，后与夫人俱如齐而杀死。凡雨，阴也，雪又雨之阴也，出非其时，迫近象也。董仲舒以为象夫人专恣，阴气盛也。

釐公十年"冬，大雨雪"。刘向以为先是釐公立妾为夫人，阴居

微弱，大臣把持朝政，也不过才出现了持续高温的天象而已。以秦朝为例，秦始皇即位时，尚且年幼，朝政便交由太后掌管，太后与吕不韦及嫪毐通奸，并封嫪毐为长信侯，将太原郡封赏给嫪毐作为封国，宫室苑囿进出自由，为所欲为，朝政大事也经由他来决断。因此老天在冬季打雷，以此来昭示阳气没有得到禁闭，从而造成危害，这也是国政松弛萎靡，灾祸临近的征兆。等到秦始皇成年后开始亲政，嫪毐害怕被处死而发动叛乱，秦始皇杀死嫪毐，同时斩杀二百多名同党，其中二十多位大臣都被执行车裂之刑，他们的宗族被满门诛灭，另外还把与此事有牵连的四千多户人家流放到房陵。这年四月，天气寒冷，有人被冻死。短短数年之间，政治便由松驰舒缓转而变为严酷暴虐，天气也相应由暖冬变为寒冬，这就是明显的应验。刘歆认为天降大雪，或是在不该降雪的时候降雪，或者是下大冰雹，或者是霜降冻死庄稼、草木，这些都是气候持续寒冷的天罚。刘向认为连阴雨是由态度不恭导致的。京房在《易传》中说："有德行的人遭遇危险，叫做违反天命，就会出现气候寒冷的异象。诛罚过重，气温就会在本应炎热的时候变得寒冷，持续六天，就会变成冰雹。对于伤害正直之人的奸佞小人，若不施行诛罚，叫做养贼，就会持续七十二天大寒，导致飞禽被冻死。有道之人被罢免贬逐，这叫做伤，往往会引发天寒，即使没有霜降也会肃杀草木，同时伴有地下水外涌的现象。征战却不了解敌人的实力，这叫做辱命，由此会引发天寒，即使有降雨，作物生长也不茂盛。听到良善的劝告却不付诸行动，对应于身体上便是耳聋。"

鲁桓公八年（前704）"十月，天有降雪"。周代的十月，相当于汉朝的八月，还不是下雪的时候，刘向认为，当时鲁桓公的夫人与齐君有淫乱的行为，鲁桓公因此心生妒恨，鲁国夫人企图杀死鲁桓公，便出现了反常的天象。然而鲁桓公不觉悟，后来仍与夫人一起前往齐国，结果被杀。凡天有降雨，皆属阴，而降雪又是雨中极阴的，在不该下雪的时候下雪，这是危急迫近的天象。董仲舒认为这象征着鲁夫人专横恣肆，阴气过盛。

鲁僖公十年（前650）"冬天，天降大雪"。刘向认为，在此之

阳位，阴气盛也。《公羊经》曰“大雨雹”。董仲舒以为公胁于齐桓公，立妾为夫人，不敢进群妾，故专壹之象见诸雹，皆为有所渐胁也，行专壹之政云。

昭公四年“正月，大雨雪”。刘向以为昭取于吴而为同姓，谓之吴孟子。君行于上，臣非于下。又三家已强，皆贱公行，慢侮之心生。董仲舒以为季孙宿任政，阴气盛也。

文帝四年六月，大雨雪。后三岁，淮南王长谋反，发觉，迁，道死。京房《易传》曰：“夏雨雪，戒臣为乱。”

景帝中六年三月，雨雪。其六月，匈奴入上郡取苑马，吏卒战死者二千余人。明年，条侯周亚夫下狱死。

武帝元狩元年十二月，大雨雪，民多冻死。是岁淮南、衡山王谋反，发觉，皆自杀。使者行郡国，治党与，坐死者数万人。

元鼎二年三月，雪，平地厚五尺。是岁，御史大夫张汤有罪自杀，丞相严青翟坐与三长史谋陷汤，青翟自杀，三长史皆弃市。

元鼎三年三月水冰，四月雨雪，关东十余郡人相食。是岁，民不占缗钱有告者，以半畀之。

元帝建昭二年十一月，齐楚地大雪，深五尺。是岁魏郡太守京房为石显所告，坐与妻父淮阳王舅张博、博弟光劝视淮阳王以不

前，鲁僖公册封媵妾为夫人，导致阴气居于阳位，即阴气过盛。《公羊经》上说："天降大冰雹"。董仲舒认为，鲁僖公迫于齐桓公的威胁，册封媵妾为夫人，不敢亲近其他姬妾，因此只专宠一位夫人的天象便是天降冰雹，这些都是阴气日渐加重造成的威胁，是专宠一位夫人所导致的。

鲁昭公四年（前538）"正月，天降大雪"。刘向认为，鲁昭公从吴国迎娶了同为姬姓的女子，称之为吴孟子，国君在上行此非礼之事，大臣们自然会私下产生非议。更何况鲁国的季孙氏三家势力强大，向来鄙视鲁昭公的一举一动，早已心生侮慢。董仲舒认为当时季孙氏执掌朝政，由于阴气过盛才导致正月天降大雪的异象。

汉文帝四年（前176）六月，天降大雪。三年后，淮南王刘长密谋造反的企图被朝廷发觉，于是将他流放到蜀郡，刘长在发配的路上死去。京房在《易传》中说："夏季降雪，是在告诫有大臣将要谋反叛乱。"

景帝中元六年（前144）三月，天有降雪。同年六月，匈奴入侵上郡，掠取了皇家马场中饲养的马匹，战争中死亡的将士共二千多人。转年，条侯周亚夫被羁押入狱，并死在狱中。

武帝元狩元年（前122）十二月，天降大雪，大部分百姓被冻死。这一年，淮南王、衡山王密谋造反，被朝廷发觉后，他们先后畏罪自杀。钦差大臣奉命巡行淮南、衡山等郡国，彻查参与谋反的淮南王、衡山王党羽，因此受到牵连而被定罪处死的多达数万人。

武帝元鼎二年（前115）三月，天有降雪，降雪厚度深达五尺。这一年御史大夫张汤戴罪自杀，丞相严青翟被判与三名长史阴谋陷害张汤之罪，后严青翟自杀，三名长史皆被斩首示众。

元鼎三年（前114）三月，河水结冰，四月天降雨雪，关东十几个郡县的百姓饥寒交迫，出现了人吃人的现象。这一年，百姓中若有人因不主动上报个人财产，或不能如实缴纳税赋而被举报的，经查属实后，举报人将得到被告人一半的财产。

元帝建昭二年（前37）十一月，齐、楚两地天降大雪，降雪厚度深达五尺。这一年，魏郡太守京房被石显诬告，说他与岳父淮阳王的

义，博要斩，光、房弃市，御史大夫郑弘坐免为庶人。成帝即位，显伏辜，淮阳王上书冤博，辞语增加，家属徙者复得还。

建昭四年三月，雨雪，燕多死。谷永对曰："皇后桑蚕以治祭服，共事天地宗庙。正以是日疾风自西北，大寒雨雪，坏败其功，以章不乡。宜齐戒辟寝，以深自责，请皇后就宫，鬲闭门户，毋得擅上。且令众妾人人更进，以时博施。皇天说喜，庶几可以得贤明之嗣。即不行臣言，灾异俞甚，天变成形，臣虽欲复捐身关策，不及事已。"其后许后坐祝诅废。

阳朔四年四月，雨雪，燕雀死。后二年，许皇后自杀。

定公元年"十月，陨霜杀菽"。刘向以为周十月，今八月也。消卦为《观》，阴气未至君位而杀，诛罚不由君出，在臣下之象也。是时季氏逐昭公，公死于外，定公得立，故天见灾以视公也。釐公二年"十月，陨霜不杀草"，为嗣君微，失秉事之象也。其后卒在臣下，则灾为之生矣。异故言草，灾故言菽，重杀谷。一曰菽，草之难杀者也，言杀菽，知草皆死也；言不杀草，知菽亦不死也。董仲舒以为菽，草之强者，天戒若曰，加诛于强臣。言菽，以微见季氏之罚也。

武帝元光四年四月，陨霜杀草木。先是二年，遣五将军三十万

舅舅张博、以及张博的弟弟张光，策反淮阳王。定罪后张博被腰斩，张光、京房被斩首示众，御史大夫郑弘被免去官职，贬为庶民。成帝即位后，石显伏法，淮阳王上书为张博伸冤，言辞恳切，成帝开恩，这样受到牵连的淮阳王家眷才得以返乡。

元帝建昭四年（前37）三月，天有降雪，燕子多半被冻死。谷永在对策中说："皇后种桑养蚕，治办祭祀所需的礼服与祭品，用来敬奉天地宗庙。祭祀这天，突然从西北方刮来一阵疾风，天气由此变得大寒，并伴有降雪，破坏了祭祀仪式，表明这一切不符合天帝的意愿。陛下在祭祀前应进行斋戒并避免妃嫔侍寝，深刻的自我反省，请皇后回到自己的宫中，关闭门户，不得擅自出入陛下的居所。平日里要让其他妃嫔轮流伴君就寝，普遍施恩。这样才能博得天帝的喜悦，陛下才有可能得到贤明的子嗣。若陛下不能采纳微臣的建议，则灾祸异象将愈加严重，天帝将会降下更大的处罚，到那时即便微臣舍弃生命劝谏陛下，也是无济于事了。"此后，许皇后因诅咒后宫其他妃嫔而被废黜。

成帝阳朔四年（前21）四月，天有降雪，燕雀大多被冻死。二年后，许皇后自杀。

春秋鲁定公元年（前509）"十月，出现霜降天气，豆类植物被冻死"。刘向认为周历的十月，相当于汉历的八月。消卦为《观》，阴气还未到达君位就产生了肃杀之气，这预示着诛罚之令并不是由国君下达的，而是由大臣们操控的。当时，季氏驱逐鲁昭公，迫使鲁昭公死于异乡，鲁定公即位，因此天帝以灾祸的形式来警示鲁定公。鲁僖公二年（前638）"十月，出现霜降天气，却无法肃杀害草"，这是即位的国君实力微弱且大权旁落的象征。最终受制于大臣，灾祸也就由此发生了。出现异象指的是杀草，出现灾害指的是杀菽，有了重灾指的是杀谷。还有一种说法认为，菽是生命力很顽强的一种植物，如果说杀菽，就可知草已经被杀灭了；如果说不杀草，便可知菽也不会被杀死。董仲舒认为菽是植物中比较顽强的一种，天帝的告诫仿佛在说，诛除强臣。说到菽，是在暗示季孙氏将要受到惩罚。

汉武帝元光四年（前131）四月，出现霜降，草木被冻死。在此

众伏马邑下，欲袭单于，单于觉之而去。自是始征伐四夷，师出三十余年，天下户口减半。京房《易传》曰："兴兵妄诛，兹谓亡法，厥灾霜，夏杀五谷，冬杀麦。诛不原情，兹谓不仁，其霜，夏先大雷风，冬先雨，乃陨霜，有芒角。贤圣遭害，其霜附木不下地。佞人依刑，兹谓私贼，其霜在草根土隙间。不教而诛兹谓虐，其霜反在草下。"

元帝永光元年三月，陨霜杀桑；九月二日，陨霜杀稼，天下大饥。是时中书令石显用事专权，与《春秋》定公时陨霜同应。成帝即位，显坐作威福诛。

釐公二十九年"秋，大雨雹"。刘向以为盛阳雨水，温暖而汤热，阴气胁之不相入，则转而为雹；盛阴雨雪，凝滞而冰寒，阳气薄之不相入，则散而为霰。故沸汤之在闭器，而湛于寒泉，则为冰，及雪之销，亦冰解而散，此其验也。故雹者阴胁阳也，霰者阳胁阴也，《春秋》不书霰者，犹月食也。釐公末年信用公子遂，遂专权自恣，将至于杀君，故阴胁阳之象见。釐公不寤，遂终专权，后二年杀子赤，立宣公。《左氏传》曰："圣人在上无雹，虽有不为灾。"说曰：凡物不为灾不书，书大，言为灾也。凡雹，皆冬之愆阳，夏之伏阴也。

昭公三年，"大雨雹"。是时季氏专权，胁君之象见。昭公不

之前的两年，武帝曾派遣五位将军率三十万大军埋伏在马邑，准备袭击匈奴单于，匈奴的单于发觉后连忙逃走。从此汉朝开始了征伐四夷的过程，长达三十多年的征战，使全国户口人数减损了一半。京房在《易传》中说："发动战争，恣意杀戮，这种行为叫做有失法度，引发的灾祸便是出现霜降，夏季出现霜降会对五谷造成伤害，冬季出现霜降会对麦苗造成伤害。诛罚与罪情不符，叫做不仁，由此引发霜降，夏季会先出现剧烈的雷电、风暴，冬天则是先有冻雨，然后再出现霜降，水气凝结，形成冰凌芒角。如果是圣贤之人遭受迫害，则冰霜就会附着在草木上，不落向地面。如果是佞邪之人掌握刑罚，叫做以私心行害，则冰霜就会落在草根土隙间。不施行教化而一味诛罚，叫做暴虐，则冰霜不在草上，反而附着于草的背面。"

元帝永光元年（前43）三月，霜降冻死桑树；九月二日，出现霜降，庄稼被冻死，全国发生大面积饥荒。当时中书令石显执政专权，这与《春秋》所记载的鲁定公时，出现霜降异象的应验相同。成帝即位后，石显因作威作福的罪名被诛杀。

鲁僖公二十九年（前631）"秋季，天降大雨，并伴有冰雹"。刘向认为，阳气盛便会形成降雨，温暖而水热，阴气夹持却无法侵入，便形成冰雹；阴气盛便会形成降雪，凝结而冰寒，阳气夹持而无法侵入，便形成雾霰。因此把滚开的水封闭在容器中，然后沉入寒冷的泉水中，就变成了冰，等到冰雪消融的时候，冰又溶解为水，这就是验证。因此说冰雹是阴气夹持阳气而生，霰是阳气夹持阴气而生。《春秋》里没有关于雾霰的记载，就像没有关于月食的记载一样。鲁僖公末年非常信任公子遂，公子遂专权恣肆，甚至后来要杀害国君，因此出现了阴气夹持阳气而有冰雹的天象。然而鲁僖公执迷不悟，致使公子遂最终掌握大权，两年后杀害了子赤，拥立鲁宣公为君。《左传》上说："圣人位高权重便不会出现冰雹，即使下了冰雹也不会形成灾祸。"有人解释说："凡是不形成灾祸的事情都没有记载，只记载严重的事情，也就是形成灾祸的。凡是冰雹，都是冬季阳气过盛的表现，夏季阴气过盛的表现。"

鲁昭公三年（前539），"天降大雨并伴有冰雹"。当时正值季氏

瘖，后季氏卒逐昭公。

元封三年十二月，雷雨雹，大如马头。宣帝地节四年五月，山阳济阴雨雹如鸡子，深二尺五寸，杀二十人，蜚鸟皆死。其十月，大司马霍禹宗族谋反，诛，霍皇后废。

成帝河平二年四月，楚国雨雹，大如斧，蜚鸟死。

《左传》曰釐公三十二年十二月己卯，晋文公卒，庚辰，将殡于曲沃，出绛，柩有声如牛。刘向以为近鼓妖也。丧，凶事；声如牛，怒象也。将有急怒之谋，以生兵革之祸。是时，秦穆公遣兵袭郑而不假道，还，晋大夫先轸谓襄公曰，秦师过不假涂，请击之。遂要崤陀，以败秦师，匹马觭轮无反者，操之急矣。晋不惟旧，而听虐谋，结怨强国，四被秦寇，祸流数世，凶恶之效也。

哀帝建平二年四月乙亥朔，御史大夫朱博为丞相，少府赵玄为御史大夫，临延登受策，有大声如钟鸣，殿中郎吏陛者皆闻焉。上以问黄门侍郎杨雄、李寻，寻对曰："《洪范》所谓鼓妖者也。师法以为人君不聪，为众所惑，空名得进，则有声无形，不知所从生。其传曰岁月日之中，则正卿受之。今以四月日加辰巳有异，是为中焉。正卿谓执政大臣也。宜退丞相、御史，以应天变。然虽不退，不出期年，其人自蒙其咎。"杨雄亦以为鼓妖，听失之象也。朱博为人强毅多权谋，宜将不宜相，恐有凶恶亟疾之怒。八月，博、玄坐为奸谋，博自杀，玄减死论。京房《易传》曰："令不修本，下不安，金毋

专权，出现冰雹是国君将受到胁迫的象征。然而鲁昭公不醒悟，最终被季氏驱逐于境外。

武帝元封三年（前108）十二月，雷电交加，降雨伴有冰雹，冰雹犹如马头大小。宣帝地节四年（前66）五月，山阳济阴下了一场冰雹，有鸡蛋大小，落在地上的冰雹有二尺五寸深，冰雹砸死二十人，飞鸟全部被砸死。这年十月，大司马霍禹宗族谋反，最终被诛灭其族，霍皇后也因此事被废黜。

成帝河平二年（前27）四月，楚国下了一场冰雹，冰雹犹如斧头那么大，飞鸟全被砸死。

《左传》上说：鲁僖公三十二年（前628）十二月己卯日，晋文公驾崩，庚辰日，准备前往曲沃安葬，送葬的队伍一出发，灵柩中便发出牛吼般的声响。刘向认为这与鼓妖相似。丧葬之事，本来就属于凶事；发出如牛吼般的声音，这是发怒的象征。预示着将会发生急怒暴烈的事情，将引发战祸。当时，秦穆公派兵征伐郑国，途经晋国地界却未事先向晋国借路，当秦军返程时，晋国大夫先轸对晋襄公说，秦军从我国境内通过却不向我们借路，我建议袭击他们。于是在崤山的险要之地拦截秦军，秦军大败，就连一匹马一只车轮也没有返回秦国，此事晋国有些操之过急了。晋国不念旧好，听从了奸臣的阴谋诡计，与强国结下仇怨，后来四次受到秦国的攻击，战祸延续了几代人，这就是凶恶的报应。

哀帝建平二年（前5）四月乙亥初一，御史大夫朱博担任丞相一职，少府赵玄担任御史大夫一职，就在他们准备进宫登殿接受封诏之时，忽然传来敲钟般的巨响，殿中的郎吏等官员以及侍立于陛侧的守卫都听到了。皇上询问黄门侍郎扬雄、李寻，李寻回答说："这就是《洪范五行传》中所提到的鼓妖啊。老师曾经说过，如果国君耳目不聪，不能明察秋毫，就会被他人的外在表象所迷惑，致使有名无实的人被提拔，便会听到无形之声，不知是从哪里传来的。据史料记载，如果这种事发生在某年某月某日的日中，则是正卿大臣要接受任命。如今是四月辰巳日出现异象，又发生在日中，正是任命正卿，也就是执政大臣的时间。应该废除丞相、御史大夫等人的职务，以回应天帝

故自动，若有音。”

史记秦二世元年，天无云而雷。刘向以为雷当托于云，犹君托于臣，阴阳之合也。二世不恤天下，万民有怨畔之心。是岁陈胜起，天下畔，赵高作乱，秦遂以亡。一曰，《易》《震》为雷，为貌不恭也。

史记秦始皇八年，河鱼大上。刘向以为近鱼孽也。是岁，始皇弟长安君将兵击赵，反，死屯留，军吏皆斩，迁其民于临洮。明年有嫪毐之诛。鱼阴类，民之象，逆流而上者，民将不从君令为逆行也。其在天文，鱼星中河而处，车骑满野。至于二世，暴虐愈甚，终用急亡。京房《易传》曰：“众逆同志，厥妖河鱼逆流上。”

武帝元鼎五年秋，蛙与虾蟆群斗。是岁，四将军众十万征南越，开九郡。

成帝鸿嘉四年秋，雨鱼于信都，长五寸以下。成帝永始元年春，北海出大鱼，长六丈，高一丈，四枚。哀帝建平三年，东莱平度出大鱼，长八丈，高丈一尺，七枚，皆死。京房《易传》曰：“海数见巨鱼，邪人进，贤人疏。”

的警示。即便没有废除他们的职务，不出一年，他们也会因自己犯法而受到惩罚。”扬雄也认为这是鼓妖，是君王耳目不聪的象征。朱博为人强硬坚毅，富有权谋，适宜担任将军，但不适宜担任丞相一职，因为他生性凶残、暴躁，行事狠厉。八月，朱博、赵玄被判阴谋作奸之罪，朱博畏罪自杀，赵玄免除死刑，另受惩罚。京房在《易传》中说：“若政令不能根据实际情况，求实务本，下面的臣民就无法获得安宁，金属就会无端地自行移动，并发出声响。”

据史料记载，秦二世元年（前209），天上无云却听到雷声。刘向认为雷应该是被云层托附着的，就像群臣托附着君王那样，这样阴阳才得以相合。秦二世不体恤百姓的疾苦，致使万民心怀怨愤、反叛之心。这一年，陈胜起义，天下叛乱，赵高乘机作乱，杀害秦二世，秦朝因此而灭亡。还有一种说法认为，《易经》中《震》卦对应的是雷，雷是态度不恭敬的表现。

据史料记载，秦始皇八年（前239），河中的鱼逆流而上。刘向认为这种现象与鱼孽类似。这一年，秦始皇的弟弟长安君率兵攻打赵国，中途谋反，在屯留县被处死，他的随行军吏全部被斩首，屯留县的百姓被迁徙到临洮。第二年，又有嫪毐被处死之事。鱼属阴，象征民众，鱼逆流而上，则象征着民众将违抗国君的命令而忤逆造反。在天文学中，鱼星位于银河的中央位置，犹如车骑兵马布满旷野。到了秦二世统治时期，手段更加暴虐、残酷，最终导致秦朝迅速灭亡。京房在《易传》中说：“万众一心，共同对抗朝廷，就会出现河中的鱼逆流而上的异象。”

武帝元鼎五年（前112）秋季，成群的青蛙、蛤蟆相互搏斗。这一年，朝廷派四位将军率领十万大军征伐南越，并在那里设立了九个郡。

成帝鸿嘉四年（前17）秋季，信都县下了一场鱼雨，所降下的鱼，身长不足五寸。成帝永始元年（前16）春季，北海郡出现了巨大海鱼，鱼身长六丈，有一丈粗，共有四条。哀帝建平三年（前4），东莱郡平度县出现巨大海鱼，鱼身长八丈，有一丈一尺粗，共有七条，都已经死了。京房在《易传》中说：“海中多次出现巨大海鱼，预示着邪佞小人

桓公五年“秋，螽”。刘歆以为贪虐取民则螽，介虫之孽也，与鱼同占。刘向以为介虫之孽属言不从。是岁，公获二国之聘，取鼎易邑，兴役起城。诸螽略皆从董仲舒说云。

严公二十九年“有蜚”。刘歆以为负蠜也，性不食谷，食谷为灾，介虫之孽，刘向以为蜚色青，近青眚也，非中国所有。南越盛暑，男女同川泽，淫风所生，为虫臭恶。是时严公取齐淫女为夫人，既入，淫于两叔，故蜚至。天戒若曰，今诛绝之尚及，不将生臭恶，闻于四方。严不寤，其后夫人与两叔作乱，二嗣以杀，卒皆被辜。董仲舒指略同。

釐公十五年“八月，螽”。刘向以为先是釐有咸之会，后城缘陵，是岁复以兵车为牡丘会，使公孙敖帅师，及诸侯大夫救徐，兵比三年在外。

文公三年“秋，雨螽于宋”。刘向以为先是宋杀大夫而无罪，有暴虐赋敛之应。《穀梁传》曰上下皆合，言甚。董仲舒以为宋三世内取，大夫专恣，杀生不中，故螽先死而至。刘歆以为螽为谷灾，卒遇贼阴，坠而死也。

八年“十月，螽”。时公伐邾取须朐，城郚。

被加官进爵，贤德忠良被疏远。”

鲁桓公五年（前707）“秋季，发生了蝗灾。”刘歆认为，为君者贪婪暴虐地榨取百姓财物，就会出现蝗灾，这属于介虫类的妖孽，与鱼孽相类似。刘向认为介虫之孽，是因为说话不符合情理而引发的。这一年，宋、郑两国的使臣前来拜访鲁桓公，鲁桓公获得宋国赠送的宝鼎，并与郑国交换了采邑之地，之后便大兴土木，修建城墙。各种有关蝗灾的说法都与董仲舒的观点相符。

鲁严公二十九年（前665）“发生了蜚灾”。刘歆认为蜚即指蟋蟀，它的天性并不以谷物为食，因啃食谷物而形成灾祸的，便属于介虫之孽。刘向认为蜚色青，因此与青眚相类似，这种异象并非起源于中原地区。南越之地，气候炎热，暑热难耐，男人、女人便都在同一片水域洗浴，淫荡的民风就会生发出这种东西，是一种恶臭的虫子。当时鲁严公迎娶了齐国的淫荡之女做夫人，迎娶之后，这女子与两位小叔子私通，从而引发了蜚灾。天帝的告诫仿佛在说，如今诛罚灭绝他们还来得及，否则将会产生恶臭之事，致使人尽皆知。然而鲁严公并不醒悟，后来，鲁夫人与她的两位小叔子共同作乱，导致两个儿子都被杀害，而他们最终也都被绳之以法。这种说法与董仲舒的看法大致相同。

鲁僖公十五年（前645）“八月，发生了蝗灾”。刘向认为，在此之前，鲁僖公与诸侯在咸地会盟，之后又在缘陵筑城，同年，他又驾着兵车到牡丘会盟，派公孙敖率领大军与其他诸侯国的大夫们一起，前去救援徐国，连续三年征战在外，从而引发蝗灾。

鲁文公三年（前624）“秋季，宋国天降螽雨”。刘向认为，先是宋国杀害了无辜的大夫，同时又残暴地压榨百姓，横征暴敛而引发的天应。《穀梁传》中有载，上上下下都是，意在描述蝗虫数量之多。董仲舒认为，宋国的三代君主娶的都是本国大夫之女为夫人，大夫们因此专权恣肆，任意动用杀罚之刑，所以蝗虫先死而后落下。刘歆认为蝗虫的出现会对谷物造成一定的伤害，突然遇到阴气的袭击，便坠落而死。

鲁文公八年（前619）“十月，发生了蝗灾”。当时正值鲁文公征

宣公六年“八月，螽”。刘向以为先是时宣伐莒向，后比再如齐，谋伐莱。

十三年“秋，螽”。公孙归父会齐伐莒。

十五年“秋，螽”。宣亡熟岁，数有军旅。

襄公七年“八月，螽”。刘向以为先是襄兴师救陈，滕子、郯子、小邾子皆来朝。夏，城费。

哀公十二年“十二月，螽”。是时哀用田赋。刘向以为春用田赋，冬而螽。

十三年“九月，螽；十二月，螽”。比三螽，虐取于民之效也。刘歆以为周十二月，夏十月也，火星既伏，蛰虫皆毕，天之见变，因物类之宜，不得以螽，是岁再失闰矣。周九月，夏七月，故传曰“火犹西流，司历过也”。

宣公十五年“冬，蝝生”。刘歆以为蝝，蚍蠹之有翼者，食谷为灾，黑眚也。董仲舒、刘向以为蝝，螟始生也，一曰蝗始生。是时民患上力役，解于公田。宣是时初税亩。税亩，就民田亩择美者税其什一，乱先王制而为贪利，故应是而蝝生，属蠃虫之孽。

景帝中三年秋，蝗。先是匈奴寇边，中尉不害将车骑材官士屯代高柳。

伐邾国，夺取了须朐，在部地建城。

鲁宣公六年（前603）“八月，出现蝗灾”。刘向认为这是因为，在此之前鲁宣公征伐莒国向邑，后来又连续多次访问齐国，意在谋划征伐莱国。

鲁宣公十三年（前596）“秋季，发生了蝗灾”。公孙归父会同齐国，共同出兵征伐莒国。

鲁宣公十五年（前594）“秋季，发生了蝗灾”。鲁宣公在庄稼歉收之年，仍然多次兴兵作战。

鲁襄公七年（前566）“八月，发生了蝗灾”。刘向认为，在此之前，鲁襄公发动大军前去援救陈国，滕国君、郯国君、邾国君纷纷来鲁国拜访。夏天，在费邑建城。

鲁哀公十二年（前483）“十二月，发生了蝗灾”。当时，哀公正推行田赋改革。刘向认为，春季推行按田亩征收赋税的制度，冬季就出现了蝗灾。

鲁哀公十三年（前482）“九月，蝗灾；十二月，蝗灾”。连续三次蝗灾，是鲁哀公暴虐榨取百姓财物所引发的天应。刘歆认为周历的十二月，相当于夏历的十月，此时火星已经藏伏，虫类都已进入休眠阶段，上天在此时出现异象，根据物种顺应时节的说法，此时不该出现蝗虫，那一年，再次没有置闰。周历的九月，相当于夏历的七月，因此相传：“火星仍然往西运行，这是司历官的过失”。

鲁宣公十五年（前594）“冬季，发生了蝝灾”。刘歆认为蝝是带有翅膀的白蚁，它们啃食谷物，形成灾害，属黑眚。董仲舒、刘向都认为，蝝是刚生出来的螟虫的幼虫，还有一种说法认为蝝是刚生出来的蝗虫的幼虫。当时，百姓苦于徭役繁重，于是在公田劳作时往往消极怠工。鲁宣公在这时推行按田亩征税赋税的制度。所谓田亩制，就是百姓所耕种的土地，根据肥沃程度和收成情况，每亩缴纳十分之一的赋税，这种制度破坏了先王遗留下来的祖制，一味贪图利益，从而引发蝝灾的天应，这种现象属于蠃虫之孽。

景帝中元三年（前147）秋季，发生蝗灾。在此之前，匈奴入侵边境，中尉魏不害率领战车、骑兵、步兵等部队驻扎在代郡高柳县。

武帝元光五年秋，螟；六年秋，蝗。先是，五将军众三十万伏马邑，欲袭单于也。是岁，四将军征匈奴。

元鼎五年秋，蝗。是岁，四将军征南越及西南夷，开十余郡。

元封六年秋，蝗。先是，两将军征朝鲜，开三郡。

太初元年夏，蝗从东方蜚至敦煌；三年秋，复蝗。元年贰师将军征大宛，天下奉其役连年。

征和三年秋，蝗；四年夏，蝗。先是一年，三将军众十余万征匈奴。征和三年，贰师七万人没不还。

平帝元始二年秋，蝗，遍天下。是时王莽秉政。

《左氏传》曰严公八年齐襄公田于贝丘，见豕。从者曰："公子彭生也。"公怒曰："射之！"豕人立而啼，公惧，坠车，伤足丧屦。刘向以为近豕祸也。先是，齐襄淫于妹鲁桓公夫人，使公子彭生杀桓公，又杀彭生以谢鲁。公孙无知有宠于先君，襄公绌之，无知帅怨恨之徒攻襄于田所，襄匿其户间，足见于户下，遂杀之。伤足丧屦，卒死于足，虐急之效也。

昭帝元凤元年，燕王宫永巷中豕出圂，坏都灶，衔其鬴六七枚置殿前。刘向以为近豕祸也。时燕王旦与长公主、左将军谋为大逆，诛杀谏者，暴急无道。灶者，生养之本，豕而败灶，陈鬴于庭，鬴灶将不用，宫室将废辱也。燕王不改，卒伏其辜。京房《易传》

武帝元光五年（前130）秋季，发生了螟灾；元光六年（前129）秋季，发生了蝗灾。在此之前，武帝曾派五位将军率领三十万大军埋伏于马邑，准备袭击匈奴单于。这一年，武帝派四位将军征伐匈奴。

武帝元鼎五年（前112）秋季，发生了蝗灾。这一年，武帝派四位将军征伐南越以及西南夷，同时新设立了十多个郡。

武帝元封六年（前105）秋季，发生了蝗灾。在此之前，武帝派两位将军征伐朝鲜，增设三个新郡。

武帝太初元年（前104）夏季，蝗虫从东方飞到敦煌；太初三年秋季，再次发生了蝗灾。从太初元年，贰师将军征伐大宛开始，朝廷连年加重徭役，以供战争之需。

武帝征和三年（前90）秋季，发生了蝗灾；征和四年夏季，发生了蝗灾。此前一年，武帝派三位将军率领十余万大军征伐匈奴。征和三年，贰师将军的七万人全军覆没，贰师将军投降了匈奴。

平帝元始二年（前2）秋季，发生蝗灾，灾情遍及全国。那时，正值王莽执政时期。

《左传》上说：鲁严公八年（前686），齐襄公在贝丘打猎，看到一头猪。随从们说：“这是公子彭生。”齐襄公生气地说：“射死他！”谁知猪像人一样直立大叫，齐襄公大惊，不慎从车上摔下来，扭伤了脚，鞋子也丢了。刘向认为这与猪祸类似。在此之前，齐襄公与妹妹即鲁桓公夫人通奸，并派公子彭生杀害了鲁桓公，后来齐襄公又杀死彭生，以此向鲁国谢罪。公孙无知很受前任鲁君的宠爱，齐襄公罢黜了他，公孙无知率领一些怨恨齐襄公的人在打猎的地方袭击他，齐襄公藏在门后面，脚却露在外面，于是被杀。伤脚丢鞋，最终还是因为脚的暴露而被杀，这是执政时手段暴虐、性情急躁所引发的报应。

昭帝元凤元年（前80），燕王宫中的永巷内，有猪从猪圈中跑出来，它们撞坏了大灶，叼走了灶台前六、七口锅，并将锅放在大殿前面。刘向认为这与猪祸类似。当时，燕王刘旦与长公主、左将军密谋造反，他们诛杀了劝谏的大臣，行为暴急无道。灶台是做饭、维持生活的必需品，猪把灶台撞坏，并将锅放在庭院内，这样锅灶都将没

曰："众心不安君政，厥妖豕人居室。"

史记鲁襄公二十三年，谷、洛水斗，将毁王宫。刘向以为近火沴水也。周灵王将拥之，有司谏曰："不可。长民者不崇薮，不堕山，不防川，不窦泽。今吾执政毋乃有所辟，而滑夫二川之神，使至于争明，以防王宫室，王而饰之，毋乃不可乎！惧及子孙，王室愈卑。"王卒拥之。以传推之，以四渎比诸侯，谷、洛其次，卿大夫之象也，为卿大夫将分争以危乱王室也。是时世卿专权，儋括将有篡杀之谋，如灵王觉寤，匡其失政，惧以承戒，则灾祸除矣。不听谏谋，简嫚大异，任其私心，塞埤拥下，以逆水势而害鬼神。后数年有黑如日者五。是岁蚤霜，灵王崩。景王立二年，儋括欲杀王，而立王弟佞夫。佞夫不知，景王并诛佞夫。及景王死，五大夫争权，或立子猛，或立子朝，王室大乱。京房《易传》曰："天子弱，诸侯力政，厥异水斗。"

史记曰，秦武王三年渭水赤者三日，昭王三十四年渭水又赤三日。刘向以为近火沴水也。秦连相坐之法，弃灰于道者黥，罔密而刑虐，加以武伐横出，残贼邻国，至于变乱五行，气色谬乱。天戒若曰，勿为刻急，将致败亡。昔三代居三河，河洛出图书，秦居渭阳，而渭水数赤，瑞异应德之效也。京房《易传》曰："君湎于酒，淫于

有用处了，预示着宫室将要被废弃。燕王不知悔改，最终依法被诛。京房在《易传》中说："众人心中对君主的统治不满，就会出现猪入居室的妖异之事。"

据史料记载，鲁襄公二十三年（前550），谷水、洛水二水交汇，水量激增，将要冲毁王宫。刘向认为这与火克水相类似。周灵王打算用土来阻塞水流，有关官员进谏说："不能这样做。身为万民之主，不垫高草洼，不削平山丘，不阻塞河川，不排干湖水。如今我们首先应该自省，君王执政是否有所不当，才导致两河的神明争夺水道，威胁到王宫的安危，君王在此时以土来遏制水流，恐怕不太合适吧！微臣担心这样做会殃及子孙，使王室日渐衰败。"然而周灵王最终还是命人用土垫高了堤坝，将洪水挡住。通过分析这些史料典籍可知，假如将济水、淮水、黄河、长江这四条主要江河比作诸侯，那么谷水、洛水仅次于这四条主流，就是卿大夫的象征了，这就意味着卿大夫之间若争权夺势，便会危及王室安危。在当时，公卿世家专权，把持朝政，儋括心怀企图篡杀周王的阴谋，如果当时周灵王能有所觉悟，修正朝政中的不足，小心谨慎地接受劝诫，就能避免灾祸的发生。然而他不听劝谏，不重视异象的征兆，自以为是，填塞低洼、垫高卑下，因阻逆天然水道而冲撞了神明。几年后天空出现了五次类似太阳黑子的东西。这一年，霜降提前出现，周灵王驾崩。周景王即位两年后，儋括企图杀死周王，改立周王的弟弟佞夫为帝。佞夫完全不知情，周景王连同他和儋括一起杀掉。等到周景王驾崩后，有五位大夫争夺权力，有的拥立子猛，有的拥立子朝，周王室大乱。京房在《易传》中说："天子势力微弱，诸侯各行其道，致力于征伐，就会引发水斗的异象。"

据史料记载：秦武王三年（前308），渭水连续三天水质泛红，到秦昭王三十四年（前273）渭水水质再次连续三天泛红。刘向认为这与火克水相类似。秦国施行连坐之法，有人随意将灰撒在道路上，就要被处以黥面之刑，法网严密而刑罚残酷，再加上秦国征伐无度，不断侵犯邻国，致使五行秩序紊乱，气色大乱。天帝的告诫仿佛在说，不要再施行苛刻、峻急的残暴统治了，否则将会招致败亡。从

色，贤人潜，国家危，厥异流水赤也”。

前，夏商周三朝，分别定都三河，黄河、洛水分别出现河图、洛书，秦朝定都于渭水北岸，渭水却几次泛红，这些现象表明祥瑞或异象的出现，完全符合君王有德、无德的验证。京房在《易传》中说：“国君终日沉迷于饮酒、女色，致使贤德之人潜藏而远离朝廷，国家将面临危亡，由此引发的异象就是河水变红。”

卷二十七下之上

五行志第七下之上

《传》曰："思心之不容，是谓不圣，厥咎霿，厥罚恒风，厥极凶短折。时则有脂夜之妖，时则有华孽，时则有牛祸，时则有心腹之痾，时则有黄眚黄祥，时则有金木水火沴土。"

"思心之不容，是谓不圣。"思心者，心思虑也；容，宽也。孔子曰："居上不宽，吾何以观之哉！"言上不宽大包容臣下，则不能居圣位。貌言视听，以心为主，四者皆失，则区霿无识，故其咎霿也。雨旱寒奥，亦以风为本，四气皆乱，故其罚常风也。常风伤物，故其极凶短折也。伤人曰凶，禽兽曰短，中木曰折。一曰，凶，夭也；兄丧弟曰短，父丧子曰折。在人腹中，肥而包裹心者脂也，心区霿则冥晦，故有脂夜之妖。一曰，有脂物而夜为妖，若脂水夜汙人衣，淫之象也。一曰，夜妖者，云风并起而杳冥，故与常风同象也。温而风则生螟螣，有裸虫之孽。刘向以为于《易》《巽》为风为木，卦在三月四月，继阳而治，主木之华实。风气盛，至秋冬木复华，故有华孽。一曰，地气盛则秋冬复华。一曰，华者色也，土为内事，为女孽也。于《易》《坤》为土为牛，牛大心而不能思虑，思心气毁，故有牛祸。一曰，牛多死及为怪，亦是也。及人，则多病心腹者，故有心腹之痾。土色黄，故有黄眚黄祥。凡思心伤者病土气，土气病则金木水火沴之，故曰："时则有金木水火沴土"。不言"惟"而独曰："时则有"者，非一冲气所沴，明其异大也。其极曰凶短折，顺之，其福曰考终命。刘歆思心传曰时则有裸虫之孽，谓螟螣之属也。庶征之常风，刘向以为《春秋》无其应。

《洪范五行传》中有载："思考问题不够睿智，就算不上圣贤，这种错误具体表现为愚昧蒙蔽，就会引发持续刮风的天应，最严重的惩罚会导致疲困短命。身边经常会有脂妖或夜妖出现，有时会出现花妖或被女色所害，有时会出现牛祸，有时会罹患心、腹部疾病，有时会出现黄眚黄祥，有时会出现金木水火共同克土的现象。"

"思维不够睿智，就算不上圣贤。"所谓的思维，就是用心思索考虑；睿，也就是深明、通达的意思。孔子说："居于高位之人，若思维不够睿智，对待事物不够通达、包容，让我如何评价他的好坏呢！"这句话的意思是说，君王居于高位，如果没有容人的雅量，就无法包容大臣们的谏言或失误，就没有资格高居圣贤之位。君子的修身五事，其中貌、言、视、听都是以思为根本，若思维不够睿智，则其他四件事也都会出现失误，整个人便会愚昧无知，因此对待事情昏昧蔽塞。雨、旱、寒、暑，同样是以风为根本，若风与时节不符，则四气都会出现紊乱，因此受到持续刮风的天应。持续刮风会对万物造成损害，其最严重的后果是导致短命夭折。对人造成伤害的即为凶，对禽兽造成伤害的即为短，草木早亡即为折。还有一种说法是，凶，即指夭亡；兄长健在弟弟早亡为短，父亲健在儿子早亡为折。在人的腹中，有一层厚厚的脂肪包裹着心脏，使人的思想愚昧蔽塞，不明事理，会有脂妖或夜妖出现。还有一种说法，有脂物夜降为妖，如果脂水夜降污染了衣物，则是淫乱的象征。还有一种说法，夜妖者，犹如风云并起而夜色昏暗，与持续刮风是同样的象征。天气和暖时，刮风则会导致螟、螣类害虫滋生，有时会出现裸虫之孽。刘向认为在《易经》中《巽》卦对应的是风和木，若在三月、四月占得此卦，则有阳气持续运化，催生树木开花结果。若风气过盛，则会出现秋冬季节树木再次开花的异象，因而出现花妖。还有一种说法，地气过盛则

釐公十六年“正月，六鶂退蜚，过宋都”。《左氏传》曰：“风也”。刘歆以为风发于它所，至宋而高，鶂高蜚而逢之，则退。经以见者为文，故记退蜚；传以实应著，言风，常风之罚也。象宋襄公区霿自用，不容臣下，逆司马子鱼之谏，而与强楚争盟，后六年为楚所执，应六鶂之数云。京房《易传》曰：“潜龙勿用，众逆同志，至德乃潜，厥异风。其风也，行不解物，不长，雨小而伤。政悖德隐兹谓乱，厥风先风不雨，大风暴起，发屋折木。守义不进兹谓耄，厥风与云俱起，折五谷茎。臣易上政，兹谓不顺，厥风大焱发屋。赋敛不理兹谓祸，厥风绝经纬，止即温，温即虫。侯专封兹谓不统，厥风疾，而树不摇，谷不成。辟不思道利，兹谓无泽，厥风不摇木，旱无云，伤禾。公常于利兹谓乱，厥风微而温，生虫蝗，害五谷。弃正作淫兹谓惑，厥风温，螟虫起，害有益人之物。侯不朝兹谓叛，厥风无恒，地变赤而杀人。”

会出现秋冬季节树木再次开花的异象。还有一种说法，花妖也代指具有伤害性的女色，土代表内事，因此会有女妖出现。在《易经》中的《坤》卦对应的是土和牛，牛体格庞大而不善于思考，若心思蒙蔽，使心气受到损伤，就会出现牛祸。还有一种说法，牛大量死亡，使人们感觉很疑惑，其实也是这个道理。对于人而言，大多会在心、腹部发生疾病，因此就会有心、腹的怪异之病。土呈黄色，因此就会有黄眚黄祥的征兆。凡是思考过重，使心腹受到损伤的，对应到五行中，则会使土气受损，土气受损则需要金、木、水、火共同克之，因此才会有“有时会通过金、木、水、火共同克土”的说法。在描述这些现象时，不说“始终”而却只是说“有时会”，这就说明，它并非一种冲撞灾害的不祥之气，人们需要真正了解它的怪异之处，这种异象最为严重的后果就是短命夭折，顺应它的运行规律，则可以长寿。刘歆在有关思虑的经传中提到，有时会出现裸虫之孽，也属于害虫的一种。最为普遍的征兆即为持续刮风，刘向认为《春秋》中没有相关征验的记载。

鲁僖公十六年（前644）“正月，有六只鹢鸟在经过宋国都城时，出现了畏缩不前的现象。”《左传》上说：“这是由于疾风造成的”。刘歆认为风本是从其他地方吹来，到达宋国都城后形成高压气流，正好与高飞的鹢鸟相遇，导致其畏缩不前。记录者将这种现象记录在典籍中，就记为退飞；经史典籍以记载真实事件为主，形成这种现象的原因是风，是由持续刮风形成的。以这种现象暗示宋襄公愚昧无知，自以为是，不懂得宽容对待大臣们的谏言，拒不接受司马子鱼的劝谏，与强楚争盟，导致六年后被楚国所控制，正好应验了六只鹢鸟的数量。京房在《易传》中说：“蛟龙隐藏蛰伏，不为世人所知，与众多志向相同的人背道而驰，就会导致至尚的仁德被潜匿隐藏，就有出现怪异的风。这种怪风，风力不大，持续时间不长久，刮风时伴有小雨，且会使事物受损。若政治逆乱、仁德潜匿称之为乱，就会出现怪异的风，这种怪风，只刮风不下雨，大风骤起，瞬间摧毁房屋、折断树木。若下属坚守义礼却始终得不到上级的重用，称之为耄，就会出现怪异的风，这种怪风与云同起，五谷根茎被折断。若大臣

文帝二年六月，淮南王都寿春大风毁民室，杀人。刘向以为是岁南越反，攻淮南边，淮南王长破之，后年入朝，杀汉故丞相辟阳侯，上赦之，归聚奸人谋逆乱，自称东帝，见异不寤，后迁于蜀，道死廱。

文帝五年，吴暴风雨，坏城官府民室。时吴王濞谋为逆乱，天戒数见，终不改寤，后卒诛灭。

五年十月，楚王都彭城大风从东南来，毁市门，杀人。是月王戊初嗣立，后坐淫削国，与吴王谋反，刑僇谏者。吴在楚东南，天戒若曰，勿与吴为恶，将败市朝。王戊不寤，卒随吴亡。

昭帝元凤元年，燕王都蓟大风雨，拔宫中树七围以上十六枚，坏城楼。燕王旦不寤，谋反发觉，卒伏其辜。

更改了天子的策略，被称之为不顺，就会出现怪异的风，这种怪风狂风大作，摧毁房屋。若毫无节制的征收赋税被称为祸，出现的怪异之风就会对桑蚕业造成损害，风停后会出现气温升高，气温升高就会引发害虫滋生。诸侯专权，随意赏罚被称为不统，就会出现怪异之风，这种怪风，风疾而树却没有动摇，五谷难以成熟。天子不思虑百姓疾苦，被称为无泽，会出现怪异之风，这种怪风，风疾却树木不摇，天旱无云，禾苗受损。若公卿们只考虑自己的利益，被称为乱，出现怪异之风，只见微微和风，气温上升，滋生蝗虫，五谷受损。若摒弃正道，崇尚邪淫被称为惑，其风温暖，将导致蝗虫四起，对益于人类的东西造成伤害。诸侯王不朝见天子称之为叛，其风很不寻常。地表会出现龟裂且对人造成伤害。”

文帝二年（前178）六月，淮南王建都寿春，当时出现了狂风摧毁民房，使人致死的现象。刘向认为这一年南越反叛，进攻淮南边境，淮南王刘长击败了他，过了两年，刘长来长安朝见文帝时，杀了汉朝前丞相辟阳侯审食其，文帝赦免了他，刘长返回淮南之后，聚集奸人谋反叛乱，自称东帝，见到异象仍执迷不悟，后被流放到蜀地，流放途中死于雍县。

文帝五年（前175），吴国出现暴风雨天气，城墙、官府和民宅被毁。与此同时，吴王刘濞密谋叛乱，上天警示数次，他始终执迷不悟，最终被诛灭。

文帝五年十月，楚王建都彭城，当时突然有大风从东南方吹来，摧毁了市场的大门，导致有人死亡。就在那个月，楚王刘戊刚刚即位，之后却在为皇太后服丧期间有淫乱之举，并因此被削去国土，他还与吴王密谋造反，处死了进行劝谏的大臣。吴国位于楚国的东南方，上天警示他仿佛在说，不要与吴国同流合污，作恶多端，否则将会败于争名夺利的势力场上。谁知楚王刘戊执迷不悟，最终和吴国一起被灭亡。

昭帝元凤元年（前80），燕王都城蓟县突降狂风骤雨，宫中七围以上粗的树木被连根拔起十六棵，城楼被风雨摧毁。燕王刘旦仍不醒悟，在密谋造反时被朝廷发觉，最终受到应有的惩罚。

釐公十五年“九月己卯晦，震夷伯之庙”。刘向以为晦，暝也；震，雷也。夷伯，世大夫，正昼雷，其庙独冥。天戒若曰，勿使大夫世官，将专事暝晦。明年，公子季友卒，果世官，政在季氏。至成公十六年“六月甲午晦”，正昼皆暝，阴为阳，臣制君也。成公不寤，其冬季氏杀公子偃。季氏萌于釐公，大于成公，此其应也。董仲舒以为夷伯，季氏之孚也，陪臣不当有庙。震者雷也，晦暝，雷击其庙，明当绝去僭差之类也。向又以为此皆所谓夜妖者也。刘歆以为《春秋》及朔言朔，及晦言晦，人道所不及，则天震之。展氏有隐慝，故天加诛于其祖夷伯之庙以谴告之也。

成公十六年“六月甲午晦，晋侯及楚子、郑伯战于鄢陵”。皆月晦云。

隐公五年“秋，螟”。董仲舒、刘向以为时公观渔于棠，贪利之应也。刘歆以为又逆臧釐伯之谏，贪利区霿，以生蠃虫之孽也。

八年“九月，螟”。时郑伯以邴将易许田，有贪利心。京房《易传》曰：“臣安禄兹谓贪，厥灾虫，虫食根。德无常兹谓烦，虫食叶。不绌无德，虫食本。与东作争，兹谓不时，虫食节。蔽恶生孽，虫食心。”

鲁僖公十五年（前645）“九月己卯日夜晚，巨雷击毁了夷伯的祠庙”。刘向认为，晦，即指夜晚；震，即指巨雷。夷伯，家族世代为大夫，大白天打雷，祠庙中突然变得昏暗无光。天帝警示说，不要让大夫世世代代为官，那样将导致大夫独掌朝政，从而使朝政昏昧阴暗。第二年，公子季友去世，去世时果然是世世代代的官爵地位，且季氏手中掌握着国政大权。到了鲁成公十六年（前575）“六月甲午日夜晚时分”，当时，白天昏暗一片，这是阴压制阳的表现，象征着大臣操控君主。鲁成公不知醒悟，同年冬天，季氏杀了公子偃。季氏从鲁僖公时期就已萌生了谋反的奸邪野心，到了鲁成公时期奸邪的野心不断膨胀，这就是应验。董仲舒认为，夷伯，是季氏所信任的大臣，陪臣不应当拥有祠庙。震是指巨雷，光线昏暗，巨雷击毁祠庙，是在明确警示要坚决杜绝僭越之事发生。刘向又认为，这些现象都与所谓的夜妖相类似。刘歆认为《春秋》中所提到的，每到初一都要记录所发生的事，到了月末一天也要记录所发生的事，如果人的道德标准达不到，上天就会有巨雷产生。为了揭露其家族内部，不为人知的种种恶行，因此上天通过雷电来诛罚他的祖先夷伯的祠庙，并通过这种方式进行谴责与告诫。

鲁成公十六年（前575）“六月甲午日夜晚，晋侯和楚子、郑伯交战于鄢陵”。这个月大多是乌云密布。

鲁隐公五年（前718）“秋季，发生了螟虫灾害”。董仲舒、刘向一致认为，这是当时鲁隐公在棠地观赏鱼，而起了贪念一事的征验。刘歆认为，鲁隐公拒绝了臧釐伯的劝谏，贪图利益，昏昧蔽塞，从而滋生了裸虫之孽的异象。

鲁隐公八年（前715）“九月，发生了螟虫灾害”。在当时，郑伯用邴地交换许国的土地，他有贪图利益的思想。京房在《易传》中提到：“为官之人安于俸禄被称为贪，将会引发虫灾，致使害虫啃食禾苗的根茎。道德变化无常被称为烦，将会引发虫灾，致使害虫吃掉禾苗的叶子。不贬斥无道德之人，将引发害虫吃掉禾苗的根系。郑伯与东方的许国争夺土地利益，被称为不时，将引发害虫啃食禾苗的枝干。刻

严公六年“秋，螟”。董仲舒、刘向以为先是卫侯朔出奔齐，齐侯会诸侯纳朔，许诸侯赂。齐人归卫宝，鲁受之，贪利应也。

文帝后六年秋，螟。是岁匈奴大入上郡、云中，烽火通长安，遣三将军屯边，三将军屯京师。

宣公三年，“郊牛之口伤，改卜牛，牛死”。刘向以为近牛祸也。是时宣公与公子遂谋共杀子赤而立，又以丧娶，区霿昏乱。乱成于口，幸有季文子得免于祸，天犹恶之，生则不飨其祀，死则灾燔其庙。董仲舒指略同。

秦孝文王五年，斿朐衍，有献五足牛者。刘向以为近牛祸也。先是文惠王初都咸阳，广大宫室，南临渭，北临泾，思心失，逆土气。足者止也，戒秦建止奢泰，将致危亡。秦遂不改，至于离宫三百，复起阿房，未成而亡。一曰，牛以力为人用，足所以行也。其后秦大用民力转输，起负海至北边，天下叛之。京房《易传》曰：“兴繇役，夺民时，厥妖牛生五足”。

景帝中六年，梁孝王田北山，有献牛，足上出背上。刘向以为近牛祸。先是孝王骄奢，起苑方三百里，宫馆阁道相连三十余里。纳于邪臣羊胜之计，欲求为汉嗣，刺杀议臣爰盎，事发，负斧归死。既退归国，犹有恨心，内则思虑霿乱，外则土功过制，故牛祸作。足

意向君主隐瞒罪恶，将会引发害虫啃食禾苗的心。”

鲁严公六年（前688）“秋季，发生了螟虫灾害”。董仲舒、刘向一致认为，在此之前，卫侯姬朔逃往齐国，齐侯与诸侯会盟，接纳了姬朔，并许诺给诸侯国贿赂，齐人将讨伐卫国时所获得的珍宝贿赂鲁国，鲁国接受了贿赂，这便是贪图利益的天应。

文帝后元六年（前158）秋季，发生了螟虫灾害。这一年，匈奴大肆入侵上郡、云中郡，战报的烽火一直燃到长安，文帝派遣三位将军驻扎边境，又派遣三位将军驻扎在京师附近。

鲁宣公三年（前606），“郊祭用的牛嘴巴受伤，改为用牛占卜，占卜用的牛也死了”。刘向认为这种现象与牛祸相类似。当时，鲁宣公与公子遂共同密谋杀害姬赤之后自己即位，又在服丧期间娶妻，蒙昧蔽塞，昏庸无道。祸乱必定是出于口，幸得季文子辅佐，才得以免除灾祸，然而上天仍然很厌恶他，于是鲁宣公在世时，上天不愿享用他敬奉的祭祀，鲁宣公死后，上天又降灾焚烧了他的祠庙。这种说法与董仲舒的观点大致相同。

秦孝文王五年，到朐衍游玩时，有人进献了一头长着五只脚的牛。刘向认为这与牛祸相类似。在此之前，秦文惠王刚刚定都咸阳，就大兴土木，扩建宫室，宫室占地南临渭水，北临泾水，他行事武断，欠缺深思熟虑，因而冲犯了土气。足，在这里是止的意思，意在告诫秦王，宫室扩建太过奢华，将会招致危亡。秦王却始终执迷不悟，以至于共修建离宫三百座，后又修建阿房宫，结果阿房宫还未建成，秦国就灭亡了。还有一种说法是，牛的力气为人所用，足是用来行走的。之后秦国大肆徭役百姓，通过民力转运输送，从海边一直到北部边境，最终导致天下人共同反叛他。京房在《易传》中提到：“大肆徭役百姓，占用民时，就会引发妖牛生出五只脚的异象。”

景帝中元六年（前144），梁孝王在北山狩猎，有人进献了一头牛，这头牛的脚长在背上。刘向认为这种现象与牛祸相似。在此之前，梁孝王傲慢奢靡，兴建了一座方圆三百里的专供游乐、田猎的宫苑，其中仅宫馆阁道相连，就长达三十多里。他采纳了邪臣羊胜的计谋，企图承继汉位，于是他刺杀了朝中大臣爰盎，事情败露之后，他

而出于背，下奸上之象也。犹不能自解，发疾暴死，又凶短之极也。

《左氏传》昭公二十一年春，周景王将铸无射钟，泠州鸠曰：“王其以心疾死乎！夫天子省风以作乐，小者不窕，大者不摦，摦则不容，心是以感，感实生疾。今钟摦矣，王心弗戓，其能久乎？”刘向以为是时景王好听淫声，適庶不明，思心霿乱，明年以心疾崩，近心腹之痾，凶短之极者也。

昭二十五年春，鲁叔孙昭子聘于宋，元公与燕，饮酒乐，语相泣也。乐祁佐，告人曰：“今兹君与叔孙其皆死乎！吾闻之，哀乐而乐哀，皆丧心也。心之精爽，是谓魂魄；魂魄去之，何以能久？”冬十月，叔孙昭子死；十一月，宋元公卒。

昭帝元凤元年九月，燕有黄鼠衔其尾舞王宫端门中，往视之，鼠舞如故。王使夫人以酒脯祠，鼠舞不休，夜死。黄祥也。时燕剌王旦谋反将败，死亡象也。其月，发觉伏辜。京房《易传》曰：“诛不原情，厥妖鼠舞门。”

成帝建始元年四月辛丑夜，西北有如火光。壬寅晨，大风从西北起，云气赤黄，四塞天下，终日夜下著地者黄土尘也。是岁，帝元舅大司马大将军王凤始用事；又封凤母弟崇为安成侯，食邑万户；

不得不负斧请罪。尽管后来退归封地，但他仍然怀恨在心，思维蒙蔽昏乱，他下令筑城，规模甚至超过了皇家规定的制式，因此才招致牛祸发生。牛背上长脚，这是以下犯上的象征。然而梁孝王无法自悟，最终暴病身亡，这就是最为严重的夭折短命的结果。

《左传》上说：鲁昭公二十一年（前521）春季，周景王打算铸造一套名为无射的大型编钟，泠州鸠谏言："君主将要以心脏病而死吧！天子为了体察民情，需要制定礼乐来时刻提醒自己，小的乐器发出的声音尖细却不够宏亮，大的乐器发出的声音松缓却不够悦耳。不悦耳的声音，难以欣赏，听到这样的声音，心情无法愉悦，从而生发疾病。如今铸造的无射编钟，声音极不悦耳，君主的心难以接受，如此一来，健康能长久吗？"刘向认为当时的周景王喜欢听淫乱的靡靡之音，继承君位的子嗣中，嫡庶不分，思维昏庸淫乱，第二年，果然因为心脏病驾崩，这种现象与心腹之祸相类似，年纪尚轻就短命夭亡了。

鲁昭公二十五年（前517）春季，鲁国叔孙昭子迎娶了宋国女子为妻，宋元公来参加喜宴，饮酒作乐，正喝到尽兴时，二人却相对哭泣。宋国大会乐祁在宴席上帮忙，于是他对身边的人说："如今看来，宋元公与叔孙大概都要死了！我曾听闻，乐极生悲或喜极而泣，都是心智失常的表现。心的精神所在就是魂魄所在；魂魄丢了，人怎能活得长久呢？"那一年冬季十月，叔孙昭子去世；十一月，宋元公也去世了。

昭帝元凤元年（前80）九月，燕国出现了黄鼠衔着尾巴在王宫端门中跳舞之事，燕王前去查看，黄鼠仍然跳个不停。燕王命夫人拿美酒和干肉去祈祷祭祀，黄鼠仍然不停地跳舞，直到半夜死在地上。黄鼠的行为属于黄祥。当时，燕刺王刘旦谋反不成，走漏了消息，这是将要败亡的象征。就在同一个月内，刘旦谋反的计划被察觉，畏罪自杀。京房在《易传》中说："诛杀不讲情面的，就会引发妖鼠在端门中跳舞的异象。"

成帝建始元年（前32）四月辛丑夜，西北方向仿佛出现了火光。壬寅日的早上，大风从西北方向刮起，云气呈赤黄色，遮天蔽日，从早晨至夜晚，地上落满了黄色的尘土。这一年，成帝的舅舅大司马大

庶弟谭等五人赐爵关内侯，食邑三千户。复益封凤五千户，悉封谭等为列侯，是为五侯。哀帝即位，封外属丁氏、傅氏、周氏、郑氏凡六人为列侯。杨宣对曰："五侯封日，天气赤黄，丁、傅复然。此殆爵土过制，伤乱土气之祥也。"京房《易传》曰："经称'观其生'，言大臣之义，当观贤人，知其性行，推而贡之，否则为闻善不与，兹谓不知，厥异黄，厥咎聋，厥灾不嗣。黄者，日上黄光不散如火然，有黄浊气四塞天下。蔽贤绝道，故灾异至绝世也。《经》曰'良马逐'。逐，进也，言大臣得贤者谋，当显进其人，否则为下相攘善，兹谓盗明，厥咎亦不嗣，至于身僇家绝。"

史记周幽王二年，周三川皆震。刘向以为金木水火沴土者也。伯阳甫曰："周将亡矣！天地之气不过其序；若过其序，民乱之也。阳伏而不能出，阴迫而不能升，于是有地震。今三川实震，是阳失其所而填阴也。阳失而在阴，原必塞；原塞，国必亡。夫水，土演而民用也；土无所演，而民乏财用，不亡何待？昔伊雒竭而夏亡，河竭而商亡，今周德如二代之季，其原又塞，塞必竭；川竭，山必崩。夫国必依山川，山崩川竭，亡之征也。若国亡，不过十年，数之纪也。"

将军王凤开始执掌朝政；朝廷封赏王凤的同胞兄弟王崇为安成侯，食邑一万户；在同一天封赏王凤的庶弟王谭等五人，赐予他们关内侯的爵位，每人食邑三千户。又加封王凤食邑五千户，此后又在一天之内加封王谭等五人为列侯，这就是五侯。哀帝即位后，封外戚丁氏、傅氏、周氏、郑氏共六人为列侯。大夫杨宣在对策中说："封赏五侯的当天，天空中的云气呈赤黄色，到了封赏丁氏、傅氏时，天空中的云气又是一样的情形。这大概是预示着封赏他们的爵位和食邑超越了祖制规定，冲犯了土气原有的祥瑞吧。"京房在《易传》中说："《易经·观卦》中所说的'观其生'，是说大臣的礼仪，应当观察他是不是贤人，了解他的脾气禀性和举止行为，然后再向君王推荐，否则就是听说有贤人出现而不向朝廷举荐，被称为不知，便会引发黄色的异象，最为严重的后果是人会变得耳目闭塞，或上天降临灾祸，令君王没有子嗣。黄者，是太阳中的黄光不散，犹如火焰燃烧一般，另外伴有遮天蔽日的黄色浊气。这是埋没阻塞贤人的通道，上天便降灾断绝了君王的后嗣。《易经·大畜》中提到'良马逐'。逐，就是进的意思，是说大臣们若得遇贤人，应当显扬推荐这个人，否则就是臣子互相排挤忠良，被称为盗明，其严重的后果就是灾祸将断绝子嗣，甚至于惨遭杀戮，致使家嗣断绝。"

据史料记载，周幽王二年（前780），周的泾、渭、洛三地均发生了地震。刘向认为这是金、木、水、火共同克土所致。周大夫伯阳甫说："周王室即将灭亡了！天地之气不可超越它原有的顺序。如果超越了正常的顺序，百姓就会发动暴乱。阳气被压迫而不能升发，这是阴气胁迫阳气不能升发，从而引发地震。如今三川同时发生地震，是阳气失其所道被阴气所胁迫而不能升发。阳气失其所道的原因在于阴气过盛，水源必定被阻塞；水源被阻塞，预示着国家必定会灭亡。水，既可以滋润土地，又可以满足百姓的各种生活所需；若土地得不到滋润，百姓的生活将会陷入困乏，不亡国更待何时？从前伊水、洛水干涸从而夏朝灭亡，黄河干涸从而商朝灭亡，如今周朝的德行犹如夏朝与商朝的末世，水源又被阻塞，水源阻塞河流必定干涸；河流干涸，山必定会崩溃。国家必定要依仗山川，山崩川竭，便是国家灭亡

是岁三川竭，岐山崩。刘向以为阳失在阴者，谓火气来煎枯水，故川竭也。山川连体，下竭上崩，事势然也。时，幽王暴虐，妄诛伐，不听谏，迷于褒姒，废其正后，废后之父申侯与犬戎共攻杀幽王。一曰，其在天文，水为辰星，辰星为蛮夷。月食辰星，国以女亡。幽王之败，女乱其内，夷攻其外。京房《易传》曰："君臣相背，厥异名水绝。"

文公九年"九月癸酉，地震"。刘向以为先是时，齐桓、晋文、鲁釐二伯贤君新没，周襄王失道，楚穆王杀父，诸侯皆不肖，权倾于下，天戒若曰，臣下强盛者将动为害。后宋、鲁、晋、莒、郑、陈、齐皆杀君。诸震，略皆从董仲舒说也。京房《易传》曰："臣事虽正，专必震，其震，于水则波，于木则摇，于屋则瓦落。大经在辟而易臣，兹谓阴动，厥震摇政宫。大经摇政，兹谓不阴，厥震摇山，山出涌水。嗣子无德专禄，兹谓不顺，厥震动丘陵，涌水出。"

襄公十六年"五月甲子，地震"。刘向以为先是鸡泽之会，诸侯盟，大夫又盟。是岁三月，诸侯为溴梁之会，而大夫独相与盟，五月地震矣。其后崔氏专齐，栾盈乱晋，良霄倾郑，阍杀吴子，燕逐其君，楚灭陈、蔡。

昭公十九年"五月己卯，地震"。刘向以为是时季氏将有逐

的征兆。如果国家注定要灭亡，则不出十年，气运也就到头了。”

这一年三川枯竭，岐山崩塌。刘向认为这是阳气失其所道受到阴气的胁迫，是说火气把水煎熬枯竭了，因此河流便会干涸。山和川相连，下边的河流干涸从而导致上边的高山崩塌，这是必然趋势。当时，周幽王暴虐无道，杀伐无度，不采纳贤臣的谏言，终日沉迷于褒姒，他废掉皇后，于是皇后的父亲申侯便联合犬戎一起讨伐幽王。还有一种说法是，在天文学的角度分析，水为辰星，辰星代表蛮夷。月亮将辰星隐没，预示着国家将因为女祸而灭亡。幽王的败亡就在于女祸乱于其内，蛮夷攻于其外。京房在《易传》中提到：“君臣之间离心离德，则会引发河水枯竭的天应。”

鲁文公九年（前618）“九月癸酉，发生地震”。刘向认为，在此之前，齐桓公、晋文公二位霸主和贤君鲁僖公刚刚驾崩，周襄王就丧失了为君之道，楚穆王杀害自己的父亲成王，诸侯们大都品行不端，权倾天下，天帝的警戒仿佛在说，如果臣子们过于强势，将以地震作为警示。后来宋国、鲁国、晋国、莒国、郑国、陈国、齐国都出现了弑杀君王的事情。诸如此类的地震说法，基本上与董仲舒的观点一致。京房在《易传》中提到：“即使大臣办事端正，而国君独断专行，也必然会引发地震，一旦发生地震，水便会起伏不平，树便会摇摆不止，与此同时还会出现房倒屋塌的情形。用五行来解释，国君独断专行更换大臣，称为阴动，它最严重的后果是使政权也产生了动摇。地震动摇了政权，称为不阴，最严重的后果是地动山摇，有山水涌出。继嗣的太子缺乏德行，大臣们在朝中专权，称为不顺，其最为严重的后果是地震使丘陵动摇，并伴有山水涌出。”

鲁襄公十六年（前557）“五月甲子，发生地震”。刘向认为，在此之前的鸡泽会盟，先是诸侯会盟，后又是大夫们会盟。那一年三月，诸侯准备在溴梁会盟，而大夫们却单独举行了会盟，五月就发生了地震。这之后，崔氏独揽齐国大权，栾盈叛乱晋国，良霄颠覆了郑国，看门人杀害了吴国公子余祭，燕国人驱逐了他们的国君，楚国灭亡了陈国和蔡国。

鲁昭公十九年（前523）“五月己卯，发生地震”。刘向认为，当

君之变。其后宋三臣、曹会皆以地叛，蔡、莒逐其君，吴败中国杀二君。

二十三年“八月乙未，地震”。刘向以为是时周景王崩，刘、单立王子猛，尹氏立子朝。其后季氏逐昭公，黑肱叛邾，吴杀其君僚，宋五大夫、晋二大夫皆以地叛。

哀公三年“四月甲午，地震”。刘向以为是时诸侯皆信邪臣，莫能用仲尼，盗杀蔡侯、齐陈乞弑君。

惠帝二年正月，地震陇西，厌四百余家。武帝征和二年八月癸亥，地震，厌杀人。宣帝本始四年四月壬寅，地震河南以东四十九郡，北海琅邪坏祖宗庙城郭，杀六千余人。元帝永光三年冬，地震。绥和二年九月丙辰，地震，自京师至北边郡国三十余坏城郭，凡杀四百一十五人。

釐公十四年“秋八月辛卯，沙麓崩”。《穀梁传》曰：“林属于山曰麓，沙其名也”。刘向以为臣下背叛，散落不事上之象也。先是，齐桓行伯道，会诸侯，事周室。管仲既死，桓德日衰，天戒若曰，伯道将废，诸侯散落，政逮大夫，陪臣执命，臣下不事上矣。桓公不寤，天子蔽晦。及齐桓死，天下散而从楚。王札子杀二大夫，晋败天子之师，莫能征讨，从是陵迟。《公羊》以为沙麓，河上邑也。董仲舒说略同。一曰，河，大川象；齐，大国；桓德衰，伯道将移于晋文，故河为徙也。《左氏》以为沙麓，晋地；沙，山名也；地震而麓崩，不书震，举重者也。伯阳甫所谓“国必依山川，山崩川竭，亡之征也；不过十年，数之纪也。”至二十四年，晋怀公杀于高梁。京房《易传》曰：“小人剥庐，厥妖山崩，兹谓阴乘阳，弱胜强。”

时有季氏要驱逐鲁国国君之事。在这之后，宋国的三位大臣、曹国大夫孙会都相继从当地叛乱，蔡国、莒国驱逐了国君，吴国打败了中原诸国，杀了二位国君。

鲁昭公二十三年（前519）“八月乙未，发生地震”。刘向认为，在此之前，周景王驾崩，刘、单拥立王子姬猛，尹氏建立姬朝。这之后，季氏驱逐了鲁昭公，邾国大夫黑肱背叛了国家，吴国杀害了他的君王僚，宋国的五位大夫、晋国的二位大夫都背叛了自己的国家。

鲁哀公三年（前492）“四月甲午，发生地震”。刘向认为，在当时，诸侯们都听信奸邪之臣，而对于仲尼这样的圣贤却无人重用，以至于公孙翩杀害了蔡昭侯，齐国的陈乞弑杀了国君。

汉惠帝二年（前193）正月，陇西发生地震，压死了四百多户的人。武帝征和二年（前91）八月癸亥日，发生地震，也压死了一些人。宣帝本始四年（前70）四月壬寅日，河南以东四十九个郡县发生地震，北海郡、琅琊郡的宗庙和城郭被震毁，在地震中死去的有六千多人。元帝永光三年（前41）冬季，发生地震。成帝绥和二年（前7）九月丙辰日，发生地震，从京师到北部各郡县、诸侯国共计三十多座城郭在地震中受损，因地震丧生的共计四百十五人。

鲁僖公十四年（前646）“秋八月辛卯日，沙麓山崩塌”。《穀梁传》上说：“林木生长在山脚称为麓，沙是它的名字。”刘向认为这是臣下背叛，诸侯势力散落、不事奉帝王的象征。在此之前，齐桓公称霸天下，会盟诸侯，侍奉周王室。管仲去世之后，齐桓公往日的仁德日渐衰微，上天警示仿佛在说，称霸天下的权力将被剥夺，诸侯散落，朝政将受到大夫的操控，由陪臣来执掌朝政，臣下不再事奉天子。然而齐桓公没有醒悟，天子昏昧蔽塞。等到齐桓公驾崩后，天下散落，各诸侯国纷纷归附于楚国。周王室的王札子杀了召伯、毛伯二位大夫，晋国战胜了周王室的军队，面对这种状况，周天子无能为力，从此周王室开始走向衰落。《公羊传》上说，沙麓山，是黄河上游的城邑。董仲舒的观点与这种说法大致相同。还有一种说法是，黄河，是大河的象征；齐国，是大国；齐桓公的德政日渐衰落，称霸天下的权力将转移至晋文公，黄河因此而改道。《左传》认为，沙麓山属于晋

成公五年“夏，梁山崩”。《穀梁传》曰廱河三日不流，晋君帅群臣而哭之，乃流。刘向以为山阳，君也，水阴，民也，天戒若曰，君道崩坏，下乱，百姓将失其所矣。哭然后流，丧亡象也。梁山在晋地，自晋始而及天下也。后晋暴杀三卿，厉公以弑。溴梁之会，天下大夫皆执国政，其后孙、宁出卫献，三家逐鲁昭，单、尹乱王室。董仲舒说略同。刘歆以为梁山，晋望也；崩，弛崩也。古者三代命祀，祭不越望，吉凶祸福，不是过也。国主山川，山崩川竭，亡之征也，美恶周必复。是岁岁在鹑火，至十七年复在鹑火，栾书、中行偃杀厉公而立悼公。

高后二年正月，武都山崩，杀七百六十人，地震至八月乃止。文帝元年四月，齐楚地山二十九所同日俱大发水，溃出，刘向以为近水沴土也。天戒若曰，勿盛齐楚之君，今失制度，将为乱。后十六年，帝庶兄齐悼惠王之孙文王则薨，无子，帝分齐地，立悼惠王庶子六人皆为王。贾谊、晁错谏，以为违古制，恐为乱。至景帝三年，齐楚七国起兵百余万，汉皆破之。春秋四国同日灾，汉七国同日众山

国的辖界；沙，是山名；地震引发了沙麓山崩塌，之所以未记录地震，是因为要挑选最为重要的事情进行记录。伯阳甫所说的“国家的建立必须仰仗山川，若出现山崩水竭的现象，则预示着这个国家即将灭亡；不出十年，国家的气运将尽”。到了鲁僖公二十四年（前636），晋怀公在高梁被重耳派人杀害。京房在《易传》中提到：“小人夺人荫庇之所，便会引发山体崩塌的天象，这就是所谓的以阴克阳，弱盛于强。”

鲁成公五年（前586）“夏季，梁山崩塌”。《穀梁传》上说：因河道被壅塞，黄河水三日没有流动，晋君率领群臣为此事痛哭流涕，河道这才得以贯通。刘向认为，山代表阳，是君的象征；水代表阴，是民的象征。上天的警示仿佛在说，为君者道德败坏了，百姓就会叛乱，百姓将流离失所。晋君与群臣痛哭，黄河复流，这是国破家亡的征兆。梁山属于晋国的辖界，黄河发源于晋国而后遍及中原。后来晋国发生暴动行为，三位公卿大夫被杀，晋厉公也被杀害。湨梁会盟之后，大夫们纷纷执掌国政，以至于从那之后，出现了卫国大夫孙林父、宁殖驱逐卫献公之事，以及鲁国三个家族驱逐鲁昭公之事，和单旗、尹氏祸乱周王室之事。这些说法与董仲舒的观点大致相同。刘歆认为梁山是晋国举行望祭仪式的地方；山体崩塌是国政崩溃坍塌的象征。远古时代，夏商周三朝祭祀神明，若祭祀的时间不超过每月的十五日，则吉凶祸福，不会超过望地。山川作为国家的主干，山崩川竭，是国家即将灭亡的象征，美和恶是周而复始的。这一年木星运行至鹑火，周而复始，十七年后又重新运行至鹑火，栾书、中行偃杀害晋厉公，而后拥立晋悼公即位。

高后二年（前186）正月，地震引发武都山崩塌，导致七百六十人死亡，地震一直持续到八月份才停止。文帝元年（前179）四月，齐国、楚国两地的高山共有二十九处在同一天发大水，山洪喷涌而出。刘向认为这与水克土很相似。上天的警戒仿佛在说，不可太过纵容齐国、楚国的君主，如今，他们丧失礼制，这样必将会发生祸乱。十六年之后，文帝的庶出兄长齐悼惠王的孙子文王刘则驾崩，因为他没有子嗣，于是文帝将齐地分割成几块，册封悼惠王的六位庶子为王。贾

溃，咸被其害，不畏天威之明效也。

成帝河平三年二月丙戌，犍为柏江山崩，捐江山崩，皆廱江水，江水逆流坏城，杀十三人，地震积二十一日，百二十四动。元延三年正月丙寅，蜀郡岷山崩，廱江，江水逆流，三日乃通。刘向以为周时岐山崩，三川竭，而幽王亡。岐山者，周所兴也。汉家本起于蜀汉，今所起之地山崩川竭，星孛又及摄提、大角，从参至辰，殆必亡矣。其后三世亡嗣，王莽篡位。

《传》曰："皇之不极，是谓不建，厥咎眊，厥罚恒阴，厥极弱。时则有射妖，时则有龙蛇之孽，时则有马祸，时则有下人伐上之痾，时则有日月乱行，星辰逆行。"

"皇之不极，是谓不建"，皇，君也。极，中；建，立也。人君貌言视听思心五事皆失，不得其中，则不能立万事，失在眊悖，故其咎眊也。王者自下承天理物。云起于山，而弥于天；天气乱，故其罚常阴也。一曰，上失中，则下强盛而蔽君明也。《易》曰"亢龙有悔，贵而亡位，高而亡民，贤人在下位而亡辅"，如此，则君有南面之尊，而亡一人之助，故其极弱也。盛阳动进轻疾。礼，春而大射，以顺阳气。上微弱则下奋动，故有射妖。《易》曰"云从龙"，又曰"龙蛇之蛰，以存身也"。阴气动，故有龙蛇之孽。于《易》，《乾》为君为马，马任用而强力，君气毁，故有马祸。一曰，马多死及为

谊、晁错都直言规劝，认为这样做有违祖制，恐怕日后引发祸乱。到了景帝三年（前154），齐楚七国叛乱，共同发兵一百多万，但最终都被汉军所镇压。春秋宋、卫、陈、郑四国在同一天发生灾祸，汉朝七国的众多山脉，在同一天崩塌，都受到不同程度的伤害，这便是不敬畏天威的明证。

成帝河平三年（前26）二月丙戌日，犍为郡柏江两岸的山体崩塌，捐江附近的山体也相继崩塌，导致江水被壅塞，江水回流造成城市被毁，灾难导致十三人死亡，地震一直持续了二十一天，余震次数共计一百二十四次。成帝元延三年（前10）正月丙寅日，蜀郡岷山发生崩塌，岷江被壅塞，江水回流，三日后才贯通。刘向认为周时岐山崩塌，三江枯竭，从而周幽王灭亡。岐山，是周朝兴起的地方。汉家原本兴起于蜀汉，而今所兴起的地方山体崩塌、河川枯竭，彗星又冲犯到摄提星、大角星这两个位置，从参星出发直到辰星，恐怕必定会国破家亡了。汉朝自此之后的三世，都断绝嗣位，因此才有王莽篡夺王位的事情发生。

《洪范五行传》上说：“若君王行事不中正，就不能建立君王的德政，洞察事物就不能明察秋毫，上天的惩罚就是持续的阴暗，最为严重的后果就是国运微弱。有时会有射妖出现，有时会有龙蛇之孽出现，有时会出现马祸，有时则会出现臣下忤逆君王的祸患，有时还会出现日月乱行，星辰逆行的异象。”

“皇之不极，是谓不建”。皇，即指君王。极，指中正的意思；建，就是树立道德的意思。作为君王，若貌、言、视、听、思五件事都有所缺失，就无法做到中正，那么他将无法妥善处理日常政务，他的失误就在于昏聩惑乱，这是他不能明辨是非造成的。作为君王自下要承奉天道处理万事。云气起于山中，而弥漫于天空；天地气运动荡紊乱，于是上天便会以持续阴暗作为处罚。还有一种说法，若君王做不到中正，则下边的臣民会变得强盛从而遮蔽了君王的英明。《易经》上说：“骄横无德的君王常常有所懊悔，追求权贵会使王位丧失，高高在上会失去百姓的拥戴，贤人处于低位则无法辅佐朝政”，如此说来，即使君王拥有至高无上的尊严，却得不到贤人的辅佐，国运也会

怪，亦是也。君乱且弱，人之所叛，天之所去，不有明王之诛，则有篡弑之祸，故有下人伐上之痾。凡君道伤者病天气，不言五行沴天，而曰“日月乱行，星辰逆行”者，为若下不敢沴天，犹《春秋》曰“王师败绩于贸戎”，不言败之者，以自败为文，尊尊之意也。刘歆皇极传曰有下体生上之痾。说以为下人伐上，天诛已成，不得复为痾云。皇极之常阴，刘向以为《春秋》亡其应。一曰，久阴不雨是也。刘歆以为自属常阴。

昭帝元平元年四月崩，亡嗣，立昌邑王贺。贺即位，天阴，昼夜不见日月。贺欲出，光禄大夫夏侯胜当车谏曰：“天久阴而不雨，臣下有谋上者，陛下欲何之？”贺怒，缚胜以属吏，吏白大将军霍光。光时与车骑将军张安世谋欲废贺。光让安世，以为泄语，安世实不泄，召问胜。胜上《洪范五行传》曰：“‘皇之不极，厥罚常阴，时则有下人伐上。’不敢察察言，故云臣下有谋。”光、安世读之，大惊，以此益重经术士。后数日卒共废贺，此常阴之明效也。京房《易传》曰：“有蜺、蒙、雾。雾，上下合也。蒙，如尘云。蜺，日旁气也。其占曰：后妃有专，蜺再重，赤而专，至冲旱。妻不壹顺，黑蜺四背，又曰蜺双出日中。妻以贵高夫，兹谓擅阳，蜺四方，日光不阳，解而温。内取兹谓禽，蜺如禽，在日旁。以尊降妃，兹谓薄嗣，蜺直而

因此而变得微弱。盛阳萌动，人就会生小病。根据礼制要求，春天要举行祭祀仪式，以顺应阳气的升发。若君王的气运衰弱而臣下的气运振奋，则会出现射妖。《易经》上说："云从龙"，又说："龙蛇的蛰伏，是为了保存自身的能量"。阴气萌动，就会出现龙蛇之孽。在《易经》中，《乾》卦对应的是君和马，马被使用则会变得力量强大，君王的气运衰弱，就会出现马祸。还有一种说法是，马匹大量死去，被认为是怪异之象，就是这个意思。为君者昏昧惑乱且气运衰败，臣民众叛亲离，就连上天也会将他遗弃，不是有圣明的君王前来诛罚他，就是有篡位弑君的祸乱发生，因此会出现臣下忤逆君王的祸患。但凡君王之道有所损伤，天气就会出现异常，这里指的不是五行与天地气运不和，而是指将有"日月运行失常，星辰逆行"的现象出现，这就是作为臣民不得以下犯上忤逆天子的原因，就像《春秋》中所说的："王师败绩于贸戎"，没有详细记载败给谁，而是只记载了战败的事实，这就是维护帝王尊严的意思。刘歆在《皇极传》中说，有人会出现下肢生长在上身的异象。这是在说臣下忤逆犯上，上天给予他这样的处罚，而不认为是他得了怪病。帝王统治天下的准则为常阴，刘向认为《春秋》上没有明确记载。还有一种说法是，这是久阴不雨所致。刘歆认为它的天然属性即为常阴。

昭帝于元平元年（前74）四月驾崩，因昭帝没有子嗣，于是群臣便拥立昌邑王刘贺为帝。刘贺即位后，天气持续阴暗，昼夜不见日月。刘贺打算外出巡游，光禄大夫夏侯胜挡住他的车前劝谏说："天气持续阴暗却没有降雨，这是臣下企图谋害皇上的征兆，陛下还想外出吗？"刘贺听后十分愤怒，命人羁押夏侯胜并把他交给官吏处置，官吏把这件事告诉了大将军霍光。霍光当时正与车骑将军张安世密谋策划废掉刘贺。霍光为此谴责张安世，认为是张安世将此事泄露出去，事实上，张安世并未泄露机密，于是他召问夏侯胜。夏侯胜呈上《洪范五行传》并解释说："《洪范五行传》中有载'皇之不极，厥罚常阴，时则有下人伐上。'我不敢说得太明确，因此只说臣下将有人密谋造反。"霍光、张安世听完夏侯胜的解释，二人感到很震惊，从那以后，更加注重经学术士。数日之后。霍光、张安世终于联手废

塞，六辰乃除，夜星见而赤。女不变始，兹谓乘夫，蜺白在日侧，黑蜺果之，气正直。妻不顺正，兹谓擅阳，蜺中窥贯而外专。夫妻不严兹谓媟，蜺与日会。妇人擅国兹谓顷，蜺白贯日中，赤蜺四背。適不答兹谓不次，蜺直在左，蜺交在右。取于不专，兹谓危嗣，蜺抱日两未及。君淫外兹谓亡，蜺气左日交于外。取不达兹谓不知，蜺白夺明而大温，温而雨。尊卑不别兹谓媟，蜺三出三已，三辰除，除则日出且雨。臣私禄及亲，兹谓罔辟，厥异蒙，其蒙先大温，已蒙起，日不见。行善不请于上，兹谓作福，蒙一日五起五解。辟不下谋，臣辟异道，兹谓不见，上蒙下雾，风三变而俱解。立嗣子疑，兹谓动欲，蒙赤，日不明。德不序兹谓不聪，蒙，日不明，温而民病。德不试，空言禄，兹谓主窳臣夭，蒙起而白。君乐逸人兹谓放，蒙，日青，黑云夹日，左右前后行过日。公不任职，兹谓怙禄，蒙三日，又大风五日，蒙不解。利邪以食，兹谓闭上，蒙大起，白云如山行蔽日。公惧不言道，兹谓闭下，蒙大起，日不见，若雨不雨，至十二日解，而有大云蔽日。禄生于下，兹谓诬君，蒙微而小雨，已乃大雨。下相攘善，兹谓盗明，蒙黄浊。下陈功，求于上，兹谓不知，蒙，微而赤，风鸣条，解复蒙。下专刑兹谓分威，蒙而日不得明。大臣厌小臣兹谓蔽，蒙微，日不明，若解不解，大风发，赤云起而蔽日。众不恶恶兹谓闭，蒙，尊卦用事，三日而起，日不见。漏言亡喜，兹谓下厝用，蒙微，日无光，有雨云，雨不降。废忠惑佞兹谓亡，蒙，天先清而暴，蒙微而日不明。有逸民兹谓不明，蒙浊，夺日光。公不任职，兹谓不绌，蒙白，三辰止，则日青，青而寒，寒必雨。忠臣进善君不试，兹谓遏，蒙，先小雨，雨已蒙起，微而日不明。惑众在位，兹谓覆国，蒙微而日不明，一温一寒，风扬尘。知佞厚之兹谓庳，蒙甚而温。君臣故弼兹谓悖，厥灾风雨雾，风拔木，乱五谷，已而大雾。庶正蔽恶，兹谓生孽灾，厥异雾。”此皆阴云之类云。

掉了刘贺，这就是天气持续阴暗的征兆。京房在《易传》中说："自然界有霓、霾、雾等现象。其中，雾，是上下层的水蒸气遇冷凝结成细微水珠，结合而成的云烟状物质。霾，就如同尘霾。霓是太阳周围的云气。与此相关的占卜显示：后宫妃嫔中若有人享受皇帝独宠，则霓虹颜色会加重，呈单一的赤红色，天下会出现大旱。若为人妻者不是诚心诚意地恭顺丈夫，在太阳周围便会布满黑色的霓虹，而且还会有白色霓虹双双从日中显现。如果妻子的地位高于丈夫，称为擅阳，具体表现为，太阳的周围会出现霓虹，太阳光照不明亮，直到阳气溃散日光才能变得温暖。内宫生活淫乱称为禽，霓虹就如同禽鸟，在太阳周围盘旋。君王过分宠幸妃嫔，称为薄嗣，霓虹直冲云霄且遮蔽阳光，在卯、辰、巳、午、未、申这六个时辰出现，夜晚的星星看起来呈赤色。妻子欺凌丈夫，称为乘夫，霓虹呈白色出现在太阳周围，黑色霓虹将太阳包裹，霓气端正。妻子不顺从丈夫，称为擅阳，霓虹中间像管窥一样贯通，外面将太阳包裹。夫妻彼此不尊重对方，称为媟，会出现霓虹与太阳交会的现象。妇女干预国政称为顷，霓虹呈白色且贯穿日中，在太阳的周围则布满赤红色的霓虹。正妻得不到丈夫的信任，称为不次，霓虹在太阳左侧呈直线型，或在太阳右侧交叉出现。夫妻感情不专一，称为危嗣，霓虹紧抱太阳且两边没有连接。或君王在外淫乱，称为亡，霓虹位于太阳左侧且在外交叉。夫妻生活不和谐称为不知，霓虹呈白色且抢夺了太阳的光芒，气候变得温暖，温暖则会有降雨。尊卑不分称为媟，霓虹出现三次，消失三次，从寅时到辰时消失，消失后隐藏的太阳复出且伴有降雨。大臣私自给亲友俸禄称为罔辟，就会出现异常的尘霾，这种尘霾先是伴有高温，当霾聚集后，太阳便隐藏不见了。大臣做善事，不请示君王，称为作福，尘霾会在一天之中发生五次，最终消散。君王决策不与大臣商议，大臣另辟蹊径，君臣之间离心离德，称为不见，向上蒙蔽，向下欺骗，出尔反尔难以决策。君王立子为继，而后又对其缺乏信任，称为动欲，会出现赤色尘霾且太阳失去光芒的现象。德行不稳定，称为不聪。要出现尘霾现象，且太阳昏暗无光，同时伴有气温升高、百姓罹患疾疫。德行没有兑现，空谈俸禄，称为君王昏昧衰败，大臣屈抑不伸，

会有尘霾出现并呈白色。君王乐于放纵他人，称为放，会出现尘霾且太阳呈现青色，黑云裹挟着太阳，并在太阳的前后左右穿行。公卿不大夫不能恪尽职守，称为怙禄，将会出现尘霾三日不散，同时伴有五日的大风，尘霾始终无法消散。将利益、淫邪作为享受，称为闭上，将会有大的尘霾产生，白云如山一样流动遮天蔽日。公卿大夫因恐惧而不坚持原则，称为闭下，将会有大的尘霾产生，不见太阳，似雨非雨，一直要持续十二日才消散，而且仍然是浓云蔽日。官员俸禄由大臣自己掌握，称为诬君，会有轻微的尘霾且伴有小雨，不久后转为大雨。大臣之间争名夺利，称为盗明，将会出现黄浊的尘霾。大臣向上邀功，有君王有所企求，称为不知，天空将会出现轻微的尘霾且呈赤色，风吹得树条发声，尘霾消散而后又会出现。大臣独断专行，称为分威，天空将会出现尘霾且太阳失去光芒。大臣压制小臣，称为蔽，天空将会出现轻微的尘霾且太阳失去光芒，尘霾似散非散，大风吹过，会升起红色的云气且遮蔽了太阳。众臣不抵制邪恶，称为闭，天空会出现尘霾，这是《乾》《坤》之卦在发挥作用，尘霾三日而起，看不见太阳。因失言而丧失了吉庆，称为下厝用，会出现轻微的尘霾，太阳失去光芒，天空中有雨云，然而却没有降雨。废黜忠臣，被佞臣所惑，称为亡，会有尘霾出现，天空先是清澈如洗而后突然狂风暴雨来临，会出现轻微的尘霾且太阳失去光芒。世人多隐居，称为不明，会出现混浊的尘霾，抢夺了太阳的光辉。公卿大夫不称职，称为不绌，会有白色的尘霾出现，持续三个时辰才会消散，且消散后太阳呈青色，青色的日光同时天气变得寒冷，寒冷且必定会有降雨。忠臣进谏良言而未被君王采纳的，称为遏，天空会出现尘霾，先是伴有小雨，雨停后尘霾继续出现，轻微且太阳失去光芒。有妖言惑众之人在位，称为覆国，会出现轻微尘霾且太阳失去光辉，一暖一寒，大风扬尘。明知是奸佞之人仍然厚待他，称为庳，会有尘霾出现且气温升高。君王和大臣彼此不信任，称为悖。它所招致的异象为有雨有雾，狂风将树木连根拔起，五谷受损，狂风停止后会出现大雾。庶正掩盖罪恶，称之为孽灾，便有出现异常的浓雾。”这些都是阴云方面的情况。

严公十八年“秋，有蜮”。刘向以为蜮生南越。越地多妇人，男女同川，淫女为主，乱气所生，故圣人名之曰蜮。蜮犹惑也，在水旁，能射人，射人有处，甚者至死。南方谓之短弧，近射妖，死亡之象也。时严将取齐之淫女，故蜮至。天戒若曰，勿取齐女，将生淫惑篡弑之祸。严不寤，遂取之。入后淫于二叔，二叔以死，两子见弑，夫人亦诛。刘歆以为蜮，盛暑所生，非自越来也。京房《易传》曰：“忠臣进善君不试，厥咎国生蜮。”

史记鲁哀公时，有隼集于陈廷而死，楛矢贯之，石砮，长尺有咫。陈闵公使使问仲尼，仲尼曰：“隼之来远矣！昔武王克商，通道百蛮，使各以方物来贡，肃慎贡楛矢，石砮长尺有咫。先王分异姓以远方职，使毋忘服，故分陈以肃慎矢。”试求之故府，果得之。刘向以为隼近黑祥，贪暴类也；矢贯之，近射妖也；死于廷，国亡表也。象陈眊乱，不服事周，而行贪暴，将致远夷之祸，为所灭也。是时中国齐晋、南夷吴楚为强，陈交晋不亲，附楚不固，数被二国之祸。后楚有白公之乱，陈乘而侵之，卒为楚所灭。

史记夏后氏之衰，有二龙止于夏廷，而言“余，褒之二君也”。夏帝卜杀之，去之，止之，莫吉；卜请其漦而藏之，乃吉。于是布币策告之。龙亡而漦在，乃椟去之。其后夏亡，传椟于殷周，三代莫

鲁严公十八年（前676）“秋季，出现鬼蜮”。刘向认为蜮起源于南越。越国的人口比例中妇女占大多数，男女同在一条河中洗澡，妇女生性淫荡，导致动荡的乱气产生，因此圣人称之为鬼蜮。蜮可使人迷乱，它生长在水边，能用水射人，而且往往是喷射到人的私处，严重的会致人死亡。南方称之为短弧，与射妖类似，是死亡的象征。当时，鲁严公打算迎娶齐国的淫女，因此出现了鬼蜮。上天的警戒仿佛在说，不要娶齐女为妻，否则将会发生淫乱或篡弑的灾祸。严公执迷不悟，最终还是娶齐女为妻。迎娶之后的齐女与她的两位小叔子通奸淫乱，两位小叔子因此丧生，他的两个儿子也先后被弑杀，最终鲁夫人也被诛杀。刘歆认为，鬼蜮是在盛暑天产生的，并非来自于南越。京房在《易传》中提到：“忠臣进谏良言而君王不采纳，国内就会出现鬼蜮的灾祸。”

据史料记载，鲁哀公时期，有隼鸟聚集在陈国的宫殿前面死去，仔细察看才发现，它们是被楛箭射穿而亡的，箭镞是石质的，箭身长一尺八寸。陈闵公派使者去请教仲尼，仲尼说：“隼鸟来自远方！从前，武王战胜商朝后，所修的道路四通八达，少数民族的使者纷纷带着当地的土特产前来进贡，其中肃慎国进贡的就是楛箭，箭镞是石质的，箭身长一尺八寸。先王根据异姓的远近为他们制定贡赋，目的是为了使他们不要忘记臣服，因此把肃慎国进贡的楛箭赐予陈国。”使者回禀国君，尝试着在旧府中寻找楛箭，果然找到了。刘向认为隼鸟与黑祥一样，是一种暴戾贪婪的鸟类；用楛箭将其射穿，这种异象与射妖类似；死在宫殿前面，是国家即将灭亡的征兆。这些异象预示着陈王昏昧惑乱，不臣服于周朝，行事贪婪暴虐，这必将招致远方蛮夷进犯的灾祸，被蛮夷所灭。当时，中原有齐国和晋国，南夷以吴国和楚国最为强大，陈国与晋国往来并不亲近，依附楚国也不可靠，多次遭到这两个国家的入侵之祸。后来楚国发生了白公之乱，陈国趁机入侵楚国，但最终还是被楚国所灭。

据史料记载，夏后氏衰亡，有两条龙降落于夏朝宫殿，而且说：“我们是褒国的两位君王”。夏帝占卜后而知，无论是杀了它、驱逐它，还是拘留它，都不吉利；占卜的结果是将龙涎收集保存起来，这

发，至厉王末，发而观之，漦流于廷，不可除也。厉王使妇人裸而噪之，漦化为玄鼋，入后宫。处妾遇之而孕，生子，惧而弃之。宣王立，女童谣曰："檿弧萁服，实亡周国。"后有夫妇鬻是器者，宣王使执而僇之。既去，见处妾所弃妖子，闻其夜号，哀而收之，遂亡奔褒。后褒人有罪，入妖子以赎，是为褒姒，幽王见而爱之，生子伯服。王废申后及太子宜咎，而立褒姒、伯服代之。废后之父申侯与缯西畎戎共攻杀幽王。《诗》曰："赫赫宗周，褒姒灭之。"刘向以为夏后季世，周之幽、厉，皆悖乱逆天，故有龙鼋之怪，近龙蛇孽也。漦，血也，一曰沫也。檿弧，桑弓也。萁服，盖以萁草为箭服，近射妖也。女童谣者，祸将生于女，国以兵寇亡也。

《左氏传》昭公十九年，龙斗于郑时门之外洧渊。刘向以为近龙孽也。郑以小国摄乎晋楚之间，重以强吴，郑当其冲，不能修德，将斗三国，以自危亡。是时子产任政，内惠于民，外善辞令，以交三国，郑卒亡患，能以德消变之效也。京房《易传》曰："众心不安，厥妖龙斗。"

惠帝二年正月癸酉旦，有两龙见于兰陵廷东里温陵井中，至乙亥夜去。刘向以为龙贵象而困于庶人井中，象诸侯将有幽执之祸。

样最为吉利。于是排列布币进行祷告，并以简策相告。于是龙逃走，但是龙涎还在，于是收藏在木匣中。这之后夏灭亡，这木匣传到了殷、周手中，连续传了夏商周三代，始终不曾打开过木匣，直到周厉王末年，他好奇地打开木匣察看，不慎将龙涎流到朝堂之上，无法清除干净。周厉王命妇人赤身裸体地在大殿中喧闹，这时龙变为一只蜥蜴，进入后宫。后宫有一位仍为处女之身的妾妃遇上这只蜥蜴便怀了孕，生下一名女婴，因为十分害怕，于是她便将女婴遗弃了。到了周宣王即位，有女童谣说："用桑树制成的弓和用萁草编织的箭袋，事实证明周国要灭亡了。"后来有一对夫妇售卖这种器物，周宣王派人逮捕了他们并对他们进行羞辱。当这对夫妇离开时，看见被那位处女妾妃所抛弃的女婴，因为夜里听见她的啼哭声，出于怜悯便将她收养，于是这对夫妇带着女婴逃往褒国。后来褒人犯了罪，就用妖女赎回褒人，这个所谓的妖女就是褒姒，周幽王对她一见倾心，宠爱有加，不久便生了儿子伯服。周幽王废掉了申后及太子宜咎，册立褒姒为皇后、伯服为太子，来取而代之。废后的父亲申侯与缯西畎戎共同进攻周国并将周幽王杀死。《诗经》上说："势力显赫的周朝，被褒姒给灭亡了。"刘向认为夏后末世，周幽王、周厉王，都惑乱逆天，因此才有龙龟之怪，这与龙蛇之孽相类假。漦，即指血，还有一种说法是指鱼或龙的唾沫。檿弧，即指桑弓。萁服，大概是用萁草编制而成的箭套，与射妖类似。女童谣是预示灾祸将源于女人，国家最终因战乱而灭亡。

《左传》上说：鲁昭公十九年（前523），有龙在郑国时门外的洧渊中搏斗。刘向认为这与龙孽相类似。郑国作为一个小国，夹在晋国和楚国之间，再加上强大的吴国，面对众多强国，郑国首当其冲，无法修养德行，想与三个强国争斗，最后只能是自取灭亡。当时子产执掌朝政，他对内惠及百姓，对外善于外交辞令，以此与三国交好，最终郑国排除了外患，这就是用德政化解变故的效验。京房在《易传》中提到："众心不安，便会出现二龙相斗的异象。"

惠帝二年（前193）正月癸酉日凌晨，有两条龙出现在兰陵廷东里一户名叫温陵的人的家井中，直到乙亥日的夜晚才离去。刘向认为

其后吕太后幽杀三赵王，诸吕亦终诛灭。京房《易传》曰：“有德遭害，厥妖龙见井中。”又曰：“行刑暴恶，黑龙从井出。”

《左氏传》鲁严公时有内蛇与外蛇斗郑南门中，内蛇死。刘向以为近蛇孽也。先是郑厉公劫相祭仲而逐兄昭公代立。后厉公出奔，昭公复入。死，弟子仪代立。厉公自外劫大夫傅瑕，使僇子仪。此外蛇杀内蛇之象也。蛇死六年，而厉公立。严公闻之，问申繻曰：“犹有妖乎？”对曰：“人之所忌，其气炎以取之，妖由人兴也。人亡舋焉，妖不自作。人弃常，故有妖。”京房《易传》曰：“立嗣子疑，厥妖蛇居国门斗。”

《左氏传》文公十六年夏，有蛇自泉宫出，入于国，如先君之数。刘向以为近蛇孽也。泉宫在囿中，公母姜氏尝居之，蛇从之出，象宫将不居也。《诗》曰：“维虺维蛇，女子之祥。”又蛇入国，国将有女忧也。如先君之数者，公母将薨象也。秋，公母薨。公恶之，乃毁泉台。夫妖孽应行而自见，非见而为害也。文不改行循正，共御厥罚，而作非礼，以重其过。后二年薨，公子遂杀文之二子恶、视，而立宣公。文公夫人大归于齐。

武帝太始四年七月，赵有蛇从郭外入，与邑中蛇斗孝文庙下，邑中蛇死。后二年秋，有卫太子事，事自赵人江充起。

龙是富贵的象征，但困在平民百姓的井中，这象征诸侯将有被囚禁的灾祸。从那之后，吕太后拘禁且杀害了三个赵王，而后诸吕也最终都被诛灭。京房在《易传》上说：“有德行的人遭陷害，就会有妖龙出现在井中的异象。”又说：“施行的刑法太过暴恶的，便会有黑龙从井中腾出的异象。”

《左传》上说：鲁严公时期，有城内的蛇与城外的蛇在郑国的南城门搏斗，城内的蛇被咬死。刘向认为这与蛇孽相类似。在此之前，郑厉公劫持宰相祭仲，驱逐兄长郑昭公而自立为王。后来郑厉公逃往国外，郑昭公回国复位。郑昭公驾崩后，他的弟弟姬仪即位。郑厉公在外劫持了大夫傅瑕，并派他去杀害姬仪。这便是外蛇杀死内蛇的征验。蛇死了六年之后，郑厉公再次即位。鲁严公听闻此事，询问申繻说：“真的有妖吗？”申繻回答说：“人所忌讳的，是用他的气息来判断，妖是起源于人的。人若没有过错，妖就不会无端兴起。当人失去常态时，所以才会产生妖。”京房在《易传》中提到：“对自己册立的继嗣之子不信任，便会出现妖蛇在国门相斗的异象。”

《左传》上说：鲁文公十六年（前611）夏季，有蛇从泉宫爬出，进入都城，蛇的数量和十七位先君一样。刘向认为这与蛇妖相类似。泉宫位于皇室苑囿里边，鲁文公的母亲姜氏曾在此居住过，蛇从这里爬出，仿佛在预示着此宫殿不能再居住了。《诗经》上说：“蛇和虺，是女子吉祥的象征。”如今蛇爬进都城，预示着国内将会有女人的祸患。如今蛇以先君的数量出现，这是在预示鲁文公的母亲将要薨的征兆。秋季，鲁文公的母亲薨。鲁文公非常憎恶蛇，于是便拆毁了泉台。妖孽是与人的行为对应出现的，并不是出现了妖异之象就会引发灾害。鲁文公不修正自己的言行，不遵循正道，不能恭敬地正确看待蛇的惩罚，而是以非礼的方式拆毁了泉台，无形中加重了自己的过错。两年后鲁文公驾崩，公子遂杀害了鲁文公的两个儿子姬恶和姬视，而拥立鲁宣公为王。鲁文公夫人又回到齐国娘家。

武帝太始四年（前93）七月，赵国有蛇从城外爬进城内，与城内的蛇在孝文庙内搏斗，最终城内的蛇死去。两年之后的秋季，就发生了卫太子败亡的巫蛊事件，事件是由赵国人江充引起的。

《左氏传》定公十年，宋公子地有白马驷，公嬖向魋欲之，公取而朱其尾鬣以予之。地怒，使其徒抶魋而夺之。魋惧将走，公闭门而泣之，目尽肿。公弟辰谓地曰："子为君礼，不过出竟，君必止子"。地出奔陈，公弗止。辰为之请，不听。辰曰："是我迋吾兄也，吾以国人出，君谁与处？"遂与其徒出奔陈。明年俱入于萧以叛，大为宋患，近马祸也。

史记秦孝公二十一年有马生人，昭王二十年牡马生子而死。刘向以为皆马祸也。孝公始用商君攻守之法，东侵诸侯，至于昭王，用兵弥烈。其象将以兵革抗极成功，而还自害也。牡马非生类，妄生而死，犹秦恃力强得天下，而还自灭之象也。一曰，诸畜生非其类，子孙必有非其姓者，至于始皇，果吕不韦子。京房《易传》曰："方伯分威，厥妖牡马生子。亡天子，诸侯相伐，厥妖马生人。"

文帝十二年，有马生角于吴，角在耳前，上乡。右角长三寸，左角长二寸，皆大二寸。刘向以为马不当生角，犹吴不当举兵乡上也。是时，吴王濞封有四郡五十余城，内怀骄恣，变见于外，天戒早矣。王不寤，后卒举兵，诛灭。京房《易传》曰："臣易上，政不顺，厥妖马生角，兹谓贤士不足。"又曰："天子亲伐，马生角。"

《左传》上说：鲁定公十年（前500），宋国公子子地有四匹驾车的白马，宋景公的宠臣向魋想得到这几匹马，于是宋景公将这几匹马找来，并将它们的尾巴染成红色后送给向魋。公子子地很愤怒，于是派他的党徒鞭打了向魋并把马匹抢夺回来。向魋因害怕而逃跑了，宋景公为此事闭门痛哭，眼睛都哭肿了。公子子地的弟弟子辰对子地说："当你看到国君发怒时要迅速逃走，这是为臣之礼，国君必定会劝阻你的。"于是子地逃到陈国，然而宋景公并未阻止。公子子辰请求宋景公接回子地，宋景公不听。于是子辰说："是我欺骗了我哥哥，我将带领国人外出，君王将和谁相处呢？"于是子辰与党徒众人逃到陈国。第二年，子辰和兄长子地一起来到宋国的萧邑发动了叛乱，成为宋国最大的祸患，这与马祸相类似。

据史料记载，秦孝公二十一年（前341），有匹马生下一个人。秦昭王二十年（前287）有公马生下一匹小马驹之后死去了。刘向认为这些都属于马祸。秦孝公采纳商君建议的攻守方法，向东侵略诸侯，到了秦昭王时期，用兵更显频繁激烈。以上异象预示着秦国将通过率兵打战夺取胜利，然而最终也会因战争给自己带来灾祸。公马是不能生育的，妄自生育就会招致死亡，就好比秦国凭借自己的强大势力取得天下，而最终反而自取灭亡一样。还有一种说法是，各种畜生如果所生养的幼崽与自己不是同类的话，那么子孙必定会出现不是同宗族姓氏的人，说起秦始皇，果然是吕不韦的儿子。京房在《易传》中提到："地方诸侯分权，它的错误就好像公马产子一般。并不把天子放在眼中，各诸侯互相攻伐，这势必会引发妖马生人的异象出现。"

文帝十二年（前168），吴国有匹马头上生出角来，角长在耳朵前面，向上长。右角长三寸，左角长二寸，两支角都有二寸粗。刘向认为马不应该长角，就像吴国不应该兴兵犯上一样。当时，吴王刘濞的封地有四个郡五十多座城邑，他心中骄傲自大，变节的心思早已表露出来，上天很早就警戒于他。但吴王并不醒悟，最终兴兵造反被诛灭。京房在《易传》上说："为臣者轻慢皇帝，政务就不会顺利，引发的妖孽就是马匹生出角来，这就是所谓的贤士不足。"又说："天子亲自讨

成帝绥和二年二月，大厩马生角，在左耳前，围长各二寸。是时王莽为大司马，害上之萌自此始矣。哀帝建平二年，定襄牡马生驹，三足，随群饮食，太守以闻。马，国之武用，三足，不任用之象也。后侍中董贤年二十二为大司马，居上公之位，天下不宗。哀帝暴崩，成帝母王太后召弟子新都侯王莽入，收贤印绶，贤恐，自杀，莽因代之，并诛外家丁、傅。又废哀帝傅皇后，令自杀，发掘帝祖母傅太后、母丁太后陵，更以庶人葬之。辜及至尊，大臣微弱之祸也。

文公十一年，"败狄于咸"。《穀梁》《公羊传》曰，长狄兄弟三人，一者之鲁，一者之齐，一者之晋。皆杀之，身横九畮；断其首而载之，眉见于轼。何以书？记异也。刘向以为是时周室衰微，三国为大，可责者也。天戒若曰，不行礼义，大为夷狄之行，将至危亡。其后三国皆有篡弑之祸，近下人伐上之痾也。刘歆以为人变，属黄祥。一曰，属蠃虫之孽。一曰，天地之性人为贵，凡人为变，皆属皇极下人伐上之痾云。京房《易传》曰："君暴乱，疾有道，厥妖长狄入国。"又曰："丰其屋，下独苦。长狄生，世主虏。"

史记秦始皇帝二十六年，有大人长五丈，足履六尺，皆夷狄服，凡十二人，见于临洮。天戒若曰，勿大为夷狄之行，将受其祸。是岁始皇初并六国，反喜以为瑞，销天下兵器，作金人十二以象之。

伐，就会出现马匹生出角的异象。”

成帝绥和二年（前7）二月，皇家的大马厮里有一匹马长出角来，在左耳前面，角有二寸粗。当时，王莽正担任大司马一职，他企图谋害皇帝的念头就是从那时候开始的。哀帝建平二年（前5），定襄郡有匹公马生下一匹小马驹，小马驹有三条腿，它跟随马群饮水吃草，太守也听说了此事。马，是国家专门用来打仗的，三条腿的马，是无法胜任的象征。后来侍中董贤，年纪只有二十二岁，就担任了大司马一职，居三公之高位，百姓都不信服他。哀帝突然驾崩，成帝的母王太后召来侄子新都侯王莽入朝参与政务，之后收回董贤的印绶，董贤因害怕而自杀，王莽趁机取代了他的职位，并诛杀了外戚丁氏、傅氏。同时又废除了哀帝的傅皇后，还逼迫她自尽，王莽还将哀帝祖母傅太后、母亲丁太后的陵墓掘开，并以平民的身份重新对她们进行安葬。还殃及到哀帝的至亲，这是大臣们软弱无能所造成的灾祸。

鲁文公十一年（前616），“鲁文公在鲁国的咸地将狄人击败”。《穀梁》《公羊传》中有载：长狄有兄弟三人，一人在鲁国，一人在齐国，一人在晋国。兄弟三人全部被杀，曝尸于九畮；三个人的头颅被砍下放在车上，透过车前的横木可以看到他们的眼眉。为什么要这样记载呢？因为怪异而已。刘向认为，当时的周王室国运衰微，鲁国、齐国、晋国势力最为强大，可号令其他诸侯国。上天的警戒仿佛在说，这种不遵照礼义的行为，其残忍程度大大超过了夷狄人，终将会导致国家危亡。在此之后，三国都出现了篡位杀君的灾祸，这与以下犯上的异象相类似。刘歆认为，这种现象属于人为变化，属于黄祥。还有一种说法是，这属于蠃虫之孽。又一说，天地之间人是最为高贵的，凡是人为的变化，都属于皇极不正，以下犯上的异象。京房在《易传》上说：“君主暴乱，痛恨有道之人，出现的妖异就是长狄入侵本国。”又说：“把自己的宫殿修建得过于豪华，而不顾及百姓的疾苦。这样做就会导致长狄出现，君王将遭受灾祸。”

据史料记载，秦始皇二十六年（前221），有身高五丈的巨人，他们穿的鞋有六尺长，全部身穿夷狄的服装，共计十二人，在临洮县出没。上天的警戒仿佛在说，不要大肆施行夷狄人的行为，否则将会

遂自贤圣，燔《诗》《书》，坑儒士；奢淫暴虐，务欲广地；南戍五岭，北筑长城以备胡越，堑山填谷，西起临洮，东至辽东，径数千里。故大人见于临洮，明祸乱之起。后十四年而秦亡，亡自戍卒陈胜发。

史记魏襄王十三年，魏有女子化为丈夫。京房《易传》曰："女子化为丈夫，兹谓阴昌，贱人为王；丈夫化为女子，兹谓阴胜，厥咎亡。"一曰，男化为女，宫刑滥也；女化为男，妇政行也。

哀帝建平中，豫章有男子化为女子，嫁为人妇，生一子。长安陈凤言此阳变为阴，将亡继嗣，自相生之象。一曰，嫁为人妇生一子者，将复一世乃绝。

哀帝建平四年四月，山阳方与女子田无啬生子。先未生二月，儿啼腹中，及生，不举，葬之陌上，三日，人过闻啼声，母掘收养。

平帝元始元年二月，朔方广牧女子赵春病死，敛棺积六日，出在棺外，自言见夫死父，曰："年二十七，不当死。"太守谭以闻。京房《易传》曰："'干父之蛊，有子，考亡咎'。子三年不改父道，思慕不皇，亦重见先人之非，不则为私，厥妖人死复生。"一曰，至阴为阳，下人为上。

招致灾祸。那一年，秦始皇刚刚兼并了六国，反而高兴地认为这是祥瑞的征兆，于是他销毁了天下兵器，铸造了十二尊金人来象征吉祥。从此便以圣贤自居，他下令焚烧《诗》《书》，坑埋儒士；行事奢淫暴虐，以开疆扩土为要务；在南方派兵驻守五岭，在北方修筑长城，以防御胡越入侵；堑山填谷，长城西起临洮，东至辽东，全长达数千里。因此巨人出现在临洮，预示着祸乱将从这里发生。十四年后，秦国灭亡，戍卒陈胜起兵造反，推翻了秦朝的统治。

据史料记载，魏襄王十三年（前306），魏国有一名女子变成了男儿身。京房在《易传》中说："女子变身为男人，称为阴昌，预示着贱人可以变为君王；男人变身为女人，称为阴胜，将引发死亡。"还有一种说法是，男人变为女人，这是宫刑滥用的象征；女人变为男人，则预示着女人要干预朝政。

哀帝建平年间，豫章有一名男子变身为女子，并且出嫁为人妇，还生了一个儿子。长安人陈凤说，这是阳变为阴，预示着皇帝将没有继嗣，这是自身相互繁衍的象征。还有一种说法是，嫁为人妇，并生下一个儿子的，只能再传一世，便会断绝了继嗣。

哀帝建平四年（前3）四月，山阳郡的方与县有一名女子田无啬生下一个孩子。在她生前的两个月，这个孩子曾在她腹中啼哭，生下来之后，却没有了生命，于是她把死婴葬在田间的小道边，三天后，有人从那里经过，听到婴儿的啼哭声，母亲又将孩子挖掘出来，带回去抚养。

平帝元始元年（1）二月，朔方郡的广牧县有一名女子赵春因病去世，入殓六天之后，她竟然从棺材里爬出来，还说自己在阴间看见了丈夫去世多年的父亲，他父亲说："当年我只有二十七岁，不应该死的。"太守谭也听说了此事。京房在《易传》中提到："'儿子若能纠正父亲的过错，才是真正的儿子，有这样的儿子，所以父亲死后不必被追究罪过。'若儿子在父亲去世三年内都不能纠正父亲的过错，只是一味地哀思而无所改变，这就相当于重现了先人的罪过，不仅被视为私，而且还会引发妖人死而复生的灾祸。"还有一种说法是，阴到极点就会转化为阳，物极必反，久居下位的人也有可能变为上位。

六月，长安女子有生儿，两头异颈面相乡，四臂共匈俱前乡，尻上有目长二寸所。京房《易传》曰："'睽孤，见豕负涂'，厥妖人生两头。下相攘善，妖亦同。人若六畜首目在下，兹谓亡上，正将变更。凡妖之作，以谴失正，各象其类。二首，下不壹也；足多，所任邪也；足少，下不胜任，或不任下也。凡下体生于上，不敬也；上体生于下，媟渎也；生非其类，淫乱也；人生而大，上速成也；生而能言，好虚也。群妖推此类，不改乃成凶也。"

景帝二年九月，胶东下密人年七十余，生角，角有毛。时胶东、胶西、济南、齐四王有举兵反谋，谋由吴王濞起，连楚、赵，凡七国，下密，县居四齐之中；角，兵象，上乡者也；老人，吴王象也；年七十，七国象也。天戒若曰，人不当生角，犹诸侯不当举兵以乡京师也，祸从老人生，七国俱败云。诸侯不寤，明年吴王先起，诸侯从之，七国俱灭。京房《易传》曰："冢宰专政，厥妖人生角。"

成帝建始三年十月丁未，京师相惊，言大水至。渭水虒上小女陈持弓年九岁，走入横城门，入未央宫尚方掖门，殿门门卫户者莫见，至句盾禁中而觉得。民以水相惊者，阴气盛也。小女而入宫殿中者，下人将因女宠而居有宫室之象也。名曰持弓，有似周家檿弧之祥。《易》曰："弧矢之利，以威天下。"是时，帝母王太后弟凤始

六月，长安有一名女子生了个儿子，这孩子长着两个头两个脖子，脸面向同一个方向，四肢共同长在胸部，都伸向前方，屁股上长着两寸长的大眼睛。京房在《易传》中说："'性情急躁易怒，会出现猪身上满是泥土的现象，'所引发的妖异就是人长着两个头。大臣们争名夺利、相互排挤，所引发的妖异也是如此。人如果像六畜一样，头和眼睛都向下，称为亡上，预示着政权将改朝换代。但凡有妖孽发生，都是在大臣谴责丧失正教，不同的异象代表不同的类属。如人长出两个头，则表明大臣们不能一心辅佐朝政；若人长出很多脚，则表明大臣们德不配位，心生邪念；若脚的数量不够，则表明大臣不能胜任自己的职位，或者是不能知人善任。但凡是下肢长在上身的，则表明对上不恭敬；若上肢长在下身的，则表明轻慢亵渎；若生的不是本类，则表明这是淫乱所致；若人生下来就个子很大，则表明君王速成；若生下来就会说话，则表明君王虚伪不实。各种妖异现象以此类推，若不能及时修正则预示着不吉利。"

景帝二年（前155）九月，胶东下密县一位七十多岁的老人，头上长出角来，角上有毛。当时，胶东、胶西、济南、齐四王有兴兵造反的阴谋。这阴谋是由吴王刘濞发起的，同时他还串联了楚国、赵国等共七个诸侯国的势力。下密县，位居四齐中间；生角，是兴兵造反的象征，方向向上直指帝王；老人，象征吴王；年七十，是象征有七个诸侯国。上天的警戒仿佛在说：人不应该长角，就像诸侯不应该向京师兴兵一样；灾祸由老人兴起，则预示着七个诸侯国都将遭遇失败。然而诸侯们并不醒悟，一年后，吴王率先发兵，其他诸侯纷纷响应，最终七国都被灭亡了。京房在《易传》上说："丞相独揽政权，所引发的妖孽就是人长出角来。"

成帝建始三年（前30）十月丁未日，京师的百姓人心惶惶，都说要发大水了。渭水虒上有一个小女孩，名叫陈持弓，今年九岁，她走进横城门，又来到未央宫尚方的掖门，殿门守门的警卫竟然都没看见她，直到她来到少府办公的地方，才被人发现。百姓因大水将至而相互惊扰，这是阴气过盛的表现。小女孩进入宫殿这件事，预示着大臣将通过女宠威胁汉室安危。女孩名叫持弓，与周王室桑弓之灾相类

为上将，秉国政，天知其后将威天下而入宫室，故象先见也。其后，王氏兄弟父子五侯秉权，至莽卒篡天下，盖陈氏之后云。京房《易传》曰：“妖言动众，兹谓不信，路将亡人，司马死。”

成帝绥和二年八月庚申，郑通里男子王褒衣绛衣小冠，带剑入北司马门殿东门，上前殿，入非常室中，解帷组结佩之，招前殿署长业等曰：“天帝令我居此。”业等收缚考问，褒故公车大谁卒，病狂易，不自知入宫状，下狱死。是时王莽为大司马，哀帝即位，莽乞骸骨就第，天知其必不退，故因是而见象也。姓名章服甚明，径上前殿路寝，入室取组而佩之，称天帝命，然时人莫察。后莽就国，天下冤之，哀帝征莽还京师。明年帝崩，莽复为大司马，因是而篡国。

哀帝建平四年正月，民惊走，持稿或棷一枚，传相付与，曰行诏筹。道中相过逢多至千数，或被发徒践，或夜折关，或逾墙入，或乘车骑奔驰，以置驿传行，经历郡国二十六，至京师。其夏，京师郡国民聚会里巷仟伯，设张博具，歌舞祠西王母。又传书曰：“母告百姓，佩此书者不死。不信我言，视门枢下，当有白发。”至秋止。是时帝祖母傅太后骄，与政事，故杜邺对曰：“《春秋》灾异，以指象为言语。筹，所以纪数。民，阴，水类也。水以东流为顺走，而西行，反类逆上。象数度放溢，妄以相予，违忤民心之应也。西王母，妇人之称。博弈，男子之事。于街巷仟伯，明离阃内，与疆外。临事盘乐，炕阳之意。白发，衰年之象，体尊性弱，难理易乱。门，人之

似。《易经》上说:“弓箭的锐利,足以令天下敬畏。”当时,成帝的母亲王太后的弟弟王凤刚被封为上将,掌管朝政,上天知道此后将有王氏的族人进入宫室,威胁天下,因此才预先出现征兆。从那之后,王氏兄弟父子五人,在同一天受封为五侯,共同执掌大权,直到王莽篡夺天下为止,这些都是发生在女孩陈持弓闯入宫城之后的事情。京房在《易传》上说:“妖言惑众,称为不信,预示着路上将有死人,司马官将亡。”

成帝绥和二年(前7)八月庚申,郑县通里有一位名叫王褒的男子,身穿红衣头戴小帽,佩戴宝剑进入北司马门又从宫殿的东门径直来到前殿,进入非常室,解开系帷幔的一组绶带,佩戴在身上,并招呼前殿一位名叫业的署长说:“天帝命我居住在这里。”业等人将他捆绑起来进行审问,王褒是前任公车大谁卒,如今患有精神失常的疾病,他不知道自己闯进宫内,而后被收监而死。当时,王莽担任大司马一职,哀帝即位时,王莽请求告老还乡,上天明知王莽不是真心想要退休,因此才显现出这种征兆。从姓名和着装上便一目了然了,那人径直来到前殿进入天子内室,取下绶带佩戴在身上,自称是天帝的命令,然而当时的人们并没有省察此事。后来王莽掌管朝政,天下人认为王褒冤枉,哀帝又征召王莽回还京师。第二年哀帝驾崩,王莽重新担任大司马一职,并因此而篡夺了皇位。

哀帝建平四年(前3)正月,百姓们受到惊吓四处奔逃,他们手持一枚麻杆或禾杆,相互传递转述,说是在传递诏筹。在路上相遇的多达千人,有人披头散发赤着脚,有人夜半破关,有人翻墙而入,有人乘车骑马奔驰,靠设置驿站传递诏筹,共有二十六个郡县、诸侯国参与了这次传递诏筹,直到京师。那一年夏季,京师中来自各郡县、诸侯国的民众聚集在里巷阡陌,人们甚至摆设了博戏的器具,并唱歌跳舞祭祀西王母。有传递诏筹的人说:“西王母告诉百姓,佩带此书者可以免死。如不相信我说的,可到门枢下面去查看,那里应当有白发为证。”此事直到秋季才停止。当时,哀帝的祖母傅太后傲慢骄横,干预朝政,所以杜邺对答皇上说:“《春秋》中所载的灾异,是根据相应的征兆而言的。筹算,是用来记载数目的。庶民,属阴,与水

所由；枢，其要也。居人之所由，制持其要也。其明甚著，今外家丁、傅并侍帷幄，布于列位，有罪恶者不坐辜罚，亡功能者毕受官爵。皇甫、三桓，诗人所刺，《春秋》所讥，亡以甚此。指象昭昭，以觉圣朝，奈何不应！”后哀帝崩，成帝母王太后临朝，王莽为大司马，诛灭丁、傅。一曰丁、傅所乱者小，此异乃王太后、莽之应云。

一样。水向东流是顺流，如果向西流，则是违反了常态逆流而上的征兆。象征着数度违背常理，水逆流而溢出的现象，还妄自认为相互赞许，其实是违背民心的应验。西王母，是妇人的称呼。博戏，是男子之间的事。在街巷阡陌中的人，显明不是在屋里，要预防外疆。遇事只知道安逸享乐，这是炕阳的表现。白发，这是衰老的象征，身体尊贵，性情软弱，不易治理朝政，容易造成混乱。门，是供人进出往来的；枢，是门的关键所在。处于人们所经由的地方，掌握着他的要害，这道理显而易见。如今，外戚丁氏、傅氏把持朝政，势力分布于宫中帷幄要害之处，占据着重要的位置，致使有罪之人逍遥法外，没有功劳和能力的人却毕生尽享官爵俸禄。周朝的皇甫、鲁国的三桓，都曾被诗人讽刺，《春秋》中也有对于他们的讥笑与批评的记载，没有比他们更为突出的了。一切所指都是极为明显，本想通过这些来使圣朝省悟，谁知哀帝毫无回应！”后来哀帝驾崩，成帝的母亲王太后临朝处理国政，王莽担任大司马一职，诛灭了丁氏、傅氏。还有一种说法是丁氏、傅氏不过是在小事上作乱，这些异象的真正所指是王太后和王莽的应验。

卷二十七下之下

五行志第七下之下

隐公三年“二月己巳，日有食之”。《穀梁传》曰，言日不言朔，食晦。《公羊传》曰，食二日。董仲舒、刘向以为其后戎执天子之使，郑获鲁隐，灭戴，卫、鲁、宋咸杀君。《左氏》刘歆以为正月二日，燕、越之分野也。凡日所躔而有变，则分野之国失政者受之。人君能修政，共御厥罚，则灾消而福至；不能，则灾息而祸生。故经书灾而不记其故，盖吉凶亡常，随行而成祸福也。周衰，天子不班朔，鲁历不正，置闰不得其月，月大小不得其度。史记日食，或言朔而实非朔，或不言朔而实朔，或脱不书朔与日，皆官失之也。京房《易传》曰：“亡师兹谓不御，厥异日食，其食也既，并食不一处。诛众失理，兹谓生叛，厥食既，光散。纵畔兹谓不明，厥食先大雨三日，雨除而寒，寒即食。专禄不封，兹谓不安，厥食既，先日出而黑，光反外烛。君臣不通兹谓亡，厥蚀三既。同姓上侵，兹谓诬君，厥食四方有云，中央无云，其日大寒。公欲弱主位，兹谓不知，厥食中白青，四方赤，已食地震。诸侯相侵，兹谓不承，厥食三毁三复。君疾善，下谋上，兹谓乱，厥食既，先雨雹，杀走兽。弑君获位兹谓逆，厥食既，先风雨折木，日赤。内臣外乡兹谓背，厥食食且雨，地中鸣。冢宰专政兹谓因，厥食先大风，食时日居云中，四方亡云。伯正越职，兹谓分威，厥食日中分。诸侯争美于上兹谓泰，厥食日伤月，食半，天营而鸣。赋不得兹谓竭，厥食星随而下。受命之臣专征云试，厥食虽侵光犹明，若文王臣独诛纣矣。小人顺受命者征其君云杀，厥食五色，至大寒陨霜，若纣臣顺武王而诛纣矣。诸侯更制兹谓叛，厥食三复三食，食已而风，地动。適让庶兹谓生欲，厥食日失位，光晻晻，月形见。酒亡节兹谓荒，厥蚀乍青乍黑乍赤，明日大

鲁隐公三年（前720）“二月己巳日，出现日食现象”。《穀梁传》上说：说日食而不说朔日，日食这天是晦日。《公羊传》上说：日食共持续了两天。董仲舒、刘向两人认为，此后，戎族在楚丘俘虏了天子的使臣凡伯，郑国俘获了鲁隐公，灭亡了戴国，卫国、鲁国、宋国都发生了弑君之事。在研学《左传》时，刘歆认为正月初二日，太阳运行所对应的国家是燕国和越国。但凡是太阳的运行轨迹发生改变，则太阳所对应的分野国家里必定会有失政混乱的君王遭受灾害。若君王能及时修正失误，诚心敬畏地对待上天的处罚，则可以消除灾祸、迎接福瑞；否则，就会滋生灾害，使祸患降临。因此上古时期经史典籍中只记载灾害，而不说明原因，那是因为吉凶充满变数，随着人的行为的转变而使祸与福相互转换。周朝衰败，周天子不再颁布朔日，鲁国的历法不精确，闰月设置得不恰当，月份的大小月划分也不符合它的时度。历史上关于日食的记载，有的说是发生在朔日而实际上不是朔日，有的说不是朔日而实际却发生在朔日，有的索性没有记载朔日与日食的关系，这些都是鲁国史官的工作疏漏所致。京房在《易传》中说：“军队作战失败，称为不御，便会引发日食的灾异，出现的日食是日全食，而且日食不止在一个地方出现。不依据义理诛灭众人，称为生叛，所引发的灾异是日全食，且太阳光涣散。任由叛乱发生而不加制止，称为不明，所引发的灾异是日食发生之前会降三天的大雨，雨停后天气开始变得寒冷，天寒就伴有日食发生。君王独霸俸禄而不封给大臣，称为不安，所引发的灾异是日全食，首先太阳出来后带有黑斑，日光弥散且有光晕。君臣之间失去信任，称为亡，所引发的灾异是会出现三次日食且都是日全食。同姓犯上作乱，称为诬君，所引发的灾异是日食四周布满云气，而中央无云，这一天天气非常寒冷。大夫想削弱君主的实力和地位，称为不知，所引发的日食中

雨，发雾而寒。”凡食二十占，其形二十有四，改之辄除；不改三年，三年不改六年，六年不改九年。推隐三年之食，贯中央，上下竟而黑，臣弑从中成之形也。后卫州吁弑君而立。

桓公三年“七月壬辰朔，日有食之，既”。董仲舒、刘向以为前事已大，后事将至者又大，则既。先是鲁、宋弑君，鲁又成宋乱，易

央呈白青色，四方呈赤红色，日食结束后会发生地震。诸侯之间相互侵犯，称为不承，于是日食出现三次又消失三次。君主妒贤嫉能，大臣企图密谋犯上，称为乱，所引发的灾异是出现日全食，且先是降雨与冰雹，走兽被杀死。杀死君王夺取王位，称为逆，所引发的灾异是出现日全食，且先是狂风暴雨将树木折断，之后是太阳变为红色。朝内的内臣倾向于外方势力，称为背，所引发的灾异是出现日食的同时伴有降雨，地下会有鸣叫声发出。丞相专权朝政，称为因，所引发的灾异是日食发生前先伴有大风，日食发生时太阳会隐于云中，四周无云。诸侯霸主越权行事，称为分威，所引发的灾异是日食出现时会将太阳从中间一分为二。诸侯在君王面前攀比炫耀自己，称为泰，将引发的灾异是当日食出现时，会遮挡月亮，遮挡了一半月亮时，天空中会发出鸣叫声。征缴赋税不及时，称为竭，所引发的灾异是出现日食的同时，会有星星坠落。受命的大臣自行出兵征伐，所引发的灾异是，虽然日食被遮挡住光线，但它仍然有光亮，就像文王的大臣私自诛杀纣王一样。小人顺随受命，前往讨伐他的君主，所引发的灾异是出现的日食呈现五种颜色，并且在寒冷的天气里出现霜降，就如同纣王的大臣都顺从武王而共同讨伐纣王一样。诸侯改变既定的规章，称为叛，所引发的日食会反复出现三次，日食结束后起风，伴有地震。嫡子让权给庶子，称为生欲，所引发的灾异是出现日食时，太阳错位，日光渐渐暗淡，呈现月芽形。饮酒没有节制，称为荒，所引发的异象是日食出现时会呈现乍青、乍黑、乍赤之色，第二天，天降大雨，伴有雾且天气变得寒冷。”以上就是关于日食的二十种占卜方法，其形状有二十四种不同情况，若君王能及时修正过失，则可以消除灾祸；如果不及时改正就会出现三年日食异象，若三年仍然不改，则会出现六年日食异象，若六年仍然没有改正，就会出现九年日食异象。由此推算鲁隐公三年（前720）的日食，贯穿中央，上下呈黑色，这是大臣弑君的灾祸，从日食中可观测出结果。后来卫国州吁弑君而自己即位。

桓公三年（前709）“七月壬辰朔日，出现日食，而且是日全食”。董仲舒、刘向认为日食前所发生的重大事件，日食之后将发生更为

许田，亡事天子之心；楚僭称王。后郑岠王师，射桓王，又二君相篡。刘歆以为六月，赵与晋分。先是，晋曲沃伯再弑晋侯，是岁晋大乱，灭其宗国。京房《易传》以为桓三年日食贯中央，上下竟而黄，臣弑而不卒之形也。后楚严称王，兼地千里。

十七年“十月朔，日有食之”。《穀梁传》曰，言朔不言日，食二日也。刘向以为是时卫侯朔有罪出奔齐，天子更立卫君。朔藉助五国，举兵伐之而自立，王命遂坏。鲁夫人淫失于齐，卒杀桓公。董仲舒以为言朔不言日，恶鲁桓且有夫人之祸，将不终日也。刘歆以为楚、郑分。

严公十八年“三月，日有食之”。《穀梁传》曰，不言日，不言朔，夜食。史记推合朔在夜，明旦日食而出，出而解，是为夜食。刘向以为夜食者，阴因日明之衰而夺其光，象周天子不明，齐桓将夺其威，专会诸侯而行伯道。其后遂九合诸侯，天子使世子会之，此其效也。《公羊传》曰食晦。董仲舒以为宿在东壁，鲁象也。后公子庆父、叔牙果通于夫人以劫公。刘歆以为晦鲁、卫分。

二十五年“六月辛未朔，日有食之”。董仲舒以为宿在毕，主边兵夷狄象也。后狄灭邢、卫。刘歆以为五月二日鲁、赵分。

重大的事件，而且还是日全食。在此之前，鲁国、宋国先后发生了弑君之乱，鲁国又造成宋国动乱，交换许田，对天子没有恭顺事奉的心意；楚国僭越诸侯身份而称王。后来，郑国在抵抗周王室军队时，射杀了周桓王，又有两位君王相继篡位。刘歆认为，六月太阳运行所对应的区域是赵国与晋国。先是晋国的曲沃伯弑杀了晋侯，这一年晋国大乱，曲沃伯灭了宗主国晋国。京房的《易传》认为，鲁桓公三年出现日食，贯通中央，上下呈黄色，这是臣子弑君而不成的天象。后来楚庄公称王，兼并的土地达千里之辽阔。

鲁桓公十七年（前695）“十月朔日，再次出现日食”。《穀梁传》上说：只说是朔日，而没具体说日食，日食持续了两天。刘向认为，当时，卫侯朔畏罪逃往齐国，天子重新册立了卫国新君。卫侯朔借助五国兵力，兴兵讨伐卫国新君，而后自立为君，周王室的命令就此遭到破坏。鲁夫人在齐国行为放荡淫乱，最终与人合谋杀死鲁桓公。董仲舒认为只说是朔日，而没具体说日食，是忌惮鲁桓公将罹患鲁夫人招致的祸患，将会不得善终。刘歆认为，太阳运行所对应的区域是楚国和郑国。

鲁严公（鲁庄公）十八年（前676）“三月，再次出现日食”。《穀梁传》上说：不说日食，也不说朔日，只是说在夜里出现日食。据史料推断，在夜里发生日食是符合朔日的，第二天清晨日食，而后等到太阳升起日食便结束了，这就是夜里发生日食。刘向则认为，夜里发生日食，是阴凭借日光的微弱光芒，夺取了太阳的光芒，这就好比周天子昏庸无道，齐桓公将夺取他的威仪，专会诸侯而称霸天下。这之后，齐桓公先后九次与诸侯举行会盟，周天子专门派世子前去参加，这就是天应。《公羊传》上说，这被称为是在晦日出现日食。董仲舒认为宿星位于东壁，是鲁国的象征。后来公子庆父、叔牙果然私通鲁夫人，劫持了鲁严公。刘歆认为，晦日时，太阳的运行区域正好对应着鲁国和卫国。

鲁庄公二十五年（前669）“六月辛未朔日，又出现日食”。董仲舒认为宿星位于毕宿的位置，这是边境将有战事发生的象征，也是夷狄的象征。后来夷狄灭了邢国和卫国。刘歆认为五月二日正是太阳

二十六年“十二月癸亥朔，日有食之”。董仲舒以为宿在心，心为明堂，文武之道废，中国不绝若线之象也。刘向以为时戎侵曹，鲁夫人淫于庆父、叔牙，将以弑君，故比年再蚀以见戒。刘歆以为十月二日楚、郑分。

三十年“九月庚午朔，日有食之”。董仲舒、刘向以为后鲁二君弑，夫人诛，两弟死，狄灭邢，徐取舒，晋杀世子，楚灭弦。刘歆以为八月秦、周分。

僖公五年“九月戊申朔，日有食之”。董仲舒、刘向以为先是齐桓行伯，江、黄自至，南服强楚。其后不内自正，而外执陈大夫，则陈、楚不附，郑伯逃盟，诸侯将不从桓政，故天见戒。其后晋灭虢，楚围许，诸侯伐郑，晋弑二君，狄灭温，楚伐黄，桓不能救。刘歆以为七月秦、晋分。

十二年“三月庚午，日有食之”。董仲舒、刘向以为是时楚灭黄，狄侵卫、郑，莒灭杞。刘歆以为三月齐、卫分。

十五年“正月，日有食之”。刘向以为象晋文公将行伯道，后遂伐卫，执曹伯，败楚城濮，再会诸侯，召天王而朝之，此其效也。日食者臣之恶也，夜食者掩其罪也，以为上亡明王，桓、文能行伯道，攘夷狄，安中国，虽不正犹可，盖《春秋》实与而文不与之义也。董仲舒以为后秦获晋侯，齐灭项，楚败徐于娄林。刘歆以为二月朔齐、越分。

运行至鲁国和赵国的分野。

鲁庄公二十六年（前668）“十二月癸亥朔日，又出现日食”。董仲舒认为宿星位于心宿的位置，心宿也就是明堂星，周文王、周武王的治国之策被废弃，中原的叛乱与动荡不绝如缕。刘向认为当时戎狄正入侵曹国，鲁夫人与庆父、叔牙通奸有染，企图弑杀君主，因此才会每年都出现日食现象，以此警戒世人。刘歆认为十月二日正是太阳运行至楚国和郑国的分野。

鲁庄公三十年（前664）“九月庚午朔日，又出现日食”。董仲舒、刘向都认为，后来鲁国的两位国君被杀，夫人也被诛杀，两个弟弟也死于非命，夷狄灭亡了邢国，徐国攻占了舒国，晋侯杀死世子，楚国灭亡了弦国。刘歆认为八月正是太阳运行至秦国和周国的分野。

鲁僖公五年（前655）“九月戊申朔日，又出现日食”。董仲舒、刘向都认为，在此之前齐桓公称霸诸侯，江、黄二国主动臣服于他，齐桓公还向南征服了强大的楚国。从此之后，齐国对内不自修己身，对外则强行扣押陈国大夫，这就导致陈国和楚国不再归顺于齐国，郑伯脱离会盟，诸侯们也不再服从齐桓公的号令，因此上天予以如此警戒。从此之后，晋国灭亡虢国，楚国包围许国，诸侯讨伐郑国，晋里弑杀了奚齐、卓子两位国君，夷狄灭了周王室的温地，楚国讨伐黄国，齐桓公都无力干预施援。刘歆认为七月正是太阳运行至秦国和晋国的分野。

鲁僖公十二年（前648）“三月庚午日，出现日食”。董仲舒、刘向都认为，当时正值楚国灭掉黄国，夷狄进犯卫国和郑国，莒国灭掉了杞国。刘歆认为三月正是太阳运行至齐国和卫国的分野。

鲁僖公十五年（前645）“正月，出现日食”。刘向认为这象征着晋文公将称霸诸侯，后来晋国果然攻打卫国，并扣押了曹伯，在城濮一举战胜楚军，再次举行诸侯会盟，召周王室的使臣前来会盟，这就是验证。日食代表着臣下的罪过，夜晚出现日食，这是掩盖其罪过，认为上无明君，齐桓公、晋文公便可以称霸诸侯，击退夷狄的进犯，使中原地区安定，虽然做法不符合正义，但也可以理解，这大概就是《春秋》只记录事实真相而不作义理评判的客观之处。董仲舒认为

文公元年“二月癸亥，日有食之”。董仲舒、刘向以为先是大夫始执国政，公子遂如京师，后楚世子商臣杀父，齐公子商人弑君。皆自立，宋子哀出奔，晋灭江，楚灭六，大夫公孙敖、叔彭生并专会盟。刘歆以为正月朔燕、越分。

十五年“六月辛丑朔，日有食之”。董仲舒、刘向以为后宋、齐、莒、晋、郑八年之间五君杀死，楚灭舒蓼。刘歆以为四月二日鲁、卫分。

宣公八年“七月甲子，日有食之，既”。董仲舒、刘向以为先是楚商臣弑父而立，至于严王遂强。诸夏大国唯有齐、晋，齐、晋新有篡弑之祸，内皆未安，故楚乘弱横行，八年之间六侵伐而一灭国；伐陆浑戎，观兵周室；后又入郑，郑伯肉袒谢罪；北败晋师于邲，流血色水；围宋九月，析骸而炊之。刘歆以为十月二日楚、郑分。

十年“四月丙辰，日有食之”。董仲舒、刘向以为后陈夏徵舒弑其君，楚灭萧，晋灭二国，王札子杀召伯、毛伯。刘歆以为二月鲁、卫分。

十七年“六月癸卯，日有食之”。董仲舒、刘向以为后邾支解鄫子，晋败王师于贸戎，败齐于鞌。刘歆以为三月晦朓鲁、卫分。

成公十六年“六月丙寅朔，日有食之”。董仲舒、刘向以为后晋

后来秦国俘获晋侯，齐国灭掉项国，楚国在娄林战胜徐国。刘歆认为二月朔日正是太阳运行至齐国和越国的分野。

鲁文公元年（前626）“二月癸亥，出现日食”。董仲舒、刘向都认为，在此之前，大夫执掌国政，公子遂抵达京师，后来楚世子商臣弑父，齐公子商人弑君。此后他们都自立为国君，宋国子哀逃跑，晋国灭亡江国，楚国灭亡六国，大夫公孙敖、叔彭生一同负责掌管诸侯会盟事宜。刘歆则认为正月朔日正是太阳运行至燕国和越国的分野。

鲁文公十五年（前612）“六月辛丑朔日，出现日食”。董仲舒、刘向都认为，后来宋国、齐国、莒国、晋国、郑国在八年之间，先后有五位国君被弑杀，楚国灭亡舒蓼国。刘歆则认为四月二日正是太阳运行至鲁国和卫国的分野。

鲁宣公八年（前601）“七月甲子，出现日食，而且是日全食”。董仲舒、刘向都认为，在此之前楚国商臣弑杀自己的父亲，从而自立为王，并到了楚庄王时期逐渐强大起来。众多华夏各国中，只有齐国、晋国是较为强大的国家，但齐、晋两国都发生过弑君篡位的祸患，国内均未完全安定，因此楚国趁齐、晋两国实力尚未恢复的机会横行霸道，在八年之内先后六次侵犯其他诸侯国，并且还灭亡了舒蓼国，讨伐陆浑戎，在洛水检阅周王室军队；后来又入侵郑国，郑伯只得脱去上衣，裸露着上身前来谢罪；楚军向北在邲地战胜晋军，导致血流成河；楚军还围困宋国九个月，迫使宋人劈骸骨作为燃料。刘歆认为十月二日正是太阳运行至楚国和郑国的分野。

鲁宣公十年（前599）“四月丙辰，出现日食”。董仲舒、刘向认为，后来陈国夏徵舒弑杀君王，楚国灭掉萧国，晋国灭掉两个国家，王札子杀死召伯、毛伯。刘歆认为二月正是太阳运行至鲁国和卫国的分野。

鲁宣公十七年（前592）“六月癸卯，出现日食”。董仲舒、刘向认为，后来邾国瓜分了鄫国，晋国贸戎击败了周朝的军队，在鞌地战胜齐国的军队。刘歆认为三月的晦日正是太阳运行至鲁国和卫国的分野。

鲁成公十六年（前575）“六月丙寅朔日，出现日食”。董仲舒、刘

败楚、郑于鄢陵，执鲁侯。刘歆以为四月二日鲁、卫分。

十七年“十二月丁巳朔，日有食之”。董仲舒、刘向以为后楚灭舒庸，晋弑其君，宋鱼石因楚夺君邑，莒灭鄫，齐灭莱，郑伯弑死。刘歆以为九月周、楚分。

襄公十四年“二月乙未朔，日有食之”。董仲舒、刘向以为后卫大夫孙、宁共逐献公，立孙剽。刘歆以为前年十二月二日宋、燕分。

十五年“八月丁巳朔，日有食之”。董仲舒、刘向以为先是晋为鸡泽之会，诸侯盟，又大夫盟，后为溴梁之会，诸侯在而大夫独相与盟，君若缀斿，不得举手。刘歆以为五月二日鲁、赵分。

二十年“十月丙辰朔，日有食之”。董仲舒以为陈庆虎、庆寅蔽君之明，邾庶其有叛心，后庶其以漆、闾丘来奔，陈杀二庆。刘歆以为八月秦、周分。

二十一年“九月庚戌朔，日有食之”。董仲舒以为晋栾盈将犯君，后入于曲沃。刘歆以为七月秦、晋分。

“十月庚辰朔，日有食之”。董仲舒以为宿在轸、角，楚大国象也。后楚屈氏谮杀公子追舒，齐庆封胁君乱国。刘歆以为八月秦、周分。

二十三年“二月癸酉朔，日有食之”。董仲舒以为后卫侯入陈

向都认为，后来晋国战胜楚军、在鄢陵击败了郑国，扣押了鲁侯。刘歆认为四月二日正是太阳运行至鲁国和卫国的分野。

鲁成公十七年（前574）“十二月丁巳朔日，出现日食”。董仲舒、刘向都认为，后来楚国灭掉舒庸国，晋国弑杀其国君厉公，宋国大夫鱼石仰仗楚国势力，夺取了宋国的君邑，莒国灭亡鄫国，齐国灭亡莱国，郑伯被杀，死于非命。刘歆则认为九月正是太阳运行至周国和楚国的分野。

鲁襄公十四年（前559）“二月乙未朔日，出现日食”。董仲舒、刘向都认为，后来卫大夫孙林、宁殖共同驱逐卫献公，拥立穆公的孙子姬剽。刘歆认为，在前年十二月二日正是太阳运行至宋国和燕国的分野。

鲁襄公十五年（前558）“八月丁巳朔日，出现日食”。董仲舒、刘向都认为，在此之前晋国举办鸡泽会盟，诸侯结盟，之后大夫们也举行结盟，此次会盟也就是后来人们所说的溴梁会盟，众诸侯尚在，而大夫们单独彼此结盟，君王大权旁落，形同虚设，对于这种情形，诸侯们束手无策。刘歆认为五月二日正是太阳运行至鲁国和赵国的分野。

鲁襄公二十年（前553）“十月丙辰朔日，出现日食”。董仲舒认为陈国大夫庆虎、庆寅蒙蔽君王，使其无法明辨是非，邾国大夫庶其有谋反之心，后来庶其将漆地、闾丘作为献礼，投奔鲁国，陈国杀死庆虎、庆寅两位大夫。刘歆认为八月正是太阳运行至秦国和周王室的分野。

鲁襄公二十一年（前552）“九月庚戌朔日，出现日食”。董仲舒认为晋国大夫栾盈企图以下犯上，威胁君王利益，后来返回曲沃。刘歆认为七月正是太阳运行至秦国和晋国的分野。

“十月庚辰朔日，出现日食”。董仲舒认为宿星位于轸星、角星的位置，楚国的大国之象已经彰显出来。后来楚国屈氏越权杀死了公子追舒，齐国大夫庆封胁迫君王叛乱。刘歆认为八月正是太阳运行至秦国和周王朝的分野。

鲁襄公二十三年（前550）“二月癸酉朔日，出现日食”。董仲舒

仪，宁喜弑其君剽。刘歆以为前年十二月二日宋、燕分。

二十四年“七月甲子朔，日有食之，既”。刘歆以为五月鲁、赵分。

“八月癸巳朔，日有食之”。董仲舒以为比食又既，象阳将绝，夷狄主上国之象也。后六君弑，楚子果从诸侯伐郑，灭舒鸠。鲁往朝之，卒主中国，伐吴讨庆封。刘歆以为六月晋、赵分。

二十七年“十二月乙亥朔，日有食之”。董仲舒以为礼义将大灭绝之象也。时吴子好勇，使刑人守门；蔡侯通于世子之妻；莒不早立嗣。后阍戕吴子，蔡世子般弑其父，莒人亦弑君而庶子争。刘向以为自二十年至此岁，八年间日食七作，祸乱将重起，故天仍见戒也。后齐崔杼弑君，宋杀世子，北燕伯出奔，郑大夫自外入而篡位，指略如董仲舒。刘歆以为九月周、楚分。

昭公七年“四月甲辰朔，日有食之”。董仲舒、刘向以为先是楚灵王弑君而立，会诸侯，执徐子，灭赖，后陈公子招杀世子，楚因而灭之，又灭蔡，后灵王亦弑死。刘歆以为二月鲁、卫分。传曰晋侯问于士文伯曰：“谁将当日食？”对曰：“鲁、卫恶之，卫大鲁小。”公曰：“何故？”对曰：“去卫地，如鲁地，于是有灾，其卫君乎？鲁将上卿。”是岁，八月卫襄公卒，十一月鲁季孙宿卒。晋侯谓士文伯：“吾所问日食从矣，可常乎？”对曰：“不可。六物不同，民心不壹，事序不类，官职不则，同始异终，胡可常也？《诗》曰：‘或宴宴居息，或尽顇事国。’其异终也如是。”公曰：“何谓六物？”对

认为，后来卫侯来到卫国的陈仪邑，宁喜杀害了他的君王姬剽。刘歆认为，前年十二月二日正是太阳运行至宋国和燕国的分野。

鲁襄公二十四年（前549）“七月甲子朔日，出现日食，而且是日全食”。刘歆认为五月正是太阳运行至鲁国和赵国的分野。

“八月癸巳朔日，出现日食”。董仲舒认为多次出现日食又都是日全食，这象征着阳气将要断绝，也是夷狄将以上国身份出现的象征。后来，六位君王被杀，楚子果然跟随蔡侯、陈侯、许男攻伐郑国，灭亡舒鸠国。鲁襄王前去楚国朝见，楚国最终在中原各诸侯国中称霸，楚国攻打吴国讨伐庆封。刘歆认为六月正是太阳运行至晋国和赵国的分野。

鲁襄公二十七年（前546）“十二月乙亥朔日，出现日食”。董仲舒认为这是礼义将要大灭绝的征兆。当时，吴子好勇，派受刑之人守门；蔡侯与世子姬般的妻子私通；莒国迟迟未立嗣主。后来受刑的守门人杀死吴子，蔡世子姬般杀了他的父亲，莒人杀死了他们的君王，并导致庶子间争夺权位。刘向认为从鲁襄公二十年至当时，八年时间共出现七次日食，预示着祸乱将要重起，因此上天才多次警戒。后来，齐国大夫崔杼弑杀了国君，宋国杀了世子子痤，北方的燕伯出逃至齐国，郑国大夫从境外回国篡夺了王位，所发生的一切与董仲舒所言基本相符。刘歆认为九月正是太阳运行至周王室和楚国的分野。

鲁昭公七年（前535）“四月甲辰朔日，出现日食”。董仲舒、刘向两人都认为，在此之前楚灵王弑杀其君楚郏敖而自立为王，与诸侯举行会盟时，拘押了徐国国君，灭亡了赖国，后来陈公子招杀害太子，楚国又趁机灭掉了陈国，又灭掉了蔡国，最终楚灵王也被弑杀。刘歆认为二月正是太阳运行至鲁国和卫国的分野。记传中有载，晋侯问大夫伯瑕说：“哪个国家将会出现日食？”伯瑕回答说：“根据太阳运行推断，应该是鲁国和卫国，其中卫国遭遇的灾祸大，鲁国遭遇的灾祸小。”晋侯问：“为什么？”伯瑕回答说：“太阳离开卫国到达鲁国，而后才会有灾祸发生，卫君遭遇的日食时间更长，不是吗？鲁国将成为上卿。”那年八月，卫襄公驾崩，十一月鲁国的季孙宿去世。晋侯对

曰："岁、时、日、月、星、辰是谓。"公曰："何谓辰？"对曰："日月之会是谓。"公曰："《诗》所谓'此日而食，于何不臧'，何也？"对曰："不善政之谓也。国无政，不用善，则自取適于日月之灾。故政不可不慎也，务三而已：一曰择人，二曰因民，三曰从时。"此推日食之占循变复之要也。《易》曰："县象著明，莫大于日月。"是故圣人重之，载于三经。于《易》在《丰》之《震》曰："丰其沛，日中见昧，折其右肱，亡咎。"于《诗·十月之交》，则著卿士、司徒，下至趣马、师氏，咸非其材，同于右肱之所折，协于三务之所择，明小人乘君子，阴侵阳之原也。

十五年"六月丁巳朔，日有食之"。刘歆以为三月鲁、卫分。

十七年"六月甲戌朔，日有食之"。董仲舒以为时宿在毕，晋国象也。晋厉公诛四大夫，失众心，以弑死。后莫敢复责大夫，六卿遂相与比周，专晋国，君还事之。日比再食，其事在春秋后，故不载于经。刘歆以为鲁、赵分。《左氏传》平子曰："唯正月朔，慝未作，日有食之，于是乎天子不举，伐鼓于社，诸侯用币于社，伐鼓于朝，礼也。其余则否。"太史曰："在此月也，日过分而未至，三辰有灾，百官降物，君不举，避移时，乐奏鼓，祝用币，史用辞，啬夫驰，庶人走，此月朔之谓也。当夏四月，是谓孟夏。"说曰：正月谓周六月，

伯瑕说："我所问的日食之事应验了先生的预言，可以经常这样占卜吗？"伯瑕回答说："不可。六物不同，民心不同，事物的排序也不同，官职并没有统一的标准，即使起点相同，结果也未必相同，怎么能经常这样占卜呢？《诗经》上说：'有的人，悠然自得，纵情逍遥，有的人，鞠躬尽瘁，为国效忠。'不同的选择，他们最终的结果会如此不同。"晋侯问："六物是什么？"答："岁、时、日、月、星、辰称为六物。"晋侯问："那什么是辰？"回答说："日、月相会就称为辰。"晋侯问："《诗经》上说'此日而食，何为不善'这话是什么意思？"回答说："出现日食，就代表这个国家的统治者没处理好政务。国家治理得不好，又不能知人善用，这是自己在酝酿日月变异的灾祸。因此，治理国家不可不谨慎，务必要做好三件事：一是选择人才，二是关注民生，三是顺应时令。"这就是通过日食的推算进行占卜，为了消灾避祸所必须遵循的基本要点。《易经》上说："没有比日、月显示更为明显的现象了。"因此圣人都非常注重这一点，并将它载入三经。在《易经》中则是《丰卦》的《震卦》上说："丰其沛，日中见昧，折其右肱，亡咎。"在《诗经·十月之交》上强调，上至卿士、司徒，下至趣马、师氏，若他们都不是贤德之人，则无异于被折断了右臂一样，如果所做选择不符合这三要素，那么很显然是小人压制了君子，也就是阴冲犯了阳。

鲁昭公十五年（前527）"六月丁巳朔日，出现日食"。刘歆认为三月正是太阳运行至鲁国和卫国的分野。

鲁昭公十七年（前525）"六月甲戌朔日，出现日食"。董仲舒认为，此时的宿星位于毕宿的位置，是晋国的象征。晋厉公诛杀四位大夫，失去百姓的拥戴，因此被杀。之后晋国再无人敢责备大夫，从而导致六卿结党营私，专权于晋国朝政，君主反而要事奉他们。日食频繁出现，这事发生于春秋末期，因此没有记载于典籍之中。刘歆认为太阳运行至鲁国和赵国的分野。《左传》中季平子说："只有在正月朔日，阴气不发作的，才会出现日食，于是天子不举行盛宴，而是在社庙中击鼓，各诸侯用钱币在社庙中祭祀，在朝堂上击鼓，这些都是礼制规定的。其余行为则不属于礼制。"太史说："在这个月，太阳运行过

夏四月，正阳纯乾之月也。慝谓阴爻也，冬至阳爻起初，故曰复。至建巳之月为纯乾，亡阴爻，而阴侵阳，为灾重，故伐鼓用币，责阴之礼。降物，素服也。不举，去乐也。避移时，避正堂，须时移灾复也。啬夫，掌币吏。庶人，其徒役也。刘歆以为六月二日鲁、赵分。

二十一年"七月壬午朔，日有食之"。董仲舒以为周景王老，刘子、单子专权，蔡侯朱骄，君臣不说之象也。后蔡侯朱果出奔，刘子、单子立王猛。刘歆以为五月二日鲁、赵分。

二十二年"十二月癸酉朔，日有食之"。董仲舒以为宿在心，天子之象也。后尹氏立王子朝，天王居于狄泉。刘歆以为十月楚、郑分。

二十四年"五月乙未朔，日有食之"。董仲舒以为宿在胃，鲁象也。后昭公为季氏所逐。刘向以为自十五年至此岁，十年间天戒七见，人君犹不寤。后楚杀戎蛮子，晋灭陆浑戎，盗杀卫侯兄，蔡、莒之君出奔，吴灭巢，公子光杀王僚宋三臣以邑叛其君。它如仲舒。刘歆以为二月日鲁、赵分。是月斗建辰。《左氏传》梓慎曰："将大水。"昭子曰："旱也。日过分而阳犹不克，克必甚，能无旱乎！阳不克，莫将积聚也。"是岁秋，大雩，旱也。二至二分，日有食之，不为灾。日月之行也，春秋分日夜等，故同道；冬夏至长短极，故相过。相过同道而食轻，不为大灾，水旱而已。

了春分还未到达夏至，日、月、星三辰有灾，百官必须身着素服，君主不得举行盛宴，回避一段时间，等待日食结束，奏乐即为击鼓，祝祷则用币，史官颂读祝祷辞，啬夫驾车疾驰，庶人快步行走，只因这个月有朔日。四月正值夏季，夏季第一个月被称为孟夏。”据说：正月是周历的六月，夏历的四月，是正阳纯乾的月份。慝就是阴爻，冬至时阳爻启动，因此说是恢复。到了建巳月则为纯乾，没有阴爻，若此时阴冲犯阳，则会引发重大灾祸，因此要用击鼓作乐和用币的方式，来压制群阴。降物，即指素服。不举，即指暂停一切娱乐活动，不得作乐。回避一段时间，即避开正堂，要等待着日食结束，从而消灾免祸。啬夫，即指掌管钱财的官吏。庶人，即为服劳役的人。刘歆认为六月二日正是太阳运行至鲁国和赵国的分野。

鲁昭公二十一年（前521）“七月壬午朔日，出现日食”。董仲舒认为，周景王年事已高，刘子、单子专权朝政，蔡侯姬朱骄横放纵，这是君臣相处不悦的象征。后来蔡侯姬朱果然出逃至楚国，刘子、单子拥立姬猛为周王。刘歆认为五月二日正是太阳运行至鲁国和赵国的分野。

鲁昭公二十二年（前520）“十二月癸酉朔日，出现日食”。董仲舒认为宿星位于心宿的位置，这是天子的象征。后来尹氏拥立姬朝为周王，周敬王为了避难只得居住在洛阳狄泉。刘歆认为十月正是太阳运行至楚国、郑国的分野。

鲁昭公二十四年（前518）“五月乙未朔日，出现日食”。董仲舒认为宿星位于胃宿的位置，是鲁国的象征。后来鲁昭公被季氏驱逐。刘向认为自鲁昭公十五年（前527）到当时那年，十年时间内，上天共出现了七次日食进行警戒，但君主始终没有醒悟。后来楚国人杀死了戎狄的蛮子，晋国灭掉了陆浑戎，齐豹杀了卫侯的兄长，蔡君、莒君先后逃往境外，吴国剿灭了巢国，吴国公子光杀了吴王僚，宋国有三位大臣背叛了他们的国君，并将各自的封邑献给鲁国。这些正和董仲舒预言的一样。刘歆认为二月日正是太阳运行至鲁国、赵国的分野。这个月，北斗星的斗柄指向辰宿。《左传》记载梓慎所说：“将发生大水。”叔孙昭子说：“将发生干旱。太阳运行过了春分而阳气仍未到

三十一年“十二月辛亥朔，日有食之”。董仲舒以为宿在心，天子象也。时京师微弱，后诸侯果相率而城周，宋中几亡尊天子之心，而不衰城。刘向以为时吴灭徐，而蔡灭沈，楚围蔡，吴败楚入郢，昭王走出。刘歆以为二日宋、燕分。

定公五年“三月辛亥朔，日有食之”。董仲舒、刘向以为后郑灭许，鲁阳虎作乱，窃宝玉大弓，季桓子退仲尼，宋三臣以邑叛。刘歆以为正月二日燕、赵分。

十二年“十一月丙寅朔，日有食之”。董仲舒、刘向以为后晋三大夫以邑叛，薛弑其君，楚灭顿、胡，越败吴，卫逐世子。刘歆以为十二月二日楚、郑分。

十五年“八月庚辰朔，日有食之”。董仲舒以为宿在柳，周室大坏，夷狄主诸夏之象也。明年，中国诸侯果累累从楚而围蔡，蔡恐，迁于州来。晋人执戎蛮子归于楚，京师楚也。刘向以为盗杀蔡侯，齐陈乞弑其君而立阳生，孔子终不用。刘歆以为六月晋、赵分。

哀公十四年“五月庚申朔，日有食之”。在获麟后。刘歆以为三月二日齐、卫分。

达极胜，阳胜必定引发炎热，怎会没有旱灾！若阳气不胜，无非是将阳气积聚起来。”那年秋季，天下大旱，为了求雨而举行了盛大的祭祀仪式。冬至、夏至、春分和秋分，出现日食，并不会引发灾害。日月的运行，春分和秋分，日夜等长，属于同一轨道；冬至、夏至是昼夜长短的两个极端，因此日月相互经过。相互经过或者同一轨道，日食就轻微，不会造成大的灾害，只不过是水旱灾害而已。

鲁昭公三十一年（前511）“十二月辛亥朔日，出现日食”。董仲舒认为宿星位于心宿的位置，这是天子的象征。当时，周王室日渐衰微，后来各诸侯果然相率来为周王室修筑城墙，宋大夫仲几对周天子没有尊崇的心意，不来筑城。刘向认为，当时吴国灭亡了徐国，蔡国灭亡了沈国，楚国围困蔡国，吴国打败楚国攻占了郢都，迫使楚昭王逃走。刘歆认为十二月二日正是太阳运行至宋国、燕国的分野。

鲁定公五年（前505）“三月辛亥朔日，出现日食”。董仲舒认为，后来郑国灭掉了许国，鲁国季氏家臣阳虎叛乱，窃取了鲁国的国宝玉圭大弓，季桓子斥退了仲尼，宋国三位大臣带着各自的封邑背叛了宋国。刘歆认为正月二日正是太阳运行至燕国、赵国的分野。

鲁定公十二年（前498）“十一月丙寅朔日，出现日食”。董仲舒、刘向都认为，之后晋国三位大夫带着各自的封邑背叛晋国，薛国人弑杀了他们的君王，楚国灭亡了顿国、胡国，越国战胜了吴国，卫国驱逐了世子。刘歆认为十二月二日正是太阳运行至楚国、郑国的分野。

鲁定公十五年（前495）“八月庚辰朔日，出现日食”。董仲舒认为，宿星位于柳宿的位置，这时的周王室气运更加衰败，也是夷狄掌控诸夏的象征。第二年，中原的各诸侯果然纷纷跟随楚国围困蔡国，蔡国国君感到十分害怕，将国都迁往楚国的州来。晋国扣押了戎族蛮子赤，并将他遣送至楚国，以楚国作为京师。刘向认为这是蔡公孙翩杀了蔡侯申，齐国陈乞弑杀国君而拥立阳生为国君，孔子最终也没被重用所导致的结果。刘歆则认为六月正是太阳运行至晋国、赵国的分野。

鲁哀公十四年（前481）“五月庚申朔日，出现日食”。日食发生在鲁哀公获得麒麟之后。刘歆认为三月二日正是太阳运行至齐国、

凡春秋十二公，二百四十二年，日食三十六。《穀梁》以为朔二十六，晦七，夜二，二日一。《公羊》以为朔二十七，二日七，晦二。《左氏》以为朔十六，二日十八，晦一，不书日者二。

高帝三年十月甲戌晦，日有食之，在斗二十度，燕地也。后二年，燕王臧荼反，诛，立卢绾为燕王，后又反，败。

十一月癸卯晦，日有食之，在虚三度，齐地也。后二年，齐王韩信徙为楚王，明年废为列侯，后又反，诛。

九年六月乙未晦，日有食之，既，在张十三度。

惠帝七年正月辛丑朔，日有食之，在危十三度。谷永以为岁首正月朔日，是为三朝，尊者恶之。

五月丁卯，先晦一日，日有食之，几尽，在七星初。刘向以为五月微阴始起而犯至阳，其占重。至其八月，宫车晏驾，有吕氏诈置嗣君之害。京房《易传》曰："凡日食不以晦朔者，名曰薄。人君诛将不以理，或贼臣将暴起，日月虽不同宿，阴气盛，薄日光也。"

高后二年六月丙戌晦，日有食之。

七年正月己丑晦，日有食之，既，在营室九度，为宫室中。时高后恶之，曰："此为我也！"明年应。

卫国的分野。

春秋记载鲁国共有十二位国君，二百四十二年的历史，共出现日食三十六次。据《穀梁传》记载，日食发生在朔日的共计二十六次，发生在晦日的共计七次，发生在夜间的共计两次，日食持续二日的一次。据《公羊传》上记载，日食发生在朔日的共计二十七次，日食持续二日的共计七次，发生在晦日的共二次。据《左传》记载，日食发生在朔日的共计十六次，日食持续二日的共计十八次，发生在晦日的一次，没有记载的日食共二次。

高帝三年（前204）十月甲戌晦日，出现日食，位于斗星二十度，太阳正运行至燕地。二年后，燕王臧荼叛乱，被诛杀，高祖册立卢绾为燕王，之后卢绾再次叛乱，最终败亡。

十一月癸卯晦日，出现日食，位于虚星三度，太阳正运行至齐地。二年后，齐王韩信被改封为楚王，过了一年便被贬为列侯，之后韩信密谋叛乱，被诛杀。

高帝九年（前198）六月乙未晦日，出现日食，而且是日全食，位于张星十三度。

惠帝七年（前188）正月辛丑朔日，出现日食，位于危星十三度。谷永认为在岁首正月朔日，也就是正月初一发生日食，这是尊者最忌讳的事情。

惠帝七年五月丁卯，在晦日的前一天，出现日食，几乎接近是日全食，位于七星宿的初始位置。刘向认为五月微阴，刚开始就冲犯到阳气，在占卜中这种现象最为严重。到了同年八月，惠帝驾崩，吕氏家族伪造嗣君。京房在《易传》中说："但凡日食不发生在晦日、朔日的，就叫做薄。这预示着君王诛杀将领可以没有道理，或将有乱臣贼子发起暴动，日月虽然不在同一个星宿，但因阴气过盛，也会迫使日光稀薄。"

高后二年（前186）六月丙戌晦日，出现日食。

高后七年（前181）正月己丑晦日，出现日食，而且是日全食，位于营室星九度，对应的位置是宫室中央。当时，高后很忌讳此事，说："这是冲我来的！"一年后，高后驾崩，此事得到验证。

文帝二年十一月癸卯晦，日有食之，在婺女一度。

三年十月丁酉晦，日有食之，在斗二十二度。

十一月丁卯晦，日有食之，在虚八度。

后四年四月丙辰晦，日有食之，在东井十三度。

七年正月辛未朔，日有食之。

景帝三年二月壬午晦，日有食之，在胃二度。

七年十一月庚寅晦，日有食之，在虚九度。

中元年十二月甲寅晦，日有食之。

中二年九月甲戌晦，日有食之。

三年九月戊戌晦，日有食之，几尽，在尾九度。

六年七月辛亥晦，日有食之，在轸七度。

后元年七月乙巳，先晦一日，日有食之，在翼十七度。

武帝建元二年二月丙戌朔，日有食之，在奎十四度。刘向以为奎为卑贱妇人，后有卫皇后自至微兴，卒有不终之害。

三年九月丙子晦，日有食之，在尾二度。

五年正月己巳朔，日有食之。

元光元年二月丙辰晦，日有食之。

七月癸未，先晦一日，日有食之，在翼八度。刘向以为前年高园便殿灾，与春秋御廪灾后日食于翼、轸同。其占，内有女变，外为诸侯。其后陈皇后废，江都、淮南、衡山王谋反，诛。日中时食从东北，过半，晡时复。

元朔二年二月乙巳晦，日有食之，在胃三度。

文帝二年（前178）十一月癸卯晦日，出现日食，位于婺女星一度。

文帝三年（前177）十月丁酉晦日，出现日食，位于斗星二十二度。

文帝三年十一月丁卯晦日，出现日食，位于虚星八度。

文帝后元四年（前160）四月丙辰晦日，出现日食，位于东井星十三度。

文帝后元七年（前157）正月辛未朔日，出现日食。

景帝三年（前154）二月壬午晦日，出现日食，位于胃星二度。

景帝七年（前150）十一月庚寅晦日，出现日食，位于虚星九度。

景帝中元元年（前149）十二月甲寅晦日，出现日食。

中元二年（前148）九月甲戌晦日，出现日食。

中元三年（前147）九月戊戌晦日，出现日食，几乎接近日全食，位于尾星九度。

中元六年（前144）七月辛亥晦日，出现日食，位于轸星七度。

景帝后元元年（前143）七月乙巳日，在晦日前一天，出现日食，位于翼星十七度。

武帝建元二年（前139）二月丙戌朔日，出现日食，位于奎星十四度。刘向认为奎星象征着卑贱的妇人，后来卫皇后以卑贱的身份跃居高位，最终还是无法避免不得善终的灾祸。

建元三年（前138）九月丙子晦日，出现日食，位于尾星二度。

建元五年（前136）正月己巳朔日，出现日食。

武帝元光元年（前134）二月丙辰晦日，出现日食。

元光元年（前134）七月癸未日，在晦日的前一天，出现日食，位于翼星八度。刘向认为前年高帝陵园的便殿发生火灾，与春秋时期鲁国宫中的皇家粮仓发生火灾之后出现日食的情况很相似，都是位于翼星、轸星之间。这次占卜表明，宫中将会有女变，外部将有诸侯制造祸端。此后陈皇后被废，江都、淮南、衡山王密谋造反，被诛杀。正午时分，日食从东北方向开始，日食过半，在晡时结束。

武帝元朔二年（前128）二月乙巳晦日，出现日食，位于胃星三度。

六年十一月癸丑晦，日有食之。

元狩元年五月乙巳晦，日有食之，在柳六度。京房《易传》推以为是时日食从旁右，法曰君失臣。明年丞相公孙弘薨。日食从旁左者，亦君失臣；从上者，臣失君；从下者，君失民。

元鼎五年四月丁丑晦，日有食之，在东井二十三度。

元封四年六月己酉朔，日有食之。

太始元年正月乙巳晦，日有食之。

四年十月甲寅晦，日有食之，在斗十九度。

征和四年八月辛酉晦，日有食之，不尽如钩，在亢二度。晡时食从西北，日下晡时复。

昭帝始元三年十一月壬辰朔，日有食之，在斗九度，燕地也。后四年，燕剌王谋反，诛。

元凤元年七月己亥晦，日有食之，几尽，在张十二度。刘向以为己亥而既，其占重。后六年，宫车晏驾，卒以亡嗣。

宣帝地节元年十二月癸亥晦，日有食之，在营室十五度。

五凤元年十二月乙酉朔，日有食之，在婺女十度。

四年四月辛丑朔，日有食之，在毕十九度，是为正月朔，慝未作，《左氏》以为重异。

元帝永光二年三月壬戌朔，日有食之，在娄八度。

四年六月戊寅晦，日有食之，在张七度。

建昭五年六月壬申晦，日有食之，不尽如钩，因入。

元朔六年（前123）十一月癸丑晦日，出现日食。

武帝元狩元年（前122）五月乙巳晦日，出现日食，位于柳星六度。京房在《易传》中推算得出，这次日食是从太阳的右侧开始，根据占卜的规律而言，这种现象预示着国君将会失去重臣。一年后，丞相公孙弘去世。日食从太阳的左侧开始，则预示着国君也将要失去重臣；日食从太阳的上方开始，则预示着大臣将失去国君；若日食从太阳的下方开始，则预示着国君将失去百姓的拥戴。

武帝元鼎五年（前112）四月丁丑晦日，出现日食，位于东井星二十三度。

武帝元封四年（前107）六月己酉朔日，出现日食。

太始元年（前96）正月乙巳晦日，出现日食。

太始四年（前93）十月甲寅晦日，出现日食，位于斗星十九度。

武帝征和四年（前89）八月辛酉晦日，出现日食，日食没有完全遮盖，形状像钩子一样，位于亢星二度，到了晡时，日食从西北方向开始，直到黄昏时才结束。

昭帝始元三年（前84）十一月壬辰朔日，出现日食，位于斗星九度，太阳正运行至燕地。四年后，燕刺王密谋造反，被诛杀。

昭帝元凤元年（前80）七月己亥晦日，出现日食，几乎接近日全食，位于张星十二度。刘向认为己亥日发生日全食，此次占卜的结果会很严重。六年后，昭帝驾崩，并且没有留下子嗣。

宣帝地节元年（前69）十二月癸亥晦日，出现日食，位于营室星十五度。

宣帝五凤元年（前57）十二月乙酉朔日，出现日食，位于婺女星十度。

五凤四年（前54）四月辛丑朔日，出现日食，位于毕星十九度，这也是正月初一，阴气尚未发动，《左传》认为，这将引发严重的异象。

元帝永光二年（前42）三月壬戌朔日，出现日食，位于娄星八度。

永光四年（前40）六月戊寅晦日，出现日食，位于张星七度。

元帝建昭五年（前34）六月壬申晦日，出现日食，开始时未达到日全食，形状像钩子一样，很快就完全被遮盖住了。

成帝建始三年十二月戊申朔，日有食之，其夜未央殿中地震。谷永对曰："日食婺女九度，占在皇后。地震萧墙之内，咎在贵妾。二者俱发，明同事异人，共掩制阳，将害继嗣也。亶日食，则妾不见；亶地震，则后不见。异日而发，则似殊事；亡故动变，则恐不知。是月后妾当有失节之邮，故天因此两见其变。若曰，违失妇道，隔远众妾，妨绝继嗣者，此二人也。"杜钦对亦曰："日以戊申食，时加未。戊未，土也，中宫之部。其夜殿中地震，此必適妾将有争宠相害而为患者。人事失于下，变象见于上。能应之以德，则咎异消；忽而不戒，则祸败至。应之，非诚不立，非信不行。"

河平元年四月己亥晦，日有食之，不尽如钩，在东井六度。刘向对曰："四月交于五月，月同孝惠，日同孝昭。东井，京师地，且既，其占恐害继嗣。"日蚤食时，从西南起。

三年八月乙卯晦，日有食之，在房。

四年三月癸丑朔，日有食之，在昴。

阳朔元年二月丁未晦，日有食之，在胃。

永始元年九月丁巳晦，日有食之。谷永以京房《易占》对曰："元年九月日蚀，酒亡节之所致也。独使京师知之，四国不见者，若曰，湛湎于酒，君臣不别，祸在内也。"

永始二年二月乙酉晦，日有食之。谷永以京房《易占》对曰：

成帝建始三年（前30）十二月戊申朔日，出现日食，当晚未央殿中发生了地震。谷永在对策中说："日食位于婺女星九度，占卜所对应的位置是皇后的寝宫。地震发生时，萧蔷之内有震感，应该是由受宠的贵妾所引发的。两者同时发生，表明同一件事发生在不同人身上，两者共同掩蔽了阳气，将对继嗣造成危害。但是日食发生时，贵妾没有出现；地震时皇后没有出现。若不在同一天发生，则似乎两件事情没什么关联；无故变动，则是恐怕皇上对此事不知情。就在那个月，皇后和贵妾应当是做过失节之事，因此上天才同时出现两次灾变以示提醒。仿佛在说，违失妇道，疏远众妾，妨害陛下的继嗣，就是此二人所致。"杜钦在对策中也说："日食发生在戊申时，正好接近于未时。戊未，属土，象征着中宫。这一夜殿中发生地震，必定有嫡皇后与嫔妾之间因争宠相互迫害，从而造成灾祸发生。人在下面的所作所为出现过失，上天便会呈现出异象。若能以德行来回应上天，则异象所产生的灾祸方可消除；若视而不见，不加以警惕，则祸患所引发的破败将会不期而至。回应上天的警示，心不真诚则不能立，不诚信则不能行。"

成帝河平元年（前28）四月己亥晦日，出现日食，未达到日全食，形状像钩子一样，位于东井星六度。刘向在对策中说："四月相交于五月，月份与孝惠帝朝同月，日子与孝昭帝朝同日，东井星对应的是京师地区，而且出现的是日全食，此次占卜结果恐怕会对继嗣造成伤害。"太阳最早日食时，是从西南方向开始的。

河平三年（前26）八月乙卯晦日，出现日食，位于房星的位置。

河平四年（前25）三月癸丑朔日，出现日食，位于昴星的位置。

成帝阳朔元年（前24）二月丁未晦日，出现日食，位于胃星的位置。

成帝永始元年（前16）九月丁巳晦日，出现日食。谷永以京房的《易经占》为依据，在对策中说："永始元年九月日食，是由于无节制地饮酒所致。日食发生时，只有京师可见，四国其他地方都看不见，这仿佛是说，沉迷饮酒，君臣不分，灾祸将发生在朝内。"

永始二年（前15）二月乙酉晦日，出现日食。谷永以京房的《易经

"今年二月日食，赋敛不得度，民愁怨之所致也。所以使四方皆见，京师阴蔽者，若曰，人君好治宫室，大营坟墓，赋敛兹重，而百姓屈竭，祸在外也。"

三年正月己卯晦，日有食之。

四年七月辛未晦，日有食之。

元延元年正月己亥朔，日有食之。

哀帝元寿元年正月辛丑朔，日有食之，不尽如钩，在营室十度，与惠帝七年同月日。

二年三月壬辰晦，日有食之。

平帝元始元年五月丁巳朔，日有食之，在东井。

二年九月戊申晦，日有食之，既。

凡汉著纪十二世，二百一十二年，日食五十三，朔十四，晦三十六，先晦一日三。

成帝建始元年八月戊午，晨漏未尽三刻，有两月重见。京房《易传》曰："'妇贞厉，月几望，君子征，凶。'言君弱而妇强，为阴所乘，则月并出。晦而月见西方谓之朓，朔而月见东方谓之仄慝，仄慝则侯王其肃，朓则侯王其舒。"刘向以为朓者疾也，君舒缓则臣骄慢，故日行迟而月行疾也。仄慝者不进之意，君肃急则臣恐惧，故日行疾而月行迟，不敢迫近君也。不舒不急，以正失之者，食朔日，刘歆以为舒者侯王展意颛事，臣下促急，故月行疾也。肃者王侯缩朒不任事，臣下弛纵，故月行迟也。当春秋时，侯王率多缩朒不任事，故食二日仄慝者十八，食晦日朓者一，此其效也。考之汉家，食晦朓者三十六，终亡二日仄慝者，歆说信矣。此皆谓日月乱行者也。

占》为依据在对策中说："今年二月发生日食，这是赋税不合理、收缴过度，百姓忧愁怨恨所致。所以四方都能看见，唯独京师看不见，这仿佛是说，君王喜欢兴建宫室，大兴土木营造陵寝，田地赋税过重，从而使百姓生活穷困潦倒，灾祸将发生在朝外。"

永始三年（前14）正月己卯晦日，出现日食。

永始四年（前13）七月辛未晦日，出现日食。

成帝元延元年（前12）正月己亥朔日，出现日食。

哀帝元寿元年（前2）正月辛丑朔日，出现日食，未达到日全食，形状像钩子一样，太阳运行至营室星十度的位置，与惠帝七年发生的日食是同一个月份，同一天。

元寿二年（前1）三月壬辰晦日，出现日食。

平帝元始元年（1）五月丁巳朔日，出现日食，太阳运行至东井星的位置。

平帝元始二年（2）九月戊申晦日，出现日食，而且是日全食。

汉朝从有纪年开始共经历了十二世帝王，二百十二年历史，共发生日食五十三次，在朔日发生的日食共计十四次，在晦日发生的日食共计三十六次，在晦日前一天发生的日食有三次。

成帝建始元年（前32）八月戊午日，晨漏时刻还未到三刻，天空有两个月亮同时出现。京房在《易传》上说"'引发此异象的祸患为妇女，时间在月望之后，男子远征在外，预示将有凶兆。'这句话是说男子软弱而妇女强势，被阴气所压制，因此会有两个月亮同时出现。晦日月亮出现在西边，称为朓，朔日月亮出现在东边，称为仄慝，仄慝时，则君王、诸侯都应庄重肃敬，朓时则君王、各诸侯可以相对舒缓。"刘向认为朓就是快速的意思，君王舒缓而大臣傲慢，因此太阳运行迟缓，而月亮疾速运行。仄慝就是不前进的意思，君王庄重而大臣恐惧，因此太阳运行疾速但月亮运行迟缓，不敢接近君王。不急不缓，以纠正存在的过错，日食便发生在朔日。刘歆认为，如果舒缓，则国君、诸侯便随心所欲、专权朝政，大臣们行事迅疾，因此月亮运行速度快。若是庄重肃敬的，则君王、诸侯做事退缩不前，缺乏

元帝永光元年四月，日色青白，亡景，正中时有景亡光。是夏寒，至九月，日乃有光。京房《易传》曰："美不上人，兹谓上弱，厥异日白，七日不温。顺亡所制兹谓弱，日白六十日，物亡霜而死。天子亲伐，兹谓不知，日白，体动而寒。弱而有任，兹谓不亡，日白不温，明不动。辟譖公行，兹谓不伸，厥异日黑，大风起，天无云，日光晻。不难上政，兹谓见过，日黑居仄，大如弹丸。"

成帝河平元年正月壬寅朔，日月俱在营室，时日出赤，二月癸未，日朝赤，且入又赤，夜月赤。甲申，日出赤如血，亡光，漏上四刻半，乃颇有光，烛地赤黄，食后乃复。京房《易传》曰："辟不闻道兹谓亡，厥异日赤。"三月乙未，日出黄，有黑气大如钱，居日中央。京房《易传》曰："祭天不顺兹谓逆，厥异日赤，其中黑，闻善不予，兹谓失知，厥异日黄。"夫大人者，与天地合其德，与日月合其明，故圣王在上，总命群贤，以亮天功，则日之光明，五色备具，烛耀亡主；有主则为异，应行而变也。色不虚改，形不虚毁，观日之五变，足以监矣。故曰"县象著明，莫大乎日月"，此之谓也。

担当，大臣们就懈怠放纵，因此月亮运行迟缓。在春秋时期，大多数的国君、诸侯都是行动迟缓、缺乏担当的，因此才会出现日食持续二日，仄慝十八次的现象，在晦日发生日食，在月朓望时发生一次，这就是征验。考察汉朝历史，日食发生在晦日，并出现日食和月朓的情形共计三十六次，始终没有二日出现仄慝的情形，刘歆的观点可以取信。这些都是日月乱行所导致的。

元帝永光元年（前41）四月，日光呈青白色，太阳下面没有日影，中午时太阳有影无光。那年夏季天气凉寒，直到九月，太阳才发射出光芒。京房在《易传》上说："身居高位的统治者不能彰显其美德，称为上弱，它所引发的灾异就是阳光呈白色，七日不暖。君王顺从大臣们的摆布，无法制约大臣，称为弱，所引发的异象就是太阳发出白光，持续六十日，在没有霜降的情况下，作物也会死亡。天子亲自率兵征伐，称为不智，所引发的异象就是太阳出现白色，身体运动感觉寒冷。若君王实力不足却努力作为，称为不亡，所引发的异象是太阳呈白色且失去温暖，表明仍缺乏实力。君王出现过错仍公然行动，称为不伸，它所引发的灾异就是阳光呈黑色，同时伴有大风，天上无云，日光昏昧。君王出现过错，朝中无大臣谏言献策，称为见过，它所引发的异象就是太阳侧面出现黑斑，大如弹丸。"

成帝河平元年（前28）正月壬寅朔日，太阳和月亮同时运行至营室星的位置，当时太阳呈赤色。二月癸未，日出时太阳发出赤色的光芒，傍晚时太阳又呈赤红色，夜间的月亮也呈赤红色。到了甲申日，太阳发出的光芒呈赤红色，像血一样，没有光芒，漏刻到了四刻半时，才稍稍发出光亮，照在地面上呈赤黄色，日食结束后才恢复正常。京房在《易传》中说："君王蔽塞称为亡，它所引发的灾异就是太阳呈赤色。"河平元年三月乙未，日出呈黄色，同时伴有铜钱大小的黑斑，位于太阳中央。京房在《易传》中说："祭祀天地时若不恭顺称为逆，所引发的灾异就是太阳呈赤红色，且太阳的中央是黑斑。听到良善的谏言却不采纳，称为失智，所引发的异象就是太阳呈黄色。"德行高尚的人，应与天地合德，与日月同辉，因此圣明的君王在上，率领群贤，来彰显上天的功德，这样太阳的光明，才能五色具备。太

严公七年“四月辛卯夜，恒星不见，夜中星陨如雨”。董仲舒、刘向以为常星二十八宿者，人君之象也；众星，万民之类也。列宿不见，象诸侯微也；众星陨坠，民失其所也。夜中者，为中国也。不及地而复，象齐桓起而救存之也。乡亡桓公，星遂至地，中国其良绝矣。刘向以为夜中者，言不得终性命，中道败也。或曰象其叛也，言当中道叛其上也。天垂象以视下，将欲人君防恶远非，慎卑省微，以自全安也。如人君有贤明之材，畏天威命，若高宗谋祖己，成王泣《金縢》，改过修正，立信布德，存亡继绝，修废举逸，下学而上达，裁什一之税，复三日之役，节用俭服，以惠百姓，则诸侯怀德，士民归仁，灾消而福兴矣。遂莫肯改寤，法则古人，而各行其私意，终于君臣乖离，上下交怨。自是之后，齐、宋之君弑，谭、遂、邢、卫之国灭，宿迁于宋，蔡获于楚，晋相弑杀，五世乃定，此其效也。《左氏传》曰：“恒星不见，夜明也；星陨如雨，与雨偕也。”刘歆以为昼象中国，夜象夷狄。夜明，故常见之星皆不见，象中国微也。“星陨如雨”，如，而也，星陨而且雨，故曰“与雨偕也”，明雨与星陨，两变相成也。《洪范》曰：“庶民惟星。”《易》曰：“雷雨作，《解》。”是岁岁在玄枵，齐分野也。夜中而星陨，象庶民中离上也。雨以《解》过施，复从上下，象齐桓行伯，复兴周室也。周四月，夏二月也，日在降娄，鲁分野也。先是，卫侯朔奔齐，卫公子黔牟立，齐帅诸侯伐之，天子使使救卫。鲁公子溺颛政，会齐以犯王命，严弗能止，卒从而伐卫，逐天王所立。不义至甚，而自以为功。民去其上，政繇下作，尤著，故星陨于鲁，天事常象也。

阳的光芒照耀时没有一定的对象，如果一旦针对某一特定对象，则会引发异象，并随着他的行为而变化不同的异象。色不虚改，形不虚毁，观察日光的五种变化，足以预测吉凶。因此说“天象中，没有比日月更为明显的判断依据了”，说的就是这个意思。

鲁严公七年（前687）“四月辛卯夜，未出现恒星，半夜天空出现流星雨”。董仲舒、刘向都认为，最常见的星宿是二十八宿，这是君王的象征；众星是万民的象征。二十八星宿未出现，象征诸侯、君王势力衰败；众星陨落，则表示百姓失去依靠。时间发生在半夜，则代表中原地区。没有落地而众星出现，象征齐桓公挽救周王室于危难之时，救亡图存。假设没有齐桓公，则众星陨落到地上，中原就真的要断绝了。刘向认为时间为半夜，是说君王不能善终，有可能中道出现衰败。也有人说这象征着叛乱，是说有人会中途反叛他的君王。上天彰显征兆以警示世人，意在扶持君王要防止恶人，远离是非，要小心谨慎，防微杜渐，以保全国家的安全。若君王有贤明的才能，敬畏上天，知晓命运，具有殷代高宗武丁的谋略，严于律己，犹如周代的成王哭泣《金縢》一样，改正错误、修行正道，树立诚信、布施仁德，存亡继绝，以保继嗣，整治衰败，举荐逸民，不耻下问，广泛地向百姓学习，并把行为及时禀告上天，裁减十分之一的赋税，恢复一年劳役不超过三日的制度，减省费用节约服饰，以此来惠泽百姓，这样做，诸侯才会怀念天子恩德，士民回归仁义道德，才能消除灾祸，天赐洪福。若君王执迷不悟，不肯改正，不以古人为鉴，不效法先贤，而是一意孤行，按自己的意志行事，最终必然导致君臣分道扬镳，上下埋怨。自那以后，齐国、宋国先后出现弑杀国君之事，谭国、遂国、邢国、卫国相继被灭，宿国合并到宋国，蔡军被楚国俘获，晋国国内相互弑杀，经过五代君王才得以平定，这就是上天处罚的效应。《左传》上说：“恒星不见，夜明也；星陨如雨，与雨偕也。”刘歆认为白天象征着中原，夜晚象征夷狄。夜间明亮，因此常见的星宿都不出现了，象征着中原面临衰微。“星陨如雨”，如，即好像的意思，流星犹如下雨一般坠落，因此说“好像是在下雨”，将下雨与流星陨落联系在一起，两种灾害同时出现。《尚书·洪范》上说：“百姓就是众星。”

成帝永始二年二月癸未，夜过中，星陨如雨，长一二丈，绎绎未至地灭，至鸡鸣止。谷永对曰“日月星辰烛临下土，其有食陨之异，则遐迩幽隐靡不咸睹。星辰附离于天，犹庶民附离王者也。王者失道，纲纪废顿，下将叛去，故星叛天而陨，以见其象。《春秋》记异，星陨最大，自鲁严以来，至今再见。臣闻三代所以丧亡者，皆繇妇人群小，湛湎于酒。《书》云：‘乃用其妇人之言，四方之逋逃多罪，是信是使。’《诗》曰：‘赫赫宗周，褒姒威之。’‘颠覆厥德，荒沈于酒。’及秦所以二世而亡者，养生大奢，奉终大厚。方今国家兼而有之，社稷宗庙之大忧也。”京房《易传》曰：“君不任贤，厥妖天雨星。”

文公十四年“七月，有星孛入于北斗”。董仲舒以为孛者恶气之所生也。谓之孛者，言其孛孛有所妨蔽，暗乱不明之貌也。北斗，大国象。后齐、宋、鲁、莒、晋皆弑君。刘向以为君臣乱于朝，政令亏

《易经》上说："雷雨大作，是《解》卦。"那一年，木星位于玄枵星附近，所对应的区域是齐国的分野。半夜出现流星雨，预示着百姓中途将叛离君王。雨在《解》卦后开始，则代表从上至下，象征齐桓公称霸诸侯，光复周王室。周历的四月，也就是夏历的二月，太阳运行至降娄星，正是鲁国的分野。在此之前，卫侯朔逃奔至齐国，卫公子姬黔牟即位，齐国率诸侯讨伐他，天子派使臣前来营救卫国。鲁公子姬溺独揽朝政，他与齐国会盟并公然违抗周王室命令，鲁庄公无法阻止，最终只得跟随他们去讨伐卫国，驱逐了周王室所册立的卫国国君姬黔牟。他们的做法不义至极，却还自以为有功。百姓失去君王，朝政由下面的大臣掌握，以鲁国最为突出，因此流星雨坠落在鲁国境内，这是上天发出警示的象征。

成帝永始二年（前15）二月癸未，已经过了半夜，出现流星雨，长达一二丈，还未到达地面就熄灭了，流星雨一直持续到鸡鸣时才停止。谷永在对策中说："日月星辰照耀大地，当发生日食或流星雨的异象时，无论远近、遐迩、幽暗、隐蔽，都没有看不到的。星辰依附于天空，就像百姓依附于君王。王者失道，纲纪废弛，臣下将叛离而去，因此众星叛离天空而陨落，上天以此现象来昭示君王。《春秋》中有关灾异的记载，流星雨是最大的灾异，自从鲁庄公以来，到现在出现了两次。臣听说夏商周三代之所以败亡，都是因为妇人和小人作乱，使君王沉湎于酒色。《尚书》上说：'就是因为听信了妇人的话，天下各处逋逃的大多是罪人，还亲信任用他们。'《诗经》上说：'赫赫宗周，褒姒灭之！''颠覆厥德，荒沈于酒。'等到秦朝过了两代就灭亡了，也是由于国君生活太过奢靡，丧葬之事花费巨大。如今这些现象，我朝兼而有之，这些都是威胁宗庙社稷最大的忧患啊。"京房在《易传》中提到："君王不任用贤能之人，就会引发流星雨陨落的灾异。"

鲁文公十四年（前613）"七月，有彗星进入北斗"。董仲舒认为彗星是由恶气衍生而来。所谓孛星，是指光芒强盛的彗星，当它被妨碍遮蔽时，也会呈现出暗乱不明的样子。北斗是大国的象征。后来齐国、宋国、鲁国、莒国、晋国都先后发生了弑君之事。刘向认为，若君

于外，则上浊三光之精，五星羸缩，变色逆行，甚则为孛。北斗，人君象；孛星，乱臣类，篡杀之表也。《星传》曰“魁者，贵人之牢。”又曰“孛星见北斗中，大臣诸侯有受诛者。”一曰魁为齐、晋。夫彗星较然在北斗中，天之视人显矣，史之有占明矣，时君终不改寤。是后，宋、鲁、莒、晋、郑、陈六国咸弑其君，齐再弑焉。中国既乱，夷狄并侵，兵革从横，楚乘威席胜，深入诸夏，六侵伐，一灭国，观兵周室。晋外灭二国，内败王师，又连三国之兵大败齐师于鞌，追亡逐北，东临海水，威陵京师，武折大齐。皆孛星炎之所及，流至二十八年。《星传》又曰：“彗星入北斗，有大战。其流入北斗中，得名人；不入，失名人。”宋华元，贤名大夫，大棘之战，华元获于郑，传举其效云。《左氏传》曰有星孛北斗，周史服曰：“不出七年，宋、齐、晋之君皆将死乱。”刘歆以为北斗有环域，四星入其中也。斗，天之三辰，纲纪星也。宋、齐、晋，天子方伯，中国纲纪。彗所以除旧布新也。斗七星，故曰不出七年。至十六年，宋人弑昭公；十八年，齐人弑懿公；宣公二年，晋赵穿弑灵公。

昭公十七年“冬，有星孛于大辰”。董仲舒以为大辰心也，心为明堂，天子之象。后王室大乱，三王分争，此其效也。刘向以为《星传》曰：“心，大星，天王也。其前星，太子；后星，庶子也。尾为君

臣在朝堂上权位颠乱，政令在朝堂之外无法被推行，这样就会导致日、月、星三光精气浑浊，使金、木、水、火、土五星参差不齐，出现变色逆行的异象，最为严重的情形便会形成彗星。北斗是君主的象征；彗星，是乱臣的象征，是乱臣以下犯上、篡位弑君的象征。《星传》上说：“魁星，是贵人的监牢”。又说：“彗星出现在北斗之中，则预示着大臣、诸侯中将有人受到诛杀”。还有一种说法是，魁星是齐国、晋国的象征。若彗星醒目地出现在北斗中，这是上天对世人最显著的昭示，历史上有明确的记载，然而当时的君王始终执迷不悟。从那之后，宋国、鲁国、莒国、晋国、郑国、陈国先后发生了弑君之事，齐国再次发生弑君事件。中原地区动乱不止，同时夷狄趁机入侵，战争连续不断，楚国凭借胜利者的威势，深入中原各国，六次侵略，灭掉一个诸侯国，并在周王朝的京都检阅部队，以示军威。晋国对外灭掉了两个诸侯国，对内战胜了周王朝的军队，他又联合鲁国、卫国、齐国的兵力在鞌地将齐军击败，追击战败的逃兵，向东到达大海，威武的气势胜过京师，凭借强大的武力使齐国折服。这些都是气焰熏天的彗星造成的，时间持续了二十八年之久。《星传》上说：“彗星进入北斗，预示着将爆发大战。它的气焰流入北斗之中，可得到贤臣，若不能流入北斗之中，则预示着将失去贤臣。”宋国的华元，是一位贤明大夫，他在大棘之战中被郑人俘获，这正好印证了彗星的征验。《左传》上说，有彗星位于北斗的位置，周朝史官叔服说：“不超七年，宋国、齐国、晋国的君王都将死于战乱。”刘歆认为北斗有环域，四颗星进入其中。斗，是天上的三辰，是代表纲纪的星辰。宋国、齐国、晋国三国作为诸侯国之长，是中原地区的纲纪，彗星是用来除旧布新的。北斗共有七颗星，因此说不出七年。到了鲁文公十六年（前611），宋国人弑杀宋昭公；鲁文公十八年（前609），齐国人弑杀齐懿公；鲁宣公二年（前607），晋国人赵穿弑杀了晋灵公。

鲁昭公十七年（前525）“冬季，有彗星出现在大辰星”。董仲舒认为大辰星即为心宿，心宿代表明堂，是天子的象征。后来，周王室大乱，三位王储相互争斗，这就是效应。刘向认为，《星传》上说：“心宿，是一颗大星，代表着天王。它前边的那颗星，代表太子；后

臣乖离。”孛星加心，象天子適庶将分争也。其在诸侯，角、亢、氐，陈、郑也；房、心，宋也。后五年，周景王崩，王室乱，大夫刘子、单子立王猛，尹氏、召伯、毛伯立子鼂。子鼂，楚出也。时楚强，宋、卫、陈、郑皆南附楚。王猛既卒，敬王即位，子鼂入王城，天王居狄泉，莫之敢纳。五年，楚平王居卒，子鼂奔楚，王室乃定。后楚帅六国伐吴，吴败之于鸡父，杀获其君臣。蔡怨楚而灭沈，楚怒，围蔡。吴人救之，遂为柏举之战，败楚师，屠郢都，妻昭王母，鞭平王墓。此皆孛彗流炎所及之效也。《左氏传》曰：“有星孛于大辰，西及汉。申繻曰：‘彗，所以除旧布新也，天事恒象。今除于火，火出必布焉。诸侯其有火灾乎？’梓慎曰：‘往年吾见，是其征也。火出而见，今兹火出而章，必火入而伏，其居火也久矣，其与不然乎？火出，于夏为三月，于商为四月，于周为五月。夏数得天，若火作，其四国当之，在宋、卫、陈、郑乎？宋，大辰之虚；陈，太昊之虚；郑，祝融之虚；皆火房也。星孛及汉；汉，水祥也。卫，颛顼之虚，其星为大水。水，火之牡也。其以丙子若壬午作乎？水火所以合也。若火入而伏，必以壬午，不过见之月。’”明年“夏五月，火始昏见，丙子风。梓慎曰：‘是谓融风，火之始也。七日其火作乎？’戊寅风甚，壬午大甚，宋、卫、陈、郑皆火。”刘歆以为大辰，房、心、尾也，八月心星在西方，孛从其西过心东及汉也。宋，大辰虚，谓宋先祖掌祀大辰星也。陈，太昊虚，虙羲木德，火所生也。郑，祝融虚，高辛氏火正也。故皆为火所舍。卫，颛顼虚，星为大水，营室也。天星既然，又四国失政相似，及为王室乱皆同。

边的那颗星，代表庶子。若彗星出现于其尾宿，则预示着君臣离心离德。”彗星出现于心宿之内，预示着天子嫡子与庶子之间将发生争斗。就它所对应的诸侯而言，角宿、亢宿、氐宿三星，所对应的区域是陈国、郑国；房宿、心宿二星，所对应的区域是宋国。五年之后，周景王驾崩，周王室大乱，大夫刘子、单子拥立王猛即位，尹氏、召伯、毛伯则拥立子鼂为王。子鼂，具有楚国血统。当时正值楚国势力强大，宋国、卫国、陈国、郑国都南向依附于楚国。王猛驾崩后，周敬王即位，子鼂进入王城，周敬王只得居住在狄泉，彼此互不接纳。鲁昭公五年，楚平王去世，子鼂投奔楚国，周王室才得以安宁。之后，楚国联合六个诸侯国攻打吴国，吴国在鸡父这个地方将楚军击败，并俘获了胡国、沈国的君王和陈国的大夫。蔡国因怨恨楚国而灭掉了沈国，这一行为激怒了楚国，于是围困了蔡国。吴国前来援救蔡国，于是在柏举与楚国交战，吴国战胜了楚军，并在楚国的都城郢都大肆屠杀，还奸淫了楚昭王的母亲，鞭尸楚平王。这些都是彗星的气焰所波及区域的效应。《左传》上说：“有彗星出现在大辰星，向西运行至天河。鲁国大夫申繻说：‘彗星，是用来除旧布新的，是天文中较为常见的现象。如今除旧官于火星，火星再度出现时必布新官。诸侯难道会因火星而引发灾祸吗？’梓慎说：‘往年我看见彗星，就是这种征兆。火星出现，彗星显现，如今的火星出现，且彗星更加彰明，若火星隐没则彗星必定会随之潜伏，它居于火星已经很久了，不就是这样吗？火星的出现，是夏历的三月，商历的四月，周历的五月。夏历比较符合天体运行规律，假如发生火灾，则预示着将有四个诸侯国遭受灾祸，如宋国、卫国、陈国、郑国，都会发生火灾吗？宋国，是大辰星所对应的分野；陈国，是太昊星所对应的分野；郑国，是祝融星所对应的分野；它们都属于火星的分野。彗星到达天河；天河，属水祥。卫国，是颛顼星所对应的分野，这颗星属于大水星。水为雄，火为雌。将会在丙子或壬午发生火灾吗？水火之所以相合。若火星隐没而彗星潜伏，则火灾必定发生在壬午，不会超过五月。’”第二年鲁昭公十八年（前524）“夏历的五月，火星在黄昏时分出现，丙子有风。梓慎说：‘这是东北风，预示着火灾要发生了。七日会有火灾发生

哀公十三年“冬十一月，有星孛于东方”。董仲舒、刘向以为不言宿名者，不加宿也。以辰乘日而出，乱气蔽君明也。明年，《春秋》事终。一曰，周之十一月，夏九月，日在氐。出东方者，轸、角、亢也。轸，楚；角、亢，陈、郑也。或曰角、亢大国象，为齐、晋也。其后楚灭陈，田氏篡齐，六卿分晋，此其效也。刘歆以为孛，东方大辰也，不言大辰，旦而见与日争光，星入而彗犹见。是岁再失闰，十一月实八月也。日在鹑火，周分野也。十四年冬，“有星孛”，在获麟后。刘歆以为不言所在，官失之也。

高帝三年七月，有星孛于大角，旬余乃入。刘向以为是时项羽为楚王，伯诸侯，而汉已定三秦，与羽相距荥阳，天下归心于汉，楚将灭，故彗除王位也。一曰，项羽坑秦卒，烧宫室，弑义帝，乱王位，故彗加之也。

文帝后七年九月，有星孛于西方，其本直尾、箕，末指虚、危，

吗？'戊寅日风极大，壬午日风刮得更大，宋国、卫国、陈国、郑国相继发生火灾。"刘歆认为大辰星，包括房宿、心宿、尾宿三星，八月心宿位于西方，彗星从它西边经过心宿，向东到达天河。宋国，是大辰星所对应区域的分野，也就是说，宋国的祖先负责掌管祭祀大辰星。陈，是太昊星所对应区域的分野，伏羲属木德，木生火。郑国，是祝融星所对应区域的分野，高辛氏是火正官。因此说他们都是火星的分野。卫国，是颛顼星所对应区域的分野，主导星为大水星，也就是营室星。天上的星宿既然已彰显出灾异，再加上四国失政如出一辙，波及到的国家与周王室所经历的祸乱相同。

鲁哀公十三年（前482）"冬季十一月，有彗星出现在东方"。董仲舒、刘向都认为没有记载彗星出现的星宿名称，是因为该星宿不在二十八宿之中。在辰时趁着日出而出现，气息混乱、蒙蔽了君王的明智。第二年，《春秋》中的相关记载到此结束。还有一种说法是，周历的十一月，即夏历的九月，太阳正运行至氐星。彗星出现于东方，应该是经过轸宿、角宿、亢宿三星。轸宿所对应的区域是楚国的分野；角宿、亢宿所对应的区域是陈国和郑国的分野。有人说角宿、亢宿是大国的象征，代表齐国、晋国。之后楚国灭了陈国，田氏篡权齐国，六卿瓜分晋国，这些就是它的效应。刘歆认为彗星，应该是出现在东方的大辰星，之所以不说明是大辰星，是因为早晨出现与太阳争夺光辉，众星隐没而唯独彗星仍可见。这一年再次失闰，十一月实际上是八月。太阳运行至鹑火星的位置，它所对应的区域是周王室京都的分野。鲁哀公十四年冬季，"有彗星出现"，彗星出现于西狩获得麒麟之后。刘歆认为，没有记载具体出现的方位，是史官失职漏记所致。

高帝三年（前204）七月，有彗星出现于大角星的方向，持续了十几天左右消失。刘向认为，当时项羽作为楚王，称霸诸侯，而汉军已平定三秦，与项羽在荥阳形成对峙之势就，天下人都归心于汉，楚国面临灭亡，因此彗星出现，以扫除楚霸王尊位。还有一种说法是，项羽坑杀秦国降兵，焚烧秦廷宫室，弑杀义帝，破坏王位，因此彗星加罪于项羽。

文帝后元七年（前157）九月，有彗星出现于西方，它身向尾宿、

长丈余，及天汉，十六日不见。刘向以为尾宋地，今楚彭城也。箕为燕，又为吴、越、齐。宿在汉中，负海之国水泽地也。是时景帝新立，信用晁错，将诛正诸侯王，其象先见。后三年，吴、楚、四齐与赵七国举兵反，皆诛灭云。

武帝建元六年六月，有星孛于北方。刘向以为明年淮南王安入朝，与太尉武安侯田蚡有邪谋，而陈皇后骄恣，其后陈后废，而淮南王反，诛。

八月，长星出于东方，长终天，三十日去。占曰："是为蚩尤旗，见则王者征伐四方。"其后兵诛四夷，连数十年。

元狩四年四月，长星又出西北。是时伐胡尤甚。

元封元年五月，有星孛于东井，又孛于三台。其后江充作乱，京师纷然。此明东井、三台为秦地效也。

宣帝地节元年正月，有星孛于西方，去太白二丈所。刘向以为太白为大将，彗孛加之，扫灭象也。明年，大将军霍光薨，后二年家夷灭。

成帝建始元年正月，有星孛于营室，青白色，长六七丈，广尺余。刘向、谷永以为营室为后宫怀任之象，彗星加之，将有害怀任绝继嗣者。一曰，后宫将受害也。其后许皇后坐祝诅后宫怀妊者废。赵皇后立妹为昭仪，害两皇子，上遂无嗣。赵后姊妹卒皆伏辜。

元延元年七月辛未，有星孛于东井，践五诸侯，出河戍北率行

箕宿二星，尾部指向虚宿、危宿二星，长一丈多，直抵天河，十六天后才消失不见。刘向认为尾宿所对应的区域是宋地的分野，即当时楚国的彭城。箕宿所对应的区域是燕地的分野，还代表吴国、越国、齐国三地。彗星停留在天河之中，背靠大海或富有水泽的国家。在当时，景帝刚刚即位，他信用鼂错，不断削弱诸侯王势力，此时的星象已预先显现出来。三年后，吴国、楚国以及齐国的四个诸侯国与赵国联合举兵反叛，最终都被镇压诛杀。

武帝建元六年（前135）六月，有彗星出现于北方。刘向认为，转年淮南王刘安入朝，与太尉武安侯田蚡暗议邪恶的阴谋，在当时，陈皇后骄傲跋扈。此后，陈皇后被废，淮南王因造反叛乱被诛杀。

建元六年八月，有彗星出现于东方，长度几乎横跨天空，三十天左右才消失。占卜说："这好比蚩尤的旗帜，一旦出现就代表君王要征伐四方。"之后，汉军出兵征讨四夷，战争持续了数十年。

武帝元狩四年（前119）四月，有彗星出现于西北方。当时正是征讨胡人最为集中的时侯。

武帝元封元年（前110）五月，有彗星出现在东井星，又出现在三台星方向。之后江充祸乱朝纲，京师动荡不安。这表明东井星、三台星所对应的区域为秦地的分野，这便是征验。

宣帝地节元年（前67）正月，有彗星出现在西方，距离太白金星二丈远的地方。刘向认为太白金星代表大将，有彗星冲犯太白金星，是大将被毁灭的象征。转年，大将军霍光薨，两年后他的全家被夷灭。

成帝建始元年（前30）正月，有彗星出现于营室星，散发着青白色的光芒，彗星长六七丈，宽一尺多。刘向、谷永都认为营室星是后宫怀孕的象征，有彗星冲犯于它，预示着将有孕中的皇家继嗣受到伤害。还有一种说法是，后宫将会受到伤害。此后，许皇后因诅咒后宫妃嫔怀孕被治罪废黜。赵飞燕被册封为皇后，她妹妹被册封为赵昭仪，二人联手杀害两位皇子，帝王就此断绝了继嗣。赵后姊妹最终都受到应有的惩罚。

成帝元延元年（前12）七月辛未日，有彗星出现于东井星，扫过

轩辕、太微，后日六度有余，晨出东方。十三日夕见西方，犯次妃、长秋、斗、填，蠡炎再贯紫宫中。大火当后，达天河，除于妃后之域。南逝度犯大角、摄提，至天市而按节徐行，炎入市，中旬而后西去，五十六日与仓龙俱伏。谷永对曰：“上古以来，大乱之极，所希有也。察其驰骋骤步，芒炎或长或短，所历奸犯，内为后宫女妾之害，外为诸夏叛逆之祸。”刘向亦曰：“三代之亡，摄提易方；秦、项之灭，星孛大角。”是岁，赵昭仪害两皇子。后五年，成帝崩，昭仪自杀。哀帝即位，赵氏皆免官爵，徙辽西。哀帝亡嗣。平帝即位，王莽用事，追废成帝赵皇后、哀帝傅皇后，皆自杀。外家丁、傅皆免官爵，徙合浦，归故郡。平帝亡嗣，莽遂篡国。

釐公十六年“正月戊申朔，陨石于宋，五，是月六鹢退飞过宋都”。董仲舒、刘向以为象宋襄公欲行伯道将自败之戒也。石阴类，五阳数，自上而陨，此阴而阳行，欲高反下也。石与金同类，色以白为主，近白祥也。鹢水鸟，六阴数，退飞，欲进反退也。其色青，青祥也，属于貌之不恭。天戒若曰，德薄国小，勿持炕阳，欲长诸侯，与强大争，必受其害。襄公不寤，明年齐桓死，伐齐丧，执滕子，围曹，为盂之会，与楚争盟，卒为所执。后得反国，不悔过自责，复会诸侯伐郑，与楚战于泓，军败身伤，为诸侯笑。《左氏传》曰：陨石，星也；鹢退飞，风也。宋襄公以问周内史叔兴曰：“是何祥也？吉凶何在？”对曰：“今兹鲁多大丧，明年齐有乱，君将得诸侯而不终。”退而告人曰：“是阴阳之事，非吉凶之所生也。吉凶繇人，吾不敢逆

五颗诸侯星，出了河戍星向北径直经过轩辕宿、太微宿，大约在太阳后边六度左右的位置，早晨出现在东方。十三日傍晚出现于西方，冲犯了次妃星、长秋星、北斗星、土星之后，彗星的气焰两次穿透紫宫星座中央。大火星抵挡在后，通达天河，处于后宫妃嫔、皇后居住的区域。而后向南扫去，经过大角星、摄提二星，直至天市星后，才根据节令缓缓运行，彗星的气焰扫入天市星，中旬之后向西而去，五十六天后与仓龙共同潜伏。谷永在对策中说："自上古时期以来，大乱到达极点，是很少见的。观察此次彗星运行的轨迹，彗尾的芒炎或长或短，所到之处肆意冲犯，对内所对应的是后宫妃嫔的居所将引发灾祸，对外所对应的是中原各国将出现叛逆的灾祸。"刘向也说："夏商周三代的衰亡，是因为摄提星变更了方位所致；秦朝、项羽的灭亡，是彗星出现在大角星的位置所致。"同年，赵昭仪杀害了两位皇子。五年后成帝驾崩，赵昭仪自杀。哀帝即位，赵氏族人一律被罢免官爵，发配至辽西郡。哀帝驾崩时，未留有子嗣。平帝即位，实为王莽执掌朝政，继续追查废孝成赵皇后、哀帝傅皇后的罪行，二人都先后畏罪自杀。哀帝的外祖丁氏、傅氏两家都被罢免了官爵，发配至合浦，或被贬回原籍。平帝驾崩，也未留下子嗣，王莽趁机篡夺帝位。

鲁僖公十六年(前644)"正月戊申朔日，有陨石坠落在宋国，陨石共计五块，在同一个月，有六只鹢鸟经过宋都时畏缩不前"。董仲舒、刘向都认为这是宋襄公打算称霸诸侯，但却自取其辱以失败告终的象征。石，属阴类；五是阳数，自上而下坠落，这是阴类物质出现阳行的表现，想高飞却畏缩不前。石与金同类，颜色以白色为主，这与白祥相类似。鹢，即指水鸟，六只是阴数，退飞，即指畏缩不前，是想前进反而后退的表现。它的颜色显青色，与青祥相类似，属于仪容不恭。上天的警戒仿佛在说，德薄国小，不要自恃清高，炕阳自大，妄想超越其他诸侯国，与强国大国相争，到头来必定会遭受伤害。宋襄公执迷不悟，第二年齐桓公去世，宋襄公趁齐国仍处于服丧期时攻打齐国，宋人还羁押了滕国国君子婴，同时包围了曹国，举行盂地会盟，与楚国争夺会盟霸主地位，最终被楚国羁押。后来，宋襄公被楚国释放，得以回国，但他仍不知悔过自责，再次联合诸

君故也。”是岁，鲁公子季友、鄫季姬、公孙兹皆卒。明年齐桓死，適庶乱。宋襄公伐齐行伯，卒为楚所败。刘歆以为是岁岁在寿星，其冲降娄。降娄，鲁分野也，故为鲁多大丧。正月，日在星纪，厌在玄枵。玄枵，齐分野也。石，山物；齐，大岳后。五石象齐桓卒而五公子作乱，故为明年齐有乱。庶民惟星，陨于宋，象宋襄将得诸侯之众，而治五公子之乱。星陨而鶂退飞，故为得诸侯而不终。六鶂象后六年伯业始退，执于盂也。民反德为乱，乱则妖灾生，言吉凶繇人，然后阴阳冲厌受其咎。齐、鲁之灾非君所致，故曰“吾不敢逆君故也”。京房《易传》曰：“距谏自强，兹谓却行，厥异鶂退飞。適当黜，则鶂退飞。”

惠帝三年，陨石緜诸，壹。

武帝征和四年二月丁酉，陨石雍，二，天晏亡云，声闻四百里。

元帝建昭元年正月戊辰，陨石梁国，六。

成帝建始四年正月癸卯，陨石稾，四，肥累，一。

阳朔三年二月壬戌，陨石白马，八。

侯讨伐郑国，与楚国在泓地交战，宋襄公兵败且身受重伤，被其他诸侯所耻笑。《左传》上说：陨石，即为天上的星星；鹢鸟畏缩不前，其实是遇到风与气流的缘故。宋襄公就此事询问过周朝的内史叔兴说："这是什么预兆？究竟是吉是凶？"叔兴回答说："今年鲁国多次举行隆重的丧礼，明年齐国将动荡不安，君王想得到诸侯的支持，却不会有好结果。"叔兴退朝回家后告诉家人说："这属于阴阳之事，不是用简单的吉凶就能解释清楚的。吉凶由人，这是我不敢违背君王的原因。"这一年鲁公子季友、鄫季姬、公孙兹全死了。转年，齐桓公也去世了，嫡子、庶子之间乱作一团。宋襄公征伐齐国，想称霸诸侯，但最终还是被楚国打败。刘歆认为，这一年的木星处于寿星的位置，冲犯降娄星，降娄星所对应的区域是鲁国的分野，因此鲁国多次发生重大丧事。正月，太阳运行至星纪星，压制玄枵星。玄枵星，所对应的区域是齐国的分野。石，本是山中之物；齐国，是大岳的后裔。五块陨石象征齐桓公去世后五位公子作乱，因此预言齐国第二年会发生暴乱。庶民对应的是群星，陨落于宋国，象征宋襄公将得到诸侯的支持，从而平定五公子之乱。流星陨落以及鹢鸟畏缩不前，则预示着即使得到诸侯的支持也不能善终。六只鹢鸟象征后六年的霸业日渐衰退，宋襄公在盂地被楚人羁押。百姓反德作乱，乱就会引发妖孽灾害，因此说吉凶受人为因素影响，然后导致阴阳失衡，相互冲撞制约，招致灾祸降临。齐国、鲁国的灾祸不是由君王引起的，所以叔兴说："这是我不敢违背君王的原因"。京房在《易传》中说："拒绝别人的谏言是盲目逞强，称为却行，所引发的灾异就是鹢鸟畏缩不前。嫡长子被废免，就会出现鹢鸟畏缩不前的异象。"

惠帝三年（前192），一块陨石坠落在绵诸道。

武帝征和四年（前89）二月丁酉日，有两块陨石坠落于雍地，天气晴朗，万里无云，陨石坠落的声音方圆四百里内都听得见。

元帝建昭元年（前38）正月戊辰日，有六块陨石坠落于梁国境内。

成帝建始四年（前29）正月癸卯日，有四块陨石坠落于槀县，有一块陨石坠落于肥累县。

成帝阳朔三年（前22）二月壬戌日，有八块陨石坠落于白马县。

鸿嘉二年五月癸未，陨石杜衍，三。

元延四年三月，陨石都关，二。

哀帝建平元年正月丁未，陨石北地，十。其九月甲辰，陨石虞，二。

平帝元始二年六月，陨石钜鹿，二。

自惠尽平，陨石凡十一，皆有光耀雷声，成、哀尤屡。

成帝鸿嘉二年（前19）五月癸未日，有三块陨石坠落于杜衍县。

成帝元延四年三月，有两块陨石坠落于都关县。

哀帝建平元年（前6）正月丁未日，有十块陨石坠落于北地县。同年九月甲辰日，有两块陨石坠落于虞县。

平帝元始二年（前2）六月，有两块陨石坠落于钜鹿县。

从惠帝朝到平帝朝止，共有十一块陨石坠落，坠落时都闪耀着光芒并伴有雷声，在成帝朝、哀帝朝时，陨石坠落得尤其频繁。

卷二十八上

地理志第八上

昔在黄帝，作舟车以济不通，旁行天下，方制万里，画野分州，得百里之国万区。是故《易》称“先王建万国，亲诸侯”，《书》云“协和万国”，此之谓也。尧遭洪水，褱山襄陵，天下分绝，为十二州，使禹治之。水土既平，更制九州，列五服，任土作贡。

曰：禹敷土，随山刊木，奠高山大川。

冀州既载，壶口治梁及岐。既脩太原，至于岳阳。覃怀厎绩，至于衡章。厥土惟白壤。厥赋上上错，厥田中中。恒、卫既从，大陆既作。鸟夷皮服，夹右碣石，入于河。

沸、河惟兖州。九河既道，雷夏既泽，雍、沮会同，桑土既蚕，是降丘宅土。厥土黑坟，中繇木条。厥田中下，赋贞，作十有三年乃同。厥贡漆丝。厥棐织文。浮于沸、漯，通于河。

海、岱惟青州。嵎夷既略，惟、甾其道。厥土白坟，海濒广潟。田上下，赋中上。贡盐、絺，海物惟错，岱畎丝、枲、铅、松、怪石，莱

昔日在黄帝时期，人们制造船车，来到达遥远的地方，黄帝巡行天下，开始规划疆域，把天下划分为九州，土地方圆百里的国家有一万多个。因此《易经》上说“先王建立万国，来安抚诸侯”，《尚书》上说“万国和睦”，就是说的这件事。尧时天下遭受洪灾，高山被围，丘陵被淹，天下各地被洪水分隔，那时天下分为十二个州，尧派大禹去治水。洪水被平定后，把天下改为九州的区划，各地按距离王畿的远近划分为五服，依照土地的物产确定贡赋。

《尚书》上说：大禹划分地域，随着山势砍伐木头作为标记，以安定高山大河。

大禹从冀州开始循山治水，先治理壶口山，然后又治理梁山、岐山。大禹治理完太原一带的洪水后，又来岳阳治理洪水。大禹在覃怀一带取得治水成效后，又来到漳河。此地的土壤为白壤。这里的贡赋是九等中的第一等，但夹杂有次一等。这里的土壤肥沃程度是第五等。恒水、卫水归于故道之后，大陆泽已经可以耕作了。鸟夷人用兽皮制作衣服来进贡，在碣石的西边，进入黄河逆流而上。(编者:《史记·夏本纪》中，河为“海”字)

济水与黄河之间是兖州。大禹开凿的九条泄洪道已经疏通，雷夏泽已经重新聚成了大湖，雍水、沮水也与雷夏泽汇合，洪水退去。露出的土地已经可以种桑养蚕了，于是人们从山上搬下来，回到平地上居住。这里有着肥沃的黑色土壤，草木茂盛。这里的田地是第六等，贡赋是第九等，耕作了十三年后才与其他州的贡赋相同。这里的贡物是漆和丝，还有用篚筐盛装的锦缎。贡物用船装载，从济水、漯水进入黄河。

大海和泰山之间是青州。嵎夷治理完成后，潍水和淄水也已经回归故道了。这里有着肥沃的白色土壤，海边是广阔的盐碱地。这里

夷作牧，厥棐檿丝。浮于汶，达于泲。

海、岱及淮惟徐州。淮、沂其乂，蒙、羽其艺。大野既猪，东原底平。厥土赤埴坟，草木渐包。田上中，赋中中。贡土五色，羽畎夏狄，峄阳孤桐，泗濒浮磬，淮夷蠙珠泊鱼，厥棐玄纤缟。浮于淮、泗，达于河。

淮、海惟扬州。彭蠡既猪，阳鸟逌居。三江既入，震泽底定。篠簜既敷，屮夭木乔。厥土涂泥。田下下，赋下上错。贡金三品，瑶、瑻、篠簜，齿、革、羽毛，鸟夷卉服。厥棐织贝，厥包橘、柚，锡贡。均江海，通于淮、泗。

荆及衡阳惟荆州。江、汉朝宗于海。九江孔殷，沱，灊既道，云梦土作乂。厥土涂泥。田下中，赋上下。贡羽旄、齿、革，金三品，杶、干、栝、柏，厉、砥、砮、丹，惟箘簬、楛，三国底贡厥名，包匦菁茅，厥棐玄纁玑组，九江纳锡大龟。浮于江、沱、灊、汉，逾于洛，至于南河。

荆、河惟豫州。伊、雒、瀍、涧既入于河，荥、波既猪，道荷泽，被盟猪。厥土惟壤，下土坟垆。田中上，赋错上中。贡漆、枲、絺、纻、棐纤纩，锡贡磬错。浮于洛，入于河。

的田是第三等，所交纳贡赋是第四等。贡物是盐和细葛布，还有各种海产品，泰山的贡物有丝、麻、铅、松和怪石，莱夷一带可以放牧，这里的贡物是篚筐盛装的柞蚕丝。贡品用船装载，从汶水转到济水再转入黄河。

大海、泰山以及淮河之间是徐州。淮河、沂水治理好后，蒙山、羽山一带就可以种庄稼了。大野泽蓄满了水，东原地区的水患也得到了治理。这里有着肥沃的红色粘土，草木茂盛。这里的田地是第二等，所交纳的贡赋是第五等。此地进贡五色土，羽山谷地的贡物是野雉的羽毛，峄山的南坡出产独特的桐木，泗水边浮出的石头可以做磬，淮水的夷族缴纳宝珠和美鱼，这一带还出产黑色的细绸和白色的绢。贡物用船装载，通过淮水、泗水进入黄河。

淮河、大海之间是扬州。彭蠡泽已经蓄满水，这里就成了鸿雁的栖身之地。三江水汇入大海，震泽也治理完毕。竹林遍地，草树茂盛。这里的土壤是湿泥。这里的田地是第九等，所交纳的贡赋是第七等，还夹杂着其他等级。进贡的物品有金、银、铜，瑶玉、瓃玉、竹材，动物的齿、革、羽毛，岛夷人穿着草织的衣服。细布与贝壳用篚筐盛装进贡，橘子和柚子也包裹起来，但不必经常进贡。这里与江海相通，贡物通过淮水、泗水运送。

荆山与衡山之间是荆州。长江、汉水东流入海。长江在荆州分出九条支流，沱水、灊水归入故道后，云梦泽的土地也可以耕作了。这里的土壤是湿泥。这里的田地是第八等，所交纳的贡赋是第三等。贡物有动物的羽毛、齿、革，金、银、铜等金属，杶木、柘木、栝木、柏木，砺石、砥石、砮石、丹石以及箘簵竹、楛木，三个诸侯国进贡的物产，有包裹好了菁茅，用篚筐盛装的黑色丝织品和珍珠，九江还进贡大龟。贡物通过长江、沱水、灊水、汉水运送，越过洛水，到达南河。

荆山和黄河之间是豫州。伊水、洛水、瀍水、涧水流入黄河后，荥泽蓄满了水，也疏通了荷泽，多余的水进入盟猪泽。这里的土壤松软，属于下等土地，土壤是黑色硬土。这里的田地是第四等，所交纳的贡赋是第二等，还夹杂其他等级的贡品。贡物有漆、麻、葛布、苎麻、用篚筐盛装的绸和棉，还进贡琢磨磬的石头。贡物从洛水乘船，

华阳、黑水惟梁州。岷、嶓既艺，沱、灊既道，蔡、蒙旅平，和夷厎绩。厥土青黎。田下上，赋下中三错。贡璆、铁、银、镂、砮、磬、熊、罴、狐、狸、织皮。西顷因桓是倈，浮于灊，逾于沔，入于渭，乱于河。

黑水、西河惟雍州。弱水既西，泾属渭汭。漆、沮既从，酆水逌同。荆、岐既旅，终南、惇物，至于鸟鼠，原隰厎绩，至于猪野。三危既宅，三苗丕叙。厥土黄壤。田上上，赋中下。贡球、琳、琅玕。浮于积石，至于龙门西河，会于渭汭。织皮昆仑、析支、渠叟，西戎即叙。

道汧及岐，至于荆山，逾于河；壶口、雷首，至于大岳；厎柱、析城，至于王屋；太行、恒山，至于碣石，入于海。西倾、朱圉、鸟鼠，至于太华；熊耳、外方、桐柏，至于倍尾。道嶓冢，至于荆山；内方，至于大别；岷山之阳，至于衡山，过九江，至于敷浅原。

道弱水，至于合藜，余波入于流沙。道黑水，至于三危，入于南海。道河积石，至于龙门，南至于华阴，东至于厎柱，又东至于盟津，东过洛汭，至于大伾，北过降水，至于大陆，又北播为九河，同为逆河，入于海。嶓冢道漾，东流为汉，又东为沧浪之水，过三澨，至于大别，南入于江，东汇泽为彭蠡，东为北江，入于海。岷山道江，东别为沱，又东至于醴，过九江，至于东陵，东迆北会于汇，东为中江，入于海。道沇水，东流为泲，入于河，轶为荥，东出于陶丘北，又东至于荷，又东北会于汶，又北东入于海。道淮自桐柏，东会于泗、沂，东入于海。道渭自鸟鼠同穴，东会于酆，又东至于泾，又

到达黄河。

华山之南与黑水之间是梁州。岷山、嶓冢山的洪水退去，已能种植庄稼，沱水、灊水也被疏通，蔡水、蒙水也已平定，和夷治理后也可耕作。这里的土壤色青，田地是第七等，贡赋是第八等，还夹杂有第七等和第九等。贡物有璆玉、铁、银、硬铁、砮石、磬石，熊、罴、狐、狸、织皮。西顷山沿着桓水蜿蜒而行，贡物从灊水装船，越过沔水，到达渭水，通过渭水而到黄河。

黑水、西河之间是雍州。弱水向西流走，泾水汇入了渭水。漆水、沮水流入渭水后，酆水也同样汇入渭水。荆山、岐山治理完后，从终南山、惇物山一直到鸟鼠山的水土都得到了治理。这一带的平原和洼地，一直到猪野泽也得到治理。三危山已可以居住了，三苗也安定了。这里的土壤是黄色，这里的田地是第一等，贡物是第六等。贡物是球玉、琳玉、琅玕。贡物从积石山上船，到达龙门、西河，再从渭水逆流而上。昆仑、析支、渠叟三国进贡毛皮，西戎各族都归顺了。

大禹治水疏导了汧山，岐山的水道，一直到达荆山，然后越过黄河；大禹从壶口、雷首山治水，一直到达大岳山；从底柱山、析城山，一直到达王屋山；沿太行山、恒山，一直到碣石，流入大海。从西倾山、朱圉山、鸟鼠山，一直到太华山；从熊耳山、外方山、桐柏山，一直到倍尾山。大禹疏通了嶓冢山到荆山的水道；大禹治水从内方，到达大别山；从嶓山，一直到衡山，经过九江，到达敷浅原。

大禹疏导弱水，到达合藜山，支流流入流沙河。疏通黑水，到达三危山，流入南海。从积石山开始疏导黄河，到达龙门山，向南到华阴山，东到底柱上，又向东到达盟津，向东与洛水交汇后，到达大伾山，向北经过降水，到达大陆泽，又向北分流为九河，汇合后成为逆河，流入大海。从蟠冢开始疏通漾水，向东形成汉水，又向东汇入沧浪水，经过三澨山，到达大别山，向南流入长江，向东汇入彭蠡，向东流去名叫北江，最后流入大海。从嶓山疏通长江，向东的支流为沱江，长江向东到达醴水，经过九江，到达东陵，向东溢出的江水最终在北面的彭蠡汇合，东边这一段称为中江，最后流进大海。大禹疏导沇水，沇水向东流去，这一段被称为泲水，进入黄河，河水溢出来

东过漆、沮，入于河。道洛自熊耳，东北会于涧、瀍，又东会于伊，又东北入于河。

九州逌同，四奥既宅，九山刊旅，九川涤原，九泽既陂，四海会同。六府孔修，庶土交正，厎慎财赋，咸则三壤，成赋中国。锡土姓："祗台德先，不距朕行。"

五百里甸服：百里赋内总，二百里内铚，三百里内戛服，四百里粟，五百里米。五百里侯服：百里采，二百里男国，三百里诸侯。五百里绥服：三百里揆文教，二百里奋武卫。五百里要服：三百里夷，二百里蔡。五百里荒服：三百里蛮，二百里流。东渐于海，西被于流沙，朔、南洎，声教讫于四海。

禹锡玄圭，告厥成功。

后受禅于虞，为夏后氏。

殷因于夏，亡所变改。周既克殷，监于二代而损益之，定官分职，改禹徐、梁二州合之于雍、青，分冀州之地以为幽、并。故《周官》有职方氏，掌天下之地，辩九州之国。

形成荥泽，黄河向东从陶丘的北面流过，又向东到达荷泽，又向东北与汶水汇合，再向东北流入大海。从桐柏山开始疏导淮河，向东与泗水、沂水汇合，向东流入大海。从鸟鼠同穴山开始疏导渭水，向东与酆水汇合，又向东到达泾水，再向东经过漆水、沮水，流入黄河。从熊耳山开始疏导洛水，向东北同涧水，瀍水汇合，又向东和伊水汇合，再向东北流入黄河。

九州之内的洪水已经平定，四方的土地也可以定居了，九州的名山都标记了通道，可以通行了，九州的河流都已疏通，九州的湖泽都已修筑了堤防，四海之内各地都可以沟通。水、火、金、木、土、谷六府都治理得很好，各地按照物产交换有无，并且慎重地规定了贡赋标准，根据土地的上中下等级确定赋税，把赋税上交到京师。把土地赐给诸侯，并以地名为姓氏："首先要敬重德行，不违背天子的教化。"

距王城五百里的地区叫做甸服：甸服内距王城一百里的地方缴纳谷物与禾秆，二百里的地方缴纳谷穗，三百里的地方缴纳带稃的谷，四百里的地方缴纳带壳的谷物，五百里的地方缴纳精米。甸服以外五百里范围内的地区叫侯服：距离甸服的一百里的地区是卿大夫的采邑，二百里之内的地区是男爵的封地，三百里以内的地方是诸侯的封地。侯服四周各延伸五百里的区域为绥服：距离侯服三百里的地方要接受天子的教化，二百里的地方负责保卫天子。绥服延伸五百里为要服：距离绥服三百里的地方能够侍奉王者，二百里的地方要遵守律法。要服再延伸五百里为荒服：距离要服三百里的地方称为蛮地，二百里的地方任其迁移。向东到达大海，向西到达流沙，北方、南方也一同波及，声威和教化泽被四海。

尧赐给大禹玄色的圭玉，以表彰他治水成功。

后来大禹接受虞舜的禅让而为天子，称为夏后氏。

商代继承夏朝制度，没有什么大的改变。周朝代替商朝后，借鉴夏、商二代的制度而予以增减，确定官职，分明责任，把大禹时的徐州和梁州并入雍州和青州，把冀州划分为幽州、并州。所以《周官》中记载有职方氏，负责掌管天下的土地，划分九州的各国。

东南曰扬州：其山曰会稽，薮曰具区，川曰三江，寖曰五湖；其利金、锡、竹箭；民二男五女；畜宜鸟兽，谷宜稻。

正南曰荆州：其山曰衡，薮曰云梦，川曰江、汉，寖曰颍、湛；其利丹、银、齿、革；民一男二女；畜及谷宜，与扬州同。

河南曰豫州：其山曰华，薮曰圃田，川曰荥、雒，寖曰波、溠；其利林、漆、丝、枲；民二男三女；畜宜六扰，其谷宜五种。

正东曰青州：其山曰沂，薮曰孟诸，川曰淮、泗，寖曰沂、沭；其利蒲、鱼；民二男三女；其畜宜鸡、狗，谷宜稻、麦。

河东曰兖州：其山曰岱，薮曰泰野，其川曰河、泲，寖曰卢、潍；其利蒲、鱼；民二男三女；其畜宜六扰，谷宜四种。

正西曰雍州：其山曰岳，薮曰弦蒲，川曰泾、汭，其寖曰渭，洛；其利玉、石；其民三男二女；畜宜牛、马，谷宜黍、稷。

东北曰幽州：其山曰医无闾，薮曰豯养，川曰河、泲，寖曰菑、时；其利鱼、盐；民一男三女；畜宜四扰，谷宜三种。

河内曰冀州：其山曰霍，薮曰扬纡，川曰漳，寖曰汾、潞；其利松、柏；民五男三女；畜宜牛、羊，谷宜黍、稷。

正北曰并州：其山曰恒山，薮曰昭馀祁，川曰虖池、呕夷，寖曰涞、易；其利布帛；民二男三女；畜宜五扰，谷宜五种。

扬州在东南方：境内的大山为会稽山，有湖泽叫具区，有河流叫三江，灌溉农田的水来自五湖；这里盛产金、锡、竹箭；百姓中男女比例为二比五；蓄养的动物有各种鸟兽，谷物适合种植水稻。

荆州在正南方：境内的大山为衡山，湖泽为云梦泽，河流有长江、汉水，灌溉农田的水来自颍水、湛水；这里盛产丹、银、齿、革；百姓中男女比例为一比二；蓄养的动物种类和庄稼种类，与扬州相同。

豫州在黄河南面：境内有华山，湖泽为圃田泽，河流有荥水、洛水，用于灌溉的河流有波水、溠水；这里的物产有林木、漆、丝、麻；百姓中男女比例为二比三；适合畜养的家畜有马、牛、羊、猪、狗、鸡，庄稼适合种植黍、稷、菽、麦、稻。

青州在正东方：境内有沂山，湖泽为孟诸泽，河流为淮水、泗水，用于灌溉的河流有沂水、沭水；这里的物产为蒲和鱼；百姓中男女比例为二比三；这里适合养殖鸡和狗，谷物适合种植稻和麦。

兖州在黄河东面：境内有泰山，湖泽为大野泽，河流为黄河和泲水，用于灌溉的河流有卢水、潍水；这里的物产为蒲和鱼；百姓中男女比例为二比三；适合畜养马、牛、羊、猪、狗、鸡，适合种植黍、稷、稻、麦。

雍州在正西面：境内有吴岳山，湖泽有弦蒲泽，河流为泾水、汭水，用于灌溉的河流有渭水、洛水；这里的物产为玉、石；百姓中男女比例为三比二；适合畜养牛、马，谷类适宜种植黍、稷。

幽州在东北：境内有医无闾山，湖泽为貕养泽，河流为黄河、泲水，用于灌溉的河流有菑水、时水；这里的物产为鱼、盐；百姓中男女比例为一比三；适合畜养马、牛、羊、猪，谷类适合种植黍、稷、稻。

冀州在黄河以北：境内有霍山，湖泽有扬纡泽，河流有漳水，用于灌溉的河流有汾河、潞河；这里的物产为松、柏；百姓中男女比例为五比三；适合畜养牛、羊，谷类适合种植黍、稷。

并州在正北面：境内有恒山，湖泽有昭馀祁，河流为虖池河、呕夷河，用于灌溉的河流有涞水、易水；这里的物产为布帛；百姓中男女比例为二比三；适合畜养马、牛、羊、狗、猪，谷类适合种植黍、稷、

而保章氏掌天文，以星土辩九州之地，所封封域皆有分星，以视吉凶。

周爵五等，而土三等：公、侯百里，伯七十里，子、男五十里。不满为附庸，盖千八百国。而太昊、黄帝之后，唐、虞侯伯犹存，帝王图籍相踵而可知。周室既衰，礼乐征伐自诸侯出，转相吞灭，数百年间，列国耗尽。至春秋时，尚有数十国，五伯迭兴，总其盟会。陵夷至于战国，天下分而为七，合从连衡，经数十年。秦遂并兼四海。以为周制微弱，终为诸侯所丧，故不立尺土之封，分天下为郡县，荡灭前圣之苗裔，靡有孑遗者矣。

汉兴，因秦制度，崇恩德，行简易，以抚海内。至武帝攘却胡、越，开地斥境，南置交阯，北置朔方之州，兼徐、梁、幽、并夏、周之制，改雍曰凉，改梁曰益，凡十三部，置刺史。先王之迹既远，地名又数改易，是以采获旧闻，考迹《诗》《书》，推表山川，以缀《禹贡》《周官》《春秋》，下及战国、秦、汉焉。

京兆尹，故秦内史，高帝元年属塞国，二年更为渭南郡，九年罢，复为内史。武帝建元六年分为右内史，太初元年更为京兆尹。**元始二年户十九万五千七百二，口六十八万二千四百六十八。县十二：长安**，高帝五年置。惠帝元年初城，六年成。户八万八百，口二十四万六千二百。王莽曰常安。**新丰**，骊山在南，故骊戎国。秦曰骊邑。高祖七年置。**船司空**，莽曰船利。**蓝田**，山出美玉，有虎候山祠，秦孝公置也。**华阴**，故阴晋，秦

菽、麦、稻。

周代设置保章氏观测天象，以星宿之分野来划分九州之地，诸侯所分封的土地都有星宿与之对应，通过观测星象来预知诸侯国的吉凶。

周朝的爵位分为五等，而土地只有三等：公爵、侯爵的封地有百里，伯爵的封地有七十里，子爵、男爵的封地有五十里。封地不满五十里属于附庸国，大小封国大概有一千八百个。上古时太昊、黄帝的后裔，唐尧、虞舜时的侯爵和伯爵，在周朝时仍然存在，各代帝王的地图与户籍都一直延续下来。周朝衰落后，礼乐征伐由诸侯决断，各诸侯国互相不断吞并，数百年间，许多诸侯国消失。到春秋时，尚有数十个诸侯国，其中五国相继称霸，成为盟主。等到了战国时期，天下分裂成七个诸侯国，彼此间合纵连衡，争斗不休。经过几十年的征伐，秦朝吞并天下。秦朝认为周朝衰败的原因在于分封诸侯国，因此秦朝就没有分封诸侯国，而是把天下划分为郡县，灭绝前代圣人后代的封国，没有一个能幸存下来的。

汉朝建立后，沿袭秦朝的政治制度，对百姓施以恩德，推行简易的治国措施，来安抚天下。到汉武帝时打败了胡人、越人，开疆拓土，在南方设置了交阯郡，北方设置了朔方郡，兼并了徐州、梁州、幽州，参照夏、周的九州制度，并把雍州改为凉州，把梁州改为益州，全国共划分为十三部，每部设置刺史。先王的事迹已年代久远，地名又数次改动，因此做《地理志》的时候便搜集过去的传闻，考察《诗经》《尚书》上的记载，结合山川的走势加以推断，来续写《禹贡》《周官》《春秋》里记载的内容，直到战国、秦、汉时的情况。

京兆尹，即秦朝内史地，汉高祖元年（前206）划归司马欣的塞国，汉高祖二年（前205）改为渭南郡，汉高祖九年（前198）撤销，重新改为内史地。汉武帝建元六年（前135）改为右内史地，汉武帝太初元年（前104）改为京兆尹。**汉平帝元始二年（2）时百姓有十九万五千七百零二户，人口六十八万二千四百六十八人。下辖十二个县：长安县**，汉高祖五年（前202）时设置。汉惠帝元年（前194）开始修筑，汉惠帝六年（前

惠文王五年更名宁秦，高帝八年更名华阴。太华山在南，有祠，豫州山。集灵宫，武帝起。莽曰华坛也。**郑**，周宣王弟郑桓公邑。有铁官。**湖**，有周天子祠二所，故曰胡，武帝建元年更名湖。**下邽**，**南陵**，文帝七年置。沂水出蓝田谷，北至霸陵入霸水。霸水亦出蓝田谷，北入渭。古曰兹水，秦穆公更名以章霸功，视子孙。**奉明**，宣帝置也。**霸陵**，故芷阳，文帝更名。莽曰水章也。杜陵，故杜伯国，宣帝更名。有周右将军杜主祠四所。莽曰饶安也。

左冯翊，故秦内史，高帝元年属塞国，二年更名河上郡，九年罢，复为内史。武帝建元六年分为左内史，太初元年更名左冯翊。**户二十三万五千一百一，口九十一万七千八百二十二。县二十四：高陵**，左辅都尉治。莽曰千春。**栎阳**，秦献公自雍徙。莽曰师亭。**翟道**，莽曰涣。**池阳**，惠帝四年置。嶻嶭山在北。**夏阳**，故少梁，秦惠文王十一年更名。《禹贡》梁山在西北，龙门山在北。有铁官。莽曰冀亭。**衙**，莽曰达昌。**粟邑**，莽曰粟城。**谷口**，九嵏山在西。有天齐公、五床山、仙人、五帝祠四所。莽曰谷喙。**莲勺**，**鄜**，莽曰脩令。**频阳**。秦厉公置。**临晋**，故大荔，秦获之，更名。有河水祠。芮乡，故芮国。莽曰监晋。**重泉**，莽曰调泉。**郃阳**，**祋祤**，景帝二年置。**武城**，莽曰桓城。**沈阳**，莽曰制昌。**褱德**，《禹贡》北条荆山在南，下有彊梁原。洛水东南入渭，雍州浸。莽曰德驩。**徵**，

189）建成。有百姓八万零八百户，人口二十四万六千二百人。王莽时称为常安县。**新丰县**，骊山在新丰县城的南面，是以前的骊戎国。秦朝时叫骊邑。汉高祖七年（前200）时设置。**船司空县**，王莽时称为船利县。**蓝田县**，此地山中出产美玉，有虎候山祠，秦孝公时设置。**华阴县**，即以前的阴晋，秦惠文王五年（前333）改名为宁秦，汉高祖八年（前199）改名为华阴。县城的南面是太华山，山上有祭祠，是豫州的大山。华阴县有集灵宫，汉武帝时建造，王莽时称为华坛县。**郑县**，是周宣王弟弟郑桓公的封地。汉武帝时设有铁官。**湖县**，有周天子的祭祠二座，所以称为胡县，汉武帝建元年间改为湖县。**下邽县**，**南陵县**，汉文帝七年（前173）设置。沂水从蓝田谷流出，向北流到霸陵汇入霸水。霸水也从蓝田谷流出，向北流入渭水。古代叫做兹水，秦穆公时改为霸水来彰显秦穆公称霸的伟业，来留给子孙纪念。**奉明县**，汉宣帝时设置。**霸陵县**，即以前的芷阳，汉文帝时改为现在的名称。王莽时叫做水章县。**杜陵县**，即以前的杜伯国，汉宣帝时改为现在的名称。有周右将军杜主祠四所。王莽时叫做饶安县。

左冯翊，即秦朝的内史地，汉高祖元年（前206）属于司马欣的塞国，汉高祖二年（前205）改名为河上郡，汉高祖九年（前198）时撤销，重新改为内史地。汉武帝建元六年（前135）改为左内史地，汉武帝太初元年（前104）改名为左冯翊。**百姓有二十三万五千一百零一户，人口有九十一万七千八百二十二人。**下辖二十四个县：**高陵县**，境内有左辅都尉的治所。王莽时改为千春县。**栎阳县**，秦献公时将都城从雍地迁到栎阳。王莽时改为师亭县。**翟道县**，王莽时改为涣县。**池阳县**，汉惠帝四年（前191）设置。巀薛山在县城的北面。**夏阳县**，即以前的少梁，秦惠文王十一年（前327）改为夏阳。《禹贡》上记载的梁山在县城西北，龙门山在县城北面。设置有铁官。王莽时改为冀亭县。**衙县**，王莽时改为达昌县。**粟邑县**，王莽时改为粟城县。**谷口县**，九嵏山在县城西面。

莽曰氾爱。**云陵**，昭帝置也。**万年**，高帝置。莽曰异赤。**长陵**，高帝置。户五万五十七，口十七万九千四百六十九。莽曰长平。**阳陵**，故弋阳，景帝更名。莽曰渭阳。**云阳**，有休屠、金人及径路神祠三所，越巫䠶䣝祠三所。

右扶风，故秦内史，高帝元年属雍国，二年更为中地郡。九年罢，复为内史。武帝建元六年分为右内史，太初元年更名主爵都尉为右扶风。**户二十一万六千三百七十七，口八十三万六千七十。县二十一：渭城**，故咸阳，高帝元年更名新城，七年罢，属长安。武帝元鼎三年更名渭城。有兰池宫。莽曰京城。**槐里**，周曰犬丘，懿王都之。秦更名废丘。高祖三年更名。有黄山宫，孝惠二年起。莽曰槐治。**鄠**，古国，有扈谷亭。扈，夏启所伐。酆水出东南，又有潏水，皆北过上林苑入渭。有萯阳宫，秦文王起。**盩厔**，有长杨宫，有射熊馆，秦昭王起。灵轵渠，武帝穿也。**斄**，周后稷所封。**郁夷**，《诗》“周道郁夷”。有汧水祠。莽曰郁平。**美阳**，《禹贡》岐山在西北。中水乡，周大王所邑。有高泉宫，秦宣太后起也。**郿**，成国渠首受渭，东北至上林入蒙笼渠。右辅都尉治。**雍**，秦惠公都之。有五畤，太昊、黄帝以下祠三百三所。橐泉宫，孝公起。祈年宫，惠公起。棫阳宫，昭王起。有铁官。**漆**，水在县西。有铁官。莽曰漆治。**栒邑**，有豳乡，《诗》豳国，公刘所邑。**隃麋**，有黄帝子祠。莽曰扶亭。**陈仓**，有上公、明星、黄

有天齐公、五床山、僊人、五帝祠等四座祠堂。王莽时改为谷喙县。**莲勺县**，**鄜县**，王莽时改为脩令县。**频阳县**，秦厉公时设置。**临晋县**，即以前的大荔，秦朝占领后，改为现在的名字。有河水祠。境内有芮乡，是以前的古芮国。王莽时改为监晋县。**重泉县**，王莽时改为调泉县。**郃阳县**，**祋祤县**，汉景帝二年（前155）设置。**武城县**，王莽时改为桓城县。**沈阳县**，王莽时改为制昌县。**褱德县**，《禹贡》里提到的北条荆山在县城南面，南面有彊梁原。洛水从东南流入渭水，这一地区是雍州的灌溉水源。王莽时改为德驩县。**徵县**，王莽时改为氾爱县。**云陵县**，汉昭帝时设置。**万年县**，汉高祖时设置。王莽时改为异赤县。**长陵县**，汉高祖时设置。百姓有五万零五十七户，人口有十七万九千四百六十九人。王莽时改为长平县。**阳陵县**，即以前的弋阳，汉景帝时改为现在的名字。王莽时改为渭阳县。**云阳县**，有休屠、金人以及径路神祠三所，越地巫师祠三所。

右扶风，即秦朝的内史地，高帝元年（前206）属于章邯的雍国，高帝二年（前205）改为中地郡。高帝九年（前198）撤销，重新叫内史。汉武帝建元六年（前135）改为右内史，汉武帝太初元年（前104）把主爵都尉改名为右扶风。**百姓有二十一万六千三百七十七户，人口有八十三万六千零七十人。下辖二十一县：渭城县**，即以前的咸阳，汉高祖元年改为新城，汉高祖七年（前200）撤销，划归长安县。汉武帝元鼎三年（前114）改名为渭城。境内有秦始皇建造的兰池宫。王莽时改为京城县。**槐里县**，周朝时名叫犬丘，周懿王在此处定都。秦朝时改名为废丘。汉高祖三年（前204）改为现在的名字。境内有黄山宫，汉惠帝二年（前193）建造。王莽时改为槐治县。**鄠县**，即古扈国。境内有扈谷亭。扈国，夏启曾征伐。酆水从它东南流出，还有潏水，都从上林苑北面经过流入渭水。境内有萯阳宫，秦文王时建造。**盩厔县**，县内有长杨宫，有射熊馆，是秦昭王时建造。境内有灵轵渠，是汉武帝时开凿的。**斄县**，是周朝先祖后稷的封地。**郁夷县**，即《诗经》上“周道郁夷”所提到的

帝孙、舜妻育冢祠。有羽阳宫，秦武王起也。**杜阳**，杜水南入渭。《诗》曰"自杜"莽曰通杜。**汧**，吴山在西，古文以为汧山。雍州山。北有蒲谷乡弦中谷，雍州弦蒲薮。汧水出西北，入渭。芮水出西北，东入泾。《诗》芮阸，雍州川也。**好畤**，垝山在东。有梁山宫，秦始皇起。莽曰好邑。**虢**，有黄帝子、周文武祠。虢宫，秦宣太后起也。**安陵**，惠帝置。莽曰嘉平。**茂陵**，武帝置。户六万一千八十七，口二十七万七千二百七十七。莽曰宣城。**平陵**，昭帝置。莽曰广利。**武功**，太壹山，古文以为终南。垂山，古文以为敦物。皆在县东。斜水出衙领山北，至郿入渭。褒水亦出衙领，至南郑入沔。有垂山、斜水，褒水祠三所。莽曰新光。

弘农郡，武帝元鼎四年置。莽曰右队。**户十一万八千九十一，口四十七万五千九百五十四**。有铁官，在黾池。**县十一：弘农**，故秦函谷关。衙山领下谷，爥水所出，北入河。**卢氏**，熊耳山在东。伊水出，东

地方。境内有汧水祠。王莽时改为郁平县。**美阳县**，《禹贡》中所说的岐山在县城西北。中水乡，是周文王的采邑。境内有高泉宫，秦宣太后所建造。**郿县**，成国渠的起点在这里，引入渭水后，向东北流到上林，汇入蒙笼渠。有右辅都尉的治所。**雍县**，秦惠公曾在这里建都。境内有五畤祠，太昊庙、黄帝庙，各种祠庙共三百零三座。境内的橐泉宫，是秦孝公时建造。祈年宫，是秦惠公建造。棫阳宫，是秦昭王建造。设置有铁官。**漆县**，县城的西面有河流。设置有铁官。王莽时改为漆治县。**栒邑县**，境内有豳乡，即《诗经》上所说的豳国，周代先祖公刘在此建都。**隃麋县**，境内有黄帝子祠。王莽时改为扶亭县。**陈仓县**，境内有上公祠、明星祠、黄帝孙祠、舜妻子的育冢祠。有羽阳宫，秦武王时建造。**杜阳县**，杜水在县城南面流入渭水。《诗经》上说的"自杜"，就是指杜阳县。王莽时改为通杜。**汧县**，吴山在县城西面，古代文献认为这里就是汧山。吴山是雍州的名山。北面有蒲谷乡，弦中谷，还有弦蒲薮。汧水从县城西北流出，流入渭水。芮水从西北流出，向东流入泾水。就是《诗经》上所说的芮阬，芮水是雍州的大河。**好畤县**，垝山在县城东面。境内有梁山宫，秦始皇时建造。王莽时改为好邑县。**虢县**，有黄帝子祠、周文王祠、周武王祠。虢宫，秦宣太后时建造。**安陵县**，汉惠帝时设置。王莽时改为嘉平县。**茂陵县**，汉武帝时设置。百姓有六万一千零八十七户，人口二十七万七千二百七十七人。王莽时改为宣城县。**平陵县**，汉昭帝时设置。王莽时改为广利县。**武功县**，境内有太壹山，古代文献认为是终南山。境内有垂山，古代文献认为是敦物山。都在县城的东面。斜水从衙领山北面流出，在郿县流入渭水。褒水也从衙领山流出，在南郑流入沔水。有垂山、斜水、褒水祠三座。王莽时改为新光县。

弘农郡，汉武帝元鼎四年（前113）设置。王莽时改为右队郡。**百姓有十一万八千零九十一户，人口四十七万五千九百五十四人**。郡内有铁官，在黾池。**下辖十一县：弘农县**，即以前秦朝的函谷关。衙山领下

北入雒，过郡一，行四百五十里。又有育水，南至顺阳入沔。又有洱水，东南至鲁阳，亦入沔。皆过郡二，行六百里。莽曰昌富。**陕**，故虢国。有焦城，故焦国。北虢在大阳，东虢在荥阳，西虢在雍州。莽曰黄眉。**宜阳**，在黾池有铁官也。**黾池**，高帝八年复黾池中乡民。景帝中二年初城，徙万家为县。穀水出穀阳谷，东北至穀城入雒。莽曰陕亭。**丹水**，水出上雒冢领山，东至析入钧。密阳乡，故商密也。**新安**，《禹贡》涧水在东，南入雒。**商**，秦相卫鞅邑也。**析**，黄水出黄谷，鞠水出析谷，俱东至郦入湍水。莽曰君亭。**陆浑**，春秋迁陆浑戎于此。有关。**上雒**，《禹贡》雒水出冢领山，东北至巩入河，过郡二，行千七十里，豫州川。又有甲水，出秦领山，东南至钖入沔，过郡三，行五百七十里。熊耳获舆山在东北。

河东郡，秦置。莽曰兆阳。有根仓、湿仓。**户二十三万六千八百九十六，口九十六万二千九百一十二。县二十四：安邑**，巫咸山在南，盐池在西南。魏绛自魏徙此，至惠王徙大梁。有铁官、盐官。莽曰河东。**大阳**，吴山在西，上有吴城，周武王封太伯后于此，是为虞公，为晋所灭。有天子庙。莽曰勤田。**猗氏**，**解**，**蒲反**，有尧山、首山祠。雷首山在南。故曰蒲，秦更名。莽曰蒲城。**河北**，《诗》魏国，晋献公灭之，以封大夫毕万，曾孙绛徙安邑也。**左邑**，莽曰兆亭。**汾阴**，介山在南。**闻喜**，故曲沃。晋武公自晋阳徙此。武帝元鼎六年行过，更名。**濩泽**，《禹贡》析城山在西南。**端氏**，**临汾**，**垣**，《禹贡》《王屋山》在东北，沇水所出，东南至武德入河，

有山谷地，爥水从这里流出，向北流入黄河。**卢氏县**，熊耳山在县城东面。伊水从这里流出，向东北流入洛水，流经一个郡，全程四百五十里。还有育水，向南流到顺阳汇入沔水。还有洱水，向东南流到鲁阳，也汇入沔水。这两条河都流经两个郡，行程六百里。王莽时改为昌富县。**陕县**，即以前的虢国。境内有焦城，即以前的古焦国。北虢在大阳，东虢在荥阳，西虢在雍州。王莽时改为黄眉县。**宜阳县**，在黾池设置有铁官。**黾池县**，汉高祖八年（前199）免除黾池县中乡百姓的赋税。汉景帝中元二年（前148）开始建城，随后迁徙万户人口来到这里，成为县邑。榖水从榖阳谷流出，向东北流到榖城汇入洛水。王莽时改为陕亭县。丹水县，有河水从上雒冢岭山流出，向东流到析县汇入钧水。境内有密阳乡，以前叫做商密。**新安县**，《禹贡》上记载的涧水在县城东面，向南流入洛水。**商县**，是秦相国卫鞅的封地。**析县**，黄水从黄谷流出，鞠水从析谷流出，都向东流到郦县汇入湍水。王莽时改为君亭县。**陆浑县**，春秋时把陆浑戎迁徙到这里。境内有关隘。**上雒县**，《禹贡》中记载洛水从冢领山流出，向东北流到巩县汇入黄河，流经两个郡，全程一千零七十里，是豫州的大河。还有甲水，从秦领山流出，向东南流到钖地汇入沔水，流经三个郡，全程五百七十里。熊耳山、获舆山在县城东北面。

河东郡，秦朝时始置。王莽时改为兆阳郡。境内有根仓、湿仓两个粮仓。**百姓有二十三万六千八百九十六户，人口有九十六万二千九百一十二人。下辖二十四县：安邑县**，巫咸山在县城南面，盐池在县城西南。魏绛将国都从魏地迁到这里，到魏惠王时将国都迁到大梁。设置有铁官、盐官。王莽时改为河东县。**大阳县**，吴山在县城西面，北面有吴城，周武王封太伯后人在此地，也就是虞公的封地，虞国后被晋国所灭。境内有天子庙。王莽时改为勤田县。**猗氏县**，**解县**，**蒲反县**，境内有尧山祠，首山祠。雷首山在县城南面。原来叫蒲，秦朝时改为现在的名字。王莽时改为蒲城。**河北县**，是《诗经》上提到的魏国，晋献公灭掉魏

轶出荥阳北地中，又东至琅槐入海，过郡九，行千八百四十里。**皮氏**，耿乡，故耿国，晋献公灭之，以赐大夫赵夙。后十世献侯徙中牟。有铁官。莽曰延平。**长脩**，**平阳**，韩武子玄孙贞子居此。有铁官。莽曰香平。**襄陵**，有班氏乡亭。莽曰幹昌。**彘**，霍大山在东，冀州山，周厉王所奔。莽曰黄城。**杨**，莽曰有年亭。**北屈**，《禹贡》壶口山在东南。莽曰朕北。**蒲子**，**绛**，晋武公自曲沃徙此。有铁官。**狐讘**，**骐**，侯国。

太原郡，秦置。有盐官，在晋阳。属并州。**户十六万九千八百六十三，口六十八万四百八十八**。有家马官。**县二十一：晋阳**，故《诗》唐国，周成王灭唐，封弟叔虞。龙山在西北。有盐官。晋水所出，东入汾。**葰人**，**界休**，莽曰界美。**榆次**，涂水乡，晋大夫知徐吾邑。梗阳乡，魏戊邑。莽曰大原亭。**中都**，**于离**，莽曰于合。**兹氏**，莽曰兹同。**狼孟**，莽曰狼调。**邬**，九泽在北，是为昭馀祁，并州薮。晋大夫司马弥牟邑。**盂**，晋大夫孟丙邑。**平陶**，莽曰多穰。**汾阳**，北山，汾水所出，西南至汾阴入河，过郡二，行千三百四十里，冀州寖。**京陵**，莽曰致城。**阳曲**，**大陵**，有铁官。莽曰大宁。**原平**，**祁**，晋大夫贾辛邑。莽曰示。**上艾**，绵曼水，东至蒲吾，入虖池水。**虑虒**，**阳邑**，莽曰繁穰。**广武**，句注、贾屋山在北。都尉治。莽曰信桓。

国，分封给大夫毕万，毕万曾孙魏绛迁徙到安邑。**左邑县**，王莽时改为兆亭县。**汾阴县**，介山在县城南面。**闻喜县**，即以前的曲沃。晋武公从晋阳迁到这里。汉武帝在元鼎六年（前111）经过这里，改为现在的名字。**濩泽县**，《禹贡》中记载的析城山在县城西南。**端氏县**，**临汾县**，**垣县**，《禹贡》上记载的王屋山在县城东北，沇水从这里流出，向东南流到武德县汇入黄河，在荥阳北面溢出，又向东流到琅槐县汇入大海，流经九个郡，全程有一千八百四十里。**皮氏县**，境内有耿乡，是以前的耿国，晋献公灭耿国，赏赐给大夫赵夙。到了十世孙赵献侯的时候，迁都中牟。设置有铁官。王莽时改为延平县。**长脩县**，**平阳县**，韩武子的玄孙韩贞子居住在此地。设置有铁官。王莽时改为香平县。**襄陵县**，境内有班氏乡亭。王莽时改为干昌县。**彘县**，霍大山在县城东面，是冀州的名山，周厉王曾逃亡到此。王莽时改为黄城县。**杨县**，王莽时改为有年亭县。**北屈县**，《禹贡》中记载壶口山在县城东南。王莽时改为朕北县。**蒲子县**，**绛县**，晋武公从曲沃迁都到此地。设置有铁官。**狐讘县**，**骐县**，是汉朝列侯的封国。

太原郡，秦朝时设置。在晋阳设有盐官。属于并州。**百姓有十六万九千八百六十三户，人口六十八万零四百八十八人**。境内设有家马官。**下辖二十一县：晋阳县**，即《诗经》上提到的唐国，周成王灭了唐国，把他的弟弟叔虞封在此地。龙山在县城西北。设置有盐官。晋水从这里流出，向东汇入汾水。**葰人县**，**界休县**，王莽时改为界美县。**榆次县**，境内有涂水乡，是晋国大夫知徐吾的封地。境内的梗阳乡，是魏戊的封地。王莽时改为大原亭。**中都县**，**于离县**，王莽时改为于合县。**兹氏县**，王莽时改为兹同县。**狼孟县**，王莽时改为狼调县。**邬县**，九泽之一在县城北面，叫做昭馀祁泽，是并州的大湖泽。是晋大夫司马弥牟的封地。**盂县**，是晋大夫孟丙的封地。**平陶县**，王莽时改为多穰县。**汾阳县**，境内有北山，汾水从这里流出，向西南流到汾阴汇入黄河，流经两个郡，全程

上党郡，秦置，属并州。有上党关、壶口关、石研关，天井关。**户七万三千七百九十八，口三十三万七千七百六十六。县十四：长子**，周史辛甲所封。鹿谷山，浊漳水所出，东至邺入清漳。**屯留**，桑钦言“绛水出西南东入海”。**余吾，铜鞮**，有上虒亭，下虒聚。**沾**，大黾谷，清漳水所出，东北至邑成入大河，过郡五，行千六百八十里，冀州川。**涅氏**，涅水也。**襄垣**，莽曰上党亭。**壶关**，有羊肠阪。沾水东至朝歌入淇。**泫氏**，杨谷，绝水所出，南至野王入沁。**高都**，莞谷，丹水所出，东南入绝水。有天井关。**潞**，故潞子国。**陭氏，阳阿，穀远**。羊头山世靡谷，沁水所出，东南至荥阳入河，过郡三，行九百七十里。莽曰穀近。

河内郡，高帝元年为殷国，二年更名。莽曰后队，属司隶。**户二十四万一千二百四十六，口百六万七千九十七。县十八：怀**，有工官。莽曰河内。**汲，武德，波，山阳**，东太行山在西北。**河阳**，莽曰河亭。**州，共**，故国。北山，淇水所出，东至黎阳入河。**平皋，朝歌**，纣所都。周武王弟康叔所封，更名卫。莽曰雅歌。**修武，温**，故国，己姓，苏忿生所封也。**野王**，太行山在西北。卫元君为秦所夺，自濮阳徙此。莽曰平野。获嘉，故汲之新中乡，武帝行过更名也。**轵，沁水，隆虑**，国水东北至信成入张甲

一千三百四十里，是冀州的灌溉水源。**京陵县**，王莽时改为致城县。**阳曲县**，**大陵县**，设置有铁官。王莽时改为大宁县。**原平县**，**祁县**，是晋国大夫贾辛的封地。王莽时改为示县。**上艾县**，境内有緜曼水，向东流到蒲吾，汇入虖池水。**虑虒县**，**阳邑县**，王莽时改为繁穰县。**广武县**，句注山，贾屋山在县城的北面。境内设置有都尉治所。王莽时改为信桓县。

上党郡，秦朝时设置，属于并州。有上党关、壶口关。石研关、天井关。**百姓有七万三千七百九十八户，人口有三十三万七千七百六十六人**。**下辖十四县：长子县**，是周史辛甲的封地。境内有鹿谷山，浊漳水从这里流出。向东流到邺地汇入清漳。**屯留县**，桑钦在《水经》中说"绛水从屯留的西南流出，向东流入大海"。**余吾县**，**铜鞮县**，境内有上虒亭，下虒聚。**沾县**，境内有大黾谷，清漳水从这里流出，向东北流到邑成汇入黄河，流经五个郡，全程一千六百八十里。是冀州的大河。**涅氏县**，涅水从这里流出。**襄垣县**，王莽时改为上党亭。**壶关县**，境内有羊肠阪。沾水向东流到朝歌汇入淇水。**泫氏县**，境内有杨谷，绝水从这里流出，向南流到壄王后汇入沁水。**高都县**，境内有莞谷，丹水从这里流出，向东南汇入泫水。境内有天井关。**潞县**，是古代的潞子国所在地。**陭氏县**，**阳阿县**，**穀远县**。境内有羊头山，世靡谷，沁水从这里流出，沁水向东南流到荥阳汇入黄河，流经三个郡，全程九百七十里。王莽时改为穀近。

河内郡，汉高祖元年（前206）称为殷国，汉高帝二年改为现在的名称。王莽时改为后队郡，归属司隶管辖。**百姓有二十四万一千二百四十六户，人口一百零六万七千零九十七人**。**下辖十八县：怀县**，境内设有工官。王莽时改为河内县。**汲县**，**武德县**，**波县**，**山阳县**，在县城西北有东太行山。**河阳县**，王莽时改为河亭县。**州县**，**共县**，是周朝共国旧地。境内有北山，淇水从这里流出，向东流到黎阳汇入黄河。**平皋县**，**朝歌县**，商纣王在这里建都。周武王弟弟康叔的封地，改名为卫。王莽时改为雅

河，过郡三，行千八百四十里。有铁官。**荡阴**，荡水东至内黄泽。西山，羑水所出，亦至内黄入荡。有羑里城，西伯所拘也。

河南郡，故秦三川郡，高帝更名。雒阳户五万二千八百三十九。莽曰保忠信乡，属司隶也。**户二十七万六千四百四十四，口一百七十四万二百七十九**。有铁官、工官。敖仓在荥阳。**县二十二：雒阳**，周公迁殷民，是为成周。《春秋》昭公二十二年，晋合诸侯于狄泉，以其地大成周之城，居敬王。莽曰宜阳。**荥阳**，卞水、冯池皆在西南。有狼汤渠，首受泲，东南至陈入颍，过郡四，行七百八十里。**偃师**，尸乡，殷汤所都。莽曰师成。**京**，**平阴**，**中牟**，圃田泽在西，豫州薮。有莞叔邑，赵献侯自耿徙此。**平**，莽曰治平。**阳武**，有博浪沙。莽曰阳桓。**河南**，故郏鄏地。周武王迁九鼎，周公致太平，营以为都，是为王城，至平王居之。**缑氏**，刘聚，周大夫刘子邑。有延寿城仙人祠。莽曰中亭。**卷**，**原武**，莽曰原桓。**巩**，东周所居。**穀成**，《禹贡》瀍水出替亭北，东南入雒。**故市**，密，故国，有大騩山，溴水所出，南至临颍入颍。**新成**，惠帝四年置。蛮中，故戎蛮子国。**开封**，逢池在东北，或曰宋之逢泽也。**成皋**，故虎牢。或曰制。**苑陵**，莽曰左亭。**梁**，瞿狐聚，秦灭西周徙其君于此。阳人聚，秦灭东周徙其君于此。**新郑**，《诗》郑国，郑桓公之子武公所国，后为韩所灭，韩自平阳徙都之。

歌县。**修武县**，**温县**，是古温国所在地，己姓，是苏忿生的封地。**壄王县**，太行山在县城西北。卫元君被秦国驱逐，卫国从濮阳迁徙到这里。王莽时改为平壄县。**获嘉县**，以前是汲县的新中乡，汉武帝经过这里时改名。**轵县**，**沁水县**，**隆虑县**，境内有国水向东北流到信成县后，汇入张甲河，流经三个郡，全程一千八百四十里。设有铁官。**荡阴县**，境内有荡水向东流入内黄泽。境内有西山，羑水从西山流出，也流到内黄县，汇入荡水。这里有羑里城，西伯侯姬昌曾被拘禁在这里。

河南郡，即以前秦国的三川郡，汉高祖时改为现在的名字。郡内的洛阳县有百姓五万二千八百三十九户。王莽时改为保忠信乡，属于司隶管辖。**郡内百姓有二十七万六千四百四十四户，人口一百七十四万零二百七十九人**。设有铁官、工官。境内有敖仓，在荥阳。**下辖二十二县：洛阳县**，周公迁移殷商遗民到此，命名为成周。《春秋》上记载鲁昭公二十二年（前520），晋国在狄泉与诸侯会盟，因为狄泉的面积比成周大，就让周敬王居住在此。王莽时改为宜阳县。**荥阳县**，境内有卞水、冯池，都在县城西南。境内有狼汤渠，狼汤渠起点引入泲水，向东南流到陈县汇入颍水，流经四个郡，全程七百八十里。**偃师县**，境内有尸乡，是殷汤定都的地方。王莽时改为师成县。**京县**，**平阴县**，**中牟县**，圃田泽在县城西面，是豫州的大湖泽。境内有莞叔的封地，赵献侯将都城从耿迁到此地。**平县**，王莽时改为治平县。**阳武县**，境内有博狼沙。王莽时改为阳桓县。**河南县**，即以前郏鄏。周武王把九鼎迁移到此地，周公为了长治久安，在这里营建都城，这就是王城，周平王后来迁到此处。**缑氏县**，境内的刘聚，是周大夫刘子的封地。境内还有延寿城，仙人祠。王莽时改为中亭县。**卷县**，**原武县**，王莽时改为原桓县。**巩县**，是东周国所在地。**穀成县**，《禹贡》中记载瀍水从暂亭北面流出，向东南流入洛水。**故市县**，密县，是过去密国的所在地。境内有大騩山，溴水从这里流出，向南流到临颍汇入颍水。**新城县**，汉惠帝四年（前191）设置。境内的蛮中，

东郡，秦置。莽曰治亭。属兖州。**户四十万一千二百九十七，口百六十十五万九千二十八。县二十二：濮阳**，卫成公自楚丘徙此。故帝丘，颛顼虚。莽曰治亭。畔**观**，莽曰观治。**聊城**，**顿丘**，莽曰顺丘。发干，莽曰戢楯。**范**，莽曰建睦。**茌平**，莽曰功崇。**东武阳**，禹治漯水，东北至千乘入海，过郡三，行千二十里。莽曰武昌。**博平**，莽曰加睦。**黎**，莽曰黎治。**清**，莽曰清治。**东阿**，都尉治。**离狐**，莽曰瑞狐。**临邑**，有泲庙。莽曰縠城亭。**利苗**，**须昌**，故须句国，大昊后，风姓。**寿良**，蚩尤祠在西北泲上。有朐城。**乐昌**，**阳平**，**白马**，**南燕**，南燕国，姞姓，黄帝后。**廪丘**。

陈留郡，武帝元狩元年置。属兖州。**户二十九万六千二百八十四，口一百五十万九千五十。县十七：陈留**，鲁渠水首受狼汤渠，东至阳夏，入涡渠。**小黄**，**成安**，**宁陵**，莽曰康善。**雍丘**，故杞国也，周武王封禹后东楼公。先春秋时徙鲁东北，二十一世简公为楚所灭。**酸枣**，**东緍**，莽曰东明。**襄邑**，有服官，莽曰襄平。**外黄**，都尉治。**封丘**，濮渠水首受泲，东北至都关，入羊里水，过郡三，行六百三十里。**长罗**，侯国。莽曰惠泽。**尉氏**，**傿**，莽曰顺通。**长垣**，莽曰长固。**平丘**，**济阳**，莽曰济前。**浚**

是以前的蛮子国。**开封县**，逢池在县城东北，有的说是宋国的逢泽。**成皋县**，就是以前的虎牢。又叫制县。**苑陵县**，王莽时改为左亭县。**梁县**，境内有瞿狐聚，秦灭西周后把西周的君主迁到此地。境内还阳人聚，秦灭东周后把东周的君主迁到此地。**新郑县**，即《诗经》上提到的郑国，是郑桓公的儿子郑武公所建立的国家，后来被韩国所灭，韩国把都城从平阳迁到此地。

东郡，秦朝时设置。王莽时改为治亭郡。隶属于兖州。**百姓有四十万一千二百九十七户，人口一百六十五万九千零二十八人。下辖二十二县：濮阳县**，卫成公将都城从楚丘迁到此地。即以前的帝丘，存有颛顼时留下的废墟。王莽时改为治亭县。**畔观县**，王莽时改为观治县。**聊城县**，**顿丘县**，王莽时改为顺丘县。**发干县**，王莽时改为戢楯县。**范县**，王莽时改为建睦县。**茬平县**，王莽时改为功崇县。**东武阳县**，大禹治理漯水，使它向东北流到千乘，归入大海，流经三个郡，全程一千零二十里。王莽时改为武昌县。**博平县**，王莽时改为加睦县。**黎县**，王莽时改为黎治。**清县**，王莽时改为清治县。**东阿县**，境内有都尉的治所。**离狐县**，王莽时改为瑞狐县。**临邑县**，有泲水庙。王莽时改为穀城亭。**利苗县**，**须昌县**，即以前的须句国，大昊后裔的封地，风姓。**寿良县**，蚩尤祠在县城西北的泲水边。境内有朐城。**乐昌县**，**阳平县**，**白马县**，**南燕县**，是古南燕国所在地，姞姓，黄帝后裔的封地。**廪丘县**。

陈留郡，汉武帝元狩元年（前122）设置。隶属于兖州。**百姓有二十九万六千二百八十四户，人口一百五十万九千零五十人。下辖十七县：陈留县**，境内有鲁渠，从狼汤渠引水，向东流到阳夏，进入涡渠。**小黄县**，**成安县**，**宁陵县**，王莽时改为康善县。**雍丘县**，即以前的杞国所在地，周武王把它封给大禹的后人东楼公。在春秋时杞国迁到鲁国的东北，到了第二十一代简公时被楚国所灭。**酸枣县**，**东缗县**，王莽时改为东明。**襄邑县**，设有服官。王莽时改为襄平县。**外黄县**，境内有都尉的治

仪，故大梁。魏惠王自安邑徙此。睢水首受狼汤水，东至取虑入泗，过郡四，行千三百六十里。

颍川郡，秦置。高帝五年为韩国，六年复故。莽曰左队。阳翟有工官。属豫州。**户四十三万二千四百九十一，口二百二十一万九百七十三。县二十：阳翟**，夏禹国。周末，韩景侯自新郑徙此。户四万一千六百五十，口十万九千。莽曰颍川。**昆阳**，**颍阳**，**定陵**，有东不羹。莽曰定城。**长社**，**新汲**，**襄城**，有西不羹。莽曰相城。**郾**，**郏**，**舞阳**，**颍阴**，**崈高**，武帝置，以奉太室山，是为中岳。有太室、少室山庙。古文以崇高为外方山也。**许**，故国，姜姓，四岳后，太叔所封，二十四世为楚所灭。**傿陵**，户四万九千一百一，口二十六万一千四百一十八。莽曰左亭。**临颍**，莽曰监颍。**父城**，应乡，故国，周武王弟所封。**成安**，侯国也。**周承休**，侯国，元帝置，元始二年更名郑公。莽曰嘉美。**阳城**，阳城山，洧水所出，东南至长平入颍，过郡三，行五百里。阳乾山，颍水所出，东至下蔡入淮，过郡三，行千五百里，荆州浸。有铁官。**纶氏**。

汝南郡，高帝置。莽曰汝汾。分为赏都尉。属豫州。**户**

所。**封丘县**，境内有濮渠，从泲水引水，向东北流到都关，汇入羊里水，流经三个郡，全程六百三十里。**长罗县**，是汉朝列侯的封国。王莽时改为惠泽县。**尉氏县**，**傿县**，王莽时改为顺通县。**长垣县**，王莽时改为长固县。**平丘县**，**济阳县**，王莽时改为济前县。**浚仪县**，即以前的大梁。魏惠王把都城从安邑迁到此地。境内有睢水，从狼汤水起源，向东流到取虑，然后汇入泗水，流经四个郡，全程一千三百六十里。

颍川郡，秦朝时设置。汉高祖五年（前202）改为韩国，汉高帝六年又恢复原名。王莽时改为左队郡。在阳翟设有工官。隶属于豫州。**百姓有四十三万二千四百九十一户，人口有二百二十一万九百七十三人。下辖二十县**：**阳翟县**，是夏禹的封国。周朝末期，韩景侯将都城从新郑迁到此地。百姓有四万一千六百五十户，人口十万九千人。王莽时改为颍川县。**昆阳县**，**颍阳县**，**定陵县**，境内有东不羹城。王莽时改为定城县。**长社县**，**新汲县**，**襄城县**，境内有西不羹城。王莽时改为相城县。**郾县**，**郏县**，**舞阳县**，**颍阴县**，**崈高县**，汉武帝时设置，负责祭祀太室山，太室山也就是中岳。境内有太室山庙、少室山庙。古代文献记载崇高山就是外方山。**许县**，是古代许国的所在地，姜姓，是上古四岳的后代，许国太叔最早的封地就在此处，二十四代后被楚所灭。**傿陵县**，百姓有四万九千一百零一户，人口有二十六万一千四百一十八人。王莽时改为左亭县。**临颍县**，王莽时改为监颍县。**父城县**，境内有应乡，是古代应国所在地，周武王的弟弟被分封在此地。**成安县**，是汉朝列侯的封国。**周承休县**，是汉朝列侯的封国，汉元帝时设置，汉平帝元始二年（2）改名叫郑公县。王莽时改为嘉美县。**阳城县**，洧水从阳城山流出，向东南流到长平县后，汇入颍水，流经三个郡，全程五百里。颍水从阳乾山流出，向东流到下蔡县后，汇入淮水，流经三个郡，全程一千五百里，是荆州的灌溉水源。境内设有铁官。**纶氏县**。

汝南郡，汉高祖时设置。王莽时改为汝汾郡。又另外划分出

四十六万一千五百八十七，口二百五十九万六千一百四十八。县三十七：平舆，阳安，阳城，侯国。莽曰新安。灈强，富波，女阳，鲖阳，吴房，安成，侯国。莽曰至成。南顿，故顿子国，姬姓。朗陵，细阳，莽曰乐庆。宜春，侯国。莽曰宣孱。女阴，故胡国。都尉治。莽曰汝坟。新蔡，蔡平侯自蔡徙此，后二世徙下蔡。莽曰新迁。新息，莽曰新德。灈阳，期思，慎阳，慎，莽曰慎治。召陵，弋阳，侯国。西平，有铁官。莽曰新亭。上蔡，故蔡国，周武王弟叔度所封。度放，成王封其子胡。十八世徙新蔡。𢈪，莽曰闰治。西华，莽曰华望。长平，莽曰长正。宜禄，莽曰赏都亭。项，故国。新郪，莽曰新延。归德，侯国。宣帝置。莽曰归惠。新阳，莽曰新明。安昌，侯国。莽曰始成。安阳，侯国。莽曰均夏。博阳，侯国。莽曰乐家。成阳，侯国。莽曰新利。定陵，高陵山，汝水出，东南至新蔡入淮，过郡四，行千三百四十里。

南阳郡，秦置。莽曰前队。属荆州。户三十五万九千三百一十六，口一百九十四万二千五十一。县三十六：宛，故申伯国。有屈申城。县南有北筮山。户四万七千五百四十七。有工官、铁官。莽曰南阳。犨，杜衍，莽曰闰衍。酂，侯国，莽曰南庚。育阳，有南筮聚，在东北。博山，侯国。哀帝置。故顺阳。涅阳，莽曰前亭。阴，堵阳，莽曰阳城。雉，衡山，沣水所出，东至郾入汝。山都，蔡阳，莽之母功显君邑。新野，筑阳，故

赏都郡。隶属于豫州。**百姓有四十六万一千五百八十七户，人口有二百五十九万六千一百四十八人**。下辖三十七县：**平舆县**，**阳安县**，**阳城县**，是汉朝列侯的封国。王莽时改为新安县。**濦强县**，**富波县**，**女阳县**，**鲖阳县**，**吴房县**，**安成县**，是汉朝列侯的封国。王莽时改为至成县。**南顿县**，是古代顿子国所在地，姬姓。**朗陵县**，**细阳县**，王莽时改为乐庆县。**宜春县**，是汉朝列侯的封国，王莽时改为宣孱县。**女阴县**，即古代胡国所在地。设有都尉治所。王莽时改为汝坟县。**新蔡县**，蔡平侯把都城从蔡地迁到此地，二代后迁到下蔡。王莽时改为新迁县。**新息县**，王莽时改为新德县。**灈阳县**，**期思县**，**慎阳县**，**慎县**，王莽时改为慎治县。**召陵县**，**弋阳县**，是汉朝列侯的封国。**西平县**，设有铁官。王莽时改为新亭县。**上蔡县**，即以前的蔡国，周武王的弟弟叔度被封在此地。叔度被流放后，周成王就把此地封给他的儿子胡，十八代后迁到新蔡。**灊县**，王莽时改为闰治县。**西华县**，王莽时改为华望县。**长平县**，王莽时改为长正县。**宜禄县**，王莽时改为赏都亭。**项县**，是古项国所在地。**新郪县**，王莽时改为新延县。**归德县**，是汉朝列侯的封国。汉宣帝时设置。王莽时改为归惠县。**新阳县**，王莽时改为新明县。**安昌县**，是汉朝列侯的封国。王莽时改为始成县。**安阳县**，是汉朝列侯的封国。王莽时改为均夏县。**博阳县**，是汉朝列侯的封国。王莽时改为乐家县。**成阳县**，是汉朝列侯的封国。王莽时改为新利县。**定陵县**，汝水从高陵山流出，向东南流到新蔡后，汇入淮水，流经四个郡，全程一千三百四十里。

南阳郡，秦朝时设置。王莽时改为前队郡。隶属荆州。**百姓有三十五万九千三百一十六户，人口有一百九十四万二千零五十一人**。下辖三十六个县：**宛县**。即古代的申伯的封国。境内有屈申城。县南有北筮山。百姓有四万七千五百四十七户。设有工官、铁官。王莽时改为南阳县。**犨县**，**杜衍县**，王莽时改为闰衍县。**酂县**，是汉朝萧何的封国。王莽时改为南庚县。**育阳县**，境内有南筮聚，在县城东北面。**博山县**，是汉

縠伯国。莽曰宜禾。**棘阳**，**武当**，**舞阴**，中阴山，瀙水所出，东至蔡入汝。**西鄂**，**穰**，莽曰农穰。**郦**，育水出西北，南入汉。**安众**，侯国。故宛西乡。**冠军**，武帝置。故穰卢阳乡、宛临駣聚。**比阳**，**平氏**，《禹贡》桐柏大复山在东南，淮水所出，东南至淮浦入海，过郡四，行三千二百四十里，青州川。莽曰平善。**随**，故国。厉乡，故厉国也。**叶**，楚叶公邑。有长城，号曰方城。**邓**，故国。都尉治。**朝阳**，莽曰厉信。**鲁阳**，有鲁山。古鲁县，御龙氏所迁。鲁山，滍水所出，东北至定陵入汝。又有昆水，东南至定陵入汝。**舂陵**，侯国。故蔡阳白水乡。上唐乡，故唐国。**新都**，侯国。莽曰新林。**湖阳**，故廖国也。**红阳**，侯国。莽曰红俞。**乐成**，侯国。**博望**，侯国。莽曰宜乐。**复阳**，侯国。故湖阳乐乡。

南郡，秦置。高帝元年更为临江郡，五年复故。景帝二年复为临江，中二年复故。莽曰南顺。属荆州。**户十二万五千五百七十九**，**口七十一万八千五百四十**。有发弩官。**县十八**：**江陵**，故楚郢都，楚文王自丹阳徙此。后九世平王城之。后十世秦拔我郢，徙陈。莽曰江陆。**临沮**，《禹贡》南条荆山在东北，漳水所出，东至江陵入阳水，阳水入沔，行六百里。**夷陵**，都尉治。莽曰居利。**华容**，云梦泽在南，荆州薮。夏水首受江，

朝列侯的封国。汉哀帝时设置。即以前的顺阳县。**涅阳县**，王莽时改为前亭县。**阴县**，**堵阳县**，王莽时改为阳城县。**雉县**，沣水从衡山流出，向东流到郾县后，汇入汝水。**山都县**，**蔡阳县**，王莽的母亲功显君的封地。**新野县**，**筑阳县**，是古代的穀伯国所在地。王莽时改为宜禾县。**棘阳县**，**武当县**，**舞阴县**，瀙水从中阴山流出，向东流到蔡地后，汇入汝水。**西鄂县**，**穰县**，王莽时改为农穰县。**郦县**，育水从县城西北流出，向南汇入汉水。**安众县**，是汉朝列侯的封国。原来是宛的西乡。**冠军县**，汉武帝时设置。是原来穰县的卢阳乡、宛县的临駣聚。**比阳县**，**平氏县**，《禹贡》上记载的桐柏大复山在县城东南，淮水从这里流出，向东南流到淮蒲县后，汇入大海，流经四个郡，全程三千二百四十里，是青州的大河。王莽时改为平善县。**随县**，是古随国所在地。境内的厉乡，是原先的古厉国。**叶县**，是楚大夫叶公的封地。境内有长城，号称方城。**邓县**，是古邓国所在地。设有都尉治所。**朝阳县**，王莽时改为厉信县。**鲁阳县**，境内有鲁山。即古鲁县，御龙氏曾迁移此地。滍水从鲁山发源，向东北流到定陵县汇入汝水。境内还有昆水，向东南流到定陵汇入汝水。**舂陵县**，是汉朝列侯的封国。以前是蔡阳的白水乡。境内有上唐乡，是原来的古唐国。**新都县**，是汉朝列侯的封国。王莽时改为新林县。**湖阳县**，是以前的古廖国。**红阳县**，是汉朝列侯的封国。王莽时改为红俞县。**乐成县**，是汉朝列侯的封国。**博望县**，是汉朝列侯的封国。王莽时改为宜乐县。**复阳县**，是汉朝列侯的封国。以前是湖阳县的乐乡。

南郡，秦朝时设置。汉高祖元年（前206）改为临江郡，汉高祖五年（前202）恢复原名。汉景帝二年（前155）又改为临江郡，汉景帝中元二年（前148）又恢复原名。王莽时改为南顺郡。隶属荆州。**百姓有十二万五千五百七十九户，人口有七十一万八千五百四十人**。设有发弩官。**下辖十八个县**：**江陵县**，即原来楚国的郢都，楚文王把都城从丹阳迁到此地。九代后楚平王在这里建城。十代后秦国攻占郢都，楚国将都

东入沔，行五百里。**宜城**，故鄢，惠帝三年更名。**郢**，楚别邑，故郢。莽曰郢亭。**邔**，**当阳**，**中庐**，**枝江**，故罗国。江沱出西，东入江。**襄阳**，莽曰相阳。**编**，有云梦官。莽曰南顺。**秭归**，归乡，故归国。**夷道**，莽曰江南。**州陵**，莽曰江夏。**若**，楚昭王畏吴，自郢徙此，后复还郢。**巫**，夷水东至夷道入江，过郡二，行五百四十里。有盐官。**高成**，洈山，洈水所出，东入繇。繇水南至华容入江，过郡二，行五百里。莽曰言程。

江夏郡，高帝置。属荆州。**户五万六千八百四十四，口二十一万九千二百一十八**。**县十四**：**西陵**，有云梦官。莽曰江阳。**竟陵**，章山在东北，古文以为内方山。郧乡，楚郧公邑。莽曰守平。**西阳**，**襄**，莽曰襄非。**邾**，衡山王吴芮都。**轪**，故弦子国。**鄂**，**安陆**，横尾山在东北，古文以为倍尾山。**沙羡**，**蕲春**，**鄳**，**云杜**，**下雉**，莽曰闰光。**钟武**，侯国。莽曰当利。

庐江郡，故淮南，文帝十六年别为国。金兰西北有东陵乡，淮水出。属扬州。庐江出陵阳东南，北入江。**户十二万四千三百八十三，口四十五万七千三百三十三**。有楼船官。**县十二**：**舒**，故国。莽曰昆乡。**居巢**，**龙舒**，**临湖**，**雩娄**，决水北至蓼入淮，又有灌水，亦北至蓼入决，

城迁到陈。王莽时改为江陆县。**临沮县**，《禹贡》上记载的南条荆山在县城东北，漳水从这里流出，向东流到江陵后，汇入阳水，阳水汇入沔水，全程六百里。**夷陵县**，境内有都尉的治所。王莽时改为居利县。**华容县**，云梦泽在县城南面，云梦泽是荆州的大湖泽。夏水从长江引水，向东流入沔水，全程五百里。**宜城县**，是原来的鄢县，汉惠帝三年（前192）改为现在的名字。**郢县**，楚国的都城之一。即郢都。王莽时改为郢亭。**邔县**，**当阳县**，**中庐县**，**枝江县**，即原来的罗国。江沱河从县城西面流出，向东流入长江。**襄阳县**，王莽时改为相阳县。**编县**，设有云梦官。王莽时改为南顺。**秭归县**，境内有归乡，就是原来的归国。**夷道县**，王莽时改为江南县。**州陵县**，王莽时改为江夏县。**若县**，楚昭王时畏惧吴国的势力，把都城从郢都迁到此地，后来又回到郢都。**巫县**，夷水向东流到夷道后，汇入长江，流经两个郡，全程五百四十里。设有盐官。**高成县**，洈水从洈山流出，向东流入繇水。繇水向南流到华容后，汇入长江，流经两个郡，全程五百里。王莽时改为言程县。

江夏郡，汉高祖时设置。隶属于荆州。**百姓有五万六千八百四十四户，人口有二十一万九千二百一十八人。下辖十四个县：西陵县**，设有云梦官。王莽时改为江阳县。**竟陵县**，章山在县城东北，古代文献记载是内方山。境内有郧乡，是楚国郧公的封地。王莽时改为守平县。**西阳县**，**襄县**，王莽时改为襄非县。**邾县**，曾是衡山王吴芮的都城。**轪县**，是原来的弦子国。**鄂县**，**安陆县**，横尾山在县城东北，古代文献中记载是倍尾山。**沙羡县**，**蕲春县**，**鄳县**，**云杜县**，**下雉县**，王莽时改为闰光县。**锺武县**，是汉朝列侯的封国。王莽时改为当利县。

庐江郡，即原来的淮南国，后被废，汉文帝十六年（前164）重新立为淮南国。郡内金兰县西北有东陵乡，淮水从这里流出。隶属于扬州。庐江从陵阳县东南流出，向北流入长江。**百姓有十二万四千三百八十三户，人口有四十五万七千三百三十三人**。设有楼船官。**下辖十二个县：**

过郡二，行五百一十里。**襄安**，莽曰庐江亭也。**枞阳**，**寻阳**，《禹贡》九江在南，皆东合为大江。**灊**，天柱山在南。有祠。沘山，沘水所出，北至寿春入芍陂。**皖**，有铁官。**湖陵邑**，北湖在南。松兹，侯国。莽曰诵善。

九江郡，秦置。高帝四年更名为淮南国，武帝元狩元年复故。莽曰延平。属扬州。**户十五万五十二，口七十八万五百二十五**。有陂官、湖官。**县十五**：**寿春邑**，楚考烈王自陈徙此。**浚遒**，**成德**，莽曰平阿。**橐皋**，**阴陵**，莽曰阴陆。**历阳**，都尉治。莽曰明义。**当涂**，侯国。莽曰山聚。**钟离**，莽曰蚕富。**合肥**，**东城**，莽曰武城。**博乡**，侯国。莽曰扬陆。**曲阳**，侯国。莽曰延平亭。**建阳**，**全椒**，**阜陵**，莽曰阜陆。

山阳郡，故梁。景帝中六年别为山阳国。武帝建元五年别为郡。莽曰钜野。属兖州。**户十七万二千八百四十七，口八十万一千二百八十八**。有铁官。**县二十三**：**昌邑**，武帝天汉四年更山阳为昌邑国。有梁丘乡。《春秋传》曰“宋、齐会于梁丘”。**南平阳**，莽曰黾平。**成武**，有楚丘亭。齐桓公所城，迁卫文公于此。子成公徙濮阳。莽曰成安。**湖陵**，《禹贡》“浮于泗、淮，通于河”，水在南。莽曰湖陆。**东缗**，**方与**，**橐**，莽曰高平。**钜壄**，大壄泽在北，兖州薮。**单父**，都尉治。莽曰利父。**薄**，**都关**，**城都**，侯国。莽曰城穀。**黄**，侯国。**爰戚**，侯国。莽曰戚亭。**郜成**，侯国。莽曰告成。**中乡**，侯国。**平乐**，侯国。包水东北至沛入泗。

舒县，是原来舒国。王莽时改为昆乡县。**居巢县**，**龙舒县**，**临湖县**，**雩娄县**，决水向北流到蓼县后汇入淮河，还有灌水，也向北流到蓼县后，汇入决水，流经两个郡，全程五百一十里。**襄安县**，王莽时改为庐江亭。**枞阳县**，**寻阳县**，《禹贡》上记载的九江在县城南面，都东流汇合成长江。**灊县**，天柱山在县城南面。山上有祠庙。沘水从沘山流出，向北流到寿春后，汇入芍陂。**晥县**，设有铁官。**湖陵邑**，北湖在县城南面。**松兹县**，是汉朝列侯的封国。王莽时改为诵善县。

九江郡，秦朝时设置。汉高祖四年（前203）改为淮南国，汉武帝元狩元年（前122）恢复为九江郡。王莽时改为延平郡。隶属于扬州。**百姓有十五万零五十二户，人口有七十八万零五百二十五人**。郡内设有陂官、湖官。**下辖十五个县**：**寿春邑**，楚国考烈王将都城从陈迁到此地。**浚遒县**，**成德县**，王莽时改为平阿县。**橐皋县**，**阴陵县**，王莽时改为阴陆县。**历阳县**，境内有都尉的治所。王莽时改为明义县。**当涂县**，是汉朝列侯的封国。王莽时改为山聚县。**锺离县**，王莽时改为蚕富县。**合肥县**，**东城县**，王莽时改为武城县。**博乡县**，是汉朝列侯的封国。王莽时改为扬陆县。**曲阳县**，是汉朝列侯的封国。王莽时改为延平亭。**建阳县**，**全椒县**，**阜陵县**，王莽时改为阜陆县。

山阳郡，即以前的梁国。汉景帝中元六年（前144）再次立为山阳国。汉武帝建元五年（前136）再改为郡。王莽时改为钜野县。隶属于兖州。**百姓有十七万二千八百四十七户，人口有八十万一千二百八十八人**。郡内设有铁官。**下辖二十三个县**：**昌邑县**，汉武帝天汉四年（前97）改山阳郡为昌邑国。境内有梁丘乡。就是《春秋传》中记载“宋、齐会盟于梁丘”的所在地。**南平阳县**，王莽时改为黾平县。**成武县**，境内有楚丘亭，齐桓公在此建城，把卫文公迁到那里。卫文公儿子卫成公又迁都到濮阳。王莽时改为成安县。**湖陵县**，《禹贡》中记载“坐船从泗水、淮水到达黄河”，水道在县城南面。王莽时改为湖陆县。**东缗县**，**方与县**，**橐**

郑，侯国。**瑕丘**，**甾乡**，侯国。**栗乡**，侯国。莽曰足亭。**曲乡**，侯国。**西阳**，侯国。

济阴郡，故梁。景帝中六年别为济阴国。宣帝甘露二年更名定陶。《禹贡》荷泽在定陶东。属兖州。**户二十九万二十五，口百三十八万六千二百七十八。县九：定陶**，故曹国，周武王弟叔振铎所封。《禹贡》陶丘在西南。陶丘亭。**冤句**，莽改定陶曰济平，冤句县曰济平亭。**吕都**，莽曰祈都。**葭密**，**成阳**，有尧冢灵台。《禹贡》雷泽在西北。**鄄城**，莽曰鄄良。**句阳**，**秺**，莽曰万岁。**乘氏**。泗水东南至睢陵入淮，过郡六，行千一百一十里。

沛郡，故秦泗水郡。高帝更名。莽曰吾符。属豫州。**户四十万九千七十九，口二百三万四百八十。县三十七：相**，莽曰吾符亭。**龙亢**，**竹**，莽曰笃亭。**穀阳**，**萧**，故萧叔国，宋别封附庸也。**向**，故国。《春秋》曰"莒人入向"。姜姓，炎帝后。**铚**，**广戚**，侯国。莽曰力聚。**下蔡**，故州来国，为楚所灭，后吴取之，至夫差迁昭侯于此。后四世侯齐竟为楚所灭。**丰**，莽曰吾丰。**郸**，莽曰单城。**谯**，莽曰延成亭。**蕲**，垂乡。高祖破黥布。都尉治。莽曰蕲城。**虵**，莽曰贡。**辄与**，莽曰华乐。**山桑**，**公丘**，

县，王莽时改为高平县。**钜壄县**，大壄泽在县城北面，大壄泽是兖州的大湖泽。**单父县**，境内有都尉的治所。王莽时改为利父县。**薄县**，**都关县**，**城都县**，是汉朝列侯的封国。王莽时改为城穀县。**黄县**，是汉朝列侯的封国。**爰戚县**，是汉朝列侯的封国。王莽时改为戚亭。**郜成县**，是汉朝列侯的封国。王莽时改为告成县。**中乡县**，是汉朝列侯的封国。**平乐县**，是汉朝列侯的封国。包水向东北流到沛，汇入泗水。**郑县**，是汉朝列侯的封国。**瑕丘县**，**甾乡县**，是汉朝列侯的封国。**栗乡县**，是汉朝列侯的封国。王莽时改为足亭。**曲乡县**，是汉朝列侯的封国。**西阳县**，是汉朝列侯的封国。

济阴郡，即原来的梁国。汉景帝中元六年（前144）立为济阴国。汉宣帝甘露二年（前52）改名叫定陶县。《禹贡》上记载的荷泽在定陶县东面。隶属于兖州。**百姓有二十九万零二十五户，人口一百三十八万六千二百七十八人**。**下辖九个县：定陶县**，即原来的曹国，是周武王的弟弟叔振铎的封地。《禹贡》上记载的陶丘在县城西南面。境内有陶丘亭。**冤句县**，王莽时改定陶县为济平县，冤句县为济平亭。**吕都县**，王莽时改为祈都县。**葭密县**，**成阳县**，有尧帝的冢灵台。《禹贡》上记载的雷泽在县城西北。**鄄城县**，王莽时改为鄄良。**句阳县**，**秺县**，王莽时改为万岁县。**乘氏县**。泗水向东南流到睢陵后，汇入淮水，流经六个郡，全程一千一百一十里。

沛郡，即秦朝的泗水郡。汉高祖时改为现在的名字。王莽时改为吾符郡。隶属于豫州。**百姓有四十万九千零七十九户，人口二百零三万零四百八十人**。**下辖三十七个县：相县**，王莽时改为吾符亭。**龙亢县**，**竹县**，王莽时改为笃亭。**穀阳县**，**萧县**，是春秋时期宋国大夫萧叔的封国，宋国国君立萧国为附属国。**向县**，即古代的向国，《春秋》上记载“莒人进入向国”。姜姓，是炎帝的后代。**铚县**，**广戚县**，是汉朝列侯的封国。王莽时改为力聚县。**下蔡县**，即过去的州来国所在地，被楚国灭

侯国。故滕国，周懿王子错叔绣文公所封，三十一世为齐所灭。**符离**，莽曰符合。**敬丘**，侯国。**夏丘**，莽曰归思。**洨**，侯国。垓下，高祖破项羽。莽曰育成，**沛**，有铁官。**芒**，莽曰博治。**建成**，侯国。**城父**，夏肥水东南至下蔡入淮，过郡二，行六百二十里。莽曰思善。**建平**，侯国。莽曰田平。**酂**，莽曰赞治。**栗**，侯国。莽曰成富。**扶阳**，侯国。莽曰合治。**高**，侯国。**高柴**，侯国。**漂阳**，**平阿**，侯国。莽曰平宁。**东乡**，**临都**，**义成**，**祁乡**，侯国。莽曰会穀。

魏郡，高帝置。莽曰魏城。属冀州。**户二十一万二千八百四十九，口九十万九千六百五十五。县十八：邺**，故大河在东北入海。**馆陶**，河水别出为屯氏河，东北至章武入海，过郡四，行千五百里。**斥丘**，莽曰利丘。**沙**，**内黄**，清河水出南。**清渊**，**魏**，都尉治。莽曰魏城亭。**繁阳**，**元城**，**梁期**，**黎阳**，莽曰黎蒸。**即裴**，侯国。莽曰即是。**武始**，漳水东至邯郸入漳，又有拘涧水，东北至邯郸入白渠。**邯会**，侯国。**阴安**，**平恩**，侯国。莽曰延平。**邯沟**，侯国。**武安**，钦口山，白渠水所出，东至列人入漳。又有寖水，东北至东昌入虖池河，过郡五。行六百一里。有铁官。莽曰桓安。

亡，后来吴国占领了它，到吴王夫差时把蔡昭侯迁到此地。四世后蔡侯齐被楚国灭掉。**丰县**，王莽时改为吾丰县。**郸县**，王莽时改为单城县。**谯县**，王莽时改为延成亭。**蕲县**，垂乡。汉高祖刘邦打败黥布的地方。境内有都尉的治所。王莽时叫蕲城县。**𨚕县**，王莽时改为贡县。**辄与县**，王莽时改为华乐县。**山桑县**，**公丘县**，是汉朝列侯的封国。古滕国所在地，是周懿王的儿子错叔锈文公的封地，传三十一代被齐国所灭。**符离县**，王莽时改为符合县。**敬丘县**，是汉朝列侯的封国。**夏丘县**，王莽时改为归思县。**洨县**，是汉朝列侯的封国。境内有垓下，汉高祖在此地打败项羽。王莽时改为育成县。**沛县**，设有铁官。**芒县**，王莽时改为博治县。**建成县**，是汉朝列侯的封国。**城父县**，夏肥水向东南流到下蔡后，汇入淮水，流经两个郡，全程六百二十里。王莽时改为思善县。**建平县**，是汉朝列侯的封国。王莽时改为田平县。**酂县**，王莽时改为赞治县。**栗县**，是汉朝列侯的封国。王莽时改为成富县。**扶阳县**，是汉朝列侯的封国。王莽时改为合治县。**高县**，是汉朝列侯的封国。**高柴县**，是汉朝列侯的封国。**漂阳县**，**平阿县**，是汉朝列侯的封国。王莽时改为平宁县。**东乡县**，**临都县**，**义成县**，**祁乡县**，是汉朝列侯的封国。王莽时改为会穀县。

魏郡，汉高祖时设置。王莽时改为魏城郡。属于冀州。**百姓有二十一万二千八百四十九户，人口九十万九千六百五十五人**。下辖十八个县：**邺县**，黄河原来在县城的东北流入大海。**馆陶县**，黄河的一支分流形成屯氏河，向东北流到章武县流入大海，流经四个郡，全程一千五百里。**斥丘县**，王莽时改为利丘。**沙县**，**内黄县**，清河水从县城南面发源。**清渊县**，**魏县**，境内有都尉的治所。王莽时改为魏城亭。**繁阳县**，**元城县**，**梁期县**，**黎阳县**，王莽时改为黎蒸县。**即裴县**，是汉朝列侯的封国。王莽时改为即是县。**武始县**，漳水向东流到邯郸汇入漳水，境内还有拘涧水，向东北流到邯郸汇入白渠。**邯会县**，是汉朝列侯的封

钜鹿郡，秦置。属冀州。**户十五万五千九百五十一，口八十二万七千一百七十七。县二十：钜鹿**，《禹贡》，大陆泽在北。纣所作沙丘台在东北七十里。**南䜌**，莽曰富平。**广阿，象氏**，侯国。莽曰宁昌。**廮陶，宋子**，莽曰宜子。**杨氏**，莽曰功陆。**临平，下曲阳**，都尉治。**贳，鄡**，莽曰秦聚。**新市**，侯国。莽曰市乐。**堂阳**，有盐官，尝分为经县。**安定**，侯国。**敬武，历乡**，侯国，莽曰历聚。**乐信**，侯国。**武陶**，侯国。**柏乡**，侯国。**安乡**，侯国。

常山郡，高帝置。莽曰井关。属冀州。**户十四万一千七百四十一，口六十七万七千九百五十六。县十八：元氏**，沮水首受中丘西山穷泉谷，东至堂阳入黄河。莽曰井关亭。**石邑**，井陉山在西，洨水所出，东南至廮陶入泜。**桑中**，侯国。**灵寿**，中山桓公居此。《禹贡》卫水出东北，东入虖池。**蒲吾**，有铁山。大白渠水首受绵曼水，东南至下曲阳入斯洨。**上曲阳**，恒山北谷在西北。有祠。并州山。《禹贡》恒水所出，东入滱。莽曰常山亭。**九门**，莽曰久门。**井陉，房子**，赞皇山，济水所出，东至廮陶入泜。莽曰多子。**中丘**，逢山长谷，渚水所出，东至张邑入浊。莽曰直聚。**封斯**，侯国。**关，平棘，鄗**，世祖即位，更名高邑。莽曰禾成亭。**乐阳**，侯国。莽曰畅苗。**平台**，侯国。莽曰顺台。**都乡**，侯国。有铁官。莽曰分乡。**南行唐**，牛饮山白陆谷，滋水所出，东至新市入虖池。都尉治。莽曰延亿。

国。**阴安县**，**平恩县**，是汉朝列侯的封国。王莽时改为延平县。**邯沟县**，是汉朝列侯的封国。武安县，境内有白渠水从钦口山发源，向东流到列人后，汇入漳水。境内还有寖水，向东北流到东昌后，汇入虖池河，流经五个郡，全程六百零一里。设有铁官。王莽时改为桓安县。

钜鹿郡，秦朝时设置。属于冀州。**百姓有十五万五千九百五十一户，人口八十二万七千一百七十七人**。下辖二十个县：**钜鹿县**，《禹贡》上记载的大陆泽在县城北面。纣王所建的沙丘台在县城东北七十里。**南䜌县**，王莽时改为富平县。**广阿县**，**象氏县**，是汉朝列侯的封国。王莽时改为宁昌县。**廮陶县**，**宋子县**，王莽时改为宜子县。**杨氏县**，王莽时改为功陆县。**临平县**，**下曲阳县**，境内有都尉的治所。**贳县**，**鄡县**，王莽时改为秦聚县。**新市县**，是汉朝列侯的封国。王莽时改为市乐县。**堂阳县**，设有盐官。曾经把经县划分出去。**安定县**，是汉朝列侯的封国。**敬武县**，**历乡县**，是汉朝列侯的封国。王莽时改为历聚县。**乐信县**，是汉朝列侯的封国。**武陶县**，是汉朝列侯的封国。**柏乡县**，是汉朝列侯的封国。**安乡县**，是汉朝列侯的封国。

常山郡，汉高祖时设置。王莽时改为井关郡。属于冀州。**百姓有十四万一千七百四十一户，人口六十七万七千九百五十六人**。下辖十八个县：**元氏县**，沮水从中丘西山的穷泉谷发源，向东流到堂阳县汇入黄河。王莽时改为井关亭。**石邑县**，井陉山在县城西面，洨水发源于此，向东南流到廮陶后，汇入泜水。**桑中县**，是汉朝列侯的封国。**灵寿县**，战国时期中山桓公定都在这里。《禹贡》上记载的卫水从县城东北流出，向东流入虖池水。**蒲吾县**，境内有铁山。大白渠水首先从緜曼水引水，向东南流到下曲阳县汇入斯洨水。**上曲阳县**，恒山的北谷在县城西北方向。山上有祠庙。恒山是并州的大山。《禹贡》上记载的恒水从恒山流出，向东流入滱水。王莽时改为常山亭。**九门县**，王莽时改为久门县。**井陉县**，**房子县**，境内有济水从赞皇山流出，向东到廮陶后，汇入泜

清河郡，高帝置。莽曰平河。属冀州。**户二十万一千七百七十四，口八十七万五千四百二十二。县十四：清阳**，王都。**东武城，绎幕，灵**，河水别出为鸣犊河，东北至蓨入屯氏河。莽曰播。**厝**，莽曰厝治。**鄃**，莽曰善陆。**贝丘**，都尉治。**信成**，张甲河首受屯氏别河，东北至蓨入漳水，**摭题，东阳**，侯国。莽曰胥陵。**信乡**，侯国。**缭，枣彊，复阳**，莽曰乐岁。

涿郡，高帝置。莽曰垣翰。属幽州。**户十九万五千六百七，口七十八万二千七百六十四。**有铁官。**县二十九：涿**，桃水首受涞水，分东至安次入河。**迺**，莽曰迺屏，**穀丘，故安**，阎乡，易水所出，东至范阳入濡也，并州寖。水亦至范阳入涞。**南深泽，范阳**，莽曰顺阴。**蠡吾，容城**，莽曰深泽。**易，广望**，侯国。**鄚**，莽曰言符。**高阳**，莽曰高亭。**州乡**，侯国。**安平**，都尉治。莽曰广望亭。**樊舆**，侯国。莽曰握符。**成**，侯国。莽曰宜家。**良乡**，侯国。垣水南东至阳乡入桃。莽曰广阳。**利乡**，侯国。莽曰章符。**临乡**，侯国。**益昌**，侯国。莽曰有袟。**阳乡**，侯国。莽曰章武。**西乡**，侯国。莽曰移风。**饶阳，中水，武垣**，莽曰垣翰亭。**阿陵**，莽曰阿陆。**阿武**，侯国。**高郭**，侯国。莽曰广堤。**新昌**，侯国。

水。王莽时改为多子县。**中丘县**，渚水从逢山长谷流出，向东流到张邑汇入浊水。王莽时改为直聚县。**封斯县**，是汉朝列侯的封国。**关县**，**平棘县**，**鄗县**，汉光武帝刘秀即位，改名为高邑。王莽时改为禾成亭。**乐阳县**，是汉朝列侯的封国。王莽时改为畅苗县。**平台县**，是汉朝列侯的封国。王莽时改为顺台县。**都乡县**，是汉朝列侯的封国。设有铁官。王莽时改为分乡县。**南行唐县**，境内有滋水从牛饮山白陆谷流出，向东流到新市县后，汇入虖池水。境内有都尉的治所。王莽时改为延亿县。

清河郡，汉高祖时设置。王莽时改为平河郡。隶属于冀州。**百姓有二十万一千七百七十四户，人口有八十七万五千四百二十二人。下辖十四个县**：**清阳县**，是清阳侯国的都城。**东武城县**，**绎幕县**，**灵县**，境内有鸣犊河，是黄河水分流形成的，向东北流到蓨汇入屯氏河。王莽时改为播县。**厝县**，王莽时改为厝治县。**鄃县**，王莽时改为善陆县。**贝丘县**，境内有都尉的治所。**信成县**，张甲河起点在屯氏河支流，向东北流到蓨县后，汇入漳水。**甝题县**，**东阳县**，是汉朝列侯的封国。王莽时改为胥陵县。**信乡县**，是汉朝列侯的封国。**缭县**，**枣彊县**，**复阳县**，王莽时改为乐岁县。

涿郡，汉高祖时设置。王莽时改为垣翰郡，隶属于幽州。**百姓有十九万五千六百零七户，人口有七十八万二千七百六十四人**。设有铁官。**下辖二十九个县**：**涿县**，桃水从涞水分出，向东流到安次县汇入黄河。**迺县**，王莽时改为迺屏县。**穀丘县**，**故安县**，境内有阎乡，易水从这里流出，向东流到范阳县后，汇入濡水，是并州的灌溉水源。易水在范阳县也汇入涞水。**南深泽县**，**范阳县**，王莽时改为顺阴县。**蠡吾县**，**容城县**，王莽时改为深泽县。**易县**，**广望县**，是汉朝列侯的封国。**鄚县**，王莽时改为言符县。**高阳县**，王莽时改为高亭县。**州乡县**，是汉朝列侯的封国。**安平县**，境内有都尉的治所。王莽时改为广望亭。**樊舆**，是汉朝列侯的封国。王莽时改为握符县。**成县**，是汉朝列侯的封国。王莽时改为

勃海郡，高帝置。莽曰迎河。属幽州。**户二十五万六千三百七十七，口九十万五千一百一十九。县二十六：浮阳**，莽曰浮城。**阳信，东光**，有胡苏亭。**阜城**，莽曰吾城。**千童，重合，南皮**，莽曰迎河亭。**定**，侯国。**章武**，有盐官。莽曰桓章。**中邑**，莽曰检阴。**高成**，都尉治也。**高乐**，莽曰为乡。**参户**，侯国。**成平**，虖池河，民曰徒骇河。莽曰泽亭。**柳**，侯国。**临乐**，侯国。莽曰乐亭。**东平舒，重平，安次，脩市**，侯国。莽曰居宁。**文安，景成**，侯国。**束州，建成，章乡**，侯国。**蒲领**，侯国。

平原郡，高帝置。莽曰河平。属青州。**户十五万四千三百八十七，口六十六万四千五百四十三。县十九：平原**，有笃马河，东北入海，五百六十里。**鬲**，平当以为鬲津。莽曰河平亭。**高唐**，桑钦言漯水所出。**重丘，平昌**，侯国。**羽**，侯国。莽曰羽贞。**般**，莽曰分明。**乐陵**，都尉治。莽曰美阳。**祝阿**，莽曰安成。**瑗**，莽曰东顺亭。**阿阳，漯阴**。莽曰翼成。**朸**，莽曰张乡。**富平**，侯国。莽曰乐安亭。**安惪，合阳**，侯国。莽曰宜

宜家县。**良乡县**，是汉朝列侯的封国。境内有垣水向南向东流到阳乡，汇入桃水。王莽时改为广阳。**利乡县**，是汉朝列侯的封国。王莽时改为章符县。**临乡县**，是汉朝列侯的封国。**益昌县**，是汉朝列侯的封国。王莽时改为有袟。**阳乡县**，是汉朝列侯的封国。王莽时改为章武。**西乡县**，是汉朝列侯的封国。王莽时改为移风县。**饶阳县**，**中水县**，**武垣县**，王莽时改为垣翰亭。**阿陵县**，王莽时改为阿陆县。**阿武县**，是汉朝列侯的封国。**高郭县**，是汉朝列侯的封国。王莽时改为广堤县。**新昌县**，是汉朝列侯的封国。

勃海郡，汉高祖时设置。王莽时改为迎河，隶属于幽州。**百姓有二十五万六千三百七十七户，人口九十万五千一百一十九人。**下辖二十六个县：**浮阳县**，王莽时改为浮城。**阳信县**，**东光县**，境内有胡苏亭。**阜城县**，王莽时改为吾城县。**千童县**，**重合县**，**南皮县**，王莽时改为迎河亭。**定县**，是汉朝列侯的封国。**章武县**，设有盐官。王莽时改为桓章县。**中邑县**，王莽时改为检阴县。**高成县**，境内有都尉的治所。**高乐县**，王莽时改为为乡县。**参户县**，是汉朝列侯的封国。**成平县**，境内有虖池河，民间称为徒骇河。王莽时改为泽亭县。**柳县**，是汉朝列侯的封国。**临乐县**，是汉朝列侯的封国。王莽时改为乐亭县。**东平舒县**，**重平县**，**安次县**，**脩市县**，是汉朝列侯的封国。王莽时改为居宁县。**文安县**，**景成县**，是汉朝列侯的封国。**束州县**，**建成县**，**章乡县**，是汉朝列侯的封国。**蒲领县**，是汉朝列侯的封国。

平原郡，汉高祖时设置。王莽时改为河平郡。隶属于青州。**百姓有十五万四千三百八十七户，人口有六十六万四千五百四十三人。**下辖十九个县：**平原县**，境内有笃马河，向东北流入大海，全程五百六十里。**鬲县**，平当（西汉哀帝时为丞相）认为是鬲津县。王莽时改为河平亭。**高唐县**，桑钦说漯水从这里流出。**重丘县**，**平昌县**，是汉朝列侯的封国。**羽县**，是汉朝列侯的封国。王莽时改为羽贞县。**般县**，王莽时改为

乡。**楼虚**，侯国。**龙頟**，侯国，莽曰清乡。**安**，侯国。

千乘郡，高帝置。莽曰建信。属青州。**户十一万六千七百二十七，口四十九万七百二十**。有铁官、盐官、均输官。**县十五：千乘**，有铁官。**东邹**，**湿沃**，莽曰延亭。**平安**，侯国。莽曰鸿睦。**博昌**，时水东北至钜定入马车渎，幽州寖。**蓼城**，都尉治。莽曰施武。**建信**，**狄**，莽曰利居。**琅槐**，**乐安**，**被阳**，侯国。**高昌**，**繁安**，侯国。莽曰瓦亭。**高宛**，莽曰常乡。**延乡**。

济南郡，故齐。文帝十六年别为济南国。景帝二年为郡。莽曰乐安。属青州。**户十四万七百六十一，口六十四万二千八百八十四**。**县十四：东平陵**，有工官、铁官。**邹平**，**台**，莽曰台治。**梁邹**，**土鼓**，**於陵**，都尉治。莽曰於陆。**阳丘**，**般阳**，莽曰济南亭。**菅**，**朝阳**，侯国。莽曰脩治。**历城**，有铁官。**猇**，侯国。莽曰利成。**著**，**宜成**，侯国。

泰山郡，高帝置。属兖州。**户十七万二千八十六，口七十二万六千六百四**。有工官。汶水出莱毋，西入济。**县二十四：奉高**，有明堂，在西南四里，武帝元封二年造。有工官。**博**，有泰山庙。岱山在西北，兖州山。

分明县。**乐陵县**，境内有都尉的治所。王莽时改为美阳县。**祝阿县**，王莽时改为安成县。**瑗县**，王莽时改为东顺亭。**阿阳县**，**漯阴县**，王莽时改为翼成县。**朸县**，王莽时改为张乡县。**富平县**，是汉朝列侯的封国。王莽时改为乐安亭。**安悳县**，**合阳县**，是汉朝列侯的封国。王莽时改为宜乡县。**楼虚县**，是汉朝列侯的封国。**龙頟县**，是汉朝列侯的封国。王莽时改为清乡县。**安县**，是汉朝列侯的封国。

千乘郡，汉高祖时设置。王莽时改为建信郡。隶属于青州。**百姓有十一万六千七百二十七户，人口有四十九万零七百二十人**。郡内设有铁官、盐官、均输官。**下辖十五个县：千乘县**，设有铁官。**东邹县**，**湿沃县**，王莽时改为延亭县。**平安县**，是汉朝列侯的封国。王莽时叫鸿睦县。**博昌县**，境内有时水向东北流到钜定县后，汇入马车渎，时水是幽州的灌溉水源。**蓼城县**，境内有都尉的治所。王莽时改为施武县。**建信县**，**狄县**，王莽时改为利居县。**琅槐县**，**乐安县**，**被阳县**，是汉朝列侯的封国。**高昌县**，**繁安县**，是汉朝列侯的封国。王莽时改为瓦亭县。**高宛县**，王莽时改为常乡县。**延乡县**。

济南郡，即战国时齐国故地。汉文帝十六年（前164）划分为济南国。汉景帝二年（前155）时设置此郡。王莽时改为乐安郡，隶属于青州。**百姓有十四万零七百六十一户，人口有六十四万二千八百八十四人**。**下辖十四个县：东平陵县**，境内设有工官、铁官。**邹平县**，**台县**，王莽时改为台治县。**梁邹县**，**土鼓县**，**於陵县**，境内有都尉的治所。王莽时改为於陆县。**阳丘县**，**般阳县**，王莽时改为济南亭。**菅县**，**朝阳县**，是汉朝列侯的封国。王莽时改为脩治县。**历城县**，设有铁官。**猇县**，是汉朝列侯的封国。王莽时改为利成县。**著县**，**宜成县**，是汉朝列侯的封国。

泰山郡，汉高祖时设置。隶属于兖州。**百姓有十七万二千零八十六户，人口有七十二万六千六百零四人**。郡内设有工官。境内有汶水从莱毋县流出，向西汇入济水。**下辖二十四个县：奉高县**，境内有

茌，**卢**，都尉治。济北王都也。**肥成**，**蛇丘**，隧乡，故隧国。《春秋》曰“齐人歼于隧”也。**刚**，故阐。莽曰柔。**柴**，**盖**，临乐子山，洙水所出，西北至盖入池水。又沂水南至下邳入泗，过郡五，行六百里，青州浸。**梁父**，**东平阳**，**南武阳**，冠石山，治水所出，南至下邳入泗，过郡二，行九百四十里。莽曰桓宣。**莱芜**，原山，甾水所出，东至博昌入泲，幽州浸。又《禹贡》汶水出西南入泲。汶水，桑钦所言。**钜平**，有亭亭山祠。**嬴**，有铁官。**牟**，故国。**蒙阴**，《禹贡》蒙山在西南，有祠。颛臾国在蒙山下。莽曰蒙恩。**华**，莽曰翼阴。**宁阳**，侯国。莽曰宁顺。**乘丘**，**富阳**，**桃山**，侯国。莽曰裒鲁。**桃乡**，侯国。莽曰鄣亭。**式**。

齐郡，秦置。莽曰济南。属青州。**户十五万四千八百二十六**，**口五十五万四千四百四十四**。**县十二**：**临淄**，师尚父所封。如水西北至梁邹入泲。有服官、铁官。莽曰齐陵。**昌国**，德会水西北至西安入如。**利**，莽曰利治。**西安**，莽曰东宁。**钜定**，马车渎水首受钜定，东北至琅槐入海。**广**，为山，浊水所出，东北至广饶入钜定。**广饶**，**昭南**，**临朐**，有逢山祠。石膏山，洋水所出，东北至广饶入钜定。莽曰监朐。**北乡**，侯国。莽曰禺聚。**平广**，侯国。**台乡**。

明堂，在县城西南四里的地方，汉武帝元封二年（前109）建造。设有工官。**博县**，境内有泰山庙。泰山在县城西北面，泰山是兖州的大山。**茬县**，**卢县**，境内有都尉的治所。曾是济北王的都城。**肥成县**，**蛇丘县**，境内的隧乡，是以前的隧国所在地。《春秋》上说"齐人在隧被歼灭"就是指的这个地方。**刚县**，即以前的阐地。王莽时改为柔县。**柴县**，**盖县**，境内有洙水从临乐子山发源，向西流到盖县汇入池水。又有沂水向南流到下邳县汇入泗水，流经五个郡，全程六百里，是青州的灌溉水源。**梁父县**，**东平阳县**，**南武阳县**，境内有治水从冠石山流出，向南流到下邳县汇入泗水，流经两个郡，全程九百四十里。王莽时改为桓宣县。**莱芜县**，境内有甾水从原山流出。向东流到博昌县汇入泲水，是幽州的灌溉水源。又有《禹贡》上记载的汶水从县城西南流出，汇入泲水。汶水，桑钦在《水经》中曾提到。**钜平县**，境内有亭亭山祠。**嬴县**，设有铁官。**牟县**，即以前的牟国所在地。**蒙阴县**，《禹贡》上记载的蒙山在县城西南面，山下有祠庙。颛臾国就在蒙山脚下。王莽时改为蒙恩县。**华县**，王莽时改为翼阴。**宁阳县**，是汉朝列侯的封国。王莽时改为宁顺县。**乘丘县**，**富阳县**，**桃山县**，是汉朝列侯的封国。王莽时改为裒鲁县。**桃乡县**，是汉朝列侯的封国。王莽时改为鄣亭。**式县**。

齐郡，秦朝时设置。王莽时改为济南郡。隶属于青州。**百姓有十五万四千八百二十六户，人口有五十五万四千四百四十四人。下辖有十二个县：临淄县**，是周朝太公姜尚的封地。境内有如水向西北流到梁邹县汇入泲水。设有服官、铁官。王莽时改为齐陵县。**昌国县**，境内有德会水向西北流到西安县汇入如水。**利县**，王莽时改为利治县。**西安县**，王莽时改为东宁县。**钜定县**，马车渎水从钜定泽流出，向东北流到琅槐县汇入大海。**广县**，境内有浊水从为山流出，向东北流到广饶流入钜定泽。**广饶县**，**昭南县**，临朐县，境内有逢山祠。洋水从石膏山流出，向东北流到广饶县汇入钜定泽。王莽时改为监朐县。**北乡县**，是汉朝列侯的

北海郡，景帝中二年置。属青州。**户十二万七千，口五十九万三千一百五十九。县二十六：营陵**，或曰营丘。莽曰北海亭。**剧魁**，侯国。莽曰上符。**安丘**，莽曰诛郅。**瓡**，侯国。莽曰道德。**淳于，益**，莽曰探阳。**平寿，剧**，侯国。**都昌**，有盐官。**平望**，侯国。莽曰所聚。**平的**，侯国。**柳泉**，侯国。莽曰弘睦。**寿光**，有盐官。莽曰翼平亭。**乐望**，侯国。**饶**，侯国。**斟**，故国，禹后。**桑犊**，覆甑山，溉水所出，东北至都昌入海。**平城**，侯国。**密乡**，侯国。**羊石**，侯国。**乐都**，侯国。莽曰拔垄。一作杕，一作枝也。**石乡**，侯国。一作止乡也。**上乡**，侯国。**新成**，侯国。**成乡**，侯国。莽曰石乐。**胶阳**，侯国。

东莱郡，高帝置。属青州。**户十万三千二百九十二，口五十万二千六百九十三。县十七：掖**，莽曰掖通。**腄**，有之罘山祠。居上山，声洋水所出，丹东北入海。**平度**，莽曰利卢。**黄**，有莱山松林莱君祠。莽曰意母。**临朐**，有海水祠。莽曰监朐。**曲成**，有参山万里沙祠。阳丘山，治水所出，南至沂入海。有盐官。**牟平**，莽曰望利。**东牟**，有铁官、盐官。莽曰弘德。**㡆**，有百支莱王祠。有盐官。**育犁，昌阳**，有盐官。莽曰夙敬亭。**不夜**，有成山日祠。莽曰夙夜。**当利**，有盐官。莽曰东莱亭。**卢乡，阳乐**，侯国。莽曰延乐。**阳石**，莽曰识命。**徐乡**。

封国。王莽时改为禺聚县。**平广县**，是汉朝列侯的封国。**台乡县**。

北海郡，汉景帝中元二年（前148）设置。隶属于青州。**百姓有十二万七千户，人口有五十九万三千一百五十九人。下辖二十六个县：营陵县**，也称为营丘县。王莽时改为北海亭县。**剧魁县**，是汉朝列侯的封国。王莽时改为上符县。**安丘县**，王莽时改为诛郅县。**瓡县**，是汉朝列侯的封国。王莽时改为道德县。**淳于县**，**益县**，王莽时改为探阳县。**平寿县**，**剧县**，是汉朝列侯的封国。**都昌县**，设有盐官。**平望县**，是汉朝列侯的封国。王莽时改为所聚县。**平的县**，是汉朝列侯的封国。**柳泉县**，是汉朝列侯的封国。王莽时改为弘睦县。**寿光县**，设有盐官。王莽时改为翼平亭。**乐望县**，是汉朝列侯的封国。**饶县**，是汉朝列侯的封国。**斟县**，即古斟国所在地，是大禹后裔的封地。**桑犊县**，境内有溉水从覆甑山流出，向东北流到都昌县汇入大海。**平城县**，是汉朝列侯的封国。**密乡县**，是汉朝列侯的封国。**羊石县**，是汉朝列侯的封国。**乐都县**，是汉朝列侯的封国。王莽时改为拔垄县，也称为杕县，或者枝县。**石乡县**，是汉朝列侯的封国。也称为止乡县。**上乡县**，是汉朝列侯的封国。**新成县**，是汉朝列侯的封国。**成乡县**，是汉朝列侯的封国。王莽时改为石乐县。**胶阳县**，是汉朝列侯的封国。

东莱郡，汉高祖时设置。隶属于青州。**百姓有十万三千二百九十二户，人口有五十万二千六百九十三人。下辖有十七个县：掖县**，王莽时叫掖通县。**腄县**，境内有之罘山祠。声洋水从居上山流出，向丹东北流入大海。**平度县**，王莽时改为利卢县。**黄县**，境内莱山有松林莱君祠。王莽时改为意母。**临朐县**，境内有海水祠。王莽时改为监朐县。**曲成县**，境内参山上有万里沙祠。治水从阳丘山流出，向南流到沂县后，汇入大海。设有盐官。**牟平县**，王莽时改为望利县。**东牟县**，设有铁官、盐官。王莽时改为弘德县。**㡉县**，境内有百支莱王祠。设有盐官。**育犁县**，**昌阳县**，设有盐官。王莽时改为夙敬亭。**不夜县**，境内成山上有日祠。王

琅邪郡，秦置。莽曰填夷。属徐州。**户二十二万八千九百六十，口一百七万九千一百**。有铁官。**县五十一：东武**，莽曰祥善。**不其**，有太一、仙人祠九所，及明堂。武帝所起。**海曲**，有盐官。**赣榆**，**朱虚**，凡山，丹水所出，东北至寿光入海。东泰山，汶水所出，东至安丘入维。有三山、五帝祠。**诸**，莽曰诸并。**梧成**，**灵门**，有高桑山。壶山，浯水所出，东北入淮。**姑幕**，都尉治。或曰薄姑。莽曰季睦。**虚水**，侯国。**临原**，侯国。莽曰填夷亭。**琅邪**，越王勾践尝治此，起馆台。有四时祠。**祓**，侯国。**柜**，根艾水东入海。莽曰祓同。**缾**，侯国。**邦**，胶水东至平度入海。莽曰纯德。**雩叚**，侯国。**黔陬**，故介国也。**云**，侯国。**计斤**，莒子始起此，后徙莒。有盐官。**稻**，侯国。**皋虞**，侯国。莽曰盈庐。**平昌**，**长广**，有莱山莱王祠。奚养泽在西，秦地图曰剧清池，幽州薮。有盐官。**横**，故山，久台水所出，东南至东武入淮。莽曰令丘。**东莞**，术水南至下邳入泗，过郡三，行七百一十里，青州浸。**魏其**，侯国。莽曰青泉。**昌**，有环山祠。**兹乡**，侯国。**箕**，侯国。《禹贡》潍水北至都昌入海，过郡三，行五百二十里，兖州浸也。**椑**，夜头水南至海。莽曰识命。**高广**，侯国。**高乡**，侯国。**柔**，侯国。**即来**，侯国。莽曰盛睦。**丽**，侯国。**武乡**，侯国。莽曰顺理。**伊乡**，侯国。**新山**，侯国。**高阳**，侯国。**昆山**，侯国。**参封**，侯国。**折泉**，侯国。折泉水北至莫入淮。**博石**，侯国。**房山**，侯国。**慎乡**，侯国。**驷望**，侯国。莽曰泠乡。**安丘**，侯国。莽曰宁乡。**高陵**，侯国。莽曰蒲陆。**临安**，侯国。莽曰诚信。**石山**，侯国。

莽时改为夙夜县。**当利县**，设有盐官。王莽时改为东莱亭。**卢乡县**，**阳乐县**，是汉朝列侯的封国。王莽时改为延乐县。**阳石县**，王莽时改为识命县。**徐乡县**。

琅琊郡，秦朝时设置。王莽时改为填夷郡。隶属于徐州。**百姓有二十二万八千九百六十户，人口有一百零七万九千一百人**。郡内设有铁官。**下辖五十一个县**：**东武县**，王莽时改为祥善县。**不其县**，境内有太一祠、僊人祠等九所祠庙，还有明堂，汉武帝时建造。**海曲县**，设有盐官。**赣榆县**，**朱虚县**，境内有丹水从凡山流出，向东北流到寿光县汇入大海。汶水从东泰山流出，向东流到安丘县汇入维水。境内有三山祠、五帝祠。**诸县**，王莽时改为诸并县。**梧成县**，**灵门县**，境内有高柔山。浯水从壶山流出，向东北汇入淮水。**姑幕县**，境内有都尉的治所。也称为薄姑县。王莽时改为季睦县。**虚水县**，是汉朝列侯的封国。**临原县**，是汉朝列侯的封国。王莽时改为填夷亭。**琅琊县**，越王勾践曾迁都至此，修建过楼台馆阁。境内有四时祠。**祓县**，是汉朝列侯的封国。**柜县**，根艾水向东汇入大海，王莽时改为祓同县。**缾县**，是汉朝列侯的封国。**邞县**，胶水向东流到平度县汇入大海。王莽时改为纯德县。**雩叚县**，是汉朝列侯的封国。**黔陬县**，即以前的介国。**云县**，是汉朝列侯的封国。**计斤县**，莒子开始建都于此，后来迁到莒县。设有盐官。**稻县**，是汉朝列侯的封国。**皋虞县**，是汉朝列侯的封国。王莽时改为盈庐。**平昌县**，**长广县**，境内有莱山莱王祠。奚养泽在县城西面。秦国地图上标注为剧清池，奚养泽是幽州的大湖泽。设有盐官。**横县**，境内有久台水从故山流出，向东南流到东武县汇入淮水。王莽时改为令丘县。**东莞县**，境内有术水向南流到下邳县汇入泗水，流经三个郡，全程七百一十里，是青州的灌溉水源。**魏其县**，是汉朝列侯的封国。王莽时改为青泉县。**昌县**，境内有环山祠。**兹乡**，是汉朝列侯的封国。**箕县**，是汉朝列侯的封国，《禹贡》上记载的潍水向北流到昌都县汇入大海，流经三个郡，全程五百二十里，

东海郡，高帝置。莽曰沂平。属徐州。**户三十五万八千四百一十四，口百五十五万九千三百五十七。县三十八：郯**，故国，少昊后，盈姓。**兰陵**，莽曰兰东。**襄贲**，莽曰章信。**下邳**，葛峄山在西，古文以为峄阳。有铁官。莽曰闰俭。**良成**，侯国。莽曰承翰。**平曲**，莽曰平端。**戚**，**朐**，秦始皇立石海上以为东门阙。有铁官。**开阳**，故鄅国。莽曰厌虏。**费**，故鲁季氏邑。都尉治。莽曰顺从。**利成**，莽曰流泉。**海曲**，莽曰东海亭。**兰祺**，侯国。莽曰溥睦。**缯**，故国。禹后。莽曰缯治。**南成**，侯国。**山乡**，侯国。**建乡**，侯国。**即丘**，莽曰就信。**祝其**，《禹贡》羽山在南，鲧所殛。莽曰犹亭。**临沂**，**厚丘**，莽曰祝其亭。**容丘**，侯国。祠水东南至下邳入泗。**东安**，侯国。莽曰业亭。**合乡**，莽曰合聚。**承**，莽曰承治。**建阳**，侯国。莽曰建力。**曲阳**，莽曰从羊。**司吾**，莽曰息吾。**于乡**，侯国。**平曲**，侯国。莽曰端平。**都阳**，侯国。**阴平**，侯国。**郚乡**，侯国。莽曰徐亭。**武阳**，侯国。莽曰弘亭。**新阳**，侯国。莽曰博聚。**建陵**，侯国。莽曰付亭。**昌虑**，侯国。莽曰虑聚。**都平**，侯国。

是兖州的灌溉水源。**椑县**，境内有夜头水向南汇入大海。王莽时改为识命县。**高广县**，是汉朝列侯的封国。**高乡县**，是汉朝列侯的封国。**柔县**，是汉朝列侯的封国。**即来县**，是汉朝列侯的封国。王莽时改为盛睦县。**丽县**，是汉朝列侯的封国。**武乡县**，是汉朝列侯的封国。王莽时改为顺理县。**伊乡县**，是汉朝列侯的封国。**新山县**，是汉朝列侯的封国。**高阳县**，是汉朝列侯的封国。**昆山县**，是汉朝列侯的封国。**参封县**，是汉朝列侯的封国。**折泉县**，是汉朝列侯的封国。境内有折泉水向北流到莫县汇入淮水。**博石县**，是汉朝列侯的封国。**房山县**，是汉朝列侯的封国。**慎乡县**，是汉朝列侯的封国。**驷望县**，是汉朝列侯的封国。王莽时改为泠乡县。**安丘县**，是汉朝列侯的封国。王莽时改为宁乡县。**高陵县**，是汉朝列侯的封国。王莽时改为蒲陆县。**临安县**，是汉朝列侯的封国。王莽时改为诚信县。**石山县**，是汉朝列侯的封国。

东海郡，汉高祖时设置。王莽时改为沂平郡。隶属于徐州。**百姓有三十五万八千四百一十四户，人口有一百五十五万九千三百五十七人。下辖三十八个县：郯县**，即原来的郯国，是少昊的后代，盈姓。**兰陵县**，王莽时改为兰东县。**襄贲县**，王莽时改为章信县。**下邳县**，葛峄山在县城西面，古代记载认为是峄阳。设有铁官。王莽时改为闰俭县。**良成县**，是汉朝列侯的封国。王莽时改为承翰县。**平曲县**，王莽时改为平端县。**戚县**，**朐县**，秦始皇曾在海边树立巨石作为秦东门。设有铁官。**开阳县**，即原来的鄅国所在地。王莽时改为厌虏县。**费县**，即原来鲁国季氏的封地。境内有都尉的治所，王莽时改为顺从县。**利成县**，王莽时改为流泉县。**海曲县**，王莽时改为东海亭。**兰祺县**，是汉朝列侯的封国。王莽时改为溥睦县。**缯县**，即原来的缯国所在地。是大禹后裔的封地。王莽时改为缯治县。**南成县**，是汉朝列侯的封国。**山乡县**，是汉朝列侯的封国。**建乡县**，是汉朝列侯的封国。**即丘县**，王莽时改为就信县。**祝其县**，《禹贡》上记载的羽山在县城南面，是鲧被杀的地方。王莽时改为犹

临淮郡，武帝元狩六年置。莽曰淮平。**户二十六万八千二百八十三，口百二十三万七千七百六十四。县二十九：徐**，故国，盈姓。至春秋时徐子章禹为楚所灭。莽曰徐调。**取虑**，**淮浦**，游水北入海。莽曰淮敬。**盱眙**，都尉治。莽曰武匡。**厹犹**，莽曰秉义。**僮**，莽曰成信。**射阳**。莽曰监淮亭。**开阳**，**赘其**，**高山**，**睢陵**，莽曰睢陆。**盐渎**，有铁官。**淮阴**，莽曰嘉信。**淮陵**，莽曰淮陆。**下相**，莽曰从德。**富陵**，莽曰棵虏。棵音朔。**东阳**，**播旌**，莽曰著信。**西平**，莽曰永聚。**高平**，侯国。莽曰成丘。**开陵**，侯国。莽曰成乡。**昌阳**，侯国。**广平**，侯国。莽曰平宁。**兰阳**，侯国。莽曰建节。**襄平**，侯国。莽曰相平。**海陵**，有江海会祠。莽曰亭间。**舆**，莽曰美德。**堂邑**，有铁官。**乐陵**，侯国。

亭县。**临沂县**，**厚丘县**，王莽时改为祝其亭。**容丘县**，是汉朝列侯的封国。境内有祠水向东南流到下邳县汇入泗水。**东安县**，是汉朝列侯的封国。王莽时改为业亭县。**合乡县**，王莽时改为合聚县。**承县**，王莽时改为承治县。**建阳县**，是汉朝列侯的封国。王莽时改为建力县。**曲阳县**，王莽时改为从羊县。**司吾县**，王莽时改为息吾县。**于乡县**，是汉朝列侯的封国。**平曲县**，是汉朝列侯的封国。王莽时改为端平县。**都阳县**，是汉朝列侯的封国。**阴平县**，是汉朝列侯的封国。**郚乡县**，是汉朝列侯的封国。王莽时改为徐亭县。**武阳县**，是汉朝列侯的封国。王莽时改为弘亭县。**新阳县**，是汉朝列侯的封国。王莽时叫博聚县。**建陵县**，是汉朝列侯的封国。王莽时改为付亭县。**昌虑县**，是汉朝列侯的封国。王莽时改为虑聚县。**都平县**，是汉朝列侯的封国。

临淮郡，汉武帝元狩六年（前117）设置。王莽时改为淮平郡。**百姓有二十六万八千二百八十三户，人口有一百二十三万七千七百六十四人。下辖二十九个县：徐县**，即原来的徐国。盈姓。春秋时徐子章禹被楚国灭掉。王莽时改为徐调县。**取虑县**，**淮浦县**，境内有游水向北汇入大海。王莽时改为淮敬县。**盱眙县**，境内有都尉的治所。王莽时改为武匡县。**厹犹县**，王莽时改为秉义县。**僮县**，王莽时改为成信县。**射阳县**，王莽时改为监淮亭。**开阳县**，**赘其县**，**高山县**，**睢陵县**，王莽时改为睢陆县。**盐渎县**，设有铁官。**淮阴县**，王莽时改为嘉信县。**淮陵县**，王莽时改为淮陆县。**下相县**，王莽时改为从德县。**富陵县**，王莽时改为樔虏县。樔读朔音。**东阳县**，**播旌县**，王莽时改为著信县。**西平县**，王莽时改为永聚县。**高平县**，是汉朝列侯的封国。王莽时改为成丘县。**开陵县**，是汉朝列侯的封国。王莽时改为成乡县。**昌阳县**，是汉朝列侯的封国。**广平县**，是汉朝列侯的封国。王莽时改为平宁县。**兰阳县**，是汉朝列侯的封国。王莽时改为建节县。**襄平县**，是汉朝列侯的封国。王莽时改为相平县。**海陵县**，境内有江海会祠。王莽时改为亭间县。**舆县**，王

会稽郡，秦置。高帝六年为荆国，十二年更名吴。景帝四年属江都。属扬州。**户二十二万三千三十八，口百三万二千六百四。县二十六：吴**，故国，周太伯所邑。具区泽在西，扬州薮，古文以为震泽。南江在南，东入海，扬州川。莽曰泰德。**曲阿**，故云阳，莽曰风美。**乌伤**，莽曰乌孝。**毗陵**，季札所居。北江在北，东入海，扬州川。莽曰毗坛。**馀暨**，萧山，潘水所出。东入海。莽曰馀衍。**阳羡**，**诸暨**，莽曰疏虏。**无锡**，有历山，春申君岁祠以牛。莽曰有锡。**山阴**，会稽山在南。上有禹冢、禹井，扬州山。越王勾践本国。有灵文园。**丹徒**，**馀姚**，**娄**，有南武城，阖闾所起以候越。莽曰娄治。**上虞**，有仇亭。柯水东入海。莽曰会稽。**海盐**，故武原乡。有盐官。莽曰展武。**剡**，莽曰尽忠。**由拳**，柴辟，故就李乡，吴、越战地。**大末**，穀水东北至钱唐入江。莽曰末治。**乌程**，有欧阳亭。**句章**，渠水东入海。**馀杭**，莽曰进睦。**鄞**，有镇亭，有鲒埼亭。东南有天门水入海。有越天门山。莽曰谨。**钱唐**，西部都尉治。武林山，武林水所出，东入海，行八百三十里，莽曰泉亭。**鄮**，莽曰海治。**富春**，莽曰诛岁。**冶**，**回浦**，南部都尉治。

丹扬郡，故鄣郡。属江都。武帝元封二年更名丹扬。属扬州。**户**

莽时改为美德县。**堂邑县**，设有铁官。**乐陵县**，是汉朝列侯的封国。

会稽郡，秦朝时设置。汉高祖六年（前201）立为荆国，十二年（前195）改为吴郡。汉景帝四年（前153）归属于江都国。隶属于扬州。**百姓有二十二万三千零三十八户，人口有一百零三万二千六百零四人**。下辖二十六个县：**吴县**，即原来的吴国，周太伯的封地。具区泽在县城的西面，是扬州的大湖泽，古代文献记载为震泽。南江在县城南面，向东汇入大海，是扬州的大河。王莽时改为泰德县。**曲阿县**，即原来的云阳县。王莽时改为风美县。**乌伤县**，王莽时改为乌孝县。**毗陵县**，季札曾居住此地。北江在县城北面，向东汇入大海，是扬州的大河。王莽时改为毗坛县。**馀暨县**，境内有潘水从萧山流出，向东汇入大海。王莽时改为馀衍县。**阳羡县**，**诸暨县**，王莽时改为疏虏县。**无锡县**，境内有历山，春申君每年以牛来祭祀山神。王莽时改为有锡县。**山阴县**，会稽山在县城南面，山上有大禹墓、大禹井，会稽山是扬州的名山。越王勾践最初在此建国。境内有灵文园。**丹徒县**，**馀姚县**，**娄县**，境内有南武城，是吴王阖闾建造，用来监视越国。王莽时改为娄治县。**上虞县**，境内有仇亭。柯水向东汇入大海。王莽时改为会稽县。**海盐县**，即原来的武原乡。设有盐官。王莽时改为展武县。**剡县**，王莽时改为尽忠县。**由拳县**，境内有柴辟，是原来的就李乡，也是吴、越两国交战的地方。**大末县**，穀水向东北流到钱唐县汇入长江。王莽时改为末治县。**乌程县**，境内有欧阳亭。**句章县**，渠水向东汇入东海。**馀杭县**，王莽时改为进睦县。**鄞县**，境内有镇亭，有鲒埼亭。县城东南面有天门水汇入大海。境内还有越天门山。王莽时改为谨县。**钱唐县**，境内有西部都尉的治所。武林水从武林山流出，向东汇入大海，全程八百三十里。王莽时叫泉亭县。**邓县**，王莽时改为海治县。**富春县**，王莽时改为诛岁县。**冶县**，**回浦县**，境内有南部都尉的治所。

丹扬郡，原来称为鄣郡。属于江都国。汉武帝元封二年（前109）

十万七千五百四十一，口四十万五千一百七十一。有铜官。**县十七：宛陵，**彭泽聚在西南。清水西北至芜胡入江。莽曰无宛。**於朁，江乘，**莽曰相武。**春穀，秣陵，**莽曰宣亭。**故鄣，**莽曰候望。**句容，泾，丹阳，**楚之先熊绎所封，十八世，文王徙郢。**石城，**分江水首受江，东至馀姚入海，过郡二，行千二百里。**胡孰，陵阳，**桑钦言淮水出东南，北入大江。**芜湖，**中江出西南，东至阳羡入海，扬州川。**黝，**渐江水出南蛮夷中，东入海。成帝鸿嘉二年为广德王国。莽曰愬虏。**溧阳，歙，**都尉治。**宣城。**

豫章郡，高帝置。莽曰九江。属扬州。**户六万七千四百六十二，口三十五万一千九百六十五。县十八：南昌，**莽曰宜善。**庐陵，**莽曰桓亭。**彭泽，**《禹贡》彭蠡泽在西。**鄱阳，**武阳乡右十余里有黄金采。鄱水西入湖汉。莽曰乡亭。**历陵，**傅昜山、傅昜川在南，古文以为傅浅原。莽曰蒲亭。**馀汗，**馀水在北，至鄡阳入湖汉。莽曰治干。**柴桑，**莽曰九江亭。**艾，**脩水东北至彭泽入湖汉，行六百六十里。莽曰治翰。**赣，**豫章水出西南，北入大江。**新淦，**都尉治。莽曰偶亭。**南城，**盱水西北至南昌入湖汉。**建成，**蜀水东至南昌入湖汉。莽曰多聚。**宜春，**南水东至新淦入湖汉。莽曰脩晓。**海昏，**莽曰宜生。**雩都，**湖汉水东至彭泽入江，行千九百八十里。**鄡阳，**莽曰豫章。**南壄，**彭水东入湖汉。**安平，**侯国。莽曰安宁。

改名为丹扬郡。隶属于扬州。**百姓有十万七千五百四十一户，人口有四十万五千一百七十一人**。郡内有铜官。**下辖十七个县：宛陵县**，彭泽聚在县城西南面。清水向西北流到芜湖县汇入长江。王莽时改为无宛县。**於朁县**，**江乘县**，王莽时改为相武县。**春穀县**，**秣陵县**，王莽时改为宣亭县。**故鄣县**，王莽时改为候望县。**句容县**，**泾县**，**丹阳县**，楚国祖先熊绎的封地，十八世后，楚文王迁都到郢。**石城县**，分江水从长江分流，向东流到馀姚县汇入大海，流经两个郡，全程一千二百里。**胡孰县**，**陵阳县**，桑钦说淮水从县城东南流出，向北汇入长江。**芜湖县**，境内有中江从县城西南流出，向东流到阳羡县汇入大海，是扬州的大河。**黝县**，浙江水从境内的南蛮夷中流出，向东汇入大海。汉成帝鸿嘉二年（前19）为广德王国。王莽时改为愬虏县。**溧阳县**，**歙县**，境内有都尉的治所。**宣城县**。

豫章郡，汉高祖时设置。王莽时改为九江郡。隶属于扬州。**百姓有六万七千四百六十二户，人口有三十五万一千九百六十五人**。**下辖十八个县：南昌县**，王莽时改为宜善县。**庐陵县**，王莽时改为桓亭县。**彭泽县**，《禹贡》上记载的彭蠡泽在县城西面。**鄱阳县**，境内武阳乡西面十多里的地方可以开采黄金。境内有鄱水向西流入湖汉。王莽时改为乡亭县。**历陵县**，境内有傅易山、傅易川在县城南面，占代文献记载认为是傅浅原，王莽时改为蒲亭县。**馀汗县**，馀水在县城北面，流到鄡阳县汇入湖汉。王莽时改为治干县。**柴桑县**，王莽时改为九江亭县。**艾县**，脩水向东北流到彭泽县汇入湖汉，全程六百六十里。王莽时改为治翰县。**赣县**，境内有豫章水从县城西南流出，向北汇入长江。**新淦县**，境内有都尉的治所。王莽时改为偶亭县。**南城县**，境内有盱水向西北流到南昌县汇入湖汉。**建成县**，境内有蜀水向东流到南昌县汇入湖汉。王莽时改为多聚县。**宜春县**，境内有南水向东流到新淦汇入湖汉，王莽时改为脩晓县。**海昏县**，王莽时改为宜生县。**雩都县**，境内有湖汉水向东流

桂阳郡，高帝置。莽曰南平。属荆州。**户二万八千一百一十九，口十五万六千四百八十八**。有金官。**县十一：郴**，耒山，耒水所出，西至湘南入湖。项羽所立义帝都此。莽曰宣风。**临武**，秦水东南至浈阳入汇，行七百里。莽曰大武。**便**，莽曰便屏。**南平**，**耒阳**，舂山，舂水所出，北至酃入湖，过郡二，行七百八十里。莽曰南平亭。**桂阳**，汇水南至四会入郁，过郡二，行九百里。**阳山**，侯国。**曲江**，莽曰除虏。**含洭**，**浈阳**，莽曰基武。**阴山**，侯国。

武陵郡，高帝置。莽曰建平。属荆州。**户三万四千一百七十七，口十八万五千七百五十八**。**县十三：索**，渐水东入沅。**孱陵**，莽曰孱陆。**临沅**。莽曰监原。**沅陵**，莽曰沅陆。**镡成**，康谷水南入海。玉山，潭水所出，东至阿林入郁，过郡二，行七百二十里。**无阳**，无水首受故且兰，南入沅，八百九十里。**迁陵**，莽曰迁陆。**辰阳**，三山谷，辰水所出，南入沅，七百五十里。莽曰会亭。**酉阳**，**义陵**，鄜梁山，序水所出，西入沅。莽曰建平。**佷山**，**零阳**，**充**。酉原山，酉水所出，南至沅陵入沅，行千二百里。历山，澧水所出，东至下隽入沅，过郡二，行一千二百里。

到彭泽汇入长江，全程一千九百八十里。**鄡阳县**，王莽时改为豫章县。**南壄县**，境内有彭水向东流入湖汉。**安平县**，是汉朝列侯的封国。王莽时改为安宁县。

桂阳郡，汉高祖时设置。王莽时改为南平郡。隶属于荆州。**百姓有二万八千一百一十九户，人口有十五万六千四百八十八人**。郡内设有金官。**下辖十一个县：郴县**，境内有耒水从耒山流出，向西流到湘南县汇入大湖。项羽所立的义帝就建都于此。王莽时改为宣风县。**临武县**，境内有秦水向东南流到浈阳县汇入汇水，全程七百里。王莽时改为大武县。**便县**，王莽时改为便屏县。**南平县**，**耒阳县**，境内有舂水从舂山流出，向北流到酃县汇进大湖，流经两个郡，全程七百八十里。王莽时改为南平亭县。**桂阳县**，境内有汇水向南流到四会县汇入郁水，流经两个郡，全程九百里。**阳山县**，是汉朝列侯的封国。**曲江县**，王莽时改为除虏县。**含洭县**，**浈阳县**，王莽时改为基武县。**阴山县**，是汉朝列侯的封国。

武陵郡，汉高祖时设置。王莽时改为建平县。属于荆州。**百姓有三万四千一百七十七户，人口有十八万五千七百五十八人**。**下辖十三个县：索县**，境内有渐水向东流入沅水。**孱陵县**，王莽时改为孱陆县。**临沅县**，王莽时改为监原县。**沅陵县**，王莽时改为沅陆县。**镡成县**，境内有康谷水向南汇入大海。潭水从玉山流出，向东流到阿林县汇入郁水，流经两个郡，全程七百二十里。**无阳县**，无水从故且兰县发源，向南汇入沅水，全程八百九十里。**迁陵县**，王莽时改为迁陆县。**辰阳县**，境内有三山谷，辰水从这里流出，向南汇入沅水，全程七百五十里，王莽时改为会亭县。**酉阳县**，**义陵县**，境内有序水发源于鄜梁山，向西汇入沅水。王莽时改为建平县。**佷山县**，**零阳县**，**充县**，境内有酉原山，是酉水的发源地，酉水向南流到沅陵县汇入沅水，全程一千二百里。历山是澧水的发源地，澧水向东流到下隽县汇入沅水，流经两个郡，全程

零陵郡，武帝元鼎六年置。莽曰九疑。属荆州。**户二万一千九十二，口十三万九千三百七十八。县十：零陵**，阳海山，湘水所出，北至酃入江，过郡二，行二千五百三十里。又有离水，东南至广信入郁林，行九百八十里。**营道**，九疑山在南。莽曰九疑亭。**始安**，**夫夷**，**营浦**，**都梁**，侯国。路山，资水所出，东北至益阳入沅，过郡二，行千八百里。**泠道**，莽曰泠陵。**泉陵**，侯国。莽曰溥闰。**洮阳**，莽曰洮治。**钟武**，莽曰钟桓。

汉中郡，秦置。莽曰新成。属益州。**户十万一千五百七十，口三十万六百一十四。县十二：西城**，**旬阳**，北山，旬水所出，南入沔。**南郑**，旱山，池水所出，东北入汉。**褒中**，都尉治。汉阳乡。**房陵**，淮山，淮水所出，东至中庐入沔。又有筑水，东至筑阳亦入沔。东山，沮水所出，东至郢入江，行七百里。**安阳**，鬵谷水出西南，北入汉。在谷水出北，南入汉。**成固**，**沔阳**，有铁官。**钖**，莽曰钖治。**武陵**，**上庸**，**长利**，有郧关。

广汉郡，高帝置。莽曰就都。属益州。**户十六万七千四百九十九，口六十六万二千二百四十九**。有工官。**县十三：梓潼**，五妇山，驰水所出，南入涪，行五百五十里。莽曰子同。**汁方**，莽曰美信。**涪**，有孱亭。莽曰统睦。**雒**，章山，雒水所出，南至新都谷入湔。有工官。莽曰吾雒。**绵竹**，紫岩山，绵水所出，东至新都北入雒。都尉治。**广汉**，莽曰广信。**葭**

一千二百里。

零陵郡，汉武帝元鼎六年(前111)设置。王莽时改为九疑郡。隶属于荆州。**百姓有二万一千零九十二户，人口有十三万九千三百七十八人。下辖十个县：零陵县**，境内有阳海山，是湘水的发源地，湘水向北流到酃县汇入长江，流经两个郡，全程二千五百三十里。境内还有离水，向东南流到广信县汇入郁林水，全程九百八十里。**营道县**，九疑山在县城南面。王莽时改为九疑亭。**始安县，夫夷县，营浦县，都梁县**，是汉朝列侯的封国。境内有路山，是资水的发源地，资水向东北流到益阳县汇入沅水，流经两个郡，全程一千八百里。**泠道县**，王莽时改为泠陵县。**泉陵县**，是汉朝列侯的封国。王莽时改为溥闰县。**洮阳县**，王莽时改为洮治县。**锺武县**，王莽时改为锺桓县。

汉中郡，秦朝时设置。王莽时改为新成郡，隶属于益州。**百姓有十万一千五百七十户，人口有三十万零六百一十四人。下辖十二个县：西城县，旬阳县**，境内有北山，是旬水的发源地，旬水向南汇入沔水。**南郑县**，境内有池水发源于旱山，向东北汇入汉水。**褒中县**，境内有都尉的治所。境内有汉阳乡。**房陵县**，境内有淮水发源于淮山，向东流到中庐县汇入沔水。还有筑水，向东流到筑阳也汇入沔水。境内有东山，是沮水的发源地，沮水向东流到郢县流入长江，全程七百里。**安阳县**，鬵谷水在县城西南流出，向北汇入汉水。在谷水从县城北边流出，向南汇入汉水。**成固县，沔阳县**，设有铁官。**钖县**，王莽时改为钖治县。**武陵县，上庸县，长利县**，境内有郧关。

广汉郡，汉高祖时设置。王莽时改为就都郡。隶属于益州。**百姓有十六万七千四百九十九户，人口有六十六万二千二百四十九人。**郡内有工官。**下辖十三个县：梓潼县**，境内有驰水发源于五妇山，向南汇入涪水，全程五百五十里。王莽时改为子同县。**汁方县**，王莽时改为美信县。**涪县**，境内有有孱亭。王莽时改为统睦县。**雒县**，境内有章山，洛水

明，**郪**，**新都**，**甸氐道**，白水出徼外，东至葭明入汉。过郡一，行九百五十里。莽曰致治。**白水**，**刚氐道**，涪水出徼外，南至垫江入汉，过郡二，行千六十九里。**阴平道**，北部都尉治。莽曰摧虏。

蜀郡，秦置。有小江入，并行千九百八十里。《禹贡》桓水出蜀山西南，行羌中，入南海。莽曰导江。属益州。**户二十六万八千二百七十九，口百二十四万五千九百二十九。县十五：成都**，户七万六千二百五十六，有工官。**郫**，《禹贡》江沱在西，东入大江。**繁**，**广都**，莽曰就都亭。**临邛**，仆千水东至武阳入江，过郡二，行五百一十里。有铁官、盐官。莽曰监邛。**青衣**，《禹贡》蒙山谿大渡水东南至南安入渽。**江原**，**郫**水首受江，南至武阳入江。莽曰邛原。**严道**，邛来山，邛水所出，东入青衣。有木官。莽曰严治。**绵虒**，玉垒山，湔水所出，东南至江阳入江，过郡三，行千八百九十里。**旄牛**，鲜水出徼外，南入若水。若水亦出徼外，南至大莋入绳，过郡二，行千六百里。**徙**，**湔氐道**，《禹贡》嶓山在西徼外，江水所出，东南至江都入海，过郡七，行二千六百六十里。**汶江**，渽水出徼外，南至南安，东入江，过郡三，行三千四十里。江沱在西南，东入江。**广柔**，**蚕陵**，莽曰步昌。

发源于此，向南流到新都谷汇入湔水。设有工官。王莽时改为吾雒县。**緜竹县**，境内有緜水从紫岩山发源，向东流到新都北汇入洛水。境内有都尉的治所。**广汉县**，王莽时改为广信县。**葭明县**，**郪县**，**新都县**，**甸氐道**，有白水流出境外，向东流到葭明县汇入汉水，流经一个郡，全程九百五十里。王莽时改为致治县。**白水县**，**刚氐道**，有涪水流出境外，向南流到垫江汇入汉水，流经两个郡，全程一千零六十九里。**阴平道**，境内有北部都尉的治所。王莽时改为摧虏县。

蜀郡，秦朝时设置。郡内有小江八条，总流程一千九百八十里。《禹贡》上记载的桓水发源于蜀山的西南，流经羌中，流入南海。王莽时改为导江郡。隶属于益州。**百姓有二十六万八千二百七十九户，人口有一百二十四万五千九百二十九人**。下辖十五个县：**成都县**，百姓有七万六千二百五十六户。设有工官。**郫县**，《禹贡》上记载的江沱在县城西面，向东汇入长江。**繁县**，**广都县**，王莽时改为就都亭。**临邛县**。仆千水向东流到武阳县归入长江，流经两个郡，全程五百一十里。设有铁官、盐官。王莽时改为监邛县。**青衣县**，《禹贡》上记载大渡水发源于蒙山的溪水，向东南流到南安县汇入渽水。**江原县**，鄯水从长江起源，向南流到武阳县汇入长江。王莽时改为邛原县。**严道县**，境内有邛水发源于邛来山，向东流入青衣。设有木官。王莽时改为严治县。**緜虒县**，境内有玉垒山，湔水发源于此，向东南流到江阳县汇入长江，流经三个郡，全程一千八百九十里。**旄牛县**，境内有鲜水流出境外，向南流入若水。若水也流出境外，向南流到大莋县汇入绳水，流经两个郡，全程一千六百里。**徙县**，**湔氐道**，《禹贡》上记载的崏山在西境外，是江水的发源地，江水向东南流到江都汇入大海，流经七个郡，全程二千六百六十里。**汶江县**，渽水流出境外，向南流到南安县，向东汇入长江，流经三个郡，全程三千零四十里。江沱在县城西南，向东汇入长江。**广柔县**，**蚕陵县**，王莽时改为步昌县。

犍为郡，武帝建元六年开。莽曰西顺。属益州。**户十万九千四百一十九，口四十八万九千四百八十六。县十二：僰道**，莽曰僰治。**江阳，武阳**，有铁官，莽曰戢成。**南安**，有盐官、铁官。**资中，符**，温水南至鳖入黚水，黚水亦南至鳖入江。莽曰符信。**牛鞞，南广**，汾关山，符黑水所出，北至僰道入江。又有大涉水，北至符入江，过郡三，行八百四十里。**汉阳**，都尉治。山闟谷，汉水所出，东至鳖入延。莽曰新通。**存鄢**，莽曰孱鄢。**朱提**，山出银。**堂琅**。

越嶲郡，武帝元鼎六年开。莽曰集嶲。属益州。**户六万一千二百八，口四十万八千四百五。县十五：邛都**，南山出铜。有邛池泽。**遂久**，绳水出徼外，东至僰道入江，过郡二，行千四百里。**灵关道，台登**，孙水南至会无入若，行七百五十里。**定莋**，出盐。步北泽在南。都尉治。**会无**，东山出碧。**莋秦，大莋，姑复**，临池泽在南。**三绛，苏示**，尼江在西北。**阑，卑水，灊街，青蛉**。临池灊在北。仆水出徼外，东南至来惟入劳，过郡二，行千八百八十里。有禺同山，有金马、碧鸡。

益州郡，武帝元封二年开。莽曰就新。属益州。**户八万一千九百四十六，口五十八万四百六十三。县二十四：滇池**，大泽在西，滇池泽在西北。有黑水祠。**双柏，同劳，铜濑**，谈虏山，迷水所出，东至谈稾入温。**连然**，有盐官。**俞元**，池在南，桥水所出，东至毋单

犍为郡，汉武帝建元六年（前135）开疆拓土新设立的郡。王莽时改为西顺郡。隶属于益州。**百姓有十万九千四百一十九户，人口有四十八万九千四百八十六人。下辖十二个县：僰道县**，王莽时改为僰治县。**江阳县，武阳县**，设有铁官。王莽时改为戢成县。**南安县**，设有盐官、铁官。**资中县，符县**，境内有温水向南流到鳖县汇入黚水，黚水也向南流到鳖县汇入长江。王莽时改为符信县。**牛鞞县，南广县**，境内的汾关山是符黑水的发源地，符黑水向北流到僰道县汇入长江。境内还有大涉水，向北流到符县汇入长江，流经三个郡，全程八百四十里。**汉阳县**，境内有都尉的治所。境内有山闟谷，汉水发源于此，向东流到鳖县汇入延水。王莽时改为新通县。**郁鄢县**，王莽时改为孱鄢县。**朱提县**，山中有银矿。**堂琅县**。

越嶲郡，汉武帝元鼎六年（前123）开疆拓土新设立的郡。王莽时改为集嶲郡。隶属于益州。**百姓有六万一千二百零八户，人口有四十万八千四百零五人。下辖十五个县：邛都县**，境内南山出产铜。还有邛池泽。**遂久县**，有绳水流出境外，向东流到僰道县汇入长江，流经两个郡，全程一千四百里。**灵关道，台登县**，境内有孙水向南流到会无县汇入若水，全程七百五十里。**定莋县**，县内产盐。步北泽在县城南面。境内有都尉的治所。**会无县**，境内东山出产碧玉。**莋秦县，大莋县，姑复县**，临池泽在县城南面。**三绛县，苏示县**，尼江在县城西北。**阑县，卑水县，灊街县，青蛉县**。临池灊在县城北面。仆水流出境外，向东南流到来惟县汇入劳水，流经两个郡，全程一千八百八十里。境内有禺同山，有金马，碧鸡。

益州郡，汉武帝元封二年（前109）开疆拓土新设立的郡。王莽时改为就新郡，隶属于益州。**百姓有八万一千九百四十六户，人口有五十八万零四百六十三人。下辖二十四个县：滇池县**，县城西面有大泽，滇池泽在县城西北。境内有黑水祠。**双柏县，同劳县，铜濑县**，境内有迷水发

入温，行千九百里。怀山出铜。**收靡**，南山腊谷，涂水所出，西北至越嶲入绳，过郡二，行千二十里。**穀昌**，**秦臧**，牛兰山，即水所出，南至双柏入仆，行八百二十里。**邪龙**，**味**，**昆泽**，**叶榆**，叶榆泽在东。贪水首受青蛉，南至邪龙入仆，行五百里。**律高**，西石空山出锡，东南盢町山出银、铅。**不韦**，**云南**，**嶲唐**，周水首受徼外。又有类水，西南至不韦，行六百五十里。**弄栋**，东农山，毋血水出，北至三绛南入绳，行五百一十里。**比苏**，**贲古**，北采山出锡，西羊山出银、铅，南乌山出锡。**毋棳**，桥水首受桥山，东至中留入潭，过郡四，行三千一百二十里。莽曰有棳。**胜休**，河水东至毋棳入桥。莽曰胜僰。**建伶**，**来唯**。从陟山出铜。劳水出徼外，东至麋泠入南海，过郡三，行三千五百六十里。

牂柯郡，武帝元鼎六年开。莽曰同亭。有柱蒲关。属益州。**户二万四千二百一十九，口十五万三千三百六十。县十七：故且兰**，沅水东南至益阳入江，过郡二，行二千五百三十里。**镡封**，温水东至广郁入郁，过郡二，行五百六十里。**鳖**，不狼山，鳖水所出，东入沅，过郡二，行七百三十里。**漏卧**，**平夷**，**同并**，**谈指**，**宛温**，**毋敛**，刚水东至潭中入潭。莽曰有敛。**夜郎**，豚水东至广郁。都尉治。莽曰同亭。**毋单**，**漏江**，**西随**，麋水西受徼外，东至麋泠入尚龙溪，过郡二，行千一百六里。**都梦**，壶水东南至麋泠入尚龙谿，过郡二，行千一百六十里。**谈稾**，**进桑**，南部都尉治。有关。**句町**，文象水东至增食入郁。又有卢唯水、来细水、伐水。莽曰从化。

源于谈虏山，向东流到谈稿县汇入温水。**连然县**，设有盐官。**俞元县**，大池在县城南面，是桥水的发源地，桥水向东流到毋单县汇入温水，全程一千九百里。怀山出产铜。**收靡县**，境内有涂水发源于南山腊谷，向西北流到越巂县汇入绳水，流经两个郡，全程一千零二十里。**榖昌县**，**秦臧县**，境内有牛兰山，是即水发源地，即水向南流到双柏县汇入仆水，全程八百二十里。**邪龙县**，**味县**，**昆泽县**，**叶榆县**，叶榆泽在县城东面。贪水从青蛉发源，向南流到邪龙县汇入仆水，全程五百里。**律高县**，县城西面的石空山出产锡，县城东南的盢町山出产银和铅。**不韦县**，**云南县**，**巂唐县**，周水从境外发源。还有类水，向西南流到不韦县，全程六百五十里。**弄栋县**，境内有东农山，毋血水发源此山，向北流到三绛县的南面汇入绳水，全程五百一十里。**比苏县**，**贲古县**，县城北面的采山出产锡，西面的羊山出产银和铅，南面的乌山出产锡。**毋棳县**，桥水从桥山发源，向东流到中留县汇入潭水，流经四个郡，全程三千一百二十里。王莽时改为有棳县。**胜休县**，河水向东流到毋棳县流入桥水。王莽时改为胜僰县。**建伶县**，**来唯县**，境内有从山出产铜。劳水流出境外，向东流到麋泠县汇入南海，流经三个郡，全程三千五百六十里。

牂柯郡，汉武帝元鼎六年（前111）开疆拓土新设立的郡。王莽时改为同亭郡。境内有有柱蒲关。隶属于益州。**百姓有二万四千二百一十九户，人口有十五万三千三百六十人**。下辖十七个县：**故且兰县**，境内有沅水向东南流到益阳县汇入长江，流经两个郡，全程二千五百三十里。**镡封县**，境内有温水向东流到广郁县汇入郁水，流经两个郡，全程五百六十里。**鳖县**，境内有鳖水发源于不狼山，向东流入沅水，流经两个郡，全程七百三十里。**漏卧县**，**平夷县**，**同并县**，**谈指县**，**宛温县**，**毋敛县**，刚水向东流到潭中县汇入潭水。王莽时改为有敛县。**夜郎县**，豚水向东流到广郁县。境内有都尉的治所。王莽时改为同亭县。**毋单县**，**漏江县**，**西随县**，麋水从西面境外发源，向东流到麋泠县汇入尚龙溪，

巴郡，秦置。属益州。户十五万八千六百四十三，口七十万八千一百四十八。县十一：江州，临江。莽曰监江。枳，阆中，彭道将池在南，彭道鱼池在西南。垫江，朐忍，容毋水所出，南入江。有橘官、盐官。安汉，是鱼池在南。莽曰安新。宕渠，符特山在西南。潜水西南入江。不曹水出东北徐谷，南入灊。鱼复，江关，都尉治。有橘官。充国，涪陵，莽曰巴亭。

流经两个郡，全程一千一百零六里。**都梦县**，壶水向东南流到麋泠县汇入尚龙溪，流经两个郡，全程一千一百六十里。**谈稿县**，**进桑县**，境内有南部都尉的治所。境内有关隘。**句町县**，境内有文象水向东流到增食县汇入郁水。境内又有卢唯水、来细水、伐水。王莽时改为从化县。

巴郡县，秦朝时设置。隶属于益州。**百姓有十五万八千六百四十三户，人口有七十万八千一百四十八人**。下辖十一个县：**江州县**，**临江县**，王莽时改为监江县。**枳县**，**阆中县**，彭道将池在县城南面，彭道鱼池在县城西南。**垫江县**，**朐忍县**，境内有容毋水的发源地，容毋水向南汇入长江。设有橘官、盐官。**安汉县**，是鱼池在县城南面。王莽时改为安新县。**宕渠县**，符特山在县城西南。潜水向西南汇入长江。不曹水由东北徐谷发源，向南流入灊水。**鱼复县**，境内有江关，境内有都尉的治所。设有橘官。**充国县**，**涪陵县**，王莽时改为巴亭县。

卷二十八下

地理志第八下

武都郡，武帝元鼎六年置。莽曰乐平。**户五万一千三百七十六，口二十三万五千五百六十。县九：武都**，东汉水受氐道水，一名沔，过江夏，谓之夏水，入江。天池大泽在县西。莽曰循虏。**上禄，故道**，莽曰善治。**河池**，泉街水南至沮入汉，行五百二十里。莽曰乐平亭。**平乐道，沮**，沮水出东狼谷，南至沙羡南入江，过郡五，行四千里，荆州川。**嘉陵道，循成道，下辨道**，莽曰杨德。

陇西郡，秦置。莽曰厌戎。**户五万三千九百六十四，口二十三万六千八百二十四**。有铁官、盐官。**县十一：狄道**，白石山在东。莽曰操虏。**上邽，安故，氐道**，《禹贡》养水所出，至武都为汉。莽曰亭道。**首阳**，《禹贡》鸟鼠同穴山在西南，渭水所出，东至船司空入河，过郡四，行千八百七十里，雍州浸。**予道**，莽曰德道。**大夏**，莽曰顺夏。**羌道**，羌水出塞外，南至阴平入白水，过郡三，行六百里。**襄武**，莽曰相桓。**临洮**，洮水出西羌中，北至枹罕东入河。《禹贡》西顷山在县西，南部都尉治也。**西**，《禹贡》嶓冢山，西汉所出，南入广汉白水，东南至江州入江，过郡四，行二千七百六十里。莽曰西治。

武都郡，汉武帝元鼎六年（前111）设置。王莽时改为乐平郡。**百姓有五万一千三百七十六户，人口有二十三万五千五百六十人**。下辖九个县：**武都县**，东汉水从氐道水分流而出，也称为沔水，流经江夏时，称为夏水，最后汇入长江。天池大泽在县城西面。王莽时改为循虏县。**上禄县**，**故道县**，王莽时改为善治县。**河池县**，境内有泉街水向南流到沮县汇入汉水，全程五百二十里。王莽时改为乐平亭。**平乐道**，**沮县**，境内有沮水从东狼谷发源，向南流到沙羡县的南面汇入长江，流经五个郡，全程四千里，沮水是荆州的大河。**嘉陵道**，**循成道**，**下辨道**，王莽时改为杨德县。

陇西郡，秦朝时设置，王莽时改为厌戎郡。**百姓有五万三千九百六十四户，人口有二十三万六千八百二十四人**。郡内设有铁官、盐官。下辖十一个县：**狄道县**，白石山在县城东面。王莽时改为操虏县。**上邽县**，**安故县**，**氐道县**，是《禹贡》上记载的养水的发源地，养水流到武都县后，就称为汉水。王莽时改为亭道县。**首阳县**，《禹贡》上记载的鸟鼠同穴山在县城西南，是渭水的发源地，渭水向东流到船司空县后，汇入黄河，流经四个郡，全程一千八百七十里，是雍州的灌溉水源。**予道**，王莽时改为德道。**大夏县**，王莽时改为顺夏县。**羌道**，羌水流出塞外，向南流到阴平县汇入白水，流经三个郡，全程六百里。**襄武县**，王莽时改为相桓县。**临洮县**，洮水从西羌发源，向北流到枹罕县东汇入黄河。《禹贡》上记载的西顷山在县城西面，境内有南部都尉的治所。**西县**。《禹贡》上记载的嶓冢山，是西汉水的发源地，西汉水向南汇入广汉县的白水，向东南流到江州县汇入长江，流经四个郡，全程二千七百六十

金城郡，昭帝始元六年置。莽曰西海。**户三万八千四百七十，口十四万九千六百四十八。县十三：允吾**，乌亭逆水出参街谷，东至枝阳入湟。莽曰修远。**浩亹**，浩亹水出西塞外，东至允吾入湟水。莽曰兴武。**令居**，涧水出西北塞外，至县西南，入郑伯津。莽曰罕虏。**枝阳，金城**，莽曰金屏。**榆中，枹罕，白石**，离水出西塞外，东至枹罕入河。莽曰顺砾。**河关**，积石山在西南羌中。河水行塞外，东北入塞内，至章武入海，过郡十六，行九千四百里。**破羌**，宣帝神爵二年置。**安夷，允街**，宣帝神爵二年置。莽曰修远。**临羌**，西北至塞外，有西王母石室、仙海、盐池。北则湟水所出，东至允吾入河。西有须抵池，有弱水、昆仑山祠。莽曰盐羌。

天水郡，武帝元鼎三年置。莽曰填戎。明帝改曰汉阳。**户六万三百七十，口二十六万一千三百四十八。县十六：平襄**，莽曰平相。**街泉，戎邑道**，莽曰填戎亭。**望垣**，莽曰望亭。**罕开，绵诸道，阿阳，略阳道，冀**，《禹贡》朱圄山在县南梧中聚。莽曰冀治。**勇士**，属国都尉治满福。莽曰纪德。**成纪，清水**，莽曰识睦。**奉捷，陇，豲道**，骑都尉治密艾亭。**兰干**，莽曰兰盾。

武威郡，故匈奴休屠王地。武帝太初四年开。莽曰张掖。**户万七千五百八十一，口七万六千四百一十九。县十：姑臧**，南山，谷水所出，北至武威入海，行七百九十里。**张掖，武威**，休屠泽在东北，古文以

里。王莽时改为西治县。

金城郡，汉昭帝始元六年（前81）设置。王莽时改为西海郡。**百姓有三万八千四百七十户，人口有十四万九千六百四十八人。下辖十三个县：允吾县**，境内有乌亭逆水从参街谷发源，向东流到枝阳县汇入湟水。王莽时改为修远县。**浩亹县**，境内有浩亹水流出西塞外，向东流到允吾县汇入湟水。王莽时改为兴武县。**令居县**，涧水流出西北塞外，在县城西南，又汇入郑伯津。王莽时改为罕虏县。**枝阳县**，**金城县**，王莽时改为金屏县。**榆中县**，**枹罕县**，**白石县**，离水流出西塞外，向东流到枹罕县汇入黄河。王莽时改为顺砾县。**河关县**，境内有积石山在西南羌中。黄河流到塞外，又在县城东北面流入塞内，在章武县汇入大海，流经十六个郡，全程九千四百里。**破羌县**，汉宣帝神爵二年（前60）设置。**安夷县**，**允街县**，汉宣帝神爵二年设置。王莽时改为修远县。**临羌县**，县城西北面通到塞外，境内有西王母石室、仙海、盐池。北面则是湟水的发源地，湟水向东流到允吾县汇入黄河。西面有须抵池，有弱水、昆仑山祠。王莽时改为盐羌县。

天水郡，汉武帝元鼎三年（前114）设置。王莽时改填戎郡。汉明帝时改为汉阳郡。**百姓有六万零三百七十户，人口有二十六万一千三百四十八人。下辖十六个县：平襄县**，王莽时改为平相县。**街泉县**，**戎邑道**，王莽时改为填戎亭。**望垣县**，王莽时改为望亭县。**罕开县**，**绵诸道**，**阿阳县**，**略阳道**，**冀县**，《禹贡》上记载的朱圄山在县城南面的梧中聚。王莽时改为冀治县。**勇士县**，境内附国都尉的治所在满福。王莽时改为纪德县。**成纪县**，**清水县**，王莽时改为识睦县。**奉捷县**，**陇县**，**豲道**，境内骑都尉的治所在密艾亭。**兰干县**，王莽时改为兰盾县。

武威郡，原来是匈奴休屠王的领地。汉武帝太初四年（前101）设置。王莽时改为张掖郡。**百姓有一万七千五百八十一户，人口有七万六千四百一十九人。下辖十个县：姑臧县**，境内有南山，谷水发源

为豬壄泽。**休屠**，莽曰晏然。都尉治熊水障。北部都尉治休屠城。**揟次**，莽曰播德。**鸾乌**，**扑劓**，莽曰敷虏。**媪围**，**苍松**，南山，松陕水所出，北至揟次入海。莽曰射楚。**宣威**。

张掖郡，故匈奴昆邪王地，武帝太初元年开。莽曰设屏。**户二万四千三百五十二，口八万八千七百三十一。县十**：**觻得**，千金渠西至乐涫入泽中。羌谷水出羌中，东北至居延入海，过郡二，行二千一百里。莽曰官式。**昭武**，莽曰渠武。**删丹**，桑钦以为道弱水自此，西至酒泉合黎。莽曰贯虏。**氐池**，莽曰否武。**屋兰**，莽曰传武。**日勒**，都尉治泽索谷。莽曰勒治。**骊靬**，莽曰揭虏。**番和**，农都尉治。莽曰罗虏。**居延**，居延泽在东北，古文以为流沙。都尉治，莽曰居成。**显美**。

酒泉郡，武帝太初元年开。莽曰辅平。**户万八千一百三十七，口七万六千七百二十六。县九**：**禄福**，呼蚕水出南羌中，东北至会水入羌谷。莽曰显德。**表是**，莽曰载武。**乐涫**，莽曰乐亭。**天陈**，**玉门**，莽曰辅平亭。**会水**，北部都尉治偃泉障。东部都尉治东部障。莽曰萧武。**池头**，**绥弥**，**乾齐**，西部都尉治西部障。莽曰测虏。

敦煌郡，武帝后元年分酒泉置。正西关外有白龙堆沙，有蒲昌海。莽曰敦德。**户万一千二百，口三万八千三百三十五。县六**：**敦**

于此，谷水向北流到武威县汇入休屠海，全程七百九十里。**张掖县，武威县**，休屠泽在县城东北，古代文献记载为豬壄泽。**休屠县**，王莽时改为晏然县。都尉的治所在熊水障。北部都尉的治所在休屠城。**揟次县**，王莽时改为播德县。**鸾鸟县，扑𠜂县**，王莽时改为敷虏县。**媪围县，苍松县**，境内有松陕水发源于南山，向北流到揟次县汇入大海。王莽时改为射楚县。**宣威县**。

张掖郡，以前是匈奴昆邪王的领地，汉武帝太初元年（前104）设置。王莽时改为设屏县。**百姓有二万四千三百五十二户，人口有八万八千七百三十一人。下辖十个县：觻得县**，境内有千金渠向西流到乐涫县流入湖泽中。羌谷水从羌中流出，向东北流到居延县流入居延海，流经两个郡，全程两千一百里。王莽时改为官式县。**昭武县**，王莽时改为渠武县。**删丹县**，桑钦认为弱水从这里发源，向西流到酒泉郡合黎县。王莽时改为贯虏县。**氐池县**，王莽时改为否武县。**屋兰县**，王莽时改为传武县。**日勒县**，都尉的治所在泽索谷。王莽时改为勒治县。**骊轩县**，王莽时改为揭虏县。**番和县**，境内有农都尉的治所。王莽时改为罗虏县。**居延县**，居延泽在县城东北，古书记载这里为流沙。境内有都尉的治所。王莽时改为居成县。**显美县**。

酒泉郡，汉武帝太初元年（前104）时设置。王莽时改为辅平郡。**百姓有一万八千一百三十七户，人口七万六千七百二十六人。下辖九个县：禄福县**，境内有呼蚕水发源于南羌，向东北流到会水县汇入羌谷水。王莽时改为显德县。**表是县**，王莽时改为载武县。**乐涫县**，王莽时改为乐亭县。**天㒶县，玉门县**，王莽时改为辅平亭。**会水县**，北部都尉的治所在偃泉障。东部都尉的治所在东部障。王莽时改为萧武县。**池头县，绥弥县，乾齐县**，西部都尉的治所在西部障。王莽时改为测虏县。

敦煌郡，汉武帝后元年（前88）从酒泉郡中划分出来。郡的正西方，玉门关外有白龙堆沙，境内有蒲昌海。王莽时改为敦德郡。**百姓有**

煌。中部都尉治步广候官。杜林以为古瓜州地，生美瓜。莽曰敦德。**冥安**，南籍端水出南羌中，西北入其泽，溉民田。**效穀**，**渊泉**，**广至**，宜禾都尉治昆仑障。莽曰广桓。**龙勒**，有阳关、玉门关，皆都尉治。氐置水出南羌中，东北入泽，溉民田。

安定郡，武帝元鼎三年置。**户四万二千七百二十五，口十四万三千二百九十四。县二十一：高平**，莽曰铺睦。复累，**安俾**，**抚夷**，莽曰抚宁。**朝那**，有端旬祠十五所，胡巫祝，又有湫渊祠。**泾阳**，幵头山在西，《禹贡》泾水所出，东南至阳陵入渭，过郡三，行千六十里，雍州川。**临泾**，莽曰监泾。**卤**，灈水出西。**乌氏**，乌水出西，北入河。都卢山在西。莽曰乌亭。**阴密**，《诗》密人国。有嚣安亭。**安定**，**参䜌**，主骑都尉治。**三水**，属国都尉治。有盐官。莽曰广延亭。**阴槃**，**安武**，莽曰安桓。**祖厉**，莽曰乡礼。**爰得**，**眴卷**，河水别出为河沟，东至富平北入河。**彭阳**，**鹑阴**，**月氏道**，莽曰月顺。

北地郡，秦置。莽曰威成。**户六万四千四百六十一，口二十一万六百八十八。县十九：马领**，**直路**，沮水出西，东入洛。**灵武**，莽曰威成亭。**富平**，北部都尉治神泉障。浑怀都尉治塞外浑怀障。莽曰特武。**灵州**，惠帝四年置。有河奇苑、号非苑。莽曰令周。**昫衍**，**方渠**，**除道**，莽曰通道。**五街**，莽曰吾街。**鹑孤**，**归德**，洛水出北蛮夷中，入河。

一万一千二百户，人口有三万八千三百三十五人。下辖六个县：敦煌县，中部都尉的治所在步广候官。杜林认为这里是古代瓜州所在地，出产甜瓜。王莽时改为敦德县。**冥安县，**境内南面有籍端水发源于南羌中，向西北流入湖泽，湖水可以灌溉百姓农田。**效穀县，渊泉县，广至县，**宜禾都尉的治所在昆仑障。王莽时改为广桓县。**龙勒县，**境内有阳关、玉门关，都有都尉的治所。有氐置水发源于南羌中，向东北流入湖泽，湖水可以灌溉百姓农田。

安定郡，汉武帝元鼎三年（前114）设置。**百姓有四万二千七百二十五户，人口十四万三千二百九十四人。下辖二十一个县：高平县，**王莽时改为铺睦县。**复累县，安俾县，抚夷县，**王莽时改为抚宁县。**朝那县，**境内有端旬祠十五所，胡人在里面祭祀祈祷。还有湫渊祠。**泾阳县，**幵头山在县城西面，《禹贡》上记载泾水从这里发源，向东南流到阳陵县汇入渭水，流经三个郡，全程一千零六十里，泾水是雍州的大河。**临泾县，**王莽时改为监泾县。**卤县，**境内有灈水从县城西面发源。**乌氏县，**境内有乌水从县城西面发源，向北汇入黄河。都卢山在县城西面。王莽时改为乌亭县。**阴密县，**就是《诗经》上记载的密人国。境内有嚣安亭。**安定县，参繺县，**境内有主骑都尉的治所。**三水县，**境内有属国都尉的治所。设有盐官。王莽时改为广延亭。**阴槃县，安武县，**王莽时改为安桓县。**祖厉县，**王莽时改为乡礼县。**爰得县，眴卷县，**黄河水分流形成河沟水，向东流到富平县汇入黄河。**彭阳县，鹑阴县，月氏道，**王莽时改为月顺县。

北地郡，秦朝时设置。王莽时改为威戍郡。**百姓有六万四千四百六十一户，人口有二十一万零六百八十八人。下辖十九个县：马领县，直路县，**境内有沮水从县城西面发源，向东汇入洛水。**灵武县，**王莽时改为威成亭。**富平县，**境内北部都尉的治所在神泉障。浑怀都尉的治所在塞外的浑怀障。王莽时改为特武县。**灵州县，**汉惠帝四年（前

有堵苑、白马苑。**回获**，**略畔道**，莽曰延年道。**泥阳**，莽曰泥阴。**郁郅**，泥水出北蛮夷中。有牧师菀官。莽曰功著。**义渠道**，莽曰义沟。**弋居**，有盐官。**大𨞛**，**廉**。卑移山在西北。莽曰西河亭。

上郡，秦置，高帝元年更为翟国，七月复故。匈归都尉治塞外匈归障。属并州。**户十万三千六百八十三**，**口六十万六千六百五十八**。**县二十三**：**肤施**，有五龙山、帝原水、黄帝祠四所。**独乐**，有盐官。**阳周**。桥山在南，有黄帝冢。莽曰上陵畤。**木禾**，**平都**，**浅水**，莽曰广信。**京室**，莽曰积粟。**洛都**，莽曰卑顺。**白土**，圁水出西，东入河。莽曰黄土。**襄洛**，莽曰上党亭。**原都**，**漆垣**，莽曰漆墙。**奢延**，莽曰奢节。**雕阴**，**推邪**，莽曰排邪。**桢林**，莽曰桢幹。**高望**，北部都尉治。莽曰坚宁。**雕阴道**，**龟兹**，属国都尉治。有盐官。**定阳**，**高奴**，有洧水，可爇。莽曰利平。**望松**，北部都尉治。**宜都**，莽曰坚宁小邑。

西河郡，武帝元朔四年置。南部都尉治塞外翁龙、埤是。莽曰归新。属并州。**户十三万六千三百九十**，**口六十九万八千八百三十六**。**县三十六**：**富昌**，有盐官。莽曰富成。**驺虞**，**鹄泽**，**平定**，莽曰阴平亭。**美稷**，属国都尉治。**中阳**，**乐街**，莽曰截虏。**徒经**，莽曰廉耻。**皋狼**，**大成**，莽曰好成。**广田**，莽曰广翰。**圁阴**，惠帝五年置。莽曰方阴。**益阑**，莽曰香

191）设置。境内有河奇苑、号非苑。王莽时改为令周县。**眗衍县，方渠县，除道县**，王莽时改为通道县。**五街县**，王莽时改为吾街县。**鹑孤县，归德县**，境内有洛水从北面的蛮夷地界发源，流入黄河。境内有堵苑、白马苑。**回获县，略畔道**，王莽时改为延年道。**泥阳县**，王莽时改为泥阴县。**郁郅县**，境内有泥水从北面的蛮夷地界发源。设有牧师菀官。王莽时改为功著县。**义渠道**，王莽时改为义沟县。**弋居县**，设有盐官。**大要县，廉县**，卑移山在西北。王莽时叫西河亭。

上郡，秦朝时设置，汉高祖元年（前206）改为翟国，七个月后又恢复原名。匈归都尉的治所在塞外的匈归障。隶属于并州。**百姓有十万三千六百八十三户，人口有六十万六千六百五十八人。**下辖二十三个县：**膚施县**，境内有有五龙山、帝原水，还有黄帝祠四所。**独乐县**，设有盐官。**阳周县**，桥山在县城南面，境内有黄帝冢。王莽时改为上陵畤。**木禾县，平都县，浅水县**，王莽时改为广信县。**京室县**，王莽时改为积粟县。**洛都县**，王莽时改为卑顺县。**白土县**，境内有圜水从县城西面发源，向东汇入黄河。王莽时改为黄土县。**襄洛县**，王莽时改为上党亭。**原都县，漆垣县**，王莽时改为漆墙县。**奢延县**，王莽时改为奢节县。**雕阴县，推邪县**，王莽时改为排邪县。**桢林县**，王莽时改为桢幹县。**高望县**，境内有北部都尉的治所。王莽时改为坚宁县。**雕阴道，龟兹县**，境内有属国都尉的治所。设有盐官。**定阳县，高奴县**，境内有洧水，河水可被点燃。王莽时改为利平县。**望松县**，境内有北部都尉的治所。**宜都县**，王莽时改为坚宁小邑。

西河郡，汉武帝元朔四年（前125）设置。境内南部都尉的治所在塞外的翁龙县、埤是县。王莽时改为归新郡，隶属并州。**百姓有十三万六千三百九十户，人口有六十九万八千八百三十六人。**下辖三十六个县：**富昌县**，设有盐官。王莽时改为富成县。**驺虞县，鹄泽县，平定县**，王莽时改为阴平亭。**美稷县**，境内有属国都尉的治所。**中阳县，乐街县**，

阑。**平周**，**鸿门**，有天封苑火井祠，火从地出也。**蔺**，**宣武**，莽曰讨貉。**千章**，**增山**，有道西出眩雷塞，北部都尉治。**圜阳**，**广衍**，**武车**，莽曰桓车。**虎猛**，西部都尉治。**离石**，**穀罗**，武泽在西北。**饶**，莽曰饶衍。**方利**，莽曰广德。**隰成**，莽曰慈平亭。**临水**，莽曰监水。**土军**，**西都**，莽曰五原亭。**平陆**，**阴山**，莽曰山宁。**觬是**，莽曰伏觬。**博陵**，莽曰助桓。**盐官**。

朔方郡，武帝元朔二年开。西部都尉治窳浑。莽曰沟搜。属并州。**户三万四千三百三十八，口十三万六千六百二十八。县十：三封**，武帝元狩三年城。**朔方**，金连盐泽、青盐泽皆在南。莽曰武符。**修都**，**临河**，莽曰监河。**呼遒**，**窳浑**，有道西北出鸡鹿塞。屠申泽在东。莽曰极武。**渠搜**，中部都尉治。莽曰沟搜。**沃壄**，武帝元狩三年城。有盐官。莽曰绥武。**广牧**，东部都尉治。莽曰盐官。**临戎**，武帝元朔五年城。莽曰推武。

五原郡，秦九原郡，武帝元朔二年更名。东部都尉治稒阳。莽曰获降。属并州。**户三万九千三百二十二，口二十三万一千三百二十八。县十六：九原**，莽曰成平。**固陵**，莽曰固调。**五原**，莽曰填河亭。**临沃**，莽曰振武。**文国**，莽曰繁聚。**河阴**，**蒱泽**，属国都尉治。**南兴**，莽曰南利。**武都**，莽曰桓都。**宜梁**，**曼柏**，莽曰延柏。**成宜**，中部都尉治原高，西部都尉治田辟。有盐官。莽曰艾虏。**稒阳**，

王莽时改为截虏县。**徒经县**，王莽时改为廉耻县。**皋狼县**，**大成县**，王莽时改为好成县。**广田县**，王莽时改为广翰县。**圜阴县**，汉惠帝五年（前190）设置。王莽时改为方阴县。**益阑县**，王莽时改为香阑县。**平周县**，**鸿门县**，境内有天封苑火井祠，有火苗从地下喷出。**蔺县**，**宣武县**，王莽时改为讨貉县。**千章县**，**增山县**，境内有道路向西面通到眩雷塞，境内有北部都尉的治所。**圜阳县**，**广衍县**，**武车县**，王莽时改为桓车县。**虎猛县**，境内有西部都尉的治所。**离石县**，**榖罗县**，武泽在县城西北。**饶县**，王莽时改为饶衍县。**方利县**，王莽时改为广德县。**隰成县**，王莽时改为慈平亭。**临水县**，王莽时改为监水县。**土军县**，**西都县**，王莽时改为五原亭。**平陆县**，**阴山县**，王莽时改为山宁县。**觬是县**，王莽时叫伏觬县。**博陵县**，王莽时改为助桓县。**盐官县**。

朔方郡，汉武帝元朔二年（前127）设置。西部都尉的治所在窳浑县。王莽时改为沟搜郡。隶属于并州。**百姓有三万四千三百三十八户，人口有十三万六千六百二十八人。下辖十个县**：**三封县**，汉武帝元狩三年（前120）筑城。**朔方县**，境内有金连盐泽、青盐泽都在县城南面。王莽时改为武符县。**修都县**，**临河县**，王莽时改为监河县。**呼遒县**，**窳浑县**，境内有道路向西北通到鸡鹿塞。屠申泽在县城东面。王莽时改为极武县。**渠搜县**，境内有中部都尉的治所。王莽时改为沟搜县。**沃壄县**，汉武帝元狩三年（前120）筑城，设有盐官。王莽时改为绥武县。**广牧县**，境内有东部都尉的治所。王莽时改为盐官。**临戎县**，汉武帝元朔五年（前124）筑城。王莽时改为推武县。

五原郡，秦朝时叫九原郡，汉武帝元朔二年（前127）改为现在的名称。东部都尉的治所在稒阳县。王莽时改为获降郡。隶属于并州。**百姓有三万九千三百二十二户，人口有二十三万一千三百二十八人。下辖十六个县**：**九原县**，王莽时改为成平县。**固陵县**，王莽时改为固调县。**五原县**，王莽时改为填河亭。**临沃县**，王莽时改为振武县。**文国县**，王莽时改为繁聚县。**河阴县**，**蒱泽县**，境内有属国都尉的治所。**南兴县**，王莽时改为南利县。**武都县**，王莽时改为桓都县。**宜梁**

北出石门障得光禄城，又西北得支就城，又西北得头曼城，又西北得虖河城，又西得宿虏城。莽曰固阴。**莫䵣**，**西安阳**，莽曰鄣安。**河目**。

云中郡，秦置。莽曰受降。属并州。**户三万八千三百三，口十七万三千二百七十。县十一：云中**，莽曰远服。咸阳，莽曰贲武。**陶林**，东部都尉治。**桢陵**，缘胡山在西北。西部都尉治。莽曰桢陆。**犊和**，**沙陵**，莽曰希恩。**原阳**，**沙南**，**北舆**，中部都尉治。**武泉**，莽曰顺泉。**阳寿**，莽曰常得。

定襄郡，高帝置。莽曰得降。属并州。**户三万八千五百五十九，口十六万三千一百四十四。县一十二：成乐**，**桐过**，莽曰椅桐。**都武**，莽曰通德。**武进**，白渠水出塞外，西至沙陵入河。西部都尉治。莽曰伐蛮。**襄阴**，**武皋**，荒干水出塞外，西至沙陵入河。中部都尉治。莽曰永武。**骆**，莽曰遮要。**安陶**，莽曰迎符。**武城**，莽曰桓就。**武要**，东部都尉治。莽曰厌胡。**定襄**，莽曰著武。**复陆**，莽曰闻武。

雁门郡，秦置。句注山在阴馆。莽曰填狄。属并州。**户七万三千一百三十八，口二十九万三千四百五十四。县十四：善无**，莽曰阴馆。**沃阳**，盐泽在东北，有长丞。西部都尉治。莽曰敬阳。**繁畤**，莽曰当要。**中陵**，莽曰遮害。**阴馆**，楼烦乡。景帝后三年置。累头山，治水所出，东至泉州入海，过郡六，行千一百里。莽曰富代。**楼烦**，有盐官。**武州**，莽曰桓州。**涹陶**，**剧阳**，莽曰善阳。**崞**，莽曰崞张。**平城**，东部都尉治。莽曰平顺。**埒**，莽曰填狄亭。**马邑**，莽曰章昭。**彊阴**，诸闻泽在东北。莽曰伏阴。

县，曼柏县，王莽时改为延柏县。成宜县，境内中部都尉的治所在原高，西部都尉的治所在田辟。设有盐官。王莽时改为艾虏县。稒阳县，向北经过石门障就到达光禄城，又向西北可到达支就城，又向西北可到达头曼城，又向西北可到达虖河城，又向西可到达宿虏城。王莽时改为固阴县。莫䵣县，西安阳县，王莽时改为鄣安县。河目县。

云中郡，秦朝时设置。王莽时改为受降郡。隶属于并州。百姓有三万八千三百零三户，人口有十七万三千二百七十人。下辖十一个县：云中县，王莽时改为远服县。咸阳县，王莽时改为贲武县。陶林县，境内有东部都尉的治所。桢陵县，缘胡山在县城西北。境内有西部都尉的治所。王莽时改为桢陆县。犊和县，沙陵县，王莽时改为希恩县。原阳县，沙南县，北舆县，境内有中部都尉的治所。武泉县，王莽时改为顺泉县。阳寿县，王莽时改为常得县。

定襄郡，汉高祖时设置。王莽时改为得降郡。隶属于并州。百姓有三万八千五百五十九户，人口有十六万三千一百四十四人。下辖十二个县：成乐县，桐过县，王莽时改为椅桐县。都武县，王莽时改为通德县。武进县，境内有白渠水流出塞外，向西流到沙陵县汇入黄河。境内有西部都尉的治所。王莽时改为伐蛮县。襄阴县，武皋县，境内有荒干水从塞外发源，向西流到沙陵县汇入黄河。有中部都尉的治所。王莽时改为永武县。骆县，王莽时改为遮要县。安陶县，王莽时改为迎符县。武城县，王莽时改为桓就县。武要县，境内有东部都尉的治所。王莽时改为厌胡县。定襄县，王莽时改为著武县。复陆县，王莽时改为闻武县。

雁门郡，秦朝时设置。境内有句注山在阴馆县。王莽时改为填狄郡。隶属于并州。百姓有七万三千一百三十八户，人口有二十九万三千四百五十四人。下辖十四个县：善无县，王莽时改为阴馆县。沃阳县，境内有盐泽在县城东北，设有长丞。有西部都尉的治所。王莽时改为敬阳县。繁畤县，王莽时改为当要县。中陵县，王莽时改为遮害县。阴馆县，境内有楼烦乡。汉景帝后元三年（前141）设置。境内有治水发源于累头山，向东流到泉州汇入大海，流经六个郡，全程一千一百里。王莽时改为富代县。楼烦县，设有盐官。武

代郡，秦置。莽曰厌狄。有五原关、常山关。属幽州。**户五万六千七百七十一，口二十七万八千七百五十四。县十八：桑乾**，莽曰安德。**道人**，莽曰道仁。**当城，高柳**，西部都尉治。**马城**，东部都尉治。**班氏**，秦地图书班氏。莽曰班副。**延陵，狋氏**，莽曰狋聚。**且如**，于延水出塞外，东至宁入沽。中部都尉治。**平邑**，莽曰平胡。**阳原，东安阳**，莽曰竟安。**参合，平舒**，祁夷水北至桑乾入沽。莽曰平葆。**代**，莽曰厌狄亭。**灵丘**。滱河东至文安入大河，过郡五，行九百四十里。并州川。**广昌**，涞水东南至容城入河，过郡三，行五百里，并州浸。莽曰广屏。**卤城**，虖池河东至参户入虖池别，过郡九，行千三百四十里，并州川。从河东至文安入海，过郡六，行千三百七十里。莽曰鲁盾。

上谷郡，秦置。莽曰朔调。属幽州。**户三万六千八，口十一万七千七百六十二。县十五：沮阳**，莽曰沮阴。**泉上**，莽曰塞泉。**潘**，莽曰树武。**军都**，温馀水东至路，南入沽。**居庸**，有关。**雊瞀，夷舆**，莽曰朔调亭。**宁**，西部都尉治。莽曰博康。**昌平**，莽曰长昌。**广宁**，莽曰广康。**涿鹿**，莽曰抪陆。**且居**，阳乐水出东，南入沽。莽曰久居。**茹**，莽曰穀武。**女祁**，东部都尉治。莽曰祈。**下落**，莽曰下忠。

州县，王莽时改为桓州县。涅陶县，剧阳县，王莽时改为善阳县。崞县，王莽时改为崞张县。平城县，境内有东部都尉的治所。王莽时改为平顺县。埒县，王莽时改为填狄亭。马邑县，王莽时改为章昭县。疆阴县，境内有诸闻泽在县城东北。王莽时改为伏阴县。

代郡，秦朝时设置。王莽时改为厌狄郡。境内有五原关、常山关。隶属于幽州。百姓有五万六千七百七十一户，人口有二十七万八千七百五十四人。下辖十八个县：桑乾县，王莽时改为安德县。道人县，王莽时改为道仁县。当城县，高柳县，境内有西部都尉的治所。马城县，境内有东部都尉的治所。班氏县，秦朝地图上注明是班氏。王莽时改为班副县。延陵县，狋氏县，王莽时改为狋聚县。且如县，于延水从塞外发源，向东流到宁县汇入沽水。境内有中部都尉的治所。平邑县，王莽时改为平胡县。阳原县，东安阳县，王莽时改为竟安县。参合县，平舒县，境内有祁夷水向北流到桑乾县汇入沽水。王莽时改为平葆县。代县，王莽时改为厌狄亭。灵丘县，境内有滱河向东流到文安县汇入大河，流经五个郡，全程九百四十里。滱河是并州的大河。广昌县，境内有涞水向东南流到容城县汇入黄河，流经三个郡，全程五百里，涞水是并州的灌溉水源。王莽时改为广屏县。卤城县。境内有虖池河向东流到参户县汇入虖池别河，流经九个郡，全程一千三百四十里，虖池河是并州的大河。虖池别河从河东流到文安县汇入大海，流经六个郡，全程一千三百七十里。王莽时改为鲁盾县。

上谷郡，秦朝时设置。王莽时改为朔调郡。隶属于幽州。百姓有三万六千零八户，人口有十一万七千七百六十二人。下辖十五个县：沮阳县，王莽时改为沮阴县。泉上县，王莽时改为塞泉县。潘县，王莽时改为树武县。军都县，境内有温馀水向东流到路县，再向南汇入沽水。居庸县，境内有关隘。雊瞀县，夷舆县，王莽时改为朔调亭。宁县，境内有西部都尉的治所。王莽时改为博康县。昌平县，王莽时改为长昌县。广宁县，王莽时改为广康县。涿鹿县，王莽时改为抪陆县。且居县，境内有阳乐水在县城东面发源，向南汇入沽水。王莽时改为久居县。茹县，王莽时改为穀武县。女祁县，境内有东部都尉的治

渔阳郡，秦置。莽曰通路。属幽州。**户六万八千八百二，口二十六万四千一百一十六。县十二：渔阳**，沽水出塞外。东南至泉州入海，行七百五十里。有铁官。莽曰得渔。**狐奴**，莽曰举符。**路**，莽曰通路亭。**雍奴**，**泉州**，有盐官。莽曰泉调。**平谷**，**安乐**，**厗奚**，莽曰敦德。**犷平**，莽曰平犷。**要阳**，都尉治。莽曰要术。**白檀**，洫水出北蛮夷。**滑盐**，莽曰匡德。

右北平郡，秦置。莽曰北顺。属幽州。**户六万六千六百八十九，口三十二万七百八十。县十六：平刚**，**无终**，故无终子国。浭水西至雍奴入海，过郡二，行六百五十里。**石成**，**延陵**，莽曰铺武。**俊靡**，灅水南至无终东入庚。莽曰俊麻。**薋**，都尉治。莽曰裒睦。**徐无**，莽曰北顺亭。**字**，榆水出东。**土垠**，**白狼**，莽曰伏狄。**夕阳**，有铁官。莽曰夕阴。**昌城**，莽曰淑武。**骊成**，大揭石山在县西南。莽曰揭石。**广成**，莽曰平虏。**聚阳**，莽曰笃睦。**平明**，莽曰平阳。

辽西郡，秦置。有小水四十八，并行三千四十六里。属幽州。**户七万二千六百五十四，口三十五万二千三百二十五。县十四：且虑**，有高庙。莽曰鉏虑。**海阳**，龙鲜水东入封大水。封大水，缓虚水皆南入海。有盐官。**新安平**，夷水东入塞外。**柳城**，马首山在西南。参柳水北入海。西部都尉治。**令支**，有孤竹城。莽曰令氏亭。**肥如**，玄水东入濡水。濡水南入海阳。又有卢水，南入畜。莽曰肥而。**宾从**，莽曰勉武。**交黎**，渝水首受塞外，南入海。东部都尉治。莽曰禽虏。**阳乐**，**狐苏**，唐就水至徒河入海。**徒河**，莽曰河福。**文成**，莽曰言虏。**临渝**，渝水首受白狼，东入塞

所。王莽时改为祈县。下落县，王莽时改为下忠县。

渔阳郡，秦朝时设置。王莽时改为通路郡。隶属于幽州。百姓有六万八千八百零二户，人口有二十六万四千一百一十六人。下辖十二个县：渔阳县，沽水从塞外发源，向东南流到泉州县汇入大海，全程七百五十里。设有铁官。王莽时改为得渔县。狐奴县，王莽时改为举符县。路县，王莽时改为通路亭。雍奴县，泉州县，设有盐官。王莽时改为泉调县。平谷县，安乐县，厗奚县，王莽时改为敦德县。犷平县，王莽时改为平犷县。要阳县，境内有都尉的治所。王莽时改为要术县。白檀县，境内有洫水从北蛮夷发源。滑盐县，王莽时改为匡德县。

右北平郡，秦朝时设置。王莽时改为北顺郡。隶属于幽州。百姓有六万六千六百八十九户，人口有三十二万零七百八十人。下辖十六个县：平刚县，无终县，是古代无终子国的所在地。境内有浭水向西流到雍奴县汇入大海，流经两个郡，全程六百五十里。石成县，廷陵县，王莽时改为铺武县。俊靡县，境内有灅水向南流到无终县东面汇入庚水。王莽时改为俊麻县。薋县，境内有都尉治所。王莽时改为裒睦县。徐无县，王莽时改为北顺亭。字县，榆水从县城东面发源。土垠县，白狼县，王莽时改为伏狄县。夕阳县，设有铁官。王莽时改为夕阴县。昌城县，王莽时改为淑武县。骊成县，大揭石山在县城的西南面。王莽时改为揭石县。广成县，王莽时改为平虏县。聚阳县，王莽时改为笃睦县。平明县，王莽时改为平阳县。

辽西郡，秦朝时设置。境内有小河四十八条，总里程三千零四十六里。隶属于幽州。百姓有七万二千六百五十四户，人口有三十五万二千三百二十五人。下辖十四个县：且虑县，境内有有高庙。王莽时改为鉏虑县。海阳县，境内有龙鲜水向东汇入封大水。封大水、缓虚水都向南汇入大海。设有盐官。新安平县，境内有夷水向东流到塞外。柳城县，马首山在县城西南。参柳水向北汇入大海。境内有西部都尉的治所。令支县，境内有孤竹城。王莽时改为令氏亭。肥如县，境内有玄水向东汇入濡水。濡水向南汇入海阳水。还有卢水，向南汇入畜水。王莽时改为肥而县。宾从县，王莽时改为勉武县。交

外，又有侯水，北入渝。莽曰冯德。**絫**，下官水南入海。又有揭石水、宾水，皆南入官。莽曰选武。

辽东郡，秦置。属幽州。**户五万五千九百七十二，口二十七万二千五百三十九。县十八：襄平**，有牧师官。莽曰昌平。**新昌**，**无虑**，西部都尉治。**望平**，大辽水出塞外，南至安市入海。行千二百五十里。莽曰长说。**房**，**候城**，中部都尉治。**辽队**，莽曰顺睦。**辽阳**，大梁水西南至辽阳入辽。莽曰辽阴。**险渎**，**居就**，室伪山，室伪水所出，北至襄平入梁也。**高显**，**安市**，**武次**，东部都尉治。莽曰桓次。**平郭**，有铁官、盐官。**西安平**，莽曰北安平。**文**，莽曰文亭。**番汗**，沛水出塞外，西南入海。**沓氏**。

玄菟郡，武帝元封四年开。高句骊，莽曰下句骊。属幽州。**户四万五千六，口二十二万一千八百四十五。县三：高句骊**，辽山，辽水所出，西南至辽队入大辽水。又有南苏水，西北经塞外。**上殷台**，莽曰下殷。**西盖马**，马訾水西北入盐难水，西南至西安平入海，过郡二，行二千一百里。莽曰玄菟亭。

乐浪郡，武帝元封三年开。莽曰乐鲜。属幽州。**户六万二千八百一十二，口四十万六千七百四十八**。有云鄣。**县二十五：朝鲜**，**䛁邯**，**浿水**，水西至增地入海。莽曰乐鲜亭。**含资**，带水西至带方入海。**黏蝉**，**遂成**，**增地**，莽曰增土。**带方**，**驷望**，**海冥**，莽曰海桓。**列口**，**长岑**，**屯有**，**昭明**，南部都尉治。**镂方**，**提奚**，**浑弥**，**吞列**，

黎县，境内有渝水从塞外发源，向南流入大海。有东部都尉的治所。王莽时改为禽虏县。阳乐县，狐苏县，境内有唐就水流到徒河汇入大海。徒河县，王莽时改为河福县。文成县，王莽时改为言虏县。临渝县，渝水从白狼水发源，向东流到塞外。还有侯水，向北汇入渝水。王莽时改为冯德县。絫县，境内有官水向南流入大海。还有揭石水、宾水，都向南汇入官水。王莽时改为选武县。

辽东郡，秦朝时设置。隶属于幽州。百姓有五万五千九百七十二户，人口有二十七万二千五百三十九人。下辖十八个县：襄平县，设有牧师官。王莽时改为昌平县。新昌县，无虑县，境内有西部都尉的治所。望平县，境内有大辽水从塞外发源，向南流到安市县汇入大海，全程一千二百五十里。王莽时改为长说县。房县，候城县，境内有中部都尉的治所。辽队县，王莽时改为顺睦县。辽阳县，境内有大梁水向西南流到辽阳县汇入辽水。王莽时改为辽阴县。险渎县，居就县，境内有室伪水发源于室伪山，向北流到襄平县汇入梁水。高显县，安市县，武次县，境内有东部都尉的治所。王莽时改为桓次县。平郭县，设有铁官、盐官。西安平县，王莽时改为北安平县。文县，王莽时改为文亭县。番汗县，沛水从塞外发源，向西南流入大海。沓氏县。

玄菟郡，汉武帝元封四年（前107）设置。境内有高句骊县，王莽时改为下句骊县。隶属于幽州。百姓有四万五千零六户，人口有二十二万一千八百四十五人。下辖三个县：高句骊县，境内有辽水发源于辽山，向西南流到辽队县汇入大辽水。又有南苏水，向西北流到塞外。上殷台县，王莽时改为下殷县。西盖马县，境内有马訾水向西北汇入盐难水，向西南流到西安平县汇入大海，流经两个郡，全程二千一百里。王莽时改为玄菟亭。

乐浪郡，汉武帝元封三年（前108）设置。王莽时改为乐鲜郡，隶属于幽州。百姓有六万二千八百一十二户，人口有四十万六千七百四十八人。设有云鄣，下辖二十五个县：朝鲜县，䛁邯县，浿水县，境内有浿水向西流到增地县汇入大海。王莽时改为乐鲜亭县。含资县，境内有带水向西流到带方县汇入大海。黏蝉县，遂成县，增地县，王莽时改为增土县。带方县，驷望县，海冥县，王莽时

分黎山，列水所出。西至黏蝉入海，行八百二十里。**东暆，不而**，东部都尉治。**蚕台，华丽，邪头昧，前莫，夫租**。

南海郡，秦置。秦败，尉佗王此地。武帝元鼎六年开。属交州。**户万九千六百一十三，口九万四千二百五十三**。有圃羞官。**县六：番禺**，尉佗都。有盐官。**博罗，中宿**，有洭浦官。**龙川，四会，揭阳**，莽曰南海亭。

郁林郡，故秦桂林郡，属尉佗。武帝元鼎六年开。更名，有小谿川水七，并行三千一百一十里。莽曰郁平。属交州。**户万二千四百一十五，口七万一千一百六十二。县十二：布山，安广，阿林，广郁**，郁水首受夜郎豚水，东至四会入海，过郡四，行四千三十里。**中留，桂林，潭中**，莽曰中潭。**临尘**，朱涯水入领方。又有斤南水。又有侵离水，行七百里。莽曰监尘。**定周**，周水首受无敛，东入潭，行七百九十里。**增食**，驩水首受牂柯东界，入朱涯水，行五百七十里。**领方**，斤员水入郁。又有墧水。都尉治。**雍鸡**，有关。

苍梧郡，武帝元鼎六年开。莽曰新广，属交州。有离水关。**户二万四千三百七十九，口十四万六千一百六十。县十：广信**，莽曰广信亭。**谢沐**，有关。**高要**，有盐官。**封阳，临贺**，莽曰大贺。**端谿，冯乘，富川，荔浦**，有荔平关。**猛陵**，龙山，合水所出，南至布山入海。莽曰猛陆。

交趾郡，武帝元鼎六年开，属交州。**户九万二千四百四十，口七十四万六千二百三十七。县十：羸𨻻**，有羞官。**安定，苟扇，麊泠，**

改为海桓县。列口县，长岑县，屯有县，昭明县，境内有南部都尉的治所。镂方县，提奚县，浑弥县，吞列县，境内有列水发源于分黎山，向西流到黏蝉县汇入大海，全程八百二十里。东暆县，不而县，境内有东部都尉的治所。蚕台县，华丽县，邪头昧县，前莫县，夫租县。

南海郡，秦朝时设置。秦国灭亡后，尉佗在这里称王。汉武帝元鼎六年（前111）设置。隶属于交州。百姓有一万九千六百一十三户，人口有九万四千二百五十三人。设有圃羞官。下辖六个县：番禺县，是尉佗的都城。设有盐官。博罗县，中宿县，设有洭浦官。龙川县，四会县，揭阳县。王莽时改为南海亭。

郁林郡，秦朝时称为桂林郡，属于尉佗的领地。汉武帝元鼎六年（前111）设置，并改名。境内有小河七条，总里程三千一百一十里。王莽时改为郁平郡，隶属于交州。百姓一万二千四百一十五户，人口有七万一千一百六十二人。下辖十二个县：布山县，安广县，阿林县，广郁县，境内有郁水从夜郎豚水发源，向东流到四会县汇入大海，流经四个郡，全程四千零三十里。中留县，桂林县，潭中县，王莽时改为中潭县。临尘县，境内有朱涯水汇入领方水。又有斤南水。还有侵离水，全程七百里。王莽时改为监尘县。定周县，周水从无敛水发源，向东流入潭水。全程七百九十里。增食县，有驩水从牂柯县东界发源，汇入朱涯水，全程五百七十里。领方县，境内有斤员水汇入郁水。还有墧水。设有都尉的治所。雍鸡县，境内有关隘。

苍梧郡，汉武帝元鼎六年（前111）设置。王莽时改为新广郡。隶属于交州。境内有离水关。百姓有二万四千三百七十九户，人口有十四万六千一百六十人。下辖十个县：广信县，王莽时改为广信亭。谢沐县，境内有关隘。高要县，设有盐官。封阳县，临贺县，王莽时改为大贺县。端谿县，冯乘县，富川县，荔蒲县，有荔平关。猛陵县，境内有合水发源于龙山，向南流到布山县汇入大海。王莽时改为猛陆县。

交趾郡，汉武帝元鼎六年（前111）设置，隶属于交州。百姓有九万二千四百四十户，人口有七十四万六千二百三十七人。下辖十个

都尉治。曲昜，北带，稽徐，西于，龙编，朱䲨。

合浦郡，武帝元鼎六年开，莽曰桓合。属交州。户万五千三百九十八，口七万八千九百八十。县五：徐闻，高凉，合浦。有关。莽曰桓亭。临允，牢水北入高要入郁，过郡三，行五百三十里。莽曰大允。朱卢，都尉治。

九真郡，武帝元鼎六年开。有小水五十二，并行八千五百六十里。户三万五千七百四十三，口十六万六千一十三。有界关。县七：胥浦，莽曰驩成。居风，都庞，馀发，咸驩，无切，都尉治。无编，莽曰九真亭。

日南郡，故秦象郡，武帝元鼎六年开，更名。有小水十六，并行三千一百八十里。属交州。户万五千四百六十，口六万九千四百八十五。县五：朱吾，比景，卢容，西捲，水入海，有竹，可为杖。莽曰日南亭。象林。

赵国，故秦邯郸郡，高帝四年为赵国。景帝三年复为邯郸郡，五年复故。莽曰桓亭。属冀州。户八万四千二百二，口三十四万九千九百五十二。县四：邯郸，堵山，牛首水所出，东入白渠。赵敬侯自中牟徙此。易阳，柏人，莽曰寿仁。襄国，故邢国。西山，渠水所出，东北至任入浸。又有蓼水、冯水，皆东至朝平入湡。

广平国，武帝征和二年置为平干国，宣帝五凤二年复故。莽曰富昌。属冀州。户二万七千九百八十四，口十九万八千五百五十八。县十六：广平，张，朝平，南和，列葭水东入沥。列人，莽曰列治。斥章，

县：赢陵县，设有羞官。安定县，苟屚县，麊泠县，境内有都尉的治所。曲昜县，北带县，稽徐县，西于县，龙编县，朱鸢县。

合浦郡，汉武帝元鼎六年（前111）设置。王莽时改为桓合郡。隶属于交州。百姓有一万五千三百九十八户，人口有七万八千九百八十人。下辖五个县：徐闻县，高凉县，合浦县，境内有关隘。王莽时改为桓亭县。临允县，境内有牢水向北流到高要县，再汇入郁水，流经三个郡，全程五百三十里。王莽时改为大允县。朱卢县，设有都尉的治所。

九真郡，汉武帝元鼎六年（前111）设置。境内有小河五十二条，总里程八千五百六十里。百姓有三万五千七百四十三户，人口有十六万六千零一十三人。郡内有界关。下辖七个县：胥浦县，王莽时改为蠙成县。居风县，都庞县，馀发县，咸驩县，无切县，设有都尉治所。无编县，王莽时改为九真亭。

日南郡，秦朝时称为象郡，汉武帝元鼎六年（前111）设置，并改为现在名称。境内有河流十六条，总里程三千一百八十里。隶属于交州。百姓有一万五千四百六十户，人口有六万九千四百八十五人。下辖五个县：朱吾县，比景县，卢容县，西捲县，境内有河流流入大海，产竹子，可作拐杖。王莽时改为日南亭。象林县。

赵国，以前是秦朝的邯郸郡，汉高祖四年（前203）立为赵国。汉景帝三年恢复为邯郸郡，五年又恢复为赵国。王莽时改为桓亭郡。隶属于冀州。百姓有八万四千二百零二户，人口有三十四万九千九百五十二人。下辖四个县：邯郸县，境内有牛首水发源于堵山，向东流入白渠。赵敬侯将都城从中牟迁到这里。易阳县，柏人县，王莽时改为寿仁县。襄国县，是以前的邢国所在地。境内有渠水发源于西山，向东北流到任县流入浸。又有蓼水、冯水，都向东流到朝平县汇入湡水。

广平国，汉武帝征和二年（前91）设置为平干国，汉宣帝五凤二年（前56）恢复广平国。王莽时改为富昌郡。隶属于冀州。百姓有二万七千九百八十四户，人口有十九万八千五百五十八人。下辖十六

任，**曲周**，武帝建元四年置。莽曰直周。**南曲**，**曲梁**，侯国。莽曰直梁。**广乡**，**平利**，**平乡**，**阳台**，侯国。广年，莽曰富昌。**城乡**。

真定国，武帝元鼎四年置。属冀州。**户三万七千一百二十六，口十七万八千六百一十六。县四：真定**，故东垣，高帝十一年更名。莽曰思治。**稾城**，莽曰稾实。**肥累**，故肥子国。**绵曼**，斯洨水首受太白渠，东至鄡入河。莽曰绵延。

中山国，高帝郡，景帝三年为国。莽曰常山，属冀州。**户十六万八百七十三，口六十六万八千八十。县十四：卢奴**，**北平**，徐水东至高阳入博。又有卢水，亦至高阳入河。有铁官。莽曰善和。**北新成**，桑钦言易水出西北，东入滱，莽曰朔平。**唐**，尧山在南。莽曰和亲。**深泽**，莽曰翼和。**苦陉**，莽曰北陉。**安国**，莽曰兴睦。**曲逆**，蒲阳山，蒲水所出，东入濡，又有苏水，亦东入濡，莽曰顺平。**望都**，博水东至高阳入河。莽曰顺调。**新市**，**新处**，**毋极**，**陆成**，**安险**，莽曰宁险。

信都国，景帝二年为广川国，宣帝甘露三年复故。莽曰新博。属冀州。**户六万五千五百五十六，口三十万四千三百八十四。县十七：信都**，王都。故章河、故虖池皆在北，东入海。《禹贡》绛水亦入海。莽曰新博亭。**历**，莽曰历宁。**扶柳**，**辟阳**，莽曰乐信。**南宫**，莽曰序下。**下博**，莽曰闰博。**武邑**，莽曰顺桓。**观津**，莽曰朔定亭。**高隄**，**广川**，**乐乡**，侯国。莽曰乐丘。**平隄**，侯国。**桃**，莽曰桓分。**西梁**，侯国。**昌成**，侯

个县：广平县，张县，朝平县，南和县，境内有列葭水向东流入傿水。列人县，王莽时改为列治县。斥章县，任县，曲周县，汉武帝建元四年（前137）设置。王莽时改为直周县。南曲县，曲梁县，是汉朝列侯的封国。王莽时改为直梁县。广乡县，平利县，平乡县，阳台县，是汉朝列侯的封国。广年县，王莽时改为富昌县。城乡县。

真定国，汉武帝元鼎四年（前113）设置。隶属于冀州。百姓有三万七千一百二十六户，人口有十七万八千六百一十六人。下辖四个县：真定县，即原来的东垣县，汉高祖十一年（前196）改为真定国。王莽时改为思治县。稾城县，王莽时改为埼实县。肥累县，即以前的肥子国。绵曼县，斯洨水从太白渠发源，向东流到鄡县后，汇入黄河。王莽时改为绵延县。

中山国，汉高祖时设为郡，汉景帝三年（前154）立为国。王莽时改为常山郡。隶属于冀州。百姓有十六万零八百七十三户，人口有六十六万八千零八十人。下辖十四个县：卢奴县，北平县，境内有徐水向东流到高阳县汇入博水。还有卢水，也流到高阳县汇入黄河。设有铁官。王莽时改为善和县。北新成县，桑钦说易水从县城西北发源，向东流入滱水。王莽时改为朔平县。唐县，尧山在县城南面。王莽时改为和亲县。深泽县，王莽时改为翼和县。苦陉县，王莽时改为北陉县。安国县，王莽时改为兴睦县。曲逆县，境内有蒲阳山是蒲水的发源地，蒲水向东汇入濡水。还有苏水，也向东汇入濡水。王莽时改为顺平县。望都县，境内有博水向东流到高阳县流入黄河。王莽时改为顺调县。新市县，新处县，毋极县，陆成县，安险县，王莽时改为宁险县。

信都国，汉景帝二年（前155）立为广川国，汉宣帝甘露三年（前51）恢复为信都国。王莽时改为新博郡。隶属于冀州。百姓有六万五千五百五十六户，人口有三十万四千三百八十四人。下辖十七个县：信都县，是信都国的都城。古章河、古虖池都在县城北面，向东汇入大海。《禹贡》上记载的绛水也汇入大海。王莽时改为新博亭。历县，王莽时改为历宁县。扶柳县，辟阳县，王莽时改为乐信县。南宫县，王莽时改为序下县。下博县，王莽时改为闰博县。武邑县，王莽时

国。**东昌**，侯国。莽曰田昌。**脩**，莽曰脩治。

河间国，故赵，文帝二年别为国。莽曰朔定。**户四万五千四十三，口十八万七千六百六十二。县四：乐成**，虖池别水首受虖池河，东至东光入虖池河。莽曰陆信。**候井**，**武隧**，莽曰桓隧。**弓高**，虖池别河首受虖池河，东至平舒入海。莽曰乐成。

广阳国，高帝燕国，昭帝元凤元年为广阳郡，宣帝本始元年更为国。莽曰广有。**户二万七百四十，口七万六百五十八。县四：蓟**，故燕国，召公所封。莽曰伐戎。**方城**，**广阳**，**阴乡**，莽曰阴顺。

甾川国，故齐，文帝十八年别为国。后并北海。**户五万二百八十九，口二十二万七千三十一。县三：剧**，义山，蕤水所出，北至寿光入海。莽曰俞。**东安平**，菟头山，女水出，东北至临甾入钜定。**楼乡**。

胶东国，故齐，高帝元年别为国，五月复属齐国，文帝十六年复为国。莽曰郁秩。**户七万二千二，口三十二万三千三百三十一。县八：即墨**，有天室山祠。莽曰即善。**昌武**，**下密**，有三石山祠。**壮武**，莽曰晓武。**郁秩**，有铁官。**挺**，**观阳**，**邹卢**，莽曰始斯。

高密国，故齐，文帝十六年别为胶西国，宣帝本始元年更为高密国。**户四万五百三十一，口十九万二千五百三十六。县五：**

改为顺桓县。**观津县**，王莽时改为朔定亭。**高隄县**，**广川县**，**乐乡县**，是汉朝列侯的封国。王莽时改为乐丘县。**平隄县**，是汉朝列侯的封国。**桃县**，王莽时改为桓分县。**西梁县**，是汉朝列侯的封国。**昌成县**，是汉朝列侯的封国。**东昌县**，是汉朝列侯的封国，王莽时改为田昌县。**脩县**，王莽时改为脩治县。

河间国，是原来赵国的故地，汉文帝二年（前178）划分为国。王莽时改为朔定郡。**百姓有四万五千零四十三户，人口有十八万七千六百六十二人。下辖四个县：乐成县**，虖池别水从虖池河发源，向东流到东光县汇入虖池河。王莽时改为陆信县。**候井县**，**武隧县**，王莽时改为桓隧县。**弓高县**，虖池别河从虖池河发源，向东流到平舒县汇入大海。王莽时改为乐成县。

广阳国，汉高祖时燕国的所在地，汉昭帝元凤元年（前80）改为广阳郡，汉宣帝本始元年（前73）改为国。王莽时改为广有郡。**百姓有二万零七百四十户，人口有七万零六百五十八人。下辖四个县：蓟县**，即原来的燕国，是召公的封地。王莽时改为伐戎县。**方城县**，**广阳县**，**阴乡县**，王莽时改为阴顺县。

甾川国，是原齐国的故地，汉文帝十八年（前162）另立为国。后来与北海郡合并。**百姓有五万零二百八十九户，人口有二十二万七千零三十一人。下辖三个县：剧县**，境内有蕤水发源于义山，向北流到寿光县汇入大海。王莽时改为俞县。**东安平县**，境内有女水发源于菟头山，向东北流到临甾县汇入钜定水。**楼乡县**。

胶东国，是原来齐国的故地，汉高祖元年（前206）另立为国，五月又重新归属齐国，汉文帝十六年（前164）恢复为国。王莽时改为郁秩。**百姓有七万二千零二户，人口有三十二万三千三百三十一人。下辖八个县：即墨县**，境内有天室山祠。王莽时改为即善县。**昌武县**，**下密县**，境内有有三石山祠。**壮武县**，王莽时改为晓武县。**郁秩县**，设有铁官。**挺县**，**观阳县**，**邹卢县**，王莽时改为始斯县。

高密国，是原来齐国的故地，汉文帝十六年（前164）另立为胶西国，汉宣帝本始元年（前73）改为高密国。**百姓有四万零五百三十一户，人口有十九万二千五百三十六人。下辖五个县：高密县**，王莽时改

高密，莽曰章牟。**昌安**，**石泉**，莽曰养信。**夷安**，莽曰原亭。**成乡**，莽曰顺成。

城阳国，故齐，文帝二年别为国。莽曰莒陵。属兖州。**户五万六千六百四十二，口二十万五千七百八十四。县四：莒**，故国，盈姓，三十世为楚所灭。少昊后。有铁官。莽曰莒陵。**阳都**，**东安**，**虑**，莽曰著善。

淮阳国，高帝十一年置。莽曰新平。属兖州。**户十三万五千五百四十四，口九十八万一千四百二十三。县九：陈**，故国。舜后，胡公所封，为楚所灭。楚顷襄王自郢徙此。莽曰陈陵。**苦**，莽曰赖陵。**阳夏**，**宁平**，**扶沟**，涡水首受狼汤渠，东至向入淮，过郡三，行千里。**固始**，**圉**，**新平**，**柘**。

梁国，故秦砀郡，高帝五年为梁国。莽曰陈定。属豫州。**户三万八千七百九，口十万六千七百五十二。县八：砀**，山出文石。莽曰节砀。**甾**，故戴国。莽曰嘉穀。**杼秋**，莽曰予秋。**蒙**，获水首受甾获渠，东北至彭城入泗，过郡五，行五百五十里。莽曰蒙恩。**已氏**，莽曰已善。**虞**，莽曰陈定亭。**下邑**，莽曰下洽。**睢阳**，故宋国，微子所封。《禹贡》盟诸泽在东北。

东平国，故梁国，景帝中六年别为济东国，武帝元鼎元年为大河郡，宣帝甘露二年为东平国。莽曰有盐。属兖州。**户十三万一千七百五十三，口六十万七千九百七十六**。有铁官。**县七：无盐**，有郈乡。莽曰有盐亭。**任城**，故任国，太昊后，风姓。莽曰延就亭。**东平陆**，**富城**，莽曰成富。**章**，**亢父**，诗亭，故诗国。莽曰顺父。**樊**。

为章牟县。**昌安县**，**石泉县**，王莽时改为养信县。**夷安县**，王莽时改为原亭县。**成乡县**，王莽时改为顺成县。

城阳国，是原来齐国的故地，汉文帝二年（前178）另立为诸侯国。王莽时改为莒陵郡。隶属于兖州。**百姓有五万六千六百四十二户，人口有二十万五千七百八十四人**。**下辖四个县**：**莒县**，即以前的莒国所在地，盈姓，三十世时被楚国所灭。是少昊的后代。设有铁官，王莽时改为莒陵县。**阳都县**，**东安县**，**虑县**，王莽时改为著善县。

淮阳国，汉高祖十一年（前196）设置。王莽时改为新平郡。隶属于兖州。**百姓有十三万五千五百四十四户，人口有九十八万一千四百二十三人**。**下辖九个县**：**陈县**，即原来的陈国所在地。陈国是舜的后代，陈胡公的封地，后被楚国所灭。楚顷襄王将都城从郢迁到这里。王莽时改为陈陵县。**苦县**，王莽时改为赖陵县。**阳夏县**，**宁平县**，**扶沟县**，涡水从狼汤渠发源，向东流到向县汇入淮水，流经三个郡，全程一千里。**固始县**，**圉县**，**新平县**，**柘县**。

梁国，原秦朝的砀郡，汉高祖五年（前202）立为梁国。王莽时改为陈定郡。隶属于豫州。**百姓有三万八千七百零九户，人口有十万六千七百五十二人**。**下辖八个县**：**砀县**，境内山上出产纹石。王莽时改为节砀县。**甾县**，即原来的戴国。王莽时改为嘉穀县。**杼秋县**，王莽时改为予秋县。**蒙县**，境内有获水从甾获渠发源，向东北流到彭城汇入泗水，流经五个郡，全程五百五十里。王莽时改为蒙恩县。**已氏县**，王莽时改为已善县。**虞县**，王莽时改为陈定亭。**下邑县**，王莽时改为下洽县。**睢阳县**，即原来宋国故地，微子的封地。《禹贡》上记载的盟诸泽在县城东北面。

东平国，原来是梁国，汉景帝中元六年（前144）另立为济东国，汉武帝元鼎元年（前116）改为大河郡，汉宣帝甘露二年（前52）改为东平国。王莽时改为有盐郡。隶属于兖州。**百姓有十三万一千七百五十三户，人口有六十万七千九百七十六人**。郡内设有铁官。**下辖七个县**：**无盐县**，境内有有郈乡。王莽时改为有盐亭。**任城县**，即原来的任国，是太昊的后代，风姓。王莽时改为延就亭。**东平陆县**，**富城县**，王莽时改为成富县。**章县**，**亢父县**，诗亭，即原来的

鲁国，故秦薛郡，高后元年为鲁国。属豫州。**户十一万八千四十五，口六十万七千三百八十一。县六：鲁**，伯禽所封。户五万二千。有铁官。**卞**，泗水西南至方与入沛，过郡三，行五百里，青州川。**汶阳**，莽曰汶亭。**蕃**，南梁水西至胡陵入沛渠。**驺**，故邾国。曹姓，二十九世为楚所灭。峄山在北。莽曰驺亭。**薛**，夏车正奚仲所国。后迁于邳，汤相仲虺居之。

楚国，高帝置，宣帝地节元年更为彭城郡，黄龙元年复故。莽曰和乐。属徐州。**户十一万四千七百三十八，口四十九万七千八百四。县七：彭城**，古彭祖国。户四万一百九十六。有铁官。**留**，**梧**，莽曰吾治。**傅阳**，故偪阳国。莽曰辅阳。**吕**，**武原**，莽曰和乐亭。**甾丘**，莽曰善丘。

泗水国，故东海郡，武帝元鼎四年别为泗水国。莽曰水顺。**户二万五千二十五，口十一万九千一百一十四。县三：凌**，莽曰生麦。**泗阳**，莽曰淮平亭。**于**，莽曰于屏。

广陵国，高帝六年属荆州，十一年更属吴，景帝四年更名江都，武帝元狩三年更名广陵。莽曰江平。属徐州。**户三万六千七百七十三，口十四万七百二十二**。有铁官。**县四：广陵**，江都易王非、广陵厉王胥皆都此，并得鄣郡，而不得吴。莽曰安定。**江都**，有江水祠。渠水首受江，北至射阳入湖。**高邮**，**平安**，莽曰杜乡。

六安国，故楚，高帝元年别为衡山国，五年属淮南，文帝十六复为衡

诗国。王莽时改为顺父县。樊县。

鲁国，以前是秦朝的薛郡，汉高后元年（前187）立为鲁国。隶属于豫州。**百姓有十一万八千零四十五户，人口有六十万七千三百八十一人。下辖六个县：鲁县**，是伯禽的封地。百姓有五万二千户。设有铁官。**卞县**，境内有泗水向西南到方与县汇入沛水，流经三个郡，全程五百里，是青州的大河。**汶阳县**，王莽时改为汶亭县。**蕃县**，南梁水向西流到胡陵县汇入沛渠。**驺县**，即原来的邾国，曹姓，二十九代后被楚国所灭。峄山在县城北面。王莽时改为驺亭。**薛县**，是夏朝的车正奚仲的封国，后来迁到邳，商汤的丞相仲虺的封地也在那里。

楚国，汉高祖时设置，汉宣帝地节元年（前69）改为彭城郡，黄龙元年（前49）恢复为楚国。王莽时改为和乐郡。隶属于徐州。**百姓有十一万四千七百三十八户，人口有四十九万七千八百零四人。下辖七个县：彭城县**，即古彭祖国。百姓有四万零一百九十六户。设有铁官。**留县，梧县**，王莽时改为吾治县。**傅阳县**，即原来的偪阳国。王莽时改为辅阳。**吕县，武原县**，王莽时改为和乐亭。**甾丘县**，王莽时改为善丘县。

泗水国，以前是东海郡，汉武帝元鼎四年（前113）另立为泗水国。王莽时改为水顺郡。**百姓有二万五千零二十五户，人口有十一万九千一百一十四人。下辖三个县：凌县**，王莽时改为生麦县。**泗阳县**，王莽时改为淮平亭。**于县**，王莽时改为于屏县。

广陵国，汉高祖六年（前201）归属于荆州，十一年改归属于吴国，汉景帝四年（前153）改为江都国，汉武帝元狩三年（前120）改名为广陵国。王莽时改为江平郡。隶属于徐州。**百姓有三万六千七百七十三户，人口有十四万零七百二十二人。**郡内设有铁官。**下辖四个县：广陵县**，江都易王刘非、广陵厉王刘胥都曾在这里建都，并得到鄣郡，但没有得到吴国。王莽时改为安定县。**江都县**，境内有江水祠。渠水从长江发源，向北流到射阳县汇入湖泊。**高邮县，平安县**，王莽时改为杜乡县。

六安国，是原来楚国的故地，汉高祖元年（前206）另立为衡山

山，武帝元狩二年别为六安国。莽曰安风。**户三万八千三百四十五，口十七万八千六百一十六。县五：六**，故国，皋繇后，偃姓，为楚所灭。如谿水首受沘，东北至寿春入芍陂。**蓼**，故国，皋繇后，为楚所灭。**安丰**，《禹贡》大别山在西南。莽曰美丰。**安风**，莽曰安风亭。**阳泉**。

长沙国，秦郡，高帝五年为国。莽曰填蛮。属荆州。**户四万三千四百七十，口二十三万五千八百二十五。县十三：临湘**，莽曰抚睦。**罗，连道，益阳**，湘山在北。**下隽**，莽曰闰隽。**攸，酃，承阳，湘南**，《禹贡》衡山在东南，荆州山。**昭陵，荼陵**。泥水西入湘，行七百里。莽曰声乡。**容陵，安成**。庐水东至庐陵入湖汉。莽曰思成。

本秦京师为内史，分天下作三十六郡。汉兴，以其郡太大，稍复开置，又立诸侯王国。武帝开广三边。故自高祖增二十六，文、景各六，武帝二十八，昭帝一，讫于孝平，凡郡国一百三，县邑千三百一十四，道三十二，侯国二百四十一。地东西九千三百二里，南北万三千三百六十八里。提封田一万万四千五百一十三万六千四百五顷，其一万万二百五十二万八千八百八十九顷，邑居道路，山川林泽，群不可垦，其三千二百二十九万九百四十七顷，可垦不垦，定垦田八百二十七万五百三十六顷。民户千二百二十三万三千六十二，口五千九百五十九万四千九百七十八。汉极盛矣。

国，汉高祖五年归属于淮南国，汉文帝十六年（前164）重新立为衡山国，汉武帝元狩二年（前121）另立为六安国。王莽时改为安风郡。百姓有三万八千三百四十五户，人口有十七万八千六百一十六人。下辖五个县：六县，即原来的六国，皋繇后代的封地，偃姓，被楚国所灭。如谿水从沘水发源，向东北流到寿春汇入芍陂。蓼县，即原来的蓼国，皋繇后代的封地，被楚国所灭。安丰县，《禹贡》上记载的大别山在县城西南。王莽时改为美丰县。安风县，王莽时改为安风亭。阳泉县。

长沙国，秦朝时的长沙郡，汉高祖五年（前202）立为国。王莽时改为填蛮郡。隶属于荆州。百姓有四万三千四百七十户，人口有二十三万五千八百二十五人。下辖十三个县：临湘县，王莽时改为抚睦县。罗县，连道县，益阳县，湘山在县城北面。下隽县，王莽时改为闰隽县。攸县，酃县，承阳县，湘南县，《禹贡》上记载的衡山在县城的东南面，是荆州的大山。昭陵县，茶陵县，境内有泥水向西汇入湘水，全程七百里。王莽时改为声乡县。容陵县，安成县。境内有庐水向东流到庐陵县汇入湖汉水。王莽时改为思成县。

秦国除了京师地区称为内史地外，把天下其余地方划分为了三十六郡。汉朝建立后，有感于秦朝的郡地域太大，就逐渐重新加以设置，又建立了诸侯王的封国。汉武帝时广泛开拓三面国境的土地。所以从汉高祖时期增加了二十六郡，汉文帝、汉景帝时期各增加了六郡，汉武帝时增加了二十八郡，汉昭帝时增加了一郡，到汉平帝时为止，共有郡国一百零三个，县邑一千三百一十四个，道三十二个，侯国二百四十一个。全国东西长有九千三百零二里，南北长有一万三千三百六十八里。全国土地共有一亿四千五百一十三万六千四百零五顷，其中一亿零二百五十二万八千八百八十九顷土地，是城邑道路，山河林泽，都不可开垦，其中三千二百二十九万九百四十七顷土地，属于可以开垦和不可以开垦的土地，明确的开垦土地有八百二十七万零五百三十六顷。全国有百姓一千二百二十三万三千零六十二户，人口有五千九百五十九万四千九百七十八人。汉朝的国势达到了极盛时期。

凡民函五常之性，而其刚柔缓急，音声不同，系水土之风气。故谓之风；好恶取舍，动静亡常，随君上之情欲，故谓之俗。孔子曰："移风易俗，莫善于乐。"言圣王在上，统理人伦，必移其本，而易其末，此混同天下壹之虖中和，然后王教成也。汉承百王之末，国土变改，民人迁徙，成帝时刘向略言其地分，丞相张禹使属颍川朱赣条其风俗，犹未宣究，故辑而论之，终其本末著于篇。

秦地，于天官东井、舆鬼之分野也。其界自弘农故关以西，京兆、扶风、冯翊、北地、上郡、西河、安定、天水、陇西，南有巴、蜀、广汉、犍为、武都，西有金城、武威、张掖、酒泉、敦煌，又西南有牂柯、越嶲、益州，皆宜属焉。

秦之先曰柏益，出自颛顼，尧时助禹治水，为舜朕虞，养育草木鸟兽，赐姓嬴氏，历夏、殷为诸侯。至周有造父，善驭习马，得华骝、绿耳之乘，幸于穆王，封于赵城，故更为赵氏。后有非子，为周孝王养马汧、渭之间。孝王曰："昔伯益知禽兽，子孙不绝。"乃封为附庸，邑之于秦，今陇西秦亭秦谷是也。至玄孙，氏为庄公，破西戎，有其地。子襄公时，幽王为犬戎所败，平王东迁雒邑。襄公将兵救周有功，赐受邲、酆之地，列为诸侯。后八世，穆公称伯，以河为竟。十余世，孝公用商君，制辕田，开仟伯，东雄诸侯。子惠公初称王，得上郡、西河。孙昭王开巴蜀，灭周，取九鼎。昭王曾孙政并六国，称皇帝，负力怙威，燔书坑儒，自任私智。至子胡亥，天下畔之。

百姓都包含有五种特性，他们性格的刚柔缓急有所不同，语言也有所不同，这是由于各地水土的风气不同，所以称为风；他们的好恶取舍，动和静没有常态，完全跟随君主的喜好，所以称为俗。孔子说："移风易俗，没有比音乐更好的办法了。"这是说圣王在上位，掌管百姓的伦理教化，必定要改变百姓风俗的根本和细节，把天下风俗混同为一，达到中和的程度，然后君王的教化就成功了。汉朝是承接历代帝王的新朝代，国土疆域改变了，百姓也发生了迁徙，汉成帝时，刘向简单地述说了各地的风俗情况，丞相张禹让下属，颍川人朱赣分类记述各地的风俗，但还不够全面，所以现在将各地风俗整理成册进行评论，把它们的来龙去脉全部写进书里。

秦国的领地，在天文上属于东井宿、舆鬼宿的分野。它的界线是从弘农郡的函谷关往西，包括京兆郡、右扶风、左冯翊、北地郡、上郡、西河郡、安定郡、天水郡、陇西郡，往南包括巴郡、蜀郡、广汉郡、犍为郡、武都郡，西面包括金城郡、武威郡、张掖郡、酒泉郡、敦煌郡，还有向西南包括牂柯郡、越嶲郡、益州郡，都属于秦国的范围。

秦国的祖先叫柏益，是颛顼的后代，尧时曾帮助大禹治水，是舜帝的朕虞官，负责饲养草木鸟兽，舜赐给柏益嬴姓，历经夏、商两朝嬴氏都是诸侯。到周朝时，嬴氏有一个名叫造父的人，善于驾驭和训练马匹，培育出了华騮、绿耳这样的名马，因而受到周穆王的重用，被封到赵城，所以改姓为赵氏。后来秦国的祖先非子，为周孝王在汧水和渭水一带养马。周孝王说："以前伯益善于驯化禽兽，他的子孙不应当断绝。"于是非子被封为附庸，在秦地建邑，现在陇西的秦亭、秦谷就是当年非子的封地。到非子的玄孙，就是秦庄公时，打败了西戎，占有了它的土地。到庄公的儿子秦襄公时，周幽王被犬戎打败，周平王东迁到雒邑。秦襄公率兵救周王有功，被赐给郊、酆两处封地，成为诸侯。过了八代之后，秦穆公称霸，边界到达黄河。又过了十多代后，秦孝公任用商鞅变法，制定辕田，开辟阡陌，向东称雄诸侯。秦孝公儿子秦惠公刚一继位，就得到上郡、西河地区。秦孝公孙子秦昭王得到了巴、蜀两处地方，并且灭亡了周朝，拿到了九鼎。秦

故秦地于《禹贡》时跨雍、梁二州,《诗·风》兼秦、豳两国。昔后稷封斄,公刘处豳,大王徙郊,文王作酆,武王治镐,其民有先王遗风,好稼穑,务本业,故《豳诗》言农桑衣食之本甚备。有鄠、杜竹林,南山檀柘,号称陆海,为九州膏腴。始皇之初,郑国穿渠,引泾水溉田,沃野千里,民以富饶。汉兴,立都长安,徙齐诸田,楚昭、屈、景及诸功臣家于长陵。后世世徙吏二千石、高訾富人及豪桀并兼之家于诸陵。盖亦以强干弱支,非独为奉山园也。是故五方杂厝,风俗不纯,其世家则好礼文,富人则商贾为利,豪桀则游侠通奸。濒南山,近夏阳,多阻险轻薄,易为盗贼,常为天下剧。又郡国辐凑,浮食者多,民去本就末,列侯贵人车服僭上,众庶放效,羞不相及,嫁娶尤崇侈靡,送死过度。

天水、陇西,山多林木,民以板为室屋。及安定、北地、上郡、西河,皆迫近戎狄,修习战备,高上气力,以射猎为先。故《秦诗》曰"在其板屋";又曰"王于兴师,修我甲兵,与子偕行"。及《车辚》《四载》《小戎》之篇,皆言车马田狩之事。汉兴,六郡良家子选给羽林、期门,以材力为官,名将多出焉。孔子曰:"君子有勇而亡谊则为乱,小人有勇而亡谊则为盗。"故此数郡,民俗质木,不耻寇盗。

昭王的曾孙秦王嬴政吞并六国，自称皇帝，倚仗强势，焚书坑儒，刚愎自用。到秦始皇的儿子胡亥时，天下人就推反了秦朝。

原来秦国的领土在《禹贡》中记载为横跨雍、梁二州，《诗经》的《国风》中兼有秦风和豳风两类诗歌。从前周朝先祖后稷分封在漦地，后来公刘居住在豳地，周大王迁徙到郊地，周文王曾在酆地建都，周武王建都于镐，因此这一带的百姓继承先王的遗风，喜爱农业，守土物本，所以《豳风》中关于农桑衣食方面的诗歌相当完备。秦地的鄠、杜出产竹材，南山盛产檀木和柘木，秦地号称是陆地上的海洋，是九州中物产丰盛的地方。秦始皇初期，韩国人郑国凿通郑国渠，引来泾水灌溉农田，使关中沃野千里，百姓因此富饶。汉朝建立后，在长安建都，把齐国所有的田姓，楚国的昭姓、屈姓、景姓以及所有功臣的家属都迁徙到长陵。后来世代都把俸禄二千石的官吏、家财丰厚的富人以及地方豪杰，连同家属一起迁徙到各处皇陵。大概是加强中央，削弱地方的用意，并不单单是为了供奉皇陵。因此秦地内四面八方的人们交汇在一起，风俗也变得不纯正。世族大家喜好礼仪文章，富人就热衷于买卖获利，豪杰就喜欢四处游侠，结交匪类。秦地在临近南山，靠近夏阳的这些地方，民风浇薄，地方偏狭，当地的人容易成为盗贼，经常成为天下动荡的地方。再加上这里郡国聚积，吃白食的人相当多，百姓丢弃根本，追逐末节，列侯和显贵僭越君王，众人还纷纷仿效，毫不感到羞耻，嫁娶更是崇尚奢侈，尤其是丧葬的处理，往往超过限度。

天水和陇西，山中林木茂盛，百姓就用木板来建造房屋。至于安定、北地、上郡、西河，都靠近戎狄，因此百姓注重战备，崇尚勇力，以射猎为主。所以《秦诗》中说“在其板屋”；又说“王于兴师，修我甲兵，与子偕行”。还有《车辚》《四载》《小戎》等诗篇，都是说车马打猎的事情。汉朝建立后，六郡的良家子弟被选拔加入羽林、期门军中，凭藉才干勇力晋升为官吏，产生了很多名将。孔子说：“君子有勇力而不讲道义就会作乱，小人有勇力而不讲道义就会成为强盗。”因此这几个郡，民俗质钝，不以身为盗贼而感到耻辱。

自武威以西，本匈奴昆邪王、休屠王地，武帝时攘之，初置四郡，以通西域，鬲绝南羌、匈奴。其民或以关东下贫，或以报怨过当，或以悖逆亡道，家属徙焉。习俗颇殊，地广民稀，水中宜畜牧，故凉州之畜为天下饶。保边塞，二千石治之，咸以兵马为务；酒礼之会，上下通焉。吏民相亲。是以其俗风雨时节，谷籴常贱，少盗贼，有和气之应，贤于内郡。此政宽厚，吏不苛刻之所致也。

巴、蜀、广汉本南夷，秦并以为郡，土地肥美，有江水沃野，山林竹木疏食果实之饶。南贾滇、僰僮，西近邛、莋马旄牛。民食稻鱼，亡凶年忧，俗不愁苦，而轻易淫泆，柔弱褊阸。景、武间，文翁为蜀守，教民读书法令，未能笃信道德，反以好文刺讥，贵慕权势。及司马相如游宦京师诸侯，以文辞显于世。乡党慕循其迹。后有王褒、严遵，扬雄之徒，文章冠天下。繇文翁倡其教，相如为之师，故孔子曰："有教亡类。"

武都地杂氐，羌，及犍为、牂柯、越嶲，皆西南外夷，武帝初开置。民俗略与巴、蜀同，而武都近天水，俗颇似焉。

故秦地天下三分之一，而人众不过什三，然量其富居什六。吴札观乐，为之歌《秦》，曰："此之谓夏声。夫能夏则大，大之至也，其周旧乎？"

自井十度至柳三度，谓之鹑首之次，秦之分也。

魏地，觜觿、参之分野也。其界自高陵以东，尽河东、河内，南有陈留及汝南之召陵、濦彊、新汲、西华、长平，颍川之舞阳、郾、

武威郡以西的地方，本来是匈奴昆邪王、休屠王的领地，汉武帝时占有了这片土地，刚开始设置了四个郡，用来联通西域，隔绝南羌和匈奴。迁移到这里的居民有的是来自关东极贫困的百姓，有的则是因为报复仇家过当，有的是因为犯了叛逆无道的罪过，这些人连同家属被迁徙到这里。因此当地习俗差异相当悬殊，而且地广人稀，这里水草丰盛，适合饲养牲畜，所以凉州牲畜的数量是天下最多的。为了保证边塞的安定，由二千石的官员来治理此地，平时任务都以兵马战备为主；酒宴聚会中，能够上下和谐，官民亲近。因此这里风调雨顺，谷价便宜，盗贼都很少，天地间充满和气，民风好于内地的郡县。这是政令宽厚，官吏不苛刻的结果。

巴郡、蜀郡、广汉郡本来属于南夷，秦朝兼并后就作为郡，这几个郡土地肥沃，有江河田野，有山林，竹木，蔬菜，瓜果等丰富的物产。南面滇地、僰地多出僮仆，西面邛地、莋地产马和牦牛。百姓以稻和鱼为食物，没有灾年的忧患，百姓没有愁忧和苦闷，因此容易安逸放纵，体格柔弱，心胸狭小。汉景帝、汉武帝年间，文翁为蜀郡太守，教导百姓读书和学习法令，却没有教化百姓谨守道德，反而喜欢写文章来讽谏时事，崇尚权威和地位。后来司马相如去京师和各诸侯处游历，以文章辞令闻名于当世，于是乡里众人仰慕并效仿他的做法。后来有王褒、严遵、扬雄等人，也以文章称雄天下。由文翁倡导百姓教育，司马相如作为一代榜样，所以孔子说："施教不分对象。"

武都郡杂居着氐人和羌人，还有犍为郡、牂柯郡、越嶲郡，都是西南一带的夷族，都是汉武帝初期时设置。这些地方的民俗大致同巴郡、蜀郡相同，而武都郡又靠近天水郡，所以民俗相似。

原来秦地的面积，占到天下的三分之一，但人口却不超过天下的十分之三，估量它的财富，却占到天下的十分之六。吴札观赏周乐，听到了《秦风》后，说："这就是华夏的音声。能保持华夏的正统就能强大，而且是强大的极至，这难道是周朝的原样吗？"

从井宿十度到柳宿三度，称做鹑首的星次，是秦地的分野。

魏地，是觜觿宿、参宿的分野。它的疆界从高陵往东，包括河东、河内的全部地方，南面包括陈留郡以及汝南郡的召陵、瀙彊、新

许、傿陵、河南之开封、中牟、阳武、酸枣、卷，皆魏分也。

河内本殷之旧都，周既灭殷，分其畿内为三国，《诗·风》邶、庸、卫国是也。鄁，以封纣子武庚；庸，管叔尹之；卫，蔡叔尹之。以监殷民，谓之三监。故《书序》曰“武王崩，三监畔”，周公诛之，尽以其地封弟康叔，号曰孟侯，以夹辅周室；迁邶、庸之民于雒邑，故邶、庸、卫三国之诗相与同风。《邶诗》曰“在浚之下”，《庸》曰“在浚之郊”；《邶》又曰“亦流于淇”，“河水洋洋”，《庸》曰“送我淇上”，“在彼中河”。《卫》曰“瞻彼淇奥”，“河水洋洋”。故吴公子札聘鲁观周乐，闻邶、庸、卫之歌，曰：“美哉渊乎！吾闻康叔之德如是，是其《卫风》乎？”至十六世，懿公亡道，为狄所灭。齐桓公帅诸侯伐狄，而更封卫于河南曹、楚丘，是为文公。而河内殷虚，更属于晋。康叔之风既歇，而纣之化犹存，故俗刚强，多豪桀侵夺，薄恩礼，好生分。

河东土地平易，有盐铁之饶，本唐尧所居，《诗·风》唐、魏之国也。周武王子唐叔在母未生，武王梦帝谓己曰：“余名而子曰虞，将与之唐，属之参。”及生，名之曰虞。至成王灭唐，而封叔虞。唐有晋水，及叔虞子燮为晋侯云，故参为晋星。其民有先王遗教，君子深思。小人俭陋。故《唐诗》《蟋蟀》《山枢》《葛生》之篇曰“今我不乐，日月其迈”；“宛其死矣，它人是媮”；“百岁之后，归于其居”。皆思奢俭之中，念死生之虑。吴札闻《唐》之歌，曰：“思深哉！其有陶唐氏之遗民乎？”

魏国，亦姬姓也，在晋之南河曲，故其诗曰“彼汾一曲”；“寘

汲、西华、长平，颍川郡的舞阳、郾县、许县、傿陵，河南郡的开封、中牟、阳武、酸枣、卷县，都是魏地的范围。

河内本来是商朝的旧都所在地，周朝灭亡殷朝后，把商朝京城地区划分为三个诸侯国，就是《诗·风》中提到的邶、鄘、卫国。邶国分封给纣王的儿子武庚；鄘国，由管叔治理；卫国，由蔡叔治理。这三国用来监视商朝遗民，称做三监。所以《书序》上说“武王去世，三监反叛”，周公诛杀了叛乱者，把他们的土地分封给周公的弟弟康叔，号称孟侯，用来拱卫和辅佐周室；并把邶国、鄘国的百姓迁到雒邑，因此邶、鄘、卫三国的诗歌风格类似。《邶诗》说“在浚之下”，《鄘诗》说“在浚之郊”，《邶诗》又说“亦流于淇”，“河水洋洋”，《鄘诗》说“送我淇上”，“在彼中河”，《卫诗》说“瞻彼淇奥”，“河水洋洋”。因此吴国公子季札去鲁国聘问时，欣赏周朝的音乐，听到邶国、鄘国、卫国的诗歌，说：“太美太深奥了!我听说康叔的德操就是这样的，难道这是《卫风》吗?”十六代后，卫懿公无道，被狄人所灭。齐桓公率领诸侯讨伐狄人，改封卫地到黄河南部的曹地、楚丘，这是卫文公时候的事情。而河内的商朝故地，归属于晋国。康叔的遗风已经消失，纣王时的民俗仍然存在，因此河内地区民俗刚强，强盗侵夺的事情很多，百姓寡恩少礼，兄弟不合。

河东的土地平坦，有丰富的盐铁资源，原本是唐尧居住的地方，是《诗·风》中提到的唐国、魏国所在地。周武王的儿子唐叔在还没出生的时候，武王梦见上天对自己说：“我给你的儿子取名叫虞，把唐这片地方赐给他，属于参宿的分野。”等到孩子出生，就给他取名叫虞。后来周成王灭掉唐国，就把唐地分封给叔虞。因唐地内有晋水，后来叔虞的儿子燮成为晋侯，所以参宿就是晋国的分星。这里的百姓继承了先王的教化，君子深思熟虑，小人粗俗鄙陋。所以《唐诗》中的《蟋蟀》《山枢》《葛生》等诗篇说：“今我不乐，日月其迈”；“宛其死矣，它人是媮”；“百岁之后，归于其居”。都是考虑奢侈和节俭的限度，思考死与生的忧虑。吴札听到唐国的诗歌，说：“思想很深刻!难道他们是陶唐氏的后代吗?”

魏国，也是姬姓，地处晋国南面黄河的转弯处，所以魏地的诗

诸河之侧”。自唐叔十六世至献公，灭魏以封大夫毕万，灭耿以封大夫赵夙，及大夫韩武子食采于韩原，晋于是始大。至于文公，伯诸侯，尊周室，始有河内之土。吴札闻《魏》之歌，曰：“美哉沨沨乎！以德辅此，则明主也。”文公后十六世为韩、魏、赵所灭，三家皆自立为诸侯，是为三晋。赵与秦同祖，韩、魏皆姬姓也。自毕万后十世称侯，至孙称王，徙都大梁，故魏一号为梁，七世为秦所灭。

周地，柳、七星、张之分野也。今之河南雒阳、穀成、平阴、偃师、巩、缑氏，是其分也。

昔周公营雒邑，以为在于土中，诸侯蕃屏四方，故立京师。至幽王淫褒姒，以灭宗周，子平王东居雒邑。其后五伯更帅诸侯以尊王室，故周于三代最为长久。八百余年至于赧王，乃为秦所兼。初雒邑与宗周通封畿，东西长而南北短，短长相覆为千里。至襄王以河内赐晋文公，又为诸侯所侵，故其分墜小。

周人之失，巧伪趋利，贵财贱义，高富下贫，憙为商贾，不好仕宦。

自柳三度至张十二度，谓之鹑火之次，周之分也。

韩地，角、亢、氐之分野也。韩分晋得南阳郡及颍川之父城、定陵、襄城、颍阳、颍阴、长社、阳翟、郏，东接汝南，西接弘农得新安、宜阳，皆韩分也。及《诗·风》陈、郑之国，与韩同星分焉。

郑国，今河南之新郑，本高辛氏火正祝融之虚也。及成皋、荥阳，颍川之崇高、阳城，皆郑分也。本周宣王弟友为周司徒，食采于宗周畿内，是为郑。郑桓公问于史伯曰：“王室多故，何所可以逃死？”史伯曰：“四方之国，非王母弟甥舅则夷狄，不可入也。其济、

歌说“彼汾一曲”；“寘诸河之侧”。晋国从唐叔十六世传到晋献公时，灭掉魏国分封给大夫毕万，灭掉耿国分封给大夫赵夙，分封晋大夫韩武子的食邑在韩原，此时晋国开始强大。到了晋文公的时候，就称霸诸侯，尊崇周室，开始占有河内的土地。吴札听到《魏》歌后，说：“乐声婉转悠扬。用道德来辅佐它，就是明主。”晋文公再传十六代后，晋国被韩，魏，赵三家所灭，三家都自立为诸侯，被称为三晋。赵国和秦国是同一个祖先，韩国和魏国都是姬姓。从毕万传了十代后就称侯，再到孙子时就称王，并把都城迁到大梁，所以魏国又称作梁，七代后被秦国所灭。

周地，是柳宿、七星宿、张宿的分野。现在河南的洛阳、榖城、平阴、偃师、巩县、缑氏，都属于周地的范围。

以前周公营造雒邑，认为雒邑地处国土中央，诸侯在四周形成屏障，所以把雒邑当做京师。后来周幽王宠信褒姒，以致宗周灭亡，周幽王的儿子周平王迁都到雒邑。此后春秋五霸都尊崇周室，所以周朝在夏、商、周三代中最为长久。传国八百多年到周赧王时，才被秦国兼并。起初雒邑与宗周的京畿相互连通，整个地域东西长而南北短，长宽相差千里。至周襄王时把河内地区赏赐给晋文公，此后领地又不断被诸侯所侵吞，所以周王室的领地就越来越少了。

周朝人的缺点，在于虚伪不实，追逐利益，重利轻义，看重富人，轻视贫穷，喜欢经商，不喜欢为官。

从柳宿三度到张宿十二度，都称做鹑火的星次，是周朝的分野。

韩地，是角宿、亢宿、氐宿的分野。韩国瓜分晋国得到南阳郡以及颍川郡的父城、定陵、襄城、颍阳、颍阴、长社、阳翟、郏，东面与汝南郡接壤，西面紧邻弘农郡，得到新安、宜阳，都是韩地的范围。还有《诗·风》中的陈国、郑国，与韩国的分野相同。

郑国，在现在河南郡的新郑，那里原本是高辛氏的火正官祝融的旧址。成皋、荥阳、颍川郡的崇高、阳城，都是郑国的土地。从前周宣王的弟弟姬友为周朝的司徒，被分封在京畿内，称为郑国。郑桓公向史伯请教说：“王室出现了很多变故，迁移到什么地方可以躲避

洛、河、颍之间乎！子男之国，虢、会为大，恃势与险，崈侈贪冒，君若寄帑与贿，周乱而敝，必将背君；君以成周之众，奉辞伐罪，亡不克矣。”公曰：“南方不可乎？”对曰：“夫楚，重黎之后也，黎为高辛氏火正，昭显天地，以生柔嘉之材。姜、嬴、荆、芈，实与诸姬代相干也。姜，伯夷之后也；嬴，伯益之后也。伯夷能礼于神以佐尧，伯益能仪百物以佐舜，其后皆不失祠，而未有兴者，周衰将起，不可偪也。”桓公从其言，乃东寄帑与贿，虢、会受之。后三年，幽王败，桓公死，其子武公与平王东迁，卒定虢、会之地，右雒左泲，食溱、洧焉。土狭而险，山居谷汲，男女亟聚会，故其俗淫。《郑诗》曰：“出其东门，有女如云。”又曰：“溱与洧方灌灌兮，士与女方秉菅兮。”“恂盱且乐，惟士与女，伊其相谑。”此其风也。吴札闻《郑》之歌，曰：“美哉！其细已甚，民弗堪也。是其先之乎？”自武公后二十三世，为韩所灭。

陈国，今淮阳之地。陈本太昊之虚，周武王封舜后妫满于陈，是为胡公，妻以元女大姬。妇人尊贵，好祭祀，用史巫，故其俗巫鬼。《陈诗》曰：“坎其击鼓，宛丘之下，亡冬亡夏，值其鹭羽。”又曰：“东门之枌，宛丘之栩，子仲之子，婆娑其下。”此其风也。吴札闻《陈》之歌，曰：“国亡主，其能久乎！”自胡公后二十三世为楚所灭。陈虽属楚，于天文自若其故。

灾祸?”史伯说:“天下各地的诸侯国,不是王室的亲属就是夷狄之国,都不可前往,只有济水、洛水、黄河、颍水之间的地方可以去。子爵和男爵的国家中,以虢国和会国为最大,这两个国家倚仗地势险要,奢侈贪婪、违背礼法,您如果把财富寄托给他们,等到周朝动荡衰落的时候,他们一定会背叛您;到时候您以成周名义,名正言顺地讨伐罪人,不可能不战胜他们。”郑桓公说:“南方不可以去吗?”回答说:“楚国是重黎的后代,重黎为高辛氏的火正官,德行照耀天地,他的后代出现了许多优秀的人才。姜、嬴、荆、芈各姓,同姬姓一直发生着冲突。姜姓,是伯夷的后代;嬴姓,是伯益的后代。伯夷能崇敬神灵以辅佐尧,伯益能养育百物来辅佐舜,他们的后代都没失去对先人的祭祀,但是暂时还没有兴盛起来,而周朝将要衰败,所以不能逼迫他们。”郑桓公听从了史伯的建议,就把财富寄托到东方,虢国、会国接受了它们。三年后,周幽王败亡,郑桓公去世,他的儿子郑武公和周平王向东迁移,终于平定虢国、会国,郑国的右边是洛水,左边是泲水,主要在溱水和洧水之间活动。土地狭窄而险要,人们居住在山上,汲取谷中的溪水,男女经常聚会在一起,所以他们的习俗放荡。《郑诗》说:“出了郑国的东门,那里的女人像云一样多。”又说:“溱水与洧水浩浩荡荡,男人和女人拿着兰花互相赠送。”“士人和女子都很快乐,他们在一起相互戏谑。”这是郑国的风俗。吴札听到郑国的诗歌,说:“太美了!男女谈情说爱的描写太细腻了,民风令人难以忍受。这是它即将灭亡的先兆吗?”从郑武公起,传国二十三代后,被韩国所灭。

陈国,即现在的淮阳。陈国原本是太昊的故地,周武王把舜的后代妫满分封到陈国,妫满就是陈国第一任君主陈胡公,周武王把长女大姬嫁给妫满为妻。因此在陈国以妇人为贵,陈国人喜欢祭祀,重用史官和巫官,所以陈国的习俗就是崇尚鬼神。《陈诗》说:“鼓声隆隆,在宛丘的下面,无论冬夏寒暑,祭祀的舞蹈跳个不停。”又说:“在东门的白榆下,宛丘的栩树下,子仲的孩子,在树下婆娑起舞。”这是陈国的风俗。吴札听到陈国的诗歌后,说:“国家没有君主,还能长久吗?”从陈胡公算起,传国二十三代后,被楚国所灭。陈国虽然

颍川、南阳，本夏禹之国。夏人上忠，其敝鄙朴。韩自武子后七世称侯，六世称王，五世而为秦所灭。秦既灭韩，徙天下不轨之民于南阳，故其俗夸奢，上气力，好商贾渔猎，藏匿难制御也。宛，西通武关，东受江、淮，一都之会也。宣帝时，郑弘、召信臣为南阳太守，治皆见纪。信臣劝民农桑，去末归本，郡以殷富。颍川，韩都。士有申子、韩非刻害余烈，高仕宦，好文法，民以贪遴争讼生分为失。韩延寿为太守，先之以敬让；黄霸继之，教化大行，狱或八年亡重罪囚。南阳好商贾，召父富以本业；颍川好争讼分异，黄、韩化以笃厚。“君子之德风也，小人之德草也”，信矣。

自东井六度至亢六度，谓之寿星之次，郑之分野，与韩同分。

赵地，昴，毕之分野。赵分晋，得赵国。北有信都、真定、常山、中山，又得涿郡之高阳、鄚、州乡；东有广平、钜鹿、清河、河间，又得渤海郡之东平舒、中邑、文安、束州，成平、章武，河以北也；南至浮水、繁阳、内黄、斥丘；西有太原、定襄、云中、五原、上党。上党，本韩之别郡也，远韩近赵，后卒降赵，皆赵分也。

自赵夙后九世称侯，四世敬侯徙都邯郸，至曾孙武灵王称王，五世为秦所灭。

赵、中山地薄人众，犹有沙丘纣淫乱余民。丈夫相聚游戏，悲

归属于楚国，但在天文上仍按自己的原样。

颍川、南阳，本来是夏禹建国的地方。夏国人崇尚忠诚，他们的缺点是粗俗鄙陋。韩国从韩武子起，经过七代后开始称侯，再经过六代称王，再经过五代后被秦国所灭。秦国灭掉韩国以后，把天下不法之人迁徙到南阳，所以这里的风俗奢侈，崇尚勇力，喜欢买卖渔猎，藏匿违禁物品，是个难以控制的地方。宛，西面与武关相通，东面紧邻长江、淮河流域，地处交通要道。汉宣帝的时候，郑弘、召信臣等人先后为南阳太守，治理的效果都有记载。召信臣鼓励百姓从事农业生产，放弃末节之事，返回根本要务，因此郡内变得富裕。颍川，原来是韩国的都城。当地的名人有申不害、韩非子，但他们留下的不好影响依然存在，当地人追求做官，喜欢研究律法，当地百姓的缺点就是贪婪吝啬，好打官司，兄弟不和。韩延寿当南阳太守的时候，首先教导百姓要敬让；黄霸当南阳太守后，继续对百姓的教化，成果斐然，监狱中长达八年没有重罪囚犯。南阳人喜欢做生意，召信臣劝他们务农来致富；颍川人喜欢打官司，兄弟分家争财，黄霸、韩延寿通过教化，使当地民风变得笃厚。“君子的德行像风，小人的德行像草”，这句话确实有道理。

从东井宿六度到亢宿六度，被称为寿星的星次，是郑国的分野，与韩国的分野相同。

赵地，是昴宿、毕宿的分野。赵家分裂晋国，得到赵国。赵国北面包括信都郡、真定郡、常山郡、中山国，又包括涿郡的高阳、鄚县、州乡；东面包括广平国、钜鹿郡、清河郡、河间国，又包括渤海郡的东平舒、中邑、文安、束州、成平、章武等在黄河以北的地区；向南包括浮水、繁阳、内黄、斥丘等县；西面包括太原郡、定襄郡、云中郡、五原郡、上党郡。上党郡原本属于韩国领地，远离韩国而靠近赵国，后来投降赵国，这些地方都是赵国的领地。

赵国先祖赵夙传九代后称侯，再四代后赵敬侯迁都到邯郸，传到曾孙赵武灵王时称王，又过了五代，被秦国所灭。

赵国、中山国地少人多，沙丘还居住着商朝的乱民。赵地的男

歌忼慨，起则椎剽掘冢，作奸巧，多弄物，为倡优。女子弹弦跕躧，游媚富贵，遍诸侯之后宫。

邯郸北通燕、涿，南有郑、卫，漳、河之间一都会也。其土广俗杂，大率精急，高气势，轻为奸。

太原、上党又多晋公族子孙，以诈力相倾，务矜夸功名，报仇过直，嫁取送死奢靡。汉兴，号为难治，常择严猛之将，或任杀伐为威。父兄被诛，子弟怨愤，至告讦刺史二千石，或报杀其亲属。

钟、代、石、北，迫近胡寇，民俗懻忮，好气为奸，不事农商，自全晋时，已患其剽悍，而武灵王又益厉之。故冀州之部，盗贼常为它州剧。

定襄、云中、五原，本戎狄地，颇有赵、齐、卫、楚之徙。其民鄙朴，少礼文，好射猎。雁门亦同俗，于天文别属燕。

燕地，尾、箕分野也。武王定殷，封召公于燕，其后三十六世与六国俱称王。东有渔阳、右北平、辽西、辽东，西有上谷、代郡、雁门，南得涿郡之易、容城、范阳、北新城、故安、涿县、良乡、新昌，及勃海之安次，皆燕分也。乐浪、玄菟，亦宜属焉。

燕称王十世，秦欲灭六国，燕王太子丹遣勇士荆轲西刺秦王，不成而诛，秦遂举兵灭燕。

蓟，南通齐、赵，勃、碣之间一都会也。初太子丹宾养勇士，不爱后宫美女，民化以为俗，至今犹然。宾客相过，以妇侍宿，嫁取之夕，男女无别，反以为荣。后稍颇止，然终未改。其俗愚悍少虑，轻

子喜欢聚在一起游戏，喜欢慷慨悲歌，有时还会杀人越货，盗挖坟墓，赵地人行为狡诈，喜欢取悦于显贵，愿意为歌舞艺人。女子喜欢弹琴跳舞，到处献媚于达官贵人，充斥于诸侯的后宫。

邯郸北面与燕地和涿地相通，南面紧邻郑、卫，是漳水、黄河之间的一个大城市。这里土地广阔，民俗复杂，大概是性情急躁，崇尚气节，轻视奸诈。

太原郡、上党郡地区有很多晋国公族的子孙，相互欺诈倾轧，高傲自夸，报复过当，婚丧嫁娶奢侈浪费。汉朝建立后，这里尤其难以治理，朝廷经常选择威猛的将领来管理此地，有的官员以杀戮来树立威严。当地人的父亲兄长被杀，他们的子弟家人就会心生怨恨，想办法去告发这些高官，甚至为了报复，还杀死官员的亲属。

钟地、代郡、石地、北地，由于靠近胡地，民俗强悍，崇尚勇力，不遵循法令，不从事农业和商业，在晋国时期，就因当地人的彪悍，而难以治理，到赵武灵王时，又鼓励百姓尚武，更加加剧了当地的剽悍风气。所以在冀州地区，盗贼经常比其它州郡要多。

定襄郡、云中郡、五原郡，原本是戎狄的地方，赵国、齐国、卫国、楚国的人被迁徙到此地。这里的百姓鄙陋朴素，缺少礼仪，喜欢骑马射猎。雁门郡一带习俗也大致相同，在天文上与燕地的分野相同。

燕地，是尾宿、箕宿的分野。周武王平定殷商后，把召公封到燕地，过了三十六代后，与六国一同称王。燕国东面有渔阳郡、右北平郡、辽西郡、辽东郡，西面有上谷郡、代郡、雁门郡，南面包括涿郡的易地、容城、范阳、北新城、故安、涿县、良乡、新昌，以及勃海的安次，都是燕国的领地。乐浪郡、玄菟郡，也都属于燕国。

燕国称王十世后，秦国想消灭六国，燕王太子丹派勇士荆轲西去刺杀秦王，结果荆轲失败被杀，秦国于是起兵灭掉了燕国。

蓟县，南面与齐国、赵国相通，是勃海和碣石之间的一个大城市。起初太子丹以宾客之礼豢养勇士，不喜爱后宫美女，民间也把这变成为习俗，到现在仍然保持。宾客前来拜访，主人以家中妇人陪侍留宿，嫁娶的晚上，男女没有区别，反而以此为荣耀。后来稍微有所

薄无威，亦有所长，敢于急人，燕丹遗风也。

上谷至辽东，地广民希，数被胡寇，俗与赵、代相类，有鱼盐枣栗之饶。北隙乌丸、夫馀，东贾真番之利。

玄菟、乐浪，武帝时置，皆朝鲜、濊貉、句骊蛮夷。殷道衰，箕子去之朝鲜，教其民以礼义，田蚕织作。乐浪朝鲜民犯禁八条：相杀以当时偿杀；相伤以谷偿；相盗者男没入为其家奴，女子为婢，欲自赎者，人五十万。虽免为民，俗犹羞之，嫁取无所雠，是以其民终不相盗，无门户之闭，妇人贞信不淫辟。其田民饮食以笾豆，都邑颇放效吏及内郡贾人，往往以杯器食。郡初取吏于辽东，吏见民无闭臧，及贾人往者，夜则为盗，俗稍益薄。今于犯禁浸多，至六十余条。可贵哉，仁贤之化也！然东夷天性柔顺，异于三方之外，故孔子悼道不行，设浮于海，欲居九夷，有以也！乐浪海中有倭人，分为百余国，以岁时来献见云。

自危四度至斗六度，谓之析木之次，燕之分也。

齐地，虚、危之分野也。东有甾川、东莱、琅邪、高密、胶东，南有泰山、城阳，北有千乘，清河以南，勃海之高乐、高城、重合、阳信，西有济南、平原，皆齐分也。

少昊之世有爽鸠氏，虞、夏时有季萴，汤时有逢公柏陵，殷末有薄姑氏，皆为诸侯，国此地。至周成王时，薄姑氏与四国共作乱，

改变，但还是没能彻底扭转这一习俗。这里的风俗是愚昧好斗，缺乏思考，轻浮刻薄，缺少威严，但也有他们的长处，就是敢于急人所急，这也是燕太子丹遗留下来的风气。

上谷到辽东这一带，土地广阔，人口稀少，多次遭到胡人的侵略，风俗同赵地、代地相类似，盛产鱼盐枣栗等物产。北面靠近乌丸、夫馀，东面与真番通商。

玄菟郡、乐浪郡，是汉武帝时设立的，这些地方都是朝鲜、濊貉、句骊等蛮夷的聚居地。殷朝衰落后，箕子就前往朝鲜，教导当地的百姓遵守礼义，教他们耕地养蚕织布。乐浪、朝鲜的百姓有八条明令禁止的事：杀人者当时就被杀死偿罪；伤人者用谷物来偿罪；盗窃的人如果是男子就被罚去失主家中当奴隶，如果是女子就罚做奴婢，如果想自己用钱赎罪，一人缴纳五十万钱。即使获得赦免成为百姓，民俗也为他们的行为感到羞耻，嫁娶都很难找到合适的人家，因此这里的百姓始终不会盗窃，也不用关闭门户，妇人贞洁诚信不淫邪。这里的种田人以笾豆为食具，而城邑中的百姓则仿效官吏以及内地来的商人，用杯盆来盛放食物。郡中的官吏，起初从辽东郡选拔，官吏看到百姓没有关闭门户，后来商人来到那里后，夜晚就进行盗窃，民俗渐渐变得不厚道起来。现在法令规定禁止的事也增多，达到六十多条。贤人的教化真的很可贵啊!东夷天性柔顺，这一点和其他地方不同，所以孔子哀痛大道不能实行的时候，想要乘船渡海，打算定居到九夷，原来是有原因的啊!乐浪郡海中有倭人，分为一百多国，在每年来朝贡时可以见到。

从危宿四度到斗宿六度，被称作析木的星次，是燕国的分星。

齐地，是虚宿和危宿的分野。东面包括甾川郡、东莱郡、琅琊郡、高密国、胶东郡，南面包括泰山郡、城阳国，北面包括千乘郡，清河郡以南，还包括勃海郡的高乐、高城、重合、阳信等县，西面包括济南郡、平原郡，这些地方都是齐国的领地。

少昊时代的爽鸠氏，虞、夏时候的季崱，商汤时候的逢公柏陵，殷代末期的薄姑氏，都被封为诸侯，在齐地建国。周成王的时候，薄姑氏与四国共同作乱，周成王消灭了他们，把师尚父分封在这里，

成王灭之，以封师尚父，是为太公。《诗·风》齐国是也。临甾名营丘，故《齐诗》曰：“子之营兮，遭我虖嶩之间兮。”又曰：“竢我于著乎而。”此亦其舒缓之体也。吴札闻《齐》之歌，曰：“泱泱乎，大风也哉！其太公乎？国未可量也。”

古有分土，亡分民。太公以齐地负海舄卤，少五谷而人民寡，乃劝以女工之业，通鱼盐之利，而人物辐凑。后十四世，桓公用管仲，设轻重以富国，合诸侯成伯功，身在陪臣而取三归。故其俗弥侈，织作冰纨绮绣纯丽之物，号为冠带衣履天下。

初太公治齐，修道术，尊贤智，赏有功，故至今其土多好经术，矜功名，舒缓阔达而足智。其失夸奢朋党，言与行缪，虚诈不情，急之则离散，缓之则放纵。始桓公兄襄公淫乱，姑姊妹不嫁，于是令国中民家长女不得嫁，名曰“巫儿”，为家主祠，嫁者不利其家，民至今以为俗。痛乎，道民之道，可不慎哉！

昔太公始封，周公问“何以治齐？”太公曰：“举贤而上功。”周公曰：“后世必有篡杀之臣。”其后二十九世为强臣田和所灭，而和自立为齐侯。初，和之先陈公子完有罪来奔齐，齐桓公以为大夫，更称田氏。九世至和而篡齐，至孙威王称王，五世为秦所灭。

临甾，海、岱之间一都会也。其中具五民云。

鲁地，奎、娄之分野也。东至东海，南有泗水，至淮，得临淮之下相、睢陵、僮、取虑，皆鲁分也。

师尚父也就是太公。也就是《诗风》中提到的齐国。临甾原名营丘，所以《齐诗》中说："你到营丘，和我在嶩山相逢。"又说："请在影壁前等我。"这首诗表现了舒缓的风格。吴札听到齐国的诗歌后，说："盛大啊，具有大国的风范!难道是太公的国家吗?前途不可估量啊。"

古代分封土地，但不会限制百姓迁移。太公看到齐国靠近大海而形成众多的盐咸地，五谷产量很低，人口也稀少，于是鼓励妇女从事刺绣缝纫等的工作，发展鱼盐买卖来获利，因此各地的百姓和物资都聚集到齐国。传国十四代后，齐桓公任用管仲，设立轻重九府来富强国家，会盟诸侯来成就霸业，管仲身为陪臣而娶了三姓女子。因此齐地的民俗崇尚奢侈，出产洁白、精美的丝织品，号称齐国的帽、带、衣、鞋冠绝天下。

起初，太公治理齐国，推行有效的治国之道，尊重贤人智者，奖赏有功劳的人，所以到现在齐地的人们仍然喜欢经学，喜欢夸耀功名，性情从容豁达而足智多谋。齐地百姓的缺点就是过分奢侈，喜欢结党，言行不一，虚伪狡诈，危急时就各自离散，安定时就放纵无度。起初齐桓公的哥哥齐襄公淫乱，姑姊妹都不出嫁，并命令国中百姓家的长女都不得出嫁，名叫"巫见"，长女在家中主持祭祀，并称长女出嫁对家族不利，齐地百姓到现在还保持着这种风俗。可悲啊，引导百姓的方式，能不加以谨慎吗!

当年太公接受分封时，周公问"用什么方法来治理齐国?"太公说道："选拔贤才，奖励有功之人。"周公说："太公的后代一定有篡位弑主的臣子。"从太公算起，传国二十九代后，被权臣田和所灭，田和自立为齐侯。起初，田和的先人陈公子陈完因获罪投奔齐国，齐桓公任命他为大夫，改称为田氏。九代后到田和的时候，篡夺齐国，到田和的孙子齐威王时就称王，又过了五代，被秦国灭亡。

临甾，是大海和泰山之间的一座大城市，聚集了四面八方的人们。

鲁地，是奎宿和娄宿的分野。鲁地东面到达东海，南面到达泗水，淮水，包括临淮郡的下相、睢陵、僮县、取虑等县，都是鲁国的领地。

周兴，以少昊之虚曲阜封周公子伯禽为鲁侯，以为周公主。其民有圣人之教化，故孔子曰“齐一变至于鲁，鲁一变至于道”，言近正也。濒洙泗之水，其民涉度，幼者扶老而代其任。俗既益薄，长老不自安，与幼少相让，故曰：“鲁道衰，洙泗之间龂龂如也。”孔子闵王道将废，乃修六经，以述唐虞三代之道，弟子受业而通者七十有七人。是以其民好学，上礼义，重廉耻。周公始封，太公问：“何以治鲁？”周公曰：“尊尊而亲亲。”太公曰：“后世浸弱矣。”故鲁自文公以后，禄去公室，政在大夫，季氏逐昭公，陵夷微弱，三十四世而为楚所灭。然本大国，故自为分野。

今去圣久远，周公遗化销微，孔氏庠序衰坏。地狭民众，颇有桑麻之业，亡林泽之饶。俗俭啬爱财，趋商贾，好訾毁，多巧伪，丧祭之礼文备实寡，然其好学犹愈于它俗。

汉兴以来，鲁东海多至卿相。东平、须昌、寿良，皆在济东，属鲁，非宋地也，当考。

宋地，房、心之分野也。今之沛、梁、楚、山阳、济阴、东平及东郡之须昌、寿张，皆宋分也。

周封微子于宋，今之睢阳是也，本陶唐氏火正阏伯之虚也。济阴定陶，《诗·风》曹国也。武王封弟叔振铎于曹，其后稍大，得山阳、陈留，二十余世为宋所灭。

昔尧作游成阳，舜渔雷泽，汤止于亳，故其民犹有先王遗风，

周朝建立后，把少昊的故地曲阜封给周公的儿子伯禽，伯禽成为鲁侯，主持对周公的祭祀。这里的百姓接受圣人的教化，所以孔子说“齐国一变，就成为鲁国，鲁国一变，就合乎于道”，是说鲁国的风尚最接近正道。鲁国濒临洙水和泗水，百姓涉水渡河的时候，年轻人扶着老人并替他们背着东西。风气变得凉薄后，年长的老人不能得到照顾，就同年轻人争吵，所以说：“鲁国的世道衰落后，洙水和泗水之间就充满争辩声。”孔子有感于王道即将废弃，就修订六经，来记述唐虞和三代时的王道，孔子的弟子中，接受孔子的教诲并且能够精通的人有七十七个。因此当地的百姓喜欢研究学问，崇尚礼义，看重廉耻。周公受封的时候，太公问：“如何去治理鲁国呢？”周公说：“尊重尊者，关爱亲人。”太公说：“鲁国的后代必将逐渐衰弱。”因此鲁国从鲁文公以后，王室权力被削弱，政权掌握在大夫手中，后来季氏驱逐了鲁昭公，国君更加弱势，传国三十四代被楚国所灭。然而鲁国原本是大国，因此有自己的分野。

现在距离圣人的年代已经很久远了，周公留下的教化逐渐消亡，孔子及门人所办的学塾也已衰坏。鲁国土地狭小，人口众多，有很多桑麻的产业，缺少山林湖泽等资源。民俗多为吝啬贪财，热衷于商业，喜欢非议他人，多虚伪奸诈，丧礼祭礼的仪式表面上很齐备而实际上不能周到，但他们喜好学问这一点比其它地方都强。

汉朝建立以来，鲁国、东海郡一带出了好几位卿相。东平、须昌、寿良，都在济水以东，应该属于鲁国，而不是宋国的领地，这件事还有待进一步考证。

宋地，是房宿、心宿的分野。现在的沛郡、梁国、楚国、山阳郡、济阴郡、东平郡以及东郡的须昌县、寿张县，都是宋国的领地。

周武王把微子封到宋地，就是现在的睢阳，此地本来是陶唐氏的火正阏伯的封地。济阴的定陶，就是《诗·风》中提到的曹国。周武王把弟弟叔振铎分封到曹国，之后疆域渐渐变大，得到山阳、陈留等地，传国二十多代被宋国所灭。

以前尧曾在成阳建都，舜曾在雷泽捕鱼，汤曾在亳县建国，所以

重厚多君子，好稼穑，恶衣食，以致畜藏。

宋自微子二十余世，至景公灭曹，灭曹后五世亦为齐、楚、魏所灭，参分其地。魏得其梁、陈留，齐得其济阴、东平，楚得其沛。故今之楚彭城，本宋也，《春秋经》曰："围宋彭城"。宋虽灭，本大国，故自为分野。

沛楚之失，急疾颛己，地薄民贫，而山阳好为奸盗。

卫地，营室、东壁之分野也。今之东郡及魏郡黎阳，河内之野王、朝歌，皆卫分也。

卫本国既为狄所灭，文公徙封楚丘，三十余年，子成公徙于帝丘。故《春秋经》曰"卫迁于帝丘"，今之濮阳是也。本颛顼之虚，故谓之帝丘。夏后之世，昆吾氏居之。成公后十余世，为韩、魏所侵，尽亡其旁邑，独有濮阳。后秦灭濮阳，置东郡，徙之于野王。始皇既并天下，犹独置卫君，二世时乃废为庶人。凡四十世，九百年，最后绝，故独为分野。

卫地有桑间濮上之阻，男女亦亟聚会，声色生焉，故俗称郑卫之音。周末有子路、夏育，民人慕之，故其俗刚武，上气力。汉兴，二千石治者亦以杀戮为威。宣帝时韩延寿为东郡太守，承圣恩，崇礼义，尊谏争，至今东郡号善为吏，延寿之化也。其失颇奢靡，嫁取送死过度，而野王好气任侠，有濮上风。

楚地，翼、轸之分野也。今之南郡、江夏、零陵、桂阳、武陵、

这里的百姓仍保留有先王的遗风，多厚道君子，乐于从事农业生产，不喜欢吃穿享受，愿意积蓄收藏。

宋国从微子建国，经过二十多代，到宋景公时灭亡了曹国，消灭曹国后又过了五代，宋国也被齐国、楚国、魏国所灭，三国瓜分了宋国。魏国得到了宋国的梁地和陈留地区，齐国得到了宋国的济阴、东平地区，楚国得到了沛地。所以现在楚国的彭城，本来是宋国的领地，《春秋经》上曾记载说“包围宋国的彭城”。宋国虽然被灭亡了，但他原本是大国，所以有自己的分野。

沛地和楚地百姓的缺点就是性格狭隘而固执，土地贫瘠，百姓贫困，而山阳郡的人们喜欢做违法盗窃的事情。

卫地，是营室宿、东壁宿的分野。现在的东郡以及魏郡的黎阳县，河内郡的野王县、朝歌县，都是卫国的领地。

卫国故国被狄人所灭后，卫文公迁徙到楚丘，三十多年后，卫文公的儿子卫成公迁都到帝丘。所以《春秋经》上说“卫国迁移到了帝丘”，就是现在的濮阳。原来是颛顼的故地，所以称做帝丘。夏朝的时候，昆吾氏曾居住在那里。卫成公之后十多代，卫国被韩国、魏国所侵略，周围的城邑丧失殆尽，只剩下濮阳。后来秦国占领濮阳，设置为东郡，把卫国迁到野王。秦始皇吞并天下后，仍保留了卫国，秦二世时卫王才被废为庶民。卫国传国共四十代，享国九百年，最后灭绝，所以单独有自己的分野。

卫地的桑间在濮水边上，男女在那里聚会，于是就产生了声色之事，所以称为郑卫的靡靡之音。周朝末期卫国出了子路、夏育等人，百姓很仰慕他们，所以当地的民风以刚强勇武著称，崇尚勇力。汉朝建立后，俸禄二千石的官员来治理此地，也以杀戮来立威。汉宣帝的时候，韩延寿担任东郡太守，秉承圣恩，崇尚礼义，尊重进谏，直到现在东郡人还号称善于做官，这是韩延寿教化的结果。卫国人的缺点就是奢侈浪费，婚丧嫁娶的花费过度，但野王地区的百姓崇尚节气，喜好打抱不平，有濮阳地区的风范。

楚地，是翼宿和轸宿的分野。现在的南郡、江夏郡、零陵郡、桂

长沙及汉中、汝南郡，尽楚分也。

周成王时，封文、武先师鬻熊之曾孙熊绎于荆蛮，为楚子，居丹阳。后十余世至熊达，是为武王，寖以强大。后五世至严王，总帅诸侯，观兵周室，并吞江、汉之间，内灭陈、鲁之国。后十余世，顷襄王东徙于陈。

楚有江汉川泽山林之饶；江南地广，或火耕水耨。民食鱼稻，以渔猎山伐为业，果蓏蠃蛤，食物常足。故呰窳媮生，而亡积聚，饮食还给，不忧冻饿，亦亡千金之家。信巫鬼，重淫祀。而汉中淫失枝柱，与巴、蜀同俗。汝南之别，皆急疾有气势。江陵，故郢都，西通巫、巴，东有云梦之饶，亦一都会也。

吴地，斗分野也。今之会稽、九江、丹阳、豫章、庐江、广陵、六安，临淮郡，尽吴分也。

殷道既衰，周大王亶父兴郊梁之地，长子大伯，次曰仲雍，少曰公季。公季有圣子昌，大王欲传国焉。大伯、仲雍辞行采药，遂奔荆蛮。公季嗣位，至昌为西伯，受命而王。故孔子美而称曰："大伯，可谓至德也已矣！三以天下让，民无得而称焉。"谓"虞仲夷逸，隐居放言，身中清，废中权。"大伯初奔荆蛮，荆蛮归之，号曰句吴。大伯卒，仲雍立，至曾孙周章，而武王克殷，因而封之。又封周章弟中于河北，是为北吴，后世谓之虞，十二世为晋所灭。后二世而荆蛮之吴子寿梦盛大称王。其少子则季札，有贤材。兄弟欲传国，札让而不受。自寿梦称王六世，阖庐举伍子胥、孙武为将，战胜攻取，兴伯名于诸侯。至子夫差，诛子胥，用宰嚭，为粤王勾践所灭。

阳郡、武陵郡、长沙郡和汉中郡、汝南郡，都是楚国的领地。

周成王的时候，把周文王、周武王的老师鬻熊的曾孙熊绎封到荆蛮，称为楚子，定都在丹阳。经过十多代发展，到熊达的时候，也就是楚武王时期，楚国逐渐变得强大。过了五代之后，到了楚严王时期，楚王曾统率诸侯，在周室近郊检阅军队示以兵威，占领了长江、汉水之间的地方，灭亡了陈国、鲁国。又十多代之后，楚顷襄王的时候，向东迁都到陈地。

楚国境内有长江、汉水，还有众多的河流湖泽和高山森林等资源；江南地区土地广阔，以火耕水耨的方法种田。百姓以鱼和稻米为食，以捕鱼打猎，采伐竹木为业，果蔬螺蛤等食物非常充足。所以当地的人生性懒惰，不好积蓄，吃穿不愁，所以不用担忧寒冷和饥饿，因此也就没有特别富有的人家。楚地人迷信巫鬼，重视祭祀。汉中地区的人性情放纵执拗，同巴郡和蜀郡的风俗相同。汝南郡有所差别，当地人性情急躁，有气势。江陵是原先的郢都，西面通向巫郡和巴郡，东面的云梦泽物产丰富，江陵也是一个大城市。

吴地，是斗宿的分野。现在的会稽郡、九江郡、丹阳郡、豫章郡、庐江郡、广陵郡、六安郡、临淮郡，都是吴国的领地。

殷朝衰落后，周大王在岐山和梁山一带建国兴起，亶父的长子是大伯，次子是仲雍，少子是公季。公季有一个特别贤能的儿子叫姬昌，周大王打算把国君之位传给公季。大伯和仲雍就借口去采药，于是两人来到荆蛮地区。公季继位后，传到姬昌的时候被封为西伯侯，受天命而成为周王。所以孔子赞美说："大伯，可以称得上是达到最高的道德标准了！三次以天下相让，百姓都没有合适语言来称道他。"正所谓"虞仲、夷逸，隐居不言，身心清洁，摒弃东西的方法也合乎权宜。"大伯起初来到荆蛮地区，荆蛮就归顺了他，国号为句吴。大伯去世后，仲雍继位，传到曾孙周章时，周武王打败了商朝，因此分封了周章。又把周章的弟弟周中分封到河北，称为北吴，后世称它为虞，传国十二代被晋国所灭。又过了两代后，荆蛮地区的吴国公子寿梦强大起来，称为吴王。他的小儿子季札，有贤才。兄弟相互推让，想让季札继位，季札坚决辞让。从寿梦称王起，过了六代，吴王

吴、粤之君皆好勇，故其民至今好用剑，轻死易发。

粤既并吴，后六世为楚所灭。后秦又击楚，徙寿春，至子为秦所灭。

寿春、合肥受南北湖皮革、鲍、木之输，亦一都会也。始楚贤臣屈原被谗放流，作《离骚》诸赋以自伤悼。后有宋玉、唐勒之属慕而述之，皆以显名。汉兴，高祖王兄子濞于吴，招致天下之娱游子弟，枚乘、邹阳、严夫子之徒兴于文、景之际。而淮南王安亦都寿春，招宾客著书。而吴有严助、朱买臣，贵显汉朝，文辞并发，故世传《楚辞》。其失巧而少信。初淮南王异国中民家有女者，以待游士而妻之，故至今多女而少男。本吴粤与楚接比，数相并兼，故民俗略同。

吴东有海盐章山之铜，三江五湖之利，亦江东之一都会也。豫章出黄金，然堇堇物之所有，取之不足以更费。江南卑湿，丈夫多夭。

会稽海外有东鳀人，分为二十余国，以岁时来献见云。

粤地，牵牛、婺女之分野也。今之苍梧、郁林、合浦、交阯、九真、南海、日南，皆粤分也。

其君禹后，帝少康之庶子云，封于会稽，文身断发，以避蛟龙之害。后二十世，至勾践称王，与吴王阖庐战，败之隽李。夫差立，勾践乘胜复伐吴。吴大破之，栖会稽，臣服请平。后用范蠡、大夫

阖庐选用伍子胥、孙武为大将，攻无不克，战无不胜，在诸侯中成就了霸业。传到儿子夫差时，吴王夫差诛杀了伍子胥，任用宰嚭。被越王勾践所灭。

吴国、越国的君主都尚勇好武，所以这里的百姓到现在都喜欢佩剑，看轻生死，容易冲动。

越国灭亡吴国后，经过六代，被楚国所灭。后来秦国攻打楚国，楚国迁都到寿春，到楚王负刍的时候被秦国所灭。

寿春、合肥汇集了巢湖南北各方输送过来的皮革、鲍鱼、木材等资源，也都是大城市。起初楚国的贤臣屈原受到谗言诋毁而被放逐，创作《离骚》等各种赋来抒发自己的哀伤。后来有宋玉、唐勒等人仰慕屈原，也竞相作赋，都因此而闻名于世。汉朝建立后，汉高祖王兄的儿子刘濞受封于吴国，招揽天下游士，枚乘、邹阳、严夫子等人都曾是刘濞门客，他们都是文、景时期的辞赋大家。淮南王刘安也曾在寿春建都，招聘宾客来编著图书。吴地有严助、朱买臣等人，在汉朝尊贵显达，文章辞赋也天下闻名，所以世人争相传看《楚辞》。吴地人的缺点是为人机灵但缺乏信义。起初淮南王刘安优待国中有女儿的人家，把这些女子嫁给游士来笼络他们，所以直到现在，吴地是女多男少。原本吴国和越国就同楚国相接壤，彼此相互兼并，所以民俗大致相同。

吴国东面出产海盐，章山有铜矿，境内有三江、五湖，水运便利，也是江东人员物资聚积的地方。豫章郡出产黄金，但黄金的品位不高，开采的黄金不足以抵偿成本。江南地势低，气候潮湿，男子大多夭折。

会稽海外有东鳀人，分为二十多个国家，每年按时来进贡。

越地，是牵牛宿、婺女宿的分野。现在的苍梧郡、郁林郡、合浦郡、交阯郡、九真郡、南海郡、日南郡，都是越国的领地。

越国的君主是大禹的后代，帝少康的庶子的后裔，分封在会稽，他们在身体上文身，并剪断头发，以躲避蛟龙的伤害。经过二十代，传到勾践的时候称王，勾践同吴王阖庐作战，在隽李把吴王打败。吴

种计，遂伐灭吴，兼并其地。度淮与齐、晋诸侯会，致贡于周。周元王使使赐命为伯，诸侯毕贺。后五世为楚所灭，子孙分散，君服于楚。后十世，至闽君摇，佐诸侯平秦。汉兴，复立摇为越王。是时，秦南海尉赵佗亦自王，传国至武帝时，尽灭以为郡云。

处近海，多犀、象、毒冒、珠玑、银、铜、果、布之凑，中国往商贾者多取富焉。番禺，其一都会也。

自合浦徐闻南入海，得大州，东西南北方千里，武帝元封元年略以为儋耳、珠厓郡。民皆服布如单被，穿中央为贯头。男子耕农，种禾稻纻麻，女子桑蚕织绩。亡马与虎，民有五畜，山多麈麖。兵则矛、盾、刀，木弓弩、竹矢，或骨为镞。自初为郡县，吏卒中国人多侵陵之，故率数岁壹反。元帝时，遂罢弃之。

自日南障塞、徐闻、合浦船行可五月，有都元国；又船行可四月，有邑卢没国；又船行可二十余日，有谌离国；步行可十余日，有夫甘都卢国。自夫甘都卢国船行可二月余，有黄支国，民俗略与珠厓相类。其州广大，户口多，多异物，自武帝以来皆献见。有译长，属黄门，与应募者俱入海市明珠、璧流离、奇石异物，赍黄金杂缯而往。所至国皆禀食为耦，蛮夷贾船，转送致之。亦利交易，剽杀人。又苦逢风波溺死，不者数年来还。大珠至围二寸以下。平帝元始中，王莽辅政，欲耀威德，厚遗黄支王，令遣使献生犀牛。自黄支船行可八月，到皮宗；船行可二月，到日南、象林界云。黄支之南，

王夫差登基后，勾践乘胜又讨伐吴国，结果吴国大败勾践，勾践栖身于会稽，向吴国臣服，请求讲和。后来勾践采用范蠡和大夫文种的计策，讨伐并灭掉了吴国，兼并了吴国的土地。越王勾践渡过淮河同齐国、晋国等诸侯盟会，向周天子进贡。周元王派遣使者任命勾践为霸主，诸侯全都来祝贺。又过了五世后，被楚国所灭，子孙分散到各地，臣服于楚国。又过了十代，到闽君摇的时候，辅佐诸侯灭掉了秦国。汉朝建立后，重新册封闽君摇为越王。这时候，秦国的南海尉赵佗也自称为王，越国延续到汉武帝时期，被取消封国成为郡地。

越地靠近大海，出产犀牛、大象、玳瑁、珠玑、银、铜、水果、葛布等物产，中原去往那里经商的人，大多获利丰厚。番禺是当地的一座大城市。

从合浦郡的徐闻县向南进入大海，有一处大岛（海南岛）。东西南北方圆千里，汉武帝元封元年（前110）占领此地，作为儋耳郡和珠崖郡。百姓们都披着布作为衣服，布中间挖一个洞，把头伸进去。男子耕田务农，种植禾稻纻麻，女子养桑蚕织布。当地没有马和虎，百姓蓄养牛、羊、猪、鸡、犬五畜，山中多麃鹿。兵器则有矛、盾、刀、木弓弩，竹矢，或者用骨头作为箭镞。刚开始建立郡县的时候，当地的官吏士兵以及内地人，经常去欺辱他们，所以大概每过几年就会发生一次叛乱。汉元帝的时候，便撤销了珠崖郡。

从日南郡边塞、徐闻县、合浦县乘船航行大约五个月，就到达都元国；又乘船航行大约四个月，到达邑卢没国（今缅甸境内）；又乘船航行大约二十多天，到达谌离国（今缅甸境内）；步行大约十多天，到达夫甘都卢国（今缅甸境内）。从夫甘都卢国乘船航行大约两个多月，到达黄支国（今印度境内），民俗同珠崖郡相似。这个州面积广大，人口多，有很多奇异的东西，从汉武帝时期就一直向汉朝进贡。当地有翻译官，类似汉朝黄门一类的官员，他们与招募来的人一同入海购买明珠、璧流离、奇石异物，他们往往带着黄金丝织品前去购买。所经过的国家都供给他们食物并派人护送他们前行，再从蛮夷之地雇船，辗转把他们送到汉朝来。有时也遇到为了钱财，抢劫杀人的事情。另外还会遭受风浪颠簸，船沉溺死的艰苦，即使没有这些

有已程不国，汉之译使自此还矣。

麻烦，也要几年才能往返一次。他们售卖的大珠直径都在二寸左右。汉平帝元始年间，王莽执掌朝政，想炫耀自己的威严，就用厚重的赏赐赠送给黄支王，让黄支王派使者进献活犀牛。进贡的船只从黄支出发航行大约八个月，到达皮宗国（今新加坡境内）；船行大约两月，到达日南县、象林县的边界。黄支国的南面，有已程不国（今斯里兰卡），汉朝的翻译和使者到这里就返回了。

卷二十九

沟洫志第九

《夏书》：禹堙洪水十三年，过家不入门。陆行载车，水行乘舟，泥行乘毳，山行则梮，以别九州；随山浚川，任土作贡；通九道，陂九泽，度九山。然河灾之羡溢，害中国也尤甚。唯是为务，故道河自积石，历龙门，南到华阴，东下底柱，及盟津、雒内，至于大伾。于是禹以为河所从来者高，水湍悍，难以行平地，数为败，乃釃二渠以引其河，北载之高地，过洚水，至于大陆，播为九河。同为迎河，入于勃海。九川既疏，九泽既陂，诸夏乂安，功施乎三代。

自是之后，荥阳下引河东南为鸿沟，以通宋、郑、陈、蔡、曹、卫，与济、汝、淮、泗会。于楚，西方则通渠汉川、云梦之际，东方则通沟江淮之间。于吴，则通渠三江、五湖。于齐，则通淄济之间。于蜀，则蜀守李冰凿离堆，避沫水之害，穿二江成都中。此渠皆可行舟，有余则用溉，百姓飨其利。至于它，往往引其水，用溉田，沟渠甚多，然莫足数也。

魏文侯时，西门豹为邺令，有令名。至文侯曾孙襄王时，与群臣饮酒，王为群臣祝曰："令吾臣皆如西门豹之为人臣也！"史起进曰：

《夏书》：大禹治理洪水前后花费了十三年时间，即使路过家门也不回去。走陆路时就乘车，走水路时则乘船，遇到泥沼就乘毳，走山路时就穿钉鞋，将天下划分为九州；大禹根据山脉的走势来疏通河流，按照土地、物产的情况来确定贡赋等级；大禹修建了连通九州的道路，在九州的湖泽上修建了堤坝，度量了九州大山的高广。然而黄河泛滥带来的灾害，给中原地区造成的影响尤其厉害。大禹把治理黄河当作首要任务，因此他从积石山开始治理黄河，使黄河经过龙门，向南到达华阴县，向东则流经底柱山以及盟津、与洛水汇合后，到达大伾山。大禹认为黄河发源处地势高峻，因此水流湍急，在平原上难以疏导，这也是前几次疏导失败的原因，于是大禹就把黄河分成两条河流来疏导水势，向北引导黄河经过高地，流经洚水，到达大陆泽，再分成九条河流出，然后在迎河汇和，流入勃海。到此为止，天下的大江大河都被疏通，天下的湖泽也被筑堤拦洪，中原地区得到治理而安定，大禹的功绩使夏、商、周三代受益不绝。

从此之后，荥阳以下又引黄河水流向东南，称为鸿沟，用来连通宋、郑、陈、蔡、曹、卫各国，同时可以与济水、汝水、淮水、泗水相沟通。在楚地，人们在西面修建渠道来沟通汉川和云梦泽，在东面则修建渠道来沟通长江和淮水。在吴地，人们开挖河渠来沟通三江、五湖。在齐地，人们则连通淄水和济水。在蜀地，有蜀地太守李冰凿通离堆，消除了沫水带来的危害，并且在成都平原开凿了两条河道。这些河道都能行船，多余的水就用来灌溉，百姓享受到了这些水利工程带来的好处。水流所经过的地区，人们往往引水灌田，沟渠纵横，数量众多。

魏文侯的时候，西门豹担任邺县县令，政绩很好。到魏文侯曾孙魏襄王的时候，有一次，魏襄王同大臣们一起饮酒，魏襄王向大臣

“魏氏之行田也以百亩，邺独二百亩，是田恶也。漳水在其旁，西门豹不知用，是不智也。知而不兴，是不仁也。仁智豹未之尽，何足法也！”于是以史起为邺令，遂引漳水溉邺，以富魏之河内。民歌之曰：“邺有贤令兮为史公，决漳水兮灌邺旁，终古舄卤兮生稻梁”。

其后韩闻秦之好兴事，欲罢之，无令东伐。乃使水工郑国间说秦，令凿泾水，自中山西邸瓠口为渠，并北山，东注洛，三百余里，欲以溉田。中作而觉，秦欲杀郑国。郑国曰：“始臣为间，然渠成亦秦之利也。臣为韩延数岁之命，而为秦建万世之功。”秦以为然，卒使就渠。渠成而用注填阏之水，溉舄卤之地四万余顷，收皆亩一钟。于是关中为沃野，无凶年，秦以富强，卒并诸侯，因名曰郑国渠。

汉兴三十有九年，孝文时河决酸枣，东溃金堤，于是东郡大兴卒塞之。

其后三十六岁，孝武元光中，河决于瓠子，东南注钜野，通于淮、泗。上使汲黯、郑当时兴人徒塞之，辄复坏。是时，武安侯田蚡为丞相，其奉邑食鄃。鄃居河北，河决而南则鄃无水灾，邑收入多。蚡言于上曰：“江河之决皆天事，未易以人力强塞，强塞之未必应天。”而望气用数者亦以为然，是以久不复塞也。

们祝酒说:“希望我的大臣们都是像西门豹那样的臣子!”史起进谏说:“魏国一个成年男子可以授田一百亩,唯独邺县授田两百亩,这是因为当地土地贫瘠的缘故。漳水紧邻邺县,西门豹却不懂得加以利用,这是他不够聪明。知道了也不去实施,这是他不够仁义。仁和智的要求西门豹都没有达到,怎么能够效仿他呢?”魏襄王于是任命史起为邺县县令,史起引漳水灌溉邺县农田,使魏国的河内地区富裕起来。百姓做歌称赞他道:“邺县有贤能的县令,就是史公,他引漳水灌溉邺县四周农田,使自古以来的盐咸之地,长出了庄稼。”

后来,韩国听说秦国喜欢兴建工程,就打算使秦国的国力疲惫,使它不能向东方出兵。于是韩国派遣精通水利的郑国游说秦国,在泾水上开凿渠道,从中山西面到瓠口,修一条水渠,引泾水入渠,然后水渠沿着北山,一直向东注入洛水,全长三百多里,想利用此渠来灌溉农田。此计谋在进行过程中被秦国发觉了,秦国打算杀掉郑国。郑国说:“开始时臣确实是来当间谍的,但是水渠建成后也会为秦国带来利益。臣不过替韩国延长几年的国运,却为秦国建立了万世的功业。”秦国也认为他说的有道理,最终还是命他继续把水渠修完。水渠修成后,用裹挟肥沃淤泥的河水灌溉盐咸地四万多顷,使每亩的粮食收成都超过一钟。因此关中地区土地肥沃,再没有灾年,秦国因此而国力强盛,最后吞并了诸侯,因而把此渠命名为郑国渠。

汉朝建立了三十九年后,在汉文帝时期,黄河在河南酸枣县决堤,又在东面的金堤溃堤,东郡动员大批士兵才堵塞缺口。

之后又过了三十六年,汉武帝元光年间,黄河在河南瓠子口决堤,向东南流入钜野泽,改道在淮河、泗水一带入海。汉武帝派遣汲黯、郑当时征发百姓来堵塞缺口,但很快又决口了。这时武安侯田蚡担任丞相,他的食邑在鄃县。鄃县在黄河以北,黄河泛滥向南,那么鄃县就没有水灾,收入就会增多。因此田蚡对汉武帝说:“江、河的溃坝决堤都是天意,不可以人的力量来强行堵塞,强行堵塞缺口未必符合天意。”而且仰望云气和占卜的术士也持同样观点,因此很久没有去堵塞黄河的决口。

时郑当时为大司农，言“异时关东漕粟从渭上，度六月罢，而渭水道九百余里，时有难处。引渭穿渠起长安，旁南山下，至河三百余里，径，易漕，度可令三月罢；罢而渠下民田万余顷又可得以溉。此损漕省卒，而益肥关中之地，得谷。”上以为然，令齐人水工徐伯表，发卒数万人穿漕渠，三岁而通。以漕，大便利。其后漕稍多，而渠下之民颇得以溉矣。

后河东守番系言：“漕从山东西，岁百余万石，更底柱之艰，败亡甚多而烦费。穿渠引汾溉皮氏、汾阴下，引河溉汾阴、蒲坂下，度可得五千顷。故尽河壖弃地，民茭牧其中耳，今溉田之，度可得谷二百万石以上。谷从渭上，与关中无异，而底柱之东可毋复漕。”上以为然，发卒数万人作渠田。数岁，河移徙，渠不利，田者不能偿种。久之，河东渠田废，予越人，令少府以为稍入。

其后人有上书，欲通褒斜道及漕，事下御史大夫张汤。汤问之，言“抵蜀从故道，故道多阪，回远。今穿褒斜道，少阪，近四百里；而褒水通沔，斜水通渭，皆可以行船漕。漕从南阳上沔入褒，褒绝水至斜，间百余里，以车转，从斜下渭，如此，汉中谷可致，而山东从沔无限，便于底柱之漕。且褒斜材木竹箭之饶，儗于巴蜀。”上以为然。拜汤子卬为汉中守，发数万人作褒斜道五百余里。道果便近，而水多湍石，不可漕。

当时郑当时为大司农，说：“以前关东从渭水运粮食到长安，大概需要六个月的时间，而且渭水有九百多里长，时常会遇到艰难险阻的地方。如果从长安修建一条水渠引入渭水，沿着终南山向东，到达黄河有三百多里长，这是一条直道，容易行船，漕运估计三个月时间就可以到达长安了；而且渠水可为沿途的一万多顷农田提供灌溉。这样既能减少漕运时间和人力，又能使关中农田得到灌溉而更加肥沃，可以收获更多的粮食。”汉武帝认为这个建议很好，就派齐国人，擅长水利的徐伯沿途做下记号，征发几万差役开挖河渠，三年就挖通了。通过水渠来漕运，果然十分方便。这以后漕运逐渐增多，水渠周围的百姓也能获得灌溉农田的便利。

后来河东太守番系说：“从山东通过漕运向西运入关内的粮食，一年有一百多万石，尤其历经底柱山一带的艰险后，损失巨大而且花费颇多。如果修建水渠引汾水灌溉皮氏县、汾阴县一带的农田，引黄河水灌溉汾阴、蒲坂地区的农田，估计可以得到良田五千顷。以前这些地方全是黄河边被遗弃的荒地，百姓在这里放牧，现在这里如果有河水灌溉农田，估计可以收获二百万石以上的粮食。这些粮食通过渭水运输，与关中运粮一样的便利，而底柱山以东就可不再进行漕运了。”汉武帝同意他的说法，就征发几万名士兵挖渠灌田。过了几年，由于黄河改道，水渠就不能发挥作用了，种田人的收成还不够补偿粮种。久而久之，河东灌渠的农田全都荒废，现在把它们赐给越人，汉武帝命少府征收少量一点田赋。

后来有人上书，建议修建褒斜道来方便漕运，汉武帝把这件事交给御史大夫张汤处理。张汤调查后，回复说：“从故道进入蜀郡，由于故道有很多是坡路，因此路程曲折遥远。现在修建褒斜道，由于坡路少，比原路可少四百里行程；而且褒水与沔水相通，斜水与渭水相通，都可以通船进行漕运。漕运船只从南阳沿沔水上行进入褒水，从褒水至斜水，中间有一百多里的旱路，可以用车辆来转运粮食，从斜水下行可以进入渭水。这样一来，汉中的粮食就可以运过来，山东的粮食经过沔水运输，没有太多阻碍，比经过底柱的漕运更加方便。而且褒水、斜水沿途富产木材、竹箭，这方面可同巴蜀媲

其后严熊言“临晋民愿穿洛以溉重泉以东万余顷故恶地。诚即得水，可令亩十石。”于是为发卒万人穿渠，自徵引洛水至商颜下。岸善崩，乃凿井，深者四十余丈。往往为井，井下相通行水。水隤以绝商颜，东至山领十余里间。井渠之生自此始。穿得龙骨，故名曰龙首渠。作之十余岁，渠颇通，犹未得其饶。

自河决瓠子后二十余岁，岁因以数不登，而梁、楚之地尤甚。上既封禅，巡祭山川，其明年，乾封少雨。上乃使汲仁、郭昌发卒数万人塞瓠子决河。于是上以用事万里沙，则还自临决河，湛白马玉璧，令群臣从官自将军以下皆负薪寘决河。是时东郡烧草，以故薪柴少，而下淇园之竹以为揵。上既临河决，悼功之不成，乃作歌曰：

瓠子决兮将奈何？浩浩洋洋，虑殚为河。殚为河兮地不得宁，功无已时兮吾山平。吾山平兮钜野溢，鱼弗郁兮柏冬日。正道弛兮离常流，蛟龙骋兮放远游。归旧川兮神哉沛，不封禅兮安知外！皇谓河公兮何不仁，泛滥不止兮愁吾人！啮桑浮兮淮、泗满，久不反兮水维缓。

一曰：

河汤汤兮激潺湲，北渡回兮迅流难。搴长茭兮湛美玉，河公许

美。”汉武帝认为有道理。就任命张汤的儿子张印为汉中太守，征发几万人开凿出褒斜道，有五百多里长。道路修成后果然使交通便利，缩短了路程，但河水湍急，礁石密布，不便于漕运。

再以后严熊上奏说：“临晋的百姓希望凿渠引洛水，来灌溉重泉县以东的一万多顷以前开垦的贫瘠土地。倘若能够得到水源来灌溉土地，可使每亩收获的粮食达到十石。”于是汉武帝调发兵卒一万人来开挖水渠，从徵地引洛水到商颜山下。水渠沿岸的土质易崩塌，于是采用凿井的方法，深井可达四十多丈。在许多地方先凿井，井下相互连通，使水流通。水流从地下通过商颜山，向东抵达距离山岭十多里的地方。井渠的运用就从这时候开始。修渠时得到了龙骨，所以渠名就叫龙首渠。这条渠修建了十多年，很多地方都通了水，但是没得到太大的利益。

从黄河在瓠子地区决口后的二十多年间，每年的收成因水患原因经常不好，而梁国、楚国一带尤其严重。汉武帝封禅以后，巡视祭祀了各处的山川，第二年，依然是干旱少雨的气候。汉武帝就派汲仁、郭昌调兵卒几万人堵塞瓠子处的黄河决口。汉武帝到万里沙进行祭祀，归来的路上亲自到黄河决口处，把白马玉璧沉入河中祭祀，还命群臣和侍从自将军以下都背负薪柴，堵塞决口。当时东郡百姓烧草，因此柴薪很少，于是就用淇园地区的竹子作为装填土石的竹笼。汉武帝亲临了黄河的决口处，悲痛溃堤这么久没能堵塞，就作歌道：

瓠子决口啊有何办法？看到浩浩荡荡的河水，担心此地变为泽国。成为泽国啊地方不安宁，挖土筑堤没有休止啊高山也快挖平。高山快挖平啊钜野泽也外流，到处是鱼虾游动啊又临近冬天。河道毁坏啊河水横流，河水如蛟龙驰骋啊奔腾不止。水流能回归故道啊，是神在保佑，不出来封禅啊怎么会知道外面的事！我对河伯说呀你为何不仁，河水泛滥不休啊愁煞人！啮桑县也漂浮在水中啊淮水、泗水满，黄河久不归故道啊惟愿水流稍缓。

另一首是：

黄河奔腾啊水流急，向北回归故道啊却难疏通。取篾缆来堵决

兮薪不属。薪不属兮卫人罪，烧萧条兮噫乎何以御水！隤林竹兮揵石菑，宣防塞兮万福来。

于是卒塞瓠子，筑宫其上，名曰宣防。而道河北行二渠，复禹旧迹，而梁、楚之地复宁，无水灾。

自是之后，用事者争言水利。朔方、西河、河西、酒泉皆引河及川谷以溉田。而关中灵轵、成国、漳渠引诸川，汝南、九江引淮，东海引钜定，泰山下引汶水，皆穿渠为溉田，各万余顷。它小渠及陂山通道者，不可胜言也。

自郑国渠起，至元鼎六年，百三十六岁，而兒宽为左内史，奏请穿凿六辅渠，以益溉郑国傍高卬之田。上曰："农，天下之本也。泉流灌寖，所以育五谷也。左、右内史地，名山川原甚众，细民未知其利，故为通沟渎，畜陂泽，所以备旱也。今内史稻田租挈重，不与郡同，其议减。令吏民勉农，尽地利，平繇行水，勿使失时。"

后十六岁，太始二年，赵中大夫白公复奏穿渠。引泾水，首起谷口，尾入栎阳，注渭中，袤二百里，溉田四千五百余顷，因名曰白渠。民得其饶，歌之曰："田于何所？池阳、谷口。郑国在前，白渠起后。举臿为云，决渠为雨。泾水一石，其泥数斗。且溉且粪，长我禾黍。衣食京师，亿万之口。"言此两渠饶也。

是时方事匈奴，兴功利，言便宜者甚众。齐人延年上书言："河出昆仑，经中国，注勃海。是其地势西北高而东南下也。可案图书，

口啊沉美玉于河，河伯同意请求啊但薪草不足。薪草不足啊是卫人的过错，百姓烧火尚不够啊如何治水，砍伐淇园的竹子啊做成竹笼来堵缺口，决口堵住，宣防宫建成啊安宁就到来。

最后终于堵住了瓠子的决口，并且在上面修建了一座宫殿，名叫宣防宫。并且引导黄河向北流入两条河道分流，恢复了大禹时的旧貌。从此梁、楚地区重新获得了安宁，没有了水灾。

从这以后，各地当政的人都竞相进言修水渠的好处。朔方、西河、河西、酒泉等地方都引黄河水及河水来灌溉农田。而关中修建了灵轵、成国、漳渠等水渠来从各大河引水，汝南、九江建渠引入淮水，东海引入钜定泽的水，泰山则在下游引入汶水，这些地方都修渠来引水灌田，各得一万多顷农田。其它的小渠以及山间水道，更是数不胜数。

从修建郑国渠的时候算起，到元鼎六年（前111），已经过去一百三十六年了，当时兒宽担任左内史，上奏请求开凿六辅渠，以利于郑国渠上游高地的农田的灌溉。汉武帝说："农业是天下的根本。河流浇灌浸润，是用来培植五谷作物的。左右内史所管辖的地方，有很多名山大川，百姓不知如何利用它们，所以就疏通沟渠，修筑湖堤，用来防备旱灾。现在内史管辖地区内稻田的田租很重，与各郡不同，应该予以减免。以此勉励官民致力于农业，充分利用地力，合理安排水利资源，不要使百姓耽误了农时。"

又过了十六年，到了太始二年（前95），赵国的中大夫白公又上奏请求修建水渠。引入泾水，首起谷口，尾入砾阳，最后汇入渭水，全长二百里，可以灌溉沿途四千五百多顷的农田，因此把此渠命名叫白渠。百姓得到了白渠带来的好处，就做歌称赞道："田在何处？池阳和谷口。前有郑国渠，后有白渠。举起的臿像云一样密，开挖的水渠像雨一样带来降水。泾水一石，含泥几斗。既能灌溉又能施肥，使我的庄稼生长。供给京师的粮食，足够亿万人食用。"歌谣描述了这两条渠为地方带来的富饶。

此时，汉朝正与匈奴对峙，举国上下都想建功立业，因此进言献策的人相当多。齐国人延年给汉武帝上书道："黄河发源于昆仑山，

观地形，令水工准高下，开大河上领，出之胡中，东注之海。如此，关东长无水灾，北边不忧匈奴，可以省堤防备塞，士卒转输，胡寇侵盗，覆军杀将，暴骨原野之患。天下常备匈奴而不忧百越者，以其水绝壤断也。此功壹成，万世大利。”书奏，上壮之，报曰：“延年计议甚深。然河乃大禹之所道也，圣人作事，为万世功，通于神明，恐难改更。”

自塞宣房后，河复北决于馆陶，分为屯氏河，东北经魏郡、清河、信都、勃海入海，广深与大河等，故因其自然，不堤塞也。此开通后，馆陶东北四五郡虽时小被水害，而兖州以南六郡无水忧。宣帝地节中，光禄大夫郭昌使行河。北曲三所水流之势皆邪直贝丘县。恐水盛，堤防不能禁，乃各更穿渠，直东，经东郡界中，不令北曲。渠通利，百姓安之。元帝永光五年，河决清河灵鸣犊口，而屯氏河绝。

成帝初，清河都尉冯逡奏言：“郡承河下流，与兖州东郡分水为界，城郭所居尤卑下，土壤轻脆易伤。顷所以阔无大害者，以屯氏河通，两川分流也。今屯氏河塞，灵鸣犊口又益不利，独一川兼受数河之任，虽高增堤防，终不能泄。如有霖雨，旬日不霁，必盈溢。灵鸣犊口在清河东界，所在处下，虽令通利，犹不能为魏郡、清河减损水害。禹非不爱民力，以地形有势，故穿九河，今既灭难明，屯氏

流经中原，而注入勃海，这是因为天下的地势是西北高而东南低。因此我建议可以考证地图与古书，实地考察地形，命水工测量路线高低，在山头上为黄河开辟另外的通道，使其流向胡人居住的地区，而后向东注入大海。如此一来，关东地区可再无水害，北边不必担忧匈奴的骚扰，可以节省修建堤防和堵塞决口的费用，可以省去转运士兵和粮食的麻烦，不必担心胡人的侵略，减少士兵和将领的伤亡，避免抛尸荒野的忧患。天下常防备匈奴而不担心百越的原因，就是百越地区有大江大河阻隔着他们进入中原。这项功业一旦完成，千秋万代都将受益。”奏书上呈后，汉武帝认为他的计划很宏伟，回复道：“延年的计划考虑的相当深远。但黄河的流向是当年大禹疏导而确定的，圣人所做的事情，已经考虑到对后世万代的影响，并且通告了神灵，恐怕难以更改。”

自从堵塞了宣房的决口后，黄河又在北面的馆陶县决口，分流出一部分河水而成为屯氏河，此河向东北经过魏郡、清河、信都、勃海流入大海，屯氏河的宽和深与黄河一样，因为屯氏河顺着自然河道下泄，所以没有发生堵塞情况。这条河道形成后，馆陶东北的四五个郡虽然时常遭受小规模的水灾，但兖州以南的六个郡却没有水患。汉宣帝地节年间，光禄大夫郭昌奉命巡视黄河。郭昌看到屯氏河北面有三处曲折的地方，水流之势都对着贝丘县。郭昌担心涨水后，堤防难以承受河水的冲刷，应该另外开渠，让河水直接向东流出，使其在东郡境内，不再向北弯曲。水渠挖通发挥作用后，百姓就会感到安全了。汉元帝永光五年（前39），黄河在清河灵鸣犊口决口，屯氏河从此就绝流了。

汉成帝初年，清河郡都尉冯逡上书说：“清河郡处于黄河的下游，与兖州的东郡以黄河为界，城郭所处地势尤其低下，土壤松散易碎。之所以眼下没有遭受大的灾害，是由于屯氏河畅通，两河分流的缘故。现在屯氏河已经淤塞了，灵鸣犊口又曾经决堤，目前只有一条河道来承担几条河流的水量。即使加高堤防，也终不能保证泄流。如果遇到连绵大雨，一连十多天不停，河水一定会暴溢出来。灵鸣犊口在清河郡东界，地势低下，即使河道通畅，仍不能为魏郡、清河郡

河不流行七十余年，新绝未久，其处易浚。又其口所居高，于以分流杀水力，道里便宜，可复浚以助大河泄暴水，备非常。又地节时郭昌穿直渠，后三岁，河水更从故第二曲间北可六里，复南合。今其曲势复邪直贝丘，百姓寒心，宜复穿渠东行。不豫修治，北决病四五郡，南决病十余郡，然后忧之，晚矣。”事下丞相、御史，白博士许商治《尚书》，善为算，能度功用。遣行视，以为屯氏河盈溢所为，方用度不足，可且勿浚。

后三岁，河果决于馆陶及东郡金堤，泛滥兖、豫，入平原、千乘、济南，凡灌四郡三十二县，水居地十五万余顷，深者三丈，坏败官亭室庐且四万所。御史大夫尹忠对方略疏阔，上切责之，忠自杀。遣大司农非调调均钱谷河决所灌之郡，谒者二人发河南以东漕船五百榜，徙民避水居丘陵，九万七千余口。河堤使者王延世使塞，以竹落长四丈，大九围，盛以小石，两船夹载而下之。三十六日，河堤成。上曰：“东郡河决，流漂二州，校尉延世堤防三旬立塞。其以五年为河平元年。卒治河者为著外繇六月。惟延世长于计策，功费约省，用力日寡，朕甚嘉之。其以延世为光禄大夫，秩中二千石，赐爵关内侯，黄金百斤。”

后二岁，河复决平原，流入济南、千乘，所坏败者半建始时，复遣王延世治之。杜钦说大将军王凤，以为“前河决，丞相史杨焉言

减轻水害。大禹并不是不爱惜民力，是因为地形有高低之势，所以开凿了九条河道来疏导洪水，但是现在已经难以找到了，屯氏河淤塞不通有七十多年，淤塞时间不久，容易疏通。还有它的河口地势高，用来分流水量，更加方便，应该重新疏浚以帮助黄河分流洪水，以备紧急情况。另外汉宣帝地节年间郭昌开凿的直渠，过了三年，黄河水流又从原来第二处拐弯处，向北延伸了大约六里，又重新向南与原河道汇合。现在它的转弯处又经过贝丘县，使百姓感到担心，应重新修渠使河水向东流。如果不加以修筑的话，北面一旦决口就会危及四五个郡，南面一旦决口就会危及十多个郡，到那时考虑应对措施，就为时已晚了。”汉成帝将这件事转给丞相、御史处理，丞相、御史上奏说博士许商研究《尚书》，擅长工程计算，能估计出整个工程的费用。于是汉成帝派许商前去巡视，许商认为屯氏河只是应对黄河泛滥的情况，而当时国家财力人力不足，可暂且不加以疏浚。

三年后，黄河果然在馆陶以及东郡的金堤决口，洪水为患于兖州和豫州，流入平原郡、千乘郡和济南郡等地，涉及了四个郡三十二个县，洪水淹没土地十五万多顷，水深处达三丈，损坏官舍民房等各类建筑将近四万所。御史大夫尹忠的应对策略不当，汉成帝很是斥责他，尹忠于是就自杀了。汉成帝派遣大司农非调赈灾，调拨均平钱谷给洪水泛滥的郡县，汉成帝又派遣两名谒者征集河南郡以东的漕船五百艘，将受灾百姓从洪水地带迁徙到丘陵上，共有九万七千多人。汉成帝派出河堤使者王延世负责堵塞决口，王延世用长四丈，直径九围的竹笼，里面装载碎石，用两只船夹载着投入河中。三十六天后，终于将堤坝建成。汉成帝下旨说：“东郡黄河决口，洪水泛滥二州，校尉王延世修筑堤防，三十天建成。特下令将建始五年改为为河平元年（前28）。士卒中参与治理黄河的，记录下来可抵服六个月的边役。王延世擅于谋划治河，节省了大量费用，所征用人力也很少，朕很是赞赏他。任命王延世为光禄大夫，俸禄二千石，赐爵关内侯，赏黄金百斤。”

两年后，黄河又在平原郡决口，洪水流入济南郡和千乘郡，所造成的损失相当于建始年间那次洪水的一半，汉成帝又派王延世去治

延世受焉术以塞之，蔽不肯见。今独任延世，延世见前塞之易，恐其虑害不深。又审如焉言，延世之巧，反不如焉。且水势各异，不博议利害而任一人，如使不及今冬成，来春桃华水盛，必羡溢，有填淤反壤之害。如此，数郡种不得下，民人流散，盗贼将生，虽重诛延世，无益于事。宜遣焉及将作大匠许商、谏大夫乘马延年杂作。延世与焉必相破坏，深论便宜，以相难极。商、延年皆明计算，能商功利，足以分别是非，择其善而从之，必有成功。”凤如钦言，白遣焉等作治，六月乃成。复赐延世黄金百斤，治河卒非受平贾者，为著外繇六月。

后九岁，鸿嘉四年，杨焉言：“从河上下，患底柱隘，可镌广之。”上从其言，使焉镌之。镌之裁没水中，不能去，而令水益湍怒，为害甚于故。

是岁，勃海、清河、信都河水湓溢，灌县邑三十一，败官亭民舍四万余所。河堤都尉许商与丞相史孙禁共行视，图方略。禁以为“今河溢之害数倍于前决平原时。今可决平原金堤间，开通大河，令入故笃马河。至海五百余里，水道浚利，又干三郡水地，得美田且二十余万顷，足以偿所开伤民田庐处，又省吏卒治堤救水，岁三万人以上。”许商以为“古说九河之名，有徒骇、胡苏、鬲津，今见在成平、东光、鬲界中。自鬲以北至徒骇间，相去二百余里，今河虽数移徙，不离此域。孙禁所欲开者，在九河南笃马河，失水之迹，处势平夷，旱则淤绝，水则为败，不可许。”公卿皆从商言。先是，谷

理洪水。杜钦向大将军王凤进言说：“上一次黄河决口，丞相史杨焉说王延世是采用了他的方法，才堵塞了决口，这件事一直被隐瞒着。现在只任用王延世一人去治水，而王延世上次堵塞决口很容易，恐怕他这次考虑问题不会细致。又如果杨焉所说属实，那么王延世的治水能力还不如杨焉了。况且每次洪水泛滥的情况各不相同，不广泛讨论其中的利害而只依靠一个人，假使不能在今年冬天治水成功，那么来年春天桃花盛开时，水势增大，河水一定会泛滥，将有河道淤塞和土壤浸泡的危害。如果出现这种情况，好几个郡的粮种将不能种下，到时候百姓四处流亡，盗贼丛生，即使杀了王延世，也无济于事。因此应派遣杨焉以及将作大臣许商、谏大夫乘马延年一同参与治水。王延世如果同杨焉相互拆台，针锋相对，互相责难对方。许商和乘马延年都懂得谋略，能估测利害，足以分别是非，采取合适的应对方法，因此事情一定会成功。”王凤听从了杜钦的建议，上奏汉成帝派杨焉等人一起去治河，六个月后，治河工程就完工了。汉成帝又赐给王延世黄金百斤。参与治河的人员如不接受报酬的，就记录在册可抵六个月的边役。

九年后，汉成帝鸿嘉四年（前17），杨焉上奏说“从黄河上下游来看，底柱地区最为凶险，可以将底柱山凿掉，使河面变宽。”汉成帝听从了他的建议，派杨焉负责凿山。凿山掉落的石头沉入水中，不能被水流带走，反而使水流更加湍急，形成的危害比以前更大。

这一年（前17），勃海郡、清河郡、信都郡的黄河水泛滥，淹没县邑三十一个，损坏官舍民房四万多间。河堤都尉许商与丞相史孙禁一起巡视灾情，商量治河计策。孙禁认为：“现在黄河泛滥造成的危害比上一次平原郡决口大几倍。如今可以在平原郡和金堤之间开挖一条黄河的泄洪通道，使河水流入以前的笃马河。河水从那里入海只有五百多里，水路一旦畅通无阻，就可排干三郡的洪水，得到良田近二十多万顷，足以抵偿开通泄洪通道所损坏的田地、房屋，又省却官兵修堤治水，一年可节省三万人以上。”许商认为：“古代传说大禹治水开凿了九河，其中有徒骇、胡苏、鬲津等河流，现在在成平、东光和鬲县境内还可以见到它们的旧迹。从鬲县以北到徒骇间的距

永以为“河，中国之经渎，圣王兴则出图书，王道废则竭绝。今溃溢横流，漂没陵阜，异之大者也。修政以应之，灾变自除。”是时李寻、解光亦言“阴气盛则水为之长，故一日之间。昼减夜增，江河满溢，所谓水不润下，虽常于卑下之地，犹日月变见于朔望，明天道有因而作也。众庶见王延世蒙重赏，竞言便巧，不可用。议者常欲求索九河故迹而穿之，今因其自决，可且勿塞，以观水势。河欲居之，当稍自成川，跳出沙土，然后顺天心而图之，必有成功，而用财力寡。”于是遂止不塞。满昌、师丹等数言百姓可哀，上数遣使者处业振赡之。

哀帝初，平当使领河堤，奏言“九河今皆寘灭，按经义治水，有决河深川，而无堤防雍塞之文。河从魏郡以东，北多溢决，水迹难以分明。四海之众不可诬，宜博求能浚川疏河者。”下丞相孔光、大司空何武，奏请部刺史、三辅、三河、弘农太守举吏民能者，莫有应书。待诏贾让奏言：

治河有上中下策。古者立国居民，疆理土地，必遗川泽之分，度水势所不及。大川无防，小水得入，陂障卑下，以为汙泽，使秋水多，得有所休息，左右游波，宽缓而不迫。夫土之有川，犹人之有口也。治土而防其川，犹止儿啼而塞其口，岂不遽止，然其死可立而待也。故曰：“善为川者，决之使道；善为民者，宣之使言。”盖堤防

离是两百多里，现在的黄河虽然几次迁移，并没有离开这片地域。孙禁建议疏通的地方，在九河南面的笃马河，河水早已断流，而且那里地势平坦，天旱时河道就干枯淤积，水多时则难以行洪，此方法不可取。”公卿们都同意许商的意见。此前，谷永认为：“黄河，是中原的主干大河，圣王兴起就出河图和洛书，王道废弃就干枯断流。现在河水泛滥横流，淹没山岭土丘，是很大的异象了。应当修明政教来应对它，天灾自然可以消除。”这时李寻、解光也说：“阴气强盛，河水就上涨，所以一天之内，白天水势小，夜晚水势大，江河水满溢出，是因为河水不能滋润低下之地，水流虽然向低处流动，但就像日月有朔望的变化，水流也按照天道来变化的。众人见王延世治水获得重赏，就竞相花言巧语的进言，他们的话不可采用。进言的人经常想找到九河的故道而去疏通它，现在河道已经决口，可暂且不加堵塞，以观察水势。河水流经的地方，自然会渐渐形成河道，从沙土中出现，然后按照河水自然形成的河道，进行治理，一定会成功，而且所耗费的财力也少。”于是汉成帝便同意停止堵塞缺口。满昌、师丹等人多次进言诉说百姓的悲惨处境，汉成帝多次派使者去安抚百姓，鼓励生产。

汉哀帝初年，平当奉命担任负责黄河堤防的官职，他上奏说道：“大禹时的九河，现在全都淤塞了，按照古人的方法来治河，大都为分流和疏导的办法，而没有筑堤堵塞的记录。黄河在魏郡东面，北面有多处地方决口，河道旧迹难以察明。不能欺骗饱受洪水之苦的百姓，应广泛征求能治水的人才。”汉哀帝把这件事交给了丞相孔光和大司空何武处理，两人上奏请求部刺史、三辅、三河、弘农太守推荐官民中有治水才能的人，但是没有人来响应。待诏贾让上奏说：

治理黄河有上、中、下三策。古代治理国家，安定百姓，划分土地，一定要为川河与湖泽留下足够的分洪区，以便洪水过大时分洪。大江大河不修筑堤防，小河就可以顺利流入，低洼的地方，则成为沼泽湖泊，假使秋天水多，就让多余的水储存起来，水波左右晃荡，从容舒缓而不急迫。大地上有河，就像人有口一样。治理国土而防备河水，就像让儿童停止啼哭而堵住他的口一样，虽然当时立即停止

之作，近起战国，雍防百川，各以自利。齐与赵、魏，以河为竟。赵、魏濒山，齐地卑下，作堤去河二十五里。河水东抵齐堤，则西泛赵、魏，赵、魏亦为堤去河二十五里。虽非其正，水尚有所游荡。时至而去，则填淤肥美，民耕田之。或久无害，稍筑室宅，遂成聚落。大水时至漂没，则更起堤防以自救，稍去其城郭，排水泽而居之，湛溺自其宜也。今堤防陿者去水数百步，远者数里。近黎阳南故大金堤，从河西西北行，至西山南头，乃折东，与东山相属。民居金堤东，为庐舍，住十余岁更起堤，从东山南头直南与故大堤会。又内黄界中有泽，方数十里，环之有堤，往十余岁太守以赋民，民今起庐舍其中，此臣亲所见者也。东郡白马故大堤亦复数重，民皆居其间。从黎阳北尽魏界，故大堤去河远者数十里，内亦数重，此皆前世所排也。河从河内北至黎阳为石堤，激使东抵东郡平刚；又为石堤，使西北抵黎阳、观下；又为石堤，使东北抵东郡津北；又为石堤，使西北抵魏郡昭阳；又为石堤，激使东北。百余里间，河再西三东，迫阸如此，不得安息。

今行上策，徙冀州之民当水冲者，决黎阳遮害亭，放河使北入海。河西薄大山，东薄金堤，势不能远泛滥，期月自定，难者将曰：“若如此，败坏城郭田庐冢墓以万数，百姓怨恨。”昔大禹治水，

啼哭，但他也很快会窒息而死。所以说：“善于治理河水的人，会采取疏导的办法，善于治理百姓的人，会让他们畅所欲言。”大概堤防的兴起，始于战国，各国堵塞河川，是为了各自的利益。齐国与赵国和魏国，以黄河作为边界。赵国、魏国靠近山地，齐国地势低下，齐国在离黄河二十五里的地方修筑河堤。黄河水向东抵达到齐国堤岸时，就会受阻向西淹没赵国和魏国的土地，赵国和魏国也在离黄河二十五里的地方建堤。这种治水方法虽然不很对，但河水尚有回旋的余地。汛期一过，洪水退去，留下肥沃的淤泥，百姓就在淤泥上开荒种田。有时很久没有水灾，百姓便逐渐在此建房造屋，形成村落。大水到来时又会被淹没，百姓就建起堤防来自救，逐渐离开他们以前居住的城郭，他们排走湖沼里的水后就住在那里，沉溺于安逸的生活中。现在修建的堤防，近的地方，离河道只有几百步，远的也只有几里。靠近黎阳县南面以前的大金堤，从黄河以西向西北方向延伸，到西山南头后，就折向东，最后与东山相连。百姓住在金堤东面，建造了房屋，此前十多年，当时重建的堤防，从东山南头笔直往南与旧大堤汇合。另外内黄县境内有湖泽，方圆几十里，湖的四周有堤防，十多年前太守把堤内土地分给百姓，百姓现在在里面建造房屋，这是臣亲眼所见。东郡的白马县旧大堤也有好几道，很多百姓住在里面。从黎阳县往北走到魏境，旧大堤距离黄河有几十里，里面也有几道新堤，这些地方都是前代的行洪区。黄河堤防从河内郡向北到黎阳县段为石堤，用来抵御河水的冲击，使河水向东抵达东郡的平刚县，这里的堤防也是石堤，使河水向西北流到黎阳、观县，这里也建造了石堤，使河水向东北抵达东郡渡口以北，这里再建造石堤，使河水向西北流向魏郡的昭阳县，此处还是石堤，迫使河水激荡向东北流去。一百多里距离内，黄河两次向西，三次向东，河道如此曲折，怎能让洪水安然通过？所以水患不得安息。

如果按照上策执行的话，冀州地区居住在河水行洪区内的百姓就必须要搬走，然后在黎阳县遮害亭处挖开河堤，使黄河水向北流入大海。如此一来，黄河河道西面靠着大山，东面挨着金堤，这样就难以泛滥，这项工程个把月就可以完工。有人可能会责难说：“如果

山陵当路者毁之，故凿龙门，辟伊阙，析底柱，破碣石，堕断天地之性。此乃人功所造，何足言也！今濒河十郡治堤岁费且万万，及其大决，所残无数。如出数年治河之费，以业所徙之民，遵古圣之法，定山川之位，使神人各处其所，而不相奸。且以大汉方制万里，岂其与水争咫尺之地哉？此功一立，河定民安，千载无患，故谓之上策。

若乃多穿漕渠于冀州地，使民得以溉田，分杀水怒，虽非圣人法，然亦救败术也。难者将曰：“河水高于平地，岁增堤防，犹尚决溢，不可以开渠。”臣窃按视遮害亭西十八里，至淇水口，乃有金堤，高一丈。自是东，地稍下，堤稍高，至遮害亭，高四五丈。往五六岁，河水大盛，增丈七尺，坏黎阳南郭门，入至堤下。水未逾堤二尺所，从堤上北望，河高出民屋，百姓皆走上山。水留十三日，堤溃，吏民塞之。臣循堤上，行视水势，南七十余里，至淇口，水适至堤半，计出地上五尺所。今可从淇口以东为石堤，多张水门。初元中，遮害亭下河去堤足数十步，至今四十余岁，适至堤足。由是言之，其地坚矣。恐议者疑河大川难禁制，荥阳漕渠足以卜之，其水门但用木与土耳，今据坚地作石堤，势必完安。冀州渠首尽当卬此水门。治渠非穿地也，但为东方一堤，北行三百余里，入漳水中，其西因山足高地，诸渠皆往往股引取之；旱则开东方下水门溉冀州，水则开西方高门分河流。通渠有三利，不通有三害。民常罢于救水，半失作业；水行地上，凑润上彻，民则病湿气，木皆立枯，卤不生谷；决溢有败，为鱼鳖食，此三害也。若有渠溉，则盐卤下湿，填淤加肥；故种禾麦，更为粳稻，高田五倍，下田十倍；转漕舟船之便：此三利也。今濒河堤吏卒郡数千人，伐买薪石之费岁数千万，足以通渠成

执行这个方案，就会有数以万计的城郭、房屋和墓地被淹，百姓将会非常怨恨。”过去大禹治水时，遇到有高山阻挡，就把它劈开，所以大禹开凿了龙门山，开辟了伊阙，凿穿底柱，破开碣石，这些做法都改变了天地的本来面貌。这些后人建造的工程，又有什么不能改变的呢！现在黄河附近十个郡，每年的修堤费用就数以亿万计，一旦决口，所造成的损失更是无法估量。如果拿出几年的治河费用，来安置搬迁的百姓，遵照古代圣贤的做法，来确定山川河流的位置，使神灵与世人各有自己的居所，互不妨害。况且大汉疆域广袤万里，难道会与河水争夺那一小块地方吗?这项大功完成后，水患平定，百姓安宁，千年无忧，所以称作上策。

如果在冀州地区多开挖一些沟渠，既可以使百姓有水源来灌溉农田，又可以分流河水，减缓水势，这个方法虽然不是圣人的治水方法，但也可以用来解决水患。也许有人会责难说：“黄河的水面高出两侧的陆地，即使每年增高堤防，还时不时地决口，绝不能打开河堤修建沟渠。”臣私下曾考察了遮害亭以西十八里，到淇水入河口的地方，此地段的金堤，高一丈。从这再往东，地势渐低，堤坝渐高，到遮害亭，堤坝就高达四五丈。往前五六年，有一次黄河水大，河水上涨了一丈七尺，洪水冲坏了黎阳县的南城门，洪水流到了堤坝下。水面距离坝顶二尺多，站在堤上向北辽望，可以看到黄河水面已经高出民屋，百姓都躲到山上避水。洪水浸泡了十三天后，堤坝就倒塌了，当地官员百姓堵塞住了缺口。臣沿着河堤往上游走，观察水势，向南走了十多里，到达淇口，此处的水位才到达河堤的一半处，估算高出地面有五尺左右。现在应该从淇口以东修建石堤，多设置几处水闸。汉元帝初元年间，遮害亭处的黄河河道距离大堤足有几十步远，到现在四十多年了，河水才涨到堤脚。因此，这个地方的地基很坚实。也许有人会担心黄河水势过大难以控制，但是荥阳地区修建的漕渠足以证明此方法可行，这个地方的水闸还只是用木和土砌成，现在在地基牢固的地方来建石堤，一定没有问题。冀州地区的水渠都依靠这个水闸调节。修渠不同于挖沟，只需要在东面建一道堤，向北延伸三百多里，最后使河水汇入漳水中，河道的西面紧靠山脚是高地，

水门；又民利其溉灌，相率治渠，虽劳不罢。民田适治，河堤亦成，此诚富国安民，兴利除害，支数百岁，故谓之中策。

若乃缮完故堤，增卑倍薄，劳费无已，数逢其害，此最下策也。

王莽时，征能治河者以百数，其大略异者，长水校尉平陵关并言："河决率常于平原、东郡左右，其地形下而土疏恶。闻禹治河时，本空此地，以为水猥，盛则放溢，少稍自索，虽时易处，犹不能离此。上古难识，近察秦汉以来，河决曹、卫之域，其南北不过百八十里者，可空此地，勿以为官亭民室而已。"大司马史长安张戎言："水性就下，行疾则自刮除成空而稍深。河水重浊，号为一石水而六斗泥。今西方诸郡，以至京师东行，民皆引河、渭山川水溉田。春夏干燥，少水时也，故使河流迟，贮淤而稍浅；雨多水暴至，则溢决。而国家数堤塞之，稍益高于平地，犹筑垣而居水也。可各顺从其性，毋复灌溉，则百川流行，水道自利，无溢决之害矣。"御史临淮韩牧以为"可略于《禹贡》九河处穿之，纵不能为九，但为四五，

各引水渠可在此处开渠引水；干旱时就打开东面低处的水闸，放水灌溉冀州的农田，洪水时就打开西面高处的水闸分洪。水渠建成后有三项益处，不修建水渠有三项害处。百姓经常疲于治水，没有时间进行生产；洪水四处横流，导致地下水位升高，百姓就会因湿气重而生病，树木根部被水浸泡也会很快枯死，还会形成盐碱地难以生长庄稼；河水一旦泛滥，百姓就成为鱼鳖的食物，这是三种害处。如果有渠水灌溉，那么田地中的盐碱就会下降，留下的淤泥会肥沃土地；以前种植禾麦，现在可以改种粳稻，高地的农田可以增加五倍产量，低地的农田可以增加十倍的产量；还有利于船只的漕运，这是三种益处。现在负责黄河堤防的官兵每个郡就有几千人，用来修补河堤的薪草、石头，每年的采购费用就有几千万，这些费用足够修建水渠和水闸；另外百姓还可以得到灌溉的便利，因此百姓也会积极参与修渠，虽然劳累百姓，也不会疲惫民生。百姓的耕田得到了整治，黄河堤坝也修建完成了，这实在是富国利民，兴利除害的好策略，可以受益几百年，所以称为中策。

如果只是修缮旧堤，把低处增高，把薄处加厚，所耗费的人力物力没有止境，还时不时地遭受洪水的危害，这是最下等的策略。

王莽时期，征召有治河能力的一百多人，其中治河策略与众不同的有长水校尉平陵人关并，他主张："黄河决口通常发生在平原郡、东郡一带，这一带地势低下而土壤疏松。听说大禹治水时，空出此地，用来调蓄洪水，水大时多余的水就溢出，水少时自然会排出，即使河道时常换地方，也不会离开这一带。上古时期的河道已经难以辨别，观察近代秦汉以来的情况，黄河决口一般在曹、卫一带，南北相距不过一百八十里，可以把这片区域腾空出来，不要建造官舍民居。"大司马史长安人张戎主张："水的本性是流向低处，水流急速自然会侵蚀泥土形成河道，而且还会逐步加深。黄河水十分浑浊，号称是一石河水就有六斗泥沙。现在西边的各郡，一直到京师以东，百姓都修渠引黄河、渭水和山谷水灌溉农田。春夏干燥，水量较少，因此黄河水流缓慢，泥沙淤积而河道变浅；雨多的时候洪水涌来，这时

宜有益。”大司空掾王横言：“河入勃海，勃海地高于韩牧所欲穿处。往者天尝连雨，东北风，海水溢，西南出，寖数百里，九河之地已为海所渐矣。禹之行河水，本随西山下东北去。《周谱》云定王五年河徙，则今所行非禹之所穿也。又秦攻魏，决河灌其都，决处遂大，不可复补。宜却徙完平处，更开空，使缘西山足乘高地而东北入海，乃无水灾。”沛郡桓谭为司空掾，典其议，为甄丰言：“凡此数者，必有一是。宜详考验，皆可豫见，计定然后举事，费不过数亿万，亦可以事诸浮食无产业民。空居与行役，同当衣食；衣食县官，而为之作，乃两便，可以上继禹功，下除民疾。”王莽时，但崇空语，无施行者。

赞曰：古人有言：“微禹之功，吾其鱼乎！”中国川原以百数，莫著于四渎，而河为宗。孔子曰：“多闻而志之，知之次也。”国之利害，故备论其事。

就会决口。而且朝廷几次堵塞决口，使得河水水面逐渐高出地面，河边的百姓就像是在水中筑墙而居住一样。现在应该依从水的本性，任其自在流动，不要再修渠用来灌溉了，这样河川流动自由，水路自然就顺畅，而没有决口的危害了。”御史临淮人韩牧建议说：“可以大致按照《禹贡》上记载的九河的位置来修建导流河，纵使不能修成九条，只要修成四五条，也是有益处的。”大司空掾王横说：“黄河最后流入渤海，渤海地势比韩牧准备修建导流河的地方高。从前，上天曾持续下雨，并刮起东北风，海水涨起，向西南泛滥，入侵陆地近百里，九河故地早已被大海淹没了。大禹治水，本来是顺着西面山势而往东北疏导的。《周谱》记载周定王五年（前602）黄河改道，那么现在的河道已不是大禹当年所开凿的了。另外当年秦国攻打魏国时，曾决开黄河，倒灌魏国的国都，决口的地方后来增大，不能再修补了。现在应让河水退回到原来平地的故道，重新疏通旧河道，使河水沿着西山脚的高地向东北流入大海，这样就消除了水患。”沛郡人桓谭担任司空掾，负责收集整理他们的建议，他对大司空甄丰说：“所有这些建议中，一定有可行的。应当仔细加以甄别，这些建议的结果大都可以预见，确定好策略后再来实施，花费不过亿万费用，还可以雇佣那些衣食无着落的无业百姓。无所事事和出力劳动，都需要衣食供给；郡县提供衣食，百姓出力干活，这样两方面都受益，上可以继承大禹的功业，下可以消除百姓的疾苦。”王莽时期，喜欢讲空话的人多，而真正实干的人少。

赞辞说：古人曾说：“如果没有大禹治水的功劳，我们都像鱼一样生活在水中啊！”中原的河流数以百计，但都不如四渎重要，四渎中又以黄河最为重要。孔子说：“多听并留心记忆，是获得知识的次要方法。”水利事关国家利害，所以要详尽论述。

卷三十

艺文志第十

昔仲尼没而微言绝，七十子丧而大义乖。故《春秋》分为五，《诗》分为四，《易》有数家之传。战国从衡，真伪分争，诸子之言纷然殽乱。至秦患之，乃燔灭文章，以愚黔首。汉兴，改秦之败，大收篇籍，广开献书之路。迄孝武世，书缺简脱，礼坏乐崩，圣上喟然而称曰："朕甚闵焉！"于是建藏书之策，置写书之官，下及诸子传说，皆充秘府。至成帝时，以书颇散亡，使谒者陈农求遗书于天下。诏光禄大夫刘向校经传诸子诗赋，步兵校尉任宏校兵书，太史令尹咸校数术，侍医李柱国校方技。每一书已，向辄条其篇目，撮其指意，录而奏之。会向卒，哀帝复使向子侍中奉车都尉歆卒父业。歆于是总群书而奏其《七略》，故有《辑略》，有《六艺略》，有《诸子略》，有《诗赋略》，有《兵书略》，有《术数略》，有《方技略》。今删其要，以备篇籍。

《易经》十二篇，施、孟、梁丘三家。

《易传·周氏》二篇。字王孙也。

《服氏》二篇。

《杨氏》二篇。名何，字叔元，菑川人。

《蔡公》二篇。卫人，事周王孙。

《韩氏》二篇。名婴。

自从孔子去世后，精妙的学说也就断绝了。孔子的七十弟子死后，对经典大义的解释也出现了众多流派。故而注释《春秋》的有左氏、公羊氏、穀梁氏、邹氏和夹氏五家，注解《诗经》的有《毛诗》《齐诗》《鲁诗》《韩诗》四种，注解《易经》的也分为好几家。战国时纵横家盛行，各家的学说更加真伪难辨，诸子各家的学说纷繁复杂。秦始皇对此感到担忧，便焚烧各家的著作，来愚弄百姓。汉朝建立后，吸取秦朝的教训，大规模征集书籍，广开民间献书的门路。到汉武帝时期，朝廷收藏的书籍，残缺破烂，竹简脱落，典籍不全，礼乐制度遭到破坏。汉武帝长叹道："我对这种状况感到悲哀！"于是朝廷建立了藏书机构，设置了抄书的官员，各种诸子学说、典籍，都收集到秘府。汉成帝的时候，由于很多书籍散失，朝廷就派谒者陈农向天下征求散失的书籍。还下令光禄大夫刘向校订经、传、诸子著作和诗赋，步兵校尉任宏校订兵书，太史令尹咸校订有关天文历法的书籍，侍医李柱国校订医药类书籍。每校订完一类书籍，刘向就整理每一类的书目，概括其大意，记录下来上奏给皇帝。当刘向死后，汉哀帝又派刘向的儿子侍中奉车都尉刘歆来继续完成父亲的事业，刘歆便汇总所有书籍而编成《七略》上奏给皇帝。于是就有了《辑略》《六艺略》《诸子略》《诗赋略》《兵书略》《术数略》和《方技略》等七部目录集。现在删去冗余，只留下主要的方面。以使查找书篇方便。

《易经》十二篇，有施、孟、梁丘氏三家版本。

《易传·周氏》二篇。周氏字王孙。

《服氏》易传两篇。

《杨氏》易传两篇。杨氏名何，字叔元，是菑川人。

《蔡公》易传两篇。蔡公是卫国人，曾服侍周王孙。

《韩氏》易传两篇。韩氏，名婴。

《王氏》二篇。名同。

《丁氏》八篇。名宽，字子襄，梁人也。

《古五子》十八篇。自甲子至壬子，说《易》阴阳。

《淮南道训》二篇。淮南王安聘明《易》者九人，号九师说。

《古杂》八十篇，《杂灾异》三十五篇，《神输》五篇，图一。

《孟氏京房》十一篇，《灾异孟氏京房》六十六篇，五鹿充宗《略说》三篇，《京氏段嘉》十二篇。

《章句》施、孟、梁丘氏各二篇。

凡《易》十三家，二百九十四篇。

《易》曰："宓戏氏仰观象于天，俯观法于地，观鸟兽之文，与地之宜，近取诸身，远取诸物，于是始作八卦，以通神明之德，以类万物之情。"至于殷、周之际，纣在上位，逆天暴物，文王以诸侯顺命而行道，天人之占可得而效，于是重《易》六爻，作上下篇。孔氏为之《彖》《象》《系辞》《文言》《序卦》之属十篇。故曰《易》道深矣，人更三圣，世历三古。及秦燔书，而《易》为筮卜之事，传者不绝。汉兴，田何传之。讫于宣、元，有施、孟、梁丘、京氏列于学官，而民间有费、高二家之说，刘向以中《古文易经》校施、孟、梁丘经，或脱去"无咎"、"悔亡"，唯费氏经与古文同。

《尚书古文经》四十六卷。为五十七篇。

《经》二十九卷。大、小夏侯二家。《欧阳经》三十二卷。

《王氏》易传两篇。王氏，名同。

《丁氏》易传八篇。丁氏，名宽，字子襄，是梁国人。

《古五子》易传十八篇。从甲子到壬子，论述《易经》的阴阳理论。

《淮南道训》两篇。是淮南王刘安聘用精通《易经》的九人编写，号称九师说。

《古杂》八十篇，《杂灾异》三十五篇，《神输》五篇，图一幅。

《孟氏京房》十一篇，《灾异孟氏京房》六十六篇，五鹿充宗编写的《略说》三篇，《京氏段嘉》十二篇。

《章句》有施、孟、梁丘氏三家各两篇。

解释《易经》的著作共十三家，二百九十四篇。

《易经》说："伏羲氏上观天象，下看地理，观察鸟兽的皮毛的纹彩和所处地域的情况，近处就观察身边的事物，远处则考察万物，因此作出八卦，以通达神明的德性，来了解万物的性质。"到了殷、周交替之际，纣王位居王位，却违背天意，残害万物，文王身为诸侯，能够顺天意而行仁道，可以占卜天象和人事之间的关系，并且明了其中的道理，就重排《易经》的六爻，作了《周易》上下篇。孔子作了《彖》《象》《系辞》《文言》《序卦》之类的文字解释《周易》的文章共十篇。所以说《易经》的道理是很深奥的，出现了伏羲、文王、孔子三代圣人，经历了上古、中古、下古三个时代后。到秦始皇焚书时，《易经》因为被列为占筮的书籍而保留下来，其传承也没有断绝。汉朝建立后，田何传承了《易经》。到了汉宣帝、汉元帝时期，有施、孟、梁丘、京氏传授的《易经》被列为官学书籍而被传授，而民间则有费、高两家的学说。刘向以宫中所藏《古文易经》校对施、孟、梁丘各家的《易经》，各家的书中有些地方缺失"无咎"、"悔亡"的字句，只有费氏《易经》与古文所载相同。

《尚书古文经》四十六卷。共五十七篇。

《书经》二十九卷。有大夏侯、小夏侯两家版本。《欧阳经》有

《传》四十一篇。

《欧阳章句》三十一卷。

大、小夏侯《章句》各二十九卷。

大、小夏侯《解故》二十九篇。

《欧阳说义》二篇。

刘向《五行传记》十一卷。

许商《五行传记》一篇。

《周书》七十一篇。周史记。

《议奏》四十二篇。宣帝时石渠论。

凡《书》九家，四百一十二篇。入刘向《稽疑》一篇。

《易》曰："河出图，雒出书，圣人则之。"故《书》之所起远矣，至孔子纂焉，上断于尧，下讫于秦，凡百篇，而为之序，言其作意。秦燔书禁学，济南伏生独壁藏之。汉兴亡失，求得二十九篇，以教齐鲁之间。讫孝宣世，有《欧阳》《大小夏侯氏》，立于学官。《古文尚书》者，出孔子壁中。武帝末，鲁共王坏孔子宅，欲以广其宫，而得《古文尚书》及《礼记》《论语》《孝经》凡数十篇，皆古字也。共王往入其宅，闻鼓琴瑟钟磬之音，于是惧，乃止不坏。孔安国者，孔子后也，悉得其书，以考二十九篇，得多十六篇。安国献之。遭巫蛊事，未列于学官。刘向以中古文校欧阳、大小夏侯三家经文，《酒诰》脱简一，《召诰》脱简二。率简二十五字者，脱亦二十五字，简二十二字者，脱亦二十二字，文字异者七百有余，脱字数十。《书》者，古之号令，号令于众，其言不立具，则听受施行者弗晓。古文读应尔雅，故解古今语而可知也。

三十二卷。

《传》四十一篇。

《欧阳章句》三十一卷。

大小夏侯《章句》各有二十九卷。

大小夏侯《解故》二十九篇。

《欧阳说义》两篇。

刘向的《五行传记》十一卷。

许商的《五行传记》一篇。

《周书》七十一篇。周朝的史官所著。

《议奏》四十二篇。是汉宣帝时在石渠阁的会议记录。

关于《尚书》的著作共有九家，合计四百十二篇文章。加入了刘向的《稽疑》一篇。

《易经》上说："伏羲时黄河中有龙马驮河图而出，伏羲参考河图作出了八卦；大禹时洛水中有神龟背洛书而出，大禹按照洛书的启示平息了洪水，划分了九州。"所以《尚书》的编纂年代应该很久远了。到了孔子时期，孔子又重新加以编撰，收集了上起于尧，下止于秦的一共一百篇文章，并重新作序，说明编撰的目的。后来秦始皇焚烧书册典籍，禁止诸子学说，济南的伏生偷偷把《尚书》藏在墙壁中。汉朝建立后，《尚书》大都已经散失，伏生整理后只保留下二十九篇，他就在齐、鲁一带教授《尚书》。到了汉宣帝时代，在官学里，有《欧阳》《大小夏侯氏》等版本的《尚书》被教授。《古文尚书》是在孔子家的墙壁中发现的。汉武帝末年，鲁共王刘余毁坏孔子的旧宅，想要扩建他的宫殿，却在墙壁中得到了《古文尚书》以及《礼记》《论语》《孝经》一共几十篇文献，都是用古代的文字书写的。鲁共王刘余进入孔子的旧宅，听到弹奏琴瑟钟磬的声音，他感到很害怕，因此不敢继续毁坏房屋。孔安国是孔子的后代，拿到了这些典籍，经过考证发现《古文尚书》比原先伏生整理出的二十九篇，又多出了十六篇。孔安国把它献给了朝廷。这时恰逢巫蛊案发生，《古文尚书》没有被官学采用。刘向用《古文尚书》校订欧阳氏、大小夏侯氏三家的《尚

《诗经》二十八卷，鲁、齐、韩三家。

《鲁故》二十五卷。

《鲁说》二十八卷。

《齐后氏故》二十卷

《齐孙氏故》二十七卷。

《齐后氏传》三十九卷。

《齐孙氏传》二十八卷。

《齐杂记》十八卷。

《韩故》三十六卷。

《韩内传》四卷。

《韩外传》六卷。

《韩说》四十一卷。

《毛诗》二十九卷。

《毛诗故训传》三十卷。

凡《诗》六家，四百一十六卷。

《书》曰："诗言志，歌咏言。"故哀乐之心感，而歌咏之声发。诵其言谓之诗，咏其声谓之歌。故古有采诗之官，王者所以观风俗，知得失，自考正也。孔子纯取周诗，上采殷，下取鲁，凡三百五篇，遭秦而全者，以其讽诵，不独在竹帛故也。汉兴，鲁申公为《诗》训故，而齐辕固、燕韩生皆为之传。或取《春秋》，采杂说，

书》，发现其中《酒诰》篇遗失一片竹简，《召诰》篇遗失两片竹简。有的竹简上有二十五字，因此遗失的文字也是二十五个字，有的竹简上是二十二字，遗失的也是二十二个字，文字有出入的地方有七百多字，遗漏的有几十个字。《尚书》记录的内容是古代帝王的号令，如果号令内容不明确，就会使听令的人和执行的人不明白意思。古文阅读应按古音来读，所以理解了古今语言的差异，就可知道《尚书》的意义了。

《诗经》二十八卷，有鲁、齐、韩三家。

《鲁故》二十五卷。

《鲁说》二十八卷。

《齐后氏故》二十卷。

《齐孙氏故》二十七卷。

《齐后氏传》三十九卷。

《齐孙氏传》二十八卷。

《齐杂记》十八卷。

《韩故》三十六卷。

《韩诗内传》四卷。

《韩诗外传》六卷。

《韩说》四十一卷。

《毛诗》二十九卷。

《毛诗故训传》三十卷。

著述《诗经》的共有六家，总计四百十六卷文献。

《尚书》上说："诗用来表达意愿，歌用来咏颂诗句。"所以人心中有悲喜的感受，就会通过歌咏表达出来。把这种感受用语言描述出来就称为诗，把它唱出来就称为歌。所以古代专门设有收集诗歌的官员，君王通过民歌可以考察风俗，明白治国的得失，从而加以自我修正。孔子选取了周诗，收集了上起殷朝，下到鲁国的各时期诗歌，共有三百零五篇，《诗经》经历了秦朝的焚书还能保存下来的原

咸非其本义。与不得已，鲁最为近之。三家皆列于学官。又有毛公之学，自谓子夏所传，而河间献王好之，未得立。

《礼古经》五十六卷，《经》十七篇。后氏、戴氏。

《记》百三十一篇。七十子后学者所记也。

《明堂阴阳》三十三篇。古明堂之遗事。

《王史氏》二十一篇。七十子后学者。

《曲台后仓》九篇。

《中庸说》二篇。

《明堂阴阳说》五篇。

《周官经》六篇。王莽时刘歆置博士。

《周官传》四篇。

《军礼司马法》百五十五篇。

《古封禅群祀》二十二篇。

《封弹议对》十九篇。武帝时也。

《汉封禅群祀》三十六篇。

《议奏》三十八篇。石渠。

凡《礼》十三家，五百五十五篇。入《司马法》一家，百五十五篇。

《易》曰："有夫妇父子君臣上下，礼义有所错。"而帝王质文世有损益，至周曲为之防，事为之制，故曰："礼经三百，威仪三千。"及周之衰，诸侯将逾法度，恶其害己，皆灭去其籍，自孔子时而不具，至秦大坏。汉兴，鲁高堂生传《士礼》十七篇。讫孝宣

因，是因为它不单靠记录在书籍流传，还被人们口传吟诵。汉朝建立后，鲁人申公曾解说《诗经》，齐人辕固、燕人韩生也都为《诗》作解。这些注解有的取自《春秋》，有的采用各家的学说，都不是《诗经》的本意。如果非要解释《诗经》，只有鲁《诗》与《诗经》本意最为接近。三种版本的《诗经》都被官学采用。此外还有毛公对《诗经》的注解，毛公自称自己的学说是传自子夏，河间献王刘德很喜欢《毛诗》。但是《毛诗》没被官学采用。

《礼古经》五十六卷，《经》十七篇。有后氏、戴氏学派。

《记》一百三十一篇。是孔子七十二弟子的传人所记录的。

《明堂阴阳》三十三篇。是古代明堂所遗传下来的事情。

《王史氏》二十一篇。是孔子七十二弟子的传人所作。

《曲台后仓》九篇。

《中庸说》两篇。

《明堂阴阳说》五篇。

《周官经》六篇。王莽时刘歆设立博士。

《周官传》四篇。

《军礼司马法》一百五十五篇。

《古封禅群祀》二十二篇。

《封禅议对》十九篇。记录汉武帝时的事情。

《汉封禅群祀》三十六篇。

《议奏》三十八篇。是石渠会议记录。

《礼经》一共有十三家，收录五百五十五篇。加入了《司马法》一家，有一百五十五篇。

《易经》上说："确定了夫妇、父子、君臣等上下尊卑的关系后，礼制才是真正得到了实施。"但各代帝王的德行和才能不同，治国的方略也就不一样，到周朝时礼制就规定得极为细致，对可能发生的隐患都加以预防，对每一件事都要有制度，所以说："周礼大的礼制规定有三百条，小的礼仪细节也有三千条。"等到周朝衰落后，诸侯

世，后仓最明。戴德、戴圣、庆普皆其弟子，三家立于学官。《礼古经》者，出于鲁淹中及孔氏，与十七篇文相似，多三十九篇。及《明堂阴阳》《王史氏记》所见，多天子诸侯卿大夫之制，虽不能备，犹瘉仓等推《士礼》而致于天子之说。

《乐记》二十三篇。

《王禹记》二十四篇。

《雅歌诗》四篇。

《雅琴赵氏》七篇。名定，勃海人，宣帝时丞相魏相所奏。

《雅琴师氏》八篇。名中，东海人，传言师旷后。

《雅琴龙氏》九十九篇。名德，梁人。

凡《乐》六家，百六十五篇。出淮南刘向等《琴颂》七篇。

《易》曰："先王作乐崇德，殷荐之上帝，以享祖考。"故自黄帝下至三代，乐各有名。孔子曰："安上治民，莫善于礼；移风易俗，莫善于乐。"二者相与并行。周衰俱坏，乐尤微眇，以音律为节，又为郑卫所乱故无遗法。汉兴，制氏以雅乐声律，世在乐官，颇能纪其铿锵鼓舞，而不能言其义。六国之君，魏文侯最为好古，孝文时得其乐人窦公，献其书，乃《周官·大宗伯》之《大司乐》章也。武帝时，河间献王好儒，与毛生等共采《周官》及诸子言乐事者，以作《乐记》，献八佾之舞，与制氏不相远。其内史丞王定传之，以授常山王禹。禹，成帝时为谒者，数言其义，献二十四卷记。刘向校书，得《乐记》二十三篇，与禹不同，其道寖以益微。

经常僭越礼法，讨厌礼法对自己的约束，就把礼制典籍都抛弃了。到孔子时代礼制就很不完备了，到秦朝时，更是礼乐崩坏。汉朝建立后，鲁人高堂生讲授《士礼》十七篇。到汉宣帝时，后仓对《礼经》的研究最深入。戴德、戴圣、庆普都是他的学生，三家著作均被官学采用。《礼古经》出自鲁国的淹中地区和孔氏后人之手，里面的文章同《士礼》的十七篇的文章相似，而且比《士礼》多出了三十九篇。至于《明堂阴阳》《王史氏记》上所记录的，大多是关于天子、诸侯、卿大夫的礼仪制度，虽然不很详细全面，但仍超过后仓等人推崇的《士礼》，因而向天子进荐这些书。

《乐记》二十三篇。

《王禹记》二十四篇。

《雅歌诗》四篇。

《雅琴赵氏》七篇。赵氏，名定，勃海人，汉宣帝时丞相魏相所推荐。

《雅琴师氏》八篇。师氏，名中，东海人，传说是师旷的后人。

《雅琴龙氏》九十九篇。龙氏，名德，是梁国人。

《乐经》共收录六家，一百六十五篇文章。撤掉了淮南王刘向等人的七篇《琴颂》。

《易经》说："前代帝王制作乐章，用来推崇道德，赞美上天和祭祀祖先。"所以从黄帝一直到夏商周三代，制作的乐章都各有名称来历。孔子说："安定国家，治理百姓，没有比礼仪更合适的方法了，改变风俗，教化百姓没有比音乐更好的方法了。"礼和乐的作用相辅相成。周朝衰落后，礼和乐都被破坏了，乐的道理尤其精妙，必须辅以音律为节拍，再加上被郑、卫的靡靡之音所扰乱，所以没有遗留下来的可供借鉴的乐律。汉朝建立后，制氏认为雅正的音乐，历代都在乐官中流传，所以乐官们还能记起一些鼓舞的铿锵节拍，却不能说出其中的含意。六国的国君中，魏文侯最崇尚古乐，汉文帝的时候有一位乐人窦公，献上乐书，是《周官·大宗伯》中的《大司乐》乐章。汉武帝的时候，河间献王刘德喜欢儒术，他和毛生等人共同收集《周

《春秋古经》十二篇,《经》十一卷。公羊、穀梁二家。

《左氏传》三十卷。左丘明,鲁太史。

《公羊传》十一卷。公羊子,齐人。

《穀梁传》十一卷。穀梁子,鲁人。

《邹氏传》十一卷。

《夹氏传》十一卷。有录无书。

《左氏微》二篇。

《铎氏微》三篇。楚太傅铎椒也。

《张氏微》十篇。

《虞氏微传》二篇。赵相虞卿。

《公羊外传》五十篇。

《穀梁外传》二十篇。

《公羊章句》三十八篇。

《穀梁章句》三十三篇。

《公羊杂记》八十三篇。

《公羊颜氏记》十一篇。

《公羊董仲舒治狱》十六篇。

《议奏》三十九篇。石渠论。

《国语》二十一篇。左丘明著。

《新国语》五十四篇。刘向分《国语》。

《世本》十五篇。古史官记黄帝以来讫春秋时诸侯大夫。

官》以及诸子学说中有关音乐的内容，编写成《乐记》，并献上八佾之舞，同制氏所记载的乐章差不多。内史丞王定将《乐记》传出，传给了常山人王禹。王禹在汉成帝时担任谒者，多次上书论说《乐记》的内容，并献上二十四卷文献。刘向校书时，得到《乐记》中的二十三篇文章，内容同王禹的不同，这些有关乐的学问也越来越衰亡了。

《春秋古经》十二篇，《经》十一卷。有公羊、穀梁二家著述。

《左氏传》三十卷。左丘明，是鲁国的太史。

《公羊传》十一卷。公羊子，是齐国人。

《穀梁传》十一卷。穀梁子，鲁国人。

《邹氏传》十一卷。

《夹氏传》十一卷。有目录，无原书。

《左氏微》二篇。

《铎氏微》三篇。是楚国太傅铎椒所著。

《张氏微》十篇。

《虞氏微传》二篇。赵国国相虞卿所著。

《公羊外传》五十篇。

《穀梁外传》二十篇。

《公羊章句》三十八篇。

《穀梁章句》三十三篇。

《公羊杂记》八十三篇。

《公羊颜氏记》十一篇。

《公羊董仲舒治狱》十六篇。

《议奏》三十九篇。是记录石渠阁相关论述的文献。

《国语》二十一篇。左丘明著。

《新国语》五十四篇。刘向整理的有关《国语》著作。

《世本》十五篇。古代史官记载有关黄帝以来，直到春秋时诸侯大夫的事迹。

《战国策》三十三篇。记春秋后。

《奏事》二十篇。秦时大臣奏事，及刻石名山文也。

《楚汉春秋》九篇。陆贾所记。

《太史公》百三十篇。十篇有录无书。

冯商所续《太史公》七篇。

《太古以来年纪》二篇。

《汉著记》百九十卷。

《汉大年纪》五篇。

凡《春秋》二十三家，九百四十八篇。省《太史公》四篇。

古之王者世有史官，君举必书，所以慎言行，昭法式也。左史记言，右史记事，事为《春秋》，言为《尚书》，帝王靡不同之。周室既微，载籍残缺，仲尼思存前圣之业，乃称曰："夏礼吾能言之，杞不足征也；殷礼吾能言之，宋不足征也。文献不足故也，足则吾能征之矣。"以鲁周公之国，礼文备物，史官有法，故与左丘明观其史记，据行事，仍人道，因兴以立功，就败以成罚，假日月以定历数，藉朝聘以正礼乐。有所褒讳贬损，不可书见，口授弟子，弟子退而异言。丘明恐弟子各安其意，以失其真，故论本事而作传，明夫子不以空言说经也。《春秋》所贬损大人当世君臣，有威权势力，其事实皆形于传，是以隐其书而不宣，所以免时难也。及末世口说流行，故有《公羊》《穀梁》《邹》《夹》之《传》。四家之中，《公羊》《穀梁》立于学官，邹氏无师，夹氏未有书。

《战国策》三十三篇。记录春秋以后的历史。

《奏事》二十篇。秦朝时大臣的奏事以及名山刻石碑文的内容。

《楚汉春秋》九篇。陆贾所记录。

《太史公》百三十篇。十篇有目录而无内容。

冯商所续《太史公》七篇。

《太古以来年纪》二篇。

《汉著记》一百九十卷。

《汉大年纪》五篇。

《春秋》共有二十三家，九百四十八篇文献。删去《太史公》中的四篇。

古代帝王历代都设置了史官，君王的言行一定会被记录下来，所以君王都言行谨慎，来为百姓做出表率。左史官记录君王的言论，右史官记录君王的行为，《春秋》记录的就是君王所做的事情，《尚书》记录的就是君王的言论。帝王们都制定了这样的制度。周室衰败后，典籍残缺，孔子想保存前代圣人的礼制，就说："夏礼我能说出来，杞国虽为夏朝后裔，却不能考证了；殷礼我能说出来，宋国虽为商朝后裔却不能考证了。这是因为典籍和贤人不足的缘因，如果典籍和贤人足够的话，我就能够考证了。"因为鲁国是周公的封国，礼制典籍都很齐全，史官制度也很完备，所以左丘明可以考察历史的记载，根据君王所做的事情，来评判对错得失，史书中记载振兴国家的人就可以建立功勋，政事失败就应该加以责罚，通过观测日月来确定节气的时间，藉由诸侯朝聘来纠正礼乐制度。因为很多史实涉及褒贬损益等隐讳的事情，不能记录在书籍中，左丘明就口授给弟子，弟子回去后则众说纷纭了。左丘明怕他的弟子们各自坚持自己的意见，以致失去史实的真相，所以只对《春秋》中记录的史实做传加以说明，来表明孔子不是无的放矢的来写《春秋》的。《春秋》所褒贬的人物，很多都是当时的国君，权臣，这些人有权有势，因为左丘明把他们的事迹写进《左传》中，所以这本书就隐藏起来，没有公开发行，避免在当时惹来麻烦。等到后世人们只是在口头流传《春秋》所

《论语》古二十一篇。出孔子壁中，两《子张》。

《齐》二十二篇。多《问王》《知道》。

《鲁》二十篇，《传》十九篇。

《齐说》二十九篇。

《鲁夏侯说》二十一篇。

《鲁安昌侯说》二十一篇。

《鲁王骏说》二十篇。

《燕传说》三卷。

《议奏》十八篇。石渠论。

《孔子家语》二十七卷。

《孔子三朝》七篇。

《孔子徒人图法》二卷。

凡《论语》十二家，二百二十九篇。

《论语》者，孔子应答弟子时人及弟子相与言而接闻于夫子之语也。当时弟子各有所记。夫子既卒，门人相与辑而论篹，故谓之《论语》。汉兴，有齐、鲁之说。传《齐论》者，昌邑中尉王吉、少府宋畸、御史大夫贡禹、尚书令五鹿充宗、胶东庸生，唯王阳名家。传《鲁论语》者，常山都尉龚奋、长信少府夏侯胜、丞相韦贤、鲁扶卿、前将军萧望之、安昌侯张禹，皆名家。张氏最后而行于世。

《孝经古孔氏》一篇。二十二章。

《孝经》一篇。十八章。长孙氏、江氏、后氏、翼氏四家。

《长孙氏说》二篇。

载内容，所以就有了《公羊》《穀梁》《邹》《夹》等不同的版本。这四家之中，《公羊传》《穀梁传》两家的著述被官学采用，邹氏没有老师传授，夹氏没有编著成书。

《论语》古文有二十一篇。自孔子家壁中发现，有两篇《子张》。

《齐论语》二十二篇。多出《问王》《知道》篇。

《鲁论语》二十篇，《传》有十九篇。

《齐说》二十九篇。

《鲁夏侯说》二十一篇。

《鲁安昌侯说》二十一篇。

《鲁王骏说》二十篇。

《燕传说》有三卷。

《议奏》十八篇。是石渠阁议论的记录。

《孔子家语》二十七卷。

《孔子三朝》七篇。

《孔子徒人图法》二卷。

《论语》类著述共有十二家，二百二十九篇文献。

《论语》这部书，记录了孔子回答弟子和当时人们的提问，以及弟子相互问答，转述孔子言论的一部书。当时孔子的弟子们对于孔子的言论都各有记录。孔子去世后，孔子的门人弟子将这些资料收集并汇编成书，所以称其为《论语》。汉朝建立后，有《齐论语》和《鲁论语》两家学说。传授《齐论语》的诸人，有昌邑中尉王吉、少府宋畸、御史大夫贡禹、尚书令五鹿充宗、胶东庸生等人，只有王吉比较有名。传授《鲁论语》的诸人，有常山都尉龚奋、长信宫少府夏侯胜、丞相韦贤、鲁人扶卿、前将军萧望之、安昌侯张禹，这些人都比较出名。张禹的学说提出年代的比较靠后，因而得以在世上流行。

《孝经古孔氏》一篇。有二十二章。

《孝经》一篇。有十八章。有长孙氏、江氏、后氏、翼氏四家。

《长孙氏说》二篇。

《江氏说》一篇。

《翼氏说》一篇。

《后氏说》一篇。

《杂传》四篇。

《安昌侯说》一篇。

《五经杂议》十八篇。石渠论。

《尔雅》三卷二十篇。

《小雅》一篇,《古今字》一卷。

《弟子职》一篇。

《说》三篇。

凡《孝经》十一家,五十九篇。

《孝经》者,孔子为曾子陈孝道也。夫孝,天之经,地之义,民之行也。举大者言,故曰《孝经》。汉兴,长孙氏、博士江翁、少府后仓、谏大夫翼奉、安昌侯张禹传之,各自名家。经文皆同,唯孔氏壁中古文为异。"父母生之,续莫大焉","故亲生之膝下",诸家说不安处,古文字读皆异。

《史籀》十五篇。周宣王太史作大篆十五篇,建武时亡六篇矣。

《八体六技》。

《苍颉》一篇。上七章,秦丞相李斯作;《爰历》六章,车府令赵高作;《博学》七章,太史令胡母敬作。

《凡将》一篇。司马相如作。

《急就》一篇。元帝时黄门令史游作。

《元尚》一篇。成帝时将作大匠李长作。

《训纂》一篇。扬雄作。

《江氏说》一篇。

《翼氏说》一篇。

《后氏说》一篇。

《杂传》四篇。

《安昌侯说》一篇。

《五经杂议》十八篇。是石渠阁会议的记论。

《尔雅》三卷二十篇。

《小雅》一篇,《古今字》一卷。

《弟子职》一篇。

《说》三篇。

《孝经》类著述共有十一家,总计五十九篇文献。

《孝经》是记录孔子对曾子讲授孝道的论述。遵守孝道,是天经地义之事,是世人应该遵循的准则。因为是论述孝道的根本性原则,所以叫《孝经》。汉朝建立后,当时有长孙氏、博士江翁、少府后仓、谏大夫翼奉、安昌侯张禹讲授《孝经》,这些人都是当时的名家。各家《孝经》的文字都相同,只是与孔府墙壁中发现的《孝经》文字上有出入。对于"父母生之,续莫大焉","故亲生之膝下",这两句各家的解释都不令人满意,对于古文的断句各家也意见不一致。

《史籀》十五篇。周宣王太史用大篆写成十五篇文章。汉武帝建武年间散失了六篇。

《八体六技》。

《苍颉》一篇。前七章,是秦丞相李斯所作;《爰历》有六章,是秦朝车府令赵高所作;《博学》有七章,是秦朝太史令胡母敬所作。

《凡将》一篇。司马相如所作。

《急就》一篇。汉元帝时,黄门令史游所作。

《元尚》一篇。汉成帝时将作大匠李长所作。

《训纂》一篇。扬雄所作。

《别字》十三篇。

《苍颉传》一篇。

扬雄《苍颉训纂》一篇。

杜林《苍颉训纂》一篇。

杜林《苍颉故》一篇。

凡小学十家，三十五篇。入扬雄、杜林二家二篇。

《易》曰："上古结绳以治，后世圣人易之以书契，百官以治，万民以察，盖取诸《夬》。""夬，扬于王庭"，言其宣扬于王者朝廷，其用最大也。古者八岁入小学，故《周官》保氏掌养国子，教之六书，谓象形、象事、象意、象声、转注、假借，造字之本也。汉兴，萧何草律，亦著其法，曰："太史试学童，能讽书九千字以上，乃得为史。又以六体试之，课最者以为尚书御史史书令史。吏民上书，字或不正，辄举劾。"六体者，古文、奇字、篆书、隶书、缪篆、虫书，皆所以通知古今文字，摹印章，书幡信也。古制，书必同文，不知则阙，问诸故老，至于衰世，是非无正，人用其私。故孔子曰："吾犹及史之阙文也，今亡矣夫！"盖伤其寖不正。《史籀篇》者，周时史官教学童书也，与孔氏壁中古文异体。《苍颉》七章者，秦丞相李斯所作也；《爰历》六章者，车府令赵高所作也；《博学》七章者，太史令胡母敬所作也；文字多取《史籀篇》，而篆体复颇异，所谓秦篆者也。是时始造隶书矣，起于官狱多事，苟趋省易，施之于徒隶也。汉兴，闾里书师合《苍颉》《爰历》《博学》三篇，断六十字以为一章，凡五十五章，并为《苍颉篇》。武帝时司马相如作《凡将篇》，无复字。元帝时黄门令史游作《急就篇》，成帝时将作大匠李长作《元尚篇》，皆《苍颉》中正字也。《凡将》则颇有出矣。至元始中，征天下通小学者以百数，各令记字于庭中。扬雄取其有用者以作《训纂篇》，顺续《苍颉》，又易《苍颉》中重复之字，凡

《别字》十三篇。

《苍颉传》一篇。

扬雄所著《苍颉训纂》一篇。

杜林所著《苍颉训纂》一篇。

杜林所著《苍颉故》一篇。

小学方面的著作共有十家，三十五篇文章。增加了扬雄、杜林的两篇。

《易经》说："上古时，人们靠结绳记事来治理国家，后来圣人制作了文字，百官可以利用它来处理政事，百姓可以通过它来交流讯息，这都是取之于《夬》卦的含义。""夬，意思是在王庭宣扬政令"，是说君王能用文字在的朝廷上宣扬政令，这是文字最大的用处。古人八岁进入小学，《周官》里记载保氏负责教导公卿大夫的子弟，教他们学习六种造字方法，分别是象形、象事、象意、象声、转注、假借，这些是造字的根本方法。汉朝建立后，萧何制定了律令，也写了这样的规定，说："太史考试学童，能够背诵并书写出九千字以上的人，才能做官。并且考试用六种字体来考查书写的能力，成绩最好的任命为尚书，御史，史书令史等官职。官吏百姓的上书如果字体不合乎规范，就要被惩处。"六种字体，分别是古文、奇字、篆书、隶书、缪篆、虫书，熟知这些字体就可以读懂古今文字，篆刻印章，书写旗帜和信件等。依据古代制度，书写一定要用同一种文字，如果不知道字怎么写，就暂时空缺，然后去求教年长者，周王室衰落后，字的对错没有标准，人们都按照自己的想法来造字。所以孔子说："我以前还看到史书中的空缺的地方，现在连空缺的地方也没有了！"大概是对当时用字越来越不规范而感到悲哀。《史籀篇》是周朝时的史官用来教学童学习书写的著作，里面的字与孔府墙壁中文献的古字有差异。《苍颉》七章，是秦朝丞相李斯所著；《爰历》六章，是秦朝车府令赵高所作；《博学》七章，是秦朝太史令胡母敬所作；这三篇著作的文字大多取自《史籀篇》，但篆字的差别很大，应该就是所谓的秦篆吧。这时已开始使用隶书，原因是官府中刑狱案件众多，为了方

八十九章。臣复续扬雄作十三章，凡一百二章，无复字，六艺群书所载略备矣。《苍颉》多古字，俗师失其读，宣帝时征齐人能正读者，张敞从受之，传至外孙之子杜林，为作训故，并列焉。

凡六艺一百三家，三千一百二十三篇。入三家，一百五十九篇；出篇重十一篇。

六艺之文：《乐》以和神，仁之表也；《诗》以正言，义之用也；《礼》以明体，明者著见，故无训也；《书》以广听，知之术也；《春秋》以断事，信之符也。五者，盖五常之道，相须而备，而《易》为之原。故曰“《易》不可见，则乾坤或几乎息矣”，言与天地为终始也。至于五学，世有变改，犹五行之更用事焉。古之学者耕且养，三年而通一艺，存其大体，玩经文而已，是故用日少而畜德多，三十而五经立也。后世经传既已乖离，博学者又不思多闻阙疑之义，而务碎义逃难，便辞巧说，破坏形体；说五字之文，至于二三万言。后进弥以驰逐，故幼童而守一艺，白首而后能言；安其所习，毁所不见，终以自蔽。此学者之大患也。序六艺为九种。

便书写而采用隶书，隶书最先用于处理刑徒奴隶事务的公文。汉朝建立后，民间的教师就把《苍颉》《爰历》《博学》三篇著作集合在一起，把六十字做为一章，共有五十五章，合并后仍称为《苍颉篇》。汉武帝时司马相如写了《凡将篇》，通篇没有重复的字。汉元帝时黄门令史游写了《急就篇》，汉成帝时将作大匠李长写了《元尚篇》，都采用《苍颉》中的正字。《凡将篇》中的文字则有很多与《苍颉》的不同。到汉平帝元始年间，朝廷征集天下精通文字的几百人，命他们把自己知道的文字写出来。扬雄选取其中还在使用的文字写成《训纂篇》，来补充《苍颉篇》，又删去《苍颉篇》中重复的字，共成编成八十九章。臣（指班固）又在扬雄的基础上续写了十三章，一共写成一百零二章，里面没有重复的字，六艺和各种典籍所记录的字大致都收集齐全了。《苍颉篇》中有很多古字，一般的教师不知道这些字的读音，汉宣帝时征召齐国能正确读出字音的人，张敞前去向他们请教，学成后传给他外孙的儿子杜林。为了叙述方便，就把这些相关事情都罗列出来。

六艺类的著作总共有一百零三家，三千一百二十三篇。比《七略》增加了三家，有一百五十九篇；减去了重复的十一篇。

六艺中的文章：《乐》用来调和精神，是仁的表现；《诗》用来归正言语，是义的体现；《礼》用来明确制度，制度明确了就会表现出来，就不用过多教导；《书》可以使人见识增加，是提升智慧的方法；《春秋》用来判断是非对错，是检验信的标准。这五部书，分别体现仁、义、礼、智、信五种道德，互为补充，不可或缺，而《易经》又为各经的本源。所以说“如果《易经》所阐述的道理不了解，那么乾坤的运转差不多就要停息了”，这是说《易经》所阐述的道理与天地同在。至于另外的五经的内容，会随着世事的变化而变化，就像五行交替发挥作用一样。古代学者一边耕种一边修养道德，经过三年而通晓其中的一艺，他们只是了解经文的大意，大略浏览经文罢了，因此所用的时间少而受益多。到三十岁就可以学完五经了。后世的经和传已经偏离正道，那些博学的人又不能深入思考，而断章取义的来解释经文，回避诘难，花言巧语，破坏经文原貌；注解五个字的文句，

《晏子》八篇。名婴，谥平仲，相齐景公，孔子称善与人交，有《列传》。

《子思》二十三篇。名伋，孔子孙，为鲁缪公师。

《曾子》十八篇。名参，孔子弟子。

《漆雕子》十三篇。孔子弟子漆雕启后。

《宓子》十六篇。名不齐，字子贱，孔子弟子。

《景子》三篇。说宓子语，似其弟子。

《世子》二十一篇。名硕，陈人也，七十子之弟子。

《魏文侯》六篇。

《李克》七篇。子夏弟子，为魏文侯相。

《公孙尼子》二十八篇。七十子之弟子。

《孟子》十一篇。名轲，邹人，子思弟子，有《列传》。

《孙卿子》三十三篇。名况，赵人，为齐稷下祭酒，有《列传》。

《芈子》十八篇。名婴，齐人，七十二子之后。

《内业》十五篇。不知作书者。

《周史六弢》六篇。惠、襄之间，或曰显王时，或曰孔子问焉。

《周政》六篇。周时法度政教。

《周法》九篇。法天地，立百官。

就能写出二三万字来。后来的人也竞相效仿，所以此后的幼童从小只学习一艺，直到头发白了后才能大概了解。而且满足于他所学会的内容，诋毁他不知道的东西，最终自欺欺人。这是学者的大忌。现在把六艺增加为九种（《易》《书》《乐》《春秋》《诗》《礼》《论语》《孝经》《小学》）。

《晏子》八篇。晏子名婴，谥号为平仲，为齐景公宰相，孔子评价他善与人交往，《史记》中有他的《列传》。

《子思》二十三篇。子思名为伋，是孔子的孙子，是鲁穆公的老师。

《曾子》十八篇。曾子名参，是孔子的弟子。

《漆雕子》十三篇。孔子的弟子漆雕启的后代所著。

《宓子》十六篇。宓子名不齐，字子贱，是孔子的弟子。

《景子》三篇。所记载的是宓子的言语，似他的学生所写。

《世子》二十一篇。世子名硕，是陈国人，是孔子七十二弟子的学生。

《魏文侯》六篇。

《李克》七篇。李克是子夏的弟子，是魏文侯的宰相。

《公孙尼子》二十八篇。公孙尼子是七十二弟子的学生。

《孟子》十一篇。孟子名轲，邹国人，子思的弟子，《史记》中有他的《列传》。

《孙卿子》三十三篇。孙卿子名况，赵国人，是齐国稷下的祭酒，《史记》中有他的《列传》。

《芈子》十八篇。芈子名婴，是齐国人，孔子七十二弟子的后人。

《内业》十五篇。不知著书人姓名。

《周史六弢》六篇。著书于周惠王、周襄王之间，有的说是周显王时的人，有人说孔子曾询问过这本书。

《周政》六篇。是关于周朝时的法律制度。

《周法》九篇。周朝时效法天地，设立百官。

《河间周制》十八篇。似河间献王所述也。

《谰言》十篇。不知作者，陈人君法度。

《功议》四篇。不知作者，论功德事。

《宁越》一篇。中牟人，为周威王师。

《王孙子》一篇。一曰《巧心》。

《公孙固》一篇。十八章，齐闵王失国，问之，固因为陈古今成败也。

《李氏春秋》二篇。

《羊子》四篇。百章。故秦博士。

《董子》一篇。名无心，难墨子。

《俟子》一篇。

《徐子》四十二篇。宋外黄人。

《鲁仲连子》十四篇。有《列传》。

《平原君》七篇。朱建也。

《虞氏春秋》十五篇。虞卿也。

《高祖传》十三篇。高祖与大臣述古语及诏策也。

《陆贾》二十三篇。

《刘敬》三篇。

《孝文传》十一篇。文帝所称及诏策。

《贾山》八篇。

《太常蓼侯孔藏》十篇。父聚，高祖时以功臣封，臧嗣爵。

《贾谊》五十八篇。

河间献王《对上下三雍宫》三篇。

《董仲舒》百二十三篇。

《兒宽》九篇。

《公孙弘》十篇。

《河间周制》十八篇。好像是河间献王所述。

《澜言》十篇。不知作者为何人，论述君王和法律方面的内容。

《功议》四篇。不知作者为何人，论述的是功德的事情。

《宁越》一篇。宁越是中牟人，是周威王的老师。

《王孙子》一篇。又名《巧心》。

《公孙固》一篇。有十八章。齐闵王失去国家后，与公孙固对谈，公孙固为他陈述古今事情成败的缘由。

《李氏春秋》二篇。

《羊子》四篇。一百章。羊子为秦朝博士。

《董子》一篇。董子名无心，曾诘难墨子。

《俟子》一篇。

《徐子》四十二篇。徐子是宋国外黄人。

《鲁仲连子》十四篇。《史记》中有他的《列传》。

《平原君》七篇。朱建所著。

《虞氏春秋》十五篇。虞卿所著。

《高祖传》十三篇。记录汉高祖同大臣们的论述及其诏策。

《陆贾》二十三篇。

《刘敬》三篇。

《孝文传》十一篇。记述汉文帝的言论以及诏策。

《贾山》八篇。

《太常蓼侯孔臧》十篇。孔臧的父亲是孔聚，汉高祖时因功被封为侯，孔臧继承爵位。

《贾谊》五十八篇。

河间献王《对上下三雍宫》三篇。

《董仲舒》一百二十三篇。

《兒宽》九篇。

《公孙弘》十篇。

《终军》八篇。

《吾丘寿王》六篇。

《虞丘说》一篇。难孙卿也。

《庄助》四篇。

《臣彭》四篇。

《钩盾冗从李步昌》八篇。宣帝时数言事。

《儒家言》十八篇。不知作者。

桓宽《盐铁论》六十篇。

刘向所序六十七篇。《新序》《说苑》《世说》《列女传颂图》也。

扬雄所序三十八篇。《太玄》十九,《法言》十三,《乐》四,《箴》二。

右儒五十三家,八百三十六篇。入扬雄一家三十八篇。

儒家者流,盖出于司徒之官,助人君顺阴阳明教化者也。游文于六经之中,留意于仁义之际,祖述尧舜,宪章文武,宗师仲尼,以重其言,于道最为高。孔子曰:"如有所誉,其有所试。"唐虞之隆,殷周之盛,仲尼之业,已试之效者也。然惑者既失精微,而辟者又随时抑扬,违离道本,苟以哗众取宠。后进循之,是以《五经》乖析,儒学寖衰,此辟儒之患。

《伊尹》五十一篇。汤相。

《太公》二百三十七篇。吕望为周师尚父,本有道者。或有近世又以为太公术者所增加也。《谋》八十一篇,《言》七十一篇,《兵》八十五篇。

《终军》八篇。

《吾丘寿王》六篇。

《虞丘说》一篇。诘难孙卿。

《庄助》四篇。

《臣彭》四篇。

《钩盾冗从李步昌》八篇。汉宣帝时作者几次上书进言。

《儒家言》十八篇。不知作者。

桓宽《盐铁论》六十篇。

刘向所著的序六十七篇。包括《新序》《说苑》《世说》《列女传颂图》等。

扬雄所著的序三十八篇。有《太玄》十九篇，《法言》十三篇，《乐》四篇，《箴》二篇。

儒家共有五十三家，总计八百三十六篇文献。加入了扬雄一家的三十八篇。

儒家学派起源于周朝司徒一职，司徒的职责就是辅助君主顺应阴阳来施政，对百姓进行教化。儒家潜心学习六经，专心修养仁义，遵循尧舜之道，效法文武之制，以孔子为宗师，以孔子的言论为宗旨，儒家的成就也最高。孔子说："如果对人有所赞誉，就要先对他进行考察。"尧舜时的昌盛，殷周时的兴旺，仲尼的伟业，早已被世人所认可。但迷惑的人已经不了解儒家学说的精微，而乖僻的人又按照世俗的观点，对儒家学说或褒或贬，完全偏离了儒家学说的根本，只是在哗众取宠。后世的人却效仿他们，因此对《五经》的解释都违背了其本义，儒家学说渐渐式微，这就是那些乖僻儒生造成的恶果。

《伊尹》五十一篇。伊尹是商汤的宰相。

《太公》二百三十七篇。吕望被周王尊称为师尚父，他本来就是得道之人。有人认为此书是后人借太公之名有所增补。包括《谋》八十一篇，《言》七十一篇，《兵》八十五篇。

《辛甲》二十九篇。纣臣，七十五谏而去，周封之。

《鬻子》二十二篇。名熊，为周师，自文王以下问焉，周封为楚祖。

《筦子》八十六篇。名夷吾，相齐恒公，九合诸侯，不以兵车也，有《列传》。

《老子邻氏经传》四篇。姓李，名耳，邻氏传其学。

《老子傅氏经说》三十七篇。述老子学。

《老子徐氏经说》六篇。字少季，临淮人，传《老子》。

刘向《说老子》四篇。

《文子》九篇。老子弟子，与孔子并时，而称周平王问，似依托者也。

《蜎子》十三篇。名渊，楚人，老子弟子。

《关尹子》九篇。名喜，为关吏，老子过关，喜去吏而从之。

《庄子》五十二篇。名周，宋人。

《列子》八篇。名圄寇，先庄子，庄子称之。

《老成子》十八篇。

《长卢子》九篇。楚人。

《王狄子》一篇。

《公子牟》四篇。魏之公子也，先庄子，庄子称之。

《田子》二十五篇。名骈，齐人，游稷下，号天口骈。

《老莱子》十六篇。楚人，与孔子同时。

《黔娄子》四篇。齐隐士，守道不诎，威王下之。

《辛甲》二十九篇。辛甲是纣王的大臣，曾向纣王劝谏了七十五次，纣王没有听从然后他就离去了，周朝分封了他。

《鬻子》二十二篇。鬻子名熊，是周王的火师，从文王以下的周人都向他求教，周朝封他为楚祖。

《筦子》八十六篇。筦子名夷吾，是齐桓公的宰相，他不用武力，而能九次会盟诸侯，《史记》中有他的《列传》。

《老子邻氏经传》四篇。老子姓李，名耳，邻氏传授老子的学说。

《老子傅氏经说》三十七篇。讲述老子的学说。

《老子徐氏经说》六篇。徐氏字少季，临淮人，传授《老子》的学说。

刘向编著的《说老子》四篇。

《文子》九篇。文子是老子的弟子，与孔子是同一个时代的人，文子宣称周平王向他求教，像是有人借他之名而著。

《蜎子》十三篇。蜎子名渊，楚国人，是老子的弟子。

《关尹子》九篇。关尹子名喜，为函谷关关吏，老子过关的时候，随老子而去。

《庄子》五十二篇。庄子名周，宋国人。

《列子》八篇。列子名圄寇，早于庄子，庄子曾称赞他。

《老成子》十八篇。

《长卢子》九篇。长卢子是楚国人。

《王狄子》一篇。

《公子牟》四篇。公子牟是魏国的公子，早于庄子，庄子称赞他。

《田子》二十五篇。田子名骈，齐国人，曾在稷下游学，自号天口骈。

《老莱子》十六篇。楚国人，与孔子同时代人。

《黔娄子》四篇。黔娄子是齐国隐士，谨守道义而不谄媚权贵，齐威王以礼待之。

《宫孙子》二篇。

《鹖冠子》一篇。楚人，居深山，以鹖为冠。

《周训》十四篇。

《黄帝四经》四篇。

《黄帝铭》六篇。

《黄帝君臣》十篇。起六国时，与《老子》相似也。

《杂黄帝》五十八篇。六国时贤者所作。

《力牧》二十二篇。六国时所作，托之力牧。力牧，黄帝相。

《孙子》十六篇。六国时。

《捷子》二篇。齐人，武帝时说。

《曹羽》二篇。楚人，武帝时说于齐王。

《郎中婴齐》十二篇。武帝时。

《臣君子》二篇。蜀人。

《郑长者》一篇。六国时。先韩子，韩子称之。

《楚子》三篇。

《道家言》二篇。近世，不知作者。

右道三十七家，九百九十三篇。

道家者流，盖出于史官，历记成败存亡祸福古今之道，然后知秉要执本，清虚以自守，卑弱以自持，此君人南面之术也。合于尧之克攘，《易》之嗛嗛，一谦而四益，此其所长也。及放者为之，则欲绝去礼学，兼弃仁义，曰独任清虚可以为治。

《宋司星子韦》三篇。景公之史。

《公梼生终始》十四篇。传邹奭《始终》书。

《公孙发》二十二篇。六国时。

《宫孙子》二篇。

《鹖冠子》一篇。鹖冠子是楚国人，居住在深山中。以鹖羽为冠。

《周训》十四篇。

《黄帝四经》四篇。

《黄帝铭》六篇。

《黄帝君臣》十篇。成书于六国之时，同《老子》内容相似。

《杂黄帝》五十八篇。六国时所作。

《力牧》二十二篇。六国时所作，借力牧之名。力牧是黄帝宰相。

《孙子》十六篇。著于六国时期。

《捷子》二篇。捷子是战国时齐国人，这是汉武帝时的著作。

《曹羽》二篇。曹羽是楚国人，武帝时曾向齐王进言。

《郎中婴齐》十二篇。这是汉武帝时的著作。

《臣君子》二篇。臣君子是蜀地人。

《郑长者》一篇。是六国时人所写。早于韩非子，韩非子曾称赞过他。

《楚子》三篇。

《道家言》二篇。近代所著，作者不知。

道家著作共有三十七家，总计九百九十三篇文献。

道家学派，应当起源于史官，史官负责记录历代成败存亡祸福的缘由，所以道家能把握天地万物的本质，保持清静无为的状态，培养谦卑宽容的性格，这也是君王治政的方法。这与尧提倡的克己谦让，《易经》中述说的恭敬隐忍相契合，做到谦让就可从天、地、神、人四方面受益，这是道家所擅长的事情。后来狂放的人学道，就想革除礼制，并抛弃仁义，宣扬说只要清净无为就可以治理国家。

《宋司星子韦》三篇。子韦是宋景公的太史。

《公梼生终始》十四篇。公梼生传授邹奭的《始终》一书。

《公孙发》二十二篇。公孙发是六国时的人。

《邹子》四十九篇。名衍，齐人，为燕昭王师，居稷下，号谈天衍。

《邹子终始》五十六篇。

《乘丘子》五篇。六国时。

《杜文公》五篇。六国时。

《黄帝泰素》二十篇。六国时韩诸公子所作。

《南公》三十一篇。六国时。

《容成子》十四篇。

《张苍》十六篇。丞相北平侯。

《邹奭子》十二篇。齐人，号曰雕龙奭。

《闾丘子》十三篇。名快，魏人，在南公前。

《冯促》十三篇。郑人。

《将钜子》五篇。六国时。先南公，南公称之。

《五曹官制》五篇。汉制，似贾谊所条。

《周伯》十一篇。齐人，六国时。

《卫侯官》十二篇。近世，不知作者。

于长《天下忠臣》九篇。平阴人，近世。

《公孙浑邪》十五篇。平曲侯。

《杂阴阳》三十八篇。不知作者。

右阴阳二十一家，三百六十九篇。

阴阳家者流，盖出于羲和之官，敬顺昊天，历象日月星辰，敬授民时，此其所长也。及拘者为之，则牵于禁忌，泥于小数，舍人事而任鬼神。

《李子》三十二篇。名悝，相魏文侯，富国强兵。

《商君》二十九篇。名鞅，姬姓，卫后也，相秦孝公，有《列传》。

《邹子》四十九篇。邹子名衍，是齐国人，曾为燕昭王的老师，居住在齐国稷下，被称为谈天衍。

《邹子终始》五十六篇。

《乘丘子》五篇。乘丘子是六国时期的人。

《杜文公》五篇。是六国时期的人。

《黄帝泰素》二十篇。六国时韩国各公子所著。

《南公》三十一篇。南公是六国时期的人。

《容成子》十四篇。

《张苍》十六篇。张苍曾任汉丞相，封北平侯。

《邹奭子》十二篇。邹奭子是齐国人，号称雕龙奭。

《闾丘子》十三篇。闾丘子名快，魏国人，早于南公。

《冯促》十三篇。冯促是郑国人。

《将钜子》五篇。将钜子是六国时的人。早于南公，南公赞赏他。

《五曹官制》五篇。论述的是汉时的制度，似是贾谊所作。

《周伯》十一篇。作者为六国时代的齐国人。

《卫侯官》十二篇。近代的著作，作者不详。

于长《天下忠臣》九篇。于长是平阴人，汉朝人。

《公孙浑邪》十五篇。公孙浑邪被封为平曲侯。

《杂阴阳》三十八篇。不知作者。

以上阴阳家有二十一家，总计三百六十九篇文献。

阴阳家学派，起源于天文历法之官，他们崇敬上天，观测日月星辰的运行，郑重地将历法传授给百姓，这是阴阳家所擅长的事情。后世那些拘泥死板的人，学习阴阳学说，一味强调避讳各种禁忌，拘泥于细枝末节的技能，忽略人事而迷信于鬼神。

《李子》三十二篇。李子名悝，是魏文侯的丞相，提倡富国强兵之说。

《商君》二十九篇。商君名鞅，姓姬，卫国的后人，是秦孝公的宰

《申子》六篇。名不害，京人，相韩昭侯，终其身诸侯不敢侵韩。

《处子》九篇。

《慎子》四十二篇。名到，先申韩，申韩称之。

《韩子》五十五篇。名非，韩诸公子，使秦，李斯害而杀之。

《游棣子》一篇。

《晁错》三十一篇。

《燕十事》十篇。不知作者。

《法家言》二篇。不知作者。

右法十家，二百一十七篇。

法家者流，盖出于理官，信赏必罚，以辅礼制。《易》曰“先王以明罚饬法”，此其所长也。及刻者为之，则无教化，去仁爱，专任刑法而欲以致治，至于残害至亲，伤恩薄厚。

《邓析》二篇。郑人，与子产并时。

《尹文子》一篇。说齐宣王。先公孙龙。

《公孙龙子》十四篇。赵人。

《成公生》五篇。与黄公等同时。

《惠子》一篇。名施，与庄子并时。

《黄公》四篇。名疵，为秦博士，作歌诗，在秦时歌诗中。

《毛公》九篇。赵人，与公孙龙等并游平原君赵胜家。

右名七家，三十六篇。

相,《史记》中有他的《列传》。

《申子》六篇。申子名不害,郑国京邑人,是韩昭侯的宰相,他在世时诸侯不敢侵略韩国。

《处子》九篇。

《慎子》四十二篇。慎子名到,年代早于申不害、韩非,受到申不害、韩非的称赞。

《韩子》五十五篇。韩子名非,韩国的公子,曾出使秦国,被李斯妒忌而杀了他。

《游棣子》一篇。

《晁错》三十一篇。

《燕十事》十篇。不知作者。

《法家言》二篇。不知作者。

法家共十家,总计二百十七篇文献。

法家学派,起源于管理刑狱的理官,主张赏有功,罚有罪,以法制辅佐礼制。《易经》上说"古代君王严明刑罚来整顿法制",这方面是法家的长处。后来刻薄的人来施行法制,就舍弃教化,去除仁爱,想只靠律法来达到国家治理愿望,以至于伤害至亲,恩将仇报。

《邓析》二篇。邓析是郑国人,和子产同时代。

《伊文子》一篇。伊文子曾游说齐宣王。比公孙龙年代早。

《公孙龙子》十四篇。公孙龙子是赵国人。

《成公生》五篇。与黄公等人同时代。

《惠子》一篇。惠子名施,与庄子同时代。

《黄公》四篇。黄公名疵,是秦朝博士,擅长歌和诗,秦国有他的歌、诗。

《毛公》九篇。毛公是赵国人,与公孙龙等人同为平原君赵胜门客。

以上名家共七家,总计三十六篇文献。

名家者流，盖出于礼官。古者名位不同，礼亦异数。孔子曰："必也正名乎！名不正则言不顺，言不顺则事不成。"此其所长也。及警者为之，则苟钩鈲析乱而已。

《尹佚》二篇。周臣，在成、康时也。

《田俅子》三篇。先韩子。

《我子》一篇。

《随巢子》六篇。墨翟弟子。

《胡非子》三篇。墨翟弟子。

《墨子》七十一篇。名翟，为宋大夫，在孔子后。

右墨六家，八十六篇。

墨家者流，盖出于清庙之守。茅屋采椽，是以贵俭；养三老五更，是以兼爱；选士大射，是以上贤；宗祀严父，是以右鬼；顺四时而行，是以非命；以孝视天下，是以上同；此其所长也。及蔽者为之，见俭之利，因以非礼，推兼爱之意，而不知别亲疏。

《苏子》三十一篇。名秦，有《列传》。

《张子》十篇。名仪，有《列传》。

《庞煖》二篇。为燕将。

《阙子》一篇。

《国筮子》十七篇。

《秦零陵令信》一篇。难秦相李斯。

《蒯子》五篇。名通。

《邹阳》七篇。

《主父偃》二十八篇。

《徐乐》一篇。

名家学派，起源于礼官。古代身份地位不同，所遵循的礼制也不同。孔子说："必须要端正名分！名分不正那么言语就不通顺，言语不通顺事情就办不成。"正名是名家学派所擅长的。后来那些人只会指责攻讦别人，把名家学说弄得支离破碎。

《尹佚》二篇。尹佚为周朝太史，周成王、周康王时的人。

《田俅子》三篇。田俅子早于韩非。

《我子》一篇。

《随巢子》六篇。随巢子是墨翟的弟子。

《胡非子》三篇。胡非子是墨翟的弟子。

《墨子》七十一篇。墨子名翟，宋国大夫，所处时代晚于孔子。

墨家著作共六家，总计八十六篇文献。

墨家学说，起源于看守太庙的官职。他们往往住在简陋的茅草屋，因而推崇俭朴；他们负责赡养年高长者，因此他们博爱；他们还要通过射礼来为国选士，因此他们尊重贤人；他们祭祀祖先，孝顺父亲，因此他们崇尚鬼神；他们顺应四时来安排各种活动，因此他们不信命运；他们以孝道来昭示天下，因此他们推崇天下思想大同。这是墨家的特点所在。可是后世愚者，一味强调节俭而反对礼制，推行博爱，但不知道有亲疏远近的分别。

《苏子》三十一篇。苏子名秦，《史记》中有他的《列传》。

《张子》十篇。张子名仪，《史记》中有他的《列传》。

《庞煖》二篇。庞煖是燕国将领。

《阙子》一篇。

《国筮子》十七篇。

《秦零陵令信》一篇。是诘难秦朝丞相李斯的内容。

《蒯子》五篇。蒯子名通。

《邹阳》七篇。

《主父偃》二十八篇。

《徐乐》一篇。

《庄安》一篇。

《待诏金马聊苍》三篇。赵人，武帝时。

右从横十二家，百七篇。

从横家者流，盖出于行人之官。孔子曰："诵《诗》三百，使于四方，不能颛对，虽多亦奚以为？"又曰："使乎，使乎！"言其当权事制宜，受命而不受辞，此其所长也。及邪人为之，则上诈谖而弃其信。

孔甲《盘盂》二十六篇。黄帝之史，或曰夏帝孔甲，似皆非。

《大禹》三十七篇。传言禹所作，其文似后世语。

《五子胥》八篇。名员，春秋时为吴将，忠直遇谗死。

《子晚子》三十五篇。齐人，好议兵，与《司马法》相似。

《由余》三篇。戎人，秦穆公聘以为大夫。

《尉缭》二十九篇。六国时。

《尸子》二十篇。名佼，鲁人，秦相商君师之。鞅死，佼逃入蜀。

《吕氏春秋》二十六篇。秦相吕不韦辑智略士作。

《淮南内》二十一篇。王安。

《淮南外》三十三篇。

《东方朔》二十篇。

《伯象先生》一篇。

《荆轲论》五篇。轲为燕刺秦王，不成而死，司马相如等论之。

《吴子》一篇。

《庄安》一篇。

《待诏金马聊苍》三篇。聊苍是赵国人，是汉武帝时的人。

纵横家共十二家，总计一百零七篇文献。

纵横家一派，起源于宫廷里接待贵宾的官员。孔子说：“能够吟诵《诗经》三百首，就可以出使四方，但是不能随机应对，即使背诵的《诗经》再多，又有什么用呢？”又说：“使者啊，使者！”是说使者应当权衡利弊，见机行事，接受使命但不受言辞的限制，这是纵横家的长处。后来邪恶的人，只会弄诈作假而背信弃义。

孔甲《盘盂》二十六篇。孔甲是黄帝的史官，有的说是夏时的帝王孔甲，好像都不确定。

《大禹》三十七篇。相传是大禹所著，但内容好像为后世的言语。

《五子胥》八篇。伍子胥名员，春秋时吴国大将，性忠直，被谗言所害。

《子晚子》三十五篇。子晚子是齐国人，喜欢谈论兵法，内容与《司马法》相似。

《由余》三篇。由余是戎人，秦穆公时聘他为大夫。

《尉缭》二十九篇。尉缭六国时期的人。

《尸子》二十篇。尸子名佼，鲁国人，秦国宰相商鞅的老师商鞅死后，尸佼就逃到了蜀地。

《吕氏春秋》二十六篇。秦国宰相吕不韦集智谋之士所著。

《淮南内》二十一篇。淮南王刘安所著。

《淮南外》三十三篇。

《东方朔》二十篇。

《伯象先生》一篇。

《荆轲论》五篇。荆轲为燕国刺杀秦王，事败而死，司马相如等人对此所著。

《吴子》一篇。

《公孙尼》一篇。

《博士臣贤对》一篇。汉世，难韩子、商君。

《臣说》三篇。武帝时作赋。

《解子簿书》三十五篇。

《推杂书》八十七篇。

《杂家言》一篇。王伯，不知作者。

右杂二十家，四百三篇。入兵法。

杂家者流，盖出于议官。兼儒、墨，合名、法，知国体之有此，见王治之无不贯，此其所长也。及荡者为之，则漫羡而无所归心。

《神农》二十篇。六国时，诸子疾时怠于农业，道耕农事，托之神农。

《野老》十七篇。六国时，在齐、楚间。

《宰氏》十七篇。不知何世。

《董安国》十六篇。汉代内史，不知何帝时。

《尹都尉》十四篇。不知何世。

《赵氏》五篇。不知何世。

《氾胜之》十八篇。成帝时为议郎。

《王氏》六篇。不知何世。

《蔡癸》一篇。宣帝时，以言便宜，至弘农太守。

右农九家，百一十四篇。

农家者流，盖出于农稷之官，播百谷，劝耕桑，以足衣食，故八政一曰食，二曰货。孔子曰“所重民食”，此其所长也。及鄙者为之，以为无所事圣王，欲使君臣并耕，悖上下之序。

《公孙尼》一篇。

《博士臣贤对》一篇。著于汉代，内容为诘难韩非、商鞅。

《臣说》三篇。汉武帝时所写的赋。

《解子簿书》三十五篇。

《推杂书》八十七篇。

《杂家言》一篇。讨论王道与霸道，作者不知。

杂家共二十家，总计四百零三篇文献。收入了兵法。

杂家学派，起源于议事官职。兼有儒家、墨家的思想，融合了名家、法家的观点，懂得治理国家应该兼容各家，如何以王道治国，则没有他们不知道的，这是他们的长处。后来狂荡的人，就只会羡慕各家的学说而没有主见。

《神农》二十篇。六国时代所著，当时很多学者有感于当时农业荒废而作，内容是关于耕作和农业之事，假托神农之名。

《野老》十七篇。六国时著作，流传于齐、楚一带。

《宰氏》十七篇。宰氏不知是哪个朝代的人。

《董安国》十六篇。董安国是汉代的内史官，不知他是哪个皇帝时期的人。

《尹都尉》十四篇。不知是何人所著。

《赵氏》五篇。不知是何人所著。

《氾胜之》十八篇。氾胜之在汉成帝时为议郎。

《王氏》六篇。不知是何人所著。

《蔡癸》一篇。汉宣帝时，蔡癸因进言有功。官至弘农太守。

农家共有九家，总计一百十四篇文献。

农家学派，大概源于主管农业的官职。其职责就是种植庄稼，鼓励百姓从事农业，来满足衣、食的需要，所以古代施政的八项中第一是食，第二是货。孔子说“治理国家所重视的是百姓和粮食”，这些是农家所擅长的。后来见识短浅的人，认为不用事奉君王，想让国君和大臣们也一同参加耕作，打乱了尊卑等级的秩序。

《伊尹说》二十七篇。其语浅薄，似依托也。

《鬻子说》十九篇。后世所加。

《周考》七十六篇。考周事也。

《青史子》五十七篇。古史官记事也。

《师旷》六篇。见《春秋》，其言浅薄，本与此同，似因托之。

《务成子》十一篇。称尧问，非古语。

《宋子》十八篇。孙卿道宋子，其言黄老意。

《天乙》三篇。天乙谓汤，其言非殷时，皆依托也。

《黄帝说》四十篇。迂诞依托。

《封禅方说》十八篇。武帝时。

《待诏臣饶心术》二十五篇。武帝时。

《待诏臣安成未央术》一篇。

《臣寿周纪》七篇。项国圉人，宣帝时。

《虞初周说》九百四十三篇。河南人，武帝时以方士侍郎号黄车使者。

《百家》百三十九卷。

右小说十五家，千三百八十篇。

小说家者流，盖出于稗官。街谈巷语，道听涂说者之所造也。孔子曰："虽小道，必有可观者焉，致远恐泥，是以君子弗为也。"然亦弗灭也。闾里小知者之所及，亦使缀而不忘。如或一言可采，此亦刍荛狂夫之议也。

凡诸子百八十九家，四千三百二十四篇。出蹴鞠一家，二十五篇。

《伊尹说》二十七篇。言语浅薄，似后人依托所作。

《鬻子说》十九篇。后代人所著。

《周考》七十六篇。关于周代的事情。

《青史子》五十七篇。内容是古代史官的记事。

《师旷》六篇。师旷事迹见于《春秋》，但这几篇文章的言语浅薄，内容和《春秋》记载相同，似乎是后人依托所作。

《务成子》十一篇。据称是尧帝问答的记录，不是古代语言写成。

《宋子》十八篇。记录的是孙卿指导宋子，内容是关于黄老学说。

《天乙》三篇。天乙就是商汤，但文章用语不是殷时的语言，是后人假托所做。

《黄帝说》四十篇。内容荒诞，后人依托所做。

《封禅方说》十八篇。是汉武帝时的作品。

《待诏臣饶心术》二十五篇。是汉武帝时的著作。

《待诏臣安成未央术》一篇。

《臣寿周纪》七篇。是项国圉地人，汉宣帝时的作品。

《虞初周说》九百四十三篇。虞初是河南人，汉武帝时担任方士侍郎，号称黄车使者。

《百家》一百三十九卷。

小说家共十五家，总计一千三百八十篇文献。

小说家学派，应当起源于收集民间风俗的小官。所以都是些街谈巷语，道听途说的的言论。孔子说："即使是道听途说，也一定有可取的地方，但是长远来看，恐怕会妨碍正道，因此君子不会去做。"但小说也没有被消灭。即使是民间有些小聪明的人所写的东西，也被编辑起来而不使遗忘。如果有个别话可以采用，这也是乡野村夫的见识。

诸子共有一百八十九家，总计四千三百二十四篇文献。删去了蹴鞠一家，共二十五篇文献。

诸子十家，其可观者九家而已。皆起于王道既微，诸侯力政，时君世主，好恶殊方，是以九家之术蠭出并作，各引一端，崇其所善，以此驰说，取合诸侯。其言虽殊，辟犹水火，相灭亦相生也。仁之与义，敬之与和，相反而皆相成也。《易》曰："天下同归而殊涂，一致而百虑。"今异家者各推所长，穷知究虑，以明其指，虽有蔽短，合其要归，亦《六经》之支与流裔。使其人遭明王圣主，得其所折中，皆股肱之材已。仲尼有言："礼失而求诸野。"方今去圣久远，道术缺废，无所更索，彼九家者，不犹痛于野乎？若能修六艺之术。而观此九家之言，舍短取长，则可以通万方之略矣。

屈原赋二十五篇。楚怀王大夫，有《列传》。

唐勒赋四篇。楚人。

宋玉赋十六篇。楚人，与唐勒并时，在屈原后也。

赵幽王赋一篇。

庄夫子赋二十四篇。名忌，吴人。

贾谊赋七篇。

枚乘赋九篇。

司马相如赋二十九篇。

淮南王赋八十二篇。

淮南王群臣赋四十四篇。

太常蓼侯孔臧赋二十篇。

阳丘侯刘隁赋十九篇。

吾丘寿王赋十五篇。

以上的诸子十家中，除去小说家，水平较高的有九家。都兴起于周室衰微，诸侯称霸的时候，当时各国国君，好恶差异很大，因此这九家学派趁势而起，各自提出自己的学说，极力夸大他们擅长的一面，以此来到处游说，来迎合各国诸侯。这些学说虽说各有差别，但就像水火一样，相克也能相生。仁与义，敬与和，相互对立但也能相互融合。《易经》上说："天下的道理同归于道而达到的途径各不相同，对于同一个问题也会有各种不同的思考方式。"现在不同学派各自发挥自己的长处，殚精竭虑，来阐明自己的要旨，即使有些弊病，但是概述他们的主旨，也是源自《六经》。假使遇到圣明君主，能够发挥他们的长处，那么这些人就都能成为辅佐君王的栋梁之才。孔子曾说："礼制沦丧了就要向民间去寻求。"现在圣人离去已经很久了，大道礼制废缺，难以去寻求，而考察这九家的学说，岂不是胜过向民间去求索吗？如果能潜心学习六艺的内容，再钻研这九家的学说，扬长避短，就可以通晓各方面的策略了。

屈原赋二十五篇。屈原是楚怀王的大夫，《史记》中有他的《列传》。

唐勒赋四篇。唐勒是楚国人。

宋玉赋共十六篇。宋玉是楚国人，与唐勒同时代，在屈原之后。

赵幽王赋一篇。

庄夫子赋二十四篇。庄夫子名忌，是吴国人。

贾谊赋七篇。

枚乘赋九篇。

司马相如赋二十九篇。

淮南王赋八十二篇。

淮南王群臣赋四十四篇。

太常蓼侯孔臧赋二十篇。

阳丘侯刘隁赋十九篇。

吾丘寿王赋十五篇。

蔡甲赋一篇。

上所自造赋二篇。

兒宽赋二篇。

光禄大夫张子侨赋三篇。与王褒同时也。

阳成侯刘德赋九篇。

刘向赋三十三篇。

王褒赋十六篇。

右赋二十家，三百六十一篇。

陆贾赋三篇。

枚皋赋百二十篇。

朱建赋二篇。

常侍郎庄忽奇赋十一篇。枚皋同时。

严助赋三十五篇。

朱买臣赋三篇。

宗正刘辟彊赋八篇。

司马迁赋八篇。

郎中臣婴齐赋十篇。

臣说赋九篇。

臣吾赋十八篇。

辽东太守苏季赋一篇。

萧望之赋四篇。

河内太守徐明赋三篇。字长君，东海人，元、成世历五郡太守，有能名。

给事黄门侍郎李息赋九篇。

淮阳宪王赋二篇。

扬雄赋十二篇。

待诏冯商赋九篇。

蔡甲赋一篇。

汉武帝自己所作的赋二篇。

兒宽赋二篇。

光禄大夫张子侨赋三篇。与王褒同时代人。

阳成侯刘德赋九篇。

刘向赋三十三篇。

王褒赋十六篇。

辞赋类著作共二十家，三百六十一篇文章。

陆贾赋三篇。

枚皋赋一百二十篇。

朱建赋二篇。

常侍郎庄忽奇赋十一篇。与枚皋同时代人。

严助赋三十五篇。

朱买臣赋三篇。

宗正刘辟彊赋八篇。

司马迁赋八篇。

郎中臣婴齐赋十篇。

臣说赋九篇。

臣吾赋十八篇。

辽东太守苏季赋一篇。

萧望之赋四篇。

河内太守徐明赋二篇。徐明字长君，东海人，汉元帝、汉成帝时历任五郡太守，有贤能的名声。

给事黄门侍郎李息赋九篇。

淮阳宪王刘钦赋二篇。

扬雄赋十二篇。

待诏冯商赋九篇。

博士弟子杜参赋二篇。

车郎张丰赋三篇。张子侨子。

骠骑将军朱宇赋三篇。

右赋二十一家，二百七十四篇。入扬雄八篇。

孙卿赋十篇。

秦时杂赋九篇。

李思《孝景皇帝颂》十五篇。

广川惠王越赋五篇。

长沙王群臣赋三篇。

魏内史赋二篇。

东暆令延年赋七篇。

卫士令李忠赋二篇。

张偃赋二篇。

贾充赋四篇。

张仁赋六篇。

秦充赋二篇。

李步昌赋二篇。

侍郎谢多赋十篇。

平阳公主舍人周长孺赋二篇。

雒阳锜华赋九篇。

眭弘赋一篇。

别栩阳赋五篇。

臣昌市赋六篇。

臣义赋二篇。

黄门书者假史王商赋十三篇。

侍中徐博赋四篇。

博士弟子杜参赋二篇。

车郎张丰赋三篇。张丰是张子侨的儿子。

骠骑将军朱宇赋三篇。

以上辞赋著作共有二十一家，计有二百七十四篇文章。收入了扬雄的八篇。

孙卿赋十篇。

秦时杂赋九篇。

李思《孝景皇帝颂》十五篇。

广川惠王越赋五篇。

长沙王群臣赋三篇。

魏内史赋二篇。

东暆令延年赋七篇。

卫士令李忠赋二篇。

张偃赋二篇。

贾充赋四篇。

张仁赋六篇。

秦充赋二篇。

李步昌赋二篇。

侍郎谢多赋十篇。

平阳公主舍人周长孺赋二篇。

雒阳锜华赋九篇。

眭弘赋一篇。

别栩阳赋五篇。

臣昌市赋六篇。

臣义赋二篇。

黄门书者假史王商赋十三篇。

侍中徐博赋四篇。

黄门书者王广吕嘉赋五篇。

汉中都尉丞华龙赋二篇。

左冯翊史路恭赋八篇。

右赋二十五家，百三十六篇。

《客主赋》十八篇。

《杂行出及颂德赋》二十四篇。

《杂四夷及兵赋》二十篇。

《杂中贤失意赋》十二篇。

《杂思慕悲哀死赋》十六篇。

《杂鼓琴剑戏赋》十三篇。

《杂山陵水泡云气雨旱赋》十六篇。

《杂禽兽六畜昆虫赋》十八篇。

《杂器械草木赋》三十三篇。

《大杂赋》三十四篇。

《成相杂辞》十一篇。

《隐书》十八篇。

右杂赋十二家，二百三十三篇。

《高祖歌诗》二篇。

《泰一杂甘泉寿宫歌诗》十四篇。

《宗庙歌诗》五篇。

《汉兴以来兵所诛灭歌诗》十四篇。

《出行巡狩及游歌诗》十篇。

《临江王及愁思节士歌诗》四篇。

《李夫人及幸贵人歌诗》三篇。

《诏赐中山靖王子哙及孺子妾冰未央材人歌诗》四篇。

《吴楚汝南歌诗》十五篇。

《燕代讴雁门云中陇西歌诗》九篇。

黄门书者王广吕嘉赋五篇。

汉中都尉丞华龙赋二篇。

左冯翊史路恭赋八篇。

以上赋共二十五家，计有一百三十六篇文章。

《客主赋》十八篇。

《杂行出及颂德赋》二十四篇。

《杂四夷及兵赋》二十篇。

《杂中贤失意赋》十二篇。

《杂思慕悲哀死赋》十六篇。

《杂鼓琴剑戏赋》十三篇。

《杂山陵水泡云气雨旱赋》十六篇。

《杂禽兽六畜昆虫赋》十八篇。

《杂器械草木赋》三十三篇。

《大杂赋》三十四篇。

《成相杂辞》十一篇。

《隐书》十八篇。

以上杂赋十二家，计有二百三十三篇文章。

《高祖歌诗》二篇。

《泰一杂甘泉寿宫歌诗》十四篇。

《宗庙歌诗》五篇。

《汉兴以来兵所诛灭歌诗》十四篇。

《出行巡狩及游歌诗》十篇。

《临江王及愁思节士歌诗》四篇。

《李夫人及幸贵人歌诗》三篇。

《诏赐中山靖王子哙及孺子妾冰未央材人歌诗》四篇。

《吴楚汝南歌诗》十五篇。

《燕代讴雁门云中陇西歌诗》九篇。

《邯郸河间歌诗》四篇。

《齐郑歌诗》四篇。

《淮南歌诗》四篇。

《左冯翊秦歌诗》三篇。

《京兆尹秦歌诗》五篇。

《河东蒲反歌诗》一篇。

《黄门倡车忠等歌诗》十五篇。

《杂各有主名歌诗》十篇。

《杂歌诗》九篇。

《雒阳歌诗》四篇。

《河南周歌诗》七篇。

《河南周歌声曲折》七篇。

《周谣歌诗》七十五篇。

《周谣歌诗声曲折》七十五篇。

《诸神歌诗》三篇。

《送迎灵颂歌诗》三篇。

《周歌诗》二篇。

《南郡歌诗》五篇。

右歌诗二十八家，三百一十四篇。

凡诗赋百六家，千三百一十八篇。入扬雄八篇。

传曰："不歌而诵谓之赋，登高能赋可以为大夫。"言感物造耑；材知深美，可与图事，故可以为列大夫也。古者诸侯卿大夫交接邻国，以微言相感，当揖让之时，必称《诗》以谕其志，盖以别贤不肖而观盛衰焉。故孔子曰"不学《诗》，无以言"也。春秋之后，周道寖坏，聘问歌咏不行于列国，学《诗》之士逸在布衣，而贤人失志之赋作矣。大儒孙卿及楚臣屈原离谗忧国，皆作赋以风，咸

《邯郸河间歌诗》四篇。

《齐郑歌诗》四篇。

《淮南歌诗》四篇。

《左冯翊秦歌诗》三篇。

《京兆尹秦歌诗》五篇。

《河东蒲反歌诗》一篇。

《黄门倡车忠等歌诗》十五篇。

《杂各有主名歌诗》十篇。

《杂歌诗》九篇。

《雒阳歌诗》四篇。

《河南周歌诗》七篇。

《河南周歌声曲折》七篇。

《周谣歌诗》七十五篇。

《周谣歌诗声曲折》七十五篇。

《诸神歌诗》三篇。

《送迎灵颂歌诗》三篇。

《周歌诗》二篇。

《南郡歌诗》五篇。

以上歌诗有二十八家，计有三百十四篇。

总计诗赋类著作共有一百零六种，一千三百十八篇。加入了扬雄的八篇。

古书上说："不用来歌唱而只用来诵读的文辞就叫做赋，登高就能写出赋的人可以当大夫。"是说能够有感而发写出辞赋，才智出众的人，可与他共商大事，所以可以让他担任大夫。古时候诸侯、卿大夫同邻国交往，都以精妙的言语来相互交流，在宾主相互施礼的时候，一定要引用《诗经》中的句子来抒发自己的胸怀，根据其言谈可以分别对方贤能还是不肖，并借此可以观察对方国家的盛衰。所以

有恻隐古诗之义。其后宋玉、唐勒，汉兴枚乘，司马相如，下及杨子云，竞为侈丽闳衍之词，没其风谕之义。是以扬子悔之，曰："诗人之赋丽以则，辞人之赋丽以淫。如孔氏之门人用赋也，则贾谊登堂，相如入室矣，如其不用何！"自孝武立乐府而采歌谣，于是有代赵之讴，秦楚之风，皆感于哀乐，缘事而发，亦可以观风俗，知薄厚云。序诗赋为五种。

《吴孙子兵法》八十二篇。图九卷。

《齐孙子》八十九篇。图四卷。

《公孙鞅》二十七篇。

《吴起》四十八篇。有《列传》。

《范蠡》二篇。越王勾践臣也。

《大夫种》二篇。与范蠡俱事勾践。

《李子》十篇。

《娷》一篇。

《兵春秋》一篇。

《庞煖》三篇。

《兒良》一篇。

《广武君》一篇。李左军。

《韩信》三篇。

右兵权谋十三家，二百五十九篇。省伊尹、太公、《管子》、《孙卿子》、《鹖冠子》、《苏子》、蒯通、陆贾、淮南王二百五十九种，出司

孔子说“不学习《诗经》，在重要场合就无法讲话”。春秋后，周朝礼制逐渐被破坏，诸侯之间来往时，不再用到歌咏，学《诗经》的人散逸在民间，有贤才而不得志的人就开始写赋了。大儒孙卿和楚国的大臣屈原遭受谗言，一心忧国，就写赋来进行讽谏，都有古诗哀悼时事的意味。后来的宋玉、唐勒，汉朝的枚乘、司马相如，一直到扬雄等人写的赋，都是辞藻华丽，而没有了讽谏的意味。因而扬雄对此很悔恨，说：“诗人的赋华丽有法度，辞人的赋华丽而无度。如果孔子的门人也使用赋，那么贾谊的赋只能算作登堂，司马相如的赋可以算作入室了，只是他们不愿用赋来表达自己的观点！”从汉武帝设立乐府并采集民间歌谣后，收集到了代国和赵国的歌曲，秦国和楚国的民谣，都是有感于心中的哀和乐，因为某些事件的触动而抒发出来，可以借此来观察民俗，知道治国的得失。将诗赋按五种来分类排序。

《吴孙子兵法》八十二篇。有图九卷。

《齐孙子》八十九篇。有图四卷。

《公孙鞅》二十七篇。

《吴起》四十八篇。《史记》中有他的《列传》。

《范蠡》二篇。范蠡是越王勾践的大臣。

《大夫种》二篇。文种与范蠡一同事奉越王勾践。

《李子》十篇。

《娷》一篇。

《兵春秋》一篇。

《庞煖》三篇。

《兒良》一篇。

《广武君》一篇。广武君就是李左军。

《韩信》三篇。

兵法权谋类共十三家，总计二百五十九篇文章。省略了伊尹、太公、《管子》、《孙卿子》、《鹖冠子》、《苏子》、蒯通、陆贾、淮南王等

马法入礼也。

权谋者，以正守国，以奇用兵，先计而后战，兼形势，包阴阳，用技巧者也。

《楚兵法》七篇。图四卷。

《蚩尤》二篇。见《吕刑》。

《孙轸》五篇。图二卷。

《繇叙》二篇。

《王孙》十六篇。图五卷。

《尉缭》三十一篇。

《魏公子》二十一篇。图十卷。名无忌，有《列传》。

《景子》十三篇。

《李良》三篇。

《丁子》一篇。

《项王》一篇。名籍。

右兵形势十一家，九十二篇。图十八卷。

形势者，雷动风举，后发而先至，离合背乡，变化无常，以轻疾制敌者也。

《太壹兵法》一篇。

《天一兵法》三十五篇。

《神农兵法》一篇。

《黄帝》十六篇。图三卷。

《封胡》五篇。黄帝臣，依托也。

《风后》十三篇。图二卷。黄帝臣，依托也。

《力牧》十五篇。黄帝臣，依托也。

二百五十九种文章，是因为把这些文章从《司马法》取出，归类到了礼法类中。

权谋学派，是用正道来守卫国家，以奇谋来用兵打仗，先谋划而后出战，注重兵形气势，考虑阴阳变化，熟悉排兵布阵。

《楚兵法》七篇。有图四卷。

《蚩尤》二篇。见《吕刑》。

《孙轸》五篇。有图二卷。

《繇叙》二篇。

《王孙》十六篇。有图五卷。

《尉缭》三十一篇。

《魏公子》二十一篇。有图十卷。魏公子名无忌，《史记》中有他的《列传》。

《景子》十三篇。

《李良》三篇。

《丁子》一篇。

《项王》一篇。项王名籍。

兵形势家共十一家，总计九十二篇文章，图十八卷。

用兵的形势，是指军队要像迅雷疾风一样快速凌厉，能够做到后发而先至，军队的进退聚散，变化莫测，用轻灵迅疾的战术来制服敌人。

《太壹兵法》一篇。

《天一兵法》三十五篇。

《神农兵法》一篇。

《黄帝》十六篇。有图三卷。

《封胡》五篇。封胡是黄帝的大臣，此书是后人依托而作。

《风后》十三篇。有图二卷。风后是黄帝大臣，此书是后人依托而作。

《力牧》十五篇。力牧是黄帝的大臣，此书是后人依托而作。

《鸩冶子》一篇。图一卷。

《鬼容区》三篇。图一卷。黄帝臣，依托。

《地典》六篇。

《孟子》一篇。

《东父》三十一篇。

《师旷》八篇。晋平公臣。

《苌弘》十五篇。周史。

《别成子望军气》六篇。图三卷。

《辟兵威胜方》七十篇。

右阴阳十六家，二百四十九篇，图十卷。

阴阳者，顺时而发，推刑德，随斗击，因五胜，假鬼神而为助者也。

《鲍子兵法》十篇。图一卷。

《五子胥》十篇。图一卷。

《公胜子》五篇。

《苗子》五篇。图一卷。

《逢门射法》二篇。

《阴通成射法》十一篇。

《李将军射法》三篇。

《魏氏射法》六篇。

《强弩将军王围射法》五卷。

《望远连弩射法具》十五篇。

《护军射师王贺射书》五篇。

《蒲苴子弋法》四篇。

《剑道》三十八篇。

《手搏》六篇。

《鹓冶子》一篇。有图一卷。

《鬼容区》三篇。有图一卷。鬼容区是黄帝的大臣，此书是后人依托而作。

《地典》六篇。

《孟子》一篇。

《东父》三十一篇。

《师旷》八篇。师旷是晋平公的大臣。

《苌弘》十五篇。苌弘是周朝的史官。

《别成子望军气》六篇。有图三卷。

《辟兵威胜方》七十篇。

阴阳家共十六家，总计二百四十九篇文章，有图十卷。

兵家的阴阳，是指用兵要顺应天时，严明赏罚，依据北斗指向来进行攻伐，按照五行的道理来克制对手，借鬼神之术而助己用兵。

《鲍子兵法》十篇。有图一卷。

《五子胥》十篇。有图一卷。

《公胜子》五篇。

《苗子》五篇。有图一卷。

《逢门射法》二篇。

《阴通成射法》十一篇。

《李将军射法》三篇。

《魏氏射法》六篇。

《强弩将军王围射法》五卷。

《望远连弩射法具》十五篇。

《护军射师王贺射书》五篇。

《蒲苴子弋法》四篇。

《剑道》三十八篇。

《手博》六篇。

《杂家兵法》五十七篇。

《蹴鞠》二十五篇。

右兵技巧十三家，百九十九篇。省《墨子》重，入《蹴鞠》也。

技巧者，习手足，便器械，积机关，以立攻守之胜者也。

凡兵书五十三家，七百九十篇，图四十三卷。省十家二百七十一篇重，入《蹴鞠》一家二十五篇，出《司马法》百五十五篇入礼也。

兵家者，盖出古司马之职，王官之武备也。《洪范》八政，八曰师。孔子曰为国者“足食足兵”，“以不教民战，是谓弃之”，明兵之重也。《易》曰“古者弦木为弧，剡木为矢，弧矢之利，以威天下”，其用上矣。后世耀金为刃，割革为甲，器械甚备。下及汤武受命，以师克乱而济百姓，动之以仁义，行之以礼让，《司马法》是其遗事也。自春秋至于战国，出奇设伏，变诈之兵并作。汉兴，张良、韩信序次兵法，凡百八十二家，删取要用，定著三十五家。诸吕用事而盗取之。武帝时，军政杨仆捃摭遗逸，纪奏兵录，犹未能备。至于孝成，命任宏论次兵书为四种。

《泰壹杂子星》二十八卷。

《五残杂变星》二十一卷。

《黄帝杂子气》三十三篇。

《常从日月星气》二十一卷。

《皇公杂子星》二十二卷。

《淮南杂子星》十九卷。

《杂家兵法》五十七篇。

《蹴鞠》二十五篇。

兵技巧家共十三家，总计一百九十九篇文章。省略了《墨子》重复的一篇，加上了《蹴鞠》。

兵家的技巧，主要包括训练士兵，打造军械，建造营垒等，以获取攻守时的优势。

总计兵书共五十三家，计有七百九十篇文章，有图四十三卷。省略了十家二百七十一篇重复的文章，加入了《蹴鞠》一家二十五篇文章，把《司马法》一百五十五篇归入到礼类中。

兵家起源于古代司马之类的官职，在朝廷中主要负责军事。《洪范》提到的八种政事中，第八位就是军事。孔子说治国的人要做到“粮食充裕和军队充足”，“让不经过训练的百姓去作战，等于抛弃了他们”，这些论述表明军事的重要性。《易经》说“古代给木头上弦作为弓，把木头削尖作为箭，凭借弓箭的锐利，可以威慑天下”，古人用兵崇尚道义。到了后代就熔炼金属作为兵刃，裁割皮革作为甲胄，各种器械也很完备。商汤、周武王上承天命，举正义之师制止动乱而安定百姓，他们采取军事行动不但要符合仁义，还要用礼来加以约束，《司马法》是他们遗留下来的军事文献。从春秋到战国，兵家更多是强调出奇制胜，巧设埋伏，诡计欺诈等手段。汉朝建立后，张良，韩信编辑整理兵法，共有一百八十二家，经过删取，确定了三十五家。吕氏当权后就攫取了这些典籍。汉武帝的时候，军政杨仆收集散落的文籍，编辑成兵书目录上奏给汉武帝，但还是不够完备。到了汉成帝时，让任宏整理兵书，分为四种。

《泰壹杂子星》二十八卷。

《五残杂变星》二十一卷。

《黄帝杂子气》三十三篇。

《常从日月星气》二十一卷。

《皇公杂子星》二十二卷。

《淮南杂子星》十九卷。

《泰壹杂子云雨》三十四卷。

《国章观霓云雨》三十四卷。

《泰阶六符》一卷。

《金度玉衡汉五星客流出入》八篇。

《汉五星彗客行事占验》八卷。

《汉日旁气行事占验》三卷。

《汉流星行事占验》八卷。

《汉日旁气行占验》十三卷。

《汉日食月晕杂变行事占验》十三卷。

《海中星占验》十二卷。

《海中五星经杂事》二十二卷。

《海中五星顺逆》二十八卷。

《海中二十八宿国分》二十八卷。

《海中二十八宿臣分》二十八卷。

《海中日月彗虹杂占》十八卷。

《图书秘记》十七篇。

右天文二十一家，四百四十五卷。

天文者，序二十八宿，步五星日月，以纪吉凶之象，圣王所以参政也。《易》曰："观乎天文，以察时变。"然星事殈悍，非湛密者弗能由也。夫观景以谴形，非明王亦不能服听也。以不能由之臣，谏不能听之王，此所以两有患也。

《黄帝五家历》三十三卷。

《颛顼历》二十一卷。

《颛顼五星历》十四卷。

《日月宿历》十三卷。

《泰壹杂子云雨》三十四卷。

《国章观霓云雨》三十四卷。

《泰阶六符》一卷。

《金度玉衡汉五星客流出入》八篇。

《汉五星彗客行事占验》八卷。

《汉日旁气行事占验》三卷。

《汉流星行事占验》八卷。

《汉日旁气行占验》十三卷。

《汉日食月晕杂变行事占验》十三卷。

《海中星占验》十二卷。

《海中五星经杂事》二十二卷。

《海中五星顺逆》二十八卷。

《海中二十八宿国分》二十八卷。

《海中二十八宿臣分》二十八卷。

《海中日月彗虹杂占》十八卷。

《图书秘记》十七篇。

天文共二十一家，总计四百四十五卷文集。

天文学家根据二十八宿的位置，结合金木水火土五星和日月的运行，来观察吉凶的征兆，圣王以此作为治政的参考。《易经》上说："观看天象的演变，来考察时事的变化。"然而星象事关重大，不是精通之人就难以运用。就像观看影子来推测本体一样，不是英明的君王也很难做出正确判断。以不熟悉星事的大臣，来规劝不能纳谏的君王，这对于双方都有危害。

《黄帝五家历》三十三卷。

《颛顼历》二十一卷。

《颛顼五星历》十四卷。

《日月宿历》十三卷。

《夏殷周鲁历》十四卷。

《天历大历》十八卷。

《汉元殷周谍历》十七卷。

《耿昌月行帛图》二百三十二卷。

《耿昌月行度》二卷。

《传周五星行度》三十九卷。

《律历数法》三卷。

《自古五星宿纪》三十卷。

《太岁谋日晷》二十九卷。

《帝王诸侯世谱》二十卷。

《古来帝王年谱》五卷。

《日晷书》三十四卷。

《许商算术》二十六卷。

《杜忠算术》十六卷。

右历谱十八家，六百六卷。

历谱者，序四时之位，正分至之节，会日月五星之辰，以考寒暑杀生之实。故圣王必正历数，以定三统服色之制，又以探知五星日月之会。凶阨之患，吉隆之喜，其术皆出焉。此圣人知命之术也，非天下之至材，其孰与焉！道之乱也，患出于小人而强欲知天道者，坏大以为小，削远以为近，是以道术破碎而难知也。

《泰一阴阳》二十三卷。

《黄帝阴阳》二十五卷。

《黄帝诸子论阴阳》二十五卷。

《诸王子论阴阳》二十五卷。

《夏殷周鲁历》十四卷。

《天历大历》十八卷。

《汉元殷周谍历》十七卷。

《耿昌月行帛图》二百三十二卷。

《耿昌月行度》二卷。

《传周五星行度》三十九卷。

《律历数法》三卷。

《自古五星宿纪》三十卷。

《太岁谋日晷》二十九卷。

《帝王诸侯世谱》二十卷。

《古来帝王年谱》五卷。

《日晷书》三十四卷。

《许商算术》二十六卷。

《杜忠算术》十六卷。

历谱类共十八家，总计六百零六卷文稿。

制定历法和年谱，首先要考证四季的顺序，明确春分、秋分、夏至和冬至的时间，推算日月和五星的周期，以考察寒暑以及万物凋落和生长的情况。所以圣王一定要校正历法，以确定三统和服色，同时预测五星和日月交会的时间。凶险等忧患之事，吉祥等喜庆之事，都由这些来预测。这是圣人知晓天命的方法，不是天下才智高绝的人，谁能够通晓这件事！道义衰落后，小人出于私利而想预知天道，破坏大义来图谋小利，毁坏长远利益而只顾眼前利益，因此历法的原则和方法遭到破坏而难以知晓了。

《泰一阴阳》二十三卷。

《黄帝阴阳》二十五卷。

《黄帝诸子论阴阳》二十五卷。

《诸王子论阴阳》二十五卷。

《太元阴阳》二十六卷。

《三典阴阳谈论》二十七卷。

《神农大幽五行》二十七卷。

《四时五行经》二十六卷。

《猛子闾昭》二十五卷。

《阴阳五行时令》十九卷。

《堪舆金匮》十四卷。

《务成子灾异应》十四卷。

《十二典灾异应》十二卷。

《钟律灾异》二十六卷。

《钟律丛辰日苑》二十二卷。

《钟律消息》二十九卷。

《黄钟》七卷。

《天一》六卷。

《泰一》二十九卷。

《刑德》七卷。

《风鼓六甲》二十四卷。

《风后孤虚》二十卷。

《六合随典》二十五卷。

《转位十二神》二十五卷。

《羡门式法》二十卷。

《羡门式》二十卷。

《文解六甲》十八卷。

《文解二十八宿》二十八卷。

《五音奇胲用兵》二十三卷。

《五音奇胲刑德》二十一卷。

《五音定名》十五卷。

《太元阴阳》二十六卷。

《三典阴阳谈论》二十七卷。

《神农大幽五行》二十七卷。

《四时五行经》二十六卷。

《猛子闾昭》二十五卷。

《阴阳五行时令》十九卷。

《堪舆金匮》十四卷。

《务成子灾异应》十四卷。

《十二典灾异应》十二卷。

《钟律灾异》二十六卷。

《钟律丛辰日苑》二十二卷。

《钟律消息》二十九卷。

《黄钟》七卷。

《天一》六卷。

《泰一》二十九卷。

《刑德》七卷。

《风鼓六甲》二十四卷。

《风后孤虚》二十卷。

《六合随典》二十五卷。

《转位十二神》二十五卷。

《羡门式法》二十卷。

《羡门式》二十卷。

《文解六甲》十八卷。

《文解二十八宿》二十八卷。

《五音奇胲用兵》二十三卷。

《五音奇胲刑德》二十一卷。

《五音定名》十五卷。

右五行三十一家，六百五十二卷。

五行者，五常之形气也。《书》云“初一曰五行，次二曰羞用五事”，言进用五事以顺五行也。貌、言、视、听、思心失，而五行之序乱，五星之变作，皆出于律历之数而分为一者也。其法亦起五德终始，推其极则无不至。而小数家因此以为吉凶，而行于世，寖以相乱。

《龟书》五十二卷。

《夏龟》二十六卷。

《南龟书》二十八卷。

《巨龟》三十六卷。

《杂龟》十六卷。

《蓍书》二十八卷。

《周易》三十八卷。

《周易明堂》二十六卷。

《周易随曲射匿》五十卷。

《大筮衍易》二十八卷。

《大次杂易》三十卷。

《鼠序卜黄》二十五卷。

《於陵钦易吉凶》二十三卷。

《任良易旗》七十一卷。

《易卦八具》。

右蓍龟十五家，四百一卷。

蓍龟者，圣人之所用也。《书》曰：“女则有大疑，谋及卜筮。”《易》曰：“定天下之吉凶，成天下之亹亹者，莫善于蓍龟。”“是故君子将有为也，将有行也，问焉而以言，其受命也如向，无有远近

五行类共三十一家，总计六百五十二卷文稿。

五行是仁、义、礼、智、信五常的外在表现。《尚书》上说“第一叫五行，第二叫慎重的做好五事”，是说进用五事来对应五行。貌、言、视、听、思这五事如果有过失，五行的运行顺序就发生混乱，五星的星象也会发生变化，这些数术都是源自律历的后来逐渐演变为单独的一门学问。它的原理也是起源于五德终始学说，经过推演可以包罗万象。而只懂得一些皮毛的人，以此来占卜吉凶，这些小道小术逐渐流行于世间，五行学说变得混乱不堪。

《龟书》五十二卷。

《夏龟》二十六卷。

《南龟书》二十八卷。

《巨龟》三十六卷。

《杂龟》十六卷。

《蓍书》二十八卷。

《周易》三十八卷。

《周易明堂》二十六卷。

《周易随曲射匿》五十卷。

《大筮衍易》二十八卷。

《大次杂易》三十卷。

《鼠序卜黄》二十五卷。

《於陵钦易吉凶》二十三卷。

《任良易旗》七十一卷。

《易卦八具》。

蓍龟类共十五家，总计四百零一卷文稿。

蓍龟被圣人用来预测吉凶祸福。《尚书》上说：“你如果有重大的疑问不决，那就依靠卜筮来确定。”《易经》上说：“确定天下的吉凶祸福，成就天下的美好昌盛，没有比蓍龟更好的方法了。”“因此君子将要有所作为，有所行动，就通过蓍龟向神灵询问，神灵很快就

幽深，遂知来物。非天下之至精，其孰能与于此！”及至衰世，解于齐戒，而娄烦卜筮，神明不应。故筮渎不告，《易》以为忌；龟厌不告，《诗》以为刺。

《黄帝长柳占梦》十一卷。

《甘德长柳占梦》二十卷。

《武禁相衣器》十四卷。

《嚏耳鸣杂占》十六卷。

《祯祥变怪》二十一卷。

《人鬼精物六畜变怪》二十一卷。

《变怪诰咎》十三卷。

《执不祥劾鬼物》八卷。

《请官除訞祥》十九卷。

《禳祀天文》十八卷。

《请祷致福》十九卷。

《请雨止雨》二十六卷。

《泰壹杂子候岁》二十二卷。

《子赣杂子候岁》二十六卷。

《五法积贮宝臧》二十三卷。

《神农教田相土耕种》十四卷。

《昭明子钓种生鱼鳖》八卷。

《种树臧果相蚕》十三卷。

右杂占十八家，三百一十三卷。

杂占者，纪百事之象，候善恶之征。《易》曰：“占事知来。”众占非一，而梦为大，故周有其官。而《诗》载熊罴虺蛇众鱼旐

会有所回应，无论事情的远近幽深，都可以知道将要发生的结果。天下除了最精妙的易经，还有什么东西能做到这一点呢！”后来世道衰落，人们不仅对于斋戒怠慢了，而且对于同一件事，多次求助于卜筮，神灵就会厌烦而不再告知结果了。所以一件事多次卜筮就是亵渎神灵，神灵就不会告知。《易经》把这种情况作为忌讳；占卜次数多，龟灵也会感到厌烦，也不会告知结果，《诗经》中曾提出这类警告。

《黄帝长柳占梦》十一卷。

《甘德长柳占梦》二十卷。

《武禁相衣器》十四卷。

《嚏耳鸣杂占》十六卷。

《祯祥变怪》二十一卷。

《人鬼精物六畜变怪》二十一卷。

《变怪诰咎》十三卷。

《执不祥劾鬼物》八卷。

《请官除訞祥》十九卷。

《禳祀天文》十八卷。

《请祷致福》十九卷。

《请雨止雨》二十六卷。

《泰壹杂子候岁》二十二卷。

《子赣杂子候岁》二十六卷。

《五法积贮宝臧》二十三卷。

《神农教田相土耕种》十四卷。

《昭明子钓种生鱼鳖》八卷。

《种树臧果相蚕》十三卷。

杂占类共十八家，总计三百十三卷文稿。

杂占是为了记载事物的表象，观察吉凶的征兆。《易经》上说：“占卜可以预知未来。”占卜的方法很多不止一种，而梦占的地位很重

旟之梦，著明大人之占，以考吉凶，盖参卜筮。《春秋》之说訞也，曰："人之所忌，其气炎以取之，訞由人兴也。人失常则訞兴，人无衅焉，訞不自作。"故曰："德胜不祥，义厌不惠。"桑谷共生，大戊以兴；雊雉登鼎，武丁为宗。然惑者不稽诸躬，而忌妖之见，是以《诗》刺"召彼故老，讯之占梦"，伤其舍本而忧末，不能胜凶咎也。

《山海经》十三篇。

《国朝》七卷。

《宫宅地形》二十卷。

《相人》二十四卷。

《相宝剑刀》二十卷。

《相六畜》三十八卷。

右形法六家，百二十二卷。

形法者，大举九州之势以立城郭室舍形，人及六畜骨法之度数、器物之形容以求其声气贵贱吉凶。犹律有长短，而各征其声，非有鬼神，数自然也。然形与气相首尾，亦有有其形而无其气，有其气而无其形，此精微之独异也。

凡数术百九十家，二千五百二十八卷。

数术者，皆明堂羲和史卜之职也。史官之废久矣，其书既不能具，虽有其书而无其人。《易》曰："苟非其人，道不虚行。"春秋时鲁有梓慎，郑有裨灶，晋有卜偃，宋有子韦。六国时楚有甘公，魏有

要，所以周朝设有梦占之官。《诗经》上记载熊罴、虺蛇、鱼虾、旗帜等都曾出现在梦中，并注明请来太卜来进行占卜，以便确定吉凶，大概是参照卜筮的做法。《春秋》解说妖："谈论人们所忌讳的东西，其气焰就会招来灾害，妖是由人引起的。人失去正常状态，那么妖物就会产生，人修身自律没有空子可钻，妖物就不会自己产生。"所以说："道德可以胜过不祥之兆，仁义可以排解不顺之事。"虽然发生了桑和谷一同生长在朝堂的怪异事情，但是大戊励精图治，商朝因此中兴；虽然发生野鸡跳到鼎上的怪异事情，但是武丁修政行德，成为一代宗主。然而不明就里的人不懂得反躬内省的道理而一味忌讳妖物的出现，因此《诗经》上讽刺他们说"召来乡里的故旧老人，询问梦境的吉凶"，对他们舍本逐末，不能战胜灾患而感到痛心。

《山海经》十三篇。

《国朝》七卷。

《宫宅地形》二十卷。

《相人》二十四卷。

《相宝剑刀》二十卷。

《相六畜》三十八卷。

形法共六家，总计一百二十二卷文稿。

形法主要指堪舆、骨相等方术，精通此道的人可以勘察九州地形，来建造城郭房屋，还可根据人及六畜的骨相，以及器物的形状来判断人或物的吉凶贵贱。就像律管有长有短，各自可以发出声音一样，这不是鬼神的作用，而是自然规律。但形和气就像首尾一样，是相互呼应的，但也有有形而无气，有气而无形的情况，这些现象非常精妙，有其独有的特点。

总计数术类共有一百九十家，二千五百二十八卷文稿。

数术起源于祭祀、历法和占卜的官职。由于史官废弃已经很久了，记载数术的典籍已经很不完整，即使有典籍，也没有能够通晓数术的人了。《易经》上说："如果没有人来执行，大道是不会凭空运行的。"春秋时鲁国有梓慎，郑国有裨灶，晋国有卜偃，宋国有子韦。

石申夫。汉有唐都，庶得粗觕。盖有因而成易，无因而成难，故因旧书以序数术为六种。

《黄帝内经》十八卷。

《外经》三十七卷。

《扁鹊内径》九卷。

《外经》十二卷。

《白氏内经》三十八卷。

《外经》三十六卷。

《旁篇》二十五卷。

右医经七家，二百一十六卷。

医经者，原人血脉经落骨髓阴阳表里，以起百病之本，死生之分，而用度箴石汤火所施，调百药齐和之所宜。至齐之得，犹慈石取铁，以物相使。拙者失理，以瘉为剧，以生为死。

《五藏六府痹十二病方》三十卷。

《五藏六府疝十六病方》四十卷。

《五藏六府瘅十二病方》四十卷。

《风寒热十六病方》二十六卷。

《泰始黄帝扁鹊俞拊方》二十三卷。

《五藏伤中十一病方》三十一卷。

《客疾五藏狂颠病方》十七卷

《金创瘲瘛方》三十卷。

《妇人婴儿方》十九卷。

《汤液经法》三十二卷。

《神农黄帝食禁》七卷。

战国时楚国有甘公，魏国有石申夫。汉朝有唐都。这只是粗略的统计。大概是有根据就容易做成事情，没有根据就困难一点，所以依照旧书将数术归纳为六种。

《黄帝内经》十八卷。

《外经》三十七卷。

《扁鹊内径》九卷。

《外经》十二卷。

《白氏内经》三十八卷。

《外经》三十六卷。

《旁篇》二十五卷。

医经类共七家，总计二百十六卷文稿。

医学是推究人的血脉、经络、骨髓、阴阳和表里，以此来找出百病的源头和死生的差别，使用针刺，石砭、汤剂以及火灸等方法，调和百药对症下药。治病的过程，就像磁石吸引铁器，用一物来影响操控另一物。笨拙的人掌握不了方法，就会把轻病治成重病，把活人治成死人。

《五藏六府痹十二病方》三十卷。

《五藏六府疝十六病方》四十卷。

《五藏六府瘅十二病方》四十卷。

《风寒热十六病方》二十六卷。

《泰始黄帝扁鹊俞拊方》二十三卷。

《五藏伤中十一病方》三十一卷。

《客疾五藏狂颠病方》十七卷。

《金创瘲瘛方》三十卷。

《妇人婴儿方》十九卷。

《汤液经法》三十二卷。

《神农黄帝食禁》七卷。

右经方十一家，二百七十四卷。

经方者，本草石之寒温，量疾病之浅深，假药味之滋，因气感之宜，辩五苦六辛，致水火之齐，以通闭解结，反之于平。及失其宜者，以热益热，以寒增寒，精气内伤，不见于外，是所独失也。故谚曰："有病不治，常得中医。"

《容成阴道》二十六卷。

《务成子阴道》三十六卷。

《尧舜阴道》二十三卷。

《汤盘庚阴道》二十卷。

《天老杂子阴道》二十五卷。

《天一阴道》二十四卷。

《黄帝三王养阳方》二十卷。

《三家内房有子方》十七卷。

右房中八家，百八十六卷。

房中者，情性之极，至道之际，是以圣王制外乐以禁内情，而为之节文。传曰："先王之作乐，所以节百事也。"乐而有节，则和平寿考。及迷者弗顾，以生疾而陨性命。

《宓戏杂子道》二十篇。

《上圣杂子道》二十六卷。

《道要杂子》十八卷。

《黄帝杂子步引》十二卷。

《黄帝岐伯按摩》十卷。

《黄帝杂子芝菌》十八卷。

《黄帝杂子十九家方》二十一卷。

经方著作共十一家，总计二百七十四卷文稿。

经方是根据草木和矿石的寒温性质，按照疾病的轻重，依靠药力的作用，顺应气候节气的变化，分辨脏腑的五苦六辛，达到水火交融，以疏通闭塞的经脉，打开郁结的脏器，使人体恢复阴阳平衡。庸医不明经方之理，使病人热上加热，寒上加寒，让内部精气受到伤害，而从外表却很难看出来，这是庸医特有的过失。所以谚语说："有病不治，也能达到中等医生的治疗效果。"

《容成阴道》二十六卷。

《务成子阴道》三十六卷。

《尧舜阴道》二十三卷。

《汤盘庚阴道》二十卷。

《天老杂子阴道》二十五卷。

《天一阴道》二十四卷。

《黄帝三王养阳方》二十卷。

《三家内房有子方》十七卷。

房中术类共八家，总计一百八十六卷文稿。

房中事是情欲发展到极端，达到极点时的表现，因此圣王制作礼乐来节制情欲，还制定了这方面的礼制。《左传》说："先王创作礼乐，用来节制百事。"快乐而有节制，那么精神就会平和，人也会健康长寿。痴迷的人无所顾忌，不加以节制就会疾病丛生，甚至丢掉性命。

《宓戏杂子道》二十篇。

《上圣杂子道》二十六卷。

《道要杂子》十八卷。

《黄帝杂子步引》十二卷。

《黄帝岐伯按摩》十卷。

《黄帝杂子芝菌》十八卷。

《黄帝杂子十九家方》二十一卷。

《泰壹杂子十五家方》二十二卷。

《神农杂子技道》二十三卷。

《泰壹杂子黄冶》三十一卷。

右神仙十家，二百五卷。

神仙者，所以保性命之真，而游求于其外者也。聊以荡意平心，同死生之域，而无怵惕于匈中。然而或者专以为务，则诞欺怪迂之文弥以益多，非圣王之所以教也。孔子曰：“索隐行怪，后世有述焉，吾不为之矣。”

凡方技三十六家，八百六十八卷。

方技者，皆生生之具，王官之一守也。太古有岐伯、俞拊，中世有扁鹊、秦和，盖论病以及国，原诊以知政。汉兴有仓公。今其技术晻昧，故论其书，以序方技为四种。

大凡书，六略三十八种，五百九十六家，万三千二百六十九卷。入三家，五十篇，省兵十家。

《泰壹杂子十五家方》二十二卷。

《神农杂子技道》二十三卷。

《泰壹杂子黄冶》三十一卷。

神仙类共十家，总计二百零五卷文稿。

所谓神仙是能够长生不老，并且超脱凡尘之外的人。他们能够做到心境平和，看破死生，不惊不惧。然而有些人痴心于成仙，以致各种荒诞观点，奇谈怪论日益增多，这些不是圣王用来教化百姓的东西。孔子说："寻求隐密的道理，而行为怪异，后世也许会记载他，但我不做这样的事。"

方技类共三十六家，总计八百六十八卷文稿。

方技是挽救生命的技术，天子百官中有专门负责方技的官员。太古时候的名医有岐伯、俞拊，中古时有扁鹊、秦和，他们都能通晓治病与治国的关系，以治病的原理来治政。汉朝建立后有仓公。现在方技之术晦暗不明，所以编辑方技类书籍，整理为四种。

各类图书总计，六略共三十八种，五百九十六家，一万三千二百六十九卷。比《七略》增加三家、五十篇文稿，减去兵书十家。

卷三十一

陈胜项籍传第一

陈胜字涉，阳城人。吴广，字叔，阳夏人也。胜少时，尝与人佣耕。辍耕之垄上，怅然甚久，曰："苟富贵，无相忘！"佣者笑而应曰："若为佣耕，何富贵也？"胜太息曰："嗟乎，燕雀安知鸿鹄之志哉！"

秦二世元年秋七月，发闾左戍渔阳九百人，胜、广皆为屯长。行至蕲大泽乡，会天大雨，道不通，度已失期。失期法斩，胜、广乃谋曰："今亡亦死，举大计亦死，等死，死国可乎？"胜曰："天下苦秦久矣。吾闻二世，少子，不当立，当立者乃公子扶苏。扶苏以数谏故不得立，上使外将兵。今或闻无罪，二世杀之。百姓多闻其贤，未知其死。项燕为楚将，数有功，爱士卒，楚人怜之。或以为在。今诚以吾众为天下倡，宜多应者。"广以为然。乃行卜。卜者知其指意，曰："足下事皆成，有功。然足下卜之鬼乎！"胜、广喜，念鬼，曰："此教我先威众耳。"乃丹书帛曰"陈胜王"，置人所罾鱼腹中。卒买鱼亨食，得书，已怪之矣。又间令广之次所旁丛祠中，夜构火，狐鸣呼曰："大楚兴，陈胜王。"卒皆夜惊恐。旦日，卒中往往指目胜、广。

陈胜，字涉，阳城人。吴广，字叔，阳夏人。陈胜年少时，曾和其他人一起，给人家当佣工种田。一次干活中间停下来休息的时候，陈胜站在田垄上，怅然若失，对同伴说："以后无论谁富贵了，都不要忘了对方。"一起干活的伙伴笑着问道："你只是个被雇来耕田的佣工，哪来的什么富贵呢？"陈胜叹息说："唉，燕雀哪能知道鸿鹄的志向啊！"

秦二世元年（前209）秋季七月，朝廷征发百姓九百人去渔阳戍边，陈胜、吴广被任命为带队的屯长。队伍走到蕲县大泽乡的时候，天降大雨，道路阻塞，眼看就要误了期限。一旦误期，按照当时的法律，所有人都要被问斩。陈胜、吴广就商量说："现在逃跑被抓也是死，起事失败了也是死，同样是死，不如为国事而死。"陈胜说："天下人被暴秦压迫已经很久了。我听说秦二世是次子，按理不应当继承皇位，继承皇位的人应该是公子扶苏。但是公子扶苏因多次劝谏，而触怒始皇帝的缘故没有被立为太子，始皇帝派他到外面领兵。现在听说扶苏无罪，却被秦二世杀害。老百姓都听说过扶苏的贤能，还不知道他已被害。项燕身为楚国大将，屡立战功，关心士卒，楚国人都很拥戴他。甚至有人还认为他活着。现在如果我们以扶苏和项燕的名义，号召天下人起事反抗暴秦，应该会有很多人响应。"吴广很赞同陈胜的说法。于是他们便去问卜。占卜人明白他们的想法，说："你们要做的事都能做成，还能建立大功业。然而还要向鬼神询问一下啊！"陈胜、吴广很高兴，两人考虑如何向鬼神询问，便说："这是占卜之人提醒我们借鬼神的名义在众人中树立威信。"因此，他们在布帛上用朱砂写了"陈胜王"三个字，偷偷塞进渔网里鱼的肚子中。士卒买鱼来吃，剖开鱼肚发现里面的帛书，众人都感到很惊奇。陈胜又让吴广偷偷跑到住所旁边的神祠中，夜间点起火，假扮狐狸呼喊道：

胜、广素爱人，士卒多为用。将尉醉，广故数言欲亡，忿尉，令辱之，以激怒其众。尉果笞广。尉剑挺，广起夺而杀尉。胜佐之，并杀两尉。召令徒属曰："公等遇雨，皆已失期，当斩。藉弟令毋斩，而戍死者固什六七。且壮士不死则已，死则举大名耳。侯王将相，宁有种乎！"徒属皆曰："敬受令。"乃诈称公子扶苏、项燕，从民望也。袒右，称大楚。为坛而盟，祭以尉首。胜自立为将军，广为都尉。攻大泽乡，拔之。收兵而攻蕲，蕲下。乃令符离人葛婴将兵徇蕲以东，攻铚、酂、苦、柘、谯，皆下之。行收兵，比至陈，兵车六七百乘，骑千余，卒数万人。攻陈，陈守令皆不在，独守丞与战谯门中。不胜，守丞死。乃入据陈。数日，号召三老豪桀会计事。皆曰："将军身被坚执锐，伐无道，诛暴秦，复立楚之社稷，功宜为王。"胜乃立为王，号张楚。

于是诸郡县苦秦吏暴，皆杀其长吏，将以应胜。乃以广为假王，监诸将以西击荥阳。令陈人武臣、张耳、陈馀徇赵，汝阴人邓宗徇九江郡。当此时，楚兵数千人为聚者不可胜数。

葛婴至东城，立襄彊为楚王。后闻胜已立，因杀襄彊，还报。至陈，胜杀婴，令魏人周市北徇魏地。广围荥阳，李由为三川守守荥阳，广不能下。胜征国之豪桀与计，以上蔡人房君蔡赐为上

“大楚兴，陈胜王。”士卒们整夜都惊恐不安。第二天早晨，士卒们都对陈胜、吴广指指点点，私下里议论纷纷。

陈胜、吴广一向爱护部下，士卒中很多人愿意听从他们的命令。当时押送士卒的将尉喝醉了，吴广故意在他们面前多次说起想要逃跑，来激怒将尉，想让他责罚自己，从而激怒众人。将尉果然鞭打了吴广。将尉还拔出剑来威胁吴广，吴广奋力夺下剑，并把将尉杀死。陈胜也过来帮忙，两人合力杀死了两个将尉。他们召集部下说：“大家遇雨受阻，都耽误了期限，误期会被杀头的。即使侥幸不被杀头，戍边也会有十之六七的人死亡。况且大丈夫不死则已，即使死去也要在世上留下名声。哪有人天生就是王侯将相啊！”部下都说：“愿意接受命令。”陈胜、吴广便假冒公子扶苏和项燕的名义，举兵起事，这也是为了顺应百姓的意愿。士卒们都裸露右臂，号称大楚。然后众人修筑祭坛盟誓，用将尉的头作为祭品。陈胜自立为将军，吴广为都尉。发兵进攻大泽乡，很快就攻了下来。随后又聚集军队进攻蕲县，又很快攻下。陈胜派符离人葛婴带兵攻打蕲县东面地区，进攻铚、酂、苦、柘、谯等各县，全部顺利攻下。陈胜等人在行军过程中不断招兵买马，等到达陈县时，军队已拥有战车六、七百辆，骑兵数千，步卒数万人。陈胜等人攻打陈县时，郡守、县令都不在城里，只留下郡丞在谯门做抵抗。结果秦军战败，郡丞战死，陈胜便占领了陈县。过了几天，陈胜召来地方的三老、乡绅议事。三老、乡绅们都说：“将军您身披坚甲、手执锐器，讨伐无道，铲除暴秦，恢复楚国，论功绩您应该封王。”因此陈胜就被拥立为王，号称张楚。

这时，各郡县长期遭受秦朝官吏的暴政，都杀死各地的官吏以响应陈胜的行动。陈胜就任命吴广为假王，统领各路将领向西进攻荥阳。陈胜命令陈县人武臣、张耳、陈馀攻打赵地，命令汝阴人邓宗攻打九江郡。那时候，楚地数千人规模的义军部队，多的无法计算。

葛婴到达东城，立襄彊为楚王。葛婴后来听说陈胜自立为王，就杀了襄彊，返回陈胜处。葛婴一到陈县，陈胜便诛杀了葛婴，命令魏国人周市向北攻打魏地。吴广帅兵包围了荥阳，李由担任三川郡守，负责守卫荥阳，结果吴广没能攻下荥阳。于是陈胜召集楚地豪杰商讨

柱国。

周文，陈贤人也，尝为项燕军视日，事春申君，自言习兵。胜与之将军印，西击秦。行收兵至关，车千乘，卒十万，至戏，军焉。秦令少府章邯免骊山徒，人奴产子，悉发以击楚军，大败之。周文走出关，止屯曹阳。二月余，章邯追败之，复走黾池。十余日，章邯击，大破之。周文自刭，军遂不战。

武臣至邯郸，自立为赵王，陈馀为大将军，张耳、召骚为左右丞相。胜怒，捕系武臣等家室，欲诛之。柱国曰："秦未亡而诛赵王将相家属，此生一秦，不如因立之。"胜乃遣使者贺赵，而徙系武臣等家属宫中。而封张耳子敖为成都君，趣赵兵亟入关。赵王将相相与谋曰："王王赵，非楚意也。楚已诛秦，必加兵于赵。计莫如毋西兵，使使北徇燕地以自广。赵南据大河，北有燕代，楚虽胜秦，不敢制赵，若不胜秦，必重赵。赵承秦楚之敝，可以得志于天下。"赵王以为然，因不西兵，而遣故上谷卒史韩广将兵北徇燕。

燕地贵人豪桀谓韩广曰："楚赵皆已立王。燕虽小，亦万乘之国也，愿将军立为王。"韩广曰："广母在赵，不可。"燕人曰："赵方西忧秦，南忧楚，其力不能禁我。且以楚之强，不敢害赵王将相之家，今赵独安敢害将军家乎？"韩广以为然，乃自立为燕王。居数月，赵奉燕王母家属归之。

对策，任命上蔡人房君蔡赐为上柱国。

周文，是陈县的贤人，曾在项燕军中担任望日官，还侍奉过春申君黄歇，周文自称熟知兵法。陈胜任命他为将军，让他率军向西攻秦。周文沿途招募兵马，到达函谷关时，已有战车千乘，士卒十万，军队到达戏水后，就驻扎下来。秦二世命令少府章邯赦免在骊山服役的刑徒和家奴所生之子，把这些人全都编入军队，来进攻楚军，结果周文的军队被打败。周文退出函谷关，驻扎曹阳。二个多月后，章邯带兵追来，又打败了周文，周文败退到渑池。十多天后，章邯再次进击，大败周文。周文兵败自杀，军队溃败无法再战。

武臣到达邯郸后，自立为赵王，任命陈馀为大将军，张耳、召骚为左右丞相。陈胜听到消息后很恼怒，把武臣等人的家眷抓起来关押，并准备杀掉他们。上柱国蔡赐劝谏说："秦朝还未被消灭，反而诛杀赵王将相家属，这等于又凭空多了一个秦朝为敌，不如趁此机会册立武臣为赵王。"于是陈胜就派遣使者去祝贺赵王，然后把武臣等人的家属转移到宫中软禁起来。陈胜还封张耳之子张敖为成都君，催促赵军进攻函谷关。赵王将相们一起商议说："大王册封赵王，不是楚国的本意。楚灭秦后，必然挥兵攻赵，上策应该是不向西进军，而是派遣将领向北攻取燕地，以拓展我们的领土。赵国南面有黄河天险，北面是燕国、代国，楚国即使战胜秦国，也不敢轻易来对付赵国。如果楚国不能战胜秦国，必定会更加看重赵国。赵国在秦、楚衰落后，就可以纵横天下。"赵王认为此计策很好，因而不再向西用兵，转而派原上谷郡官吏韩广率军北上攻取燕地。

燕地的豪门贵族劝韩广说："楚地和赵地都已经立了王。燕地虽小，以前也是万乘之国，希望将军自立为燕王。"韩广说："我的母亲还在赵国，此事行不通。"燕人说："赵国西边有强秦的威胁，南面和楚国有间隙，凭赵国的力量还不能压制我们。况且，以楚国的强大，尚不敢加害赵王将相的家属，现在赵国怎敢加害将军的家属？"韩广认为燕人说得有道理，就自立为燕王。过了几个月，赵王派人把燕王的母亲和家属护送过来。

是时，诸将徇地者不可胜数。周市北至狄，狄人田儋杀狄令，自立为齐王，反击周市。市军散，还至魏地，立魏后故宁陵君咎为魏王。咎在胜所，不得之魏。魏地已定。欲立周市为王，市不肯。使者五反，胜乃立宁陵君为魏王，遣之国。周市为相。

将军田臧等相与谋曰："周章军已破，秦兵且至，我守荥阳城不能下，秦军至，必大败。不如少遗兵，足以守荥阳，悉精兵迎秦军。今假王骄，不知兵权，不可与计，非诛之，事恐败。"因相与矫陈王令以诛吴广，献其首于胜。胜使赐田臧楚令尹印，使为上将。田臧乃使诸将李归等守荥阳城，自以精兵西迎秦军于敖仓。与战，田臧死，军破。章邯进击李归等荥阳下，破之，李归死。

阳城人邓说将兵居郯，章邯别将击破之，邓说走陈。铚人五逢将兵居许，章邯击破之。五逢亦走陈。胜诛邓说。

胜初立时，凌人秦嘉、铚人董緤、符离人朱鸡石、取虑人郑布、徐人丁疾等皆特起，将兵围东海守于郯。胜闻，乃使武平君畔为将军，监郯下军。秦嘉自立为大司马，恶属人，告军吏曰："武平君年少，不知兵事，勿听。"因矫以王命杀武平君畔。

章邯已破五逢，击陈，柱国房君死。章邯又进击陈西张贺军。胜出临战，军破，张贺死。腊月，胜之汝阴，还至下城父，其御庄贾杀胜以降秦。葬砀，谥曰隐王。

那时候，各地攻城略地的将领，数不胜数。周市向北进兵到狄县，狄县人田儋杀死县令，自立为齐王，起兵反击周市。周市被击溃，退回魏地。周市打算立魏国后裔宁陵君魏咎为魏王。当时魏咎还在陈胜那里，无法回到魏地。魏地平定后，众人想立周市为魏王，周市不肯答应。周市先后五次派出使者去见陈胜，陈胜才答应立宁陵君魏咎为魏王，并让他返回魏国。魏咎称王后，周市被封为宰相。

将军田臧等人共同谋划说："周章（即周文）的军队已经溃败，秦兵很快就会来到，我们久困荥阳城不能攻取，秦军一到，必定会大败。不如留下少量部队，来包围荥阳城，调动其余全部精兵来迎战秦军。现在假王吴广为人骄横，不懂兵法，无法和他商议大事，非杀他不可，否则必定坏了大事。"因而他们一起，假借陈胜的命令诛杀了吴广，并把吴广的人头送给陈胜。陈胜无奈，只能派使者赐给田臧楚国令尹的符印，同时任命他为上将军。田臧就派李归等将领驻守在荥阳城外，自己率兵西进，在敖仓迎战秦军。双方一场恶战，结果田臧战死，军队溃败。章邯乘势率军攻击荥阳城下的李归等人，击溃了义军。李归战死。

阳城人邓说率军驻扎在郏县，被章邯派出部队攻破，邓说败退到陈县。铚县人五逢率军驻扎在许县，结果被章邯打败，五逢也败退到陈县。陈胜把邓说杀了。

陈胜刚被众人拥立为王时，凌县人秦嘉、铚县人董緤、符离人朱鸡石、取虑人郑布、徐县人丁疾等人也各自起兵，率军队将东海郡守围困在郯县。陈胜听说后，就派武平君畔为将军，统领郯城的各路部队。秦嘉自立为大司马，不愿听命于人，他告诉军卒们说："武平君年少，不懂兵法，不要听他的命令！"后来秦嘉假传陈胜的命令杀了武平君畔。

章邯击溃五逢的军队后，马上进攻陈县，上柱国房君蔡赐战死。章邯又率军进攻陈县西面的张贺军队。陈胜出城亲自督战，张贺军仍被击溃，张贺战死。这年的腊月，陈胜帅军到达汝阴，又转往下城父。陈胜的车夫庄贾杀害了陈胜，然后投降了秦军。陈胜被葬在芒砀山，谥号为隐王。

胜故涓人将军吕臣为苍头军，起新阳，攻陈下之，杀庄贾，复以陈为楚。

初，胜令铚人宋留将兵定南阳，入武关。留已徇南阳，闻胜死，南阳复为秦。宋留不能入武关，乃东至新蔡，遇秦军，宋留以军降秦。秦传留至咸阳，车裂留以徇。

秦嘉等闻胜军败，乃立景驹为楚王，引兵之方与，欲击秦军济阴下。使公孙庆使齐王，欲与并力俱进。齐王曰："陈王战败，未知其死生，楚安得不请而立王？"公孙庆曰："齐不请楚而立王，楚何故请齐而立王？且楚首事，当令于天下。"田儋杀公孙庆。

秦左右校复攻陈，下之。吕将军走，徼兵复聚，与番盗英布相遇，攻击秦左右校，破之青波，复以陈为楚。会项梁立怀王孙心为楚王。

陈胜王凡六月。初为王，其故人尝与佣耕者闻之，乃之陈，叩宫门曰："吾欲见涉。"宫门令欲缚之。自辩数，乃置，不肯为通。胜出，遮道而呼涉。乃召见，载与归。入宫，见殿屋帷帐，客曰："夥，涉之为王沈沈者！"楚人谓多为夥，故天下传之"夥涉为王"，由陈涉始。客出入愈益发舒，言胜故情。或言"客愚无知，专妄言，轻威"。胜斩之。诸故人皆自引去，由是无亲胜者。以朱防为中正，胡武为司过，主司群臣。诸将徇地，至，令之不是者，系而罪之。以苛察为忠。其所不善者，不下吏，辄自治。胜信用之，诸将以故不亲附。此其所以败也。

陈胜旧时侍臣吕臣，组建立了苍头军，他从新阳出发，攻下了陈县，杀死了庄贾，又把陈县作为楚都。

起初，陈胜命令铚县人宋留率军平定南阳后，再进攻武关。宋留攻占南阳后，听闻陈胜已死，而南阳又被秦军夺回。宋留难以进攻武关，就往东进军到新蔡，在这里遇到秦军，宋留率军投降秦军。秦军将宋留押送到咸阳，车裂处死。

秦嘉等人听说陈胜兵败，就拥立景驹为楚王，率军到达方与县，准备进攻济阴的秦军。秦嘉派公孙庆出使齐王，想联合齐王一起进兵。齐王说："陈王战败，至今生死不明，楚国怎么能不请示齐国就立了新王呢？"公孙庆说："齐王也没有请示楚国就立了新王，楚国为什么要请示齐国才能拥立新王呢？况且楚国最先举事，理当号令天下。"结果齐王田儋杀了公孙庆。

秦左右校尉率军再次进攻陈县，陈县失守。吕臣败走，吕臣四处招兵打算再聚结军队进攻陈县，与鄱阳盗寇英布相遇，两人一起联手进攻秦军左右校尉，在青波大破秦军，再度恢复陈县为楚都。此时项梁立楚怀王的孙子熊心为楚王。

陈胜称王前后一共六个月。称王初期，他的故友和那些曾与他一起耕田的人听说后，就来到陈县，叩击宫门说："我要见陈涉。"负责守卫宫门的侍卫要把叩门人抓起来。经过他一再辩解，侍卫才放了他，但是仍不给他通报。等到陈胜出宫时，叩门人拦在路上，高呼陈涉的名字。陈胜这才召见了他，和他一同乘车回宫。进了王宫，看到宫殿楼台、帷幕幔帐，客人说："好多东西啊！陈涉称王实在是豪华气派啊！"楚国人称"多"为"伙"，所以天下流传"伙涉为王"这个说法，就是从陈涉这里开始的。后来这位客人进出王宫越发随意，还时常谈起陈胜的旧事。有人对陈胜说："这个客人愚昧无知，一味的胡言乱语，这些话会损害您的威信。"陈胜就把那位客人杀了。因此，陈胜的朋友、熟人都自动离去，从此陈胜周围没有亲近的人了。陈胜任用朱防为中正，任用胡武为司过，负责管理群臣。将领们在外攻城略地，回到陈县复命时，凡是办事不力的人，就被抓起来治罪，

胜虽已死，其所置遣侯王将相竟亡秦。高祖时为胜置守冢于砀，至今血食。王莽败，乃绝。

项籍字羽，下相人也。初起，年二十四。其季父梁，梁父即楚名将项燕者也。家世楚将，封于项，故姓项氏。

籍少时，学书不成，去；学剑又不成，去。梁怒之。籍曰："书足记姓名而已。剑一人敌，不足学，学万人敌耳。"于是梁奇其意，乃教以兵法。籍大喜，略知其意，又不肯竟。梁尝有栎阳逮，请蕲狱掾曹咎书抵栎阳狱史司马欣，以故事皆已。梁尝杀人，与籍避仇吴中。吴中贤士大夫皆出梁下。每有大繇役及丧，梁常主办，阴以兵法部勒宾客子弟，以知其能。秦始皇帝东游会稽，渡浙江，梁与籍观。籍曰："彼可取而代也。"梁掩其口，曰："无妄言，族矣！"梁以此奇籍。籍长八尺二寸，力扛鼎，才气过人。吴中子弟皆惮籍。

秦二世元年，陈胜起。九月，会稽假守通素贤梁，乃召与计事。梁曰："方今江西皆反秦，此亦天亡秦时也。先发制人，后发制于人。"守叹曰："闻夫子楚将世家，唯足下耳！"梁曰："吴有奇士桓楚，亡在泽中，人莫知其处，独籍知之。"梁乃戒籍持剑居外待。梁复入，与守语曰："请召籍，使受令召桓楚。"籍入，梁眴籍曰："可行矣！"籍遂拔剑击斩守。梁持守头，佩其印绶。门下惊扰，籍所击杀数十百人。府中皆詟伏，莫敢复起。梁乃召故人所知豪吏，

朱防、胡武行事手段苛刻、严厉，以此来向陈胜表明忠心。凡是跟他们有过节的人的，他们不交给有关官吏来处理，而是私自处置。陈胜还很信任他们，诸将因此疏远陈胜。这是陈胜失败的原因。

陈胜虽然死去，但他所任命、派遣的王侯将相，最终灭亡了秦朝。汉高祖时期为陈涉在芒砀山安排了守墓之人，至今仍按时用牲畜祭祀他。王莽败亡后，才中断了祭祀。

项籍，字羽，下相人。起初起兵时，才二十四岁。他的叔父是项梁，项梁的父亲即楚国名将项燕。项家世代为楚将，因为封邑在项地，所以以项为姓。

项籍年少时，学习读书写字，还没学成就放弃了；学习剑术，没有学成也放弃了。项梁很生气。项籍说："读书写字能够写出姓名就够了。剑术再好也只能对付一个人，不值得去学。我只想学能对抗万人的本事。"项梁对他的言论很惊奇，便教项籍兵法，项籍大喜，大略学习一些内容后，又不肯再学。项梁曾被栎阳县的官吏追捕，他就请蕲县的狱吏曹咎写信给栎阳县的狱吏司马欣，才将事情了结。项梁曾因为杀人，和项籍到吴中躲避仇人。吴中贤人士大夫才能都不及项梁。每当有大徭役或者丧事，通常都请项梁来主持，项梁暗中用兵法调度组织宾客、子弟，借此了解他们的才能。秦始皇东游会稽，渡浙江，项梁和项籍一起前去观看。项籍说："那个人可以被取而代之！"项梁捂住他的嘴，说："不要胡说，当心被灭族啊！"项梁由此对项籍很惊异。项籍身高八尺二寸，力能扛鼎，并且才能和胆气过人，吴中子弟都很敬畏项籍。

秦二世元年（前209），陈胜等人在大泽乡起事。这年九月，会稽的代理郡守殷通，一向认为项梁有贤能，就请他来商议。项梁说："长江以西各地都举义旗反抗暴秦了，现在是上天将要灭亡秦朝的时候啊。先动手就能制服人，后动手就被别人制服。"殷通叹息说："听说您家世代为楚将，所以这件事就由足下来决断了！"项梁说："吴地有位奇人名叫桓楚，他现在逃亡躲在湖泽之中，人们不知道他的藏身之处，只有项籍知道。"项梁让项籍拿剑在外面等候。项梁又回到屋里，对郡守说："请您召见项籍，让他接受命令，去召桓楚

谕以所为，遂举吴中兵。使人收下县，得精兵八千人，部署豪桀为校尉、候、司马。有一人不得官，自言。梁曰："某时某丧，使公主某事，不能办，以故不任公。"众乃皆服。梁为会稽将，籍为裨将，徇下县。

秦二年，广陵人召平为陈胜徇广陵，未下。闻陈胜败走，秦将章邯且至，乃渡江矫陈王令，拜梁为楚上柱国，曰："江东已定，急引兵西击秦。"梁乃以八千人渡江而西。闻陈婴已下东阳，使使欲与连和俱西。陈婴者，故东阳令史，居县，素信，为长者。东阳少年杀其令，相聚数千人，欲立长，无适用，乃请陈婴。婴谢不能，遂强立之，县中从之者得二万人。欲立婴为王，异军仓头特起。婴母谓婴曰："自吾为乃家妇，闻先故未曾贵。今暴得大名，不祥，不如有所属，事成犹得封侯，事败易以亡，非世所指名也。"婴乃不敢为王，谓其军吏曰："项氏世世将家，有名于楚，今欲举大事，将非其人，不可。我倚名族，亡秦必矣。"其众从之，乃以其兵属梁。梁渡淮，英布、蒲将军亦以其兵属焉。凡六七万人，军下邳。

是时，秦嘉已立景驹为楚王，军彭城东，欲以距梁。梁谓军吏曰："陈王首事，战不利，未闻所在。今秦嘉背陈王立景驹，大逆亡

来见您。”项籍进屋，项梁向项籍示意，说：“可以行动了！”项籍便拔剑斩杀了郡守。项梁手里提着郡守的人头，身上挂着郡守的大印。郡守左右随从看到后，都惊慌失措，项籍趁机斩杀了百十来人。郡守府中的众人都吓得趴在地上，没有人敢站起来。项梁就召集以前所熟知的豪绅、官吏，讲明这样做的原因，并征集吴中的士卒。项梁派人接管会稽郡下属各县，得到精兵八千，项梁任命吴中豪杰担任校尉、军候、司马等职务。有一个人未被任用，他向项梁询问原因。项梁说：“某年某月的丧事，让您负责处理某件事，您没能办成，因此不能任用您。”众人听后都很佩服。项梁自任会稽将军，项籍任副将，统兵巡视下属各县。

秦二世二年（前208），广陵人召平受陈胜之命攻打广陵，但是没有攻下。后来他听说陈胜兵败，秦将章邯马上就到，就渡江假传陈胜的命令，封项梁为楚上柱国，并对他说：“江东已经平定，现在请您迅速引兵西进攻打秦军。”项梁就带领八千人渡江西进。渡江后听说陈婴已经占领东阳，项梁派使者去见陈婴，想要跟他联合，一起西进。陈婴原是东阳县的官吏，在东阳县素有威望，人们尊他为长者。当时，东阳的年轻人杀死县令，聚集了几千人，想选一位首领，但是没有合适的人，就请陈婴来当首领。陈婴百般推辞，最后众人就强迫陈婴为首领，县里参与起事的人有两万。众人想拥立陈婴为王，以青布裹头，来表明他们是一支与众不同的军队。陈婴的母亲对他说：“我嫁到你们陈家以来，从没有听说你家祖上出过显贵人物。现在突然扬名天下，不是好兆头。不如率军归属他人，事情成功了还能封侯，事情失败了也容易避祸，不要做世上的知名人。”陈婴便不敢称王，对他的将领官员们说：“项家世代都是将门，对楚国有大功劳。现在要想做成大事，不让项家人来做主帅是不行的。我们依靠名门大族，一定能灭亡秦朝。”大家接受了陈婴的建议，把整个部队都归项梁统率。项梁渡过淮河后，英布、蒲将军也带各自军队前来归附他。项梁的兵马总共六七万人，驻军在下邳。

此时，秦嘉已拥立景驹为楚王，他把军队驻扎在彭城东面，想与项梁对抗。项梁对部下说：“陈王是我们的首领，现在作战失利，

道。”乃引兵击秦嘉。嘉军败走，追至胡陵。嘉还战一日，嘉死，军降。景驹走死梁地，梁已并秦嘉军，军胡陵，将引而西。章邯至栗，梁使别将朱鸡石、馀樊君与战。馀樊君死。朱鸡石败，亡走胡陵。梁乃引兵入薛，诛朱鸡石。梁前使羽别攻襄城，襄城坚守不下。已拔，皆坑之，还报梁，闻陈王定死，召诸别将会薛计事。时沛公亦从沛往。

居鄛人范增年七十，素好奇计，往说梁曰：“陈胜败固当。夫秦灭六国，楚最亡罪，自怀王入秦不反，楚人怜之至今，故南公称曰‘楚虽三户，亡秦必楚’。今陈胜首事，不立楚后，其势不长。今君起江东，楚蜂起之将皆争附君者，以君世世楚将，为能复立楚之后也。”于是梁乃求楚怀王孙心，在民间为人牧羊，立以为楚怀王，从民望也。陈婴为上柱国，封五县，与怀王都盱台。梁自号武信君，引兵攻亢父。

初，章邯既杀齐王田儋于临菑，田假复自立为齐王。儋弟荣走保东阿，章邯追围之。梁引兵救东阿，大破秦军东阿。田荣即引兵归，逐王假，假亡走楚，相田角亡走赵。角弟间，故将，居赵不敢归。田荣立儋子市为齐王。梁已破东阿下军，遂追秦军。数使使趣齐兵俱西。荣曰：“楚杀田假，赵杀田角、田间，乃发兵。”梁曰：“田假与国之王，穷来归我，不忍杀。”赵亦不杀角、间以市于齐。齐遂不肯发兵助楚。梁使羽与沛公别攻城阳，屠之。西破秦军濮阳东，秦兵收入濮阳。沛公、羽攻定陶。定陶未下，去，西略地至雍丘，大破秦军，斩李由。还攻外黄，外黄未下。

不知下落。而秦嘉背叛陈王，立景驹为王，实属大逆不道，”于是项梁挥师攻打秦嘉，秦嘉军队被打败，项梁追到胡陵。秦嘉掉头与项梁又交战一天，结果秦嘉战死，军队投降。景驹在乱军中逃走，最后死在梁地。项梁收编了秦嘉的军队后，驻军胡陵，准备向西进军。此时，章邯的军队到达栗县，项梁派朱鸡石、馀樊君迎战。馀樊君力战而死，朱鸡石的军队溃败，逃回胡陵。项梁率领军队进入薛县，杀了朱鸡石。项梁此前派项羽攻打襄城，襄城抵抗顽强，久攻不下。最终攻克之后，项羽把守兵全部活埋了，然后回来向项梁复命。项梁后来听说陈王确实已死，就召集各位将领前来薛县商量大计。这时沛公也从沛县赶来参加会议。

居鄛人范增，七十岁了，一向善于出谋划策，他前去游说项梁说：“陈胜必定会失败。秦灭六国，楚国最为不幸，自从楚怀王入秦一去不返，楚国人至今仍怀念他，因此楚地老人说：‘楚国即使只留下三户人家，灭亡秦国的也必定是楚国。’现在陈胜最先起事，却没有拥立楚王的后代为王，其势力必不能长久。现在将军在江东起兵，楚地各处的将领都争相归附您的原因，是由于您家世代是楚国的将领，能够重新恢复楚王后代的王位。”因此项梁找到楚怀王的孙子熊心，熊心当时正在民间放羊，项梁立他为楚怀王，以顺从百姓的愿望。陈婴为楚国上柱国，赐封五县，与怀王一起建都盱台。项梁自称为武信君，率军攻打亢父城。

起初，章邯在临菑杀了齐王田儋，田假就自立为齐王。田儋的弟弟田荣退守东阿，章邯追上并包围了田荣军。项梁领兵救援东阿，在东阿大败秦军。田荣就带着部队返回都城，驱逐齐王田假。田假逃到楚国。相国田角逃到赵国。田角的弟弟田间本是齐国的将军，也留在赵国不敢回去。田荣立田儋的儿子田市为齐王。项梁打败了东阿的秦军，并继续率军追击。项梁多次派使者催促齐军一起西进。田荣回复说：“只有楚国杀掉田假，赵国杀掉田角和田间，齐国才会出兵。”项梁说：“田假也是一国之王，走投无路才来归附我，我不忍心杀他。”赵国也不肯杀田角和田间来跟齐国做交易。齐国也就不肯出兵援助楚军。项梁派项羽和沛公攻打城阳，结果城阳被屠城。项羽和

梁起东阿，比至定陶，再破秦军，羽等又杀李由，益轻秦，有骄色。宋义谏曰："战胜而将骄卒惰者败。今少惰矣，秦兵日益，臣为君畏之。"梁不听。乃使宋义于齐。道遇齐使者高陵君显，曰："公将见武信君乎？"曰："然。"义曰："臣论武信君军必败。公徐行则免，疾行则及祸。"秦果悉起兵益章邯，夜衔枚击楚，大破之定陶，梁死。沛公与羽去外黄，攻陈留，陈留坚守不下。沛公、羽相与谋曰："今梁军败，士卒恐。"乃与吕臣俱引兵而东。吕臣军彭城东，羽军彭城西，沛公军砀。

章邯已破梁军，则以为楚地兵不足忧，乃渡河北击赵，大破之。当此之时，赵歇为王，陈馀为将，张耳为相，走入钜鹿城。秦将王离、涉闲围钜鹿，章邯军其南，筑甬道而输之粟。陈馀将卒数万人军钜鹿北，所谓河北军也。

宋义所遇齐使者高陵君显见楚怀王曰："宋义论武信君必败，数日果败。军未战先见败征，可谓知兵矣。"王召宋义与计事而说之，因以为上将军；羽为鲁公，为次将，范增为末将。诸别将皆属，号卿子冠军。北救赵，至安阳，留不进。秦三年，羽谓宋义曰："今秦军围钜鹿，疾引兵渡河，楚击其外，赵应其内，破秦军必矣。"宋义曰："不然。夫搏牛之虻不可以破虮。今秦攻赵，战胜则兵罢，我承其敝；不胜，则我引兵鼓行而西，必举秦矣。故不如先斗秦、赵。夫

沛公再向西进军，在濮阳以东击败了秦军，秦军收缩回濮阳城内。沛公、项羽转而进攻定陶。但没有攻下定陶，只好撤兵，一路往西攻打，直达雍丘，在此地大败秦军，杀死秦将李由。接着回军攻打外黄县，外黄县没有能攻下。

项梁从东阿出发，到达定陶时，再次打败秦军，项羽等人又杀死了李由，项梁越发轻视秦军，面色也带有傲气。宋义就劝谏项梁说："如果打了胜仗后，将领骄傲、士兵懈怠就会招致失败。现在士兵们已经有些懈怠了，而秦军却在一天天增兵，我真替您担心啊。"项梁没有采纳宋义的意见，反而派宋义出使齐国。宋义在半路上遇到齐国使臣高陵君显，问他："您是准备去见武信君吧？"高陵君回答说："是的。"宋义说："我认为武信君的军队一定会战败。您慢点走还能免一死，走得快了就会遭殃。"秦朝果然调动军队来增援章邯，秦军士兵口衔枚于夜间偷袭楚军，在定陶大败楚军，项梁战死。沛公、项羽撤离外黄县，进攻陈留，陈留防守坚固，没能攻下。沛公、项羽互相商量说："现在项梁的军队大败，士兵们都十分害怕。无力再战。"于是他们就和吕臣的部队一起向东退走。吕臣在彭城东面驻军，项羽在彭城西面驻军，沛公则驻军砀县。

章邯打败项梁军队后，就认为楚地的义军不足为虑了，就渡过黄河北上攻打赵国，大败赵军。这时候，赵歇为赵王，陈馀为大将，张耳为相国，都逃入钜鹿城。秦将王离、涉闲兵围钜鹿，章邯的军队驻扎在他们的南边，修筑通道给他们运送军粮。陈馀率几万士卒驻扎在钜鹿的北边，即所谓的河北军。

宋义在路上遇到的齐国使者高陵君显晋见楚怀王说："宋义认为武信君必败，不出几日，武信君果然兵败。在军队交战前就看到了失败的前兆，这样的人可以说是懂得兵法了。"楚王就召见宋义，同他商讨大事，非常满意他，就任命他为上将军；封项羽为鲁公，任命为次将；任命范增为末将。各位将领都隶属于宋义，宋义被称为卿子冠军。宋义率诸将北上救赵，行军至安阳，就停止不前。秦二世三年（前207），项羽对宋义说："现在秦军围困钜鹿，我们应该尽快率领部队渡河，楚军从外攻打，赵军在内接应，一定可以打败秦军。"

击轻锐，我不如公；坐运筹策，公不如我。”因下令军中曰：“猛如虎，狠如羊，贪如狼，强不可令者，皆斩。”遣其子襄相齐，身送之无盐，饮酒高会。天寒大雨，士卒冻饥。羽曰：“将戮力而攻秦，久留不行。今岁饥民贫，卒食半菽，军无见粮，乃饮酒高会，不引兵渡河因赵食，与并力击秦，乃曰‘承其敝’。夫以秦之强，攻新造之赵，其势必举赵。赵举秦强，何敝之承！且国兵新破，王坐不安席，扫境内而属将军，国家安危，在此一举。今不恤士卒而徇私，非社稷之臣也。”羽晨朝上将军宋义，即其帐中斩义头。出令军中曰：“宋义与齐谋反楚，楚王阴令籍诛之。”诸将詟服，莫敢枝梧。皆曰：“首立楚者，将军家也。今将军诛乱。”乃相与共立羽为假上将军。使人追宋义子，及之齐，杀之。使桓楚报命于王。王因使使立羽为上将军。

羽已杀卿子冠军，威震楚国，名闻诸侯。乃遣当阳君、蒲将军将卒二万人渡河救钜鹿。战少利，陈馀复请兵。羽乃悉引兵渡河。已渡，皆湛舡，破釜甑，烧庐舍，持三日粮，视士必死，无还心。于是至则围王离，与秦军遇，九战，绝甬道，大破之，杀苏角，虏王离。涉闲不降，自烧杀。当是时，楚兵冠诸侯。诸侯军救钜鹿者十余壁，莫敢纵兵。及楚击秦，诸侯皆从壁上观。楚战士无不一当十，呼声动天地。诸侯军人人惴恐。于是楚已破秦军，羽见诸侯将，入辕门，膝行而前，莫敢仰视。羽繇是始为诸侯上将军，兵皆属焉。

宋义说："不是这样的情况。用力可以打死牛虻，却难以打死虱子。现在秦军攻打赵军，即使获胜，军队也会非常疲惫，我们可以以逸待劳；秦军若失败，我们就可以趁势率领部队大举西进，一定能够消灭秦朝了。因此不如先让秦、赵两军斗个两败俱伤。上阵杀敌，我不如您；运筹帷幄，您不如我。"因此宋义给军中下令说："即使有人猛如虎，倔如羊，贪如狼，但是只要逞强不听从命令，一律斩首。"随后派他的儿子宋襄去出使齐国，宋义亲自送到无盐，大摆宴席践行。当时天寒大雨，士兵又冻又饿。项羽说："我们应该合力攻打秦军，宋义却久停不前。如今庄稼歉收，百姓贫苦，士兵只能吃掺了一半豆子的饭食，军中粮草渐缺，宋义却大摆盛宴，而不是领兵渡河去赵国筹集粮食，和赵国一起合力攻秦，却说'想利用秦军的疲惫。'凭秦军的强大，进攻刚建国的赵国，势必会战胜赵国。赵国被占领而秦军就更加强大，哪里会有什么疲惫的机会呢！况且我军刚打败仗，楚王寝食不安，把所有的兵力交给宋义，国家的安危，在此一举。现在他不体恤士兵，却徇私枉法，不是国家的栋梁。"项羽早上去见上将军宋义，就在帐中斩下了宋义的人头，项羽出帐向军中下令说："宋义与齐国合谋反楚，楚王密令我杀死他。"诸将都很敬畏项羽，无人敢提出异议。大家都说："最先拥立楚王的是将军一家，现在将军又是奉命诛灭了作乱的贼子。"众人就拥立项羽为代理上将军。并派人去追杀宋义的儿子，在齐国把他杀了。项羽派桓楚向楚怀王报告情况，楚怀王就派使臣封项羽为上将军。

项羽杀掉宋义之后，威震楚国，名声传遍诸侯。他派当阳君、蒲将军率领二万士卒渡过漳河，救援钜鹿。战事开始还比较顺利，陈馀再一次请求救援。项羽就统率全军渡河，准备救援钜鹿。渡河完毕，项羽下令凿沉全部船只，砸破锅釜，烧掉营垒，命令士兵每人只带三天的干粮，以此表明自己决一死战，绝不后退的决心。因此项羽一到钜鹿就马上包围王离，项羽与秦军大战九次，截断了秦军的运粮通道，最终大败秦军，杀死了苏角，俘获了王离。涉闲不肯投降，自焚而死。在当时，楚军的战斗力远超诸侯军队。前来救援钜鹿的诸侯有十多处营垒，都不敢与秦军交战。等到楚军进攻秦军时，各诸侯军的

章邯军棘原，羽军漳南，相持未战。秦军数却，二世使人让章邯。章邯恐，使长史欣请事。至咸阳，留司马门三日，赵高不见，有不信之心。长史欣恐，还走，不敢出故道。赵高果使人追之，不及。欣至军，报曰："事亡可为者。相国赵高颛国主断。今战而胜，高嫉吾功，不胜，不免于死。愿将军熟计之。"陈馀亦遗章邯书曰："白起为秦将，南并鄢郢，北坑马服，攻城略地，不可胜计，而卒赐死。蒙恬为秦将，北逐戎人，开榆中地数千里，竟斩阳周。何者？功多，秦不能封，因以法诛之。今将军为秦将三岁矣，所亡失已十万数，而诸侯并起兹益多。彼赵高素谀日久，今事急，亦恐二世诛之，故欲以法诛将军以塞责，使人更代以脱其祸。将军居外久，多内隙，有功亦诛，亡功亦诛。且天之亡秦，无愚智皆知之。今将军内不能直谏，外为亡国将，孤立而欲长存，岂不哀哉！将军何不还兵与诸侯为从，南面称孤，孰与身伏斧质，妻子为戮乎？"章邯狐疑，阴使候始成使羽，欲约。约未成，羽使蒲将军引兵渡三户，军漳南，与秦战，再破之。羽悉引兵击秦军汙水上，大破之。

邯使使见羽，欲约。羽召军吏谋曰："粮少，欲听其约。"军吏

将领都趴在壁垒上观战。看到楚军士兵个个以一当十，喊杀声惊天动地。诸侯军无不惊恐颤栗。打败秦军之后，项羽召见诸侯将领，诸侯将领进入辕门时，个个都跪着前行，没有人敢抬头仰视。项羽从此成为各路诸侯的上将军，所有兵马都归属他指挥。

章邯军队驻守在棘原，项羽军队驻守在漳南，两军对峙，一直没有交战。秦军几次后撤以避楚军锋芒，秦二世派人责备章邯。章邯心中害怕，派长史司马欣回去汇报情况。司马欣回到咸阳，在司马门等候了三天，赵高就是不予接见，明显是对章邯不信任。长史司马欣感到害怕，准备返回军中，但他不敢顺原路返回。果然，赵高派人追赶他，可是没有追到。司马欣回到军中，向章邯报告说："事情已经无法挽回，相国赵高在朝中大权独揽，无人可与之抗衡。我军如果能够获得胜利，赵高一定会嫉妒我们的功劳；如果不能胜利，则死罪难免。请将军深思而后行。"陈馀也给章邯写信，说道："白起身为秦将，南征攻取了楚国的鄢郢，北战坑杀了赵括的大军，四处攻城略地，立下的功绩不可胜数，结果反而被赐死。蒙恬作为秦将，在北境驱逐匈奴，在榆中开拓疆土几千里，竟然被斩于阳周。什么原因呢？就是因为他们的功劳太多，秦朝无法再封赏他们，就借律法把他们杀掉。如今将军身为秦将已经三年了，损失的兵员也有十万多人了，而起事举兵的诸侯却越来越多。赵高一向擅于阿谀奉承，现在形势危急，他也惧怕二世杀他，因此肯定会借军法杀掉将军，来推卸他的责任，然后再找人接替将军，来免除他的灾祸。将军在外领兵打仗的时间久了，朝廷内必定会对将军有嫌隙，将军有功也是死，无功也是死。况且现在上天要灭亡秦朝，世人无论智力高低，都看得很清楚了。现在将军对内不能上书辩解，在外成为亡国之将，孤立无援却想长久维持，岂不是很悲哀！将军何不回师，与诸侯一同伐秦，事成后自立为王，这总比身遭杀戮、妻儿被害好吧？"章邯犹豫不决，暗中派军候始成出使项羽，想要订立盟约。盟约尚未订立，项羽派蒲将军领兵从三户渡河，到达漳南，与秦军大战，再次打败了秦军。项羽统率全军在汙水上进攻秦军，大败秦军。

章邯派人去见项羽，想要订立盟约。项羽召集众将商议说："我军

皆曰："善。"羽乃与盟洹水南殷虚上。已盟，章邯见羽流涕，为言赵高。羽乃立章邯为雍王，置军中。使长史欣为上将，将秦军行前。

汉元年，羽将诸侯兵三十余万，行略地至河南，遂西到新安。异时诸侯吏卒繇役屯戍过秦中，秦中遇之多亡状，及秦军降诸侯，诸侯吏卒乘胜奴虏使之，轻折辱秦吏卒。吏卒多窃言曰："章将军等诈吾属降诸侯，今能入关破秦，大善；即不能，诸侯虏吾属而东，秦又尽诛吾父母妻子。"诸将微闻其计，以告羽。羽乃召英布、蒲将军计曰："秦吏卒尚众，其心不服，至关不听，事必危。不如击之，独与章邯、长史欣、都尉翳入秦。"于是夜击坑秦军二十余万人。

至函谷关，有兵守，不得入。闻沛公已屠咸阳，羽大怒，使当阳君击关。羽遂入，至戏西鸿门，闻沛公欲王关中，独有秦府库珍宝。亚父范增亦大怒，劝羽击沛公。飨士，旦日合战，羽季父项伯素善张良。良时从沛公，项伯夜以语良。良与俱见沛公，因伯自解于羽。明日，沛公从百余骑至鸿门谢羽，自陈"封秦府库，还军霸上以待大王，闭关以备他盗，不敢背德。"羽意既解，范增欲害沛公，赖张良、樊哙得免。语在《高纪》。

后数日，羽乃屠咸阳，杀秦降王子婴，烧其宫室，火三月不灭；收其宝货，略妇女而东。秦民失望。于是韩生说羽曰："关中阻山带河，四塞之地，肥饶，可都以伯。"羽见秦宫室皆已烧残，又怀思东

粮食匮乏，难以持续作战，因此我想要答应章邯的请求。”将官们都说：“好。”项羽就与章邯在洹水南边的殷墟会盟。订立盟约后，章邯来拜见项羽，他流着泪，诉说赵高的种种刁难。项羽便封章邯为雍王，留在楚军中。让长史司马欣担任上将军，统率秦军为前锋。

汉元年（前206），项羽率领诸侯兵马共三十多万，一路攻城略地来到河南，接着又向西到达新安。诸侯军中的官兵过去服徭役或戍边时路过秦地，秦地官吏对待他们很不友善，现在秦军投降了诸侯，诸侯军中的官兵乘机把秦军官兵当奴隶俘虏使唤，随便羞辱秦军官兵。很多秦军官兵私下议论说：“章将军等人欺骗我们投降诸侯，如果能入关破秦，那大家都好；如果不能，诸侯军势必会挟持我们去东方，秦朝必定会杀了我们的父母妻儿。”项羽的将领们听到这些议论，就报告给项羽。项羽就召集英布、蒲将军等人商议对策说：“秦军官兵人数还很多，他们心有不服，如果到关中不听指挥，那就很危险了，不如杀掉他们，而只留下章邯、长史司马欣、都尉董翳等人入秦。”于是楚军连夜坑杀了二十多万秦军降兵。

项羽军到达函谷关时，关上有兵把守，不能进关。项羽听说沛公已攻下咸阳，勃然大怒，派当阳君率军攻关。项羽就挥师进入函谷关，到达戏水西面的鸿门。项羽听说沛公想在关中称王，独占秦朝府库中的珍宝。亚父范增听说后也大怒，劝项羽进攻沛公。项羽犒赏三军，准备第二天开战。项羽的叔父项伯，一向与张良关系很好。张良此时正跟随沛公身边，项伯就连夜去见张良，把项羽准备攻打沛公的事告诉他。张良带着项伯一起去见沛公，请项伯对项羽进行解释。次日，沛公带着一百多骑兵来到鸿门拜见项羽，对项羽解释说：“我封存秦朝的府库，退军霸上是为了等候大王，闭关是为了防备盗贼，我从来不敢背弃大王的恩德。”项羽听完沛公的解释，怒气已消，但范增还想杀掉沛公，幸亏张良、樊哙的保护才得以幸免。详见《高帝纪》。

数日后，项羽纵兵在咸阳烧杀，将投降的秦王子婴杀死，放火烧了秦宫，大火燃烧了三个月不灭；项羽掠夺秦宫的财宝和美女往东而去，秦地百姓大失所望。于是有韩生劝说项羽：“关中有山河险要，四

归，曰："富贵不归故乡，如衣锦夜行。"韩生曰："人谓楚人沐猴而冠，果然。"羽闻之。斩韩生。

初，怀王与诸将约，先入关者王其地。羽既背约，使人致命于怀王。怀王曰："如约。"羽乃曰："怀王者，吾家武信君所立耳，非有功伐，何以得颛主约？天下初发难，假立诸侯后以伐秦。然身被坚执锐首事，暴露于野三年，灭秦定天下者，皆将相诸君与籍力也。怀王亡功，固当分其地王之。"诸将皆曰："善。"羽乃阳尊怀王为义帝，曰："古之王者，地方千里，必居上游。"徙之长沙，都郴。乃分天下以王诸侯。

羽与范增疑沛公，业已讲解，又恶背约恐诸侯叛之，阴谋曰："巴、蜀道险，秦之迁民皆居之。"乃曰："巴、蜀亦关中地。"故立沛公为汉王，王巴、蜀、汉中。而参分关中，王秦降将以距塞汉道。乃立章邯为雍王，王咸阳以西。长史司马欣，故栎阳狱吏，尝有德于梁；都尉董翳，本劝章邯降。故立欣为塞王，王咸阳以东至河；立翳为翟王，王上郡。徙魏王豹为西魏王，王河东。瑕丘公申阳者，张耳嬖臣也，先下河南，迎楚河上。立阳为河南王。赵将司马印定河内，数有功。立印为殷王，王河内。徙赵王歇王代。赵相张耳素贤，又从入关，立为常山王，王赵地。当阳君英布为楚将，常冠军。立布为九江王。番君吴芮帅百粤佐诸侯从入关。立芮为衡山王。义帝柱国共敖将兵击南郡，功多，因立为临江王。徙燕王韩广为辽东王。燕将臧荼从楚救赵，因从入关。立荼为燕王。徙齐王田市为胶东王。齐将田都从共救赵，入关。立都为齐王。故秦所灭齐王建孙田安，羽

面都有天险阻隔，土地肥沃，是可以建都称霸的地方。”项羽看到秦宫都烧成了断壁残垣，又想要东归回乡，就说：“富贵后不回故乡，就像穿着好看的衣服在夜间走路一样。”韩生说：“怪不得世人说楚国人是戴着帽子的猴子，性情急躁，现在看来果真如此。”项王听说后，就杀了韩生。

起初，楚怀王与诸将约定，先攻入潼关的人可以在关中称王。项羽已然违背了盟约，派人将事情禀报给楚怀王，楚怀王说：“按约定行事。”项羽说：“楚怀王是我们项家的武信君所拥立的，他也没有建立什么功劳，凭什么让他决定盟约呢？天下刚刚举事的时候，暂时拥立以前诸侯的后裔为王，是为了讨伐秦朝。然而身披战甲，冲锋陷阵，在外风餐露宿拼杀三年，灭秦而平定天下的人，正是诸位和我啊！楚怀王尽管无功，还是应当分给他土地，让他称王。”诸将都说：“好。”因此项羽表面上尊楚怀王为义帝，还主张说：“古代的王者，拥有千里的领土，必定居住在水流的上游。”项羽把楚怀王迁到长沙郡，建都郴县。然后划分天下，分封各路诸侯为王。

项王、范增对沛公一直有疑心，虽然彼此已经和解，但还是担心自己违背盟约，怕诸侯反叛，就私下策划说：“巴、蜀两郡道路艰险，秦朝流放的犯人都发配到蜀地。”就说：“巴郡、蜀郡也属于关中。”因此立沛公为汉王，属地为巴郡、蜀郡和汉中。又把关中划为三部分，以秦朝降将为王，借以阻拦汉王。封章邯为雍王，属地为咸阳以西地区。长史司马欣，以前是栎阳县狱吏，曾对项梁有恩；都尉董翳，曾劝章邯投降楚军。因此立司马欣为塞王，属地为咸阳以东至黄河的地区；立董翳为翟王，属地为上郡。改封魏王豹为西魏王，属地为河东。瑕丘公申阳是张耳的近臣，先前攻下河南后，在黄河边迎接楚军，因此立申阳为河南王。赵将司马卬平定了河内，屡次建功，因此立司马卬为殷王，属地为河内。改封赵王歇为代王。赵相国张耳素来贤能，又跟随项羽入关，因此立张耳为常山王，属地为赵地。当阳君英布为楚将，军功卓越，因此立英布为九江王。番君吴芮率领百越的人马协助诸侯，又随项羽入关，因此立吴芮为衡山王。义帝的柱国共敖领兵攻打南郡，功劳很多，因此立共敖为临江王。改封燕王韩广为

方渡河救赵，安下济北数城，引兵降羽。立安为济北王。田荣者，背梁不肯助楚击秦，以故不得封。陈馀弃将印去，不从入关，然素闻其贤，有功于赵，闻其在南皮，故因环封之三县。番君将梅鋗功多，故封十万户侯。羽自立为西楚伯王，王梁、楚地九郡，都彭城。

诸侯各就国。田荣闻羽徙齐王市胶东，而立田都为齐王，大怒，不肯遣市之胶东，因以齐反，迎击都。都走楚。市畏羽，乃亡之胶东就国。荣怒，追杀之即墨，自立为齐王。予彭越将军印，令反梁地。越乃击杀济北王田安。田荣遂并王三齐之地。时汉王还定三秦。羽闻汉并关中，且东，齐、梁畔之，大怒，乃以故吴令郑昌为韩王以距汉，令萧公角等击彭越。越败萧公角等。时，张良徇韩，遗项王书曰："汉王失职，欲得关中，如约即止，不敢东。"又以齐、梁反书遗羽，羽以此故无西意，而北击齐。征兵九江王布。布称疾不行，使将将数千人往。二年，羽阴使九江王布杀义帝。陈馀使张同、夏说说齐王荣，曰："项王为天下宰不平，今尽王故王于丑地，而王群臣诸将善地，逐其故主赵王，乃北居代，馀以为不可。闻大王起兵，且不听不义，愿大王资馀兵，使击常山，以复赵王，请以国为扞蔽。"齐王许之，因遣兵往。陈馀悉三县兵，与齐并力击常山，大破之。张耳走归汉。陈馀迎故赵王歇反之赵。赵王因立馀为代王。羽至城阳，田荣亦将兵会战。荣不胜，走至平原，平原民杀之。羽遂北烧夷齐城郭室屋，皆坑降卒，系虏老弱妇女。徇齐至北海，所过残灭。齐人相聚而畔之。于是田荣弟横收得亡卒数万人，反城阳。羽因留，连战未能下。

辽东王。燕将臧荼跟随楚军救援赵国，而后跟随项羽入关，因此立臧荼为燕王。改封齐王田市为胶东王。齐将田都曾救援赵国，也跟随项羽入关，因此立田都为齐王。从前被秦军灭亡的齐王田建的孙子田安，在项羽渡河救赵时，攻下了济北几座城邑，然后领兵投靠项羽，项羽就立田安为济北王。田荣与项梁交恶，又不愿派兵援助楚军攻打秦军，因此没有被封王。陈馀丢下将印私自离去，而且也没有随项羽入关，但项羽一向知道他的贤名，而且陈馀对赵国有大功劳，得知他居住在南皮后，就把南皮周围的三个县封给他。番君的部将梅鋗功劳很大，因此被封为十万户侯。项羽自封为西楚霸王，属地为梁、楚地区的九个郡，都城为彭城。

诸侯各自前往封国就任。田荣得知项羽把齐王田市封到胶东为王，而立田都为齐王，十分生气，不肯让田市去胶东为王，因而割据齐地反叛，并率军迎击田都。田都逃到楚国。齐王田市畏惧项羽，就赶往胶东就任。田荣知道后大怒，追到即墨，把田市杀了。田荣自立为齐王。田荣封彭越为将军，让他在梁地起兵反叛。彭越杀死了济北王田安。田荣便吞并了三齐的土地。这时，汉王已经平定三秦。项羽听说汉王已经占领了关中，即将东进，而齐国、梁地又发生叛乱，十分生气，就封原吴县县令郑昌为韩王抵挡汉军，命萧公角等人进攻彭越。彭越击败了萧公角等人。当时，张良正在韩地，写信给项羽说："汉王没能获得应有的封赏，因此希望取回关中，只要能兑现盟约内容，就会停止进兵，没有东进的打算。"接着又把齐国、梁地的反书交给项羽，项羽因此放弃西进的打算，转而向北攻打齐国。项羽要求九江王英布出兵，英布借口有病没去，只派部将带领几千人前去。汉二年（前205），项羽暗令九江王英布杀害义帝。陈馀派张同、夏说游说齐王田荣道："项王掌管天下，处事不公平。如今把原来的诸侯都封在穷山恶水的地方，而把他的大臣将领分封在富庶的地方，驱逐原来赵地的赵王，把他迁居到代地，我认为这种做法不可接受。我听说大王举兵起事，不愿听从不合道义的命令，我希望大王能援助我一些兵马，让我可以去攻打常山，恢复赵王的领地，让赵国成为齐国的屏障。"齐王同意了，就派兵去援助赵国。陈馀发动三县全部的兵员，与

汉王劫五诸侯兵，凡五十六万人，东伐楚。羽闻之，即令诸将击齐，而自以精兵三万人南从鲁出胡陵。汉王皆已破彭城，收其货赂美人，日置酒高会。羽乃从萧晨击汉军而东，至彭城，日中，大破汉军。汉军皆走，迫之穀、泗水。汉军皆南走山，楚又追击至灵辟东睢水上。汉军却，为楚所挤，多杀。汉卒十余万皆入睢水，睢水为不流。汉王乃与数十骑遁去。语在《高纪》。太公、吕后间求汉王，反遇楚军。楚军与归，羽常置军中。

汉王稍收散卒，萧何亦发关中卒悉诣荥阳，战京、索间，败楚。楚以故不能过荥阳而西。汉军荥阳，筑甬道，取敖仓食。三年，羽数击绝汉甬道，汉王食乏，请和，割荥阳以西为汉。羽欲听之。历阳侯范增曰："汉易与耳，今不取，后必悔之。"羽乃急围荥阳。汉王患之，乃与陈平金四万斤以间楚君臣。语在《陈平传》。项羽以故疑范增，稍夺之权。范增怒曰："天下事大定矣，君王自为之！愿赐骸骨归。"行未至彭城，疽发背死。于是汉将纪信诈为汉王出降，以诳楚军，故汉王得与数十骑从西门出。令周苛、枞公、魏豹守荥阳。汉王西入关收兵，还出宛、叶间，与九江王黥布行收兵。羽闻之，即引兵南。汉王坚壁不与战。

齐军一起攻打常山，大败常山军。张耳逃走，投靠汉王。陈馀将原赵王歇迎回赵国。赵王因此封陈馀为代王。项羽到达城阳，田荣率兵前来迎战。田荣战败，逃到平原，平原百姓杀了他。项羽继续北上，沿途烧毁、荡平齐国各地的城邑房舍，把齐国降兵全部坑杀，把老弱妇女全部掳走。项羽一路扫荡至北海，所到之处都是烧杀、毁灭。齐人聚集起来反抗项羽。这时，田荣的弟弟田横收拢打散的残兵，得到了几万人，就据守城阳反楚。项羽因此停留下来，与田横交战多次，但未能攻下城阳。

汉王率领五路诸侯的军队，一共五十六万人，向东攻打楚国。项王听到消息后，就让其他将领继续攻打齐国，而他亲自率领精兵三万人向南从鲁县到达胡陵。当时，汉王已攻占彭城，大肆掠取城中的财宝和美女，每天大摆宴席，饮酒作乐。项羽从萧县发起攻击，早晨开始进攻，向东一直打到彭城，到了中午，就大败汉军。汉军全军败走，被逼到穀水、泗水一带。汉兵又接着向南逃亡进入山地，楚军又追击到灵辟东南的睢水边上。汉军继续退却，被楚军追上，死伤惨重。汉兵被杀或掉进了睢水的士兵有十多万人，致使睢水被堵塞而不流动。汉王仅带数十名骑兵逃走。详见《高帝纪》。太公和吕后正在寻找汉王，不巧遇到了楚军。楚军就把他们带回去，项羽把他们留在军营里。

汉王逐渐收拢战败的散兵，萧何也征调关中兵员赶赴荥阳，汉军此后在荥阳南面的京县、索亭之间连续作战，打败了楚军。楚军因此不能越过荥阳西进。汉军驻扎在荥阳，修筑粮道，运送敖仓的粮食来保证军需。汉三年（前204），项羽屡次侵袭汉军粮道，汉军缺粮，汉王请求讲和，提议将荥阳以西划归汉王。项羽也想讲和，历阳侯范增说："汉军现在很容易对付，现在不趁机打败他们，以后必定后悔。"项羽听从了范增的建议，加紧围攻荥阳。汉王十分忧虑，就给陈平四万斤黄金，去离间项羽与范增的关系。详见《陈平传》。项羽因此对范增产生嫌隙，逐步削弱他的权力。范增很生气，对项羽说："天下事已经大体安定，剩下的事，君王自己可以完成！希望您能允许我告老还乡。"项羽就同意了。于是范增启程回乡，还未走到彭城，因为背上的

是时，彭越渡睢，与项声、薛公战下邳，杀薛公。羽乃东击彭越。汉王亦引兵北军成皋。羽已破走彭越，引兵西下荥阳城，亨周苛，杀枞公，虏韩王信，进围成皋。汉王跳，独与滕公得出。北渡河，至修武，从张耳、韩信。楚遂拔成皋。汉王得韩信军。留止，使卢绾、刘贾渡白马津入楚地，佐彭越共击破楚军燕郭西，烧其积聚，攻下梁地十余城。羽闻之，谓海春侯大司马曹咎曰："谨守成皋。即汉欲挑战，慎毋与战，勿令得东而已。我十五日必定梁地，复从将军。"于是引兵东。

四年，羽击陈留、外黄，外黄不下。数日降，羽悉令男子年十五以上诣城东，欲坑之。外黄令舍人儿年十三，往说羽曰："彭越强劫外黄，外黄恐，故且降，待大王。大王至，又皆坑之，百姓岂有所归心哉！从此以东，梁地十余城皆恐，莫肯下矣。"羽然其言，乃赦外黄当坑者。而东至睢阳，闻之皆争下。

汉果数挑楚军战，楚军不出。使人辱之，五六日，大司马怒，渡兵汜水。卒半渡，汉击，大破之，尽得楚国金玉货赂。大司马咎、长史欣皆自刭汜水上。咎故蕲狱掾，欣故塞王，羽信任之。羽至睢阳，闻咎等破，则引兵还。汉军方围钟离眛于荥阳东，羽军至，汉

疮发作而死。汉军将领纪信冒充汉王投降楚军，来欺骗楚军，因此汉王得以带领数十骑从荥阳西门逃走。汉王派周苛、枞公、魏王豹守卫荥阳。汉王向西回到关中征集部队，又来到宛县、叶县一带作战，与九江王英布，边作战边招集士兵。项羽听说后，随即带兵南征。汉王坚壁高垒拒不出战。

这时，彭越领军渡过睢水，在下邳与项声、薛公作战，彭越打败楚军，并且杀死了薛公。项羽就只得挥师东进，攻打彭越。汉王也率军北上驻扎在成皋。项羽打败彭越后，便带兵西进，攻下了荥阳城，将周苛烹杀，枞公也被杀死，韩王信被俘虏，然后项羽率军包围了成皋。汉王匆忙逃出了成皋，只与滕公两人走脱。汉王北渡黄河，赶到修武，和张耳、韩信军会合。楚军就攻取了成皋。汉王得到韩信的军队就停留下来，派卢绾、刘贾渡过白马津，进入楚地，协助彭越在燕县西打败楚军，烧毁了楚军积蓄在此的粮草，攻占了梁地十几座城池。项羽听说后对海春侯大司马曹咎说："你在这里谨慎守卫成皋，如果汉军前来挑战，千万不要出去迎战，只要不让他们东进就可以了。我十五天内一定会平定梁地，到时候再回来与将军会合。"因此项羽率兵东进。

汉四年（前203），项羽率军攻打陈留、外黄，外黄没能立刻攻下。过了几天，外黄人才投降，项王命令外黄全部十五岁以上的男子到城东，准备坑杀他们。外黄县令下属的儿子，年龄十三岁，前去劝说项羽道："彭越强行占领外黄，外黄人恐惧，因此暂且投降，是为了等待大王归来。大王归来后，却把外黄人坑杀，百姓岂会有归顺之心！从这往东，梁地十多个城池的人都会恐惧被坑杀，而绝不肯投降了。"项羽同意他的话，就赦免了准备要坑杀的外黄人。睢阳以东地区的人，听说后都争着归降项羽。

汉军果然多次前来向荥阳的楚军挑战，楚军坚守不出。汉军不断辱骂楚军，五六天后，大司马曹咎被激怒，率军准备渡过汜水和汉军交战。曹咎军队刚刚渡过一半人马时，遭到汉军袭击，楚军大败，汉军俘获楚军全部财物。大司马曹咎、长史司马欣在汜水自刎身亡了。曹咎原是蕲县监狱小吏，司马欣原来被封为塞王，项羽很信任他俩。

军畏楚，尽走险阻。羽亦军广武相守，乃为高俎，置太公其上，告汉王曰：“今不急下，吾亨太公。”汉王曰：“吾与若俱北面受命怀王，约为兄弟，吾翁即汝翁。必欲亨乃翁，幸分我一杯羹。”羽怒，欲杀之。项伯曰：“天下事未可知。且为天下者不顾家，虽杀之无益，但益怨耳。”羽从之。乃使人谓汉王曰：“天下匈匈，徒以吾两人，愿与王挑战，决雌雄，毋徒罢天下父子为也。”汉王笑谢曰：“吾宁斗智，不能斗力。”羽令壮士出挑战。汉有善骑射曰楼烦，楚挑战，三合，楼烦辄射杀之。羽大怒，自被甲持戟挑战。楼烦欲射，羽瞋目叱之。楼烦目不能视，手不能发，走还入壁，不敢复出。汉王使间问之，乃羽也，汉王大惊。于是羽与汉王相与临广武间而语。汉王数羽十罪。语在《高纪》。羽怒，伏弩射伤汉王。汉王入成皋。

时彭越数反梁地，绝楚粮食，又韩信破齐，且欲击楚。羽使从兄子项它为大将，龙且为裨将，救齐。韩信破杀龙且，追至成阳，虏齐王广。信遂自立为齐王。羽闻之，恐，使武涉往说信。语在《信传》。

时，汉关中兵益出，食多，羽兵食少。汉王使侯公说羽，羽乃与汉王约，中分天下，割鸿沟而西者为汉，东者为楚，归汉王父母妻子。已约，羽解而东。五年，汉王进兵追羽，至固陵，复为羽所败。汉王用张良计，致齐王信、建成侯彭越兵，及刘贾入楚地，围寿春。大司马周殷叛楚，举九江兵随刘贾，迎黥布，与齐梁诸侯皆大会。

这时项羽在睢阳，听到曹咎等人兵败身亡后，就领兵回援。汉军在荥阳东面包围了钟离眛，项羽率军赶来，汉军畏惧楚军，都撤回到险要地方防守。项羽也驻扎在广武县与汉军对峙，项羽在阵前立了一张高案，把刘太公放在上面，告诉汉王说："你如果不马上投降，我就烹杀刘太公。"汉王说："我与你一起面北接受楚怀王的命令，互相约定为兄弟，我的父亲就是你的父亲。你一定要烹杀你的父亲，到时候请分给我一杯肉汤。"项羽大怒，要杀刘太公。项伯说："天下大事还未安定，况且志在争夺天下的人不会顾及家人，即使杀了刘太公也没有用处，只会增添怨恨罢了。"项羽听从了他的建议。项羽派人对汉王说："天下纷乱这么多年，全是由于我们两个人引起的，我希望与汉王单独一决雌雄，别让天下百姓受苦啊！"汉王笑着谢绝说："我只愿斗智，不愿斗力。"项王命令武士出营挑战。汉军有擅于骑射人名叫楼烦，楚兵前来挑战三次，楼烦把他们全部射杀。项羽大怒，就亲自披甲持戟前来挑战。楼烦正要射项羽，项羽怒目相向。楼烦被吓得眼也不敢看，手也不敢放箭，转身逃回大营，再也不敢出来。汉王派人打听，得知前来挑战的人是项羽。汉王大吃一惊。项羽与汉王隔着广武涧对话，汉王历数项羽十大罪状。详见《高帝纪》。项羽大怒，让埋伏的弓箭手射伤了汉王。汉王跑回成皋。

这时，彭越在梁地数次叛乱，断绝了楚军的粮食供给，韩信也攻破齐国，正准备进攻楚军。项羽派他堂兄的儿子项它为大将，龙且为副将，救援齐国。韩信打败援军，并且杀死龙且，一路追杀到了成阳县，俘虏了齐王田广。韩信就自立为齐王。项羽听到这个消息，十分恐惧，便派武涉前去与韩信交涉。详见《韩信传》。

此时，汉关中不断派出援兵，汉军粮草也充足，项羽兵员、粮草越来越少。汉王派侯公前去游说项王，项羽就与汉王订立盟约，两家平分天下，划分鸿沟以西的土地归属汉，鸿沟以东的土地归属楚，项羽归还汉王的父母妻儿。盟约订立后，项羽收兵东归。汉五年（前202），汉王带兵追击项羽，到达固陵县，又被项羽打败。汉王采用张良的计策，调集齐王韩信、建成侯彭越的部队，又让刘贾领兵入楚，包围寿春。楚国大司马周殷背叛楚国，率领九江兵马归顺刘贾，迎英

羽壁垓下，军少食尽。汉帅诸侯兵围之数重。羽夜闻汉军四面皆楚歌，乃惊曰："汉皆已得楚乎？是何楚人多也！"起饮帐中。有美人姓虞氏，常幸从；骏马名骓，常骑。乃悲歌慷慨，自为歌诗曰："力拔山兮气盖世，时不利兮骓不逝。骓不逝兮可奈何！虞兮虞兮奈若何！"歌数曲，美人和之。羽泣下数行，左右皆泣，莫能仰视。

于是羽遂上马，戏下骑从者八百余人，夜直溃围南出驰。平明，汉军乃觉之，令骑将灌婴以五千骑追羽。羽渡淮，骑能属者百余人。羽至阴陵，迷失道，问一田父，田父绐曰"左"。左，乃陷大泽中，以故汉追及之。羽复引而东，至东城，乃有二十八骑。追者数千，羽自度不得脱，谓其骑曰："吾起兵至今八岁矣，身七十余战，所当者破，所击者服，未尝败北，遂伯有天下。然今卒困于此，此天亡我，非战之罪也。今日固决死，愿为诸军快战，必三胜，斩将，艾旗，乃后死，使诸君知吾非用兵罪，天亡我也。"于是引其骑因四隤山而为圜陈外向。汉骑围之数重。羽谓其骑曰："吾为公取彼一将。"令四面骑驰下，期山东为三处。于是羽大呼驰下，汉军皆披靡。遂杀汉一将。是时，杨喜为郎骑，追羽，羽还叱之，喜人马俱惊，辟易数里。与其骑会三处。汉军不知羽所居，分军为三，复围之。羽乃驰，复斩汉一都尉，杀数十百人。复聚其骑，亡两骑。乃谓骑曰："何如？"骑皆服曰："如大王言。"

布返回九江，并与齐国、梁国等诸侯部队会合。

项羽在垓下筑营，军中兵少粮尽。汉军及诸侯军队把楚军重重包围。项羽晚上听到四面的汉军都在唱楚歌，大惊道：“难道汉军已经占领楚国全部土地了吗？为何汉军中会有这么多楚人！”项羽起身，在大帐中饮酒消愁。项羽有位美姬姓虞，经常跟随项羽身边；有匹骏马名叫骓，是项羽多年的坐骑。项羽此时慷慨悲歌，作诗吟唱道：“力拔山兮气盖世，时不利兮骓不逝。骓不逝兮可奈何，虞兮虞兮奈若何！”连唱数遍，虞姬也在一旁唱和。项羽禁不住流下数行眼泪，左右侍从也都掩面哭泣，不能抬头仰视。

于是项羽就上马，率领部下八百多名骑兵，于当晚往南突围而出。直到天亮，汉军才发现项羽突围，让骑兵将领灌婴率五千骑兵追赶。项羽渡过淮河，能跟随的骑兵只有一百多人而已。项羽到达阴陵后，迷失了方向，向一个农夫问路，农夫骗他说：“往左走。”项羽往左而去，结果陷入大沼泽地中，因此被汉军追上了。项羽又领兵转向东，到达东城，这时只剩下二十八名骑兵了。而背后汉军的骑兵却有好几千人。项羽料想自己难以逃脱，就对他的骑兵说：“我起兵到现在已经八年了，身经大小战役七十多次，凡是我的敌人都会被打败，凡是我的对手都会被降服，我从不曾失败，故而称霸天下。然而今天却被困在此处，这是上天要灭亡我啊，并非我作战不利。今天固然决一死战，我愿为诸位痛快一战，必定三次获胜，还要斩杀敌将，砍倒大旗，然后才战死。让诸位知道不是我作战不利，而是上天要灭亡我。”于是项羽把他的人马集中到四隤山山顶，把队形摆成环形阵，阵势朝外。汉军已重重包围四隤山。项羽对他的骑兵们说：“我先为诸位斩杀敌军一将。”项羽命令骑兵们从四面奔驰而下，约定在山东边分三处集合。项羽就大声呼喊着纵马飞驰而下，阻挡的汉军随即溃败，项羽斩杀了一名汉将。当时杨喜任郎骑，追赶项羽，项羽回头怒目呵叱他，杨喜连人带马都受到惊吓，退走好几里地。项羽与骑兵们分三处会合。汉军不知道项羽在哪里，就分兵三路，重新包围。项羽继续突围，又斩杀汉军都尉一名，杀掉士卒数百人。随后项羽聚集他的骑兵，仅损失两骑而已。项羽就问骑兵们：“我的表现如何？”骑兵

于是羽遂引东，欲渡乌江。乌江亭长舣船待，谓羽曰："江东虽小，地方千里，众数十万，亦足王也。愿大王急渡。今独臣有船。汉军至，亡以渡。"羽笑曰："乃天亡我，何渡为！且籍与江东子弟八千人渡而西，今亡一人还，纵江东父兄怜而王我，我何面目见之哉？纵彼不言，籍独不愧于心乎！"谓亭长曰："吾知公长者也，吾骑此马五岁，所当亡敌，尝一日千里，吾不忍杀，以赐公。"乃令骑皆去马，步持短兵接战。羽独所杀汉军数百人。羽亦被十余创。顾见汉骑司马吕马童曰："若非吾故人乎？"马童面之，指王翳曰："此项王也。"羽乃曰："吾闻汉购我头千金，邑万户，吾为公得。"乃自刭。王翳取其头，乱相輮蹈争羽相杀者数十人。最后杨喜、吕马童、郎中吕胜、杨武各得其一体。故分其地以封五人，皆为列侯。

汉王乃以鲁公号葬羽于穀城。诸项支属皆不诛。封项伯等四人为列侯，赐姓刘氏。

赞曰：昔贾生之《过秦》曰：

秦孝公据殽函之固，拥雍州之地，君臣固守而窥周室，有席卷天下，包举宇内，囊括四海，并吞八荒之心。当是时也，商君佐之，内立法度，务耕织，修守战之备，外连衡而斗诸侯。于是秦人拱手而取西河之外。

孝公既没，惠文、武、昭襄蒙故业，因遗策，南取汉中，西举巴蜀，东割膏腴之地，收要害之郡。诸侯恐惧，会盟而谋弱秦，不爱珍器重宝肥饶之地，以致天下之士。合从缔交，相与为一。当此之

们都敬佩地说："就像大王先前所说的一样。"

于是项羽就向东而去，准备渡过乌江。乌江亭长正停船靠岸等候他，乌江亭长对项羽说："江东虽小，地方纵横千里，百姓也有几十万，足够称王了。.希望大王赶快渡江。现在只有我有船，就算汉军追来，也无法渡江。"项羽笑着说："既然上天要灭亡我，渡江又有什么用呢！况且当年我和八千江东子弟渡江西征，如今除我之外没有一个人返回，纵使江东父老可怜我，仍让我称王，我有什么面目去见他们呢？即使他们不责备我，难道我心里不感到愧疚吗！"项羽对亭长说："我知道您是一位忠厚的人。这匹马我骑了五年了，所向无敌，曾经一日行走千里，我不忍心杀掉它，就送给您吧！"项羽随后就命令骑兵下马，手持短兵器步战。项羽一人杀死几百汉军，自己身上也有十多处受伤。项羽回头看见汉军骑兵司马吕马童说："你不是我的故旧吗？"吕马童看着项王，指给王翳说："这就是项王！"项羽说："我听说汉王悬赏千金买我的人头，食邑万户。我就把这些赏赐送给你们吧！"说完就自刎而死。王翳抢到项羽的人头。其他人为了争夺项羽的身体，相互厮杀，死了几十个人。最后，杨喜、吕马童、郎中吕胜和杨武各抢到项羽身体的一部分。汉王划分领地，把五人都封为列侯。

汉王追封项羽为鲁公，把他葬在谷城。项氏各族都不予株连。封项伯等四人为列侯，赐姓刘氏。

赞辞说：以前贾谊的《过秦论》说：

秦孝公据有崤山、函谷关这样的险要地势，占有雍州地区，君臣守护着自己的基业，同时觊觎周朝的社稷，有席卷天下、包举宇内、囊括四海、并吞八方的决心。在那时，秦孝公有商鞅辅佐，对内以法制治国，鼓励耕织，整顿军备，对外实行连横策略，使诸侯互相争斗不休。因此秦人轻易得到黄河以西的大片土地。

秦孝公死后，惠文王、武王、昭襄王相继承袭祖业，遵照先人的遗策，南取汉中，西并巴蜀，东占肥沃富饶之地，夺取重要险峻之州郡。诸侯各国惶恐不安，互相结为同盟，谋划削弱秦国，他们不吝

时，齐有孟尝，赵有平原，楚有春申，魏有信陵。此四贤者，皆明智而忠信，宽厚而爱人，尊贤重士，约从离横，兼韩、魏、燕、赵、宋、卫、中山之众。于是六国之士有宁越、徐尚、苏秦、杜赫之属为之谋，齐明、周最、陈轸、召滑、楼缓、翟景、苏厉、乐毅之徒通其意。吴起、孙膑、带他、兒良、王廖、田忌、廉颇、赵奢之朋制其兵。常以十倍之地，百万之军，仰关而攻秦，秦人开关延敌，九国之师遁巡而不敢进。秦无亡矢遗镞之费，而天下已困矣。于是从散约败，争割地而赂秦。秦有余力而制其弊，追亡逐北，伏尸百万，流血漂卤，因利乘便，宰割天下，分裂山河；强国请服，弱国入朝。

施及孝文、庄襄王，享国之日浅，国家亡事。

及至始皇，奋六世之余烈，振长策而驭宇内，吞二周而亡诸侯，履至尊而制六合，执敲扑以鞭笞天下，威震四海。南取百粤之地，以为桂林、象郡。百粤之君頫首系颈，委命下吏。乃使蒙恬北筑长城而守藩篱，却匈奴七百余里，胡人不敢南下而牧马，士不敢弯弓而报怨。于是废先王之道，焚百家之言，以愚黔首。堕名城，杀豪俊，收天下之兵聚之咸阳，销锋鍉铸以为金人十二，以弱天下之民。然后践华为城，因河为池，据亿丈之城，临不测之川，以为固。良将劲弩，守要害之处，信臣精卒，陈利兵而谁何。天下已定，始皇之心，自以为关中之固，金城千里，子孙帝王万世之业也。

始皇既没，余威震于殊俗。然而陈涉，瓮牖绳枢之子，甿隶之人，迁徙之徒也，材能不及中庸，非有仲尼、墨翟之知，陶朱、猗顿之富。蹑足行伍之间，而免起阡陌之中，帅罢散之卒，将数百之众，

惜珍宝财货与肥沃土地，来招揽天下人才。六国通过合纵策略，结为联盟一致抗秦。当时，齐国有孟尝君，赵国有平原君，楚国有春申君，魏国有信陵君。这四位贤者，都睿智而讲忠信，宽厚待人，礼贤下士，各国约定合纵，放弃连横，集合了韩、魏、燕、赵、宋、卫、中山等国的军队。六国的人才众多，有宁越、徐尚、苏秦、杜赫等人负责出谋划策，有齐明、周最、陈轸、召滑、楼缓、翟景、苏厉、乐毅等人负责沟通联络，吴起、孙膑、带他、兒良、王廖、田忌、廉颇、赵奢等人负责统率军队。诸侯各国曾经以十倍于秦国的土地、百万大军，进军函谷关而攻打秦国。秦国打开关门，迎战诸侯国军队，然而九国军队却徘徊关前，不敢前进。秦国不费吹灰之力，就让诸侯各国疲惫不堪了。合纵解散，盟约作废，各国争相割让土地来贿赂秦国。因此秦国便有足够的力量，针对各国的弱点，逐个讨伐，战场上尸横遍野，血流成河，秦国因势利导，控制天下，割据土地；强国归顺，弱国称臣。

秦国延续到孝文王、庄襄王时期，他们在位的时间很短，国家没有发生大的变化。

秦始皇继位，秉承六代先祖的基业，挥舞长鞭而驱使天下，并吞二周而灭亡六国，登上帝位而统治天下，手持刑杖以鞭笞天下，威震海内。往南夺取百越地区，设立桂林郡和象郡。百越的酋长们头颈系绳，俯首称臣。秦始皇又派蒙恬在北方修筑长城，守卫边塞，驱逐匈奴七百里，胡人不敢南下放马，士人不敢起事反抗。于是，秦始皇废弃先王的治国之道，烧毁诸子百家的典籍，以愚弄百姓。拆毁天下名城，杀死各国的豪杰勇士，收缴天下兵器，集中在咸阳，销毁刀剑武器，铸造成十二个铜人，以削弱天下人的反抗。然后，以华山为城墙，以黄河为城濠，雄据亿丈坚城，下临无尽深渊，把这些当做坚固屏障。又用良将和强弩，防守险阻重要之地，忠臣精兵，装备精良武器，天下有谁敢当？天下终于平定，秦始皇的内心以为关中从此稳固，千里江山犹如铜墙铁壁，这是子孙后代万世称帝的基业。

秦始皇刚死，余威还在震慑天下。然而，像陈涉这样的人，住在破门烂窗的屋里，曾经是为人耕田的佣工，后来是发配戍边的囚徒，才能不及普通人，没有孔子、墨子那样的智慧，也没有陶朱、猗顿那

转而攻秦。斩木为兵，揭竿为旗，天下云合向应，赢粮而景从，山东豪俊遂并起而亡秦族矣。

且天下非小弱也；雍州之地，殽函之固，自若也。陈涉之位，不齿于齐、楚、燕、赵、韩、魏、宋、卫、中山之君；锄耰棘矜，不敌于钩戟长铩；適戍之众，不亢于九国之师；深谋远虑，行军用兵之道，非及曩时之士也。然而成败异变，功业相反，何也？试使山东之国与陈涉度长絜大，比权量力，不可同年而语矣。然秦以区区之地，致万乘之权，招八州而朝同列，百有余年，然后以六合为家，殽函为宫。一夫作难而七庙堕，身死人手，为天下笑者，何也？仁谊不施，而攻守之势异也。

周生亦有言，“舜盖重童子”，项羽又重童子，岂其苗裔邪？何其兴之暴也！夫秦失其政，陈涉首难，豪杰蜂起，相与并争，不可胜数。然羽非有尺寸，乘势拔起陇亩之中，三年，遂将五诸侯兵灭秦，分裂天下而威海内，封立王侯，政繇羽出，号为“伯王”，位虽不终，近古以来未尝有也。及羽背关怀楚，放逐义帝，而怨王侯畔己，难矣。自矜功伐，奋其私智而不师古，始霸王之国，欲以力征经营天下，五年卒亡其国，身死东城，尚不觉寤，不自责过失，乃引“天亡我，非用兵之罪”，岂不谬哉！

样的财富。投身于行伍之间，委身于阡陌之中，带领疲惫的士卒，统率几百人的队伍，倒戈而攻秦。他们削断树木当做武器，用竹竿做成旗帜，天下人如风云一般起兵响应。百姓背着粮食，如影随形一样追随陈涉，崤山以东的豪杰猛士蜂拥而起，灭亡了秦朝。

当时秦朝的天下没有缩小变弱，雍州的地利和殽山、函谷关的险要一如既往。陈涉的地位，没法与齐、楚、燕、赵、韩、魏、宋、卫、中山的国君相比；锄头木棍比不过钩戟和长矛；发配戍边的那些人，远不如当年九国军队的强大；论深谋远虑，行军打仗的能力，陈涉无法和昔日那些将帅媲美。然而陈涉成功而诸侯失败，陈涉成就功业而诸侯丧失国家。这是什么原因呢？如果比较当年诸侯国与陈涉的实力，两者不能相提并论。然而，秦国当年凭着区区一国之地，享有万乘天子的权利，使其他八州的诸侯都来朝拜，然后经过一百多年的时间，最后并吞天下为一家，以殽山、函谷关为宫墙。可是，陈涉一人发难，使秦朝七世宗庙被毁，而且秦二世、子婴被杀，秦朝被天下人所耻笑，这是为什么呢？是由于秦朝不施仁政，因此攻守的形势就转换了。

周生曾说过，“舜的眼睛有双瞳孔”，又听说项羽也有双瞳孔，项羽难道是舜的后裔吗？为什么项羽会突然崛起呢？秦朝治国不当，陈涉首先举事，英雄豪杰趁势而起，争夺天下，不可胜数。可是项羽没有尺寸的领地，却在百姓中乘势而起，经过三年征战，率领五国诸侯军队灭亡秦朝，分封天下而威加海内，封王立侯，政令全由项羽发出，自称为霸王。项羽的王位虽然没有保住，但是近古以来少有他这样的人物。等到他背弃盟约，思念楚国而东归，罢黜义帝，痛恨诸侯王背叛自己时，处境就很艰难了。项羽自负战功卓著，刚愎自用而不效法古人，自从称霸王开始，就依靠武力征伐来统治天下，结果五年时间就亡国，他自己自刎于东城，直到最后还不觉悟，不反省自己的过失，还找借口说“是上天要亡我，不是我作战的过错”，岂不是很荒谬吗！

卷三十二

张耳陈馀传第二

张耳，大梁人也，少时及魏公子毋忌为客。尝亡命游外黄，外黄富人女甚美，庸奴其夫，亡邸父客。父客谓曰："必欲求贤夫，从张耳。"女听，为请决，嫁之。女家厚奉给耳，耳以故致千里客，宦为外黄令。

陈馀，亦大梁人，好儒术。游赵苦陉，富人公乘氏以其女妻之。馀年少，父事耳，相与为刎颈交。

高祖为布衣时，尝从耳游。秦灭魏，购求耳千金，馀五百金。两人变名姓，俱之陈，为里监门。吏尝以过笞馀，馀欲起，耳摄使受笞。吏去，耳数之曰："始吾与公言何如？今见小辱而欲死一吏乎？"馀谢罪。

陈涉起蕲至陈，耳、馀上谒涉。涉及左右生平数闻耳、馀贤，见，大喜。

陈豪桀说涉曰："将军被坚执锐，帅士卒以诛暴秦，复立楚社稷，功德宜为王。"陈涉问两人，两人对曰："将军瞋目张胆，出万死不顾之计，为天下除残。今始至陈而王之，视天下私。愿将军毋王，急引兵而西，遣人立六国后，自为树党。如此，野无交兵，诛暴秦，据咸阳以令诸侯，则帝业成矣。今独王陈，恐天下解也。"涉不听，遂立为王。

张耳，魏国大梁人。他年少时曾做过魏公子无忌的门客。后来曾因犯事流亡到外黄县。外黄县有一富人家的女儿非常美丽，但是很鄙视她的丈夫，就逃到她父亲的一位宾客家中。她父亲的宾客对她说："你如果想要嫁个好丈夫，就只能嫁给张耳了。"她听从了宾客的建议，断绝了与丈夫的关系，嫁给了张耳。女子的娘家陪嫁了丰厚的财物给张耳，因此张耳就能广交天下宾客，并且后来还做了外黄县令。

陈馀，也是魏国大梁人，为人喜好儒术。他曾多次到赵国的苦陉游学，有个富人公乘氏把女儿嫁给了他。陈馀年纪比张耳小，他对待张耳像对待父执辈一样，二人是生死之交。

高祖还是平民时，曾跟张耳结交过。秦灭魏国后，悬赏千金捉拿张耳，悬赏五百金抓拿陈馀。二人只得改名换姓，一起到陈县担任守门小卒来隐藏身份。一次管事的小吏以陈馀犯错为由鞭打他，陈馀想要起身反抗，张耳拉住陈馀，让他忍受鞭挞。小吏走后，张耳责备陈馀说："我起初是怎么和你约定的？如今你稍微受到羞辱就想和小吏拼命？"陈馀赶忙向张耳谢罪认错。

陈涉在蕲县起事，后来占领陈县，张耳、陈馀前去拜见陈涉。陈涉和他的左右部下以前就听说过张耳、陈馀的贤能，现在见到他们，陈涉非常高兴。

陈县的豪杰劝说陈涉："将军你披坚持锐，统率军队诛灭暴秦，恢复了楚国的社稷，功高盖世，应当自立为王。"陈涉询问张、陈二人的意见，他们回答说："将军你披肝沥胆，九死一生，为天下除害。今天刚占领陈县就自立为王，这是把天下视为私有之物。谨劝将军勿要称王，尽快率部西征，同时派人立六国的后裔为王，为自己结交一些盟友。这样，不用开兵见仗，就可诛灭暴秦，到时候您就可占

耳、馀复说陈王曰："大王兴梁、楚，务在入关，未及收河北也。臣尝游赵，知其豪桀，愿请奇兵略赵地。"于是陈王许之，以所善陈人武臣为将军，耳、馀为左右校尉，与卒三千人，从白马渡河。至诸县，说其豪桀曰："秦为乱政虐刑，残灭天下，北为长城之役，南有五领之戍，外内骚动，百姓罢敝，头会箕敛，以供军费，财匮力尽，重以苛法，使天下父子不相聊。今陈王奋臂为天下倡始，莫不向应，家自为怒，各报其怨，县杀其令丞，郡杀其守尉。今以张大楚，王陈，使吴广、周文将卒百万西击秦。于此时而不成封侯之业者，非人豪也。夫因天下之力而攻无道之君，报父兄之怨而成割地之业，此一时也。"豪桀皆然其言。乃行收兵，得数万人，号武信君。下赵十余城，余皆城守莫肯下。乃引兵东北击范阳。范阳人蒯通说其令徐公降武信君，又说武信君以侯印封范阳令。语在《通传》。赵地闻之，不战下者三十余城。

至邯郸，耳、馀闻周章军入关，至戏却；又闻诸将为陈王徇地，多以谗毁得罪诛。怨陈王不以为将军而以为校尉，乃说武臣曰："陈王非必立六国后。今将军下赵数十城，独介居河北，不王无以填之。且陈王听谗，还报，恐不得脱于祸。愿将军毋失时。"武臣乃听，遂立为赵王。以馀为大将军，耳为丞相。

据咸阳，向各诸侯发号施令，则帝业可成。若仅仅在陈县称王，恐怕使天下人离心背德。”陈涉不听劝告，就自立为王。

张耳、陈馀又游说陈王说：“大王在梁地、楚地举事，最终是为了攻入关中灭秦，现在还没有来得及收复河北。我们曾经去过赵国，对赵国的豪杰英雄很了解，我们愿率领一支军队去攻略赵地。”因此陈王同意了他们的请求，派自己的旧相识陈地人武臣为将军，张耳、陈馀为左右校尉，率领三千士卒，从白马津渡过黄河，来到河北各县，对赵地的豪杰说：“秦朝施行苛政严刑，荼毒天下百姓，北边有修筑长城的苦役，南边要去五岭戍边，举国骚动不安，百姓疲惫不堪。征收苛捐杂税以筹集军费，民力凋敝却依然用严刑峻法对待百姓，致使天下父子不得相保。现在陈王奋力而起，带头反抗暴秦，天下人无不响应。家家户户都怒火爆发，发泄他们对秦朝的怨恨，县里的百姓杀死了县令和县丞，郡里的百姓杀死了郡守和郡尉。现在陈王已经建立了大楚国，并且在陈县称王，并派吴广、周文率百万大军向西攻打秦国。如果此时不趁机成就封侯的功业，那就不算是真正的豪杰。依靠天下百姓的力量来打败那些没有道义的国君，既可以为父兄报怨报仇又可以成就割据一方的功业，现在正是大好机会。”赵地的豪杰们都很认同这些话。武臣军就一边行军一边招募士卒，又扩充了几万名士兵，武臣自号为武信君。武臣军虽然攻克了赵地十多个城邑，但是其余的城邑拒不投降。武臣军便进攻东北的范阳。范阳人蒯通游说县令徐公向武信君投降，又劝武信君封范阳县令为侯。详见《蒯通传》。赵地其他地方的人听说此事后，有三十多个城邑不战而降。

武臣等人来到邯郸，张耳、陈馀听说周章的军队进入函谷关，却在戏水战败；又听说各路为陈王攻城略地的将军，因谗言诋毁而获罪被杀。而且张耳、陈馀对陈王不任命他们两个为将军，而让他们担任校尉一事，一直有怨言，因此他们向武臣进言：“陈王不是非要立六国的后代为王。如今将军攻取了赵地数十个城邑，独自驻扎在河北，不称王恐怕难以镇服赵地。况且陈王容易听信谗言，如果你回陈复命，恐怕难以避免灾祸。希望将军不要失去这个机会。”武

使人报陈王，陈王大怒，欲尽族武臣等家，而发兵击赵。相国房君谏曰："秦未亡，今又诛武臣等家，此生一秦也。不如因而贺之，使急引兵西击秦。"陈王从其计，徙系武臣等家宫中，封耳子敖为成都君。使使者贺赵，趣兵西入关。耳、馀说武臣曰："王王赵，非楚意，特以计贺王。楚已灭秦，必加兵于赵。愿王毋西兵，北徇燕、代，南收河内以自广。赵南据大河，北有燕、代，楚虽胜秦，必不敢制赵。"赵王以为然，因不西兵，而使韩广略燕，李良略常山，张黡略上党。

韩广至燕，燕人因立广为燕王。赵王乃与耳、馀北略地燕界。赵王间出，为燕军所得。燕囚之，欲与分地。使者往，燕辄杀之，以固求地。耳、馀患之。有厮养卒谢其舍曰："吾为二公说燕，与赵王载归。"舍中人皆笑曰："使者往十辈皆死，若何以能得王？"乃走燕壁。燕将见之，问曰："知臣何欲？"燕将曰："若欲得王耳。"曰："君知张耳、陈馀何如人也？"燕将曰："贤人也。"曰："其志何欲？"燕将曰："欲得其王耳。"赵卒笑曰："君未知两人所欲也。夫武臣、张耳、陈馀，杖马箠下赵数十城，亦各欲南面而王。夫臣之与主，岂可同日道哉！顾其势初定，且以长少先立武臣，以持赵心。今赵地已服，两人亦欲分赵而王，时未可耳。今君囚赵王，念此两人名为求王，实欲燕杀之，此两人分赵而王。夫以一赵尚易燕，况以两贤王左提右挈，而责杀王，灭燕易矣。"燕以为然，乃归赵王。养卒为御而归。

臣听取了他们的建议，就自立为赵王。让陈馀担任大将军，张耳担任丞相。

武臣派人将此事报告给陈王，陈王得知后大怒，准备要诛杀武臣等人的家眷，然后发兵攻打赵国。相国房君劝说陈王："秦朝还没有被消灭，现在贸然杀了武臣等人的家眷，这是又给自己树立了一个如秦国般的敌人了。不如乘此机会派人道贺，让他们立即率军西进攻打秦国。"陈王听从了他的建议，把武臣等人的家眷囚禁在宫中，同时封张耳的儿子张敖为成都君，派使者向赵国道贺，催促赵军即刻西进入关。张耳、陈馀对武臣说："大王您在赵地自立为王，不是楚国的本愿，只是出于权宜之计才同意的。楚国一旦消灭了秦国，必定会对赵国用兵。希望大王不要西征，应该向北边攻取燕国、代国，向南边攻取河内地区，来扩充自己的领地。赵国南有黄河天险，北有燕国、代国，即使楚国战胜秦国，也不敢对赵国用兵。"赵王认为此话有理，不再发兵西征，而派韩广攻打燕地，李良攻打常山，张黡攻打上党。

韩广到达燕地后，燕人拥立他为燕王。赵王就和张耳、陈馀率军进驻燕国的边界。赵王偶然外出，却被燕军捉住。燕国把赵王囚禁起来，想让赵国割地给燕国。赵国派使者前去交涉，结果都被燕国给杀了，燕国坚持让赵国割地。张耳、陈馀对此感到很为难。赵军中有个杂役对同屋的人说："我可以替张耳、陈馀两位大人去游说燕国，把赵王用车接回来。"同屋的人都讥笑他说："赵国派去的十几批使者都被杀了，你怎么能救了赵王呢？"这个杂役来到燕军大营，燕军主将接见他，杂役问道："您知道我的来意吗？"燕将回答："你想接回赵王。"杂役又问："您知道张耳、陈馀是何人吗？"燕将说："是贤人。"又问："您知道他们的愿望吗？"燕将答："他们想救回赵王。"赵国的杂役笑着说："您不知道他们的真正想法。起初武臣、张耳、陈馀不动刀兵就拿下了赵国的数十个城邑，他们三人都想面南称王。做臣和称王怎么能相提并论呢？只是考虑到赵地形势刚刚安定下来，便以年纪的长幼立武臣为王，来安定赵国的民心。现在赵国已经安定，他们二人也想划分赵地而各自为王，只是时机还不

李良已定常山，还报赵王，赵王复使良略太原。至石邑，秦兵塞井陉，未能前。秦将诈称二世使使遗良书，不封，曰："良尝事我，得显幸，诚能反赵为秦，赦良罪，贵良。"良得书，疑不信。之邯郸益请兵。未至，道逢赵王姊，从百余骑。良望见，以为王，伏谒道旁。王姊醉，不知其将，使骑谢良。良素贵，起，惭其从官。从官有一人曰："天下叛秦，能者先立。且赵王素出将军下，今女儿乃不为将军下车，请追杀之。"良以得秦书，欲反赵，未决，因此怒，遣人追杀王姊，遂袭邯郸。邯郸不知，竟杀武臣。赵人多为耳、馀耳目者，故得脱出。收兵得数万人。客有说耳、馀曰："两君羁旅，而欲附赵，难可独立；立赵后，辅以谊，可就功。"乃求得赵歇，立为赵王，居信都。

李良进兵击馀，馀败良。良走归章邯。章邯引兵至邯郸，皆徙其民河内，夷其城郭。耳与赵王歇走入钜鹿城，王离围之。馀北收常山兵，得数万人，军钜鹿北。章邯军钜鹿南棘原，筑甬道属河，饟王离。王离兵食多，急攻钜鹿。钜鹿城中食尽，耳数使人召馀，馀自

成熟。现在您把赵王囚禁起来，他们二人表面上想救回赵王，实际上希望燕国把赵王杀了，他们就能划分赵地而各自称王。一个赵国就令燕国很难对付了，何况两个贤王联手，打着为赵王报仇的旗号，很快就会把燕国灭掉了。”燕将赞同他的话，就放了赵王。杂役驾车载着赵王一起回来。

李良平定常山后，回来向赵王报告，赵王又命李良攻打太原。李良率兵到达石邑，因为有秦兵在井陉严密防守，不能前进。秦军主将欺骗李良，假称秦二世派使者给李良送来书信，信未封口，信中写道：“李良曾经是我大秦将领，深受我朝重用，如果李良能反赵而归顺大秦，不仅赦免李良的过错，还会让他显贵。”李良看到这封信，很是怀疑，不能相信。李良就返回邯郸，请求加派援军。归途中遇到赵王的姐姐，随行的有一百多名骑兵侍卫。李良远远看见队伍，误以为是赵王的车驾，就跪在路旁拜见。赵王的姐姐喝醉了酒，不知是大将李良，派了一个骑兵前来问候李良。李良一向高傲，起身后，觉得在部下面前丢了面子。有一个随从说：“天下人起兵反对暴秦，有本事的人就先称王。况且赵王先前的地位还不如将军，如今他家的女子见到将军竟然不下车还礼，请让我们追上去把她杀了！”李良因为收到秦国的书信，想要反赵，正在犹豫不决。因为这件事激怒了他，李良立即派人追上去杀了赵王的姐姐，并率领军队，袭击邯郸。邯郸没有丝毫防备，结果李良把武臣给杀了。赵国有很多人是张耳、陈馀的耳目，因此他二人才得以逃脱，他们收集残兵败将，聚拢了几万人马。有宾客劝说张耳、陈馀：“你们二位是异乡人，要想让赵人归心，很难办到。不如立原先赵王的后裔为王，名义上辅佐赵王，必定可以成就功业。”张耳、陈馀便找到赵王的后裔赵歇，立为赵王，驻守在信都。

李良出兵攻打陈馀，被陈馀打败。李良投降章邯。章邯率军到达邯郸，把邯郸的老百姓全部迁到河内，又将邯郸夷为平地。张耳和赵王一起逃到钜鹿后，被秦将王离包围。陈馀在北边收编了常山的军队，有好几万人，驻守在钜鹿以北。章邯驻守在钜鹿以南的棘原，修筑了一条通道直达河边，为王离运送军粮。王离的军队粮食充

度兵少，不能敌秦，不敢前。数月，耳大怒，怨馀，使张黡、陈释往让馀曰：“始吾与公为刎颈交，今王与耳旦暮死，而公拥兵数万，不肯相救，胡不赴秦俱死？且什有一二相全。”馀曰：“所以不俱死，欲为赵王、张君报秦。今俱死，如以肉喂虎，何益？”张黡、陈释曰：“事已急，要以俱死立信，安知后虑！”馀曰：“吾顾以无益。”乃使五千人令张黡、陈释先尝秦军，至皆没。

当是时，燕、齐、楚闻赵急，皆来救。张敖亦北收代，得万余人来，皆壁馀旁。项羽兵数绝章邯甬道，王离军乏食。项羽悉引兵渡河，破章邯军。诸侯军乃敢击秦军，遂虏王离。于是赵王歇、张耳得出钜鹿，与馀相见，责让馀，问张黡、陈释所在。馀曰：“黡、释以必死责臣，臣使将五千人先尝秦军，皆没。”耳不信，以为杀之，数问馀。馀怒曰：“不意君之望臣深也！岂以臣重去将哉？”乃脱解印绶与耳，耳不敢受。馀起如厕，客有说耳曰：“天予不取，反受其咎。今陈将军与君印绶，不受，反天不祥。急取之。”耳乃佩其印，收其麾下。馀还，亦望耳不让，趋出。耳遂收其兵。馀独与麾下数百人之河上泽中渔猎。由此有隙。

赵王歇复居信都。耳从项羽入关。项羽立诸侯，耳雅游，多为人所称。项羽素亦闻耳贤，乃分赵立耳为常山王，治信都。信都更名襄国。

足，就猛攻钜鹿，而钜鹿城中的粮食已经吃完了，张耳多次派人要求陈馀援救，陈馀认为自己的兵力太少，难以和秦兵对抗，因此不敢出兵。钜鹿被围困了好几个月，张耳大怒，怨恨陈馀不出兵，又派张黡、陈释去责备陈馀说：“起初我与你是生死至交，现在赵王和我性命难保，而你拥兵数万，却不肯援救我们，为什么不和秦军决一死战呢？也许还有一线生机。”陈馀说：“我不想一起赴死的原因，是为了替赵王和张君报仇。如果我们都去送死，等于拿肉喂虎，有什么好处呢？”张黡、陈释说：“现在事情紧急，只能一起赴死来坚守信义，哪还考虑以后的事？”陈馀说：“我仍然认为这样做没有益处。”就派了五千人，跟随张黡、陈释去尝试进攻秦军，结果全军覆没。

那时，燕、齐、楚听到赵国告急的消息，都来援救。张敖也在北边攻取了代地，得到士卒一万多人，这些援军都在陈馀军营附近修筑壁垒，不敢出战。项羽派人多次截断了章邯的粮道，致使王离军队军粮匮乏。项羽率全军渡河，击败了章邯。这时，各路诸侯军队才敢进攻秦军，抓住了王离。张耳、赵歇才从钜鹿出来，张耳见到陈馀就责备他，质问说：“张黡、陈释在什么地方？”陈馀说：“张黡、陈释要求我与秦军决一死战，我就派他们率领五千人去进攻秦军，结果全军覆灭。”张耳不相信，认为是陈馀把二人杀了，多次追问。陈馀生气地说：“不曾想你对我有这么深的怨恨！难道我怕失去将军的位置吗？”就解下印绶要交给张耳，张耳不敢接受。陈馀上厕所时，有宾客对张耳说：“听说不接受上天赐予的东西，反而会受到责难。现在陈馀把印绶交给您，您不接受，这是违背天意，是不吉利的。赶快拿回来吧！”张耳就佩带陈馀的印绶，收编了陈馀的部队。陈馀回来看到这种情况，怨恨张耳不肯退让，气愤地离开了。张耳就掌控了陈馀的军队。陈馀就带领手下数百人到黄河、湖沼中打猎捕鱼去了。从此张耳、陈馀之间产生了嫌隙。

赵王又回到了信都。张耳跟随项羽入关。项羽分封诸侯时，张耳一向交际甚广，很多人夸赞他。项羽平时也听说过张耳的贤能，便划分赵国，封张耳为常山王，都城在信都，后来信都改名为襄国。

馀客多说项羽："陈馀、张耳一体有功于赵。"羽以馀不从入关，闻其在南皮，即以南皮旁三县封之。而徙赵王歇王代。

耳之国，馀愈怒曰："耳与馀功等也，今耳王，馀独侯！"及齐王田荣叛楚，馀乃使夏说说田荣曰："项羽为天下宰不平，尽王诸将善地，徙故王王恶地，今赵王乃居代！愿王假臣兵，请以南皮为扞蔽。"田荣欲树党，乃遣兵从馀。馀悉三县兵，袭常山王耳。耳败走，曰："汉王与我有故，而项王强，立我，我欲之楚。"甘公曰："汉王之入关，五星聚东井。东井者，秦分也。先至必王。楚虽强，后必属汉。"耳走汉。汉亦还定三秦，方围章邯废丘。耳谒汉王，汉王厚遇之。

馀已败耳，皆收赵地，迎赵王于代，复为赵王，赵王德馀，立以为代王。馀为赵王弱，国初定，留傅赵王，而使夏说以相国守代。

汉二年，东击楚，使告赵，欲与俱。馀曰："汉杀张耳乃从。"于是汉求人类耳者，斩其头遗馀，馀乃遣兵助汉。汉败于彭城西，馀亦闻耳诈死，即背汉。汉遣耳与韩信击破赵井陉，斩馀泜水上，追杀赵王歇襄国。

四年夏，立耳为赵王。五年秋，耳薨，谥曰景王。子敖嗣立为王，尚高祖长女鲁元公主，为王后。

七年，高祖从平城过赵，赵王旦暮自上食，体甚卑，有子婿礼。高祖箕踞骂詈，甚慢之。赵相贯高、赵午年六十馀，故耳客也，怒

陈馀的宾客多次向项羽进言说："陈馀、张耳都对赵国立有大功。"项羽认为陈馀没有跟随他入关，不能封王。听说他在南皮，就把南皮附近的三个县封给陈馀，并且把赵王改封在代地为王。

张耳去往封国就任，陈馀愈加气愤地说："张耳和我功劳相同，现在他被封为王，而我被封为侯。"后来齐王田荣反叛楚国，陈馀派使者夏说游说田荣说："项羽主宰天下，却非常不公平，把他的将领都封在了好地方，却把旧王迁到了坏地方，如今赵王还居住在代地！希望大王能借给我一些兵马，我愿把南皮作为齐国的屏障。"田荣正想结交朋党，就派兵援助陈馀。陈馀征集三县的士卒，袭击常山王张耳。张耳兵败逃走，对手下说："汉王和我有故交，但项羽的势力强大，我又是项王分封的，我打算投奔楚国。"甘公说："汉王入关时，天上五星聚于东井。东井是秦地的分野，先占领秦地的人的必能称王。楚国现在虽然强大，但天下最终还是属于汉王。"因此张耳逃到汉王处。汉王率兵平定了三秦，刚把章邯围在废丘。张耳拜见汉王，汉王对他非常优厚。

陈馀打败张耳后，收复了赵国全境，把赵王从代地接回，复立为赵王。赵王很感激陈馀，就把他封为代王。陈馀认为赵王孱弱，国家又刚刚平定，就留在赵王身边辅佐赵王，派相国夏说管理代地。

汉二年（前205），汉王向东进攻楚国，派人告知赵国，请赵国发兵一起攻楚。陈馀说："除非汉王杀了张耳我才会出兵。"于是汉王找了一个和张耳相像的人，把他的人头送给陈馀，陈馀因此才出兵援助汉王。结果汉军在彭城西被打败，陈馀听说了张耳假死的消息，就背叛了汉王。汉王派张耳和韩信在井陉大败赵军，在泜水边把陈馀斩杀了，在襄国把赵王赵歇给杀了。

汉四年夏，汉王立张耳为赵王。汉五年秋，张耳去世，汉王赐其谥号为景王。其子张敖继承王位，娶高祖的长女鲁元公主为王后。

汉七年（前200），汉高祖从平城路过赵地，赵王早晚都亲自进奉食物，举止非常谦卑，很有子婿的礼节。高祖却坐在那，叉着腿高

曰："吾王孱王也！"说敖曰："天下豪桀并起，能者先立，今王事皇帝甚恭，皇帝遇王无礼，请为王杀之。"敖啮其指出血，曰："君何言之误！且先王亡国，赖皇帝得复国，德流子孙，秋豪皆帝力也。愿君无复出口。"贯高等十余人相谓曰："吾等非也。吾王长者，不背德。且吾等义不辱，今帝辱我王，故欲杀之，何乃汙王为？事成归王，事败独身坐耳。"

八年，上从东垣过。贯高等乃壁人柏人，要之置厕。上过欲宿，心动，问曰："县名为何？"曰："柏人。""柏人者，迫于人！"不宿去。

九年，贯高怨家知其谋，告之。于是上逮捕赵王诸反者。赵午等十余人皆争自刭，贯高独怒骂曰："谁令公等为之？今王实无谋，而并捕王；公等死，谁当白王不反者？"乃槛车与王诣长安。高对狱曰："独吾属为之，王不知也。"吏榜笞数千，刺爇，身无完者，终不复言。吕后数言张王以鲁元故，不宜有此。上怒曰："使张敖据天下，岂少乃女乎！"廷尉以贯高辞闻，上曰："壮士！谁知者，以私问之。"中大夫泄公曰："臣素知之，此固赵国立名义不侵为然诺者也。"上使泄公持节问之箯舆前。印视泄公，劳苦如平生欢。与语，问张王果有谋不。高曰："人情岂不各爱其父母妻子哉？今吾三族皆以论死，岂以王易吾亲哉！顾为王实不反，独吾等为之。"具道本根所以、王不知状。于是泄公具以报上，上乃赦赵王。

声喝叱，对待赵王非常轻慢。赵国的相国贯高和赵午已经六十多岁，是张耳原来的门客，生气地说道："我们的赵王真是懦弱啊！"对张敖说道："天下豪杰四起，有本领的人就率先自立为王。现在您对皇帝非常恭敬，而皇帝对你则非常无礼，请允许我们替您把他杀了。"赵王听完，咬破手指出血，说道："你们怎能说出这样的错话！先王丢掉了国家，幸好有皇帝帮助才能复国，皇帝的恩德被及我家的子孙后代，我现在拥有的一丝一毫都是皇帝赐予的。希望你们不要再提这件事了。"贯高等十几人相互计议说："是我们弄错了。我们的赵王是个忠厚的长者，不肯辜负恩义。但是我们无法忍受屈辱，现在皇帝侮辱我们的大王，所以要杀死他，何必把我们的大王牵连进来呢？如果事情成功了，大王坐享其成；如果事情失败了，就由我们去承担吧。"

汉八年（前199），高祖从东垣返回时，经过赵国。贯高等派人埋伏在柏人县驿站的墙壁中。高祖到了柏人县准备留宿，忽然心里一动，问道："县名是什么？"回答说："柏人县。"高祖说："柏人就是迫人，被人逼迫的意思。"没有留宿就走了。

汉九年（前198），贯高的仇家知道了这次的行刺事件，就告发了他们。于是高祖逮捕了赵王和参与谋反的众人。赵午等十几人都准备要自刎，只有贯高气愤地骂道："谁叫你们这样做的？现在大王没有参与谋反，却也被抓了起来；你们死了，那谁来证明赵王没有参与谋反呢？"贯高等人和赵王一起被关在囚车中，押往长安。贯高在监狱里陈述说："这次刺杀是我们这些人谋划的，赵王并不知情。"狱吏鞭打他几千下，用烧红的火棍去烫他，贯高身上体无完肤，却不再多说一句话。吕后多次劝说高祖，说赵王是鲁元公主的丈夫，所以不会谋反的。高祖生气地说："如果张敖占有天下，他会在乎你的女儿吗！"廷尉把贯高的供词上报给高祖，高祖说："这真是位壮士啊！谁和他熟悉，可以私下询问他。"中大夫泄公说："我很了解他，他是赵国注重信义、不背弃诺言的人。"高祖让泄公持节，在贯高躺着的竹椅前询问他。贯高抬头看着泄公，像往常一样和泄公问候寒暄。谈话中，泄公问："赵王果真没有参与谋反吗？"贯高说："作为人之常

上贤高能自立然诺，使泄公赦之，告曰：“张王已出，上多足下，故赦足下。”高曰：“所以不死，白张王不反耳。今王已出，吾责塞矣。且人臣有篡弑之名，岂有面目复事上哉！”乃仰绝亢而死。

敖已出，尚鲁元公主如故，封为宣平侯。于是上贤张王诸客，皆以为诸侯相、郡守。语在《田叔传》。及孝惠、高后、文、景时，张王客子孙皆为二千石。

初，孝惠时，齐悼惠王献城阳郡，尊鲁元公主为太后。高后元年，鲁元太后薨。后六年，宣平侯敖薨。吕太后立敖子偃为鲁王，以母为太后故也。又怜其年少孤弱，乃封敖前妇子二人：寿为乐昌侯，侈为信都侯。高后崩，大臣诛诸吕，废鲁王及二侯。孝文即位，复封故鲁王偃为南宫侯。薨，子生嗣。武帝时，生有罪免，国除。元光中，复封偃孙广国为睢陵侯。薨，子昌嗣。太初中，昌坐不敬免，国除。孝平元始二年，继绝世，封敖玄孙庆忌为宣平侯，食千户。

赞曰：张耳、陈馀，世所称贤，其宾客厮役皆天下俊桀，所居国无不取卿相者。然耳、馀始居约时，相然信死，岂顾问哉！及据国争权，卒相灭亡，何乡者慕用之诚，后相背之盭也！势利之交，古

情，谁会不爱自己的父母妻儿？现在我的三族都要因此事而被株连，难道我会为了保全赵王而牺牲家人吗！确实是因为赵王没有参与谋反，而是我们几个人策划的此事。”还将具体过程陈述一遍，表明赵王根本不知情。于是泄公把贯高的供词报告给了高祖，高祖就赦免了赵王。

高祖欣赏贯高敢于承担责任，言出有信的人品，让泄公去释放贯高，告诉他说：“赵王张敖已获释回国，皇上很看重你的人品，因此赦免你。”贯高说：“我之所以不死，是为了证明赵王没有参与谋反。现在赵王已获释，我的责任也尽到了。况且作为臣子犯下阴谋篡杀主上的罪过，哪里还有面目再去服侍皇上呢！”于是割断脖子而死。

张敖出狱以后，依然与鲁元公主维持夫妻关系，被高祖封为宣平侯。高祖认为赵王的宾客很贤能，就把赵王的宾客封为诸侯的相国，或者是郡守。详见《田叔传》。到孝惠帝、高后、文帝、景帝时期，赵王宾客们的子孙都做了二千石俸禄的官吏。

起初，汉惠帝时，齐悼惠王把城阳郡献给鲁元公主，并且尊鲁元公主为齐国太后。高后元年，鲁元太后去世。六年后，宣平侯张敖也去世了。吕太后立张敖的儿子张偃为鲁王，主要是因为他的母亲是齐王太后的缘故。吕后又可怜张偃年少弱小，就封张敖前妻所生的两个儿子：张寿为乐昌侯，张侈为信都侯。高后吕雉驾崩后，大臣们诛杀吕氏族人。废掉了鲁王和张敖两个儿子的侯爵爵位。汉文帝即位后，又封原来的鲁王张偃为南宫侯。张偃死后，张偃的儿子张生继承爵位。汉武帝时期，张生因获罪而被免除爵位，封国也被废。汉武帝元光年间，又封张偃的孙子张广国为睢陵侯。张广国死后，他的儿子张昌继承爵位。汉武帝太初年间，张昌因犯下不敬之罪而被削去爵位，封国被废。汉平帝元始二年（2），恢复被废除的封国，封张敖玄孙张庆忌为宣平侯，食邑千户。

赞辞说：张耳、陈馀是世人所称道的贤人，他们门下的宾客、仆役都是天下豪杰，他们所在的国家，都争相任用他们为卿相。但是张耳、陈馀起初在贫贱困顿之时，能结为生死之交，他们彼此的心

人羞之，盖谓是矣。

意难道还能怀疑吗！后来他们身处高位，互相争夺权力，最终相继灭亡，为什么过去他们彼此相互倾慕信任，后来却相互背叛呢？大概他们是利益之交的缘故吧，古人以此为耻，大概讲的就是这种情况吧。

卷三十三

魏豹田儋韩王信传第三

魏豹，故魏诸公子也。其兄魏咎，故魏时封为宁陵君，秦灭魏，为庶人。陈胜之王也，咎往从之。胜使魏人周市徇魏地，魏地已下，欲立周市为魏王。市曰："天下昏乱，忠臣乃见。今天下共畔秦，其谊必立魏王后乃可。"齐、赵使车各五十乘，立市为王。市不受，迎魏咎于陈，五反，陈王乃遣立咎为魏王。

章邯已破陈王，进兵击魏王于临济。魏王使周市请救齐、楚。齐、楚遣项它、田巴将兵，随市救魏。章邯遂击破杀周市等军，围临济。咎为其民约降。约降定，咎自杀。

魏豹亡走楚。楚怀王予豹数千人，复徇魏地。项羽已破秦兵，降章邯，豹下魏二十余城，立为魏王。豹引精兵从项羽入关。羽封诸侯，欲有梁地，乃徙豹于河东，都平阳，为西魏王。

汉王还定三秦，渡临晋，豹以国属焉，遂从击楚于彭城。汉王败，还至荥阳，豹请视亲病，至国，则绝河津畔汉。汉王谓郦生曰："缓颊往说之。"郦生往，豹谢曰："人生一世间，如白驹过隙。今汉王嫚侮人，骂詈诸侯群臣如奴耳，非有上下礼节，吾不忍复见也。"汉王遣韩信击豹，遂虏之，传豹诣荥阳，以其地为河东、太原、上党郡。汉王令豹守荥阳。楚围之急，周苛曰："反国之王，难与共守。"遂杀豹。

魏豹是战国时魏国的公子。他的哥哥是魏咎，被封为宁陵君，秦灭魏国后，把魏咎废为庶人。陈胜称王后，魏咎前去投奔陈胜。陈胜派魏人周市攻略魏地，占领魏地后，想立周市为魏王。周市说：“天下混乱的时候，才能看出谁是忠臣。现在天下都反叛秦朝，按道义应该立魏王的后人为王才对。”齐国、赵国各派兵车五十辆相助，拥立周市为王。周市拒不接受，派人到陈县去迎回魏咎，往返了五次，陈王才答应立魏咎为魏王。

章邯打败陈王，又率兵攻打临济的魏王。魏王派周市到齐国、楚国请求援兵。齐国、楚国派项它、田巴率军同周市一起去救援魏国。结果章邯把援军打败，杀了周市等人，包围了临济。魏咎为了保全百姓，与秦军订立约定，准备投降。约定订立后，魏咎自杀而死。

魏豹逃到了楚国。楚怀王拨给魏豹几千人的军队，让他去重新夺回魏地。这时项羽已经打败秦军，章邯也已经投降，魏豹攻占了魏地二十多座城池，被拥立为魏王。魏豹率领精锐跟随项羽入关。汉元年（前206），项羽分封诸侯时，项羽想占据梁地，就把魏豹分封到河东，建都平阳，号西魏王。

汉王平定三秦后，从临晋渡过黄河，魏豹率魏国归附汉王，魏豹跟随汉王进攻彭城的楚军。结果汉王兵败，退回到荥阳。魏豹请求回家探望母亲的病情，回到魏国后，魏豹便封锁了黄河渡口，背叛了汉王。汉王对郦生说：“你去婉言劝说魏豹归顺。”郦生到了魏国。魏豹谢绝说：“人生一世如白驹过隙非常短暂。汉王经常轻慢侮辱他人，谩骂诸侯群臣就像骂奴仆一样，一点都不符合君臣之礼，我不愿忍气再去见他了。”于是汉王派韩信攻打魏豹，并俘虏了他，高祖下令把魏豹押到荥阳，把魏豹原有的国土划分成河东、太原、上党三郡。汉王让魏豹驻守荥阳。当时楚军正猛攻荥阳，周苛说：“很

田儋，狄人也，故齐王田氏之族也。儋从弟荣，荣弟横，皆豪桀，宗强，能得人。陈涉使周市略地，北至狄，狄城守。儋阳为缚其奴，从少年之廷，欲谒杀奴。见狄令，因击杀令，而召豪吏子弟曰：“诸侯皆反秦自立，齐，古之建国，儋，田氏，当王。”遂自立为齐王，发兵击周市。市军还去，儋因率兵东略定齐地。

秦将章邯围魏王咎于临济，急。魏王请救于齐，儋将兵救魏。章邯夜衔枚击，大破齐、楚军，杀儋于临济下。儋从弟荣收儋余兵东走东阿。

齐人闻儋死，乃立故齐王建之弟田假为王，田角为相，田间为将，以距诸侯。

荣之走东阿，章邯追围之。项梁闻荣急，乃引兵击破章邯东阿下。章邯走而西，项梁因追之。而荣怒齐之立假，乃引兵归，击逐假。假亡走楚。相角亡走赵。角弟间前救赵。因不敢归。荣乃立儋子市为王，荣相之，横为将，平齐地。

项梁既追章邯，章邯兵益盛，项梁使使趣齐兵共击章邯。荣曰：“楚杀田假，赵杀角、间，乃出兵。”楚怀王曰：“田假与国之王，穷而归我，杀之不谊。”赵亦不杀田角、田间以市于齐。齐王曰：“蝮蠚手则斩手，蠚足则斩足。何者？为害于身也。田假、田角、田间于楚、赵，非手足戚，何故不杀？且秦复得志于天下，则齮龁首用事者坟墓矣。”楚、赵不听齐，齐亦怒，终不肯出兵。章邯果败杀项梁，破楚兵。楚兵东走，而章邯渡河围赵于钜鹿。项羽由此怨荣。

难与背叛国家的人一同守城。”便杀死了魏豹。

田儋，狄县人，是战国时齐王田氏的族人。田儋的堂弟田荣，田荣的弟弟田横，都是当时的英雄豪杰，他们宗族势力强大，又很得齐国百姓的民心。陈涉派周市攻占魏地，向北打到狄县，却没能攻下狄城。田儋假装捆绑他的家奴，带着一群年轻人来到县衙，声称县令定罪后就杀了家奴。等到县令出来时，田儋就趁机把他杀了，然后召集县里的豪杰子弟说：“现在天下各地的诸侯都自立为王，反抗暴秦，齐国是自周朝以来就存在的国家，我田儋是齐王田氏的后人，理当称王。”田儋便自立为齐王，并发兵攻打周市。周市军队被击退，田儋趁机率军向东平定了齐国全境。

秦将章邯率军把魏咎包围在临济，情况十分紧急。魏王向齐国求救，齐王田儋亲自率军前来援救魏王。章邯的士兵嘴里衔枚，趁夜偷袭，击溃了齐、楚军队，在临济城下杀死了田儋。田儋的堂弟田荣收拢田儋的残兵向东逃到东阿。

齐国人听说田儋战死，就把以前齐王田建的弟弟田假立为齐王，田角为丞相，田间为大将，来对抗诸侯。

田荣败走东阿，章邯追上并包围了他。项梁接到田荣告急的消息，就率兵在东阿城下击败了章邯军队。章邯向西败走，项梁趁势追击。田荣得知齐人立田假为王的消息很生气，就率军返回齐国，驱逐了齐王田假。田假逃到楚国，相国田角逃到赵国。田角的弟弟田间此前曾到赵国求援，因此留在赵国不敢回来。田荣就立田儋的儿子田市为齐王，田荣为相国，田横为大将，很快平定了齐国。

项梁追击章邯，但章邯的军队得到了增援，日益强大，项梁派使者催促齐国出兵共同对抗章邯。田荣说：“除非楚国杀死田假，赵国杀死田角、田间，齐国才会出兵。”楚怀王说：“田假是友邦的国君，走投无路才来依附于我，把他杀了不合道义。”赵国也不愿杀田角、田间来和齐国做交易。齐王说：“被毒蛇咬到了手，就要砍去手；咬到了脚，就要砍掉脚。为什么呢？因为担心蛇毒会殃及全身。田假、田角、田间对楚国、赵国来说都不是像手足一样的重要，为什么不杀掉他们呢？况且秦国如果能再次平定天下的话，那些最先起事的人

羽既存赵，降章邯，西灭秦，立诸侯王，乃徙齐王市更王胶东，治即墨。齐将田都从共救赵，因入关，故立都为齐王，治临菑。故齐王建孙田安，项羽方渡河救赵，安下济北数城，引兵降项羽，羽立安为济北王，治博阳。荣以负项梁，不肯助楚攻秦，故不得王。赵将陈馀亦失职，不得王。二人俱怨项羽。

荣使人将兵助陈馀，令反赵地，而荣亦发兵以距击田都，都亡走楚。荣留齐王市毋之胶东。市左右曰："项王强暴，王不就国，必危。"市惧，乃亡就国。荣怒，追击杀市于即墨，还攻杀济北王安，自立为王，尽并三齐之地。

项王闻之，大怒，乃北伐齐。荣发兵距之城阳。荣兵败，走平原，平原民杀荣。项羽遂烧夷齐城郭，所过尽屠破。齐人相聚畔之。荣弟横收齐散兵，得数万人，反击项羽于城阳。而汉王帅诸侯败楚，入彭城。项羽闻之，乃释齐而归击汉于彭城，因连与汉战，相距荥阳。以故横复收齐城邑，立荣子广为王，而横相之，政事无巨细皆断于横。

定齐三年，闻汉将韩信引兵且东击齐，齐使华毋伤、田解军历下以距汉。会汉使郦食其往说王广及相横，与连和。横然之，乃罢历下守备，纵酒，且遣使与汉平。韩信乃渡平原，袭破齐历下军，因入临菑。王广、相横以郦生为卖己而亨之。广东走高密，横走博，守

不免要遭杀身之祸，即使已死也要被挖坟。”楚国、赵国没有接受齐国的要求，齐王也很恼怒，始终不肯出兵援助。后来，章邯果然打败楚军、杀了项梁。楚军向东败走，章邯渡河在钜鹿把赵王包围。项羽也因此怨恨田荣。

项羽既已救下了赵国，迫降了章邯，西征灭亡了秦国，就封侯立王，他把齐王田市迁到胶东为王，建都即墨。齐国将领田都因跟随项羽救赵，并入关灭秦，所以被立为齐王，定都临菑。原齐王田建的孙子田安，在项羽渡河救赵时，攻克了济北的数个城邑，并带领军队投奔项羽，因此项羽立田安为济北王，建都博阳。田荣背弃项梁，不肯出兵援助楚军攻秦，所以没有封王。赵国大将陈馀也因失职，没有封王。二人都对项羽有怨恨。

田荣派人率兵去支援陈馀，让他进攻赵国，田荣也发兵攻打田都，田都逃到楚国。田荣强留齐王田市，不让他到胶东去就任。田市的亲信说：“项王强悍暴虐，您不去胶东赴任，肯定会有麻烦。”田市害怕了，就偷偷地跑到胶东去就任。田荣知道后大怒，率兵追赶，在即墨杀了田市，田荣回头又进攻济北王田安，并杀了他，田荣自立为齐王，占据了三齐的领地。

项羽听说后，大怒，北上讨伐齐国。田荣领兵在城阳阻挡项羽。结果田荣战败，逃到平原，被平原百姓所杀。项羽烧毁，夷平了齐国的城邑，所到之处烧杀掳掠。齐国人就聚集起来反抗项羽。田荣的弟弟田横集合齐国的残兵，有好几万人，在城阳继续抵抗项羽。这时汉王率领诸侯联军打败了楚军，占领了彭城。项羽得到消息，就停止进攻齐国，回师彭城进攻汉军，此后项羽不断与汉军作战，双方在荥阳一带相持不下。田横趁机收复了齐地的大小城邑，拥立田荣的儿子田广为齐王，田横自任相国来辅佐他，齐国的大小政事都由田横决断。

田横平定齐国三年后，听说汉将韩信即将率兵东征齐国。齐国派华毋伤、田解率军驻守历下来抵御汉军。当时汉王的使者郦食其去齐国劝说齐王田广以及齐相田横与汉王联盟。田横答应了，撤走了历下的军队，齐国君臣整日纵酒。并准备派使者和汉王讲和。这时韩信已渡过平原，袭击并打败了齐国在历下的军队，攻入了临菑。齐王

相田光走城阳，将军田既军于胶东。楚使龙且救齐，齐王与合军高密。汉将韩信、曹参破杀龙且，虏齐王广。汉将灌婴追得守相光，至博。而横闻王死，自立为王，还击婴，婴败横军于嬴下。横亡走梁，归彭越。越时居梁地，中立，且为汉，且为楚。韩信已杀龙且，因进兵破杀田既于胶东，灌婴破杀齐将田吸于千乘，遂平齐地。

汉灭项籍，汉王立为皇帝，彭越为梁王。横惧诛，而与其徒属五百馀人入海，居隝中。高帝闻之，以横兄弟本定齐，齐人贤者多附焉，今在海中不收，后恐有乱，乃使使赦横罪而召之。横谢曰："臣亨陛下之使郦食其，今闻其弟商为汉将而贤，臣恐惧，不敢奉诏，请为庶人，守海隝中。"使还报，高帝乃诏卫尉郦商曰："齐王横即至，人马从者敢动摇者致族夷！"乃复使使持节具告以诏意，曰："横来，大者王，小者乃侯耳；不来，且发兵加诛。"横乃与其客二人乘传诣雒阳。

至尸乡厩置，横谢使者曰："人臣见天子，当洗沐。"止留。谓其客曰："横始与汉王俱南面称孤，今汉王为天子，而横乃为亡虏，北面事之，其愧固已甚矣。又吾亨人之兄，与其弟并肩而事主，纵彼畏天子之诏，不敢动摇，我独不愧于心乎？且陛下所以欲见我，不过欲壹见我面貌耳。陛下在雒阳，今斩吾头，驰三十里间，形容尚未能败，犹可知也。"遂自刭，令客奉其头，从使者驰奏之高帝。高帝曰："嗟乎，有以！起布衣，兄弟三人更王，岂非贤哉！"为之流涕，而拜其二客为都尉，发卒二千，以王者礼葬横。

田广、齐相田横认为郦生出卖了他们，就把郦生烹杀了。齐王田广向东逃到高密，齐相田横逃往博县，守相田光逃到城阳，将军田既驻军在胶东。楚国派龙且来救援齐国，齐王和楚军在高密会合。汉将韩信、曹参击败楚军，杀了龙且，俘虏了齐王田广。汉将灌婴追击齐国守相田光，一直追到到博县。田横听说齐王已死，就自立为王，回师攻打灌婴，灌婴在嬴下打败了田横。田横逃到梁地，依附彭越。彭越当时占据梁地，保持中立，时而归汉，时而降楚。韩信杀了龙且之后，接着进攻胶东，杀死了田既。灌婴在千乘打败并杀死了齐将田吸，至此韩信平定了齐国。

汉王打败了项羽，自立为皇帝，彭越被封为梁王。田横害怕被诛杀，就带着部属五百多人逃往海外，隐居在海岛上。汉高祖刘邦听说后，认为田横兄弟先前平定了齐国，齐国的贤士大多归附于他们，如今他隐居海上，若不招揽回来，恐怕以后会有变乱发生，就派使者赦免田横，并召见他。田横婉言谢绝说："我烹杀了陛下的使者郦食其，听说他的弟弟郦商是汉军将领而且有贤才，我很担忧他会报复，因此不敢奉诏，希望做个普通百姓，隐居在海岛上。"使者回来报告给皇上。汉高祖刘邦召见卫尉郦商，对他说："齐王田横即将归顺，谁敢冒犯田横的侍从部属，就夷灭全族！"然后又派使者拿着符节把刘邦的昭令告诉了田横，并且说："田横归顺后，可以封王，部属也可封侯；如果不归顺，就发兵征讨。"田横就带着两位门客乘驿站的车马前往洛阳。

到达尸乡在驿站准备换马时，田横对使者说："臣子拜见天子，事先应该沐浴。"于是在驿站稍作停留。田横对门客说："起初我和汉王同样面南称王，如今汉王成为了天子。而我则成了逃亡的囚犯，而且还要向北俯首，对他称臣，实在是令人羞愧啊。况且我烹杀了人家的兄长，却还要同他的弟弟一起侍奉君主，即使是他畏惧天子的诏令不敢冒犯我，难道我心里就不感到愧疚吗？陛下之所以召见我，不过是想看看我的容貌。现在陛下在洛阳，马上把我的头砍下来，急驰三十里送到洛阳，我的容貌还不至于改变，依然可以让陛下看到我的模样。"说完就自刎而死，死前嘱咐门客捧着他的头，跟随使

既葬，二客穿其冢旁，皆自刭从之。高帝闻而大惊，以横之客皆贤者，“吾闻其余尚五百人在海中，”使使召至，闻横死，亦皆自杀。于是乃知田横兄弟能得士也。

韩王信，故韩襄王孽孙也，长八尺五寸。项梁立楚怀王，燕、齐、赵、魏皆已前王，唯韩无有后，故立韩公子横阳君成为韩王，欲以抚定韩地。项梁死定陶，成犇怀王。沛公引兵击阳城，使张良以韩司徒徇韩地，得信，以为韩将，将其兵从入武关。

沛公为汉王，信从入汉中，乃说汉王曰：“项王王诸将，王独居此，迁也。士卒皆山东人，竦而望归，及其鑑东乡，可以争天下。”汉王还定三秦，乃许王信，先拜为韩太尉，将兵略韩地。

项籍之封诸王皆就国，韩王成以不从无功，不遣之国，更封为穰侯，后又杀之。闻汉遣信略韩地，乃令故籍游吴时令郑昌为韩王距汉。汉二年，信略定韩地十余城。汉王至河南，信急击韩王昌，昌降汉。乃立信为韩王，常将韩兵从。汉王使信与周苛等守荥阳，楚拔之，信降楚。已得亡归汉，汉复以为韩王，竟从击破项籍。五年春，与信剖符，王颍川。

六年春，上以为信壮武，北近巩、雒，南迫宛、叶，东有淮阳，皆天下劲兵处也，乃更以太原郡为韩国，徙信以备胡，都晋阳。信上

者尽快去见刘邦。刘邦感叹说:“唉呀,了不起啊!以百姓身份起事,兄弟三人相继称王,实在是有贤能啊!”刘邦也流下了眼泪,并封田横的两个门客为都尉,发兵二千人,以诸侯王的礼节安葬田横。

安葬完田横后,两个门客在田横墓边挖了个坑,然后都自刎而死。刘邦听说后大为吃惊,认为田横的门客都是贤才,听说还有五百名门客在海岛上,就派使者下诏让他们归顺,门客们听说田横已死,也都纷纷自杀而亡。由此可知田横兄弟确实是善于招纳贤士。

韩王信是韩襄王的庶孙,身高八尺五寸。项梁拥立楚怀王时,燕、齐、赵、魏都已拥立原来王室后裔为王,唯独韩王的后人没有找到,因而立韩国公子横阳君韩成为韩王,来安抚韩国百姓。项梁在定陶战死后,韩成投奔楚怀王。沛公带兵攻打阳城时,派张良以韩国司徒的身份去攻略韩国,发现了韩王信,任命韩王信为韩国大将,率领韩国军队跟随沛公进攻武关。

沛公被封为汉王后,韩王信跟随汉王到达汉中,韩王信劝汉王说:“项王分封诸将,却唯独让您驻守此地,还是换个地方吧。您的士卒都是崤山以东的人,都盼望着返回故乡,借着士卒强烈的东归意愿,你可以与项羽一争天下了。”汉王平定了三秦之后,答应将来立韩王信为王,先封他为韩国太尉,率兵攻占韩地。

项羽分封的各诸侯王都返回各自的封国。韩王韩成因未立下军功,所以没有把他封到韩国,改封为穰侯,后来项羽又把他杀了。项羽听闻汉王派韩王信攻占韩地,就任命他在吴县时认识的县令郑昌为韩王,来阻挡汉王的军队。汉二年(前205),韩王信平定了韩地的十多个城邑。汉王进军河南,韩王信猛攻郑昌,迫使郑昌降汉。汉王刘邦立韩王信为韩王,韩王信率领韩兵常年追随汉王左右。汉王让韩王信和周苛等人防守荥阳,荥阳后来被楚军攻下,韩王信投降了楚军。不久他逃跑再次归顺了汉王,汉王又封他为韩王,从此韩王信跟随汉王直到击败了项羽。汉五年春天,汉王与他剖符立约,封他在颍川称王。

汉六年(前201)春,汉高祖刘邦认为韩王信勇武过人,而且封地北面靠近巩县和洛阳,南面挨着宛县和叶县,东边则紧邻淮阳,这

书曰："国被边，匈奴数入，晋阳去塞远，请治马邑。"上许之。秋，匈奴冒顿大入围信，信数使使胡求和解。汉发兵救之，疑信数间使，有二心。上赐信书责让之曰："专死不勇，专生不任，寇攻马邑，君王力不足以坚守乎？安危存亡之地，此二者朕所以责于君王。"信得书，恐诛，因与匈奴约共攻汉，以马邑降胡，击太原。

七年冬，上自往击破信军铜鞮，斩其将王喜。信亡走匈奴。与其将白土人曼丘臣、王黄立赵苗裔赵利为王，复收信散兵，而与信及冒顿谋攻汉。匈奴使左右贤王将万余骑与王黄等屯广武以南，至晋阳，与汉兵战，汉兵大破之，追至于离石，复破之。匈奴复聚兵楼烦西北。汉令车骑击匈奴，常败走，汉乘胜追北。闻冒顿居代谷，上居晋阳，使人视冒顿，还报曰"可击"。上遂至平城，上白登。匈奴骑围上，上乃使人厚遗阏氏。阏氏说冒顿曰："今得汉地，犹不能居，且两主不相戹。"居七日，胡骑稍稍引去。天雾，汉使人往来，胡不觉。护军中尉陈平言上曰："胡者全兵，请令强弩傅两矢外乡，徐行出围。"入平城，汉救兵亦至，胡骑遂解去，汉亦罢兵归。信为匈奴将兵往来击边，令王黄等说误陈豨。

十一年春，信复与胡骑入居参合。汉使柴将军击之，遗信书曰：

些地方都是天下要害之地，就把太原郡作为韩王信的封地，让韩王信防御胡人，并迁都晋阳。韩王信上书说："我的封国靠近边界，匈奴人屡次入侵，晋阳距离边塞很远，请求定都马邑。"汉高祖刘邦答应了他的请求。这年秋天，匈奴首领冒顿率军大举入侵，并围攻韩王信，韩王信多次派使者与匈奴谈判，想要和解。汉朝派援军前去救援韩王信，得知韩王信私下多次联络匈奴，怀疑韩王信有二心。汉高祖刘邦写信责备韩王信说："作为将军，只知死战不算勇敢，只想求生不能担当重任，敌军围攻马邑，韩王你难道不能坚守待援吗？处在国家危难时刻，却不想着报效国家，这两点是我责备你的原因。"韩王信看到书信，害怕被杀，因此和匈奴约定共同攻汉，并把马邑让给匈奴，和匈奴一起攻打太原。

汉七年（前200）冬，汉高祖刘邦亲自率军在铜鞮大败韩王信，杀了他的将领王喜。韩王信逃到匈奴。他的部将白土县人曼丘臣、王黄就立原赵国后裔赵利为王，又集合韩王信的残兵，与韩王信、冒顿一起谋划准备攻汉。匈奴单于派左右贤王各率一万多骑兵和王黄等人驻扎在广武以南，之后进兵晋阳同汉军作战，结果被汉军打败，被汉军一路追到离石，再一次被汉军打败。匈奴又在楼烦西北聚集军队。汉军出动战车迎击匈奴，多次把匈奴人打败，汉军乘胜北上追击匈奴。汉军听到冒顿驻扎在代谷的消息，汉高祖刘邦亲临晋阳指挥，派人去冒顿那儿打探消息，回报说："可以攻打。"刘邦于是进军平城，登上了白登山。没想到被匈奴骑兵包围，刘邦派人给匈奴单于的妻子阏氏赠送了很多贵重的礼物。阏氏劝冒顿说："现在虽然得到了汉地，还是难以长期占领，况且两国的君主也不应该互相逼迫啊。"汉匈对峙了七天，匈奴的骑兵稍微后撤。这时天降大雾，汉军派人与平城汉军往来联络，匈奴也没有发觉。汉军护军中尉陈平对刘邦说："匈奴人只有弓矛而无旗帜仪仗，请下令每张强弩配两支弩箭，全军阵型朝外，慢慢地移动，突出包围。"刘邦退回平城时，汉朝的援军也到了。匈奴骑兵就解围而去，汉朝也收兵回师。此后，韩王信便带领匈奴兵往来骚扰汉朝边境，还让王黄等人游说陈豨叛汉。

汉十一年（前196）春，韩王信又率匈奴骑兵占据参合县。汉朝

“陛下宽仁，诸侯虽有叛亡，而后归，辄复故位号，不诛也。大王所知。今王以败亡走胡，非有大罪，急自归。”信报曰：“陛下擢仆闾巷，南面称孤，此仆之幸也。荥阳之事，仆不能死，囚于项籍，此一罪也。寇攻马邑，仆不能坚守，以城降之，此二罪也。今为反寇，将兵与将军争一旦之命，此三罪也。夫种、蠡无一罪，身死亡；仆有三罪，而欲求活，此伍子胥所以偾于吴世也。今仆亡匿山谷间，旦暮乞貣蛮夷，仆之思归，如痿人不忘起，盲者不忘视，势不可耳。”遂战。柴将军屠参合，斩信。

信之入匈奴，与太子俱，及至颓当城，生子，因名曰颓当。韩太子亦生子婴。至孝文时，颓当及婴率其众降。汉封颓当为弓高侯，婴为襄城侯。吴楚反时，弓高侯功冠诸将。传子至孙，孙无子，国绝。婴孙以不敬失侯。颓当孽孙嫣，贵幸，名显当世。嫣弟说，以校尉击匈奴，封龙额侯。后坐酎金失侯，复以待诏为横海将军，击破东越，封按道侯。太初中，为游击将军屯五原外列城，还为光禄勋，掘蛊太子宫，为太子所杀。子兴嗣，坐巫蛊诛。上曰：“游击将军死事，无论坐者。”乃复封兴弟增为龙额侯。增少为郎，诸曹侍中光禄大夫，昭帝时至前将军，与大将军霍光定策立宣帝，益封千户。本始二年，五将征匈奴，增将三万骑出云中，斩首百余级，至期而还。神爵元年，代张安世为大司马车骑将军，领尚书事。增世贵，幼为忠臣，事三主，重于朝廷。为人宽和自守，以温颜逊辞承上接下，无所失意，保身固宠，不能有所建明。五凤二年薨，谥曰安侯。子宝嗣，亡子，国除。成帝时，继功臣后，封增兄子岑为龙頟侯，薨，子持弓

派柴将军去攻打，柴将军给韩王信送去一封书信说：“陛下宽厚仁爱，诸侯即使曾经叛逃，但后来能够归附，也会恢复他们过去的封号，不会诛杀他们。这些情况你是知道的。如今你逃亡到胡人那儿，不是什么大的罪过，希望你赶快归顺。”韩王信回答说：“陛下把我从民间提拔上来，让我南面称王，这是我的福气。荥阳之战，我没有死战，而做了项羽的囚徒，这是我的第一条罪状。匈奴攻击马邑，我没能坚守城池，却把城池献给了敌人，这是我的第二条罪状。现在我成了叛军，带兵与和你决一死战，这是我的第三条罪状。昔日越王的大臣文种和范蠡，没有任何过错，却一死一逃；我有三条罪状，还想求生吗?，当年伍子胥就是不懂这个道理，最终死在吴国。现在我藏匿在山谷之中，日夜向蛮夷乞求活命，我归乡的愿望是如此的强烈，就像瘫痪的人希望重新站起来，眼瞎的人渴望重见光明一样，只不过是形势不允许而已。”于是双方交战。柴将军带兵屠戮参合，杀死了韩王信。

韩王信逃往匈奴时，太子也跟随着他，在颓当城，韩王信生了一个儿子，就以出生地为名叫颓当。太子也生了一个儿子，取名叫婴。汉文帝时，颓当和韩婴率部归降了汉朝。汉朝封韩颓当为弓高侯，韩婴为襄城侯。平息吴、楚七国叛乱时，弓高侯功勋卓著，位于众人之首。他的爵位传给儿子和孙子，颓当的孙子没有后代，失去了封国。韩婴的孙子因不敬之罪也失去了侯位。颓当的庶孙韩嫣，很受汉武帝宠幸，在当时名闻天下。韩嫣的弟弟韩说，以校尉的身份出击匈奴，因军功被封为龙额侯。后因进贡酎金不合规定，失去了侯位，再后来以待诏的身份被任命为横海将军，率军讨伐东越，被封为按道侯。汉武帝太初年间，韩说身为游击将军驻扎在五原城外的要塞中，回朝后被任命为光禄勋，因在巫蛊之祸中得罪太子，被太子门客杀死。他的儿子韩兴继承侯位，因巫蛊之祸被杀。汉武帝说：“游击将军死于国事。其宗族后人可勿株连。”于是又封韩兴的弟弟韩增为龙额侯。韩增年少时为郎官，此后担任过各部官员，侍中以及光禄大夫，汉昭帝时担任前将军，因与大将军霍光一起拥立汉宣帝，又加封食邑千户。汉宣帝本始二年（前72），汉朝出动五将率军讨伐匈奴，韩增率三万

嗣。王莽败，乃绝。

赞曰：周室既坏，至春秋末，诸侯秏尽，而炎黄唐虞之苗裔尚犹颇有存者。秦灭六国，而上古遗烈埽地尽矣。楚汉之际，豪桀相王，唯魏豹、韩信、田儋兄弟为旧国之后，然皆及身而绝。横之志节，宾客慕义，犹不能自立，岂非天乎！韩氏自弓高后贵显，盖周烈近与！

骑兵从云中出发，斩首匈奴一百多人，并按期回朝。汉宣帝神爵元年（前61），韩增接替张安世担任大司马车骑将军，兼任尚书。韩增家世高贵，自幼忠君，一生侍奉过三位皇帝，是朝廷重臣。韩增为人宽厚本分，不论对方地位高低，他都以礼待人，没有什么怠慢之处，能够一直受到皇帝的信任，做人能够明哲保身，但是没有什么大的功业。汉宣帝五凤二年（前56），韩增去世，谥号为安侯。韩增的儿子韩宝继承爵位，韩宝没有子嗣，失去了封国。汉成帝时，朝廷恢复功臣的封赐，封韩增哥哥的儿子韩岑为龙頟侯。他死后，儿子韩持弓继承爵位。王莽败亡后，就断绝了侯位。

赞辞说：周王室虽然衰落，到春秋末年，诸侯已所剩无几，但炎帝、黄帝、唐尧、虞舜的后代却依然留存。秦灭六国后，上古各代后裔的封国也都不复存在了。楚、汉战争的时候，天下豪杰相继称王，只有魏豹、韩王信、田儋兄弟是六国的后裔，但他们也未能保有国家。田横崇尚节气，他的宾客们追慕道义，却依然不能自立建国，这难道不是天意吗！韩王信的后代从颓当被封为弓高侯后又开始显贵，可能是因为与周王室同为姬姓的缘故吧！

卷三十四

韩彭英卢吴传第四

韩信，淮阴人也。家贫无行，不得推择为吏，又不能治生为商贾，常从人寄食。其母死无以葬，乃行营高燥地，令傍可置万家者。信从下乡南昌亭长食，亭长妻苦之，乃晨炊蓐食。食时信往，不为具食。信亦知其意，自绝去。至城下钓，有一漂母哀之，饭信，竟漂数十日。信谓漂母曰："吾必重报母。"母怒曰："大丈夫不能自食，吾哀王孙而进食，岂望报乎！"淮阴少年又侮信曰："虽长大，好带刀剑，怯耳。"众辱信曰："能死，刺我；不能，出跨下。"于是信孰视，俛出跨下。一市皆笑信，以为怯。

及项梁度淮，信乃杖剑从之，居戏下，无所知名。梁败，又属项羽，为郎中。信数以策干项羽，羽弗用。汉王之入蜀，信亡楚归汉，未得知名，为连敖。坐法当斩，其畴十三人皆已斩，至信，信乃仰视，适见滕公，曰："上不欲就天下乎？而斩壮士！"滕公奇其言，壮其貌，释弗斩。与语，大说之，言于汉王。汉王以为治粟都尉，上未奇之也。

韩信，淮阴县人。家境贫寒，为人放荡不羁，因此不能够被举荐做官，他又不会做买卖来维持生活，只好寄居在别人家谋生。韩信母亲去世时，家里没钱无法安葬，就找了一块地势高且干燥的地方做坟地，使坟旁以后能安置下万户人家。韩信曾寄居在下乡南昌亭长家中，亭长的妻子很讨厌他，很早就起床做饭然后把饭吃完。到了吃饭时间，韩信去亭长家，发现家中没有准备饭食。韩信明白了其中的意思，就自己离开了。韩信来到城下钓鱼，有一位在河边漂洗棉絮的老妇人怜悯他，把自己的饭给他吃，一连几十天都是这样，直到漂洗结束。韩信对老妇人说："将来我一定会好好地报答你。"老妇人听了很生气，说："你一个大丈夫不能养活自己，我是可怜你，才给你饭吃，难道是想让你报答吗？"淮阴城里有个年青人欺侮韩信说："你虽然身材高大，还喜爱佩带刀剑，可实际上很胆小。"并当众污辱韩信说："你敢杀我，就用剑刺我；你要是不敢，就从我的胯下钻过去。"于是韩信盯着那个人看了很久，弯下腰，从他的胯下爬了过去。街市上的人都笑话韩信，认为他胆小。

当项梁渡过淮水行军时，韩信带着剑前去投奔，做了项梁的部下，始终默默无名。项梁兵败后，韩信又在项羽的麾下，做了一名侍从。韩信多次向项羽献策，项羽都不予采纳。汉王刘邦受封入蜀，韩信从楚营逃出投奔汉军，在汉军韩信仍是默默无闻，仅仅是负责管理粮仓的小吏。后来犯法被判死罪，同案的十三人都已被斩首，轮到韩信时，韩信抬头正好看见滕公夏侯婴，就对夏侯婴说："汉王不是想统一天下吗？为什么要杀掉壮士呢？"滕公夏侯婴觉得韩信言语不凡，又觉得他相貌威武，就释放了他，没有杀他。夏侯婴和韩信谈话后，十分欣赏韩信的见识，就向汉王讲述了韩信的情况。汉王任命韩信为治粟都尉，还是没有重用他。

数与萧何语，何奇之。至南郑，诸将道亡者数十人。信度何等已数言上，不我用，即亡。何闻信亡，不及以闻，自追之。人有言上曰："丞相何亡。"上怒，如失左右手。居一二日，何来谒。上且怒且喜，骂何曰："若亡，何也？"何曰："臣非敢亡，追亡者耳。"上曰："所追者谁也？"曰："韩信。"上复骂曰："诸将亡者以数十，公无所追；追信，诈也。"何曰："诸将易得，至如信，国士无双。王必欲长王汉中，无所事信；必欲争天下，非信无可与计事者。顾王策安决。"王曰："吾亦欲东耳，安能郁郁久居此乎？"何曰："王计必东，能用信，信即留；不能用信，信终亡耳。"王曰："吾为公以为将。"何曰："虽为将，信不留。"王曰："以为大将。"何曰："幸甚。"于是王欲召信拜之。何曰："王素嫚无礼，今拜大将如召小儿，此乃信所以去也。王必欲拜之，择日斋戒，设坛场具礼，乃可。"王许之。诸将皆喜，人人各自以为得大将。至拜，乃韩信也，一军皆惊。

信已拜，上坐。王曰："丞相数言将军，将军何以教寡人计策？"信谢，因问王曰："今东乡争权天下，岂非项王邪？"上曰："然。"信曰："大王自料勇悍仁强孰与项王？"汉王默然良久，曰："弗如也。"信再拜贺曰："唯信亦以为大王弗如也。然臣尝事项

韩信多次与萧何交谈，萧何很欣赏韩信的见解。汉军行进到南郑的时候，有数十名将领在半路逃跑。韩信想到萧何等人已数次向汉王举荐过自己，可是到现在自己依然得不到重用，也逃走了。萧何听说韩信逃走了，来不及向汉王报告，就亲自去追赶。有人向汉王报告说："丞相萧何逃跑了。"汉王听了大怒，失去萧何如同失去了左右手一样。过了两天，萧何来进见汉王。汉王看见萧何又怒又喜，骂道："你为什么逃跑呢？"萧何回答说："我不敢逃跑，我是去追逃跑的人。"汉王问："你去追谁？"萧何回答说："韩信。"汉王又骂道："逃跑的将领有数十人之多，你都不去追；单单去追韩信，你是在骗人吧。"萧何说："那些逃跑的将领很容易招募到，但是韩信，可以说是举世无双的人才。大王你如果只想在汉中称王，那就用不着韩信；如果大王你想要争夺天下，除了韩信，就再没有人能为你分担大事了。现在就看大王如何决策了。"汉王说："我当然想往东方发展，哪能局限在这个地方呢？"萧何说："如果大王决定向东进军，若能重用韩信，韩信就会留下来；如果不能重用韩信，韩信终究还是要逃跑的。"汉王说："我就听从你的意见，让他做一名将领吧。"萧何说："即使让韩信做一名将领，韩信还是不会留下来的。"汉王说："那就任命他为大将。"萧何说："那就太好了！"故而汉王想把韩信召来，拜他为大将。萧何说："大王你待人一向傲慢无礼，现在任命大将就像招呼小孩子一样，这也是韩信想要离开的原因了。如果大王想要拜韩信为大将，就应该选则良辰吉日，斋戒沐浴，设置高台广场，举行正式的拜将仪式，这样才可以啊。"汉王接受了萧何的建议。各位将领听说汉王要设坛拜将都很高兴，诸将都以为自己能够当大将。等到拜将仪式开始时，才知道大将竟然是韩信，全军上下都感到很惊讶。

韩信拜为大将后，汉王坐下来询问韩信说："丞相多次向我举荐将军，将军有什么平定天下的良策可以告诉我吗？"韩信拜谢汉王，对汉王说："当今在东方能和大王争夺天下的人，难道不是项王吗？"汉王说："是这样的。"韩信说："大王请你估计，你与项王相比谁的实力更强？"汉王沉默了很久，说："我不如项王。"韩信再拜

王，请言项王为人也。项王意乌猝嗟，千人皆废，然不能任属贤将，此特匹夫之勇也。项王见人恭谨，言语姁姁，人有病疾，涕泣分食饮，至使人有功，当封爵，刻印刓，忍不能予，此所谓妇人之仁也。项王虽霸天下而臣诸侯，不居关中而都彭城；又背义帝约，而以亲爱王，诸侯不平。诸侯之见项王逐义帝江南，亦皆归逐其主，自王善地。项王所过亡不残灭，多怨百姓，百姓不附，特劫于威，强服耳。名虽为霸，实失天下心，故曰其强易弱。今大王诚能反其道，任天下武勇，何不诛！以天下城邑封功臣，何不服！以义兵从思东归之士，何不散！且三秦王为秦将，将秦子弟数岁，而所杀亡不可胜计，又欺其众降诸侯。至新安，项王诈坑秦降卒二十余万人，唯独邯、欣、翳脱。秦父兄怨此三人，痛于骨髓。今楚强以威王此三人，秦民莫爱也。大王之入武关，秋豪亡所害，除秦苛法，与民约，法三章耳，秦民亡不欲得大王王秦者。于诸侯之约，大王当王关中，关中民户知之。王失职之蜀，民亡不恨者。今王举而东，三秦可传檄而定也。”于是汉王大喜，自以为得信晚。遂听信计，部署诸将所击。

汉王举兵东出陈仓，定三秦。二年，出关，收魏、河南，韩、殷

汉王，赞同汉王道：“韩信也认为大王实力不如项王，我曾经侍奉过项王，请允许我谈谈项王的为人。项王一声暴喝，上千人都会被吓得失魂落魄，但是项王不能任用贤能，徒有匹夫之勇罢了。项王待人恭敬谨慎，言语温和，有人生病了，项王会难过得落泪，并把自己的饮食分给他。但是当有人立了功劳，应当加封爵位的时候，项王就把刻好的印信拿在手中反复摩挲，棱角都磨平了也不舍得给人，这就是所谓的妇人之仁吧。项王虽然称霸天下，使诸侯臣服，但他不占据关中而是建都彭城；又违背义帝与诸侯的约定，把他的亲信封在关中为王，诸侯们都忿忿不平。诸侯看到项王把义帝驱逐到江南，也学习项王的做法，都回去驱逐原来的国君，占据好地自立为王。项王军队所经过的地方，都遭到摧残毁灭，百姓们都怨恨他，并不想归附他，只是惧怕他的威势，被迫屈服而已。项王名义上虽然是天下的霸主，但实际上早已失去民心，所以他的强大很容易被削弱。如果大王能够采取和项王完全相反的措施，任用天下勇武之人，那么什么样的敌人不能被消灭呢？如果大王能够把天下城邑封给有功之臣，那么什么样的人不会臣服呢？如果大王能够率领正义之师，顺从将士东归的心愿，那么什么样的敌人不能被击溃呢？况且在秦地称王的是原来秦军的三个将领，他们率领秦地百姓的子弟打仗数年，秦地子弟被杀和逃亡的不计其数，他们又欺骗部下投降了项羽。在新安，项王用计，坑杀了秦军降兵二十多万人，惟独章邯、司马欣和董翳三人侥幸脱身。秦地的百姓对这三个人恨之入骨。如今楚国依仗兵威，强行把这三人封在秦地为王，秦地百姓不会拥护他们的。当年大王进入武关后，秋毫无犯，废除了秦朝的严苛律法，和关中百姓约法三章，秦地百姓都盼望大王能在秦地称王。按照义帝与诸侯的约定，大王本应在关中称王，关中百姓也都知道这件事，大王失去应得的王位而被贬到蜀中，关中百姓没有不怨恨这件事的。如今大王举兵东进，三秦之地只要传下去一道檄文就可以平定。”汉王听后十分高兴，认为自己得到韩信太迟了，就按照韩信的计策，汉王安排各将领的进击目标。

汉王率兵经过陈仓向东进入关中，平定了三秦。汉二年（前205），

王皆降。令齐、赵共击楚彭城，汉兵败散而还。信复发兵与汉王会荥阳，复击破楚京、索间，以故楚兵不能西。

汉之败却彭城，塞王欣、翟王翳亡汉降楚，齐、赵、魏亦皆反，与楚和。汉王使郦生往说魏王豹，豹不听，乃以信为左丞相击魏。信问郦生："魏得毋用周叔为大将乎？"曰："柏直也。"信曰："竖子耳。"遂进兵击魏。魏盛兵蒲坂，塞临晋。信乃益为疑兵，陈船欲度临晋，而伏兵从夏阳以木罂缶度军，袭安邑。魏王豹惊，引兵迎信。信遂虏豹，定河东，使人请汉王："愿益兵三万人，臣请以北举燕、赵，东击齐，南绝楚之粮道，西与大王会于荥阳。"汉王与兵三万人，遣张耳与俱，进击赵、代。破代，禽夏说阏与。信之下魏、代，汉辄使人收其精兵，诣荥阳以距楚。

信、耳以兵数万，欲东下井陉击赵。赵王、成安君陈馀闻汉且袭之，聚兵井陉口，号称二十万。广武君李左车说成安君曰："闻汉将韩信涉西河，虏魏王，禽夏说，新喋血阏与。今乃辅以张耳，议欲以下赵，此乘胜而去国远斗，其锋不可当。臣闻'千里馈粮，士有饥色；樵苏后爨，师不宿饱。'今井陉之道，车不得方轨，骑不得成列，行数百里，其势粮食必在后。愿足下假臣奇兵三万人，从间路绝其辎重；足下深沟高垒勿与战。彼前不得斗，退不得还，吾奇兵绝其后，野无所掠卤，不至十日，两将之头可致戏下。愿君留意臣之计，必不为二子所禽矣。"成安君，儒者，常称义兵不用诈谋奇计，谓曰："吾闻兵法'什则围之，倍则战。'今韩信兵号数万，其实不能，

汉王挥兵出函谷关，占领了西魏和河南等地，韩王、殷王也都投降。接着汉王命令齐国、赵国与汉军一起进攻楚都彭城，结果汉军战败，溃不成军。韩信又发兵与汉王会师荥阳，在京、索一带阻击楚军，并屡次大败楚军，使楚军不能西进。

汉军在彭城战败之后，塞王司马欣、翟王董翳背叛汉军，投降了楚军。齐国、赵国和魏国也都相继背叛汉王，与楚军讲和。汉王派郦生前去游说魏王豹，魏豹不肯归顺，汉王就任命韩信为左丞相出兵攻打魏国。韩信问郦生说："魏国没有任用周叔为大将吗？"郦生回答说："魏国大将是柏直。"韩信说："他只是个小孩而已。"便挥军进攻魏国。魏王把重兵部署在蒲坂，在黄河的临晋渡口与韩信对峙。韩信就在临晋对岸增设疑兵，岸边停满船只，佯装要从这里渡河，暗地里却派兵，从夏阳用木瓮、木盆等工具成功渡河，接着就偷袭安邑。魏王豹得知消息大为惊恐，急忙领兵迎击韩信，结果被韩信俘虏，韩信就平定了河东。之后，韩信派人向汉王请求说："希望大王再给我增兵三万人，我愿意乘胜北进，征服燕、赵两国，再向东攻打齐国，接着向南断绝楚军的粮道，最后向西与大王在荥阳会师。"汉王拨给韩信三万兵马，派张耳与韩信一起，向北攻打赵地和代地。韩信占领了代地，在阏与县活捉了夏越。韩信攻取魏国和代国后，汉王就派人调走他的精锐部队，赶赴荥阳抵抗楚军。

韩信和张耳率领数万军队，准备东进攻下井陉，进而攻打赵国。赵王和成安君陈馀听说汉军将要攻打赵国，就集结重兵扼守井陉口来阻挡汉军，赵军号称二十万大军。广武君李左车对成安君说："我听说汉将韩信设计渡过西河，俘虏了魏王，擒获了夏说，刚刚在阏与血战。现在又以张耳为辅佐，准备要攻打赵国，汉军乘胜而来，远离国土作战，其锋芒锐不可当。但我听说'从千里之外的地方运送军粮，士兵就会面有饥色；临时打柴割草来做饭，军队就经常吃不饱饭。'现在井陉的道路难以通过并行的两辆战车，骑兵不能排成队列前进，这种情况下，汉军行军数百里，粮草势必落在后面。希望您给我三万奇兵，让我率军从小路去拦截汉军的辎重粮草。您要深挖战壕，高筑营垒，切勿与汉军交战。使汉军向前不能交战，向后不能撤

千里袭我，亦以罢矣。今如此避弗击，后有大者，何以距之？诸侯谓吾怯，而轻来伐我。”不听广武君策。

信使间人窥知其不用，还报，则大喜，乃敢引兵遂下。未至井陉口三十里，止舍。夜半传发，选轻骑二千人，人持一赤帜，从间道萆山而望赵军，戒曰：“赵见我走，必空壁逐我，若疾入，拔赵帜，立汉帜。”令其裨将传餐，曰：“今日破赵会食。”诸将皆呒然，阳应曰：“诺。”信谓军吏曰：“赵已先据便地壁，且彼未见大将旗鼓，未肯击前行，恐吾阻险而还。”乃使万人先行，出，背水陈。赵兵望见大笑。平旦，信建大将旗鼓，鼓行出井陉口，赵开壁击之，大战良久。于是信、张耳弃鼓旗，走水上军，复疾战。赵空壁争汉鼓旗，逐信、耳。信、耳已入水上军，军皆殊死战，不可败。信所出奇兵二千骑者，候赵空壁逐利，即驰入赵壁，皆拔赵旗帜，立汉赤帜二千。赵军已不能得信、耳等，欲还归壁，壁皆汉赤帜，大惊，以汉为皆已破赵王将矣，遂乱，遁走。赵将虽斩之，弗能禁。于是汉兵夹击，破虏赵军，斩成安君泜水上，禽赵王歇。

退，我再率奇兵截断他们的退路，汉军在野外无法靠抢掠获得足够粮食，如此不出十天，汉军两位将领的首级就能送到您的帐前。希望您能考虑我的计策，我可以保证您一定不会被这两个人所俘虏。”成安君是个儒者，总是自称为正义之师，不愿意使用阴谋诡计，成安君对李左车说到：“我听说兵法上讲‘兵力超过敌人十倍，就可以包围他们，超过一倍就可以与之交战。’如今韩信的军队号称数万，其实没有那么多，而且汉军千里跋涉前来进攻我们，早已疲惫不堪了。如果对于这样的敌人还避而不击，以后如果更强大的敌人前来侵犯，我们如何抵御呢？而且诸侯会认为我们胆怯，就会轻易地来攻打我们。”陈馀最终没有接受广武君的计策。

韩信派出的密探得知陈馀没有采用广武君的计策，就回来报告给韩信，韩信大喜，这才大胆地率军进击。在离井陉口不到三十里的地方安营扎寨。半夜时韩信下达命令，选拔了二千名轻骑兵，每人持一面红旗，从小道攀登上山，隐蔽在暗处监视赵军，韩信告诫他们说：“赵军看到我军败走，一定会倾巢而出追击我军，这时候你们要急速冲进赵军大营，拔掉赵军旗帜，换上汉军旗帜。”又传令裨将准备饭食，韩信对诸位将领说：“今日打败赵军后大家会餐。”将领们都满腹狐疑，只好假装答应：“遵命。”韩信又对军官说：“赵军已经占据了有利的地形，扎下了大营，他们在没有见到我军大将的旗鼓前，是不会出来攻击我军的前锋部队的，他们是担心我们在险要地方遇到阻力，就会撤退回去。”韩信就先派出一万人的先锋，出了大营，渡过河，背靠河水摆开阵势。赵军看见汉军的阵势都大笑起来。天亮后，韩信竖起大将的旗帜，擂响战鼓，大张旗鼓地走向井陉口。赵军打开营门，进攻汉军，双方激战了很久。这时，韩信和张耳假装战败，丢弃旗鼓，逃入水边的军阵中，指挥军队与赵军又展开激战。赵军果然倾巢而出，去争抢汉军遗留的旗鼓，并追击韩信和张耳。韩信和张耳此时已进入河边的军阵，汉军将士们都拼死战斗，赵军短时间难以击败汉军。韩信先前派出去的那二千轻骑兵，等到赵军倾巢而出，抢夺战利品的时候，就急速冲进赵军大营，拔掉了赵军的全部旗帜，插上汉军的两千面红旗。赵军看到不能战胜韩信和张耳等

信乃令军毋斩广武君，有生得之者，购千金。顷之，有缚而至戏下者，信解其缚，东乡坐，西乡对，而师事之。

诸校效首虏休，皆贺，因问信曰："兵法有'右背山陵，前左水泽'，今者将军令臣等反背水陈，曰破赵会食，臣等不服。然竟以胜，此何术也？"信曰："此在兵法，顾诸君弗察耳。兵法不曰'陷之死地而后生，投之亡地而后存'乎？且信非得素拊循士大夫，经所谓'驱市人而战之'也，其势非置死地，人人自为战；今即予生地，皆走，宁尚得而用之乎！"诸将皆服曰："非所及也。"

于是问广武君曰："仆欲北攻燕，东伐齐，何若有功？"广武君辞曰："臣闻'亡国之大夫不可以图存，败军之将不可以语勇。'若臣者，何足以权大事乎！"信曰："仆闻之，百里奚居虞而虞亡，之秦而秦伯，非愚于虞而智于秦也，用与不用，听与不听耳。向使成安君听子计，仆亦禽矣。仆委心归计，愿子勿辞。"广武君曰："臣闻'智者千虑，必有一失；愚者千虑，亦有一得。'故曰'狂夫之言，圣人择焉。'顾恐臣计未足用，愿效愚忠。故成安君有百战百胜之计，一日而失之，军败鄗下，身死泜水上。今足下虏魏王，禽夏说，不旬朝破赵二十万众，诛成安君。名闻海内，威震诸侯，众庶莫不辍作

人，就想要退回营垒，却发现营垒上飘扬着汉军的红旗，全都大惊失色，以为汉军已经打败了赵王和其他的将领，占领了大营，所以赵军大乱，纷纷逃跑。赵军将领虽然斩杀了几名逃兵，但仍无法阻止赵军的溃逃。于是汉军前后夹击，大败赵军，在泜水边斩杀了成安君陈馀，活捉了赵王歇。

韩信传令军中，不得斩杀广武君，谁能活捉广武君，奖赏千金。不一会儿，就有人捆绑着广武君送到韩信大帐，韩信立即解开了广武君身上的绳索，请他面东而坐，自己则面西而坐，像对待老师那样对待广武君。

各将领前来进献首级和俘虏，完毕后，都向韩信道贺，并询问韩信说："兵法上说'布阵应当是右边和背后靠山，前面和左边靠水'，这次将军反而命令我们背水列阵，还说打败赵军后会餐，我们心里都有些不信。然而我军竟然胜利了，这是什么战术呢？"韩信说："这种方法在兵法上是有记载的，只不过诸位没有留意看。兵法上不是说'陷入死地而后生，置于绝境而后存'吗？况且我率领的将士，并没有受过长期训练，也不能完全服从我的指挥，这就是兵书上所说的'驱赶着市井之徒去打仗'，在这种形势下，必须把士兵置于死地，使他们为了生存，人人奋勇而战；如果把军队部署在生地，士卒们遇到危险，就会不战而逃，那还怎么能让他们去克敌制胜呢！"将领们都佩服地说："我们都比不上将军的智谋。"

之后韩信询问广武君说："我想向北攻打燕国，向东征伐齐国，您看如何才能成功？"广武君辞让说："我听说'亡国的臣子不配谋划国家大计，打了败仗的将领不能谈论勇武'。像我这样的败军亡国之人，哪里有资格谋划大事呢？"韩信说："我听说，百里奚在虞国的时候，虞国灭亡，到了秦国，却让秦国称霸，并不是他在虞国的时候愚蠢，而在秦国就变得聪明了，而在于国君能不能任用他，能不能采纳他的意见。假使起初成安君采纳了你的计策，我韩信也早就成为俘虏了。我诚心向您讨教计策，希望你不要推辞。"广武君说："我听说'智者千虑必有一失；愚者千虑必有一得'。所以说'即便是狂人的话，圣人也可以选择性地采纳。'只不过我担心我的计策不一定

怠惰，靡衣媮食，倾耳以待命者。然而众劳卒罢，其实难用也。今足下举倦敝之兵，顿之燕坚城之下，情见力屈，欲战不拔，旷日持久，粮食单竭。若燕不破，齐必距境而以自强。二国相持，则刘项之权未有所分也。臣愚，窃以为亦过矣。”信曰：“然则何由？”广武君对曰：“当今之计，不如按甲休兵，百里之内，牛酒日至，以飨士大夫，北首燕路，然后发一乘之使，奉咫尺之书，以使燕，燕必不敢不听。从燕而东临齐，虽有智者，亦不知为齐计矣。如是，则天下事可图也。兵故有先声而后实者，此之谓也。”信曰：“善。敬奉教。”于是用广武君策，发使燕，燕从风而靡。乃遣使报汉，因请立张耳王赵以抚其国。汉王许之。

楚数使奇兵度河击赵，王耳、信往来救赵，因行定赵城邑，发卒佐汉。楚方急围汉王荥阳，汉王出，南之宛、叶，得九江王布，入成皋，楚复急围之。四年，汉王出成皋，度河，独与滕公从张耳军修武。至，宿传舍。晨自称汉使，驰入壁。张耳、韩信未起，即其卧，夺其印符，麾召诸将易置之。信、耳起，乃知独汉王来，大惊。汉王夺两人军，即令张耳备守赵地，拜信为相国，发赵兵未发者击齐。

有用，但我愿意为您效力。成安君本来有百战百胜的计策，却没有采用，结果军队在鄗城战败，自己也死在泜水。如今将军你俘虏魏王，擒获夏说，不几天就打垮赵军二十万兵马，杀死成安君。名扬天下，威震诸侯，连敌国的百姓都没有心思劳作，懈怠懒散，贪图享受，竖起耳朵倾听决定他们命运的消息。然而，您的部队已经十分疲惫了，很难继续作战。如今将军您率领这样的疲惫之师，屯兵于燕国的坚城之下，将自己的情况暴露给敌人，使自己的实力受到削弱，想要攻城却难以攻下，如此旷日持久，粮食也将耗尽。如果不能攻取燕国，那么齐国也必然陈兵边境，保护自己的领土不被侵犯。汉军如果与燕、齐二国相持下去，那么刘邦和项羽双方的胜负就很难分出来了。我虽然见识浅陋，但也认为现在攻燕伐齐不是一个好计策啊。”韩信说：“那该如何是好呢？”广武君回答说：“现在可行的办法，就是按兵不动。在方圆百里之内，每天都派人送来牛肉美酒，犒赏将士们，做出向北进攻燕国的架势，然后派一名使者，拿着书信，去燕国劝降，燕国一定不敢不听从。降服了燕国，再向东逼近齐国，即使再聪明的人，也不知道如何为齐国谋划了。这样一来，就可以图谋争夺天下的大事了。用兵本来就有先虚张声势，然后再实际行动的策略，现在就是这种情况。”韩信说：“计策太好了，我恭敬地接受你的赐教。”因此韩信采用广武君的计策，派使者去燕国劝降，燕国立即就投降了。韩信就派人将此事报告给汉王，并请求立张耳为赵王，以安抚赵国百姓。汉王答应了韩信的请求。

楚国多次派奇兵渡过黄河袭击赵国，赵王张耳和韩信往来救援，就逐步安定了赵国各城邑，然后又发兵去援助汉王。当时，楚军把汉王围困在荥阳，汉王突出重围，向南到达宛县、叶县一带，说服九江王英布归顺汉军，接着汉王又进入成皋，楚军又紧紧包围了成皋。汉四年（前203），汉王逃出成皋，渡过黄河，单独与滕公夏侯婴前往张耳军队的驻地修武县。到了修武后，汉王就住在驿馆里。第二天早晨，汉王自称是使臣，骑马进入赵军营内。当时张耳和韩信还没有起床，汉王就进到他们的卧室，夺走了他们的印信和兵符，接着把军中将领召集起来，调换了他们的职位。韩信和张耳起床后，才

信引兵东，未度平原，闻汉王使郦食其已说下齐。信欲止，蒯通说信令击齐。语在《通传》。信然其计，遂渡河，袭历下军，至临菑。齐王走高密，使使于楚请救。信已定临菑，东追至高密西。楚使龙且将，号称二十万，救齐。

齐王、龙且并军与信战，未合。或说龙且曰："汉兵远斗，穷寇久战，锋不可当也。齐、楚自居其地战，兵易败散。不如深壁，令齐王使其信臣招所亡城，城闻王在，楚来救，必反汉。汉二千里客居齐，齐城皆反之，其势无所得食，可毋战而降也。"龙且曰："吾平生知韩信为人，易与耳。寄食于漂母，无资身之策；受辱于跨下，无兼人之勇，不足畏也。且救齐而降之，吾何功？今战而胜之，齐半可得，何为而止！"遂战，与信夹潍水陈。信乃夜令人为万余囊，盛沙以壅水上流，引兵半度，击龙且。阳不胜，还走。龙且果喜曰："固知信怯。"遂追度水。信使人决壅囊，水大至。龙且军太半不得度，即急击，杀龙且。龙且水东军散走，齐王广亡去。信追北至城阳，虏广。楚卒皆降，遂平齐。

知道汉王单身一人来到军营，不禁大吃一惊。汉王夺走两人的部队，命令张耳守卫赵地，任命韩信为相国，征发赵国剩余的军队去攻打齐国。

韩信率兵东进，还没有渡过平原津的时候，听说汉王已经派郦食其说服齐王归顺了。韩信想要停止进军，蒯通劝韩信继续攻打齐国，详见《蒯通传》。韩信认为蒯通的说法很对，就率兵渡过黄河，袭击齐国驻扎在历下的军队，一直打到齐国的都城临菑。齐王田广逃到高密，派使者向楚国求援。韩信平定了临菑后，就往东追赶齐王，一直追到高密的西部。楚国任命龙且为大将，率领兵马号称二十万，前来救援齐国。

齐王田广的军队与龙且的军队联手准备和韩信大战，双方还未交战。有人建议龙且说："汉兵远道而来作战，早已久经沙场士气旺盛，汉军的锋芒锐不可挡。齐、楚两军在自己的国土上作战，一旦战败士兵容易逃亡。我军不如深沟高垒，再让齐王派亲信大臣去各地招抚被汉军占领的城邑，这些城邑的百姓如果听到齐王还在齐地，而且楚军又来援救，就一定会反叛汉军。汉军跋涉二千里来齐国征战，一旦齐国的城邑都反叛汉军，这种情况下汉军必然难以得到粮食，如此一来可以不战而使汉军投降。"龙且说："我一向了解韩信的为人，他很容易对付。韩信过去曾依靠漂母吃饭，说明他连养活自己的谋生手段都没有；韩信还曾受过胯下之辱，说明他没有过人的勇气，因此韩信不足为虑。况且我现在来救援齐国，不战而使韩信投降，那我还有什么功劳可言呢？如果与他交战并战胜了他，那么就可以得到齐国一半的土地，为什么不和他交战呢！"于是龙且准备和韩信交战，楚军与韩信隔着潍水摆开阵势。韩信命人连夜赶制了一万多个袋子，袋子里装满沙子，用沙袋把潍水的上游堵塞，韩信率领一部分军队渡河攻击龙且。韩信假装战败，往回撤退。龙且果然高兴地说："我一向知道韩信胆怯。"龙且就率军渡河追击韩信。韩信命人挖开堵塞河水的沙袋，河水汹涌而下。此时龙且的部队大部分还没有渡过河，韩信立即猛烈反击，杀死了龙且。龙且在潍水东岸的部队四散逃走，齐王田广也逃跑了。韩信向北追击到城阳，俘虏了齐王田广。

使人言汉王曰："齐夸诈多变，反覆之国，南边楚，不为假王以填之，其势不定。今权轻，不足以安之，臣请自立为假王。"当是时，楚方急围汉王于荥阳，使者至，发书，汉王大怒，骂曰："吾困于此，旦暮望而来佐我，乃欲自立为王！"张良、陈平伏后蹑汉王足，因附耳语曰："汉方不利，宁能禁信之自王乎？不如因立，善遇之，使自为守。不然，变生。"汉王亦寤，因复骂曰："大丈夫定诸侯，即为真王耳，何以假为！"遣张良立信为齐王，征其兵使击楚。

楚以亡龙且，项王恐，使盱台人武涉往说信曰："足下何不反汉与楚？楚王与足下有旧故。且汉王不可必，身居项王掌握中数矣，然得脱，背约，复击项王，其不可亲信如此。今足下虽自以为与汉王为金石交，然终为汉王所禽矣。足下所以得须臾至今者，以项王在。项王即亡，次取足下。何不与楚连和，三分天下而王齐？今释此时，自必于汉王以击楚，且为智者固若此邪！"信谢曰："臣得事项王数年，官不过郎中，位不过执戟，言不听，画策不用，故背楚归汉。汉王授我上将军印、数万之众，解衣衣我，推食食我，言听计用，吾得至于此。夫人深亲信我，背之不祥。幸为信谢项王。"武涉已去，蒯通知天下权在于信，深说以三分天下，鼎足而王。语在《通传》。信不忍背汉，又自以功大，汉王不夺我齐，遂不听。

楚军的士兵全部投降，就这样韩信平定了齐国。

韩信派人向汉王送信说："齐国人狡诈多变，是个反覆无常的国家，齐国南边又紧邻楚国，如果没有一个代理齐王来安抚齐地，那么齐地的局势就难以稳定。现在我的权力太小，不足以安抚齐地，我请求大王允许我自立为代理齐王。"当时，楚军正在猛攻汉王所在的荥阳，韩信的使者赶到荥阳，把书信交给汉王，汉王打开书信一看，勃然大怒，骂道："我被困在这里，日夜盼望你前来援救我，你却想着要自立为王！"张良、陈平在汉王身后踩了一下汉王的脚，凑近汉王的耳边说："汉军现在形势不利，难道我们能阻止韩信称王吗？不如乘势立他为王，好好对待他，让他能镇守齐国。否则的话，就可能发生变故。"汉王也醒悟过来，又骂道："大丈夫平定了诸侯国，就应当做真王，为什么要做代理王！"于是汉王派张良前去韩信军中，立韩信为齐王，征调他的部队攻打楚军。

楚国失去了大将龙且，项王感到惊恐，派盱台人武涉前去游说韩信说："足下为什么不离开汉王与楚国交好呢？楚王与足下曾是旧交。况且汉王为人也不可信，汉王有好几次被项王拿住，然而汉王一旦脱身，就背弃盟约，又来进攻项王，汉王的不可信都到了这种程度。现在足下虽然以为与汉王有着牢固的交情，但最终还是要被他拿下的。足下之所以能够维持到今天，就是因为有项王在。一旦项王被灭，就轮到足下遭殃了。足下为什么不和楚国联合，三分天下而占据齐国称王呢？现在白白放过这个机会，足下却非要帮助汉王攻击楚国，这难道是聪明人的做法吗！"韩信辞谢说："我曾经侍奉项王多年，官阶不过是个郎中，职位不过是个持戟的卫士，我的进言项王不听，我的计策项王不用，所以我才背弃楚国而投靠汉王。汉王授予我上将军的印信，让我统领数万人马，汉王把自己的衣服给我穿，把自己的食物给我吃，对我言听计从，所以我才能有现在的成就。汉王如此真诚地信任我，我如果背叛了汉王那是不吉祥的。请你替我辞谢项王。"武涉走后，蒯通知道天下大局的关键在于韩信，对韩信详细叙述了三分天下，鼎足而王的观点。详见《蒯通传》。韩信不忍心背弃汉王，又自认为功劳很大，汉王不会夺走自己的齐国，就没有听从

汉王之败固陵，用张良计，征信将兵会陔下。项羽死，高祖袭夺信军，徙信为楚王，都下邳。

信至国，召所从食漂母，赐千金。及下乡亭长，钱百，曰：“公，小人，为德不竟。”召辱己少年令出跨下者，以为中尉，告诸将相曰：“此壮士也。方辱我时，宁不能死？死之无名，故忍而就此。”

项王亡将钟离眜家在伊庐，素与信善。项王败，眜亡归信。汉怨眜，闻在楚，诏楚捕之。信初之国，行县邑，陈兵出入。有变告信欲反，书闻，上患之。用陈平谋，伪游于云梦者，实欲袭信，信弗知。高祖且至楚，信欲发兵，自度无罪；欲谒上，恐见禽。人或说信曰：“斩眜谒上，上必喜，亡患。”信见眜计事，眜曰：“汉所以不击取楚，以眜在。公若欲捕我自媚汉，吾今死，公随手亡矣。”乃骂信曰：“公非长者！”卒自刭。信持其首谒于陈。高祖令武士缚信，载后车。信曰：“果若人言，‘狡兔死，良狗亨’。”上曰：“人告公反。”遂械信。至雒阳，赦以为淮阴侯。

信知汉王畏恶其能，称疾不朝从。由此日怨望，居常鞅鞅，羞与绛、灌等列。尝过樊将军哙。哙趋拜送迎，言称臣，曰：“大王乃肯临臣。”信出门，笑曰：“生乃与哙等为伍！”

蒯通的建议。

汉王在固陵兵败后，采用张良的计策，召集韩信率部前来陔下会师。项羽死后，汉高祖出其不备地夺取了韩信的军权，把韩信迁到楚地为王，定都下邳。

韩信到了楚国，召来曾给自己饭吃的漂母，赠给她千金。又来到下乡亭长家里，赠送给他一百钱，说："你是小人，做好事有始无终。"又召见曾经侮辱自己，让自己从胯下钻过去的那个年轻人，让他担任中尉之职。韩信对楚国各位将相说："这是个壮士。起初他侮辱我时，我难道不能杀死他吗？但杀他没有理由，所以我忍了下来，才有了今天的成就。"

项王的逃亡将领钟离昧，家在伊庐，向来和韩信的关系良好。项王死后，钟离昧也逃亡，投靠了韩信。汉王一直都怨恨钟离昧，听说他在楚国，就命令楚国抓捕他。韩信刚到楚国时，巡视各县邑，出入都带着士卒。有人告发韩信谋反，汉王看到告发信，心里很担忧。就采用陈平的计谋，假装去云梦泽游历，实际是想要袭击韩信，韩信事先并不知道。汉高祖将要到达楚国时，韩信想要起兵反抗，但想到自己并没有什么罪过；想要去进见皇帝，又担心被捉拿。有人劝韩信说："杀了钟离昧去进见皇帝，皇帝一定会高兴，就不会有祸患了。"韩信去见钟离昧商量此事，钟离昧说："汉王不进攻楚国，是因为我在这里。你如果捉拿我去讨好汉王，我被杀了，你也会马上送命。"钟离昧骂韩信道："你不是一个忠厚的人！"最后自刎而死。韩信拿着钟离昧的首级，到陈县去进见汉高祖，汉高祖命令武士把韩信捆起来，放在后面的车上。韩信说："果然像人们所说的'狡兔死，良狗烹'。"汉高祖对韩信说："有人告发你谋反。"于是就给韩信戴上械具。到了洛阳，汉高祖赦免了韩信的罪过，把他贬为淮阴侯。

韩信知道汉王畏惧自己的才能，就称病不去朝见汉王，也不随侍左右。慢慢地韩信变得牢骚满腹，在家也闷闷不乐，羞于与绛侯周勃、灌婴等人地位同等。韩信曾去拜访樊哙，樊哙趋步上前行大礼迎送韩信，口称臣子，说："大王竟肯光临臣的家门。"韩信出门后，自嘲说："我竟然落到了和樊哙等人为伍的境地！"

上尝从容与信言诸将能各有差。上问曰：“如我，能将几何？”信曰：“陛下不过能将十万。”上曰：“如公何如？”曰：“如臣，多多益办耳。”上笑曰：“多多益办，何为为我禽？”信曰：“陛下不能将兵，而善将将，此乃信之为陛下禽也。且陛下所谓天授，非人力也。”

后陈豨为代相监边，辞信，信挈其手，与步于庭数匝，仰天而叹曰：“子可与言乎？吾欲与子有言。”豨因曰：“唯将军命。”信曰：“公之所居，天下精兵处也，而公，陛下之信幸臣也。人言公反，陛下必不信；再至，陛下乃疑；三至，必怒而自将。吾为公从中起，天下可图也。”陈豨素知其能，信之，曰：“谨奉教！”

汉十年，豨果反，高帝自将而往，信称病不从。阴使人之豨所，而与家臣谋，夜诈赦诸官徒奴，欲发兵袭吕后、太子。部署已定，待豨报。其舍人得罪信，信囚，欲杀之。舍人弟上书变告信欲反状于吕后。吕后欲召，恐其党不就，乃与萧相国谋，诈令人从帝所来，称豨已破，群臣皆贺。相国绐信曰：“虽病，强入贺。”信入，吕后使武士缚信，斩之长乐钟室。信方斩，曰：“吾不用蒯通计，反为女子所诈，岂非天哉！”遂夷信三族。

高祖已破豨归，至，闻信死，且喜且哀之，问曰：“信死亦何言？”吕后道其语。高祖曰：“此齐辩士蒯通也。”召欲亨之。通至自

汉高祖曾跟韩信闲聊，谈论汉军各将领的才能高低。汉高祖问道："像我这样的人，能带多少兵？"韩信说："陛下最多能带十万兵。"汉高祖问："你能带多少兵呢？"韩信说："如果是我的话，士兵越多越好。"汉高祖笑着说："你能带那么多兵马，为什么被我捉住了呢？"韩信说："陛下虽不善于带兵，却善于统帅将领，这就是我被陛下捉住的原因。况且陛下的权力是上天赐予的，不是一般人力所能达到的。"

后来陈豨被任命为代国丞相驻守边疆，陈豨向韩信辞行。韩信拉着陈豨的手，在庭院里来回走了好几圈，韩信仰天叹息说："我可以和你畅所欲言吗？我有些话想对你讲。"陈稀说："一切听从将军的吩咐！"韩信说："你身处的地域，是天下精兵良将集中的地方，而你又是陛下所宠信的臣子。如果有人告你谋反，陛下一定不会相信；但是如果有人再次告发你，陛下就会起疑心了；如果第三次有人告发你，陛下必定会大怒，并且亲自带兵来讨伐你。我可以在京城中为你做内应，天下大事就可以图谋了。"陈豨向来了解韩信的才能，就相信了他的话，说："感谢指教！"

汉十年（前197），陈豨果然谋反，汉高祖亲自带兵前往平叛，韩信称病没有跟随汉高祖去平叛。韩信暗中派人前往陈豨处联络。韩信和家臣谋划，夜晚假传圣旨，赦免各官府的囚徒和奴隶，准备发兵袭击吕后、太子。一切已经部署停当，就等陈豨回报。韩信的一个部下得罪了韩信，韩信就把他囚禁起来，准备杀他。部下的弟弟上书，向吕后告发韩信准备谋反。吕后准备把韩信召来，但恐怕他的部下不肯就范，就与萧相国商议，派人假装从汉高祖那里回来，声称陈豨已死，群臣都要去宫里道贺。萧相国欺骗韩信说："你虽然有病，还是强撑一下进宫去朝贺吧。"韩信一进宫，吕后便命令武士把韩信绑起来，在长乐宫的钟室把韩信处斩。韩信被斩时感叹说："我没有听从蒯通的计策，反为一妇人所欺诈，这难道不是天意吗！"随后又诛灭了韩信的三族。

汉高祖平定了陈豨的谋反后回来，刚到达京城，就听说韩信已死，汉高祖既高兴又哀伤，问道："韩信死前都说了些什么话？"吕后

说，释弗诛。语在《通传》。

彭越字仲，昌邑人也。常渔钜野泽中，为盗。陈胜起，或谓越曰：“豪桀相立畔秦，仲可效之。越曰：“两龙方斗，且待之。”

居岁余，泽间少年相聚百余人，往从越，“请仲为长”，越谢不愿也。少年强请，乃许。与期旦日日出时，后会者斩。旦日日出，十余人后，后者至日中。于是越谢曰：“臣老，诸君强以为长。今期而多后，不可尽诛，诛最后者一人。”令校长斩之。皆笑曰：“何至是！请后不敢。”于是越乃引一人斩之，设坛祭，令徒属。徒属皆惊，畏越，不敢仰视。乃行略地，收诸侯散卒，得千余人。

沛公之从砀北击昌邑，越助之。昌邑未下，沛公引兵西。越亦将其众居钜野泽中，收魏败散卒。项籍入关，王诸侯，还归，越众万余人无所属。齐王田荣叛项王，汉乃使人赐越将军印，使下济阴以击楚。楚令萧公角将兵击越，越大破楚军。汉二年春，与魏豹及诸侯东击楚，越将其兵三万余人，归汉外黄。汉王曰：“彭将军收魏地，得十余城，欲急立魏后。今西魏王豹，魏咎从弟，真魏也。”乃拜越为魏相国，擅将兵，略定梁地。

就把韩信死前说的话复述了一遍。汉高祖说："此人就是齐国的辩士蒯通。"汉高祖想把蒯通召来，烹杀他。蒯通来到后作了解释，汉高祖就赦免他，没有杀他。详见《蒯通传》。

彭越，字仲，昌邑县人。常年在钜野泽中打鱼为生，后来做了强盗。陈胜举事的时候，有人对彭越说："现在天下豪杰都争相反叛秦朝，彭仲你可以效仿他们。"彭越说："两条龙才刚刚开始争斗，暂且等一等吧。"

彭越在钜野泽中待了一年多，泽中的年轻人聚集了一百多人，都前去跟随彭越，说："请你做我们的首领吧。"彭越推辞不愿意答应。年轻人执意坚持，彭越就答应了。与众人约定第二天太阳出来时集合，迟到的人要被杀头。第二天太阳出来的时候，有十多个人没有按时来到，最后一个人直到中午才来。于是彭越抱歉地对众人说："我年纪大，所以你们就强行推选我做首领。今天在约定的时间，很多人都没按时到达，不能全都杀了，只好杀最后到达的人。"彭越命令小校杀掉那个最后到达的人。大家都笑着说："不用这样严厉吧！我们以后不敢违令就是了。"这时彭越把最后到达的那个人拉出去杀了，又设立祭坛，用人头祭祀，接着便对部下发布命令。部下都很吃惊，开始畏惧彭越，不敢仰视他。彭越就出兵攻城略地，并且收拢诸侯的逃散士兵，得到一千多人。

沛公从砀县北进攻打昌邑，彭越率兵赶来助战。最终没能攻下昌邑，沛公便带兵西行。彭越也率领部队继续留在钜野泽中，收拢魏国的败散兵卒。项羽进入关中，分封各路诸侯为王，然后就回到自己的属地去了，彭越一万多人的部队没有归属。后来，齐王田荣背叛项王，汉王便派使者赐给彭越将军印信，让他攻击济阴，来牵制楚军。楚国派萧公角率兵迎击彭越，彭越大败楚军。汉二年（前205）春，汉王与魏王豹等诸侯向东攻打楚国，彭越率领他的三万士兵，在外黄县归附汉王。汉王说："彭将军攻打魏地，占领了十多个城邑，想尽快拥立魏王的后裔。如今西魏王魏豹是魏王魏咎的堂弟，是正宗的魏国后裔。"汉王就任命彭越为魏国的相国，专掌兵权，负责平定梁地。

汉王之败彭城解而西也，越皆亡其所下城，独将其兵北居河上。汉三年，越常往来为汉游兵击楚，绝其粮于梁地。项王与汉王相距荥阳，越攻下睢阳、外黄十七城。项王闻之，乃使曹咎守成皋，自东收越所下城邑，皆复为楚。越将其兵北走穀城。项王南走阳夏，越复下昌邑旁二十余城，得粟十余万斛，以给汉食。

汉王败，使使召越并力击楚，越曰："魏地初定，尚畏楚，未可去。"汉王追楚，为籍所败固陵。乃谓留侯曰："诸侯兵不从，为之奈何？"留侯曰："彭越本定梁地，功多，始君王以魏豹故，拜越为相国。今豹死亡后，且越亦欲王，而君王不蚤定。今取睢阳以北至穀城，皆许以王彭越。"又言所以许韩信。语在《高纪》。于是汉王发使使越，如留侯策。使者至，越乃引兵会垓下。项籍死，立越为梁王，都定陶。

六年，朝陈。九年、十年，皆来朝长安。

陈豨反代地，高帝自往击之。至邯郸，征兵梁。梁王称病，使使将兵诣邯郸。高帝怒，使人让梁王。梁王恐，欲自往谢。其将扈辄曰："王始不往，见让而往，往即为禽，不如遂发兵反。"梁王不听，称病。梁太仆有罪，亡走汉，告梁王与扈辄谋反。于是上使使掩捕梁王，囚之雒阳。有司治反形已具，请论如法。上赦以为庶人，徙蜀青衣。西至郑，逢吕后从长安东，欲之雒阳，道见越。越为吕后泣涕，自言亡罪，愿处故昌邑。吕后许诺，诏与俱东。至雒阳，吕后言上曰："彭越壮士也，今徙之蜀，此自遗患，不如遂诛之。妾谨与俱

汉王在彭城战败，军队向西溃退，彭越也丢失了以前所占领的城池，只能独自率领部队北上在黄河沿岸活动。汉三年（前204），彭越经常作为汉军的游击部队，四处作战，袭扰楚军，断绝楚军在梁地的粮草补给。项王与汉王在荥阳对峙的时候，彭越攻占了睢阳、外黄等十七个城邑。项王听说后，就派曹咎防守成皋，自己向东进军，收复了彭越所占领的城邑，使这些城邑又都归属楚国。彭越率领部队北上穀城。项王向南进军阳夏，彭越又重新攻占昌邑附近二十多个城邑，得到谷物十多万斛，供给汉军作为军粮。

汉王兵败后，派人召彭越率部前来援助，与汉军合力攻打楚军，彭越派人对汉王说："魏地刚刚平定，魏国人还畏惧楚军，所以不能前去支援。"汉王追击楚军，被项羽在固陵打败。汉王对留侯张良说："诸侯不服从我的调遣，现在该怎么办呢？"留侯张良说："原本是彭越平定了梁地，功劳巨大，起初大王因为魏豹的缘故，让彭越担任魏国的相国。现在魏豹已死，也没有后人，而且彭越也想称王，而大王却没有尽早决定此事。现在不如将睢阳以北直到穀城的区域，都作为封地让彭越称王。"张良又谈到了以前封韩信为齐王的原因。详见《高纪》。于是汉王就派使者到彭越那里，按照留侯的计策，准备封彭越为魏王。使者到彭越那里宣读了册封令，彭越就率领军队与汉王会师垓下。项羽死后，汉王封彭越为梁王，定都定陶。

汉六年（前201），彭越到陈县进见汉高祖。九年、十年，彭越都来长安进见汉高祖。

后来陈豨在代地叛乱，汉高祖亲自去平叛。汉高祖到达邯郸时，让梁王派兵增援。梁王自称有病，派部下率兵到邯郸与汉高祖汇合。汉高祖大怒，派人责备梁王。梁王害怕，想要亲自前去谢罪。他的部将扈辄说："大王开始不去进见汉高祖，受到责备后才去进见，去到汉高祖那里必定会被抓捕的，不如就此起兵造反。"梁王没有听从汉高祖的命令，仍然自称有病。梁王的太仆犯了罪，逃到汉高祖那里，举报梁王与扈辄谋反。于是汉高祖派使者突袭抓捕了梁王彭越，把他关押在洛阳。经过有关官吏的审查，认为梁王谋反的证据确凿，官吏奏请汉高祖依法判决。汉高祖赦免了彭越，把他贬为平民，

来。”于是吕后令其舍人告越复谋反。廷尉奏请，遂夷越宗族。

黥布，六人也，姓英氏。少时客相之，当刑而王。及壮，坐法黥，布欣然笑曰：“人相我当刑而王，几是乎？”人有闻者，共戏笑之。布以论输骊山，骊山之徒数十万人，布皆与其徒长豪桀交通，乃率其曹耦，亡之江中为群盗。

陈胜之起也，布乃见番君，其众数千人。番君以女妻之。章邯之灭陈胜，破吕臣军，布引兵北击秦左右校，破之青波，引兵而东。闻项梁定会稽，西度淮，布以兵属梁。梁西击景驹、秦嘉等，布常冠军。项梁闻陈涉死，立楚怀王，以布为当阳君。项梁败死，怀王与布及诸侯将皆军彭城。当是时，秦急围赵，赵数使人请救怀王。怀王使宋义为上将军，项籍与布皆属之，北救赵。及籍杀宋义河上，自立为上将军，使布先涉河，击秦军，数有利。籍乃悉引兵从之，遂破秦军，降章邯等。楚兵常胜，功冠诸侯。诸侯兵皆服属楚者，以布数以少败众也。

项籍之引兵西至新安，又使布等夜击坑章邯秦卒二十余万人。至关，不得入，又使布等先从间道破关下军，遂得入。至咸阳，

流放到蜀郡青衣县。彭越被押送到郑地的时候，遇到吕后从长安东行，准备去洛阳，正好在途中遇到彭越。彭越向吕后哭泣，诉说自己无罪，希望能回到自己的故乡昌邑。吕后答应了，让他一起东行。到了洛阳，吕后告诉汉高祖说："彭越是个壮士，如果把他放逐到蜀地，这是为将来留下了祸患，不如乘现在杀了他。我已经让他一起前来了。"于是吕后让彭越的部下再次告发他谋反。廷尉奏请汉高祖后，便诛灭了彭越及其宗族。

英布，九江郡六县人，原本姓英。英布年轻的时候，有位客人给他相面，说他受刑之后就可以称王。英布到了壮年，因为犯了罪，遭受黥刑，英布高兴地说："有人给我相面，说我受刑之后可以称王，难道现在就是应验吗？"听到他的话，人们都嘲笑他。英布因犯罪被遣送到骊山服役，骊山服役的囚徒有几十万人，英布跟囚徒中的头领、豪杰都有交往，后来英布率领这伙人，逃到长江一带成了强盗。

陈胜起兵后，英布就去拜见番县县令吴芮，此时英布已拥兵数千人。番君吴芮就把女儿嫁给他。后来章邯消灭了陈胜，打败了吕臣，英布就领兵北上，进攻秦军左、右校尉的部队，在青波打败了秦军，然后继续领兵东进。英布听说项梁平定了会稽后，向西渡过淮河，就率领自己的部队投靠了项梁。项梁向西攻击景驹、秦嘉的军队，英布的军队总是勇冠三军。项梁听说陈涉的死讯后，就拥立楚怀王，封英布为当阳君。项梁兵败战死后，楚怀王和英布以及诸侯将领都聚集在彭城商议大事。这时，秦军正在猛攻赵国，赵国多次派人恳请楚怀王出兵救援。楚怀王任命宋义为上将军，项籍与英布都隶属于宋义，率兵北上救援赵国。项籍在黄河边杀了宋义，自立为上将军，派英布率先渡过漳河，进攻秦军，英布多次战胜秦军。项籍就率领全军渡河，攻击秦军，最终打败了秦军，迫使章邯等人投降。楚军经常战胜秦军，在诸侯中功劳最大。诸侯军队都听从楚军的调遣，都是因为英布屡次以少胜多的缘故。

项籍率军西行到达新安县，又派英布等人夜间突袭坑杀了章邯所率的二十多万秦军降兵。项籍率军来到函谷关，被阻不能进关，又

布为前锋。项王封诸将，立布为九江王，都六。尊怀王为义帝，徙都长沙，乃阴令布击之。布使将追杀之郴。

齐王田荣叛楚，项王往击齐，征兵九江，布称病不往，遣将将数千人行。汉之败楚彭城，布又称病不佐楚。项王由此怨布，数使使者谯让召布，布愈恐，不敢往。项王方北忧齐、赵，西患汉，所与者独布，又多其材，欲亲用之，以故未击。

汉王与楚大战彭城，不利，出梁地，至虞，谓左右曰："如彼等者，无足与计天下事者。"谒者随何进曰："不审陛下所谓。"汉王曰："孰能为我使淮南，使之发兵背楚，留项王于齐数月，我之取天下可以万全。"随何曰："臣请使之。"乃与二十人俱使淮南。至，太宰主之，三日不得见。随何因说太宰曰："王之不见何，必以楚为强，以汉为弱，此臣之所为使。使何得见，言之而是邪，是大王所欲闻也；言之而非邪，使何等二十人伏斧质淮南市，以明背汉而与楚也。"太宰乃言之王，王见之。随何曰："汉王使使臣敬进书大王御者，窃怪大王与楚何亲也。"淮南王曰："寡人北乡而臣事之。"随何曰；"大王与项王俱列为诸侯，北乡而臣事之，必以楚为强，可以托国也。项王伐齐，身负版筑，以为士卒先。大王宜悉淮南之众，身自将，为楚军前锋，今乃发四千人以助楚。夫北面而臣事人者，固若是乎？夫汉王战于彭城，项王未出齐也，大王宜埽淮南之众，日夜会战彭城下。今抚万人之众，无一人渡淮者，阴拱而观其孰胜。夫托国于人者，固若是乎？大王提空名以乡楚，而欲厚自托，臣窃为大王不取也。然大王不背楚者，以汉为弱也。夫楚兵虽强，天下负之以不义之名，以其背明约而杀义帝也。然而楚王特以战胜自强。汉

派英布等人从小路袭击，打败守关的军队，才得以进入函谷关。到了咸阳，项王任命英布为前锋。项王分封各位将领的时候，封英布为九江王，定都六县。项王尊楚怀王为义帝，迁都长沙，却暗中命英布杀害义帝。英布派人追到郴县将义帝杀死。

齐王田荣背叛楚国，项王亲自前去攻打齐国，项王向九江王英布征调军队，九江王英布称病不去见项王，派部将率领几千人前去汇合项王。汉军在彭城打败楚军，英布又借口生病不去救援楚军，项王因此而怨恨英布，多次派使者责备英布，并征召英布出兵，英布更加害怕项王，不敢前去见项王。当时，项王正忧虑北面有齐国和赵国反叛，担忧西面有汉军的进攻，所能依靠的亲信只有黥英，项王又看重英布的才能，想要重用他，因此没有攻打英布。

汉王与楚军在彭城大战，汉军作战不利，汉王逃走，经梁地，来到虞县。汉王对左右说："像你们这样的人，我无法与你们一同商议天下大事。"负责传达命令的侍从随何上前说道："我不明白陛下话语的意思。"汉王说："谁能为我出使淮南，让淮南王起兵背叛楚国，如果淮南王能把项王拖在齐地几个月，我就有把握夺取天下了。"随何说："我请求出使淮南。"随何就与二十人一起出使淮南。到达淮南后，淮南王的太宰接见了他们，随何等人等了三天都没有见到淮南王。随何因而游说太宰道："淮南王不愿接见随何，一定是认为楚国强大，汉军弱小，这正是我出使的原因。假如我见到淮南王，说的话要是有道理，那也正好是大王所愿意听的；要是我说的话没有道理，就把我们一行二十人在淮南的市集上杀掉，以此表明大王背弃汉国而同楚国交好的决心。"太宰把随何的话报告给淮南王，淮南王就召见了随何。随何说："汉王派我恭敬地送书信给大王，我只是奇怪大王为何与楚国这样亲近。"淮南王说："因为我是臣子的身份，所以要事奉他。"随何说："大王与项王同属诸侯，您面北对他称臣，一定是认为楚国强大，可以托付您的国家。项王攻打齐国时，亲自背土筑墙，来为士卒做榜样。大王应当出动淮南的全部军队，亲自率领士卒，为楚军做前锋，如今却只派出四千人去援助楚国。作为事奉君主的臣子，难道应该是这个样子吗？汉王现在彭城与楚军作战，项

王收诸侯，还守成皋、荥阳，下蜀、汉之粟，深沟壁垒，分卒守徼乘塞。楚人还兵，间以梁地，深入敌国八九百里，欲战则不得，攻城则力不能，老弱转粮千里之外。楚兵至荥阳、成皋，汉坚守而不动，进则不得攻，退则不能解，故楚兵不足罢也。使楚兵胜汉，则诸侯自危惧而相救。夫楚之强，适足以致天下之兵耳。故楚不如汉，其势易见也。今大王不与万全之汉，而自托于危亡之楚，臣窃为大王或之。臣非以淮南之兵足以亡楚也。夫大王发兵而背楚，项王必留；留数月，汉之取天下可以万全。臣请与大王杖剑而归汉王，汉王必裂地而分大王，又况淮南，必大王有也。故汉王敬使使臣进愚计，愿大王之留意也。”淮南王曰：“请奉命。”阴许叛楚与汉，未敢泄。

楚使者在，方急责布发兵，随何直入曰：“九江王已归汉，楚何以得发兵！”布愕然。楚使者起，何因说布曰：“事已构，独可遂杀楚使，毋使归，而疾走汉并力。”布曰：“如使者教。”因起兵而攻楚。楚使项声、龙且攻淮南，项王留而攻下邑。数月，龙且攻淮南，破布军。布欲引兵走汉，恐项王击之，故间行与随何俱归汉。

王还没有平定齐国，大王应当出动淮南的全部军队，日夜兼程赶到彭城支援楚军作战。可是大王虽然拥有上万的人马，却没有派一兵一卒渡过淮河，只是在旁边静观胜负。把国家托付给君主，难道是这个样子吗？大王只是表面上依附楚国，却总是宣称自己将国家托付于楚国，我认为大王这样做是不可取的。然而大王之所以不肯背离楚国，是认为汉国弱小。虽然楚国兵力强大，却被天下人冠以不正义的名声，因为楚国曾背弃盟约杀害义帝。然而楚王自持武力强大，就认为天下无敌。现在汉王收服诸侯，回军驻守成皋、荥阳，把蜀郡、汉中郡的粮食运到前线，深沟高垒，分兵把守各处关口要塞。楚人要想回师本国，中间隔着梁地，楚军深入敌国八九百里，想作战则难以得手，攻城则力量不够，老弱残兵需要从千里之外转运粮食到前线。楚军到达荥阳、成皋，汉军坚守不战，这样一来，使楚军进攻难以达到目的，撤退难以全身而退，所以说楚军很容易被拖垮的。即使楚军战胜了汉军，那么各地诸侯也会因为担忧自身的安危，而救援汉军。楚国的强大，反而招引来天下兵马共同对付他。由此可见楚国前景不如汉国，这种形势是显而易见的。如今大王不与前景光明的汉国交好，却托身于迟早会灭亡的楚国，我对大王的行为感到迷惑不解。我并不认为淮南的兵力足以灭亡楚国，但是如果大王愿意起兵反抗楚国，项王一定会留在齐地；只要让项王留在齐地几个月，那么汉王夺取天下就万无一失了。我请求与大王一起带着部队归顺汉王，汉王一定会划地而分封大王，而且淮南也一定会封给大王。所以汉王特地派我前来进献计策，希望大王能慎重地考虑。”淮南王说：“我愿意遵奉汉王的命令。”淮南王暗地里答应背叛楚国而归附汉王，但是没敢把消息泄露出去。

此时楚国的使者来到淮南，正急切地督促黥布发兵，随何直接闯进去说：“九江王已经归顺汉王，楚国凭什么让他发兵？”英布大吃一惊。楚使者也惊得站了起来，随何趁势劝说英布道：“事已至此，只能杀掉楚使，不能让他回去报告项王，大王最好马上归附汉王，与汉王共同抗楚。”英布说：“那就按照使者的办法行事吧。”英布就起兵进攻楚国。楚国派项声、龙且攻打淮南国，项王留下来攻打

至，汉王方踞床洗，而召布入见。布大怒，悔来，欲自杀。出就舍，张御食饮从官如汉王居，布又大喜过望。于是乃使人之九江。楚已使项伯收九江兵，尽杀布妻子。布使者颇得故人幸臣，将众数千人归汉。汉益分布兵而与俱北，收兵至成皋。四年秋七月，立布为淮南王，与击项籍。布使人之九江，得数县。五年，布与刘贾入九江，诱大司马周殷，殷反楚。遂举九江兵与汉击楚，破垓下。

项籍死，上置酒对众折随何曰腐儒，“为天下安用腐儒哉！”随何跪曰：“夫陛下引兵攻彭城，楚王未去齐也，陛下发步卒五万人，骑五千，能以取淮南乎？”曰：“不能。”随何曰：“陛下使何与二十人使淮南，如陛下之意，是何之功贤于步卒数万，骑五千也。然陛下谓何腐儒，‘为天下安用腐儒’，何也？”上曰：“吾方图子之功。”乃以随何为护军中尉。布遂剖符为淮南王，都六，九江、庐江、衡山、豫章郡皆属焉。

六年，朝陈。七年，朝雒阳。九年，朝长安。

十一年，高后诛淮阴侯，布因心恐。夏，汉诛梁王彭越，盛其醢以遍赐诸侯。至淮南，淮南王方猎，见醢，因大恐，阴令人部聚兵，候伺旁郡警急。

下邑。几个月后，龙且进攻淮南国，击败了英布的军队。英布想率领部队归附汉王，又担心被项王拦截，所以就从小路与随何一起逃归汉王处。

英布来到汉王大营，汉王正坐在床边洗脚，召呼英布进去见他。英布大怒，后悔归顺汉王，甚至想要自杀。英布从汉王那里出来回到驿馆里，看到驿馆的帷帐陈设、饮食随从，都与汉王一样，英布又喜出望外。因此英布就派人回到九江联络旧部。楚王已派项伯收编九江的部队，把英布的妻儿家人全部杀了。英布的使者联络到不少英布的故友旧臣，带领数千人回到汉国。汉王也给英布增拨了士兵，让英布随汉军一起北上，一路上招兵买马来到成皋。汉四年（前203）秋七月，汉王刘邦封英布为淮南王，与汉军共同抗击项羽。英布派人到九江，收复了好几个县。汉五年，英布与刘贾进入九江，诱降楚国大司马周殷，结果周殷反叛楚国。英布就指挥九江军队与汉军一起攻打楚军，在垓下打败了楚军。

项籍死后，汉高祖设酒宴招待群臣，当众贬低随何说："你是个迂腐的书生，治理天下哪能用得着迂腐书生呢！"随何跪下启奏说："起初陛下率兵攻打彭城的时候，楚王还没有离开齐地，陛下征发步兵五万人、骑兵五千，凭借这些兵力能夺取淮南国吗？"汉高祖说："不能。"随何说："陛下派我带领二十个人出使淮南国，达成了陛下的愿望，这说明我的作用胜过那五万步兵和五千骑兵。然而陛下说我是迂腐书生，'还说治理天下哪能用得着迂腐书生'，这是为什么呢？"汉高祖说："我正在考虑你的功劳。"随后汉高祖就任命随何为护军中尉。英布被封为淮南王，定都六县，九江郡、庐江郡、衡山郡、豫章郡都划属淮南国。

汉六年（前201），英布到陈县进见汉高祖。汉七年，英布到洛阳进见汉高祖。汉九年，英布到长安进见汉高祖。

汉十一年（前196），高后诛杀了淮阴侯韩信，英布因此心怀恐惧。夏季，汉高祖诛杀了梁王彭越，并把彭越剁成肉酱赐给各地诸侯。送到淮南国的时候，淮南王英布正在打猎，看到肉酱，大惊失色，暗中命令部下集结军队，紧密关注邻近郡县的动静。

布有所幸姬病，就医。医家与中大夫贲赫对门，赫乃厚馈遗，从姬饮医家。姬侍王，从容语次，誉赫长者也。王怒曰："女安从知之？"具道，王疑与乱。赫恐，称病。王愈怒，欲捕赫。赫上变事，乘传诣长安。布使人追，不及。赫至，上变。言布谋反有端，可先未发诛也。上以其书语萧相国，萧相国曰："布不宜有此，恐仇怨妄诬之。请系赫，使人征验淮南王。"布见赫以罪亡上变，已疑其言国阴事，汉使又来，颇有所验，遂族赫家，发兵反。

反书闻，上方赦赫，以为将军。召诸侯问："布反，为之奈何？"皆曰："发兵坑竖子耳，何能为！"汝阴侯滕公以问其客薛公，薛公曰："是固当反。"滕公曰："上裂地而封之，疏爵而贵之，南面而立万乘之主，其反何也？"薛公曰："前年杀彭越，往年杀韩信，三人皆同功一体之人也。自疑祸及身，故反耳。"滕公言之上曰："臣客故楚令尹薛公，其人有筹策，可问。"上乃见问薛公，对曰："布反不足怪也。使布出于上计，山东非汉之有也；出于中计，胜负之数未可知也；出于下计，陛下安枕而卧矣。"上曰："何谓上计？"薛公对曰："东取吴，西取楚，并齐取鲁，传檄燕、赵，固守其所，山东非汉之有也。""何谓中计？""东取吴，西取楚，并韩取魏，据敖仓之粟，塞成皋之险，胜败之数未可知也。""何谓下计？""东取吴，西取下蔡，归重于越，身归长沙，陛下安枕而卧，汉无事矣。"上曰："是计将安出？"薛公曰："出下计"。上曰："胡为废上计而出下计？"薛公曰："布故骊山之徒也，致万乘之主，此皆为身，不顾后为百姓

英布有一个宠妃生病了，去就医。医生家与中大夫贲赫家对门，贲赫送给医生厚重的礼物，还陪伴宠妃在医生家宴饮。宠妃在侍奉淮南王的时候，闲谈中，称赞贲赫是个忠厚长者。淮南王英布发怒说："你是怎么知道的？"宠妃就详细地说明了原由。淮南王怀疑宠妃与贲赫私通。贲赫听说后很害怕，借口自己生病，不去见淮南王。淮南王更加愤怒，准备捉拿贲赫。贲赫想要告发英布，就乘驿车前往长安。英布派人追赶，但是没有追上。贲赫来到长安，上书告发英布，说英布有谋反的迹象，朝廷应该在其叛乱之前诛杀他。汉高祖把贲赫告发书的内容告诉相国萧何，萧相国说："英布不应当做出这样的事，恐怕他的仇家怨恨他，所以故意诬陷他。请把贲赫关押起来，派人暗地里察看淮南王是否有谋反迹象。"英布看到贲赫畏罪逃亡，向朝廷告发自己，英布本来就怀疑贲赫供出了他的一些秘事，现在汉朝使者又前来淮南国，就更加验证了自己的怀疑，于是英布就杀了贲赫全家，起兵造反。

听到英布造反的消息后，汉高祖刘邦便赦免了贲赫，还任命他为将军。汉高祖召见诸侯问道："英布谋反，应该怎么处理他呢？"诸侯都回答说："派兵剿灭叛军，坑杀了这小子，除此之外，还能做什么呢！"汝阴侯滕公夏侯婴询问门客薛公对英布谋反的看法，薛公说："英布一定会谋反。"滕公说："皇上划地而分封他，赐爵位使他显贵，让他南面称王，成为万乘之国的君主，他为什么要谋反呢？"薛公说："往年汉高祖诛杀了彭越和韩信，这三个人都是因功劳卓著，被封为诸侯王的人。英布怀疑自己也会像彭越和韩信一样，被汉高祖诛杀，所以就造反了。"滕公把薛公的话报告给汉高祖，说："我的一位门客，是原来楚国的令尹薛公，此人颇有计谋，陛下可以询问他。"汉高祖就召见并询问薛公。薛公回答说："英布谋反不足为怪。如果英布采用上策，那么崤山以东地区就不再归汉朝所有了；如果英布采用中策，那么战争的胜败还是很难预料的；如果英布采用下策，陛下就可以高枕无忧了。"汉高祖问："什么是上策呢？"薛公回答说："如果英布向东占领吴国，向西占领楚国，接着吞并齐国，夺取鲁地，然后发檄文招降燕国和赵国，并且牢固地守住这

万世虑者也，故出下计。”上曰：“善。”封薛公千户。遂发兵自将东击布。

布之初反，谓其将曰：“上老矣，厌兵，必不能来。使诸将，诸将独患淮阴、彭越，今已死，余不足畏。”故遂反。果如薛公揣之，东击荆，荆王刘贾走死富陵。尽劫其兵，度淮击楚。楚发兵与战徐、僮间，为三军，欲以相救为奇。或说楚将曰：“布善用兵，民素畏之。且兵法，诸侯自战其地为散地。今别为三，彼败吾一，余皆走，安能相救！”不听。布果破其一军，二军散走。

遂西，与上兵遇蕲西，会甀。布兵精甚，上乃壁庸城，望布军置陈如项籍军。上恶之，与布相望见，隃谓布“何苦而反？”布曰：“欲为帝耳。”上怒骂之，遂战，破布军。布走度淮，数止战，不利，与百余人走江南。布旧与番君婚，故长沙哀王使人诱布，伪与俱亡走越，布信而随至番阳。番阳人杀布兹乡，遂灭之。封贲赫为列

些地方，那么崤山以东的地区就不再归汉朝所有了。”汉高祖问：“什么是中策呢？”薛公回答说：“如果英布向东占领吴国，向西占领楚国，然后吞并韩国，夺取魏国，占有敖仓的粮食，据守成皋天险，那么胜败还很难预料。”汉高祖问：“什么是下策呢？”薛公回答说：“如果英布向东占领吴国，向西占领下蔡，把物资财宝运送到越地，自己身居长沙，那么陛下就可以高枕无忧了，汉朝也平安无事了。”汉高祖问：“英布会采用什么计策呢？”薛公回答说：“他会采用下策。”汉高祖问：“英布为什么不采用上策而采用下策呢？”薛公说：“英布本是骊山的囚徒，现在成为万乘之国的君主，一直都是为了自己谋富贵，他不会为百姓和后世子孙考虑的，所以说他会采用下策。”汉高祖说：“你说得很好。”汉高祖就封薛公食邑千户。于是汉高祖亲自率领部队东征讨伐英布。

英布刚刚反叛时，对他的部下说：“汉高祖老了，厌烦打仗，必定不会亲自率兵前来讨伐。他只能派遣其他将领前来，在各将领中我只惧怕淮阴侯韩信和彭越，如今他们都死了，其余将领不值得惧怕。”所以英布就起兵反叛。果真像薛公预测的那样，英布向东进攻荆国，荆王刘贾逃跑，最后死在富陵。英布收编了荆国的部队，渡过淮河攻打楚国。楚国发兵与英布在徐县、僮县之间展开大战。楚军兵力分为三路，准备相互救援，出奇制胜。有人劝告楚国将领说：“英布善于用兵，百姓向来畏惧他。并且兵法上说，诸侯在自己的土地上打仗，士兵容易逃散。如今把楚军分成三路，英布只要打败了其中的任何一支部队，其余两支部队的都会逃散，哪里还能互相援救呢！”楚将不听。果然英布只打败楚军的一支部队，其他二支部队就不战而逃了。

英布继续向西进军，与汉高祖的军队在蕲县西部相遇，双方在鄑地交战。英布的军队十分骁勇善战，汉高祖只能固守庸城，汉高祖看到英布军队的布阵和项羽的布阵一样，十分厌恶。汉高祖与英布相互可以看见，汉高祖对英布说：“你何苦要反叛呢？”英布说：“我也想做皇帝。”汉高祖怒骂英布，双方就展开大战，汉军打败了英布的

侯，将率封者六人。

卢绾，丰人也，与高祖同里。绾亲与高祖太上皇相爱，及生男，高祖、绾同日生，里中持羊酒贺两家。及高祖、绾壮，学书，又相爱也。里中嘉两家亲相爱，生子同日，壮又相爱，复贺羊酒。高祖为布衣时，有吏事避宅，绾常随上下。及高祖初起沛，绾以客从，入汉为将军，常侍中。从东击项籍，以太尉常从，出入卧内，衣被食饮赏赐，群臣莫敢望。虽萧、曹等，特以事见礼，至其亲幸，莫及绾者。封为长安侯。长安，故咸阳也。

项籍死，使绾别将，与刘贾击临江王共尉，还，从击燕王臧荼，皆破平。时诸侯非刘氏而王者七人。上欲王绾，为群臣觖望。及虏臧荼，乃下诏，诏诸将相列侯择群臣有功者以为燕王。群臣知上欲王绾，皆曰："太尉长安侯卢绾常从平定天下，功最多，可王。"上乃立绾为燕王。诸侯得幸莫如燕王者。绾立六年，以陈豨事见疑而败。

豨者，宛句人也，不知始所以得从。及韩王信反入匈奴，上至平城还，豨以郎中封为列侯，以赵相国将监赵、代边，边兵皆属焉。

军队。英布败逃，渡过淮河，多次停下来与汉军交战，皆失利，英布最后同一百多人逃到江南。英布过去与番君吴芮通婚，因此长沙哀王吴回派人欺骗英布，假装要和英布一起逃到越地。英布相信了吴回，就跟随使者回到了番阳。番阳人在兹乡把英布杀了，随后灭掉了淮南国。汉高祖封贲赫为列侯，其他受封的将领有六人。

卢绾，丰邑人，与汉高祖是同乡。卢绾的父亲与汉高祖的父亲关系很好，两家生孩子时，汉高祖与卢绾同日出生，乡亲们抬着羊和酒前来祝贺两家。等到汉高祖、卢绾长大后，两人在一起读书，又相互友好。乡邻们称赞两家父辈关系好，同一天生儿子，而且两家儿子长大后又相互友好，就再一次担着羊和酒来向两家道贺。汉高祖还是平民的时候，因犯罪躲藏在外面，卢绾总是跟随汉高祖四处奔走。后来汉高祖在沛县起兵，卢绾以宾客的身份跟随，汉高祖被封为汉王时，卢绾升为将军，经常陪侍在汉高祖身边。卢绾跟随汉高祖东征项羽，以太尉的身份跟随在汉高祖左右，卢绾可以进出汉高祖的卧室，吃穿用度等方面的赏赐，更是群臣们无法比拟的。即使像萧何、曹参等人，也是因为公事需要，才能进见汉高祖，至于汉高祖对群臣的宠信，没有人能比得上卢绾。卢绾被封为长安侯。长安就是原来的咸阳。

项羽死后，汉王就让卢绾带领一支军队，与刘贾一起进攻临江王共尉。班师返回来后，卢绾跟随汉高祖讨伐燕王臧荼，把这些地方都平定了。当时诸侯中非刘姓而被封为王的人七个。汉高祖想封卢绾为王，但是群臣对这一决定不满，颇多怨言。后来俘虏了燕王臧荼，汉高祖就下达诏书，让将相列侯们，选择群臣中有功劳的人封为燕王。群臣知道汉高祖想封卢绾为燕王，都上奏说："太尉长安侯卢绾一直跟随陛下平定天下，功劳最多，应该封王。"汉高祖就封卢绾为燕王。汉高祖对燕王的宠信，诸侯中没有人能比得上。卢绾封为燕王六年后，因陈豨反叛的事件被怀疑而败亡。

陈豨是宛句县人，不知道最初是怎么跟随汉王的。后来韩王信叛汉逃亡匈奴，汉高祖征讨匈奴，从平城返回后，陈豨就以郎中的身份被封为列侯，以赵国相国的身份统率赵国、代国的部队，镇守

豨少时，常称慕魏公子，及将守边，招致宾客。常告过赵，宾客随之者千余乘，邯郸官舍皆满。豨所以待客，如布衣交，皆出客下。赵相周昌乃求入见上，具言豨宾客盛，擅兵于外，恐有变。上令人覆案豨客居代者诸为不法事，多连引豨。豨恐，阴令客通使王黄、曼丘臣所。汉十年秋，太上皇崩，上因是召豨。豨称病，遂与王黄等反，自立为代王，劫略赵、代。上闻，乃赦吏民为豨所诖误劫略者。上自击豨，破之。语在《高纪》。

初，上如邯郸击豨，燕王绾亦击其东北。豨使王黄求救匈奴，绾亦使其臣张胜使匈奴，言豨等军破。胜至胡，故燕王臧荼子衍亡在胡，见胜曰："公所以重于燕者，以习胡事也。燕所以久存者，以诸侯数反，兵连不决也。今公为燕欲急灭豨等，豨等已尽，次亦至燕，公等亦且为虏矣。公何不令燕且缓豨，而与胡连和？事宽，得长王燕，即有汉急，可以安国。"胜以为然，乃私令匈奴兵击燕。绾疑胜与胡反，上书请族胜。胜还报，具道所以为者。绾寤，乃诈论他人，以脱胜家属，使得为匈奴间。而阴使范齐之豨所，欲令久连兵毋决。

汉既斩豨，其裨将降，言燕王绾使范齐通计谋豨所。上使使召绾，绾称病。又使辟阳侯审食其、御史大夫赵尧往迎绾，因验问其

边疆，汉朝北地全部的边防部队都归属陈豨指挥。陈豨年轻时，时常称赞羡慕魏公子信陵君，后来他领兵镇守边塞期间，四处招揽宾客。陈豨曾告假回乡路过赵国，跟随他的宾客，坐了一千多辆车子，邯郸城内的馆舍都被住满了。陈豨对待宾客的方式，如同平民百姓间的交往，总是礼贤下士。赵国相国周昌请求入京拜见汉高祖，详细讲述了陈豨宾客众多的情况，又说陈豨手握重兵在外，恐有变故。汉高祖派人调查陈豨宾客在代地的种种违法事情，很多事情都牵连到陈豨。陈豨得知消息后很是恐惧，暗中让宾客去联络王黄和曼丘臣。汉十年（前197）秋，太上皇去世，汉高祖因此召见陈豨，陈豨借口有病不去进见，就同王黄等人起兵反叛，自立为代王，劫掠赵地和代地。汉高祖听到陈豨谋反的消息，就赦免了被陈豨胁迫，参与劫略的官民。汉高祖亲自讨伐陈豨，打败了陈豨的叛军。详见《高帝纪》。

起初，汉高祖到达邯郸攻打陈豨的时候，燕王卢绾也从东北方向进攻陈豨的部队。陈豨派王黄到匈奴求援。燕王卢绾也派他的大臣张胜出使匈奴，告诉匈奴人，陈豨的军队已被汉军击败。张胜来到匈奴，原燕王臧荼的儿子臧衍也逃亡到匈奴，看见张胜，对他说：“你被燕国重视的原因，在于你熟悉匈奴事情。燕国能够长期存在的原因，在于诸侯数次反叛，连年用兵难以安定。如今你为了燕国想要尽快消灭陈豨等人，陈豨等人灭亡以后，也就轮到燕国灭亡了，你们也要成为俘虏了。你为什么不劝燕王暂时放缓对陈豨的进攻，而同匈奴联盟呢？只要陈豨的事情不解决，卢绾也就能够长久地在燕国称王，即使汉朝有什么变故，燕王依然能够保全国家。”张胜认为臧衍的话有道理，就暗地里让匈奴出兵攻打燕国。卢绾怀疑张胜勾结匈奴谋反，上书朝廷请求将张胜灭族。张胜从匈奴出使回来，详细报告了事情的经过。卢绾一下醒悟，就将罪名推卸给其他人，开脱了张胜和他的家属，使他们成为联络匈奴的间谍。又暗中派范齐去陈豨的驻地，想与陈豨联手，让叛乱长期持续下去。

汉朝斩杀了陈豨，陈豨的裨将投降，招供说燕王卢绾派范齐与陈豨勾结。汉高祖刘邦派使者召卢绾进京朝见，卢绾借口生病不去朝见。汉高祖又派辟阳侯审食其、御史大夫赵尧前去迎接卢绾，审食其

左右。绾愈恐，閟匿，谓其幸臣曰："非刘氏而王者，独我与长沙耳。往年汉族淮阴，诛彭越，皆吕后计。今上病，属任吕后。吕后妇人，专欲以事诛异姓王者及大功臣。"乃称病不行。其左右皆亡匿。语颇泄，辟阳侯闻之，归具报，上益怒。又得匈奴降者，言张胜亡在匈奴，为燕使。于是上曰："绾果反矣！"使樊哙击绾。绾悉将其宫人家属，骑数千，居长城下候伺，幸上病瘉，自入谢。高祖崩，绾遂将其众亡入匈奴，匈奴以为东胡卢王。为蛮夷所侵夺，常思复归。居岁余，死胡中。

高后时，绾妻与其子亡降，会高后病，不能见，舍燕邸，为欲置酒见之。高后竟崩，绾妻亦病死。

孝景帝时，绾孙它人以东胡王降，封为恶谷侯。传至曾孙，有罪，国除。

吴芮，秦时番阳令也，甚得江湖间民心，号曰番君。天下之初叛秦也，黥布归芮，芮妻之，因率越人举兵以应诸侯。沛公攻南阳，乃遇芮之将梅鋗，与偕攻析、郦，降之。及项羽相王，以芮率百越佐诸侯，从入关，故立芮为衡山王，都邾。其将梅鋗功多，封十万户，为列侯。项籍死，上以鋗有功，从入武关，故德芮，徙为长沙王，都临湘，一年薨，谥曰文王，子成王臣嗣。薨，子哀王回嗣。薨，子共王右嗣。薨，子靖王差嗣。孝文后七年薨，无子，国除。初，文王芮，高祖贤之，制诏御史："长沙王忠，其定著令。"至孝惠、高后时，封芮庶子二人为列侯，传国数世绝。

与赵尧趁机查问燕王身边的人。卢绾更加恐惧，闭门不出，对他的近臣说："不是刘姓而称王的人，只有我与长沙王了。去年汉高祖将淮阴侯灭族，又诛杀了彭越，这都出自吕后的计谋。如今皇帝生病，朝中大权托付给吕后。吕后是个妇道人家，一心想寻找事端诛杀异姓王和大功臣。"卢绾便推说有病不肯进京，其他的左右大臣也全都躲避起来。卢绾的机密话很多都泄露出去，辟阳侯审食其听到后，回到京城详细地报告给汉高祖，汉高祖更加生气。后来又有匈奴投降过来的人，报告说张胜流亡在匈奴，充当燕国的使者。汉高祖因此断言："卢绾果真反叛了！"就派樊哙攻打燕王卢绾。卢绾将全部家属、宫人和数千骑兵，驻扎在长城边来观察事态，想等到汉高祖病愈后，亲自进京请罪。后来汉高祖去世，卢绾就带领部下逃入匈奴，匈奴封他为东胡卢王。卢绾在匈奴屡次受到蛮夷的掠夺，常期望能再回汉朝。过了一年多，卢绾死在匈奴。

高后时期，卢绾的妻子与子女逃离匈奴投降汉朝，正好高后生病，不能接见他们，就让他们住在燕公馆，高后想设酒宴招待并接见他们。但是高后竟然病重去世了，卢绾的妻子也病死了。

汉景帝时候，卢绾的孙子卢它人以东胡王的身份投降汉朝，被封为恶谷侯。传到曾孙时，因犯罪，封国被废。

吴芮，秦朝时是番阳县令，吴芮非常受吴越地区百姓的拥护，号称番君。天下人刚开始反叛秦朝的时候，英布投靠吴芮，吴芮把女儿嫁给他，吴芮率领越人起兵响应天下诸侯。沛公进攻南阳郡的时候，遇到吴芮的部将梅鋗，就和他一同进攻析县和郦县，并且迫使两县投降。项羽分封诸侯的时候，因吴芮率领百越将士随同诸侯一起进入关中，就封吴芮为衡山王，建都邾县。吴芮的将领梅鋗功劳很多，被封为十万户侯。项羽死后，汉高祖因梅鋗有功，曾跟随他进入武关，所以很感谢吴芮，改封吴芮为长沙王，建都临湘，一年后吴芮死去，谥号为文王，吴芮的儿子成王吴臣继位。吴臣死后，吴臣的儿子哀王吴回继位。吴回死后，吴回的儿子共王吴右继位。吴右死后，吴右的儿子靖王吴差继位。吴差于汉文帝后元七年（前157）去世，吴差没有儿子，因此封国被废除。起初，汉高祖认为文王吴芮有

赞曰：昔高祖定天下，功臣异姓而王者八国。张耳、吴芮、彭越、黥布、臧荼、卢绾与两韩信，皆徼一时之权变，以诈力成功，咸得裂土，南面称孤。见疑强大，怀不自安，事穷势迫，卒谋叛逆，终于灭亡。张耳以智全，至子亦失国。唯吴芮之起，不失正道，故能传号五世，以无嗣绝，庆流支庶。有以矣夫，著于甲令而称忠也！

贤德，诏令御史说：“长沙王忠诚，其王位继承要写在法令上。”到汉惠帝、高后时期，朝廷封吴芮的两个庶子为列侯，封国传了几代后断绝。

赞辞说：从前汉高祖平定天下后，功臣中非刘姓而被封为诸侯王的有八个国家。张耳、吴芮、彭越、英布、臧荼、卢绾与两个韩信，他们是侥幸于一时的顺应时势，能够随机应变，凭借权诈和武力获得成功，都被分封土地，面南而坐，称孤为王。因为他们势力强大而被朝廷怀疑，他们心里也充满不安，等到事情发展到穷途末路，形势紧迫的时候，他们被迫谋划造反，最终被灭亡。张耳凭借智慧保全了自身，传到儿子时，也失去了封国。只有吴芮从兴起开始，就不违背正道，所以能够传国五世，只是由于没有后嗣才被废除封国，长沙王吴氏的福泽甚至恩惠到旁支子孙，这是确确实实的事实啊！把吴芮的事迹记录下来，以表彰他的忠诚！

卷三十五

荆燕吴传第五

荆王刘贾，高帝从父兄也，不知其初起时。汉元年，还定三秦，贾为将军，定塞地，从东击项籍。

汉王败成皋，北度河，得张耳、韩信军，军修武，深沟高垒，使贾将二万人，骑数百，击楚，度白马津入楚地，烧其积聚，以破其业，无以给项王军食。已而楚兵击之，贾辄避不肯与战，而与彭越相保。

汉王追项籍至固陵，使贾南度淮围寿春。还至，使人间招楚大司马周殷。周殷反楚，佐贾举九江，迎英布兵，皆会垓下，诛项籍。汉王因使贾将九江兵，与太尉卢绾西南击临江王共尉，尉死，以临江为南郡。

贾既有功，而高祖子弱，昆弟少，又不贤，欲王同姓以填天下，乃下诏曰："将军刘贾有功，及择子弟可以为王者。"群臣皆曰："立刘贾为荆王，王淮东。"立六年而淮南王黥布反，东击荆。贾与战，弗胜，走富陵，为布军所杀。

燕王刘泽，高祖从祖昆弟也。高祖三年，泽为郎中。十一年，以将军击陈豨将王黄，封为营陵侯。

高后时，齐人田生游乏资，以画奸泽。泽大说之，用金二百斤为田生寿。田生已得金，即归齐。二岁，泽使人谓田生曰："弗与

荆王刘贾，是汉高祖刘邦的堂兄，刘贾早年的情况不清楚。汉元年（前206），汉王平定三秦的时候，刘贾被任命为将军。汉王平定了司马欣的塞地后，刘贾跟随刘邦向东攻打项籍。

汉王在成皋战败，向北渡过黄河，调走了张耳、韩信的军队，驻扎在修武县。汉王一方面深沟高垒，严密防守；另一方面，派刘贾带两万士兵，骑兵数百，进攻楚军，刘贾渡过白马津，深入楚地，焚烧了楚军的粮草，破坏了楚军的后勤补给，使其无法为项王提供军粮。不久，楚兵进击刘贾，刘贾总是避而不战，而与彭越相互支援，以求自保。

汉王追击项籍到了固陵，派刘贾率兵南渡淮河，包围寿春。刘贾到达寿春之后，派人暗地里招降了楚国的大司马周殷。周殷反叛楚国后，帮助刘贾攻取九江，与英布的军队汇合，最后与汉军会师垓下，诛灭了项羽。因此，汉王就派刘贾率领九江的军队，与太尉卢绾一起，往西南进攻临江王共尉。共尉死后，临江国就改为南郡。

刘贾建立了战功，而当时汉高祖的儿子年幼，汉高祖兄弟少，这些兄弟又不贤德，所以汉高祖想封同姓的族人为王来安定天下，就下诏说："将军刘贾有功劳，是刘姓子弟可以封王的人。"群臣都说："立刘贾为荆王吧，就分封到淮东。"六年以后，淮南王英布谋反，向东攻打荆国。刘贾与之交战，不能战胜英布，刘贾逃到富陵县，被英布的追兵所杀。

燕王刘泽，是汉高祖同曾祖的兄弟。汉高祖三年（前204），刘泽被封为郎中。汉高祖十一年（前196），刘泽以将军的身份率军打败陈豨的部将王黄，因功被封为营陵侯。

高后当政的时候，齐国人田生四处游历时缺乏资财，便求见刘泽进献计策。刘泽十分欣赏田生的策划，在田生过生日的时候，刘泽送

矣。”田生如长安，不见泽，而假大宅，令其子求事吕后所幸大谒者张卿。居数月，田生子请张卿临，亲修具。张卿往，见田生帷帐具置如列侯。张卿惊。酒酣，乃屏人说张卿曰：“臣观诸侯邸第百余，皆高帝一切功臣。今吕氏雅故本推毂高帝就天下，功至大，又有亲戚太后之重。太后春秋长，诸吕弱，太后欲立吕产为吕王，王代。吕后又重发之，恐大臣不听。今卿最幸，大臣所敬，何不风大臣以闻太后，太后必喜。诸吕以王，万户侯亦卿之有。太后心欲之，而卿为内臣，不急发，恐祸及身矣。”张卿大然之，乃风大臣语太后。太后朝，因问大臣。大臣请立吕产为吕王。太后赐张卿千金，张卿以其半进田生。田生弗受，因说之曰：“吕产王也，诸大臣未大服。今营陵侯泽，诸刘长，为大将军，独此尚觖望。今卿言太后，裂十余县王之，彼得王喜，于诸吕王益固矣。”张卿入言之。又太后女弟吕须女亦为营陵侯妻，故遂立营陵侯泽为琅邪王。琅邪王与田生之国，急行毋留。出关，太后果使人追之。已出，即还。

泽王琅邪二年，而太后崩，泽乃曰：“帝少，诸吕用事，诸刘孤弱。”引兵与齐王合谋西，欲诛诸吕。至梁，闻汉灌将军屯荥阳，泽还兵备西界，遂跳驱至长安，代王亦从代至。诸将相与琅邪王共立代王，是为孝文帝。文帝元年，徙泽为燕王，而复以琅邪归齐。

给他二百斤黄金。田生得到黄金后，立即返回齐国。第二年，刘泽派人告诉田生："我们不要再来往了！"田生来到长安，没有去见刘泽，而是租了一个大宅院，让他的儿子去侍奉吕后所宠幸的大谒者张卿。几个月后，田生的儿子请张卿来家里作客，田生亲自张罗酒宴。张卿来到后，看见田生家里的帷帐用具等陈设如同列侯府里的布置，大为惊讶。喝到酒酣耳热的时候，田生让旁人退下，对张卿说："我看到京城里有一百多所诸侯的府宅，里面住的都是汉高祖的功臣。吕氏家族辅佐汉高祖得到天下，功劳巨大，家族中又有吕后贵为太后之尊。太后年纪已高，吕氏家族尚且弱小，太后打算封吕产为吕王，以代国为封地。但是太后难以提议此事，因为担心大臣们反对。如今您最受吕后宠幸，大臣们也都敬重您，您为何不劝大臣们向太后提议，封吕产为王，事成之后，太后必然欢喜。吕氏族人被封为王，您也必然会被封为万户侯。太后心里想办的事，您作为内臣，不赶快帮助太后实现其愿望，恐怕将会大祸临头。"张卿很赞同田生的说法，就劝大臣们同意封吕产为王，并将此事告诉了太后。太后上朝，便向大臣们征求对这件事的意见。大臣们上奏请封吕产为吕王。事成之后，太后赏赐给张卿一千斤黄金，张卿分给田生一半，田生坚辞不受，并乘机游说他说："吕产为王，大臣们未必很服气。现在营陵侯刘泽，是刘氏宗族中的长者，又身为大将军，只有他还未被封王，因而心生怨恨。现在您回去对太后讲，把齐地划分出十几个县封给刘泽称王，刘泽一定会十分高兴，吕氏诸王的地位也就更加稳固了。"张卿回去后就把这些话告诉太后了。因为太后的妹妹吕须的女儿是营陵侯刘泽的妻子，于是太后就封刘泽为琅琊王。琅琊王与田生前往封国，田生劝刘泽赶快上路，不要停留。刘泽出函谷关后，太后果然后悔了，派人来追。而刘泽已经出关，使者只好回去了。

刘泽在琅琊称王的第二年，吕后病逝。刘泽说："皇帝年幼，诸吕掌权，现在刘氏宗族势单力孤。"因此刘泽率兵与齐王合力谋划西进，打算诛灭诸吕。当部队到达梁地时，听说汉朝的将军灌婴驻扎在荥阳，就回师驻扎在封国西面的边境，刘泽独自驾车赶到长安。这时，代王刘恒也从代地来到了长安，诸将相与刘泽一起拥立代王继

泽王燕二年，薨，谥曰敬王。子康王嘉嗣，九年薨。子定国嗣。定国与父康王姬奸，生子男一人。夺弟妻为姬。与子女三人奸。定国有所欲诛杀臣肥如令郢人，郢人等告定国。定国使谒者以它法劾捕格杀郢人灭口。至元朔中，郢人昆弟复上书具言定国事。下公卿，皆议曰："定国禽兽行，乱人伦，逆天道，当诛。"上许之。定国自杀，立四十二年，国除。哀帝时继绝世，乃封敬王泽玄孙之孙无终公士归生为营陵侯，更始中为兵所杀。

吴王濞，高帝兄仲之子也。高帝立仲为代王。匈奴攻代，仲不能坚守，弃国间行，走雒阳，自归，天子不忍致法，废为合阳侯。子濞，封为沛侯。黥布反，高祖自将往诛之。濞年二十，以骑将从破布军。荆王刘贾为布杀，无后。上患吴会稽轻悍，无壮王填之，诸子少，乃立濞于沛，为吴王，王三郡五十三城。已拜受印，高祖召濞相之，曰："若状有反相。"独悔，业已拜，因拊其背，曰："汉后五十年东南有乱，岂若邪？然天下同姓一家，慎无反！"濞顿首曰："不敢。"

会孝惠、高后时天下初定，郡国诸侯各务自拊循其民。吴有豫章郡铜山，即招致天下亡命者盗铸钱，东煮海水为盐，以故无赋，国用饶足。

位，即为汉文帝。汉文帝元年（前179），汉文帝把刘泽封到燕地为燕王，把琅琊国重新归属于齐国。

刘泽当燕王两年后去世，谥号为敬王。刘泽的儿子康王刘嘉继位，九年后去世。康王的儿子刘定国继位。刘定国和他父亲的姬妾通奸，生下一个男孩，又强抢弟弟的妻子为妾，还与自己的三个女儿通奸。刘定国想要诛杀肥如县县令郢人，郢人等就向朝廷告发定国，刘定国派使者以其它罪名抓捕并杀死郢人灭口。到了汉武帝元朔年间，郢人的兄弟再次上书朝廷告发定国，并详细地列出其罪状。汉武帝把此事交给公卿讨论，群臣都说："刘定国的行为如同禽兽，扰乱人伦，悖逆天道，当处以死罪。"汉武帝同意了大臣们的建议。刘定国畏罪自杀。燕国传国四十二年，被废除封国。汉哀帝时，下旨恢复过去被废除的封国，封刘泽玄孙的孙子，无终县有公士爵位的刘归生为营陵侯。更始年间，刘归生被乱兵所杀。

吴王刘濞，是汉高祖的兄长刘仲的儿子。汉高祖封刘仲为代王。匈奴进攻代国的时候，刘仲不能坚守，擅自弃国，从小路逃跑，逃到洛阳，然后返回长安。天子不忍心把刘仲以法论罪，就把他贬为合阳侯。刘仲的儿子刘濞被封为沛侯。淮南王英布谋反的时候，汉高祖亲自带兵前往讨伐。当时，刘濞二十岁，以骑将的身份跟随汉高祖击败英布。荆王刘贾被英布杀害，而且刘贾无后嗣。汉高祖担心吴郡及会稽郡民风强悍，但是找不到强有力的刘氏诸侯王安抚此地，汉高祖的各个儿子年龄尚小，就在沛县封刘濞为吴王，统辖三郡五十三城。刘濞已经拜为吴王，并接受印信后，汉高祖召人给他相面，相面的人说："刘濞有反叛之相。"汉高祖心里后悔分封他，但是木已成舟，不能收回成命了，于是汉高祖拍着刘濞的背说："汉立国五十年后，东南方将会发生叛乱，难道是你发起的吗？不过，天下同姓是一家，你一定不要反叛啊！"刘濞赶忙磕头说："我绝不敢有此心。"

汉惠帝与吕后掌政时期，由于天下初定，各郡国诸侯都各自致力于安抚百姓的事务。吴国的豫章郡境内有铜山，吴王刘濞招揽天下的亡命之徒盗铸铜钱，又在东面的海边，煮海水为盐，获利丰厚，因而吴国不向百姓收税，国家十分富足。

孝文时，吴太子入见，得侍皇太子饮博。吴太子师傅皆楚人，轻悍，又素骄。博争道，不恭，皇太子引博局提吴太子，杀之。于是遣其丧归葬吴。吴王愠曰："天下一宗，死长安即葬长安，何必来葬！"复遣丧之长安葬。吴王由是怨望，稍失藩臣礼，称疾不朝。京师知其以子故，验问实不病，诸吴使来，辄系责治之。吴王恐，所谋滋甚。及后使人为秋请，上复责问吴使者。使者曰："察见渊中鱼，不祥。今吴王始诈疾，及觉，见责急，愈益闭，恐上诛之，计乃无聊。唯上与更始。"于是天子皆赦吴使者归之，而赐吴王几杖，老，不朝。吴得释，其谋亦益解。然其居国以铜盐故，百姓无赋。卒践更，辄予平贾。岁时存问茂材，赏赐闾里。它郡国吏欲来捕亡人者，颂共禁不与。如此者三十余年，以故能使其众。

朝错为太子家令，得幸皇太子，数从容言吴过可削。数上书说之，文帝宽，不忍罚，以此吴王日益横。及景帝即位，错为御史大夫，说上曰："昔高帝初定天下，昆弟少，诸子弱，大封同姓，故孽子悼惠王王齐七十二城，庶弟元王王楚四十城，兄子王吴五十余城。封三庶孽，分天下半。今吴王前有太子之隙，诈称病不朝，于古法当诛。文帝不忍，因赐几杖，德至厚也。不改过自新，乃益骄恣，公即山铸钱，煮海为盐，诱天下亡人谋作乱逆。今削之亦反，不削亦反。

汉文帝时期，吴太子来京师朝见，侍奉皇太子饮酒下棋。吴太子的师傅都是楚地人，性情轻浮强悍，素来傲慢。吴太子下棋时与皇太子发生争执，对皇太子不敬，皇太子就用棋盘掷向吴太子，结果失手将其打死。朝廷把吴太子的尸体送回吴国安葬。吴王刘濞恼怒地说："天下同姓是一家，吴太子死在长安就应该葬在长安，何必送回吴地！"吴王刘濞又把吴太子的尸体送回长安安葬。从此，吴王心生怨恨，开始失去诸侯王对天子应有的礼节，称病不去朝见皇帝。朝廷知道吴王是因为他的儿子被杀的缘故，经过查实，知道吴王并没有生病，因而吴国每次派使臣来朝见，都会被朝廷抓起来而进行责罚。吴王心里害怕，加紧谋划反叛。后来，吴王刘濞让人代己行秋请之礼，汉文帝又责问吴国使者。使者说："天子要是察知臣下的一举一动，则臣下就会心生不安，那是不吉祥的。吴王刚开始时诈称有病，结果被天子察觉了，吴王看到陛下非常责备他，就更加惶恐不敢与外界来往了。吴王害怕陛下要杀他，不知道该如何是好。只有陛下赦免他的罪过才是上策。"因此，汉文帝赦免全部吴国使者，让他们回归吴国，并赏赐吴王几座和手杖，以吴王年老为由，允许吴王不进京朝见天子。吴王被赦免后，就更加肆无忌惮地进行他的阴谋了。吴国可以通过铜矿和煮盐获利，因而百姓不用缴税。百姓如有服劳役者，官府也出钱雇人代替。吴国每年都要招揽有才学的人，并经常赏赐乡里百姓。其他郡国的官吏来吴国抓捕逃犯，吴国也隐匿罪犯不会交出去。就这样吴王治理吴国三十多年，吴地百姓都愿意听从吴王的调遣。

晁错担任太子家令，受到皇太子的宠信，他多次谈论吴王的罪过，主张削减吴王的封地。晁错还屡次给汉文帝上书谈及此事，汉文帝性格宽厚，不忍心处罚吴王，因此吴王日益骄横。后来汉景帝即位，晁错为御史大夫，他向天子建议说："从前汉高祖刚刚平定天下的时候，由于兄弟少，儿子们年幼，便大封同姓族人为诸侯王。汉高祖的庶子齐悼惠王刘肥，拥有齐地七十二座城邑，汉高祖的庶弟楚元王刘交，拥有楚国四十座城邑，汉高祖兄长的儿子吴王刘濞，拥有吴国五十多座城邑。这三个旁支诸侯国，拥有全国一半的土地。现在

削之，其反亟，祸小；不削之，其反迟，祸大。”三年冬，楚王来朝，错因言楚王戊往年为薄太后服，私奸服舍，请诛之。诏赦，削东海郡。及前二年，赵王有罪，削其常山郡。胶西王卬以卖爵事有奸，削其六县。

汉廷臣方议削吴，吴王恐削地无已，因欲发谋举事。念诸侯无足与计者，闻胶西王勇，好兵，诸侯皆畏惮之，于是乃使中大夫应高口说胶西王曰：“吴王不肖，有夙夜之忧，不敢自外，使使臣谕其愚心。”王曰：“何以教之？”高曰：“今者主上任用邪臣，听信谗贼，变更律令，侵削诸侯，征求滋多，诛罚良重，日以益甚。语有之曰：‘狧糠及米。’吴与胶西，知名诸侯也，一时见察，不得安肆矣。吴王身有内疾，不能朝请二十余年，常患见疑，无以自白，胁肩絫足，犹惧不见释。窃闻大王以爵事有过，所闻诸侯削地，罪不至此，此恐不止削地而已。”王曰：“有之，子将奈何？”高曰：“同恶相助，同好相留，同情相求，同欲相趋，同利相死。今吴王自以与大王同忧，愿因时循理，弃躯以除患于天下，意亦可乎？”胶西王瞿然骇曰：“寡人何敢如是？主上虽急，固有死耳，安得不事？”高曰；“御史大夫朝错营或天子，侵夺诸侯，蔽忠塞贤，朝廷疾怨，诸侯皆有背叛之意，人事极矣。彗星出，蝗虫起，此万世一时，而愁劳，圣人所以起也。吴王内以朝错为诛，外从大王后车，方洋天下，所向者降，所指者下，莫敢不服。大王诚幸而许之一言，则吴王率楚王略函谷关，守荥阳敖仓之粟，距汉兵，治次舍，须大王。大王幸而临之，

吴王因为他的儿子被太子误杀，称病不来朝见天子，按照古代律法应当被处死。汉文帝不忍心处罚吴王，反而赏赐他几座与手杖，对他的恩惠非常深厚。可是吴王非但不改过自新，反而更加骄纵，公然开采铜山铸造钱币，煮海水熬盐，引诱天下亡命之人图谋作乱。现在削夺他的封地，他会反叛，不削夺，他也会反叛。削夺他的封地，他马上就会反叛，造成的祸患比较小；如果不削夺他的封地，他会迟一些反叛，造成的祸害会更大。”汉景帝三年（前154）冬天，楚王刘戊来朝见天子，晁错就以楚王刘戊当年为薄太后守丧期间，在守丧房内与人通奸为由，请将楚王处以死刑。汉景帝下诏赦免其死罪，削去楚国的东海郡。在此前二年，赵王因犯罪，被削去常山郡。胶西王刘卬因为买卖官爵犯罪，也被削去了六个县。

朝内的大臣们也在议论削减吴国的属地，吴王刘濞担心朝廷会不停地削地，就想按照之前的计划起兵反叛。吴王刘濞考虑到诸侯王中没有几个人可与自己谋划大事，听说胶西王刘卬为人勇猛，喜好兵法，诸侯们都很忌惮他，于是吴王刘濞就派中大夫应高前去游说胶西王，应高对胶西王说：“吴王没有贤能，日夜都忧心忡忡，吴王把胶西王当作自家人，因而派我来向您表明吴王的心迹。”胶西王说：“吴王有什么指教？”应高说：“现在天子任用奸臣，听信谗言，更改律法，侵削诸侯领地，对诸侯国征收日益增多，对诸侯王的诛杀处罚实在过重，而且这种趋势日益严重。俗话说：‘刚开始时舔糠，慢慢的就想吃米了。’吴王与胶西王，都是诸侯中的佼佼者，只因为一时的过错，就不能肆意行事了。吴王身体有病，不能朝见天子已有二十多年了。他常常担心受到朝廷的猜疑，而又无法澄清，整日担惊受怕，惟恐不能得到朝廷的谅解。听说大王因买卖官爵的事情犯错，被削减了封地，朝廷的处罚过重，恐怕朝廷的目的不仅仅是削地吧。”胶西王说：“有这回事。你有什么指教呢？”应高说：“有共同厌恶的东西，人们就会相互帮助；有共同的喜好，人们就会相互牵留；有共同的情感，人们就会相互成全；有共同的愿望，人们就会一起追求；有共同的利益，人们就会一起去赴死。现在吴王自认为与大王有共同的忧虑，愿意顺应时机，遵循事理，不惜牺牲自己，也要为

则天下可并，两主分割，不亦可乎？”王曰：“善。”归报吴王，犹恐其不果，乃身自为使者，至胶西面约之。

胶西群臣或闻王谋，谏曰：“诸侯地不能为汉十二，为叛逆以忧太后，非计也。今承一帝，尚云不易，假令事成，两主分争，患乃益生。”王不听，遂发使约齐、菑川、胶东、济南，皆许诺。

诸侯既新削罚，震恐，多怨错。乃削吴会稽、豫章郡书至，则吴王先起兵，诛汉吏二千石以下。胶西、胶东、菑川、济南、楚、赵亦皆反，发兵西。齐王后悔，背约城守。济北王城坏未完，其郎中令劫守王，不得发兵。胶西王、胶东王为渠率，与菑川、济南共攻围临菑。赵王遂亦阴使匈奴与连兵。

七国之发也，吴王悉其士卒，下令国中曰：“寡人年六十二，身自将。少子年十四，亦为士卒先。诸年上与寡人同，下与少子等，皆发。”二十余万人。南使闽、东越，闽、东越亦发兵从。

天下除去祸患。您意下如何呢？”胶西王大惊失色地说：“我怎么敢这样做呢？当今圣上虽然逼迫我们很急，即使一死，我又怎敢不服从圣上呢？”应高说：“御史大夫晁错蒙蔽天子，侵削诸侯封地，排斥忠臣贤人，朝廷内充满怨言，各地诸侯都有反叛之意，事情坏到了极点。现在天上出现彗星，地上出现蝗虫，这是万世也少有的情况。每当世间出现祸患的时候，圣人就该出来平定乱世了。吴王在朝廷内是为了除去晁错，在朝廷外愿追随大王马后，驰骋天下，大军所向，无不投降，兵锋所指，无不击溃，天下没有人敢不服从。只要大王能诚心许诺，那么，吴王就率领楚王攻下函谷关，夺取荥阳敖仓的粮食，抗拒汉兵，修建馆舍，静待大王的到来。要是有幸大王加入，那么，天下就唾手可得，到时候由您和吴王两人划分天下而治，难道不行吗？”胶西王说：“如此甚好。”应高回去向吴王报告了情况。吴王仍然担心胶西王不付诸行动，就亲自担当使者来到胶西，与刘印当面约定。

胶西国群臣中有人听说胶西王准备谋反，就规劝胶西王说：“诸侯国的属地加起来还不到朝廷的十分之二，现在起兵叛乱而使太后忧愁，不是好的策略。现在侍奉一个皇帝，您还说不容易，假使反叛成功，两个皇帝争权夺利，灾祸将会更多。”胶西王不听劝告，还是派使臣分头去联络齐、淄川、胶东、济南各国，这些诸侯王都答应了。

诸侯刚刚受到削地的惩罚时，都非常震惊和恐惧，大都怨恨晁错。等削夺吴国会稽郡、豫章郡的诏书一到，吴王就率先起兵反叛，杀死了朝廷派到吴国的二千石以下官吏。胶西、胶东、淄川、济南、楚、赵各国也都随之反叛，叛军向西进军。这时，齐王后悔，违背约定，守在城里拒不发兵。济北王因城墙没有修好，被郎中令胁迫，也不得发兵。胶西王、胶东王为统帅，与淄川王、济南王一起，围攻临淄。赵王刘遂于暗中勾结匈奴与之联盟。

七国开始叛乱时，吴王征发吴地全部士卒，并向国内下令说：“寡人年已六十二岁，将亲自率兵出征。我的幼子今年十四岁，也率先作为士卒出战。年龄上至六十二岁，下至十四岁的百姓，都要从

孝景前三年正月甲子，初起兵于广陵。西涉淮，因并楚兵。发使遗诸侯书曰：“吴王刘濞敬问胶西王、胶东王、甾川王、济南王、赵王、楚王、淮南王、衡山王、庐江王、故长沙王子：幸教！以汉有贼臣错，无功天下，侵夺诸侯之地，使吏劾系讯治，以侵辱之为故，不以诸侯人君礼遇刘氏骨肉，绝先帝功臣，进任奸人，诳乱天下，欲危社稷。陛下多病志逸，不能省察。欲举兵诛之，谨闻教。敝国虽狭，地方三千里；人民虽少，精兵可具五十万。寡人素事南越三十余年，其王诸君皆不辞分其兵以随寡人，又可得三十万。寡人虽不肖，愿以身从诸王。南越直长沙者，因王子定长沙以北，西走蜀、汉中。告越、楚王、淮南三王，与寡人西面；齐诸王与赵王定河间、河内，或入临晋关，或与寡人会雒阳；燕王、赵王故与胡王有约，燕王北定代、云中，转胡众入萧关，走长安，匡正天下，以安高庙。愿王勉之。楚元王子、淮南三王或不沐洗十余年，怨入骨髓，欲壹有所出久矣，寡人未得诸王之意，未敢听。今诸王苟能存亡继绝，振弱伐暴，以安刘氏，社稷所愿也。吴国虽贫，寡人节衣食用，积金钱，修兵革，聚粮食，夜以继日，三十余年矣。凡皆为此，愿诸王勉之。能斩捕大将者，赐金五千斤，封万户；列将，三千斤，封五千户；裨将，二千斤，封二千户；二千石，千斤，封千户：皆为列侯。其以军若城邑降者，卒万人，邑万户，如得大将；人户五千，如得列将；人户三千，如得裨将；人户千，如得二千石；其小吏皆以差次受爵金。它封赐皆倍军法。其有故爵邑者，更益勿因。愿诸王明以令士大夫，不敢欺也。寡人金钱在天下者往往而有，非必取于吴，诸王日夜用之不能尽。有当赐者告寡人，寡人且往遗之。敬以闻。”

军。”共征招到二十多万人。同时吴王刘濞又派使臣与南面的闽、东越两国结盟，两国也发兵跟随吴王。

汉景帝前元三年（前154）正月甲子，吴王刘濞首先于广陵起兵，向西渡过淮河，与楚兵会合。派使臣向各诸侯王送去檄文说：“吴王刘濞谨向胶西王、胶东王、甾川王、济南王、赵王、楚王、淮南王、衡山王、庐江王、以前长沙王的王子问候：汉朝有贼臣晁错，他没有建立什么功劳，却想方设法侵夺诸侯的属地，并使官吏弹劾、拘禁、审问和处置诸侯，专门侵辱诸侯。晁错对刘氏骨肉不以礼相待，不任用先帝的功臣，反而任用奸邪之人，以谎言扰乱天下，想要危害国家。天子多病，志在安逸，不能明察秋毫。因此我要举兵诛杀晁错，现谨请诸位指教。我吴国虽然地方窄小，方圆也有三千里，人口虽少，但可征集精兵五十万。我与南越国友好往来三十多年，其君主都愿意派军队来支持我，因而又可以得到三十万部队。寡人虽无能，但愿意亲自效劳各位诸侯王。南越国紧靠长沙，扶持长沙王子平定长沙以北后，再向西进攻蜀郡、汉中。我通告越王、楚王以及淮南三王，与我一起西进；齐地诸王与赵王平定河间郡、河内郡以后，或者是进攻临晋关，或者是与我在洛阳会合；燕王、赵王因与匈奴有约定，燕王在平定北面的代郡、云中郡之后，率领匈奴兵入萧关，直取长安，匡正天下，以安江山社稷，与诸王共勉之。楚元王的儿子与淮南三王已有十多年未得到朝廷的恩惠，因此对朝廷怨恨很深，想起兵发难已经很久了，我没有得到各位诸侯王的同意，未敢答应他们的要求。现在各位诸侯如能救亡国、继绝世，扶助弱小，铲除暴虐，安定刘氏天下，那是国家百姓的愿望。吴国虽然贫穷，但我节衣缩食，积攒金钱，整修军备，屯积粮草，已经持续三十多年了。都是为了上述原因，我愿与各位诸侯王共同努力实现。凡能俘获或者斩杀大将的人，赏黄金五千斤，封万户侯；俘获或者斩杀列将的人，赏黄金三千斤，封五千户侯；俘获或者斩杀裨将，赏黄金两千斤，封二千户侯；俘获或者斩杀二千石官吏的人，赏黄金一千斤，封千户侯。以上功臣都被封为列侯。有以军队或者所辖城邑来投降的人，如果士兵超过一万人、户口超过一万户，封赏与斩获大将的人相同；如果士兵或者户口达到五千户，其

七国反书闻，天子乃遣太尉条侯周亚夫将三十六将军往击吴楚；遣曲周侯郦寄击赵，将军栾布击齐，大将军窦婴屯荥阳监齐赵兵。

初，吴楚反书闻，兵未发，窦婴言故吴相爰盎。召入见，上问以吴楚之计，盎对曰："吴楚相遗书，曰'贼臣朝错擅適诸侯，削夺之地'，以故反，名为西共诛错，复故地而罢。方今计独斩错，发使赦七国，复其故地，则兵可毋血刃而俱罢。"上从其议，遂斩错。语具在《盎传》。以盎为泰常，奉宗庙，使吴王，吴王弟子德侯为宗正，辅亲戚。使至吴，吴楚兵已攻梁壁矣。宗正以亲故，先入见，谕吴王拜受诏。吴王闻盎来，亦知其欲说，笑而应曰："我已为东帝，尚谁拜？"不肯见盎而留军中，欲劫使将。盎不肯，使人围守，且杀之。盎得夜亡走梁，遂归报。

条侯将乘六乘传，会兵荥阳。至雒阳，见剧孟，喜曰："七国

封赏与斩获列将的人相同；如果士兵或者户口达到三千户，则给与斩获裨将的待遇；如果士兵或者户口达到一千户，则给与斩获二千石的待遇。斩获其他一般小官吏均可按相应等级，奖赏爵位与赏金。所给封赏均比汉朝的规定多一倍。原来就有爵位及封地的人，除保留原有的以外，另外再给封赏。希望各位诸侯王将上述奖赏事项，公开向自己的部属宣布，不要有所欺瞒。寡人的黄金与金钱遍布天下，不一定到吴国去取，即使各位诸侯王日夜使用也用不完。如有应该给予封赏的人，可以告诉我，我将派人送去黄金、钱币。我非常恭敬地将上述情况通告诸位。”

朝廷得知七国反叛的消息后，汉景帝派太尉条侯周亚夫率领三十六位将军出兵攻打吴楚叛军；派曲周侯郦寄率兵攻打赵国，派将军栾布率兵攻打齐国，派大将军窦婴驻扎荥阳，以监视齐、赵军队的动静。

起初，在吴、楚反叛的消息刚刚传来，叛军还未发兵之际，窦婴向天子提起吴国前丞相袁盎。汉景帝召见袁盎，询问应对吴楚反叛的计策。袁盎说：“吴楚相互往来的书信中，都说‘奸贼晁错擅自贬谪诸侯，削夺诸侯的封地’，因此反叛朝廷，号称向西进军是为了诛杀晁错，恢复原有封地即罢兵。现在的计策只有将晁错诛杀，派使臣赦免七国的罪行，恢复七国原有的封地，那就可以兵不血刃地解决吴楚反叛的问题。”于是汉景帝就按照袁盎的建议，将晁错处死。详细过程见《袁盎传》。汉景帝将袁盎封为太常卿，负责宗庙祭祀，并派袁盎出使吴王。汉景帝封吴王族弟的儿子德侯刘通为宗正，以吴王亲戚的身份与袁盎一起出使吴国。使者到达吴国的时候，吴、楚两国的军队正在进攻梁国的都城。宗正刘通因为是吴王的亲戚，先入见吴王，让吴王跪拜接受诏书。吴王听说袁盎来了，就知道他是来游说自己的，笑着回答说：“我已经是东帝了，还要向谁跪拜呢？”吴王不肯接见袁盎而把他扣留在军中，企图逼迫袁盎归降吴国。袁盎不肯答应，吴王就派兵将袁盎囚禁起来，准备杀了他。袁盎趁黑夜逃走，逃到了梁国，然后回京向天子报告了情况。

条侯周亚夫乘坐六匹马的传车出征，调集大军会师荥阳。然

反，吾乘传至此，不自意全。又以为诸侯已得剧孟，孟今无动，吾据荥阳，荥阳以东无足忧者。”至雒阳，问故父绛侯客邓都尉曰：“策安出？”客曰：“吴兵锐甚，难与争锋。楚兵轻，不能久。方今为将军计，莫若引兵东北壁昌邑，以梁委吴，吴必尽锐攻之。将军深沟高垒，使轻兵绝淮泗口，塞吴饟道。使吴、梁相敝而粮食竭，乃以全制其极，破吴必矣。”条侯曰：“善。”从其策，遂坚壁昌邑南，轻兵绝吴饟道。

吴王之初发也，吴臣田禄伯为大将军。田禄伯曰：“兵屯聚而西，无它奇道，难以立功。臣愿得五万人，别循江淮而上，收淮南、长沙，入武关，与大王会，此亦一奇也。”吴王太子谏曰：“王以反为名，此兵难以藉人，人亦且反王，奈何？且擅兵而别，多它利害，徒自损耳。”吴王即不许田禄伯。

吴少将桓将军说王曰：“吴多步兵，步兵利险；汉多车骑，车骑利平地。愿大王所过城不下，直去，疾西据雒阳武库，食敖仓粟，阻山河之险以令诸侯，虽无入关，天下固已定矣。大王徐行，留下城邑，汉军车骑至，驰入梁楚之郊，事败矣。”吴王问吴老将，老将曰：“此年少推锋可耳，安知大虑！”于是王不用桓将军计。

王专并将其兵，未度淮，诸宾客皆得为将、校尉、行间候、司

后行军到了洛阳，遇见了游侠剧孟，周亚夫高兴地说：“吴楚七国反叛，我乘传车来到这里，没想到竟能安然无恙。我还以为叛军已经得到了剧孟。现在剧孟没有归属叛军，我又占据了荥阳，那么荥阳以东的地区就可以不用担忧了。”周亚夫来到洛阳，向父亲绛侯周勃的门客邓都尉咨询对策：“您有什么计策可以平定叛乱呢？”邓都尉说：“吴军兵锋正盛，现在就与他们交战很难取胜。楚军浮躁，不能久战。如今我为将军谋划，建议将军不如带兵驻守东北方向的昌邑，将梁国放弃给吴国军队，吴国军队必然出动全部精锐攻打梁国。将军则只需深沟高垒，派出轻骑封锁淮河、泗水的渡口，断绝吴军的粮草补给。使吴国与梁国相互征战而疲惫不堪，粮草匮乏，汉军以逸待劳必然会打败吴国。”周亚夫听了说：“此计策非常好。”周亚夫听从了邓都尉的计策，在昌邑南面扎营坚守，同时派轻骑切断吴军的粮道。

吴王起兵之初，任命吴国大臣田禄伯为大将军。田禄伯向吴王进言说：“如果仅仅集结军队向西出征，而没有其他出奇制胜的办法，很难获得成功。臣愿率领五万人，单独为一路，沿长江、淮河而上，攻取淮南国和长沙郡，然后攻入武关，与大王会师，这也是一条奇谋。”吴太子进谏说：“大王以反叛为名起兵，军队不能假借他人统领。如果他人也反叛大王，那该怎么办呢？况且，由他人独自率兵而去，一旦发生变故，只是白白使自己受到损失而已。”于是吴王没有答应田禄伯的请求。

吴国的少将军桓将军劝说吴王：“吴国军队多是步兵，步兵适合在险恶之地作战；汉军车兵、骑兵居多，适合在平原作战。我希望大王经过城邑时，如果难以攻取的话，就暂且绕过，尽快占领洛阳的武器库，夺取敖仓的粮食，凭借山河地势的险要，来号令诸侯，即使不能攻入函谷关，也可以平定天下。如果大王缓慢行军，所遇到的城邑都要占领，一旦汉军的兵车和骑兵赶到，进入梁、楚两国的境内，大事就注定要失败了。”吴王向吴国老将咨询桓将军的计策，老将军们都说：“此人年少，冲锋陷阵还可以胜任，但是怎么会懂得兵家大计呢？”因此，吴王没有采用桓将军的计策。

吴王亲自率兵出征，大军尚未渡过淮河，吴王的众多宾客就被

马，独周丘不用。周丘者，下邳人，亡命吴，酤酒无行，王薄之，不任。周丘乃上谒，说王曰："臣以无能，不得待罪行间。臣非敢求有所将也，愿请王一汉节，必有以报。"王乃予之。周丘得节，夜驰入下邳。下邳时闻吴反，皆城守。至传舍，召令入户，使从者以罪斩令。遂召昆弟所善豪吏告曰："吴反兵且至，屠下邳不过食顷。今先下，家室必完，能者封侯至矣。"出乃相告，下邳皆下。周丘一夜得三万人，使人报吴王，遂将其兵北略城邑。比至城阳，兵十余万，破城阳中尉军。闻吴王败走，自度无与共成功，即引兵归下邳。未至，痈发背死。

二月，吴王兵既破，败走，于是天子制诏将军："盖闻为善者天报以福，为非者天报以殃。高皇帝亲垂功德，建立诸侯，幽王、悼惠王绝无后，孝文皇帝哀怜加惠，王幽王子遂，悼惠王子卬等，令奉其先王宗庙，为汉藩国，德配天地，明并日月。而吴王濞背德反义，诱受天下亡命罪人，乱天下币，称疾不朝二十余年。有司数请濞罪，孝文皇帝宽之，欲其改行为善。今乃与楚王戊、赵王遂、胶西王卬、济南王辟光、菑川王贤、胶东王雄渠约从谋反，为逆无道，起兵以危宗庙，贼杀大臣及汉使者，迫劫万民，伐杀无罪，烧残民家，掘其丘垄，甚为虐暴。而卬等又重逆无道，烧宗庙，卤御物，朕甚痛之。朕素服避正殿，将军其劝士大夫击反虏。击反虏者，深入多杀为功，斩首捕虏比三百石以上皆杀，无有所置。敢有议诏及不如诏

封为将军、校尉、行间候、司马等官职，惟独没有任命周丘。周丘，是下邳人，因犯罪逃到吴国，生性喜欢喝酒，浪荡无行，吴王很轻视他，所以不委派他职务。周丘就拜见吴王，对吴王说："臣没有什么才能，故而不能在军中戴罪立功。臣不敢请求大王分派给我一些兵马，只希望大王给我一枚汉朝的符节，我必然会对大王有所报答。"吴王就给周丘一枚符节。周丘得到了符节，连夜骑马赶到下邳。当时下邳已经知道吴国反叛，全城都在严防。周丘到了驿站，派人召县令来到房间，然后以县令有罪为名，让侍从将县令处死。周丘将自己的兄弟和昔日相好豪杰、官吏召集在一起说："吴国的叛军马上就要到了，那时候只要一顿饭的功夫，就可以将下邳全城的人杀死。如果我们投降吴王，不但各人的家庭会保住，而且有能力的人还会争取到封侯的机会。"这些人出去后便相互通告，不久下邳全城投降。周丘一夜之间就得到士兵三万人，并派人去报告给吴王，周丘就率领士兵向北攻取城邑。周丘军队到达城阳时，已有士兵十多万人，并且打败了城阳的汉朝中尉的军队。周丘听到吴王败逃的消息后，心中考虑到无法与吴王一起取得成功了，就率领士兵返回下邳。途中，周丘因背上毒疮发作而死。

汉景帝三年（前154）二月，吴王战败逃走，汉景帝就下诏给诸位将军："我听说上天必然会给做善事的人以福报，给做坏事的人以恶报。汉高祖历经万难建立汉朝，分封诸侯各国。赵幽王、齐悼惠王没有后嗣而除国，汉文帝哀怜他们国绝，因此额外施加恩惠，封赵幽王庶子刘遂、齐悼惠王庶子刘印为诸侯王，让他们继续奉祀先王的宗庙，成为汉朝的藩国。先皇对他们的恩德可谓天高地厚、光照日月。然而，吴王刘濞忘恩负义，收买天下的亡命之徒，私铸铜钱，扰乱币制，装病不朝见皇帝达二十多年。朝中刑法部门多次要求将刘濞治罪，汉文帝宽大为怀，没有惩处刘濞，目的是想让他改过从善。现在吴王与楚王刘戊、赵王刘遂、胶西王刘印、济南王刘辟光、甾川王刘贤、胶东王刘雄渠互相约定，共同谋反，他们的行为是逆天意而行，企图起兵危害社稷。叛军杀害汉朝大臣以及使节，劫掠百姓，滥杀无辜，烧毁民房，掘挖坟墓，行为十分残暴。而刘印等人更加大

者，皆要斩。”

初，吴王之度淮，与楚王遂西败棘壁，乘胜而前，锐甚。梁孝王恐，遣将军击之，又败梁两军，士卒皆还走。梁数使使条侯求救，条侯不许。又使使诉条侯于上，上使告条侯救梁，又守便宜不行。梁使韩安国及楚死事相弟张羽为将军，乃得颇败吴兵。吴兵欲西，梁城守，不敢西，即走条侯军，会下邑。欲战，条侯壁，不肯战。吴粮绝，卒饥，数挑战，遂夜奔条侯壁，惊东南。条侯使备西北，果从西北。不得入，吴大败，士卒多饥死叛散。于是吴王乃与其戏下壮士千人夜亡去，度淮走丹徒，保东越。东越兵可万余人，使人收聚亡卒。汉使人以利啖东越，东越即绐吴王，吴王出劳军，使人鏦杀吴王，盛其头，驰传以闻。吴王太子驹亡走闽越。吴王之弃军亡也，军遂溃，往往稍降太尉条侯及梁军。楚王戊军败，自杀。

三王之围齐临甾也，三月不能下。汉兵至，胶西、胶东、甾川王各引兵归国。胶西王徒跣，席稿，饮水，谢太后。王太子德曰：“汉兵还，臣观之已罢，可袭，愿收王余兵击之，不胜而逃入海，未晚也。”王曰：“吾士卒皆已坏，不可用。”不听。汉将弓高侯颓当遗王书曰：“奉诏诛不义，降者赦，除其罪，复故；不降者灭之。王何

逆不道，烧毁郡国宗庙，掠夺宗庙的衣物器具，我十分痛恨他们的暴行。现在我身穿素服，不进正殿，希望将军们要率领士卒讨伐这些叛臣贼子。讨伐叛贼的将士，以诛杀叛贼数目计功，俸禄在三百石以上的叛军官吏一律杀掉，不许释放。如有敢议论诏书或不按诏书执行的人，都要处以腰斩。”

起初，吴王渡过淮河，与楚王联合一起向西进军，大败梁国军队于棘壁，吴楚联军乘胜追击，锐不可当。梁孝王十分畏惧，又派将军迎击。结果吴楚联军又两次打败梁国的军队，梁国的士兵都溃散逃走。梁孝王几次派使节向条侯周亚夫求援，周亚夫没有发兵援救。梁孝王又派使臣向汉景帝告状，汉景帝派使臣告诉周亚夫去救援梁国，周亚夫又以时机不到为理由，拒不发兵。梁王便派韩安国与张羽领兵抗击吴军，张羽的哥哥是楚丞相张尚，曾以死谏楚王不要反叛，韩安国与张羽多次打败吴军。吴军想要西进，而梁国的城邑防守严密，因此不敢西进，转而进攻周亚夫的军队。在下邑，吴军多次挑战，周亚夫坚守大营，不肯出战。不久吴军断粮，士卒饥饿，几次挑战汉军都不应，吴军就在夜里袭击周亚夫军营，吴军佯攻大营的东南角，周亚夫命人于西北角防守。吴兵果然从西北角强攻，但未能攻破大营，结果吴兵大败，士兵大多饿死或投降逃散。吴王与麾下猛士千人乘黑夜逃走。吴王渡过淮河，经过丹徒，退守东越国。东越国兵力约一万多人，吴王还派人招集逃兵。汉朝派人以利引诱东越王，东越王便欺骗吴王，乘吴王出来慰劳士兵的时候，派人用矛戟杀死了吴王，并用木匣盛装吴王的首级，快马送到汉朝。吴太子刘驹逃入闽越。吴王死后，吴军溃散，很多士兵向汉太尉周亚夫及梁军投降。楚王刘戊兵败，自杀身亡。

胶西、胶东、甾川三诸侯王一起围攻齐国的临甾，经过三个月也没有攻破。汉兵一到，三国就各自收兵回国了。胶西王刘卬回国后，赤足光脚，睡草席，渴饮水，并向胶西国太后请罪。太子刘德说：“汉军正在撤兵，我看到他们比较疲惫，可以趁机袭击他们，我希望大王允许我收拾残余兵力进击，如不能取胜，再逃到海上去也不晚。”胶西王刘卬说：“我们的士兵早就没有战斗力了，无法再打仗了。”

处？须以从事。”王肉袒叩头汉军壁，谒曰：“臣卬奉法不谨，惊骇百姓，乃苦将军远道至于穷国，敢请菹醢之罪。”弓高侯执金鼓见之，曰：“王苦军事，愿闻王发兵状。”王顿首膝行对曰：“今者，朝错天子用事臣，变更高皇帝法令，侵夺诸侯地。卬等以为不义，恐其败乱天下，七国发兵，且诛错。今闻错已诛，卬等谨已罢兵归。”将军曰：“王苟以错为不善，何不以闻？及未有诏虎符，擅发兵击义国。以此观之，意非徒欲诛错也。”乃出诏书为王读之，曰：“王其自图之。”王曰：“如卬等死有余罪。”遂自杀。太后、太子皆死。胶东、菑川、济南王皆伏诛。郦将军攻赵，十月而下之，赵王自杀。济北王以劫故，不诛。

初，吴王首反，并将楚兵，连齐、赵。正月起，三月皆破灭。

赞曰：荆王王也，由汉初定，天下未集，故虽疏属，以策为王，镇江淮之间。刘泽发于田生，权激吕氏，然卒南面称孤者三世。事发相重，岂不危哉！吴王擅山海之利，能薄敛以使其众，逆乱之萌，自其子兴。古者诸侯不过百里，山海不以封，盖防此矣。朝错为国远虑，祸反及身。“毋为权首，将受其咎”，岂谓错哉！

胶西王刘卬没有听从儿子的意见。汉将弓高侯韩颓当给胶西王送来一封书信，信中说："我奉天子的诏书来诛杀反叛者。凡投降的人可以赦免罪行，恢复原来的职位；不投降的人就予以诛灭。胶西王何去何从，我静待消息。"胶西王刘卬袒露上身，在汉军军营前磕头谢罪，说："臣刘卬不能谨慎遵守律法，以致谋反惊扰百姓，有劳将军远道而来我这小国，请判决我剁为肉酱的刑罚。"韩颓当手执金鼓与胶西王刘卬相见，说："胶西王起兵失败，我愿意听听其中的原因。"胶西王一面磕头，一面跪着上前回答到："之前晁错是天子的重臣，他擅自改变汉高祖的法令，侵夺诸侯属地，刘卬等人认为不公正。担心他要会扰乱天下，因而七国发兵想要诛杀晁错。现在听说晁错已被杀，刘卬等人正准备撤兵回国。"韩颓当说："如果大王认为晁错的做法不对，为什么不上报皇帝呢？而且大王没有得到皇帝的诏书和虎符，就擅自出兵攻打正义的国家。从这些情况来看，你们的意图并不是只想诛杀晁错而已。"韩颓当取出天子的诏书，宣读给胶西王听，说："大王你自己决定吧。"胶西王说："像刘卬这样的人死有余辜。"于是就自杀而死。胶西国太后、太子也都死了。胶东、甾川、济南三王也都伏法被杀。郦寄率兵攻打赵国，经过十个月才取胜，赵王刘遂自杀。济北王刘志被郎中令劫持因而未能参与谋反，所以被赦免而未被诛杀。

起初，吴王刘濞首先起兵反叛，后来统帅楚兵，又联合齐国与赵国。叛乱从正月开始，到三月叛军就全被击败或消灭了。

赞辞说：荆王刘贾之所以被封为王，是因为天下刚刚安定，刘贾虽是刘氏远房亲戚，也被封为诸侯王，坐镇江淮一带。刘泽得益于田生的计谋，田生设计让吕后封刘泽为王，终于让刘泽面南称孤传国三代。然而一旦事情败露，就是重罪，这难道不是很危险吗？吴王刘濞占有山海物产的便利，故能减少赋税，得人心而役使民众，反叛的念头是从他的儿子被杀时产生的。古代的诸侯国方圆不过百里，靠山临海的地方不作为封地，大概就是为了防备其反叛中央。晁错为国家的长远利益谋划，反而灾祸上身被诛杀。有谚语说"不要做主事的人，因为会首先遭到灾祸"，这句话不正是说晁错吗！

文白对照

二 十 四 史 新 译

漢書

三

主编 楼宇烈

执行主编 梁光玉 萧祥剑

〔东汉〕班固 撰 谦德书院 译

团结出版社

图书在版编目（C I P）数据

汉书 /（东汉）班固著；谦德书院译 . -- 北京：
团结出版社，2024.12
ISBN 978-7-5234-0578-9

Ⅰ . ①汉… Ⅱ . ①班… ②谦… Ⅲ . ①《汉书》- 译
文 Ⅳ . ① K234.104.2

中国国家版本馆 CIP 数据核字 (2023) 第 208363 号

责任编辑：梁光玉
封面设计：肖宇岐

出　版：团结出版社
（北京市东城区东皇城根南街 84 号　邮编：100006）
电　话：（010）65228880　65244790
网　址：http://www.tjpress.com
E-mail：zb65244790@vip.163.com
经　销：全国新华书店
印　装：天宇万达印刷有限公司

开　本：145mm×210mm　32 开
印　张：125.25　　字　数：2395 千字
版　次：2024 年 12 月 第 1 版　　印　次：2024 年 12 月 第 1 次印刷

书　号：978-7-5234-0578-9
定　价：520.00 元（全五册）

目　录

第三册

卷三十六—卷六十二

卷三十六

楚元王传第六

楚元王交字游，高祖同父少弟也。好书，多材艺。少时尝与鲁穆生、白生、申公俱受《诗》于浮丘伯。伯者，孙卿门人也。及秦焚书，各别去。

高祖兄弟四人，长兄伯，次仲，伯蚤卒。高祖既为沛公，景驹自立为楚王。高祖使仲与审食其留侍太上皇，交与萧、曹等俱从高祖见景驹，遇项梁，共立楚怀王。因西攻南阳，入武关，与秦战于蓝田。至霸上，封交为文信君，从入蜀汉，还定三秦，诛项籍。即帝位，交与卢绾常侍上，出入卧内，传言语诸内事隐谋。而上从父兄刘贾数别将。

汉六年，既废楚王信，分其地为二国，立贾为荆王，交为楚王，王薛郡、东海、彭城三十六县，先有功也。后封次兄仲为代王，长子肥为齐王。

初，高祖微时，常避事，时时与宾客过其丘嫂食。嫂厌叔与客来，阳为羹尽，轑釜，客以故去。已而视釜中有羹，繇是怨嫂。及立齐、代王，而伯子独不得侯。太上皇以为言，高祖曰："某非敢忘封之也，为其母不长者。"七年十月，封其子信为羹颉侯。

元王既至楚，以穆生、白生、申公为中大夫。高后时，浮丘伯

楚元王刘交，字游，是汉高祖同父异母的弟弟。刘交喜欢读书，多才多艺。年轻时候曾和鲁穆生、白生、申公一起跟随浮丘伯学习《诗经》。浮丘伯，是孙卿荀况的弟子。到秦始皇焚书时，众人就各自散去了。

汉高祖兄弟四人，长兄刘伯，次兄刘仲，刘伯死得早。汉高祖起兵反秦时自称为沛公，当时景驹自立为楚王。汉高祖让刘仲和审食其留下来侍奉太上皇，刘交和萧何、曹参等人一起跟随汉高祖去见景驹，后来遇到项梁，众人一起拥立楚怀王。汉高祖率兵向西进攻南阳，进入武关，和秦军在蓝田大战。汉高祖进军霸上，封刘交为文信君，刘交跟随汉高祖进入蜀汉，后来又平定三秦，诛杀项籍。汉高祖登上帝位后，刘交和卢绾经常在皇上左右侍奉，两人可以自由出入汉高祖的卧室，对外传达各种机密要事。而汉高祖的堂兄刘贾多次率兵独立作战。

汉六年（前201），当时吕后已经诛杀了楚王韩信，汉高祖就把他的封地分成两个诸侯国，立刘贾为荆王，立刘交为楚王，掌管薛郡、东海郡、彭城等三十六个县，是因为他们以前建立过功劳的原因。后来汉高祖封次兄刘仲为代王，封庶长子刘肥为齐王。

起初，汉高祖未显达时，经常犯事而避难，有时和朋友们一起到大嫂家吃饭。大嫂很讨厌小叔和朋友们前来蹭饭，就假装饭食已经吃完了，用勺子刮锅底，朋友们因此都走了。汉高祖后来看到锅里还有饭食，就怨恨嫂子。汉高祖分封了齐王、代王，只有刘伯的儿子还未封侯。太上皇为刘伯的儿子说情，汉高祖说：“我不是忘了封赏他，而是因为他的母亲不厚道。”汉七年（前200）十月，汉高祖封刘伯的儿子刘信为羹颉侯。

楚元王到楚国就封后，任命穆生、白生、申公为中大夫。高后时

在长安，元王遣子郢客与申公俱卒业。文帝时，闻申公为《诗》最精，以为博士。元王好《诗》，诸子皆读《诗》，申公始为《诗》传，号《鲁诗》。元王亦次之《诗》传，号曰《元王诗》，世或有之。

高后时，以元王子郢客为宗正，封上邳侯。元王立二十三年薨，太子辟非先卒，文帝乃以宗正上邳侯郢客嗣，是为夷王。申公为博士，失官，随郢客归，复以为中大夫。立四年薨，子戊嗣。文帝尊宠元王，子生，爵比皇子。景帝即位，以亲亲封元王宠子五人：子礼为平陆侯，富为休侯，岁为沈犹侯，執为宛朐侯，调为棘乐侯。

初，元王敬礼申公等，穆生不耆酒，元王每置酒，常为穆生设醴。及王戊即位，常设，后忘设焉。穆生退曰："可以逝矣！醴酒不设，王之意怠，不去，楚人将钳我于市。"称疾卧。申公、白生强起之曰："独不念先王之德与？今王一旦失小礼，何足至此！"穆生曰："《易》称'知几其神乎！几者动之微，吉凶之先见者也。君子见几而作，不俟终日'。先王之所以礼吾三人者，为道之存故也；今而忽之，是忘道也。忘道之人，胡可与久处！岂为区区之礼哉？"遂谢病去。申公、白生独留。

王戊稍淫暴，二十年，为薄太后服私奸，削东海、薛郡，乃与吴通谋。二人谏，不听，胥靡之，衣之赭衣，使杵臼雅舂于市。休侯使人谏王，王曰："季父不吾与，我起，先取季父矣。"休侯惧，乃与母太夫人奔京师。二十一年春，景帝之三年也，削书到，遂应吴王反。

期，浮丘伯居住在长安，楚元王派儿子刘郢客和申公一起去浮丘伯那里学习。汉文帝时，听说申公精通《诗经》，就任命申公为博士。楚元王喜欢《诗经》，让儿子们都读《诗经》，申公最先为《诗经》作注，称为《鲁诗》。楚元王也紧接着为《诗经》作注，称为《元王诗》，至今或许还有留存。

高后时期，任命楚元王的儿子刘郢客为宗正，封为上邳侯。楚元王在位二十三年去世，太子刘辟非早亡，汉文帝便让宗正上邳侯刘郢客继位，也就是楚夷王。先前申公被任命为博士，现在被免了官，就跟随刘郢客回到楚国，又被任命为中大夫。楚夷王在位四年去世，儿子刘戊继位。汉文帝非常尊宠楚元王，楚元王有了儿子，其爵位封号同皇子的一样。汉景帝即位后，以亲近宗室为名，分封楚元王的五个儿子：刘礼为平陆侯，刘富为休侯，刘岁为沈犹侯，刘艺为宛朐侯，刘调为棘乐侯。

起初，楚元王对申公等人以礼相待，穆生不能喝酒，楚元王每次设酒，常常为穆生准备甜醴。刘戊即位后，也经常准备甜醴，但是后来就忘了准备甜醴。穆生回来说："我可以离开了！不准备甜醴，说明楚王对我的态度已经懈怠了，再不走，楚人将要把我绑赴集市了。"穆生就称病卧床不去见楚王。申公、白生强行让他起来见楚王，说："难道你就不感念先王的恩德吗？现在楚王只是在小节上失礼，你怎么至于这样呢！"穆生说："《易经》上说'人们能知道事情发生的预兆大概就近似神了吧！预兆是行动的微小表现，是吉凶的预先表现。君子见到预兆就行动，不必等到事情最后发生。'先王之所以礼遇我们三人，是因为心中有道义存在；现在楚王忽视礼节，是心中无道的表现。无道之人，怎么可以与他长久相处！我难道会在小礼节上计较吗？"于是穆生称病辞官回乡。只有申公和白生留下。

楚王刘戊逐渐变得淫邪暴虐，楚王刘戊继位二十年后，因为在薄太后服丧期间私下通奸，被汉景帝下旨削去东海郡和薛郡，楚王刘戊就和吴王刘濞暗中沟通。申公和白生劝谏楚王，刘戊不肯听从，把他们贬为奴隶，让他们穿着赭衣，举着木杵在集市上舂米。休侯刘福派人劝谏楚王刘戊，楚王说："季父不跟我一心，我起事后，必定先

其相张尚、太傅赵夷吾谏，不听。遂杀尚、夷吾，起兵会吴西攻梁，破棘壁，至昌邑南，与汉将周亚夫战。汉绝吴楚粮道，士饥，吴王走，戊自杀，军遂降汉。

汉已平吴楚，景帝乃立宗正平陆侯礼为楚王，奉元王后，是为文王。三年薨，子安王道嗣。二十二年薨，子襄王注嗣。十二年薨，子节王纯嗣。十六年薨，子延寿嗣。宣帝即位，延寿以为广陵王胥武帝子，天下有变必得立，阴欲附倚辅助之，故为其后母弟赵何齐取广陵王女为妻。与何齐谋曰："我与广陵王相结，天下不安，发兵助之，使广陵王立，何齐尚公主，列侯可得也。"因使何齐奉书遗广陵王曰："愿长耳目，毋后人有天下。"何齐父长年上书告之。事下有司，考验辞服，延寿自杀。立三十二年，国除。

初，休侯富既奔京师，而王戊反，富等皆坐免侯，削属籍。后闻其数谏戊，乃更封为红侯。太夫人与窦太后有亲，惩山东之寇，求留京师，诏许之。富子辟彊等四人共养，仕于朝。太夫人薨，赐茔，葬灵户。富传国至曾孙，无子，绝。

辟彊字少卿，亦好读《诗》，能属文。武帝时，以宗室子随二千石论议，冠诸宗室。清静少欲，常以书自娱，不肯仕。昭帝即位，或说大将军霍光曰："将军不见诸吕之事乎？处伊尹、周公之位，摄政

捉拿季父。”休侯刘福害怕，便和母亲太夫人逃到京城。楚王二十一年春，即汉景帝三年（前154），朝廷削减楚王封地的文书一到，楚王刘戊便响应吴王刘濞谋反。楚国丞相张尚、太傅赵夷吾劝谏楚王不要谋反，楚王不听。就杀了张尚和赵夷吾，然后起兵会合吴军向西进攻梁国，在棘壁打败梁军，在昌邑南，吴楚联军与汉将周亚夫大战。汉军断绝了吴楚的粮道，吴楚士兵陷入饥饿，最后吴王逃跑，楚王刘戊自杀，楚军于是投降了汉军。

汉朝平定了吴楚之乱，汉景帝便立宗正平陆侯刘礼为楚王，来延续楚元王的祭祀，这就是楚文王。楚文王继位三年后去世，楚文王的儿子楚安王刘道继位。楚安王在位二十二年去世，他的儿子楚襄王刘注继位。在位十三年去世，楚襄王的儿子楚节王刘纯继位。十六年后去世，他的儿子刘延寿继位。汉宣帝即位后，刘延寿认为广陵王刘胥是汉武帝的儿子，天下如有变故一定能被拥立为皇帝，想暗中依附并辅助他，刘延寿就为王后的弟弟赵何齐娶了广陵王刘胥的女儿为妻。刘延寿与赵何齐密谋道：“我和广陵王联手，一旦天下发生变故，我就出兵援助广陵王，让广陵王登上皇位，你娶了广陵王的公主，到时候列侯之位唾手可得。”因此刘延寿派赵何齐给广陵王送信说：“我希望能经常得到您的消息，争夺天下我不愿落在人后。”赵何齐的父亲赵长年上书告发了此事。汉宣帝此事交给有司审理，经核实属实，刘延寿自杀。刘延寿称王三十二年，封国被除。

起初，休侯刘富逃到了京师，因为楚王刘戊谋反，刘富等人都被连坐，失去了侯位，削除了属籍。后来汉景帝听说他多次劝谏刘戊，便改封刘富为红侯。刘富的母亲和窦太后有亲戚关系，平定崤山以东的叛乱时，刘富的母亲请求留在京城，汉景帝下诏允许。刘富的儿子刘辟彊等四人供养祖母，留在朝中为官。太夫人去世后，朝廷赐给墓地，安葬在灵户县。刘富传国到曾孙时，因没有后嗣，封国断绝。

刘辟彊字少卿，也喜好读《诗经》，擅长写文章。汉武帝时，刘辟彊以宗室子弟的身份与二千石官员讨论朝廷大事，才能为宗室之首。刘辟彊清心寡欲，常以读书自娱，不愿为官。汉昭帝即位，有人劝说大将军霍光：“将军难道没看见诸吕之事的结果吗？将军你处在

擅权，而背宗室，不与共职，是以天下不信，卒至于灭亡。今将军当盛位，帝春秋富，宜纳宗室，又多与大臣共事，反诸吕道，如是则可以免患。”光然之，乃择宗室可用者。辟彊子德待诏丞相府，年三十余，欲用之。或言父见在，亦先帝之所宠也。遂拜辟彊为光禄大夫，守长乐卫尉，时年已八十矣。徙为宗正，数月卒。

德字路叔，修黄老术，有智略。少时数言事，召见甘泉宫，武帝谓之“千里驹”。昭帝初，为宗正丞，杂治刘泽诏狱。父为宗正，徙大鸿胪丞，迁太中大夫，后复为宗正，杂案上官氏、盖主事。德常持《老子》知足之计。妻死，大将军光欲以女妻之，德不敢取，畏盛满也。盖长公主孙谭遮德自言，德数责以公主起居无状。侍御史以为光望不受女，承指劾德诽谤诏狱，免为庶人，屏居山田。光闻而恨之，复白召德守青州刺史。岁余，复为宗正，与立宣帝，以定策赐爵关内侯。地节中，以亲亲行谨厚封为阳城侯。子安民为郎中右曹，宗家以德得官宿卫者二十余人。

德宽厚，好施生，每行京兆尹事，多所平反罪人。家产过百万，则以振昆弟宾客食饮，曰：“富，民之怨也。”立十一年，子向坐铸伪黄金，当伏法，德上书讼罪。会薨，大鸿胪奏德讼子罪，失大臣体，不宜赐谥置嗣。制曰：“赐谥缪侯，为置嗣。”传至孙庆忌，复为宗正、太常。薨，子岑嗣，为诸曹中郎将，列校尉，至太常。薨，传子，至王莽败，乃绝。

伊尹、周公的地位，掌握朝政，却疏远宗室，不让他们在朝中任职，所以天下不信任将军，最后可能导致灾祸。现在将军身处高位，皇帝也很年轻，将军应多任用宗室，多与大臣们一起商讨事情，采取与诸吕相反的方法，如此就可以免祸了。”霍光觉得有道理，便选择宗室中可任用的人。刘辟彊的儿子刘德在丞相府任职，三十多岁，霍光想录用他，有人说他父亲还健在，也很受先帝宠信。于是拜刘辟彊为光禄大夫，长乐宫卫尉，当时刘辟彊已经八十岁了。后来刘辟彊又被任命为宗正，只上任几个月就去世了。

刘德字路叔，喜欢研习黄老之术，为人有谋略。年少时曾多次进言，汉武帝于甘泉宫召见他，称他为“千里驹”。汉昭帝初年，刘德为宗正丞，与他人一起审理刘泽谋反的案件。后来因父亲刘辟彊任宗正，刘德改为大鸿胪丞，又转任太中大夫，后来又被任命为宗正，参与审问上官氏和盖长公主谋反的事。刘德常秉持《老子》中提到的知足常乐的想法。刘德的妻子去世后，大将军霍光想把女儿嫁给他，刘德不敢娶，担心荣耀太盛。盖长公主的孙子谭拦住刘德，向他申述盖长公主之事，刘德多次以公主日常起居有失检点来责备他。侍御史以为霍光怨恨刘德不肯娶他的女儿为妻，就弹劾刘德诽谤诏狱，刘德被免为庶人，隐居山野田间。霍光听说后很生气御史擅作主张，又禀告皇上后，任命刘德为青州刺史。一年后，刘德又被任命为宗正，刘德与众人一起拥立汉宣帝。刘德因拥立汉宣帝有功，被封为关内侯。汉宣帝地节年间，汉宣帝为了亲近宗室，加之刘德为人忠厚，就被封为阳城侯。刘德的儿子刘安民为郎中右曹，宗室族人因刘德而做官的人有二十多人。

刘德为人宽厚，乐善好施，每次代行京兆尹职事的时候，常常为犯人平反。刘德家中的财产一旦超过百万，就用来救济兄弟，供养宾客，刘德说：“太过富有，会招来百姓的怨恨。”刘德在位十一年时，儿子刘向因铸造假黄金犯罪，应当伏法，刘德上书替儿子申诉。不久刘德去世，大鸿胪上奏皇帝，弹劾刘德为儿子脱罪，有失大臣的体统，不应赐予谥号和封立后嗣。但是汉宣帝仍下诏令说：“赐刘德谥号为缪侯，封后嗣继位。”爵位传到刘德的孙子刘庆忌的时候，刘庆

向字子政，本名更生。年十二，以父德任为辇郎。既冠，以行修饬擢为谏大夫。是时，宣帝循武帝故事，招选名儒俊材置左右。更生以通达能属文辞，与王褒、张子侨等并进对，献赋颂凡数十篇。上复兴神仙方术之事，而淮南有《枕中鸿宝苑秘书》。书言神仙使鬼物为金之术，及邹衍重道延命方，世人莫见，而更生父德武帝时治淮南狱得其书。更生幼而读诵，以为奇，献之，言黄金可成。上令典尚方铸作事，费甚多，方不验。上乃下更生吏，吏劾更生铸伪黄金，系当死。更生兄阳城侯安民上书，入国户半，赎更生罪。上亦奇其材，得逾冬减死论。会初立《穀梁春秋》，征更生受《穀梁》，讲论《五经》于石渠，复拜为郎中，给事黄门，迁散骑、谏大夫、给事中。

元帝初即位，太傅萧望之为前将军，少傅周堪为诸吏光禄大夫，皆领尚书事，甚见尊任。更生年少于望之、堪，然二人重之，荐更生宗室忠直，明经有行，擢为散骑宗正给事中，与侍中金敞拾遗于左右。四人同心辅政，患苦外戚许、史在位放纵，而中书宦官弘恭、石显弄权。望之、堪、更生议，欲白罢退之。未白而语泄，遂为许、史及恭、显所谮诉，堪、更生下狱，及望之皆免官。语在《望之传》。其春地震，夏，客星见昴、卷舌间。上感悟，下诏赐望之爵关内侯，奉朝请。秋，征堪、向，欲以为谏大夫，恭、显白皆为中郎。冬，地复震。时恭、显、许、史子弟侍中诸曹，皆侧目于望之等，更

忌又被任命为宗正太常。刘庆忌去世后，他的儿子刘岑继位，被封为诸曹中郎将，位于校尉之列。刘岑最后官至太常。刘岑去世后，传位给儿子，直到王莽败亡，爵位才断绝。

刘向字子政，原名刘更生。十二岁的时候，因父亲刘德的缘故，被任命为辇郎。到了冠礼年龄，刘更生因行为严谨被提升为谏议大夫。这时，汉宣帝按照汉武帝的做法，选拔大儒才俊在身边侍奉。刘更生因为通晓典籍，擅写文章，与王褒、张子侨等人一起进见汉宣帝，刘更生献上数十篇赋颂。汉宣帝又开始信奉神仙方术，而淮南国有书籍名为《枕中鸿宝苑秘书》。书中讲述了神仙役使鬼怪炼出黄金的方法，以及邹衍的重道延命方，世上没有几个人见过这本书，而刘更生的父亲刘德，在汉武帝时期，办理淮南国案件时得到了它。刘更生从小阅读过此书，觉得书中内容很是奇妙，就献给朝廷，说可以依照书上的方法炼出黄金。汉宣帝命令主管铸造的部门进行验证，结果花费很多物料，也没有验证书上的方法。汉宣帝便把刘更生交给官吏查办，官吏弹劾刘更生铸造假黄金，应当下狱处死。刘更生的哥哥阳城侯刘安民上书朝廷，愿意上交封国内一半的户口，来替刘更生赎罪。汉宣帝也认为刘更生是奇才，就以逾冬减死论处，赦免了刘更生的死罪。当时在学官刚刚开始教授《穀梁春秋》，于是朝廷征召刘更生传授《穀梁春秋》，在石渠阁讲解《五经》。刘更生又被任命为郎中、给事黄门，后升任散骑常侍、谏议大夫、给事中。

汉元帝刘奭刚即位时，太傅萧望之担任前将军，少傅周堪担任诸吏光禄大夫，都领尚书事，很受皇帝的尊重和信任。刘更生比萧望之、周堪年少，然而二人很器重他，认为刘更生作为宗室，为人忠直，精通学问，品行端正，因此提升刘更生为散骑常侍，宗正和给事中，与侍中金敞一起担任左、右拾遗。四人同心辅佐朝政，但是朝中的许氏和史氏等外戚肆意妄为，而中书宦官弘恭、石显等人擅权专断。萧望之、周堪和刘更生一起商议，打算启奏皇上罢免他们。还没有来得及上奏皇上，事情就泄露了，萧望之等人被许氏、史氏及弘恭、石显诬告，周堪、刘更生被捕下狱，他们和萧望之都被免去官职。详见《萧望之传》。那年春天发生地震，夏天，客星在昴宿卷舌

生惧焉，乃使其外亲上变事，言：

窃闻故前将军萧望之等，皆忠正无私，欲致大治，忤于贵戚尚书。今道路人闻望之等复进，以为且复见毁谗，必曰尝有过之臣不宜复用，是大不然。臣闻春秋地震，为在位执政太盛也，不为三独夫动，亦已明矣。且往者高皇帝时，季布有罪，至于夷灭，后赦以为将军，高后、孝文之间卒为名臣。孝武帝时，倪宽有重罪系，按道侯韩说谏曰："前吾丘寿王死，陛下至今恨之；今杀宽，后将复大恨矣！"上感其言，遂贳宽，复用之，位至御史大夫，御史大夫未有及宽者也。又董仲舒坐私为灾异书，主父偃取奏之，下吏，罪至不道，幸蒙不诛，复为太中大夫，胶西相，以老病免归。汉有所欲兴，常有诏问。仲舒为世儒宗，定议有益天下。孝宣皇帝时，夏侯胜坐诽谤系狱三年，免为庶人。宣帝复用胜，至长信少府，太子太傅，名敢直言，天下美之。若乃群臣，多此比类，难一二记。有过之臣，无负国家，有益天下，此四臣者，足以观矣。

前弘恭奏望之等狱决，三月，地大震。恭移病出，后复视事，天阴雨雪。由是言之，地动殆为恭等。

臣愚以为宜退恭、显以章蔽善之罚，进望之等以通贤者之路。

六星之间出现。汉元帝有所感悟，下诏赐萧望之为关内侯，享有奉朝请的资格。秋天，汉元帝征召周堪、刘向，想任命他们为谏议大夫，弘恭、石显上奏皇上力阻此事，最后周堪、刘向都只被任命为中郎。这年冬天，又发生地震。当时弘恭、石显、许氏和史氏的许多亲信在朝中任职，都对萧望之等人侧目而视，刘更生心里害怕，就通过他的亲戚给皇帝上书，就重大事项进言说：

我私下听说上一任前将军萧望之等人。都是忠正无私的人，想要将天下治理为太平盛世，却得罪了外戚和中书宦官。现在道路上的人听说萧望之等人又被启用，担心他们将又被诬陷，有人一定会说不宜任用有过失的臣子，这种说法是很不对的。臣听说今年春秋都发生了地震，这是因为执政的人太过强盛，不是因为萧望之等三人而地震，这一点也很清楚了。而且从前高皇帝时，季布有罪，罪至灭族，后来季布被赦免，还被任命为将军，最后在高后和汉文帝时期成为名臣。汉武帝时，倪宽犯重罪下狱，按道侯韩说进谏说："以前吾丘寿王被诛杀，陛下至今还后悔；现在杀了倪宽，陛下以后又要非常地后悔了！"汉武帝被他的话感动，便赦免了倪宽，重新启用倪宽，后来倪宽位至御史大夫，御史大夫中没有人能比得上倪宽的。董仲舒因私写灾异书而犯罪，主父偃上奏此事，交由官吏审讯，罪名是不道之罪，幸好未被诛杀，后来董仲舒又做了太中大夫，胶西相，因年老多病才辞职回家。汉朝有关典籍制度的事情，皇帝经常下诏询问他。董仲舒是世上的儒学宗师，他参与审议制定的政策，都能有利于天下。汉宣帝时，夏侯胜因诽谤罪入狱三年，被贬为庶人。汉宣帝后来又重新任用夏侯胜，夏侯胜官至长信少府，太子太傅，以敢直言而出名，天下人都称赞他。像这样的大臣，还有许多类似的事迹，难以一一记述。即使是有过失的臣子，也不会辜负国家，而且还会对天下做出有益的事情，从这四名大臣的事例，就足以验证了。

先前弘恭上奏，使萧望之等人入狱，结果在三月，又发生大地震。弘恭称病离开宫中，后来又重新任职，结果天阴下雪，由此来说，地震大概是因为弘恭等人引起的。

臣虽愚鲁，但认为陛下应该斥退弘恭、石显等人，以表明对陷害

如此，太平之门开，灾异之原塞矣。

书奏，恭、显疑其更生所为，白请考奸诈。辞果服，遂逮更生系狱，下太傅韦玄成、谏大夫贡禹，与廷尉杂考。劾更生前为九卿，坐与望之、堪谋排车骑将军高、许、史氏侍中者，毁离亲戚，欲退去之，而独专权。为臣不忠，幸不伏诛，复蒙恩征用，不悔前过，而教令人言变事，诬罔不道。更生坐免为庶人。而望之亦坐使子上书自冤前事，恭、显白令诣狱置对。望之自杀。天子甚悼恨之，乃擢周堪为光禄勋，堪弟子张猛光禄大夫给事中，大见信任。恭、显惮之，数谮毁焉。更生见堪、猛在位，几己得复进，惧其倾危，乃上封事谏曰：

臣前幸得以骨肉备九卿，奉法不谨，乃复蒙恩。窃见灾异并起，天地失常，征表为国。欲终不言，念忠臣虽在甽亩，犹不忘君，惓惓之义也。况重以骨肉之亲，又加以旧恩未报乎！欲竭愚诚，又恐越职，然惟二恩未报，忠臣之义，一抒愚意，退就农亩，死无所恨。

臣闻舜命九官，济济相让，和之至也。众贤和于朝，则万物和于野。故箫《韶》九成，而凤皇来仪；击石拊石，百兽率舞。四海之内，靡不和宁。及至周文，开基西郊，杂遝众贤，罔不肃和，崇推让之风，以销分争之讼。文王既没，周公思慕，歌咏文王之德，其《诗》曰："於穆清庙，肃雍显相；济济多士，秉文之德。"当此之时，武王、周公继政，朝臣和于内，万国欢于外，故尽得其欢心，以事其先祖。其《诗》曰："有来雍雍，至止肃肃，相维辟公，天子穆

忠臣之人的惩罚，任用萧望之等人来通达贤人的进升之路。这样做便会迎来太平盛世，灾害异兆也会消失了。

奏书呈上汉元帝后，弘恭、石显怀疑是刘更生所作，奏请皇上审查其中是否有奸诈。查明果然是刘更生所作，就逮捕刘更生下狱，交给太傅韦玄成、谏议大夫贡禹与廷尉一起审问。最后弘恭、石显弹劾刘更生以前为九卿时，和萧望之、周堪合谋，排斥车骑将军史高、侍中许氏和史氏，离间皇帝与国戚的关系，想要罢退他们而独自掌权。指责刘更生等人为臣不忠，虽然侥幸没被诛杀，又蒙皇恩被重新启用，却不思悔改，蛊惑他人上书言事，诬陷朝廷大臣，实属大逆不道。刘更生因罪被贬为庶人。而萧望之也因为让儿子上书伸冤前事而获罪，弘恭、石显上奏皇帝让萧望之到狱中对质。萧望之不堪受辱而自杀。汉元帝很悔恨，便提升周勘为光禄勋，周堪的弟子张猛为光禄大夫给事中，汉元帝对他们都很信任。弘恭、石显感到害怕，数次毁谤周堪等人。刘更生见周堪、张猛受到重用，希望自己也能得到任用，害怕周堪等人被陷害，便上密信进谏说：

臣以前因为有幸是刘氏骨肉的原因，被封为九卿，由于执法不够谨慎受到处罚，又蒙皇上恩典重新得到任用。臣见到灾异四起，天地失常，这些现象都与国事有关。我本来不想多言，但又想到忠臣即使在田野乡间，仍不忘为君分忧，这是忠谨的大义。况且臣与陛下又是骨肉至亲，再加上臣尚未报答陛下的旧恩！所以臣既想竭尽忠诚，又怕超越本分，然而臣想到两重恩情未报，出于忠臣大义，就应该直抒胸臆，即使被贬回乡种田，也死而无憾了。

臣听说舜时任命了九位大臣，众臣互相谦让，彼此和睦。众贤人在朝堂内和睦，那么万物便在朝堂外和睦。所以箫《韶》演奏九章后，有凤凰飞来；击钟鸣磬，百兽相率来舞。四海之内，到处都和宁。到了周文王时，在西岐奠定周朝的基础，聚集众多贤人，大家都肃敬和谐，崇尚推让的风气，消除纷争。周文王去世后，周公怀念他，作诗歌颂周文王的德行，《诗经》中说："庄美的清庙中，有高贵雍容的助祭；众多的士人，秉承文王的美德。"此时，周武王、周公相继执掌政事，在朝内大臣和睦，在朝外万国欢乐，所以能得到天下百姓的

穆。”言四方皆以和来也。诸侯和于下，天应报于上，故《周颂》曰：“降福穰穰”，又曰：“饴我厘麰”，厘麰，麦也，始自天降。此皆以和致和，获天助也。

下至幽、厉之际，朝廷不和，转相非怨，诗人疾而忧之曰：“民之无良，相怨一方。”众小在位而从邪议，歙歙相是而背君子，故其《诗》曰“歙歙訿訿，亦孔之哀！谋之其臧，则具是违；谋之不臧，则具是依！”君子独处守正，不桡众枉，勉强以从王事则反见憎毒谗诉，故其《诗》曰：“密勿从事，不敢告劳，无罪无辜，谗口嗸嗸！”当是之时，日月薄蚀而无光，其《诗》曰：“朔日辛卯，日有蚀之，亦孔之丑！”又曰：“彼月而微，此日而微，今此下民，亦孔之哀！”又曰：“日月鞠凶，不用其行；四国无政，不用其良！”天变见于上，地变动于下，水泉沸腾，山谷易处。其《诗》曰：“百川沸腾，山冢卒崩，高岸为谷，深谷为陵。哀今之人，胡憯莫惩！”霜降失节，不以其时，其《诗》曰：“正月繁霜，我心忧伤；民之讹言，亦孔之将！”言民以是为非，甚众大也。此皆不和，贤不肖易位之所致也。

自此之后，天下大乱，篡杀殃祸并作，厉王奔彘，幽王见杀。至乎平王末年，鲁隐之始即位也，周大夫祭伯乖离不和，出奔于鲁，而《春秋》为讳，不言来奔，伤其祸殃自此始也。是后尹氏世卿而专恣，诸侯背畔而不朝，周室卑微。二百四十二年之间，日食三十六，地震五，山陵崩阤二，彗星三见，夜常星不见，夜中星陨如雨一，火灾十四。长狄入三国，五石陨坠，六鹢退飞，多麋，有蜮、蜚，鸜鹆来巢者，皆一见。昼冥晦。雨木冰。李梅冬实。七月霜降，草木不死。八月杀菽。大雨雹。雨雪雷霆失序相乘。水、旱、饥、

民心，来继续先祖的功业。《诗经》中说：“有宾客从容而来，在庙堂庄重恭敬，助祭的都是诸侯王公，主祭的天子威仪盛大。”诗中述说四方诸侯都以和睦而来。诸侯在下和睦，上天在上回应，所以《周颂》说：“降福很多”，又说：“赐给我厘麰。”厘麰，就是麦子，最初是从天上降下来的。这都是因为上下和谐，才获得了上天的佑助。

到了周幽王、周厉王的时候，朝廷百官不和，互相非怨，诗人痛心并担忧地说：“百姓内心不善，就会各守一方互相怨恨。”小人当权，就会遵从邪议，结党为奸，背离君子，所以《诗经》上说：“小人结党，攻击异己，这是多么可悲啊！谋划善事，他们都不采纳，谋划恶事，他们就会依从！”君子独处也要坚守正义，才不会被众人的毁谤所屈服，艰难地承担国事却被憎恨和诬谄，所以《诗经》中说：“努力做事，不敢称苦，没有罪过，却被诬谄！”那时，日月相迫而无光，《诗经》中说：“初一辛卯日，发生日食，多么凶险的预兆啊！”又说：“月亮也变暗了，太阳也变暗了，现在的百姓，多么地悲哀啊！”又说：“日食月食是凶兆，是因为日月不按照常道运行；四方之国没有善政，是因为不能任用贤人！”天象显现在上，地变运行在下，河水沸腾，山谷倒置。《诗经》中说：“百川沸腾，山陵崩裂，高岸成深谷，深谷为山陵。哀痛当今的人，为何不接受警戒！”霜降也失去规律，不按时节发生，《诗经》中说：“正月下霜，我心忧伤；假话谣言，传遍四方！”是说人们以对为错，危害甚大。这都是因为上下不和，贤人和小人位置不当所导致的。

从此以后，天下大乱，篡位谋杀和各种灾祸一起发生，周厉王逃亡到彘，周幽王被杀，到了周平王末年，鲁隐公刚刚即位，周大夫祭伯失国后，与郑国关系不好，出奔到鲁国，而《春秋》为他避讳，不说来奔，哀叹祭伯的祸患从此开始了。此后尹氏世代担任公卿，恣肆专权，诸侯背叛周王室而不朝见，自此周室逐渐衰弱。二百四十二年之间，日食出现了三十六次，地震出现了五次，山陵崩倒出现了两次，彗星出现三次，夜里天空中无星辰，夜里流星陨落如雨各出现一次，火灾出现十四次。长狄攻入三个国家，五块陨石坠落，六只鹢倒飞，麋鹿多次出现，蜮、蜚灾害，鸜鹆来筑巢，都出现了一次。白日如

蝝、螽、螟螽午并起。当是时，祸乱辄应，弑君三十六，亡国五十二，诸侯奔走，不得保其社稷者，不可胜数也。周室多祸：晋败其师于贸戎；伐其郊；郑伤桓王；戎执其使；卫侯朔召不往，齐逆命而助朔；五大夫争权，三君更立，莫能正理。遂至陵夷不能复兴。

由此观之，和气致祥，乖气致异；祥多者其国安，异众者其国危，天地之常经，古今之通义也。今陛下开三代之业，招文学之士，优游宽容，使得并进。今贤不肖浑殽，白黑不分，邪正杂糅，忠谗并进。章交公车，人满北军。朝臣舛午，胶戾乖剌，更相谗诉，转相是非。传授增加，文书纷纠，前后错缪，毁誉浑乱。所以营或耳目，感移心意，不可胜载。分曹为党，往往群朋，将同心以陷正臣。正臣进者，治之表也；正臣陷者，乱之机也。乘治乱之机，未知孰任，而灾异数见，此臣所以寒心者也。夫乘权藉势之人，子弟鳞集于朝，羽翼阴附者众，辐凑于前，毁誉将必用，以终乖离之咎。是以日月无光，雪霜夏陨，海水沸出，陵谷易处，列星失行，皆怨气之所致也。夫遵衰周之轨迹，循诗人之所刺，而欲以成太平，致雅颂，犹却行而求及前人也。初元以来六年矣，案《春秋》六年之中，灾异未有稠如今者也。夫有《春秋》之异，无孔子之救，犹不能解纷，况甚于《春秋》乎？

原其所以然者，谗邪并进也。谗邪之所以并进者，由上多疑心，既已用贤人而行善政，如或谮之，则贤人退而善政还。夫执狐

夜，冰封树木。李树梅树冬天结果。七月降霜，草木不死。八月冻死豆苗。下大冰雹。雨雪雷霆没有规律的出现。水、旱、饥、蝝、螽、螟蜂等灾害经常发生。那时候，各种动乱也相应出现，有三十六位君主被杀，五十二个诸侯国被灭亡，诸侯逃亡，不能保有社稷的例子，更是不能尽数。周王室也多有灾祸：晋国在贸戎打败周王的军队；并攻打周王室的近郊；郑国伤害过周桓王；戎人攻伐周王的使者；卫侯朔拒绝周王的征召，齐国违背王命帮助卫朔；周朝五大夫争权，更换了三个国君，那个时代没有正理可言。所以周朝衰落不能复兴。

由此可知，和气带来吉祥，戾气导致灾异；吉祥多则国家安宁，灾异多则国家危难，这是天地间的常理，古今的通义。现在陛下开创夏、商、周三代那样的伟业，招揽饱学之士，宽容待人，使众人能一起得到任用。但是现在贤才和小人相互混淆，黑白不分，正邪混杂，忠言谗言一起进谏。奏章交予公车，犯人充满北军。朝臣意见不和，互相不遵从，更甚者谗言诬陷，是非颠倒。传言授计的事情增多，彼此弹劾的文书四起，经常发生错缪，毁誉混乱。这些迷惑耳目，转移心意的事例，不可胜数。小人们结党营私，党同伐异，一心想要陷害正直之臣。正臣能够得到任用，这是国家大治的表现；正臣遭受陷害，这是国家将要败乱的征兆。趁此治乱之时，朝廷却不知该任用何人，而灾异多次出现，这正是臣所担心的。倚权弄势的人，其亲信充斥于朝廷，想攀附他们的人还很多，都聚集在他们周围，如果奸人的谗言能决定毁誉，最后会因忠臣被斥退而产生灾祸。所以说日月无光，霜雪在夏天降落，海水沸腾，山谷易位，众星运行失常，都是怨气导致的结果。沿着周朝衰亡的轨迹，按照诗人所讥刺的事情行事，却想成就太平，达到雅颂的境界，就好像退着走路，却想走到别人面前一样。皇上继位已经六年了，考察《春秋》记载的六年之中，灾异的发生没有像现在这么频繁。如果出现了《春秋》中记载的灾异，而没有孔子那样的圣人，是不能消除灾难的，更何况灾异现象比《春秋》中记载的情况还严重呢？

究其原因，是因为奸邪之人得到重用。奸邪之人得到重用的原因，是因为皇上疑心重，虽然已任用贤人执行善政，但如果有人诬

疑之心者，来谗贼之口；持不断之意者，开群枉之门。谗邪进则众贤退，群枉盛则正士消。故《易》有否泰。小人道长，君子道消，君子道消，则政日乱，故为否。否者，闭而乱也。君子道长，小人道消，小人道消，则政日治，故为泰。泰者，通而治也。《诗》文云“雨雪麃麃，见晛聿消”，与《易》同义。昔者鲧、共工、驩兜与舜、禹杂处尧朝，周公与管、蔡并居周位，当是时，迭进相毁，流言相谤，岂可胜道哉！帝尧、成王能贤舜、禹、周公而消共工、管、蔡，故以大治，荣华至今。孔子与季、孟偕仕于鲁，李斯与叔孙俱宦于秦，定公、始皇贤季、孟、李斯而消孔子、叔孙，故以大乱，污辱至今。故治乱荣辱之端，在所信任；信任既贤，在于坚固而不移。《诗》云“我心匪石，不可转也”。言守善笃也。《易》曰“涣汗其大号”。言号令如汗，汗出而不反者也。今出善令，未能逾时而反，是反汗也；用贤未能三旬而退，是转石也。《论语》曰：“见不善如探汤。”今二府奏佞讇不当在位，历年而不去。故出令则如反汗，用贤则如转石，去佞则如拔山，如此望阴阳之调，不亦难乎！

是以群小窥见间隙，缘饰文字，巧言丑诋，流言飞文，譁于民间。故《诗》云：“忧心悄悄，愠于群小。”小人成群，诚足愠也。昔孔子与颜渊、子贡更相称誉，不为朋党；禹、稷与皋陶传相汲引，不为比周。何则？忠于为国，无邪心也。故贤人在上位，则引其类而聚之

告，贤人就会被斥退，善政也会被撤销。陛下有狐疑之心，便会招来进谗言的人；陛下没有果断的意志，便会打开众多奸人当政的大门。进谗言的人得到重用，众多贤人就会被斥退，奸邪之人增加，则正直之士就会消减。所以《易经》有《否》卦和《泰》卦。如果小人得到重用，君子就会被排斥，君子被排斥，则政事就会日益混乱，这就是《否》卦。否，就是闭塞混乱的意思。君子被重用，小人就会被排斥，小人被排斥，则政事就会日益安定，这就是《泰》卦。泰，就是通达安定的意思。《诗经》中说“雨雪纷纷，日出则消”，和《易经》说得是同一个意思。从前鲧、共工、驩兜和舜、禹共同在尧的朝中为臣，周公和管叔、蔡叔一起在周朝任职，那时候，上书诋毁，流言相谤的事情，哪里能说得完！帝尧、周成王能任用舜、禹、周公而排斥共工、管叔、蔡叔，所以天下大治，所以至今被人所称道。孔子和季孙、孟孙都在鲁国为官，李斯和叔孙通都在秦国为官，鲁定公任用季孙、孟孙而排斥孔子，秦始皇任用李斯而排斥叔孙通，所以天下大乱，至今仍蒙受耻辱。故而大治或者大乱，荣耀或者屈辱的开端，在于所信任的人；信任的人如果是贤才，那就应该坚定不移地坚持下去。《诗经》中说“我的心不是石头，不可被人随便转移”。就是说任用贤人要坚定不移。《易经》说“君主大发号令如涣然出汗一样”。就是说号令如出汗，汗出而不能返回。现在陛下发出了善令，没过三个月就收回了，这是收回已出之汗；任用贤臣不到三十天便被斥退，这是石头被转动。《论语》中说：“看到不好的人或事，就如同把手伸进沸水里一样难受。”现在丞相、御史二府向陛下上奏，应该斥退那些奸佞之人，但是历经多年仍没有解决。因此陛下现在发布命令就像收回汗水，任用贤人就像转动石头，去除奸佞就像拔除大山，用这样的方式做事，而希望阴阳调和，不是很难做到吗！

所以众小人窥见机会，就修饰文字，巧言诋毁，散布流言蜚语，流传于民间。所以《诗经》中说：“忧心忡忡，恼恨小人太多。”小人太多，确实令人可恼。以前孔子与颜渊、子贡互相称誉，但并不结为朋党；大禹、后稷和皋陶互相引荐，也不结为同党。为什么呢？是因为他们忠心为国，没有杂念。所以贤人当政，便会向朝廷推荐和他类

于朝，《易》曰“飞龙在天，大人聚也”；在下位，则思与其类俱进，《易》曰“拔茅茹以其汇，征吉”。在上则引其类，在下则推其类，故汤用伊尹，不仁者远，而众贤至，类相致也。今佞邪与贤臣并在交戟之内，合党共谋，违善依恶，歙歙訿訿，数设危险之言，欲以倾移主上。如忽然用之，此天地之所以先戒，灾异之所以重至者也。

自古明圣，未有无诛而治者也，故舜有四放之罚，而孔子有两观之诛，然后圣化可得而行也。今以陛下明知，诚深思天地之心，迹察两观之诛，览《否》《泰》之卦，观雨雪之诗，历周、唐之所进以为法，原秦、鲁之所消以为戒，考祥应之福，省灾异之祸，以揆当世之变，放远佞邪之党，坏散险诐之聚，杜闭群枉之门，广开众正之路，决断狐疑，分别犹豫，使是非炳然可知，则百异消灭，而众祥并至，太平之基，万世之利也。

臣幸得托肺附，诚见阴阳不调，不敢不通所闻。窃推《春秋》灾异，以救今事一二，条其所以，不宜宣泄。臣谨重封昧死上。

恭、显见其书，愈与许、史比而怨更生等。堪性公方，自见孤立，遂直道而不曲。是岁夏寒，日青无光，恭、显及许、史皆言堪、猛用事之咎。上内重堪，又患众口之浸润，无所取信。时长安令杨兴以材能幸，常称誉堪。上欲以为助，乃见问兴：“朝臣龂龂不可光禄勋，何邪？”兴者倾巧士，谓上疑堪，因顺指曰：“堪非独不可于朝廷，自州里亦不可也。臣见众人闻堪前与刘更生等谋毁骨肉，以为当诛，故臣前言堪不可诛伤，为国养恩也。”上曰：“然此何罪而

似的人，因此《易经》中说“飞龙在天，大人聚集”；贤人不当政，也会想着和同道之人一起为朝廷所用，因此《易经》中说“拔茅时牵引出自己的同类，吉利”。贤人当政就会任用自己的同道之人，贤人不当政也会向朝廷推举自己的同道之人，所以商汤任用伊尹，使不仁者远离朝堂，而众贤人之所以能够来到朝廷，是因为有同道之人的招揽。现在小人和贤臣同在朝廷之内，小人们结党营私，背善从恶，诋毁贤臣，屡次危言耸听，想要改变主上的意愿，如果任用他们，天地就会出现告诫，灾异就会接踵而来。

自古的圣明君主，无不通过诛杀坏人，来达到天下大治，所以舜曾经对四凶处以放逐的刑罚，孔子曾经在两观之下诛杀少正卯，然后圣人的教化才得以施行。现在以陛下的开明和智慧，如果能诚心地思考天地的本意，考察孔子两观之杀的原因，细心观看《否》《泰》之卦，留心雨雪之诗，借鉴周朝、唐尧选用人才的制度，制定选拔人才的方法，援引秦国、鲁国摒弃人才的例子作为警戒，考察并反思吉祥和灾异现象出现的原因，来揣测当今的变故，放逐奸佞之人，杜绝朋党勾结，闭塞小人进升之门，广开招纳贤才之路，能够当机立断，不再犹豫不决，让是非明确无误，便可消除诸多灾异，而各种祥瑞纷纷到来，这是太平盛世的基础，千秋万代的福利。

臣有幸能受到皇上的信任，所以臣看到阴阳不调和的情况时，不敢不报告给皇上。臣私下推测《春秋》中记载的灾异现象的原因，希望对当前的事情能借鉴十之一二，臣列举出上述事例，内容不宜泄露。臣郑重密封奏疏，冒死上奏。

弘恭、石显见到刘更生的上书，更加和许氏、史氏勾结在一起而怨恨刘更生等人。周堪性情公正方直，看到自己被孤立，就更加直道行事而不曲意奉承。这年夏天气候寒冷，太阳青色无光，弘恭、石显和许氏、史氏都说这是周堪、张猛执政有过造成的。汉元帝刘奭内心很器重周堪，又苦于众口烁金，无法让众人信服周堪。当时长安令杨兴因才能出众受到宠信，常称赞周堪。汉元帝想让他帮助自己，便召见杨兴问道：“朝臣对光禄勋怨言不断，这是为什么呢？”杨兴是个奸猾的人，认为皇上在怀疑周堪，就顺势说道：“不只朝廷不认

诛？今宜奈何？”兴曰：“臣愚以为可赐爵关内侯，食邑三百户，勿令典事。明主不失师傅之恩，此最策之得者也。”上于是疑。会城门校尉诸葛丰亦言堪、猛短，上因发怒免丰。语在其传。又曰：“丰言堪、猛贞信不立，朕闵而不治，又惜其材能未有所效，其左迁堪为河东太守，猛槐里令。”

显等专权日甚。后三岁余，孝宣庙阙灾，其晦，日有蚀之。于是上召诸前言日变在堪、猛者责问，皆稽首谢。乃因下诏曰：“河东太守堪，先帝贤之，命而傅朕。资质淑茂，道术通明，论议正直，秉心有常，发愤悃愊，信有忧国之心。以不能阿尊事贵，孤特寡助，抑厌遂退，卒不克明。往者众臣见异，不务自修，深惟其故，而反晻昧说天，托咎此人。朕不得已，出而试之，以彰其材。堪出之后，大变仍臻，众亦嘿然。堪治未期年，而三老官属有识之士咏颂其美，使者过郡，靡人不称。此固足以彰先帝之知人，而朕有以自明也。俗人乃造端作基，非议诋欺，或引幽隐，非所宜明，意疑以类，欲以陷之，朕亦不取也。朕迫于俗，不得专心，乃者天著大异，朕甚惧焉。今堪年衰岁暮，恐不得自信，排于异人，将安究之哉？其征堪诣行在所。”拜为光禄大夫，秩中二千石，领尚书事。猛复为太中大夫给事中。显干尚书事，尚书五人，皆其党也。堪希得见，常因显白事，事决显口。会堪疾瘖，不能言而卒。显诬谮猛，令自杀于公车。更生伤之，乃著《疾谗》《擿要》《救危》及《世颂》，凡八篇，依兴古事，悼己及同类也。遂废十余年。

同周堪，州里也不认同周堪。臣从众人那里听说周堪以前和刘更生等人陷害国戚，臣认为周堪等人会被诛杀，所以臣以前为周堪求情，说周堪不可以被诛杀，目的是为国家养恩。”汉元帝说：“然而周堪犯了什么罪要诛杀他呢？现在该怎么办？”杨兴说：“臣虽愚，但认为可以赐爵周堪关内侯，食邑三百户，不让他负责政事。这样皇上您可以不失去对周堪的师傅之情，这是最合适的计策。”汉元帝于是起了疑心。正好城门校尉诸葛丰也诋毁周堪、张猛，汉元帝就发怒罢免了诸葛丰的官职。详见《诸葛丰传》。汉元帝又说：“诸葛丰说周堪、张猛不够正直忠信，朕怜悯他们，不予追究，又可惜他们的才能难以得到发挥，将周堪贬为河东太守，张猛贬为槐里令。”

石显等人专权更加严重。过了三年多，汉宣帝的宗庙发生火灾，这个月最后一天发生日食。因此汉元帝召来从前说太阳发生变故的原因在于周堪、张猛的几个人责问，几个人都磕头谢罪。汉元帝便下诏说：“河东太守周堪，先帝认为他贤能，命他做朕的师傅。周堪人品高尚，精通学问，正直待人，毫不懈怠，至诚发愤，确有忧国之心。因不能阿谀权贵，孤立无助，遭到排斥和罢免，始终不能为自己证明清白。以前众臣见到灾异，不致力于自我反省，深思其中的原因，反而胡乱地推定天灾的原因，将过错归咎到周堪。朕不得已，将周堪贬出朝廷来考验他，让他表现出才能。周堪出任外官后，天象异变仍然发生，朝中大臣却沉默不语。周堪治理地方不满一年，当地的三老、官吏和有识之士都称赞他的美德，朝廷使者经过其郡，无人不称赞周堪，这足以表明先帝知人善用，而朕自己也明白这一点。俗人制造事端，非议诋毁周堪，理由曲折隐晦，不能明议，这些人又怀疑其同道之人，想要陷害他，朕也未予采纳。朕迫于世俗，不能坚定任用周堪。天象大显灾异，朕很是恐惧。现在周堪年纪已老，恐怕不能为自己辩解，还受到他人的排挤，该怎么办呢？征召周堪回朝。”汉元帝拜周堪为光禄大夫，俸禄二千石，领尚书事。张猛被任命为太中大夫给事中。石显主管尚书事，尚书一共五人，都是他的党羽。周堪很少能见到汉元帝，只能通过石显奏事，事务都经石显之口决定。后来周堪得了哑病，不能说话抑郁而死。石显诬陷王猛，令他在公车自杀。

成帝即位，显等伏辜，更生乃复进用，更名向。向以故九卿召拜为中郎，使领护三辅都水。数奏封事，迁光禄大夫。是时帝元舅阳平侯王凤为大将军秉政，倚太后，专国权，兄弟七人皆封为列侯。时数有大异，向以为外戚贵盛，凤兄弟用事之咎。而上方精于《诗》《书》，观古文，诏向领校中《五经》秘书。向见《尚书·洪范》，箕子为武王陈五行阴阳休咎之应。向乃集合上古以来历春秋六国至秦汉符瑞灾异之记，推迹行事，连传祸福，著其占验，比类相从，各有条目，凡十一篇，号曰《洪范五行传论》，奏之。天子心知向忠精，故为凤兄弟起此论也，然终不能夺王氏权。

久之，营起昌陵，数年不成，复还归延陵，制度泰奢。向上疏谏曰：

臣闻《易》曰："安不忘危，存不忘亡，是以身安而国家可保也。"故贤圣之君，博观终始，穷极事情，而是非分明。王者必通三统，明天命所授者博，非独一姓也。孔子论《诗》，至于"殷士肤敏，祼将于京"，喟然叹曰："大哉天命！善不可不传于子孙，是以富贵无常；不如是，则王公其何以戒慎，民萌何以劝勉？"盖伤微子之事周，而痛殷之亡也。虽有尧舜之圣，不能化丹朱之子；虽有禹汤之德，不能训末孙之桀纣。自古及今，未有不亡之国也。昔高皇帝既灭秦，将都雒阳，感寤刘敬之言，自以德不及周，而贤于秦，遂徙都关中，依周之德，因秦之阻。世之长短，以德为效，故常战栗，不敢讳亡。孔子所谓"富贵无常"，盖谓此也。

刘更生很伤痛，便写了《疾谗》《擿要》《救危》和《世颂》等八篇文章，以古喻今，哀悼自己和同仁。于是刘更生被弃用十多年。

汉成帝刘骜即位，石显等人伏法，刘更生便得到启用，改名为刘向。刘向以曾担任九卿的身份被任命为中郎，负责三辅的水利。刘向多次上奏言事，后升为光禄大夫。这时汉成帝的大舅阳平侯王凤为大将军把持朝政，王凤倚仗太后，独断专行，王凤兄弟七人都被封为列侯。当时多次出现大灾异，刘向认为这是外戚强盛，王凤兄弟专权的罪过。而汉成帝正一心研读《诗经》《尚书》，考校古文，诏令刘向为校中《五经》秘书。刘向看到《尚书·洪范》中，曾记载箕子为周武王论述五行阴阳福祸的应验。刘向便收集上古以来，从春秋六国至秦汉的各种符瑞灾异的记载，推究事情的经过，考察祸福的结果，写出征兆之间的应验关系，按类排列，各有条目，共有十一篇，名为《洪范五行传论》，上奏给皇帝。汉成帝心里知道刘向忠诚为国，是针对王凤兄弟的行为，才发此议论的，但终究没有夺去王氏的权力。

很久之后，汉成帝营建昌陵，建造好多年也没有完工，又重新建造延陵，费用巨大。刘向上疏进谏道：

臣听闻《易经》上说："安宁不忘危难，生存不忘灭亡，故而才可以安身保国。"所以圣贤的君主，广泛观察事情的结局和开始，透彻地了解事理，做到是非分明。王者一定要通晓天、地、人三统，明白天命之所归属，不只是一姓。孔子讲《诗经》，说到"归顺的殷商卿士敏捷地摆放礼器，在周京举行灌酒助祭"一句时，喟然叹道："天命真伟大啊！善行不可以不传给子孙，这是因为富贵无常；不这样做，那么王公贵族就不会谨慎，百姓就难以教化。"孔子大概是感伤微子侍奉周朝，而痛惜殷商的灭亡。即使尧舜那样的圣明，也不能教化丹朱这样的儿子；即使有禹汤这样的美德，也不能教训末代子孙桀纣。从古到今，没有不灭亡的国家。以前汉高祖灭亡了秦朝，打算建都于洛阳，感悟于刘敬的话，自以为德行不如周朝，而超过秦朝，便迁都关中，依靠周朝的美德，沿用秦国的险阻。朝代的长短，以德行作为依据，所以君子小心翼翼，不敢避讳灭亡。孔子所说的"富贵

孝文皇帝居霸陵，北临厕，意凄怆悲怀，顾谓群臣曰："嗟乎！以北山石为椁，用纻絮斮陈漆其间，岂可动哉！"张释之进曰："使其中有可欲，虽锢南山犹有隙；使其中无可欲，虽无石椁，又何戚焉？"夫死者无终极，而国家有废兴，故释之之言，为无穷计也。孝文寤焉，遂薄葬，不起山坟。

《易》曰："古之葬者，厚衣之以薪，臧之中野，不封不树。后世圣人易之以棺椁。"棺椁之作，自黄帝始。黄帝葬于桥山，尧葬济阴，丘垄皆小，葬具甚微。舜葬苍梧，二妃不从。禹葬会稽，不改其列。殷汤无葬处。文、武、周公葬于毕，秦穆公葬于雍橐泉宫祈年馆下，樗里子葬于武库，皆无丘陇之处。此圣帝明王贤君智士远览独虑无穷之计也。其贤臣孝子亦承命顺意而薄葬之，此诚奉安君父，忠孝之至也。

夫周公，武王弟也，葬兄甚微。孔子葬母于防，称古墓而不坟，曰："丘，东西南北之人也，不可不识也。"为四尺坟，遇雨而崩。弟子修之，以告孔子，孔子流涕曰："吾闻之，古者不修墓。"盖非之也。延陵季子适齐而反，其子死，葬于嬴、博之间，穿不及泉，敛以时服，封坟掩坎，其高可隐，而号曰："骨肉归复于土，命也，魂气则无不之也。"夫嬴、博去吴千有余里，季子不归葬。孔子往观曰："延陵季子于礼合矣。"故仲尼孝子，而延陵慈父，舜禹忠臣，周公弟弟，其葬君亲骨肉，皆微薄矣；非苟为俭，诚便于体也。宋桓司马为石椁，仲尼曰"不如速朽。"秦相吕不韦集知略之士而造《春秋》，亦言薄葬之义，皆明于事者也。

无常”，大概就是这个意思。

汉文帝站在霸陵上，看到北面紧邻灞河，心情悲怆凄切，担心陵墓日后为河水所浸，回头对群臣说：“唉！用北山石头做成石椁，用麻絮混合生漆添塞缝隙，陵墓哪里会毁坏呢！”张释之进言道：“如果陵墓里有价值贵重的东西，即使坚固如南山仍然有缝隙可钻；如果里面没有贵重的东西，即使没有石椁，又有什么可担心的呢？”死去的人不会有知觉，但国家有兴亡，所以张释之的话，是为以后长远考虑。汉文帝领悟了其中的道理，于是就薄葬，不建山坟。

《易》说：“古代下葬，用薪柴覆盖，埋葬在山野中，不起坟，不植树。后世圣人改用棺椁入葬。”使用棺椁，是从黄帝时期开始的。黄帝埋葬在桥山，尧埋葬在济阴，坟墓都很小，陪葬的物品也很少。舜埋葬在苍梧，没有和二妃合葬。禹埋葬在会稽，没有劳烦百姓。殷汤的墓地不见记载。周文王、周武王、周公都安葬在毕，秦穆公安葬在雍橐泉宫祈年馆下，樗里子安葬在武库，都没有建大墓。这是圣明帝王和贤智人士，经过深思远虑，为千秋万代做的打算。他们的贤臣孝子也按照他们的意思而薄葬，这是真正的侍奉君父的方法，忠诚孝敬到了极致。

周公，是周武王的弟弟，埋葬兄长很简单。孔子把母亲安葬在防地，讲到古时修墓不建坟，说：“孔丘是将要周游天下的人，因此不可以不做标记。”因而建起四尺高的坟，后来遇到下雨毁坏。孔子的弟子们重新进行了修缮，然后告诉了孔子，孔子流着泪说道：“我听说，古代不修墓。”大概是批评弟子。延陵季子从齐国返回后，他的儿子死了，埋葬在嬴地和博地之间，墓穴的挖得很浅，没有地下水涌出，用当时身穿的衣服入殓，堆起坟头来掩埋墓穴，坟头高度只到手肘，季子哭道：“骨肉回归土中，这是命啊，魂魄则到处游荡。”嬴地、博地离吴国有一千多里，所以季子不把儿子带回去安葬。孔子去那里看了后说：“延陵季子这样做很合乎礼制。”所以孔子是孝子，季子是慈父，舜禹是忠臣，周公能尽到做弟弟的责任，他们安葬君主和亲人，都很简单；不是为了节俭，而是为了合乎礼制。宋国的桓司马做石椁，孔子说“与其做石椁，不如让尸体早点腐朽。”秦国的相国吕不

逮至吴王阖闾，违礼厚葬，十有余年，越人发之。及秦惠文、武、昭、严襄五王，皆大作丘陇，多其瘗臧，咸尽发掘暴露，甚足悲也。秦始皇帝葬于骊山之阿，下锢三泉，上崇山坟，其高五十余丈，周回五里有余；石椁为游馆，人膏为灯烛，水银为江海，黄金为凫雁。珍宝之臧，机械之变，棺椁之丽，宫馆之盛，不可胜原。又多杀宫人，生薶工匠，计以万数。天下苦其役而反之，骊山之作未成，而周章百万之师至其下矣。项籍燔其宫室营宇，往者咸见发掘。其后牧儿亡羊，羊入其凿，牧者持火照求羊，失火烧其臧椁。自古至今，葬未有盛如始皇者也，数年之间，外被项籍之灾，内离牧竖之祸，岂不哀哉！

是故德弥厚者葬弥薄，知愈深者葬愈微。无德寡知，其葬愈厚，丘陇弥高，宫庙甚丽，发掘必速。由是观之，明暗之效，葬之吉凶，昭然可见矣。周德既衰而奢侈，宣王贤而中兴，更为俭宫室，小寝庙。诗人美之，《斯干》之诗是也，上章道宫室之如制，下章言子孙之众多也。及鲁严公刻饰宗庙，多筑台囿，后嗣再绝，《春秋》刺焉。周宣如彼而昌，鲁、秦如此而绝，是则奢俭之得失也。

陛下即位，躬亲节俭，始营初陵，其制约小，天下莫不称贤明。及徙昌陵，增埤为高，积土为山，发民坟墓，积以万数，营起邑居，期日迫卒，功费大万百余。死者恨于下，生者愁于上，怨气感动阴

韦召集智谋之士作《吕氏春秋》，也提到薄葬的道理，他们都是明白事理的人。

到吴王阖闾时，违背礼制厚葬，十多年后，被越人发掘了他的坟墓。到秦惠文王、秦武王、秦昭王和秦昭襄王这五王时期，都大大兴土木。营造墓冢，陪葬丰厚，结果这些陵墓全都被盗墓挖掘而暴露尸身，实在很可悲啊。秦始皇陵墓在骊山的山谷，下面堵塞了三层泉水，上面建起高坟，高五十多丈，周长五里多；墓圹中以累石为椁，做成离宫别馆，用人膏做成灯烛，水银做成江海，黄金做成凫雁。陵墓里面埋藏的珍宝，设置的机关，富丽的棺椁，盛美的宫馆，都难以尽数。又杀了很多宫人，活埋了很多工匠来陪葬，人数以万计。天下深受秦朝的劳役之苦而造反，骊山的陵墓尚未建造完成，陈胜的部将周章率领的百万军队就已经攻到骊山脚下了。项籍焚烧了秦始皇的宫室，并挖掘了秦始皇的陵墓。后来有牧童丢失了羊，羊跑入墓室，牧童持火把找羊，意外烧掉了秦始皇的棺椁。从古到今，丧葬规模没有比秦始皇更盛大的，然而几年之间，外遭项籍的破坏，内受牧童的火灾，不是很可悲吗！

所以德行越深厚的人，他的葬礼就越简单，智慧越高深的人，他的葬礼就越节简。没有德行和智慧的人，葬礼就安排得越隆重，坟墓起的越高，宫庙越华丽，就越快被盗挖。由此看来，智慧与愚昧的做法，丧葬的吉凶，都明显可见了。周室开始衰落时，丧葬也变得奢侈，周宣王贤明而中兴周朝，节省宫室的支出，减小寝庙的规模。诗人作诗赞美他，《斯干》那篇诗就是赞美周宣王。诗篇的上章说宫室按照制度营建，下章说子孙众多。到了鲁庄公时期，雕饰宗庙，建了很多宫室台囿，结果导致后代两次被灭绝，因此《春秋》撰文讥刺他。周宣王那样对待丧葬，后代便昌盛，鲁国、秦国那样对待丧葬，后代便灭绝，这就是奢侈和节俭的不同得失。

陛下即位后，亲自身体力行节俭，开始营建第一个陵墓时，规模很小，天下无人不称赞陛下贤明。后来把陵墓迁徙到昌陵时，为了修建陵墓，把低处填高，堆土成坟，挖开的百姓坟墓，总共有万余处，还要修建守陵城邑，工期紧迫，耗资上亿金钱。死者怀恨于地下，活

阳，因之以饥馑，物故流离以十万数，臣甚惽焉。以死者为有知，发人之墓，其害多矣；若其无知，又安用大？谋之贤知则不说，以示众庶则苦之；若苟以说愚夫淫侈之人，又何为哉！陛下慈仁笃美甚厚，聪明疏达盖世，宜弘汉家之德，崇刘氏之美，光昭五帝、三王，而顾与暴秦乱君竞为奢侈，比方丘垅，说愚夫之目，隆一时之观，违贤知之心，亡万世之安，臣窃为陛下羞之。唯陛下上览明圣黄帝、尧、舜、禹、汤、文、武、周公、仲尼之制，下观贤知穆公、延陵、樗里、张释之之意。孝文皇帝去坟薄葬，以俭安神，可以为则；秦昭、始皇增山厚臧，以侈生害，足以为戒。初陵之模，宜从公卿大臣之议，以息众庶。

书奏，上甚感向言，而不能从其计。

向睹俗弥奢淫，而赵、卫之属起微贱，逾礼制。向以为王教由内及外，自近者始。故采取《诗》《书》所载贤妃贞妇，兴国显家可法则，及孽嬖乱亡者，序次为《列女传》，凡八篇，以戒天子。及采传记行事，著《新序》《说苑》凡五十篇奏之。数上疏言得失，陈法戒。书数十上，以助观览，补遗阙。上虽不能尽用，然内嘉其言，常嗟叹之。

时上无继嗣，政由王氏出，灾异浸甚。向雅奇陈汤智谋，与相亲友，独谓汤曰："灾异如此，而外家日盛，其渐必危刘氏。吾幸得同姓末属，絫世蒙汉厚恩，身为宗室遗老，历事三主。上以我先

人忧愁于地上，百姓的怨气导致天地间阴阳不和，因此发生了饥荒，饿死和流亡的人口有几十万，我十分哀怜他们。如果死者有灵，那么挖掘别人的坟墓，害处就太多了；如果死者无知觉，又哪里用得着大兴土木建造陵墓呢？如果和贤能、智慧的人商议这件事，大家都不会赞同的，和百姓商议这件事，百姓都叫苦连天；如果仅仅是为了取悦愚蠢、放纵的人，又何必去做呢！陛下仁慈敦厚，智慧无双，应该弘扬汉家的美德，发扬刘氏的善行，使德行可以光耀五帝、三王，但现在却和暴秦的乱君竞争丧葬的奢侈，攀比陵墓的豪华，以此取悦愚人的耳目，呈现一时的盛大，违背贤人的教导，失去万世的安宁，我私下替陛下感到羞愧。请陛下一方面考察古代的圣君圣人如黄帝、尧、舜、禹、汤、文、武、周公、孔子等人的丧葬礼制，另一方面体察明智如穆公、延陵、樗里、张释之等人的心意。汉文帝简办丧葬，用节俭来求得安定，陛下可以效仿；秦昭王、秦始皇封土厚葬，因奢侈而产生忧患，陛下应引以为戒。陛下陵墓的规模，应听从公卿大臣的意见，以安定百姓。

奏书呈上后，汉成帝被刘向的话所感动，但却不能按他的方法照办。

刘向看到当时宫廷内的习俗更加奢侈，而赵飞燕、卫婕妤等人出身卑微，却超越礼制获得封号。刘向认为君主的教化应该是由里到外，从近处开始实施的。便收集《诗经》《尚书》中所记载的贤妃贞妇的例子，使国家兴旺可供效法的事情，以及因宠信而导致乱亡的故事，编为《列女传》，共八篇，来警示天子。又收集传记故事，编写了《新序》《说苑》共五十篇文章上奏。刘向多次上奏疏评论朝政得失，陈述利害关系。刘向还呈上文章几十篇，以帮助皇上增强见闻，弥补治政的缺失。汉成帝虽不能全部采纳，然而心中赞同刘向的见解，经常感叹不已。

当时汉成帝没有后嗣，朝政由王氏把持，灾异现象逐渐严重。刘向很赞赏陈汤的智谋，和他关系密切，曾单独对他说：“灾异现象如此频繁，而外戚日益强盛，这样发展下去一定会危害刘氏江山。我有幸身为刘氏族人，累世蒙受皇恩，身为宗室遗老，侍奉过三朝天

帝旧臣，每进见常加优礼，吾而不言，孰当言者？”向遂上封事极谏曰：

臣闻人君莫不欲安，然而常危，莫不欲存，然而常亡，失御臣之术也。夫大臣操权柄，持国政，未有不为害者也。昔晋有六卿，齐有田、崔，卫有孙、宁，鲁有季、孟，常掌国事，世执朝柄。终后田氏取齐；六卿分晋；崔杼弑其君光；孙林父、宁殖出其君衎，弑其君剽；季氏八佾舞于庭，三家者以《雍》彻，并专国政，卒逐昭公。周大夫尹氏筦朝事，浊乱王室，子朝、子猛更立，连年乃定。故经曰“王室乱”，又曰“尹氏杀王子克”，甚之也。《春秋》举成败，录祸福，如此类甚众，皆阴盛而阳微，下失臣道之所致也。故《书》曰：“臣之有作威作福，害于而家，凶于而国。”孔子曰“禄去公室，政逮大夫”，危亡之兆。秦昭王舅穰侯及泾阳、叶阳君专国擅势，上假太后之威，三人者权重于昭王，家富于秦国，国甚危殆，赖寤范雎之言，而秦复存。二世委任赵高，专权自恣，壅蔽大臣，终有阎乐望夷之祸，秦遂以亡。近事不远，即汉所代也。

汉兴，诸吕无道，擅相尊王。吕产、吕禄席太后之宠，据将相之位，兼南北军之众，拥梁、赵王之尊，骄盈无厌，欲危刘氏。赖忠正大臣绛侯、朱虚侯等竭诚尽节以诛灭之，然后刘氏复安。今王氏一姓乘朱轮华毂者二十三人，青紫貂蝉充盈幄内，鱼鳞左右。大将军秉事用权，五侯骄奢僭盛，并作威福，击断自恣，行污而寄治，身私而托公，依东宫之尊，假甥舅之亲，以为威重。尚书九卿州牧郡守皆出其门，管执枢机，朋党比周。称誉者登进，忤恨者诛伤；游谈者助

子。当今皇上以我是先帝旧臣，每次接见我都礼遇有加，现在我不进谏，那还有谁去进谏呢？”刘向便上奏密章极力进谏说：

我听说君主没有不想安定的，然而却常常面临倾覆，没有不想使国家久存的，然而却常常遭遇灭亡，这是因为君主丧失了驾驭臣下的方法。大臣掌握权力，把持国政，没有不成为危害的。从前晋国有六卿，齐国有田氏、崔氏，卫国有孙氏、宁氏，鲁有季孙、孟孙，常年掌握朝政，世代把持大权，最后田氏取代了齐国；六卿瓜分晋国；崔杼弑杀国君齐庄公吕光；孙林父、宁殖驱逐了君主卫献公卫衎，弑杀其君主卫殇公卫剽；季氏在庭中表演八佾之舞，三家宴会时以《雍》乐伴奏，一起垄断国政，最后驱逐了鲁昭公。周大夫尹氏掌握朝政，使王室动乱不已，子朝、子猛相继立为周王，经过几年才安定下来。所以《春秋》上说“王室乱”，又说“尹氏杀王子克”，罪恶太大啊。《春秋》例举了成败的事例，记录了祸福的产生，像这样的情况《春秋》中记载了很多，都是阴盛阳衰，大臣失去了为臣之道而导致的。所以《尚书》说：“有大臣作威作福，就会对家族有害，对国家不利。”孔子说“在鲁国俸禄离开公室，政权被大夫掌握”，这是国家危亡的征兆。秦昭王的舅舅穰侯魏冉和泾阳君、叶阳君独断朝政，凭藉太后的威势，三个人的权势超过了秦昭王，他们家中的财富超过秦国，国家处于危险的境地，幸好秦昭王因为明白了范雎的进言，秦国才能得以保全。秦二世将朝政委任给赵高，赵高专权跋扈，蒙蔽大臣，终于发生了阎乐在望夷宫诛杀秦二世的祸乱，秦朝因此灭亡。这是近代刚刚发生的事情，就发生在汉朝所替代的秦朝。

汉朝建立后，诸吕不谨守为臣之道，擅自大封吕氏为王。吕产、吕禄凭藉太后的恩宠，占据将相的位置，掌握南北禁军的指挥权，拥有梁王、赵王的尊号，骄奢之欲仍得不到满足，想要危及刘氏江山。幸而仰仗忠诚大臣绛侯周勃、朱虚侯刘章等人竭尽效忠才消灭了他们，然后刘氏江山又得安宁。现在王氏家族乘坐朱轮车驾的就有二十三人，身着显贵官服的人充满朝廷，挤满皇上的左右。大将军执掌朝政，五侯骄奢气盛，一起作威作福，独断专行，行为污秽却假

之说，执政者为之言。排摈宗室，孤弱公族，其有智能者，尤非毁而不进。远绝宗室之任，不令得给事朝省，恐其与己分权；数称燕王、盖主以疑上心，避讳吕、霍而弗肯称。内有管、蔡之萌，外假周公之论，兄弟据重，宗族磐互。历上古至秦汉，外戚僭贵未有如王氏者也。虽周皇甫、秦穰侯、汉武安、吕、霍、上官之属，皆不及也。

物盛必有非常之变先见，为其人微象。孝昭帝时，冠石立于泰山，仆柳起于上林。而孝宣帝即位，今王氏先祖坟墓在济南者，其梓柱生枝叶，扶疏上出屋，根臿地中，虽立石起柳，无以过此之明也。事势不两大，王氏与刘氏亦且不并立，如下有泰山之安，则上有累卵之危。陛下为人子孙，守持宗庙，而令国祚移于外亲，降为皂隶，纵不为身，奈宗庙何！妇人内夫家，外父母家，此亦非皇太后之福也。孝宣皇帝不与舅平昌、乐昌侯权，所以全安之也。

夫明者起福于无形，销患于未然。宜发明诏，吐德音，援近宗室，亲而纳信，黜远外戚，毋授以政，皆罢令就第，以则效先帝之所行，厚安外戚，全其宗族，诚东宫之意，外家之福也。王氏永存，保其爵禄，刘氏长安，不失社稷，所以褒睦外内之姓，子子孙孙无疆之计也。如不行此策，田氏复见于今，六卿必起于汉，为后嗣忧，昭昭甚明，不可不深图，不可不蚤虑。《易》曰：“君不密，则失臣；臣

装公道，为己谋私却假装为国，凭借东宫太后的威严，假藉甥舅的亲情，来为自己谋权势。朝中的尚书、九卿、州牧和郡守都出自他们的门下，这些人执掌大权，结党营私。称赞他们的人就获得提升，不服从的人就遭到杀害；游说的人为他们开脱，执政的人替他们讲话。王氏一族排挤刘姓宗室，孤立削弱皇族，尤其那些有才能的皇室，一定要予以毁谤而不得进用。断绝宗室担任职位的机会，不让他们为朝廷效力，怕他们和自己争权；王氏多次提到燕王和盖长公主的事情来迷惑皇上，避讳吕氏与霍光的事例，坚决人们不许提起。他们内心有管叔、蔡叔的打算，对外却宣扬周公的言论，兄弟掌权，宗族勾结。从上古到秦汉，外戚专权没有达到王氏这样的程度。即使周朝的皇甫、秦国的穰侯、汉朝武安侯、吕氏、霍光、上官桀等人，都比不上他们。

事物兴盛之前，一定有异常的征兆出现，作为其人的细微表象。汉昭帝时，有大石在泰山自己竖起，有倒下的枯柳在上林苑重新立起，最后发生汉宣帝即位的事情。现在王氏在济南的祖坟，墓中梓木的柱子长出枝叶，向上生长超过房顶，树根深深插入地中，即使是巨石立起，枯柳重生，也不能比这个例子更明显。事物不能有两者并大的情况，王氏和刘氏也势不两立，如果在下位的人有泰山般的安稳，那在上位的人就有累卵之危。陛下作为先帝的子孙，守护宗庙，现在却让皇位转到外戚手中，自己贬为皂隶，即使陛下不为自己着想，那也得为祖先宗庙的祭祀考虑！妇人以夫家为重，以父母家为轻，所以陛下丧失帝位也不是皇太后的福气。汉宣帝不将权利赐予舅舅平昌侯和乐昌侯，就是为了保全社稷江山。

明智的人在无形中产生福祉，在祸患未发生时就予以消除，陛下现在应该发布诏书，宣布命令，提拔宗室，亲近并信任宗室，疏远外戚，不能让他们掌握权柄，把他们全部罢免，让他们回到家中，来效法先王的作法，给予外戚优厚地待遇，保全他们的宗族，这也是东宫皇太后的愿望，也是外戚家的福气。这样的话，王氏可以保存其家族，享有其爵位俸禄，刘氏可以长治久安，不会失去江山社稷，这是内姓外姓和睦，子子孙孙千秋万代的大计。如果不按这个办法行

不密，则失身；几事不密，则害成。”唯陛下深留圣思，审固几密，览往事之戒，以折中取信，居万安之实，用保宗庙；久承皇太后，天下幸甚。

书奏，天子召见向，叹息悲伤其意，谓曰：“君且休矣，吾将思之。”以向为中垒校尉。

向为人简易无威仪，廉靖乐道，不交接世俗，专积思于经术，昼诵书传，夜观星宿，或不寐达旦。元延中，星孛东井，蜀郡岷山崩雍江。向恶此异，语在《五行志》。怀不能已，复上奏，其辞曰：

臣闻帝舜戒伯禹，毋若丹朱敖；周公戒成王，毋若殷王纣。《诗》曰：“殷监不远，在夏后之世”，亦言汤以桀为戒也。圣帝明王常以败乱自戒，不讳废兴，故臣敢极陈其愚，唯陛下留神察焉。

谨案春秋二百四十二年，日蚀三十六，襄公尤数，率三岁五月有奇而壹食。汉兴讫竟宁，孝景帝尤数，率三岁一月而一食。臣向前数言日当食，今连三年比食。自建始以来，二十岁间而八食，卒二岁六月而一发，古今罕有。异有小大希稠，占有舒疾缓急，而圣人所以断疑也。《易》曰：“观乎天文，以察时变。”昔孔子对鲁哀公，并言夏桀、殷纣暴虐天下，故历失则摄提失方，孟陬无纪，此皆易姓之变也。秦始皇之末至二世时，日月薄食，山陵沦亡，辰星出于四孟，太白经天而行，无云而雷，枉矢夜光，荧惑袭月，孽火烧宫，野禽戏廷，都门内崩，长人见临洮，石陨于东郡，星孛大角，大角以亡。

事，齐国田氏的例子就会在今天重现，晋国六卿的故事也一定会在汉朝发生，成为后世的忧患，这个道理十分明显，陛下不能不深思，不能不早虑。《易经》说："国君不慎密，就会失去大臣；大臣不慎密，就会丧失身家；重大的事情不慎重，就会产生祸患。"臣肯请陛下深思，缜密考查国家大事，观察以往治政的教训，以折中的方式处理问题，取得国人的信任，从而万世长安，保有宗庙，陛下能够长期侍奉皇太后，那样的话，就是天下人的幸事。

奏疏上奏后，汉成帝召见了刘向，汉成帝很是叹息悲伤，对刘向说："你暂且休息吧，我会考虑此事。"汉成帝任命刘向为中垒校尉。

刘向为人平易随和，没有官架，廉洁清静，喜好圣贤之道，不喜欢和世俗交往，专心研究学问，白天朗诵典籍，晚上观察星宿，有时通宵达旦也不睡觉。汉成帝元延年间，有彗星扫过东井宿，蜀郡的岷山崩裂堵塞了长江。刘向认为这些异象不是好兆头，详见《五行志》。刘向考虑很久，又上书道：

臣听说帝舜告诫伯禹，不要像丹朱那样自大；周公告诫周成王，不要像殷王纣那样行事。《诗经》中说"殷商的借鉴不远，就在夏朝的时代"，也是说商汤以夏桀为戒。圣明的帝王常常用败乱的朝代来告戒自己，不避讳朝代废兴的话题，所以大臣们就敢于尽力陈述意见，请陛下留神观察。

臣考察春秋二百四十二年间，日食发生三十六次，鲁襄公时期尤其发生的频繁，大概三年零五个多月就发生一次日食。汉朝建立到汉元帝竟宁年间，汉景帝时期日食特别多，大概三年零一个月一次。臣刘向以前曾多次说过会发生日食，现在连续三年频繁发生日食。从建始年间以来，二十年间发生八次日食，大概两年零六个月就发生一次，古今少见。异象有大小多少，占卜有紧慢缓急，圣人以此做出决断。《易经》说："观察天象，来考察世道的变化。"从前孔子与鲁哀公谈话时，提到夏桀、殷纣暴虐于天下，所以历法就出现混乱，则摄提星不在其位，无法确定正月，这都是将要改朝换代的预兆。秦始皇末年到秦二世时期，出现各种异兆：日月竞相出现蚀食，山陵倒

观孔子之言，考暴秦之异，天命信可畏也。及项籍之败，亦孛大角。汉之入秦，五星聚于东井，得天下之象也。孝惠时，有雨血，日食于冲，灭光星见之异。孝昭时，有泰山卧石自立，上林僵柳复起，大星如月西行，众星随之，此为特异。孝宣兴起之表，天狗夹汉而西，久阴不雨者二十余日，昌邑不终之异也。皆著于《汉纪》。观秦、汉之易世，览惠、昭之无后，察昌邑之不终，视孝宣之绍起，天之去就，岂不昭昭然哉！高宗、成王亦有雊雉拔木之变，能思其故，故高宗有百年之福，成王有复风之报。神明之应，应若景向，世所同闻也。

臣幸得托末属，诚见陛下宽明之德，冀销大异，而兴高宗、成王之声，以崇刘氏，故豤豤数奸死亡之诛。今日食尤屡，星孛东井，摄提炎及紫宫，有识长老莫不震动，此变之大者也。其事难一二记，故《易》曰“书不尽言，言不尽意”，是以设卦指爻，而复说义。《书》曰“伻来以图”，天文难以相晓，臣虽图上，犹须口说，然后可知，愿赐清燕之闲，指图陈状。

上辄入之，然终不能用也。向每召见，数言公族者国之枝叶，枝叶落则本根无所庇荫；方今同姓疏远，母党专政，禄去公室，权在外家，非所以强汉宗、卑私门、保守社稷、安固后嗣也。

塌，辰星出现在四季的孟月，太白星的运行经过整个天空，没有出现云而打雷，流星在夜空中发光乱行，荧惑星袭过月亮，灾火烧毁了宫室，野鸟出现在宫廷中，都城大门向内倒塌，临洮出现巨人，东郡降落陨石，彗星扫过大角星，大角星因此消失不见。思考孔子的话，观察暴秦灭亡时出现的异象，就知道天命确实让人畏惧。到项籍败亡的时候，也出现彗星扫过大角星的现象。汉军攻入秦朝国都时，有五颗星聚集在东井宿，这是汉朝将要得到天下的预兆。汉惠帝时，天下血雨，日月运行的轨道相冲，日光消失。汉昭帝时，有泰山卧石自行立起，上林苑僵死的柳树又复活，像月亮一样的大星向西运行，众多星星跟随其后，这是特别少见的异象，是汉宣帝即将兴起的征兆。天狗沿着银河西行，二十多天持续阴天不下雨，这是昌邑王刘贺被废的灾象。都记载于《汉纪》。秦朝、汉朝的更替，汉惠帝、汉昭帝断绝后嗣，昌邑王不能继承帝位，以及汉宣帝的兴起，仔细观察这些事情，上天对于事物的取舍征兆，不是非常明显吗？商朝的高宗武丁时期、周朝的周成王时期，也出现过野鸡飞上大鼎，庄稼倒伏大树拔起的灾象，但是两位君王能反省自己的过错，所以高宗武丁能有延续国祚百年的福分，周成王有反向刮风，将倒伏庄稼吹起的善报。神明的报应，像影子和回声一样，这是世人所共知的。

臣有幸托身为刘氏宗室，见陛下确实有宽厚圣明的德行，希望能够消除大的灾异，颁布高宗武丁、周成王那样的举措，来尊崇刘氏，所以甘愿冒死罪向皇上进谏。现在日食尤其发生的频繁，彗星扫过东井宿，摄提星侵犯紫宫，有见识的长老没有不震惊的，这是大灾的天象。类似这样的灾异难于一一记下，所以《易经》说“书不尽言，言不尽意”，因此还需要摆卦设爻，指出其中的意思。《尚书》说“让人用图来加以说明”，天文难以解释清楚，臣虽献上图，仍需要口说解释，然后才能明白，希望陛下在清闲之时，让我指着图来陈说。

汉成帝于是召见了刘向，但最终未能任用他。刘向每次被召见，都极力陈述公族是国家的枝叶，枝叶落了树干和树根就没有了庇护；现在朝廷中刘姓被疏远，太后一族专权，爵位俸禄不由皇室决定，权力落在外戚之手，这不是使汉室强盛，削弱外戚，保住社稷，

向自见得信于上，故常显讼宗室，讥刺王氏及在位大臣，其言多痛切，发于至诚。上数欲用向为九卿，辄不为王氏居位者及丞相御史所持，故终不迁，居列大夫官前后三十余年，年七十二卒。卒后十三岁而王氏代汉。向三子皆好学：长子伋，以《易》教授，官至郡守；中子赐，九卿丞，早卒；少子歆，最知名。

歆字子骏，少以通《诗》《书》能属文召，见成帝，待诏宦者署，为黄门郎。河平中，受诏与父向领校秘书，讲六艺传记，诸子、诗赋、数术、方技，无所不究。向死后，歆复为中垒校尉。

哀帝初即位，大司马王莽举歆宗室有材行，为侍中太中大夫，迁骑都尉、奉车光禄大夫，贵幸。复领《五经》，卒父前业。歆乃集六艺群书，种别为《七略》。语在《艺文志》。

歆及向始皆治《易》，宣帝时，诏向受《穀梁春秋》，十余年，大明习。及歆校秘书，见古文《春秋左氏传》，歆大好之。时丞相史尹咸以能治《左氏》，与歆共校经传。歆略从咸及丞相翟方进受，质问大义。初《左氏传》多古字古言，学者传训故而已，及歆治《左氏》，引传文以解经，转相发明，由是章句义理备焉。歆亦湛靖有谋，父子俱好古，博见强志，过绝于人。歆以为左丘明好恶与圣人同，亲见夫子，而公羊，穀梁在七十子后，传闻之与亲见之，其详略不同。歆数以难向，向不能非间也，然犹自持其《穀梁》义。及歆亲近，欲建立《左氏春秋》及《毛诗》《逸礼》《古文尚书》皆列于学官。哀帝令歆与《五经》博士讲论其义，诸博士或不肯置对，歆因移书太常博士，责让之曰：

安定后代的做法。

刘向因被皇上所信任，因此经常称颂宗室，讥讽王氏和当政的大臣，语言痛切，出于至诚。汉成帝多次想任用刘向为九卿，都被当政的王氏和丞相御史所拒绝，因此刘向最终也没有得到晋升，刘向为官前后三十多年，七十二岁去世。死后十三年王氏取代了汉朝。刘向的三个儿子都很好学：长子刘伋，讲授《易经》，官职做到郡守；二儿子刘赐，被任命为九卿丞，很早就去世了；小儿子刘歆，最为出名。

刘歆字子骏，年小时因通晓《诗经》《尚书》，会做文章而被汉成帝召见，在宦者署任待诏，担任黄门郎。汉成帝河平年间，刘歆受诏和父亲刘向一起担任校定秘书，校订六艺传记，诸子、诗赋、数术、方技等书籍，没有不涉及的领域。刘向去世后，刘歆接任中垒校尉。

汉哀帝刚即位的时候，大司马王莽举荐刘歆，说刘歆身为宗室，才德出众，因此刘歆被任命为侍中太中大夫，后升任骑都尉、奉车光禄大夫，地位尊宠。刘歆又负责《五经》校订之事，继续完成父亲的留下事业。刘歆汇集六艺群书，分类编辑为《七略》。详见《艺文志》。

刘歆和刘向最初都研究《易经》，汉宣帝时，宣帝下诏让刘向学习《穀梁春秋》，十多年后，刘向已非常精通此书。刘歆后来担任校定秘书，看到古文《春秋左氏传》，他非常喜欢。当时丞相史尹咸因能研究《左传》，和刘歆一起校订经传。刘歆跟随尹咸和丞相翟方进学习《左传》，考校大义。起初《左氏传》多为古字古语，学者只是研究训诂而已，刘歆研究《左传》，引用传文来解释经文，是一种新的治学方法，从此《左氏传》的章句义理同时具备。刘歆性格沉静有谋略，父子两人都好古文，博闻强记，超过一般人。刘歆认为左丘明的好恶和圣人孔子相同，并且亲眼见过孔子，而公羊、穀梁是在孔子的七十弟子之后，因此听到一件事和亲眼见到一件事，其真实性会有所不同。刘歆多次向刘向提出疑问，刘向不能反驳他，自己却仍坚守着《穀梁》的义旨。等到刘歆被皇上重用时，刘歆想把《左氏春秋》和《毛诗》《逸礼》《古文尚书》等典籍都在学官传授。汉哀帝让刘

昔唐虞既衰，而三代迭兴，圣帝明王，累起相袭，其道甚著。周室既微而礼乐不正，道之难全也如此。是故孔子忧道之不行，历国应聘。自卫反鲁，然后乐正，《雅》《颂》乃得其所；修《易》，序《书》，制作《春秋》，以纪帝王之道。及夫子没而微言绝，七十子终而大义乖。重遭战国，弃笾豆之礼，理军旅之陈，孔氏之道抑，而孙吴之术兴。陵夷至于暴秦，燔经书，杀儒士，设挟书之法，行是古之罪，道术由是遂灭。汉兴，去圣帝明王遐远，仲尼之道又绝，法度无所因袭。时独有一叔孙通略定礼仪，天下唯有《易》卜，未有它书。至孝惠之世，乃除挟书之律，然公卿大臣绛、灌之属咸介胄武夫，莫以为意。至孝文皇帝，始使掌故朝错从伏生受《尚书》。《尚书》初出于屋壁，朽折散绝，今其书见在，时师传读而已。《诗》始萌牙。天下众书往往颇出，皆诸子传说，犹广立于学官，为置博士。在汉朝之儒，唯贾生而已。至孝武皇帝，然后邹、鲁、梁、赵颇有《诗》《礼》《春秋》先师，皆起于建元之间。当此之时，一人不能独尽其经，或为《雅》或为《颂》，相合而成。《泰誓》后得，博士集而读之。故诏书称曰；“礼坏乐崩，书缺简脱，朕甚闵焉。”时汉兴已七八十年，离于全经，固已远矣。

及鲁恭王坏孔子宅，欲以为宫，而得古文于坏壁之中，《逸礼》有三十九篇，《书》十六篇。天汉之后，孔安国献之，遭巫蛊仓卒之难，未及施行。及《春秋》左氏丘明所修，皆古文旧书，多者二十余

歆和《五经》博士各自讲述自己的主张，各位博士不肯和刘歆辩论，刘歆因此致书太常博士，责备他说：

从前唐尧虞舜时代过去后，夏、商、周三代继起，圣明的君主，不断出现，大道显著。周室衰微后礼乐不正，大道也难以保全。所以孔子担心大道不行，就游历各国去讲述自己的主张。孔子从卫国返回鲁国后，开始订正音乐，《雅》《颂》被认定为正音；孔子还修定《易经》，为《尚书》作序，写成《春秋》，来记载帝王之道。后来孔子去世，精妙的言论就灭绝了，孔子的七十弟子去世后，大义就偏离了，之后又遇到战国时期，摒弃礼制，重视军事，孔子的大道衰微，孙武吴起的学说兴盛。大道一直衰落到了暴秦时期，秦始皇烧经书，杀儒士，制定禁止藏书的法律，赞同古代圣人的做法就被治罪，因此尊奉大道的方法从此灭绝。汉朝建立后，离圣明帝王的年代已经很久远了，孔子的大道又灭绝，没有现成的方法可供借鉴。当时只有一个叔孙通大致制定了礼仪，天下只保留了占卜用的《易经》，没有别的书被保留下来。到了汉惠帝时，废除了禁止藏书的法律，但公卿大臣例如绛侯周勃、灌婴等人都是披甲戴盔的武夫，对此毫不在意。到了汉文帝时期，开始让掌故晁错跟随伏生学习《尚书》。《尚书》原本刚从墙壁中取出，已经腐朽，简书已被折断或者散乱，现在此书仍在，只是师傅传读而已。后来对《诗经》的各种注解也层出不穷。天下出现了很多古书，都是诸子百家的学说，都在学官教授，朝廷设置了专门讲解的博士。在汉朝的大儒，只有贾谊而已。到汉武帝时期，在邹、鲁、梁、赵等地有很多讲解《诗经》《礼》《春秋》的老师，大都出现于汉武帝建元年间。在当时，一个人很难通晓所有的经书，有的通晓《雅》，有的通晓《颂》，大家相配合才能完成讲经。《尚书》中《泰誓》这一章也是后来发现的，博士聚集在一起研读。所以诏书上称："礼崩乐坏，书简脱缺，朕很担心。"当时汉朝建立已有七八十年，失去经书原貌的时间，已经很久远了。

后来鲁恭王毁坏孔子旧宅，想建造宫室，在断墙中发现古文，有《逸礼》三十九篇，《尚书》十六篇。汉武帝天汉年间，孔安国献上这些古文，正好遇到巫蛊之乱，没来得及公布于世。至于左丘明所

通，臧于秘府，伏而未发。孝成皇帝闵学残文缺，稍离其真，乃陈发秘臧，校理旧文，得此三事，以考学官所传，经或脱简，传或间编。传问民间，则有鲁国桓公、赵国贯公、胶东庸生之遗学与此同，抑而未施。此乃有识者之所惜闵，士君子之所嗟痛也。往者缀学之士不思废绝之阙，苟因陋就寡，分文析字，烦言碎辞，学者罢老且不能究其一艺。信口说而背传记，是末师而非往古，至于国家将有大事，若立辟雍、封禅、巡狩之仪则幽冥而莫知其原。犹欲保残守缺，挟恐见破之私意，而无从善服义之公心，或怀妒嫉，不考情实，雷同相从，随声是非，抑此三学，以《尚书》为备，谓左氏为不传《春秋》，岂不哀哉！

今圣上德通神明，继统扬业，亦闵文学错乱，学士若兹，虽昭其情，犹依违谦让，乐与士君子同之。故下明诏，试《左氏》可立不，遣近臣奉指衔命，将以辅弱扶微，与二三君子比意同力，冀得废遗。今则不然，深闭固距，而不肯试，猥以不诵绝之，欲以杜塞余道，绝灭微学。夫可与乐成，难与虑始，此乃众庶之所为耳，非所望士君子也。且此数家之事，皆先帝所亲论，今上所考视，其古文旧书，皆有征验，外内相应，岂苟而已哉！

夫礼失求之于野，古文不犹愈于野乎？往者博士《书》有欧阳，《春秋》公羊，《易》则施、孟，然孝宣皇帝犹广立《穀梁春秋》，《梁丘易》，《大小夏侯尚书》，义虽相反，犹并置之。何则？与其过

撰写的《春秋》，都是古文旧书，多达二十多个版本，都藏在秘府，没有对外公布。汉成帝怜惜典籍缺失，造成现行书籍与原书相差很大，便公布宫内秘藏的典籍，用来校订旧文，才有了这三种书（《古文尚书》《逸礼》《左氏春秋》）的问世，用来校订学官所传授的经传，因为经、传可能会出现脱简或者错编的现象。在民间传授经传的人，有鲁国的桓公、赵国的贯公、胶东的庸生，他们传授的内容与此相同，但是受压制没有广泛传播。这使有志之士感到惋惜，是君子感到痛心的事情。以前研究古文的人不考虑书籍的残缺，随意将就，胡乱分析文字，言语啰嗦，到老也不能精通一种典籍。他们相信口头的传说，而否定古代典籍的记载，认可当今老师的讲解而否定以往的古事，当遇到国家大事的时候，例如设立辟雍、封禅、巡狩等仪式，便不知该遵循怎样的礼制。仍然要固守残缺的书籍，带着怕被别人戳穿的私心，而没有服从善义的公心，或者心怀嫉妒，不顾实情，与自己观点相同的便追随，随口附和是非，压制这三种古籍，认为《尚书》是完整的，说左氏没有为《春秋》做传，这不是很可悲的事吗！

现在圣上的德行通达神明，继承帝业之际，也怜惜典籍错乱，这么多的饱学之士不肯有所做为，陛下虽已诏令明白，但是这些人仍然犹豫不决，只愿随和众人。所以臣希望陛下能发诏令，让众人辩论《左传》是否可立于官学，派近臣奉陛下旨令，来扶助濒临灭绝的经书，和两三个君子同心合力，希望重新起用被废弃的经传。现在却并不是这种情况，官学的博士坚决回绝，不肯辩论，打算不诵习这些经书而让其灭绝，想要堵塞仅剩的大道，灭绝精微的学问。他们只愿意坐享成果，不愿意付出辛苦，这是普通人的做法，不是贤人君子的做法。并且这几件事，都是先帝亲自谈及，现在陛下又予以考查的事情，这些古文旧书的内容，都可以验证，朝廷内外的藏书都互相应和，难道能敷衍了事吗！

礼仪丧失则到民间去寻找，依据古文不是更胜于民间吗？以前博士教授书籍，《尚书》有欧阳氏讲授，《春秋》有公羊氏讲授，《易经》则有施、孟讲授，但汉宣帝还在官学中设立《穀梁春秋》《梁丘易》和《大小夏侯尚书》，虽然不同版本的义旨不同，但仍然设置在

而废之也，宁过而立之。传曰："文武之道未坠于地，在人；贤者志其大者，不贤者志其小者。"今此数家之言，所以兼包大小之义，岂可偏绝哉！若必专己守残，党同门，妒道真，违明诏，失圣意，以陷于文吏之议，甚为二三君子不取也。

其言甚切，诸儒皆怨恨。是时名儒光禄大夫龚胜以歆移书上疏深自罪责，愿乞骸骨罢。及儒者师丹为大司空，亦大怒，奏歆改乱旧章，非毁先帝所立。上曰："歆欲广道术，亦何以为非毁哉？"歆由是忤执政大臣，为众儒所讪，惧诛，求出补吏，为河内太守。以宗室不宜典三河，徙守五原，后复转在涿郡，历三郡守。数年，以病免官，起家复为安定属国都尉。会哀帝崩，王莽持政，莽少与歆俱为黄门郎，重之，白太后。太后留歆为右曹太中大夫，迁中垒校尉，羲和，京兆尹，使治明堂辟雍，封红休侯。典儒林史卜之官，考定律历，著《三统历谱》。

初，歆以建平元年改名秀，字颖叔云。及王莽篡位，歆为国师，后事皆在《莽传》。

赞曰：仲尼称"材难不其然与！"自孔子后，缀文之士众矣，唯孟轲、孙况、董仲舒、司马迁、刘向、扬雄，此数公者，皆博物洽闻，通达古今，其言有补于世。传曰"圣人不出，其间必有命世者焉"，岂近是乎？刘氏《洪范论》发明《大传》，著天人之应；《七略》剖判艺文，总百家之绪；《三统历谱》考步日月五星之度，有意其推本之也。呜虖！向言山陵之戒，于今察之，哀哉！指明梓柱以推废兴，昭矣！岂非直谅多闻，古之益友与！

一起。这是为什么呢？与其因为它有错误而被废弃，宁可它有错误而被保留。《论语》说：“周文王、周武王的大道并没有坠于地，而在于人；贤人能保留大道的主要方面，不贤的人能保留大道小的方面。”现在这几家的言论，包含了大小不同方面的义旨，怎么能偏废呢！如果一定要固守残缺的典籍，赞同类似自己的学说，嫉妒真正的道义，违背陛下的明诏，忤逆圣上的意旨，陷入官员们无休止的议论，这不是君子所希望见到的。

刘歆的话非常深刻，儒士们都很怨恨他。这时名儒光禄大夫龚胜因刘歆陈书上奏一事而深感自责，向皇帝请求希望能告老回乡。另一位儒者师丹担任大司空，也大怒，上奏称刘歆改乱已有制度，毁谤先帝所倡导的典籍。汉哀帝说：“刘歆只不过想推广学问，又怎能说是毁谤呢？”刘歆因此冒犯了执政大臣，被众儒诽谤，刘歆害怕被诛杀，请求出京为官，之后被任命为河内太守。又因宗室不应在三河（河内、河南、河东）郡任职，所以转为五原太守，后来又转为涿郡太守，刘歆共做过三郡太守。几年后，刘歆因病辞官，后又起用担任安定属国都尉。正逢汉哀帝驾崩，王莽主政，王莽年少时和刘歆都做过黄门郎，因而器重他，王莽将刘歆推荐给太后。太后留刘歆担任右曹太中大夫，不久升任中垒校尉，羲和，京兆尹，并让刘歆主管明堂辟雍，封为红休侯。主管儒林史卜官，考订乐律和历法，编著《三统历谱》。

起初，刘歆在汉哀帝建平元年间改名为刘秀，字颖叔。后来王莽篡位，刘歆被任命为国师，此后的事都记载在《王莽传》。

赞辞说：孔子感叹说：“贤才难得，难道不是吗！”孔子以后，著书立说的人很多，然而只有孟轲、孙况、董仲舒、司马迁、刘向、扬雄这几位是真正的学者，他们都是学问广博，通晓古今，言论对当世有益的人。传说“圣人不出现，这期间一定有闻名于当世的人。”这句话不是很有道理吗？刘向的《洪范论》在《大传》基础上又有发挥，明确了天人相应的关系；《七略》分辨归纳各类典籍，将诸子百家的学说进行总结；《三统历谱》测定日月五星的运行。追究其根

本，大有深意。唉！刘向论述山陵异变的忠告，现在来察看结果，令人感到哀痛！刘向指明梓木之柱的预兆，来推断朝代的废兴，结果也十分清楚了！刘向难道不是《论语》中所说的友谅，友直，友多闻，古人所谓的益友吗？

卷三十七

季布栾布田叔传第七

季布，楚人也，为任侠有名。项籍使将兵，数窘汉王。项籍灭，高祖购求布千金，敢有舍匿，罪三族。布匿濮阳周氏，周氏曰：“汉求将军急，迹且至臣家，能听臣，臣敢进计；即否，愿先自刭。”布许之。乃髡钳布，衣褐，置广柳车中，并与其家僮数十人，之鲁朱家所卖之。朱家心知其季布也，买置田舍。乃之雒阳见汝阴侯滕公，说曰：“季布何罪？臣各为其主用，职耳。项氏臣岂可尽诛邪？今上始得天下，而以私怨求一人，何示不广也！且以季布之贤，汉求之急如此，此不北走胡，南走越耳。夫忌壮士以资敌国，此伍子胥所以鞭荆平之墓也。君何不从容为上言之？”滕公心知朱家大侠，意布匿其所，乃许诺。侍间，果言如朱家指。上乃赦布。当是时，诸公皆多布能摧刚为柔，朱家亦以此名闻当世。布召见，谢，拜郎中。

孝惠时，为中郎将。单于尝为书嫚吕太后，太后怒，召诸将议之。上将军樊哙曰：“臣愿得十万众，横行匈奴中。”诸将皆阿吕太后，以哙为然。布曰：“樊哙可斩也。夫以高帝兵三十余万，困于平城，哙时亦在其中。今哙奈何以十万众横行匈奴中，面谩！且秦以事胡，陈胜等起。今创痍未瘳，哙又面谀，欲摇动天下。”是时殿上皆恐，太后罢朝，遂不复议击匈奴事。

季布，楚国人，以侠义闻名。项羽派季布率兵，数次使汉王身处困境。项羽败灭后，高祖出千金悬赏季布，若有人胆敢窝藏季布，罪及三族。季布躲到了濮阳一户周姓人家，周氏说："汉室正在急寻将军，官兵马上就要搜查到我家了，您要是能听我的，我就敢为您想办法逃脱；要不然，我宁愿先自刎。"季布答应了。于是周氏就剃掉了季布的头发，并用铁圈拴在了季布的脖子上，穿上粗布衣，装在拉棺椁的大车中，并带上数十名家奴，将他们卖往鲁地的朱家。朱家心知他就是季布，就买下来并为其安置了房舍和农田。自己则前往洛阳拜见汝阴侯夏侯婴，游说道："季布犯了什么罪？身为臣子各为其主所用，这是他的职责所在。项羽的臣子难道要全部处死吗？而今皇上刚刚平定天下，因私仇悬赏追捕一人，这岂不是在显示自己心胸不广！况且以季布的贤能，汉室搜捕得如此急迫，这不是逼得他要向北逃往匈奴，向南逃往南越去嘛。忌恨壮士反而资助了敌国，这不正是当年伍子胥挖掘楚平王的坟墓、鞭尸的原因吗。您何不宽容一些，向皇上讲明呢？"夏侯婴心知朱家是位有名的豪义侠士，猜想季布就躲在朱家那里，便答应了朱家的谏言。夏侯婴在随侍天子处理政务的间隙，向天子禀明朱家的谏言。高祖便赦免了季布。在当时，有许多长者都称赞季布能化刚为柔，朱家也因此名闻当世。季布得到汉高祖召见，表示服罪谢恩，高祖便将他任命为郎中。

惠帝时，季布担任中郎将。匈奴单于曾写信给吕太后，信中言辞轻蔑污秽，吕太后大怒，召集各位将军商议。上将军樊哙说："臣愿率领十万兵马，横扫匈奴。"其他将领为了迎合吕太后的旨意，都赞同樊哙的建议。季布说："樊哙应当斩首。以前高皇帝率兵三十余万，最后还被匈奴围困于平城，当时樊哙也在其中。现在樊哙如何能以十万余兵马横扫匈奴，这是当面在欺蒙太后！况且秦朝当年正因为

布为河东守。孝文时，人有言其贤，召欲以为御史大夫。人又言其勇，使酒难近。至，留邸一月，见罢。布进曰："臣待罪河东，陛下无故召臣，此人必有以臣欺陛下者。今臣至，无所受事，罢去，此人必有毁臣者。夫陛下以一人誉召臣，一人毁去臣，臣恐天下有识者闻之，有以窥陛下。"上默然，惭曰："河东吾股肱郡，故特召君耳。"布之官。

辩士曹丘生数招权顾金钱，事贵人赵谈等，与窦长君善。布闻，寄书谏长君曰："吾闻曹丘生非长者，勿与通。"及曹丘生归，欲得书请布。窦长君曰："季将军不说足下，足下无往。"固请书，遂行。使人先发书，布果大怒，待曹丘。曹丘至，则揖布曰："楚人谚曰'得黄金百，不如得季布诺'，足下何以得此声梁楚之间哉？且仆与足下俱楚人，使仆游扬足下名于天下，顾不美乎？何足下距仆之深也！"布乃大说。引入，留数月，为上客，厚送之。布名所以益闻者，曹丘扬之也。

布弟季心气闻关中，遇人恭谨，为任侠，方数千里，士争为死。尝杀人，亡吴，从爰丝匿，长事爰丝，弟畜灌夫、籍福之属。尝为中司马，中尉郅都不敢加。少年多时时窃借其名以行。当是时，季心以

出兵攻打匈奴，最终使得陈胜等人起义造反。如今当年战争的创伤尚未恢复，樊哙又当面谄媚逢迎，意欲动摇天下。”当时殿上的人全都惊恐不已，吕太后退朝，就不再讨论攻打匈奴的事了。

后来季布担任河东郡守。文帝时，有人奏言说季布为人贤德，文帝征召他想让入京担任御史大夫。又有人奏言说季布虽然骁勇威武，但酗酒成性，难以成为天子的近臣。季布来到京城，在官邸中住了一个月，召见结束之后文帝下令让其返回原郡。季布进言说：“臣担任河东郡守，唯恐因失职而获罪，陛下无故召臣进京，这其中一定有人妄言臣贤德而欺罔陛下。如今臣来到京城，却没有得到什么职事，陛下就诏令臣返回原郡，这肯定是有人来诋毁臣。陛下因一人的赞誉而将臣召来京城，又因一人的诋毁命臣返回原郡，臣担心天下有识之士听闻此事后，会窥见到陛下处理政事水平的深浅。”文帝听后沉默不语，惭愧地说：“河东郡是我朝的股肱大郡，所以特地召你前来。”季布返回河东继续担任郡守。

有个名叫曹丘生的辩士，多次攀附权贵，受人请托，收取他人金钱，曹丘生奉事宦官赵谈等人，与景帝的舅舅窦长君交好。季布听闻此人后，写信劝谏窦长君说：“我听闻曹丘生并非有德之人，不要与他来往。”曹丘生返回后，想请窦长君写信将自己介绍给季布。窦长君说：“季将军不喜欢你，你不要前去拜见了。”曹丘生再三请求得到了介绍信，然后起身前往。曹丘生派人先将介绍信送过去，季布看后果然大怒，季布便等待曹丘生到来。曹丘生到了之后，就向季布作揖行礼并说：“楚地有句谚语说‘就算是得到百斤的黄金，也不如得到季布的一句承诺’，您为何会在梁、楚一带享有如此的盛誉？况且我与您都是楚人，假如我能使您名扬天下，您想这样难道不好吗？为什么您会将我拒之于千里之外呢？”季布听后十分高兴。将曹丘生迎至府中，并让他留府数月，尊为上宾，还送他丰厚的礼物。季布之所以声名远扬，都是因为曹丘生为他称扬的结果。

季布的弟弟季心，闻名关中。待人恭谨，行事侠义，方圆数千里，士人都争相为季心效命。季心曾经因为杀人，逃往吴国，躲在爰盎家中。季心以兄长之礼奉事爰盎，以兄弟之礼敬重灌夫、籍福等

勇，布以诺，闻关中。

布母弟丁公，为项羽将，逐窘高祖彭城西。短兵接，汉王急，顾谓丁公曰："两贤岂相厄哉！"丁公引兵而还。及项王灭，丁公谒见高祖，以丁公徇军中，曰："丁公为项王臣不忠，使项王失天下者也。"遂斩之，曰："使后为人臣无效丁公也！"

栾布，梁人也。彭越为家人时，尝与布游，穷困，卖庸于齐，为酒家保。数岁别去，而布为人所略，卖为奴于燕。为其主家报仇，燕将臧荼举以为都尉。荼为燕王，布为将。及荼反，汉击燕，虏布。梁王彭越闻之，乃言上，请赎布为梁大夫。使于齐，未反，汉召彭越责以谋反，夷三族，枭首雒阳，下诏有收视者辄捕之。布还，奏事彭越头下，祠而哭之。吏捕以闻。上召布骂曰："若与彭越反邪？吾禁人勿收，若独祠而哭之，与反明矣。趣亨之。"方提趋汤，顾曰："愿一言而死。"上曰："何言？"布曰："方上之困彭城，败荥阳、成皋间，项王所以不能遂西，徒以彭王居梁地，与汉合从苦楚也。当是之时，彭王壹顾，与楚则汉破，与汉则楚破。且垓下之会，微彭王，项氏不亡。天下已定，彭王剖符受封，欲传之万世。今帝壹征兵于梁，彭王病不行，而疑以为反。反形未见，以苛细诛之，臣恐功臣人人自危也。今彭王已死，臣生不如死，请就亨。"上乃释布，拜为都尉。

人。季心曾担任中尉之下的司马一职，中尉郅都不敢怠慢欺辱季心。一些年轻人经常自称是季心的门客来行事。在当时，季心以勇猛，季布以守诺，闻名关中。

季布同母异父的弟弟丁固，是项羽的将军，丁固率兵将高祖围困于彭城西面。双方短兵相交，汉王危急，汉王回头对丁固说：“将军与我都是贤能之士，难道我们要相互残害吗？”丁固因此撤兵。等到项羽败亡后，丁固前去拜谒高祖，高祖反而将丁固带到军中游行示众，并说：“丁固身为项羽的臣子却不忠，使得项王丢失天下。”高祖就下令将丁固处斩，并说：“不要让后世为人臣子的人效仿丁固！”

栾布，梁国人。彭越还是平民时，曾与栾布交往，栾布家境穷困，在齐国做工，在一家酒馆做帮佣。几年后离开，栾布又受人掳掠，卖到燕国做奴仆。后来栾布替主家报了仇，通过燕将臧荼的举荐担任都尉。臧荼做了燕王，栾布担任将军。等到臧荼造反，汉军讨伐燕国，俘虏栾布了。梁王彭越听闻此事后，就向皇帝奏言，请求将栾布赎出来并让栾布担任梁国大夫。彭越派栾布出使齐国，栾布还未返回，高祖征召彭越并责问彭越谋反的事情，并诛灭了彭越的三族，将彭越的首级悬挂在洛阳城门上示众，并下诏说若有人胆敢为彭越收尸，就立刻逮捕。栾布出使返回后，在彭越的首级下面汇报出使的情况，祭祀彭越并为其痛哭。官吏逮捕了栾布并上报朝廷。高祖召见栾布骂道：“你是想与彭越一同谋反吗？我已经下令禁止任何人为彭越收尸，唯独你还去祭祀痛哭，谋反的行径如此明显。立刻处以烹刑。”官员正要抬起栾布扔进热汤中时，栾布回头说：“臣想说句话再死。”高祖说：“你还想说什么？”栾布说：“当年陛下受困于彭城，兵败荥阳、成皋之间时，项王之所以无法顺利西进，都是因为彭王镇守梁地，能与汉军联合攻伐楚军的缘故。当时，假如彭王稍有改变，与楚联合则汉军必败，与汉联合则楚军必败。更何况垓下之围，没有彭王，项羽就不会败亡。如今天下已定，彭王接受朝廷的分封，本想将这份荣耀传至万世。但如今皇帝向梁国征兵，彭王患病不能前往京城，陛下就怀疑彭王要谋反。没有任何的证据以及事实，就以这种微不足道的小事将彭王诛杀，臣担心此后的功臣都会人人自危。如

孝文时，为燕相，至将军。布称曰："穷困不能辱身，非人也；富贵不能快意，非贤也。"于是尝有德，厚报之；有怨，必以法灭之。吴楚反时，以功封为鄃侯，复为燕相。燕齐之间皆为立社，号曰栾公社。

布薨，子贲嗣侯，孝武时坐为太常牺牲不如令，国除。

田叔，赵陉城人也。其先，齐田氏也。叔好剑，学黄老术于乐钜公。为人廉直，喜任侠。游诸公，赵人举之赵相赵午，言之赵王张敖，以为郎中。数岁，赵王贤之，未及迁。

会赵午、贯高等谋弑上，事发觉，汉下诏捕赵王及群臣反者。赵有敢随王，罪三族。唯田叔、孟舒等十余人赭衣自髡钳，随王至长安。赵王敖事白，得出，废为宣平侯，乃进言叔等十人。上召见，与语，汉廷臣无能出其右者。上说，尽拜为郡守、诸侯相。叔为汉中守十余年。

孝文帝初立，召叔问曰："公知天下长者乎？"对曰："臣何足以知之！"上曰："公长者，宜知之。"叔顿首曰："故云中守孟舒，长者也。"是时孟舒坐虏大入云中免。上曰："先帝置孟舒云中十余年矣，虏常一入，孟舒不能坚守，无故士卒战死者数百人。长者固杀人乎？"叔叩头曰："夫贯高等谋反，天子下明诏，赵有敢随张王者罪三族，然孟舒自髡钳，随张王，以身死之，岂自知为云中守哉！汉与

今彭王已死，臣生不如死，请将臣立刻烹杀。”高祖听后就赦免了栾布，并任命栾布为都尉。

文帝时，栾布担任燕国的丞相，官至将军。栾布曾说：“穷困不能辱身降志，否则不能称为好汉；富贵不能放纵享乐，否则不能称为贤者。”因而栾布对自己曾经有恩的人，会给予厚报；对自己有仇怨的人，必定遵照法律将其清除。吴楚谋反时，栾布因功受封为鄃侯。后来又担任燕国丞相。燕国、齐国之间都为栾布修建祠庙，号称栾公社。

栾布去世后，他的儿子栾贲承袭侯爵，武帝时栾贲担任太常，因祭祀所用牲畜不合法令而获罪，封国也被废除。

田叔，赵国陉城人。田叔的祖先，是齐国田氏。田叔喜爱舞剑，跟随乐钜公学习黄老之术。田叔为人廉直，喜好行侠仗义。常跟随众多长者一同游历，有人向赵国丞相赵午举荐田叔，赵午便将田叔引见给赵王张敖，赵王任命田叔为郎中。几年以后，赵王欣赏田叔的贤能，但还没来得及提拔他。

恰逢赵午、贯高等人谋逆弑上，事情遭人发觉，高祖下诏逮捕赵王以及赵国谋反的臣子。赵国之中有敢跟随赵王来到京城的人，罪及三族。唯有田叔、孟舒等十余人身穿红色囚衣，剃掉头发，脖子上拴上铁圈，跟随赵王来到长安。等到赵王张敖谋反的事情审理清楚之后，高祖放了张敖，但还是将赵王的封号废除，贬为宣平侯，张敖向高祖进言推荐田叔等十人。高祖召见他们，与他们交谈，发现汉廷的大臣没有一个人的才能可以超过他们。高祖十分欣喜，将他们全都任命为郡守或、诸侯国相。田叔担任汉中郡守有十余年。

孝文帝在继位之初，召见田叔问道：“您知道谁是天下德高望重的长者吗？”田叔回答说：“臣怎么会知道呢！”文帝说：“您是位德高望重的长者，应该清楚。”田叔叩头说：“原云中郡守孟舒，是位德高望重的长者。”当时孟舒因匈奴大举入侵云中郡而遭免职。文帝说：“先帝任命孟舒为云中郡守已有十余年，匈奴一入侵，孟舒却不能坚守，致使数百名士卒无故战死。难道德高望重的长者定会杀人吗？”田叔叩头说：“当年贯高等人谋反弑上，天子下发明诏，赵国

楚相距，士卒罢敝，而匈奴冒顿新服北夷，来为边寇，孟舒知士卒罢敝，不忍出言，士争临城死敌，如子为父，以故死者数百人，孟舒岂殴之哉！是乃孟舒所以为长者。”于是上曰：“贤哉孟舒！”复召以为云中守。

后数岁，叔坐法失官。梁孝王使人杀汉议臣爰盎，景帝召叔案梁，具得其事。还报，上曰：“梁有之乎？”对曰：“有之。”“事安在？”叔曰：“上无以梁事为问也。今梁王不伏诛，是废汉法也；如其伏诛，太后食不甘味，卧不安席，此忧在陛下。”于是上大贤之，以为鲁相。

相初至官，民以王取其财物自言者百余人。叔取其渠率二十人笞，怒之曰：“王非汝主邪？何敢自言主！”鲁王闻之，大惭，发中府钱，使相偿之。相曰：“王自使人偿之，不尔，是王为恶而相为善也。”

鲁王好猎，相常从入苑中，王辄休相就馆。相常暴坐苑外，终不休，曰：“吾王暴露，独何为舍？”王以故不大出游。

数年以官卒，鲁以百金祠，少子仁不受，曰：“义不伤先人名。”

仁以壮勇为卫将军舍人，数从击匈奴。卫将军进言仁为郎中，

有人敢跟随赵王张敖来到京城，罪及三族，然而孟舒却自行剃掉头发，脖子上拴上铁圈，跟随张敖前往京城，以死明志，当时孟舒怎会知道后来会担任云中郡守！汉军与楚军对抗时，士卒疲乏不已，而匈奴冒顿单于刚刚降服了北方的蛮夷，顺势南下侵扰边境，孟舒心知士卒疲乏不已，不忍心让他们迎战抗敌，而士卒争相出城杀敌，就像儿子为父亲拼命一样，因此战死数百人，孟舒又怎会让他们送死呢！这就是孟舒之所以是德高望重的长者的原因。”于是文帝赞叹道：“孟舒着实是位贤者！”便下诏让孟舒继续担任云中郡守。

数年后，田叔因触犯法令而遭免官。梁孝王派人刺杀汉廷的议政大臣爰盎。景帝召见田叔，让田叔调查梁孝王，事情全部调查清楚后。田叔返回上奏景帝，景帝说：“梁孝王确实做过这件事吗？”田叔回答说：“确有此事。”景帝问：“罪证在哪？”田叔说：“请陛下不要过问梁孝王的事情。如今梁孝王若是不伏诛，就是枉顾汉朝律法；若是依法治罪，那么太后必将会食不下咽，不得安眠，这样的话陛下也会因此忧愁。”景帝因此十分赞赏田叔的贤能，并让田叔担任鲁国丞相。

田叔担任鲁国丞相，在到任之初，就有一百多名百姓告发鲁王夺取他们财物。田叔将为首的二十人抓起来鞭笞，怒斥他们说：“鲁王难道不是你们的君主吗？你们怎敢告发君主！”鲁王听闻这件事情后，十分惭愧，便取出府库中的钱财，让田叔偿还给百姓。田叔说：“鲁王还是亲自派人来偿还吧，否则，您就成了恶人而我空享善名了。”

鲁王喜好狩猎，田叔便经常跟随鲁王前往苑囿，鲁王总是会让田叔在苑中的馆舍休息。而田叔常常在室外露天而坐，始终不会进屋休息，说：“鲁王尚在露天的室外，我有怎能独自在室内休息呢？”鲁王听后就不经常外出狩猎了。

数年后，田叔在任上去世，鲁国花费黄金百斤来为田叔祭祀，田叔的小儿子田仁没有接受，田仁说：“于道义来讲不能有损先父的名誉。”

田仁因强健勇敢担任大将军卫青的私吏，田仁数次跟随卫青抗

至二千石、丞相长史，失官。后使刺三河，还，奏事称意，拜为京辅都尉。月余，迁司直。数岁，戾太子举兵，仁部闭城门，令太子得亡，坐纵反者族。

赞曰：以项羽之气，而季布以勇显名楚，身履军搴旗者数矣，可谓壮士。及至困厄奴僇，苟活而不变，何也？彼自负其材，受辱不羞，欲有所用其未足也，故终为汉名将。贤者诚重其死。夫婢妾贱人，感槩而自杀，非能勇也，其画无俚之至耳。栾布哭彭越，田叔随张敖，赴死如归，彼诚知所处，虽古烈士，何以加哉！

击匈奴。卫青进言举荐田仁，武帝便任命田仁为郎中，后来田仁官至二千石、丞相长史，后因事遭免官。之后武帝又派他担任河南、河内、河东的刺史，回京后，田仁向武帝陈奏政事，武帝十分满意，便让田仁拜任京辅都尉。一个多月后，田仁升任丞相司直。数年后，戾太子刘据举兵，当时田仁负责开闭城门，却让戾太子逃了出去，田仁因放纵反叛者而遭灭族。

赞辞说：在项羽善战威猛的盛名之下，季布能以勇敢在楚军中声明显扬，历经数次战争而能战胜敌人、拔取敌方旗帜，可谓壮士。等到季布遭受困厄沦为奴隶，虽然苟且存活但依旧没有改变自己的气节，为什么？是因为季布自觉有才，受辱不羞，还没有到发挥自身才华的时候，因此季布最终成为汉朝的名将。贤能之士，十分重视自己可以死得其所。而婢妾贱人，为一些无关紧要的小事心生感慨便要自杀，这不能称为勇敢，而且因为他的思虑没有了寄托，以至于自杀。栾布哭祭彭越，田叔追随张敖，他们都视死如归，是因为他们明白这样做是道义所使，虽然是先古烈士，但有什么可以胜超过他们的呢！

卷三十八

高五王传第八

高皇帝八男：吕后生孝惠帝，曹夫人生齐悼惠王肥，薄姬生孝文帝，戚夫人生赵隐王如意，赵姬生淮南厉王长，诸姬生赵幽王友、赵共王恢、燕灵王建。淮南厉王长自有传。

齐悼惠王肥，其母高祖微时外妇也。高祖六年立，食七十余城。诸民能齐言者皆与齐。孝惠二年，入朝。帝与齐王燕饮太后前，置齐王上坐，如家人礼。太后怒，乃令人酌两卮鸩酒置前，令齐王为寿。齐王起，帝亦起，欲俱为寿。太后恐，自起反卮。齐王怪之，因不敢饮，阳醉去。问知其鸩，乃忧，自以为不得脱长安。内史士曰："太后独有帝与鲁元公主，今王有七十余城，而公主乃食数城。王诚以一郡上太后为公主汤沐邑，太后必喜，王无患矣。"于是齐王献城阳郡以尊公主为王太后。吕太后喜而许之。乃置酒齐邸，乐饮，遣王归国。后十三年薨，子襄嗣。

赵隐王如意，九年立。四年，高祖崩，吕太后征王到长安，鸩杀之。无子，绝。

赵幽王友，十一年立为淮阳王。赵隐王如意死，孝惠元年，徙友王赵，凡立十四年。友以诸吕女为后，不爱，爱它姬。诸吕女怒去，谗之于太后曰："王曰'吕氏安得王？太后百岁后，吾必击之。'"太后怒，以故召赵王。赵王至，置邸不见，令卫围守之，不得食。其

高皇帝有八个儿子：吕后生的孝惠帝，曹夫人生的齐悼惠王刘肥，薄姬生的孝文帝，戚夫人生的赵隐王刘如意，赵姬生的淮南厉王刘长，其他姬妾生的赵幽王刘友、赵共王刘恢、燕灵王刘建。淮南厉王刘长有自己的传。

齐悼惠王刘肥，母亲是高祖微贱时的外室。高祖六年（前201）刘肥被立为王，食邑七十多城。百姓中能讲当地方言的都给了齐国。惠帝二年（前193），齐王入朝进见。惠帝在吕后面前与齐王宴饮，并依照家人的礼节，让齐王坐在上位。吕后非常生气，就命人斟了两杯毒酒放在面前，让齐王敬酒祝寿。齐王站了起来，惠帝也站起来，想一同敬酒祝寿。吕后害怕毒酒被惠帝饮用，自己起身把酒杯弄倒。齐王觉得奇怪，就不敢再饮，假装酒醉离去。后来一问，才知道是毒酒，非常担忧，自认为不能从长安脱身了。齐国内史士说："太后只有惠帝与鲁元公主两个孩子，现在您有七十多座城，而公主的食邑只有几座城。如果您献给太后一个郡作为公主的汤沐邑，太后一定会高兴，您也就没有灾祸了。"因此，齐王就献上城阳郡，并尊鲁元公主为王太后。吕后十分高兴就答应了。故而在京城的齐王府邸摆下酒宴，一起畅饮，然后送齐王回国。十三年后齐王去世，儿子刘襄继位。

赵隐王刘如意，高祖九年（前198）被立为赵王。四年后，高祖驾崩，吕后征召他到长安，用鸩酒毒杀了他。赵隐王没有儿子，封国被废除。

赵幽王刘友，高祖十一年（前196）被立为淮阳王。赵隐王刘如意去世的那年，即惠帝元年（前194），赵幽王被改封为赵王，在位共十四年。刘友娶了吕氏女为王后，但不喜欢她，宠爱其他的姬妾。吕氏女生气离去，向吕后进谗言说："赵王说'吕氏怎么能当王？太后死

群臣或窃馈之，辄捕论之。赵王饿，乃歌曰：“诸吕用事兮，刘氏微；迫胁王侯兮，强授我妃。我妃既妒兮，诬我以恶；谗女乱国兮，上曾不寤。我无忠臣兮，何故弃国？自快中野兮，苍天与直！于嗟不可悔兮，宁早自贼！为王饿死兮，谁者怜之？吕氏绝理兮，托天报仇！”遂幽死。以民礼葬之长安。

高后崩，孝文即位，立幽王子遂为赵王。二年，有司请立皇子为王。上曰：“赵幽王幽死，朕甚怜之。已立其长子遂为赵王。遂弟辟彊及齐悼惠王子朱虚侯章、东牟侯兴居有功，皆可王。”于是取赵之河间立辟彊，是为河间文王。文王立十三年薨，子哀王福嗣。一年薨，无子，国除。

赵王遂立二十六年，孝景时晁错以过削赵常山郡，诸侯怨，吴楚反，遂与合谋起兵。其相建德、内史王悍谏，不听。遂烧杀德、悍，发兵住其西界，欲待吴楚俱进，北使匈奴与连和。汉使曲周侯郦寄击之，赵王城守邯郸，相距七月。吴楚败，匈奴闻之，亦不肯入边。栾布自破齐还，并兵引水灌赵城。城坏，王遂自杀，国除。景帝怜赵相、内史守正死，皆封其子为列侯。

赵共王恢。十一年，梁王彭越诛，立恢为梁王。十六年，赵幽王死，吕后徙恢王赵，恢心不乐。太后以吕产女为赵王后，王后从官皆诸吕也，内擅权，微司赵王，王不得自恣。王有爱姬，王后鸩杀之。

后，我一定要杀了他们。’”吕后勃然大怒，因此召见赵王。赵王到了京城后，吕后将他弃置在府邸而不见，又命卫兵包围监守，不让他吃饭。赵国群臣有时私下给他送东西吃，就被逮捕论罪。赵王饥饿，就唱道：“吕氏当权，刘氏势微；胁迫王侯，强行娶妻。我妻心怀嫉妒，诬告我有罪过；女人谗言乱国，皇上却不醒悟。我没有忠臣啊，为何放弃国家？我在原野之中自杀，希望苍天公正裁决！不可能后悔啊，宁可早点自杀！身为王却被饿死，谁来可怜我？吕氏伤天害理啊，我只能靠天报仇！”于是赵王被囚禁而死。朝廷按照平民的礼节把他埋葬在长安。

吕后驾崩，文帝即位，立幽王的儿子刘遂为赵王。第二年（文帝二年，前178年），主管官吏奏请立皇子为王。文帝说：“赵幽王被囚禁而死，朕非常怜悯他。已经立他的长子刘遂为赵王。刘遂的弟弟刘辟彊和齐悼惠王的儿子朱虚侯刘章、东牟侯刘兴居有功劳，都可以立为王。”便从赵国划分出河间郡立刘辟彊为河间文王。文王在位十三年后去世，儿子哀王刘福继位。哀王在位一年就去世，没有儿子，封国被废除。

赵王刘遂在位二十六年，景帝时晁错以赵王有过错为借口，削去赵国的常山郡，诸侯心怀怨恨，吴楚等七国造反，刘遂也与他们合谋起兵。赵国丞相建德、内史王悍劝谏他，刘遂不听。还放火烧死了建德、王悍二人，派兵驻扎赵国西面边界，想等待吴楚两国的兵马，会合后一起进军，又派人北到匈奴，与其联合。汉朝派曲周侯郦寄进攻赵国，赵王据邯郸而守，与汉军对峙七个月。吴楚兵败，匈奴听说后，也不肯派兵入侵边境。栾布攻破齐国后返回，与郦寄合兵攻打赵国，引水灌入邯郸城。城破后，赵王便自杀了，封国被废除。后来景帝怜悯丞相建德与内史王悍因恪守正道而死，把二人的儿子都封为列侯。

赵共王刘恢。高祖十一年，梁王彭越被诛后，高祖立刘恢为梁王。十六年（吕后七年，前181年），赵幽王死去，吕后改封刘恢为赵王，刘恢心中不快。吕后把吕产的女儿嫁给赵王作王后，王后的属吏都是吕家的人，在宫内独揽权力，暗中观察赵王，赵王不能放纵自

王乃为歌诗四章，令乐人歌之。王悲思，六月自杀。太后闻之，以为用妇人故自杀，无思奉宗庙礼，废其嗣。

燕灵王建。十一年，燕王卢绾亡入匈奴，明年，立建为燕王。十五年薨，有美人子，太后使人杀之，绝后。

齐悼惠王子，前后凡九人为王：太子襄为齐哀王，次子章为城阳景王，兴居为济北王，将闾为齐王，志为济北王，辟光为济南王，贤为菑川王，卬为胶西王，雄渠为胶东王。

齐哀王襄，孝惠六年嗣立。明年，惠帝崩，吕太后称制。元年，以其兄子鄜侯吕台为吕王，割齐之济南郡为吕王奉邑。明年，哀王弟章入宿卫于汉，高后封为朱虚侯，以吕禄女妻之。后四年，封章弟兴居为东牟侯，皆宿卫长安。高后七年，割齐琅邪郡，立营陵侯刘泽为琅邪王。是岁，赵王友幽死于邸。三赵王既废，高后立诸吕为三王，擅权用事。

章年二十，有气力，忿刘氏不得职。尝入侍燕饮，高后令章为酒吏。章自请曰："臣，将种也，请得以军法行酒。"高后曰："可。"酒酣，章进歌舞，已而曰："请为太后言耕田。"高后儿子畜之，笑曰："顾乃父知田耳，若生而为王子，安知田乎？"章曰："臣知之。"太后曰："试为我言田意。"章曰："深耕概种，立苗欲疏；非其种者，锄而去之。"太后默然。顷之，诸吕有一人醉，亡酒，章追，拔剑斩之，而还报曰："有亡酒一人，臣谨行军法斩之。"太后左右大惊。业已许其军法，亡以罪也。因罢酒。自是后，诸吕惮章，虽大臣皆依朱虚侯。刘氏为强。

己。赵王有个宠爱的姬妾，王后用鸩酒毒死了她。赵王就作了四章诗歌，命乐师演唱。赵王满怀悲思，六个月后自杀身亡。吕后听说后，认为他是因为女人自杀，不思供奉宗庙祭祀之礼，将他的封国废除，断绝了王位的继承。

燕灵王刘建。高祖十一年，燕王卢绾逃到匈奴，第二年，高祖立刘建为燕王。刘建在位十五年后去世，有美人为他生下儿子，被吕后派人杀死，断绝后代，封国被废除。

齐悼惠王的儿子，前后共有九人被立为王：太子刘襄为齐哀王，次子刘章为城阳景王，刘兴居为济北王，刘将闾为齐王，刘志为济北王，刘辟光为济南王，刘贤为菑川王，刘卬为胶西王，刘雄渠为胶东王。

齐哀王刘襄，在惠帝六年（前189）继位为王。第二年，惠帝驾崩，吕后代行皇帝权力。吕后元年（前187），封哥哥的儿子鄜侯吕台为吕王，从齐国划分出济南郡作为他的食邑。第二年，吕后将哀王的弟弟刘章召入京城值宿守卫，封为朱虚侯，并把吕禄的女儿嫁给他为妻。四年后，封刘章的弟弟刘兴居为东牟侯，都在长安值宿守卫。吕后七年，从齐国划分出琅琊郡，立营陵侯刘泽为琅琊王。这年，赵王刘友在京城府邸被囚禁而死。三位赵王被废除后，吕后就立吕氏子弟为王，独揽大权。

当时刘章二十岁，有力气，气愤刘氏没有职权。他曾经进宫侍奉吕后宴饮，吕后让刘章做酒令官。刘章请求说：“我是将门的后代，请让我用军法行酒令。”吕后说：“可以。”大家喝得尽兴之时，刘章献上歌舞，过了不久说道：“请允许我为太后说一些种田之事。”吕后把刘章当成小孩子，笑道：“我想你的父亲知道种田之事，你生来就是王子了，怎么会知道种田之事呢？”刘章说：“我知道。”吕后说：“那你试着为我说说种田之事吧。”刘章说：“深耕概种，立苗欲疏；非其种者，锄而去之。”吕后听完默不作声。一会儿，吕氏子弟中有一人喝醉了，逃席避酒，刘章追了上去，拔出剑来将他杀死，返回报告吕后说：“有一个人逃席避酒，我依照军法把他杀了。”吕后与身边人都非常吃惊。因为吕后已经答应刘章用军法行酒令，所以无法将

其明年，高后崩。赵王吕禄为上将军，吕王产为相国，皆居长安中，聚兵以威大臣，欲为乱。章以吕禄女为妇，知其谋，乃使人阴出告其兄齐王，欲令发兵西，朱虚侯、东牟侯欲从中与大臣为内应，以诛诸吕，因立齐王为帝。

齐王闻此计，与其舅驷钧、郎中令祝午、中尉魏勃阴谋发兵。齐相召平闻之，乃发兵入卫王宫。魏勃绐平曰："王欲发兵，非有汉虎符验也。而相君围王，固善。勃请为君将兵卫卫王。"召平信之，乃使魏勃将。勃既将，以兵围相府。召平曰："嗟乎！道家之言'当断不断，反受其乱。'"遂自杀。于是齐王以驷钧为相，魏勃为将军，祝午为内史，悉发国中兵。使祝午绐琅邪王曰："吕氏为乱，齐王发兵欲西诛之。齐王自以儿子，年少，不习兵革之事，愿举国委大王。大王自高帝将也，习战事。齐王不敢离兵，使臣请大王幸之临菑见齐王计事，并将齐兵以西平关中之乱。"琅邪王信之，以为然，乃驰见齐王。齐王与魏勃等因留琅邪王，而使祝午尽发琅邪国而并将其兵。

琅邪王刘泽既欺，不得反国，乃说齐王曰："齐悼惠王，高皇帝长子也，推本言之，大王高皇帝适长孙也，当立。今诸大臣狐疑未有所定，而泽于刘氏最为长年，大臣固待泽决计。今大王留臣无为也，不如使我入关计事。"齐王以为然，乃益具车送琅邪王。

琅邪王既行，齐遂举兵西攻吕国之济南。于是齐王遗诸侯王书曰："高帝平定天下，王诸子弟。悼惠王薨，惠帝使留侯张良立臣

他治罪。酒宴因此结束。从此以后，吕氏子弟都惧怕刘章，即使是大臣也都听从刘章。刘氏的势力因而加强。

第二年，吕后驾崩。赵王吕禄任上将军，吕王吕产任相国，他们都住在长安，聚集兵马威胁大臣，企图造反。刘章娶了吕禄的女儿为妻，知道他们的阴谋，就派人暗中告诉他的哥哥齐王刘襄，想让他派兵西进长安，朱虚侯、东牟侯从中与大臣作内应，诛灭吕氏诸人，然后立齐王为帝。

齐王听到这个计划后，就与他的舅舅驷钧、郎中令祝午、中尉魏勃阴谋起兵。齐国丞相召平听说后，就出兵包围王宫。魏勃欺骗召平说："齐王想起兵，没有汉朝虎符验证。而丞相出兵包围王宫，很好。我请求为您领兵保卫齐王。"召平相信了他，就让魏勃为将领兵。魏勃做了将领后，就出兵包围相府。召平说："唉！道家之言'当断不断，反受其乱。'"然后就自杀了。于是齐王任命驷钧为相，魏勃为将军，祝午为内史，将国内的兵马全部派出。又派祝午欺骗琅琊王说："吕氏造反，齐王想派兵西进诛讨。齐王自认为是晚辈，年纪小，不熟悉战事，希望将全国的兵马交给大王统领。大王从高帝时就已担任将领，熟悉战事。齐王不敢离开军队，就派我来请大王去临菑见齐王一起商议，并率领齐国的士兵向西进军平定关中之乱。"琅琊王相信了他，认为他说的有道理，就骑马去见齐王。齐王与魏勃等人乘机扣留琅琊王，然后让祝午将琅琊国内的兵马全部派出，并由他统领。

琅琊王刘泽被骗后，不能返回自己的国家，就劝说齐王道："齐悼惠王是高皇帝的长子，追本溯源，大王是高皇帝的嫡长孙，应当立为皇帝。现在大臣们犹豫不决，不能确定，而我在刘氏子弟中是最年长的，大臣们一定等我去决定计策。现在大王留着我也没什么用，不如派我入关商议迎立大事。"齐王认为他说的有道理，就备了很多车马，送走了琅琊王。

琅琊王走后，齐国就发兵向西攻打吕国的济南郡。于是齐王派人给诸侯王送信，说道："高皇帝平定天下，将宗室子弟封为王。悼惠王去世后，惠帝派留侯张良立我为齐王。惠帝驾崩，吕后执政，因年

为齐王。惠帝崩，高后用事，春秋高，听诸吕擅废帝更立，又杀三赵王，灭梁、赵、燕，以王诸吕，分齐国为四。忠臣进谏，上或乱不听。今高后崩，皇帝春秋富，未能治天下，固待大臣诸侯。今诸吕又擅自尊官，聚兵严威，劫列侯忠臣，挢制以令天下，宗庙以危。寡人帅兵入诛不当为王者。”

汉闻之，相国吕产等遣大将军颍阴侯灌婴将兵击之。婴至荥阳，乃谋曰：“诸吕举兵关中，欲危刘氏而自立，今我破齐还报，是益吕氏资也。”乃留兵屯荥阳，使人谕齐王及诸侯，与连和，以待吕氏之变而共诛之。齐王闻之，乃屯兵西界待约。

吕禄、吕产欲作乱，朱虚侯章与太尉勃、丞相平等诛之。章首先斩吕产，太尉勃等乃尽诛诸吕。而琅邪王亦从齐至长安。

大臣议欲立齐王，皆曰：“母家驷钧恶戾，虎而冠者也。访以吕氏故，几乱天下，今又立齐王，是欲复为吕氏也。代王母家薄氏，君子长者，且代王高帝子，于今见在最为长。以子则顺，以善人则大臣安。”于是大臣乃谋迎代王，而遣章以诛吕氏事告齐王，令罢兵。

灌婴在荥阳，闻魏勃本教齐王反，既诛吕氏，罢齐兵，使使召责问魏勃。勃曰：“失火之家，岂暇先言丈人后救火乎！”因退立，股战而栗。恐不能言者，终无他语。灌将军孰视，笑曰：“人谓魏勃勇，妄庸人耳，何能为乎！”乃罢勃。勃父以善鼓琴见秦皇帝。及勃少时，欲求见齐相曹参，家贫无以自通，乃常独早埽齐相舍人门外。舍人怪之，以为物而司之，得勃。勃曰：“愿见相君无因，故为子埽，

事已高，听信吕氏诸人，擅自废掉皇帝，改立他人，又杀掉隐王刘如意、幽王刘友、共王刘恢三位赵王，灭掉梁、赵、燕三国，将吕氏诸人封为王，又把齐国一分为四。忠臣直言进谏，吕后昏乱不听。现在吕后驾崩，皇帝年纪尚轻，不能治理天下，一定要依靠大臣和诸侯。现在吕氏诸人又擅居高位，聚集兵马显示军威，要挟列侯朝臣，假托君命号令天下，危害宗庙社稷。我现在领兵进京，诛杀那些不应当为王的人。”

朝廷听说齐王发兵的消息后，相国吕产等人派大将军颍阴侯灌婴领兵出击。灌婴到达荥阳，与众人谋划道：“吕氏诸人派兵驻守关中，想危害刘氏而自立为帝，现在我打败齐国返回报捷，是为吕氏增加势力啊。”因此灌婴按兵不动，驻扎在荥阳，并派人转告齐王及诸侯，与他们联合，等待吕氏作乱而共同诛讨。齐王听说后，就率军驻扎在齐国西面边界以待约定。

吕禄、吕产想要造反，朱虚侯刘章与太尉周勃、丞相陈平等人将其诛杀。刘章首先斩杀吕产，太尉周勃等人就把吕氏诸人全都杀死。琅琊王也从齐国到达长安。

大臣们商议想立齐王为帝，都说：“齐王娘家的驷钧凶恶乖戾，虽穿戴衣冠而凶暴如虎。才因为吕氏专权，几乎祸乱天下，现在又立齐王为帝，是想再重蹈吕氏之乱的覆辙。代王刘恒的娘家薄氏，才德出众，言行仁厚，况且代王是高皇帝的儿子，在当今的诸侯王中年龄最大。作为儿子继位为帝是理所当然的，让好人当皇帝大臣们也能安心。”于是大臣们就谋划迎立代王为帝，然后派刘章将诛灭吕氏之事告诉齐王，命令他罢兵。

灌婴在荥阳，听说魏勃原本教齐王造反，诛灭吕氏后，又罢齐兵，就派使者将魏勃召来责问。魏勃说：“家里失火，哪有时间先告诉一家之主然后去救火的！”随后退后站着，两腿发抖，不停哆嗦。畏惧得说不出话来，最终没有别的话说。灌婴一直注视着他，笑道：“人们说魏勃勇猛，看来不过是个狂妄平庸之人，哪有什么作为！”就释放了魏勃。魏勃的父亲因为善于弹琴见过秦始皇。等到魏勃年少时，想要求见齐国的丞相曹参，因为家贫无法疏通关系，就经常独

欲以求见。”于是舍人见勃，曹参因以为舍人。壹为参御言事，以为贤，言之悼惠王。王召见，拜为内史。始悼惠王得自置二千石。及悼惠王薨，哀王嗣，勃用事重于相。

齐王既罢兵归，而代王立，是为孝文帝。

文帝元年，尽以高后时所割齐之城阳、琅邪、济南郡复予齐，而徙琅邪王王燕。益封朱虚侯、东牟侯各二千户，黄金千斤。

是岁，齐哀王薨，子文王则嗣。十四年薨，无子，国除。

城阳景王章，孝文二年以朱虚侯与东牟侯兴居俱立，二年薨。子共王喜嗣。孝文十二年，徙王淮南，五年，复还王城阳，凡立三十三年薨。子顷王延嗣，二十六年薨，子敬王义嗣，九年薨。子惠王武嗣，十一年薨。子荒王顺嗣，四十六年薨。子戴王恢嗣，八年薨。子孝王景嗣，二十四年薨。子哀王云嗣，一年薨，无子，国绝。成帝复立云兄俚为城阳王，王莽时绝。

济北王兴居，初以东牟侯与大臣共立文帝于代邸，曰：“诛吕氏，臣无功，请与太仆滕公俱入清宫。”遂将少帝出，迎皇帝入宫。

始诛诸吕时，朱虚侯章功尤大，大臣许尽以赵地王章，尽以梁地王兴居。及文帝立，闻朱虚、东牟之初欲立齐王，故黜其功。二年，王诸子，乃割齐二郡以王章、兴居。章、兴居意自以失职夺功。岁余，章薨，而匈奴大入边，汉多发兵，丞相灌婴将击之，文帝亲幸

自在早上打扫齐国相府舍人的门外。舍人感到奇怪，以为是鬼神就暗中观察，发现是魏勃。魏勃说："我想见丞相却没有门路，所以为您扫地，想借此机会求见丞相。"于是舍人把魏勃引见给丞相曹参，曹参就让他也做了舍人。有一次他为曹参驾车，向曹参进言，曹参觉得他有才能，把他举荐给悼惠王。悼惠王召见魏勃后，任命他为内史。由此开始悼惠王得到了可以自己任命二千石官吏的权力。等到悼惠王去世，哀王继位，魏勃执政，权力比丞相还大。

齐王罢兵回去后，代王被立为帝，就是孝文帝。

文帝元年（前179），把吕后时从齐国划分出来的城阳郡、琅琊郡和济南郡还给齐国，而将琅琊王改封到燕国为王。加封朱虚侯、东牟侯食邑各二千户，黄金一千斤。

这年，齐哀王去世，他的儿子文王继位。文王在位十四年后去世，没有儿子，封国被废除。

城阳景王刘章，文帝二年作为朱虚侯与东牟侯刘兴居一起被立为王，在位两年后去世。儿子共王刘喜继位。文帝十二年（前168）改封淮南王，五年后，复为城阳王，共在位三十三年后去世。儿子刘延继位为顷王，在位二十六年后去世。儿子刘义继位为敬王，在位九年后去世。儿子刘武继位为惠王，在位十一年后去世。儿子刘顺继位为荒王，在位四十六年后去世。儿子刘恢继位为戴王，在位八年后去世。儿子刘景继位为孝王，在位二十四年后去世。儿子刘云继位为哀王，在位一年后去世，没有儿子，封国被废除。成帝时又立刘云的哥哥刘俚为城阳王，王莽时封国被废除。

济北王刘兴居，起初作为东牟侯与大臣在代王府邸一起迎立文帝，他说："诛灭吕氏，我没有功劳，请让我和太仆夏侯婴一起入宫清除异己。"于是刘兴居将少帝带出，迎接文帝进宫。

起初诛灭吕氏时，朱虚侯刘章的功劳最大，大臣们答应将赵国的全部土地给刘章，封为赵王，梁国的全部土地给刘兴居，封为梁王。等到文帝即位，听说朱虚侯与东牟侯起初想拥立齐王为帝，所以没有进行封赏。第二年，文帝将各位皇子封为王时，才从齐国划分出两个郡来封刘章与刘兴居为王。刘章与刘兴居认为是自己失职而被

太原。兴居以为天子自击胡，遂发兵反。上闻之，罢兵归长安，使棘蒲侯柴将军击破，虏济北王。王自杀，国除。

文帝悯济北王逆乱以自灭，明年，尽封悼惠王诸子罢军等七人为列侯。至十五年，齐文王又薨，无子。时悼惠王后尚有城阳王在，文帝怜悼惠王適嗣之绝，于是乃分齐为六国，尽立前所封悼惠王子列侯见在者六人为王。齐孝王将闾以杨虚侯立，济北王志以安都侯立，菑川王贤以武成侯立，胶东王雄渠以白石侯立，胶西王卬以平昌侯立，济南王辟光以扐侯立。孝文十六年，六王同日俱立。

立十一年，孝景三年，吴楚反，胶东、胶西、菑川、济南王皆发兵应吴楚。欲与齐，齐孝王狐疑，城守不听。三国兵共围齐，齐王使路中大夫告于天子。天子复令路中大夫还报，告齐王坚守，汉兵今破吴楚矣。路中大夫至，三国兵围临菑数重，无从入。三国将与路中大夫盟曰："若反言汉已破矣，齐趣下三国，不且见屠。"路中大夫既许，至城下，望见齐王，曰："汉已发兵百万，使太尉亚夫击破吴楚，方引兵救齐，齐必坚守无下！"三国将诛路中大夫。

齐初围急，阴与三国通谋，约未定，会路中大夫从汉来，其大臣乃复劝王无下三国。会汉将栾布、平阳侯等兵至齐，击破三国兵，解围。已后闻齐初与三国有谋，将欲移兵伐齐。齐孝王惧，饮药自杀。而胶东、胶西、济南、菑川王皆伏诛，国除。独济北王在。

夺去功劳。过了一年多，刘章去世，当时匈奴大肆派兵入侵边境，汉朝也派出很多兵马，由丞相灌婴率军出击，文帝亲自去太原督战。刘兴居认为文帝要亲自攻打匈奴，就起兵造反。文帝听说后，就撤军返回长安，派棘蒲侯柴武将军攻打叛军，将其击败，俘虏济北王。济北王随后自杀，封国被废除。

文帝怜悯济北王造反作乱而自取灭亡，第二年（文帝四年，前176年），把齐悼惠王的七个儿子刘罢军等人都封为列侯。到了文帝十五年（前165），齐文王刘则去世，没有儿子。当时齐悼惠王的后代还有城阳王刘喜在，文帝怜悯齐悼惠王没有嫡子继位，于是将齐国一分为六，把从前封为列侯的悼惠王儿子中还在的六人都立为王。将杨虚侯刘将闾立为齐孝王，安都侯刘志立为济北王，武成侯刘贤立为菑川王，白石侯刘雄渠立为胶东王，平昌侯刘卬立为胶西王，扐侯刘辟光立为济南王。文帝十六年（前164），六王在同一天被立为王。

六王在位十一年后，即景帝三年（前154），吴楚造反，胶东、胶西、菑川、济南四王都发兵响应吴楚。他们想与齐联合，齐孝王犹豫不决，据守城池没有听从。胶西、菑川、济南三国派兵包围了齐国，齐王派中大夫路卬向景帝报告。景帝又命路卬回去报告齐王，让他坚守城池，汉军现在已经打败了吴楚。路卬回到齐国，三国的士兵将临菑包围了几圈，无法进城。三国的将领就与路卬立下约定："你反过来说朝廷已被打败，让齐国赶快投降三国，如果不投降就将屠城。"路卬同意了，走到城下，望见齐王，说道："朝廷已发兵百万，派太尉周亚夫攻破吴楚，正带兵前来援救齐国，齐国一定要坚守不要投降！"三国将领便杀了路卬。

起初齐国被包围时，情况危急，曾暗中与三国合谋，盟约未立时，恰逢路卬从汉朝返回，齐国的大臣们就又劝齐王不要投降三国。正好汉朝将领栾布、平阳侯曹襄等人率军赶到齐国，攻破了三国的军队，解除了包围。此后听说齐王起初暗中与三国合谋，就想调兵攻打齐国。齐孝王心中害怕，喝毒药自杀。胶东、胶西、济南、菑川四王都被处死，封国被废除。只有济北王留了下来。

齐孝王之自杀也，景帝闻之，以为齐首善，以迫劫有谋，非其罪也，召立孝王太子寿，是为懿王。二十三年薨，子厉王次昌嗣。

其母曰纪太后。太后取其弟纪氏女为王后，王不爱。纪太后欲其家重宠，令其长女纪翁主入王宫正其后宫无令得近王，欲令爱纪氏女。王因与其姊翁主奸。

齐有宦者徐甲，入事汉皇太后。皇太后有爱女曰修成君，修成君非刘氏子，太后怜之。修成君有女娥，太后欲嫁之于诸侯。宦者甲乃请使齐，必令王上书请娥。皇太后大喜，使甲之齐。时主父偃知甲之使齐以取后事，亦因谓甲：“即事成，幸言偃女愿得充王后宫。”甲至齐，风以此事。纪太后怒曰：“王有后，后宫备具。且甲，齐贫人，及为宦者入事汉，初无补益，乃欲乱吾王家！且主父偃何为者？乃欲以女充后宫！”甲大穷，还报皇太后曰：“王已愿尚娥，然事有所害，恐如燕王。”燕王者，与其子昆弟奸，坐死。故以燕感太后。太后曰：“毋复言嫁女齐事。”事浸淫闻于上。主父偃由此与齐有隙。

偃方幸用事，因言：“齐临菑十万户，市租千金，人众殷富，巨于长安，非天子亲弟爱子不得王此。今齐王于亲属益疏。”乃从容言吕太后时齐欲反，及吴楚时孝王几为乱。今闻齐王与其姊乱。于是武帝拜偃为齐相，且正其事。偃至齐，急治王后宫宦者为王通于姊翁主所者，辞及王。王年少，惧以罪为吏所执诛，乃饮药自杀。

是时赵王惧主父偃壹出败齐，恐其渐疏骨肉，乃上书言偃受金

景帝听说齐孝王自杀的消息后，认为齐王起初没有叛乱之心，是被胁迫才与其合谋，不是他的罪过，就下诏将孝王的太子刘寿立为齐懿王。懿王在位二十三年后去世，儿子刘次昌继位为厉王。

厉王的母亲是纪太后。太后为厉王娶了自己弟弟的女儿纪氏为王后，厉王不喜欢她。纪太后想让家族世代尊荣显贵，就命她的大女儿纪翁公主进入王宫，管理后宫，不让其他姬妾接近厉王，想让厉王只宠爱纪王后。齐王因而与姐姐纪翁公主通奸。

齐国有个宦官叫徐甲，进宫侍奉汉朝的王太后。王太后有个心爱的女儿叫修成君，她不是刘氏的孩子，太后非常怜爱。修成君有个女儿叫娥，太后想让她嫁给诸侯王。宦官徐甲就请求出使齐国，说一定让齐王上书奏请娶娥为妻。王太后非常高兴，就派徐甲去齐国。当时主父偃知道徐甲去齐国是为了齐王娶王后一事，就乘机对徐甲说："如果事情成功，希望你能向纪太后说一下我女儿愿意充实齐王的后宫。"徐甲到齐国后，向齐王暗示此事。纪太后勃然大怒，说道："齐王有王后，后宫齐备。况且徐甲是齐国的穷人，当了宦官入朝侍奉，本来对齐国没有助益，却想扰乱我王家中！而且主父偃想做什么？也想将女儿充实到后宫！"徐甲十分困窘，回来报告王太后说："齐王已经愿意娶娥为妻，但事情恐怕会有祸害，我担心像燕王那样。"燕王，和他女儿通奸，获罪被处死。徐甲以燕王的事情为例来动摇太后。太后说："不要再说把娥嫁给齐王的事了。"后来此事渐渐被武帝知道了。主父偃由此与齐国有了嫌隙。

主父偃得宠当权之时，他乘机说："齐国的临菑有十万户人家，每天的市场税有千斤黄金，人口众多，殷实富足，超过长安，不是天子的亲弟弟及心爱的儿子不会得此王位。现在齐王的亲属关系更加疏远了。"主父偃就随意对武帝说起吕后时齐国就想造反，等到吴楚起兵反叛时齐孝王也几乎作乱。现在听说齐王和他的姐姐通奸。于是武帝拜主父偃为齐国丞相，让他去处理这件事。主父偃到齐国后，马上审问齐王后宫中帮他与姐姐纪翁公主通奸的宦官，言辞中提到齐王。齐王年少，害怕因此获罪而被官吏逮捕处死，就喝毒药自杀了。

当时，赵王刘彭祖害怕主父偃一出皇宫就将齐国败亡，担心他

及轻重之短，天子亦因囚偃。公孙弘曰："齐王以忧死，无后，非诛偃无以塞天下之望。"偃遂坐诛。

厉王立五年，国除。

济北王志，吴楚反时初亦与通谋，后坚守不发兵，故得不诛，徙王菑川。元朔中，齐国绝。

悼惠王后唯有二国：城阳、菑川。菑川地比齐，武帝为悼惠王冢园在齐，乃割临菑东圜悼惠王冢园邑尽以予菑川，令奉祭祀。

志立三十五年薨，是为懿王。子靖王建嗣，二十年薨。子顷王遗嗣，三十五年薨。子思王终古嗣。五凤中，青州刺史奏终古使所爱奴与八子及诸御婢奸，终古或参与被席，或白昼使羸伏，犬马交接，终古亲临观。产子，辄曰："乱不可知，使去其子。"事下丞相御史，奏终古位诸侯王，以令置八子，秩比六百石，所以广嗣重祖也。而终古禽兽行，乱君臣夫妇之别，悖逆人伦，请逮捕。有诏削四县。二十八年薨。子考王尚嗣，五年薨。子孝王横嗣，三十一年薨。子怀王交嗣，六年薨。子永嗣，王莽时绝。

赞曰：悼惠之王齐，最为大国。以海内初定，子弟少，激秦孤立亡藩辅，故大封同姓，以填天下。时诸侯得自除御史大夫群卿以下众官，如汉朝，汉独为置丞相。自吴楚诛后，稍夺诸侯权，左官附益阿党之法设。其后诸侯唯得衣食租税，贫者或乘牛车。

会慢慢离间刘氏子弟，就上书说主父偃接受贿赂及用心不平的事，武帝也乘机囚禁了主父偃。公孙弘说：“齐王忧虑而死，没有后代，不杀主父偃不能满足天下人的愿望。”主父偃因此获罪被杀。

厉王在位五年后去世，没有儿子，封国被废除。

济北王刘志，吴楚造反时，起初也曾与他们合谋，但后来坚守城池，没有发兵，所以没被处死，改封为菑川王。武帝元朔年间，齐国被废除。

齐悼惠王的后代只剩下两国：城阳、菑川。菑川靠近齐国，武帝因悼惠王的陵园在齐地，就把临菑以东围绕悼惠王陵园的园邑全都给了菑川国，让其按时供奉祭祀。

刘志在位三十五年后去世，谥号懿王。儿子靖王刘建继位，在位二十年后去世。儿子顷王刘遗继位，在位三十五年后去世。儿子思王刘终古继位。宣帝五凤年间，青州刺史上奏宣帝，说刘终古让宠爱的奴仆与自己的八子及其他侍婢通奸，他或是与他们同床共枕，睡在一起，或是白天让他们赤身裸体，像犬马一样交媾，他在一旁亲自观看。生了孩子，就说：“淫乱得都不知道父亲是谁，把孩子除掉吧。”宣帝把此事交由丞相、御史大夫商议，他们上奏说刘终古位为诸侯王，命他设置八子，禄位比照六百石，是为了多生子嗣，敬重祖先。刘终古犯禽兽行罪，扰乱君臣和夫妇的关系，违背人伦，请求将他逮捕。宣帝就下诏，削去刘终古封国的四个县。刘终古在位二十八年后去世。儿子考王刘尚继位，在位五年后去世。儿子孝王刘横继位，在位三十一年后去世。儿子怀王刘交继位，在位六年后去世。儿子刘永继位，王莽时封国被废除。

赞辞说：悼惠王的齐国，在诸侯国中是最大的。因为天下刚刚平定，刘氏子弟年少，汉高祖有感于秦朝没有诸侯作为屏藩来辅佐天子，最终孤立而亡，所以大封同姓宗族为王，安定天下。当时诸侯可以自行任命御史大夫以下的各级官吏，如同汉朝，朝廷只为其设置丞相。自从平定吴楚七国之乱后，诸侯的权力逐渐削弱，针对傅、相美化诸侯王诸侯王有罪不举等行为，制定了左官律、附益阿党法。此后诸侯只能得到衣食租税，有人穷的乘坐牛车。

卷三十九

萧何曹参传第九

萧何，沛人也。以文毋害为沛主吏掾。高祖为布衣时，数以吏事护高祖。高祖为亭长，常佑之。高祖以吏繇咸阳，吏皆送奉钱三，何独以五。秦御史监郡者，与从事辨之。何乃给泗水卒史事，第一。秦御史欲入言征何，何固请，得毋行。

及高祖起为沛公，何尝为丞督事。沛公至咸阳，诸将皆争走金帛财物之府分之，何独先入收秦丞相御史律令图书臧之。沛公具知天下阸塞，户口多少，强弱处，民所疾苦者，以何得秦图书也。

初，诸侯相与约，先入关破秦者王其地。沛公既先定秦，项羽后至，欲攻沛公，沛公谢之得解。羽遂屠烧咸阳，与范增谋曰："巴蜀道险，秦之迁民皆居蜀。"乃曰："蜀汉亦关中地也。"故立沛公为汉王，而三分关中地，王秦降将以距汉王。汉王怒，欲谋攻项羽。周勃、灌婴、樊哙皆劝之，何谏之曰："虽王汉中之恶，不犹愈于死乎？"汉王曰："何为乃死也？"何曰："今众弗如，百战百败，不死何为？《周书》曰：'天予不取，反受其咎'。语曰'天汉'，其称甚美。夫能诎于一人之下，而信于万乘之上者，汤武是也。臣愿大王王汉中，养其民以致贤人，收用巴蜀，还定三秦，天下可图也。"汉王曰："善。"乃遂就国，以何为丞相。何进韩信，汉王以为大将军，说汉令引兵东定三秦。语在《信传》。

萧何，沛县人。因精通律令而不害人做了沛县县令的属吏。高祖还是平民时，萧何数次在刑狱之事上袒护高祖。高祖做了亭长后，萧何又经常帮助他。高祖作为小吏到咸阳服徭役，官吏们都送三百俸钱作为路费，只有萧何送了五百。秦朝负责监察郡县的御史，和担任其属吏的从事考核政绩时，萧何的考绩最好，于是被授予泗水郡卒史一职。秦朝御史想上报朝廷，任用萧何，萧何坚决推辞，才没有去。

等到高祖起兵做了沛公，萧何曾经担任丞，监督日常事务。沛公到了咸阳，各位将领都争相跑去府库，瓜分黄金和丝绸等财物，只有萧何进去后先将秦朝丞相、御史的律令图书收藏起来。沛公能详细知道天下要塞，户口多少，强弱分布，百姓生活上的困苦，就是因为萧何得到了秦朝的图书。

起初，诸侯相互约定，先进入函谷关灭掉秦朝的就在此地称王。沛公灭掉秦朝后，项羽才率军赶到，要攻打沛公，沛公向他认错，才得以和解。项羽就在咸阳城屠杀百姓，焚烧房屋，和范增谋划说："巴蜀道路艰险，秦朝迁徙的百姓都住在蜀地。"于是说："蜀汉也是关中之地。"因此立沛公为汉王，将关中之地一分为三，把秦朝降将封为王来抵挡汉王。汉王动怒，想谋划攻打项羽。周勃、灌婴、樊哙都劝说汉王，萧何进谏说："虽然在汉中称王不好，但不比死更好吗？"汉王说："为什么会死呢？"萧何说："现在我们的士兵不如人家多，百战百败，不死还能做什么？《周书》说'上天赐予的东西没有接受，反而会受到惩罚'。俗语说'天汉'，以汉配天，名称甚美。能够屈居在一人之下，而在万乘之上施展抱负的，是商汤、武王。我希望大王在汉中称王，养育百姓，招纳贤才，收取巴蜀财物，返回平定三秦，就可以图谋天下了。"汉王说："好。"便前往封国，让萧何担任

何以丞相留收巴蜀，填抚谕告，使给军食。汉二年，汉王与诸侯击楚，何守关中，侍太子，治栎阳。为令约束，立宗庙、社稷、宫室、县邑，辄奏，上可许以从事；即不及奏，辄以便宜施行，上来以闻。计户转漕给军，汉王数失军遁去，何常兴关中卒，辄补缺。上以此剸属任何关中事。

汉三年，与项羽相距京、索间，上数使使劳苦丞相。鲍生谓何曰："今王暴衣露盖，数劳苦君者，有疑君心。为君计，莫若遣君子孙昆弟能胜兵者悉诣军所，上益信君。"于是何从其计，汉王大说。

汉五年，已杀项羽，即皇帝位，论功行封，群臣争功，岁余不决。上以何功最盛，先封为酂侯，食邑八千户。功臣皆曰："臣等身被坚执兵，多者百余战，少者数十合，攻城略地，大小各有差。今萧何未有汗马之劳，徒持文墨议论，不战，顾居臣等上，何也？"上曰："诸君知猎乎？"曰："知之。""知猎狗乎？"曰："知之。"上曰："夫猎，追杀兽者狗也，而发纵指示兽处者人也。今诸君徒能走得兽耳，功狗也；至如萧何，发纵指示，功人也。且诸君独以身从我，多者三两人，萧何举宗数十人皆随我，功不可忘也！"群臣后皆莫敢言。

列侯毕已受封，奏位次，皆曰："平阳侯曹参身被七十创，攻城略地，功最多，宜第一。"上已桡功臣多封何，至位次未有以复难之，然心欲何第一。关内侯鄂秋时为谒者，进曰："群臣议皆误。夫曹参虽有野战略地之功，此特一时之事。夫上与楚相距五岁，失

丞相。萧何推荐韩信，汉王让他做了大将军，韩信说服汉王让他率军东进平定三秦。详见《韩信传》。

萧何以丞相身份留守巴蜀，安抚并晓谕当地百姓，让他们给汉军粮食。汉二年（前205），汉王和诸侯进攻楚国，萧何留守关中，侍奉太子，治理栎阳。萧何制定法令规约，设立宗庙、社稷、宫室、县邑，经常上奏，汉王同意后就去执行；如果来不及上奏，就根据情况自行处理，等汉王回来后再向他汇报。萧何统计户口数量，转运粮饷来供给汉军，汉王数次兵败逃走，萧何经常征调关中的士兵，补充军队的损失。汉王因此将关中的所有事务专门交给萧何处理。

汉三年（前204），汉王和项羽在京县、索城之间对峙，他数次派使者慰问丞相。鲍生对萧何说："现在大王日晒衣裳，露湿车盖，却数次慰问您，是对您有疑心。为您打算，不如把您的子孙兄弟中能充当士兵的都派到军营，大王就会更加信任您了。"于是萧何听从了鲍生的建议，汉王十分高兴。

汉五年（前202），汉王已经杀死项羽，即皇帝位，论功行赏，群臣争功，一年多不能决定。高祖认为萧何的功劳最大，先封为酂侯，食邑八千户。功臣们都说："我们身披铠甲，手拿兵器，多的历经百余战，少的也有数十回合，攻城略地，功劳大小各有不同。现在萧何没有汗马功劳，只是玩弄文辞发表议论，不去作战，地位反而在我们之上，为什么？"高祖说："各位都知道打猎吧？"大家都说："知道。"高祖又问："知道猎狗吗？"回答说："知道"。高祖说："打猎，追杀野兽的是狗，而发现野兽踪迹，指示猎狗追捕的是人。现在各位只能抓获野兽，功劳和猎狗一样；至于萧何，指挥调度，功劳和猎人一样。而且各位只是本人追随我，多的三两个人，萧何全族数十人都追随我，功劳不可忘记！"群臣听完后都不敢说话了。

列侯受封完毕，上奏位次，都说："平阳侯曹参身受七十处创伤，攻城略地，功劳最大，应排第一。"高祖已经委屈功臣多封了萧何，至于位次没有再为难他们，但心里还是想让萧何排第一。当时关内侯鄂秋担任谒者，进言说："群臣的议论都错了。曹参虽然有野战略地的功劳，这只是一时的事。陛下与楚相持五年，作战失败，损失

军亡众，跳身遁者数矣，然萧何常从关中遣军补其处。非上所诏令召，而数万众会上乏绝者数矣。夫汉与楚相守荥阳数年，军无见粮，萧何转漕关中，给食不乏。陛下虽数亡山东，萧何常全关中待陛下，此万世功也。今虽无曹参等百数，何缺于汉？汉得之不必待以全。奈何欲以一旦之功加万世之功哉！萧何当第一，曹参次之。”上曰：“善。”于是乃令何第一，赐带剑履上殿，入朝不趋。上曰：“吾闻进贤受上赏，萧何功虽高，待鄂君乃得明。”于是因鄂秋故所食关内侯邑二千户，封为安平侯。是日，悉封何父母兄弟十余人，皆食邑。乃益封何二千户，“以尝繇咸阳时何送我独赢钱二也”。

陈豨反，上自将，至邯郸。而韩信谋反关中，吕后用何计诛信。语在《信传》。上已闻诛信，使使拜丞相为相国，益封五千户，令卒五百人一都尉为相国卫。诸君皆贺，召平独吊。召平者，故秦东陵侯。秦破，为布衣，贫，种瓜长安城东，瓜美，故世谓“东陵瓜”，从召平始也。平谓何曰：“祸自此始矣。上暴露于外，而君守于内，非被矢石之难，而益君封置卫者，以今者淮阴新反于中，有疑君心。夫置卫卫君，非以宠君也。愿君让封勿受，悉以家私财佐军。”何从其计，上说。

其秋，黥布反，上自将军击之，数使使问相国何为。曰：“为上在军，拊循勉百姓，悉所有佐军，如陈豨时。”客又说何曰：“君灭族不久矣。夫君位为相国，功第一，不可复加。然君初入关，本得百姓心，十余年矣。皆附君，尚复孳孳得民和。上所谓数问君，畏君倾动关中。今君胡不多买田地，贱贳貣以自汙？上心必安。”于是何从

兵将，数次轻身逃走，但萧何经常从关中派遣军队来补充。不是陛下下令召集，却有数万人多次在陛下处于困境时赶来。汉与楚在荥阳相持数年，军中缺粮，萧何从关中转运粮饷，供给不缺。陛下虽然数次失去山东，萧何却经常保全关中等待陛下，这是万世的功劳。现在即使没有上百个曹参这样的人，汉又有什么损失呢？汉有了这些人，也未必能靠他们得以保全。怎么能以一时的功劳凌驾在万世的功劳之上呢！萧何应当排第一，曹参次之。”高祖说：“好。”因此高祖下令萧何排第一，赐给他可以带剑穿履上殿，入朝时不必俯身快走的特殊优待。高祖说：“我听说举荐贤能的人要得到重赏，萧何的功劳虽高，有了鄂君的说明才得以昭示。”于是除了鄂秋原来所享的关内侯食邑二千户，又加封他为安平侯。这天，萧何的父母兄弟十多人都获得封赏，被赐食邑。又加封萧何食邑二千户，高祖说是为了“来报答在咸阳服徭役时只有萧何多送我二百钱”。

陈豨造反，高祖亲自领兵，到了邯郸。而韩信在关中谋反，吕后用了萧何的计策杀死韩信。详见《韩信传》。高祖听说吕后已经杀了韩信，就派使者拜丞相为相国，加封食邑五千户，又下令士卒五百人和一个都尉担任相国护卫。众人都向萧何道贺，只有召平表示悲伤。召平，原来是秦朝的东陵侯。秦朝灭亡后，成为平民，生活贫困，在长安城东面种瓜，瓜很甜美，所以世人称为“东陵瓜”，就是从召平开始的。召平对萧何说：“灾祸从此开始了。皇上在外作战，而您留守在内，不用受箭石之苦，而给您加封食邑，设置护卫，是因为现在淮阴侯刚在关中谋反，陛下对您有疑心。设置卫队来保护您，不是对您的恩宠。希望您推辞封赏不要接受，把全部家产拿出来资助军队。”萧何听从了召平的建议，高祖果然很高兴。

这年（汉十一年，前196年）秋天，英布造反，高祖亲自领兵攻打，数次派使者问相国在干什么。使者回答说：“因为皇上在军中，所以相国抚慰勉励百姓，倾尽家中所有来资助军队，和陈豨造反时一样。”门客又劝说萧何道：“您很快就要被灭族了。您居相国之位，功劳第一，无以复加。但您刚入关时，原本非常得民心，已经十多年了。都很依附您，您还是勤勉不怠以求民和。皇上多次向您询问，是怕您

其计，上乃大说。

上罢布军归，民道遮行，上书言相国强贱买民田宅数千人。上至，何谒。上笑曰："今相国乃利民！"民所上书皆以与何，曰："君自谢民。"后何为民请曰："长安地狭，上林中多空地，弃，愿令民得入田，毋收稿为兽食。"上大怒曰："相国多受贾人财物，为请吾苑！"乃下何廷尉，械系之。数日，王卫尉侍，前问曰："相国胡大罪，陛下系之暴也？"上曰："吾闻李斯相秦皇帝，有善归主，有恶自予。今相国多受贾竖金，为请吾苑，以自媚于民。故系治之。"王卫尉曰："夫职事苟有便于民而请之，真宰相事也。陛下奈何乃疑相国受贾民钱乎！且陛下距楚数岁，陈豨、黥布反时，陛下自将往，当是时相国守关中，关中摇足则关西非陛下有也。相国不以此时为利，乃利贾人之金乎？且秦以不闻其过亡天下，夫李斯之分过，又何足法哉！陛下何疑宰相之浅也！"上不怿。是日，使使持节赦出何。何年老，素恭谨，徒跣入谢。上曰："相国休矣！相国为民请吾苑不许，我不过为桀纣主，而相国为贤相。吾故系相国，欲令百姓闻吾过。"

高祖崩，何事惠帝。何病，上亲自临视何疾，因问曰："君即百岁后，谁可代君？"对曰："知臣莫若主。"帝曰："曹参何如？"何顿首曰："帝得之矣，何死不恨矣！"

何买田宅必居穷辟处，为家不治垣屋。曰："令后世贤，师吾俭；不贤，毋为势家所夺。"

动摇关中。现在您为什么不多买田地，低息借贷来败坏自己的声名？皇上一定会安心。”于是萧何听从了他的建议，高祖就很高兴。

高祖平定英布的叛乱后归来，百姓在路上拦住他，上书说相国强行贱买数千人的土地房屋。高祖回来后，萧何前去拜见。高祖笑道：“现在相国竟然夺取百姓的利益！”随后高祖把百姓的上书都拿给萧何，说：“您自己向他们谢罪吧！”后来萧何为百姓请求说：“长安地势狭窄，上林苑中有很多空地，十分荒芜，希望能让百姓去耕种，不要收了禾秆做野兽的食物。”高祖大怒道：“相国是收了商人的钱，为他们请求我的林苑！”就把萧何交由廷尉处置，用刑具将他囚禁起来。几天后，卫尉王氏侍奉高祖，上前问道：“相国有什么大罪，陛下要粗暴地囚禁他？”高祖说：“我听说李斯做秦始皇的丞相时，有好事就归于君主，有坏事就归于自己。现在相国收了商人的钱，为他们请求我的林苑，自己来讨好百姓。所以将他囚禁治罪。”王卫尉说：“职事如有利于民的情况就向上请求，是宰相真正的责任。陛下怎么能怀疑相国收了商人的钱呢！况且陛下与楚对抗多年，陈豨、英布造反时，陛下亲自领兵前往平叛，当时相国留守关中，一旦关中有变动关西就不是陛下所有了。相国不在此时谋求私利，难道会贪图商人的钱吗？况且秦始皇因为听不到自己的过错而失去天下，李斯的分担过错，又哪里值得效法！陛下何必把宰相看得这么浅薄！”高祖听后不高兴。这天，他派使者拿着符节赦免萧何，将其放出。萧何年老，素来恭谨，光着脚入朝谢罪。高祖说：“相国不要这样！相国为百姓请求我的林苑未获准许，我不过是像桀纣一样的君主，而相国是贤相。我囚禁相国，是想让百姓知道我的过错。”

高祖驾崩后，萧何侍奉惠帝。萧何病重，惠帝亲自去看望他，就问道：“您死后，谁可以取代您呢？”萧何回答说：“没有比君主更了解臣子的了。”惠帝说：“曹参怎么样？”萧何叩头说：“陛下得到此人，我就算死也没有遗憾了！”

萧何买田地房屋一定在贫穷偏僻的地方，不修建有围墙的房屋作为自己的家。他说：“如果后代贤良，就会效法我的俭朴；不贤良，也不会被有权势的人家夺走。”

孝惠二年，何薨，谥曰文终侯。子禄嗣，薨，无子。高后乃封何夫人同为酂侯，小子延为筑阳侯。孝文元年，罢同，更封延为酂侯。薨，子遗嗣。薨，无子。文帝复以遗弟则嗣，有罪免。景帝二年，制诏御史："故相国萧何，高皇帝大功臣，所与为天下也。今其祀绝，朕甚怜之。其以武阳县户二千封何孙嘉为列侯。"嘉，则弟也。薨，子胜嗣，后有罪免。武帝元狩中，复下诏御史："以酂户二千四百封何曾孙庆为酂侯，布告天下，令明知朕报萧相国德也。"庆，则子也。薨，子寿成嗣，坐为太常牺牲瘦免。宣帝时，诏丞相御史求问萧相国后在者，得玄孙建世等十二人，复下诏以酂户二千封建世为酂侯。传子至孙获，坐使奴杀人减死论。成帝时，复封何玄孙之子南緐长喜为酂侯。传子至曾孙，王莽败乃绝。

曹参，沛人也。秦时为狱掾，而萧何为主吏，居县为豪吏矣。高祖为沛公也，参以中涓从。击胡陵、方与，攻秦监公军，大破之。东下薛，击泗水守军薛郭西。复攻胡陵，取之。徙守方与。方与反为魏，击之。丰反为魏，攻之。赐爵七大夫。北击司马欣军砀东，取狐父、祁善置。又攻下邑以西，至虞，击秦将章邯车骑。攻辕戚及亢父，先登。迁为五大夫。北救东阿，击章邯军，陷陈，追至濮阳。攻定陶，取临济。南救雍丘，击李由军，破之，杀李由，虏秦候一人。章邯破杀项梁也，沛公与项羽引兵而东。楚怀王以沛公为砀郡长，将砀郡兵。于是乃封参执帛，号曰建成君。迁为戚公，属砀郡。

惠帝二年（前193），萧何去世，谥号文终侯。他的儿子萧禄承袭侯位，萧禄去世，没有儿子。高后就封萧何夫人同为酂侯，小儿子萧延为筑阳侯。文帝元年（前179），罢去同的爵位，改封萧延为酂侯。萧延去世后，他的儿子萧遗承袭侯位。萧遗去世，没有儿子。文帝又让萧遗的弟弟萧则承袭侯位，后因有罪被免去爵位。景帝二年（前155），诏令御史："原相国萧何，是高皇帝的大功臣，辅佐治理天下。现在他没有后嗣，我十分怜悯。现在把武阳县的二千户赐给萧何的孙子萧嘉作食邑，封为列侯。"萧嘉，是萧则的弟弟。萧嘉去世后，他的儿子萧胜承袭侯位，后因有罪被免去爵位。武帝元狩年间，又下诏御史："把酂地的二千四百户赐给萧何的曾孙萧庆作食邑，封为酂侯，布告天下，让百姓清楚知道我报答萧相国的恩德。"萧庆，是萧则的儿子。萧庆去世后，他的儿子萧寿成承袭侯位，因献给太常的祭祀牲畜太瘦而获罪被免去爵位。宣帝时，诏令丞相、御史探访萧相国在世的后代，找到玄孙萧建世等十二人，又下诏把酂地的二千户赐给萧建世作食邑，封为酂侯。爵位经儿子传至孙子萧获，因派奴仆杀人而获罪，后被免去死罪。成帝时，又封萧何玄孙的儿子南䜌县县长萧喜为酂侯。爵位经儿子传至曾孙，王莽败亡后就断绝了。

曹参，沛县人。秦朝时做掌管监狱的小吏，而萧何是主吏，在县里很有声望。高祖做沛公时，曹参以中涓身份跟着他。攻打胡陵、方与，进攻秦朝泗水郡监的军队，大胜。然后向东到薛县，在薛城以西打败泗水郡守的军队。又进攻胡陵，攻占此地。转守方与。方与反叛，归顺魏王魏咎，曹参率军攻打它。丰邑反叛，归顺魏王，曹参又率军进攻它。沛公赐予他七大夫爵位。曹参向北前行攻打驻守在砀县以东司马欣的军队，攻占狐父、祁邑的善置。又进攻下邑以西，到达虞县，攻打秦朝将领章邯的兵马。接着进攻辕戚和亢父，他首先登城。升为五大夫爵位。他率军向北援救东阿，攻打章邯的军队，冲锋陷阵，追到濮阳。攻下定陶，夺取临济。向南援救雍丘，进攻李由的军队，获胜，杀死李由，俘虏秦朝军候一人。章邯打败并杀死项梁时，沛公与项羽领兵向东。楚怀王任命沛公为砀郡长，率领砀郡的兵马。沛公就封曹参为执帛，称为建成君。升为戚县县令，隶属砀郡。

其后从攻东郡尉军，破之成武南。击王离军成阳南，又攻杠里，大破之。追北，西至开封，击赵贲军，破之，围赵贲开封城中。西击秦将杨熊军于曲遇，破之，虏秦司马及御史各一人。迁为执珪。从西攻阳武，下轘辕、缑氏，绝河津。击赵贲军尸北，破之。从南攻犨，与南阳守齮战阳城郭东，陷陈，取宛，虏齮，定南阳郡。从西攻武关、峣关，取之。前攻秦军蓝田南，又夜击其北军，大破之，遂至咸阳，破秦。

项羽至，以沛公为汉王。汉王封参为建成侯。从至汉中，迁为将军。从还定三秦，攻下辨、故道、雍、斄。击章平军于好畤南，破之，围好畤，取壤乡。击三秦军壤东及高栎，破之。复围章平，平出好畤走。因击赵贲、内史保军，破之。东取咸阳，更名曰新城。参将兵守景陵二十三日，三秦使章平等攻参，参出击，大破之。赐食邑于宁秦。以将军引兵围章邯废丘；以中尉从汉王出临晋关。至河内，下修武，度围津，东击龙且、项佗定陶，破之。东取砀、萧、彭城。击项籍军，汉军大败走。参以中尉围取雍丘。王武反于外黄，程处反于燕，往击，尽破之。柱天侯反于衍氏，进破取衍氏。击羽婴于昆阳，追至叶。还攻武彊，因至荥阳。参自汉中为将军中尉，从击诸侯，及项王败，还至荥阳。

汉二年，拜为假左丞相，入屯兵关中。月余，魏王豹反，以假丞相别与韩信东攻魏将孙遬东张，大破之。因攻安邑，得魏将王襄。击魏王于曲阳，追至东垣，生获魏王豹。取平阳，得豹母妻子，尽定魏地，凡五十二县。赐食邑平阳。因从韩信击赵相国夏说军于邬

此后，曹参跟着沛公进攻东郡郡尉的军队，在成武以南将其打败。在成阳以南进攻王离的军队，又进攻杠里，大胜。追击败兵，西至开封，进攻赵贲的军队，获胜，把赵贲围困在开封城中。曹参率军向西前行在曲遇攻打秦将杨熊的军队，获胜，俘虏秦朝司马和御史各一人。升为执珪。曹参跟着沛公向西进攻阳武，到达轘辕、缑氏，封锁黄河渡口平阴津。曹参在尸乡以北进攻赵贲的军队，获胜。后又跟着沛公向南进攻犨县，在阳城以东与南阳郡守吕齮交战，冲锋陷阵，攻占宛县，俘虏吕齮，平定南阳郡。然后跟着沛公向西进攻武关、峣关，攻占了这两个地方。接着曹参率军前行攻打驻守在蓝田以南的秦军，又夜袭其北军，大胜，于是到达咸阳，灭秦。

项羽到达后，封沛公为汉王。汉王封曹参为建成侯。曹参跟着汉王到达汉中，升为将军。又跟他返回平定三秦，进攻下辨、故道、雍县、郃县。在好畤以南进攻章平的军队，获胜，包围好畤，攻占壤乡。在壤乡以东和高栎进攻三秦军，获胜。他又率军围困章平，章平从好畤逃走。于是曹参进攻赵贲、雍王内史保的军队，获胜。接着向东攻占咸阳，改名为新城。曹参领兵在景陵驻守二十三天，三秦派章平等人进攻曹参，曹参出击，大胜。汉王把宁秦赐给他作食邑。曹参作为将军领兵把章邯围困在废丘；作为中尉跟着汉王从临晋关出击。去到河内，到达修武，渡过围津，向东进攻驻守在定陶的龙且、项佗，获胜。然后他率军向东攻占砀县、萧县、彭城。进攻项籍的军队，汉军大败逃走。曹参作为中尉围取雍丘。王武在外黄反叛，程处在燕县反叛，曹参前往攻打，全部获胜。柱天侯在衍氏反叛，曹参攻破并夺取衍氏。他率军在昆阳进攻羽婴，追到叶县。又回去进攻武彊，于是到达荥阳。曹参在汉中时就担任将军和中尉，跟着汉王攻打诸侯和项王，失败后，回到荥阳。

汉二年（前205），曹参被拜为假左丞相，率军进入关中驻守。过了一个多月，魏王豹造反，曹参作为假丞相另外率军与韩信向东攻打驻守在东张的魏将孙遬，大胜。然后攻打安邑，俘获魏将王襄。他率军在曲阳进攻魏王，追到东垣，活捉魏王豹。又攻占平阳，俘获魏豹的母亲和妻儿，平定所有魏地，共五十二县。汉王赐给曹参平阳作食

东，大破之，斩夏说。韩信与故常山王张耳引兵下井陉，击成安君陈馀，而令参还围赵别将戚公于邬城中。戚公出走，追斩之。乃引兵诣汉王在所。韩信已破赵，为相国，东击齐，参以左丞相属焉。攻破齐历下军，遂取临淄。还定济北郡，收著、漯阴、平原、鬲、卢。已而从韩信击龙且军于上假密，大破之，斩龙且，虏亚将周兰。定齐郡，凡得七十县。得故齐王田广相田光，其守相许章，及故将军田既。韩信立为齐王，引兵东诣陈，与汉王共破项羽，而参留平齐未服者。

汉王即皇帝位，韩信徙为楚王。参归相印焉。高祖以长子肥为齐王，而以参为相国。高祖六年，与诸侯剖符，赐参爵列侯，食邑平阳万六百三十户，世世勿绝。

参以齐相国击陈豨将张春，破之。黥布反，参从悼惠王将车骑十二万，与高祖会击黥布军，大破之。南至蕲，还定竹邑、相、萧、留。

参功：凡下二国，县百二十二；得王二人，相三人，将军六人，大莫嚣、郡守、司马、候、御史各一人。

孝惠元年，除诸侯相国法，更以参为齐丞相。参之相齐，齐七十城。天下初定，悼惠王富于春秋，参尽召长老诸先生，问所以安集百姓。而齐故诸儒以百数，言人人殊，参未知所定。闻胶西有盖公，善治黄老言，使人厚币请之。既见盖公，盖公为言治道贵清静而民自定，推此类具言之。参于是避正堂，舍盖公焉。其治要用黄老术，故相齐九年，齐国安集，大称贤相。

邑。于是曹参跟着韩信在邬县以东攻打赵国相国夏说的军队，大胜，斩杀夏说。韩信和原常山王张耳领兵到达井陉，进攻成安君陈馀，然后下令曹参返回把赵别将戚公围困在邬城中。戚公出逃，曹参追击并斩杀了他。就领兵到达汉王所在地。韩信已灭掉赵国，做了相国，率军向东进攻齐国，曹参作为左丞相跟随。攻破齐国驻守在历下的军队，便攻占临淄。然后曹参率军返回平定济北郡，收复著县、漯阴、平原、鬲县、卢县。然后他跟着韩信在上假密攻打龙且的军队，大胜，斩杀龙且，俘虏次将周兰。曹参平定齐郡，共得七十县。俘获原齐王田广的相国田光，守相许章，以及原将军田既。韩信被立为齐王，领兵向东到达陈县，和汉王一起打败项羽，而曹参留下来平定齐国还没投降的地方。

汉王即皇帝位，韩信改封为楚王。曹参交回相印。高祖封长子刘肥为齐王，任命曹参为相国。高祖六年（前201），高祖与诸侯剖分信符，赏赐曹参列侯爵位，将平阳一万零六百三十户作为曹参食邑，世代不绝。

曹参作为齐国相国攻打陈豨的将领张春，获胜。英布造反，曹参跟着悼惠王刘肥带领十二万兵马，和高祖一起攻打英布的军队，大胜。曹参率军向南到达蕲县，返回平定竹邑、相县、萧县、留县。

曹参的功绩：共攻下魏与齐两个国家，占领一百二十二县；俘获魏王豹、齐王田广二人，相国夏说、田光、许章三人，将军李由、王襄、戚公、龙且、周兰、田既六人，大莫嚣、郡守、司马、候、御史各一人。

惠帝元年（前194），废除诸侯相国的法令，改任曹参为齐国丞相。曹参去齐国做丞相时，齐国有七十座城。天下刚平定，悼惠王年轻，曹参将长老和先生全都召集起来，询问他们安定百姓的方法。而齐国的年老儒生数以百计，每人都有自己的见解，曹参不知道听谁的。曹参听说胶西有个盖公，精通道家学说，就派人送上厚礼请他。曹参见了盖公，盖公对他说治国之道贵在清静而百姓自会安定，以此类推详细阐述。曹参便让出正堂，安置盖公。曹参的治国措施采用黄

萧何薨，参闻之，告舍人趣治行，“吾且入相。”居无何，使者果召参。参去，属其后相曰：“以齐狱市为寄，慎勿扰也。”后相曰：“治无大于此者乎？”参曰：“不然。夫狱市者，所以并容也，今君扰之，奸人安所容乎？吾是以先之。”

始参微时，与萧何善，及为宰相，有隙。至何且死，所推贤唯参。参代何为相国，举事无所变更，壹遵何之约束。择郡国吏长大，讷于文辞，谨厚长者，即召除为丞相史。吏言文刻深，欲务声名，辄斥去之。日夜饮酒。卿大夫以下吏及宾客见参不事事，来者皆欲有言。至者，参辄饮以醇酒，度之欲有言，复饮酒，醉而后去，终莫得开说，以为常。

相舍后园近吏舍，吏舍日饮歌呼。从吏患之，无如何，乃请参游后园。闻吏醉歌呼，从吏幸相国召按之。乃反取酒张坐饮，大歌呼与相和。

参见人之有细过，掩匿覆盖之，府中无事。

参子窋为中大夫。惠帝怪相国不治事，以为“岂少朕与”？乃谓窋曰：“女归，试私从容问乃父曰：‘高帝新弃群臣，帝富于春秋，君为相国，日饮，无所请事，何以忧天下？’然无言吾告女也。”窋既洗沐归，时间，自从其所谏参。参怒而笞之二百，曰：“趣入侍，天下事非乃所当言也。”至朝时，帝让参曰：“与窋胡治乎？乃者我使谏君也。”参免冠谢曰：“陛下自察圣武孰与高皇帝？”上曰：“朕乃安敢望先帝！”参曰：“陛下观参孰与萧何贤？”上曰：“君似不及也。”参曰：“陛下言之是也。且高皇帝与萧何定天下，法令既明

老之术，所以担任丞相的九年里，齐国安定和睦，人们都称赞他是贤相。

萧何去世，曹参听说后，告诉门客赶快整理行装，说“我就要入朝为相了。”过了不久，使者果然征召曹参。曹参离去前，嘱咐接替他相位的人说：“我把齐国的诉讼案件和市集交易托付给您，务必不要干扰它。”后相说：“治国上面没有比这更大的事吗？”曹参说：“不是的。诉讼案件和市集交易，是兼容并包的，现在您干扰了它，奸人在何处容身呢？所以我把这些事放在最前面。”

当初曹参微贱时，和萧何关系亲密，等到萧何做了宰相，两人有矛盾。到萧何快死时，推荐的贤人只有曹参。曹参代替萧何做了相国后，行事没有改变，都遵循萧何立下的规定。曹参选择年纪大的郡国小吏，不善文辞，谨慎笃厚的长者，就召见他们拜为丞相属吏。小吏中解释法令条文苛刻，想博取声名的，都排除不要。他日夜饮酒。卿大夫以下的官吏和宾客看见曹参不做丞相之事，来的人都想劝说他。人一到，曹参就给他喝味道醇厚的美酒，猜测他有话要说，就再让他喝酒，喝醉后才让他回去，终于没人能进言，就习以为常了。

相国府第的庭园靠近小吏的住所，小吏在房里天天喝酒唱歌。属吏很厌恶，但没有办法，就请曹参游览屋后的庭园。听见小吏喝醉唱歌，属吏希望相国把他召来查办。曹参却反而叫人取酒，铺开坐下，喝了起来，大声唱歌与其相和。

曹参见到人有小过失，就为他遮掩隐瞒，因此府中平安无事。

曹参的儿子曹窋担任中大夫。惠帝对相国不理朝政感到奇怪，自问“难道嫌我年轻吗”？就对曹窋说：“你回去，试着私下随意问你父亲‘高帝刚抛下群臣，陛下正年轻，您作为相国，天天喝酒，不来请示，怎么为天下人忧虑呢？’但不要说是我告诉你的。”曹窋休假回家，乘着闲暇时，自己随意劝谏曹参。曹参发怒鞭打他二百下，说：“赶快入朝侍奉，天下事不是你应当说的。”到上朝时，惠帝责备曹参说：“与曹窋有何相干？那是我让他劝谏您的。”曹参脱帽谢罪说：“陛下自己觉得与高皇帝相比谁更圣明英武呢？”惠帝说：“我怎么敢与先帝相比！”曹参说：“陛下觉得我与萧何相比谁贤明呢？”惠帝

具，陛下垂拱，参等守职，遵而勿失，不亦可乎？”惠帝曰：“善。君休矣！”

参为相国三年，薨，谥曰懿侯。百姓歌之曰：“萧何为法，讲若画一；曹参代之，守而勿失。载其清靖，民以宁壹。”

窋嗣侯，高后时至御史大夫。传国至曾孙襄，武帝时为将军，击匈奴，薨。子宗嗣，有罪，完为城旦。至哀帝时，乃封参玄孙之孙本始为平阳侯，二千户，王莽时薨。子宏嗣，建武中先降河北，封平阳侯。至今八侯。

赞曰：萧何、曹参皆起秦刀笔吏，当时录录未有奇节。汉兴，依日月之末光，何以信谨守管籥，参与韩信俱征伐。天下既定，因民之疾秦法，顺流与之更始，二人同心，遂安海内。淮阴、黥布等已灭，唯何、参擅功名，位冠群后，声施后世，为一代之宗臣，庆流苗裔，盛矣哉！

说："您好像比不上他。"曹参说："陛下说得对。加之高皇帝与萧何平定天下，法令已经完备，陛下垂衣拱手，我们尽职尽责，遵守他们留下的规定，不去违背，不也可以吗？"惠帝说："好。您休息去吧！"

曹参担任相国三年后，去世，谥号懿侯。百姓歌颂他说："萧何制法，和协如一；曹参代之，守而不失。行其清静，民得安宁。"

曹窋承袭侯位，高后时官至御史大夫。封国传到曾孙曹襄，武帝时担任将军，攻打匈奴，去世。曹襄的儿子曹宗承袭侯位，犯罪，被罚筑城四年。到哀帝时，才封曹参玄孙的玄孙曹本始为平阳侯，食邑二千户，王莽时去世。曹本始的儿子曹宏承袭侯位，建武年间首先攻下河北，封平阳侯。至今有八侯。

赞辞说：萧何、曹参都是秦朝文书小吏出身，当时庸碌无能没有作为。汉朝建立后，仰赖日月的余光，萧何因诚信谨慎掌握管籥，曹参与韩信一起征伐。天下平定后，依从百姓痛恨秦法的心理，顺应形势重新开始，二人同心，于是海内安定。韩信、英布等已灭，只有萧何、曹参拥有功名，居于群臣首位，声名流传后世，成为一代名臣，被人敬仰，使后代受到荫庇，多么兴盛啊！

卷四十

张陈王周传第十

张良字子房，其先韩人也。大父开地，相韩昭侯、宣惠王、襄哀王。父平，相釐王、悼惠王。悼惠王二十三年，平卒。卒二十岁，秦灭韩。良少，未宦事韩，韩破，良家僮三百人，弟死不葬，悉以家财求客刺秦王，为韩报仇，以五世相韩故。

良尝学礼淮阳，东见仓海君，得力士，为铁椎重百二十斤。秦皇帝东游，至博狼沙中，良与客狙击秦皇帝，误中副车。秦皇帝大怒，大索天下，求贼急甚。良乃更名姓，亡匿下邳。

良尝闲从容步游下邳圯上，有一老父，衣褐，至良所，直堕其履圯下，顾谓良曰："孺子下取履！"良愕然，欲欧之。为其老，乃强忍，下取履，因跪进。父以足受之，笑去。良殊大惊。父去里所，复还，曰："孺子可教矣。后五日平明，与我期此。"良因怪，跪曰："诺。"五日平明，良往。父已先在，怒曰："与老人期，后，何也？去，后五日蚤会。"五日，鸡鸣往。父又先在，复怒曰："后，何也？去，后五日复蚤来。"五日，良夜半往。有顷，父亦来，喜曰："当如是。"出一编书，曰："读是则为王者师。后十年兴。十三年，孺子见我，济北穀城山下黄石即我已。"遂去不见。旦日视其书，乃《太公兵法》。良因异之，常习读诵。

张良字子房，他的祖先是韩国人。他的祖父张开地，任韩昭侯、宣惠王、襄哀王的宰相。父亲张平，任僖王、悼惠王的宰相。悼惠王二十三年（前250），张平去世。死后二十年，秦国灭了韩国。张良当时年少，没在韩国做官，韩国灭亡后，张良还有三百个家奴，他弟弟死后也没有举办葬礼，而是用全部家财寻求刺客行刺秦王，为韩国报仇，这是因为张良的父亲及祖父一共做过五代韩相的缘故。

张良曾经在淮阳学礼，在淮东见到隐士仓海君，得到一个大力士，这个大力士能使一百二十斤重的铁椎。秦皇帝向东巡游，走到博狼沙中，张良和刺客埋伏在暗地突击秦皇帝，却误中副车。秦皇帝大怒，在全国大肆搜索，求贼心切非常着急。张良于是改名换姓，逃到下邳县躲藏起来。

张良曾悠闲从容地漫步于下邳桥上，看见一个身穿粗布衣服的老翁，走到张良身旁，直接把鞋子丢到桥下，回头看着张良理直气壮地说："小子下去为我取鞋！"张良感到吃惊，很想揍老翁。又因为他年老，就强迫自己忍着，到桥下取了鞋，还跪在地上替他穿鞋。老翁伸脚穿上鞋，笑着离去。张良感到特别吃惊。老翁走出一里左右，又返回来，说："孺子可教啊。五天后天亮的时候，你在这里等我。"张良觉得老翁很奇怪，但还是跪着回答道："好的。"五天后天刚亮时，张良去约定的地方等老翁。不曾想老翁已经到了，愤怒地说："和老者相约，却在老者之后才到，这是什么章法？回去吧，五天后再早点过来。"五天后，张良在鸡鸣时就到了约定地点。老翁又先到了，他再度愤怒地说："你为何又晚到？回去，五天后再早点儿过来。"又五天后，张良半夜前往。过了一会儿，老翁也来了，他欣慰地说："就应该这样。"老翁拿出一编书，说："你只要领悟了它就能当王者师。十年后就能凭此兴邦立国。十三年后，你会再见到我，济北穀城山

居下邳，为任侠。项伯尝杀人，从良匿。

后十年，陈涉等起，良亦聚少年百余人。景驹自立为楚假王，在留。良欲往从之，行道遇沛公。沛公将数千人略地下邳，遂属焉。沛公拜良为厩将。良数以《太公兵法》说沛公，沛公喜，常用其策。为它人言，皆不省。良曰："沛公殆天授。"故遂从不去。

沛公之薛，见项梁，共立楚怀王。良乃说项梁曰："君已立楚后，韩诸公子横阳君成贤；可立为王，益树党。"项梁使良求韩成，立为韩王。以良为韩司徒，与韩王将千余人西略韩地，得数城，秦辄复取之，往来为游兵颍川。

沛公之从雒阳南出轘辕，良引兵从沛公，下韩十余城，击杨熊军。沛公乃令韩王成留守阳翟，与良俱南，攻下宛，西入武关。沛公欲以二万人击秦峣关下军，良曰："秦兵尚强，未可轻。臣闻其将屠者子，贾竖易动以利。愿沛公且留壁，使人先行，为五万人具食，益张旗帜诸山上，为疑兵，令郦食其持重宝啖秦将。"秦将果欲连和俱西袭咸阳，沛公欲听之。良曰："此独其将欲叛，士卒恐不从。不从必危，不如因其解击之。"沛公乃引兵击秦军，大破之。逐北至蓝田，再战，秦兵竟败。遂至咸阳，秦王子婴降沛公。

沛公入秦，宫室帷帐狗马重宝妇女以千数，意欲留居之。樊哙

下的黄石就是我。”说完老翁就消失不见了。张良第二天看那书，是《太公兵法》。张良感到这本书很特别，便经常诵读它。

张良住在下邳县，以抑强扶弱为己任。项伯曾杀人，跟着他躲藏在那里。

十年后，陈涉等起义，张良也集合起一百多少年，扯起了反秦的大旗。景驹在留地自立为代理楚王。张良想前往追随他，走在路上遇到沛公。沛公带领几千人攻占了下邳，张良就成了他的下属。沛公任命张良为厩将。张良经常讲《太公兵法》给沛公听，沛公很开心，常采用他的计策。张良也给别人讲，那些人却都听不明白。张良说：“沛公大概是天授的王者。”所以就铁了心地跟着沛公不再离开。

沛公到了薛地，会见项梁，共同拥立楚怀王。张良游说项梁道：“您已立了楚王的后代，韩王众公子中的横阳君韩成贤明，可立为王，应该多树党羽以便进攻秦国。”项梁派张良去找韩成，将其立为韩王。张良任韩司徒，和韩王带领一千多人向西收复韩国故地，也曾占领了好几座城池，后来秦国又都被夺回去了，就这样一直在颍川郡来来回回打游击战。

沛公从洛阳向南经过轘辕山的时候，张良率领军队跟从沛公，占领了韩十多座城池，接着攻击杨熊率领的秦军。沛公命韩王成在阳翟县留守，自己和张良一起率兵南下，攻下宛县，向西进入武关。沛公想凭借两万人的士兵攻打秦峣关的下军，张良劝道：“秦兵还很强大，不能轻视。臣听说峣关的守将是屠户之子，商贾小人容易以利诱惑。希望沛公暂且留守在军营中，派一部分人先行，给五万人准备好食物，在各山上增挂旗帜，虚设兵阵，造成假象，以迷惑敌人，同时派郦食其带着贵重的珍宝引诱秦将投降。”秦将果然想联合沛公一同向西袭击咸阳，沛公打算听从秦将的建议。张良说：“这只不过是峣关的将领想反叛秦，恐怕士兵不会服从。士兵不服从一定会有危险，不如趁他们松懈时攻打他们。”沛公就带领士兵攻打峣关的秦军，秦军大败。沛公一路追赶败军到蓝田县，又一次作战，秦兵最终大败。沛公因此进入咸阳，秦王子婴投降沛公。

沛公进入秦国，看见宫室帷帐狗马重宝妇女数以千计，他想要

谏，沛公不听。良曰：“夫秦为无道，故沛公得至此。为天下除残去贼，宜缟素为资。今始入秦，即安其乐，此所谓‘助桀为虐’。且‘忠言逆耳利于行，毒药苦口利于病’，愿沛公听樊哙言。”沛公乃还军霸上。

项羽至鸿门，欲击沛公，项伯夜驰至沛公军，私见良，欲与俱去。良曰：“臣为韩王送沛公，今事有急，亡去不义。”乃具语沛公。沛公大惊，曰：“为之奈何？”良曰：“沛公诚欲背项王邪？”沛公曰：“鲰生说我距关毋内诸侯，秦地可王也，故听之。”良曰：“沛公自度能却项王乎？”沛公默然，曰：“今为奈何？”良因要项伯见沛公。沛公与伯饮，为寿，结婚，令伯具言沛公不敢背项王，所以距关者，备它盗也。项羽后解，语在《羽传》。

汉元年，沛公为汉王，王巴蜀，赐良金百溢，珠二斗，良具以献项伯。汉王亦因令良厚遗项伯，使请汉中地。项王许之。汉王之国，良送至褒中，遣良归韩。良因说汉王烧绝栈道，示天下无还心，以固项王意。乃使良还。行，烧绝栈道。

良归至韩，闻项羽以良从汉王故，不遣韩王成之国，与俱东，至彭城杀之。时汉王还定三秦，良乃遗项羽书曰：“汉王失职，欲得关中，如约即止，不敢东。”又以齐反书遗羽，曰：“齐与赵欲并灭楚。”项羽以故北击齐。

良乃间行归汉。汉王以良为成信侯，从东击楚。至彭城，汉王兵败而还。至下邑，汉王下马踞鞍而问曰：“吾欲捐关已东等弃

留在秦国居住。樊哙苦苦劝谏，沛公不听。张良说："秦王无德，不行正道，所以沛公才得以来到这里。我们要为天下铲除残贼，现在我们应该以俭朴为本。如今我们刚进入秦境，便立即安享其乐，这就是所谓的'助桀为虐'。况且'忠言逆耳利于行，良药苦口利于病'，希望沛公听从樊哙的话。"沛公因此率军返回驻扎在霸上。

项羽带兵到了鸿门，想要攻击沛公，项伯连夜骑马奔跑到沛公军营，私自拜见张良，想和张良一同离去。张良说："臣为韩王送沛公，现在情况紧急，逃跑不够仁义。"就把详细的情形都告诉了沛公。沛公大惊，说："该拿这件事怎么办？"张良说："沛公是真心想要背叛项王吗？"沛公说："有个浅薄愚陋的人劝我闭关据守不放入任何诸侯，就可以在秦地称王，所以我就听从了他的建议。"张良说："沛公自我揣度能让项王退却吗？"沛公沉默不语，过了一会儿说："如今该怎么办呢？"张良就邀请项伯进见沛公。沛公与项伯饮酒，为他祝寿，与他联姻，让项伯详细地告诉项羽沛公绝对不敢背叛项王的事实，之所以闭关据守不放入任何诸侯的原因是为了防备其他强盗。项羽后来才解除了对沛公的攻击，详见《项羽传》。

汉元年（前205），沛公做了汉王，掌管巴蜀一带，他赏赐张良黄金百镒，珍珠二斗，张良把这些赏赐都献给了项伯。汉王也让张良把厚礼转赠给项伯，让项伯为沛公请求汉中之地。项王应允了这件事。汉王到了封国，张良送他到褒中，汉王派张良回韩。张良于是游说汉王烧毁筑在绝壁上的栈道，向天下明示自己没有离开汉中的心思，以此稳固项王的心。然后让张良原路回去。张良边走边烧毁栈道。

张良回到韩国，听说项羽因为他跟随汉王的关系，不派遣韩王成回国，要和韩王成一起向东行进，走到楚国都彭城就杀了韩王。当时汉王归还关中，平定三秦，张良就给项羽写信说："汉王失职，想要得到关中，现在如果能按约定行使，汉王得到关中，即刻停止用兵，不敢再向东行。"张良又派人把齐叛乱的文书送给项羽，说："齐国和赵国想要一并灭掉楚国。"项羽因此带领军队向北攻打齐国。

张良便从小道回汉营。汉王让张良担任成信侯，从东攻打楚国。走到彭城，汉王兵败而归。到下邑县，汉王下马靠着马鞍问道：

之，谁可与共功者？”良曰：“九江王布，楚枭将，与项王有隙，彭越与齐王反梁地，此两人可急使。而汉王之将独韩信可属大事，当一面。即欲捐之，捐之此三人，楚可破也。”汉王乃遣随何说九江王布，而使人连彭越。及魏王豹反，使韩信特将北击之，因举燕、代、齐、赵。然卒破楚者，此三人力也。

良多病，未尝特将兵，常为画策臣，时时从。

汉三年，项羽急围汉王于荥阳，汉王忧恐，与郦食其谋桡楚权。郦生曰：“昔汤伐桀，封其后杞；武王诛纣，封其后宋。今秦无德，伐灭六国，无立锥之地。陛下诚复立六国后，此皆争戴陛下德义，愿为臣妾。德义已行，南面称伯，楚必敛衽而朝。”汉王曰：“善。趣刻印，先生因行佩之。”

郦生未行，良从外来谒汉王。汉王方食，曰：“客有为我计桡楚权者。”具以郦生计告良，曰：“于子房何如？”良曰：“谁为陛下画此计者？陛下事去矣。”汉王曰：“何哉？”良曰：“臣请借前箸以筹之。昔汤武伐桀纣封其后者，度能制其死命也。今陛下能制项籍死命乎？其不可一矣。武王入殷，表商容闾，式箕子门，封比干墓，今陛下能乎？其不可二矣。发钜桥之粟，散鹿台之财，以赐贫穷，今陛下能乎？其不可三矣。殷事以毕，偃革为轩，倒载干戈，示不复用，今陛下能乎？其不可四矣。休马华山之阳，示无所为，今陛下能乎？其不可五矣。息牛桃林之野，天下不复输积，今陛下能乎？其不可六矣。且夫天下游士，离亲戚，弃坟墓，去故旧，从陛下者，但日

“我想放弃函谷关以东的地方把它捐献给别人，谁能和我一起完成这样的功业？”张良说：“九江王英布，是楚国勇猛的将领，他和项王有嫌隙，彭越和齐王田荣在梁地造反，这两个人能在紧急关头使用。而汉王大将只有韩信可委托大事，能够独挡一面。如果想要捐出函谷关以东地方，就捐献给这三个人，如此便能攻破楚军了。”汉王就派遣随何游说九江王布，又派人与彭越联合。等到魏王豹发动叛乱的时候，汉王派韩信特意率兵向北平息魏豹的叛乱，韩信顺拿下燕国、代国、齐国、赵国。果然最终攻破楚国的，就是凭借这三个人的力量。

张良体质虚弱，经常生病，不曾专门带兵打仗，他经常作为出谋划策的臣子，时时跟随在汉王身边。

汉三年（前204），项羽在荥阳急围汉王，情势危急，汉王忧惧，与郦食其谋划减弱楚军的力量。郦食其献计说：“从前商汤讨伐夏桀，封他的后人于杞地；武王诛杀纣王，封他的后人于宋地。如今秦王无德，讨伐消灭六国，使得六国的后代无立锥之地。陛下果真能再封六国的后代为侯，他们都会争着感恩陛下的德义，都愿意做您的臣下。德义已经施行，陛下就会面南称霸，到时候，楚国一定会整理衣襟恭敬地来朝拜您。”汉王说：“非常棒。那就赶快雕刻印章，先生去交付给他们。”

郦食其还没出发，张良从外面进来拜见汉王。汉王正在吃饭，对张良说：“有个为我谋划削减楚兵力的门客。”汉王就把郦食其的规划全部告诉了张良，然后询问道：“子房对他的这个策略有什么看法？”张良说：“这是谁给陛下策划的计谋？如果这样做下去，陛下的大事就危险了。”汉王问：“为什么？”张良说：“臣请求借着面前的筷子来打比方。从前汤武伐纣后又为他们的后代封侯分地，那是度量着自己能统治他们，能把他们置于死地。如今陛下能制服项籍并置他于死地吗？这是不能施行的第一个原因。武王率领军队攻入殷商，在商容居住的闾里表彰他们，在箕子的家门前敬礼，给比干的墓封土，诸如此类的事情，如今陛下也能这样施行吗？这是不能施行的第二个原因。汤武给老百姓分发钜桥粮仓的粮食，散发鹿台的

夜望咫尺之地。今乃立六国后，唯无复立者，游士各归事其主，从亲戚，反故旧，陛下谁与取天下乎？其不可七矣。且楚唯毋强，六国复桡而从之，陛下焉得而臣之？其不可八矣。诚用此谋，陛下事去矣。”汉王辍食吐哺，骂曰：“竖儒，几败乃公事！”令趣销印。

后韩信破齐欲自立为齐王，汉王怒。良说汉王，汉王使良授齐王信印。语在《信传》。

五年冬，汉王追楚至阳夏南，战不利，壁固陵，诸侯期不至。良说汉王，汉王用其计，诸侯皆至。语在《高纪》。

汉六年，封功臣。良未尝有战斗功，高帝曰：“运筹策帷幄中，决胜千里外，子房功也。自择齐三万户。”良曰：“始臣起下邳，与上会留，此天以臣授陛下。陛下用臣计，幸而时中，臣愿封留足矣，不敢当三万户。”乃封良为留侯，与萧何等俱封。

上已封大功臣二十余人，其余日夜争功而不决，未得行封。上

资财，同赐贫穷的人，如今陛下能做到吗？这是不能施行的第三个原因。武王一举歼灭了殷商之后，停止战争，改战车为民用车，把兵器倒卧车中，表示不再启用，如今陛下能这样做吗？这是不能施行的第四个原因。武王在华山之阳放养战马，表示战争已经结束，战马再无所作为，如今陛下能这样做吗？这是不能施行的第五个原因。武王让牛在桃林的原野上休养生息，天下不再输送集聚的物质，如今陛下能这样做吗？这是不能施行的第六个原因。并且那些奔走四方以谋生计的游士，他们告别亲戚，舍去坟墓，离开故交旧友，来跟从陛下，只是日夜盼望能有自己微小的封地。如今您却封立六国的后代，哪里还能再封立那些远离乡土的游士，他们只能各自回去事奉自己的主人，与亲戚团聚，返到故交旧友的身边，谁还愿意卖力与陛下夺取天下呢？这是不能施行的第七个原因。而且如今唯独楚国强大无比，如果六国又去屈从它，陛下怎么能得到并让他们臣服呢？这是不能施行的第八个原因。假如真采用了这个计谋，陛下的大业就完了。”汉王听完停止吃饭，吐出嘴里的食物，骂道：“小子儒生，差点坏了老子的大事！”命令赶快销毁雕刻好的印章。

后来韩信攻下齐国，想自立为齐王，汉王很生气。张良劝说汉王，汉王就让张良授予韩信齐王信印。详见《韩信传》。

汉五年（前202）冬季，汉王一路追赶楚军到了阳夏县的南部，战况不利于汉军，汉王坚守在固陵县军营的高垒后，到了约定的日期，还不见诸侯前来会师。张良又一次劝说汉王，汉王采用他的计谋，诸侯们都来了。详见《高帝纪》。

汉六年（前201），高祖封功臣。张良没有带兵作战的功劳，高祖说：“谋划策略，决胜千里之外，是子房的功劳。子房自己可以挑选齐三万户作为自己的食邑。”张良说：“当初臣从下邳县起兵，与皇上在留县相会，这是上天将臣交给陛下。陛下采用臣的计谋，幸好有时起了作用，臣希望陛下给臣赐封留县就足够了，不敢接受三万户这么多的封地。”高祖便封张良为留侯，与萧何等人都受封。

高祖已经封了二十多个大功臣，其余没有受封的臣子日夜争功不

居雒阳南宫，从复道望见诸将往往数人偶语。上曰：“此何语？”良曰：“陛下不知乎？此谋反耳。”上曰：“天下属安定，何故而反？”良曰：“陛下起布衣，与此属取天下，今陛下已为天子，而所封皆萧、曹故人所亲爱，而所诛者皆平生仇怨。今军吏计功，天下不足以遍封，此属畏陛下不能尽封，又恐见疑过失及诛，故相聚而谋反耳。”上乃忧曰：“为将奈何？”良曰：“上平生所憎，群臣所共知，谁最甚者？”上曰：“雍齿与我有故怨，数窘辱我，我欲杀之，为功多，不忍。”良曰：“今急先封雍齿，以示群臣，群臣见雍齿先封，则人人自坚矣。”于是上置酒，封雍齿为什方侯，而急趣丞相御史定功行封。群臣罢酒，皆喜曰：“雍齿且侯，我属无患矣。”

刘敬说上都关中，上疑之。左右大臣皆山东人，多劝上都雒阳：“雒阳东有成皋，西有殽黾，背河乡雒，其固亦足恃。”良曰：“雒阳虽有此固，其中小，不过数百里，地薄，四面受敌，此非用武之国。夫关中左殽函，右陇蜀，沃野千里，南有巴蜀之饶，北有胡苑之利，阻三面而固守，独以一面东制诸侯。诸侯安定，河、渭漕挽天下，西给京师；诸侯有变，顺流而下，足以委输。此所谓金城千里，天府之国。刘敬说是也。”于是上即日驾，西都关中。

良从入关，性多疾，即道引不食谷，闭门不出岁余。

上欲废太子，立戚夫人子赵王如意。大臣多争，未能得坚决

能决定，分封没能实行下去。高祖居住在洛阳南宫，从复道上看见将领们每每几人窃窃私语。高祖问："他们这是在说什么？"张良回答说："陛下不知道吗？他们这是谋划着反叛您呢。"高祖说："天下已经归于安定，是什么原因让他们谋划着反叛我呢？"张良说："陛下是布衣出生，与这些人一起取得天下，如今陛下已经成了天子，您所封的人都是像萧何、曹参等与您有故交并且亲近您的人，而您惩罚的都是平时与您有仇怨的人。如今军吏计算功劳，认为天下所有的土地都不够普遍分封，这些人担心陛下无法尽封他们，又怕被人怀疑有过失而遭到诛杀，所以就互相聚集谋划着反叛罢了。"高祖因此忧心忡忡地问："那该怎么办呢？"张良说："高祖平素最怨恨并且群臣公认的和您有仇怨的人是谁？"高祖说："雍齿与我有旧怨，多次凌辱使我受窘，我想杀死他，可是他立下很多功劳，我还是不忍心杀掉他。"张良说："如今尽快先封雍齿，让群臣都看到，只要群臣看见雍齿居然先受封，那么他们每个人都会坚信自己也能封侯。"于是高祖置办酒席，封雍齿为什方侯，而且赶紧催促丞相、御史定功封赏。群臣喝过酒，都开心地说："雍齿都能封侯，我们就不用担心了。"

刘敬劝说高祖把关中建为国都，高祖心中还有顾虑。左右大臣都是殽山以东的人，他们大多劝高祖建都洛阳城，他们说："洛阳东有成皋，西有殽山、黾池，背河面洛，那里非常坚固完全可以依靠。"张良说："洛阳虽有这样坚固的地理位置，但面积小，方圆不过几百里，田地不肥沃，四面受敌，这里不是用武之地。关中左有殽山、函谷关，右为陇山、秦岭，沃野千里，南有巴蜀这样丰饶的土地，北有胡人牧养禽兽苑囿的便利，三面的地势都艰险阻塞，易于固守，独以东边控制诸侯。诸侯安定，黄河、渭水可以水运天下物资，向西运达京师；如果诸侯有难，又能顺流而下，足可以转运物资。这就是所说的金城千里，天府之国。刘敬说得对。"于是高祖当天起驾，向西建都关中。

张良跟着高祖进入关中，他生性体弱多病，就修炼道家的养生方法不食五谷，一年多闭门不出。

高祖想废黜太子刘盈，改立戚夫人的儿子赵王刘如意。大臣多

也。吕后恐，不知所为。或谓吕后曰："留侯善画计，上信用之。"吕后乃使建成侯吕泽劫良，曰："君常为上谋臣，今上日欲易太子，君安得高枕而卧？"良曰："始上数在急困之中，幸用臣策；今天下安定，以爱欲易太子，骨肉之间，虽臣等百人何益！"吕泽强要曰："为我画计。"良曰："此难以口舌争也。顾上有所不能致者四人。四人年老矣，皆以上嫚侮士，故逃匿山中，义不为汉臣。然上高此四人。今公诚能毋爱金玉璧帛，令太子为书，卑辞安车，因使辩士固请，宜来。来，以为客，时从入朝，令上见之，则一助也。"于是吕后令吕泽使人奉太子书，卑辞厚礼，迎此四人。四人至，客建成侯所。

汉十一年，黥布反，上疾，欲使太子往击之。四人相谓曰："凡来者，将以存太子。太子将兵，事危矣。"乃说建成侯曰："太子将兵，有功即位不益，无功则从此受祸。且太子所与俱诸将，皆与上定天下枭将也，今乃使太子将之，此无异使羊将狼，皆不肯为用，其无功必矣。臣闻'母爱者子抱'，今戚夫人日夜侍御，赵王常居前，上曰'终不使不肖子居爱子上'，明其代太子位必矣。君何不急请吕后承间为上泣言：'黥布，天下猛将，善用兵，今诸将皆陛下故等夷，乃令太子将，此属莫肯为用，且布闻之，鼓行而西耳。上虽疾，强载辎车，卧而护之，诸将不敢不尽力。上虽苦，强为妻子计。'"于是吕泽夜见吕后。吕后承间为上泣而言，如四人意。上曰："吾惟之，竖子固不足遣，乃公自行耳。"于是上自将而东，群臣居守，皆送至霸上。良疾，强起至曲邮，见上曰："臣宜从，疾甚。楚人剽疾，愿上慎毋与楚争锋。"因说上令太子为将军监关中兵。上谓"子房虽疾，

为此事争辩，没能改变高祖要改立太子的决心。吕后害怕，不知道如何是好。有人对吕后说："留侯张良善于谋划，深得皇上的信任。"吕后就派建成侯吕泽威逼张良，说："您做皇上的谋臣也这么长时间了，如今皇上每天都打算改立太子，您怎能高枕而卧？"张良说："起初皇上多次在急困中，有幸采用臣的计谋；现在天下安定，皇上因为偏爱想要换太子，这是骨肉之间的亲情，即便我们有一百人劝说又能起什么作用！"吕泽固执地要求说："快点儿给我出个计谋。"张良说："这种事靠口古之争无用。我观察皇上想招进宫的有四个人。这四个人年纪都大了，都因为皇上轻蔑侮辱士人，所以他们逃匿山中，守义不做汉臣。可是皇上很尊敬这四个人。现在您果真能不怜惜金玉璧帛，让太子写信给他们，用谦恭的话语，备好舒适的车辆，再让善辩者坚定不移地请求，他们应该会来。如果来了，就尊他们为贵客，经常跟着太子入朝，让皇上看见他们，这样就能助太子一臂之力。"因此吕后让吕泽派人带着太子的书信，言语谦恭，备足厚礼，迎接这四人。四人到了，住在建成侯的住所。

汉十一年（前196），英布反叛，高祖生病，想让太子前去攻击。四人互相商量着说："我们来这里的原因，就是为了保住太子。太子带兵打仗，事情危急了。"四人就劝建成侯说："太子带兵打仗，如果打了胜仗，拥有军功对太子的地位不利，如果战败没有军功，从此就会遭受祸患。况且和太子一起出征的众将领，都是和皇上一起平定天下的勇将，现在让太子做他们的统帅带领他们，这和羊率领狼没什么两样，将领们都不肯为太子使用，太子一定没有战功。臣听说'母亲受宠，儿子也会被捧在手心'，如今戚夫人日夜侍奉皇上，赵王常常在皇上面前露脸，皇上说'终究也不能让没出息的儿子居于爱子之上'，说明赵王必定会代替太子的地位。您为何不赶快请吕后找机会对皇上哭着说：'英布，是天下的猛将，善用兵，如今将要出征的众将领都是陛下以前同辈的人，现在派太子率领他们，这些人肯定不服从太子，不能被任用，况且英布听到这个消息后，便会击鼓西进了。皇上虽然还在生病，如果能勉强乘坐辎车，躺着监视他们，众将领也不敢不尽力。皇上虽然很辛苦，但还是会勉强为妻儿考虑一

强卧傅太子”。是时叔孙通已为太傅，良行少傅事。

汉十二年，上从破布归，疾益甚，愈欲易太子。良谏不听，因疾不视事。叔孙太傅称说引古，以死争太子。上阳许之，犹欲易之。及宴，置酒，太子侍。四人者从太子，年皆八十有余，须眉皓白，衣冠甚伟。上怪，问曰：“何为者？”四人前对，各言其姓名。上乃惊曰：“吾求公，避逃我，今公何自从吾儿游乎？”四人曰：“陛下轻士善骂，臣等义不辱，故恐而亡匿。今闻太子仁孝，恭敬爱士，天下莫不延颈愿为太子死者，故臣等来。”上曰：“烦公幸卒调护太子。”

四人为寿已毕，趋去。上目送之，召戚夫人指视曰：“我欲易之，彼四人为之辅，羽翼已成，难动矣。吕氏真乃主矣。”戚夫人泣涕，上曰：“为我楚舞，吾为若楚歌。”歌曰：“鸿鹄高飞，一举千里。羽翼以就，横绝四海。横绝四海，又可奈何！虽有矰缴，尚安所施！”歌数阕，戚夫人歔欷流涕。上起去，罢酒。竟不易太子者，良本招此四人之力也。

良从上击代，出奇计下马邑，及立萧相国，所与从容言天下事

下吧。'"于是吕泽夜见吕后，把这番话告诉了吕后。吕后按照四人的意思，趁机向高祖哭诉。高祖说："这些我都想过了，这小子本来就不足以被派遣出去，还是他老子自己去吧。"高祖便亲自率领军队东征，群臣留在京城守护，都送高祖到霸上。张良正在生病中，强行起身到曲邮，见到高祖说："臣本应随从皇上，只是臣病情严重。楚人强劲迅捷，希望皇上谨慎一些，不要和楚争锋。"又劝说高祖让太子做将军监督关中的兵马。高祖说"子房虽然还在生病中，就勉强躺着教导太子吧"。当时，叔孙通已经任太傅，张良就行使少傅的工作。

汉十二年（前195），高祖打垮英布从前线归来，病情更加严重了，他更想更换太子了。张良苦苦劝谏也不听，高祖因病不能治理政事。叔孙太傅引证古代的史实向高祖陈述，以死为太子争位。高祖表面上答应他，但私底下还是想换掉太子。有一次高祖摆设宴席，置酒，太子在一边儿侍候。有四个人跟在太子后面，他们都有八十多岁的样子，须眉皓白，衣冠不凡。高祖感到奇怪，就问道："这些老者是什么人呢？"四人上前答话，各报自己的姓名。高祖便惊讶地说："我拜访寻求您过来，您却躲开我，如今您为什么自愿跟我儿子交往呢？"四人说："陛下轻慢士人还爱骂人，我们为了义不愿受辱，所以感到恐惧就逃跑并躲藏起来。如今我们听说太子仁孝，恭敬爱士，天下人都殷切盼望着愿为太子死去，所以我们就来到太子身边。"高祖说："烦劳各位最终能来调教太子，我感到太幸运了。"

四人敬酒祝贺之后，就向高祖告辞，快步离去。高祖目送他们离开，唤来戚夫人用手指着他们说："我打算换掉太子，可是有这四人辅佐太子，他羽翼丰满，难动摇了。吕氏果真是你的主子啊。"戚夫人悲伤地留着眼泪，高祖说："你为我跳楚舞，我为你唱楚歌。"戚夫人唱道："鸿鹄高飞，一举千里。羽翼以就，横绝四海。横绝四海，又可奈何！虽有弋射飞鸟的短箭，又如何射出！"唱完几首曲子，戚夫人伤心哽咽，泪流满面。高祖于心不忍，站起来离开了，曲终人散，撤下酒席。高祖竟然没有换掉太子，这本来就是张良设计招来这四人的功劳。

张良跟随高祖攻打代国，他出奇计拿下马邑，以及立萧何为相

甚众，非天下所以存亡，故不著。良乃称曰：“家世相韩，及韩灭，不爱万金之资，为韩报仇强秦，天下震动。今以三寸舌为帝者师，封万户，位列侯，此布衣之极，于良足矣。愿弃人间事，欲从赤松子游耳。”乃学道，欲轻举。高帝崩，吕后德良，乃强食之，曰：“人生一世间，如白驹之过隙，何自苦如此！”良不得已，强听食。后六岁薨。谥曰文成侯。

良始所见下邳圯上老父与书者，后十三岁从高帝过济北，果得榖城山下黄石，取而宝祠之。及良死，并葬黄石。每上冢伏腊祠黄石。

子不疑嗣侯。孝文三年坐不敬，国除。

陈平，阳武户牖乡人也。少时家贫，好读书，治黄帝、老子之术。有田三十亩，与兄伯居。伯常耕田，纵平使游学。平为人长大美色，人或谓平：“贫何食而肥若是？”其嫂疾平之不亲家生产，曰：“亦食糠覈耳。有叔如此，不如无有！”伯闻之，逐其妇弃之。

及平长，可取妇，富人莫与者，贫者平亦愧之。久之，户牖富人张负有女孙，五嫁夫辄死，人莫敢取，平欲得之。邑中有大丧，平家贫侍丧，以先往后罢为助。张负既见之丧所，独视伟平，平亦以故后去。负随平至其家，家乃负郭穷巷，以席为门，然门外多长者车辙。张负归，谓其子仲曰：“吾欲以女孙予陈平。”仲曰：“平贫不事事，一县中尽笑其所为，独奈何予之女？”负曰：“固有美如陈平长贫者乎？”卒与女。为平贫，乃假贷币以聘，予酒肉之资以内妇。负戒其孙曰：“毋以贫故，事人不谨。事兄伯如事乃父，事嫂如事乃母。”平

国，与高祖从容谈论许多天下事，如果不是用来讲天下存在或衰亡的，就不记录。张良便自己说：“我家世代任韩相，等到韩国灭亡，我丝毫不爱惜众多的贵重财物，为韩国向强秦报仇，震动了天下。如今凭借三寸不烂之舌做了帝王的老师，封万户邑，位列诸侯，这是平民的极至，对我张良来说足够了。我愿意从此放弃人间之事，希望跟着赤松子云游四方。”之后张良便一心一意学习道行，想要飞升登仙。高祖驾崩，吕后因为立太子之事感念张良的德行，便强硬地给他俸禄，说：“人生一世，如白驹之过隙，为什么让自己受这样的苦！”张良不得已，勉强接受吕后的好意。六年后去世。谥号文成侯。

张良最初在下邳桥上见到赠送他书的老翁，十三年后张良跟随高祖路过济北，果然在穀城山下找见黄石，张良带回去虔诚恭敬地祭祀他。等张良死后，和黄石一并下葬。张良的家人每次在伏祭、腊祭之日都祭祀黄石。

张良的儿子张不疑继承了侯位。文帝三年（前177）因不敬被定罪，撤销封国。

陈平，阳武县户牖乡人。他小时候家里很穷，好读书，爱研究黄帝、老子的学问。陈平家有三十亩田地，他和哥哥陈伯一起居住。陈伯经常耕种田地，放任陈平去游学。陈平个子很高长得特别漂亮，有人对陈平说：“你家那么穷，你吃什么竟然这么胖呢？”陈平嫂子嫉恨陈平不在家耕田种地，就说：“他也不过是吃糠皮罢了。有这样的小叔子，还不如没有！”陈伯听到这话，休掉并将她赶走。

等陈平长大，可以娶妻了，富家女子都不愿意嫁给他，如果娶个穷家女，他又感到羞愧。过了好长时间，户牖乡富人张负有个孙女，嫁了五个丈夫都死了，没人敢娶，陈平想娶她为妻。恰逢邑中有大丧，陈平因为家穷就去帮忙打理丧葬之事，因为想要多拿酬金，他早早过去料理直到很晚干完活儿才回家。张负在丧家见到陈平，独自观察，觉得他气度不凡，陈平也借故迟走。张负跟着陈平到他家，见他家住在城郭附近偏僻简陋的小巷里，以席为门，但门外有很多显贵者的车辆碾压过的痕迹。张负回去，对他的儿子张仲说：“我想将孙女嫁给陈平。”张仲说：“陈平穷困潦倒，整日无所事事，全县的人都笑话

既取张氏女，资用益饶，游道日广。

里中社，平为宰，分肉甚均。里父老曰：“善，陈孺子之为宰！”平曰：“嗟乎，使平得宰天下，亦如此肉矣！”

陈涉起王，使周市略地，立魏咎为魏王，与秦军相攻于临济。平已前谢兄伯，从少年往事魏王咎，为太仆。说魏王，王不听。人或谗之，平亡去。

项羽略地至河上，平往归之，从入破秦，赐爵卿。项羽之东王彭城也，汉王还定三秦而东。殷王反楚，项羽乃以平为信武君，将魏王客在楚者往击，殷降而还。项王使项悍拜平为都尉，赐金二十溢。居无何，汉攻下殷。项王怒，将诛定殷者。平惧诛，乃封其金与印，使使归项王，而平身间行杖剑亡。度河，船人见其美丈夫，独行，疑其亡将，要下当有宝器金玉，目之，欲杀平。平心恐，乃解衣裸而佐刺船。船人知其无有，乃止。

平遂至修武降汉，因魏无知求见汉王，汉王召入。是时，万石君石奋为中涓，受平谒。平等十人俱进，赐食。王曰：“罢，就舍矣。”平曰：“臣为事来，所言不可以过今日。”于是汉王与语而说

他的所作所为，为什么唯独您想把孙女嫁给他？”张负说：“难道像陈平这样才貌双全的人会一直穷下去吗？”张负最终还是把孙女嫁给了陈平。因为陈平家贫，张负就借钱给他让他准备聘礼，送给他酒肉帮助他娶妻。张负告诫孙女说：“不要因为陈平家贫，你对待他家人就不恭敬。你事奉哥哥陈伯要像事奉你父亲一样，事奉嫂子要像事奉你母亲一样。”陈平娶了张氏女，资财愈来愈富足，交游的道路也愈加宽广。

到了里中举行社祭的日子，陈平做主持，他分给每家的肉都很均匀。里中的父老乡亲说：“很好，陈平这小子适合做主持！”陈平说：“当然，如果让我得以主持天下，也会像分肉一样公平合理！”

陈涉起义自称为王，派同党周市掠夺地盘，立魏咎为魏王，与秦军在临济交战。陈平在此之前已辞谢哥哥陈伯，跟着一些少年前往事奉魏王咎，任太仆。陈平游说魏王，魏王不听从陈平的建议。有人趁机在魏王面前说他的坏话，陈平便逃走了。

项羽掠夺地盘到黄河边上，陈平前往追随他，跟着他入函谷关打垮秦国，项羽赐陈平爵位并封他为卿。项羽率领楚军往东到彭城称王，汉王率军回去平定三秦，继而向东行进，与项羽抗衡。殷王反叛楚，项羽就任命陈平为信武君，陈平率领魏王在楚的门客前去攻打殷王，殷王被降服后陈平返回。项王派项悍封陈平为都尉，赏赐他二十镒黄金。没过多久，汉攻下殷地，殷王降汉。项王很气愤，要诛杀平定殷地的人。陈平害怕自己被杀死，便打包好项羽赏赐他的黄金和官印，派办事的人还给项王，陈平带剑从偏僻的小道逃跑。渡河的时候，船夫见他仪表堂堂，单独行路，怀疑他是逃亡的将领，腰下应该藏着宝器金玉，就注视着他，想要杀掉他。陈平心里感到恐慌，便脱下衣服裸露身体帮船夫撑船。船夫这才明白陈平没有资财，就打消了要杀他的念头。

陈平于是到修武投降汉王，他通过魏无知求见汉王，汉王召他觐见。当时，万石君石奋任中涓，他接受陈平拜谒。陈平等十人一起进前被汉王召见，汉王赏给他们食物，然后说：“好了，你们去客舍休息吧。”陈平说：“我有事前来，我要说的事不能超过今日。”于

之，问曰："子居楚何官？"平曰："为都尉。"是日拜平为都尉，使参乘，典护军。诸将尽欢，曰："大王一日得楚之亡卒，未知高下，而即与共载，使监护长者！"汉王闻之，愈益幸平，遂与东伐项王。至彭城，为楚所败，引师而还。收散兵至荥阳，以平为亚将，属韩王信，军广武。

绛、灌等或谗平曰："平虽美丈夫，如冠玉耳，其中未必有也。闻平居家时盗其嫂；事魏王不容，亡而归楚；归楚不中，又亡归汉。今大王尊官之，令护军。臣闻平使诸将，金多者得善处，金少者得恶处。平，反覆乱臣也，愿王察之。"汉王疑之，以让无知，问曰："有之乎？"无知曰："有。"汉王曰："公言其贤人何也？"对曰："臣之所言者，能也；陛下所问者，行也。今有尾生、孝已之行，而无益于胜败之数，陛下何暇用之乎？今楚汉相距，臣进奇谋之士，顾其计诚足以利国家耳。盗嫂受金又安足疑乎？"汉王召平而问曰："吾闻先生事魏不遂，事楚而去，今又从吾游，信者固多心乎？"平曰："臣事魏王，魏王不能用臣说，故去事项王。项王不信人，其所任爱，非诸项即妻之昆弟，虽有奇士不能用。臣居楚闻汉王之能用人，故归大王。裸身来，不受金无以为资。诚臣计画有可采者，愿大王用之；使无可用者，大王所赐金具在，请封输官，得请骸骨。"汉王乃谢，厚赐，拜以为护军中尉，尽护诸将。诸将乃不敢复言。

是汉王和他谈论天下大事并且很赏识他，问道：“你在楚国担任什么官？”陈平说：“任职都尉。”汉王当天就拜陈平为都尉，让他做陪乘的人，监领军队。众将领顿时沸腾起来，说：“大王在一日之内得到楚的逃兵，不知高下，便即刻与他乘一辆车，还让他监护长者！”汉王听说后，愈发宠幸陈平，便带着他向东讨伐项王。到了彭城，汉王被楚军打败，率领士兵回来。汉王聚拢散兵到荥阳，任陈平为亚将，隶属韩王信，在广武城驻军。

周勃、灌婴等人说陈平的坏话，他们说：“陈平虽是美男子，不过是外表如冠玉罢了，内里未必有才。听说陈平居家时强迫他嫂子和自己私通；他事奉魏王又不被接纳，他逃离魏王又归附楚；归附楚又不合适，又逃出来依附汉。如今大王器重他，让他做官，委任他监护军队。臣听说陈平任用众将领，凡是贿赂他给他很多钱的就安排在好地方，贿赂他给他钱少的就安排在不好的地方。陈平，就是反覆无常的乱臣贼子，希望大王好好观察他。”汉王因此也怀疑陈平，就责怪魏无知，问道：“陈平真有这些事？”魏无知说：“有。”汉王说：“你为什么说他是贤人呢？”魏无知答道：“臣所说的贤，是才能；陛下所问的，是德行。现在有尾生、孝已的德行，却对胜败之数没有益处，陛下哪有空闲任用他呢？如今楚汉相争，臣举荐有非凡谋略的人，只是看他的计谋确实对国家有利罢了。陈平强迫嫂子私通，接受兵士的贿赂又有什么值得怀疑的呢？”于是汉王召见陈平问道：“我听说先生事奉魏王不顺心，事奉楚王又离去，如今又跟随我游走，难道信义之人本来就如此多心吗？”陈平说：“臣事奉魏王，魏王不采纳臣的计谋，臣就离开他事奉项王。项王不相信其他人，他任用的都是自己中意的，不是项氏诸人就是他妻子的兄弟，即便是奇异的人才也不会任用。臣在楚国居住时听说汉王能任用人才，所以就来归依大王。臣裸着身体而来，不接受别人贿赂的钱便没有资本办事。如果臣的谋划确实有能采用的地方，希望大王采用；如果没有能采用的，大王赏赐的钱都在，请大王查封并全部缴纳官府，我请求辞官回家。”汉王便表示歉意，重重地赏赐陈平，让他担任护军中尉，监护所有将领。众将领才不敢再说三道四了。

其后，楚急击，绝汉甬道，围汉王于荥阳城。汉王患之，请割荥阳以西和。项王弗听。汉王谓平曰：“天下纷纷，何时定乎？”平曰：“项王为人，恭敬爱人，士之廉节好礼者多归之。至于行功赏爵邑，重之，士亦以此不附。今大王嫚而少礼，士之廉节者不来；然大王能饶人以爵邑，士之顽顿耆利无耻者亦多归汉。诚各去两短，集两长，天下指麾即定矣。然大王资侮人，不能得廉节之士。顾楚有可乱者，彼项王骨鲠之臣亚父、钟离眛、龙且、周殷之属，不过数人耳。大王能出捐数万斤金，行反间，间其君臣，以疑其心，项王为人意忌信谗，必内相诛。汉因举兵而攻之，破楚必矣。”汉王以为然，乃出黄金四万斤予平，恣所为，不问出入。

平既多以金纵反间于楚军，宣言诸将钟离眛等为项王将，功多矣，然终不得列地而王，欲与汉为一，以灭项氏，分王其地。项王果疑之，使使至汉。汉为太牢之具，举进，见楚使，即阳惊曰：“以为亚父使，乃项王使也！”复持去，以恶草具进楚使。使归，具以报项王，果大疑亚父。亚父欲急击下荥阳城，项王不信，不肯听亚父。亚父闻项王疑之，乃大怒曰：“天下事大定矣，君王自为之！愿乞骸骨归！”归未至彭城，疽发背而死。

平乃夜出女子二千人荥阳东门，楚因击之。平乃与汉王从城西门出去。遂入关，收聚兵而复东。

明年，淮阴侯信破齐，自立为假齐王，使使言之汉王。汉王怒

其后，楚军急急围攻汉军，断绝汉军运输的通道，把汉王围困在荥阳城。汉王很担心这件事，请求割让荥阳以西来向项王求和。项王不答应。汉王对陈平说：“天下纷乱，什么时候才能真正安定？”陈平说：“项王为人，恭敬爱人，廉节好礼的士人多归依他。至于论功行赏封爵邑这种事，他却是气量狭小，士人也因此不依附他。如今大王轻视士人且欠缺礼节，廉节之士不来归附您；但大王能赏有功人士爵邑，那些圆滑没骨气贪利无耻的士人也多归依汉。如果大王能真正革除两个短处，集中两个长处，挥手之间就可平定天下。但大王生性爱轻慢人，不能得到廉节之士。我想着能分裂楚军的地方也很多，就像项王那刚直忠诚的臣子亚父、钟离眛、龙且、周殷等，不过几个人罢了。大王如果能捐出几万斤金，行反间计，离间他们君臣的关系，使他们心生疑惑，项王为人喜好猜忌，听信谗言，他们内部必然会互相指责。汉乘机出兵攻打他们，必能攻破楚。”汉王也这样认为，便拿出四万斤黄金交给陈平，任由他处理，更不问黄金的出入。

陈平打点了很多钱在楚军中进行反间计，扬言钟离眛等将领，有很大的功劳，但最终不能分封土地加爵称王，他们都想依附汉，与汉合兵一处，灭掉项氏，分割楚国的地盘称王。项王果然心生疑惑，派使者到汉察看。汉王的人很尊重楚使，为他准备了太牢一类的佳肴，双手端着恭敬地献上，等到看见楚使者，便假装吃惊地说：“我们还以为是亚父派来的使者，原来是项王派来的使者！”之后汉王的人毫不留情地又把佳肴拿走了，把粗劣的食物端给楚使。楚使回去，把这些情况详细地报告给项王，项王果然对亚父产生了怀疑。亚父想快点攻下荥阳城，项王不信任他，不肯听亚父的话。亚父听说项王怀疑他，便大怒道：“天下事已定，这是君王自己造成的后果！我愿意请求告老还乡！”在回乡的路上，亚父悲愤交加，还没走到彭城，就背上生毒疮而死。

陈平便在夜里派出二千女子出荥阳东门，楚军因此攻击她们。陈平却与汉王从城西门出去。于是汉王进入关中，收拢集聚兵士又向东进军。

第二年，淮阴侯韩信打垮齐国，自立为代理齐王，并派使者告

而骂，平蹑汉王。汉王寤，乃厚遇齐使，使张良往立信为齐王。于是封平以户牖乡。用其计策，卒灭楚。

汉六年，人有上书告楚王韩信反。高帝问诸将，诸将曰："亟发兵坑竖子耳。"高帝默然。以问平，平固辞谢，曰："诸将云何？"上具告之。平曰："人之上书言信反，人有闻知者乎？"曰："未有。"曰："信知之乎？"曰："弗知。"平曰："陛下兵精孰与楚？"上曰："不能过也。"平曰："陛下将用兵有能敌韩信者乎？"上曰："莫及也。"平曰："今兵不如楚精，将弗及，而举兵击之，是趣之战也，窃为陛下危之。"上曰："为之奈何？"平曰："古者天子巡狩，会诸侯。南方有云梦，陛下弟出，伪游云梦，会诸侯于陈。陈，楚之西界，信闻天子以好出游，其势必郊迎谒。而陛下因禽之，特一力士之事耳。"高帝以为然，乃发使告诸侯会陈，"吾将南游云梦"。上因随以行。行至陈，楚王信果郊迎道中。高帝豫具武士，见信，即执缚之。语在《信传》。

遂会诸侯于陈。还至雒阳，与功臣剖符定封，封平为户牖侯，世世勿绝。平辞曰："此非臣之功也。"上曰："吾用先生计谋，战胜克敌，非功而何？"平曰："非魏无知臣安得进？"上曰："若子可谓不背本矣！"乃复赏魏无知。

其明年，平从击韩王信于代。至平城，为匈奴围，七日不得食。高帝用平奇计，使单于阏氏解，围以得开。高帝既出，其计秘，世莫得闻。高帝南过曲逆，上其城，望室屋甚大，曰："壮哉县！吾行天

知汉王。汉王恼怒地大骂韩信，陈平暗地里踩了汉王一脚。汉王一下子明白过来，便厚待齐使，派张良立韩信为齐王。因此汉王把户牖乡封给陈平。汉王采用陈平的计策，最终灭了楚国。

汉六年（前201），有人上书告发楚王韩信造反。高祖询问众将领对这件事的看法，将领们说："赶快发动兵力活埋那小子。"高祖沉默不语。又问陈平怎么办，陈平一再婉拒，然后问道："将领们都说了些什么？"高祖就把情况详细地告诉了他。陈平问："有人上书说韩信要造反，还有别人也听说过这件事吗？"高祖说："没有。"陈平又问："韩信知道人们这样议论他吗？"高祖说："不知道。"陈平又问："陛下的兵力和楚军比较谁更精强一些？"高祖说："我们的兵力没法超过韩信的。"陈平问："陛下的将领中用兵有能和韩信相匹敌的吗？"高祖说："无人能匹敌。"陈平说："现在兵力不如楚军精强，将领也比不上人家，却想发兵去溃他，这是催促韩信发动战争啊，我暗自替陛下担忧这件事啊。"高祖说："那该怎么办？"陈平说："就像古代天子巡行诸国会合诸侯一样。南方有云梦泽，陛下但凡要出去，就假装巡游云梦泽，在陈县会合诸侯。陈县，是楚国西面的边界，韩信听说天子因为兴趣爱好而巡游，他一定会到城郊迎接拜谒您。陛下趁机擒拿他，这只是一个大力士就能办到的事罢了。"高祖也认同陈平的话，便派使者告知诸侯在陈县会合，说"我要南游云梦泽"。高祖随后立即出发。走到陈县，楚王韩信果然在城郊的道上迎接他。高祖事先安排了武士，看到韩信，就把他抓住绑了起来。详见《韩信传》。

高祖之后在陈县会合诸侯。回到洛阳，高祖与功臣剖分信符定功封赏，封陈平为户牖侯，世代不绝。陈平辞谢说："这不是臣的功劳。"高祖说："我采用先生的计谋，战胜敌人，不是功劳是什么？"陈平说："如果不是魏无知举荐，臣怎能来到这里？"高祖说："像先生这样的人，可以说是不忘本啊！"高祖便又奖赏了魏无知。

第二年，陈平跟随高祖在代国攻打谋反的韩王信。他们到了平城，被匈奴包围，七天都没有食物可吃。高祖采用陈平的奇计，让阏氏劝说单于，才得以解围。高祖逃出后，他们的计谋隐密，世上没人

下，独见雒阳与是耳。”顾问御史：“曲逆户口几何？”对曰：“始秦时三万余户，间者兵数起，多亡匿，今见五千余户。”于是诏御史，更封平为曲逆侯，尽食之，除前所食户牖。

平自初从，至天下定后，常以护军中尉从击臧荼、陈豨、黥布。凡六出奇计，辄益邑封。奇计或颇秘，世莫得闻也。

高帝从击布军还，病创，徐行至长安。燕王卢绾反，上使樊哙以相国将兵击之。既行，人有短恶哙者。高帝怒曰：“哙见吾病，乃幾我死也！”用平计，召绛侯周勃受诏床下，曰：“陈平乘驰传载勃代哙将，平至军中即斩哙头！”二人既受诏，驰传未至军，行计曰：“樊哙，帝之故人，功多，又吕后女弟吕须夫，有亲且贵，帝以忿怒故欲斩之，即恐后悔。宁囚而致上，令上自诛之。”未至军，为坛，以节召樊哙。哙受诏，即反接，载槛车诣长安，而令周勃代将兵定燕。

平行闻高帝崩，平恐吕后及吕须怒，乃驰传先去。逢使者诏平与灌婴屯于荥阳。平受诏，立复驰至宫，哭殊悲，因奏事丧前。吕后哀之，曰：“君出休矣！”平畏谗之就，因固请之，得宿卫中。太后乃以为郎中令，日傅教帝。是后吕须谗乃不得行。樊哙至，即赦复爵邑。

惠帝六年，相国曹参薨，安国侯王陵为右丞相，平为左丞相。

听闻这件事。高祖向南经过曲逆县，登上城墙，望见那里房屋很大，说："多么壮美的县邑啊！我巡行天下，仅仅见过洛阳和这里差不多。"他回头问御史："曲逆县有多少户人家？"御史答道："在秦当初有三万多户，中间经历了几次战争，人们大多逃跑并躲藏起来，现在有五千多户。"高祖便诏令御史，改封陈平为曲逆侯，享受全县的赋税收入，撤销以前的户牖乡食邑。

陈平从最初跟随高祖，等到平定天下后，常以护军中尉的身份跟着攻打臧荼、陈豨、英布。他共谋划过六出奇计，每次都因立功而增加封邑。有的奇计高深莫测，世人从未听说过。

高祖平定英布后率军还朝，因为受伤，缓行至长安。又逢燕王卢绾背叛，高祖派樊哙作为相国率兵出击。樊哙带领军队出发后，有人说他的坏话。高祖听后发怒道："樊哙见我受伤，就希望我死去！"高祖采用陈平定下的计谋，召绛侯周勃受诏于床下，说："陈平驾着传驿的马车，快速奔驰载送周勃代替樊哙率领士兵，陈平到军中就砍下樊哙的头！"二人禀承诏命，乘坐传驿的马车离去，传驿的马车还没到樊哙的军中，二人就在路上计议道："樊哙，是皇帝的旧交，有很多功劳，又是吕后妹妹吕须的丈夫，他是皇上的亲家，地位尊贵，皇上因一时生气所以想杀他，恐怕以后会后悔。我们不如囚禁了他交给皇上，让皇上亲自杀他。"他们还没到军中，便在外面设坛，用符节将樊哙召来。樊哙接诏，陈平就命人把他双手反绑在背后，用囚车载着送到长安，周勃留在军中代替樊哙领兵平定燕国。

陈平在路上听闻高祖驾崩，怕吕后和吕须因为他设计绑了樊哙而生气，便驾着传驿的马车先离开了。碰上使者诏令陈平和灌婴到荥阳驻军防守。陈平接诏，马上又跑到宫中，哭得非常伤心，接着他趁机在高祖的遗体前向吕后汇报办理樊哙事情的经过。吕后同情他，说："您出去休息吧！"陈平怕说他坏话的人得势，便坚决请求陪在高祖身边，得以值宿宫禁，担任警卫。太后便任命他为郎中令，每天教导新登基的汉惠帝，给汉惠帝授课。那以后，吕须的谗言才没能发挥作用。樊哙回来，吕后即刻赦免他的罪责恢复爵邑。

惠帝六年（前189），相国曹参死去，安国侯王陵任右丞相，陈平

王陵，沛人也。始为县豪，高祖微时兄事陵。及高祖起沛，入咸阳，陵亦聚党数千人，居南阳，不肯从沛公。及汉王之还击项籍，陵乃以兵属汉。项羽取陵母置军中，陵使至，则东乡坐陵母，欲以招陵。陵母既私送使者，泣曰："愿为老妾语陵，善事汉王。汉王长者，毋以老妾故持二心。妾以死送使者。"遂伏剑而死。项王怒，亨陵母。陵卒从汉王定天下。以善雍齿，雍齿，高祖之仇，陵又本无从汉之意，以故后封陵，为安国侯。

陵为人少文任气，好直言。为右丞相二岁，惠帝崩。高后欲立诸吕为王，问陵。陵曰："高皇帝刑白马而盟曰：'非刘氏而王者，天下共击之。'今王吕氏，非约也。"太后不说。问左丞相平及绛侯周勃等，皆曰："高帝定天下，王子弟；今太后称制，欲王昆弟诸吕，无所不可。"太后喜。罢朝，陵让平、勃曰："始与高帝唼血而盟，诸君不在邪？今高帝崩，太后女主，欲王吕氏，诸君纵欲阿意背约，何面目见高帝于地下乎！"平曰："于面折廷争，臣不如君；全社稷，定刘氏后，君亦不如臣。"陵无以应之。于是吕太后欲废陵，乃阳迁陵为帝太傅，实夺之相权。陵怒，谢病免，杜门竟不朝请，十年而薨。

陵之免，吕太后徙平为右丞相，以辟阳侯审食其为左丞相。食其亦沛人也。汉王之败彭城西，楚取太上皇、吕后为质，食其以舍人侍吕后。其后从破项籍为侯，幸于吕太后。及为相，不治，监宫中，

任左丞相。

王陵，沛县人。最初是县里的豪杰，高祖身份卑微时，以兄长的礼节事奉王陵。等到高祖在沛县发动武装起义，攻入咸阳的时候，王陵也聚集几千党羽，在南阳郡驻扎，不肯跟随沛公。到汉王回击项籍，王陵才带兵归附汉。项羽为此捉拿了王陵的母亲并把她安置在军中，王陵的使者到了项羽的军营，项羽便让王陵的母亲向东而坐，想要招降王陵。王陵母亲私下里送使者，哭着说："希望你替老妇转告王陵，让他一定要好好事奉汉王。汉王是个宽厚仁慈的人，不要因为老妇待在项羽这里就持有二心。老妇以死来为使者送行。"便拔剑自刎而死。项王大怒，煮了王陵的母亲。王陵终于死心塌地，跟随汉王平定了天下。因为王陵和雍齿交情不错，雍齿，是高祖的仇人，王陵又本来没有跟随汉王的意愿，所以汉高祖才后封王陵，任安国侯。

王陵为人缺少文才，好意气用事，喜欢直言直语。他任右丞相两年，惠帝驾崩。吕后想立吕氏诸人为王，问王陵对这件事的看法。王陵说："当初高帝杀白马盟誓说：'如果不是刘氏而称王天下的人，天下人就会共同攻击他。'现在立吕氏为王，这是不守约定。"吕后听后很不开心。问左丞相陈平和绛侯周勃等人，他们都说："高帝平定天下，将子弟封王；如今太后行使天子的职权，要封吕氏兄弟为王，没什么不可以的。"吕后这才开心了。退朝后，王陵责怪陈平、周勃道："起初与高帝喢血盟誓，各位难道不在现场吗？如今高帝驾崩，太后为女主，要立吕氏为王，各位毫无节制地逢迎讨好太后，违背和高帝的盟约，有何脸面在地下见高帝呢！"陈平说："在朝廷上直言谏诤，据理力争，我不如您；保全社稷，安定刘氏后代，您也不如我。"王陵竟然无言以对。因此吕太后想废黜王陵，就假意提拔王陵做皇帝的太傅，实际是夺了他丞相的权力。王陵感到愤怒，以生病为借口自行免职，竟然闭门不朝见皇帝，十年后，王陵去世。

王陵免去职务后，吕太后调职陈平为右丞相，任辟阳侯审食其为左丞相。审食其也是沛县人。当初汉王在彭城以西吃了败仗时，楚军捉拿太上皇、吕后，扣留他们做人质，审食其就作为舍人侍奉吕后。以后他跟着汉王打败项籍被封为侯，吕太后对他很是宠幸。等

如郎中令，公卿百官皆因决事。

吕须常以平前为高帝谋执樊哙，数谗平曰：“为丞相不治事，日饮醇酒，戏妇人。”平闻，日益甚。吕太后闻之，私喜。面质吕须于平前，曰：“鄙语曰‘儿妇人口不可用’，顾君与我何如耳，无畏吕须之谮。”

吕太后多立诸吕为王，平伪听之。及吕太后崩，平与太尉勃合谋，卒诛诸吕，立文帝，平本谋也。审食其免相，文帝立，举以为相。

太尉勃亲以兵诛吕氏，功多；平欲让勃位，乃谢病。文帝初立，怪平病，问之。平曰：“高帝时，勃功不如臣；及诛诸吕，臣功亦不如勃。愿以相让勃。”于是乃以太尉勃为右丞相，位第一；平徙为左丞相，位第二。赐平金千斤，益封三千户。

居顷之，上益明习国家事，朝而问右丞相勃曰：“天下一岁决狱几何？”勃谢不知。问：“天下钱谷一岁出入几何？”勃又谢不知。汗出洽背，愧不能对。上亦问左丞相平。平曰：“有主者。”上曰：“主者为谁乎？”平曰：“陛下即问决狱，责廷尉；问钱谷，责治粟内史。”上曰：“苟各有主者，而君所主何事也？”平谢曰：“主臣！陛下不知其驽下，使待罪宰相。宰相者，上佐天子理阴阳，顺四时，下遂万物之宜，外填抚四夷诸侯，内亲附百姓，使卿大夫各得任其职也。”上称善。勃大惭，出而让平曰：“君独不素教我乎！”平笑曰：“君居其位，独不知其任邪？且陛下即问长安盗贼数，又欲强对邪？”于是绛侯自知其能弗如平远矣。居顷之，勃谢免相，而平颛

他做了丞相，却不治丞相职事，而是监理宫中事务，好像郎中令一样，公卿百官处理公务都得先通过他。

吕须常因陈平以前替高祖谋划逮捕樊哙这件事恼恨他，多次说陈平的坏话，她道：“陈平担任丞相却不治事，每天喝香郁纯正的美酒，玩弄女人。”陈平听说了这些话，竟然一天天更加放纵。吕太后听说后，私下里感到高兴。吕太后当着吕须的面前对陈平说：“俗话说‘小儿妇人的话不可信’，您只要顾念与我的关系就好，不要怕吕须诬陷您。”

吕太后立了很多吕氏宗族的人为王，陈平假意听从吕太后。等吕太后去世，陈平与太尉周勃共同谋划，最终杀掉吕姓宗族之人，立文帝，这事本来就是陈平谋划的。审食其此后被免去相位，文帝登基后，选用陈平、周勃为左右丞相。

太尉周勃亲自率兵诛杀吕氏一族，立下很多功劳；陈平想把右丞相的位置让给周勃，便以生病为借口，拒绝做官。文帝刚刚即位，觉得陈平病得有点儿奇怪，就去问他称病的缘由。陈平回答说：“高帝那时，周勃的功劳不如臣；等到诛杀吕氏宗族，臣的功劳也远远不及周勃。臣愿意把右丞相的职位让给周勃。”于是文帝听从了陈平的建议，便任太尉周勃担任右丞相，位居第一；陈平调任左丞相，位居第二。又赏赐陈平一千斤金，加封食邑三千户。

过了没多久，文帝对国家大事更加明了熟悉，有一天，文帝上朝问右丞相周勃说：“国家一年判决多少诉讼案件？”周勃认错说自己不清楚。文帝又问：“国家一年税赋的收支各有多少？”周勃再次认错，说自己不太清楚这些事。周勃汗流浃背，惭愧自己不能回答文帝提出的问题。文帝又问左丞相陈平同样的问题。陈平回答说：“这些事都有主管的人负责。”文帝又问：“主管的人是谁呢？”陈平说：“陛下如果要问判决诉讼案件的事，这是廷尉的职责；陛下如果问的是赋税收支的相关问题，治粟内史负责这些事。”文帝说：“如果任何事情都有各自负责的人，那么您负责的是什么事呢？”陈平谢罪说：“臣惶恐！陛下不知道臣是个愚笨之人，让臣勉强担任宰相之位。宰相，对上辅佐天子调理阴阳，顺应四时，对下随顺万物让其有适宜自

为丞相。

孝文二年，平薨，谥曰献侯。传子至曾孙何，坐略人妻弃市。王陵亦至玄孙，坐酎金国除。辟阳侯食其免后三岁而为淮南王所杀，文帝令其子平嗣侯。淄川王反，辟阳近淄川，平降之，国除。

始平曰："我多阴谋，道家之所禁。吾世即废，亦已矣，不能复起，以吾多阴祸也。"其后曾孙陈掌以卫氏亲戚贵，愿得续封之，然终不得也。

周勃，沛人也。其先卷人也，徙沛。勃以织薄曲为生，常以吹箫给丧事，材官引强。

高祖为沛公初起，勃以中涓从攻胡陵，下方与。方与反，与战，却敌。攻丰。击秦军砀东。还军留及萧。复攻砀，破之。下下邑，先登。赐爵五大夫，攻蒙、虞，取之。击章邯车骑殿。略定魏地。攻辕戚、东缗，以往至栗，取之。攻啮桑，先登。击秦军阿下，破之。追至濮阳，下甄城。攻都关、定陶，袭取宛朐，得单父令。夜袭取临济，攻寿张，以前至卷，破李由雍丘下。攻开封，先至城下为多。后章邯破项梁，沛公与项羽引兵东如砀。自初起沛还至砀，一岁二月。

己的生长环境，对外安抚四方少数民族和各诸侯，对内亲近依附百姓，使得卿大夫各自能胜任自己的职责。”文帝称赞陈平说得好。周勃感到特别惭愧，走出去责怪陈平说：“您干吗平时不教我这些知识！”陈平笑道：“您身居相位，难道不知道相位的职任吗？况且陛下要是问长安盗贼的数量，您也要勉强应对吗？”于是绛侯周勃才自知能力远不及陈平。过了不久，周勃辞去相位，而陈平一个人专职丞相。

文帝二年（前178），丞相陈平去世，谥号献侯。陈平的侯位传给儿子，之后一直传到曾孙陈何，陈何因为抢夺别人妻子被处以弃市罪。王陵的侯位也传到玄孙那一代，他的玄孙因为献给朝廷供祭祀用的贡金不够份量而被定罪，封国也被废除。辟阳侯审食其被免职后三年，为淮南王所杀，文帝让他儿子审平承袭侯位。后来淄川王反叛，辟阳县离淄川国很近，审平投降了淄川王，文帝废除了他的封国。

最初陈平说过：“我为了达到目的，多用阴谋诡计算计别人，这在道家来讲，是绝对禁止的。如果我陈家后代子孙在我这辈子被废黜世袭的侯位，也就停滞不前了，最终也不能东山再起，就是因为我多出阴谋诡计造成的祸患。”其后，他的曾孙陈掌因为是卫氏的亲戚而富贵一时，希望得到续封，然而最终也没有实现这个愿望。

周勃，沛县人。他祖先是卷县人，后来迁徙到沛县。周勃以编织养蚕的器具维持生计，经常给丧事吹箫，来养家糊口，周勃是地方预备兵，能挽拉强弓。

高祖刚刚被推举为沛公，起兵的时候，周勃任中涓跟着沛公进攻胡陵，拿下方与县。方与县反叛，周勃跟随沛公，率领士兵和方与县的叛军开战，打退了敌人。攻打丰县。在砀县东攻打秦军。军队返回后驻扎在留县和萧县。军队再次攻击砀县，打垮并占领了它。攻克下邑县的时候，周勃英勇杀敌，最先登城。高祖赐爵为五大夫，沛公军队攻打蒙县、虞县，得到了这两个地方。军队攻打章邯成队车马和殿后的保卫队。攻克平定了魏地。军队攻取辕戚县、东缗县，一直到栗县，攻取了栗县。高祖攻打啮桑亭，周勃最先登城。在东阿城下

楚怀王封沛公号武安侯，为砀郡长。沛公拜勃为襄贲令。从沛公定魏地，攻东郡尉于成武，破之。攻长社，先登。攻颍阳、缑氏，绝河津。击赵贲军尸北。南攻南阳守齮，破武关、峣关。攻秦军于蓝田。至咸阳，灭秦。

项羽至，以沛公为汉王。汉王赐勃爵为威武侯。从入汉中，拜为将军。还定三秦，赐食邑怀德。攻槐里、好畤，最。北击赵贲、内史保于咸阳，最。北救漆。击章平、姚印军。西定汧。还下郿、频阳。围章邯废丘，破之。西击益已军，破之。攻上邽。东守峣关。击项籍。攻曲遇，最。还守敖仓，追籍。籍已死，因东定楚地泗水、东海郡，凡得二十二县。还守雒阳、栎阳，赐与颍阴侯共食钟离。以将军从高祖击燕王臧荼，破之易下。所将卒当驰道为多。赐爵列侯，剖符世世不绝。食绛八千二百八十户。

以将军从高帝击韩王信于代，降下霍人。以前至武泉，击胡骑，破之武泉北。转攻韩信军铜鞮，破之。还，降太原六城。击韩信胡骑晋阳下，破之，下晋阳。后击韩信军于硰石，破之，追北八十里。还攻楼烦三城，因击胡骑平城下，所将卒当驰道为多。勃迁为太尉。

攻击秦军，打垮他们。追至濮阳县，攻克蕲城县。攻打都关县、定陶县，袭取宛朐县，俘虏了单父县令。沛公在夜晚袭取临济县，进攻寿张县，周勃作为前锋，追击敌人到卷县，在雍丘县下攻破李由率领的秦军。攻开封县，周勃率先抵达城下，立了很多战功。后来章邯率领秦军打垮项梁，沛公和项羽率领军队向东到砀县。从最初沛公发起武装斗争到返回到砀县，周勃一直跟随沛公，共一年零两个月。楚怀王封沛公为武安侯，任职为砀郡长。沛公让周勃担任襄贲县令。周勃跟从沛公平定魏地，在成武县攻打东郡尉，打垮秦军。攻打长社县，周勃率先登城。攻颍阳县、缑氏县，越过河津渡口。周勃在尸乡以北与赵贲的军队交战。向南攻打南阳郡守齮，打垮武关、峣关。在蓝田县攻击秦军。周勃跟随沛公到咸阳，灭秦。

项羽来到咸阳，封沛公为汉王。汉王赐周勃威武侯爵位。周勃跟随汉王刘邦进入汉中，汉王封周勃为将军。接着汉王回师平定三秦，赏赐怀德作为周勃的食邑。汉军攻打槐里县、好畤县，周勃功劳最大。汉军向北在咸阳攻打赵贲、内史保，周勃功劳最大。北救漆县。打击章平、姚卬的军队。向西平定汧县。回师攻下郿县、频阳县。在废丘县围困章邯，最后打垮敌军。向西攻打益已的军队并击溃他们。攻上邽县。东守峣关。攻打项籍军队。攻曲遇邑，军功最大。军队返回守卫敖仓，追击项籍。项籍已死，周勃便在东面平定楚地泗水郡、东海郡，共拿下二十二个县。周勃回守洛阳、栎阳县，汉王赏赐周勃和颍阴侯一起享受钟离县的赋税，作为食邑。周勃担任将军后，跟着高祖攻打燕王臧荼，在易县城下打垮臧荼。周勃所率领的士兵多建功于驰道。高祖赐周勃位列爵侯，高祖与周勃剖分信符，使其侯爵之位世世不绝。周勃享受绛八千二百八十户赋税，作为自己的食邑。

周勃任将军时跟着高祖在代国攻打韩王信，使霍人降服。向前行进到武泉邑，攻打胡人骑兵，在武泉邑以北打垮他们。转到铜鞮县攻打韩信军，成功地打垮他们。周勃回师，攻下太原六城。在晋阳城下打击韩信与胡骑的联军，成功地打垮了他们，攻占了晋阳城。后来周勃又在硰石攻打韩信军，成功地打垮他们，向北追赶敌军八十里。周勃回师攻打楼烦三城，趁机在平城县下攻击胡骑，他所率领的

击陈豨，屠马邑。所将卒斩豨将军乘马降。转击韩信、陈豨、赵利军于楼烦，破之。得豨将宋最、雁门守圂。因转攻得云中守遬、丞相箕肆、将军博。定雁门郡十七县、云中郡十二县。因复击豨灵丘，破之，斩豨、丞相程纵、将军陈武、都尉高肆。定代郡九县。

燕王卢绾反，勃以相国代樊哙将，击下蓟，得绾大将抵、丞相偃、守陉、太尉弱、御史大夫施屠浑都。破绾军上兰，后击绾军沮阳。追至长城，定上谷十二县，右北平十六县，辽东二十九县，渔阳二十二县。最从高帝得相国一人，丞相二人，将军、二千石各三人；别破军二，下城三，定郡五，县七十九，得丞相、大将各一人。

勃为人木强敦厚，高帝以为可属大事。勃不好文学，每召诸生说士，东乡坐责之："趣为我语。"其椎少文如此。

勃既定燕而归，高帝已崩矣，以列侯事惠帝。惠帝六年，置太尉官，以勃为太尉。十年，高后崩。吕禄以赵王为汉上将军，吕产以吕王为相国，秉权，欲危刘氏。勃与丞相平、朱虚侯章共诛诸吕。语在《高后纪》。

于是阴谋以为"少帝及济川、淮阳、恒山王皆非惠帝子，吕太后以计诈名它人子，杀其母，养之后宫，令孝惠子之，立以为后，用强吕氏。今已灭诸吕，少帝即长用事，吾属无类矣，不如视诸侯贤者立之。"遂迎立代王，是为孝文皇帝。

东牟侯兴居，朱虚侯章弟也，曰："诛诸吕，臣无功，请得除

士兵多建功于驰道。周勃升为太尉。

汉军攻打陈豨的军队，屠杀马邑城民。周勃所率领的士兵斩杀了陈豨的将军乘马降。转战于楼烦攻击韩信、陈豨、赵利的联军，成功打垮他们。俘虏陈豨将领宋最、雁门守圂。周勃趁机转攻俘虏云中郡守遬、丞相箕肄、将军博。平定雁门郡十七个县，云中郡十二个县。又趁机在灵丘县攻击陈豨军队，成功地打垮他们，斩杀陈豨、陈豨的丞相程纵、将军陈武、都尉高肄。平定代郡九个县。

燕王卢绾反叛，周勃作为相国代理樊哙率领军队，攻克蓟县，俘虏燕王卢绾大将抵、丞相偃、郡守陉、太尉弱、御史大夫施屠浑都。并在上兰溪打垮卢绾的军队，随后在沮阳县打击卢绾军。追到长城，平定上谷郡十二个县，右北平郡十六个县，辽东郡二十九个县，渔阳郡二十二个县。周勃跟从高祖共俘虏相国一人，丞相二人，将军、二千石官员各三人；另外打败两支军队，攻下三座城，平定五个郡，七十九个县，俘虏丞相、大将各一人。

周勃为人质直刚强敦厚老实，高祖以为能托付他大事。周勃不喜欢文学，每次召来诸生游说之士，他就面向东坐着责令道："赶快说给我听。"他就是这样朴实少文。

周勃平定燕国归来，高祖已驾崩，他以列侯的身份事奉惠帝。惠帝六年（前189），设置太尉官，任周勃为太尉。十年后，吕后驾崩。吕禄任赵王为汉上将军，吕产任吕王为相国，这两人执掌国家政权，要危及刘氏皇权。周勃与丞相陈平、朱虚侯章一起谋划杀掉吕姓宗族的人。详见《高后纪》。

为了诛灭诸吕，他们于是使出阴谋，宣称"少帝和济川王、淮阳王、恒山王都不是惠帝的亲生儿子，而是吕太后使用计谋诈称别人的孩子是皇子，吕太后杀掉孩子们的母亲，把他们在后宫里抚养长大，让孝惠帝对待他们像亲儿子一样，立为惠帝的后代，用来巩固吕氏的权力。如今我们已消灭了吕姓宗族，等到少帝长大了当权执政，我们这些人无一不被灭族，不如从诸侯中考察，选一个贤能的人立为皇上。"便迎接并拥立代王为君王，就是孝文皇帝。

东牟侯刘兴居，是朱虚侯刘章的弟弟，他说："诛杀吕姓宗族，

宫。”乃与太仆汝阴滕公入宫。滕公前谓少帝曰：“足下非刘氏，不当立。”乃顾麾左右执戟，皆仆兵罢。有数人不肯去，宦者令张释谕告，亦去。滕公召乘舆车载少帝出。少帝曰：“欲持我安之乎？”滕公曰：“就舍少府。”乃奉天子法驾，迎皇帝代邸，报曰：“宫谨除。”皇帝入未央宫，有谒者十人持戟卫端门，曰：“天子在也，足下何为者？”不得入。太尉往喻，乃引兵去，皇帝遂入。是夜，有司分部诛济川、淮阳、常山王及少帝于邸。

文帝即位，以勃为右丞相，赐金五千斤，邑万户。居十余月，人或说勃曰：“君既诛诸吕，立代王，威震天下，而君受厚赏处尊位以厌之，则祸及身矣。”勃惧，亦自危，乃谢请归相印。上许之。岁余，陈丞相平卒，上复用勃为相。十余月，上曰：“前日吾诏列侯就国，或颇未能行，丞相朕所重，其为朕率列侯之国。”乃免相就国。

岁余，每河东守尉行县至绛，绛侯勃自畏恐诛，常被甲，令家人持兵以见。其后人有上书告勃欲反，下廷尉，逮捕勃治之。勃恐，不知置辞。吏稍侵辱之。勃以千金与狱吏，狱吏乃书牍背示之，曰“以公主为证”。公主者，孝文帝女也，勃太子胜之尚之，故狱吏教引为证。初，勃之益封，尽以予薄昭。及系急，薄昭为言薄太后，太后亦以为无反事。文帝朝，太后以冒絮提文帝，曰：“绛侯绾皇帝玺，将兵于北军，不以此时反，今居一小县，顾欲反邪！”文帝既见勃狱辞，乃谢曰：“吏方验而出之。”于是使使持节赦勃，复爵邑。

我没立下任何功劳，请让我清除宫室。”东牟侯便与太仆汝阴滕公入宫。滕公近前对少帝说：“少帝您不是刘氏的后代，不应该做皇帝。”便回头挥手示意两边的宫廷侍卫官，他们都放下兵器出去了。有几个人不肯离开，宦者令张释告诫这几个兵士，他们也都离开了。滕公召来天子乘坐的专车载少帝出宫。少帝问：“你们要把我带到哪儿去？”滕公说：“到少府休息去。”之后滕公便谨奉天子的车驾，到代王府邸迎接文帝，滕公报告说：“我已经谨慎地把皇宫清除过了。”文帝就进驻未央宫，有十个负责通报与接待宾客的近侍，握着戟守卫在宫殿的正门口，说：“天子在这里，你们这是要干什么？”文帝进不去。太尉周勃前去告诉他们前因后果，才率领士兵离去，文帝便进去了。当天夜晚，相关官吏分配下去，在济川王府、淮阳王府、常山王府以及少帝府分别杀掉这几位王子。

文帝即位后，任周勃为右丞相，赏赐五千斤金，享受万户赋税作为食邑。过了十多个月，有人劝说周勃：“您已诛杀了吕姓宗族的人，立代王为帝，威震天下，而您接受文帝的厚赏处在尊贵的地位，您还很满足这样的生活，这样下去便会有大祸殃及自身。”周勃听了感到惧怕，也自感处境危殆，便称病辞去相位请求交还相印。文帝同意了他的请求。一年多后，丞相陈平去世，文帝又任周勃为丞相。十个多月后，文帝说：“前些日子朕下诏让列侯回封国，有很多人还没回去，朕很器重丞相，您就为朕率领列侯回封国吧。”周勃便被免去相位回到封国。

一年多后，每逢河东守尉到绛县巡察，绛侯周勃就感到畏惧，恐怕被人杀害，他经常身披甲胄，让家人拿着武器拜见河东守尉。后来有人上书告周勃想要反叛，此事最终被投送到廷尉那里，廷尉逮捕周勃并治他的罪。周勃惶恐，不知道如何申辩。小吏动不动就凌辱他。周勃送狱吏千金，狱吏就在木片背面写字让周勃看，说“让公主为你做证”。公主是文帝的女儿，周勃的大儿子周胜之娶公主为妻，所以狱吏教他让公主为他做证。最初，周勃把自己增加的封邑，都送给了薄昭。等到事关紧急，薄昭替周勃在薄太后面前说好话，太后也认为周勃不会有反叛的事。有一天文帝上朝，太后拿起头巾向文帝

勃既出，曰：“吾尝将百万军，安知狱吏之贵也！”

勃复就国，孝文十一年薨，谥曰武侯。子胜之嗣，尚公主不相中，坐杀人，死，国绝。一年，文帝乃择勃子贤者河内太守亚夫复为侯。

亚夫为河内守时，许负相之：“君后三岁而侯。侯八岁，为将相，持国秉，贵重矣，于人臣无二。后九年而饿死。”亚夫笑曰：“臣之兄以代父侯矣，有如卒，子当代，我何说侯乎？然既已贵如负言，又何说饿死？指视我。”负指其口曰：“从理入口，此饿死法也。”居三岁，兄绛侯胜之有罪，文帝择勃子贤者，皆推亚夫，乃封为条侯。

文帝后六年，匈奴大入边。以宗正刘礼为将军军霸上，祝兹侯徐厉为将军军棘门，以河内守亚夫为将军军细柳，以备胡。上自劳军，至霸上及棘门军，直驰入，将以下骑出入送迎。已而之细柳军，军士吏被甲，锐兵刃，彀弓弩，持满。天子先驱至，不得入。先驱曰：“天子且至！”军门都尉曰：“军中闻将军之令，不闻天子之诏。”有顷，上至，又不得入。于是上使使持节诏将军曰：“吾欲劳军。”亚夫乃传言开壁门。壁门士请车骑曰：“将军约，军中不得驱驰。”于是天子乃按辔徐行。至中营，将军亚夫揖，曰：“介胄之士不拜，请以军礼见。”天子为动，改容式车。使人称谢：“皇帝敬劳将军。”成礼而去。既出军门，群臣皆惊。文帝曰：“嗟乎，此真将军矣！乡者霸上、棘门如儿戏耳，其将固可袭而虏也。至于亚夫，可得

扔去，说："当初绛侯废少帝时，手里握着皇帝的玉玺大印，在北军带领士兵，他都不在那时反叛，如今住在一个小县城里，却要回头想着反叛你吗！"那时文帝已经看到周勃的供词，便认错说："官吏正在核实这件事，马上就会放他出来。"于是文帝派使者拿着符节赦免周勃，恢复了他的爵位封邑。周勃从狱中出来后，说："我也曾率领过百万大军，如今才知道狱吏竟然这么重要呢！"

周勃又返回封国，于文帝十一年（前169）死去，谥号武侯。他的儿子周胜之继承了爵位，娶了公主以后互相觉得不满意，他又因杀人被治罪，判处死刑，废除了封国。一年后，文帝便挑选周勃的另一个儿子恢复了侯位，这个人就是贤德的河内太守周亚夫。

周亚夫任河内太守时，许负看他的面相说："您三年以后会位列侯爵。担任侯爵八年后，会任职将相，会掌持国家大权，您位尊任重，在大臣里独一无二。九年后会饿死。"周亚夫大笑着说："我哥哥已经继承父亲位列侯爵，如果哥哥死了，他的儿子会继承侯位，我会被封侯，何来此说？但既然已经像您说的那么尊贵，又怎么说我会饿死呢？用手指给我看看。"许负指着他的口说："您鼻侧口旁有纵理纹达口角者，主饿死。"过了三年，哥哥绛侯周胜之犯罪，文帝挑选周勃儿子中贤德的人，大家都举荐周亚夫，文帝便封他为条侯。

文帝后元六年（前158），匈奴大肆入侵边境。文帝任宗正刘礼为将军，在霸上驻军，任祝兹侯徐厉为将军，在棘门驻军，任河内太守周亚夫为将军，在细柳驻军，以防备胡人袭击。文帝亲自犒劳军队，到霸上军营和棘门的军营，文帝的专车人马长驱直入，那里军营将军以下的官员骑马出入送迎。接着文帝到了细柳军营，只见军中士吏身披铠甲，磨快刀刃，使劲张开弓弩，拉满弓弦。文帝的开路先锋到来，士兵不让进去。先锋说："天子马上就到！"军门都尉说："我们军中只听从将军的命令，不听从天子的诏命。"不一会儿，文帝到，士兵还是不让进去。于是文帝派使者手持符节诏示将军说："朕要犒劳军队。"周亚夫才传话打开军营的门。军营门的士兵要求车骑说："将军规定，军中不允许策马奔走。"文帝便勒住马缰绳缓慢行走。文帝走到主帅所在的军营，将军周亚夫作揖说："披甲戴盔之士不便

而犯邪！”称善者久之。月余，三军皆罢。乃拜亚夫为中尉。

文帝且崩时，戒太子曰：“即有缓急，周亚夫真可任将兵。”文帝崩，亚夫为车骑将军。

孝景帝三年，吴楚反。亚夫以中尉为太尉，东击吴楚。因自请上曰：“楚兵剽轻，难与争锋。愿以梁委之，绝其食道，乃可制也。”上许之。

亚夫既发，至霸上，赵涉遮说亚夫曰：“将军东诛吴楚，胜则宗庙安，不胜则天下危，能用臣之言乎？”亚夫下车，礼而问之。涉曰：“吴王素富，怀辑死士久矣。此知将军且行，必置间人于殽黾阸狭之间。且兵事上神密，将军何不从此右去，走蓝田，出武关，抵雒阳，间不过差一二日，直入武库，击鸣鼓。诸侯闻之，以为将军从天而下也。”太尉如其计。至雒阳，使吏搜殽黾间，果得吴伏兵。乃请涉为护军。

亚夫至，会兵荥阳。吴方攻梁，梁急，请救。亚夫引兵东北走昌邑，深壁而守。梁王使使请亚夫，亚夫守便宜，不往。梁上书言景帝，景帝诏使救梁。亚夫不奉诏，坚壁不出，而使轻骑兵弓高侯等绝吴楚兵后食道。吴楚兵乏粮，饥，欲退，数挑战，终不出。夜，军中惊，内相攻击扰乱，至于帐下。亚夫坚卧不起。顷之，复定。吴奔

跪拜，请允许我以军礼参拜陛下。”文帝为周亚夫将军的一系列行为震惊，脸色变得庄重严肃，扶着车舆。派人向周亚夫将军致谢说：“皇帝恭敬地慰劳将军。”文帝完成礼仪后离去。出了军营的大门，大臣们都很惊讶。文帝说：“哎呀，这才是真正的将军啊！刚才在霸上、棘门，他们就像儿戏一样，那里的将领一定会遭遇袭击并被俘虏。至于周亚夫将军，谁能得以进攻呢！”就这样，文帝称赞了他好久。一个多月后，三军都撤回。文帝便封周亚夫为中尉。

文帝将要驾崩时，告诫太子说：“不管事情缓慢还是急迫，周亚夫足以担当率领军队的重任。”文帝驾崩，周亚夫任车骑将军。

景帝三年（前154），吴楚反叛。周亚夫以中尉身份行使太尉职权，向东出兵攻打吴楚。周亚夫向景帝请示说：“楚兵强悍轻锐，很难和他们争胜。希望梁地先与吴楚军队周旋，汉军以此断绝吴楚运粮的通道，便可以制裁他们。”景帝同意了周亚夫的建议。

周亚夫已经出发，率领军队到达霸上，赵涉拦路向周亚夫诉说：“将军向东讨伐吴楚，如果战争取得胜利则国家安定，如果不能取得胜利则天下危急，您能采纳我的建议吗？”周亚夫下车，行礼后问他有什么妙计。赵涉说：“吴王平素就很富足，他招集死士已经很久了。现在知道将军要出行，一定会在殽山渑池两地的险狭之处安置伏兵。并且战争崇尚神秘莫测，将军为何不从此向右绕道出击，经过蓝田县，出武关，抵达洛阳，时间相差不过一两天，直接占领藏兵器的府库，在那里敲响战鼓。诸侯听到声音，以为将军是从天而降。”太尉周亚夫依照赵涉的计谋行事。大军到了洛阳，周亚夫派小吏在殽山渑池之间大肆搜索，果然找到了埋伏在那里的吴兵。太尉便请赵涉任护军。

周亚夫到后，在荥阳大举调集军队。吴军正攻打梁地，梁地告急，请求救援。周亚夫率领军队向东北奔向昌邑县，筑深垒守在那里。梁王派使者请求周亚夫救助，周亚夫反复权衡利弊，就没去支援梁王。梁王只得上书把情况告诉了景帝，景帝下诏让周亚夫救梁地。周亚夫不接受景帝的命令，坚守营垒不出兵，而是派轻骑兵弓高

壁东南陬，亚夫使备西北。已而其精兵果奔西北，不得入。吴楚既饿，乃引而去。亚夫出精兵追击，大破吴王濞。吴王濞弃其军，与壮士数千人亡走，保于江南丹徒。汉兵因乘胜，遂尽虏之，降其县，购吴王千金。月余，越人斩吴王头以告。凡相守攻三月，而吴楚破平。于是诸将乃以太尉计谋为是。由此梁孝王与亚夫有隙。

归，复置太尉官。五岁，迁为丞相，景帝甚重之。上废栗太子，亚夫固争之，不得。上由此疏之。而梁孝王每朝，常与太后言亚夫之短。

窦太后曰："皇后兄王信可侯也。"上让曰："始南皮及章武先帝不侯，及臣即位，乃侯之，信未得封也。"窦太后曰："人生各以时行耳。窦长君在时，竟不得封侯，死后，乃其子彭祖顾得侯。吾甚恨之。帝趣侯信也！"上曰："请得与丞相计之。"亚夫曰："高帝约'非刘氏不得王，非有功不得侯。不如约，天下共击之'。今信虽皇后兄，无功，侯之，非约也。"上默然而沮。

其后匈奴王徐卢等五人降汉，上欲侯之以劝后。亚夫曰："彼背其主降陛下，陛下侯之，即何以责人臣不守节者乎？"上曰："丞相议不可用。"乃悉封徐卢等为列侯。亚夫因谢病免相。

顷之，上居禁中，召亚夫赐食。独置大胾，无切肉，又不置箸。

侯等断绝吴楚兵后方的粮食通道。吴楚兵缺少粮食，肚子饿，想撤兵，多次挑战汉军，汉军终不出。夜里，汉军军中突然惊慌不已，内部互相攻击，一直到了周亚夫帐下。周亚夫躺着不起来，丝毫不动摇。过了一会儿，又安定下来。吴军直奔营垒的东南角，周亚夫让士兵在西北角防备敌军。不久敌人的精锐士兵果然直奔西北，没能进去。吴楚士兵已经很饿了，便撤兵离去。周亚夫发动精兵追击吴楚士兵，大败吴王濞。吴王濞抛弃了自己的军队，与数千壮士逃走，在江南丹徒县保命。汉兵乘胜追击，终于俘虏了全部吴军，降伏了吴军占据的县，悬赏千金追捕吴王。一个多月后，越人砍了吴王的头前来汇报。周亚夫从坚守深垒到进攻吴军，一共用了三个月的时间，最终攻破吴楚，平定了吴楚一带。于是诸将才觉得太尉的计谋是正确的。但是从此之后梁孝王和周亚夫之间有了嫌隙。

周亚夫回来后，重新担任太尉官。过了五年，周亚夫升为丞相，景帝特别看重他。景帝废黜栗太子，周亚夫执意为太子争辩，没成功。从这件事开始，景帝渐渐疏远了他。而梁孝王每次上朝，常与太后说周亚夫的短处。

窦太后说："皇后的哥哥王信可以封侯。"景帝推让说："最初先帝不封南皮侯和章武侯，我刚即位，就封侯，恐怕不能封王信为侯。"窦太后说："人生各自依时代的趋向办事。窦长君在时，最终不得侯位，死后，他的儿子彭祖却得到侯位。我很遗憾。皇帝赶快封王信为侯！"景帝说："请允许我和丞相合计这件事。"周亚夫说："高帝规定'不是刘氏不能得到王位，不是有功之人不能得到侯位。如果不遵守高帝的规定，天下人会一起攻击他'。现在王信虽是皇后的哥哥，但没有功劳，封侯，不合规定。"景帝听后沉默不语，然后阻止了这事。

其后匈奴王徐卢等五人投降汉，景帝想封他们为侯，以劝勉后人。周亚夫说："他们背叛了自己的主人向陛下投降，倘若陛下封他们为侯，还如何责备不守节的人臣呢？"景帝说："丞相的建议不可用。"景帝便封徐卢五人全部为列侯。周亚夫便称病辞去相位。

不久，景帝居住在宫禁中，召来周亚夫并赏赐他食物。只摆上大

亚夫心不平，顾谓尚席取箸。上视而笑曰："此非不足君所乎！"亚夫免冠谢上。上曰："起。"亚夫因趋出。上目送之，曰："此鞅鞅，非少主臣也！"

居无何，亚夫子为父买工官尚方甲楯五百被可以葬者。取庸苦之，不与钱。庸知其盗买县官器，怨而上变告子，事连汙亚夫。书既闻，上下吏。吏簿责亚夫，亚夫不对。上骂之曰："吾不用也。"召诣廷尉。廷尉责问曰："君侯欲反何？"亚夫曰："臣所买器，乃葬器也，何谓反乎？"吏曰："君纵不欲反地上，即欲反地下耳。"吏侵之益急。初，吏捕亚夫，亚夫欲自杀，其夫人止之，以故不得死，遂入廷尉，因不食五日，欧血而死。国绝。

一岁，上乃更封绛侯勃它子坚为平曲侯，续绛侯后。传子建德，为太子太傅，坐酎金免官。后有罪，国除。

亚夫果饿死。死后，上乃封王信为盖侯。至平帝元始二年，继绝世，复封勃玄孙之子恭为绛侯，千户。

赞曰：闻张良之智勇，以为其貌魁梧奇伟，反若妇人女子。故孔子称"以貌取人，失之子羽"。学者多疑于鬼神，如良受书老父，亦异矣。高祖数离困厄，良常有力，岂可谓非天乎！陈平之志，见于社下，倾侧扰攘楚、魏之间，卒归于汉，而为谋臣。及吕后时，事多故矣，平竟自免，以智终。王陵廷争，杜门自绝，亦各其志也。周

块肉，没有切肉，又不摆放筷子。周亚夫心下不平，回头召唤主管宴席的人取筷子过来。景帝看着他笑道：“这些不能满足您的需要吗？”周亚夫脱去帽子向景帝谢罪。景帝说：“起来。”周亚夫趁机迈着小步快走出去。景帝目送他远去，说：“他心怀不满，郁郁不乐，不能做少主的臣子啊！”

没多久，周亚夫的儿子为父亲向掌管工务的官员买了五百具帝王御用的盔甲和盾牌，打算作为父亲死后的陪葬用品。雇工为了这件事忙里忙外，特别辛苦，可是周亚夫的儿子还不给他们工钱。雇工知道他盗买朝廷用具，对他满是怨气，就向朝廷告发周亚夫的儿子要谋反，事情牵连到周亚夫。景帝已经看了呈上的文书，就交付司法官吏审讯。官吏依据文书所列罪状逐一责问周亚夫，周亚夫一概不回答。景帝骂他说：“我不需要你回答任何问题。”就下诏送到廷尉那儿查办。廷尉责问周亚夫说：“您想要造反吗？”周亚夫说：“臣所买的是陪葬的器具，怎么会造反呢？”官吏说：“即便您不想在地上造反，也是想在地下造反。”于是更加欺凌他。起初，官吏逮捕周亚夫的时候，周亚夫就想自杀，他夫人阻止了他，所以他求死不得，便押入廷尉那里，周亚夫五天不吃东西，口吐鲜血而死。他的封国被废除。

一年后，景帝改封绛侯周勃的另一个儿子周坚为平曲侯，承袭绛侯的爵位。周坚后来将侯位传给儿子周建德，周建德任太子太傅，因献给朝廷供祭祀用的贡金份量不足被免官。后来有犯法的行为，废除了他的封国。

周亚夫果然是饿死的。他死后，景帝便封王信为盖侯。至平帝元始二年（2），为了让断绝的世系得到继承，又封周勃玄孙的儿子周恭为绛侯，享有千户食邑。

赞辞说：听说张良智勇双全，都以为他的体貌魁梧长相不凡，谁知道反而像个女人一样。所以孔子才说“以貌取人，失之子羽”。学者多疑心鬼神之事，就像张良从老翁那儿得到兵书，也很奇怪了。高祖多次遭受困苦危难，张良经常出谋划策，最后逢凶化吉，难道说不是上天注定的吗！陈平的志向，在社下就表现得很明显了，他虽然投奔于纷乱的楚、魏之间一直摇摆不定，最后得以归依汉，做了谋

勃为布衣时，鄙朴庸人，至登辅佐，匡国家难，诛诸吕，立孝文，为汉伊周，何其盛也！始吕后问宰相，高祖曰："陈平智有余，王陵少戆，可以佐之；安刘氏者必勃也。"又问其次，云"过此以后，非乃所及"。终皆如言，圣矣夫！

臣。到吕后执政时，事情多机巧伪诈，陈平竟然能免灾避祸，凭借自己的智慧得以平安终老。王陵在朝廷为立吕氏为侯而争辩之后，竟然闭门谢客，与世隔绝，也是人各有志的一种表现。周勃还是平民时，本来就是粗俗质朴的普通人，直到担任大臣辅佐君王，匡正国家救助危难，杀吕氏诸人，立孝文帝，就像商朝的伊尹与周朝的周公旦一样，成为汉的辅佐之才，他的功名会久盛不衰啊！当初吕后问能担任宰相的人选，高祖说："陈平智谋有余，王陵略微刚直，可以辅佐天子担任丞相；安定刘氏的人必定是周勃。"又问接下来还有谁能担任丞相，高祖说："这些以后的人，不是你能等到的。"最终发生的一系列事都如高祖所说，真是圣明的君王啊！

卷四十一

樊郦滕灌傅靳周传第十一

樊哙，沛人也，以屠狗为事。后与高祖俱隐于芒砀山泽间。

陈胜初起，萧何、曹参使哙求迎高祖，立为沛公。哙以舍人从攻胡陵、方与，还守丰，击泗水监丰下，破之。复东定沛，破泗水守薛西。与司马尼战砀东，却敌，斩首十五级，赐爵国大夫。常从，沛公击章邯军濮阳，攻城先登，斩首二十三级，赐爵列大夫。从攻城阳，先登，下户牖，破李由军，斩首十六级，赐上闻爵。后攻圉都尉、东郡守尉于成武，却敌，斩首十四级，捕虏十六人，赐爵五大夫。从攻秦军，出亳南。河间守军于杠里，破之。击破赵贲军开封北，以却敌先登，斩候一人，首六十八级，捕虏二十六人，赐爵卿。从攻破扬熊于曲遇。攻宛陵，先登，斩首八级，捕虏四十四人，赐爵封号贤成君。从攻长社、轘辕，绝河津，东攻秦军尸乡，南攻秦军于犨，破南阳守齮于阳城。东攻宛城，先登。西至郦，以却敌，斩首十四级，捕虏四十人，赐重封。攻武关，至霸上，斩都尉一人，首十级，捕虏百四十六人，降卒二千九百人。

项羽在戏下，欲攻沛公。沛公从百余骑因项伯面见项羽，谢无有闭关事。项羽既飨军士，中酒，亚父谋欲杀沛公，令项庄拔剑舞坐中，欲击沛公，项伯常屏蔽之。时独沛公与张良得入坐，樊哙居营

樊哙，沛县人，以杀狗为职业。后来由于犯罪樊哙与高祖一起躲藏到芒山和砀山川泽一带。

陈胜最初起义时，萧何、曹参派樊哙求迎高祖，立为沛公。樊哙以舍人的身份跟随高祖攻打胡陵县、方与县，回军驻守丰邑，在丰邑附近进攻泗水郡，并击溃他们。又向东平定沛县，在薛县以西攻破泗水郡守的军队。樊哙与司马𡰖在砀县以东交战，打退敌人，斩首十五级，沛公赐樊哙国大夫爵位。樊哙经常跟着沛公，沛公在濮阳打败章邯的军队，攻城时樊哙最先登上去，斩首二十三级，沛公赐他列大夫爵位。樊哙又跟随沛公攻打城阳县，最先登城，攻占户牖乡，击溃李由的军队，斩首十六级，沛公赐他为上闻爵。后来樊哙又在成武县攻下东郡守尉和圉县都尉，击退敌人，斩首十四级，俘虏十六人，沛公赐他五大夫爵位。樊哙跟随沛公攻打秦军，从亳县以南出军。河间郡守的军队守卫在杠里邑，樊哙击溃了他们。汉军在开封以北攻破赵贲军队，为了便于打退敌军，樊哙最先登城，斩杀军中侦查敌情的官员一人，首六十八级，俘获二十六人，沛公赐他卿的爵位。后又跟随沛公在曲遇攻破扬熊的军队。攻打宛陵邑，樊哙最先登城，斩首八级，俘获四十四人，沛公赐予爵位，封号为贤成君。樊哙跟随沛公攻打长社邑、轘辕山，断绝黄河渡口，向东到尸乡进攻秦军，又向南到犨邑攻打秦军，在阳城邑击溃了南阳郡守齮。向东攻打宛城县，樊哙最先登城。向西到郦县，樊哙击退敌军，斩首十四级，俘获四十人，沛公给他加封两爵号。进攻武关，来到霸上，樊哙斩杀都尉一人，首十级，俘获一百四十六人，降伏二千九百士兵。

项羽在戏下驻军，打算攻打沛公。沛公率领一百多骑兵，通过项伯的关系亲自会见项羽，向项羽谢罪，说明自己没有闭关之事。项羽设宴款待沛公军士，饮酒半酣时，亚父谋划着刺杀沛公，令项庄拔剑在

外，闻事急，乃持盾入。初入营，营卫止哙，哙直撞入，立帐下。项羽目之，问为谁。张良曰：“沛公参乘樊哙也。”项羽曰：“壮士。”赐之卮酒彘肩。哙既饮酒，拔剑切肉食之。项羽曰：“能复饮乎？”哙曰：“臣死且不辞，岂特卮酒乎！且沛公先入定咸阳，暴师霸上，以待大王。大王今日至，听小人之言，与沛公有隙，臣恐天下解心疑大王也。”项羽默然。沛公如厕，麾哙去。既出，沛公留车骑，独骑马，哙等四人步从，从山下走归霸上军，而使张良谢项羽。羽亦因遂已，无诛沛公之心。是日微樊哙奔入营谯让项羽，沛公几殆。

后数日，项羽入屠咸阳，立沛公为汉王。汉王赐哙爵为列侯，号临武侯。迁为郎中，从入汉中。

还定三秦，别击西丞白水北，雍轻车骑雍南，破之。从攻雍、斄城，先登。击章平军好畤，攻城，先登陷阵，斩县令丞各一人，首十一级，虏二十人，迁为郎中骑将。从击秦车骑壤东，却敌，迁为将军。攻赵贲，下郿、槐里、柳中、咸阳；灌废丘，最。至栎阳，赐食邑杜之樊乡。从攻项籍，屠煮枣，击破王武、程处军于外黄。攻邹、鲁、瑕丘、薛。项羽败汉王于彭城，尽复取鲁、梁地。哙还至荥阳，益食平阴二千户，以将军守广武一岁。项羽引东，从高祖击项籍，下阳夏，虏楚周将军卒四十人。围项籍陈，大破之，屠胡陵。

席间挥舞，想趁机刺杀沛公，项伯常保护在沛公左右。当时只有沛公和张良能入营坐下，樊哙在营外等候,听说事情紧急，就带盾牌往军营里走。樊哙刚要进入营门，营帐的卫士阻止他，樊哙直接用盾牌撞开营卫闯入，站在帐下。项羽看着突然闯进来的樊哙，问他是谁。张良说："他是沛公的参乘樊哙。"项羽说："是个心雄胆壮的人。"并赐给他一杯酒和猪的肩肉。樊哙喝完酒，就拔剑切肉吃。项羽说："你还能再喝酒吗？"樊哙说："我连死都不怕，岂会怕喝一杯酒！况且沛公最先入城平定咸阳，军队蒙受风雨霜露驻扎在霸上，来等待大王。谁想大王今日一到，就听信小人的话，与沛公有了嫌隙，我担心天下分裂，人们怀疑大王。"项羽沉默无声。沛公去厕所，招呼樊哙跟着出去。出来后，沛公留下车骑，只骑了一匹马，樊哙等四人步行跟着，从山下跑回霸上军营，只留下张良向项羽道歉。项羽也因此随他去了，没有了诛杀沛公的心思。这天如果没有樊哙撞进营帐责骂项羽，沛公就危险了。

几天以后，项羽攻入咸阳，残杀那里的秦军，项羽封沛公为汉王。汉王赐樊哙列侯爵位，号临武侯。后来樊哙升为郎中，跟着汉王进入汉中。

汉王返回平定三秦，樊哙又另外出击白水北西县丞的军队，在雍县以南攻打雍王的轻车部队，击溃敌军。跟随汉王进攻雍县和斄城，樊哙最先登城。在好畤县攻击章平的军队，攻城时，樊哙最先登城，攻入敌阵，斩杀县令、县丞各一人，斩首十一级，俘获二十人，升为郎中骑将。樊哙跟着汉王在壤乡以东攻打秦军的车马，击退敌军，汉王升他为将军。进攻赵贲军队，攻下郿县、槐里县、柳中、咸阳；引水灌废丘县，樊哙的军功最大。到栎阳县，汉王赐杜县的樊乡作为樊哙的食邑。樊哙跟随汉王攻打项籍，分裂煮枣邑，在外黄县击溃王武、程处的军队。又率军攻打邹、鲁、瑕丘、薛这四个县。项羽在彭城打败汉王，再次收复全部鲁、梁地区。樊哙回到荥阳，汉王又增加平阴县二千户作为他的食邑，以将军的身份驻守广武一年。项羽率军向东离去，樊哙又跟着汉王追击项籍，攻占阳夏县，俘虏楚将周将军四十名士卒。把项籍包围在陈县，大败项籍军，在胡陵县大肆残杀。

项籍死，汉王即皇帝位，以哙有功，益食邑八百户。其秋，燕王臧荼反，哙从攻虏荼，定燕地。楚王韩信反，哙从至陈，取信，定楚。更赐爵列侯，与剖符，世世勿绝，食舞阳，号为舞阳侯，除前所食。以将军从攻反者韩王信于代。自霍人以往至云中，与绛侯等共定之，益食千五百户。因击陈豨与曼丘臣军，战襄国，破柏人，先登，降之定清河、常山凡二十七县，残东垣，迁为左丞相。破得綦毋卬、尹潘军于无终、广昌。破豨别将胡人王黄军代南，因击韩信军参合。军所将卒斩韩信，击豨胡骑横谷，斩将军赵既，虏代丞相冯梁、守孙奋、大将王黄、将军一人、太仆解福等十人。与诸将共定代乡邑七十三。后燕王卢绾反，哙以相国击绾，破其丞相抵蓟南，定燕县十八，乡邑五十一。益食千三百户，定食舞阳五千四百户。从，斩首百七十六级，虏二百八十七人。别，破军七，下城五，定郡六，县五十二，得丞相一人，将军十三人，二千石以下至三百石十二人。

哙以吕后弟吕须为妇，生子伉，故其比诸将最亲。先黥布反时，高帝尝病，恶见人，卧禁中，诏户者无得入群臣。群臣绛、灌等莫敢入。十余日，哙乃排闼直入，大臣随之。上独枕一宦者卧。哙等见上流涕曰：“始陛下与臣等起丰沛，定天下，何其壮也！今天下已定，又何惫也！且陛下病甚，大臣震恐，不见臣等计事，顾独与一宦者绝乎！且陛下独不见赵高之事乎？”高帝笑而起。

项籍死后，汉王即位，因为樊哙作战有功，加封八百户食邑。那年秋季，燕王臧荼造反，樊哙跟着高祖攻打臧荼，俘虏了他，平定了燕地。楚王韩信造反，樊哙跟着高祖到陈县，捉拿韩信，平定楚国。高祖改赐樊哙列侯爵位，与他剖分信符，爵位世代不绝，赐舞阳县为食邑，号舞阳侯，去掉他以前所封的食邑。从那以后，樊哙以将军身份跟随高祖去代国攻打反叛者韩王信。从霍人县一直打到云中县，樊哙和绛侯周勃等人一起平定了代国，因此增加一千五百户食邑。因为攻打陈豨和曼丘臣的军队，樊哙在襄国县交战，攻破柏人县，最先登城，平定清河、常山等二十七个县，毁坏东垣县，升为左丞相。樊哙在无终县、广昌县打败綦母卬和尹潘的军队。在代国南面击溃陈豨别将胡人王黄的军队，樊哙又趁机到参合县攻打韩信军。樊哙将军率领的将士杀死韩信，在横谷击溃陈豨的胡骑，斩杀将军赵既，俘获代国丞相冯梁、郡守孙奋、大将军王黄、将军一人、太仆解福等十人。樊哙和众将一起平定代国七十三个乡邑。后来燕王卢绾造反，樊哙以相国的身份攻打卢绾，在蓟县南面打败他的丞相，平定燕国十八县，五十一个乡邑。高祖增加樊哙一千三百户食邑，把舞阳县的五千四百户作为樊哙固定的食邑。樊哙跟着高祖作战，斩首一百七十六级，俘虏二百八十七人。另外，樊哙亲自攻破七支敌军，攻占五座城池，平定六个郡，五十二个县，俘获丞相一人，将军十三人，俸禄二千石以下到三百石的官员十二人。

樊哙娶吕后的妹妹吕须为妻，他的儿子叫樊伉，因此跟其他众将领相比，他与高祖的关系最为亲近。英布反叛之前，高祖曾生病，病情比较严重，高祖卧病在床，不想见人，他诏令守门人不得让大臣们进去探望他。大臣绛侯周勃、灌婴等人不敢进去。过了十多天，樊哙直接推开宫门闯进内宫，大臣们在后面跟着他。高祖独自枕在一个宦官身上躺在那里。樊哙一众看见高祖就痛哭流涕，说："当初陛下与臣等一起从沛县的丰邑起兵，后来平定天下，多么雄壮！现在天下已经安定，您又这样疲惫！况且陛下病得厉害，大臣都震惊惶恐，陛下不召见臣等商议大事，却只与一个宦官诀别吗？而且陛下难道看不见赵高专权之事吗？"高祖听完笑着起身。

其后卢绾反，高帝使哙以相国击燕。是时高帝病甚，人有恶哙党于吕氏，即上一日宫车晏驾，则哙欲以兵尽诛戚氏、赵王如意之属。高帝大怒，乃使陈平载绛侯代将。而即军中斩哙。陈平畏吕后，执哙诣长安。至则高帝已崩，吕后释哙，得复爵邑。

孝惠六年，哙薨，谥曰武侯，子伉嗣。而伉母吕须亦为临光侯，高后时用事颛权，大臣尽畏之。高后崩，大臣诛吕须等，因诛伉，舞阳侯中绝数月。孝文帝立，乃复封哙庶子市人为侯，复故邑。薨，谥曰荒侯。子佗广嗣。六岁，其舍人上书言："荒侯市人病不能为人，令其夫人与其弟乱而生佗广，佗广实非荒侯子。"下吏，免。平帝元始二年，继绝世，封哙玄孙之子章为舞阳侯，邑千户。

郦商，高阳人也。陈胜起，商聚少年得数千人。沛公略地六月余，商以所将四千人属沛公于岐。从攻长社，先登，赐爵封信成君。从攻缑氏，绝河津，破秦军雒阳东。从下宛、穰，定十七县。别将攻旬关，西定汉中。

沛公为汉王，赐商爵信成君，以将军为陇西都尉。别定北地郡，破章邯别将于乌氏、栒邑、泥阳，赐食邑武城六千户。从击项籍军，与钟离眛战，受梁相国印，益食四千户。从击项羽二岁，攻胡陵。

汉王即帝位，燕王臧荼反，商以将军从击荼，战龙脱，先登

此后卢绾造反，高祖派樊哙以相国的身份攻打燕国。当时高祖病得很严重，有人恶言樊哙与吕氏结党，说皇上一旦驾崩，樊哙就会派兵把戚夫人和赵王如意等人全都杀死。高祖听说后十分生气，就派陈平乘驿站传车送绛侯周勃代替樊哙率领军队。命令陈平立即将樊哙在军中斩杀。陈平害怕吕后知道后报复自己，捉拿樊哙后直奔长安。陈平到达后高祖已经驾崩，吕后释放樊哙，恢复他的爵位和食邑。

惠帝六年（前189），樊哙去世，谥号武侯，他的儿子樊伉继承爵位。樊伉的母亲吕须也被封为临光侯，吕后执政时独揽大权，大臣们都害怕她。吕后驾崩后，大臣们诛杀吕须等人，趁机杀死樊伉，舞阳侯的爵位中断了数月，无人继承。文帝登基后，才又封樊哙小妾生的儿子樊市人为舞阳侯，恢复了原来的食邑和爵位。樊市人死后，谥号为荒侯。樊市人的儿子樊佗广继承爵位。六年后，舞阳侯家中的门客上书说："荒侯樊市人有病不能生子，他让妻子和自己弟弟通奸，才生下了樊佗广，樊佗广实际上不是荒侯的儿子。"文帝把此事交由司法官吏审问，免去樊佗广的爵位。平帝元始二年（2），樊哙后世断绝的爵位又延续下来，平帝封樊哙玄孙的儿子樊章为舞阳侯，食邑一千户。

郦商，高阳邑人。陈胜起义时，他会合了几千名青年男子。沛公占领土地六个多月后，郦商率领他的兵将四千人在岐地归附沛公。跟从沛公攻打长社，郦商最先登城，沛公赐爵位并封他为信成君。郦商跟随沛公攻打缑氏，切断黄河渡口，在洛阳以东击溃秦军。又跟随沛公攻下宛县、穰县，平定十七个县。郦商作为别将攻占旬关，向西平定了汉中。

沛公刘邦做汉王的时候，赐郦商爵位，封他为信成君，郦商以将军身份担任陇西都尉。郦商又另外平定了北地郡，还在乌氏县、栒邑县、泥阳县击溃章邯的副将，汉王赐武城县六千户作为他的食邑。郦商跟随汉王攻打项籍的军队，与钟离眜交战，因战功赫赫而被授于梁相国印，增加四千户食邑。郦商跟随汉王攻打项羽两年，又攻打胡陵县。

等到汉王登上帝位，燕王臧荼反叛，郦商作为将军跟随高祖攻

陷陈，破荼军易下，却敌，迁为右丞相，赐爵列侯，与剖符，世世勿绝，食邑涿郡五千户。别定上谷，因攻代，受赵相国印。与绛侯等定代郡、雁门，得代丞相程纵、守相郭同、将军以下至六百石十九人。还，以将军将太上皇卫一岁。十月，以右丞相击陈豨，残东垣。又从击黥布，攻其前垣，陷两陈，得以破布军，更封为曲周侯，食邑五千一百户，除前所食。凡别破军三，降定郡六，县七十三，得丞相、守相、大将各一人，小将二人，二千石以下至六百石十九人。

商事孝惠帝、吕后。吕后崩，商疾不治事。其子寄，字况，与吕禄善。及高后崩，大臣欲诛诸吕，吕禄为将军，军于北军，太尉勃不得入北军，于是乃使人劫商，令其子寄绐吕禄。吕禄信之，与出游，而太尉勃乃得入据北军，遂以诛诸吕。商是岁薨，谥曰景侯。子寄嗣，天下称郦况卖友。

孝景时，吴、楚、齐、赵反，上以寄为将军，围赵城，七月不能下。栾布自平齐来，乃灭赵。孝景中二年，寄欲取平原君为夫人，景帝怒，下寄吏，免。上乃封商它子坚为缪侯，奉商后。传至玄孙终根，武帝时为太常，坐巫蛊诛，国除。元始中，赐高祖时功臣自郦商以下子孙爵皆关内侯，食邑凡百余人。

夏侯婴，沛人也。为沛厩司御，每送使客，还过泗上亭，与高祖语，未尝不移日也。婴已而试补县吏，与高祖相爱。高祖戏而伤婴，人有告高祖。高祖时为亭长，重坐伤人，告故不伤婴，婴证之。移狱

打臧荼，在龙脱一带打仗，他率先登城，冲锋陷阵，在易县城下击溃臧荼军队，击退敌人，升为右丞相，高祖赐他列侯爵位，与他剖分信符，世代不绝，赐他涿郡五千户为食邑。他又另外率兵平定上谷郡，乘机攻下代国，高祖授予他赵相国印。郦商与绛侯周勃等人平定代郡、雁门郡，俘获代国丞相程纵、守相郭同、将军以下至俸禄六百石的官员十九人。胜利回归后，郦商以将军身份带领太上皇卫军一年。十月，以右丞相身份攻击陈豨，毁坏东垣县城墙。又跟随高祖攻击英布，攻打叛军壁垒的前垣，攻陷两阵，得以攻破英布军队，于是高祖改封郦商为曲周侯，食邑五千一百户，收回以前所封的食邑。郦商共攻破三只叛军，平定六个郡，七十三个县，俘虏丞相、守相、大将各一人，小将二人，俸禄二千石以下至六百石的官员十九人。

郦商侍奉惠帝、吕后。吕后去世后，郦商生病不能治理政事。郦商的儿子郦寄，字况，与吕禄交好。等到吕后驾崩，大臣们想要诛杀吕氏诸人，当时吕禄任将军，统率北军，太尉周勃不能进入北军，就派人威胁郦商，命令他的儿子郦寄欺骗吕禄。吕禄相信郦寄，与他出游，而太尉周勃便进入并占有北军，然后诛杀了吕氏诸人。郦商于当年去世，谥号景侯。郦商的儿子郦寄继承了爵位，天下人都称郦况出卖自己的朋友。

景帝时，吴、楚、齐、赵造反，景帝任郦寄为将军，让他围攻赵城，七个月不能攻下。栾布平定了齐国率军前来，才歼灭赵城，消灭了赵国。景帝中元二年（前148），郦寄想娶王皇后的母亲平原君为夫人，景帝恼怒，将郦寄捉拿审问，免去爵位。景帝因此封郦商的另一个儿子郦坚为缪侯，奉祀郦商的宗庙。爵位一直传到郦商的玄孙郦终根，他在武帝时任太常，因牵涉巫蛊获罪被杀，废除封国。元始年间，平帝赏赐高祖时的功臣，自郦商以下的子孙，都受封关内侯爵位，享有食邑，共一百多人。

夏侯婴，沛县人。夏侯婴在当地负责养马驾车，每次送完使者，返回经过泗上亭，都与高祖交谈很久。夏侯婴后来经过考试后担任县吏，和高祖相处得不错。高祖因玩闹伤了夏侯婴，有人状告高祖。高祖当时任亭长，伤人要重罚，但高祖告诉官吏说自己没有伤害

覆，婴坐高祖系岁余，掠笞数百，终脱高祖。

高祖之初与徒属欲攻沛也，婴时以县令史为高祖使。上降沛一日，高祖为沛公，赐爵七大夫，以婴为太仆，常奉车。从攻胡陵，婴与萧何降泗水监平，平以胡陵降，赐婴爵五大夫。从击秦军砀东，攻济阳，下户牖，破李由军雍丘，以兵车趣攻战疾，破之，赐爵执帛。从击章邯军东阿、濮阳下，以兵车趣攻战疾，破之，赐爵执圭。从击赵贲军开封，杨熊军曲遇。婴从捕虏六十八人，降卒八百五十人，得印一匮。又击秦军雒阳东，以兵车趣攻战疾，赐爵封，转为滕令。因奉车从攻定南阳，战于蓝田、芷阳，至霸上。沛公为汉王，赐婴爵列侯，号昭平侯，复为太仆，从入蜀汉。

还定三秦，从击项籍。至彭城，项羽大破汉军。汉王不利，驰去。见孝惠、鲁元，载之。汉王急，马罢，虏在后，常蹶两儿弃之，婴常收载行，面雍树驰。汉王怒，欲斩婴者十余，卒得脱，而致孝惠、鲁元于丰。

汉王既至荥阳，收散兵，复振，赐婴食邑沂阳。击项籍下邑，追至陈，卒定楚。至鲁，益食兹氏。

汉王即帝位，燕王臧荼反，婴从击荼。明年，从至陈，取楚王信。更食汝阴，剖符，世世勿绝。从击代，至武泉、云中，益食千户。

夏侯婴，夏侯婴也为高祖作证。后来检查夏侯婴的伤势，翻案再审，夏侯婴因替高祖作证而被囚禁一年多，拷打了几百下，最终为高祖脱了罪。

高祖最初想和部众攻打沛县，夏侯婴当时任县令史为高祖差遣。高祖攻下沛县的第一天，被拥立为沛公，赐夏侯婴七大夫爵位，任命夏侯婴为太仆，常奉车作战。夏侯婴跟随高祖攻打胡陵县时，与萧何让泗水郡监李平归顺，李平献出胡陵县投降，沛公赐夏侯婴五大夫爵位。夏侯婴又跟随沛公在砀县东攻打秦军，攻下济阳县，继而攻下户牖乡，在雍丘县击溃李由军，他用兵车快速进攻，英勇善战，很快打败敌人，沛公赐他爵位执帛。夏侯婴跟从沛公在东阿县、濮阳城攻下章邯军队，他用兵车快速进攻，英勇善战，很快打败敌人，沛公赐他爵位执圭。夏侯婴跟从沛公在开封攻打赵贲的军队，在曲遇攻打杨熊的军队。夏侯婴跟从沛公俘获六十八人，获得八百五十名投降的士卒，得到一柜官印。又在洛阳东攻击秦军，他还是用兵车快速进攻，沛公赐他爵位并封他为滕县县令。夏侯婴常奉车跟随高祖打仗，平定南阳郡，在蓝田县、芷阳县作战，一直打到霸上。沛公被拥立为汉王，赐夏侯婴列侯爵位，号昭平侯，复任太仆，跟随汉王向蜀汉进军。

汉王返回平定三秦，夏侯婴跟随汉王攻打项籍。到彭城，项羽大败汉军。汉王处于不利的形势，快速撤离。在路上遇见惠帝和鲁元公主，夏侯婴载着他们一起走。汉王那时心急如焚，赶了很长时间的路，马也很疲惫，敌人在后面紧追不舍，要俘虏他们，汉王就多次把两个孩子蹬下车来弃之不顾，夏侯婴每次总是找回并载着他们一路前行，紧抱孩子快速奔驰。汉王大怒，十多次都想杀了夏侯婴，汉王最终得以逃脱，把惠帝和鲁元公主送到丰地。

汉王到了荥阳后，收拢逃散的士兵，重振军队，把沂阳作为食邑赐给夏侯婴。夏侯婴在下邑县攻打项籍，一直追到陈县，最终平定了楚国。到鲁地，汉王增加兹氏县作为夏侯婴的食邑。

汉王即位后，燕王臧荼造反，夏侯婴跟随高祖攻打臧荼。第二年，夏侯婴又跟随高祖到陈县，攻打楚王韩信的军队。高祖改汝阴县

因从击韩信军胡骑晋阳旁，大破之。追北至平城，为胡所围，七日不得通。高帝使使厚遗阏氏，冒顿乃开其围一角。高帝出欲驰，婴固徐行，弩皆持满外乡，卒以得脱。益食婴细阳千户。从击胡骑句注北，大破之。击胡骑平城南，三陷陈，功为多，赐所夺邑五百户。从击陈豨、黥布军，陷陈却敌，益千户，定食汝阴六千九百户，除前所食。

婴自上初起沛，常为太仆从，竟高祖崩。以太仆事惠帝。惠帝及高后德婴之脱孝惠、鲁元于下邑间也，乃赐婴北第第一，曰"近我"，以尊异之。惠帝崩，以太仆事高后。高后崩，代王之来，婴以太仆与东牟侯入清宫，废少帝，以天子法驾迎代王代邸，与大臣共立文帝，复为太仆。八岁薨，谥曰文侯。传至曾孙颇，尚平阳公主，坐与父御婢奸，自杀，国除。

初婴为滕令奉车，故号滕公。及曾孙颇尚主，主随外家姓，号孙公主，故滕公子孙更为孙氏。

灌婴，睢阳贩缯者也。高祖为沛公，略地至雍丘，章邯杀项梁，而沛公还军于砀，婴以中涓从，击破东郡尉于成武及秦军于杠里，疾斗，赐爵七大夫。又从攻秦军亳南、开封、曲遇，战疾力，赐爵执帛，号宣陵君。从攻阳武以西至雒阳，破秦军尸北。北绝河津，南破南阳守齮阳城东，遂定南阳郡。西入武关，战于蓝田，疾力，至

为食邑，与他剖分信符，从此夏侯婴侯爵之位世代不绝。夏侯婴跟随高祖攻打代国，到武泉县、云中县，增加一千户作为食邑。他跟随高祖在晋阳县旁攻打韩王信的胡骑，大败敌军。高祖与夏侯婴一众向北追击敌军至平城，被胡人围住，过了七天还是不能冲出重围。高祖派使者送给阏氏厚礼，冒顿才解开包围的一角。高祖想骑马出去，而夏侯婴却固执地让军队缓步而行，士兵都手拿弓箭向外张开，终于得以摆脱敌军。高祖又增加细阳县一千户作为夏侯婴的食邑。夏侯婴跟着高祖在句注山以北攻打胡骑，大败敌军。在平城南攻打胡骑，他三次冲锋陷阵，立了很多军功，高祖赏赐夺取的五百户作为夏侯婴的食邑。他跟着高祖攻打陈豨、英布的军队，冲锋陷阵，击退敌人，增加一千户食邑，高祖最终确定汝阴县六千九百户为夏侯婴的食邑，收回从前所封的食邑。

夏侯婴自高祖当初在沛县起兵，作为太仆经常跟随高祖，直到高祖驾崩。后来他又以太仆的身份侍奉惠帝。惠帝和吕后感激夏侯婴在下邑县的路上救下惠帝和鲁元公主，就赐夏侯婴靠近北阙的第一宅第，名为“近我”，表示惠帝与吕后对他格外看重。惠帝驾崩，夏侯婴以太仆的身份侍奉吕后。吕后驾崩，代王刘恒到来，夏侯婴作为太仆与东牟侯一起入宫清理，废黜少帝，用天子的车驾到代王的府邸迎接他，夏侯婴与大臣共同拥立文帝，他还是担任太仆。八年后夏侯婴去世，谥号文侯。爵位传到曾孙夏侯颇，娶平阳公主为妻，后来夏侯颇因与父亲的侍婢通奸获罪自杀，废除封国。

起初，夏侯婴任滕令奉车，所以号滕公。到他的曾孙夏侯颇娶了平阳公主，平阳公主随外公家姓，号孙公主，所以滕公的子孙也都改姓孙。

灌婴，在睢阳县贩卖丝织品。高祖被拥立为沛公，一路攻占土地到了雍丘县，章邯杀死项梁后，沛公率领军队回到砀县，灌婴任中涓跟随沛公，在成武县击破秦的东郡尉，以及在杠里邑打垮秦军，灌婴英勇战斗，沛公赐他七大夫爵位。灌婴又跟随沛公在亳县南、开封、曲遇攻打秦军，在战斗中快速而努力，沛公赐他执帛爵位，号宣陵君。灌婴跟着沛公攻打阳武以西到洛阳一带，在尸乡北面攻破秦

霸上，赐爵执圭，号昌文君。

沛公为汉王，拜婴为郎中，从入汉中，十月，拜为中谒者。从还定三秦，下栎阳，降塞王。还围章邯废丘，未拔。从东出临晋关，击降殷王，定其地。击项羽将龙且、魏相项佗军定陶南，疾战，破之。赐婴爵列侯，号昌文侯，食杜平乡。

复以中谒者从降下砀，以北至彭城。项羽击破汉王，汉王遁而西，婴从还，军于雍丘。王武、魏公申徒反，从击破之。攻下外黄，西收军于荥阳。楚骑来众，汉王乃择军中可为骑将者，皆推故秦骑士重泉人李必、骆甲习骑兵，今为校尉，可为骑将。汉王欲拜之，必、甲曰："臣故秦民，恐军不信臣，臣愿得大王左右善骑者傅之。"婴虽少，然数力战，乃拜婴为中大夫，令李必、骆甲为左右校尉，将郎中骑兵击楚骑于荥阳东，大破之。受诏别击楚军后，绝其饟道，起阳武至襄邑。击项羽之将项冠于鲁下，破之，所将卒斩右司马、骑将各一人。击破柘公王武军燕西，所将卒斩楼烦将五人，连尹一人。击王武别将桓婴白马下，破之，所将卒斩都尉一人。以骑度河南，送汉王到雒阳，从北迎相国韩信军于邯郸。还至敖仓，婴迁为御史大夫。

三年，以列侯食邑杜平乡。受诏将郎中骑兵东属相国韩信，击破齐军于历下，所将卒虏车骑将华毋伤及将吏四十六人。降下临

军。向北切断黄河渡口，向南在阳城县东击溃南阳郡守齮，然后平定南阳郡。又向西进入武关，在蓝田县作战，非常勇猛，到霸上，沛公赐他执圭爵位，号昌文君。

沛公被拥立为汉王后，拜灌婴为郎中，他跟着汉王进入汉中，十月，又被拜为中谒者，为汉王掌管传达。灌婴跟随汉王平定三秦，攻占栎阳县，让塞王归顺。在废丘县围攻章邯的军队，没能攻下。灌婴跟随汉王向东出发临晋关，击败并降服殷王，平定了他的领地。灌婴在定陶县以南的地区攻打项羽的将领龙且、魏国丞相项佗的军队，在战斗中十分勇猛，击溃敌军。汉王赐灌婴列侯爵位，号昌文侯，杜县平乡为食邑。

灌婴仍以中谒者的身份跟随汉王攻下砀县，又向北攻至彭城。项羽在彭城打败汉王，汉王向西逃遁，灌婴跟着汉王回来，在雍丘驻军。王武、魏公申徒造反，灌婴跟随汉王击败他们。又攻下外黄县，向西到荥阳收拢散兵。遭到楚军较多骑兵的攻击，汉王便从军中选择可以做骑兵将领的人，大家都推举重泉县人李必、骆甲，他们通晓骑兵技能，原来是秦军的骑士，如今任校尉，可以担任骑军将领。汉王想封他们为将，李必、骆甲说："我们从前是秦朝的子民，恐怕汉军不信任我们，我们希望得到您身边的好骑手教导我们。"灌婴虽然年轻，但数次奋力作战，汉王因此拜灌婴为中大夫，令李必、骆甲做左右校尉，率领郎中骑兵在荥阳东面攻打楚国骑兵，大破楚军。灌婴又受诏另外攻打楚军的后方，断绝楚军从阳武县至襄邑的粮道。灌婴在鲁地一带攻打项羽的将领项冠，击溃敌军，他带领士卒斩杀右司马、骑兵将领各一人。在燕地西面攻破柘公王武的军队，率领士卒斩杀楼烦将五人，连尹一人。在白马渡口一带攻打王武的别将桓婴，击溃敌军，他率领的兵士斩杀都尉一人。又率领骑兵南渡黄河，护送汉王到洛阳，向北到邯郸迎接相国韩信的军队。还兵至敖仓，灌婴升为御史大夫。

高帝三年（前204），灌婴被封爵为列侯，高祖赐他杜县平乡为食邑。灌婴受诏带领郎中骑兵向东归属相国韩信的军队，在历下攻破齐军，他带领的士兵俘获车骑将军华毋伤和他的部下四十六人。灌

淄，得相田光。追齐相田横至嬴、博，击破其骑，所将卒斩骑将一人，生得骑将四人。攻下嬴、博，破齐将军田吸于千乘，斩之。东从韩信攻龙且、留公于假密，卒斩龙且，生得右司马、连尹各一人、楼烦将十人，身生得亚将周兰。

齐地已定，韩信自立为齐王，使婴别将击楚将公杲于鲁北，破之。转南，破薛郡长，身虏骑将。攻博阳，前至下相以东南僮、取虑、徐。度淮，尽降其城邑，至广陵。项羽使项声、薛公、郯公复定淮北，婴度淮击破项声、郯公下邳，斩薛公，下下邳、寿春。击破楚骑平阳，遂降彭城。虏柱国项佗，降留、薛、沛、酂、萧、相。攻苦、谯，复得亚将。与汉王会颐乡。从击项籍军陈下，破之。所将卒斩楼烦将二人，虏将八人。赐益食邑二千五百户。

项籍败垓下去也，婴以御史大夫将车骑别追项籍至东城，破之。所将卒五人共斩项籍，皆赐爵列侯。降左右司马各一人，卒万二千人，尽得其军将吏。下东城、历阳。度江，破吴郡长吴下，得吴守，遂定吴、豫章、会稽郡。还定淮北，凡五十二县。

汉王即帝位，赐益婴邑三千户。以车骑将军从击燕王荼。明年，从至陈，取楚王信。还，剖符，世世勿绝，食颍阴二千五百户。

从击韩王信于代，至马邑，别降楼烦以北六县，斩代左将，破胡骑将于武泉北。复从击信胡骑晋阳下，所将卒斩胡白题将一人。又受诏并将燕、赵、齐、梁、楚车骑，击破胡骑于硰石。至平城，为

婴迫使敌军降服，并使临淄归顺，俘获齐相田光。追击齐相田横到嬴县、博县，击溃田横的骑军，灌婴率领的士兵斩杀一员骑将，生擒四位骑将。灌婴攻下嬴县、博县，在千乘邑击溃齐将军田吸，并杀了他。向东跟从韩信在假密攻打龙且、留公，最终斩杀龙且，生擒右司马、连尹各一人、楼烦将十人，灌婴亲自活捉亚将周兰。

齐地平定后，韩信自立为齐王，派灌婴另外率军在鲁北攻打楚将公杲，打败敌军。灌婴带领军队转向南方，击溃薛郡郡守，他亲自俘虏骑将。接着灌婴攻打博阳县，一路进军前行，到达下相县东南的僮、取虑、徐三地。然后渡过淮河，攻克这一带的所有城邑，然后到达广陵县。项羽派项声、薛公、郯公又重新平定淮北，灌婴渡过淮河在下邳县击败项声、郯公，斩杀薛公，攻克下邳县、寿春县二地。灌婴在平阳击破楚军的骑兵，然后攻克彭城。俘虏柱国项佗，攻克留、薛、沛、酂、萧、相这几个地方。攻打苦县、谯县二地，又俘获一名亚将。灌婴之后与汉王在颐乡会师。灌婴跟随汉王在陈县一带攻打项籍，击溃项籍的大军。他率领的士兵斩杀楼烦将二人，俘虏将领八人。汉王又加赐二千五百户作为灌婴的食邑。

项籍在垓下惨败出逃，灌婴以御史大夫的身份率领成队的车马追击项籍，一直到东城，击溃楚军。他率领的五名士兵一起斩杀了项籍，高祖都赐他们爵位，封为列侯。灌婴降服左右司马各一人，一万二千士卒，把楚军的将吏全部俘获。灌婴攻下东城县、历阳县。接着渡过长江，在吴地一带打败吴郡长，俘虏吴郡守，然后平定吴郡、豫章郡、会稽郡。灌婴又调回军队平定淮北郡，共五十二个县。

汉王即位，又增加灌婴三千户食邑。接着灌婴以车骑的身份率军跟随高祖攻打燕王臧荼。第二年，灌婴又跟随高祖到达陈地，擒获楚王韩信。战争归来，高祖与他剖分信符，灌婴爵位列侯，世代不绝，高祖赐颍阴县二千五百户为食邑。

灌婴跟着高祖在代地攻打韩王信，到达马邑，又另外攻克楼烦以北六个县，斩杀代地左将，在武泉县以北击溃胡骑将领。又跟随高祖在晋阳一带攻打韩王信的胡骑部队，灌婴率领的士兵斩杀了白题部落的一名胡人将领。灌婴又禀承高祖的诏命率领燕国、赵国、

胡所困。

从击陈豨，别攻豨丞相侯敞军曲逆下，破之，卒斩敞及特将五人。降曲逆、卢奴、上曲阳、安国、安平。攻下东垣。

黥布反，以车骑将军先出，攻布别将于相，破之，斩亚将楼烦将三人。又进击破布上柱国及大司马军。又进破布别将肥铢。婴身生得左司马一人，所将卒斩其小将十人，追北至淮上。益食邑二千五百户。布已破，高帝归，定令婴食颍阴五千户，除前所食邑。凡从所得，二千石二人，别破军十六，降城四十六，定国一，郡二，县五十二，得将军二人，柱国、相各一人，二千石十人。

婴自破布归，高帝崩，以列侯事惠帝及吕后。吕后崩，吕禄等欲为乱。齐哀王闻之，举兵西，吕禄等以婴为大将军往击之。婴至荥阳，乃与绛侯等谋，因屯兵荥阳，风齐王以诛吕氏事，齐兵止不前。绛侯等既诛诸吕，齐王罢兵归。婴自荥阳还，与绛侯、陈平共立文帝。于是益封婴三千户，赐金千斤，为太尉。

三岁，绛侯勃免相，婴为丞相，罢太尉官。是岁，匈奴大入北地，上令丞相婴将骑八万五千击匈奴。匈奴去，济北王反，诏罢婴兵。后岁余，以丞相薨，谥曰懿侯。传至孙彊，有罪，绝。武帝复封婴孙贤为临汝侯，奉婴后，后有罪，国除。

傅宽，以魏五大夫骑将从，为舍人，起横阳。从攻安阳、杠里，赵贲军于开封，及击杨熊曲遇、阳武，斩首十二级，赐爵卿。从至霸

齐国、梁国、楚国的车马，在砦石邑击溃胡骑一众人马。行军到平城时，被胡人军队围困。

灌婴跟随高祖攻打陈豨，在曲逆一带另外率军攻打陈豨和丞相侯敞的军队，获胜，最终斩杀侯敞和特将五人。攻克曲逆、卢奴、上曲阳、安国、安平等县，攻下东垣县。

英布反叛，灌婴担任车骑将军率先出征，在相地攻打英布的别将，击溃敌军，斩杀亚将、楼烦将三人。又进军击溃英布上柱国和大司马的军队。又击溃英布的别将肥铢。灌婴亲自活捉左司马一人，他率领的士兵斩杀小将十人，向北追击到淮河上游。高祖增加他二千五百户食邑。歼灭英布后，高祖回朝，经核定，令灌婴把颍阴县五千户作为食邑，收回以前所赐的食邑。灌婴跟随高祖共俘获俸禄二千石的官吏两人，另外自己率兵攻破敌军十六次，攻克四十六座城池，平定一个叛国，两个郡，五十二个县，俘获将军二人，柱国、相各一人，俸禄二千石的官吏十人。

灌婴打败英布回来，高祖驾崩，灌婴作为列侯侍奉惠帝和吕后。吕后驾崩，吕禄等人想作乱。齐哀王听说这件事，就出兵向西行进，准备进攻长安，吕禄等任命灌婴为大将军前往攻打齐哀王。灌婴行军到荥阳，便与绛侯等人谋划诛杀吕氏一族，灌婴趁机在荥阳屯兵，委婉劝说齐王以诛杀吕氏宗族为重，齐兵于是停止不前。绛侯等诛杀诸吕之后，齐王停战回国。灌婴从荥阳返回，与绛侯周勃、陈平等人一起拥立文帝。因此文帝加封灌婴食邑三千户，赏赐黄金千斤，封为太尉。

文帝三年（前177），绛侯周勃被免去相位，灌婴做了丞相，免去太尉官职。那年，匈奴大举进攻北地，文帝命令灌婴率领八万五千骑兵迎击匈奴军。匈奴离去，济北王造反，文帝诏令灌婴撤军回京。一年多后，灌婴作为丞相去世，谥号懿侯。传到孙子灌彊，因有罪，爵位断绝。武帝时又封灌婴的孙子灌贤为临汝侯，奉祀灌婴的宗庙，后来因有罪，废除封国。

傅宽，起初以魏国五大夫骑将的身份跟随沛公作战，做沛公的舍人，在横阳邑起兵。傅宽跟随沛公攻打安阳县、杠里县，在开封击

上。沛公为汉王，赐宽封号共德君。从入汉中，为右骑将。定三秦，赐食邑雕阴。从击项籍，待怀，赐爵通德侯。从击项冠、周兰、龙且，所将卒斩骑将一人敖下，益食邑。

属淮阴，击破齐历下军，击田解。属相国参，残博，益食邑。因定齐地，剖符世世勿绝，封阳陵侯，二千六百户，除前所食。为齐右丞相，备齐。五岁为齐相国。

四月，击陈豨，属太尉勃，以相国代丞相哙击豨。一月，徙为代相国，将屯。二岁，为丞相，将屯。孝惠五年薨，谥曰景侯。传至曾孙偃，谋反，诛，国除。

靳歙，以中涓从，起宛朐。攻济阳。破李由军。击秦军开封东，斩骑千人将一人，首五十七级，捕虏七十三人，赐爵封临平君。又战蓝田北，斩车司马二人，骑长一人，首二十八级，捕虏五十七人。至霸上，沛公为汉王，赐歙爵建武侯，迁骑都尉。

从定三秦。别西击章平军于陇西，破之，定陇西六县，所将卒斩车司马、候各四人，骑长十二人。从东击楚，至彭城。汉军败还，保雍丘，击反者王武等。略梁地，别西击邢说军菑南，破之，身得说都尉二人，司马、候十二人，降吏卒四千六百八十人。破楚军荥阳东。食邑四千二百户。

别之河内，击赵贲军朝歌，破之，所将卒得骑将二人，车马二百五十匹。从攻安阳以东，至棘蒲，下十县。别攻破赵军，得其将

溃赵贲的军队，又在曲遇县、阳武县打败杨熊的军队，斩获敌首十二级，沛公赐他卿的爵位。他跟随沛公来到霸上。沛公被拥立为汉王，赐傅宽封号共德君。傅宽跟随汉王进入汉中，做了右骑将。平定三秦后，汉王赐雕阴县作为傅宽的食邑。傅宽跟随汉王攻打项籍，留在怀县接应，汉王赐他通德侯爵位。傅宽跟随汉王攻打项冠、周兰、龙且，率兵在敖下斩杀骑将一人，汉王又增加了他的食邑。

傅宽隶属淮阴侯韩信的时候，击溃齐国在历下的军队，追击齐国将领田解。傅宽隶属相国曹参的时候，毁坏博县，因战功而增加食邑。因平定齐地有功，汉王与傅宽剖分信符，爵位世代不绝，封他为阳陵侯，食邑二千六百户，收回以前所赐的食邑。后来傅宽担任齐国右丞相，在齐地辅佐齐王。五年后，担任齐国的相国。

四月，傅宽攻击陈豨的军队，隶属太尉周勃，作为相国取代丞相樊哙攻打陈豨。一月，升为代国的相国，率兵驻守边境。两年后，担任丞相，依然率兵驻守边境。惠帝五年（前190），傅宽去世，谥号景侯。爵位传到曾孙傅偃，因谋反，被诛杀，废除封国。

靳歙，起初以中涓的身份跟随沛公，在宛朐县起兵。攻打济阳县。攻破李由的军队。在开封以东攻击秦军，斩杀千人骑兵的将领一人，斩获敌首五十七级，俘获七十三人，沛公赐他爵位，封为临平君。靳歙又在蓝田北面作战，斩杀秦军车司马二人，骑兵长官一人，斩获敌首二十八级，俘获五十七人。到霸上，沛公被拥立为汉王，赐靳歙爵位，封为建武侯，升为骑都尉。

靳歙跟随汉王平定三秦。另外在陇西向西进攻章平的军队，击溃敌军，平定了陇西六个县，他率领的士兵斩杀车司马、候各四人，十二位骑兵长官。靳歙跟随汉王向东攻击楚军，直至彭城。汉军战败撤军回归，靳歙力守雍丘县，打败反叛汉王的王武等人。夺取梁地，另外向西在菑县以南攻打邢说的军队，击溃敌军，靳歙亲自俘获邢说的都尉二人，司马、候十二人，让吏卒四千六百八十人投降。在荥阳东面攻破楚军。汉王赐四千二百户作为靳歙的食邑。

靳歙另外率兵到达河内郡，在朝歌县攻打赵贲的军队，击溃敌军，他率领的士兵俘获敌人两名骑将，二百五十匹车马。靳歙跟随

司马二人，候四人，降吏卒二千四百人。从降下邯郸。别下平阳，身斩守相，所将卒斩兵守郡一人，降邺。从攻朝歌、邯郸，别击破赵军，降邯郸郡六县。还军敖仓，破项籍军成皋南，击绝楚饷道，起荥阳至襄邑。破项冠鲁下。略地东至鄫、郯、下邳，南至蕲、竹邑。击项悍济阳下。还击项籍军陈下，破之。别定江陵，降柱国、大司马以下八人，身得江陵王，致雒阳，因定南郡。从至陈，取楚王信，剖符世世勿绝，定食四千六百户，为信武侯。

以骑都尉从击代，攻韩信平城下，还军东垣。有功，迁为车骑将军，并将梁、赵、齐、燕、楚车骑，别击陈豨丞相敞，破之，因降曲逆。从击黥布有功，益封，定食邑五千三百户。凡斩首九十级，虏百四十二人，别破军十四，降城五十九，定郡、国各一，县二十三，得王、柱国各一人，二千石以下至五百石三十九人。

高后五年，薨，谥曰肃侯。子亭嗣，有罪，国除。

周緤，沛人也。以舍人从高祖起沛。至霸上，西入蜀汉，还定三秦，常为参乘，赐食邑池阳。从东击项羽荥阳，绝甬道，从出度平阴，遇韩信军襄国，战有利不利，终亡离上心。上以緤为信武侯，食邑三千三百户。

上欲自击陈豨，緤泣曰："始秦攻破天下，未曾自行，今上常自

汉王攻打安阳以东一带，到达棘蒲邑，攻下十个县。又另外率兵打败赵军，俘获敌军将司马二人，候四人，让二千四百名吏卒投降。他跟随汉王攻下邯郸。又另外率军拿下平阳县，靳歙亲自斩杀守相，他率领的士兵斩杀敌军守郡一人，攻克邺县。靳歙跟随汉王攻打朝歌、邯郸，又另外率兵击溃赵军，攻克邯郸郡的六个县。靳歙率兵返回敖仓，在成皋以南攻破项籍的军队，击败并断绝了楚军从荥阳至襄邑的粮道。在鲁地一带击溃项冠的军队。占领了东到鄫、郯、下邳三县，南到蕲县、竹邑的大片土地。在济阳县一带攻打项悍。靳歙率兵返回陈县一带攻打项籍的军队，击溃敌军。他又率军平定江陵县，让柱国、大司马以下八人投降，亲自擒获江陵王，到达洛阳，趁势平定了南郡。靳歙跟随汉王到陈县，擒获楚王韩信，汉王与他剖分信符，爵位世代不绝，核定食邑四千六百户，封他为信武侯。

后来，靳歙以骑都尉的身份跟随高祖攻打代王，在平城一带攻打韩信，然后率领军队返回东垣县。立下军功，汉王升他为车骑将军，接着带领梁国、赵国、齐国、燕国、楚国的车骑军队，分别进攻陈豨的丞相侯敞，击溃敌军，于是攻克曲逆。他跟随高祖攻打英布立下军功，高祖加封，核定五千三百户作为靳歙的食邑。靳歙共斩敌首级九十个，俘虏一百四十二人，另外击溃敌军十四次，降伏五十九座城池，平定一个郡县、一个诸侯国，二十三个县，俘获一位诸侯王、一位柱国，俸禄为五百石至二千石的官吏三十九人。

吕后五年（前183），靳歙去世，谥号肃侯。他的儿子靳亭继承爵位，因犯罪，断绝封国爵位。

周緤，沛县人。以舍人的身份跟随高祖从沛县起兵。到了霸上，向西进入蜀郡汉中，周緤又随高祖返回平定三秦，常常担任参乘，高祖赐池阳县作为周緤的食邑。他跟随高祖向东到达荥阳攻打项羽，断绝了楚军的运粮通道，他跟随高祖渡过平阴渡口出征，在襄国会合韩信的军队，当时战争有时处于有利的情形，有时处于不利的情形，但他始终没有离开高祖的心思。高祖封周緤为信武侯，赐三千三百户作为他的食邑。

高祖准备自己亲自进攻陈豨，周緤哭着说：“最初秦攻破天下，

行，是亡人可使者乎？”上以为“爱我”，赐入殿门不趋。

十二年，更封緤为蒯城侯。孝文五年薨，谥曰贞侯。子昌嗣，有罪，国除。景帝复封緤子应为郸侯，薨，谥曰康侯。子仲居嗣，坐为太常有罪，国除。

赞曰：仲尼称“犁牛之子骍且角，虽欲勿用，山川其舍诸？”言士不系于世类也。语曰“虽有兹基，不如逢时”，信矣！樊哙、夏侯婴、灌婴之徒，方其鼓刀、仆御、贩缯之时，岂自知附骥之尾，勒功帝籍，庆流子孙哉？当孝文时，天下以郦寄为卖友。夫卖友者，谓见利而忘义也。若寄父为功臣而又执劫，虽摧吕禄，以安社稷，谊存君亲，可也。

就再没有皇上亲自出征，如今皇上常常外出亲征，是因为没有能任用的人了吗？”高祖以为周緤是“真的关爱自己”，便破例赐周緤进入大殿的门不需要小步快走。

高祖十二年（前195），改封周緤为鄘城侯。文帝五年（前175），周緤去世，谥号贞侯。他的儿子周昌继承了爵位，因为犯罪，断绝封国爵位。景帝又封周緤的儿子周应为郸侯，周应去世，谥号康侯。周应的儿子周仲居继承爵位，因担任太常而犯罪，免除封国爵位。

赞辞说：孔仲尼称“犁牛之子骍且角，虽欲勿用，山川其舍诸？”是说士不该受到出身的限制。俗话说：“虽有兹基，不如逢时”，确实如此！樊哙、夏侯婴、灌婴这些人，当他们操着刀子、驾着马车、贩卖丝织品的时候，难道自己能知道依靠着别人而成名，建立功勋载入皇室的谱录，福泽后代子孙吗？文帝时，天下人都说郦寄出卖朋友。所谓的出卖朋友，指的是见利忘义的人。可是郦寄的父亲作为开国功臣而江山又要遭到劫掠，郦寄虽然除掉吕禄，但也是为了安定社稷，以君王的利益为重，这样的作为完全是可以的。

卷四十二

张周赵任申屠传第十二

张苍，阳武人也，好书律历。秦时为御史，主柱下方书。有罪，亡归。及沛公略地过阳武，苍以客从攻南阳。苍当斩，解衣伏质，身长大，肥白如瓠，时王陵见而怪其美士，乃言沛公，赦勿斩。遂西入武关，至咸阳。

沛公立为汉王，入汉中，还定三秦。陈馀击走常山王张耳，耳归汉，汉以苍为常山守。从韩信击赵，苍得陈馀。赵地已平，汉王以苍为代相，备边寇。已而徙为赵相，相赵王耳。耳卒，相其子敖。复徙相代。燕王臧荼反，苍以代相从攻荼有功，封为北平侯，食邑千二百户。

迁为计相，一月，更以列侯为主计四岁。是时萧何为相国，而苍乃自秦时为柱下御史，明习天下图书计籍，又善用算律历，故令苍以列侯居相府，领主郡国上计者。黥布反，汉立皇子长为淮南王，而苍相之。十四年，迁为御史大夫。

周昌者，沛人也。其从兄苛，秦时皆为泗水卒史。及高祖起沛，击破泗水守监，于是苛、昌以卒史从沛公，沛公以昌为职志，苛为客。从入关破秦。沛公立为汉王，以苛为御史大夫，昌为中尉。

张苍，阳武县人，喜欢书、音律和历法。在秦朝时担任御史，主管宫里图书馆有关方术的书籍。因为犯法，逃归家乡。等沛公一路战争攻城略地路过阳武县的时候，张苍以宾客身份跟着沛公进攻南阳。张苍因犯罪正要被斩杀的时候，他脱下衣服赤裸身体俯伏在砧板上，露出高大的身材，又白又胖，好像瓠瓜一样，当时王陵正好看见，惊讶于张苍这样的美男子，就在沛公面前为张苍说情，沛公便赦免不斩杀他。张苍后来就跟随沛公西入武关，到达咸阳。

沛公被拥立为汉王，入汉中，又回师平定三秦。陈馀攻打并使常山王张耳败走，张耳最终归附汉王，汉王任命张苍为常山太守。张苍跟着韩信攻打赵国，俘获陈馀。平定赵地以后，汉王任命张苍为代国国相，驻守边防防备贼寇。不久调任张苍为赵国国相，辅佐赵王张耳。张耳死后，张苍又辅佐其儿子张敖。后来又调任张苍代国国相。燕王臧荼谋反，张苍以代相的身份跟随大军攻打臧荼建立军功，封为北平侯，封他一千二百户作为食邑。

张苍升为计相，过了一个月，他更是因为列侯的爵位担任了四年主计。当时萧何任相国，而张苍从秦朝时就担任柱下御史，对天下图书会计簿籍明了熟悉，又善于计算音律历法，因此高祖就命令张苍以列侯的身份在相府工作，负责郡国送来的上计簿。英布反叛，高祖立皇子刘长为淮南王，张苍为淮南国相辅佐皇子刘长。十四年后，升为御史大夫。

周昌，沛县人。他和堂兄周苛都是秦朝的泗水卒史。等到高祖在沛县发兵起义，打败泗水的郡守、郡监，周苛、周昌便以卒史身份跟随了沛公，沛公让周昌担任职志，掌管旗帜，周苛担任宾客。他们跟随沛公入关击溃秦国。沛公立为汉王，让周苛担任御史大夫，周昌担任中尉。

汉三年，楚围汉王荥阳急，汉王出去，而使苛守荥阳城。楚破荥阳城，欲令苛将，苛骂曰："若趣降汉王！不然，今为虏矣！"项羽怒，亨苛。汉王于是拜昌为御史大夫。常从击破项籍。六年，与萧、曹等俱封，为汾阴侯。苛子成以父死事，封为高景侯。

昌为人强力，敢直言，自萧、曹等皆卑下之。昌尝燕入奏事，高帝方拥戚姬，昌还走。高帝逐得，骑昌项上，问曰："我何如主也？"昌仰曰："陛下即桀纣之主也。"于是上笑之，然尤惮昌。及高帝欲废太子，而立戚姬子如意为太子，大臣固争莫能得，上以留侯策止。而昌庭争之强，上问其说，昌为人吃，又盛怒，曰："臣口不能言，然臣期期知其不可。陛下欲废太子，臣期期不奉诏。"上欣然而笑，即罢。吕后侧耳于东箱听，见昌，为跪谢曰："微君，太子几废。"

是岁，戚姬子如意为赵王，年十岁，高祖忧万岁之后不全也。赵尧为符玺御史，赵人方与公谓御史大夫周昌曰："君之史赵尧，年虽少，然奇士，君必异之，是且代君之位。"昌笑曰："尧年少，刀笔吏耳，何至是乎!"居顷之，尧侍高祖，高祖独心不乐，悲歌，群臣不知上所以然。尧进请问曰："陛下所为不乐，非以赵王年少，而戚夫人与吕后有隙，备万岁之后而赵王不能自全乎？"高祖曰："我私忧之，不知所出。"尧曰："陛下独为赵王置贵强相，及吕后、太子、群臣素所敬惮者乃可。"高祖曰："然。吾念之欲如是，而群臣谁可者？"尧曰："御史大夫昌，其人坚忍伉直，自吕后、太子及大臣皆素

汉三年（前204），楚军将汉王包围在荥阳城，情况危急，后来汉王逃出，让周苛驻守荥阳城。楚军攻破荥阳城，项羽想让周苛做将军，周苛怒骂道："你还是赶快投降汉王！否则，今天你就成了我们的俘虏！"项羽大怒，烹杀周苛。汉王因此封周昌为御史大夫。周昌常常跟随汉王打败项羽军队。汉六年（前201），周昌与萧何、曹参等人一起受封，为汾阴侯。周苛之子周成因为父亲为国事而死，封为高景侯。

周昌为人刚强，敢于直言，从萧何、曹参以下官员都惧怕他。周昌曾在高祖休闲时进去向高祖陈述事情，高祖正拥抱着戚姬，周昌看见急忙返身而走。高祖追赶出来，抓住周昌，骑在周昌脖子上，问道："我是什么样的国君？"周昌仰起头说："陛下就是夏桀纣王那样的君主。"于是高祖笑起来，然而更加忌惮周昌。等到高祖想废太子，而立戚姬的儿子如意为太子的时候，大臣们坚持劝谏，都没能成功，高祖因为留侯张良的计策才停止改立太子。而周昌为了这件事在朝廷上强硬地争辩，高祖问他不改立太子的理由，周昌有口吃的毛病，当时又非常愤怒，回答说："臣口吃讲不出来，然而臣明确地知道改换太子是不可以的。陛下想废黜太子，臣一定不会接受陛下的命令。"高祖欣然而笑，随即不再废黜太子。吕后在东厢房侧耳偷听，看见周昌后，吕后为此跪着感谢他，说："如果不是您据理力争，太子几乎就被废了。"

这一年，戚姬的儿子如意为赵王，刚刚十岁，高祖担心自己驾崩之后如意不能保全自己。当时赵尧任符玺御史，赵国人方与公对御史大夫周昌说："您的史官赵尧，年纪虽小，却是个奇异的人，您一定要特别优待他，况且只有这样的人将来才能代替您的位置。"周昌笑着说："赵尧年少，只不过是个小小的刀笔吏罢了，何至于如此夸奖他呢！"过了不久，赵尧侍奉高祖，高祖独自郁郁不乐，唱着凄凉哀伤的歌，群臣都不知道高祖为何会这样。赵尧进奏并请示高祖，问道："陛下不高兴的原因，难道不是因为赵王年少，而戚夫人又与吕后有嫌隙，担心您驾崩之后赵王不能保全自己吗？"高祖说："我只是私下担心赵王如意，却不知道该怎么谋划这件事。"赵尧说："陛下要

严惮之。独昌可。”高祖曰：“善。”于是召昌谓曰：“吾固欲烦公，公强为我相赵。”昌泣曰：“臣初起从陛下，陛下独奈何中道而弃之于诸侯乎？”高祖曰：“吾极知其左迁，然吾私忧赵，念非公无可者。公不得已强行！”于是徙御史大夫昌为赵相。

既行久之，高祖持御史大夫印弄之，曰：“谁可以为御史大夫者？”孰视尧曰：“无以易尧。”遂拜尧为御史大夫。尧亦前有军功食邑，及以御史大夫从击陈豨有功，封为江邑侯。

高祖崩，太后使使召赵王，其相昌令王称疾不行。使者三反，昌曰：“高帝属臣赵王，王年少，窃闻太后怨戚夫人，欲召赵王并诛之。臣不敢遣王，王且亦疾，不能奉诏。”太后怒，乃使使召赵相。相至，谒太后，太后骂昌曰：“尔不知我之怨戚氏乎？而不遣赵王！”昌既征，高后使使召赵王。王果来，至长安月余，见鸩杀。昌谢病不朝见，三岁而薨，谥曰悼侯。传子至孙意，有罪，国除。景帝复封昌孙左车为安阳侯，有罪，国除。

初，赵尧既代周昌为御史大夫，高祖崩，事惠帝终世。高后元年，怨尧前定赵王如意之画，乃抵尧罪，以广阿侯任敖为御史大夫。

任敖，沛人也，少为狱吏。高祖尝避吏，吏系吕后，遇之不谨。

单独替赵王安置一位身份尊贵性格刚强的相，只要是吕后、太子、群臣平素就很尊敬忌惮的人就可以。”高祖说：“你说得对。我心里也是这么想的，然而群臣中谁能这样？”赵尧说：“御史大夫周昌，他意志坚强，刚正不阿，上至吕后、太子，下至大臣平时都很怕他。只有周昌可以做到。”高祖道：“好主意。”于是高祖召唤周昌过来对他说：“我必须要烦劳你，你一定要为我担任赵王的相国。”周昌哭着说：“臣从最初就追随着陛下，陛下为什么要单单在半路把我抛弃到诸侯国去呢？”高祖说：“我非常清楚这是降了你的职，然而我私下里担心赵王，心里想非你不能担当此任。虽然并非你心中所愿，还是勉强前去执行吧！”因此高祖调迁御史大夫周昌任赵王的相国。

周昌已经出行了很久，高祖手里拿着御史大夫印抚弄着说：“谁可以担任御史大夫呢？”高祖注目细看赵尧说：“无人可以代替你。”高祖就封赵尧为御史大夫。赵尧以前也有军功、食邑，又以御史大夫的身份随军攻打陈豨，立下战功，高祖封他为江邑侯。

高祖驾崩，吕后派使者召赵王入京，赵王的相国周昌让赵王称病不要前往。使者第三次返回赵国，周昌说：“高帝把赵王委托给臣，赵王年少，我私下里听闻太后怨恨戚夫人，想召赵王回长安并杀掉他。臣不敢遣送赵王去长安，而且赵王还生着病，不能接受太后的命令。”吕后恼怒，就派使臣召赵相周昌。赵相周昌到京，拜见吕后，吕后骂周昌道：“你不知道我对戚氏心怀怨恨吗？却不将赵王送来！”周昌被召到京城后，吕后就派使臣召见赵王。赵王果然来到京城，到长安一个多月，就被吕后用毒酒害死。从此周昌以生病为借口不上朝，三年后去世，谥号悼侯。爵位传到儿子，又到孙子周意，有罪，废除封国。景帝又封周昌孙子周左车为安阳侯，有罪，废除封国。

起初，赵尧取代周昌任御史大夫以后，高祖驾崩，赵尧侍奉惠帝直至去世。吕后元年（前187），她怨恨赵尧之前提出保护赵王如意的计谋，就让赵尧抵罪，派广阿侯任敖任御史大夫。

任敖，沛县人，年轻时任狱吏。高祖曾经逃避官吏的追捕，官吏

任敖素善高祖，怒，击伤主吕后吏。及高祖初起，敖以客从为御史，守丰二岁。高祖立为汉王，东击项羽，敖迁为上党守。陈豨反，敖坚守，封为广阿侯，食邑千八百户。高后时为御史大夫，三岁免。孝文元年薨，谥曰懿侯。传子至曾孙越人，坐为太常庙酒酸不敬，国除。

初任敖免，平阳侯曹窋代敖为御史大夫。高后崩，与大臣共诛诸吕。后坐事免，以淮南相张苍为御史大夫。苍与绛侯等尊立孝文皇帝，四年，代灌婴为丞相。

汉兴二十余年，天下初定，公卿皆军吏。苍为计相时，绪正律历。以高祖十月始至霸上，故因秦时本十月为岁首，不革。推五德之运，以为汉当水德之时，上黑如故。吹律调乐，入之音声，及以比定律令。若百工，天下作程品。至于为丞相，卒就之。故汉家言律历者本张苍。苍凡好书，无所不观，无所不通，而尤邃律历。

苍德安国侯王陵，及贵，父事陵。陵死后，苍为丞相，洗沐，常先朝陵夫人上食，然后敢归家。

苍为丞相十余年，鲁人公孙臣上书，陈终始五德传，言汉土德时，其符黄龙见，当改正朔，易服色。事下苍，苍以为非是，罢之。其后黄龙见成纪，于是文帝召公孙臣以为博士，草立土德时历制度，更元年。苍由此自绌，谢病称老。苍任人为中候，大为奸利，上以为让，苍遂病免。孝景五年薨，谥曰文侯。传子至孙类，有罪，国除。

拘囚了吕后，对吕后言行轻浮。任敖平素与高祖交情不错，非常生气，击伤负责看管吕后的狱吏。等到高祖最初起兵，任敖以宾客身份跟随高祖任御史，在丰邑驻守了两年。高祖被立为汉王，向东进攻项羽，任敖升为上党郡太守。陈豨反叛，任敖坚守上党郡，汉王封他为广阿侯，食邑一千八百户。任敖在吕后执政时任御史大夫，三年后免职。他在孝文帝元年（前179）去世，谥号懿侯。侯爵之位传到儿子，又传到曾孙任越人，因任太常时准备祭祀的酒味道发酸，判为不敬罪，除去侯国爵位。

起初任敖免职，平阳侯曹窋代替任敖为御史大夫。吕后驾崩后，他与大臣一起诛杀吕氏诸人。后因犯罪免除官职，让淮南相张苍任御史大夫。张苍与绛侯周勃等尊立孝文皇帝，文帝四年（前176），张苍取代灌婴为丞相。

汉朝兴起二十多年，天下初定，公卿高官都是军吏。张苍做计相时，理出历法的头绪，排正次序。因为高祖十月初驻军霸上，所以遵循秦时十月为岁首的历法，不变革。张苍推算五行的运行规律，认为汉正处在五行之中的水位，还遵照秦朝崇尚五行之水对应的黑色。吹奏律管调整乐声，定下音乐遵循的规律，并定下相应的法律条文。就像各种工匠一样度量标准，为天下定出制作规范。等到担任丞相之时，制定了律例制度。因此，汉朝所说的律历都以张苍为标准。张苍好书，无所不读，无所不通，尤其精通乐律历法。

张苍很感激当初安国侯王陵对他的救命之恩，等到显贵以后，事奉王陵就像自己的父亲一样。王陵去世以后，张苍任丞相，休假的时候，常常先去看望王陵的夫人，直到献上食物，然后才敢回家。

张苍任十多年丞相后，鲁国人公孙臣上书，陈述五行始末及轮换的次序，说汉在五行运行到土时，应该符合黄龙出现的征兆，应该更改历法，改变祭祀服装的颜色。这些要改变的事情都交给张苍置办，张苍认为公孙臣说的不在理，便搁置不办。此后黄龙在成纪出现，文帝便召公孙臣担任博士，草立土德和历法制度，更改元年。张苍由此自己罢免职务，声称自己年老多病。张苍任用了一个中候官，大行非法谋取利益之事，汉文帝因此责备张苍，张苍就被带病免

初苍父长不满五尺，苍长八尺余，苍子复长八尺，及孙类长六尺余。苍免相后，口中无齿，食乳，女子为乳母。妻妾以百数，尝孕者不复幸。年百余岁乃卒。著书十八篇，言阴阳律历事。

申屠嘉，梁人也。以材官蹶张从高帝击项籍，迁为队率。从击黥布，为都尉。孝惠时，为淮阳守。孝文元年，举故以二千石从高祖者，悉以为关内侯，食邑二十四人，而嘉食邑五百户。十六年，迁为御史大夫。张苍免相，文帝以皇后弟窦广国贤有行，欲相之，曰："恐天下以吾私广国。"久念不可，而高帝时大臣余见无可者，乃以御史大夫嘉为丞相，因故邑封为故安侯。

嘉为人廉直，门不受私谒。是时太中大夫邓通方爱幸，赏赐累巨万。文帝常燕饮通家，其宠如是。是时嘉入朝，而通居上旁，有怠慢之礼。嘉奏事毕，因言曰："陛下幸爱群臣则富贵之，至于朝廷之礼，不可以不肃！"上曰："君勿言，吾私之。"罢朝坐府中，嘉为檄召通诣丞相府，不来，且斩通。通恐，入言上。上曰："汝弟往，吾今使人召若。"通至丞相府，免冠，徒跣，顿首谢嘉。嘉坐自如，弗为礼，责曰："夫朝廷者，高皇帝之朝廷也，通小臣，戏殿上，大不敬，当斩。史今行斩之！"通顿首，首尽出血，不解。上度丞相已困通，使使持节召通，而谢丞相："此吾弄臣，君释之。"邓通既至，为上泣曰："丞相几杀臣。"

官。张苍在孝景帝五年（前152）去世，谥号文侯。侯爵之位传到儿子直至孙子张类，因犯罪，废除侯国。

起初，张苍的父亲身高未到五尺，张苍身高却有八尺多，张苍的儿子又是身高八尺，到了他的孙子张类身高六尺多。张苍免去相位后，口中已经没有牙齿了，只吃人乳，就让女子作乳母。他有百十多个妻妾，凡是怀孕了就不再得宠。张苍活了一百多岁才死去。一共著书十八篇，都是讲述阴阳音律历法的事。

申屠嘉，梁国人。因为他勇健有力，脚踏强弩，能使弓张开，以武卒的身份随从高祖攻打项籍，后来升为一队兵卒的首领。申屠嘉跟随高祖攻打英布，任都尉。孝惠帝时，任淮阳太守。孝文帝元年（前179），举荐过去跟随高祖出征的二千石官吏，全部赐关内侯爵位，享有二十四人的食邑，而申屠嘉享有食邑五百户。孝文帝十六年（前164），申屠嘉升为御史大夫。张苍免去相位之后，文帝因为皇后的弟弟窦广国贤德而有所作为，打算任用为丞相，文帝说："又怕天下人以为我偏爱广国。"考虑了很久觉得不能任用，而高祖时健在的大臣中又没有人能担此重任，便任命御史大夫申屠嘉为丞相，遵照他原食邑之名封为故安侯。

申屠嘉为人清廉正直，在家里不因私事接受拜访。当时太中大夫邓通正受文帝的宠幸，领到的赏赐累计巨万。文帝常在休闲的时候去邓通家饮酒，邓通就是如此受宠。当时申屠嘉入朝拜见文帝，邓通就待在文帝身边，礼数上有所怠慢。申屠嘉向文帝陈述完事情，趁机说道："陛下宠幸爱护群臣可以让他们富贵，至于朝廷之礼，不可以不严正！"文帝说："您不要说了，我私下教训他。"退朝后，申屠嘉坐在丞相府，亲自写下檄文召邓通前来，如果不来，立即斩杀邓通。邓通害怕，进宫告诉文帝。文帝说："你尽管前去，我立即派人召你回来。"邓通到了丞相府，摘去帽子，赤脚步行，以头叩地向申屠嘉道歉。申屠嘉坐在那里如常不变，不行礼，斥责邓通说："朝廷，是高皇帝的朝廷，你一个小臣，敢在殿上戏耍，就是对高皇帝最大的不敬，应该斩首。丞相史这就去执行斩杀邓通！"邓通以头叩地，头上都流出血来，申屠嘉仍然没有停下来的意思。文帝估计丞相已经让邓通受

嘉为丞相五岁，文帝崩，孝景即位。二年，晁错为内史，贵幸用事，诸法令多所请变更，议以適罚侵削诸侯。而丞相嘉自绌，所言不用，疾错。错为内史，门东出，不便，更穿一门，南出。南出者，太上皇庙堧垣也。嘉闻错穿宗庙垣，为奏请诛错。客有语错，错恐，夜入宫上谒，自归上。至朝，嘉请诛内史错。上曰："错所穿非真庙垣，乃外堧垣，故冗官居其中，且又我使为之，错无罪。"罢朝，嘉谓长史曰："吾悔不先斩错乃请之，为错所卖。"至舍，因欧血而死。谥曰节侯。传子至孙臾，有罪，国除。

自嘉死后，开封侯陶青、桃侯刘舍及武帝时柏至侯许昌、平棘侯薛泽、武强侯庄青翟、商陵侯赵周，皆以列侯继踵，䠞䠞廉谨，为丞相备员而已，无所能发明功名著于世者。

赞曰：张苍文好律历，为汉名相，而专遵用秦之《颛项历》，何哉？周昌，木强人也。任敖以旧德用。申屠嘉可谓刚毅守节，然无术学，殆与萧、曹、陈平异矣。

了不少苦，便派使臣手持符节召邓通回宫，并且向丞相谢罪说：“这个人是我的亲近狎玩之臣，恳请您放了他。”邓通回宫后，对文帝哭着说：“丞相几乎就要杀死我了。”

申屠嘉任丞相五年后，文帝驾崩，孝景帝即位。景帝二年（前155），晁错任内史，官位显贵，权力很大，又得到君王的宠幸，他向景帝请求变更了很多条法令，又建议用责罚的方法削夺诸侯的权力。而丞相申屠嘉却感到自己能力不足，所说的话也不被采纳，非常痛恨晁错。晁错任内史，他的大门向东通到宫外，出入都不方便，就另开凿一门，向南出入。从南面出去的这道门，就是太上皇庙宫外的墙。申屠嘉听说晁错凿开宗庙的墙，打算奏请景帝诛杀晁错。有门客把这件事提前告诉了晁错，晁错害怕，急忙深夜入宫觐见景帝，向景帝自行投案。等到第二天上朝的时候，申屠嘉向景帝奏请诛杀内史晁错。景帝说：“晁错凿开的不是真的庙墙，而是宗庙外墙外面的围墙，因此闲散无事的官员可以居住在那里，况且晁错在墙上凿门这事也是我让他做的，晁错没有什么过错。”退朝后，申屠嘉对长史说：“我很后悔没先斩杀晁错再向陛下奏请，反而被晁错出卖。”申屠嘉回到家里，就吐血而亡。谥号节侯。侯爵之位传到儿子，又传到孙子申臾，有罪，废除封国。

自申屠嘉死后，开封侯陶青、桃侯刘舍以及汉武帝时柏至侯许昌、平棘侯薛泽、武强侯庄青翟、商陵侯赵周，都以列侯的身份接连出任丞相，他们平庸无能，廉洁谨慎，担任丞相也仅仅是充数而已，没有能凭借任何创新功业著称于世的。

赞辞说：张苍好文喜欢律历，属于汉朝名相，然而只遵照秦朝《颛顼历》，为什么呢？周昌，质直刚强的人。任敖因以前保护吕后的恩德被任用。申屠嘉可谓刚毅守节，然而没有学问，不懂权术，大概与萧何、曹参、陈平等人相比还是要差一些。

卷四十三

郦陆朱刘叔孙传第十三

郦食其，陈留高阳人也。好读书，家贫落魄，无衣食业。为里监门，然吏县中贤豪不敢役，皆谓之狂生。

及陈胜、项梁等起，诸将徇地过高阳者数十人，食其闻其将皆握龊好荷礼自用，不能听大度之言，食其乃自匿。后闻沛公略地陈留郊，沛公麾下骑士适食其里中子，沛公时时问邑中贤豪。骑士归，食其见，谓曰："吾闻沛公嫚易人，有大略，此真吾所愿从游，莫为我先。若见沛公，谓曰'臣里中有郦生，年六十余，长八尺，人皆谓之狂生'，自谓我非狂。"骑士曰："沛公不喜儒，诸客冠儒冠来者，沛公辄解其冠，溺其中。与人言，常大骂。未可以儒生说也。"食其曰："第言之。"骑士从容言食其所戒者。

沛公至高阳传舍，使人召食其。食其至，入谒，沛公方踞床令两女子洗，而见食其。食其入，即长揖不拜，曰："足下欲助秦攻诸侯乎？欲率诸侯破秦乎？"沛公骂曰："竖儒！夫天下同苦秦久矣，故诸侯相率攻秦，何谓助秦？"食其曰："必欲聚徒合义兵诛无道秦，不宜踞见长者。"于是沛公辍洗，起衣，延食其上坐，谢之。食其因言六国从衡时。沛公喜，赐食其食，问曰："计安出？"食其曰："足下起瓦合之卒，收散乱之兵，不满万人，欲以径入强秦，此所谓

郦食其，陈留县高阳邑人。年少时爱好读书，穷困潦倒又不得志，还没有合适的职业，连衣食温饱都解决不了。沦为里中守门之吏，但是县里的官吏与贤士豪杰都不敢使唤他，众人认为他是个狂妄任性的年轻人。

到陈胜、项梁等人起兵后，诸位将领攻占各地，其中有几十人路过高阳邑，郦食其听说这些将领大多品行卑劣，拘泥于苛细礼节，喜好刚愎自用，不听取好的建议，于是隐藏起来。再后来听说沛公率军到陈留郊区巡视，沛公麾下有一位骑兵恰好是郦食其的老乡，沛公常向他问起邑中的贤士豪杰。骑兵回家时，郦食其见到他，说："我听说沛公轻侮傲慢又看不起人，但此人很有雄才大略，这是我真正愿意结交的人，你先帮我介绍一下。若是见到沛公，就对他说'臣有一位姓郦的同乡，六十多岁，身高八尺，众人都说他放荡不羁，但他自己说他并不轻狂。"骑兵说："沛公不太喜欢读书人，会见的客人里如果有戴儒生冠帽的，就会将他的帽子摘下来，在帽子里小便。沛公和人聊天时，经常大骂读书人。因此你千万不可以像读书人那样与沛公说话。"郦食其说："你只管这样说。"骑兵便将郦食其告诫的话从容淡定地讲给沛公。

沛公来到高阳邑驿站的房舍中，派人传唤郦食其前来进见。郦食其一到，进入房舍拜见沛公，沛公正在床上坐着让两名女子为他洗脚，他召见郦食其就这样随意。郦食其到了室内只是拱手作揖而没有行拜礼，说："您是想帮助秦朝攻打诸侯呢？还是想率领诸侯消灭秦朝呢？"沛公张口就骂道："你个卑贱浅陋的小儒生！天下百姓遭受秦朝压迫的苦难已经很久了，因此各路诸侯才相继率兵攻打秦朝，你怎么可以说我想帮助秦朝呢？"郦食其说："您若是一定要征集民众，招募义兵，共同推翻秦朝的暴虐，就不应该踞坐在床边

探虎口者也。夫陈留，天下之冲，四通五达之郊也，今其城中又多积粟。臣知其令，今请使，令下足下。即不听，足下举兵攻之，臣为内应。”于是遣食其往，沛公引兵随之，遂下陈留。号食其为广野君。

食其言弟商，使将数千人从沛公西南略地。食其常为说客，驰使诸侯。

汉三年秋，项羽击汉，拔荥阳，汉兵遁保巩。楚人闻韩信破赵，彭越数反梁地，则分兵救之。韩信方东击齐，汉王数困荥阳、成皋，计欲捐成皋以东，屯巩、雒以距楚。食其因曰：“臣闻之，知天之天者，王事可成；不知天之天者，王事不可成。王者以民为天，而民以食为天。夫敖仓，天下转输久矣，臣闻其下乃有臧粟甚多。楚人拔荥阳，不坚守敖仓，乃引而东，令適卒分守成皋，此乃天所以资汉。方今楚易取而汉反却，自夺便，臣窃以为过矣。且两雄不俱立，楚汉久相持不决，百姓骚动，海内摇荡，农夫释耒，红女下机，天下之心未有所定也。愿足下急复进兵，收取荥阳，据敖庾之粟，塞成皋之险，杜太行之道，距飞狐之口，守白马之津，以示诸侯形制之势，则天下知所归矣。方今燕、赵以定，唯齐未下。今田广据千里之齐，田间将二十万之众军于历城，诸田宗强，负海岱，阻河济，南近楚，齐人多变诈，足下虽遣数十万师，未可以岁月破也。臣请得奉明诏说齐王使为汉而称东藩。”上曰：“善。”

接见长者。”沛公立即停止洗脚，站起身将衣服穿好，礼请郦食其上座，并且向郦食其道歉。于是郦食其谈论起六国合纵连横时的情况。沛公很是欢喜，赏赐郦食其用餐，问道：“你制定了什么好的谋略计策吗？”郦食其说：“您聚集起来的这些乌合之众，以及没有经过训练的士兵，还不足一万人，想要直接攻打强大的秦国，简直可以说是把手伸到老虎的嘴里啊。陈留县，是天下要冲，多条重要的道路汇合于此，四通八达，如今在城里又囤积了大量粮食。我一直与陈留的县令亲近相知，今天请沛公任命我作为使者去号令他前来投降。如若他不听从劝告，您就发兵去攻打他，我在城内作内应。”于是沛公派郦食其前往陈留县，他率领军队紧随其后，顺利的攻下了陈留县。沛公封郦食其为广野君。

郦食其引荐推举他的弟弟郦商，让他带领几千人跟从沛公往西南方攻取土地。郦食其一直作为说客，在诸侯各国之间游说奔走。

汉三年（前204）秋季，项羽举兵攻击汉军，强取荥阳城，汉军撤退到巩县一带设防固守。楚军听说韩信已经攻下并且占领了赵国，彭越在梁地一带又多次扰乱楚军，就不得不分兵去救援。韩信刚举兵向东攻打齐国，汉王在荥阳和成皋地区多次被围困，已经计划要放弃成皋县以东的地区，据守巩县、洛阳与楚军对抗。郦食其向汉王进言说：“臣听说，知道天为天的人，可以成就王业；不知道天为天的人，不可能成就王业。称君为王的人以百姓作为他的天，而百姓以粮食作为他的天。秦朝建造的敖仓，作为天下运输粮食的枢纽已经使用很久了，我听说敖仓现在仍然贮藏着大量的粮食。楚军攻打下了荥阳，却没有坚守住敖仓，反而率军队向东，只留下一些有罪而受到处罚的士兵来驻守在成皋，这正是上天帮助汉王夺取天下的绝佳机会。现在楚军很容易被打败，而汉军反而要向后退却，主动放弃了便利的时机，臣认为这样做太过分了。况且天下两雄不可以并立，楚汉长久对立，彼此相持，不肯让步，相战不休，百姓生活在动荡不安、秩序紊乱的状态中，农夫放下农具，不再耕种，从事纺织的妇女们停止纺织，百姓的心都无法安定下来。但愿汉王可以立刻发兵，攻打占领荥阳，占据敖仓所有的粮食，阻塞成皋的险要地带，封闭太行山上

乃从其画，复守敖仓，而使食其说齐王，曰："王知天下之所归乎？"曰："不知也。"曰："知天下之所归，则齐国可得而有也；若不知天下之所归，即齐国未可保也。"齐王曰："天下何归？"食其曰："天下归汉。"齐王曰："先生何以言之？"曰："汉王与项王戮力西面击秦，约先入咸阳者王之，项王背约不与，而王之汉中。项王迁杀义帝，汉王起蜀汉之兵击三秦，出关而责义帝之负处，收天下之兵，立诸侯之后。降城即以侯其将，得赂则以分其士，与天下同其利，豪英贤材皆乐为之用。诸侯之兵四面而至，蜀汉之粟方船而下。项王有背约之名，杀义帝之负；于人之功无所记，于人之罪无所忘；战胜而不得其赏，拔城而不得其封；非项氏莫得用事；为人刻印，玩而不能授；攻城得赂，积财而不能赏。天下畔之，贤材怨之，而莫为之用。故天下之士归于汉王，可坐而策也。夫汉王发蜀汉，定三秦；涉西河之外，援上党之兵；下井陉，诛成安君；破北魏，举三十二城：此黄帝之兵，非人之力，天之福也。今已据敖庾之粟，塞成皋之险，守白马之津，杜太行之阪，距飞狐之口，天下后服者先亡矣。王疾下汉王，齐国社稷可得而保也；不下汉王，危亡可立而待也。"田广以为然，乃听食其，罢历下兵守战备，与食其日纵酒。

的道路，据守飞狐的险要关口，把守住黄河白马渡口，然后向诸侯显示汉已经掌握了有利形势，那么天下人就知道应当归顺何人了。现在燕国、赵国已经安稳平定，只剩下齐国还没有攻下。如今田广占据着齐国幅员千里的沃土，田间统率指挥着二十万大军，驻扎在历城，田氏家族在齐国有强大的势力，背靠东海和泰山，阻塞着黄河与济水的天险，南边挨着楚国，齐国的兵将多诡变巧诈，汉王即使将几十万大军派出，一年也不一定能攻下。臣请求得以奉诏去劝说齐王，让他做我们大汉东面的藩国。”汉王说：“好。”

汉王按照郦食其对于将来的规划，重新驻守敖仓，同时派郦食其前往齐国劝说齐王，郦食其问齐王：“大王知道今后谁将夺取天下吗？”齐王说：“我不知道。”郦食其说：“如若大王知道了天下最终的归属，那么齐国便可得以保全并享有今天的位子；如若大王不知道天下最终的归属，齐国恐怕难以保全。”齐王说：“天下最终会被谁夺取？”郦食其回答道：“天下最终会归汉王所有”。齐王说：“先生有什么依据敢这么说呢？”郦食其回答道：“汉王与项王齐心合力向西讨伐秦军，事先约定好先进入咸阳城的为王，项王背弃了盟约不能与汉王和睦相处，将汉王封在汉中。项王迁杀义帝，汉王便在蜀郡、汉中起兵，并派出军队平定三秦，出函谷关征战，斥责项羽迁杀义帝的不义之举，汉王积聚天下的兵士，立诸侯们的后裔为王。汉王每降伏一座城池都会给降将封拜侯爵，获取到的财物都分给立功的士卒一起共享，与天下百姓共享得到的好处，英雄豪杰贤士们都乐意为汉王使用。诸侯们的军队从全国各地赶来，蜀汉的粮食源源不断的用船运往前线。项王有背弃盟约之名，又有杀死义帝之错；对于将士们的功绩从来都不记得，对于将士们的错误却从来都不能忘却；将士们征战取胜而毫无奖赏，攻占城池而不能受封；不是项氏宗亲就不被重用；他为人刻印，把玩在手不肯赐予功臣；攻城得到的财货堆积如山，却不舍得拿出来赏赐将士们。天下人都想叛离项王，楚国的贤士们对他心怀怨恨，在项王手下没有出头之日。因此天下的贤士们都去归顺汉王，汉王可以坐着来调动他们。我们汉王从蜀郡、汉中起兵，平定了三秦；而后西渡黄河之外，增援上党的军队；汉军攻打下井

韩信闻食其冯轼下齐七十余城，乃夜度兵平原袭齐。齐王田广闻汉兵至，以为食其卖己，乃亨食其，引兵走。

汉十二年，曲周侯郦商以丞相将兵击黥布，有功。高祖举功臣，思食其。食其子疥数将兵，上以其父故，封疥为高梁侯。后更食武阳，卒，子遂嗣。三世，侯平有罪，国除。

陆贾，楚人也。以客从高祖定天下，名有口辩，居左右，常使诸侯。

时中国初定，尉佗平南越，因王之。高祖使贾赐佗印为南越王。贾至，尉佗魋结箕踞见贾。贾因说佗曰："足下中国人，亲戚昆弟坟墓在真定。今足下反天性，弃冠带，欲以区区之越与天子抗衡为敌国，祸且及身矣。夫秦失其正，诸侯豪桀并起，唯汉王先入关，据咸阳。项籍背约，自立为西楚霸王，诸侯皆属，可谓至强矣。然汉王起巴蜀，鞭笞天下，劫诸侯，遂诛项羽。五年之间，海内平定，此非人力，天之所建也。天子闻君王王南越，而不助天下诛暴逆，将相欲移兵而诛王，天子怜百姓新劳苦，且休之，遣臣授君王印，剖符通使。君王宜郊迎，北面称臣，乃欲以新造未集之越屈强于此。汉诚闻之，掘烧君王先人冢墓，夷种宗族，使一偏将将十万

陉，杀死成安君；攻破北魏，收服三十二座城池，这就是如同黄帝率领的军队，不是依靠人力，而是上天在赐福。现在汉军已经占据敖仓所有的粮食，阻塞成皋的险要地带，把守黄河白马渡口，封闭太行山上的要道，占据飞狐的险要关口，天下后投降的人，只能是最先灭亡了。我奉劝大王赶快归顺汉王，只有这样才能保全齐国的社稷；若是再不归顺汉王，齐国危亡可是指日可待啊。”田广认为郦食其说得很对，就听从他的安排，解除了历城一带的守兵及装备，与郦食其天天开怀畅饮。

韩信听人们说郦食其不用一兵，独自乘车，凭借一张巧嘴游说齐王，拿下齐国的七十多座城池，便趁着夜色带领军队穿过平原出其不意袭击齐国。齐王田广听说汉军又杀来了，认为郦食其出卖了自己，用锅烹杀了郦食其，带领着齐国所剩兵士逃走了。

汉十二年（前195），曲周侯郦商以丞相身份带领军队平定英布叛军，立下战功。高祖在分封功臣时，想起了郦食其当年为自己出谋划策。郦食其的儿子郦疥也多次带兵征战，皇帝感念他父亲已经去世的缘故，封郦疥为高梁侯。后来的食邑改封在武阳县，郦疥去世后，儿子郦遂继承爵位。历经三代以后，郦平因犯罪，被废除封国。

陆贾，楚国人。以宾客的身份跟随高祖平定天下，他以能言善辩而闻名当时，常跟随在高祖左右，经常出使诸侯国。

当时，中原刚刚平定，尉佗平定并占据着南越，因而在南越称王。高祖派陆贾作为汉使出使南越，赐南越王尉佗王印，封他为南越王。陆贾来到南越，尉佗梳着椎形的发髻，叉开双腿，形如畚箕，轻慢无礼地坐着接见陆贾。陆贾借机游说尉佗：“您是中原人，亲戚弟兄的坟墓现在都在真定。如今您背弃祖宗的根，抛弃中原的顶冠与腰带，不穿中原服装，妄想在小小的南越之地称王，与天子抗衡而甘心变成敌国，祸患快要降临了。秦朝当年失去正道，诸侯豪杰一同起兵造反时，只有汉王最先攻入关中，占领了咸阳。项籍背弃了盟约，自立为西楚霸王，诸侯全部都要归属听命于他，可以说项王势力非常强大了。然而汉王在巴蜀起兵，鞭策驱使，纵横天下，没过多久就胁制诸侯们，最终诛杀了项羽。汉王用了五年时间，平定海内，天下一统，

众临越，即越杀王降汉，如反覆手耳。”

于是佗乃蹶然起坐，谢贾曰：“居蛮夷中久，殊失礼义。”因问贾曰：“我孰与萧何、曹参、韩信贤？”贾曰：“王似贤也。”复问曰：“我孰与皇帝贤？”贾曰“皇帝起丰沛，讨暴秦，诛强楚，为天下兴利除害，继五帝三王之业，统天下，理中国。中国之人以亿计，地方万里，居天下之膏腴，人众车舆，万物殷富，政由一家，自天地剖判未始有也。今王众不过数万，皆蛮夷，崎岖山海间，譬如汉一郡，王何乃比于汉！”佗大笑曰：“吾不起中国，故王此。使我居中国，何遽不若汉？”乃大说贾，留与饮数月。曰：“越中无足与语，至生来，令我日闻所不闻。”赐贾橐中装直千金，它送亦千金。贾卒拜佗为南越王，令称臣奉汉约。归报，高帝大说，拜贾为太中大夫。

贾时时前说称《诗》《书》。高帝骂之曰：“乃公居马上得之，安事《诗》《书》！”贾曰：“马上得之，宁可以马上治乎？且汤武逆

这可不是人的力量，是上天在帮助汉王建功立业。天子听说大王在南越称王，而没有帮助天下的人诛灭清除凶暴忤逆的势力，汉军的将士们都想调兵前来剿杀君王，可是天子却怜悯天下的百姓，说他们刚受完战争带来的劳苦，就阻止将士们发动战争，所以派遣臣前来授予大王王印，剖分信符，互通使节。君王应该以侯王之礼到郊外迎接，北面向汉称臣，而大王竟然想以刚刚建立的政权、还没聚集的人心、地位还没稳固的国家在这里称强。天子若是真的听说竟然是这种情形，一定会挖开你祖先的坟墓烧掉，将你的宗族全部除去，派一员副将率领十万军队兵临南越，南越民众会即刻杀了大王而投降汉朝，这样的事对天子来说，不过易如反掌罢了。”

于是尉佗急忙起来，端身正坐，向陆贾道歉，说道：“我居住在蛮夷之地已经太久了，实在是太失礼了。”尉佗趁机问陆贾：“我与萧何、曹参、韩信相比，谁更贤能呢？”陆贾说：“大王的贤能超过了他们。”尉佗又问说：“我与当今皇帝谁更贤能些？”陆贾说：“当今皇帝起兵于丰沛，出兵征讨暴秦，诛灭强大的楚军，为天下百姓兴利除害，继承五帝三王的功业，统领天下，治理中国。中原的人口数以亿计，地方万里，居住在天下最富足之地，人民浩繁，车马兴盛，万物丰厚，政出一家，自从开天辟地以来，还从来没有过这样的盛况。现在大王的民众人口不过几万，还都是些不懂礼的蛮夷人，居住在崎岖山海之间，就如同汉朝的一个郡，大王凭什么与汉王相比呢！”尉佗大笑着说：“我当初没有在中原起兵，因此只能在此称王。假使让我占据中原地区，怎么就不比汉强大呢？”尉佗因此对陆贾十分喜欢，留他居住了好几个月，他们一起喝酒宴饮。尉佗说：“南越的人不配与我说话，自从先生到了这里，让我每天都能听到我以前没听说过的事情。”尉佗赏赐陆贾价值千金的珠宝财物，用袋子装起来，其他东西亦价值千金。陆贾最后隆重地让尉佗担任南越王，令他向汉称臣，遵守奉行汉朝的法律条文。陆贾返回向皇上报告这件事的经过，高祖很高兴，让陆贾担任太中大夫。

陆贾时时在高祖面前谈论称赞《诗经》《尚书》。高祖骂他说：“你老子我的天下是在战马上得到的，为何要从事《诗经》《尚书》

取而以顺守之，文武并用，长久之术也。昔者吴王夫差、智伯极武而亡；秦任刑法不变，卒灭赵氏。乡使秦以并天下，行仁义，法先圣，陛下安得而有之？”高帝不怿，有惭色，谓贾曰：“试为我著秦所以失天下，吾所以得之者，及古成败之国。”贾凡著十二篇。每奏一篇，高帝未尝不称善，左右呼万岁，称其书曰《新语》。

孝惠时，吕太后用事，欲王诸吕，畏大臣及有口者。贾自度不能争之，乃病免。以好畤田地善，往家焉。有五男，乃出所使越橐中装，卖千金，分其子，子二百金，令为生产。贾常乘安车驷马，从歌鼓瑟侍者十人，宝剑直百金，谓其子曰：“与女约：过女，女给人马酒食极欲，十日而更。所死家，得宝剑车骑侍从者。一岁中以往来过它客，率不过再过，数击鲜，毋久溷女为也。”

吕太后时，王诸吕，诸吕擅权，欲劫少主，危刘氏。右丞相陈平患之，力不能争，恐祸及己。平常燕居深念。贾往，不请，直入坐，陈平方念，不见贾。贾曰：“何念深也？”平曰：“生揣我何念？”贾曰：“足下位为上相，食三万户侯，可谓极富贵无欲矣。然有忧念，不过患诸吕、少主耳。”陈平曰：“然。为之奈何？”贾曰：“天下安，注意相；天下危，注意将。将相和，则士豫附；士豫附，天下虽有变，

的研究呢！”陆贾说：“您在战马上得到天下，难道您也可以在马上治理天下吗？况且古时候商汤、周武王也是以武道取得天下却以文道守天下，文武并用，才是治国的长久之术。在古时候，吴王夫差、智伯都因滥用武力而灭亡；秦朝一味信赖刑法而不变更自己治理国家的方法，最终在赵高手里亡了国。假如秦朝一统天下后，能够施行仁义，效法先圣治理国家，陛下怎么能得到并拥有天下呢？”高祖听了陆贾的话，感到很不开心，脸上露出惭愧的神色，他对陆贾说：“你试着为我撰写一些秦朝失掉天下的原因，以及我为何能够取得天下的原因，以及从古至今成功与失败的国家的情况。”陆贾为此共写下十二篇文章。每次上奏一篇，高祖都会赞不绝口，高祖左右的官员皆呼万岁，人们称陆贾写的书为《新语》。

孝惠帝时，吕太后当权执政，想封吕氏宗族的人做王侯，又害怕敢言善辩的大臣反对并阻止这件事。陆贾自己估计没有能力和吕太后抗争，就向朝廷告病辞职回家。后因好畤县的田地肥沃，陆贾就前往那里安家。陆贾有五个儿子，他拿出南越王尉佗赠送的那些袋中珠宝卖掉，获得千金，分给五个儿子，每个儿子二百金，让他们用作生产劳作的资本。陆贾经常坐着四匹马拉的安车，后面跟着十个会歌舞鼓瑟的侍者，他还佩戴着一把价值百金的宝剑，对五个儿子说：“我与你们约定好：我去了谁家，谁家就要为我带的人马准备好酒饭，尽可能让我满意，我在每家呆十天，然后再换下一家。我死在谁家里，谁家就能得到这把宝剑以及车骑和侍者。在一年当中，我还要到别的地方去做客，若是没有来其中的一家，这次就不再来了，所以去每家的次数相当少，我也不会长久打扰你们。”

吕太后执政时，封吕氏宗族人为王侯，吕氏宗族专揽政权，横行天下，他们打算劫持少主，摧败刘氏的天下。右丞相陈平很担忧这件事，但是依靠他个人的力量，还是不能与吕后相争，又担心会祸及自身。陈平只能退朝而处，对这件事深入思考。陆贾前往问候，也不请示通报，就直接进入陈平的房间里坐下，陈平正在考虑事情，没看见陆贾。陆贾说：“在想什么问题呢，居然会如此深入考虑？”陈平说：“先生猜测我会想些什么？”陆贾说：“足下在朝廷位居上相，又是

则权不分。权不分，为社稷计，在两君掌握耳。臣常欲谓太尉绛侯，绛侯与我戏，易吾言。君何不交欢太尉，深相结？”为陈平画吕氏数事。平用其计，乃以五百金为绛侯寿，厚具乐饮太尉，太尉亦报如之。两人深相结，吕氏谋益坏。陈平乃以奴婢百人，车马五十乘，钱五百万，遗贾为食饮费。贾以此游汉廷公卿间，名声籍甚。及诛吕氏，立孝文，贾颇有力。

孝文即位，欲使人之南越，丞相平乃言贾为太中大夫，往使尉佗，去黄屋称制，令比诸侯，皆如意指。语在《南越传》。陆生竟以寿终。

朱建，楚人也。故尝为淮南王黥布相，有罪去，后复事布。布欲反时，问建，建谏止之。布不听，听梁父侯，遂反。汉既诛布，闻建谏之，高祖赐建号平原君，家徙长安。

为人辩有口，刻廉刚直，行不苟合，义不取容。辟阳侯行不正，得幸吕太后，欲知建，建不肯见。及建母死，贫未有以发丧，方假贷服具。陆贾素与建善，乃见辟阳侯，贺曰：“平原君母死。”辟阳侯

食邑三万户的侯爵，可谓富贵到了极点而无所欲求了。然而你心中还会有忧虑，只能是担忧吕氏宗族和少主罢了。”陈平说：“你说的对。该拿这件事怎么办呢？”陆贾说：“天下安定之时，世人会注意治国丞相；天下危急之时，世人会注意安邦之将。若是丞相和将军能和睦相处，那么士人才会心情愉悦地归附；士人归附，即使天下有变，权力也不会分散。权力不分散，就能为汉室江山社稷谋划，刘氏的天下能不能保住，均在两位将相的掌握中了。臣常去太尉绛侯周勃那里，想聊聊这些事，绛侯周勃却总是与我说些戏言，转移我的话题。你为何不与太尉结交好友，加深彼此的交情？”于是陆贾又与陈平筹划，关于干掉吕氏要行使的几件事。陈平采用了陆贾的计策，便花费五百金为绛侯周勃奉酒祝他长寿，在宴席上与太尉开心地饮酒，太尉也同样回请陈平。两人的交情很深，而吕氏家族谋划劫持少主的事也愈加难以实施了。陈平赠送陆贾一百个奴婢、五十乘车马、五百万钱，当作他的食饮费。陆贾用这些东西在朝廷的公卿中游说，因此名声远播，广为人知。直到诛杀吕氏家族，拥立孝文帝，陆贾在此中间出了很大的力。

孝文帝即位，打算派人出使南越国，丞相陈平就举荐陆贾为太中大夫，陆贾代表朝廷前往出使南越国，会见尉佗，游说并取缔了尉佗的帝号，使得尉佗停止行使天子的职权，同其他诸侯一样，向汉朝称臣，尉佗全都按朝廷的意图做事。详见《南越传》。陆贾最后寿终正寝。

朱建，楚国人。以前曾经担任淮南王英布的丞相，因犯罪而被免除相位，后来又重新事奉英布。英布想要反叛时，问朱建对此事的看法，朱建劝谏英布停止反叛，英布不听从他的建议，却听信了梁父侯的话，于是反叛。汉军诛杀英布后，听说朱建曾经劝谏英布，不让他叛变，高祖赐朱建为平原君，全家迁徙到长安定居。

朱建为人敢言善辩，严正清白刚正不阿，做事很有主见，不随便附和别人，不因取悦于人而违反正义。辟阳侯品行不端，得到吕太后的宠幸，他想与朱建往来，朱建不肯与他相见。直到朱建的母亲过世，朱建因贫困而无钱发丧，正到处借钱置办丧服、丧事所用的

曰："平原君母死，何乃贺我？"陆生曰："前日君侯欲知平原君，平原君义不知君，以其母故。今其母死，君诚厚送丧，则彼为君死矣。"辟阳侯乃奉百金裞，列侯贵人以辟阳侯故，往赙凡五百金。

久之，人或毁辟阳侯，惠帝大怒，下吏，欲诛之。太后惭，不可言。大臣多害辟阳侯行，欲遂诛之。辟阳侯困急，使人欲见建。建辞曰："狱急，不敢见君。"建乃求见孝惠幸臣闳籍孺，说曰："君所以得幸帝，天下莫不闻。今辟阳侯幸太后而下吏，道路皆言君谗，欲杀之。今日辟阳侯诛，旦日太后含怒，亦诛君。君何不肉袒为辟阳侯言帝？帝听君出辟阳侯，太后大欢。两主俱幸君，君富贵益倍矣。"于是闳籍孺大恐，从其计，言帝，帝果出辟阳侯。辟阳侯之囚，欲见建，建不见，辟阳侯以为背之，大怒。及其成功出之，大惊。

吕太后崩，大臣诛诸吕，辟阳侯于诸吕至深，卒不诛。计画所以全者，皆陆生、平原君之力也。

孝文时，淮南厉王杀辟阳侯，以党诸吕故。孝文闻其客朱建为其策，使吏捕欲治。闻吏至门，建欲自杀。诸子及吏皆曰："事未可知，何自杀为？"建曰："我死祸绝，不及乃身矣。"遂自刭。文帝闻

器具。陆贾平时与朱建交情不错，于是他去见辟阳侯，向他祝贺说："平原君的母亲过世了。"辟阳侯说："平原君母亲去世了，你为何祝贺我？"陆贾说："前几天君侯想和平原君朱建交朋友，平原君坚持正义而不愿意与你结交，这是因为他母亲的原因。如今他母亲去世了，君侯如果真诚的在丧事中送一份厚礼，那么他一定会以死报答君侯。"辟阳侯就拿出一百金作为丧礼，又赠送死者所需的衣被。其他列侯贵人因为辟阳君的缘故，也纷纷前往送礼，朱建总共收入资助办丧礼的钱财五百金。

时间久了，有人在背后议论诋毁辟阳侯，惠帝为此事很生气，将辟阳侯交付司法官吏审讯，准备杀死他。太后对此事觉得很羞愧，但又不好自己去说。大臣们平时对辟阳侯的行为就很不满，因此都想杀死他。辟阳侯困急之际，派人去求见朱建。朱建推辞说："现在案子在紧要关头，我可不敢见你。"朱建便求见孝惠帝的宠臣闳籍孺，对他说道："您受到皇帝的宠幸，天下无人不知。现在辟阳侯受到太后的宠幸而被交付司法官吏审讯，我听路上很多人都说这是您向皇帝讲了坏话，才使皇帝想要杀死辟阳侯。今天辟阳侯若是被杀，明天太后就会心怀怨气，也想杀掉您。您何不诚心诚意，为辟阳侯向皇帝请罪，说些好话呢？若是皇帝听了您的话，将辟阳侯放出，太后会非常高兴。两个主上都会宠幸您，您就会加倍富贵。"闳籍孺听了他的话后非常害怕，就按照朱建的计谋，向皇帝进言劝解，皇帝果然将辟阳侯释放了。辟阳侯被囚禁时，想要见朱建，朱建不见他，他以为朱建背叛了他，非常生气。直到他成功走出监狱，知道这件事的来龙去脉，才大为震惊。

吕太后驾崩，大臣们合力诛杀吕氏诸人，辟阳侯与吕氏诸人交情深厚，但最终没有被杀。计划之所以成功，都是仰赖陆贾与平原君朱建的努力。

孝文帝在位时，淮南厉王将辟阳侯杀死了，就是因为他和吕氏家族结党的原因。孝文帝听说朱建老是为辟阳侯出谋划策，便派官吏前去逮捕他，准备治他的罪。听到官吏来到门口，朱建打算自杀。朱建的儿子们和下属官员都说："事情究竟怎么样我们还不知道，为什

而惜之，曰："吾无杀建意也。"乃召其子，拜为中大夫。使匈奴，单于无礼，骂单于，遂死匈奴中。

娄敬，齐人也。汉五年，戍陇西，过雒阳，高帝在焉。敬脱挽辂，见齐人虞将军曰："臣愿见上言便宜。"虞将军欲与鲜衣，敬曰："臣衣帛，衣帛见，衣褐，衣褐见，不敢易衣。"虞将军入言上，上召见，赐食。

已而问敬，敬说曰："陛下都雒阳，岂欲与周室比隆哉？"上曰："然。"敬曰："陛下取天下与周异。周之先自后稷，尧封之邰，积德絫善十余世。公刘避桀居豳。大王以狄伐故，去豳，杖马箠去居岐，国人争归之。及文王为西伯，断虞芮讼，始受命，吕望、伯夷自海滨来归之。武王伐纣，不期会孟津上八百诸侯，遂灭殷。成王即位，周公之属傅相焉，乃营成周都雒，以为此天下中，诸侯四方纳贡职，道里钧矣，有德则易以王，无德则易以亡。凡居此者，欲令务以德致人，不欲阻险，令后世骄奢以虐民也。及周之衰，分而为二，天下莫朝周，周不能制。非德薄，形势弱也。今陛下起丰沛，收卒三千人，以之径往，卷蜀汉，定三秦，与项籍战荥阳，大战七十，小战四十，使天下之民肝脑涂地，父子暴骸中野，不可胜数，哭泣之声不绝，伤夷者未起，而欲比隆成康之时，臣窃以为不侔矣。且夫秦地被山带河，四塞以为固，卒然有急，百万之众可具。因秦之故，资甚美膏腴之地，此所谓天府。陛下入关而都之，山东虽乱，秦故地可全而有也。夫与人斗，不搤其亢，拊其背，未能全胜。今陛下入关而都，按秦之故，此亦搤天下之亢而拊其背也。"

么要自杀呢?”朱建说:“若是我死了,灾祸也就结了,你们不会再受到连累。”于是刎颈自杀。孝文帝听闻后,惋惜地说:“我无意杀死朱建。”便召见朱建的儿子,让他担任中大夫。派他出使匈奴,因为单于无礼,朱建的儿子大骂单于,就死在匈奴。

娄敬,齐国人。汉五年(前202),娄敬在陇西郡戍守边境,途经洛阳,高祖当时住在那里。娄敬抓住车辕上挽车的横木,见到齐国人虞将军说:“臣想拜见一下皇帝,谈论一件有利益的事。”虞将军想给娄敬换一件富丽华美的衣服,娄敬说:“臣穿丝帛衣服,即以丝帛衣服拜见皇帝;臣穿粗布衣服,即以粗布衣服拜见皇帝,不敢换衣服。”虞将军入宫向高祖禀报,高祖召见了娄敬,并赐食物让娄敬在宫中用餐。

过了一会儿,高祖问娄敬此行的目的,娄敬说:“陛下想把国都设定在洛阳,是想要和周王朝比一比两个王朝哪个更兴隆吗?”高祖说:“是的,朕有此意。”娄敬说:“陛下您取得天下的方法与周王朝不一样。周人的祖先来自后稷,尧帝将邰地封给他,他的后人在此积德行善前后历经十几代。周的先祖公刘为了躲避夏桀而迁居至豳地。周太王古公亶父因狄人入侵的原因,离开豳地,提着马鞭率领族人来到岐山居住,国中其他氏族纷纷争着来归顺他。到周文王为西伯侯时,虞国人、芮国人因为文王的德行而使得争斗自动化解,开始领受天命后,吕望、伯夷从遥远的海滨来归附文王。周武王征伐商纣,竟然有八百诸侯不期而会,他们聚集在孟津协助武王,因此武王才一举消灭了殷商。等到周成王即位,周公带领官员们辅佐成王,于是营建成周,定都洛阳,以洛阳作为天下的中心,各路诸侯从四面八方前来交纳贡品,所有的道路对任何人都是均等的,有德行的君主容易称王,没有德行的君主容易灭亡。凡是居住在洛阳的君王,一定要以贤德来治理天下对待别人,而不是凭借地势的险阻来强行实行,让后世继承人骄奢淫逸去虐待自己的臣民。等到周王室衰落时,分裂出东西二周,天下的诸侯都不再来洛阳朝拜周王,周王室也无可奈何,无法控制这样的局面。不是因为周王室德行浅薄,而是因为周天下的局势变弱。而今陛下从丰沛起兵,率领的士卒不过三千人,带领

高帝问群臣，群臣皆山东人，争言周王数百年，秦二世则亡，不如都周。上疑未能决。及留侯明言入关便，即日驾西都关中。

于是上曰：“本言都秦地者娄敬，娄者刘也。”赐姓刘氏，拜为郎中，号曰奉春君。

汉七年，韩王信反，高帝自往击。至晋阳，闻信与匈奴欲击汉，上大怒，使人使匈奴。匈奴匿其壮士肥牛马，徒见其老弱及羸畜。使者十辈来，皆言匈奴易击。上使刘敬复往使匈奴，还报曰：“两国相击，此宜夸矜见所长。今臣往，徒见羸瘠老弱，此必欲见短，伏奇兵以争利。愚以为匈奴不可击也。”是时汉兵以逾句注，三十余万众，兵已业行。上怒，骂敬曰：“齐虏！以舌得官，乃今妄言沮吾军。”械系敬广武。遂往，至平城，匈奴果出奇兵围高帝白登，七日然后得解。高帝至广武，赦敬，曰：“吾不用公言，以困平城。吾已斩先使十辈言可击者矣。”乃封敬二千户，为关内侯，号建信侯。

这些人直接打响战斗，纵横天下，席卷蜀汉，平定三秦，在荥阳与项羽会战，大的战役有七十次，小的战役有四十次，使天下黎民百姓肝脑涂地，父子亲人的尸骨暴露荒野，死者数不胜数，哀痛悲泣之声不绝，战争中饱受刀刃创伤的人还没有得到恢复，陛下却想要与周王室的成康年间相比美，臣私下以为，不可以与之相提并论。况且秦地被群山与河流环绕，地形险要，四境均有要塞，固若金汤，即便忽然有危机发生，秦地百万大军可以汇聚起来。因为秦的故地不仅坚固易守，还是天下少有的肥沃之地，那里资源丰厚，所以被人们称为天府之国。陛下进入关中设立国都，崤山以东虽然有战乱，秦国的故地仍可以保全并拥有。若是与人发生格斗，不用力扼制他的咽喉、敲击他的脊梁，就不可能获得全面胜利。现在陛下入关设立国都，控制并利用秦的故地，这也是扼住天下的咽喉并敲击它的背呀。”

高祖征求大臣们的意见，大臣们大多是崤山以东的人，他们争着说周王室治理天下长达数百年，但是秦朝到了秦二世时代就灭亡了，还是在洛阳建都好。高祖对这件事也是犹豫不绝，不知道该在哪里定都。直到留侯张良明确地表示，认为建都关中更加有利，高祖才最终决定采纳留侯张良的建议，即日起驾往西，把国都定在关中。

于是高祖说：“建议定都秦地的这些言论，最初发起人是娄敬，娄就是刘。”高祖就赏赐娄敬刘姓，让他担任郎中，封号为奉春君。

汉七年（前200），韩王信造反，高祖亲自率领汉军去平叛。到了晋阳，听说韩王信与匈奴想要一起攻打汉军，高祖非常生气，派人出使匈奴。匈奴将自己的壮士和强健的牛马藏匿起来，汉使只看见老弱的牧民和衰弱疲困的牲畜。使者前后来去了十批，全都说汉很容易就能击溃匈奴。高祖派刘敬再次前往出使匈奴，刘敬归来向高祖禀报说：“两国相互攻击时，都应该向敌方炫耀自己强盛的一面。如今臣前往出使匈奴，只看见瘦弱的牲畜与老弱的牧民，这一定是匈奴故意暴露他们的短处，让我们对这次战争掉以轻心，而他们埋伏奇兵出其不意地把我们打败。愚臣认为匈奴不可以攻击。”当时汉军已经翻过了句注山，共有三十余万大军，已经全部出动。高祖恼怒，责骂

高帝罢平城归，韩王信亡入胡。当是时，冒顿单于兵强，控弦四十万骑，数苦北边。上患之，问敬。敬曰："天下初定，士卒罢于兵革，未可以武服也。冒顿杀父代立，妻群母，以力为威，未可以仁义说也。独可以计久远子孙为臣耳，然陛下恐不能为。"上曰："诚可，何为不能！顾为奈何？"敬曰："陛下诚能以適长公主妻单于，厚奉遗之，彼知汉女送厚，蛮夷必慕，以为阏氏，生子必为太子，代单于。何者？贪汉重币。陛下以岁时汉所余彼所鲜数问遗，使辩士风谕以礼节。冒顿在，固为子婿；死，外孙为单于。岂曾闻孙敢与大父亢礼哉？可毋战以渐臣也。若陛下不能遣长公主，而令宗室及后宫诈称公主，彼亦知不肯贵近，无益也。"高帝曰："善。"欲遣长公主。吕后泣曰："妾唯以一太子、一女，奈何弃之匈奴！"上竟不能遣长公主，而取家人子为公主，妻单于。使敬往结和亲约。

刘敬说："你这个齐国来的俘虏！侥幸靠着伶牙俐齿获得官位，如今又胡说八道想要阻止我出兵。"高祖就令人给刘敬套上枷锁，将他押往广武。汉军直接前往，到了平城，匈奴果然趁人不备，奔出一队奇兵，将高祖围困在白登山，七天以后才得以解围脱险。高祖回到广武，赦免刘敬，带着歉意说："朕没有采纳你的意见，以至于在平城被围困。朕已经把此前那十批说可以进攻匈奴的使者杀了。"高祖就封赏刘敬作关内侯，享受二千户的赋税作为食邑，号称建信侯。

高祖从平城回来，韩王信逃到了匈奴。当时，冒顿单于兵强马壮，据说光弓箭手就有四十万骑，屡次进犯北方边境，那里的老百姓困苦不堪。高祖很担心这件事，问刘敬有什么计谋。刘敬回答："天下刚刚安定，战士们都疲于战争，不可以用武力让匈奴屈服。冒顿这个人狼子野心，他是杀了自己的父亲才得到单于之位，让群母做自己的妻子，凭借武力来施展自己的威风，这种人不可以靠仁义来说服。若是能够从长计议，可以让他的后代子孙向汉朝称臣，只是恐怕陛下不能这么做。"高祖说："若是真的可行，为何不能做！究竟怎么去做呢？"刘敬回答说："陛下若是能真心让嫡长公主嫁给单于为妻，再送给他丰厚的礼品，他知道能娶汉朝公主为妻，又能获得如此厚礼，匈奴必定会敬慕陛下，立公主为单于的王后，公主所生的儿子必定为太子，就是下一代的单于。为什么会这么做呢？因为匈奴贪图汉朝的重金。陛下每年只要把汉朝富富有余，而匈奴又非常稀缺的物品多次送给他们，顺便派能言善辩的使者以委婉的言辞劝喻他们，并教导他们懂得礼节。冒顿活着，就是陛下的女婿；冒顿去世，陛下的外孙就是下一代单于。哪里听说过外孙敢以平等的礼节对待外祖父呢？这样可以不用发动战争，而匈奴渐渐地向汉表示臣服。如果陛下不愿遣送长公主前去和亲，可以让宗室或者后宫的人去诈称公主，匈奴也知道自己的妻子不是陛下的女儿，就不肯尊贵她，亲近她，这样的和亲就没有什么意义了。"高祖说："非常棒。"就想派长公主嫁给匈奴单于。吕后知道以后哭泣个不停，说道："妾身只有一个太子、一个公主，陛下为何要把她送到匈奴去呢！"高祖最终也没能遣送长公主到匈奴，而是选了家族中的一位女子代替长公主，嫁给单于做妻

敬从匈奴来，因言：“匈奴河南白羊、楼烦王，去长安近者七百里，轻骑一日一夕可以至。秦中新破，少民，地肥饶，可益实。夫诸侯初起时，非齐诸田，楚昭、屈、景莫与。今陛下虽都关中，实少人。北近胡寇，东有六国强族，一日有变，陛下亦未得安枕而卧也。臣愿陛下徙齐诸田，楚昭、屈、景，燕、赵、韩、魏后，及豪桀名家，且实关中。无事，可以备胡；诸侯有变，亦足率以东伐。此强本弱末之术也。”上曰：“善。”乃使刘敬徙所言关中十余万口。

叔孙通，薛人也。秦时以文学征，待诏博士。数岁，陈胜起，二世召博士诸儒生问曰：“楚戍卒攻蕲入陈，于公何如？”博士诸生三十余人前曰：“人臣无将，将则反，罪死无赦。愿陛下急发兵击之。”二世怒，作色。通前曰：“诸生言皆非。夫天下为一家，毁郡县城，铄其兵，视天下弗复用。且明主在上，法令具于下，吏人人奉职，四方辐辏，安有反者！此特群盗，鼠窃狗盗，何足置齿牙间哉？郡守尉今捕诛，何足忧？”二世喜，尽问诸生，诸生或言反，或言盗。于是二世令御史按诸生言反者下吏，非所宜言。诸生言盗者皆罢之。乃赐通帛二十疋，衣一袭，拜为博士，通已出，反舍，诸生曰：“生何言之谀也？”通曰：“公不知，我几不免虎口！”乃亡去之薛，薛已降楚矣。

子。派刘敬出使匈奴缔结和亲的盟约。

刘敬出使匈奴回来，因言：“匈奴的部落白羊王、楼烦王，都居住在黄河以南，距离长安很近，仅七百里的路程，轻装便捷的骑兵一日一夜就能够到达关中。关中刚遭受战争破坏，还不殷实，土地很肥沃，但是人口稀少，可以将人口增加，让人口更加充实。各路诸侯在刚刚起兵时，若是没有齐国的诸侯田氏，楚国的昭氏、屈氏、景氏等宗族就不可能如此兴盛。现在陛下虽然定都关中，实在是人力稀少。北边靠近胡寇，东部六国有很多宗族，势力强大，一旦天下发生兵变，陛下也不能高枕无忧啊。我希望陛下把齐国的田氏，楚国的昭氏、屈氏、景氏、燕氏、赵氏、韩氏、魏氏的后代宗族，以及豪杰名家，迁徙到关中充实国都。如果天下没有祸乱之事，他们可以防备匈奴；如果诸侯造反，也可以带领他们东伐。这是削减地方势力，加强中央政权最好的方法。”高祖说：“非常棒。”就派刘敬负责这件事，将上述的各个宗族大家都迁徙到关中，将近十余万人。

叔孙通，薛县人。在秦朝因擅长文学被征召，被封为待诏博士。过了几年后，陈胜起兵造反，秦二世召见博士及诸位儒生问道：“楚地的戍卒攻破蕲县，又攻入陈县，各位对这件事如何看待？”三十多位博士与儒生纷纷走上前去说：“为人臣子不可以心存逆反，心存逆反就是背叛，此罪该死，不能赦免。希望陛下立刻发兵镇压叛军。”秦二世非常生气，脸色都变了。叔孙通向前说道：“诸位儒生的建议都不对。如今天下已成为一家，我们拆毁了郡县的城墙，销毁了全部兵器，并且向天下宣示不再使用武力。况且我们有贤明的君王在上把持政权，在下有政令法律，所有官员奉公职守，四方民众都如同辐条一样一心向着朝廷，怎么可能会有造反的人呢！这群人不过是些鼠窃狗盗的贼人罢了，何足挂齿？现在郡守与都尉正在抓捕诛杀他们，何足担忧？”秦二世非常欢喜，便再次问每一个儒生，诸位儒生们有人说是造反，有人说是盗贼。于是秦二世命令御史把那些说是造反的儒生们记下来，并交由官吏审问，因为他们说了不适宜说的话。凡是说盗贼的儒生们都免受责罚。秦二世赏赐叔孙通二十匹帛，一套衣服，正式封他为博士，叔孙通出来以后，返回家里，儒生

及项梁之薛，通从之。败定陶，从怀王。怀王为义帝，徙长沙，通留事项王。汉二年，汉王从五诸侯入彭城，通降汉王。

通儒服，汉王憎之，乃变其服，服短衣，楚制，汉王喜。

通之降汉，从弟子百余人，然无所进，剸言诸故群盗壮士进之。弟子皆曰："事先生数年，幸得从降汉，今不进臣等，剸言大猾，何也？"通乃谓曰："汉王方蒙矢石争天下，诸生宁能斗乎？故先言斩将搴旗之士。诸生且待我，我不忘矣。"汉王拜通为博士，号稷嗣君。

汉王已并天下，诸侯共尊为皇帝于定陶，通就其仪号。高帝悉去秦仪法，为简易。群臣饮争功，醉或妄呼，拔剑击柱，上患之。通知上益餍之，说上曰："夫儒者难与进取，可与守成。臣愿征鲁诸生，与臣弟子共起朝仪。"高帝曰："得无难乎？"通曰："五帝异乐，三王不同礼。礼者，因时世人情为之节文者也。故夏、殷、周礼所因损益可知者，谓不相复也。臣愿颇采古礼与秦仪杂就之。"上曰："可试为之，令易知，度吾所能行为之。"

们说:“先生为什么说那些阿谀逢迎的话呢?”叔孙通说:“诸位不知道,今天我差一点就不能从虎口逃离了!”叔孙通就逃到了薛县,当时薛县已经归降楚国了。

等到项梁到达薛县,叔孙通投奔并跟随他。项梁在定陶县战败后,他又投奔跟随怀王。怀王后来做了义帝,要迁到长沙郡,叔孙通留下来跟随项王。汉二年(前205),汉王率领五诸侯攻入彭城,叔孙通又归降了汉王。

叔孙通习惯穿儒生的衣服,汉王非常讨厌这种装束,于是叔孙通改换衣服,穿上短衣,好像楚人一样的款式,汉王很喜欢。

叔孙通投降汉王后,跟随他一起来的弟子有一百多人,然而叔孙通并没有把他们引荐给汉王,只向汉王专门推荐那些勇猛无比的强盗,这些都是他以前认识的人。弟子们都说:“我们侍奉先生多年,有幸和先生一起投奔汉王,现在先生不举荐我们,却专门推荐狡猾之至的人,这是为什么?”叔孙通便对他们说:“现在汉王正冒着矢石的袭击去争夺天下,诸位宁可拼死去战斗吗?因此我才先推荐能砍杀敌将、拔取敌旗、鏖战沙场、勇猛杀敌的壮士。诸位暂且耐心等待,我是不会忘记你们的。”后来汉王拜叔孙通为博士,号稷嗣君。

汉王统一天下后,各路诸侯在定陶县齐尊汉王为皇帝,叔孙通为高祖制定朝中相应的礼仪以及君臣的名号。高祖把秦朝的礼仪全部摒除,强调要实行简单的法令。各位大臣们开始饮酒争功,有的喝醉酒就胡言乱语,有的拔出宝剑敲打柱子,高祖很担忧这样的情况。叔孙通知道高祖对群臣无礼之事越来越心生厌恶,即劝说高祖道:“那些儒生们不善于与陛下一起进取,但他们善于为国家守成。臣愿意召集鲁国的儒生们,与臣的学生们共同编排一套朝廷礼仪。”高祖说:“制定一套礼仪难不难?”叔孙通回答说:“五帝用的乐制不同,三王用的礼仪不同。礼,是根据时代的形势、风俗人情而制定的行之有度的礼节。因此夏朝、殷商、周朝的礼仪都是根据时事有所删减增加,这些情况让我们知道,每个朝代的礼仪是不重复的。臣愿意采纳古代礼制并结合秦朝的礼仪,掺杂制定出一套汉朝的新礼

于是通使征鲁诸生三十余人。鲁有两生不肯行，曰："公所事者且十主，皆面谀亲贵。今天下初定，死者未葬，伤者未起，又欲起礼乐。礼乐所由起，百年积德而后可兴也。吾不忍为公所为。公所为不合古，吾不行。公往矣，毋污我！"通笑曰："若真鄙儒，不知时变。"

遂与所征三十人西，及上左右为学者与其弟子百余人为绵蕞野外。习之月余，通曰："上可试观。"上使行礼，曰："吾能为此。"乃令群臣习肄，会十月。

汉七年，长乐宫成，诸侯群臣朝十月。仪：先平明，谒者治礼，引以次入殿门，廷中陈车骑戍卒卫官，设兵，张旗志。传曰："趋。"殿下郎中侠陛，陛数百人。功臣列侯诸将军军吏以次陈西方，东乡；文官丞相以下陈东方，西乡。大行设九宾，胪句传。于是皇帝辇出房，百官执戟传警，引诸侯王以下至吏六百石以次奉贺。自诸侯王以下莫不震恐肃敬。至礼毕，尽伏，置法酒。诸侍坐殿上皆伏抑首，以尊卑次起上寿。觞九行，谒者言"罢酒"。御史执法举不如仪者辄引去。竟朝置酒，无敢讙哗失礼者。于是高帝曰："吾乃今日知为皇帝之贵也。"拜通为奉常，赐金五百斤。

仪。”高祖说：“可以试着去制定，务必使汉礼简便易行，一定要考虑朕可以实行它。”

于是叔孙通去鲁国征募了三十多位儒生。鲁国有两位儒生不愿意同行，说：“叔孙公服侍过的主人已经有十位了，你都要当面奉承亲近那些权贵。现在天下刚刚平定，死者还未安葬，伤者还未痊愈，你又想兴起礼乐。礼乐的兴起，需要积德百年然后才可以。我们不能忍受你想要我们去做的这件事。你所做的这件事不合古礼，我们不去。叔孙公走吧，不要污损了我们！”叔孙通笑着说：“你们真是不通事理的儒生，不知道时势的变化。”

叔孙通便与所征募的三十位儒生向西入函谷关，来到国都，与高祖身边的学者，以及他的弟子，共有一百多人，在国都郊外引绳束茅，定礼仪之位。操练演习了一个多月，叔孙通说：“皇上可以试着观看。”高祖让人在他面前行礼后说：“这样的礼节，朕能够做到。”于是高祖诏令群臣开始练习，要求群臣在十月举行朝会。

汉七年（前200），长安的长乐宫终于建成，各路诸侯与文武百官在十月份要举行盛大的朝会。汉朝仪礼：天亮以前，谒者令负责接待宾客的近侍们，按照礼制仪规，将来朝者依次引进殿门，宫廷中整齐排列着成队的战车、骑兵、防守的士卒、护卫官员的侍卫，手持各种兵器和各种旌旗。谒者高声呼喊“趋。”众侍卫马上急行进入。宫殿下方的两侧台阶站了几百个宫廷侍卫。在大殿的西面依次有序地站着功臣、列侯、将军、军吏，面向东；在大殿的东面依次有序地站着文官、丞相以下的官员，面向西。大行令主持上朝礼仪，率领了九位侍礼官，高声来回传呼，引群臣入殿。接着皇上的辇车从房中推出，百官手执兵戟，呼喊示警，侍礼官引导诸侯王以下到六百石的官员，按顺序依次向高祖皇帝行赞贺礼。从诸侯王到下面的官员没有不震惊害怕的。赞贺礼结束，所有官吏都坐在既定位置上，安排摆设酒宴。殿上的诸位侍者全部都伏地低着头，按照尊卑次序依次起身向高祖敬酒祝颂长寿。饮酒先后九次，谒者令高喊：“罢酒。”负责执法的御史检举出违反礼仪的官员，把他们带出去。朝拜酒宴整个过程，没有人敢大声喧哗违反礼节。因此高祖皇帝说：“朕今天才知

通因进曰："诸弟子儒生随臣久矣，与共为仪，愿陛下官之。"高帝悉以为郎。通出，皆以五百金赐诸生。诸生乃喜曰："叔孙生圣人，知当世务。"

九年，高帝徙通为太子太傅。十二年，高帝欲以赵王如意易太子，通谏曰："昔者晋献公以骊姬故、废太子，立奚齐，晋国乱者数十年，为天下笑。秦以不早定扶苏，胡亥诈立，自使灭祀，此陛下所亲见。今太子仁孝，天下皆闻之；吕后与陛下攻苦食啖，其可背哉！陛下必欲废適而立少，臣愿先伏诛，以颈血污地。"高帝曰："公罢矣，吾特戏耳。"通曰："太子天下本，本壹摇天下震动，奈何以天下戏！"高帝曰："吾听公。"及上置酒，见留侯所招客从太子入见，上遂无易太子志矣。

高帝崩，孝惠即位，乃谓通曰："先帝园陵寝庙，群臣莫习。"徙通为奉常，定宗庙仪法。及稍定汉诸仪法，皆通所论著也。惠帝为东朝长乐宫，及间往，数跸烦民，作复道，方筑武库南，通奏事，因请间，曰："陛下何自筑复道高帝寝，衣冠月出游高庙？子孙奈何乘宗庙道上行哉！"惠帝惧，曰："急坏之。"通曰："人主无过举。今已作，百姓皆知之矣。愿陛下为原庙渭北，衣冠月出游之，益广宗庙，大孝之本。"上乃诏有司立原庙。

道做皇帝竟然如此的尊贵。”之后高祖拜叔孙通为奉常，赏赐他五百斤金。

叔孙通趁机向高祖说：“这些弟子儒生已经跟随微臣很长时间了，微臣与他们共同制定编排这些礼仪，希望陛下可以给他们封官。”高祖把这些儒生们全部封为郎官。叔孙通回来，把高祖赏赐的五百斤金全部分给了儒生们。儒生们这下都高兴地说：“叔孙先生如同圣人，识时务啊。”

汉九年（前198），高祖改任叔孙通为太子太傅。汉十二年（前195），高祖想立赵王刘如意取代太子，叔孙通劝谏说：“古时候晋献公因为骊姬，废掉了原来的太子，改立奚齐为太子，导致晋国数十年的混乱，成为天下人的笑柄。秦朝因为不早定扶苏为太子，因此胡亥用诈取欺骗的手段获得帝位，最终导致秦朝灭亡，这些事都是陛下亲眼目睹的。当今太子忠孝仁义，天下臣民都知道；吕后与陛下辛苦劳累，吃粗淡的食物，陛下又岂能背弃吕后！陛下若是一定要废嫡子而立少子，臣愿先伏法受死，用颈血玷污汉地。”高祖说：“叔孙公不要如此，朕只是开个玩笑罢了。”叔孙通说：“太子是天下的根本，根本一旦动摇，天下就会混乱，陛下怎么可以把天下当儿戏呢！”高祖说：“朕听你的话。”等到高祖宴请群臣时，看见张良精心设计请来的四位老先生跟随太子一起进见高祖，高祖这才没有改立太子的想法了。

高祖驾崩，孝惠帝继承皇位，便告诉叔孙通说：“先帝园陵寝庙的仪礼，群臣没有人熟悉。”接着改任叔孙通为奉常，负责制定宗庙祭祀的有关礼仪法度。汉朝的各种礼仪法度，都是叔孙通论述著作的。惠帝经常到东边的长乐宫去朝拜吕太后，以及平时两宫往来，屡屡清道禁止行人来往，惊扰百姓，就建造了一条复道，刚刚在武库南开始动工时，叔孙通就向皇上上奏公事，奏完事的空隙问皇上：“陛下为何自己修建前往高祖陵寝的复道，每个月初一将高祖衣冠从陵寝巡游至高帝宗庙呢？后世子孙怎么可以在高祖庙上空建立复道呢！”孝惠帝有些畏惧，说：“那就赶紧拆了它。”叔孙通说：“陛下不能有错误的举动。现在已经做了，民众都已经知道了。希望陛下把

惠帝常出游离宫，通曰："古者有春尝果，方今樱桃孰，可献，愿陛下出，因取樱桃献宗庙。"上许之。诸果献由此兴。

赞曰：高祖以征伐定天下，而缙绅之徒骋其知辩，并成大业。语曰："廊庙之材非一木之枝，帝王之功非一士之略"，信哉！刘敬脱挽辂而建金城之安，叔孙通舍枹鼓而立一王之仪，遇其时也。郦生自匿监门，待主然后出，犹不免鼎镬。朱建始名廉直，既距辟阳，不终其节，亦以丧身。陆贾位止大夫，致仕诸吕，不受忧责，从容平、勃之间，附会将相以强社稷，身名俱荣，其最优乎！

高祖庙延伸修建到渭水之北，每月拿出高祖的衣冠出游，扩大和增加高祖宗庙，此乃大孝的根本。”惠帝便下诏让官员重新扩建高祖皇帝庙。

孝惠帝经常出去到离宫游逛，叔孙通说：“古人每到春季就有品尝鲜果的风俗，如今正是樱桃成熟的季节，陛下可以向宗庙进献，希望陛下在出游时，采摘樱桃向宗庙进献。”孝惠帝同意了。就向宗庙进献各种果品的礼仪从那时兴起。

赞辞说：汉高祖凭借征伐平定天下，缙绅之徒发挥他们的才智和辩才，帮助帝王完成了大业。古语说：“廊庙的材料不是靠一木的枝条，帝王的功业不是靠一人的谋略”，确实如此呀！刘敬拦车而使得汉朝定都关中，使江山永固，叔孙通舍弃军旅之事而开创汉代礼仪，因为遇上大好时机呀。郦食其自己隐藏为看门人，是在等待明君然后才出来呀，最终他仍不免鼎镬酷刑。朱建最初性格廉洁刚正，一直拒绝与辟阳侯结交，由于没有终守节操，也因此祸丧命。陆贾官位至大夫，却从不做吕氏家族的官，没有受到世人责备，他联合陈平与周勃，依附将相，最终保全国家政权，名誉地位都非常荣耀，是大臣之中的佼佼者啊！

卷四十四

淮南衡山济北王传第十四

淮南厉王长，高帝少子也，其母故赵王张敖美人。高帝八年，从东垣过赵，赵王献美人，厉王母也，幸，有身。赵王不敢内宫，为筑外宫舍之。及贯高等谋反事觉，并逮治王，尽捕王母兄弟美人，系之河内。厉王母亦系，告吏曰："日得幸上，有子。"吏以闻，上方怒赵，未及理厉王母。厉王母弟赵兼因辟阳侯言吕后，吕后妒，不肯白，辟阳侯不强争。厉王母已生厉王，恚，即自杀。吏奉厉王诣上，上悔，令吕后母之，而葬其母真定。真定，厉王母家县也。

十一年，淮南王布反，上自将击灭布，即立子长为淮南王。王早失母，常附吕后，孝惠、吕后时以故得幸无患，然常心怨辟阳侯，不敢发。及孝文初即位，自以为最亲，骄蹇，数不奉法。上宽赦之。三年，入朝，甚横。从上入苑猎，与上同辇，常谓上"大兄"。厉王有材力，力扛鼎，乃往请辟阳侯。辟阳侯出见之，即自袖金椎椎之，命从者刑之。驰诣阙下，肉袒而谢曰："臣母不当坐赵时事，辟阳侯力能得之吕后，不争，罪一也。赵王如意子母无罪，吕后杀之，辟阳侯不争，罪二也。吕后王诸吕，欲以危刘氏，辟阳侯不争，罪三也。臣谨为天下诛贼，报母之仇，伏阙下请罪。"文帝伤其志为亲，故不治，赦之。

淮南厉王刘长，是高祖最小的儿子，他的母亲曾经是赵王张敖的美人。汉八年（前199），高祖从东垣县途经赵国时，赵王张敖向高祖进献美人，就是厉王刘长的母亲，高祖宠幸她后，有了身孕。赵王张敖不敢再将她留在宫里，专门为她在外面修筑房子居住。直到贯高等人谋反的事情被发觉，高祖下令一并捉拿赵王张敖，以及他的母亲、兄弟和美人，关押在河内郡。厉王的母亲也被关押，她告诉官吏说："妾身往日得到皇上的宠幸，已经怀有身孕。"官吏听后立即告诉高祖，高祖正对赵王张敖谋反的事情愤怒，没有及时理会厉王的母亲。厉王的舅舅赵兼，通过辟阳侯将此事转告吕后，吕后出于嫉妒，没有将此事告知高祖，辟阳侯也没再尽力争取。厉王母亲生下厉王以后，心生怨恨，随即自杀。官吏把厉王奉上，高祖这才后悔没理会厉王的母亲，便让吕后养育厉王，并将厉王的母亲安葬在真定县。真定县，是厉王母亲居住的县城。

汉十一年（前196），淮南王英布造反，高祖亲自率领汉军将英布消灭，随即立儿子刘长为淮南王。淮南王刘长刚刚出生就失去了母亲，常常依附于吕后，在孝惠帝和吕后把持朝政时，刘长因为这个特殊原因得到宠幸而没有祸患，然而他内心却常常怨恨辟阳侯，只是不敢表露出来。等到孝文帝刚刚登基，刘长以为自己是皇族中与孝文帝最亲近的人，傲慢无礼，好多次触犯朝廷律法。皇上都宽大赦免了他。文帝三年（前177），刘长到长安朝见时，非常蛮横。他跟随孝文帝去皇家上林苑打猎，与孝文帝同坐一辆车，常直呼孝文帝为"大哥"。厉王刘长非常有力气，力气大得能够举起铜鼎，一次厉王刘长前去拜见辟阳侯。辟阳侯出来迎接他时，厉王刘长立即从袖中取出事先藏好的铁椎子椎击辟阳侯，并且命令随从杀掉辟阳侯。事后策马直奔文帝的宫廷，脱去上衣袒露肢体向孝文帝谢罪说："臣的母

当是时，自薄太后及太子、诸大臣皆惮厉王。厉王以此归国益恣，不用汉法，出入警跸，称制，自作法令，数上书不逊顺。文帝重自切责之。时帝舅薄昭为将军，尊重，上令昭予厉王书谏数之，曰：

窃闻大王刚直而勇，慈惠而厚，贞信多断，是天以圣人之资奉大王也甚盛，不可不察。今大王所行，不称天资。皇帝初即位，易侯邑在淮南者，大王不肯。皇帝卒易之，使大王得三县之实，甚厚。大王以未尝与皇帝相见，求入朝见，未毕昆弟之欢，而杀列侯以自为名。皇帝不使吏与其间，赦大王，甚厚。汉法，二千石缺，辄言汉补，大王逐汉所置，而请自置相、二千石。皇帝骫天下正法而许大王，甚厚。大王欲属国为布衣，守冢真定。皇帝不许，使大王毋失南面之尊，甚厚。大王宜日夜奉法度，修贡职，以称皇帝之厚德，今乃轻言恣行，以负谤于天下，甚非计也。

夫大王以千里为宅居，以万民为臣妾，此高皇帝之厚德也。高帝蒙霜露，沫风雨，赴矢石，野战攻城，身被创痍，以为子孙成万世

亲不应被赵王谋反之事牵连获罪，辟阳侯能够劝说吕后，却没有规劝，这是他的第一桩罪。赵王如意和他母亲两人都无罪，吕后杀死他们，辟阳侯没有劝阻，这是他的第二桩罪。吕后给吕氏诸人封王，妄想以此来危害刘氏的江山社稷，辟阳侯没有及时劝谏，这是他的第三桩罪。臣慎重地为天下人诛杀坏人，并为母亲报仇，臣愿伏法阙下向陛下请罪。”文帝哀怜刘长为母报仇心切，就没治他的罪，赦免了他。

当时，从薄太后到太子以及各位大臣都忌惮厉王刘长。因此厉王回归封国后更加放纵，不把汉廷的法令放在眼里，他出入时沿途有侍卫警戒并清道止行，自己行使天子的职权，自己制定法律条文，他多次给皇上上书时出言不逊。文帝重视这件事却觉得自己难以严厉地责备他。当时文帝的舅舅薄昭担任将军，文帝很尊重他，便命薄昭写信给厉王，多次劝谏厉王，信中说：

臣私下里听说大王性格刚直勇猛，仁爱宽厚，贞正诚实而且敢于承担，这是上天赋予大王的圣人天资，大王不可以不明察。现今大王所做，却与这种天赐的智慧不相称。文帝刚刚即位，想把淮南境内的诸侯改封到其他地方，大王不肯。文帝最终还是改封了，而大王也另外得到三个县，非常丰厚。大王以没见过文帝为理由，请求入朝拜见文帝，但是还没有把同胞兄弟之情叙完，大王就擅自杀了一位列侯。文帝没有派执法的官吏查治这件事，赦免了大王，这对大王很宽厚呀。汉朝法令规定，所有诸侯国若是有二千石官吏的空缺，要上报朝廷派人补充，大王却在淮南境内驱逐朝廷安排的官吏，请求自己设立丞相、二千石官吏。皇帝枉曲天下的正法而准许大王这么去做，这对大王很宽厚呀。大王想放弃封国当平民百姓，为母亲到真定守墓。文帝没同意，而让大王不要擅自离开淮南王的王位，文帝对大王很宽厚呀。大王应该日夜奉行国家法令，履行职责，以不辜负文帝对大王的厚爱，而大王如今说话草率不谨慎，任意而行，以此受到天下人的毁谤，这不太明智啊。

大王的封地有一千多里，统领的民众数以万计，这都是高祖的厚德呀。高祖刚刚起兵时风餐露宿，沐雨栉风，奔波劳碌，冒着飞石

之业，艰难危苦甚矣。大王不思先帝之艰苦，日夜怵惕，修身正行，养牺牲，丰洁粢盛，奉祭祀，以无忘先帝之功德，而欲属国为布衣，甚过。且夫贪让国土之名，轻废先帝之业，不可以言孝。父为之基，而不能守，不贤。不求守长陵，而求之真定，先母后父，不谊。数逆天子之令，不顺。言节行以高兄，无礼。幸臣有罪，大者立断，小者肉刑，不仁。贵布衣一剑之任，贱王侯之位，不知。不好学问大道，触情妄行，不祥。此八者，危亡之路也，而大王行之。弃南面之位，奋诸、贲之勇，常出入危亡之路，臣之所见，高皇帝之神必不庙食于大王之手，明白。

昔者，周公诛管叔，放蔡叔，以安周；齐桓杀其弟，以反国；秦始皇杀两弟，迁其母，以安秦；顷王亡代，高帝夺之国，以便事；济北举兵，皇帝诛之，以安汉。故周、齐行之于古，秦、汉用之于今，大王不察古今之所以安国便事，而欲以亲戚之意望于太上，不可得也。亡之诸侯，游宦事人，及舍匿者，论皆有法。其在王所，吏主者坐。今诸侯子为吏者，御史主；为军吏者，中尉主；客出入殿门者，卫尉大行主；诸从蛮夷来归谊及以亡名数自占者，内史县令主。相欲委下吏，无与其祸，不可得也。王若不改，汉系大王邸，论相以下，为之奈何？夫堕父大业，退为布衣所哀，幸臣皆伏法而诛，为天下笑，以羞先帝之德，甚为大王不取也。

箭雨，野战攻城，身受重伤，为后代子孙成就了万世伟业，极为艰险危难。大王不去想先祖的艰难创业，日夜恐惧警惕，修身养性，端正行为，饲养祭神用的牲畜、使祭祀的器皿洁净饮食丰盛，多备祭物，按时祭祀祖先，以此不忘祖辈的隆恩厚德，却要舍弃自己的封国去当平民，这是非常过分的。而且大王贪图的是让国的美名，如此轻易的废弃了先帝开创的大业，这叫做不孝。父辈为子孙创下基业，子辈却不能坚守，这叫做不贤。大王不求去长陵为父亲守孝，而要去真定为母亲守孝，将母亲放在父亲之前，这叫做不义。您多次忤逆皇上的诏命，这叫做不顺。您夸赞自己的行为高于兄长，这叫做无礼。大王的宠臣有罪，重者立决，轻者肉刑，这叫做不仁。大王看重布衣剑客的放任自流，而轻贱王侯之位，这叫做不智。您不喜欢学问深研大道至理，而只凭触动情欲恣意妄为，这叫做不祥。大王以上这八种所为，全是走向危亡的道路，并且大王您都已经实行了。舍弃封国大王之尊位，逞专诸、孟贲的蛮横之勇，经常出入于危亡之路，依臣所见，高祖若是神灵有知，一定不会接受大王两只手献上的庙食，大王要明白。

古时候，周公诛杀管叔，流放蔡叔，是为了周朝的安定；齐桓公将兄弟纠杀死，是为了返回齐国继位；秦始皇将两个弟弟杀死，把母亲迁出秦宫，是为了秦国的安定；顷王刘仲弃国逃离，高祖剥夺了他的封国，是为了国法执行有度；济北王举兵造反，皇帝派兵镇压了他，是为了汉朝江山的稳定。因此古时候有周公、齐侯这么做，现在有秦王、汉帝这么做，大王不察觉古往今来的这些安国便事，反而想以自己是皇亲国戚指望皇上宽恕，这是不可以的。凡是逃亡到诸侯国的，或投靠有势力者以谋求官职的，隐匿罪犯的，都会受到法律的惩罚。其中在大王这里的主管官吏要负主要罪责。现在诸侯国中担任官吏的，由御史大夫主管；担任军吏的，由中尉主管；出入宫殿的客人，由卫尉大行令主管；从蛮夷地区来归降，以及还没有报户籍的人，归内史和县令主管。大王想把责任推给下官，自己不承担责任，是不可以的。大王若是不改错，汉廷会将大王羁押在府中，对丞相以下的人问罪时，您又怎么办？毁损父亲的大业，沦落为被百姓都哀怜

宜急改操易行，上书谢罪，曰："臣不幸早失先帝，少孤，吕氏之世，未尝忘死。陛下即位，臣怙恩德骄盈，行多不轨。追念罪过，恐惧，伏地待诛不敢起。"皇帝闻之必喜。大王昆弟欢欣于上，群臣皆得延寿于下；上下得宜，海内常安。愿孰计而疾行之。行之有疑，祸如发矢，不可追已。

王得书不说。六年，令男子但等七十人与棘蒲侯柴武太子奇谋，以辇车四十乘反谷口，令人使闽越、匈奴。事觉，治之，乃使使召淮南王。

王至长安，丞相张苍，典客冯敬行御史大夫事，与宗正、廷尉杂奏："长废先帝法，不听天子诏，居处无度，为黄屋盖儗天子，擅为法令，不用汉法。及所置吏，以其郎中春为丞相，收聚汉诸侯人及有罪亡者，匿与居，为治家室，赐与财物爵禄田宅，爵或至关内侯，奉以二千石所当得。大夫但、士伍开章等七十人与棘蒲侯太子奇谋反，欲以危宗庙社稷，谋使闽越及匈奴发其兵。事觉，长安尉奇等往捕开章，长匿不予，与故中尉蕳忌谋，杀以闭口，为棺椁衣衾，葬之肥陵，谩吏曰'不知安在'。又阳聚土，树表其上曰'开章死，葬此下'。及长身自贼杀无罪者一人；令吏论杀无罪者六人；为亡命弃市诈捕命者以除罪；擅罪人，无告劾系治城旦以上十四人；赦免罪人死罪十八人，城旦舂以下五十八人；赐人爵关内侯以下九十四人。前日长病，陛下心忧之，使使者赐枣脯，长不肯见拜使者。南海民处庐江界中者反，淮南吏卒击之。陛下遣使者赍帛五十匹，以赐吏卒劳苦者。长不欲受赐，谩曰'无劳苦者'。南海王织

的人，大王的宠臣都被朝廷正法，让天下人耻笑，有辱先帝圣德，臣认为大王这样做不可取。

大王应该马上痛改前非，向文帝上书谢罪，哀求他说："臣不幸早早失去父皇，从小孤僻，在吕氏执政当权时，经常受到死亡威胁。陛下您登基以后，我倚仗着陛下的恩德骄奢不法，行为多有不轨。反思自己犯下的罪过，心中慌恐不安，如今我跪伏于地等待陛下正法，臣不敢起身。"文帝听后必定会欢喜。于上而言大王与皇帝之间，兄弟情谊令人欢欣，于下而言群臣百姓们也能延年益寿；上下相宜，四海之内就会太平安定。愿大王接受臣的建议并即刻实施。若是大王还在犹豫，不肯去实行，灾祸就像射出的箭一样，不能追回了。

厉王看完这份谏书非常不高兴。文帝六年（前174），他派男子但等七十余人与棘蒲侯柴武的太子柴奇秘密谋划，乘坐兵车四十辆回到谷口县，派人出使闽越、匈奴。朝廷发现此事后，文帝要治厉王的罪，就派人召淮南王刘长进京。

淮南王刘长到达都城长安以后，丞相张苍与典客冯敬代理御史大夫，与宗正、廷尉审讯后一起上奏天子说："厉王刘长废弃先帝的法令，不听天子诏命，在诸侯国内挥霍无度，做的车马伞盖可以和天子的相比，擅自制定法令，不实施汉朝法律。他私自设置官吏，让郎中春担任封国丞相，收留聚集其他诸侯国中有罪逃亡的犯人，为他们提供藏匿的地方，给他们安排住处，赏赐他们财物、爵位、俸禄、田宅，有的位至关内侯，获得二千石俸禄。大夫但、士伍开章等七十人与棘蒲侯太子柴奇谋反，妄图危害宗庙社稷，密谋出使闽越和匈奴出兵造反。事情被发现后，长安尉奇等前往逮捕开章，刘长竟然藏匿罪犯，拒不交与朝廷，并且伙同原中尉蔺忌密谋，将开章杀死以灭其口，还为其准备棺椁与衣物，把开章埋在肥陵县，蒙蔽朝廷派来的官吏说：'对于他的行踪，我毫不知情'。又为开章建造假坟，立柱并写上：'开章死，葬此下'。刘长还亲自杀害了一个无辜的人；又命令手下官吏将六个无辜的人处死；为逃亡的死刑犯提供方便，欺骗前来拘捕的朝廷官吏，以便为这些罪犯免除罪行；刘长擅自给人定罪，没有上报且私自判处城旦以上的有十四人；赦免判处死罪的

上书献璧帛皇帝，忌擅燔其书，不以闻。吏请召治忌，长不遣，谩曰‘忌病’。长所犯不轨，当弃市，臣请论如法”。

制曰：“朕不忍置法于王，其与列侯吏二千石议。”列侯吏二千石臣婴等四十三人议，皆曰：“宜论如法。”制曰：“其赦长死罪，废勿王。”有司奏：“请处蜀严道邛邮，遣其子、子母从居，县为筑盖家室，皆日三食，给薪菜盐炊食器席蓐。”制曰：“食长，给肉日五斤，酒二斗。令故美人材人得幸者十人从居。”于是尽诛所与谋者。乃遣长，载以辎车，令县次传。

爰盎谏曰：“上素骄淮南王，不为置严相傅，以故至此。且淮南王为人刚，今暴摧折之，臣恐其逢雾露病死，陛下有杀弟之名，奈何！”上曰：“吾特苦之耳，令复之。”淮南王谓侍者曰：“谁谓乃公勇者？吾以骄不闻过，故至此。”乃不食而死。县传者不敢发车封。至雍，雍令发之，以死闻。上悲哭，谓爰盎曰：“吾不从公言，卒亡淮南王。”盎曰：“淮南王不可奈何，愿陛下自宽。”上曰：“为之奈何？”曰：“独斩丞相、御史以谢天下乃可。”上即令丞相、御史逮诸县传淮南王不发封馈侍者，皆弃市。乃以列侯葬淮南王于雍，置

有十八人，赦免判处城旦舂以下的有五十八人；赐予关内侯以下爵位的有九十四人。前些天刘长犯病，陛下心中担忧他，派遣使者赐予刘长枣脯，刘长竟然拒绝接受，不肯前去拜见陛下派来的使者。南海国迁徙于庐江郡内的一些民众造反，淮南王派官吏镇压叛乱的人。陛下派出使者赐予五十匹丝帛，奖赏官兵中劳苦的人。厉王刘长竟然拒绝接受赏赐，反而轻谩地说'没有劳苦的人'。南海王织上书皇上要进献璧玉与丝帛，蕑忌擅自焚烧书信却不上报皇帝。朝廷官吏要求召见蕑忌到长安治罪，厉王刘长不让蕑忌来，撒谎说'蕑忌病了'。厉王刘长所犯的罪不循法度，图谋叛乱，应当于闹市执行死刑，并将尸体弃置街头示众，臣请求陛下依法判处。"

文帝下诏说："朕不忍心用汉朝法律治罪厉王，交予诸侯以及二千石以上官吏们商议。"诸侯及二千石官吏灌婴等四十三人经过商议以后，都说："应该对厉王刘长依法论处。"文帝再次下诏令说："那就赦免厉王刘长死罪，废除刘长的王位。"有司上奏说："奏请陛下将刘长流放到蜀郡严道县的邛邮，诏命刘长的孩子及孩子的母亲一起跟从居住，严道县令为他们筑盖房屋，每日供三餐，供给柴薪、蔬菜、盐、炊具、食器、凉席、被褥。"文帝下诏令说："供食物给刘长，每日五斤肉，二斗酒。诏令十个刘长过去宠幸的姬妾美人跟随居住。"接着文帝下诏诛杀了所有与刘长策划谋反的人。派官吏遣送刘长，用车押送他们，命令经过的各县邑，依次安全地传送刘长等人。

爰盎向文帝进谏说："陛下对淮南王一向纵容，没有给他安置严厉的丞相与太傅，以至于到了现在这个地步。况且淮南王性情刚烈直爽，现今陛下忽然给他这么猛烈的打击，臣恐怕刘长在路上冒霜露犯寒暑得病死去，陛下就会有杀死兄弟的恶名，这该如何是好！"文帝说："朕也因此而特别苦恼呀，朕只是想让刘长吃点苦头，然后就召他回来。"淮南王对身边的侍者说："谁说我是勇敢的人？我因为骄狂而没意识到自己的过错，所以才落得如此下场。"于是绝食而死。县里负责护送的人不敢将囚车上面的封条打开。到达雍县时，雍县的县令把囚车的封条打开，将淮南王去世之事上报朝廷。文帝听

守冢三十家。

孝文八年，怜淮南王，王有子四人，年皆七八岁，乃封子安为阜陵侯，子勃为安阳侯，子赐为阳周侯，子良为东城侯。

十二年，民有作歌歌淮南王曰："一尺布，尚可缝；一斗粟，尚可舂。兄弟二人，不相容！"上闻之曰："昔尧舜放逐骨肉，周公杀管蔡，天下称圣，不以私害公。天下岂以为我贪淮南地邪？"乃徙城阳王王淮南故地，而追尊谥淮南王为厉王，置园如诸侯仪。

十六年，上怜淮南王废法不轨，自使失国早夭，乃徙淮南王喜复王故城阳，而立厉王三子王淮南故地，三分之：阜陵侯安为淮南王，安阳侯勃为衡山王，阳周侯赐为庐江王。东城侯良前薨，无后。

孝景三年，吴楚七国反，吴使者至淮南，王欲发兵应之。其相曰："王必欲应吴，臣愿为将。"王乃属之。相已将兵，因城守，不听王而为汉。汉亦使曲城侯将兵救淮南，淮南以故得完。吴使者至庐江，庐江王不应，而往来使越；至衡山，衡山王坚守无二心。孝景四年，吴楚已破，衡山王朝，上以为贞信，乃劳苦之曰："南方卑湿。"徙王王于济北以褒之。及薨，遂赐谥为贞王。庐江王以边越，数使使相交，徙为衡山王，王江北。

说后悲痛地大哭，对爰盎说：“朕后悔没有听从先生的劝告，最终让淮南王死了”。爰盎说：“淮南王自作自受，无可奈何，请陛下宽心。”文帝问：“现在该如何处理呢？”爰盎回答说：“只有斩杀丞相、御史大夫才可以谢罪于天下。”文帝便命令丞相、御史大夫逮捕各县护送淮南王时不打开囚车封条给他送饭的人，都斩首示众。然后以列侯的待遇在雍地埋葬了淮南王，并且给他安排了三十家住户守坟。

文帝八年（前172），皇上怜悯淮南王，淮南王有四个儿子，都是七八岁的年纪，文帝便封淮南王的儿子刘安为阜陵侯，刘勃为安阳侯，刘赐为阳周侯，刘良为东城侯。

文帝十二年（前168），民间有人创作歌谣，歌唱淮南王说：“一尺布，尚可缝；一斗粟，尚可舂。兄弟二人，不相容！”文帝听到这首歌谣后说：“上古时候尧帝、舜帝将他们的亲生骨肉放逐，周公将兄弟管叔、蔡叔杀死，天下都称他们为圣人，他们不因私情损害公道。天下人怎么能认为我贪图淮南王的土地呢？”于是文帝将城阳王迁徙到淮南故地当王，而追封淮南王谥号为厉王，他的陵园按照诸侯的礼仪设置。

文帝十六年（前164），文帝怜惜淮南厉王私自废除汉朝法令，不循法度，图谋叛乱，而使自己失去封国，早早夭亡，便又把淮南王刘喜迁回原城阳国为城阳王，立厉王刘长的三个儿子在原淮南故土为诸侯王，分为三个诸侯国：阜陵侯刘安任淮南王，安阳侯刘勃任衡山王，阳周侯刘赐任庐江王。东城侯刘良前些年已去世，没有留下后嗣。

景帝三年（前154），吴楚七国反叛，吴国使者来到淮南王刘安处，淮南王刘安想派出军队去接应吴王。淮南国的丞相说：“若是大王一定要与吴王共同起兵，臣愿意担任将军。”淮南王刘安就把军队兵权交予丞相统领。丞相掌握军权之后，即刻坚守城池，不再听从王命而一心向汉。汉廷也派曲城侯率兵前去营救淮南国，淮南国才得以完整的保存下来。吴王使者又来到庐江国，庐江王刘赐也没有响应，使者又往来出使越国；来到衡山，衡山王刘勃坚守封国，对汉丝毫没有反叛之心。景帝四年（前152），吴楚七国被平定，衡山王

淮南王安为人好书，鼓琴，不喜弋猎狗马驰骋，亦欲以行阴德拊循百姓，流名誉。招致宾客方术之士数千人，作为《内书》二十一篇，《外书》甚众，又有《中篇》八卷，言神仙黄白之术，亦二十余万言。时武帝方好艺文，以安属为诸父，辩博善为文辞，甚尊重之。每为报书及赐，常召司马相如等视草乃遣。初，安入朝，献所作《内篇》，新出，上爱秘之。使为《离骚传》，旦受诏，日食时上。又献《颂德》及《长安都国颂》。每宴见，谈说得失及方技赋颂，昏暮然后罢。

安初入朝，雅善太尉武安侯，武安侯迎之霸上，与语曰："方今上无太子，王亲高皇帝孙，行仁义，天下莫不闻。宫车一日晏驾，非王尚谁立者！"淮南王大喜，厚遗武安侯宝赂。其群臣宾客，江淮间多轻薄，以厉王迁死感激安。建元六年，彗星见，淮南王心怪之。或说王曰："先吴军时，彗星出，长数尺，然尚流血千里。今彗星竟天，天下兵当大起。"王心以为上无太子，天下有变，诸侯并争，愈益治攻战具，积金钱赂遗郡国。游士妄作妖言阿谀王，王喜，多赐予之。

刘勃进京朝见，景帝认为他正直诚实，于是慰问他说：“南方低下潮湿。”随后就将他改封到济北国为王，以示褒奖。到他去世以后，又赐他谥号为贞王。庐江国位于与越国相邻的边界处，庐江王数次派出使者和越国交往，景帝后来将庐江王刘赐改为衡山王，在江北地区称王。

淮南王刘安喜欢读书、鼓琴，不喜欢打猎、狗马驰骋，也打算施行德政安抚民众，让自己的名誉流芳千古。他招募了几千名宾客和方士，编写了二十一篇《内书》，《外书》更多，还有八卷《中篇》，以及谈论神仙冶炼丹药技术的书，也有将近二十多万字。当时武帝也非常喜欢文学，因为刘安等人作为武帝的叔父辈儿，知识广博又能言善辩，在文辞方面又很擅长，因此武帝对淮南王刘安非常尊重。每次给淮南王写信或是有所赏赐，武帝常命司马相如等人看完草稿之后再润色送去。最初，淮南王刘安上朝拜见武帝时，向武帝进献他所著的《内篇》，因书为新出之作，武帝很喜欢还收藏起来。让刘安作《离骚传》，他早上接到诏令，到中午用膳时就上呈给武帝。武帝刘安又向武帝进献了《颂德》和《长安都国颂》。每次在宴会上拜见武帝，君臣二人都谈古论今，治理天下的成败得失以及方技、赋颂，经常谈到晚上才肯罢休。

刘安最初进入朝廷时，对太尉武安侯很友善，武安侯在霸上迎接刘安时，就和他说：“现在皇上没有立下太子，大王您是高祖皇帝的亲孙子，在您的国内广行仁义，天下民众没有不知道的。万一皇上哪天驾崩，除了您还能立谁！”淮南王听了这话心中大喜，就厚赠武安侯贵重的珠宝。刘安的群臣宾客，大多是江淮一带比较轻浮刻薄的子弟，因为厉王迁徙死去而对刘安心存感激。建元六年（前135），彗星出现，淮南王心里觉得奇怪。有人就对淮南王讲：“先前吴国谋反发兵时，天上就有彗星出现，有好几尺长，于是战争爆发，流血千里。现在彗星居然布满整个天空，天下又要发生大的战争了。”淮南王心中认为当今皇上没有太子，天下一旦发生变乱，诸侯一定会并起争夺，就增加武装装备，积攒钱财去贿赂其他郡国的诸侯。而他招募的游士们胡作非为阿谀奉承他，淮南王心中欢喜，便多多地赏赐他们。

王有女陵，慧有口。王爱陵，多予金钱，为中诇长安，约结上左右。元朔二年，上赐淮南王几杖，不朝。后荼爱幸，生子迁为太子，取皇太后外孙修成君女为太子妃。王谋为反具，畏太子妃知而内泄事，乃与太子谋，令诈不爱，三月不同席。王阳怒太子，闭使与妃同内，终不近妃。妃求去，王乃上书谢归之。后荼、太子迁及女陵擅国权，夺民田宅，妄致系人。

太子学用剑，自以为人莫及，闻郎中雷被巧，召与戏。被壹再辞让，误中太子。太子怒，被恐。此时有欲从军者辄诣长安，被即愿奋击匈奴。太子数恶被，王使郎中令斥免，欲以禁后。元朔五年，被遂亡之长安，上书自明。事下廷尉、河南。河南治，逮淮南太子。王、王后计欲毋遣太子，遂发兵。计未定，犹与十余日。会有诏即讯太子，淮南相怒寿春丞留太子逮不遣，劾不敬。王请相，相不听。王使人上书告相，事下廷尉治。从迹连王，王使人候司。汉公卿请逮捕治王，王恐，欲发兵。太子迁谋曰："汉使即逮王，令人衣卫士衣，持戟居王旁，有非是者，即刺杀之，臣亦使人刺杀淮南中尉，乃举兵，未晚也。"是时上不许公卿，而遣汉中尉宏即讯验王。王视汉中尉颜色和，问斥雷被事耳，自度无何，不发。中尉还，以闻。公卿治者曰："淮南王安雍阏求奋击匈奴者雷被等，格明诏，当弃市。"诏不许。请废勿王，上不许。请削五县，可二县。使中尉宏赦其罪，罚以削地。中尉入淮南界，宣言赦王。王初闻公卿请诛之，未知得削地，闻汉使来，恐其捕之，乃与太子谋如前计。中尉至，即贺王，王以故不发。其后自伤曰："吾行仁义见削地，寡人甚耻之。"为反谋益甚。诸使者道长安来，为妄言，言上无男，即喜；言汉廷治，有

淮南王刘安有个女儿名字叫刘陵，聪慧伶俐又有口才。淮南王非常喜欢刘陵，经常给她钱财，让她在暗中打探长安的消息，结交武帝身边的大臣。元朔二年（前127），武帝赐给淮南王几案与手杖，允许他不用到长安朝拜皇帝。王后荼受到刘安宠幸，生下儿子刘迁，被立为淮南国的太子，娶皇太后的外孙修成君的女儿为太子妃。淮南王刘安密谋造反，担心太子妃知道此事内情，而泄露造反机密，就与太子密谋，让太子假装不爱太子妃，三个月不在一起吃饭。淮南王假装生气并迁怒于太子，把太子和太子妃两人关在一起，太子一直不亲近太子妃。太子妃只好请求离开，淮南王于是向武帝谢罪并上书请求让太子妃回去。王后荼、太子刘迁和女儿刘陵在淮南国内大权独揽，他们夺取百姓的住宅、田地，随意逮捕无辜的百姓。

淮南王太子刘迁学习舞剑，自以为天下没有人可以超过他，听说郎中雷被擅长舞剑，就召来与自己比试剑术。在比试中雷被一再退让，最终还是误刺太子。太子大怒，雷被很害怕。恰巧这时有愿意入伍从军的人可以到长安，雷被即刻要求去抗击匈奴。太子刘迁多次诋毁雷被，淮南王让郎中令罢免了他，以防后人仿效他。元朔五年（前124），雷被逃跑，来到长安，向武帝上书将此事说明。此案由廷尉、河南郡负责在河南查办此事，河南郡要逮捕淮南太子刘迁。淮南王、王后设计不让太子到河南郡，便准备起兵造反。因为计谋还没定下，淮南王犹豫了十几天。正好武帝下诏在淮南即刻审讯淮南王太子，淮南国的丞相恼怒寿春县丞依照淮南王刘安的意思，对太子刘迁只传讯而没有逮捕，上书弹劾寿春县丞对武帝不敬。淮南王刘安请求丞相帮助，丞相根本不听从淮安王的话。淮南王刘安便派人向武帝上书告丞相，武帝将事情交予廷尉署来查办。在审查时事情牵扯到淮南王刘安，他派人到京师密秘打探此事。汉朝的公卿们请求武帝逮捕并严惩淮南王，淮南王害怕，就准备发兵谋反。太子刘迁谋划说："朝廷一旦派使者来逮捕大王，我们可以让武士穿上卫士的服装，手持戈戟站在大王身边，发现有坏人，就立即刺杀。我也派人去刺杀淮南中尉，然后我们再发兵造反，也不晚。"当时武帝没有同意公卿们的请求，而是派遣汉中尉段宏即刻就地审讯淮南王。淮南王看

男，即怒，以为妄言，非也。

日夜与左吴等按舆地图，部署兵所从入。王曰："上无太子，宫车即晏驾，大臣必征胶东王，不即常山王，诸侯并争，吾可以无备乎！且吾高帝孙，亲行仁义，陛下遇我厚，吾能忍之；万世之后，吾宁能北面事竖子乎！"

王有孽子不害，最长，王不爱，后、太子皆不以为子兄数。不害子建，材高有气，常怨望太子不省其父。时诸侯皆得分子弟为侯，淮南王有两子，一子为太子，而建父不得为侯。阴结交，欲害太子，以其父代之。太子知之，数捕系笞建。建具知太子之欲谋杀汉中尉，即使所善寿春严正上书天子曰："毒药苦口利病，忠言逆耳利行。今淮南王孙建材能高，淮南王后荼、荼子迁常疾害建。建父不害无罪，擅数系，欲杀之。今建在，可征问，具知淮南王阴事。"书既闻，上以其事下廷尉、河南治。是岁元朔六年也。故辟阳侯孙审

到审讯者汉中尉段宏面色缓和，只是询问罢免雷被的事，自己推测没有什么危险，因此没有发兵。中尉回去以后，把看到的听到的都向武帝报告。主张治罪的公卿们说："淮南王刘安阻止雷被去攻打匈奴，无视皇帝的诏令，应当判处他在闹市执行死刑，并将尸体弃置街头示众。"武帝下诏不同意判处淮安王刘安弃市的刑罚。公卿们又上奏请求罢黜淮南王，武帝也没有同意。公卿们又上奏请求削减他封国的五个县，武帝只是许可削减其中的两个县。武帝随后派中尉段宏赦免淮南王的罪，只是以削减他的封地作为惩罚。中尉来到淮南境内，宣读武帝赦免淮南王的消息。淮南王听说起初公卿们请求诛杀他，却不知道只是削减封地，因此听到汉朝派使者来到，唯恐是来拘捕他的，就又与太子谋划按照以前所定之计来行事。中尉段宏来到之后，就向淮南王祝贺，淮南王因此又没有发兵。后来淮南王自我感伤道："我在淮南施行仁政却被削减封地，寡人感到十分羞耻。"他谋反的想法越发强烈了。有几位使者从长安来，说了些荒唐无稽的议论，说武帝没有儿子，淮南王便很高兴；后来又说朝廷得到很好的治理，武帝生了儿子，淮南王便生气发怒，认为这些是妄言，不是真话。

淮南王刘安日夜与左吴等人按照地形图，研究部署军队的进攻方向。淮南王说："皇上没有太子，他一旦驾崩，大臣一定会征召胶东王刘寄，再或是常山王刘舜，诸侯相互争夺，我岂能没有准备！况且我是高祖皇帝的孙子，亲自施行仁义，陛下厚待我，我还能够忍受；陛下驾崩之后，我怎么能向这些竖子北面称臣呢！"

淮南王刘安有个姬妾生的庶子名叫刘不害，年纪最大，刘安并不喜欢这个儿子，王后、太子也不把刘不害当作儿子、兄长。刘不害的儿子名叫刘建，既有才能，又有志气，经常抱怨太子不去探望照顾父亲。当时诸侯们都已经封自己的子弟们为列侯，淮南王刘安有两个儿子，一个儿子被立为太子，而刘建的父亲刘不害却没有被立为列侯。于是刘建暗中结交了一些人，想要谋害太子，让他的父亲可以取代太子。太子知道此事以后，数次抓捕并鞭笞刘建。刘建知道太子想要杀害汉中尉的具体阴谋，就派挚友寿春县的严正上书天子说："良药苦口利于病，忠言逆耳利于行。现在淮南王的孙子刘建才能很高，

卿善丞相公孙弘，怨淮南厉王杀其大父，阴求淮南事而构之于弘。弘乃疑淮南有畔逆计，深探其狱。河南治建，辞引太子及党与。

初，王数以举兵谋问伍被，被常谏之，以吴楚七国为效。王引陈胜、吴广，被复言形势不同，必败亡。及建见治，王恐国阴事泄，欲发，复问被，被为言发兵权变。语在《被传》。于是王锐欲发，乃令官奴入宫中，作皇帝玺，丞相、御史大夫、将军、吏中二千石、都官令、丞印，及旁近郡太守、都尉印，汉使节法冠。欲如伍被计，使人为得罪而西，事大将军、丞相；一日发兵，即刺大将军卫青，而说丞相弘下之，如发蒙耳。欲发国中兵，恐相、二千石不听，王乃与伍被谋，为失火宫中，相、二千石救火，因杀之。又欲令人衣求盗衣，持羽檄从南方来，呼言曰“南越兵入”，欲因以发兵。乃使人之庐江、会稽为求盗，未决。

廷尉以建辞连太子迁闻，上遣廷尉监与淮南中尉逮捕太子。至，淮南王闻，与太子谋召相、二千石，欲杀而发兵。召相，相至；内史以出为解。中尉曰：“臣受诏使，不得见王。”王念独杀相而内史、中尉不来，无益也，即罢相。计犹与未决。太子念所坐者谋杀汉中

淮南国的王后荼及太子刘迁却因嫉妒经常陷害他。刘建的父亲刘不害没有犯罪，却多次擅遭关押，他们还要杀害他。现在刘建人在，陛下可以亲自审问，就能知道淮南王的阴谋了。”武帝接到奏本后，就将此事交给廷尉与河南令处理。这是元朔六年（前123）的事。已故辟阳侯的孙子审卿与丞相公孙弘非常要好，审卿痛恨淮南厉王当年杀害他的祖父，于是私下里将淮南国的事情，与公孙弘又描述一番。公孙弘就怀疑淮南王刘安有叛逆谋反的阴谋，便对此案深入调查追究。河南郡提审讯问刘建以后，刘建供词中供出太子及其些许党羽。

起初，淮南王刘安曾就数次密谋起兵的事询问伍被，伍被为此经常劝谏刘安，以吴楚七国叛乱惨败为例证。淮南王刘安则引证陈胜、吴广起义成功的例证来反驳伍被，伍被回复刘安说，现在形势不同了，起兵造反必然会失败。等到刘建被审讯问罪时，淮南王刘安又担心阴谋败露，再次想起兵造反，又去征询伍被的意见，伍被说可以发兵，但是要看眼下形势。详见《伍被传》。因此淮南王刘安意志坚决，整装待发，命令官奴进入宫中，制作皇帝玉玺，还有丞相、御史大夫、将军、中二千石官吏、都尉官令、丞大印，及附近的郡太守、都尉大印，又做汉朝使节的法冠。一切按照伍被制定的计谋施行，淮南王刘安派人佯装畏罪潜逃的犯人到长安，去侍奉大将军和丞相；一旦起兵，马上刺杀大将军卫青，然后劝说丞相公孙弘向他投降，轻而易举。淮南王刘安准备调动国中的军队，又害怕丞相、二千石官吏不听他的命令，就与伍被密谋，在宫中放火伪造失火的迹象，等丞相、二千石官吏去救火时，趁机将他们全部杀掉。他还想派人假扮抓捕盗贼的差役，手持着军队的紧急文书从南方疾奔而来，大喊“南越官兵打来了”，然后顺势借此起兵。还准备派人到庐江、会稽抓捕盗贼，可是这一系列事都只是谋划了一番，最终也没有决定下来。

廷尉将刘建的供词及淮南太子刘迁的事整理好上奏朝廷，武帝派廷尉监与淮南中尉一起去逮捕淮南太子刘迁。他们到达淮南时，淮南王刘安听说以后，与太子密谋召来淮南国丞相、二千石官吏，想诛杀他们然后发兵造反。等丞相，丞相到了；内史以外出未归为借口没来。中尉说：“臣身负皇上诏命出使这里，不可以来见大王。”淮南

尉，所与谋杀者已死，以为口绝，乃谓王曰："群臣可用者皆前系，今无足与举事者。王以非时发，恐无功，臣愿会逮。"王亦愈欲休，即许太子。太子自刑，不殊。伍被自诣吏，具告与淮南王谋反。吏因捕太子、王后，围王宫，尽捕王宾客在国中者，索得反具以闻。上下公卿治，所连引与淮南王谋反列侯、二千石、豪桀数千人，皆以罪轻重受诛。

衡山王赐，淮南王弟，当坐收。有司请逮捕衡山王，上曰："诸侯各以其国为本，不当相坐。与诸侯王列侯议。"赵王彭祖、列侯让等四十三人皆曰："淮南王安大逆无道，谋反明白，当伏诛。"胶西王端议曰："安废法度，行邪辟，有诈伪心，以乱天下，营惑百姓，背畔宗庙，妄作妖言。《春秋》曰'臣毋将，将而诛。'安罪重于将，谋反形已定。臣端所见，其书印图及它逆亡道事验明白，当伏法。论国吏二百石以上及比者，宗室近幸臣不在法中者，不能相教，皆当免，削爵为士伍，毋得官为吏。其非吏，它赎死金二斤八两，以章安之罪，使天下明知臣子之道，毋敢复有邪僻背畔之意。"丞相弘、廷尉汤等以闻，上使宗正以符节治王。未至，安自刑杀。后、太子诸所与谋皆收夷。国除为九江郡。

王想着只诛杀丞相而内史、中尉都没有来，这样做毫无意义，就让丞相回去了。他们在犹豫中做不了决定。太子觉得自己所犯的罪就只是谋杀朝廷任命的中尉，而所有参与谋杀的人现在都已经死去，以为没有人证，因此他对淮南王说：“群臣当中可以用的大臣都被抓了，如今能够帮助发动起兵人的都没有了。大王在这个不合适的时机起兵，恐怕不会成功，儿臣愿意让他们抓起来。”淮南王也是越发不愿意发兵了，就应许太子的要求。太子随即自杀，却没有断气。伍被到了官吏那里，将与淮南王谋反之事详细告知。官吏因此逮捕了太子、王后，包围了王宫，将淮南王府内的宾客全都抓起来，他们在抄家时发现了淮南王刘安谋反所用的器物，上奏朝廷。武帝派了公卿负责查办，与淮南王谋反一案有牵连的列侯、二千石、豪杰达几千人，他们全部根据所犯罪行的轻重受到了不同的制裁。

衡山王刘赐，是淮南王刘安的弟弟，按律应当被逮捕。有司请求逮捕衡山王刘赐，武帝说：“诸侯王各自以本国为主，犯罪不应当再连带其他诸侯国。这件事请与诸侯王、列侯再商议。”赵王彭祖、列侯让等四十三人都说：“淮南王刘安大逆不道，谋反这件事证据确凿，应当伏法问斩。”胶西王刘端提议说：“淮南王刘安废除朝廷律法，行邪辟之道，存有诈伪之心，准备祸乱天下，迷惑百姓，背叛列祖列宗，妄作妖言以惑民众。《春秋》讲：‘臣毋将，将而诛。’淮南王刘安重在谋反的事情蓄意已久，他谋反一事已成事实。据臣看来，将他谋反所用文书、印章、各种图册，以及其它荒淫逆道之事验明之后，就可以将之正法。淮南国中二百石以上官吏及与此同等俸禄的官员，以及王室宠臣，虽然没有参与反叛的事实，但因为不能辅助好淮南王执政，全部应当免职，一律削除爵位贬为平民，不得再去担任官吏。其他不是官吏的人，允许交纳黄金二斤八两以赎死罪，以此可以彰明昭著刘安的罪行，使天下人全都知道作为臣子应该行使的道义，使天下人不敢再有邪僻背叛的意图。”丞相公孙弘、廷尉张汤等人将诸王商议的结果上奏武帝，武帝派出宗正持符节治罪淮南王刘安。宗正还没有到达，刘安就自杀了。淮南国王后、太子等涉及参与谋反的人全部被伏法诛杀。淮南国被撤除并改为九江郡。

衡山王赐，后乘舒生子三人，长男爽为太子，次女无采，少男孝。姬徐来生子男女四人，美人厥姬生子二人。淮南、衡山相责望礼节，间不相能。衡山王闻淮南王作为畔逆具，亦心结宾客以应之，恐为所并。

元光六年入朝，谒者卫庆有方术，欲上书事天子，王怒，故劾庆死罪，强榜服之。内史以为非是，却其狱。王使人上书告内史，内史治，言王不直。又数侵夺人田，坏人冢以为田。有司请逮治衡山王，上不许，为置吏二百石以上。衡山王以此恚，与奚慈、张广昌谋，求能为兵法候星气者，日夜纵臾王谋反事。

后乘舒死，立徐来为后，厥姬俱幸。两人相妒，厥姬乃恶徐来于太子，曰“徐来使婢蛊杀太子母。”太子心怨徐来。徐来兄至衡山，太子与饮，以刃刑伤之。后以此怨太子，数恶之于王。女弟无采嫁，弃归，与客奸。太子数以数让之，无采怒，不与太子通。后闻之，即善遇无采及孝。孝少失母，附后，后以计爱之，与共毁太子，王以故数系笞太子。元朔四年中，人有贼伤后假母者，王疑太子使人伤之，笞太子。后王病，太子时称病不侍。孝、无采恶太子：“实不病，自言，有喜色。”王于是大怒，欲废太子而立弟孝。后知王决废太子，又欲并废孝。后有侍者善舞，王幸之，后欲令与孝乱以污之，欲并废二子而以己子广代之。太子知之，念后数恶己无已时，欲与乱以止其口。后饮太子，太子前为寿，因据后股求与卧。后怒，以告王。王乃召，欲缚笞之。太子知王常欲废己而立孝，乃谓王曰：“孝与王御者奸，无采与奴奸，王强食，请上书。”即背王去。王使人止之，莫能禁，王乃自追捕太子。太子妄恶言，王械系宫中。

衡山王刘赐，他的王后乘舒生了三个孩子，长子刘爽任太子，次女刘无采，小儿子刘孝。宠姬徐来生了四个儿女，美人厥姬生了两个儿子。淮南王刘安、衡山王刘赐相互经常指责抱怨，矛盾一直不断。衡山王刘赐听闻淮南王刘安置备谋反所用的用具，他也暗中结交门客准备应对淮南王刘安，他担心被淮南王刘安所吞并。

元光六年（前129）衡山王刘赐入京朝见武帝，谒者卫庆懂得一些方术，想上书献给武帝，衡山王刘赐发怒了，故意弹劾卫庆犯有死罪，并毒刑审讯逼供，让卫庆招供认罪。内史认为此案名实不符，退了下来。衡山王刘赐派人上书控告内史，内史被朝廷审讯盘问时，指出衡山王行为不端作风不正。他又多次侵夺百姓的田地，把民众的坟地铲平变成自己的田地。有司上奏请求逮捕衡山王以治其罪，武帝没有答应，只是将衡山王刘赐二百石以上官吏的任用权剥夺了。衡山王刘赐因此非常生气，与奚慈、张广昌私下密谋，寻求会兵法之道能占卜星术的人，这些人日夜策划谋反这件事。

衡山国的王后乘舒去世以后，衡山王刘赐立徐来为王后，厥姬一起受到宠幸。两人互相妒忌，厥姬就在太子面前诋毁徐来说：“徐来派宫中婢女用巫蛊术杀死太子母亲。”因此太子心中怨恨徐来。徐来的兄长来到衡山，太子与他一同饮酒，拿刀将他刺伤了。王后以此事怀恨太子，就几次在衡山王面前恶意毁谤他。太子的妹妹无采出嫁以后，被丈夫抛弃休回，与门下食客通奸。太子数次责难于她，无采非常生气，再不与太子往来了。王后听到此事以后，马上善待无采与刘孝。刘孝从小没有母亲，就跟随着王后，王后很有目的地宠爱着他，他和王后共同诋毁太子，衡山王也因此数次鞭笞太子。元朔四年（前125）间，有人打伤了徐来王后的继母，衡山王刘赐怀疑是太子派人伤害了她，又鞭笞太子。后来衡山王生病卧床时，太子推说自己生病而不去侍奉父亲。刘孝、刘无采趁此机会一起诋毁太子，他们对衡山王刘赐说：“太子其实没生病，他自己这么说的时候，他的脸上还露出喜色。”衡山王刘赐听后大怒，准备废除太子而立太子的弟弟刘孝。王后知道了衡山王决心要废除太子的消息后，又想让衡山王一起废掉刘孝。王后有个侍者很会跳舞，衡山王很宠爱这个侍者，王

孝日益以亲幸。王奇孝材能，乃佩之王印，号曰将军，令居外家，多给金钱，招致宾客。宾客来者，微知淮南、衡山有逆计，皆将养劝之。王乃使孝客江都人枚赫、陈喜作輣车锻矢，刻天子玺，将、相、军吏印。王日夜求壮士如周丘等，数称引吴楚反时计画约束。衡山王非敢效淮南王求即天子位，畏淮南起并其国，以为淮南已西，发兵定江淮间而有之，望如是。

元朔五年秋，当朝，六年，过淮南。淮南王乃昆弟语，除前隙，约束反具。衡山王即上书谢病，上赐不朝。乃使人上书请废太子爽，立孝为太子。爽闻，即使所善白嬴之长安上书，言衡山王与子谋逆，言孝作兵车鍜矢，与王御者奸。至长安未及上书，即吏捕嬴，以淮南事系。王闻之，恐其言国阴事，即上书告太子，以为不道。事下沛郡治。元狩元年冬，有司求捕与淮南王谋反者，得陈喜于孝家。吏劾孝首匿喜。孝以为陈喜雅数与王计反，恐其发之，闻律先自告除其罪，又疑太子使白嬴上书发其事，即先自告所与谋反者枚

后想派这个侍者和刘孝淫乱，以此玷污刘孝，这样就能同时废了他们兄弟俩，以便立自己的儿子刘广为太子。太子知道此事以后，想起王后曾经无数次陷害自己，也想以淫乱的罪名堵住王后的嘴。一次王后与太子喝酒，太子上前向王后祝寿时，强行抱住王后的大腿提出要与王后一同睡觉。王后大怒，向衡山王刘赐告状。衡山王刘赐将太子召来，要绑住太子鞭打他一顿。太子知道衡山王刘赐经常想废掉自己改立刘孝为太子，于是对衡山王刘赐说："刘孝与大王宠幸的侍者通奸，无采与家中奴仆通奸，大王请努力加餐，我要向皇上上书。"太子说完转身就跑了。衡山王刘赐派人阻拦太子，结果没能拦住，就亲自追捕太子。太子狂妄地胡言乱语，衡山王刘赐让人给太子上刑具锁在宫中。

后来刘孝日益受到衡山王的宠幸。衡山王非常看重刘孝特殊的才能，就给刘孝佩戴上王印，号称他为将军，让他到外祖父家里住，并经常给他很多钱，用以招揽宾朋食客。前来投奔的宾客中，有些人稍微知道淮南王、衡山王有忤逆反叛朝廷的图谋，大家都侍奉赡养并趁机怂恿他们。衡山王就派刘孝的食客江都人枚赫、陈喜制作战车弓箭，刻制天子的玉玺以及将军、丞相、军官的大印。衡山王刘赐日夜渴求像周丘一样的壮士，数次援引吴、楚叛变时所采取的计划约定。衡山王刘赐不敢效仿淮南王一心梦想登上天子位，只是担心淮南王刘安起兵后把自己的王国吞并，他认为淮南王刘安发兵向西进军以后，自己就可以发兵攻占江淮一带，只是如此指望。

元朔五年（前124）秋季，衡山王刘赐应当去长安朝见武帝。元朔六年（前123），衡山王刘赐经过淮南。淮南王刘安就和衡山王刘赐叙起兄弟亲情，哥俩摒除前隙，兄弟相约共同图谋造反汉廷。衡山王刘赐随即上书武帝说自己有病，武帝恩赐他不用前去朝见。刘赐又派人上书武帝请求废掉太子刘爽，立刘孝为太子。刘爽知道后，即刻派好友白嬴到长安上书，说衡山王刘赐与儿子刘孝要一起谋反，还说刘孝已经造好兵车弓箭，刘孝还与衡山王宠幸的侍者通奸。白嬴到了长安还没来得及上书，就被官差逮捕了，因为他涉嫌淮南王案情。衡山王刘赐听说后，担心他招供时泄露衡山国的秘密，立即上书

赫、陈喜等。廷尉治，事验，请逮捕衡山王治。上曰："勿捕。"遣中尉安、大行息即问王，王具以情实对。吏皆围王宫守之。中尉、大行还，以闻。公卿请遣宗正、大行与沛郡杂治王。王闻，即自杀。孝先自告反，告除其罪。孝坐与王御婢奸，及后徐来坐蛊前后乘舒，及太子爽坐告王父不孝，皆弃市。诸坐与王谋反者皆诛。国除为郡。

济北贞王勃者，景帝四年徙。徙二年，因前王衡山，凡十四年薨。子式王胡嗣，五十四年薨。子宽嗣。十二年，宽坐与父式王后光、姬孝儿奸，悖人伦，又祠祭祝诅上，有司请诛。上遣大鸿胪利召王，王以刃自刭死。国除为北安县，属泰山郡。

赞曰：《诗》云"戎狄是膺，荆舒是惩"，信哉是言也！淮南、衡山亲为骨肉，疆土千里，列在诸侯，不务遵蕃臣职，以丞辅天子，而剸怀邪辟之计，谋为畔逆，仍父子再亡国，各不终其身。此非独王也，亦其俗薄，臣下渐靡使然。夫荆楚剽轻，好作乱，乃自古记之矣。

告发太子大逆不道。武帝下诏将此案交由沛郡负责审理。元狩元年（前122）冬季，有司奏请武帝逮捕参与淮南王谋反的人，从刘孝家中抓获了陈喜。官吏参劾刘孝窝藏罪犯陈喜。刘孝以为陈喜平素多次与衡山王刘赐商议谋反的事情，怕陈喜揭发自己，他听说法律规定主动自首能够免除罪刑，又疑心太子派白嬴上书武帝揭发他谋反的事情，便抢先去朝廷自首，主动揭发参与密谋的枚赫、陈喜等人。廷尉审理讯问后，证据确凿无疑，便向武帝奏请逮捕衡山王刘赐归案治罪。武帝说："不要逮捕他。"朝廷派中尉司马安、大行令李息前去衡山国，审问衡山王刘赐，他如实交代了犯罪事实。官吏派人包围了衡山王刘赐的王宫并守卫在那里。中尉、大行令回长安奏明皇上。公卿大夫们奏请派宗正、大行令与沛郡郡守共同查办衡山王。衡山王听到消息后，就自杀了。刘孝因最先自首并告发衡山王刘赐谋反之事，宣告免除其反叛罪。但是刘孝因与衡山王的婢女通奸而犯罪，王后徐来因以蛊毒谋害前王后乘舒而犯罪，太子刘爽因状告王父不孝而犯罪，他们全部在闹市执行死刑，并将尸体弃置街头示众。其他凡是参与衡山王谋反的人一律都被正法。衡山国被废除改为衡山郡。

济北贞王刘勃，在景帝四年（前153）时迁徙到济北。迁徙两年后去世，因为以前在衡山国任王，他在王位的时间有十四年。他的儿子式王刘胡继承王位，在位五十四年后去世。刘胡的儿子刘宽继承王位。刘宽在位十二年时，因为与其父式王的王后光以及姬妾孝儿淫乱，违背人伦，又在祭祀时诅咒武帝，有司奏请将他诛杀。武帝派大鸿胪利召济北王刘宽进京都长安，刘宽用刀刎颈自杀。废除封国设为北安县，隶属泰山郡。

赞辞说：《诗经》说"戎狄是膺，荆舒是惩，"的确如此！淮南王、衡山王本来亲如骨肉，封国疆土千里之广，位列诸侯王，却不遵守藩臣之道，尽职尽责，以辅弼皇上，而专门心怀邪辟之策，蓄意叛逆谋反，父子两辈皆以亡国了结，都没能得到善终。这不仅是为王的品质不佳，也是因为王国风俗浇薄，他们的臣子逐渐随波逐流，最终变成这样。荆楚地方的人一向剽悍、轻率，喜欢犯上作乱，这从古时候就有记载了。

卷四十五

蒯伍江息夫传第十五

蒯通，范阳人也，本与武帝同讳。楚汉初起，武臣略定赵地，号武信君。通说范阳令徐公曰："臣，范阳百姓蒯通也，窃闵公之将死，故吊之。虽然，贺公得通而生也。"徐公再拜曰："何以吊之？"通曰："足下为令十余年矣，杀人之父，孤人之子，断人之足，黥人之首，甚众。慈父孝子所以不敢事刃于公之腹者，畏秦法也。今天下大乱，秦政不施，然则慈父孝子将争接刃于公之腹，以复其怨而成其名。此通之所以吊者也。"曰："何以贺得子而生也？"曰："赵武信君不知通不肖，使人候问其死生，通且见武信君而说之，曰：'必将战胜而后略地，攻得而后下城，臣窃以为殆矣。用臣之计，毋战而略地，不攻而下城，传檄而千里定，可乎？'彼将曰：'何谓也？'臣因对曰：'范阳令宜整顿其士卒以守战者也，怯而畏死，贪而好富贵，故欲以其城先下君。先下君而君不利之，则边地之城皆将相告曰："范阳令先降而身死"，必将婴城固守，皆为金城汤池，不可攻也。为君计者，莫若以黄屋朱轮迎范阳令，使驰骛于燕赵之郊，则边城皆将相告曰："范阳令先下而身富贵"，必相率而降，犹如阪上走丸也。此臣所谓传檄而千里定者也。'"徐公再拜，具车马遣通。通遂以此说武臣。武臣以车百乘，骑二百，侯印迎徐公。燕赵闻之，降者三十余城，如通策焉。

蒯通，范阳县人，他原来叫蒯彻，与武帝的名字相同，因为避讳改为通。楚汉最初兴兵起义时，武臣攻克并安定了赵地，自己号称武信君。蒯通前去劝说范阳县令徐公，说：“臣是范阳的百姓，姓蒯名通，暗自怜惜您快要死了，因此前来表示哀悼。虽然是这样，臣同时祝贺您因为遇到我蒯通而又有了死而复生之路。”徐公拜了两拜问道：“您为何向我表示哀悼？”蒯通说：“您已经当了十多年的县令了，因诛杀他人的父亲，使人家的孩子变成孤儿，砍断他人的腿脚，对他人施以黥墨之刑，您害的人实在是太多了。慈父孝子们之所以不敢将尖刀插进您的腹中，那只是因为他们畏惧秦朝的法律。如今天下大乱，秦朝的法律政令根本施行不下去，既然如此，那些被您所害的慈父孝子们都将会争先恐后地把尖刀刺进您的腹中，以此既可以报仇雪恨又能够成就功名。这就是我前来吊唁您的原因。”徐公又问：“您为何又祝贺我得遇先生就能够获得生路呢？”蒯通回答说：“赵国的武信君不知道臣不才，派人前来向我讯问他的生死成败，臣马上要去面见武信君并劝他，对他说：‘君侯认为一定要战胜对方然后才可以获取地盘，一定要攻下城池然后才可以占据它，臣私下以为这样做很危险。若是采用臣的计谋，无需战争就可以获取土地，不去攻城就可以占领城池，传送一道檄文便可以平定千里，这样可以吗？’武信君将会问：‘你的计谋是什么？’臣就会趁机说：‘范阳县令徐公本想整顿城中军队，坚守城池，但因怯懦畏惧死亡，贪婪钱财喜欢富贵，因此他想主动带着他的城池来归降君侯。主动向君侯归降而您不赐予他利益恩惠，那么边远的城池都会互相转告说：“范阳县令主动投降而落个被杀的结果”，必定将会环城固守，全都固若金汤难以攻破。臣为君侯打算，不如用黄盖朱轮的车子去迎接范阳县令徐公归顺，然后让他驾车在燕赵的边界奔驰，这样一来边

后汉将韩信虏魏王，破赵、代，降燕，定三国，引兵将东击齐。未度平原，闻汉王使郦食其说下齐，信欲止。通说信曰：“将军受诏击齐，而汉独发间使下齐，宁有诏止将军乎？何以得无行？且郦生一士，伏轼掉三寸舌，下齐七十余城，将军将数万之众，乃下赵五十余城。为将数岁，反不如一竖儒之功乎！”于是信然之，从其计，遂度河。齐已听郦生，即留之纵酒，罢备汉守御。信因袭历下军，遂至临菑。齐王以郦生为欺己而亨之，因败走。信遂定齐地，自立为齐假王。汉方困于荥阳，遣张良即立信为齐王，以安固之。项王亦遣武涉说信，欲与连和。

蒯通知天下权在信，欲说信令背汉，乃先微感信曰：“仆尝受相人之术，相君之面，不过封侯，又危而不安；相君之背，贵而不可言。”信曰：“何谓也？”通因请间，曰：“天下初作难也，俊雄豪桀建号壹呼，天下之士云合雾集，鱼鳞杂袭，飘至风起。当此之时，忧在亡秦而已。今刘、项分争，使人肝脑涂地，流离中野，不可胜数。汉王将数十万众，距巩、雒，阻山河，一日数战，亡尺寸之功，折北

地没有归顺的城池就会相互转告说：“范阳县令主动投降而先获得富贵”，大家因此一定会相继投降，犹如在斜坡上滚弹丸一样轻而易举。这就是臣所说的传送一道檄文就可以平定千里的计谋。’”徐公向蒯通拜了两拜，准备派遣车马让蒯通去赵地。蒯通就用这些话去劝说武臣。武臣用一百辆豪华车辆，骑兵二百名，用侯印来迎接徐公归顺。燕赵之地闻听此事以后，前来投降的有三十多座城，正如蒯通所预料的一样。

后来汉朝将军韩信俘虏了魏王，攻破赵国、代国，让燕国投降，平定三国后，率军向东攻打齐国。还没过平原县，就听说汉王刘邦派郦食其去游说齐国投降，韩信打算停止进军。蒯通劝说韩信说：“将军奉诏攻打齐国，而汉王又另派兼有说客身份的使者独自出使齐国，莫非是您接到命令军队停止进攻齐国的诏书了吗？若是没有为什么不进军？况且郦食其只是一个士人，他独自乘车去齐国，凭借三寸不烂之舌，劝降齐国七十多座城，将军率领几万人马，才攻下赵国五十多座城。您担任将军数年，反而不如一个竖儒的功劳大！”因此韩信也认同蒯通的道理，采纳了蒯通的建议，最终渡过黄河。齐王已经听从并相信郦食其的劝说，就把郦食其留下，每日一起饮酒作乐，撤消了对汉军的防备。韩信就趁机袭击了驻扎在历下的齐军，很快攻打到临菑城下。齐王以为郦食其一直在欺骗自己，便将郦食其烹杀，最后兵败逃走。韩信成功平定了齐国，自立为齐国的代理王。当时刘邦所率领的汉军正在荥阳遭受围困，故而刘邦就派张良前往齐国正式立韩信为齐王，以此安抚稳定韩信。项王此时也派遣武涉去劝说韩信，准备和韩信结成联盟。

蒯通知道现在韩信掌控着天下局势的变化，他想劝说韩信背叛汉朝，他先暗示韩信说：“臣以前向人学过相面之术，仔细观察您的面相，顶多不过被封为侯爵，并且总是处在危而不安中；但是看您的后背形状，则是富贵得无法用言语来表达。”韩信问：“你这话是什么意思呢？”蒯通就请求韩信让左右退下，然后说：“天下最初兴兵发难的时候，英雄豪杰自立为王，然后振臂一呼，天下士人如云雾般密集群聚，如鱼鳞般纷杂繁多，如疾风般迅速兴起。当时，人们只

不救，败荥阳，伤成皋，还走宛、叶之间，此所谓智勇俱困者也。楚人起彭城，转斗逐北，至荥阳，乘利席胜，威震天下，然兵困于京、索之间，迫西山而不能进，三年于此矣。锐气挫于崄塞，粮食尽于内藏，百姓罢极，无所归命。以臣料之，非天下贤圣，其势固不能息天下之祸。当今之时，两主县命足下。足下为汉则汉胜，与楚则楚胜。臣愿披心腹，堕肝胆，效愚忠，恐足下不能用也。方今为足下计，莫若两利而俱存之，参分天下，鼎足而立，其势莫敢先动。夫以足下之贤圣，有甲兵之众，据强齐，从燕、赵，出空虚之地以制其后，因民之欲，西乡为百姓请命，天下孰敢不听！足下按齐国之故，有淮泗之地，怀诸侯以德，深拱揖让，则天下君王相率而朝齐矣。盖闻‘天与弗取，反受其咎；时至弗行，反受其殃’。愿足下孰图之。”

信曰：“汉遇我厚，吾岂可见利而背恩乎！”通曰：“始常山王、成安君故相与为刎颈之交，及争张黡、陈释之事，常山王奉头鼠窜，以归汉王。借兵东下，战于鄗北，成安君死于泜水之南，头足异处。此二人相与，天下之至欢也，而卒相灭亡者，何也？患生于多欲而人心难测也。今足下行忠信以交于汉王，必不能固于二君之相与也，而事多大于张黡、陈释之事者，故臣以为足下必汉王之不危足

是为推翻秦朝暴政而忧虑。如今刘邦、项羽两方争夺天下，使人肝脑涂地，流离失所的百姓数不胜数。汉王刘邦带领几十万民众，据守巩县、洛阳，凭借山河之险抵挡楚军，每日连续数战，无尺寸之功，败北而逃，无法援救，在荥阳败退，在成皋受伤，返身奔走在宛县、叶县之间，这就是所谓的智谋与勇气都陷入困境之人。楚国人在彭城起兵，转战南北，追剿残敌，所向无敌，进兵到荥阳，凭借着胜利之势，威震天下，然而却在京、索之间被困受阻，受迫西山而不能前进半步，现在已经有三年了。勇往直前的锐气受到险峻关塞的挫败，国库的粮食匮乏耗尽，百姓疲惫困顿，苦不堪言，不知命归何处。以臣推断，除非天下有圣贤出现，否则这种形势必定不能止息天下的灾难。当今之时，刘邦、项羽两位君王的命运完全掌握在将军的手里。将军帮助汉王，汉王就会获胜，将军联合楚王，楚王就会获胜。臣愿意坦露自己的心胸，吐肝露胆，向将军表达愚憨刚直的忠心，就怕将军不能采纳臣的建议。如今臣为您谋划着想，不如让楚汉两方都得到利益而共同存在，三分天下，鼎足而立，三方势必没有人敢贸然行动。就凭将军的贤达圣明，又拥有众多身披铠甲的军队，占据着强盛的齐国，联合控制燕、赵两国，派出军队到楚汉空虚之地将他们的后方控制，随顺适应民众之心，面向西方为百姓请命，天下万民，谁敢不听从将军！将军按照齐国过去的版图，拥有淮河、泗水的土地，以深恩厚德去安抚天下诸侯，拱手深居，礼让王位于天下贤士，这么一来天下君王诸侯都相继朝拜齐国。臣常听世人说'上天赐予而没有接受，反而会受到责罚；时机来时而没有行动，反而会遭受灾祸'。希望将军能够深思熟虑。"

韩信说："汉王厚待于我，我怎么能见利忘义，背恩忘德呢！"蒯通说："曾经常山王张耳与成安君陈余结下生死之交，等到他们为了张黡、陈释的事情而相互争吵时，常山王张耳抱头鼠窜，去归附汉王。他借兵东下，在鄗县北部开战，成安君陈余在泜水的南岸战死，身首异处。这两人在结交时没有丝毫的隔阂，天下没有人能与他们相比，到了最后却短兵相接，以至于互相残杀，这是为何？祸患生于太多的欲望中，而且人的内心难以揣测。如今将军对汉王忠诚信实，

下，过矣。大夫种存亡越，伯勾践，立功名而身死。语曰：‘野禽殚，走犬亨；敌国破，谋臣亡。’故以交友言之，则不过张王与成安君；以忠臣言之，则不过大夫种。此二者，宜足以观矣。愿足下深虑之。且臣闻之，勇略震主者身危，功盖天下者不赏。足下涉西河，虏魏王，禽夏说，下井陉，诛成安君之罪，以令于赵，胁燕定齐，南摧楚人之兵数十万众，遂斩龙且，西乡以报，此所谓功无二于天下，略不世出者也。今足下挟不赏之功，戴震主之威，归楚，楚人不信；归汉，汉人震恐。足下欲持是安归乎？夫势在人臣之位，而有高天下之名，切为足下危之。”信曰：“生且休矣，吾将念之。”

数日，通复说曰：“听者，事之候也；计者，存亡之机也。夫随厮养之役者，失万乘之权；守儋石之禄者，阙卿相之位。计诚知之，而决弗敢行者，百事之祸也。故猛虎之犹与，不如蜂虿之致蠚；孟贲之狐疑，不如童子之必至。此言贵能行之也。夫功者难成而易败，时者难值而易失。‘时乎时，不再来。’愿足下无疑臣之计。”信犹与不忍背汉，又自以功多，汉不夺我齐，遂谢通。通说不听，惶恐，乃阳狂为巫。

天下既定，后信以罪废为淮阴侯，谋反被诛，临死叹曰：“悔不用蒯通之言，死于女子之手！”高帝曰：“是齐辩士蒯通。”乃诏齐召蒯通。通至，上欲亨之，曰：“若教韩信反，何也？”通曰：“狗各

必定不会像常山王、成安君两位的交情，而今后遇到的事情比张黡、陈释之事更重要，所以臣认为将军深信汉王不会危害您，是错误的。越国大夫文种使将要灭亡的越国存活下来，又帮助勾践在中原称霸，功成名就时却遭杀身之祸。俗话说：‘野鸟被打光，猎狗就会被烹煮；敌国被攻破，谋臣就会被杀。’因此从交友这方面而言，将军比不过张王和成安君；从忠臣这方面说，将军比不上大夫文种。这两个事例，应该足以反观，值得借鉴。希望将军深思熟虑。况且臣听说，勇敢而有谋略使君主受到震动的人性命难保，功劳太大的人得不到任何奖赏。将军渡过西河，俘虏魏王，擒获夏说，攻下井陉，惩治成安君的罪过，在赵国发布号令，胁迫燕国，平定齐国，向南挫败楚人的数十万士兵，然后斩杀龙且，派人西行报告汉王，这就是所谓的功劳天下无双，谋略奇异，世所稀有。如今将军挟不赏之功，戴震主之威，归附楚国，楚国人不会信任您；归附汉国，汉国人畏惧您。将军想带着威望和功劳归顺谁呢？身处臣的地位，而拥有高过天下的名望，臣切实为将军担心。”韩信说：“先生暂且去休息，我想考虑一下。”

几天以后，蒯通又去劝说韩信道：“善于听取忠告建议的人，能把握时机；谋划得当的人，能把握得失存亡的关键。供主人役使的奴役，会失去君王万乘的权威；保守低微俸禄的人，就会缺失公卿宰相的地位。心里明知这个道理，而不敢果断地做出决定并付诸行动的人，是一切事情失败的祸根。所以猛虎犹豫的话，还不如蜜蜂、蝎子用毒刺蛰人；孟贲犹豫的话，还不如孩子坚决果断地去做。这些言语是说贵在能够立刻行动。功绩名誉，难成易败，时机运会，难遇易失。‘时运过去了就不会再来。’希望将军不要怀疑臣的计策。”韩信犹豫不决，不忍心背叛汉王，又自认为立下很多功劳，汉王不会夺取他占领的齐国，就谢绝了蒯通的劝谏。蒯通因为韩信没有听从他的游说，感到惶恐不安，就假装疯癫做了巫师。

天下平定后，韩信因被人诬告谋反罪被贬为淮阴侯，此后又因谋反罪而被诛杀，他在临死的时候感叹着说：“我真后悔当初没听蒯通的话，以至于如今死在一个女人手里！”高祖说：“韩信说的是

吠非其主。当彼时，臣独知齐王韩信，非知陛下也。且秦失其鹿，天下共逐之，高材者先得。天下匈匈，争欲为陛下所为，顾力不能，可殚诛邪！”上乃赦之。

至齐悼惠王时，曹参为相，礼下贤人，请通为客。

初，齐王田荣怨项羽，谋举兵畔之，劫齐士，不与者死。齐处士东郭先生、梁石君在劫中，强从。及田荣败，二人丑之，相与入深山隐居。客谓通曰：“先生之于曹相国，拾遗举过，显贤进能，齐国莫若先生者。先生知梁石君、东郭先生世俗所不及，何不进之于相国乎？”通曰：“诺。臣之里妇，与里之诸母相善也。里妇夜亡肉，姑以为盗，怒而逐之。妇晨去，过所善诸母，语以事而谢之。里母曰：‘女安行，我今令而家追女矣。’即束缊请火于亡肉家，曰：‘昨暮夜，犬得肉，争斗相杀，请火治之。’亡肉家遽追呼其妇。故里母非谈说之士也，束缊乞火非还妇之道也，然物有相感，事有适可。臣请乞火于曹相国。”乃见相国曰：“妇人有夫死三日而嫁者，有幽居守寡不出门者，足下即欲求妇，何取？”曰：“取不嫁者。”通曰：“然则求臣亦犹是也，彼东郭先生、梁石君，齐之俊士也，隐居不嫁，未尝卑节下意以求仕也。愿足下使人礼之。”曹相国曰：“敬受命。”皆以为上宾。

齐国辩士蒯通。”于是诏令齐国召蒯通入朝。蒯通来到长安，高祖准备把蒯通处以烹刑，他问蒯通：“你曾经教唆韩信反叛大汉，为什么呢？”蒯通说：“狗总是对着不是主人的人狂吠。当时，臣知道的只有齐王韩信，不知道有陛下。况且秦朝已经失去政权，天下共同争夺，才智过人者率先得到。天下动荡不安，大家都争着想为陛下做事，只是能力不够，陛下怎能把他们都杀光呢！”高祖就赦免了蒯通。

到齐悼惠王刘肥在位时，曹参担任齐国国相，他礼贤下士谦虚待人，聘请蒯通做他的宾客。

起初，齐王田荣怨恨项羽，就谋划举兵反叛他，他劫持胁迫齐国的士人，不服从的就一律杀死。齐国隐士东郭先生和梁石君也在被劫持之列，他们勉强服从齐王田荣。等到田荣战败，他们两人都觉得很羞愧，于是共同进入深山隐居。有位客人对蒯通说：“先生在曹相国这里，拾遗举过，显贤进能，齐国无人能与您相比。先生知道梁石君和东郭先生是世俗之人比不上的，为什么不将他们推荐给曹相国呢？”蒯通说：“好吧。臣所居的乡里有一位妇人，与同乡的老太婆们相处得很好。妇人家夜里丢了肉，她婆婆认为是妇人将肉偷走了，就愤怒地把她逐出家门。妇人早晨离开的时候，去拜访以前与她要好的老太婆，并且把这件事告诉她，同时向她告辞。老太婆说：‘请你慢慢走，我马上就会让你家里的人将你追回来。’老太婆马上捆好一捆乱麻去丢肉的那家借火，说：‘昨天夜里有几条狗得到一块肉，争斗相杀，我向你家借个火炖狗肉吃。’丢肉的那家人赶紧去追赶并唤回儿媳妇。因此，虽然老太婆并非能言善辩的人，拿一捆乱麻去借火并不是召回妇人之道，然而事物有时候会相互关联感应，事情有时也许恰到好处。请让臣向曹相国去借火。”于是蒯通去见曹相国说：“妇人之中，有的在丈夫刚刚去世三天就要改嫁，有的却宁愿幽居守寡，闭门不出，相国若是想娶媳妇，会选择哪一位？”曹相国说：“我会娶那位不愿出嫁的。”蒯通说：“既然这样，寻求贤臣也应当如此，那东郭先生、梁石君，都是齐国的贤俊之士，隐居于深山之中，不愿意出嫁，没有卑躬屈膝地出仕为官。希望相国您派人前去礼遇他们。”曹相国说：“我一定恭敬地听从号令。”因此曹相国将这两

通论战国时说士权变，亦自序其说，凡八十一首，号曰《隽永》。

初，通善齐人安其生，安其生尝干项羽，羽不能用其策。而项羽欲封此两人，两人卒不肯受。

伍被，楚人也。或言其先伍子胥后也。被以材能称，为淮南中郎。是时淮南王安好术学，折节下士，招致英俊以百数，被为冠首。

久之，淮南王阴有邪谋，被数微谏。后王坐东宫，召被欲与计事，呼之曰："将军上。"被曰："王安得亡国之言乎？昔子胥谏吴王，吴王不用，乃曰'臣今见麋鹿游姑苏之台也。'今臣亦将见宫中生荆棘、露沾衣也。"于是王怒，系被父母，囚之三月。

王复召被曰："将军许寡人乎？"被曰："不，臣将为大王画计耳。臣闻聪者听于无声，明者见于未形，故圣人万举而万全。文王壹动而功显万世，列为三王，所谓因天心以动作者也。"王曰："方今汉庭治乎？乱乎？"被曰："天下治。"王不说曰："公何以言治也？"被对曰："被窃观朝廷，君臣父子夫妇长幼之序也皆得其理，上之举错遵古之道，风俗纪纲未有所缺。重装富贾周流天下，道无不通，交易之道行。南越宾服，羌、僰贡献，东瓯入朝，广长榆，开朔方，匈奴折伤。虽未及古太平时，然犹为治。"王怒，被谢死罪。

人请出来并且都奉为上宾。

蒯通论述战国时游说之士随机应变的方法，又自己加上序言，著书立说，编辑了八十一篇文章，号称《隽永》。

起初，蒯通很欣赏齐国人安其生，安其生曾经为项羽出谋划策，但项羽没有采纳。项羽想封赏蒯通与安其生，两人最终也不肯接受。

伍被，楚国人。有人说伍被的先祖是伍子胥的后人。伍被因为才能出众而享有盛名，担任淮南国的中郎。当时淮南王刘安爱好学术研究，他降低自己的身份礼遇地位名气不如自己的人，网罗了上百个才智出众的士人，伍被位居首位。

很长时间以后，淮南王刘安暗地里有阴谋诡计，伍被多次私下委婉地进谏。后来有一次淮南王刘安坐在东宫，召请伍被与他谋划事情，称呼伍被道："将军请上座。"伍被说："大王难道是得到亡国的预言了吗？昔日伍子胥劝谏吴王，吴王没有采纳，于是伍子胥说：'臣如今看见麋鹿漫游在姑苏台上。'现在臣也将看到宫中生出荆棘，露水沾湿衣裳。"淮南王因此发怒，把伍被的父母关入监牢，囚禁了他们三个月。

淮南王刘安再次召见伍被说："将军您应允寡人了吗？"伍被说："不，臣将为大王您出谋划策。臣听说听力好的人可以听到别人听不到的声音，视力好的人可以看到别人看不到的东西，因此圣人做的所有事，都是万无一失。周文王一动而功德流传万世，被列为三王之一，这就是所谓的一定要顺应天心而后采取行动。"淮南王刘安问："当今的汉朝是治，还是乱？"伍被说："当今天下是治。"淮南王刘安听了不高兴地说："您凭什么说当今天下是治呢？"伍被回答说："臣暗自观察朝廷，发现君臣、父子、夫妇、长幼之间的关系都合乎情理，天子的言行举动都遵循古代圣贤之道，民风淳正，纲纪分明。装载着重物的车辆与通货贸易的富商周流天下，道路没有不畅通无阻的，交易公道合理。南越国归顺，羌人、僰人前来献礼进贡，东瓯国入朝觐见天子，朝廷开阔长榆塞，拓张朔方郡，匈奴遭受挫折，大伤元气。虽然尚未达到古时候的太平盛世，然而还可以说是治。"淮

王又曰："山东即有变，汉必使大将军将而制山东，公以为大将军何如人也？"被曰："臣所善黄义，从大将军击匈奴，言大将军遇士大夫以礼，与士卒有恩，众皆乐为用。骑上下山如飞，材力绝人如此，数将习兵，未易当也。及谒者曹梁使长安来，言大将军号令明，当敌勇，常为士卒先；须士卒休，乃舍；穿井得水，乃敢饮；军罢，士卒已逾河，乃度。皇太后所赐金钱，尽以赏赐。虽古名将不过也。"王曰："夫蓼太子知略不世出，非常人也，以为汉廷公卿列侯皆如沐猴而冠耳。"被曰："独先刺大将军，乃可举事。"

王复问被曰："公以为吴举兵非邪？"被曰："非也。夫吴王赐号为刘氏祭酒，受几杖而不朝，王四郡之众，地方数千里，采山铜以为钱，煮海水以为盐，伐江陵之木以为船，国富民众，行珍宝，赂诸侯，与七国合从，举兵而西，破大梁，败狐父，奔走而还，为越所禽，死于丹徒，头足异处，身灭祀绝，为天下戮。夫以吴众不能成功者，何也？诚逆天违众而不见时也。"王曰："男子之所死者，一言耳。且吴何知反？汉将一日过成皋者四十余人。今我令缓先要成皋之口，周被下颍川兵塞轘辕、伊阙之道，陈定发南阳兵守武关，河南太守独有雒阳耳，何足忧？然此北尚有临晋关、河东、上党与河内、赵国界者通谷数行。人言'绝成皋之道，天下不通'。据三川之险，招天下之兵，公以为何如？"被曰："臣见其祸，未见其福也。"

南王大怒，伍被连连道歉称自己死罪。

淮南王刘安又问："山东若是有变，汉朝一定会派大将军率军来控制山东，先生认为大将军是个什么样的人呢？"伍被说："臣的好友黄义，以前跟随大将军讨伐匈奴，他说大将军遇到士大夫以礼相待，与士卒有恩，将士们都愿意为他效力。大将军骑马上下山疾驰如飞，他的才能绝非一般人可比，他多次带兵打仗，熟悉军事，不能轻易抵挡他。等到谒者曹梁奉命出使长安回来以后，说大将军号令如山，赏罚严明，他带领的军队作战勇猛，他常常身先士卒；一定要等到士兵都休息了，自己才回到营舍；挖井得到水源，才敢喝水；军队回师，士兵全部过了河，他才过河。皇太后赏赐给大将军的所有金钱，他全赏赐给将士们。即使古代的名将也不过如此。"淮南王说："淮南国的蓼太子智慧谋略天下无双，不是平常人能比的，他认为汉廷的公卿列侯全部如同戴着帽子洗澡的猴子罢了。"伍被说："那只有先刺杀大将军，我们才能起事。"

淮南王刘安再次问伍被说："先生认为吴国出兵反叛不对吗？"伍被说："不对。吴王刘濞当年被皇帝赐号为刘氏祭酒，又授予他坐几和手杖，特许他可以不到长安朝拜天子，吴王刘濞统治四个郡的民众，所辖土地方圆数千里，开采山中铜矿铸造钱币，煮制海水为盐，砍伐江陵的木材制造船只，国家富裕，人口众多，他用珍宝贿赂诸侯，与七个诸侯国联合，举兵向西行进，在大梁被击溃，又在狐父惨败，吴王刘濞落荒而逃，被越人擒获，在丹徒被斩杀，身首异处，刘濞身灭祀绝，被天下人唾弃。以吴国的强盛最终却没有成功，这是为何？他实在是逆天之意违民之心并且看不准时机啊。"淮南王刘安说："男子汉一言出口，死则无悔。况且吴国如何知道反叛？汉朝将领每天路过成皋的就有四十多人。如今我命令缓先扼守成皋口，周被率领颍川郡的将士们守住轘辕、伊阙的通道，陈定率领南阳郡的将士们据守武关，河南太守只剩下一个洛阳，还有什么可忧虑的？然而这里以北还有临晋关、河东郡、上党郡与河内郡、赵国的交界处的几条道路可以通行。世人都说'断绝成皋的通道，天下就会不通'。占据三川的险要之处，招纳天下的精兵，先生觉得如何？"伍被说：

后汉逮淮南王孙建，系治之。王恐阴事泄，谓被曰："事至，吾欲遂发。天下劳苦有间矣，诸侯颇有失行，皆自疑，我举兵西乡，必有应者；无应，即还略衡山。势不得不发。"被曰："略衡山以击庐江，有寻阳之船，守下雉之城，结九江之浦，绝豫章之口，强弩临江而守，以禁南郡之下，东保会稽，南通劲越，屈强江淮间，可以延岁月之寿耳，未见其福也。"王曰："左吴、赵贤、朱骄如皆以为什八九成，公独以为无福，何？"被曰："大王之群臣近幸素能使众者，皆前系诏狱，余无可用者。"王曰："陈胜、吴广无立锥之地，百人之聚，起于大泽，奋臂大呼，天下向应，西至于戏而兵百二十万。今吾国虽小，胜兵可得二十万，公何以言有祸无福？"被曰："臣不敢避子胥之诛，愿大王无为吴王之听。往者秦为无道，残贼天下，杀术士，燔《诗》《书》，灭圣迹，弃礼义，任刑法，转海濒之粟，致于西河。当是之时，男子疾耕不足于粮馈，女子纺绩不足于盖形。遣蒙恬筑长城，东西数千里。暴兵露师，常数十万，死者不可胜数，僵尸满野，流血千里。于是百姓力屈，欲为乱者十室而五。又使徐福入海求仙药，多赍珍宝，童男女三千人，五种百工而行。徐福得平原大泽，止王不来。于是百姓悲痛愁思，欲为乱者十室而六。又使尉佗逾五岭，攻百越，尉佗知中国劳极，止王南越。行者不还，往者莫返，于是百姓离心瓦解，欲为乱者十室而七。兴万乘之驾，作阿房之宫，收太半之赋，发闾左之戍。父不宁子，兄不安弟，政苛刑惨，民皆引领而望，倾耳而听，悲号仰天，叩心怨上，欲为乱者，十室而八。客谓高皇帝曰：'时可矣。'高帝曰：'待之，圣人当起东南。'间不一岁，陈、吴大呼，刘、项并和，天下向应，所谓蹈瑕衅，因秦之亡时而动，百姓愿之，若枯旱之望雨，故起于行陈之中，以成帝王之功。今大王见高祖得天下之易也，独不观近世之吴楚乎！当今陛下临制天下，壹齐海内，汜爱蒸庶，布德施惠。口虽未言，声疾雷震；

“臣只看见这么做的祸患，没看见这么做的福分。”

后来汉廷逮捕了淮南王刘安的孙子刘建，囚禁并审讯他。淮南王担心阴谋反叛的事情泄露，就对伍被说：“事情已经到了这一步，我准备随即发兵。天下民众劳苦已久，诸侯大多有过失的行为，都在疑惑不安，本王率兵向西进军，必定会有人响应；若是没有人响应，本王就回头首先去攻取衡山国。形势逼迫，本王不得不发兵。”伍被说：“攻取衡山国，击溃庐江郡，占有寻阳县的船，在下雉城驻守，在九江口岸边驻兵，断绝豫章郡的通道，用强劲的弓弩沿江设置防守，以此防备南郡一带随时出兵，再向东发兵保住会稽郡，向南面与强劲的越国联合，在江淮之间坚强不屈，战争可以延续一年半载，却不会见到什么好的结果。”淮南王说：“左吴、赵贤、朱骄如全都认为十有八九能够成功，惟独先生认为没有好结果，为何？”伍被说：“大王的全体大臣中平素受您宠幸能够指挥军队的，之前全都被皇帝下诏收入狱中，余下的都没有可用的。”淮南王说：“陈胜、吴广当年起兵没有立锥之地，不过百人之众，在大泽乡举兵造反，他们振臂一呼，天下响应，他们向西进军到戏地就达到一百二十万人。如今我的国家虽小，可以充当士兵的人也有二十万，先生为什么说我起兵举事有祸无福？”伍被说：“臣不敢逃避伍子胥受到诛杀的惩罚，但愿大王您不要像吴王那样不听劝谏。当年秦朝大行无道之事，残忍暴虐天下百姓，诛杀术士，焚烧《诗经》《尚书》，毁灭圣贤留下的圣迹，摒弃礼义，滥用刑罚，转运沿海一带的粮食运往西河。当时的那种时局，男子勤劳耕作根本不够缴纳军粮，女子尽力纺织根本衣不蔽体。秦始皇派蒙恬修筑长城，东西长达几千里。几十万的将士们在野外餐风露宿，战死病死的士兵数不胜数，横尸遍野，流血千里。于是百姓精疲力尽，十家中有五家想作乱造反。秦始皇又派徐福到海上求取仙药，携带着无数珍宝，还有三千名童男童女，五谷的种子以及各种工匠随行。徐福找到了地势平坦的平原和水源丰富的地方，就停止求取仙药，在那里称王建国，不再返回。故而百姓思念亲人，悲痛欲绝，十户人家之中有六家想要作乱。秦始皇又派尉佗翻越五岭，去攻打百越，尉佗知道国内百姓已经劳苦不堪，就留在南越建国称王。

令虽未出，化驰如神。心有所怀，威动千里；下之应上，犹景向也。而大将军材能非直章邯、杨熊也。王以陈胜、吴广论之，被以为过矣。且大王之兵众不能什分吴楚之一，天下安宁又万倍于秦时。愿王用臣之计。臣闻箕子过故国而悲，作《麦秀》之歌，痛纣之不用王子比干之言也。故孟子曰，纣贵为天子，死曾不如匹夫。是纣先自绝久矣，非死之日天去之也。今臣亦窃悲大王弃千乘之君，将赐绝命之书，为群臣先，身死于东宫也。”被因流涕而起。

后王复召问被：“苟如公言，不可以徼幸邪？”被曰：“必不得已，被有愚计。”王曰：“奈何？”被曰：“当今诸侯无异心，百姓无怨气。朔方之郡土地广美，民徙者不足以实其地。可为丞相、御史请书，徙郡国豪桀及耐罪以上，以赦令除，家产五十万以上者，皆徙其家属朔方之郡，益发甲卒，急其会日。又伪为左右都司空上林

出去做工的人都没有回来，前往征战的人杳无音信，所以百姓与朝廷离心瓦解，十家之中有七家想要作乱造反。秦始皇又举行巡游天下，随行的车马成千上万，修建阿房宫时，征收百姓一半以上的收入作为赋税，征发贫苦的民众去防守边境。父亲不能护佑儿子的安宁，哥哥不能保护弟弟的安全，政令苛刻，刑罚残酷，百姓都引领而望，倾耳而听，仰天悲号，捶胸顿足怨恨君主，十家有八家想要发作叛乱。有人向高祖皇帝劝谏说：‘时机可以了。’高祖皇帝说：‘稍等一下，圣人应当在东南方兴起。’过了不到一年，陈胜、吴广振臂高呼，刘邦、项羽随之一起附和，天下群雄响应，所谓正好有可乘之机，借着秦朝即将灭亡之时而动，百姓都愿意归顺，如同久旱的庄稼盼望喜雨，因此高祖可以于军队行列之中崛起，以此成就帝王之功业。如今大王只看到高祖皇帝得到天下的容易，却惟独没有观察到近世吴楚谋反的结果啊！当今皇帝君临天下，统一海内，博爱万民，广施恩德。嘴里虽然没有说话，声威已如霹雳惊雷；诏令虽然没有颁发出去，教化施行迅速，如同有神相助。皇帝心中有所思想，威力就可以震动千里之外；民众响应皇帝，如影随形。而大将军的才能并非是章邯、杨熊可以相比的。大王列举陈胜、吴广造反的例子来论及自己，臣认为是错误的。况且大王的军队人数还不到吴楚当时的十分之一，当今天下又比秦朝末年时安宁万倍。但愿大王采纳臣的建议。臣听说箕子当年经过故国的国都时心里难过，于是创作了《麦秀》之歌，痛心纣王不听从王子比干的谏言。所以孟子说，纣王贵为天子，死时还不如平民。这是因为纣王早就自绝于天下，不是死的那日上天才抛弃他。现在臣也暗自悲伤大王放弃千乘之国的君位，皇帝将赐予绝命之书，让您在群臣前面，死在东宫。”伍被说完流泪起身。

后来淮南王再次召见伍被问道：“若是真的像先生所说的那样，本王难道就不可能侥幸成功吗？”伍被说：“实在不得已的话，臣倒是有一个笨办法。”淮南王问：“什么办法？”伍被说：“当今诸侯对朝廷都没有二心，天下的百姓对朝廷也没有怨气。朔方郡土地广阔肥美，迁居到那里的民众根本不足以充实那个地方。大王可以代替丞相、御史向上奏请书，迁徙郡、诸侯国中的富豪和名门望族

中都官诏狱书，逮诸侯太子及幸臣。如此，则民怨，诸侯惧，即使辩士随而说之，党可以徼幸。”王曰：“此可也。虽然，吾以不至若此，专发而已。”后事发觉，被诣吏自告与淮南王谋反踪迹如此。天子以伍被雅辞多引汉美，欲勿诛。张汤进曰：“被首为王画反计，罪无赦。”遂诛被。

江充字次倩，赵国邯郸人也。充本名齐，有女弟善鼓琴歌舞，嫁之赵太子丹。齐得幸于敬肃王，为上客。

久之，太子疑齐以己阴私告王，与齐忤，使吏逐捕齐，不得，收系其父兄，按验，皆弃市。齐遂绝迹亡，西入关，更名充。诣阙告太子丹与同产姊及王后宫奸乱，交通郡国豪猾，攻剽为奸，吏不能禁。书奏，天子怒，遣使者诏郡发吏卒围赵王宫，收捕太子丹，移系魏郡诏狱，与廷尉杂治，法至死。

赵王彭祖，帝异母兄也，上书讼太子罪，言“充逋逃小臣，苟为奸譌，激怒圣朝，欲取必于万乘以复私怨。后虽亨醢，计犹不悔。臣愿选从赵国勇敢士，从军击匈奴，极尽死力，以赎丹罪。”上不许，竟败赵太子。

及耐罪以上的百姓，赦免他们的罪行，家产五十万以上的人，将其家属都迁居到朔方郡，多派遣征调军队赶紧催促他们按规定的时间迁徙。再伪造皇帝诏命，令左、右都司空和上林、中都官接收逮捕罪犯的诏书，逮捕诸侯太子以及他们的亲信大臣。如此，百姓就会怨恨，诸侯就会畏惧，大王之后马上派辩士去游说诸侯一起谋反，或许大王侥幸能成功。”淮南王说：“这样去做是可行的。但是尽管如此，我觉得事情不至于到如此的地步，我们直接发兵就可以了。”后来淮南王刘安密谋造反的事情被朝廷发觉，伍被主动到官府去自首，向朝廷供出淮南王刘安想要谋反的前后经过。天子觉得伍被平时在劝谏淮南王刘安时，言语大多称颂汉朝的美德，打算不杀他。张汤进谏说：“伍被是为淮南王策划谋反的首恶，罪大恶极，不可赦免。”伍被最终被诛杀。

江充，字次倩，赵国邯郸人。江充原本叫江齐，他有一个妹妹擅长弹琴唱歌跳舞，嫁给赵国太子刘丹。江齐有幸得到赵敬肃王刘彭祖的看重，被奉为上宾。

过了很长时间，赵国太子刘丹怀疑江齐把自己的隐秘之事告诉了赵王，对江齐产生了怨恨之心，派出官吏去追捕他，没有抓到，就逮捕了他的父亲、哥哥，查验后，都斩首示众。江齐于是隐藏踪迹逃亡在外，向西进入关中地区，改名为江充。江充到朝堂告发赵国太子刘丹与同胞姐姐及赵王后宫的姬妾通奸乱伦，并结交郡国里那些强横狡猾不守法度的人，攻击他人杀人抢劫财货，官吏无法禁止。奏书上报朝廷后，武帝大怒，派使者诏命太守派官兵包围赵国王宫，拘捕太子刘丹，将他押送到魏郡诏狱，与廷尉联合审理，依汉朝法律将刘丹处死。

赵王刘彭祖，是武帝同父异母的兄长，他上书替太子刘丹申冤，说：“江充是个逃亡的小臣，此人一向阴险狡诈，他用谎言激怒大汉圣朝，想取得天子的信任而报个人私怨。后来虽然被处以烹醢酷刑，但他对自己的所做所为还不后悔。臣愿意挑选赵国勇敢的武士，与他们一起跟随军队攻打匈奴，鞠躬尽瘁为国效命，以此来替刘丹赎罪。”武帝不允许，后来废黜了赵国太子刘丹。

初，充召见犬台宫，自请愿以所常被服冠见上。上许之。充衣纱縠禅衣，曲裾后垂交输，冠禅纚步摇冠，飞翮之缨。充为人魁岸，容貌甚壮。帝望见而异之，谓左右曰："燕赵固多奇士。"既至前，问以当世政事，上说之。

充因自请，愿使匈奴。诏问其状，充对曰："因变制宜，以敌为师，事不可豫图。"上以充为谒者，使匈奴还，拜为直指绣衣使者，督三辅盗贼，禁察逾侈。贵戚近臣多奢僭，充皆举劾，奏请没入车马，令身待北军击匈奴。奏可。充即移书光禄勋中黄门，逮名近臣侍中诸当诣北军者，移劾门卫，禁止无令得出入宫殿。于是贵戚子弟惶恐，皆见上叩头求哀，愿得入钱赎罪。上许之，令各以秩次输钱北军，凡数千万。上以充忠直，奉法不阿，所言中意。

充出，逢馆陶长公主行驰道中。充呵问之，公主曰："有太后诏。"充曰："独公主得行，车骑皆不得。"尽劾没入官。

后充从上甘泉，逢太子家使乘车马行驰道中，充以属吏。太子闻之，使人谢充曰："非爱车马，诚不欲令上闻之，以教敕亡素者。唯江君宽之！"充不听，遂白奏。上曰："人臣当如是矣。"大见信用，威震京师。

起初，江充在犬台宫被武帝召见，他自己请愿穿着平常的衣服前来拜见。武帝允许了。江充身穿精细的纱壳禅衣，后垂曲裾，如燕尾交输，用丝帛束发，以飞鸟的羽毛为缨来装饰。江充身材高大魁梧，仪表堂堂。武帝看见他感觉很奇异，对身边的人说："燕赵两国竟然有这么多奇士。"江充来到武帝面前，讨论当时的国家政事，武帝很高兴。

江充便主动请求，愿意出使匈奴。武帝下诏询问江充对出使匈奴的看法，江充回答说："不同的情况要采取合宜的措施应对，以敌为师，任何事都不能提前谋划。"武帝任命江充为谒者，在出使匈奴还朝后，武帝任命他为直指绣衣使者，监管督察三辅地区的盗贼，监察权贵过度奢靡的情况。皇亲国戚和皇帝的近臣大多奢靡无度，超越本分，江充都列举罪状，加以弹劾，并且上书奏请武帝没收违规者的车马，诏令他们在北军待命，随时准备去攻打匈奴。武帝准奏了他的建议。江充马上下发文书给光禄勋中黄门，逮捕近臣、侍中等官员交予北军待命，并将弹劾官员的移文交给门卫，没有诏令禁止这些被弹劾的官员出入宫廷。于是这些达官显贵、王族外戚的子弟们非常惶恐，都进宫拜见武帝，叩头哀求讨饶，愿意交钱赎罪。武帝答应了他们的请求，诏令他们分别按照官职的大小级别将钱交到北军，总共上交了几千万钱。武帝认为江充忠心正直，遵守法令刚正不阿，江充的建议都很合乎武帝的心意。

江充外出巡视，遇见馆陶长公主乘车行驶在天子所行的道路上。江充喝问馆陶长公主行驰道中的原因，公主说："我有太后的诏命，允许我在驰道上乘车行驶。"江充说："只能公主一个人在驰道上走，其他车马都不允许通行。"于是江充就将公主随行车马全部举报没收。

后来江充跟随武帝去甘泉宫，正遇见太子派往甘泉宫问候武帝的使者乘着马车在驰道中行走，江充就把使者交给执法官吏处理。太子听说后，就派人向江充谢罪说："我并非爱惜车马，实在是不想让陛下听说这件事，以为我平时对手下的人没有严加管教。希望江君可以宽恕此事！"江充不听，最终还是向武帝上奏弹劾太子。武帝

迁为水衡都尉，宗族知友多得其力者。久之，坐法免。

会阳陵朱安世告丞相公孙贺子太仆敬声为巫蛊事，连及阳石、诸邑公主，贺父子皆坐诛。语在《贺传》。后上幸甘泉，疾病，充见上年老，恐晏驾后为太子所诛，因是为奸，奏言上疾祟在巫蛊。于是上以充为使者治巫蛊。充将胡巫掘地求偶人，捕蛊及夜祠，视鬼，染污令有处，辄收捕验治，烧铁钳灼，强服之。民转相诬以巫蛊，吏辄劾以大逆亡道，坐而死者前后数万人。

是时，上春秋高，疑左右皆为蛊祝诅，有与亡，莫敢讼其冤者。充既知上意，因言宫中有蛊气，先治后宫希幸夫人，以次及皇后，遂掘蛊于太子宫，得桐木人。太子惧，不能自明，收充，自临斩之。骂曰："赵虏！前乱乃国王父子不足邪！乃复乱吾父子也！"太子繇是遂败。语在《戾园传》。后武帝知充有诈，夷充三族。

息夫躬字子微，河内河阳人也。少为博士弟子，受《春秋》，通览记书。容貌壮丽，为众所异。

哀帝初即位，皇后父特进孔乡侯傅晏与躬同郡，相友善，躬繇是以为援，交游日广。先是，长安孙宠亦以游说显名，免汝南太守，与躬相结，俱上书，召待诏。是时哀帝被疾，始即位，而人有告中山

说："作为臣子就应当如此啊。"武帝因此非常信任江充，江充的名声威震京师。

江充后来调任为水衡都尉，他的宗族、朋友有很多人都得到了他的帮助。时间久了，江充因触犯律法获罪免官。

正碰上阳陵县人朱安世向武帝告发丞相公孙贺的儿子太仆公孙敬声以巫术诅咒武帝的事，牵连到了阳石公主与诸邑公主，公孙贺父子都因犯罪而被诛杀。详见《公孙贺传》。后来武帝去甘泉宫巡幸，生病，江充见武帝年事已高，恐怕他驾崩后自己会被太子诛杀，就趁机施行奸计，上奏武帝得病是因为有人在背后搞巫蛊之术。因此武帝就任命江充为使者查办惩治使用巫蛊之术的人。江充命令胡巫挖掘地下，到处寻找木偶人，拘捕那些搞巫蛊之术和夜间祭祠，以及视鬼的人，让胡巫视察被鬼污染的地方，并留下标记，掘出木偶人，就拘捕那里的人，对其严加拷问，将铁钳子烧热，夹烤那些被审问的人，强迫他们认罪伏法。民众之间互相诬告只要与巫蛊有关，官吏就会判决他们为大逆不道的罪行，所以被枉杀的前后共有几万人。

那时，武帝年事已高，怀疑身边人都在用巫蛊之术诅咒他，无论有没有罪，他们都不敢申辩冤屈。江充既然知道武帝的想法，就趁机说宫里有巫蛊之气，先惩治后宫那些不被武帝宠幸的夫人，依次到皇后，竟然在太子宫中挖掘出蛊物，找到桐木人。太子惶恐不安，又不能自己把此事说明，就把江充拘捕起来，亲自驾临监斩。太子骂道："赵国的奴才！之前祸乱你的国王父子还嫌不够吗？又来祸乱我们父子！"太子从此逐步衰败。详见《戾园传》。后来武帝明白是江充捣鬼，就诛灭了江充三族。

息夫躬，字子微，河内河阳人。年轻时曾经做博士的弟子，跟随老师学习《春秋》，广泛阅览传记及诸家之书。仪表堂堂，健壮英俊，使众人都感到惊异。

哀帝刚登基时，皇后的父亲孔乡侯傅晏，享受特进的待遇，和息夫躬都是河内人，两人关系亲近和善，息夫躬因此通过傅晏的推荐，交际的范围日益广大。在此之前，长安的孙宠也以善于劝说别人而闻名，在担任汝南太守时被罢免，他与息夫躬结交，两人同时上

孝王太后祝诅上，太后及弟宜乡侯冯参皆自杀，其罪不明。是后无盐危山有石自立，开道。躬与宠谋曰："上亡继嗣，体久不平，关东诸侯，心争阴谋。今无盐有大石自立，闻邪臣托往事，以为大山石立而先帝龙兴。东平王云以故与其后日夜祠祭祝诅上，欲求非望。而后舅伍宏反因方术以医技得幸，出入禁门。霍显之谋将行于杯杓，荆轲之变必起于帷幄。事势若此，告之必成；察国奸，诛主仇，取封侯之计也。"躬、宠乃与中郎右师谭，共因中常侍宋弘上变事告焉。上恶之，下有司案验，东平王云、云后谒及伍宏等皆坐诛。上擢宠为南阳太守，谭颍川都尉，弘、躬皆光禄大夫左曹给事中。是时侍中董贤爱幸，上欲侯之，遂下诏云："躬、宠因贤以闻，封贤为高安侯，宠为方阳侯，躬为宜陵侯，食邑各千户。赐谭爵关内侯，食邑。"丞相王嘉内疑东平狱事，争不欲侯贤等，语在《嘉传》。嘉固言董贤泰盛，宠、躬皆倾覆有佞邪材，恐必挠乱国家，不可任用。嘉以此得罪矣。

躬既亲近，数进见言事，论议亡所避。众畏其口，见之仄目。躬上疏历诋公卿大臣，曰："方今丞相王嘉健而蓄缩，不可用。御史大夫贾延堕弱不任职。左将军公孙禄、司隶鲍宣皆外有直项之名，内实騃不晓政事。诸曹以下仆遬不足数。卒有强弩围城，长戟指阙，陛下谁与备之？如使狂夫嘄呼于东崖，匈奴饮马于渭水，边

书，都被征召为待诏。当时哀帝正在患病，又刚刚登基，而且有人上告中山孝王太后用巫蛊之术诅咒他，太后与她的弟弟宜乡侯冯参都因此自杀，但是他们的罪名却不清不楚。此后，无盐县危山上有一块大石自动立起，开出一条道路。息夫躬和孙宠图谋说："陛下没有儿子继承帝位，身体又长久不适，关东的诸侯们都有图谋争夺帝位的心思。如今无盐县的大石头自动立起来，听说有些奸佞之臣假托往事，以为有大山石自动立起来而先帝就会兴起。东平王刘云还因此和他的王后日夜不停地祠祭诅咒皇上，妄想求得帝位。而王后的舅父伍宏反而凭方术和医术得到皇上的宠幸，能够出入宫门。霍显的阴谋又要施行于酒杯和勺子，荆轲谋刺的事件必将重起于皇宫的帷帐。事情的形势就是如此，现在去告发必定会成功；揭发国家的奸臣，诛杀谋害皇上的仇人，这可是获得封侯的最佳妙计。"息夫躬、孙宠就与中郎右师谭，三人一起通过中常侍宋弘，向朝廷秘密告发东平王想要谋反的事。哀帝听说后非常憎恨东平王，马上将此案交付有关部门审理查办，东平王刘云、刘云的王后谒以及伍宏等人都因谋反罪被杀。哀帝提拔孙宠担任南阳太守，右师谭担任颍川都尉，宋弘与息夫躬都担任光禄大夫兼任左曹给事中。当时，侍中董贤正受到哀帝的宠爱，哀帝很想封董贤为列侯，就下诏说："息夫躬、孙宠是因董贤才能揭发东平王的阴谋，现在封董贤为高安侯，孙宠为方阳侯，息夫躬为宜陵侯，每人享有食邑一千户。赐右师谭关内侯爵位，享有食邑。"丞相王嘉心里怀疑东平王的这件案子不实，上书在朝廷争论，不想封董贤等人为侯，详见《王嘉传》。王嘉一再向哀帝强调说董贤过于嚣张，孙宠、息夫躬全是些倾覆国家、奸佞的邪恶之才，恐怕必将扰乱国家，不可任用。王嘉因此得罪了他们几个人。

息夫躬既然得到哀帝的重用，便多次进见并谈论国家政事，对朝廷人事议论得失，无所回避。人们都怕被息夫躬弹劾，遇见他的时候都有所畏惧而不敢正视。息夫躬向哀帝进呈奏疏，将公卿大臣们逐个诬蔑诋毁，说："如今的丞相王嘉性格刚强而且做事懈怠不振，不可用。御史大夫贾延颓靡软弱不称职。左将军公孙禄、司隶鲍宣全是外有刚直不屈的虚名，而内心愚昧无知不通晓政事。各曹以下

竟雷动，四野风起，京师虽有武蜂精兵，未有能窥左足而先应者也。军书交驰而辐凑，羽檄重迹而押至，小夫愞臣之徒愦眊不知所为。其有犬马之决者，仰药而伏刃，虽加夷灭之诛，何益祸败之至哉！”

躬又言：“秦开郑国渠以富国强兵，今为京师，土地肥饶，可度地势水泉，广溉灌之利。”天子使躬持节领护三辅都水。躬立表，欲穿长安城，引漕注太仓下以省转输。议不可成，乃止。

董贤贵幸日盛，丁、傅害其宠，孔乡侯晏与躬谋，欲求居位辅政。会单于当来朝，遣使言病，愿朝明年。躬因是而上奏，以为“单于当以十一月入塞，后以病为解，疑有他变。乌孙两昆弥弱，卑爰疐强盛，居彊煌之地，拥十万之众，东结单于，遣子往侍。如因素强之威，循乌孙就屠之迹，举兵南伐，并乌孙之势也。乌孙并，则匈奴盛，而西域危矣。可令降胡诈为卑爰疐使者来上书曰：‘所以遣子侍单于者，非亲信之也，实畏之耳。唯天子哀，告单于归臣侍子。愿助戊己校尉保恶都奴之界。’因下其章诸将军，令匈奴客闻焉。则是所谓‘上兵伐谋，其次伐交’者也。”

书奏，上引见躬，召公卿将军大议。左将军公孙禄以为“中国常以威信怀伏夷狄，躬欲逆诈造不信之谋，不可许。且匈奴赖先帝

官员都平庸无知不足数。如果突然有强弩包围城池，长戟指向宫阙，陛下靠谁去防备？如果暴徒在东海之滨叫嚣，匈奴在渭水饮马，边境雷动，天下动乱，京师虽然有勇敢的将士、精良的武器，却没有人能迈出半步率先迎敌。军中的公文互相奔走，纷至沓来汇聚于朝廷，紧急的文书接连不断地传到京师，平庸之将、懦弱之臣昏乱不明而不知所措。稍有果敢决断的人，也只是喝药自杀，即使将他的亲族诛灭，对于灾祸和失败的来临又有何益处呢！”

息夫躬又说：“秦开凿郑国渠来富国强兵，如今的京师地区，土地肥沃，可以根据地势以及水源情况因地制宜，扩大灌溉面积利于农业。”哀帝就派息夫躬持着符节去管理保卫三辅都水。息夫躬立木观测水位，准备凿通长安城墙，引漕渠一直开到政府的粮仓附近，以节省周转运输的时间。大臣们纷纷议论，认为此事不可行，于是就此罢休。

董贤官位显贵又得到哀帝的宠幸，日子一天比一天兴旺，丁氏、傅氏两家嫉妒他获宠，孔乡侯傅晏与息夫躬谋划，想在朝中居高位匡扶政事。正赶上单于应当前来朝见哀帝，他派使者说自己生病，希望明年再来。息夫躬趁机上奏哀帝，他认为：“单于应该在十一月进入边塞，现在却以生病为理由，怀疑他有变。乌孙国的两位昆弥柔弱无能，而卑爰疐却很强盛，居住在彊煌一带，拥有十万民众，东与单于结盟，并派遣儿子服侍单于。若是卑爰疐凭着素来强盛的威力，依循乌孙先王就屠的足迹，举兵向南征伐，势必会吞并乌孙。如果乌孙国被吞并，那么匈奴的势力就会强盛，而西域对朝廷就会有危险。可以让归降的胡人假扮卑爰疐的使者上书给天子，说：‘我之所以将儿子派去侍奉单于，并非亲近和信任单于，实在是畏惧单于罢了。唯愿天子怜悯，告诉单于让我的儿子回来。我愿意协助戊己校尉一同保护恶都奴的边界。’然后将上书的内容传达给诸位将军，让匈奴客人听到这些。这就是所谓的‘上等的军事行动是用谋略挫败敌方，其次就是用外交战胜敌人啊。’

奏书呈上以后，哀帝召见息夫躬，并召集公卿将军共同商议此事。左将军公孙禄认为：“我们中原之国常以威信而使夷狄心悦诚服

之德，保塞称蕃。今单于以疾病不任奉朝贺，遣使自陈，不失臣子之礼。臣禄自保没身不见匈奴为边竟忧也。”躬掎禄曰“臣为国家计几先，谋将然，豫图未形，为万世虑。而左将军公孙禄欲以其犬马齿保目所见。臣与禄异议，未可同日语也。”上曰：“善。”乃罢群臣，独与躬议。

因建言：“往年荧惑守心，太白高而芒光，又角星茀于河鼓，其法为有兵乱。是后讹言行诏筹，经历郡国，天下骚动，恐必有非常之变。可遣大将军行边兵，敕武备，斩一郡守以立威，震四夷，因以厌应变异。”上然之，以问丞相。丞相嘉对曰：“臣闻动民以行不以言，应天以实不以文。下民微细，犹不可诈，况于上天神明而可欺哉！天之见异，所以敕戒人君，欲令觉悟反正，推诚行善。民心说而天意得矣。辩士见一端，或妄以意傅著星历，虚造匈奴、乌孙、西羌之难，谋动干戈，设为权变，非应天之道也。守相有罪，车驰诣阙，交臂就死，恐惧如此，而谈说者云，动安之危，辩口快耳，其实未可从。夫议政者，苦其谄谀倾险辩慧深刻也。谄谀则主德毁，倾险则下怨恨，辩慧则破正道，深刻则伤恩惠。昔秦缪公不从百里奚、蹇叔之言，以败其师，悔过自责，疾诖误之臣，思黄发之言，名垂于后世。唯陛下观览古戒，反复参考，无以先入之语为主。”

地归顺，息夫躬却想要存心欺诈胡编乱造不讲信义的谋略，不可以批准。况且匈奴一直仰赖先帝的恩德，对汉朝称臣保卫边塞。如今单于因为生病不能前来朝见祝贺天子，亲自派使者向朝廷说明情况，并没有失去臣子的礼节。臣敢担保有生之年不会看到匈奴成为边境的忧患。”息夫躬趁机抓住话柄，反驳公孙禄说：“臣为国家提前谋划，防患于未然，预先图谋尚未形成的事，为万世子孙考虑。而左将军公孙禄想用他犬马般短的寿命来担保眼前所见的安宁。臣与公孙禄所议持反对意见，不可同日而语。”哀帝说：“好。”于是哀帝取消了群臣的议论，单独与息夫躬商议。

息夫躬便又向哀帝提出谏言说：“往年荧惑星守护着心宿的位置，太白星高高在上发出光芒，又有角宿星与河鼓星相悖，按古人占验之法，这预示着将要发生兵灾。在此以后就有谣言，传递诏筹这种事发生，经过许多郡县、诸侯国，以至于引起天下骚动，恐怕必将发生不同寻常的变乱。陛下可以派遣大将军率领军队到边境巡视，整顿军事方面的设施，同时斩杀一位郡守来立威，震摄周边少数民族，以此来阻止意外的发生。”哀帝觉得息夫躬说的很对，又去询问丞相。丞相王嘉回答道：“臣听说要感动民众靠的是行动而不可以依靠空谈，顺天应人要靠的是实实在在而非华而不实的文辞。对地位低下的百姓，尚且不可欺诈，更何况是对上天的神明，怎么能够欺诈呢！上天显化降下异兆，是为了告诫人君，想让他醒悟并改正错误，诚心施行仁政。民众心里欢喜就说明得到了天意。这些辩士只见到一端，就往往妄想猜测，附会星术与历法，凭空捏造匈奴、乌孙和西羌将要发难的谣言，图谋发动战争，设计随机应变之术，这不是顺应天道啊。如果郡守、诸侯国相有罪，那么他们都会迅速乘车赶赴朝廷，双手反绑接受诛杀，连他们都这样惶恐，而这些议论者的话，却制造着天下不安定的危险，玩弄口舌使听者高兴，其实决不能听信他们的话。议论政事的人，就怕阿谀奉承，用心邪僻，聪明而善于狡辩，内心严峻苛刻。阿谀奉承就有损于君王的德行，用心邪僻百姓就会怨恨，聪明而善于狡辩就会破坏正道，内心严峻苛刻就会伤害君王的恩惠。过去秦穆公没有听从百里奚、蹇叔的话，以至于出师惨

上不听，遂下诏曰："间者灾变不息，盗贼众多，兵革之征，或颇著见。未闻将军恻然深以为意，简练戎士，缮修干戈。器用盬恶孰当督之！天下虽安，忘战必危。将军与中二千石举明习兵法有大虑者各一人，将军二人，诣公车。"就拜孔乡侯傅晏为大司马卫将军，阳安侯丁明又为大司马票骑将军。

是日，日有食之，董贤因此沮躬、晏之策。后数日，收晏卫将军印绶，而丞相御史奏躬罪过。上繇是恶躬等，下诏曰："南阳太守方阳侯宠，素亡廉声，有酷恶之资，毒流百姓。左曹光禄大夫宜陵侯躬，虚造诈谖之策，欲以诖误朝廷。皆交游贵戚，趋权门，为名。其免躬、宠官，遣就国。"

躬归国，未有第宅，寄居丘亭。奸人以为侯家富，常夜守之。躬邑人河内掾贾惠往过躬，教以祝盗方，以桑东南指枝为匕，画北斗七星其上，躬夜自被发，立中庭，向北斗，持匕招指祝盗。人有上书言躬怀怨恨，非笑朝廷所进，候星宿，视天子吉凶，与巫同祝诅。上遣侍御史、廷尉监逮躬，系雒阳诏狱。欲掠问，躬仰天大呼，因僵仆。吏就问，云咽已绝，血从鼻耳出。食顷，死。党友谋议相连下狱百余人。躬母圣，坐祠灶祝诅上，大逆不道。圣弃市，妻充汉与家属徙合浦。躬同族亲属素所厚者，皆免，废锢。哀帝崩，有司奏："方阳侯宠及右师谭等，皆造作奸谋，罪及王者骨肉，虽蒙赦令，不宜处爵位，在中土。"皆免宠等，徙合浦郡。

败，他开始悔过自责，痛恨贻误国事之臣，常思老人们的忠言，最终名垂后世。希望陛下阅览古代的典籍引以为戒，反复参考，不要以先前的谋议为主而听不进后来人的意见。”

哀帝没有听从丞相王嘉劝谏，就下诏说：“这段时间，天灾不断，盗贼众多，战争的征兆，已经有所显现。朕没有听闻将军们对此表示悲伤并深感忧虑，从而及时挑选训练将士，修葺装备操起干戈。器具粗略，谁应当去督促！天下虽已安定，若忘了备战必然产生危机。请将军和中二千石的官员各举荐一位明了熟习兵法的人，一位善于深思远虑的人，两名将军，送到公车署。”哀帝就拜孔乡侯傅晏为大司马卫将军，阳安侯丁明为大司马骠骑将军。

当天，天上出现了日食，董贤因此阻止息夫躬、傅晏的计策。过了几天，哀帝收回了傅晏的卫将军印绶，而丞相、御史大夫也都上奏息夫躬的罪过。哀帝因此十分痛恨息夫躬等人，于是下诏说：“南阳太守方阳侯孙宠，向来没有廉洁的声誉，只有残酷暴虐的天性，毒流百姓。左曹光禄大夫宜陵侯息夫躬，虚造不实的计策，想以此贻误朝廷。两人都结交皇亲国戚，趋附高官显贵，只是为了自己的名声。现免除息夫躬、孙宠的官职，遣返回封国。”

息夫躬回到原来的封国后，没有第宅，就寄居在一个空亭中。恶人以为息夫躬身为侯爵，家里一定富裕，常常在晚上去窥探他。与息夫躬同邑的一位官员，河内郡掾吏贾惠前去看望息夫躬，教给他乞求免受盗贼之害的方法，用长在东南方的桑树枝做成匕首，并画上北斗七星的图案，息夫躬在夜间自己披头散发，站立庭院当中，向着北斗，手持匕首指挥，祈求免受盗贼之害。有人上奏说息夫躬心怀怨恨，讥笑朝廷任用的官员，观察星宿，推测天子的吉凶，与巫师一同进行诅咒。哀帝派遣侍御史、廷尉监将息夫躬逮捕，下诏将他押在洛阳监狱中。正准备对他审讯，息夫躬忽然仰天大呼，倒在地上。官吏上前询问，说息夫躬已经停止呼吸，鲜血从鼻子、耳朵流出。不一会儿，息夫躬死去。息夫躬的朋党以及参与谋议而受到牵连被逮捕入狱的有一百多人。息夫躬的母亲圣，因祭祀灶神，乞求降祸于天子，大逆不道。朝廷将圣处以弃世的刑罚，息夫躬的妻子充汉与家属都流

初，躬待诏，数危言高论，自恐遭害，著绝命辞曰：“玄云泱郁，将安归兮！鹰隼横厉，鸾徘佪兮！矰若浮猋，动则机兮！丛棘栈栈，曷可栖兮！发忠忘身，自绕罔兮！冤颈折翼，庸得往兮！涕泣流兮萑兰，心结愲兮伤肝。虹蜺曜兮日微，孽杳冥兮未开。痛入天兮鸣呼，冤际绝兮谁语！仰天光兮自列，招上帝兮我察。秋风为我唫，浮云为我阴。嗟若是兮欲何留，抚神龙兮擥其须。游旷迥兮反亡期，雄失据兮世我思。”后数年乃死，如其文。

赞曰：仲尼“恶利口之覆邦家”，蒯通一说而丧三俊，其得不亨者，幸也。伍被安于危国，身为谋主，忠不终而诈雠，诛夷不亦宜乎！《书》放四罪，《诗》歌《青蝇》，春秋以来，祸败多矣。昔子翚谋桓而鲁隐危，栾书构郤而晋厉弑。竖牛奔仲，叔孙卒；郈伯毁季，昭公逐；费忌纳女，楚建走；宰嚭谮胥，夫差丧；李园进妹，春申毙；上官诉屈，怀王执；赵高败斯，二世缢；伊戾坎盟，宋痤死；江充造蛊，太子杀；息夫作奸，东平诛，皆自小覆大，繇疏陷亲，可不惧哉！可不惧哉！

放到合浦郡。息夫躬的同族亲属中平时和他关系深厚的，全部免职，并且终身不能做官。哀帝驾崩，有司上奏："方阳侯孙宠与右师谭等人，都捏造奸邪的计谋，罪恶祸及宗亲东平王，虽然承蒙皇上的赦令而免除罪过，但不应让这些人再拥有爵位，他们在中原居住。"于是孙宠、右师谭等人全都被免去爵位，流放到合浦郡。

起初，息夫躬担任待诏时，多次危言耸听，高谈阔论，自己也害怕招来祸害，于是写下绝命辞说："乌云密布，我将身归何处！鹰隼纵横凌厉，鸾鸟失意徘徊！短箭飞如疾风，一旦发动而鸾鸟身危！荆棘丛生，如何安栖！忠心耿耿，忘却自身，却自造罗网！折断翅膀冤屈脖颈，能够飞到哪里！涕泪交流，滂沱不断，心情郁闷而伤肝。虹霓明亮而阳光微弱，邪阴幽暗之气依然不散。痛心疾首飞入天空鸣叫，满腹冤屈能向谁语！仰望天光将本心陈列，召唤上帝明察曲直。秋风飒飒为我沉吟，浮云飘飘为我阴郁。遭遇这样的变故有何留恋，驾驭神龙手抚龙须。游走遥远归返无期，君王若失凭依就会将我思念。"过了几年后，息夫躬果然身死，正如自己在绝命辞所写。

赞辞说：仲尼说"憎恶用巧言善辩颠覆国家的人"，蒯通以一张利口可以让三位俊杰丧失性命，他没有被烹杀，实在是万幸。伍被在危乱的淮南国安身，身为主要谋划之人，不能始终如一尽忠一家，而为淮南王谋划诈仇之策，最终身遭诛杀也是罪有应得！《尚书》中记载着流放四个罪人的故事，《诗经》中有《青蝇》劝诫君子不要听信谗言，春秋以来，听信谗言导致的祸败有很多。昔日，鲁国公子子翚谋害鲁桓公，而鲁隐公却遇难，晋国栾书陷害郤氏，而晋厉公却被杀害。鲁国的竖牛赶走竖仲，而叔孙豹身死；鲁国郈伯谗毁季平子，而鲁昭公遭到放逐；楚国费忌为楚平王选美女，而楚太子熊建被迫逃命；吴国宰伯嚭中伤伍子胥，而吴王夫差亡国；楚国的李园进献妹妹，而春申君丧命；楚国的上官子兰诋毁屈原，而楚怀王却被秦国逮捕；赵高打败李斯，而秦二世最后被逼自缢；宋国伊戾伪造盟书，而宋太子姬痤受死；江充制造巫蛊冤案，而太子刘据被逼自杀；息夫躬捏造妄言，而东平王伏法被诛，这些历史事件都是自小覆大，以疏害亲，能不畏惧吗！能不畏惧吗！

卷四十六

万石卫直周张传第十六

万石君石奋，其父赵人也。赵亡，徙温。高祖东击项籍，过河内，时奋年十五，为小吏，侍高祖。高祖与语，爱其恭敬，问曰：“若何有？”对曰：“有母，不幸失明。家贫。有姊，能鼓瑟。”高祖曰：“若能从我乎？”曰：“愿尽力。”于是高祖召其姊为美人，以奋为中涓，受书谒。徙其家长安中戚里，以姊为美人故也。

奋积功劳，孝文时官至太中大夫。无文学，恭谨，举无与比。东阳侯张相如为太子太傅，免。选可为傅者，皆推奋为太子太傅。及孝景即位，以奋为九卿。迫近，惮之，徙奋为诸侯相。奋长子建，次甲，次乙，次庆，皆以驯行孝谨，官至二千石。于是景帝曰：“石君及四子皆二千石，人臣尊宠乃举集其门。”凡号奋为万石君。

孝景季年，万石君以上大夫禄归老于家，以岁时为朝臣。过宫门阙必下车趋，见路马必轼焉。子孙为小吏，来归谒，万石君必朝服见之，不名。子孙有过失，不诮让，为便坐，对案不食。然后诸子相责，因长老肉袒固谢罪，改之，乃许。子孙胜冠者在侧，虽燕必冠，申申如也。僮仆訢訢如也，唯谨。上时赐食于家，必稽首俯伏而食，如在上前。其执丧，哀戚甚。子孙遵教，亦如之。万石君家以孝谨闻乎郡国，虽齐鲁诸儒质行，皆自以为不及也。

万石君石奋，他的父亲是赵国人。赵国灭亡，石奋一家迁居到温县。高祖向东攻打项籍，经过河内郡，当时石奋十五岁，做小吏，侍奉高祖。高祖与他交谈，很喜欢他恭敬的态度，问道："你家中还有谁？"石奋回答说："我家有母亲，不幸失明。家里很穷。我还有一个姐姐，能弹奏琴瑟。"高祖说："你能跟着我吗？"石奋回答说："我愿意尽心尽力跟着您。"因此高祖召他的姐姐为美人，任命石奋为中涓，负责接收谒见名帖一系列事。因为他姐姐是美人的关系，高祖把他的家迁到长安城中帝王亲戚聚居的地方。

到文帝时，石奋因积累了很多功劳担任太中大夫。石奋不懂文学，但为人恭敬谨慎，举国上下无人能比。东阳侯张相如任太子太傅，免去官位。选可以担任太傅的人时，大家都推荐石奋为太子太傅。等到景帝即位，任命石奋为九卿。石奋在朝中与景帝距离很近，景帝忌惮他拘谨谦恭，调任他为诸侯相。石奋的长子石建，次子石甲，三子石乙，四子石庆，都凭着自己的善行、孝顺、恭谨，担任二千石俸禄的官。因此景帝说："石君与他的四个儿子都是享受二千石俸禄的官吏，身为人臣的尊宠全都聚集到他家了。"因为石奋加上他四个儿子的俸禄共一万石，所以号称石奋为万石君。

景帝晚年，万石君享受着上大夫的俸禄告老归家，在特定的季节他都作为朝廷的大臣参加典礼。每次经过宫殿的门口必定下车恭敬地小步快走，在路上看见景帝的车马必定要扶着车前横木致敬。石奋的子孙有当小吏的，回来拜见他时，万石君必定会穿上朝服见他们，不呼叫子孙的名字。子孙有过失，石奋不谴责子孙，而是自己坐在别室，对着饭桌不吃东西。然后子孙们见到万石君这样就指责犯错误的人，请族中的长辈说情，犯错误的子孙脱去上衣来请罪，承诺自己一定会改过自新，石奋才会原谅他。石奋的成年子孙坐在他的身

建元二年，郎中令王臧以文学获罪皇太后。太后以为儒者文多质少，今万石君家不言而躬行，乃以长子建为郎中令，少子庆为内史。

建老白首，万石君尚无恙。每五日洗沐归谒亲，入子舍，窃问侍者，取亲中裙厕牏，身自浣洒，复与侍者，不敢令万石君知之，以为常。建奏事于上前，即有可言，屏人乃言极切；至廷见，如不能言者。上以是亲而礼之。

万石君徙居陵里。内史庆醉归，入外门不下车。万石君闻之，不食。庆恐，肉袒谢请罪，不许。举宗及兄建肉袒，万石君让曰："内史贵人，入闾里，里中长老皆走匿，而内史坐车中自如，固当！"乃谢罢庆。庆及诸子入里门，趋至家。

万石君元朔五年卒，建哭泣哀思，杖乃能行。岁余，建亦死。诸子孙咸孝，然建最甚，甚于万石君。

建为郎中令，奏事下，建读之，惊恐曰："书'马'者与尾而五，今乃四，不足一，获谴死矣！"其为谨慎，虽他皆如是。

边，即使是休闲时间，也会戴着帽子，严整恭敬。他的僮仆也是一副毕恭毕敬的样子，唯以谨慎为先。景帝有时赐给石奋家食物，万石君一定要俯首至地趴在地上吃食物，就好像在景帝面前一样。他守丧的时候，十分悲哀。子孙们遵从他的教诲，也像他一样。万石君家以孝顺恭谨闻名于郡国，即使是齐鲁一带众多品行诚朴的儒生，都认为自己比不上万石君。

建元二年（前139），郎中令王臧因为好文学而得罪皇太后。太后认为儒生文多质少，表里不一，如今万石君一家不大肆宣扬却身体力行，于是封万石君的长子石建为郎中令，四子石庆为内史。

石建人老发白时，万石君仍然没有疾病。石建每隔五天休假回家拜见父亲，进入孩子们的房间，暗中向侍者询问老父亲的情况，并取走父亲的贴身内裤和便器，亲自洗完，然后再拿给侍者，不敢让万石君知道他做这些事，已经习以为常。石建在武帝面前陈述事情时，即使有可以上奏的事情，他也会避开他人独自向武帝陈述，言辞极为流畅；但在朝廷觐见武帝，他就好像一个不善言谈的人。武帝因此亲近他，并对他以礼相待。

万石君迁居到陵里县。内史石庆喝醉酒回来，进入大门不下车，万石君听说了这件事，就不吃饭。石庆感到害怕，脱去上衣主动承认过错并请求处罚，万石君仍不应允。直到全宗族及石建都脱去上衣，万石君才责备石庆道：“内史是地位尊贵之人，回到乡里，乡里的长者都回避让道，而内史却坐在车中逍遥自在，丝毫不受约束，不应该！”于是万石君谢绝石庆道歉让他离开。从此石庆以及其他孩子进入陵里的大门，都小步快走回家。

元朔五年（前124），万石君去世，石建因思念父亲悲伤地哭泣，拄着拐杖才能行走。一年多后，石建也死去。万石君的子孙们都很孝顺，然而石建最孝顺，甚至超过万石君。

石建任郎中令时，向陛下上奏事情，奏书被报下时，石建详细地读自己上奏的内容，他突然惊恐地说：“写‘马’字应该是下面四点加上一弯共五笔，现在却把‘马’字写成四点，少写一弯，陛下会责怪

庆为太仆，御出，上问车中几马，庆以策数马毕，举手曰："六马。"庆于兄弟最为简易矣，然犹如此。出为齐相，齐国慕其家行，不治而齐国大治，为立石相祠。

元狩元年，上立太子，选群臣可傅者，庆自沛守为太子太傅，七岁迁御史大夫。元鼎五年，丞相赵周坐酎金免，制诏御史："万石君先帝尊之，子孙至孝，其以御史大夫庆为丞相，封牧丘侯。"是时汉方南诛两越，东击朝鲜，北逐匈奴，西伐大宛，中国多事。天子巡狩海内，修古神祠，封禅，兴礼乐。公家用少，桑弘羊等致利，王温舒之属峻法，兒宽等推文学，九卿更进用事，事不关决于庆，庆醇谨而已。在位九岁，无能有所匡言。尝欲请治上近臣所忠、九卿咸宣，不能服，反受其过，赎罪。

元封四年，关东流民二百万口，无名数者四十万，公卿议欲请徙流民于边以適之。上以为庆老谨，不能与其议，乃赐丞相告归，而案御史大夫以下议为请者。庆惭不任职，上书曰："臣幸得待罪丞相，疲驽无以辅治。城郭仓廪空虚，民多流亡，罪当伏斧质，上不忍致法。愿归丞相侯印，乞骸骨归，避贤者路。"

上报曰："间者，河水滔陆，泛滥十余郡，堤防勤劳，弗能堙

我，真是该死！”可见他做事非常谨慎，就是其他事情也都一样。

石庆任太仆，为武帝驾马车出门，武帝问驾车的马有几匹，石庆用马鞭点着马一一数过后，举手回答说：“六匹马。”石庆在兄弟中最不拘礼节，但还是这么小心谨慎。石庆出任齐国丞相，齐国人仰慕他家的德行，对他很是敬畏，在齐国他不追究任何罪责却把齐国治理得繁荣昌盛，齐国人为他立了一座石相祠。

元狩元年（前122），武帝立太子，在群臣中选择可以教导太子的人，石庆便从沛守升为太子太傅，七年后又升为御史大夫。元鼎五年（前112），丞相赵周因献给朝廷供祭祀用的贡金不足而被免职，武帝下诏御史大夫说：“万石君是先帝尊敬的人，他的子孙都最孝顺的人，任命御史大夫石庆任丞相，封为牧丘侯。”当时汉朝正向南讨伐南越国和闽越国，向东进攻朝鲜，向北驱逐匈奴，向西讨伐大宛国，国中需要处理的事情很多。武帝在国内巡守，修建古神祠，祭祀天地，大兴礼乐。国家的财政一度紧缺，桑弘羊等大臣致力于增加利润，王温舒等大臣执行严厉的刑法，兒宽等大臣推广儒经学说，九卿互相配合当权执政，很多事都和石庆没有任何关系，石庆只是淳厚谨慎而已。石庆在丞相位九年，没有任何匡正国家大事的进谏。石庆曾想请求惩治武帝亲近的大臣所忠、九卿咸宣，不仅没能将他们治罪，反而因此受到责罚，最后只好自己赎罪。

元封四年（前107），关东有二百万流民，其中就有四十万没有户籍，公卿们商量打算向武帝请示把流民迁移到边境地区来安置。武帝觉得丞相石庆年老谨慎，不能和他商议国事，便赐丞相回家休息，而对御史大夫以下的大臣查办治罪，他们居然敢商量着把流民迁移到边境。石庆为自己不能胜任丞相一职感到惭愧，上书武帝说：“臣有幸得到皇上的宠幸担任了一个失职的丞相，像一匹衰老的劣等马一样，不能辅佐朝廷治理国事。城中粮仓空虚，百姓流离失所，所犯之罪真应当被处以斧质刑罚腰斩而死，而皇上不忍心将我依法治罪。臣希望能够归还丞相侯印，请求辞职告老还乡，以便给贤能的人让路。”

武帝回复文书说：“前段时间，黄河泛滥成灾，水位高出平地许

塞，朕甚忧之。是故巡方州，礼嵩岳，通八神，以合宣房。济淮江，历山滨海，问百年民所疾苦。惟吏多私，征求无已，去者便，居者扰，故为流民法，以禁重赋。乃者封泰山，皇天嘉况，神物并见。朕方答气应，未能承意，是以切比闾里，知吏奸邪。委任有司，然则官旷民愁，盗贼公行。往年觐明堂，赦殊死，无禁锢，咸自新，与更始。今流民愈多，计文不改，君不绳责长吏，而请以兴徙四十万口，摇荡百姓，孤儿幼年未满十岁，无罪而坐率，朕失望焉。今君上书言仓库城郭不充实，民多贫，盗贼众，请入粟为庶人。夫怀知民贫而请益赋，动危之而辞位，欲安归难乎？君其反室！”

庆素质，见诏报反室，自以为得许，欲上印绶。掾史以为见责甚深，而终以反室者，丑恶之辞也。或劝庆宜引决。庆甚惧，不知所出，遂复起视事。

庆为丞相，文深审谨，无他大略。后三岁余薨，谥曰恬侯。中子德，庆爱之。上以德嗣，后为太常，坐法免，国除。庆方为丞相时，诸子孙为小吏至二千石者十三人。及庆死后，稍以罪去，孝谨衰矣。

卫绾，代大陵人也，以戏车为郎，事文帝，功次迁中郎将，醇谨无它。孝景为太子时，召上左右饮，而绾称病不行。文帝且崩时，

多，横流漫溢十多个郡，人们很辛苦地修固防堤，还是不能堵塞，朕很是担忧。因此巡查全国大地，礼拜嵩岳祠庙，通敬八方之神，堵塞宣房决口。朕渡淮河、长江，越过山川沿着海滨一路巡行，询问这段时间老百姓的疾苦。朕念及官吏多徇私枉法，向老百姓征收的苛税无止无休，迫使老百姓流离失所，居住下来的人也常常受到侵扰，所以制定了流民法，禁止征收苛重的赋税。前些天朕到泰山祭天，皇天厚赐我们，显示了吉祥的征兆。朕刚刚与神气息相应，打算好好休整，以报瑞兆，又担心没有承顺上天的好意，因此朕到闾里考察，得知官吏奸邪。朕委任的官吏荒废了自己的本职工作，使得老百姓愁苦不堪，盗贼公然横行。往年朕到明堂朝拜，赦免要斩首的死囚，不再禁锢被监禁的犯人，希望他们全都能改过自新，重新开始。如今流民越来越多，但登计户口的文书却不作改动，您不督责长吏，至使有些官吏请求把四十万流民迁到边境地区，使老百姓动荡不安，未满十岁的孤儿和年纪幼小的孩子，也无辜跟着迁移边境，朕很失望。如今您上书说城中粮仓不充实，老百姓多贫困潦倒，盗贼很多，您明明知道这样的情况，却请求交纳粮米为自己赎罪，要告老还乡作一位老百姓。您心里深知百姓贫穷却怀着这样的心志，动摇了民心，您却要辞官回家，您要把这么危难的事情推给谁呢？朕能说的就这么多了，您如果觉得理所当然，那么您就可以告老还乡！”

石庆向来质朴，看见武帝诏书写着让他回家，自认为得到武帝的许可，想交回丞相的印绶。掾史认为受到武帝严厉指责，而最终回家的官，是受到最丑恶的批评。有人劝石庆应该自杀。石庆心下害怕，不知道该怎么处理这件事，就又回到朝中担任丞相。

石庆担任丞相时，缜密周到谨慎从事，没有其他雄才大略。三年多以后死去，谥号恬侯。次子石德，石庆很疼爱他。武帝让石德继承石庆的爵位，后来任太常，因触犯法律而免职，废除封国。石庆任丞相时，任小吏到二千石的子孙有十三人。到石庆死后，一部分子孙因为犯罪而消减俸禄罢免官职，石庆家孝顺恭谨的美德衰败了。

卫绾，代国大陵县人，因车技出众担任郎官，事奉文帝，因积累了很多功劳而渐渐升为中郎将，他质朴谨慎，没有别的追求。景帝为太

属孝景曰："绾长者，善遇之。"及景帝立，岁余，不孰何绾，绾日以谨力。

景帝幸上林，诏中郎将参乘，还而问曰："君知所以得参乘乎？"绾曰："臣代戏车士，幸得功次迁，待罪中郎将，不知也。"上问曰："吾为太子时召君，君不肯来，何也？"对曰："死罪，病。"上赐之剑，绾曰："先帝赐臣剑凡六，不敢奉诏。"上曰："剑，人之所施易，独至今乎？"绾曰："具在。"上使取六剑，剑常盛，未尝服也。

郎官有谴，常蒙其罪，不与它将争；有功，常让它将。上以为廉，忠实无它肠，乃拜绾为河间王太傅。吴楚反，诏绾为将，将河间兵击吴楚有功，拜为中尉。三岁，以军功封绾为建陵侯。

明年，上废太子，诛栗卿之属。上以绾为长者，不忍，乃赐绾告归，而使郅都治捕栗氏。既已，上立胶东王为太子，召绾拜为太子太傅，迁为御史大夫。五岁，代桃侯舍为丞相，朝奏事如职所奏。然自初宦以至相，终无可言。上以为敦厚可相少主，尊宠之，赏赐甚多。

为丞相三岁，景帝崩，武帝立。建元中，丞相以景帝病时诸官囚多坐不辜者，而君不任职，免之。后薨，谥曰哀侯。子信嗣，坐酎金，国除。

直不疑，南阳人也。为郎，事文帝。其同舍有告归，误持其同舍

子时，召集文帝身边的人饮酒，而卫绾借口生病未去参加宴席。文帝快要驾崩时，叮嘱景帝说："卫绾是有德之人，对他要善加礼遇。"景帝登基，过了一年多，对卫绾不闻不问，卫绾每日都谨慎而尽力地工作着。

景帝到上林苑巡幸，诏中郎将卫绾为参乘，返程时景帝问道："你知道为什么选你作为参乘吗？"卫绾说："我是代国表演车技的人，有幸立功而得到升迁，待罪为中郎将，不知道为什么。"景帝问："我做太子时召你，你却不肯前往，是什么原因？"卫绾回答说："真是死罪一条，我当时正在生病。"景帝赐给他剑，卫绾说："先帝一共赐给我六把剑，不敢接受陛下的赏赐。"景帝说："剑，人们常改换它，难道你至今还保存着那几把剑？"卫绾说："都在。"景帝派人将那六把剑取来，剑都完好如初，还在剑鞘里，没用过。

郎官因犯错受到斥责时，卫绾经常自己承受刑罚，不和其他的将领争辩；郎官建立军功，卫绾常让给其他将领。景帝认为他品性方正，忠厚老实，没有其他坏心肠，于是封卫绾为河间王太傅。吴楚七国反叛时，景帝下诏命卫绾为将，他率领河间国的军队攻打吴楚立下战功，景帝封他为中尉。三年后，因为军功景帝封卫绾为建陵侯。

第二年，景帝废黜太子，诛杀外戚栗卿等人。景帝认为卫绾年龄较大辈分较高，不忍心派遣他去，便赐卫绾告老还乡，而派郅都负责缉捕治罪栗卿等人。事情结束后，景帝立胶东王为太子，召卫绾任太子太傅，后来，又升他为御史大夫。五年后，卫绾代替桃侯刘舍任丞相，卫绾上朝奏事都是职责之内的事，不谈论别的事情。然而从他做官开始直到升为丞相，一直没有建树也没有任何闪失。景帝认为卫绾敦厚老实，可以辅佐太子，对他很尊敬很偏爱，赏赐很多。

卫绾任三年丞相后，景帝驾崩，武帝登基。建元年间，景帝在生病期间，官吏囚禁了许多无辜的人，而丞相卫绾没能好好行使自己的职务，不能为无辜的人申冤，被武帝免除了相位。卫绾去世后，谥号为哀侯。他的儿子卫信继承他的爵位，因为献给朝廷供祭祀用的贡金不足而犯罪，废除封国。

直不疑，南阳郡人。任郎官事奉文帝。直不疑的一位同舍郎官

郎金去。已而同舍郎觉，亡意不疑，不疑谢有之，买金偿。后告归者至而归金，亡金郎大惭，以此称为长者。稍迁至中大夫。朝，廷见，人或毁不疑曰："不疑状貌甚美，然特毋奈其善盗嫂何也！"不疑闻，曰："我乃无兄。"然终不自明也。

吴楚反时，不疑以二千石将击之。景帝后元年，拜为御史大夫。天子修吴楚时功，封不疑为塞侯。武帝即位，与丞相绾俱以过免。

不疑学《老子》言。其所临，为官如故，唯恐人之知其为吏迹也。不好立名，称为长者。薨，谥曰信侯。传子至孙彭祖，坐酎金，国除。

周仁，其先任城人也。以医见。景帝为太子时，为舍人，积功迁至太中大夫。景帝初立，拜仁为郎中令。

仁为人阴重不泄。常衣弊补衣溺袴，期为不洁清，以是得幸，入卧内。于后宫秘戏，仁常在旁，终无所言。上时问人，仁曰："上自察之。"然亦无所毁，如此。景帝再自幸其家。家徙阳陵。上所赐甚多，然终常让，不敢受也。诸侯群臣赂遗，终无所受。武帝立，为先帝臣重之。仁乃病免，以二千石禄归老，子孙咸至大官。

请假回家，误拿走同舍郎官的金子。不久同舍郎发觉金子丢了，竟胡乱猜测是直不疑偷走他的金子，直不疑没有争辩，直接道歉说确实有这事，便买了金子归还给他。后来请假回家的郎官返回，把金子还给失主，失主非常惭愧，从那以后称直不疑为长者。不久，直不疑升为中大夫。一日上朝，百官朝见文帝，有人诽谤直不疑说："直不疑外貌很英俊，可他怎么单单喜欢强迫他的嫂子与自己私通呢！"直不疑听到这样的事后，说："我没有哥哥。"然后始终不再证明自己的清白。

吴楚七国反叛时，直不疑以享受二千石俸禄官员的身份率领军队攻打敌军。景帝后元年期间，封他任御史大夫。景帝记载平定吴楚七国叛乱时候的军功，封直不疑为塞侯。武帝登基后，直不疑与丞相卫绾都因为有过错而被免职。

直不疑喜欢专研《老子》学说。他所面临的任何事情，担任官职时都按前任制度办理，惟恐人们知道他做官的政绩。他不喜好建立功名，人们尊称他为长者。直不疑去世后，谥号为信侯。爵位传至儿子又传至孙子彭祖，因献给朝廷供祭祀用的贡金不足而犯罪，废除封国。

周仁的祖先是任城县人。凭借高明的医术被朝廷召见。景帝为太子时，他担任舍人，积功升为太中大夫。景帝刚刚登基时，封周仁为郎中令。

周仁为人谨慎持重，从不泄露别人的秘密。他平时穿着破旧打补丁的脏衣裤，希望表现出不干净的样子，因此得到景帝的宠信，可以进出寝宫。景帝在后宫和妃子们戏耍，周仁经常站在一旁，但始终不说话。景帝有时候问别人的一些事，周仁说："皇上还是自己考察这件事吧。"周仁即便知道景帝所问之事，也不会诋毁任何一人，他就是这样一个人。景帝两次亲自去他家。后来周仁迁居到阳陵县。景帝赏赐他很多物品，然而他最终还是谦虚地推辞掉，不敢接受。诸侯群臣向他贿赂，他都不会接受。武帝登基后，周仁作为先帝的大臣受到尊重。后来周仁因病免职，享受着二千石俸禄返乡养老，他的子孙都作了大官。

张欧字叔，高祖功臣安丘侯说少子也。欧孝文时以治刑名侍太子，然其人长者。景帝时尊重，常为九卿。至武帝元朔中，代韩安国为御史大夫。欧为吏，未尝言按人，剸以诚长者处官。官属以为长者，亦不敢大欺。上具狱事，有可却，却之；不可者，不得已，为涕泣，面而封之。其爱人如此。

老笃，请免，天子亦宠以上大夫禄，归老于家。家阳陵。子孙咸至大官。

赞曰：仲尼有言“君子欲讷于言而敏于行”，其万石君、建陵侯、塞侯、张叔之谓与？是以其教不肃而成，不严而治。至石建之浣衣，周仁为垢污，君子讥之。

张欧，字叔，高祖的功臣安丘侯张说的小儿子。他在文帝时从事研究刑名之学服侍太子，但是他为人却仁厚有德。景帝在位时很尊重他，一直任九卿。到武帝元朔年间，他代替韩安国任御史大夫。他担任官吏，从来没有惩治别人，他擅长以诚恳仁厚做官。他的属官认为他是长者，也不敢过于欺瞒他。上报有关刑狱之事，凡是能退回的就退回；不能退回的，没办法，他就为犯人流泪，面对着犯人读文书，使犯人亲眼目睹，亲耳听到，然后封上文书。他就是这样关爱别人。

他年老病笃，请求免去职位，武帝也给他上大夫俸禄的恩惠，让他回家安度晚年。他家在阳陵。子孙都做大官。

赞辞说：孔仲尼说“君子欲讷于言而敏于行”，万石君、建陵侯、塞侯、张叔这些人不就是这样吗？因此教化别人不必严厉也能达到目的，为官不必威严也能治理国家。至于石建亲自为父亲洗贴身衣物，周仁身穿破衣脏裤示人，君子还是觉得他们过于做作，会耻笑他们。

卷四十七

文三王传第十七

孝文皇帝四男：窦皇后生孝景帝、梁孝王武，诸姬生代孝王参、梁怀王揖。

梁孝王武以孝文二年与太原王参、梁王揖同日立。武为代王，四年徙为淮阳王，十二年徙梁，自初王通历已十一年矣。

孝王十四年，入朝。十七年，十八年，比年入朝，留。其明年，乃之国。二十一年，入朝。二十二年，文帝崩。二十四年，入朝。二十五年，复入朝。是时，上未置太子，与孝王宴饮，从容言曰："千秋万岁后传于王。"王辞谢。虽知非至言，然心内喜。太后亦然。

其春，吴、楚、齐、赵七国反，先击梁棘壁，杀数万人。梁王城守睢阳，而使韩安国、张羽等为将军以距吴、楚。吴、楚以梁为限，不敢过而西，与太尉亚夫等相距三月。吴、楚破，而梁所杀虏略与汉中分。

明年，汉立太子。梁最亲，有功，又为大国，居天下膏腴地，北界泰山，西至高阳，四十余城，多大县。孝王，太后少子，爱之，赏赐不可胜道。于是孝王筑东苑，方三百余里，广睢阳城七十里，大治宫室，为复道，自宫连属于平台三十余里。得赐天子旌旗，从千乘万骑，出称警，入言趩，儗于天子。招延四方豪桀，自山东游士莫不至：齐人羊胜、公孙诡、邹阳之属。公孙诡多奇邪计，初见日，王赐千金，官至中尉，号曰公孙将军。多作兵弩弓数十万，而府库金钱且百巨万，珠玉宝器多于京师。

孝文帝有四个儿子：窦皇后生的孝景帝、梁孝王武，其他姬妾生的代孝王参、梁怀王揖。

梁孝王刘武在文帝二年（前178）与太原王刘参、梁王刘揖同日封王。刘武为代王，文帝四年（前176）改封为淮阳王，文帝十二年（前168）又改封到梁国，从最初封王开始总共经历了十一年。

孝王十四年，入朝。十七年，十八年，孝王每年入朝，留在京城。第二年，返回封国。二十一年，孝王入朝。二十二年，文帝驾崩。二十四年，入朝。二十五年，又入朝。当时，景帝还没立太子，与孝王宴饮，闲谈时说："我驾崩之后把王位传给你。"孝王婉言谢绝了。孝王虽然知道景帝讲的不是真话，心里还是很高兴。太后也一样。

孝王二十五年春季，吴、楚、齐、赵等七国反叛，首先攻击梁国的棘壁，杀死几万人。梁王刘武在睢阳城驻守，而派韩安国、张羽等任将军抵抗吴、楚。吴、楚被梁国阻隔，不敢越过梁国向西进军，与太尉周亚夫等抗衡了三个月。吴、楚等国战败，梁国斩杀掳掠的敌军与汉廷的数量一样。

第二年，景帝立太子。梁孝王刘武与景帝最亲，拥有战功，又是大国，居住在天下肥沃的土地，他的地界北到泰山，西至高阳县，共四十多座城，大多是大县。孝王刘武，是太后的幼子，太后十分喜欢他，给他的赏赐很多，多到无法用言语形容。于是孝王建造了东苑，方圆三百多里，面积比睢阳城还要大七十里，他在那里大建宫室，还在楼阁间修建了上下通行的道路，从王宫连接平台有三十多里远。孝王扛着天子赐予的旌旗，后面跟随着千乘万骑，出去的时候严肃整齐，进入的时候让行人回避，跟天子相似。孝王招揽四方豪杰，自崤山以东的游士纷纷投奔而来，诸如齐人羊胜、公孙诡、邹阳等人。公孙诡多怀有奇怪邪诈的计谋，孝王初次见他的那天，就赏赐千金，官至中

二十九年十月，孝王入朝。景帝使使持乘舆驷，迎梁王于关下。既朝，上疏，因留。以太后故，入则侍帝同辇，出则同车游猎上林中。梁之侍中、郎、谒者著引籍出入天子殿门，与汉宦官亡异。

十一月，上废栗太子，太后心欲以梁王为嗣。大臣及爰盎等有所关说于帝，太后议格，孝王不敢复言太后以嗣事。事秘，世莫知，乃辞归国。

其夏，上立胶东王为太子。梁王怨爰盎及议臣，乃与羊胜、公孙诡之属谋，阴使人刺杀爰盎及他议臣十余人。贼未得也。于是天子意梁，逐贼，果梁使之。遣使冠盖相望于道，覆案梁事。捕公孙诡、羊胜，皆匿王后宫。使者责二千石急，梁相轩丘豹及内史安国皆泣谏王，王乃令胜、诡皆自杀，出之。上由此怨望于梁王。梁王恐，乃使韩安国因长公主谢罪太后，然后得释。

上怒稍解，因上书请朝。既至关，茅兰说王，使乘布车，从两骑入，匿于长公主园。汉使迎王，王已入关，车骑尽居外，外不知王处。太后泣曰："帝杀吾子！"帝忧恐。于是梁王伏斧质，之阙下谢罪。然后太后、帝皆大喜，相与泣，复如故。悉召王从官入关。然帝益疏王，不与同车辇矣。

三十五年冬，复入朝。上疏欲留，上弗许。归国，意忽忽不乐。北

尉，号称公孙将军。孝王又制造几十万之多的兵弩弓箭，而府库里有百巨万金钱，珠宝玉器比京城的还多。

二十九年十月，孝王入朝。景帝派使臣驾着四马之车，到关门下迎接梁国孝王。上朝后，孝王向景帝进呈奏疏，于是留了下来。因为太后，孝王入宫时与景帝同辇侍奉，出宫时与景帝同车在上林苑游猎。梁国的侍中、郎、谒者凭借引人和门籍就能出入天子殿门，与汉宦官没什么区别。

十一月，景帝废黜栗太子，太后心里想着让梁王继承帝位。众大臣以及爰盎等向景帝劝谏，太后的建议被阻碍，孝王不敢再和太后说继承帝位的事。这件事很隐秘，世人都不知道，孝王于是告辞景帝回到梁国。

那年夏季，景帝立胶东王为太子。梁王怨恨爰盎及那些建言立议之臣，便与羊胜、公孙诡一众人谋划，暗中派人刺杀爰盎及其他十几位议臣。不料刺客未能得手。于是天子怀疑这是梁王所为，追赶刺客的下落，发现果然是梁王指使他们干的。天子就派遣官员在梁国路上往来不绝，去梁国查究这件事。打算逮捕公孙诡、羊胜，二人都躲藏在梁王的后宫里。使者责令梁国享受俸禄二千石的官员赶快找到公孙诡、羊胜。梁国丞相轩丘豹与内史安国都哭着劝谏梁王，梁王才令羊胜、公孙诡自杀，然后交出他们的尸体。景帝因此对梁王很不满意。梁王感到害怕，便派韩安国通过长公主向太后谢罪，然后才得到景帝的原谅。

景帝怒气稍解后，孝王趁机上书请求朝见景帝。孝王一行人来到关口后，大夫茅兰劝说孝王，让他乘坐布帷幔的车，带着两名侍从进城，藏在长公主的园中。朝廷使者迎接孝王时，孝王已经入关，车骑都在城外等候，别人都不知道他到哪里去了。太后哭泣说："皇帝杀了我的儿子！"景帝也很忧恐。于是梁孝王背着斧锁跪在皇宫门前请罪。然后太后、皇帝都很开心，景帝与孝王相互哭泣，又和好如初。景帝把孝王的随从都召进了城。然而，景帝却日益疏远孝王，不与他一起乘坐车辇了。

三十五年冬，孝王再次入朝。向景帝进呈奏章想留在朝廷，景

猎梁山，有献牛，足上出背上，孝王恶之。六月中，病热，六日薨。

孝王慈孝，每闻太后病，口不能食，常欲留长安侍太后。太后亦爱之。及闻孝王死，窦太后泣极哀，不食，曰："帝果杀吾子！"帝哀惧，不知所为。与长公主计之，乃分梁为五国，尽立孝王男五人为王，女五人皆令食汤沐邑。奏之太后，太后乃说，为帝壹餐。

孝王未死时，财以巨万计，不可胜数。及死，藏府余黄金尚四十余万斤，他财物称是。

代孝王参初立为太原王。四年，代王武徙为淮阳王，而参徙为代王，复并得太原，都晋阳如故。五年一朝，凡三朝。十七年薨，子共王登嗣。二十九年薨，子义嗣。元鼎中，汉广关，以常山为阻，徙代王于清河，是为刚王。并前在代凡立四十年薨，子顷王汤嗣。二十四年薨，子年嗣。

地节中，冀州刺史林奏年为太子时与女弟则私通。及年立为王后，则怀年子，其婿使勿举。则曰："自来杀之。"婿怒曰："为王生子，自令王家养之。"则送儿顷太后所。相闻知，禁止则，令不得入宫。年使从季父往来送迎则，连年不绝。有司奏年淫乱，年坐废为庶人，徙房陵，与汤沐邑百户。立三年，国除。

元始二年，新都侯王莽兴灭继绝，白太皇太后，立年弟子如意

帝不允许。孝王回国后心神恍惚，感到失意闷闷不乐。一天孝王到梁山的北边打猎，有人献上一头牛，背上长出一只脚，孝王很讨厌这头牛。六月中，孝王患热病，过了六天，孝王薨。

孝王很孝敬太后，每次听说太后生病，就口不能食，常常想留在长安事奉太后。太后也很喜欢他。听说孝王死去，窦太后哭得特别伤心，吃不下饭，嘴里还说着："皇帝果然杀了我的儿子！"皇帝感到悲伤，心里又害怕太后有个三长两短，不知道该怎么办。景帝与长公主合计之后，把梁国分成五个诸侯国，让孝王的五个儿子都做王，五个女儿都拥有自己收取赋税的私邑。景帝向太后奏明这些，太后这才高兴了，看在景帝做了这些事的份上和景帝一块吃了一顿饭。

孝王未死时，财产数目之大，数不胜数。到他刚刚死去的时候，府库里还有四十多万斤黄金，其他财物也与此相当。

代孝王刘参最初封为太原王。孝文帝四年（前176），原代王刘武改封为淮阳王，而刘参改封为代王，又一并掌管着太原国，都城晋阳还像文帝当初在代国时一样。刘参每五年入京朝见一次，共朝见了三次。十七年后，代王刘参去世，他的儿子共王刘登继位。二十九年后，刘登去世，刘登的儿子刘义继位。元鼎年间，汉廷扩建关防，以常山郡为险关，下令迁徙代王府到清河郡，改称刘参为刚王。刚王算上从前做代王的时间，共在位四十年，去世后，他的儿子倾王刘汤继位。二十四年后去世，由刘汤的儿子刘年继位。

地节年间，冀州刺史林上奏说刘年做太子时与妹妹刘则私通。等到刘年继位后，刘则怀了刘年的孩子，刘则的丈夫不让她养刘年的孩子。刘则说："你亲自把他杀了吧。"她丈夫怒气冲冲地说："你为大王生子，自然要送到大王家养这个孩子。"刘则就把孩子送到顷太后的住所。丞相知道后，制止刘则，下令不让她入宫。刘年却派从季父往来迎送刘则，连年不绝。有司向宣帝上奏说刘年和妹妹淫乱，于是宣帝给刘年定罪废为庶人，迁徙到房陵县居住，给予他百户收取赋税的私邑。三年后，废除封国。

元始二年（2），新都侯王莽扶助被灭亡的国家，复兴被断绝的国脉，向太皇太后禀告，把刘年弟弟的儿子刘如意封为广宗王，以供

为广宗王，奉代孝王后。莽篡位，国绝。

梁怀王揖，文帝少子也。好《诗》《书》，帝爱之，异于他子。五年一朝，凡再入朝。因堕马死，立十年薨。无子，国除。明年，梁孝王武徙王梁。

梁孝王子五人为王。太子买为梁共王，次子明为济川王，彭离为济东王，定为山阳王，不识为济阴王，皆以孝景中六年同日立。

梁共王买立七年薨，子平王襄嗣。

济川王明以垣邑侯立。七年，坐射杀其中尉，有司请诛，武帝弗忍，废为庶人，徙房陵，国除。

济东王彭离立二十九年。彭离骄悍，昏暮私与其奴亡命少年数十人行剽，杀人取财物以为好。所杀发觉者百余人，国皆知之，莫敢夜行。所杀者子上书告言，有司请诛，武帝弗忍，废为庶人，徙上庸，国除，为大河郡。

山阳哀王定立九年薨。亡子，国除。

济阴哀王不识立一年薨。亡子，国除。

孝王支子四王，皆绝于身。

梁平王襄，母曰陈太后。共王母曰李太后。李太后，亲平王之大母也。而平王之后曰任后，任后甚有宠于襄。

初，孝王有罍尊，直千金，戒后世善宝之，毋得以与人。任后闻而欲得之。李太后曰："先王有命，毋得以尊与人。他物虽百巨万，犹自恣。"任后绝欲得之。王襄直使人开府取尊赐任后，又王及母陈太后事李太后多不顺。有汉使者来，李太后欲自言，王使谒者中郎胡等遮止，闭门。李太后与争门，措指，太后啼呼，不得见汉

养代孝王的后代。王莽篡位后，封国断绝。

梁怀王刘揖是汉孝文帝的小儿子。他爱好《诗经》《尚书》，文帝很喜欢他，对他和别的儿子不同。刘揖每五年入京朝见皇帝一次，共两次入京。因为从马背上摔下来死去，他在位十年去世。因梁怀王刘揖没有儿子，废除封国。第二年，梁孝王刘武改封为梁王。

梁孝王的五个儿子都封了王。太子刘买封为梁共王，次子刘明封为济川王，三子刘彭离封为济东王，四子刘定封为山阳王，五子刘不识封为济阴王，他们都在景帝中元六年（前144）同日受封。

梁共王刘买在位七年后去世，他的儿子平王刘襄继位。

济川王刘明以桓邑侯的身份封王。在位七年后，因射杀自己的中尉获罪，有司奏请诛杀济川王刘明，武帝不忍心杀他，废为庶人，迁居房陵县，废除封国。

济东王彭离在位二十九年。彭离骄横凶悍，晚上暗中与他的数十个亡命少年家奴进行掠夺，以杀人劫财为乐。发现被杀的有一百多人，全国都知道，没人敢在晚上行路。所杀者的孩子上书告发济东王彭离，有司奏请武帝将他诛杀，武帝不忍心杀死他，废为庶人，迁居到上庸县，废除封国，改为大河郡。

山阳哀王刘定在位九年后薨。他没有儿子，废除封国。

济阴哀王刘不识在位一年后薨，他没有儿子，废除封国。

孝王还有四名庶子封王，都因为去世后没有儿子继承王位，废除封国。

梁平王刘襄，他的母亲是陈太后。梁共王刘买的母亲是李太后。李太后，是梁平王刘襄的亲祖母。梁平王刘襄的王后是任后，刘襄很宠爱她。

起初，孝王有一个绘有云雷花纹的酒樽，价值千金，孝王生前曾告诫后代要好好保管它，不许给别人。任后听说有这样的宝贝，就想得到它。李太后说：“先王有命，不能将酒樽给别人。其他的物品即使值很多钱，你尽管拿。”任后却执意要得到它。梁平王刘襄就直接让人打开府库取出酒樽赐给任后，再加上梁平王刘襄和他母亲陈

使者。李太后亦私与食官长及郎尹霸等奸乱，王与任后以此使人风止李太后。李太后亦已，后病薨。病时，任后未尝请疾；薨，又不侍丧。

元朔中，睢阳人犴反，人辱其父，而与睢阳太守客俱出同车。犴反杀其仇车上，亡去。睢阳太守怒，以让梁二千石。二千石以下求反急，执反亲戚。反知国阴事，乃上变告梁王与大母争尊状。时相以下具知之，欲以伤梁长吏，书闻。天子下吏验问，有之。公卿治，奏以为不孝，请诛王及太后。天子曰：“首恶失道，任后也。朕置相吏不逮，无以辅王，故陷不谊，不忍致法。”削梁王五县，夺王太后汤沐成阳邑，枭任后首于市，中郎胡等皆伏诛。梁余尚有八城。

襄立四十年薨，子顷王无伤嗣。十一年薨，子敬王定国嗣。四十年薨，子夷王遂嗣。六年薨，子荒王嘉嗣。十五年薨，子立嗣。

鸿嘉中，太傅辅奏：“立一日至十一犯法，臣下愁苦，莫敢亲近，不可谏止。愿令王，非耕、祠，法驾毋得出宫，尽出马置外苑，收兵杖藏私府，毋得以金钱财物假赐人。”事下丞相、御史，请许。奏可。后数复殴伤郎，夜私出宫。傅相连奏，坐削或千户或五百户，如是者数焉。

太后对李太后多不顺从。有一次朝廷使者到来，李太后想亲自诉说自己的苦楚，梁平王刘襄派谒者中郎胡某等人拦阻她，紧闭大门。李太后抢着进门，被挤伤了手指，她哭着叫喊，还是没能见到朝廷的使者。李太后也与食官长以及郎官尹霸等人淫乱，梁平王刘襄与任后因为这事派人劝阻李太后。李太后也就不再淫乱，后来李太后因病死去。她生病时，任后没有问候过她；她死后，任后也不伺丧。

元朔年间，有人侮辱睢阳郡人犴反的父亲，那人与睢阳太守的客人乘坐同一辆车出去。犴反上车杀了侮辱他父亲的仇人，随后逃走。睢阳太守很生气，因此派出梁国享受二千石俸禄的官员抓捕逃犯。二千石官员的下属很着急地抓犴反，先抓了他的亲戚。犴反知道梁国的私密之事，于是上书告发梁王与祖母争酒樽的情况。当时丞相以下的人都清楚这件事，想借此惩罚梁国享受六百石以上俸禄的官吏，有人上书给武帝。武帝交付司法官吏审讯，发现真有这样的事。公卿整理案件后，以梁王及陈太后不孝上奏武帝，请求武帝诛杀他们。武帝说："罪魁祸首也违反正道，应该治罪的是任后。朕为梁平王安置的丞相官吏不得当，没能好好辅助他，以致他陷于不义，朕不忍心对他以法治罪。"于是武帝下诏削减梁平王刘襄五个县，削除陈太后收取赋税的成阳邑，将任后枭首示众，中郎胡某等人处以死刑。梁国还剩有八座城。

刘襄在位四十年后去世，儿子顷王刘无伤继位。刘无伤在位十一年后去世，儿子敬王刘定国继位。刘定国在位四十年后去世，儿子夷王刘遂继位。刘遂在位六年后去世，儿子荒王刘嘉继位。刘嘉在位十五年后去世，儿子刘立继位。

鸿嘉年间，梁国太傅辅向成帝上奏说："刘立在一天中犯法多达十一次，臣下忧愁苦闷，不敢去亲近他，又不能劝谏他。奏请皇上下诏给梁王，不是耕耘、祭祀的事情，车驾不可以出宫门，并将马匹都安置在宫苑之外，收缴王府的兵器存放于府中，不得将金钱财物赏赐或借给他人。"事下丞相、御史大夫，请求成帝应允。成帝准奏。可是后来梁王刘立还是数次把郎官打伤，并在晚上私自出宫。太傅、丞相接连上奏朝廷，梁王因犯法食邑有时被削减一千户或五百户，

荒王女弟园子为立舅任宝妻，宝兄子昭为立后。数过宝饮食，报宝曰："我好翁主，欲得之。"宝曰："翁主，姑也，法重。"立曰："何能为！"遂与园子奸。

积数岁，永始中，相禹奏立对外家怨望，有恶言。有司案验，因发淫乱事，奏立禽兽行，请诛。太中大夫谷永上疏曰："臣闻'礼，天子外屏，不欲见外'也。是故帝王之意，不窥人闺门之私，听闻中冓之言。《春秋》为亲者讳。《诗》云'戚戚兄弟，莫远具尔'。今梁王年少，颇有狂病，始以恶言按验，既亡事实，而发闺门之私，非本章所指。王辞又不服，猥强劾立，傅致难明之事，独以偏辞成罪断狱，亡益于治道。污蔑宗室，以内乱之恶披布宣扬于天下，非所以为公族隐讳，增朝廷之荣华，昭圣德之风化也。臣愚以为王少，而父同产长，年齿不伦；梁国之富，足以厚聘美女，招致妖丽；父同产亦有耻辱之心。案事者乃验问恶言，何故猥自发舒？以三者揆之，殆非人情，疑有所迫切，过误失言，文吏蹑寻，不得转移。萌牙之时，加恩勿治，上也。既已案验举宪，宜及王辞不服，诏廷尉选上德通理之吏，更审考清问，著不然之效，定失误之法，而反命于下吏，以广公族附疏之德，为宗室刷污乱之耻，甚得治亲之谊。"天子由是寖而不治。

像这样的情况数次出现。

梁荒王的妹妹刘园子是梁王刘立舅舅任宝的妻子，任宝哥哥的女儿任昭是梁王刘立的王后。梁王刘立数次到任宝家饮酒吃饭，告诉任宝说："我喜欢翁主，我想要得到她。"任宝说："公主是你的姑妈，这是犯法，是重罪。"刘立说："能把我怎么样！"于是梁王刘立与刘园子通奸。

过了几年，永始年间，丞相禹上奏，说梁王刘立对外戚家有怨恨，有恶言攻击辱骂朝廷。有关部门前去调查验证此案，发现并查明了刘立的淫乱丑事，因此上奏朝廷说刘立的行为如同禽兽，奏请应当斩首。太中大夫谷永上疏说："臣听说'礼就像是天子的屏风，不可以让外人看到宫内'。因此身为帝王不窥探他人房中隐私之事，不偷听他人卧室之语。《春秋》一书中也不谈论亲戚之间的私事。《诗经》上说'相亲相爱兄弟情深，亲密无间'。如今梁王刘立年少，有些疯狂无知，刚开始按照恶言诽谤朝廷查办，既然没有查到事实，而揭发他的闺门隐私，这不是奏章的本意。梁王刘立对此声称不服，如果坚持弹劾刘立这件难以说明白的事，根据一方片面偏辞去判罪定案，恐怕于朝廷治国之道无益。污蔑宗室，将内乱之恶向天下披露宣扬，这不能为宗族保全名声，也不能增添朝廷的荣华，彰显帝德的风化。臣认为梁王刘立年少，而他父亲的姐姐年长，两人年龄不合；梁国十分富有，足以用厚礼聘娶美女，招来艳丽佳人；况且梁王刘立的姑姑也会有耻辱之心。办理此案的官员本来是检验查问刘立犯上恶言的，为何要任意妄为找出这么一件事来借题发挥？从以上这三种情况来看，此事不合常理人情，臣怀疑梁王可能是在紧急迫切的情况下，失口说出了几句错话，若是有司属下的官员继续追根问底，将不利于梁王自新改变。错误刚刚发现时，要多施予厚恩关怀而不是制裁，这是上策。既然现在案件已经调查完结，应当考虑到梁王对此不服之言辞，诏命廷尉选派一位品德高尚通晓事理的官员，进一步清查详问，纠正不明不实之误，再将事实向有关官吏说清楚，就可以宣扬同族亲附之德，为宗室洗刷污乱之耻，以此获得依法治理的宗族情义。"成帝因此没有治梁王的罪。

居数岁，元延中，立复以公事怨相掾及睢阳丞，使奴杀之，杀奴以灭口。凡杀三人，伤五人，手殴郎吏二十余人。上书不拜奏。谋篡死罪囚。有司请诛，上不忍，削立五县。

哀帝建平中，立复杀人。天子遣廷尉赏、大鸿胪由持节即讯。至，移书傅、相、中尉曰："王背策戒，悖暴妄行，连犯大辟，毒流吏民。比比蒙恩，不伏重诛，不思改过，复贼杀人。幸得蒙恩，丞相长史、大鸿胪丞即问。王阳病抵谰，置辞骄嫚，不首主令，与背畔亡异。丞相、御史请收王玺绶，送陈留狱。明诏加恩，复遣廷尉、大鸿胪杂问。今王当受诏置辞，恐复不首实对。《书》曰：'至于再三，有不用，我降尔命。'傅、相、中尉皆以辅正为职，'虎兕出于匣，龟玉毁于椟中，是谁之过也？'书到，明以谊晓王。敢复怀诈，罪过益深。傅、相以下，不能辅导，有正法。"

立惶恐，免冠对曰："立少失父母，孤弱处深宫中，独与宦者婢妾居，渐渍小国之俗，加以质性下愚，有不可移之姿。往者傅相亦不纯以仁谊辅翼立，大臣皆尚苛刻，刺求微密。谗臣在其间，左右弄口，积使上下不和，更相眄伺。宫殿之里，毛氂过失，亡不暴陈。当伏重诛，以视海内，数蒙圣恩，得见贳赦。今立自知贼杀中郎曹将，冬月迫促，贪生畏死，即诈僵仆阳病，徼幸得逾于须臾。谨以实对，伏须重诛。"时冬月尽，其春大赦，不治。

过了几年后，元延年间，刘立又因公事怨恨丞相属吏与睢阳郡丞，就派奴仆将他们杀死，后来又杀了奴仆灭口。共杀了三人，伤了五人，并且打了二十多个郎官。刘立上书成帝不写拜奏。阴谋篡取死罪囚犯。有司奏请成帝将刘立斩首，成帝还是不忍心，只是削掉了刘立梁国的五个县。

哀帝建平年间，刘立又杀人。哀帝派廷尉赏、大鸿胪由手持符节立即查问此事。他们到达后，发送公文告诉太傅、丞相、中尉说："梁王背弃了封王时天子策书上的警戒之言，昏乱暴虐，胡作非为，接二连三地犯死罪，祸害梁国的官吏与百姓。他屡次承蒙皇上开恩，没有惩罚他处以极刑，谁知他不想着改正过失，却再次杀人。刘立又幸运地承蒙皇上开恩，故而陛下派出丞相长史、大鸿胪丞来此即刻审问。梁王却装病抵赖，措辞傲慢，面对君命，拒不认罪，与背叛朝廷无异。请丞相、御史收回梁王的玺绶，送他到陈留县的监狱。皇上有英明的诏示对他加大恩惠，又派廷尉、大鸿胪会审此案。如今梁王理当禀承皇帝的诏命措辞，恐怕他又不肯低头认罪。《尚书》讲：'我再三教你，你还是不采用我的建议，我就要降伏你并取你的性命。'太傅、丞相、中尉都以辅佐匡正梁王为职责，'老虎与犀牛逃出笼子，龟甲与玉器毁于柜中，是谁的过错呢？'皇上旨意在此，对梁王刘立晓以大义。如果梁王再敢心存欺诈，他的罪过就更大了。太傅、丞相以下的官吏，不能辅佐引导梁王的话，就要正法。"

刘立感到惶恐，脱下帽子谢罪说："我在很小的时候就失去了父母，在深宫里势孤力弱，只与宦官婢妾一起居住，渐渐沾染了小国的不良习惯，加上我本身特别愚笨，而且到了无可救药的地步。以前过来的太傅与丞相也不专门以仁义来辅导我，况且大臣们都比较苛刻，喜欢打听我的小秘密。这些人中间又有喜欢谗害人的佞臣，专门搬弄口舌，致使臣子们积怨很深，上下不和，互相窥探。宫廷里面，即便是极微小的过失，没有不暴露在外的。我本当伏罪处以极刑，让举国上下比较对照，以此作为借鉴，我有幸多次承蒙皇上开恩，才得以赦免。如今我刘立自知杀害了中郎曹将，冬月行刑之日马上就要来临，我贪生怕死，便倒下装病，使得我侥幸逃过短短的几天。我郑

元始中，立坐与平帝外家中山卫氏交通，新都侯王莽奏废立为庶人，徙汉中。立自杀。二十七年，国除。后二岁，莽白太皇太后立孝王玄孙之曾孙沛郡卒史音为梁王，奉孝王后。莽篡，国绝。

赞曰：梁孝王虽以爱亲故王膏腴之地，然会汉家隆盛，百姓殷富，故能殖其货财，广其宫室车服。然亦僭矣。怙亲亡厌，牛祸告罚，卒用忧死，悲夫！

重地把实情告诉你们，在这里承认错误，等待着处以极刑。”当时冬月已经过去，第二年春季哀帝大赦天下，没有对梁王刘立治罪。

元始年间，刘立因为与平帝的外祖父中山卫氏家交往而获罪，新都侯王莽奏请皇上把刘立废为庶人，迁居到汉中。刘立自杀。刘立共在位二十七年，废除封国。两年后，王莽禀告太皇太后封沛郡的士卒史音做梁王，他是孝王玄孙的曾孙，以继承孝王宗祠。王莽篡位后，封国彻底废除。

赞辞说：梁孝王虽因与皇上的至亲关系而封到肥沃之地，但碰上汉朝兴隆繁盛，百姓殷实富足，才能增殖他的财货，扩建宫室，建造车舆服饰。然而他也太超越本分了。依仗太后的宠爱，以亲贵自恃而不知满足，受到牛背上长脚的灾祸性告罚，最终忧虑而死，可悲啊！

卷四十八

贾谊传第十八

贾谊，雒阳人也，年十八，以能诵诗书属文称于郡中。河南守吴公闻其秀材，召置门下，甚幸爱。文帝初立，闻河南守吴公治平为天下第一，故与李斯同邑，而尝学事焉，征以为廷尉。廷尉乃言谊年少，颇通诸家之书。文帝召以为博士。

是时，谊年二十余，最为少。每诏令议下，诸老先生未能言，谊尽为之对，人人各如其意所出。诸生于是以为能。文帝说之，超迁，岁中至太中大夫。

谊以为汉兴二十余年，天下和洽，宜当改正朔，易服色制度，定官名，兴礼乐。乃草具其仪法，色上黄，数用五，为官名悉更，奏之。文帝谦让未皇也。然诸法令所更定，及列侯就国，其说皆谊发之。于是天子议以谊任公卿之位。绛、灌、东阳侯、冯敬之属尽害之，乃毁谊曰："雒阳之人年少初学，专欲擅权，纷乱诸事。"于是天子后亦疏之，不用其议，以谊为长沙王太傅。

谊既以適去，意不自得，及度湘水，为赋以吊屈原。屈原，楚贤臣也，被谗放逐，作《离骚赋》，其终篇曰："已矣！国亡人，莫我知也。"遂自投江而死。谊追伤之，因以自谕。其辞曰：

贾谊，洛阳人，十八岁时，就以能诵读诗书和撰写文章在当地很有名气。河南郡守吴公听说他才学优异，把他召过来安排到门下，特别宠爱他。文帝刚刚登基的时候，听说河南郡守吴公政治清明、社会安定，举国上下位居第一，以前与李斯同邑，曾经向李斯学习并事奉过李斯，便征召吴公任廷尉。廷尉就推举说贾谊虽然年少，但颇为精通诸子百家之书。文帝就召贾谊任博士。

当时，贾谊二十多岁，在博士中年龄最小。文帝每次下诏众博士在下面讨论问题的时候，老先生们都不能表达出自己的想法，而贾谊却都能应对，并且每人都觉得他说出了自己想说的话。博士们便认为贾谊很有才能。文帝欣赏他，给他越级升迁，一年之内官至太中大夫。

贾谊认为汉朝已经兴起二十多年了，举国上下和睦融洽，应当颁布新的历法，改换车马、祭牲、服饰等的颜色，订立法度，修定官职名称，兴礼乐。于是草拟了有关的礼仪法度，在颜色上提倡崇尚黄色，把五定为官印数字，改换所有官职的名称，然后上奏皇上。文帝谨慎对待此事，没来得及实行。然而各项法令的更定，以及列侯前往封国的建议，这些主张都来自贾谊。因此文帝与大臣商议，想让贾谊担任公卿的职位。绛侯周勃、灌侯灌婴、东阳侯张相如、御史大夫冯敬这些人都妒忌他，就诽谤贾谊说："洛阳这个贾谊，年纪不大，学问造诣尚浅，只考虑私人欲望想专揽政权，弄得事事混乱。"因而文帝后来也疏远贾谊，不采纳他的建议，任命他为长沙王太傅。

贾谊被降职后离开京师，因为没能施展自己的才华而不得志，渡过湘江的时候，写了一篇赋悼念屈原。屈原是楚国的贤臣，楚王听信谗言放逐他，屈原因此写了《离骚赋》，篇尾写道："罢了！国家无人，没有了解我的。"自己便投江而死。贾谊追念伤悼他，因此以屈

恭承嘉惠兮，竢罪长沙。仄闻屈原兮，自湛汨罗。造托湘流兮，敬吊先生。遭世罔极兮，乃陨厥身。乌乎哀哉兮，逢时不祥！鸾凤伏窜兮，鸱鸮翱翔。阘茸尊显兮，谗谀得志；贤圣逆曳兮，方正倒植。谓随、夷溷兮，谓跖、蹻廉；莫邪为钝兮，铅刀为铦。于嗟默默，生之亡故兮！斡弃周鼎，宝康瓠兮。腾驾罢牛，骖蹇驴兮；骥垂两耳，服盐车兮。章父荐屦，渐不可久兮；嗟苦先生，独离此咎兮！

谇曰：已矣！国其莫吾知兮，子独壹郁其谁语？凤缥缥其高逝兮，夫固自引而远去。袭九渊之神龙兮，沕渊潜以自珍；偭蟂獭以隐处兮，夫岂从虾与蛭螾？所贵圣之神德兮，远浊世而自臧。使麒麟可系而羁兮，岂云异夫犬羊？般纷纷其离此邮兮，亦夫子之故也！历九州而相其君兮，何必怀此都也？凤皇翔于千仞兮，览德煇而下之；见细德之险征兮，遥增击而去之。彼寻常之污渎兮，岂容吞舟之鱼！横江湖之鳣鲸兮，固将制于蝼蚁。

谊为长沙傅三年，有服飞入谊舍，止于坐隅。服似鸮，不祥鸟也。谊既以适居长沙，长沙卑湿，谊自伤悼，以为寿不得长，乃为赋

原自喻。赋中说：

我恭敬地禀承皇帝给予我的恩惠，不称职地去长沙上任。曾经听别人说过屈原的事，知道他为了自身清白投入汨罗江。如今我借着湘江水，满怀敬意悼念先生。遭到世人无休止的诬陷，您只能坠落到汨罗江毁灭自己的身体。悲哀啊，您生不逢时，没赶上好时代！鸾鸟与凤凰藏匿逃窜啊，猫头鹰却在天空中翱翔。品格卑鄙的人尊贵显赫啊，谗谀的小人得志；贤圣之人受迫而不能按照正道行事啊，方正的人被倒置。世上竟有人说隐士卞随以为统治天下会玷污自己而投水身亡很混账、伯夷不愿意吃周朝的粮食宁愿饿死很肮脏，还说生性暴虐，横行天下的大盗跖、蹻很廉洁；他们竟然说名剑莫邪很顽钝，而普通的钝刀很锋利。我默默地叹息啊，您因为不得志而无故遭遇迫害！这简直是抛弃了传国的宝器周鼎，却把破瓦壶当宝贝啊。您赶着疲惫的牛让车奔驰，您让跛腿的驴子驾在车前两侧啊；好马垂着两耳，拉着超重的盐车啊。殷人的礼帽被用来垫鞋，这种混乱的局面不可能维持很久啊；哎，遭受苦难的屈原先生啊，惟独您遇到这样的灾祸！

谇曰：算了吧！举国上下没有人能理解您啊，您只能独自一人在这里郁闷，该向谁讲述心里话呢？像凤凰一样展翅去往高远之处啊，先生自行引退去向远方。效法深潭里的神龙啊，隐没潜伏在深渊里自我珍惜；离开蟂獭这些为害鱼类的水族独自隐居啊，怎么能与虾、蛭螾这样的水虫为伍？要重视圣人流传下来的高洁品德啊，远离污浊的乱世而自我潜藏。假如麒麟能让人拴住而受人指挥，那它又与狗羊有什么差别呢？离开这纷纷扰扰的乱世啊，这也是您跳入汨罗江的缘故啊！您要云游九州选一位明君啊，何必怀念楚都呢？像凤凰一样飞向高深的天空，看到有仁德的光辉才下凡；当看到德行薄劣有危险征兆的君主，便赶快拍打着双翅飞向远方。在普通的死水沟里，怎么能容下吞舟之鱼！横游江湖里的鳣鲸啊，一旦游到死水沟里必然会受制于蝼蚁。

贾谊在长沙任太傅的第三年，有一只鵩飞进贾谊的房间，落在座位的旁边。鵩与山鸮相似，是不祥的鸟。贾谊已经因为贬官来长沙居

以自广。其辞曰：

单阏之岁，四月孟夏，庚子日斜，服集余舍，止于坐隅，貌甚闲暇。异物来崒，私怪其故，发书占之，谶言其度。曰“野鸟入室，主人将去。”问于子服：“余去何之？吉乎告我，凶言其灾。淹速之度，语余其期。”

服乃太息，举首奋翼，口不能言，请对以意。万物变化，固亡休息。斡流而迁，或推而还。形气转续，变化而嬗。沕穆亡间，胡可胜言！祸兮福所倚，福兮祸所伏；忧喜聚门，吉凶同域。彼吴强大，夫差以败；粤栖会稽，勾践伯世。斯游遂成，卒被五刑；傅说胥靡，乃相武丁。夫祸之与福，何异纠纆！命不可说，孰知其极？水激则旱，矢激则远。万物回薄，震荡相转。云烝雨降，纠错相纷。大钧播物，坱圠无垠。天不可与虑，道不可与谋。迟速有命，乌识其时？

且夫天地为炉，造化为工；阴阳为炭，万物为铜，合散消息，安有常则？千变万化，未始有极。忽然为人，何足控揣；化为异物，又何足患！小智自私，贱彼贵我；达人大观，物亡不可。贪夫徇财，列

住，长沙是个低洼潮湿的地方，他经常哀伤地悼念自己，以为不能长寿，就作赋来自慰。赋中说：

单阏之岁，四月孟夏，庚子日这天傍晚太阳西斜时，一只鵩飞进我的房间，停落在我座位的旁边，它看上去特别从容自在。这只罕见的奇鸟飞落在我的屋里，我暗自好奇它飞来的原因，就翻开书占卜这件事的凶吉，以书中预言推测吉凶的程度。书上说："野鸟入室，主人将去。"我于是问鵩先生："我将要去哪里？如果是吉利的事，烦请您告诉我，即便是凶事，也请告诉我是什么样的灾祸。我在世的时间是长是短，烦请先生告诉我一个日期。"

鵩于是叹了一口气，它抬起头，振奋而起，它虽然不能讲话，却可以示意我，回答我的问题。它这样示意我：宇宙万事万物之间的变化，根本就不会停息。一切都在迁移流转，推移循环。形气转化接续，变化更替。深微玄妙，无始无终，怎么能用言语来形容！祸兮福所倚，福兮祸所伏；忧喜同聚一门，吉凶同在一处。春秋时期吴国曾经很强大，而吴王夫差最后却战败；想当初越王勾践被吴王夫差打败，困守在会稽山中，可越王勾践卧薪尝胆，不忘国耻，勤劳苦身，厚待宾客，终于一举灭掉吴国，称霸于世。李斯游说秦国，做了秦国丞相，功成名就，却被赵高所害，最终处以五刑；傅说从政之前，身为奴隶，在傅岩做苦役，而最后却出任为殷高宗武丁的宰相。所以福与祸的关系，与互相纠缠互相凝结而成的绳索有什么差异呢！命运是说不清楚的，谁能知道哪里是它的尽头？水流矢飞，受阻则劲悍而去远。万物循环相迫变化无常，震动摆荡互相转化。水受热蒸发为云，云受冷凝结形成降雨，万事万物，纷乱交错。大自然生化万物，广大无边，辽阔悠远。天不可人为地思虑谋度，道不可刻意地私自谋划。人距离死是缓是急，是迟是早，自有天命注定，怎么能知道它的期限呢？

况且天地就好像是一个大熔炉，化育万物的大自然就像是一位工匠；阴阳两极就好像大熔炉里的炭，万物就好像是即将冶炼的铜，万物在熔炉里聚集分离此消彼长，这一切怎么会有恒常不变的规律呢？大千世界千变万化，无始无终。偶然之间化生为人，怎么值得把

士徇名；夸者死权，品庶每生。怵迫之徒，或趋西东；大人不曲，意变齐同。愚士系俗，僒若囚拘；至人遗物，独与道俱。众人惑惑，好恶积意；真人恬漠，独与道息。释智遗形，超然自丧；寥廓忽荒，与道翱翔。乘流则逝，得坎则止；纵躯委命，不私与已。其生兮若浮，其死兮若休。澹乎若深渊之靓，泛乎若不系之舟。不以生故自保，养空而浮。德人无累，知命不忧。细故蒂芥，何足以疑！

后岁余，文帝思谊，征之。至，入见，上方受釐，坐宣室。上因感鬼神事，而问鬼神之本。谊具道所以然之故。至夜半，文帝前席。既罢，曰："吾久不见贾生，自以为过之，今不及也。"乃拜谊为梁怀王太傅。怀王，上少子，爱，而好书，故令谊傅之，数问以得失。

是时，匈奴强，侵边。天下初定，制度疏阔。诸侯王僭儗，地过古制，淮南、济北王皆为逆诛。谊数上疏陈政事，多所欲匡建，其大略曰：

持控制呢；人死之后变为鬼神，又何足忧虑呢！小的聪明自私自利，抬高自己轻贱他人；通达之人从大处着眼，没有不适宜自己的人与事。贪得无厌的人殉身取财，具有大智慧之人舍身求名；重权谋位之人为了权利而死，平民百姓为了好好活着而贪生。为利益所诱惑的人，急功近利，不是向西就是向东；有德行的大人不曲意逢迎，因为事事物物千变万化最后他们都会回归到同一起点。愚笨的人心系世俗，其困迫的情况如同囚拘的犯人；境界至高的人抛弃了身外之物，惟独与大道以心印心。众人为外物迷惑，好恶都积存在心里；天人合一的真人却恬淡虚无精神内守，唯独与道息息相通。弃智忘身，超然物外，与世无争，无我无人，自然死生；在高远空旷寂寥虚静中，与道翱翔。顺着水流则向远方漂流，遇到坑穴就止步修养；放任自己的身体把它交给命运，不要当作是自己的私人物件。活着本就沉浮不定，死后就会万事止息。澹然守定之人如同深渊般宁静，心猿意马之人如同漂泊不定的舟。不要因为此生为人就拼命保护自己的身体，最好是修持至虚至空之性，浮游于人世间。大德之人心无挂碍不为外物所累，明白生命本真之人从不忧惧。细枝末节或使人不快的嫌隙，何足疑虑！

一年多后，文帝想念贾谊，召他回京。回到京城，贾谊前来觐见，文帝正在享受祭祀完神灵的肉，坐在宣室里接见贾谊。文帝因感触鬼神之事，就问贾谊鬼神的根本。贾谊详细的讲述鬼神的道理。一直讲到午夜，文帝听得很入心不觉移到席位的前面。谈论完毕，文帝说："我很久没见贾生，自认为超过了他，今天才知道还比不上他啊。"因此任命贾谊为梁怀王太傅。梁怀王，是文帝的小儿子，文帝很宠爱他，他又喜欢读书，所以让贾谊辅导他，文帝多次向贾谊请教成败得失。

当时，匈奴强大，常常侵犯汉朝边境。汉朝刚刚平定，各项制度粗略而不周密。诸侯王僭越自身的权力范围，占领的土地超过古制，淮南王、济北王都因为反叛遭到诛杀。贾谊多次向文帝进呈奏章陈述政事，他的意见大多是想匡正旧制建立新制，他进呈奏章的大概意思是：

臣窃惟事势，可为痛哭者一，可为流涕者二，可为长太息者六，若其它背理而伤道者，难遍以疏举。进言者皆曰天下已安已治矣，臣独以为未也。曰安且治者，非愚则谀，皆非事实知治乱之体者也。夫抱火厝之积薪之下而寝其上，火未及燃，因谓之安，方今之势，何以异此！本末舛逆，首尾衡决，国制抢攘，非甚有纪，胡可谓治！陛下何不壹令臣得孰数之于前，因陈治安之策，试详择焉！

夫射猎之娱，与安危之机孰急？使为治劳智虑，苦身体，乏钟鼓之乐，勿为可也。乐与今同，而加之诸侯轨道，兵革不动，民保首领，匈奴宾服，四荒乡风，百姓素朴，狱讼衰息。大数既得，则天下顺治，海内之气，清和咸理，生为明帝，没为明神，名誉之美，垂于无穷。《礼》祖有功而宗有德，使顾成之庙称为太宗，上配太祖，与汉亡极。建久安之势，成长治之业，以承祖庙，以奉六亲，至孝也；以幸天下，以育群生，至仁也；立经陈纪，轻重同得，后可以为万世法程，虽有愚幼不肖之嗣，犹得蒙业而安，至明也。以陛下之明达，因使少知治体者得佐下风，致此非难也。其具可素陈于前，愿幸无忽。臣谨稽之天地，验之往古，按之当今之务，日夜念此至孰也，虽使禹舜复生，为陛下计，亡以易此。

我私下考虑的是当前国家的形势，认为有一件事是可以为之痛哭的，有两件事是可以为之流涕的，有六件事是可以为之长叹的，像其他背理伤道的事，很难逐条列举。向陛下进言的人都说国家已经安定得到大治了，我却独自认为国家的治理还没达到他们说的那样。说国家安定并且得到大治的人，不是本人愚蠢就是向您谄媚，他们都没有从事实出发，不明白治理混乱，使国家太平的根本所在。就如同把火放在堆积的柴草下而自己睡在柴草的上面，柴草还没有点燃，所以认为很平安，当前国家的形势，跟这种情况有什么区别呢！本末倒置，首尾不能衔接，国家制度混乱，并不是很有纲纪，怎能说治理好了呢？陛下何不专门让臣有机会在您面前陈述国家与社会安定的策略，试着让您审慎地选择！

打猎这种娱乐活动，与掌握国家安危的机要，哪个更危急？如果认为治理国家就要劳心劳力勤于思考，使身体受苦，缺乏了钟鼓之乐，不这样做也可以。就如同现在的娱乐一样，再加上诸侯应遵循的规则，国家没有外忧，不需要动用国家的武器铠甲装备，人民保有首领生活安定，没有内忧外患，匈奴归顺臣服，四方边远的国家羡慕汉朝固有的风俗，百姓朴素大方，诉讼衰败而止息。得到了治国的大计，天下就会顺治，国内一团清和之气，万事都很合理，生为贤明的皇帝，死后为明察之神，让好的名声，世代相传，永不止息。《礼记》讲，祖有功而宗有德，陛下您顾成之庙可以称作太宗庙，上配高祖刘邦，与汉朝的统治一起流芳后世。建立长治久安的局势，成就长期太平的基业，以继承祖庙的辉煌，以侍候赡养六亲，这就是达到孝的极致了；以此让天下人幸福安康，来养育众生，这是达到了仁的极致了；确立管理的准则，宣示法则，轻重缓急都处理得当，以后可以成为万世效仿的法则，即使有愚钝幼稚没有出息的后代子孙，还能承蒙祖业而使天下安定，这是达到英明的极致了。以陛下的贤明通达，只要让略通治国纲要的人在下面辅佐，做到这些都不难。具体的做法臣可以在您面前陈述，希望陛下不要忽视。臣谨慎地考察天地万物之事，再加上古往今来的验证，研究对比当前必须办理的事情，日夜思考，觉得这套治理国家的办法很成熟，即使禹舜复生，为陛下谋

夫树国固必相疑之势，下数被其殃，上数爽其忧，甚非所以安上而全下也。今或亲弟谋为东帝，亲兄之子西乡而击，今吴又见告矣。天子春秋鼎盛，行义未过，德泽有加焉，犹尚如是，况莫大诸侯，权力且十此者乎！

然而天下少安，何也？大国之王幼弱未壮，汉之所置傅相方握其事。数年之后，诸侯之王大抵皆冠，血气方刚，汉之傅相称病而赐罢，彼自丞尉以上偏置私人，如此，有异淮南、济北之为邪！此时而欲为治安，虽尧舜不治。

黄帝曰："日中必熭，操刀必割。"今令此道顺而全安，甚易，不肯早为，已乃堕骨肉之属而抗刭之，岂有异秦之季世乎！夫以天子之位，乘今之时，因天之助，尚惮以危为安，以乱为治，假设陛下居齐桓之处，将不合诸侯而匡天下乎？臣又知陛下有所必不能矣。假设天下如曩时，淮阴侯尚王楚，黥布王淮南，彭越王梁，韩信王韩，张敖王赵，贯高为相，卢绾王燕，陈豨在代，令此六七公皆亡恙，当是时而陛下即天子位，能自安乎？臣有以知陛下之不能也。天下殽乱，高皇帝与诸公并起，非有仄室之势以豫席之也。诸公幸者，乃为中涓，其次廑得舍人，材之不逮至远也。高皇帝以明圣威武即天子位，割膏腴之地以王诸公，多者百余城，少者乃三四十县，惪至渥也，然其后十年之间，反者九起。陛下之与诸公，非亲角材而臣之也，又非身封王之也，自高皇帝不能以是一岁为安，故臣知陛下之不能也。然尚有可诿者，曰疏，臣请试言其亲者。假令悼惠

划，也不会改变臣的这些想法。

如果诸侯之国坚实牢靠，必然会出现与朝廷有互相猜疑的势头，百姓也会屡次遭受灾害，朝廷也会时常为此担忧，这实在不是安定社稷、保护百姓的办法啊。如今有人说陛下的亲弟弟在东面谋划称帝，陛下亲哥哥的儿子也向西进攻朝廷，如今又有人上报吴王谋反。陛下正值壮年，躬行仁义没有过错，对诸侯王的德泽还在不断地增加，他们尚且这样，更何况那些最大的诸侯，权力超过一般诸侯的十倍呢！

然而天下还是有稍许的安定，这是为什么呢？因为那些大诸侯国的国王还很幼弱未成壮年，朝廷派去的太傅与丞相正把握着王国大权。几年以后，诸侯之王大概都举行冠礼长大成人，血气方刚，朝廷派去的太傅丞相不得不称病被赐免官职，那些诸侯王就会把丞尉以上的官员，都安置成自己的亲信，这样的话，他们的所作所为与淮南王、济北王没什么不同！到了那时，要想治国安邦，即便是尧舜也治理不了。

黄帝说：“日头正当午时一定要曝晒东西，拿起刀子必定去切割东西。”现在按照这条道路走下去，国家顺达人民安全，这是很容易的，如果不早点儿行动，就只能毁伤骨肉斩杀他们，这与秦朝末年有什么区别！您以天子的权位，趁着现在的有利时机，借助上天的帮助，还会忌惮以危为安、以乱为治的修正措施，假使陛下处于齐恒公那时的地位，如果不联合诸侯怎能匡正天下呢？我又知道陛下一定不会这样做啊。假如天下的局势还像从前那样，淮阴侯还在楚国做王，英布在淮南做王，彭越在梁国做王，韩信在韩国做王，张敖在赵国做王，贯高任赵国的相，卢绾在燕国做王，陈豨在代国做王，如果这六七人直到现在还安然无恙，而当时陛下已经登上天子之位，陛下自己能感到安全吗？臣有理由知道陛下是不能的。那时天下混乱不堪，高皇帝和那些大人共同发动起义，起初并没有亲族的势力可以依靠。那些大人中的幸存者于是担任中涓，差一些的只是担任舍人，那些大人的才能远远不及高皇帝。高皇帝凭着他的明圣威武登上天子之位，分给那些大人肥沃的土地并任命他们做诸侯王，分得多的

王王齐，元王王楚，中子王赵，幽王王淮阳，共王王梁，灵王王燕，厉王王淮南，六七贵人皆亡恙，当是时陛下即位，能为治乎？臣又知陛下之不能也。若此诸王，虽名为臣，实皆有布衣昆弟之心，虑亡不帝制而天子自为者。擅爵人，赦死罪，甚者或戴黄屋，汉法令非行也。虽行不轨如厉王者，令之不肯听，召之安可致乎！幸而来至，法安可得加！动一亲戚，天下圜视而起，陛下之臣虽有悍如冯敬者，适启其口，匕首已陷其匈矣。陛下虽贤，谁与领此？故疏者必危，亲者必乱，已然之效也。其异姓负强而动者，汉已幸胜之矣，又不易其所以然。同姓袭是迹而动，既有征矣，其势尽又复然。殃祸之变，未知所移，明帝处之尚不能以安，后世将如之何！

屠牛坦一朝解十二牛，而芒刃不顿者，所排击剥割，皆众理解也。至于髋髀之所，非斤则斧。夫仁义恩厚，人主之芒刃也；权势法

有一百多座城池，分得少的也有三四十个县，给予他们很浓厚的恩德，可是在以后的十年之间，竟然有九起反叛事件。如今陛下与那些大人的关系，并不是亲自考量他们的才能而使他们臣服，也不是亲自封他们为诸侯王，从高帝那时起也不能凭借给他们恩惠而得到一年的安宁，所以臣知道陛下也得不到安宁。可是还有一个可以推托的理由，说因为与他们关系疏远，那就让臣试着说说那些关系亲近的同宗王吧。假如悼惠王还在齐国称王，元王还在楚国称王，中子还在赵国称王，幽王还在淮阳称王，共王还在梁国称王，灵王还在燕国称王，厉王还在淮南称王，如果这六七位贵人都还安然无恙，这时陛下登上天子之位，能使国家太平社会安定吗？臣又知道陛下是不能的。像这些同姓宗族的各位侯王，即使在名义上是臣子，实际上都有自己和皇帝是同胞兄弟关系这样的情志，他们都在考虑不再遵从皇帝的制度而让自己登上天子位。他们擅自封人爵位，赦免死罪，更有甚者有人乘坐着皇帝专用的黄缯车盖车，不在自己的封国推行汉朝的法令。即使是推行了汉廷的法令，但是对于厉王那样图谋不轨的人，皇上下的命令他都不肯听从，召见他又怎么会来呢！即便侥幸来了，法律又怎么能在他的身上发挥作用呢！如果用强力管束并处罚了一个亲戚，天下的诸侯王就会互相顾看然后起来反叛，陛下的臣子虽然有像冯敬那样勇猛强悍的人，但他正要开口向陛下告发那些诸侯王，敌人的匕首就已经刺进了他的胸膛。陛下虽然贤明，但是谁能帮助陛下管辖这些诸侯王呢？所以说与陛下关系疏远的异姓王必然使国家危险，与陛下关系亲近的同姓王必定使国家产生内乱，这些都已经发生了作用。那些异姓诸侯王自负实力强大而发动叛乱的，汉朝已经侥幸地战胜了他们，可是并没有改变他们发动叛乱的根本。同姓诸侯王沿袭着这条老路发动叛乱，已经有征兆了，此地叛乱的局势刚镇压下去，另一地的叛乱随着又起。这种灾祸的变化，不知道要延续到什么时候，像您这样圣明的皇帝治事尚且不能使国家安宁，以后的皇上又该如何处理这样的情况呢！

屠牛坦一早晨就能剖开十二头牛，而刀的锋刃没有变钝，这是因为他劈砍割削的地方都在四肢关节的缝隙之间。至于胯骨与股骨

制，人主之斤斧也。今诸侯王皆众髋髀也，释斤斧之用，而欲婴以芒刃，臣以为不缺则折。胡不用之淮南、济北？势不可也。

臣窃迹前事，大抵强者先反。淮阴王楚最强，则最先反；韩信倚胡，则又反；贯高因赵资，则又反；陈豨兵精，则又反；彭越用梁，则又反；黥布用淮南，则又反；卢绾最弱，最后反。长沙乃在二万五千户耳，功少而最完，势疏而最忠，非独性异人也，亦形势然也。曩令樊、郦、绛、灌据数十城而王，今虽以残亡可也；令信、越之伦列为彻侯而居，虽至今存可也。然则天下之大计可知已。欲诸王之皆忠附，则莫若令如长沙王；欲臣子之勿菹醢，则莫若令如樊、郦等；欲天下之治安，莫若众建诸侯而少其力。力少则易使以义，国小则亡邪心。令海内之势如身之使臂，臂之使指，莫不制从，诸侯之君不敢有异心，辐凑并进而归命天子，虽在细民，且知其安，故天下咸知陛下之明。割地定制，令齐、赵、楚各若干国，使悼惠王、幽王、元王之子孙毕以次各受祖之分地，地尽而止，及燕、梁它国皆然。其分地众而子孙少者，建以为国，空而置之，须其子孙生者，举使君之。诸侯之地其削颇入汉者，为徙其侯国及封其子孙也，所以数偿之；一寸之地，一人之众，天子亡所利焉，诚以定治而已，故天下咸知陛下之廉。地制壹定，宗室子孙莫虑不王，下无倍畔之心，上无诛伐之志，故天下咸知陛下之仁。法立而不犯，令行而不逆，贯高、利幾之谋不生，柴奇、开章之计不萌，细民乡善，大臣致顺，故天下咸知陛下之义。卧赤子天下之上而安，植遗腹，朝委裘，而天下不乱，当时大治，后世诵圣。壹动而五业附，陛下谁惮而久不为此？

这些地方，不是用砍刀就是用斧头去处理。宽厚正直与仁爱笃实，就好像屠牛坦手中的利刃；权势与法制，就好像屠牛坦手中的砍刀和斧子。如今诸侯王都就像众多的胯骨与股骨，如果对他们放下砍刀与斧子，而想着用利刃去缠绕，臣认为不是利刃碰出缺口就是被折断。为什么不用宽厚正直与仁爱笃实去对待淮南王、济北王呢？因为形势不允许那样啊。

我私下追寻以前的事情，大多数都是拥有强大势力的诸侯王先反叛。淮阴侯统治的楚国势力最强，就最先反叛；韩信倚仗着胡人的势力，则又反叛；贯高依靠赵国的资本，则又反叛；陈豨兵强马壮，则又反叛；彭越利用梁国的实力，则又反叛；英布依靠淮南的力量，则又反叛；卢绾势力最为弱小，最后一个反叛。长沙王仅享用封地内二万五千户为食邑，功劳不多但保存得最完善，势力弱而对朝廷最忠诚，这不是仅仅因为性格与其他诸侯王不同，而是形势造就他成为这个样子。如果从前命令樊哙、郦食其、绛侯周勃、灌婴等人占据几十座城池，封他们为诸侯王，即使现在他们因为势力削弱而灭亡也是可能的；如果把韩信、彭越等人封为最尊贵的侯爵，即使现在还存在，也是可能的。所以，治理天下的大计就能知道了。要想使诸侯王都忠心耿耿地归依朝廷，就不如让他们像长沙王那样只拥有弱小的势力就可以；要想使臣子不犯菹醢之刑，不至于被杀死后剁成肉酱，就不如让他们像樊哙、郦食其等人那样；要想使国家与社会安宁，不如多封诸侯国而减少每个诸侯国的势力范围。力量薄弱就容易用义理来教化他们，封国范围面积小就没有反叛朝廷的邪心。倘使海内的形势如同身体指挥着胳膊，胳膊指挥着手指一样，没有不约束自己不服从朝廷安排的，诸侯国的国君不敢对朝廷有异心，就像车辐会聚于毂一起使力一样，都会听命于天子，即使是百姓，也能知道自己身处安全稳定的国家，所以全天下人都知道陛下贤明。如果陛下分割土地，定立制度，命令齐、赵、楚等各大诸侯国分成若干小诸侯国，使悼惠王、幽王、元王的子孙全部按长幼次序获得祖先的一部分土地，一直把地分完为止，以及燕、梁等其他诸侯国也都这样做。那些封地多而子孙少的诸侯国，也建成好多小的诸侯国，可以空

天下之势方病大瘇。一胫之大几如要，一指之大几如股，平居不可屈信，一二指慉，身虑亡聊。失今不治，必为锢疾，后虽有扁鹊，不能为已。病非徒瘇也，又苦跖盭。元王之子，帝之从弟也；今之王者，从弟之子也。惠王，亲兄子也；今之王者，兄子之子也。亲者或亡分地以安天下，疏者或制大权以偪天子，臣故曰非徒病瘇也，又苦跖盭。可痛哭者，此病是也。

天下之势方倒县。凡天子者，天下之首，何也？上也。蛮夷者，天下之足，何也？下也。今匈奴嫚侮侵掠，至不敬也，为天下患，至亡已也，而汉岁致金絮采缯以奉之。夷狄征令，是主上之操也；天子共贡，是臣下之礼也。足反居上，首顾居下，倒县如此，莫之能解，犹为国有人乎？非亶倒县而已，又类辟，且病痱。夫辟者一面

出地来搁置在那里，等他们生了子孙，让他们全部去做诸侯国君。对于削减了诸侯封国而收归朝廷的土地，就迁移他的侯国封地并封他的子孙到那里，按原来的数量还给他；一寸土地，一位百姓，皇帝没有一丝一毫的利益，确实是以此来定国安邦而已，因此天下人都知道陛下的清廉。划分土地的制度一经确定，宗室子孙没有谁会忧虑不能为王，下位的诸侯国也不会有背叛朝廷的心思，上位的天子也没有讨伐诸侯国的念头，因此天下人都知道陛下的仁爱。法律制度建立起来而没有人犯法，政令推行而没有人逆反，像贯高、利幾之类的阴谋就不会生起，柴奇、开章之流的计谋也不会萌生，百姓一心向善，大臣致力于顺从，因此天下人都知道皇上的义节。这样，即使让睡卧在床上的婴儿当皇帝，国家也是安宁的，即使立腹内的孩子为皇帝，置故君遗衣于座而接受臣子的朝拜，天下也不会发生动乱，当代能够达到大治，后代也会称颂陛下的圣明。如果能推动并实行这一措施，就能附带这五种功业，陛下还忌惮谁而久久不行动呢？

如今天下的形势好像脚特别肿痛的人一样。从膝盖到脚跟这一段肿大如腰一般粗，平时不能屈曲和伸舒，牵动一两个脚趾，全身都跟着疼痛难忍。如果现在不赶快治疗，必然成为积久难治的疾病，以后即使有扁鹊来医治，也不可能治好了。况且这病不仅仅是脚肿痛，而且还会承受脚掌扭折的苦楚。元王的儿子，是陛下的堂弟；现在做楚王的，是陛下堂弟的儿子。齐国的惠王，是陛下亲哥哥的儿子；现在做齐王的，是陛下哥哥的孙子。没有封地的亲属维持着天下的安定，而关系疏远的亲属却掌握着大权来威逼天子，所以，臣因此才说不光患的是脚肿痛，而且还会承受脚掌扭折的苦楚。臣之所以痛哭，就是因为这种病啊。

现在，天下的形势犹如正倒挂着的人一样，处境极为艰苦。天子，是天下的首领，为什么呢？因为在身体的最上面。蛮夷，是天下的脚，为什么呢？因为在身体的最下面。如今匈奴对汉朝轻蔑侮辱，侵扰掠夺，十分不敬，成为天下的祸患，无休无止，而汉朝每年却还赠送他们大量的金钱与绢以及各色丝织品。未开化的民族还对汉朝征税及发号施令，他们做的是皇上应该做的事；皇上向匈奴奉献贡品，

病，痱者一方痛。今西边北边之郡，虽有长爵不轻得复，五尺以上不轻得息，斥候望烽燧不得卧，将吏被介胄而睡，臣故曰一方病矣。医能治之，而上不使，可为流涕者此也。

陛下何忍以帝皇之号为戎人诸侯，势既卑辱，而祸不息，长此安穷！进谋者率以为是，固不可解也，亡具甚矣。臣窃料匈奴之众，不过汉一大县，以天下之大困于一县之众，甚为执事者羞之。陛下何不试以臣为属国之官以主匈奴？行臣之计，请必系单于之颈而制其命，伏中行说而笞其背，举匈奴之众唯上之令。今不猎猛敌而猎田彘，不搏反寇而搏畜菟，玩细娱而不图大患，非所以为安也。德可远施，威可远加，而直数百里外威令不信，可为流涕者此也。

今民卖僮者，为之绣衣丝履偏诸缘，内之闲中，是古天子后服，所以庙而不宴者也，而庶人得以衣婢妾。白縠之表，薄纨之里，緁以偏诸，美者黼绣，是古天子之服，今富人大贾嘉会召客者以被墙。古者以奉一帝一后而节适，今庶人屋壁得为帝服，倡优下贱得为后饰，然而天下不屈者，殆未有也。且帝之身自衣皂绨，而富民墙屋被文绣；天子之后以缘其领，庶人孽妾缘其履：此臣所谓舛也。夫百人作之不能衣一人，欲天下亡寒，胡可得也？一人耕之，十人聚

守的是臣应该守的礼节。如今脚丫反而到了头顶上面，头反而待在脚丫下面，首尾颠倒成这样，竟然没人能解救，还敢说国家有治国的人才吗？不仅仅是头尾倒置而已，又像是患有脚肿痛的病，并且还患了偏瘫。患足病只是一面疼，偏瘫病则是一大片地方疼。如今西部北部边境的郡县，即使拥有很高爵位的人也不能轻易免除兵役，未成年孩童以上的人都因为战备不能休息，侦察敌情的哨兵日夜守望烽火台不能睡个安稳觉，将士们都身披铠甲戴着头盔睡觉，所以臣说这是一大片地方疼啊。这种病，医生还能够治疗，但皇上不允许医生治疗。臣之所以流涕，是因为这件事啊。

陛下怎么能忍受以帝皇的称号去做匈奴的诸侯，既卑下屈辱，还祸患不断，长此以往，哪有穷尽！进献谋略的人都以为这样做是对的，真是难以理解啊，这些人真是无能到了极点。臣私下猜测匈奴的人口，也不过像汉朝的一个大县，以这么大的汉朝天下受困于相当于汉朝一个大县的匈奴，臣真为执掌事务的大臣们感到惭愧。陛下为什么不任命臣担任属国之官去管理匈奴呢？执行臣的计策，请陛下允许臣必定掐住单于的脖颈，控制他的生死，掌管他的命运，制服中行说并且鞭打他的脊背，使所有的匈奴人只听从陛下的命令。如今不去捕捉凶猛的敌人而去捕捉野猪，不与叛臣对打而与家兔对打，安于小小的娱乐而不图谋解除国家大患，这种做法不能让天下安定啊。恩德可以向很远的地方施行，威名可以向很远的地方散播，而现在陛下的威名仅仅在几百里外就没人相信了，臣之所以流涕，也是因为这件事啊。

现在民间贩卖奴婢的人，给奴婢们穿绣着花边的彩绣丝绸衣服与丝织品制成绣着花边的鞋，圈在木栅栏内随意买卖，这些奴婢穿的都是古时候皇后才会穿的服装，而且皇后只是在祭祀时穿，即便是宴饮的时候也不穿，而现在普通的老百姓却拿来给婢妾穿上。用白色绉纱做衣服的面子，用细薄的熟绢做衬里，再缝上花边，再漂亮些的还绣上斧形花纹，这是古代天子要穿的服饰，如今富庶的大商人举行盛大的宴会招待客人时，却随意脱下挂在墙壁上。这些服饰在古时候只是用来事奉一帝一后，穿的时候还要节制而适度，如今

而食之，欲天下亡饥，不可得也。饥寒切于民之肌肤，欲其亡为奸邪，不可得也。国已屈矣，盗贼直须时耳，然而献计者曰“毋动”，为大耳。夫俗至大不敬也，至亡等也，至冒上也，进计者犹曰“毋为”，可为长太息者此也。

商君遗礼义，弃仁恩，并心于进取，行之二岁，秦俗日败。故秦人家富子壮则出分，家贫子壮则出赘。借父耰鉏，虑有德色；母取箕帚，立而谇语。抱哺其子，与公併倨；妇姑不相说，则反唇而相稽。其慈子耆利，不同禽兽者亡几耳。然并心而赴时，犹曰蹶六国，兼天下。功成求得矣，终不知反廉愧之节，仁义之厚。信并兼之法，遂进取之业，天下大败；众掩寡，智欺愚，勇威怯，壮陵衰，其乱至矣。是以大贤起之，威震海内，德从天下。曩之为秦者，今转而为汉矣。然其遗风余俗，犹尚未改。今世以侈靡相竞，而上亡制度，弃礼谊，捐廉耻，日甚，可谓月异而岁不同矣。逐利不耳，虑非顾行也，今其甚者杀父兄矣。盗者剟寝户之帘，搴两庙之器，白昼大都之中剽吏而夺之金。矫伪者出几十万石粟，赋六百余万钱，乘传而行郡国，此其亡行义之尤至者也。而大臣特以簿书不报，期会之间，以为大故。至于俗流失，世坏败，因恬而不知怪，虑不动于耳目，以为是适然耳。夫移风易俗，使天下回心而乡道，类非俗吏之所能为

普通老百姓房屋的墙壁居然挂着皇帝的服饰，下贱的倡优也得以穿着皇后的服饰，既然如此，想要不让国家的财力枯竭，大概是不会有的。况且皇帝自己穿的是黑色的普通丝织品做成的厚衣服，而富家人的墙壁上却挂着锦绣的衣服；皇后用来镶衣领的花边，普通老百姓家中地位低下的婢女却拿着镶在鞋边上：这就是臣所讲的违背伦理的事啊。一百个人辛辛苦苦做的衣服却不能满足一人的穿着，要想天下人人不挨冻，怎么可能做到呢？一个人在田地辛苦耕种，十个人却聚集在一起大肆吃喝，要想天下人人不受饿，怎么可能做到呢。饥寒与人的身体息息相关，要想让他们不做奸诈邪恶的事，不可能啊。国家的财力已经开始枯竭了，盗贼横行只是时间问题罢了，然而献计的人却说“不要变动眼前的一切”，这才是上策啊。现在的风俗习惯竟然是对上位的人极度不尊敬，这简直是不顾尊卑等级，简直是冒犯皇上，而献计的人却说“毋为”，可以为之长叹息的，就是这样的事啊。

商鞅丢掉礼义，舍弃仁恩，一心一意努力上进，力图有所作为，他的主张推行了两年，秦朝的风俗日渐衰败。所以秦朝人里富庶的家庭儿子长大就分家，贫寒的家庭儿子长大就离家入赘到女方家做女婿。借给父亲耰锄，就流露出恩赐别人自得的脸色；母亲取用畚箕和扫帚，儿媳马上就会责骂。儿媳哺育孩子，与公公挨着坐一起；婆媳之间互相看着不顺眼，受到指责不服气，反过来对对方加以计较、讥斥。他们宠爱的儿子贪图利益，与禽兽没什么区别。然而商鞅集中心思一心进取，还说是为了挫败六国，兼并天下。秦国功成名就了，却最终不知道自己违反了廉耻的礼度，违反了仁义的厚德。可见崇奉兼并的办法，虽然实现了进取的大业，却败坏了天下；人多的欺负人少的，有智慧的欺负愚蠢的，勇武的恐吓怯懦的，强壮的欺凌衰弱的，真是乱到极致了。因此品德贤良的汉高祖刘邦发动战争匡正天下，威震海内，德从天下。以前的天下是秦朝，如今的天下已经转属汉朝了。然而秦朝遗留下来的风俗，还是没有改变。今世之人都相互竞争着看谁更奢靡，而上位的人又没有建立相关的制度，这种抛弃礼义，摒除廉耻的风气一天甚于一天，可以说是每年每月都不同啊。

也。俗吏之所务，在于刀笔筐箧，而不知大体。陛下又不自忧，窃为陛下惜之。

夫立君臣，等上下，使父子有礼，六亲有纪，此非天之所为，人之所设也。夫人之所设，不为不立，不植则僵，不修则坏。《筦子》曰："礼义廉耻，是谓四维；四维不张，国乃灭亡。"使筦子愚人也则可，筦子而少知治体，则是岂可不为寒心哉！秦灭四维而不张，故君臣乖乱，六亲殃戮，奸人并起，万民离叛，凡十三岁，而社稷为虚。今四维犹未备也，故奸人幾幸，而众心疑惑。岂如今定经制，令君君臣臣，上下有差，父子六亲各得其宜，奸人亡所幾幸，而群臣众信，上不疑惑！此业壹定，世世常安，而后有所持循矣。若夫经制不定，是犹度江河亡维楫，中流而遇风波，船必覆矣。可为长太息者此也。

夏为天子，十有余世，而殷受之。殷为天子，二十余世，而周受

只追逐名利，而不顾及自己的言行，如今更严重的是居然有人会杀害自己的父亲兄弟。盗贼割下皇帝宗庙内室的门帘，随意地拿走汉高祖与汉惠帝两庙的祭器，大白天在长安城中抢夺官吏的钱财。胆大妄为者制造虚假的文书，骗走几十万石粮食，敢于骗征六百多万赋税，乘坐传车驿马在郡与国周游，这种不躬行仁义的骗子真是坏到了极点。而大臣特意将没有上报的文书簿册，在一定的时间内汇总，当作大事来处理。至于好的风俗习惯流失，世风日下，却不以为然，不用脑子思考，不用耳朵去听，不用眼睛去看，以为这一切都理所当然罢了。说到移风易俗，使天下人回心转意走向正道，这样的事情不是世俗的官吏所能做到的。世俗的官吏所致力干的事，只是在案牍写写公文，收藏贵重物品，不知道有关大局的重要道理。陛下您又不担忧这些事，臣私下为陛下惋惜啊。

要确立君臣之间的上下等级关系，使父子之间有礼可遵，六亲之间有纪可循，这不是上天所为，是人为设立的。人们之所以设立制度，是因为不设立制度就不能建立秩序，不建立秩序就会社会混乱，不治理社会就会导致垮掉。《管子》讲：“礼义廉耻，是四种立国的纲维；如果不能行使礼、义、廉、耻这治国的四大纲维，国家就有灭亡的危险。”假使管子是个愚蠢的人也就算了，假使管子稍微知道治国的纲领、要旨，如果真的那样，难道不觉得寒心吗！秦朝舍弃礼义廉耻而不行使，所以君臣不守礼法，胡作非为，六亲互相残杀，狡猾、奸诈的坏人一并起来，万民叛离朝廷，秦国执政一共十三年，而社稷就变为一片废墟。现今礼义廉耻这四大纲维还没有齐备，所以奸人才会非分企求，而百姓心里疑惑不安。不如现在就确定治国的纲要，让君作为君王，臣子作为臣子，有等级上下的差别，使得父子与六亲各得其所，奸人没有非分的企求，而群臣才可以增加信心，皇上也不会疑惑！这样的制度一旦建立，世世代代都能得到长久的安宁，而且后代也就有法可循了。如果治国的纲要没有确定，就像渡江时没有系船之绳和船桨一样，船行到中流遇到风波，必定会翻船啊。臣认为应该长叹的就是这样的事啊。

夏朝统治天下，有十多世，而殷商取代了夏。殷商统治天下，有

之。周为天子，三十余世，而秦受之。秦为天子，二世而亡。人性不甚相远也，何三代之君有道之长，而秦无道之暴也？其故可知也。古之王者，太子乃生，固举以礼，使士负之，有司齐肃端冕，见之南郊，见于天也。过阙则下，过庙则趋，孝子之道也。故自为赤子而教固已行矣。昔者成王幼在襁抱之中，召公为太保，周公为太傅，太公为太师。保，保其身体；傅，傅之德义；师，道之教训：此三公之职也。于是为置三少，皆上大夫也，曰少保、少傅、少师，是与太子宴者也。故乃孩提有识，三公、三少固明孝仁礼义以道习之，逐去邪人，不使见恶行。于是皆选天下之端士孝悌博闻有道术者以卫翼之，使与太子居处出入。故太子乃生而见正事，闻正言，行正道，左右前后皆正人也。夫习与正人居之，不能毋正，犹生长于齐不能不齐言也；习与不正人居之，不能毋不正，犹生长于楚之地不能不楚言也。故择其所耆，必先受业，乃得尝之；择其所乐，必先有习，乃得为之。孔子曰："少成若天性，习贯如自然。"及太子少长，知妃色，则入于学。学者，所学之官也。《学礼》曰："帝入东学，上亲而贵仁，则亲疏有序而恩相及矣；帝入南学，上齿而贵信，则长幼有差而民不诬矣；帝入西学，上贤而贵德，则圣智在位而功不遗矣；帝入北学，上贵而尊爵，则贵贱有等而下不隃矣；帝入太学，承师问道，退习而考于太傅，太傅罚其不则而匡其不及，则德智长而治道得矣。此五学者既成于上，则百姓黎民化辑于下矣。"及太子既冠成人，免于保傅之严，则有记过之史，彻膳之宰，进善之旌，诽谤之木，敢谏之鼓。瞽史诵诗，工诵箴谏，大夫进谋，士传民语。习与智长，故切而不愧；化与心成，故中道若性。三代之礼：春朝朝日，秋暮夕月，所以明有敬也；春秋入学，坐国老，执酱而亲馈之，所以明有孝也；行以鸾和，步中《采齐》，趣中《肆夏》，所以明有度也；其于禽兽，见其生不食其死，闻其声不食其肉，故远庖厨，所以长恩，且明有仁也。

二十多世，而周朝取代了殷商。周朝统治天下，有三十多世，而秦朝取代了周。秦朝统治天下，经历了两世就灭亡了。人与人的本性相差不是很远，为什么夏商周三代有道的君主统治时间长，而秦朝无道的君主残暴统治的时间很短呢？这当中的原因是可想而知的。古代的帝王，太子才刚生下，就用礼义来教化，让士人背着他，有司整齐严肃，端正衣冠，到南郊祭祀天地。路过宫阙就下车步行，路过宗庙就小步快走，这是孝子之道啊。所以太子在孩提时代就已经实施教育了。过去，周成王年幼，还在襁褓之中的时候，召公担任太保，周公担任太傅，太公担任太师教育他。保，就是保护周成王的身体；傅，就是传授给他道德信义；师，就是对他教育训练，这就是三公的职责。于是又设置三少，都是上大夫来任职，叫少保、少傅、少师，这是陪伴在太子身边的人。所以当太子在孩提时代刚刚懂事，三公、三少就让他明白孝、仁、礼、义之道，并让他学习怎样做人，他们赶走太子身边奸邪之人，不让太子见到恶行。于是都选拔天下品行端正、孝悌有加、见多识广、有道德学术的人辅佐他，让这些人与太子住在一起同出同入。所以太子刚生下来就能见到正事，就能听到正言，就能推行正道，因为太子的左右前后都是正直无私的人。经常与品行端正的人相处，品行就不可能不端正，好像生长在齐国不能不说齐国话一样；经常与品行不端的人相处，品行就不可能端正，如同生长在楚国不能不讲楚国话一样。所以要选择天子喜欢的事情，必须先让他跟着老师学习，然后才能尝试着实施；要选择天子乐于接受的东西，必须先让他养成好的习惯，先让他熟悉自己所接触的人与事，然后才能去做。孔子说："小的时候养成的习惯就像人的天性一样自然牢固，甚至就变成天性了。"等到太子稍微长大一些，懂得女色的时候，就让他进入学馆学习。学，就是学习的学馆。《学礼》讲："皇帝进入东学学习，就懂得尊敬亲人，重视仁义，于是就有了亲疏的次序与相应的施恩次第；皇帝进入南学学习，就懂得尊敬老年人，重视信义，于是就明白了长幼的区别而民众之间互相不应该欺骗；皇帝进入西学学习，就懂得尊敬贤能之人，重视道德，于是圣贤聪明的人就能得到任用而有功之人就不会被遗弃；皇帝进入北学学习，就懂得尊敬

夫三代之所以长久者，以其辅翼太子有此具也。及秦而不然。其俗固非贵辞让也，所上者告讦也；固非贵礼义也，所上者刑罚也。使赵高傅胡亥而教之狱，所习者非斩劓人，则夷人之三族也。故胡亥今日即位而明日射人，忠谏者谓之诽谤，深计者谓之妖言，其视杀人若艾草菅然。岂惟胡亥之性恶哉？彼其所以道之者非其理故也。

显贵的人，尊崇爵禄，于是就明白有贵贱这样的等级而卑下的人不能逾越自己的身份；皇帝进入太学学习，蒙受老师的教导而询问治国之道，放学回去温习功课并接受太傅的考核，太傅惩罚他不合格的地方并匡正他的不足之处，于是太子的德行与智慧增长而治国之道也学会了。这五学在上面学成了，那么黎民百姓就能在下面受到教化就能和睦相处了。”等到太子行冠礼成年之后，就免去太保、太傅严厉的教导，就会有记载过失的史官监督太子，就会有撤减膳食的官员规劝太子，还有鼓励人们举荐贤善之人而竖起来的旌旗，还有让人们书写政治过失在路旁竖起的木牌，还有在官府门口设置人们进谏时敲打的鼓。还有瞽史诵诗来规劝，乐工朗诵规戒劝谏的话来规劝，大夫进献谋略，士人传诵反映人民生活经验和愿望的言语。太子一边学习一边增长智慧，所以做事就能切合标准问心无愧；使得教化和思想一起形成，所以就能施行合乎本性的中庸之道。夏商周三代之礼：春季的早上去行祭日之礼，秋季的傍晚去行祭月之礼，这样做就表明自己敬重天地；春秋入学的时候，请国老上座，太子亲手捧着肉酱进献给他，这样做是表明自己孝敬长老；乘车出行，速度快慢要配合车上鸾、和的两种铃声，走路的时候，慢步要合乎《采齐》的节奏，快步要合乎《肆夏》的节奏，这样做是表明自己做事要适度；对于禽兽，只要在禽兽活着的时候见过它并且听过它的声音，禽兽死了以后太子就不吃它的肉，所以君王要远庖厨，这样做是表明自己要长养恩惠，而且表明自己有仁爱之心。

夏商周三代统治的时间之所以能长久的原因，是他们有这些具体的办法来辅助太子。到了秦朝就不是这样了。他们的风俗习惯本来就不重视谦逊辞让的美德，他们崇尚的是告发别人的隐私；他们本来就不重视礼义，他们崇尚的是刑罚。让赵高教导秦二世，传授他的是刑罚之法，他所练习的不是杀人就是割掉别人的鼻子，再者就是灭门三族。所以秦二世今天登基明天就能杀人，他把忠心劝勉的话当成是诽谤，把深入周密的谋划当成是妖言，视杀人如割草一样。难道是秦二世胡亥的本性很凶恶吗？那是由于老师教给他的东西不合理啊。

鄙谚曰："不习为吏，视已成事。"又曰："前车覆，后车诫。"夫三代之所以长久者，其已事可知也；然而不能从者，是不法圣智也。秦世之所以亟绝者，其辙迹可见也；然而不避，是后车又将覆也。夫存亡之变，治乱之机，其要在是矣。天下之命，县于太子；太子之善，在于早谕教与选左右。夫心未滥而先谕教，则化易成也；开于道术智谊之指，则教之力也。若其服习积贯，则左右而已。夫胡、粤之人，生而同声，耆欲不异，及其长而成俗，累数译而不能相通，行者有虽死而不相为者，则教习然也。臣故曰选左右早谕教最急。夫教得而左右正，则太子正矣，太子正而天下定矣。《书》曰："一人有庆，兆民赖之。"此时务也。

凡人之智，能见已然，不能见将然。夫礼者禁于将然之前，而法者禁于已然之后，是故法之所用易见，而礼之所为生难知也。若夫庆赏以劝善，刑罚以惩恶，先王执此之政，坚如金石，行此之令，信如四时，据此之公，无私如天地耳，岂顾不用哉？然而曰礼云礼云者，贵绝恶于未萌，而起教于微眇，使民日迁善远罪而不自知也。孔子曰："听讼，吾犹人也，必也使毋讼乎！"为人主计者，莫如先审取舍；取舍之极定于内，而安危之萌应于外矣。安者非一日而安也，危者非一日而危也，皆以积渐然，不可不察也。人主之所积，在其取舍。以礼义治之者，积礼义；以刑罚治之者，积刑罚。刑罚积而民怨背，礼义积而民和亲。故世主欲民之善同，而所以使民善者或

俗语说："如果不熟悉做官的事，就看看以前官吏已经完成的事情。"又说："如果走在前面的车翻了，后面的车要引以为戒。"夏商周三代的统治之所以长久，看他们已经完成的事情就能知道；然而不依循此道的，则是不能以圣德智慧为标准的人。秦朝之所以很快就灭亡了，看他留下的历史痕迹能看出来；如果有了这样的前车之鉴，还是不回避，后面的车又要翻了。生存与灭亡之间，天下大治或社会动荡的关键，其要旨就在这里了。所以天下的命运，取决于太子；太子能否很好地治理国家，在于早期的晓谕教诲与选拔陪伴在太子身边的人。在太子的思想还没完全成熟之时就先晓谕教诲，那么对太子的教化就容易成功；太子能否领悟治理国家的方法和智慧办事的要领，那就是教化的力量了。至于如何适应老师的方法并逐渐养成良好的习惯，那就是陪伴在太子身边人的任务了。胡人和越人，出生时发出的声音一样，嗜欲也没有什么不同，等他们长大养成了自己的习惯，他们互相说的话经过多次翻译也不能相通，他们的举止有的到死也不能互相改变，那是教育讲习导致的结果。所以臣说当务之急是选好太子身边辅佐他的人以及早早地晓谕教诲他。如果教育得当而且太子身边的人品行端正，那么太子就会正直无私，太子正直无私了，天下也就安定了。《尚书》讲："一个人有福运，许多人都会因他得福。"这是当前的重大事情。

但凡人的智慧，是能看到的已经发生了的事，无法预见没发生的事。礼是用来约束人们即将发生的行为，而法是用来惩治已经发生的问题，所以法律的功效容易看见，而礼的作用却难以知晓。假如用庆功行赏来劝善，用法律制裁来惩恶，如果先王这样执掌政权，政权一定会坚如磐石，如果先王实施这样的政令，人民一定会对先王长久地信任听从，按照这样的方法来治理国家，人民就会像天地一样无私啊，陛下不这么做，是还有什么顾虑吗？所以说礼之所以为礼，重要的是在坏事还没有萌生的时候就杜绝它，而在细微之处就着手教育，使老百姓潜移默化地向善远罪。孔子说："审理诉讼案件，我同别人一样没有什么高明之处，重要的是从根本上杜绝诉讼案件的发生！"为国君出谋划策，不如先审慎地确定取舍；取舍的标

异。或道之以德教，或殴之以法令。道之以德教者，德教洽而民气乐；殴之以法令者，法令极而民风哀。哀乐之感，祸福之应也。秦王之欲尊宗庙而安子孙，与汤武同，然而汤武广大其德行，六七百岁而弗失，秦王治天下，十余岁则大败。此亡它故矣，汤武之定取舍审而秦王之定取舍不审矣。夫天下，大器也。今人之置器，置诸安处则安，置诸危处则危。天下之情与器亡以异，在天子之所置之。汤武置天下于仁义礼乐，而德泽洽，禽兽草木广裕，德被蛮貊四夷，累子孙数十世，此天下所共闻也。秦王置天下于法令刑罚，德泽亡一有，而怨毒盈于世，下憎恶之如仇雠，祸几及身，子孙诛绝，此天下之所共见也。是非其明效大验邪！人之言曰："听言之道，必以其事观之，则言者莫敢妄言。"今或言礼谊之不如法令，教化之不如刑罚，人主胡不引殷、周、秦事以观之也？

人主之尊譬如堂，群臣如陛，众庶如地。故陛九级上，廉远地，则堂高；陛亡级，廉近地，则堂卑。高者难攀，卑者易陵，理势然也。故古者圣王制为等列，内有公卿大夫士，外有公侯伯子男，然后有官师小吏，延及庶人，等级分明，而天子加焉，故其尊不可

准在朝廷内部制定，安危的效验在社会上应验。安定的生活环境不是实行一天就能够实现长治久安的，危险的产生也不是一天就形成的，都是日积月累以后才逐渐产生的，不能不认真考察啊。国君所重视的，在于取舍之间。以礼义治理国家，积累的是礼义；以刑罚治理国家，积累的是刑罚。刑罚集聚得多老百姓就会因怨恨而背离，礼义集聚得多老百姓就会和睦亲善。所以国君都希望老百姓善良，然而使老百姓善良的方法却各不相同。有人对他们进行道德的教化，有人用法令来鞭策他们。用道德教化的人，德行广布而民众和乐；用法令鞭策的人，法令到了极点而民风哀怨。民众表现出或哀或乐的感觉，相对应的便是国家或祸或福的结果。秦王想让自己的宗庙受到世人的尊敬并且让子孙安定的想法，与商汤、周武王完全相同，然而商汤、周武王推广自己的德行，子孙流传六七百年而不断绝，秦王治理天下，仅仅十多年就灭亡了。这没有别的原因，商汤、周武王慎重地确定取舍而秦王对取舍的确定不够审慎。天下，是重要的宝物。人们把它放在安全的地方它就安全，放在危险的地方它就危险。治理天下的情况与放置宝物没什么差异，就看天子怎么安置它。商汤周武王把天下放置在仁义礼乐的位置，使得德泽广布四方，使得禽兽肥壮、草木繁茂，恩德覆盖到四方落后的部族，接连子孙几十代都是这样，这是天下人都知道的。秦王把天下放置在法令刑罚的位置，没有一点儿德泽，而怨恨充满社会，底层的老百姓如同憎恨仇敌一样憎恨着他，让祸害危险临及自身，子孙也跟着灭绝殆尽，这也是天下人都能看到的。这不是很显著的效验吗!有人说：“衡量别人进言的办法，最好是用具体的事例来验证，这样进言的人就不敢再胡言乱语了。”如今有人说礼义不如法令，教化不如刑罚，国君为何不引用殷、周、秦朝的事情让他们考察呢?

国君高贵的地位犹如殿堂，群臣犹如殿堂下的台阶，老百姓犹如最下面的地面。所以九级以上的台阶，离地面很远，那么殿堂就高高在上；如果台阶没有级别，离地面很近，殿堂就显得矮小低下。台阶高的殿堂难以攀登，台阶低的殿堂易于跨上去，事理的情势就是这样。所以古代圣王制定等级，朝廷内部有公、卿、大夫、士，地方封

及也。里谚曰:“欲投鼠而忌器。”此善谕也。鼠近于器,尚惮不投,恐伤其器,况于贵臣之近主乎!廉耻节礼以治君子,故有赐死而亡戮辱。是以黥劓之罪不及大夫,以其离主上不远也。礼不敢齿君之路马,蹴其刍者有罚;见君之几杖则起,遭君之乘车则下,入正门则趋;君之宠臣虽或有过,刑戮之罪不加其身者,尊君之故也。此所以为主上豫远不敬也,所以体貌大臣而厉其节也。今自王侯三公之贵,皆天子之所改容而礼之也,古天子之所谓伯父、伯舅也,而令与众庶同黥劓髡刖笞傌弃市之法,然则堂不亡陛乎?被戮辱者不泰迫乎?廉耻不行,大臣无乃握重权、大官而有徒隶亡耻之心乎?夫望夷之事,二世见当以重法者,投鼠而不忌器之习也。

臣闻之,履虽鲜不加于枕,冠虽敝不以苴履。夫尝已在贵宠之位,天子改容而体貌之矣,吏民尝俯伏以敬畏之矣,今而有过,帝令废之可也,退之可也,赐之死可也,灭之可也;若夫束缚之,系绁之,输之司寇,编之徒官,司寇小吏詈骂而榜笞之,殆非所以令众庶见也。夫卑贱者习知尊贵者之一旦吾亦乃可以加此也,非所以习天下也,非尊尊贵贵之化也。夫天子之所尝敬,众庶之所尝宠,死而死耳,贱人安宜得如此而顿辱之哉!

国有公、侯、伯、子、男，然后有官吏之长以及小吏，一直延伸到普通老百姓，等级分明，而天子高居在最上面，所以天子的尊贵是别人达不到的。民间流行的谚语说：“想掷打老鼠，却担心击坏老鼠身旁的器物而不敢下手。”这是一个很好的比喻。因为老鼠离器物很近，人们尚且忌惮损毁器物而不敢投掷东西，何况地位尊贵的大臣距离主上很近呢！所以才会用礼义廉耻来治理君子，大臣可以赐死而不会被杀戮污辱。因此黥劓之罪不会加到大夫身上，因为他们离主上不远啊。礼义规定不敢计算为国君拉车的马的年龄，踩踏喂马的草料也要受到惩罚；看到国君的坐几和手杖就要恭敬地肃立，遇到国君的车马就要下车恭敬地等待，进入正门就要小步快走；国君的宠臣虽然有人犯了错，杀戮的罪行不加在他身上执行，这是尊敬国君的原因。也是为了使皇上预先远离不敬的事情，所以才能让天子对大臣以礼相待让大臣保持自己的节操。如今自王侯三公的权贵，都是天子要改变态度以礼相待的人，古代天子称呼的伯父、伯舅，就是天子敬重的人，如果让他们也与民众一样施用黥劓髡刖笞傌弃世这些刑罚，那么殿堂不就没有台阶了吗？遭受杀戮侮辱的人不就离天子太近了吗？不推行廉耻，大臣岂不是会掌握重权、大官不就会有服劳役狱囚那样的无耻之心了吗？秦朝望夷宫这件事，赵高在那里迫杀秦二世，这就是投鼠不忌器造成的结果啊。

臣听说，即使是很新的鞋子也不能放到枕头上，即使是很破旧的帽子也不能用来垫鞋底。曾经身居显贵地位且受天子宠幸的人，天子敬重他并对他以礼相待，官吏与普通老百姓曾对他俯首伏地非常敬畏，如今他犯了错，皇帝可以下令废黜他的官位，可以让他告老还乡，可以赐他死，可以灭了他的族；可是如果约束限制他，用绳子捆绑着他，然后送给司寇审理他，收编在役使的管辖之下，让司寇小吏恶言辱骂鞭笞拷打，这些大概不能让普通老百姓看到吧。如果卑贱的人一旦悉知尊贵的人犯了错，就觉的我也可能遭受到同样的刑罚，这可不是教化天下人的办法，也不符合敬重位尊的人重视显贵的人的教化之道。天子曾经所敬重过的人，普通老百姓曾经推崇过的人，想让他死，就让他有尊严地去死，卑贱的人怎么可以这样揪头顿地使他

豫让事中行之君，智伯伐而灭之，移事智伯。及赵灭智伯，豫让衅面吞炭，必报襄子，五起而不中。人问豫子，豫子曰："中行众人畜我，我故众人事之；智伯国士遇我，我故国士报之。"故此一豫让也，反君事仇，行若狗彘，已而抗节致忠，行出乎列士，人主使然也。故主上遇其大臣如遇犬马，彼将犬马自为也；如遇官徒，彼将官徒自为也。顽顿亡耻，奊诟亡节，廉耻不立，且不自好，苟若而可，故见利则逝，见便则夺。主上有败，则因而挺之矣；主上有患，则吾苟免而已，立而观之耳；有便吾身者，则欺卖而利之耳。人主将何便于此？群下至众，而主上至少也，所托财器职业者粹于群下也。俱亡耻，俱苟妄，则主上最病。故古者礼不及庶人，刑不至大夫，所以厉宠臣之节也。古者大臣有坐不廉而废者，不谓不廉，曰"簠簋不饰"；坐污秽淫乱男女亡别者，不曰污秽，曰"帷薄不修"；坐罢软不胜任者，不谓罢软，曰"下官不职"。故贵大臣定有其罪矣，犹未斥然正以呼之也，尚迁就而为之讳也。故其在大谴大何之域者，闻谴何则白冠氂缨，盘水加剑，造请室而请罪耳，上不执缚系引而行也。其有中罪者，闻命而自弛，上不使人颈盭而加也。其有大罪者，闻命则北面再拜，跪而自裁，上不使捽抑而刑之也，曰："子大夫自有过耳！吾遇子有礼矣。"遇之有礼，故群臣自憙；婴以廉耻，故人矜节行。上设廉耻礼义以遇其臣，而臣不以节行报其上者，则非人类也。故化成俗定，则为人臣者主耳忘身，国耳忘家，公耳忘私，利不苟就，害不苟去，唯义所在。上之化也，故父兄之臣诚死宗庙，法度之臣诚死社稷，辅翼之臣诚死君上，守圄扞敌之臣诚死城郭封疆。故曰圣人有金城者，比物此志也。彼且为我死，故吾得与之俱生；彼且为我亡，故吾得与之俱存；夫将为我危，故吾得与之皆安。顾行而忘利，守节而仗义，故可以托不御之权，可以寄六尺之孤。此厉廉耻行礼谊之所致也，主上何丧焉！此之不为，而顾彼

受辱呢！

豫让最初事奉中行氏之君，在智伯攻灭中行氏之后，又改着事奉智伯。到赵襄子等人歼灭智伯，把智伯的头骨漆成饮具，豫让就把油漆涂在自己的身上使皮肤溃乱毁掉容貌，又吞下炭火使自己声音嘶哑，他一定要找到赵襄子，为智伯报仇，但报复多次都没有成功。有人问豫子为什么一再地为智伯报仇，豫子回答说："中行氏像对待普通人那样畜养我，我也像普通人那样事奉他；智伯像对待国士那样待我，我也要像国士一样报答他。"所以同样是豫让，他最初反叛自己的家主而转去事奉家主的仇家，他的行为像猪狗一样，后来又坚守节操不向敌人屈服而对家主尽忠尽职，他的举止行动就像列士一样，这是自己主人对他的态度决定他如何去从事。所以如果主上对待自己的大臣好像对待犬马一样，他们就把自己当成是犬马去为主上行事；如果主上对待他们好像对待官府的徒隶一样，他们就把自己当成是徒隶一样去为主上行事。他们就会圆滑而没有骨气纯属无耻之徒，他们就会甘愿忍受屈辱没有志气节操，没有廉耻之心，并且不会洁身自好，草率马虎就蒙混过关，如果他们一旦看见利于自己的事而且就会失去自己的志节，就会上前抢夺。如果主上遇事失败，他们就乘机引发内部矛盾夺取权位；如果主上有了祸患，他们就只顾自己苟且偷生，不顾主上的安危只会袖手旁观而已；假如遇到有利于自己的事，就会欺骗出卖主人而从中谋利罢了。主上会从中获得什么便利之处呢？主上有那么多群臣，群臣却只有一个主人，主上委托的财产器物以及职分内应做的事都集中在群臣那里。可是如果群臣全都无耻，全部胡作非为，那么就是主上最忧患的地方了。所以古人所说的"礼不及庶人，刑不至大夫"，就是为了勉励宠臣守住大节。古代大臣因为不廉洁而犯罪被废黜爵位的，主上不能说犯事儿的大臣不廉洁，而说"祭祀盛稻粱黍稷的器皿不整饬"；因为男女淫乱肮脏并且一同犯罪，不能说他们污秽，而说"分隔内外的帐子和帘子不整饬"；因为软弱不振作而不能胜任自己职位的，不能说他们软弱不振作，而说"下官才能浅短，无法胜任自己的职位"。所以对身份尊贵的大臣定罪时，不仅不会公然斥责正面宣布他的罪行，还会迁就他而

之久行，故曰可为长太息者此也。

是时丞相绛侯周勃免就国，人有告勃谋反，逮系长安狱治，卒亡事，复爵邑，故贾谊以此讥上。上深纳其言，养臣下有节。是后大臣有罪，皆自杀，不受刑。至武帝时，稍复入狱，自宁成始。

有所避讳。所以那些处于被大声谴责大声呵斥地位的人，如果是受到谴责呵斥的大臣就会以氂作缨穿上丧服，在盘子里盛上水，上面放置剑，自己到清洗罪过的房间去请罪，不需要皇上让人捆绑并牵着他走。犯有中等罪行的人，就会听从上级的命令自毁容貌认罪，不需要皇上让人把刀架到他的脖子上。犯有大罪的人，听从上级的命令便面向北方恭敬地拜了再拜，然后跪着自杀，皇上不需派人揪住他的头发往下按头而让他执行死刑，所以说："即便大夫自己犯了罪！也要以礼相待。"礼貌地对待大臣，群臣才会自爱；才会以廉洁的情操与羞耻心对待别人，所以人们会坚守节操注重品行。如果皇上设立礼义廉耻对待他的臣子，而臣子却不以节操和品行报答他的主上，那臣子就不是人啊。所以教化成功风俗安定，那么作为臣子就会为了主上而忘了自身，就会为了国家的利益而忘了自己的家庭，就会为了公事而忘记私事，就会面对利益而不随意谋取，就会看见危害而不苟且逃离，因为臣子的心里只有道义。如果皇上施行教化，父兄之臣会为了自己的祖业忠心死去，制定和推行法度的大臣会为了自己的国家忠诚地死去，辅佐保护君主的大臣会为了君主的利益忠心地死去，守御保卫边境的大臣会为了守住城郭疆界而忠诚地死去。所以圣人所说的金城，就是用这样的物来比喻众臣的意志。他尚且为我而死，所以我应该与他共生；他尚且为我而亡，所以我应该与他共存；他将为我不顾安危，所以我应该与他一起平安。顾行而忘利，守节而仗义，所以可以托付给他不加控制的大权，可以寄养未成年丧父的幼主。这是勉励廉耻而推行礼义应该达到的效果，主上并没有失去什么啊！不做这些事，而长久地顾及那些无意义的事，所以臣说能为之长叹的就是指的这些啊。

当时丞相绛侯周勃免去职位回到封国，有人告发周勃谋反，把周勃拘囚到长安的监狱治罪，经查究发现周勃没有谋反的事，就恢复了他的爵位，所以贾谊借用周勃的事规劝汉文帝。汉文帝彻底接纳了他的建议，调养臣有了节度。那以后大臣犯了重罪，都自杀，不受刑。到了汉武帝时，从酷吏宁成开始，才稍微恢复了大臣犯罪入狱的制度。

初，文帝以代王入即位，后分代为两国，立皇子武为代王，参为太原王，小子胜则梁王矣。后又徙代王武为淮阳王，而太原王参为代王，尽得故地。居数年，梁王胜死，亡子。谊复上疏曰：

陛下即不定制，如今之势，不过一传再传，诸侯犹且人恣而不制，豪植而大强，汉法不得行矣。陛下所以为蕃扞及皇太子之所恃者，唯淮阳、代二国耳。代北边匈奴，与强敌为邻，能自完则足矣。而淮阳之比大诸侯，廑如黑子之著面，适足以饵大国耳，不足以有所禁御。方今制在陛下，制国而令子适足以为饵，岂可谓工哉！人主之行异布衣。布衣者，饰小行，竞小廉，以自托于乡党，人主唯天下安社稷固不耳。高皇帝瓜分天下以王功臣，反者如猬毛而起，以为不可，故蕲去不义诸侯而虚其国。择良日，立诸子雒阳上东门之外，毕以为王，而天下安。故大人者，不牵小行，以成大功。

今淮南地远者或数千里，越两诸侯，而县属于汉。其吏民繇役往来长安者，自悉而补，中道衣敝，钱用诸费称此，其苦属汉而欲得王至甚，逋逃而归诸侯者已不少矣。其势不可久。臣之愚计，愿举淮南地以益淮阳，而为梁王立后，割淮阳北边二三列城与东郡以益梁；不可者，可徙代王而都睢阳。梁起于新郪以北著之河，淮阳包陈以南揵之江，则大诸侯之有异心者，破胆而不敢谋。梁足以扞齐、赵，淮阳足以禁吴、楚，陛下高枕，终亡山东之忧矣，此二世之

起初，汉文帝以代王的身份登基皇位，后来划分代国为两个封国，文帝立皇子刘武为代王，刘参为太原王，小儿子刘胜为梁王。后来又调迁代王刘武任淮阳王，而太原王刘参为代王，得到代王原来的全部封地。过了几年，梁王刘胜死去，他没有儿子。贾谊又上疏说：

陛下如果还不订立法律制度，依如今诸侯国的形势，不过是传了一代或者两代，可诸侯国还是没人管束并且肆意妄为，一旦豪门私自培植势力并强大起来，汉朝的法令就不能推行了。陛下用来保卫自己与皇太子所依赖的，也不过是淮阳和代两国罢了。代国北边就是匈奴，与强敌为邻，能够自保就足够了。而淮阳同大诸侯相比，仅仅好像脸上长着的黑痣一样，适合作为大国的饵料被大国吞食，而没有足够的能力抵御大国。现在陛下正好能订立各项制定，划分国都城郭的区域成为诸侯国，陛下却让自己儿子的封国这么小，正适合做大国的饵料，这难道能说陛下擅长心计吗！君主的行为与普通老百姓不一样。普通老百姓，修炼小的德行，竞争小的廉正，使得自己在乡里有所依托，君主却要注重天下的安全，江山社稷的稳固。当初高皇帝瓜分天下的土地封给有功之臣担任诸侯王，后来反对他的人多如刺猬竖起的毛一样，高帝才意识到这样做是不可以的，所以才割除不义的诸侯而空着他的诸侯国。再选择吉日，在洛阳上东门外封刘家宗族的后代子孙，让他们全部担任诸侯王，这样天下才安定下来。所以德高位尊之人，不会被细小的行为所牵累，最后才能成就大功业。

如今淮南地域最远有的能达到几千里，越过梁及淮阳两个诸侯国，而作为县隶属于汉朝统领。淮南国的官吏和普通老百姓中因为服劳役往来长安的人，都得拿出自己全部的家资来补贴费用，但走在半路上衣服就破旧不堪了，他们分配于各种费用的钱全部用在这项上了，他们隶属于汉朝非常劳苦特别想投靠别的诸侯王，况且逃窜归附诸侯王的已经不在少数了。这种形势不能再让它长久持续下去。臣有一个愚拙之计，希望陛下将全部的淮南并入淮阳国，而确立了梁王以后，分割淮阳北边二三座城池与东郡并入梁国；如果这项措施

利也。当今恬然，适遇诸侯之皆少，数岁之后，陛下且见之矣。夫秦日夜苦心劳力以除六国之祸，今陛下力制天下，颐指如意，高拱以成六国之祸，难以言智。苟身亡事，畜乱宿祸，孰视而不定，万年之后，传之老母弱子，将使不宁，不可谓仁。臣闻圣主言问其臣而不自造事，故使人臣得毕其愚忠。唯陛下财幸！

文帝于是从谊计，乃徙淮阳王武为梁王，北界泰山，西至高阳，得大县四十余城；徙城阳王喜为淮南王，抚其民。

时又封淮南厉王四子皆为列侯。谊知上必将复王之也，上疏谏曰："窃恐陛下接王淮南诸子，曾不与如臣者孰计之也。淮南王之悖逆亡道，天下孰不知其罪？陛下幸而赦迁之，自疾而死，天下孰以王死之不当？今奉尊罪人之子，适足以负谤于天下耳。此人少壮，岂能忘其父哉？白公胜所为父报仇者，大父与伯父、叔父也。白公为乱，非欲取国代主也，发忿快志，剡手以冲仇人之匈，固为俱靡而已。淮南虽小，黥布尝用之矣，汉存特幸耳。夫擅仇人足以危汉之资，于策不便。虽割而为四，四子一心也。予之众，积之财，此非有子胥、白公报于广都之中，即疑有剸诸、荆轲起于两柱之间，所谓假贼兵为虎翼者也。愿陛下少留计！"

还不行，就可以调迁代王在睢阳建都。梁国的土地从新郪起向北附着黄河，淮阳包括陈国以南的土地连接着长江，这样，大诸侯国中对朝廷有背叛心的，估计他们吓破胆子也不敢图谋。梁国足以抵御齐国、赵国，淮阳足以制止吴国、楚国。陛下高枕而卧，最终也没有崤山以东的忧患了，这是两代人的利益啊。当今国家安泰，正好遇上诸侯王都年少，几年以后，陛下就能看到危机了。当初秦朝日夜苦心劳力来消除六国的祸患，如今陛下以权力统治天下，不开口说话，只用面颊表情示意他人做事，就能达到自己的意图，如果陛下把双手高拢在袖中无所作为形成六国的灾祸，就很难说陛下聪明了。陛下自身获得苟安没有生事，留下祸患蓄积隐患，陛下只是注目细看而不作决定，万年之后，把祸患传给老母弱子，将使他们没有宁日，不能说是仁爱。臣听说圣主说话的时候，先问臣子的建议而不自己造成事端。因此使臣子们能够尽表愚憨刚直的忠心。希望陛下裁取为幸！

文帝因此听从贾谊的计谋，改封淮阳王刘武为梁王，梁国北面以泰山为界，西面到达高阳邑，得到四十多个大县；文帝又改封城阳王刘喜为淮南王，安抚当地的百姓。

当时文帝又要封淮南厉王的四个儿子都为列侯。贾谊知道文帝一定会恢复这几位诸侯王的王位，就向文帝进呈奏疏劝谏说："臣私下担心陛下不久要封淮南厉王的几个儿子为王，您不曾与像臣这样的朝中大臣周密地商讨过啊。淮南王悖逆无道，天下谁人不知道他的罪行？陛下幸而赦免放逐他，使得他自杀而死，天下谁会认为他不应该死呢？如今陛下要尊重罪人的儿子，这恰好让天下谴责厉王的人蒙受责难。等到厉王的儿子年轻力壮的时候，难道能忘了他们的父亲吗？楚国的白公胜为父亲报仇而针对的人，就是他的祖父与伯父还有叔父。白公胜作乱朝廷，不是为了取代国君的地位，只是为了发泄心中的愤恨而恣意行事，他举起手中的利刃刺向仇人的胸膛，本来是要与仇人同归于尽而已。淮南国虽小，英布却曾经利用它反叛朝廷，汉朝能够存活下来真是特别幸运啊。让仇人自作主张拥有足以危及汉朝的资本，从计策上说是会给朝廷带来麻烦的。虽然陛下把厉王的土地分割给他的四个儿子，但这四个儿子是一条心啊。陛下给

梁王胜坠马死，谊自伤为傅无状，常哭泣，后岁余，亦死。贾生之死，年三十三矣。

后四岁，齐文王薨，亡子。文帝思贾生之言，乃分齐为六国，尽立悼惠王子六人为王；又迁淮南王喜于城阳，而分淮南为三国，尽立厉王三子以王之。后十年，文帝崩，景帝立，三年而吴、楚、赵与四齐王合从举兵，西乡京师，梁王扞之，卒破七国。至武帝时，淮南厉王子为王者两国亦反诛。

孝武初立，举贾生之孙二人至郡守。贾嘉最好学，世其家。

赞曰：刘向称"贾谊言三代与秦治乱之意，其论甚美，通达国体，虽古之伊、管未能远过也。使时见用，功化必盛。为庸臣所害，甚可悼痛。"追观孝文玄默躬行以移风俗，谊之所陈略施行矣。及欲改定制度，以汉为土德，色上黄，数用五，及欲试属国，施五饵三表以系单于，其术固以疏矣。谊亦天年早终，虽不至公卿，未为不遇也。凡所著述五十八篇，掇其切于世事者著于传云。

予他们民众，使他们积累资财，这样做，如果他们不是像伍子胥、白公胜那样在都城公开起兵报仇，就会怀疑他们有专诸、荆轲这样的暗杀行刺的行为，这就是所谓的把武器借给盗贼，给老虎添加了翅膀。希望陛下稍微留意谋划这件事！”

梁王刘胜坠马而死，贾谊自己伤心身为太傅而没有尽到责任，常常哭泣。过了一年多，他也死了。贾谊死时，三十三岁。

四年后，齐文王死去，他没有儿子继承爵位。文帝想起贾谊说的话，就分齐国为六个小国，封悼惠王的六个儿子全部为王；又把淮南王刘喜改封到城阳国，分淮南国为三个小国，封厉王的三个儿子全部为王。十年后，文帝驾崩，景帝继位，三年后，吴、楚、赵与四个齐王联合举兵反叛汉朝，他们向西攻打京城，梁孝王刘武抵御敌军，最终击溃反叛的七国。到武帝时，淮南厉王两个为王的儿子也因反叛被杀。

武帝刚登基时，就任命贾谊的两个孙子为郡守。贾嘉最好学，继承了贾谊的家业。

赞辞说：刘向称“贾谊谈论夏商周三代和秦朝安定及动乱的意义，他的论述十分精湛，他通晓国家的典章制度，即使是古代的伊尹、管仲也不能远远地超过他。假如当时能够采用他的主张，所带来的功业与教化必定效果卓著。但他却被平庸之臣陷害，让人觉得非常痛心。”回顾文帝清静无为亲力亲为以移风易俗，只能说文帝略微施行了贾谊所陈述的主张。以及后来改定国家制度，让汉朝举国上下遵崇五行中的土德，以黄色为上上色，以“五”作为数，推行属国制度，施用“五饵”“三表”紧紧拴住单于，贾谊的主张已经取得了效果，有的还在实施当中。贾谊英年早逝，他虽然没达到公卿之位，但也没有不得志。他的著述共五十八篇，选取其中切合世事的部分写在传中。

卷四十九

爰盎晁错传第十九

爰盎字丝。其父楚人也，故为群盗，徙安陵。高后时，盎为吕禄舍人。孝文即位，盎兄哙任盎为郎中。

绛侯为丞相，朝罢趋出，意得甚。上礼之恭，常目送之。盎进曰："丞相何如人也？"上曰："社稷臣。"盎曰："绛侯所谓功臣，非社稷臣。社稷臣主在与在，主亡与亡。方吕后时，诸吕用事，擅相王，刘氏不绝如带。是时绛侯为太尉，本兵柄，弗能正。吕后崩，大臣相与共诛诸吕，太尉主兵，适会其成功，所谓功臣，非社稷臣。丞相如有骄主色，陛下谦让，臣主失礼，窃为陛下弗取也。"后朝，上益庄，丞相益畏。已而绛侯望盎曰："吾与汝兄善，今儿乃毁我！"盎遂不谢。

及绛侯就国，人上书告以为反，征系请室，诸公莫敢为言，唯盎明绛侯无罪。绛侯得释，盎颇有力。绛侯乃大与盎结交。

淮南厉王朝，杀辟阳侯，居处骄甚。盎谏曰："诸侯太骄必生患，可適削地。"上弗许。淮南王益横。谋反发觉，上征淮南王，迁之蜀，槛车传送。盎时为中郎将，谏曰："陛下素骄之，弗稍禁，以至此，今又暴摧折之。淮南王为人刚，有如遇霜露行道死，陛下竟

爰盎，字丝。他的父亲是楚国人，曾当过盗贼，后来迁到安陵县。吕后执政时期，爰盎曾经在吕禄的门下做家臣。文帝登基后，爰盎的兄长爰哙保举爰盎任郎中。

绛侯周勃在朝中担任丞相，退朝以后小步快速走出，称心如意洋洋自得。文帝对待周勃恭敬而依礼，经常依依不舍地目送周勃离开。爰盎进前对文帝说："丞相这个人怎么样呢？"文帝说："社稷的重臣。"爰盎说："绛侯只是国家的功臣，而不是社稷的重臣。社稷的重臣是君主在臣子在，君主亡臣子亡。当年吕后乱政时，吕氏家族掌权，擅自为家族中人封相封王，刘氏局势危急，虽然没有绝断，已经如同带子一样微细无力。当时绛侯担任太尉，执掌兵权，却不能匡扶正道。吕后驾崩后，大臣们共同联合诛杀吕氏家族，太尉掌握兵权，恰好碰上这个机会使他成功，所以绛侯是功臣，而不是社稷的重臣。丞相如若对陛下表现出骄傲的神色，而陛下又谦下退让，那就是陛下和臣全都不合乎礼节，臣认为陛下不可以采取这样的态度。"此后在朝会之上，文帝日益庄严起来，丞相日益敬畏文帝。此事过后，绛侯责备爰盎说："我与你兄长爰哙要好，如今你却在朝堂上毁谤我！"爰盎始终不肯认错。

等到绛侯回到自己的封国之后，有人上书向朝廷告发他想要谋反，绛侯被逮捕，关押在请室，朝中诸位公卿都不敢站出来替他说话，只有爰盎替绛侯做无罪申辩。绛侯能够获释，爰盎出力颇多。从那之后绛侯与爰盎深交成为知己。

淮南厉王刘长到长安朝见文帝，杀死辟阳侯审食其，行为举止非常骄横。爰盎劝谏文帝说："诸侯王太骄横，必定会发生祸患，陛下应该适当地削减他们的封地。"文帝没有应许他。淮南王日益骄横。当淮南王图谋反叛的事被文帝发觉后，淮南王被朝廷征召，文帝

为以天下大弗能容，有杀弟名，奈何？”上不听，遂行之。

淮南王至雍，病死。闻，上辍食，哭甚哀。盎入，顿首请罪。上曰：“以不用公言至此。”盎曰：“上自宽，此往事，岂可悔哉！且陛下有高世行三，此不足以毁名。”上曰：“吾高世三者何事？”盎曰：“陛下居代时，太后尝病，三年，陛下不交睫解衣，汤药非陛下口所尝弗进。夫曾参以布衣犹难之，今陛下亲以王者修之，过曾参远矣。诸吕用事，大臣颛制，然陛下从代乘六乘传，驰不测渊，虽贲育之勇不及陛下。陛下至代邸，西乡让天子者三，南乡让天子者再。夫许由一让，陛下五以天下让，过许由四矣。且陛下迁淮南王，欲以苦其志，使改过，有司宿卫不谨，故病死。”于是上乃解，盎繇此名重朝廷。

盎常引大体忼慨。宦者赵谈以数幸，常害盎，盎患之。盎兄子种为常侍骑，谏盎曰：“君众辱之，后虽恶君，上不复信。”于是上朝东宫，赵谈骖乘，盎伏车前曰：“臣闻天子所与共六尺舆者，皆天下豪英。今汉虽乏人，陛下独奈何与刀锯之余共载！”于是上笑，下赵谈。谈泣下车。

便将他放逐到蜀郡去，一路用囚车传送。爰盎当时担任中郎将，他劝谏文帝说：“陛下一向骄纵淮南王，没有稍加限制，以至于到这种地步，现在又摧残折磨他。淮南王为人刚烈，如果路上遇到风寒死去，陛下最后会让天下人认为容不下淮南王，背上个杀害兄弟的名声，如何是好？”文帝不听，结果还是那样去做了。

淮南王刘长到达雍县，生病去世。消息传到朝廷，文帝吃不下饭，哭得很伤心。爰盎入宫，向文帝叩头请罪。文帝说：“由于朕当初没有采用先生的建议，才会出现这样的结果。”爰盎说：“陛下要往宽处想，这件事情已经过去了，怎能追悔呢！况且陛下有超越世人的三种行为，此事不足以败坏您的声誉。”文帝说：“朕超越世人的三种行为是啥？”爰盎说：“陛下在代国执政的时候，薄太后曾经卧病在床，三年里，陛下每晚都不曾合眼，不曾解衣就寝，煎好的汤药陛下不亲口尝就不会进奉给太后。古时候的孝子曾参作为布衣百姓，尚且难以做到，如今陛下作为帝王却实行了，在孝顺父母方面超过曾参很远了。吕氏家族掌权时，大权臣独断专行，然而陛下从代国乘坐六辆驿车，奔向祸福难料的京城，就算是孟贲、夏育，勇猛也不及陛下。陛下到达代王在长安的官邸，面向西方，先后三次辞让天子之位，面向南方，又先后两次辞让天子之位。许由只让了一次天下，而陛下先后五次辞让天下，已经超过许由四次了。况且陛下放逐淮南王，是想磨练他的心志，使他能改正错误，只是因为官吏们沿途护卫不慎，以致生病去世。”文帝这时心里才稍微得到宽慰，从此以后爰盎在朝廷名声显赫。

爰盎时常在朝廷上讲述大道理，情绪激昂。宦官赵谈因为数次得到文帝的宠幸，经常私下诋毁爰盎，爰盎感到害怕。爰盎的侄子爰种担任常侍骑，他劝谏爰盎说：“您在朝廷上当面羞辱赵谈，往后他再说您的坏话，皇上再也不会信任他了。”有一次文帝外出东宫，赵谈陪同文帝同乘一辆车，爰盎在车前拜伏说：“臣听说能够陪同天子一起乘坐六尺金舆的人，全部是天下的英雄豪杰。当今汉朝虽然缺乏人才，陛下为何惟独与刀锯之余的残疾人同坐一辆车呢？”文帝听了就忍不住笑起来，让赵谈下车。赵谈哭着下了文帝的车。

上从霸陵上，欲西驰下峻阪，盎揽辔。上曰："将军怯邪？"盎言曰："臣闻千金之子不垂堂，百金之子不骑衡，圣主不乘危，不徼幸。今陛下骋六飞，驰不测山，有如马惊车败，陛下纵自轻，奈高庙、太后何？"上乃止。

上幸上林，皇后、慎夫人从。其在禁中，常同坐。及坐，郎署长布席，盎引却慎夫人坐。慎夫人怒，不肯坐。上亦怒，起。盎因前说曰："臣闻尊卑有序则上下和，今陛下既以立后，慎夫人乃妾，妾主岂可以同坐哉！且陛下幸之，则厚赐之。陛下所以为慎夫人，适所以祸之也。独不见'人豕'乎？"于是上乃说，入语慎夫人。慎夫人赐盎金五十斤。

然盎亦以数直谏，不得久居中。调为陇西都尉，仁爱士卒，士卒皆争为死。迁齐相，徙为吴相。辞行，种谓盎曰："吴王骄日久，国多奸，今丝欲刻治，彼不上书告君，则利剑刺君矣。南方卑湿，丝能日饮，亡何，说王毋反而已。如此幸得脱。"盎用种之计，吴王厚遇盎。

盎告归，道逢丞相申屠嘉，下车拜谒，丞相从车上谢。盎还，愧其吏，乃之丞相舍上谒，求见丞相。丞相良久乃见。因跪曰："愿请间。"丞相曰："使君所言公事，之曹与长史掾议之，吾且奏之；则私，吾不受私语。"盎即起说曰："君为相，自度孰与陈平、绛侯？"丞相曰："不如。"盎曰："善，君自谓弗如。夫陈平、绛侯辅翼高

文帝从霸陵县上山，准备独自纵马冲下山西麓的陡坡，爰盎赶紧拉住马的缰绳。文帝说：“将军难道胆怯了吗？”爰盎说：“臣听说千金之人坐时不靠近屋檐，百金之人站时不倚在栏杆，圣明的君主不去危险的地方，不心存侥幸获取成功。如今陛下要放纵这六匹驾车的马，奔驰冲下深不可测的高山，如若驾马受惊车辆败坏，即使陛下不在意自己，又如何对得起高祖和太后呢？”文帝这才罢休。

文帝驾临上林苑，皇后和慎夫人在一旁随从。她们两人在宫里，经常坐在同一席位上。等到在上林苑就座时，郎署长布置坐席，爰盎将慎夫人的坐席拉退一些。慎夫人发怒，不肯就坐。文帝也发怒，站起身来。爰盎趁机上前劝谏说：“臣听说尊卑有序上下才能和睦，现在陛下既然已经立了皇后，慎夫人只是姬妾，妾和主怎么可以同坐呢！况且陛下宠爱她，加重赏赐她就好了。陛下所用来宠爱慎夫人的方法，恰好成为慎夫人以后的灾祸。陛下难道忘了‘人彘’的故事吗？”文帝这才高兴起来，进去将爰盎的话转告给慎夫人。慎夫人赏赐爰盎五十斤黄金。

然而爰盎还是因为多次直言劝谏，不能在朝廷长久地留用。后来被朝廷调到陇西郡担任都尉，他对待士兵仁厚慈爱，士兵们全部争着替爰盎卖命。后来爰盎又升任齐国的丞相，又改任吴国的丞相。在辞别的时候，爰种对爰盎说道：“吴王骄横已久，吴国内部有很多奸人，如今您若想揭发惩治恶人，那些人不是上书诬告您，就是用利剑来斩杀您。南方地势低下气候潮湿，您每天除了喝酒，也没有别的事情，你只要常常劝说吴王不要造反叛变就可以了。能够这样做，就能侥幸摆脱灾祸。”爰盎接受了爰种的建议并采用了他的策略，吴王果真对爰盎厚加礼遇。

爰盎向朝廷告假归家，在路上遇到丞相申屠嘉，爰盎下车在丞相车前行礼拜见，丞相只是在车上向爰盎表示回谢之意。爰盎回到家后，面对他的下属时感到羞愧，就去丞相府递上名帖，请求拜见丞相。丞相过了很久才出来接见爰盎。爰盎便下跪说：“希望丞相可以单独接见我。”丞相说：“你如果说公事，请前往官署与长史属官讨论，我将把你的意见上奏朝廷；你如果说私事，我不愿意接受别人

帝，定天下，为将相，而诛诸吕，存刘氏；君乃为材官蹶张，迁为队帅，积功至淮阳守，非有奇计攻城野战之功。且陛下从代来，每朝，郎官者上书疏，未尝不止辇受。其言不可用，置之；言可采，未尝不称善。何也？欲以致天下贤英士大夫，日闻所不闻，以益圣。而君自闭箝天下之口，而日益愚。夫以圣主责愚相，君受祸不久矣。”丞相乃再拜曰：“嘉鄙人，乃不知，将军幸教。”引与入坐，为上客。

盎素不好晁错，错所居坐，盎辄避；盎所居坐，错亦避：两人未尝同堂语。及孝景即位，晁错为御史大夫，使吏案盎受吴王财物，抵罪，诏赦以为庶人。吴楚反闻，错谓丞史曰：“爰盎多受吴王金钱，专为蔽匿，言不反。今果反，欲请治盎，宜知其计谋。”丞史曰：“事未发，治之有绝。今兵西向，治之何益！且盎不宜有谋。”错犹与未决。人有告盎，盎恐，夜见窦婴，为言吴所以反，愿至前，口对状。婴入言，上乃召盎。盎入见，竟言吴所以反，独急斩错以谢吴，吴可罢。上拜盎为泰常，窦婴为大将军。两人素相善。是时，诸陵长安中贤大夫争附两人，车骑随者日数百乘。

的私语。”爰盎就站起身劝谏丞相道：“您现在担任丞相，自我忖度和陈平、绛侯相比怎么样？”丞相说：“我不如他们。”爰盎说：“好，您自认为不如他们。陈平、绛侯辅佐并保护高帝安定天下，担任将相，诛杀吕氏家族，能保存刘氏的宗庙社稷；您不过就是个脚踏弩箭的弓箭手，慢慢升任为队率，累积功劳做到了淮阳郡守，并没有奇计攻城的野战之功。而且陛下从代国进入长安，每次上朝议会，郎官呈送奏疏，没有不停下车辇接受臣的建议。若是意见不能采用，就搁置一边；若是意见能够采用，没有不称赞的。是何原因呢？就是想以此方法感招吸引天下贤能的士人和大夫，陛下每天都可以听到自己从来没有听到过的事物，每天都可以明了不曾明了的道理，以达到日益圣明的目的。您现在自己却箝闭天下人的嘴巴，一天天不知道新的事物而日益愚笨。圣明的君主若是责求愚蠢的丞相，您恐怕距离灾祸不远了。”丞相于是起身向爰盎拜了两拜说道：“我申屠嘉是一个粗鄙愚笨的人，就是没有智慧，今日能得到将军的指教感到非常荣幸。”申屠嘉引爰盎到内室同坐，作为府上最尊贵的客人。

爰盎向来不喜欢晁错，晁错停留的地方，爰盎总是避开；爰盎停留的地方，晁错也会避开；两个人从来没有在朝堂上说过话。等到景帝登基时，晁错担任御史大夫，他派出官吏去审问爰盎私下接受吴王财物的事情，要治爰盎的罪，景帝虽然下诏免除爰盎的刑罚，还是把他降为布衣。等到吴楚七国造反的消息传到长安的时候，晁错对丞、史说：“爰盎多次接受吴王贿赂，专门为吴王掩饰造反的事情，说吴王不会叛变。如今果然发生了叛乱，我想请求皇上惩治爰盎，他必定知道吴国要叛乱的阴谋。”丞与史说：“这件事情还没有发生，如果就这样惩办爰盎，可能会阻断吴王要叛乱的阴谋。如今吴王正向西进军，惩治爰盎有什么好处！况且爰盎不应该有什么阴谋。”晁错犹豫不决。有人将这件事告诉了爰盎，爰盎心下恐惧，深夜去拜见窦婴，对他说明吴王阴谋叛乱的原因，并表示自己愿意去面见景帝，亲口陈述事状。窦婴入宫禀报，景帝就让爰盎进宫。爰盎入宫拜见景帝，将吴王谋反的情况原原本本地向他说明，竟然是因为晁错的关系，只有把晁错即刻杀掉并向吴王表明态度，吴国军队才

及晁错已诛，盎以泰常使吴。吴王欲使将，不肯。欲杀之，使一都尉以五百人围守盎军中。初，盎为吴相时，从史盗私盎侍儿。盎知之，弗泄，遇之如故。人有告从史，“君知女与侍者通”，乃亡去。盎驱自追之，遂以侍者赐之，复为从史。及盎使吴见守，从史适在守盎校为司马，乃悉以其装赍买二石醇醪。会天寒，士卒饥渴，饮醉西南陬卒，卒皆卧。司马夜引盎起，曰：“君可以去矣，吴王期旦日斩君。”盎弗信，曰：“何为者？”司马曰：“臣故为君从史盗侍儿者也。”盎乃惊，谢曰：“公幸有亲，吾不足絫公。”司马曰：“君弟去，臣亦且亡，辟吾亲，君何患！”乃以刀决帐，道从醉卒直出。司马与分背，盎解节旄怀之，屐步行七十里，明，见梁骑，驰去，遂归报。

吴楚已破，上更以元王子平陆侯礼为楚王，以盎为楚相。尝上书，不用。盎病免家居，与闾里浮湛，相随行斗鸡走狗。雒阳剧孟尝过盎，盎善待之。安陵富人有谓盎曰：“吾闻剧孟博徒，将军何自通之？”盎曰：“剧孟虽博徒，然母死，客送丧车千余乘，此亦有过人者。且缓急人所有。夫一旦叩门，不以亲为解，不以在亡为辞，天下所望者，独季心、剧孟。今公阳从数骑，一旦有缓急，宁足恃乎！”遂

可能停止进攻。景帝就拜爰盎为太常，又让窦婴担任大将军。这两人关系一向友好。当时，京师附近诸皇陵郡县以及长安城中的贤大夫和官吏都争着来依附他们两人，每天有数百辆车骑随者来往于他们府中。

等到晁错被诛杀以后，爰盎以泰常的身份出使吴国。吴王想让爰盎担任叛军的将军，爰盎不肯。吴王就想杀掉他，派了一位都尉率领五百名士兵将爰盎围守在军营中。当初，爰盎担任吴国丞相的时候，有一个从史跟爰盎府上的一个婢女私通。爰盎听说了这件事以后，丝毫没有泄露，对待那个从史依然和从前一样。有人私下告诉这个从史说："丞相已经知道你与婢女私通的事情了"，从史就赶紧逃跑了。爰盎驾车亲自追赶上这个从史，随即将婢女赏赐给他，依然让他担任从史。等到这次爰盎出使吴国被军队围困，从史正好担任围困爰盎军队的校尉司马，司马用他所有的行装换回来二石浓烈精纯的美酒。碰上当时天气寒冷，士兵又饥又渴，围困在西南角的士兵都醉倒了，司马趁着夜晚去喊爰盎起身，说道："先生现在可以走了，吴王准备在明天早上杀您。"爰盎根本不相信，说道："将军是干什么的？"司马说："我曾经是您的从史就是与您府上婢女私通的人。"爰盎大惊失色，向司马道谢说："您还有父母亲人在，我可不能连累您。"司马说："先生只管走，臣也要逃走，我的父母亲人已经安顿藏匿，先生还忧虑什么！"司马就用刀割开军营的幕帐，引导爰盎从喝醉的士兵把守的道路上径直出去。司马与爰盎分开逃走，爰盎把节旄解下来揣在怀里，一直步行了七十里路，快到天亮时，见到梁国的骑兵，爰盎骑上马，向京城飞驰而去，返回朝廷奏报。

吴国、楚国的叛军已经被击溃，文帝改封楚元王的儿子平陆侯刘礼为楚王，任命爰盎担任楚国相。爰盎曾经上书言事，却没有被采用。因此爰盎就以生病为由辞去官职，回到家中闲居，与乡里人随波逐流，随众一起斗鸡赛狗。洛阳人剧孟曾经拜访爰盎，爰盎非常热情地招待他。安陵县的一位富人对爰盎说："我听说剧孟是个好赌之徒，将军为何要与他来往？"爰盎说："剧孟虽然是个好赌之徒，然而他的母亲去世的时候，各地有一千多辆前来送葬的车子，这就

骂富人，弗与通。诸公闻之，皆多盎。

盎虽居家，景帝时时使人问筹策。梁王欲求为嗣，盎进说，其后语塞。梁王以此怨盎，使人刺盎。刺者至关中，问盎，称之皆不容口。乃见盎曰："臣受梁王金刺君，君长者，不忍刺君。然后刺者十余曹，备之！"盎心不乐，家多怪，乃之棓生所问占。还，梁刺客后曹果遮刺杀盎安陵郭门外。

晁错，颍川人也。学申商刑名于轵张恢生所，与雒阳宋孟及刘带同师。以文学为太常掌故。

错为人陗直刻深。孝文时，天下亡治《尚书》者，独闻齐有伏生，故秦博士，治《尚书》，年九十余，老不可征。乃诏太常，使人受之。太常遣错受《尚书》伏生所，还，因上书称说。诏以为太子舍人，门大夫，迁博士。又上书言："人主所以尊显，功名扬于万世之后者，以知术数也。故人主知所以临制臣下而治其众，则群臣畏服矣；知所以听言受事，则不欺蔽矣；知所以安利万民，则海内必从矣；知所以忠孝事上，则臣子之行备矣：此四者，臣窃为皇太子急之。人臣之议或曰皇太子亡以知事为也，臣之愚，诚以为不然。窃观上世之君，不能奉其宗庙而劫杀于其臣者，皆不知术数者也。皇太子所读书多矣，而未深知术数者，不问书说也。夫多诵而不知其说，所谓劳苦而不为功。臣窃观皇太子材智高奇，驭射伎艺过

说明剧孟有过人之处。况且人都有急事。一旦他敲门求助于你，不以父母在家为理由去推脱，不以离家外出为借口推辞，可以为人赴难的，天下只有季心、剧孟。现在您身边经常跟着几个随从，一旦您有急事，他们岂能依靠？”爰盎于是斥责富人，从此不再与他往来。王公贵族，豪杰义士听说这件事，都称赞爰盎的为人。

爰盎虽然闲居在家，景帝时常派人向他询问并筹划策略。梁王刘武想谋求继承皇位，爰盎进言劝谏景帝，那以后梁王要继承皇位的事情就再没有人提起。梁王因此对爰盎怀恨在心，派刺客行刺爰盎。行刺的人到了关中，向当地人询问爰盎的为人，大家都满口称赞他。刺客就去面见爰盎说：“在下接受了梁王的佣金前来刺杀先生，先生是有修养的长者，在下不忍心杀害先生。但是在我之后还有十多批前来行刺先生的刺客，先生一定要防备他们！”爰盎心里闷闷不乐，竟然还多次发生刺客找上门来暗杀他的怪事，他便去棓生那里打卦占卜吉凶。在回家的路上，梁国后派来的刺客，果然藏在安陵县城门外将他杀死。

晁错是颍川郡人。以前在轵县跟随张恢先生学习研究申不害、商鞅的刑名学说，与洛阳的宋孟和刘带是同门师兄弟。因为通晓文献典籍，所以担任了太常掌故。

晁错为人严峻刚正而又刻薄严酷。文帝时，天下没有研究《尚书》的人，只听说齐国的伏生，原来是秦朝的博士，精通《尚书》，可是伏生已经九十多岁，年老不可以征召。文帝就下令让太常派人前往齐国学习。太常派晁错去伏生那里学习《尚书》，晁错回来以后，就上书朝廷陈述学习情况。文帝便下诏让晁错担任太子舍人，门大夫，后来又升为博士。晁错又上书说：“君王地位高贵显要，功德美名传扬于万代之后的原因，是知道治国之术如何运用。所以君王知道如何控制臣下，治理民众，那么群臣就畏惧顺从了；君王知道如何听取社会言论接受职事任务，那么就不会被欺骗蒙蔽了；君王知道如何去安定万民，让其富裕，那么天下必定会服从；君王知道如何引导大臣忠心、孝顺、侍奉上级，那么臣子的德行也就具备了，这四条，臣私自认为是皇太子当前急需学习的。臣子中有人议论说皇太子不用知

人绝远，然于术数未有所守者，以陛下为心也。窃愿陛下幸择圣人之术可用今世者，以赐皇太子，因时使太子陈明于前。唯陛下裁察。”上善之，于是拜错为太子家令。以其辩得幸太子，太子家号曰“智囊”。

是时匈奴强，数寇边，上发兵以御之。错上言兵事，曰：

臣闻汉兴以来，胡虏数入边地，小入则小利，大入则大利；高后时再入陇西，攻城屠邑，殴略畜产；其后复入陇西，杀吏卒，大寇盗。窃闻战胜之威，民气百倍；败兵之卒，没世不复。自高后以来，陇西三困于匈奴矣，民气破伤，亡有胜意。今兹陇西之吏，赖社稷之神灵，奉陛下之明诏，和辑士卒，底厉其节，起破伤之民以当乘胜之匈奴，用少击众，杀一王，败其众而大有利。非陇西之民有勇怯，乃将吏之制巧拙异也。故兵法曰：“有必胜之将，无必胜之民。”繇此观之，安边境，立功名，在于良将，不可不择也。

臣又闻用兵，临战合刃之急者三：一曰得地形，二曰卒服习，三曰器用利。兵法曰：丈五之沟，渐车之水，山林积石，经川丘阜，

道以后要做的事，臣虽然愚笨，却认为不是这样。臣私下考察以前历代的君王，不能受到后嗣供奉于宗庙之上而被下面奸臣所劫持并杀害的原因，全都在于他们不知道治国之术的学问。皇太子所读的书非常多了，但是却没有十分了解并掌握治国之术，是因为不深究书中深奥的义理。多次的读诵而不知其中所说的道理，这就是所谓的劳而无功。臣看到皇太子才能智慧高人一等，驾驭、骑射这些技艺出类拔萃，然而皇太子对于治国之术还没有了解掌握，可能是太子会以为陛下疑心自己想早日继位。臣私下希望陛下可以选择一些圣人流传下来的方法，又可以用于现在的时事，用这些来赐教皇太子，根据情况让太子在陛下面前陈述。望陛下审察、裁断这件事。”文帝赞叹晁错，就封他为太子家令。晁错因其辩才得宠于太子，在太子宫中称为“智囊”。

当时匈奴势力强大，多次侵略边境，文帝派军队前去抵御。晁错上奏论述兵事，说：

臣听说自汉朝兴盛以来，匈奴多次入侵大汉的边地，他们小规模入侵就会得到小利，大肆入侵就会得到大利；吕后时匈奴再次入侵陇西，攻占城池，血洗邑镇，打杀掠夺牲畜农产；其后又一次入侵陇西，杀害我大汉官兵，大举侵扰抢掠。臣听说战胜匈奴的军威，可使民心士气百倍增长；战斗失败的将士兵卒，至死也不会振奋起来。自从吕后执政以来，陇西前后三次被匈奴侵扰，民心士气受挫，都没有丝毫能够取胜的信心。如今陇西的官吏，仰赖社稷的神灵，尊奉陛下的明诏，与士卒和睦相处，砥砺他们的士气志节，唤起曾经受过伤害的百姓来全力抵挡刚刚胜利的匈奴，以少击众，所以杀死匈奴一个王，对于打败匈奴军队非常有利。这不是陇西民众勇敢和胆怯的区分，而是朝廷将士和官吏展现的巧妙和笨拙有所不同罢了。所以兵法上说：“只有必胜的将领，没有必胜的百姓。”从这里可以看出，安定边境，建立功名，在于善于治军的良将，不可以不做选择啊。

臣又听说用兵之道，两军面临战前交锋时最紧急的三件事：一是得到有利的地形，二是将士们熟习武艺，三是武器精良并能够熟

屮木所在，此步兵之地也，车骑二不当一。土山丘陵，曼衍相属，平原广野，此车骑之地，步兵十不当一。平陵相远，川谷居间，仰高临下，此弓弩之地也，短兵百不当一。两陈相近，平地浅屮，可前可后，此长戟之地也，剑楯三不当一。萑苇竹萧，屮木蒙茏，支叶茂接，此矛鋋之地也，长戟二不当一。曲道相伏，险陒相薄，此剑楯之地也，弓弩三不当一。士不选练，卒不服习，起居不精，动静不集，趋利弗及，避难不毕，前击后解，与金鼓之指相失，此不习勒卒之过也，百不当十。兵不完利，与空手同；甲不坚密，与袒裼同；弩不可以及远，与短兵同；射不能中，与亡矢同；中不能入，与亡镞同：此将不省兵之祸也，五不当一。故兵法曰：器械不利，以其卒予敌也；卒不可用，以其将予敌也；将不知兵，以其主予敌也；君不择将，以其国予敌也。四者，兵之至要也。

臣又闻小大异形，强弱异势，险易异备。夫卑身以事强，小国之形也；合小以攻大，敌国之形也；以蛮夷攻蛮夷，中国之形也。今匈奴地形技艺与中国异。上下山阪，出入溪涧，中国之马弗与也；险道倾仄，且驰且射，中国之骑弗与也；风雨罢劳，饥渴不困，中国之人弗与也：此匈奴之长技也。若夫平原易地，轻车突骑，则匈奴之众易挠乱也；劲弩长戟，射疏及远，则匈奴之弓弗能格也；坚甲利刃，长短相杂，游弩往来，什伍俱前，则匈奴之兵弗能当也；材官驺发，矢道同的，则匈奴之革笥木荐弗能支也；下马地斗，剑戟相接，

练使用。兵法讲:如果有一丈五尺的沟渠,漫过车的深水,山上有树林和垒积的石块,有长流的河水和大的丘陵,有草木生长,这里是步兵的用武之地,若是使用车骑则二不当一。有山脉丘陵,连绵不绝,有平原旷野,这里是车骑的用武之地,若是使用步兵则十不当一。有高低悬殊,河谷在其中,居高临下,这里是弓弩手的用武之地,若是使用短兵器战斗则百不当一。有两军列阵相临近,有平地浅草,可前可后,这里是长戟的用武之地,若是使用短剑盾牌则三不当一。有芦苇竹萧丛生,草木茂盛,枝叶繁密,这里是短矛的用武之地,若是使用长戟则二不当一。有道路曲折险阻,上下交错,这里是剑盾的用武之地,若是使用弓弩则三不当一。如果士兵不经过严格的选拔训练,兵卒不能熟练使用兵器,起居不精准,动静不一致,急于求胜不能到手,躲避灾难不能及时,前面尽力攻击后面松懈怠慢,与金鼓指挥的节奏完全脱离,这些都是不熟悉训练士卒的过失,交战时则百不当十。如果兵器不足够锋利,与赤手空拳相同;如果盔甲不够紧密坚硬,与赤身露体相同;如果弓弩的射程不远,与短兵器相同;如果不能射中目标,与没有箭相同;射中目标不能进入,与没有箭头相同,这些都是将领不熟悉兵器造成的灾祸,如果交战,这样的军队五不当一。所以兵法上说:兵器不锋利,就像把士兵交给了敌人;士兵不可用,就像把将领交给了敌人;将领不通晓军事,就像把国君交给了敌人;国君不选择良将,就像把国家交给了敌人。这四个方面,就是用兵的要旨啊。

臣又听说小与大的外貌是不一样的,强与弱的力量是不一样的,险与易的防备措施是不一样的。以卑微之身去事奉强者,是小国所采用的形势;结盟小国去攻打大国,是势力相当的国家采用的形势;以外族四夷去攻打外族四夷,是中原之国采用的形势。现今匈奴的地形和战斗技艺与中原完全不同。上下山坡,出入溪涧,中原的战马不能与匈奴的战马相比;险道偏斜,边跑边射,中原的骑手不能与匈奴的骑手相比;能忍受风雨疲劳,饥渴不困,中原人不能与匈奴人相比,这些都是匈奴的长技。如果是平原开阔地带,轻车突骑,匈奴的骑兵就容易乱了阵脚;如果是强弩长戟,射箭的目标距离遥远,

去就相薄，则匈奴之足弗能给也：此中国之长技也。以此观之，匈奴之长技三，中国之长技五。陛下又兴数十万之众，以诛数万之匈奴，众寡之计，以一击十之术也。

虽然，兵，凶器；战，危事也。以大为小，以强为弱，在俛卬之间耳。夫以人之死争胜，跌而不振，则悔之亡及也。帝王之道，出于万全。今降胡义渠蛮夷之属来归谊者，其众数千，饮食长技与匈奴同，可赐之坚甲絮衣，劲弓利矢，益以边郡之良骑。令明将能知其习俗和辑其心者，以陛下之明约将之。即有险阻，以此当之；平地通道，则以轻车材官制之。两军相为表里，各用其长技，衡加之以众，此万全之术也。

传曰："狂夫之言，而明主择焉。"臣错愚陋，昧死上狂言，唯陛下财择。

文帝嘉之，乃赐错玺书宠答焉，曰："皇帝问太子家令：上书言兵体三章，闻之。书言'狂夫之言，而明主择焉'，今则不然。言者不狂，而择者不明，国之大患，故在于此。使夫不明择于不狂，是以万听而万不当也。"

错复言守边备塞，劝农力本，当世急务二事，曰：

匈奴的弓就比不过汉军的弓；如果是坚固的盔甲，锐利的兵器，长短相互配合，游弩往来射击，军队一齐向前，匈奴士兵就不能抵挡了；如果是地方预备兵同时发射良箭，箭飞行的路线相同射向的目标相同，匈奴的皮革甲胄、木荐必定遮挡不住；如果是下马在地上搏斗，剑戟相互交接，脚步前后灵活移动，匈奴人的阵脚不能快速跟上，这些都是中原士卒的长技。从这些方面来看，匈奴擅长的技能有三项，中原擅长的技能有五项。陛下又可以派出几十万的兵，来诛杀几万匈奴，谋划以众击寡的计策，这就是以一击十的战术了。

虽然如此，兵器，还是凶器；战争，也是危险的事情。由大变小，由强变弱，此种变化只在俯仰之间而已。若是靠牺牲和死亡人口去夺取胜利，就会使将士们一蹶不振，皇上也会悔之不及。帝王的治世之道，是出于万全的策略。现在前来归降汉朝的义渠族胡人，他们有几千部众，他们的饮食习惯、擅长的技能与匈奴相同，陛下可以赐给他们坚固的铠甲和绵衣，强弓劲弩和锋利的箭，用来增加驻守边郡的骑兵。让贤明的将领能够明白他们的习惯风俗，与他们用心和睦相处，用陛下之明智去统帅他们。即使遇到困难挫折，用这一支军队对付匈奴；即使遇到平地通道，就让汉军轻车骑手去对付匈奴。两支军队互为表里，协同作战，各自发挥自己擅长的技能，取长补短，权衡利弊使用众多将士，这就是对付敌人的万全之策。

书传上说："狂妄无知的人所发表的意见，而明主要慎重选择。"臣愚钝浅陋，冒昧而犯死罪进上狂言，希望陛下裁择。

文帝十分欣赏晁错上奏陈述的意见，因此赐予晁错以泥封加印的文书来回复，说："皇帝候问太子家令：你上书所说的兵体三章，朕看到了。书曰'狂妄无知的人发表的意见，而明主要慎重地选择'，现今可不是这样。上书发表意见的人并不狂妄，而择取的人却不明智，国家大的祸患，就在于此。若是让不明智的君主去选择不着边际的策略，就是听万条谏言也会有万次不恰当的处理方法。"

晁错又上书讨论守卫边境备战边塞的事情，他劝谏文帝农民要致力于农业的根本，以上是当世紧要的两件事情，他写道：

臣闻秦时北攻胡貉，筑塞河上，南攻杨粤，置戍卒焉。其起兵而攻胡、粤者，非以卫边地而救民死也，贪戾而欲广大也，故功未立而天下乱。且夫起兵而不知其势，战则为人禽，屯则卒积死。夫胡貉之地，积阴之处也，木皮三寸，冰厚六尺，食肉而饮酪，其人密理，鸟兽毳毛，其性能寒。杨粤之地少阴多阳，其人疏理，鸟兽希毛，其性能暑。秦之戍卒不能其水土，戍者死于边，输者偾于道。秦民见行，如往弃市，因以谪发之，名曰“谪戍”。先发吏有谪及赘婿、贾人，后以尝有市籍者，又后以大父母、父母尝有市籍者，后入闾，取其左。发之不顺，行者深怨，有背畔之心。凡民守战至死而不降北者，以计为之也。故战胜守固则有拜爵之赏，攻城屠邑则得其财卤以富家室，故能使其众蒙矢石，赴汤火，视死如生。今秦之发卒也，有万死之害，而亡铢两之报，死事之后不得一算之复，天下明知祸烈及己也。陈胜行戍，至于大泽，为天下先倡，天下从之如流水者，秦以威劫而行之之敝也。

胡人衣食之业不著于地，其势易以扰乱边竟。何以明之？胡人食肉饮酪，衣皮毛，非有城郭田宅之归居，如飞鸟走兽于广野，美草甘水则止，草尽水竭则移。以是观之，往来转徙，时至时去，此胡人之生业，而中国之所以离南亩也。今使胡人数处转牧行猎于塞下，

臣听说，秦朝时秦军向北进攻北方各民族，在黄河上修筑要塞工事，向南进攻杨越一带古民族，安置了守卫边防的士卒。秦朝发兵进攻胡、越的目的，并不是保卫边境地区救助受到伤害的当地民众，而是贪图领土的扩大，所以秦朝的功业尚未建立而天下就开始大乱。如果起兵却不知道现在的形势，交战一定会被人抓到，屯驻军队就会让士卒老死边陲。北方各民族占领的地方，是阴气积聚的地方，树木的皮生长出三寸，冻冰的厚度就达到六尺，这里的人食肉而饮酪，他们肌肉的纹理细腻紧密，这里的鸟兽全长着细绒毛，它们生性耐寒。南方的杨越之地是少阴多阳，和煦温暖，那里的人们肌肉纹理疏松，鸟兽的羽毛稀疏，它们生性耐热。秦朝防守边防的士卒不适应当地的水土，守边的士卒病死在边境，运输的士卒、劳工翻车跌死在路上。秦朝民众上路，如同赶赴刑场，所以朝廷就强制征发，名称叫做“谪戍”。最先谪戍征发的是罪犯和被贬谪边疆的，以及上门女婿和小商贩，然后征发曾经有商人户籍的，接着征发祖父母、父母曾经有商人户籍的，最后征发的是居住在闾左的所有平民百姓。秦朝征发士兵非常不顺利，上路服役的人怨恨深切，都有背离反叛秦朝的心。凡是想让百姓去防守边疆的，在攻战中让他们宁愿战死也不去降敌，就得用计谋来实现。所以战胜并固守的就应授予爵位的赏赐，攻下城池以后，要允许士兵掳掠财物让家室富足，因此才能让士兵心甘情愿冒着箭石，赴汤蹈火，视死如归。现在秦朝戍边征发士卒，有万死的灾害，而没有丝毫报赏的益处，将士战死后朝廷也不会免除一算钱的赋税，天下百姓清楚地看到这种灾祸的大火已经燃烧到自己身边了。于是陈胜带领戍卒前往戍边，走到了大泽乡，为天下百姓率先倡导起义反抗，天下追随的人如流水一样，这是因为秦朝用暴力强行劫掠征发士兵的行为，为秦朝灭亡种下的恶果。

胡人衣服食物生活所需之业不依赖于土地，这种生活方式容易造成他们经常来侵扰边境的形势。用什么来证明呢？胡人食肉饮酪，穿着兽皮衣服，没有固定的城邑田地宅院去居住，如同飞鸟走兽一样游荡在旷野，遇到有甜美的水，茂盛的草场便停下来，草尽水竭时便迁移搬家。由此看来，胡人辗转迁移不定，居处时来时去，造就

或当燕代，或当上郡、北地、陇西，以候备塞之卒，卒少则入。陛下不救，则边民绝望而有降敌之心；救之，少发则不足，多发，远县才至，则胡又已去。聚而不罢，为费甚大；罢之，则胡复入。如此连年，则中国贫苦而民不安矣。

陛下幸忧边境，遣将吏发卒以治塞，甚大惠也。然令远方之卒守塞，一岁而更，不知胡人之能，不如选常居者，家室田作，且以备之。以便为之高城深堑，具蔺石，布渠答，复为一城其内，城间百五十步。要害之处，通川之道，调立城邑，毋下千家，为中周虎落。先为室屋，具田器，乃募罪人及免徒复作令居之；不足，募以丁奴婢赎罪及输奴婢欲以拜爵者；不足，乃募民之欲往者。皆赐高爵，复其家。予冬夏衣，廪食，能自给而止。郡县之民得买其爵，以自增至卿。其亡夫若妻者，县官买予之。人情非有匹敌，不能久安其处。塞下之民，禄利不厚，不可使久居危难之地。胡人入驱而能止其所驱者，以其半予之，县官为赎其民。如是，则邑里相救助，赴胡不避死。非以德上也，欲全亲戚而利其财也。此与东方之戍卒不习地势而心畏胡者，功相万也。以陛下之时，徙民实边，使远方无屯戍之事，塞下之民父子相保，亡系虏之患，利施后世，名称圣明，其与秦之行怨民，相去远矣。

了胡人谋生的职业，而在中原，百姓迁徙就要离开耕地、家园。现在胡人在塞下许多地方游牧打猎，有时到燕国、代国，有时会到上郡，有时会到北地郡，有时会到陇西郡，他们暗中观望防守的汉军戍卒，汉军戍卒少的地方，他们就会入侵掠夺。陛下若是不救，边境的民众就会因绝望而产生投降敌人之心；若是前去救援，派出的军队少根本不足以抵抗胡人，多派军队，路途遥远，也许刚刚抵达，胡人早已逃离。屯聚军队留守驻扎，朝廷耗费太大；军队若是返回，胡人又会随时入侵。如此连年不断，那中原就会贫苦而百姓不得安宁了。

陛下重视并忧虑边界安危，派遣将领、士卒去治理边塞，这是非常大的恩惠。然而却令远道而来的士卒防守边塞，一年便要轮换，这样做难以了解胡人的能力特点，不如选拔可以常年驻守的士卒，在此建立家室，有田地耕种，就此长期守边以备所需。为了方便防守，可以修筑高城深堑。准备用以御敌的礌石，布下铁蒺藜以防骑兵，再修筑一座内城，两城之间距离一百五十步。在要害之处，河流通关的路口，规划并建造城邑，计算每座城邑中可以安排的居民，不低于上千家，城邑周围应当设置防盗的藩篱。先修造房屋居室，准备好耕田的农具，然后招募国内罪人以及免除刑徒劳役的人员，到边境居住下来；若是人数不够，可以招募赎罪的丁奴，以及为了买爵位而送到官府的奴婢；若是数量还不够，便可以招募想去的百姓。全部赏赐给他们高等爵位，免除全家人的赋税徭役。赐予冬夏衣服，官府提供饮食，能够自给自足时再停止供应。边郡县邑的民众可以买其爵位，可以增加到高级卿爵位。他们中没有丈夫或妻子的人，由官府出资帮助他们建立家庭。人之常情，若是没有配偶，就不能长久安居在新的地方。边塞附近的民众，利禄家产不丰厚，不能让他们长久的居住在危难的地域。胡人入侵来抢掠百姓，能够阻止打退胡人抢掠的，官府将把夺回的一半财物奖赏给他，官府还可以出钱赎回被抢走的民众。若是这样，城邑里的百姓就会相互救助，与胡人交战时就不避生死。这些并非是德义的力量，而是为了想保全他们眷属的生命，并且可以获得财产。这些与征调东方士卒不熟悉边境地势，又心存畏惧胡人的情况相比，其功效将会相差万倍。陛下在这个时机，

上从其言，募民徙塞下。错复言：

陛下幸募民相徙以实塞下，使屯戍之事益省，输将之费益寡，甚大惠也。下吏诚能称厚惠，奉明法，存恤所徙之老弱，善遇其壮士，和辑其心而勿侵刻，使先至者安乐而不思故乡，则贫民相募而劝往矣。臣闻古之徙远方以实广虚也，相其阴阳之和，尝其水泉之味，审其土地之宜，观其中木之饶，然后营邑立城，制里割宅，通田作之道，正阡陌之界，先为筑室，家有一堂二内，门户之闭，置器物焉，民至有所居，作有所用，此民所以轻去故乡而劝之新邑也。为置医巫，以救疾病，以修祭祀，男女有昏，生死相恤，坟墓相从，种树畜长，室屋完安，此所以使民乐其处而有长居之心也。

臣又闻古之制边县以备敌也，使五家为伍，伍有长；十长一里，里有假士；四里一连，连有假五百；十连一邑，邑有假候：皆择其邑之贤材有护，习地形知民心者，居则习民于射法，出则教民于应敌。故卒伍成于内，则军正定于外。服习以成，勿令迁徙，幼则同游，长则共事。夜战声相知，则足以相救；昼战目相见，则足以相识；欢爱之心，足以相死。如此而劝以厚赏，威以重罚，则前死不还踵矣。所徙之民非壮有材力，但费衣粮，不可用也；虽有材力，不得良吏，犹亡功也。

通过移民充实边塞的政策，让远方没有军队驻守边境的负担，边塞的百姓可以父子相保，免去被俘虏的后患，利益施与后世子孙，陛下就有圣明之君之称号，这与秦朝派出服役边境的怨民相比，相去万里啊。

文帝采纳了晁错的建议，招募民众迁徙充实边塞。晁错又提出建议说：

陛下幸好开始招募汉朝民众迁徙，陆续充实到边塞去，使屯兵戍守之事大大节省朝廷花费，更加减少了运送物资的费用，益处非常显著。下面的官吏确实有才能称得上厚道惠泽，奉行明确的法令，关心抚恤迁徙来边郡的老弱群体，善待来到边郡的壮士，与他们和睦相处而不相互侵害，让先来这里的人安居乐业而不思念故土，那么贫民可以互相招请、相互往来勉励。臣听说古代的时候人们迁徙到远方，去充实空旷之地，先要察看当地阴阳是否调和，尝尝水泉的味道，审查土地的好坏，观察那里草木的长势是否丰饶，然后才开始营造城邑，编制里街，划分住宅区，修建开通通往农田的道路，确定田地间的边界，先建造住室，每家有正堂和二间卧室，有可以开闭的门窗，安置家具器物及所需，民众一来就可以居住，耕地劳作有农具，这就是民众之所以愿意轻易离开故乡而乐意到新的城邑去的原因。要为他们安置医生与巫师，以方便治疗疾病，安排祭祀祖先、神灵的场所，男婚女嫁，生死相恤，坟墓相跟从，种树养牲畜，内室外屋完整安全，这些足以让民众安居乐业在其处，而有长住久留的心。

臣又听说古时候设置靠近边境地区的县邑，是为了防备临国敌人侵犯，将五家编为一伍，设有伍长；十长编为一里，里设有假士；四里编为一连，连设有假五百；十连编为一邑，邑设有假侯，各位负责的长官全是由邑中贤才担任，他们都是有能力保护民众，熟习当地地形气候和民俗民心的人，闲居时就让民众练习射箭方法，外出时就教导民众如何应战敌人。所以对内就是卒伍的编排制度，对外就是军政规章制度。训练科目完成之后，就不再允许迁徙到别处了，小时候一起同游同乐，成年以后就一起共事。在夜战时凭声音就能认出自己人，便足以相互救助；白天作战时眼睛能相互看到，便足以相

陛下绝匈奴不与和亲，臣窃意其冬来南也，壹大治，则终身创矣。欲立威者，始于折胶，来而不能困，使得气去，后未易服也。愚臣亡识，唯陛下财察。

后诏有司举贤良文学士，错在选中。上亲策诏之，曰：

惟十有五年九月壬子，皇帝曰：昔者大禹勤求贤士，施及方外，四极之内，舟车所至，人迹所及，靡不闻命，以辅其不逮；近者献其明，远者通厥聪，比善勠力，以翼天子。是以大禹能亡失德，夏以长楙。高皇帝亲除大害，去乱从，并建豪英，以为官师，为谏争，辅天子之阙，而翼戴汉宗也。赖天之灵，宗庙之福，方内以安，泽及四夷。今朕获执天子之正，以承宗庙之祀，朕既不德，又不敏，明弗能烛，而智不能治，此大夫之所著闻也。故诏有司、诸侯王、三公、九卿及主郡吏，各帅其志，以选贤良明于国家之大体，通于人事之终始，及能直言极谏者，各有人数，将以匡朕之不逮。二三大夫之行当此三道，朕甚嘉之，故登大夫于朝，亲谕朕志。大夫其上三道之要，及永惟朕之不德，吏之不平，政之不宣，民之不宁，四者之阙，悉陈其志，毋有所隐。上以荐先帝之宗庙，下以兴愚民之休利，著之于篇，朕亲览焉，观大夫所以佐朕，至与不至。书之，周之密之，重之闭之。兴自朕躬，大夫其正论，毋枉执事。乌虖，戒之！二三大夫其帅志毋怠！

认；相互爱护之心，便足以舍命相救。这样，用丰厚的奖赏来劝导，用重重的处罚去威慑，那么即使死亡在眼前也不会转身逃跑。若所迁徙的民众不是健壮而有材力的人，只是来消耗衣物粮食的，则不可以使用；虽然有材力，但是没有好的官吏，就像无功一样。

陛下拒绝与匈奴和睦亲善，臣推测今年冬季胡人必定会南来，我们趁机好好教训胡人一次，使他们永久受创。要想确立我们的威严，必须在秋冬季节就要开始准备了，如果匈奴来犯而不能受到重创，让匈奴入侵得胜而去，那么以后就不容易降服他们了。愚臣无识无知，希望陛下裁断审察。

后来文帝颁发诏令让朝廷官员举荐有才有德的贤良文学之士，晁错也在被推举之列。文帝亲自策诏，说：

十五年（前165）九月壬子日，皇帝说："上古时候，圣王大禹经常广求贤士，扩展到边远境外，四方极远之国的尽头以内，舟车能到达的地方，人们留下足迹的地方，没有不接受听命的，以此来弥补圣王施政的缺陷；近处的贤者献出聪明才华，远处的贤者贡献出智慧，和睦亲善通力合作，以辅助天子。因此大禹能够不失他的德政，夏朝能够长久兴盛美好。高祖皇帝亲自除去大害，去掉祸乱国家之踪迹，选拔天下豪杰英才，任命为官吏之长，应当提出谏议，弥补天子在朝执政的缺陷，而辅助大汉王朝。蒙受上天灵佑，宗庙之福，现在天下安定，恩泽惠及到四方各民族。如今朕获得天子正位，以继承宗庙的祭神祀祖，朕既没有厚德，又没有智慧，不能明察秋毫，智慧不足以使国家大治，这些都是诸位大夫能够看得见的。所以朕下诏有司、诸侯王、三公、九卿及郡守，各自凭着自己的意志，以选出德才兼备的优秀人才，深明国家概要，通晓人情事故的变化，敢于直言极力规劝的，诸位各有举荐人数，将用来匡正朕施政的缺陷之处。有二三名贤德卿大夫能够在这三方面有所担当，朕非常嘉许，所以让诸位大夫登朝出仕，亲自宣达朕的旨意。诸位大夫应当从以下几个要领，提出谏言，深思朕德行缺乏之处，官吏处理事务不公平之处，政事不通达之处，百姓不安定之处，这四个方面的缺漏与错误之处，全部陈述自己的意向，不可以隐瞒。对上可以进献先帝之宗庙，下可以为百姓

错对曰：

平阳侯臣窋、汝阴侯臣灶、颍阴侯臣何、廷尉臣宜昌、陇西太守臣昆邪所选贤良太子家令臣错昧死再拜言：臣窃闻古之贤主莫不求贤以为辅翼，故黄帝得力牧而为五帝先，大禹得咎繇而为三王祖，齐桓得筦子而为五伯长。今陛下讲于大禹及高皇帝之建豪英也，退托于不明，以求贤良，让之至也。臣窃观上世之传，若高皇帝之建功业，陛下之德厚而得贤佐，皆有司之所览，刻于玉版，藏于金匮，历之春秋，纪之后世，为帝者祖宗，与天地相终。今臣窋等乃以臣错充赋，甚不称明诏求贤之意。臣错中茅臣，亡识知，昧死上愚对，曰：

诏策曰"明于国家大体"，愚臣窃以古之五帝明之。臣闻五帝神圣，其臣莫能及，故自亲事，处于法宫之中，明堂之上；动静上配天，下顺地，中得人。故众生之类亡不覆也，根著之徒亡不载也；烛以光明，亡偏异也；德上及飞鸟，下至水虫，草木诸产，皆被其泽。然后阴阳调，四时节，日月光，风雨时，膏露降，五谷孰，祆孽灭，贼气息，民不疾疫，河出图，洛出书，神龙至，凤鸟翔，德泽满天下，灵光施四海。此谓配天地，治国大体之功也。

谋求利益，将著述写成篇章，朕要亲自观览，以此审察诸位大夫用以辅佐朕的建议，是否尽职尽责，是否真心实意。记录下来，周到一些，细密一些，慎重地封存起来。朕将会亲自折封，诸位大夫应持正确合理的言论，不要担心执掌权力的官吏阻挠。切戒之啊！被举荐上来的二三位士大夫应当共同志于正道，不可怠慢！”

晁错回答说：

平阳侯臣曹窋、汝阴侯臣夏侯宠、颍阴侯臣灌何、廷尉臣宜昌、陇西太守臣公孙昆邪所推荐贤良太子家令臣不避死罪再拜并且进言：臣听说上古之时贤明之主没有不渴求贤德之士来辅佐自己，所以黄帝得到了力牧而在五帝中成为首位圣君，大禹得到了咎繇成为了夏商周三王的鼻祖，齐桓公得到了管仲成为了五霸之首。如今陛下讲述到从大禹至高祖皇帝选拔招揽豪杰英才，陛下退让自谦不够贤明，所以求天下贤士辅佐，谦让之至。臣观阅上世历史传记，像高祖皇帝一样招揽贤士建立大汉功业，陛下大德，仁爱宽厚，德厚从而得到天下贤士们的辅佐，这些都是有司大臣们已经看到的，将这些功勋刻在玉版上记录下来，珍藏在金匮之中，经历春秋岁月，传于后世，作为历代帝王的祖宗，与天地相终。如今曹窋等人将晁错拿来凑数，非常不符合明诏求贤的旨意。臣乃是草茅之臣，毫无见识，冒着死罪献上愚昧对策，内容如下：

诏策说“明于国家大体”，愚臣认为上古时代的五帝，全都是明了国家大体的圣人。臣听闻五帝神圣，他们下面的那些大臣都远远不及，因此五帝亲自处理政事，无论是在正殿之中，还是在明堂之上；所有决定上符天时，下应地利，中得人和。所以众生之类没有不被覆被的，根植于地中的万物没有不被承载的；光明照亮世间万物，毫无偏异；广恩厚德上可普及飞鸟，下可至于水虫，草木中诸般产物，全部都受到润泽。然后阴阳相互调和，四季时令有节，日月生光，风调雨顺适时而至，甘露普降，五谷丰登，妖孽灭绝，邪气熄灭，民众疾病不生，黄河出现河图，洛水出现洛书，神龙来到，凤凰翱翔，德泽布满天下，灵光施予四海。这就是五帝至德配天应地，治理国家大体的功效啊。

诏策曰“通于人事终始”，愚臣窃以古之三王明之。臣闻三王臣主俱贤，故合谋相辅，计安天下，莫不本于人情。人情莫不欲寿，三王生而不伤也；人情莫不欲富，三王厚而不困也；人情莫不欲安，三王扶而不危也；人情莫不欲逸，三王节其力而不尽也。其为法令也，合于人情而后行之；其动众使民也，本于人事然后为之。取人以己，内恕及人。情之所恶，不以强人；情之所欲，不以禁民。是以天下乐其政，归其德，望之若父母，从之若流水；百姓和亲，国家安宁，名位不失，施及后世。此明于人情终始之功也。

诏策曰“直言极谏”，愚臣窃以五伯之臣明之。臣闻五伯不及其臣，故属之以国，任之以事。五伯之佐之为人臣也，察身而不敢诬，奉法令不容私，尽心力不敢矜，遭患难不避死，见贤不居其上，受禄不过其量，不以亡能居尊显之位。自行若此，可谓方正之士矣。其立法也，非以苦民伤众而为之机陷也，以之兴利除害，尊主安民而救暴乱也。其行赏也，非虚取民财妄予人也，以劝天下之忠孝而明其功也。故功多者赏厚，功少者赏薄。如此，敛民财以顾其功，而民不恨者，知与而安己也。其行罚也，非以忿怒妄诛而从暴心也，以禁天下不忠不孝而害国者也。故罪大者罚重，罪小者罚轻。如此，民虽伏罪至死而不怨者，知罪罚之至，自取之也。立法若此，可谓平正之吏矣。法之逆者，请而更之，不以伤民；主行之暴者，逆而复之，不以伤国。救主之失，补主之过，扬主之美，明主之功，使主内亡邪辟之行，外亡骞污之名。事君若此，可谓直言极谏之士矣。此五伯之所以德匡天下，威正诸侯，功业甚美，名声章明。举天

诏策说“通于人事终始”，愚臣以上古时代三王来说明。臣听闻三王君臣都是贤明的人，所以共同谋划相互辅助，君臣用计策安定天下，无不是从最根本的人之常情出发。人之常情无人不想得到长寿，三王保护百姓的生命而不去伤害他们；人之常情无人不想得到富贵，三王让百姓富足而不让他们穷困；人之常情无人不想得到安宁，三王维护社会秩序而不去危害百姓；人之常情无人不想得到舒适，三王节省民力而不去耗尽。三王制订的法令，符合人之常情然后再去执行；要劳动百姓，使用民力，就以人事为本然后再去实行。要求别人时，以己之心为之，内心永远去宽恕别人。自己心里讨厌的，不可以强加给别人；自己心里想要得到的，不要去禁止别人去办。因此天下歌颂政令，敬重政令的恩德，敬仰他们就如同敬重父母一样，就像流水似的顺从他们；百姓相亲相爱，国家安定宁静，各自的名分与地位丝毫不乱，延续流传到后世。这就是三王通达明了人情世故终始之功也。

诏策说“直言极谏”，愚臣认为五霸之臣很明显地做到了这一点。臣听闻五霸的能力不及他们的大臣，所以把治理国家的重任托付给大臣，把大事交给大臣处理。辅佐五霸的大臣作为人臣，反省检察自己而不敢欺骗主上，遵奉法令不容私情，尽心尽力不敢自夸，遭遇患难不躲避死亡，见到贤人不敢身居上位，享受俸禄不超过自身应得的标准，五霸不因为自己无能而位居尊显之位。君臣如此各行其位，可谓是方正之士了。他们制定法律，不是为苦民伤众而设置害人的圈套，而是用来为民众兴利除害，他们尊主安民而终止暴乱。他们对人进行赏赐，不是白白收取民财妄自送人，而是用来劝勉天下的忠孝而宣扬忠孝之人的功劳。所以功劳多的人赏赐丰厚，功劳少的人赏赐微薄。如此，收取民财用来回馈人民的功劳，百姓之所以不痛恨，是明白付出是让自己更加安定。他们实行处罚，不是凭一时愤怒而滥杀无辜放纵自己暴戾的心，而是为了杜绝天下不忠不孝甚至去危害国家的人。因此，罪大的重罚，罪小的轻罚。如此，百姓即使认罪到死也不会怨恨，因为他们知道这是犯罪招致的处罚，是咎由自取。他们如此制定法律，可谓是公平正直的官吏了。法律悖逆了时事，就

下之贤主，五伯与焉，此身不及其臣而使得直言极谏补其不逮之功也。今陛下人民之众，威武之重，德惠之厚，令行禁止之势，万万于五伯，而赐愚臣策曰“匡朕之不逮”，愚臣何足以识陛下之高明而奉承之！

诏策曰“吏之不平，政之不宣，民之不宁”，愚臣窃以秦事明之。臣闻秦始并天下之时，其主不及三王，而臣不及其佐，然功力不迟者，何也？地形便，山川利，财用足，民利战。其所与并者六国，六国者，臣主皆不肖，谋不辑，民不用，故当此之时，秦最富强。夫国富强而邻国乱者，帝王之资也，故秦能兼六国，立为天子。当此之时，三王之功不能进焉。及其末涂之衰也，任不肖而信谗贼；宫室过度，耆欲亡极，民力罢尽，赋敛不节；矜奋自贤，群臣恐谀，骄溢纵恣，不顾患祸；妄赏以随喜意，妄诛以快怒心，法令烦憯，刑罚暴酷，轻绝人命，身自射杀；天下寒心，莫安其处。奸邪之吏，乘其乱法，以成其威，狱官主断，生杀自恣。上下瓦解，各自为制。秦始乱之时，吏之所先侵者，贫人贱民也；至其中节，所侵者富人吏家也；及其末涂，所侵者宗室大臣也。是故亲疏皆危，外内咸怨，离散逋逃，人有走心。陈胜先倡，天下大溃，绝祀亡世，为异姓福。此吏不平，政不宣，民不宁之祸也。今陛下配天象地，覆露万民，绝秦之迹，除其乱法；躬亲本事，废去淫末；除苛解娆，宽大爱人；肉刑不用，罪人亡帑；非谤不治，铸钱者除；通关去塞，不孽诸侯；宾礼长老，爱恤少孤；罪人有期，后宫出嫁；尊赐孝悌，农民不租；明诏军师，爱士大夫；求进方正，废退奸邪；除去阴刑，害民者诛；忧劳百姓，列侯就都；亲耕节用，视民不奢。所为天下兴利除害，变法

请求更改，不以此来伤民；君主执行暴政，就反过来恢复正确的做法，不要因此伤害国家的利益。弥补国君的过失，发扬国君的美德，彰显国君的功德，使国君内无邪僻的行为，外无损辱的坏名声。侍奉国君到如此地步，可谓是直言极谏之士了。这就是五霸之所以能匡正天下，威正诸侯，功业盛美，名声昭著的原因。推举天下贤明的君主，五霸都是代表，这就是自己不如臣子而能任用直言极谏之士，弥补不足的功效啊。如今陛下统领众多人民，庄重威武，有深厚的德惠，令行禁止的声势，超过五霸万万倍，然而陛下赐给愚臣的诏策说“弥补朕的不足”，愚臣怎么能认识到陛下的高明而去奉承呢！

诏策说“吏之不平，政之不宣，民之不宁”，愚臣以秦朝国事来举例说明。臣听闻秦国开始吞并天下的时候，国君不能与三王相比，而大臣也不能与三王的辅臣相比，但功业的建立却并不慢，为什么呢？秦国的地形方便，山川有利，财用充足，民众善于作战。秦国与并存的其他六国相比，它们的国君和大臣都是不肖之辈，计谋不能统一，民众不能役使，所以，这个时候秦国是最民富兵强的。秦国强而邻国混乱，具备称帝的资格，因此秦国能兼并六国，立为天子。正当此时，三王在古时候建立功业的方法是不可能被秦国采纳的。到了后来秦国衰败的时候，任用那些不肖之臣而去听信谗贼；宫室奢华超过限度，奢侈淫乱的欲望毫无极限，民力已经疲惫到了极点，赋税敛财却没有节制；国君骄傲自大妄自称贤，群臣慑于权势而巴结奉承，骄横自满放纵恣肆，不顾祸患临头；胡乱奖赏以随个人的喜好，滥杀无辜以发泄心中怒火，法令烦苛残害下民，刑罚残酷暴虐，轻易弃绝人命，亲自随意射杀行人；让天下民众寒心，不能安心居住。奸诈邪恶的官吏，利用朝廷的乱法，滥施威风，监狱官吏判断案件，生杀随意专断。上下解体溃散，各自行使各自的政令。秦朝刚刚开始内乱的时候，官吏们首先侵害的对象是贫贱的百姓家；到了中期，他们所侵害的是富人官吏家；到了最后的末路时，他们所侵害的是朝廷宗室大臣家。所以，亲近的、疏远的人人皆危，内外全部怨声载道，离散逃窜，人人都有离弃之心。陈胜率先倡导，天下崩溃大乱，断绝了宗庙祭祀，国家灭亡被异姓占有。这就是官吏不能奉公执法，政治昏

易故，以安海内者，大功数十，皆上世之所难及，陛下行之，道纯德厚，元元之民幸矣。

诏策曰“永惟朕之不德”，愚臣不足以当之。

诏策曰“悉陈其志，毋有所隐”，愚臣窃以五帝之贤臣明之。臣闻五帝其臣莫能及，则自亲之；三王臣主俱贤，则共忧之；五伯不及其臣，则任使之。此所以神明不遗，而圣贤不废也，故各当其世而立功德焉。《传》曰“往者不可及，来者犹可待，能明其世者谓之天子”，此之谓也。窃闻战不胜者易其地，民贫穷者变其业。今以陛下神明德厚，资财不下五帝，临制天下，至今十有六年，民不益富，盗贼不衰，边竟未安，其所以然，意者陛下未之躬亲，而待群臣也。今执事之臣皆天下之选已，然莫能望陛下清光，譬之犹五帝之佐也。陛下不自躬亲，而待不望清光之臣，臣窃恐神明之遗也。日损一日，岁亡一岁，日月益暮，盛德不及究于天下，以传万世，愚臣不自度量，窃为陛下惜之。昧死上狂惑中茅之愚，臣言唯陛下财择。

昧不宣，民众不安宁之祸乱。如今陛下领受天命，效法天地之利，荫庇恩泽天下万民，除绝亡秦的遗迹，废除秦朝的乱法；亲自去提倡农业，杜绝奢侈工商业；解除苛捐杂税，趋于简明，宽厚爱人；肉刑废除不用，犯罪不牵连妻子；议论是非不治罪，废除铸钱律法；打通关卡要塞，不猜忌诸侯；以宾客之礼礼敬长老，爱护怜惜孤儿；判罪设有刑期，释放后宫美人出嫁；赏赐礼敬孝悌之人，农民在被朝廷征用时免租；明确诏令军中师长，爱惜士卒以及大夫官员；征求正派官吏，废退奸诈邪恶之官；除去宫刑，害民者诛杀；忧患劳苦百姓，列侯们回到自己的封国；亲自耕种，节省用度，向百姓昭示不要奢侈。陛下所做皆为天下兴利除害，变法革旧易故，以此安定海内，如此大功有数十项，都是历代帝王难以做到的，陛下全都实行了，道纯德厚，是天下百姓的幸运啊。

诏策说“经常纠正朕所有不合德义的言行”，愚臣不能够担当这一点儿。

诏策说“悉陈其志，毋有所隐”，愚臣私下用五帝的贤臣来说明这一点。臣所闻五帝辅臣的德才不及五帝，五帝在很多政事上要亲自去处理；三王与朝中大臣都是贤人，于是君臣同心同德，共忧天下；五霸才能不及其臣，于是差遣任用他们。这就是不舍弃神明之德，不废除圣贤之名，所以五帝三王各自适应自己的时世而建立功德。《尚书》讲“以往的人与事是追不回来的，未来的人与事是可以等待的，能够明白世故事理者就是贤明的天子”，讲的就是这个意思。臣听说打仗不能胜利就要变换地方，百姓贫穷就要改变他的职业。如今陛下神明德厚，资质才华不亚于五帝，临朝治理天下，至今已经有十六年，可是百姓没有增富，盗贼没有减少，边境没有平定，之所以会有这样的效果，有人说这是陛下没有亲自做事，却在等待大臣们去完成。现在执事的大臣都是从全国各地选拔上来的，然而他们却不能望见陛下清美之风采，就如同五帝朝中的辅佐之臣。陛下如若不亲自去处理政事，而等待那些望不见清明之光的臣子去做，臣暗自担心陛下的神明之德会因此慢慢消失。日损一日，岁亡一岁，这样做会使岁月日益迟暮，陛下的盛德不能普及于天下，不能使基业传承万世，

时贾谊已死，对策者百余人，唯错为高第，繇是迁中大夫。

错又言宜削诸侯事，及法令可更定者，书凡三十篇。孝文虽不尽听，然奇其材。当是时，太子善错计策，爰盎诸大功臣多不好错。

景帝即位，以错为内史。错数请间言事，辄听，幸倾九卿，法令多所更定。丞相申屠嘉心弗便，力未有以伤。内史府居太上庙堧中，门东出，不便，错乃穿门南出，凿庙堧垣。丞相大怒，欲因此过为奏请诛错。错闻之，即请间为上言之。丞相奏事，因言错擅凿庙垣为门，请下廷尉诛。上曰："此非庙垣，乃堧中垣，不致于法。"丞相谢。罢朝，因怒谓长史曰："吾当先斩以闻，乃先请，固误。"丞相遂发病死。错以此愈贵。

迁为御史大夫，请诸侯之罪过，削其支郡。奏上，上令公卿列侯宗室杂议，莫敢难，独窦婴争之，繇此与错有隙。错所更令三十章，诸侯讙哗。错父闻之，从颍川来，谓错曰："上初即位，公为政用事，侵削诸侯，疏人骨肉，口让多怨，公何为也！"错曰："固也。不如此，天子不尊，宗庙不安。"父曰："刘氏安矣，而晁氏危，吾去公归矣！"遂饮药死，曰"吾不忍见祸逮身。"

愚臣自不量力，为陛下感到惋惜。臣冒死奉上狂妄昏惑鄙陋微贱的愚见，臣所言仅供陛下裁择。

当时贾谊已经去世，讨论对策的有一百多人，只有晁错的对策最优异，于是文帝任命晁错为中大夫。

晁错又说应该削弱诸侯的权利，以及可以修改重订的法令，共著书三十篇。文帝虽然没有全部采纳，然而对晁错的才华感到惊奇。在当时，太子赞许晁错的计策，爰盎及诸位大臣大多不喜欢晁错。

景帝登基后，任命晁错为内史官。晁错多次请求与景帝单独谈论政事，景帝每次都听从他的建议，宠爱晁错超过了九卿，先帝订立的法令被多次修改。丞相申屠嘉心里非常不满，却又无力伤害晁错。晁错的内史府建在了太上庙外围墙里的空地上，内史府的门朝东开着，进出不是很方便，晁错就朝南又开了一扇门，凿通了太上庙的外围墙。申屠嘉听说后大怒，准备因晁错犯了这样的过失奏请诛杀他。晁错听说后，马上进宫请求单独觐见景帝，将此事详细说明。等到申屠嘉上朝奏事，趁机说晁错擅自凿通太上庙的墙作为内史府的门，请求将晁错交给廷尉治罪。景帝说："此墙不是庙墙，是太上庙外面空地上的围墙，根本牵涉不到法律。"于是申屠嘉谢罪。退朝以后，申屠嘉愤怒地对长史说："我应当先杀掉晁错然后再报告，却先去奏请，导致事情延误。"申屠嘉因此发病去世，晁错也由此更加显贵。

后来晁错被景帝升为御史大夫，他向景帝陈述诸侯犯下的罪过，奏请景帝削减他们的土地，收回他们的旁郡。奏章呈送上去，景帝命令公卿、列侯以及皇族宗亲集会讨论这件事，没有谁敢提出异议，只有窦婴不同意，从此窦婴和晁错有了嫌隙。晁错先后修改了前朝的三十章法令，诸侯哗然。晁错的父亲听闻到这个消息后，特地从颍川赶来，对晁错说："陛下刚刚即位，你执政掌权为国做事，侵犯削弱诸侯们的利益，疏远皇族的骨肉亲情，招来人们的责怪让人们对你产生怨恨的心理，你为什么要这么做呢！"晁错说："父亲说的当然对。但我不这样去做，天子就不会尊贵，国家就不得安宁。"晁错的父亲说："刘氏家族的天下安宁了，而我们晁家却开始危险了，我还是离开你回去吧！"晁错的父亲就服毒而死，死前说："我不忍见到

后十余日，吴楚七国俱反，以诛错为名。上与错议出军事，错欲令上自将兵，而身居守。会窦婴言爰盎，诏召入见，上方与错调兵食。上问盎曰："君尝为吴相，知吴臣田禄伯为人乎？今吴楚反，于公意何如？"对曰："不足忧也，今破矣。"上曰："吴王即山铸钱，煮海为盐，诱天下豪桀，白头举事，此其计不百全，岂发乎？何以言其无能为也？"盎对曰："吴铜盐之利则有之，安得豪桀而诱之！诚令吴得豪桀，亦且辅而为谊，不反矣。吴所诱，皆亡赖子弟，亡命铸钱奸人，故相诱以乱。"错曰："盎策之善。"上问曰："计安出？"盎对曰："愿屏左右。"上屏人，独错在。盎曰："臣所言，人臣不得知。"乃屏错。错趋避东箱，甚恨。上卒问盎，对曰："吴楚相遗书，言高皇帝王子弟各有分地，今贼臣晁错擅適诸侯，削夺之地，以故反名为西共诛错，复故地而罢。方今计，独有斩错，发使赦吴楚七国，复其故地，则兵可毋血刃而俱罢。"于是上默然，良久曰："顾诚何如，吾不爱一人谢天下。"盎曰："愚计出此，唯上孰计之。"乃拜盎为泰常，密装治行。

后十余日，丞相青翟、中尉嘉、廷尉欧劾奏错曰："吴王反逆亡道，欲危宗庙，天下所当共诛。今御史大夫错议曰：'兵数百万，独属群臣，不可信，陛下不如自出临兵，使错居守。徐、僮之旁吴所

祸及自身。”

十几天后，吴楚七国以诛杀晁错为名全部起兵造反。景帝与晁错商议发兵平叛的事，晁错想让景帝亲自率领军队，由他在后方据守。当时正好窦婴推举爰盎，爰盎受诏命入见，景帝正与晁错筹划调运军粮的事情。景帝问爰盎说：“你曾经做过吴国国相，知道吴国大臣田禄伯的为人吗？如今吴楚谋反，您怎么看待这件事？”爰盎回答说：“这些不值得忧虑，今天就可以打败他们。”景帝说：“吴王开采铜山铸钱，煮海水制盐，诱惑天下豪杰，头发都白了还要起事谋反，若是他的计划还不完善，他怎么敢这么做呢？怎么能说他无能为力呢？”爰盎回答说：“吴国开采铜山铸钱，煮海水制盐的利润确实是有的，可就凭这些怎能引诱天下豪杰来响应呢！如果真的让吴国得到豪杰，那也只是辅政的意思，他们绝对不会反叛。吴国所诱惑的人，都是无赖子弟，亡命铸钱的奸人，因此相互引诱共同作乱。”晁错说：“爰盎的策略非常好。”景帝问爰盎：“你怎么制定平定叛乱的计谋？”爰盎说：“请皇上屏退左右。”景帝让左右退下，唯独留下晁错一人。爰盎说：“臣要说的计策，人臣也不可得知。”因此景帝让晁错也退下。晁错赶忙避到东厢房，他深深怨恨着爰盎。景帝急忙问爰盎平定叛乱的计谋，爰盎回答说：“吴楚相互传递书信，说高帝分封子弟为诸侯王时，各有自己的封地，如今贼子乱臣晁错擅自处罚诸侯，削夺诸侯的土地，所以他们反叛的名义是向西进军共同诛杀晁错，恢复他们本来的封地就能罢兵。现今的计策，只有斩杀晁错，派出使者赦免吴楚七国，恢复他们的封地，就不会造成流血伤亡的事件而可以全都罢兵。”景帝听完沉默不语，过了很久才说：“不管怎样，我不会只怜惜一人而向天下谢罪的。”爰盎说：“愚计已经拿出来了，只是皇上要周密地考虑这件事。”景帝就任命爰盎为太常，秘密整理行装起程。

十几天后，丞相青翟、中尉嘉、廷尉张欧一起上奏弹劾晁错说：“吴王谋反叛逆无道，想危害社稷，天下人应当共同诛杀叛贼。现在御史大夫晁错提出建议说：‘将数百万的军队，单独交予群臣，不可信任，不如陛下亲自统率士兵平定叛乱，他自己留守长安。而徐县、

未下者可以予吴。’错不称陛下德信，欲疏群臣百姓，又欲以城邑予吴，亡臣子礼，大逆无道。错当要斩，父母妻子同产无少长皆弃市。臣请论如法。”制曰：“可。”错殊不知。乃使中尉召错，绐载行市。错衣朝衣斩东市。

错已死，谒者仆射邓公为校尉，击吴楚为将。还，上书言军事，见上。上问曰：“道军所来，闻晁错死，吴楚罢不？”邓公曰：“吴为反数十岁矣，发怒削地，以诛错为名，其意不在错也。且臣恐天下之士拑口不敢复言矣。”上曰：“何哉？”邓公曰：“夫晁错患诸侯强大不可制，故请削之，以尊京师，万世之利也。计画始行，卒受大戮，内杜忠臣之口，外为诸侯报仇，臣窃为陛下不取也。”于是景帝喟然长息，曰：“公言善。吾亦恨之。”乃拜邓公为城阳中尉。

邓公，成固人也，多奇计。建元年中，上招贤良，公卿言邓先。邓先时免，起家为九卿。一年，复谢病免归。其子章，以修黄老言显诸公间。

赞曰：爰盎虽不好学，亦善傅会，仁心为质，引义忼慨。遭孝文初立，资适逢世。时已变易，及吴壹说，果于用辩，身亦不遂。晁错锐于为国远虑，而不见身害。其父睹之，经于沟渎，亡益救败，不如赵母指括，以全其宗。悲夫！错虽不终，世哀其忠。故论其施行之语著于篇。

憧县附近没有攻占的地方可以留给吴军。’晁错不称颂陛下的恩德与威信，却想疏远群臣百姓，又想把城邑拱手让给吴军，失去臣子之礼，大逆不道。晁错应当受到腰斩的刑罚，他的父母、妻子、兄弟，无论老少都应处以弃市的刑罚。臣恳请陛下按法论处。”景帝下令说：“可以。”晁错对此居然毫不知情。景帝便派出中尉去召晁错，欺骗晁错上车经过街市。晁错穿着朝服在东市被当街斩杀。

晁错已死，谒者仆射邓公担任校尉一职，他当时正担任将领率军队进攻吴楚的叛军。邓公回到京师，上书奏报军队事务的情况，觐见景帝。景帝问道：“将军从军中来，听说晁错被处死后，吴楚退兵了没有？”邓公说：“吴王谋反已经准备了几十年，因为朝廷削地而发怒，以诛杀晁错为名，其本意根本不在晁错。而且臣担心从此天下的士大夫闭口再也不敢进言了。”景帝说：“这是为何？”邓公说：“晁错担心诸侯强大了朝廷不能制服，因此恳请皇上削减诸侯的封地，借以尊崇朝廷，这件事是利益万世的好事。晁错的计划才刚刚开始实行，竟然遭受诛杀而陈尸示众，陛下此举对内杜绝忠臣之口，对外替诸侯报仇，臣私下认为陛下这么做不可取。”于是景帝喟然长叹，说道：“邓公说的对，朕也悔恨这件事。”景帝就任命邓公担任城阳中尉。

邓公是成固县人，有很多奇谋妙计。建元年间，朝廷招纳贤良，公卿都举荐邓公。当时邓公已经被免了职，又由平民被起用担任九卿一职。一年后，邓公又托病自请辞官回家。他的儿子邓章，因为研究黄老的学说在世间很有名望。

赞辞说：爰盎纵然不好学习，却善于领会贯通书中的道理，他内心仁爱本质善良，引用义理时常常慷慨激昂。遇到文帝刚刚即位，恰好他的才智得以逢时。时代变化，爰盎到景帝即位后，在吴楚叛乱时他出了一个主意，用诡计将晁错诛杀，而自己也最终遭遇不测。晁错锐意进取为国家深谋远虑，却没有看到自身会降临灾祸。他的父亲看得很清楚，在沟渠自杀，却无益于挽救晁错的败亡，还不如当年赵母劝谏赵括，赵括虽然在长平战败，赵母却保全了赵家。可悲啊！晁错虽然没有得到善终，世人还是哀叹晁错的忠心。所以收集他曾经实施政事的有关言论，将其记载于传记之中。

卷五十

张冯汲郑传第二十

张释之字季，南阳堵阳人也。与兄仲同居，以赀为骑郎，事文帝，十年不得调，亡所知名。释之曰："久宦减仲之产，不遂。"欲免归。中郎将爰盎知其贤，惜其去，乃请徙释之补谒者。释之既朝毕，因前言便宜事。文帝曰："卑之，毋甚高论，令今可行也。"于是释之言秦汉之间事，秦所以失，汉所以兴者。文帝称善，拜释之为谒者仆射。

从行，上登虎圈，问上林尉禽兽簿，十余问，尉左右视，尽不能对。虎圈啬夫从旁代尉对上所问禽兽簿甚悉，欲以观其能口对向应亡穷者。文帝曰："吏不当如此邪？尉亡赖！"诏释之拜啬夫为上林令。释之前曰："陛下以绛侯周勃何如人也？"上曰："长者。"又复问："东阳侯张相如何如人也？"上复曰："长者。"释之曰："夫绛侯、东阳侯称为长者，此两人言事曾不能出口，岂效此啬夫喋喋利口捷给哉！且秦以任刀笔之吏，争以亟疾苛察相高，其敝徒文具，亡恻隐之实。以故不闻其过，陵夷至于二世，天下土崩。今陛下以啬夫口辩而超迁之，臣恐天下随风靡，争口辩，亡其实。且下之化上，疾于景向，举错不可不察也。"文帝曰："善。"乃止，不拜啬夫。

张释之，字季，南阳郡堵阳县人。张释之与哥哥张仲在一起居住，他花家资买了个骑郎之职，事奉文帝，十年来不得升迁，没有人知道他的名气。张释之说：“我长久做郎官损耗了哥哥张仲的家产，心里很过意不去。”他想请求免职回家。中郎将爰盎知道他有道德有才能，对他即将离去表示惋惜，就上奏请求调迁张释之补充谒者的缺职。张释之朝见完文帝，趁机上前陈述宜国宜民的大事。文帝说：“谦卑一些，不要高谈阔论，要讲当前能够实行的。”于是，张释之就谈论起秦朝、汉朝之间的事，讲起秦朝灭亡和汉朝兴起的原因。文帝称赞好，便封张释之为谒者仆射。

张释之跟从文帝出行，临观虎圈，文帝向上林尉询问禽兽簿的事情，问了十几个问题，上林尉左看右看，竟然都回答不出来。站在旁代看管虎圈的啬夫代替上林尉回答了文帝关于禽兽簿的问题，啬夫描述得很详细，想让文帝看到自己凭着一张嘴就能对答无数问题。文帝说：“难道官吏不应该这样吗？上林尉真是不务正业！”文帝就诏令张释之宣布封啬夫为上林令。张释之上前说：“陛下认为绛侯周勃这个人怎样？”文帝答：“是位德行高尚的长者。”张释之又问：“陛下认为东阳侯张相如这个人怎样？”文帝仍答：“是位德行高尚的长者。”张释之说：“绛侯、东阳侯能称为德行高尚的长者，可是这两个人谈论事情时竟然连话都说不出口，难道让人们去效仿这个啬夫的喋喋不休、辩才敏捷、能言善道吗！况且秦朝因为任用那些掌案牍的刀笔吏，他们争着拿苛刻烦琐当做明察互比高下，然而那样做的弊端只是空有条文罢了，一点也没有恻隐的实情。所以皇上才听不到自己的过错，使得国情渐趋衰败，传至秦二世的时候，天下便土崩瓦解了。如今陛下因啬夫伶牙俐齿就越级升迁他，臣恐怕天下人会随着这种风气糜烂，争相善辩讲不合实际的话。况且下位的人仿效上位

就车，召释之骖乘，徐行，行问释之秦之敝。具以质言。至宫，上拜释之为公车令。

顷之，太子与梁王共车入朝，不下司马门，于是释之追止太子、梁王毋入殿门，遂劾不下公门不敬，奏之。薄太后闻之，文帝免冠谢曰："教儿子不谨。"薄太后使使承诏赦太子、梁王，然后得入。文帝繇是奇释之，拜为中大夫。

顷之，至中郎将。从行至霸陵，上居外临厕。时慎夫人从，上指视慎夫人新丰道，曰："此走邯郸道也。"使慎夫人鼓瑟，上自倚瑟而歌，意凄怆悲怀，顾谓群臣曰："嗟乎！以北山石为椁，用纻絮斫陈漆其间，岂可动哉！"左右皆曰："善。"释之前曰："使其中有可欲，虽锢南山犹有隙；使其中亡可欲，虽亡石椁，又何戚焉？"文帝称善。其后，拜释之为廷尉。

顷之，上行出中渭桥，有一人从桥下走，乘舆马惊。于是使骑捕之，属廷尉。释之治问。曰："县人来，闻跸，匿桥下。久，以为行过，既出，见车骑，即走耳。"释之奏当：此人犯跸，当罚金。上怒曰："此人亲惊吾马，马赖和柔，令它马，固不败伤我乎？而廷尉乃当之罚金！"释之曰："法者天子所与天下公共也。今法如是，更重之，是法不信于民也。且方其时，上使使诛之则已。今已下廷尉，廷尉，天下之平也，壹倾，天下用法皆为之轻重，民安所错其手足？唯陛下察之。"上良久曰："廷尉当是也。"

的人，速度之快如影随形，陛下的言行举动不能不谨慎啊！”文帝说：“非常好。”便停止这件事，不再封啬夫为官。

文帝坐上车，召张释之为骖乘，车子缓缓前行，文帝向他请教秦朝的弊端。张释之都以实情相告。到了宫中，文帝封张释之为公车令。

不久，太子与梁王同车入朝，他们经过司马门不下车，因此张释之追上去阻止太子、梁王不准进入殿门，最终检举揭发他们不在司马门下车的大不敬罪，并上奏文帝。薄太后也听说了这事，过来问个究竟，文帝摘下帽子道歉说：“怪我教导儿子不严谨。”薄太后这才派使者奉诏旨赦免太子、梁王，然后他们才得以入宫。文帝因此觉得张释之与众不同，封他为中大夫。

不久，张释之官至中郎将。他跟随文帝到霸陵，文帝坐在自己陵墓外临近边侧的地方。当时慎夫人跟在后面，文帝用手指着去新丰县的道路对慎夫人说：“这就是去邯郸的路啊。”文帝让慎夫人鼓瑟，自己与瑟声相和唱着歌，流露出凄怆悲伤的情怀，他回头对群臣说道：“唉！用北山石做外棺，再用贮布、棉絮混同生漆充塞在石棺的缝隙，难道还能打得开石棺吗！”身边的侍卫都说：“好。”张释之上前说道：“假使里面有引动欲念的东西，即使用金属浇铸南山作为外棺还是会有缝隙；假使里面没有引动欲念的东西，即使没有石制的外棺，又有什么担忧的呢？”文帝称赞他说得对。此后，文帝封张释之为廷尉。

不久，文帝行至中渭桥，有一个人从桥下跑出来，文帝车驾的马受到惊吓。文帝就命令侍从逮捕了那人，交给廷尉审理。张释之询问那人具体发生的情况。那人回答说：“我是从县里过来的，听说帝王出行要清道，禁止行人来往这里，就急忙藏到桥下。过了好久，以为皇上已经过去，就走出来，却看见成队的车马，然后马上转身跑开。”张释之说：“此人冲撞了皇上的车驾，应当罚金。”文帝发怒道：“这个人惊了我的马，幸亏仗着我的马脾气温和柔顺，如果换成别的马，不是早就伤害我了吗？可廷尉却认为应当罚金！”张释之解释说：“法律是天子与天下人共同遵守的。如今法律规定的就是这样，

其后人有盗高庙坐前玉环，得，文帝怒，下廷尉治。案盗宗庙服御物者为奏，当弃市。上大怒曰：“人亡道，乃盗先帝器！吾属廷尉者，欲致之族，而君以法奏之，非吾所以共承宗庙意也。”释之免冠顿首谢曰：“法如是足也。且罪等，然以逆顺为基。今盗宗庙器而族之，有如万分一，假令愚民取长陵一抔土，陛下且何以加其法乎？”文帝与太后言之，乃许廷尉当。当是时，中尉条侯周亚夫与梁相山都侯王恬启见释之持议平，乃结为亲友。张廷尉繇此天下称之。

文帝崩，景帝立，释之恐，称疾。欲免去，惧大诛至；欲见，则未知何如。用王生计，卒见谢，景帝不过也。

王生者，善为黄老言，处士。尝召居廷中，公卿尽会立，王生老人，曰“吾袜解”，顾谓释之：“为我结袜！”释之跪而结之。既已，人或让王生：“独奈何廷辱张廷尉如此？”王生曰：“吾老且贱，自度终亡益于张廷尉。廷尉方天下名臣，吾故聊使结袜，欲以重之。”诸公闻之，贤王生而重释之。

如果更严重地处罚他，这是法律在民众中失信的表现啊。况且在那时，皇上如果命人就地杀掉他也就算了。如今陛下已经下达给廷尉查办，廷尉，是天下公平的代表，一旦有所倾斜，天下应用法律都会时轻时重，民众将往哪儿安放他们的手足呢？希望陛下明察。”文帝想了好久说：“廷尉做得对。”

此后，有人偷了高祖庙内座前的玉环，抓到盗贼后，文帝大怒，交给廷尉治罪。张释之依照盗取宗庙帝王专用之物的法令定案，然后奏请文帝，应当判盗贼斩首示众。文帝大怒道：“那人无道，居然敢偷先帝的专用物品！我交给你审理这件案子的意图，是想判他灭族罪，而你却按照法令奏请这件事，这不是我用来恭敬地承奉宗庙的本意啊。”张释之摘下帽子叩头谢罪说：“按照法令这样判决已经是重罪了。况且判断犯罪的等级，要以情节的轻重程度为基础。今日偷盗宗庙帝王专用的器物便诛灭他的宗族，况且他盗取的东西仅仅是宗庙里东西的万分之一，假设愚民挖取了长陵上的一抔土，陛下将又怎样给他施加刑罚呢？”文帝和薄太后商量了这件事，就批准了廷尉的判决。当时，中尉条侯周亚夫和梁相山都侯王恬启看到张释之能公平地审判案件，就同他结为好朋友。张廷尉由此受到天下人的称颂。

文帝驾崩，景帝登基，张释之因从前得罪过景帝而感到害怕，便借口有病请假。他想辞职回家，又担心招来更严厉的处罚；他也想觐见景帝当面谢罪，却又不知该怎么做。后来他采用王生的计谋，最终觐见景帝当面谢罪，景帝没有责怪他。

王生，擅长道家学术，是位有才能而隐居不仕的人。他曾经被召进朝廷中，当时公卿大臣都站在一起。王生是位上了年纪的老人，他说“我的袜带松开了”，他回头看着张释之说：“给我系好袜带！”于是张释之跪在地上给他系袜带。系好以后，有人责备王生说：“你为什么单单在朝廷上这样侮辱张廷尉？”王生说：“我年老并且地位下贱，自己考虑终究不会给张廷尉带来什么好处。张廷尉是当今天下名臣，我姑且勉强让他给我系好袜带，是想以此来抬举他。”众公卿听了这些话，都称赞王生贤明而敬重张释之。

释之事景帝岁余，为淮南相，犹尚以前过也。年老病卒。其子挚，字长公，官至大夫，免。以不能取容当世，故终身不仕。

冯唐，祖父赵人也。父徙代。汉兴徙安陵。唐以孝著，为郎中署长，事文帝。帝辇过，问唐曰："父老何自为郎？家安在？"具以实言。文帝曰："吾居代时，吾尚食监高祛数为我言赵将李齐之贤，战于钜鹿下。吾每饮食，意未尝不在钜鹿也。父老知之乎？"唐对曰："齐尚不如廉颇、李牧之为将也。"上曰："何已？"唐曰："臣大父在赵时，为官帅将，善李牧。臣父故为代相，善李齐，知其为人也。"上既闻廉颇、李牧为人，良说，乃拊髀曰："嗟乎！吾独不得廉颇、李牧为将，岂忧匈奴哉！"唐曰："主臣！陛下虽有廉颇、李牧，不能用也。"上怒，起入禁中。良久，召唐让曰："公众辱我，独亡间处乎？"唐谢曰："鄙人不知忌讳。"

当是时，匈奴新大入朝那，杀北地都尉卬。上以胡寇为意，乃卒复问唐曰："公何以言吾不能用颇、牧也？"唐对曰，"臣闻上古王者遣将也，跪而推毂，曰：'阃以内寡人制之，阃以外将军制之；军功爵赏，皆决于外，归而奏之。'此非空言也。臣大父言李牧之为赵将居边，军市之租皆自用飨士，赏赐决于外，不从中覆也。委任而责成功，故李牧乃得尽其知能，选车千三百乘，彀骑万三千匹，百金之士十万，是以北逐单于，破东胡，灭澹林，西抑强秦，南支韩、魏。当是时，赵几伯。后会赵王迁立，其母倡也，用郭开谗，而诛李牧，令颜聚代之。是以为秦所灭。今臣窃闻魏尚为云中守，军市租尽以给

张释之事奉景帝一年多后，降职为淮南相，还是由于从前得罪过景帝。后来张释之年老病死。他的儿子张挚，字长公，官至大夫，后来被免职。因为张挚不喜欢讨好当权者，所以直到去世也没有做官。

冯唐，他的祖父是赵国人。在他父亲这一辈迁徙到代国。汉朝兴起后迁居到了安陵县。冯唐以孝行著称，担任郎中署长，事奉汉文帝。文帝乘坐车辇经过郎中署时，问冯唐说："老人家因何担任郎官？家住在哪里？"冯唐都如实回答了文帝。文帝说："我在代地居住时，我的尚食监高祛多次对我说赵将李齐贤德，讲述李齐在钜鹿城下战斗的事情。如今我每次饮食，都会想到他在钜鹿打仗的情景。老人家知道李齐吗？"冯唐回答说："李齐作为将领带兵打仗还是不如廉颇、李牧。"文帝问："为什么？"冯唐说："臣的祖父当初在赵国时，任将军一职，与李牧是好朋友。臣的父亲以前任代相，与赵将李齐是好朋友，了解他的为人。"文帝听完冯唐讲述廉颇、李牧的为人，很高兴，用手拍打着大腿开心地说："唉呀！可是我偏偏得不到廉颇、李牧这样的的将领，如果有这样的大将，我还担忧匈奴对汉王朝的骚扰吗！"冯唐说："微臣惶恐！陛下即使有廉颇、李牧这样的将领，也不可能任用。"文帝大怒，起身返回宫中。过了一会儿，文帝召见冯唐责备说："老先生竟然那样当众侮辱我，难道就不能在僻静的地方数落我吗？"冯唐谢罪说："臣是个粗鄙之人，不懂得忌讳。"

当时，匈奴刚刚大举入侵朝那，杀死了北地都尉孙卬。文帝一心担忧匈奴对汉朝边境的进犯，便最终又问冯唐说："老先生怎么知道我不能任用廉颇、李牧呢？"冯唐回答道，"臣听说上古王者派遣将领带兵打仗，亲自跪在地上推车前进，给予将领最隆重的礼遇，还嘱咐将领说：'郭门以内的事由寡人来主管，郭门以外的事由将军主管；军功赏爵，都由在外打仗的将领决定，归来再向朝廷启奏。'这可不是空话。臣的祖父说李牧任赵国大将率兵守卫边境时，在军市上收取的市租都用来犒劳士卒，赏赐的具体事项由李牧决定，朝廷不会查究这些事。君王委托他重任并责令他成功，因此李牧才能发挥所有的智慧才能，他挑选出一千三百辆合格的战车，一万三千名善射

士卒，出私养钱，五日壹杀牛，以飨宾客军吏舍人，是以匈奴远避，不近云中之塞。虏尝一入，尚帅车骑击之，所杀甚众。夫士卒尽家人子，起田中从军，安知尺籍伍符？终日力战，斩首捕虏，上功莫府，一言不相应，文吏以法绳之。其赏不行，吏奉法必用。愚以为陛下法太明，赏太轻，罚太重。且云中守尚坐上功首虏差六级，陛下下之吏，削其爵，罚作之。繇此言之，陛下虽得李牧，不能用也。臣诚愚，触忌讳，死罪！”文帝说。是日，令唐持节赦魏尚，复以为云中守，而拜唐为车骑都尉，主中尉及郡国车士。

十年，景帝立，以唐为楚相。武帝即位，求贤良，举唐。唐时年九十余，不能为官，乃以子遂为郎。遂字王孙，亦奇士。魏尚，槐里人也。

汲黯字长孺，濮阳人也。其先有宠于古之卫君也。至黯十世，世为卿大夫。以父任，孝景时为太子洗马，以严见惮。

武帝即位，黯为谒者。东粤相攻，上使黯往视之。至吴而还，报曰：“粤人相攻，固其俗，不足以辱天子使者。”河内失火，烧千余家，上使黯往视之。还报曰：“家人失火，屋比延烧，不足忧。臣过

的骑兵，十万名勇士，就凭着这些雄厚的师资在北面驱逐单于，击溃东胡，歼灭澹林部落，在西面抑制强秦，在南面支援韩国、魏国。当时，赵国几乎成为霸主。后来赶上赵王迁登基，他的母亲原本是娼女，赵王听信宠臣郭开的谗言，而诛杀李牧，让颜聚代替他。因此赵军溃败，为秦国歼灭。如今臣私下听说魏尚担任云中太守，他把所有军市的市租都拿来犒劳士卒，还拿出自己赡养家属的俸钱，五天杀一头牛，来宴请宾客、军吏、舍人，所以匈奴才会远远地躲开，不敢接近云中要塞。匈奴曾经入侵过云中郡一次，魏尚率领成队的车马迎击敌军，杀死很多匈奴人。那些士卒都是平民家的子弟，都是从田农转为士兵，哪里知道什么‘尺籍’、‘伍符’这类军令？士卒只是整天奋力作战，斩下敌人的头颅捕捉更多的俘虏，可是向莫府报功时，只要一句话不符合实情，执法官吏就用法律惩治他们。对他们的犒赏不能兑现，而执法官吏奉行的法令却一定会应用。愚臣认为陛下制定的法令太严苛，对士卒的赏赐太轻，惩罚太重。况且云中太守魏尚上报斩杀敌军的军功只差了六个首级，陛下就把他交给官吏治罪，革除他的爵位，判他服一年的苦役。由此说来，陛下即使得到了李牧这样的将领，也不可能重用。臣确实愚蠢，触犯了忌讳，真是死罪啊！”文帝听完冯唐的一席话反而感到很高兴。当天，文帝就命令冯唐拿着符节赦免魏尚，还让魏尚担任云中太守，并封冯唐为车骑都尉，掌管中尉和郡国车战的兵士。

十年后，景帝继位，让冯唐任楚相。武帝继位后，征召贤良之士，有人推举冯唐。冯唐当时已经九十多岁了，不能担任官职，武帝便让他的儿子冯遂做郎官。冯遂，字王孙，也是个与众不同的人才。魏尚，槐里人。

汲黯，字长孺，濮阳县人。他的祖先受到战国时候卫君的宠爱。到汲黯是第十代，他家世代任卿大夫。汲黯因为父亲的关系，在景帝时任太子的洗马，因为办事认真严肃令人畏惧。

武帝登基后，汲黯任谒者。东越国内部自相残杀，武帝派汲黯前去审察。他走到吴地就返回来，向武帝汇报说：“东越人自相残杀，是他们固有的习俗，不值得劳顿天子的使者前去视察。”河内郡失

河内，河内贫人伤水旱万余家，或父子相食，臣谨以便宜，持节发河内仓粟以振贫民。请归节，伏矫制罪。”上贤而释之，迁为荥阳令。黯耻为令，称疾归田里。上闻，乃召为中大夫。以数切谏，不得久留内，迁为东海太守。

黯学黄老言，治官民，好清静，择丞史任之，责大指而已，不细苛。黯多病，卧阁内不出。岁余，东海大治，称之。上闻，召为主爵都尉，列于九卿。治务在无为而已，引大体，不拘文法。

为人性倨，少礼，面折，不能容人之过。合己者善待之，不合者弗能忍见，士亦以此不附焉。然好游侠，任气节，行修洁。其谏，犯主之颜色。常慕傅伯、爰盎之为人。善灌夫、郑当时及宗正刘弃疾。亦以数直谏，不得久居位。

是时，太后弟武安侯田蚡为丞相，中二千石拜谒，蚡弗为礼。黯见蚡，未尝拜，揖之。上方招文学儒者，上曰吾欲云云，黯对曰：“陛下内多欲而外施仁义，奈何欲效唐虞之治乎！”上怒，变色而罢朝。公卿皆为黯惧。上退，谓人曰：“甚矣，汲黯之戆也！”群臣或数黯，黯曰：“天子置公卿辅弼之臣，宁令从谀承意，陷主于不谊乎？且已在其位，纵爱身，奈辱朝廷何！”

火，烧及一千多家，武帝派汲黯前往察看。他回来汇报说："平民家失火，蔓延到邻居家，用不着担忧。臣经过河内，河内的一万多家贫民受水涝旱灾的祸害，有的甚至到了父子相食的地步。臣只是方便行事，拿着符节把河内官仓的谷米发放出来，赈济当地的贫民。臣请求归还符节，接受假托君命行事的处罚。"武帝认为他贤德而免除对他的处罚，调任他为荥阳县令。汲黯耻于做县令，就借口有病请假回到故乡。武帝听说了这件事后，就征召他为中大夫。因为汲黯数次向武帝直言极谏，不能在宫中久留，外调为东海太守。

汲黯学习道家的言论，他管理官吏和百姓，喜好清静无为，他委任丞、史两位得力的助理官处理事情，他只是过问大事而已，不注重烦琐苛刻的细节。汲黯多病，常常躺在内室不出来。过了一年多，东海郡政治清明局势安定，大家都称赞他。武帝听闻这件事，召他任主爵都尉，位列九卿。汲黯处理政务只是致力于清静无为而已，他注重大局，不拘泥于法令条文细节性的东西。

汲黯为人生性傲慢，缺少礼节，还当面指斥别人的错误，他不能容忍别人的过错。合自己心意的人就会善待，不合自己心意的人竟然不能耐心接见，士人也因此不依附他。但汲黯喜好游侠，信任有志气和节操的人，他自己的行为高尚纯洁。他直言劝谏武帝的时候，屡次冒犯君主的威严。汲黯常常羡慕傅伯、爰盎的为人。与灌夫、郑当时以及宗正刘弃疾是好朋友。这几个人也因为屡次耿直劝谏，不能长久身居要位。

当时，太后的弟弟武安侯田蚡任丞相，俸禄为中二千石的官吏拜见他，田蚡却不回礼。汲黯遇见田蚡，不曾下拜，只是拱手作揖。武帝正征召通晓儒家学术的儒生与文学之士，说我打算怎样怎样等等，汲黯对答说："陛下内心多欲却在表面上装出施行仁义的样子，怎么能效法唐尧虞舜的政治呢！"武帝气得脸色失常而罢朝。三公九卿都替汲黯担忧。武帝退朝后，对身边的人说："汲黯真是太刚直了！"群臣中有人数落汲黯，汲黯说："天子设置公卿这些辅佐他的臣子，难道是为了让他们奉承逢迎，让主上陷于不义的地步吗？况且我已经位居公卿，纵然爱惜自己的身体，又怎么能让朝廷蒙羞呢！"

黯多病，病且满三月，上常赐告者数，终不瘉。最后，严助为请告。上曰：“汲黯何如人也？”曰：“使黯任职居官，亡以瘉人，然至其辅少主守成，虽自谓贲育弗能夺也。”上曰：“然。古有社稷之臣，至如汲黯，近之矣。”

大将军青侍中，上踞厕视之。丞相弘宴见，上或时不冠。至如见黯，不冠不见也。上尝坐武帐，黯前奏事，上不冠，望见黯，避帷中，使人可其奏。其见敬礼如此。

张汤以更定律令为廷尉，黯质责汤于上前，曰：“公为正卿，上不能褒先帝之功业，下不能化天下之邪心，安国富民，使囹圄空虚，何空取高皇帝约束纷更之为？而公以此无种矣！”黯时与汤论议，汤辩常在文深小苛，黯愤发，骂曰：“天下谓刀笔吏不可为公卿，果然。必汤也，令天下重足而立，仄目而视矣！”

是时，汉方征匈奴，招怀四夷。黯务少事，间常言与胡和亲，毋起兵。上方乡儒术，尊公孙弘，及事益多，吏民巧。上分别文法，汤等数奏决谳以幸。而黯常毁儒，面触弘等徒怀诈饰智以阿人主取容，而刀笔之吏专深文巧诋，陷人于罔，以自为功。上愈益贵弘、汤，弘、汤心疾黯，虽上亦不说也，欲诛之以事。弘为丞相，乃言上曰：“右内史界部中多贵人宗室，难治，非素重臣弗能任，请徙黯为右内史。”数岁，官事不废。

汲黯多病，有一次竟然足足病了三个月，武帝经常赐给他养病的时间，始终没有痊愈。最后，严助替他请假。武帝说："汲黯是什么样的人呢？"严助说："让汲黯任职居官，没有什么胜过别人的地方，但是至于让他辅佐少主保持已成的事业，即使有人自称像孟贲、夏育那样勇力过人，也不能夺去他的志向。"武帝说："是这样。古代说的能担当国家大任的官员，至于汲黯，与他们很接近啊。"

大将军卫青任侍中时，武帝坐在床侧接见他。丞相公孙弘在武帝闲暇时入见，武帝有时不戴帽子接见他。至于汲黯，武帝不戴帽子就不接见他。武帝曾经坐在武帐中，汲黯近前奏事，武帝没戴帽子，望见汲黯，急忙避入帷帐中，派近侍传达自己的意思，批准了他所奏的事。武帝就是如此礼敬他。

张汤因修订法律条令任廷尉，汲黯在皇上面前质问张汤说："您是正卿，在上不能褒扬先帝的功业，在下不能化解天下人的邪心，不能安国富民，不能让监狱没有犯人，为何凭空把高皇帝所定的律令纷乱变易？您也会因此而断绝后代！"汲黯时常与张汤争论，张汤辩论常常思虑周密，注重细小繁密的事情，汲黯发怒，骂他说："天下人说刀笔吏不能担任公卿，果真如此。必定是张汤，将会使天下人畏惧不已，只能双脚并拢站立，斜着眼睛注视了！"

当时，汉朝正在征讨匈奴，招抚四方少数民族。汲黯没什么政事可做，趁空闲经常劝谏武帝与匈奴和亲，不要出兵发动战争。武帝正崇尚儒术，很尊重公孙弘，当时事情更多，官吏与老百姓投机取巧。武帝就分析并制定了一系列法令条文，张汤等人多次奏请武帝裁决判案定罪的办法、条文，以此获得武帝的宠信。可是汲黯时常诋毁儒术，当面顶撞公孙弘等人心存欺诈耍弄小聪明，以阿谀奉承主上，以求得自己容身，并且他们这些刀笔吏专门严苛地引用法律条文，巧妙地诋毁别人，陷害他人自投罗网，并因此而认为自己有功。武帝越重视公孙弘与张汤，公孙弘与张汤两人内心越痛恨汲黯，虽然武帝也不喜欢他，想借事惩罚他。公孙弘任丞相后，就向武帝进言说："右内史管辖的范围内有很多地位显贵的人和皇家宗族，很难治理，不是平素在朝廷身负国家重任的臣子就不能胜任，请调迁汲黯任右

大将军青既益尊，姊为皇后，然黯与亢礼。或说黯曰："自天子欲令群臣下大将军，大将军尊贵，诚重，君不可以不拜。"黯曰："夫以大将军有揖客，反不重耶？"大将军闻，愈贤黯，数请问以朝廷所疑，遇黯加于平日。

淮南王谋反，惮黯，曰："黯好直谏，守节死义；至说公孙弘等，如发蒙耳。"

上既数征匈奴有功，黯言益不用。

始黯列九卿矣，而公孙弘、张汤为小吏。及弘、汤稍贵，与黯同位，黯又非毁弘、汤。已而弘至丞相封侯，汤御史大夫，黯时丞史皆与同列，或尊用过之。黯褊心，不能无少望，见上，言曰："陛下用群臣如积薪耳，后来者居上。"黯罢，上曰："人果不可以无学，观汲黯之言，日益甚矣。"

居无何，匈奴浑邪王帅众来降，汉发车二万乘。县官亡钱，从民贳马。民或匿马，马不具。上怒，欲斩长安令。黯曰："长安令亡罪，独斩臣黯，民乃肯出马。且匈奴畔其主而降汉，徐以县次传之，何至令天下骚动，罢中国，甘心夷狄之人乎！"上默然。后浑邪王至，贾人与市者，坐当死五百余人。黯入，请间，见高门，曰："夫匈奴攻当路塞，绝和亲，中国举兵诛之，死伤不可胜计，而费以巨万百数。臣愚以为陛下得胡人，皆以为奴婢，赐从军死者家；卤获，因与之，以谢天下，塞百姓之心。今纵不能，浑邪帅数万之众来，虚府库赏赐，发良民侍养，若奉骄子。愚民安知市买长安中而文吏绳以为阑出财物如边关乎？陛下纵不能得匈奴之赢以谢天下，又以微

内史。”汲黯任右内史的几年里，并没有废弛公家的事务。

大将军卫青的姐姐卫子夫做了皇后，卫青的地位已经更加尊贵了，但汲黯还是以平等的礼节对待卫青。有人规劝汲黯说：“自天子想要群臣谦恭地对待大将军以来，大将军的身份更尊贵，确实应该敬重大将军，您不可以不拜他。”汲黯说：“如果大将军能礼贤下士，不是更显出对客人的尊重吗？”大将军听说后，更加觉得汲黯贤良，多次向他请教自己对朝廷里有疑问的事，对待汲黯超过平日。

淮南王刘安谋反，忌惮汲黯，说：“汲黯这个人喜欢直言规劝，遵守规则,忠于职守，为了义可以死去；至于游说公孙弘等人，像启发蒙昧一样易如反掌而已。”

武帝讨伐匈奴已经立下好多次战功，就更加不采用汲黯的话了。

最初汲黯位列九卿，公孙弘、张汤都是小吏。等到公孙弘、张汤逐渐位尊权贵，与汲黯同位，汲黯又诋毁公孙弘、张汤。后来公孙弘官至丞相封为侯爵，张汤任御史大夫，汲黯手下的丞、史都升到与他相同的位次，有的受到重用地位甚至超过了他。汲黯心胸狭窄，埋怨自然不少，朝见武帝时，说：“陛下任用群臣像积聚木柴一样，后来者居上。”汲黯退下后，武帝说：“人确实不能没有学识，听汲黯说话，更能感觉到没有知识是多么可怕。”

过了不久，匈奴浑邪王率众兵来降，朝廷征调两万乘车骑迎接他们。因为没钱，只好向百姓借马。有的百姓把马藏起来，一时间凑不齐那么多马。武帝生气，要杀长安令。汲黯说：“长安令没罪，只有斩杀臣，百姓才肯出借马匹。况且浑邪王这些匈奴背叛他们的单于投降汉朝，如果汉朝慢慢地以沿路各县的次序挨次给他们提供车马运送他们，何致于惊扰全国，使本国人民疲惫不堪，心甘情愿事奉这些匈奴人呢！”武帝沉默了。等浑邪王带人来，与他们做生意的商人中，获罪被处死的有五百多人。汲黯入宫，请求利用空闲时间单独奏事，他在高门殿见到武帝，说：“过去匈奴人进攻我国的交通要塞，拒绝和亲，我们大汉出兵讨伐他们，死伤的人多到数不清，耗费的钱财没法计算。愚臣以为陛下俘获匈奴人，都会把他们当作男女仆人，

文杀无知者五百余人，臣窃为陛下弗取也。”上弗许，曰：“吾久不闻汲黯之言，今又复妄发矣。”后数月，黯坐小法，会赦，免官。于是黯隐于田园者数年。

会更立五铢钱，民多盗铸钱者，楚地尤甚。上以为淮阳，楚地之郊也，召黯拜为淮阳太守。黯伏谢不受印绶，诏数强予，然后奉诏。召上殿，黯泣曰：“臣自以为填沟壑，不复见陛下，不意陛下复收之。臣常有狗马之心，今病，力不能任郡事。臣愿为中郎，出入禁闼，补过拾遗，臣之愿也。”上曰：“君薄淮阳邪？吾今召君矣。顾淮阳吏民不相得，吾徒得君重，卧而治之。”黯既辞，过大行李息，曰：“黯弃逐居郡，不得与朝廷议矣。然御史大夫汤智足以距谏，诈足以饰非，非肯正为天下言，专阿主意。主意所不欲，因而毁之；主意所欲，因而誉之。好兴事，舞文法，内怀诈以御主心，外挟贼吏以为重。公列九卿不早言之何？公与之俱受其戮矣！”息畏汤，终不敢言。黯居郡如其故治，淮阳政清。后张汤败，上闻黯与息言，抵息罪。令黯以诸侯相秩居淮阳。居淮阳十岁而卒。

赏赐那些因战争而死的人的家属；掳获的财物，也一并分给这些人，以酬谢天下，满足百姓的心。如今即使不能这样做，可是浑邪王带领数万部众来降，我们却虚空国家的府库来赏赐他们，征召善良的百姓来服侍他们，如同奉养自己宠爱的孩子。淳朴的百姓怎么知道他们从长安购买的各种用品，却被文吏将以财物非法出关的罪名而惩治呢？陛下即使不能用获得的匈奴余财来慰劳天下，却又用繁苛的法律条文杀死五百多无知的百姓，臣认为陛下这样做不可取。”武帝没听从他的话，说：“我很久没听到汲黯说话，现在又来胡说八道了。”过了几个月，汲黯犯了小罪，赶上武帝大赦天下，只免除了官职。于是汲黯隐退田园数年。

碰上朝廷改铸五铢钱，很多百姓私自铸造钱币，楚地尤其严重。武帝认为淮阳是楚地的交通枢纽，就征召汲黯封他为淮阳太守。汲黯伏地谢绝不接受印绶，但使者多次强行给他诏书，然后他不得已接受命令。武帝召见汲黯上殿，汲黯哭着说：“臣自以为只能坐着等死，不能再看到陛下了，没想到陛下又召回微臣。臣经常想着如犬马般效忠陛下，现在生病，能力无法担任一郡的官职。臣愿意任中郎，能够出入宫廷小门，替陛下补过拾遗，这是臣的愿望。”武帝说：“您看不起淮阳太守一职吗？我很快就会召您回来的。只是淮阳的官吏和百姓不能融洽地相处，我只是借您的威望，请您无为而治。”汲黯向武帝告辞后，碰到大行令李息，说：“我被放逐到外郡居住，不能与朝廷的官员讨论国家大事了。但御史大夫张汤的智慧完全可以抵挡人家对他的批评，他的奸巧诡计完全可以掩饰他的过失，可是他不肯走正路为天下人说话，专门阿谀奉承迎合主上的心意。主上心里所不中意的，他就趁机跟着毁谤；主上心里乐意的，他就赶快称赞。他喜欢引发事端，舞弊法令条文，他心怀奸诈逢迎主上的心意，在外挟养酷吏维护自己的权威。先生位列九卿却不趁早向皇上进言是为何？您跟他都会受到侮辱啊！”李息畏惧张汤，最终也不敢进言。汲黯仍然按照过去的方法处理淮阳的政事，使得淮阳政清人和。后来张汤果然失势，武帝听闻汲黯对李息说的话，对李息治罪。命令汲黯以诸侯相的品级留在淮阳。在淮阳过了十年，汲黯去世。

卒后，上以黯故，官其弟仁至九卿，子偃至诸侯相。黯姊子司马安亦少与黯为太子洗马。安文深巧善宦，四至九卿，以河南太守卒。昆弟以安故，同时至二千石十人。濮阳段宏始事盖侯信，信任宏，官亦再至九卿。然卫人仕者皆严惮汲黯，出其下。

郑当时字庄，陈人也。其先郑君尝事项籍，籍死而属汉。高祖令诸故项籍臣名籍，郑君独不奉诏。诏尽拜名籍者为大夫，而逐郑君。郑君死孝文时。

当时以任侠自喜，脱张羽于厄，声闻梁楚间。孝景时，为太子舍人。每五日洗沐，常置驿马长安诸郊，请谢宾客，夜以继日，至明旦，常恐不遍。当时好黄老言，其慕长者，如恐不称。自见年少官薄，然其知友皆大父行，天下有名之士也。

武帝即位，当时稍迁为鲁中尉，济南太守，江都相，至九卿为右内史。以武安魏其时议，贬秩为詹事，迁为大司农。

当时为大吏，戒门下："客至，亡贵贱亡留门者。"执宾主之礼，以其贵下人。性廉，又不治产，卬奉赐给诸公。然其馈遗人，不过具器食。每朝，候上间说，未尝不言天下长者。其推毂士及官属丞史，诚有味其言也。常引以为贤于己。未尝名吏，与官属言，若恐伤之。闻人之善言，进之上，唯恐后。山东诸公以此翕然称郑庄。

使视决河，自请治行五日。上曰："吾闻郑庄行，千里不赍粮，

汲黯去世后，武帝因为汲黯的关系，提升他的弟弟汲仁官至九卿，儿子汲偃官至诸侯相。汲黯姐姐的儿子司马安年轻时也同汲黯一样任太子洗马。司马安思虑周密精明机敏，善于做官，他的官位经过四次提升就位列九卿，在担任河南太守时去世。兄弟们因为司马安的关系，同时有十人官至二千石。濮阳人段宏最初事奉盖侯王信，王信保举段宏，段宏也再次官至九卿。然而做官的卫人都很敬畏汲黯，官位都在汲黯之下。

郑当时，字庄，陈县人。他的先人郑君曾事奉项籍，项籍死后他隶属汉朝。高祖命项籍原来的臣子直呼其名，唯独郑君不接受诏令。高祖下诏封那些直呼项籍名讳的人为大夫，而驱逐郑君。文帝在位时，郑君死去。

郑当时以抑强扶弱为乐，自从解救了张羽的灾难，他的名声就传遍梁楚两地。景帝时，郑当时任太子舍人。他每五日休一次假，常在长安郊外设置驿马，对宾客们迎来送往，夜以继日，直到天亮，即使这样他还时常担心自己行事不周。郑当时喜好黄帝老子的学说，他敬慕德高望重的人，惟恐自己不能让长辈称心。郑当时虽然年轻官微，但知心好友都是他的祖父辈，是天下有名之士。

武帝登基后，郑庄先后调任鲁中尉，济南太守，江都相，一直升到九卿任右内史。由于参与武安侯、魏其侯两人的争论，被贬为詹事，后来升为大司农。

郑当时任大吏时，告诫弟子说："客人到来，无论贵贱都不要让他们在门口久等。"他执行待客之礼，能够屈尊自己高贵的身份谦恭地对待客人。郑当时生性廉洁，又不添置私产，用自己的俸禄和赏赐供给诸位友人。但他赠予别人的礼物，不过是用食具盛放的便餐。每次朝见，等到武帝空闲时进言，他都会称赞天下德高望重的人。郑当时举荐士人以及丞、史等属吏时，说的话确实津津有味。他时常认为他们比自己贤能。从来没有直接称呼过属吏的名字，他跟属吏谈话，好像生怕伤害了他们。郑当时听到别人讲有益的话，就立即向武帝举荐，唯恐耽搁时间。崤山以东的士人一致称颂他为郑庄。

郑庄被派去视察黄河决口，他自己申请休假五天整治行装。武

治行者何也？”然当时在朝，常趋和承意，不敢甚斥臧否。汉征匈奴，招四夷，天下费多，财用益屈。当时为大司农，任人宾客僦，入多逋负。司马安为淮阳太守，发其事，当时以此陷罪，赎为庶人。顷之，守长史。迁汝南太守，数岁，以官卒。昆弟以当时故，至二千石者六七人。

当时始与汲黯列为九卿，内行修。两人中废，宾客益落。当时死，家亡余财。

先是下邽翟公为廷尉，宾客亦填门，及废，门外可设爵罗。后复为廷尉，客欲往，翟公大署其门曰：“一死一生，乃知交情；一贫一富，乃知交态；一贵一贱，交情乃见。”

赞曰：张释之之守法，冯唐之论将，汲黯之正直，郑当时之推士，不如是，亦何以成名哉！扬子以为孝文亲诎帝尊以信亚夫之军，曷为不能用颇、牧？彼将有激云尔。

帝说:“我听说郑庄远行千里不带粮食,却申请休假五天整治行装,为什么呢?”然而郑庄在朝廷论事,常常随声附和秉承武帝的意旨,不敢针砭时弊明确表示对或不对。汉朝征讨匈奴,招抚四方少数民族,国家消耗太多,财用越来越短缺。郑庄任大司农,他保举的人与和熟识的宾客为他雇佣马车负责运输,拖欠了很多赋税。那时司马安任淮阳太守,检举了这件事,郑庄因此获罪,赎罪后降为百姓。不久,他在丞相府担任长史。接着又升为汝南太守,几年后,在任上去世。他的兄弟们因为郑当时的关系,有六七人官至二千石。

当初郑庄与汲黯位列九卿,很注重自己平日私居时的操行。两人中途被免官,宾客日益衰败。郑当时去世后,家里没有多余的财产。

先前下邽人翟公任廷尉时,他的宾客也充塞门户,等到免官后,门可罗雀。后来翟公又恢复廷尉之职,宾客又想前去投靠,翟公在门上写下如下大字:“一死一生,方知交情浅深;一贫一富,方知世态人情;一贵一贱,方见交往情谊。”

赞辞说:张释之的恪守法律,冯唐的谈论任用将领,汲黯的正直,郑当时的推荐贤士,如果不是这些,他们怎么能成名呢!扬子以为孝文帝舍去皇帝的尊贵,崇奉周亚夫的军队,为什么不能起用廉颇、李牧呢?冯唐用的是激将法啊。

卷五十一

贾邹枚路传第二十一

贾山，颍川人也。祖父祛，故魏王时博士弟子也。山受学祛，所言涉猎书记，不能为醇儒。尝给事颍阴侯为骑。

孝文时，言治乱之道，借秦为谕，名曰《至言》。其辞曰：

臣闻为人臣者，尽忠竭愚，以直谏主，不避死亡之诛者，臣山是也。臣不敢以久远谕，愿借秦以为谕，唯陛下少加意焉。

夫布衣韦带之士，修身于内，成名于外，而使后世不绝息。至秦则不然。贵为天子，富有天下，赋敛重数，百姓任罢，赭衣半道，群盗满山，使天下之人戴目而视，倾耳而听。一夫大呼，天下向应者，陈胜是也。秦非徒如此也，起咸阳而西至雍，离宫三百，钟鼓帷帐，不移而具。又为阿房之殿，殿高数十仞，东西五里，南北千步，从车罗骑，四马鹜驰，旌旗不桡。为宫室之丽至于此，使其后世曾不得聚庐而托处焉。为驰道于天下，东穷燕齐，南极吴楚，江湖之上，濒海之观毕至。道广五十步，三丈而树，厚筑其外，隐以金椎，树以青松。为驰道之丽至于此，使其后世曾不得邪径而托足焉。死葬乎骊山，吏徒数十万人，旷日十年。下彻三泉，合采金石，冶铜锢其内，漆涂其外，被以珠玉，饰以翡翠，中成观游，上成山林。为葬埋之侈至于此，使其后世曾不得蓬颗蔽冢而托葬焉。秦以熊罴之力，虎狼之心，蚕食诸侯，并吞海内，而不笃礼义，故天殃已加矣。臣昧死以闻，愿陛下少留意而详择其中。

贾山，颍川郡人。他的祖父贾祛，在战国时期是魏王的博士弟子。贾山自小跟随祖父贾祛学习，所学遍及各家学说，但是他不能做学问专精纯正的儒者。贾山曾经在颍阴侯手下做事，担任随从骑吏。

在孝文帝时，贾山谈论治乱之道，以秦朝灭亡为鉴，写成奏章，取名为《至言》，内容是：

臣听说作为人臣，应该竭尽忠诚尽其愚见，以直言来劝谏君上，不怕杀头，臣就是如此。臣不敢列举太过久远的事例告诫人们，愿借秦朝为例加以论述，希望陛下稍加留意。

一般的平民百姓，能够修养自身内德，进而扬名于外，并能够使后世子孙兴旺不衰。而秦朝却并非如此。秦始皇贵为天子，拥有天下那么多财富，却横征赋税暴敛民财，使天下百姓疲于役使，以至于身着囚衣的罪犯充塞半路，成群的强盗漫山遍野，因此天下之人戴目而视，倾耳而听，暗怀作乱之心。如果这时有一个人振臂高呼，天下万民群起响应，这就是陈胜领导的反秦运动。秦朝不仅如此，从咸阳向西直到雍城，修建了三百多座皇帝出行的行宫，钟鼓帷幕床帐，不必从别的宫里移取。皇帝又修建阿房宫，殿高数十仞，东西有五里长，南北有千步宽，车马以及巡行的士兵可以驰骋在其中，畅行无阻，就连马车上的旌旗都不会碰歪。建造的宫殿如此壮丽，却使秦朝的后世子孙，竟然连安身的简陋房屋都没有。秦朝又修筑通往全国各地的驰道，向东可到燕国、齐国，向南可达吴国、楚国，江湖之上，沿海地带，无所不至。驰道宽五十步，道边间隔三丈栽种一棵树，两边修筑厚厚的边坡，用铁椎将其夯实，栽种青松。修筑的驰道如此壮观，却使秦朝的后世子孙没有立足之地。秦始皇驾崩后埋葬的骊山陵，耗费几十万刑徒奴隶的辛苦劳动，历时十年才将其建成。陵墓下面直通泉水，采集矿石，还要炼铜将墓穴内壁浇铸，使之密

臣闻忠臣之事君也，言切直则不用而身危，不切直则不可以明道，故切直之言，明主所欲急闻，忠臣之所以蒙死而竭知也。地之硗者，虽有善种，不能生焉；江皋河濒，虽有恶种，无不猥大。昔者夏商之季世，虽关龙逢、箕子、比干之贤，身死亡而道不用。文王之时，豪俊之士皆得竭其智，刍荛采薪之人皆得尽其力，此周之所以兴也。故地之美者善养禾，君之仁者善养士。雷霆之所击，无不摧折者；万钧之所压，无不糜灭者。今人主之威，非特雷霆也；势重，非特万钧也。开道而求谏，和颜色而受之，用其言而显其身，士犹恐惧而不敢自尽，又乃况于纵欲恣行暴虐，恶闻其过乎！震之以威，压之以重，则虽有尧舜之智，孟贲之勇，岂有不摧折者哉？如此，则人主不得闻其过失矣；弗闻，则社稷危矣。古者圣王之制，史在前书过失，工诵箴谏，瞽诵诗谏，公卿比谏，士传言谏，庶人谤于道，商旅议于市，然后君得闻其过失也。闻其过失而改之，见义而从之，所以永有天下也。天子之尊，四海之内，其义莫不为臣。然而养三老于大学，亲执酱而馈，执爵而酳，祝䬸在前，祝鲠在后，公卿奉杖，大夫进履，举贤以自辅弼，求修正之士使直谏。故以天子之尊，尊养三老，视孝也；立辅弼之臣者，恐骄也；置直谏之士者，恐不得闻其过也；学问至于刍荛者，求善无餍也；商人庶人诽谤己而改之，从善无不听也。

闭，再用生漆把外面涂上，再披以珠玉，用翡翠来装饰，墓室中间建有观游的场所，墓室上面种植草木形成山林。建造的陵墓如此奢侈，却使秦朝的后世子孙连个生着蓬草的小坟头都得不到。秦国以为凭借自己强大如熊罴一样的势力，如虎狼一样凶残贪婪的心性，蚕食其他诸侯国的土地，吞并天下，而没有致力于笃行礼义道德，故而上天降下灾殃来惩罚它。臣冒死讲给陛下听，希望陛下可以稍加留意而慎重采纳其合理的地方。

臣听说忠臣服侍君王，言语恳切率直而没有被采用，就可能危及性命，不恳切率直，又不可以说明正道，因此恳切率直的谏言，是贤明的君主想要急切听到的，是忠臣之所以蒙受死亡都要竭力陈说的。在贫瘠的土地上，虽然有优良的种子，也不能长出庄稼；江岸河边的淤泥地，虽然种子很差，却能长出茁壮的禾苗。过去夏朝、商朝的末年，虽然当时有关龙逢、箕子、比干这样的贤臣，他们为了正道献出生命，可是正道也没有得到推行。在周文王执政的时候，俊杰贤明之人，都可以充分发挥自身的聪明才智，就连割草打柴的平民也能够尽一份力量，这是周朝之所以兴起的原因。因此肥沃的土地善于养育禾苗，仁爱的君主善于收罗贤德的人才。被雷霆攻击以后，无不摧毁折断；被万钧压住以后，无不破损碎裂。当今君主的权势，并非只是雷霆之威；威势之重，并非仅是万钧之重。君主广开言路恳求谏言，和颜悦色地接受谏言，采用他们的谏言，并且还要使进谏的人得到褒奖提升他的地位，即便这样，士人们还是心怀恐惧，不敢畅所欲言，更何况君主放纵欲望、为所欲为、凶暴残虐，不愿意听到自己的过失呢！如果君主以权势震慑群臣，用强力压制群臣，虽有如同尧舜那样的智慧，孟贲那样的英勇，哪有人不会被摧毁折断呢？如若这样，那君主就不可能听到自己的过失了；听不到，江山社稷就危险了。古代圣王之制，史官在前面书写君主的过失，诗工诵读箴言来劝谏君主，盲瞽官吏诵读诗篇来劝谏君主，公卿以事类比规劝君主，士人传递文书劝谏君主，平民在道路上相互指责君主的过错，商人在市井上议论君主的错误，然后君主才能听到自己所犯的过失。君主听到自己的过失赶紧加以改正，见到符合道义之事就跟着去做，就能够长

昔者，秦政力并万国，富有天下，破六国以为郡县，筑长城以为关塞。秦地之固，大小之势，轻重之权，其与一家之富，一夫之强，胡可胜计也！然而兵破于陈涉，地夺于刘氏者，何也？秦王贪狼暴虐，残贼天下，穷困万民，以适其欲也。昔者，周盖千八百国，以九州之民养千八百国之君，用民之力不过岁三日，什一而籍，君有余财，民有余力，而颂声作。秦皇帝以千八百国之民自养，力罢不能胜其役，财尽不能胜其求。一君之身耳，所以自养者驰骋弋猎之娱，天下弗能供也。劳罢者不得休息，饥寒者不得衣食，亡罪而死刑者无所告诉，人与之为怨，家与之为雠，故天下坏也。秦皇帝身在之时，天下已坏矣，而弗自知也。秦皇帝东巡狩，至会稽、琅邪，刻石著其功，自以为过尧舜统；县石铸钟虡，筛土筑阿房之宫，自以为万世有天下也。古者圣王作谥，三四十世耳，虽尧舜禹汤文武絫世广德以为子孙基业，无过二三十世者也。秦皇帝曰死而以谥法，是父子名号有时相袭也，以一至万，则世世不相复也，故死而号曰始皇帝，其次曰二世皇帝者，欲以一至万也。秦皇帝计其功德，度其后嗣，世世无穷，然身死才数月耳，天下四面而攻之，宗庙灭绝矣。

久地拥有天下。天子的尊贵，四海之内，他的道义让天下人无不甘愿为臣民。然而在太学奉养三老，天子要亲自去进献饮食，然后捧爵进献美酒漱口，侍奉于前后，祝祷他们不要哽噎，公卿为三老拿手杖，大夫为三老穿鞋，举荐贤德的人来辅佐自己，寻求遵行正道之士向自己进谏。因此以天子之尊贵而去尊养三老，是表示自己富有孝心；立辅佐大臣，是深恐自己骄纵放逸；安置直言规谏之士，是害怕听不到自己所犯的过错；向砍柴割草的人去请教学问，是要去寻求美善永无止境；商人与平民诽谤自己而可以改正，是因为天子从善如流而无所不听啊。

过去，秦王嬴政靠武力吞并万国诸侯，富有天下，打败六国，在全国设立郡县，修筑长城以此作为边关要塞。以秦朝之稳固，大小之形势，轻重之权，其实与一家之富，一人之力相比，无法算计，怎可同日而语！然而军队却被陈胜打垮，土地却被刘氏所夺，这是为何？因为秦王贪婪暴虐，残害天下，使天下万民穷困不堪，以此满足自己的私欲。过去，周朝大约有一千八百个诸侯国，以九州的民众供养一千八百个诸侯国国君，每年百姓的徭役不过三天，赋税只征收十分之一，国君有富余的钱财，民众有剩余的体力，所以有歌功颂德的声音。秦始皇用一千八百诸侯的民众供养自己，而民众耗尽体力也完成不了徭役，耗尽财产也满足不了他的需求。以君主一个人的身体，驾车骑马，射箭狩猎来娱乐自己，天下所有财力竟然供应不上。疲劳的人得不到休养生息，饥寒的人得不到衣服食物，没有犯罪而被诛杀的人没有地方去讼冤评理，以至于人人不满而怨恨他，家家仇恨而敌视他，因此秦朝的天下最终土崩瓦解。秦始皇还在世的时候，天下已经暗藏危机，而秦始皇竟然不知道。秦始皇向东巡行诸国，到达会稽郡、琅琊郡，刻石碑颂扬自己的丰功伟绩，自认为超过了尧舜的统治；称量铜铁的轻重而铸造钟虡，筛选细土修筑阿房宫，自认为子孙万代能够长久拥有天下。古代的圣王制定谥法，后世子孙能够统治三四十代，即使是唐尧、虞舜、夏禹、商汤、周文王、周武王，连续几代广施恩德，为后世子孙奠定基业，也不过传承帝位二三十代。秦始皇却说自己死后若是以谥法定谥号，有时会使父子名号重复，如

秦皇帝居灭绝之中而不知自者何也？天下莫敢告也。其所以莫敢告者何也？亡养老之义，亡辅弼之臣，亡进谏之士，纵恣行诛，退诽谤之人，杀直谏之士，是以道谀媮合苟容，比其德则贤于尧舜，课其功则贤于汤武，天下已溃而莫之告也。《诗》曰："匪言不能，胡此畏忌，听言则对，谮言则退。"此之谓也。又曰："济济多士，文王以宁。"天下未尝亡士也，然而文王独言以宁者何也？文王好仁则仁兴，得士而敬之则士用，用之有礼义。

故不致其爱敬，则不能尽其心；不能尽其心，则不能尽其力；不能尽其力，则不能成其功。故古之贤君于其臣也，尊其爵禄而亲之；疾则临视之亡数，死则往吊哭之，临其小敛大敛，已棺涂而后为之服锡衰麻绖，而三临其丧；未敛不饮酒食肉，未葬不举乐，当宗庙之祭而死，为之废乐。故古之君人者于其臣也，可谓尽礼矣；服法服，端容貌，正颜色，然后见之。故臣下莫敢不竭力尽死以报其上，功德立于后世，而令闻不忘也。

果以一世、二世以至万世为名号，则世世代代都不会重复了，因此他死后号称始皇帝，在其驾崩后继位者为二世皇帝，他想从一世一直传到万世。秦始皇计算自己的功德，推测他的后代，他觉得子孙会永世无穷的统治下去，然而他驾崩后才几个月，天下万民就围攻秦朝，皇室宗庙彻底灭绝。

秦始皇身处国家即将灭绝的险境之中，自己却毫无所知，这到底为什么呢？因为天下没有人敢告诉他。为什么所有人都不敢告诉他呢？因为他没有尊重奉养老人的道义，也没有辅佐他的大臣，没有率直进谏的士人，致使秦始皇肆意放纵地大行杀戮，辞退指责诽谤他的人，诛杀那些直谏的士人，所以人们都阿谀奉承迎合取悦他，比拟他的道德时，就夸他比尧帝、舜帝还要仁慈，估量他的功绩时，就赞他比商汤、周武王还要卓越，天下早已经溃烂不堪，却没有人告诉他。《诗经》上说："不是我们不能分辨是非而谏言，为什么心惶惶不去进谏，因为担心触犯君主的忌讳而受到惩罚，劝谏而君主听从，就认真向君主去陈述自己的意见，进谏而君主不听，就离开。"就是这样的道理。又说："周文王身边人才济济，天下才得以安定。"天下不是没有敢进谏的士人，可为何只说文王可以安定天下呢？文王喜施仁德，所以才能兴仁政，得到士人而尊敬士人，因此士人为他效力，而他又以礼义任用士人。

因此君主不对士人亲爱恭敬，就不能竭尽大臣的忠心；大臣不能竭尽忠心，就不能竭尽全力；大臣不能竭尽全力，就不能取得成功。所以古代贤明的君王对于他的大臣，要赐予爵位俸禄表达尊重并且去亲近他们；大臣若是患有疾病，要多次亲自探望，大臣若是去世，要前往吊唁，要亲临小殓、大殓之礼，大殓、涂饰棺椁之后，君王还要为他披锡衰，要三次亲临大臣丧葬之礼；死者没有入殓前，不可以饮酒吃肉，死者没有下葬前，不可以奏乐，在举行宗庙祭祀时大臣正好去世，君王要为他停奏宗庙的祭祀之乐。所以古代君王对于他的大臣，可谓竭尽礼仪了；君主穿着规定的法服，容貌端庄，态度稳重。然后才可以接见大臣。故而臣下不敢不尽心竭力地报效君王，功德立于后世，而令世人铭记。

今陛下念思祖考，术追厥功，图所以昭光洪业休德，使天下举贤良方正之士，天下皆䜣䜣焉，曰将兴尧舜之道，三王之功矣。天下之士莫不精白以承休德。今方正之士皆在朝廷矣，又选其贤者使为常侍诸吏，与之驰敺射猎，一日再三出。臣恐朝廷之解弛，百官之堕于事也，诸侯闻之，又必怠于政矣。

陛下即位，亲自勉以厚天下，损食膳，不听乐，减外徭卫卒，止岁贡；省厩马以赋县传，去诸苑以赋农夫，出帛十万余匹以振贫民；礼高年，九十者一子不事，八十者二算不事；赐天下男子爵，大臣皆至公卿；发御府金赐大臣宗族，亡不被泽者；赦罪人，怜其亡发，赐之巾，怜其衣赭书其背，父子兄弟相见也而赐之衣。平狱缓刑，天下莫不说喜。是以元年膏雨降，五谷登，此天之所以相陛下也。刑轻于它时而犯法者寡，衣食多于前年而盗贼少，此天下之所以顺陛下也。臣闻山东吏布诏令，民虽老羸癃疾，扶杖而往听之，愿少须臾毋死，思见德化之成也。今功业方就，名闻方昭，四方乡风，今从豪俊之臣，方正之士，直与之日日猎射，击兔伐狐，以伤大业，绝天下之望，臣窃悼之。《诗》曰："靡不有初，鲜克有终。"臣不胜大愿，愿少衰射猎，以夏岁二月，定明堂，造太学，修先王之道。风行俗成，万世之基定，然后唯陛下所幸耳。古者大臣不媟，故君子不常见其齐严之色，肃敬之容。大臣不得与宴游，方正修洁之士不得从射猎，使皆务其方以高其节，则群臣莫敢不正身修行，尽心以称大礼。如此，则陛下之道尊敬，功业施于四海，垂于万世子孙矣。诚不如此，则行日坏而荣日灭矣。夫士修之于家，而坏之于天子之廷，臣窃愍之。陛下与众臣宴游，与大臣方正朝廷论议。夫游不失乐，朝不失礼，议不失计，轨事之大者也。

如今陛下怀念已故的先祖，追述他们伟大的功德，是为了向天下诏示先祖的美德并将其发扬光大，诏令天下举荐贤良方正之士，大家都很欣喜，说陛下将要施行尧舜之道，建立三王之功业。天下的士人，无不精诚修养自己的品德，以便承恩天子的美德。如今方正之士都在朝廷，朝廷又从中选拔出更好的几位担任常侍诸吏，陛下却和他们驰车射猎，一天当中出游两三次。臣恐怕从今以后，朝廷懈怠松弛，百官荒废政事，诸侯们听到后，又必定会懈怠于朝政了。

陛下登基以来，亲自勉励自己，施恩天下，减少膳食，不听音乐，减少护卫宫殿的民夫和士卒，停止郡国每年向朝廷进献财物；减少厩中马匹的数量，把多余的马送到驿站，废除许多皇家的花园，分给农民耕种粮食，拿出十余万匹布帛来赈济贫民；礼敬上年纪的老人，对九十岁以上的老人，免除他一个儿子的赋役，八十岁以上的老人，免除家里两个人的丁口税；赏赐天下男子爵位，大臣都可以到公卿之位；发放御府的金银赏赐大臣与宗族，天下无不蒙受陛下的恩泽；赦免犯罪的人，怜悯他们没有头发，就赐给他们头巾，怜悯他们身着背后写字的红色囚服，父子兄弟相见时感到羞愧而赐给他们衣服。平反冤狱，减缓刑罚，天下之人无不欢欣喜悦。所以元年时上天降下甘霖，五谷丰登，这是上天以此来相助陛下啊。刑罚比以前减轻的时候，犯法的人就会减少，衣服食物多于往年的时候，盗贼就会减少，这是天下人恭顺陛下的缘故。臣听说山东的官吏宣告朝廷诏令时，民众中即使那些老弱疲病的人，全都拄着拐杖前往聆听，希望自己一时半会儿不要死去，想看到以德感化世人的伟大成就。如今功业正在慢慢成就，德政之名刚刚昭示天下，而赢得四方的敬仰，现在陛下却带领着贤俊之臣，方正之士，每天和他们射箭狩猎，打兔子抓狐狸，而损伤国政大业，让天下万民失望，臣暗自伤透了心。《诗经》上说："人在刚开始时无不接近于善道，却很少有人能够坚持到底。"臣最大的愿望，是希望陛下减少射猎活动，在夏历的二月，设立明堂，建造太学，修先王之道。形成风俗，奠定万世的基业，然后陛下才可以自在从容。古时候大臣不可以轻谩不狎，因此君子总是显出庄重严肃之色，令人心生敬畏。大臣不能和君王一同休闲游乐，

其后文帝除铸钱令，山复上书谏，以为变先帝法，非是。又讼淮南王无大罪，宜急令反国。又言柴唐子为不善，足以戒。章下诘责，对以为："钱者，亡用器也，而可以易富贵。富贵者，人主之操柄也，令民为之，是与人主共操柄，不可长也。"其言多激切，善指事意，然终不加罚，所以广谏争之路也。其后复禁铸钱云。

邹阳，齐人也。汉兴，诸侯王皆自治民聘贤。吴王濞招致四方游士，阳与吴严忌、枚乘等俱仕吴，皆以文辩著名。久之，吴王以太子事怨望，称疾不朝，阴有邪谋，阳奏书谏。为其事尚隐，恶指斥言，故先引秦为谕，因道胡、越、齐、赵、淮南之难，然后乃致其意。其辞曰：

臣闻秦倚曲台之宫，悬衡天下，画地而不犯，兵加胡越；至其晚节末路，张耳、陈胜连从兵之据，以叩函谷，咸阳遂危。何则？列郡不相亲，万室不相救也。今胡数涉北河之外，上覆飞鸟，下不见伏菟，斗城不休，救兵不止，死者相随，辇车相属，转粟流输，千里不绝。何则？强赵责于河间，六齐望于惠后，城阳顾于卢博，三淮南之

正直廉洁的士人不可以随君王射箭狩猎，而是让他们务必致力于自己的本职操守，培养自己高尚的气节，这样的话，群臣就不敢不正身修己，恪尽职守，尽心尽力地以合礼仪。如此一来，陛下之道才会受到尊敬，功业能够推行于四海，垂范于子孙万代。如不这样，就会一天天地损毁自己的品行，声誉慢慢消失。贤士在家中修正的德行，却败坏于天子的宫廷上，臣暗自为此感到可惜。陛下可以与群臣休闲游乐，还要与大臣、方正在朝廷议论国事。巡游不失其乐，上朝不失其礼，议政不失其策，这就是陛下理政应当把握的最重要的原则。

后来文帝废除了铸钱令，贾山又上书劝谏，认为这样改变了先帝制定的法令，不正确。又为淮南王上书申诉，认为淮南王刘长没犯大罪，应该马上命令他返回封国。又说柴齐图谋不轨，一定要对他多加防备。文帝把奏章交由官吏责问贾山，他回答说："钱，是没用的东西，却可以换来富贵。富贵，是君王的权柄，如果让百姓私自铸钱，就是与君王共同把持权柄，政权就不能长久维持。"贾山的言辞多激烈率直，善于指明事情的用意，而文帝为了广开谏诤之路，始终没有对他加以惩罚。此后文帝再次禁止私人铸钱。

邹阳，齐国人。汉朝兴起后，诸侯王都亲自管理百姓聘用贤人。吴王刘濞收罗全国各地的游士，邹阳与吴国的严忌、枚乘等都在吴国做官，三人都以能文善辩出名。过了许久，吴王刘濞因为他的儿子刘贤与文帝的太子刘启在下棋时发生了口角，刘贤被刘启失手打死，就心怀怨恨，称病不上朝，暗中有阴谋，邹阳上书劝谏吴王刘濞。因为吴王谋反的事情比较隐蔽，邹阳不能直接指责他，所以先以秦朝的事情为喻，因而转入胡、越、齐、赵、淮南等与朝廷为敌而最终遭到灾难，然后才引入自己的真实用意。内容是：

臣听说秦始皇靠着曲台宫，向天下昭示法度，画地为界，而没人敢侵犯，并且加强对胡人越地的进攻；而到秦朝末年的时候，张耳、陈胜联合各路兵马，攻打函谷关，随即危及咸阳。为什么会这样呢？因为诸郡都不能亲近朝廷，朝廷有了危险，诸郡都不去救助。现在匈奴几次渡过北河的外面，向上袭击飞鸟，向下捕捉伏菟，边境小城的战争无休无止，汉朝也不断地派出救兵抵抗匈奴军队，以至于死

心思坟墓。大王不忧，臣恐救兵之不专，胡马遂进窥于邯郸，越水长沙，还舟青阳。虽使梁并淮阳之兵，下淮东，越广陵，以遏越人之粮，汉亦折西河而下，北守漳水，以辅大国，胡亦益进，越亦益深。此臣之所为大王患也。

臣闻交龙襄首奋翼，则浮云出流，雾雨咸集。圣王底节修德，则游谈之士归义思名。今臣尽智毕议，易精极虑，则无国不可奸；饰固陋之心，则何王之门不可曳长裾乎？然臣所以历数王之朝，背淮千里而自致者，非恶臣国而乐吴民也，窃高下风之行，尤说大王之义。故愿大王之无忽，察听其志。

臣闻鸷鸟絫百，不如一鹗。夫全赵之时，武力鼎士袨服丛台之下者一旦成市，而不能止幽王之湛患。淮南连山东之侠，死士盈朝，不能还厉王之西也。然而计议不得，虽诸、贲不能安其位，亦明矣。故愿大王审画而已。

始孝文皇帝据关入立，寒心销志，不明求衣。自立天子之后，使东牟朱虚东褒义父之后，深割婴儿王之。壤子王梁、代，益以淮阳。卒仆济北，囚弟于雍者，岂非象新垣平等哉！今天子新据先帝之遗业，左规山东，右制关中，变权易势，大臣难知。大王弗察，臣恐周鼎复起于汉，新垣过计于朝，则我吴遗嗣，不可期于世矣。高

者不断，辇车相连，转运粮草的车辆络绎不绝。为什么会这样？因为强盛的赵国想向汉朝索要河间，齐地六国依然追怨汉惠帝与吕后，城阳王刘喜怨恨文帝，淮南三国因父亲死在迁往边地的路上，妄图寻找机会报复汉朝。若是大王不担心，臣恐怕各诸侯国派出的救兵不肯专心救助汉朝，匈奴的骑兵随即窥探邯郸，联合邯郸的赵军一起越过水路进兵长沙，在青阳汇集战船。即使让梁国合并淮阳国的士兵，攻下淮东，越过广陵，以断绝越军的粮道，汉军也折西河以下，在北边驻守漳水，来辅助赵国，但匈奴军队依然不断进攻，越国军队继续不断深入。这是臣为大王忧虑的。

臣听说蛟龙昂然举首奋力展翅，浮云就会随着飘浮，雾雨都会聚集身旁。如果圣王砥砺节操，修身立德，那么游说之士就会附于仁义慕名来归。如今臣用尽心力陈述建议，竭尽心智谋划考虑，在任何一个国家都可以干一番事业；臣展示见闻浅薄的用心，则在哪个国王门下不可以获取职位呢？然而臣之所以历经那么多诸侯国的王廷，从千里之地到达淮水岸边，归附于大王的门下，并不是因为厌烦臣的国家而喜爱吴国的百姓，是因为臣在下位聆听，私下尊崇赞赏大王的道义。所以希望大王不要忽略，审察听取臣的心志。

臣听说百只鹅凑合在一起，也不如一只鱼鹰。赵国没有分裂之时，有勇力的武卒和力能举鼎的勇士身着武士的服装，集聚在丛台的下面，不一会儿就如同集市一般，却还是无法阻止赵幽王被吕后幽禁致死的大患。淮南王与山东的游侠结交，为他效命的死士充满王廷，却还是无法阻止淮南厉王刘长被废死在西迁流放的路上。计划商议若是不合时宜，虽然拥有专诸、孟贲也不能安于其位，这是显而易见的。因此臣只是希望大王要慎重筹划而已。

当年孝文皇帝进入函谷关即位为天子，当时天下多难，孝文皇帝因而担心忧虑，天不亮就披衣起床勤于政事。自从立为天子之后，文帝诏命东牟侯和朱虚侯东行，褒奖齐王讨伐吕氏谋反之举，封齐王的六子为王，包括其中一个小小的婴儿。将爱子刘揖封为梁王，刘武封为代王，又将淮阳土地划并到梁国。结果济北王因叛乱而被镇压诛杀，弟弟淮南王刘长因谋反而被流放饿死于雍县，陛下之所以这样

皇帝烧栈道，水章邯，兵不留行，收弊民之倦，东驰函谷，西楚大破。水攻则章邯以亡其城，陆击则荆王以失其地，此皆国家之不几者也。愿大王孰察之。

吴王不内其言。

是时，景帝少弟梁孝王贵盛，亦待士。于是邹阳、枚乘、严忌知吴不可说，皆去之梁，从孝王游。

阳为人有智略，慷慨不苟合，介于羊胜、公孙诡之间。胜等疾阳，恶之孝王。孝王怒，下阳吏，将杀之。阳客游以谗见禽，恐死而负絫，乃从狱中上书曰：

臣闻忠无不报，信不见疑，臣常以为然，徒虚语耳。昔荆轲慕燕丹之义，白虹贯日，太子畏之；卫先生为秦画长平之事，太白食昴，昭王疑之。夫精变天地而信不谕两主，岂不哀哉！今臣尽忠竭诚，毕议愿知，左右不明，卒从吏讯，为世所疑。是使荆轲、卫先生复起，而燕、秦不寤也。愿大王孰察之。

昔玉人献宝，楚王诛之；李斯竭忠，胡亥极刑。是以箕子阳

做，难道不是担心新垣平这样的奸臣！如今天子刚刚继承先帝的遗业，左边在规划山东，右边在控制关中，朝廷变权易势，大臣们深谋难测。大王若是不加以审察，臣担心像新垣平曾经编造周鼎再现于汉那样的谎言又一次出现，新垣平提出错误的建议殃及子孙，若是那样，吴国的后世子孙会断绝，不能再留于刘氏宗族中。高皇帝当年烧绝栈道，水淹章邯，兵不留行，联合疲惫不堪的民众，一起向东冲出函谷关，大败西楚霸王项羽的军队。在水上发动进攻，章邯失去城池，在陆地出兵讨伐，楚王项羽丧失国土，这些都是国家不可希求的事。希望大王仔细斟酌。

吴王不接受邹阳的谏言。

当时，景帝的弟弟梁孝王刘武尊贵显赫，也正在招纳士人。于是邹阳、枚乘、严忌三人知道吴王不可能接受他们的劝谏，就离开吴王一同到梁国，与梁孝王交游。

邹阳为人很有才智谋略，充满正气，情绪激昂，不会无原则地附合别人，他介于羊胜、公孙诡之间。羊胜这些人忌恨他，便在梁王面前诽谤他。梁孝王听了很生气，就把邹阳交给官吏审问，准备将他杀死。邹阳在外乡交游，因遭受谗言而被捕入狱，他担心自己死后留下恶名，被后人唾骂，就在狱中向梁王上书陈述说：

臣听说忠诚无不得到回报，诚信不会受到怀疑，臣常常认为就是这样，如今看来，只不过是一句空话。过去荆轲仰慕燕国太子丹的信义，他的诚心感动上天，以致白色长虹穿过太阳，太子丹却担心荆轲不帮他刺杀秦王；卫先生为秦国谋划长平之战的方针战略，出现了太白食昴的天象，秦昭王却表示怀疑。精诚所致可以使天地发生变化，却不能让太子丹和秦昭王相信他们，这真是太可悲了！如今臣竭诚尽忠，陈述建议，希望大王可以知晓，但是大王的身边人不明白其中的道理，终于使臣受到了官吏的审问，受到了世人的怀疑。这就如同荆轲、卫先生重生，而燕国的太子丹、秦昭王却仍然不觉悟一样。希望大王详细地考察臣所说的一切。

过去玉人卞和向楚王献上玉璞，楚王不识货，卞和受到刖足酷

狂，接舆避世，恐遭此患也。愿大王察玉人、李斯之意，而后楚王、胡亥之听，毋使臣为箕子、接舆所笑。臣闻比干剖心，子胥鸱夷，臣始不信，乃今知之。愿大王孰察，少加怜焉！

语曰“有白头如新，倾盖如故。”何则？知与不知也。故樊於期逃秦之燕，藉荆轲首以奉丹事；王奢去齐之魏，临城自刭以却齐而存魏。夫王奢、樊於期非新于齐、秦而故于燕、魏也，所以去二国死两君者，行合于志，慕义无穷也。是以苏秦不信于天下，为燕尾生；白圭战亡六城，为魏取中山。何则？诚有以相知也。苏秦相燕，人恶之燕王，燕王按剑而怒，食以駃騠；白圭显于中山，人恶之于魏文侯，文侯赐以夜光之璧。何则？两主二臣，剖心析肝相信，岂移于浮辞哉！

故女无美恶，入宫见妒；士无贤不肖，入朝见嫉。昔司马喜膑脚于宋，卒相中山；范睢拉胁折齿于魏，卒为应侯。此二人者，皆信必然之画，捐朋党之私，挟孤独之交，故不能自免于嫉妒之人也。是以申徒狄蹈雍之河，徐衍负石入海。不容于世，义不苟取比周于朝以移主上之心。故百里奚乞食于道路，缪公委之以政；宁戚饭牛车下，桓公任之以国。此二人者，岂素宦于朝，借誉于左右，然后二主用之哉？感于心，合于行，坚如胶桼，昆弟不能离，岂惑于众口哉？故偏听生奸，独任成乱。昔鲁听季孙之说逐孔子，宋任子冉之

刑；李斯为秦朝尽忠，却受到胡亥处以车裂的酷刑。所以箕子才假装疯狂，接舆远避人世，他们是害怕遭到这样的祸患啊。希望大王能够审察玉人卞和与李斯的诚意，而不要像楚王、胡亥一样误听人言，不要让臣被箕子、接舆他们取笑。臣听说比干因尽忠却被割腹剖心，伍子胥因直谏而被杀死装入马革鸱夷中沉江，臣起初不相信这些传言，如今才知道这是事实。希望大王仔细考察，对臣稍加哀怜！

古语说："有些人相处到白头还像是刚刚认识，有些人停车交谈一会儿便一见如故。"为何会这样？主要在于是否知道对方的真心。因此樊於期从秦国逃亡到燕国，将自己的头颅交给荆轲，来完成太子丹刺杀秦王的事业；王奢逃离齐国来到魏国，在城墙上自刎，以便阻止齐国军队入侵而保存魏国。王奢、樊於期并不是刚刚结交齐国、秦国而与燕国、魏国有旧情，所以才离开齐国、秦国去为燕国、魏国的国君牺牲生命，他俩的行为与志向相合，无限倾慕两位国君仁义。因此苏秦没有取信于天下，却唯独对燕国忠心耿耿；白圭为中山国带兵作战，丧失六座城池，却为魏国灭亡了中山国。这又是为何？那是因为苏秦与燕王、白圭与魏王，确实能够以诚相知。苏秦做燕国的相时，有人在燕王面前说苏秦的坏话，燕王手按佩剑，对前来毁谤苏秦的人发怒，并赏赐苏秦珍奇之味；白圭以攻占中山国而尊贵显赫，有人在魏文侯面前诋毁白圭，魏文侯反而赏赐给白圭夜光之璧。这又是为何？因为这两位君主与这两位大臣，剖心析肝，彼此信任，岂能因为浮泛不切实的言辞而改变心意！

因此女子不论是美是丑，一旦选入宫中，就会遭受别人的嫉妒；士人不论是贤是愚，一旦进入朝廷，就会遭到别人的忌恨。过去，司马喜在宋国受到削去膝盖骨的刑罚，后来却在中山国做了相；范雎在魏国被人打断肋骨，打掉牙齿，最后却在秦国受封为应侯。这两人，都相信他们自己的策略必定能够实行，不求朋党的帮助，孤独地依道而行，所以不可避免遇到嫉妒之人。所以商朝的申徒狄投雍州之河自尽，周朝的徐衍背着石头沉入大海。他们不为世人所容，凭着一颗信义之心不愿意在朝廷结党营私，不愿意有迷惑君王的心。因此百里奚在路旁乞讨，秦缪公却将朝政委托给他；宁戚在车下喂牛，齐

计囚墨翟。夫以孔、墨之辩，不能自免于谗谀，而二国以危。何则？众口铄金，积毁销骨也。秦用戎人由余而伯中国，齐用越人子臧而强威、宣。此二国岂系于俗，牵于世，系奇偏之浮辞哉？公听并观，垂明当世。故意合则胡越为兄弟，由余、子臧是矣；不合则骨肉为雠敌，朱、象、管、蔡是矣。今人主诚能用齐、秦之明，后宋、鲁之听，则五伯不足侔，而三王易为也。

是以圣王觉寤，捐子之之心，而不说田常之贤，封比干之后，修孕妇之墓，故功业覆于天下。何则？欲善亡厌也。夫晋文亲其雠，强伯诸侯；齐桓用其仇，而一匡天下。何则？慈仁殷勤，诚加于心，不可以虚辞借也。

至夫秦用商鞅之法，东弱韩、魏，立强天下，卒车裂之。越用大夫种之谋，禽劲吴而伯中国，遂诛其身。是以孙叔敖三去相而不悔，於陵子仲辞三公为人灌园。今人主诚能去骄傲之心，怀可报之意，披心腹，见情素，堕肝胆，施德厚，终与之穷达，无爱于士，则桀之犬可使吠尧，跖之客可使刺由，何况因万乘之权，假圣王之资

桓公却任用他治理国家。这两人，难道都是一直在朝中任职，借助身边人的称赞，然后两位君王才重用他们吗？他们只不过是与君王彼此心意相通，志向相合，互相信任而关系如胶似漆，如同兄弟般亲密无间，岂能被众人的恶言所迷惑？故而听信一面之词就会产生欺诈，只相信一人就会生出祸乱。过去鲁国国君听信季孙氏的话而将孔子驱逐出境，宋国听信了子冉的计策而囚禁墨翟。以孔子、墨翟的辩才，也不能自免于谗谀的中伤，鲁国、宋国也因为听信谗言将自己陷入危险的境地。这又是为什么呢？众口同声，往往积非成是，可以使黄金熔化，可以使骨头销毁。秦国重用戎族人由余而在中国称霸，齐国重用越国人子臧而使齐威王、齐宣王时国力强盛。这两位诸侯国君难道是被世俗所牵制，被奇谈偏论的不实之言所迷惑了吗？大王要公正地听取不同意见，一视同仁地看待人与事，这样才能使当世普照圣明。因此心意相合，胡越之人也能成为兄弟，由余、子臧就是如此；心意不合，骨肉之亲也会成为仇敌，丹朱、象、管叔、蔡叔就是如此。当今的君王确实要能向齐桓公、秦缪公学习他们的贤明，千万不要像宋、鲁两国那样听信谗言偏论，那君王就会超越五霸，并且可以与三王争辉。

因此圣王一旦绝醒正悟，就会摈除像燕王一样宠信子之的心，就不会像齐简公一样因为田常的假贤德而喜欢他，册封比干的后人，为纣王杀死的孕妇修墓，因而为天下创建丰功伟业。为何如此呢？因为圣王追求仁爱慈善的事业，永远不厌其烦。晋文公亲近他的仇人并且重用他，而能称霸于诸侯；齐桓公重用他的仇人管仲，而称霸诸侯，匡正天下。为什么会这样呢？因为两位君主仁慈亲切，以真诚心对待所有人，不为几句空言饰辞所迷惑。

至于秦国使用商鞅之法，向东进攻，削弱韩、魏两国，逐渐强大，称霸天下，但商鞅却遭到车裂的酷刑。越国采用文种大夫的谋略，吞并强大的吴国而称霸中原，文种最终被杀。所以孙叔敖三次辞去相位而不感到后悔，於陵子仲辞去三公的尊贵显位而甘心去为人家浇菜园。如今君王若能真正舍弃骄傲之心，让士人心怀报效礼遇之恩，披心腹，见情素，堕肝胆，施德厚，与大家同甘共苦，对士人毫

乎！然则荆轲湛七族，要离燔妻子，岂足为大王道哉！

臣闻明月之珠，夜光之璧，以暗投人于道，众莫不按剑相眄者。何则？无因而至前也。蟠木根柢，轮囷离奇，而为万乘器者，以左右先为之容也。故无因而至前，虽出随珠和璧，秖怨结而不见德；有人先游，则枯木朽株，树功而不忘。今夫天下布衣穷居之士，身在贫羸，虽蒙尧、舜之术，挟伊、管之辩，怀龙逢、比干之意，而素无根柢之容，虽竭精神，欲开忠于当世之君，则人主必袭按剑相眄之迹矣。是使布衣之士不得为枯木朽株之资也。

是以圣王制世御俗，独化于陶钧之上，而不牵乎卑辞之语，不夺乎众多之口。故秦皇帝任中庶子蒙嘉之言，以信荆轲，而匕首窃发；周文王猎泾渭，载吕尚归，以王天下。秦信左右而亡，周用乌集而王。何则？以其能越挛拘之语，驰域外之议，独观乎昭旷之道也。

今人主沉谄谀之辞，牵帷墙之制，使不羁之士与牛骥同皁，此鲍焦所以愤于世也。

臣闻盛饰入朝者不以私污义，底厉名号者不以利伤行。故里名胜母，曾子不入；邑号朝歌，墨子回车。今欲使天下寥廓之士笼于威重之权，胁于位势之贵，回面污行，以事谄谀之人，而求亲近于左

无吝惜，那么这样就能让夏桀的狗去对尧狂吠，让盗跖的宾客去行刺许由，何况拥有天子的权力，和圣王贤德的资本呢！至于荆轲为报太子丹之恩行刺秦王而遭受七族连坐，要离为吴王阖闾刺杀庆忌，不惜让吴王将他的妻子儿女烧死，这些又岂能值得对大王提起呢！

臣听说把明月之珠，夜光之璧，暗中投向路上的行人，众人无不抚剑斜视。为何如此呢？是因为这些东西莫名其妙地投到他们面前。盘曲的树木或根柢，屈曲盘绕，出人意料，却成为君王喜爱的宝器，是因为有人对他们雕刻修饰。所以莫名其妙而来到面前，即便是随侯珠与和氏璧，也只会让看到的人警惕并招怨，而不会有丝毫感恩；如果有人介绍引荐，即使枯朽的树木枝干，也会令人不忘其功。如今天下的布衣和居住在陋室之中的士人，贫困潦倒身体瘦弱，虽然有尧、舜那样的治国方法，有大夫伊尹、管仲那样的才华，有关龙逢、比干那样的诚意，却没有人像事先雕琢树根那样引领推荐，虽然他们想竭尽全力效忠于当今的君主，但是君主也必定会承袭“手握利剑，横眉斜视”的路了。这样就会使这些贫寒的士人连枯朽的树木枝干都比不上了。

因而圣王统治天下抵御世俗的偏见，如同陶工转动旋盘制造瓷器一样，不会被卑俗的话语有所牵制，不会被奸佞之人的言论夺取计谋。所以秦始皇听信中庶子蒙嘉的谏言，而对荆轲信任，结果匕首暗发险遭暗算；周文王去泾渭之间狩猎，载着吕尚回朝，最终统治天下。秦始皇听信左右大臣而亡国，周文王任用乌合之众而称王。为何如此呢？因为周文王能够不拘泥于世俗的话语，广采域外志趣高远的议论，所以能独得开朗豁达的道理。

当今的君主往往沉溺于谄谀之辞不能自拔，被左右善于谄媚的佞臣所牵制，使那些不受羁绊的士人与愚蠢的小人如同良马与牛同槽共食一样同朝共事，这就是鲍焦愤世嫉俗的原因。

臣听说服饰端庄而入朝的人不会以自我私心玷污礼义，砥砺自己品行的人不以私利伤害自己的德行。因此里巷取名为胜母，曾子就拒绝进入；城邑叫做朝歌，墨子就驱车绕行。如今若是想凭威重的权力收拢气度宽宏的士人，凭借显贵的权势地位来胁迫他们，让

右，则士有伏死堀穴岩薮之中耳，安有尽忠信而趋阙下者哉！

书奏孝王，孝王立出之，卒为上客。

初，胜、诡欲使王求为汉嗣，王又尝上书，愿赐容车之地径至长乐宫，自使梁国士众筑作甬道朝太后。爰盎等皆建以为不可。天子不许。梁王怒，令人刺杀盎。上疑梁杀之，使者冠盖相望责梁王。梁王始与胜、诡有谋，阳争以为不可，故见谗。枚先生、严夫子皆不敢谏。

及梁事败，胜、诡死，孝王恐诛，乃思阳言，深辞谢之，赍以千金，令求方略解罪于上者。阳素知齐人王先生，年八十余，多奇计，即往见，语以其事。王先生曰："难哉！人主有私怨深怒，欲施必行之诛，诚难解也。以太后之尊，骨肉之亲，犹不能止，况臣下乎？昔秦始皇有伏怒于太后，群臣谏而死者以十数。得茅焦为廓大义，始皇非能说其言也，乃自强从之耳。茅焦亦廑脱死如毛氂耳，故事所以难者也。今子欲安之乎？"阳曰："邹鲁守经学，齐楚多辩知，韩魏时有奇节，吾将历问之。"王先生曰："子行矣。还，过我而西。"

邹阳行月余，莫能为谋，还过王先生，曰："臣将西矣，为如何？"王先生曰："吾先日欲献愚计，以为众不可盖，窃自薄陋不敢道也。若子行，必往见王长君，士无过此者矣。"邹阳发寤于心，曰：

他们回转而去玷污自己的品行，侍奉那些阿谀奉承的小人，以求得亲近君主能够侍奉在左右，那这些士人宁愿退隐于山林，老死在洞穴之中，哪有愿意趋赴朝廷，竭尽忠诚而前来效命的人呢！

邹阳的奏书送到梁孝王那里，梁孝王马上将邹阳释放，最终将邹阳奉为上宾。

起初，羊胜、公孙诡教唆梁王上奏请求做汉朝的皇位继承人，梁王也曾上书景帝，希望在长安赏赐给他一块可以放置车辆的地方，使他可以直接进入长乐宫，他自己想役使梁国的民众修筑一条通往长安的甬道，以方便朝见太后。爰盎等都提出建议认为这样做不可行。景帝没有批准梁王的请求。梁王大怒，就派人刺杀了爰盎。景帝怀疑此事是梁国干的，派使者相继去梁国责问梁孝王。梁王与羊胜、公孙诡开始谋划时，邹阳谏诤认为此事不可行，因此遭受谗言。枚乘先生与严忌夫子都不敢劝谏。

等到梁国刺杀爰盎的事情败露，羊胜、公孙诡被诛杀，梁孝王害怕被诛杀，这时才想到邹阳的劝谏之言，他对邹阳深表歉意，赏赐邹阳黄金千斤，让邹阳想方设法摆脱天子对梁国的责罚。邹阳平时常常听说齐人王先生，年纪已过八十，多有奇谋妙计，便前往拜见，向王先生说明自己的来意。王先生说："这件事难啊！皇上心中若是有私怨深怒，必定会加以诛罚梁王，实在是难办啊。凭着太后的尊贵，再加上皇上与梁王的骨肉亲情，尚且不能制止皇上的决定，更何况是臣下呢？过去秦始皇隐藏着对太后的怨恨，群臣劝谏但被诛杀的大臣先后有十几个。直到茅焦向秦始皇谏言，阐明母子大义，秦始皇碍于大义，才勉强听从罢了。茅焦也仅仅是免去一死，所以说这件事很难办。如今您要到哪里去？"邹阳说："邹国、鲁国的士人奉行经学，齐国、楚国的士人能谋善辩，韩国、魏国的士人有不凡节操，我将依遍问他们。"王先生说："您去吧。返回的时候，请您到我这里来一趟，然后您再西去长安。"

邹阳前后走访了一个多月，没有人能够给他想出好的办法，于是他又回来，再次去拜访王先生，说："臣就要西去长安了，现在应该如何做？"王先生说："前些日子我想向您献出自己的愚计，但又感觉别

“敬诺。”辞去，不过梁，径至长安，因客见王长君。长君者，王美人兄也，后封为盖侯。邹阳留数日，乘间而请曰：“臣非为长君无使令于前，故来侍也；愚戆窃不自料，愿有谒也。”长君跪曰：“幸甚。”阳曰：“窃闻长君弟得幸后宫，天下无有，而长君行迹多不循道理者。今爰盎事即穷竟，梁王恐诛。如此，则太后怫郁泣血，无所发怒，切齿侧目于贵臣矣。臣恐长君危于絫卵，窃为足下忧之。”长君惧然曰：“将为之奈何？”阳曰：“长君诚能精为上言之，得毋竟梁事，长君必固自结于太后。太后厚德长君，入于骨髓，而长君之弟幸于两宫，金城之固也。又有存亡继绝之功，德布天下，名施无穷，愿长君深自计之。昔者，舜之弟象日以杀舜为事，及舜立为天子，封之于有卑。夫仁人之于兄弟，无臧怒，无宿怨，厚亲爱而已，是以后世称之。鲁公子庆父使仆人杀子般，狱有所归，季友不探其情而诛焉；庆父亲杀闵公，季子缓追免贼，《春秋》以为亲亲之道也。鲁哀姜薨于夷，孔子曰‘齐桓公法而不谲’，以为过也。以是说天子，徼幸梁事不奏。”长君曰：“诺。”乘间入而言之。及韩安国亦见长公主，事果得不治。

人的主意比我的更好，暗自觉得浅薄鄙陋，没敢说出来。您若是要西行，一定要去见王长君，没有比他更高明的士人了。”邹阳当下醒悟并心领神会，说：“一定遵从您的指示。”辞别王先生后，邹阳没有去梁国，而是径直往西直奔长安，经由门客的引荐而见到王长君。王长君，是王美人的兄长，后来被天子封为盖侯。邹阳在王长君府中逗留了几天，一日趁机向王长君请求说：“臣不是因为您的身边没有侍奉之人才来侍奉您的；臣愚笨戆直而又不自量，想来向您进个衷告。”王长君跪着说：“非常荣幸。”邹阳说：“臣私下听说您的妹妹在后宫很受皇上的宠爱，天下无人可比，而长君的行为则有很多不遵循道理的地方。如今朝廷正在全力追查爰盎遇刺这件事，梁王害怕因罪被诛杀。若是这样的话，太后就会非常忧郁悲伤，将无处发泄自己的怒气，就会咬牙切齿，横眉竖目地拿显贵的大臣们开刀。臣恐怕长君的处境危于累卵，暗暗为您担忧。”王长君惊慌失措地说：“那我现在该怎么办？”邹阳说：“您若是能够巧妙地劝说陛下，使他不要将梁国的这件事穷追到底，您必定能和太后结下恩德。太后一定会对您施以厚德，刻骨铭心地感激您，而您的妹妹又会受到皇上和太后的宠爱，今后您的地位就像金城般稳固。同时您又立下存亡国继绝世的功德，德泽将会布满天下，美名永远流传，希望您仔细考虑这件事。过去，舜的弟弟象日日都想着如何杀死舜，等到舜被立为天子，却把象封在有卑做诸侯。仁者对于自己的手足，不会隐藏怨怒，不会记住过去的怨恨，只有厚爱而已，因此才得到后世的称颂。鲁国的公子庆父派遣自己的仆人邓扈乐诛杀了子般，结果将此事归罪于邓扈乐，庆父的弟弟季友不探究事情的原委而诛杀了邓扈乐；庆父又亲手杀死鲁闵公，季友故意慢慢追赶而放走哥哥庆父，使他免于承担杀害国君的罪责，《春秋》中认为这是亲亲之道。鲁庄公的夫人哀姜因为行为不轨，被齐桓公在夷地处死，孔子说‘齐桓公拘泥于礼法办事，却不能去变通’，认为这是齐桓公的过失。长君用这些道理去劝谏天子，也许会让梁国的这件事能侥幸地不被奏报。”王长君说：“好的。”于是王长君利用机会进宫去劝说皇帝。再加上韩安国这时也拜见了长公主，替梁王说情，梁孝王这件事果然没有被朝廷查办治罪。

初，吴王濞与七国谋反，及发，齐、济北两国城守不行。汉既破吴，齐王自杀，不得立嗣。济北王亦欲自杀，幸全其妻子。齐人公孙玃谓济北王曰："臣请试为大王明说梁王，通意天子，说而不用，死未晚也。"公孙玃遂见梁王，曰："夫济北之地，东接强齐，南牵吴越，北胁燕赵，此四分五裂之国，权不足以自守，劲不足以扞寇，又非有奇怪云以待难也，虽坠言于吴，非其正计也。昔者郑祭仲许宋人立公子突以活其君，非义也，《春秋》记之，为其以生易死，以存易亡也。乡使济北见情实，示不从之端，则吴必先历齐毕济北，招燕、赵而总之。如此，则山东之从结而无隙矣。今吴楚之王练诸侯之兵，敺白徒之众，西与天子争衡，济北独底节坚守不下。使吴失与而无助，跬步独进，瓦解土崩，破败而不救者，未必非济北之力也。夫以区区之济北而与诸侯争强，是以羔犊之弱而扞虎狼之敌也。守职不桡，可谓诚一矣。功义如此，尚见疑于上，胁肩低首，絫足抚衿，使有自悔不前之心，非社稷之利也。臣恐藩臣守职者疑之。臣窃料之，能历西山，径长乐，抵未央，攘袂而正议者，独大王耳。上有全亡之功，下有安百姓之名，德沦于骨髓，恩加于无穷，愿大王留意详惟之。"孝王大说，使人驰以闻。济北王得不坐，徙封于淄川。

枚乘字叔，淮阴人也，为吴王濞郎中。吴王之初怨望谋为逆

起初，吴王刘濞伙同七国谋反，等到他们起兵时，齐国和济北国都坚守城池，没有参与其中。汉朝平定吴国叛乱之后，齐王因涉嫌谋反而自杀，不可以再立继承人。济北王因与谋反有牵连，也想要自杀，以求侥幸保全自己的妻子儿女。齐国人公孙玃对济北王说："请让臣试着为大王向梁王说明情况，请梁王转告天子，为大王说情，若是天子不听信梁王的话，大王再自杀也为时不晚。"公孙玃就去拜见梁王，对他说："济北国东边与齐国接壤，南边与吴国越国为邻，北面受燕国、赵国的胁迫，是四面受敌的国家，权势不足以自我防卫，兵力不足以抵御边寇，又没有奇计能抵御困难，虽然这次失言，答应归附吴国，其实根本不是济北王的真实意思。过去郑国的大夫祭仲为了救郑国国君的性命，曾经向宋人许诺，立公子突为国君，这种做法尽管不合道义，《春秋》却记载此事以示褒扬，因为这是以生易死，以存易亡。假使济北王表明了真心，坚决不同流合污，那么吴国必定会先绕过齐国而攻占济北之地，招来燕国、赵国之兵而联合统领。如此一来，山东的叛乱诸侯国就会联合起来，合兵一处，汉军就难以找机会将其各个击破。如今吴国、楚国等诸侯王正在挑选各国的士卒，驱赶着未经训练的兵士，向西与天子争强斗胜，只有济北王砥砺节操，坚守城池，没有屈服。使吴王失掉同盟而孤立无助，无法快速进军，最终土崩瓦解，遭到失败，而无人援救，这些未必不是济北王的功劳。以区区一个济北国与诸侯争强抗争，如同让弱小的羊羔去扞卫虎狼之师的进攻。济北国守职尽责，不屈不挠，真可谓忠诚专一了。如此的功义和操守，若是还受到天子的怀疑，使他们垂头丧气，惊恐不安，抚衿感叹，甚至后悔当初没有参加吴国的叛乱而进兵，这样想对国家社稷没有好处。臣担心诸侯藩臣会产生疑虑。臣私下衡量，天下能够经过西山，直奔长乐宫，抵达未央宫，揎袖奋起而发表公正言论的，惟有大王了。对上有保全亡国之功，对下有安定百姓之名，德泽深浸于骨髓，恩惠广施于无穷，希望大王留意，仔细考虑这件事。"梁孝王听了非常高兴，即刻派人驾车向天子报告。济北王得以免罪，又被改封为淄川王。

枚乘，字叔，是淮阴县人，曾经担任吴王刘濞的郎中。吴王起初

也，乘奏书谏曰：

臣闻得全者全昌，失全者全亡。舜无立锥之地，以有天下；禹无十户之聚，以王诸侯。汤、武之土不过百里，上不绝三光之明，下不伤百姓之心者，有王术也。故父子之道，天性也；忠臣不避重诛以直谏，则事无遗策，功流万世。臣乘愿披腹心而效愚忠，唯大王少加意念恻怛之心于臣乘言。

夫以一缕之任系千钧之重，上县无极之高，下垂不测之渊，虽甚愚之人犹知哀其将绝也。马方骇鼓而惊之，系方绝又重镇之；系绝于天不可复结，队入深渊难以复出。其出不出，间不容发。能听忠臣之言，百举必脱。必若所欲为，危于累卵，难于上天；变所欲为，易于反掌，安于太山。今欲极天命之寿，敝无穷之乐，究万乘之势，不出反掌之易，以居泰山之安，而欲乘累卵之危，走上天之难，此愚臣之所以为大王惑也。

人性有畏其景而恶其迹者，却背而走，迹愈多，景愈疾，不知就阴而止，景灭迹绝。欲人勿闻，莫若勿言；欲人勿知，莫若勿为。欲汤之沧，一人炊之，百人扬之，无益也，不如绝薪止火而已。不绝之于彼，而救之于此，譬犹抱薪而救火也。养由基，楚之善射者也，去杨叶百步，百发百中。杨叶之大，加百中焉，可谓善射矣。然其所止，乃百步之内耳，比于臣乘，未知操弓持矢也。

对朝廷怨恼忿恨而谋划叛乱，枚乘向吴王上书劝谏说：

臣听说能够得到万全之策，就会万事昌隆，若是失去万全之策，就会彻底身败名裂。舜最初没有立锥之地，最终却可以君临天下；禹的部落最初连十户人家都没有，最终却可以成为帝王而率领诸侯。商汤、周武王最初的封地也都不过百里，而他们能够上感天象，如同日月星辰德明世间，下施恩惠，不让百姓失望伤心，他们全都具有圣王的治世方略。因此父子之间的道义，出自天性；忠臣不逃避极刑也要犯颜直谏，政事才不会失策，功流万世。臣愿披露腹心而敬奉愚忠，希望大王稍加留意，怜悯臣的一片苦心。

用一缕细丝系上千钧之重，向上悬挂到无穷高的地方，向下垂落到不测的深渊，虽然是很愚钝的人也明白丝线将会被拉断而为此感到担忧。马刚刚受惊，又去敲鼓使它更害怕，丝线即将断开而又去增加重物；丝线断开就不能再重新结续，重物坠落深渊就难以复出。当其出与不出之际，情况危急到了极点，容不得有丝毫的迟疑。君王能听取忠臣的谏言，就会百举百捷，免于祸患。君王若是一定要坚持自己的意见为所欲为，如同垒起来的卵那样危险，想挽救比登天还难；如果改正自己的一意孤行，如同翻下手掌那么容易，就像泰山一样安稳。如今大王就要享尽上天赐予的寿数，破坏无穷的享乐，穷究万乘的权势，不从翻转手掌那样容易的事情出发，身处泰山一样安稳的境地，而去冒着危如累卵的危险，去经历登天的困难，这是愚臣为大王深感迷惑的地方。

有些人畏惧自己的影子，并讨厌自己的脚印，向后倒退着跑，脚印却越来越多，影子也紧追不舍，不知道去背阴的地方停下来，影子自然就没有了，脚印一定不会再留下。如果不想让人听到自己说什么，不如不说；如果不想让人知道自己做什么，不如不做。如果想把沸腾的水晾凉，即使一个人在烧火，一百个人扇动，也毫无作用，不如将薪柴撤去，将火焰熄灭。不断绝根源，而拯救末节，犹如抱着木柴去救火。养由基是楚国的神箭手，他离杨树叶一百步，可以百发百中。杨树叶那么大，却能百发百中，可谓善于射箭了。然而养由基的箭术仅限于百步之内，若与臣相比，他还不知道如何握弓执箭呢。

福生有基，祸生有胎；纳其基，绝其胎，祸何自来？泰山之霤穿石，单极之绠断干。水非石之钻，索非木之锯，渐靡使之然也。夫铢铢而称之，至石必差；寸寸而度之，至丈必过。石称丈量，径而寡失。夫十围之木，始生如蘖，足可搔而绝，手可擢而拔，据其未生，先其未形也。磨砻底厉，不见其损，有时而尽；种树畜养，不见其益，有时而大；积德累行，不知其善，有时而用；弃义背理，不知其恶，有时而亡。臣愿大王孰计而身行之，此百世不易之道也。

吴王不纳。乘等去而之梁，从孝王游。

景帝即位，御史大夫晁错为汉定制度，损削诸侯，吴王遂与六国谋反，举兵西乡，以诛错为名。汉闻之，斩错以谢诸侯。枚乘复说吴王曰：

昔者，秦西举胡戎之难，北备榆中之关，南距羌筰之塞，东当六国之从。六国乘信陵之籍，明苏秦之约，厉荆轲之威，并力一心以备秦。然秦卒禽六国，灭其社稷，而并天下，是何也？则地利不同，而民轻重不等也。今汉据全秦之地，兼六国之众，修戎狄之义，而南朝羌筰，此其与秦，地相什而民相百，大王之所明知也。今夫谗谀之臣为大王计者，不论骨肉之义，民之轻重，国之大小，以为吴祸，此臣所以为大王患也。

福的产生有善的开端，祸的出现有恶的起源；接受善的开端，止住恶的起源，灾祸怎么会自己来呢？泰山向下流的水可以击穿石头，汲水所用的绳索会磨断井梁。水并非穿透石头的钻，绳索也并非截木头的锯，由于长时间的浸润感化、不断地磨擦才导致了这样的结果。一铢一铢地去称量，称量到一石必定会出现或轻或重的差错；一寸一寸地去度量，度量到一丈，也必定会出现或长或短的过失。直接用石、丈去称去量，就很少出现失误。十围粗的树木，刚开始如同小小的嫩芽，那时用脚一蹭就会断根，用手一提就会拔起，在它还没有长成、没有成形之前。在磨刀石上打磨，看不到磨刀石的损耗，一定的时间以后，终究会磨损；栽种树木，饲养牲畜，看不见它们的生长，一定的时间以后，终究会长成；累积仁德与善行，并不知道它的好处，一定的时间以后，终究会发生作用；摒弃仁义、悖逆天理，并不知道它的危害，一定的时间以后，终究会走向败亡。臣希望大王认真考虑并去身体力行，这是百世都不会改变的正确道理啊。

吴王没有采纳枚乘的劝谏。枚乘等人就离开吴王去投奔梁国，与梁孝王交游。

景帝登基之后，御史大夫晁错在朝廷定立规章制度，削弱诸侯的封地，吴王因此与六国诸侯一起谋反，率军西进，以诛杀晁错为名。景帝听说此事，就将晁错斩杀，以此向各诸侯王谢罪。枚乘便再次劝谏吴王说：

过去，秦国在西边举兵平定胡族、戎族的发难，在北边榆中防备匈奴的侵犯，在南边驻军防守羌、筰的袭击，在东边抗击六国联军。六国凭借信陵君当时的威望，申明苏秦制定的盟约，以荆轲那样的勇气激励六国将士们，同心协力来抵御秦军。然而秦国最终铲除六国，毁灭它们的宗庙社稷，继而吞并天下，这到底为何呢？因为秦国与六国地理条件不一样，民众的多寡不一样。如今汉朝占据着秦国原有的全部土地，兼顾着原来六国那么多的士兵民众，以修恩义来安抚戎狄，又使南面的羌、筰入朝归顺，汉朝与秦朝相比，土地是秦朝的十倍，臣民是秦朝的一百倍，这一切您是明白的。如今阿谀佞臣为大王来出谋划策，丝毫不顾骨肉之亲的恩义，民众的多寡，国力的大

夫举吴兵以訾于汉，譬犹蝇蚋之附群牛，腐肉之齿利剑，锋接必无事矣。天子闻吴率失职诸侯，愿责先帝之遗约，今汉亲诛其三公，以谢前过，是大王之威加于天下，而功越于汤武也。夫吴有诸侯之位，而实富于天子；有隐匿之名，而居过于中国。夫汉并二十四郡，十七诸侯，方输错出，运行数千里不绝于道，其珍怪不如东山之府。转粟西乡，陆行不绝，水行满河，不如海陵之仓。修治上林，杂以离宫，积聚玩好，圈守禽兽，不如长洲之苑。游曲台，临上路，不如朝夕之池。深壁高垒，副以关城，不如江淮之险。此臣之所为大王乐也。

今大王还兵疾归，尚得十半。不然，汉知吴之有吞天下之心也，赫然加怒，遣羽林黄头循江而下，袭大王之都；鲁东海绝吴之饟道；梁王饬车骑，习战射，积粟固守，以备荥阳，待吴之饥。大王虽欲反都，亦不得已。夫三淮南之计不负其约，齐王杀身以灭其迹，四国不得出兵其郡，赵囚邯郸，此不可掩，亦已明矣。大王已去千里之国，而制于十里之内矣。张、韩将北地，弓高宿左右，兵不得下壁，军不得大息，臣窃哀之。愿大王孰察焉。

吴王不用乘策，卒见禽灭。

小，将会给吴国万民带来灾祸，这是臣为大王深感忧患的地方。

吴国的军队与汉军相比，如同几只苍蝇蚊子趴在一群牛的身上，就像用腐烂的肉去抵挡锋利的剑，两军交锋，吴国的军队必定丧失战斗力。天子听说吴国率领着那几个失去封地的诸侯，希望恢复先帝的遗约，如今朝廷已经亲自诛杀了位列三公的御史大夫晁错，对以前的过错表示歉意，这样一来，大王已经将威望加于天下，而且功绩已经超越了商汤与周武王。吴国虽然只有诸侯之位，实际上比天子还富有；而大王有隐瞒之名，其实您的威望、功绩所加，已经超过汉朝。汉朝拥有二十四个郡县、十七个诸侯国，郡国的贡赋不断输入汉朝的国库，车载运行，千里不绝于道，里面的的奇珍异宝还不如吴国的东山之府。汉朝谷物向西运送到长安，车辆在大路上络绎不绝，舟船挤满江河，所运之粮还是比不上吴国的海陵之仓。朝廷修建上林苑，里面修建了宫殿，积攒聚集了玩赏的宝物，还有鸟兽的皇家花园，也远远不如吴国的长洲苑。皇上前往曲台殿游乐，俯视宽敞的道路，还比不上吴国的潮汐之池。汉朝修建深壁高垒，再加上关塞城堡，也不如吴国的江淮天险。这是臣为大王感到高兴的地方。

如今大王即刻撤回军队，尚且可能有一半的希望免于灾祸。不然，朝廷知道吴国存有吞并天下之野心，必定会勃然大怒，派遣皇家羽林军顺江而下，直接袭击大王的都城；诏命鲁国进入东海，把吴国的粮饷供应断绝；诏命梁王修缮整顿战车，训练士兵练习射击，囤积粮食，固守城池，保护荥阳，直到吴国的将士们饥饿疲乏。到那个时候，大王再想要返回都城，也已经不可能了。淮南三国与天子定下誓约而不会背叛，齐王以自杀想要毁灭自己谋反的形迹，胶东、胶西等四国不可以派出军队去支援吴国，赵王如今被囚禁在邯郸，谋反之罪已经不可以掩饰，就是明摆着的。大王已离开本国有千里之遥，而被控制在这十里屯兵的军营。汉军的张羽将军、韩安国将军率军驻扎在吴军的北面，弓高侯韩颓当率军驻扎在吴军的左右，吴军如果不能攻下梁国的营垒，将士们就不能很好地调整休息，臣暗自伤心。但愿大王仔细地考虑这件事。

吴王根本不采纳枚乘的劝谏，最终被杀死。

汉既平七国，乘由是知名。景帝召拜乘为弘农都尉。乘久为大国上宾，与英俊并游，得其所好，不乐郡吏，以病去官。

复游梁，梁客皆善属辞赋，乘尤高。孝王薨，乘归淮阴。

武帝自为太子闻乘名，及即位，乘年老，乃以安车蒲轮征乘，道死。诏问乘子，无能为文者，后乃得其孽子皋。

皋字少孺。乘在梁时，取皋母为小妻。乘之东归也，皋母不肯随乘，乘怒，分皋数千钱，留与母居。年十七，上书梁共王，得召为郎。三年，为王使，与冗从争，见谗恶遇罪，家室没入。皋亡至长安。会赦，上书北阙，自陈枚乘之子。上得之大喜，召入见待诏，皋因赋殿中。诏使赋平乐馆，善之。拜为郎，使匈奴。皋不通经术，诙笑类俳倡，为赋颂，好嫚戏，以故得媟黩贵幸，比东方朔、郭舍人等，而不得比严助等得尊官。

武帝春秋二十九乃得皇子，群臣喜，故皋与东方朔作《皇太子生赋》及《立皇子禖祝》，受诏所为，皆不从故事，重皇子也。

初，卫皇后立，皋奏赋以戒终。皋为赋善于朔也。

从行至甘泉、雍、河东，东巡狩，封泰山，塞决河宣房，游观三辅离宫馆，临山泽，弋猎射驭狗马蹴鞠刻镂，上有所感，辄使赋

汉朝平定了七国之乱以后，枚乘因劝谏吴王而出了名。景帝即刻召来枚乘，任命他为弘农郡的都尉。枚乘因为长期作为各诸侯大国的上宾，与才能出众的英雄豪杰交游往来，很合自己的心愿，不喜欢担任郡县的官吏，所以称病辞职在家。

枚乘再次到梁国去交游，梁国的宾客都善于撰文作辞写赋，而枚乘这些方面水平最高。梁孝王去世后，枚乘返回淮阴县。

武帝当太子时就听过枚乘的名字，等到登基后，枚乘已经年老，武帝就派出用蒲草裹着轮子的安车征召枚乘，结果他在路上病逝。武帝又下诏询问枚乘儿子的状况，却没有能够撰写文章的，后来才找到枚乘妾所生的儿子枚皋。

枚皋，字少孺。枚乘当年在梁国的时候，娶了枚皋的母亲为妾。枚乘准备要东归故乡淮阴县，枚皋的母亲拒绝跟着枚乘一起走，枚乘非常生气，就分给儿子枚皋几千钱，将他留下和母亲在一起生活。枚皋在十七岁的时候，向梁共王上书，得到他召见并担任郎官。三年以后，枚皋为梁共王出使某地，与梁共王身边的侍从官发生争执，被他的侍从进谗言毁谤而获罪，家里人都被抓进官府，家中财物被抄。枚皋逃往长安。恰逢武帝大赦天下，枚皋上书朝廷，说自己是枚乘的儿子。武帝得知此事，十分高兴，在宫中召见他，并让他担任待诏，枚皋就在宫廷中作赋。武帝下诏书让枚皋为平乐馆作一篇赋，赋写得很好，武帝很欣赏。拜他为郎官，派他出使匈奴。枚皋不懂治理天下之术，戏谑如同俳优倡伎一样，他吟赋作颂，也喜欢用亵狎戏谑的词句，因此他也以滑稽搞笑不庄重而获得武帝的宠幸和很高的地位，与东方朔、郭舍人等并列朝中，却不能够像严助等人那样得到高官。

武帝在二十九岁时，才生下了皇长子，群臣都十分欢喜，所以枚皋和东方朔一起创作了《皇太子生赋》和《立皇子禖祝》，因为是禀承武帝的诏命而作，都不能像过去那样用不敬之词，以示尊重皇子。

起初，卫子夫被册立为皇后时，枚皋为皇后献赋，告诫皇后要慎终若始。枚皋作赋比东方朔擅长一些。

枚皋跟随武帝行至甘泉宫、雍县、河东郡，巡视东方，在泰山进行封禅大典，在宣房堵塞黄河决口，游观了三辅地区的各个宫殿，照

之。为文疾，受诏辄成，故所赋者多。司马相如善为文而迟，故所作少而善于皋。皋赋辞中自言为赋不如相如，又言为赋乃俳，见视如倡，自悔类倡也。故其赋有诋娸东方朔，又自诋娸。其文骩骳，曲随其事，皆得其意，颇诙笑，不甚闲靡。凡可读者百二十篇，其尤嫚戏不可读者尚数十篇。

路温舒字长君，钜鹿东里人也。父为里监门。使温舒牧羊，温舒取泽中蒲，截以为牒，编用写书。稍习善，求为狱小吏，因学律令，转为狱史，县中疑事皆问焉。太守行县，见而异之，署决曹史。又受《春秋》，通大义。举孝廉，为山邑丞，坐法免，复为郡吏。

元凤中，廷尉光以治诏狱，请温舒署奏曹掾，守廷尉史。会昭帝崩，昌邑王贺废，宣帝初即位，温舒上书，言宜尚德缓刑。其辞曰：

臣闻齐有无知之祸，而桓公以兴；晋有骊姬之难，而文公用伯。近世赵王不终，诸吕作乱，而孝文为太宗。繇是观之，祸乱之作，将以开圣人也。故桓文扶微兴坏，尊文武之业，泽加百姓，功润诸侯，虽不及三王，天下归仁焉。文帝永思至德，以承天心，崇仁义，省刑罚，通关梁，一远近，敬贤如大宾，爱民如赤子，内恕情之所安，而施之于海内，是以囹圄空虚，天下太平。夫继变化之后，必有异旧之恩，此贤圣所以昭天命也。往者，昭帝即世而无嗣，大臣忧戚，焦心合谋，皆以昌邑尊亲，援而立之。然天不授命，淫乱

临山泽，狩猎射御，驰车纵狗，蹴鞠刻镂，武帝每当有些感慨时，便让枚皋作赋，抒发一下感情。枚皋撰文速度如神，每次接到诏命，片刻可成，所以他作的赋非常多。司马相如也擅长写文章，但是写得比较慢，因此作的赋不多，但比枚皋的要好。枚皋在赋辞中自己也承认作赋不如司马相如，又说作赋是杂戏演员的本行，被人看作戏子而不受尊重，懊恼自己与戏子相似。因此枚皋作赋毁谤丑化东方朔，也毁谤丑化自己。枚皋的赋行文委曲婉转，随事而发，都可以不失本意，戏谑调笑，却不闲缓柔靡。可供大众诵读的有一百二十篇，过于轻浮不雅不可以诵读的还有几十篇。

路温舒，字长君，是钜鹿县东里人。他的父亲担任东里的监门一职。让路温舒去放牧羊群，他就采集沼泽中的蒲草，裁成简牍的样子，然后用绳子编缀起来，在上面抄写练字。稍微熟练工整后，就请求担任小狱吏，乘机学习律令，慢慢升为狱史，县里每当遇到疑难案件时，都会来向路温舒请教。太守巡行所主各县时，见到路温舒，觉得他并非凡夫俗子，就让他担任决曹史之职。路温舒又去拜师学习《春秋》，通晓大意。被地方举荐为孝廉，担任山邑县丞，后来因犯法而被免去官职，后来又担任郡里的属吏。

元凤年间，廷尉李光受命审理那些奉天子诏令而被羁押的犯人，请路温舒担任奏曹掾史，兼任廷尉史之职。恰逢昭帝驾崩，昌邑王刘贺被立为天子又被废除，宣帝刚刚即位，路温舒向朝廷上书，谏言应当尚仁厚德、减缓刑罚。内容是：

臣听说齐国曾经有公孙无知作乱杀死襄公的祸事，而齐桓公才能够兴起；晋国发生了骊姬进谗那样的灾难，而晋文公才能够称霸诸侯。近代赵王不能寿终而死，吕氏家族发动叛乱，而孝文帝继位汉朝的天子。由此看来，祸乱的发生，将会为圣人的出现开创机会。因此齐桓公、晋文公扶植了微弱的天子，振兴衰败了的国家，尊崇周文王、周武王建立的功业，给百姓带来恩泽，功劳施于诸侯，虽然赶不上三王，可是天下人民都归附于他们的仁德。文帝常常想如何具备至高无上的德行，来顺应天意，尊崇仁义，减轻刑罚，打通关隘，架起桥梁，使远近如一，敬重贤人如同对待贵宾，爱护民众如同对待小

其心，遂以自亡。深察祸变之故，乃皇天之所以开至圣也。故大将军受命武帝，股肱汉国，披肝胆，决大计，黜亡义，立有德，辅天而行，然后宗庙以安，天下咸宁。

臣闻《春秋》正即位，大一统而慎始也。陛下初登至尊，与天合符，宜改前世之失，正始受命之统，涤烦文，除民疾，存亡继绝，以应天意。

臣闻秦有十失，其一尚存，治狱之吏是也。秦之时，羞文学，好武勇，贱仁义之士，贵治狱之吏；正言者谓之诽谤，遏过者谓之妖言。故盛服先生不用于世，忠良切言皆郁于胸，誉谀之声日满于耳；虚美熏心，实祸蔽塞。此乃秦之所以亡天下也。方今天下赖陛下恩厚，亡金革之危，饥寒之患，父子夫妻勠力安家，然太平未洽者，狱乱之也。夫狱者，天下之大命也，死者不可复生，绝者不可复属。《书》曰："与其杀不辜，宁失不经。"今治狱吏则不然，上下相殴，以刻为明；深者获公名，平者多后患。故治狱之吏皆欲人死，非憎人也，自安之道在人之死。是以死人之血流离于市，被刑之徒比肩而立，大辟之计岁以万数，此仁圣之所以伤也。太平之未洽，凡以此也。夫人情安则乐生，痛则思死。棰楚之下，何求而不得？故囚人不胜痛，则饰辞以视之；吏治者利其然，则指道以明之；上奏畏却，则锻练而周内之。盖奏当之成，虽咎繇听之，犹以为死有余辜。何则？成练者众，文致之罪明也。是以狱吏专为深刻，残贼而亡极，偷为

孩子，用宽厚之心去想别人的心，把内心觉得安适的事情，推行到全国，所以达到监狱空无一人，天下太平。承继变乱之后即位的君主，一定会给民众带来不同往日的恩德，这是贤明的圣人用来显示天命的行为。从前，昭帝去世时没有儿子继承帝位，大臣们忧愁哀伤，焦急地共同商议，都认为昌邑王刘贺是尊贵的皇亲，就推举他为天子。但是上天不肯授命给昌邑王，而是把他的心迷惑，让他自取灭亡。深刻地省察祸患事变的原因，原来这是伟大的上天在开导最圣明的君王。因此大将军霍光接受武帝遗留的诏命，成为汉朝最得力的辅臣，他披肝沥胆，决定大计，黜退不讲仁义之人，拥立有德之君为帝，辅助上天行事，然后才使宗庙安定，天下太平。

臣听说《春秋》中很重视君王登基的事，是为了统一天下而慎重地对待初始。陛下刚刚登上天子至尊的宝座，与天意符合，应当改正前朝的过失，慎重对待开始领受的天命，清除烦苛的法令，解除百姓的疾苦，保存继承将要断绝的好传统，以此来顺应天意。

臣听说秦朝有十大过失，其中一条到如今还存在着，那就是负责审理案件的官吏。秦朝统治的时候，看不起文献经典，崇尚武勇精神，轻视奉行仁义之士，重视负责判案的官吏；正直的言论被当作是诽谤，阻拦犯过失的话被看作是妖言。因此那些品德高尚的人在那时不受重用，忠良恳切的言辞都只能郁积在胸中，阿谀称赞之声天天不绝于耳边；虚伪的赞颂迷住了心窍，而实际存在的祸患却被遮蔽。这就是秦朝失去天下的原因啊。如今天下之人承蒙陛下的厚恩，没有战争的危险，也没有饥饿寒冷的忧患，父子夫妻合力齐心地建设家园，然而还没有完全实现天下太平，原因就是刑狱把事情搞乱了。刑狱，是天下决定人生死的机关，被处死的人不可能再复活过来，人的肢体被砍断就不可能再接起来。《尚书》上说：“与其错杀那些无辜的人，宁可不合于常法。”如今负责审理判案的官吏却不是这样，上下相互驱使，把苛刻当作严明；判案严厉的获得公正的名誉，而执法公平的却有很多后患。所以负责审理判案的官吏都想把受审讯的人置于死地，并非他们憎恨别人，而是他们求得自身安全的办法就在于置人于死地。因此被杀死的人鲜血在满市流淌，因罪受

一切，不顾国患，此世之大贼也。故俗语曰：“画地为狱，议不入；刻木为吏，期不对。”此皆疾吏之风，悲痛之辞也。故天下之患，莫深于狱；败法乱正，离亲塞道，莫甚乎治狱之吏。此所谓一尚存者也。

臣闻乌鸢之卵不毁，而后凤皇集；诽谤之罪不诛，而后良言进。故古人有言：“山薮藏疾，川泽纳污，瑾瑜匿恶，国君含诟。”唯陛下除诽谤以招切言，开天下之口，广箴谏之路，扫亡秦之失，尊文武之德，省法制，宽刑罚，以废治狱，则太平之风可兴于世，永履和乐，与天亡极，天下幸甚。

上善其言，迁广阳私府长。

内史举温舒文学高第，迁右扶风丞。时，诏书令公卿选可使匈奴者，温舒上书，愿给厮养，暴骨方外，以尽臣节。事下度辽将军范

刑的人并肩站立，被处以大辟之刑的人每年都数以万计，这是奉行仁义的圣人感到悲伤的原因。太平盛世未能完全实现，都是因为这些引起的。从人情上来讲，平安的时候就快乐的生活，痛苦的时候就思虑到死亡。鞭杖重刑之下，何等的供词得不到呢？所以被囚禁受审的犯人忍受不了被拷打的痛苦，就假造虚浮供词交给负责审讯他的官吏；审讯他的官吏利用这种情况，就指点引导犯人，让犯人明白他的罪名；向上奏报时担心被退回，就反复修改上奏文书给犯人套上罪名，使之周全没有丝毫破绽。奏书上所定的罪名已成，即使让咎繇来听闻断讼，也会以为被判死罪的人死有余辜。这是为什么呢？因为奏书经过数次修改，并以法律的条文以及罗织来的罪名都写得清楚无误。故而审案的官吏援引法律陷人于罪，苛刻严峻地对待犯人，残害犯人没有限度，权宜行事，根本不顾会给国家带来祸患，这是当世最大的灾祸。因而俗话说道："画地为牢狱，无人胆敢上朝议论朝政；刻木人为狱吏，必定无人敢与其对话。"这些都是社会上痛恨狱吏执法苛暴的风气，是很悲痛的语言。因此天下的祸患，没有比法官判案更大的了；败坏法纪，扰乱正道，使亲人离散道义不明，没有比负责判案的官吏更厉害的了。这就是臣所说至今存在的秦朝过失。

臣听说乌鸦和老鹰下的蛋不会受到损害，然后凤凰才会落在这里；犯了诽谤之罪的人不会受到诛杀，然后才会有人向朝廷进献忠言。因而古人这样说："山林水泽隐藏着毒害人的东西，河流湖泊容纳污秽的东西，美玉之中隐藏有瑕斑，国君能容忍辱骂。"只要陛下免除诽谤君主的人的罪名，用来接受恳切的忠言，让天下人开口说话，扩大人们规劝、进谏的渠道，扫除造成秦朝灭亡的失误，遵从周文王、周武王的德政，减少法律条文，宽缓刑罚，用这些来废除治狱的积弊，那么天下就可以出现太平盛世的气象，永远和平安乐，与天地一样共存，天下之人就太幸运了。

宣帝很赞许路温舒的上书，升他为广阳私府长。

内史举荐路温舒为文学科的高第，晋升为右扶风丞。当时，宣帝下诏书命令公卿大臣们推选可以出使匈奴的使臣，路温舒上书朝廷，请求作为使臣的随从人员，哪怕暴露尸骨死于郊野，也要恪尽臣

明友、太仆杜延年问状，罢归故官。久之，迁临淮太守，治有异迹，卒于官。

温舒从祖父受历数天文，以为汉厄三七之间，上封事以豫戒。成帝时，谷永亦言如此。及王莽篡位，欲章代汉之符，著其语焉。温舒子及孙皆至牧守大官。

赞曰：春秋鲁臧孙达以礼谏君，君子以为有后。贾山自下劘上，邹阳、枚乘游于危国，然卒免刑戮者，以其言正也。路温舒辞顺而意笃，遂为世家，宜哉！

节，报效天子。宣帝批阅路温舒的上书后转交度辽将军范明友、太仆杜延年，他们向路温舒询问情况，因为路温舒所言无可取之处，出使作罢回归原任。过了很长时间，路温舒晋升为临淮太守，政绩卓异出色，在任上去世。

路温舒自小跟随祖父学习历法、数学、天文，认为汉朝在建国后二百一十年左右，会发生大难，就秘密向宣帝上书以便有所戒备。汉成帝时期，谷永也这么说。等到后来王莽篡位，要向天下宣布自己代汉执掌政权的依据，就宣扬路温舒的这些话。路温舒的儿子和孙子全都做到州牧、郡太守等大官。

赞辞说：春秋时鲁国的臧孙达以礼义来劝谏国君，君子都认为他的后代将会非常兴旺。贾山从下面规劝皇上的过失，邹阳、枚乘交往游历于有倾危之险的国家，然而都可以免受刑罚，是他们所说的话严守正道。路温舒言辞和顺，文意通达，情真意切，因此子孙世代高官，应该如此！

卷五十二

窦田灌韩传第二十二

窦婴字王孙，孝文皇后从兄子也。父世观津人也。喜宾客。孝文时为吴相，病免。孝景即位，为詹事。

帝弟梁孝王，母窦太后爱之。孝王朝，因燕昆弟饮。是时上未立太子，酒酣，上从容曰：“千秋万岁后传王。”太后欢。婴引卮酒进上曰：“天下者，高祖天下，父子相传，汉之约也，上何以得传梁王！”太后由此憎婴。婴亦薄其官，因病免。太后除婴门籍，不得朝请。

孝景三年，吴楚反，上察宗室诸窦无如婴贤，召入见，固让谢，称病不足任。太后亦惭。于是上曰：“天下方有急，王孙宁可以让邪？”乃拜婴为大将军，赐金千斤。婴言爰盎、栾布诸名将贤士在家者进之。所赐金，陈廊庑下，军吏过，辄令财取为用，金无入家者。婴守荥阳，监齐赵兵。七国破，封为魏其侯。游士宾客争归之。每朝议大事，条侯、魏其，列侯莫敢与亢礼。

四年，立栗太子，以婴为傅。七年，栗太子废，婴争弗能得，谢病，屏居蓝田南山下数月，诸窦宾客辩士说，莫能来。梁人高遂乃说婴曰：“能富贵将军者，上也；能亲将军者，太后也。今将军傅太

窦婴，字王孙，是孝文皇后堂兄的儿子。他父辈以上都是观津县人。窦婴喜欢宴请宾客。孝文帝时窦婴任吴相，后因病免职。孝景帝继位后，窦婴任詹事。

景帝的弟弟梁孝王，他的母亲窦太后很宠爱他。有一次，梁孝王入朝，景帝在闲暇时和兄弟一起饮酒。当时景帝还没立太子，当大家酒喝得正尽兴，景帝从容地说："我千秋万岁后就把帝位传给梁王。"窦太后听了心下欢喜。这时窦婴端起一杯酒献给景帝说："天下，是高祖的天下，父亲把皇位传给儿子，这是汉代每个帝王都遵守的约定，皇上怎么能把皇位传给梁王呢！"太后因此憎恨窦婴。窦婴也嫌詹事的官太小，就托病辞职。太后就把他的名字从准许出入宫门的册籍上除去，窦婴从此不得进宫朝见皇帝。

孝景帝三年（前154），吴国和楚国发动叛乱，皇上经过考察，发现宗室中能任用的人都不如窦婴贤明，于是征召窦婴入宫进见，窦婴执意推辞，自称身体有病不能担当这样的重任。太后也因为自己曾经的行为感到惭愧。皇上就说："天下正有危难，王孙怎么可以推辞国家赋予的重任呢？"景帝就封窦婴为大将军，赏赐千金。窦婴向皇上推举爰盎、栾布等退职在家的名将贤士。把皇上赏赐他的金子都摆在堂前的廊屋里，每当军吏来拜见，他就叫他们酌量拿取金子使用，没有拿到自己家里。窦婴据守荥阳，监管齐赵两国的军队。等到击溃七国的叛军，皇上封窦婴为魏其侯。许多游士和宾客都争相投奔到窦婴的门下。每当皇上在朝廷和群臣商议大事，所有列侯都不敢同条侯、魏其侯以平等的礼节相待。

孝景帝四年（前153），皇上立栗太子，命窦婴任太子的老师。孝景帝七年（前150），皇上废黜栗太子，窦婴多次为栗太子争辩都无结果，他就以生病为借口拒绝做官，在蓝田县南山下隐居了好几个月，

子，太子废，争不能拔，又不能死，自引谢病，拥赵女屏闲处而不朝，祇加怼自明，扬主之过。有如两宫奭将军，则妻子无类矣。”婴然之，乃起，朝请如故。

桃侯免相，窦太后数言魏其。景帝曰：“太后岂以臣有爱相魏其者？魏其沾沾自喜耳，多易，难以为相持重。”遂不用，用建陵侯卫绾为丞相。

田蚡，孝景王皇后同母弟也，生长陵。窦婴已为大将军，方盛，蚡为诸曹郎，未贵，往来侍酒婴所，跪起如子姓。及孝景晚节，蚡益贵幸，为中大夫。辩有口，学《盘盂》诸书，王皇后贤之。

孝景崩，武帝初即位，蚡以舅封为武安侯，弟胜为周阳侯。

蚡新用事，卑下宾客，进名士家居者贵之，欲以倾诸将相。上所填抚，多蚡宾客计策。会丞相绾病免，上议置丞相、太尉。藉福说蚡曰：“魏其侯贵久矣，素天下士归之。今将军初兴，未如，即上以将军为相，必让魏其。魏其为相，将军必为太尉。太尉、相尊等耳，有让贤名。”蚡乃微言太后风上，于是乃以婴为丞相，蚡为太尉。藉福贺婴，因吊曰：“君侯资性喜善疾恶，方今善人誉君侯，故至丞相；然恶人众，亦且毁君侯。君侯能兼容，则幸久；不能，今以毁去矣。”婴不听。

窦家众人和许多宾客、辩士劝他，他都不出来。梁国人高遂劝导窦婴说："能让将军富贵的人，是皇上，能让将军成为朝廷亲信的人，是太后。如今将军辅导太子，太子被废，将军据理力争却不能改变现状，又不能去死，自己托病抽身而退，抱着美女隐居闲处而不肯朝见皇上，不言而喻，您这是在显露自己对皇上的怨恨，暴露皇上的过错。如果皇上和太后都埋怨将军而要加害于您，那您的妻子儿女会无一幸存。"窦婴认为他说的很对，便起身行动，像以前一样上朝觐见皇上。

桃侯刘舍免去相位时，窦太后几次推荐魏其侯任丞相。景帝说："太后难道以为我有所吝啬，不让魏其侯担任丞相吗？魏其侯这个人老是沾沾自喜，做事没有定性，很难担当丞相的重任。"于是景帝没有任用他，而让建陵侯卫绾为丞相。

田蚡，是孝景帝王皇后的亲弟弟，在长陵县出生。窦婴任大将军后，正当盛时，田蚡任各部官员的郎官，还不显贵，他往来于窦婴家侍奉窦婴饮酒，时跪时起，好像是窦家的子孙后辈一样。到了孝景帝晚年，田蚡的地位愈来愈尊贵并且受到他的宠幸，任中大夫。田蚡敢言善辩，学习《盘盂》一类的书，王皇后很重视他。

孝景帝驾崩，汉武帝刘彻刚刚登基，田蚡以舅父的身份任武安侯，田蚡的弟弟田胜任周阳侯。

田蚡刚执政当权，对他的宾客非常谦让，并且引荐未出仕的名士，让他们出来作官，想以此扳倒朝廷众将相的势力。皇上所做镇定安抚的事，大多是田蚡宾客的计策。正好碰上丞相卫绾因病免职，皇上与群臣商议设置丞相和太尉的事。藉福游说田蚡说："魏其侯已经显贵很久了，天下的人才一向归附他。如今将军刚刚兴起，人脉不如魏其侯，即使皇上要任用将军为丞相，您一定要把相位让给魏其侯。魏其侯担任丞相，将军一定会做太尉。太尉和丞相的地位同样尊贵，将军既拥有了太尉一职，又有了谦让相位的好名声。"田蚡便向太后密言，请太后向皇上暗示，皇上便任窦婴为丞相，田蚡为太尉。藉福向窦婴道贺，趁机规劝他说："君侯本性喜善嫉恶，如今善人赞美君侯，所以君侯能官至丞相；但是恶人很多，他们也会诋毁

婴、蚡俱好儒术，推毂赵绾为御史大夫，王臧为郎中令。迎鲁申公，欲设明堂，令列侯就国，除关，以礼为服制，以兴太平。举谪诸窦宗室无行者，除其属藉。诸外家为列侯，列侯多尚公主，皆不欲就国，以故毁日至窦太后。太后好黄老言，而婴、蚡、赵绾等务隆推儒术，贬道家言，是以窦太后滋不说。二年，御史大夫赵绾请毋奏事东宫。窦太后大怒，曰："此欲复为新垣平邪！"乃罢逐赵绾、王臧，而免丞相婴、太尉蚡，以柏至侯许昌为丞相，武彊侯庄青翟为御史大夫。婴、蚡以侯家居。

蚡虽不任职，以王太后故亲幸，数言事，多效，士吏趋势利者皆去婴而归蚡。蚡日益横。六年，窦太后崩，丞相昌、御史大夫青翟坐丧事不办，免。上以蚡为丞相，大司农韩安国为御史大夫。天下士郡诸侯俞益附蚡。

蚡为人貌侵，生贵甚。又以为诸侯王多长，上初即位，富于春秋，蚡以肺附为相，非痛折节以礼屈之，天下不肃。当是时，丞相入奏事，语移日，所言皆听。荐人或起家至二千石，权移主上。上乃曰："君除吏尽未？吾亦欲除吏。"尝请考工地益宅，上怒曰："遂取武库！"是后乃退。召客饮，坐其兄盖侯北乡，自坐东乡，以为汉相尊，不可以兄故私桡。由此滋骄，治宅甲诸第，田园极膏腴，市买郡县器物相属于道。前堂罗钟鼓，立曲旃；后房妇女以百数。诸奏珍物狗马玩好，不可胜数。

君侯。如果君侯能兼容善人和恶人，那么君侯的相位就能长久；如果不能，君侯立即会受到毁谤而离去。”窦婴不听他的话。

窦婴和田蚡都喜欢儒术，便推举赵绾任御史大夫，王臧任郎中令。把鲁国的申公迎到京城长安来，准备设立明堂，让列侯回到各自的封地，废除关禁，依据古礼按身份等级规定器服制度，以表示天下太平。检举并指责窦氏宗室品行不端的子孙，从宗族簿籍中除名。当时诸外戚为列侯，多娶公主为妻，都不想回到自己的封国，故而诽谤窦婴等人的言语每天都能传到窦太后那里。太后喜欢以黄老为尊的道家学术，而窦婴、田蚡、赵绾等人却一心推崇儒术，贬低道家学说，因此窦太后心中对窦婴等人越来越不满。建元二年（前139），御史大夫赵绾请求皇上不要对东宫的太后奏事。窦太后知道后非常生气，说：“这是想再度上演赵国人新垣平骗人的小把戏吗！”太后就罢免驱逐赵绾、王臧等人，并且免去丞相窦婴和太尉田蚡的职务，任用柏至侯许昌为丞相，武彊侯庄青翟为御史大夫。从此，窦婴和田蚡以侯的身份待在家里。

武安侯田蚡虽然没担任官职，但因为王太后的关系仍然受到皇上的宠幸，他屡次议论国家大事，大多被采纳，那些趋炎附势的官吏和士人都远离魏其侯窦婴而归附田蚡。于是田蚡日益骄横。建元六年（前135），窦太后驾崩，丞相许昌、御史大夫庄青翟因为没把丧事办好而获罪，免除官职。皇上任用田蚡为丞相，大司农韩安国为御史大夫。于是天下的士人，郡国的官吏和诸侯王，更加依附田蚡。

田蚡个子矮小相貌丑陋，他生性觉得自己很尊贵。又认为诸侯王多数比较年长，皇上刚刚登基，年纪很轻，田蚡认为自己作为皇上的亲戚担任丞相，如果不彻底改变旧有的做法，用礼法来约束人们，天下人是不会恭敬从事的。当时，田蚡入朝奏事，往往一谈论就是很长时间，他所提的建议皇上都会听从。田蚡荐举的人有的一任职就官至二千石，他的权力几乎超过皇上。皇上于是说：“你推荐的官员用完了没有？我也打算任用几个人呢。”田蚡曾经向皇上请求把考工官署的地划给他来扩建自己的宅院，皇上恼怒地说：“你把我的武库也取走吧！”那以后田蚡才有所收敛。有一次田蚡宴请宾客，让

而婴失窦太后，益疏不用，无势，诸公稍自引而怠骜，唯灌夫独否。故婴墨墨不得意，而厚遇夫也。

灌夫字仲孺，颍阴人也。父张孟，常为颍阴侯灌婴舍人，得幸，因进之，至二千石，故蒙灌氏姓为灌孟。吴楚反时，颍阴侯灌婴为将军，属太尉，请孟为校尉。夫以千人与父俱。孟年老，颍阴侯强请之，郁郁不得意，故战常陷坚，遂死吴军中。汉法，父子俱，有死事，得与丧归。夫不肯随丧归，奋曰："愿取吴王若将军头以报父仇。"于是夫被甲持戟，募军中壮士所善愿从数十人。及出壁门，莫敢前。独两人及从奴十余骑驰入吴军，至戏下，所杀伤数十人。不得前，复还走汉壁，亡其奴，独与一骑归。夫身中大创十余，适有万金良药，故得无死。创少瘳，又复请将军曰："吾益知吴壁曲折，请复往。"将军壮而义之，恐亡夫，乃言太尉，太尉召固止之。吴军破，夫以此名闻天下。

颍阴侯言夫，夫为郎中将。数岁，坐法去，家居长安中，诸公莫

他的哥哥盖侯面向北坐，他自己却面向东坐，他认为汉朝的丞相尊贵，不能因为哥哥的关系就私下委屈自己居人之下。从此武安侯田蚡更加骄横，他修建的豪华住宅在所有贵族的宅第里位居第一，他的田园特别肥沃，他派到郡县市场购买器物的人在路上络绎不绝。他的前堂罗列着钟鼓，树立着曲柄长幡；后房的妇女数以百计。他从诸侯那里得来的珍贵物品、狗马及供玩赏的奇珍异宝，不可胜数。

而魏其侯窦婴自从失去窦太后的庇护，皇上更加疏远不重用他，他没有权势，众宾客也渐渐自行离开，甚至对窦婴傲慢无礼，惟独灌夫不像别人那样对待他。窦婴每天郁郁不得志，惟独对灌夫厚加礼遇。

灌夫字仲孺，颍阴县人。他的父亲张孟，曾经是颍阴侯灌婴的舍人，得到灌婴的宠幸，因此举荐他，渐渐官至二千石，所以蒙受灌氏的姓改名灌孟。吴楚两国造反时，颍阴侯灌婴任将军，隶属于太尉，灌婴向太尉举荐灌孟为校尉。当时灌夫也带了一千人与父亲在一起。当时灌孟年纪大了，颍阴侯坚持推举他，太尉才让灌孟担任校尉，灌孟郁郁不得志，每逢作战常常攻打敌军坚固的阵地，在吴军战死。按照汉朝的法律，凡是父子一起从军的，有因战事死去的人，未死的人可以护送死者的遗骸回家。但是灌夫不肯随丧回家，他意气昂扬地说："我愿意取下吴王或者吴国将军的头以报父仇。"于是灌夫身披铠甲手持戈戟，招募军中与他交好并愿意跟他同去的几十名壮士。等出了军营的门，却没人敢向前走。只有两人和跟随灌夫的十多个奴仆骑马奔驰冲入吴军阵中，一直打到吴军主帅的旌旗下，杀伤的有几十人。因为不能再向前进攻，便返回汉军的营地，跟随他的奴仆都战死了，只留下他和一人归来。灌夫身上有十多处受了重伤，正好有贵重的良药治理创伤，他才没有死去。等到灌夫身上的伤稍稍痊愈，他又向将军请求说："我现在更加了解吴国壁垒中的曲折路径，请准许我再次前往。"将军很赞赏灌夫的勇气和行为，他害怕灌夫再去会丢了性命，就向太尉报告了这件事，太尉就坚决制止他。等到击溃吴军，灌夫也因此闻名天下。

颍阴侯灌婴向皇上汇报了灌夫的事迹，皇上就任命灌夫为郎中

不称，由是复为代相。

武帝即位，以为淮阳天下郊，劲兵处，故徙夫为淮阳太守。入为太仆。二年，夫与长乐卫尉窦甫饮，轻重不得，夫醉，搏甫。甫，窦太后昆弟。上恐太后诛夫，徙夫为燕相。数岁，坐法免，家居长安。

夫为人刚直，使酒，不好面谀。贵戚诸势在己之右，欲必陵之；士在己左，愈贫贱，尤益礼敬，与钧。稠人广众，荐宠下辈。士亦以此多之。

夫不好文学，喜任侠，已然诺。诸所与交通，无非豪桀大猾。家累数千万，食客日数十百人。波池田园，宗族宾客为权利，横颍川。颍川儿歌之曰："颍水清，灌氏宁；颍水浊，灌氏族。"

夫家居，卿相侍中宾客益衰。及窦婴失势，亦欲倚夫引绳排根生平慕之后弃者。夫亦得婴通列侯宗室为名高。两人相为引重，其游如父子然，相得欢甚，无厌，恨相知之晚。

夫尝有服，过丞相蚡。蚡从容曰："吾欲与仲孺过魏其侯，会仲孺有服。"夫曰："将军乃肯幸临况魏其侯，夫安敢以服为解！请语魏其具，将军旦日蚤临。"蚡许诺。夫以语婴。婴与夫人益市牛酒，夜洒埽张具至旦。平明，令门下候司。至日中，蚡不来。婴谓夫曰："丞相岂忘之哉？"夫不怿，曰："夫以服请，不宜。"乃驾，

将。几年后，灌夫因为犯罪免去官职，在长安家中闲居，后因许多长安的达官贵人都称赞他，因此又出任代相。

武帝继位后，认为淮阳是天下的交通枢纽，必须在那里驻扎精锐的部队加以防守，因此调灌夫任淮阳太守。不久又内调他为太仆。建元二年（前139），灌夫与长乐宫卫尉窦甫饮酒，灌夫因醉酒不分轻重，就打了窦甫。窦甫是窦太后的兄弟。皇上害怕太后杀死灌夫，就调灌夫任燕相。几年后，灌夫又因犯罪免去官职，在长安家中闲居。

灌夫为人刚直，好借着酒意放纵性情，不喜欢当面恭维他人。凡是地位在灌夫之上的皇亲贵戚或是各种有权势的人，他一定会想办法侮辱他们；地位在他之下的一般士人，越是贫贱，灌夫越是礼敬他们，以平等的身份对待他们。在人多的地方，灌夫总是举荐爱护地位低下的人。因此，一般人都很称赞他。

灌夫不喜好文学，却有担当而乐于助人，他承诺别人的事一定会做到。那些和他交往的，无非是才智出众或是奸诈狡猾之人。灌夫有几千万家产，每天的食客数量少则几十，多则近百。他在田园中修建池塘蓄水，以便灌溉田地，灌夫的同族人以及门客为了垄断水利权势与财货争吵不休，在颍川一带横行霸道。所以颍川的儿歌这样唱：“颍水清冽，灌氏安宁；颍水浑浊，灌氏族灭。”

灌夫因犯罪免官在家中闲居的时候，卿相、侍中以及灌夫的好多门客都渐渐疏远了他。等到窦婴失势，也想倚靠灌夫两人互相扶助，去同那些本来很仰慕却在失势之后抛弃他们的人算账。灌夫也想利用窦婴的关系结交那些列侯和皇亲贵戚以拥有崇高的声誉。所以两人互相推崇敬重，他们的交往如父子一般亲密，彼此相处极为愉快，毫不嫌弃对方，大有相见恨晚的感觉。

灌夫家有丧事却没居丧，而是去拜访丞相田蚡。田蚡从容地说：“我本来想与你一同拜访魏其侯，正碰上你在居丧期间，只能下次再去了。”灌夫说：“将军肯屈驾光临魏其侯的家，我怎敢因为居丧而推辞呢！请让我通知魏其侯，让他准备酒食，请将军明日早点光临。”田蚡答应了。灌夫就把田蚡明日一早要去作客的详细情况告诉了窦婴。窦婴和他的夫人专门买了很多酒肉，晚上就起来打扫厅堂张

自往迎蚡。蚡特前戏许夫，殊无意往。夫至门，蚡尚卧也。于是夫见，曰："将军昨日幸许过魏其，魏其夫妻治具，至今未敢尝食。"蚡悟，谢曰："吾醉，忘与仲孺言。"乃驾往。往又徐行，夫愈益怒。及饮酒酣，夫起舞属蚡，蚡不起。夫徙坐，语侵之。婴乃扶夫去，谢蚡。蚡卒饮至夜，极欢而去。

后蚡使藉福请婴城南田，婴大望曰："老仆虽弃，将军虽贵，宁可以势相夺乎！"不许。夫闻，怒骂福。福恶两人有隙，乃谩好谢蚡曰："魏其老且死，易忍，且待之。"已而蚡闻婴、夫实怒不予，亦怒曰："魏其子尝杀人，蚡活之。蚡事魏其无所不可，爱数顷田？且灌夫何与也？吾不敢复求田。"由此大怒。

元光四年春，蚡言灌夫家在颍川，横甚，民苦之。请案之。上曰："此丞相事，何请？"夫亦持蚡阴事，为奸利，受淮南王金与语言。宾客居间，遂已，俱解。

夏，蚡取燕王女为夫人，太后诏召列侯宗室皆往贺。婴过夫，

罗酒食，一直忙到第二天。天刚亮时，就命令门客在宅前等候丞相田蚡。但是到了中午，田蚡还没有来。窦婴就对灌夫说："难道是丞相忘记了要过来的事吗？"灌夫心里不高兴，说："我在居丧期间还为了他赴宴的事情约请，他不应该忘记啊。"灌夫就驾着车亲自到丞相府迎接田蚡。田蚡前一天只不过是跟灌夫开开玩笑，实在是无意前往。等到灌夫来到他家门口，田蚡还在睡觉。于是灌夫进去见他，说："幸蒙将军昨天答应去拜访魏其侯，魏其侯夫妻置办了酒食，从早上到现在都不曾吃过呢。"田蚡装出突然明白过来的样子，向灌夫谢罪说："我昨天醉酒，竟然忘了与你说过的话。"田蚡驾车前往。但又缓慢前行，灌夫更加生气了。等到了窦婴家，酒喝得正尽兴，灌夫起身跳舞并邀请田蚡接着跳，田蚡没起身。灌夫就过来坐下，用话语冒犯田蚡。窦婴便扶灌夫离去，亲自向田蚡谢罪。他们一直吃到晚上，田蚡才非常高兴地离开了。

后来田蚡派藉福向窦婴请求把城南的田地让出给他，窦婴大怒说："老仆虽然被朝廷废弃，将军虽然显贵，难道就可以倚仗自己的权势夺取我的田地！"窦婴拒绝了他。灌夫听说了这事，就怒骂藉福。藉福讨厌窦婴与田蚡两人产生嫌隙，就编造好话向田蚡谢罪说："魏其侯年纪一大把并且快要死了，您就改变自己的态度忍一忍，暂且等等吧。"不久田蚡听说窦婴和灌夫其实是因生气而不给他田地，也恼怒地说："魏其侯的儿子曾经杀了人，是我从中周旋让他活了下来。我对待魏其侯没有什么事不可以，他竟然吝啬这几顷田地？况且灌夫掺和这些干什么？我不敢再要这块田地了。"从此以后，田蚡对窦婴和灌夫两人特别怨恨。

元光四年（前131）春季，田蚡上奏说灌夫在家乡颍川特别不讲理，百姓都深受其苦。请求皇上立案查办灌夫。皇上说："这是丞相应该管的事，何必向我请示？"灌夫也抓住了田蚡那些私密的事并以此要挟他，他说田蚡非法谋取别人的利益，接受淮南王贿赂的财物，并说了不该说的话等。两家宾客在中间不停地调解，两人才停止互相攻击，冰释前嫌。

那年夏季，田蚡娶燕王的女儿为夫人，太后下诏命令列侯宗室

欲与俱。夫谢曰："夫数以酒失过丞相，丞相今者又与夫有隙。"婴曰："事已解。"强与俱。酒酣，蚡起为寿，坐皆避席伏。已婴为寿，独故人避席，余半膝席。夫行酒，至蚡，蚡膝席曰："不能满觞。"夫怒，因嘻笑曰："将军贵人也，毕之！"时蚡不肯。行酒次至临汝侯灌贤，贤方与程不识耳语，又不避席。夫无所发怒，乃骂贤曰："平生毁程不识不直一钱，今日长者为寿，乃效女曹儿呫嗫耳语！"蚡谓夫曰："程、李俱东西宫卫尉，今众辱程将军，仲孺独不为李将军地乎？"夫曰："今日斩头穴匈，何知程、李！"坐乃起更衣，稍稍去。婴去，戏夫。夫出，蚡遂怒曰："此吾骄灌夫罪也。"乃令骑留夫，夫不得出。藉福起为谢，案夫项令谢。夫愈怒，不肯顺。蚡乃戏骑缚夫置传舍，召长史曰："今日召宗室，有诏。"劾灌夫骂坐不敬，系居室。遂其前事，遣吏分曹逐捕诸灌氏支属，皆得弃市罪。婴愧，为资使宾客请，莫能解。蚡吏皆为耳目，诸灌氏皆亡匿，夫系，遂不得告言蚡阴事。

婴锐为救夫，婴夫人谏曰："灌将军得罪丞相，与太后家迕，宁可救邪？"婴曰："侯自我得之，自我捐之，无所恨。且终不令灌仲孺独死，婴独生。"乃匿其家，窃出上书。立召入，具告言灌夫醉饱

都去道贺。窦婴拜访灌夫，想与他一起去。灌夫辞谢说：“我好几次因酒后过失责难丞相，丞相如今又与我心生嫌隙，我就不去了。”窦婴说：“事情已经和解了。”就强拉灌夫一起前去。当时酒喝得正尽兴，田蚡起身向大家敬酒，所有坐着的宾客都移座而前，俯伏在地，以示对他的尊重。过了一会儿，窦婴起身敬酒，只有那些旧交离开席位表示礼让，其余一半人都坐在自己的座位上。接着灌夫起身离位，依次给宾客敬酒，到了田蚡那里，田蚡坐在自己的座位上说：“我不能饮满杯了。”灌夫心下怨恨，就嘻笑着说：“将军是个贵人，把这一杯干了吧！”田蚡不给灌夫留情面，不肯干杯。轮到给临汝侯灌贤敬酒，灌贤正跟程不识说悄悄话，也没有避席，而是坐在自己的座位上。灌夫正憋着一肚子怒气无处发泄，于是骂灌贤说：“你平时诋毁程不识不值一钱，现在长者向你敬酒，你却仿效女孩子与程不识附耳细语！”田蚡对灌夫说：“程、李都是东西宫的卫尉，如今你当众侮辱程不识将军，你就不能替李将军设身处地想想吗？”灌夫说：“今日杀头也好，穿胸也罢，我哪知什么程、什么李！”座上的客人看见这样的不愉快，便起身假装上厕所，渐渐散去。窦婴也要离开，呼叫灌夫一起走。等到灌夫离开，田蚡随即生气地说：“这是我骄纵灌夫导致的错误啊。”田蚡就命令手下扣留灌夫，灌夫没办法离开。藉福赶紧起身为灌夫向田蚡谢罪，并用手按住灌夫的脖子要他向田蚡道歉。灌夫更加愤怒，不肯顺从。田蚡就让手下把灌夫捆起来扔在传舍中，并召唤来长史说：“今天是奉了太后的诏令在这里宴请宗室宾客。”于是田蚡弹劾灌夫在宴席上辱骂宾客，犯了不敬之罪，把他囚禁在居室中。田蚡随即追查灌夫在颍川的种种不法行为，派遣官吏分头捉拿灌氏各支亲属，都判处他们斩首示众。窦婴感到惭愧，出资派宾客向丞相求情，都不能使灌夫免去罪行。田蚡手下的吏卒都是他的耳目，灌氏众人都逃亡藏匿，灌夫本人又被扣押，因此不能告发田蚡私密的坏事。

窦婴急切地想去营救灌夫，他的夫人劝谏说：“灌将军得罪了丞相，冒犯太后家人，怎么能救得了呢？”窦婴说：“侯爵之位是我自己立功得来的，现在我将其舍弃，没有什么后悔的。况且我总不能让

事，不足诛。上然之，赐婴食，曰："东朝廷辩之。"

婴东朝，盛推夫善，言其醉饱得过，乃丞相以它事诬罪之。蚡盛毁夫所为横恣，罪逆不道。婴度无可奈何，因言蚡短。蚡曰："天下幸而安乐无事，蚡得为肺附，所好音乐狗马田宅，所爱倡优巧匠之属，不如魏其、灌夫日夜招聚天下豪桀壮士与论议，腹诽而心谤，印视天，俛画地，辟睨两宫间，幸天下有变，而欲有大功。臣乃不如魏其等所为。"上问朝臣："两人孰是？"御史大夫韩安国曰："魏其言灌夫父死事，身荷戟驰不测之吴军，身被数十创，名冠三军，此天下壮士，非有大恶，争杯酒，不足引它过以诛也。魏其言是。丞相亦言灌夫通奸猾，侵细民，家累巨万，横恣颍川，輘轹宗室，侵犯骨肉，此所谓'支大于干，胫大于股，不折必披'。丞相言亦是。唯明主裁之。"主爵都尉汲黯是魏其。内史郑当时是魏其，后不坚。余皆莫敢对。上怒内史曰："公平生数言魏其、武安长短，今日廷论，局趣效辕下驹，吾并斩若属矣！"即罢起入，上食太后。太后亦已使人候司，具以语太后。太后怒，不食，曰："我在也，而人皆藉吾弟，令我百岁后，皆鱼肉之乎！且帝宁能为石人邪！此特帝在，即录录，设百岁后，是属宁有可信者乎？"上谢曰："俱外家，故廷辨之。不然，此一狱吏所决耳。"是时郎中令石建为上分别言两人。

灌仲孺独自死去，而我却独自活着。”于是窦婴隐瞒他的家人，私自出去给皇上上书。皇上看了他的奏书，立即召他进宫，窦婴就详细地叙述了灌夫酒后在席上失言的事，认为犯这样的过错不值得被处死。皇上认同他的看法，便赐窦婴一同吃饭，对他说：“你到东朝太后那里当廷申辩吧。”

窦婴到了东朝，极力称赞灌夫的好的一面，说他这回是酒后失言而招致的过错，而丞相却用别的事来陷害灌夫。田蚡极力诋毁灌夫强横恣肆，犯了大逆不道之罪。窦婴自己思量没有其他的办法，就说田蚡的短处。田蚡说：“天下幸而安乐无事，我能担任朝廷的重臣，爱好的不过是音乐、狗、马、田宅，喜欢的不过是倡优、巧匠这类人，不像魏其侯与灌夫日夜招聚天下的豪杰壮士与他们议论，对朝廷口不言而心非议，仰视天，俯画地，侧目窥察两宫间，希望天下有意外的变故，而让自己立大功。臣却不知道魏其侯等人要做什么。”皇上询问朝臣：“他们两人谁对？”御史大夫韩安国说：“魏其侯说灌夫的父亲战死后，灌夫手持戈戟冲入不能预测敌情的吴军阵营，身受几十处重伤，他勇敢的名声响彻三军，他是天下的壮士，如果不是有大的罪过，只是因为饮酒引起争端，是不值得攀引其他过错来判处死刑的。魏其侯的话是对的。丞相也说灌夫同奸猾之士结交，侵害百姓，家产多到数不清，在颍川横行霸道，欺压宗室，侵犯骨肉，这就是所谓的‘枝杈大于树干，小腿大于大腿，如果不断折就必定裂开’。丞相说的也对。只有请贤明的君主来裁决了。”主爵都尉汲黯认为魏其侯说的是对的。内史郑当时也认为魏其侯说的是对的，后来却又意志不坚模棱两可。其余的人都不敢答对。皇上对内史郑当时发怒说：“你平时多次说魏其侯和武安侯两人的长短，今日廷论，你却拘束如驾在车辕下面的小马一般，我要把你们这些人一并杀了！”于是皇上罢朝起身，入内给太后献食。太后也已经派人上朝等候消息，那些打探消息的人便把廷辩的详细情况汇报给太后。太后恼怒，不吃饭，说：“我还活着，别人都在践踏我的兄弟，假如我死了以后，别人就都像宰割鱼肉一样宰割我的兄弟了！况且皇上怎么像个石头人一样不自作主张呢！现在只是皇帝还在这里，这些大臣就

蚡已罢朝，出止车门，召御史大夫安国载，怒曰："与长孺共一秃翁，何为首鼠两端？"安国良久谓蚡曰："君何不自喜！夫魏其毁君，君当免冠解印绶归，曰'臣以肺附幸得待罪，固非其任，魏其言皆是。'如此，上必多君有让，不废君。魏其必愧，杜门齰舌自杀。今人毁君，君亦毁之，譬如贾竖女子争言，何其无大体也！"蚡谢曰："争时急，不知出此。"

于是上使御史簿责婴所言灌夫颇不雠，劾系都司空。孝景时，婴尝受遗诏，曰"事有不便，以便宜论上。"及系，灌夫罪至族，事日急，诸公莫敢复明言于上。婴乃使昆弟子上书言之，幸得召见。书奏，案尚书，大行无遗诏。诏书独臧婴家，婴家丞封。乃劾婴矫先帝诏害，罪当弃市。五年十月，悉论灌夫支属。婴良久乃闻有劾，即阳病痱，不食欲死。或闻上无意杀婴，复食，治病，议定不死矣。乃有飞语为恶言闻上，故以十二月晦论弃市渭城。

这样平庸无能，假如皇帝死了以后，这些人有能靠得住的吗？”皇上谢罪说：“魏其侯和武安侯都是外戚，所以才在朝廷上进行辩论。否则，这样的事只需要一个狱吏就解决了。”当时郎中令石建向皇上分别说了魏其侯和武安侯两家有嫌隙的经过。

田蚡退朝后，出了止车门，招呼御史大夫韩安国一起坐车，他恼怒地说：“我同你一起对付一个秃翁轻而易举，你为何总是首鼠两端呢？”韩安国沉思了良久才对田蚡说：“您怎么不认为这是件可喜的事呢！魏其侯既然毁谤您，您就应该摘下官帽解下丞相的印绶归还皇上并恳切地请罪，说‘臣凭着是皇帝的肺腑之亲，侥幸担任丞相一职，本来就不能胜任，魏其侯对我的指责是对的。’这样一来，皇上一定会赞叹您有谦让的德行，就不会免去您的职位。魏其侯也一定会惭愧不已，就会闭门谢客咬舌自尽。现在别人诋毁您，您也诋毁别人，这样彼此互相辱骂，就像卑贱的商人或女子争吵一般，多么不识大体啊！”丞相田蚡道歉说：“我刚在朝廷争辩时有些着急，没想到这样做会更好。”

后来皇上又派御史依据文书所列罪状逐一查究灌夫的案件，发现窦婴所说的话有很多不符合事实，因而窦婴受到弹劾被关押在都司空的狱中。孝景皇帝临终的时候，窦婴曾经接受遗诏，遗诏上写着：“假如有什么麻烦的事情，可以随机应变上奏你的意见。”等到窦婴被拘禁，灌夫又罪至灭族，情况一天比一天紧急，大臣们没人再敢向皇上明确提起这件事。窦婴只好叫他的侄子上书皇上汇报窦婴曾经接受遗诏的事，希望能得到皇上的召见。奏书呈上去了，但是查找宫内汇编的档案，却没有景帝临终时的这份遗诏。这道诏书只藏在窦婴的家里，是由窦婴的家丞盖印加封的。于是有人又弹劾窦婴伪造先帝的遗诏残害别人，应判斩首示众。元光五年（前130）十月，灌夫和他的亲属全被论罪。窦婴过了好久才听到自己被弹劾的消息，他心里悲愤万分，就患了中风瘫痪的疾病，他不吃饭就想死去。后来，听到有人说皇上没有杀他的意思，才又开始吃饭，治病，朝廷已经议定不处死窦婴了。但是，当时竟然又有流言蜚语讲窦婴许多坏话故意让皇上听到，因此朝廷就判处在当年十二月的最后一天，将窦婴在渭

春，蚡疾，一身尽痛，若有击者，呼服谢罪。上使视鬼者瞻之，曰："魏其侯与灌夫共守，笞欲杀之。"竟死。子恬嗣，元朔中有罪免。

后淮南王安谋反，觉。始安入朝时，蚡为太尉，迎安霸上，谓安曰："上未有太子，大王最贤，高祖孙，即宫车晏驾，非大王立，尚谁立哉？"淮南王大喜，厚遗金钱财物。上自婴、夫事时不直蚡，特为太后故。及闻淮南事，上曰："使武安侯在者，族矣。"

韩安国字长孺，梁成安人也，后徙睢阳。尝受《韩子》、杂说邹田生所。事梁孝王，为中大夫。吴楚反时，孝王使安国及张羽为将，扞吴兵于东界。张羽力战，安国持重，以故吴不能过梁。吴楚破，安国、张羽名由此显梁。

梁王以至亲故，得自置相、二千石，出入游戏，僭于天子。天子闻之，心不善。太后知帝弗善，乃怒梁使者，弗见，案责王所为。安国为梁使，见大长公主而泣曰："何梁王为人子之孝，为人臣之忠，而太后曾不省也？夫前日吴、楚、齐、赵七国反，自关以东皆合从而西向，唯梁最亲，为限难。梁王念太后、帝在中，而诸侯扰乱，壹言泣数行而下，跪送臣等六人将兵击却吴楚，吴楚以故兵不敢西，而卒破亡，梁之力也。今太后以小苛礼责望梁王。梁王父兄皆帝王，而所见者大，故出称趩，入言警，车旗皆帝所赐，即以嫮鄙小县，驱驰国中，欲夸诸侯，令天下知太后、帝爱之也。今梁使来，辄

城的大街上斩首示众。

元光六年（前129）春季，田蚡患病，感到全身都疼痛，好像有人在打他一样，他不停地号哭谢罪。皇上请了能看见鬼的巫师来给他看病，巫师说：“魏其侯与灌夫两个鬼共同守着武安侯，用鞭子抽打并想杀死他。”田蚡终究还是死了。他的儿子田恬继承了他的爵位，元朔年间，田恬因为犯罪被免除侯爵之位。

后来朝廷发觉了淮南王刘安谋反的事。当初淮南王刘安进京朝见时，田蚡任太尉，他到霸上迎接淮南王刘安，对他说：“皇上现在还没有太子，大王最贤明，又是高祖的孙子，一旦皇上驾崩，如果不是您来继承帝位，谁还能继承呢？”淮南王刘安听了他的话后特别高兴，送给田蚡许多金钱财物。自从窦婴、灌夫的事情发生后，皇上就不信任田蚡了，只是看在太后的面子上才容忍下来。等到听说了田蚡和淮南王互相勾结并接受淮南王重金的事情，皇上说：“假使武安侯还活着，也会被灭族了。”

韩安国，字长孺，是梁国成安县人，后来迁徙到睢阳县居住。曾经在邹县田生那里学习《韩非子》和各种论说的文章。当时他侍奉梁孝王，任中大夫。吴楚七国反叛时，孝王让韩安国与张羽任将军，在东部边界抵御吴军。因为张羽努力奋战，韩安国谨慎稳重，所以吴军不能冲破梁国的防线。等到平定吴楚叛乱，韩安国与张羽的名声也因此显赫起来。

梁王因为是皇家至亲的关系，可以自己设置梁相及二千石官吏，他出入游戏，已经超过了臣子的地位，可以和天子相比。景帝听说以后，心里感到不高兴。窦太后知道景帝不高兴，就迁怒梁王派遣的使者，不见他们，而向他们查究责备梁王的所作所为。当时韩安国任梁国的使臣，他去拜见大长公主的时候哭着说：“为什么梁王身为人子对母亲尽孝，身为人臣对皇上尽忠，可是太后竟然不能明察这些呢？前些日子吴、楚、齐、赵等七国反叛的时候，自关以东的诸侯都联合起来向西进军，只有梁国与皇上最亲，成为叛军的阻难。梁王常思念居于关中的太后与皇上，而诸侯扰乱，每次说起来都会流下数行眼泪，他跪着送臣等六人率兵击退吴楚叛军，因此吴楚的军队不敢向

案责之，梁王恐，日夜涕泣思慕，不知所为。何梁王之忠孝而太后不恤也？”长公主具以告太后，太后喜曰：“为帝言之。”言之，帝心乃解，而免冠谢太后曰：“兄弟不能相教，乃为太后遗忧。”悉见梁使，厚赐之。其后，梁王益亲欢。太后、长公主更赐安国直千余金。由此显，结于汉。

其后，安国坐法抵罪，蒙狱吏田甲辱安国。安国曰：“死灰独不复然乎？”甲曰：“然即溺之。”居无几，梁内史缺，汉使使者拜安国为梁内史，起徒中为二千石。田甲亡。安国曰：“甲不就官，我灭而宗。”甲肉袒谢，安国笑曰：“公等足与治乎？”卒善遇之。

内史之缺也，王新得齐人公孙诡，说之，欲请为内史。窦太后闻，乃诏王以安国为内史。

公孙诡、羊胜说王求为帝太子及益地事，恐汉大臣不听，乃阴使人刺汉用事谋臣。及杀故吴相爰盎，景帝遂闻诡、胜等计画，乃遣使捕诡、胜，必得。汉使十辈至梁，相以下举国大索，月余弗得。安国闻诡、胜匿王所，乃入见王而泣曰：“主辱者臣死。大王无良臣，故纷纷至此。今胜、诡不得，请辞赐死。”王曰：“何至此？”安

西行进，而最终败亡，这都是梁王的功劳。如今太后却为了一些苛细烦琐的礼节责怪抱怨梁王。梁王的父兄都是皇帝，平日见惯了盛大的排场，所以出行的时候，都像皇帝一样清道，进城的时候严加戒备，车子、旌旗都是皇帝所赐，他就是想在边远的小县向子民夸耀自己，在国中策马奔走，是想向诸侯夸耀自己，让天下的人都知道太后和皇帝很宠爱他。现在梁国使者到来，却遭到查究责备，梁王感到害怕，日夜哭着思慕，不知该怎么办。为什么太后不体恤梁王的忠孝呢？”长公主把韩安国说的话都告诉了太后，太后高兴地说：“我要在皇帝面前说说这些。”太后向景帝说了这些事，皇上内心的疑虑才解开，并且脱去帽子向太后谢罪说：“我们兄弟之间不能互相指教，才让太后留下忧虑。”于是景帝接见了梁王派来的所有使者，并且厚赏他们。此后，梁王更加亲欢皇上与太后。太后、长公主再次赏赐韩安国价值千余金的厚礼。因此，韩安国的名声更加显赫，而且跟朝廷建立了关系。

后来，韩安国犯法接受应有的惩处，蒙县的狱吏田甲侮辱他。韩安国说：“难道完全熄灭的火灰就不会再燃烧起来吗？”田甲说：“如果再度燃烧，我就尿泡尿浇灭它。”过了不久，梁国内史这个职位空缺，朝廷派出使者任命韩安国为梁内史，直接从徒隶中提拔他任二千石。田甲知道后急忙逃走。韩安国说：“如果田甲不回来做官，我就灭了你的宗族。”田甲回来脱衣谢罪，韩安国笑着说：“像先生这种人值得我惩治吗？”他一直都优待田甲。

梁内史职位空缺的时候，梁孝王刚刚招揽齐人公孙诡，很欣赏他，想请他任内史。窦太后听说后，就下诏命令梁王任韩安国为内史。

公孙诡、羊胜游说梁孝王，请求他做帝位继承人以及扩增梁国封地的事，怕朝廷大臣不听，便暗中派人行刺朝廷执政的谋臣。等到梁国刺客杀害了原吴相爰盎，景帝就听说了公孙诡、羊胜等人的计划，就派遣使者捉拿公孙诡、羊胜，一定要抓住他们。朝廷先后十次派使者到梁国，自梁相以下在全国大肆搜索，过了一个多月还没抓到。内史韩安国听说公孙诡、羊胜等人藏在梁孝王的住所，便入宫拜

国泣数行下，曰：“大王自度于皇帝，孰与太上皇之与高帝及皇帝与临江王亲？”王曰：“弗如也。”安国曰：“夫太上皇、临江亲父子间，然高帝曰‘提三尺取天下者朕也’，故太上终不得制事，居于栎阳。临江，適长太子，以一言过，废王临江；用宫垣事，卒自杀中尉府。何者？治天下终不用私乱公。语曰：‘虽有亲父，安知不为虎？虽有亲兄，安知不为狼？’今大王列在诸侯，訹邪臣浮说，犯上禁，桡明法。天子以太后故，不忍致法于大王。太后日夜涕泣，幸大王自改，大王终不觉寤。有如太后宫车即晏驾，大王尚谁攀乎？”语未卒，王泣数行而下，谢安国曰：“吾今出之。”即日诡、胜自杀。汉使还报，梁事皆得释，安国力也。景帝、太后益重安国。

孝王薨，共王即位，安国坐法失官，家居。武帝即位，武安侯田蚡为太尉，亲贵用事。安国以五百金遗蚡，蚡言安国太后，上素闻安国贤，即召以为北地都尉，迁为大司农。闽、东越相攻，遣安国、大行王恢将兵。未至越，越杀其王降，汉兵亦罢。其年，田蚡为丞相，安国为御史大夫。

匈奴来请和亲，上下其议。大行王恢，燕人，数为边吏，习胡事，议曰：“汉与匈奴和亲，率不过数岁即背约。不如勿许，举兵击之。”安国曰：“千里而战，即兵不获利。今匈奴负戎马足，怀鸟兽

见梁孝王，他哭着说："君主受到侮辱，臣子就应该死去。大王没有良臣，所以才纷乱成这样。如果现在捉不到公孙诡、羊胜，请允许臣向您辞别，并赐臣死去。"梁孝王说："你何至于这样？"韩安国流下数行眼泪，说："大王自己考量您与皇上的关系，比起太上皇与高帝及皇上与临江王，谁更亲近呢？"梁孝王说："我比不上他们。"安国说："太上皇与高帝、皇上与临江王都是父子关系，但是高帝说'拿着三尺宝剑取得天下的人是我'，所以太上皇始终不能处理军政大事，只是居住在栎阳。临江王，是皇上的嫡长太子，却因为一言出错，废除太子之位成了临江王；又因宫垣之事，最终在中尉府自杀。为什么会这样呢？因为治理天下始终不能因私而乱公。俗话说：'即便是亲生父亲，怎么能知道他不是虎呢？即便是亲兄弟，怎么能知道他不是狼呢？'现在大王位列诸侯，却受邪臣的引诱听信他人虚妄不实的言论，触犯皇上的禁令，搅乱明确的法律。天子因为太后的关系，不忍心对大王依法治罪。太后日夜哭泣，希望大王自己能改过，可是大王却始终不觉悟。如果太后去世，大王还能攀附谁呢？"韩安国的话还没说完，梁孝王就流下眼泪，向韩安国谢罪说："我现在就交出公孙诡、羊胜。"当天公孙诡、羊胜两人自杀。汉使回去向皇上汇报这件事，梁国的祸事全部消除，这都是安国的功劳。景帝、窦太后因此更加看重韩安国。

梁孝王去世后，共王即位，韩安国因犯法被免官，在家闲居。汉武帝刘彻登基后，武安侯田蚡任太尉，以皇上亲戚的身份当权执政。韩安国送给田蚡五百金，田蚡向太后提起韩安国，皇上平素也听说韩安国贤能，便召他为北地都尉，后又升为大司农。当时闽、东越互相攻击，皇上就派韩安国和大行令王恢率兵平息闽越之战。还没到达越地，越人就杀了他们的王前来投降，汉兵也就回营了。当年，田蚡任丞相，韩安国任御史大夫。

匈奴派使者来汉朝请求和亲，皇上交由朝臣商议。大行令王恢是燕国人，他多次任边境地区的官吏，熟悉匈奴的情况，他发表意见说："汉朝与匈奴和亲，大概不超过几年匈奴就会背约。不如不答应他们和亲，直接出兵讨伐他们。"韩安国说："派军队到千里之外的

心，迁徙鸟集，难得而制。得其地不足为广，有其众不足为强，自上古弗属。汉数千里争利，则人马罢，虏以全制其敝，势必危殆。臣故以为不如和亲。”群臣议多附安国，于是上许和亲。

明年，雁门马邑豪聂壹因大行王恢言：“匈奴初和亲，亲信边，可诱以利致之，伏兵袭击，必破之道也。”上乃召问公卿曰：“朕饰子女以配单于，币帛文锦，赂之甚厚。单于待命加嫚，侵盗无已，边竟数惊，朕甚闵之。今欲举兵攻之，何如？”

大行恢对曰：“陛下虽未言，臣固愿效之。臣闻全代之时，北有强胡之敌，内连中国之兵，然尚得养老长幼，种树以时，仓廪常实，匈奴不轻侵也。今以陛下之威，海内为一，天下同任，又遣子弟乘边守塞，转粟挽输，以为之备，然匈奴侵盗不已者，无它，以不恐之故耳。臣窃以为击之便。”

御史大夫安国曰：“不然。臣闻高皇帝尝围于平城，匈奴至者投鞍高如城者数所。平城之饥，七日不食，天下歌之，及解围反位，而无忿怒之心。夫圣人以天下为度者也，不以己私怒伤天下之功，故乃遣刘敬奉金千斤，以结和亲，至今为五世利。孝文皇帝又尝壹拥天下之精兵聚之广武常溪，然终无尺寸之功，而天下黔首无不忧者。孝文寤于兵之不可宿，故复合和亲之约。此二圣之迹，足以为效矣。臣窃以为勿击便。”

地方作战，军队不会获利。如果匈奴凭借自己兵强马壮，怀着鸟兽般的心肠，如飞鸟那样成群聚集居无定所迁徙不停，就难以制服他们。即使是得到他们的土地也不算扩大国土，即使是拥有他们的人民也不算强大，他们从上古以来就不属于我们。汉兵行军几千里来争取军事优势，只会人疲马乏，匈奴就可以凭借自己的优点攻击汉军的弱点掳掠汉军，这样做势必很危险。所以臣认为不如和亲。”群臣大多附和韩安国的建议，于是皇上同意与匈奴和亲。

第二年，雁门郡马邑城的将帅聂壹通过大行令王恢向皇上表示：“匈奴刚刚和亲，亲信边地民众，可以利诱他们过来，我们在路上埋伏士兵，一定会在道路上击溃他们。”皇上就召见众位公卿询问说：“朕选派盛妆打扮的年轻美女许配给单于，给他财物、文彩斑烂的织锦，赠送的礼品都很丰厚。单于对待朕的命令却愈加傲慢，并无止境地侵犯劫夺，他多次骚扰边境人民，朕十分同情他们。现在想出兵进攻匈奴，你们觉得怎样？”

大行令王恢回答说：“陛下即使不说，臣本来也主张实施这种策略。臣听说当年代国未分裂时，虽然北方有强劲的胡人攻击内地，而中原内地又战争不断，然而代国尚且能够赡养老人让孩童健康成长，根据时节种植农作物，仓库常常装满粮食，匈奴不敢轻易侵犯。现在凭着陛下的威严，四海之内是一家，天下共同侍奉朝廷，再派遣子弟防守边城驻守要塞，转运粮食，都很齐备，可是匈奴却不停地侵犯劫掠，没有别的原因，就是因为他们不怕我们汉朝啊。臣私下认为现在进攻有利。”

御史大夫韩安国说：“不是这样的。臣听说高皇帝曾被围困在平城，进攻的匈奴大军放在地上的马鞍堆在一起好像几处营垒那样高。平城内高皇帝忍饥挨饿，七日未进水米，天下人都歌颂这件事，等到解除了平城的围困返回京师后，高皇帝却没有忿怒的心情。圣人就应当为天下考虑，不因为自己的私怒而做伤害天下的事情，因此高皇帝就派遣刘敬奉上千斤黄金，来与匈奴和亲，到现在已经有五世皇帝从中获利。孝文皇帝又曾经统一率领天下的精兵在广武常溪聚集，然而到头来没有一点儿效果，而天下的百姓没有不忧虑的。孝文皇

恢曰："不然。臣闻五帝不相袭礼，三王不相复乐，非故相反也，各因世宜也。且高帝身被坚执锐，蒙雾露，沐霜雪，行几十年，所以不报平城之怨者，非力不能，所以休天下之心也。今边竟数惊，士卒伤死，中国槥车相望，此仁人之所隐也。臣故曰击之便。"

安国曰："不然。臣闻利不十者不易业，功不百者不变常，是以古之人君谋事必就祖，发政占古语，重作事也。且自三代之盛，夷狄不与正朔服色，非威不能制，强弗能服也，以为远方绝地不牧之民，不足烦中国也。且匈奴，轻疾悍亟之兵也，至如猋风，去如收电，畜牧为业，弧弓射猎，逐兽随草，居处无常，难得而制。今使边郡久废耕织，以支胡之常事，其势不相权也。臣故曰勿击便。"

恢曰："不然。臣闻凤鸟乘于风，圣人因于时。昔秦缪公都雍，地方三百里，知时宜之变，攻取西戎，辟地千里，并国十四，陇西、北地是也。及后蒙恬为秦侵胡，辟数千里，以河为竟，累石为城，树榆为塞，匈奴不敢饮马于河，置烽燧然后敢牧马。夫匈奴独可以威服，不可以仁畜也。今以中国之盛，万倍之资，遣百分之一以攻匈奴，譬犹以疆弩射且溃之痈也，必不留行矣。若是，则北发月氏可得而臣也。臣故曰击之便。"

帝最终明白战争不能长久进行下去，所以再次恢复和亲之约。这两个圣明皇帝的事迹，就足够效法了。臣私下认为不进攻匈奴对汉朝有利。”

王恢又说：“不是这样的。臣听说五帝之间不沿袭礼，三王之间不重复乐，这并不是他们故意违背前世之法，而是各代都按照自己的实际情况制定适宜的礼乐制度。况且高帝身穿坚甲手持利兵，蒙受雾露，冒着霜雪，行兵近十年，他不报复平城之围的怨恨，并不是自己力量薄弱不能进攻，而是为了让天下百姓休养生息，让他们心里得到安宁。现在匈奴多次骚扰边境人民，士兵死的死伤的伤，中原境内运载棺柩的车子络绎不绝，这是仁人伤痛的原因。所以臣还是认为攻打匈奴对国家有利。”

韩安国接着说：“不是这样的。臣听说利益达不到十倍就不改变原来的职业，功利达不到原来的百倍就不更改固定的事业，因此古代的人君谋事时必定依循祖宗的成法，发布政令也要查问古代典籍，做任何事情都很慎重。况且自三代强盛以来，夷狄并没有跟随中国改变自己的历法和衣服式样，这并不是只有威严才能制服他们，只有强大才能使他们顺从，而是因为远方边境险恶之地那些不受管辖的民众，不值得烦劳中国去做。况且匈奴的军队轻捷急躁，来如旋风，去如闪电，他们以畜牧为业，使用强弓在野外打猎，追逐禽兽，随水草，时常改变居住的地方，很难制服他们。现在让边郡人民长久荒废耕织业，来支持匈奴的日常事务，这样的形势不能做到互相平衡。臣因此才说不攻打匈奴对国家有利。”

王恢说：“不是这样的。臣听说凤鸟乘风飞翔，圣人因时而制。过去秦穆公在雍城定都，秦国方圆三百里的地方，都知道顺应时局的变化，攻取西戎，开辟千里疆域，吞并十四国，陇西郡、北地郡都包含在其中。到后来蒙恬将军率领军队为秦国侵略匈奴，开辟数千里疆土，以黄河为边界，用泥土、石块垒砌长城，种植榆树作为边塞的屏障，匈奴不敢到黄河边饮马，设置边防报警的烽火然后才敢牧马。对匈奴这样的民族只能以威力慑服，不能用仁义畜养。现在凭借强盛的汉王朝，有强于匈奴万倍的资财，只要分出其中的百分之一

安国曰："不然。臣闻用兵者以饱待饥，正治以待其乱，定舍以待其劳。故接兵覆众，伐国堕城，常坐而役敌国，此圣人之兵也。且臣闻之，冲风之衰，不能起毛羽；强弩之末，力不能入鲁缟。夫盛之有衰，犹朝之必莫也。今将卷甲轻举，深入长敺，难以为功；从行则迫胁，衡行则中绝，疾则粮乏，徐则后利，不至千里，人马乏食。兵法曰：'遗人获也。'意者有它缪巧可以禽之，则臣不知也；不然，则未见深入之利也。臣故曰勿击便。"

恢曰："不然。夫草木遭霜者不可以风过，清水明镜不可以形逃，通方之士，不可以文乱。今臣言击之者，固非发而深入也，将顺因单于之欲，诱而致之边，吾选枭骑壮士阴伏而处以为之备，审遮险阻以为其戒。吾势已定，或营其左，或营其右，或当其前，或绝其后，单于可禽，百全必取。"

上曰："善。"乃从恢议，阴使聂壹为间，亡入匈奴，谓单于曰："吾能斩马邑令丞，以城降，财物可尽得。"单于爱信，以为然而许之。聂壹乃诈斩死罪囚，县其头马邑城下，视单于使者为信，曰："马邑长吏已死，可急来。"于是单于穿塞，将十万骑入武州塞。

来攻打匈奴，就好像是用强弩射穿溃烂的脓疮，必定不会遇到什么阻碍。如果这样征服了匈奴，那么向北进攻月氏并可以让他们臣服。臣因此才说攻打匈奴对国家有利。”

韩安国辩驳说：“不是这样的。臣听说用兵者一定要让自己饱食终日等待敌人饥困，整治自己而等待敌人混乱，自己驻扎休息而等待敌人劳累。这样两兵相接的时候才能让敌人全军覆没，征伐敌国，毁坏他们的城池，自己经常防守就可以奴役敌国，这是圣人的用兵之法。况且臣听说，狂风吹到尽头力量会减弱，甚至不能吹起羽毛；强弩射出的箭，到射程尽头，已经没有力道，不能穿透鲁地的生绢。因此，盛极必衰，正像早晨必定会转入晚上一样。现在就卷起铠甲轻率出兵，迅速地深入远方的敌军，一定很难成功；纵行则容易受到敌军拦腰截击；横行则容易遭受分割包围的危险，行军迅速，则粮食匮乏，行动缓慢，则不能取得胜利，还未深入千里之地，人马就会食用不足。兵法说：‘这样做就相当于把军队送给敌人，让他们俘获。’如果主张用兵的人有其他智谋与巧诈可以擒拿敌人，那臣就不知道了；否则，臣看不到深入敌军的好处。臣因此才说不攻打匈奴对国家有利。”

王恢说：“不是这样的。草木遭到霜打就经不起风吹，很快零落，对着清水照镜子，任何形象都不可以逃遁，通晓道术的人，不可以用话语扰乱他的心思。如今臣所说的进攻办法，本来就不是发兵深入匈奴的腹地，而是将顺应单于的欲望，引诱他来到边境，我们选择勇武的骑兵和勇敢的士兵偷偷埋伏在边境作准备，审察有险恶难行的地方来隐蔽自己。等我们的大势确定下来后，有军队在道路的左边驻扎，有军队在道路的右边驻扎，有军队挡在道路的前方，有军队断绝他的后路，这样就可以抓住单于，百无一失必定取胜。”

皇上说：“不错。”于是武帝就听从了王恢的建议。皇上暗中派出聂壹为间谍，逃到匈奴那里，对单于说：“我能斩杀马邑的县令与县丞，带着马邑城投降您，这样您就能得到马邑城的所有财物。”单于很宠信聂壹，觉得他说得对，便答应了他。聂壹便斩杀死囚欺骗单于的使臣，把他们的头悬挂在马邑城下，让单于的使臣看到并信以

当是时，汉伏兵车骑材官三十余万，匿马邑旁谷中。卫尉李广为骁骑将军，太仆公孙贺为轻车将军，大行王恢为将屯将军，太中大夫李息为材官将军。御史大夫安国为护军将军，诸将皆属。约单于入马邑纵兵。王恢、李息别从代主击辎重。于是单于入塞，未至马邑百余里，觉之，还去。语在《匈奴传》。塞下传言单于已去，汉兵追至塞，度弗及，王恢等皆罢兵。

上怒恢不出击单于辎重也，恢曰："始约为入马邑城，兵与单于接，而臣击其辎重，可得利。今单于不至而还，臣以三万人众不敌，祇取辱。固知还而斩，然完陛下士三万人。"于是下恢廷尉，廷尉当恢逗桡，当斩。恢行千金丞相蚡。蚡不敢言上，而言于太后曰："王恢首为马邑事，今不成而诛恢，是为匈奴报仇也。"上朝太后，太后以蚡言告上。上曰："首为马邑事者恢，故发天下兵数十万，从其言，为此。且纵单于不可得，恢所部击，犹颇可得，以尉士大夫心。今不诛恢，无以谢天下。"于是恢闻，乃自杀。

安国为人多大略，知足以当世取舍，而出于忠厚。贪耆财利，然所推举皆廉士贤于己者。于梁举壶遂、臧固，至它，皆天下名士，士亦以此称慕之，唯天子以为国器。安国为御史大夫五年，丞相蚡薨。安国行丞相事，引堕车，蹇。上欲用安国为丞相，使使视，蹇甚，乃更以平棘侯薛泽为丞相。安国病免，数月，瘉，复为中尉。

为真，给单于通风报信说："马邑城的长吏已经死了，你们可以马上赶来。"于是单于穿过边塞，率领十万骑兵进入武州塞。

当时，汉朝暗中埋伏了三十多万车骑与材官，藏匿在马邑城旁边的山谷中。卫尉李广任骁骑将军，太仆公孙贺任轻车将军，大行令王恢任将屯将军，太中大夫李息任材官将军。御史大夫韩安国任护军将军，众将军都隶属于护军将军。众将领约定一旦单于进入马邑城就出兵攻击。王恢、李息另外从代郡主要攻击匈奴的辎重。当时单于进入武州塞，距离马邑还有一百多里，发觉自己上当受骗，就撤兵回去了。详见《匈奴传》。塞下传话说单于已经撤兵回去，汉兵追至塞外，推测追不上匈奴军队，王恢等将领就收兵返回。

皇上恼怒王恢不出击单于的辎重，王恢说："当初约定匈奴一旦进入马邑城，马邑的士卒与单于交战，臣就攻打他的辎重，这样就能得利。现在单于还没到马邑就撤兵回去，臣以三万士卒不能抵挡单于，只会自取其辱。臣本来知道回来就会遭到斩杀，但这样却可以保全陛下的三万士卒。"于是皇上把王恢交给廷尉审理，廷尉判处他曲行避敌，观望不前，当斩。王恢暗中送给田蚡千金向他行贿。田蚡不敢向皇上说这件事，而是对太后说："王恢最先提出以马邑诱敌的事，现在不成功就要诛杀他，这是为匈奴报仇啊。"皇上朝见太后时，太后就把田蚡的话告诉皇上。皇上说："最初是王恢提出马邑的计划，所以才发动天下几十万士兵，听从他的计划而攻打匈奴，才到了现在这种情况。况且即便这次抓不到单于，如果王恢率领的部队进攻匈奴的辎重，也许颇能有些收获，来抚慰士大夫的心。现在如果不诛杀王恢，就无法向天下人谢罪。"王恢听说后，就自杀了。

韩安国这个人多有远大的谋略，他的智谋都能满足时事取舍的标准，而且他做的每件事都出于忠厚之心。他虽贪嗜财利，但他所推举的都是比他自己贤能的廉洁之士。韩安国在梁国时推举的壶遂、臧固，至它，都是天下名士，士人也因此称赞敬慕他，因此天子也认为他是治国之才。韩安国担任了五年御史大夫，丞相田蚡去世。韩安国代丞相职务，替天子前导时从车上掉下来，跛了脚。皇上打算封韩安国为丞相，派使臣看望他，他的脚跛得更厉害了，便改任平棘侯薛

岁余，徙为卫尉。而将军卫青等击匈奴，破龙城。明年，匈奴大入边。语在《青传》。安国为材官将军，屯渔阳，捕生口虏，言匈奴远去。即上言方佃作时，请且罢屯。罢屯月余，匈奴大入上谷、渔阳。安国壁乃有七百余人，出与战，安国伤，入壁。匈奴虏略千余人及畜产去。上怒，使使责让安国。徙益东，屯右北平。是时虏言当入东方。

安国始为御史大夫及护军，后稍下迁。新壮将军卫青等有功，益贵。安国既斥疏，将屯又失亡多，甚自愧，幸得罢归，乃益东徙，意忽忽不乐，数月，病欧血死。

壶遂与太史迁等定汉律历，官至詹事，其人深中笃行君子。上方倚欲以为相，会其病卒。

赞曰：窦婴、田蚡皆以外戚重，灌夫用一时决策，而各名显，并位卿相，大业定矣。然婴不知时变，夫亡术而不逊，蚡负贵而骄溢。凶德参会，待时而发，藉福区区其间，恶能救斯败哉！以韩安国之见器，临其挚而颠坠，陵夷以忧死，遇合有命，悲夫！若王恢为兵首而受其咎，岂命也乎？

泽为丞相。韩安国因病免职数月，等他痊愈了，还是任中尉。

过了一年多，韩安国改任卫尉。当时将军卫青等人攻打匈奴，击溃龙城。第二年，匈奴大举入侵边境。详见《卫青传》。韩安国任材官将军，在渔阳郡屯驻，他俘获了匈奴活口，说敌人已经远离。韩安国就是上书说现在正是从事耕作的时节，请求暂且停止驻军防守。停止驻军才一个多月，匈奴又大举进攻上谷郡、渔阳郡。韩安国的营垒中只有七百多士兵，他们出去与匈奴作战，韩安国受伤，回到营垒中。匈奴虏掠了一千多人以及牲畜财物离去。皇上发怒，派使臣谴责韩安国。命令他往更东的地方迁移，在右北平屯驻。因为当时俘虏说匈奴将从东方入侵。

韩安国当初任御史大夫及护军将军，后来慢慢被降职。而新任的年轻将军卫青等人都立下军功，皇上更看重他们。韩安国既被皇上疏远，在边境率领军队驻守又伤亡众多，他自己感到特别惭愧，希望有幸能免官回家，却被调往东边屯驻，心中闷闷不乐，过了几个月，他生病呕血死去。

壶遂与太史司马迁等人修订汉律历，官至詹事，他这个人内心廉正，行为淳厚，是个君子。皇上正要倚仗他任丞相，恰好他生病去世。

赞辞说：窦婴、田蚡都因为自己是外戚而身居高位，灌夫则是因自己当初驰入吴军报父仇的决策而被重用，他们都名声显赫，同居卿相地位，大业已经确定了。可是窦婴竟然不懂时局的变化，灌夫不学无术却不谦逊，田蚡自恃地位高贵而骄傲自满盛气凌人。违背道德礼义的恶行汇集在一起，遇到合适的时机就爆发出来，藉福在他们中间以微弱的力量诚心地劝解，怎么能够挽救他们的败亡呢！凭韩安国的见识与器量，在将要登上相位之时却因掉下车患病而没能成功，后来慢慢忧虑而死，人的遭遇真是不能违背既定的命运，可悲啊！像王恢首先提议对匈奴用兵却因此自杀，难道也是命中注定的吗?

卷五十三

景十三王传第二十三

孝景皇帝十四男。王皇后生孝武皇帝。栗姬生临江闵王荣、河间献王德、临江哀王阏。程姬生鲁共王馀、江都易王非、胶西于王端。贾夫人生赵敬肃王彭祖、中山靖王胜。唐姬生长沙定王发。王夫人生广川惠王越、胶东康王寄、清河哀王乘、常山宪王舜。

河间献王德以孝景前二年立，修学好古，实事求是。从民得善书，必为好写与之，留其真，加金帛赐以招之。繇是四方道术之人不远千里，或有先祖旧书，多奉以奏献王者，故得书多，与汉朝等。是时，淮南王安亦好书，所招致率多浮辩。献王所得书皆古文先秦旧书，《周官》《尚书》《礼》《礼记》《孟子》《老子》之属，皆经传说记，七十子之徒所论。其学举六艺，立《毛氏诗》《左氏春秋》博士。修礼乐，被服儒术，造次必于儒者。山东诸儒多从而游。

武帝时，献王来朝，献雅乐，对三雍宫及诏策所问三十余事。其对推道术而言，得事之中，文约指明。

立二十六年薨。中尉常丽以闻，曰："王身端行治，温仁恭俭，笃敬爱下，明知深察，惠于鳏寡。"大行令奏："谥法曰'聪明睿知曰献'，宜谥曰献王。"子共王不害嗣，四年薨。子刚王堪嗣，十二年薨。子顷王授嗣，十七年薨。子孝王庆嗣，四十三年薨。子元嗣。

孝景皇帝有十四个儿子。王皇后生了孝武皇帝。栗姬生了临江闵王刘荣、河间献王刘德、临江哀王刘阏。程姬生了鲁共王刘馀、江都易王刘非、胶西于王刘端。贾夫人生了赵敬肃王刘彭祖、中山靖王刘胜。唐姬生了长沙定王刘发。王夫人生了广川惠王刘越、胶东康王刘寄、清河哀王刘乘、常山宪王刘舜。

河间献王刘德在景帝前元二年（前155）封王，他治学崇尚古人，总是实事求是。刘德从民间得到好书，一定为书主认真地抄录一册副本，自己留下正本，又加赐金帛以招求更多的好书。于是四方有道术的人不远千里而来向他献书，有的是先祖留下的旧书，也大多奉送给献王刘德，所以他收藏了很多书，数量与汉朝的差不多。当时，淮南王刘安也爱好书，他所收藏的大多是浮夸巧辩的书。献王刘德所得的书都是先秦古文旧书，像《周官》《尚书》《仪礼》《礼记》《孟子》《老子》一类的书，都是些经传说记，是孔子的七十弟子所论述的书。献王刘德学习举用六艺，设立了《毛氏诗》《左氏春秋》博士。他修习礼乐，实行儒术，他的举止必以儒家为准。山东众儒生多跟着他交游。

武帝时，献王来朝见，他奉献雅乐，答对三雍宫以及诏书所问的三十多件事。他核查研究道德学术，当下就能发表自己的意见，并且符合事理切中要害，文辞简约指明核心。

献王在位二十六年后去世。中尉常丽听到他去世的消息，说："献王自身端正且品行良好，温厚仁爱恭谨俭朴，笃厚敬肃爱护晚辈，明智通达洞察幽微，给予鳏寡恩惠。"大行令上奏："谥法说'聪明睿智曰献'，应该赐刘德谥号为献王。"献王刘德的儿子共王刘不害继位，在位四年去世。儿子刚王刘堪继位，在位十二年去世。儿子顷王刘授继位，在位十七年去世。儿子孝王刘庆继位，在位四十三年

元取故广陵厉王、厉王太子及中山怀王故姬廉等以为姬。甘露中，冀州刺史敞奏元，事下廷尉，逮召廉等。元迫胁凡七人，令自杀。有司奏请诛元，有诏削二县，万一千户。后元怒少史留贵，留贵逾垣出，欲告元，元使人杀留贵母。有司奏元残贼不改，不可君国子民。废勿王，处汉中房陵。居数年，坐与妻若共乘朱轮车，怒若，又笞击，令自髡。汉中太守请治，病死。立十七年，国除。

绝五岁，成帝建始元年，复立元弟上郡库令良，是为河间惠王。良修献王之行，母太后薨，服丧如礼。哀帝下诏褒扬曰："河间王良，丧太后三年，为宗室仪表，其益封万户。"二十七年薨。子尚嗣，王莽时绝。

临江哀王阏以孝景前二年立，三年薨。无子，国除为郡。

临江闵王荣以孝景前四年为皇太子，四岁废为临江王。三岁，坐侵庙壖地为宫，上征荣。荣行，祖于江陵北门，既上车，轴折车废。江陵父老流涕窃言曰："吾王不反矣！"荣至，诣中尉府对簿。中尉郅都簿责讯王，王恐，自杀。葬蓝田，燕数万衔土置冢上，百姓怜之。

荣最长，亡子，国除。地入于汉，为南郡。

鲁恭王馀以孝景前二年立为淮阳王。吴楚反破后，以孝景前三年徙王鲁。好治宫室苑囿狗马，季年好音，不喜辞。为人口吃难言。

去世。儿子刘元继位。

刘元娶已故的广陵厉王、厉王太子以及中山怀王原来的姬妾廉等为姬妾。甘露年间，冀州刺史敞上奏刘元的事情，宣帝把这件事交付给廷尉办理，逮捕廉等人。刘元胁迫廉等共七名姬妾，命令她们自杀。官吏上奏请求诛杀刘元，宣帝下诏削减刘元二县，共一万一千户。后来刘元恼怒少史留贵，留贵翻墙逃走，想状告刘元，刘元派人杀了留贵的母亲。官吏上奏刘元不改残暴的性情，不能做国君的子民。于是宣帝废除他的王位，让他在汉中房陵居住。过了几年，刘元因与妻子若共乘朱轮车被治罪，他恼怒若，又鞭打若，还令若自己剃掉头发。汉中太守请求治刘元的罪，后来病死。刘元在位十七年，废除封国。

刘元的封国断绝五年后，成帝建始元年（前32），又立刘元的弟弟上郡库令刘良，就是河间惠王。刘良遵循献王的品行，母太后死后，遵照礼俗服丧。哀帝下诏称赞说："河间王刘良，为太后守丧三年，是宗室的典范，加封他万户。"刘良在位二十七年去世。他的儿子刘尚继位，王莽时嗣位断绝。

临江哀王刘阏在景帝前元二年封王，他在位三年去世。无子，废除封国为郡。

临江闵王刘荣在景帝前元四年（前153）立为皇太子，四年后被废为临江王。又过了三年，因侵占庙堂的空地建立宫殿被治罪，景帝征召刘荣。刘荣出发时，在江陵北门祭祖，上了车后，车轴折断车子损坏。江陵父老流着泪私下说："我们的大王回不来了！"刘荣到达京城后，到中尉府受审。中尉郅都依据文书所列罪状逐一责问临江闵王刘荣，刘荣感到害怕，自杀死去。葬在蓝田，有几万只燕子衔土置于坟上，百姓怜惜他死的冤枉。

刘荣是景帝的长子，没有儿子，废除封国。封地归入汉，就是后来的南郡。

鲁恭王刘馀在景帝前元二年封为淮阳王。汉朝击溃吴楚的叛军后，在景帝前元三年（前154）迁刘馀到鲁地做王。刘馀喜好修筑宫室苑囿、饲养狗马，晚年喜好音乐，不喜好文辞。他有口吃的毛病说

二十八年薨。子安王光嗣，初好音乐舆马，晚节遴，唯恐不足于财。四十年薨。子孝王庆忌嗣，三十七年薨。子顷王劲嗣，二十八年薨。子文王睃嗣，十八年薨，亡子，国除。哀帝建平三年，复立顷王子睃弟部乡侯闵为王。王莽时绝。

恭王初好治宫室，坏孔子旧宅以广其宫，闻钟磬琴瑟之声，遂不敢复坏，于其壁中得古文经传。

江都易王非以孝景前二年立为汝南王。吴楚反时，非年十五，有材气，上书自请击吴。景帝赐非将军印，击吴。吴已破，徙王江都，治故吴国，以军功赐天子旗。元光中，匈奴大入汉边，非上书愿击匈奴，上不许。非好气力，治宫馆，招四方豪桀，骄奢甚。二十七年薨，子建嗣。

建为太子时，邯郸人梁蚡持女欲献之易王，建闻其美，私呼之，因留不出。蚡宣言曰："子乃与其公争妻！"建使人杀蚡。蚡家上书，下廷尉考，会赦，不治。易王薨未葬，建居服舍，召易王所爱美人淖姬等凡十人与奸。建女弟徵臣为盖侯子妇，以易王丧来归，建复与奸。建异母弟定国为淮阳侯，易王最小子也，其母幸立之，具知建事，行钱使男子荼恬上书告建淫乱，不当为后。事下廷尉，廷尉治恬受人钱财为上书，论弃市。建罪不治。后数使使至长安迎徵臣，鲁恭王太后闻之，遗徵臣书曰："国中口语籍籍，慎无复至江都。"后建使谒者吉请问共太后，太后泣谓吉："归以吾言谓而王，王前事漫漫，今当自谨，独不闻燕齐事乎？言吾为而王泣也。"吉归，致共太后语，建大怒，击吉，斥之。

话不方便。

鲁恭王刘馀在位二十八年去世。儿子安王刘光继位，他起初喜好音乐车马，晚年吝啬，惟恐资财不充足。在位四十年去世。儿子孝王刘庆忌继位，在位三十七年去世。儿子顷王刘劲继位，在位二十八年去世。儿子文王刘睃继位，在位十八年去世，刘睃没有儿子，废除封国。哀帝建平三年（前4），又立顷王儿子文王刘睃的弟弟部乡侯刘闵为王。王莽时嗣位断绝。

恭王刘馀起初喜好修筑宫室，他将孔子旧宅毁坏来扩建自己的宫室，听到钟磬琴瑟的声音，就不敢再毁坏，在拆毁的旧宅夹壁中找到古文经传。

江都易王刘非在景帝前元二年封为汝南王。吴楚反叛时，刘非十五岁，有才能气概，他自己上书请求攻打吴国。景帝赐刘非将军印，去攻打吴国。吴国被攻破后，刘非迁到江都为王，治理旧吴国，因立下战功景帝赏赐他天子旗。元光年间，匈奴大举入侵汉朝边境，刘非上书愿意攻打匈奴，景帝不同意。刘非崇尚靠体力斗狠，他建筑宫馆，招迎四方豪杰，十分骄横奢侈。他在位二十七年去世，儿子刘建继位。

刘建还是太子时，邯郸人梁蚡带着一女子打算献给易王，刘建听说这女子长得漂亮，就私下招呼她，并趁机留住不让她出去。梁蚡逢人就宣扬说："儿子竟与老子争妻！"刘建派人杀了梁蚡。梁蚡的家人上书告状，武帝把这件事交给廷尉审理，碰上朝廷赦免罪人，没有治罪。易王去世还没下葬，刘建住在居丧的庐舍，召来易王所爱美人淖姬等共十人与她们通奸。刘建的妹妹徵臣是盖侯的儿媳妇，因易王的丧事回来，刘建又与她通奸。刘建的异母弟弟刘定国为淮阳侯，是易王最小的儿子，他的母亲希望他继承易王的封国侯位，刘定国知道刘建的所有坏事，花钱派一名叫荼恬的男子上书告发刘建淫乱，不应当继承易王的封国侯位。事情交到廷尉那里，廷尉审理荼恬受人钱财替人上书，判处他斩首示众。刘建虽然犯罪并没受到惩罚。后来他多次派人到长安迎接妹妹徵臣，鲁恭王太后听说此事，给徵臣写信说："国内对你的事情议论纷纷，你要谨慎不要再

建游章台宫，令四女子乘小船，建以足蹈覆其船，四人皆溺，二人死。后游雷波，天大风，建使郎二人乘小船入波中。船覆，两郎溺，攀船，乍见乍没。建临观大笑，令皆死。

宫人姬八子有过者，辄令裸立击鼓，或置树上，久者三十日乃得衣；或髡钳以铅杵舂，不中程，辄掠；或纵狼令啮杀之，建观而大笑；或闭不食，令饿死。凡杀不辜三十五人。建欲令人与禽兽交而生子，强令宫人裸而四据，与羝羊及狗交。

专为淫虐，自知罪多，国中多欲告言者，建恐诛，心内不安，与其后成光共使越婢下神，祝诅上。与郎中令等语怨望："汉廷使者即复来覆我，我决不独死！"

建亦颇闻淮南、衡山阴谋，恐一日发，为所并，遂作兵器。号王后父胡应为将军。中大夫疾有材力，善骑射，号曰灵武君。作治黄屋盖；刻皇帝玺，铸将军、都尉金银印；作汉使节二十，绶千余；具置军官品员，及拜爵封侯之赏；具天下之舆地及军陈图。遣人通越繇王闽侯，遗以锦帛奇珍，繇王闽侯亦遗建荃、葛、珠玑、犀甲、翠羽、猿熊奇兽，数通使往来，约有急相助。及淮南事发，治党与，颇连及建，建使人多推金钱绝其狱。

回江都。”后来刘建派谒者吉向共太后询问这件事，太后哭着对吉说：“回去把我的话告诉你们大王，大王以前做事昏愦糊涂，今后应当自己谨慎从事，难道没听说燕齐的事吗？就说我在为你们大王悲泣啊。”吉回去向刘建转述共太后的话，刘建大怒，打了吉，并斥退了他。

刘建游章台宫，命令四女子乘小船，他用脚踏翻小船，四女子都溺水，其中两人被淹死。刘建后来在雷波游玩，当时天刮着大风，他命令两男子乘小船入波中。船翻，两男子在水里上下挣扎，时隐时现。刘建在旁边看着大笑，最后他们全都淹死。

宫人姬妾八子但凡犯错的，刘建就命令她们裸着身子站在那里击鼓，或把她们放到树上，时间久的过三十日才能得到衣服；或是剃去头发戴着束颈的铁圈用铅杵舂米，如果有不合乎要求的，就拷打；或者放出狼咬死她们，刘建看着这些大笑；或者把她们关起来不给饭吃，让她们饿死。他一共杀死三十五名无辜的人。刘建想让人与禽兽交合而生子，他强迫宫人裸体令人按住四肢，与公羊和狗交合。

刘建独断专行淫乱暴虐，自知罪多，国中很多人想告发他，刘建害怕被杀，心中不安，与他的王后成光一起让越婢召神灵附体，祝告鬼神，使之加祸于武帝。他与郎中令等人发泄心中的怨恨：“如果汉廷使者再来审查我，我决不独死！”

刘建也多次听说淮南王、衡山王的阴谋，害怕有一天他们发动叛乱，自己被吞并，便制造兵器。将王后的父亲胡应封为将军。中大夫疾有勇力，善射骑，称为灵武君。刘建制作古代帝王专用的黄缯车盖；刻皇帝玉玺，铸造将军、都尉用的金银印；制造二十个汉廷使用的符节，一千多个绶带；充分设置军官品员，及拜爵封侯时赏赐的用品；收集天下的地理及军阵图。派人与越国繇王闽侯联络，送他锦帛奇珍，繇王闽侯也赠给刘建荃、葛、珠玑、犀甲、翠羽、蝯熊奇兽，互派使者多次往来，他们约定在有紧急情况时要互相帮助。等到淮南王事发，惩治同党，多次牵连到刘建，刘建派人多次用金钱贿赂而未入狱。

后复谓近臣曰："我为王，诏狱岁至，生又无欢怡日，壮士不坐死，欲为人所不能为耳。"建时佩其父所赐将军印，载天子旗出。积数岁，事发觉，汉遣丞相长史与江都相杂案，索得兵器玺绶节反具，有司请捕诛建。制曰："与列侯吏二千石博士议。"议皆曰："建失臣子道，积久，辄蒙不忍，遂谋反逆。所行无道，虽桀纣恶不至于此。天诛所不赦，当以谋反法诛。"有诏宗正、廷尉即问建。建自杀，后成光等皆弃市。六年国除，地入于汉，为广陵郡。

绝百二十一年，平帝时新都侯王莽秉政，兴灭继绝，立建弟盱眙侯子宫为广陵王，奉易王后。莽篡，国绝。

胶西于王端，孝景前三年立。为人贼盭，又阴痿，一近妇人，病数月。有所爱幸少年，以为郎。郎与后宫乱，端禽灭之，及杀其子母。数犯法，汉公卿数请诛端，天子弗忍，而端所为滋甚。有司比再请，削其国，去太半。端心愠，遂为无訾省。府库坏漏，尽腐财物，以巨万计，终不得收徙。令吏毋得收租赋。端皆去卫，封其宫门，从一门出入。数变名姓，为布衣，之它国。

相二千石至者，奉汉法以治，端辄求其罪告之，亡罪者诈药杀之。所以设诈究变，强足以距谏，知足以饰非。相二千石从王治，则汉绳以法。故胶西小国，而所杀伤二千石甚众。

后来刘建又对近臣说："我为王，皇帝却每年都派官吏来审问我，如果活着没有欢怡的日子，壮士就不能坐着等死，要做常人所不能做的事。"刘建常常佩着他父亲被赐的将军印，载着天子旗出行。过了几年，朝廷发现了他想要反叛的事，就派丞相长史与江都守一起查办，搜出兵器、玉玺、绶带、旌旗、符节等造反的用具，官吏请求武帝逮捕并诛杀刘建。武帝下令说："与列侯、二千石官吏、博士商议。"讨论时大臣们都说："刘建失去臣子之道，已经很久，总是承蒙皇恩不忍心惩治，就图谋叛逆作乱。他的所作所为失去道义，即使是夏桀与商纣王也不至于有这么深的罪恶。上天会诛杀所有不能赦免的人，应当以反叛罪依法惩治。"武帝诏令宗正、廷尉立即审问刘建。刘建自杀，王后成光等人都被斩首示众。刘建在位六年，废除封国，他的封地归入汉，就是广陵郡。

过了一百二十一年，平帝在位时新都侯王莽执政，使灭绝的封国重新振兴起来，延续下去，王莽立刘建的弟弟盱眙侯的儿子刘宫为广陵王，奉为易王的后嗣。等到王莽篡位，封国灭绝。

胶西于王刘端，在景帝前元三年封王。他为人残忍暴虐，又患有阴痿病，一接近女人，就会病好几个月。有一个他所宠幸的少年，任他的郎官。郎官与后宫嫔妃淫乱，刘端捉拿并杀了他，又杀了他的儿子和母亲。刘端数次犯法，汉朝公卿多次请求诛杀刘端，景帝不忍心，而刘端所作所为更加肮脏。官吏多次请求，景帝就削减他的封国，减去一大半。刘端心中怨恨，就不再管理财物。府库遭到破坏房顶有了漏洞，财物全部腐烂，损失不计其数，他始终不派人收拾改变。他命令官吏不得收取租赋。刘端把侍卫人员辞去，封锁自己的宫门，只留下其中一个门供出入。他多次改名换姓，装作普通百姓的样子，到其他国家。

俸禄二千石的胶西国相到来，奉汉法来治理此地，刘端就设法找到他们的罪状上告他们，无罪的就用毒药欺骗杀死他们。所以刘端使用诡计探究变通，他的蛮横足以拒绝别人的规劝，他的智谋足以掩饰自己的过错。胶西国相跟着刘端治理这里，就被汉朝绳之以法。所以一个区区的胶西小国，杀伤的国相相当多。

立四十七年薨，无子，国除。地入于汉，为胶西郡。

赵敬肃王彭祖以孝景前二年立为广川王。赵王遂反破后，徙王赵。彭祖为人巧佞，卑谄足共，而心刻深，好法律，持诡辩以中人。多内宠姬及子孙。相二千石欲奉汉法以治，则害于王家。是以每相二千石至，彭祖衣帛布单衣，自行迎除舍，多设疑事以诈动之，得二千石失言，中忌讳，辄书之。二千石欲治者，则以此迫劫；不听，乃上书告之，及污以奸利事。彭祖立六十余年，相二千石无能满二岁，辄以罪去，大者死，小者刑。以故二千石莫敢治，而赵王擅权。使使即县为贾人榷会，入多于国租税。以是赵王家多金钱，然所赐姬诸子，亦尽之矣。

彭祖不好治宫室禨祥，好为吏。上书愿督国中盗贼。常夜从走卒行徼邯郸中。诸使过客，以彭祖险陂，莫敢留邯郸。

久之，太子丹与其女及同产姊奸。江充告丹淫乱，又使人椎埋攻剽，为奸甚众。武帝遣使者发吏卒捕丹，下魏郡诏狱，治罪至死。彭祖上书冤讼丹，愿从国中勇敢击匈奴，赎丹罪，上不许。久之，竟赦出。后彭祖入朝，因帝姊平阳隆虑公主，求复立丹为太子，上不许。

彭祖取江都易王宠姬，王建所奸淖姬者，甚爱之，生一男，号淖子。彭祖以征和元年薨，谥敬肃王。彭祖薨时，淖姬兄为汉宦者，上召问："淖子何如？"对曰："为人多欲。"上曰："多欲不宜君国子

胶西王在位四十七年去世，他没有儿子，废除封国。他的封地归入汉，就是胶西郡。

赵敬肃王刘彭祖，他在景帝前元二年被封为广川王。赵王刘遂反叛被击溃后，景帝下令迁徙广川王刘彭祖到赵地。刘彭祖为人巧言奸佞，低声下气，阿谀逢迎，过分恭顺，而内心严酷刻薄，他喜欢玩弄法律，惯用诡辩来中伤人。他多纳宠姬，子孙很多。俸禄二千石的赵国相想要遵奉汉法来管治他，就会遭到刘彭祖的陷害。因此每次看到国相到来，刘彭祖就身穿帛布单衣，自行到除舍门前迎接，他设了很多复杂难断之事来迷惑国相，如果国相说了不该说的话，犯了忌讳，刘彭祖就记录下来。国相想管他的时候，赵王就用这些记录来胁迫；有不听从的，赵王就上书告发，并诬陷国相做非法谋取利益的事。刘彭祖在位六十多年，每任国相的任期不能满两年，都因治罪离任，罪大的被处死，罪小的遭受刑罚。因此国相没有敢去管理他的，而赵王趁机独揽政权。他派使者到各县为商人说合交易并总计其财货加以征税，这些收入比国家的各种税收总和还多。因此赵王家有很多金钱，然而他赐给姬妾及众多孩子后，也就耗尽了。

刘彭祖不喜欢建造宫室以供祈祷求福，而喜欢做官。他上书朝廷愿意督察国中的盗贼。他常在夜里跟随走卒在邯郸城内巡行视察。许多使者和过客，因刘彭祖阴险邪僻，没有敢在邯郸停留的。

长期以来，太子刘丹与他的女儿及同胞姐姐通奸。门客江充告发刘丹淫乱，还派人杀人抢劫，做了很多恶事。武帝派遣使者发动吏卒拘捕刘丹，下放到魏郡奉诏关押犯人的地方，治以死罪。刘彭祖上书为刘丹申冤，表示自己愿意跟随国内勇敢的人一起攻打匈奴，为刘丹赎罪，武帝不同意。过了很久，刘丹竟被赦免出狱。后来刘彭祖入朝，通过武帝的姐姐平阳公主和隆虑公主，请求再立刘丹为太子，武帝不同意。

刘彭祖娶江都易王的宠姬为妻，就是与江都王刘建通奸的淖姬，刘彭祖非常喜欢她，淖姬生下一子，名叫淖子。刘彭祖在征和元年（前92）去世，谥号敬肃王。刘彭祖去世时，淖姬的哥哥是汉朝的宦官，武帝召见他问道：“淖子这个人怎样？”他回答说：“淖子为人

民。”问武始侯昌，曰：“无咎无誉。”上曰：“如是可矣。”遣使者立昌，是为顷王，十九年薨。子怀王尊嗣，五年薨。无子，绝二岁。宣帝立尊弟高，是为哀王，数月薨。子共王充嗣，五十六年薨。子隐嗣，王莽时绝。

初，武帝复以亲亲故，立敬肃王小子偃为平干王，是为顷王，十一年薨。子缪王元嗣，二十五年薨。大鸿胪禹奏：“元前以刃贼杀奴婢，子男杀谒者，为刺史所举奏，罪名明白。病先令，令能为乐奴婢从死，迫胁自杀者凡十六人，暴虐不道。故《春秋》之义，诛君之子不宜立。元虽未伏诛，不宜立嗣。”奏可，国除。

中山靖王胜以孝景前三年立。武帝初即位，大臣惩吴楚七国行事，议者多冤晁错之策，皆以诸侯连城数十，泰强，欲稍侵削，数奏暴其过恶。诸侯王自以骨肉至亲，先帝所以广封连城，犬牙相错者，为盘石宗也。今或无罪，为臣下所侵辱，有司吹毛求疵，笞服其臣，使证其君，多自以侵冤。

建元三年，代王登、长沙王发、中山王胜、济川王明来朝，天子置酒，胜闻乐声而泣。问其故，胜对曰：

臣闻悲者不可为絫欷，思者不可为叹息。故高渐离击筑易水之上，荆轲为之低而不食；雍门子壹微吟，孟尝君为之於邑。今臣心结日久，每闻幼眇之声，不知涕泣之横集也。

夫众煦漂山，聚蟁成靁，朋党执虎，十夫桡椎。是以文王拘于

多欲。”武帝说：“多欲不适合做管理人民的国家君主。”武帝又问武始侯刘昌怎样，他回答说：“没有过错也没有可以赞扬的。”武帝说：“这样就可以了。”于是武帝派遣使者立刘昌为王，就是顷王，在位十九年去世。他的儿子怀王刘尊继位，在位五年去世。怀王刘尊没有儿子，封国断绝了两年。宣帝立刘尊的弟弟刘高，就是哀王，在位几个月去世。他的儿子共王刘充继位，在位五十六年去世。他的儿子刘隐继位，王莽时封国断绝。

起初，武帝又因爱自己亲人的关系，立敬肃王的小儿子刘偃为平干王，就是顷王，在位十一年去世。他的儿子缪王刘元继位，在位二十五年去世。大鸿胪禹上奏：“刘元以前拿刀子杀害奴婢，他的儿子杀死谒者，曾被刺史上奏检举，罪名确凿。他病中先立下遗令，令能奏乐的奴婢跟着陪葬，并胁迫共十六人自杀，暴虐无道。按《春秋》上的义理，被诛杀的国君的儿子不应当继位。刘元虽未被处死，但不宜确立王位继承人。”大鸿胪禹奏请之事得到宣帝的许可，刘元的封国被废除。

中山靖王刘胜在景帝前元三年封王。武帝刚即位时，大臣们讨论借鉴吴楚七国之乱的行为，他们多为晁错的计策鸣冤，都认为诸侯国拥有几十座相连的城池，太过强大，想慢慢侵夺诸侯的封地，就多次上奏披露诸侯王的过失。诸侯王自认为是骨肉至亲，先帝广封连城，犬牙交错的原因，是为使宗族像磐石一样坚固。现在有的诸侯王没犯错，却被臣下所凌辱，官吏吹毛求疵，拷打臣下使其屈服，迫使臣下为他们的君主作伪证，多以此造成诸侯王的冤屈。

建元三年（前138），代王刘登、长沙王刘发、中山王刘胜、济川王刘明前来朝见，武帝摆下酒宴，刘胜听到乐声哭了。武帝问他为什么哭，刘胜回答说：

臣听说悲痛的人不可以屡次唏嘘，哀愁的人不可以叹气。所以高渐离在易水上击筑，荆轲因此低头不食；雍门子周鼓琴吟咏，孟尝君为之哽咽哭泣。如今臣有心结已经很久，每次听到微妙的乐声，不自觉地泪流满面。

众人吹气可以移山，聚集而飞的蚊子声如雷鸣，同类的人相互结

牖里，孔子厄于陈、蔡。此乃烝庶之成风，增积之生害也。臣身远与寡，莫为之先，众口铄金，积毁销骨，丛轻折轴，羽翮飞肉，纷惊逢罗，潸然出涕。

臣闻白日晒光，幽隐皆照；明月曜夜，蠡蝱宵见。然云蒸列布，杳冥昼昏；尘埃抪覆，昧不见泰山。何则？物有蔽之也。今臣雍阏不得闻，谗言之徒蠭生。道辽路远，曾莫为臣闻，臣窃自悲也。

臣闻社鼷不灌，屋鼠不熏。何则？所托者然也。臣虽薄也，得蒙肺附；位虽卑也，得为东藩，属又称兄。今群臣非有葭莩之亲，鸿毛之重，群居党议，朋友相为，使夫宗室摈却，骨肉冰释。斯伯奇所以流离，比干所以横分也。《诗》云"我心忧伤，惄焉如捣；假寐永叹，唯忧用老；心之忧矣，疢如疾首"，臣之谓也。

具以吏所侵闻。于是上乃厚诸侯之礼，省有司所奏诸侯事，加亲亲之恩焉。其后更用主父偃谋，令诸侯以私恩自裂地分其子弟，而汉为定制封号，辄别属汉郡。汉有厚恩，而诸侯地稍自分析弱小云。

胜为人乐酒好内，有子百二十余人。常与赵王彭祖相非曰："兄为王，专代吏治事。王者当日听音乐，御声色。"赵王亦曰："中山王但奢淫，不佐天子拊循百姓，何以称为藩臣！"

四十三年薨。子哀王昌嗣，一年薨。子康王昆侈嗣，二十一年

成党派可以抓住老虎，十个男人的力量能使椎弯曲。所以文王被拘于牖里，孔子被困在陈、蔡。这就是民众形成风气，累积诽谤会使诸侯王受到伤害。臣自身远离京师又少同党，莫能为之扬名，众口铄金，积毁销骨，即使轻而小的物件，装载多了也可以使车轴折断，集结羽毛成翼也可以使身体飞翔，受到惊吓后又罹法网，潸然流泪。

臣听说白天日光照射，连阴蔽的地方都能照到；明月照耀夜晚，连蚊虫也能见到。然而云气升腾排列分布，白昼也幽暗昏黑；尘埃分布四周，昏昧不见泰山。为什么呢？因为有东西遮蔽。如今臣阻塞不通听不到什么，谗言之徒蜂起。路途遥远，臣什么也听不到，臣只能私下里悲伤啊。

臣听说社庙中的小鼠不能用水灌，屋中的小鼠不能用烟熏。为什么呢？是因为它们托身的地方使其这样。臣虽轻微，得蒙皇上亲近；臣虽位卑，但能作为东面的藩臣，在亲属里面又是皇上的兄长。如今群臣与皇上没有血缘之亲，只有鸿毛这样的重量，大臣们聚在一起以朋友相称非议朝廷，使宗室之亲被斥退，骨肉亲情像冰溶解消散。这就是伯奇流亡离散，比干身首分离的原因。《诗经》说“我心里忧伤啊，七上八下犹如舂杵不停地捣；我打着盹儿长叹息啊，岁月如此深忧更易催人老；我心里忧伤啊，内心烦热得头痛脑胀”，这些说的就是臣啊。

刘胜把官吏侵犯诸侯的事全部说给武帝。于是武帝就送给诸侯厚礼，对官吏所奏诸侯不法之事不予追究，增加与亲戚的恩情。后来武帝又改用主父偃的计策，让诸侯以私人的恩惠自己分割土地分给子弟，而汉朝为他们制定制度和封号，就属于朝廷另外的郡县。汉朝对诸侯有深厚的恩德，而诸侯的封地也就渐渐自己分散变得弱小了。

刘胜为人喜欢饮酒贪恋美色，他有一百二十多个子女。他常常和赵王刘彭祖相互非议说：“兄长做王，只是一心一意地代官吏治事。做王就应该每天听听音乐，享受歌舞女色。”赵王刘彭祖也说：“中山王只顾着奢侈淫乱，不辅佐天子抚慰百姓，怎么能称为藩臣呢！”

刘胜在位四十三年去世。儿子哀王刘昌继位，在位一年去世。

薨。子顷王辅嗣，四年薨。子宪王福嗣，十七年薨。子怀王循嗣，十五年薨，无子，绝四十五岁。成帝鸿嘉二年复立宪王弟孙利乡侯子雲客，是为广德夷王。三年薨，无子，绝十四岁。哀帝复立雲客弟广汉为广平王。薨，无后。平帝元始二年复立广川惠王曾孙伦为广德王，奉靖王后。王莽时绝。

长沙定王发，母唐姬，故程姬侍者。景帝召程姬，程姬有所避，不愿进，而饰侍者唐儿使夜进。上醉，不知，以为程姬而幸之，遂有身。已乃觉非程姬也。及生子，因名曰发。以孝景前二年立。以其母微无宠，故王卑湿贫国。

二十八年薨。子戴王庸嗣，二十七年薨。子顷王鲋鮈嗣，十七年薨。子剌王建德嗣，宣帝时坐猎纵火燔民九十六家，杀二人，又以县官事怨内史，教人诬告以弃市罪，削八县，罢中尉官。三十四年薨。子炀王旦嗣，二年薨。无子，绝岁余。元帝初元三年复立旦弟宗，是为孝王，五年薨。子鲁人嗣，王莽时绝。

广川惠王越以孝景中二年立，十三年薨。子缪王齐嗣，四十四年薨。初齐有幸臣乘距，已而有罪，欲诛距。距亡，齐因禽其宗族。距怨王，乃上书告齐与同产奸。是后，齐数告言汉公卿及幸臣所忠等，又告中尉蔡彭祖捕子明，骂曰："吾尽汝种矣！"有司案验，不如王言，劾齐诬罔，大不敬，请系治。齐恐，上书愿与广川勇士奋击匈奴，上许之。未发，病薨。有司请除国，奏可。

儿子康王刘昆侈继位，在位二十一年去世。儿子顷王刘辅继位，在位四年去世。儿子宪王刘福继位，在位十七年去世。儿子怀王刘循继位，在位十五年去世，他没有儿子，封国断绝四十五年。成帝鸿嘉二年（前19）又立宪王弟弟的孙子利乡侯的儿子刘雲客为王，就是广德夷王。在位三年去世，他没有儿子，封国断绝十四年。哀帝又立刘雲客的弟弟刘广汉为广平王。他去世后没有儿子继位。平帝元始二年（2）又立广川惠王的曾孙刘伦为广德王，奉为靖王的后人。王莽时封国断绝。

长沙定王刘发，他的母亲唐姬是程姬以前的侍者。景帝召程姬侍寝，程姬有所避忌，不愿去陪侍，而让侍者唐儿化装成自己的样子连夜进见。景帝醉酒，没分辨出来，以为是程姬而宠幸了她，唐儿就有了身孕。景帝宠幸她之后才发觉她不是程姬。等到唐儿生下儿子，就起名为刘发。在景帝前元二年（前155）封王。刘发因为母亲出身卑微不受宠爱，所以才去了一个低下潮湿的穷国做王。

刘发在位二十八年去世。儿子戴王刘庸继位，在位二十七年去世。儿子顷王刘鲋鮈继位，在位十七年去世。儿子剌王刘建德继位，宣帝时因打猎放火焚烧九十六家民居，杀死二人，又因朝廷事怨恨内史，教唆别人诬告内史而斩首示众，削减八县，免除中尉官。剌王刘建德在位三十四年去世。儿子炀王刘旦继位，在位二年去世。他没有儿子，封国断绝一年多。元帝初元三年（前46）又立刘旦的弟弟刘宗继位，就是孝王，在位五年去世。儿子刘鲁人继位，王莽时封国断绝。

广川惠王刘越在景帝中元二年（前148）封王，在位十三年去世。他的儿子缪王刘齐继位，在位四十四年去世。起初刘齐有个宠幸的臣子叫乘距，乘距犯罪后，刘齐想杀死他。乘距逃亡，刘齐因此捉拿了他的宗族。乘距怨恨刘齐，就上书告发刘齐与同母姐妹通奸。此后，刘齐多次告发汉朝公卿及武帝的幸臣所忠等人，又告发中尉蔡彭祖拘捕他的儿子刘明，说蔡彭祖骂刘明：“我要让你断子绝孙！”官吏调查后，发现不像缪王刘齐说的那样，就弹劾刘齐诬陷毁谤，是大不敬罪，奏请将刘齐囚禁并对他治罪。刘齐害怕，上书说自己愿与广

后数月，下诏曰："广川惠王于朕为兄，朕不忍绝其宗庙，其以惠王孙去为广川王。"去即缪王齐太子也，师受《易》《论语》《孝经》皆通，好文辞、方技、博弈、倡优。其殿门有成庆画，短衣大绔长剑，去好之，作七尺五寸剑，被服皆效焉。有幸姬王昭平、王地馀，许以为后。去尝疾，姬阳成昭信侍视甚谨，更爱之。去与地馀戏，得袖中刀，笞问状，服欲与昭平共杀昭信。笞问昭平，不服，以铁针针之，强服。乃会诸姬，去以剑自击地余，令昭信击昭平，皆死。昭信曰："两姬婢且泄口。"复绞杀从婢三人。后昭信病，梦见昭平等，以状告去。去曰："虏乃复见畏我！独可燔烧耳。"掘出尸，皆烧为灰。

后去立昭信为后；幸姬陶望卿为修靡夫人，主缯帛；崔修成为明贞夫人，主永巷。昭信复谮望卿曰："与我无礼，衣服常鲜于我，尽取善缯匄诸宫人。"去曰："若数恶望卿，不能减我爱；设闻其淫，我亨之矣。"后昭信谓去曰："前画工画望卿舍，望卿袒裼傅粉其傍。又数出入南户窥郎吏，疑有奸。"去曰："善司之。"以故益不爱望卿。后与昭信等饮，诸姬皆侍，去为望卿作歌曰："背尊章，嫖以忽，谋屈奇，起自绝。行周流，自生患，谅非望，今谁怨！"使美人相和歌之。去曰："是中当有自知者。"昭信知去已怒，即诬言望卿历指郎吏卧处，具知其主名，又言郎中令锦被，疑有奸。去即与昭信从诸姬至望卿所，裸其身，更击之。令诸姬各持烧铁共灼望卿。望卿走，自投井死。昭信出之，椓杙其阴中，割其鼻唇，断其舌。谓去

川勇士奋力抗击匈奴，武帝答应了他的请求。还未出发，刘齐病死。官吏请求废除封地，上奏得到许可。

过了几个月，武帝下诏说："广川惠王是朕的兄长，朕不忍断绝他的宗庙，令惠王的孙子刘去做广川王。"刘去就是缪王刘齐的太子，他跟着老师学习《易经》《论语》《孝经》，全都通晓，他喜好文辞、医卜星相、下棋、倡优等。他的殿门有一幅成庆的画像，穿着短衣大绔，佩戴长剑，刘去很喜欢他，就制作了一把七尺五寸的剑，衣服都仿效那画像。他宠幸的姬妾有王昭平、王地馀，刘去许诺她们以后做王后。刘去曾生病，姬妾阳成昭信侍候看护极为谨慎，刘去更加爱她。刘去和地馀嬉戏，看见地馀袖中藏着刀，就鞭打她查明情况，地馀承认想与昭平共同杀死昭信。刘去又鞭打拷问昭平，昭平拒绝承认，刘去让人用铁针刺她，强迫她认罪。刘去因此招集所有姬妾，亲自拿剑刺向地馀，又命令昭信刺昭平，两人都死去。昭信说："两姬的婢女会泄露此事。"刘去又令人又绞杀跟随两姬的三位婢女。后来昭信生病，梦见昭平等人，她将此事告诉刘去。刘去说："这些贱婢再次出现是想让我畏忌！只能焚烧掉了。"刘去掘出五人的尸体，都烧成灰。

后来刘去立昭信为后；立他宠幸的姬妾陶望卿为修靡夫人，主管缯帛；立崔修成为明贞夫人，主管永巷。昭信又诬陷陶望卿说："她对我无礼，衣服经常比我的鲜艳，她尽拿些好的丝帛送给众宫人。"刘去说："你多次说望卿的坏话，都不能减少我对她的喜爱；假若我听到有关她淫乱的事，我就把她煮了。"后来昭信对刘去说："以前画工在望卿的住舍画画，望卿脱去上衣，露出里衣，脸上抹着粉靠近画工。望卿又多次出入南户偷看郎吏，我怀疑她有奸情。"刘去说："好好看着她。"刘去因此渐渐不喜欢望卿。后来刘去与昭信等人饮酒，众姬妾都在旁边服侍，刘去为望卿作歌道："背着舅姑，狎玩一时，谋求奇异，自找灭绝。行走四方，自生祸患，信非所望，今日怨谁！"刘去让美人互相应和着歌唱。刘去说："这里边做了这样事情的人应当自己知道。"昭信知道刘去已经生气，就捏造说望卿多次指着郎吏的寝卧之处，能详细地知道主人的姓名，还能说出郎

曰："前杀昭平，反来畏我，今欲靡烂望卿，使不能神。"与去共支解，置大镬中，取桃灰毒药并煮之，召诸姬皆临观，连日夜靡尽。复共杀其女弟都。

后去数召姬荣爱与饮，昭信复谮之，曰："荣姬视瞻，意态不善，疑有私。"时爱为去刺方领绣，去取烧之。爱恐，自投井。出之未死，笞问爱，自诬与医奸。去缚系柱，烧刀灼溃两目，生割两股，销铅灌其口中。爱死，支解以棘埋之。诸幸于去者，昭信辄谮杀之，凡十四人，皆埋太后所居长寿宫中。宫人畏之，莫敢复迕。

昭信欲擅爱，曰："王使明贞夫人主诸姬，淫乱难禁。请闭诸姬舍门，无令出敖。"使其大婢为仆射，主永巷，尽封闭诸舍，上籥于后，非大置酒召，不得见。去怜之，为作歌曰："愁莫愁，居无聊。心重结，意不舒。内茀郁，忧哀积。上不见天，生何益！日崔隤，时不再。愿弃躯，死无悔。"令昭信声鼓为节，以教诸姬歌之，歌罢辄归永巷，封门。独昭信兄子初为乘华夫人，得朝夕见。昭信与去从十余奴博饮游敖。

初去年十四五，事师受《易》，师数谏正去，去益大，逐之。内史请以为掾，师数令内史禁切王家。去使奴杀师父子，不发觉。

中令的锦被，怀疑她有奸情。刘去立即与昭信跟随众姬妾到望卿住所，命令她裸体，让人们轮流击打她。刘去命令众姬妾各持烧红的铁一同烫望卿。望卿跑出去，投井自尽。昭信把她从井中捞出，将木桩钉入望卿的阴中，并割去她的鼻唇，割断舌头。昭信对刘去说："以前杀死昭平，昭平反过来吓唬我，今天我要让望卿靡烂，让她不能装神弄鬼。"昭信与刘去一起肢解望卿，放进大锅中，取来桃木灰与毒药一起煮，并召众姬妾都来观看，连日连夜直到完全靡烂。昭信又一并杀死望卿的所有妹妹。

后来刘去几次召见姬妾荣爱与她饮酒，昭信又诬陷荣爱，说："荣姬顾盼之间，神情姿态都不善良，我怀疑她有私情。"当时荣爱正为刘去刺绣衣领，刘去取来烧掉。荣爱感到恐惧，投井自尽。刘去让人把她救出来时还没死去，刘去鞭打拷问荣爱，荣爱被迫承认自己与医生通奸。刘去将她绑在柱上，用烧热的刀烧裂两眼，生生割去两条腿，将熔化的铅灌进她嘴里。荣爱死去，刘去肢解她的尸体埋在荆棘中。刘去宠幸的众姬妾，昭信总是进谗言杀害她们，共十四人，都埋在太后居住的长寿宫中。宫人畏惧昭信，没人敢再违背她。

昭信想独霸刘去对她的宠爱，说："大王派明贞夫人主管众姬妾，可是她们淫乱不堪难以禁止。我请求关闭众姬妾的舍门，不要让她们出外闲游。"昭信让她年长的婢女为仆射，主管永巷的事，将各舍全部封闭，把钥匙交给王后昭信，除非大设宴席召唤她们，否则不得见王。刘去可怜她们，为她们作歌道："愁啊愁，居所没有可依赖的人。闷闷不乐心情郁结，心意不舒。心内抑郁啊，忧愁哀伤日积月累。举头不能见苍天啊，活着还有什么益处！每日虚度光阴啊，时光不再回来。愿意从此舍弃生命，死去也无怨无悔。"刘去让昭信击鼓作节拍，来教众姬妾歌唱，唱完就让众姬妾回到永巷，封闭门户。惟独昭信兄长的女儿刚刚成为乘华夫人，能与刘去朝夕相见。昭信与刘去带着十多个奴仆豪饮游玩。

起初，刘去十四五岁的时候，跟从老师学习《易经》，老师多次规劝刘去好好做人，等刘去渐渐长大，把老师赶走。内史请老师任佐助，老师多次让内史制约刘去。刘去就派奴仆杀了老师父子，没人

后去数置酒，令倡俳裸戏坐中以为乐。相彊劾系倡，阑入殿门，奏状。事下考案，倡辞，本为王教修靡夫人望卿弟都歌舞。使者召望卿、都，去对皆淫乱自杀。会赦不治。望卿前亨煮，即取他死人与都死并付其母。母曰："都是，望卿非也。"数号哭求死，昭信令奴杀之。奴得，辞服。本始三年，相内史奏状，具言赦前所犯。天子遣大鸿胪、丞相长史、御史丞、廷尉正杂治钜鹿诏狱，奏请逮捕去及后昭信。制曰："王后昭信、诸姬奴婢证者皆下狱。"辞服。有司复请诛王。制曰："与列侯、中二千石、二千石、博士议。"议者皆以为去悖虐，听后昭信谗言，燔烧亨煮，生割剥人，距师之谏，杀其父子。凡杀无辜十六人，至一家母子三人，逆节绝理。其十五人在赦前，大恶仍重，当伏显戮以示众。制曰："朕不忍致王于法，议其罚。"有司请废勿王，与妻子徙上庸。奏可。与汤沐邑百户。去道自杀，昭信弃市。

立二十二年，国除。后四岁，宣帝地节四年，复立去兄文，是为戴王。文素正直，数谏王去，故上立焉，二年薨。子海阳嗣，十五年，坐画屋为男女裸交接，置酒请诸父姊妹饮，令仰视画；又海阳女弟为人妻，而使与幸臣奸；又与从弟调等谋杀一家三人，已杀。甘露四年坐废，徙房陵，国除。后十五年，平帝元始二年，复立戴王弟襄隄侯子瘉为广德王，奉惠王后，二年薨。子赤嗣，王莽时绝。

发现。后来刘去多次设宴，令倡优裸体坐在中间为乐。相彊弹劾拘捕倡优，说她们擅自进入刘去的殿门，并奏报此事。事情被吩咐下来进行调查，倡优们说，他们本来是为刘去教修靡夫人望卿的妹妹都歌舞。使者召见望卿与都，刘去回答说她们都因为淫乱已经自杀。当时正好碰上大赦天下，朝廷没追究此案。望卿之前被烹煮，刘去就取别人的尸体与都的尸体一并交给她们的母亲。望卿的母亲说："都的尸体是本人的，望卿的尸体不是本人。"望卿的母亲多次号哭求死，昭信就派奴仆杀了她。官府拘捕奴仆，奴仆招供认罪。本始三年（前71），相内史把调查情况上奏，详细叙述这些是大赦天下前所犯的事。宣帝派遣大鸿胪、丞相长史、御史丞、廷尉正在钜鹿诏狱会审这起案件，会审的大臣们奏请逮捕刘去与皇后昭信。宣帝下令说："王后昭信、各姬妾奴婢及能够作证的人都关入牢房。"这些人都认了罪。官吏再次请求诛杀刘去。宣帝下令说："与列侯、中二千石、二千石、博士商议。"议者都认为刘去乖戾凶残，听信王后昭信的谗言，焚烧烹煮，生割剥人，拒绝老师的规劝，杀了老师父子。总共杀死十六名无辜的人，甚至一家母子三人被杀，违背伦常，弃绝事理。其中十五人是在大赦前被杀的，他罪恶仍重，应将他明正典刑，陈尸示众。宣帝下令说："朕不忍将刘去正法，可以讨论怎样惩罚他。"官吏请求废除他的王位，让刘去与妻子儿女迁徙到上庸居住。上奏得到许可。宣帝赐给刘去汤沐邑一百户。刘去在路上自杀，昭信被斩首示众。

刘去在位二十二年，废除封国。又过了四年，宣帝地节四年（前66），又立刘去的哥哥刘文，就是戴王。刘文平素正直，曾多次劝谏刘去，所以宣帝封他为王，刘文在位二年去世。儿子刘海阳继位，在位十五年，他在画室里挂着男女裸体交合的画，又设宴请叔伯姊妹们饮酒，让她们抬头看画；又刘海阳的妹妹已经身为人妻，而刘海阳让妹妹与自己宠幸的臣子通奸；他还与堂弟刘调等谋杀一家三人，已杀。甘露四年（前50）刘海阳被治罪废黜王位，迁徙到房陵，废除封国。过了十五年，平帝元始二年（2），又封戴王弟弟襄隄侯的儿子刘瘉为广德王，奉为惠王的后人，在位二年去世。儿子刘赤继位，王莽

胶东康王寄以孝景中二年立，二十八年薨。淮南王谋反时，寄微闻其事，私作兵车镞矢，战守备，备淮南之起。及吏治淮南事，辞出之。寄于上最亲，意自伤，发病而死，不敢置后。于是上闻寄有长子贤，母无宠，少子庆，母爱幸，寄常欲立之，为非次，因有过，遂无所言。上怜之，立贤为胶东王，奉康王祀，而封庆为六安王，王故衡山地。胶东王贤立十五年薨，谥为哀王。子戴王通平嗣，二十四年薨。子顷王音嗣，五十四年薨。子共王授嗣，十四年薨。子殷嗣，王莽时绝。

六安共王庆立三十八年薨。子夷王禄嗣，十年薨。子缪王定嗣，二十二年薨。子顷王光嗣，二十七年薨。子育嗣，王莽时绝。

清河哀王乘以孝景中三年立，十二年薨。无子，国除。

常山宪王舜以孝景中五年立。舜，帝少子，骄淫，数犯禁，上常宽之。三十三年薨，子勃嗣为王。

初，宪王有不爱姬生长男棁，棁以母无宠故，亦不得幸于王。王后修生太子勃。王内多，所幸姬生子平、子商，王后稀得幸。及宪王疾甚，诸幸姬侍病，王后以妒媢不常在，辄归舍。医进药，太子勃不自尝药，又不宿留侍疾。及王薨，王后、太子乃至。宪王雅不以棁为子数，不分与财物。郎或说太子、王后，令分棁财，皆不听。太子代立，又不收恤棁。棁怨王后及太子。汉使者视宪王丧，棁自言宪王病时，王后、太子不侍，及薨，六日出舍，太子勃私奸、饮酒、博戏、击筑，与女子载驰，环城过市，入狱视囚。天子遣大行骞验问，逮诸证者，王又匿之。吏求捕，勃使人致击笞掠，擅出汉所疑囚。

时封国断绝。

胶东康王刘寄在景帝中元二年（前148）封王，在位二十八年去世。淮南王刘安谋反时，刘寄暗中听到这件事，就秘密制作兵车利箭，加强战备，防备淮南王刘安的起事。等到官吏审理淮南王的事，供辞供出了胶东康王刘寄。刘寄与武帝关系最亲，他暗自伤心，发病而死，不敢设立继承人。于是武帝听说刘寄有长子刘贤，母亲不宠爱他，小儿子刘庆却受到母亲宠爱，刘寄常想立刘庆为王，但不合乎常规，又因自己犯下过错，最终没说什么话。武帝怜惜他，就封刘贤为胶东王，奉祀康王，而封刘庆为六安王，封他在原来的衡山一带。胶东王刘贤在位十五年去世，谥号为哀王。儿子戴王刘通平继位，在位二十四年去世。儿子顷王刘音继位，在位五十四年去世。儿子共王刘授继位，在位十四年去世。儿子刘殷继位，王莽时封国断绝。

六安共王刘庆在位三十八年去世。儿子夷王刘禄继位，在位十年去世。儿子缪王刘定继位，在位二十二年去世。儿子顷王刘光继位，在位二十七年去世。儿子刘育继位，王莽时封国断绝。

清河哀王刘乘在景帝中元三年（前147）封王，在位十二年去世。他没有儿子，废除封国。

常山宪王刘舜在景帝中元五年（前145）封王。刘舜是景帝的小儿子，傲慢放纵，没有节制，他多次违反禁令，皇上常常宽恕他。他在位三十三年去世，儿子刘勃继承王位。

起初，有不被宪王宠爱的姬妾生下长子刘棁，刘棁因母亲不受宠的关系，也不被宪王喜爱。王后修生了太子刘勃。宪王多妻妾，他喜爱的姬妾生下儿子刘平、刘商，王后脩很少得到宪王的宠幸。等到宪王病得厉害，众多受宠幸的姬妾在旁侍奉，王后因嫉妒不常在，总是回房休息。御医送药过来，太子刘勃不亲自尝药，又不留宿侍奉宪王。等到宪王去世，王后、太子才到。宪王素来没将刘棁当儿子，不分给他财物。郎官有时劝说太子、王后，让他们分给刘棁财产，他们都不听从。太子刘勃继承王位，又不照顾刘棁。刘棁怨恨王后及太子。汉朝派使者视察宪王的丧事，刘棁自言宪王生病时，王后、太子都不侍奉，等到宪王去世，他们守丧六天之后就走出屋舍，太子刘勃暗地

有司请诛勃及宪王后修。上曰："修素无行，使棁陷之罪。勃无良师傅，不忍致诛。"有司请废勿王，徙王勃以家属处房陵，上许之。

勃王数月，废，国除。月余，天子为最亲，诏有司曰："常山宪王早夭，后妾不和，適孽诬争，陷于不谊以灭国，朕甚闵焉。其封宪王子平三万户，为真定王；子商三万户，为泗水王。"顷王平立二十五年薨。子烈王偃嗣，十八年薨。子孝王由嗣，二十二年薨。子安王雍嗣，二十六年薨。子共王普嗣，十五年薨。子阳嗣，王莽时绝。

泗水思王商立十二年薨。子哀王安世嗣，一年薨，无子。于是武帝怜泗水王绝，复立安世弟贺，是为戴王。立二十二年薨，有遗腹子煖，相内史不以闻。太后上书，昭帝闵之，抵相内史罪，立煖，是为勤王。立三十九年薨。子戾王骏嗣，三十一年薨。子靖嗣，王莽时绝。

赞曰：昔鲁哀公有言："寡人生于深宫之中，长于妇人之手，未尝知忧，未尝知惧。"信哉斯言也！虽欲不危亡，不可得已。是故古人以宴安为鸩毒，亡德而富贵，谓之不幸。汉兴，至于孝平，诸侯王以百数，率多骄淫失道。何则？沉溺放恣之中，居势使然也。自凡人犹系于习俗，而况哀公之伦乎！夫唯大雅，卓尔不群，河间献王近之矣。

奸淫、饮酒、博戏、击筑，与女子乘车奔驰，环城过市，入狱探视囚犯。武帝派遣大行令张骞查问这件事，张骞逮捕了所有证人，刘勃又将他们藏起来。官吏请求逮捕他们，刘勃派人鞭笞官吏，擅自放出朝廷关押的疑犯。官吏奏请诛杀刘勃及宪王王后修。武帝说："修平素就没有德行，刘棁才将她告发入罪。刘勃是因为没有好的老师教导，朕不忍心诛杀他。"官吏奏请废去刘勃的王位，迁徙刘勃及家属到房陵居住，武帝同意了。

刘勃封王几个月，被废黜王位，封国废除。一个多月后，武帝因与宪王刘舜最亲，诏令官吏说："常山宪王早死，宪王后与妾不和，嫡子庶子争吵不休，致使宪王陷于不义而灭国，朕很怜悯他。现在下令封宪王儿子刘平三万户，为真定王；儿子刘商三万户，为泗水王。"顷王刘平在位二十五年去世。儿子烈王刘偃继位，在位十八年去世。儿子孝王刘由继位，在位二十二年去世。儿子安王刘雍继位，在位二十六年去世。儿子共王刘普继位，在位十五年去世。儿子刘阳继位，王莽时封国断绝。

泗水思王刘商在位十二年去世。儿子哀王刘安世继位，在位一年去世，无子。于是武帝怜悯泗水王没有后嗣，又立刘安世的弟弟刘贺，就是戴王。他在位二十二年去世，刘贺有遗腹子刘煖，相内史没有上报此事。太后上书，昭帝怜悯他们，对相内史予以惩治，封刘煖，就是勤王。他在位三十九年去世。儿子戾王刘骏继位，在位三十一年去世。儿子刘靖继位，王莽时封国断绝。

赞辞说：从前鲁哀公说："寡人生在深宫之中，长在妇人之手，不曾知道什么是忧愁，不曾知道什么是恐惧。"这话可信啊！即使不想处于危亡，也是不行的。所以古人把宴游逸乐视为毒药，无德而富贵，称作不幸。汉朝兴起后，到了孝平帝时，诸侯王已经达到数百，大都骄淫失道。为什么呢？因为沉溺于放纵之中，所处的情势使他们这样。平常人还被习俗束缚，更何况鲁哀公之辈呢！品性纯正，拥有美德，卓尔不群，只有河间献王类似这样的人。

卷五十四

李广苏建传第二十四

李广，陇西成纪人也。其先曰李信，秦时为将，逐得燕太子丹者也。广世世受射。孝文十四年，匈奴大入萧关，而广以良家子从军击胡，用善射，杀首虏多，为郎，骑常侍。数从射猎，格杀猛兽，文帝曰："惜广不逢时，令当高祖世，万户侯岂足道哉！"

景帝即位，为骑郎将。吴楚反时，为骁骑都尉，从太尉亚夫战昌邑下，显名。以梁王授广将军印，故还，赏不行。为上谷太守，数与匈奴战。典属国公孙昆邪为上泣曰："李广材气，天下亡双，自负其能，数与虏确，恐亡之。"上乃徙广为上郡太守。

匈奴侵上郡，上使中贵人从广勒习兵击匈奴。中贵人者将数十骑从，见匈奴三人，与战。射伤中贵人，杀其骑且尽。中贵人走广，广曰："是必射雕者也。"广乃从百骑往驰三人。三人亡马步行，行数十里。广令其骑张左右翼，而广身自射彼三人者，杀其二人，生得一人，果匈奴射雕者也。已缚之上山，望匈奴数千骑，见广，以为诱骑，惊，上山陈。广之百骑皆大恐，欲驰还走。广曰："我去大军数十里，今如此走，匈奴追射，我立尽。今我留，匈奴必以我为大军之诱，不我击。"广令曰："前！"未到匈奴陈二里所，止，令曰："皆下马解鞍！"骑曰："虏多如是，解鞍，即急，奈何？"广曰："彼虏以我为走，今解鞍以示不去，用坚其意。"有白马将出护兵。广上马，与十余骑奔射杀白马将，而复还至其百骑中，解鞍，纵马卧。时

李广，是陇西郡成纪县人。他的先祖李信，秦朝时担任将军，曾经率军击败燕国太子丹。李广家世代传习射箭。文帝十四年（前166），匈奴大规模举兵入侵萧关，李广以良家子弟的身份入伍从军抗击匈奴，因为李广擅长射箭，杀死并俘虏了很多匈奴人，当了朝廷的郎官，担任骑常侍一职。李广经常跟随文帝外出狩猎，格杀猛兽，文帝曾经说："李广真是可惜啊，因为你生不逢时，如若你处在高帝那个时代，封个万户侯都算不了什么！"

景帝即位后，李广担任骑郎将。吴楚七国起兵作乱时，李广担任骁骑都尉，跟随太尉周亚夫在昌邑城大战叛军，在此次战斗中名声显扬。由于梁王刘武私下授给李广将军印，班师回朝后，朝廷没有给予封赏。后来李广被调任上谷太守，数次与匈奴交战。典属国公孙昆邪曾经流着眼泪对景帝说："李广的才气，天下无双，他相信自己的本领，多次与敌人较量，恐怕会死去。"于是李广又被调任上郡太守。

匈奴侵犯上郡，景帝派中贵人跟随李广率领亲兵抗击匈奴。一天，中贵人带领着几十名骑兵外出，遇见了三个匈奴人，就与他们战斗起来。三个匈奴人用箭射伤了中贵人，那几十名骑兵几乎被杀光。中贵人跑到李广跟前，李广说："这一定是匈奴的射雕手。"李广就赶紧带领一百名骑兵去追赶那三个匈奴人。那三个人没有骑马只是步行，走了几十里。李广命令他的骑兵向左右跑开，他亲自去射那三个人，射死其中二人，活捉了一人，果然是匈奴的射雕手。刚捆绑那个俘虏上山，望见匈奴有数千名骑兵，他们发现了李广，以为是汉军派来引诱他们的骑兵，都很吃惊，上山将阵势摆好。李广带着的一百名骑兵都惊恐万分，想快马往回跑。李广说："我们现在离开大军几十里远，如果这样往回跑，匈奴兵追赶并用箭射我们，我们很快就会死光。如今我们若是留下来，匈奴必定以为我们是为大军来诱敌

会暮，胡兵终怪之，弗敢击。夜半，胡兵以为汉有伏军于傍欲夜取之，即引去。平旦，广乃归其大军。后徙为陇西、北地、雁门、云中太守。

武帝即位，左右言广名将也，由是入为未央卫尉，而程不识时亦为长乐卫尉。程不识故与广俱以边太守将屯。及出击胡，而广行无部曲行陈，就善水草顿舍，人人自便，不击刁斗自卫，莫府省文书，然亦远斥候，未尝遇害。程不识正部曲行伍营陈，击刁斗，吏治军簿至明，军不得自便。不识曰："李将军极简易，然虏卒犯之，无以禁；而其士亦佚乐，为之死。我军虽烦扰，虏亦不得犯我。"是时汉边郡李广、程不识为名将，然匈奴畏广，士卒多乐从，而苦程不识。不识孝景时以数直谏为太中大夫，为人廉，谨于文法。

后汉诱单于以马邑城，使大军伏马邑傍，而广为骁骑将军，属护军将军。单于觉之，去，汉军皆无功。后四岁，广以卫尉为将军，

的，就不敢来袭击我们。”李广命令骑兵说：“前进！”他们行进到距离匈奴阵地大约二里的地方，停了下来，李广命令说：“全部下马，解下马鞍！”他的骑兵说：“敌人这么多又离得这么近，倘若解鞍后发生紧急情况，我们如何是好？”李广说：“那些匈奴人以为我们会逃跑，现在我们都将马鞍解下，就表示不走，用这方法来坚定敌人认为我们诱敌的想法。”有一个骑白马的匈奴将领出阵整军。李广上马，带领十多个骑兵疾奔过去，射杀了那个骑白马的将军，然后又返回到他的队伍当中，解下马鞍，命令大家都将马放开，李广随意地躺在地下。这时天色已近黄昏，匈奴兵始终捉摸不定，又不敢向汉军进攻。到了半夜时，匈奴兵以为汉军一定有埋伏的部队在附近，准备乘夜袭击消灭他们，随即全部撤退了。第二天早上，李广才率骑兵返回他的大部队。后来李广先后调往陇西郡、北地郡、雁门郡、云中郡担任太守。

武帝即位后，左右近臣都说李广是名将，因此李广被调往未央宫担任卫尉，而程不识当时也担任长乐宫的卫尉。程不识过去与李广都以边郡太守的身份率领军队，驻守边防。等到军队出击攻打匈奴时，李广所率行军没有严格的编制、巡行队列和军队阵势，找到好的水源草地就驻扎下来，人人自便，晚上也不巡逻敲刁斗用以自卫，幕府的各种文书簿籍一概简化，但是李广在远处布置了侦察敌情的哨兵，从来没有遇到过危险。程不识严格要求队伍编制、行军队列和驻营阵势，夜间巡逻敲刁斗，官吏处理军中文书直到天亮，军队不可以擅自行动。程不识说：“李广将军的部队极其简易，然而敌人若是突然袭击他们，就无法招架抵挡了；而他手下的士兵大多安逸快乐，都甘心为他出力拼命。我的军队虽然军务忙碌，然而敌人却也不敢冒然来侵犯我们。”当时，汉朝担任边郡太守的李广、程不识都是名将，但匈奴畏惧李广，士卒大多喜欢跟随李广，而不愿意跟随程不识。程不识在景帝当朝时期，因为多次直言劝谏，而被改任太中大夫，他为人非常廉洁，并且谨守法令。

后来汉朝用马邑城引诱单于，派大军埋伏在马邑城周边的山谷中，李广担任骁骑将军，隶属护军将军韩安国。当时单于觉察到了汉

出雁门击匈奴。匈奴兵多，破广军，生得广。单于素闻广贤，令曰：“得李广必生致之。”胡骑得广，广时伤，置两马间，络而盛卧。行十余里，广阳死，睨其傍有一儿骑善马，暂腾而上胡儿马，因抱儿鞭马南驰数十里，得其余军。匈奴骑数百追之，广行取儿弓射杀追骑，以故得脱。于是至汉，汉下广吏。吏当广亡失多，为虏所生得，当斩，赎为庶人。

数岁，与故颍阴侯屏居蓝田南山中射猎。尝夜从一骑出，从人田间饮。还至亭，霸陵尉醉，呵止广，广骑曰：“故李将军。”尉曰：“今将军尚不得夜行，何故也！”宿广亭下。居无何，匈奴入辽西，杀太守，败韩将军。韩将军后徙居右北平，死。于是上乃召拜广为右北平太守。广请霸陵尉与俱，至军而斩之，上书自陈谢罪。上报曰：“将军者，国之爪牙也。《司马法》曰：‘登车不式，遭丧不服，振旅抚师，以征不服；率三军之心，同战士之力，故怒形则千里竦，威振则万物伏；是以名声暴于夷貉，威棱憺乎邻国。’夫报忿除害，捐残去杀，朕之所图于将军也；若乃免冠徒跣，稽颡请罪，岂朕之指哉！将军其率师东辕，弥节白檀，以临右北平盛秋。”广在郡，匈奴号曰“汉飞将军”，避之，数岁不入界。

广出猎，见草中石，以为虎而射之，中石没矢，视之，石也。他日射之，终不能入矣。广所居郡闻有虎，常自射之。及居右北平射

军的意图，退兵回去了，汉军全都无功而返。过了四年，李广从卫尉调为将军，从雁门出击匈奴。匈奴士兵众多，打败李广的军队，并将李广活捉。单于向来听闻李广贤能有才，就下令说：“捉住李广必须要活着押解送来。”匈奴的骑兵俘获李广，李广当时受伤，被安置在两匹马中间，用网兜住让他躺着。走了十多里，李广假装死去，斜眼看见旁边有个匈奴少年骑了匹好马，李广突然腾身而起，跳上少年的马，抱着少年策马向南疾驰数十里，又遇到了他的残余军队。匈奴的几百名骑兵追捕他，李广一边跑一边取出少年的弓箭，射杀那些追来的骑兵，因此才得以脱身。于是回到汉朝，朝廷把李广交给执法官吏。执法官吏认为李广损失很多人马，自己又被匈奴活捉，按律应当斩首，李广用钱赎罪成为平民。

过了几年，李广和隐居在蓝田县的前颍阴侯去南山中射猎。曾经在夜里，他跟一个骑兵出去，在田间和别人喝酒。返回时到了霸陵亭，霸陵尉当时喝醉了，呵斥并阻止李广，李广的骑兵说：“这是原来的李广将军。”亭尉说：“就算是现任将军尚且不可以夜间通过，更何况是前任的将军呢！”霸陵尉扣留李广夜宿在霸陵亭下。此事过了不久，匈奴入侵辽西，杀了太守，打败了韩安国将军。韩安国将军后来调往右北平，去世了。因此武帝就征调李广入朝，任命他为右北平太守。李广请求霸陵尉和他一起去，到了军中李广就将霸陵尉斩首，然后上书朝廷自述谢罪。武帝回复说：“将军就是保卫国家的勇士。《司马法》中说：‘将军登上战车无需行礼，遇到丧事，无需穿丧服，整顿士卒抚慰军队，征讨叛逆；率领三军，将士同心，聚合战士的力量，所以将军愤怒千里惊竦，气势威震万物降服；所以威名远扬于蛮夷地区，威势震慑四方，邻国敬畏。’用愤怒清除祸患，使之放弃残暴和屠杀的行为，是朕对将军的希望；若是脱帽赤脚，稽颡请罪，岂是朕的旨意啊！将军应当率军东征，巡视边疆，以此准备迎战右北平在金秋时节匈奴的侵扰。”李广在边郡驻守时，匈奴送他一个称号“汉飞将军”，一直躲避着李广，好几年都不敢入侵边界。

李广外出狩猎，看见草丛中的一块石头，误以为是老虎就射了一箭，箭头没入石头里，走过去一看，原来是块石头。后来再去射，始

虎，虎腾伤广，广亦射杀之。

石建卒，上召广代为郎中令。元朔六年，广复为将军，从大将军出定襄。诸将多中首虏率为侯者，而广军无功。后三岁，广以郎中令将四千骑出右北平，博望侯张骞将万骑与广俱，异道。行数百里，匈奴左贤王将四万骑围广，广军士皆恐，广乃使其子敢往驰之。敢从数十骑直贯胡骑，出其左右而还，报广曰："胡虏易与耳。"军士乃安。为圜陈外乡，胡急击，矢下如雨。汉兵死者过半，汉矢且尽。广乃令持满毋发，而广身自以大黄射其裨将，杀数人，胡虏益解。会暮，吏士无人色，而广意气自如，益治军。军中服其勇也。明日，复力战，而博望侯军亦至，匈奴乃解去。汉军罢，弗能追。是时广军几没，罢归。汉法，博望侯后期，当死，赎为庶人。广军自当，亡赏。

初，广与从弟李蔡俱为郎，事文帝。景帝时，蔡积功至二千石。武帝元朔中，为轻车将军，从大将军击右贤王，有功中率，封为乐安侯。元狩二年，代公孙弘为丞相。蔡为人在下中，名声出广下远甚，然广不得爵邑，官不过九卿。广之军吏及士卒或取封侯。广与望气王朔语云："自汉击匈奴，广未尝不在其中，而诸妄校尉已下，材能不及中，以军功取侯者数十人。广不为后人，然终无尺寸功以得封邑

终不能再没入石中了。李广听说居住的郡里有老虎，他常常亲自去射杀。到他驻守右北平期间，有一次用箭射老虎，老虎腾空跃起，扑伤李广，李广同时也射杀了老虎。

郎中令石建去世以后，武帝征召李广接替石建郎中令之位。元朔六年（前123），李广又被调任为将军，跟从大将军卫青的军队从定襄郡出兵攻击匈奴。各路将领多有杀俘敌人达到封侯标准的，而李广的部队却毫无功劳。三年后，李广以郎中令的身份带领四千骑兵从右北平出发，博望侯张骞带领一万骑兵与李广同行，他们分两条路走。行军大约几百里，匈奴左贤王带领四万骑兵将李广包围，李广手下的将士们都很恐惧，李广就派他的儿子李敢向敌军快速冲击。李敢亲自带了几十名骑兵直接穿过匈奴骑兵的包围圈，冲出敌军的左右两翼又返回，向李广报告说："匈奴骑兵很容易对付。"将士才安定下来。李广将军队布成圆形的阵势，面向着外面的敌人，匈奴凶猛地攻击他们，箭下如雨。汉军死亡的士卒超过一半，并且箭快用完了。李广便命令将士把弓拉开，引而不发，他亲自用一张大黄弓射向敌人的副将，射杀数人，匈奴的围攻渐渐松懈。恰巧天色渐渐黑了下来，将士都面无人色，可是李广的气概同平常一样，更加意气自如地指挥军队。军中将士都很佩服他的勇气。第二天，全军将士继续奋力战斗，而且博望侯的军队这时也到了，匈奴的骑兵才解围退去。汉军已经精疲力尽了，不能追击匈奴。这时，李广所率军队几乎全军覆没，只得收兵回去。按照汉朝法律规定，博望侯延误了抵达的日期，应当被处死，他出钱赎罪，降为平民。李广的军功与罪责相当，朝廷没有给予封赏。

起初，李广与堂弟李蔡都担任郎官，共同侍奉文帝。到了景帝时期，李蔡因有功劳已经领到二千石的俸禄。武帝元朔年间，李蔡担任轻车将军，跟随大将军卫青攻击右贤王，军功达到朝廷封赏的标准，被封为乐安侯。元狩二年（前121），李蔡代替公孙弘做了丞相。李蔡为人的品格处于下等，名声远在李广之下，然而李广却始终得不到爵位和封邑，官职从来没有超过九卿。李广部下许多军官和士兵已经获得了封侯之赏。李广曾经和风水先生王朔说："自从汉朝抗击匈奴以

者,何也?岂吾相不当侯邪?”朔曰:“将军自念,岂尝有恨者乎?”广曰:“吾为陇西守,羌尝反,吾诱降者八百余人,诈而同日杀之,至今恨独此耳。”朔曰:“祸莫大于杀已降,此乃将军所以不得侯者也。”

广历七郡太守,前后四十余年,得赏赐,辄分其戏下,饮食与士卒共之。家无余财,终不言生产事。为人长,爰臂,其善射亦天性,虽子孙他人学者莫能及。广呐口少言,与人居,则画地为军陈,射阔狭以饮。专以射为戏。将兵,乏绝处见水,士卒不尽饮,不近水,不尽餐,不尝食。宽缓不苛,士以此爱乐为用。其射,见敌,非在数十步之内,度不中不发,发即应弦而倒。用此,其将数困辱,及射猛兽,亦数为所伤云。

元狩四年,大将军票骑将军大击匈奴,广数自请行。上以为老,不许;良久乃许之,以为前将军。

大将军青出塞,捕虏知单于所居,乃自以精兵走之,而令广并于右将军军,出东道。东道少回远,大军行,水草少,其势不屯行。广辞曰:“臣部为前将军,今大将军乃徙臣出东道,且臣结发而与匈奴战,乃今一得当单于,臣愿居前,先死单于。”大将军阴受上指,以为李广数奇,毋令当单于,恐不得所欲。是时公孙敖新失侯,为中将军,大将军亦欲使敖与俱当单于,故徙广。广知之,固辞。大将军弗听,令长史封书与广之莫府,曰:“急诣部,如书。”广不谢大

来，我没有一次不在其中，但是各部队校尉以下的军官，才能不到中等，然而因为攻击匈奴立有军功而取得侯爵的，有几十人。而我从来没有落在人后，最终却没有一点功劳去获取封地，究竟是为何？难道是我的面相不该封侯吗？”王朔说：“请将军自己好好想一想，以前做过悔恨的事吗？”李广说：“我担任陇西太守时，羌人曾经谋反，我引诱投降的有八百多人，又用欺诈的手段在同一天将他们全部杀死，时至今日，令我悔恨的就只有这件事。”王朔说：“灾祸莫大于杀死那些已经投降的人，这就是将军不得封侯的根本原因啊。”

李广先后担任七个郡的太守，前后四十多年，得到朝廷赏赐，就即刻分给部下，饮食与士兵一样。家里没有多余财物，始终不谈购置产业的事。李广身材高大，胳膊较长，他天生善于射箭，虽然子孙与家族中其他人跟随他学习射箭，但全都赶不上他。李广不善言谈，说话不多，与别人住在一起，就在地上画一些排兵布阵图，射箭比射的远近，输了就罚酒喝。专门以射箭作为游戏。统率士兵，碰到绝粮缺水时，遇见了水，士兵若是没有全部喝到水，他绝不近水边，士兵若是没有全部吃上饭，他不去尝一口饭。对待手下士兵宽厚不苛责，士兵因此甘愿替他效力办事。李广射箭，见到敌人，不到几十步之内，估计射不中就不射，一旦射出必要应弦倒地。因此李广带兵作战，数次被敌人围困侮辱，射杀猛兽，也数次被伤害过。

元狩四年（前119），大将军卫青和骠骑将军霍去病大举出兵攻击匈奴，李广多次主动请求前去征战。武帝认为他已经老了，没有答应；过了很久，才允许他出征，派他担任汉军的前将军。

大将军卫青出征匈奴，通过俘虏知道了单于居住的地方，因此卫青便亲自率领汉军精锐部队赶去袭击匈奴，而命令李广与右将军两支部队合并，向东路出击。东边的路稍微有些绕远，而大军行经的地方水草缺乏，这种形势不利于军队聚集前行。李广就请求说：“末将担任部队的前将军，如今大将军却改令末将从东路出兵，况且末将从年轻的时候就开始和匈奴作战，今天才第一次得与单于交兵，末将愿意做先锋，与单于决一死战。”大将军卫青曾经暗中受武帝嘱咐，觉得李广年纪已老，并且多次遭受匈奴围困，不让李广与单于对阵，恐怕

将军而起行，意象愠怒而就部，引兵与右将军食其合军出东道。惑失道，后大将军。大将军与单于接战，单于遁走，弗能得而还。南绝幕，乃遇两将军。广已见大将军，还入军。大将军使长史持糒醪遗广，因问广、食其失道状，曰："青欲上书报天子失军曲折。"广未对。大将军长史急责广之莫府上簿。广曰："诸校尉亡罪，乃我自失道。吾今自上簿。"

至莫府，谓其麾下曰："广结发与匈奴大小七十余战，今幸从大将军出接单于兵，而大将军徙广部行回远，又迷失道，岂非天哉！且广年六十余，终不能复对刀笔之吏矣！"遂引刀自刭。百姓闻之，知与不知，老壮皆为垂泣。而右将军独下吏，当死，赎为庶人。

广三子，曰当户、椒、敢，皆为郎。上与韩嫣戏，嫣少不逊，当户击嫣，嫣走，于是上以为能。当户蚤死，乃拜椒为代郡太守，皆先广死。广死军中时，敢从票骑将军。广死明年，李蔡以丞相坐诏赐冢地阳陵当得二十亩，蔡盗取三顷，颇卖得四十余万，又盗取神道外壖地一亩葬其中，当下狱，自杀。敢以校尉从票骑将军击胡左贤王，力战，夺左贤王旗鼓，斩首多，赐爵关内侯，食邑二百户，代广为郎中令。顷之，怨大将军青之恨其父，乃击伤大将军，大将军匿讳之。居无何，敢从上雍，至甘泉宫猎，票骑将军去病怨敢伤青，射杀

不能实现他的愿望。这时，公孙敖刚刚失掉侯爵，担任中将军，大将军也想让公孙敖与自己共同对阵单于，故而将前将军李广调开。李广明知这种情况，却坚持请求大将军的调动。大将军不听，命令长史带着一道文书给李广的幕府，说道："即刻到你所在军部去，服从文书所说的命令。"李广没有向大将军卫青辞行就出发了，心里非常恼怒地到了军部，带领将士和右将军赵食其合兵一处，从东路出发。结果行军途中迷失了道路，落在大将军的后面。大将军与单于交战，单于战败逃走，没有取得战果而返。卫青所率大军向南穿过沙漠以后，才遇到前将军和右将军。李广拜见了大将军之后，返回到自己军中。大将军派长史拿着酒食送给李广，顺便向李广、赵食其询问迷失道路的具体情况，说："卫青要向天子上书奏报军中的隐情。"李广没有回应。大将军长史催促李广的幕府人员赶紧写出报告，前去听审。李广说："各位校尉没有罪，是末将自己迷失了道路。现在末将亲自去上供状，听候审问。"

李广回到了自己的幕府，对他的部属们说："我从年少的时候就与匈奴经历了大大小小七十多次战斗，今天有幸跟随大将军出兵迎战单于亲自率领的部队，可是大将军却调动我的部队去走迂回遥远的路，我偏又迷失了方向，这岂不是天意！况且我六十多岁了，毕竟不能再接受那些刀笔吏的侮辱了！"于是拔出刀就自刎了。百姓听说了这件事，不论认不认识李广，不论老年还是壮年，都为他默默流泪。而右将军赵食其被单独送交官吏，应当处死，他出钱赎罪成为平民。

李广有三个儿子，叫李当户、李椒、李敢，他们都担任郎官。有一次武帝与韩嫣游戏，韩嫣对武帝稍微不恭敬，李当户就要打韩嫣，韩嫣赶快跑掉了，武帝因此认为李当户很勇敢。李当户去世得早，武帝又任命李椒为代郡太守，两个儿子都比李广先死。李广在军中自杀时，李敢正跟随着骠骑将军霍去病。李广去世的第二年，李蔡以丞相的身份侵占了景帝阳陵前的空地，当时武帝赐给他的空地仅有二十亩，李蔡窃取了三顷，卖地获得了四十多万钱，又窃取了神道外围的一亩地当墓地，论罪应当下狱，李蔡也畏罪自杀了。李敢以校尉的身份跟随骠骑将军去攻打匈奴左贤王，全力奋战，夺取了左贤王的帅旗

敢。去病时方贵幸，上为讳，云鹿触杀之。居岁余，去病死。

敢有女为太子中人，爱幸。敢男禹有宠于太子，然好利，亦有勇。尝与侍中贵人饮，侵陵之，莫敢应。后诉之上，上召禹，使刺虎，县下圈中，未至地，有诏引出之。禹从落中以剑斫绝累，欲刺虎。上壮之，遂救止焉。而当户有遗腹子陵，将兵击胡，兵败，降匈奴。后人告禹谋欲亡从陵，下吏死。

陵字少卿，少为侍中建章监。善骑射，爱人，谦让下士，甚得名誉。武帝以为有广之风，使将八百骑，深入匈奴二千余里，过居延视地形，不见虏，还。拜为骑都尉，将勇敢五千人，教射酒泉、张掖以备胡。数年，汉遣贰师将军伐大宛，使陵将五校兵随后。行至塞，会贰师还。上赐陵书，陵留吏士，与轻骑五百出敦煌，至盐水，迎贰师还，复留屯张掖。

天汉二年，贰师将三万骑出酒泉，击右贤王于天山。召陵，欲使为贰师将辎重。陵召见武台，叩头自请曰："臣所将屯边者，皆荆楚勇士奇材剑客也，力扼虎，射命中，愿得自当一队，到兰干山南以分单于兵，毋令专乡贰师军。"上曰："将恶相属邪！吾发军多，毋骑予女。"陵对："无所事骑，臣愿以少击众，步兵五千人涉单于

与战鼓，斩获很多敌人首级，武帝赏赐李敢关内侯的爵位，受封食邑二百户，接替李广担任郎中令。过了不久，李敢抱怨大将军卫青使得父亲李广含恨而死，就打伤了大将军，大将军将这件事隐瞒。又过了没有多久，李敢跟随武帝到雍州甘泉宫去狩猎，骠骑将军霍去病对李敢打伤卫青怀恨在心，将李敢射死。霍去病当时正受武帝宠幸，武帝隐瞒了真相，说是野鹿撞死了李敢。过了一年以后，霍去病因病去世。

李敢有个女儿是太子的宫女，受到太子的宠幸。李敢的儿子李禹也受宠于太子，然而李禹爱财好利，也非常勇敢。李禹曾经与侍中贵人一起饮酒，侵犯了贵人，当时贵人没敢作声。后来向武帝诉说了此事，武帝就召见李禹，让他去刺杀老虎，将他悬吊着下到圈虎处，还没降到地面，就下令把李禹拉上来。李禹从网中将绳索砍断，想去刺杀老虎。武帝认为他勇敢，便把他救出来，阻止他再去刺虎。李当户有个遗腹子名叫李陵，率领军队去攻击匈奴，结果兵败，于是投降了匈奴。后来有人告发李禹想跑去匈奴跟随李陵，被交由官吏审问，后来被处死。

李陵，字少卿，年轻时担任侍中建章监。他善于骑马射箭，对他人有仁爱之心，对部下谦让，有很好的名声。武帝认为他有李广的风范，让他率领八百骑兵，深入到匈奴二千多里的地方，经过居延地区观察了那里的地形，没有发现匈奴，于是返回。武帝任命他为骑都尉，率领汉军勇士五千人，在酒泉、张掖地区教授大家射箭，以此来防备匈奴侵犯。又过了几年，朝廷派贰师将军前去讨伐大宛，让李陵率领五校兵紧随其后。李陵率军行军到达边塞时，遇到贰师将军大军返回。武帝赐书李陵，诏令李陵将军官和士兵留下，带领五百轻骑从敦煌出发，到达盐水，迎接贰师将军还师，然后驻扎在张掖。

天汉二年（前99），贰师将军率领三万骑兵从酒泉出兵，在天山攻打匈奴右贤王。武帝诏令李陵，想让他为贰师将军的大军运输辎重。李陵在武台被武帝召见，叩头自请说："臣率领的屯边将士，都是荆楚的勇士、奇材、剑客，力大可以捉住老虎，射箭命中目标，臣希望亲自带领一支队伍，到兰干山南分散单于的兵力，不让匈奴集结人马去进攻贰师将军。"武帝说："哪里可以拨给你人马呀！朕已经派

庭。”上壮而许之，因诏强弩都尉路博德将兵半道迎陵军。博德故伏波将军，亦羞为陵后距，奏言：“方秋匈奴马肥，未可与战，臣愿留陵至春，俱将酒泉、张掖骑各五千人并击东西浚稽，可必禽也。”书奏，上怒，疑陵悔不欲出而教博德上书，乃诏博德：“吾欲予李陵骑，云‘欲以少击众’。今虏入西河，其引兵走西河，遮钩营之道。”诏陵：“以九月发，出遮虏鄣，至东浚稽山南龙勒水上，徘徊观虏，即亡所见，从浞野侯赵破奴故道抵受降城休士，因骑置以闻。所与博德言者云何？具以书对。”陵于是将其步卒五千人出居延，北行三十日，至浚稽山止营，举图所过山川地形，使麾下骑陈步乐还以闻。步乐召见，道陵将率得士死力，上甚说，拜步乐为郎。

陵至浚稽山，与单于相值，骑可三万围陵军。军居两山间，以大车为营。陵引士出营外为陈，前行持戟盾，后行持弓弩，令曰：“闻鼓声而纵，闻金声而止。”虏见汉军少，直前就营。陵搏战攻之，千弩俱发，应弦而倒。虏还走上山，汉军追击，杀数千人。单于大惊，召左右地兵八万余骑攻陵。陵且战且引，南行数日，抵山谷中。连战，士卒中矢伤，三创者载辇，两创者将车，一创者持兵战。陵曰：“吾士气少衰而鼓不起者，何也？军中岂有女子乎？”始军出时，关东群盗妻子徙边者随军为卒妻妇，大匿车中。陵搜得，皆剑斩之。明日复战，斩首三千余级。引兵东南，循故龙城道行，四五日，抵大泽葭苇中，虏从上风纵火，陵亦令军中纵火以自救。南行至山下，单于在南山上，使其子将骑击陵。陵军步斗树木间，复杀数千人，因

出了很多军队，已经没有骑兵再派给你了。”李陵回答说：“陛下无须派骑兵，臣愿以少击众，只需要五千步兵就可以直捣单于的王庭。”武帝认为李陵勇壮于是答应了，便诏令强弩都尉路博德率兵，在途中接应李陵军。路博德原来做过伏波将军，也耻于做李陵的后备，就上奏说：“如今正值秋季匈奴马肥之时，不能与他们交战，臣愿留李陵到明年春季，我们同时各自率领酒泉、张掖五千骑兵，一起攻打东西浚稽山，必定可以擒获单于。”奏书呈上以后，武帝大怒，怀疑李陵反悔不想出兵，而指使路博德上书，便下诏对路博德说：“朕想派骑兵给李陵，他曾经说‘欲以少击众’。现在匈奴进入西河，我军应率兵前往西河，你要守住钩营之道阻挡敌军。”又下诏对李陵说：“你率领军队九月出发，从遮虏鄣出兵，到东浚稽山南面龙勒水一带，来回观察并寻找匈奴，若是没有发现敌军，就沿着浞野侯赵破奴走过的旧路抵达受降城在那里休整士兵，派骑兵回朝廷报告情况。你与路博德都讲了什么话？都写下来上报。”李陵因此率领五千步兵从居延出发，向北行进三十天，到达浚稽山安营扎寨，将军队经过的山川地形全部画成图，派部下骑兵陈步乐返回朝廷上报。陈步乐被武帝召见，他上报了李陵带兵有方得到将士死力效命的情况，武帝非常高兴，任命陈步乐为郎官。

李陵抵达浚稽山，与单于率领匈奴骑兵相遇，李陵所率军队被匈奴三万骑兵包围。李陵所率军队占据两山之间，以大车作为营垒。李陵带领士兵冲出营外列阵，前排士卒手执长戟和盾牌，后排士卒手持弓弩，李陵下令说：“听到鼓声就进攻，听到鸣金就收兵。”匈奴看到汉军人少，就径直扑向汉军营垒。李陵挥师搏战相攻，千弩齐发，匈奴骑兵应弦而倒。匈奴军队退回到上山，汉军追击，杀死数千匈奴敌兵。单于胆战心惊，召集左右步兵、骑兵八万多人一齐围攻李陵。李陵向南且战且退，南行数日，抵达山谷中。又继续与敌交战，士卒若是中箭受伤，受伤三处的可以坐在车上，受伤二处的可以驾车，受伤一处的继续执兵器作战。李陵说：“我军士气有些衰退而且鼓不起来，到底为何？军中莫非藏有女人吗？”军队开始出发时，有些被流放到边塞的关东群盗的妻女随军做了士兵们的妻子，大多藏匿在

发连弩射单于，单于下走。是日捕得虏，言“单于曰：‘此汉精兵，击之不能下，日夜引吾南近塞，得毋有伏兵乎？’诸当户君长皆言‘单于自将数万骑击汉数千人不能灭，后无以复使边臣，令汉益轻匈奴。复力战山谷间，尚四五十里得平地，不能破，乃还。’”

是时陵军益急，匈奴骑多，战一日数十合，复伤杀虏二千余人。虏不利，欲去，会陵军候管敢为校尉所辱，亡降匈奴，具言“陵军无后救，射矢且尽，独将军麾下及成安侯校各八百人为前行，以黄与白为帜，当使精骑射之即破矣。”成安侯者，颍川人，父韩千秋，故济南相，奋击南越战死，武帝封子延年为侯，以校尉随陵。单于得敢大喜，使骑并攻汉军，疾呼曰：“李陵、韩延年趣降！”遂遮道急攻陵。陵居谷中，虏在山上，四面射，矢如雨下。汉军南行，未至鞮汗山，一日五十万矢皆尽，即弃车去。士尚三千余人，徒斩车辐而持之，军吏持尺刀，抵山入狭谷。单于遮其后，乘隅下垒石，士卒多死，不得行。昏后，陵便衣独步出营，止左右：“毋随我，丈夫一取单于耳！”良久，陵还，大息曰：“兵败，死矣！”军吏或曰：“将军威震匈奴，天命不遂，后求道径还归，如浞野侯为虏所得，后亡还，天子客遇之，况于将军乎！”陵曰：“公止！吾不死，非壮士也。”于是尽斩旌旗，及珍宝埋地中，陵叹曰：“复得数十矢，足以脱矣。今无兵复战，天明坐受缚矣！各鸟兽散，犹有得脱归报天子者。”令军士人持二升糒，一半冰，期至遮虏鄣者相待。夜半时，击鼓起士，鼓

车中。李陵把她们搜出来，全部用剑斩杀掉。第二天再次出战，汉军斩杀匈奴三千多人。李陵率军向东南行进，沿着过去的龙城道路继续行军，四五天以后抵达大泽芦苇中，匈奴从上风处放火，李陵也让军中士卒放火烧出一块空地以自救。军队向南行进到山下，单于已经在南山上，命令他的儿子率领骑兵攻击李陵。李陵率领军队在树林中与其交战，又斩杀匈奴几千人，并用连弩射向单于，单于下山后退走。这天汉军抓到一名俘虏，他交待说“单于讲：‘这些都是汉朝的精兵，攻击这么久不能取胜，日夜南退引诱我军靠近边塞，会不会有埋伏呢？’各个部落的当户君长们都说‘单于亲自率领几万骑兵攻击几千人的汉军而不能把他们消灭，以后再也没有办法调兵遣将了，会让汉朝越发轻视我们匈奴。再次到山谷中猛攻，还有四五十里才能到达平地，不能击败敌人，就返回来。’”

这时李陵军队处境更加危急，匈奴的骑兵多，一日交战几十个回合，又杀死匈奴二千余人。匈奴不能取胜，准备退兵，正遇李陵军中一个叫管敢的军候被校尉凌辱，逃出去投降了匈奴，他向单于详细地讲述了汉军情况，说“李陵军队没有后援，箭已经快用完了，独自率领部下以及成安侯校官各八百人为前锋，分别用黄、白二色做旗帜，应当派精锐骑兵射箭就可以消灭汉军。”成安侯是颍川人，父亲韩千秋，曾经担任济南相，征讨南越时奋战而死，武帝封他的儿子韩延年为侯，以校尉的身份跟随李陵出征。单于得到管敢后非常高兴，派骑兵合力攻击汉军，边攻击边大声疾呼：“李陵、韩延年赶快投降！”接着派人挡住道路，猛烈地攻击李陵。李陵率汉军处在山谷中，匈奴在山上，他们四面射箭，箭如雨下。汉军坚持南下，还没到鞮汗山，一天五十万支箭就全部消耗掉了，汉军立即丢弃战车而退兵。士兵尚且还剩三千多人，只能砍断车辐拿在手中当武器，军官们手持短刀，深入到峡谷之中。单于切断了汉军的退路，依仗山势投下垒石，汉军士兵伤亡惨重，不能向前行进。黄昏以后，李陵换上便衣独步出营，拦住左右的随从说：“不要跟着我，大丈夫一人去抓单于就行了！”过了很久，李陵才回来，大声叹息着说：“兵败如此，惟求一死吧！”有的军吏说：“将军神威震慑匈奴，只是上天不能遂愿，以后再找道路

不鸣。陵与韩延年俱上马，壮士从者十余人。虏骑数千追之，韩延年战死。陵曰："无面目报陛下！"遂降。军人分散，脱至塞者四百余人。

陵败处去塞百余里，边塞以闻。上欲陵死战，召陵母及妇，使相者视之，无死丧色。后闻陵降，上怒甚，责问陈步乐，步乐自杀。群臣皆罪陵，上以问太史令司马迁，迁盛言："陵事亲孝，与士信，常奋不顾身以殉国家之急。其素所畜积也，有国士之风。今举事一不幸，全躯保妻子之臣随而媒蘖其短，诚可痛也！且陵提步卒不满五千，深輮戎马之地，抑数万之师，虏救死扶伤不暇，悉举引弓之民共攻围之。转斗千里，矢尽道穷，士张空拳，冒白刃，北首争死敌，得人之死力，虽古名将不过也。身虽陷败，然其所摧败亦足暴于天下。彼之不死，宜欲得当以报汉也。"初，上遣贰师大军出，财令陵为助兵，及陵与单于相值，而贰师功少。上以迁诬罔，欲沮贰师，为陵游说，下迁腐刑。

久之，上悔陵无救，曰："陵当发出塞，乃诏强弩都尉令迎军。

返回汉朝，就像当年浞野侯虽然被俘，但后来又逃回去，天子仍然礼遇他，更何况是将军呢！”李陵说：“你们不要说了！我不战死，就不是壮士。”于是李陵让部下砍断所有的旗帜，将珍宝埋藏在地下，李陵叹息说：“若是再有几十支箭，我们就足以逃脱了。现在没有兵器再战，天亮了我们就坐等束手就擒了！大家各自去逃命吧，如果有侥幸得以逃脱的人，回到朝廷向天子上报。”李陵命令军士每人准备二升粮，一大片冰，约定在边塞遮虏鄣等待会合。到半夜时分，击鼓起士，但是鼓没有响。李陵与韩延年两人都上了马，跟从的壮士还有十几人。匈奴的数千骑兵追击，韩延年奋战而死。李陵说：“我没有脸面去向陛下报告了！”于是就投降。军人们四散逃走，逃到边塞的有四百余人。

李陵战败的地方距离边塞只有一百多里，边塞把消息上报了朝廷。武帝希望李陵能够战死，就召来李陵的母亲和妻子，让看相的人来观察，却毫无死丧之色。后来听说李陵已经投降匈奴，武帝非常愤怒，责问陈步乐，陈步乐自杀。群臣全都怪罪李陵，武帝就此事询问太史令司马迁，司马迁极力申说道：“李陵孝顺父母，与士人诚信交往，常常奋不顾身解救国家危急。从他一向的表现来看，有国士的风范。如今他做了一件不幸的事，那些贪生怕死只知道安身保命的臣子们，便诬罔构陷，夸大其罪，实在是令人痛心啊！况且李陵率领的步兵不足五千人，深入匈奴腹地，面对数万骑兵，使他们无暇救死扶伤，不得已招来所有会射箭的民众一起围攻李陵。李陵率领汉军转战千里，箭全部用尽走到绝路，士兵们最后赤手空拳，冒着匈奴的白刃箭雨，还是面向北方同敌人殊死搏斗，能够得到将士们拼死效力，即使是古代名将也不过如此。李陵虽然战败被俘，然而他击败匈奴的战绩，也足够光耀天下了。李陵之所以不死，是还想寻找适当的机会报效汉朝。”起初，武帝派贰师将军出征时，李陵只是辅助之兵，等到李陵与单于的大军遭遇，而贰师将军战功很少。武帝便以司马迁诬陷毁谤，诋毁贰师将军，并为李陵说情为罪名，把司马迁下狱施以腐刑。

很久以后，武帝后悔没有去及时救援李陵，说：“李陵发兵出塞

坐预诏之，得令老将生奸诈。”乃遣使劳赐陵余军得脱者。

陵在匈奴岁余，上遣因杅将军公孙敖将兵深入匈奴迎陵。敖军无功还，曰：“捕得生口，言李陵教单于为兵以备汉军，故臣无所得。”上闻，于是族陵家，母弟妻子皆伏诛。陇西士大夫以李氏为愧。其后，汉遣使使匈奴，陵谓使者曰：“吾为汉将步卒五千人横行匈奴，以亡救而败，何负于汉而诛吾家？”使者曰：“汉闻李少卿教匈奴为兵。”陵曰：“乃李绪，非我也。”李绪本汉塞外都尉，居奚侯城，匈奴攻之，绪降，而单于客遇绪，常坐陵上。陵痛其家以李绪而诛，使人刺杀绪。大阏氏欲杀陵，单于匿之北方，大阏氏死乃还。

单于壮陵，以女妻之，立为右校王，卫律为丁灵王，皆贵用事。卫律者，父本长水胡人。律生长汉，善协律都尉李延年，延年荐言律使匈奴。使还，会延年家收，律惧并诛，亡还降匈奴。匈奴爱之，常在单于左右。陵居外，有大事，乃入议。

昭帝立，大将军霍光、左将军上官桀辅政，素与陵善，遣陵故人陇西任立政等三人俱至匈奴招陵。立政等至，单于置酒赐汉使者，李陵、卫律皆侍坐。立政等见陵，未得私语，即目视陵，而数数自循其刀环，握其足，阴谕之，言可还归汉也。后陵、律持牛酒劳汉使，博饮，两人皆胡服椎结。立政大言曰：“汉已大赦，中国安乐，主上富于春秋，霍子孟、上官少叔用事。”以此言微动之。陵墨不应，孰视而自循其发，答曰：“吾已胡服矣！”有顷，律起更衣，立政曰：“咄，少卿良苦！霍子孟、上官少叔谢女。”陵曰：“霍与上官无

的时候，就应该让强弩都尉前去接应。等待朝廷下诏，才让老将路博德心怀奸诈，致使李陵全军覆没。”武帝就又派出使者去慰劳赏赐李陵军中那些逃回来的士兵。

李陵在匈奴一年多，武帝派因杅将军公孙敖率领军队深入匈奴去迎接李陵。公孙敖的军队无功而返，说：“抓到的匈奴俘虏说，李陵教单于训练士兵以防备汉军，因此臣毫无所获。”武帝听到报告大怒，便将李陵家灭族，母亲、兄弟、妻子、孩子都被诛杀。陇西士大夫以李氏为羞愧。后来，汉朝派使者出使匈奴，李陵对使者说：“我为汉朝率领步兵五千人横扫匈奴，因为朝廷没有救兵来支援所以失败，有什么对不起汉朝的，朝廷要诛杀我全家？”使者说：“汉朝听说李少卿教匈奴用兵。”李陵说：“那是李绪，不是我啊。”李绪原本是汉朝塞外都尉，驻扎在奚侯城，匈奴攻打，李绪投降，单于以宾客之礼对待李绪，经常坐在李陵的上位。李陵痛恨自己全家因李绪而被灭族，就派人去刺杀李绪。大阏氏想诛杀李陵，单于把李陵藏在北方，大阏氏死后他才返回。

单于很看重李陵，把女儿嫁给他为妻，立他为右校王，卫律为丁灵王，他们都受到尊崇而被单于重用。卫律，他的父亲原本是长水胡人。但是卫律却生长在汉朝，与协律都尉李延年交好，李延年推荐他出使匈奴。出使返回时，正遇李延年被抄家，卫律害怕被连累诛杀，就逃走投降了匈奴。匈奴非常喜爱他，他经常跟在单于左右。李陵居外庭，遇到大事，李陵才入内议事。

昭帝即位后，大将军霍光、左将军上官桀辅政，他们过去与李陵的关系很好，派李陵的故交陇西人任立政等三人一起到匈奴招回李陵。任立政等人到达匈奴，单于设酒赐宴招待汉朝使者，李陵、卫律都在座。任立政等人见到李陵，没有得到机会私语，便目视李陵，多次用手抚摸佩刀上的环，抓住李陵的脚，暗谕他可以归汉。后来李陵、卫律用牛肉和酒慰劳汉朝使者，大家开怀畅饮，两人都身穿胡服，头上扎着一撮发髻。任立政大声说道：“汉朝已经大赦天下，中原祥和安乐，当朝皇帝正值年少，朝中霍子孟、上官少叔执掌朝政。”用这些话来打动李陵。李陵没有回应，盯着自己的头发同时抚摸着，回

恙乎？”立政曰：“请少卿来归故乡，毋忧富贵。”陵字立政曰：“少公，归易耳，恐再辱，奈何！”语未卒，卫律还，颇闻余语，曰：“李少卿贤者，不独居一国。范蠡遍游天下，由余去戎入秦，今何语之亲也！”因罢去。立政随谓陵曰：“亦有意乎？”陵曰：“丈夫不能再辱。”

陵在匈奴二十余年，元平元年病死。

苏建，杜陵人也。以校尉从大将军青击匈奴，封平陵侯。以将军筑朔方。后以卫尉为游击将军，从大将军出朔方。后一岁，以右将军再从大将军出定襄，亡翕侯，失军当斩，赎为庶人。其后为代郡太守，卒官。有三子：嘉为奉车都尉，贤为骑都尉，中子武最知名。

武字子卿，少以父任，兄弟并为郎，稍迁至栘中厩监。时汉连伐胡，数通使相窥观，匈奴留汉使郭吉、路充国等，前后十余辈。匈奴使来，汉亦留之以相当。天汉元年，且鞮侯单于初立，恐汉袭之，乃曰：“汉天子我丈人行也。”尽归汉使路充国等。武帝嘉其义，乃遣武以中郎将使持节送匈奴使留在汉者，因厚赂单于，答其善意。武与副中郎将张胜及假吏常惠等募士斥候百余人俱。既至匈奴，置币遗单于。单于益骄，非汉所望也。

方欲发使送武等，会缑王与长水虞常等谋反匈奴中。缑王者，

答说："我如今已经穿上胡服了！"过了一会儿，卫律起身要去更衣，任立政说："哎，少卿你受苦了！霍子孟、上官少叔托我向你问好。"李陵说："他们两位无恙吧？"任立政说："他们请少卿回归故乡，不用担忧富贵。"李陵叫着任立政的字说："少公，我回去很容易，只是担心再受到凌辱，我该怎么办！"话还没有说完，卫律就回来了，他听到了余音，便接着说道："李少卿是贤德之人，不只是居住在一个国家。范蠡曾经遍游天下，由余也是离开西戎故地去了秦国，你们今天的谈话为何如此亲密！"随后撤席离去。任立政随即对李陵说："你还有回去的意愿吗？"李陵说："大丈夫不能再次受辱。"

李陵在匈奴二十多年，元平元年（前74）病死。

苏建，杜陵郡人。以校尉的身份跟随大将军卫青去抗击匈奴，受封平陵侯。以将军的身份修筑朔方城。后来以卫尉的身份担任游击将军，再次跟随大将军卫青出兵朔方。一年以后，以右将军的身份再次跟随大将军卫青出兵定襄，部将翕侯赵信投降匈奴，苏建率领部队损失惨重应当问斩，后赎为平民免了死罪。之后又担任代郡太守，在任上去世。他有三个儿子：苏嘉担任奉车都尉，苏贤担任骑都尉，次子苏武最为知名。

苏武，字子卿，少年时因父亲苏建担任官职，兄弟们一起被朝廷任用为郎官，后来升任移中厩监。当时汉朝连续出兵讨伐匈奴，朝廷多次派出使者暗中察看匈奴的情况，匈奴扣留了汉朝使者郭吉、路充国等人，前后有十多批。匈奴使者来到，汉朝也会扣留他们相抵。天汉元年（前100），且鞮侯单于刚刚即位，担心汉朝前来袭击，就说："汉朝的天子是我的长辈。"把以前扣留在匈奴的汉朝使者路充国等人全部放还。武帝称赞他明于大义，就派苏武以中郎将的身份，带着汉朝的符节出使匈奴，护送曾经被扣留在汉朝的匈奴使者们，并且赠送单于许多财物，以此答谢单于的善意。苏武与副使中郎将张胜，以及临时出使的官员常惠等招募士卒、侦察敌情的哨兵共一百多人一同前往。到达了匈奴以后，取出财物赠送给单于。单于更加傲慢，并非像汉朝所期望的那样。

单于正准备派使者护送苏武等人返回汉朝，正赶上缑王和长

昆邪王姊子也，与昆邪王俱降汉，后随浞野侯没胡中。及卫律所将降者，阴相与谋劫单于母阏氏归汉。会武等至匈奴，虞常在汉时素与副张胜相知，私候胜曰："闻汉天子甚怨卫律，常能为汉伏弩射杀之。吾母与弟在汉，幸蒙其赏赐。"张胜许之，以货物与常。后月余，单于出猎，独阏氏子弟在。虞常等七十余人欲发，其一人夜亡，告之。单于子弟发兵与战。缑王等皆死，虞常生得。

单于使卫律治其事。张胜闻之，恐前语发，以状语武。武曰："事如此，此必及我。见犯乃死，重负国。"欲自杀，胜、惠共止之。虞常果引张胜。单于怒，召诸贵人议，欲杀汉使者。左伊秩訾曰："即谋单于，何以复加？宜皆降之。"单于使卫律召武受辞，武谓惠等："屈节辱命，虽生，何面目以归汉！"引佩刀自刺。卫律惊，自抱持武，驰召医。凿地为坎，置煴火，覆武其上，蹈其背以出血。武气绝，半日复息。惠等哭，舆归营。单于壮其节，朝夕遣人候问武，而收系张胜。

武益愈，单于使使晓武。会论虞常，欲因此时降武。剑斩虞常已，律曰："汉使张胜谋杀单于近臣，当死，单于募降者赦罪。"举剑欲击之，胜请降。律谓武曰："副有罪，当相坐。"武曰："本无谋，又非亲属，何谓相坐？"复举剑拟之，武不动。律曰："苏君，律

水虞常等人在匈奴图谋造反。缑王，是昆邪王姐姐的儿子，曾经与昆邪王一同投降汉朝，后来随汉朝浞野侯去讨伐匈奴，结果兵败投降。他们与跟随卫律一起投降的人，暗中密谋要绑架单于的母亲阏氏返回汉朝。恰巧此时苏武等人出使匈奴，虞常在汉朝时一向与副使张胜交好，就私下去拜访张胜，说："听说大汉天子非常怨恨卫律，我可以为汉朝暗设弓弩手将他杀死。我的母亲和弟弟都在汉朝，希望他们能够得到我为汉朝立功的封赏。"张胜答应了他，并且赠送给虞常很多财物。一个多月以后，单于外出打猎，只有阏氏及单于的子弟在家。虞常等七十多人准备发动叛乱，其中有一人夜里逃走，去向单于告密。单于及其子弟派兵与虞常等人展开激烈的战斗。缑王等人都被杀死，虞常被活捉。

单于派卫律来审理这一事件。张胜听说这个消息，害怕以前和虞常密谋的话泄露出去，就把情况告诉了苏武。苏武说："事情已经发展到这种地步，必定会牵扯到我。若是我被侮辱后才死去，就更对不起国家了。"于是就要自杀，张胜、常惠共同将他劝住。虞常果然把张胜供了出来。单于非常生气，召集匈奴的贵族们商议，准备诛杀汉朝使者。左伊秩訾王说："如果有人要谋害单于，如何加重处罚？最好让他们全部归降。"单于派卫律召苏武前来听取供词，苏武对常惠等人说："让自己的节操和国家赋予的使命受到污辱，即使活着，还有什么面目回到汉朝！"就拔出佩刀自杀。卫律见状大吃一惊，抱住苏武，派人骑马去找医生。医生在地上凿开一个坑，放进无焰的微火，让苏武伏卧在火坑上面，用手叩击他的后背让淤血流出。苏武昏厥过去，半天才苏醒过来。常惠等人在一旁哭着，用车子将苏武抬回营帐。单于非常敬佩苏武的气节，早晚派人前来探问他的病情，并将张胜拘捕。

苏武的伤势逐渐痊愈，单于派使者劝苏武投降。又一起会审虞常，想借助这个机会让苏武投降匈奴。卫律用剑斩杀虞常以后，说："汉朝使者张胜谋杀单于身边的大臣，应当处死，但是单于招募归降的人并且赦免他的罪过。"卫律举剑就要砍杀张胜，张胜请求投降。卫律对苏武说："副使有罪，你应当一同治罪。"苏武说："我本

前负汉归匈奴，幸蒙大恩，赐号称王，拥众数万，马畜弥山，富贵如此。苏君今日降，明日复然。空以身膏草野，谁复知之！”武不应。律曰：“君因我降，与君为兄弟，今不听吾计，后虽欲复见我，尚可得乎？”武骂律曰：“女为人臣子，不顾恩义，畔主背亲，为降虏于蛮夷，何以女为见？且单于信女，使决人死生，不平心持正，反欲斗两主，观祸败。南越杀汉使者，屠为九郡；宛王杀汉使者，头县北阙；朝鲜杀汉使者，即时诛灭。独匈奴未耳。若知我不降明，欲令两国相攻，匈奴之祸从我始矣。”

律知武终不可胁，白单于。单于愈益欲降之，乃幽武置大窖中，绝不饮食。天雨雪，武卧啮雪与旃毛并咽之，数日不死，匈奴以为神。乃徙武北海上无人处，使牧羝，羝乳乃得归。别其官属常惠等，各置他所。

武既至海上，廪食不至，掘野鼠去中实而食之。杖汉节牧羊，卧起操持，节旄尽落。积五六年，单于弟於靬王弋射海上。武能网纺缴，檠弓弩，於靬王爱之，给其衣食。三岁余，王病，赐武马畜服匿穹庐。王死后，人众徙去。其冬，丁令盗武牛羊，武复穷厄。

初，武与李陵俱为侍中，武使匈奴明年，陵降，不敢求武。久

来没有参与谋反，和他又不是亲属，为什么要一同治罪？”卫律举剑假装要刺苏武，苏武岿然不动。卫律说：“苏先生，卫律以前背叛汉朝，归降了匈奴，有幸蒙受单于大恩，赐号称王，我现在拥有数万部众，牛马牲畜满山都是，富贵如此。苏先生今天投降，明天也能和我一样。若是被杀白白葬身于荒野中，有谁记得你为汉朝而死！”苏武毫无反应。卫律又说：“先生因为我而投降，我就与先生结为兄弟，今天不听从我的计策，以后你再想看见我，还有可能吗？”苏武痛骂卫律说：“你作为大汉的臣子，丝毫不顾恩德道义，背叛皇上和宗亲，投降蛮夷当了俘虏，我为什么要见你？况且单于相信你，派你来裁决人的生死，可你却不能平心去主持公正，反倒使两国君主相互争斗，自己坐观双方的灾祸与失败。南越诛杀汉朝使者，被灭国而成为汉朝的九个郡；大宛王诛杀汉朝使者，他的脑袋已经悬挂在汉宫的北阙；朝鲜诛杀汉朝使者，国家即刻遭到灭顶之灾。惟独匈奴还没有发生这种事情。你明知我不会投降，若是想让两国相互攻打，匈奴的灾祸就会从杀我开始。”

卫律知道苏武不可能被胁迫，就把情况报告单于。单于更加想让苏武投降匈奴，便把他囚禁在大窖中，断绝了他的饮食。天降大雪，苏武就躺在地上，吞食毡毛与雪团，好多天没被饿死，匈奴以为他是神。便把苏武迁徙到北海上的无人之地，让苏武放牧公羊，直到公羊产乳生仔，才允许他返回。又把苏武与属吏常惠等人分开，将他们分别安置在不同的地方。

苏武刚刚被流放到北海边，匈奴不给他提供粮食，苏武只能去挖掘野鼠储藏的草籽来充饥。苏武拄着汉朝的符节牧羊，时刻把符节带在身边，以致符节上的旄全部脱落。过了五六年，单于的弟弟於靬王到北海打猎。苏武能制作猎网与箭缴，会矫正弓弩，於靬王很喜欢他，赠送给他一些衣服和食物。又过了三年多，於靬王病了，又赐给苏武一些马匹、牲畜、酒器、毡帐。於靬王去世以后，他的部众也都迁徙走了。这年冬季，丁令人盗走了苏武的牛羊，苏武再度陷入了穷困境地。

起初，苏武与李陵一起担任侍中，苏武出使匈奴后的第二年，李

之，单于使陵至海上，为武置酒设乐，因谓武曰："单于闻陵与子卿素厚，故使陵来说足下，虚心欲相待。终不得归汉，空自苦亡人之地，信义安所见乎？前长君为奉车，从至雍棫阳宫，扶辇下除，触柱折辕，劾大不敬，伏剑自刎，赐钱二百万以葬。孺卿从祠河东后土，宦骑与黄门驸马争船，推堕驸马河中溺死，宦骑亡，诏使孺卿逐捕不得，惶恐饮药而死。来时，大夫人已不幸，陵送葬至阳陵。子卿妇年少，闻已更嫁矣。独有女弟二人，两女一男，今复十余年，存亡不可知。人生如朝露，何久自苦如此！陵始降时，忽忽如狂，自痛负汉，加以老母系保宫，子卿不欲降，何以过陵？且陛下春秋高，法令亡常，大臣亡罪夷灭者数十家，安危不可知，子卿尚复谁为乎？愿听陵计，勿复有云。"武曰："武父子亡功德，皆为陛下所成就，位列将，爵通侯，兄弟亲近，常愿肝脑涂地。今得杀身自效，虽蒙斧钺汤镬，诚甘乐之。臣事君，犹子事父也，子为父死无所恨。愿勿复再言。"陵与武饮数日，复曰："子卿壹听陵言。"武曰："自分已死久矣！王必欲降武，请毕今日之欢，效死于前！"陵见其至诚，喟然叹曰："嗟乎，义士！陵与卫律之罪上通于天。"因泣下沾衿，与武决去。

陵恶自赐武，使其妻赐武牛羊数十头。后陵复至北海上，语武："区脱捕得云中生口，言太守以下吏民皆白服，曰上崩。"武闻之，南乡号哭，欧血，旦夕临。

陵兵败投降匈奴，他不敢求见苏武。很久以后，单于派李陵到北海，为苏武摆下酒宴并陈设乐舞，李陵趁机对苏武说：“单于听说我与子卿平素交往深厚，所以派我前来劝说您，单于将会虚心对待您。您终究不能回到汉朝，白白在这无人之地自讨苦吃，您的信义谁又能看见呢？以前您的兄长苏嘉担任奉车都尉，跟随皇上到雍城棫阳宫，扶辇下殿阶，辇撞到柱子上，折断了车辕，以大不敬的罪名被弹劾，您的兄长拔剑自杀，皇上赐钱二百万用来安葬。您的弟弟苏贤跟随皇上去河东郡祭祀后土，宦骑与黄门驸马两人争船，宦骑把驸马推到河中淹死，随后逃亡，皇上诏命苏贤去追捕宦骑，没有抓到，苏贤忧虑惶恐，喝毒药自杀。我领兵离开长安的时候，您的母亲已经不幸去世，我送葬到阳陵。您的妻子还很年轻，听说她已经改嫁了。只剩下两个妹妹，两个女儿和一个儿子，如今已经过去十多年了，也不知道是死是活。人生就像早上的露珠，何必如此自讨苦吃！我刚投降时，心神恍惚，如同发狂，为自己背叛朝廷而痛心，加上我的母亲被囚禁在保宫中，您不愿意投降的心情，怎么可能会超过我呢？况且陛下已经年老，法令无常，大臣没有犯罪就被诛灭的有几十家，自身安危难以预料，您现在还能为谁守节呢？希望您听从我的建议，不要再说什么了。”苏武说：“我们苏家父子几代无功无德，都是因为陛下的赏识，才能位列将军，爵位封至通侯，我们兄弟三人都是陛下的近臣，常愿为陛下肝脑涂地。如今若是舍弃生命可以报效国家，虽然蒙受斧钺之诛，汤镬之刑，我也心甘情愿。臣子侍奉君王，就像儿子侍奉父亲一样，儿子为父亲去死没有丝毫怨恨。希望您不要再说了。”李陵与苏武宴饮几天以后，再次劝说苏武：“您一定要听我的话。”苏武说：“我早就死了！您若是一定要让我投降，请结束今天的欢聚，让我现在死在您的面前！”李陵见苏武对汉朝如此忠诚，喟然长叹，说：“唉，真正的义士啊！我与卫律所犯的罪过，上通于天啊。”随之李陵泪如雨下，沾湿衣襟，与苏武辞别离去。

李陵羞于亲自赠送苏武财物，就派他的妻子送给苏武牛羊数十头。后来李陵再次来到北海，对苏武说：“匈奴边塞哨所活捉云中郡汉人，说自太守以下的官民全部穿白色的丧服，说皇上驾崩了。”苏武

数月，昭帝即位。数年，匈奴与汉和亲。汉求武等，匈奴诡言武死。后汉使复至匈奴，常惠请其守者与俱，得夜见汉使，具自陈道。教使者谓单于，言天子射上林中，得雁，足有系帛书，言武等在某泽中。使者大喜，如惠语以让单于。单于视左右而惊，谢汉使曰："武等实在。"于是李陵置酒贺武曰："今足下还归，扬名于匈奴，功显于汉室，虽古竹帛所载，丹青所画，何以过子卿！陵虽驽怯，令汉且贳陵罪，全其老母，使得奋大辱之积志，庶几乎曹柯之盟，此陵宿昔之所不忘也。收族陵家，为世大戮，陵尚复何顾乎？已矣！令子卿知吾心耳。异域之人，壹别长绝！"陵起舞，歌曰："径万里兮度沙幕，为君将兮奋匈奴。路穷绝兮矢刃摧，士众灭兮名已隤。老母已死，虽欲报恩将安归！"陵泣下数行，因与武决。单于召会武官属，前以降及物故，凡随武还者九人。

武以始元六年春至京师。诏武奉一太牢谒武帝园庙，拜为典属国，秩中二千石，赐钱二百万，公田二顷，宅一区。常惠、徐圣、赵终根皆拜为中郎，赐帛各二百匹。其余六人老归家，赐钱人十万，复终身。常惠后至右将军，封列侯，自有传。武留匈奴凡十九岁，始以强壮出，及还，须发尽白。

武来归明年，上官桀子安与桑弘羊及燕王、盖主谋反。武子男元与安有谋，坐死。

听闻此消息，面向南方嚎啕痛哭，竟然吐血，每天早晚哭吊武帝。

数月以后，昭帝即位。又过了几年，匈奴与汉朝和亲。汉朝寻求苏武等人，匈奴谎称苏武已经死了。后来汉朝使者又到了匈奴，常惠请求看守他的人同他一起前往，晚上见了汉朝使者，详细地讲述了这几年在匈奴的情况。常惠又教汉朝使者对单于说，汉朝天子在上林苑打猎，射得一只大雁，大雁脚上系着帛书，说苏武等人在某个荒泽中。汉朝使者十分高兴，就如常惠所说前去责问单于。单于左顾右盼，非常惊讶，向汉朝使者致歉说："苏武等人确实还活着。"因此李陵置办酒宴为苏武庆贺，说："如今您回归大汉，美名传扬于匈奴，功勋显扬于汉室，即使古代史书所记载的事迹，图画所描绘的人物，有谁能够超过您呢！我虽然驽下怯懦，假如朝廷暂且宽恕我的罪过，不杀我的老母亲，使我可以实现因投降匈奴而无法达成的夙愿，或许我会像曹沫那样能够将功赎罪，这是我昔日念念不忘的。皇上拘捕灭了我全族，这是当世的奇耻大辱，我还有什么可顾及的？算了吧！我只是想让您知道我的心思罢了。我身处异国，这次一别将永不相见！"说罢李陵起舞，唱道："驰骋万里啊横穿沙漠，为天子领兵啊奋击匈奴。归路断绝啊刀箭毁坏，士兵战死啊我名声已败坏。老母亲已死，虽想报恩何处可归！"李陵涕泪纵横，同苏武诀别。单于召集苏武的属吏，除去已投降匈奴的和已经去世的，随同苏武返回大汉的总共九人。

苏武在始元六年（前81）春季抵达都城长安。昭帝诏令苏武供奉太牢去祭拜武帝陵墓，又授予苏武典属国之职，官阶为中二千石，并赏赐二百万钱，公田二顷，宅邸一处。常惠、徐圣、赵终根全都被授予中郎官之职，每人赏赐绢帛二百匹。其余六人年老归家，每人赏赐十万钱，终身免除徭役。常惠后来官至右将军，封为列侯，书中有他的传记。苏武被扣留在匈奴十九年，出使时年轻力壮，等到返回之时，须发尽白。

苏武回到汉朝的第二年，上官桀的儿子上官安与桑弘羊及燕王、盖长公主谋反。苏武的儿子苏元因为参与上官安的阴谋，而被诛杀。

初桀、安与大将军霍光争权，数疏光过失予燕王，令上书告之。又言苏武使匈奴二十年不降，还乃为典属国，大将军长史无功劳，为搜粟都尉，光颛权自恣。及燕王等反诛，穷治党与，武素与桀、弘羊有旧，数为燕王所讼，子又在谋中，廷尉奏请逮捕武。霍光寝其奏，免武官。

数年，昭帝崩，武以故二千石与计谋立宣帝，赐爵关内侯，食邑三百户。久之，卫将军张安世荐武明习故事，奉使不辱命，先帝以为遗言。宣帝即时召武待诏宦者署，数进见，复为右曹典属国。以武著节老臣，令朝朔望，号称祭酒，甚优宠之。

武所得赏赐，尽以施予昆弟故人，家不余财。皇后父平恩侯、帝舅平昌侯、乐昌侯、车骑将军韩增、丞相魏相、御史大夫丙吉皆敬重武。武年老，子前坐事死，上闵之，问左右："武在匈奴久，岂有子乎？"武因平恩侯自白："前发匈奴时，胡妇适产一子通国，有声问来，愿因使者致金帛赎之。"上许焉。后通国随使者至，上以为郎。又以武弟子为右曹。武年八十余，神爵二年病卒。

甘露三年，单于始入朝。上思股肱之美，乃图画其人于麒麟阁，法其形貌，署其官爵姓名。唯霍光不名，曰大司马大将军博陆侯姓霍氏，次曰卫将军富平侯张安世，次曰车骑将军龙頟侯韩增，次曰后将军营平侯赵充国，次曰丞相高平侯魏相，次曰丞相博阳侯丙吉，次曰御史大夫建平侯杜延年，次曰宗正阳城侯刘德，次曰

起初上官桀、上官安父子与大将军霍光争权，曾经数次逐条记录霍光所犯的过失，交给燕王，让燕王上书给昭帝，告发霍光。又说苏武因为出使匈奴二十年不投降，回到汉朝才授予典属国之职，而大将军的长史官毫无功劳，却担任搜粟都尉，霍光专权，放肆妄为。等到燕王等人因为谋反而被诛杀，朝廷彻底查办了他们的同党，苏武素来与上官桀、桑弘羊有交情，燕王曾经多次向昭帝申诉苏武立功之事，苏武的儿子又参与了谋反，所以廷尉奏请逮捕苏武。霍光将奏章搁置，免去苏武的官职。

几年以后，昭帝驾崩，苏武以原二千石官吏的身份，参与迎立宣帝的计谋，被赐关内侯爵位，食邑三百户。过了很久，卫将军张安世因苏武明白以前的典章制度，奉命出使，不辱使命，先帝活着时经常说起而举荐他。宣帝马上征召苏武在宦者署等待诏命，苏武多次进见，又担任右曹典属国。因苏武是节操显著的老臣，宣帝命苏武每逢初一、十五入朝，赐予苏武祭酒的尊号，非常优待尊宠他。

苏武把他所得的赏赐，全都给了兄弟和旧交，家里不留一点财产。皇后的父亲平恩侯许伯、宣帝的舅舅平昌侯王无故和乐昌侯王武、车骑将军韩增、丞相魏相、御史大夫丙吉都非常敬重苏武。这时苏武年事已高，儿子苏元因为犯罪被诛杀，宣帝很怜悯他，向身边大臣询问："苏武在匈奴时间那么久，难道没有生子吗？"苏武通过平恩侯向宣帝陈述："当初臣从匈奴回来时，臣的匈奴妻子刚好生下一个儿子，叫苏通国，正好有音信传来，希望能通过使者用黄金丝帛把他赎回来。"宣帝同意了。后来苏通国随同使者回来，宣帝任命他担任郎官。宣帝又任命苏武的侄子为右曹。苏武享年八十多岁，在神爵二年（前60）病死。

甘露三年（前51），匈奴单于开始入塞拜谒汉朝皇帝。宣帝想到了曾经辅佐自己的那些大臣们的美德，便命人把他们画像悬挂在麒麟阁，画出他们的形貌，并署上他们的官职、爵位和姓名。只有霍光不标名字，表示尊崇，写着大司马大将军博陆侯霍氏，第二位是卫将军富平侯张安世，第三位是车骑将军龙額侯韩增，第四位是后将军营平侯赵充国，第五位是丞相高平侯魏相，第六位是丞相博阳侯丙

少府梁丘贺，次曰太子太傅萧望之，次曰典属国苏武。皆有功德，知名当世，是以表而扬之，明著中兴辅佐，列于方叔、召虎、仲山甫焉。凡十一人，皆有传。自丞相黄霸、廷尉于定国、大司农朱邑、京兆尹张敞、右扶风尹翁归及儒者夏侯胜等，皆以善终，著名宣帝之世，然不得列于名臣之图，以此知其选矣。

赞曰：李将军恂恂如鄙人，口不能出辞，及死之日，天下知与不知皆为流涕，彼其中心诚信于士大夫也。谚曰："桃李不言，下自成蹊。"此言虽小，可以喻大。然三代之将，道家所忌，自广至陵，遂亡其宗，哀哉！孔子称"志士仁人，有杀身以成仁，无求生以害仁"，"使于四方，不辱君命"，苏武有之矣。

吉，第七位是御史大夫建平侯杜延年，第八位是宗正阳城侯刘德，第九位是少府梁丘贺，第十位是太子太傅萧望之，第十一位是典属国苏武。他们全都有功德，闻名当代，所以要表彰他们，明确他们就是宣帝复兴大汉的辅佐之臣，他们可以与辅佐周宣王的名臣方叔、召虎、仲山甫相媲美。共有十一人，书中都有他们的传记。从丞相黄霸、廷尉于定国、大司农朱邑、京兆尹张敞、右扶风尹翁归一直到名儒夏侯胜等，都能够善终，扬名于宣帝治世之时，然而他们却不能列于名臣图中，由此可知选择辅臣的严格。

赞辞说：李广将军温和恭敬如同粗鄙之人，口不善言辞，到他死的那一天，天下无论认不认识李广将军的人无不为之流泪，因为他忠心诚信对待士大夫们。谚语说："桃李不言，下自成蹊。"这句话虽然简单，却可以比喻大事。然而李家三代的将领，却为道家所忌讳，自李广一直到李陵，宗亲遭到朝廷诛灭，悲哀呀！孔子说过"志士仁人，有杀身以成仁，无求生以害仁"，"使于四方，不辱君命"，这些话从苏武的身上能够体现出来。

卷五十五

卫青霍去病传第二十五

卫青字仲卿。其父郑季，河东平阳人也，以县吏给事侯家。平阳侯曹寿尚武帝姊阳信长公主。季与主家僮卫媪通，生青。青有同母兄卫长君及姊子夫，子夫自平阳公主家得幸武帝，故青冒姓为卫氏。卫媪长女君孺，次女少儿，次女则子夫。子夫男弟步广，皆冒卫氏。

青为侯家人，少时归其父，父使牧羊。民母之子皆奴畜之，不以为兄弟数。青尝从人至甘泉居室，有一钳徒相青曰："贵人也，官至封侯。"青笑曰："人奴之生，得无笞骂即足矣，安得封侯事乎！"

青壮，为侯家骑，从平阳主。建元二年春，青姊子夫得入宫幸上。皇后，大长公主女也，无子，妒。大长公主闻卫子夫幸，有身，妒之，乃使人捕青。青时给事建章，未知名。大长公主执囚青，欲杀之。其友骑郎公孙敖与壮士往篡之，故得不死。上闻，乃召青为建章监，侍中。及母昆弟贵，赏赐数日间累千金。君孺为太仆公孙贺妻。少儿故与陈掌通，上召贵掌。公孙敖由此益显。子夫为夫人。青为太中大夫。

元光六年，拜为车骑将军，击匈奴，出上谷；公孙贺为轻车将军，出云中；太中大夫公孙敖为骑将军，出代郡；卫尉李广为骁骑将军，出雁门：军各万骑。青至笼城，斩首虏数百。骑将军敖亡七千

卫青，字仲卿。他的父亲郑季，是河东郡平阳县人，郑季以县吏的身份在平阳侯家里供职。平阳侯曹寿娶了武帝的姐姐阳信长公主。郑季与主人家的奴婢卫媪私通，生下卫青。卫青有同母哥哥卫长君和姐姐卫子夫，卫子夫在平阳公主家得以被武帝宠幸，所以卫青冒姓卫氏。卫媪的长女叫君孺，次女叫少儿，三女就是子夫。卫子夫的弟弟步广，都冒姓卫氏。

卫青算是平阳侯的家人，小时候返回父亲家中，父亲让他放羊。嫡母的儿子们都把他当做家里养的奴仆，不认为他在兄弟之列。卫青曾经跟人去甘泉宫囚禁犯人的地方，有个被施钳刑的囚徒为他相面说："你是贵人，官至封侯。"卫青笑着说："我不过是家奴生的儿子，能不受鞭打挨骂就已经很满足了，怎么会有封侯之事呢！"

卫青成年后，做了平阳侯家的骑奴，跟随平阳公主。建元二年（前139）春季，卫青的姐姐卫子夫入宫得到武帝的宠幸。陈皇后，是大长公主的女儿，没有生子，善妒。大长公主听说卫子夫得到武帝的宠幸，并且有了身孕，嫉妒她，便派人捉拿卫青。卫青当时在建章宫供职，还不出名。大长公主拘捕并囚禁卫青，想要杀掉他。卫青的朋友骑郎公孙敖和别的壮士前去把他抢出来，卫青才没死去。武帝听说此事，便召见卫青让他担任建章监，兼任侍中。等到卫青的同胞兄弟都富贵时，他们得到的赏赐在几天内就达千金之多。卫君孺是太仆公孙贺的妻子。卫少儿原先与陈掌私通，武帝召见陈掌给他显贵的官位。卫青的朋友骑郎公孙敖也因此更加显贵。卫子夫做了武帝的夫人。卫青升任太中大夫。

元光六年（前129），卫青官拜车骑将军，攻打匈奴，从上谷郡出兵；公孙贺任轻车将军，从云中郡出兵；太中大夫公孙敖任骑将军，从代郡出兵；卫尉李广任骁骑将军，从雁门郡出兵：每路军队各

骑，卫尉广为虏所得，得脱归，皆当斩，赎为庶人。贺亦无功。唯青赐爵关内侯。是后匈奴仍侵犯边。语在《匈奴传》。

元朔元年春，卫夫人有男，立为皇后。其秋，青复将三万骑出雁门，李息出代郡。青斩首虏数千。明年，青复出云中，西至高阙，遂至于陇西，捕首虏数千，畜百余万，走白羊、楼烦王。遂取河南地为朔方郡。以三千八百户封青为长平侯。青校尉苏建为平陵侯，张次公为岸头侯。使建筑朔方城。上曰："匈奴逆天理，乱人伦，暴长虐老，以盗窃为务，行诈诸蛮夷，造谋籍兵，数为边害。故兴师遣将，以征厥罪。《诗》不云乎？'薄伐猃允，至于太原'；'出车彭彭，城彼朔方'今车骑将军青度西河至高阙，获首二千三百级，车辎畜产毕收为卤，已封为列侯，遂西定河南地，案榆谿旧塞，绝梓领，梁北河，讨蒲泥，破符离，斩轻锐之卒，捕伏听者三千一十七级。执讯获丑，敺马牛羊百有余万，全甲兵而还，益封青三千八百户。"其后匈奴比岁入代郡、雁门、定襄、上郡、朔方，所杀略甚众。语在《匈奴传》。

元朔五年春，令青将三万骑出高阙，卫尉苏建为游击将军，左内史李沮为强弩将军，太仆公孙贺为骑将军，代相李蔡为轻车将军，皆领属车骑将军，俱出朔方。大行李息、岸头侯张次公为将军，俱出右北平。匈奴右贤王当青等兵，以为汉兵不能至此，饮醉，汉兵夜至，围右贤王。右贤王惊，夜逃，独与其爱妾一人骑数百驰，溃围北去。汉轻骑校尉郭成等追数百里，弗得，得右贤裨王十余人，众男女万五千余人，畜数十百万，于是引兵而还。至塞，天子使使

有一万骑兵。卫青率领军队走到笼城，斩杀了几百敌人。骑将军公孙敖失去七千骑兵，卫尉李广被敌人活捉，幸得逃跑回来，按律都当斩，后来赎罪为平民。公孙贺也没立下战功。只有卫青被武帝赐关内侯爵位。此后，匈奴仍然侵犯边境。详见《匈奴传》。

元朔元年（前128）春季，卫夫人生了儿子，立为皇后。这年秋季，卫青又率领三万骑兵从雁门关出发攻打匈奴，李息从代郡出兵。卫青斩杀几千敌人。第二年，卫青又从云中郡出兵，西至高阙，一直到陇西，斩杀几千敌人，获得匈奴百余万头牲畜，赶跑了白羊王和楼烦王。汉朝因此把攻取的河南地区设为朔方郡。划三千八百户作为食邑并封卫青为长平侯。卫青的校尉苏建封平陵侯，张次公封任岸头侯。武帝派汉军修建朔方城。武帝说："匈奴逆天理，乱人伦，欺凌长者虐待老人，以盗窃为业，在各部蛮夷之间行诈，设计谋划征集兵士，仗恃武力，多次侵害边境。所以朝廷兴兵遣将，征讨它的罪恶。《诗经》不是讲吗？'讨伐猃允，到达太原'；'战车隆隆，在北方筑城'。如今车骑将军卫青渡过西河直到高阙，斩获敌首二千三百级，把他们的辎重畜产都俘获为战利品，封卫青为列侯后，就向西平定河南地带，巡行榆谿旧塞，越过梓岭山，在北河架桥，攻打蒲泥，击破符离，斩杀敌军精锐的士卒，捕获三千零一十七名暗中探听的匈奴士兵。对所获敌人加以讯问知敌所在俘获敌众，赶回一百多万头马牛羊，保全军队回来，加封卫青三千八百户作为食邑。"此后匈奴连年入侵代郡、雁门郡、定襄郡、上郡、朔方郡，杀戮掳掠甚多。详见《匈奴传》。

元朔五年（前124）春季，朝廷命令卫青率领三万骑兵从高阙出兵，卫尉苏建任游击将军，左内史李沮任强弩将军，太仆公孙贺任骑将军，代相李蔡任轻车将军，这些将领都归属车骑将军卫青，都从朔方郡出兵。大行令李息、岸头侯张次公任将军，都从右北平郡出兵。匈奴右贤王面对卫青等人的兵马，以为汉军不能到达他那里，就喝醉酒，汉兵在夜间赶到，包围了右贤王的军营。右贤王害怕，连夜逃走，只带着他的一位爱妾与几百名骑兵飞驰，突破汉军的包围向北逃去。汉朝轻骑校尉郭成等人追了几百里，没追上，俘获右贤王的十

者持大将军印，即军中拜青为大将军，诸将皆以兵属，立号而归。上曰：“大将军青躬率戎士，师大捷，获匈奴王十有余人，益封青八千七百户。”而封青子伉为宜春侯，子不疑为阴安侯，子登为发干侯。青固谢曰：“臣幸得待罪行间，赖陛下神灵，军大捷，皆诸校力战之功也。陛下幸已益封臣青，臣青子在襁褓中，未有勤劳，上幸裂地封为三侯，非臣待罪行间所以劝士力战之意也。伉等三人何敢受封！”上曰：“我非忘诸校功也，今固且图之。”乃诏御史曰：“护军都尉公孙敖三从大将军击匈奴，常护军傅校获王，封敖为合骑侯。都尉韩说从大军出窴浑，至匈奴右贤王庭，为戏下搏战获王，封说为龙頟侯。骑将军贺从大将军获王，封贺为南窌侯。轻车将军李蔡再从大将军获王，封蔡为乐安侯。校尉李朔、赵不虞、公孙戎奴各三从大将军获王，封朔为陟轵侯，不虞为随成侯，戎奴为从平侯。将军李沮、李息及校尉豆如意、中郎将绾皆有功，赐爵关内侯。沮、息、如意食邑各三百户。”其秋，匈奴入代，杀都尉。

明年春，大将军青出定襄，合骑侯敖为中将军，太仆贺为左将军，翕侯赵信为前将军，卫尉苏建为右将军，郎中令李广为后将军，左内史李沮为强弩将军，咸属大将军，斩首数千级而还。月余，悉复出定襄，斩首虏万余人。苏建、赵信并军三千余骑，独逢单于兵，与战一日余，汉兵且尽。信故胡人，降为翕侯，见急，匈奴诱之，遂将其余骑可八百犇降单于。苏建尽亡其军，独以身得亡去，自归青。青问其罪正闳、长史安、议郎周霸等：“建当云何？”霸曰：“自

多名小王，以及一万五千多男女，几十万乃至上百万头牲畜，于是卫青便率领军队大胜而归。行至边塞，武帝派使者手持大将军印，在军中拜车骑将军卫青为大将军，众将都带着自己的军队归大将军统率，大将军卫青建立官号而归。武帝说："大将军卫青亲自率领将士出征，军队取得很大的胜利，俘获十多名匈奴小王，加封卫青食邑八千七百户。"又封卫青的儿子卫伉为宜春侯，儿子卫不疑为阴安侯，儿子卫登为发干侯。卫青执意推辞说："臣有幸能够在军中任职，全是仰仗陛下神明，我军能够大获全胜，都是各位校尉努力奋战的功劳。陛下已经垂恩加封臣食邑，而臣的儿子们尚在襁褓之中，没有任何功劳，又承蒙皇上划地封为三个列侯，这不是罪臣在军中劝勉将士努力奋战的本意啊。卫伉等兄弟三人怎敢受封！"武帝说："我并非忘了各位校尉的功劳，现在本来就要办理这件事。"于是武帝命令御史说："护军都尉公孙敖三次跟从大将军攻打匈奴，经常调节各部将之间的关系，教导校尉，俘获匈奴王，封公孙敖为合骑侯。都尉韩说跟随大军从窴浑县出兵，一直打到匈奴右贤王的军营，在主帅的旌旗下搏斗俘获小王，封韩说为龙頟侯。骑将军公孙贺跟从大将军俘获匈奴王，封公孙贺为南窌侯。轻车将军李蔡两次跟从大将军俘获匈奴王，封李蔡为乐安侯。校尉李朔、赵不虞、公孙戎奴各三次跟从大将军俘获匈奴王，封李朔为陟轵侯，赵不虞为随成侯，公孙戎奴为从平侯。将军李沮、李息与校尉豆如意、中郎将绾都立下军功，赐关内侯爵位。李沮、李息、豆如意各划三百户作为食邑。"当年秋季，匈奴入侵代郡，杀死都尉。

元朔六年（前123）春季，大将军卫青从定襄郡出兵，合骑侯公孙敖任中将军，太仆公孙贺任左将军，翕侯赵信任前将军，卫尉苏建任右将军，郎中令李广任后将军，左内史李沮任强弩将军，都归属大将军统领，他们斩杀敌军几千首级回来。一个多月后，全军又从定襄郡出击匈奴，斩杀敌军一万多首级。右将军苏建和前将军赵信两军合并共有三千多骑兵，独逢单于大军，与他们交战一天多，汉军将尽。前将军赵信原本是匈奴人，投降汉朝后封为翕侯，当时情况危急，匈奴又来引诱他投降，赵信便率领他剩下的约八百骑兵投奔单于。右将

大将军出，未尝斩裨将，今建弃军，可斩，以明将军之威。”闳、安曰：“不然。兵法‘小敌之坚，大敌之禽也。’今建以数千当单于数万，力战一日余，士皆不敢有二心。自归而斩之，是示后无反意也。不当斩。”青曰：“青幸得以胏附待罪行间，不患无威，而霸说我以明威，甚失臣意。且使臣职虽当斩将，以臣之尊宠而不敢自擅专诛于境外，其归天子，天子自裁之，于以风为人臣不敢专权，不亦可乎？”军吏皆曰“善”。遂囚建行在所。

是岁也，霍去病始侯。

霍去病，大将军青姊少儿子也。其父霍仲孺先与少儿通，生去病。及卫皇后尊，少儿更为詹事陈掌妻。去病以皇后姊子，年十八为侍中。善骑射，再从大将军。大将军受诏，予壮士，为票姚校尉，与轻勇骑八百直弃大军数百里赴利，斩捕首虏过当。于是上曰：“票姚校尉去病斩首捕虏二千二十八级，得相国、当户，斩单于大父行藉若侯产，捕季父罗姑比，再冠军，以二千五百户封去病为冠军侯。上谷太守郝贤四从大将军，捕首虏千三百级，封贤为终利侯。骑士孟已有功，赐爵关内侯，邑二百户。”

是岁失两将军，亡翕侯，功不多，故青不益封。苏建至，上弗诛，赎为庶人。青赐千金。是时王夫人方幸于上，宁乘说青曰：“将军所以功未甚多，身食万户，三子皆为侯者，以皇后故也。今王夫人

军苏建全军覆灭，他独自脱身逃回大将军卫青大营。大将军卫青就右将军苏建所犯的罪行向正闳、长史安、议郎周霸等人询问说：“苏建该如何处置？”议郎周霸说：“从大将军出兵以来，还没杀过副将，如今苏建放弃军队，可以斩杀他，以明将军的威严。”正闳和长史安说：“不是这样的。兵法讲‘弱小的军队与敌人硬拼，只能成为强大军队的俘虏。’如今苏建靠几千人抵挡单于几万人，奋力抗战一天多，士兵都不敢有二心。他自己逃回来请罪却要斩杀他，这是在暗示以后作战失败的人不要再返回。不应该斩杀苏建。”卫青说：“我有幸以皇上的亲戚身份在军中任职，不怕没有威信，而周霸劝说我要明军威，很让我失望。况且即使我的职务虽然有权斩杀将士，但以我受到皇上的尊宠更不敢自作主张在国境之外专门诛杀将领，还是把苏建带回去向天子汇报，让天子自己去裁决，以此表明人臣不敢专权，不也可以吗？”军官们都说“好”。于是卫青命人囚禁苏建，送到武帝的所在地。

这年，霍去病开始封侯。

霍去病，是大将军卫青姐姐卫少儿的儿子。他的父亲霍仲孺先前与卫少儿私通，生下霍去病。等到卫皇后位尊，卫少儿嫁给詹事陈掌为妻。霍去病因为是皇后姐姐的儿子，十八岁就担任侍中。他善于骑马射箭，两次跟从大将军卫青讨伐匈奴。大将军接受武帝的命令，分给霍去病一批壮士，让他担任票姚校尉，他带领八百名轻捷勇猛的骑兵直接远离卫青所率的大军几百里上阵杀敌，斩杀俘获的敌人远远超过汉军损失的数量。于是武帝说：“票姚校尉霍去病斩杀俘虏二千零二十八人，活捉相国、当户，斩杀单于祖父辈的藉若侯产，抓获单于的叔父罗姑等人，两次勇冠全军，以二千五百户作为食邑封霍去病为冠军侯。上谷太守郝贤四次跟从大将军卫青出征，捕杀俘获敌人一千三百级，封郝贤为终利侯。骑士孟已立下军功，赐关内侯爵位，封二百户作为食邑。”

这年，汉朝损失两名将军，翕侯赵信逃到匈奴，卫青军功不多，所以没能得到武帝的加封。右将军苏建回到朝廷，武帝没有诛杀他，只是让他赎罪为平民。武帝赏赐卫青千金。当时武帝正宠幸王夫

幸而宗族未富贵，愿将军奉所赐千金为王夫人亲寿。”青以五百金为王夫人亲寿。上闻，问青，青以实对。上乃拜宁乘为东海都尉。

校尉张骞从大将军，以尝使大夏，留匈奴中久，道军，知善水草处，军得以无饥渴，因前使绝国功，封骞为博望侯。

去病侯三岁，元狩二年春为票骑将军，将万骑出陇西，有功。上曰：“票骑将军率戎士隃乌盭，讨遬濮，涉狐奴，历五王国，辎重人众摄詟者弗取，几获单于子。转战六日，过焉支山千有余里，合短兵，鏖皋兰下，杀折兰王，斩卢侯王，锐悍者诛，全甲获丑，执浑邪王子及相国、都尉，捷首虏八千九百六十级，收休屠祭天金人，师率减什七，益封去病二千二百户。”

其夏，去病与合骑侯敖俱出北地，异道。博望侯张骞、郎中令李广俱出右北平，异道。广将四千骑先至，骞将万骑后。匈奴左贤王将数万骑围广，广与战二日，死者过半，所杀亦过当。骞至，匈奴引兵去。骞坐行留，当斩，赎为庶人。而去病出北地，遂深入，合骑侯失道，不相得。去病至祁连山，捕首虏甚多。上曰：“票骑将军涉钧耆，济居延，遂臻小月氏，攻祁连山，扬武乎觻得，得单于单桓、酋涂王，及相国、都尉以众降下者二千五百人，可谓能舍服知成而止矣。捷首虏三万二百，获五王，王母、单于阏氏、王子五十九人，相国、将军、当户、都尉六十三人，师大率减什三，益封去病

人，宁乘劝卫青说：“将军之所以功劳不是很多而能享受万户食邑，三个儿子都为列侯，是因为卫皇后。如今王夫人正受皇上宠幸而她的宗族还没富贵，希望将军把皇上赐你的千金作为寿礼献给王夫人的母亲。”卫青就拿出五百金为王夫人的母亲祝寿。武帝听说了这件事，便问卫青其中的缘由，卫青照实回答，武帝因此任命宁乘为东海都尉。

校尉张骞跟从大将军卫青出征，因为他曾经出使大夏国，在匈奴逗留了很久，在军中做向导，知道水草肥美的地方，所以军队没有遭受饥渴，因为他以前出使僻远隔绝的国家建立军功，武帝就封张骞为博望侯。

霍去病封侯的第三年，即元狩二年（前121）春季任骠骑将军，他统帅一万名骑兵从陇西郡出击匈奴，立下军功。武帝说：“骠骑将军霍去病率领将士越过乌戾山，讨伐遬濮部落，渡过狐奴河，经过五个匈奴王国，他将缴获的辎重、人马、降兵置于身后，直奔敌人巢穴，几乎俘获单于的儿子。辗转战斗六天，越过焉支山一千多里的地方，和敌人短兵相接，在皋兰山下激烈战斗，杀掉折兰王，斩杀卢侯王，诛杀强悍的敌人，保全了所有汉军，俘获了很多匈奴人，抓获浑邪王的儿子和相国、都尉，杀敌八千九百六十人，收缴休屠王的祭天金人，霍去病率领的士卒大约伤亡十分之七，加封霍去病二千二百户作为食邑。”

当年夏季，霍去病与合骑侯公孙敖一起从北地郡出兵，分两路。博望侯张骞、郎中令李广都从右北平郡出兵，也分两路。李广率领四千骑兵先到目的地，张骞率领一万骑兵后到。匈奴左贤王带领几万骑兵包围了李广的军队，李广与敌军激战了两天，士兵死者过半，所杀的敌人也更多一些。直到张骞的军队赶到，匈奴才引兵撤离。张骞因行军时滞留不前获罪，按律当斩，赎罪为平民。而霍去病从北地郡出兵，然后深入匈奴地区，合骑侯公孙敖因迷路，没能与霍去病会师。霍去病率军到达祁连山，捕杀很多敌人。武帝下令说：“骠骑将军霍去病渡过钧耆河，涉过居延泽，然后到达小月氏，攻打祁连山，在鱳得炫耀武力，俘虏单桓王、酋涂王，以及相国、都尉率

五千四百户。赐校尉从至小月氏者爵左庶长。鹰击司马破奴再从票骑将军斩遫濮王，捕稽且王，右千骑将得王、王母各一人，王子以下四十一人，捕虏三千三百三十人，前行捕虏千四百人，封破奴为从票侯。校尉高不识从票骑将军捕呼于耆王王子以下十一人，捕虏千七百六十八人，封不识为宜冠侯。校尉仆多有功，封为煇渠侯。”合骑侯敖坐行留不与票骑将军会，当斩，赎为庶人。诸宿将所将士马兵亦不如去病，去病所将常选，然亦敢深入，常与壮骑先其大军，军亦有天幸，未尝困绝也。然而诸宿将常留落不耦。由此去病日以亲贵，比大将军。

其后，单于怒浑邪王居西方数为汉所破，亡数万人，以票骑之兵也，欲召诛浑邪王。浑邪王与休屠王等谋欲降汉，使人先要道边。是时大行李息将城河上，得浑邪王使，即驰传以闻。上恐其以诈降而袭边，乃令去病将兵往迎之。去病既度河，与浑邪众相望。浑邪裨王将见汉军而多欲不降者，颇遁去。去病乃驰入，得与浑邪王相见，斩其欲亡者八千人，遂独遣浑邪王乘传先诣行在所，尽将其众度河，降者数万人，号称十万。既至长安，天子所以赏赐数十钜万。封浑邪王万户，为漯阴侯。封其裨王呼毒尼为下摩侯，雁疪为煇渠侯，禽黎为河綦侯，大当户调虽为常乐侯。于是上嘉去病之功，曰："票骑将军去病率师征匈奴，西域王浑邪王及厥众萌咸犇于率，以军粮接食，并将控弦万有余人，诛獟悍，捷首虏八千余级，降异国之王三十三。战士不离伤，十万之众毕怀集服。仍兴之劳，爰

领部众归顺的共有二千五百人，可谓是能宽大投降者，并且在功成名就后而知止的人。军队共杀敌三万零二百人，俘虏五个匈奴王，俘获王母、单于阏氏、王子等共五十九人，抓获相国、将军、当户、都尉共六十三人，霍去病率领的士卒大约伤亡十分之三，武帝加封霍去病五千四百户作为食邑。又赐跟随霍去病到小月氏作战的校尉们左庶长爵位。鹰击司马赵破奴两次跟从骠骑将军斩杀遬濮王，抓获稽且王，右千骑将俘获匈奴王、王母各一人，王子以下四十一人，俘获三千三百三十人，先锋部队俘获一千四百人，封赵破奴为从票侯。校尉高不识跟随骠骑将军抓获呼于耆王王子以下十一人，俘获一千七百六十八人，封高不识为宜冠侯。校尉仆立下很多战功，封为煇渠侯。”合骑侯公孙敖因行军滞留不前没能与骠骑将军会师，按律当斩，赎罪为平民。许多作战经验丰富的老将率领的兵马也不如霍去病的精壮，霍去病率领的将士常常选拔精于作战的人，他自己也敢深入敌营，常与慓悍的骑兵奔驰在大军前面，他的军队也是有天降的好运，不曾陷入绝境。可是那些作战经验丰富的老将却常常遭遇不顺。从此霍去病日益受宠，地位与大将军卫青相等。

此后，单于非常恼怒浑邪王驻守西方却多次被汉军击溃，损失了几万士卒，都是由骠骑将军霍去病率领的军队打败，单于想召来浑邪王并杀掉他。浑邪王就和休屠王等人商量想要投降汉朝，浑邪王派人先到边境与汉朝有权势的官员商谈。当时大行令李息准备在黄河边上建造城堡，抓住浑邪王派去的使者，立刻派人驾着传驿的马车飞驰报告武帝。武帝担心匈奴诈降然后偷袭边境，就命令霍去病率领军队前去迎接浑邪王等人。霍去病的军队渡过黄河后，与浑邪王的军队互相对望。浑邪王的小王、将士看到汉军后有很多人不想投降，纷纷逃跑。霍去病马上飞驰冲入匈奴军营，与浑邪王相见，斩杀想要逃走的八千敌军，然后让浑邪王单独乘坐传车先到武帝的所在地，又率领浑邪王的所有部众渡过黄河，共有几万匈奴人投降汉朝，号称十万。他们到了长安后，天子赏赐的财物价值数十万。封浑邪王一万户作为食邑，为漯阴侯。封他的小王呼毒尼为下摩侯，雁疪为辉渠侯，禽黎为河綦侯，大当户调虽为常乐侯。于是武帝嘉奖霍去病的功

及河塞，庶几亡患。以千七百户益封票骑将军。减陇西、北地、上郡戍卒之半，以宽天下繇役。”乃分处降者于边五郡故塞外，而皆在河南，因其故俗为属国。其明年，匈奴入右北平、定襄，杀略汉千余人。

其明年，上与诸将议曰：“翕侯赵信为单于画计，常以为汉兵不能度幕轻留，今大发卒，其势必得所欲。”是岁元狩四年也。春，上令大将军青、票骑将军去病各五万骑，步兵转者踵军数十万，而敢力战深入之士皆属去病。去病始为出定襄，当单于。捕虏，虏言单于东，乃更令去病出代郡，令青出定襄。郎中令李广为前将军，太仆公孙贺为左将军，主爵赵食其为右将军，平阳侯襄为后将军，皆属大将军。赵信为单于谋曰：“汉兵即度幕，人马罢，匈奴可坐收虏耳。”乃悉远北其辎重，皆以精兵待幕北。而适直青军出塞千余里，见单于兵陈而待，于是青令武刚车自环为营，而纵五千骑往当匈奴，匈奴亦纵万骑。会日且入，而大风起，沙砾击面，两军不相见，汉益纵左右翼绕单于。单于视汉兵多，而士马尚强，战而匈奴不利，薄莫，单于遂乘六裸，壮骑可数百，直冒汉围西北驰去。昏，汉匈奴相纷挐，杀伤大当。汉军左校捕虏，言单于未昏而去，汉军因发轻骑夜追之，青因随其后。匈奴兵亦散走。会明，行二百余里，不得单于，颇捕斩首虏万余级，遂至窴颜山赵信城，得匈奴积粟食军。军留一日而还，悉烧其城余粟以归。

劳，说："骠骑将军霍去病率领军队出征匈奴，西域的浑邪王率领他的民众都来投奔汉朝，霍去病用军粮救济他们，并率领一万多名射手，诛杀强悍的敌人，杀敌八千多人，降服三十二名异国之王。我军战士没有受到任何损伤，却使十万人都诚心归服。由于他多次作战的功劳，使得黄河一带的边塞地区几乎没有祸患。加封食邑一千七百户给骠骑将军。同时将陇西郡、北地郡、上郡的守边士卒减半，用来减轻天下百姓的徭役。"汉朝就把投降的匈奴人分别安置在边境五郡原来塞外的地方，都在黄河以南，让他们依循原来的习俗，作为汉朝的属国。第二年，匈奴入侵右北平郡、定襄郡，杀戮掳掠汉朝一千多人。

第二年，武帝与众将商议说："翕侯赵信为单于出谋划策，常常以为汉朝的士卒不能穿过沙漠轻易停留，现在我们大量出兵讨伐单于，按照情势我们一定会取得我们想要的结果。"这年是元狩四年（前119）。春季，武帝派大将军卫青、骠骑将军霍去病各自率领五万骑兵，另有步兵和负责辎重的后续部队共几十万人马，那些敢于努力奋战深入敌阵的士兵都属于霍去病。霍去病刚开始打算从定襄郡出发，直接与单于对阵。后来汉军捉到俘虏，俘虏说单于在东边，武帝就改令霍去病从代郡出发，命令卫青从定襄郡出发。郎中令李广任前将军，太仆公孙贺任左将军，主爵赵食其任右将军，平阳侯曹襄任后将军，这些将军都归大将军卫青指挥。赵信为单于谋划说："汉朝军队即便穿过沙漠，也会兵疲马乏，我们也可以坐收俘虏了。"因此单于就将辎重全都运送到北方偏远之地，只留下精兵在沙漠北面等待汉军。这时恰好卫青的军队出塞一千多里，看到单于指挥军队等待汉军，卫青就命令士兵环绕武刚战车布成阵营，派出五千骑兵前去出击匈奴，匈奴也派一万骑兵进攻汉军。当时正赶上太阳落山，刮着大风，沙砾击面，两军互相看不见对方，汉军又派出左右翼纠缠单于。单于看见汉兵人数太多，而且兵强马壮，继续作战对匈奴不利，傍晚，单于便乘着六匹骡拉的车，带着大约几百名精壮骑兵，直接冲破汉军的包围往西北逃走。天已昏黑，汉军和匈奴混战，双方伤亡相当。汉军的左校捉到俘虏，供说单于在天未昏时已经逃离，汉军便派

青之与单于会也，而前将军广、右将军食其军别从东道，或失道。大将军引还，过幕南，乃相逢。青欲使使归报，令长史簿责广，广自杀。食其赎为庶人。青军入塞，凡斩首虏万九千级。

是时匈奴众失单于十余日，右谷蠡王自立为单于。单于后得其众，右王乃去单于之号。

去病骑兵车重与大将军军等，而亡裨将。悉以李敢等为大校，当裨将，出代、右北平二千余里，直左方兵，所斩捕功已多于青。

既皆还，上曰："票骑将军去病率师躬将所获荤允之士，约轻赍，绝大幕，涉获单于章渠，以诛北车耆，转击左大将双，获旗鼓，历度难侯，济弓卢，获屯头王、韩王等三人，将军、相国、当户、都尉八十三人，封狼居胥山，禅于姑衍，登临翰海，执讯获丑七万有四百四十三级，师率减什二，取食于敌，卓行殊远而粮不绝。以五千八百户益封票骑将军。右北平太守路博德属票骑将军，会兴城，不失期，从至梼余山，斩首捕虏二千八百级，封博德为邳离侯。北地都尉卫山从票骑将军获王，封山为义阳侯。故归义侯因淳王复陆支、楼剸王伊即靬皆从票骑将军有功，封复陆支为杜侯，伊即靬为众利侯。从票侯破奴、昌武侯安稽从票骑有功，益封各三百户。渔阳太守解、校尉敢皆获鼓旗，赐爵关内侯，解食邑三百户，敢二百户。校尉自为爵左庶长。"军吏卒为官，赏赐甚多。而青不得益封，吏卒无封者。唯西河太守常惠、云中太守遂成受赏，遂成秩诸

轻骑连夜追赶单于，卫青紧跟在后。匈奴兵也四散逃跑。在天亮时，汉军追了二百多里，没追上单于，抓获斩杀一万多敌人，然后到达填颜山赵信城，找到匈奴贮存的粮食，供给军队食用。大军在此地停留一天然后返回，临行时把剩余的军粮全部焚烧。

在卫青与单于会战的时候，前将军李广、右将军赵食其的军队另外从东道进军，行军中他们迷路。等大将军卫青率军回来，路过大漠南面，才与他们相逢。卫青想派使者回朝廷报告情况，令长史责问李广罪状，李广自杀。赵食其赎罪为平民。卫青入塞，共斩杀一万九千敌人。

当时匈奴众人与单于失联了十多天，右谷蠡王就自立为单于。单于后来找到他的部众，右谷蠡王才除去单于的称号。

霍去病军队的骑兵、辎重与大将军卫青军队的数量相等，只是没有副将。霍去病将李敢等人都任命为大校，当作副将，他从代地和右北平郡出击两千多里，直指匈奴左方的军队，霍去病斩杀俘获敌人的功劳已经比卫青大。

军队出征回来以后，武帝说："骠骑将军霍去病率领军队出征，亲自带领俘获的匈奴士兵，只带少量方便携带的装备，越过大漠，过河活捉单于的近臣章渠，诛杀北车耆王，转击左大将双，缴获军旗战鼓，又翻过难侯山，渡过弓卢水，俘获屯头王、韩王等三人，将军、相国、当户、都尉等八十三人，在狼居胥山祭天，在姑衍山祭地。登山远望翰海，对俘获的敌人加以讯问，活捉敌军七万零四百四十三人，自己带领的士卒大约伤亡十分之二，又向敌人夺取食物，他行军特别远而粮草不绝。以五千八百户作为食邑加封骠骑将军。右北平太守路博德隶属骠骑将军，他与霍去病在兴城会师，不贻误时间，跟从骠骑将军打到梼余山，斩杀抓获二千八百敌人，封路博德为邳离侯。北地都尉卫山跟随骠骑将军俘获匈奴王，封卫山为义阳侯。原归义侯因淳王复陆支、楼剸王伊即靬都跟随骠骑将军立下战功，封复陆支为杜侯，伊即靬为众利侯。从票侯赵破奴、昌武侯赵安稽跟随骠骑将军立下战功，各加封三百户作为食邑。渔阳太守解、校尉李敢都

侯相，赐食邑二百户，黄金百斤，惠爵关内侯。

两军之出塞，塞阅官及私马凡十四万匹，而后入塞者不满三万匹。乃置大司马位，大将军、票骑将军皆为大司马。定令，令票骑将军秩禄与大将军等。自是后，青日衰而去病日益贵。青故人门下多去事去病，辄得官爵，唯独任安不肯去。

去病为人少言不泄，有气敢往。上尝欲教之吴孙兵法，对曰："顾方略何如耳，不至学古兵法。"上为治第，令视之，对曰："匈奴不灭，无以家为也。"由此上益重爱之。然少而侍中，贵不省士。其从军，上为遣太官赍数十乘，既还，重车余弃粱肉，而士有饥者。其在塞外，卒乏粮，或不能自振，而去病尚穿域蹋鞠也。事多此类。青仁，喜士退让，以和柔自媚于上，然于天下未有称也。

去病自四年军后三岁，元狩六年薨。上悼之，发属国玄甲，军陈自长安至茂陵，为冢象祁连山。谥之并武与广地曰景桓侯。子嬗嗣。嬗字子侯，上爱之，幸其壮而将之。为奉车都尉，从封泰山而薨。无子，国除。

自去病死后，青长子宜春侯伉坐法失侯。后五岁，伉弟二人，阴安侯不疑、发干侯登，皆坐酎金失侯。后二岁，冠军侯国绝。后四

缴获敌人的军旗战鼓，赐关内侯爵位，解的食邑是三百户，李敢的食邑是二百户。赐校尉徐自为左庶长爵位。”霍去病军队的吏卒升官和得到赏赐的很多。而卫青没有得到加封，手下的吏卒也没有受封。只有西河太守常惠、云中太守遂成受到赏赐，遂成的级别与诸侯国的相等同，武帝赏赐他食邑二百户，黄金一百斤，赐常惠关内侯爵位。

卫青与霍去病两支军队出兵塞外时，经过边塞官吏的检阅，官马和私马，共有十四万匹出关，而战后回到塞内的马匹却不满三万。朝廷因此设置大司马一职，让大将军卫青和骠骑将军霍去病都任大司马。武帝下达诏令，让骠骑将军的俸禄与大将军相等。从此以后，卫青的权势日益衰落而霍去病则日益显贵。卫青的旧交和门客中有很多转去侍奉霍去病，在那里总是能加封官爵，只有任安不肯离去。

霍去病为人沉默寡言，但他有勇有谋，行事果敢而无所顾忌。武帝曾经想让霍去病学习吴起、孙子的兵法，霍去病回答说：“打仗只要注重方法与谋略就可以了，不必学习古代的兵法。”武帝替霍去病营造宅第，让他去看，他回答说：“不消灭匈奴，无以为家。”因此武帝更加偏爱他。但是霍去病很小就担任近臣侍中，显贵惯了，不懂得体恤士兵。霍去病率军出征时，武帝专门为他派遣太官带几十车衣食等物，回来的时候，他命人丢掉运输辎重的兵车上剩余的米和肉，可是士兵之中还有挨饿的。霍去病领兵在塞外作战时，士兵们缺乏军粮，有的人无法吃饱，不能振作，而霍去病却还开辟场地踢球玩乐。这样的事情有很多。大将军卫青仁慈有加，喜爱士兵，谦逊退让，靠宽和柔顺获得武帝的欢心，但天下却没有称赞他的人。

霍去病自元狩四年出兵后的第三年，也就是在元狩六年（前117）去世。武帝沉痛地哀悼他，调发属国的士兵身穿黑色盔甲，一直从长安列队到茂陵为他送葬，并为他修筑像祁连山一样的陵墓。合并武和广地的意思赐他谥号景桓侯。霍去病的儿子霍嬗继位。霍嬗，字子侯，武帝很喜欢他，希望他长大后再做将军。霍嬗后来任奉车都尉，他在跟随武帝去泰山祭天时去世。霍嬗没有儿子，废除封国。

自霍去病死后，卫青的长子宜春侯卫伉因犯法失去侯位。五年后，卫伉的两个弟弟，阴安侯卫不疑与发干侯卫登，都因献给朝廷祭

年，元封五年，青薨，谥曰烈侯。子伉嗣，六年坐法免。

自青围单于后十四岁而卒，竟不复击匈奴者，以汉马少，又方南诛两越，东伐朝鲜，击羌、西南夷，以故久不伐胡。

初，青既尊贵，而平阳侯曹寿有恶疾就国，长公主问：“列侯谁贤者？”左右皆言大将军。主笑曰：“此出吾家，常骑从我，奈何？”左右曰：“于今尊贵无比。”于是长公主风白皇后，皇后言之，上乃诏青尚平阳主，与主合葬，起冢象庐山云。

最大将军青凡七出击匈奴，斩捕首虏五余万级。一与单于战，收河南地，置朔方郡。再封，凡万六千三百户；封三子为侯，侯千三百户，并之二万二百户。其裨将及校尉侯者九人，为特将者十五人，李广、张骞、公孙贺、李蔡、曹襄、韩说、苏建皆自有传。

李息，郁郅人也，事景帝。至武帝立八岁，为材官将军，军马邑；后六岁，为将军，出代；后三岁，为将军，从大将军出朔方：皆无功。凡三为将军，其后常为大行。

公孙敖，义渠人，以郎事景帝。至武帝立十二岁，为骑将军，出代，亡卒七千人，当斩，赎为庶人。后五岁，以校尉从大将军，封合骑侯。后一岁，以中将军从大将军再出定襄，无功。后二岁，以将军出北地，后票骑，失期当斩，赎为庶人。后二岁，以校尉从大将军，无功。后十四岁，以因杅将军筑受降城。七岁，复以因杅将军再出击匈奴，至余吾，亡士多，下吏，当斩，诈死，亡居民间五六岁。后觉，复系。坐妻为巫蛊，族。凡四为将军。

祀用的黄金分量不足而获罪失去侯位。二年后，冠军侯霍去病的儿子去世断绝了封国。四年后，元封五年（前105），卫青去世，谥号烈侯。长子卫伉继位，六年后因犯罪免去侯位。

自卫青围困单于后十四年直到去世，朝廷竟然没有再出兵攻打匈奴，因为汉朝兵马少，又正好向南讨伐两越，向东讨伐朝鲜，出击羌、西南夷等地，因此朝廷很长时间没有攻打匈奴。

起初，卫青尊贵后，平阳侯曹寿因患恶疾返回封国，之后去世，长公主问人说："列侯当中谁最贤能？"身边的人都说大将军卫青最贤能。长公主笑着说："他从我家出去，常常骑马跟着我，又能怎么样呢？"身边的人都说："大将军如今尊贵无比。"于是长公主委婉告知皇后自己的意思，皇后向武帝说了这件事，武帝便下令让卫青娶了平阳公主，卫青死后与公主合葬在一起，修筑了像庐山一样的陵墓。

大将军卫青总共七次出击匈奴，斩杀俘获五万多敌人。与单于一战，便收复黄河以南的地方，设置了朔方郡。武帝又加封卫青食邑，共一万六千三百户；封三个儿子为侯，每人赐一千三百户作为食邑，共二万零二百户。卫青的副将及校尉中有九人封侯，有十五人为特将，李广、张骞、公孙贺、李蔡、曹襄、韩说、苏建都各有传记。

李息，郁郅县人，以前侍奉景帝。到武帝继位八年时，李息任材官将军，在马邑驻军；六年后，任将军，从代郡出兵；三年后，任将军，跟着大将军从朔方郡出兵，都没立下战功。他共担任三次将军，后来一直担任大行令。

公孙敖，义渠县人，以郎官的身份侍奉景帝。到武帝继位十二年时，任骑将军，从代郡出兵，因有七千士兵战死，按律当斩，后来赎罪为平民。五年后，以校尉的身份跟随大将军出征，封为合骑侯。一年后，以中将军的身份跟随大将军再次从定襄郡出兵，没立下战功。二年后，公孙敖以将军的身份从北地出兵，落在骠骑将军霍去病的后面，因超过了规定会合的时间，按律当斩，后来赎罪为平民。二年后，以校尉的身份跟随大将军出征，没立下战功。十四年后，公孙敖以因杅将军的身份修筑受降城。七年后，公孙敖又以因杅将军的身份再

李沮，云中人，事景帝。武帝立十七岁，以左内史为强弩将军。后一岁，复为强弩将军。

张次公，河东人，以校尉从大将军，封岸头侯。其后太后崩，为将军，军北军。后一岁，复从大将军。凡再为将军，后坐法失侯。

赵信，以匈奴相国降，为侯。武帝立十八岁，为前将军，与匈奴战，败，降匈奴。

赵食其，祋栩人。武帝立十八年，以主爵都尉从大将军，斩首六百六十级。元狩三年，赐爵关内侯，黄金百斤。明年，为右将军，从大将军出定襄，迷失道，当斩，赎为庶人。

郭昌，云中人，以校尉从大将军。元封四年，以太中大夫为拔胡将军，屯朔方。还击昆明，无功，夺印。

荀彘，太原广武人，以御见，侍中，用校尉数从大将军。元封三年，为左将军击朝鲜，无功，坐捕楼船将军诛。

最票骑将军去病凡六出击匈奴，其四出以将军，斩首虏十一万余级。浑邪王以众降数万，开河西酒泉之地，西方益少胡寇。四益封，凡万七千七百户。其校吏有功侯者六人，为将军者二人。

路博德，西河平州人，以右北平太守从票骑将军，封邳离侯。票骑死后，博德以卫尉为伏波将军，伐破南越，益封。其后坐法失侯。为强弩都尉，屯居延，卒。

次出击匈奴，到达余吾水，因有很多士兵战死，交官吏审判，按律当斩，他装死蒙混过关，在民间躲藏了五六年。后来被人发觉，又把他关押起来。公孙敖后来因妻子犯巫蛊罪受到牵连，灭族。他共担任四次将军。

李沮，云中县人，曾侍奉景帝。武帝继位十七年时，李沮以左内史的身份担任强弩将军。一年后，他再次担任强弩将军。

张次公，河东郡人，以校尉身份跟随大将军出征，封为岸头侯。太后驾崩以后，张次公任将军，在北军驻军。一年后，又跟随大将军出征。他共担任两次将军，后因犯法获罪失去侯位。

赵信，以匈奴相国的身份投降汉朝，封为侯。武帝继位十八年时，赵信担任前将军，与匈奴作战时，战败，又投降匈奴。

赵食其，祋栩县人。武帝继位十八年时，赵食其以主爵都尉的身份跟随大将军出征，斩杀六百六十名敌人。元狩三年（前120），武帝赐他关内侯爵位，黄金百斤。第二年，他任右将军，跟随大将军从定襄郡出兵，因为迷路，按律当斩，后来赎罪为平民。

郭昌，云中郡人，以校尉身份跟从大将军出征。元封四年（前107），以太中大夫身份担任拔胡将军，在朔方郡驻守。回师后又攻打昆明，没立下战功，被夺去官印。

荀彘，太原广武县人，因善于驾车被朝廷征召，任侍中，以校尉身份多次跟随大将军出征。元封三年（前108），荀彘任左将军率军攻打朝鲜，没立下战功，因捉拿楼船将军获罪被诛杀。

骠骑将军霍去病总共六次出击匈奴，其中有四次以将军身份出征，共斩杀十一万多敌人。浑邪王带领几万部众降汉，开辟河西和酒泉一带，西方入侵汉朝的匈奴更加减少。霍去病四次得到武帝的加封，总计一万七千七百户食邑。他手下的校尉官吏因立下战功而封侯的有六人，其中有两人担任将军。

路博德，西河郡平州县人，以右北平太守的身份跟随骠骑将军出征，封为邳离侯。骠骑将军死后，路博德以卫尉身份担任伏波将军，攻破南越国，得到武帝加封。后来因犯法失去侯位。此后他担任

赵破奴，太原人。尝亡入匈奴，已而归汉，为票骑将军司马。出北地，封从票侯，坐酎金失侯。后一岁，为匈河将军，攻胡至匈河水，无功。后一岁，击虏楼兰王，后为浞野侯。后六岁，以浚稽将军将二万骑击匈奴左王。左王与战，兵八万骑围破奴，破奴为虏所得，遂没其军。居匈奴中十岁，复与其太子安国亡入汉。后坐巫蛊，族。

自卫氏兴，大将军青首封，其后支属五人为侯。凡二十四岁而五侯皆夺国。征和中，戾太子败，卫氏遂灭。而霍去病弟光贵盛，自有传。

赞曰：苏建尝说责“大将军至尊重，而天下之贤士大夫无称焉，愿将军观古名将所招选者，勉之哉！”青谢曰：“自魏其、武安之厚宾客，天子常切齿。彼亲待士大夫，招贤黜不肖者，人主之柄也。人臣奉法遵职而已，何与招士！”票骑亦方此意，为将如此。

强弩都尉，在居延泽驻守，死在任上。

赵破奴，太原人。曾逃亡到匈奴，后来返回汉朝，任骠骑将军霍去病的司马。赵破奴跟随霍去病出击北地，封为从票侯，因献给朝廷祭祀用的黄金分量不足而获罪，失去侯位。一年后，任匈河将军，攻打匈奴直到匈河水，没立下战功。一年后，出击并俘获楼兰王，后被封为浞野侯。六年后，以浚稽将军的身份率领二万骑兵进攻匈奴左王。左王军队与汉军作战，用八万骑兵包围赵破奴，赵破奴被匈奴左王军俘获，全军覆没。赵破奴在匈奴居住了十年，又与太子赵安国逃回汉朝。后因犯巫蛊罪，灭族。

自卫氏兴起，大将军卫青首先受封为侯，后来亲属中有五人封侯。二十四年后五侯都被夺去封国。武帝征和年间，戾太子失败，卫氏一族因此灭亡。而霍去病的弟弟霍光高贵显赫，他自己另外有传记。

赞辞说：苏建曾经责备卫青说“大将军十分尊贵并受到皇上的重视，天下贤能的士大夫却无人称颂您，希望将军考察古代名将延揽选拔贤士的方法，以此来勉励自己！”卫青答谢说：“自从魏其侯窦婴、武安侯田蚡厚待宾客之后，天子常常恨得咬牙切齿。他们那样亲近优待士大夫，招贤纳士并摒弃品行不好的人，是人主应有的权柄。人臣就要奉公守法，何必参与招贤纳士！”骠骑将军霍去病也效仿此意审慎约束自己，为将之道就应是这样。

卷五十六

董仲舒传第二十六

董仲舒，广川人也。少治《春秋》，孝景时为博士。下帷讲诵，弟子传以久次相授业，或莫见其面。盖三年不窥园，其精如此。进退容止，非礼不行，学士皆师尊之。

武帝即位，举贤良文学之士前后百数，而仲舒以贤良对策焉。

制曰：朕获承至尊休德，传之亡穷，而施之罔极，任大而守重，是以夙夜不皇康宁，永惟万事之统，犹惧有阙。故广延四方之豪俊，郡国诸侯公选贤良修絜博习之士，欲闻大道之要，至论之极。今子大夫褎然为举首，朕甚嘉之。子大夫其精心致思，朕垂听而问焉。

盖闻五帝三王之道，改制作乐而天下洽和，百王同之。当虞氏之乐莫盛于《韶》，于周莫盛于《勺》。圣王已没，钟鼓筦弦之声未衰，而大道微缺，陵夷至乎桀纣之行，王道大坏矣。夫五百年之间，守文之君，当涂之士，欲则先王之法以戴翼其世者甚众，然犹不能反，日以仆灭，至后王而后止，岂其所持操或悖缪而失其统与？固天降命不可复反，必推之于大衰而后息与？乌虖！凡所为屑屑，夙兴夜寐，务法上古者，又将无补与？三代受命，其符安在？灾异之变，何缘而起？性命之情，或夭或寿，或仁或鄙，习闻其号，未烛厥理。伊欲风流而令行，刑轻而奸改，百姓和乐，政事宣昭，何修何饰而膏

董仲舒，是广川郡人。年轻时研究《春秋》，景帝时做了博士。他放下帷幕，开课授业，弟子们按照入学的先后相互传授学业，有的学生甚至都没有见过他的面。董仲舒三年都不曾到屋旁的园圃观赏，他钻研学问到如此的程度。他进退适度举止端庄，不合乎礼仪的事情不做，学士们都尊称他为老师。

武帝继位以后，诏令举荐贤良文学之士先后一百多位，董仲舒作为贤良应答武帝的策问。

武帝策问道：朕获得并继承了先帝最尊贵的地位和最崇高的德行，要永远传下去，延伸到无穷，这个任务重大且职责紧要，因此朕从早到晚都无暇休息享乐，一直在思考天下事情的原委，仍然担心有缺失的地方。所以广泛地招揽天下的豪杰俊才，郡守、国王、诸侯大臣们公正地选拔出德才兼备、修身立德、博学多闻的士人，朕想听到天地间的理法，正确精辟的至高理论。如今大夫们卓然出众作为贤良的首选，朕非常嘉许。大夫们要用心思考，朕很想倾听和要问的如下。

朕听说五帝三王治理国政之道，最重要的是改变典制，创作乐章，从而天下和谐安定，后世的百位君王也都效仿此举。虞舜时期的音乐以《韶》乐最为美好，周朝时期的音乐以《勺》最为优美。圣明的君王去世以后，钟鼓管弦的声音没有停止，可是大道却变得衰微，渐渐到夏桀、商纣那样的恣意妄为，王道已经大大败坏。在这五百年中间，遵守古时文德的国君和执掌大权的士人，希望效仿先王成法，匡扶世道人心的有很多，然而却没能扭转过来，且王道日渐走向毁灭，直到后来的圣王兴起，这种衰败的趋势才得以制止，莫非是他们信奉有错误，而失掉了他们的道统吗？还是上天降命就是如此，不是人力可以扭转，必定要发展到国家危亡以后才止息呢？呜呼！君王

露降，百谷登，德润四海，泽臻屮木，三光全，寒暑平，受天之祜，享鬼神之灵，德泽洋溢，施乎方外，延及群生？

子大夫明先圣之业，习俗化之变，终始之序，讲闻高谊之日久矣，其明以谕朕。科别其条，勿猥勿并，取之于术，慎其所出。乃其不正不直，不忠不极，枉于执事，书之不泄，兴于朕躬，毋悼后害。子大夫其尽心，靡有所隐，朕将亲览焉。

仲舒对曰：

陛下发德音，下明诏，求天命与情性，皆非愚臣之所能及也。臣谨案《春秋》之中，视前世已行之事，以观天人相与之际，甚可畏也。国家将有失道之败，而天乃先出灾害以谴告之；不知自省，又出怪异以警惧之；尚不知变，而伤败乃至。以此见天心之仁爱人君而欲止其乱也。自非大亡道之世者，天尽欲扶持而全安之，事在强勉而已矣。强勉学问，则闻见博而知益明；强勉行道，则德日起而大有功：此皆可使还至而有效者也。《诗》曰“夙夜匪解”，《书》云“茂哉茂哉！”皆强勉之谓也。

所做的一切勤劳不倦，日夜力求效法遥远的上古时代，难道都无所助益吗？夏、商、周三代的君王领受天命，他们的凭证在哪个地方？灾祸异象的变故，又是缘于什么而发生的呢？性命之情，或者夭折，或者长寿，或者仁慈，或者卑鄙，朕经常听说这些名称，可是不能透彻地明白当中的道理。朕多么希望风俗淳朴的教化可以使政令推行，刑律减轻，奸滑改变，百姓祥和安乐，政治开明宣扬，应该怎样整治政务才能使甘露降下，百谷丰登，使德泽遍及四海，滋润草木，使日、月、星三光普照而不发生亏蚀，寒暑季节正常，能够得受上天的庇佑，享受鬼神的灵光，使德泽充分流露，惠施到万国九州，延伸到一切生物？

朝中大夫们透彻地了解历代圣王的事业，熟悉风俗教化的道理，了解事物发生演变的过程，研究高深的义理时间已经很久了，将研究出来的成果明确地告诉朕。条理要分明，不要苟且，不要笼统，提出的议案，也应慎密它的出处。若是有不正直、不忠实、邪曲而不守中道执掌事务的官吏，你们大胆上书告诉朕，你们的上书决不会泄露出去，朕亲自折看，希望大家不要有后顾之忧。大夫们尽管说出心中所知道的，不要有所隐瞒，朕将亲自阅览。

董仲舒对策说：

陛下发出仁德的言语，下达英明的诏书，寻求天命与情性的正解，此问题全都不是愚臣所能答复陛下的。臣谨慎查考《春秋》中的记载，察看前代已经做过的事情，以此研究天与人的相互作用及关系，非常令人敬畏呀。国家将要发生道德缺失的灾祸，上天就会先降下灾害来谴责并告诫世人；如果君王不知道自省，上天又会生出一些怪异反常的事来警戒和恐吓世人；如果还不知道悔改，败坏就会到来。从这里可以看出，上天以仁爱之心对人君，想帮助人君止息祸乱。倘若不是特别无道的世道，上天会竭尽全力扶持和保全而使之平安，这些事情在于君主尽力而为罢了。君王努力钻研学问，就会见识广博而智慧越发清明；努力奉行道义，德行就将日日提升而会成功，这些全都能够得到而且成效显著。《诗经》上说“从早到晚都不敢懈怠”，《尚书》中说“勉励啊勉励啊！”都是努力奋勉的意思。

道者，所繇适于治之路也，仁义礼乐皆其具也。故圣王已没，而子孙长久安宁数百岁，此皆礼乐教化之功也。王者未作乐之时，乃用先王之乐宜于世者，而以深入教化于民。教化之情不得，雅颂之乐不成，故王者功成作乐，乐其德也。乐者，所以变民风，化民俗也；其变民也易，其化人也著。故声发于和而本于情，接于肌肤，臧于骨髓。故王道虽微缺，而筦弦之声未衰也。夫虞氏之不为政久矣，然而乐颂遗风犹有存者，是以孔子在齐而闻《韶》也。夫人君莫不欲安存而恶危亡，然而政乱国危者甚众，所任者非其人，而所繇者非其道，是以政日以仆灭也。夫周道衰于幽厉，非道亡也，幽厉不繇也。至于宣王，思昔先王之德，兴滞补弊，明文武之功业，周道粲然复兴，诗人美之而作，上天祐之，为生贤佐，后世称诵，至今不绝。此夙夜不解行善之所致也。孔子曰“人能弘道，非道弘人”也。故治乱废兴在于己，非天降命不可得反，其所操持悖谬失其统也。

臣闻天之所大奉使之王者，必有非人力所能致而自至者，此受命之符也。天下之人同心归之，若归父母，故天瑞应诚而至。《书》曰“白鱼入于王舟，有火复于王屋，流为乌”，此盖受命之符也。周公曰“复哉复哉”，孔子曰“德不孤，必有邻”，皆积善絫德之效也。及至后世，淫佚衰微，不能统理群生，诸侯背畔，残贼良民以争壤土，废德教而任刑罚。刑罚不中，则生邪气；邪气积于下，怨恶畜于上。上下不和，则阴阳缪盭而妖孽生矣。此灾异所缘而起也。

道，就是适用于治国的道路，仁、义、礼、乐就是治国的工具。因此圣明的君王虽然去世了，而他的子孙可以安宁数百年，这都是礼乐教化的功劳。君王还没有制定乐律的时候，就选用先王所作适合当今社会的乐章，来深入教化百姓。教化的真情没有得到，雅、颂的音乐也就不能作成，故而君王在功成名就以后才能作乐治世，用音乐来歌颂他立下的功德。音乐，是用来改变民风，优化民俗的；音乐改变民风也容易，感化民众也功效显著。因此，音乐的声音从和谐中发出而源于情感，能够触及到肌肤，可以深藏到骨髓。王道虽然衰微，但是管弦之声却没有停止。虞舜已经很久不执掌国政了，然而流传下来的乐颂却依旧存在，所以孔子在齐国可以听到《韶》乐。人君无不希望国家平安而憎恶危急存亡，然而国政混乱、国家危急存亡的很多，这是由于所任用的人不合适，所作所为不符合治国之道，才导致国政日益衰败。周代的治国之道衰败于周幽王、周厉王时期，不是周朝的道灭亡了，而是周厉王和周幽王没有遵循其道。到了周宣王，他思念历代先祖的贤德，复兴停滞的事业，努力补救兴利除弊，恢复周文王、周武王开创的丰功伟业，周朝的道又粲然兴盛起来，诗人赞美他并且为他创作诗歌，上天护佑他，为他降生贤者来辅佐，后世称颂，至今不绝。这就是周宣王日以继夜不停地行善事而得来的。孔子说“人能够弘扬道，不是道弘扬人”。因此治理和祸乱、颓废和兴旺，全部在于自己，并不是因为上天降命不可挽回，而是因为人君的荒谬行为不符合先王的优良传统啊。

臣听说若是受到上天的尊重，上天就会使他成为王者而得到天下，必定是他有着超乎寻常的能力，这就是承受天命王者的凭证。天下的人全都同心归附于他，如同儿女归顺父母一样，故而上天感应到这份诚意，祥瑞就随之而来。《尚书》中说“白鱼进入王乘坐的船里，有火覆盖着王的房屋，变成了乌鸦”，这些都是承受天命的凭证啊。周公说“善报应得呀，善报应得呀”，孔子说“贤德的人绝不会被孤立，一定会得到上天的帮助”，这些都是积善累德的成效啊。但是到了后世，君王骄奢淫逸，道德衰微，不能统治管理民众，诸侯开始背叛他，为了争夺土地残暴杀害良民，废弃道德教化而滥用刑罚。

臣闻命者天之令也，性者生之质也，情者人之欲也。或夭或寿，或仁或鄙，陶冶而成之，不能粹美，有治乱之所生，故不齐也。孔子曰："君子之德风，小人之德中，中上之风必偃。"故尧舜行德则民仁寿，桀纣行暴则民鄙夭。夫上之化下，下之从上，犹泥之在钧，唯甄者之所为；犹金之在镕，唯冶者之所铸。"绥之斯俫，动之斯和"，此之谓也。

臣谨案《春秋》之文，求王道之端，得之于正。正次王，王次春。春者，天之所为也；正者，王之所为也。其意曰，上承天之所为，而下以正其所为，正王道之端云尔。然则王者欲有所为，宜求其端于天。天道之大者在阴阳。阳为德，阴为刑；刑主杀而德主生。是故阳常居大夏，而以生育养长为事；阴常居大冬，而积于空虚不用之处。以此见天之任德不任刑也。天使阳出布施于上而主岁功，使阴入伏于下而时出佐阳；阳不得阴之助，亦不能独成岁。终阳以成岁为名，此天意也。王者承天意以从事，故任德教而不任刑。刑者不可任以治世，犹阴之不可任以成岁也。为政而任刑，不顺于天，故先王莫之肯为也。今废先王德教之官，而独任执法之吏治民，毋乃任刑之意与！孔子曰："不教而诛谓之虐。"虐政用于下，而欲德教之被四海，故难成也。

臣谨案《春秋》谓一元之意，一者万物之所从始也，元者辞之

使用刑罚不适当，就生发了邪气；邪气聚积在下，怨恶储存在上。上下不和，就会阴阳错乱，滋生妖孽。这就是灾祸异象发生的原因。

臣听说命是上天的命令，性是人生来的本质，情是人的欲望。有人夭亡，有人长寿，有人仁德，有人鄙陋，都是经过陶冶而成，不可能纯粹美好，由于社会存在安定与动乱的影响，因此人的寿命与品行也是参差不齐的。孔子说："君子的德行就像风，小人的德行就像草，风吹到草上，草就必定跟着倒。"所以尧帝、舜帝实行德政，民众就能够仁慈长寿，桀纣肆意妄行凶暴残虐，民众就性情贪鄙短命夭亡。上位的君王教化下位的民众，下位的民众就会服从上位的君王，就像泥土放在模子中，任由陶匠制作；也像金属放进模型里，任由冶匠铸造。《论语》中说"安抚百姓，百姓就会归顺，动员百姓，百姓就会齐心协力"，所说的就是这个意思。

臣谨慎地考察《春秋》里"春王正月"的意思，探求王道的开端，得到了正。正仅次于王，王又次于春。春，是上天的所作所为；正，是王的所作所为。它的意思是说，君王在上面承受天的所作所为，在下面纠正自己的行为，正就是王道的开端啊。然而王者想要有所作为，就应当去向上天求助得到这个开端。天道中最大的就是阴阳。阳作为仁德，阴作为刑罚；刑主杀而德主生。所以阳经常处于盛夏，把养育生长作为己事；阴经常处于隆冬，而聚积在空虚无用之处。由此可见，上天是用德而不是用刑的。上天让阳出现并在上面布施，主管一年农事的收获，让阴进入内里并在下面潜伏，而随时出来辅佐阳；阳若是没有得到阴的帮助，也不可能使年岁独立完成。最终阳是以完成年岁为名的，这就是上天的意思啊。王者顺承天意来做事，因此任用德教而不任用刑罚。不能任用刑罚来治理世间，就如同不能任用阴来完成年岁一样。执掌国政而任用刑罚，是不遵循天道，因此没有先王愿意这样去做。如今不使用先王道德教化的官员，只是任用可以执法的酷吏来治理民众，这可不是先王任用刑罚的本意啊！孔子说："不教化就诛杀他们，可以称为凶暴残虐。"对下施行暴政，却还想让道德教化遍及四海，这是难以成功的啊。

臣谨慎地考察《春秋》里面所讲的一元的意义，一是万物所向

所谓大也。谓一为元者，视大始而欲正本也。《春秋》深探其本，而反自贵者始。故为人君者，正心以正朝廷，正朝廷以正百官，正百官以正万民，正万民以正四方。四方正，远近莫敢不壹于正，而亡有邪气奸其间者。是以阴阳调而风雨时，群生和而万民殖，五谷孰而屮木茂，天地之间被润泽而大丰美，四海之内闻盛德而皆徕臣，诸福之物，可致之祥，莫不毕至，而王道终矣。

孔子曰："凤鸟不至，河不出图，吾已矣夫！"自悲可致此物，而身卑贱不得致也。今陛下贵为天子，富有四海，居得致之位，操可致之势，又有能致之资，行高而恩厚，知明而意美，爱民而好士，可谓谊主矣。然而天地未应而美祥莫至者，何也？凡以教化不立而万民不正也。夫万民之从利也，如水之走下，不以教化堤防之，不能止也。是故教化立而奸邪皆止者，其堤防完也；教化废而奸邪并出，刑罚不能胜者，其堤防坏也。古之王者明于此，是故南面而治天下，莫不以教化为大务。立大学以教于国，设庠序以化于邑，渐民以仁，摩民以谊，节民以礼，故其刑罚甚轻而禁不犯者，教化行而习俗美也。

圣王之继乱世也，埽除其迹而悉去之，复修教化而崇起之。教化已明，习俗已成，子孙循之，行五六百岁尚未败也。至周之末世，大为亡道，以失天下。秦继其后，独不能改，又益甚之，重禁文学，不得挟书，弃捐礼谊而恶闻之，其心欲尽灭先圣之道，而颛为自恣苟简之治，故立为天子十四岁而国破亡矣。自古以来，未尝有以乱济乱，大败天下之民如秦者也。其遗毒余烈，至今未灭，使习俗薄

的初始，元是文辞中所说的大。说一就是元，显示大的初始而想根究其本源。《春秋》中深入探究它的本源，反倒要从尊贵者开始。故而作为君王的，先端正自己的心才可以导正朝廷，导正朝廷才能够导正百官，导正百官才能够导正万民，导正万民才能够导正四方。四方得以端正，远近都不敢不专一于正，而且不存在邪气混杂在里面。所以阴阳调和而风调雨顺，万物和谐而百姓兴旺，五谷丰登而草木繁茂，天地间全都受到这种恩泽而呈现出非常丰裕富足的美景，四海之内听闻到君王的盛德都赶来俯首称臣，所有幸福美好的万物，可以招致祥瑞，无不到来，这样王道就完成了。

孔子说："凤鸟若是没有来到，河图若是没有出现，我就要完了吧！"这是孔子悲伤自己的德行能够招致祥瑞，而自己身份卑微不能招来。如今陛下贵为天子，富有四海，居于得以招致祥瑞之位，掌握可以招致祥瑞之势，又有能够招致祥瑞之资，行为高尚而仁爱笃实，睿智贤明而意愿美好，爱护民众而喜好明士，可以说是知礼义的君主了。然而天地没有感应，吉兆没有降临，什么原因呢？大概是没有建立教化，民众还没有步入正道吧。若是万民追求利益，就如同水向低处流一样，不用教化作为堤防，就不能遏制停止。所以树立教化而奸邪就会停止，是因为堤防完好；废除教化而奸邪一同出现，刑罚也不能制止，是因为堤防毁坏。古代的贤德王者深深地明白这个道理，因此坐朝治理天下时，都会把教化作为首要任务。在国都内设立太学教化天下民众，设立庠序教化县邑百姓，用仁德来教育人民，用道义来感化人民，用礼仪来节制人民，因此虽然刑罚非常轻，违犯禁令的人却很少，这就是施行教化，习俗美好的结果啊。

德才超群的君王继承乱世，他扫污除秽把乱世所留的一切恶行全部除掉，重新修复，对于教化要特别推崇。教化已经清楚明白了，习俗已经培养形成了，子孙能够遵循并且推行下去，过了五、六百年尚且没有衰败。到周朝末年，君王十分无道，以致失去天下。秦朝继周朝灭亡以后，不但不思悔改，反而更加变本加厉的无道，严厉地禁止文学经典，不得私自收藏书籍，抛弃礼义，不愿听到，妄想将先王的道义全部毁掉，专门用放纵肆意，苟且简略的方法治理国家，所以被

恶，人民嚚顽，抵冒殊扞，孰烂如此之甚者也。孔子曰："腐朽之木不可雕也，粪土之墙不可圬也。"今汉继秦之后，如朽木粪墙矣，虽欲善治之，亡可奈何。法出而奸生，令下而诈起，如以汤止沸，抱薪救火，愈甚亡益也。窃譬之琴瑟不调，甚者必解而更张之，乃可鼓也；为政而不行，甚者必变而更化之，乃可理也。当更张而不更张，虽有良工不能善调也；当更化而不更化，虽有大贤不能善治也。故汉得天下以来，常欲治而至今不可善治者，失之于当更化而不更化也。古人有言曰："临渊羡鱼，不如退而结网。"今临政而愿治七十余岁矣，不如退而更化；更化则可善治，善治则灾害日去，福禄日来。《诗》云："宜民宜人，受禄于天。"为政而宜于民者，固当受禄于天。夫仁谊礼知信五常之道，王者所当修饰也；五者修饰，故受天之祐，而享鬼神之灵，德施于方外，延及群生也。

天子览其对而异焉，乃复册之曰：

制曰：盖闻虞舜之时，游于岩郎之上，垂拱无为，而天下太平。周文王至于日昃不暇食，而宇内亦治。夫帝王之道，岂不同条共贯与？何逸劳之殊也？

立为天子只有十四年就国破家亡了。自古以来，还从来没有像秦朝这样用混乱救济动乱，严重危害天下人民的。秦朝遗留下来的毒害如同残余的火焰，到如今还没有完全熄灭，它使世间习俗淡薄，民众愚昧顽钝，触犯法令，拒绝道义，到如此严重的地步。孔子说："腐朽的木头，不能用来雕饰啊，粪土的墙面，不能用来粉饰啊。"当今汉朝继承秦朝之后，社会的现实状况就如同朽木和粪墙，虽然想好好地将它治理，但是却无可奈何。法令刚刚出台奸邪就紧跟着发生，政令刚刚下达欺诈就紧跟着兴起，如同用开水制止沸腾，抱着柴草去救火，只会让情况更糟，没有任何益处。就好比琴瑟发出的音不协调，严重到一定要将弦拆下重新装好，才可以弹奏；处理政事的制度若是已经坏到极点，必须彻底改变破旧立新，才可以治理。现在应当重新安装琴弦而不去改弦更张，虽然有技艺精妙的工匠也不能将琴调理好；应当将制度改旧换新而不去改旧换新，虽然有圣贤在世也无法整治好。因此汉朝取得天下以来，常想好好治理国家，可是到如今还没有治理好，过失就在于应当改旧换新而没有去做。古人曾经说过："你站在荷塘边，羡慕别人抓到了鱼，不如自己回家去编织鱼网。"如今汉朝亲理政务并想把国政治理好，到现在已经有七十多年了，不如退一步来改旧换新；改旧换新了国家就可以好好治理，治理好国家，灾害就能日渐消除，福禄就会日渐到来。《诗经》上说："适合于民众，适合于士人，接受上天赐予的福禄。"执政为官能够适合人民，自然会得到上天给予的福祉。仁、义、礼、智、信是五种恒常不变的大道，这是王者所应整治修饬的；这五条大道能够整治修饬好，就可以得到上天的庇护，而享受鬼神的护佑，恩德广施到边远异域，延伸到万物。

武帝看了董仲舒的对策很是惊异，于是再一次向他策问说：

策问说：听说在虞舜那个时代，他经常游走在宫殿的走廊里，垂衣拱手，无为而治，而天下万民享受太平。周文王整天从早忙到晚，连吃饭的时间都没有，才使天下得到治理。帝王之道，难道没有事理相通，脉络连贯的主张吗？为什么安逸与劳苦有这么大的分别呢？

盖俭者不造玄黄旌旗之饰。及至周室，设两观，乘大路，朱干玉戚，八佾陈于庭，而颂声兴。夫帝王之道岂异指哉？或曰良玉不瑑，又云非文亡以辅德，二端异焉。

殷人执五刑以督奸，伤肌肤以惩恶。成康不式，四十余年天下不犯，囹圄空虚。秦国用之，死者甚众，刑者相望，秏矣哀哉！

乌虖！朕夙寤晨兴，惟前帝王之宪，永思所以奉至尊，章洪业，皆在力本任贤。今朕亲耕藉田以为农先，劝孝弟，崇有德，使者冠盖相望，问勤劳，恤孤独，尽思极神，功烈休德未始云获也。今阴阳错缪，氛气充塞，群生寡遂，黎民未济，廉耻贸乱，贤不肖浑殽，未得其真，故详延特起之士，庶几乎！今子大夫待诏百有余人，或道世务而未济，稽诸上古之不同，考之于今而难行，毋乃牵于文系而不得骋与？将所繇异术，所闻殊方与？各悉对，著于篇，毋讳有司。明其指略，切磋究之，以称朕意。

仲舒对曰：

臣闻尧受命，以天下为忧，而未以位为乐也，故诛逐乱臣，务求贤圣，是以得舜、禹、稷、卨、咎繇。众圣辅德，贤能佐职，教化大行，天下和洽，万民皆安仁乐谊，各得其宜，动作应礼，从容中道。故孔子曰“如有王者，必世而后仁”，此之谓也。尧在位七十载，乃逊于位以禅虞舜。尧崩，天下不归尧子丹朱而归舜。舜知不可辟，

那些勤俭的帝王不制作黑色、黄色的旌旗。到了周朝，在宫门外修筑了两座观望的台，乘坐豪华的车驾，制造朱红色的盾和玉质的斧柄，朝廷里跳着八佾舞，歌颂的声音到处响起。帝王之道，难道意旨不同吗？有人说良玉不必去雕琢，有人说没有文采用什么来辅助德行，两种说法各不相同。

殷代的人制定出五种刑法来监督奸邪，用毁伤肌肤的办法来惩戒邪恶。周成王和周康王不用这些刑法，四十多年居然没有犯法的，监狱空荡形同虚设。这些刑法被秦国使用，杀死的人不计其数，受刑的人相望不断，致使人口减少实在是悲哀呀！

唉！朕每日睡得晚起得早，考虑历代先帝的宪章法典，经常思虑如何符合这个至尊的地位，彰显祖宗的事业，朕认为关键在于全力搞好农业，任用贤人。如今朕亲自耕种藉田为农民做表率，劝导百姓孝敬父母，友爱兄弟，崇尚有德行的人，并且派出众多使者，往来不绝地去慰问勤劳的人家，体恤失去父母、子女的人，耗尽精神，并没有获得大的成效和美好的德行。如今阴阳错乱，天地间充满恶劣的气氛，众多生物得不到生长，百姓没有得到救济，廉洁的人与无耻的人混在一起，贤人与坏人也混淆不清，真实的情况得不到，因此朕广泛地招揽各种人才来请教，也许目的可以达到吧！如今等待诏命的大夫们有一百多人，有的谈论时政却不切实际，用上古时代的历史来印证当今的不同，考察现在的情况又难于推行，莫非是受到朝廷文吏法令的牵累而不能任意发挥吗？还是说不同的学术，所得的见解不同呢？每个人都要竭尽心力对答，写成篇上书，不要担心主管官吏。阐明自己的要旨，切磋研究，让朕满意。

董仲舒对策说：

臣听说尧帝受天之命，以天下为忧，而不是以获得天子的尊位而感到快乐，他因此诛杀贬黜那些乱臣，必须寻求贤圣的人，所以得到虞舜、夏禹、后稷、商契、咎繇。有众多圣明的人来辅佐他提升德行，有众多贤能的人来辅佐他治理朝政，于是教化大行，天下太平，万民都安于行仁，乐于行义，各得其所，行为举动合乎礼义，从从容容地在光明的道路上前进。所以孔子说“如果有王者，一定要经过

乃即天子之位，以禹为相，因尧之辅佐，继其统业，是以垂拱无为而天下治。孔子曰“《韶》尽美矣，又尽善矣”，此之谓也。至于殷纣，逆天暴物，杀戮贤知，残贼百姓。伯夷、太公皆当世贤者，隐处而不为臣。守职之人皆奔走逃亡，入于河海。天下耗乱，万民不安，故天下去殷而从周。文王顺天理物，师用贤圣，是以闳夭、大颠、散宜生等亦聚于朝廷。爱施兆民，天下归之，故太公起海滨而即三公也。当此之时，纣尚在上，尊卑昏乱，百姓散亡，故文王悼痛而欲安之，是以日昃而不暇食也。孔子作《春秋》，先正王而系万事，见素王之文焉。繇此观之，帝王之条贯同，然而劳逸异者，所遇之时异也。孔子曰“《武》尽美矣，未尽善也”，此之谓也。

臣闻制度文采玄黄之饰，所以明尊卑，异贵贱，而劝有德也。故《春秋》受命所先制者，改正朔，易服色，所以应天也。然则宫室旌旗之制，有法而然者也。故孔子曰：“奢则不逊，俭则固。”俭非圣人之中制也。臣闻良玉不瑑，资质润美，不待刻瑑，此亡异于达巷党人不学而自知也。然则常玉不瑑，不成文章；君子不学，不成其德。

臣闻圣王之治天下也，少则习之学，长则材诸位，爵禄以养其德，刑罚以威其恶，故民晓于礼谊而耻犯其上。武王行大谊，平残

三十年，才能施行仁政”，就是指的这些啊。尧帝在位七十年，就禅让给虞舜。尧帝驾崩以后，天下人民没有归附尧的儿子丹朱，却都归附舜帝。舜帝知道不可以逃避责任，就继承了天子之位，用夏禹担任相，继续任用尧帝曾经任用的人，继承了尧帝的道统和帝王之业，因此垂衣拱手无为而治，就使天下太平。孔子说“《韶》乐尽美，而且尽善啊”，指的就是这个意思。至于商纣王，背逆天意，暴殄天物，杀害贤良智士，荼毒百姓。伯夷、姜太公都是当世的贤者，他们隐居起来，不想做官。朝廷中在职为官的人全都奔走逃亡到河滨海上。天下昏暗混乱，百姓不得安宁，因此天下的百姓都离开商纣王而拥护周文王。周文王遵循天道治理天下万物，以道德才智极高的人为师并且任用他们，故而闳夭、大颠、散宜生等诸多贤士都集聚在周的朝廷之上。仁爱施于天下万民，天下万民都归顺他，所以姜太公从遥远的海滨前来辅佐，后来成为周朝的三公。在这个时候，商纣王还在天子之位，尊卑长幼的次序混乱，百姓离散逃亡，因此周文王非常痛心，希望民众过上安定的生活，所以周文王整天忙得太阳都西斜了，还没有吃午饭。孔子作《春秋》，先写王作为正，然后才开始记载各种历史事件，充分表现了素王的文章。由此可见，帝王的条理是相同的，然而劳苦和安逸却不同，是因为遇到的时代不一。孔子说“《武》乐尽美，没有尽善啊”，说的就是这个意思。

臣听说无论制度还是纹彩中黑色、黄色的装饰，都是用来明白尊卑，区别贵贱，而劝勉引导人们要有德行。《春秋》是受命于天所著述的，因此它最先制定的，就是改变历法，更改衣服的颜色，所以用这些来顺应天道。然而宫殿旌旗的制作，同样有制度规定。因此孔子说：“奢侈了就容易傲慢不够谦逊，节俭了便容易固陋。”节俭不是圣人合乎中庸之道的制度。臣听说良玉不用雕刻，是因为它的质地本来就温润美好，不必雕饰花纹，这无异于项橐不去学习就能自知一样。然而常玉不加雕琢，就不能有斑斓的花纹；君子不经学习，就不能成就自身美德。

臣听说圣明的帝王治理天下，对少年就培养他们学习的习惯，对年长的就传授技能给他们，用爵位与俸禄来培养他们的德行，

贼，周公作礼乐以文之，至于成康之隆，囹圄空虚四十余年。此亦教化之渐而仁谊之流，非独伤肌肤之效也。至秦则不然。师申商之法，行韩非之说，憎帝王之道，以贪狼为俗，非有文德以教训于下也。诛名而不察实，为善者不必免，而犯恶者未必刑也。是以百官皆饰虚辞而不顾实，外有事君之礼，内有背上之心，造伪饰诈，趣利无耻；又好用憯酷之吏，赋敛亡度，竭民财力，百姓散亡，不得从耕织之业，群盗并起。是以刑者甚众，死者相望，而奸不息，俗化使然也。故孔子曰“导之以政，齐之以刑，民免而无耻”，此之谓也。

今陛下并有天下，海内莫不率服，广览兼听，极群下之知，尽天下之美，至德昭然，施于方外。夜郎、康居，殊方万里，说德归谊，此太平之致也。然而功不加于百姓者，殆王心未加焉。曾子曰：“尊其所闻，则高明矣；行其所知，则光大矣。高明光大，不在于它，在乎加之意而已。”愿陛下因用所闻，设诚于内而致行之，则三王何异哉！

陛下亲耕藉田以为农先，夙寤晨兴，忧劳万民，思惟往古，而务以求贤，此亦尧舜之用心也，然而未云获者，士素不厉也。夫不素养士而欲求贤，譬犹不琢玉而求文采也。故养士之大者，莫大虖太学；太学者，贤士之所关也，教化之本原也。今以一郡一国之众，

用刑罚来威慑他们的恶行，因此百姓都明白礼义而耻于触犯君上。周武王施行正道，平定凶残不法的贼人，周公制礼作乐并在文教上施政，周朝一直到周成王、周康王时的盛世，监狱空虚了四十多年。这都是教化逐渐的感染以及仁义对民众的影响，并非以毁伤身体的酷刑才达到的功效啊。到了秦朝就不是这样了。秦朝遵从申不害、商鞅的做法，实行韩非的学说，憎恶上古帝王治理世间的道理，以贪婪残暴为俗，并非用礼义文德来教训天下百姓。秦朝只根据名义定是非而不调查实情，为善之人不一定能免罪，而犯法之人不见得会受罚。因此百官全是巧饰谎言相互欺诈而不顾实情，外表有尊敬侍奉君王的礼貌，内心有背叛君王的意图，掩饰狡诈并弄虚作假，没有羞耻并追逐私利；朝廷又总是喜欢用冷酷残忍的官吏，征收赋税没有限制，榨干人民的血汗财力，民众逃亡四处，无法从事耕田和纺织工作，四方强盗共同起事。因此受刑的人非常多，被杀死的人一个接着一个，而奸邪之事不能停止，是习俗教化使其如此。所以孔子说“用政令来教导人民，用刑罚来约束人民，人民要求免于受惩罚却没有羞耻之心”，说的就是这个意思。

现在陛下一统天下，海内无不归顺，广泛地观察阅览，多方面地听取意见，极力地吸取下面群臣的智慧，尽可能将天下的美德，崇高的德行显现得明明白白，广施到边远异地。夜郎国和康居国，远达万里，也因此德而悦服归谊，就真是太平盛世到来的景象啊。但是恩德不施加到百姓身上，陛下大概还没有顾及到这个问题吧。曾子说：“尊重自己所听到的道理，就算很高明了；实践自己所掌握的道理，就算是光大了。高明光大，不在于其它什么，就在于对这些注意罢了。”希望陛下选取听到的道理，心存忠厚地去实践，如此，与三王又有什么区别呢！

陛下亲自耕种藉田，倡导以农业为先，夙兴夜寐，为百姓担忧，思念古代盛世，而一心访求贤德之人，这也是尧舜的用心啊，然而没有获得贤人，是士人平时没有得到鼓励的缘故。平时不重视人才如今却想访求贤人，就像不雕琢玉却想有文采一样。因此培养人才最好的方法，没有比兴办太学更合适的了；太学，是贤士们产生的地

对亡应书者，是王道往往而绝也。臣愿陛下兴太学，置明师，以养天下之士，数考问以尽其材，则英俊宜可得矣。今之郡守、县令，民之师帅，所使承流而宣化也；故师帅不贤，则主德不宣，恩泽不流。今吏既亡教训于下，或不承用主上之法，暴虐百姓，与奸为市，贫穷孤弱，冤苦失职，甚不称陛下之意。是以阴阳错缪，氛气充塞，群生寡遂，黎民未济，皆长吏不明，使至于此也。

夫长吏多出于郎中、中郎，吏二千石子弟选郎吏，又以富訾，未必贤也。且古所谓功者，以任官称职为差，非谓积日絫久也。故小材虽絫日，不离于小官；贤材虽未久，不害为辅佐。是以有司竭力尽知，务治其业而以赴功。今则不然。絫日以取贵，积久以致官，是以廉耻贸乱，贤不肖浑殽，未得其真。臣愚以为使诸列侯、郡守、二千石各择其吏民之贤者，岁贡各二人以给宿卫，且以观大臣之能；所贡贤者有赏，所贡不肖者有罚。夫如是，诸侯、吏二千石皆尽心于求贤，天下之士可得而官使也。遍得天下之贤人，则三王之盛易为，而尧舜之名可及也。毋以日月为功，实试贤能为上，量材而授官，录德而定位，则廉耻殊路，贤不肖异处矣。陛下加惠，宽臣之罪，令勿牵制于文，使得切磋究之，臣敢不尽愚！

方，是国家教化天下的本源。如今各郡各国的民众，还没有推举出回复朝廷策问的贤良之人，这就是王道往往在那里断绝的原因。臣希望陛下能够兴办太学，聘请通达明理的老师来教化培养天下的士人，数次考问他们而使他们能够充分发挥自己的天赋，那么才能出众的人就可以得到了。现在的郡守、县令，就是民众的表率，就是委派他们接受和继承天子的恩泽去宣扬教化百姓的；表率若是不贤良，君王的仁德就无法宣扬，恩泽就无法传播到下面。如今官吏既然起不到教化人民的作用，或者不去沿用君主的法令，暴虐百姓，与奸人一起谋利，导致贫穷孤苦的百姓含冤受苦而流离失所，非常不符合陛下的意愿。因此阴阳错乱，戾气充塞民间，百姓无法生活，黎民在苦难中没有得到救助，都是郡守县令们不尽职不贤明，才导致这样的现象啊。

郡守、县令大多数出身郎中、中郎，年俸二千石官吏的子弟入选担任郎官，又仗着自己有钱有财，未必贤明。况且古代对官吏功劳的考核，是以才能是否与官职相称来区别的，不以任职时间的长短为准。故而才能低的人，即使任职时间很长，也只能是小吏；才能出众的人，即使任职时间很短，也不妨碍成为辅佐之臣。所以官吏用尽心力，忠于职守，争取建立功业。现在却不是这样。官吏任职时间长就会受到重视，长久累积，就可以提升官职，因此廉操与知耻混乱，贤德与不肖混淆，真正的贤才不可能得到。臣愚蠢地认为让各位诸侯、郡守、二千石官吏自行选择治理官民中的贤者，每年举荐两个人，让他们值宿宫禁，担任警卫，还可以观察大臣的能力；举荐的人贤德，就进行奖赏，举荐的人不肖，就进行惩罚。如此一来，诸侯、二千石官吏都会尽心寻求贤能的人，就能够得到天下有才能的士人加以任用并授予他们官职。遍得天下的贤人，那么三王的盛世就容易达到了，尧舜的声名也就可以实现了。千万不可以按照任职时间的长短来评定功劳，实际考察官吏贤能与否才最重要，衡量才能后再授予官职，考核德行后再确定官位，这样廉洁和无耻的待遇截然不同，好人和坏人就可以区别了。陛下施予恩惠，宽恕臣的罪过，教导臣不要担心主管官吏，使臣可以切磋研究，臣不敢不尽力倾吐肤浅的见解！

于是天子复册之。

制曰：盖闻“善言天者必有征于人，善言古者必有验于今”。故朕垂问乎天人之应，上嘉唐虞，下悼桀纣，寖微寖灭寖明寖昌之道，虚心以改。今子大夫明于阴阳所以造化，习于先圣之道业，然而文采未极，岂惑乎当世之务哉？条贯靡竟，统纪未终，意朕之不明与？听若眩与？夫三王之教所祖不同，而皆有失，或谓久而不易者道也，意岂异哉？今子大夫既已著大道之极，陈治乱之端矣，其悉之究之，孰之复之。《诗》不云乎：“嗟尔君子，毋常安息，神之听之，介尔景福。”朕将亲览焉，子大夫其茂明之。

仲舒复对曰：

臣闻《论语》曰：“有始有卒者，其唯圣人乎！”今陛下幸加惠，留听于承学之臣，复下明册，以切其意，而究尽圣德，非愚臣之所能具也。前所上对，条贯靡竟，统纪不终，辞不别白，指不分明，此臣浅陋之罪也。

册曰：“善言天者必有征于人，善言古者必有验于今。”臣闻天者群物之祖也，故遍覆包函而无所殊，建日月风雨以和之，经阴阳寒暑以成之。故圣人法天而立道，亦溥爱而亡私，布德施仁以厚之，设谊立礼以导之。春者天之所以生也，仁者君之所以爱也；夏者天之所以长也，德者君之所以养也；霜者天之所以杀也，刑者君之所以罚也。繇此言之，天人之征，古今之道也。孔子作《春秋》，上揆之天道，下质诸人情，参之于古，考之于今。故《春秋》之所讥，

于是天子再一次提出策问。

武帝策问道：朕常听说“善于谈论上天的，一定能够在人事中得到印证，善于谈论古事的，必定能够在现实中得到验证”。因此朕询问你们关于天人感应的关系，往上嘉许赞叹唐尧虞舜，往下悲痛哀悼夏桀商纣，看到这些逐步灭亡和逐步昌盛的道理，朕要虚心改正错误。如今大夫们通晓阴阳的造化与作用，熟悉先代圣王的道术与功业，然而你们的文章当中尚未将这些道理充分地表达出来，莫非是对当朝的政务还有疑惑吗？以至于有些道理条理不清，纲领含糊，是觉得朕不明事理吗？或是听话会迷惑吗？三王所做的教化在最初的时候各不相同，都存在缺失的地方，或者说恒久不变的才是道，这几种说法的意思为何有所不同？现在大夫们既然已经写明了大道的最高准则，陈述了治理混乱局面的方法，朕希望你们可以说的更详细，更深刻，更周密。《诗经》上不是说：“君子啊，不要贪图安逸，神在倾听着，赐予你洪福。”朕要亲自看你们的对策，大夫们要尽力阐明你们的见解。

董仲舒再次对策道：

臣听《论语》上说：“有始有终者，唯有圣人啊！”如今有幸承蒙陛下的隆恩，留心听取这些从事学问的臣子的论述，再次颁下高明的诏书，希望切合其中的真意，彻底地了解并研究圣王至德，愚臣不具备这样的能力可以详细陈述。前些时候臣所上书的对策，有些道理条理不清，意旨不明，语言叙述不清楚，观点表达不准确，这是臣学识浅陋的罪过啊。

陛下策问中说：“善于谈天命的必定能有人事的印证，善于讲上古盛世的必定有感于现实。”臣听说天是万物的始祖，因此天对万物覆盖着、包含着，没有任何例外，造作日、月、风、雨使天下融洽，通过阴、阳、寒、暑使万物长成。故而圣人遵循天命制定政令，他们像上天一样博爱而无私，广布圣德施予仁爱厚待百姓，深明大义设立礼制去引导百姓。春季是上天使万物萌生的，仁是君王用来爱护百姓的；夏季是上天使万物滋长的，德是君王来养育百姓的；秋霜是上天昭示诛杀万物的，刑法是君王用来惩罚罪犯用的。由此观之，天和

灾害之所加也；《春秋》之所恶，怪异之所施也。书邦家之过，兼灾异之变，以此见人之所为，其美恶之极，乃与天地流通而往来相应，此亦言天之一端也。古者修教训之官，务以德善化民，民已大化之后，天下常亡一人之狱矣。今世废而不修，亡以化民，民以故弃行谊而死财利，是以犯法而罪多，一岁之狱以万千数。以此见古之不可不用也，故《春秋》变古则讥之。天令之谓命，命非圣人不行；质朴之谓性，性非教化不成；人欲之谓情，情非度制不节。是故王者上谨于承天意，以顺命也；下务明教化民，以成性也；正法度之宜，别上下之序，以防欲也：修此三者，而大本举矣。人受命于天，固超然异于群生，入有父子兄弟之亲，出有君臣上下之谊，会聚相遇，则有耆老长幼之施；粲然有文以相接，欢然有恩以相爱，此人之所以贵也。生五谷以食之，桑麻以衣之，六畜以养之，服牛乘马，圈豹槛虎，是其得天之灵，贵于物也。故孔子曰："天地之性人为贵。"明于天性，知自贵于物；知自贵于物，然后知仁谊；知仁谊，然后重礼节；重礼节，然后安处善；安处善，然后乐循理；乐循理，然后谓之君子。故孔子曰"不知命，亡以为君子"，此之谓也。

人的相互验证，是从古至今永远不变的道理。孔子作《春秋》，上研究天道，下考察民情，参考古代之事，对照现实情况。所以《春秋》所讥讽批判的，都是灾害的预兆；《春秋》所深恶痛绝的，都是怪异的降临。此书真实地记载了天子、诸侯的过失，并且叙述了灾害怪异的变化，从这里可以看出人们的所作所为，无论多么完美，多么丑恶，都同天地相通并感应，这也是《春秋》谈天道的一个奥秘啊。古时候朝廷设立负责教育百姓的官员，强调用德和善来教化人民，人民受到教化以后，天下经常没有一个人在监狱里。如今朝廷废除这种制度而没有重新修订，无法教化人民，百姓因此都放弃履行大义的重任而不顾死活地追逐财利，所以造成违法犯罪的人增多，一年之内，刑狱诉讼的人竟然成千上万。由此可见，古时候圣人的法度不是不能效法的，因此《春秋》对于那些改变古代制度的行为加以讥讽。上天的命令称为天命，这个天命不是道德高尚的圣人不能去践行；人生来就有的本性称为性，这种性不经过教化不能完成；人的欲望称为情，这种情不用法度不能约束。故而君王对上谨慎地秉承天意以顺从天命；对下必须要深明大义教化百姓，使百姓能养成他们的性；建立法令制度，明确上下尊卑的次序，来防止人们的私欲：这三方面的事做好了，国家的大政方针就奠定了。人承受了上天命运的安排，所以不同于其他生灵，并超然其上，家中有父子兄弟之亲，外面有君臣上下之义，大家聚会或者相遇，就会有尊敬德高望重的老人和分别年长年幼的规范；有明确的礼节安排接待，喜悦地相互感恩相互亲爱，这就是人尊贵的地方。大地生长五谷用作食物，生长桑麻用来制作衣裳，饲养六畜，驯服耕牛骑上马，圈养猎豹猛虎，这就是人得到天地的灵气，比万物尊贵的表现。因此孔子说："天地之间的生物，人是最尊贵的。"人们明白了自己特有的天性，就知道自己比万物尊贵；知道自己比万物尊贵，然后知道人与人之间讲究仁爱大义；知道仁爱大义，然后懂得注重礼节；注重礼节约束自己，然后安然自得处于善道；安然自得处于善道，然后乐于遵循义理；乐于遵循义理，然后可以称为君子。所以孔子说"不懂得天命，就不可能成为君子"，讲的就是这个道理啊。

册曰:“上嘉唐虞,下悼桀纣,寖微寖灭寖明寖昌之道,虚心以改。”臣闻众少成多,积小致巨,故圣人莫不以晻致明,以微致显。是以尧发于诸侯,舜兴乎深山,非一日而显也,盖有渐以致之矣。言出于己,不可塞也;行发于身,不可掩也。言行,治之大者,君子之所以动天地也。故尽小者大,慎微者著。《诗》云:“惟此文王,小心翼翼。”故尧兢兢日行其道,而舜业业日致其孝,善积而名显,德章而身尊,此其寖明寖昌之道也。积善在身,犹长日加益,而人不知也;积恶在身,犹火之销膏,而人不见也。非明乎情性察乎流俗者,孰能知之?此唐虞之所以得令名,而桀纣之可为悼惧者也。夫善恶之相从,如景乡之应形声也。故桀纣暴谩,谗贼并进,贤知隐伏,恶日显,国日乱,晏然自以如日在天,终陵夷而大坏。夫暴逆不仁者,非一日而亡也,亦以渐至,故桀、纣虽亡道,然犹享国十余年,此其寖微寖灭之道也。

册曰:“三王之教所祖不同,而皆有失,或谓久而不易者道也,意岂异哉?”臣闻夫乐而不乱复而不厌者谓之道;道者万世亡弊,弊者道之失也。先王之道必有偏而不起之处,故政有眊而不行,举其偏者以补其弊而已矣。三王之道所祖不同,非其相反,将以捄溢扶衰,所遭之变然也。故孔子曰:“亡为而治者,其舜乎!”改正

策问说："往上嘉许唐尧虞舜的美德，往下悲悼夏桀商纣的暴行，昭示了逐渐趋向渺小，逐渐趋向灭亡，逐渐趋向显著，逐渐趋向昌盛的法则，臣要虚心改正错误。"臣听说积少就可以成多，积小就可以变大，所以圣人无不是积累昏暗而慢慢变得光明，从微贱的地位一步步达到德行显著。因此尧位列诸侯而发达，舜处在深山而兴盛，他们的威望都不是一天形成的，而是在艰苦实践中逐渐达到的。言语出于自己的口，就不可能再去堵塞别人的耳朵；行动由自己的身体做出，不可能掩盖起来。言语和行为，是治国安民最重要的方面，君子能感动天地也是因其言行。故而积小成大，谨慎对待细微的事就会养成良好的道德情操。《诗经》上说："只有这个周文王啊，谨慎小心很善良。"所以尧谨慎小心地每天推行正确的治国之道，舜怀着敬畏的心情尽自己的孝道，做的好事多了名声自然就显达，德行高尚尽人皆知自身就尊贵，这就是他们的事迹日趋显著事业日趋昌盛的道理。积累善行在自己身上，就如同身体在逐渐长大，而别人没有觉察；积累恶行在自己身上，就如同灯火耗油一样，别人也看不出来。不是了解品质情性，善于洞察社会风气的人，有谁能够清楚这个道理呢？这就是唐尧、虞舜得到美名，夏桀、商纣使人恐惧的原因。善恶的名声是与人们的行为相关的，如同影子跟随着人的身体，如同回响跟随着发出的声音。因此桀、纣凶残怠慢，善于谗恶的人都得到晋升，贤良智慧的人都藏匿起来不为所用，桀、纣所做的罪恶一天比一天明显，国政朝纲一天比一天混乱，而他们却悠闲安适，自以为如日中天，结果逐渐衰落以至于毁灭。那些残暴不仁的君主，并不是在一天之内就败亡的，也是逐渐造成的，因此桀、纣虽然无道，仍然在位统治十多年，这就是他们慢慢衰微以至国家走向灭亡的道理啊。

陛下策问说："尧帝，舜帝，禹帝三代圣王遵循的教化，起始于不同年代，然而都有所不足，可是有人却说这些治国之道是永远不能改变的，这种说法与实际情况相互矛盾吗？"臣听说享乐而不淫乱，不断行善而不厌倦就称为道；道的法则是千秋万世都没有弊端的，出现了弊端是因为违背了道的法则。先王的治国之道必定有偏颇不能遵循的地方，因此国家的大政方针上也时有昏暗而难以推行，列

朔，易服色，以顺天命而已；其余尽循尧道，何更为哉！故王者有改制之名，亡变道之实。然夏上忠，殷上敬，周上文者，所继之捄，当用此也。孔子曰："殷因于夏礼，所损益可知也；周因于殷礼，所损益可知也；其或继周者，虽百世可知也。"此言百王之用，以此三者矣。夏因于虞，而独不言所损益者，其道如一而所上同也。道之大原出于天，天不变，道亦不变，是以禹继舜，舜继尧，三圣相受而守一道，亡救弊之政也，故不言其所损益也。繇是观之，继治世者其道同，继乱世者其道变。今汉继大乱之后，若宜少损周之文致，用夏之忠者。

陛下有明德嘉道，愍世俗之靡薄，悼王道之不昭，故举贤良方正之士，论议考问，将欲兴仁谊之休德，明帝王之法制，建太平之道也。臣愚不肖，述所闻，诵所学，道师之言，廑能勿失耳。若乃论政事之得失，察天下之息耗，此大臣辅佐之职，三公九卿之任，非臣仲舒所能及也。然而臣窃有怪者。夫古之天下亦今之天下，今之天下亦古之天下，共是天下，古以大治，上下和睦，习俗美盛，不令而行，不禁而止，吏亡奸邪，民亡盗贼，囹圄空虚，德润草木，泽被四海，凤皇来集，麒麟来游，以古准今，壹何不相逮之远也！安所缪

举出它的偏颇，补救它的弊病就可以了。三代圣王遵循的教化之道虽然起始于不同年代，可并不是相互悖离的，往往都是为了补救和校正当时偏颇的法令制度，扶持衰弱，有所不同，是因为他们遇到的环境不同而发生了变化。所以孔子说："无为而治的，就只有舜帝呀！"舜帝改变了历法，更换了车马、祭牲、服装的颜色，目的是顺承上天的意志；其他完全遵循尧帝的治国之道，哪里有什么变化呢！因此王者只是改变国家制度之名，却没有改变治理国家方针之实。然而夏朝崇尚忠，商朝崇尚敬，周朝崇尚文，这是因为他们朝代更替时所处的历史背景不同，为了补救弊端，他们应当这样做。孔子说："商朝沿袭夏朝的礼制，有所增加废除的，都是可以知道的；周朝沿袭商朝的礼制，有所增加废除的，也是可以知道的；其他如果有承继周朝礼制的，虽然经历了百世，也是可以知道的。"这句话的意思是说，无论哪一代的帝王，都要遵循这三代圣王的治国之道。夏朝沿袭了虞舜时的礼制，却唯独不说增减，是因为夏朝和虞舜遵循的治国之道是一样的，夏朝崇尚的忠和虞舜是相同的。道的根本来自于上天，上天是不会变化的，道也不会变，所以禹帝继承了舜帝的道，舜帝继承了尧帝的道，三位圣王互相传授而遵守一个治国之道，不存在救弊上一代的措施，因此不说他们对道的增减。由此看来，继承治世的君王，他们的治国之道是相同的，继承混乱之世的，他们的治国之道是必须要改变前朝的政治体制。如今汉朝承继秦朝大乱之后，应当弱化周朝的文而沿袭夏朝的忠。

陛下拥有圣明的德行和令人嘉许的道义，痛心世俗的人心不古，风俗淡薄，悲伤王道的不明，所以诏令全国选举贤良方正的士人，议论考问，准备发扬仁义的美德，明确帝王的法令制度，建立万世太平的治国之道。臣愚昧不肖，所讲述的，仅仅是背诵曾经学过的一点体会，说的都是老师教授的道理，还没能忘记罢了。至于谈论国家政事的得失，研究天下的兴盛和衰落，这是辅佐大臣的职责，三公九卿的使命，不是臣能涉及的。然而臣私自有感一些奇怪的问题。古时候的天下也就是如今的天下，如今的天下也就是古时候的天下，均为一样的天下，古时候可以做到天下太平，上下和睦，习俗美好，不令而行，不

盭而陵夷若是？意者有所失于古之道与？有所诡于天之理与？试迹之古，返之于天，党可得见乎？

夫天亦有所分予，予之齿者去其角，傅其翼者两其足，是所受大者不得取小也。古之所予禄者，不食于力，不动于末，是亦受大者不得取小，与天同意者也。夫已受大，又取小，天不能足，而况人乎！此民之所以嚣嚣苦不足也。身宠而载高位，家温而食厚禄，因乘富贵之资力，以与民争利于下，民安能如之哉！是故众其奴婢，多其牛羊，广其田宅，博其产业，畜其积委，务此而亡已，以迫蹴民，民日削月朘，寖以大穷。富者奢侈羡溢，贫者穷急愁苦；穷急愁苦而不上救，则民不乐生；民不乐生，尚不避死，安能避罪！此刑罚之所以蕃而奸邪不可胜者也。故受禄之家，食禄而已，不与民争业，然后利可均布，而民可家足。此上天之理，而亦太古之道，天子之所宜法以为制，大夫之所当循以为行也。故公仪子相鲁，之其家见织帛，怒而出其妻，食于舍而茹葵，愠而拔其葵，曰："吾已食禄，又夺园夫红女利乎！"古之贤人君子在列位者皆如是，是故下高其行而从其教，民化其廉而不贪鄙。及至周室之衰，其卿大夫缓于谊而急于利，亡推让之风而有争田之讼。故诗人疾而刺之，曰："节彼南山，惟石岩岩，赫赫师尹，民具尔瞻。"尔好谊，则民乡仁而俗善；尔好利，则民好邪而俗败。由是观之，天子大夫者，下民之所视效，远方之所四面而内望也。近者视而放之，远者望而效之，岂可以居贤人之位而为庶人行哉！夫皇皇求财利常恐乏匮者，庶人之意也；皇皇求仁义常恐不能化民者，大夫之意也。《易》曰："负且乘，致寇至。"乘车者君子之位也，负担者小人之事也，此言居君子之位而为

禁而止，官吏当中没有奸邪之人，百姓中没有盗贼，监狱空空，里面没有犯人，君主的恩德滋润草木，遍及四海，凤凰翔集，麒麟出游，用古时候的标准来看待今天，怎么相距那么远呢！究竟错在何处致使我们慢慢衰微到这样的地步？臣想也许是违背了古代帝王遵循的治国之道吧？也许是悖离了天理吧？试着考察曾经发生的事情，一直追溯到天理，或许能看出一些问题吧？

上天对万物的赋予是有分别的，赋予利齿的就不再给角，赋予翅膀的就只给两只脚，这就是得到了大的，就不能再贪取小的。自古以来享受俸禄的人，就不靠体力来谋利，也不可以从事工商业，这也是得到了大的，就不能再取小的，与天意是相同的。如果已经享受了大的，又去贪求小的，上天都不能满足，更何况是人呢！这就是人民纷纷不满衣食不足的原因啊。那些身受宠幸又居于高位，家中富足而享有厚禄的人，凭借自己雄厚的财力，在世间与民众争利，百姓如何能安定呢！因此那些人蓄养着众多的奴婢，拥有许多的牛羊，扩大自己的田地住宅，扩充自己的产业，增加自己的积蓄，致力于欲望而且没有止境，他们逼迫民众，使民众感到惊惧，民众日日受到剥削，逐渐走向穷困。富人奢侈浪费，贫民穷困忧愁；贫民穷困忧愁而身处上位的人却不去救济，民众就不能安定地生活；当民不聊生时，他们连死都不会怕，又怎么会害怕犯罪！这就是刑罚虽然繁多，但是奸邪却无法禁止的原因啊。故而享受俸禄的那些人家，应该只食俸禄就可以了，不应当再与民众争夺谋利的产业，若是这样利益就可以均等分配，民众也能够家用充足。这是上天的公理，也是太古时代的治国之道，天子应当效法将其定为制度，大夫首先应该遵循实行。因此公仪子在鲁国担任相时，回到家里看见妻子在织帛，愤怒地把他的妻子赶出家门，在家里吃饭时，吃到自家园子里种的葵菜，生气地把它们拔掉了，说：“我已经享受俸禄了，还要夺取种菜人与织布女的利益吗？”古代做官的贤人君子都是这样，所以下面的百姓都尊敬他们的德行，愿意听从他们的教化，民众被他们廉洁的感化，就不会产生贪婪卑鄙的行为。直到周朝末年，卿大夫就逐渐不大讲求礼义而开始急于求利，没有谦让的风气却有争夺田地的诉讼。因此诗人憎恶并讽

庶人之行者，其患祸必至也。若居君子之位，当君子之行，则舍公仪休之相鲁，亡可为者矣。

《春秋》大一统者，天地之常经，古今之通谊也。今师异道，人异论，百家殊方，指意不同，是以上亡以持一统；法制数变，下不知所守。臣愚以为诸不在六艺之科孔子之术者，皆绝其道，勿使并进。邪辟之说灭息，然后统纪可一而法度可明，民知所从矣。

对既毕，天子以仲舒为江都相，事易王。易王，帝兄，素骄，好勇。仲舒以礼谊匡正，王敬重焉。久之，王问仲舒曰："粤王勾践与大夫泄庸、种、蠡谋伐吴，遂灭之。孔子称殷有三仁，寡人亦以为粤有三仁。桓公决疑于管仲，寡人决疑于君。"仲舒对曰："臣愚不足以奉大对。闻昔者鲁君问柳下惠：'吾欲伐齐，何如？'柳下惠曰：'不可。'归而有忧色，曰：'吾闻伐国不问仁人，此言何为至于我哉！'徒见问耳，且犹羞之，况设诈以伐吴乎？繇此言之，粤本无一仁。夫仁人者，正其谊不谋其利，明其道不计其功，是以仲尼之门，

刺他们说："对面巍巍的那座南山啊，层层叠叠的山石危立险矗，权位显赫的师尹啊，天下的人民都在瞻仰着您啊。"做官的人心向着仁义，人民自然就向着仁义，风俗自然也就善良；做官的人贪财好利，人民自然不正直，风俗也就会因此败坏。由此看来，朝中天子与大夫，时时被百姓关注，来自四面八方的人遥望着他们。离得近的人，加以模仿，远望的人，也会逐步效仿，怎么可以处在贤人的位置却做出庶民的行为呢！那些忙着谋取财利，常常担心不足的想法，全是庶人的意向；积极寻求仁义，常常担心不能教化百姓的想法，才是大夫的思想。《易经》上说："背着东西又坐在车上，会招致盗贼到来。"坐车的人处在君子的地位，背负东西是小人所做的事情，这句话是说，处在君子的地位却做着庶人的事情，他的灾祸一定会到来。若是处在君子的地位，做君子应该做的事情，那么，就像在鲁国做相的公仪休那样，没有什么别的事情可以做了。

《春秋》推崇的天下统一，是天地之间永恒的原则，是古往今来共通的道义。现在每个老师传授的道各不相同，每个人的论点各异，百家学说旨趣不同，意旨也不同，因此处在上位的君王无法实现统一的标准；法令制度多次改变，下面的百姓都不知应当如何遵守。臣认为所有不属于儒家六艺的科目，不符合孔子学说的学派，全都禁绝其理论，不许它们与儒学并进。使邪恶不正的学说归于灭绝，然后学术的系统就能够统一，法令制度就能够明确，百姓也就知道该遵守什么了。

对策结束以后，武帝任命董仲舒担任江都相，侍奉易王。易王刘非，是武帝的兄长，向来骄横，喜好勇武。董仲舒用礼义辅佐易王，易王非常敬重董仲舒。过了很长时间，易王问董仲舒说："越王勾践和大夫泄庸、文种、范蠡谋划攻打吴国，最终灭掉了它。孔子说纣王有三位仁者，寡人认为越王勾践也有三位仁者。齐桓公遇到疑难的问题就让管仲解答，本王若是有疑问就请您解答。"董仲舒回答说："臣愚昧不能解答大王提出的高深问题。臣听说春秋时候鲁国国君询问鲁国大夫柳下惠：'我想讨伐齐国，你觉得怎么样？'柳下惠说：'不可以。'柳下惠回家后面露忧色，说：'我听说讨伐别的国家，不

五尺之童羞称五伯，为其先诈力而后仁谊也。苟为诈而已，故不足称于大君子之门也。五伯比于他诸侯为贤，其比三王，犹武夫之与美玉也。”王曰：“善。”

仲舒治国，以《春秋》灾异之变推阴阳所以错行，故求雨，闭诸阳，纵诸阴，其止雨反是；行之一国，未尝不得所欲。中废为中大夫。先是辽东高庙、长陵高园殿灾，仲舒居家推说其意，屮稿未上，主父偃候仲舒，私见，嫉之，窃其书而奏焉。上召视诸儒，仲舒弟子吕步舒不知其师书，以为大愚。于是下仲舒吏，当死，诏赦之。仲舒遂不敢复言灾异。

仲舒为人廉直。是时方外攘四夷，公孙弘治《春秋》不如仲舒，而弘希世用事，位至公卿。仲舒以弘为从谀，弘嫉之。胶西王亦上兄也，尤纵恣，数害吏二千石。弘乃言于上曰：“独董仲舒可使相胶西王。”胶西王闻仲舒大儒，善待之，仲舒恐久获罪，病免。凡相两国，辄事骄王，正身以率下，数上疏谏争，教令国中，所居而治。及去位归居，终不问家产业，以修学著书为事。

向有仁德的人请教，国君想讨伐齐国为何问我呢！’柳下惠只是被询问，就已经感到羞愧，何况是谋划诈降来讨伐吴国呢？由此来看，越国根本没有仁者。仁者坚持他的正义，不去谋取私利，他深明大义却不计较自己的功劳，因此在孔子的门徒里面，即使是五尺儿童也羞于谈起五霸，因为五霸崇尚欺诈武力而后才谈论仁义。越王君臣不过是实行诈术罢了，所以不值得孔子的门徒去谈论。五霸比起其他的诸侯，算是贤明，他们若是与三王相比，犹如石块和美玉。”易王说：“讲得好。”

董仲舒治理诸侯国时，以《春秋》中记载的因事物反常而造成的灾祸来推究阴阳交替运行的规律，因此他求雨时，就封闭阳，放纵阴，他止雨的时候就封闭阴，放纵阳；这种祈雨止涝的方法在江都全国推行，没有不如愿以偿的。后来，董仲舒被废为中大夫。此前，辽东郡的高庙和长陵高园中的祀庙先后发生火灾，董仲舒在家里推论其中的原因，只是写好了草稿还没上呈，主父偃探望董仲舒，私下看了奏章的草稿，他嫉妒董仲舒，就偷走奏章的草稿上奏武帝。武帝召集了很多儒生让他们看草稿的内容，董仲舒的弟子吕步舒不知道这是他老师写的，认为内容非常愚笨。于是武帝就把董仲舒交由官吏问罪，按律当斩，武帝下诏赦免了他。董仲舒从此不敢再谈论灾异相关的事情。

董仲舒为人清廉正直。当时汉朝正对外抵御周边少数民族，公孙弘研究《春秋》的水平不如董仲舒，可是公孙弘因为善于迎合世俗而当权执政，位至公卿。董仲舒认为公孙弘为人一味地奉承迎合，公孙弘因此嫉恨董仲舒。胶西王刘端也是武帝的哥哥，尤其放纵，多次残害朝廷派去的二千石官吏。公孙弘就跟武帝说：“只有董仲舒可以出任胶西王相。”胶西王听说董仲舒是大儒，就善待他，董仲舒担心时间长了会得罪胶西王，就借口生病辞职回家。他一共做过江都、胶西两国的相，都是侍奉骄横的诸侯王，他正直不阿为下属做表率，多次进呈奏疏谏诤，颁布条例在国中实行，他任职的江都、胶西两国都得到大治。等到他辞官回家后，始终不过问家里的产业，只是一心修学著书。

仲舒在家，朝廷如有大议，使使者及廷尉张汤就其家而问之，其对皆有明法。自武帝初立，魏其、武安侯为相而隆儒矣。及仲舒对册，推明孔氏，抑黜百家。立学校之官，州郡举茂材孝廉，皆自仲舒发之。年老，以寿终于家，家徙茂陵，子及孙皆以学至大官。

仲舒所著，皆明经术之意，及上疏条教，凡百二十三篇。而说《春秋》事得失，《闻举》《玉杯》《蕃露》《清明》《竹林》之属，复数十篇，十余万言，皆传于后世。掇其切当世施朝廷者著于篇。

赞曰：刘向称“董仲舒有王佐之材，虽伊吕亡以加，管晏之属，伯者之佐，殆不及也。”至向子歆以为“伊吕乃圣人之耦，王者不得则不兴。故颜渊死，孔子曰‘噫！天丧余。’唯此一人为能当之，自宰我、子赣、子游、子夏不与焉。仲舒遭汉承秦灭学之后，《六经》离析，下帷发愤，潜心大业，令后学者有所统壹，为群儒首。然考其师友渊源所渐，犹未及乎游夏，而曰管晏弗及，伊吕不加，过矣。”至向曾孙龚，笃论君子也，以歆之言为然。

董仲舒辞官在家时，如果朝廷有重大决策，武帝就派使者和廷尉张汤前往他家询问意见，董仲舒都回答得有理有据。从武帝刚登基，到魏其侯窦婴和武安侯田蚡先后担任丞相开始推崇儒学。再到董仲舒应对武帝提出的策略，到阐明孔子思想，独尊儒术，罢黜百家。然后在各郡县设立管理学校的官吏，各州郡举荐茂材孝廉，这些都是由董仲舒发起的。董仲舒年纪大了以后，在家里寿终正寝，他家人迁到茂陵居住，他的儿子和孙子都凭自己的学识做了大官。

董仲舒的著作，都是阐明儒家经典的意旨，以及他向帝王进呈的奏章和法规，共一百二十三篇。他解说《春秋》中记载的得失，以及《闻举》《玉杯》《蕃露》《清明》《竹林》之类的文章，又有几十篇，十多万字，都流传于后世。我挑选其中切合当今社会能在朝廷实施的内容收录在传记里。

赞辞说：刘向称赞“董仲舒有辅佐君王的才能，即使是伊尹、吕望也不能超过他，即使是管仲、晏婴之类，这些辅佐霸主的人，大概也不如他。”到了刘向的儿子刘歆则认为“伊尹、吕望能和圣人匹敌，君王得不到他们就不能兴起。所以颜渊死了，孔子说‘噫！天丧余。’因为只有颜渊一人能和伊尹、吕望相比，至于宰我、子赣（子贡）、子游、子夏等人就不能与圣人相匹敌了。董仲舒恰逢西汉承接秦朝焚灭百家学说之后，《六经》分崩离析，于是他闭门苦读，不闻外事，发愤图强，潜心于儒家大业，让后学的人对儒家学说有了统一的认识，成为群儒的首领。可是考察他的老师、朋友，探究渊源，觉得董仲舒还是比不上子游和子夏，却说管仲、晏婴不如他，伊尹、吕望没超过他，言过其词了。”到了刘向的曾孙刘龚，则能确切地评论君子，他认为刘歆对董仲舒的评价是正确的。

卷五十七上

司马相如传第二十七上

司马相如字长卿，蜀郡成都人也。少时好读书，学击剑，名犬子。相如既学，慕蔺相如之为人也，更名相如。以訾为郎，事孝景帝，为武骑常侍，非其好也。会景帝不好辞赋，是时梁孝王来朝，从游说之士齐人邹阳、淮阴枚乘、吴严忌夫子之徒，相如见而说之，因病免，客游梁，得与诸侯游士居，数岁，乃著《子虚之赋》。

会梁孝王薨，相如归，而家贫无以自业。素与临邛令王吉相善，吉曰："长卿久宦游，不遂而困，来过我。"于是相如往舍都亭。临邛令缪为恭敬，日往朝相如。相如初尚见之，后称病，使从者谢吉，吉愈益谨肃。

临邛多富人，卓王孙僮客八百人，程郑亦数百人，乃相谓曰："令有贵客，为具召之。并召令。"令既至，卓氏客以百数，至日中请司马长卿，长卿谢病不能临。临邛令不敢尝食，身自迎相如，相如为不得已而强往，一坐尽倾。酒酣，临邛令前奏琴曰："窃闻长卿好之，愿以自娱。"相如辞谢，为鼓一再行。是时，卓王孙有女文君新寡，好音，故相如缪与令相重而以琴心挑之。相如时从车骑，雍容闲雅，甚都。及饮卓氏弄琴，文君窃从户窥，心说而好之，恐不得当也。既罢，相如乃令侍人重赐文君侍者通殷勤。文君夜亡奔相如，相如与驰归成都。家徒四壁立。卓王孙大怒曰："女不材，我不忍杀，一钱不分也！"人或谓王孙，王孙终不听。文君久之不乐，谓长卿曰："弟俱如临邛，从昆弟假贷，犹足以为生，何至自苦如此！"

司马相如，字长卿，蜀郡成都人。司马相如少年时喜欢读书，学习击剑，相如原名犬子。他完成学业后，仰慕蔺相如的为人，就改名为相如。司马相如花钱买了个郎官，侍奉景帝，任武骑常侍，但他并不喜欢做这些事。又碰上景帝不喜欢辞赋，当时梁孝王来京朝见景帝，齐国人邹阳、淮阴县人枚乘、吴县人严忌先生等游说之士跟着来京，相如看见他们就觉得志趣相投，便趁生病辞了官职，在梁国游历，得以和诸侯游士住在一起，过了几年，相如就写了《子虚赋》。

正赶上梁孝王去世，相如回到家中，可是他家中贫穷，没有谋生的产业。他平时与临邛县令王吉交好，王吉说："长卿长久外出求官，一直不顺心而且生活困顿，你可以到我这里来。"于是相如前往王吉那里住在都邑的传舍里。临邛县令王吉假装对相如很恭敬，每天都去拜访他。相如起初还见他，后来声称自己生病，让随从婉言谢绝王吉，王吉更加谨慎恭肃。

临邛城中有很多富人，卓王孙家有八百奴仆，程郑家也有数百人，两人交谈说："县令有贵客，我们得置办酒席招待他。他们一并邀请县令前去。"县令来到后，卓氏宾客数以百计，到了中午邀请司马相如，相如借口生病不能前去。临邛县令不敢吃饭，亲自迎请相如，相如不得已勉强前往，满座的人都倾慕他的风采。酒喝得尽兴时，临邛县令捧着琴上前说："我私下听说长卿喜欢弹琴，希望能让我们快乐一下。"相如推让一番，为众人弹奏了一两支曲子。当时，卓王孙有个女儿卓文君刚刚守寡，喜欢音乐，因此相如假装敬重县令却以琴音传达情意挑逗卓文君。相如当时有车马随行，仪态大方安适高雅，很美。等到在卓氏家中饮酒抚琴，文君偷偷从门缝中看他，心下高兴而喜欢他，担心自己配不上相如。弹琴完毕，相如便让奴仆重赏文君的侍者来表达自己的深情厚意。文君在夜里出逃投奔相

相如与俱之临邛，尽卖车骑，买酒舍，乃令文君当卢。相如身自著犊鼻裈，与庸保杂作，涤器于市中。卓王孙耻之，为杜门不出。昆弟诸公更谓王孙曰："有一男两女，所不足者非财也。今文君既失身于司马长卿，长卿故倦游，虽贫，其人材足依也。且又令客，奈何相辱如此！"卓王孙不得已，分与文君僮百人，钱百万，及其嫁时衣被财物。文君乃与相如归成都，买田宅，为富人。

居久之，蜀人杨得意为狗监，侍上。上读《子虚赋》而善之，曰："朕独不得与此人同时哉！"得意曰："臣邑人司马相如自言为此赋。"上惊，乃召问相如。相如曰："有是。然此乃诸侯之事，未足观，请为天子游猎之赋。"上令尚书给笔札，相如以"子虚"，虚言也，为楚称；"乌有先生"者，乌有此事也，为齐难；"亡是公"者，亡是人也，欲明天子之义。故虚藉此三人为辞，以推天子诸侯之苑囿。其卒章归之于节俭，因以风谏。其辞曰：

楚使子虚使于齐，齐王悉发车骑与使者出田。田罢，子虚过姹乌有先生，亡是公存焉。坐定，乌有先生问曰："今日田乐乎？"子虚曰："乐。""获多乎？"曰："少。""然则何乐？"对曰："仆乐王之欲夸仆以车骑之众，而仆对以云梦之事也。"曰："可得闻乎？"

子虚曰："可。王驾车千乘，选徒万骑，田于海滨，列卒满泽，

如，相如与文君驾车回到成都。相如家里什么都没有，只立着四面墙壁。卓王孙大怒道："女儿没用，我不忍心杀死她，但我不会给她一个钱！"有人劝说卓王孙，卓王孙始终不听。过了很久文君心中不乐，对相如说："你只管和我一起去临邛，跟弟兄们借钱，也足以为生，何至于自寻苦恼到这个地步！"相如与文君一起来到临邛，卖掉了所有的车马，买了一个酒店，让文君卖酒。相如自己穿上牛鼻围裙，和奴仆们一起工作，在市中洗涤酒器。卓王孙听说后感到耻辱，为此闭门不出。兄弟和长辈轮流劝说卓王孙："你只有一儿两女，并不缺钱。如今文君已经失身于司马长卿，长卿本身厌倦作官，他虽然家贫，但他的才能足以依靠。况且他又是县令的客人，为什么如此侮辱他呢！"卓王孙不得已，分给文君一百名家奴，一百万钱，以及她出嫁时的衣被财物。文君便与相如返回成都，购买田地房屋，成为富人。

过了很久，蜀郡人杨得意任狗监，服侍武帝。武帝读《子虚赋》后极力称赞，说："偏偏朕不能与这个人生活在同一时代！"杨得意说："臣同邑的人司马相如自称写了这篇赋。"武帝大惊，便召见询问相如。相如说："是有这回事。然而这篇赋写的是诸侯之事，不值得看。请允许我为天子作游猎赋。"武帝命令尚书给了他笔和木简，相如说的"子虚"，是虚言妄语的意思，是为了称赞楚国；"乌有先生"，是没有此事的意思，是为了齐国诘难楚国；"亡是公"，是没有此人的意思，是想要阐明做天子应遵循的道义。因而假借这三个人写成辞赋，用以推想天子与诸侯在苑囿游猎的情形。那篇文章结尾便归结到节俭上，以此讽谏武帝。赋中说：

楚王派子虚出使齐国，齐王动用了全部的车辆人马，与使者出外射猎。射猎结束，子虚拜访乌有先生，并向他夸耀自己，当时亡是公恰好也在。坐定后，乌有先生问："今天射猎愉快吗？"子虚说："愉快。""收获多吗？"子虚回答说："很少。""既然这样，那为什么感到愉快？"子虚回答说："我感到愉快是齐王本想向我炫耀他的车辆人马多，而我却用楚王在云梦泽游猎的情形回答他。"乌有先生说："可以让我们听听吗？"

子虚说："行。齐王动用车辆千乘，选精兵万骑，到海滨射猎，士

罘罔弥山。掩菟辚鹿，射麋格麟，骛于盐浦，割鲜染轮。射中获多，矜而自功，顾谓仆曰：‘楚亦有平原广泽游猎之地饶乐若此者乎？楚王之猎孰与寡人？’仆下车对曰：‘臣，楚国之鄙人也，幸得宿卫十有余年，时从出游，游于后园，览于有无，然犹未能遍睹也。又乌足以言其外泽乎？’齐王曰：‘虽然，略以子之所闻见言之。’

“仆对曰：‘唯唯。臣闻楚有七泽，尝见其一，未睹其余也。臣之所见，盖特其小小者耳，名曰云梦。云梦者，方九百里，其中有山焉。其山则盘纡岪郁，隆崇律崒；岑崟参差，日月蔽亏；交错纠纷，上干青云；罢池陂陁，下属江河。其土则丹青赭垩，雌黄白坿，锡碧金银，众色炫耀，照烂龙鳞。其石则赤玉玫瑰，琳珉昆吾，瑊玏玄厉，碝石武夫。其东则有蕙圃，衡兰芷若，穹穷昌蒲，江离蘪芜，诸柘巴且。其南则有平原广泽，登降陁靡，案衍坛曼，缘以大江，限以巫山。其高燥则生葴析苞荔，薜莎青薠。其埤湿则生藏莨蒹葭，东蘠雕胡，莲藕觚卢，奄闾轩于。众物居之，不可胜图。其西则有涌泉清池，激水推移，外发夫容蔆华，内隐钜石白沙。其中则有神龟蛟鼍，毒冒鳖鼋。其北则有阴林巨树。楩柟豫章，桂椒木兰，檗离朱杨，樝梨梬栗，橘柚芬芳。其上则有宛雏孔鸾，腾远射干。其下则有白虎玄豹，蟃蜒貙豻。

“‘于是乎乃使剸诸之伦，手格此兽。楚王乃驾驯駮之驷，乘

卒遍布大泽，罗网笼盖山冈。网捕兔，车碾鹿，射中麋，系麟脚，车辆在东海边的盐滩上奔驰，猎手宰杀禽兽割取鲜肉，血染车轮。士兵们箭艺高超，捕获甚多，洋洋得意，自以为功劳甚大，眼见此景，齐王回头对我说：'楚国也有这样平坦的原野，广阔的湖泊，游猎的场所，和像这般极为快乐的事吗？楚王游猎，和我相比较如何？'我下车回答：'小臣只是楚国一名少见短识之人，有幸能在宫禁中值宿守卫了十多年，时常随侍楚王外出，但也只限于在后园游观，只看到其中有什么，没有什么，并且也没有全部看完。又有什么资格去谈论宫禁外的大泽呢？'齐王说：'虽然如此，也请你把所听到的和看到的粗略地谈谈吧。'

"我回答：'好的。我听说楚国有七大湖泽，我曾见过其中之一，没有见到其余。我所看到的，只是其中最小最小的一个，名叫云梦。云梦泽，方圆九百里，其中有高山。那些山盘旋弯曲，高高耸立；山势险峻，参差不齐，日月也被挡住，或被遮蔽一半；众山重重叠叠，高入天际，上与青云相接；宽广的山坡渐渐倾斜，下与江河相连。其地则有朱砂、石青、红土、白土、雌黄、白石英、锡、青玉、金、银，色彩众多，鲜明灿烂，有如龙鳞。石类则有赤色的美玉，琳、珉、昆吾、瑊玏、黑石、礝石，赤地白彩的碔砆。它的东部有个蕙圃，内有杜蘅、兰草、白芷、杜若、芎䓖、菖蒲、江蓠、蘪芜、甘蔗、芭蕉。它的南部有平坦的原野，宽广的湖泊，地势从高到低，倾斜绵延，有的低洼，有的宽广，以长江为边，以巫山为界。那地势高峻干燥之处生长着马蓝、菥、苞、马荔、薛、莎、青薠。那地势低洼潮湿之处生长着狗尾草，初生尚未长穗的芦苇，沙蓬、茭白、莲藕、葫芦、菴闾子、莸草。各种植物在杂乱生长，无法一一描述。它的西部有喷涌的泉水，清澈的池塘，水波激荡，推移向前，水面开着荷花菱花，水中藏着巨石白沙。其中生活着龟、蛟、鼍、玳瑁、鳖、鼋。它的北部有树荫浓密的森林。其树种有黄梗木、楠木、豫章、桂树、花椒、木兰、黄檗、山梨、赤杨、山楂、梨、黑枣、栗、橘、柚，散发出芳香。树上则有鹓雏、孔雀、鸾鸟、腾远、射干。树下则有白虎、黑豹、蟃蜒、貙、犴。

"'于是就让如剸诸一类的勇士，徒手击杀这些野兽。楚王就驾

雕玉之舆，靡鱼须之桡旃，曳明月之珠旗，建干将之雄戟，左乌号之雕弓，右夏服之劲箭；阳子骖乘，孅阿为御；案节未舒，即陵狡兽，蹴蛩蛩，辚距虚，轶野马，轊騊駼；乘遗风，射游骐，倏眒倩浰，雷动猋至，星流电击，弓不虚发，中必决眦，洞胸达掖，绝乎心系，获若雨兽，掩屮蔽地。于是楚王乃弭节徘徊，翱翔容与，览乎阴林，观壮士之暴怒，与猛兽之恐惧，徼谻受诎，殚睹众物之变态。

“‘于是郑女曼姬，被阿锡，揄纻缟，杂纤罗，垂雾縠，襞积褰绉，郁桡溪谷；衯衯裶裶，扬袘戌削，蜚襳垂髾；扶舆猗靡，翕呷萃蔡，下摩兰蕙，上拂羽盖；错翡翠之葳蕤，缪绕玉绥；眇眇忽忽，若神之仿佛。

“‘于是乃群相与獠于蕙圃，媻姗勃窣，上金堤，掩翡翠，射鵕鸃，微矰出，孅缴施，弋白鹄，连駕鹅，双鸧下，玄鹤加。怠而后游于清池，浮文鹢，扬旌枻，张翠帷，建羽盖。罔毒冒，钓紫贝，摐金鼓，吹鸣籁，榜人歌，声流喝，水虫骇，波鸿沸，涌泉起，奔扬会，礧石相击，琅琅礚礚，若雷霆之声，闻乎数百里外。

“‘将息獠者，击灵鼓，起烽燧，车案行，骑就队，纚乎淫淫，般乎裔裔。于是楚王乃登阳云之台，泊乎无为，澹乎自持，勺药之和具而后御之。不若大王终日驰骋，曾不下舆，脟割轮焠，自以为娱。

着四匹被驯服的烈马，乘坐雕玉装饰的车舆，让侍卫挥着以鱼须为旒穗的曲柄旗，摇着缀有明月珠的旗帜，高举着锋利的三刃戟，王左边佩带雕饰的乌号弓，右边挂着夏后氏的箭袋；伯乐当陪乘，孅阿为驭者；驾着马舒节健行，压着矫捷的野兽，践踏蛩蛩，碾过距虚，冲击野马，轴头冲杀了騊駼；王乘着遗风马，射猎游荡的骐，车马急速奔驰，如雷震响，疾风狂飙，流星陨坠，霹雳震荡，弓不虚发，或射破眼眶，或贯穿胸口，从其腋下透出，或射断了连着心脏的血管筋络，猎获的禽兽非常多，犹如下雨一般，覆盖了草地和平原。于是楚王勒马按辔徐行，从容自得地游览于茂密的树林，观看壮士们盛怒的神态，和猛兽战栗恐惧的情景，并拦击收取那些疲极力尽的野兽，尽情地观赏众多野兽挣扎的不同姿态。

“‘于是郑地的美女，娇艳欲滴，披着细缯和细布制的衣服，拖着麻布和绢帛制的裳裙，身上穿着各色的绫罗，身后垂着薄雾般的轻纱，裙上有很多褶裥，衣上也有很多皱纹，褶皱弯曲深邃，仿佛溪谷一般；长衣拖曳，掀起的下裙，边缘都是整整齐齐的；那飘扬的衣带，燕尾形的衣尾，个个都衣裙合体，体态婀娜；行走间衣服发出窸窸窣窣的摩擦声，衣带时而拂过地面的花草，时而拂过上方的羽盖；女子的头上都插着翡翠羽毛，环绕着玉串冠缨；行踪飘忽不定，仿佛仙女下凡。

“‘于是楚王和郑地美女一起到蕙圃去游猎，他们走过深深的草丛，走上坚固的堤岸，用网捕捉翡翠鸟，射取鵔鸃，射出短矢，矢上系着纤细的丝绳，射中了白鹄，野鹅、鸧鸹双双坠下，黑鹤也中了箭。楚王尽兴疲倦，而后离开了蕙圃，继而游览西部清澈的湖泊，乘着绘有鹢首的小船，侍从们划着桂木制的桨，张挂着翠羽装饰的帷幔，撑起翠羽做的顶盖。网捕玳瑁，钓取紫贝，敲起铜钲，吹响竹箫，船夫歌唱，声悲凄楚，鱼虾惊骇，波涛汹涌，泉水涌起，急波汇流，水石相击，琅琅礚礚，仿佛雷霆轰响，响声在数百里外都能听到。

“‘于是就让众人结束狩猎，敲起六面鼓，燃起火炬，车辆按行前行，骑卒各归队伍，车马鱼贯相连，队伍络绎向前。于是楚王登上了阳云台，顿感恬淡无为，内心保持着宁静的心绪，侍从准备好以

臣窃观之，齐殆不如。’于是王无以应仆也。”

乌有先生曰：“是何言之过也！足下不远千里，来况齐国，王悉境内之士，备车骑之众，与使者出田，乃欲戮力致获，以娱左右也，何名为夸哉！问楚地之有无者，愿闻大国之风烈，先生之余论也。今足下不称楚王之德厚，而盛推云梦以为骄，奢言淫乐而显侈靡，窃为足下不取也。必若所言，固非楚国之美也。有而言之，是章君之恶也；无而言之，是害足下之信也。章君恶，伤私义，二者无一可，而先生行之，必且轻于齐而累于楚矣。且齐东陼巨海，南有琅邪，观乎成山，射乎之罘，浮勃澥，游孟诸，邪与肃慎为邻，右以汤谷为界。秋田乎青丘，仿偟乎海外，吞若云梦者八九，其于匈中曾不蒂芥。若乃俶傥瑰玮，异方殊类，珍怪鸟兽，万端鳞崪，充仞其中者，不可胜记，禹不能名，卨不能计。然在诸侯之位，不敢言游戏之乐，苑囿之大；先生又见客，是以王辞不复，何为无以应哉！”

亡是公听然而笑曰：“楚则失矣，而齐亦未为得也。夫使诸侯纳贡者，非为财币，所以述职也；封疆画界者，非为守御，所以禁淫也。今齐列为东蕃，而外私肃慎，捐国隃限，越海而田，其于义固未可也。且二君之论，不务明君臣之义，正诸侯之礼，徒事争于游戏之乐，苑囿之大，欲以奢侈相胜，荒淫相越，此不可以扬名发誉，而

芍药调和的美味，而后楚王开始享用。不像齐王您这样整天奔逐，竟始终不能下车，只是把割成块的生肉在轮间烤一下就食用了，还自得其乐。在小臣看来，齐国恐怕是不如楚国的。’于是齐王无话回复我。”

乌有先生说：“这话实在说得太过分了！足下不远千里，前来访问齐国，齐王动用了国内全部的士卒，准备了众多的车马，陪同您一起出外射猎，这是希望与您合力去获取禽兽，让使臣和属下开心一下，怎么能说是向您夸耀呢！询问楚地有没有如此壮观的狩猎场面，是希望听到楚国的美德善政，以及您的高谈宏论。今足下不去赞扬楚王的盛德，反而极力夸耀云梦游猎之盛，大肆宣扬游猎之乐，以炫耀奢侈靡丽，我个人认为足下不该这么做。倘若真的像您所说的那样，那自然不是楚国值得夸耀的事。所以说，有而言之，彰显了君王的过失；无而言之，损伤了您个人的信义。彰显君王的过失，损伤个人的信义，二者没有一样是可取的，而您这样做，必将被齐人轻视，将来回到楚国，也会因此获罪受累。再说齐国东临大海，南有琅琊山，可游观于成山，可射猎于之罘，可浮舟于渤海，可游猎于孟诸，东北方与肃慎相邻，东边以汤谷为界。秋日至青丘国射猎，在海外逍遥游乐，齐国之大，像云梦泽这样的地方，即使有八九处摆于境内，也只当是胸中吞了点小梗塞物，丝毫显不出来。至于那些不同寻常的奇伟物产，异域他乡的特别物种，珍奇怪异的鸟兽，数以万计汇集在一起，充满国境，无法全部说清，就是渊博的禹也叫不上名，精通计算的契也无法算清。但是齐王处于诸侯之位，不能轻易谈论游戏的乐趣，苑囿的广大；而您又是受到礼待的贵客，因此齐王谦让不便回应您，这怎么能说是没有话回答呢！”

亡是公听完他们的话笑着说：“楚当然是做的不对，然而齐国也并不能说做对了。天子让诸侯按时交纳贡物，并不是为了财货，而是为了让诸侯定时来汇报他们履行职责的情况；天子为诸侯划分疆界，并不是要他们去守卫这条疆界，而是为了防止他们超越界限去侵掠别人。现在齐国作为天子设在东方的一个屏障，却对外私通肃慎，离开本土，越出了国界，越过了大海，到遥远的青丘去畋猎，这在

适足以㝵君自损也。

“且夫齐楚之事又乌足道乎！君未睹夫巨丽也，独不闻天子之上林乎？左苍梧，右西极，丹水更其南，紫渊径其北。终始霸产，出入泾渭，酆镐潦潏，纡余委蛇，经营其内。荡荡乎八川分流，相背异态，东西南北，驰骛往来，出乎椒丘之阙，行乎州淤之浦，径乎桂林之中，过乎泱莽之野，汩乎混流，顺阿而下，赴隘狭之口，触穹石，激堆埼，沸乎暴怒，汹涌彭湃，滭弗宓汩，偪侧泌瀄，横流逆折，转腾潎洌，滂濞沆溉，穹隆云桡，宛潬胶盭，逾波趋浥，涖涖下濑，批岩冲拥，奔扬滞沛，临坻注壑，瀺灂霣队，沉沉隐隐，砰磅訇礚，潏潏淈淈，湁潗鼎沸，驰波跳沫，汩急漂疾，悠远长怀，寂漻无声，肆乎永归。然后灏溔潢漾，安翔徐佪，翯乎滈滈，东注大湖，衍溢陂池。于是蛟龙赤螭，䱭䲛渐离，鰅鰫鰬魠，禺禺鱋鳎，揵鳍掉尾，振鳞奋翼，潜处乎深岩。鱼鳖欢声，万物众夥。明月珠子，的皪江靡，蜀石黄碝，水玉磊砢，磷磷烂烂，采色澔汗，丛积乎其中。鸿鹔鹄鸨，駕鹅属玉，交精旋目，烦鹜庸渠，箴疵鵁卢，群浮乎其上。汎淫泛滥，随风澹淡，与波摇荡，奄薄水渚，唼喋菁藻，咀嚼菱藕。

道理上当然是很说不过去的。再说，你们二位的争辩，不是去努力阐明君臣间应有的礼仪，端正诸侯的行为规范，而是徒劳无益地争论什么游戏的快乐，苑囿的大小，只是想靠比较谁更奢侈荒淫来胜过对方，这样做不是发扬了本国的美名，提高了威望，而只能是贬辱了天子，损害了自身的名誉。

“再说齐楚两诸侯国的事又哪里值得提呢！你们都没有见到过那壮丽的景色啊，难道你们没有听说过天子的上林苑吗？上林苑东面到苍梧，西面到豳地，丹水流过它的南方，紫渊经过它的北边。苑内既有灞水和浐水，又有泾水和渭水穿过，流向远方，酆水、镐水、潦水、潏水，也弯弯曲曲地周旋于苑内。这八条河川在苑内浩浩荡荡地分流，各自以其特有的姿态流向不同的地方，东南西北，交错网织，流过长满花椒的山谷，流过水洲边，流过桂树林，流经广阔的原野，水流迅猛，水势盛大，顺着高高的丘陵向下游流去，奔赴狭隘的山口，冲击着大石，激荡着沙堆和堤岸，波涛激荡，仿佛发怒一般，汹涌澎湃，奔腾而下，在谷口，河水急涌而上，横流回涌，互相冲击，发出响声，那汹涌沸扬的水势，犹如云彩曲折低徊，弯弯曲曲，萦绕纠缠，后浪越过前浪，一直流向深渊，流向沙滩的石碛之上，形成湍流，不停地冲击堤岸，河水奔腾沸扬，当它流过沙坻或溪壑时，水势渐缓，发出细小的声音而坠入壑中，那很深很大的河水，发出砰磅訇磕的响声，波涛涌出，好像沸水在锅中翻滚，河水滚滚驰去，只见浪花飞扬，急转直下，渐渐又波平浪静，水势悠远，静静地流着，流向远方。远望江水茫茫，缓缓流动，泛出一片白光，直流向大湖，溢入附近的小湖沼中。在那儿有蛟龙、赤螭、䱭鰽、渐离、鰅、鰫、鰬、魠、禺禺、魼、鳎等，在水深弯曲之处摇鳍摆尾，振鳞奋翼。在岸边能听到鱼鳖在水中的戏跃声，还能看到水中的许多宝物。有大珠、小珠，珠光都照亮了江边，还有蜀石、黄色的碝石、水晶，多得都成了堆，这些鲜艳明亮的玉石，全都沉积在水下。河边还有大雁、鹔、天鹅、鸨、野鹅、属玉、池鹭、旋目、烦鹜、庸渠、箴疵、鵁䴔等鸟，都在江上浮游。水势泛滥悠然漂浮，随着风浪自由自在飘荡，有的栖息在水渚上，有的在咬嚼水草和菱藕。

“于是乎崇山矗矗，巃嵸崔巍，深林巨木，崭岩参差。九嵕嶻嶭，南山峨峨，岩阤甗锜，摧崣崛崎，振溪通谷，蹇产沟渎，谽呀豁閜，阜陵别隝，崴磈㟪廆，丘虚堀礨，隐辚郁壘，登降施靡，陂池貏豸。允溶淫鬻，散涣夷陆，亭皋千里，靡不被筑。掩以绿蕙，被以江离，糅以蘼芜，杂以留夷。布结缕，攒戾莎，揭车衡兰，稿本射干，茈姜蘘荷，葴持若荪，鲜支黄砾，蒋芧青薠，布濩闳泽，延曼太原，离靡广衍，应风披靡，吐芳扬烈，郁郁菲菲，众香发越，肸蚃布写，晻薆咇茀。

“于是乎周览氾观，缜纷轧芴，芒芒恍忽，视之无端，察之无涯。日出东沼，入乎西陂。其南则隆冬生长，涌水跃波；其兽则庸旄貘犛，沉牛麈麋，赤首圜题，穷奇象犀。其北则盛夏含冻裂地，涉冰揭河；其兽则麒麟角端，騊駼橐驼，蛩蛩驒騱，駃騠驴骡。

“于是乎离宫别馆，弥山跨谷，高廊四注，重坐曲阁，华榱璧珰，辇道纚属，步櫩周流，长途中宿。夷嵏筑堂，絫台增成，岩突洞房。頫杳眇而无见，仰艸橑而扪天，奔星更于闺闼，宛虹拖于楯轩。青龙蚴蟉于东箱，象舆婉僤于西清，灵圄燕于闲馆，偓佺之伦暴于南荣，醴泉涌于清室，通川过于中庭。磐石裖崖，嵚岩倚倾，嵯峨嶕嶫，刻削峥嵘，玫瑰碧琳，珊瑚丛生，瑉玉旁唐，玢豳文磷，赤瑕驳荦，杂臿其间，晁采琬琰，和氏出焉。

“苑内有许多高山矗立，都高大峻险，上面是一片深林和大树，众多的山峰连绵起伏。那儿有高峻的九嵕，还有巍峨的终南山，有些地方奇险峻绝，有的地方是斜坡，有的山形像甑，有的像三足釜，山势高峻，山路也崎岖不平，有些山谷蓄满了水，有些山谷却流水潺潺，弯弯曲曲的山沟大而空虚，高高低低的土丘在水中又都成为一个个小岛，高峻的山峰连绵起伏，到远处就逐渐倾斜，趋于平坦。在那儿已缓缓流动，山也被夷平为一片陆地，在河边形成沃野千里，无处不被开垦成良田。地上覆盖着绿色的香蕙和江蓠，杂生着蘼芜和芍药。到处是结缕，丛生着绿色的莎草，揭车、蘅、兰、藁本、射干、紫姜、蘘荷、酢浆草、杜若、荃、栀子树、黄砾、菥蒲草、三棱草、青薠等，遍布大泽，蔓延原野，相连不绝，随风摇摆，吐露浓香，香气浓郁，众香发散，沁人心脾，飘向四方。

“四处游览，苑中景物繁多，令人目不暇接，眼花缭乱，只看到它无边无际。太阳从苑东的池中升起，又落入苑西的池中。苑的南方，即使是寒冬腊月，还是草木青翠，绿波荡漾；那儿有犷、旄牛、大熊猫、犛、水牛、麈、麋、赤首、圜题、穷奇、大象、犀牛。苑的北部即使在三伏季节也是冰冻地裂，能涉冰渡河；那里有麒麟、角端、騊駼、骆驼、蛩蛩、驒騱、駃騠、毛驴、骡子等动物。

“那里有天子的行宫，遍布山林，横越溪谷，有四边相通的行廊，高高的楼房，曲折相连的阁，那上面的屋椽都雕绘着花纹，椽头装饰着美玉，阁道四处相连，当你沿着长廊游览时，那长长的阁道一天都走不完，只好中途住宿下来。高山顶上有一块开辟出来的平地，上面建着各式厅堂和层层楼房，进去就感到深邃幽静。俯首下看，深远得看不见地面景物，向上去攀屋椽，似乎手都可以摸到天了，流星驰过宫中小门，弯弯的彩虹越过眼前的栏槛门窗。为神仙驾车的马以及他们坐的车都宛转地驰过大殿两旁清净的厢房，仙人们闲居住这幽静的馆舍中，像偓佺一类的仙人，都聚在南檐下晒太阳，甘美的泉水从室中涌出来，流逝不息，穿过中庭。沿着水流的高下，用大石块砌成整整齐齐的渠岸，在低处渠岸就显得倾侧深曲，到高处又显得高危峻险，那些山石都奇形怪状，仿佛人工雕琢一般，苑中到处

“于是乎卢橘夏孰，黄甘橙榛，枇杷橪柿，亭柰厚朴，梬枣杨梅，樱桃蒲陶，隐夫薁棣，荅遝离支，罗乎后宫，列乎北园，貤丘陵，下平原，扬翠叶，扤紫茎，发红华，垂朱荣，煌煌扈扈，照曜巨野。沙棠栎槠，华枫枰栌，留落胥邪，仁频并闾，欃檀木兰，豫章女贞，长千仞，大连抱，夸条直畅，实叶葰楙，攒立丛倚，连卷欐佹，崔错癹骫，坑衡閜砢，垂条扶疏，落英幡纚，纷溶蔺蔘，猗柅从风，藰莅芔歙，盖象金石之声，管籥之音。柴池茈虒，旋还乎后宫，杂袭絫辑，被山缘谷，循阪下隰，视之无端，究之亡穷。

“于是乎玄猿素雌，蜼玃飞蠝，蛭蜩玃猱，獑胡縠蛫，栖息乎其间。长啸哀鸣，翩幡互经，夭蟜枝格，偃蹇杪颠，隃绝梁，腾殊榛，捷垂条，掉希间，牢落陆离，烂漫远迁。

“若此者数百千处，娱游往来，宫宿馆舍，庖厨不徙，后宫不移，百官备具。

“于是乎背秋涉冬，天子校猎。乘镂象，六玉虬，拖蜺旌，靡云旗，前皮轩，后道游；孙叔奉辔，卫公参乘，扈从横行，出乎四校之中。鼓严簿，纵猎者，江河为阹，泰山为橹，车骑靁起，殷天动地，先后陆离，离散别追，淫淫裔裔，缘陵流泽，云布雨施。生貔

是珍珠、碧玉、珊瑚，还有很大的玉一般的美石，它们的花纹都像鱼鳞般细密，此外还有色泽斑驳不纯的赤色玉，夹杂在崖石中间，而晁采、琬琰两种美玉，以及著名的和氏璧也都在这儿出现。

“那儿一到夏季卢柑就熟了，黄柑、橙子、小桔、枇杷、酸枣、柿子、棠梨、柰子、厚朴、梬枣、杨梅、樱桃、葡萄、常棣、郁李，荅遝、荔枝等果树，遍布于后宫和北园，它们还沿着丘陵，一直延伸到平原，绿叶和紫茎随风摇曳，到处是盛开的红花，一串串地悬挂下来，鲜艳明亮的花儿，映照着广阔的原野。沙果树、栎树、槠树、桦树、枫树、银杏、黄栌、刘杙、椰树、槟榔、棕榈、欃檀、木兰、豫樟、女贞等树木都高耸千仞，得几个人才能合抱过来，树木的花朵和枝条都生长得舒展，果实和叶子也长得硕大、茂盛，树木有的林立在一起，有的丛簇地相依，树枝都卷曲交叉，盘根错节，树干高大挺拔，枝条冲向四方，落花四处飘扬，树冠是那样大，那样繁密，疾风吹来，枝条随风摇曳，发出凄清的声音，有的像钟磬之声，有的像管籥之音。参差不齐的树木，都环绕着后宫生长，重重叠叠，长满了山冈、溪谷，沿着山坡，一直延伸到低洼的地方，放眼望去，无边无际。

“那儿有黑猿、白猿、雉、母猴、鼯鼠、蛭、蜩、猕猴、獑胡、縠、蛫，它们在这儿生长、活动。有时长鸣一声，其音凄婉哀凉，有时灵敏地在树枝上跳来跳去，有时蹲在树枝上，有时挂在树梢，它们跳过无桥的溪水，跃过一片奇异的树林，一会儿抓住下垂的枝条，一会儿跳向枝条稀疏的空处，有时零零星星，三三两两，有时又凑在一起到处奔走。

“像上面所说的景色，在苑中有数百上千处，倘若在苑中游览，到处都有离宫别馆供歇宿，到处都有厨师、嫔妃宫女、百官供使唤，这些侍奉的人也不用跟着迁徙。

“于是到了深秋初冬的季节，天子到这儿射猎。乘着用六马拉着的车，车络是用象牙镶镂的，镳勒也是用玉装饰的，高高的蜺旗随风飘扬，画着虎豹的大旗斜指前方，前面有装饰着虎皮的车开道，它的后面就是道车和游车；天子的车上，由太仆公孙贺驾车，大将军卫青当车右，侍卫队伍紧跟着天子从小路奔向猎场，大伙儿都出没在围

豹，搏豺狼，手熊罴，足野羊。蒙鹖苏，绔白虎，被斑文，跨野马，陵三嵕之危，下碛历之坻，径峻赴险，越壑厉水。推蜚廉，弄解廌，格虾蛤，鋋猛氏，羂要褭，射封豕。箭不苟害，解脰陷脑；弓不虚发，应声而倒。

“于是乘舆弭节徘徊，翱翔往来，睨部曲之进退，览将帅之变态。然后侵淫促节，倏敻远去，流离轻禽，蹴履狡兽，轊白鹿，捷狡菟。轶赤电，遗光耀，追怪物，出宇宙，弯蕃弱，满白羽，射游枭，栎蜚遽。择肉而后发，先中而命处，弦矢分，蓺殪仆。

“然后扬节而上浮，陵惊风，历骇猋，乘虚亡，与神俱，藺玄鹤，乱昆鸡，遒孔鸾，促鵕鸃，拂翳鸟，捎凤凰，捷鹓雏，掩焦明。

“道尽涂殚，回车而还。消摇乎襄羊，降集乎北纮，率乎直指，掩乎反乡，蹶石关，历封峦，过鳷鹊，望露寒，下堂梨，息宜春，西驰宣曲，濯鹢牛首，登龙台，掩细柳，观士大夫之勤略，钧猎者之所得获。徒车之所闉轹，骑之所蹂若，人之所蹈藉，与其穷极倦㑯，惊惮詟伏，不被创刃而死者，它它藉藉，填坑满谷，掩平弥泽。

猎圈中。戒备森严的仪仗队伍中擂起了大鼓，于是就放手让士卒们尽情射猎，以江河为围阵，以泰山作望楼，马跑车驰的响声就像惊雷一样，震天动地，人群都陆续跑散了，各自去追捕自己的猎物，他们一个跟着一个，沿着山陵，顺着川泽，在络绎不绝地向前推进，这个场面就像云布满天空，雨降到地上。勇士们生擒貔豹，搏击豺狼，空手击杀熊罴，双足踩倒羚羊。他们都戴着鹖毛装饰的帽子，穿着有白虎图案的裤子，披着虎豹纹彩的单衣，骑着野马，登上了最高的山峰，又冲下了起伏不平的山坡，经历了峻危险阻，越过了山谷、河流。他们击杀蜚廉，摆弄獬豸，格杀虾蛤，刺杀猛氏，张起绳索捕捉騕褭，拉开大弓射杀大猪。箭绝不是随便射到无关紧要的部位，而一定是射中颈脑等要害之处；箭从不虚发，只要一拉开弓，猎物就应声倒毙。

“这时候天子徐徐地前进，四处巡视，观看士卒们忽前忽后地捕捉禽兽，察看将帅指挥队伍的种种势态。然后天子又渐渐地加速前进，疾速地奔向远方，亲自用网捕捉轻疾的飞禽，用马足踩踏飞快奔跑的野兽，用车轮去碾压白鹿，很快地抓住野兔。快得超过赤色的闪电，越过了流光，为了追捕珍奇的动物，一直飞驰到宇宙的边缘，天子拉开良弓，张满白羽箭，射中狒狒，击杀蜚遽。选好肥大的猎物然后射出，每次都必然射中所指之处，箭刚发，野兽就像箭靶被射中一样倒毙了。

“而后天子就驾着车，举着旌节向上飞腾，乘着狂飙疾风，登上虚无缥缈的天空，与神仙相等同，踩黑鹤，乱昆鸡，执孔雀，擒鸾鸟，抓鵔鸃，击翳鸟，打凤凰，捉鹓鸰，捕焦明。

“一直追到路的尽头，才转过车头返回来。这时天子缓缓地从空中降落，停留在苑中极北之处，接着又上马一往直前，顺着来时的方向往回走，游历了石关、封峦、雄鹊三观，还欣赏了露寒观的景色，过了堂梨宫，直到宜春宫才休息，向西还到了宣曲宫，坐着船在牛首池中泛波荡漾，登上了龙台观，休息在细柳观，观看将帅们辛勤捕捉的猎物，评比他们的收获，真是战果辉煌啊。光是车轮碾死的，骑兵踩死的，加上步卒、侍从们踩死，和走投无路极其疲惫而倒毙的，惊恐而跑不了趴下的，没有受到任何伤害而死掉的禽兽，已经是纵横满

“于是乎游戏懈怠，置酒乎颢天之台，张乐乎胶葛之寓，撞千石之钟，立万石之虡，建翠华之旗，树灵鼍之鼓，奏陶唐氏之舞，听葛天氏之歌，千人倡，万人和山陵为之震动，川谷为之荡波。巴俞宋蔡，淮南《干遮》，文成颠歌，族居递奏，金鼓迭起，铿鎗闛鞈，洞心骇耳。荆吴郑卫之声，《韶》《濩》《武》《象》之乐，阴淫案衍之音，鄢郢缤纷，《激楚》《结风》，俳优侏儒，狄鞮之倡，所以娱耳目乐心意者，丽靡烂漫于前，靡曼美色于后。

“若夫青琴虙妃之徒，绝殊离俗，妖冶闲都，靓庄刻饰，便嬛繛约，柔桡嫚嫚，妩媚孅弱，曳独茧之褕袘，眇阎易以恤削，便姗嫳屑，与世殊服，芬芳沤郁，酷烈淑郁，皓齿粲烂，宜笑的皪，长眉连娟，微睇绵藐，色授魂予，心愉于侧。

“于是酒中乐酣，天子芒然而思，似若有亡，曰：‘嗟乎，此大奢侈！朕以览听余闲，无事弃日，顺天道以杀伐，时休息以于此，恐后世靡丽，遂往而不返，非所以为继嗣创业垂统也。’于是乎乃解酒罢猎，而命有司曰：‘地可垦辟，悉为农郊，以赡氓隶，隤墙填堑，使山泽之民得至焉。实陂池而勿禁，虚宫馆而勿仞。发仓廪以救贫穷，补不足，恤鳏寡，存孤独。出德号，省刑罚，改制度，易服色，革正朔，与天下为始。’

地，布满了山谷、原野和沼泽。

“于是大家都放松下来开始玩乐，在颢天台上摆上酒宴，宽大的厅堂里设了乐队，立起了万石的钟架，撞起了千石巨钟，挂起了翠羽装饰的旌旗，竖起了鼍皮蒙的响鼓，奏起了唐尧时的舞曲，倾听葛天氏之歌，千人合唱，万人齐和，歌声震动了山陵，川谷也为之荡波。宴会上跳起了巴渝的舞，唱起了宋蔡的歌，奏起了淮南调、《干遮曲》和文成、滇池一带的民歌，各种乐器时而合奏，时而交替演奏，锣鼓锵锵，鼓声咚咚，此起彼伏，响彻心扉，震耳欲聋。这时又奏起了轻盈缠绵的荆、吴、郑、卫的民间音乐，庄重典雅的《韶》《濩》《武》《象》等宫廷舞曲，伴着靡靡放纵的曲调，跳起了色彩浓烈的鄢、郢等地的舞蹈，还唱着《激楚》《结风》等楚地歌曲，此外，宴会上还有表演乐舞谐戏的倡优、矮人，西戎狄鞮的乐人，他们身着艳装，演技动人，足以令人赏心悦目，开怀欢笑。

“那些出场表演的女子，个个都像青琴、虙妃一样的美人，与众不同，举世无双，美丽姣好，她们薄施脂粉，两鬓像刻画过一样，体态是那么轻盈，身段是如此苗条，神情又是那样妩媚，他们穿着素色绸衣，衣裙的下摆在迈步中整齐而轻轻地摆动，行步是那样安详，衣服随风婆娑，式样跟平常人都不一样，她们佩戴着各种香草，香气清新而浓郁，她们张口笑时，都露出了洁白的牙齿，眉毛弯曲粗长，当她看你一眼时，那神情十分招人喜爱，她们那漂亮的容貌，动人的神态摄人心魄，以此取悦于君侧。

“这时酒正喝到半酣，音乐也正奏到酣畅的时候，天子却怅然沉思，如有所失，说道：‘唉，这也是太奢侈了！我以为听政之余，空闲无事，那就是虚度光阴，我顺应天道在苑里射猎，趁此时在这里休息，但这样过于奢侈，又担心后世的子孙盲目效法，玩物丧志，沉溺其中而迷不知返，这就不利于保社稷建帝业把先王开创的基业留传给后代啊。’于是天子下令撤下酒宴，停止射猎，并诏示有关官吏：‘凡是能开垦的土地全都改造成良田，以供养百姓，推平苑墙，填平壕沟，让住在郊野的百姓能自由出入放牧采樵。池塘中养满鱼鳖，允许百姓前来捕捉，苑中宫馆废弃罢用，不再让宫人居住其中。打开粮

“于是历吉日以斋戒，袭朝服，乘法驾，建华旗，鸣玉鸾，游于六艺之囿，驰骛乎仁义之涂，览观《春秋》之林，射《狸首》，兼《驺虞》，弋玄鹤，舞干戚，载云罕，掩群雅，悲《伐檀》，乐乐胥，修容乎《礼》园，翱翔乎《书》圃，述《易》道，放怪兽，登明堂，坐清庙，恣群臣，奏得失，四海之内，靡不受获。于斯之时，天下大说，乡风而听，随流而化，芔然兴道而迁义，刑错而不用，德隆于三皇，功羡于五帝。若此，故猎乃可喜也。

“若夫终日驰骋，劳神苦形，罢车马之用，抏士卒之精，费府库之财，而无德厚之恩，务在独乐，不顾众庶，忘国家之政，贪雉菟之获，则仁者不繇也。从此观之，齐楚之事，岂不哀哉！地方不过千里，而囿居九百，是草木不得垦辟，而民无所食也。夫以诸侯之细，而乐万乘之所侈，仆恐百姓被其尤也。”

于是二子愀然改容，超若自失；逡巡避席，曰：“鄙人固陋，不知忌讳，乃今日见教，谨受命矣。”

赋奏，天子以为郎。亡是公言上林广大，山谷水泉万物，及子虚言云梦所有甚众，侈靡多过其实，且非义理所止，故删取其要，

仓，救济贫苦的百姓，慰问无依无靠的鳏夫、寡妇、孤儿和失去子女的人。发布有德于民的政令，减轻苛刑厉罚，改变陋制，变换车马祭牲的颜色，改革历法，向天下人表示实行新政，建立新的开端。'

"因此天子就选择一个好日子，经过斋戒，穿上朝服，乘着法驾，高举旌旗，玉鸾鸣响，游历在六艺这块园地，奔驰在仁义德政之道上，又观《春秋》的微言大义，演奏《狸首》《驺虞》的音乐，作为射礼之节，欣赏帝舜时代留下的以玄鹤和干戚为舞具的古代舞蹈，还载着云罕出巡访求贤俊之士，当听到《伐檀》的歌声时，为士不遇明主而悲伤，当读到乐胥诗句时，又为得贤士而喜乐，要依循《礼记》来修饰容仪，反复钻研《尚书》以知远古，通政事，学习《易经》以辨天时，知人事，明地理，于是再也不去射猎苑中的珍禽异兽，当天子登上明堂，坐在太庙中时，让群臣排好行列，进言政事的得失，这样普天下的百姓都能享受到君王的恩泽。当此之时，天下的人都欢欢喜喜，就好比居于下风一样遵从君王的教化，随着当时的风气而受到感化，大家都来提倡仁义之道，就会一天比一天更接近仁义，到那时，刑罚都可废弃不用了，这样天子之德比三皇还高，天子之功比五帝还大。像这样的游猎，自然是可喜可贺的了。

"倘若整天在野外奔跑，不仅天子辛苦，就是车马也精疲力尽，士卒的精力都消耗得干干净净，既浪费了府库的财帛，又不能给百姓带来任何恩德，君王只是追求一己之乐，而没有关心自己的百姓，忘掉了国家的大事，而去贪捕几只雉兔，像这种情况，仁者是绝不会干的。从上述情况来看，齐国和楚国的事岂不可悲！它们的国土方圆不超过千里，而苑囿就占去九百，到处是草木，土地没法开垦，人民也没有吃的。再说以地方这么小，地位这么低的诸侯国来享用只有天子才能享用的奢侈华丽，我怕百姓要跟着他们遭罪。"

这时候子虚、乌有先生两人脸色都变了，怅然自愧；退却离席，说："小人真是见识浅薄，言语不知避忌，今天才受到您的指教，恭敬接受您的教诲。"

司马相如作完赋呈奏武帝，武帝封他为郎官。《子虚赋》中亡是公说上林苑辽阔广大，有山谷水泉及各种各样的植物，以及子虚说

归正道而论之。

楚国的云梦泽美景很多，奢靡浮华，大多言过其实，况且没指明义理所在，因此择取它重要的部分，归入正道加以论述。

卷五十七下

司马相如传第二十七下

相如为郎数岁，会唐蒙使略通夜郎、僰中，发巴蜀吏卒千人，郡又多为发转漕万余人，用军兴法诛其渠率。巴蜀民大惊恐。上闻之，乃遣相如责唐蒙等，因谕告巴蜀民以非上意。檄曰：

告巴蜀太守：蛮夷自擅，不讨之日久矣，时侵犯边境，劳士大夫。陛下即位，存抚天下，集安中国，然后兴师出兵，北征匈奴，单于怖骇，交臂受事，屈膝请和。康居西域，重译纳贡，稽首来享。移师东指，闽越相诛；右吊番禺，太子入朝。南夷之君，西僰之长，常效贡职，不敢惰怠，延颈举踵，喁喁然，皆乡风慕义，欲为臣妾，道里辽远，山川阻深，不能自致。夫不顺者已诛，而为善者未赏，故遣中郎将往宾之，发巴蜀之士各五百人以奉币，卫使者不然，靡有兵革之事，战斗之患。今闻其乃发军兴制，惊惧子弟，忧患长老，郡又擅为转粟运输，皆非陛下之意也。当行者或亡逃自贼杀，亦非人臣之节也。

夫边郡之士，闻烽举燧燔，皆摄弓而驰，荷兵而走，流汗相属，

相如任了几年郎官，恰逢唐蒙奉命开通夜郎与僰中的道路，朝廷征发巴郡、蜀郡的官吏士卒一千人，郡中又另外派出一万多人利用水道转运粮食，在此期间，唐蒙用战时的法令制度处死当地的首领。巴蜀百姓十分惊恐。皇上听说了这件事，便派遣司马相如谴责唐蒙等人，相如派人趁机告知巴蜀百姓唐蒙的这些举动并非皇上的本意。檄文是：

告知巴郡、蜀郡太守：边境地区各少数民族自我独断，不向朝廷臣服，国家有很长时间未能征讨，他们经常侵犯边境，当地军民为抗击蒙受辛劳。陛下即位以来，抚养人民，安定中原，然后兴师出兵，讨伐北方的匈奴，匈奴单于万分惊恐，甘愿拱手服从汉朝，下跪请求投降。远在西域的康居国，也通过译使请求朝见，对皇上行跪拜大礼，进献贡品。王师转而东征，还没有抵达闽、越，闽越之人他们就自相残杀起来；王师向西到达番禺，番禺王立即派太子入朝求和。南方夷族的国君，西边僰人的首领，经常进献贡物，不敢有丝毫懈怠，他们伸长脖子，抬起脚跟，倾心归附，他们极其仰慕皇上的圣德和威仪，争相归顺汉朝，以亲身侍奉皇上，只因路途遥远，山河阻隔，不能亲自前往。而今，不归顺朝廷的人已经受到惩罚，而真心归顺的人还没有得到奖赏，所以皇上派遣中郎将唐蒙前往以宾服之礼相待，并从巴郡、蜀郡各征发五百名士兵来护送财帛，保卫使者，以防备发生意外事故，并不是有了战事，征发人们去打仗。现在听说中郎将唐蒙竟然动用军队和法制处死了巴蜀的渠帅，以此来威吓巴、蜀的青年，让巴、蜀父老担惊受怕，郡守又擅作主张征发民夫为他运送粮食，这些都不是陛下的旨意。另外，被征发去护送财帛、使者的人有的中途逃跑，甚至自相残杀，这也不是臣民应该有的节操。

那些戍守边境的战士，一听闻军情警报，都搭上弓，跨上马，扛

惟恐居后，触白刃，冒流矢，议不反顾，计不旋踵，人怀怒心，如报私仇。彼岂乐死恶生，非编列之民，而与巴蜀异主哉？计深虑远，急国家之难，而乐尽人臣之道也。故有剖符之封，析圭而爵，位为通侯，居列东第。终则遗显号于后世，传土地于子孙，事行甚忠敬，居位甚安佚，名声施于无穷，功烈著而不灭。是以贤人君子，肝脑涂中原，膏液润野中而不辞也。今奉币役至南夷，即自贼杀，或亡逃抵诛，身死无名，谥为至愚，耻及父母，为天下笑。人之度量相越，岂不远哉！然此非独行者之罪也，父兄之教不先，子弟之率不谨，寡廉鲜耻，而俗不长厚也。其被刑戮，不亦宜乎！

陛下患使者有司之若彼，悼不肖愚民之如此，故遣信使，晓谕百姓以发卒之事，因数之以不忠死亡之罪，让三老孝弟以不教诲之过。方今田时，重烦百姓，已亲见近县，恐远所溪谷山泽之民不遍闻，檄到，亟下县道，咸喻陛下意，毋忽！

相如还报。唐蒙已略通夜郎，因通西南夷道，发巴蜀广汉卒，作者数万人。治道二岁，道不成，士卒多物故，费以忆万计。蜀民及汉用事者多言其不便。是时邛、莋之君长闻南夷与汉通，得赏赐多，多欲愿为内臣妾，请吏，比南夷。上问相如，相如曰："邛、莋、冉、駹者近蜀，道易通，异时尝通为郡县矣，至汉兴而罢。今诚复通，为置县，愈于南夷。"上以为然，乃拜相如为中郎将，建节往使。副使者王然于、壶充国、吕越人，驰四乘之传，因巴蜀吏币物以赂西

上武器赶赴前线，一个个汗流浃背，紧紧跟随，只担心自己落在后面，他们冒着敌人的刀枪飞箭，不回头，不后退，冲锋陷阵，人人满怀义愤，像报私仇那样勇猛杀敌。他们难道就这样好死厌生，不属于汉朝的臣民，而和巴蜀百姓有不同的君主吗？那是因为他们考虑深远，顾全大局，为国家的危难而着急，乐于尽到作为人臣的道义。所以他们才得到皇上封侯赐爵的奖赏，立了大功的被封为通侯，住到王侯贵族的府第。死后还留下显赫的名声，有封地传给后代子孙，他们为人忠诚，处事谨慎，身居高位，安逸自在，名扬天下，功勋载于史册，永远流传。因此那些贤人君子，宁可肝脑涂地，血洒荒草，也不推辞为国征战。如今只是让他们护送财物到南夷，就自相残杀，或者逃跑以致被杀，自己死得不明不白，被人称为愚人，还连累父母也蒙受耻辱，为天下人讥笑。这两种人互相比较起来，差距岂不太大！然而不光是那些死者有罪过，他们的父兄也有责任，父兄没有及早教育，要求不严，导致他们没有节操，不知廉耻，因而社会风气不够淳厚朴实。他们受刑被杀，不也是罪有应得！

陛下担忧使者和官员们也像他们一样，哀念粗俗愚昧的小民，所以才派我前来，告诉百姓征发士兵的原由，列举闹事者不忠诚、自相残杀和逃跑的罪过，责备掌握教化的乡官平时对人们不加教诲的过失。现在正值农忙时分，不便麻烦百姓集中听取宣讲，我已亲自到附近的县里讲过了，但担心住在边远山区的人们不能一一听到，檄文到达后，要立即送达下属各县，让所有百姓都知晓皇上的旨意，切勿疏忽！

相如返回来向皇上报告。唐蒙已经夺取开通了夜郎，趁机打通去西南夷的道路，征发巴、蜀、广汉三郡做工的几万士卒。唐蒙修筑了两年道路，还是没修成功，士卒大多死亡，耗费的钱财以亿万计。蜀郡的百姓和汉朝当权者大多都说修筑去西南夷的道路对国家不利。当时邛、筰的首领听说南夷与汉朝往来，得到很多赏赐，大多愿意成为汉朝的属国，请求朝廷为其设置官吏，让自己与南夷待遇相同。皇上询问相如对这件事的看法，相如回答说："邛、筰、冉、駹这些夷族靠近蜀郡，道路也容易开通，秦朝时曾经与他们往来并设为

南夷。至蜀，太守以下郊迎，县令负弩矢先驱，蜀人以为宠。于是卓王孙、临邛诸公皆因门下献牛酒以交欢。卓王孙喟然而叹，自以得使女尚司马长卿晚，乃厚分与其女财，与男等。相如使略定西南夷，邛、筰、冉、駹、斯榆之君皆请为臣妾，除边关，边关益斥，西至沫、若水，南至牂柯为徼，通灵山道，桥孙水，以通邛、筰。还报，天子大说。

相如使时，蜀长老多言通西南夷之不为用，大臣亦以为然。相如欲谏，业已建之，不敢，乃著书，藉蜀父老为辞，而己诘难之，以风天子，且因宣其使指，令百姓皆知天子意。其辞曰：

汉兴七十有八载，德茂存乎六世，威武纷云，湛恩汪濊，群生沾濡，洋溢乎方外。于是乃命使西征，随流而攘，风之所被，罔不披靡。因朝冉从駹，定筰存邛，略斯榆，举苞蒲，结轶还辕，东乡将报，至于蜀都。

耆老大夫搢绅先生之徒二十有七人，俨然造焉。辞毕，进曰：“盖闻天子之于夷狄也，其义羁縻勿绝而已。今罢三郡之士，通夜郎之涂，三年于兹，而功不竟，士卒劳倦，万民不赡；今又接之以西夷，百姓力屈，恐不能卒业，此亦使者之累也，窃为左右患之。且夫邛、筰、西僰之与中国并也，历年兹多，不可记已。仁者不以德来，强者不以力并，意者殆不可乎！今割齐民以附夷狄，弊所恃以事无用，鄙人固陋，不识所谓。”

郡县，到汉朝兴起后才废除。现在如果再与他们往来，为他们设置郡县，效果会胜过南夷。”皇上认为相如说得对，就封相如为中郎将，持节出使该地。随行的副使有王然于、壶充国、吕越人，他们驾着四辆传车，让巴、蜀二郡的官吏带着财物贿赂西南夷。相如一行人到达蜀郡，蜀郡太守及下属官员都到郊外迎接相如等人，县令背着弓箭作为先驱，蜀郡的人都以此为荣。于是卓王孙和临邛的长辈都到城门献上牛肉和酒来讨相如的欢心。卓王孙叹息不已，自认为让女儿嫁给司马相如有些晚了，便将丰厚的财物分给女儿，与儿子一样。司马相如派人平定西南夷，邛、莋、冉、駹和斯榆的首领都请求向汉朝称臣，朝廷就拆除旧的边关，新的边关更加辽阔，西到沫水、若水，南至牂牁为边界，开通灵山道，在孙水上修桥，连接邛、莋。相如返回报告，天子非常高兴。

相如出使蜀郡时，当地德高望重的人多说开通西南夷没有用，大臣也这样认为。相如想劝谏皇上，又想到工程已经开始，不敢停下来，便撰写文章，借着蜀郡父老的言辞，自己责问非难，用以讽谏天子，且趁机宣传出行目的，是让百姓都能明白天子的用意。内容是：

汉朝兴起七十八年，道德美盛存在六代，汉军威武雄壮，人数众多，皇帝恩泽深厚，浸润群生，广泛传播于中外。朝廷因此才派遣使者出使西域，蛮夷顺应潮流退让，王风被及之处，无不俯首称臣。于是冉夷朝见，駹夷归顺，平定莋郡，安抚邛地，攻占斯榆，拿下苞蒲，车马往返络绎不绝，然后指向东方，一直到达蜀都。

德高望重的人和缙绅先生等二十七人，恭敬地拜见使者。寒暄结束，就说出自己的看法：“听说天子对于夷狄，本意是牵制它们不让关系断绝罢了。如今三郡的士卒疲惫不堪，开通到达夜郎的路，至今已经过了三年，还没完成，士卒劳倦，又不能赡养百姓；现在又接着开通西夷，百姓力竭，恐怕不能完成大业，这也会牵累使者，我们暗自为你担忧。况且邛、莋、西僰与中原交往，每年都有很多次，已经记不清了。自古帝王中，仁者靠德行招揽他们并未如愿，强者靠武力并吞他们也没有显著的效果，意气用事总是难以成功！如今分割百姓的财物而让夷狄归附，使帝王依靠的平民疲劳困顿而开拓无用之

使者曰："乌谓此乎？必若所云，则是蜀不变服而巴不化俗也，仆尚恶闻若说。然斯事体大，固非观者之所覯也。余之行急，其详不可得闻已。请为大夫粗陈其略：

盖世必有非常之人，然后有非常之事；有非常之事，然后有非常之功。非常者，固常人之所异也。故曰非常之元，黎民惧焉；及臻厥成，天下晏如也。

昔者，洪水沸出，氾滥衍溢，民人升降移徙，崎岖而不安。夏后氏戚之，乃堙洪原，决江疏河，洒沈澹灾，东归之于海，而天下永宁。当斯之勤，岂惟民哉？心烦于虑，而身亲其劳，躬傶骿胝无胈，肤不生毛，故休烈显乎无穷，声称浃乎于兹。

且夫贤君之践位也，岂特委琐握躖，拘文牵俗，循诵习传，当世取说云尔哉！必将崇论谹议，创业垂统，为万世规。故驰骛乎兼容并包，而勤思乎参天贰地。且《诗》不云乎？'普天之下，莫非王土；率土之滨，莫非王臣。'是以六合之内，八方之外，浸淫衍溢，怀生之物有不浸润于泽者，贤君耻之。今封彊之内，冠带之伦，咸获嘉祉，靡有阙遗矣。而夷狄殊俗之国，辽绝异党之域，舟车不通，人迹罕至，政教未加，流风犹微，内之则犯义侵礼于边境，外之则邪行横作，放杀其上，君臣易位，尊卑失序，父兄不辜，幼孤为奴虏，系絫号泣。内乡而怨，曰：'盖闻中国有至仁焉，德洋恩普，物靡不得其所，今独曷为遗己！'举踵思慕，若枯旱之望雨，盭夫为之垂涕，况乎上圣，又乌能已？故北出师以讨强胡，南驰使以诮劲越。四面风德，二方之君鳞集仰流，愿得受号者以亿计。故乃关沬、若，徼

地，我们粗鄙之人见识短浅，不知道说的对不对。”

使者说：“为什么说这话呢？如果真的像你们所说，那就是蜀地人民没有必要改变原先夷狄的服饰，巴地人民也没有必要改变原先夷狄的习俗，我尚且不爱听你们说这些话。然而这个事情牵涉的范围很广，本来就不是旁观者看到的那样。我的行程紧急，无法跟你们详细解释。请允许我为先生们大致陈述一下其中的情况：

大凡世间有不同寻常的人，然后才有不同寻常的事业；有不同寻常的事业，然后才有不同寻常的功绩。不同寻常的人，原本就会被常人认为是怪异的啊。所以说不同寻常的东西开始出现时，黎民感到害怕；等到获得成功后，天下就安宁了。

从前，洪水涌出，泛滥成灾，人民忐忑不安到处迁徙，地面崎岖不得安宁。夏后氏忧虑这件事，便堵塞洪水，疏通江河，分散水流以消除灾情，使其归向东方的大海，让天下永久安宁。当时担心这件事的，难道只有人民吗？夏后氏烦于思虑，而亲自参与劳作，他极度劳苦，手脚磨出了老茧，身上看不到肌肉，皮肤不生汗毛，因此彪炳的功业显于万世，名声流传至今。

况且贤明的君主登临皇位，岂止执着于小节，拘泥于文字，牵涉于流俗，习惯于读死书，传旧闻，取悦于当世，人云亦云！贤明的君主崇尚的是高明的议论，能够开创基业留传子孙，为万世制定法规。所以贤明的君主能奔走趋赴兼容并包，并勤于思索使得德行可与天地相比。况且《诗经》不是说过吗？‘普天之下，莫非王土；率土之滨，莫非王臣。’所以六合之内，八方之外，浸润有余，若是哪个有生命之物没有受到润泽，贤明的君主就会以此为耻。如今国界之内，官吏绅士之类，都能得到福祉，没有任何缺憾。而夷狄乃是异于流俗的国家，是辽远隔绝流放异党的地域，那里车船不通，人迹罕至，政教尚未推行，前代遗留的美好风尚还没显露，接纳他们则在边境上触犯礼义，抛弃他们则会邪行横作，放逐杀戮他们的主上，颠倒君臣地位，失去尊卑次序，父兄无罪被杀，幼小的孤儿沦为奴隶，被捆绑的人们大声哭泣。他们向往中原而心生怨恨，说：‘听说中原有最好的仁政，德泽广大恩惠普及，人们无不得到适当的安顿，现在为何偏

牂柯，镂灵山，梁孙原，创道德之涂，垂仁义之统，将博恩广施，远抚长驾，使疏逖不闭，曶爽暗昧得耀乎光明，以偃甲兵于此，而息讨伐于彼。遐迩一体，中外禔福，不亦康乎？夫拯民于沈溺，奉至尊之休德，反衰世之陵夷，继周氏之绝业，天子之急务也。百姓虽劳，又恶可以已哉？

且夫王者固未有不始于忧勤，而终于佚乐者也。然则受命之符合在于此。方将增太山之封，加梁父之事，鸣和鸾，扬乐颂，上咸五，下登三。观者未睹指，听者未闻音，犹焦朋已翔乎寥廓，而罗者犹视乎薮泽，悲夫！”

于是诸大夫芒然丧其所怀来，失厥所以进，喟然并称曰：“允哉汉德，此鄙人之所愿闻也。百姓虽劳，请以身先之。”敞罔靡徙，迁延而辞避。

其后人有上书言相如使时受金，失官。居岁余，复召为郎。

相如口吃而善著书。常有消渴病。与卓氏婚，饶于财。故其事宦，未尝肯与公卿国家之事，常称疾闲居，不慕官爵。尝从上至长杨猎。是时天子方好自击熊豕，驰逐野兽，相如因上疏谏。其辞曰：

偏将我遗弃！’于是他们踮起脚跟思慕中原，好像枯旱的禾苗渴望下雨，即使是狠戾的人也会为此流泪，更何况是当今圣明的皇上，又怎能停止开通夷狄呢？所以朝廷向北出师讨伐强悍的匈奴，向南速派使者责备强劲的南越。派使者四面宣传汉朝的恩德，使得西夷和西南夷两方的首领如鱼群迎向上流一样，希望封爵封号的数以亿计。因此才以沫水、若水作关口，以牂、牁为边界，凿通去灵山的道路，在孙原河上架桥，开创道德的路途，传播仁义的传统，广施恩惠，安抚百姓，使荒远的地方不闭塞，使昏暗的地方有光明照耀，在这里平息战事，停止那里的讨伐。使得远近一体，中外安宁幸福，不也很平安快乐吗？救助人民于苦难之中，尊奉皇帝的美德，扭转衰乱时代的没落，继承周朝中断的事业，这就是天子的重要事务。百姓虽然辛劳，又怎可以停止呢？

况且帝王的事业没有不从忧虑勤劳开始，而以悠闲安乐告终的。既然如此，那么接受上天赋予使命的征兆全在这里。将要增添泰山的封土，增加对梁父山的禅礼，使车上的鸾铃和谐地响个不停，让歌颂的音乐高奏，使德行上达五帝，下登三王。可是观者居然看不到手指，听者居然听不到声音，好像焦明鸟已在辽阔的天空飞翔，而张网的人仍注视着湖泽，真是可悲！”

于是众大夫茫然不知所以，丧失了他们来时心怀的期望，和进见时要陈述的意见，大家都感叹地称赞说：“汉朝的恩德确实使人信服啊，这正是我们这些粗鄙之人愿意听到的。百姓虽然劳苦，请让我们以身作则，率先垂范。”他们怅惘失措，逗留了一会儿托辞退避。

此后，有人上书告发相如出使时接受别人贿赂的金钱，相如因此失去了官职。过了一年多，朝廷又征召他担任郎官。

相如有口吃的毛病但他擅长著书。常常患有消渴病。他与卓文君结婚后，钱财丰厚。因此相如做官时，从不参与公卿和国家的大事，他经常以自己生病为借口在家闲居，不羡慕官职爵位。他曾经跟随皇上到长杨宫打猎。当时天子正喜欢亲自击杀熊和野猪，疾驰追逐野兽，相如就上疏劝谏。内容是：

臣闻物有同类而殊能者，故力称乌获，捷言庆忌，勇期贲育。臣之愚，窃以为人诚有之，兽亦宜然。今陛下好陵阻险，射猛兽，卒然遇逸材之兽，骇不存之地，犯属车之清尘，舆不及还辕，人不暇施巧，虽有乌获、逢蒙之技不得用，枯木朽株尽为难矣。是胡越起于毂下，而羌夷接轸也，岂不殆哉！虽万全而无患，然本非天子之所宜近也。

且夫清道而后行，中路而驰，犹时有衔橛之变。况乎涉丰草，骋丘虚，前有利兽之乐，而内无存变之意，其为害也不亦难矣！夫轻万乘之重不以为安，乐出万有一危之涂以为娱，臣窃为陛下不取。

盖明者远见于未萌，而知者避危于无形，祸固多臧于隐微而发于人之所忽者也。故鄙谚曰："家累千金，坐不垂堂。"此言虽小，可以谕大。臣愿陛下留意幸察。

上善之。还过宜春宫，相如奏赋以哀二世行失。其辞曰：

登陂陁之长阪兮，坌入曾宫之嵯峨。临曲江之隑州兮，望南山之参差。岩岩深山之谾谾兮，通谷𨄮乎谽谺。汩淢靸以永逝兮，注平皋之广衍。观众树之蓊薆兮，览竹林之榛榛。东驰土山兮，北揭石濑。弭节容与兮，历吊二世。持身不谨兮，亡国失势；信谗不寤兮，宗庙灭绝。乌乎！操行之不得，墓芜秽而不修兮，魂亡归而不食。

相如拜为孝文园令。上既美子虚之事，相如见上好仙，因曰：

臣听说物有同属一类但功能却不相同的，所以力士首称乌获，捷行首推庆忌，勇敢要数贲、育。以臣的愚见，私下认为人类里边固然有这样的情况，而兽类也应当如此。现在陛下喜欢逾越险要之地，射猎猛兽，骤然遇到凶猛异常的野兽，无处藏身之地受惊，冲向随行车辆扬起的清尘之中，陛下的车子还来不及回转，勇士们也来不及行动，就算有乌获、逢蒙那样的技艺，也是有力无处使，就连路上的枯木朽株都成了阻碍之物。这就如胡、越的寇敌起兵于皇帝的车驾之下，羌、夷的骑士逼近车厢一般，岂不危险！即使计出万全，没有祸患，但这本来就不是天子所应靠近的地方啊。

况且在清除了道路之后出行，在大路中间驰骋，还会时常发生马衔断裂，钩心突出的变故。更何况跋涉于茂密的草丛，驰骋在崎岖不平的山陵之地，贪恋眼前的猎兽之乐，内里却没有提防变动之心，那种情况下发生灾祸也不是什么难事了！轻视天子的尊贵地位，不让自身处在安全之地，却喜欢驰骋在有万分之一危险的道路上，并以此为乐，臣私下认为陛下不应该这样做。

听说明察之人在事情尚未萌动之前就能预见，聪明之人在危险尚未发生之前便可以防患，祸患本来就藏匿在隐微之处，发生在被人们忽略的时候。所以俗语说："家里累积了千金之财，就不会选择坐于堂屋之下。"这话虽然没讲什么大道理，却能以小喻大。臣希望陛下可以留意明察。

皇上赞许了相如。在返回的时候路过宜春宫，相如奏赋以哀怜秦二世行为悖乱。赋中说：

登上倾斜不平的高坡，进入雄伟壮丽的宫殿。面临曲江弯弯的岸，远望层层参差的南山。高峻的深山如此空深，幽深的山谷开阔辽远。河水湍急倏忽永逝，注入水边宽阔的平地。观茂密成荫的树木，看丛生芜杂的竹子。我向东登上土山，我向北渡过急流。我停下车子徘徊犹疑，来这里凭吊秦二世。你自身行事不谨慎啊，导致亡国失势；你听信谗言不觉悟啊，导致国破家亡。啊！你没有养成良好的操行，导致坟墓荒芜没人修整，导致灵魂没有归处，无人供奉食物。

相如被拜为教园令。皇上赞美子虚之事以后，相如观察皇上喜

“上林之事未足美也，尚有靡者。臣尝为《大人赋》，未就，请具而奏之。”相如以为列仙之儒居山泽间，形容甚臞，此非帝王之仙意也，乃遂奏《大人赋》。其辞曰：

世有大人兮，在乎中州。宅弥万里兮，曾不足以少留。悲世俗之迫隘兮，朅轻举而远游。乘绛幡之素霓兮，载云气而上浮。建格泽之修竿兮，总光耀之采旄。垂旬始以为幓兮，曳彗星而为髾。掉指桥以偃蹇兮，又猗抳以招摇。揽搀抢以为旌兮，靡屈虹而为绸。红杳眇以玄湣兮，猋风涌而云浮。驾应龙象舆之蠖略委丽兮，骖赤螭青虬之蚴蟉宛蜒。低卬夭蟜裾以骄骜兮，诎折隆穷蠼以连卷。沛艾赳螑仡以佁儗兮，放散畔岸骧以孱颜。跮踱輵螛容以骫丽兮，蜩蟉偃寋怵臭以梁倚。纠蓼叫奡踏以艐路兮，蔑蒙踊跃腾而狂趡。莅飒卉歙猋至电过兮，焕然雾除，霍然云消。

邪绝少阳而登太阴兮，与真人乎相求。互折窈窕以右转兮，横厉飞泉以正东。悉征灵圉而选之兮，部署众神于摇光。使五帝先导兮，反大壹而从陵阳。左玄冥而右黔雷兮，前长离而后矞皇。厮征伯侨而役羡门兮，诏岐伯使尚方。祝融警而跸御兮，清气氛而后行。屯余车而万乘兮，綷云盖而树华旗。使句芒其将行兮，吾欲往乎南娭。

历唐尧于崇山兮，过虞舜于九疑。纷湛湛其差错兮，杂遝胶輵以方驰。骚扰冲苁其纷挐兮，滂濞泱轧丽以林离。攒罗列聚丛以茏茸兮，衍曼流烂痑以陆离。径入雷室之砰磷郁律兮，洞出鬼谷之堀礨崴魁。遍览八纮而观四海兮，朅度九江越五河。经营炎火而浮弱水兮，杭绝浮渚涉流沙。奄息葱极泛滥水娭兮，使灵娲鼓琴而舞冯

好仙道，趁机说："上林之事并不够美，还有更好的。臣曾经写了《大人赋》，还没有完成，请允许臣写成之后奏上。"相如认为位高的仙人术士居住在山泽之间，一副清瘦的样子，这并不是帝王中意的仙人的样子，便写成《大人赋》。赋中说：

世上有位大人，在中州居住。他的住宅遍布万里，他却不曾停留一会儿。他悲叹世俗的束缚，就离开它飞升远游。他乘着红旗飘舞的车子，踏上白虹，载着云气上浮。他竖起格泽星作为修长的旗竿，聚拢光芒装点采旄。他用垂挂着的旬始星制成旌旗的飘带，用拖着的彗星作为旌旗下垂的羽毛。旗帜随风摇摆，又婀娜多姿引人注目。他揽取天搀星、天抢星作为旌旗，用弯曲的虹作为彩绸。红光悠远而混着其它色彩，疾风涌动而云气轻浮。他驾应龙乘象车行步有度曲折蜿蜒，他乘赤螭青虬蜿蜒盘曲。龙身忽高忽低伸展屈曲桀骜不驯，时而屈曲隆起腾挪翻卷。时而姿态雄健停滞不前，时而放纵任性昂首不齐。有时忽进忽退摇目吐舌左右相随，有时屈曲蜿蜒四散奔走相互倚靠。有时在路上纠缠着喧呼着践踏着，忽而又驰跃飞扬迅速奔跑。或飞行迅疾火花四射如闪电穿过，突然之间光明一片雾气消除，云气散尽。

斜越东极而登上北极，与真人互相寻求。相互走过幽深之处再向右转，又横渡飞泉向着正东。征集所有的仙子而挑选，在北斗摇光处安排众神。让五帝作为先导，让太一返回而用仙人陵阳子明做侍从。左面是玄冥右面是黔雷，前面是长离后面是矞皇。让仙人征伯侨任小厮，让羡门高任差役，诏令岐伯掌管药方。让祝融担任警卫进行清道，清除恶气而后前行。集合我的一万辆车，用五彩云为车盖而树立华丽的旗帜。让句芒为将领跟随在后，我要去往南方嬉戏。

经过唐尧在的崇山，走过虞舜在的九疑。路途纵横交错，纷乱纠结向前齐驰。骚扰冲撞一片混乱，大水无垠淋漓尽致。群山聚集罗列，树木丛集茂盛，遍布分散。径直步入雷室听雷声轰隆，穿出起伏不平的鬼谷。遍览天下而远观四海，何不尽渡九江跨越五河。往来火焰山漂浮弱水河，乘船渡过小洲涉过流沙。在葱岭休息在泛滥的河水中嬉戏，让女娲鼓琴让河伯跳舞。此时天色幽暗混浊，就召来

夷。时若暧暧将混浊兮，召屏翳诛风伯，刑雨师。西望昆仑之轧沕荒忽兮，直径驰乎三危。排阊阖而入帝宫兮，载玉女而与之归。登阆风而遥集兮，亢鸟腾而壹止。低徊阴山翔以纡曲兮，吾乃今日睹西王母。暠然白首戴胜而穴处兮，亦幸有三足乌为之使。必长生若此而不死兮，虽济万世不足以喜。

回车朅来兮，绝道不周，会食幽都。呼吸沆瀣兮餐朝霞，咀噍芝英兮叽琼华。僸祲寻而高纵兮，纷鸿溶而上厉。贯列缺之倒景兮，涉丰隆之滂濞。骋游道而脩降兮，骛遗雾而远逝。迫区中之隘陕兮，舒节出乎北垠。遗屯骑于玄阙兮，轶先驱于寒门。下峥嵘而无地兮，上嵺廓而无天。视眩泯而亡见兮，听敞怳而亡闻。乘虚亡而上遐兮，超无友而独存。

相如既奏《大人赋》，天子大说，飘飘有陵云气游天地之间意。

相如既病免，家居茂陵。天子曰："司马相如病甚，可往从悉取其书，若后之矣。"使所忠往，而相如已死，家无遗书。问其妻，对曰："长卿未尝有书也。时时著书，人又取去。长卿未死时，为一卷书，曰有使来求书，奏之。"其遗札书言封禅事，所忠奏焉，天子异之。其辞曰：

伊上古之初肇，自颢穹生民。历选列辟，以迄乎秦。率迩者踵武，听逖者风声。纷轮威蕤，堙灭而不称者，不可胜数也。继昭夏，崇号谥，略可道者七十有二君。罔若淑而不昌，畴逆失而能存？

轩辕之前，遐哉邈乎，其详不可得闻已。五三《六经》载籍之传，维见可观也。《书》曰："元首明哉！股肱良哉！"因斯以谈，君莫盛于尧，臣莫贤于后稷。后稷创业于唐，公刘发迹于西戎，文王

神仙屏翳，诛讨风神风伯，责罚雨师。西望昆仑山幽昧不明，径直驰向三危山。推开天门而入帝宫，载着玉女一起返回。从远处聚集登上阆风山，像骄傲的鸟一样飞腾又停止。在阴山低空徘徊折曲，我今天才看到了西王母。她满头白发戴着华胜住在洞穴里，也幸亏有三足乌供她役使。一定要像这样才能长生不死，即使度过万世也不值得欢喜。

回车离去归来，跨过不周山，在幽都会餐。呼吸露水餐饮朝霞，品尝芝英和琼华。抬头仰望身体渐渐高升，纷然腾跃而疾飞上天。贯穿闪电的倒影，渡过雷神降下的滂沱大雨。游车导车从天而降向前驰骋，留下迷雾远远奔驰而去。迫于世间太狭隘，缓缓地走向北部的边际。把众多的随从骑兵留在玄阙，在寒门超越先行的人。向下看深远而不见地，向上看空旷而不见天。眼花看不清楚，耳聋无法听见。乘着虚无而登上天空，超越有无而独自长存。

相如进奏《大人赋》后，天子特别高兴，飘飘然有凌云的气概，好像有遨游于天地之间的闲情逸致。

相如因病免官后，在茂陵的家中闲居。天子所忠说："司马相如病得厉害，可前往他家将其写的书都取来，你如今去已经落在人后了。"天子派所忠到相如家中，相如已经去世，家中没有留下任何书。所忠问他的妻子，回答说："长卿不曾有书留下。他时时著书，又时时被人取走。长卿没死的时候，写了一卷书，说如果有使者前来求书，就献给朝廷。"他留下来的札书说到封禅的事，所忠拿了札书进献给天子，天子认为此札书奇异。内容是：

从远古初始，苍天教养百姓。遍数历代君主，一直到秦朝。遵循近代还可以效法，了解远古就只有凭借流传下来的风闻。因而繁多旺盛，埋没不能显扬的，多得数也数不过来。继承舜、禹，崇尚谥号，大略可以说出的有七十二位君王。纵观历代，好像没有依顺美善而不昌盛，迎合悖逆失理而能久存的？

轩辕氏以前，太久远太邈茫了，详情已不可能听说了。五帝三皇因《六经》典籍流传，还可以大致了解到一些情况。《尚书》记载："元首英明啊！大臣贤良啊！"由此来说，君王没有谁比唐尧兴盛，

改制，爰周郅隆，大行越成，而后陵迟衰微，千载亡声，岂不善始善终哉！然无异端，慎所由于前，谨遗教于后耳。故轨迹夷易，易遵也；湛恩厖洪，易丰也；宪度著明，易则也；垂统理顺，易继也。是以业隆于襁保而崇冠乎二后。揆厥所元，终都攸卒，未有殊尤绝迹可考于今者也。然犹蹑梁甫，登大山，建显号，施尊名。大汉之德，逢涌原泉，沕潏曼羡，旁魄四塞，云布雾散，上畅九垓，下泝八埏。怀生之类，沾濡浸润，协气横流，武节猋逝，尔狭游原，迥阔泳末，首恶郁没，暗昧昭晰，昆虫闿怿，回首面内。然后囿驺虞之珍群，徼麋鹿之怪兽，导一茎六穗于庖，牺双觡共抵之兽，获周余放龟于岐，招翠黄乘龙于沼。鬼神接灵圉，宾于闲馆。奇物谲诡，俶傥穷变。钦哉，符瑞臻兹，犹以为薄，不敢道封禅。盖周跃鱼陨杭，休之以燎。微夫斯之为符也，以登介丘，不亦恧乎！进攘之道，何其爽与？

于是大司马进曰："陛下仁育群生，义征不譓，诸夏乐贡，百蛮执贽，德牟往初，功无与二，休烈液洽，符瑞众变，期应绍至，不特创见。意者太山、梁父设坛场望幸，盖号以况荣，上帝垂恩储祉，将以庆成，陛下嗛让而弗发也。挈三神之欢，缺王道之仪，群臣恧焉。或谓且天为质暗，示珍符固不可辞；若然辞之，是泰山靡记而梁甫罔几也。亦各并时而荣，咸济厥世而屈，说者尚何称于后，而云七十二君哉？夫修德以锡符，奉符以行事，不为进越也。故圣王弗替，而修礼地祇，谒款天神，勒功中岳，以章至尊，舒盛德，发号荣，受厚福，以浸黎民。皇皇哉斯事，天下之壮观，王者之卒业，不

辅臣没有谁比后稷贤能。后稷在唐尧时开创基业，公刘在西戎立功扬名，周文王改革国家制度，使周昌盛，太平之道于是形成，然后逐渐衰败没落，但千年以来并无恶名，岂不善始善终！然而这没有其他原因，只是慎重事理的缘由于前，谨守前代的风教于后罢了。所以他们遗留下来的典范平正，容易遵循；恩泽深广，容易满足；法度显明，容易效法；承袭皇位顺当，容易接续。因此王业在幼年登位的成王时达到极盛，超过了周文王、周武王。揣度他的始终，却没有特别奇异、卓越的功业事迹和现在相比。然而他还登上梁父山和泰山，举行封禅大典。大汉的德泽，如有本源的泉水翻腾，盛大广散，充塞四方，如云雾布散，上通九重之天，下溯八方边远之地。一切生物遍及恩泽，和气漫溢，威名远播，近狭处如在源头畅游，远阔处也像在余波浮游，首先做坏事的人被消灭，昏暗不明也见光明，昆虫和乐欣悦，万物都感激皇上的德泽。然后园林中出现驺虞等瑞兽，围猎时获得麋鹿等异兽，厨房里看到一茎六穗的稻米，用长着同根分叉角的牲畜做祭品，在岐山获得周朝遗留下来的瑰宝，在水中招来黄帝升仙时乘的似龙似马的翠黄。如同仙人灵围的巫女住在安静的馆舍里，接受传递神灵的旨意。神奇灵物变化多端，卓异不凡极尽变化。可敬佩啊，吉祥的征兆达到这么多，还认为德行浅薄，不敢说要封禅。周武王渡河，鱼跃入舟中，就用火烤着来祭天。渺小啊，这就算是祥兆，因此登泰山封禅，不也惭愧！进取与谦让的事理，差失这么大吗？

于是大司马进言说："陛下以仁德教化培育百姓，倚仗正义征服不顺服者，中原诸侯国都乐意奉献，周边少数民族都进贡朝拜，德泽等同古代先贤，功绩没有谁可以相比，彪炳的功业融洽，吉祥的征兆众多，相继如期到来，不只是在创业时出现。料想泰山、梁父山已经安排好祭祀场所，希望皇帝亲临，上尊号赐予荣誉，陛下却谦让不去封禅。违背天神、地神、山岳的欢心，缺少了以仁义治天下的礼仪，群臣也会惭愧。有人说，上天有质证隐藏不露，显示出珍奇的符瑞就确实不能辞让；如果辞让，就会使泰山、梁父山没有刻石作记的时机。历代帝王都随时势兴盛，本来都有济世功业却自谦不封禅，述说者还有什么向后世称道的，又说什么七十二君呢？修养德行，

可贬也。愿陛下全之。而后因杂缙绅先生之略术，使获曜日月之末光绝炎，以展采错事。犹兼正列其义，祓饰厥文，作《春秋》一艺。将袭旧六为七，摅之无穷，俾万世得激清流，扬微波，蜚英声，腾茂实。前圣之所以永保鸿名而常为称首者用此。宜命掌故悉奏其仪而览焉。”

于是天子沛然改容，曰：“俞乎，朕其试哉！”乃迁思回虑，总公卿之议，询封禅之事，诗大泽之博，广符瑞之富。遂作颂曰：

自我天覆，云之油油。甘露时雨，厥壤可游。滋液渗漉，何生不育！嘉谷六穗，我穑曷蓄？

匪唯雨之，又润泽之；匪唯偏我，氾布护之；万物熙熙，怀而慕之。名山显位，望君之来。君兮君兮，侯不迈哉！

般般之兽，乐我君囿；白质黑章，其仪可喜；旼旼穆穆，君子之态。盖闻其声，今视其来。厥涂靡从，天瑞之征。兹尔于舜，虞氏以兴。

濯濯之麟，游彼灵畤。孟冬十月，君徂郊祀。驰我君舆，帝用享祉。三代之前，盖未尝有。

宛宛黄龙，兴德而升；采色玄耀，焕炳煇煌。正阳显见，觉寤黎烝。于传载之，云受命所乘。

上天才会赏赐祥瑞，奉天之命举行封禅，就不是超越本分。所以圣明的君王不会废弃封禅，而会施行礼教对地神，虔诚拜谒天神，在中岳嵩山把记功文字刻在石上，封禅泰山以彰显至尊，扩展高尚的品德，宣扬荣耀的名声，承受丰厚的福禄，用来润泽百姓。美盛鲜明啊，这是天下雄伟的景象，帝王已成的功业，不能低估轻视。希望陛下成全。然后会集绅士官吏的谋略道术，使他们获得日月的余辉照耀，提升官职，处理事务。同时还考定陈述有关封禅的内容，除旧饰新整理成他们的文章，作为像《春秋》一样的经书。沿袭原有的六经成为七经，流传无穷，使万代激发文士，发扬隐微余波，传扬英华之声，传播茂盛之实。古代圣贤能永保盛名，常被称赞第一的原因，就是封禅。应该命令掌管礼乐制度等故实的属官完全奏呈封禅的内容请您御览。”

于是天子大受感动改变神色说：“痛快呀，朕试一下吧！”天子就改变想法，综合官员的意见，询问封禅的事宜，歌颂恩惠博大，宣传祥兆众多。便创作颂词说：

帝王的仁德广被，如行云流动顺畅。如甘露和及时雨，德泽深厚人可泳游。汁液从小孔缓缓渗出，一切生物都受到养育！嘉禾一茎生六穗，庄稼怎会不丰收？

不只是降雨，还要滋润得透；不只是浸渍，还要遍布均匀；让万物都和乐欢欣，怀念仰慕向往。名山尊显位，盼望君来临。君王啊君王啊，为何不速行！

文采鲜明的瑞兽，游我园林多欢欣；白色的质地黑色的花纹，它的外表值得赞许；神态恭敬和乐，如同君子斯文。曾经听到名声，现在来临。来路没有踪迹，是天降祥瑞的特征。这个祥瑞虞舜时期也曾出现，虞舜由此而兴盛。

肥胖壮大的麒麟，嬉游在祭祀天地五帝之处。孟冬十月，君王前往郊外祭祀天地。跑到君王车前，天帝赐来福祉。夏商周三代以前，未曾有过此事。

盘旋屈曲的黄龙，发扬盛德而上升；色彩鲜明耀眼，光辉灿烂明亮。帝王之象显现，以此启发开导百姓。经记载流传，受天之命寄

厥之有章，不必谆谆。依类托寓，谕以封峦。

披艺观之，天人之际已交，上下相发允答。圣王之事，兢兢翼翼。故曰于兴必虑衰，安必思危。是以汤武至尊严，不失肃祗，舜在假典，顾省厥遗：此之谓也。

相如既卒五岁，上始祭后土。八年而遂礼中岳，封于太山，至梁甫，禅肃然。

相如它所著，若《遗平陵侯书》《与五公子相难》《中木书篇》，不采，采其尤著公卿者云。

赞曰：司马迁称："《春秋》推见至隐，《易》本隐以之显，《大雅》言王公大人，而德逮黎庶，《小雅》讥小己之得失，其流及上。所言虽殊，其合德一也。相如虽多虚辞滥说，然要其归引之于节俭，此亦《诗》之风谏何异？"扬雄以为靡丽之赋，劝百而风一，犹骋郑卫之声，曲终而奏雅，不已戏乎！

司马相如《难蜀文》中云："身亲其劳，躬傶骈胝无胈，肤不生毛。"张揖注曰："躬，体也。戚，凑理也。"臣佖捡子书无"傶"字，又"傶"字，《说文》云："戉也。"按：李善注《文选》云："孟康曰：'凑，凑理也。'疑《汉书》传写相承，误以'凑'字作'傶'字耳。合为'凑'。"

寓龙身。

天道有所彰显，不必反复告诫。依照事类寄托天意，显现祥瑞告谕封禅的山峦。

翻阅书籍考察，自然和人事之间相互交会，天上人间相感发。德才超群达于至境帝王的美德就是谨慎勤恳。所以说兴盛时必须思虑衰败，安乐时必须考虑危险。因此商汤王、周武王处于最尊贵的地位，不遗漏恭敬神，舜在高位，顾念省察缺陷过失，说的就是这个道理。

司马相如死去五年后，皇上才开始祭祀地神。八年后礼敬中岳之神，再到泰山筑坛祭天，到梁父山，肃然山辟场祭地。

相如的其他著作，如《遗平陵侯书》《与五公子相难》《草木书篇》，没有收录，只收录他在公卿大臣中特别出名的文章。

赞辞说：司马迁称："《春秋》是从已经发生的事情推求到隐微之处，《易经》却是从自然微妙之处推求到显露在外的事，《大雅》主要讲王公大人，而他们的德行却影响到平民百姓，《小雅》中讥讽个人的得失，影响到上层的王公大人。这几类著作表达的形式虽然各不相同，但都同样符合道德标准。相如虽然多发表虚辞滥说，然而要领却归结到节俭上，这和《诗经》的讽谏有什么分别呢？"扬雄认为相如的辞赋过于华丽，鼓励奢侈的言辞占一百而劝谏节俭的言辞只占一，好像在淫靡的郑卫之音中驰骋，曲终时才奏雅乐，这不是嘲弄自己嘛！

司马相如《难蜀文》中说："身亲其劳，躬傶骿胝无胈，肤不生毛。"张揖注解说："躬，体也。戚，凑理也。"宋代张佖检查子书中没有傶字，另外戚字，《说文》解释为："戉也。"按：李善注《文选》说："孟康说：'凑，凑理也。'怀疑《汉书》在历代传写过程中，错误地将'凑'字改成'傶'字而已。综上所述应该是'凑'字。"

卷五十八

公孙弘卜式兒宽传第二十八

公孙弘，菑川薛人也。少时为狱吏，有罪，免。家贫，牧豕海上。年四十余，乃学《春秋》杂说。

武帝初即位，招贤良文学士，是时弘年六十，以贤良征为博士。使匈奴，还报，不合意，上怒，以为不能，弘乃移病免归。

元光五年，复征贤良文学，菑川国复推上弘。弘谢曰："前已尝西，用不能罢，愿更选。"国人固推弘，弘至太常。上策诏诸儒：

制曰：盖闻上古至治，画衣冠，异章服，而民不犯；阴阳和，五谷登，六畜蕃，甘露降，风雨时，嘉禾兴，朱屮生，山不童，泽不涸；麟凤在郊薮，龟龙游于沼，河洛出图书；父不丧子，兄不哭弟；北发渠搜，南抚交阯，舟车所至，人迹所及，跂行喙息，咸得其宜。朕甚嘉之，今何道而臻乎此？子大夫修先圣之术，明君臣之义，讲论洽闻，有声乎当世，敢问子大夫：天人之道，何所本始？吉凶之效，安所期焉？禹汤水旱，厥咎何由？仁义礼知四者之宜，当安设施？属统垂业，物鬼变化，天命之符，废兴何如？天文地理人事之纪，子大夫习焉。其悉意正议，详具其对，著之于篇，朕将亲览焉，靡有所隐。

公孙弘，是菑川国薛县人。他年轻时在县里曾经做过狱吏，因犯罪遭到免职。公孙弘家中贫困，在海边牧猪为生。四十多岁时，才开始学习《春秋》及诸子的杂论。

武帝刚登基时，诏令全国举荐贤良文学之士，当时公孙弘已经六十岁了，以贤良的身份被朝廷征召为博士。公孙弘出使匈奴，返回朝廷汇报情况，不合武帝的心意，武帝发怒，认为他能力不行，公孙弘就上书以疾病为由，辞去官职返回乡里。

元光五年（前130），武帝再次诏令全国举荐贤良文学之士，菑川国再次举荐公孙弘。公孙弘辞谢说："前次我西去京城任职，因为能力不行而被免官，这次希望举荐其他人吧。"但是国人依然力荐他，公孙弘无奈只能前去太常处候命。武帝下诏向众儒生策问：

制策书写道：听说上古时代的政治至善至美，只要在罪犯的帽子和衣服上画出标识，再让他们穿上不同的衣服，百姓就不敢犯法；当时阴阳调和，五谷丰收，六畜兴旺，天降甘露，风雨依时，嘉禾饱满，红草出现，山上草木茂盛，湖泽充盈；郊野湖泽中有麒麟凤凰出没，龟龙在池沼中游弋，河图、洛书相继出现；儿女不会先父母而亡，弟弟也不会先亡于兄长；北至渠搜，南至交阯，凡是车船可以通达，人迹可以出现的地方，一切禽兽鱼虫，都顺应自然而生。朕非常向往那个年代，如今怎么治国才能重现这种辉煌呢？诸位士人学习先圣的治国之术，明白君仁臣忠的大义，议论起来博学多闻，都是名闻当代的贤者，敢问诸位士人：天人之道，什么才是本始？吉凶祸福的呈现，如何才能预知呢？大禹、商汤时发生了水灾旱灾，产生天灾的原因究竟是什么过失导致的呢？仁爱、正义、礼法、智慧这四种品德，应该用什么方法来完善？帝统继承，功业传留，生死的变幻，上天授命的符瑞，所有的兴与衰到底为何？天文、地理、人事的各种法则，

弘对曰：

臣闻上古尧舜之时，不贵爵赏而民劝善，不重刑罚而民不犯，躬率以正而遇民信也；末世贵爵厚赏而民不劝，深刑重罚而奸不止，其上不正，遇民不信也。夫厚赏重刑未足以劝善而禁非，必信而已矣。是故因能任官，则分职治；去无用之言，则事情得；不作无用之器，即赋敛省；不夺民时，不妨民力，则百姓富；有德者进，无德者退，则朝廷尊；有功者上，无功者下，则群臣逡；罚当罪，则奸邪止；赏当贤，则臣下劝：凡此八者，治民之本也。故民者，业之即不争，理得则不怨，有礼则不暴，爱之则亲上，此有天下之急者也。故法不远义，则民服而不离；和不远礼，则民亲而不暴。故法之所罚，义之所去也；和之所赏，礼之所取也。礼义者，民之所服也，而赏罚顺之，则民不犯禁矣。故画衣冠，异章服，而民不犯者，此道素行也。

臣闻之，气同则从，声比则应。今人主和德于上，百姓和合于下，故心和则气和，气和则形和，形和则声和，声和则天地之和应矣。故阴阳和，风雨时，甘露降，五谷登，六畜蕃，嘉禾兴，朱草生，山不童，泽不涸，此和之至也。故形和则无疾，无疾则不夭，故父不

是诸位士大夫所研究的。请你们全心全意，秉正地发表议论，详细清楚地陈述，写成篇章，朕将亲自观览，无需隐瞒。

公孙弘对策道：

臣听说在上古尧、舜的年代，不重视爵位的赏赐而百姓依然能相互勉励为善，没有严刑重罚，而百姓不轻易触犯律法，因为尧帝、舜帝亲自率领大家行正道，对百姓坚持信义；到了朝代的末期，就重视封爵，进行厚赏，而百姓并没有因此而接受教化，施以重刑惩罚，奸邪的事情却不能制止，因为君王不正，对待百姓不再坚持信义。用优厚的赏赐，严酷的刑罚，也不足以鼓励为善而禁绝各种坏事，对待百姓必须要有信义。所以，以才能大小来任命官吏，官吏就可以各司其事；不听取没有用的言论，事情就容易完成；不制作没有用的器具，就可以减轻百姓的赋敛；不失农作之时，不妨害民力，就可以使百姓富足；提拔有德的人，斥退无德的人，朝廷就能够建立起威望；升迁有功之人，斥退无功之人，那么群臣就会退让权位；罚当其罪，那奸邪之事就会被禁止；适当的奖赏贤良之人，那么官吏们就会受到鼓励：总括这八条，是国家治理民众的根本原则。黎民百姓，安居乐业自然就不再相争，使他们能够明白道理就不会有怨恨，百姓以礼相待，就不会暴戾相向，官员爱民如子，百姓自然会对皇上服从亲近，这些是君王优先需要处理的事情。所以法令不违背道义，百姓才能够信服而不悖离；君王倡导的礼仪而不违背于礼，百姓才能依附而不狂躁。因此，法令所惩处的行为，一定是道义所不容的；君王所倡导赏赐的事情，一定是礼义所认可的。礼法道义，是民众所信服的，若是赏罚都符合礼法道义，民众就不会触犯禁令。故而远古时代仅在衣冠上作标记，穿上异样的衣服，来作为惩戒，便能使民众不违法，因为那时一直奉行道义。

臣还听说，志趣相同才能相从，音调相谐才能相互应和。如今陛下崇尚德行于上，百姓和睦同心于下，所以同心同德就会和谐一致，和谐一致就会行动统一，行动统一就会使言论协调和顺，言论协调和顺，那么天地之间也会以和谐相回应。因此阴阳调和，风雨应时，天降甘露，五谷丰收，六畜兴旺，长出的嘉禾饱满，祥瑞红草出

丧子，兄不哭弟。德配天地，明并日月，则麟凤至，龟龙在郊，河出图，洛出书，远方之君莫不说义，奉币而来朝，此和之极也。

臣闻之，仁者爱也，义者宜也，礼者所履也，智者术之原也。致利除害，兼爱无私，谓之仁；明是非，立可否，谓之义；进退有度，尊卑有分，谓之礼；擅杀生之柄，通壅塞之涂，权轻重之数，论得失之道，使远近情伪必见于上，谓之术：凡此四者，治之本，道之用也，皆当设施，不可废也。得其要，则天下安乐，法设而不用；不得其术，则主蔽于上，官乱于下。此事之情，属统垂业之本也。

臣闻尧遭鸿水，使禹治之，未闻禹之有水也。若汤之旱，则桀之余烈也。桀纣行恶，受天之罚；禹汤积德，以王天下。因此观之，天德无私亲，顺之和起，逆之害生。此天文地理人事之纪。臣弘愚戆，不足以奉大对。

时对者百余人，太常奏弘第居下。策奏，天子擢弘对为第一。召见，容貌甚丽，拜为博士，待诏金马门。

弘复上疏曰："陛下有先圣之位而无先圣之名，有先圣之民而无先圣之吏，是以势同而治异。先世之吏正，故其民笃；今世之吏邪，故其民薄。政弊而不行，令倦而不听。夫使邪吏行弊政，用倦令治薄民，民不可得而化，此治之所以异也。臣闻周公旦治天下，期年而变，三年而化，五年而定。唯陛下之所志。"书奏，天子以册书答

现，山林草木茂密，湖泽水满不涸，这都是社会和谐之至的景象。因而身体和谐就没有疾病，疾病不生则不会夭亡，所以父亲不会早年丧子，哥哥不会因失去弟弟而哭泣。圣王德配天地，与日月一样光明，于是麒麟和凤凰相继出现，灵龟、祥龙也会出现在野外，这时河出图，洛出书，远方国家的君王无不倾慕，派出使者，携带着贡品前来朝见，这是和谐到极点了。

臣听说，仁就是慈爱，义就是恰当合宜，礼就是履行规范，智就是方法术类的本源。趋利除害，泛爱大众，称为仁；明确是非，辨别对错，称为义；进退有节度，尊卑有分别，称为礼；独揽生杀大权，疏通壅塞的道路，权衡事物的轻重，议论得失的道理，使远近之事的真伪都被皇上知晓，称为术：以上这四条，是治理国家的根本原则，是大道的具体应用，全都应该付诸施行，不可荒废。君王掌握这些要领，天下就会安乐太平，律法虽然设立，却因为没人触犯而不使用；若是不能掌握这些要领，那君王就会受到欺骗，官吏就会在下面为非作歹。这些事情，是后世继承帝统、延续祖先功业的根本。

臣听说，尧帝时代遭遇洪水，派大禹前去治水，却没听说大禹时代发生水灾。商汤时遭遇旱灾，那是夏桀所余留的罪业啊。夏桀、商纣实施恶行，受到上天的责罚；大禹、商汤有厚德，而称王于天下。由此看出，上天对世人并没有亲疏好恶之分，人顺应天道，便和谐兴旺，违背天理，就会祸患不断。这就是天文、地理、人事相互作用的准则。臣愚昧戆直，所谈内容不足以对答皇上的策问。

当时参加对策的有一百多人，太常将公孙弘的对策排在下等。策简呈奏给武帝后，武帝将公孙弘的对策排在第一位。公孙弘被召入宫觐见，武帝见他相貌不凡，就让他担任博士，在金马门待诏。

公孙弘再次上疏说：“陛下处于先圣那样的地位而没有获得先圣那样的名声，拥有先圣时期的百姓而缺乏先圣时期的官吏，因此陛下如今所面临的局面与先圣相同，但是治理的效果却不同。上古时代的官吏品行端正，因此百姓笃实；如今的官吏贪婪奸邪，因此百姓浅薄。治政有百弊丛生而难以施行，法令使人厌倦而不会被听从。任用贪婪奸邪的官吏把弊政推行，推行令人倦怠的法令去治理浅薄

曰："问：弘称周公之治，弘之材能自视孰与周公贤？"弘对曰："愚臣浅薄，安敢比材于周公！虽然，愚心晓然见治道之可以然也。夫虎豹马牛，禽兽之不可制者也，及其教驯服习之，至可牵持驾服，唯人之从。臣闻揉曲木者不累日，销金石者不累月，夫人之于利害好恶，岂比禽兽木石之类哉？期年而变，臣弘尚窃迟之。"上异其言。

时方通西南夷，巴蜀苦之，诏使弘视焉。还奏事，盛毁西南夷无所用，上不听。每朝会议，开陈其端，使人主自择，不肯面折庭争。于是上察其行慎厚，辩论有余，习文法吏事，缘饰以儒术，上说之，一岁中至左内史。

弘奏事，有所不可，不肯庭辩。常与主爵都尉汲黯请间，黯先发之，弘推其后，上常说，所言皆听，以此日益亲贵。尝与公卿约议，至上前，皆背其约以顺上指。汲黯庭诘弘曰："齐人多诈而无情，始为与臣等建此议，今皆背之，不忠。"上问弘，弘谢曰："夫知臣者以臣为忠，不知臣者以臣为不忠。"上然弘言。左右幸臣每毁弘，上益厚遇之。

的民众，百姓不可能得到劝勉，这就是治理国政效果不佳的原因。臣听说周公旦治理天下，一年就有所改变，三年则教化大行于天下，五年便达到天下大治。这是陛下一直向往的。”公孙弘的奏书呈上以后，武帝用册书来答复：“问：你称赞周公的治理，那你自己的才能与周公相比，谁更高呢？”公孙弘回答说：“臣的见识愚昧浅薄，不敢与周公相比！虽然如此，臣心中明白，如今还是可以达到先圣的治国境界。虎豹马牛，这些动物都是不可制服的野兽，等到它们被调教驯服以后，便可以为人牵持驾驭使用，听从人们的使唤。臣听说，将直木揉曲成形，几天时间就可以，将金石熔化，几个月就可以，教导人们对利害好恶能有正确的认识，难道比驯服禽兽，揉木销石还困难吗？用一年时间让国家发生改变，臣认为太慢了。”武帝对他的言论很是惊讶。

当时朝廷正在修建西南夷的道路，巴蜀两郡的民众苦于劳作，武帝诏令公孙弘巡查蜀地。公孙弘回到朝中汇报时，极力诋毁与西南夷的往来，他认为没有起不到任何作用，武帝没有理睬他的奏陈。每当朝廷议政的时候，公孙弘只是将自己的意见表达出来，让武帝自己作出决定，不肯在朝堂上当面反驳武帝，与他争辩。由此武帝认为公孙弘做事谨慎，为人忠厚，与人争辩时总是有所保留，熟知公文律法及官府日常事务，又以儒家经典加以文饰，故而非常欣赏他，当年就升迁公孙弘为左内史。

公孙弘上奏言事，即使是不认可的事情，也从不当场辩驳。他经常和主爵都尉汲黯在空闲时向武帝奏事，汲黯首先提出观点，公孙弘再进一步详述，武帝常常很愉悦，也接受他所说的意见，公孙弘因此日益受到武帝的器重。他曾与公卿约定提出一些建议，可是面见武帝的时候，却全然背弃先前的约定，而是依照武帝的心意进言。汲黯为此当庭斥责公孙弘：“齐国人做事，伪诈而不守信用，刚刚公孙弘与臣等商量好建议，现在又全然背弃前约，这是对皇上不忠。”武帝质问公孙弘，公孙弘谢罪说：“熟悉臣的人认为臣出于一片忠心，不熟悉臣的人认为臣心存诡诈。”武帝很认同他的话。以后武帝左右的宠臣经常诋毁公孙弘，武帝却越来越对他待遇优厚。

弘为人谈笑多闻，常称以为人主病不广大，人臣病不俭节。养后母孝谨，后母卒，服丧三年。

为内史数年，迁御史大夫。时又东置苍海，北筑朔方之郡。弘数谏，以为罢弊中国以奉无用之地，愿罢之。于是上乃使朱买臣等难弘置朔方之便。发十策，弘不得一。弘乃谢曰："山东鄙人，不知其便若是，愿罢西南夷、苍海，专奉朔方。"上乃许之。

汲黯曰："弘位在三公，奉禄甚多，然为布被，此诈也。"上问弘，弘谢曰："有之。夫九卿与臣善者无过黯，然今日庭诘弘，诚中弘之病。夫以三公为布被，诚饰诈欲以钓名。且臣闻管仲相齐，有三归，侈拟于君，桓公以霸，亦上僭于君。晏婴相景公，食不重肉，妾不衣丝，齐国亦治，亦下比于民。今臣弘位为御史大夫，为布被，自九卿以下至于小吏无差，诚如黯言。且无黯，陛下安闻此言？"上以为有让，愈益贤之。

元朔中，代薛泽为丞相。先是，汉常以列侯为丞相，唯弘无爵，上于是下诏曰："朕嘉先圣之道，开广门路，宣招四方之士，盖古者任贤而序位，量能以授官，劳大者厥禄厚，德盛者获爵尊，故武功以显重，而文德以行褒。其以高成之平津乡户六百五十封丞相弘为平津侯。"其后以为故事，至丞相封，自弘始也。

公孙弘为人喜欢谈笑见多识广，他常说人主的弊病是不能宽宏大量，人臣的弊病是不能节俭忠贞。他奉养后母孝顺谨慎，后母逝世之后，他为后母服丧三年。

公孙弘担任了几年内史后，升为御史大夫。当时朝廷又在东方设立了苍海郡，在北方修筑了朔方郡。公孙弘多次进谏，认为这样做是以疲敝中原的代价而去统辖无用之地，希望朝廷停止这件事情。武帝于是命令朱买臣等人责难公孙弘，论证设立朔方郡的益处。朱买臣等人连发十问，公孙弘一条也回答不上来。于是公孙弘向武帝谢罪说："臣是崤山之东的鄙陋之人，不知道修建朔方郡有这么多好处，希望先停止西南夷、苍海郡，而全力完成设立朔方郡的事情。"武帝这才答应了他的请求。

汲黯说："公孙弘身居三公之位，俸禄优厚，可他却使用布被，这是公孙弘在以诈求名。"武帝就这件事询问公孙弘，他谢罪说："是有这回事。九卿中与臣关系好的没有能超过汲黯的，可是今天他当庭谴责臣，确实是说中了臣的弱点。臣位居三公却用布被子，确实是作假骗人以求取名誉。况且臣听说管仲任齐国国相，建三归之台，豪侈的程度与君主不相上下，而齐桓公凭借他的辅佐成为霸主，不过管仲对上已经僭越了自己的国君。晏婴担任齐景公的相，他一餐不吃两种以上的肉食，他的妾身上不穿丝织品，齐国也得到了治理，他是向下与平民看齐。现在臣任御史大夫，使用布被，是使九卿以下到小吏都没有差别，确实像汲黯所说。况且如果没有汲黯，陛下哪能听到这些话呢？"武帝认为他能礼让别人，更加敬重他。

元朔年间，公孙弘代替薛泽担任丞相。在此之前，汉朝一直从列侯中选拔丞相，唯独公孙弘身无爵位而成为丞相，武帝于是下诏说："朕赞赏先圣的治国之道，广开门路，招纳四方的贤士，上古时代任用贤人按照德行排列位序，衡量其能力授予官职，功劳大的人俸禄优厚，德行隆盛的人爵位尊崇，因此武将以武功获得升迁，文官以文德获得赐封。将高成县平津乡的六百五十户赏给丞相公孙弘，封他为平津侯。"从此以后，朝廷便以此为依据，官至丞相的，就可以受封为侯，是从公孙弘开始的。

时上方兴功业，娄举贤良。弘自见为举首，起徒步，数年至宰相封侯，于是起客馆，开东阁以延贤人，与参谋议。弘身食一肉，脱粟饭，故人宾客仰衣食，奉禄皆以给之，家无所余。然其性意忌，外宽内深。诸常与弘有隙，无近远，虽阳与善，后竟报其过。杀主父偃，徙董仲舒胶西，皆弘力也。

后淮南、衡山谋反，治党与方急，弘病甚，自以为无功而封侯，居宰相位，宜佐明主填抚国家，使人由臣子之道。今诸侯有畔逆之计，此大臣奉职不称也。恐病死无以塞责，乃上书曰："臣闻天下通道五，所以行之者三。君臣、父子、夫妇、长幼、朋友之交，五者天下之通道也；仁、知、勇三者，所以行之也。故曰'好问近乎知，力行近乎仁，知耻近乎勇：知此三者，知所以自治；知所以自治，然后知所以治人。'未有不能自治而能治人者也。陛下躬孝弟，监三王，建周道，兼文武，招徕四方之士，任贤序位，量能授官，将以厉百姓劝贤材也。今臣愚驽，无汗马之劳，陛下过意擢臣弘卒伍之中，封为列侯，致位三公。臣弘行能不足以称，加有负薪之疾，恐先狗马填沟壑，终无以报德塞责。愿归侯，乞骸骨，避贤者路。"上报曰："古者赏有功，褒有德，守成上文，遭遇右武，未有易此者也。朕夙夜庶几，获承至尊，惧不能宁，惟所与共为治者，君宜知之。盖君子善善及后世，若兹行，常在朕躬。君不幸罹霜露之疾，何恙不已，乃上书归侯，乞骸骨，是章朕之不德也。今事少闲，君其存精神，止念虑，辅助医药以自持。"因赐告牛酒杂帛。居数月，有瘳，视事。

当时武帝正打算有所作为，他多次选拔贤良之士。公孙弘善于表现自己，在被举荐者中位居首位，他从布衣开始起步，几年以后就官至宰相并且封侯，于是他修建馆舍，打开东门延请贤士，并与大家共同商讨国事。公孙弘自己每顿饭只有一个肉菜，以糙米为食，昔日的朋友宾客都依附于他而谋食，因此他将俸禄全部拿来供给众人，家中没有剩余。然而他为人多疑，外表宽容而内心城府很深。那些与公孙弘曾经有过节的人，无论关系远近，表面上他都佯装友善，最终都要予以报复。诛杀主父偃，贬董仲舒到胶西为国相，这些都是公孙弘谋划的结果。

后来淮南王、衡山王谋反，朝廷对参与谋反的党羽，追查十分急迫，公孙弘病得很厉害，他自己认为毫无功劳而封侯，身为宰相之职，理应辅助皇帝安定国家，让所有人奉行为臣之道。如今下面的诸侯国中有叛逆的事情发生，这是身为宰辅不尽职而导致的。公孙弘担心自己会病死，对此事无法交待，就向武帝上书说：“臣听说天下有五个通行的常道，人们乐于奉行的又有三条。君臣、父子、夫妇、长幼、朋友之间的交往，这五个方面是天下通行的常道；仁、智、勇这三者，是人们乐于奉行的三种行为。所以说‘有疑问并能及时提问的人近乎智，能躬行道义的人近乎仁，知道羞耻的人近乎勇，知道了这三条，就知道了如何自治；知道了如何自治，才会知道如何治人。’从来没有不能自治而能治理百姓的人。陛下躬行孝悌，借鉴三王治国的经验，建立如同周朝那样的治国之道，兼有文王、武王的德才，广纳四方的贤才，选拔贤德的人任职，衡量贤能的人授官，激励百姓鼓励贤才。如今臣愚笨驽钝，又没有为陛下立下汗马功劳，陛下却过分看重将臣破格提拔，分封为侯，官居三公。臣的德行与能力不足以与名位相符，再加上身患重病，恐怕要先于犬马而埋身沟壑之中，最终无法报答圣恩，尽到职责。臣惟愿归还侯爵的封赐，辞官回归乡里，让位于贤者。”武帝回答说：“自古都是赏赐有功之臣，褒奖有德之人，保持已成的事业时崇尚文官治国，遭逢乱世时重用武将，这个道理从未改变过。朕朝夕努力以求成为贤者，继承至尊的皇位，诚惶诚恐而难以安宁，只希望有人能与我共同承担治理国家的重任，这些您是

凡为丞相御史六岁，年八十，终丞相位。其后李蔡、严青翟、赵周、石庆、公孙贺、刘屈氂继踵为丞相。自蔡至庆，丞相府客馆丘虚而已，至贺、屈氂时坏以为马厩车库奴婢室矣。唯庆以惇谨，复终相位，其余尽伏诛云。

弘子度嗣侯，为山阳太守十余岁，诏征钜野令史成诣公车，度留不遣，坐论为城旦。

元始中，修功臣后，下诏曰："汉兴以来，股肱在位，身行俭约，轻财重义，未有若公孙弘者也。位在宰相封侯，而为布被脱粟之饭，奉禄以给故人宾客，无有所余，可谓减于制度，而率下笃俗者也，与内富厚而外为诡服以钓虚誉者殊科。夫表德章义，所以率世厉俗，圣王之制也。其赐弘后子孙之次见为适者，爵关内侯，食邑三百户。"

卜式，河南人也。以田畜为事。有少弟，弟壮，式脱身出，独取畜羊百余，田宅财物尽与弟。式入山牧，十余年，羊致千余头，买田宅。而弟尽破其产，式辄复分与弟者数矣。

时汉方事匈奴，式上书，愿输家财半助边。上使使问式："欲为官乎？"式曰："自小牧羊，不习仕宦，不愿也。"使者曰："家岂

知道的。君子行善并让他的善德福及后代，若能达到此效果，朕自己也会躬行不怠。您不幸患有霜露之疾，不用过于担心，何至于要上书归还侯爵并且辞官归乡，这是在彰显露朕的寡德少恩啊。如今朝中事情不多稍有闲暇，您要好好养精蓄锐，莫要过于操劳，辅助医药恢复身体。”于是武帝准予公孙弘休假，又赏赐牛、酒及丝帛。过了几个月，公孙弘痊愈，开始上朝理事。

公孙弘先后担任丞相、御史大夫六年，他八十岁时，在丞相任上去世。在他以后，李蔡、严青翟、赵周、石庆、公孙贺、刘屈氂相继任丞相。从李蔡到石庆任职期间，丞相府的客馆已经荒凉破败，到了公孙贺、刘屈氂为丞相时，客馆破败不堪改为马厩、车库和奴婢居住的房间。此后的几任丞相中只有石庆敦厚谨慎，善终于丞相任上，其余的几人全都获罪被诛杀。

公孙弘的儿子公孙度承袭了侯爵之位，担任了十多年山阳太守，武帝下令征召钜野县令史成到公车署待命，公孙度却挽留史成不让他进京，因此获罪，被判服城旦之刑。

元始年间，朝廷褒奖功臣的后嗣，平帝下诏说：“汉朝建立以来，朝廷的栋梁之臣中，能够奉行节俭，仗义疏财，没有一个像公孙弘的。他官居宰相并且封侯，但却盖着粗布被子，吃着糙米饭，将自己的俸禄用来供养故旧宾朋，以致于家中没有余财，他享用的衣食都在朝廷所规定的标准以下，可以称得上为百姓做表率而使民风淳朴，与那些家藏巨富，而外表俭朴，以此来沽名钓誉的人完全不同。应该表彰德行弘扬义举，来引导和教化世人，改变风俗，这是圣王制定的治国。赐封公孙弘的嫡系子孙为关内侯，赏赐三百户作为食邑。”

卜式，河南人。以种田畜牧为事业。卜式有个小弟，小弟长大以后，卜式就从家中搬出来居住，只带走一百多只羊，将田地、宅院、财物全都留给弟弟。卜式进入山里牧羊，经过十多年的时间，羊增加到千余头，于是卜式买下田宅。而他的小弟则耗尽家产，于是卜式又多次将家产分给弟弟。

当时汉朝与匈奴开战，卜式上书朝廷，愿意捐出家中财产的一半援助边事。武帝派使者问卜式：“你愿意当官吗？”卜式说：“臣从小牧

有冤，欲言事乎？”式曰：“臣生与人亡所争，邑人贫者贷之，不善者教之，所居，人皆从式，式何故见冤！”使者曰：“苟，子何欲？”式曰：“天子诛匈奴，愚以为贤者宜死节，有财者宜输之，如此而匈奴可灭也。”使者以闻。上以语丞相弘。弘曰：“此非人情。不轨之臣不可以为化而乱法，愿陛下勿许。”上不报，数岁乃罢式。式归，复田牧。

岁余，会浑邪等降，县官费众，仓府空，贫民大徙，皆卬给县官，无以尽赡。式复持钱二十万与河南太守，以给徙民。河南上富人助贫民者，上识式姓名，曰：“是固前欲输其家半财助边。”乃赐式外繇四百人，式又尽复与官。是时富豪皆争匿财，唯式尤欲助费。上于是以式终长者，乃召拜式为中郎，赐爵左庶长，田十顷，布告天下，尊显以风百姓。

初式不愿为郎，上曰：“吾有羊在上林中，欲令子牧之。”式既为郎，布衣屮蹻而牧羊。岁余，羊肥息。上过其羊所，善之。式曰：“非独羊也，治民亦犹是矣。以时起居，恶者辄去，毋令败群。”上奇其言，欲试使治民。拜式缑氏令，缑氏便之；迁成皋令，将漕最。上以式朴忠，拜为齐王太傅，转为相。

会吕嘉反，式上书曰：“臣闻主愧臣死。群臣宜尽死节，其驽下者宜出财以佐军，如是则强国不犯之道也。臣愿与子男及临菑习

羊，不熟悉如何当官，臣不愿意做官。”使者说：“你家里有没有冤屈的事，想说出来吗？”卜式说：“臣一向不与人争执，臣借钱给同邑的贫穷者，臣教导不善的人，在臣的住处，人们都听从臣，臣还能有什么冤事呢！”使者说：“你这样做，到底想要干什么？”卜式说：“天子发兵征讨匈奴，臣以为作为贤者理应为国家守节而死，有钱的应当出钱，如此一来匈奴可被消灭。”使者将卜式所言报告了朝廷。武帝又将这些话告诉了丞相公孙弘。公孙弘说：“这可不是人之常情。图谋不轨的臣子不可以作为榜样，否则会乱了法度，希望陛下不要答应他的请求。”武帝没有回复卜式的请求，过了几年，他所提的请求不了了之。卜式返回家乡后，又重操旧业继续牧羊。

一年以后，正好遇上匈奴的浑邪王等人降汉，设置官吏安抚百姓的耗费很大，但是府库空虚，贫民大量的迁徙，都要靠郡县来出资，因此没有办法保证供给。卜式再次拿出二十万钱交给河南太守，用于安置流民。河南郡上报出资助贫的富人名单，武帝看到了卜式的名字，说：“这卜式是那位愿意捐出一半家财来援助边事的人吗？”于是朝廷赐予卜式四百名戍边士兵，卜式又将赏赐全部还给官府。当时富豪们全都竞相隐匿财产，唯有卜式愿意拿出钱帮助国家。武帝就将卜式尊为终身长者，又征拜卜式为中郎，赐予他左庶长的爵位，赏赐他十顷良田，昭告天下，以示尊崇，来鼓励天下人效仿。

起初卜式不愿意为郎官，武帝说：“朕有羊群在上林苑中饲养，想让先生前去牧羊。”卜式虽然被任命为郎官，依然身穿布衣草鞋去放牧。一年多后，羊长得肥壮又繁殖了很多小羊。武帝经过卜式牧羊的场地，大为赞赏。卜式说：“不只是牧羊，治理百姓也是一样的。羊要按照时节起居，有坏的立即清除出去，不让它祸害整群。”武帝对他的话感到惊奇，就想让他试试治理民众。武帝任命卜式为缑氏县令，缑氏县的百姓大治；又迁任成皋县令，卜式掌管漕运，考核政绩最优。武帝认为卜式淳朴敦厚，任命他为齐王太傅，又转任齐国相。

恰逢南越吕嘉叛乱，卜式上奏说：“臣听说君主蒙羞时人臣应当尽力效死。现在群臣就应该为保全节操而死，即便是最驽钝的也应当捐出财产资助军用，这样才能使国家强大，不受侵犯。臣愿意与

弩博昌习船者请行，死之以尽臣节。”上贤之，下诏曰：“朕闻报德以德，报怨以直。今天下不幸有事，郡县诸侯未有奋繇直道者也。齐相雅行躬耕，随牧蓄番，辄分昆弟，更造，不为利惑。日者北边有兴，上书助官。往年西河岁恶，率齐人入粟。今又首奋，虽未战，可谓义形于内矣。其赐式爵关内侯，黄金四十斤，田十顷，布告天下，使明知之。”

元鼎中，征式代石庆为御史大夫。式既在位，言郡国不便盐铁而船有算，可罢。上由是不说式。明年当封禅，式又不习文章，贬秩为太子太傅，以兒宽代之。式以寿终。

兒宽，千乘人也。治《尚书》，事欧阳生。以郡国选诣博士，受业孔安国。贫无资用，尝为弟子都养。时行赁作，带经而锄，休息辄读诵，其精如此。以射策为掌故，功次补廷尉文学卒史。

宽为人温良，有廉知自将，善属文，然懦于武，口弗能发明也。时张汤为廷尉，廷尉府尽用文史法律之吏，而宽以儒生在其间，见谓不习事，不署曹，除为从史，之北地视畜数年。还至府，上畜簿，会廷尉时有疑奏，已再见却矣，掾史莫知所为。宽为言其意，掾史因使宽为奏。奏成，读之皆服，以白廷尉汤。汤大惊，召宽与语，乃奇其材，以为掾。上宽所作奏，即时得可。异日，汤见上。问曰：“前奏非俗吏所及，谁为之者？”汤言兒宽。上曰：“吾固闻之久矣。”汤由是乡学，以宽为奏谳掾，以古法义决疑狱，甚重之。及汤为御史大夫，以宽为掾，举侍御史。见上，语经学。上说之，从问《尚书》

儿子以及临菑县善射之人和博昌县善于行船的将士一起出战，拼死力战以尽臣节。”武帝认为他很贤德，下诏说：“朕听说以德报德，以直报怨。现在天下不幸有战事发生，郡县诸侯中却没有奋然而起和直道报国的人。齐国相卜式行为高雅，亲自耕种，放牧牲畜，积蓄资财就分给兄弟，自己又从新开始劳作，不为利益诱惑。前些年朝廷在北部边境抗击匈奴，卜式上书捐资助军。往年西河年景不好，卜式又亲自率领齐国人运送粮食到西河。现在他又首先奋起，要从军报国，虽然还没有前往战场，可以说道义已存在于他的心中了。赏赐卜式关内侯爵位，黄金四十斤，良田十顷，昭告天下，使众人都知道他的义举。”

元鼎年间，武帝征召卜式代替石庆为御史大夫。卜式就任后，上书说郡国不适宜垄断盐铁的生意而且行船也有算赋，建议取消。武帝因此对卜式不悦。第二年武帝准备封禅，卜式又不熟悉礼仪程序，被贬为太子太傅，由倪宽代替卜式的职位。卜式在太子太傅的任上寿终。

兒宽（一作倪宽），千乘人。致力于研究《尚书》，师从欧阳生。被郡国举荐跟随博士学习，由孔安国传授学业。因兒宽贫困没有资财，曾经为弟子做饭烧菜。时常受雇为人劳作，他带着经书在田地锄草，休息时就诵读，在读书方面就是如此专一。他通过射策考试担任掌故，以功绩补任廷尉署的文学卒史。

兒宽为人温和善良，他清廉，知道保全自己，善于写文章，可是他在武力上胆小柔弱，不善言谈。当时张汤任廷尉，廷尉府任用的都是精通文史法律的官吏，而兒宽却以儒生的身份在他们之中任职，表现得不熟悉事务，不能担任官职，被任命为从史，到北地看守了几年牲畜。有一次他回到官府，上报登记牲畜的簿书，正好廷尉当时有奏章不知该如何撰写，已经多次被武帝退回，掾史不知该怎么处理。兒宽就对他讲明自己的想法，掾史便让兒宽写奏书。奏书写成后，大家读后都很信服，就把这件事告诉了廷尉张汤。张汤大惊，召兒宽谈话，很欣赏他的才干，任命兒宽为掾史。张汤上奏兒宽所写的奏书，很快就得到武帝的许可。他日，张汤拜见武帝。武帝问道：“上次奏

一篇。擢为中大夫，迁左内史。

宽既治民，劝农业，缓刑罚，理狱讼，卑体下士，务在于得人心；择用仁厚士，推情与下，不求名声，吏民大信爱之。宽表奏开六辅渠，定水令以广溉田。收租税，时裁阔狭，与民相假贷，以故租多不入。后有军发，左内史以负租课殿，当免。民闻当免，皆恐失之，大家牛车，小家担负，输租繦属不绝，课更以最。上由此愈奇宽。

及议欲放古巡狩封禅之事，诸儒对者五十余人，未能有所定。先是，司马相如病死，有遗书，颂功德，言符瑞，足以封泰山。上奇其书，以问宽，宽对曰："陛下躬发圣德，统楫群元，宗祀天地，荐礼百神，精神所乡，征兆必报，天地并应，符瑞昭明。其封泰山，禅梁父，昭姓考瑞，帝王之盛节也。然享荐之义，不著于经，以为封禅告成，合祛于天地神祇，祇戒精专以接神明。总百官之职，各称事宜而为之节文。唯圣主所由，制定其当，非群臣之所能列。今将举大事，优游数年，使群臣得人自尽，终莫能成。唯天子建中和之极，兼总条贯，金声而玉振之，以顺成天庆，垂万世之基。"上然之，乃自制仪，采儒术以文焉。

书并不是俗吏所能写出来的，是谁写的？”张汤说是兒宽。武帝说：“我早就听说这个人了。”张汤从此重视文字的表述，让兒宽担任负责刑狱的属官，引用古代刑法之义理，裁决疑难案件，张汤很重视兒宽。等到张汤任御史大夫时，以兒宽为属官，后推举他任侍御史。兒宽见到武帝，谈论经学。武帝很欣赏他，又询问一篇《尚书》。武帝提升他为中大夫，升左内史。

兒宽担任治理百姓的职务之后，劝勉百姓务农耕种，减轻刑罚，治理讼案，谦恭地对待下属，使民心归附；兒宽选用仁义之士，推心置腹地与下属交换意见，不求虚名，官吏百姓极为信任爱戴他。兒宽表奏武帝，在辖区内开凿六条灌溉辅渠，制定治水条令以扩大灌溉农田的面积。他征收赋税时，根据时节具体裁定或宽免或严格，不急着征收，百姓还可以向官府借贷，因而有很多赋税没有按时收缴入库。后来遇到征发军粮，兒宽作为左内史因为征收赋税成绩名列最后，应当被免职。民众听说兒宽将要被免官，都担心失去他，大家赶着牛车，小家挑着担子，缴纳军粮赋税的人接连不断，当地交租税的成绩变成首位。武帝由此更加惊奇兒宽的才能。

朝廷议论要仿效古时举行巡狩封禅的事情，回答武帝策问的有五十多名儒生，迟迟不能有所定案。此前，司马相如病死，曾经留有遗书，谈到要歌颂功德，讲到符瑞显现，提出应该封祭泰山。武帝对司马相如上书的事感到好奇，就此事询问兒宽，兒宽说：“陛下躬行圣德，统领万民，献祭天地，礼敬百神，精诚所至，祥兆必降，天地回应，符瑞已经昭明。现在应该封泰山，禅梁父山，昭显宗姓，考定祥瑞，这是帝王盛大的礼仪。然而封禅祭祀之义，经书上并不明确，以为封禅告成之时，只是祈求天地神祇祛灾降福，一心虔诚来迎接神明降临。按照百官的职务，各尽其职并且确定相关礼节。只有圣主亲自决定，制定出得当的封禅制度，这些不是群臣所能参与的。现在将要举行封禅大典，可是迟迟议而不决，假如让群臣每人都发表意见，最终无所成。只有天子建立中正平和的正道，兼顾天理人道，总览圣王典籍制度，发出金声玉振的德音，以便顺应上天的赐福，为万世后代留下的典范。”武帝赞同兒宽这一见解，就亲自制定封禅的礼

既成，将用事，拜宽为御史大夫，从东封泰山，还登明堂。宽上寿曰："臣闻三代改制，属象相因。间者圣统废绝，陛下发愤，合指天地，祖立明堂辟雍，宗祀泰一，六律五声，幽赞圣意，神乐四合，各有方象，以丞嘉祀，为万世则，天下幸甚。将建大元本瑞，登告岱宗，发祉闿门，以候景至。癸亥宗祀，日宣重光；上元甲子，肃邕永享。光辉充塞，天文粲然，见象日昭，报降符应。臣宽奉觞再拜，上千万岁寿。"制曰："敬举君之觞。"

后太史令司马迁等言："历纪坏废，汉兴未改正朔，宜可正。"上乃诏宽与迁等共定汉《太初历》。语在《律历志》。

初梁相褚大通《五经》，为博士，时宽为弟子。及御史大夫缺，征褚大，大自以为得御史大夫。至洛阳，闻兒宽为之，褚大笑。及至，与宽议封禅于上前，大不能及，退而服曰："上诚知人。"宽为御史大夫，以称意任职，故久无有所匡谏于上，官属易之。居位九岁，以官卒。

赞曰：公孙弘、卜式、兒宽皆以鸿渐之翼困于燕爵，远迹羊豕之间，非遇其时，焉能致此位乎？是时，汉兴六十余载，海内艾安，府库充实，而四夷未宾，制度多阙。上方欲用文武，求之如弗及，始以蒲轮迎枚生，见主父而叹息。群士慕向，异人并出。卜式拔于刍牧，弘羊擢于贾竖，卫青奋于奴仆，日磾出于降虏，斯亦曩时版筑饭牛之朋已。汉之得人，于兹为盛，儒雅则公孙弘、董仲舒、兒宽，

仪，然后采用儒家学说加以修饰。

典礼仪式已制定完成，将要举行封禅大礼，武帝拜兒宽为御史大夫，跟从武帝东行封禅泰山，而后武帝登上了明堂。兒宽祝寿说："臣听说夏、商、周三代改变礼制，是根据治政教化的相关需要来进行调整的。此后圣统废绝，陛下如今发愤努力，顺应天地，建立明堂、辟雍，尊祭泰一天帝，制定六律五声来盛赞圣意，神乐和四方，这些各有相应的仪象，以承接隆重的祭典，将祭祀天地的法则作为后世的范式，天下万民感动庆幸。通过这次祭礼将要建立新的年号，以彰显祥瑞，陛下登临泰山奉告岱宗，降下福祉，大开祥门，等待祥瑞的来临。癸亥祭祀，太阳显示重光；太初元年甲子日，天地永享太平祥和。光辉普照，天文灿烂，现出日昭的景象，为报答施行德政而天降祥瑞。臣奉觞再拜，祝祷皇上千万岁寿。"武帝制诏书说："敬举君之觞。"

后来太史令司马迁等人说："历法败坏废弛，汉朝自建立以后没有修订正朔，现在是确定的时候了。"武帝便诏令兒宽与司马迁等人共同制定汉朝的《太初历》。详见《律历志》。

起初梁国国相褚大精通《五经》，担任博士，当时兒宽为博士弟子。到御史大夫一职空缺，武帝征召褚大入京就任，褚大自以为一定能担任御史大夫。行至洛阳，听说兒宽已经就任御史大夫，褚大嘲笑。褚大到达朝廷以后与兒宽一起在武帝面前谈论封禅，褚大感觉自己不及兒宽，退朝以后叹服说："皇上真是知人善任。"兒宽担任御史大夫，因为任职符合武帝心意，所以好久没有对武帝匡正谏诤，属官都很看不起他。兒宽位居御史大夫九年，在任职期间去世。

赞辞说：公孙弘、卜式、兒宽都曾以大雁奋飞之翼的超凡才能受困于平凡的燕雀群中，远行于羊猪之间，若是没有遇到好的时运，怎能得到公卿这个地位？当时，汉朝建国六十多年，四海安定，国库充盈，然而四方的蛮夷还没归顺，各种制度还有很多缺漏。武帝正想任用有文才武略的人，对这样的人才求之不得，就用蒲轮车去迎接枚乘，当看到主父偃时叹息相见恨晚。群臣钦慕向往，有奇异才能的人同时出现。卜式从放牧的人中被选出，桑弘羊从商人小贩中被选

笃行则石建、石庆，质直则汲黯、卜式，推贤则韩安国、郑当时，定令则赵禹、张汤，文章则司马迁、相如，滑稽则东方朔、枚皋，应对则严助、朱买臣，历数则唐都、洛下闳，协律则李延年，运筹则桑弘羊，奉使则张骞、苏武，将率则卫青、霍去病，受遗则霍光、金日磾，其余不可胜纪。是以兴造功业，制度遗文，后世莫及。孝宣承统，纂修洪业，亦讲论六艺，招选茂异，而萧望之、梁丘贺、夏侯胜、韦玄成、严彭祖、尹更始以儒术进，刘向，王褒以文章显，将相则张安世、赵充国、魏相、丙吉、于定国、杜延年，治民则黄霸、王成、龚遂、郑弘、召信臣、韩延寿、尹翁归、赵广汉、严延年、张敞之属，皆有功迹见述于世。参其名臣，亦其次也。

拔，卫青奋起于奴仆之间，金日磾从投降的俘虏中被选中，这些都是古时候筑墙贩牛之类的人啊。汉朝各代的贤才，以武帝时期为最盛，风度儒雅的有公孙弘、董仲舒、兒宽，品行纯厚的有石建、石庆，质朴刚直的有汲黯、卜式，推举贤才的有韩安国、郑当时，制定法令的有赵禹、张汤，善写文章的有司马迁、司马相如，诙谐滑稽的有东方朔、枚皋，善于应对武帝提问的有严助、朱买臣，擅长天文历法的有唐都、洛下闳，懂得调和音律的有李延年，擅长财政筹划的有桑弘羊，出使四方的有张骞、苏武，杰出的将帅有卫青、霍去病，接受皇帝遗诏辅助幼主的有霍光、金日磾，其余的不能逐一记述。因此这个时期的建功立业，文章典籍，后世没有能赶得上的。孝宣帝继承大统，治理帝业，也讲论儒家六艺，招选优异的人才，而萧望之、梁丘贺、夏侯胜、韦玄成、严彭祖、尹更始因为精通儒家学说而进升，刘向、王褒因为善写文章而显贵，著名的将相有张安世、赵充国、魏相、丙吉、于定国、杜延年，治理民众卓有成效的有黄霸、王成、龚遂、郑弘、召信臣、韩延寿、尹翁归、赵广汉、严延年、张敞这些人，他们都有功绩被后人记述。参看这些名臣的事迹，可以说不如武帝时代的人才。

卷五十九

张汤传第二十九

张汤，杜陵人也。父为长安丞，出，汤为儿守舍。还，鼠盗肉，父怒，笞汤。汤掘熏得鼠及余肉，劾鼠掠治，传爰书，讯鞫论报，并取鼠与肉，具狱磔堂下。父见之，视文辞如老狱吏，大惊，遂使书狱。

父死后，汤为长安吏。周阳侯为诸卿时，尝系长安，汤倾身事之。及出为侯，大与汤交，遍见贵人。汤给事内史，为宁成掾，以汤为无害，言大府，调茂陵尉，治方中。

武安侯为丞相，征汤为史，荐补侍御史。治陈皇后巫蛊狱，深竟党与，上以为能，迁太中大夫。与赵禹共定诸律令，务在深文，拘守职之吏。已而禹至少府，汤为廷尉，两人交欢，兄事禹。禹志在奉公孤立，而汤舞知以御人。始为小吏，乾没，与长安富贾田甲、鱼翁叔之属交私。及列九卿，收接天下名士大夫，已心内虽不合，然阳浮道与之。

是时，上方乡文学，汤决大狱，欲傅古义，乃请博士弟子治《尚书》《春秋》，补廷尉史，平亭疑法。奏谳疑，必奏先为上分别其

张汤，杜陵人。他的父亲任长安县丞，有一次外出，还是孩子的张汤照看家门。父亲办完事回来后，发现肉被老鼠偷走了，特别生气，就鞭打张汤。张汤用烟熏鼠洞找到老鼠并挖出老鼠吃剩的肉，然后历数老鼠的罪状，并拷打处罚，经过审讯判定罪名，并取出偷肉的老鼠和剩下的肉，备文定案之后，在厅堂下肢解了老鼠。他父亲看到后，审视他写得判决的文辞好像资深的狱吏一样，大吃一惊，于是让他学习书写狱词。

父亲去世后，张汤任长安吏。周阳侯田胜担任九卿的时候，曾经因犯罪被囚禁在长安监狱里，张汤竭尽全力照顾他。后来田胜出狱被封为周阳侯，跟张汤倾力交往，把张汤介绍给那些权贵。张汤当时在内史府任给事，是宁成的属官，宁成认为下属没有人能超过张汤的才能，就把他推荐到丞相府，张汤因此调任茂陵尉，管理陵墓的土建工程。

武安侯田蚡担任丞相的时候，召张汤担任长史，将他举荐给皇上，任侍御史。张汤在审理陈皇后巫蛊案时，他竭力深挖涉案同党，皇上认为张汤很有能力，升任他为太中大夫。张汤和赵禹共同制定各种律令，注重苛细严峻的法律条文，以严格约束坚守职位的官吏。不久，赵禹升任少府，张汤担任廷尉，两人私交不错，张汤侍奉赵禹如兄长一样。赵禹为人奉公职守不徇私情，而张汤喜欢以权谋巧诈来操控别人。他起初担任小吏，侥幸获得利益，与长安富商田甲、鱼翁叔之辈私下结交。等到他位列九卿的时候，就招纳天下的名士大夫，张汤自己的内心虽然跟富商意见不合，但又遵从世俗之道假装迎合他们。

当时，皇上正大力兴盛人文之事，张汤判决重要案件，想要附会古义中的儒家思想，就请博士弟子向他们学习《尚书》《春秋》，他

原，上所是，受而著谳法廷尉挈令，扬主之明。奏事即谴，汤摧谢，乡上意所便，必引正监掾史贤者：“固为臣议，如上责臣，臣弗用，愚抵此。”罪常释。间即奏事，上善之，曰：“臣非知为此奏，乃监、掾、史某所为。”其欲荐吏，扬人之善解人之过如此。所治即上意所欲罪，予监吏深刻者；即上意所欲释，予监吏轻平者。所治即豪，必舞文巧诋；即下户羸弱，时口言“虽文致法，上裁察”。于是往往释汤所言。汤至于大吏，内行修，交通宾客饮食，于故人子弟为吏及贫昆弟，调护之尤厚，其造请诸公，不避寒暑。是以汤虽文深意忌不专平，然得此声誉。而深刻吏多为爪牙用者，依于文学之士。丞相弘数称其美。

及治淮南、衡山、江都反狱，皆穷根本。严助、伍被，上欲释之，汤争曰：“伍被本造反谋，而助亲幸出入禁闼腹心之臣，乃交私诸侯，如此弗诛，后不可治。”上可论之。其治狱所巧排大臣自以为功，多此类。繇是益尊任，迁御史大夫。

会浑邪等降汉，大兴兵伐匈奴，山东水旱，贫民流徙，皆印给县官，县官空虚。汤承上指，请造白金及五铢钱，笼天下盐铁，排富

任廷尉史时，研究法令的疑难处。张汤上奏议处疑难案件，必定要先给皇上分析各种原由，但凡皇上认同的，他就接受作为刑法条例刻在木板上列入廷尉的法规，来彰显皇上的英明。张汤报告工作如果受到皇上的责备，就认错谢罪，顺着皇上的意思指出自己的错误，一定要引用贤能属下的话为证，说道："他们本来向臣提出的建议，正像皇上责备臣得原因一样，臣没有接受，臣的愚蠢到了这种地步。"因此他的罪过常常得到皇上的赦免。张汤趁皇上空闲的时候奏事，如果皇上称赞那个奏章，他就说："臣的能力写不出这样的奏章，这是廷尉监、掾、史中的某人所写。"他想要举荐某个属下，就赞扬他的优点或回避他的缺点。他所处理的案件如果皇上想要从重严惩，就交给酷吏来审理；如果是皇上想要从轻处罚的案件，就交给宽和的属吏去审理。张汤审理豪强的案件，一定会玩弄文字，巧立罪名进行惩处；如果遇上贫穷羸弱之人的案件，他常说"虽然是按法律条文治的罪，但皇上也会裁判审察"。故而事情的处理结果往往如张汤所说。张汤虽然位居大官，他私下一直都严于律己，广交宾客，并供给饮食，对于充当自己属吏的故人子弟以及贫穷的本家兄弟，他更加优厚地照顾他们，他登门拜访公卿时，不避寒暑。因此张汤虽然在使用法律条文上很苛刻，内心有所疑忌不能公平地处理事情，但在生活中却赢得了好名声。而苛刻阴毒的狱吏多数是他的党羽，张汤也多依从儒学之士。为此丞相公孙弘曾多次赞扬他。

等到查办淮南王、衡山王、江都王反叛的案件时，张汤都对他们严查到底。查办严助和伍被的时候，皇上准备宽恕他们，张汤争辩说："伍被本来就制定了谋反的计划，而严助是皇上亲近宠幸能够出入宫廷的心腹臣子，他却暗中勾结诸侯，犯下这样的罪过却不诛杀，以后恐怕难以避免发生类似的事情。"皇上认可他的话。张汤审理案件巧排大臣以为是自己的功劳，像这类事情有很多。于是张汤更加受到皇上的重用，不久就升为御史大夫。

正好遇到匈奴浑邪王等人前来降汉，汉朝出动大军征伐匈奴，崤山以东的地区遭到水灾和旱灾，贫民流离失所，都仰赖朝廷供给衣食，而朝廷府库空虚。这时张汤顺承皇上的旨意，奏请铸造银币和五

商大贾，出告缗令，锄豪强并兼之家，舞文巧诋以辅法。汤每朝奏事，语国家用，日旰，天子忘食。丞相取充位，天下事皆决汤。百姓不安其生，骚动，县官所兴未获其利，奸吏并侵渔，于是痛绳以罪。自公卿以下至于庶人咸指汤。汤尝病，上自至舍视，其隆贵如此。

匈奴求和亲，群臣议前，博士狄山曰："和亲便。"上问其便，山曰："兵，凶器，未易数动。高帝欲伐匈奴，大困平城，乃遂结和亲。孝惠、高后时，天下安乐，及文帝欲事匈奴，北边萧然苦兵。孝景时，吴楚七国反，景帝往来东宫间，天下寒心数月。吴楚已破，竟景帝不言兵，天下富实。今自陛下兴兵击匈奴，中国以空虚，边大困贫。由是观之，不如和亲。"上问汤，汤曰："此愚儒无知。"狄山曰："臣固愚忠，若御史大夫汤，乃诈忠。汤之治淮南、江都，以深文痛诋诸侯，别疏骨肉，使藩臣不自安，臣固知汤之诈忠。"于是上作色曰："吾使生居一郡，能无使虏入盗乎？"山曰："不能。"曰："居一县？"曰："不能。"复曰："居一鄣间？"山自度辩穷且下吏，曰："能。"乃遣山乘鄣。至月余，匈奴斩山头而去。是后群臣震詟。

铢钱，由朝廷垄断全国的盐铁生产和经营，不许富商大户插手其中，颁布告发富户隐匿财产，逃漏税款的法令，铲除豪强和兼并土地的大户，他玩弄法律条文以不实之语对他们进行诋毁来辅助法律的实施。张汤每次上朝奏事，说到国家的用度，会拖延很长时间，以致天子忘了吃饭。当时的丞相只是徒居其位，无所建树，国家大事都由张汤决定。百姓因为严苛的法律不能安定地生活，发生骚乱，朝廷兴办的事业也没有使人民获得利益，枉法营私的官吏侵夺财产并从中牟利，于是张汤严厉地将他们绳之以法。从自公卿以下到百姓都指责张汤。张汤曾经生病，皇上亲自到他的府上探视，他的显贵到了如此地步。

匈奴向汉朝请求和亲，群臣在皇上面前讨论这件事，博士狄山说："和亲更有利。"皇上问他有利在哪，狄山说："兵器，是凶杀之器，不要轻易地多次动用它。当年高帝想要讨伐匈奴，结果在平城身陷重围，于是和匈奴缔结和亲。惠帝、高后时期，天下安乐，等到文帝想要征讨匈奴的时候，北方边境已经扰攘不安，士兵苦于战争。景帝时期，吴楚等七国发动叛乱，景帝往来于两宫之间商讨处理的对策，让天下官民数月蒙受战祸。等到吴楚七国被击溃后，景帝竟然不再谈论战争，国家因此富足盈实。现在陛下要出兵攻打匈奴，国家会因此而空乏，边境人民会更加贫穷。由此可知，不如和亲。"皇上问张汤怎么看，张汤说："这是愚蠢儒生的无知看法。"狄山说："臣固然对汉朝愚忠，但像御史大夫张汤，却是假装忠诚。张汤处理淮南王、江都王反叛的案件，用苛刻严峻的法律大肆诋毁诸侯，离间皇上与诸侯王之间的骨肉亲情，使得各封国的诸侯深感不安，臣本来就知道张汤是假装忠诚。"于是皇上就变了脸色说："我派你管辖一个郡，你能做到不使匈奴入侵吗？"狄山说："不能。"皇上又说："管辖一个县呢？"狄山回答说："不能。"皇上又说："那么驻防一个要塞城堡呢？"狄山自己揣度如果再推脱，将要被交给司法官吏来审讯了，说道："能。"皇上便派狄山驻守要塞上的一个城堡。一个多月后，匈奴入侵砍下狄山的人头离去。从此以后，大臣们每次谈起此事都感到震惊恐惧。

汤客田甲虽贾人，有贤操，始汤为小吏，与钱通，及为大吏，而甲所责汤行义，有烈士之风。

汤为御史大夫七岁，败。

河东人李文，故尝与汤有隙，已而为御史中丞，荐数从中文事有可以伤汤者，不能为地。汤有所爱史鲁谒居，知汤弗平，使人上飞变告文奸事。事下汤，汤治论杀文，而汤心知谒居为之。上问："变事从迹安起？"汤阳惊曰："此殆文故人怨之。"谒居病卧闾里主人，汤自往视病，为谒居摩足。赵国以冶铸为业，王数讼铁官事，汤常排赵王。赵王求汤阴事。谒居尝案赵王，赵王怨之，并上书告："汤大臣也，史谒居有病，汤至为摩足，疑与为大奸。"事下廷尉。谒居病死，事连其弟，弟系导官。汤亦治它囚导官，见谒居弟，欲阴为之，而阳不省。谒居弟不知而怨汤，使人上书，告汤与谒居谋，共变李文。事下减宣。宣尝与汤有隙，及得此事，穷竟其事，未奏也。会人有盗发孝文园瘗钱，丞相青翟朝，与汤约俱谢，至前，汤念独丞相以四时行园，当谢，汤无与也，不谢。丞相谢，上使御史案其事。汤欲致其文丞相见知，丞相患之。三长史皆害汤，欲陷之。

始，长史朱买臣素怨汤，语在其传。王朝，齐人，以术至右内

张汤的门客田甲，虽然出身商人，但是有美好的德行，当初张汤还是小吏时，与他是钱财之交，等到张汤担任大官，田甲责备张汤躬行仁义方面的过错，也赞扬张汤有重义轻生之士的风范。

张汤担任了七年御史大夫，身败自杀而死。

河东人李文，以前曾经跟张汤有过节，后来被任命为御史中丞，多次从宫中文书档案中寻找可以伤害张汤的资料，丝毫不留余地。有个很得张汤欣赏的属吏叫鲁谒居，他知道张汤因为这些心中愤愤不平，便指使人紧急上奏告发李文的奸事。汉武帝将此事交由张汤处理，张汤审问后定罪杀掉了李文，而张汤心里明白这件事是鲁谒居所为。皇上问张汤："紧急上告李文的奸事是从哪找到的线索？"张汤假装惊讶地说："这大概是李文的旧交因为怨恨他而找到的。"后来鲁谒居因病躺在闾里主人的家里，张汤亲自去看望他的病情，为鲁谒居按摩脚。赵国人以冶炼铸造作为职业，赵王刘彭祖多次为朝廷设置的铁官与自己意见不合的事上诉，张汤常常依法指责赵王。赵王就寻找张汤私密的事借机报复。鲁谒居曾经审理过赵王的案件，赵王因此怨恨他，并上书告发张汤与鲁谒居说："张汤身为大臣，他的属官鲁谒居有病，张汤亲自到他家给他按摩脚，臣怀疑他和鲁谒居一起做了非法的事。"朝廷把此事下放给廷尉处理。鲁谒居病死后，此事牵扯到他的弟弟，他的弟弟被囚禁在导官署。张汤也到导官署审判其他囚犯，看见了鲁谒居的弟弟，想暗地里帮助他，因此假装不认识他。鲁谒居的弟弟不明就里，因而对张汤心生怨恨，就派人上书检举张汤和鲁谒居密谋的事，说他们共同告发李文。朝廷把这个案件交给减宣处理。减宣曾经和张汤有嫌隙，等到他接手了这个案件后，就深入追究了这件事，但是没有上报朝廷。恰逢有人盗取文帝陵墓陪葬的钱，丞相青翟上朝，与张汤约定一起向皇上谢罪，进见皇上的时候，张汤自己心想只有丞相一年四季按时巡视陵园，应当谢罪的是丞相，与我没关系，就没有谢罪。丞相向皇上谢罪后，皇上派御史审理这件事。张汤想按苛刻的法律条文处理丞相，丞相为此很担心。丞相的三个长史也都与张汤有嫌隙，想构陷他。

当初，长史朱买臣平素就怨恨张汤，详见《朱买臣传》。王朝，齐

史。边通学短长，刚暴人也，官至济南相。故皆居汤右，已而失官，守长史，诎体于汤。汤数行丞相事，知此三长史素贵，常陵折之，故三长史合谋曰："始汤约与君谢，已而卖君；今欲劾君以宗庙事，此欲代君耳。吾知汤阴事。"使吏捕案汤左田信等，曰汤且欲为请奏，信辄先知之，居物致富，与汤分之。及它奸事。事辞颇闻。上问汤曰："吾所为，贾人辄知，益居其物，是类有以吾谋告之者。"汤不谢，又阳惊曰："固宜有。"减宣亦奏谒居事。上以汤怀诈面欺，使使八辈簿责汤。汤具自道无此，不服。于是上使赵禹责汤。禹至，让汤曰："君何不知分也！君所治，夷灭者几何人矣！今人言君皆有状，天子重致君狱，欲令君自为计，何多以对为？"汤乃为书谢曰："汤无尺寸之功，起刀笔吏，陛下幸致位三公，无以塞责。然谋陷汤者，三长史也。"遂自杀。

汤死，家产直不过五百金，皆所得奉赐，无它赢。昆弟诸子欲厚葬汤，汤母曰："汤为天子大臣，被恶言而死，何厚葬为！"载以牛车，有棺而无椁。上闻之，曰："非此母不生此子。"乃尽按诛三长史。丞相青翟自杀。出田信。上惜汤，复稍进其子安世。

安世字子孺，少以父任为郎。用善书给事尚书，精力于职，休

国人，靠儒学官居右内史。边通学习纵横捭阖术，是个刚猛暴戾的人，官至济南国相。他们以前的官位都在张汤之上，不久都丢了官，担任长史，屈身拜伏于张汤左右。张汤多次行使丞相的职责，知道这三个长史素来骄贵，常常欺陵折辱他们，因此三个长史合谋说："当初张汤与丞相相约一起向皇上谢罪，却反悔出卖了丞相；如今想要借着宗庙的事来弹劾丞相，这是想取代丞相的地位罢了。我们知道张汤的阴谋诡计。"皇帝便派官吏逮捕收押了张汤的属吏田信等人，属吏还说张汤要奏请皇上的国家机密，田信总是能事先知道，因此发家致富，事后与张汤一起分脏。以及其他奸诈的事。有关这些事情的供词有很多，而且都被传播开来。皇上问张汤："我准备实行的一些措施，商人们则能提前了解，就加紧囤积那些我打算征集的物资，这就好像有人把我的谋划预先告诉了他们一样。"张汤没有为此谢罪，还假装惊讶地说道："好像有这样的事。"这时减宣也上奏有关鲁谒居的事情。皇上认为张汤心怀奸诈当面欺骗别人，便派八批使者按文书所列罪状逐一责问张汤。张汤一一回复说自己没有这样的事，心下不服气。于是皇上派赵禹责问张汤。赵禹到来，责备张汤说："您怎么不知道自己的分量有多重！您办理的案件当中，灭族的有多少人了！现在人家说您的问题时都有具体的证据，天子不愿意让您入狱，想让您自己打算，您又何必找更多的证人对质呢？"张汤就上书谢罪说："臣没有一点儿功劳，从刀笔吏做起，承蒙陛下让臣位居三公之职，却没有办法对自己应尽的责任敷衍了事。然而谋划陷害臣的，是三个长史。"然后就自杀了。

张汤死后，他所有家产的价值没能超过五百金，还都是他自己所得的俸禄和皇上的赏赐，除此再无余金。他的兄弟和儿子们想厚葬张汤，张汤的母亲说："张汤作为天子的近臣，遭受恶言死去，怎么能厚葬呢！"于是棺木用牛车装载下葬，有棺而无椁。皇上听说后，叹道："不是这样的母亲绝对生不出这样的儿子。"因此追究诛杀了三个长史。丞相庄青翟随即自杀。朝廷把田信从狱中放出。皇上对张汤的死感到怜惜，便一再提拔他的儿子张安世。

张安世，字子孺，他少年时因为父亲的关系任郎官。由于喜好书

沐未尝出。上行幸河东，尝亡书三箧，诏问莫能知，唯安世识之，具作其事。后购求得书，以相校无所遗失。上奇其材，擢为尚书令，迁光禄大夫。

昭帝即位，大将军霍光秉政，以安世笃行，光亲重之。会左将军上官桀父子及御史大夫桑弘羊皆与燕王、盖主谋反诛，光以朝无旧臣，白用安世为右将军光禄勋，以自副焉。久之，天子下诏曰："右将军光禄勋安世辅政宿卫，肃敬不怠，十有三年，咸以康宁。夫亲亲任贤，唐虞之道也，其封安世为富平侯。"

明年，昭帝崩，未葬，大将军光白太后，徙安世为车骑将军，与共征立昌邑王。王行淫乱，光复与安世谋废王，尊立宣帝。帝初即位，褒赏大臣，下诏曰："夫褒有德，赏有功，古今之通义也。车骑将军光禄勋富平侯安世，宿卫忠正，宣德明恩，勤劳国家，守职秉义，以安宗庙，其益封万六百户，功次大将军光。"安世子千秋、延寿、彭祖，皆中郎将侍中。

大将军光薨后数月，御史大夫魏相上封事曰："圣王褒有德以怀万方，显有功以劝百寮，是以朝廷尊荣，天下乡风。国家承祖宗之业，制诸侯之重，新失大将军，宜宣章盛德以示天下，显明功臣以填藩国。毋空大位，以塞争权，所以安社稷绝未萌也。车骑将军安世事孝武皇帝三十余年，忠信谨厚，勤劳政事，夙夜不怠，与大将军定策，天下受其福，国家重臣也，宜尊其位，以为大将军，毋令领光禄勋事，使专精神，忧念天下，思惟得失。安世子延寿重厚，可以为光禄勋，领宿卫臣。"上亦欲用之。安世闻指，惧不敢当。请间求见，免冠顿首曰："老臣耳妄闻，言之为先事，不言情不达，诚自量

籍在尚书府任给事，他在职位上专心尽力，即便是休息日也不曾外出。有一次皇上出行河东郡，曾丢失了三箧书，诏问相关人员竟然无人能知，只有张安世知道，并将丢失书籍的有关内容都记录下来。后来购得同样的书，经过校对发现没有任何遗漏的地方。皇上惊叹张安世的才华，提拔他为尚书令，又升为光禄大夫。

昭帝登基后，由大将军霍光执政，由于张安世品行淳厚，霍光亲近并器重他。恰逢左将军上官桀父子以及御史大夫桑弘羊都因与燕王刘旦、盖长公主谋反被诛杀，霍光因朝中没有旧臣，就奏请任用张安世为右将军光禄勋，来辅佐自己。很久以后，天子下诏说："右将军光禄勋张安世匡辅政事值宿守卫，恭敬而不懈怠，十三年来，天下都平安无事。他亲近亲人任用贤士，实施的是尧舜的治国之道，封张安世为富平侯。"

第二年，昭帝驾崩，还没下葬，大将军霍光上奏太后，调任张安世为车骑将军，与自己一同征立昌邑王刘贺。昌邑王刘贺品行淫乱，霍光又与张安世谋划废黜昌邑王刘贺，尊立宣帝。宣帝刚刚登基，封赏大臣，他下诏说："褒奖有德之人，赏赐有功之臣，是古今普遍适用的道理与法则。车骑将军光禄勋富平侯张安世，值宿守卫忠心正直，宣扬君主的品德昭明君主的恩惠，为国家之事劳心尽力，恪守本职秉持正义，使宗庙平安，赐封他食邑一万零六百户，功勋仅次于大将军霍光。"张安世的儿子千秋、延寿、彭祖，都任中郎将侍中。

大将军霍光去世几个月后，御史大夫魏相上密奏说："圣王褒奖有德之人以安抚四方，彰显有功之臣以勉励百官，因此朝廷尊荣，天下归顺。陛下承继祖宗的宏业，是掌握诸侯王的生死存亡，刚又失去大将军霍光，应该昭明圣德于天下，封赏功臣以镇抚藩国。不要让大位空闲，以杜绝争权之事发生，所以要在还未萌发时就安定社稷。车骑将军张安世侍奉了三十多年孝武皇帝，忠信谨厚，勤政尽职，从不懈怠，他与大将军共同制定国策，天下人都享受到他的福祉，他是国家的重臣，应该让他享有尊位，任命他为大将军，不要兼任光禄勋事，让他集中精神，考虑天下大事，思量治政得失。张安世的儿子张延寿为人持重淳厚，可以任光禄勋，兼任宿卫。"皇上也正想任用张

不足以居大位，继大将军后，唯天子财哀，以全老臣之命。”上笑曰：“君言泰谦。君而不可，尚谁可者！”安世深辞弗能得。后数日，竟拜为大司马车骑将军，领尚书事。数月，罢车骑将军屯兵，更为卫将军，两宫卫尉，城门、北军兵属焉。

时霍光子禹为右将军，上亦以禹为大司马，罢其右将军屯兵，以虚尊加之，而实夺其众。后岁余，禹谋反，夷宗族，安世素小心畏忌，已内忧矣。其女孙敬为霍氏外属妇，当相坐，安世瘦惧，形于颜色。上怪而怜之，以问左右，乃赦敬，以慰其意。安世寖恐。职典枢机，以谨慎周密自著，外内无间。每定大政，已决，辄移病出，闻有诏令，乃惊，使吏之丞相府问焉。自朝廷大臣莫知其与议也。

尝有所荐，其人来谢，安世大恨，以为举贤达能，岂有私谢邪？绝弗复为通。有郎功高不调，自言，安世应曰：“君之功高，明主所知。人臣执事，何长短而自言乎！”绝不许。已而郎果迁。莫府长史迁，辞去之官，安世问以过失。长史曰：“将军为明主股肱，而士无所进，论者以为讥。”安世曰“明主在上，贤不肖较然，臣下自修而已，何知士而荐之？”其欲匿名迹远权势如此。

安世父子。张安世听说后，心下恐惧觉得自己不能担当如此重任，就趁空闲求见皇上，张安世摘掉帽子磕头说："老臣听到一些荒诞不合理的话，在事情还没发生前就来说明，如果臣不先说明就不能传达臣的意思，臣自量实在是不足以身居重位，而继大将军后，希望天子可怜臣并裁断这件事，以成全微臣顾虑之念。"皇上笑着说："您的话太过谦虚了。如果连您都不可以胜任大将军的职位，还有谁能胜任！"张安世执意辞谢没有成功。几日后，皇上还是封张安世为大司马车骑将军，兼任尚书事。几个月后，朝廷罢免张安世车骑将军屯兵职务，改封他为卫将军，担任未央宫和长信宫的卫尉，城门和北军兵都隶属于张安世。

当时霍光的儿子霍禹任右将军，皇上也任霍禹为大司马，免去他右将军屯兵的职位，虚赐他尊号，而实际上夺取他的兵权。一年多后，霍禹谋反，被灭宗族，张安世历来小心谨慎，听到此事后内心忧虑。张安世的孙女张敬嫁给霍氏外家亲属为妻，应当受株连被处死，张安世心下害怕憔悴不堪，脸色不好看。皇上感到奇怪而怜惜他，就问身边的侍从，了解原因后赦免了张敬，以安慰张安世的心。张安世心中更加恐惧。他主管国家中枢机要，以谨慎周密著称，不论在内外都不泄漏国家机密。张安世每次制定国家大政，决定之后，就称病归家，听到皇上颁布诏令，便佯装出吃惊的样子，赶快派人到丞相府询问。朝廷大臣都不知道张安世也参与了议政。

张安世曾经向朝廷推荐贤才，其人前来道谢，张安世非常后悔，认为举贤任能，哪有私下道谢的道理？就不再和那人来往。他有一位郎官自称功劳很大却没有升职，张安世说："如果您的功劳很大，明主一定会知道。人臣干工作，哪里能自论长短！"坚决不提升他。不久之后这个郎官心下怨恨果然调任别处任职。幕府长史改任他职，辞去以前的官，当时张安世询问幕府长史有什么过失以至于调任。长史说："将军作为明主的股肱之臣，而自己的下属却不能升职，我怕多嘴的人们讥笑我。"张安世说："明主高高在上，贤者与不肖之才他会分得很清楚，臣子们只有自我修持而已，怎么会了解士人而推荐他呢？"他想躲避声名业绩，远离权势到了如此地步。

为光禄勋，郎有醉小便殿上，主事白行法，安世曰："何以知其不反水浆邪？如何以小过成罪！"郎淫官婢，婢兄自言，安世曰："奴以恚怒，诬污衣冠。"告署適奴。其隐人过失，皆此类也。

安世自见父子尊显，怀不自安，为子延寿求出补吏，上以为北地太守。岁余，上闵安世年老，复征延寿为左曹太仆。

初，安世兄贺幸于卫太子，太子败，宾客皆诛，安世为贺上书，得下蚕室。后为掖庭令，而宣帝以皇曾孙收养掖庭。贺内伤太子无辜，而曾孙孤幼，所以视养拊循，恩甚密焉。及曾孙壮大，贺教书，令受《诗》，为取许妃，以家财聘之。曾孙数有征怪，语在《宣纪》。贺闻知，为安世道之，称其材美。安世辄绝止，以为少主在上，不宜称述曾孙。及宣帝即位，而贺已死。上谓安世曰："掖庭令平生称我，将军止之，是也。"上追思贺恩，欲封其冢为恩德侯，置守冢二百家。贺有一子蚤死，无子，子安世小男彭祖。彭祖又小与上同席研书，指欲封之，先赐爵关内侯。故安世深辞贺封，又求损守冢户数，稍减至三十户。上曰："吾自为掖庭令，非为将军也。"安世乃止，不敢复言。遂下诏曰："其为故掖庭令张贺置守冢三十家。"上自处置其里，居冢西斗鸡翁舍南，上少时所尝游处也。明年，复下诏曰："朕微眇时，故掖庭令张贺辅道朕躬，修文学经术，恩惠卓异，厥功茂焉。《诗》云：'无言不仇，无德不报。'其封贺弟子侍中关内侯彭祖为阳都侯，赐贺谥曰阳都哀侯。"时贺有孤孙霸，年七岁，拜为散骑中郎将，赐爵关内侯，食邑三百户。安世以父子封侯，在位大盛，乃辞禄。诏都内别臧张氏无名钱以百万数。

张安世任光禄勋时，有郎官醉酒后在殿上小便，主事报告他要按法行事，张安世说："怎么知道他不是翻水浆造成的呢？怎么能拿小的过错来治罪呢！"有郎官奸淫官婢，官婢的兄长向他告状，张安世说："奴婢发怒，诬陷绅士。"他让官署指责奴婢。他为人隐藏过失，大抵都类似这些情况。

张安世看到自己父子都地位高贵显要，心中不安，他请求将儿子张延寿外任补官，皇上任用张延寿为北地太守。一年多后，皇上怜悯张安世年高，又征召张延寿为左曹太仆。

起初，张安世的兄长张贺受卫太子宠信，卫太子刘据败亡后，他的宾客都被诛杀，张安世为张贺上书，张贺被免死罪处以宫刑。后任掖庭令，而宣帝年幼时以皇曾孙的身份被收养在掖庭。张贺心内伤感太子无辜，而且皇曾孙年孤，所以照料并抚慰他，彼此的恩情深厚。等到皇曾孙长大，张贺教他读书，让他学习《诗经》，帮他迎娶了许妃，以家财出资作为聘礼。皇曾孙多次出现奇怪的征兆，详见《宣帝纪》。张贺听说后，向张安世述说，称赞皇曾孙的才智。张安世马上制止张贺，认为少主刘弗陵当政，不应该称赞皇曾孙。等到汉宣帝即位，而张贺已经死去。宣帝对张安世说："掖庭令生前曾称赞于我，将军阻止他，非常正确。"宣帝追思张贺对自己的恩德，想追封他为恩德侯，设置二百户人家为他守墓。张贺有一个儿子早死，无后，宣帝就把张安世的小儿子张彭祖过继给张贺。张彭祖从小与宣帝同席读书，宣帝想要封赏他，便先赐爵为关内侯。张安世极力辞谢宣帝的封赐，又请求减少守墓的户数，一直减至三十户。宣帝说："这是出于我个人的感情而奖赏掖庭令，不是因为将军的关系。"张安世这才打住，不敢再说什么。宣帝于是下诏说："为已故掖庭令张贺设置三十户人家守墓。"宣帝亲自为张贺挑选坟墓，把墓地安置在西斗鸡翁的房舍南面，那里曾是宣帝少年时游玩的地方。第二年，宣帝又下诏说："朕幼年时，已故掖庭令张贺亲自辅导朕，学习文章典籍，恩情深重，功劳盛大。《诗经》讲：'无言不仇，无德不报。'封张贺的儿子侍中关内侯张彭祖为阳都侯，赐张贺谥号阳都哀侯。"当时张贺有孤孙张霸，年仅七岁，宣帝封他为散骑中郎将，赐封关内侯，食邑三百户。

安世尊为公侯，食邑万户，然身衣弋绨，夫人自纺绩，家童七百人，皆有手技作事，内治产业，累积纤微，是以能殖其货，富于大将军光。天子甚尊惮大将军，然内亲安世，心密于光焉。

元康四年春，安世病，上疏归侯，乞骸骨。天子报曰："将军年老被病，朕甚闵之。虽不能视事，折冲万里，君先帝大臣，明于治乱，朕所不及，得数问焉，何感而上书归卫将军富平侯印？薄朕忘故，非所望也！愿将军强餐食，近医药，专精神，以辅天年。"安世复强起视事，至秋薨。天子赠印绶，送以轻车介士，谥曰敬侯。赐茔杜东，将作穿复土，起冢祠堂。子延寿嗣。

延寿已历位九卿，既嗣侯，国在陈留，别邑在魏郡，租入岁千余万。延寿自以身无功德，何以能久堪先人大国，数上书让减户邑，又因弟阳都侯彭祖口陈至诚。天子以为有让，乃徙封平原，并一国，户口如故，而租税减半。薨，谥曰爱侯。子勃嗣，为散骑谏大夫。

元帝初即位，诏列侯举茂材，勃举太官献丞陈汤。汤有罪，勃坐削户二百，会薨，故赐谥曰缪侯。后汤立功西域，世以勃为知人。子临嗣。

临亦谦俭，每登阁殿，常叹曰："桑、霍为我戒，岂不厚哉！"且死，分施宗族故旧，薄葬不起坟。临尚敬武公主。薨，子放嗣。

张安世因为父子都封侯，官位显赫，便辞去俸禄。宣帝便下诏在都内府库中，将张安世捐公的俸禄单独存放，累计有一百多万钱。

张安世尊为公侯，食邑万户，然而他身穿黑色的粗厚丝织品织成的衣服，夫人亲自纺纱缉麻，他有七百名家奴，都会手艺能做工，他治理家业，积少成多，因此能增殖家业，比大将军霍光还富裕。天子特别敬畏大将军，然而在心里却亲近张安世，天子对霍光极力隐藏自己的心意。

元康四年（前62）春季，张安世生病，上书归还侯爵之位，乞求辞官回归故里。天子回复说："将军年老有病，朕十分哀怜同情。您虽不能治事，不能于万里江山克敌制胜，但您在先帝的时候就任大臣，明晓治乱的道理，朕不如您，能够向您多次询问，为何伤感而上书归还卫将军富平侯的印绶？轻视朕而忘记故旧，这不是朕希望看到的！愿将军加强饮食，服医药，专注精神，以颐养天年。"张安世又勉强起来任事，到秋季去世。天子赠印绶，送来轻车武士，封谥号敬侯。赏赐杜陵东面为墓地，安排人挖土起冢，建墓地祠堂。张安世的儿子张延寿继承爵位。

张延寿已经位列九卿，嗣侯位之后，陈留为封国，别邑在魏郡，每年的租税收入上千乃至上万。张延寿自认为没有任何功德，怎么能长久享受先人大国的赏赐，他多次上书请求减少户邑，又靠弟弟阳都侯张彭祖亲口向皇上陈述他的至诚之心。天子认为他能谦让，甚为可贵，便改封平原郡，与原有的封地合并为一国，户邑还和原来一样，而减去一半租税。张延寿去世后，谥号爱侯。他的儿子张勃嗣侯位，为散骑谏大夫。

元帝刚刚登基时，下诏命令列侯举荐才德优异之士，张勃举荐太官献丞陈汤。陈汤因事获罪，张勃受牵连削去二百户邑，恰逢张勃去世，因而朝廷赐谥号缪侯。后来陈汤在西域立功，世人称颂张勃知人善用。张勃的儿子张临继嗣侯位。

张临也和自己的祖父辈一样谦虚俭朴，他每次进宫殿，常感慨地说："桑弘羊和霍禹让我引以为戒，这教训岂不是很深刻！"他快死时，将财产施舍给宗族故旧，葬具节俭，丧礼简单，不起高坟。张临娶

鸿嘉中，上欲遵武帝故事，与近臣游宴，放以公主子开敏得幸。放取皇后弟平恩侯许嘉女，上为放供张，赐甲第，充以乘舆服饰，号为天子取妇，皇后嫁女。大官私官并供其第，两宫使者冠盖不绝，赏赐以千万数。放为侍中中郎将，监平乐屯兵，置莫府，仪比将军。与上卧起，宠爱殊绝，常从为微行出游，北至甘泉，南至长杨、五莋，斗鸡走马长安中，积数年。

是时上诸舅皆害其宠，白太后。太后以上春秋富，动作不节，甚以过放。时数有灾异。议者归咎放等。于是丞相宣、御史大夫方进奏："放骄蹇纵恣，奢淫不制。前侍御史修等四人奉使至放家逐名捕贼，时放见在，奴从者闭门设兵弩射吏，距使者不肯内。知男子李游君欲献女，使乐府音监景武强求不得，使奴康等之其家，贼伤三人。又以县官事怨乐府游徼莽，而使大奴骏等四十余人群党盛兵弩，白昼入乐府攻射官寺，缚束长吏子弟，斫破器物，宫中皆犇走伏匿。莽自髡钳，衣赭衣，及守令史调等皆徒跣叩头谢放，放乃止。奴从者支属并乘权势为暴虐，至求吏妻不得，杀其夫，或恚一人，妄杀其亲属，辄亡入放第，不得，幸得勿治。放行轻薄，连犯大恶，有感动阴阳之咎，为臣不忠首，罪名虽显，前蒙恩。骄逸悖理，与背畔无异，臣子之恶，莫大于是，不宜宿卫在位。臣请免放归国，以销众邪之萌，厌海内之心。"

敬武公主为妻。他去世后，儿子张放嗣侯位。

鸿嘉年间，皇上想依照武帝的旧例，与亲近的臣子交游宴饮，张放因为是公主的儿子又通达明敏受到皇上的宠幸。张放娶皇后的弟弟平恩侯许嘉的女儿为妻，皇上为张放筹办宴会用度，赏赐他豪华的宅第，安排车马服饰，号称是为天子娶媳妇，为皇后嫁女儿。婚礼上，皇上为高官与侍奉皇后的官供给宅第，长乐宫和未央宫帮忙操办的使者络绎不绝，皇上的赏赐数以千万。张放任侍中及中郎将，兼任平乐屯兵，设置幕府，威仪与将军相同。他与皇上起居都在一处，倍受宠爱，时常跟随皇上微服出游，北至甘泉宫，南到长杨宫、五莋宫，在长安城中斗鸡走马，这样的生活有好几年。

当时皇上的众多舅舅都嫉恨张放受宠的事，把此事告诉太后。太后也认为皇上年少，不节制自己的行为，因此很是责怪张放。当时多有异常的自然灾害。议论的人都归罪于张放等。于是丞相薛宣、御史大夫翟方进上奏说："张放傲慢放纵，奢侈淫逸不加节制。前次侍御史修等四人奉命到张放家逐名通缉贼人，当时张放在场，他让跟随的奴仆闭门设兵弩射向捕吏，拒绝使者入内。张放知道男子李游君想要献上一名女子，就派人到乐府音监景武那里强求女子而没能得到，张放便派家奴康等到景武家里，伤害了三人。他又因朝廷的事怨恨乐府的游徼莽，派出大奴骏等四十多人成群结党手持兵弩，大白天闯入乐府攻打射杀官署的人，他们捆绑长吏子弟，砍破官署的器物，官署里的人都奔走躲藏。游徼莽自己剃掉头发用铁圈束颈，穿上红色的囚衣，还有守令史调等人都赤脚步行向张放叩头谢罪，张放才罢休。跟随他的奴仆下属都借着张放的权势做暴虐之事，他们强抢官吏的妻子没有成功，便杀掉她的丈夫，有时因恨一人，便滥杀此人的亲属，然后马上逃回张放的宅第，官府根本就抓不住，杀人犯便侥幸逃脱不会受到惩治。张放行为不检点，连续犯下大过，有动摇阴阳的灾祸，张放是不忠之臣的魁首，他的罪名虽然昭彰，以前还承蒙皇恩没有治罪。他骄逸悖理，与背叛朝廷没什么两样，臣子的罪恶，没有比这更大的了，张放不再适合担任宿卫之职。臣奏请圣上罢免张放官职，让他返回封国，以消除众多奸邪的萌发，顺应海内的民心。"

上不得已，左迁放为北地都尉。数月，复征入侍中。太后以放为言，出放为天水属国都尉。永始、元延间，比年日蚀，故久不还放，玺书劳问不绝。居岁余，征放归第视母公主疾。数月，主有瘳，出放为河东都尉。上虽爱放，然上迫太后，下用大臣，故常涕泣而遣之。后复征放为侍中光禄大夫，秩中二千石。岁余，丞相方进复奏放，上不得已，免放，赐钱五百万，遣就国。数月，成帝崩，放思慕哭泣而死。

初，安世长子千秋与霍光子禹俱为中郎将，将兵随度辽将军范明友击乌桓。还，谒大将军光，问千秋战斗方略，山川形势，千秋口对兵事，画地成图，无所忘失。光复问禹，禹不能记，曰："皆有文书。"光由是贤千秋，以禹为不材，叹曰："霍氏世衰，张氏兴矣！"及禹诛灭，而安世子孙相继，自宣、元以来为侍中、中常侍、诸曹散骑、列校尉者凡十余人。功臣之世，唯有金氏、张氏，亲近宠贵，比于外戚。

放子纯嗣侯，恭俭自修，明习汉家制度故事，有敬侯遗风。王莽时不失爵，建武中历位至大司空，更封富平之别乡为武始侯。

张汤本居杜陵，安世武、昭、宣世辄随陵，凡三徙，复还杜陵。

赞曰：冯商称张汤之先与留侯同祖，而司马迁不言。故阙焉。汉兴以来，侯者百数，保国持宠，未有若富平者也。汤虽酷烈，及身蒙咎，其推贤扬善，固宜有后。安世履道，满而不溢，贺之阴德，亦有助云。

成帝不得已，将张放降职为北地都尉。几个月后，又征召他入宫任侍中。太后因为张放的事又在成帝面前说教，成帝不得已调张放任天水属国都尉。永始、元延年间，每年都会发生日食，因此很久不敢召回张放，可是成帝的玺书慰劳不断。过了一年多，朝廷征召张放回家探视公主母亲的疾病。几个月后，公主病愈，朝廷调任张放为河东都尉。成帝虽爱张放，然而在上迫于太后，在下又听用大臣，因此常常流着泪而遣送张放。后来成帝又征召张放为侍中兼任光禄大夫，俸禄为二千石。一年多后，丞相翟方进又上奏弹劾张放，成帝不得已，只得罢免张放，赐五钱百万，遣送回他的封国。几个月后，成帝驾崩，张放因想念成帝哭泣而死。

起初，张安世的长子张千秋与霍光的儿子霍禹都任中郎将，他们率兵跟随度辽将军范明友进攻乌桓。返回以后，他们一起拜见大将军霍光，霍光问张千秋有关战斗的方法和谋略，山川形势，张千秋随口应对战事，在地上画成图，没有遗漏。霍光再问霍禹，霍禹记不起来，说："都在文书中有记录。"霍光由此认为张千秋贤能，而霍禹无才，叹息道："霍家的家道就要衰落了，张氏将会兴起！"等到霍禹反叛被灭族，而张安世的子孙相继兴起，从宣帝、元帝在位以来任侍中、中常侍、诸曹散骑、校尉的有十多人。功臣的后代中，只有金氏、张氏，一直受到宠幸，地位与外戚相同。

张放的儿子张子纯嗣侯位，他恭谨俭约自我修养，明习汉家的制度旧事，有敬侯张安世的遗风。他在王莽执政时不失爵位，在光武帝建武年间任职大司空，改封富平侯为武始侯。

张汤本来在杜陵居住，张安世在武帝、昭帝、宣帝年间就随着他们的墓地居住，一共迁徙过三次，最终又回到杜陵。

赞辞说：冯商说张汤与留候张良是同一个先祖，而司马迁没有相关的记载。因此缺少这方面的记录。自汉朝兴起以来，位列侯者数以百计，然而保有封国，维持宠信，没有像富平侯这样的家族。张汤虽因苛刻严酷，而使自己蒙受灾祸，但他能够推荐贤然，弘扬良善，因此惠及后代。张安世躬行正道，满而不溢，张贺不为人知道的德行，也对后世子孙的兴旺有很大的帮助。

卷六十

杜周传第三十

杜周，南阳杜衍人也。义纵为南阳太守，以周为爪牙，荐之张汤，为廷尉史。使案边失亡，所论杀甚多。奏事中意，任用，与减宣更为中丞者十余岁。

周少言重迟，而内深次骨。宣为左内史，周为廷尉，其治大抵放张汤，而善候司。上所欲挤者，因而陷之；上所欲释，久系待问而微见其冤状。客有谓周曰："君为天下决平，不循三尺法，专以人主意指为狱，狱者固如是乎？"周曰："三尺安出哉？前主所是著为律，后主所是疏为令；当时为是，何古之法乎？"

至周为廷尉，诏狱亦益多矣。二千石系者新故相因，不减百余人。郡吏大府举之廷尉，一岁至千余章。章大者连逮证案数百，小者数十人；远者数千里，近者数百里。会狱，吏因责如章告劾，不服，以掠笞定之。于是闻有逮证，皆亡匿。狱久者至更数赦十余岁而相告言，大氐尽诋以不道，以上廷尉及中都官，诏狱逮至六七万人，吏所增加十有余万。

周中废，后为执金吾，逐捕桑弘羊、卫皇后昆弟子刻深，上以

杜周，是南阳郡杜衍县人。义纵担任南阳太守时，把杜周视为心腹得力之人，后来举荐给张汤，升任廷尉史。朝廷差遣杜周去查办边境郡县的损失案，在这一过程中，很多人被判罪诛杀。杜周上奏的事情符合武帝的心意，得到武帝的信任，他与减宣两人相互接替，前后担任中丞有十几年。

杜周少言迟钝，性情和缓，但内心十分苛刻。减宣当左内史，杜周当廷尉，杜周治理政事仿效张汤并且善于迎合武帝的意图。武帝想要排斥的人，他就趁机陷害；武帝想要宽恕的人，他就长期囚禁待审，并察明洗刷其人的冤情。有门客劝谏杜周说："您为皇上审理案件，不遵循朝廷既定的三尺法律，专门按照皇上的意旨来断案，司法官吏本来就应该这样吗？"杜周说："三尺法令是怎么产生的呢？从前的国君认为是正确的，就写成了法律，后来的国君认为是正确的，就修定为法令；顺应时下的情况就是正确的做法，何必要遵循过去的法律呢？"

等到杜周当了廷尉，武帝命令他办的案件也越来越多了。二千石官吏相继被拘捕，不低于一百多人。郡太守、丞相及御史府的案件全部送交廷尉，一年当中达到一千多个案件。大的案件往往牵连被捕数百人之多，小案件也有数十人之多；这些案件涉及的地域远至数千里，近至数百里。案犯在会审时，狱吏便责成这些犯人按照奏章所说来认罪，若是不服罪，则严刑拷打然后定罪。于是人们一听到有逮捕的消息，都逃亡藏匿起来。案件拖得久的，甚至历经几次大赦，十多年以后还会被告发，大多数都以大逆不道的罪名诋毁诬陷，廷尉及中都官，奉诏逮捕的罪犯有六七万人，一般官吏逮捕的罪犯多达十多万人。

杜周在职期间遭到罢免，后来又担任执金吾，他逮捕审理桑弘

为尽力无私，迁为御史大夫。

始周为廷史，有一马，及久任事，列三公，而两子夹河为郡守，家訾累巨万矣。治皆酷暴，唯少子延年行宽厚云。

延年字幼公，亦明法律。昭帝初立，大将军霍光秉政，以延年三公子，吏材有余，补军司空。始元四年，益州蛮夷反，延年以校尉将南阳士击益州，还，为谏大夫。左将军上官桀父子与盖主、燕王谋为逆乱，假稻田使者燕仓知其谋，以告大司农杨敞，敞惶惧，移病，以语延年。延年以闻，桀等伏辜。延年封为建平侯。

延年本大将军霍光吏，首发大奸，有忠节，由是擢为太仆右曹给事中。光持刑罚严，延年辅之以宽。治燕王狱时，御史大夫桑弘羊子迁亡，过父故吏侯史吴。后迁捕得，伏法。会赦，侯史吴自出系狱，廷尉王平与少府徐仁杂治反事，皆以为桑迁坐父谋反而侯史吴臧之，非匿反者，乃匿为随者也。即以赦令除吴罪。后侍御史治实，以桑迁通经术，知父谋反而不谏争，与反者身无异；侯史吴故三百石吏，首匿迁，不与庶人匿随从者等，吴不得赦。奏请覆治，劾廷尉、少府纵反者。少府徐仁即丞相车千秋女婿也，故千秋数为侯史吴言。恐光不听，千秋即召中二千石、博士会公车门，议问吴法。议者知大将军指，皆执吴为不道。明日，千秋封上众议，光于是以千秋擅召中二千石以下，外内异言，遂下廷尉平、少府仁狱。朝廷皆恐丞相坐之。延年乃奏记光争，以为“吏纵罪人，有常法，今更诋吴为不道，恐于法深。又丞相素无所守持，而为好言于下，尽其素行也。至擅召中二千石，甚无状。延年愚，以为丞相久故，及先帝用事，非

羊与卫皇后的侄子，手段阴狠毒辣，武帝认为杜周办事尽心尽职，没有私心，又将他提拔为御史大夫。

杜周最初担任廷尉史的时候，只有一匹马，等到他自己任事的时间久了，位列三公，他的两个儿子一个任河内郡守，一个任河南郡守，家财以巨万计。他们办案都很残酷暴虐，只有小儿子杜延年为人宽厚。

杜延年，字幼公，也精通法律。昭帝刚登基时，大将军霍光把持朝政，因为杜延年是杜周的儿子，他有为政的才干，补任军司空。始元四年（前83），益州蛮夷反叛，杜延年以校尉的身份率领南阳士兵讨伐益州蛮夷，返回后，任谏大夫。左将军上官桀父子与盖长公主、燕王刘旦谋划叛乱，代理稻田使者燕仓知道他们叛乱的阴谋后，随即报告给大司农杨敞，杨敞惶恐，上书称病辞官回家，稻田使者燕仓把上官桀父子等人的阴谋报告给杜延年。杜延年报告昭帝，上官桀等人被处死。杜延年被封为建平侯。

杜延年原本是大将军霍光手下的官吏，他首先揭发上官桀父子等人的重大奸谋，具有忠节的品德，因此被提拔为太仆右曹给事中。霍光持法严厉，杜延年以宽厚的态度辅助他。审理燕王刘旦的案件时，御史大夫桑弘羊的儿子桑迁逃走，住在父亲从前的下属侯史吴家。后来桑迁被逮捕后，伏法受诛。正好赶上大赦，侯史吴自首被关进监狱，廷尉王平与少府徐仁一同审理反叛案件，两人都认为桑迁因父亲谋反一事而受牵连，而侯史吴只是收留了桑迁，却非藏匿反叛者本人，而是藏匿被牵连的从犯。就根据赦令免除侯史吴的罪。后来侍御史重新查验此事，认为桑迁通晓经术，知道父亲有反意而不劝阻，与谋反者没有什么不同；侯史吴从前是三百石的官吏，带头藏匿桑迁，不应该与庶人藏匿随从者的罪名相等，不能赦免侯史吴。侍御史上奏请求复审，弹劾廷尉、少府放了谋反者。少府徐仁是丞相田千秋的女婿，所以田千秋多次为侯史吴说情。担心霍光不听，田千秋就召来中二千石与博士在公车门集会，商讨侯史吴的处罚方式。议者都明白大将军的意旨，都坚持侯史吴不合道义，违反法律。第二天，田千秋将众议密封上报朝廷，霍光就以田千秋擅自召来中二千石以

有大故，不可弃也。间者民颇言狱深，吏为峻诋，今丞相所议，又狱事也，如是以及丞相，恐不合众心。群下欢哗，庶人私议，流言四布，延年窃重将军失此名于天下也！”光以廷尉、少府弄法轻重，皆论弃市，而不以及丞相，终与相竞。延年论议持平，合和朝廷，皆此类也。

见国家承武帝奢侈师旅之后，数为大将军光言：“年岁比不登，流民未尽还，宜修孝文时政，示以俭约宽和，顺天心，说民意，年岁宜应。”光纳其言，举贤良，议罢酒榷盐铁，皆自延年发之。吏民上书言便宜，有异，辄下延年平处复奏。言可官试者，至为县令，或丞相、御史除用，满岁以状闻，或抵其罪法，常与两府及廷尉分章。

昭帝末，寝疾，征天下名医，延年典领方药。帝崩，昌邑王即位，废，大将军光、车骑将军张安世与大臣议所立。时宣帝养于掖廷，号皇曾孙，与延年中子佗相爱善，延年知曾孙德美，劝光、安世立焉。宣帝即位，褒赏大臣，延年以定策安宗庙，益户二千三百，与始封所食邑凡四千三百户。诏有司论定策功，大司马大将军光功德过太尉绛侯周勃，车骑将军安世、丞相杨敞功比丞相陈平，前将军韩增、御史大夫蔡谊功比颍阴侯灌婴，太仆杜延年功比朱虚侯刘

下的官吏集会，朝廷内外产生分歧为由，遂将廷尉王平、少府徐仁关进监狱。朝廷官员都担心丞相因此受到牵连。杜延年就上奏与霍光相辩，认为“官吏即使放纵罪人，有律法为依据来惩治，现在将侯史吴的罪行加重为大逆不道之罪，恐怕在法律上过于严判了。再说丞相平素没有什么贪权夺利的行为，而为下属说好话，完全是他一贯的行为。至于说擅自召集中二千石官员，没有什么根据。延年虽然愚钝，认为丞相在位已久，又曾在先帝手下任职，除非犯了大的过错，否则不可以轻易废弃他。近来民间多议论刑狱太过严苛，狱吏刻毒诬陷，现在丞相所讨论的又是刑狱之事，如果这事连累到丞相，恐怕不合民心。群臣哗然，庶人私下议论，流言纷起，延年担心将军将会因此事而在天下人面前丧失威信！”霍光以廷尉、少府擅自改动罪名的轻重，判处两人弃市，而没有殃及丞相，丞相至死也没有被贬黜。杜延年论议公正持平，调和朝廷大臣，都像这样。

杜延年看见国家继承了武帝奢侈用兵连年征战的政策之后，多次对大将军霍光说：“人民连年收成不丰，流民没有全部返回家乡，应该采取文帝时的政策，以俭约宽和来昭示天下，来顺应天意民心，年岁当有相应的收获。”霍光采纳了他的意见，选拔贤良，商量废除国家对酒、盐、铁的专利，这些都是杜延年提出来的。官吏百姓上书言事，若有不同意见，就交给杜延年先平衡处理，再上奏。上书的人可以试用作官的，推荐担任县令，或者被丞相府、御史府任用，满一年后汇报任职情况，言事者若有作奸犯罪的，就加以惩处，杜延年常与两府以及廷尉分头批阅奏章。

昭帝末期，卧病不起，向全国征召名医，由杜延年主管医药事务。昭帝驾崩，昌邑王即位，后来被废，大将军霍光、车骑将军张安世与大臣商议立谁为帝的事。当时宣帝在掖庭被宫人抚养，号皇曾孙，与杜延年次子杜佗交好，杜延年知道皇曾孙品德很好，劝霍光、张安世立他为帝。宣帝即位，褒奖大臣，杜延年因制定国策安定宗庙，加封二千三百户，与开始所封食邑共四千三百户。宣帝下诏命官吏评定大臣功劳，大司马大将军霍光功德超过太尉绛侯周勃，车骑将军张安世、丞相杨敞功劳与丞相陈平等同，前将军韩增、御史大夫蔡谊

章，后将军赵充国、大司农田延年、少府史乐成功比典客刘揭，皆封侯益土。

延年为人安和，备于诸事，久典朝政，上任信之，出即奉驾，入给事中，居九卿位十余年，赏赐赂遗，訾数千万。

霍光薨后，子禹与宗族谋反，诛。上以延年霍氏旧人，欲退之，而丞相魏相奏延年素贵用事，官职多奸。遣吏考案，但得苑马多死，官奴婢乏衣食，延年坐免官，削户二千。后数月，复召拜为北地太守。延年以故九卿外为边吏，治郡不进，上以玺书让延年。延年乃选用良吏，捕击豪强，郡中清静。居岁余，上使谒者赐延年玺书，黄金二十斤，徙为西河太守，治甚有名。五凤中，征入为御史大夫。延年居父官府，不敢当旧位，坐卧皆易其处。是时四夷和，海内平，延年视事三岁，以老病乞骸骨，天子优之，使光禄大夫持节赐延年黄金百斤、酒，加致医药。延年遂称病笃。赐安车驷马，罢就第。后数月薨，谥曰敬侯，子缓嗣。

缓少为郎，本始中以校尉从蒲类将军击匈奴，还为谏大夫，迁上谷都尉，雁门太守。父延年薨，征视丧事，拜为太常，治诸陵县，每冬月封具狱日，常去酒省食，官属称其有恩。元帝初即位，谷贵民流，永光中西羌反，缓辄上书入钱谷以助用，前后数百万。

缓六弟，五人至大官，少弟熊历五郡二千石，三州牧刺史，有能名，唯中弟钦官不至而最知名。

功劳与颍阴侯灌婴等同，太仆杜延年功劳与朱虚侯刘章等同，后将军赵充国、大司农田延年、少府史乐成功劳与典客刘揭等同，皆封侯增加食邑。

杜延年为人安祥和蔼，熟知朝中各项事务，他长期参与朝政，宣帝信任他，外出即随侍车驾，回去他就在宫中侍奉，居九卿之位十多年，获得的各种赏赐馈赠，总计有数千万钱之多。

霍光过世后，他的儿子霍禹与族人共同谋反，被诛全族。宣帝认为杜延年以前是霍光的下属，想罢免他，而丞相魏相也上奏说杜延年多年担任要职，在任期间有很多不法行为。朝廷派官吏立案考察，只是查出杜延年掌管的宫廷苑中马死了很多，官府的奴婢缺衣少食，杜延年因此受到牵连获罪被免官，削去食邑二千户。数月以后，朝廷又召任他为北地太守。杜延年以前位列九卿现在出京担任边境官吏，治理边郡政绩不明显，宣帝下诏书责备杜延年。杜延年就选用贤良的官吏，捕杀豪强，郡中清静太平。过了一年多，宣帝派谒者赐给杜延年玺书，黄金二十斤，将他调任为西河太守，他的政绩很有名声。五凤年间，将杜延年征调进朝廷担任御史大夫。杜延年居住在父亲从前的官府中，不敢面对父亲所用过的席位，坐卧都另选其它地方。当时四夷归顺，海内安定，杜延年任职御史大夫三年，因年老有病请求辞职，宣帝照顾他，派光禄大夫持节杖，赐给杜延年黄金百斤、酒，又加送些医药。杜延年于是称病情日益加重。宣帝又赐他安车驷马，免去他的官职，送他回到府第。几个月以后杜延年去世，谥号敬侯，儿子杜缓继承爵位。

杜缓年轻时担任郎官，本始年间以校尉身份跟随蒲类将军进攻匈奴，还朝后担任谏大夫，后升为上谷都尉，雁门太守。父亲杜延年去世，征调回京治理丧事，官拜太常，负责管理各处皇陵所在之县，每到冬月结案处决犯人之日，常常撤去酒食，他的下属官员都称颂他很有恩义。元帝刚刚即位时，谷价很高，百姓四处流亡，永光年间西羌反叛，杜缓就上书捐献钱财、粮食来援助国家，前后共捐数百万。

杜缓有六个弟弟，五人当上了大官，最小的弟弟杜熊历任五个郡的太守，三个州的州牧刺史，以才能干练闻名，只有中间的弟弟杜钦

钦字子夏，少好经书，家富而目偏盲，故不好为吏。茂陵杜邺与钦同姓字，俱以材能称京师，故衣冠谓钦为“盲杜子夏”以相别。钦恶以疾见诋，乃为小冠，高广财二寸，由是京师更谓钦为“小冠杜子夏”，而邺为“大冠杜子夏”云。

时帝舅大将军王凤以外戚辅政，求贤知自助。凤父顷侯禁与钦兄缓相善，故凤深知钦能，奏请钦为大将军军武库令。职闲无事，钦所好也。

钦为人深博有谋。自上为太子时，以好色闻，及即位，皇太后诏采良家女。钦因是说大将军凤曰：“礼壹娶九女，所以极阳数，广嗣重祖也；必乡举求窈窕，不问华色，所以助德理内也；娣侄虽缺不复补，所以养寿塞争也。故后妃有贞淑之行，则胤嗣有贤圣之君；制度有威仪之节，则人君有寿考之福。废而不由，则女德不厌；女德不厌，则寿命不究于高年。《书》云‘或四三年’，言失欲之生害也。男子五十，好色未衰；妇人四十，容貌改前。以改前之容侍于未衰之年，而不以礼为制，则其原不可救而后徕异态；后徕异态，则正后自疑而支庶有间適之心。是以晋献被纳谗之谤，申生蒙无罪之辜。今圣主富于春秋，未有適嗣，方乡术入学，未亲后妃之议。将军辅政，宜因始初之隆，建九女之制，详择有行义之家，求淑女之质，毋必有色声音技能，为万世大法。夫少，戒之在色，《小卞》之作，可为寒心。唯将军常以为忧。”

凤白之太后，太后以为故事无有。钦复重言：“《诗》云‘殷监

没当过官，但是最出名。

杜钦，字子夏，年轻时好读经典，家境富裕，但是有一只眼睛瞎了，因此不好当官。茂陵杜邺与杜钦同字子夏，两人都以才能扬名京师，所以士大夫们称杜钦是“盲杜子夏”来加以区别。可是杜钦厌恶因残疾而被人诋毁，就做了一顶小帽子，高宽只有二寸，因此京师的人改称杜钦为“小冠杜子夏”，而称杜邺为“大冠杜子夏”。

当时成帝的舅舅大将军王凤以外戚的身份辅政，寻求贤能又有学问的人协助自己。王凤的父亲顷侯王禁与杜钦的哥哥杜缓关系很好，所以王凤深知杜钦的才能，奏请成帝让杜钦担任大将军军武库令。这一职务很清闲，正是杜钦喜欢的。

杜钦为人学识渊博又有智谋。成帝从当太子时，就以好色闻名，等到即位后，皇太后下诏选良家少女。杜钦因此劝说大将军王凤：“天子一人要娶九女，因为九是阳数的极限，旨在为了子嗣众多，尊敬祖先；一定要从乡里求取窈窕淑女，不问姿色，只求能辅助天子德政，治理内宫；嫔妃即使亡缺也不再增补，这有助于颐养年寿，杜绝争宠。所以后妃有贞洁淑雅的品德，后嗣就会出现贤能圣明的君王；制度严格有威仪，君主长寿而有福。废弃礼仪而不遵守，就会好色无度；好色无度，寿命就不可能达到高年。《尚书》说‘纵欲过度，有的只有三四年’，说的就是淫乐过度就会减损寿命。男子五十，好色的心未衰减；妇人四十，容貌改变不如从前。以不如从前的容貌侍奉好色之心未衰减的男子，又不用礼节来限制，那么原本不能挽回容貌的姬妾就会产生嫉妒之心，而以后召来的姬妾又容貌妖艳；容貌妖艳的姬妾出现了，那么正后自然生疑心，而且姬妾有替代正后之心。所以晋献公听信谗言毁谤，申生蒙受无辜被害之冤。现在圣明的主上年纪很轻，还没有嫡嗣，正向往道义努力学习，还没有亲自过问后妃事务。将军您执掌朝政，应按照初始隆重的礼仪，确立天子娶九女之制，慎重选择有仁义之家族，寻求有贤淑品质的女子，不必具有美色声音技能，以此作为万世大法。年轻时，应戒备女色，《小卞》这首诗，可以让人谨慎。希望将军常以为忧。”

王凤告诉太后，太后认为没有这种先例。杜钦又进言：“《诗

不远，在夏后氏之世’。刺戒者至迫近，而省听者常怠忽，可不慎哉！前言九女，略陈其祸福，甚可悼惧，窃恐将军不深留意。后妃之制，夭寿治乱存亡之端也。迹三代之季世，览宗、宣之飨国，察近属之符验，祸败曷常不由女德？是以佩玉晏鸣，《关雎》叹之，知好色之伐性短年，离制度之生无厌，天下将蒙化，陵夷而成俗也。故咏淑女，幾以配上，忠孝之笃，仁厚之作也。夫君亲寿尊，国家治安，诚臣子之至愿，所当勉之也。《易》曰：‘正其本，万物理。’凡事论有疑未可立行者，求之往古则典刑无，考之来今则吉凶同，卒摇易之则民心惑，若是者诚难施也。今九女之制，合于往古，无害于今，不逆于民心，至易行也，行之至有福也，将军辅政而不蚤定，非天下之所望也。唯将军信臣子之愿，念《关雎》之思，逮委政之隆，及始初清明，为汉家建无穷之基，诚难以忽，不可以遴。”凤不能自立法度，循故事而已。会皇太后女弟司马君力与钦兄子私通，事上闻，钦惭惧，乞骸骨去。

后有日蚀地震之变，诏举贤良方正能直言士，合阳侯梁放举钦。钦上对曰：“陛下畏天命，悼变异，延见公卿，举直言之士，将以求天心，迹得失也。臣钦愚戆，经术浅薄，不足以奉大对。臣闻日蚀地震，阳微阴盛也。臣者，君之阴也；子者，父之阴也；妻者，夫之阴也；夷狄者，中国之阴也。《春秋》日蚀三十六，地震五，或夷

经》讲‘殷商的子孙们，应以夏朝的灭亡为借鉴’。告诫的话语非常急迫，而看到听到的人却常常怠惰忘记，这件事能不慎重吗？前面所言皇上迎娶九女的制度，只是略加陈述其祸福，就令人感到恐惧，臣私下担忧将军还没有用心留意。后宫嫔妃的制度，关系到皇帝的天寿、国家的治乱与存亡。追查夏商周三代末世的事迹，考察商高宗、周宣王飨国时间的长久，再看看汉家的事也符合验证，祸败何尝不是由女德的缺失引起呢？因此后夫人佩戴好玉饰在鸡鸣叫前去君王的住所，周康王因好色而废除了晨拜之礼，《关雎》都为之叹息，知道好色残害身心缩短寿命，离开制度的管束就会没有止境的贪色，天下将受到教化，而逐渐变成恶习。因此歌颂贤德之女，希望能配给君上，是强调忠孝的专一，仁厚的德行。君主能够长寿，国家得到治理安定，确实是身为臣子的最大愿望，这些正是臣子们应当努力的。《易经》说：‘要正确认识事情的本源，才能把万物治理好。’但凡讨论事情有疑问而无法立即实行的，在古代的典籍没有记载，考查如今的形势却吉凶相同，最终还是容易意志动摇，民心就会疑惑不定，像这样的制度实在难以施行。如今所说的九女之制，符合古制，不违今礼，也不违逆民心，非常容易施行，一旦施行会给国家带来福祉，将军辅政而不早确定这样的制度，这不是天下人所希望的。惟愿将军相信臣子的提议，反思《关雎》的宗旨，达到朝廷委托您执政的殷切期望，实现天子即位初始的清明政治，为汉朝奠定万世的基业，实在是不可忽略不管，不可迟疑不决。”王凤不能自己建立法度，只是因循惯例而已。正好碰上皇太后的妹妹司马君力与杜钦兄长的儿子私通，事情连成帝都知道了，杜钦又惭愧又害怕，乞求辞官，闲居在家。

后来出现日食、地震的变化，成帝下诏推举贤良方正能够直言进谏的士人，合阳侯梁放举荐杜钦。杜钦上奏说：“陛下敬畏天命，畏惧灾变，征召引见公卿，推举直言进谏的士人，来推究天意，查明得失。臣杜钦愚钝，学问肤浅，不足以对答皇上的大问。臣听闻日食、地震，是阴盛阳衰的结果。臣下相对君主为阴；子女相对是父亲为阴；妻子相对丈夫为阴；夷狄相对中原为阴。《春秋》中记载，在

狄侵中国，或政权在臣下，或妇乘夫，或臣子背君父，事虽不同，其类一也。臣窃观人事以考变异，则本朝大臣无不自安之人，外戚亲属无乖剌之心，关东诸侯无强大之国，三垂蛮夷无逆理之节；殆为后宫。何以言之？日以戊申蚀，时加未。戊未，土也。土者，中宫之部也。其夜地震未央宫殿中，此必适妾将有争宠相害而为患者，唯陛下深戒之。变感以类相应，人事失于下，变象见于上。能应之以德，则异咎消亡；不能应之以善，则祸败至。高宗遭雊雉之戒，饬己正事，享百年之寿，殷道复兴，要在所以应之。应之非诚不立，非信不行。宋景公小国之诸侯耳，有不忍移祸之诚，出人君之言三，荧惑为之退舍。以陛下圣明，内推至诚，深思天变，何应而不感？何摇而不动？孔子曰：'仁远乎哉！'唯陛下正后妾，抑女宠，防奢泰，去佚游，躬节俭，亲万事，数御安车，由辇道，亲二宫之饔膳，致晨昏之定省。如此，即尧舜不足与比隆，咎异何足消灭！如不留听于庶事，不论材而授位，殚天下之财以奉淫侈，匮万姓之力以从耳目，近谄谀之人而远公方，信谗贼之臣以诛忠良，贤俊失在岩穴，大臣怨于不以，虽无变异，社稷之忧也。天下至大，万事至众，祖业至重，诚不可以佚豫为，不可以奢泰持也。唯陛下忍无益之欲，以全众庶之命。臣钦愚戆，言不足采。"

二百四十年间，日食发生过三十六次，地震发生过五次，每次发生，或者是夷狄侵犯中原，或者是大权落在臣下手中，或者是妇女凌驾于丈夫头上，或者是臣子背叛君父，灾祸虽然不同，但是属于同一类型。臣暗中观察朝廷人情事故，以此探究世像变化差异，本朝大臣都是安分守己的人，外戚亲属没有违逆之心，关东的诸侯们没有强盛之国，三面边疆的蛮夷没有违背事理的行为，危险的只有后宫。根据什么这样说呢？太阳在戊时申时出现日食，一直到未时。戊时未时属土。土的位置，在中宫之部。夜间在未央宫殿中感觉到地震，这表明皇后、嫔妃之间将有争宠并相互伤害而导致祸患发生的事情，希望陛下能够有所警惕。所有变化都有一定的天人感应，世间的事出现过失时，上天就会显现变化之象。能够以德来应对，那么灾难异象就会消失；不能以善去应对，那祸患就会发生。商高宗遭遇雉鸡的警告，他便修正德行，整顿国事，而享有百年寿命，商朝因此而中兴，关键在善于应对。应对时若是诚心不够就不会成功，缺乏信心就不能实行。宋景公只是个小国的诸侯，他有不愿意将灾祸转嫁他人的至诚之心，再三表示为君的诚意，荧惑星因此隐退离开。以陛下的圣明，对后宫用至诚之心相待，深思上天灾变的原因，那么吉祥的感应怎么不会发生呢？中兴之举怎么不会出现呢？孔夫子说：‘仁义遥不可及吗？’，思仁则仁至焉。只有陛下能够摆正皇后嫔妃间的关系，抑制皇后嫔妃的权力，防止太过奢华，去除逸游玩乐，躬身节俭，亲自处理朝政万事，出行多乘坐御车，在辇道上行驶，亲自过问两宫太后的膳食备办，早晚前去请安。如此一来，即使是尧帝、舜帝也不足与我们同等兴盛，灾异何愁不灭！如不留心听取民间俗事，不以才能而任用官员，耗尽天下之财用来享受奢侈淫乱的生活，举万民之力来满足耳目娱乐，接近谄谀小人而疏远奉公方正之贤士，相信谗言贼臣而诛杀忠良，贤士俊杰隐居在深山洞穴，大臣们抱怨自己的政治抱负无法实现，即使没有灾异发生，社稷也存有忧患。天下如此广大，万事如此众多，祖业如此重要，陛下千万不可以过度享乐，不可以奢侈挥霍。希望陛下能克制有害的欲望，为天下万民着想。臣杜钦愚钝，进言之事不值得采纳。”

其夏，上尽召直言之士诣白虎殿对策，策曰："天地之道何贵？王者之法何如？《六经》之义何上？人之行何先？取人之术何以？当世之治何务？各以经对。"

钦对曰："臣闻天道贵信，地道贵贞；不信不贞，万物不生。生，天地之所贵也。王者承天地之所生，理而成之，昆虫草木靡不得其所。王者法天地，非仁无以广施，非义无以正身；克己就义，恕以及人，《六经》之所上也。不孝，则事君不忠，莅官不敬，战陈无勇，朋友不信。孔子曰：'孝无终始，而患不及者，未之有也。'孝，人行之所先也。观本行于乡党，考功能于官职，达观其所举，富观其所予，穷观其所不为，乏观其所不取，近观其所为主，远观其所主。孔子曰：'视其所以，观其所由，察其所安，人焉廋哉？'取人之术也。殷因于夏尚质，周因于殷尚文，今汉家承周秦之敝，宜抑文尚质，废奢长俭，表实去伪。孔子曰'恶紫之夺朱'，当世治之所务也。臣窃有所忧，言之则拂心逆指，不言则渐日长，为祸不细，然小臣不敢废道而求从，违忠而耦意。臣闻玩色无厌，必生好憎之心；好憎之心生，则爱宠偏于一人；爱宠偏于一人，则继嗣之路不广，而嫉妒之心兴矣。如此，则匹妇之说，不可胜也。唯陛下纯德普施，无欲是从，此则众庶咸说，继嗣日广，而海内长安。万事之是非何足备言！"

钦以前事病，赐帛罢，后为议郎，复以病免。

那年夏季，成帝把直言之士都召集到白虎殿来应答策问，策问：“天地间的道为什么尊贵？先王制定的法规怎样实行？《六经》的义理以何为上？人的行为以何为先？选取人的方法是什么？当今世间治国以何为务？请大家分别引用经书来回答。”

杜钦回答说：“臣听闻天道以诚信为尊贵，地道以正直为尊贵；如果没有诚信正直，那么万物就难以生长。生命，是天地间最尊贵的。王者承载天地之德所生，依理而成，昆虫草木都能各得所需。王者效法天地，不具备仁，就不能广施恩德，不具备义，就不能心正身修；克制己欲，归向正义，宽恕于人，这是《六经》所尊崇的。不具备孝的人，事君也不会忠诚，担任官位不会敬业，上战场不会勇猛，与朋友交往不会有信。孔子说：‘孝无始无终，永恒存在，担心自己不能做到孝，那是不可能的事。’孝，是每个人最先应该具备的品行。在乡里考察其人的品行道德，在官位考察其人的任职能力，居高位的人要看他举荐谁，富贵的人要看他施予什么，贫穷的人要看他不去做什么，困乏的人要看他不去索取什么，亲近的人要看他为自己做什么，疏远的人要看他为别人干什么。孔子说：‘要了解一个人，看他做事的动机，观察他为达到目的采取的手段，考察他安心干什么，那这个人怎么可能隐藏自己的善恶呢？’这是知人善用之术。商朝因为沿袭夏朝所以崇尚质朴，周朝因为沿袭商朝所以崇尚文采，如今汉家继承了周朝、秦朝的弊端，应当抑制浮华崇尚质朴，禁止奢侈提倡俭约，彰显诚信去除伪诈。孔子说‘讨厌邪恶的紫色侵夺纯正的朱红色’，这是当今治国理政的要务。臣内心担忧的是，讲出来的言语违逆心意与旨意，不讲出来怕邪气日积月累，对朝政为害巨大，然而小臣不敢违背道义而求顺从，违背忠诚而逢迎私意。臣听说贪色无度，必定会产生好恶之心；好恶之心产生，宠爱就集于一人；宠爱集于一人，那确立皇储之路就变得艰难，而后宫嫉妒之心就会产生。如此一来，后宫妇人的怨言增多，不可能抑制。希望陛下普施恩惠，无欲是从，这样万民才会欢喜，继嗣人之路日益广大，海内长治久安。即便有些是非，又何足挂齿！”

杜钦因以前的事情而生病，成帝赏赐他丝帛，免去官职，后来又

征诣大将军莫府，国家政谋，凤常与钦虑之。数称达名士王骏、韦安世、王延世等，救解冯野王、王尊、胡常之罪过，及继功臣绝世，填抚四夷，当世善政，多出于钦者。见凤专政泰重，戒之曰：“昔周公身有至圣之德，属有叔父之亲，而成王有独见之明，无信谗之听，然管蔡流言而周公惧。穰侯，昭王之舅也，权重于秦，威震邻敌，有旦莫偃伏之爱，心不介然有间，然范雎起徒步，由异国，无雅信，开一朝之说，而穰侯就封。及近者武安侯之见退，三事之迹，相去各数百岁，若合符节，甚不可不察。愿将军由周公之谦惧，损穰侯之威，放武安之欲，毋使范雎之徒得间其说。”

顷之，复日蚀，京兆尹王章上封事求见，果言凤专权蔽主之过，宜废勿用，以应天变。于是天子感寤，召见章，与议，欲退凤。凤甚忧惧，钦令凤上疏谢罪，乞骸骨，文指甚哀。太后涕泣为不食。上少而亲倚凤，亦不忍废，复起凤就位。凤心惭，称病笃，欲遂退。钦复说之曰：“将军深悼辅政十年，变异不已，故乞骸骨，归咎于身，刻己自责，至诚动众，愚知莫不感伤。虽然，是无属之臣，执进退之分，絜其去就之节者耳，非主上所以待将军，非将军所以报主上也。昔周公虽老，犹在京师，明不离成周，示不忘王室也。仲山父异姓之臣，无亲于宣，就封于齐，犹叹息永怀，宿夜徘徊，不忍远去，况将军之于主上，主上之与将军哉！夫欲天下治安变异之意，莫有将军，主上照然知之，故攀援不遣，《书》称‘公毋困我！’唯将军不为四国流言自疑于成王，以固至忠。”凤复起视事。上令尚书劾奏京兆尹章，章死诏狱。语在《元后传》。

担任议郎，因为生病再一次免官回家。

后来杜钦被召往大将军王凤的幕府，国家的政事谋略，王凤经常与杜钦一起商量该怎样处理。杜钦多次称赞名士王骏、韦安世、王延世等，又救援过冯野王、王尊、胡常等人，以及使中断爵位的功臣得到继承，镇抚四夷，当时的善政措施，多出于杜钦的建议。杜钦看到王凤太过专权，劝诫他说："从前周公有至圣的德行，与成王又有叔父的亲属关系，而且成王有超出常人的见识，不去听信谗言，然而管叔、蔡叔编造的流言能使周公惧怕。穰侯，是秦昭王的舅舅，在秦国有很大权力，他的威势使周围敌对的邻国震撼，秦昭王幼年时早晚趴在他身上玩，从来不起疑心没有任何嫌隙，然而范雎是平民出身，从他国而来，秦昭王对他素无信任，但是仅凭他的一次游说，就使穰侯返回封国。不久前武安侯被贬，三件事的迹象表明，虽然时间相距各有几百年，如出一辙，不能不留心考察。希望将军采用周公谦恭敬畏的态度，减少穰侯那样的威势，抑制武安侯那样的奢欲，不要让范雎之类的人有机可乘。"

过了不久，又见日食，京兆尹王章呈上密奏，请求进见成帝，内容果然是弹劾王凤犯有擅权欺瞒君主的罪过，应该免官，不要任用，以顺应上天的变化。于是成帝有所醒悟，召见王章，与王章商议，想罢免王凤。王凤十分担心，杜钦让王凤上书请罪，请求辞官回乡，文辞内容非常悲哀。太后因此哭泣不进食。成帝从小就亲近倚靠王凤，也不忍心罢免他，就又起用王凤担任大将军。王凤心中愧疚，称自己病情严重，想功成身退。杜钦又劝说他："将军深切检讨自己辅政十年，天灾异象不止，所以求归故里，把责任归咎于自身，深刻反省之心，出于真诚而感动百姓，无论贤愚无不伤感。虽然这样，但王章并不是与圣上关系亲近的臣子，虽然他可以建议官员的进退，影响官员的去留，但这不是主上对待将军的真实想法，也不是将军报答主上的可行做法。从前周公虽然老了，仍在京师，表明自己不离开成周，昭示自己永远不忘王室。仲山父是周王不同姓的臣子，与周宣王没有亲属关系，在齐国接受分封，尚且还要感叹思念，整夜徘徊，不忍心离去，何况将军对于主上，主上对于将军都亲近依恋啊！想要让

章既死，众庶冤之，以讥朝廷。钦欲救其过，复说凤曰："京兆尹章所坐事密，吏民见章素好言事，以为不坐官职，疑其以日蚀见对有所言也。假令章内有所犯，虽陷正法，事不暴扬，自京师不晓，况于远方。恐天下不知章实有罪，而以为坐言事也。如是，塞争引之原，损宽明之德。钦愚以为宜因章事举直言极谏，并见郎从官展尽其意，加于往前，以明示四方，使天下咸知主上圣明，不以言罪下也。若此，则流言消释，疑惑著明。"凤白行其策。钦之补过将美，皆此类也。

优游不仕，以寿终。钦子及昆弟支属至二千石者且十人。钦兄缓前免太常，以列侯奉朝请，成帝时乃薨，子业嗣。

业有材能，以列侯选，复为太常。数言得失，不事权贵，与丞相翟方进、卫尉定陵侯淳于长不平。后业坐法免官，复为函谷关都尉。会定陵侯长有罪，当就国，长舅红阳侯立与业书曰："诚哀老姊垂白，随无状子出关，愿勿复用前事相侵。"定陵侯既出关，伏罪复发，下雒阳狱。丞相史搜得红阳侯书，奏业听请，不敬，坐免就国。

天下的治安状况改变，没有人能超过将军，主上也很明白这一点，所以将您留住，《尚书》称‘公不要让我为难！’是指成王不让周公离去之事，请将军不要被四方流言吓到而与皇上产生隔阂，要保持您的至忠之心。”王凤又开始处理政事。成帝令尚书上奏弹劾京兆尹王章，后来王章死于诏狱。详见《元后传》。

王章死了以后，百姓都认为他受冤而死，并以此讥讽朝廷。杜钦想弥补这个过错，就再次劝王凤说：“京兆尹王章犯罪的事是很隐密的，官吏百姓只是看到王章一向直言进谏，便认为他不会因此犯罪，怀疑王章因日食发表了相关意见。假使王章暗地里犯了罪，虽然将他正法，但是如果事情不宣扬出来，京师一带都无人了解，更何况边远地区。恐怕天下不知王章实际有罪，却以为他是因为上书言事而获罪。如果是这样，就阻塞了谏诤之言的道路，损害了朝廷宽宏开明的德行。我愚蠢地以为应该借王章一事提拔敢于直言极谏的人，并且让这人在郎官和随从官员面前直言极谏王章的过错，还包括先前关于日食的事情，来向天下表明实情，让天下人都知道君主的圣明，不因言论而定罪臣子。如能这样，流言就会自动消释，疑惑就会得到解释。”王凤向成帝禀告，实施了杜钦的计策。杜钦弥补过失助成美事，皆如此类。

此后杜钦优游自在，没有为官，年老寿终。杜钦的儿子及兄弟亲属，官至二千石的有十人。杜钦的兄长杜缓以前被免去太常的职务，以列侯的身份朝见皇上，在成帝时才去世，儿子杜业继承爵位。

杜业有才能，以列侯身份被任用为官，又担任太常。杜业多次上书谈论时政得失，不阿谀奉承权贵，与丞相翟方进、卫尉定陵侯淳于长关系不和。后来杜业因违法被罢免，又担任函谷关都尉。正巧遇上定陵侯淳于长有罪，应当离京回到封国，淳于长的舅舅红阳侯王立给杜业写信说：“我实在哀痛老姐姐白发垂垂，还要随不成器的儿子出关，希望不要因为以往不和的事情伤害定陵侯。”定陵侯淳于长出关后，他隐瞒的罪行又被揭发，关进洛阳监狱。丞相府的长史搜出了红阳侯王立写给杜业的信，上奏朝廷说杜业听从红阳侯王立的请托，犯了不敬罪，因此免去官职，回到封国。

其春，丞相方进薨，业上书言：“方进本与长深结厚，更相称荐，长陷大恶，独得不坐，苟欲障塞前过，不为陛下广持平例，又无恐惧之心，反因时信其邪辟，报睚眦怨。故事，大逆朋友坐免官，无归故郡者，今坐长者归故郡，已深一等；红阳侯立坐子受长货赂故就国耳，非大逆也，而方进复奏立党友后将军朱博、钜鹿太守孙宏、故少府陈咸，皆免官，归咸故郡。刑罚无平，在方进之笔端，众庶莫不疑惑，皆言孙宏不与红阳侯相爱。宏前为中丞时，方进为御史大夫，举掾隆可侍御史，宏奏隆前奉使欺谩，不宜执法近侍，方进以此怨宏。又方进为京兆尹时，陈咸为少府，在九卿高弟，陛下所自知也。方进素与司直师丹相善，临御史大夫缺，使丹奏咸为奸利，请案验，卒不能有所得，而方进果自得御史大夫。为丞相，即时诋欺，奏免咸，复因红阳侯事归咸故郡。众人皆言国家假方进权太甚。案师丹行能无异，及光禄勋许商被病残人，皆但以附从方进，尝获尊官。丹前亲荐邑子丞相史能使巫下神，为国求福，几获大利。幸赖陛下至明，遣使者毛莫如先考验，卒得其奸，皆坐死。假令丹知而白之，此诬罔罪也；不知而白之，是背经术惑左道也：二者皆在大辟，重于朱博、孙宏、陈咸所坐。方进终不举白，专作威福，阿党所厚，排挤英俊，托公报私，横厉无所畏忌，欲以熏轑天下。天下莫不望风而靡，自尚书近臣皆结舌杜口，骨肉亲属莫不股栗。威权泰盛而不忠信，非所以安国家也。今闻方进卒病死，不以尉示天下，反复赏赐厚葬，唯陛下深思往事，以戒来今。”

这年春季，丞相翟方进去世，杜业上书说："翟方进本与淳于长交情深厚，互相赞扬举荐，淳于长犯下重罪，惟独丞相翟方进没有受牵连治罪，假如他想草率地搪塞以前的过错，不为陛下广施公平地处理事情，又没有敬畏之心，反而趁机继续发展他的邪僻思想，为结下的小怨睚眦必报。按照以前的制度，犯有大逆不道之罪的人朋友受牵连免官，不需要返回故郡，现在因淳于长犯罪而免官回故郡，已经是加重的处罚了；红阳侯王立犯法是因为儿子接受淳于长贿赂的关系，所以被贬回封国，而不是犯了大逆之罪，但是翟方进又上奏弹劾红阳侯王立的朋友后将军朱博、钜鹿太守孙宏、故少府陈咸，三人都被免官，只是将陈咸遣回故郡。这样的惩罚不公平，在翟方进的下笔定罪无有定规，大家没有不感到疑惑的，都说钜鹿太守孙宏并未与红阳侯王立交好，却受牵连。孙宏曾经担任中丞时，翟方进任御史大夫，翟方进举荐掾隆可以任侍御史，孙宏上奏掾隆在以前奉命出使时欺骗朝廷，不适宜任侍奉待在皇上身边，翟方进因此结怨于孙宏。另外翟方进担任京兆尹时，陈咸担任少府，处在九卿的高位上，这是陛下知道的。翟方进平时与司直师丹交好，当时正好御史大夫一职空缺，他让师丹上奏告发陈咸用奸邪的手段谋利，请求追查陈咸，最终也没有查出问题，但是翟方进自己乘机得到御史大夫的职位。翟方进担任丞相，随时诋毁他人，上奏免去陈咸的官职，又因红阳侯的事情，让陈咸回归故郡。大家都说国家赋予翟方进的权力太大了。实际上师丹品行才能没有特别之处，还有光禄勋许商是有病的残废人，两人都因为附会翟方进，才获得高官。师丹以前亲自举荐同乡为丞相史，说他能请神降临，为国家求福，获得了大的利益。幸亏依靠陛下英明，派使者毛莫如事先查验，终于识破了他的奸诈行为，故而都被处死。假使师丹知道实情而仍然推荐同乡，这是犯了诬罔之罪；如果不知道实情而推荐同乡，这是背离儒家经术而崇信左道的蛊惑。二者都属于死罪，比朱博、孙宏、陈咸所犯的罪要严重。翟方进最终也没有检举师丹，利用权力作威作福，袒护党羽，排挤英才，公报私仇，横行霸道，无所顾忌，想用这种方法压制天下人。天下人无不望风而倒，从尚书到近臣都不敢说话，皇上的亲人宗族无不

会成帝崩，哀帝即位，业复上书言："王氏世权日久，朝无骨骾之臣，宗室诸侯微弱，与系囚无异，自佐史以上至于大吏皆权臣之党。曲阳侯根前为三公辅政，知赵昭仪杀皇子，不辄白奏，反与赵氏比周，恣意妄行，谮愬故许后，被加以非罪，诛破诸许族，败元帝外家。内嫉妒同产兄姊红阳侯立及淳于氏，皆老被放弃。新喋血京师，威权可畏。高阳侯薛宣有不养母之名，安昌侯张禹奸人之雄，惑乱朝廷，使先帝负谤于海内，尤不可不慎。陛下初即位，谦让未皇，孤独特立，莫可据杖，权臣易世，意若探汤。宜蚤以义割恩，安百姓心。窃见朱博忠信勇猛，材略不世出，诚国家雄俊之宝臣也，宜征博置左右，以填天下。此人在朝，则陛下可高枕而卧矣。昔诸吕欲危刘氏，赖有高祖遗臣周勃、陈平尚存，不者，几为奸臣笑。"

业又言宜为恭王立庙京师，以章孝道。时高昌侯董宏亦言宜尊帝母定陶王丁后为帝太后。大司空师丹等劾宏误朝不道，坐免为庶人，业复上书讼宏。前后所言皆合指施行，朱博果见拔用。业由是征，复为太常。岁余，左迁上党都尉。会司隶奏业为太常选举不实，业坐免官，复就国。

哀帝崩，王莽秉政，诸前议立庙尊号者皆免，徙合浦。业以前罢黜，故见阔略，忧恐，发病死。业成帝初尚帝妹颍邑公主，主无子，薨，业家上书求还京师与主合葬，不许，而赐谥曰荒侯，传子至

战栗畏惧。他威权太重却不忠不信，不是安定国家的大臣。现在听说翟方进突然病死，朝廷不借此来安慰天下，反而赐以厚葬，希望陛下仔细想想过去的事情，以戒今后。”

正好遇上成帝驾崩，哀帝即位，杜业又上书说：“王氏世代专权久已，朝中没有正直敢言的大臣，刘氏宗室诸侯日渐衰微，与囚犯没有什么两样，自佐史以上到大官都是权臣的朋党。曲阳侯王根以前是三公辅佐朝政，知道赵昭仪杀害皇子的事情，他不即刻上奏，反而与赵氏勾结为同党，肆意妄为，进谗言陷害许后，横加莫须有的罪名，导致许氏家族被诛灭，残害了元帝的外戚。王根对内嫉妒同母兄长红阳侯王立和姐姐淳于氏，两人都在年老时被放逐。现在又喋血京师，威势实在令人恐惧。高阳侯薛宣有不奉养母亲的名声，安昌侯张禹是一代奸首，扰乱朝廷，让先帝在天下受到怨谤之名，尤其不可不谨慎。陛下刚刚即位，来不及谦让，孤立无助，没有可以倚仗的人臣，权臣交替，就像用手试探沸水一样。应该及早按照道义割舍恩情，安天下百姓之心。臣私下认为朱博忠诚勇敢，才能谋略当世罕见，确实是国家栋梁之臣，应当征召朱博，安置在陛下身边，来安定天下。此人若是在朝中，那陛下便可以高枕而卧了。从前诸吕想扰乱刘氏政权，幸亏高祖的遗臣周勃、陈平尚在，不然的话，几乎要被奸臣所嘲笑了。”

杜业又建议应该为哀帝之父定陶恭王在京师立庙，用来弘扬孝道。当时高昌侯董宏也说应该尊哀帝的母亲定陶王丁后为帝太后。大司空师丹等人弹劾董宏扰乱朝纲，不合道义，所以高昌侯董宏因罪被贬为庶人，杜业又上书为董宏申诉。杜业前后上书所谈内容皆切合哀帝旨意，得以施行，朱博果然获得提拔重用。杜业因此被征召，又担任太常。一年多以后，杜业被贬为上党都尉。正好司隶上奏杜业担任太常时选拔举荐的人才与实际不符合，杜业因此被免官，又回到封国。

哀帝驾崩后，王莽掌权，那些以前建议要立庙加尊号的人都被免官，流放到合浦。杜业以前已因此事而被罢官，所以对他宽纵不再追究，但是杜业因为忧惧害怕，发病去世。杜业在成帝初年娶了成帝

孙绝。初，杜周武帝时徙茂陵，至延年徙杜陵云。

赞曰：张汤、杜周并起文墨小吏，致位三公，列于酷吏。而俱有良子，德器自过，爵位尊显，继世立朝，相与提衡，至于建武，杜氏爵乃独绝。迹其福祚，元功儒林之后莫能及也。自谓唐杜苗裔，岂其然乎？及钦浮沉当世，好谋而成，以建始之初深陈女戒，终如其言，庶几乎《关雎》之见微，非夫浮华博习之徒所能规也。业因势而抵陒，称朱博，毁师丹，爱憎之议可不畏哉！

的妹妹颍邑公主，公主没有儿子，已经去世，杜业家人上书朝廷请求返回京师，将杜业与公主合葬，没有得到同意，而赐给杜业谥号为荒侯，传爵位给儿子，至孙子时绝封。起初，杜周在武帝时把坟冢迁到茂陵，到杜延年时又把坟冢迁到杜陵。

赞辞说：张汤、杜周都是文墨小吏出身，官职做到三公，列在酷吏一类。他们都有贤德的子嗣，品德才能全都超过父辈，爵位尊贵显赫，几代都在朝中为官，两家互相提携，至东汉建武年间，杜氏的爵位才中断。考察他们的福分，功勋贵戚，以及儒者的后代，都不能够和他们相比。他们自称是周代唐杜的后裔，莫非真是这样吗？杜钦宦游当世，喜好谋划而常常成功，在建始初年深切地陈述戒除女色的道理，最终证实了他的话，或许是《诗经·关雎》的寓意微妙，并非那种浮夸华丽之徒能够规劝的。杜业被罢黜而能上书抨击，竟然称赞朱博，毁谤师丹，那强烈的爱憎之议不能不令人畏惧！

卷六十一

张骞李广利传第三十一

张骞，汉中人也，建元中为郎。时匈奴降者言匈奴破月氏王，以其头为饮器，月氏遁而怨匈奴，无与共击之。汉方欲事灭胡，闻此言，欲通使，道必更匈奴中，乃募能使者。骞以郎应募，使月氏，与堂邑氏奴甘父俱出陇西。径匈奴，匈奴得之，传诣单于。单于曰："月氏在吾北，汉何以得往使？吾欲使越，汉肯听我乎？"留骞十余岁，予妻，有子，然骞持汉节不失。

居匈奴西，骞因与其属亡乡月氏，西走数十日至大宛。大宛闻汉之饶财，欲通不得，见骞，喜，问欲何之。骞曰："为汉使月氏而为匈奴所闭道，今亡，唯王使人道送我。诚得至，反汉，汉之赂遗王财物不可胜言。"大宛以为然，遣骞，为发道译，抵康居。康居传致大月氏。大月氏王已为胡所杀，立其夫人为王。既臣大夏而君之，地肥饶，少寇，志安乐，又自以远远汉，殊无报胡之心。骞从月氏至大夏，竟不能得月氏要领。

留岁余，还，并南山，欲从羌中归，复为匈奴所得。留岁余，单于死，国内乱，骞与胡妻及堂邑父俱亡归汉。拜骞太中大夫，堂邑

张骞，汉中人，在建元年间担任郎官。当时降汉的匈奴人说匈奴击溃了月氏王，并用他的头颅做酒器，月氏人因此到处逃跑而且怨恨匈奴，就是没有人与他们一起攻打匈奴。汉朝正想发动消灭匈奴的战争，听到这个消息，就想派使节联络月氏国，可是通往月氏国的路又必经匈奴的领地，于是朝廷就招募能够出使月氏国的人。张骞以郎官的身份接受招募出使月氏国，与堂邑氏的奴仆甘父等人一起从陇西出发。张骞经过匈奴的地盘时，被匈奴人扣留，押送到单于那里。单于说："月氏国在我们的北边，汉朝人怎么能不经我的同意出使那么远的地方呢？我如果想派使者去南越，汉朝肯听任我们的人经过汉地吗？"匈奴把张骞羁留了十多年，让他娶妻生子，然而张骞依然手持汉节不失使者身份。

因他们居住在匈奴西部，张骞趁机带领他的部属一起逃向月氏国，向西逃了几十天，到了大宛国。大宛国听说汉朝资财富足，早就想和汉朝来往，只是苦于找不到机会，见到张骞等人到来，非常高兴，询问他们的去向。张骞说："我们是汉朝的使臣，要去月氏国，可是因为匈奴阻断道路，无法通行，现在逃到贵国，希望大王能派人送我们一程。如果能抵达月氏国，我们返回汉朝后，汉朝会赠送大王无数财物。"大宛国也这样认为，就送他们过去，并为他们派了翻译和向导，一直送到康居国。康居国把他们送到大月氏国。当时大月氏王已被匈奴诛杀，他的夫人被拥立为王。大月氏国已经征服了大夏国并统治着它。那里土地肥沃，少有盗贼，人民心境安乐，又自认为距离汉朝太遥远不想与之交往，全然没有报复匈奴的心思。张骞又从月氏国返回到大夏国，竟然不能得到月氏王明确的答复。

在大夏国等了一年多，张骞只得返回汉朝，他沿着南山，想从羌人的领地回汉朝，不巧又被匈奴抓住。羁押了一年多，碰上单于去

父为奉使君。

骞为人强力，宽大信人，蛮夷爱之。堂邑父胡人，善射，穷急射禽兽给食。初，骞行时百余人，去十三岁，唯二人得还。

骞身所至者，大宛、大月氏、大夏、康居，而传闻其旁大国五六，具为天子言其地形，所有。语皆在《西域传》。

骞曰："臣在大夏时，见邛竹杖、蜀布，问安得此，大夏国人曰：'吾贾人往市之身毒国。身毒国在大夏东南可数千里。其俗土著，与大夏同，而卑湿暑热。其民乘象以战。其国临大水焉。'以骞度之，大夏去汉万二千里，居西南。今身毒又居大夏东南数千里，有蜀物，此其去蜀不远矣。今使大夏，从羌中，险，羌人恶之；少北，则为匈奴所得；从蜀，宜径，又无寇。"天子既闻大宛及大夏、安息之属皆大国，多奇物，土著，颇与中国同俗，而兵弱，贵汉财物；其北则大月氏、康居之属，兵强，可以赂遗设利朝也。诚得而以义属之，则广地万里，重九译，致殊俗，威德遍于四海。天子欣欣以骞言为然。乃令因蜀犍为发间使，四道并出，出駹，出莋，出徙、邛，出僰，皆各行一二千里。其北方闭氐、莋，南方闭嶲、昆明。昆明之属无君长，善寇盗，辄杀略汉使，终莫得通。然闻其西可千余里，有乘象国，名滇越，而蜀贾间出物者或至焉，于是汉以求大夏道始通滇国。初，汉欲通西南夷，费多，罢之。及骞言可以通大夏，乃复事西南夷。

世，匈奴起了内讧，张骞便带着他的匈奴妻子以及堂邑父一起逃回汉朝。朝廷封他为太中大夫，封堂邑父为奉使君。

张骞为人坚毅，宽宏大度诚实不欺，蛮夷人民都喜欢他。堂邑父是匈奴人，擅长射箭，他们在穷困急迫的时候就射杀禽兽作为食物。起初，张骞出行时有一百多人随行，十三年后，只剩下他和堂邑父两人回来。

张骞所到之处，有大宛、大月氏、大夏、康居等国，传闻这些国家的旁边还有五六个大国，他详细地向武帝陈述了这些国家的地形，以及他知道的一切人事物产。详见《西域传》。

张骞说："臣待在大夏国的时候，看见来自邛地的竹杖和蜀郡的布，问他们是从哪得到的这些物品，大夏国人说：'是我国的商人从身毒国购买的。身毒国在大夏国东南方大约几千里的地方。那里的风俗是人民世代居住在本地，不随便迁居，和大夏国一样，但那里地势低下潮湿，而且在盛夏时分气候炎热。那里的人骑着大象作战。身毒国滨临大海。'根据臣揣度，大夏国与汉朝相隔一万二千里，位于汉朝的西南。现在身毒国又在大夏国东南几千里的地方，并且有蜀地的物品出售，这说明身毒国距离蜀地不远啊。现在我们出使大夏国，如果从羌族地区经过，很危险，羌族人很讨厌汉朝；稍稍往北，则会被匈奴扣押；如果从蜀郡出发，正是适宜的道路，又没有贼寇的侵扰。"武帝听说大宛和大夏、安息等都是大国，有许多奇异的物产，人民世代居住在本地，与汉朝的风俗颇为相同，可是他们兵力单薄，珍视汉朝的财货；北方则有大月氏、康居等国，这些国家兵力强大，可以赠送他们财物，给他们利益，让他们来朝见汉天子。果真能用此义举让他们归附汉朝，则汉朝就可扩大一万多里疆域，语言经过辗转翻译才能听懂的边远之地的人会来汉朝，一些习俗相异的少数民族也会前来，汉朝的威德就会遍及四海。武帝很开心地认同张骞的观点。武帝就下令蜀郡和犍为郡派出间使，分四路从駹夷，从莋夷，从徙夷、邛夷，从僰夷同时出发，各行一二千里的路程。可是北方被氐、莋两夷所阻挡，南方被嶲和昆明两夷所阻挡。昆明没有首领，百姓善于劫掠别人，经过那里的汉使就会遭受杀戮，这条路终

骞以校尉从大将军击匈奴，知水草处，军得以不乏，乃封骞为博望侯。是岁元朔六年也。后二年，骞为卫尉，与李广俱出右北平击匈奴。匈奴围李将军，军失亡多，而骞后期当斩，赎为庶人。是岁骠骑将军破匈奴西边，杀数万人，至祁连山。其秋，浑邪王率众降汉，而金城、河西并南山至盐泽，空无匈奴。匈奴时有候者到，而希矣。后二年，汉击走单于于幕北。

天子数问骞大夏之属。骞既失侯，因曰："臣居匈奴中，闻乌孙王号昆莫。昆莫父难兜靡本与大月氏俱在祁连、敦煌间，小国也。大月氏攻杀难兜靡，夺其地，人民亡走匈奴。子昆莫新生，傅父布就翎侯抱亡置草中，为求食，还，见狼乳之，又乌衔肉翔其旁，以为神，遂持归匈奴，单于爱养之。及壮，以其父民众与昆莫，使将兵，数有功。时，月氏已为匈奴所破，西击塞王。塞王南走远徙，月氏居其地。昆莫既健，自请单于报父怨，遂西攻破大月氏。大月氏复西走，徙大夏地。昆莫略其众，因留居，兵稍强，会单于死，不肯复朝事匈奴。匈奴遣兵击之，不胜，益以为神而远之。今单于新困于汉，而昆莫地空。蛮夷恋故地，又贪汉物，诚以此时厚赂乌孙，招以东居故地，汉遣公主为夫人，结昆弟，其势宜听，则是断匈奴右臂也。既连乌孙，自其西大夏之属皆可招来而为外臣。"天子以为然，拜骞为中郎将，将三百人，马各二匹，牛羊以万数，赍金币帛直

究没能打通。不过听闻昆明西边大约一千多里的地方，有个乘象国，名叫滇越国，而蜀郡的商人有时候带着货物或许到过那里，于是汉朝为了寻求通往大夏国的道路开始与滇越国往来。起初，汉朝想与西南夷往来，但是耗费太多，只好作罢。等到张骞说也可以从西南夷通向大夏，汉朝才重新准备打通去往西南夷的道路。

张骞曾经以校尉的身份跟从大将军卫青攻打匈奴，他知道水草分布的情况，军队才能不缺乏补给，朝廷因此封张骞为博望侯。当年是元朔六年（前123）。两年后，张骞任卫尉，与李广将军一起从右北平出发攻打匈奴。匈奴包围了李将军的军队，汉军伤亡了很多人，而张骞在约定的时间后才到达，按军法应当被斩首，他用财物赎罪被贬为平民。当年骠骑将军霍去病在西边击溃匈奴，杀死数万人，一直打到祁连山。当年秋季，匈奴浑邪王率领他的部下投降汉朝，故而自金城、河西走廊，沿着祁连山一直到盐泽一带的广阔地域，再无匈奴。匈奴偶尔会派兵前来侦察，但人数很少。两年后，汉朝在漠北击退匈奴单于。

武帝多次询问张骞西域大夏等国的情况。此时张骞已失去了侯位，就回答道："臣在匈奴的时候，听说乌孙王叫昆莫。昆莫的父亲难兜靡本来与大月氏都在祁连山、敦煌一带生活，是个小国。后来大月氏攻打并杀死难兜靡，夺取了他的土地，乌孙人逃到匈奴。难兜靡的儿子昆莫那时还是个刚出生的婴儿，他的老臣布就翖侯抱着他逃亡，路上将他藏在草丛中，去寻找食物，返回时，看见母狼正在给他喂奶，还有乌鸦嘴里衔着肉在旁边环绕，布就翖侯认为昆莫是神灵降世，便抱着他归顺匈奴，单于很喜欢他并把他养大成人。等昆莫长大后，单于把他父亲的部众交还给他，让他率领军队打仗，昆莫多次立下战功。那时，月氏国已被匈奴击溃，就向西攻打塞王。塞王向南逃走迁往很远的地方，月氏人就占有了塞王地盘。昆莫力量强大后，亲自向单于请求为父报仇，向西攻破大月氏。大月氏人又向西逃亡，去到了大夏人居住的地方。昆莫掳掠他们的民众，占领了大月氏的土地，兵力渐渐强大起来，正好碰上单于去世，于是昆莫不肯再朝见侍奉匈奴。匈奴就出兵攻击他，不能取胜，匈奴人更加认定昆莫

数千钜万，多持节副使，道可便遣之旁国。骞既至乌孙，致赐谕指，未能得其决。语在《西域传》。骞即分遣副使使大宛、康居、月氏、大夏。乌孙发道译送骞，与乌孙使数十人，马数十匹，报谢，因令窥汉，知其广大。

骞还，拜为大行。岁余，骞卒。后岁余，其所遣副使通大夏之属者皆颇与其人俱来，于是西北国始通于汉矣。然骞凿空，诸后使往者皆称博望侯，以为质于外国，外国由是信之。其后，乌孙竟与汉结婚。

初，天子发书《易》，曰“神马当从西北来”。得乌孙马好，名曰“天马”。及得宛汗血马，益壮，更名乌孙马曰“西极马”，宛马曰“天马”云。而汉始筑令居以西，初置酒泉郡，以通西北国。因益发使抵安息、奄蔡、犛靬、条支、身毒国。而天子好宛马，使者相望于道，一辈大者数百，少者百余人，所赍操，大放博望侯时。其后益习而衰少焉。汉率一岁中使者多者十余，少者五六辈，远者八九岁，近者数岁而反。

是神灵下凡而远避他。如今单于刚刚被汉军击败，而昆莫原来居住的地方空旷无人。蛮夷留恋故地，又贪图汉朝的财物，假如在此时厚赂乌孙，招引他们向东迁回到原来的土地居住，汉朝派遣公主做乌孙王的夫人，双方结为兄弟，如果形成这样的局势，乌孙应该会听从我们的建议，这就相当于切断了匈奴的右臂。联合乌孙后，自乌孙以西的大夏等国都可以招来作为汉的藩属。”武帝认同张骞的话，就封张骞为中郎将，带领三百人，每人两匹马，赶着上万只牛羊，带着价值数千万的金币和丝帛，领着许多持节副使出使乌孙，如果道路通畅的话，就派他们出使乌孙旁边的国家。张骞到达乌孙后，将携带的礼物送给乌孙王并晓谕了武帝的意思，但未能获得乌孙王明确的答复。详见《西域传》。张骞随即分别派遣副使出使大宛、康居、月氏、大夏等国。乌孙王派翻译和向导护送张骞回汉朝，同行的还有几十位乌孙使者，几十匹马作为赠礼，前来答谢武帝，得以让乌孙人了解汉朝的情况，知道汉朝的广大。

张骞返回汉朝以后，被封为大行令。过了一年多，张骞逝世。又一年多，他派出去交往大夏等国的副使都带着这些国家的使者一同返回汉朝，于是西北各国开始与汉朝往来。不过这一切都是因为张骞开辟了通往西域的道路，后来出使西域的人都称自己是博望侯，以此来取信于西域各国，西域各国因此信任他们。此后，乌孙王终于与汉朝公主结婚。

起初，武帝翻开《易经》占卜，卦象显示“神马当从西北来”。武帝得到乌孙王赠送的马后觉得很好，命名为“天马”。等到又拥有大宛国的汗血马，比乌孙马更加雄壮，便将乌孙马改名为“西极马”，将大宛马称为“天马”。并且汉朝开始从令居向西修筑边塞设施，新设置酒泉郡，以便沟通西域各国。汉朝因此增派使者抵达安息、奄蔡、犛轩、条支、身毒等国。而且武帝喜欢大宛马，故而出使西域接马的使者络绎不绝，一批当中多的约几百人，少的也有一百多人，使者所赠送的东西，都比照博望侯张骞当时的情况。后来对各国日益熟悉，每批使者的人数也逐渐减少。汉朝时一年中派出的使者多的时候大概有十多批，少的时候也有五六批，路程远的出使一次约八九

是时，汉既灭越，蜀所通西南夷皆震，请吏。置牂柯、越巂、益州、沈黎、文山郡，欲地接以前通大夏。乃遣使岁十余辈，出此初郡，皆复闭昆明，为所杀，夺币物。于是汉发兵击昆明，斩首数万。后复遣使，竟不得通。语在《西南夷传》。

自骞开外国道以尊贵，其吏士争上书言外国奇怪利害，求使。天子为其绝远，非人所乐，听其言，予节，募吏民无问所从来，为具备人众遣之，以广其道。来还不能无侵盗币物，及使失指，天子为其习之，辄覆按致重罪，以激怒令赎，复求使。使端无穷，而轻犯法。其吏卒亦辄复盛推外国所有，言大者予节，言小者为副，故妄言无行之徒皆争相效。其使皆私县官赍物，欲贱市以私其利。外国亦厌汉使人人有言轻重，度汉兵远，不能至，而禁其食物，以苦汉使。汉使乏绝，责怨，至相攻击。楼兰、姑师小国，当空道，攻劫汉使王恢等尤甚。而匈奴奇兵又时时遮击之。使者争言外国利害，皆有城邑，兵弱易击。于是天子遣从票侯破奴将属国骑及郡兵数万以击胡，胡皆去。明年，击破姑师，虏楼兰王。酒泉列亭鄣至玉门矣。

而大宛诸国发使随汉使来，观汉广大，以大鸟卵及黎靬眩人献于汉，天子大说。而汉使穷河源，其山多玉石，采来，天子案古图

年的时间，路程近的几年就可以返回汉朝。

当时，汉朝已经灭亡了南越，与蜀郡相通的西南夷都感到震惊，他们请求汉朝派出官吏治理自己所在的地方。汉朝在西南夷设置了牂柯、越嶲、益州、沈黎、文山等郡，想要连通大夏国。于是汉朝每年派出十多批使者，从新设立的郡出发，又都被昆明夷阻拦，他们杀掉汉使，抢夺礼品。因此汉朝发兵攻打昆明夷，斩杀了几万人。后来汉朝又派出使者，最终也不能通过昆明夷。详见《西南夷传》。

自从张骞以开通西域之路而获得富贵以来，那些官府属吏争着上书谈论外国稀奇古怪的事以及通使的利弊，也请求出使西域。武帝认为西域距离汉朝极其遥远，不是人人都愿意去的地方，便接受他们的请求，赐予他们符节，招募官民时一概不问来历，为这些人安排下属派遣他们出使西域，以此扩大人员的来源。这些人返回时，也有侵占盗窃来的财物，以及他们执行使命时不符合武帝的旨意，武帝因为他们熟悉西域的情况，就判处他们重罪，以激励他们去立功赎罪，使他们再次请求出使西域。他们出使的原因各有不同，而很多使者轻视法律以致于犯法。那些吏卒也总是极力夸大外国的物产，夸大程度大的人，朝廷授予符节，封为正使，夸大程度小的人封为副使，因此妄言及无良品行的人都争相仿效。使者们都将汉朝送给西域各国的礼物私藏起来，想在市场上低价卖出以私吞利益。西域各国也讨厌汉使人人言语华而不实，他们揣度汉军因为路途遥远，不能到达，便禁止给汉使提供食物，使汉使受苦。汉使缺乏食物，责怪怨恨，甚至相互攻击。楼兰、姑师等小国，地处要道，他们尤其对汉使王恢等人大肆攻伐劫掠。而且匈奴的骑兵又时时在中途伏击汉使。使者们争着谈论这些西域国家对汉朝的利益与危害，这些国家都建有城邑，兵力薄弱，很容易被攻破。于是武帝派从票侯赵破奴率领几万西域属国的骑兵和各郡兵力反击胡人，胡人全都逃跑。第二年，赵破奴击溃姑师，俘虏了楼兰王。汉朝从酒泉郡到玉门关沿途设置了边塞堡垒。

而大宛等国派使者跟随汉使来到汉朝，看到汉朝的广大，他们向汉朝献上大鸟卵和黎靬国的魔术师，武帝非常开心。而汉使也找

书，名河所出山曰昆仑云。

是时，上方数巡狩海上，乃悉从外国客，大都多人则过之，散财帛赏赐，厚具饶给之，以览视汉富厚焉。大角氐，出奇戏诸怪物，多聚观者，行赏赐，酒池肉林，令外国客遍观名仓库府臧之积，欲以见汉广大，倾骇之。及加其眩者之工，而角氐奇戏岁增变，其益兴，自此始。而外国使更来更去。大宛以西皆自恃远，尚骄恣，未可诎以礼羁縻而使也。

汉使往既多，其少从率进孰于天子，言大宛有善马在贰师城，匿不肯示汉使。天子既好宛马，闻之甘心，使壮士车令等持千金及金马以请宛王贰师城善马。宛国饶汉物，相与谋曰：“汉去我远，而盐水中数有败，出其北有胡寇，出其南乏水草，又且往往而绝邑，乏食者多。汉使数百人为辈来，常乏食，死者过半，是安能致大军乎？且贰师马，宛宝马也。”遂不肯予汉使。汉使怒，妄言，椎金马而去。宛中贵人怒曰：“汉使至轻我！”遣汉使去，令其东边郁成王遮攻，杀汉使，取其财物。天子大怒。诸尝使宛姚定汉等言。“宛兵弱，诚以汉兵不过三千人，强弩射之，即破宛矣。”天子以尝使浞野侯攻楼兰，以七百骑先至，虏其王，以定汉等言为然，而欲侯宠姬李氏，乃以李广利为将军，伐宛。

到了黄河源头，那里的山上多玉石，汉使采集运回汉朝，武帝考查了古图书，将黄河源头所在的山取名为昆仑山。

当时，武帝正好多次到海上巡行，身边跟随着的竟然全是外国客人，大都市或人口众多的地方都要专门经过，赏赐钱帛给他们，置办厚重的礼物馈赠他们，以便让他们看到汉朝雄厚的财力。看到西域来的人表演大角氐，玩奇戏等杂耍并展览稀奇的怪物，聚集着众多的围观者，就大加行赏，以酒为池，悬肉为林，让外国客人遍观各地府库储存的财物，想以此显示汉朝的强大，来让他们感到钦慕和震惊。至于增加魔术师的技艺，角氐、奇戏的花样每年都在变化，这些杂耍的进一步兴起，就是从当时开始。且外国使者换来换去，源源不绝。大宛以西的国家都自恃离汉朝道路遥远，就骄恣无度，它们没有向汉朝屈服，只是以礼尚往来的方式维系着与汉朝的关系，而汉朝也以这样的方式出使这些国家。

汉朝往来西域的人增多后，其中一些少年从使大多对武帝讲些不实的言辞，他们说大宛国在贰师城有良马，隐藏起来不愿让汉使见到。武帝既然喜欢大宛国的马，听说之后心下欢喜，他派壮士与车府令等带着千金和金铸的马去换取大宛国贰师城的良马。大宛国里汉朝的财物很多，他们互相谋划道：“汉朝距离我们遥远，而且使者要是从盐泽一带经过就会死亡，从北面过来有匈奴侵犯，从南面过来则缺乏水草补给，一路之上没有城邑，经常面临缺乏食物的情况。汉使每每几百人结成一批前来，常常因缺少食物，饿死的人在一半以上，这么恶劣的情况怎么能派大军过来呢？而且贰师城的良马是大宛国的宝马啊。”于是不肯把马交给汉使。汉使大怒，对大宛国人谩骂一通，打破金马而去。大宛国的贵族们生气的说道：“汉使也太蔑视我们了！”便打发汉使离开大宛国，又让东边的郁成王出其不意地攻击，杀死汉使，抢走财物。武帝知道以后大怒。曾出使过大宛国的姚定汉等人说：“大宛国的兵力不足，只要发动不到三千的汉军，用强弩射击他们，便可击溃大宛国。”武帝曾派浞野侯赵破奴进攻楼兰，以七百骑兵为先锋赶到那里，俘虏了楼兰王，因此认同姚定汉等人的话，武帝正想进封宠妃李夫人的兄长为侯，便任命李广利为将

骞孙猛，字子游，有俊才，元帝时为光禄大夫，使匈奴，给事中，为石显所谮。自杀。

李广利，女弟李夫人有宠于上，产昌邑哀王。太初元年，以广利为贰师将军，发属国六千骑及郡国恶少年数万人以往，期至贰师城取善马，故号“贰师将军”。故浩侯王恢使道军。既西过盐水，当道小国各坚城守，不肯给食，攻之不能下。下者得食，不下者数日则去。比至郁成，士财有数千，皆饥罢。攻郁成城，郁成距之，所杀伤甚众。贰师将军与左右计：“至郁成尚不能举，况至其王都乎？”引而还。往来二岁，至敦煌，士不过什一二。使使上书言：“道远，多乏食，且士卒不患战而患饥。人少，不足以拔宛。愿且罢兵，益发而复往。”天子闻之，大怒，使使遮玉门关，曰：“军有敢入，斩之。”贰师恐，因留屯敦煌。

其夏，汉亡浞野之兵二万余于匈奴，公卿议者皆愿罢宛军，专力攻胡。天子业出兵诛宛，宛小国而不能下，则大夏之属渐轻汉，而宛善马绝不来，乌孙、轮台易苦汉使，为外国笑。乃案言伐宛尤不便者邓光等。赦囚徒扞寇盗，发恶少年及边骑，岁余而出敦煌六万人，负私从者不与。牛十万，马三万匹，驴橐驼以万数赍粮，兵弩甚设。天下骚动，转相奉伐宛，五十余校尉。宛城中无井，汲城外流水，于是遣水工徙其城下水空以穴其城。益发戍甲卒十八万酒泉、张掖北，置居延、休屠以卫酒泉。而发天下七科適，及载糒给贰师，转车人徒相连属至敦煌。而拜习马者二人为执驱马校尉，备

军，出兵讨伐大宛。

张骞的孙子张猛，字子游，有卓越的才能，在元帝时任光禄大夫，出使匈奴后，加封给事中，后被石显诬陷。自杀。

李广利的妹妹李夫人被武帝宠幸，生下昌邑哀王。太初元年（前104），朝廷封李广利为贰师将军，带领属国的六千骑兵和郡国的好几万恶少年攻打大宛国，希望到贰师城夺取良马，所以号称他为“贰师将军”。原浩侯王恢为出击的军队做向导。贰师将军的部队已经向西经过盐水，路过的那些小国家都坚守城池，不肯供给汉军粮食，汉军又不能攻下城池。能攻下城池就可以获得粮食，攻不下来的城池停留几天就撤军离开。等到抵达郁成城，只剩下几千名士兵了，都十分饥饿。汉军攻打郁成城，郁成民众顽强抵抗，汉军死伤很多。贰师将军和随从商议道：“到了郁成都不能攻下来，何况到大宛国的王都呢？”就率领军队撤回。来回经过两年时间，返回敦煌的时候，幸存的士兵不超过十分之一二。贰师将军派遣使者给武帝上书说：“汉朝距离大宛国路程遥远，士兵大多缺乏粮食，况且他们不怕战争而怕挨饿。如今幸存的士兵很少，不足以攻取大宛国。希望皇上暂时停止进攻，多派士兵后再去攻打。”武帝看到奏章内容，十分生气，派使者在玉门关拦截，说：“有敢入关的军人，就斩了他。”贰师将军感到害怕，便在敦煌驻军屯田。

那年夏季，汉朝浞野侯赵破奴的士兵因与匈奴开战损失二万多人，公卿议者都希望撤回讨伐大宛的军队，一心一意进攻匈奴。武帝却认为既然已出兵进攻大宛国，如果连大宛这样的小国都不能攻下，那大夏之类的西域国家会轻视汉朝，而大宛的良马绝对不会来汉朝，乌孙、轮台等国家也将轻易地为难汉朝的使者，被西域各国笑话。于是朝廷查办了说攻打大宛尤为不便的邓光等人。赦免囚徒保护盗贼，征发恶少和边境的骑兵，一年之后从敦煌出兵六万人，私自带着粮食跟随汉军参战的没计算在内。这支队伍用十万头牛，三万匹马，上万头驴、骆驼来运送粮食，兵器齐备。举国上下震动不已，民众相继供养征伐大宛的军队，武帝总共派了五十多名校尉出征。大

破宛择取其善马云。

于是贰师后复行，兵多，所至小国莫不迎，出食给军。至轮台，轮台不下，攻数日，屠之。自此而西，平行至宛城，兵到者三万。宛兵迎击汉兵，汉兵射败之，宛兵走入保其城。贰师欲攻郁成城，恐留行而令宛益生诈，乃先至宛，决其水原，移之，则宛固已忧困。围其城，攻之四十余日。宛贵人谋曰："王毋寡匿善马，杀汉使。今杀王而出善马，汉兵宜解；即不，乃力战而死，未晚也。"宛贵人皆以为然，共杀王。其外城坏，虏宛贵人勇将煎靡。宛大恐，走入中城，相与谋曰："汉所为攻宛，以王毋寡。"持其头，遣人使贰师，约曰："汉无攻我，我尽出善马，恣所取，而给汉军食。即不听我，我尽杀善马，康居之救又且至。至，我居内，康居居外，与汉军战。孰计之，何从？"是时，康居候视汉兵尚盛，不敢进。贰师闻宛城中新得汉人知穿井，而其内食尚多。计以为来诛首恶者毋寡，毋寡头已至，如此不许，则坚守，而康居候汉兵罢来救宛，破汉军必矣。军吏皆以为然，许宛之约。宛乃出其马，令汉自择之，而多出食食汉军。汉军取其善马数十匹，中马以下牝牡三千余匹，而立宛贵人之故时遇汉善者名昧蔡为宛王，与盟而罢兵。终不得入中城，罢而引归。

宛都城中没有水井，只能引入城外的流水，于是汉军就派懂水利的工匠将水流改道，不使流入城内。在酒泉和张掖以北，汉朝还增派十八万军队驻守，并设置居延、休屠两个县护卫酒泉。而征派到边疆服兵役的七种人，负责载运干粮供给贰师将军的部队，一车接着一车，载运的人络绎不绝，一直到敦煌。朝廷还封了两名熟悉马的人为执驱马校尉，准备在攻破大宛国后挑选良马。

当时贰师将军是第二次出征大宛国，带领众多士兵，所经过的小国没有不出来迎接的，并给军队提供粮草。到了轮台国，轮台国不投降，汉军进攻了几天，血洗轮台国。从此往西，贰师将军的部队一直平安行军到了大宛城，到达的汉军有三万人。大宛军队迎击汉军，汉军用弓箭还击，打败了他们，大宛军逃到城内借着城墙自卫。贰师将军率领部队本想先进攻郁成城，担心军队停止前进而令大宛人又生出奸诈的计谋，就先攻取大宛城，断绝他们的水源，改变水流的方向，即使大宛人固守王城也会感到忧患困顿。贰师将军率兵围困大宛城，一直进攻了四十多天。大宛国的贵臣谋划说："我们的国王毋寡藏起了良马，杀害了汉朝使者。如果现在杀掉国王并献上好马，汉军围困大宛全城的危急就能解决；即使不能解决，再力战死去，也不晚。"众人都这样认为，他们一起杀死国王毋寡。当时大宛的外城已被毁坏，汉军俘获了大宛贵族勇将煎靡。大宛人特别害怕，逃跑到中城，共同谋划说："汉军攻打大宛国，是因为国王毋寡背叛汉朝。"于是大宛人提着国王毋寡的头，派人去见贰师将军，与其相约说："请汉军停止攻打，我们把良马全部献上，你们可以任意挑选，我们还会给你们提供粮食。如若不听从我们的话，我们就杀尽良马，康居国的救兵也会很快到达。救兵一到，大宛兵在城内，康居军在城外，我们会一起和汉军作战。请仔细考虑一下，然后再决定该怎么行事？"当时，康居国窥伺到汉军尚且强大，不敢进兵。贰师将军听说大宛城内刚找到会穿井汲水的汉人，而且还有很多粮食。考虑到汉军来大宛国的目的就是为诛杀罪魁祸首毋寡，毋寡的头已经被砍下，如果还不答应大宛人的请求，那么大宛人就会抵抗到底，而康居国的军队等汉军疲惫时来援救大宛国，到那个时候汉军必然溃败。军

初，贰师起敦煌西，为人多，道上国不能食，分为数军，从南北道。校尉王申生、故鸿胪壶充国等千余人别至郁成，城守不肯给食。申生去大军二百里，负而轻之，攻郁成急。郁成窥知申生军少，晨用三千人攻杀申生等，数人脱亡，走贰师。贰师令搜粟都尉上官桀往攻破郁成，郁成降。其王亡走康居，桀追至康居。康居闻汉已破宛，出郁成王与桀。桀令四骑士缚守诣大将军。四人相谓："郁成，汉所毒，今生将，卒失大事。"欲杀，莫適先击。上邽骑士赵弟拔剑击斩郁成王。桀等遂追及大将军。

初，贰师后行，天子使使告乌孙大发兵击宛。乌孙发二千骑往，持两端，不肯前。贰师将军之东，诸所过小国闻宛破，皆使其子弟从入贡献，见天子，因为质焉。军还，入玉门者万余人，马千余匹。后行，非乏食，战死不甚多，而将吏贪，不爱卒，侵牟之，以此物故者众。天子为万里而伐，不录其过，乃下诏曰："匈奴为害久矣，今虽徙幕北，与旁国谋共要绝大月氏使，遮杀中郎将江、故雁门守攘。危须以西及大宛皆合约杀期门车令、中郎将朝及身毒国使，隔东西道。贰师将军广利征讨厥罪，伐胜大宛。赖天之灵，从溯河山，涉流沙，通西海，山雪不积，士大夫径度，获王首虏，珍怪之物毕陈于阙。其封广利为海西侯，食邑八千户。"又封斩郁成王者赵

吏们也都这样认为，就接受了大宛人的请求。大宛人拿出良马，让汉军自己挑选，还拿出许多粮食供给汉军。汉军挑选了几十匹良马，三千多匹中等以下的公母马，还立大宛国贵臣中以前待汉人友好的昧蔡为大宛国王，与他盟约后撤兵。汉军最终没有进入大宛中城，就结束这场战争率军返回。

起初，贰师将军从敦煌西出兵时，因为人多，沿路经过的各国不能供给粮食，就分散为几路军队，从南北两个方向进军。校尉王申生、原大鸿胪壶充国等一千多人另到郁成国，郁成人坚守城门不肯供给他们粮食。当时校尉王申生的军队与贰师将军的大军相距二百里，他依仗着自己有大军支援而轻视敌人，就猛攻郁成国。郁成人窥探得知王申生带领的汉军很少，在早晨集结三千士卒进攻并杀死王申生等人，只有几个人脱险逃离，逃回贰师将军处。于是贰师将军命令搜粟都尉上官桀带兵前往攻打郁成国，郁成国投降。郁成王逃到康居国，上官桀就追到那里。康居人听说汉军已经击溃大宛国，就主动把郁成王交给上官桀。上官桀命令四名骑士把郁成王捆绑起来，押送到贰师将军那里。这四人互相讨论说："郁成王，是汉朝痛恨的人，如果现在把他活着押送到贰师将军那里，怕在仓促之间发生意外而贻误大事。"他们想杀死郁成王，却没人敢动手。上邽骑士赵弟拔剑斩杀了郁成王。上官桀等人就追上了贰师将军的大部队。

起初，贰师将军李广利第二次出兵进攻大宛国时，武帝派出使者告知乌孙王大举出兵与汉军合力讨伐大宛国。乌孙王派出两千名骑兵前往大宛国，犹豫不决，不肯上前。后来贰师将军率兵东归，经过的小国听说汉军击溃大宛国，都打发自己的子弟跟随汉军去汉朝进贡，拜见武帝，有的留在长安做人质。军队班师回朝，进入玉门关的的时候只剩一万多人，一千多匹马。贰师将军第二次行军，军队里并不缺少粮食，战死的人也不是很多，而是将吏贪婪，不爱护士兵，侵夺他们的粮食，因此亡故很多。武帝因为将士们远涉万里征讨大宛国，就不记录他们的过错，便下诏说："匈奴为害边境已经很久了，现在虽然远徙漠北，却与旁国共谋阻拦大月氏国的使臣，截杀中郎将江、原雁门太守攘。危须国以西及大宛国订立盟约杀害期门车令、中

弟为新畤侯；军正赵始成功最多，为光禄大夫；上官桀敢深入，为少府；李哆有计谋，为上党太守。军官吏为九卿者三人，诸侯相、郡守、二千石百余人，千石以下千余人。奋行者官过其望，以適过行者皆黜其劳。士卒赐直四万钱。伐宛再反，凡四岁而得罢焉。

后十一岁，征和三年，贰师复将七万骑出五原，击匈奴，度郅居水。兵败，降匈奴，为单于所杀。语在《匈奴传》。

赞曰："《禹本纪》言河出昆仑，昆仑高二千五百里余，日月所相避隐为光明也。自张骞使大夏之后，穷河原，恶睹所谓昆仑者乎？故言九州山川，《尚书》近之矣。至《禹本纪》《山经》所有，放哉！"

郎将朝以及身毒国使臣，隔绝通往西域的东西道路。贰师将军李广利前去讨伐他们的罪过，大胜大宛国。仰赖上天神灵护佑，沿着黄河的源头昆仑山，渡过流沙河，到达西海，过雪山而不停留，士大夫率领军队径直渡过所有的艰险，获得反王的首级，奇珍异物都陈列于宫阙。封李广利为海西侯，赏赐食邑八千户。”武帝又封斩杀郁成王的赵弟为新畤侯；军正赵始成立下的战功最多，封为光禄大夫；上官桀敢于深入敌营，封为少府；李哆出谋划策，封为上党太守。军队官吏中有三人被封为九卿，有一百多人被封为诸侯相、郡守、二千石官吏，有一千多人被封为一千石以下官吏。自告奋勇前往从军的人赏封的官爵都超过他们本人的愿望，因犯罪而去从军的人都免除其罪，不计功劳。出征的士兵们都得到了价值四万钱的赏赐。汉军先后两次讨伐大宛国，总共经历了四年才得以结束。

十一年后，征和三年（前90），贰师将军又率七万骑兵从五原出征，攻打匈奴，渡过郅居河。结果战败，投降匈奴，后被单于诛杀。详见《匈奴传》。

赞辞说：“《禹本纪》记载黄河发源于昆仑山，昆仑山有二千五百多里高，山上的光线因日月交替隐避而若隐若现。自从张骞出使大夏国后，走到了黄河的源头，他看到的就是书上所写的昆仑山吗？故而对于九州山川的描述，还是《尚书》比较接近实际。至于《禹本纪》《山经》的所有记载，不太可信！”

卷六十二

司马迁传第三十二

昔在颛顼，命南正重司天，火正黎司地。唐虞之际，绍重黎之后，使复典之，至于夏商，故重黎氏世序天地。其在周，程伯休甫其后也。当宣王时，官失其守而为司马氏。司马氏世典周史。惠襄之间，司马氏适晋。晋中军随会奔魏，而司马氏入少梁。

自司马氏去周适晋，分散，或在卫，或在赵，或在秦。其在卫者，相中山。在赵者，以传剑论显，蒯聩其后也。在秦者错，与张仪争论，于是惠王使错将兵伐蜀，遂拔，因而守之。错孙蕲，事武安君白起。而少梁更名夏阳。蕲与武安君坑赵长平军，还而与之俱赐死杜邮，葬于华池。蕲孙昌，为秦王铁官。当始皇之时，蒯聩玄孙卬为武信君将而徇朝歌。诸侯之相王，王卬于殷。汉之伐楚，卬归汉，以其地为河内郡。昌生毋怿，毋怿为汉市长。毋怿生喜，喜为五大夫，卒，皆葬高门。喜生谈，谈为太史公。

太史公学天官于唐都，受《易》于杨何，习道论于黄子。太史公仕于建元、元封之间，愍学者不达其意而师悖，乃论六家之要

从前在颛顼帝当政时期，任命南正重掌管天文，任命火正黎负责地理。唐尧虞舜时期，继续任命重氏和黎氏的后裔来掌管天文和地理，一直延续到夏朝和商朝，因此重氏与黎氏的后嗣均为掌管天文、地理的官员。到了西周时期，程伯休甫是他们的后裔。到了周宣王的时候，他们失去了原来的官职，而移交给司马氏。从此以后司马氏世代掌管着周朝的经史典籍。在周惠王和周襄王时期，司马氏来到晋国。晋国的中军将领随会逃亡到魏国，司马氏也跟着来到少梁邑。

自从司马氏家族离开周王室都城到了晋国以后，家族中的人就分散开来，有的在卫国，有的在赵国，有的在秦国。在卫国的人，后来担任中山国的丞相。在赵国的人，因为传播剑术及理论而显赫闻名，蒯聩就是他们的后人。在秦国的司马错，曾经与张仪辩论征伐蜀国的事，于是秦惠王最终采纳了司马错的建议，让他率兵征伐蜀国，司马错获胜平定了蜀国，就被提拔，并因此担任蜀郡守。司马错的孙子是司马蕲，在武安君白起的手下任职。而少梁邑后来改名为夏阳邑。司马蕲与武安君白起在长平县坑杀了赵国的四十万军队，返还秦国后，他与白起一起被秦王在杜邮亭赐死，埋葬于华池。司马蕲的孙子名叫司马昌，在秦国担任秦王的铁官。在秦始皇一统天下时，蒯聩的玄孙司马卬身为武信君的将领，率领义军攻占了朝歌。义军在分封诸侯王时，项羽封司马卬为殷王。汉王刘邦讨伐楚王项羽的时候，司马卬投降了汉军，汉王将司马卬的统治区改为河内郡。司马昌生司马毋怿，司马毋怿担任过汉朝长安的市长。司马毋怿生司马喜，司马喜曾受封五大夫的爵位，他们去世以后，全部安葬在高门。司马喜生下司马谈，司马谈曾经担任汉朝的太史公。

太史公司马谈向唐都学习天文学，在杨何那里学习《易经》，在黄子那里学习道家言论。在汉武帝建元至元封年间司马谈在朝廷担

指曰：

《易大传》："天下一致而百虑，同归而殊涂。"夫阴阳、儒、墨、名、法、道德，此务为治者也，直所从言之异路，有省不省耳。尝窃观阴阳之术，大详而众忌讳，使人拘而多畏，然其叙四时之大顺，不可失也。儒者博而寡要，劳而少功，是以其事难尽从，然其叙君臣父子之礼，列夫妇长幼之别，不可易也。墨者俭而难遵，是以其事不可遍循，然其强本节用，不可废也。法家严而少恩，然其正君臣上下之分，不可改也。名家使人俭而善失真，然其正名实，不可不察也。道家使人精神专一，动合无形，澹足万物，其为术也，因阴阳之大顺，采儒墨之善，撮名法之要，与时迁徙，应物变化，立俗施事，无所不宜，指约而易操，事少而功多。儒者则不然，以为人主天下之仪表也，君唱臣和，主先臣随。如此，则主劳而臣佚。至于大道之要，去健羡，黜聪明，释此而任术。夫神大用则竭，形大劳则敝；神形蚤衰，欲与天地长久，非所闻也。

夫阴阳，四时、八位、十二度、二十四节各有教令，曰顺之者昌，逆之者亡，未必然也，故曰"使人拘而多畏"。夫春生夏长，秋收冬臧，此天道之大经也，弗顺则无以为天下纪纲，故曰"四时之

任太史公的官职，他怜悯学习先秦诸子百家的学者，不能通晓各学派的要义而所学悖谬，于是论述六家学说要义说：

《易大传》中说：“天下人追求的目标一致，而具体谋虑却多种多样，达到的归宿相同，但是采取的途径却不一样。”阴阳家、儒家、墨家、名家、法家、道德家，这些学派都以致力于治世为要务，只是他们所遵循依从的学说不同，有的明白有的不明白而已。我曾经在私下里研究过阴阳之术，注重吉凶祸福的预兆而忌讳诸多，常常使人受到束缚而产生过多畏惧，但是阴阳家所讲的关于一年四季运行顺序的道理是不可以废弃的。儒家学说广博但很少能抓住要点，付出不少精力却成效很少，因此儒家的主张难以完全遵从，但是儒家所推崇的君臣父子之间的礼仪，提倡夫妇长幼之间有所分别，这些是不可改变的道理。墨家主张俭省却难以遵从，因此墨家的主张不能全部遵循，然而墨家所讲的关于加强根本和厉行节约的主张是不可以废弃的。法家主张严刑峻法却刻薄寡恩，然而法家端正君臣上下名分的主张是不可以更改的。名家使人过于受约束而容易失去对事物真实性的认识，但是名家分别名与实的关系，不可不予以重视。道家使人精神专一，行为举止合乎无形的“道”，使万物供给充裕。道家之术，依据阴阳家关于四时运行的顺序之说，采用了儒、墨两家的精要，结合了名、法两家的精要，随着时势的发展转移，适应事物的变化，树立良好的风俗，应用于人事，都十分适宜，意旨简约而容易掌握，事半功倍。儒家则是不同的观点，儒家认为君主身为天下人的典范，君主主持大政而臣下唱和辅佐，君主先行道义而臣下效仿跟随。这样一来，君主劳顿而臣下清闲。至于大道的要旨，是舍弃贪欲，去掉狡诈，放弃这些东西而用道术处理事情。精神过度使用就会衰竭，身体过度劳累就会疲惫；精神和身体早衰，却想与天地一样长久，这是从未听说过的事。

阴阳家对于四季、八方、十二度、二十四节气各自都体现了一定规律与禁忌，顺应这些规律就会昌盛，背逆它就会消亡，其实未必是对的，所以说“使人受到束缚而产生过多敬畏”。春生、夏长、秋收、冬藏，这是自然界的重要规律，若不顺应它就无法制定天下纲纪，

大顺，不可失也。”

夫儒者，以六艺为法，六艺经传以千万数，累世不能通其学，当年不能究其礼，故曰“博而寡要，劳而少功”。若夫列君臣父子之礼，序夫妇长幼之别，虽百家弗能易也。

墨者亦上尧舜，言其德行曰：“堂高三尺，土阶三等，茅茨不翦，采椽不斫；饭土簋，歠土刑，粝粱之食，藜藿之羹；夏日葛衣，冬日鹿裘。”其送死，桐棺三寸，举音不尽其哀。教丧礼，必以此为万民率。故天下共若此，则尊卑无别也。夫世异时移，事业不必同，故曰“俭而难遵”也。要曰强本节用，则人给家足之道也。此墨子之所长，虽百家不能废也。

法家不别亲疏，不殊贵贱，壹断于法，则亲亲尊尊之恩绝矣，可以行一时之计，而不可长用也，故曰“严而少恩”。若尊主卑臣，明分职不得相逾越，虽百家不能改也。

名家苛察缴绕，使人不得反其意，剸决于名，时失人情，故曰“使人俭而善失真”。若夫控名责实，参伍不失，此不可不察也。

道家无为，又曰无不为，其实易行，其辞难知。其术以虚无为本，以因循为用。无成势，无常形，故能究万物之情。不为物先后，故能为万物主。有法无法，因时为业；有度无度，因物兴舍。故曰“圣人不巧，时变是守”。虚者道之常也，因者君之纲也。群臣并

所以说，“一年当中四时的运行顺序，是不可以违背的。”

儒家以六艺为原则，而六艺的典籍和释传数以千万计，几代人都无法通晓其学说，一个人在有生之年也不能穷究其礼。所以说儒学“学说广博但缺少要点，事倍功半”。至于儒家推崇君臣父子的礼仪，提倡夫妇长幼有所分别，即使是百家之说也无法改变它。

墨家也崇尚尧舜之道，谈论他们的品德行为说：“尧帝舜帝住在堂口只有三尺高的殿堂里，堂下土阶只有三层，房顶上的茅草也不加修剪，用柞木做屋椽而不经刮削；用陶簋盛饭，用陶铏装汤，吃的是糙米粗饭，喝的是藜藿做的野菜羹；夏季穿葛布衣，冬季穿鹿皮裘。”墨家为死者送葬，只做一副厚仅三寸的桐木板棺材，送葬者恸哭而不能尽诉其哀痛。墨者教给百姓丧葬之礼，并亲自为万民做出表率。假使天下都照此法去做，那贵贱尊卑就没有区别了。世道不同，时势变化，人们所做的事情不尽相同，所以墨家学说“节俭难以遵从”。总之，墨家学说的要旨是重视农业，注重节约，这是引导人人丰足，家家富裕之道。也是墨家学说的优点，即使百家学说也无法废弃它。

法家不区别亲疏远近，不区分地位的贵贱尊卑，一律依据法令来决断，这样就把亲近亲属、尊敬长辈的恩义断绝了，这些可以作为一时之计来施行，但不可以长用，所以说法家“严酷而刻薄寡恩”。至于法家主张的君尊臣卑，职责分明不得相互逾越的说法，其他诸子百家也是不能否认的。

名家苛刻烦琐、迂回缠绕，使人不能反求它的真实意图，一切取决于概念名词的推理，反而失了一般的常理，因此说名家“使人受约束而容易失去对事物真实性的认识”。至于名家控名责实，要求名称与实际相符，这是不可不考察的。

道家主张无为，但是又说无所不为，其主张容易施行，其文辞则幽深微妙难以明白。其学说以虚无为根本，以顺应自然为行事方法。道家认为事物既没有一成不变之势，也没有常存不变之形，因此能够推究万物的道理。既不做超越万物的事，也不做落后万物的事，所以能够成为万物的主宰。有法而不任法以为法，要顺应时势以成其

至，使各自明也。其实中其声者谓之端，实不中其声者谓之款。款言不听，奸乃不生，贤不肖自分，白黑乃形。在所欲用耳，何事不成！乃合大道，混混冥冥。光耀天下，复反无名。凡人所生者神也，所托者形也。神大用则竭，形大劳则敝，形神离则死。死者不可复生，离者不可复合，故圣人重之。由此观之，神者生之本，形者生之具。不先定其神形，而曰“我有以治天下”，何由哉？

太史公既掌天官，不治民。有子曰迁。

迁生龙门，耕牧河山之阳。年十岁则诵古文。二十而南游江淮，上会稽，探禹穴，窥九疑，浮沅湘。北涉汶泗，讲业齐鲁之都，观夫子遗风，乡射邹峄；阨困蕃、薛、彭城，过梁楚以归。于是迁仕为郎中，奉使西征巴蜀以南，略邛、筰、昆明，还报命。

是岁，天子始建汉家之封，而太史公留滞周南，不得与从事，发愤且卒。而子迁适反，见父于河雒之间。太史公执迁手而泣曰：“予先，周室之太史也。自上世尝显功名虞夏，典天官事。后世中衰，绝于予乎，女复为太史，则续吾祖矣。今天子接千岁之统，封泰山，而予不得从行，是命也夫！命也夫！予死，尔必为太史；为太史，

业；有度而不恃度以为度，要根据万物的变化来取舍。因此说“圣人不巧取，就在于能够与时势一同变化”。虚无是道的永恒规律，顺天应人是国君治国理政的纲要。群臣一齐来到面前，君主应让他们各自明确自己的职责分工。实际情况符合言论声名的，叫做端，实际情况不符合言论声名的叫做空。人君不听信空话，奸邪就不会产生，贤与不肖自然就分清了，黑白自然就分明了。这就在于君主如果肯运用，还有什么事情办不成呢！这样才会合乎大道，看起来一派混混冥冥的境界。光辉照耀天下，重又归于无名。大凡人活着是因为有精神，而精神又寄托于形体。精神过度使用就会衰竭，形体过度劳累就会疲惫，形体、精神分离，人就会死亡。死去的人不能复生，形神分离就不能重新结合在一起，所以圣人重视这个问题。由此看来，精神是人生命的根本，形体是人生命的依托。如果不先安定自己的精神和身体，却侈谈什么“我有办法治理天下”，所依据的又是什么呢？

太史公司马谈只掌管天文工作，不管治理民众的事。他有个儿子叫司马迁。

司马迁出生在龙门，曾经在黄河以西、龙门山南麓一带以耕田放牧为生。司马迁十岁的时候就开始诵读古文。二十岁的时候就南游江淮一带，他登过会稽山，探寻过大禹穴，到过九疑山，之后泛舟到过沅水、湘水间。之后北渡汶水、泗水，在齐国、鲁国的旧都做过学术研讨，考察孔夫子留下的遗风，还去邹县、峄山参加乡射礼节；之后在游历蕃县、薛县、彭城等地时，一度遭受艰难困苦，经过梁国、楚国后返回长安。从那时起司马迁担任郎中，奉皇帝之命出使西征巴蜀南部的地区，抚定了邛地、筰地、昆明之后，返回到长安向武帝复命。

武帝元封元年（前110），天子举行了汉朝的首次封禅大典，而太史公司马谈滞留在周南，没能参与，所以心中愤懑以致病重差点死去。他的儿子司马迁适逢出使归来，在洛阳拜见了父亲。太史公司马谈握着司马迁的手哭着说：“我们的先祖，是周朝的太史。早在虞舜夏禹时期便功名显达，掌管天文工作。后世逐渐衰落了，莫非要在我这里断绝吗，你继续担任太史，就能延续祖先的事业了。现在天子继

毋忘吾所欲论著矣。且夫孝，始于事亲，中于事君，终于立身；扬名于后世，以显父母，此孝之大也。夫天下称周公，言其能论歌文武之德，宣周召之风，达大王王季思虑，爰及公刘，以尊后稷也。幽厉之后，王道缺，礼乐衰，孔子修旧起废，论《诗》《书》，作《春秋》，则学者至今则之。自获麟以来四百有余岁，而诸侯相兼，史记放绝。今汉兴，海内壹统，明主贤君，忠臣义士，予为太史而不论载，废天下之文，予甚惧焉，尔其念哉！”迁俯首流涕曰：“小子不敏，请悉论先人所次旧闻，不敢阙。”卒三岁，而迁为太史令，䌷史记石室金鐀之书。五年而当太初元年，十一月甲子朔旦冬至，天历始改，建于明堂，诸神受记。

太史公曰：“先人有言：‘自周公卒五百岁而有孔子，孔子至于今五百岁，有能绍而明之，正《易传》，继《春秋》，本《诗》《书》《礼》《乐》之际。’意在斯乎！小子何敢攘焉！”

上大夫壶遂曰：“昔孔子为何作《春秋》哉？”太史公曰：“余闻之董生：‘周道废，孔子为鲁司寇，诸侯害之，大夫壅之。孔子知时之不用，道之不行也，是非二百四十二年之中，以为天下仪表，贬诸侯，讨大夫，以达王事而已矣。’子曰：‘我欲载之空言，不如见之于行事之深切著明也。’《春秋》上明三王之道，下辨人事之经纪，别嫌疑，明是非，定犹与，善善恶恶，贤贤贱不肖，存亡国，继绝世，

承千年以来的皇统，到泰山进行封禅大典，而我却不能随行，这也是命中注定的事情啊！命中注定的啊！我死之后，你必定会担任太史；担任了太史，不要忘了我所要编著的论述啊。况且真正的孝，就是从侍奉双亲开始的，以服事君主作为继续，成就自己忠孝两全才是孝道的最终归宿；做后代子孙的榜样，给父母脸上争光，这是孝道中最圆满的。天下人都赞扬周公，说他可以论赞歌颂周文王、周武王的功德，推行周公旦和召公奭的教化，使人明白周太王、王季的思想，追述先祖公刘的事迹，使世人尊崇后稷。周幽王、周厉王以后，王道缺失，礼乐衰败，孔夫子把旧有的文献典籍修理好，把废置的王道和礼乐利用起来，整理《诗经》《尚书》，著作《春秋》，学者们直到今天仍在学习。从鲁哀公西狩获麟到现在已经四百多年了，在此期间由于诸侯相互兼并，史书遗失、记载废除。现在汉朝兴起，天下统一，那么多贤明的君主，忠臣义士的立功事迹，我作为太史都未能予以评价记录，使天下的史书中断，对此我感到非常惶恐，你千万要记在心上啊！”司马迁低下头流着眼泪说：“儿子虽然愚笨，请允许我详尽地论述您所整理的史料逸闻，不敢有半点缺漏。”司马谈去世三年后，司马迁担任了太史令，他阅读并摘抄了石室金柜中收藏的书籍。五年以后，适逢太初元年，十一月甲子初一冬至，太初历开始使用，在明堂上正式宣布新历法，诸神接受祭享。

太史公说：“先父曾经说过：‘自周公去世五百年后而有孔子，自孔子到现在又有五百年了，有谁能继承圣明时代的事业，修正《易传》，续写《春秋》，本于《诗经》《尚书》《礼记》《乐经》的关系。’他老人家的意思是把希望寄托在我的身上呀！小子怎敢推辞呢！”

上大夫壶遂问：“从前孔子为什么要写《春秋》呢？”太史公说：“我曾听董先生说：‘周朝的政治衰落之时，孔夫子出任鲁国的司寇，诸侯们诽谤他，大夫们排挤他。孔夫子知道自己的建议在当时不会被接受了，他的政治主张再也行不通了，于是评判二百四十二年历史中的是是非非，以此作为天下人行动的准则，他贬抑斥退诸侯，声讨犯上的大夫，以阐明王道而已。’孔夫子说：‘把我的思想用空话记载下来，还不如通过具体历史事件表现的更加深刻、明显。’《春

补敝起废，王道之大者也。《易》著天地阴阳四时五行，故长于变；《礼》纲纪人伦，故长于行；《书》记先王之事，故长于政；《诗》记山川溪谷禽兽草木牝牡雌雄，故长于风；《乐》乐所以立，故长于和；《春秋》辩是非，故长于治人。是故《礼》以节人，《乐》以发和，《书》以道事，《诗》以达意，《易》以道化，《春秋》以道义。拨乱世反之正，莫近于《春秋》。《春秋》文成数万，其指数千。万物之散聚皆在《春秋》。《春秋》之中，弑君三十六，亡国五十二，诸侯奔走不得保社稷者不可胜数。察其所以，皆失其本已。故《易》曰'差以豪氂，谬以千里'。故'臣弑君，子弑父，非一朝一夕之故，其渐久矣'。有国者不可以不知春秋，前有谗而不见，后有贼而不知。为人臣者不可以不知《春秋》，守经事而不知其宜，遭变事而不知其权。为人君父者而不通于《春秋》之义者，必蒙首恶之名。为人臣子不通于《春秋》之义者，必陷篡弑诛死之罪。其实皆以善为之，而不知其义，被之空言不敢辞。夫不通礼义之指，至于君不君，臣不臣，父不父，子不子。夫君不君则犯，臣不臣则诛，父不父则无道，子不子则不孝。此四行者，天下之大过也。以天下大过予之，受而不敢辞。故《春秋》者，礼义之大宗也。夫礼禁未然之前，法施已然之后；法之所为用者易见，而礼之所为禁者难知。"

秋》一书，从上而言，阐明了夏禹、商汤、周文王的政治原则，从下而言，能辨明为人处事的伦理纲纪，分清了疑惑难明的事物，判明了是非的界限，使犹豫不决的人拿定主意，褒善贬恶，崇敬贤能，排抑不肖之徒，保存已经灭亡的国家，延续已经中断的封嗣，补救政治上的弊端，振兴已经荒废的事业，这些都是王道的重要内容。《易经》显示了天地、阴阳、四时、五行的相互关系，因此注重变化；《礼记》规定了人与人之间的关系，因此注重行动；《尚书》记载了上古先王的事迹，因此注重从政；《诗经》记载了山川、溪谷、禽兽、草木、牝牡、雌雄，所以着重风俗人情；《乐经》是音乐成立的根据，因此注重调和性情；《春秋》分辨是非，所以注重治理百姓。因此，《礼记》是用来节制人的行为的，《乐经》是用来激发和睦的感情的，《尚书》是用来教导从政的，《诗经》是用来表达内心情意的，《易经》是用来说明变化的，《春秋》是用来阐明正义的。平定乱世，恢复正道，没有比《春秋》更合适的了。《春秋》全书有文字数万，其中的要点也有数千。万事万物的离散兴亡，都记在《春秋》里了。在《春秋》中，臣杀君的事件有三十六起，亡国的有五十二个，诸侯四处奔走仍然不能保其国家政权的不计其数。观察之所以会这样的原因，都在于失去了为人处世的根本啊。所以《易经》说'失之毫厘，差之千里'。因此说'臣弑君、子杀父，并不是一朝一夕才这样的，而是长期逐渐形成的'。所以国君不可以不知道《春秋》，否则，当面有人进谗言他看不见，背后有窃国之贼他也不知道。身为国家大臣的不可以不知道《春秋》，否则，处理一般的事情不知怎样做才合适，遇到出乎意料的事不知用变通的权宜之计去应对。作为人君、人父，却不懂得《春秋》中的道理，一定会蒙受罪魁祸首的恶名。作为人臣、人子的，不懂得《春秋》中的道理，一定会因为阴谋篡位和杀害君父而被诛杀。其实他们都以为自己在做好事，而不知其道义何在，以致受了毫无根据的批评而不敢反驳。因为不知道礼义的要旨，以至于做国君的不像国君，做大臣的不像大臣，做父亲的不像父亲，做儿子的不像儿子。做国君的不像国君，大臣们就会犯上作乱，做大臣的不像大臣，就会遭到杀身之祸，做父亲的不像父亲，就是没有伦理道德，做儿子的不

壶遂曰："孔子之时，上无明君，下不得任用，故作《春秋》，垂空文以断礼义，当一王之法。今夫子上遇明天子，下得守职，万事既具，咸各序其宜，夫子所论，欲以何明？"太史公曰："唯唯，否否，不然。余闻之先人曰：'虙戏至纯厚，作《易》八卦。尧舜之盛，《尚书》载之，礼乐作焉。汤武之隆，诗人歌之。《春秋》采善贬恶，推三代之德，褒周室，非独刺讥而已也。'汉兴已来，至明天子，获符瑞，封禅，改正朔，易服色，受命于穆清，泽流罔极，海外殊俗重译款塞，请来献见者，不可胜道。臣下百官力诵圣德，犹不能宣尽其意。且士贤能矣，而不用，有国者耻也；主上明圣，德不布闻，有司之过也。且余掌其官，废明圣盛德不载，灭功臣贤大夫之业不述，堕先人所言，罪莫大焉。余所谓述故事，整齐其世传，非所谓作也，而君比之《春秋》，谬矣。"

于是论次其文。十年而遭李陵之祸，幽于累绁。乃喟然而叹曰："是余之罪夫！身亏不用矣。"退而深惟曰："夫《诗》《书》隐约者，欲遂其志之思也。"卒述陶唐以来，至于麟止，自黄帝始。《五帝本纪》第一，《夏本纪》第二，《殷本纪》第三。《周本纪》第四，《秦

像儿子，就是不孝敬父母。这四种行为，是天下最大的过错。把天下最大的四种过错加在这些人身上，他们也只能接受而不敢推托。所以，《春秋》这部书，是关于礼义的主要经典著作。礼义的作用是防患于未然，法律的作用是除恶于已然；法律的除恶作用显而易见，而礼义的防患作用难以被人们理解。”

壶遂说：“孔子的时代，国家没有圣明的国君，下面的贤才俊士得不到重用，孔子这才著作《春秋》，流传下这部用笔墨写成的著作，来判明什么是礼义，作为代替周王朝的法典。现在您上遇英明的贤君，下能恪尽自己的职守，万事已经妥当，一切按部就班地进行着，您所准备论述的内容，将要阐明什么宗旨呢？”太史公答道：“对对错错，一味顺从应声是不行的。我从先父那里听说：‘伏羲最为纯朴厚道，他创作了《易经》中的八卦。尧帝舜帝时代的昌盛，《尚书》上予以记载，礼乐就是那时制作的。商汤、周武王时代的兴隆，受到古代诗人的歌颂。《春秋》歌颂善人，贬斥恶人，推崇夏、商、周三代的德政，褒扬周室，并非全是抨击和讽刺。’自从汉朝建立，直到当今天子登记以来，天下出现祥瑞，上泰山举行了封禅大典，更改了历法，更换了服饰颜色，受命于上天，天子的德泽流布远方，四海之外与汉族风俗不同的地区，也纷纷通过几重翻译叩开关门，请求前来献礼、朝见天子，这些事情多得说不完。臣下百官，尽力歌颂天子的圣明功德，还是不能把其中的意义阐述透彻。况且，天下贤士得不到重用，这是国君的耻辱；皇上神圣英明，而他的美德没能流传久远，这是史官的过错。何况我曾经做过太史令，如果废弃皇上英明神圣的盛大美德不去记载，埋没了功臣、贵族、贤大夫的事迹不去记述，丢弃先父生前的殷勤嘱咐，没有什么罪过比这更大了。我所说的记述过去的故事，整理归纳那些社会传说，谈不上创作，而您却把它同孔子作《春秋》相提并论，这就不对了。”

于是按照论述次序编写其书。在著书的第十年，太史公因李陵事件受到牵连而大祸临头，被关进监牢。在狱中喟然长叹道：“这是我的罪孽啊！身体被毁坏了，不会再被任用了。”事后他冷静深思道：“《诗经》《尚书》的辞意隐约含蓄，这是作者要表达他们内心的

本纪》第五,《始皇本纪》第六,《项羽本纪》第七,《高祖本纪》第八,《吕后本纪》第九,《孝文本纪》第十,《孝景本纪》第十一,《今上本纪》第十二。《三代世表》第一,《十二诸侯年表》第二,《六国年表》第三,《秦楚之际月表》第四,《汉诸侯年表》第五,《高祖功臣年表》第六,《惠景间功臣年表》第七,《建元以来侯者年表》第八,《王子侯者年表》第九,《汉兴以来将相名臣年表》第十。《礼书》第一,《乐书》第二,《律书》第三,《历书》第四,《天官书》第五,《封禅书》第六,《河渠书》第七,《平准书》第八。《吴太伯世家》第一,《齐太公世家》第二,《鲁周公世家》第三,《燕召公世家》第四,《管蔡世家》第五,《陈杞世家》第六,《卫康叔世家》第七,《宋微子世家》第八,《晋世家》第九,《楚世家》第十,《越世家》第十一,《郑世家》第十二,《赵世家》第十三,《魏世家》第十四,《韩世家》第十五,《田完世家》第十六,《孔子世家》第十七,《陈涉世家》第十八,《外戚世家》第十九,《楚元王世家》第二十,《荆燕王世家》第二十一,《齐悼惠王世家》第二十二,《萧相国世家》第二十三,《曹相国世家》第二十四,《留侯世家》第二十五,《陈丞相世家》第二十六,《绛侯世家》第二十七,《梁孝王世家》第二十八,《五宗世家》第二十九,《三王世家》第三十。《伯夷列传》第一,《管晏列传》第二,《老子韩非列传》第三,《司马穰苴列传》第四,《孙子吴起列传》第五,《伍子胥列传》第六,《仲尼弟子列传》第七,《商君列传》第八,《苏秦列传》第九,《张仪列传》第十,《樗里甘茂列传》第十一,《穰侯列传》第十二,《白起王翦列传》第十三,《孟子荀卿列传》第十四,《平原虞卿列传》第十五,《孟尝君列传》第十六,《魏公子列传》第十七,《春申君列传》第十八,《范雎蔡泽列传》第十九,《乐毅列传》第二十,《廉颇蔺相如列传》第二十一,《田单列传》第二十二,《鲁仲连列传》第二十三,《屈原贾生列传》

思想。”于是他着手记述从尧帝开始，直到武帝获麟为止的历史，自黄帝开始详细记载。其篇目为：《五帝本纪》第一，《夏本纪》第二，《殷本纪》第三，《周本纪》第四，《秦本纪》第五，《始皇本纪》第六，《项羽本纪》第七，《高祖本纪》第八，《吕后本纪》第九，《孝文本纪》第十，《孝景本纪》第十一，《今上本纪》第十二。《三代世表》第一，《十二诸侯年表》第二，《六国年表》第三，《秦楚之际月表》第四，《汉诸侯年表》第五，《高祖功臣年表》第六，《惠景间功臣年表》第七，《建元以来侯者年表》第八，《王子侯者年表》第九，《汉兴以来将相名臣年表》第十。《礼书》第一，《乐书》第二，《律书》第三，《历书》第四，《天官书》第五，《封惮书》第六，《河渠书》第七，《平准书》第八。《吴太伯世家》第一，《齐太公世家》第二，《鲁周公世家》第三，《燕召公世家》第四，《管蔡世家》第五，《陈杞世家》第六，《卫康叔世家》第七，《宋微子世家》第八，《晋世家》第九，《楚世家》第十，《越世家》第十一，《郑世家》第十二，《赵世家》第十三，《魏世家》第十四，《韩世家》第十五，《田完世家》第十六，《孔子世家》第十七，《陈涉世家》第十八，《外戚世家》第十九，《楚元王世家》第二十，《荆燕王世家》第二十一，《齐悼惠王世家》第二十二，《萧相国世家》第二十三，《曹相国世家》第二十四，《留侯世家》第二十五，《陈丞相世家》第二十六，《绛侯世家》第二十七，《梁孝王世家》第二十八，《五宗世家》第二十九，《三王世家》第三十。《伯夷列传》第一，《管晏列传》第二，《老子韩非列传》第三，《司马穰苴列传》第四，《孙子吴起列传》第五，《伍子胥列传》第六，《仲尼弟子列传》第七，《商君列传》第八，《苏秦列传》第九，《张仪列传》第十，《樗里甘茂列传》第十一，《穰侯列传》第十二，《白起王翦列传》第十三，《孟子荀卿列传》第十四，《平原虞卿列传》第十五，《孟尝君列传》第十六，《魏公子列传》第十七，《春申君列传》第十八，《范睢蔡泽列传》第十九，《乐毅列传》第二十，《廉颇蔺相如列传》第二十一，《田单列传》第二十二，《鲁仲连列传》第二十三，《屈原贾生列传》第二十四，《吕不韦列传》第二十五，《刺客列传》第二十六，《李斯列传》第二十七，《蒙恬列传》第二十八，《张耳陈馀列传》

第二十四,《吕不韦列传》第二十五,《刺客列传》第二十六,《李斯列传》第二十七,《蒙恬列传》第二十八,《张耳陈馀列传》第二十九,《魏豹彭越列传》第三十,《黥布列传》第三十一,《淮阴侯韩信列传》第三十二,《韩王信卢绾列传》第三十三,《田儋列传》第三十四,《樊郦滕灌列传》第三十五,《张丞相仓列传》第三十六,《郦生陆贾列传》第三十七,《傅靳蒯成侯列传》第三十八,《刘敬叔孙通列传》第三十九,《季布栾布列传》第四十,《爰盎晁错列传》第四十一,《张释之冯唐列传》第四十二,《万石张叔列传》第四十三,《田叔列传》第四十四,《扁鹊仓公列传》第四十五,《吴王濞列传》第四十六,《魏其武安列传》第四十七,《韩长孺列传》第四十八,《李将军列传》第四十九,《卫将军骠骑列传》第五十,《平津主父列传》第五十一,《匈奴列传》第五十二,《南越列传》第五十三,《闽越列传》第五十四,《朝鲜列传》第五十五,《西南夷列传》第五十六,《司马相如列传》第五十七,《淮南衡山列传》第五十八,《循吏列传》第五十九,《汲郑列传》第六十,《儒林列传》第六十一,《酷吏列传》第六十二,《大宛列传》第六十三,《游侠列传》第六十四,《佞幸列传》第六十五,《滑稽列传》第六十六,《日者列传》第六十七,《龟策列传》第六十八,《货殖列传》第六十九。

惟汉继五帝末流,接三代绝业。周道既废,秦拨去古文,焚灭《诗》《书》,故明堂石室金鐀玉版图籍散乱。汉兴,萧何次律令,韩信申军法,张仓为章程,叔孙通定礼仪,则文学彬彬稍进,《诗》《书》往往间出。自曹参荐盖公言黄老,而贾谊、朝错明申韩,公孙弘以儒显,百年之间,天下遗文古事靡不毕集。太史公仍父子继纂其职,曰:"於戏!余维先人尝掌斯事,显于唐虞。至于周,复典之。故司马氏世主天官,至于余乎,钦念哉!"罔罗天下放失旧闻,王迹所兴,原始察终,见盛观衰,论考之行事,略三代,录秦汉,上记轩

第二十九，《魏豹彭越列传》第三十，《黥布列传》第三十一，《淮阴侯韩信列传》第三十二，《韩王信卢绾列传》第三十三，《田儋列传》第三十四，《樊郦滕灌列传》第三十五，《张丞相仓列传》第三十六，《郦生陆贾列传》第三十七，《傅靳蒯成侯列传》第三十八，《刘敬叔孙通列传》第三十九，《季布栾布列传》第四十，《爰盎晁错列传》第四十一，《张释之冯唐列传》第四十二，《万石张叔列传》第四十三，《田叔列传》第四十四，《扁鹊仓公列传》第四十五，《吴王濞列传》第四十六，《魏其武安列传》第四十七，《韩长孺列传》第四十八，《李将军列传》第四十九，《卫将军骠骑列传》第五十，《平津主父列传》第五十一，《匈奴列传》第五十二，《南越列传》第五十三，《闽越列传》第五十四，《朝鲜列传》第五十五，《西南夷列传》第五十六，《司马相如列传》第五十七，《淮南衡山列传》第五十八，《循吏列传》第五十九，《汲郑列传》第六十，《儒林列传》第六十一，《酷吏列传》第六十二，《大宛列传》第六十三，《游侠列传》第六十四，《佞幸列传》第六十五，《滑稽列传》第六十六，《日者列传》第六十七，《龟策列传》第六十八，《货殖列传》第六十九。

汉朝继承了五帝的遗风，接续了三代被中断的大业。周朝王道废弛，秦朝废弃了古代文化，焚毁了《诗经》《尚书》，所以造成明堂、石室金柜中的玉版图籍散失错乱。汉朝建立后，萧何颁布了法律条令，韩信申明了军法，张苍制定了章程，叔孙通确定了礼仪，品学兼优的文学之士逐渐被启用，《诗经》《尚书》之类的典籍，不断的在各地被发现。自从曹参举荐盖公而以黄老学说治政，贾谊、晁错明白申不害、韩非的法家学说，公孙弘因儒学而显贵，百年之间，天下的遗文古事无不汇集于太史公这里。太史公父子相继担任史官，太史公说："呜呼！我的先祖曾担任这一职务，扬名于唐尧虞舜之世。直到

辕，下至于兹，著十二本纪，既科条之矣。并时异世，年差不明，作十表。礼乐损益，律历改易，兵权山川鬼神，天人之际，承敝通变，作八书。二十八宿环北辰，三十辐共一毂，运行无穷，辅弼股肱之臣配焉，忠信行道以奉主上，作三十世家。扶义俶傥，不令己失时，立功名于天下，作七十列传。凡百三十篇，五十二万六千五百字，为《太史公书》。序略，以拾遗补阙艺，成一家言，协《六经》异传，齐百家杂语，臧之名山，副在京师，以竢后圣君子。第七十，迁之自叙云尔。而十篇缺，有录无书。

迁既被刑之后，为中书令，尊宠任职。故人益州刺史任安予迁书，责以古贤臣之义。迁报之曰：

少卿足下：曩者辱赐书，教以慎于接物，推贤进士为务，意气勤勤恳恳，若望仆不相师用，而流俗人之言。仆非敢如是也。虽罢驽，亦尝侧闻长者遗风矣。顾自以为身残处秽，动而见尤，欲益反损，是以抑郁而无谁语。谚曰："谁为为之，孰令听之？"盖钟子期死，伯牙终身不复鼓琴。何则？士为知己用，女为说己容。若仆大质已亏缺，虽材怀随和，行若由夷，终不可以为荣，适足以发笑而自点耳。

周朝，再次负责这一工作。所以司马氏世代掌管天文史书，一直到我这里，我一定谨记在心啊！”于是太史公网罗天下散失的旧闻，对帝王兴起的事迹，追溯他的根本源头，探查他的终了，既要看到它的兴盛，也要看到它的衰亡，研讨考察各朝代所行之事，推断三代，详细载录秦汉所发生的事，从轩辕黄帝写起，一直到当今皇帝，著十二篇本纪，已经按类别加以排列出大纲了。有同时异世的历史事件，年代差误难以明辨，因此制作了十表。关于礼乐的变迁，律历的改易，兵制沿革、山川分布、鬼神祭祀，天和人之间的关系，趁其衰败实行变革，作了八书。二十八宿环绕北辰，就像三十根车辐集于车毂，运行无穷，栋梁和股肱之臣拱卫帝王四周来匡扶社稷，他们忠信行道，以侍奉主上，因此为他们编写了三十世家。扶持正义的豪爽洒脱之士，他们能够把握时机，立功扬名于天下，为他们编写了七十列传。全书总计一百三十篇，五十二万六千五百字，称为《太史公书》。编写本书的大略，就是采录佚失的史实旧事，补充散失的六艺经书，成就一家之说，汇集《六经》的各种不同解释，整理百家学说，将正本藏于名山，留副本在京都，以待后世君子览阅。第七十篇列传，是司马迁的自传。然而在一百三十篇中缺失了十篇，只有目录而缺少内容。

司马迁遭受宫刑之后，被任命为中书令，位高尊显。他的故友益州刺史任安给他写信，以古代贤臣的要义来激励他。司马迁回信说：

少卿足下：往日获赐您给我的书信，提醒我待人接物要慎重，以推举贤能，引荐人才为己任，信中情意、态度十分恳切，您抱怨我没有遵从您的意见去推荐贤才，而去附和俗人的见解。我并不敢这样做。我虽然平庸无能，但也曾聆听过德高才俊的长辈的教导。只是自己认为身体已经遭受摧残，而又处于污浊的环境之中，动辄得咎，想对事情有所增益，结果反而使自己遭到损害，因此我独自郁闷而不能向朋友诉说。俗话说：“为了谁去做，教谁来听呢？”钟子期死了，伯牙便一辈子不再鼓琴。这是为什么呢？因为士为知己者死，女为悦己者容。像我这样身体已经亏残的人，即使才能像随侯珠、和氏璧那样耀眼，品行像许由、伯夷那样高尚，也终究不能用这些来引以为

书辞宜答，会东从上来，又迫贱事，相见日浅，卒卒无须臾之间得竭指意。今少卿抱不测之罪，涉旬月，迫季冬，仆又薄从上上雍，恐卒然不可讳。是仆终已不得舒愤懑以晓左右，则长逝者魂魄私恨无穷。请略陈固陋。阙然不报，幸勿过。

仆闻之，修身者智之府也，爱施者仁之端也，取予者义之符也，耻辱者勇之决也，立名者行之极也。士有此五者，然后可以托于世，列于君子之林矣。故祸莫憯于欲利，悲莫痛于伤心，行莫丑于辱先，而诟莫大于宫刑。刑余之人，无所比数，非一世也，所从来远矣。昔卫灵公与雍渠载，孔子适陈；商鞅因景监见，赵良寒心；同子参乘，爰丝变色，自古而耻之。夫中材之人，事关于宦竖，莫不伤气，况慷慨之士乎！如今朝虽乏人，奈何令刀锯之余荐天下豪俊哉！仆赖先人绪业，得待罪辇毂下，二十余年矣。所以自惟：上之，不能纳忠效信，有奇策材力之誉，自结明主；次之，又不能拾遗补阙，招贤进能，显岩穴之士；外之，不能备行伍，攻城野战，有斩将搴旗之功；下之，不能累日积劳，取尊官厚禄，以为宗族交游光宠。四者无一遂，苟合取容，无所短长之效，可见于此矣。乡者，仆亦尝厕下大夫之列，陪外廷末议。不以此时引维纲，尽思虑，今已亏形为埽除之隶，在阘茸之中，乃欲卬首信眉，论列是非，不亦轻朝廷，羞当世之士邪！嗟乎！嗟乎！如仆，尚何言哉！尚何言哉！

荣，恰恰会引人耻笑而自取其辱罢了。

您的来信本应及时答复，我恰好侍奉皇上东巡归来，又为烦琐之事所逼迫，与您见面的日子很少，最终也没能有空闲来详尽地向您请教。现在少卿蒙受意想不到的罪祸，再过一个月，就临近农历十二月了，我侍从皇帝去雍县的日期也迫近了，恐怕您受刑的日子很快就会来临。这样，我将终生不能向您抒发胸中的愤懑，那么与世长辞的灵魂会留下无穷的遗怨。请允许我向您简略陈述浅陋的见解吧。隔了好久没给您回信，希望您不要责怪。

我听到过这样的说法：善于加强自我修养，智慧就聚于一身，乐于施舍助人是仁爱的开端，正当的取舍是符合道义的行为，知耻是勇敢的表现，建立美好的名声是品行的终极目标。士人具备了这五种品德，就可以立足于社会，排在君子的行列中。所以，灾祸没有比贪图私利更悲惨的了，悲哀没有比自尊心受创更痛苦的了，行为没有比辱没祖先更丑恶的了，耻辱没有比遭受宫刑更重大的了。遭受宫刑的人，社会地位是没法同正常人相比的，这并非现在才有的事，可以追溯到很远的时候。从前，卫灵公与宦官雍渠同坐一辆车，陪行的孔子感到耻辱，就离开卫国去往陈国了；商鞅依靠宦官景监的引荐而被秦孝公召见，贤士赵良为此感到寒心；宦官赵同子陪坐在汉文帝的车上，爰盎为之脸色大变，自古以来人们对宦官都是鄙视的。一个才能一般的人，一旦有事情与宦官扯上关系，没有不感到屈辱的，更何况那些慷慨刚强的士人呢！如今朝廷虽然人才匮乏，又怎么会让一个受过宫刑的人去举荐天下的俊才豪杰呢！我凭着先人遗留下来的余业，才能够在京师供奉政事，到现在已二十多年了。我常常这样想：对上，我不能尽忠效信，而获得奇策和才干的称誉，以博得圣明君主的信任；其次，我又不能给皇上拾取遗漏，补正缺漏、招纳贤才，推举能人，以显露那些山野隐士的才干；对外，我也不能整顿军队，攻城野战，以取得斩将夺旗的功劳；对下，我不能每日积累功劳，谋取显官厚禄，来使宗族和朋友光耀荣宠。这四个方面，我没能做到任何一项，只能刻意地迎合皇上的心意，取得宽恕而已，我没有任何建树，从以上论述就能看出来。以前，我也曾置身于下大夫的行列，在

且事本末未易明也。仆少负不羁之才，长无乡曲之誉，主上幸以先人之故，使得奉薄技，出入周卫之中。仆以为戴盆何以望天，故绝宾客之知，忘室家之业，日夜思竭其不肖之材力，务壹心营职，以求亲媚于主上。而事乃有大谬不然者。夫仆与李陵俱居门下，素非相善也，趣舍异路，未尝衔杯酒接殷勤之欢。然仆观其为人自奇士，事亲孝，与士信，临财廉，取予义，分别有让，恭俭下人，常思奋不顾身以徇国家之急。其素所畜积也，仆以为有国士之风。夫人臣出万死不顾一生之计，赴公家之难，斯已奇矣。今举事壹不当，而全躯保妻子之臣随而媒孽其短，仆诚私心痛之。且李陵提步卒不满五千，深践戎马之地，足历王庭，垂饵虎口，横挑强胡，卬亿万之师，与单于连战十余日，所杀过当。虏救死扶伤不给，旃裘之君长咸震怖，乃悉征左右贤王，举引弓之民，一国共攻而围之。转斗千里，矢尽道穷，救兵不至，士卒死伤如积。然李陵壹呼劳军，士无不起，躬流涕，沬血饮泣，张空弮，冒白刃，北首争死敌。陵未没时，使有来报，汉公卿王侯皆奉觞上寿。后数日，陵败书闻，主上为之食不甘味，听朝不怡。大臣忧惧，不知所出。仆窃不自料其卑贱，见主上惨凄怛悼，诚欲效其款款之愚。以为李陵素与士大夫绝甘分少，能得人之死力，虽古名将不过也。身虽陷败，彼观其意，且欲得其当而报汉。事已无可奈何，其所摧败，功亦足以暴于天下。仆怀欲陈之，而未有路。适会召问，即以此指推言陵功，欲以广主上之意，塞睚眦之辞。未能尽明，明主不深晓，以为仆沮贰师，而为李陵游说，遂下于理。拳拳之忠，终不能自列，因为诬上，卒从吏议。

朝堂上发表些不值一提的议论。我没有利用这个机会申张纲纪，为国竭尽思虑，到现在身体残废而成为一个扫除污秽的奴仆，处在这样卑贱者中间，还想趾高气扬、评论是非，这不是轻视朝廷、羞辱当今的君子们吗！唉！唉！像我这样的人，还有什么可进言呢！还有什么可进言呢！

况且，事情的前因后果一般人是不容易弄明白的。我年少时，自负具有非凡才华，成年后却没有博得乡里的称誉，幸亏皇上因为我父亲是太史令，使我能够获得奉献区区薄技的机会，出入宫禁之中。我认为头上有盆盂如何能望到天，所以断绝了和朋友宾客之间的往来，忘掉了家庭的私事，日夜都在考虑竭尽我微不足道的才能，尽心尽力完成好职责，以求获得皇帝的恩宠。但是，事与愿违。我和李陵都在朝中为官，平时并没有多少交往，追求志趣也不相同，从不曾在一起饮过酒，互相表示友好。但是我观察李陵的为人，是个有节操的人，他侍奉父母讲孝道，同朋友交往守信用，对待钱财很廉洁，取舍都合乎礼义，懂得长幼尊卑而能礼让，谦卑恭敬自甘人下，总是想着奋不顾身来拯救国家的危难。从他历来的表现看，我认为他具有国士的风度。作为人臣能够万死而不求一生，来面对国家的危难，这已经很难得了。现在他行事一有不当，那些只顾保全自己性命和妻室儿女利益的臣子，就跟着挑拨是非，夸大过错，对此我确实从内心感到沉痛。况且，李陵率领的兵卒不满五千，就深入敌人军事要地，长驱直入到单于的王庭，犯险在虎口上垂挂诱饵，向强大的胡兵四面挑战，面对着亿万强敌，与单于的军队连战十多天，所杀的敌人超过了自己军队的人数。致使匈奴连救援死伤之人都顾不上，匈奴的君长都十分震惊恐怖，于是征调了左、右贤王，出动了所有会拉弓放箭的人，举国上下共同包围他们。李陵的军队转战千里，箭都射完了，进退之路已经断绝，而救兵又不来，士卒死伤惨重。但是，当李陵振臂一呼，疲惫的士卒没有不奋起的，他们流着泪，满面是血，强忍悲泣，拉开空弓，冒着敌人白光闪闪的兵刃，向北拼死杀敌。当李陵的军队还未倾覆时，有使者送来捷报，朝廷的公卿王侯都向皇道贺。可是几天以后，李陵兵败的奏书传来，皇上为此而饮食不香，也不愿意处

家贫，财赂不足以自赎，交游莫救，左右亲近不为壹言。身非木石，独与法吏为伍，深幽囹圄之中，谁可告诉者！此正少卿所亲见，仆行事岂不然邪？李陵既生降，隤其家声，而仆又茸以蚕室，重为天下观笑。悲夫！悲夫！

事未易一二为俗人言也。仆之先人非有剖符丹书之功，文史星历近乎卜祝之间，固主上所戏弄，倡优畜之，流俗之所轻也。假令仆伏法受诛，若九牛亡一毛，与蝼蚁何异？而世又不与能死节者比，特以为智穷罪极，不能自免，卒就死耳。何也？素所自树立使然。人固有一死，死有重于泰山，或轻于鸿毛，用之所趋异也。太上不辱先，其次不辱身，其次不辱理色，其次不辱辞令，其次诎体受辱，其次易服受辱，其次关木索被棰楚受辱，其次鬄毛发婴金铁受辱，其次毁肌肤断支体受辱，最下腐刑，极矣。传曰“刑不上大夫”，此言士节不可不厉也。猛虎处深山，百兽震恐，及其在阱槛之中，摇尾而求食，积威约之渐也。故士有画地为牢势不入，削木为吏议不对，定计于鲜也。今交手足，受木索，暴肌肤，受榜棰，幽于圜

理朝政。大臣们都很忧虑害怕，不知该怎样做。我私下里并未考虑自己的卑下，见皇上极度悲伤痛心，实在想尽我的愚忠。我以为李陵向来与将士们同甘共苦，能够换得士兵们拼死出力，即使是古代名将也没有胜过他的。李陵虽然身陷重围，兵败投降，但看他的意思，是想寻找机会报效汉朝。事情已经到了无可奈何的地步，但他深入敌阵摧垮、打败敌人的功劳，也足以向天下人显示他的本心了。我内心抱着这些想法打算向皇上陈述，而没有得到适当的机会。恰逢皇上召见，询问我的看法，我就根据这些来论说李陵的功绩，想以此来开导劝慰皇上，堵塞那些攻击、诬陷李陵的谗言。我未能说清楚我的意思，圣明的皇上不深入了解，认为我是攻击贰师将军而为李陵辩解，就将我交付狱官处罚。我的虔敬和忠诚的心意，始终没有机会陈述和辩白，被判处欺骗君主的罪名，皇上终于同意了法吏的判决。我家境贫寒，微薄的钱财不足以拿来赎罪，朋友们谁也不出面搭救，皇上左右的亲近大臣也不肯替我说一句话。我血肉之躯不是木头石块，独自和执法的官吏在一起，深深地关闭在监狱之中，我向谁去诉说我内心的痛苦呢！这些正是少卿亲眼看到的，我的所作难道不正是这样的吗？李陵投降了匈奴以后，败坏了他的家族名声，而我接着被置于蚕室中蒙受奇耻大辱，更被天下人所耻笑。可悲呀！可悲！

有些事情是不容易逐一地向世俗人解释的。我的祖先没有剖符丹书的功劳，掌管文学史书星术历法的官员，地位接近于卜官和巫祝，本是皇上所戏弄，被当作倡优来畜养驱使的人，被世俗所鄙视的职位。假如我伏法被诛杀，就像九牛失去一毛一样无足轻重，同蝼蚁被踩死又有什么区别呢？而世人又不会拿我之死与能殉节的人相比，只会认为我愚蠢无能，罪恶深重，不能免于刑罚，终于走向死路。为什么呢？我平素所从事的职业以及地位使人们会这样认为。人固有一死，有的人死得比泰山还重，有的人死得却比鸿毛还轻，这是因为他们趣向不同啊。一个人，最重要的是不污辱祖先，其次是不使自身受辱，再次是不当面受辱，再次是不在言辞上受辱，再次是不因被捆绑在地而受辱，再次是不因穿上囚服而受辱，再次是不因戴上脚镣手铐，被杖击鞭笞而受辱，再次是不因被剃光头发、颈戴铁锁

墙之中，当此之时，见狱吏则头枪地，视徒隶则心惕息。何者？积威约之势也。及已至此，言不辱者，所谓强颜耳，曷足贵乎！且西伯，伯也，拘牖里；李斯，相也，具五刑；淮阴，王也，受械于陈；彭越、张敖南乡称孤，系狱具罪；绛侯诛诸吕，权倾五伯，囚于请室；魏其，大将也，衣赭关三木；季布为朱家钳奴；灌夫受辱居室。此人皆身至王侯将相，声闻邻国，及罪至罔加，不能引决自财。在尘埃之中，古今一体，安在其不辱也！由此言之，勇怯，势也；强弱，形也。审矣，曷足怪乎！且人不能早自财绳墨之外，已稍陵夷至于鞭棰之间，乃欲引节，斯不亦远乎！古人所以重施刑于大夫者，殆为此也。夫人情莫不贪生恶死，念亲戚，顾妻子，至激于义理者不然，乃有不得已也。今仆不幸，早失二亲，无兄弟之亲，独身孤立，少卿视仆于妻子何如哉？且勇者不必死节，怯夫慕义，何处不免焉！仆虽怯耎欲苟活，亦颇识去就之分矣，何至自湛溺累绁之辱哉！且夫臧获婢妾犹能引决，况若仆之不得已乎！所以隐忍苟活，函粪土之中而不辞者，恨私心有所不尽，鄙没世而文采不表于后也。

而受辱，再次是不因遭受毁坏肌肤、断肢截体而受辱，最下等是遭受腐刑，侮辱达到了极点。古书上说："对大夫以上的人不施以刑罚"，这是说士人不能不重视节操。猛虎在深山中时，百兽都会惊恐，等到它落入陷阱和栅栏之中时，就只得摇着尾巴乞求食物，这是人不断地使用威势和约束而逐渐使它驯服的。所以古时候士人面对画地为牢，有决不进去的气节，面对削木为吏，有决不应答的态度，宁愿在受辱之前就自杀。而现在，我的手脚交叉，被木枷锁住，皮肉暴露在外，受着棍打和鞭笞，关在四面高墙的牢狱之中，在这种时候，看见狱吏就叩头触地，看见狱卒就恐惧喘息。为什么呢？是狱吏威势所造成的。事情已经到了这种地步，还谈什么不受污辱，岂不是厚颜无耻的说法，有什么尊严可讲呢！况且西伯姬昌，作为诸侯的领袖，曾被拘禁在牖里；李斯，曾位居丞相，也受尽了五种刑罚；淮阴侯韩信被封为王，却在陈地被戴上刑具；彭越、张敖被诬告有称帝野心，同样被捕入狱并定下罪名；绛侯周勃，曾诛杀诸吕，权威超过春秋五霸，结果也被囚禁在请罪室中；魏其侯窦婴，身为大将，也穿上赭衣，手、脚、颈项都戴上刑具；季布以铁圈束颈卖身给朱家作奴隶；灌夫被拘于居室而受尽屈辱。这些人的身分都到了王侯将相的地位，声名远扬到邻国，等到犯罪落入法网的时候，不能够引决自裁。身陷牢狱之中的人，从古到今都一样，哪里有不受辱的呢！照这样说来，勇敢或怯懦都是由形势造成的；强或弱，也是形势所决定。确实是这样，还有什么奇怪的呢！况且人不能早早地自杀以逃脱于法网之外，稍有犹豫，等到被杖打受刑的时候，才想到保全节操，这种愿望和现实不是相距太远了吗！古人之所以慎重地对大夫施刑的原因，大概就是这些原因吧。人之常情本来就是贪生怕死，挂念父母兄弟，顾虑妻子儿女，至于那些激愤于正义公理的人当然不是这样，然而也有迫不得已的情况。如今我很不幸，早早地失去双亲，又没有兄弟相爱护，独身一人，孤立于世，少卿你看我对妻子儿女又是如何眷恋的呢？况且勇敢的人不一定非要殉节而死，怯懦的人如果崇尚道义，何处不能勉励自己呢！我虽怯懦软弱，想苟活在人世，但也颇能区分弃生就死的界限，哪会自甘沉溺于牢狱生活而忍受耻辱呢！况且奴仆婢妾也能

古者富贵而名摩灭，不可胜记，唯俶傥非常之人称焉。盖西伯拘而演《周易》；仲尼厄而作《春秋》；屈原放逐，乃赋《离骚》；左丘失明，厥有《国语》；孙子膑脚，《兵法》修列；不韦迁蜀，世传《吕览》；韩非囚秦，《说难》《孤愤》。《诗》三百篇，大氐贤圣发愤之所为作也。此人皆意有所郁结，不得通其道，故述往事，思来者。及如左丘明无目，孙子断足，终不可用，退论书策以舒其愤，思垂空文以自见。仆窃不逊，近自托于无能之辞，网罗天下放失旧闻，考之行事，稽其成败兴坏之理，凡百三十篇，亦欲以究天人之际，通古今之变，成一家之言。草创未就，适会此祸，惜其不成，是以就极刑而无愠色。仆诚已著此书，臧之名山，传之其人通邑大都，则仆偿前辱之责，虽万被戮，岂有悔哉！然此可为智者道，难为俗人言也。

且负下未易居，下流多谤议。仆以口语遇遭此祸，重为乡党戮笑，污辱先人，亦何面目复上父母之丘墓乎？虽累百世，垢弥甚耳！是以肠一日而九回，居则忽忽若有所亡，出则不知所如往。每念斯耻，汗未尝不发背沾衣也。身直为闺阁之臣，宁得自引深臧于岩穴邪！故且从俗浮湛，与时俯仰，以通其狂惑。今少卿乃教以推贤进士，无乃与仆之私指谬乎。今虽欲自雕瑑，曼辞以自解，无益，于俗

慷慨赴死，更何况像我这样身处不得已困境中的人呢！我之所以忍受着屈辱苟且活下来，甚至陷入粪土般的污浊之中也不推辞的原因，是因为自己内心的志愿还未达成，如果在屈辱中离开人世，那我的著述就不能公诸于后世了。

自古以来富贵而名声不传的人，多得无法计算，只有卓越而不平常的人才著称于后世。西伯姬昌被拘禁而演绎《周易》；孔夫子受困厄而著作了《春秋》；屈原遭放逐，才写出了《离骚》；左丘明失明之后，才编撰了《国语》；孙子被截去膝盖骨，《兵法》才撰写出来；吕不韦被贬谪蜀地，后世才流传着《吕览》；韩非被囚禁在秦国，写出《说难》《孤愤》。《诗经》三百篇，大多都是圣贤抒发心中郁闷的作品。这些都是人们感情有郁结之处，不能实现其理想，所以论述过去的事迹，使将来的人了解他的志向。就像左丘明失明之后，孙子双脚被废，从此难以被重用了，便引退著书立说以抒发他们的怨愤，期望留下文章来表露自己的本心。近年来，我私下里也自不量力，用我那不高明的文辞，搜罗天下散失的历史传闻，粗略地考订其事实，推究其成败盛衰的道理，一共写成一百三十篇，也是想用它来探求天道与人事之间的关系，贯通古往今来变化的脉络，成为一家之言。草稿还未写完，就遭逢这场祸事，我痛惜这部书不能完成，因此便接受了最残酷的极刑而不敢有怒色。我现在果真写完了这部书，准备把它保存在名山之中，传给可传的人，再让它流传到都市之中，那么，我便抵偿了以前所遭受的侮辱，即便是让我千次万次地被杀戮，我又有什么后悔的呢！然而这些只能向有见识的人诉说，却很难向世俗之人讲清楚啊。

况且戴罪的处境是很不容易安生的，地位卑贱的人往往被人毁谤和议论。我因为多嘴发表议论而遭遇这场大祸，又被乡里的人及朋友羞辱和嘲笑，使自己的祖先蒙羞，又有什么面目再到父母的坟墓上去祭扫呢？即使百世之后，污垢和耻辱会更加深重啊！因此我肝肠寸断，居家时也恍恍惚惚，如有所失，出门又不知道要往哪儿走。每当想到这件耻辱的事，冷汗没有不从脊背上冒出来而沾湿衣襟的。我身为禁宫中的臣仆，怎么能够自己引退，深深地隐居在山林岩

不信，衹取辱耳。要之死日，然后是非乃定。书不能尽意，故略陈固陋。

迁既死后，其书稍出。宣帝时，迁外孙平通侯杨恽祖述其书，遂宣布焉。至王莽时，求封迁后，为史通子。

赞曰：自古书契之作而有史官，其载籍博矣。至孔氏篹之，上断唐尧，下讫秦缪。唐虞以前虽有遗文，其语不经，故言黄帝、颛顼之事未可明也。及孔子因鲁史记而作《春秋》，而左丘明论辑其本事以为之传，又篹异同为《国语》。又有《世本》，录黄帝以来至春秋时帝王公侯卿大夫祖世所出。春秋之后，七国并争，秦兼诸侯，有《战国策》。汉兴伐秦定天下，有《楚汉春秋》。故司马迁据《左氏》《国语》，采《世本》《战国策》，述《楚汉春秋》，接其后事，讫于天汉。其言秦汉，详矣。至于采经摭传，分散数家之事，甚多疏略，或有抵梧。亦其涉猎者广博，贯穿经传，驰骋古今，上下数千载间，斯以勤矣。又其是非颇缪于圣人，论大道则先黄老而后六经，序游侠则退处士而进奸雄，述货殖则崇势利而羞贱贫，此其所蔽也。然自刘向、扬雄博极群书，皆称迁有良史之材，服其善序事理，辨而不华，质而不俚，其文直，其事核，不虚美，不隐恶，故谓之实录。乌呼！以迁之博物洽闻，而不能以知自全，既陷极刑，幽而发愤，书亦信矣。迹其所以自伤悼，《小雅》巷伯之伦。夫唯《大雅》“既明且哲，能保其身”，难矣哉！

穴呢！所以只得随俗浮沉，跟着形势上下，以麻痹自己，免得发狂。如今少卿竟然教导我要举荐贤人，这恐怕与我个人的旨趣相违背吧。现在我虽然想自我雕饰一番，用华丽的言辞来为自己开脱，这也没有用处，因为世俗之人是不会相信的，只会使我自讨侮辱啊。简单地说，人只有到了死后的日子，是非才能够论定。书信是不能完全表达我的心意的，因而只是略为陈述我愚执、浅陋的见解罢了。

司马迁去世以后，他编著的史书才开始流传。汉宣帝时，司马迁的外孙平通侯杨恽最先陈述他的著作，因此《史记》才能够公开传播。到了王莽执政的时候，有人请求封赏司马迁的后人，因而朝廷把他的后人封为史通子。

赞辞说：从上古以来，人类有了文字就开始有了史官一职，他们记录史料载入典籍。到了孔子编撰史书，上起唐尧时期，下至秦穆公时代。唐尧、虞舜以前，虽然有遗留下来的文字，但那些不能当做经典，因此说关于黄帝、颛顼的历史事迹还不是十分清楚。到了孔夫子依据鲁国的史书编撰《春秋》，左丘明收集有关史料编成集子来给《春秋》作传，又将不同的史料编撰为《国语》。还有《世本》，记录了从黄帝时期直到春秋时期的帝王、公侯、卿大夫的先祖、世家谱系的由来和传承。春秋之后，战国七雄争战，最终秦国吞并了各诸侯国，又有了《战国策》的问世。汉朝兴起以来，讨伐秦朝而后平定天下，又有了《楚汉春秋》。故而司马迁根据《左传》《国语》，还采用了《世本》《战国策》中的一些内容，将《楚汉春秋》陈述的史实，也详细记载，一直写到汉武帝天汉年间。所叙述的秦朝汉朝时期的历史，非常详尽。至于采用、摘取典籍，分散记述几家的史事，有许多叙述写的比较粗略，有些部分，还存在自相矛盾的地方。由于司马迁涉猎的史实非常广博，贯穿经传，驰骋古今，上下数千年之间，这是司马迁辛勤劳苦的结果。他对于是非的评论和圣人的观点不同，论述大道则优先采用黄老之说，而后辅以《六经》内容，记载游侠时，则舍弃隐士而收录奸邪，谈论货殖时，则崇尚利益，而轻视贫贱，这些是司马迁略显不足的短处。然而，自刘向到扬雄，这些人都博览群书，他们都称赞司马迁有良史之才，佩服他善于厘清事物的条理，文笔明

辨而不浮华，朴素而不鄙漏，他的文章能够直书史实而不隐晦，他所记述的史事确切而真实，没有空洞的赞美，也不掩饰罪恶，可以说是历史人物的实录。乌呼！以司马迁这样知识广博的士人，还不能凭借着智慧来保全自己，最终遭受迫害，受到极刑，仍在狱中发愤著述，司马迁给任安的书信是他内心的真实表露。探究其之所以哀伤悼念自己，很像《小雅》中巷伯在愤懑时的表述。像《大雅》所描述的“既明理又智慧，能够保全自己”，实在是太难了！

文白对照

二十四史新译

漢書

四

主编　楼宇烈

执行主编　梁光玉　萧祥剑

〔东汉〕班固　撰　谦德书院　译

团结出版社

图书在版编目（C I P）数据

汉书 /（东汉）班固著；谦德书院译 . -- 北京：
团结出版社，2024.12
ISBN 978-7-5234-0578-9

Ⅰ . ①汉… Ⅱ . ①班… ②谦… Ⅲ . ①《汉书》- 译
文 Ⅳ . ① K234.104.2

中国国家版本馆 CIP 数据核字 (2023) 第 208363 号

责任编辑：梁光玉
封面设计：肖宇岐

出　版：团结出版社
（北京市东城区东皇城根南街 84 号　邮编：100006）
电　话：（010）65228880　65244790
网　址：http://www.tjpress.com
E-mail：zb65244790@vip.163.com
经　销：全国新华书店
印　装：天宇万达印刷有限公司

开　本：145mm × 210mm　32 开
印　张：125.25　字　数：2395 千字
版　次：2024 年 12 月　第 1 版　印　次：2024 年 12 月　第 1 次印刷

书　号：978-7-5234-0578-9
定　价：520.00 元（全五册）

目　录

第四册

卷六十三—卷八十六

卷六十三

武五子传第三十三

孝武皇帝六男。卫皇后生戾太子，赵婕妤生孝昭帝，王夫人生齐怀王闳，李姬生燕剌王旦、广陵厉王胥，李夫人生昌邑哀王髆。

戾太子据，元狩元年立为皇太子，年七岁矣。初，上年二十九乃得太子，甚喜，为立禖，使东方朔、枚皋作禖祝。少壮，诏受《公羊春秋》，又从瑕丘江公受《穀梁》。及冠就宫，上为立博望苑，使通宾客，从其所好，故多以异端进者。元鼎四年，纳史良娣，产子男进，号曰史皇孙。

武帝末，卫后宠衰，江充用事。充与太子及卫氏有隙，恐上晏驾后为太子所诛，会巫蛊事起，充因此为奸。是时，上春秋高，意多所恶，以为左右皆为蛊道祝诅，穷治其事。丞相公孙贺父子，阳石、诸邑公主，及皇后弟子长平侯卫伉皆坐诛。语在《公孙贺》《江充传》。

充典治巫蛊，既知上意，白言宫中有蛊气，入宫至省中，坏御座掘地。上使按道侯韩说、御史章赣、黄门苏文等助充。充遂至太子宫掘蛊，得桐木人。时上疾，辟暑甘泉宫，独皇后、太子在。太子召问少傅石德，德惧为师傅并诛，因谓太子曰："前丞相父子、两公主及卫氏皆坐此，今巫与使者掘地得征验，不知巫置之邪，将实有也，无以自明，可矫以节收捕充等系狱，穷治其奸诈。且上疾在甘

汉孝武帝有六个儿子。卫皇后生下戾太子，赵婕妤生下孝昭帝刘弗陵，王夫人生下齐怀王刘闳，李姬生下燕剌王刘旦、广陵厉王刘胥，李夫人生下昌邑哀王刘髆。

戾太子刘据，在武帝元狩元年（前122）被立为皇太子，那年他七岁。当初，汉武帝在二十九岁时才得到太子，特别欢喜，为此修建了祈求儿子的禖坛，命东方朔和枚皋写求子的祝辞。太子长大后，皇上诏令他学习《公羊春秋》，又跟从瑕丘江公学习《穀梁传》。戾太子刘据到了二十岁举行冠礼后就住在太子宫，汉武帝为他修建了博望苑，使他可以与宾客往来，依他的喜好行事，于是有好多非儒家学派的人归到他的门下。元鼎四年（前113），戾太子刘据娶史良娣为妻，生下儿子刘进，称为史皇孙。

汉武帝晚年，皇后卫子夫逐渐失宠，江充被武帝大加宠信。江充与太子刘据以及卫子夫一家有嫌隙，他恐怕汉武帝驾崩后被太子诛杀，当时正碰上宫里发生巫蛊案，江充就借此事使诈。那时，汉武帝年纪渐高，对事情猜忌心重，以为身边的人都行蛊术加祸于自己，就彻查这件事。丞相公孙贺父子，阳石公主、诸邑公主，以及皇后弟弟的儿子长平侯卫伉都因此事定罪被诛杀。详见《公孙贺传》《江充传》。

江充掌管巫蛊案，他已经知道皇上的心意，就说宫中有施行诅咒术的邪气，一直找到宫禁之中，毁坏御座，挖开地面。汉武帝派按道侯韩说、御史章赣、黄门苏文等人协助江充。江充随即到太子宫中挖找蛊物，发现一个桐木人。当时汉武帝正在生病，在甘泉宫避暑，只有皇后和太子在宫中。太子召见并询问少傅石德对这件事的看法，石德害怕他作为太子的老师会被一起处死，就对太子说："在这之前丞相父子、两位公主以及卫氏一家都因这样的事被治罪，现在巫

泉，皇后及家吏请问皆不报，上存亡未可知，而奸臣如此，太子将不念秦扶苏事耶？”太子急，然德言。

征和二年七月壬午，乃使客为使者收捕充等。按道侯说疑使者有诈，不肯受诏，客格杀说。御史章赣被创突亡，自归甘泉。太子使舍人无且持节夜入未央宫殿长秋门，因长御倚华具白皇后，发中厩车载射士，出武库兵，发长乐宫卫，告令百官曰江充反。乃斩充以徇，炙胡巫上林中。遂部宾客为将率，与丞相刘屈氂等战。长安中扰乱，言太子反，以故众不肯附。太子兵败，亡，不得。

上怒甚，群下忧惧，不知所出。壶关三老茂上书曰：“臣闻父者犹天，母者犹地，子犹万物也。故天平地安，阴阳和调，物乃茂成；父慈母爱，室家之中，子乃孝顺。阴阳不和则万物夭伤，父子不和则室家丧亡。故父不父则子不子，君不君则臣不臣，虽有粟，吾岂得而食诸！昔者虞舜，孝之至也，而不中于瞽叟；孝己被谤，伯奇放流，骨肉至亲，父子相疑。何者？积毁之所生也。由是观之，子无不孝，而父有不察，令皇太子为汉適嗣，承万世之业，体祖宗之重，亲则皇帝之宗子也。江充，布衣之人，闾阎之隶臣耳，陛下显而用之，衔至尊之命以迫蹴皇太子，造饰奸诈，群邪错谬，是以亲戚之路鬲塞而不通。太子进则不得上见，退则困于乱臣，独冤结而亡告，不忍忿忿之心，起而杀充，恐惧逋逃，子盗父兵以救难自免耳，臣窃以为无邪心。《诗》曰：‘营营青蝇，止于藩；恺悌君子，无信谗言；谗言

师和皇上派出的使者挖开地面找到了巫蛊的证据，不知道是巫师使诈放在那里的呢，还是真的就有这样的事，我们没有办法自证清明，可以用符节假托诏令把江充等人拘捕入狱，彻查他们的奸诈阴谋。况且皇上正在甘泉宫养病，皇后和太子的属吏对皇上的问候都得不到回复，就连皇帝的生死存亡都不能知道，而奸臣却干出如此勾当，太子您难道不记得秦朝太子扶苏被害的事吗？”太子因为当时情况紧急，就采纳了石德的建议。

武帝征和二年（前91）七月壬午日，太子派门客为使者逮捕江充等人。按道侯韩说怀疑太子派来的使者有诈，不肯接受诏令，门客就击杀了韩说。御史章赣受伤突围逃跑，自己跑到甘泉宫。太子命令舍人无且手持符节连夜进入未央宫的长秋门，通过长御倚华向皇后说明了这一切，派用宫中车马房的战车和射手，取出武库的兵器，征发长乐宫的卫队，向百官宣称江充造反。然后斩杀了江充示众，在上林苑烧死胡巫。随即部署自己的宾客为将帅，与丞相刘屈氂等人的军队开战。长安城内一片混乱，有人传言太子造反，因而百姓不愿听从太子。太子战败，逃走，人们没有抓到他。

汉武帝非常愤怒，群臣在下面担惊受怕，不知怎么办才好。壶关三老令狐茂上书说：“臣听说父亲犹如天，母亲犹如地，子女犹如天地间的万物。因此天地安定，阴阳调和，万物才能茁壮地生长；家庭之内，如果父慈母爱，子女就会孝顺。如果阴阳不和万物就会受伤夭折，如果父子不和就会使家庭灭亡。所以如果父亲没有父亲的样子，儿子也就没有儿子的样子，如果国君没有国君的样子，臣民也就没有臣民的样子，即便不会缺乏粮食，我们哪能吃得上！古时候的虞舜，是至孝之人，他的父亲瞽叟却不中意他；孝子孝己遭到继母的诽谤，孝子伯奇因后母诬陷被父亲流放，骨肉至亲，却父子相疑。这是什么原因？毁谤积累得越来越多才造成这样的结果。由此可知，作儿子的没有不孝顺的，只是作父亲的有时候不能察觉，当今皇太子是汉朝皇位的继承人，要承接汉朝万世的基业，继承祖宗开创的重任，以亲疏而言他是皇帝的嫡长子啊。江充，只不过是普通老百姓，民间的贱人罢了，陛下让他显贵并重用他，他奉行您最为尊贵的命令来

罔极，交乱四国。’往者江充谗杀赵太子，天下莫不闻，其罪固宜。陛下不省察，深过太子，发盛怒，举大兵而求之，三公自将，智者不敢言，辩士不敢说，臣窃痛之。臣闻子胥尽忠而忘其号，比干尽仁而遗其身，忠臣竭诚不顾鈇钺之诛以陈其愚，志在匡君安社稷也。《诗》云：‘取彼谮人，投畀豺虎。’唯陛下宽心慰意，少察所亲，毋患太子之非，亟罢甲兵，无令太子久亡。臣不胜惓惓，出一旦之命，待罪建章阙下。”书奏，天子感寤。

太子之亡也，东至湖，臧匿泉鸠里。主人家贫，常卖屦以给太子。太子有故人在湖，闻其富赡，使人呼之而发觉。吏围捕太子，太子自度不得脱，即入室距户自经。山阳男子张富昌为卒，足蹋开户，新安令史李寿趋抱解太子，主人公遂格斗死，皇孙二人皆并遇害。上既伤太子，乃下诏曰：“盖行疑赏，所以申信也。其封李寿为邘侯，张富昌为题侯。”

久之，巫蛊事多不信。上知太子惶恐无他意，而车千秋复讼太子冤，上遂擢千秋为丞相，而族灭江充家，焚苏文于横桥上，及泉

逼迫皇太子，以此伪造掩饰自己的奸诈，一群邪恶之人制造错谬，致使血亲之人道路阻塞不能沟通。太子进前不能得到陛下的接见，退守又被乱臣所逼迫，只因为自己怨气郁结而无处申诉，不能压抑自己愤怒的心情，这才起兵诛杀江充，事后因为感到恐惧才成为逃亡的罪人，这不过是儿子盗用父亲的兵力来解救自己的危难罢了，臣以为太子没有邪心。《诗经》上说：'发出营营叫声飞来飞去的黑苍蝇，落在篱笆上面；和乐平易的君子，不要听信谗言；谗言没有止尽，会扰乱四国的安宁。'从前江充进谗言杀死赵太子，天下没人不知道此事，他的罪过本就应该被处死。陛下不反省检查自己的过失，却严厉地责怪太子，还为此事大发雷霆，征集大军来捉拿太子，三公都只顾着保全自己，有智慧的人不敢说明，能说善道的人不敢辩驳，臣私下很为此很痛心。臣听说伍子胥因为竭尽忠心而失去了尊号，比干因为竭尽仁德而失去了性命，忠臣竭尽自己的忠心，不顾被斧钺诛杀来陈述自己的愚见，目的就是想辅助国君安定社稷。《诗经》讲：'抓住那些进谗言的坏人，把它们扔给豺狼虎豹吃。'希望陛下宽心慰意，稍加体察父子之间的情份，不要为太子的错误感到忧虑，赶快撤兵回营，不要让太子长久地在外面流亡。臣真挚恳切，以自己卑微的小命，将在建章门阙下等待责罚。"令孤茂奉上奏章之后，汉武帝看完心有所感而终于醒悟。

太子一路逃亡，向东跑到湖县，藏匿在泉鸠里的百姓家。主人家很穷，常常靠卖鞋的收入供养太子。太子在湖县有故交，听说他家财物丰足，太子就派人前去传话而被发觉。当地官吏带人围捕太子，太子自己揣度不能逃脱，就进屋里撑住门户上吊自杀。山阳县大汉张富昌是个士卒，他用脚把门踢开，新安令史李寿急忙解开太子上吊的绳索把太子抱下来，那家主人随即与士卒格斗而死，两个皇孙一并遇害死去。汉武帝听闻太子死后非常悲伤，但还是下诏说："兑现曾经许诺的赏赐，以此申明信义。封李寿为邗侯，张富昌为题侯。"

久而久之，人们发现巫蛊之事大多不真实。汉武帝明白太子只是心里害怕才发动武力并没有别的意思，而车千秋再次为太子申辩冤屈，汉武帝随即提拔车千秋为丞相，然后把江充家族诛灭，在横桥

鸠里加兵刃于太子者，初为北地太守，后族。上怜太子无辜，乃作思子宫，为归来望思之台于湖。天下闻而悲之。

初，太子有三男一女，女者平舆侯嗣子尚焉。及太子败，皆同时遇害。卫后、史良娣葬长安城南。史皇孙、皇孙妃王夫人及皇女孙葬广明。皇孙二人随太子者，与太子并葬湖。

太子有遗孙一人，史皇孙子，王夫人男，年十八即尊位，是为孝宣帝。帝初即位，下诏曰："故皇太子在湖，未有号谥，岁时祠，其议谥，置园邑。"有司奏请："礼'为人后者，为之子也'，故降其父母不得祭，尊祖之义也。陛下为孝昭帝后，承祖宗之祀，制礼不逾闲。谨行视孝昭帝所为故皇太子起位在湖，史良娣冢在博望苑北，亲史皇孙位在广明郭北。谥法曰'谥者，行之迹也'，愚以为亲谥宜曰悼，母曰悼后，比诸侯王园，置奉邑三百家。故皇太子谥曰戾，置奉邑二百家。史良娣曰戾夫人，置守冢三十家。园置长丞，周卫奉守如法。"以湖阌乡邪里聚为戾园，长安白亭东为戾后园，广明成乡为悼园。皆改葬焉。

后八岁，有司复言："《礼》'父为士，子为天子，祭以天子'。悼园宜称尊号曰皇考，立庙，因园为寝，以时荐享焉。益奉园民满千六百家，以为奉明县。尊戾夫人曰戾后，置园奉邑，及益戾园各满三百家。"

上烧死屡次在武帝面前说太子坏话的黄门苏文，以及在泉鸠里兵刃太子的那个人，他起初被封为北地太守，后来被诛灭全族。汉武帝怜悯太子无辜受死，就修建了思子宫，还在湖县修建了归来望思之台。天下人听说这件事之后也都替太子难过。

起初，太子有三个儿子一个女儿，女儿嫁给平舆侯的嗣子。等到太子败亡之时，他们都同时遇害。卫后卫子夫、史良娣死后葬在长安城南。史皇孙、皇孙妃王夫人以及皇孙女葬在广明苑。跟随太子逃出去的两位皇孙，与太子一并葬在湖县。

太子有一个孙子活了下来，就是史皇孙与王夫人生的儿子，他在十八岁时就登基皇位，就是汉孝宣帝。孝宣帝初即位时，就下诏说："已经故去的皇太子葬在湖县，还没封谥号，也没有在一年四季举行祭祀的祠庙，现在就议定谥号，建造陵园并安排守陵的民户。"官吏奏请说："《礼记》讲'做了别人的继承人，就要做别人的儿子'，所以即使是自己的亲生父母也要降位不能享受祭祀之礼，这是尊崇祖制的规定。陛下现在是孝昭帝的后人，要继承祖宗的祭祀之礼，制定任何礼仪都不能超出法度。陛下要恭谨行事，应依照孝昭帝所定立的在湖县建造前皇太子的陵墓，在博望苑的北边建造史良娣的陵墓，在广明苑墙北边建造您的父亲史皇孙的陵墓。谥法说'谥号，就是对一生行迹的评定'，愚臣认为您亲生父亲的谥号应该为悼，您的亲生母亲为悼后，按照诸侯王的规格建立陵园，配置三百户守墓的户邑。已故皇太子的谥号为戾，配置二百户守墓的户邑。史良娣为戾夫人，配置三十家守坟户数。在陵园各设置长、丞等官职，在陵墓周边设置护卫供奉守护。"于是朝廷下令把湖县阌乡邪里聚作为戾园，在长安县白亭东建造戾后园，在广明苑的成乡建造悼园。都重新改葬。

八年后，官吏又上奏说："《礼记》讲'虽然父亲是士人，而儿子成为天子后，对父亲也可以天子的礼仪来祭祀'。悼园应该称尊号为皇考，建立祠庙，在原有陵园的基础上建立寝殿，按时在此献祭。增加供奉陵园的户邑满一千六百家，将这里建设为奉明县。尊称戾夫人为戾后，设置陵园和供奉的户邑，还要将戾园、戾后园的守陵户邑

齐怀王闳与燕王旦、广陵王胥同日立，皆赐策，各以国土风俗申戒焉，曰：“惟元狩六年四月乙巳，皇帝使御史大夫汤庙立子闳为齐王，曰：呜呼！小子闳，受兹青社。朕承天序，惟稽古，建尔国家，封于东土，世为汉藩辅。呜呼！念哉，共朕之诏。惟命不于常，人之好德，克明显光；义之不图，俾君子怠。悉尔心，允执其中，天禄永终；厥有愆不臧，乃凶于乃国，而害于尔躬。呜呼！保国乂民，可不敬与！王其戒之！”闳母王夫人有宠，闳尤爱幸，立八年，薨，无子，国除。

燕剌王旦赐策曰：“呜呼！小子旦，受兹玄社，建尔国家，封于北土，世为汉藩辅。呜呼！薰鬻氏虐老兽心，以奸巧边甿。朕命将率，徂征厥罪。万夫长，千夫长，三十有二帅，降旗奔师。薰鬻徙域，北州以妥。悉尔心，毋作怨，毋作棐德，毋乃废备。非教士不得从征。王其戒之！”

旦壮大就国，为人辩略，博学经书杂说，好星历数术倡优射猎之事，招致游士。及卫太子败，齐怀王又薨，旦自以次第当立，上书求入宿卫。上怒，下其使狱。后坐臧匿亡命，削良乡、安次、文安三县。武帝由是恶旦，后遂立少子为太子。

帝崩，太子立，是为孝昭帝，赐诸侯王玺书。旦得书，不肯哭，

增至三百家。”

齐怀王刘闳与燕王刘旦、广陵王刘胥在同一天被册封为诸侯王，武帝都赐予策书，结合各封地的国土风俗告诫他们，策书写道：“于元狩六年（前117）四月乙巳日，皇帝派御史大夫张汤在高祖庙册立皇子刘闳为齐王，策书告诫道：呜呼！皇子刘闳，请接受这东方青色的社土。朕秉承上天安排的顺序，考察古代的制度，为你建立封国，封立在东土，世世代代为藩国辅佐我汉朝。呜呼！你要记住，恭敬地接受朕的诏命。人的命运变化无常，人能好德，便能明察是非，前途变得灿烂而光辉；如果图谋不义之事，就会使君子懈怠。你要竭尽心力，不偏不倚，无过与不及，使得天降的俸禄长长久久；如果犯下罪过对人不善，你的封国就会有灾祸，你自身也会遭受祸患。呜呼！保卫国家治理人民，能不恭敬吗？国王可要谨慎啊！”刘闳的母亲王夫人很受汉武帝的宠爱，武帝尤其喜爱刘闳，在封王八年后，刘闳去世，他没有儿子，封国废除。

在赐予燕刺王刘旦的策书写道：“呜呼！皇子刘旦，请接受这北方黑色的社土，建立你的封国，封立在北部边境，世世代代为藩国辅佐我汉朝。呜呼！匈奴虐待老人，心如禽兽，靠奸巧掠夺我北方边民。朕命令将帅，前去征讨他们，惩戒他们所犯下的罪行。匈奴的万夫长与千夫长，共三十二位将帅，都挥旗投降投奔我方。剩下的匈奴迁徙到更远的地方，我北方人民过上安稳的日子。你一定要竭尽心力，不要有任何怨言，不要做不合道德的事，不要使边防军备废弛。没有经过训练的士卒不得随军出征。国王可要戒备啊！”

刘旦长大后就到了封国，他为人智慧而有谋略，广泛学习经书以及各家之说，喜好星相历法、数术、倡优、射猎等事，招揽游士。等到卫太子戾王败亡，齐怀王又相随去世，刘旦自认为依照兄弟的次序应当立他为太子，就上书请求宿卫皇宫。汉武帝生气，把他派来的使者关进狱中。后来刘旦又因为包庇逃犯，被皇上削去良乡、安次、文安三个县的封地。汉武帝因此讨厌刘旦，后来竟立最小的儿子刘弗陵为太子。

汉武帝驾崩，太子登基，就是汉孝昭帝，昭帝赐给各诸侯王加盖

曰："玺书封小。京师疑有变。"遣幸臣寿西长、孙纵之、王孺等之长安，以问礼仪为名。王孺见执金吾广意，问帝崩所病，立者谁子，年几岁。广意言待诏五莋宫，宫中欢言帝崩，诸将军共立太子为帝，年八九岁，葬时不出临。归以报王。王曰："上弃群臣，无语言，盖主又不得见，甚可怪也。"复遣中大夫至京师上书言："窃见孝武皇帝躬圣道，孝宗庙，慈爱骨肉，和集兆民，德配天地，明并日月，威武洋溢，远方执宝而朝，增郡数十，斥地且倍，封泰山，禅梁父，巡狩天下，远方珍物陈于太庙，德甚休盛，请立庙郡国。"奏报闻。时大将军霍光秉政，褒赐燕王钱三千万，益封万三千户。旦怒曰："我当为帝，何赐也！"遂与宗室中山哀王子刘长、齐孝王孙刘泽等结谋，诈言以武帝时受诏，得职吏事，修武备，备非常。

长于是为旦命令群臣曰："寡人赖先帝休德，获奉北藩，亲受明诏，职吏事，领库兵，饬武备，任重职大，夙夜兢兢，子大夫将何以规佐寡人？且燕国虽小，成周之建国也，上自召公，下及昭、襄，于今千载，岂可谓无贤哉？寡人束带听朝三十余年，曾无闻焉。其者寡人之不及与？意亦子大夫之思有所不至乎？其咎安在？方今寡人欲挢邪防非，章闻扬和，抚慰百姓，移风易俗，厥路何由？子大夫其各悉心以对，寡人将察焉。"

玉玺的书信。刘旦接到诏书，不肯哭丧，他说：“加盖玉玺书信的封印很小。我怀疑京师有变。”刘旦就派他的幸臣寿西长、孙纵之、王孺等前往长安，借询问丧礼为名打探消息。王孺去见管理治安的官员执金吾郭广意，问皇帝驾崩所得的病症，登基皇位的人是谁，多大年岁。郭广意说当时他正在五柞宫等待皇帝的诏令，宫中众口嘈杂传出皇帝驾崩的消息，众将军一起拥立太子为帝，太子约八九岁的样子，在武帝葬礼时也没露面。王孺等回去向燕剌王刘旦报告。燕剌王刘旦说：“皇上抛弃群臣离去，没留下遗言，盖邑长公主也见不到，太奇怪了。”燕剌王刘旦接着又派中大夫到京师长安上书说：“我私下见到孝武皇帝躬行圣道，孝奉先祖宗庙，慈爱骨肉亲人，和睦团结百姓，德配天地，与日月同辉，他的威望洋溢四海，使得远方国家手持宝物前来朝见，增加了几十个郡县，开拓疆域近一倍，他在泰山封祭，在梁父山禅祭，在天下巡守，远方的奇珍宝物陈列于太庙，他的德行是那么美好，我请求在各郡国为孝武帝建庙。”呈奏报上朝廷。当时大将军霍光掌管朝政，褒扬赏赐燕剌王三千万钱，加封户邑一万三千户。刘旦恼怒地说：“我本来就应当做皇帝，哪来的赏赐一说！”刘旦就与宗室中山哀王的儿子刘长、齐孝王的孙子刘泽等人聚集谋反，他谎称在武帝时接受了诏令，可以掌管地方政事，修整军事方面的设施，以防备意外的事故。

刘长于是代表刘旦命令群臣说：“寡人倚仗先帝的美德，获得奉领北方藩国的封地，亲自接受了圣明的诏示，掌管地方的政事，统领库中储藏的兵器，整顿军事装备，担任重大的职位，从早到晚小心谨慎，你们这些大夫将怎样来规谏辅佐我呢？况且燕国虽小，却是在成周时代就建国了，上自召公，下及六国时的燕昭王和燕襄王，距离今天已有千年的历史，国内怎么可能没有贤人呢？寡人整饰衣冠临朝听政三十多年，还没有听到。为什么寡人遇不到呢？还是你们这些大夫们认为寡人有所不足呢？到底错在哪里呢？现在寡人想要扫除邪恶，防止祸乱，表彰博学广闻的人发扬和顺之风，抚慰百姓，移风易俗，可是该从哪一步做起呢？你们这些大夫们要竭尽心力回答，寡人要好好地考察。”

群臣皆免冠谢。郎中成轸谓旦曰："大王失职，独可起而索；不可坐而得也。大王壹起，国中虽女子皆奋臂随大王。"旦曰："前高后时，伪立子弘为皇帝，诸侯交手事之八年。吕太后崩，大臣诛诸吕，迎立文帝，天下乃知非孝惠子也。我亲武帝长子，反不得立，上书请立庙，又不听。立者疑非刘氏。"

即与刘泽谋为奸书，言少帝非武帝子，大臣所共立，天下宜共伐之。使人传行郡国，以摇动百姓。泽谋归发兵临淄，与燕王俱起。旦遂招来郡国奸人，赋敛铜铁作甲兵，数阅其车骑材官卒，建旌旗鼓车，旄头先敺，郎中侍从者著貂羽，黄金附蝉，皆号侍中。旦从相、中尉以下，勒车骑，发民会围，大猎文安县，以讲士马，须期日。郎中韩义等数谏旦，旦杀义等凡十五人。会瓶侯刘成知泽等谋，告之青州刺史隽不疑，不疑收捕泽以闻。天子遣大鸿胪丞治，连引燕王。有诏勿治，而刘泽等皆伏诛。益封瓶侯。

久之，旦姊鄂邑盖长公主、左将军上官桀父子与霍光争权有隙，皆知旦怨光，即私与燕交通。旦遣孙纵之等前后十余辈，多赍金宝走马，赂遗盖主。上官桀及御史大夫桑弘羊等皆与交通，数记疏光过失与旦，令上书告之。桀欲从中下其章。旦闻之，喜，上疏曰："昔秦据南面之位，制一世之命，威服四夷，轻弱骨肉，显重异族，废道任刑，无恩宗室。其后尉佗入南夷，陈涉呼楚泽，近狎作乱，内外俱发，赵氏无炊火焉。高皇帝览踪迹，观得失，见秦建本非是，

群臣都摘下帽子谢恩。郎中成轸对刘旦说：“大王您失去了应该得到的职位，现在要独自起来索取，不可以坐着等待得到。只要大王一起兵，国中所有人即使是女子也会举起手臂跟随大王。”刘旦说：“从前高后在执掌政权的时候，弄虚作假立惠帝的儿子刘弘为皇帝，诸侯王们拱手侍奉了他八年。后来吕太后去世，大臣们诛灭了吕氏宗族，迎立汉孝文帝，天下人才知道刘弘不是孝惠帝的亲生儿子。我作为武帝的长子，反而不被拥立为皇帝，我上书请示为武帝建立宗庙，朝廷又不听从。现在大臣们拥立的这个皇帝，我怀疑他并非是刘氏的后人。”

燕刺王刘旦随即与刘泽等人谋划写了假文书，声称这位年少的皇帝不是孝武帝的亲生儿子，是一些大臣设计共同拥立的，天下人应该一致讨伐他。刘泽派人在各郡国散布消息，以动摇百姓。刘泽策划回临淄起兵，和燕王一起发动叛乱。刘旦随即招集郡国的奸人，征收赋税购买铜铁打制兵器，他多次视察车骑和勇健的武卒与士兵，制作旌旗、战鼓、兵车，以旄头骑士作为先驱部队，郎中侍从也戴着用貂羽制成的冠饰，还在冠上附着金质的蝉，都称号为侍中。刘旦带领相、中尉以下官员，统帅车马，发动封国内的百姓在围场聚集，在文安县大肆猎捕，以此名义来训练军队，等待起事之日的到来。郎中韩义等人多次劝谏刘旦，刘旦杀了韩义等共十五人。正好瓶侯刘成知晓了刘泽等人的图谋，告知了青州刺史隽不疑，隽不疑拘捕了刘泽上报朝廷。皇帝派遣大鸿胪丞审理此案，牵连出了燕王刘旦。皇帝下诏不治燕王刘旦的罪，刘泽等人都被处死。朝廷加封了瓶侯刘成。

过了很久，刘旦的姐姐鄂邑盖长公主、左将军上官桀父子因为与霍光争权而有了嫌隙，他们都知道燕刺王刘旦怨恨霍光，就私下里与他往来。刘旦派遣孙纵之等前后十多批人，带了很多金银财宝和良种马，赠送给盖长公主。上官桀以及御史大夫桑弘羊等人都与刘旦往来参与到反叛的阵营里，他们多次整理并记下霍光的过失告诉刘旦，让刘旦向皇帝上书告发霍光。上官桀想方设法从宫中把刘旦的奏书直接交到汉昭帝手里。刘旦听说这件事，很欢喜，就向汉昭帝上书道：“从前秦王嬴政夺据天下面南而称帝，制定皇位世代相传的

故改其路，规土连城，布王子孙，是以支叶扶疏，异姓不得间也。今陛下承明继成，委任公卿，群臣连与成朋，非毁宗室，肤受之诉，日骋于廷，恶吏废法立威，主恩不及下究。臣闻武帝使中郎将苏武使匈奴，见留二十年不降，还亶为典属国。今大将军长史敞无劳，为搜粟都尉。又将军都郎羽林，道上移跸，太官先置。臣旦愿归符玺，入宿卫，察奸臣之变。”

是时昭帝年十四，觉其有诈，遂亲信霍光，而疏上官桀等。桀等因谋共杀光，废帝，迎立燕王为天子。旦置驿书，往来相报，许立桀为王，外连郡国豪桀以千数。旦以语相平，平曰：“大王前与刘泽结谋，事未成而发觉者，以刘泽素夸，好侵陵也。平闻左将军素轻易，车骑将军少而骄，臣恐其如刘泽时不能成，又恐既成，反大王也。”旦曰：“前日一男子诣阙，自谓故太子，长安中民趣乡之，正欢不可止，大将军恐，出兵陈之，以自备耳。我帝长子，天下所信，何忧见反？”后谓群臣：“盖主报言，独患大将军与右将军王莽。今右将军物故，丞相病，幸事必成，征不久。”令群臣皆装。

诏令，令四夷威慑，而轻视削弱了骨肉亲情，尊重异姓外族，废弃仁义之道任用刑罚，对宗室没有施恩。后来尉佗率领秦军跑到南越称王，陈涉在楚地大泽乡呼吁起义，狎近帝王的侍臣也乘机作乱，内乱外乱一齐发动，秦朝灭亡，不再有祭祀的烟火。高祖皇帝观览秦朝从兴起到灭亡的所有行迹，考察秦国治政的成败得失，发现秦朝的建国之本就不正确，所以改变自己治国的方法，划分封地，使城邑相连，来安置王室子孙，因而汉朝宗室繁茂四处分布，使异姓之人没有作乱的空隙。现在陛下承接圣明之德继承先王的成业，委任公卿大臣执掌政权。群臣却联合形成朋党，诽谤诋毁刘氏宗室，浮泛不实的话天天充满朝廷，凶狠的官吏破坏法律滥施淫威，使皇帝的恩泽来不及真正下达。臣听说孝武帝派中郎将苏武出使匈奴，他被扣留了二十年拒不投降匈奴，回来后也才封为典属国。现在大将军的长史杨敞没有任何功劳，却被封为搜粟都尉。还有，大将军幕府都郎羽林，在大将军出行时，在道上传呼令行人回避，先设置太官侍候在前，与皇帝出行一模一样。臣刘旦愿意归还先皇所受北地符玺，入宫值宿保卫陛下，以观察奸臣的变乱。”

当时昭帝十四岁，觉察到燕王有诈，就更加亲近霍光，而疏远上官桀等人。上官桀等人因此谋划共同杀死霍光，废黜汉昭帝，迎立燕王刘旦为天子。刘旦设置驿站快速传递文书，往来汇报各自的情况，许诺将来登上帝位封上官桀为诸侯王，对外联络各郡县的豪杰数以千计。刘旦把这些情况告诉了燕相平，平说：“大王先前与刘泽结谋，事情尚未成功就被察觉了，是因为刘泽平素虚夸，喜欢侵犯欺凌别人。我听说左将军上官桀一向轻忽怠慢，车骑将军年少骄傲，我恐怕这次可能会像刘泽那次一样不能成功，又担心一旦事情成功，他们会与大王反目。”刘旦说：“前些日子有一个男子来到朝廷，自称是戾太子，长安城中的百姓纷纷前去迎接，正在喧哗难以阻止的时候，大将军感到恐慌，派出军队陈列队形，以自我防备。我是孝武帝的长子，是天下百姓人所信赖的人，即使被反对又有何担心的？”后来刘旦对群臣说：“盖长公主来信说，朝臣中只惧怕大将军霍光与右将军王莽。现在右将军王莽去世，丞相正在生病，此事必定能成功，我们

是时天雨，虹下属宫中饮井水，井水竭。厕中豕群出，坏大官灶。乌鹊斗死。鼠舞殿端门中。殿上户自闭，不可开。天火烧城门。大风坏宫城楼，折拔树木。流星下堕。后姬以下皆恐。王惊病，使人祠葭水、台水。王客吕广等知星，为王言"当有兵围城，期在九月十月，汉当有大臣戮死者。"语具在《五行志》。

王愈忧恐，谓广等曰："谋事不成，妖祥数见，兵气且至，奈何？"会盖主舍人父燕仓知其谋，告之，由是发觉。丞相赐玺书，部中二千石逐捕孙纵之及左将军桀等，皆伏诛。旦闻之，召相平曰："事败，遂发兵乎？"平曰："左将军已死，百姓皆知之，不可发也。"王忧懑，置酒万载宫，会宾客群臣妃妾坐饮。王自歌曰："归空城兮，狗不吠，鸡不鸣，横术何广广兮，固知国中之无人！"华容夫人起舞曰："发纷纷兮寘渠，骨籍籍兮亡居。母求死子兮，妻求死夫。裴回两渠间兮，君子独安居！"坐者皆泣。

有赦令到，王读之，曰："嗟乎！独赦吏民，不赦我。"因迎后姬诸夫人之明光殿，王曰："老虏曹为事当族！"欲自杀。左右曰："党得削国，幸不死。"后姬夫人共啼泣止王。会天子使使者赐燕王玺书曰："昔高皇帝王天下，建立子弟以藩屏社稷。先日诸吕阴谋大逆，刘氏不绝若发，赖绛侯等诛讨贼乱，尊立孝文，以安宗庙，非以中外有人，表里相应故邪？樊、郦、曹、灌，携剑推锋，从高皇帝垦菑除害，耘鉏海内，当此之时，头如蓬葆，勤苦至矣，然其赏不过

出发的日子不远了。”于是刘旦命令群臣都整装待发。

当时天刚下完雨，彩虹倒垂进入燕王宫中，吸取井水，井水因此枯竭。一旁圈里的猪成群结队往外跑，撞坏了大官灶。乌鹊相斗而死。老鼠在宫殿的正门跳上窜下。大殿的大门自动关闭，不能打开。天降雷火烧毁了城门。大风刮坏了王宫的城楼，折断并拔起王宫的树木。天上有流星落下。王后王妃及下人们都很恐慌。燕王刘旦自己也因受惊吓而生病，便派人到葭水、台水祭祀。燕王的宾客吕广等人会观星象，为燕王占卜说：“应该会有大兵围城，时间在九月到十月之间，汉廷应当有大臣受戮而死。”详见《五行志》。

燕王刘旦愈加忧虑害怕，对吕广等人说：“谋划的事情还没有成功，凶兆又多次出现，兵气又要到来，该怎么办呢？”碰巧盖长公主舍人的父亲燕仓知道了他们要谋反的事，就告发他们，谋反的事因此被朝廷察觉。丞相拿着皇帝赐予的玺书，部署中二千石官员拘捕孙纵之以及左将军上官桀等人，并将他们全部处以死刑。刘旦听说这件事后，就召见燕相平说：“事情败露了，我们要马上发兵吗？”平说：“左将军上官桀已死，百姓们都知道了事情的真相，不能发兵了。”燕王刘旦忧愁满面，在万载宫设宴，招呼宾客群臣妃妾坐着饮酒。燕王刘旦自己唱道：“回到空城啊，听不到犬吠，听不见鸡叫，道路多么空旷啊，原来才知道国中已经无人居住了！”华容夫人也起舞唱道：“发髻飞散啊，倒在沟渠，尸骨纵横交错，没有安葬的地方。母亲搜寻亡故的儿子，妻子搜寻亡故的丈夫。在两渠之间徘徊啊，大王能在何处安居！”在座的人都泣不成声。

朝廷的赦令来到，燕王读完，说：“唉呀！朝廷只赦免燕国的官吏与百姓，不赦免我。”于是把王后、姬妾、诸夫人迎到明光殿，燕王说：“霍光这个老奴做了这种事就应当被灭族！”说完就准备自杀。身边的人劝解说：“大王倘若能得到皇上的允许削去封国，也许能侥幸活下来呢。”王后姬妾夫人们都哭哭啼啼阻拦燕王。正好皇帝派使者赐予燕王的玺书到了，上面写着：“以前高祖皇帝在天下称王，封立子弟为诸侯王作为屏障保护国家。先前吕氏诸王私下谋划不利于君主的反叛行为，刘氏后代在千钧一发之际没有断绝，依靠绛

封侯。今宗室子孙曾无暴衣露冠之劳，裂地而王之，分财而赐之，父死子继，兄终弟及。今王骨肉至亲，敌吾一体，乃与他姓异族谋害社稷，亲其所疏，疏其所亲，有逆悖之心，无忠爱之义。如使古人有知，当何面目复奉齐酎见高祖之庙乎！”

旦得书，以符玺属医工长，谢相二千石：“奉事不谨，死矣。”即以绶自绞。后夫人随旦自杀者二十余人。天子加恩，赦王太子建为庶人，赐旦谥曰剌王。旦立三十八年而诛，国除。

后六年，宣帝即位，封旦两子，庆为新昌侯，贤为安定侯，又立故太子建，是为广阳顷王，二十九年薨。子穆王舜嗣，二十一年薨。子思王璜嗣，二十年薨。子嘉嗣。王莽时，皆废汉藩王为家人，嘉独以献符命封扶美侯，赐姓王氏。

广陵厉王胥赐策曰：“呜呼！小子胥，受兹赤社，建尔国家，封于南土，世世为汉藩辅。古人有言曰：‘大江之南，五湖之间，其人轻心。扬州保彊，三代要服，不及以正。’乌呼！悉尔心，祗祗兢兢，乃惠乃顺，毋桐好逸，毋迩宵人，惟法惟则！《书》云‘臣不作福，不作威’，靡有后羞。王其戒之！”

侯周勃等人诛杀讨伐乱臣贼子，尊立孝文皇帝，使宗庙得以安宁，难道不是因为朝廷内外都有贤人，忠臣皇族里外呼应的缘故吗？樊哙、郦食其、曹参、灌婴等人，在最初就手持宝剑冲锋陷阵，跟从高祖皇帝开辟江山铲除灾害，诛灭海内奸诈之人，在那个时候，他们头发如蓬草和羽葆一样散乱，勤劳艰苦到了极点，然而他们得到的赏赐不过是封侯而已。现今宗室子孙没有暴衣露冠的劳苦，却分得土地并成为诸侯王，分到财物得到赏赐，父亲死后儿子可以继位，哥哥死后弟弟接替。如今燕王与我本为骨肉至亲，你我一体，却与他姓异族谋害社稷，与本该疏远的外人相亲相爱，与本该相亲相爱的家人疏远，有悖逆之心，无忠爱之义。假如让作古的先人地下有知，你当有何面目再奉上斋酎到高祖皇帝的庙祭拜呢！”

刘旦接到玺书，把燕王的玺印符节交给医工长，向燕相以及二千石官谢罪说：“我供奉朝廷不够恭敬，只有一死。”随即用绶带自缢而亡。王后、夫人以及跟随刘旦自杀的共有二十多人。天子加恩，赦免燕王太子刘建为庶人，赐刘旦谥号为刺王。刘旦在被封为燕王第三十八年后被诛杀，封国废除。

六年后，汉宣帝登上皇位，封刘旦的两个儿子，刘庆为新昌侯，刘贤为安定侯。又封燕国的前太子刘建为广阳顷王，刘建在位二十九年去世。他的儿子穆王刘舜继位，在位二十一年去世。儿子思王刘璜继位，在位二十年去世。儿子刘嘉继位。王莽执政时，把汉朝的诸侯王一律贬为庶民，只有刘嘉因为向王莽献出符命而被封为扶美侯，赐其王姓。

武帝在赐予广陵厉王刘胥的策书上说：“呜呼！皇子刘胥，接受这南方赤色的社土，建立你的封国，封立在南方，世世代代为藩国辅佐我汉朝。古人讲：‘大江之南，五湖之间，那里的人轻狂。扬州地区的人恃势逞强，在夏商周三代属于边远地方的要服之地，朝廷的政令达不到那里而不能及时匡正。’呜呼！你要竭尽心力，恭敬小心，恩惠百姓，忠诚君主，不要贪图安逸，不要宠信小人，言论行为当惟法惟则！《尚书》讲‘当臣子的不要借着权势欺压别人’，不要让后人蒙羞。国王可要戒备啊！”

胥壮大，好倡乐逸游，力扛鼎，空手搏熊彘猛兽。动作无法度，故终不得为汉嗣。

昭帝初立，益封胥万三千户，元凤中入朝，复益万户，赐钱二千万，黄金二千斤，安车驷马宝剑。及宣帝即位，封胥四子圣、曾、宝、昌皆为列侯，又立胥小子弘为高密王。所以褒赏甚厚。

始，昭帝时，胥见上年少无子，有觊欲心。而楚地巫鬼，胥迎女巫李女须，使下神祝诅。女须泣曰："孝武帝下我。"左右皆伏。言"吾必令胥为天子"。胥多赐女须钱，使祷巫山。会昭帝崩，胥曰："女须良巫也！"杀牛塞祷。及昌邑王征，复使巫祝诅之。后王废，胥寖信女须等，数赐予钱物。宣帝即位，胥曰："太子孙何以反得立？"复令女须祝诅如前。又胥女为楚王延寿后弟妇，数相馈遗，通私书。后延寿坐谋反诛，辞连及胥。有诏勿治，赐胥黄金前后五千斤，它器物甚众。胥又闻汉立太子，谓姬南等曰："我终不得立矣。"乃止不诅。后胥子南利侯宝坐杀人夺爵，还归广陵，与胥姬左修奸。事发觉，系狱，弃市。相胜之奏夺王射陂草田以赋贫民，奏可。胥复使巫祝诅如前。

胥宫园中枣树生十余茎，茎正赤，叶白如素。池水变赤，鱼死。有鼠昼立舞王后廷中。胥谓姬南等曰："枣水鱼鼠之怪甚可恶

刘胥长大以后，喜好倡优的歌舞杂戏表演，放纵游乐，他力气很大，能扛起鼎，能空手与熊、野猪等猛兽相搏。行为举止没有法度，所以最终没能被立为汉武帝的太子。

汉昭帝刚刚登基皇位时，加封刘胥一万三千户食邑，元凤年间刘胥入宫朝见，又加封一万户，还赏赐二千万钱、二千斤黄金，以及可以坐乘的小车、四马一驾的大车和宝剑。等到汉宣帝即位，封刘胥的四个儿子刘圣、刘曾、刘宝、刘昌都为列侯，又封刘胥的小儿子刘弘为高密王。所给的嘉奖与赏赐特别优厚。

起初，昭帝在位时，刘胥见皇帝年少又没有儿子，也有企图帝位的心。楚地又迷信巫祝，刘胥就迎接女巫李女须，让她请神下界祝告鬼神加祸于昭帝。李女须哭着说："孝武帝附着在我的身体里。"刘胥身边的侍从都伏身下跪。李女须接着以武帝的口气说："我一定要让刘胥做天子。"事后，刘胥赏赐李女须很多钱，让她再到巫山祷告。正碰上汉昭帝驾崩，刘胥说："李女须是个良巫啊！"便杀牛祭祀以报答神灵降祸于昭帝。等到昌邑王被征入京都继位时，刘胥又让女巫请神下界祝告鬼神使加祸于昌邑王。后来昌邑王被废黜帝位，刘胥就更加相信李女须等人了，多次赏给她们钱财。等到汉宣帝即位，刘胥说："为什么故太子的孙子反而被立为天子呢？"他再次让李女须依照从前的样子求神诅咒汉宣帝。另外，刘胥的女儿是楚王刘延寿王后的弟媳妇，他们多次相互馈赠礼物，私通书信。后来刘延寿因谋反获罪被诛杀，供状中涉及到刘胥。皇帝下诏不予追究，前后赐予他黄金五千斤，以及其他更多的器物。刘胥又听说朝廷立了太子，就对姬妾南等人说："我终究还是不能被立为帝了。"于是停止对皇帝的诅咒。后来刘胥的儿子南利侯刘宝因杀人获罪而被削夺爵位，他回到广陵，与刘胥的姬妾左修通奸。事情败露后，刘宝被逮捕入狱，处以弃市的刑罚。广陵相胜之奏请朝廷削夺刘胥的射陂草田以分给贫民，奏书得到朝廷的准许。刘胥为此又让女巫像从前那样诅咒皇上了。

刘胥宫殿的园中，有棵枣树新生出十多条茎，茎的颜色赤红，挺拔正直，树叶却白如素绢。园中的池水变成赤色，鱼都死了。有老鼠

也。”居数月，祝诅事发觉，有司按验，胥惶恐，药杀巫及宫人二十余人以绝口。公卿请诛胥，天子遣廷尉、大鸿胪即讯。胥谢曰：“罪死有余，诚皆有之。事久远，请归思念具对。”胥既见使者还，置酒显阳殿，召太子霸及子女董訾、胡生等夜饮，使所幸八子郭昭君、家人子赵左君等鼓瑟歌舞。王自歌曰：“欲久生兮无终，长不乐兮安穷！奉天期兮不得须臾，千里马兮驻待路。黄泉下兮幽深，人生要死，何为苦心！何用为乐心所喜，出入无悰为乐亟。蒿里召兮郭门阅，死不得取代庸，身自逝。”左右悉更涕泣奏酒，至鸡鸣时罢。胥谓太子霸曰：“上遇我厚，今负之甚。我死，骸骨当暴。幸而得葬，薄之，无厚也。”即以绶自绞死。及八子郭昭君等二人皆自杀。天子加恩，赦王诸子皆为庶人，赐谥曰厉王。立六十四年而诛，国除。

后七年，元帝复立胥太子霸，是为孝王，十三年薨。子共王意嗣，三年薨。子哀王护嗣：十六年薨，无子，绝。后六年，成帝复立孝王子守，是为靖王，立二十年薨。子宏嗣，王莽时绝。

初，高密哀王弘本始元年以广陵王胥少子立，九年薨。子顷王章嗣，三十三年薨。子怀王宽嗣，十一年薨。子慎嗣，王莽时绝。

白天在王后的庭院里直立起舞。刘胥对姬妾南等人说："枣树生茎、池水变赤、鱼莫名死去、鼠在王后院里舞旋，这些奇怪的现象真是令人恼恨。"几个月后，刘胥求神诅咒降祸于皇上的事被发觉，官吏验核其事，而治其罪，他惶恐不安，用毒药将女巫和宫女二十多人毒死灭口。公卿大臣请求诛杀刘胥，皇帝派遣廷尉、大鸿胪前去审讯此案。刘胥谢罪说："我罪大恶极，死有余辜，诅咒的事情确实是有。事情由来已久，请你们先回朝廷，等我一一回忆起来就坦白交待。"刘胥见朝廷官员走开，就在显阳殿设宴。他召太子刘霸以及刘霸的女儿刘董訾、刘胡生等来宴饮，叫来他所宠幸的姬妾八子郭昭君、家人子赵左君等鼓瑟歌舞。刘胥自己唱道："本想着永久地活着不死去，可是我长久地不快乐不知道什么时候才是尽头！我尊奉天命再没有片刻活着的时间，千里马停驻在那里等着上路。黄泉之下幽静而深远，人终究会死去，何必为了不死而劳苦心智！活在世上到底怎样才会快乐，在于能做自己喜欢的事，我出来进去却没感到快乐，现在就痛快地乐乐吧。我的葬身之地在召唤我，我已经看见了它那郭门，死是不可能雇人代替的，我自己去死吧。"身边的人都哭着相互敬酒，酒宴直到鸡鸣时才结束。刘胥对太子刘霸说："皇帝待我优厚，直到如今我太辜负他了。我死后，自当暴尸示众。如果有幸得以埋葬，就迅速埋掉即可，不要厚葬。"说完就用绶带自缢而死。八姨娘郭昭君、家人子赵左君二人也都自杀殉情。皇帝加恩，赦免刘胥儿子们的死罪将他们贬为庶人，赐刘胥谥号为厉王。刘胥被封王六十四年后自杀身亡，封国废除。

七年后，汉元帝又册立刘胥的太子刘霸，就是孝王，在位十三年去世。刘霸的儿子共王刘意继位，在位三年去世。刘意的儿子哀王刘护继位，在位十六年去世，刘护没有儿子，封国断绝。六年后，汉成帝又立孝王刘霸的儿子刘守，就是靖王，在位二十年去世。刘守的儿子刘宏继位，到王莽执政时封国断绝。

起初，高密哀王刘弘在本始元年（前73）因为是广陵王刘胥的小儿子而被封侯，九年后去世。刘弘的儿子顷王刘章继位，在位三十三年去世。刘章的儿子怀王刘宽继位，在位十一年去世。刘宽的儿子刘

昌邑哀王髆天汉四年立，十一年薨，子贺嗣。立十三年，昭帝崩，无嗣，大将军霍光征王贺典丧。玺书曰：“制诏昌邑王：使行大鸿胪事少府乐成、宗正德、光禄大夫吉、中郎将利汉征王，乘七乘传诣长安邸。”夜漏未尽一刻，以火发书。其日中，贺发，晡时至定陶，行百三十五里，侍从者马死相望于道。郎中令龚遂谏王，令还郎谒者五十余人。贺到济阳，求长鸣鸡，道买积竹杖。过弘农，使大奴善以衣车载女子。至湖，使者以让相安乐。安乐告遂，遂入问贺，贺曰：“无有。”遂曰：“即无有，何爱一善以毁行义！请收属吏，以湔洒大王。”即捽善，属卫士长行法。

贺到霸上，大鸿胪郊迎，驺奉乘舆车。王使仆寿成御，郎中令遂参乘。旦至广明东都门，遂曰：“礼，奔丧望见国都哭。此长安东郭门也。”贺曰：“我嗌痛，不能哭。”至城门，遂复言，贺曰：“城门与郭门等耳。”且至未央宫东阙，遂曰：“昌邑帐在是阙外驰道北，未至帐所，有南北行道，马足未至数步，大王宜下车，乡阙西面伏，哭尽哀止。”王曰：“诺。”到，哭如仪。

王受皇帝玺绶，袭尊号。即位二十七日，行淫乱。大将军光与群臣议，白孝昭皇后，废贺归故国，赐汤沐邑二千户，故王家财物皆与贺。及哀王女四人各赐汤沐邑千户。语在《霍光传》。国除，为山

慎继位，到王莽执政时封国断绝。

昌邑哀王刘髆在武帝天汉四年（前97）被封王，他在位十一年去世，他的儿子刘贺继位。刘贺在位第十三年，汉昭帝驾崩，因为没有子嗣，大将军霍光就征召哀王刘贺来主持昭帝的葬礼。玺书写道："制诏书予昌邑王：今派行大鸿胪事少府乐成、宗正刘德、光禄大夫丙吉、中郎将利汉前去征召昌邑王刘贺，乘坐七匹马拉的传车到长安府邸。"在夜漏还不到一刻钟时，就火速发送诏书。第二天中午，刘贺就从昌邑出发，在傍晚时分就赶到了定陶，共跑了一百三十五里，侍从骑的马在路上接连不断地累死。郎中令龚遂为此劝谏刘贺，刘贺才命令郎、谒者等属官五十多人返回昌邑。刘贺到了济阳，寻找并购买长鸣鸡，还在路上买了积竹杖。路过弘农时，派一位身材高大名叫善的奴仆用衣车载着在路上抢劫来的女子。到了湖县，朝廷的使者就这件事责怪昌邑相安乐。安乐又告诉了龚遂，龚遂到近前问刘贺，刘贺说："没有这事。"龚遂说："既然没有这事，大王还何必吝惜善这样的奴仆而毁损自己的名声呢！我请求把善拘捕交给官吏治罪，以清除大王的恶名。"刘贺便命人抓住善，交给卫士长依法行事。

刘贺来到霸上，大鸿胪到长安郊外迎接，宫中骑士侍奉他坐上帝王专用的小车。昌邑王刘贺让仆人寿成驾车，郎中令龚遂为参乘。他们在早晨到了广明东都门，龚遂说："按照礼仪，奔丧的人望见国都就要痛哭。这里就是长安的外城东门。"刘贺说："我咽喉痛，不能哭。"又来到长安内城门，龚遂又提示，刘贺说："内城门与外城门都一样啊。"马上就要到未央宫东门前的望楼了，龚遂说："昌邑王吊唁的营帐是设在这个宫阙外驰道的北边，未到营帐前，有条南北方向的道路，只有不到几步的距离，大王应该在这里下车，对着门楼向西跪下，大哭以尽哀痛。"刘贺说："好的。"到了门楼下，刘贺就依照丧礼痛哭一番。

昌邑王刘贺接受皇帝的玉玺与绶带，正式称帝登基。他在登上皇位的二十七天里，肆意淫乱。大将军霍光与群臣商议后，禀告孝昭皇后，废黜刘贺回归故国，赐予汤沐邑二千户，原来王室的财产都还给他。哀王刘髆的四个女儿也分别赐予一千户能收取税赋的私邑。

阳郡。

初贺在国时，数有怪。尝见白犬，高三尺，无头，其颈以下似人，而冠方山冠。后见熊，左右皆莫见。又大鸟飞集宫中。王知，恶之，辄以问郎中令遂。遂为言其故，语在《五行志》。王卬天叹曰："不祥何为数来！"遂叩头曰："臣不敢隐忠，数言危亡之戒，大王不说。夫国之存亡，岂在臣言哉？愿王内自揆度。大王诵《诗》三百五篇，人事浃，王道备，王之所行中《诗》一篇何等也？大王位为诸侯王，行污于庶人，以存难，以亡易，宜深察之。"后又血污王坐席，王问遂，遂叫然号曰："宫空不久，祅祥数至。血者，阴忧象也。宜畏慎自省。"贺终不改节。居无何，征。既即位，后王梦青蝇之矢积西阶东，可五六石，以屋版瓦覆，发视之，青蝇矢也。以问遂，遂曰："陛下之《诗》不云乎？'营营青蝇，至于藩；恺悌君子，毋信谗言。'陛下左侧谗人众多，如是青蝇恶矣。宜进先帝大臣子孙亲近以为左右。如不忍昌邑故人，信用谗谀，必有凶咎。愿诡祸为福，皆放逐之。臣当先逐矣。"贺不用其言，卒至于废。

大将军光更尊立武帝曾孙，是为孝宣帝。即位，心内忌贺，元康二年遣使者赐山阳太守张敞玺书曰："制诏山阳太守：其谨备盗贼，察往来过客。毋下所赐书！"敞于是条奏贺居处，著其废亡之效，曰："臣敞地节三年五月视事，故昌邑王居故宫，奴婢在中者

详见《霍光传》。昌邑王的封国废除，改为山阳郡。

起初刘贺在封国的时候，经常发生怪异的现象。他曾看见白色的狗，高有三尺，没头，脖子以下像人一样，还戴着方山冠。后来他又看到熊，可是他的随从都说没看到。又有大鸟飞集到宫中。刘贺知道这不是好事，很讨厌，就问郎中令龚遂这是怎么回事。龚遂给他讲明其中的缘由，详见《五行志》。刘贺仰天叹息着说："不祥之物为何多次来我家啊！"龚遂叩头说："臣不敢隐瞒自己的忠心，多次劝谏关于国家危亡应戒备的事，大王您听后不高兴。可是封国的存亡，难道只是在于臣的几句话吗？愿大王发自内心揣度一下。大王诵读《诗经》三百零五篇，里面对人与事讲得很透彻，关于以仁义治理天下的政策也很完备，大王的所作所为符合《诗经》中哪一篇呢？大王位居诸侯王，而您的行事比庶民还不堪，这样下去很难保存封国，却很容易亡国，您应该深深地省察这些过错。"后来又发生血污刘贺座席的事，刘贺询问龚遂，龚遂大声呼叫说："宫殿不久之后就要空了，这是因为灾异的凶兆接连发生啊。血污，是内心忧愁的象。您应该畏惧谨慎自我省察。"刘贺终究不改变他的节操。没过多久，刘贺应征入朝。登上皇位之后，刘贺又梦见西阶的东侧堆有苍蝇屎，大约又五六石之多，上面用屋顶的大瓦盖着，他醒来后叫人揭开屋瓦一看，原来真有苍蝇屎。刘贺因此事又询问龚遂，龚遂说："陛下读过的《诗经》不是写着吗？'嗡嗡苍蝇，飞来篱笆；正直君子，不听谗言。'陛下身边进谗言的小人太多，就如同苍蝇一样惹人讨厌。您应该进用先帝的大臣和他们的子孙或他们亲近的人做为身边的近臣。如果不忍心疏远昌邑的旧交，而听信并纳用他们谗毁和阿谀的话，一定会有灾殃。希望能以此化诡异的危祸为福祉，把小人都放逐出京，臣应当最先被放逐回家。"刘贺不采纳他的话，最终被废黜。

大将军霍光改尊立汉武帝的曾孙为帝，就是汉孝宣帝。汉宣帝即位后，心中忌惮刘贺，元康二年（前64）派遣使者赐山阳太守张敞玺书道："制诏书于山阳太守：要谨慎戒备盗贼，督察往来过客。不要把皇上赐送的此诏书下传外露！"张敞就逐条上奏刘贺居处的一切动向，表述刘贺被废黜之后的表现，奏书写着："臣张敞于地节三

百八十三人，闭大门，开小门，廉吏一人为领钱物市买，朝内食物，它不得出入。督盗一人别主徼循，察往来者。以王家钱取卒，迾宫清中备盗贼。臣敞数遣丞吏行察。四年九月中，臣敞入视居处状，故王年二十六七，为人青黑色，小目，鼻末锐卑，少须眉，身体长大，疾痿，行步不便。衣短衣大绔，冠惠文冠，佩玉环，簪笔持牍趋谒。臣敞与坐语中庭，阅妻子奴婢。臣敞欲动观其意，即以恶鸟感之，曰：'昌邑多枭。'故王应曰：'然。前贺西至长安，殊无枭。复来，东至济阳，乃复闻枭声。'臣敞阅至子女持辔，故王跪曰：'持辔母，严长孙女也。'臣敞故知执金吾严延年字长孙，女罗紨，前为故王妻。察故王衣服言语跪起，清狂不惠。妻十六人，子二十二人，其十一人男，十一人女。昧死奏名籍及奴婢财物簿。臣敞前书言：'昌邑哀王歌舞者张修等十人，无子，又非姬，但良人，无官名，王薨当罢归。太傅豹等擅留，以为哀王园中人，所不当得为，请罢归。'故王闻之曰：'中人守园，疾者当勿治，相杀伤者当勿法，欲令亟死，太守奈何而欲罢之？'其天资喜由乱亡，终不见仁义如此。后丞相御史以臣敞书闻，奏可。皆以遣。"上由此知贺不足忌。

其明年春，乃下诏曰："盖闻象有罪，舜封之，骨肉之亲，析而

年（前67）五月任职，前昌邑王刘贺住在他以前的王宫内，宫内的奴婢共一百八十三人，王宫大门紧闭，只打开小门进出，有一名廉洁的官吏支取钱物买东西，每天早晨购进食物，其他物品一概不得进出。有一名督盗专管巡逻警戒，监管进出王府的各种人。王府还出钱雇佣士卒，用以警戒宫庭，防备盗贼。臣张敞多次派丞、吏前去察看。元康四年（前62）九月的一天，臣张敞进前昌邑王宫视察他的仪容举止和生活状况，只见前昌邑王刘贺大约二十六七岁的模样，面色青黑，眼睛狭小，鼻子尖而弯，须眉很少，身材高大，患有肌肉萎缩一类的病症，行走艰难。身着短衣，下穿宽大的裤子，头戴惠文冠，身佩玉环，头上以笔簪发，手持木牍，前往拜见。臣张敞与前昌邑王坐在中厅谈话，暗中观察他的妻子与奴婢。臣张敞想触动他以便观察他的心意，就故意谈论恶鸟来他的反应，臣说：'昌邑这里有很多枭。'前昌邑王刘贺应答说：'是的。从前我西进长安的时候，一只枭也没见过。当我回来的时候，向东走到济阳的时候，又听到枭的叫声。'臣张敞见过他的子女们，见到他的女儿持辔时，前昌邑王刘贺跪下说：'持辔的母亲是严长孙的女儿。'臣张敞以前就知道执金吾严延年字长孙，有一个女儿名叫罗紨，是前昌邑王刘贺的妻子。臣察看前昌邑王刘贺的衣服、言语以及跪下起立的状态，显得痴颠愚笨。他有十六位妻妾，二十二个子女，其中十一个儿子，十一个女儿。臣冒死罪上奏前昌邑王的名册以及奴婢与财物账册。臣张敞上次上书提到：'昌邑哀王刘髆的歌舞伎女张修等十人，没有子女，也不是刘髆的姬妾，而是良家子女，没有获赐名号，哀王刘髆已去世，应该把她们放还归家。太傅豹等人自作主张留下她们，让她们做了哀王刘髆园中的宫人，不应当这样安配，臣奏请让她们回家。'前昌邑王刘贺知道这件事之后说：'我让这些宫女看守园子，她们生病也不给治疗，相互杀伤也不按法制裁，我就是想让她们快快死去，太守为什么要让她们辞职回家呢？'他的天性就是喜好败乱灭亡，始终没发现他有仁义之心。后来丞相御史把臣张敞的奏书呈给陛下，奏书得到许可。这些人都被遣散回家。"汉宣帝从此知道刘贺不值得忌惮。

第二年春，皇上下诏说："朕听说舜的弟弟象虽然有罪，舜还是

不殊。其封故昌邑王贺为海昏侯，食邑四千户。”侍中卫尉金安上上书言：“贺天之所弃，陛下至仁，复封为列侯。贺嚚顽放废之人，不宜得奉宗庙朝聘之礼。”奏可。贺就国豫章。

数年，扬州刺史柯奏贺与故太守卒史孙万世交通，万世问贺：“前见废时，何不坚守毋出宫，斩大将军，而听人夺玺绶乎？”贺曰：“然。失之。”万世又以贺且王豫章，不久为列侯。贺曰：“且然，非所宜言。”有司案验，请逮捕。制曰：“削户三千。”后薨。

豫章太守廖奏言：“舜封象于有鼻，死不为置后，以为暴乱之人不宜为太祖。海昏侯贺死，上当为后者子充国；充国死，复上弟奉亲；奉亲复死，是天绝之也。陛下圣仁，于贺甚厚，虽舜于象无以加也。宜以礼绝贺，以奉天意。愿下有司议。”议皆以为不宜为立嗣，国除。

元帝即位，复封贺子代宗为海昏侯，传子至孙，今见为侯。

赞曰：巫蛊之祸，岂不哀哉！此不唯一江充之辜，亦有天时，非人力所致焉。建元六年，蚩尤之旗见，其长竟天。后遂命将出征，略取河南，建置朔方。其春，戾太子生。自是之后，师行三十年，兵所诛屠夷灭死者不可胜数。及巫蛊事起，京师流血，僵尸数万，太子子父皆败。故太子生长于兵，与之终始，何独一嬖臣哉！秦始皇即位三十九年，内平六国，外攘四夷，死人如乱麻，暴骨长城之下，头卢相属于道，不一日而无兵。由是山东之难兴，四方溃而逆秦。秦将吏外畔，贼臣内发，乱作萧墙，祸成二世。故曰“兵犹火也，弗

分封了他，是出于骨肉之亲的原因，即使是分崩离析也不会断绝。封前昌邑王刘贺为海昏侯，赏赐四千户作为食邑。”侍中卫尉金安上上书说：“刘贺是上天废弃的人，陛下特别仁慈，又封刘贺为列侯。刘贺是愚顽废弃之人，就不应该参与奉事宗庙朝见天子的礼仪。”奏章得到许可。于是刘贺就到封国豫章就职。

几年后，扬州刺史柯上奏弹劾刘贺与前太守的卒史孙万世结交，孙万世问刘贺：“你之前被废去皇位的时候，为何不坚守皇宫不出去，并斩杀大将军，而听任别人夺走你的玉玺呢？”刘贺说：“你说得对。是我的失误。”孙万世又认为刘贺将被封为豫章王，不会一直是列侯。刘贺说：“虽然会这样，但不应该说出来。”官吏查询验证之后，请求捕拿刘贺。皇帝下诏书说：“削去刘贺三千户食邑。”后来刘贺去世。

豫章太守廖上奏说：“舜把有鼻封给象，象死之后就没有分封他的后嗣，认为暴乱之人不应该做封国的开国君主。海昏侯刘贺去世后，上报官府应当继承他侯位的人是他的儿子刘充国；刘充国去世后，又上报他的弟弟刘奉亲；结果刘奉亲也去世了，这是老天断绝他的子嗣。陛下仁义，对刘贺特别优厚，就是舜对待象也不过如此。陛下应遵循礼制断绝刘贺的侯位，以奉守天意。请求下交官吏讨论。”大臣商议的结果都认为不该为刘贺立嗣，封国废除。

汉元帝即位后，又封刘贺的儿子刘代宗为海昏侯，传子又传孙，到如今还是列侯。

赞辞说：巫蛊之案造成的祸乱，难道不悲哀吗！但这不仅仅是江充一人之过，也是天命使然，非人力所达到的。武帝建元六年（前135），彗星蚩尤的标识出现，它的尾巴竟然布满了整个天空。此后朝廷就命令将士出征匈奴，攻略了黄河以南的地方，设立了朔方郡。那年春天，戾太子刘据出生。从那之后，汉军出师行军三十年，军队所屠戮诛灭的人不可胜数。等到巫蛊之案发生，京师街头血流成河，几万具僵硬的尸体横列在京师，太子连同两个儿子都败亡。因此太子生长于兵荒马乱的年代，终始与战乱相伴，怎么能说仅仅是一个嬖臣导致的呢！秦始皇在皇位三十九年，对内平定六国，对外侵夺四夷，

戢必自焚”，信矣。是以仓颉作书，“止”“戈”为“武”。圣人以武禁暴整乱，止息兵戈，非以为残而兴纵之也。《易》曰：“天之所助者顺也，人之所助者信也；君子履信思顺，自天祐之，吉无不利也。”故车千秋指明蛊情，章太子之冤。千秋材知未必能过人也，以其销恶运，遏乱原，因衰激极，道迎善气，传得天人之祐助云。

杀人如麻，长城之下堆满尸骨，道路之上死尸不断，没有一天不发动战争的。故而殽山以东发生事变，天下散乱而背叛秦。秦朝的武吏在外反叛，作乱之臣在朝廷内谋反，变乱起于萧墙，灾难在秦二世胡亥之时来临。所以说："兵戈如烈火，不停止战争必将自我毁灭，"这话可信。所以仓颉造字时，"止"加"戈"是"武"。圣人是凭借武力禁止暴动整肃动荡的时局，来停止战争，不是用来施行残暴而一味放纵兴起祸乱。《易经》讲："上天帮助顺天而行的人，百姓帮助有诚信仁义的人；君子履行诚信，顺从天意，自有上天护佑他，万事大吉，没有不顺利的事情。"所以田千秋上书言明巫蛊之案的真情，昭明太子的冤屈。田千秋的才智未必能超过别人，只是他分析了恶运的起源，遏制了祸乱的蔓延，在衰急之时激发了正气，导迎善气，才引来了上天和民众的护佑和帮助。

卷六十四上

严朱吾丘主父徐严终王贾传第三十四上

严助，会稽吴人，严夫子子也，或言族家子也。郡举贤良，对策百余人，武帝善助对，繇是独擢助为中大夫。后得朱买臣、吾丘寿王、司马相如、主父偃、徐乐、严安、东方朔、枚皋、胶仓、终军、严葱奇等，并在左右。是时征伐四夷，开置边郡，军旅数发，内改制度，朝廷多事，娄举贤良文学之士。公孙弘起徒步，数年至丞相，开东阁，延贤人与谋议，朝觐奏事，因言国家便宜。上令助等与大臣辨论，中外相应以义理之文，大臣数诎。其尤亲幸者，东方朔、枚皋、严助、吾丘寿王、司马相如。相如常称疾避事。朔、皋不根持论，上颇俳优畜之。唯助与寿王见任用，而助最先进。

建元三年，闽越举兵围东瓯，东瓯告急于汉。时武帝年未二十，以问太尉田蚡。蚡以为越人相攻击，其常事，又数反复，不足烦中国往救也，自秦时弃不属。于是助诘蚡曰："特患力不能救，德不能覆，诚能，何故弃之？且秦举咸阳而弃之，何但越也！今小国以穷困来告急，天子不振，尚安所诉，又何以子万国乎？"上曰："太尉不足与计。吾新即位，不欲出虎符发兵郡国。"乃遣助以节发兵会稽。会稽守欲距法，不为发。助乃斩一司马，谕意指，遂发兵浮海救东瓯。未至，闽越引兵罢。

严助，是会稽郡吴县人，严忌的儿子，也有人说他是严忌同族人的子弟。会稽郡荐举有才德的人，有一百多人前去应答皇帝的策问，汉武帝很欣赏严助的回答，所以单独提拔严助为中大夫。后来又选拔了朱买臣、吾丘寿王、司马相如、主父偃、徐乐、严安、东方朔、枚皋、胶仓、终军、严葱奇等人，他们都在汉武帝身边服侍。这个时候汉朝征伐周边少数民族，开置边境郡邑，军队多次出动，对内改革制度，朝廷事务繁多，因此屡次选举贤良文学之士。公孙弘从百姓出仕，几年间升至丞相，设立东阁，招揽贤士同他一起商议国家事务，朝见天子，上奏对国家有益的事情。汉武帝让严助等人与大臣们辩论义理方面的内容，大臣们多次被驳倒。其中特别受汉武帝宠幸的人有东方朔、枚皋、严助、吾丘寿王和司马相如。司马相如经常以生病为由回避政事。东方朔、枚皋论议，不能坚持根本原则，汉武帝将他们有些人当作逗乐解闷的滑稽优伶看待。只有严助与吾丘寿王被武帝任用，而且严助最先被任用。

建元三年（前138），闽越国出动军队围攻东瓯国，东瓯国向汉朝告急。当时汉武帝年纪不到二十岁，就此事询问太尉田蚡的意见。田蚡认为越人之间互相讨伐，是经常发生的事情，他们对汉朝的态度经常反复，不值得烦劳汉军前去救援，而且越人从秦朝时就不隶属于中华。此时严助责问田蚡说：“朝廷所担心的是力量不够难以救援，威德不修难以让蛮夷臣服，如果这些条件都够，为什么要放弃不救呢？况且秦朝把咸阳都放弃了，哪里只是放弃越地呢！现在小国因为走投无路来告急，如果天子不去救助，他们还能到哪里去求助，天子又凭什么来统治万国呢？”武帝说：“太尉不值得与他商议。朕刚刚继承大统，不想发出虎符征发郡国的军队。”武帝便派严助持节到会稽郡发兵。会稽郡太守因为严助没有虎符，依照汉律想要拒绝派

后三岁，闽越复兴兵击南越。南越守天子约，不敢擅发兵，而上书以闻。上多其义，大为发兴，遣两将军将兵诛闽越。淮南王安上书谏曰：

陛下临天下，布德施惠，缓刑罚，薄赋敛，哀鳏寡，恤孤独，养耆老，振匮乏，盛德上隆，和泽下洽，近者亲附，远者怀德，天下摄然，人安其生，自以没身不见兵革。今闻有司举兵将以诛越，臣安窃为陛下重之。越，方外之地，劗发文身之民也。不可以冠带之国法度理也。自三代之盛，胡越不与受正朔，非强弗能服，威弗能制也，以为不居之地，不牧之民，不足以烦中国也。故古者封内甸服，封外侯服，侯卫宾服，蛮夷要服，戎狄荒服，远近势异也。自汉初定已来七十二年，吴越人相攻击者不可胜数，然天子未尝举兵而入其地也。

臣闻越非有城郭邑里也，处溪谷之间，篁竹之中，习于水斗，便于用舟，地深昧而多水险，中国之人不知其势阻而入其地，虽百不当其一。得其地，不可郡县也；攻之，不可暴取也。以地图察其山川要塞，相去不过寸数，而间独数百千里，阻险林丛弗能尽著。视之若易，行之甚难。天下赖宗庙之灵，方内大宁，戴白之老不见兵革，民得夫妇相守，父子相保，陛下之德也。越人名为藩臣，贡酎之奉，不输大内，一卒之用不给上事。自相攻击而陛下发兵救之，是反以中国而劳蛮夷也。且越人愚戆轻薄，负约反覆，其不用天子之法度，非一日之积也。壹不奉诏，举兵诛之，臣恐后兵革无时得

兵。严助就斩杀了会稽郡的一个司马，宣告汉武帝的旨意，会稽郡才征调军队从海路救援东瓯国。援兵还没到达，闽越国就撤退了。

过了三年，闽越国再一次发兵攻打南越国。南越国遵守与汉朝的盟约，没有擅自发兵，而将此事上奏给汉武帝。武帝赞赏南越国的行为，就大举发兵，派两位将军统兵诛伐闽越国。淮南王刘安上书劝谏说：

陛下统率天下，广泛布德施惠，减轻刑罚，宽松赋税，怜悯鳏寡，关怀孤独，抚养老人，救济贫困，上施惠于诸侯，下使百姓感受恩泽和谐，近处的亲近附顺，远处的怀念天子的恩德，天下祥和安定，百姓安心从事各自的职业，自然终身不担心战争。如今听说陛下将要派将领率兵讨伐越国，臣刘安以为陛下要慎重考虑。越国，方外之地，民众皆剪发纹身。不能以中原文明的法令制度来治理他们。夏、商、周三代以来，胡越之地就不受中原的号令，不用强大武力就不能迫使他们屈服，无威信则不能控制，中原人认为蛮夷的地方不宜居住，越民难以驯化，不足以烦劳中原。所以上古时候分封千里之内称为甸服，封千里之外称为侯服，再远的地方称为宾服，对待蛮夷之族称为要服，戎狄之地更加遥远，称为荒服，这是由距离远近与形势不同而确立的。自从汉朝初步安定天下以来，已经七十二年了，吴越之人互相间的攻打，多到不可胜数，然而汉朝天子从未举兵进行过干预。

臣听说越人不建造城郭邑里，生活在溪谷间，竹林中，熟悉水战，长于行船。其地形复杂，多河流险滩，中原人不了解当地地势情况就进入他们的地盘，即使百人也抵不过一个越人。即使攻占了他们的土地，也无法设置郡县；发兵攻击他们，也不能迅速取胜。从地图上观察越地的山川要塞，相距不过寸许，实际距离却有数百上千里，险要的地形和丛林不可能都画在地图上。看起来容易通行，实际上行军非常困难。汉朝天下依赖宗庙的神灵保佑，四境之内安定，连白发老人都没有见过兵器，百姓得以夫妇相守，父子相保，这都是仰仗陛下的仁德啊。越人名义上为我国的藩臣，但既不输土贡，又不输酎金于中原，不为朝廷供应一兵一卒。他们自相攻击，陛下却派兵

息也。

间者，数年岁比不登，民待卖爵赘子以接衣食，赖陛下德泽振救之，得毋转死沟壑。四年不登，五年复蝗，民生未复。今发兵行数千里，资衣粮，入越地，舆轿而隃领，拕舟而入水，行数百千里，夹以深林丛竹，水道上下击石，林中多蝮蛇猛兽，夏月暑时，欧泄霍乱之病相随属也，曾未施兵接刃，死伤者必众矣。前时南海王反，陛下先臣使将军间忌将兵击之，以其军降，处之上淦。后复反，会天暑多雨，楼船卒水居击棹，未战而疾死者过半。亲老涕泣，孤子啼号，破家散业，迎尸千里之外，裹骸骨而归。悲哀之气数年不息，长老至今以为记。曾未入其地而祸已至此矣。

臣闻军旅之后，必有凶年，言民之各以其愁苦之气，薄阴阳之和，感天地之精，而灾气为之生也。陛下德配天地，明象日月，恩至禽兽，泽及草木，一人有饥寒不终其天年而死者，为之凄怆于心。今方内无狗吠之警，而使陛下甲卒死亡，暴露中原，沾渍山谷，边境之民为之早闭晏开，鼂不及夕，臣安窃为陛下重之。

不习南方地形者，多以越为人众兵强，能难边城。淮南全国之时，多为边吏，臣窃闻之，与中国异。限以高山，人迹所绝，车道不通，天地所以隔外内也。其入中国必下领水，领水之山峭峻，漂石破舟，不可以大船载食粮下也。越人欲为变，必先田余干界中，积

救援，这是为了野蛮人而使中原遭受困苦啊。况且越人愚笨鄙薄，违背盟约，反复无常，他们不遵守朝廷的法令制度，不是一日的事了。越人一旦不听诏令，朝廷就发兵进攻他们，臣担心以后就会兵戈不止了。

近来，好几年粮食收成不好，朝廷靠出卖爵位，百姓靠抵押子女充来维持生计，幸赖陛下施德布惠来救济天下，才得以使百姓不弃尸于山沟水渠。建元四年庄稼歉收，建元五年又闹蝗灾，百姓的生活还没有恢复正常。现在发兵千里之外，筹集粮草军衣，来深入越地，造车轿来翻山越岭，拖舟船来渡水跋涉，行走数百里甚至上千里，河两岸是茂密的深林竹丛，水道皆是暗礁，丛林中常有毒蛇猛兽，夏季炎热的时候，呕吐、腹泄、霍乱等疾病不断发生，还未曾交兵打仗，就会死伤很多士兵了。前些时候南海王反叛，陛下先派遣将军间忌率军进攻他们，南海王率领他的军队归降，后来朝廷把他们安置在上淦地区。再后来南海王再次叛乱，当时天气炎热多雨，楼船上的士卒还要在水上划桨行船，还没有交战就因疾病死伤过半。年迈的父母流泪，幼小的孤儿啼号，百姓们变卖家产，到千里之外去接回亲人的尸体，收殓骸骨而归。悲伤的气氛持续了数年，老人们至今还记忆犹新。当时还没有进入越人居住的地方，就造成了如此巨大的祸患。

臣听说大规模的战争之后，一定会出现凶年，就是说民众各用自己的愁苦之气，减损阴阳之和，感受天地精气，而灾气就产生了。陛下您德配天地，明察事物如同日月，恩惠施及禽兽，德泽遍布草木，即使有一人因为饥寒而没有安享天年死去，就会为他悲伤不已。现在四境之内鸡犬不惊，百姓安宁，却因此使陛下的士兵丧生，尸身暴露原野，鲜血浸染山谷，边境的百姓因此下午早早关闭、上午很晚才敢打开城门，担心朝不保夕，臣刘安以为陛下应该慎重考虑。

不了解南方地势的人，大多认为越地人众兵强，能够为患边境。淮南国没有被划分为三国的时候，曾经任命了不少边境官吏，臣下听他们说，越国和中原风土人情不同。有高山阻隔，行人绝迹，车道不通，这是天地用来分别中原和蛮夷的。越人要想入侵中原，必定要通过领水，领水沿岸山势陡峭，水流中夹带的巨石能撞毁船只，因

食粮，乃入伐材治船。边城守候诚谨，越人有入伐材者，辄收捕，焚其积聚，虽百越，奈边城何！且越人绵力薄材，不能陆战，又无车骑弓弩之用，然而不可入者，以保地险，而中国之人不能其水土也。臣闻越甲卒不下数十万，所以入之，五倍乃足，挽车奉饷者，不在其中。南方暑湿，近夏瘅热，暴露水居，蝮蛇蠚生，疾疠多作，兵未血刃而病死者什二三，虽举越国而虏之，不足以偿所亡。

臣闻道路言，闽越王弟甲弑而杀之，甲以诛死，其民未有所属。陛下若欲来内，处之中国，使重臣临存，施德垂赏以招致之，此必携幼扶老以归圣德。若陛下无所用之，则继其绝世，存其亡国，建其王侯，以为畜越，此必委质为藩臣，世共贡职。陛下以方寸之印，丈二之组，填抚方外，不劳一卒，不顿一戟，而威德并行。今以兵入其地，此必震恐，以有司为欲屠灭之也，必雉兔逃入山林险阻。背而去之，则复相群聚；留而守之，历岁经年，则士卒罢勌，食粮乏绝，男子不得耕稼树种，妇人不得纺绩织纴，丁壮从军，老弱转饷，居者无食，行者无粮。民苦兵事，亡逃者必众，随而诛之，不可胜尽，盗贼必起。

臣闻长老言，秦之时尝使尉屠睢击越，又使监禄凿渠通道。越人逃入深山林丛，不可得攻。留军屯守空地，旷日引久，士卒劳倦，越出击之。秦兵大破，乃发适戍以备之。当此之时，外内骚动，

此越人无法用大船运载粮食沿河而下。越人如果侵犯中原，必定先在余干县屯田种粮，积聚粮食，然后才能入侵中原，砍伐树木建造舟船。如果边境的守将忠诚谨慎，严加防守，一发现越人进山伐木，就逮捕他们，焚毁他们蓄积的树木，即使有一百个越国来进犯，也不能对边城构成威胁！况且越国财力薄弱，不习惯陆战，又没有战车、骑兵、弓弩等军事装备，然而中原却不能进占其地，就是因为于越人占有险要的地利，而且中原的士卒不适应当地的水土。臣听说越人的兵力不少于几十万，所以要想进攻越地，必须有五倍于越的兵力才够，这还不包括拉车运送粮饷的后勤部队。南方炎热潮湿，临近夏季暑热难耐，将士暴露在野外，宿营在水边，蝮蛇等毒物横行，疾病多发流行，士兵兵器还没见血就病死的占十之二三，即使把越地全部占领了，也不足以补偿汉军的损失。

臣听到了这样的传言，闽越王的弟弟甲弑杀了闽越王，甲也被越人诛杀，越人现在没有首领。陛下如果想招安越人，居住在中原，可以派大臣前去慰问，向他们宣说陛下仁德，给予赏赐并招抚他们，这样一来越人必定扶老携幼来归附圣德。假如陛下认为越人没有用，则可以封其继嗣，保存其国家，帮助他们封立王侯，以此来蓄养越人，如此越人必定愿意成为汉朝的藩臣，世代向汉朝进贡。陛下用方寸之印，丈二长的绶带，就能安定域外，不劳一兵一卒，不损坏一支长戟，而威德并行。如果现在用兵进占其地，越人一定震惊恐惧，认为有的官员要把他们斩尽杀绝，必定会像野雉、野兔那样逃进山林险阻之地。汉军如果撤离，越人就会重新集聚；汉军如果留守在越地，历岁经年，就会使士卒疲倦，粮食缺乏以至断绝，使汉朝男子不能耕田种粮，妇女不能纺纱织布，丁壮入伍从军，老弱运送军粮，居家的人没有食物，行路的人没有干粮。民众苦于兵事，逃亡的必定众多，即便朝廷随时诛杀他们，也不可能杜绝，此时盗贼必定兴起。

臣听有德的老人说，秦朝时曾经派都尉屠睢率兵进攻越人，又派监禄指挥开凿河渠，打通道路。结果越人逃入深山密林，秦军根本就无法进攻。秦军留下军队驻守无人居住的空地，旷日持久，士卒困苦疲倦，越人就从深山中出来攻击他们。秦兵大败，就只好调

百姓靡敝，行者不还，往者莫反，皆不聊生，亡逃相从，群为盗贼，于是山东之难始兴。此老子所谓“师之所处，荆棘生之”者也。兵者凶事，一方有急，四面皆从。臣恐变故之生，奸邪之作，由此始也。《周易》曰：“高宗伐鬼方，三年而克之。”鬼方，小蛮夷；高宗，殷之盛天子也。以盛天子伐小蛮夷，三年而后克，言用兵之不可不重也。

臣闻天子之兵有征而无战，言莫敢校也。如使越人蒙徼幸以逆执事之颜行，厮舆之卒有一不备而归者，虽得越王之首，臣犹窃为大汉羞之。陛下以四海为境，九州为家，八薮为囿，江汉为池，生民之属皆为臣妾。人徒之众足以奉千官之共，租税之收足以给乘舆之御。玩心神明，秉执圣道，负黼依，冯玉几，南面而听断，号令天下，四海之内莫不向应。陛下垂德惠以覆露之，使元元之民安生乐业，则泽被万世，传之子孙，施之无穷。天下之安犹泰山而四维之也，夷狄之地何足以为一日之闲，而烦汗马之劳乎！《诗》云“王犹允塞，徐方既来”，言王道甚大，而远方怀之也。臣闻之，农夫劳而君子养焉，愚者言而智者择焉。臣安幸得为陛下守藩，以身为鄣蔽，人臣之任也。边境有警，爱身之死而不毕其愚，非忠臣也。臣安窃恐将吏之以十万之师为一使之任也！

是时，汉兵遂出，未逾领，适会闽越王弟馀善杀王以降。汉兵罢。上嘉淮南之意，美将卒之功，乃令严助谕意风指于南越。南越王顿首曰：“天子乃幸兴兵诛闽越，死无以报！”即遣太子随助

集罪犯和贱民充军来防御越人。那个时候，境内外动荡不安，百姓离散衰败，从军的不见回来，服役的难以返还，民不聊生，相互结伴逃亡，群聚而成为盗贼，因此崤山以东开始出现动乱。这就是老子所说的“师之所处，荆棘生之”啊。战争是凶险不祥之事，一方有危急，四面都惊动跟从。臣下担心变乱由此而生，奸邪之事由此而现，就从伐越开始啊。《周易》说：“高宗征伐鬼方，三年才将他们攻克。”鬼方，是蛮夷小国；高宗是殷朝的盛明天子啊。以盛明的天子去征伐小蛮夷，用了三年才攻克，这就是说用兵不可以不慎重啊。

臣听说天子的军队只用来征伐而不用来打仗，就是说没有人敢跟天子的军队抗衡。假如越人怀着侥幸心理而违逆执事者的命令，汉军稍有不备而使砍柴驾车的士卒逃走，即便是得到越王的首级，臣还是为大汉感到惭愧。陛下以四海作为边界，以九州作为庭院，以八薮作为园林，以江汉作为池塘，把所有百姓看作是陛下的臣属。人数众多足以供给百官共用，租税的收获足以满足国家需求。专心致志明智如神，秉持执行圣道，背对绘着白黑色斧形花纹的屏风，凭倚玉几，坐北朝南听群臣陈述而做出裁断，号令天下，四海之内莫不响应。陛下垂布德惠以庇佑润泽臣民，使天下百姓安居乐业，那么德泽就可以延及万世，传承给子孙，施之无穷。天下的安定就如同泰山在四方联合起来一样稳固，夷狄的蛮荒之地哪里值得花费一日的闲暇去图谋，而烦劳汉军去征讨呢！《诗经》中说“王的谋划实在充分，徐方淮夷都来归服”，也是在说王道宏大，而远方自然会来归附啊。臣听说，农夫劳作，君子得以供养，愚笨的人提出建议，智慧的人来选择。臣刘安有幸为陛下守卫藩国，以自身作为朝廷的屏障，是作为臣子的责任。边境出现战争警报，若是只爱惜自己的生命而不敢冒死向陛下进献自己的愚见，就不是忠臣。臣刘安认为向越国派一位使臣会胜过十万大军的作用呀！

在当时，汉兵已经出动了，尚未越过五岭，就传来消息，碰上闽越王的弟弟馀善杀了闽越王来归降。汉军于是罢兵回朝了。皇上赞许淮南王的忠心，褒奖汉军的功劳，就命令严助将天子的旨意委婉地告知南越国。南越王叩头说：“天子仁慈才发兵讨伐闽越国，我纵然一

入侍。

助还，又谕淮南曰："皇帝问淮南王：使中大夫玉上书言事，闻之。朕奉先帝之休德，夙兴夜寐，明不能烛，重以不德，是以比年凶菑害众。夫以眇眇之身，托于王侯之上，内有饥寒之民，南夷相攘，使边骚然不安，朕甚惧焉。今王深惟重虑，明太平以弼朕失，称三代至盛，际天接地，人迹所及，咸尽宾服，藐然甚惭嘉王之意，靡有所终，使中大夫助谕朕意，告王越事。"

助谕意曰："今者大王以发屯临越事上书，陛下故遣臣助告王其事。王居远，事薄遽，不与王同其计。朝有阙政，遗王之忧，陛下甚恨之。夫兵固凶器，明主之所重出也，然自五帝三王禁暴止乱，非兵，未之闻也。汉为天下宗，操杀生之柄，以制海内之命，危者望安，乱者卬治。今闽越王狼戾不仁，杀其骨肉，离其亲戚，所为甚多不义，又数举兵侵陵百越，并兼邻国，以为暴强，阴计奇策，入燔寻阳楼船，欲招会稽之地，以践勾践之迹。今者，边又言闽王率两国击南越。陛下为万民安危久远之计，使人谕告之曰：'天下安宁，各继世抚民，禁毋敢相并。'有司疑其以虎狼之心，贪据百越之利，或于逆顺，不奉明诏，则会稽、豫章必有长患。且天子诛而不伐，焉有劳百姓苦士卒乎？故遣两将屯于境上，震威武，扬声乡。屯曾未会，天诱其衷，闽王陨命，辄遣使者罢屯，毋后农时。南越王甚嘉被惠泽，蒙休德，愿革心易行，身从使者入谢。有狗马之病，不能胜服，故遣太子婴齐入侍；病有瘳，愿伏北阙，望大廷，以报盛德。闽王以八月举兵于冶南，士卒罢倦，三王之众相与攻之，因其弱弟馀善以成其诛，至今国空虚，遣使者上符节，请所立，不敢自立，以待天子之明诏。此一举，不挫一兵之锋，不用一卒之死，而闽王伏辜，南越被泽，威震暴王，义存危国，此则陛下深计远虑之所出也。事

死也无法回答!”随即南越王派太子随同严助入汉侍奉皇上。

严助返回长安,又奉命向淮南王刘安传达皇上旨意说:“皇帝慰问淮南王:你派中大夫玉上书言事,朕都知道了。朕奉行先帝的美德,夙兴夜寐,但是还不能光照天下,德被苍生,因此连年灾荒,苦了民众。朕将微不足道的自身,托付给王侯们,国内有饥寒的百姓,南夷人又彼此抢夺,使边境骚动不安,朕非常恐惧啊。如今淮南王深思熟虑,指明天下达到太平的办法,来辅助朕弥补过失,赞扬夏、商、周三代的盛大,四海之内,人迹所至,全都归顺,但三代的事情那么遥远,很难企及,朕听后很惭愧,朕很赞许你的心意,难以言表,派中大夫严助传达朕的旨意,并告知越人事情的结果。”

严助传达汉武帝的旨意说:“现在大王因朝廷出动军队赴越征伐一事上书,因此陛下派遣臣下严助来转告您这件事。大王居住远方,事情又急迫,所以皇上来不及和你共商计策。朝廷政事有缺失,让大王忧虑费心,陛下对此很遗憾。战争本来就是凶险的事情,圣明的君主之所以慎重的原因就在这里,但是,从五帝三王以来,禁暴止乱而不用军队的,还没有听说过。汉朝是天下万国之宗,秉持着生杀大权,控制着四海之内万民的命运,危急者盼望安定,混乱者等待治理。如今闽越王贪婪凶残没有仁爱之心,残害自己的骨肉兄弟,背弃自己的亲戚,所做的很多事违背道义,又多次出兵侵夺百越,兼并邻国,凶暴强横,又设计阴谋奇策,进入我大汉境内,烧毁寻阳江上的楼船,想占领会稽郡,以此效法越王勾践称霸中原的事业。如今,边境又上奏说闽越王率领两国军队攻打南越国。陛下为了天下百姓的长远安危,派使者向越人传达旨意,说:‘天下安宁,各国继承先世的事业保国安民,严禁互相兼并。’有关官员认为闽越王以虎狼之心,贪图霸占百越的有利条件,也许有叛逆之心,不遵照皇上的诏令,那么会稽、豫章两郡会有长久的隐患。况且天子的军队只是诛杀不义,而没有出兵讨伐,又怎么会让百姓劳累士兵辛苦呢?因此陛下派遣两位将军在边境驻扎军队,显耀军威,振奋声势。驻扎的军队还未曾全部聚集,上天开导闽越王弟馀善产生归降的心意,使闽王丧失生命,皇上就派遣使者撤回屯驻的汉军,不要延误了农时。南越王

效见前，故使臣助来谕王意。”

于是王谢曰：“虽汤伐桀，文王伐崇，诚不过此。臣安妄以愚意狂言，陛下不忍加诛，使使者临诏臣安以所不闻，诚不胜厚幸！”助由是与淮南王相结而还。上大说。

助侍燕从容，上问助居乡里时，助对曰：“家贫，为友婿富人所辱。”上问所欲，对愿为会稽太守。于是拜为会稽太守。数年，不闻问。赐书曰：“制诏会稽太守：君厌承明之庐，劳侍从之事，怀故土，出为郡吏。会稽东接于海，南近诸越，北枕大江。间者，阔焉久不闻问，具以《春秋》对，毋以苏秦从横。”助恐，上书谢称：“《春秋》天王出居于郑，不能事母，故绝之。臣事君，犹子事父母也，臣助当伏诛。陛下不忍加诛，愿奉三年计最。”诏许，因留侍中。有奇异，辄使为文，及作赋颂数十篇。

非常感激皇上的恩泽，承蒙皇上的恩德，愿意改正错误的思想，改变错误的行为，亲自随汉朝使者入京谢恩。因为南越王身患重病，不能动身前来，故而派太子婴齐入朝随侍皇上；等到他的病情好转，愿意俯拜于宫阙下，拜望汉廷，以报答皇上的厚恩。闽王于八月在冶南起兵，士卒疲敝，三位越王的军队互相攻击，依靠闽越王的幼弟余善将闽越王诛灭，直今闽越国国君之位空虚，闽越国派使者向朝廷献上符节，请求汉朝册立新的闽越王，不敢自己决定，一直在等待诏书。此番天子遣将屯兵之举，没有损伤一件兵器的锋锐，没有牺牲一兵一卒，就使闽越王承担罪责而死，南越国得到汉朝的恩泽，汉军威武已经震动残暴的君王，仁义保存了面临危急的南越国，这就是陛下深谋远虑所出的主意啊。事情的效验前面已经看到，因此陛下派臣下严助前来向淮南王传达皇上的旨意。”

于是淮南王谢罪说：“即使是商汤征讨夏桀，周文王征讨崇侯虎，也不过这样。臣刘安以自己愚蠢的想法说些狂言，陛下不忍心对臣施加惩罚，派使者告谕臣刘安先前从未听说过的道理和见识，臣实属荣幸！”严助于是同淮南王相互结交，完成使命后返回京城。皇上大悦。

严助陪武帝闲谈，武帝询问严助在乡里时的情况，严助回答说：“我曾经家里贫穷，被朋友富有的女婿欺辱。”皇上问他想要什么，严助回答希望能当会稽郡的太守。于是汉武帝拜严助为会稽郡太守。过了好几年，武帝都没有听到关于严助的消息。汉武帝赐下诏书说：“制诏会稽郡太守：你厌倦了在宫廷里承明殿担任侍从的工作，怀恋故土，出京担任会稽郡郡守。会稽郡东连大海，南靠诸越，北临长江。近来，阔别很久朕没有听到你任何的消息，将你现在的情况按照《春秋》的经义回答我，不要使用苏秦纵横家的学说。”严助很恐惧，上书谢罪说：“《春秋》上记载周襄王出居郑国，不能侍奉母亲，断绝了往来。臣子侍奉君主，就像子嗣侍奉父母一样，臣严助有罪当诛。陛下不忍予以惩处，臣愿意在京参加三年的政绩考核。”武帝诏命允许，严助因此留在京城担任侍中。朝中遇到特别之事，武帝就让严助作文记之，严助写下了几十篇赋颂。

后淮南王来朝，厚赂遗助，交私论议。及淮南王反，事与助相连，上薄其罪，欲勿诛。廷尉张汤争，以为助出入禁门，腹心之臣，而外与诸侯交私如此，不诛，后不可治。助竟弃市。

朱买臣字翁子，吴人也。家贫，好读书，不治产业，常艾薪樵，卖以给食，担束薪，行且诵书。其妻亦负戴相随，数止买臣毋歌呕道中。买臣愈益疾歌，妻羞之，求去。买臣笑曰："我年五十当富贵，今已四十余矣。女苦日久，待我富贵报女功。"妻恚怒曰："如公等，终饿死沟中耳，何能富贵？"买臣不能留，即听去。其后，买臣独行歌道中，负薪墓间。故妻与夫家俱上冢，见买臣饥寒，呼饭饮之。

后数岁，买臣随上计吏为卒，将重车至长安，诣阙上书，书久不报。待诏公车，粮用乏，上计吏卒更乞匄之。会邑子严助贵幸，荐买臣。召见，说《春秋》，言《楚词》，帝甚说之，拜买臣为中大夫，与严助俱侍中。是时方筑朔方，公孙弘谏，以为罢敝中国。上使买臣难诎弘，语在《弘传》。后买臣坐事免，久之，召待诏。

是时，东越数反覆，买臣因言："故东越王居保泉山，一人守险，千人不得上。今闻东越王更徙处南行，去泉山五百里，居大泽中。今发兵浮海，直指泉山，陈舟列兵，席卷南行，可破灭也。"上拜买臣会稽太守。上谓买臣曰："富贵不归故乡，如衣绣夜行，今子何如？"买臣顿首辞谢。诏买臣到郡，治楼船，备粮食、水战具，须诏

再后来淮南王到京城朝见皇上，用厚礼贿赂严助，严助私下与淮南王交往，议论朝中政事。淮南王谋反之事败露后，牵连到了严助，皇上认为严助的罪不重，不准备诛杀他。廷尉张汤极力争辩，认为严助出入皇宫，是武帝的心腹之臣，却在外与诸侯结交过密，如不诛杀，就难以防止类似事情的发生。严助最终被诛杀示众。

朱买臣，字翁子，吴县人。家境贫寒，性喜读书，不会经营产业，常常进山砍柴，靠卖柴所得来换取粮食。朱买臣一边挑着柴草，一边吟诵诗书。他的妻子也背着柴跟随他，多次阻止朱买臣，让他不要在路上大声吟诵。朱买臣却越发地快速吟诵。妻子觉得羞耻，要求离开他。朱买臣笑着说："我五十岁时就会富贵加身，现在已经四十多岁了。你吃苦受累也很久了，等我富贵后必定回报你的操劳。"他妻子发怒说道："你这样的人，最后只能饿死在沟壑中，怎么可能富贵？"朱买臣挽留不住妻子，就随她离去了。从此以后，朱买臣单独一人在路上吟诵，晚上抱着薪柴睡在墓地。朱买臣前妻与丈夫一起上坟，看到朱买臣饥寒交迫，就把他叫过来，给他饭吃。

过了几年后，朱买臣跟随上计吏作小卒，推着行李车到长安，到朝廷上书，奏书上报后很久没有回音。朱买臣只好在公车府等待诏命，粮食也吃完了，上计吏手下的役卒轮流施与他吃的东西。恰巧同乡严助得到皇上宠幸，举荐了朱买臣。武帝召见朱买臣，让他讲解《春秋》，谈论《楚辞》，武帝听了很欢喜，拜朱买臣为中大夫，与严助一同在皇上身边随侍。当时朝廷正在修筑朔方郡，公孙弘上书劝谏，认为筑城会疲敝中原民生。武帝让朱买臣问难驳倒了公孙弘，详见《公孙弘传》。后来朱买臣因过失罪被免官，过了很久，才召回宫中，担任待诏。

当时，东越国多次反复无常，朱买臣因而进言说："以前东越王定居于泉山，那里地势陡峭，一人据险而守，千人也不能攻破。现在听说东越王向南迁移了，离开泉山五百里，位于大泽之中。如今若朝廷派军队乘船渡海，直接奔向泉山，陈列战船军队，如风卷残云一般，向南发起进攻，一定会攻破东越国。"武帝就拜朱买臣为会稽郡太守。武帝对朱买臣说："富贵之后不返回故乡，就像穿着好看的衣

书到，军与俱进。

初，买臣免，待诏，常从会稽守邸者寄居饭食。拜为太守，买臣衣故衣，怀其印绶，步归郡邸。直上计时，会稽吏方相与群饮，不视买臣。买臣入室中，守邸与共食，食且饱，少见其绶。守邸怪之，前引其绶，视其印，会稽太守章也。守邸惊，出语上计掾吏。皆醉，大呼曰："妄诞耳！"守邸曰："试来视之。"其故人素轻买臣者入内视之，还走，疾呼曰："实然！"坐中惊骇，白守丞，相推排陈列中庭拜谒。买臣徐出户。有顷，长安厩吏乘驷马车来迎，买臣遂乘传去。会稽闻太守且至，发民除道，县长吏并送迎，车百余乘。入吴界，见其故妻、妻夫治道。买臣驻车，呼令后车载其夫妻，到太守舍，置园中，给食之。居一月，妻自经死，买臣乞其夫钱，令葬。悉召见故人与饮食诸尝有恩者，皆报复焉。

居岁余，买臣受诏将兵，与横海将军韩说等俱击破东越，有功。征入为主爵都尉，列于九卿。

数年，坐法免官，复为丞相长史。张汤为御史大夫。始买臣与严助俱侍中，贵用事，汤尚为小吏，趋走买臣等前。后汤以廷尉治淮南狱，排陷严助，买臣怨汤。及买臣为长史，汤数行丞相事，知买臣素贵，故陵折之。买臣见汤，坐床上弗为礼。买臣深怨，常欲死

服在夜里行走一样，如今你如何打算呢？”朱买臣磕头谢恩。武帝诏令朱买臣到任会稽郡以后，修治楼船，储备粮草，及其水战器具，只等进军的诏书一到，就立即出兵。

起初，朱买臣被免了职，等待诏命时，经常寄居在会稽郡驻京守邸人那里吃喝。朱买臣被任命为会稽郡太守后，穿着以前的旧衣服，怀里放着印绶，走着到郡邸。当时正好是会稽郡向朝廷上交计簿之时，会稽郡的官吏们正聚在一起宴饮，没人理会朱买臣。朱买臣入内后，与守邸人一起吃饭，吃饱后，朱买臣将怀里的印绶露出一些。守邸人看到后很奇怪，上前拉出绶带，看到了官印，发现是会稽太守的官印。守邸人大惊，出来告诉上交计簿的官吏们。他们都喝醉了，大声叫道：“尽说荒诞的话！”守邸人说：“你们可以亲自去查看。”那些一贯轻视朱买臣的老相识进屋去看官印，看过之后转身就跑出来，大声喊道：“确实是那样！”在座的人都很吃惊，将此事报告了会稽守丞，彼此推拥着排列在郡邸的庭中拜谒太守朱买臣。朱买臣慢步走出了门。不一会儿，长安的厩吏驾着驷马之车前来迎接，朱买臣就乘传车离去。会稽郡的官员们听说新太守将要到了，发动百姓修整道路，县里的官吏一起去迎接，先后有一百多辆车。朱买臣进入吴县境内，看见他的前妻和她如今的丈夫在修路。朱买臣停下车，大声命令跟随在后的车子将他们夫妻载上，一起到了太守府，朱买臣将他们安置在园里居住，供应他们衣食。居住了一个月，朱买臣前妻上吊自尽，朱买臣给其夫一些财物，让他安葬妻子。朱买臣召见以往的朋友、施舍给他饭食以及对他有恩的人，都分别给予回报。

过了一年多，朱买臣接到诏命，率领军队，与横海将军韩说等人一起，打败东越国，立下战功。被调回朝廷担任主爵都尉，位列九卿。

几年后，朱买臣因罪被罢黜，后来又担任丞相长史。当时张汤为御史大夫。最初，朱买臣和严助同在皇上担任侍中，很受信任，张汤那时还是个小吏，在朱买臣跟前奔走效力。后来张汤以廷尉身份审理淮南王刘安谋反案，故意构陷严助，朱买臣因而十分忌恨张汤。朱买臣为丞相长史后，张汤多次代行丞相职事，知道朱买臣历来受宠

之。后遂告汤阴事，汤自杀，上亦诛买臣。买臣子山拊官至郡守，右扶风。

吾丘寿王字子赣，赵人也。年少，以善格五召待诏。诏使从中大夫董仲舒受《春秋》，高材通明。迁侍中中郎，坐法免。上书谢罪，愿养马黄门，上不许。后愿守塞扞寇难，复不许。久之，上疏愿击匈奴，诏问状，寿王对良善，复召为郎。

稍迁，会东郡盗贼起，拜为东郡都尉。上以寿王为都尉，不复置太守。是时，军旅数发，年岁不孰，多盗贼。诏赐寿王玺书曰：“子在朕前之时，知略辐凑，以为天下少双，海内寡二。及至连十余城之守，任四千石之重，职事并废，盗贼从横，甚不称在前时，何也？”寿王谢罪，因言其状。

后征入为光禄大夫侍中。丞相公孙弘奏言：“民不得挟弓弩。十贼彍弩，百吏不敢前，盗贼不辄伏辜，免脱者众，害寡而利多，此盗贼所以蕃也。禁民不得挟弓弩，则盗贼执短兵，短兵接则众者胜。以众吏捕寡贼，其势必得。盗贼有害无利，则莫犯法，刑错之道也。臣愚以为禁民毋得挟弓弩便。”上下其议。寿王对曰：

臣闻古者作五兵，非以相害，以禁暴讨邪也。安居则以制猛兽而备非常，有事则以设守卫而施行阵。及至周室衰微，上无明王，

幸，就故意打压欺辱他。朱买臣去进见张汤时，张汤坐在床上没有以礼相待。朱买臣深为怨恨，常想置张汤于死地。后来朱买臣借机告发张汤所做的隐晦事，迫使张汤自杀，武帝后来也诛杀了朱买臣。朱买臣的儿子朱山拊官至郡守，曾任右扶风。

吾丘寿王，字子赣，是赵国人。年轻时，因精通“格五”的游戏被征召入京，担任待诏。武帝诏令他跟随中大夫董仲舒学习《春秋》，吾丘寿王才华过人，很快就通晓《春秋》。后来，被提升为中中郎，因犯法被免官。吾丘寿王上书谢罪，请求在宫中养马，皇上不允许。后来吾丘寿王表示又愿去保卫边塞，抵御胡寇的入侵，皇上又没有允许。过了很久，吾丘寿王又上疏愿出征匈奴，皇上下诏询问具体对策，吾丘寿王做了很好的回答，再次被任命为郎官。

吾丘寿王逐渐提升官职，正好碰上东郡发生盗贼抢劫案件，吾丘寿王被任命为东郡都尉。武帝任命吾丘寿王为东郡都尉，不再另外委派东郡太守。当时，东郡多次征发军队，庄稼歉收，盗贼蜂起。武帝给吾丘寿王下诏书说：“你在朕跟前供职时，智略过人，朕也认为你的谋虑天下少有，海内无二。等到派你管辖十几座城邑的时候，身兼都尉、太守的重任，却将两者的职事都荒废了，境内盗贼猖獗，和你以前的表现很不相称，这是为什么呢？”吾丘寿王上书谢罪，并言说东郡的状况。

后来吾丘寿王回朝担任光禄大夫侍中。丞相公孙弘上奏说：“百姓不可以挟带弓弩。十个盗贼张弩，一百个官兵也不敢上前，盗贼难以被捕获，很多都逃走，弓弩对于盗贼来说，害少而利多，这是盗贼屡禁不止的原因。禁止百姓私藏弓弩，那么盗贼就只有短兵器了，短兵器交战，人数多的一方就容易取胜。人数占优的官兵追捕少量的盗贼，势必会取得成功。对盗贼有害而无利，就没有人再去犯法，这是减轻刑罚的办法啊。愚臣以为禁止百姓持有弓箭，对国家是有利的。”皇上将公孙弘的奏章交给公卿大臣们共同讨论。吾丘寿王回答说：

臣听说古时候制作五种兵器，不是用来互相伤害的，而是用来禁止强暴，讨伐奸邪的。平时生活，就以兵器来制服猛兽，防备突发

诸侯力政，强侵弱，众暴寡，海内抏敝，巧诈并生。是以知者陷愚，勇者威怯，苟以得胜为务，不顾义理。故机变械饰，所以相贼害之具不可胜数。于是秦兼天下，废王道，立私议，灭《诗》《书》而首法令，去仁恩而任刑戮，堕名城。杀豪桀，销甲兵，折锋刃。其后，民以耰锄棰梃相挞击，犯法滋众，盗贼不胜，至于赭衣塞路，群盗满山，卒以乱亡。故圣王务教化而省禁防，知其不足恃也。

今陛下昭明德，建太平，举俊材，兴学官，三公有司或由穷巷，起白屋，裂地而封，宇内日化，方外乡风，然而盗贼犹有者，郡国二千石之罪，非挟弓弩之过也。《礼》曰男子生，桑弧蓬矢以举之，明示有事也。孔子曰："吾何执？执射乎？"大射之礼，自天子降及庶人，三代之道也。《诗》云"大侯既抗，弓矢斯张，射夫既同，献尔发功"，言贵中也。愚闻圣王合射以明教矣，未闻弓矢之为禁也。且所为禁者，为盗贼之以攻夺也。攻夺之罪死，然而不止者，大奸之于重诛固不避也。臣恐邪人挟之而吏不能止，良民以自备而抵法禁，是擅贼威而夺民救也。窃以为无益于禁奸，而废先王之典，使学者不得习行其礼，大不便。

书奏，上以难丞相弘。弘诎服焉。

及汾阴得宝鼎，武帝嘉之，荐见宗庙，臧于甘泉宫。群臣皆上

之事，战时就用来进行守卫，或者行军打仗。到了周室衰微时，上面没有圣明的天子，诸侯凭武力执政，强大的侵略弱小的，人多的强暴人少的，海内衰败，机巧伪诈同时产生。所以有智谋的人陷于愚昧，勇敢的人变得胆小，苟且以取胜为务，不顾道义和天理。所以制作精巧的器械，被用作为非作歹的事情就不可胜数。因此秦朝吞并天下后，废除王道，出于一己之私，烧毁《诗经》《尚书》而崇尚法律，背弃仁义，而依靠刑罚，损毁名城，诛杀豪杰，销毁兵器战甲，折断锋刃。在这以后，百姓拿起锄头棍棒相互打斗，犯法的人越来越多，盗贼数不胜数，以至于穿着红色囚服的罪犯阻塞道路，成群结伙的盗贼遍布山间，秦朝最终因大乱而亡国。所以圣明的君主致力于教化，而不是禁止弓弩来防犯盗贼，因为知道这些措施靠不住。

如今陛下彰显圣明的德行，建立太平盛世，举荐贤德人才，兴建学官，三公大臣有的出身于市井里巷，有的发迹于平民寒门，最终却能够得到分封和爵位，天下百姓日益接受教化，域外蛮夷也纷纷向往中原文化，然而还有盗贼出没，这是因为郡国二千石官员的失职，而不是百姓持有弓弩的过错啊。《礼记》上说，古时男子出生，要举起桑木弓，蓬梗箭，象征男孩长大后有抵御四方之难的职责。孔夫子说：“我干什么好呢？是去当射箭手吗？”为祭祀而举行的射礼，从天子到庶民，这是夏、商、周三代的道。《诗经》上说：“大箭靶已经高高挂起，弓箭也准备好了，众人一齐发箭，展现你们的射箭技艺。”说的就是要尊崇射中目标的技艺啊。我听说圣明的君主以射箭的道理来执行教化，没听说过禁止拥有弓箭。况且禁止弓箭的原因，是为了防止盗贼用来烧杀抢掠。烧杀抢掠罪当处死，但是仍然不能制止犯罪，这是因为大奸之人本来就不畏惧严刑。臣担心奸邪之徒有弓箭，官吏无法制止，善良的百姓用弓箭防身，却触犯了法规，这是让盗贼独占威风却剥夺了百姓自卫的权利啊。臣以为对禁止奸邪没有好处，而且废除了先代圣王的法典，使学者不能学习如何举行射礼，尤其不利。

奏书呈上以后，武帝以此来责问丞相公孙弘。公孙弘无言以对而认错。

后来在汾阴县得到一尊宝鼎，武帝很是高兴，就进献于宗庙，

寿贺曰："陛下得周鼎。"寿王独曰非周鼎。上闻之，召而问之，曰："今朕得周鼎，群臣皆以为然，寿王独以为非，何也？有说则可，无说则死。"寿王对曰："臣安敢无说！臣闻周德始乎后稷，长于公刘，大于大王，成于文武，显于周公，德泽上昭，天下漏泉，无所不通。上天报应，鼎为周出，故名曰周鼎。今汉自高祖继周，亦昭德显行，布恩施惠，六合和同。至于陛下，恢廓祖业，功德愈盛，天瑞并至，珍祥毕见。昔秦始皇亲出鼎于彭城而不能得，天祚有德而宝鼎自出，此天之所以与汉，乃汉宝，非周宝也。"上曰："善。"群臣皆称万岁。是日，赐寿王黄金十斤。后坐事诛。

主父偃，齐国临菑人也。学长短从横术，晚乃学《易》、《春秋》、百家之言。游齐诸子间，诸儒生相与排傧，不容于齐。家贫，假贷无所得，北游燕、赵、中山，皆莫能厚，客甚困。以诸侯莫足游者，元光元年，乃西入关见卫将军。卫将军数言上，上不省。资用乏，留久，诸侯宾客多厌之，乃上书阙下。朝奏，暮召入见。所言九事，其八事为律令，一事谏伐匈奴，曰：

臣闻明主不恶切谏以博观，忠臣不避重诛以直谏，是故事无遗策而功流万世。今臣不敢隐忠避死，以效愚计，愿陛下幸赦而少察之。

《司马法》曰："国虽大，好战必亡；天下虽平，忘战必危。"天下既平，天子大恺，春蒐秋狝，诸侯春振旅，秋治兵，所以不忘战

收藏在甘泉宫里。群臣都向武帝祝寿庆贺说:"陛下得到了周朝的宝鼎。"只有吾丘寿王一人说不是周朝的宝鼎。皇上听说以后,召见吾丘寿王并问他:"现在朕得到周朝的宝鼎,群臣都这么认为,唯独寿王认为不是,为什么?有理由就行,没有理由就要砍头。"吾丘寿王回答说:"臣怎么敢没有理由就胡说!臣听说周朝的盛德是从后稷开始建立的,公刘时进一步成长,大王时得到壮大,成就于文王、武王时期,周公时显耀于天下,德泽普照于上天,天下漏泉,没有不通达的地方。上天显现感应,宝鼎在周朝出现,因此称为周鼎。现在汉朝自从高祖继承周代的天道,也是德昭行显,布恩施惠,天下和睦同心。到了陛下执政时期,弘扬祖业,功德更加昌盛,天瑞并至,珍祥全部出现。从前秦始皇亲临彭城寻找周鼎,却没有得到,如今上天护佑有德明君,宝鼎自己现身,这是上天要兴盛汉朝的预兆,所以是汉鼎而不是周鼎呀。"皇上说:"说得好。"群臣齐呼万岁。那一天,武帝赐给吾丘寿王十斤黄金。吾丘寿王后来因事获罪被诛杀。

主父偃,齐国临菑人。他最初学的是纵横家的辩论术,后来才开始学习《易经》《春秋》和百家之说。主父偃游走于齐国的读书人之间,儒生们都排斥摈弃他,使他在齐国无法容身。主父偃家中贫困,也无法借钱,于是他北上游访燕国、赵国、中山国,也无人看重他,他寄居异乡,十分困顿。主父偃认为诸侯们没有谁值得去游说,武帝元光元年(前134),他西行进入函谷关中,谒见卫青将军。卫将军屡次对皇上说起他,皇上一直没在意。主父偃资财用尽,时间久了,诸侯家中的宾客都很讨厌他,于是他上书皇帝。早晨刚送进去,晚上他就应召进见皇上。主父偃进言了九件事,其中有八件事情与律令有关,另一件是与讨伐匈奴有关,文中说:

臣听说圣明的君主不抵触恳切的谏言,并以此来开阔视野,忠臣不避重刑直言进谏,所以事情没有失策,功业流传万世。如今臣不敢隐瞒忠心、回避死罪,来奉献愚计,恳请陛下赦免臣的冒昧,并稍加留意臣的见解。

《司马法》说:"国家虽然强大,喜好征战必定灭亡;天下虽然安定,忘掉战备必然危险。"天下已经平定,天子演奏《大恺》乐章,春

也。且怒者逆德也，兵者凶器也，争者末节也。古之人君一怒必伏尸流血，故圣王重行之。夫务战胜，穷武事，未有不悔者也。

昔秦皇帝任战胜之威，蚕食天下，并吞战国，海内为一，功齐三代。务胜不休，欲攻匈奴，李斯谏曰：“不可。夫匈奴无城郭之居，委积之守，迁徙鸟举，难得而制。轻兵深入，粮食必绝；运粮以行，重不及事。得其地，不足以为利；得其民，不可调而守也。胜必弃之，非民父母，靡敝中国，甘心匈奴，非完计也。”秦皇帝不听，遂使蒙恬将兵而攻胡，却地千里，以河为境。地固泽卤，不生五谷，然后发天下丁男以守北河。暴兵露师十有余年，死者不可胜数，终不能逾河而北。是岂人众之不足，兵革之不备哉？其势不可也。又使天下飞刍輓粟，起于黄、腄、琅邪负海之郡，转输北河，率三十钟而致一石。男子疾耕不足于粮饷，女子纺绩不足于帷幕。百姓靡敝，孤寡老弱不能相养，道死者相望，盖天下始叛也。

及至高皇帝定天下，略地于边，闻匈奴聚代谷之外而欲击之。御史成谏曰：“不可。夫匈奴，兽聚而鸟散，从之如搏景，今以陛下盛德攻匈奴，臣窃危之。”高帝不听，遂至代谷，果有平城之围。高帝悔之，乃使刘敬往结和亲，然后天下亡干戈之事。

秋时节狩猎以演习武事，诸侯们春练军队，秋整武器，用以表示不忘记战争。况且发怒是悖逆的德行，武器是不祥的东西，争斗是最低级的节操。自古以来人君一发怒必然杀人，伏尸流血，所以圣明的天子对此事非常慎重。打仗就是为了取胜，但是恣意动用兵力，挑起战争的人，最终没有不后悔的。

从前秦始皇凭借武力，蚕食天下，吞并各个交战的国家，统一天下，其功业可与夏、商、周三代相比。但他无休止的一心想打胜仗，想要攻打匈奴，李斯劝谏说："不可以。匈奴没有定居的城郭，没有堆积的粮食和财物可守，四处迁徙，如鸟飞散，无法制约。如果派兵轻装深入，粮食必定断绝；如果携带许多粮食进军，物资沉重难运，也无济于事。就是得到匈奴的土地，也无利可图；得到匈奴的民众，也不能征调他们守住地盘。即便战胜匈奴最终还是要舍弃他们，这并非是为民父母的君王应做的事。使中原百姓疲乏不堪，而醉心于攻打匈奴，这并非上策。"秦始皇不采纳李斯的建议，最终还是派蒙恬率兵去攻打匈奴，迫使匈奴后退千里，以黄河为边境。那里的土壤是盐碱地，难以生长五谷。随后，秦朝又征调全国的成年男人去守卫北河。军队风餐露宿在外驻守十几年，死伤者不计其数，最终也未能越过黄河继续北进。这难道是因为兵力不足、武器装备不齐全的原因吗？这是所处形势不允许啊。秦王又命天下百姓运送粮草，从黄县、腄县、琅琊郡等靠海的郡县出发，运送到北河，一般发运三十钟粮食运抵后只能得到一石。男子尽力耕种，也不能保障粮草供给，女子竭力纺织也不能有足够的帷幕。百姓疲惫不堪，孤儿寡母和老弱之人得不到供养，路上的死者一个挨一个，大概由于这些缘故，天下百姓开始背叛秦王朝。

待到汉高祖平定天下，攻取了边境的土地，听说匈奴聚集在代郡的山谷外，就想去攻打他们。御史成进谏说："不可进攻匈奴。那匈奴的习性，就像鸟兽般聚集或分散，追击他们就像与影子搏斗一样，现在陛下去讨伐匈奴，臣私下认为是十分危险的。"高祖皇帝没接受他的建议，就率军进入代郡的山谷，果然被围困于平城。高祖很后悔，就派刘敬去与匈奴和亲，这以后天下才没有干戈纷争。

故兵法曰："兴师十万，日费千金。"秦常积众数十万人，虽有覆军杀将，系虏单于，适足以结怨深仇，不足以偿天下之费。夫匈奴行盗侵敺，所以为业，天性固然。上自虞夏殷周，固不程督，禽兽畜之，不比为人。夫不上观虞夏殷周之统，而下循近世之失，此臣之所以大恐，百姓所疾苦也。且夫兵久则变生，事苦则虑易。使边境之民靡敝愁苦，将吏相疑而外市，故尉佗、章邯得成其私，而秦政不行，权分二子，此得失之效也。故《周书》曰："安危在出令，存亡在所用。"愿陛下孰计之而加察焉。

是时，徐乐、严安亦俱上书言世务。书奏，上召见三人，谓曰："公皆安在？何相见之晚也！"乃拜偃、乐、安皆为郎中。偃数上疏言事，迁谒者，中郎，中大夫。岁中四迁。

偃说上曰："古者诸侯地不过百里，强弱之形易制。今诸侯或连城数十，地方千里，缓则骄奢易为淫乱，急则阻其强而合从以逆京师。今以法割削，则逆节萌起，前日朝错是也。今诸侯子弟或十数，而適嗣代立，余虽骨肉，无尺地之封，则仁孝之道不宣。愿陛下令诸侯得推恩分子弟，以地侯之。彼人人喜得所愿，上以德施，实分其国，必稍自销弱矣。"于是上从其计。又说上曰："茂陵初立，天下豪桀兼并之家，乱众民，皆可徙茂陵，内实京师，外销奸猾，此所谓不诛而害除。"上又从之。

所以《孙子兵法》上说："征调十万军队，每天的费用需要千金。"秦朝经常聚集民众数十万人，虽然也曾打败敌军、擒杀大将、俘获单于，但也因此与匈奴结下深仇，不足以抵偿耗费。匈奴走到哪里抢掠到哪里，并以此为业，他们的天性本来就是这样。从上古虞、夏、殷、周时代以来，根本无法按法律道德的标准来约束他们，只能将他们视为禽兽加以畜养，而不把他们看作是人类。皇上不借鉴虞、夏、商、周时的传统，反而沿用近代的错误做法，这使臣深为担忧，也是天下百姓遭受痛苦的原因。况且战争时间久了，就会发生变乱，劳役艰苦，就会发生动荡。使边境百姓疲敝愁苦，使将军和官吏互相猜疑而与外敌勾结，所以尉佗和章邯才能实现他们的野心，秦朝的政令之所以无法推行，因为国家大权被尉佗、章邯二人瓜分，这就是政治得失造成的后果。因此《周书》上说："天下安危在于天子发布的政令是否正确，国家存亡在于天子任用的人是否合适。"恳请陛下周密的考察这个问题并加以深思熟虑。

这时，徐乐、严安也都上书谈论当世大事。奏书上呈奏后，武帝召见三人，对他们说："诸位以前都在哪里呀？朕真是相见恨晚啊！"于是武帝让主父偃、徐乐、严安三人都担任郎中。主父偃多次上疏言事，不久升迁为谒者，中郎，中大夫。一年当中四次升迁。

主父偃游说皇上说："古时候，诸侯的领地方圆不过一百里，国力有限都容易控制。如今诸侯拥有数十座相连的城市，方圆千里，形势缓和时他们骄纵奢侈，易发淫乱之事，形势危急时他们凭借强大国势，几国联合背叛朝廷。朝廷如果依据法令来切割领土，削弱他们的势力，他们就会萌发反叛的思想，以前的晁错就是这样。如今诸侯王的子弟有的多达几十个，只有嫡长子能代代继承爵位，其余子嗣虽然也是骨肉亲属，却没有一尺之地的分封，这样就不能宣扬仁孝之道。希望陛下命令诸侯王能够施恩于子弟，用他们的领地分封子弟为侯。使他们人人喜得所愿，皇上借此布施恩德，实质上却分割了诸侯王的领土，他们一定会渐渐自行削弱的。"于是武帝接受了他的策略。主父偃又劝说皇上："茂陵县刚刚设置，可以把天下豪杰富户，以及影响安定的人都迁到茂陵，对内可以充实京师人口，对

尊立卫皇后及发燕王定国阴事，偃有功焉。大臣皆畏其口，赂遗累千金。或说偃曰："大横！"偃曰："臣结发游学四十余年，身不得遂，亲不以为子，昆弟不收，宾客弃我，我阸日久矣。丈夫生不五鼎食，死则五鼎亨耳！吾日暮，故倒行逆施之。"

偃盛言朔方地肥饶，外阻河，蒙恬筑城以逐匈奴，内省转输戍漕，广中国，灭胡之本也。上览其说，下公卿议，皆言不便。公孙弘曰："秦时尝发三十万众筑北河，终不可就，已而弃之。"朱买臣难诎弘，遂置朔方，本偃计也。

元朔中，偃言齐王内有淫失之行，上拜偃为齐相。至齐，遍召昆弟宾客，散五百金予之，数曰："始吾贫时，昆弟不我衣食，宾客不我内门，今吾相齐，诸君迎我或千里。吾与诸君绝矣，毋复入偃之门！"乃使人以王与姊奸事动王。王以为终不得脱，恐效燕王论死，乃自杀。

偃始为布衣时，尝游燕、赵，及其贵，发燕事。赵王恐其为国患，欲上书言其阴事，为居中，不敢发。及其为齐相，出关，即使人上书，告偃受诸侯金，以故诸侯子多以得封者。及齐王以自杀闻，上大怒，以为偃劫其王令自杀，乃征下吏治。偃服受诸侯之金，实不劫齐王令自杀。上欲勿诛，公孙弘争曰："齐王自杀无后，国除为

外可以消除奸猾之徒，这就是所谓的不动用诛杀而除去了祸害。”皇上又听从了他的计策。

在立卫子夫为皇后以及揭发燕王刘定国的隐秘罪行过程中，主父偃都立下功劳。大臣们都害怕主父偃的弹劾，纷纷贿赂和馈赠礼物给他，主父偃接受的财物累计价值有千金。有人劝说主父偃：“你太霸道了！”主父偃说：“我从年轻时就四方游学，至今已四十多年，仍然没有完成夙愿，父母都不承认我是他们的儿子，兄弟不接纳我，宾客鄙弃我，我穷困潦倒的时间太久了。再说大丈夫活着不能享用五鼎食，死就用五鼎烹煮我算了！我老了，日暮途穷，因此违反常理做事。”

主父偃极力夸赞朔方土地肥沃，物产丰富，外有黄河为天险，又有蒙恬在那里修筑的长城可以驱逐匈奴，国内省去了转运粮草武装押送的麻烦，还能拓广中原的疆域，这是消灭匈奴的根本措施。皇上看了他的奏折，把这事交给公卿大臣们商议，大家都说对国家不利。公孙弘说：“秦朝时曾调发三十万人修筑北河，最后没有成功，不久就放弃了。”朱买臣出言驳倒公孙弘，汉朝因此设立了朔方郡，都是出于主父偃的计策。

元朔年间，主父偃向皇上说齐王在王宫内有淫佚的行为，皇上拜主父偃为齐国丞相。主父偃来到齐国，把昔日的兄弟朋友全都召来，分给他们五百金，并斥责他们说：“以前我贫贱的时候，兄弟不分给我衣食，朋友不请我进门，如今我身为齐国国相，你们不远千里来迎接我。今天我就和诸位绝交了，请不要再来拜访我！”然后主父偃派人用齐王和他姐姐通奸的事使齐王受到惊扰。齐王认为自己终将无法逃脱惩罚，惧怕像燕王那样被定罪论死，于是自杀了。

主父偃最初还是平民时，曾经游历燕国、赵国，等到他贵为高官，就揭发了燕王的隐秘事情。赵王担心主父偃成为赵国的祸患，打算上书告发他的不法之事，但因主父偃身在朝中，不敢揭发。等到主父偃担任齐相，出了函谷关赴任后，赵王马上派人上奏，告发主父偃收取诸侯贿赂，故而使诸侯的子弟大多被赐封。等到齐王自杀的消息上报朝廷，皇上大怒，认为是主父偃胁迫齐王而使他自杀的，就把

郡，入汉，偃本首恶，非诛偃无以谢天下。”乃遂族偃。

偃方贵幸时，客以千数，及族死，无一人视，独孔车收葬焉。上闻之，以车为长者。

徐乐，燕无终人也。上书曰：

臣闻天下之患，在于土崩，不在瓦解，古今一也。

何谓土崩？秦之末世是也。陈涉无千乘之尊，尺土之地，身非王公大人名族之后，无乡曲之誉，非有孔、曾、墨子之贤，陶朱、猗顿之富也。然起穷巷，奋棘矜，偏袒大呼，天下从风，此其故何也？由民困而主不恤，下怨而上不知，俗已乱而政不修，此三者陈涉之所以为资也。此之谓土崩。故曰天下之患在乎土崩。

何谓瓦解？吴、楚、齐、赵之兵是也。七国谋为大逆，号皆称万乘之君，带甲数十万，威足以严其境内，财足以劝其士民，然不能西攘尺寸之地，而身为禽于中原者，此其故何也？非权轻于匹夫而兵弱于陈涉也。当是之时先帝之德未衰，而安土乐俗之民众，故诸侯无竟外之助。此之谓瓦解。故曰天下之患不在瓦解。

由此观之，天下诚有土崩之势，虽布衣穷处之士或首难而危海内，陈涉是也，况三晋之君或存乎？天下虽未治也，诚能无土崩

主父偃征调回京，交给法官治罪。主父偃承认接受诸侯王贿赂金钱的事实，说他实在没有胁迫齐王使他自杀。皇上打算不杀主父偃，公孙弘争辩说：“齐王自杀而没有后人继承王位，封国因此被废为郡，归入汉室，这件事主父偃是首罪，如若不杀主父偃，就没有办法向天下人谢罪。”于是武帝下令诛灭主父偃的家族。

主父偃被宠幸时，门下宾客上千，等到他被灭族时，没有一个人肯去出头，只有孔车为他收尸埋葬。皇上听说后，认为孔车是位厚德长者。

徐乐，是燕郡无终县人。上书皇上说：

臣听说天下的祸患，在于土崩，不在瓦解，从古到今的道理都是一样的。

什么叫土崩呢？秦朝衰亡时期的情况即为土崩。陈涉没有诸侯的尊贵地位，也没有一尺分封的国土，出身不是王公大臣名门望族的后代，在乡里没有受到赞扬，也没有孔子、曾子、墨子的贤能，也没有陶朱、猗顿的财富。然而他从贫穷的民间起兵，挥舞着戟矛，袒臂大声呼喊，天下人闻风响应，这其中的原因是什么呢？这是由于百姓贫困而国君不知体恤，下面民众怨恨而上位的人却不知晓，世风日下而国家政治却没有整顿，这三项陈涉把它们作为资本。这就叫做土崩。因此说天下的祸患在于土崩。

什么叫瓦解呢？吴国、楚国、齐国、赵国的叛乱就是瓦解。七国图谋犯上作乱，他们都自称万乘之君，拥有披甲的将士数十万，他们的威严足以使封国的百姓畏服，财富使封国的士大夫和庶民受到奖励，但是他们却不能向西夺取方寸之地，而且他们自身也在中原被擒获，这其中的原因是什么呢？不是因为他们不如百姓有权力，也不是因为他们不如陈涉的军队强大。而是因为在当时，先帝的恩泽还没有衰退，安于乡土乐于时俗的百姓众多，因此诸侯王没有得到境外的援助。这就叫做瓦解。所以说国家的忧患不在于瓦解。

由此看来，天下真会产生土崩之势，即使是处于穷困境地的平民百姓，也敢于首先发难使国家危急，陈涉就是这样的人，更何况三晋国君的后裔或许还存在呢？天下虽未安定，的确没有出现土崩的

之势，虽有强国劲兵，不得还踵而身为禽，吴楚是也，况群臣百姓，能为乱乎？此二体者，安危之明要，贤主之所留意而深察也。

间者，关东五谷数不登，年岁未复，民多穷困，重之以边境之事，推数循理而观之，民宜有不安其处者矣。不安故易动，易动者，土崩之势也。故贤主独观万化之原，明于安危之机，修之庙堂之上，而销未形之患也。其要期使天下无土崩之势而已矣。故虽有强国劲兵，陛下逐走兽，射飞鸟，弘游燕之囿，淫从恣之观，极驰骋之乐自若。金石丝竹之声不绝于耳，帷幄之私俳优朱儒之笑不乏于前，而天下无宿忧。名何必夏、子，俗何必成、康！虽然，臣窃以为陛下天然之质，宽仁之资，而诚以天下为务，则禹、汤之名不难侔，而成、康之俗未必不复兴也。此二体者立，然后处尊安之实，扬广誉于当世，亲天下而服四夷，余恩遗德为数世隆，南面背依摄袂而揖王公，此陛下之所服也。臣闻图王不成，其敝足以安。安则陛下何求而不得，何威而不成，奚征而不服哉？

形势，即使有强大的诸侯国造反，也很快被镇压，吴楚等国就是这样的例子，何况是大臣和百姓，又怎么可能有能力作乱呢？土崩瓦解这两种情况，是关系国家安危的明显要旨，贤明的君主要对此留心并详察。

近年来函谷关以东地区连年歉收，民力还未恢复，百姓大多穷困，再加上边境战事不断，按照常理来看，百姓将产生无法在原地安居的想法。不安宁，易引发动荡，易发动荡就会造成土崩的形势呀。所以贤明的君主善于发现万物变化的根源，察明社稷安危的关键，在朝堂上予以修正，可以做到防患于未然。这样做的关键，就是想方设法使国家不出现土崩的形势罢了。因此即使面临强敌威胁，陛下逐走兽，射飞鸟，游乐于苑囿，纵情于享乐，驱驰于狩猎之乐。宫中金石丝竹之声不绝于耳，帷帐里面，俳优侏儒的笑声还和从前一样，天下也没有太大的忧患。君王的名声不必一定像夏禹、商汤那样，天下的民风也不一定像周成王、周康王那样！虽然这样，但臣以为陛下与生俱来的天赋和宽厚仁慈的天资，若切实能以治理天下为己任，那么就不难与夏禹、商汤齐名了，并且成、康时代的民俗未必不能复兴。抓住了防止土崩瓦解的关键，就可以安享尊贵安逸了，在当世传扬美名，扩大声誉，使天下百姓亲近，使四方蛮夷归服，盛德将传承数代，面朝南方而立，整理衣袖，向王公大臣们拱手行礼，就可无为而治，这就是陛下的威望所致啊。臣听说就算得不到想要的圣明统治，最坏的结果也足够安抚百姓了。若是天下安宁，那么陛下有何需求得不到，有何威德不成功，征伐谁不能使他臣服呢？

卷六十四下

严朱吾丘主父徐严终王贾传第三十四下

严安者，临菑人也。以故丞相史上书，曰：

臣闻《邹子》曰："政教文质者，所以云救也，当时则用，过则舍之，有易则易之，故守一而不变者，未睹治之至也。"今天下人民用财侈靡，车马衣裘宫室皆竞修饰，调五声使有节族，杂五色使有文章，重五味方丈于前，以观欲天下。彼民之情，见美则愿之，是教民以侈也。侈而无节，则不可赡，民离本而徼末矣。末不可徒得，故搢绅者不惮为诈，带剑者夸杀人以矫夺，而世不知愧，故奸轨浸长。夫佳丽珍怪固顺于耳目，故养失而泰，乐失而淫，礼失而采，教失而伪。伪、采、淫、泰，非所以范民之道也。是以天下人民逐利无已，犯法者众。臣愿为民制度以防其淫，使贫富不相耀以和其心。心既和平，其性恬安。恬安不营，则盗贼销；盗贼销，则刑罚少；刑罚少，则阴阳和，四时正，风雨时，草木畅茂，五谷蕃孰，六畜遂字，民不夭厉，和之至也。

臣闻周有天下，其治三百余岁，成康其隆也，刑错四十余年而不用。及其衰，亦三百余年，故五伯更起。伯者，常佐天子兴利除害，诛暴禁邪，匡正海内，以尊天子。五伯既没，贤圣莫续，天子孤弱，号令不行。诸侯恣行，强陵弱，众暴寡。田常篡齐，六卿分晋，并

严安，临菑人。以前任丞相史的身份上书武帝说：

臣听《邹子》说过："政治教化，辞章文采的本质，是用来纠正弊病的，合乎时代就采用，过时了就废弃，有可以改变的就改变它，所以墨守成规一成不变的人，是没有了解治政的目的。"现在天下的百姓奢侈浪费，车马衣裘房屋都竞相奢华，调节宫、商、角、徵、羽五音使其悦耳动听，混杂青、赤、黄、白、黑五色使其图文光耀，调和五味使陈列于前，以放纵欲望，沉溺享乐。那些百姓的性情是看到美好的东西就希望得到，这是教导百姓奢侈呀。没有节制的奢侈，会导致财物匮乏，百姓就会舍本逐末。末端的利益不可能凭空得到，因此做官的人不忌惮法律从事欺诈，佩剑的武士竞相杀人抢夺，而世人却不以为耻，因此奸邪之事逐渐蔓延。佳丽美色、珍奇异宝本来就顺耳悦目，因此享用不当就会骄纵，失去德音雅乐就会使人淫佚，失去礼仪就会使人注重奢华，失去教化就会使人伪诈。伪诈、奢华、淫佚、骄纵，这些都不是教导百姓的方法啊。所以天下百姓无止尽地追逐名利，违法的人必定增多。臣希望朝廷为百姓定立制度防止他们过分追求，使贫富不再互相炫耀来调和人心。人心一旦和顺，性情就会恬静安逸。性情恬静安逸就不会受利益驱使，那么盗贼就会销声匿迹；盗贼消除，刑罚则会变轻；刑罚变轻，阴阳就会调和，四季正常，风调雨顺，草木茂盛，五谷丰登，六畜兴旺，民无患病夭死，这是和谐的最高境界。

臣听说周朝拥有天下，它的统治维持了三百多年，成王、康王时期是周朝盛世，刑罚废置四十多年没有启用。周朝衰落，也经历了三百多年的时间，因此春秋五霸交替崛起。称霸的君主，经常辅佐天子兴利除害，诛暴禁邪，匡正天下，以此来尊崇天子。五霸之后，没有贤君圣主接续他们的事业，天子孤立弱小，号令不行。诸侯肆意而

为战国，此民之始苦也。于是强国务攻，弱国修守，合从连衡，驰车毂击，介胄生虮虱，民无所告愬。

及至秦王，蚕食天下，并吞战国，称号皇帝，一海内之政，坏诸侯之城。销其兵，铸以为钟虡，示不复用。元元黎民得免于战国，逢明天子，人人自以为更生。乡使秦缓刑罚，薄赋敛，省繇役，贵仁义，贱权利，上笃厚，下佞巧，变风易俗，化于海内，则世世必安矣。秦不行是风，循其故俗，为知巧权利者进，笃厚忠正者退，法严令苛，讇谀者众，日闻其美，意广心逸。欲威海外，使蒙恬将兵以北攻强胡，辟地进境，戍于北河，飞刍輓粟以随其后。又使尉屠睢将楼船之士攻越，使监禄凿渠运粮，深入越地，越人遁逃。旷日持久，粮食乏绝，越人击之，秦兵大败。秦乃使尉佗将卒以戍越。当是时，秦祸北构于胡，南挂于越，宿兵于无用之地，进而不得退。行十余年，丁男被甲，丁女转输，苦不聊生，自经于道树，死者相望。及秦皇帝崩，天下大畔。陈胜、吴广举陈，武臣、张耳举赵，项梁举吴，田儋举齐，景驹举郢，周市举魏，韩广举燕，穷山通谷，豪士并起，不可胜载也。然本皆非公侯之后，非长官之吏，无尺寸之势，起闾巷，杖棘矜，应时而动，不谋而俱起，不约而同会，壤长地进，至乎伯王，时教使然也。秦贵为天子，富有天下，灭世绝祀，穷兵之祸也。故周失之弱，秦失之强，不变之患也。

为，以强欺弱，以多欺少。田常篡夺了齐国的政权，六卿瓜分了晋国，都成为好战的国家，从此百姓开始受苦。从那时起强国致力于攻伐，弱国被迫修整防守，合纵连横，战车交错，往来相撞，士兵的铠甲生满虮虱，老百姓的苦难无处倾诉。

到了秦王嬴政时期，蚕食天下，兼并列国，自称为“皇帝”，统一海内的制度，拆除了诸侯各国的城邑。销毁兵器，用来浇铸成钟虡，表示不再使用兵器。百姓能够免除各国交战动乱的痛苦，人人都以为遇到了圣明的天子，获得了新生。当初假使秦朝减缓刑罚，减轻赋税，省减徭役，崇尚仁义，轻视权势，推崇忠厚，鄙视奸佞，移风易俗，使教化大行于海内，那么秦朝的江山便可世代安定了。但是秦朝没有采取这些措施，仍然遵循旧习，施展智谋巧诈，贪图权利的人得以升官，笃厚忠诚正直的人被贬退，秦廷的法令苛刻严厉，皇帝周围谄媚阿谀之徒众多，他天天听到赞美之声，心情舒畅。秦始皇想扬威海外，就派蒙恬率兵北上，进攻强悍的匈奴，开辟疆域，在北河武装守卫，急速运送粮草的车辆，紧随军队后面。又派郡都尉屠睢率领楼船水军进攻越地，又派御史禄开凿灵渠运送粮草，深入越地，越人闻风而逃。旷日持久的驻军致使粮食缺乏，供应不上，越人反攻袭击，秦兵大败。秦朝便派尉佗率领军队守卫越地，在这个时候，秦朝的祸患是北部与匈奴交战，南部又被越人拖住，驻军陷于荒蛮的无用之地，只得硬着头皮前进不能撤退。这样持续了十几年，成年男子充军打仗，成年女子运输粮草，苦不堪言，自杀吊死在路边大树上的死者一个接一个。等到秦始皇去世，天下大乱。陈胜、吴广在陈地起兵，武臣、张耳夺取赵国，项梁在吴地起兵，田儋夺齐起兵，景驹在下郢起兵，周市在魏地起兵，韩广在燕地起兵，各地豪杰并起，多的无法计算。然而，这些人并非公侯之后，也不曾担任官吏，没有丝毫权势，却从里巷起兵，手持尖木棒为矛戟，顺应时机而发动，没有谋划而共同举事，没有约定而聚在一起，掠地攻城，以至称王称霸，这是时代教化的产物啊。秦始皇贵为天子，富有天下，却王朝灭绝，宗庙断绝祭祀，这是竭尽兵力、好战不已招致的罪过啊。所以周朝的灭亡是由于它的衰弱，秦朝的灭亡是由于它的强大，他们都是不

今徇南夷，朝夜郎，降羌僰，略薉州，建城邑，深入匈奴，燔其龙城，议者美之。此人臣之利，非天下之长策也。今中国无狗吠之警，而外累于远方之备，靡敝国家，非所以子民也。行无穷之欲，甘心快意，结怨于匈奴，非所以安边也。祸挐而不解，兵休而复起，近者愁苦，远者惊骇，非所以持久也。今天下锻甲摩剑，矫箭控弦，转输军粮，未见休时，此天下所共忧也。夫兵久而变起，事烦而虑生。今外郡之地或几千里，列城数十，形束壤制，带胁诸侯，非宗室之利也。上观齐晋所以亡，公室卑削，六卿大盛也；下览秦之所以灭，刑严文刻，欲大无穷也。今郡守之权非特六卿之重也，地几千里非特闾巷之资也，甲兵器械非特棘矜之用也，以逢万世之变，则不可胜讳也。

后以安为骑马令。

终军字子云，济南人也。少好学，以辩博能属文闻于郡中。年十八，选为博士弟子。至府受遣，太守闻其有异材，召见军，甚奇之，与交结。军揖太守而去，至长安上书言事。武帝异其文，拜军为谒者给事中。

从上幸雍祠五畤，获白麟，一角而五蹄。时又得奇木，其枝旁出，辄复合于木上。上异此二物，博谋群臣。军上对曰：

臣闻《诗》颂君德，《乐》舞后功，异经而同指，明盛德之所隆也。南越窜屏葭苇，与鸟鱼群，正朔不及其俗。有司临境，而东瓯内

懂得改变国策而造成了亡国的下场。

如今汉朝想攻取南夷，使夜郎朝见，使羌僰臣服，占领蕨州，在那里修筑城邑，深入匈奴境内，焚烧匈奴祭天的龙城，谈到这些的人都赞美汉朝。这是做臣子的获得的名利，不是治理天下的长久策略。如今中原地区没有战争警报，但是却受累于境外的防守，使国家离散衰败，这不是治理百姓的上策。满足无尽的欲望，只图一时痛快，而与匈奴结仇，这不是安定边境的良策。祸乱没有解决，战争刚刚停息又重新挑起，邻近战区的人愁苦，远离战区的人担惊害怕，这不是长久的办法。如今天下百姓都要锻造战甲，打造刀剑，制造弓箭，转运军粮，不知何时是尽头，这是天下百姓共同忧苦的事情。战争时间过久就会产生祸乱，事情烦杂就会产生疑虑。现在边疆各郡的土地，有的纵横近千里，排列的城池有几十座，地貌形势足以制约一方百姓同时威胁汉朝诸侯们，这样对汉朝宗室没有利益啊。考察春秋时齐国与晋国灭亡的原因，是因为公室势微，六卿掌权；分析近代秦国灭亡的原因，是由于刑法严酷，吏治苛暴，欲壑难填且无穷无尽。现在，郡守手中的权力，大大超过了当年的晋国六卿，所管辖的土地纵横千里，也不只是里巷那么狭小的地方，甲兵器械之精良更是远胜木棒之类的武器啊，如果遇到天下骚动，后果将难以预料。

后来，朝廷让严安担任骑马令。

终军，字子云，是济南郡人。年轻时喜欢学习，因为博闻善辩，会写文章，闻名于郡中。终军在十八岁时，被选拔为博士弟子。终军到郡府接受遣送去京城，太守听说他有奇才，召见了他，十分惊讶他的才能，就和他经常往来。后来终军向太守辞行，去往长安上书言事。武帝看后，认为他的文辞很特别，就拜终军为谒者，兼任给事中。

终军跟随皇上去雍县祭祀五畤，捕获了一只白色的麒麟，它头上长着一只角，有五只蹄子。当时又看到一株奇树，其枝杈向两旁长出，然后又折回来，重新与树身聚合。皇上感到这两样东西很奇异，向群臣询问对它们的看法。终军回答说：

我听说《诗经》是颂扬君王的盛德，《乐经》是称赞圣王的丰功，不同的经书而其主旨却相同，都是为了表明帝王盛德的伟大啊。

附，闽王伏辜，南越赖救。北胡随畜荐居，禽兽行，虎狼心，上古未能摄。大将军秉钺，单于犇幕；票骑抗旌，昆邪右衽。是泽南洽而威北畅也。若罚不阿近，举不遗远，设官竢贤，县赏待功，能者进以保禄，罢者退而劳力，刑于宇内矣。履众美而不足，怀圣明而不专，建三宫之文质，章厥职之所宜，封禅之君无闻焉。

夫天命初定，万事草创，及臻六合同风，九州共贯，必待明圣润色，祖业传于无穷。故周至成王，然后制定，而休征之应见。陛下盛日月之光，垂圣思于勒成，专神明之敬，奉燔瘗于郊宫，献享之精交神，积和之气塞明，而异兽来获，宜矣。昔武王中流未济，白鱼入于王舟，俯取以燎，群公咸曰“休哉！”今郊祀未见于神祇，而获兽以馈，此天之所以示飨，而上通之符合也。宜因昭时令日，改定告元，苴白茅于江淮，发嘉号于营丘，以应缉熙，使著事者有纪焉。

盖六鶂退飞，逆也；白鱼登舟，顺也。夫明暗之征，上乱飞鸟，下动渊鱼，各以类推。今野兽并角，明同本也；众支内附，示无外也。若此之应，殆将有解编发，削左衽，袭冠带，要衣裳，而蒙化者焉。斯拱而俟之耳！

南越人隐匿在芦苇中生活，与鸟鱼同处，天子颁行的新历法不能影响他们的风俗。汉朝官员率兵在边境屯驻，东瓯国臣服于汉朝，闽越王伏罪被杀，南越国以此得救。北地的匈奴随着畜牧线路经常迁移居所，与禽兽同类，心如虎狼一样，从上古以来就不能降服他们。大将军卫青高举斧钺出征，匈奴单于逃奔到大漠；骠骑将军霍去病挥动旌旗进击，昆邪王归顺汉朝。天子的德泽分布南疆，而汉朝威势通达北国。如若惩罚不偏袒亲近的臣子，荐举不遗漏远方的人，设置官职，等待贤人，悬赏等待能立功的人，有才能的人就升官，保有俸禄，没能力的人免职，退归还农，制成法令向全国推行。皇上身兼众美却不自满，睿智圣明却不专制，设立明堂、辟雍、灵台三处学宫来弘扬文教，明确各自的职责并且长期适用，以前的封禅之君也没做到这一切。

最初承受天命的君主，开始创建万事，要达到六合之内风俗一致，九州贯通，井然有序，必须等待明君圣主发扬光大，将祖宗创下的基业永远传承下去。所以周朝在周成王时期，才制定礼制，然后祥瑞的征兆出现。陛下日月之光，垂布圣王的思虑进行封禅大典，诚心侍奉神明，分别在泰畤、后土祭祀天地，敬献祭享的醇美酒食感动了神明，天地间充满祥和之气，因而捕获奇异之兽，这是应该的啊。从前周武王讨伐商纣时，行至黄河中流还没有渡过河，就有白鱼跳进周武王的船中，武王俯身拾取，将火把点燃，大臣们都说："吉祥的征兆啊！"现在郊祀没有神明降临，却有异兽出现，这是上天用来显示享受了献祭，与陛下精诚感动上天的祥瑞相符合。臣认为陛下应该挑选吉日，更改年号，用白茅包土，置于长江、淮河之上，在营丘宣发美名，以响应光明，让史官将盛事记载于史册。

六鹢鸟倒退着飞，是诸侯叛逆的象征；白鱼跃进船里，是诸侯归顺的象征。政治的清明与昏暗，上致飞鸟变乱，下致河鱼惊动，各有不同的征兆表现出来。现在白麒麟长着独角，表明合为一体；枝杈内附，表示外人归附。如果这些征兆应验，也许将有蛮夷之族解开头发，抛弃蛮夷的服装，戴上汉朝的帽子，穿上中原的服装，蒙受中原的教化。请陛下拱手等待！

对奏，上甚异之，由是改元为元狩。后数月，越地及匈奴名王有率众来降者，时皆以军言为中。

元鼎中，博士徐偃使行风俗。偃矫制，使胶东、鲁国鼓铸盐铁。还，奏事，徙为太常丞。御史大夫张汤劾偃矫制大害，法至死。偃以为《春秋》之义，大夫出疆，有可以安社稷，存万民，颛之可也。汤以致其法，不能诎其义。有诏下军问状，军诘偃曰："古者诸侯国异俗分，百里不通，时有聘会之事，安危之势，呼吸成变，故有不受辞造命颛己之宜；今天下为一，万里同风，故《春秋》'王者无外'。偃巡封域之中，称以出疆何也？且盐铁，郡有余臧，正二国废，国家不足以为利害，而以安社稷存万民为辞，何也？"又诘偃："胶东南近琅邪，北接北海，鲁国西枕泰山，东有东海，受其盐铁。偃度四郡口数田地，率其用器食盐，不足以并给二郡邪？将势宜有余，而吏不能也？何以言之？偃矫制而鼓铸者，欲及春耕种赡民器也。今鲁国之鼓，当先具其备，至秋乃能举火。此言与实反者非？偃已前三奏，无诏，不惟所为不许，而直矫作威福，以从民望，干名采誉，此明圣所必加诛也。'枉尺直寻'，孟子称其不可；今所犯罪重，所就者小，偃自予必死而为之邪？将幸诛不加，欲以采名也？"偃穷诎，服罪当死。军奏"偃矫制颛行，非奉使体，请下御史征偃即罪。"奏可。上善其诘，有诏示御史大夫。

对策呈奏给武帝，武帝看了认为终军很奇异，因此改年号为元狩。几个月之后，有越地和匈奴的蛮夷之王率部前来归降汉朝当时人们都认为被终军言中了。

武帝元鼎年间，朝廷派博士徐偃出使到各郡国考察风俗民情。徐偃假称受诏命行事，让胶东国、鲁国煮盐炼铁。返京后，徐偃上奏了所做的事，被调任太常丞。御史大夫张汤弹劾徐偃假称受诏命行事的大危害，按照律法当处以死刑。徐偃以《春秋》所说的道理来辩解，认为大夫出了疆界，遇到可以安定国家保存万民的事情，可以自作主张。张汤只能以律法来定徐偃的罪，却无法驳倒他引用的《春秋》中的道理。武帝下诏让终军询问口供，终军反问徐偃说："古时候，各个诸侯国的风俗有别，百里之间消息不能相通，不时有朝见天子和参加盟会之类的事情，存亡安危的形势，瞬息万变，所以有未得到君主诏令就自作主张的道理；现在天下一体，四海之内的风俗相同，所以《春秋》上有'王者无外'的说法。你在汉朝的国境内巡视，却说是出了疆界，这是什么道理？再说，盐铁各郡府都有储蓄，纵使胶东国、鲁国不生产盐铁，国家也不会因此遭受危害，而你却以安定国家保存万民为托辞，又是为什么呢？"终军又反问徐偃说："胶东国南近琅琊郡，北接北海郡，鲁国西邻泰山郡，东有东海郡，四郡已经能够满足他们盐铁的需要。徐偃你估量琅琊郡、北海郡、泰山郡和东海郡这四个郡的人口和田地数，除去本身所需的铁器、食盐，剩余的难道不够供给胶东、鲁国二国吗？还是实际上有多余的盐铁，而官吏不能尽心尽职的供给呢？你如何解释这个问题呢？你假称受诏铸铁的理由，是希望等到春天耕种时可以满足百姓有农具使用。现在鲁国的铸铁，应当事先做好准备，到秋季才可以点火。这话和实际需求是否相反呢？你以前三次奏请胶东国、鲁国经营盐铁，皇上没有回复诏令，你不考虑你的建议皇上不允许，竟然假称受诏，作威作福，来顺从百姓心愿，沽名钓誉，这是圣明的天子必定加以严惩诛罚的啊。'枉尺直寻'，是说小处不正直而大处正直，孟子尚且不认同这种观点；现在你是大节上有亏，犯下重罪，而在小事上有所成果，你是认为必死无疑才这样做的吗？还是想侥幸不被严惩而以这件事博

初，军从济南当诣博士，步入关，关吏予军繻。军问："以此何为？"吏曰："为复传，还当以合符。"军曰："大丈夫西游，终不复传还。"弃繻而去。军为谒者，使行郡国，建节东出关，关吏识之，曰："此使者乃前弃繻生也。"军行郡国，所见便宜以闻。还奏事，上甚说。

当发使匈奴，军自请曰："军无横草之功，得列宿卫，食禄五年。边境时有风尘之警，臣宜被坚执锐，当矢石，启前行。驽下不习金革之事，今闻将遣匈奴使者，臣愿尽精厉气，奉佐明使，画吉凶于单于之前。臣年少材下，孤于外官，不足以亢一方之任，窃不胜愤懑。"诏问画吉凶之状，上奇军对，擢为谏大夫。

南越与汉和亲，乃遣军使南越，说其王，欲令入朝，比内诸侯。军自请："愿受长缨，必羁南越王而致之阙下。"军遂往说越王，越王听许，请举国内属。天子大说，赐南越大臣印绶，壹用汉法，以新改其俗，令使者留填抚之。越相吕嘉不欲内属，发兵攻杀其王，及汉使者皆死。语在《南越传》。军死时年二十余，故世谓之"终童"。

取名誉呢？”徐偃理屈辞穷，承认有罪该死。终军向朝廷奏报审问的情况，说：“徐偃假称受诏，独断专行，不是奉命出使的臣子应该做的，请陛下下诏交给御史，召徐偃接受审判服罪。”终军的奏折得到批准。武帝非常欣赏终军对徐偃的诘难，下诏将终军的诘难交给御史大夫张汤。

起初，终军从济南郡出发，到长安谒见博士时，步行进入函谷关，守关的官吏递给终军一块帛制的信符。终军问：“这个有什么用？”官吏回答说：“回来时作为证明，用它与符来验证。”终军说：“大丈夫西游进京，最终不须要凭借它作回来的路证。”他丢下帛制的信符离开了。终军被任命为谒者后，皇上让他巡视郡国，他持着符节东出函谷关，守关的官吏认得他，说：“这位使者就是从前那个丢下信符的人。”终军巡视郡国，将他遇见的需要奏请的事情，上书奏报给朝廷。终军出使返回以后，向武帝汇报，武帝听后非常高兴。

时逢朝廷要派遣使者出使匈奴，终军主动请求出使说：“臣连微薄的功劳都没有，却能够成为供职宫禁之臣，坐享五年的俸禄。边境经常传来战争的警报，臣应当披铠甲，执兵器，冒矢石，开前路。可是臣能力低下，不懂冲锋陷阵的事，现在听说朝廷准备派遣使者出使匈奴，臣希望竭尽智谋精力，奉诏辅佐贤明的使者，在匈奴的单于面前讲明汉廷的对外政策，趋吉避凶。臣年少才低，不熟悉任官于外，捍卫边境的事，难以独当一面，暗自怨恨自己。”武帝下诏询问终军关于出使单于，如何应对的内容，武帝认为他的回答很出色，将他提拔为谏大夫。

南越国与汉朝和亲，武帝就派遣终军出使南越国，去说服南越王，想让他入朝觐见天子，与内地的诸侯王同等待遇。终军主动请求说：“希望陛下给臣一条长绳子，臣一定要把南越王捆绑起来，把他带到朝廷。”终军便前去劝说南越王，越王接受了终军的劝说，请求以南越国归附汉朝。武帝非常喜悦，赐给南越国大臣印绶，统一执行汉朝的律法，来变更越人的风俗，命令使臣留在南越国，镇抚那里。南越国的丞相吕嘉不想归附汉朝，出动军队攻杀南越王，还把汉朝的使者终军等人全部杀死了。详见《南越传》。终军去世的时候年纪

王褒字子渊，蜀人也。宣帝时修武帝故事，讲论六艺群书，博尽奇异之好，征能为《楚辞》九江被公，召见诵读，益召高材刘向、张子侨、华龙、柳褒等待诏金马门。神爵、五凤之间，天下殷富，数有嘉应。上颇作歌诗，欲兴协律之事，丞相魏相奏言知音善鼓雅琴者渤海赵定、梁国龚德，皆召见待诏。于是益州刺史王襄欲宣风化于众庶，闻王褒有俊材，请与相见，使褒作《中和》《乐职》《宣布诗》，选好事者令依《鹿鸣》之声习而歌之。时汜乡侯何武为僮子，选在歌中。久之，武等学长安，歌太学下，转而上闻。宣帝召见武等观之，皆赐帛，谓曰："此盛德之事，吾何足以当之！"

褒既为刺史作颂，又作其传，益州刺史因奏褒有轶材。上乃征褒。既至，诏褒为圣主得贤臣颂其意。褒对曰：

夫荷旃被毳者，难与道纯绵之丽密；羹藜唅糗者，不足与论太牢之滋味。今臣辟在西蜀，生于穷巷之中，长于蓬茨之下，无有游观广览之知，顾有至愚极陋之累，不足以塞厚望，应明指。虽然，敢不略陈愚而抒情素！

记曰：共惟《春秋》法五始之要，在乎审己正统而已。夫贤者，国家之器用也。所任贤，则趋舍省而功施普；器用利，则用力少而就效众。故工人之用钝器也，劳筋苦骨，终日矻矻。及至巧冶铸干将之朴，清水焠其锋，越砥敛其咢，水断蛟龙，陆剸犀革，忽若彗氾画涂。如此，则使离娄督绳，公输削墨，虽崇台五增，延袤百丈，

才二十多，因此世人都称他“终童”。

王褒字子渊，蜀郡人。宣帝时仿效武帝在朝的作法，召集儒生们讲习研讨《诗经》《尚书》《礼记》《乐经》《易经》《春秋》等书，广泛召集有奇异爱好的士人，征召对《楚辞》精通的九江郡人被公，召来后，让他诵读讲解《楚辞》，又征召文采出众的刘向、张子侨、华龙、柳褒等人在金马门任待诏。神爵、五凤年间，天下富饶，屡有吉兆出现。宣帝常亲写诗歌，准备兴办校正音乐律吕的事情，丞相魏相向宣帝推荐了精通音律，擅长演奏雅琴的渤海郡人赵定和梁国人龚德，宣帝让他们都任待诏。在这时益州刺史王襄想向民众宣扬风俗教化，听说王褒是才智卓越的人，请他来相见，让他写了《中和》《乐职》《宣布诗》等诗歌，挑选喜欢唱歌的人依照《鹿鸣》的乐曲排练歌唱。当时氾乡侯何武还是孩童，被选去歌咏诗篇。很久之后，何武等人到长安求学，在太学演唱，事情被皇帝知道。宣帝召见何武等人并观看他们演唱，都赏赐了帛，对他们说：“这是歌颂崇高德行的，我怎么能够担当！”

王褒为益州刺史王襄作完《中和》《乐职》《宣布诗》以后，又写了传记，益州刺史王襄就上奏举荐王褒才智出众。宣帝就征王褒入京。王褒来到京城后，宣帝下诏让王褒以圣主得贤臣为题写文章来颂扬。王褒写道：

披着毛毡，穿着毛服的人，很难跟他讲解丝绵的华丽；喝着菜汤，吃着粗粮的人，无法和他谈论太牢的滋味。如今臣居住在偏僻的西蜀，出生在穷街陋巷之中，成长于蓬草房屋之下，没有经多见广的知识，只有极为愚蠢粗鄙的见识，难以回报陛下的厚望和期待。虽然如此，我怎敢不陈说自己的拙见，抒发自己的情感呢！

记曰：恭敬地把《春秋》奉为五始之要，在于审察自己端正王朝世代相承的传统而已。贤者，是指朝廷可用的人才。如果朝廷所任用的人贤能，就会明察进退并能普施功效；器用锋利，就会用力少而效果多。所以工匠使用钝器，就使筋骨疲累，终日极为劳苦。等到特别好的工匠冶炼铸造干将利剑时，用清水淬火使剑刃坚硬，用越地的砥石来磨砺使剑刃锋利，宝剑在水中可以劈断蛟龙，在陆地

而不溷者，工用相得也。庸人之御驽马，亦伤吻敝策而不进于行，匈喘肤汗，人极马倦。及至驾啮膝，骖乘旦，王良执靶，韩哀附舆，纵驰骋骛，忽如景靡，过都越国，蹶如历块；追奔电，逐遗风，周流八极，万里壹息。何其辽哉？人马相得也。故服絺绤之凉者，不苦盛暑之郁燠；袭貂狐之煖者，不忧至寒之凄怆。何则？有其具者易其备。贤人君子，亦圣王之所以易海内也。是以呕喻受之，开宽裕之路，以延天下英俊也。夫竭知附贤者，必建仁策；索人求士者，必树伯迹。昔周公躬吐捉之劳，故有圉空之隆；齐桓设庭燎之礼，故有匡合之功。由此观之，君人者勤于求贤而逸于得人。

人臣亦然。昔贤者之未遭遇也，图事揆策则君不用其谋，陈见悃诚则上不然其信，进仕不得施效，斥逐又非其愆。是故伊尹勤于鼎俎，太公困于鼓刀，百里自鬻，宁子饭牛，离此患也。及其遇明君遭圣主也，运筹合上意，谏诤即见听，进退得关其忠，任职得行其术，去卑辱奥渫而升本朝，离疏释蹻而享膏粱，剖符锡壤而光祖考，传之子孙，以资说士。故世必有圣知之君，而后有贤明之臣。故虎啸而风冽，龙兴而致云，蟋蟀俟秋唫，蜉蝣出以阴。《易》曰：“飞龙在天，利见大人。”《诗》曰：“思皇多士，生此王国。”故世平主圣，俊艾将自至，若尧、舜、禹、汤、文、武之君，获稷、契、皋陶、伊尹、吕望，明明在朝，穆穆列布，聚精会神，相得益章。虽伯牙操

可以划裂犀牛皮，就像扫尘划泥一样轻易。这样，就如同让能视百步之外，明察秋毫之末的离娄看线，让巧匠鲁班正其绳墨，即使建筑五层高台，广延百丈，也不混乱，这是因为工匠和器具相匹配啊。如果让平庸的人驾驭资质驽钝的马，即使勒伤马嘴，抽坏马鞭，马也跑不快，人与马最终会疲乏到极点，人困马乏。等到驾驭像啮鄰、乘旦那样良马拉的马车，让王良牵着马缰绳，韩哀扶着车舆驾车，纵情驰骋，风驰电掣，穿越都城郡国，迅疾而过；能追赶骏马奔电，比千里马遗风还快，周游八方极远的地方，在呼吸之间就可到达万里之遥。为什么能到达那么远的地方呢？这是因为人与马相得益彰啊。所以身穿清凉葛衣的人，不担心盛夏的酷暑；外罩暖和貂狐皮袄的人，不忧虑严寒的凛冽。为什么呢？因为他们准备好了合适的衣服，只是随着季节的改变更换衣服而已。贤人君子，也是圣明的君王改变海内的中流砥柱。因此君王温和喜悦地接纳他们，为他们广开宽裕之路，以延揽天下才智杰出的人。那些竭尽才智追寻圣贤的君主，必定会施行仁义的政策；而求取人才招揽国士的圣王，必定能建立霸主的业绩。从前周公为了招揽人才而操心忙碌，所以才有监狱空虚天下没有犯人的隆盛之治；齐桓公以庭燎之礼对待进献算法的人，所以才有九合诸侯，一匡天下的霸业。这么看来，人君只有不断地访求贤士才能轻松地得到贤士的辅佐而安逸啊。

人臣的际遇也是同样的道理。贤才没遇上明主前，为君主图谋事情计划筹策却不被采用，陈述表达自己的忠诚主上却不相信他们，进身为官也不能发挥自己的才能，被驱逐免官也不是自己的过错。所以伊尹背着鼎和俎，来辅佐商汤，姜太公在得到文王的重用之前因生活困顿操刀屠牛维持生活，百里奚以五张羊皮的价钱把自己卖给秦国养牲畜的人，替人家养牛谋生，宁戚在被齐桓公重用之前替商人赶牛车喂牛，他们都遭遇了不同的祸患。一旦遇上明君逢遇圣主，他们制定策略合乎主上的心意，每每劝谏就被主上采纳，进退都能让主上看到自己的忠心，任职能够施展自己的技艺，他们脱离低下屈辱，不被人知的境地而荣升为朝廷重臣，离开粗鄙的食物脱去木屐脱离清苦生活入身为仕享用肥美的食物，剖符封地光宗耀祖，

递钟，逢门子弯乌号，犹未足以喻其意也。

故圣主必待贤臣而弘功业，俊士亦俟明主以显其德。上下俱欲，欢然交欣，千载壹合，论说无疑，翼乎如鸿毛过顺风，沛乎如巨鱼纵大壑。其得意若此，则胡禁不止，曷令不行？化溢四表，横被无穷，遐夷贡献，万祥毕溱。是以圣王不遍窥望而视已明，不单顷耳而听已聪，恩从祥风翱，德与和气游，太平之责塞，优游之望得；遵游自然之势，恬淡无为之场，休征自至，寿考无疆，雍容垂拱，永永万年，何必偃卬诎信若彭祖，呴嘘呼吸如侨、松，眇然绝俗离世哉！《诗》云“济济多士，文王以宁”，盖信乎其以宁也！

是时，上颇好神仙，故褒对及之。

上令褒与张子侨等并待诏，数从褒等放猎，所幸宫馆，辄为歌颂，第其高下，以差赐帛。议者多以为淫靡不急，上曰：“‘不有博弈者乎，为之犹贤乎已！’辞赋大者与古诗同义，小者辩丽可喜。辟如女工有绮縠，音乐有郑卫，今世俗犹皆以此虞说耳目，辞赋比之，尚有仁义风谕，鸟兽草木多闻之观，贤于倡优博弈远矣。”顷之，擢

传位子孙，传以为资向后人游说。因此世上必然先有圣明的君主，而后有贤明的大臣。故而虎啸而风生，龙腾而云起，蟋蟀俟秋唫，蜉蝣好从聚而生，朝生而夕死。《易经》讲：“飞龙在天，利见大人。”《诗经》也讲：“众多优秀的人才，在周王的国家降生。”所以天下太平，君主圣贤，各种人才就会自己出现，就像尧、舜、禹、汤、文王、武王等那样的明君，就会有稷、契、皋陶、伊尹、吕望等贤臣来辅助，明察的君主在朝，俊美的贤士列布，聚集众人的智慧，君臣相得益彰。即使是伯牙弹奏递钟之琴，逢蒙弯射乌号之弓，也不能达到上述君臣之间那样的和谐。

所以圣明的君主必定等待贤臣来弘扬功业，才智出众的仕人也等待圣明的君主来显耀自己的德行。君臣都达到了自己的目的，彼此欢喜互感欣慰，千载一会，君臣之间言谈甚欢互无猜疑，如鸿雁的羽毛顺风展翅飞翔，如巨鱼在湍急的水流中跃过大壑。如果君臣之间彼此赏识，那么还有什么禁令不能执行呢，还有什么政令不能推行呢？教化传遍四方，广泛覆盖无穷无尽，远方的蛮夷前来朝贡，各种祥兆一齐降临。因而圣明的君王不用到处张望就能明察世事，不用侧耳倾听就能闻知真相；恩泽随祥风飞舞，德惠与和气一起流动，天下太平的责任圆满完成，悠游安乐的愿望已经完成；遵循游弋于自然的形貌，身处恬淡无为的处所，吉祥的征兆自己到来，人人都能健康长寿，从容不迫无为而治，永世无穷，何必像彭祖那样俯仰屈伸，像王侨、赤松子那样吐纳呼吸，为了长生不老，长久地脱离世俗呢！《诗经》讲“众多的贤士济济一堂，文王的邦国得以安宁”，是因为君王信任贤士而得到安宁啊！

这时，皇上很喜欢神仙道术，所以王褒在对策中提到神仙之事。

皇上让王褒与张子侨等人一起担任待诏，数次让王褒等人随同游猎，每到一处宫馆，就让王褒等人作赋歌颂，排列文章的高下，然后以等级高下而赐帛。进谏的大臣认为这些是奢靡且不必要的事情，宣帝说：“‘不是有博弈的游戏吗，玩这些也是高雅的活动！’大辞赋与古诗具有同样的意义，小辞赋华美绮丽，令人欢喜。就像纺织刺绣品中有华丽的绉纱，音乐有郑国、卫国的民歌一样，现在的百姓仍然

褒为谏大夫。

其后太子体不安，苦忽忽善忘，不乐。诏使褒等皆之太子宫虞侍太子，朝夕诵读奇文及所自造作。疾平复，乃归。太子喜褒所为《甘泉》及《洞箫颂》，令后宫贵人左右皆诵读之。

后方士言益州有金马碧鸡之宝，可祭祀致也，宣帝使褒往祀焉。褒于道病死，上闵惜之。

贾捐之字君房，贾谊之曾孙也。元帝初即位，上疏言得失，召待诏金马门。

初，武帝征南越，元封元年立儋耳、珠厓郡，皆在南方海中洲居，广袤可千里，合十六县，户二万三千余。其民暴恶，自以阻绝，数犯吏禁，吏亦酷之，率数年壹反，杀吏，汉辄发兵击定之。自初为郡至昭帝始元元年，二十余年间，凡六反叛。至其五年，罢儋耳郡并属珠厓。至宣帝神爵三年，珠厓三县复反。反后七年，甘露元年，九县反，辄发兵击定之。元帝初元元年，珠厓又反，发兵击之。诸县更叛，连年不定。上与有司议大发军，捐之建议，以为不当击。上使侍中驸马都尉乐昌侯王商诘问捐之曰："珠厓内属为郡久矣，今背畔逆节，而云不当击，长蛮夷之乱，亏先帝功德，经义何以处之？"捐之对曰：

臣幸得遭明盛之朝，蒙危言之策，无忌讳之患，敢昧死竭卷卷。

都用这些来娱乐耳目，辞赋与这些事情相比，还有规劝仁义的作用，辞赋中的鸟兽草木可以增加见闻，比倡优、博弈要好很多啊。”过了不久，宣帝进升王褒为谏议大夫。

在此之后，太子身体不适，苦于精神恍惚、健忘，这令他很不愉快。宣帝下诏让王褒等人都到太子宫去侍奉太子，王褒等人早晚诵读好文章以及自己写的文章。直到太子的病康复，王褒才回到皇上身边。太子很喜欢王褒所著《甘泉》与《洞箫颂》两篇文章，让后宫妃子与宫人都诵读这两篇作品。

后来方士说益州有金马、碧鸡这样的宝物，可以通过祭祀使宝物降临，宣帝派王褒前往益州祭祀。王褒在前往益州的路上病死，皇上怜悯惋惜他。

贾捐之，字君房，是贾谊的曾孙。元帝刚即位时，他上疏谈论国家政事的得失，被征召入京，在金马门任待诏。

起初，武帝征讨南越，元封元年（前110）设立儋耳郡、珠厓郡，这两个郡都位于南方海岛上，方圆千里之阔，共有十六个县，二万三千多户人家。那里的居民凶暴、邪恶，自认为和汉朝以海相隔，屡次违反官府的禁令，官吏对待他们也很残酷，大致几年他们就会叛乱一次，杀害官吏，汉朝就调兵平定那里的叛乱。这两个郡从设立为郡到昭帝始元元年（前86），二十多年间，总共反叛六次。因此始元五年（前82），朝廷取消儋耳郡与珠厓郡合并。汉宣帝神爵三年（前61），珠厓郡的三个县又发生叛乱。过了七年，宣帝甘露元年（前53），又有九个县叛乱，汉朝又调兵攻打他们，平定了叛乱。元帝初元元年（前48），珠厓郡再次发生叛乱，汉朝又调兵攻打他们。各县交替叛乱，连年不能安定。元帝与有关官吏商议大规模派兵镇压，贾捐之进言，认为不应当派兵镇压。皇上派侍中驸马都尉乐昌侯王商诘责贾捐之说：“珠厓设立为汉郡已经很久了，现在造反，你却不赞成镇压，这是滋长蛮夷的叛乱，有亏于先帝的功业，如何能符合经义的道理呢？”贾捐之回答说：

臣幸好得遇明盛之朝，赶上可以直言不讳的朝代，没有忌讳之忧患，臣才敢冒死进言以竭尽忠诚。

臣闻尧舜，圣之盛也，禹入圣域而不优，故孔子称尧曰“大哉”，《韶》曰“尽善”，禹曰“无间”。以三圣之德，地方不过数千里，西被流沙，东渐于海，朔南暨声教，迄于四海，欲与声教则治之，不欲与者不强治也。故君臣歌德，含气之物各得其宜。武丁、成王，殷、周之大仁也，然地东不过江、黄，西不过氐、羌，南不过蛮荆，北不过朔方。是以颂声并作，视听之类咸乐其生，越裳氏重九译而献，此非兵革之所能致。及其衰也，南征不还，齐桓救其难，孔子定其文。以至乎秦，兴兵远攻，贪外虚内，务欲广地，不虑其害。然地南不过闽越，北不过太原，而天下溃畔，祸卒在于二世之末，《长城之歌》至今未绝。

赖圣汉初兴，为百姓请命，平定天下。至孝文皇帝，闵中国未安，偃武行文，则断狱数百，民赋四十，丁男三年而一事。时有献千里马者，诏曰：“鸾旗在前，属车在后，吉行日五十里，师行三十里，朕乘千里之马，独先安之？”于是还马，与道里费，而下诏曰：“朕不受献也，其令四方毋求来献。”当此之时，逸游之乐绝，奇丽之赂塞，郑卫之倡微矣。夫后宫盛色则贤者隐处，佞人用事则诤臣杜口，而文帝不行，故谥为孝文，庙称太宗。至孝武皇帝元狩六年，太仓之粟红腐而不可食，都内之钱贯朽而不可校。乃探平城之事，录冒顿以来数为边害，籍兵厉马，因富民以攘服之。西连诸国至于安息，东过碣石以玄菟、乐浪为郡，北却匈奴万里，更起营塞，制南海以为八郡，则天下断狱万数，民赋数百，造盐铁酒榷之利以佐用度，犹不能足。当此之时，寇贼并起，军旅数发，父战死于前，子斗

臣听说尧舜是圣主中的楷模，禹也在圣人的领域，只不过不是最优秀的。因此孔夫子称颂尧帝说“多么伟大啊”，称赞《韶》乐“尽善”，又称赞禹说：“无可非议”。因为尧、舜、禹三位圣君的厚德，国土方圆不过数千里，西及沙漠，东到大海，圣君的教化传至南北，直到四海，想接受圣君的教化就治理他们，不想接受的也不强行统治。因此君臣都歌颂圣王的德行，能呼吸的万物各得其所。武丁、成王是殷朝和周朝最伟大的仁德君主，然而国土的东界不超过长江、黄河，西界不超过氐、羌，南界不超过荆蛮，北界不超过朔方。故而赞颂声并起，能听能看的生物全都喜欢自己的生活方式，越裳氏派遣使者前来献贡，翻译九次才通语言，这不是战争能使他们到来的。到周朝衰落时，昭王南征不能返回，齐桓公解救周襄王的急难，孔夫子作《春秋》记载这些事。到了秦朝时，秦始皇调兵攻打远方，贪图外部胜利，却使内部空虚，致力于扩大领土，而不考虑由此带来的弊端。秦朝的疆域向南不超过闽越，向北不超过太原郡，而最终却导致天下崩溃动乱，祸乱以秦二世灭亡而结束，《长城之歌》到现在依旧传唱不止。

幸好大汉建立，得以保全万民，平定天下。到汉文帝的时候，怜恤中原地区尚未安定，因此罢止兵戈，实行文治，每年只有几百件刑狱判决，百姓每年的赋税只有四十钱，成年男子三年才服一次劳役。当时有人来敬献千里马，文帝下诏说：“皇帝出行，绣有鸾鸟的旗帜在前，随行的车辆在后，平常出行一天走五十里，军队出行每天走三十里，朕独自骑千里马，一个人向前跑到哪里去呢？”因此把千里马还回，并赐予献马人路费，然后下诏说：“朕不接受任何进献，命令四方不要寻求稀世之物来进献。”在这个时候，纵情游玩被明令禁止，奇丽的财宝无路贿赂，演唱郑、卫民歌的倡优没落了。如果后宫佳丽浓妆艳抹，那么贤人就会隐居山野，如果奸佞小人专权，那么谏诤之臣就无法进谏，而文帝没这样做，所以谥号为孝文皇帝，庙号为太宗。到汉武帝元狩六年（前117）时，太仓的粮食堆积腐烂，以至不能食用，京城国库中穿钱的绳子都朽坏了，散钱多到无法计算。于是武帝追究高祖刘邦在平城被围困的旧事，记录匈奴自冒顿以来屡

伤于后，女子乘亭鄣，孤儿号于道，老母寡妇饮泣巷哭，遥设虚祭，想魂乎万里之外。淮南王盗写虎符，阴聘名士，关东公孙勇等诈为使者，是皆廓地泰大，征伐不休之故也。

今天下独有关东，关东大者独有齐楚，民众久困，连年流离，离其城郭，相枕席于道路。人情莫亲父母，莫乐夫妇，至嫁妻卖子，法不能禁，义不能止，此社稷之忧也。今陛下不忍悁悁之忿，欲驱士众挤之大海之中，快心幽冥之地，非所以救助饥馑，保全元元也。《诗》云“蠢尔蛮荆，大邦为仇”，言圣人起则后服，中国衰则先畔，动为国家难，自古而患之久矣，何况乃复其南方万里之蛮乎！骆越之人父子同川而浴，相习以鼻饮，与禽兽无异，本不足郡县置也。颛颛独居一海之中，雾露气湿，多毒草虫蛇水土之害，人未见虏，战士自死。又非独珠厓有珠犀瑇瑁也，弃之不足惜，不击不损威。其民譬犹鱼鳖，何足贪也！

臣窃以往者羌军言之，暴师曾未一年，兵出不逾千里，费四十余万万，大司农钱尽，乃以少府禁钱续之。夫一隅为不善，费尚如

次为害边境，登记士兵，训练战马，向富裕的百姓取资以供兵用，征服匈奴。疆域西部连通西域各国一直到达安息国，东部跨过碣石山，把玄菟、乐浪设置为郡，北部使匈奴后退万里，不断兴修军营要塞，南边制服南海，将其划为八个郡，可是全国每年要判决的案件有几万桩，民众的税赋多达几百钱，国家兴办盐、铁、酒业的专利来辅助财政开支，还是不能满足。在这个时候，敌寇盗贼并起，军队屡次出动，父亲在阵前战死，儿子在后面战斗受伤，女子登上边塞要地设置的堡垒运送军粮，孤儿在路上号哭，老母、寡妇在里巷哭泣，遥祭亡灵，悼念万里以外的孤魂。淮南王刘安暗中摹刻虎符，私下招聘名士，关东公孙勇等人冒充使者，这些都是扩张疆域太大，不停征战的缘故啊。

现在天下属关东地区最为重要，关东地区属齐、楚两地最大，关东老百姓困乏很久了，连年流离失所，离开曾经居住的故土城郭，相枕卧在道路两旁。人的感情中，没有比父母更亲的，没有比夫妻更相悦的，如果到了嫁妻卖子的程度，即使是法令也不能禁止这些行为，道义也不能杜绝这些现象，这就是社稷的忧患啊。现在陛下不能忍受一点小愤怒，打算驱赶士兵进入大海之中，让他们陷入幽暗险隘之地，这不是拯救百姓于饥馑饥饿，保全万民的办法呀。《诗经》上说：“愚蠢无知的荆蛮，竟敢把中原当成仇敌”，这就是说圣人出现，蛮夷就会臣服，中原衰落，周边的蛮夷就会先发生反叛，兴师动众是国家的灾难，自古以来就忧虑这个问题，何况又加上那些远在万里之外的南方蛮族呢！骆越地区的父子在同一条溪流沐浴，习惯用鼻子饮水，行为与禽兽无异，朝廷本来就不应该在那里设立郡县。独立于海外，雾露潮湿，又有很多有毒的草、虫、蛇、以及水土环境的危害，敌人还没有被俘虏，派去的战士自己已经死了。又并非只有珠厓郡盛产珍珠、犀牛、玳瑁，因此放弃那里也不可惜，不占领那里也不损害汉朝的权威。当地的百姓犹如鱼鳖一样，哪里值得贪取呢！

臣用以往征讨羌人的军队来说，出师时间还没到一年，士卒还没走出一千里，就已耗费四十多万万钱，因而大司农无钱可用，就用少府专供宫廷所用的禁钱来接济。一个偏僻的地域动荡不安，所需

此，况于劳师远攻，亡士毋功乎！求之往古则不合，施之当今又不便。臣愚以为非冠带之国，《禹贡》所及，《春秋》所治，皆可且无以为。愿遂弃珠厓，专用恤关东为忧。

对奏，上以问丞相御史。御史大夫陈万年以为当击；丞相于定国以为“前日兴兵击之连年，护军都尉、校尉及丞凡十一人，还者二人，卒士及转输死者万人以上，费用三万万余，尚未能尽降。今关东困乏，民难摇动，捐之议是。”上乃从之。遂下诏曰：“珠厓虏杀吏民，背畔为逆，今廷议者或言可击，或言可守，或欲弃之，其指各殊。朕日夜惟思议者之言，羞威不行，则欲诛之；狐疑辟难，则守屯田；通于时变，则忧万民。夫万民之饥饿，与远蛮之不讨，危孰大焉？且宗庙之祭，凶年不备，况乎辟不嫌之辱哉！今关东大困，仓库空虚，无以相赡，又以动兵，非特劳民，凶年随之。其罢珠厓郡。民有慕义欲内属，便处之；不欲，勿强。”珠厓由是罢。

捐之数召见，言多纳用。时中书令石显用事，捐之数短显，以故不得官，后稀复见。而长安令杨兴新以材能得幸，与捐之相善。捐之欲得召见，谓兴曰：“京兆尹缺，使我得见，言君兰，京兆尹可立得。”兴曰：“县官尝言兴瘉薛大夫，我易助也。君房下笔，言语妙天下，使君房为尚书令，胜五鹿充宗远甚。”捐之曰：“令我得代充宗，君兰为京兆，京兆郡国首，尚书百官本，天下真大治，士则不隔

的费用尚且这么多，何况是劳师动众去攻击远方，伤亡众多且无所收获呢！这样的做法既不符合古训，又无益于当代。臣愚昧地认为珠崖郡并非讲习礼仪的国家，《禹贡》提及的地方，《春秋》治理过的地方，都姑且算作无用之地。希望最终舍弃珠厓郡，专门抚恤关东的百姓。

贾捐之将对策上奏，皇上询问丞相和御史大夫的意见。御史大夫陈万年认为应当出兵平叛；丞相于定国认为“以前连年调兵进攻珠崖郡的叛兵，带兵的护军都尉、校尉及丞共十一人，只有两个人回来了，士卒以及转运粮草的民夫损失了一万多人，军事费用消耗了三万万多钱，还不能使叛军全部降服。如今关东地区贫困疲乏，百姓很难征调，贾捐之的建议是正确的。”皇上就接受了贾捐之的提议。于是下诏说：“珠厓郡乱民杀害官吏和百姓，对抗朝廷成为叛逆，目前朝廷商议后，有大臣建议予以镇压，有的建议尽力守卫，有的认为可以放弃珠崖郡，意见不一。朕彻夜思考大臣们的意见，如果惭愧朝廷的威信不能在那里建立，就应该出兵征讨珠崖郡；如果有所顾虑而想避免陷入困境，就应该派兵屯田进行守卫；既要考虑形势的变化，又要顾虑百姓的困苦。让天下百姓陷于饥饿，与放弃讨伐远方的蛮夷，两者相比哪一个危害更大呢？而且祖先宗庙的祭祀之礼，遇上灾年费用不能备齐，岂能只考虑不讨伐带来的屈辱！如今关东地区十分贫困，国家仓库空虚，没有粮食救济百姓，又加上动用军队，不只是让百姓劳苦，灾年还会随之而来。撤除珠厓郡。那里若是有仰慕仁义，归属大汉的百姓，就地安置；不想归附朝廷的人，不要勉强。”珠厓郡从此脱离汉朝的管制。

贾捐之经常被皇上召见，他的进言很多被皇上接受。当时中书令石显掌权，贾捐之屡次揭露石显，因此没有得到提拔，再后来皇上召见他的次数就很少了。但是长安令杨兴当时刚因为才能出众得到皇上信任，他和贾捐之关系很好。贾捐之想进见皇上，就对杨兴说：“京兆尹一职空缺，我能如果能见到皇上，我就替你说好话，你马上就能得到京兆尹的位置。”杨兴说：“皇上曾经说我的才能胜过御史薛大夫，帮助我应该很容易。您下笔如有神助，能妙笔生花，让您担

矣。捐之前言平恩侯可为将军，期思侯并可为诸曹，皆如言；又荐谒者满宣，立为冀州刺史；言中谒者不宜受事，宦者不宜入宗庙，立止。相荐之信，不当如是乎！”兴曰：“我复见，言君房也。”捐之复短石显。兴曰：“显鼎贵，上信用之。今欲进，弟从我计，且与合意，即得入矣。”

捐之即与兴共为荐显奏，曰：“窃见石显本山东名族，有礼义之家也。持正六年，未尝有过，明习于事，敏而疾见，出公门，入私门。宜赐爵关内侯，引其兄弟以为诸曹。”又共为荐兴奏，曰：“窃见长安令兴，幸得以知名数召见。兴事父母有曾氏之孝，事师有颜闵之材，荣名闻于四方。明诏举茂材，列侯以为首。为长安令，吏民敬乡，道路皆称能。观其下笔属文，则董仲舒；进谈动辞，则东方生；置之争臣，则汲直；用之介胄，则冠军侯；施之治民，则赵广汉；抱公绝私，则尹翁归。兴兼此六人而有之，守道坚固，执义不回，临大节而不可夺，国之良臣也，可试守京兆尹。”

石显闻知，白之上。乃下兴、捐之狱，令皇后父阳平侯禁与显共杂治，奏“兴、捐之怀诈伪，以上语相风，更相荐誉，欲得大位，漏泄省中语，罔上不道。《书》曰：‘谗说殄行，震惊朕师。’《王制》：‘顺非而泽，不听而诛。’请论如法。”

任尚书令，一定胜过五鹿充宗很多。”贾捐之说：“如果让我代替五鹿充宗，任命您为京兆尹，京兆地区是天下郡国之首，尚书令是百官的领袖，这样天下就会大治，贤士也不会被弃用了。我以前向皇上进言平恩侯许嘉可以担任将军，思侯可以担任诸曹的长官，谏言都被皇上采用；又推荐了谒者满宣，后来满宣被任命为冀州刺史；又对皇上进言说中谒者不应干涉朝政，宦官不应该进入宗庙，皇上立即下令中止了这类事情。我如果举荐您，也应该这样！”杨兴说：“等我下次进见皇上，一定举荐您。”贾捐之又诋毁石显。杨兴说：“石显现在尊贵，皇上信任并重用他。如果你想入朝为官，您听从我的安排，暂且和石显心意相合，就能够见到皇上了。”

贾捐之就与杨兴一起写奏章举荐石显说：“臣等看到，石显本是山东的名门望族，是有礼义的家族。在朝中辅政六年，不曾发生过错，熟悉了解政事，做事从不懈怠，从朝廷回来，就返回家中，不结交宾客。应赐予关内侯的爵位，并举荐他的兄弟担任各官署官员。”两人又商量着起草了举荐杨兴的奏折，贾捐之说：“臣看见长安令杨兴，很荣幸因才能出众而多次被召见。杨兴侍奉父母，像曾参那样孝敬，侍奉老师像颜回、闵子骞那样用心，名声传扬四方。天子明令举荐茂材，列侯都把杨兴列在头一名。杨兴担任长安令后，官吏和百姓都敬仰和拥护他，行路之人都称颂他有本领。他下笔撰写文章，则类似董仲舒；言谈议论，则类似东方朔；犯颜直谏，则类似汲黯；带兵打仗，则类似冠军侯霍去病；治理百姓，则类似赵广汉；奉公为国，毫无私心，就像尹翁归。杨兴兼具这六人的长处，守道坚固，执义不回，临大节而志不可夺，是国家的良臣啊，可以担任京兆尹。”

石显听说后，举报给皇上。结果杨兴、贾捐之被关进监狱，皇上让皇后的父亲阳平侯王禁和石显一起审案，完事后上奏说：“杨兴、贾捐之心怀诡诈，用圣谕互相标榜，又互相推荐，打算谋取高官，泄露朝廷机密，欺骗皇上，实属大逆不道。《尚书》上说：‘谗巧之说，毁灭君子的德行，让大家震惊。’《王制》上说：‘文过饰非，言辞滑泽无滞，不听教化，就要诛杀。’请求依法严惩。”
贾捐之竟然被判处弃市死刑。杨兴死罪减轻一等，被剃去头发，用铁

捐之竟坐弃市。兴减死罪一等，髡钳为城旦。成帝时，至部刺史。

赞曰：《诗》称“戎狄是膺，荆舒是惩”，久矣其为诸夏患也。汉兴，征伐胡越，于是为盛。究观淮南、捐之、主父、严安之义，深切著明，故备论其语。世称公孙弘排主父，张汤陷严助，石显谮捐之，察其行迹，主父求欲鼎亨而得族，严、贾出入禁门招权利，死皆其所也，亦何排陷之恨哉！

圈束颈，作为城旦去服刑。成帝时，杨兴官至部刺史。

赞辞说：《诗经》中说“北面痛击了边族戎狄，南边讨伐了楚地舒国小小边城”，戎狄、荆蛮作为华夏各族的隐患由来已久。汉朝建立以来，征伐匈奴、南越，是当时头等重要的大事。仔细考察淮南王刘安、贾捐之、主父偃、严安这些人提出的谏言，深刻明白而意义深远，因此他们的言辞被详细记载。世人都说公孙弘排斥主父偃，张汤构陷严助，石显诋毁贾捐之，然而考察他们的所作所为，主父偃贪得无厌，追求五鼎烹而落得被灭族，严助、贾捐之进出宫廷而为自己谋私，他们都是自寻死路，为什么要将他们的败亡归咎于别人的排挤、陷害呢！

卷六十五

东方朔传第三十五

东方朔字曼倩，平原厌次人也。武帝初即位，征天下举方正贤良文学材力之士，待以不次之位，四方士多上书言得失，自衒鬻者以千数，其不足采者辄报闻罢。朔初来，上书曰：“臣朔少失父母，长养兄嫂。年十三学书，三冬文史足用。十五学击剑。十六学《诗》《书》，诵二十二万言。十九学孙吴兵法，战阵之具，钲鼓之教，亦诵二十二万言。凡臣朔固已诵四十四万言。又常服子路之言。臣朔年二十二，长九尺三寸，目若悬珠，齿若编贝，勇若孟贲，捷若庆忌，廉若鲍叔，信若尾生。若此，可以为天子大臣矣。臣朔昧死再拜以闻。”

朔文辞不逊，高自称誉，上伟之，令待诏公车，奉禄薄，未得省见。

久之，朔绐驺朱儒，曰：“上以若曹无益于县官，耕田力作固不及人，临众处官不能治民，从军击虏不任兵事，无益于国用，徒索衣食，今欲尽杀若曹。”朱儒大恐，啼泣。朔教曰：“上即过，叩头请罪。”居有顷，闻上过，朱儒皆号泣顿首。上问：“何为？”对曰：“东方朔言上欲尽诛臣等。”上知朔多端，召问朔：“何恐朱儒为？”对曰：“臣朔生亦言，死亦言。朱儒长三尺余，奉一囊粟，钱二百四十。臣朔长九尺余，亦奉一囊粟，钱二百四十。朱儒饱欲死，臣朔饥欲死。臣言可用，幸异其礼；不可用，罢之，无令但索长安

东方朔，字曼倩，平原郡厌次县人。汉武帝刚登基时，征招天下举荐正直不阿、德才兼备、有学问、有才能的士人，打算破格录用并封他们职务，各地读书人纷纷上书谈论治政的得失，也有上千人在炫耀自己的才能，其中不符合录用条件的就通知他们皇上已经看过并遣返他们回去。东方朔初到长安，上书说："臣东方朔很小就失去父母，由哥哥嫂子抚养长大。十三岁开始读书，三年后文史之事就足够用了。十五岁学习击剑。十六岁学习《诗经》《尚书》，能背诵二十二万字的诗书内容。十九岁学习孙吴兵法，有关作战阵法、军队调度等方面的文字，也能背诵二十二万字。臣东方朔一共能背诵四十四万字。又经常遵从子路的言论。臣今年二十二岁，身高九尺三寸，眼睛像太阳般明亮，牙齿如编贝般洁白整齐，勇敢如孟贲，迅捷如庆忌，清廉如鲍叔，诚信如尾生。像臣这样的人，完全可以做天子的大臣。臣东方朔冒死再拜向皇上启奏。"

东方朔上书的文辞毫不谦恭，总是在抬高自己称赞自己，汉武帝却认为他是个特异之才，命令他在公车府待诏，俸禄很少，也没机会得到汉武帝的提拔赏识。

过了很久，东方朔欺骗宫里养马的侏儒，说："皇上认为你们这些人对朝廷没有益处，在耕种田地努力劳作方面根本赶不上别人，任命为官员又不能治理百姓，随军打仗又不能胜任兵事，你们对国家没有一点儿益处，只会索取衣食，现在皇上要把你们全都杀掉。"侏儒们听后惊恐万分，啼哭不停。东方朔教训他们说："皇上马上就要路过这里，你们赶快叩头请罪。"过了一会儿，听到皇上驾临，侏儒们都哭泣着磕头叩拜。皇上问："你们这是干什么？"侏儒们回答说："东方朔说皇上打算杀掉我们。"皇上知道东方朔诡计多端，就召见并责问东方朔："你为什么吓唬侏儒呢？"东方朔回答说："臣东方朔

米。”上大笑，因使待诏金马门，稍得亲近。

上尝使诸数家射覆，置守宫盂下，射之，皆不能中。朔自赞曰：“臣尝受《易》，请射之。”乃别蓍布卦而对曰：“臣以为龙又无角，谓之为蛇又有足，跂跂脉脉善缘壁，是非守宫即蜥蜴。”上曰：“善。”赐帛十匹。复使射他物，连中，辄赐帛。

时有幸倡郭舍人，滑稽不穷，常侍左右，曰：“朔狂，幸中耳，非至数也。臣愿令朔复射，朔中之，臣榜百，不能中，臣赐帛。”乃覆树上寄生，令朔射之。朔曰：“是窭薮也。”舍人曰：“果知朔不能中也。”朔曰：“生肉为脍，乾肉为脯；著树为寄生，盆下为窭数。”上令倡监榜舍人，舍人不胜痛，呼謈。朔笑之曰：“咄！口无毛，声謷謷，尻益高。”舍人恚曰：“朔擅诋欺天子从官，当弃市。”上问朔：“何故诋之？”对曰：“臣非敢诋之，乃与为隐耳。”上曰：“隐云何？”朔曰：“夫口无毛者，狗窦也；声謷謷者，乌哺鷇也；尻益高者，鹤俛啄也。”舍人不服，因曰：“臣愿复问朔隐语，不知，亦当榜。”即妄为谐语曰：“令壶龃，老柏涂，伊优亚，狋吽牙。何谓也？”朔曰：“令者，命也。壶者，所以盛也。龃者，齿不正也。老者，人所敬也。柏者，鬼之廷也。涂者，渐洳径也。伊优亚者，辞未定也。狋吽牙者，两犬争也。”舍人所问，朔应声辄对，变诈锋出，莫能穷者，左右大惊。上以朔为常侍郎，遂得爱幸。

不论今天是死是活，都有话要说。侏儒身高三尺多，俸禄是一囊粟，二百四十钱。臣东方朔身高九尺多，俸禄也是一囊粟，二百四十钱。侏儒吃得过饱快要撑死，而臣东方朔缺少食物饿得要死。如果臣的建议如果可用，希望能改变臣的待遇；如果不可用，就罢免臣，不要让我在长安挨饿。”武帝听了大笑，因此让东方朔在金马门待诏，东方朔逐渐能够亲近皇上。

武帝曾经让一些擅长术数的人玩猜物的游戏，把壁虎盖在盂下面，让他们猜是什么东西，大家都没猜中。东方朔自我引荐说：“臣曾经学习《易经》，请允许臣猜猜里面是什么。”于是他将蓍草排布成各种卦象回答说：“臣认为像龙又没有角，说它是蛇又有脚，它徐缓地爬行，脉脉而视善于攀援墙壁，不是壁虎就是蜥蜴。”皇上说：“回答正确。”赏赐他十匹帛。又让他猜其它物品，都接连猜中，皇上又赏赐他帛。

当时宫里有个受武帝宠幸的倡优郭舍人，特别滑稽，经常陪在武帝身边，他说：“东方朔狂妄自大，偶尔猜中一两次罢了，并没有真正的本事。臣希望让东方朔再猜一次，如果他能猜中，就鞭打臣一百下，如果猜不中，就赏赐臣布帛。”于是郭舍人便把树上的寄生虫盖住，让东方朔来猜。东方朔说：“是寠薮。”郭舍人说：“东方朔果然猜不中。”东方朔说：“生肉称为脍，干肉称为脯；依附在树上称为寄生虫，盖在盆下就叫寠薮。”皇上命令倡监鞭打郭舍人，郭舍人太过疼痛，大声叫喊。东方朔笑着说：“咄！口无毛，嗷嗷叫，屁股更高。”郭舍人恼怒地说：“东方朔擅自诋毁欺辱天子的近臣，应该判处弃市之罪。”皇上责怪东方朔说：“为什么要诋毁他？”东方朔回答说：“臣不敢诋毁他，只是跟他说个谜语而已。”皇上问：“你说了什么谜语？”东方朔说：“口无毛，是指狗洞；嗷嗷叫，是指乌鸦喂幼鸟时的叫声；屁股更高，是指鹤俯首觅食的样子。”郭舍人不服气，趁机说：“臣愿问东方朔一个谜语，如果他回答不上来，也应该鞭打他。”郭舍人立即胡乱编了个诙谐的谜语说：“令壶龃，老柏涂，伊优亚，狋吽牙。指的是什么？”东方朔说：“令，就是诏命。壶，是盛东西的器具。龃，是牙齿不齐。老，是尊敬的称呼。柏，是鬼神的廷府。

久之，伏日，诏赐从官肉。大官丞日晏不来，朔独拔剑割肉，谓其同官曰："伏日当蚤归，请受赐。"即怀肉去。大官奏之。朔入，上曰："昨赐肉，不待诏，以剑割肉而去之，何也？"朔免冠谢。上曰："先生起自责也。"朔再拜曰："朔来！朔来！受赐不待诏，何无礼也！拔剑割肉，壹何壮也！割之不多，又何廉也！归遗细君，又何仁也！"上笑曰："使先生自责，乃反自誉！"复赐酒一石，肉百斤，归遗细君。

初，建元三年，微行始出，北至池阳，西至黄山，南猎长杨，东游宜春。微行常用饮酎已。八九月中，与侍中常侍武骑及待诏陇西北地良家子能骑射者期诸殿门，故有"期门"之号自此始。微行以夜漏下十刻乃出，常称平阳侯。旦明，入山下驰射鹿豕狐兔，手格熊罴，驰骛禾稼稻粳之地。民皆号呼骂詈，相聚会，自言鄠杜令。令往，欲谒平阳侯，诸骑欲击鞭之。令大怒，使吏呵止，猎者数骑见留，乃示以乘舆物，久之乃得去。时夜出夕还，后赍五日粮，会朝长信宫，上大欢乐之。是后，南山下乃知微行数出也，然尚迫于太后，未敢远出。丞相御史知指，乃使右辅都尉徼循长杨以东，右内史发小民共待会所。后乃私置更衣，从宣曲以南十二所，中休更衣，投宿诸宫，长杨、五柞、倍阳、宣曲尤幸。于是上以为道远劳苦，又为百姓所患，乃使太中大夫吾丘寿王与待诏能用算者二人，举籍阿城以南，盩厔以东，宜春以西，提封顷亩，及其贾直，欲除以为上林

涂，是渐渐潮湿的路。伊优亚，是辞未定。狋吽牙，是两犬相争。”郭舍人说出的谜语，东方朔当下就做出回答，他诡变巧诈而妙语频发，无法难倒他，皇上身边的人都为之大惊。皇上任东方朔为常侍郎，从此他得到武帝的宠幸。

过了些日子，在伏天，武帝诏令赏赐给侍从官肉。当时天色已晚还不见大官丞来分肉，东方朔就擅自拔剑割下一块肉，对同僚说：“伏天就应该尽早回家，请让我接受赏赐。”随即把肉包好揣在怀里离开。大官丞将这件事情上奏皇帝。第二天东方朔进宫，武帝说：“昨天赏赐肉给你们，你不等待诏令，就挥剑割肉离开，为什么？”东方朔脱帽向皇上谢罪。皇上说：“先生请站起来检讨。”东方朔拜了又拜说：“东方朔呀！东方朔！接受赏赐不等待诏令下达就先行动手，多么无礼啊！挥剑切肉，多么豪爽啊！割下来的肉也不多，又是多么廉洁啊！拿回家给妻子吃，又是多么恩爱啊！”皇上笑着说：“让先生检讨，竟然反而成了自誉！”皇上又赏赐他一石酒、一百斤肉，让他拿回家给妻子。

起初，建元三年（前138），汉武帝开始微服出游，向北抵达池阳宫，向西到达黄山宫，向南涉猎长杨宫，向东游弋宜春宫。武帝微服出游的时间常常在每年新酒酿成祭祀宗庙之后。在八九月间，皇上与侍中、常侍、武骑、以及待诏、陇西郡、北地郡能骑射的良家子弟约定在殿门会合，从那时起就有了“期门”的说法。武帝出行时间为漏下十刻，对外常常自称是平阳侯曹寿。天亮的时候，就到终南山下骑马射杀鹿猪狐兔，或是徒手格斗熊罴，或在农田稻地里骑马。农民们都呼喊叫骂，聚在一起，向鄠县、杜县县令申诉。县令前往农民所指的地方，想要拜见平阳侯，那些骑士就要挥动鞭子抽打县令。县令大怒，派小吏制止他们，几个骑手被拘押，于是他们拿出宫中的御用物表明身份，争执了许久才离去。起初武帝半夜出宫，第二天黄昏返回，后来就携带五天的粮食，直到该去长信宫朝见太后时才回京，武帝十分喜欢这样的出游。从那以后，终南山一带的百姓才知道皇帝多次微服到此，但武帝还是迫于太后的威仪，不敢远行。丞相御史都了解皇上的想法，就派右辅都尉在长杨宫以东巡逻警戒，又命令右

苑，属之南山。又诏中尉、左右内史表属县草田，欲以偿鄠杜之民。吾丘寿王奏事，上大说称善。时朔在傍，进谏曰：

臣闻谦逊静悫，天表之应，应之以福；骄溢靡丽，天表之应，应之以异。今陛下累郎台，恐其不高也；弋猎之处，恐其不广也。如天不为变，则三辅之地尽可以为苑，何必盩厔、鄠、杜乎！奢侈越制，天为之变，上林虽小，臣尚以为大也。

夫南山，天下之阻也，南有江淮，北有河渭，其地从汧陇以东，商雒以西，厥壤肥饶。汉兴，去三河之地，止霸产以西，都泾渭之南，此所谓天下陆海之地，秦之所以虏西戎兼山东者也。其山出玉石，金、银、铜、铁，豫章、檀、柘，异类之物，不可胜原，此百工所取给，万民所卬足也。又有粳稻、梨、栗、桑、麻、竹箭之饶，土宜姜芋，水多蠅鱼，贫者得以人给家足，无饥寒之忧。故酆镐之间号为土膏，其贾亩一金。今规以为苑，绝陂池水泽之利，而取民膏腴之地，上乏国家之用，下夺农桑之业，弃成功，就败事，损耗五谷，是其不可一也。且盛荆棘之林，而长养麋鹿，广狐兔之苑，大虎狼之虚，又坏人冢墓，发人室庐，令幼弱怀土而思，耆老泣涕而悲，是其不可二也。斥而营之，垣而囿之，骑驰东西，车骛南北，又有深沟大渠，夫一日之乐不足以危无堤之舆，是其不可三也。故务苑囿之

内史征发民夫在皇帝射猎的地方待命。后来又私自设置了更衣处，自宣曲宫以南共设置了十二处，以便皇帝中途休息时更衣，夜晚就去各行宫投宿，武帝多次出行长杨、五柞、倍阳、宣曲等宫。汉武帝认为道远劳苦，又为老百姓所忧虑，就派太中大夫吾丘寿王和两个能应用算术的待诏，将阿城以南，盩厔以东，宜春以西的地区，提举这几处土地，总计其面积，以及这里农田的价值登记在册，打算规划这里建成上林苑，和终南山相连。武帝又诏令中尉、左右内史标划出属县未开垦的荒地，想以此抵偿占用鄠县、杜县农民的土地。吾丘寿王奏报相关事宜，皇上特别开心，连声说好。当时东方朔正好在一旁伺候，于是向武帝进谏说：

臣听说如果为人谦虚恬静诚实，上天就会给予相应的回应，用福祚来回应；如果为人骄奢靡丽，上天也会给予相应的回应，以灾异来回应。现在陛下接连不断地修建台廊，还唯恐不够高；狩猎的地方，惟恐不广。如果上天不有所昭示，那么京师附近的地方都会变成陛下的苑囿，何必仅限于盩厔、鄠、杜这些地方呢！如果奢侈无度，上天会因此而降下灾难，上林苑虽然很小，但臣认为它已经很大了。

终南山，是天险之地，南临长江、淮河，北有黄河、渭水，终南山从汧水、陇山以东，到商洛以西，土壤肥沃，物产丰富。汉朝建立的时候，就离开三河之地，停留在灞水、浐水以西，在泾水、渭水南面定都长安，这一带称作物产丰饶的陆海之地，秦国就是因为有这样富足的地方才会掳掠西戎兼并殽山以东的六国。这里的山盛产玉石、金、银、铜、铁等矿产以及豫章、檀香、柘树等，都是异类物产，不能找到它的本原，这里能提供各种工匠需要的材料，是万民仰仗富足的宝地。这里还盛产粳稻、梨、栗、桑、麻、竹箭，土壤适宜种姜芋，水中多产蛙鱼，贫穷的人靠这些生活富足，没有饥寒的忧患。所以酆、镐之间号称肥沃的土地，这里的土地每亩可卖一斤黄金。如今陛下要把它规划为上林苑，废弃池塘水泽的利益，夺取百姓的肥沃土地，于国家而言使财物缺乏，于百姓而言，放弃本已成功的农事，趋就失败，损耗五谷，这是不能建上林苑的第一个理由。况且扩大荆棘丛林面积来繁育麋鹿，扩展狐兔生存的园囿，增加虎狼栖息的

大，不恤农时，非所以强国富人也。

夫殷作九市之宫而诸侯畔，灵王起章华之台而楚民散，秦兴阿房之殿而天下乱。粪土愚臣，忘生触死，逆盛意，犯隆指，罪当万死，不胜大愿，愿陈《泰阶六符》，以观天变，不可不省。

是日因奏《泰阶》之事，上乃拜朔为太中大夫、给事中，赐黄金百斤。然遂起上林苑，如寿王所奏云。

久之，隆虑公主子昭平君尚帝女夷安公主，隆虑主病困，以金千斤钱千万为昭平君豫赎死罪，上许之。隆虑主卒，昭平君日骄，醉杀主傅，狱系内官。以公主子，廷尉上请请论。左右人人为言："前又入赎，陛下许之。"上曰："吾弟老有是一子，死以属我。"于是为之垂涕叹息，良久曰："法令者，先帝所造也，用弟故而诬先帝之法，吾何面目入高庙乎！又下负万民。"乃可其奏，哀不能自止，左右尽悲。朔前上寿，曰："臣闻圣王为政，赏不避仇雠，诛不择骨肉。《书》曰：'不偏不党，王道荡荡。'此二者，五帝所重，三王所难也。陛下行之，是以四海之内元元之民各得其所，天下幸甚！臣朔奉觞，昧死再拜上万岁寿。"上乃起，入省中，夕时召让朔，曰："传曰：'时然后言，人不厌其言'。今先生上寿，时乎？"朔免冠顿首曰："臣闻乐太甚则阳溢，哀太甚则阴损，阴阳变则心气动，心气动则精神散，精神散而邪气及。销忧者莫若酒，臣朔所以上寿者，明陛下正而不阿，因以止哀也。愚不知忌讳，当死。"先是，朔尝醉入殿中，小遗殿上，劾不敬。有诏免为庶人，待诏宦者署，因此对复为中

地域，还得毁坏他人坟墓，拆除人家的屋舍，令幼童怀念故土思念家乡，令老人哭泣哀伤，这是不能建上林苑的第二个理由。开拓土地建设上林苑，再筑墙为苑，只为在上林苑里，车马可以任意驰骋，还要挖掘广渠深沟，然而，即使不建上林苑无法满足一日的田猎之乐，也不会损失天子的无限欢娱，这是不能建上林苑的第三个理由。因此务求扩大苑囿面积，而不体恤农时农事，这不是强国富民的办法。

商纣王因在宫中设立九市而使诸侯叛乱，楚灵王因建章华台使百姓逃散，秦始皇因修建阿房宫导致天下大乱。我这个粪土一样的愚昧臣子，忘却性命甘冒死罪，违逆皇上的心意，触怒圣上，罪当万死，不能了却皇上的大愿，希望陈奏《泰阶六符》，以考察天象的变化，不能不反省啊。

当天因为东方朔上奏《泰阶六符》的事，汉武帝就封他为太中大夫、给事中，赏赐一百斤黄金。但武帝还是同意了吾丘寿王的奏章。

过了些时候，隆虑公主的儿子昭平君迎娶武帝的女儿夷安公主为妻，隆虑公主疾病缠身时，便拿千斤黄金、一千万钱为昭平君预先赎去死罪，武帝答应了她的请求。隆虑公主去世后，昭平君日益骄横，喝醉酒杀死了教导夷安公主的女官，被囚禁在内官监狱。因为昭平君是隆虑公主的儿子，廷尉向皇上请示，请求给昭平君定罪。武帝身边的大臣为昭平君求情说："隆虑公主已经以重金为他赎了死罪，陛下也答应了隆虑公主的请求。"武帝说："我妹妹直到老年才有了这么一个儿子，临死前把他托付给我。"于是武帝为昭平君的事哭泣叹息，过了好久才说："法令，是先帝所制定的，为了妹妹的缘故而抹杀先帝的法令，我有何面目进高帝的祠庙呢？再说这样做对下也辜负了百姓。"就准许了廷尉的奏请，可是武帝特别悲伤，竟不能自已，身边的人也都非常伤心。东方朔却上前给武帝敬酒祝寿说："臣听说圣明的君王执掌政权，该赏赐的时候不管对方是不是仇家，该诛罚的时候不管对方是不是自己的骨肉。《尚书》讲：'不要偏向任何一方，为政的道路就会坦坦荡荡。'这两者，是五帝所推崇，连三王也很难做到。陛下却这样做了，因此举国上下的臣民各得其所，天下大幸！臣东方朔举杯敬酒，冒死再拜祝皇上万寿无疆。"武帝却站起身，回到宫

郎，赐帛百匹。

初，帝姑馆陶公主号窦太主，堂邑侯陈午尚之。午死，主寡居，年五十余矣，近幸董偃。始偃与母以卖珠为事，偃年十三，随母出入主家。左右言其姣好，主召见，曰："吾为母养之。"因留第中，教书计相马御射，颇读传记。至年十八而冠，出则执辔，入则侍内。为人温柔爱人，以主故，诸公接之，名称城中，号曰董君。主因推令散财交士，令中府曰："董君所发，一日金满百斤，钱满百万，帛满千匹，乃白之。"安陵爰叔者，爰盎兄子也；与偃善，谓偃曰："足下私侍汉主，挟不测之罪，将欲安处乎？"偃惧曰："忧之久矣，不知所以。"爰叔曰："顾城庙远无宿宫，又有萩竹籍田，足下何不白主献长门园？此上所欲也。如是，上知计出于足下也，则安枕而卧，长无惨怛之忧。久之不然，上且请之，于足下何如？"偃顿首曰："敬奉教。"入言之主，主立奏书献之。上大说，更名窦太主园为长门宫。主大喜，使偃以黄金百斤为爰叔寿。

禁去了，到傍晚时分，皇上召见东方朔，生气地说："《论语》说：'在该说话的时候说话，别人才不讨厌他说的话。'今天先生给我敬酒祝寿，合时宜吗？"东方朔摘下帽子叩头谢罪说："臣听说快乐过度阳气就会过盛，哀伤过度阴气就会亏损，阴阳失衡则心气就会浮动，心气浮动精神就会涣散，精神涣散邪气就会入侵。消除忧愁没有什么能比得上酒了，臣东方朔给陛下敬酒祝寿的原因，就是在昭明陛下的正直无私，也以此为陛下止哀。臣愚昧无知，该当死罪。"在此之前，东方朔曾因酒醉，跑到大殿上小便，被弹劾不敬之罪。武帝下诏把他贬为庶民，在宦者署待诏，因为这次进言，东方朔又被任命为中郎，赏赐一百匹帛。

起初，汉武帝的姑姑馆陶公主号称窦太主，嫁给堂邑侯陈午为妻。陈午去世后，窦太主寡居，在五十多岁时，宠幸董偃。董偃与母亲最初以卖珠为生，董偃那年十三岁，随母亲往来窦太主家。窦太主身边的人都夸董偃面容姣好，窦太主召见他们，窦太主对董偃母亲说："我来抚养他吧。"因而把董偃留在府中，教他读书、算术、相马、驾车、射箭等技艺，还让他稍稍读了些传记类的书。董偃在十八岁时举行了冠礼，窦太主出门的时候他就执辔驾车，窦太主在府内时他就在一旁侍奉。董偃为人温柔友爱他人，因为窦太主的缘故，很多王公都主动接近他，他在长安城很出名，号称董君。窦太主就让他以钱财结交士人，命令掌管内库的官员说："董君取拿的财物，一天中达到一百斤黄金，一百万钱，一千匹帛，再向我禀告。"安陵县人袁叔，是袁盎哥哥的儿子，和董偃交情不错，对董偃说："你暗地里侍奉窦太主，恐怕有无法预测的祸患，你将怎样安然自处呢？"董偃担心地说："我已经担心很长时间了，不知该怎么做。"袁叔说："顾城庙距离长安很远，但是没有行宫，此处又有竹林、楸树林和皇上的籍田，你为什么不告诉窦太主把长门园献给皇上呢？这正是皇上希望得到的地方。如此一来，皇上知道是你为窦太主出的主意，你就可以高枕无忧了，再无恐惧之忧。不然过一段时间，皇上开口要长门园，对你而言又能怎样呢？"董偃叩头下拜感激地说："恭敬地尊奉你的教诲。"于是，董偃回去告诉窦太主，窦太主立即上书将长门园进献给武帝。

叔因是为董君画求见上之策，令主称疾不朝。上往临疾，问所欲，主辞谢曰：“妾幸蒙陛下厚恩，先帝遗德，奉朝请之礼，备臣妾之仪，列为公主，赏赐邑入，隆天重地，死无以塞责。一日卒有不胜洒扫之职，先狗马填沟壑，窃有所恨，不胜大愿，愿陛下时忘万事，养精游神，从中掖庭回舆，枉路临妾山林，得献觞上寿，娱乐左右。如是而死，何恨之有！”上曰：“主何忧？幸得愈。恐群臣从官多，大为主费。”上还。有顷，主疾愈，起谒，上以钱千万从主饮。后数日，上临山林，主自执宰敝膝，道入登阶就坐。坐未定，上曰：“愿谒主人翁。”主乃下殿，去簪珥，徒跣顿首谢曰：“妾无状，负陛下，身当伏诛。陛下不致之法，顿首死罪。”有诏谢。主簪履起，之东箱自引董君。董君绿帻傅韝，随主前，伏殿下。主乃赞：“馆陶公主胞人臣偃昧死再拜谒。”因叩头谢，上为之起。有诏赐衣冠上。偃起，走就衣冠。主自奉食进觞。当是时，董君见尊不名，称为“主人翁”，饮大欢乐。主乃请赐将军列侯从官金钱杂缯各有数。于是董君贵宠，天下莫不闻。郡国狗马蹴鞠剑客辐凑董氏。常从游戏北宫，驰逐平乐，观鸡鞠之会，角狗马之足，上大欢乐之。于是上为窦太主置酒宣室，使谒者引内董君。

武帝非常高兴，把窦太主的长门园更名为长门宫。窦太主也非常喜悦，让董偃送给袁叔一百斤黄金相谢。

袁叔于是又替董偃谋划求见皇上的计策，让窦太主借口生病不去朝见皇帝。武帝亲自前往看望窦太主，问她有什么想要的，窦太主推辞说：“臣妾有幸承蒙陛下厚恩和先帝的遗德，能行使奉朝请的礼节，行君臣的大礼，列为公主，赏赐户邑以收入租赋，皇帝的恩情实在是天高地厚，臣妾就是死去也没有怨言。假如有一天我死去而不能尽洒水扫地的职责，如狗马般下贱的躯体先填沟壑，唯一令臣妾感到遗憾的是，无法报答陛下的恩德，希望陛下有时也能忘掉职事，畜养精神，从中掖庭回驾时，多走绕道几步光临我的山林府，使我能给陛下献酒祝寿，使您愉悦快乐。这样即使死了也没什么遗恨了！”皇上说：“太主有何值得忧愁的？希望您能早日康复。我怕随同的群臣、从官太多，让太主过于破费。”武帝回宫后不久，窦太主病愈，上朝拜见皇帝，皇上花费一千万钱设宴与她饮酒。过了几天，武帝驾临太主的山林府，窦太主正穿着围裙下厨，引着武帝登上台阶在大厅就坐。还没坐稳，武帝就说：“希望见见主人翁。”窦太主就下殿，除去发簪和耳饰，光脚行走叩头请罪说：“妾行为不端，有负陛下，罪当一死。陛下如果肯宽恕，臣妾叩头谢罪。”武帝诏令窦太主无罪。窦太主戴上发簪和耳饰穿好鞋站起身，到东厢房亲自领着董君出来。董君戴着包头的绿巾，套着袖套，跟随窦太主来到殿前，俯伏在殿前的台阶下。窦太主这才介绍说：“馆陶公主的厨师董偃冒死拜见陛下。”董偃跪下叩头请罪，武帝让他起身。并赐给衣冠。董偃起身，出去换上衣冠落坐。窦太主亲自给武帝进献酒食。在当时，董偃虽被看重却无封号，称为“主人翁”，君臣举杯畅饮，非常尽兴。窦太主请示武帝敬献了许多金、钱、杂缯赏赐给将军、列侯、从官。从此董偃地位显耀而得宠，天下无人不知道他。各郡国的赛狗、跑马、踢球、剑客之流都聚集到董偃身边。董偃还常常随驾北宫游乐，去平乐观奔驰追逐，观看斗鸡、踢皮毬的游戏，观看赛狗、跑马等较量，皇上非常沉溺于这些游乐。于是皇上为窦太主在宣室设酒宴，并派谒者领董偃入宫。

是时，朔陛戟殿下，辟戟而前曰："董偃有斩罪三，安得入乎？"上曰："何谓也？"朔曰："偃以人臣私侍公主，其罪一也。败男女之化，而乱婚姻之礼，伤王制，其罪二也。陛下富于春秋，方积思于《六经》，留神于王事，驰骛于唐虞，折节于三代，偃不遵经劝学，反以靡丽为右，奢侈为务，尽狗马之乐，极耳目之欲，行邪枉之道，径淫辟之路，是乃国家之大贼，人主之大蜮。偃为淫首，其罪三也。昔伯姬燔而诸侯惮，奈何乎陛下？"上默然不应，良久曰："吾业以设饮，后而自改。"朔曰："不可。夫宣室者，先帝之正处也，非法度之政不得入焉。故淫乱之渐，其变为篡，是以竖貂为淫而易牙作患，庆父死而鲁国全，管蔡诛而周室安。"上曰："善。"有诏止，更置酒北宫，引董君从东司马门。东司马门更名东交门。赐朔黄金三十斤。董君之宠由是日衰，至年三十而终。后数岁，窦太主卒，与董君会葬于霸陵。是后，公主贵人多逾礼制，自董偃始。

时天下侈靡趋末，百姓多离农亩。上从容问朔："吾欲化民，岂有道乎？"朔对曰："尧舜禹汤文武成康上古之事，经历数千载，尚难言也，臣不敢陈。愿近述孝文皇帝之时，当世耆老皆闻见之。贵为天子，富有四海，身衣弋绨，足履革舄，以韦带剑，莞蒲为席，兵木无刃，衣缊无文，集上书囊以为殿帷；以道德为丽，以仁义为准。于是天下望风成俗，昭然化之。今陛下以城中为小，图起建章，左凤阙，右神明，号称千门万户；木土衣绮绣，狗马被缋罽；宫人簪瑇

当时，东方朔持戟侍卫于殿下台阶的两侧，他放下戟走到近前对武帝说：“董偃犯了三条该斩杀的罪，怎么能让他进入宣室呢？”皇上问：“哪三条罪？”东方朔说：“董偃身为皇上的臣子却私自侍奉公主，这是第一条罪状。他败坏男女有别的风俗，扰乱婚嫁的礼制，妨害国家制度，这是第二条罪状。陛下年轻，正当专心学习思考《六经》，在处理国事上要小心谨慎，奔走趋赴于唐尧、虞舜时代，屈己礼贤夏、商、周三代明君，董偃不遵从经义之道鼓励陛下好好学习，反而推崇奢华，把奢侈作为己任，纵情于走马斗狗的声色之乐，极尽耳目之欲，行奸邪之道，走放荡淫乱之路，他是国家的大贼，是毒害君主的鬼魅。董偃是淫荡的罪魁祸首，这是他的第三条罪状。春秋时宋恭姬遭遇火灾，因恭敬谨慎地遵守礼制等待保姆而被烧死，诸侯因此而撼动，陛下该怎么办呢？”武帝默然不语，过了很久才说：“我已经摆下宴席，下不为例可以吗。”东方朔说：“不可。宣室，是先帝的正殿，不是商议关于法度的事情就不得入内。因为放任淫乱的行为最终会演变为叛乱之祸，所以春秋时齐国的竖貂自阉而行淫乱之事勾结易牙为祸朝廷，庆父被诛杀后鲁国才得以安定，管叔、蔡叔被消灭后周王室才消除动荡。”武帝说：“你说得对。”武帝就下令撤销在宣室的宴席，改在北宫举行，让侍从领着董君从东司马门进宫。将东司马门改名东交门。武帝赏赐东方朔三十斤黄金。董偃的尊宠从此日渐衰败，他在三十岁就死去。几年后，窦太主也去世了，与董君在霸陵合葬。那以后，公主达官经常有越礼之举，起始于董偃之例。

当时，天下崇尚奢靡之风，热衷工商业，百姓大多弃农经商。武帝在休闲时问东方朔：“我想教化百姓，有什么办法呢？”东方朔回答说：“尧、舜、禹、汤、文王、武王、成王、康王的事迹已经是上古时代的事了，经历了几千年，难以说清楚，臣不敢论述。臣希望讲述不久前孝文皇帝时的事情，当代老人都听到也看过他的事情。孝文帝贵为天子，拥有四海，却穿着黑色的粗料衣袍，脚上是皮制的鞋，以皮带佩剑，以莞蒲织就坐席，兵器不锐利仿佛没有刀刃，衣服朴素没有任何刺画花纹，收集臣子上奏的囊袋制成宫殿的帷幕；文帝以道

瑁，垂珠玑；设戏车，教驰逐，饰文采，丛珍怪；撞万石之钟，击雷霆之鼓，作俳优，舞郑女。上为淫侈如此，而欲使民独不奢侈失农，事之难者也。陛下诚能用臣朔之计，推甲乙之帐燔之于四通之衢，却走马示不复用，则尧舜之隆宜可与比治矣。《易》曰：‘正其本，万事理；失之毫氂，差以千里。’愿陛下留意察之。”

朔虽诙笑，然时观察颜色，直言切谏，上常用之。自公卿在位，朔皆敖弄，无所为屈。

上以朔口谐辞给，好作问之。尝问朔曰：“先生视朕何如主也？”朔对曰：“自唐虞之隆，成康之际，未足以谕当世。臣伏观陛下功德，陈五帝之上，在三王之右。非若此而已，诚得天下贤士，公卿在位咸得其人矣。譬若以周邵为丞相，孔丘为御史大夫，太公为将军，毕公高拾遗于后，弁严子为卫尉，皋陶为大理，后稷为司农，伊尹为少府，子赣使外国，颜闵为博士，子夏为太常，益为右扶风，季路为执金吾，契为鸿胪，龙逢为宗正，伯夷为京兆，管仲为冯翊，鲁般为将作，仲山甫为光禄，申伯为太仆，延陵季子为水衡，百里奚为典属国，柳下惠为大长秋，史鱼为司直，蘧伯玉为太傅，孔父为詹事，孙叔敖为诸侯相，子产为郡守，王庆忌为期门，夏育为鼎官，羿为旄头，宋万为式道候。”上乃大笑。

是时朝廷多贤材，上复问朔：“方今公孙丞相、兒大夫、董仲舒、夏侯始昌、司马相如、吾丘寿王、主父偃、朱买臣、严助、汲黯、

德为美，以仁义为标准。于是天下人都远瞻他的风采，形成良好的风俗，明明白白地教化民众。现在陛下嫌长安城里的地方狭小，计划修筑建章宫，左边是凤阙观，右边是神明台，号称千门万户；宫内土木以彩绸锦绣装饰，狗马都披着五色的毡垫；宫人头上插着瑇瑁簪，身垂珠玑；设置表演杂技的车，教导人们疾驰追逐，装饰错杂艳丽的色彩，积攒奇珍异物；撞响万石巨钟，敲击雷霆大鼓，大肆表演滑稽杂戏，婀娜的郑女翩翩起舞。皇上如此奢淫，却唯独要求老百姓不因奢侈而耽误农事，这样的事情很难做到啊。如果陛下果真能采用臣的建议，就应舍弃奢华的帷帐在四通八达的路口烧掉，放掉那些奔跑迅速的好马表示不再起用，那么陛下的政绩就可以和尧舜隆盛的治理相媲美了。《易经》讲：'正其本，万事理；失之毫氂，差以千里。'希望陛下留意省察臣所说的话。"

东方朔虽然喜欢戏谑，但也会经常察言观色，根据时机进行劝谏，武帝常常采用他的建议。从公卿到大臣，东方朔都敢调笑戏弄，不肯屈从任何人。

皇上因为东方朔幽默机智，喜欢向东方朔提问。武帝曾经问东方朔说："先生看朕是一个什么样的君主呢？"东方朔回答说："从唐尧、虞舜隆盛，到周成王、周康王时代，也不能够比拟当今的盛世。臣暗中观察陛下的功德，在五帝之上，在三王之右。不仅如此，陛下还确实得到了天下的贤士，公卿和在位官员都有了合适的人选。譬如像周公、邵公为丞相，孔丘任御史大夫，姜太公任将军，毕公高在后面采补缺漏遗佚，弁严子任卫尉，皋陶任大理，后稷任司农，伊尹任少府，派子贡出使外国，颜回、闵子骞任博士，子夏任太常，伯益任右扶风，子路任执金吾，契任大鸿胪，关龙逢任宗正，伯夷任京兆尹，管仲任左冯翊，鲁般任将作，仲山甫任光禄，申伯任太仆，延陵季子任水衡都尉，百里奚任典属国，柳下惠任大长秋，史鱼任司直，蘧伯玉任太傅，孔父任詹事，孙叔敖任诸侯相，子产任郡守，王庆忌任期门令，夏育任鼎官，后羿任旄头，宋万任式道候。"武帝于是大笑。

当时朝廷贤才众多，皇上又问东方朔道："如今公孙弘丞相、兒宽大夫、董仲舒、夏侯始昌、司马相如、吾丘寿王、主父偃、朱买臣、

胶仓、终军、严安、徐乐、司马迁之伦，皆辩知闳达，溢于文辞，先生自视，何与比哉？”朔对曰：“臣观其臿齿牙，树颊胲，吐唇吻，擢项颐，结股脚，连脽尻，遗蛇其迹，行步偊旅，臣朔虽不肖，尚兼此数子者。”朔之进对澹辞，皆此类也。

武帝既招英俊，程其器能，用之如不及。时方外事胡越，内兴制度，国家多事，自公孙弘以下至司马迁皆奉使方外，或为郡国守相至公卿，而朔尝至太中大夫，后常为郎，与枚皋、郭舍人俱在左右，诙啁而已。久之，朔上书陈农战强国之计，因自讼独不得大官，欲求试用。其言专商鞅、韩非之语也，指意放荡，颇复诙谐，辞数万言，终不见用。朔因著论，设客难己，用位卑以自慰谕。其辞曰：

客难东方朔曰：“苏秦、张仪一当万乘之主，而都卿相之位，泽及后世。今子大夫修先王之术，慕圣人之义，讽诵《诗》《书》百家之言，不可胜数，著于竹帛，唇腐齿落，服膺而不释，好学乐道之效，明白甚矣；自以智能海内无双，则可谓博闻辩智矣。然悉力尽忠以事圣帝，旷日持久，官不过侍郎，位不过执戟，意者尚有遗行邪？同胞之徒无所容居，其故何也？”

东方先生喟然长息，仰而应之曰：“是固非子之所能备也。彼一时也，此一时也，岂可同哉？夫苏秦、张仪之时，周室大坏，诸侯不朝，力政争权，相禽以兵，并为十二国，未有雌雄，得士者强，失士者亡，故谈说行焉。身处尊位，珍宝充内，外有廪仓，泽及后世，子孙长享。今则不然。圣帝流德，天下震慑，诸侯宾服，连四海之外

严助、汲黯、胶仓、终军、严安、徐乐、司马迁等人，都有辩论的才智并且才识宏富通达，擅长文辞，先生对照自己，拿什么与他们相比呢？”东方朔回答说：“臣看他们大龅牙，树皮脸，嘴唇突，长脖颈，结股脚，连脽尻，走路斜行，行步伛偻，臣东方朔虽然不肖，但还是兼有这些人的长处。”东方朔进谒对答口才敏捷善辩，都像这样。

汉武帝招览才俊，考核他们的能力，生怕任用他们时才能不够。当时朝廷正对外抗击匈奴、百越，对内兴建各种制度，国家有很多要务需要处理，从丞相公孙弘以下至司马迁都被派往朝外任职，有的担任郡守、有的担任诸侯王相或者公卿，而东方朔曾官拜太中大夫，后来经常担任郎官，与枚皋、郭舍人都在武帝左右侍奉，只是戏谑逗乐而已。过了很久，东方朔上书陈述将农业增产作为强国大计，趁机替自己申诉没任大官，请求皇上给他试用的机会。他的奏书专门引用商鞅、韩非子的观点，意旨不受约束，又很有趣，多达几万字，但最终仍不被武帝重用。东方朔于是著书立说，假设有人责难自己，自己则用地位卑下来自我安慰。内容这样写：

有客责难东方朔说：“苏秦、张仪一遇上天子，就身居卿相之位，恩泽惠及后世。如今您学习古代帝王的治国之道，钦慕圣人的仁义风尚，背诵并熟记《诗经》《尚书》以及诸子百家的书籍，多到数都数不清，在竹帛上著书立说，直到嘴唇破裂牙齿脱落，牢牢记在心里不能忘怀，您好学乐道的精神，特别明显了；自认为才智在海内无双，也可以说是见闻广博口才敏捷能说会道了。然而您尽心竭力来侍奉圣明的天子，并能持之以恒，也不过是个侍郎官，职位没超过执戟，我猜测难道是您还有失检的行为？致使同胞兄弟都不能包容，这是什么原因呢？”

东方先生喟然叹息，仰头回答说：“这本来就不是您所能完全明白的啊。那个时代，和现在，怎么能一样呢？苏秦、张仪的时代，周室已经极度衰败，诸侯不去朝见天子，争权夺利，以武力相残，最后并为十二个诸侯国，不分高下，得到贤士的国家强大，失去贤士的国家消亡，所以天下盛行谈辩游说的风气。他们身处高位，珍宝满室，仓廪充足，恩泽惠及后世，子孙跟着长期享受富贵。如今却不是这

以为带，安于覆盂，动犹运之掌，贤不肖何以异哉？遵天之道，顺地之理，物无不得其所；故绥之则安，动之则苦；尊之则为将，卑之则为虏；抗之则在青云之上，抑之则在深泉之下；用之则为虎，不用则为鼠；虽欲尽节效情，安知前后？夫天地之大，士民之众，竭精谈说，并进辐凑者不可胜数，悉力募之，困于衣食，或失门户。使苏秦、张仪与仆并生于今之世，曾不得掌故，安敢望常侍郎乎！故曰时异事异。

“虽然，安可以不务修身乎哉！《诗》云：‘鼓钟于宫，声闻于外。’‘鹤鸣于九皋，声闻于天。’苟能修身，何患不荣！太公体行仁义，七十有二乃设用于文武，得信厥说，封于齐，七百岁而不绝。此士所以日夜孳孳，敏行而不敢怠也。辟若鹏鸰，飞且鸣矣。《传》曰：‘天不为人之恶寒而辍其冬，地不为人之恶险而辍其广，君子不为小人之匈匈而易其行。’‘天有常度，地有常形，君子有常行；君子道其常，小人计其功。’《诗》云：‘礼义之不愆，何恤人之言？’故曰：‘水至清则无鱼，人至察则无徒，冕而前旒，所以蔽明；黈纩充耳，所以塞聪。’明有所不见，聪有所不闻，举大德，赦小过，无求备于一人之义也。枉而直之，使自得之；优而柔之，使自求之；揆而度之，使自索之。盖圣人教化如此，欲自得之；自得之，则敏且广矣。

样。圣明的帝王在天下传布恩德，天下震惊敬畏，诸侯归顺臣服，统一四海之外，像钩带一样相连，好像翻过来扣着的盆子一样安稳，就像手指在手掌内运作一样，贤能之才与不肖之徒有什么区分呢？遵循上天博大浩瀚之道，顺从大地厚德载物之理，事物就会安置妥当；所以安抚他就会安宁，惩罚他就会劳苦；器重他就是将领，鄙视他就会被掳掠；抬举他就在青云之上，抑制他就在深泉之下；重用他就是猛虎，弃用他就是鼠辈；即使想为国勠力效命，表明忠心，哪知道是该前进呢还是该后退呢？天地广大无垠，士民繁多，他们用尽精力去谈说，齐驱并进者稠密地聚集一起数不胜数，尽力希求能被天子招募，但是他们仍然会被衣食不足所困扰，找不到举荐自己的途径。假使苏秦、张仪和我一起生活在同一个时代，就连掌故那样的小吏也不能担任，还怎么盼望当侍郎呢！所以说时代改变事情就会跟着改变。

“虽然这样，又怎么可以不致力于自身德性的修养呢！《诗经》讲：‘鼓钟于宫，声闻于外。’‘鹤鸣于九皋，声闻于天。’如果能致力于自身德性的修养，还怕自己不荣耀！姜太公身体力行仁义，在七十二岁时才在周文王、周武王那里施用，得以施展他的信义学说，最终受封于齐国，七百年后嗣不绝。姜太公这样的精神使得后来的士人日夜勤勉修身不敢懈怠。就像鹡鸰鸟一样，边飞边叫。《荀子》说：‘上天不因为人畏寒就中止冬天，大地不因为人讨厌危险就中止广大，君子不因为小人吵嚷就改变他的品行。’‘上天有自己固有的法则，大地有自己固定的形态，君子有自己永久奉行的准则；君子奉行自己恒常的道，小人计较自己的小功小利。’《诗经》讲：‘不违背礼义，何必忧虑别人的议论？’所以说：‘水至清则无鱼，人至察则无徒，冠冕前垂着冕旒，是用来遮挡视线；用黄绵球塞住耳朵，使自己不外听。’眼睛再明察也有漏看的时候，耳朵再敏锐也有漏听的时候，肯定大的德行，原谅小的过错，别要求一个人的仁义完善无缺。弯曲的应当矫正使他正直，让他自得其道；优厚地对待，温柔地抚慰他，让他自己求取；揣度并考量他，让他自己探索。圣人的教化大概就是这样，要自己通过探索得到它；只有自己通过探索得到它，才会

“今世之处士，魁然无徒，廓然独居，上观许由，下察接舆，计同范蠡，忠合子胥，天下和平，与义相扶，寡耦少徒，固其宜也，子何疑于我哉？若夫燕之用乐毅，秦之任李斯，郦食其之下齐，说行如流，曲从如环，所欲必得，功若丘山，海内定，国家安，是遇其时也，子又何怪之邪！语曰‘以筦窥天，以蠡测海，以莛撞钟’，岂能通其条贯，考其文理，发其音声哉！繇是观之，譬犹鼱鼩之袭狗，孤豚之咋虎，至则靡耳，何功之有？今以下愚而非处士，虽欲勿困，固不得已，此适足以明其不知权变而终或于大道也。”

又设非有先生之论，其辞曰：

非有先生仕于吴，进不称往古以厉主意，退不能扬君美以显其功，默然无言者三年矣。吴王怪而问之，曰：“寡人获先人之功，寄于众贤之上，夙兴夜寐，未尝敢怠也。今先生率然高举，远集吴地，将以辅治寡人，诚窃嘉之，体不安席，食不甘味，目不视靡曼之色，耳不听钟鼓之音，虚心定志欲闻流议者三年于兹矣。今先生进无以辅治，退不扬主誉，窃不为先生取之也。盖怀能而不见，是不忠也；见而不行，主不明也。意者寡人殆不明乎？”非有先生伏而唯唯。吴王曰：“可以谈矣，寡人将竦意而览焉。”先生曰：“於戏！可乎哉？可乎哉？谈何容易！夫谈有悖于目拂于耳谬于心而便于身者，或有说于目顺于耳快于心而毁于行者，非有明王圣主，孰能听之？”吴王曰：“何为其然也？‘中人已上可以语上也。’先生试言，寡人将听焉。”

聪敏过人才学广博。

“当今世上还未做过官的士人，杰出不凡却没有同伴，静静地独居，上观帝尧时代的隐士许由，下察春秋时楚国的隐士接舆，他们同范蠡一样有计谋，与伍子胥一样忠义，但是像如今天下和平的时候，就要与义相依，形单影只，本来也适合时宜中，无所谓的，您为什么会猜疑我的处境呢？像燕国任用乐毅，秦国任用李斯，郦食其到齐国规劝田王归汉，他们游说别人像流水那样顺畅，他们屈服别人像滚动圆环那样容易，心里所想的事情必定能实现，功高如山，海内安定，国家平安，是因为他们遇到了合适的机会，有何奇怪的呢！俗话说：‘用竹管窥探天空，用瓢来测量大海，用草茎撞钟’，但是一味地这样做怎么能够通晓事情的内部结构，考究事情的文理，而发出声音呢！由此可知，好像鼱鼩袭击狗一样，好像小猪咬住老虎，只能是自不量力，还有什么功呢？现在以您这样愚笨的见解否定当今世上还未做过官的士人，要想自己不陷于被人驳斥的困境，本来就不可能啊，这恰恰足以说明那些不知道灵活应付时局的人，为什么终究不明白大道啊。”

东方朔又以非有先生的名义议论，文辞写道：

非有先生出仕于吴国，在朝时也不称赞古代先贤来勉励君王，下朝后也不能赞美君王的德行显示君主的功绩，就这样默然无言地过了三年。吴王感到奇怪就问他说：“寡人继承先人的功业，寄希望于众贤士身上，夙兴夜寐，不曾有松懈。如今先生轻快有加，神采飞扬，从远处聚集到吴国，准备来辅助寡人治理政事，寡人确实很欣赏你，寡人不能在席上安心睡觉，吃东西也不知道是什么滋味，眼睛不看奢侈淫靡的颜色，耳朵不听钟鼓的响声，虚心待人想听取先生的意见已经三年了。如今先生上朝没有辅助吴国治理国政，退朝没有称赞君主的美誉，寡人认为先生这样做不可取。如果身怀才能而不显露，是不忠啊；如果进献才能而没有采纳，是君主不贤明。你是觉得寡人不够贤明吗？”非有先生伏在地上恭敬地应答。吴王说：“先生可以谈谈，寡人将集中注意力认真聆听。”非有先生说：“啊！可以吗？可以吗？谈何容易啊！言谈可能看着不顺眼听着逆耳使心情不

先生对曰："昔者关龙逢深谏于桀，而王子比干直言于纣，此二臣者，皆极虑尽忠，闵王泽不下流，而万民骚动，故直言其失，切谏其邪者，将以为君之荣，除主之祸也。今则不然，反以为诽谤君之行，无人臣之礼，果纷然伤于身，蒙不辜之名，戮及先人，为天下笑，故曰谈何容易！是以辅弼之臣瓦解，而邪谄之人并进，遂及蜚廉、恶来革等。二人皆诈伪，巧言利口以进其身，阴奉雕瑑刻镂之好以纳其心。务快耳目之欲，以苟容为度。遂往不戒，身没被戮，宗庙崩阤，国家为虚，放戮贤圣，亲近谗夫。《诗》不云乎？'谗人罔极，交乱四国'，此之谓也。故卑身贱体，说色微辞，愉愉呴呴，终无益于主上之治，则志士仁人不忍为也。将俨然作矜严之色，深言直谏，上以拂主之邪，下以损百姓之害，则忤于邪主之心，历于衰世之法。故养寿命之士莫肯进也，遂居深山之间，积土为室，编蓬为户，弹琴其中，以咏先王之风，亦可以乐而忘死矣。是以伯夷叔齐避周，饿于首阳之下，后世称其仁。如是，邪主之行固足畏也，故曰谈何容易！"

于是吴王惧然易容，捐荐去几，危坐而听。先生曰："接舆避世，箕子被发阳狂，此二人者，皆避浊世以全其身者也。使遇明王圣主，得清燕之闲，宽和之色，发愤毕诚，图画安危，揆度得失，上

爽，但它对身体有好处，有的言谈看着顺眼听着悦耳心情很爽，但它却毁坏品行，如果不是圣明君主，谁又能采纳呢？”吴王说：“为什么要这样说呢？‘具有中等以上才智的人就可以跟他谈论高深的学问。’先生试着说说吧，寡人将会认真地听你说。”

非有先生答：“从前关龙逢劝谏夏桀，王子比干进言于商纣王，这两位大臣，都竭尽思虑与忠诚，忧虑君王的德泽不能传布到老百姓那里，而使万民惊扰不安，所以直言夏桀与商纣王的过失，诚心规劝他们改正邪恶，想给君王带来荣耀，为君王免除祸难。现在却不这样，反而认为这是诽谤君王的举动，不顾及人臣的礼数，结果，直言进谏的人纷纷惹祸上身，蒙受不白之冤，甚至连累到先人，被天下人耻笑，所以臣说谈何容易！因此辅助的大臣逐渐瓦解，奸邪谄媚之人却一起晋升，随即发展到与蜚廉、恶来革等同的程度。这两人都是奸诈的人，凭着自己的能说会道晋升到高官的位置，私下里奉献精美器物以便让君王接纳他们的心意。极力满足耳目的享受，将屈从附和作为自己的为人准则。致使君王走向邪恶的道路而没有任何戒备，身体遭受杀戮，宗庙败坏，国家变为废墟，这都是远离和杀戮贤臣，亲近谗言小人的结果。《诗经》不是也讲吗？‘诋毁人没有止境，扰乱四方不太平’，就是指这种情形啊。所以谦恭卑微，低声下气，屈从迎合，终究对主上的治理没有益处，这也是志士仁人不屑于做的事情。如果能够用庄重严肃的态度，直言进谏，在上辅佐君主改邪归正，在下减损百姓的灾害，他们可能会因为忤逆暴君的想法，而遭受败乱之朝的刑法。所以为了保全自己性命的士人不愿直言进谏，他们就在深山里居住，积土为室，编织蓬草做成门户，在茅屋里弹琴，以咏叹先王的风尚，这样也可以乐而忘死。故而伯夷、叔齐因躲避周武王，在首阳山下饿死，后世赞扬他们的举动符合仁。这样，暴君的行为足以使人畏惧，所以说谈何容易啊！”

于是，吴王惊觉地变了脸色，他命人撤除草席拿掉几案，挺直身子严肃恭敬地端坐着听非有先生谈论。非有先生说：“春秋时期楚国的接舆因对当时社会不满而装疯躲避乱世，商纣王时侯箕子披头散发装疯，这两个人，都是通过躲避浊世来保全自己的性命。假如他

以安主体，下以便万民，则五帝三王之道可几而见也。故伊尹蒙耻辱负鼎俎和五味以干汤，太公钓于渭之阳以见文王。心合意同，谋无不成，计无不从，诚得其君也。深念远虑，引义以正其身，推恩以广其下，本仁祖义，褒有德，禄贤能，诛恶乱，总远方，一统类，美风俗，此帝王所由昌也。上不变天性，下不夺人伦，则天地和洽，远方怀之，故号圣王。臣子之职既加矣，于是裂地定封，爵为公侯，传国子孙，名显后世，民到于今称之，以遇汤与文王也。太公、伊尹以如此，龙逢、比干独如彼，岂不哀哉！故曰谈何容易！”

于是吴王穆然，俛而深惟，仰而泣下交颐，曰：“嗟乎！余国之不亡也，绵绵连连，殆哉，世之不绝也！”于是正明堂之朝，齐君臣之位，举贤材，布德惠，施仁义，赏有功；躬节俭，减后宫之费，损车马之用；放郑声，远佞人，省庖厨，去侈靡；卑宫馆，坏苑囿，填池堑，以予贫民无产业者；开内臧，振贫穷，存耆老，恤孤独；薄赋敛，省刑辟。行此三年，海内晏然，天下大洽，阴阳和调，万物咸得其宜；国无灾害之变，民无饥寒之色，家给人足，畜积有余，囹圄空虚；凤凰来集，麒麟在郊，甘露既降，朱草萌牙；远方异俗之人乡风慕义，各奉其职而来朝贺。故治乱之道，存亡之端，若此易见，而君人者莫肯为也，臣愚窃以为过。故《诗》云：“王国克生，惟周之桢，济济多士，文王以宁。”此之谓也。

们遇上明王圣主，得享安逸闲暇，看到君王宽厚谦和的脸色，就能竭尽忠诚，策划国家的安危，揆察测度政事的得失，上可以使君主安定，下可以使百姓受益，那么五帝三王的治国之道大约就能看见了。所以伊尹蒙受耻辱，背负鼎、俎，调和五味，以求见商汤，姜太公在渭水之滨垂钓以拜会周文王。如果君臣之间彼此的志趣相投，谋略都会施行，计策都会听从，这是真正遇到了明君啊。商汤与周文王能深思远虑，以道义来端正自己的身心，广布恩惠于百姓，以仁义为准则，奖励德高之人，给予贤能者厚禄，消除邪恶，聚合偏远地区的人，一统华夏，优化风俗，这正是帝王能昌盛的必经之路。如果上不违逆天性，下不抢夺人伦，就会使天地和睦而融洽，远方的人就会归来降服，所以他们号称为圣王。臣子也会加官进爵，进而割让土地封爵为公侯，封国传及子孙后代，名声显扬直到后世，直到现在百姓还称赞他们，这是因为伊尹与姜子牙遇上了商汤和周文王啊。姜太公、伊尹才能有这样的结果，而龙逢、比干的下场却那样凄惨，难道不可悲吗！所以才说谈何容易啊！”

吴王听完沉默不语，低下头静静地思考，一会儿他抬起头来，泪流满面，他说：“唉呀！我的国家虽没灭亡，还在延续，但已经很危险了，好在还没有断绝！”于是吴王整治明堂的朝政，调剂君臣间的位置，推举贤人，流布德惠，施行仁义，犒赏有功的人；亲自从节俭做起，减少后宫的费用，减损车马的用度；抛弃靡乱的郑国音乐，远离奸佞的小人，减免庖厨，去除奢靡；减小宫馆，拆毁苑囿，填平池沟，将土地赐给没有家产的贫民；开放宫内仓库，救济贫苦，抚慰老人，体恤孤独；减轻赋税，减免刑法。就这样实行了三年，举国上下安宁平静，天下特别融洽，阴阳调和，万物各得其所；国内无天灾，百姓无饥寒，家家富足，户户积蓄，监狱里没有犯人；凤凰聚集在这里，麒麟在郊外游弋，甘露降临，朱草长出嫩芽；远方异域的人仰慕中国道德礼仪，各自奉献他们的贡赋前来向君王朝拜祝贺。所以治与乱的道理，是国家存或亡的根源，就是这样明显，可是人主却不愿意施行，愚臣认为这是错误的。所以《诗经》讲：“周王国之所以能够成长发展，只因为这些栋梁起了重要作用，贤良之士济济一堂，周

朔之文辞，此二篇最善。其余有《封泰山》《责和氏璧》及《皇太子生禖》《屏风》《殿上柏柱》《平乐观赋猎》，八言、七言上下，从《公孙弘借车》，凡刘向所录朔书具是矣。世所传他事皆非也。

赞曰：刘向言少时数问长老贤人通于事及朔时者，皆曰朔口谐倡辩，不能持论，喜为庸人诵说，故令后世多传闻者。而杨雄亦以为朔言不纯师，行不纯德，其流风遗书蔑如也。然朔名过实者，以其诙达多端，不名一行，应谐似优，不穷似智，正谏似直，秽德似隐。非夷齐而是柳下惠，戒其子以上容："首阳为拙，柱下为工；饱食安步，以仕易农；依隐玩世，诡时不逢"。其滑稽之雄乎！朔之诙谐，逢占射覆，其事浮浅，行于众庶，童儿牧竖莫不眩耀。而后世好事者因取奇言怪语附著之朔，故详录焉。

文王统治的国家安定昌盛。”说的就是这个道理。

东方朔的文辞，这两篇写的最好。其余还有《封泰山》《责和氏璧》以及《皇太子生禖》《屏风》《殿上柏柱》《平乐观赋猎》，以及八言、七言诗，各有上下篇，以及《从公孙弘借车》，以上是刘向记录的东方朔的著述。世上所流传的其他事情都不是真的。

赞辞说：刘向自言年轻时，多次访问年长者和贤人中，通晓往事以及东方朔时期事情的人，他们都说东方朔说话有趣，善于辩论，但是不能坚持自己的主张，喜欢跟普通人讽诵讲说，所以令后世很多人辗转流传他的事情。可是杨雄却认为东方朔的言行不是来自纯一的名师，行为也不符合纯粹的道德规范，他遗留下的著书不值得称道。东方朔之所以被过于夸大，是因为他诙谐、通达、机智，没有其它很出名的专长，虽然他的诙谐近似倡优，可是他智慧无穷，敢于正言劝谏，自污其行隐藏自己的才能。他不像伯夷、叔齐而像柳下惠，东方朔告诫自己的儿子要学会保全自身，他说：“伯夷、叔齐不食周粟，在首阳山饿死是愚蠢的行为；老子但任周朝柱下史一生没有忧患很是高明；吃饱饭后缓步徐行，用做官的俸禄换取农民生产的物品；对政事要既有所近又无为如隐，就这样游乐于人间，看起来违背时宜，但是不会遭逢祸患。”东方朔是滑稽大师啊！东方朔的诙谐表现在占卜射覆上，这些事情都很浮浅，只是在百姓当中流传，小孩儿、放牧的童子无不大肆炫耀。而后世好事者就把好多奇言怪语附著在东方朔身上，所以详细收集了好多关于东方朔的言论。

卷六十六

公孙刘田王杨蔡陈郑传第三十六

公孙贺字子叔，北地义渠人也。贺祖父昆邪，景帝时为陇西守，以将军击吴楚有功，封平曲侯，著书十余篇。

贺少为骑士，从军数有功。自武帝为太子时，贺为舍人，及武帝即位，迁至太仆。贺夫人君孺，卫皇后姊也，贺由是有宠。元光中为轻车将军，军马邑。后四岁，出云中。后五岁，以车骑将军从大将军青出，有功，封南窌侯。后再以左将军出定襄，无功，坐酎金，失侯。复以浮沮将军出五原二千余里，无功。后八岁，遂代石庆为丞相，封葛绎侯。时朝廷多事，督责大臣。自公孙弘后，丞相李蔡、严青翟、赵周三人比坐事死。石庆虽以谨得终，然数被谴。初贺引拜为丞相，不受印绶，顿首涕泣，曰："臣本边鄙，以鞍马骑射为官，材诚不任宰相。"上与左右见贺悲哀，感动下泣，曰："扶起丞相。"贺不肯起，上乃起去，贺不得已拜。出，左右问其故，贺曰："主上贤明，臣不足以称，恐负重责，从是殆矣。"

贺子敬声，代贺为太仆，父子并居公卿位。敬声以皇后姊子，骄奢不奉法，征和中擅用北军钱千九百万，发觉，下狱。是时诏捕阳陵朱安世不能得，上求之急，贺自请逐捕安世以赎敬声罪。上许

公孙贺字子叔，北地郡义渠县人。祖父昆邪在汉景帝时任陇西郡太守，因为率领军队平叛吴楚立下战功，被封为平曲侯，著书十多篇。

公孙贺年轻时担任骑士，从军作战屡立战功。汉武帝为太子时，公孙贺就是太子的舍人，等到武帝登上皇位，提拔他担任太仆。公孙贺的夫人卫君孺，是皇后卫子夫的姐姐，公孙贺因此得到宠幸。在武帝元光年间，公孙贺任轻车将军，在马邑驻扎。四年后，他率军从云中郡出发攻打匈奴。又过了五年，公孙贺以车骑将军的身份跟随大将军卫青攻打匈奴，立下军功，封为南窌侯。后来又以左将军的身份从定襄郡出兵攻打匈奴，无功，因献给朝廷供祭祀用的贡金成色不足而被治罪，失去封爵。后来他又以浮沮将军的身份从五原郡出兵二千多里攻打匈奴，没立战功。八年后，公孙贺接替石庆担任丞相，封为葛绎侯。当时朝中发生很多大事，时有大臣被督促责罚。自公孙弘以后，丞相李蔡、严青翟、赵周三人接连犯事被治死罪。石庆虽然因为谨慎得以善终，但多次被朝廷责备。起初公孙贺被任命为丞相时，他不接受丞相印绶，哭泣着以头叩地而拜，说：“臣本是边远地区的人，靠战争中骑射的本领担任官职，以臣的才干实在难以胜任宰相一职。”皇上和身边的大臣看见公孙贺悲哀地哭泣，都感动地流下泪来，武帝说：“扶丞相起来。”公孙贺不肯起，皇上就起身离开，公孙贺只好接受了职位。出宫后，大臣们询问原因，公孙贺说：“主上贤明，臣当丞相还不够格，恐怕会辜负皇上交予的重大责任，从此会让自己遭受危险。”

公孙贺的儿子公孙敬声，接替公孙贺担任太仆，父子同时位列公卿。公孙敬声因为自己是皇后姐姐的儿子，骄横奢侈不遵守法令，武帝征和年间，公孙敬声擅自做主动用北军一千九百万钱，事发后，

之。后果得安世。安世者，京师大侠也，闻贺欲以赎子，笑曰："丞相祸及宗矣。南山之竹不足受我辞，斜谷之木不足为我械。"安世遂从狱中上书，告敬声与阳石公主私通，及使人巫祭祠诅上，且上甘泉当驰道埋偶人，祝诅有恶言。下有司案验贺，穷治所犯，遂父子死狱中，家族。

巫蛊之祸起自朱安世，成于江充，遂及公主、皇后、太子，皆败。语在《江充》《戾园传》。

刘屈氂，武帝庶兄中山靖王子也，不知其始所以进。

征和二年春，制诏御史："故丞相贺倚旧故乘高势而为邪，兴美田以利子弟宾客，不顾元元，无益边谷，货赂上流，朕忍之久矣。终不自革，乃以边为援，使内郡自省作车，又令耕者自转，以困农烦扰畜者，重马伤耗，武备衰减；下吏妄赋，百姓流亡；又诈为诏书，以奸传朱安世。狱已正于理。其以涿郡太守屈氂为左丞相，分丞相长史为两府，以待天下远方之选。夫亲亲任贤，周唐之道也。以澎户二千二百封左丞相为澎侯。"

其秋，戾太子为江充所谮，杀充，发兵入丞相府，屈氂挺身逃，亡其印绶。是时上避暑在甘泉宫，丞相长史乘疾置以闻。上问"丞相何为？"对曰："丞相秘之，未敢发兵。"上怒曰："事籍籍如

他被关入监牢。当时皇上下诏逮捕阳陵县人朱安世，还没有抓获，皇上急于将其归案，公孙贺请求去抓捕朱安世来替公孙敬声赎罪。皇上答应了公孙贺的请求。后来公孙贺果然抓住朱安世。朱安世，是京师的大侠，听说公孙贺想抓住他为儿子公孙敬声赎罪，笑着说："丞相要祸及他的家族了。用尽南山的所有竹子也写不完我告发他的供词，砍伐斜谷的所有木头也不够为我供出的案件制造刑具。"朱安世就在狱中上书，揭发公孙敬声和阳石公主私通，还安排巫师进行祭祀来诅咒皇上，并且在甘泉宫天子行走的道路上埋蛊人，他用很恶毒的语言诅咒皇上。武帝下令有关主管部门查验公孙贺，彻底查办他父子二人所犯的罪行，父子二人随即死在狱中，全家被灭族。

巫蛊之祸从朱安世开始，从江充结束，竟然波及到公主、皇后和太子，他们都因此而败亡。详见《江充传》《戾园传》。

刘屈氂，是汉武帝庶出哥哥中山靖王刘胜的儿子，不知道他晋升仕途的情况。

武帝征和二年（前91）春季，汉武帝命令御史说："前丞相公孙贺依仗自己是朕的旧故因位高权重做出奸邪的事情，他增加肥沃的田地为子弟宾客谋利，不顾百姓的死活，不增加戍边士兵的粮食，用财货贿赂上流的权贵，朕已经忍了很久。但是他最终不知悔改，还给边疆施惠为自己寻求援助，令内地的郡县节省费用给边郡的军队制造车辆，又命令农民自己运送粮食到边境，而使农民困顿还殃及牲畜，耗费壮硕的马匹，衰减武备；公孙贺还命令下面的官吏胡乱征收赋税，导致百姓四处流亡；他又伪造诏书，用奸邪的方法抓住朱安世。执法官员已经对公孙贺父子的案件做出正确的处理。现在任命涿郡太守刘屈氂任左丞相，把丞相长史分为两府，以等待天下贤人。亲近宗族任用贤才，是西周、唐尧的治国之道。将澎地的二千二百户为食邑封给左丞相刘屈氂封他为澎侯。"

那年秋季，戾太子被江充诬陷，他杀死江充，率领军队攻入丞相府，刘屈氂只身逃跑，丢了左丞相的印绶。当时武帝驾临甘泉宫避暑，丞相长史骑着驿站的快马赶到甘泉宫，将此事奏明武帝。武帝问：

此，何谓秘也？丞相无周公之风矣。周公不诛管蔡乎？”乃赐丞相玺书曰：“捕斩反者，自有赏罚。以牛车为橹，毋接短兵，多杀伤士众。坚闭城门，毋令反者得出。”

太子既诛充发兵，宣言帝在甘泉病困，疑有变，奸臣欲作乱。上于是从甘泉来，幸城西建章宫，诏发三辅近县兵，部中二千石以下，丞相兼将。太子亦遣使者挢制赦长安中都官囚徒，发武库兵，命少傅石德及宾客张光等分将，使长安囚如侯持节发长水及宣曲胡骑，皆以装会。侍郎莽通使长安，因追捕如侯，告胡人曰：“节有诈，勿听也。”遂斩如侯，引骑入长安，又发辑濯士，以予大鸿胪商丘成。初，汉节纯赤，以太子持赤节，故更为黄旄加上以相别。太子召监北军使者任安发北军兵，安受节已，闭军门不肯应太子。太子引兵去，殴四市人凡数万众，至长乐西阙下，逢丞相军，合战五日，死者数万人，血流入沟中。丞相附兵浸多，太子军败，南奔覆盎城门，得出。会夜司直田仁部闭城门，坐令太子得出，丞相欲斩仁。御史大夫暴胜之谓丞相曰：“司直，吏二千石，当先请，奈何擅斩之？”丞相释仁。上闻而大怒，下吏责问御史大夫曰：“司直纵反者，丞相斩之，法也，大夫何以擅止之？”胜之皇恐，自杀。及北军使者任安，坐受太子节，怀二心，司直田仁纵太子，皆要斩。上曰：“侍郎莽通获反将如侯，长安男子景建从通获少傅石德，可谓元功矣。大鸿胪商丘成力战获反将张光。其封通为重合侯，建为德侯，成为秺侯。”诸太子宾客，尝出入宫门，皆坐诛。其随太子发兵，以反法族。吏士劫略者，皆徙敦煌郡。以太子在外，始置屯兵长安诸城门。后二十余日，太子得于湖。语在《太子传》。

“丞相在做什么？”丞相长史回答说：“丞相严守消息，不敢擅自发兵。”武帝恼怒地说：“事情已经如此喧哗纷乱，还能严守消息吗？丞相没有周公的气度啊。周公不是杀了管叔与蔡叔吗？”武帝于是赐丞相刘屈氂玺书说：“朕命令你逮捕并斩杀反叛作乱的人，我对这件事自然有赏罚。你们出兵时要以牛车充当战车，不要和叛军近距离作战，那样会多杀伤士兵。坚闭城门，不要让叛乱者逃脱。”

太子杀死江充后就发动了兵变，他宣称武帝在甘泉宫为疾病困扰，怀疑京城有变，奸臣想作乱。武帝就从甘泉宫出发返回长安，驾临到长安城西的建章宫，下诏征发三辅各县的士兵，调派中二千石以下的官吏带兵，左丞相刘屈氂兼任将军。同时太子也派遣使者假托皇帝的命令，赦免长安城中的囚徒，发放武库的兵器，太子刘据还命令少傅石德和门客张光等人分别率领士兵，派长安城里的囚犯如侯手持符节征发长水宣曲宫的胡人骑兵，让他们全副武装到长安城中会合。侍郎莽通奉武帝的命令回到长安，趁机追捕如侯，并告诉胡人骑兵说：“调兵的符节不是真的，不要听信如侯的话。”莽通随即斩杀如侯，带领胡人骑兵攻入长安，又征发行船的水兵，交予大鸿胪商丘成率领。当初，汉朝的兵符是赤红色，因为太子的符节也是赤红色，所以皇帝的调兵符节又加上黄色的牦牛尾以示区别。太子征召监北军使者任安征发北军，任安接到兵符后，关闭营门不肯听从太子的命令。太子只能率兵离去，长安四市的几万百姓追随着太子，行军到长乐宫西阙下，与左丞相刘屈氂的军队相遇，双方交战了五天，几万人因此死去，鲜血流进沟里。随着留言四起，归附左丞相刘屈氂的士兵慢慢增多，太子军败，向南奔赴覆盎城门，逃了出去。当天夜晚丞相司直田仁的军队负责关闭城门，因为让太子逃出，左丞相刘屈氂打算斩杀田仁。御史大夫暴胜之对丞相刘屈氂说：“司直，是俸禄为二千石的官员，您应当请旨后才能处置，怎敢擅自斩杀他呢？”丞相刘屈氂就释放了田仁。武帝听到这件事后非常生气，派官吏责备御史大夫暴胜之说：“丞相司直田仁放跑了叛乱的人，丞相刘屈氂斩杀他，是遵循法律办事，你凭什么擅自阻止丞相刘屈氂？”暴胜之十分畏惧，就自尽了。北军使者任安，因私受太子的兵符，皇上认为他怀

其明年，贰师将军李广利将兵出击匈奴，丞相为祖道，送至渭桥与广利辞决。广利曰：“愿君侯早请昌邑王为太子。如立为帝，君侯长何忧乎？”屈氂许诺。昌邑王者，贰师将军女弟李夫人子也。贰师女为屈氂子妻，故共欲立焉。是时治巫蛊狱急，内者令郭穰告丞相夫人以丞相数有谴，使巫祠社，祝诅主上，有恶言，及与贰师共祷祠，欲令昌邑王为帝。有司奏请按验，罪至大逆不道。有诏载屈氂厨车以徇，要斩东市，妻子枭首华阳街。贰师将军妻子亦收。贰师闻之，降匈奴，宗族遂灭。

车千秋，本姓田氏，其先齐诸田徙长陵。千秋为高寝郎。会卫太子为江充所谮败，久之，千秋上急变讼太子冤，曰：“子弄父兵，罪当笞；天子之子过误杀人，当何罪哉！臣尝梦见一白头翁教臣言。”是时，上颇知太子惶恐无他意，乃大感寤，召见千秋。至前，千秋长八尺余，体貌甚丽，武帝见而说之，谓曰：“父子之间，人所难言也，公独明其不然。此高庙神灵使公教我，公当遂为吾辅佐。”立拜千秋为大鸿胪。数月，遂代刘屈氂为丞相，封富民侯。千秋无他

有二心，丞相司直田仁放走太子，二人都被腰斩处死。武帝说：“侍郎莽通擒获叛军将领如侯，长安男子景建跟随莽通抓获少傅石德，可以说立下首功。大鸿胪商丘成英勇奋战，捕获叛将张光。封莽通为重合侯，景建为德侯，商丘成为秺侯。”太子的众宾客，曾经出入宫门的，都斩首治罪。跟从太子起兵的人，以谋反论处诛灭全族。那些乘乱抢劫掠夺的官吏与士兵，都流放到敦煌郡。因为太子逃亡在外，武帝开始在长安各城门屯兵驻守。二十多天后，太子在湖县被发现自杀身亡。详见《太子传》。

第二年，贰师将军李广利率领士兵攻打匈奴，丞相刘屈氂为李广利祭祀路神并设宴送行，送到渭桥，刘屈氂与李广利辞决。李广利说：“希望君侯早些请示皇上立昌邑王为太子。如果昌邑王被册立为皇帝，君侯以后还有什么忧虑的呢？”刘屈氂答应了他的要求。昌邑王，是贰师将军李广利妹妹李夫人的儿子。贰师将军李广利的女儿是刘屈氂的儿媳，所以李广利和刘屈氂两人都想立昌邑王为太子。当时，皇上正紧急审理并追查巫蛊案件，内者令郭穰告发丞相刘屈氂的夫人，因皇上屡屡谴责丞相刘屈氂，便指使巫师在祭祀社神时诅咒皇上，有邪恶的语言，还有丞相刘屈氂与贰师将军李广利共同祝告，想让昌邑王当皇帝。官吏就此事奏请武帝查验，刘屈氂被定为大逆不道罪。武帝下诏用厨车载着刘屈氂在街上游行示众，然后在长安东市腰斩，刘屈氂的妻子在华阳街被斩首并悬挂头颅示众。贰师将军李广利的妻子儿女也被下狱。贰师将军李广利听说了这件事后，归降匈奴，他的宗族全部被灭。

车千秋，原本姓田，他的祖先是齐国田氏的后人，迁徙到长陵县。车千秋任汉高祖陵寝的郎官。正赶上卫太子刘据被江充诬陷而败亡，过了很久，车千秋呈上紧急变故的奏书为太子申冤，奏书写道：“儿子扰乱父亲的军队，按汉法应当用鞭子抽打他；天子的儿子因过错而误杀了人，当以何罪论处呢！臣曾经梦见一位白头老翁告诉臣该怎样定罪。”此时，武帝已经清楚地知道太子发兵只是因为害怕，并没有别的意思，看了车千秋的奏书，心里有很大的触动而恍然大悟，武帝召见车千秋。车千秋进见时，武帝看到车千秋身高八尺多，身材

材能术学，又无伐阅功劳，特以一言寤意，旬月取宰相封侯，世未尝有也。后汉使者至匈奴，单于问曰："闻汉新拜丞相，何用得之？"使者曰："以上书言事故。"单于曰："苟如是，汉置丞相，非用贤也，妄一男子上书即得之矣。"使者还，道单于语。武帝以为辱命，欲下之吏。良久，乃贳之。

然千秋为人敦厚有智，居位自称，逾于前后数公。初，千秋始视事，见上连年治太子狱，诛罚尤多，群下恐惧，思欲宽广上意，尉安众庶。乃与御史、中二千石共上寿颂德美，劝上施恩惠，缓刑罚，玩听音乐，养志和神，为天下自虞乐。上报曰："朕之不德，自左丞相与贰师阴谋逆乱，巫蛊之祸流及士大夫。朕日一食者累月，乃何乐之听？痛士大夫常在心，既事不咎。虽然，巫蛊始发，诏丞相、御史督二千石求捕，廷尉治，未闻九卿廷尉有所鞫也。曩者，江充先治甘泉宫人，转至未央椒房，以及敬声之畴、李禹之属谋入匈奴，有司无所发，今丞相亲掘兰台蛊验，所明知也。至今余巫颇脱不止，阴贼侵身，远近为蛊，朕愧之甚，何寿之有？敬不举君之觞！谨谢丞相、二千石各就馆。《书》曰：'毋偏毋党，王道荡荡。'毋有复言。"

魁伟，神采奕奕，武帝很欣赏他，对他说：“父子之间的事情，别人是很难说清楚的，只有您明白其中的道理。这是高庙的神灵让您来教导我，您应当为我辅佐朝政。”武帝立即封车千秋为大鸿胪。几个月后，车千秋就代替刘屈氂升任丞相，封为富民侯。车千秋没有特别的才能和学问，也没有任何政绩和功劳，只因为一句话启悟武帝，旬月之间就任职宰相封侯，世上不曾有过。后来汉朝的使者出使匈奴，单于问他说：“听说汉朝新封了一位丞相，他因为何功劳得到丞相的职位呢？”汉朝的使者回答说：“因为呈上奏书谈论事情。”单于说：“如果是这样，汉朝任命丞相，并不是选用贤才，随便一个男子上书就能得到丞相位了。”使者回朝后，向武帝转述了单于的话。武帝认为这个使者没有完成他的使命，就把他交给司法官吏审讯。过了好久，才赦免了他。

可是车千秋为人敦厚，有智谋，他身居相位很称职，超过他之前与之后的几位丞相。起初，车千秋开始治事的时候，看到武帝连年调查太子冤死的案件，武帝诛杀和惩罚的人特别多，群臣百姓都很害怕，车千秋想宽解皇上痛失太子的心意，安慰担惊受怕的民众。于是就和御史、中二千石一起给武帝祝寿，歌颂武帝的美德，劝皇上施行恩惠，延缓刑罚，赏玩音乐，怡养心志调和精神，为了天下百姓，自己也要快乐一些。武帝回复说：“朕无德，自从左丞相刘屈氂和贰师将军李广利私下谋划叛乱，巫蛊之祸祸及朝中士大夫。已经有好几个月了，朕每天只吃一顿饭，还听什么音乐呢？朕经常在心里哀痛因巫蛊之案死去的士大夫，事情已经过去，就不再追究了。虽然如此，巫蛊之祸刚发生时，朕诏令丞相、御史督二千石寻找搜捕，廷尉审理，但也没听到九卿、廷尉审问出什么。从前，江充先审查甘泉宫人，接着转到未央宫皇后住的椒房殿，以及后来公孙敬声一众、李禹等人图谋勾结匈奴，相关官员也没有发现什么蛛丝马迹，现在丞相亲自挖掘兰台书库检查巫蛊，才查明真相。直到今天残余的巫蛊妖术还没停止，阴险残忍的诅咒入侵人身，远近都有巫蛊之术，朕惭愧得很，还有什么祝寿一说呢？感谢你们的敬意，朕无法接受你们祝寿的酒杯！敬至丞相、二千石的谢意，请各回到自己的馆舍。

后岁余，武帝疾，立皇子钩弋夫人男为太子，拜大将军霍光、车骑将军金日磾、御史大夫桑弘羊及丞相千秋，并受遗诏，辅道少主。武帝崩，昭帝初即位，未任听政，政事壹决大将军光。千秋居丞相位，谨厚有重德。每公卿朝会，光谓千秋曰："始与君侯俱受先帝遗诏，今光治内，君侯治外，宜有以教督，使光毋负天下。"千秋曰："唯将军留意，即天下幸甚。"终不肯有所言。光以此重之。每有吉祥嘉应，数褒赏丞相。讫昭帝世，国家少事，百姓稍益充实。始元六年，诏郡国举贤良文学士，问以民所疾苦，于是盐铁之议起焉。

千秋为相十二年，薨，谥曰定侯。初，千秋年老，上优之，朝见，得乘小车入宫殿中，故因号曰"车丞相"。子顺嗣侯，官至云中太守，宣帝时以虎牙将军击匈奴，坐盗增卤获自杀，国除。

桑弘羊为御史大夫八年，自以为国家兴榷筦之利，伐其功，欲为子弟得官，怨望霍光，与上官桀等谋反，遂诛灭。

王䜣，济南人也。以郡县吏积功，稍迁为被阳令。武帝末，军旅数发，郡国盗贼群起，绣衣御史暴胜之使持斧逐捕盗贼，以军兴从事，诛二千石以下。胜之过被阳，欲斩䜣，䜣已解衣伏质，仰言曰："使君颛杀生之柄，威震郡国，今复斩一䜣，不足以增威，不如时有所宽，以明恩贷，令尽死力。"胜之壮其言，贳不诛，因与䜣相结厚。

《尚书》讲：‘毋偏毋党，王道荡荡。’别再上奏这样的事了。”

一年多后，武帝生病，立钩弋夫人所生的皇子为太子，命大将军霍光、车骑将军金日磾、御史大夫桑弘羊和丞相车千秋，共同接受遗诏，辅佐少主刘弗陵。汉武帝驾崩后，汉昭帝初登基时，因为年龄太小不能主持国政，政事都由大将军霍光一人决定。车千秋身居丞相位，谨慎敦厚而有厚德。每逢公卿朝会，霍光对车千秋说：“当初我和您共同接受先帝遗诏，现在就让我负责处理内事，您负责处理外事，您应该对我有所教诲和督导，不使我有负社稷重任。”车千秋说：“只要将军留意，就是天下百姓的大幸了。”车千秋始终不肯对霍光专权的事发表意见。霍光因此很敬重车千秋。每次有祥瑞出现，霍光都会奖赏他。昭帝在位期间，国事较少，百姓逐渐富足起来。昭帝始元六年（前81），昭帝下令郡国推举贤德、饱学之士，向他们询问百姓的疾苦，因此产生了关于盐铁的议论。

车千秋担任十二年丞相后去世，谥号定侯。当初，车千秋年事已高，皇上特别照顾他，上朝时，允许他乘坐小车进入宫殿，所以被称为“车丞相”。车千秋的儿子车顺继承侯位，官至云中郡太守，到汉宣帝时以虎牙将军的身份攻打匈奴，因虚报俘虏冒功而畏罪自杀，封国被除。

桑弘羊担任御史大夫八年后，自认为替国家实行盐铁专管专卖产生了很大的利润，极力炫耀功劳，想为子弟讨取职位，因对霍光不满，与上官桀等谋反，最终被诛灭。

王䜣，济南郡人。以郡县小吏的身份，因政绩出众，逐步升迁为被阳县令。汉武帝晚年，军队屡屡出征，郡国盗贼群起，当时绣衣御史暴胜之奉汉武帝的命令拿着斧子缉捕盗寇，根据军法治罪，可以诛杀二千石以下不服从命令的官吏。暴胜之路过被阳时，以治政不善为由要斩杀王䜣，王䜣已被解开衣服俯伏在砧板上，他抬起头来对暴胜之说：“使君掌握生杀大权，威震郡国，现在多杀一个王䜣，也不能够增加您的威势，不如暂且宽缓一下，让我有机会改正过失，也可彰显您的恩情仁义，让我效死报答您。”暴胜之很赞赏他的话，就赦免了他，没有诛杀，暴胜之因此与王䜣结为厚交。

胜之使还，荐䜣，征为右辅都尉，守右扶风。上数出幸安定、北地，过扶风，宫馆驰道修治，供张办。武帝嘉之，驻车，拜䜣为真，视事十余年。昭帝时为御史大夫，代车千秋为丞相，封宜春侯。明年薨，谥曰敬侯。

子谭嗣，以列侯与谋废昌邑王立宣帝，益封三百户。薨，子咸嗣。王莽妻即咸女，莽篡位，宜春氏以外戚宠。自䜣传国至玄孙，莽败，乃绝。

杨敞，华阴人也。给事大将军莫府，为军司马，霍光爱厚之，稍迁至大司农。元凤中，稻田使者燕苍知上官桀等反谋，以告敞。敞素谨畏事，不敢言，乃移病卧。以告谏大夫杜延年，延年以闻。苍、延年皆封，敞以九卿不辄言，故不得侯。后迁御史大夫，代王䜣为丞相，封安平侯。

明年，昭帝崩。昌邑王征即位，淫乱，大将军光与车骑将军张安世谋欲废王更立。议既定，使大司农田延年报敞。敞惊惧，不知所言，汗出洽背，徒唯唯而已。延年起至更衣，敞夫人遽从东箱谓敞曰："此国大事，今大将军议已定，使九卿来报君侯。君侯不疾应，与大将军同心，犹与无决，先事诛矣。"延年从更衣还，敞、夫人与延年参语许诺，请奉大将军教令，遂共废昌邑王，立宣帝。宣帝即位月余，敞薨，谥曰敬侯。子忠嗣，以敞居位定策安宗庙，益封三千五百户。

暴胜之回朝复命，向皇上举荐王䜣，武帝征召他为右辅都尉，代理右扶风。武帝多次外出安定、北地，经过扶风时，王䜣派人收拾离宫别馆，修整驰道，陈设齐全舒适。武帝赞许他，等车子停下，就正式任命王䜣为右扶风，他任职一共有十几年。在昭帝时王䜣担任御史大夫，后代替车千秋官居丞相，被封为宜春侯。第二年去世，谥号敬侯。

王䜣的儿子王谭继承侯位，以列侯身份参与谋划废昌邑王，拥立汉宣帝，因功增加食邑三百户。王谭去世后，他的儿子王咸继承侯位。王莽的妻子就是王咸的女儿，王莽篡位后，因王咸家为外戚而被宠幸。自王䜣开始列侯封国一直传到玄孙，到王莽败亡，封国才断绝。

杨敞，华阴县人。他在大将军霍光的幕府供职时，任军司马，霍光很喜爱他，逐渐升迁为大司农。元凤年间，稻田使者燕苍得知上官桀等人谋反的企图后，马上告知杨敞。杨敞平素谨慎怕事，不敢说出来，就上书称病卧床休息。燕苍又赶快告诉了谏大夫杜延年，杜延年上奏给昭帝。燕苍、杜延年都因立功被封侯，杨敞以九卿的身份听到谋反的消息却不言不语，所以没能封侯。后来升为御史大夫，接替王䜣任丞相，封安平侯。

第二年，汉昭帝驾崩。昌邑王受公卿大臣招请来京即位，他行为淫乱有悖礼法，大将军霍光与车骑将军张安世密谋想要废黜昌邑王改立皇帝。已经确立商议后，霍光让大司农田延年告诉杨敞。杨敞听后感到惊慌恐惧，不知所言，汗流浃背，只是不置可否地答应着。田延年起身上厕所，杨敞的夫人赶快从东厢房过来劝说杨敞说："此事关系国家大事，现在大将军已议定，让大司农田延年来告诉君侯您。如果您不马上应允，与大将军共同策划，还迟疑不定，势必最先遭到诛杀。"田延年从厕所回来，杨敞夫妇与田延年三人都许诺认同大将军的决定，请求奉守大将军的命令，于是朝廷大臣一起废黜昌邑王，拥立汉宣帝。宣帝即位一个多月，杨敞去世，谥号敬侯。他的儿子杨忠继位，因为杨敞身居丞相之位，又参加了一同谋立汉宣帝废掉昌邑王的策略，安定汉朝宗室有功，增加食邑三千五百户。

忠弟恽，字子幼，以忠任为郎，补常侍骑，恽母，司马迁女也。恽始读外祖《太史公记》，颇为《春秋》。以材能称。好交英俊诸儒，名显朝廷，擢为左曹。霍氏谋反，恽先闻知，因侍中金安上以闻，召见言状。霍氏伏诛，恽等五人皆封，恽为平通侯，迁中郎将。

郎官故事，令郎出钱市财用，给文书，乃得出，名曰“山郎”。移病尽一日，辄偿一沐，或至岁余不得沐。其豪富郎，日出游戏，或行钱得善部。货赂流行，传相放效。恽为中郎将，罢山郎，移长度大司农，以给财用。其疾病休谒洗沐，皆以法令从事。郎、谒者有罪过，辄奏免，荐举其高弟有行能者，至郡守九卿。郎官化之，莫不自厉，绝请谒货赂之端，令行禁止，宫殿之内翕然同声。由是擢为诸吏光禄勋，亲近用事。

初，恽受父财五百万，及身封侯，皆以分宗族。后母无子，财亦数百万，死皆予恽，恽尽复分后母昆弟。再受訾千余万，皆以分施。其轻财好义如此。

恽居殿中，廉絜无私，郎官称公平。然恽伐其行治，又性刻害，好发人阴伏，同位有忤己者，必欲害之，以其能高人。由是多怨于朝廷，与太仆戴长乐相失，卒以是败。

长乐者，宣帝在民间时与相知，及即位，拔擢亲近。长乐尝使

杨忠的弟弟杨恽，字子幼，仰仗杨忠的身份被任命为郎官，补任常侍骑。杨恽的母亲，是司马迁的女儿。杨恽最初读外祖父写的《太史公记》，认为可与《春秋》相媲美。杨恽以才学出众著称。喜欢结交才智杰出的众儒生，在朝廷中名声显赫，被提拔为左曹。霍氏谋反，杨恽率先听说了这件事，就通过宫中侍中金安向皇帝禀告，于是皇帝召见杨恽，让他陈述霍氏谋反的事。后来霍氏家族被处死刑，杨恽等五人都被封侯，杨恽为平通侯，迁升为中郎将。

朝里郎官的旧规，是让郎宫自己承担开销和财用，供应文书支出，才能得到补官的机会，所以郎官又名"山郎"。郎官上书称病满一天，就要用一个假日来补偿，有的郎官一年多也没有休息。那些富家郎官，每天出去游戏，有的用钱财行贿获取一个好的职务。因此当时很流行贿赂，各郎官争相效法。杨恽为中郎将后，废止"山郎"旧例，把公事费用移交大司农，由大司农供给郎官支出所需。郎官的病假、休假、拜见亲人、洗沐假，都按照法令行事。郎官、谒者中有犯罪的，就上奏朝廷免官，再举荐才优而品第高、有德行的人加入郎官的行列，有的郎官升职至郡守、九卿。郎官之风气大变，无不激励自己勤奋努力的，杜绝了说情贿赂的弊端，令行禁止，宫殿里的郎官们齐心协力处理政事。因此皇上升杨恽为诸吏光禄勋，成为皇上亲信的臣子以便办理政事。

起初，杨恽接受了父亲留下的五百万钱财，等到他被封为平通侯后，就把财产全部分给了宗族之人。他的后母无子，也有几百万钱的积蓄，去世后也留给杨恽，杨恽又全分给了后母的兄弟们。杨恽两次共接受一千多万钱财，他都悉数分给了别人。他就是如此轻视金钱而喜欢行善助人。

杨恽在朝中为官，清廉奉公，郎官都赞扬他公正。但杨恽喜欢在别人面前吹嘘，又生性刻薄残忍，喜欢揭发别人的隐私，如果在职位相同的人里有忤逆自己的，杨恽一定会报复他，就因为他自己的才能高人一等。因此朝中有很多人都怨恨他，他与太仆戴长乐关系很差，最终也因此使自己遭难。

戴长乐，是汉宣帝在民间时结交的知心朋友，宣帝即位后，就提

行事肄宗庙，还谓掾史曰：“我亲面见受诏，副帝肄，秺侯御。”人有上书告长乐非所宜言，事下廷尉。长乐疑恽教人告之，亦上书告恽罪：“高昌侯车犇入北掖门，恽语富平侯张延寿曰：‘闻前曾有犇车抵殿门，门关折，马死，而昭帝崩。今复如此，天时，非人力也。’左冯翊韩延寿有罪下狱，恽上书讼延寿。郎中丘常谓恽曰：‘闻君侯讼韩冯翊，当得活乎？’恽曰：‘事何容易！胫胫者未必全也。我不能自保，真人所谓鼠不容穴衔窭数者也。’又中书谒者令宣持单于使者语，视诸将军、中朝二千石。恽曰：‘冒顿单于得汉美食好物，谓之臭恶，单于不来明甚。’恽上观西阁上画人，指桀纣画谓乐昌侯王武曰：‘天子过此，一二问其过，可以得师矣。’画人有尧舜禹汤不称，而举桀纣。恽闻匈奴降者道单于见杀，恽曰：‘得不肖君，大臣为画善计不用，自令身无处所。若秦时但任小臣，诛杀忠良，竟以灭亡；令亲任大臣，即至今耳。古与今如一丘之貉。’恽妄引亡国以诽谤当世，无人臣礼。又语长乐曰：‘正月以来，天阴不雨，此《春秋》所记，夏侯君所言。行必不至河东矣。’以主上为戏语，尤悖逆绝理。”

事下廷尉。廷尉定国考问，左验明白，奏“恽不服罪，而召户将尊，欲令戒饬富平侯延寿，曰：‘太仆定有死罪数事，朝暮人也。恽幸与富平侯婚姻，今独三人坐语，侯言“时不闻恽语”，自与太

拔他为亲信大臣。宣帝曾命戴长乐代替自己祭祀宗庙，戴长乐先演习祭祀礼仪，戴长乐回来后对掾史说：“我亲自接受陛下的委托，代替陛下演习祭祀礼仪，秺侯为我驾车。”有人上书告发戴长乐不应该说这样的话，皇上将此事交给廷尉处理。戴长乐怀疑是杨恽指使别人所为，也上书告发杨恽的罪行说：“高昌侯董忠驾车驶入北掖门，杨恽对富平侯张延寿说：‘听说以前曾有人驾车撞到殿门，门闩被撞断，驾车的马也撞死了，而昭帝随后驾崩。现在又发生了类似的事，天命如此，不是人力能扭转的。’左冯翊韩延寿因犯罪被关入监牢，杨恽上书为韩延寿争辩是非。郎中丘常对杨恽说：‘听说您替韩冯翊辩护，他能活下来吗？’杨恽说：‘事情谈何容易啊！正直的人未必能保全自己。我都不能自保，真像人们所说的老鼠因为嘴里含着比老鼠洞口大的草圈而进不了洞啊。’又有一次，中书谒者令宣把匈奴单于使者所说的话记录下来，让各位将军和朝中二千石官员观看。杨恽说：‘以前冒顿单于得到汉朝赏赐的美食好物，却说成腐臭粗劣的坏东西，单于不来朝见，这不是明摆着吗。’杨恽观看西阁上画的人物，指着夏桀、商纣王的画像对乐昌侯王武说：‘天子观览这里时，多了解一下桀、纣的过错，可以作为借鉴。’画的人物还有尧、舜、禹、汤，杨恽不赞扬他们，却推举夏桀与商纣王。杨恽听匈奴投降的人说单于被杀死，就说：‘拥有这种不肖的君主，大臣为他出谋划策却不采用，非要自寻绝路。就像秦朝只任用小人为臣，诛杀忠良，最终因此灭亡；假使秦朝廷能任用忠直的大臣，就会将国祚延续至今了。古代和当今的昏君如同一丘之貉啊。’杨恽妄用秦朝灭亡的例子来诽谤当朝盛世，有失臣子的礼仪。杨恽又曾对我说：‘正月以来，天阴无雨，《春秋》曾记载这种现象，夏侯胜劝谏昌邑王时说过，陛下将来不能再到河东后土祠祭祀了。’杨恽随意拿皇上取笑，实在是犯上作乱弃绝事理。”

朝廷把杨恽的案件交给廷尉审理。经廷尉于定国审问杨恽，有证人证明此事，廷尉于定国奏报皇帝说：“杨恽不承认自己的罪行，反而召来户将尊，想让他去告诫富平侯张延寿，说‘太仆戴长乐犯下数条死罪，不过是将死之人。杨恽很荣幸与富平侯结为亲家，当时只

仆相触也。’尊曰：‘不可。’恽怒，持大刀，曰：‘蒙富平侯力，得族罪！毋泄恽语，令太仆闻之乱余事。’恽幸得列九卿诸吏，宿卫近臣，上所信任，与闻政事，不竭忠爱，尽臣子义，而妄怨望，称引为訞恶言，大逆不道，请逮捕治。”上不忍加诛，有诏皆免恽、长乐为庶人。

恽既失爵位，家居治产业，起室宅，以财自娱。岁余，其友人安定太守西河孙会宗，知略士也，与恽书谏戒之，为言大臣废退，当阖门惶惧，为可怜之意，不当治产业，通宾客，有称誉。恽宰相子，少显朝廷，一朝以晻昧语言见废，内怀不服，报会宗书曰：

恽材朽行秽，文质无所底，幸赖先人余业得备宿卫，遭遇时变以获爵位，终非其任，卒与祸会。足下哀其愚，蒙赐书，教督以所不及，殷勤甚厚。然窃恨足下不深惟其终始，而猥随俗之毁誉也。言鄙陋之愚心，若逆指而文过，默而息乎，恐违孔氏“各言尔志”之义，故敢略陈其愚，唯君子察焉！

恽家方隆盛时，乘朱轮者十人，位在列卿，爵为通侯，总领从官，与闻政事，曾不能以此时有所建明，以宣德化，又不能与群僚同心并力，陪辅朝廷之遗忘，已负窃位素餐之责久矣。怀禄贪势，不能自退，遭遇变故，横被口语，身幽北阙，妻子满狱。当此之时，自以夷灭不足以塞责，岂意得全首领，复奉先人之丘墓乎？伏惟圣主之恩，不可胜量。君子游道，乐以忘忧；小人全躯，说以忘罪。窃自思念，过已大矣，行已亏矣，长为农夫以没世矣。是故身率妻子，勠

有我们三人知道的事情，只要富平侯您推脱说“当时没听杨恽说过这样的话”，自然与太仆告发的事情不一致’。户将尊说：‘不可以’。杨恽很生气，手持大刀，对尊说：‘如果富平侯张延寿的证词对我不力，我将有灭族之罪！不能泄露我对你说的话，让太仆知道了又会增加我的罪名。’杨恽侥幸位列九卿，担任诸吏光禄勋，是皇上的警卫近臣，为皇上所信任，能够参与朝政，他不尽力报效国家，承担为臣的道义，反而恣意发泄心中不满，妖言惑众，大逆不道，请将他抓捕论罪。”汉宣帝不忍心处死他。下诏免杨恽、戴长乐都为庶人。

杨恽丧失封爵后，在家置办产业，建造室宅，挥霍钱财自娱自乐。过了一年多，他的朋友安定太守西河人孙会宗，是个有智谋的人，他写信劝告杨恽，跟他说大臣被黜退以后，应该关紧大门惶恐不安，表现出可怜的样子，不应当置办产业，结交宾客，让人称誉。可是杨恽是宰相杨敞的儿子，年纪轻轻就在朝廷很出名，一时遭受流言蜚语而被罢官后，心里难免感到不服气，他给孙会宗回信说：

我杨恽无才无德，文采修养都没有什么根基，幸好依赖先人留下的功业能够值宿宫禁，因偶然机遇，检举霍氏谋反有功而赐封爵位，但我终究没能胜任自己的职务，最终受到灾祸。您怜惜我的愚钝，给我写信，教导督促我的欠缺之处，情真意切厚待我。但我要埋怨您不深思事情的来龙去脉，而随顺世俗之人的非议与称赞。如果说出我浅薄的想法，好像是不同意您的观点而掩饰我的错误，默不作声吧，又恐违背了孔夫子“各言尔志”的意义，所以才敢略微陈述我的想法，希望您能明察！

我家正当兴盛的时候，家中有十个人乘坐朱轮车，我也位列九卿，爵位为通侯，统管属官，参与政事，而当时我还没有建立功业，以宣扬皇上的德政，又不能与百官齐心团结共同努力，帮助朝廷弥补缺失，我已经遭受窃取官位而不尽职的罪责很久了。我一心只想着增加俸禄贪慕权势，不能自退，最终遭此意外事故，诽谤我的人遍及各地，曾被囚禁北宫，妻子儿女也被下狱。在这个时候，我认为被诛灭也不足以抵偿自己的过失，哪能想到还会保全性命，可以继续祭祀祖先的坟墓呢？我俯身思量圣明皇上对我的恩典，真是不可估量。君

力耕桑，灌园治产，以给公上，不意当复用此为讥议也。

夫人情所不能止者，圣人弗禁，故君父至尊亲，送其终也，有时而既。臣之得罪，已三年矣。田家作苦，岁时伏腊，亨羊炰羔，斗酒自劳。家本秦也，能为秦声。妇，赵女也，雅善鼓瑟。奴婢歌者数人，酒后耳热，仰天拊缶而呼乌乌。其诗曰："田彼南山，芜秽不治，种一顷豆，落而为萁。人生行乐耳，须富贵何时！"是日也，拂衣而喜，奋袖低卬，顿足起舞，诚淫荒无度，不知其不可也。恽幸有余禄，方籴贱贩贵，逐什一之利，此贾竖之事，污辱之处，恽亲行之。下流之人，众毁所归，不寒而栗。虽雅知恽者，犹随风而靡，尚何称誉之有！董生不云乎？"明明求仁义，常恐不能化民者，卿大夫意也；明明求财利，常恐困乏者，庶人之事也。"故"道不同，不相为谋"。今子尚安得以卿大夫之制而责仆哉！

夫西河魏土，文侯所兴，有段干木、田子方之遗风，漂然皆有节概，知去就之分。顷者，足下离旧土，临安定，安定山谷之间，昆戎旧壤，子弟贪鄙，岂习俗之移人哉？于今乃睹子之志矣。方当盛汉之隆，愿勉旃，毋多谈。

又恽兄子安平侯谭为典属国，谓恽曰："西河太守建平杜侯前以罪过出，今征为御史大夫。侯罪薄，又有功，且复用。"恽曰："有功何益？县官不足为尽力。"恽素与盖宽饶、韩延寿善，谭即曰："县

子履行正道，乐而忘忧；小人苟全性命，悦而忘罪。我暗自思量，我的过错很大，德行有亏，就长久做个农夫度过此生吧。所以我只身带着妻子儿女，努力种田养蚕，灌溉田园，置办产业，向朝廷纳税，没想到又因此而遭到别人的讥议。

人情不能制止的事情，连圣人也无法避免，所以即使是君主、父亲，这些最为敬重和亲近的人，为他们送终，也有时间限制。我被判有罪已经三年了。我做农夫辛苦劳作，每年伏腊祭祀的时候，煮羊肉烹羊羔，比酒量自我犒劳。我家本来在秦地，我会唱秦腔。我的妻子，是赵地的女子，雅善鼓瑟。我的奴婢中也有几人会唱歌，我在酒后耳热，抬头看天用手击缶唱着乌乌的歌。歌辞是这样的："在南山种田，杂草丛生土地荒废不能治理，种一顷豆，落地变成豆萁。人生要及时行乐啊，何须等待富贵！"在这些日子里，我高兴得提起衣服，时高时低地舞动袖子，抬脚起舞，确实是享乐无度，我不知道为什么不能这么做。我的俸禄幸好还剩下一些，方能贱买贵卖，追逐十分之一的利润，这是低贱商人做的事，也是让人耻辱的事，我都亲自做了。下流之人，是众人毁损的对象，我不寒而栗啊。即使是知道我为人的亲友，也随着世俗诽谤我，哪儿还会有人称誉我呢！董仲舒不是说过吗？"明明白白地求取仁义，常常忧虑不能教化百姓，是卿大夫应该思考的问题；明明白白地求取财利，常常忧虑生活贫困窘迫，是普通老百姓要考虑的事。"所以孔夫子说："道不同，不相为谋"。如今您怎么还拿卿大夫的规制责怪我呢！

西河是魏国的故地，魏文侯发迹的地方，有段干木、田子方的遗风，两位贤士都操守崇高很有气概，明白隐居与为官的分别。近来，您离开故土西河，到达安定郡，安定郡位居山谷之间，是昆戎的旧地，那里的人贪婪卑鄙，难道是那里的习俗改变了您吗？到今天我才亲眼目睹了您的志向啊。现在正是汉朝隆盛的时候，希望您多多努力，就不要与我多谈了。

另外杨恽哥哥的儿子安平侯杨谭任职典属国，他对杨恽说："西河郡太守建平人杜延年以前因犯罪丢了官，如今又被任命为御史大夫。你的罪名很小，又有功劳，一定会被皇帝重新任用。"杨恽说：

官实然，盖司隶、韩冯翊皆尽力吏也，俱坐事诛。”会有日食变，驺马猥佐成上书告恽“骄奢不悔过，日食之咎，此人所致。”章下廷尉按验，得所予会宗书，宣帝见而恶之。廷尉当恽大逆无道，要斩。妻子徙酒泉郡。谭坐不谏正恽，与相应，有怨望语，免为庶人。召拜成为郎，诸在位与恽厚善者，未央卫尉韦玄成、京兆尹张敞及孙会宗等，皆免官。

蔡义，河内温人也。以明经给事大将军莫府。家贫，常步行，资礼不逮众门下，好事者相合为义买犊车，令乘之。数岁，迁补覆盎城门候。

久之，诏求能为《韩诗》者，征义待诏，久不进见。义上疏曰：“臣山东草莱之人，行能亡所比，容貌不及众，然而不弃人伦者，窃以闻道于先师，自托于经术也。愿赐清闲之燕，得尽精思于前。”上召见义，说诗，甚说之，擢为光禄大夫、给事中，进授昭帝。数岁，拜为少府，迁御史大夫，代杨敞为丞相，封阳平侯。又以定策安宗庙益封，加赐黄金二百斤。

义为丞相时年八十余，短小无须眉，貌似老妪，行步俛偻，常两吏扶夹乃能行。时大将军光秉政，议者或言光置宰相不选贤，苟用可颛制者。光闻之，谓侍中左右及官属曰：“以为人主师当为宰相，何谓云云？此语不可使天下闻也。”

"有功劳又有什么好处？朝廷不是值得我出力的地方。"杨恽平日与盖宽饶、韩延寿交情不错，杨谭随即说："皇上就是这样，盖司隶、韩冯翊都是为朝廷尽责出力的官员，都因为小事被诛杀。"当时正碰上日食，天象改变，一位名叫成的负责管理车马的卑微小官，上书告发杨恽"骄奢淫逸不知悔改，日食的原因，就在于他"。宣帝让廷尉查证这件事，搜查到杨恽写给孙会宗的信的草稿，宣帝看信后很讨厌杨恽。廷尉判杨恽大逆不道，要处以腰斩的刑罚。他的妻子儿女被流放到酒泉郡。杨谭不规劝杨恽改正错误，却与他互相呼应，有对朝廷不满的言论，贬为庶人。宣帝召见并任命成担任郎官，那些与杨恽来往密切的官员，例如未央宫的卫尉韦玄成、京兆尹张敞以及孙会宗等人，都被撤职。

蔡义，河内郡温县人。因为精通经书，在大将军的幕府任职。他因为家穷，只能徒步而行，资望礼仪都比不上众门客，好事者一致凑钱给蔡义买了一辆牛车，供他乘坐。几年后，蔡义升为覆盎城的守门之官。

过了些时候，皇帝下令索求精通《韩诗》的人，征召蔡义为待诏，但他长期没能获见皇上。于是上疏说："臣是山东的乡野之民，德行能力没有什么过人之处，容貌也比不上别人，可是臣却没有摒弃人伦，臣私下向先师学习了道义，自己托身于治理天下之术。希望陛下赐臣一处清静地方，让臣把自己对经义的精心思考全部奉献给陛下。"皇上召见蔡义，让他讲解《诗经》，皇上听了很开心，就提拔他为光禄大夫、给事中，进宫传授汉昭帝经书。几年后，皇上封蔡义为少府，又迁升为御史大夫，之后又代替杨敞出任丞相，封为阳平侯。又因为他制定策略以安社稷而赐封赏，加赐二百斤黄金。

蔡义担任丞相时已经八十多岁了，他身材矮小没有胡须眉毛，相貌好像老妇人一样，走路时低头躬背，常常要两名属吏护持才能行走。当时大将军霍光掌权，议事者中有人说霍光设置宰相一职不任用贤能的人，而是姑且任用他能够操纵的人。霍光听到后，对侍中、身边的随从以及属吏说："我认为皇帝的老师应当担任宰相，怎么能说不选择贤能的人呢？这些话不能让天下人听到啊。"

义为相四岁，薨，谥曰节侯。无子，国除。

陈万年字幼公，沛郡相人也。为郡吏，察举，至县令，迁广陵太守，以高弟入为右扶风，迁太仆。

万年廉平，内行修，然善事人，赂遗外戚许、史，倾家自尽，尤事乐陵侯史高。丞相丙吉病，中二千石上谒问疾。遣家丞出谢，谢已皆去，万年独留，昏夜乃归。及吉病甚，上自临，问以大臣行能。吉荐于定国、杜延年及万年。万年竟代定国为御史大夫，八岁病卒。

子咸字子康，年十八，以万年任为郎。有异材，抗直，数言事，刺讥近臣，书数十上，迁为左曹。万年尝病，召咸教戒于床下，语至夜半，咸睡，头触屏风。万年大怒，欲杖之，曰："乃公教戒汝，汝反睡，不听吾言，何也？"咸叩头谢曰："具晓所言，大要教咸讇也。"万年乃不复言。

万年死后，元帝擢咸为御史中丞，总领州郡奏事，课第诸刺史，内执法殿中，公卿以下皆敬惮之。是时中书令石显用事颛权，咸颇言显短，显等恨之。时槐里令朱云残酷杀不辜，有司举奏，未下。咸素善云，云从刺候，教令上书自讼。于是石显微伺知之，白奏咸漏泄省中语，下狱掠治，减死，髡为城旦，因废。

成帝初即位，大将军王凤以咸前指言石显，有忠直节，奏请咸补长史。迁冀州刺史，奉使称意，征为谏大夫。复出为楚内史，北

蔡义在宰相位四年之后去世，谥号节侯。他没有儿子，封国废除。

陈万年字幼公，沛郡相县人。最初是沛郡的小吏，经过举荐考核合格后，官至县令，又升迁为广陵太守，因为才优而品第高入京任右扶风，后又升迁为太仆。

陈万年为官清廉公道，品行端正，且善于处理人际关系，他赠送财物给外戚许家和史家，倾尽自家财产，特别侍奉乐陵侯史高。丞相丙吉有病，中二千石以上的官员前去拜访探问。丙吉派家丞出来表示感谢，家丞表达谢意后，官员们都离开了，只有陈万年独自留下来，直到夜里才回去。到丙吉病情严重，皇上亲临探视，咨询大臣中德行及才干出众的人。丙古举荐于定国、杜延年和陈万年。陈万年最后代替于定国任御史大夫，任职八年后病逝。

陈万年的儿子陈咸字子康，十八岁，凭借陈万年的职位任郎官。陈咸是个有特殊才能的人，他刚直不屈，多次议事，敢于讥刺皇上亲近的大臣，进谏数十次之多，后被提拔为左曹。陈万年曾患病，召唤陈咸到病床下接受训诫，到半夜的时候，陈咸困乏不堪，睡着了，头碰到屏风。陈万年大怒，想要杖打陈咸，他责怪陈咸说："父亲训诫你，你却睡着了，如此不听我的话，到底是为什么？"陈咸叩头谢罪说："您说的道理我都明白，您的旨意就是教我谄媚奉承别人。"陈万年就不多说了。

陈万年病逝后，汉元帝提拔陈咸为御史中丞，统管州郡向皇上奏陈的事情，考核刺史政绩的好坏，还在宫殿中执法，公卿以下官员都敬惮陈咸。当时中书令石显执政专权，陈咸常说石显的缺点，石显等人都忌恨他。当时槐里县令朱云残酷地杀死无罪的人，官吏上奏章检举，天子没有回复。陈咸平素和朱云交情不错，朱云从陈咸那里刺探侦察事情的动向，陈咸教朱云上书为自己申诉。当时石显暗中派人伺察知道这件事，上奏章弹劾陈咸泄露朝廷机密，陈咸被下狱审讯后定罪，后减免死罪，处以剃光头发，服四年筑城的劳役，陈咸因此事被免官。

汉成帝刚登基时，大将军王凤认为陈咸从前指陈石显，有尽忠职守的品行，就上奏汉成帝请求陈咸补任长史。后来陈咸升迁为冀

海、东郡太守。坐为京兆尹王章所荐，章诛，咸免官。起家复为南阳太守。所居以杀伐立威，豪猾吏及大姓犯法，辄论输府，以律程作司空，为地臼木杵，舂不中程，或私解脱钳釱，衣服不如法，辄加罪笞。督作剧，不胜痛，自绞死，岁数百千人，久者虫出腐烂，家不得收。其治放严延年，其廉不如。所居调发属县所出食物以自奉养，奢侈玉食。然操持掾史，郡中长吏皆令闭门自敛，不得逾法。公移敕书曰："即各欲求索自快，是一郡百太守也，何得然哉！"下吏畏之，豪强执服，令行禁止，然亦以此见废。咸，三公子，少显名于朝廷，而薛宣、朱博、翟方进、孔光等仕宦绝在咸后，皆以廉俭先至公卿，而咸滞于郡守。

时车骑将军王音辅政，信用陈汤。咸数赂遗汤，予书曰："即蒙子公力，得入帝城，死不恨。"后竟征入为少府。少府多宝物，属官咸皆钩校，发其奸臧，没入辜榷财物。官属及诸中宫黄门、钩盾、掖庭官吏，举奏按论，畏咸，皆失气。为少府三岁，与翟方进有隙。方进为丞相，奏"咸前为郡守，所在残酷，毒螫加于吏民。主守盗，受所监。而官媚邪臣陈汤以求荐举。苟得无耻，不宜处位。"咸坐免。顷之，红阳侯立举咸方正，为光禄大夫给事中，方进复奏免之。后数年，立有罪就国，方进奏归咸故郡，以忧死。

州刺史，他奉命办事令皇上满意，征召他为谏大夫。后又出任楚内史、北海、东郡太守。陈咸是京兆尹王章举荐的，因为王章犯法被诛杀，陈咸受到牵连被免去官位。后来又以平民的身份起家被征召为南阳郡太守。他在任职的地方以杀伐果断树立威严，强横狡诈不守法纪的官吏和有势力的人犯法，都押送到太守府论罪，按照法律程序安排司空制作舂米的地臼和木杵，让罪犯拿木杵舂米，如果不符合要求，或者私自解下束在颈上的钳和箍在脚上的钛，以及罪犯穿的衣服不契合法律程序，就加罪鞭打。他们督促犯人辛苦劳作，有的罪犯无法忍受，就上吊自尽，一年中有成百上千的罪犯死去，时间长了尸体长出蛆虫腐烂变质，罪犯的家属还是不能将尸体收敛回去埋葬。他治事效仿严延年，但是他不如严延年清廉。他在任职的地方调取属县的食物供自己享受，锦衣玉食。但他管束掾史特别严格，郡中的长吏都闭门约束自己，不敢超越法度。他还公然告诫他们说："如果你们各自都想要寻求快乐，那就成了一郡有一百个太守，那怎么能行呢！"属下的官吏都畏惧他，豪强也害怕他，因而能令行禁止，但他也因此被罢官。陈咸，是三公的儿子，小时候就在朝廷很出名，而薛宣、朱博、翟方进、孔光等做官都在陈咸之后，可是他们都以清廉洁俭率先官至公卿，而陈咸却滞留于郡守的职位上。

当时车骑将军王音辅佐朝政，信用陈汤。陈咸多次贿赂陈汤，给他写信说："如果能得到公子您的帮助，让我进京做官，就死而无憾了。"后来陈咸终于被征召入京任少府。少府掌管着很多宝物，陈咸对属官都检查校验，一旦发现他们不法受贿，就没收侵吞财物占为已有。对官属及诸中宫黄门、钩盾、掖庭官吏，都举报上奏查处，众人都惧怕陈咸，个个垂头丧气。陈咸担任了三年少府，与翟方进有嫌隙。翟方进官居丞相，上奏皇上说："陈咸以前是郡守，他在任时残忍狠毒，如毒螫一般加害吏民。他监守自盗，接受下属的贿赂。而又公开奉承奸臣陈汤来得到提拔。他的少府官位不应得而得，纯属无耻，不宜担任朝廷要职。"陈咸因此被罢官。不久，红阳侯王立推荐陈咸正直不阿，被任命为光禄大夫给事中，翟方进又上奏请求皇帝免除陈咸的官职。几年后，王立有罪被贬回自己的封国，翟方进奏请皇

郑弘字穉卿，泰山刚人也。兄昌字次卿，亦好学，皆明经，通法律政事。次卿为太原、涿郡太守，弘为南阳太守，皆著治迹，条教法度，为后所述。次卿用刑罚深，不如弘平。迁淮阳相，以高第入为右扶风，京师称之。代韦玄成为御史大夫。六岁，坐与京房论议免，语在《房传》。

赞曰：所谓盐铁议者，起始元中，征文学贤良问以治乱，皆对愿罢郡国盐铁酒榷均输，务本抑末，毋与天下争利，然后教化可兴。御史大夫弘羊以为此乃所以安边竟，制四夷，国家大业，不可废也。当时相诘难，颇有其议文。至宣帝时，汝南桓宽次公治《公羊春秋》，举为郎，至庐江太守丞，博通善属文，推衍盐铁之议，增广条目，极其论难，著数万言，亦欲以究治乱，成一家之法焉。其辞曰："观公卿贤良文学之议，'异乎吾所闻'。闻汝南朱生言，当此之时，英俊并进，贤良茂陵唐生、文学鲁国万生之徒六十有余人咸聚阙庭，舒六艺之风，陈治平之原，知者赞其虑，仁者明其施，勇者见其断，辩者骋其辞，龂龂焉，行行焉，虽未详备，斯可略观矣。中山刘子推言王道，挢当世，反诸正，彬彬然弘博君子也。九江祝生奋史鱼之节，发愤懑，讥公卿，介然直而不挠，可谓不畏强圉矣。桑大夫据当世，合时变，上权利之略，虽非正法，巨儒宿学不能自解，博物通达之士也。然摄公卿之柄，不师古始，放于末利，处非其位，行非其道，果陨其性，以及厥宗。车丞相履伊吕之列，当轴处中，括囊不言，容身而去，彼哉！彼哉！若夫丞相、御史两府之士，不能正议以辅宰相，成同类，长同行，阿意苟合，以说其上，'斗筲之徒，何足选也！'"

帝贬陈咸回故乡，陈咸在忧郁中死去。

郑弘字稺卿，泰山郡刚县人。他哥哥郑昌字次卿，也好学，他们兄弟二人都精通经书，熟悉律令政事。郑弘的哥哥次卿先后任太原郡守、涿郡太守，郑弘任南阳郡太守，兄弟二人都有政绩，他们施政的教令、法度，为后人所遵从。郑昌使用刑罚很苛刻，不像郑弘和缓。后来郑弘升迁为淮阳国相，因为政绩优异任右扶风，京师众人都交口称赞他。郑弘继而代替韦玄任御史大夫。六年后，因与京房诽谤朝政获罪免官，详见《京房传》。

赞辞说：关于盐铁专卖的讨论，最早开始于在昭帝始元年间，汉昭帝下令征召有才学的贤德之士询问治乱的策略，众人都建议废除郡国盐铁、酒榷、均输的权利，务必以农业为根本，抑制商业的大力发展，不要与百姓争利，然后才可以兴起对百姓的教化。御史大夫桑弘羊认为只有发展这些产业才可以安定边境、臣服蛮夷，这是国家的大业，不能废除。当时桑弘羊和才学贤德之士互相责问，有很多关于他们辩论的文章。到汉宣帝的时候，汝南郡人桓宽，字次公，研习《公羊春秋》，被推举为郎官，继而官至庐江郡太守丞，他通晓各种知识善于撰写文章，推演关于盐铁的议论，增设题目，尽力列举各种论辩与诘难，他的著述有几万字，桓宽也想从先哲的伦理中探究治乱的道理，成为一家言论。桓宽的文辞说："观看各位大臣和才学贤德之士的议论，'与我所听说的不同'。听汝南朱生说，当时，各类才俊汇聚一起，如茂陵贤良唐生、鲁国文学万生之辈六十多人都在朝廷集聚，引用六经要旨，畅谈治国概要，智者呈现自己的才智，仁者彰明自己的举措，勇者体现自己的果断，辩者发挥自己的言辞，辩论不休，各不相让，他们的议论虽然不周翔完备，也可以大略地了解其中的意旨。中山国的刘子推讨论王道，矫正弊端，回归正道，他文质彬彬博学多才是一位君子。九江郡人祝生继承卫国大夫史鱼的节操，抒发自己对时政的不平，讥笑公卿，坚定执着不屈不挠，可以说是不畏豪强了。桑弘羊大夫依据当时社会的实际情况，符合形势的变化，崇尚权利之略，虽然不是正当之举，可是连大儒与学识渊博之士也不能驳倒他，他们阐明的道理没有能超过桑弘羊的，桑弘羊是学问广

博之人啊。但他手握公卿权柄，不追寻古道，把心思放在谋求商业利益之上，这不是他这个职位应该做的事，果然因为与上官桀谋反丢了性命，并连累他的宗族。车千秋位居伊尹、吕尚大臣的行列，就像处于车轴中心的位置一样主持政事，却对政事闭口不言，得以全身而逝，他啊！他啊！像这种身居丞相、御史大夫两府中的人士，不能发表正确的言论来辅佐宰相，反而与其成为同类，成为同行，迎合他人的意旨无原则地附合，以取悦上司，这些人就像孔子说的‘才识器量狭小之徒，不值得宣说。”

卷六十七

杨胡朱梅云传第三十七

杨王孙者，孝武时人也。学黄老之术，家业千金，厚自奉养生，亡所不致。及病且终，先令其子，曰："吾欲裸葬，以反吾真，必亡易吾意。死则为布囊盛尸，入地七尺，既下，从足引脱其囊，以身亲土。"其子欲默而不从，重废父命，欲从之，心又不忍，乃往见王孙友人祁侯。

祁侯与王孙书曰："王孙苦疾，仆迫从上祠雍，未得诣前。愿存精神，省思虑，进医药，厚自持。窃闻王孙先令裸葬，令死者亡知则已，若其有知，是戮尸地下，将裸见先人，窃为王孙不取也。且《孝经》曰'为之棺椁衣衾'，是亦圣人之遗制，何必区区独守所闻？愿王孙察焉。"

王孙报曰："盖闻古之圣王，缘人情不忍其亲，故为制礼，今则越之，吾是以裸葬，将以矫世也。夫厚葬诚亡益于死者，而俗人竞以相高，靡财单币，腐之地下。或乃今日入而明日发，此真与暴骸于中野何异！且夫死者，终生之化，而物之归者也。归者得至，化者得变，是物各反其真也。反真冥冥，亡形亡声，乃合道情。夫饰外以华众，厚葬以鬲真，使归者不得至，化者不得变，是使物各失其所也。且吾闻之，精神者天之有也，形骸者地之有也。精神离形，各归其真，故谓之鬼，鬼之为言归也。其尸块然独处，岂有知哉？裹以币帛，鬲以棺椁，支体络束，口含玉石，欲化不得，郁为枯腊，千载之后，棺椁朽腐，乃得归土，就其真宅。繇是言之，焉用久客！昔帝尧

杨王孙，汉武帝时人。他学习道家的黄老之术，家产千金，他重视道家的养生之道，沉醉其中，不能自拔。等到杨王孙生病临终的时候，先在遗嘱中训诫他的儿子，说："我打算裸葬，以便返璞归真，一定不要改变我的意愿。我死后用布袋装尸体，掘地七尺，放到地下以后，从脚上抽掉布袋子，让我的身体亲近土壤。"杨王孙的儿子没说话，不想顺从又怕严重违背父亲的遗命，想听从父亲的意愿，又于心不忍，就去拜见杨王孙的好友祁侯。

祁侯写了一封信告诉杨王孙："你苦于疾病的折磨，我匆匆忙忙跟随皇上到雍县祭祀，没能到府上看望你。希望你保存精力，减少思虑，按医生的嘱咐喝药，善待自己。我听说你之前立下遗嘱想死后裸葬，如果死者无知无觉也就算了，如果死者还有知觉，这是戮尸地下，将裸着身子去见先人，我认为你这样做不可取。而且《孝经》上提到'为去世的人准备棺椁衣衾'，这也是圣人遗训，你又何必为这样的小事固执己见呢？希望你明察。"

杨王孙回信说："我听说古代的圣王，因遵循人情而不忍心忤逆自己亲人的意愿，所以制定了葬礼，如今的人们超越礼制规定厚葬，因此，我才要求裸葬，是想矫正社会上厚葬的不良风气。厚葬确实对死者没有好处，可是俗人却竞相一比高下，浪费钱财置办衣物以及随葬物品，让这些东西在地下腐烂。有的人今天才埋进地下明天就被人盗墓，这真是与暴尸荒野没什么区别！况且所谓死，就是生的一种终结变化，是事物的最终归宿。死者回归本原，生命状态发生改变，这是事物回归本真的自然规律。返璞归真，回归冥冥世界，无形无声，才合乎大道精神。奢侈只能哗众取宠，厚葬只能脱离本真，使返璞归真的人不能达到自己的理想之地，使化者不能与土化而为一，这是使事物失去根本啊。况且我听说，精神回归上天，形骸归于大

之葬也，窾木为椟，葛藟为缄，其穿下不乱泉，上不泄殠。故圣王生易尚，死易葬也。不加功于亡用，不损财于亡谓。今费财厚葬，留归鬲至，死者不知，生者不得，是谓重惑。於戏！吾不为也。”

祁侯曰：“善。”遂裸葬。

胡建字子孟，河东人也。孝武天汉中，守军正丞，贫亡车马，常步与走卒起居，所以尉荐走卒，甚得其心。时监军御史为奸，穿北军垒垣以为贾区，建欲诛之，乃约其走卒曰：“我欲与公有所诛，吾言取之则取，斩之则斩。”于是当选士马日，监御史与护军诸校列坐堂皇上，建从走卒趋至堂皇下拜谒，因上堂皇，走卒皆上。建指监御史曰：“取彼。”走卒前曳下堂皇。建曰：“斩之。”遂斩御史。护军诸校皆愕惊，不知所以。建亦已有成奏在其怀中，遂上奏曰：“臣闻军法，立武以威众，诛恶以禁邪。今监御史公穿军垣以求贾利，私买卖以与士市，不立刚毅之心，勇猛之节，亡以帅先士大夫，尤失理不公。用文吏议，不至重法。《黄帝李法》曰：‘壁垒已定，穿窬不繇路，是谓奸人，奸人者杀。’臣谨按军法曰：‘正亡属将军，将军有罪以闻，二千石以下行法焉。’丞于用法疑，执事不诿上，臣谨以斩，昧死以闻。”制曰：“《司马法》曰‘国容不入军，军容不入国’，何文吏也？三王或誓于军中，欲民先成其虑也；或誓于军门之外，欲民先意以待事也；或将交刃而誓，致民志也。建又何疑焉？”

地。人死后精神脱离形体，肉体与精神各自回归本原，所以称为鬼，鬼就是归的意思。死尸像土块一样独处，怎么会有知觉呢？用布帛包裹，用棺椁隔离，尸体被紧紧裹缚，口中藏着玉石，想变化而去却做不到，只能变成干尸，千载以后，棺椁腐朽，才能回归大地，回到他真正的府宅。这样说来，又何必长久客居他乡呢！从前安葬尧的时候，掏空木头做简易的棺材，用葛蕾藤条捆绑在外面，挖掘墓穴的深度不能污染了清澈的泉水，在上面不会漏泄腐臭的气味。所以圣王活着的时候就尊崇简易的风尚，死后也会简单安葬。不在无用的地方花费功夫，不在没有意义的事上损耗钱财。现在奢侈浪费进行厚葬，阻碍逝者寻找归宿，使其难以返回本原，死的人一无所知，活着的人还要浪费钱物，这是非常愚昧的举止啊。哎呀！这样的事我不能做啊！”

祁侯看了杨王孙的回信，说：“说得好。”杨王孙死后，最终实现裸葬。

胡建字子孟，河东郡人。汉武帝天汉年间，守军正丞，因家贫没有车马，经常步行，与他的走卒生活起居都在一起，所以能慰藉走卒，很得人心。当时监军御史施行奸计，凿穿北军军垒的矮墙，建造买卖物品的小房从中牟利，胡建想诛杀他，就约他的走卒说：“我想和你们一起诛杀某个人，我说抓住他你们就抓住他，我说斩杀他你们就斩杀他。”于是斩杀行动定在选拔士兵的那天，监御史与护军诸校尉坐在大堂上，胡建和走卒快步来到堂下拜见，他起身时趁机走向大堂的前面，他带领的走卒也都紧跟而上。胡建指着监御史说：“抓住他。”走卒上前抓住监御史把他拽下大堂。胡建说：“斩了他。”走卒就斩杀了监御史。护军诸校都大惊失色，不知道是什么原因。胡建也将写好的奏书藏在怀中，就上奏说：“臣听说军法的目的在于，树立武备来显示威势，诛杀恶人来禁止邪行。现在监御史凿穿军营的矮墙来谋求利益，私自在军营里做买卖，不立刚毅之心，勇猛之节，无法作为士大夫的榜样，尤失理不公。如果让文吏议罪，就不会处以重法。《黄帝李法》讲：‘军营的围墙砌成以后，穿洞过墙违反结营规定，就是奸人，是奸人就要处死。’臣依照军法行事，军法规定：‘军正不归属将军管辖，将军有罪军正可以上奏朝廷，二千石以

建繇是显名。

后为渭城令，治甚有声。值昭帝幼，皇后父上官将军安与帝姊盖主私夫丁外人相善。外人骄恣，怨故京兆尹樊福，使客射杀之。客臧公主庐，吏不敢捕。渭城令建将吏卒围捕。盖主闻之，与外人、上官将军多从奴客往，犇射追吏，吏散走。主使仆射劾渭城令游徼伤主家奴。建报亡它坐。盖主怒，使人上书告建侵辱长公主，射甲舍门。知吏贼伤奴，辟报故不穷审。大将军霍光寝其奏。后光病，上官氏代听事，下吏捕建，建自杀。吏民称冤，至今渭城立其祠。

朱云字游，鲁人也，徙平陵。少时通轻侠，借客报仇。长八尺余，容貌甚壮，以勇力闻。年四十，乃变节从博士白子友受《易》，又事前将军萧望之受《论语》，皆能传其业。好倜傥大节，当世以是高之。

元帝时，琅邪贡禹为御史大夫，而华阴守丞嘉上封事，言“治道在于得贤，御史之官，宰相之副，九卿之右，不可不选。平陵朱云，兼资文武，忠正有智略，可使以六百石秩试守御史大夫，以尽

下官吏可依照军法惩处。’军正丞可否根据军法斩杀监御史是不确定的，但执行军法时不应推责给上级，所以臣就依照军法斩杀了监御史，臣冒死将此事禀报皇上。”皇上下诏说：“《司马法》讲：‘国家的礼仪不入军队，军队的制度不入国家。’为什么要让文吏来审案定罪呢？夏、商、周三代的圣王有时在军中盟誓，让军士先明白军规；有时在军门外盟誓，让军士做好应战的准备；有时在交锋前盟誓，以鼓励军士的斗志。你又有什么疑惑呢？”胡建从此出了名。

后来，胡建任渭城县县令，他治理政事很出名。当时正值昭帝年幼，皇后的父亲骠骑将军上官安与昭帝的姐姐盖长公主的情夫丁外人交情不错。丁外人骄恣无度，不满意前任京兆尹樊福，就派刺客射死了他。刺客藏匿于盖长公主的一处府邸里，官差不敢进去拿人。渭城县令胡建带领士卒包围盖长公主的府邸进行抓捕。盖长公主听说后，就与丁外人、骠骑将军上官安带着众多家仆前往府邸，他们奔跑着追杀官差，官差四处逃散。盖长公主指使仆射弹劾渭城县令胡建，说他派巡查盗贼的官吏伤害了自己的家奴。胡建上奏说自己没有违法之处。盖长公主非常恼怒，派人上书弹劾胡建欺侮长公主，用弓箭射中盖长公主的府门。还说胡建明知属下官吏伤害了盖长公主的家奴，却避重就轻不报罪故意不彻查此事。大将军霍光压下了盖长公主的奏章。后来霍光有病，上官桀代替霍光处理政事，就命令官吏逮捕胡建，胡建随即自杀。当地的官吏百姓都为胡建鸣冤，至今渭城县还为他立祠堂。

朱云字游，鲁国人，后来迁居平陵县。朱云在少年时就结交了一些轻生重义的勇猛之人，借助这些人报仇。他身高八尺多，体貌魁伟，以勇气与力量闻名。朱云在四十岁时，才改变立场跟着博士白子友学习《易经》，又跟着前将军萧望之学习《论语》，后来他也能传授《易经》《论语》。朱云喜欢卓越豪迈的大节，世人因此而仰慕他。

汉元帝时期，琅琊郡人贡禹被任命为御史大夫，而华阴县代理丞嘉向皇帝上书密封的奏章，他说“治国之道在于得到贤士，御史大夫的职位是副宰相，位居九卿之上，不能不精挑细选。平陵县人朱云，具备文武两种资质，忠诚正直才智谋略出众，可以让他以六百石

其能。”上乃下其事问公卿。太子少傅匡衡对，以为“大臣者，国家之股肱，万姓所瞻仰，明王所慎择也。传曰下轻其上爵，贱人图柄臣，则国家摇动而民不静矣。今嘉从守丞而图大臣之位，欲以匹夫徒步之人而超九卿之右，非所以重国家而尊社稷也。自尧之用舜，文王于太公，犹试然后爵之，又况朱云者乎？云素好勇，数犯法亡命，受《易》颇有师道，其行义未有以异。今御史大夫禹絜白廉正，经术通明，有伯夷、史鱼之风，海内莫不闻知，而嘉猥称云，欲令为御史大夫，妄相称举，疑有奸心，渐不可长，宜下有司案验以明好恶。”嘉竟坐之。

是时，少府五鹿充宗贵幸，为《梁丘易》。自宣帝时善梁丘氏说，元帝好之，欲考其异同，令充宗与诸《易》家论。充宗乘贵辩口，诸儒莫能与抗，皆称疾不敢会。有荐云者，召入，摄齋登堂，抗首而请，音动左右。既论难，连拄五鹿君，故诸儒为之语曰：“五鹿岳岳，朱云折其角。”繇是为博士。

迁杜陵令，坐故纵亡命，会赦，举方正，为槐里令。时中书令石显用事，与充宗为党，百僚畏之。唯御史中丞陈咸年少抗节，不附显等，而与云相结。云数上疏，言丞相韦玄成容身保位，亡能往来，而咸数毁石显。久之，有司考云，疑风吏杀人。群臣朝见，上问丞相以云治行。丞相玄成言云暴虐亡状。时陈咸在前，闻之，以语云。云上书自讼，咸为定奏草，求下御史中丞。事下丞相，丞相部吏考立其

官员的级别试任御史大夫，发挥他的才能。”汉元帝就此事向公卿大臣征询。太子少傅匡衡回答说：“大臣，是辅佐国家的，是百姓瞻仰的对象，圣明的君王在选择大臣这件事上都很慎重。古人说如果下位的百姓轻视上等爵位的大官，卑下的人谋划成为权臣，国家就会动摇而百姓就不得安宁。如今嘉任守丞却图谋大臣之位，想让一个普通老百姓超越于九卿之上，这不是以国事为重，以江山社稷为贵的做法。尧任用舜，周文王任用姜太公，还是在试用之后才封给他们爵位，又何况朱云这样的人呢？朱云平时好逞勇武，多次犯法到处流亡逃命，他学习《易经》虽然颇懂尊师重道之理，但他在躬行仁义方面并没有异于常人之处。目前，御史大夫贡禹清白廉正，对经术通晓明了，有伯夷、史鱼的风范，天下没有不知道他的，可是嘉却谬赞朱云，认为他能胜任御史大夫一职，便妄加推荐，恐怕他另有企图，这种行为不能助长，应该交给官吏查询验证，弄明白他的用心是好还是坏。”嘉竟然因此被治罪。

当时，少府五鹿充宗地位尊贵受到皇上的宠幸，他精通《梁丘易》。从汉宣帝时就推崇梁丘氏对《易经》的解说，元帝爱好《易经》，想了解一下《梁丘易》和其他各家对《易经》注解的异同，就让五鹿充宗与其他各家辩论《易经》。五鹿充宗依凭自己地位显贵与很好的口才，诸儒生没有人敢和他对抗，都借口生病不敢与他辩论。有人推举朱云，元帝就下诏让他进宫，朱云提起衣襟登殿，昂首挺胸，行礼请示，声音洪亮震动朝堂上的人。辩驳争论，质询疑难之处后，朱云接连驳倒五鹿充宗，故而众儒生评价说：“五鹿充宗的角权虽长，朱云却能折服。”朱云因此被任命为博士。

后来朱云升为杜陵县县令，因故意放走逃亡犯人而获罪，正好遇到大赦天下，地方以朱云为人正直为由向朝廷举荐，朱云被任命为槐里县县令。当时中书令石显执政，与五鹿充宗结党，朝中百官都畏惧他们。只有御史中丞陈咸年轻气盛，坚贞不屈，不依附石显等人，与朱云关系密切。朱云多次上书，说丞相韦玄成安适其身保护自己的职位，不能在朝中主持正义，而陈咸也多次诋毁石显。很久之后，有关部门考核朱云，怀疑他指使县吏杀人。群臣上朝时，汉元帝

杀人罪。云亡入长安，复与咸计议。丞相具发其事，奏“咸宿卫执法之臣，幸得进见，漏泄所闻，以私语云，为定奏草，欲令自下治，后知云亡命罪人，而与交通，云以故不得。”上于是下咸、云狱，减死为城旦。咸、云遂废锢，终元帝世。

至成帝时，丞相故安昌侯张禹以帝师位特进，甚尊重。云上书求见，公卿在前。云曰：“今朝廷大臣上不能匡主，下亡以益民，皆尸位素餐，孔子所谓‘鄙夫不可与事君’，‘苟患失之，亡所不至’者也。臣愿赐尚方斩马剑，断佞臣一人以厉其余。”上问：“谁也？”对曰：“安昌侯张禹。”上大怒，曰：“小臣居下讪上，廷辱师傅，罪死不赦！”御史将云下，云攀殿槛，槛折。云呼曰：“臣得下从龙逄、比干游于地下，足矣！未知圣朝何如耳？”御史遂将云去。于是左将军辛庆忌免冠解印绶，叩头殿下曰：“此臣素著狂直于世。使其言是，不可诛；其言非，固当容之。臣敢以死争。”庆忌叩头流血。上意解，然后得已。及后当治槛，上曰：“勿易！因而辑之，以旌直臣。”

云自是之后不复仕，常居鄠田，时出乘牛车从诸生，所过皆敬事焉。薛宣为丞相，云往见之。宣备宾主礼，因留云宿，从容谓云曰：

向丞相韦玄成问询朱云的政绩。丞相韦玄成说朱云暴虐无度。当时陈咸也在场，听到这些话，转告给了朱云。朱云上书辩解，陈咸为他草拟奏章，建议将此事由御史中丞来处理。皇上却把这件事交给了丞相办理，丞相韦玄成的属吏审查后将朱云定为杀人罪。朱云只好逃往长安，又与陈咸商议办法。丞相韦玄成发觉了他们所有的事，就奏告皇上说："陈咸身为宫廷宿卫，是朝廷的执法大臣，蒙陛下信任侍奉左右，却擅自泄露机密，偷偷告诉朱云，还为朱云拟定奏书的草稿，想请求皇上让他处理朱云的案件，后来陈咸明知朱云是逃亡在外的罪人，却和他相互往来，因此官吏才无法捉拿朱云。"皇上诏令将陈咸、朱云下狱，后免去死罪，判他们服筑城四年的劳役。陈咸、朱云被革除官职，终身不再录用，一直到元帝去世。

到汉成帝时，丞相故安昌侯张禹因为是皇帝的老师，成帝赐他特进的待遇，很尊重他。朱云上书求见皇上，当时公卿大臣都在旁边。朱云说："如今朝廷大臣上不能辅助君主，下不能利益人民，都占着职位享受俸禄而不做实事，就是孔夫子所说的'见识浅薄的人不可以侍奉国君'，'一旦担心会失去享有的东西，就什么事都会做出来'啊。臣希望皇上赐我尚方斩马剑，斩杀一个佞臣来警戒其他人。"皇上问："你想斩杀谁呢？"朱云回答说："安昌侯张禹。"成帝非常恼怒，说："你一个身居下位的小臣居然毁谤上位的人，敢在朝廷上侮辱我的老师，定为死罪不能赦免！"御史拖着朱云下殿，朱云死死抓住殿前的栏杆不松手，栏杆断了。朱云喊叫着说："臣能到地下和关龙逢、比干交游，很知足了！只是不知道圣朝的前途会怎么样？"御史终于拖着朱云离去。这时左将军辛庆忌摘下官帽，解下印绶，伏身叩头说："此臣一向以狂放直率著称。如果他的话有道理，就不能杀他；如果没道理，也要包容他。臣愿以死为他进言。"辛庆忌一直不停地叩头直到鲜血直流。成帝逐渐气消，最后赦免朱云的死罪。后来要修复栏杆时，成帝说："不要换新的！原样恢复，用来表彰正直之臣。"

朱云从此以后不再出仕，经常住在鄠县乡下，有时乘坐牛车后面跟着学生们出来走走，他走过的地方人们都很恭敬地伺候他。薛

“在田野亡事，且留我东阁，可以观四方奇士。”云曰：“小生乃欲相吏邪？”宣不敢复言。

其教授，择诸生，然后为弟子。九江严望及望兄子元，字仲，能传云学，皆为博士。望至泰山太守。

云年七十余，终于家。病不呼医饮药。遗言以身服敛，棺周于身，土周于椁，为丈五坟，葬平陵东郭外。

梅福字子真，九江寿春人也。少学长安，明《尚书》《穀梁春秋》，为郡文学，补南昌尉。后去官归寿春，数因县道上言变事，求假轺传，诣行在所条对急政，辄报罢。

是时成帝委任大将军王凤，凤专势擅朝，而京兆尹王章素忠直，讥刺凤，为凤所诛。王氏浸盛，灾异数见，群下莫敢正言。福复上书曰：

臣闻箕子佯狂于殷，而为周陈《洪范》；叔孙通遁秦归汉，制作仪品。夫叔孙先非不忠也，箕子非疏其家而畔亲也，不可为言也。昔高祖纳善若不及，从谏若转圜，听言不求其能，举功不考其素。陈平起于亡命而为谋主，韩信拔于行陈而建上将。故天下之士云合归汉，争进奇异，知者竭其策，愚者尽其虑，勇士极其节，怯夫勉其死。合天下之知，并天下之威，是以举秦如鸿毛，取楚若拾遗，此高祖所以亡敌于天下也。孝文皇帝起于代谷，非有周召之师，伊吕之佐也，循高祖之法，加以恭俭。当此之时，天下几平。繇是言之，循高祖之法则治，不循则乱。何者？秦为亡道，削仲尼之迹，灭周公之轨，坏井田，除五等，礼废乐崩，王道不通，故欲行王道者莫

宣担任丞相时，朱云去拜见他。薛宣以礼相待，并留他住宿，在闲暇之时对朱云说："你如果在乡下没什么事，暂且留在我的东阁，也可以看看来自四面八方的奇异之人。"朱云说："小生是想让我当官吗？"薛宣便不敢再说这件事了。

朱云教授学业，在众儒生中选择好的然后收为自己的弟子。九江郡人严望以及他哥哥的儿子严元，字仲，都能继承朱云的学说，成为博士。严望官至泰山郡太守。

朱云七十多岁的时候，在家逝世。他生病时也不请医服药。他的遗言说以身上所穿衣服下葬，他的棺材能容下身体就行，墓穴能放下棺椁就行，他的坟墓只有一丈五尺长，朱云安葬在平陵东城的外面。

梅福字子真，九江郡寿春县人。梅福少年时在长安求学，通晓《尚书》《穀梁春秋》，曾经任郡里的文学，后来补任南昌县县尉。再后来辞官回了寿春，他多次通过县、道驿使上书谈论突然发生的重大事件，他还请求借使者所乘坐的传车，赶赴天子驻跸处，对朝政急迫之事逐条论述，但不被采纳。

当时成帝委任大将军王凤管理朝政，王凤专权独断，而京兆尹王章素来刚正不阿，针砭王凤，被王凤所杀。王凤一族的势力逐渐强盛，灾异多次显现，下面的群臣没人敢说实话。梅福又上书说：

臣听说殷商时的箕子假装疯狂以保全自己，却向周武王论说《洪范》大义；叔孙通在秦朝时逃亡却依附汉朝，为汉朝制定了礼制。叔孙通不是不忠于秦朝，箕子也不是叛亲投敌，是因为他们的进言无法被采纳啊。从前高祖接纳善言就怕有疏漏的地方，他听从谏言如同转身般迅速，听取劝谏之言不论劝谏者的能力怎样，都论功行赏，不考查立功者旧时的一切。陈平从亡命之徒起家，最终成为谋士之主，韩信从巡行军阵被提拔为大将军。所以天下之士云集归汉，争相进献奇异的计策，智者竭尽自己的计谋，愚者竭尽自己的思虑，勇士竭尽自己的操守，胆小怯懦的人努力做到不怕死。高祖集聚天下的智慧，汇聚天下的武力，所以灭亡秦朝就像举起鸿毛一样容易，夺取项羽的天下就像拾取东西一样不费力，这就是高祖无敌于天下的原

能致其功也。孝武皇帝好忠谏，说至言，出爵不待廉茂，庆赐不须显功，是以天下布衣各厉志竭精以赴阙廷自衒鬻者不可胜数。汉家得贤，于此为盛。使孝武皇帝听用其计，升平可致。于是积尸暴骨，快心胡越，故淮南王安缘间而起。所以计虑不成而谋议泄者，以众贤聚于本朝，故其大臣势陵不敢和从也。方今布衣乃窥国家之隙，见间而起者，蜀郡是也。及山阳亡徒苏令之群，蹈藉名都大郡，求党与，索随和，而亡逃匿之意。此皆轻量大臣，亡所畏忌，国家之权轻，故匹夫欲与上争衡也。

士者，国之重器；得士则重，失士则轻。《诗》云："济济多士，文王以宁。"庙堂之议，非草茅所当言也。臣诚恐身涂野草，尸并卒伍，故数上书求见，辄报罢。臣闻齐桓之时有以九九见者，桓公不逆，欲以致大也。今臣所言非特九九也，陛下距臣者三矣，此天下士所以不至也。昔秦武王好力，任鄙叩关自鬻；缪公行伯，繇余归德。今欲致天下之士，民有上书求见者，辄使诣尚书问其所言，言可采取者，秩以升斗之禄，赐以一束之帛。若此，则天下之士发愤懑，吐忠言，嘉谋日闻于上，天下条贯，国家表里，烂然可睹矣。夫以四海之广，士民之数，能言之类至众多也。然其俊桀指世陈政，言成文章，质之先圣而不缪，施之当世合时务，若此者，亦亡几人。故爵

因。孝文帝从代谷出来登上帝位，缺少像周公、召公那样的老师，没有伊尹、吕尚那样的辅臣，只是遵循高祖的法令制度，加上自己恭谨俭约的作风。在当时，天下太平。由此说来，如果遵照高祖的法令制度就能得到大治，不遵照就会天下大乱。为什么呢？秦朝不行正道，废除孔夫子的仁政学说，毁灭周公礼仪的轨迹，破坏井田制度，取消五等爵位，礼废乐崩，王道不通，所以即使有人想推行王道也难以获得成功。孝武皇帝喜好忠诚的劝谏，欣赏富有哲理而合情合理的话，不必举荐为孝廉与茂材，只要合乎武帝之意就可获得官爵，赏赐人不需要有显著的功勋，所以天下的百姓都竭尽全力，来朝廷来陈述治国之道的人不计其数。汉朝得到的贤才，在当时最隆盛。假使汉武帝听取并任用这些人的建议，天下升平就能实现。可是汉武帝却以攻打匈奴、南越为快乐，于是尸骨堆积暴尸郊野，所以淮南王刘安乘隙起兵发动叛乱。刘安之所以谋反不成而阴谋败露，是因为朝廷中贤能之士众多，因此淮南王的臣下看到形势不对，不敢随同刘安造反。如今的百姓竟然偷窥时机，见有可乘之机就发动反叛，蜀郡人谋反就是一个例子。后来山阳郡暴徒苏令等人叛乱毁坏名都大郡，招纳叛党，聚积附合他们的人，居然没有逃匿的意思。这些人都小看朝廷大臣，没有任何畏惧顾忌，这是因为国家的威德权势不足以服众，所以百姓才敢与皇上抗衡啊。

士人，是国家的股肱之士；拥有士人国家就尊贵，失去士人国家就轻贱。《诗经》讲：“众多人才聚积一起，周文王以此安定天下。”朝廷谈论的事，不是山野乡间的人应该说的。臣是害怕自己暴尸荒野，战死疆场，因此才多次上书言事，但总是被拒绝。臣听说齐桓公执政时有人以九九算法请求进见，齐桓公没有因为这样的小事拒绝他，目的是想招来进献国家方针政策的人。如今臣所说的并非九九算法那样的小事，陛下已经三次拒绝召见臣了，这就是天下贤士不进献计谋的原因啊。从前秦武王喜好武力，大力士任鄙入函谷关自我推荐；秦穆公实行霸业之道，繇余归顺为他出谋划策。如今陛下要想招览天下的贤士，如果有上书求见的百姓，就让他们去拜见尚书询问他们所说的话，有可以采用的言论，就给予他们升斗的薪俸，

禄束帛者，天下之底石，高祖所以厉世摩钝也。孔子曰："工欲善其事，必先利其器。"至秦则不然，张诽谤之罔，以为汉驱除，倒持泰阿，授楚其柄。故诚能勿失其柄，天下虽有不顺，莫敢触其锋，此孝武皇帝所以辟地建功为汉世宗也。今不循伯者之道，乃欲以三代选举之法取当时之士，犹察伯乐之图，求骐骥于市，而不可得，亦已明矣。故高祖弃陈平之过而获其谋，晋文召天王，齐桓用其仇，有益于时，不顾逆顺，此所谓伯道者也。一色成体谓之醇，白黑杂合谓之驳。欲以承平之法治暴秦之绪，犹以乡饮酒之礼理军市也。

今陛下既不纳天下之言，又加戮焉。夫戴鹊遭害，则仁鸟增逝；愚者蒙戮，则知士深退。间者愚民上疏，多触不急之法，或下廷尉，而死者众。自阳朔以来，天下以言为讳，朝廷尤甚，群臣皆承顺上指，莫有执正。何以明其然也？取民所上书，陛下之所善，试下之廷尉，廷尉必曰"非所宜言，大不敬。"以此卜之，一矣。故京兆尹王章资质忠直，敢面引廷争，孝元皇帝擢之，以厉具臣而矫曲朝。及至陛下，戮及妻子。且恶恶止其身，王章非有反畔之辜，而殃及家。折直士之节，结谏臣之舌，群臣皆知其非，然不敢争，天下以言为戒，最国家之大患也。愿陛下循高祖之轨，杜亡秦之路，数御《十月》之歌，留意《亡逸》之戒，除不急之法，下亡讳之诏，博览兼听，

赐给一束的布帛。如果能这样施行，那么天下之士就会抒发内心的不快，倾吐忠诚正直的话，皇上每天都能听到好的谋略，这样一来，天下的礼序，国家的表里，就光彩明亮，看得非常清楚了。我们大汉朝疆域广大，士民众多，能够进言的人一定很多。可是其中才智杰出能指陈时事政务，出口成章，引用先代圣贤遗训的人，在当今社会施行并合乎时务的人，却没有几个。所以官爵俸禄与扎成束的布帛，是天下的磨刀石，高祖皇帝就是警励世人，磨炼鲁钝的人啊。孔夫子说："工欲善其事，必先利其器。"到了秦朝却不然，他们对于劝谏的人张开诽谤的罗网，结果被汉朝推翻，就好像手持泰阿利剑，却把以剑柄交给楚人。所以不把剑柄授予他人，即使天下有不顺从的人或事，也没有人敢触摸锋利的剑刃，这就是汉武帝能开辟疆域，建立伟业，成为一代明君的原因。如今朝廷不遵循霸道，却用夏、商、周三代推举人才的办法选拔当代的士人，就像以伯乐所画的骏马图，去集市上找寻千里马一样，很难办到，这是显而易见的道理。所以高祖刘邦不顾及陈平盗嫂受金的过错而收获了奇谋，晋文公召请周天子与诸侯在温地会盟，齐桓公重用曾经的仇人管仲为相，只求对当时的时局有益，不考虑以往的恩怨，这就是所谓的霸道。构成一色的体系叫做纯，白黑杂合称为驳。想用太平盛世的治国办法处理暴秦那样的混乱状态，就好像用乡里饮酒的礼节处理军中的事务一样啊。

如今陛下既不采纳天下人的进言，又对众人加以迫害。鸢鹊遇害，鸾凤就会远走高飞；愚者蒙受杀戮之罪，智士就会深藏隐退。有时候愚民上书，因为陈述的大多是不着急的事，有的居然被交给廷尉审讯，为此死去的人有很多。自阳朔年间以来，天下人忌讳发言，在朝廷更为严重，群臣都顺着皇上的意思做事，没有敢坚持正义的人。怎么知道是这样的呢？就拿百姓所上的奏书来说，陛下也觉得对国家有用，可是却把它交给廷尉处理，廷尉必说"作为臣民不应该说这样的话，这是对朝廷的大不敬。"以此来推测，人们就会认为进言是被治罪的一个原因啊。前京兆尹王章生性忠诚正直，敢在朝廷上直言谏诤，孝元皇帝提拔他，用以激励没有作为的臣子，矫正不正直的朝臣。可是到了陛下您，却杀了他乃至于他的妻子儿女。惩处邪恶也该仅限

谋及疏贱，令深者不隐，远者不塞，所谓“辟四门，明四目”也。且不急之法，诽谤之微者也。“往者不可及，来者犹可追。”方今君命犯而主威夺，外戚之权日以益隆，陛下不见其形，愿察其景。建始以来，日食地震，以率言之，三倍春秋，水灾亡与比数。阴盛阳微，金铁为飞，此何景也！汉兴以来，社稷三危。吕、霍、上官皆母后之家也，亲亲之道，全之为右，当与之贤师良傅，教以忠孝之道。今乃尊宠其位，授以魁柄，使之骄逆，至于夷灭，此失亲亲之大者也。自霍光之贤，不能为子孙虑，故权臣易世则危。《书》曰：“毋若火，始庸庸。”势陵于君，权隆于主，然后防之，亦亡及已。

上遂不纳。

成帝久亡继嗣，福以为宜建三统，封孔子之世以为殷后，复上书曰：

臣闻“不在其位，不谋其政”。政者职也，位卑而言高者罪也。越职触罪，危言世患，虽伏质横分，臣之愿也。守职不言，没齿身全，死之日，尸未腐而名灭，虽有景公之位，伏历千驷，臣不贪也。故愿壹登文石之陛，涉赤墀之涂，当户牖之法坐，尽平生之愚虑。

于其本人，况且王章并没有造反的图谋，却连累全家。这样做就会折损耿直之士的气节，使谏臣的舌头打结，群臣都知道这样做是错误的，但没有人敢为此事争辩，天下人也都以规劝皇上为戒，这是国家最大的祸患啊。希望陛下遵照高祖的制度，杜绝秦朝覆灭的弊端，以《诗经·十月》的精神为警示，留意《亡逸》篇的告诫，废除不切实际的法律，颁布直言进谏的诏令，广泛地听取意见多阅读考察，从关系疏远地位低下的人那里谋求建议，让隐士不隐藏自己的言论，让偏远地区的人不闭塞门路来朝廷规谏，这就是《尚书》所讲的“辟四门，明四目”啊。况且不切实际的法律，有招致诽谤的苗头。“往者不可谏，来者犹可追。”当今朝廷，君命受到侵犯，主上的威力受到侵夺，外戚掌握的大权日益隆盛，即使陛下看不到真实情况，也希望陛下能看到一些的征兆。建始以来，日食地震不断，大概而言，是春秋时期的三倍，水灾更是多到无法与春秋时期相比。阴盛阳衰，熔铸的铁汁飞溅，这是怎样的情景！汉朝自兴起以来，国家曾面临三次危机。吕氏、霍氏、上官氏三家都是太后的家族，亲近亲人的道理，要以保全为上，应当给他们安排贤明的师傅优秀的老师，教给他们忠孝的道理。如今给外戚尊宠的职位，授予他们朝廷的大权，使他们变得骄横放纵，以至于最终被夷灭宗族，这就是失掉了亲近亲人的至关重要的道理啊。像霍光这样贤能的人，尚且难以替子孙考虑，所以权臣掌控朝政，他的下一代就有危险。《尚书》讲：“炽盛的大火一开始都是星星之火。”臣子的势力大于君主，臣子的权位比君主隆盛，即使君主后来想防止祸患的发生，恐怕也来不及了。

成帝还是没有采纳。

成帝在位很久还是没有子嗣，梅福认为应当建立三统，封孔子后人为殷商的后裔。他又上书说：

臣听说“不在其位，不谋其政”。在职位的人就要言政，位卑而说超越权位的话是犯罪。超越职权触犯法律，危言耸听祸害世人，即使被身首分离，臣也愿意。如果守在职位上却不敢说话，直到终老也能保全自己的身家性命，可是在死亡来临的时候，尸骨还未腐烂而

亡益于时，有遗于世，此臣寝所以不安，食所以忘味也。愿陛下深省臣言。

臣闻存人所以自立也，壅人所以自塞也。善恶之报，各如其事。昔者秦灭二周，夷六国，隐士不显，佚民不举，绝三统，灭天道，是以身危子杀，厥孙不嗣，所谓壅人以自塞者也。故武王克殷，未下车，存五帝之后，封殷于宋，绍夏于杞，明著三统，示不独有也。是以姬姓半天下，迁庙之主，流出于户，所谓存人以自立者也。今成汤不祀，殷人亡后，陛下继嗣久微，殆为此也。《春秋经》曰："宋杀其大夫。"《穀梁传》曰："其不称名姓，以其在祖位，尊之也。"此言孔子故殷后也，虽不正统，封其子孙以为殷后，礼亦宜之。何者？诸侯夺宗，圣庶夺適。传曰"贤者子孙宜有土"，而况圣人，又殷之后哉！昔成王以诸侯礼葬周公，而皇天动威，雷风著灾。今仲尼之庙不出阙里，孔氏子孙不免编户，以圣人而歆匹夫之祀，非皇天之意也。今陛下诚能据仲尼之素功，以封其子孙，则国家必获其福，又陛下之名与天亡极。何者？追圣人素功，封其子孙，未有法也，后圣必以为则。不灭之名，可不勉哉！

福孤远，又讥切王氏，故终不见纳。

名声已经泯灭，即使有齐景公的职位，有四千匹马伏在槽上的威势，臣也不贪求这些。所以臣只愿登上文石砌成的台阶，进入帝王的宫殿，面对窗户坐在君主的听朝之处，尽自己平生的愚虑。即使无益于当下，也会留传于后世，这就是臣寝不能安于席，食所以不知味的原因。希望陛下深深地省察臣的肺腑之言。

臣听说成全别人就是成全自己，阻塞别人就是阻塞自己。善恶之报，各有原因。从前秦国歼灭西周和东周，平定了六国，隐士不出山，流亡在外的人民不被推举，秦国绝三统，灭天道，所以秦始皇遭受危害，儿子秦二世被杀，断子绝孙没有后嗣，这就是所谓的阻塞别人就是阻塞自己啊。故而周武王攻克殷商，还没下车，就要找寻并留存五帝的后人，把殷商的后人封在宋国，把绍夏的后人封在杞地，明著三统，表示自己不会独占天下。所以姬姓在天下占了一半，对于失去宗庙的君主，还为他们的后嗣安排封地，这就是臣所说的成全别人就是成全自己。现在成汤的后人不再祭祀，殷商的人也没有后代，陛下还没有后嗣，也是这样的原因。《春秋经》讲："宋杀其大夫。"《穀梁传》也讲："不称名姓的原因，是因为他是祖先，应该予以尊敬。"这就是指明孔子是前代殷商的后人，虽然不是嫡系相传，但封他的子孙做为殷商的后人，在礼制上也是合适的。为什么呢？诸侯夺取了殷商的大宗，庶出的圣人也可以夺取嫡位。古书讲"贤士的子孙应有封土"，更况且又是圣人孔夫子的子孙，又是殷商的后人呢！以前周成王按照诸侯的礼制安葬周公，结果上天动怒，降下雷电风暴之灾。如今孔子的祭祀不出阙里，孔子的子孙不免成为普通户籍的平民，让圣人接受平民的祭祀，这不是上天的本意啊。如今陛下能根据孔子的素王之功，来分封孔氏后人，那么国家必定能因此获得福佑，而且陛下的名声可以和天一样没有极限。这又是为什么呢？追论孔圣人的素王之功，封赏他的后代子孙，先前还没有这样的法律规定，后世圣明的君主一定会以此为法则。为了这样不朽的功名，怎么能不努力呢！

梅福人微言轻，不在朝廷任职，又多次讽谏王氏，所以最终他的进谏也不被采纳。

初，武帝时，始封周后姬嘉为周子南君，至元帝时，尊周子南君为周承休侯，位次诸侯王。使诸大夫博士求殷后，分散为十余姓，郡国往往得其大家，推求子孙，绝不能纪。时匡衡议，以为“王者存二王后，所以尊其先王而通三统也。其犯诛绝之罪者绝，而更封他亲为始封君，上承其王者之始祖。《春秋》之义，诸侯不能守其社稷者绝。今宋国已不守其统而失国矣，则宜更立殷后为始封君，而上承汤统，非当继宋之绝侯也，宜明得殷后而已。今之故宋，推求其嫡，久远不可得；虽得其嫡，嫡之先已绝，不当得立。《礼记》孔子曰：‘丘，殷人也。’先师所共传，宜以孔子世为汤后。”上以其语不经，遂见寝。至成帝时，梅福复言宜封孔子后以奉汤祀。绥和元年，立二王后，推迹古文，以《左氏》《穀梁》《世本》《礼记》相明，遂下诏封孔子世为殷绍嘉公。语在《成纪》。是时，福居家，常读书养性为事。

至元始中，王莽颛政，福一朝弃妻子，去九江，至今传以为仙。其后，人有见福于会稽者，变名姓，为吴市门卒云。

云敞字幼孺，平陵人也。师事同县吴章，章治《尚书经》为博士。平帝以中山王即帝位，年幼，莽秉政，自号安汉公。以平帝为成帝后，不得顾私亲，帝母及外家卫氏皆留中山，不得至京师。莽长子宇，非莽鬲绝卫氏，恐帝长大后见怨。宇与吴章谋，夜以血涂莽门，若鬼神之戒，冀以惧莽。章欲因对其咎。事发觉，莽杀宇，诛灭卫氏，谋所联及，死者百余人。章坐要斩，磔尸东市门。初，章为当

起初，武帝执政的时候，开始封周朝的后代姬嘉为周子南君，到元帝时，尊周子南君为周承休侯，地位仅次于诸侯王。后又派官员、博士寻觅殷商的后人，但是其后人已经分散为十几个姓，于是武人派人在郡国中寻找殷商后裔的大家族，但推论谱系，却难以理清关系。当时匡衡的建议是："王者应保全殷、周两代的后裔，这是敬重他们的先王而贯通三统啊。如果他们的后裔犯了诛灭家族的罪而断绝祭祀的，就改封旁系亲属为始封君，向上继承君王的祖先。《春秋》之义，诸侯之中有不能守卫江山社稷而致使后嗣灭绝。如今殷商的后嗣宋国不能保有社稷而失去了封国，就应改封殷商的其他后裔为始封君，来继承商汤的血统，而不应延续宋国的侯爵，所以应该寻找殷商后裔就可以了。对于以前的宋国，如果追寻其嫡系后裔，已经年代久远而难以找到啊；即使能找到，他们祖先的国家已不存在，也无法立为宋国后人。《礼记》里记载孔子曾说过：'孔丘，是殷商的后裔。'以前的老师都是这样讲，应该把孔子的后世子孙立为商汤的后嗣。"皇上认为匡衡的观点与经书不符，就把他的奏书扣下来。到成帝时，梅福又上书说应该分封孔子的后代来延续对商汤的祭祀。绥和元年（前8），成帝封商、周的后裔为诸侯王，追寻古代文献的踪迹，以《左传》《穀梁传》《世本》《礼记》相互对照，成帝就下诏封孔夫子的后代为殷绍嘉公。详见《成帝纪》。当时，梅福在家中闲居，经常以读书、修养身心为主。

到了平帝元始年间，王莽篡位，一天早晨，梅福抛下妻子儿女，去了九江，直到现在人们都传说他成了神仙。那以后，有人在会稽郡看见过他，他改名换姓，在吴县做集市的看门人。

云敞字幼孺，平陵县人。师从同县人吴章，吴章研究《尚书经》任博士。平帝以中山王身份继承帝位，当时年幼，王莽掌握政权，自称安汉公。王莽以平帝作为成帝的后嗣为理由，说平帝不能照顾自己的亲人，平帝的母亲及外祖父母、舅舅卫氏都留在中山国，不能到京师长安。王莽的长子王宇，不赞同王莽隔绝卫氏一家，恐怕平帝长大以后怨恨王莽。王宇就和吴章商量，夜里用血涂抹在王莽的府门上，假装是鬼神在告诫，希望王莽看了之后会害怕。吴章想乘机在对策

世名儒，教授尤盛，弟子千余人，莽以为恶人党，皆当禁锢，不得仕宦。门人尽更名他师。敞时为大司徒掾，自劾吴章弟子，收抱章尸归，棺敛葬之，京师称焉。车骑将军王舜高其志节，比之栾布，表奏以为掾，荐为中郎谏大夫。莽篡位，王舜为太师，复荐敞可辅职。以病免。唐林言敞可典郡，擢为鲁郡大尹。更始时，安车征敞为御史大夫，复病免去，卒于家。

赞曰：昔仲尼称不得中行，则思狂狷。观杨王孙之志，贤于秦始皇远矣。世称朱云多过其实，故曰“盖有不知而作之者，我亡是也。”胡建临敌敢断，武昭于外。斩伐奸隙，军旅不队。梅福之辞，合于《大雅》，虽无老成，尚有典刑；殷监不远，夏后所闻。遂从所好，全性市门。云敞之义，著于吴章，为仁由己，再入大府，清则濯缨，何远之有？

时指出王莽的过失。事情败露后，王莽诛杀了儿子王宇，将卫氏消灭，因此事受到牵连，有一百多人被处死。吴章被处以腰斩罪，在东市门分裂尸体。当初，吴章是当世名儒，教出的学生很多，弟子就有一千多人，王莽认为他们是恶人党，都应该被监禁，不得出来做官。于是吴章的弟子大都改拜别的老师。当时云敞辅佐大司徒，自己声称是吴章的弟子，收拾并抱着吴章的尸体回去，以棺木收敛并安葬了吴章，京师的人都称赞他。车骑将军王舜敬重云敞的志气节操，将他比为栾布，上表奏请皇上让云敞佐助自己，后来又举荐他任中郎谏大夫。王莽篡位后，王舜任太师，王舜又举荐云敞可以担任辅弼的职位。云敞称病辞掉官职。唐林说云敞可以主管郡事，王莽提拔他为鲁郡大尹。更始年间，朝廷用安车征召云敞出任御史大夫，云敞又称病辞官，最后在家中死去。

赞辞说：从前孔夫子说如果不能行中庸之道，他的思想就会过于激进或过于保守。观杨王孙对待死亡的志节，他超过秦始皇很多啊。世人称赞朱云也有些夸大事实，所以《论语》讲："有这样一种人，他什么都不知道却在那里凭空创造，我孔子可没这样做过。"胡建面临敌人敢于决断，勇武昭彰于外。他斩杀奸隙，阻止军队惰怠。梅福的言论，合乎《诗经·大雅》的宗旨，如今虽然没有那种阅历多而世事练达的人，但还有原来的法典可以依从；殷代的鉴戒并不久远，从夏桀败亡后的下场就可以听到。梅福最终顺应自己的爱好，在吴县的集市做守门人保全自己的天性。云敞的节义，从对待老师吴章就能显现出来，他跟从本心去做仁义之事，再到上级官府任职，超凡脱俗，志节坚贞，能这样为人处世，离仁义还远吗？

卷六十八

霍光金日磾传第三十八

霍光字子孟，票骑将军去病弟也。父中孺，河东平阳人也，以县吏给事平阳侯家，与侍者卫少儿私通而生去病。中孺吏毕归家，娶妇生光，因绝不相闻。久之，少儿女弟子夫得幸于武帝，立为皇后，去病以皇后姊子贵幸。既壮大，乃自知父为霍中孺，未及求问。会为票骑将军击匈奴，道出河东，河东太守郊迎，负弩矢先驱，至平阳传舍，遣吏迎霍中孺。中孺趋入拜谒，将军迎拜，因跪曰："去病不早自知为大人遗体也。"中孺扶服叩头，曰："老臣得托命将军，此天力也。"去病大为中孺买田宅奴婢而去。还，复过焉，乃将光西至长安，时年十余岁，任光为郎，稍迁诸曹侍中。去病死后，光为奉车都尉光禄大夫，出则奉车，入侍左右，出入禁闼二十余年，小心谨慎，未尝有过，甚见亲信。

征和二年，卫太子为江充所败，而燕王旦、广陵王胥皆多过失。是时上年老，宠姬钩弋赵倢伃有男，上心欲以为嗣，命大臣辅之。察群臣唯光任大重，可属社稷。上乃使黄门画者画周公负成王朝诸侯以赐光。后元二年春，上游五柞宫，病笃，光涕泣问曰："如有不讳，谁当嗣者？"上曰："君未谕前画意邪？立少子，君行周公之事。"光顿首让曰："臣不如金日磾。"日磾亦曰："臣外国人，不如光。"上以光为大司马大将军，日磾为车骑将军，及太仆上官桀为

霍光字子孟，是骠骑将军霍去病的弟弟。他的父亲是霍中孺，河东平阳郡人，在县里当小吏的时候，被派到平阳侯家做事，与侍女卫少儿私通而生下霍去病。霍中孺在平阳侯家做完差事后回到家中，又娶了妻子生下霍光，与卫少儿从此断绝音信。过了很久，卫少儿的妹妹卫子夫得到汉武帝宠幸，被立为皇后，霍去病因为是皇后姐姐的儿子而显贵受宠。霍去病长大后，才知道亲生父亲是霍中孺，还来不及查找下落。正巧霍去病被封为骠骑将军去进攻匈奴，从河东路过，河东太守到郊外去迎接，亲自背负弓箭在前面引导开路，到平阳郡驿站客舍后，霍去病就派小吏迎请霍中孺前来相见。霍中孺迈着小步很恭敬地谒见霍去病，霍去病赶忙下拜，跪下说："去病早先不知道自己是您的儿子。"霍中孺匍匐在地叩头说："老臣能把后半辈子托付给将军，这是老天帮助啊。"霍去病为霍中孺买了很多田地、房宅、奴婢然后离开。返回的时候，霍去病又经过那里，就带着霍光西行到了长安，当时霍光才十多岁，被任命为郎官，渐渐迁升为诸曹侍中。霍去病去世以后，霍光被皇上封为奉车都尉光禄大夫，皇上外出霍光就负责掌管车驾，入朝就侍奉在左右，在宫中供职二十多年，历来小心谨慎，从没出过差错，很受皇帝的信任。

征和二年（前91），卫太子刘据被江充谗毁陷害，而燕王刘旦、广陵王刘胥两人都犯了很多过失。这时候武帝已经年迈，宠姬钩弋赵婕妤生下一个男孩，武帝想把他立为继承人，让大臣来辅佐他。皇上遍察群臣，认为只有霍光能担当大任，可以把辅助社稷的重任托付给他。武帝就派宫内画师画了一幅周公背着成王接见诸侯的画卷赐给霍光。后元二年（前87）春季，武帝到五柞宫游玩，不料得了重病，霍光涕泣问道："如果皇上发生不测之事，谁应当继承帝位呢？"武帝说："你没有明白朕以前赐画的含意吗？立少子继承帝位，你就

左将军，搜粟都尉桑弘羊为御史大夫，皆拜卧内床下，受遗诏辅少主。明日，武帝崩，太子袭尊号，是为孝昭皇帝。帝年八岁，政事壹决于光。

先是，后元年，侍中仆射莽何罗与弟重合侯通谋为逆，时光与金日磾、上官桀等共诛之，功未录。武帝病，封玺书曰："帝崩发书以从事。"遗诏封金日磾为秺侯，上官桀为安阳侯，光为博陆侯，皆以前捕反者功封。时卫尉王莽子男忽侍中，扬语曰："帝崩，忽常在左右，安得遗诏封三子事！群儿自相贵耳。"光闻之，切让王莽，莽酖杀忽。

光为人沉静详审，长财七尺三寸，白皙，疏眉目，美须髯。每出入下殿门，止进有常处，郎仆射窃识视之，不失尺寸，其资性端正如此。初辅幼主，政自己出，天下想闻其风采。殿中尝有怪，一夜群臣相惊，光召尚符玺郎，郎不肯授光。光欲夺之，郎按剑曰："臣头可得，玺不可得也！"光甚谊之。明日，诏增此郎秩二等。众庶莫不多光。

光与左将军桀结婚相亲，光长女为桀子安妻。有女年与帝相配，桀因帝姊鄂邑盖主内安女后宫为倢伃，数月立为皇后。父安为票骑将军，封桑乐侯。光时休沐出，桀辄入代光决事。桀父子既尊盛，而德长公主。公主内行不修，近幸河间丁外人。桀、安欲为外人求封，幸依国家故事以列侯尚公主者，光不许。又为外人求光禄大

像周公那样辅政。”霍光叩头下拜，推让说：“臣比不上金日磾。”金日磾也说：“臣是西域人，不如霍光服众。”皇上任命霍光担任大司马大将军，金日磾担任车骑将军，以及太仆上官桀担任左将军，搜粟都尉桑弘羊担任御史大夫，四人都在武帝床前叩头下拜，接受遗诏，辅佐少主。第二天，武帝驾崩，太子承袭皇帝尊号，这就是孝昭皇帝。当时年仅八岁，朝政都由霍光决断。

在此以前，武帝后元年间，侍中仆射莽何罗伙同他的弟弟重合侯通策谋化造反，当时霍光同金日磾、上官桀等人一起诛灭了他们，但是没有论功封赏。武帝病重时，密封玺书说：“朕驾崩以后打开玺书遵照上面的指示从事。”遗诏封金日磾为秺侯，上官桀为安阳侯，霍光为博陆侯，都是按照以前捕杀谋反者的功劳而加封的。当时卫尉王莽的儿子王忽在宫中随侍，传言说：“先帝驾崩的时候，我经常在他的左右，哪里会有遗诏加封他们三人的事！这几个家伙彼此抬高自己罢了。”霍光得知这些话后，狠狠地责问王莽，王莽用毒酒毒死了王忽。

霍光为人稳重少言，审慎且周密，身高只有七尺三寸，肤白，眉目俊朗，长须美髯。每次进出宫廷和下殿出门的时候，停步和行进的地方都在固定位置，郎官和仆射暗中做记号来查看，发现竟然一点不差，他的本性就是如此守规矩。霍光开始辅佐少主的时候，政令全由自己发出，天下人都盼望他一展风采。当时在宫殿中曾发生怪事，群臣整夜都很惊恐，霍光召来保管玺印的尚符玺郎，讨要玺印，郎官不肯答应。霍光意欲强取，郎官按剑说道：“我的头可断，玺印却不会交出！”霍光非常敬佩郎官的所为。第二天，下诏将郎官职位提升两级。百姓没有不称赞霍光的。

霍光与左将军上官桀结为姻亲，彼此亲近，霍光的大女儿是上官桀儿子上官安的妻子。上官安有个女儿年龄与皇上相当，上官桀就通过皇帝的姐姐鄂邑盖长公主把上官安的女儿纳入后宫为婕妤，几个月后就被册封为皇后。皇后的父亲上官安就被任命为骠骑将军，封为桑乐侯。霍光每次休假外出时，上官桀就入宫代替霍光处理朝政。上官桀父子得到显贵的地位后，自然感激长公主。长公主私生活

夫，欲令得召见，又不许。长主大以是怨光。而桀、安数为外人求官爵弗能得，亦惭。自先帝时，桀已为九卿，位在光右。及父子并为将军，有椒房中宫之重，皇后亲安女，光乃其外祖，而顾专制朝事，繇是与光争权。

燕王旦自以昭帝兄，常怀怨望。及御史大夫桑弘羊建造酒榷盐铁，为国兴利，伐其功，欲为子弟得官，亦怨恨光。于是盖主、上官桀、安及弘羊皆与燕王旦通谋，诈令人为燕王上书，言“光出都肄郎羽林，道上称跸，太官先置。又引苏武前使匈奴，拘留二十年不降，还乃为典属国，而大将军长史敞亡功为搜粟都尉。又擅调益莫府校尉。光专权自恣，疑有非常。臣旦愿归符玺，入宿卫，察奸臣变。”候司光出沐日奏之。桀欲从中下其事，桑弘羊当与诸大臣共执退光。书奏，帝不肯下。

明旦，光闻之，止画室中不入。上问“大将军安在？”左将军桀对曰：“以燕王告其罪，故不敢入。”有诏召大将军。光入，免冠顿首谢，上曰：“将军冠。朕知是书诈也，将军亡罪。”光曰：“陛下何以知之？”上曰：“将军之广明，都郎属耳。调校尉以来未能十日，燕王何以得知之？且将军为非，不须校尉。”是时帝年十四，尚书左右皆惊，而上书者果亡，捕之甚急。桀等惧，白上小事不足遂，上不听。

不检点，宠幸河间人丁外人。上官桀、上官安想为丁外人求封赐，希望按照迎娶公主的国家旧例来分封丁外人为侯，霍光不答应。他们又为丁外人谋取光禄大夫一职，想让他受到昭帝的召见，霍光又不答应。盖长公主因此非常忌恨霍光。而上官桀、上官安因为几次为丁外人谋求官爵没能办到，也感到很羞愧。先帝在位的时候，上官桀已经位列九卿，地位在霍光之上。后来上官父子一起被封为将军，又身为皇后的内亲，皇后是上官安的女儿，霍光只不过是皇后的外祖父，却反而独掌朝廷的政事，故而上官父子与霍光起了争执。

燕王刘旦自认为是昭帝的兄长，却没能继承帝位，心里常怀怨恨。御史大夫桑弘羊提议酒类、盐铁由朝廷专营，以此增加了国库收入，桑弘羊便夸耀自己的功劳，打算替自己的子弟谋官，却没能如愿，所以也怨恨霍光。于是鄂邑盖主、上官桀、上官安以及桑弘羊就与燕王刘旦共同谋划，伪装别人替燕王上书，说“霍光出城操演郎官和羽林军，像皇帝出行那样隆重，还让太官先行安排饭菜。又说先前苏武出使匈奴，被扣留二十年也不肯不归降，回朝后才担任典属国，而大将军府中的长史杨敞毫无功劳，却担任了搜粟都尉。霍光又擅自调动增减自己幕府的校尉。霍光专权放纵，怀疑他有图谋不轨的心。臣下刘旦愿意归还燕王的符节玺印，入京宿卫陛下，提防奸臣的意外之变。”他们等到霍光休假离开时，将奏书呈上。上官桀打算从宫中直接上奏皇帝，桑弘羊就和其他大臣一同胁迫罢黜霍光。奏书上呈皇上后，昭帝留住奏书不肯交给下面。

第二天早上，霍光听说后，就在画室中等待不敢进殿。皇上问道：“大将军在哪里？”左将军上官桀回答说：“因为燕王揭发了弹劾大将军有罪，因此不敢进殿。”皇上诏令大将军进见。霍光进殿后，摘掉官帽，叩头谢罪，皇上说：“请将军将帽子戴上。朕知道这封奏书所言不实，将军没有罪。”霍光问道：“陛下如何知道臣没罪呢？”皇上说道：“将军去广明驿，只是操演郎官而已。调动校尉也不出十天的时间，燕王怎么能够知道呢？况且将军要做违法的事，也不需要增加校尉。”此时昭帝年仅十四岁，尚书以及皇上左右的大臣都很惊讶，而上书的人果然逃走了，官府马上严加搜捕。上官桀等人感到恐

后桀党与有谮光者，上辄怒曰："大将军忠臣，先帝所属以辅朕身，敢有毁者坐之。"自是桀等不敢复言，乃谋令长公主置酒请光，伏兵格杀之，因废帝，迎立燕王为天子。事发觉，光尽诛桀、安、弘羊、外人宗族。燕王、盖主皆自杀。光威震海内。昭帝既冠，遂委任光，讫十三年，百姓充实，四夷宾服。

元平元年，昭帝崩，亡嗣。武帝六男独有广陵王胥在，群臣议所立，咸持广陵王。王本以行失道，先帝所不用。光内不自安。郎有上书言"周太王废太伯立王季，文王舍伯邑考立武王，唯在所宜，虽废长立少可也。广陵王不可以承宗庙。"言合光意。光以其书视丞相敞等，擢郎为九江太守，即日承皇太后诏，遣行大鸿胪事少府乐成、宗正德、光禄大夫吉、中郎将利汉迎昌邑王贺。

贺者，武帝孙，昌邑哀王子也。既至，即位，行淫乱。光忧懑，独以问所亲故吏大司农田延年。延年曰："将军为国柱石，审此人不可，何不建白太后，更选贤而立之？"光曰："今欲如是，于古尝有此不？"延年曰："伊尹相殷，废太甲以安宗庙，后世称其忠。将军若能行此，亦汉之伊尹也。"光乃引延年给事中，阴与车骑将军张安世图计，遂召丞相、御史、将军、列侯、中二千石、大夫、博士会议未央宫。光曰："昌邑王行昏乱，恐危社稷，如何？"群臣皆惊鄂失色，莫敢发言，但唯唯而已。田延年前，离席按剑，曰："先帝属将军以幼孤，寄将军以天下，以将军忠贤能安刘氏也。今群下鼎沸，社稷将倾，且汉之传谥常为孝者，以长有天下，令宗庙血食也。如令汉家绝

惧，就劝告皇帝说这件小事不值得兴师动众，皇上不予采纳。

后来上官桀的党羽中有人诬陷霍光，昭帝发怒道：“大将军是忠臣，先帝安排他辅佐朕，有人胆敢毁谤就治罪。”从这以后，上官桀等人不敢轻易进谗言了，他们策划让盖长公主设酒席宴请霍光，然后暗中伏兵诛杀他，再将昭帝废除，迎接燕王来京，立为天子。阴谋败露后，霍光把上官桀、上官安、桑弘羊、丁外人等人全部灭族。燕王、长公主都自杀了。霍光的威势震动海内。昭帝成年行过冠礼后，始终把政事委任霍光执掌，到昭帝十三年（前74）时，天下百姓生活富裕，四方蛮夷臣服。

元平元年（前74），昭帝驾崩，没有子嗣。汉武帝六个儿子当中只有广陵王刘胥在世，群臣讨论继位人选，都主张拥立广陵王。广陵王本来就德行不佳，所以武帝没有立他为太子。霍光内心不太愿意广陵王继位。有个郎官上书说：“周太王不立太伯而让王季继承王位，周文王放弃伯邑考而选择了武王，他们的标准是只看是否对国家有利，即便是废长立幼，也是可以的。广陵王不适合继承帝位。”这些言语正合霍光的心意。霍光把这份上书传给丞相杨敞等人看，提升这个郎官为九江太守，当日就按照皇太后的诏令，派遣代理大鸿胪职务的少府乐成、宗正刘德、光禄大夫丙吉、中郎将利汉去迎昌邑王刘贺进京。

刘贺，是汉武帝的孙子，昌邑哀王的儿子。他到达京都后，继承帝位，行事荒淫。霍光深为忧虑，单独同亲信大臣大司农田延年商议。田延年说：“将军是国家的栋梁柱石，既然知道此人不适合当皇帝，为什么不向太后提出建议，另选贤能之人立为皇帝呢？”霍光说道：“我现在打算这样，不知在古代是否有过这样的先例？”田延年答道：“伊尹担任殷朝丞相的时候，就废弃了太甲来安定宗庙社稷，后世的人都赞扬伊尹忠正。将军如能采取这种措施，也是汉朝的伊尹了。”霍光因此推荐田延年担任给事中，暗自与车骑将军张安世策划商议，然后就在未央宫召集丞相、御史、将军、列侯、在朝的二千石的官员、大夫、博士等共同商讨废立大事。霍光说道：“昌邑王行事暗昧混乱，恐怕会危及汉朝江山社稷，大家看怎么办？”众大臣都

祀，将军虽死，何面目见先帝于地下乎？今日之议，不得旋踵。群臣后应者，臣请剑斩之。”光谢曰：“九卿责光是也。天下匈匈不安，光当受难。”于是议者皆叩头，曰：“万姓之命在于将军，唯大将军令。”

光即与群臣俱见白太后，具陈昌邑王不可以承宗庙状。皇太后乃车驾幸未央承明殿，诏诸禁门毋内昌邑群臣。王入朝太后还，乘辇欲归温室，中黄门宦者各持门扇，王入，门闭，昌邑群臣不得入。王曰：“何为？”大将军跪曰：“有皇太后诏，毋内昌邑群臣。”王曰：“徐之，何乃惊人如是！”光使尽驱出昌邑群臣，置金马门外。车骑将军安世将羽林骑收缚二百余人，皆送廷尉诏狱。令故昭帝侍中中臣侍守王。光敕左右：“谨宿卫，卒有物故自裁，令我负天下，有杀主名。”王尚未自知当废，谓左右：“我故群臣从官安得罪，而大将军尽系之乎。”顷之，有太后诏召王。王闻召，意恐，乃曰：“我安得罪而召我哉！”太后被珠襦，盛服坐武帐中，侍御数百人皆持兵，期门武士陛戟，陈列殿下。群臣以次上殿，召昌邑王伏前听诏。光与群臣连名奏王，尚书令读奏曰：

惊慌发愣，面无人色，没人敢说话，都在那里支吾而已。田延年上前来，离开座席手按宝剑说道：“先帝把幼主托付给将军，把天下委托给将军，是因为将军忠正贤德，能够安定刘氏社稷。现在群臣百姓议论纷纷，人心鼎沸，江山社稷有倾倒的危险，况且汉朝帝王相传的谥号都有一个“孝”字，是要永久拥有天下，让祖先能够永远享受子孙的祭祀。如果让汉朝江山断绝祭祀香火，将军就是一死也无法弥补罪过，又有什么面目到地下去见先帝呢？今日的讨论，不得延迟。群臣中如有人拖延不应，臣请求以剑斩之。”霍光谢罪说：“九卿责备我是对的。天下动乱不安，我理应承担责任。”于是参加讨论的大臣都叩头，说道：“天下百姓的安危都靠将军来安定了，我们对将军唯命是从。”

霍光即刻与群臣一起去谒见太后，把昌邑王不能继承皇位的情况向太后详细陈述。皇太后便乘车辇来到未央宫承明殿，下令各门禁卫不准昌邑王的大臣进宫。昌邑王入宫朝见完太后返回，正要坐辇车回到温室，后宫的黄门宦官手扶门扇，等昌邑王一进去，就将宫门关闭，昌邑王手下的群臣就不能进入了。昌邑王问道：“为什么这样？”大将军跪着说：“有皇太后的诏令，不允许昌邑王的群臣入内。”昌邑王说：“慢一点儿，为何要弄得这么惊人！”霍光命人将昌邑王的臣僚统统赶出宫外，安置在金马门外。车骑将军张安世率领羽林军骑兵抓捕了二百多人，都送到廷尉那里，关在诏狱。并命令以前昭帝的侍中、中常侍看守住昌邑王。霍光告诫左右说：“你们要谨慎地守卫，昌邑王若有意外或是自杀，我将有负天下人的信任，背负弑主的恶名。”昌邑王此时还不知道自己将要被废黜，对左右说：“我以前的臣僚们有什么罪，大将军却把他们全都抓起来了。”过了一会儿，太后下诏召见昌邑王。昌邑王听说太后召见，心里害怕，就说：“我有什么罪过，太后要召见我！”太后披着珍珠修饰的披肩，盛装端坐在武帐中，几百名侍从卫兵都手持武器，期门持戟侍卫于殿阶两侧站立，有序的排列在殿下。群臣依照官阶次第走上殿来，命令昌邑王跪在太后前面听候诏令。霍光与大臣们共同弹劾昌邑王，尚书令宣读奏章道：

丞相臣敞、大司马大将军臣光、车骑将军臣安世、度辽将军臣明友、前将军臣增、后将军臣充国、御史大夫臣谊、宜春侯臣谭、当涂侯臣圣、随桃侯臣昌乐、杜侯臣屠耆堂、太仆臣延年、太常臣昌、大司农臣延年、宗正臣德、少府臣乐成、廷尉臣光、执金吾臣延寿、大鸿胪臣贤、左冯翊臣广明、右扶风臣德、长信少府臣嘉、典属国臣武、京辅都尉臣广汉、司隶校尉臣辟兵、诸吏文学光禄大夫臣迁、臣畸、臣吉、臣赐、臣管、臣胜、臣梁、臣长幸、臣夏侯胜、太中大夫臣德、臣印昧死言皇太后陛下：臣敞等顿首死罪。天子所以永保宗庙总壹海内者，以慈孝礼谊赏罚为本。孝昭皇帝早弃天下，亡嗣，臣敞等议，礼曰“为人后者为之子也”，昌邑王宜嗣后，遣宗正、大鸿胪、光禄大夫奉节使征昌邑王典丧。服斩缞，亡悲哀之心，废礼谊，居道上不素食，使从官略女子载衣车，内所居传舍。始至谒见，立为皇太子，常私买鸡豚以食。受皇帝信玺、行玺大行前，就次发玺不封。从官更持节，引内昌邑从官驺宰官奴二百余人，常与居禁闼内敖戏。自之符玺取节十六，朝暮临，令从官更持节从。为书曰“皇帝问侍中君卿：使中御府令高昌奉黄金千斤，赐君卿取十妻。”大行在前殿，发乐府乐器，引内昌邑乐人，击鼓歌吹作俳倡。会下还，上前殿，击钟磬，召内泰壹宗庙乐人辇道牟首，鼓吹歌舞，悉奏众乐。发长安厨三太牢具祠阁室中，祀已，与从官饮啖。驾法驾，皮轩鸾旗，驱驰北宫、桂宫，弄彘斗虎。召皇太后御小马车，使官奴骑乘，游戏掖庭中。与孝昭皇帝宫人蒙等淫乱，诏掖庭令敢泄言要斩。

臣丞相杨敞、臣大司马大将军霍光、臣车骑将军张安世、臣度辽将军范明友、臣前将军韩增、臣后将军赵充国、臣御史大夫蔡谊、臣宜春侯王谭、臣当涂侯魏圣、臣随桃侯赵昌乐、臣杜侯屠耆堂、臣太仆杜延年、臣太常苏昌、臣大司农田延年、臣宗正刘德、臣少府史乐成、臣廷尉李光、臣执金吾李延寿、臣大鸿胪韦贤、臣左冯翊田广明、臣右扶风周德、臣长信少府傅嘉、臣典属国苏武、臣京辅都尉赵广汉、臣司隶校尉辟兵、臣诸吏文学光禄大夫王迁、臣宋畸、臣丙吉、臣赐、臣管、臣胜、臣梁、臣长幸、臣夏侯胜、臣太中大夫德、臣赵卬，冒着死罪向皇太后陛下禀告：臣杨敞等人叩首以谢死罪。天子之所以能够永保宗庙一统天下，是因为以慈孝、礼义、赏罚为行事原则。孝昭皇帝因为过早离世，没有后嗣，臣杨敞等人商议，根据《礼记》所说的“后辈可以过继为同宗长辈之子”，昌邑王适合作为昭帝的继嗣，因此便派遣宗正、大鸿胪、光禄大夫等官员奉持符节旄节宣召昌邑王，让他来主持昭帝的丧事。但昌邑王身着重孝后，却没有悲哀之心，而且废弃礼义，在赴京途中饮酒食肉，派随行的官吏强抢民女装在衣车中，把她们送入住宿的驿馆。从开始抵达京城谒见太后，被立为皇太子起，就经常私自命人买鸡肉、猪肉来吃。在昭帝灵位前接受皇帝的信玺、行玺后，就取出玺印不再封起。随从的官员又轮流手持符节，引领昌邑王的侍从、马官、官奴共二百多人进宫，经常与他们在禁宫内嬉戏玩乐。自己去到保管符玺的地方拿出十六根节仗，早晚到灵前哭祭时，命令随从的官员轮流拿着节杖跟随。还写信说：“皇帝询问侍中君卿：让中御府的长官高昌奉上黄金一千斤，来为君卿娶十个妻子。”孝昭皇帝的灵柩停放在前殿，昌邑王却把乐府收藏的乐器拿出来，引进昌邑国的乐人击鼓弹唱，扮演俳倡。等到下葬完毕返回宫里，就跑到前殿去敲击钟磬，还将泰壹宗庙的乐人们顺着辇道来到牟首池，击鼓奏乐，表演歌舞，演奏各种乐曲。从长安厨取出三份太牢，在阁室中进行祭祀，祭祀完毕，就与随从人员大肆吃喝。以皇帝仪仗出行，车上用虎皮装饰，悬挂鸾旗，驱车来到北宫、桂宫，观看戏弄野猪、斗老虎的表演。又召来皇太后御用的小马车，让官奴骑乘，在嫔妃所居住的掖庭中游戏。还同孝昭皇帝的宫女蒙等人发生

太后曰："止！为人臣子当悖乱如是邪！"王离席伏。尚书令复读曰：

取诸侯王、列侯、二千石绶及墨绶、黄绶以并佩昌邑郎官者免奴。变易节上黄旄以赤。发御府金钱刀剑玉器采缯，赏赐所与游戏者。与从官官奴夜饮，湛沔于酒。诏太官上乘舆食如故。食监奏未释服未可御故食，复诏太官趣具，无关食监。太官不敢具，即使从官出买鸡豚，诏殿门内，以为常。独夜设九宾温室，延见姊夫昌邑关内侯。祖宗庙祠未举，为玺书使使者持节，以三太牢祠昌邑哀王园庙，称嗣子皇帝。受玺以来二十七日，使者旁午，持节诏诸官署征发，凡千一百二十七事。文学光禄大夫夏侯胜等及侍中傅嘉数进谏以过失，使人簿责胜，缚嘉系狱。荒淫迷惑，失帝王礼谊，乱汉制度。臣敞等数进谏，不变更，日以益甚，恐危社稷，天下不安。

臣敞等谨与博士臣霸、臣隽舍、臣德、臣虞舍、臣射、臣仓议，皆曰："高皇帝建功业为汉太祖，孝文皇帝慈仁节俭为太宗，今陛下嗣孝昭皇帝后，行淫辟不轨。《诗》云：'籍曰未知，亦既抱子。'五辟之属，莫大不孝。周襄王不能事母，《春秋》曰'天王出居于郑'，繇不孝出之，绝之于天下也。宗庙重于君，陛下未见命高庙，不可以承天序，奉祖宗庙，子万姓，当废。"臣请有司御史大夫臣谊、宗正臣德、太常臣昌与太祝以一太牢具，告祠高庙。臣敞等昧死以闻。

皇太后诏曰："可。"光令王起拜受诏，王曰："闻天子有争臣

淫乱之事，下诏命令掖庭令，有敢泄露此事的人就处以腰斩之刑。太后说：“停！为人臣子怎么能这样胡作非为呢！”昌邑王离开席位匍匐在地上。尚书令又继续读道：

昌邑王把诸侯王、列侯、二千石官阶应佩带的绶带，以及黑色、黄色绶带赐给昌邑王府的郎官佩戴，将他们免放为良人。将节杖上的黄色节旄换成了赤色。取出御府中的金子、钱币、刀剑、玉器、彩色绸缎，赏赐给同自己游戏的人。同随从的官员、官奴通宵夜饮，沉迷于酒。下诏叫太官为他按往常标准准备膳食。食监上奏说，没有脱去孝服不能正常用膳，他又命令太官赶快去准备，不让食监知道。太官不敢照办，他就派随从官员去宫外买回鸡肉与猪肉，命令宫殿门卫让他们入内，天天如此，以为常事。还单独夜里在温室设九宾之礼，来接见他的姐夫昌邑关内侯。还未祭祀宗庙，就作玺书派使者拿着旄节，用三太牢之礼去祭祀昌邑哀王的陵庙，自称为嗣子皇帝。他继承帝位二十七天，派出的使者往来不断，拿着旄节命令各个官署征调并索取物品，共有一千一百二十七次。文学光禄大夫夏侯胜等人以及侍中傅嘉多次进谏，规劝过失，他竟派人拿着簿册责问夏侯胜，并把傅嘉绑起来关进监狱。他荒淫迷惑，丧失帝王的礼义，搅乱汉朝的制度。臣杨敞等人数次劝谏，他不但不改过，反而变本加厉，恐怕要危害江山社稷，使天下百姓不安。

臣杨敞等谨与博士孔霸、臣隽舍、臣德、臣虞舍、臣射、臣后仓商议，大家都说：“高皇帝建立汉朝，所以庙号尊为汉太祖，孝文皇帝仁慈节俭被尊为太宗，现在陛下作为孝昭皇帝的继嗣，行为荒淫邪恶不合法度。《诗经》上说：‘若说无知，也已抱子。’五刑规定的罪行中，没有比不孝更大的了。周襄王不能侍奉母亲，《春秋》说‘天王出居于郑国’，他是因不孝而被迫出奔，被天下人所抛弃隔绝。保有宗庙比君王重要，陛下不曾受命于高庙，就不可以秉承上天的旨意，祭祀祖先宗庙，做百姓的君父，应当废黜。”臣请求有关官员御史大夫蔡谊、宗正刘德、太常苏昌和太祝准备一副太牢的祭品，祭祀高庙。臣杨敞等人冒死上奏给皇太后知道。

皇太后下诏说：“准奏。”霍光命令昌邑王拜受诏令，昌邑王说

七人，虽亡道不失天下。”光曰：“皇太后诏废，安得天子！”乃即持其手，解脱其玺组，奉上太后，扶王下殿，出金马门，群臣随送。王西面拜，曰：“愚戆不任汉事。”起就乘舆副车。大将军光送至昌邑邸，光谢曰：“王行自绝于天，臣等驽怯，不能杀身报德。臣宁负王，不敢负社稷。愿王自爱，臣长不复见左右。”光涕泣而去。群臣奏言：“古者废放之人屏于远方，不及以政，请徙王贺汉中房陵县。”太后诏归贺昌邑，赐汤沐邑二千户。昌邑群臣坐亡辅导之谊，陷王于恶，光悉诛杀二百余人。出死，号呼市中曰：“当断不断，反受其乱。”

光坐庭中，会丞相以下议定所立。广陵王已前不用，及燕剌王反诛，其子不在议中。近亲唯有卫太子孙号皇曾孙在民间，咸称述焉。光遂复与丞相敞等上奏曰：“《礼》曰‘人道亲亲故尊祖，尊祖故敬宗。’大宗亡嗣，择支子孙贤者为嗣。孝武皇帝曾孙病已，武帝时有诏掖庭养视，至今年十八，师受《诗》《论语》《孝经》，躬行节俭，慈仁爱人，可以嗣孝昭皇帝后，奉承祖宗庙，子万姓。臣昧死以闻。”皇太后诏曰：“可。”光遣宗正刘德至曾孙家尚冠里，洗沐赐御衣，太仆以軨猎车迎曾孙就斋宗正府，入未央宫见皇太后，封为阳武侯。已而光奉上皇帝玺绶，谒于高庙，是为孝宣皇帝。明年，下诏曰：“夫褒有德，赏元功，古今通谊也。大司马大将军光宿卫忠正，宣德明恩，守节秉谊，以安宗庙。其以河北、东武阳益封光万七千户。”与故所食凡二万户。赏赐前后黄金七千斤，钱六千万，杂缯三万匹，奴婢百七十人，马二千匹，甲第一区。

道：“听说天子只要有七个诤谏之臣，即使失道也不会失去天下。”霍光说：“皇太后已下诏废去帝位，你还算什么天子！”于是霍光上前抓住昌邑王的手，解下玺印绶带，呈给太后，搀扶着昌邑王下了殿，送出金马门，群臣随后送出。昌邑王向西面跪拜道：“我太愚蠢糊涂，担当不起汉朝的重任。”随后起身登上副车。大将军霍光把他送到昌邑王府邸后，谢罪道：“您的行为使自己被上天弃绝，臣等驽下怯弱，不能以死来回报您的大德。臣宁可对不起大王，也不敢辜负国家。希望大王能够保重，臣永远不会再见到您了。”霍光涕泣着离开了昌邑王。群臣又上奏说“古时候被废黜之人都放逐到远方，不使他参与政事，现在请将昌邑王刘贺迁移到汉中房陵县。”太后下诏让刘贺回归昌邑，并赐给他汤沐邑二千户。昌邑国的臣僚由于没有尽到辅佐之责，让昌邑王陷于邪恶，霍光把二百多人全部诛杀。当这些人被拉出去受刑的时候，都在街上大声叫喊道：“当断不断，反受其乱。”

霍光坐镇朝中，召集丞相以下百官商议确定立何人为帝。广陵王早就不被武帝信用，等到燕刺王谋反被诛时，他的儿子也就不在考虑之内了。皇室近亲中只有卫太子的孙子被称为皇曾孙还在民间，世人对他都有赞誉。霍光就又和丞相杨敞等大臣联名上奏说：“《礼记》中说‘人伦之道都亲近自己的亲人，所以就能尊崇自己的祖先，能够尊崇祖先就能够恭敬地祭祀宗庙。’如今帝王没有后嗣，就应选择旁支子孙中贤德的人作为他的后嗣。孝武皇帝的曾孙刘病已，武帝时就有诏令让掖庭负责照料他，如今已十八岁，跟随老师学习了《诗经》《论语》《孝经》等书籍，他勤俭节用，以仁待人，适合作为孝昭皇帝的继嗣，供奉宗庙，做百姓的君父。臣冒着死罪提出建议。”皇太后下诏说：“准奏。”霍光就派遣宗正刘德到皇曾孙的住地尚冠里，请他沐浴之后，赐给他御衣，叫太仆用轻便小车恭迎皇曾孙到宗正府斋戒，然后入未央宫拜见皇太后，被封为阳武侯。不久霍光就奉上天子的印玺，然后去拜谒高庙，继位后就是孝宣皇帝。第二年，宣帝下诏说：“褒奖德高之人，封赏有功之臣，是古今的通义。大司马大将军霍光在宫禁值宿警卫，忠心正直，宣扬皇帝恩泽，秉持节操，坚持正义，能够安定宗庙。现把河北县、东武阳县的一万七千

自昭帝时，光子禹及兄孙云皆中郎将，云弟山奉车都尉侍中，领胡越兵。光两女婿为东西宫卫尉，昆弟诸婿外孙皆奉朝请，为诸曹大夫，骑都尉，给事中。党亲连体，根据于朝廷。光自后元秉持万机，及上即位，乃归政。上谦让不受，诸事皆先关白光，然后奏御天子。光每朝见，上虚己敛容，礼下之已甚。

光秉政前后二十年，地节二年春病笃，车驾自临问光病，上为之涕泣。光上书谢恩曰："愿分国邑三千户，以封兄孙奉车都尉山为列侯，奉兄票骑将军去病祀。"事下丞相御史，即日拜光子禹为右将军。

光薨，上及皇太后亲临光丧。太中大夫任宣与侍御史五人持节护丧事。中二千石治莫府冢上。赐金钱、缯絮、绣被百领，衣五十箧，璧珠玑玉衣，梓宫、便房、黄肠题凑各一具，枞木外臧椁十五具。东园温明，皆如乘舆制度。载光尸柩以辒辌车，黄屋左纛，发材官轻车北军五校士军陈至茂陵，以送其葬。谥曰宣成侯。发三河卒穿复土，起冢祠堂，置园邑三百家，长丞奉守如旧法。

既葬，封山为乐平侯，以奉车都尉领尚书事。天子思光功德，下诏曰："故大司马大将军博陆侯宿卫孝武皇帝三十有余年，辅孝昭皇帝十有余年，遭大难，躬秉谊，率三公九卿大夫定万世册以安

户增封为霍光的食邑。”加上他以前的食邑共有两万户。宣帝前后赏赐霍光黄金七千斤，钱六千万，彩帛三万匹，奴婢一百七十人，马二千匹，上等宅邸一处。

从昭帝时起，霍光的儿子霍禹与霍光哥哥的孙子霍云都担任中郎将，霍云的弟弟霍山担任奉车都尉、侍中，兼统领胡、越归附的军队。霍光的两个女婿分别担任东西两宫的卫尉，霍光兄弟的女婿以及外孙都能参加朝廷的召请和朝会，担任各官署的大夫，骑都尉，给事中的官职。霍光的朋党和亲族结为一体，根深蒂固地占据了朝廷。霍光从后元年间一直掌握朝政，等到宣帝继位后，才归还政权。宣帝推让不受，各种政事都要先通过霍光，然后再禀告天子。霍光每次朝见，皇上都虚心地收敛笑容，现出严肃的神色，对霍光愈加恭敬礼让。

霍光执掌朝政前后二十年，地节二年（前68）春季，他病得很严重，宣帝亲临霍府探望霍光病情，禁不住伤心流泪。霍光上书谢恩说：“臣愿意把我封国的食邑分出三千户，来分封我兄长的孙子奉车都尉霍山为列侯，以供奉骠骑将军霍去病的祭祀。”皇上将这件事交给丞相和御史处理，当天就拜霍光的儿子霍禹为右将军。

霍光去世以后，皇上及皇太后都亲自莅临霍光的丧礼。太中大夫任宣和侍御史五个人拿着节杖处理丧事。中二千石的官员在墓地设立幕府办公。皇上还赐给霍家金钱、帛绢丝絮，绣被百床，衣服五十箱，玉璧、珍珠和金缕玉衣，梓木内棺、外椁、便房、黄肠题凑各一具，枞木外藏椁十五具。东园制作的葬器，都同皇帝的丧葬制度相同。用辒辌车载着霍光的灵柩，使用皇帝的车盖旗帜，调派材官、轻车、北军五校的士兵列阵一直到茂陵，来为霍光送葬。赐他谥号为宣成侯。征调三河服役的士兵掘墓修坟，在墓地修建祠堂。设置一邑三百家看护陵园，长史、丞掾仍然按照旧法奉守陵园。

霍光安葬已毕，宣帝封霍山为乐平侯，霍山以奉车都尉的头衔统管尚书的事务。天子想念霍光的功勋，下诏说：“已故大司马大将军博陆侯，值宿宫禁，担任警卫侍奉孝武皇帝三十多年，辅佐孝昭皇帝十多年，虽多次遭遇大的动乱，但一直秉持道义，率领三公九卿大夫

社稷，天下蒸庶咸以康宁。功德茂盛，朕甚嘉之。复其后世，畴其爵邑，世世无有所与，功如萧相国。”明年夏，封太子外祖父许广汉为平恩侯。复下诏曰：“宣成侯光宿卫忠正，勤劳国家。善善及后世，其封光兄孙中郎将云为冠阳侯。”

禹既嗣为博陆侯，太夫人显改光时所自造茔制而侈大之。起三出阙，筑神道，北临昭灵，南出承恩，盛饰祠室，辇阁通属永巷，而幽良人婢妾守之。广治第室，作乘舆辇，加画绣絪冯，黄金涂，韦絮荐轮，侍婢以五采丝挽显，游戏第中。初，光爱幸监奴冯子都，常与计事，及显寡居，与子都乱。而禹、山亦并缮治第宅，走马驰逐平乐馆。云当朝请，数称病私出，多从宾客，张围猎黄山苑中，使仓头奴上朝谒，莫敢谴者。而显及诸女，昼夜出入长信宫殿中，亡期度。

宣帝自在民间闻知霍氏尊盛日久，内不能善。光薨，上始躬亲朝政，御史大夫魏相给事中。显谓禹、云、山：“女曹不务奉大将军余业，今大夫给事中，他人壹间，女能复自救邪？”后两家奴争道，霍氏奴入御史府，欲蹋大夫门，御史为叩头谢，乃去。人以谓霍氏，显等始知忧。会魏大夫为丞相，数燕见言事。平恩侯与侍中金安上等径出入省中。时霍山自若领尚书，上令吏民得奏封事，不关尚书，群臣进见独往来，于是霍氏甚恶之。

宣帝始立，立微时许妃为皇后。显爱小女成君，欲贵之，私使

制定长久国策，来安稳社稷，天下的百姓全靠他而安享太平。他的功德伟大，朕极为赞许他。决定免除他后辈子孙的徭役，继承他的封爵采邑，世世代代没有人能与他相比，他的功劳如同萧相国一样。”第二年夏季，宣帝封太子的外祖父许广汉为平恩侯。宣帝又下诏令说：“宣成侯霍光在宫中任职时能尽忠职守，为国家操劳。褒奖好人应推及他的后世子孙，封霍光兄长的孙子中郎将霍云为冠阳侯。”

霍禹继承爵位成为博陆侯后，霍光的夫人霍显改建了霍光在世时营造的墓地，使得墓地更加奢侈宏大。修建了三出阙，修筑墓前神道，北面临近昭灵馆，南面超出丞恩馆，大规模修饰祠堂，辇车的阁道一直通到永巷，又拘禁一些赎了身的官奴和婢妾守护。还大起宅第，制做车辇，以锦绣装饰车座扶手、把手，车身涂饰黄金，又用皮革丝絮包裹车轮，婢女们用五色丝带拉车，载着霍显在府第里游乐。当初，霍光宠幸家奴总管冯子都，经常与他商议事情，等到霍显独居守寡时，她便与冯子都淫乱通奸。而霍禹、霍山也同时修建府第宅屋，常在平乐馆里纵马驰骋。霍云在朝会时，多次借口有病不参加朝见，却私下外出，与众多宾客，在黄山苑张网捕猎，派家中奴仆上朝拜谒，朝中无人敢谴责他。而且霍显和各个女儿，不分白天黑夜地出入太后的长信宫，没有时间和限度。

宣帝在民间时就听说过霍家长久以来一直很强盛，内心并不认同。霍光去世以后，宣帝才开始亲理朝政，让御史大夫魏相在宫禁供职，担任给事中。霍显对霍禹、霍云、霍山说：“你们不能继承大将军的遗业，现在魏相大夫任给事中，一旦有人挑拨离间，你们还能自救吗？”后来霍禹与魏相两家的家奴争道，霍氏的家奴就冲入御史大夫府中，竟想要踢倒魏相府大门，御史为此事向霍氏家奴叩头谢罪，霍氏家奴这才离开。有人把此事告诉了霍家，霍显等人才开始担忧。正逢魏大夫担任丞相，屡次在宣帝退朝后去谒见谈论政事。平恩侯和侍中金安上等人都能随意出入宫禁。当时霍山仍旧担任尚书，但皇上下令官吏百姓可以密报言事，不用通过尚书，群臣百官进见宣帝，可以径直往来，因此霍氏对此非常怨恨。

宣帝刚立为帝时，就册封微贱时所娶的许妃为皇后。霍显很溺

乳医淳于衍行毒药杀许后，因劝光内成君，代立为后。语在《外戚传》。始许后暴崩，吏捕诸医，劾衍侍疾亡状不道，下狱。吏簿问急，显恐事败，即具以实语光。光大惊，欲自发举，不忍，犹与。会奏上，因署衍勿论。光薨后，语稍泄。于是上始闻之而未察，乃徙光女婿度辽将军未央卫尉平陵侯范明友为光禄勋，次婿诸吏中郎将羽林监任胜出为安定太守。数月，复出光姊婿给事中光禄大夫张朔为蜀郡太守，群孙婿中郎将王汉为武威太守。顷之，复徙光长女婿长乐卫尉邓广汉为少府。更以禹为大司马，冠小冠，亡印绶，罢其右将军屯兵官属，特使禹官名与光俱大司马者。又收范明友度辽将军印绶，但为光禄勋。及光中女婿赵平为散骑骑都尉光禄大夫将屯兵，又收平骑都尉印绶。诸领胡越骑、羽林及两宫卫将屯兵，悉易以所亲信许、史子弟代之。

禹为大司马，称病。禹故长史任宣候问，禹曰："我何病？县官非我家将军不得至是，今将军坟墓未干，尽外我家，反任许、史，夺我印绶，令人不省死。"宣见禹恨望深，乃谓曰："大将军时何可复行！持国权柄，杀生在手中。廷尉李种、王平、左冯翊贾胜胡及车丞相女婿少府徐仁皆坐逆将军意下狱死。使乐成小家子得幸将军，至九卿封侯。百官以下但事冯子都、王子方等，视丞相亡如也。各自有时，今许、史自天子骨肉，贵正宜耳。大司马欲用是怨恨，愚以为不可。"禹默然。数日，起视事。

爱她的小女儿成君，想使她的身份更加尊贵，就暗自派产科医生淳于衍用毒药害死许皇后，乘机劝霍光把成君纳入后宫，取代许皇后立为皇后。详见《外戚传》。起初许皇后突然死亡，官吏逮捕了宫中参与治疗的所有医生，并弹劾淳于衍在为皇后治病过程中行为恶劣，大逆不道，就把他投入监狱。法官审讯时追问很急迫，霍显担心事情败露，就把实情告诉了霍光。霍光听后大惊，想要亲自去揭发这件事，又不忍心，正在犹豫不决。适逢案件上报，霍光就乘机指示对淳于衍不必再追究。霍光死了以后，霍显谋害许皇后的事情渐渐泄露出去。于是皇上才听说这件事，但是没有调查，就调动霍光的女婿度辽将军未央宫的卫尉平陵侯范明友担任光禄勋，把霍光的第二个女婿中郎将羽林监任胜调出京担任安定太守。几个月后，又把霍光姐姐的女婿给事中光禄大夫张朔调出京担任蜀郡太守，把侄孙女婿中郎将王汉调为武威太守。过了不久，又把霍光的大女婿长乐宫卫尉邓广汉调为少府。再调霍禹担任大司马，只戴武弁小冠，没有印绶，撤销了他右将军统率驻军的官职，特意让霍禹的官职与霍光相同，都是大司马而已。又收回范明友度辽将军的印绶，只让他担任光禄勋。还有霍光的二女婿赵平原来担任散骑都尉光禄大夫统领驻军，又把赵平的骑都尉印绶收回。凡是率领胡、越骑兵、羽林军以及担任两宫卫尉、统率驻军的将领，全部换成宣帝亲信的许家、史家子弟。

霍禹被任命为大司马后，自称有病。霍禹从前的属下长史任宣来问候病情，霍禹说道：“我哪里有病？天子若不是靠我家大将军就得不到今天这个地位，现在将军坟墓的土还没有干，就开始排斥我们家族，重用许、史两家的人，还剥夺了我的印绶，真让人死都不能理解。”任宣看到霍禹这么怨恨宣帝，就对他说：“大将军的时代怎么可能再度出现！那时他执掌朝政，生杀大权全部掌握手中。廷尉李种、王平、左冯翊贾胜胡以及车丞相的女婿少府徐仁都因忤逆大将军之意而下狱被处死。使乐成出身寒微，因为受到大将军宠幸，竟然位列九卿而封侯。百官以下只知道逢迎霍氏家奴冯子都、王子方等人，看待丞相就像没有这个人一样。各自有各自的时代，现在许、史两家本是皇上的亲戚，他们理所当然得到尊贵。大司马如果因此而心生怨

显及禹、山、云自见日侵削，数相对啼泣，自怨。山曰：“今丞相用事，县官信之，尽变易大将军时法令，以公田赋与贫民，发扬大将军过失。又诸儒生多窭人子，远客饥寒，喜妄说狂言，不避忌讳，大将军常仇之，今陛下好与诸儒生语，人人自使书对事，多言我家者。尝有上书言大将军时主弱臣强，专制擅权，今其子孙用事，昆弟益骄恣，恐危宗庙，灾异数见，尽为是也。其言绝痛，山屏不奏其书。后上书者益黠，尽奏封事，辄下中书令出取之，不关尚书，益不信人。”显曰：“丞相数言我家，独无罪乎？”山曰：“丞相廉正，安得罪？我家昆弟诸婿多不谨。又闻民间讙言霍氏毒杀许皇后，宁有是邪？”显恐急，即具以实告山、云、禹。山、云、禹惊曰：“如是，何不早告禹等！县官离散斥逐诸婿，用是故也。此大事，诛罚不小，奈何？”于是始有邪谋矣。

初，赵平客石夏善为天官，语平曰：“荧惑守御星，御星，太仆奉车都尉也，不黜则死。”平内忧山等。云舅李竟所善张赦见云家卒卒，谓竟曰：“今丞相与平恩侯用事，可令太夫人言太后，先诛此两人。移徙陛下，在太后耳。”长安男子张章告之，事下廷尉。执金吾捕张赦、石夏等，后有诏止勿捕。山等愈恐，相谓曰：“此县官重太后，故不竟也。然恶端已见，又有弑许后事，陛下虽宽仁，恐左右不听，久之犹发，发即族矣，不如先也。”遂令诸女各归报其夫，皆曰：“安所相避？”

恨，我认为不可以。”霍禹听后默默无言。几天以后，霍禹又上朝处理公务了。

霍显与霍禹、霍山、霍云眼见自己的权势日渐削弱，多次相对流泪哭泣，自怨自艾。霍山说：“如今丞相掌握国政，受到天子信任，完全改变大将军以前制定的法令，把公田都给了贫民，以张扬大将军的过错。另外那些儒生大多是贫家出身，远离乡里客居京城，不能免于饥寒，却喜欢乱说大话，无所顾忌，大将军平时对他们忌恨如仇，如今陛下却喜欢与儒生们谈话，允许他们自行上书论事，大多是议论我们家的事。曾经有人上书说大将军辅政时，主弱臣强，专制擅权，现在他的子孙掌权，子弟们越发骄横放纵，恐怕会危及社稷安危，天灾与怪异的事情频繁出现，都是出于这些原因。那些言辞非常激烈，我就把这封奏书搁下没有上奏。后来上书的人越发狡猾，全都上的是密封的奏章，被中书令直接取走，不经过尚书，陛下对我们越来越不信任了。”霍显问道：“丞相屡次说我霍家的事，难道他就没有犯过罪吗？”霍山答道：“丞相廉洁清正，哪里有罪？我家的兄弟们和各位女婿行为大多不谨慎。我又听民间传言霍氏毒死了许皇后，难道真有此事吗？”霍显很惊慌，就将实情全部告诉了霍山、霍云、霍禹。霍山、霍云、霍禹吃惊地说道：“既然是这样，为什么不早点告诉我们呢！天子离散驱逐我们家的几位女婿，就是这个原因啊。这件事太大，惩罚一定不小，怎么办？”从这以后他们才开始有图谋不轨的想法。

起初，赵平的门客石夏通晓天文，他告诉赵平：“荧惑星守在御星的位置，御星象征太仆和奉车都尉，他们不是被贬黜就是要处死刑。”赵平内心担忧霍山等人。霍云舅舅李竟的好友张赦看见霍云家族处境窘迫，就对李竟说：“现在丞相与平恩侯掌权，可以让太夫人告诉太后，先诛杀这两个人。使陛下转变，关键在于皇太后。”长安男子张章向朝廷告发了这件事，这件事被交给廷尉审理。执金吾追捕张赦、石夏等人，后来有诏令不准追捕张、石等人。霍山等人越发恐慌，互相说道：“这是天子尊重太后，因此没有追究。然而恶兆已现，又有弑杀许后的事情，陛下虽然宽厚，恐怕皇上身边的人不会任

会李竟坐与诸侯王交通，辞语及霍氏，有诏云、山不宜宿卫，免就第。光诸女遇太后无礼，冯子都数犯法，上并以为让，山、禹等甚恐。显梦第中井水溢流庭下，灶居树上，又梦大将军谓显曰："知捕儿不？亟下捕之。"第中鼠暴多，与人相触，以尾画地。鸮数鸣殿前树上。第门自坏。云尚冠里宅中门亦坏。巷端人共见有人居云屋上，彻瓦投地，就视，亡有，大怪之。禹梦车骑声正讙来捕禹，举家忧愁。山曰："丞相擅减宗庙羔、菟、蛙，可以此罪也。"谋令太后为博平君置酒，召丞相、平恩侯以下，使范明友、邓广汉承太后制引斩之，因废天子而立禹。约定未发，云拜为玄菟太守，太中大夫任宣为代郡太守。山又坐写秘书，显为上书献城西第，入马千匹，以赎山罪。书报闻。会事发觉，云、山、明友自杀，显、禹、广汉等捕得。禹要斩，显及诸女昆弟皆弃市。唯独霍后废处昭台宫。与霍氏相连坐诛灭者数千家。

上乃下诏曰："乃者东织室令史张赦使魏郡豪李竟报冠阳侯云谋为大逆，朕以大将军故，抑而不扬，冀其自新。今大司马博陆侯禹与母宣成侯夫人显及从昆弟子冠阳侯云、乐平侯山诸姊妹婿谋为大逆，欲诖误百姓。赖宗庙神灵，先发得，咸伏其辜，朕甚悼

我们这样，时间久了还是要揭发，一旦被揭发就要被灭族，我们不如先下手。”于是他们命令霍家诸女各自回去告诉自己的丈夫，都说：“我们怎么能躲得过这场灾难呢？”

适逢李竟犯了与诸侯王勾结的罪行，供词中涉及到霍氏，宣帝就下诏说霍云、霍山不适宜在宫禁值宿警卫，免除职责回家。霍光的几个女儿遇到太后没有礼貌，家奴冯子都屡次犯法，皇上一并加以责问，霍山、霍禹等人感到非常害怕。显在梦中见到府第中的井水溢出流到门庭下，厨房里的炉灶居然在大树上，又梦见大将军对自己说：“你知道要逮捕儿子吗？马上就要下令来逮捕他了。”府第中的老鼠突然多了起来，与人相撞，并且尾巴在地上乱画。猫头鹰屡次在殿堂前的大树上鸣叫。府宅的大门无缘无故坍毁。霍云在尚冠里府宅的门也无缘无故地坍毁了。街巷口的人共同看到有人坐在霍云家的屋顶上，揭下屋顶的瓦片扔到地上，走到跟前一看，却没有看到人，感到特别奇怪。霍禹梦中听到车骑声正喧闹着来逮捕自己，全家都感到忧愁。霍山说道：“丞相擅自减少祭祀宗庙的羊羔、兔子、青蛙，可以用这件事来定丞相的罪。”他们策划密谋让太后为博平君设置酒宴，同时召丞相、平恩侯以下的官员，让范明友、邓广汉假传太后懿旨将这些人捕捉斩杀，趁机废除天子而立霍禹为帝。计谋商定还没有行动，霍云就被拜为玄菟太守，太中大夫任宣被拜为代郡太守。霍山又因为泄露宫禁秘书而犯罪，显为此事上书愿意献出城西的宅第以及好马一千匹，用以替霍山赎罪。奏书呈上以后。正逢他们的密事被发觉，霍云、霍山、范明友自杀，霍显、霍禹、邓广汉等人被逮捕。霍禹被腰斩，霍显和几个女儿以及霍禹的兄弟都被处死，暴尸街头。唯独霍后被废黜，幽禁在昭台宫。与霍家有牵连而被定罪诛杀的有几千家。

皇上就下诏说：“不久以前东织室令史张赦让魏郡的豪门李竟转告冠阳侯霍云，让他密谋作乱，朕考虑大将军的缘故，就将此事压下没有张扬，希望他能悔过自新。现在大司马博陆侯霍禹与他的母亲宣成侯夫人霍显，以及堂弟的儿子冠阳侯霍云、乐平侯霍山，以及他们姊妹的女婿们策谋造反，还想连累百姓。仰赖祖宗的神灵保

之。诸为霍氏所诖误，事在丙申前，未发觉在吏者，皆赦除之。男子张章先发觉，以语期门董忠，忠告左曹杨恽，恽告侍中金安上。恽召见对状，后章上书以闻。侍中史高与金安上建发其事，言无入霍氏禁闼，卒不得遂其谋，皆仇有功。封章为博成侯，忠高昌侯，恽平通侯，安上都成侯，高乐陵侯。”

初，霍氏奢侈，茂陵徐生曰：“霍氏必亡。夫奢则不逊，不逊必侮上。侮上者，逆道也。在人之右，众必害之。霍氏秉权日久，害之者多矣。天下害之，而又行以逆道，不亡何待！”乃上疏言“霍氏泰盛，陛下即爱厚之，宜以时抑制，无使至亡。”书三上，辄报闻。其后霍氏诛灭，而告霍氏者皆封。人为徐生上书曰：“臣闻客有过主人者，见其灶直突，傍有积薪，客谓主人，更为曲突，远徙其薪，不者且有火患。主人默然不应。俄而家果失火，邻里共救之，幸而得息。于是杀牛置酒，谢其邻人，灼烂者在于上行，余各以功次坐，而不录言曲突者。人谓主人曰：‘乡使听客之言，不费牛酒，终亡火患。今论功而请宾，曲突徙薪亡恩泽，燋头烂额为上客耶？’主人乃寤而请之，今茂陵徐福数上书言霍氏且有变，宜防绝之。乡使福说得行，则国亡裂土出爵之费，臣亡逆乱诛灭之败。往事既已，而福独不蒙其功，唯陛下察之，贵徙薪曲突之策，使居焦发灼烂之右。”上乃赐福帛十匹，后以为郎。

佑，事先被揭发并抓获人犯，全部都伏法受诛，朕为他们悲伤。所有被霍氏蒙蔽而犯法的人，只要事情发生在丙申日以前，尚未被官吏发觉而备案的，一律赦免不究。男子张章首先发觉了阴谋，告诉了期门董忠，董忠又转告左曹杨恽，杨恽又转告侍中金安上。杨恽被皇上召见，陈述详细情况，后来张章又上书陈述。侍中史高与金安上建议揭发霍氏谋反之事，又建议不让霍氏家族的人进入宫禁中，霍氏的阴谋最终也没有得逞，这些人功劳相等。封张章为博成侯，董忠为高昌侯，杨恽为平通侯，金安上为都成侯，史高为乐陵侯。”

起初，霍氏奢侈无度，茂陵的徐福先生就说：“霍氏必定会灭亡。因为奢侈就不会服从礼义，不服从礼义就必然会轻侮皇上。轻侮皇上就是大逆不道。地位在别人之上，大家必然会忌恨。霍氏掌权的时间太长，遭受他们危害的人非常多。天下人都怨恨他们，而他们的行为又违反常道，不灭亡还等待什么呢！”于是徐福就向皇上上书说：“霍氏声势太盛，陛下既然想要厚待他们，就应该经常加以抑制，不要使他们因无法无天而自取灭亡。”奏章上了三次，皇上只回复知道却没有重视。霍氏被诛后，凡是揭发霍氏的人都被封赏。有人为徐生上书说道：“臣听说有个客人经过主人家，看到主人家的炉灶的烟囱笔直，旁边堆有一垛柴草，客人就对主人讲，换成弯曲的烟囱，把柴草移远一点，否则可能发生火灾。主人听后没有理睬。不久主人家果然发生大火，邻居都赶来救火，幸好很快将火扑灭了。于是主人杀牛摆设酒宴，感谢邻居们，被火烧伤的人安排在上座就坐，其余的人按功劳大小依次入座，惟独没有酬谢那个建议他换弯曲烟囱的人。有人对主人说：‘假如当初你采纳了客人的建议，就不需以牛酒请客，而且始终也没有火患。现在论功请客，建议换弯曲的烟囱、搬移柴草的人得不到酬谢，烧得焦头烂额的人倒成了上等客人呢？’主人这才恍然大悟，把那位客人请来，如今茂陵的徐福先生屡次上书说霍氏可能会有变，应该加以防范杜绝。假使当初徐福的建议能被采纳，那么国家可以省却分封爵位的花费，大臣们也没有因谋反而被诛灭的祸端。事情虽然过去，只有徐福没有受到赏赐，望陛下明鉴，重视搬走柴草换弯曲烟囱的良策，使其功居于焦头烂

宣帝始立，谒见高庙，大将军光从骖乘，上内严惮之，若有芒刺在背。后车骑将军张安世代光骖乘，天子从容肆体，甚安近焉。及光身死而宗族竟诛，故俗传之曰："威震主者不畜，霍氏之祸萌于骖乘。"

至成帝时，为光置守冢百家，吏卒奉祠焉。元始二年，封光从父昆弟曾孙阳为博陆侯，千户。

金日磾字翁叔，本匈奴休屠王太子也。武帝元狩中，票骑将军霍去病将兵击匈奴右地，多斩首，虏获休屠王祭天金人。其夏，票骑复西过居延，攻祁连山，大克获。于是单于怨昆邪、休屠居西方多为汉所破，召其王欲诛之。昆邪、休屠恐，谋降汉。休屠王后悔，昆邪王杀之，并将其众降汉。封昆邪王为列侯。日磾以父不降见杀，与母阏氏、弟伦俱没入官，输黄门养马，时年十四矣。

久之，武帝游宴见马，后宫满侧。日磾等数十人牵马过殿下，莫不窃视，至日磾独不敢。日磾长八尺二寸，容貌甚严，马又肥好，上异而问之，具以本状对。上奇焉，即日赐汤沐衣冠，拜为马监，迁侍中驸马都尉光禄大夫。日磾既亲近，未尝有过失，上甚信爱之，赏赐累千金，出则骖乘，入侍左右。贵戚多窃怨，曰："陛下妄得一胡儿，反贵重之！"上闻，愈厚焉。

额被烧伤的人之上。”宣帝就赐予徐福十匹布帛，后来又让他担任郎官。

宣帝刚立为帝时，去谒见高庙，大将军霍光随侍皇上同乘一辆车，皇上内心很不安，如芒在背一样。后来车骑将军张安世代替霍光随侍车驾，皇上从容自在，身体安然舒坦，和张安世很亲近。等到霍光去世以后，他的宗族竟然被诛灭，所以民间传言说：“威势震撼君主的人不会被君主容纳，霍氏灭族的祸患早在霍光随侍车驾时就开始了。”

到成帝时，为霍光安置了一百户守坟的人，官吏士卒按时奉行祭祀之礼。平帝元始二年（2），平帝封霍光堂兄弟的曾孙霍阳为博陆侯，赐食邑千户。

金日磾字翁叔，原本是匈奴休屠王的太子。武帝元狩年间，骠骑将军霍去病率兵进攻匈奴的右地，斩杀了很多敌人，还缴获了休屠王用来祭祀天神的金人。这年夏季，骠骑将军又向西路过居延泽，攻占祁连山，都获得大胜。由此，匈奴单于就怨恨昆邪、休屠，因为他们多次被汉军攻破，召二王打算诛杀他们。昆邪王、休屠王十分恐惧，就策划投降汉朝。休屠王后又反悔，昆邪王就杀了他，并率其部众一并归降汉朝。皇上封昆邪王为列侯。因为父亲不肯投降而被杀死，金日磾就与他的母亲阏氏、弟弟金伦一起被收进官府为奴，送入宫中养马，当时他才十四岁。

过了很久，汉武帝在游玩饮宴时要观看各部所养马匹，武帝的两侧站满了后宫的嫔妃。金日磾等几十人牵着马经过殿下，其他人都偷偷地窥视后宫嫔妃，只有金日磾不敢偷窥。金日磾身高八尺二寸，相貌很威严，马又养得肥壮骏美，皇上很是惊奇就询问他，他就告知实情。皇上认为他奇特，当天就让他沐浴赐给衣冠，任命他为马监，后又升任他为侍中驸马都尉光禄大夫。金日磾亲近皇上以后，从来没有过失，武帝很宠爱他，赏赐给他的金子累记一千多两，皇帝外出他就随侍车驾，在宫内他就侍候在身边。朝中贵戚很多都私下抱怨，说：“陛下胡乱得到一匈奴小儿，反倒看重他！”武帝听说这些话后，更加厚待他。

日磾母教诲两子，甚有法度，上闻而嘉之。病死，诏图画于甘泉宫，署曰“休屠王阏氏。”日磾每见画常拜，乡之涕泣，然后乃去。日磾子二人皆爱，为帝弄儿，常在旁侧。弄儿或自后拥上项，日磾在前，见而目之。弄儿走且啼曰：“翁怒。”上谓日磾“何怒吾儿为？”其后弄儿壮大，不谨，自殿下与宫人戏，日磾适见之，恶其淫乱，遂杀弄儿。弄儿即日磾长子也。上闻之大怒，日磾顿首谢，具言所以杀弄儿状。上甚哀，为之泣，已而心敬日磾。

初，莽何罗与江充相善，及充败卫太子，何罗弟通用诛太子时力战得封。后上知太子冤，乃夷灭充宗族党与。何罗兄弟惧及，遂谋为逆。日磾视其志意有非常，心疑之，阴独察其动静，与俱上下。何罗亦觉日磾意，以故久不得发。是时上行幸林光宫，日磾小疾卧庐。何罗与通及小弟安成矫制夜出，共杀使者，发兵。明旦，上未起，何罗亡何从外入。日磾奏厕心动，立入坐内户下。须臾，何罗袖白刃从东箱上，见日磾，色变，走趋卧内欲入，行触宝瑟，僵。日磾得抱何罗，因传曰：“莽何罗反！”上惊起，左右拔刃欲格之，上恐并中日磾，止勿格。日磾捽胡投何罗殿下，得禽缚之，穷治皆伏辜。繇是著忠孝节。

日磾自在左右，目不忤视者数十年。赐出宫女，不敢近。上欲内其女后宫，不肯。其笃慎如此，上尤奇异之。及上病，属霍光以辅

金日磾的母亲教诲两个儿子，非常有分寸，武帝得知后非常赞许她。他母亲病死后，皇上下诏叫人在甘泉宫为她画像，上面题名：“休屠王阏氏。”金日磾每次看见画像都要敬拜，对着画像流泪不止，然后才离开。金日磾的两个儿子都被皇上宠爱，武帝经常逗弄两个孩子，经常跟随在武帝的左右。有一次，两个孩子从后面抱住武帝的脖颈，金日磾在前面看到后，生气地瞪着他们。两个孩子一边跑一边哭着说：“父亲发怒了。”武帝对金日磾说：“你干嘛对我的孩子生气？”后来孩子都长大了，行为不够严谨，在殿中与宫女戏闹，金日磾恰巧见到了，他厌恶这个孩子的淫乱行为，就把他杀了。这个孩子就是金日磾的长子。武帝知道后非常生气，金日磾叩头谢罪，详细述说了原因。武帝十分悲哀，为这个孩子伤心流泪，此后武帝从内心敬重金日磾。

起初，莽何罗和江充彼此交好，等到江充谗毁卫太子时，莽何罗的弟弟莽通因为在诛杀太子时奋力作战而得到封赏。后来武帝得知太子的冤屈，就诛杀了江充的宗族与朋党。莽何罗兄弟害怕被诛杀，就策谋造反。金日磾发现他们神情异常，开始怀疑他们，暗中留意他们的举动，与他们共同上殿下殿。莽何罗也觉察到金日磾的用意，因此很久没有机会行动。这个时候武帝驾临林光宫，金日磾有点小病躺在殿内休息。莽何罗与莽通还有他的小弟莽安成假传圣旨深夜外出，一起杀了使者，然后发兵起事。第二天早上，武帝还未醒来，莽何罗无故从外面进入宫中。金日磾正在上厕所，忽然心里一动，他马上进入皇上的卧室坐在内门后。一会儿，莽何罗袖里藏着利刃从东厢上来，见到金日磾，脸色大变，快步朝皇帝的卧处奔去，刚想要进去，却触碰到宝瑟，身体僵在那儿。金日磾得以抱住莽何罗，随即高声呼喊道：“莽何罗谋反了！”武帝也被惊起，左右的侍卫拔刀想杀莽何罗，皇上恐怕误伤金日磾，就叫左右的侍卫不要用刀击杀。金日磾揪住莽何罗的脖颈将他摔到殿下，被侍卫们擒获，武帝彻底追查审讯，所有谋反的人最后都被处死。金日磾从此以忠孝而闻名天下。

金日磾自从在皇上的身边，数十年从不直视皇上。皇上赏赐给他的宫女，他也不敢接近。武帝想把他的女儿纳入后宫，金日磾不

少主，光让日磾。日磾曰：“臣外国人，且使匈奴轻汉。”于是遂为光副。光以女妻日磾嗣子赏。初，武帝遗诏以讨莽何罗功封日磾为秺侯，日磾以帝少不受封。辅政岁余，病困，大将军光白封日磾，卧授印绶。一日，薨，赐葬具冢地，送以轻车介士，军陈至茂陵，谥曰敬侯。

日磾两子，赏、建，俱侍中，与昭帝略同年，共卧起。赏为奉车、建驸马都尉。及赏嗣侯，佩两绶。上谓霍将军曰：“金氏兄弟两人不可使俱两绶邪？”霍光对曰：“赏自嗣父为侯耳。”上笑曰：“侯不在我与将军乎？”光曰：“先帝之约，有功乃得封侯。”时年俱八九岁。宣帝即位，赏为太仆，霍氏有事萌牙，上书去妻。上亦自哀之，独得不坐。元帝时为光禄勋，薨，亡子，国除。元始中继绝世，封建孙当为秺侯，奉日磾后。

初，日磾所将俱降弟伦，字少卿，为黄门郎，早卒。日磾两子贵，及孙则衰矣，而伦后嗣遂盛，子安上始贵显封侯。

安上字子侯，少为侍中，惇笃有智，宣帝爱之。颇与发举楚王延寿反谋，赐爵关内侯，食邑三百户。后霍氏反，安上传禁门闼，无内霍氏亲属，封为都成侯，至建章卫尉。薨，赐冢茔杜陵，谥曰敬侯。四子，常、敞、岑、明。

肯。他就是这样的笃厚谨慎，皇上觉得他特别与众不同。等到皇上病重，托付霍光辅助少主，霍光谦让给金日磾。金日磾说："臣是外国人，如得重用会使匈奴轻视汉朝。"于是他成了霍光的助手。霍光把女儿嫁给金日磾的嫡子金赏。当初，武帝留下遗诏，以讨伐莽何罗的功劳封金日磾为秺侯，金日磾因为昭帝年幼没有接受封侯。金日磾辅佐朝政一年以后，病情严重了，大将军霍光奏明皇帝加封金日磾为侯，金日磾在病床上接受了印绶。一天后，金日磾病逝，皇上赐给他家安葬的器具及坟地，用轻车军士为他送行，送葬的军队一直延续到茂陵，赐给他的谥号为敬侯。

金日磾的两个儿子金赏、金建都在宫中为侍中，与昭帝年龄差不多，他们一同作息。金赏担任奉车都尉，金建担任驸马都尉。金赏继承了侯爵，佩带着两条绶带。皇上对霍将军说："金家兄弟二人难道不能都佩戴两条绶带吗？"霍光回答说："金赏自己是继承他父亲的爵位为侯的。"昭帝笑着说："封侯不封侯不就在于我和将军吗？"霍光说道："先帝定下的规矩，立功才能封侯。"当时金家兄弟都只有八九岁。宣帝即位后，金赏担任太仆，霍氏败亡的征兆开始显露，金赏就上书请求休妻。皇上也很同情他，因此能够在霍氏变故中不受牵连。元帝时金赏担任光禄勋，去世以后，没有子嗣，封国被废除。平帝元始年间为了延续绝禄的世家，就封金建的孙子金当为秺侯，作为金日磾的后嗣祭祀祖先。

起初，金日磾带着一起降汉的弟弟金伦，字少卿，担任黄门郎，年纪轻轻就死了。金日磾的两个儿子都官爵显赫，到了孙子一辈时就衰落了，而金伦的后辈则逐渐兴盛起来，他的儿子金安上逐渐地位尊贵并被赐封侯爵。

金安上字子侯，年轻时担任侍中，性情淳厚笃成有智谋，宣帝很喜欢他。金安上极力检举楚王刘延寿的造反图谋，被赐封关内侯，食邑三百户。后来霍氏造反，金安上传令严守宫门，禁止霍氏亲属入内，又被封为都成侯，后官至建章宫卫尉。金安上去世后，朝廷赐墓地于杜陵，赐谥号为敬侯。金安上有四个儿子，分别是金常、金敞、金岑、金明。

岑、明皆为诸曹中郎将，常光禄大夫。元帝为太子时，敞为中庶子，幸有宠，帝即位，为骑都尉光禄大夫，中郎将侍中。元帝崩，故事，近臣皆随陵为园郎，敞以世名忠孝，太后诏留侍成帝，为奉车水衡都尉，至卫尉。敞为人正直，敢犯颜色，左右惮之，唯上亦难焉。病甚，上使使者问所欲，以弟岑为托。上召岑，拜为使主客。敞子涉本为左曹，上拜涉为侍中，使待幸绿车载送卫尉舍。须臾卒。敞三子，涉、参、饶。

涉明经俭节，诸儒称之。成帝时为侍中骑都尉，领三辅胡越骑。哀帝即位，为奉车都尉，至长信少府。而参使匈奴，匈奴中郎将，越骑校尉，关内都尉，安定、东海太守。饶为越骑校尉。

涉两子，汤、融，皆侍中诸曹将大夫。而涉之从父弟钦举明经，为太子门大夫，哀帝即位，为太中大夫给事中，钦从父弟迁为尚书令，兄弟用事。帝祖母傅太后崩，钦使护作，职办，擢为泰山、弘农太守，著威名。平帝即位，征为大司马司直、京兆尹。帝年幼，选置师友，大司徒孔光以明经高行为孔氏师，京兆尹金钦以家世忠孝为金氏友。徙光禄大夫侍中，秩中二千石，封都成侯。

时王莽新诛平帝外家卫氏，召明礼少府宗伯凤入说为人后之谊，白令公卿、将军、侍中、朝臣并听，欲以内厉平帝而外塞百姓之议。钦与族昆弟秺侯当俱封。初，当曾祖父日磾传子节侯赏，而钦祖父安上传子夷侯常，皆亡子，国绝，故莽封钦、当奉其后。当

金岑、金明都担任诸曹中郎将，金常担任光禄大夫。元帝做太子的时候，金敞为中庶子，被太子亲近宠爱，太子即位后，金敞担任骑都尉光禄大夫，中郎将侍中。元帝驾崩后，按过去的旧例，亲近的大臣都要到皇陵担任园郎守陵，金敞因为家族世代以忠孝而出名，就被太后诏令留宫侍奉成帝，担任奉车水衡都尉、卫尉。金敞为人正直，敢于犯颜直谏，皇上身边的人都很敬畏他，只有皇上一人例外。金敞病得很严重时，皇上派使者问他有什么愿望，金敞把他的弟弟金岑托附给皇上。元帝就召见金岑，任命他为使主客。金敞的儿子金涉本来担任左曹，皇上又拜金涉为侍中，派人用皇孙乘坐的绿车送他回到卫尉的馆舍。没有多久金敞去世。金敞有三个儿子，分别是金涉、金参、金饶。

金涉通晓经典，俭朴忠贞有节操，诸位儒生都称赞他。他在成帝时担任侍中骑都尉，统领三辅及胡、越归服的骑兵。哀帝即位后，金涉担任奉车都尉，官职一直做到长信少府。而金参曾出使匈奴，担任匈奴中郎将，越人骑兵校尉，关内都尉，安定郡、东海郡太守。金饶担任越骑校尉。

金涉有两个儿子，分别是金汤、金融，都担任侍中兼诸曹中郎将大夫。而金涉的堂弟金钦因通晓经典被推举担任太子门大夫，哀帝即位后，担任太中大夫给事中，金钦的堂弟金迁担任尚书令，兄弟都担任要职。哀帝的祖母傅太后驾崩，金钦被指派主持丧葬事宜，任务完成之后，就被提拔为泰山郡、弘农郡太守，任职期间很有威名。平帝即位后，金钦被征调为大司马司直、京兆尹。由于皇帝年幼，朝廷为他选置师友，大司徒孔光因通晓经典，操行高尚担任孔氏师，京兆尹金钦因家族世代忠孝而被选任为金氏友。金钦后来升官为光禄大夫侍中，官阶为中二千石，封爵都成侯。

当时王莽刚诛杀了平帝的外家卫氏，召见明礼少府宗伯凤入宫讲说后辈子孙的道理，命令公卿、将军、侍中、朝中臣僚都去聆听，王莽想用这种方式在宫内对平帝严加控制，而在社会上又能制止百姓的议论。金钦和他的本族堂弟秺侯金当都被封爵。当初，金当的曾祖父金日磾传爵给儿子节侯金赏，金钦的祖父金安上传爵给儿子夷侯

母南即莽母功显君同产弟也。当上南大行为太夫人。钦因缘谓当："诏书陈日磾功，亡有赏语。当名为以孙继祖也，自当为父、祖父立庙。赏故国君，使大夫主其祭。"时甄邯在旁，庭叱钦，因劾奏曰："钦幸得以通经术，超擢侍帷幄，重蒙厚恩，封袭爵号，知圣朝以世有为人后之谊。前遭故定陶太后背本逆天，孝哀不获厥福，乃者吕宽、卫宝复造奸谋，至于反逆，咸伏厥辜。太皇太后惩艾悼惧，逆天之咎，非圣诬法，大乱之殃，诚欲奉承天心，遵明圣制，专壹为后之谊，以安天下之命，数临正殿，延见群臣，讲习《礼经》。孙继祖者，谓亡正统持重者也。赏见嗣日磾，后成为君，持大宗重，则《礼》所谓'尊祖故敬宗'，大宗不可以绝者也。钦自知与当俱拜同谊，即数扬言殿省中，教当云云。当即如其言，则钦亦欲为父明立庙而不入夷侯常庙矣。进退异言，颇惑众心，乱国大纲，开祸乱原，诬祖不孝，罪莫大焉。尤非大臣所宜，大不敬。秺侯当上母南为太夫人，失礼不敬。"莽白太后，下四辅、公卿、大夫、博士、议郎，皆曰："钦宜以时即罪。"谒者召钦诣诏狱，钦自杀。邯以纲纪国体，亡所阿私，忠孝尤著，益封千户。更封长信少府涉子右曹汤为都成侯。汤受封日，不敢还归家，以明为人后之谊。益封之后，莽复用钦弟遵，封侯，历九卿位。

金常，他们都没有儿子，封国被废除，因此王莽就分封金钦、金当，作为金日磾、金安上的后嗣来祭祀他们。金当的母亲王南是王莽的母亲功显君的同胞妹妹。金当为母亲王南上书大行令想要封为太夫人。金钦借机对金当说："诏书上只列举金日磾的功劳，没有提到金赏。金当是以孙子的身份继承先祖的爵位，自然应该为父亲、祖父立庙。金赏是封国的君主，派大夫为他祭祀就可以了。"当时甄邯正好在场，就在朝廷上斥责金钦，并上书弹劾道："金钦侥幸因为通晓经典，被越级提拔侍奉在皇帝左右，受到优厚的恩宠，继承并受封爵位，让他知道汉朝世代都有延续封国继承人的道义。以前已故定陶太后背弃根本，违反天意，孝哀帝没有享受到她的福佑，还有吕宽、卫宝又设阴谋，以至于叛逆，都伏法受诛。太皇太后吸取过去的教训，心中恐惧，知道逆天行事的灾祸，非议圣人悖逆法律，是祸乱的源头，太皇太后诚心诚意想奉行上天旨意，遵循圣明的制度，专心于为人后嗣的礼义，来顺应天命，安定天下，因此屡次来到正殿，召见朝廷群臣，讲授《礼经》。孙子继承祖父的爵位，是指没有正统的继承人主持宗庙祭祀。金赏得以继嗣金日磾的爵位，后来成为封国的君主，担负起大宗的重任，这就是《礼记》所说的'能尊崇祖先所以能供奉宗庙'，也是大宗不能中断的原因。金钦知道自己与金当封侯都是出于同样的礼制，却多次在朝堂大殿上大放厥词，教唆金当如此怎样。金当若是按照金钦所说去做，那么金钦也可以立庙祭祀生父金明而不祭祀夷侯金常了。这个人不知进退，还说不负责任的话，颇能迷惑众心，扰乱国家大纲，开启祸乱的根源，污妄祖宗，不为孝行，没有比这更大的罪过了。这尤其是大臣不应该做的事，属大不敬之罪。秺侯金当上奏请封母亲王南为太夫人，失礼制也是不敬。"王莽把这些告诉了太皇太后，太皇太后将此事下达给四辅、公卿、大夫、博士、议郎去讨论，他们都说："金钦应该马上被治罪。"谒者就召金钦到诏狱受审，金钦自杀。甄邯因为维护纲纪国体，没有阿谀和私欲，尽忠尽孝，增封食邑千户。又改封长信少府金涉的儿子右曹金汤为都成侯。金汤受封的日子，不敢返回家中，以此彰明成为别人后嗣应遵从的道义。封赐金汤之后，王莽又起用金钦的弟弟金遵，封

赞曰：霍光以结发内侍，起于阶闼之间，确然秉志，谊形于主。受襁褓之托，任汉室之寄，当庙堂，拥幼君，摧燕王，仆上官，因权制敌，以成其忠。处废置之际，临大节而不可夺，遂匡国家，安社稷。拥昭立宣，光为师保，虽周公、阿衡，何以加此！然光不学亡术，暗于大理，阴妻邪谋，立女为后，湛溺盈溢之欲，以增颠覆之祸，死财三年，宗族诛夷，哀哉！昔霍叔封于晋，晋即河东，光岂其苗裔乎？金日磾夷狄亡国，羁虏汉庭，而以笃敬寤主，忠信自著，勒功上将，传国后嗣，世名忠孝，七世内侍，何其盛也！本以休屠作金人为祭天主，故因赐姓金氏云。

为侯，位列九卿。

赞辞说：霍光从年轻时起，就在皇帝身边侍奉，是从宫闱之中提拔起来的，他秉持坚贞之志，对君主竭尽忠义。后来又接受武帝的托孤，承担汉室的重任，主持国政，扶助幼君，挫败燕王的叛乱，消灭上官桀的阴谋，凭借权势制服敌人，成就了他的忠心。处在君主废立的紧要关头，临大节而坚定不移，才能够匡扶国家，安定社稷。拥立昭帝、宣帝，霍光作为他们的师保，即使是周公、伊尹，功劳也比不过他！然而霍光不学无术，不明白大道至理，掩盖其妻的罪恶阴谋，使自己的女儿成为皇后，沉溺在永无止境的贪欲中，以致招来灭族的灾祸，霍光去世仅三年时间，就被灭族，可悲啊！从前霍叔的封国在晋地，晋地就是河东郡，霍光难道是他的后裔吗？金日磾是外国人，国家灭亡后，被俘虏到汉朝，他凭着笃诚恭敬使皇上了解，以忠义诚信而闻名，以功劳受封位列上将军，封国传给后嗣，世代以忠孝闻名，七辈人在宫中担任侍从，这是多么的隆盛！本来休屠王制作金人，是为了祭祀天主，因此就赐给他金姓。

卷六十九

赵充国辛庆忌传第三十九

赵充国字翁孙，陇西上邽人也，后徙金城令居。始为骑士，以六郡良家子善骑射补羽林。为人沈勇有大略，少好将帅之节，而学兵法，通知四夷事。

武帝时，以假司马从贰师将军击匈奴，大为虏所围。汉军乏食数日，死伤者多，充国乃与壮士百余人溃围陷陈，贰师引兵随之，遂得解。身被二十余创，贰师奏状，诏征充国诣行在所。武帝亲见视其创，嗟叹之，拜为中郎，迁车骑将军长史。

昭帝时，武都氐人反，充国以大将军护军都尉将兵击定之，迁中郎将，将屯上谷，还为水衡都尉。击匈奴，获西祁王，擢为后将军，兼水衡如故。

与大将军霍光定册尊立宣帝，封营平侯。本始中，为蒲类将军征匈奴，斩虏数百级，还为后将军、少府。匈奴大发十余万骑，南旁塞，至符奚庐山，欲入为寇。亡者题除渠堂降汉言之，遣充国将四万骑屯缘边九郡。单于闻之，引去。

是时，光禄大夫义渠安国使行诸羌，先零豪言愿时渡湟水北，逐民所不田处畜牧。安国以闻。充国劾安国奉使不敬。是后，羌人旁缘前言，抵冒渡湟水，郡县不能禁。元康三年，先零遂与诸羌种豪二百余人解仇交质盟诅。上闻之，以问充国，对曰："羌人所以

赵充国字翁孙，陇西郡上邽县人，后来迁居到金城郡令居县。赵充国最初是一名骑士，后来以六郡良家子善于骑马射箭补任禁军。他为人深沉果敢胸怀大略，少年时因为崇尚将帅的气节，就去学习兵法，通晓四方少数民族的事。

汉武帝在位的时候，赵充国以假司马的身份跟从贰师将军出击匈奴，被匈奴大军重重包围。汉军好几天食用不足，士卒死伤很多，赵充国就与一百多名壮士突破包围攻破匈奴的阵地，贰师将军带领军队跟在赵充国后面，最终得以脱围。赵充国全身有二十多处创伤，贰师将军把当时的情况上奏给武帝，武帝下令征召赵充国到行宫会面，亲自接见并察看他的伤口，对他赞叹不已，封他为中郎，后来提升为车骑将军长史。

昭帝在位的时候，武都郡氐人造反，赵充国以大将军护军都尉的身份带兵攻打并平定了叛乱，升为中郎将，在上谷郡屯兵驻守，回来后又被封为水衡都尉。后来赵充国又带兵出击匈奴，俘获了西祁王，提升为后将军，依然兼任水衡都尉。

赵充国与大将军霍光一起定策尊立宣帝，宣帝封赵充国为营平侯。宣帝本始年间，赵充国以蒲类将军的身份讨伐匈奴，斩杀几百个匈奴，还军后被封为后将军、少府。匈奴大举出动十多万骑兵，南下汉朝边境，进军至符奚庐山，准备入侵为寇。这是从匈奴逃跑到汉朝的题除渠堂说的，朝廷就派赵充国率四万骑兵驻守边境九郡。单于听到这件事后，就领兵撤离。

当时，光禄大夫义渠安国出巡羌人各部，先零羌酋长希望在恰当时节渡河到湟水北岸，在汉民不耕种的地方放养牲畜。光禄大夫义渠安国就此事报告给了皇上。赵充国弹劾义渠安国奉命出使管了不该管的事，犯有不敬之罪。这以后，羌人果然根据之前所说，触犯

易制者，以其种自有豪，数相攻击，势不壹也。往三十余岁，西羌反时，亦先解仇合约攻令居，与汉相距，五六年乃定。至征和五年，先零豪封煎等通使匈奴，匈奴使人至小月氏，传告诸羌曰：‘汉贰师将军众十余万人降匈奴。羌人为汉事苦。张掖、酒泉本我地，地肥美，可共击居之。’以此观匈奴欲与羌合，非一世也。间者匈奴困于西方，闻乌桓来保塞，恐兵复从东方起，数使使尉黎、危须诸国，设以子女貂裘，欲沮解之。其计不合。疑匈奴更遣使至羌中，道从沙阴地，出盐泽，过长坑，入穷水塞，南抵属国，与先零相直。臣恐羌变未止此，且复结联他种，宜及未然为之备。”后月余，羌侯狼何果遣使至匈奴藉兵，欲击鄯善、敦煌以绝汉道。充国以为“狼何，小月氏种，在阳关西南，势不能独造此计，疑匈奴使已至羌中，先零、罕、开乃解仇作约。到秋马肥，变必起矣。宜遣使者行边兵豫为备，敕视诸羌，毋令解仇，以发觉其谋。”于是两府复白遣义渠安国行视诸羌，分别善恶。安国至，召先零诸豪三十余人，以尤桀黠，皆斩之。纵兵击其种人，斩首千余级。于是诸降羌及归义羌侯杨玉等恐怒，亡所信乡，遂劫略小种，背畔犯塞，攻城邑，杀长吏。安国以骑都尉将骑三千屯备羌，至浩亹，为虏所击，失亡车重兵器甚众。安国引还，至令居，以闻。是岁，神爵元年春也。

汉律，强行渡过湟水，郡县不能禁止他们。宣帝元康三年（前63），先零羌就与羌人各部落的酋长二百多人消除仇怨互换人质结盟立誓。皇上知道这件事后，就向赵充国询问解决的办法，赵充国答道：“羌人之所以易于控制，是因为他们每个部落都有自己的酋长，他们多次互相攻击，不能形成统一的势力。三十多年前，西羌人造反时，也是互相之间先解除怨恨订立盟约攻打令居县，与我们大汉相对抗，五六年后朝廷才平定了他们的叛乱。到征和五年（前88），先零羌首领封煎等与匈奴互配使者，然后匈奴派人到小月氏国，转告各羌人部落说：‘汉朝的贰师将军率领十多万士兵投降了匈奴。羌人为汉朝服役很辛苦。张掖郡、酒泉郡本来是我们的领地，土地肥沃，我们可以一同出击占领那里。’由此看出匈奴想和羌人联合，并不是一朝一夕的事。不久前匈奴受困于西方，听说乌桓人为汉朝保卫边塞，又担心战事从东方开始，就多次派使者出使尉黎、危须各国，答应送给他们子女貂裘，想要破坏瓦解他们与汉朝的关系。这个诡计没有得逞。臣现在怀疑匈奴又派使者到了羌人部落中，从沙阴地区出发，出盐泽，过长坑，进入穷水塞，向南到达汉朝属国，与先零羌相联合。臣恐怕羌人的变乱还不止这些，而且他们还会勾结联合其他的羌人部落，我们应该防患于未然，早为此事做打算。”一个多月后，羌侯狼何果然派遣使者到匈奴借兵，羌侯狼何准备攻打鄯善、敦煌郡以断绝汉朝通往西域的通道。赵充国认为“狼何、小月氏部落，在阳关西南，依照他们的势力不可能独自做出这样的计划，臣料想匈奴已经派人到了羌人的部落，先零羌、罕羌、开羌已经解除仇恨订立了盟约。等到秋天马肥壮的时候，变乱必然兴起。我们应派使者在边防巡视预先做好准备，下令告诫各羌人部落，不要让他们解除彼此之间的仇恨，以揭露他们的阴谋。”因此丞相府和御史大夫府又请示派义渠安国巡视各羌人部落，分别善恶。义渠安国到了羌人部落后，就召集先零羌各部落首领三十多人，尤其是那些凶悍狡黠的，把他们全部杀死。又出兵进攻各部落，斩杀了一千多人。于是所有归降汉朝的羌人部落以及归义羌侯杨玉等人都惊恐而愤怒，失去了对汉朝的信任，就劫掠小部落，背叛汉廷侵犯边塞，攻打城邑，杀死长吏。义

时充国年七十余，上老之，使御史大夫丙吉问谁可将者，充国对曰："亡逾于老臣者矣。"上遣问焉，曰："将军度羌虏何如，当用几人？"充国曰："百闻不如一见。兵难隃度，臣愿驰至金城，图上方略。然羌戎小夷，逆天背畔，灭亡不久，愿陛下以属老臣，勿以为忧。"上笑曰："诺。"

充国至金城，须兵满万骑，欲渡河，恐为虏所遮，即夜遣三校衔枚先渡，渡辄营陈，会明，毕，遂以次尽渡。虏数十百骑来，出入军傍。充国曰："吾士马新倦，不可驰逐。此皆骁骑难制，又恐其为诱兵也。击虏以殄灭为期，小利不足贪。"令军勿击。遣骑候四望陿中，亡虏。夜引兵上至落都，召诸校司马，谓曰："吾知羌虏不能为兵矣。使虏发数千人守杜四望陿中，兵岂得入哉！"充国常以远斥候为务，行必为战备，止必坚营壁，尤能持重，爱士卒，先计而后战。遂西至西部都尉府，日飨军士，士皆欲为用。虏数挑战，充国坚守。捕得生口，言羌豪相数责曰："语汝亡反，今天子遣赵将军来，年八九十矣，善为兵。今请欲壹斗而死，可得邪！"

充国子右曹中郎将卬，将期门佽飞、羽林孤儿、胡越骑为支

渠安国以骑都尉的身份率领三千骑兵在边境驻兵以防备羌人，到达浩亹县时，被羌人攻击，损失了很多车辆、辎重、兵器。义渠安国只能带兵撤退，到令居县后，将情况上报皇上。那一年，是神爵元年（前61）的春季。

当时赵充国年纪七十多了，皇上担心他年纪太大，就派御史大夫丙吉去问谁可以率兵出征，赵充国回答说："没有能超过老臣的人了。"皇上又派人问他："将军估计羌虏会怎么样，应当派出多少士兵？"赵充国说道："百闻不如一见。军事情况很难逾度，臣希望赶快赶到金城前线，制定出作战方略，然后上奏。然而羌戎本属小的民族部落，它违逆天意背叛国家，很快就会覆灭，希望陛下把这件事交给老臣，不要担忧。"皇上笑着说："好的。"

赵充国到达金城以后，等集合到一万骑兵，就打算渡过黄河，又怕被敌人偷袭，就在夜间先派三校人马衔枚渡过黄河，渡过河后就结营布阵，等到天亮，布阵完毕，后续军队随即按顺序全部渡过了黄河。敌兵有几十成百的敌人骑兵前来，出入军营的旁边侦查。赵充国说："我们的人马正疲惫，不可能疾驰追逐。这些敌人都是骁勇骑兵，很难制服，而且这可能是敌人的诱敌之兵。攻击敌人以灭绝为目标，不值得贪求眼前的小利。"赵充国下令不让军队出击。派出骑兵到四望山陿中侦察，没发现敌人。就在夜晚带兵上行到达落都，他召集各校司马，对他们说："我已经知道羌虏不会用兵了。如果敌人派几千士兵在四望山陿中把守，我们的军队怎么能进去呢！"赵充国经常派出侦查敌情的哨兵远远地观望，以此作为首要任务，行军时一定要做好战斗准备，停军驻扎时一定要加固营壁，尤其能够慎重行事，他很爱护士兵，预先规划好后才战斗。于是赵充国就向西行军到西部都尉府，每日都犒赏将士，士兵都想为他尽力。敌人几次发起挑战，赵充国都坚持防守阵地，不予出击。偶尔抓获了一个俘虏，供出羌人部落各首领多次互相指责说："当时告诉你不要反叛，今天天子派赵充国将军来了，他都八九十岁了，善于用兵。我们现在想决一死战，能成功吗！"

赵充国的儿子右曹中郎将赵卬，率领期门佽飞、羽林孤儿、胡、

兵，至令居。虏并出绝转道，印以闻。有诏将八校尉与骁骑都尉、金城太守合疏捕山间虏，通转道津渡。

初，罕、开豪靡当儿使弟雕库来告都尉曰先零欲反，后数日果反。雕库种人颇在先零中，都尉即留雕库为质。充国以为亡罪，乃遣归告种豪：“大兵诛有罪者，明白自别，毋取并灭。天子告诸羌人，犯法者能相捕斩，除罪。斩大豪有罪者一人，赐钱四十万，中豪十五万，下豪二万，大男三千，女子及老小千钱，又以其所捕妻子财物尽与之。”充国计欲以威信招降罕、开及劫略者，解散虏谋，徼极乃击之。

时上已发三辅、太常徒弛刑，三河、颍川、沛郡、淮阳、汝南材官，金城、陇西、天水、安定、北地、上郡骑士、羌骑，与武威、张掖、酒泉太守各屯其郡者，合六万人矣。酒泉太守辛武贤奏言：“郡兵皆屯备南山，北边空虚，势不可久。或曰至秋冬乃进兵，此虏在竟外之册。今虏朝夕为寇，土地寒苦，汉马不能冬，屯兵在武威、张掖、酒泉万骑以上，皆多羸瘦。可益马食，以七月上旬赍三十日粮，分兵并出张掖、酒泉合击罕、开在鲜水上者。虏以畜产为命，今皆离散，兵即分出，虽不能尽诛，亶夺其畜产，虏其妻子，复引兵还，冬复击之，大兵仍出，虏必震坏。”

越骑兵作为偏师，到达令居县。敌人合力进攻断绝了汉军运粮的道路，赵卬就把此事上奏朝廷。皇帝下诏令他率领八校尉和骁骑都尉、金城太守共同出力搜捕山间的虏人，疏通运粮道路和渡口。

起初，罕羌、开羌的部落首领靡当儿派弟弟雕库来告诉都尉说先零羌想发动反叛，几天以后果然发动了叛乱。雕库有很多族人在先零羌部落中，都尉就扣留雕库为人质。赵充国认为他无罪，就让他回去转告部落头领："汉朝大军只诛杀有罪的人，希望他们考虑清楚，不要加入反叛的行列，不要随同叛乱者一起被消灭。天子告谕各羌人部落，犯法者如果能捕获斩杀其他罪犯，就能免罪。如果能斩杀有罪的大首领一人，赏赐四十万钱，斩杀一名中级首领，赏赐十五万钱，斩杀一名下级首领，赏赐二万钱，斩杀一名成年男子，赏赐三千钱，斩杀一名妇女、老人、小孩，赏赐一千钱，还要把他捕获的妇女、孩子以及财物都送给他。"赵充国打算以恩威并用的方法来招降罕羌、开羌部落以及其他参与劫掠的部族，粉碎敌人的阴谋，等到他们疲乏之时再来出击。

当时汉宣帝已经征发了三辅、太常寺的轻刑犯人，三河郡、颍川郡、沛郡、淮阳郡、汝南郡勇健的武卒，金城郡、陇西郡、天水郡、安定郡、北地郡、上郡的骑士、羌骑，加上武威郡、张掖郡、酒泉郡中驻守的军队，一共有六万人。酒泉郡太守辛武贤向皇帝上奏书陈述道："各郡的兵力都在祁连山南驻守随时准备出击，而北边空虚，这种形势一定难以坚持长久。有人说等到秋冬的时候军队再向前推进，这是羌人在境外时，我们采取的对策。如今敌人早晚骚扰不止，军队驻守的土地寒冷贫瘠，汉朝的马匹不适应这里的冬天，驻扎在武威郡、张掖郡、酒泉郡的战马有一万多匹，大多数瘦弱不堪。我们可以增加军马的饲料，在七月上旬的时候准备三十天的粮草，同时从张掖郡、酒泉郡分别派兵一同攻打罕羌、开羌部落在鲜水上游的部队。敌人把畜产视为自己的生命，我军马上分兵出击，即使不能全部诛杀敌军，只要夺得了他们的畜产，俘虏了他们的妻子儿女，再撤兵回来，到冬季再进攻他们，大部队多次对他们发动攻击，羌人必定崩溃。"

天子下其书充国，令与校尉以下吏士知羌事者博议。充国及长史董通年以为“武贤欲轻引万骑，分为两道出张掖，回远千里。以一马自佗负三十日食，为米二斛四斗，麦八斛，又有衣装兵器，难以追逐。勤劳而至，虏必商军进退，稍引去，逐水中，入山林。随而深入，虏即据前险，守后阸，以绝粮道，必有伤危之忧，为夷狄笑，千载不可复。而武贤以为可夺其畜产，虏其妻子，此殆空言，非至计也。又武威县、张掖日勒皆当北塞，有通谷水草。臣恐匈奴与羌有谋，且欲大入，幸能要杜张掖、酒泉以绝西域，其郡兵尤不可发。先零首为畔逆，它种劫略。故臣愚册，欲捐罕、开暗昧之过，隐而勿章，先行先零之诛以震动之，宜悔过反善，因赦其罪，选择良吏知其俗者揗循和辑，此全师保胜安边之册。”天子下其书。公卿议者咸以为先零兵盛，而负罕、开之助，不先破罕、开，则先零未可图也。

上乃拜侍中乐成侯许延寿为强弩将军，即拜酒泉太守武贤为破羌将军，赐玺书嘉纳其册。以书敕让充国曰：

皇帝问后将军，甚苦暴露。将军计欲至正月乃击罕羌，羌人当获麦，已远其妻子，精兵万人欲为酒泉、敦煌寇。边兵少，民守保不得田作。今张掖以东粟石百余，刍槁束数十。转输并起，百姓烦扰。将军将万余之众，不早及秋共水草之利争其畜食，欲至冬，虏皆当

天子把奏书转给赵充国，命令他同校尉以下了解羌人情况的官兵讨论此事。赵充国和长史董通年认为“辛武贤想率一万轻骑兵，兵分两路从张掖郡出击，来回就有一千里远的路途。以一匹马驮负三十天粮食计算，就要带二斛四斗米，八斛麦，还要带上随身的衣服装备和兵器，很难追逐羌人。等到劳心尽力地赶到战场，羌人一定计算好了我方军队的行程和所需要的时间，逐渐引兵撤离，沿着水草之地，潜入山林之中。如果汉军跟着羌人深入，羌人就会占据前面的险阻，扼守后面的要地，以断绝我方的粮道，这样汉军必定会有伤亡的忧虑，一定会被夷狄耻笑，千年万代都不能挽回。而辛武贤认为可以夺取羌人的畜产，虏掠他们的妻子儿女，这几乎是一句空话，并不是制敌的上策。再者武威县、张掖郡的日勒县都处在北部要塞之地，有通畅的山谷和丰美的水草。臣怕匈奴和羌人有谋划，想要大举入侵汉朝，意图拦腰切断张掖郡、酒泉郡通往西域的道路，如果情况真的是这样，两郡的汉军尤其不能出动。先零羌首先做出背叛汉朝的举动，其他部落只是被他胁迫跟着造反。所以臣有一计，打算不计较罕、开两部落因一时糊涂而随同作乱的过错，隐瞒这些而不去张扬，先把先零羌消灭了来震慑其他羌人部落，应该让他们有机会悔过向善，再赦免他们的罪行，然后选派懂得羌人习俗的优秀官员去安抚并与他们和睦相处，这才是保全军队稳操胜券安定边境的计策。”天子把赵充国奏书交给百官讨论。公卿大臣们都认为先零羌兵力强盛，又依仗罕羌、开羌部落的援助，如果不首先攻破罕羌、开羌部落，就不能图谋先零羌那边。

皇上就封侍中乐成侯许延寿为强弩将军，就地封酒泉郡太守辛武贤为破羌将军，赐给他盖有玺印的诏书，赞许并采纳他的计策。皇上下诏书责备赵充国说：

皇帝问候后将军，您在外行军风餐露宿极为劳苦。将军谋划着准备到正月再进攻罕羌，到那时羌人应该收割了麦子，把自己的妻子儿女转移到远方，集结好一万人的精锐部队将要侵略酒泉郡、敦煌郡。我大汉朝边境军队少，要百姓守卫保护边疆就不能在田里劳作。现在张掖郡以东的地方一石粟卖到一百多钱，一捆干草要卖到几十

畜食，多臧匿山中依险阻，将军士寒，手足皲瘃，宁有利哉？将军不念中国之费，欲以岁数而胜微，将军谁不乐此者！

今诏破羌将军武贤将兵六千一百人，敦煌太守快将二千人，长水校尉富昌、酒泉侯奉世将婼、月氏兵四千人，亡虑万二千人。赍三十日食，以七月二十二日击罕羌，入鲜水北句廉上，去酒泉八百里，去将军可千二百里。将军其引兵便道西并进，虽不相及，使虏闻东方北方兵并来，分散其心意，离其党与，虽不能殄灭，当有瓦解者。已诏中郎将卬将胡越佽飞射士、步兵二校，益将军兵。

今五星出东方，中国大利，蛮夷大败。太白出高，用兵深入敢战者吉，弗敢战者凶。将军急装，因天时，诛不义，万下必全，勿复有疑。

充国既得让，以为将任兵在外，便宜有守，以安国家。乃上书谢罪，因陈兵利害，曰：

臣窃见骑都尉安国前幸赐书，择羌人可使使罕，谕告以大军当至，汉不诛罕，以解其谋。恩泽甚厚，非臣下所能及。臣独私美陛下盛德至计亡已，故遣开豪雕库宣天子至德，罕、开之属皆闻知明诏。今先零羌杨玉将骑四千及煎巩骑五千，阻石山木，候便为寇，罕羌未有所犯。今置先零，先击罕，释有罪，诛亡辜，起壹难，就两害，诚非陛下本计也。

钱。各地一起向前线运输粮草，老百姓就会被搅扰。将军率领一万多人的大部队，不能早早地趁秋天水草充足的便利争夺羌人的牲畜和粮食，却想等到冬季，羌人都已经积蓄了粮食，他们大多隐藏在山中险阻的地方，将军的士卒经受严寒，手足冻伤，难道还会有利吗？将军不念及国家为此耗费的钱财，打算用几年的时间获取小的胜利，有哪个将军不乐于此道呢！

现在朕已诏令破羌将军辛武贤率领六千一百人的汉军，敦煌郡太守快率领二千汉军，长水县校尉富昌、酒泉郡侯奉世率领婼羌、月氏国四千兵，一共大约一万二千人。他们带着三十天的粮草，在七月二十二日出击罕羌，进入鲜水北岸的转弯处，离酒泉郡八百里，距离将军您一千二百里。将军就带兵从便捷的路向西同时前行，即使不能与破羌将军辛武贤带领的部队会合，让羌敌听说东方北方的军队一并前来攻打，也能分散羌敌的斗志，驱散他们的党羽，即使不能全歼羌敌，也应该会使他们溃散。我已诏令中郎将赵卬率领胡越佽飞射士、步兵二校，增加将军的兵力。

现在五星聚集在东方，汉朝大利，蛮夷大败。太白金星高挂天空，带兵深入敢于作战的人大吉，不敢作战的人凶。将军急速整装，顺应天时，责罚不义，现在已经万事俱备，将军不要再有疑惑。

赵充国受到责备后，认为将领在外带兵，应依据实际的情况坚守自己的主张，来安定国家。于是他就上书向皇上请罪，趁机陈述用兵的利害关系，他说：

臣看到陛下在不久前让骑都尉义渠安国送来的诏书，让他在羌人中选择可以出使罕羌的人，告诉他们汉朝大军就要来到，但是汉廷不会诛杀罕羌人，以此瓦解先零羌的阴谋。皇上的恩泽非常深厚，不是臣下所能比的。臣特别赞美陛下圣德无量，计谋无穷，所以就派遣开羌的部落首领雕库宣传天子的圣德，罕羌、开羌各部落都已闻知陛下英明的诏令。现在先零羌的首领杨玉率领四千骑兵以及煎巩率领五千名骑兵，依靠山石树木为险阻，等候时机入侵汉朝边境，罕羌并没有侵犯我军。如果现在把先零羌放置一边，先去攻打罕羌，这是开释有罪的人，诛杀无辜的人啊，这样做就会因为一个危

臣闻兵法"攻不足者守有余"，又曰"善战者致人，不致于人"。今罕羌欲为敦煌、酒泉寇，宜饬兵马，练战士，以须其至，坐得致敌之术，以逸击劳，取胜之道也。今恐二郡兵少不足以守，而发之行攻，释致虏之术而从为虏所致之道，臣愚以为不便。先零羌虏欲为背畔，故与罕、开解仇结约，然其私心不能亡恐汉兵至而罕、开背之也。臣愚以为其计常欲先赴罕、开之急，以坚其约，先击罕羌，先零必助之。今虏马肥，粮食方饶，击之恐不能伤害，适使先零得施德于罕羌，坚其约，合其党。虏交坚党合，精兵二万余人，迫胁诸小种，附著者稍众，莫须之属不轻得离也。如是，虏兵寖多，诛之用力数倍，臣恐国家忧累繇十年数，不二三岁而已。

臣得蒙天子厚恩，父子俱为显列。臣位至上卿，爵为列侯，犬马之齿七十六，为明诏填沟壑，死骨不朽，亡所顾念。独思惟兵利害至孰悉也，于臣之计，先诛先零已，则罕、开之属不烦兵而服矣。先零已诛而罕、开不服，涉正月击之，得计之理，又其时也。以今进兵，诚不见其利，唯陛下裁察。

六月戊申奏，七月甲寅玺书报从充国计焉。

充国引兵至先零在所。虏久屯聚，解弛，望见大军，弃车重，欲渡湟水，道阨狭，充国徐行驱之。或曰逐利行迟，充国曰："此穷寇不可迫也。缓之则走不顾，急之则还致死。"诸校皆曰："善。"虏

机，而导致两种祸害，这实在不是陛下的本意啊。

臣听兵法讲“攻不足者守有余”，又说“善于战斗的人能控制别人，而不是被别人控制”。如今罕羌想侵略敦煌郡、酒泉郡，我们就应整顿兵器战马，训练战士，以等待他们的到来，这是坐着也能制服敌人的战术，以逸击劳，是克敌制胜的办法。现在臣担心两郡的兵力不足难以防守，却还要发动进攻，这是放弃制服敌人的做法而选择被敌人控制的行为，臣虽愚也认为这样做多有不便。先零羌想背叛汉朝，所以就与罕羌、开羌解除前仇缔结盟约，但他们的内心一定害怕汉军来到后罕羌、开羌会背弃他们。臣认为先零羌的计谋是随时支援罕羌、开羌，以解救他们的危急，来坚定他们的盟约，如果我们先攻打罕羌，先零羌一定会援助他。现在敌人马肥兵壮，粮草富足，汉朝攻打恐怕不能伤害他，却正好让先零羌对罕羌施加恩德，坚定他们之间的盟约，联合他们的党羽，一致对付汉军。羌敌如果能坚定盟约联合其他党羽，就有二万多人的精锐部队，再去威胁其他小部落，归附先零羌的部落就会渐渐增多，像莫须这样的小部落就难以脱离其掌控了了。如果这样，羌敌兵力渐渐增多，要诛杀他们就要花费现在几倍的财力物力人力，臣担心国家会有十几年的战争忧患，不是两三年就能了结的。

臣得蒙天子厚恩，父子同时在朝廷身居高位。臣位列上卿，爵封列侯，也有七十六岁了，为了奉行诏令而身死沟壑，也是死而不朽，没有什么眷念的。唯独思考自己对用兵的利害最为熟悉，所以依臣之计，先讨伐先零羌，再出击罕羌、开羌之流，不劳烦大军就可以使他们臣服。如果先零羌被击溃而罕羌、开羌仍不降服，等到正月再去攻打他们，既得用兵之理，又合用兵之时。以现在的时局进军，臣确实看不到有利的地方，希望陛下裁断审察。

赵充国在六月戊申日上奏，到七月甲寅日皇上同意他的计策。

赵充国率领军队到达先零羌所在的地方。羌敌因长久在此驻兵，逐渐松懈下来，他们看见汉军的大部队来临，就丢弃了兵车辎重，想渡过湟水，可是道路狭窄，赵充国就慢慢行军追赶羌敌。有人说想要求取胜利就得快速追赶羌敌，行进迟缓就会失利，赵充国

赴水溺死者数百，降及斩首五百余人，卤马牛羊十万余头，车四千余两。兵至罕地，令军毋燔聚落刍牧田中。罕羌闻之，喜曰："汉果不击我矣！"豪靡忘使人来言："愿得还复故地。"充国以闻，未报。靡忘来自归，充国赐饮食，遣还谕种人。护军以下皆争之，曰："此反虏，不可擅遣。"充国曰："诸君但欲便文自营，非为公家忠计也。"语未卒，玺书报，令靡忘以赎论。后罕竟不烦兵而下。

其秋，充国病，上赐书曰："制诏后将军：闻苦脚胫、寒泄，将军年老加疾，一朝之变不可讳，朕甚忧之。今诏破羌将军诣屯所，为将军副，急因天时大利，吏士锐气，以十二月击先零羌。即疾剧，留屯毋行，独遣破羌、强弩将军。"时羌降者万余人矣。充国度其必坏，欲罢骑兵屯田，以待其敝。作奏未上，会得进兵玺书，中郎将卬惧，使客谏充国曰："诚令兵出，破军杀将以倾国家，将军守之可也。即利与病，又何足争？一旦不合上意，遣绣衣来责将军，将军之身不能自保，何国家之安？"充国叹曰："是何言之不忠也！本用吾言，羌虏得至是邪？往者举可先行羌者，吾举辛武贤，丞相御史复白遣义渠安国，竟沮败羌。金城、湟中谷斛八钱，吾谓耿中丞，籴二百万斛谷，羌人不敢动矣。耿中丞请籴百万斛，乃得四十万斛耳。义渠再使，且费其半。失此二册，羌人故敢为逆。失之豪氂，差以千里，是既然矣。今兵久不决，四夷卒有动摇，相因而起，虽有知者不能善其后，羌独足忧邪！吾固以死守之，明主可为忠言。"遂上屯

说："这就是穷寇莫追的道理。我们就这样慢慢追赶，他们就会一心逃跑而不回头，快速追赶他们就会回头拼个你死我活。"各校尉都说："对的。"敌人在涉水的时候淹死几百人，投降汉军以及被斩首的有五百多人，汉军俘获十多万头马牛羊，四千多辆车子。军队到了罕羌的地界，赵充国下令军队不要焚烧村落，不准在田地放牧牲畜。罕羌人听说这些后，开心地说："汉军果然不攻打我们啊！"罕羌的部落首领靡忘派人来说："希望能够回到部落原来的驻地。"赵充国把这些情况上报给天子，没有得到答复。靡忘亲自前来归顺汉朝，赵充国赐给他饮食，遣送他回去劝告同族的人归顺。护军以下的军官都对赵充国的做法有争议，说："这是反贼，不能擅自放他离开。"赵充国说："各位只想完全依照法律条文为自己打算，并不是出于对国家的忠心来考虑这件事啊。"他话还没说完，皇帝的玺书就下来了，命令将靡忘以赎罪论处。后来汉朝没有动用大军就平定了罕羌。

那年秋季，赵充国患病，皇上赐诏说："皇帝晓谕后将军：听说您小腿疼痛，寒邪下泄，将军年纪大了，再加上疾病的折磨，很可能发生不测，朕对此非常担心。现命破羌将军到达军事驻地，做将军的副手，尽快趁天时大利，官兵正有勇往直前的气势，在十二月进攻先零羌。假如您病情严重，就留在驻地不要出行，只派破羌、强弩将军就可以。"当时已有一万多羌人投降汉朝。赵充国考虑到羌敌一定会失败，打算撤回骑兵屯田，以待羌敌疲敝。赵充国写好奏书还没上报，正好得到皇上要求进军的玺书，中郎将赵卬感到害怕，就派门客劝谏赵充国说："陛下令军队进击，如果别的将军能击溃敌军，有功于国家，将军您守在军营就可以了。况且这样做对您的病情有好处，您又为什么要抗争呢？一旦您不合皇上的意见，皇上派绣衣御史来责备将军，将军都不能保全自身，哪能安定国家呢？"赵充国叹息道："你这话是何等不忠啊！如果陛下能听我的话，羌敌能成现在这个样子吗？以前举荐可以巡查羌人的人选，我举荐了辛武贤，但是丞相、御史又上奏皇上任命了义渠安国，结果他弄砸了破羌的计划。最初，金城、湟中等地的谷价为每斛八钱，我告诉耿中丞，购买二百万

田奏曰：

臣闻兵者，所以明德除害也，故举得于外，则福生于内，不可不慎。臣所将吏士马牛食，月用粮谷十九万九千六百三十斛，盐千六百九十三斛，茭稿二十五万二百八十六石。难久不解，繇役不息。又恐它夷卒有不虞之变，相因并起，为明主忧，诚非素定庙胜之册。且羌虏易以计破，难用兵碎也，故臣愚以为击之不便。

计度临羌东至浩亹，羌虏故田及公田，民所未垦，可二千顷以上，其间邮亭多坏败者。臣前部士入山，伐材木大小六万余枚，皆在水次。愿罢骑兵，留弛刑应募，及淮阳、汝南步兵与吏私从者，合凡万二百八十一人，用谷月二万七千三百六十三斛，盐三百八斛，分屯要害处。冰解漕下，缮乡亭，浚沟渠，治湟陿以西道桥七十所，令可至鲜水左右。田事出，赋人二十亩。至四月草生，发郡骑及属国胡骑伉健各千，倅马什二，就草，为田者游兵。以充入金城郡，益积畜，省大费。今大司农所转谷至者，足支万人一岁食。谨上田处及器用簿，唯陛下裁许。

上报曰："皇帝问后将军，言欲罢骑兵万人留田，即如将军

斛谷，羌人就不敢妄动了。耿中丞请求买进一百万斛，最后却只买进四十万斛啊。义渠安国两次出使，耗费一半的军费。错失这两个计策，羌人才敢反叛朝廷。失之毫厘，差以千里，已然成了事实。如今兵事久久不能结束，如果四方少数民族蠢蠢欲动，乘机发动叛乱，即使是有智慧谋略的人也不能善后，哪里只有羌敌值得担心呢！我一定会以死来坚守我的看法，贤明的君主会采纳忠言的。”于是赵充国呈上屯田的奏书道：

臣听说军队是用来明德除害的，所以国家对外用兵，福兆就生于国内，因此在用兵上就不能不慎重。臣所率领的官兵、马、牛的食用，一个月要用十九万九千六百三十斛粮谷，一千六百九十三斛盐，二十五万零二百八十六石喂牲口的干草。此次战争长久不能解除，百姓的徭役永无止境。又恐怕其他夷狄有意料不到的变乱相继发生，让明主担忧，这实在不是朝廷预先确定的克敌制胜的策略。况且羌敌适合以计谋攻破，难以用兵力击破，所以愚臣认为攻打他们并没好处。

臣估计从临羌向东到浩亹县，羌敌原来的田地及朝廷的公田，以及百姓还没有开垦的土地，一共能达到二千顷以上，中间的邮亭大多毁坏破败。臣之前部署士兵进山，砍伐树木六万多棵，都堆放在水边。臣希望撤回骑兵，留下减刑从军的犯人和接受招募的士兵，以及淮阳郡、汝南郡步兵和官兵的私人随从，一共有一万零二百八十一人，一个月需要二万七千三百六十三斛谷子，三百零八斛盐，分别屯守在要害处。一旦河水解冻就可以运木而下，修缮乡间公舍，挖通沟渠，治理湟陿以西的七十座道路与桥梁，直达鲜水附近。开始农事后，朝廷分配每人二十亩田地。到四月牧草繁盛的时候，从郡县以及属国的胡人中各征发一千名强健的骑士，再配上十分之二的备用马匹，放牧吃草，作为屯田部队的游动军队。用收获的粮食充实金城郡的粮仓，增加储备，可以节省很大一笔花费。现在大司农所运来的粮食，足以支撑一万人一年的食用。臣恭敬地呈上屯田的地点以及所需器用的手册，希望陛下裁夺。

皇上回复说：“皇帝问候后将军，您建议撤走骑兵留一万步兵屯

之计，虏当何时伏诛，兵当何时得决？孰计其便，复奏。”充国上状曰：

臣闻帝王之兵，以全取胜，是以贵谋而贱战。战而百胜，非善之善者也，故先为不可胜以待敌之可胜。蛮夷习俗虽殊于礼义之国，然其欲避害就利，爱亲戚，畏死亡，一也。今虏亡其美地荐草，愁于寄托远遁，骨肉离心，人有畔志，而明主般师罢兵，万人留田，顺天时，因地利，以待可胜之虏，虽未即伏辜，兵决可期月而望。羌虏瓦解，前后降者万七百余人，及受言去者凡七十辈，此坐支解羌虏之具也。

臣谨条不出兵留田便宜十二事。步兵九校，吏士万人，留屯以为武备，因田致谷，威德并行，一也。又因排折羌虏，令不得归肥饶之墜，贫破其众，以成羌虏相畔之渐，二也。居民得并田作，不失农业，三也。军马一月之食，度支田士一岁，罢骑兵以省大费，四也。至春省甲士卒，循河湟漕谷至临羌，以眎羌虏，扬威武，传世折冲之具，五也。以闲暇时下所伐材，缮治邮亭，充入金城，六也。兵出，乘危徼幸，不出，令反畔之虏窜于风寒之地，离霜露疾疫瘃堕之患，坐得必胜之道，七也。亡经阻远追死伤之害，八也。内不损威武之重，外不令虏得乘间之势，九也。又亡惊动河南大开、小开使生它变之忧，十也。治湟陿中道桥，令可至鲜水，以制西域，信威千里，从枕席上过师，十一也。大费既省，繇役豫息，以戒不虞，十二也。留屯田得十二便，出兵失十二利。臣充国材下，犬马齿衰，不识长册，唯明诏博详公卿议臣采择。

田，如果按将军的计谋，羌敌应该在何时能消灭，兵事应该在何时能够解决？请周密地考虑这件事的方便之处，然后再向朕汇报。”赵充国就此事详细地上报情况说：

臣听说帝王的军队，以考虑周全取得胜利，所以它重视谋略而轻视武力。百战百胜，并不是最好的策略，所以要先让敌人不能战胜我军再等待时机战胜敌人。蛮夷的习俗虽然不同于礼义之国，但他们也想避害就利，也爱护亲戚，也畏惧死亡，这些顾虑都是一样的。如今羌敌丢掉了肥沃的土地茂盛的牧草，对于离开故土。远走他乡而深感忧虑，导致羌人骨肉离心，人人都怀有背叛羌王之心，如果英明的君主此时班师罢兵，留下万人开垦荒地，以顺应天时，善用地利，来等待可以战胜羌敌的机会，即使敌人没有马上服罪，估计可以在一年之内可以解决战事。羌敌已经溃败，前后有一万零七百多人投降，还有接受臣劝告离去的共有七十批，这些都是可以坐待羌敌支解的具体依据。

臣恭敬地列举十二条不出兵而留守屯田的好处。臣留下步兵九校共万人官兵，屯田的同时也作为常备军，种田后能收割稻谷，威严与恩德同时施行，这是第一条。留守屯田又能使羌敌的心志受挫，不让他们回到肥饶的地方，贫困将破坏了他们团结，渐渐形成羌敌互相叛离的局势，这是第二条。当地的居民得以与屯田士兵一并在田地里劳作，不会使当地农业荒废，这是第三条。军队及马匹一个月的食用，估计可以支付屯田的士兵一年的用度，撤回骑兵可以节省一大笔费用，这是第四条。等到春季阅兵，沿着黄河、湟水运送粮食到临羌，向羌敌示威，以张扬军势，这是历代克敌制胜的方法，这是第五条。在屯田闲暇时运出所砍伐的木材修缮整治驿站，充实金城郡的用度，这是第六条。军队进兵，即使取得胜利也要冒着极大地风险，不出兵，让反叛的羌敌在风寒之地逃窜，使他们遭受霜露、疾病、瘟疫、冻伤的痛苦，我们坐等就能获得胜利，这是第七条。我们不用经历险阻和长途跋涉去追击羌敌，而造成汉军的死伤，这是第八条。留守屯田对内不会疲敝国家，有损军威。对外不让羌敌有可乘之机，这是第九条。我们也不会惊扰黄河以南大开羌、小开羌人，没有产生变

上复赐报曰："皇帝问后将军，言十二便，闻之。虏虽未伏诛，兵决可期月而望，期月而望者，谓今冬邪，谓何时也？将军独不计虏闻兵颇罢，且丁壮相聚，攻扰田者及道上屯兵，复杀略人民，将何以止之？又大开、小开前言曰：'我告汉军先零所在，兵不往击，久留，得亡效五年时不分别人而并击我？'其意常恐。今兵不出，得亡变生，与先零为一？将军孰计复奏。"充国奏曰：

臣闻兵以计为本，故多算胜少算。先零羌精兵今余不过七八千人，失地远客，分散饥冻。罕、开、莫须又颇暴略其羸弱畜产，畔还者不绝，皆闻天子明令相捕斩之赏。臣愚以为虏破坏可日月冀，远在来春，故曰兵决可期月而望。窃见北边自敦煌至辽东万一千五百余里，乘塞列隧有吏卒数千人，虏数大众攻之而不能害。今留步士万人屯田，地势平易，多高山远望之便，部曲相保，为堑垒木樵，校联不绝，便兵弩，饬斗具。烽火幸通，势及并力，以逸待劳，兵之利者也。臣愚以为屯田内有亡费之利，外有守御之备。骑兵虽罢，虏见万人留田为必禽之具，其土崩归德，宜不久矣。从今尽三月，虏马羸瘦，必不敢捐其妻子于它种中，远涉河山而来为寇。又见屯田之士精兵万人，终不敢复将其累重还归故地。是臣之愚计，所以度虏且

乱的忧患，这是第十条。留守的军队修治了湟陿中间的道路与桥梁，可以直接到达鲜水，以控制西域，威震千里，那时候进兵西域如同跨过枕席一样容易，这是第十一条。我们已经节省下巨额的费用，就可以提早停止百姓的徭役，以戒备料想不到的意外，这是第十二条。留守屯田能得到十二种好处，出兵就会失去这十二种好处。臣赵充国愚钝，犬马齿衰，不懂得更好的长远之策，希望陛下明令下诏各公卿，广泛详细地议论臣的建议，并选择可用的策略。

皇上又赐书回答道："皇帝问候后将军，您所说的十二条好处，朕已经知道了。羌敌虽然还没有消灭，战事可望在一年之内结束，一年就能结束，是指今年冬季，还是别的什么时间呢？将军难道就不考虑羌敌听说我们大量撤军后，将会集合健壮的人，攻打骚扰耕田者以及在道路上驻守的士兵，又来杀戮掳掠百姓，到那时我们将凭什么阻止敌人呢？另外，大开羌、小开羌部落的人之前曾说：'我们告诉了汉军先零羌所在的地方，汉军没有进兵，却长时间留守在此地，难道不是效仿五年前，不加区分而一起攻击我们吗？'他们心中常常担心。如今汉军不出动，他们会不会生变，与先零羌联合在一体？望将军深思熟虑后再向朕报告。"赵充国上奏说道：

臣听说用兵以计谋为根本，所以谋划多的一方胜过谋划少的一方。先零羌的精兵现在剩余的不超过七八千人，他们失去故土，远居他乡，分居各地，忍饥挨冻，罕羌、开羌、莫须羌又时常掠夺那些年老体弱者和牲畜，致使反叛逃亡的人络绎不绝，他们都知道天子下达的关于捕捉并斩杀羌敌可以得到赏赐的诏令。愚臣认为瓦解羌敌指日可待，最迟就在明年春季，所以臣预计战事完结可望在一年之内。臣看到北边从敦煌郡到辽东郡有一万一千五百多里的距离，可是守卫边疆要塞和烽火台的官兵却只有几千人，羌敌多次用大部队来攻打也不能侵害汉军。现在我们留下步兵士卒一万人开垦荒地，这里地势平坦，又有许多高山可以提供登高瞭望的便利，而且各军队可以互相保护，修筑深濠高垒和木楼，营垒相连不绝，只要备置兵士和弓弩，整修武器装备即可。烽火一起，就共同御敌，以逸待劳，这些都是用兵的有利条件。愚臣认为屯田对内有节省军费的好处，对外还

必瓦解其处，不战而自破之册也。至于虏小寇盗，时杀人民，其原未可卒禁。臣闻战不必胜，不苟接刃；攻不必取，不苟劳众。诚令兵出，虽不能灭先零，亶能令虏绝不为小寇，则出兵可也。即今同是而释坐胜之道，从乘危之势，往终不见利，空内自罢敝，贬重而自损，非所以视蛮夷也。又大兵一出，还不可复留，湟中亦未可空，如是，繇役复发也。且匈奴不可不备，乌桓不可不忧。今久转运烦费，倾我不虞之用以澹一隅，臣愚以为不便。校尉临众幸得承威德，奉厚币，拊循众羌，谕以明诏，宜皆乡风。虽其前辞尝曰“得亡效五年”，宜亡它心，不足以故出兵。臣窃自惟念，奉诏出塞，引军远击，穷天子之精兵，散车甲于山野，虽亡尺寸之功，偷得避慊之便，而亡后咎余责，此人臣不忠之利，非明主社稷之福也。臣幸得奋精兵，讨不义，久留天诛，罪当万死。陛下宽仁，未忍加诛，令臣数得孰计。愚臣伏计孰甚，不敢避斧钺之诛，昧死陈愚，唯陛下省察。

充国奏每上，辄下公卿议臣。初是充国计者什三，中什五，最后什八。有诏诘前言不便者，皆顿首服。丞相魏相曰：“臣愚不习兵

有抵御敌寇的防备。即使撤走骑兵，羌敌看到有一万人留守屯田，做出随时出击的态势，羌敌就会土崩瓦解、归附汉廷的时间就不会久远了。从现在起最多三个月，先零羌敌马匹瘦弱，必定不敢把他们的妻子儿女托付给其他部落，而长途跋涉来入侵汉朝。再看到屯田的一万精兵，最终也不敢带着他们的妻子儿女重新返回故地。这是愚臣的计策，所以臣估计敌人一定会就地瓦解，不用战斗就自行灭亡。至于那些对汉军小股侵扰劫掠的羌敌，他们不时杀戮百姓，这些事情原来就不能全部禁止。臣听说如果战争不能取得绝对的胜利，就不要草率地交战；如果进攻没有必胜的把握，就不要轻易劳烦众人出击。如果确实要命令军队出击，即使不能消灭先零羌，但能让羌虏再也不能小股侵扰劫掠汉朝边境，那么出兵也是可以的。现在同样是不能消除敌人对汉朝的小股入侵，却又放弃不战而胜的策略，采取冒险出兵的计划，前往攻打却难以取胜，白白使国内民生疲敝，降低国力而自我损耗，这并不是同蛮夷打交道的好办法。另外大军一旦出击，会师后就不能再驻留，湟中地区又不能空虚无兵，如果这样，朝廷又需要重新征发徭役。况且匈奴也需要防备，东部的乌桓也需要顾虑。现在长期运输粮草耗费巨大，倾尽国家的战备来供应一处之需，愚臣以为不妥。校尉临众有幸得以秉承陛下的威德，带着厚重的财物，前去安抚羌人各部，宣布陛下的诏令，羌人都纷纷响应。即使他们曾说过“会不会效仿本始五年那样一并攻打我们”，也应当不会有反叛之心，不值得因为这个原因出兵。臣暗自考虑，奉诏出兵域外，率军长途远征，把天子交给的精兵、车马武器抛散在山野，即使没有尺寸功劳，也可以得到避嫌的便利，不会在事后结怨并遭到人们的指责，这只是对不忠于职守的人臣有利，对圣明的君主和国家都没有好处。臣蒙陛下信任统帅精兵，讨伐不义之人，却长期没能剿灭上天降罪之人，臣罪该万死。陛下宽厚仁慈，不忍心加以惩罚我，让臣几次得以深思熟虑。现在愚臣的计划已经很周详，不敢躲避斧钺之刑，冒死陈述自己的愚见，希望陛下审察。

赵充国的奏书每次上报到朝廷，皇上都要交给公卿大臣商量。刚开始有十分之三人认可赵充国的计谋，到了中期就上升到十分之

事利害，后将军数画军册，其言常是，臣任其计可必用也。”上于是报充国曰：“皇帝问后将军，上书言羌虏可胜之道，今听将军，将军计善。其上留屯田及当罢者人马数。将军强食，慎兵事，自爱！”上以破羌、强弩将军数言当击，又用充国屯田处离散，恐虏犯之，于是两从其计，诏两将军与中郎将卬出击。强弩出，降四千余人，破羌斩首二千级，中郎将卬斩首降者亦二千余级，而充国所降复得五千余人。诏罢兵，独充国留屯田。

明年五月，充国奏言：“羌本可五万人军，凡斩首七千六百级，降者三万一千二百人，溺河湟饥饿死者五六千人，定计遗脱与煎巩、黄羝俱亡者不过四千人。羌靡忘等自诡必得，请罢屯兵。”奏可，充国振旅而还。

所善浩星赐迎说充国，曰：“众人皆以破羌、强弩出击，多斩首获降，虏以破坏。然有识者以为虏势穷困，兵虽不出，必自服矣。将军即见，宜归功于二将军出击，非愚臣所及。如此，将军计未失也。”充国曰：“吾年老矣，爵位已极，岂嫌伐一时事以欺明主哉！兵势，国之大事，当为后法。老臣不以余命壹为陛下明言兵之利害，卒死，谁当复言之者？”卒以其意对。上然其计，罢遣辛武贤归酒泉太守官，充国复为后将军卫尉。

五，最后达到十分之八。皇上下诏责问先前反对的人，他们都叩头认错对赵充国表示赞叹佩服。丞相魏相说：“臣愚钝不懂得军事上的利害关系，后将军几次谋划军策，他所说的往往是正确的，臣相信他的计策一定可行。”宣帝于是回复赵充国说：“皇帝问候后将军，您上书讲战胜羌敌的道理，现在就听将军的，将军的计策很好。请把留守屯田以及应当撤回的人马数量上报给朕。将军一定要加强饮食，在兵事上也要当心，请保重！”宣帝因为破羌、强弩两位将军多次说应当出击，又因赵充国屯田的地方分散，恐怕羌敌侵犯他们，就同时采用了他们两方的计策，诏令破羌、强弩两位将军与中郎将赵卬出兵攻打敌人。强弩将军的部队进兵，降服四千多羌敌，破羌将军出兵杀死二千名敌人，中郎将赵卬杀死以及俘虏敌人也有二千多，而赵充国又得到五千多被俘虏的羌人。随后皇上诏令撤军，只让赵充国留守屯田。

第二年五月，赵充国上奏说：“羌人军队原本大概有五万人，交战被杀一共有七千六百人，投降汉朝的有三万一千二百人，淹死在湟水以及饿死的有五六千人，总计逃脱以及与羌人首领煎巩、黄羝一同逃亡的不超过四千人。已经归降汉朝的羌人首领靡忘等保证一定会捕获他们，臣请求撤回屯田的军队。”奏章被皇上批准。赵充国整顿军队返回。

赵充国的好友浩星赐迎接并劝说赵充国道：“大家都认为是破羌、强弩两位将军出兵攻击敌军，并斩杀、降服了好多敌人，才得以消灭羌敌。可是有见识的人都认为羌敌已势穷力尽，即使不出兵攻打，敌人也一定会自己降服汉朝。将军即便是见到皇上，也应将平判羌敌的功绩归于两位将军的出击，说两位将军的勇武不是愚臣能比得上的。如果这样，将军的计谋就没有什么过失了。”赵充国说：“我年纪已老，爵位也达到了极至，难道还会因为讨伐羌人之事躲避一时的嫌隙来欺骗圣明的君主吗！军事，是国家的大事，应当作为后世奉行的法则。如果老臣不能在自己的余生中把用兵的利害关系全部明白无误地告诉陛下，我一旦猝然死去，谁会再对陛下说呢？”赵充国最终还是按照自己的想法向皇上做了详细的汇报。皇上认同他的计策，

其秋，羌若零、离留、且种、兒库共斩先零大豪犹非、杨玉首，及诸豪弟泽、阳雕、良兒、靡忘皆帅煎巩、黄羝之属四千余人降汉。封若零、弟泽二人为帅众王，离留、且种二人为侯，兒库为君，阳雕为言兵侯，良兒为君，靡忘为献牛君。初置金城属国以处降羌。

诏举可护羌校尉者，时充国病，四府举辛武贤小弟汤。充国遽起奏："汤使酒，不可典蛮夷。不如汤兄临众。"时汤已拜受节，有诏更用临众。后临众病免，五府复举汤，汤数醉酗羌人，羌人反畔，卒如充国之言。

初，破羌将军武贤在军中时与中郎将卬宴语，卬道："车骑将军张安世始尝不快上，上欲诛之，卬家将军以为安世本持橐簪笔事孝武帝数十年，见谓忠谨，宜全度之。安世用是得免。"及充国还言兵事，武贤罢归故官，深恨，上书告卬泄省中语。卬坐禁止而入至充国莫府司马中乱屯兵下吏，自杀。

充国乞骸骨，赐安车驷马、黄金六十斤，罢就第。朝庭每有四夷大议，常与参兵谋，问筹策焉。年八十六，甘露二年薨，谥曰壮侯。传子至孙钦，钦尚敬武公主。主亡子，主教钦良人习诈有身，名它人子。钦薨，子岑嗣侯，习为太夫人。岑父母求钱财亡已，忿恨相告。岑坐非子免，国除。元始中，修功臣后，复封充国曾孙伋为营平侯。

罢免辛武贤的将军头衔并派遣他重回酒泉郡担任太守，赵充国继续任后将军卫尉。

那年秋季，羌人若零、离留、且种、兒库一同杀了先零羌首领犹非、杨玉，和其他部族首领弟泽、阳雕、良兒、靡忘一起率领煎巩、黄羝部落的四千多人归顺了汉朝。封若零、弟泽两人被汉朝封为帅众王，离留、且种两人封侯，兒库被封为君，阳雕被封为言兵侯，良兒被封为君，靡忘被封为献牛君。大汉朝廷开始设立金城属国来安置归降的羌人。

皇帝下诏举荐能胜任护羌校尉的人，当时赵充国正在病中，丞相、御史、车骑将军、前将军都举荐辛武贤的弟弟辛汤。赵充国急忙向朝廷上奏道："辛汤贪杯醉酒，不可主管蛮夷事务。不如派辛汤的哥哥辛临众主管那里的事情。"当时辛汤已经受封接受了符节，皇上又下诏改任辛临众任护羌校尉。后来辛临众因生病辞官，五府又举荐辛汤，辛汤经常在醉酒后怒骂羌人，结果羌人又反叛，最后就像赵充国所预料的那样。

起初，破羌将军辛武贤在军中时常与中郎将赵卬闲谈，赵卬说："车骑将军张安世最初曾让宣帝不甚满意，宣帝想杀了他，我父亲认为张安世原来是手提书袋头插毛笔的文吏，他侍奉孝武帝几十年，大家都认为他忠心谨慎，应该保全他。张安世因此才得以活命。"等赵充国回来同皇上谈论军事，辛武贤被罢免将军的职位回到酒泉郡继续担任太守，他心里深深地憎恨赵充国，就上书状告赵卬泄露朝廷机密。赵卬因违反禁令进入赵充国幕府，在司马府中扰乱屯兵计划，被交付司法官吏审讯治罪，而自杀。

赵充国请求退休回家，朝廷赐予他安车驷马、六十斤黄金，准予辞官回家。但朝廷每当讨论有关四方少数民族的重大决策，经常向他咨询军事方面的事情，请他出谋划策。赵充国在甘露二年（前52）八十六岁的时候去世，谥号壮侯。爵位从儿子传到孙子赵钦，赵钦娶了敬武公主。公主没有儿子，就让赵钦的良人习诈称身怀有孕，其实是别人家的儿子。赵钦去世后，儿子赵岑继承侯位，习为太夫人。赵岑的亲生父母没完没了地向赵岑勒索钱财，因忿恨不满而向

初，充国以功德与霍光等列，画未央宫。成帝时，西羌尝有警，上思将帅之臣，追美充国，乃召黄门郎杨雄即充国图画而颂之，曰：

明灵惟宣，戎有先零。先零昌狂，侵汉西疆。汉命虎臣，惟后将军，整我六师，是讨是震。既临其域，谕以威德，有守矜功，谓之弗克。请奋其旅，于罕之羌，天子命我，从之鲜阳。营平守节，娄奏封章，料敌制胜，威谋靡亢。遂克西戎，还师于京，鬼方宾服，罔有不庭。昔周之宣，有方有虎，诗人歌功，乃列于《雅》。在汉中兴，充国作武，赳赳桓桓，亦绍厥后。

充国为后将军，徙杜陵。辛武贤自羌军还后七年，复为破羌将军，征乌孙至敦煌，后不出，征未到，病卒。子庆忌至大官。

辛庆忌字子真，少以父任为右校丞，随长罗侯常惠屯田乌孙赤谷城，与歙侯战，陷陈却敌。惠奏其功，拜为侍郎，迁校尉，将吏士屯焉耆国。还为谒者，尚未知名。元帝初，补金城长史，举茂材，迁郎中车骑将，朝廷多重之者。转为校尉，迁张掖太守，徙酒泉，所在著名。

成帝初，征为光禄大夫，迁左曹中郎将，至执金吾。始武贤与

朝廷告发真相。赵岑因为不是赵钦的亲生儿子，被免除爵位，取消封国。平帝元始年间，朝廷重续功臣的封国，又封赵充国的曾孙赵伋为营平侯。

起初，赵充国因为功德与霍光等人同列，皇帝就把他的画像挂在未央宫。到成帝时，西羌人曾有叛乱的警报，皇上思念有功的将帅大臣，就追忆赵充国以前的功绩并赞美他，便让黄门郎杨雄在赵充国的画像边撰文称颂道：

在圣明的汉宣帝时代，有先零羌这样的一支戎狄部落。先零羌人特别猖狂，侵犯大汉的西疆。汉朝廷任命勇武的大臣出击先零羌部落，这个人就是后将军赵充国，他整顿我汉朝六师，讨伐叛逆的先零羌部落，天下为之震惊。他到达先零羌的地域后，晓谕朝廷的威德，有太守自我夸耀，说后将军不能攻克戎狄。太守请求率领大军，直抵罕羌，天子命令赵充国率军赶到鲜水北岸。营平侯赵充国忠于职守，屡次上奏密章，料敌如神，克敌制胜，威武而有计谋没人能与之抗衡。终于攻克西戎，回师京城，边远的少数民族归降，都来朝见汉朝。以前西周在宣王执政时，有名将方叔与召虎，诗人赞颂他们的功劳，诗作被收录在《大雅》中。汉朝中兴，赵充国建立武功，威震天下，也是像方叔召虎一样的重臣名将啊。

赵充国任后将军后，迁到杜陵居住。辛武贤从羌地带兵回来七年后，又被朝廷封为破羌将军，他征讨乌孙一直到达敦煌郡，就待在那里再也没有出动，皇帝征召他到朝廷，还没到达，就生病去世。后来他的儿子辛庆忌身居高位。

辛庆忌字子真，年少时因为父亲的原因担任右校丞，他跟从长罗侯常惠在乌孙国的赤谷城开荒屯田，与乌孙国歙侯交战时，他冲锋陷阵击退敌人。常惠向朝廷上奏他的功绩，皇帝封他为侍郎，后来又升为校尉，他率领官兵在焉耆国屯驻。回来后被封为谒者，那时他还不出名。元帝初年，辛庆忌补任金城郡长史，被举为茂材，又升为郎中车骑将，朝廷官员中有很多人重视他。后来又改任校尉，升任张掖郡太守，后来又到酒泉郡任职，他在所任职的地方都政绩卓著。

成帝初年，辛庆忌被征召为光禄大夫，后来又升为左曹中郎将，

赵充国有隙，后充国家杀，辛氏至庆忌为执金吾，坐子杀赵氏，左迁酒泉太守。岁余，大将军王凤荐庆忌“前在两郡著功迹，征入，历位朝廷，莫不信乡。质行正直，仁勇得众心，通于兵事，明略威重，任国柱石。父破羌将军武贤显名前世，有威西夷。臣凤不宜久处庆忌之右。”乃复征为光禄大夫、执金吾。数年，坐小法左迁云中太守，复征为光禄勋。

时数有灾异，丞相司直何武上封事曰：“虞有宫之奇，晋献不寐；卫青在位，淮南寝谋。故贤人立朝，折冲厌难，胜于亡形。《司马法》曰：‘天下虽安，忘战必危。’夫将不豫设，则亡以应卒；士不素厉，则难使死敌。是以先帝建列将之官，近戚主内，异姓距外，故奸轨不得萌动而破灭，诚万世之长册也。光禄勋庆忌行义修正，柔毅敦厚，谋虑深远。前在边郡，数破敌获虏，外夷莫不闻。乃者大异并见，未有其应。加以兵革久寝。《春秋》大灾未至而豫御之，庆忌宜在爪牙官以备不虞。”其后拜为右将军诸吏散骑给事中，岁余徙为左将军。

庆忌居处恭俭，食饮被服尤节约，然性好舆马，号为鲜明，唯是为奢。为国虎臣，遭世承平，匈奴、西域亲附，敬其威信。年老卒官。长子通为护羌校尉，中子遵函谷关都尉，少子茂水衡都尉出为郡守，皆有将帅之风。宗族支属至二千石者十余人。

官至执金吾。最初辛武贤和赵充国有嫌隙，后来赵充国家族衰败，辛氏家族到辛庆忌时担任执金吾，因其子杀赵氏家人而犯罪，被贬到酒泉郡担任太守。一年多后，大将军王凤推荐辛庆忌说："他先前在两郡任官时功迹显著，被征召到朝廷后，历任朝廷各种官职，没有不信任他的人。他品德操行正直无私，仁爱勇敢深得众人喜爱，他还精通兵事，懂得军事方面的谋略，庄重威严，可以担任国家的重任。他的父亲破羌将军辛武贤在前代名声显扬，在西夷很有威望。臣王凤不应该长久处在辛庆忌之上。"于是辛庆忌又被朝廷征召为光禄大夫、执金吾。几年后，辛庆忌因小罪被贬为云中郡太守，后来被朝廷征召为光禄勋。

当时多次发生灾异现象，丞相司直何武上密奏说："虞国因有宫之奇，晋献公夜不成眠；大将军卫青手握兵权的时候，淮南王刘安只能停止反叛的阴谋。所以贤人在朝廷为官，就能克服困难，制敌取胜，能胜敌于无形之间。《司马法》讲：'天下虽安，忘战必危。'如果不事先设置将领，就不能对付突然发生的变故；如果平时不加以严格训练士兵，就难以让他们以死抗敌。因此先帝建立了众多将领的官位，由近亲主管内部朝政，由外姓的大臣在外部抵御敌人的入侵，所以奸邪不轨的行为还没有萌发就被破坏消灭，这确实是万世基业的长久之计。光禄勋辛庆忌躬行仁义遵行正道，柔毅敦厚，谋虑深远。他以前在边郡，多次击溃敌军捕获俘虏，外夷没有不知道的。前些时候，大的灾异现象同时出现，却没有找到原因。再加上很长时间都没有发生战事。《春秋》讲大的灾难未降临之前要预先防备，辛庆忌应该位居武将行列以防备发生意外。"不久之后，朝廷就封辛庆忌为右将军诸吏散骑给事中，一年多后调任为左将军。

辛庆忌平日的仪容举止恭谨俭约，饮食被服尤为节俭，但他生性喜好车马，大肆张扬，只有这一项还算奢侈。他是国家的勇武之臣，正好遇上持续的太平盛世，匈奴、西域都亲近依附汉朝，敬重他的威信。辛庆忌年老死于任上。他的长子辛通任护羌校尉，次子辛遵任函谷关都尉，小儿子辛茂任水衡都尉，后来又出任郡守，他们都有将帅之风。辛庆忌的宗族官至二千石的有十多人。

元始中，安汉公王莽秉政，见庆忌本大将军凤所成，三子皆能，欲亲厚之。是时莽方立威柄，用甄丰、甄邯以自助，丰、邯新贵，威震朝廷。水衡都尉茂自见名臣子孙，兄弟并列，不甚诎事两甄。时平帝幼，外家卫氏不得在京师，而护羌校尉通长子次兄素与帝从舅卫子伯相善，两人俱游侠，宾客甚盛。及吕宽事起，莽诛卫氏。两甄构言诸辛阴与卫子伯为心腹，有背恩不说安汉公之谋。于是司直陈崇举奏其宗亲陇西辛兴等侵陵百姓，威行州郡。莽遂按通父子、遵茂兄弟及南郡太守辛伯等，皆诛杀之。辛氏繇是废。庆忌本狄道人，为将军，徙昌陵。昌陵罢，留长安。

赞曰：秦汉已来，山东出相，山西出将。秦时将军白起，郿人；王翦，频阳人。汉兴，郁郅王围、甘延寿，义渠公孙贺、傅介子，成纪李广、李蔡，杜陵苏建、苏武，上邽上官桀、赵充国，襄武廉褒，狄道辛武贤、庆忌，皆以勇武显闻。苏、辛父子著节，此其可称列者也，其余不可胜数。何则？山西天水、陇西、安定、北地处势迫近羌胡，民俗修习战备，高上勇力鞍马骑射。故《秦诗》曰："王于兴师，修我甲兵，与子皆行。"其风声气俗自古而然，今之歌谣慷慨，风流犹存耳。

平帝元始年间，安汉公王莽执政，看到辛庆忌本来是由大将军王凤推荐的，他的三个儿子都很有能力，就想宠信优待他。当时王莽刚刚掌权，任用甄丰、甄邯来辅助自己，甄丰、甄邯是新进的显贵，威震朝廷。水衡都尉辛茂自以为是名臣的子孙，并且兄弟同在朝廷担任要职，就不太折服于甄丰、甄邯。当时平帝年幼，外祖父家卫氏不能住在京师，而护羌校尉辛通的长子辛次兄平时就和平帝的堂舅卫子伯交情不错，两个人都有游侠风范，门下有很多宾客。等到吕宽的“狗血门事件”发生后，王莽就诛灭了卫氏家族。甄丰、甄邯污蔑辛氏三兄弟与卫子伯是亲信，有背恩不满意安汉公的图谋。于是司直陈崇举报辛氏的族人陇西人辛兴等人侵犯欺凌老百姓，在州郡横行。王莽随即审查辛通父子、辛遵、辛茂兄弟以及南郡太守辛伯等人，把他们都杀了。从此以后辛氏衰败。辛庆忌本是狄道人，担任将军后，迁移到昌陵县。汉朝废弃昌陵县后，就留居长安。

赞辞说：自秦汉以来，山东出相，山西出将。秦朝将军白起，是郿县人；王翦，是频阳县人。汉朝建立以来，郁郅县的王围、甘延寿，义渠县的公孙贺、傅介子，成纪县的李广、李蔡，杜陵县的苏建、苏武，上邽县的上官桀、赵充国，襄武县的廉褒，狄道的辛武贤、辛庆忌，都以勇武出名。苏、辛父子都因为有节操而著称，这是他们值得赞扬的地方，还有很多这样的将领数不胜数。这是为什么？因为陇山以西的天水郡、陇西郡、安定郡、北地郡等地与羌胡非常靠近，那里的民俗就是习武以备战，他们崇尚勇力和骑射。所以《诗经·秦风》讲：“王于兴师，修我甲兵，与子皆行。”他们的民风民俗自古以来就是这样，如今这首歌谣听起来仍然慷慨激昂，以前的遗风仍然保留着。

卷七十

傅常郑甘陈段传第四十

傅介子，北地人也，以从军为官。先是龟兹、楼兰皆尝杀汉使者，语在《西域传》。至元凤中，介子以骏马监求使大宛，因诏令责楼兰、龟兹国。

介子至楼兰，责其王教匈奴遮杀汉使："大兵方至，王苟不教匈奴，匈奴使过至诸国，何为不言？"王谢服，言："匈奴使属过，当至乌孙，道过龟兹。"介子至龟兹，复责其王，王亦服罪。介子从大宛还到龟兹，龟兹言"匈奴使从乌孙还，在此。"介子因率其吏士共诛斩匈奴使者。还奏事，诏拜介子为中郎，迁平乐监。

介子谓大将军霍光曰："楼兰、龟兹数反复而不诛，无所惩艾。介子过龟兹时，其王近就人，易得也，愿往刺之，以威示诸国。"大将军曰："龟兹道远，且验之于楼兰。"于是白遣之。

介子与士卒俱赍金币，扬言以赐外国为名。至楼兰，楼兰王意不亲介子，介子阳引去，至其西界，使译谓曰："汉使者持黄金锦绣行赐诸国，王不来受，我去之西国矣。"即出金币以示译。译还报王，王贪汉物，来见使者。介子与坐饮，陈物示之。饮酒皆醉，介子谓王曰："天子使我私报王。"王起随介子入帐中，屏语，壮士二人从后刺之，刃交胸，立死。其贵人左右皆散走。介子告谕以"王负

傅介子，北地郡人，因为当兵在军中担任官职。先前龟兹国、楼兰国曾经杀过汉朝的使者，详见《西域传》。到昭帝元凤年间，傅介子以骏马监的身份请求出使大宛国，他拿着皇帝的诏书前去楼兰国、龟兹国指责他们的过失。

傅介子到达楼兰国，责问楼兰王教唆匈奴拦杀汉朝使者，说："汉朝大军就要到了，你如果不教唆匈奴，匈奴使者经过西域各国，为什么不向汉朝报告？"楼兰王承认自己的错误并道歉说："匈奴使者才从这里经过，应该是去往乌孙国。"傅介子到了龟兹国，又责问龟兹王，龟兹王也承认自己所犯的过错。傅介子从大宛国回到龟兹国，龟兹人说："匈奴使者已经从乌孙国回来，现在就在这里。"傅介子随即率领所带的官兵一起斩杀了匈奴使者。傅介子回到京城把事情向朝廷上奏，皇上下诏封傅介子为中郎，后来升为平乐监。

傅介子对大将军霍光说："楼兰国和龟兹国多次归降后又反叛，却没有受到惩处，这样就不能警戒他国。我路过龟兹国时，发现很容易接近他们的君王，容易找到下手的机会，我愿意去行刺他，以此在西域各国显示汉朝的威信。"大将军说："龟兹国离汉朝路途遥远，暂时去楼兰国试验此法吧。"于是霍光就向昭帝奏请派遣傅介子去楼兰国。

傅介子和士兵都带着金钱布帛，宣称要把这些财物赏赐给西域各国。他们来到楼兰国，感觉楼兰王不愿亲近他们，傅介子就佯装离去，到了楼兰国的西部边界后，派翻译对楼兰王的翻译说："汉朝使者带着黄金锦绣前往赏赐西域各国，大王如果不原接受赏赐，我就要离开楼兰国到西面的国家去了。"又拿出金钱布帛给楼兰王的翻译看。楼兰王的翻译回去把情况报告给楼兰王，楼兰王贪恋汉朝使者带来的财物，就召见汉使。傅介子与楼兰王同坐共饮，把财物展

汉罪，天子遣我来诛王，当更立前太子质在汉者。汉兵方至，毋敢动，动，灭国矣！”遂持王首还诣阙，公卿将军议者咸嘉其功。上乃下诏曰：“楼兰王安归常为匈奴间，候遮汉使者，发兵杀略卫司马安乐、光禄大夫忠、期门郎遂成等三辈，及安息、大宛使，盗取节印献物，甚逆天理。平乐监傅介子持节使诛斩楼兰王安归首，县之北阙，以直报怨，不烦师众。其封介子为义阳侯，食邑七百户。士刺王者皆补侍郎。”

介子薨，子敞有罪不得嗣，国除。元始中，继功臣世，复封介子曾孙长为义阳侯，王莽败，乃绝。

常惠，太原人也。少时家贫，自奋应募，随移中监苏武使匈奴，并见拘留十余年，昭帝时乃还。汉嘉其勤劳，拜为光禄大夫。

是时，乌孙公主上书言：“匈奴发骑田车师，车师与匈奴为一，共侵乌孙，唯天子救之！”汉养士马，议欲击匈奴。会昭帝崩，宣帝初即位，本始二年，遣惠使乌孙。公主及昆弥皆遣使，因惠言“匈奴连发大兵击乌孙，取车延、恶师地，收其人民去，使使胁求公主，欲隔绝汉。昆弥愿发国半精兵，自给人马五万骑，尽力击匈奴。唯天子出兵以救公主、昆弥！”于是汉大发十五万骑，五将军分道出，语在《匈奴传》。

示给他看。不久众人饮酒后都有醉意，傅介子对楼兰王说："天子让我私下禀报大王一些密事。"楼兰王起身跟着傅介子进入帐篷里，避开他人密语，两名勇士从后面用刀刺杀楼兰王，两把刀直插楼兰王胸中，楼兰王当场身亡。在场的楼兰贵族以及左右大臣都四散奔逃。傅介子告谕他们说："楼兰王因背弃汉朝而被治罪，汉朝天子特派我前来诛杀他，现在应当拥立曾在汉朝为人质的太子为王。汉军马上就会赶到，你们不要轻举妄动，如果你们有所行动，汉朝就会消灭你们的国家！"傅介子随即带着楼兰王的首级回到朝廷交旨，朝中的公卿将军以及议论此事的人都夸奖他的功劳。皇上于是下诏说："楼兰王安归曾经是匈奴的间谍，暗中拦截汉使，还发兵杀害劫掠卫司马安乐、光禄大夫忠、期门郎遂成等三批汉使，以及杀死安息国与大宛国的使者，盗走汉使的符印和贡物，他的做法太违背天理了。平乐监傅介子持节出使并诛杀了楼兰王安归，将其首级悬挂在宫殿的北门上，以直报怨，没有烦劳朝廷的军队。封傅介子为义阳侯，赐给七百户作为食邑。刺杀楼兰王的士兵都补任侍郎。"

傅介子去世后，他的儿子傅敞因犯罪不能继承爵位，封国废除。平帝元始年间，延续功臣的封爵，又封傅介子的曾孙傅长为义阳侯，王莽败亡后，封邑断绝。

常惠，太原郡人。年少时因家贫，自告奋勇响应朝廷的招募，随同移中监苏武出使匈奴，和苏武一起被扣留了十多年，到昭帝时才得以返回。汉朝嘉奖他的劳苦忠贞，封他为光禄大夫。

当时，乌孙国公主上书说："匈奴发动骑兵在车师国屯田，车师国与匈奴军勾结在一起，共同侵略乌孙国，希望大汉天子援救我们！"汉朝征召兵马，商议着准备讨伐匈奴。正碰上昭帝驾崩，宣帝刚登基称帝，出兵的事情被搁置。本始二年（前72），汉朝派遣常惠出使乌孙国。乌孙国公主和昆弥都派遣使者来拜见常惠，趁机通过常惠上书汉廷说："匈奴接连发动大兵攻打乌孙国，侵占了车延、恶师等地，掳走当地的老百姓，还派使者威逼强求公主，想使公主同汉朝隔绝。昆弥愿意发动国内一半精兵，出动五万骑兵，尽力出击匈奴。希望大汉天子出兵拯救公主和昆弥！"于是汉朝大规模征发

以惠为校尉，持节护乌孙兵。昆弥自将翎侯以下五万余骑从西方入至右谷蠡庭，获单于父行及嫂居次，名王骑将以下三万九千人，得马牛驴骡橐佗五万余匹，羊六十余万头，乌孙皆自取卤获。惠从吏卒十余人随昆弥还，未至乌孙，乌孙人盗惠印绶节。惠还，自以当诛。时汉五将皆无功，天子以惠奉使克获，遂封惠为长罗侯。复遣惠持金币还赐乌孙贵人有功者，惠因奏请龟兹国尝杀校尉赖丹，未伏诛，请便道击之，宣帝不许。大将军霍光风惠以便宜从事。惠与吏士五百人俱至乌孙，还过，发西国兵二万人，令副使发龟兹东国二万人，乌孙兵七千人，从三面攻龟兹，兵未合，先遣人责其王以前杀汉使状。王谢曰："乃我先王时为贵人姑翼所误耳，我无罪。"惠曰："即如此，缚姑翼来，吾置王。"王执姑翼诣惠，惠斩之而还。

后代苏武为典属国，明习外国事，勤劳数有功。甘露中，后将军赵充国薨，天子遂以惠为右将军，典属国如故。宣帝崩，惠事元帝，三岁薨，谥曰壮武侯。传国至曾孙，建武中乃绝。

郑吉，会稽人也，以卒伍从军，数出西域，由是为郎。吉为人强执，习外国事。自张骞通西域，李广利征伐之后，初置校尉，屯田渠黎。至宣帝时，吉以侍郎田渠黎，积谷，因发诸国兵攻破车师，迁卫司马，使护鄯善以西南道。

神爵中，匈奴乖乱，日逐王先贤掸欲降汉，使人与吉相闻。吉发渠黎、龟兹诸国五万人迎日逐王，口万二千人、小王将十二人随吉

十五万骑兵，五位将军分道出击匈奴，详见《匈奴传》。

朝廷封常惠为校尉，他持符节统帅乌孙国士兵。昆弥自己率领翖侯以下五万多骑兵，从西方进兵到右谷蠡庭，捕获了单于父亲一行人以及妇女和匈奴公主，名王以及骑将以下三万九千人，缴获马、牛、驴、骡、骆驼共五万多匹，六十多万只羊，乌孙国都占有了自己虏获的东西。常惠带着十多名吏卒跟着昆弥回师，还没到达乌孙国，乌孙国人就偷走了常惠的印绶和符节。常惠回到长安，自认为应该被诛杀。当时汉的五位将军都没有功绩，天子认为常惠奉命出使乌孙国并有所掳获，就封他为长罗侯。又派遣常惠带着金币回去赏赐乌孙国有功的贵人，常惠乘机奏请说龟兹国曾经杀死校尉赖丹，还没治龟兹国的罪，请求顺路打击龟兹国，宣帝不同意。大将军霍光暗示常惠自己根据实际情况行事。常惠率官兵五百人来到乌孙国，回来的时候路过龟兹国，征发西面各国二万士兵，命令副使征发龟兹国以东各国两万士兵，加上七千名乌孙国士兵，从三面攻打龟兹国，大军还未到达前，常惠先派人谴责龟兹国王以前杀死汉使的罪行。龟兹国王谢罪道："这是我先王在位时贵人姑翼的过错，我没有罪。"常惠说："即使是这样，也要把姑翼绑来，我才可以宽恕大王。"龟兹国王就将姑翼押到常惠处，常惠杀了姑翼后就返回长安。

后来常惠代替苏武任典属国，他非常熟悉外国的各种情况，辛勤劳苦多次建立功绩。宣帝甘露年间，后将军赵充国去世，天子就封常惠为右将军，依旧兼任典属国。宣帝驾崩，常惠就侍奉元帝，三年后去世，谥号为壮武侯。他的封国传到曾孙，至东汉建武年间才断绝。

郑吉，会稽郡人，以普通士卒身份从军，多次出使西域，因功担任郎官。郑吉为人坚强，熟悉域外风俗。自从张骞到达西域，李广利征伐西域后，汉朝在西域开始设立校尉，在渠黎屯田。到宣帝时，郑吉以侍郎身份在渠黎屯田，积蓄了大量了粮食，就征发西域各国军队击败车师国，随后郑吉升为卫司马，朝廷派他监护鄯善国以西的南道。

宣帝神爵年间，匈奴发生动乱，日逐王先贤掸想要投降汉朝，派人同郑吉互通信息。郑吉征发渠黎、龟兹等国的五万人迎接日逐

至河曲，颇有亡者，吉追斩之，遂将诣京师。汉封日逐王为归德侯。

吉既破车师，降日逐，威震西域，遂并护车师以西北道，故号都护。都护之置自吉始焉。

上嘉其功效，乃下诏曰："都护西域骑都尉郑吉，拊循外蛮，宣明威信，迎匈奴单于从兄日逐王众，击破车师兜訾城，功效茂著。其封吉为安远侯，食邑千户。"吉于是中西域而立莫府，治乌垒城，镇抚诸国，诛伐怀集之。汉之号令班西域矣，始自张骞而成于郑吉。语在《西域传》。

吉薨，谥曰缪侯。子光嗣，薨，无子，国除。元始中，录功臣不以罪绝者，封吉曾孙永为安远侯。

甘延寿字君况，北地郁郅人也。少以良家子善骑射为羽林，投石拔距绝于等伦，尝超逾羽林亭楼，由是迁为郎。试弁，为期门，以材力爱幸。稍迁至辽东太守，免官。车骑将军许嘉荐延寿为郎中谏大夫，使西域都护骑都尉，与副校尉陈汤共诛斩郅支单于，封义成侯。薨，谥曰壮侯。传国至曾孙，王莽败，乃绝。

陈汤字子公，山阳瑕丘人也。少好书，博达善属文。家贫匄貣无节，不为州里所称。西至长安求官，得太官献食丞。数岁，富平侯张勃与汤交，高其能。初元二年，元帝诏列侯举茂材，勃举汤，汤待迁，父死不犇丧，司隶奏汤无循行，勃选举故不以实，坐削户二百，会薨，因赐谥曰缪侯。汤下狱论。后复以荐为郎，数求使外国。久

王，日逐王率领一万两千人、小王将十二人跟着郑吉到了河曲，有许多匈奴人逃走，郑吉追上并斩杀了他们，并将其余的匈奴人带至京城。宣帝封日逐王为归德侯。

郑吉打败车师国，又收降日逐王，威震西域，因此一并管辖车师国以西的北道，因此称为都护。都护一职的设立就是从郑吉开始的。

皇上赞许郑吉的功效，就下诏说："都护西域骑都尉郑吉，安抚西域各国蛮夷，光耀汉朝的名望和信誉，引导匈奴单于的堂兄日逐王一众人马投降汉朝，击溃车师国的兜訾城，功效卓著。封郑吉为安远侯，食邑一千户。"郑吉于是在西域设立幕府，所在地是乌垒城，郑吉镇抚西域各国，怀柔他们。汉朝的号令能够施行于西域各国，就是从张骞出使西域开始，到郑吉设置西域都护后完成。详见《西域传》。

郑吉去世后，谥号为缪侯。他的儿子郑光继承爵位，郑光去世后没有儿子，封国废除。平帝元始年中，朝廷录用功臣中不因犯罪而被断绝爵位的后嗣，封郑吉的曾孙郑永为安远侯。

甘延寿字君况，是北地郡郁郅县人。他年少时因为出身良家子弟，又善于骑射被选为羽林军，他投石和跳跃的能力在同辈中最优秀，他曾一跃而跳过羽林驻地的亭楼，因此升为郎官。通过搏斗的测试后，又任期门，他依靠勇力受到皇上的宠幸。不久升迁为辽东太守，之后被免官。车骑将军许嘉推荐甘延寿担任郎中谏大夫，让他出使西域兼任都护骑都尉，与副校尉陈汤一同斩杀了郅支单于，皇上封他为义成侯。甘延寿死后，谥号为壮侯。封国传到曾孙，王莽败亡后，封国废除。

陈汤字子公，山阳郡瑕丘县人。他年少时喜欢读书，才学广博，通达事理，擅长写文章。他家中贫穷靠乞讨为生，没有操守，不被州里人所称赞。之后陈汤向西到长安谋求官职，得以任职太官献食丞。几年后，富平侯张勃同陈汤交好，欣赏他的才能。元帝初元二年（前47），元帝诏令列侯举荐才德优异之士，张勃推荐了陈汤，陈汤等待升官时，父亲死去，他没回家奔丧，司隶上奏说陈汤品行不良，张勃

之，迁西域副校尉，与甘延寿俱出。

先是，宣帝时匈奴乖乱，五单于争立，呼韩邪单于与郅支单于俱遣子入侍，汉两受之。后呼韩邪单于身入称臣朝见，郅支以为呼韩邪破弱降汉，不能自还，即西收右地。会汉发兵送呼韩邪单于，郅支由是遂西破呼偈、坚昆、丁令，兼三国而都之。怨汉拥护呼韩邪而不助己，困辱汉使者江乃始等。初元四年，遣使奉献，因求侍子，愿为内附。汉议遣卫司马谷吉送之。御史大夫贡禹、博士匡衡以为《春秋》之义"许夷狄者不壹而足"，今郅支单于乡化未醇，所在绝远，宜令使者送其子至塞而还。吉上书言："中国与夷狄有羁縻不绝之义，今既养全其子十年，德泽甚厚，空绝而不送，近从塞还，示弃捐不畜，使无乡从之心。弃前恩，立后怨，不便。议者见前江乃始无应敌之数，知勇俱困，以致耻辱，即豫为臣忧。臣幸得建强汉之节，承明圣之诏，宣谕厚恩，不宜敢桀。若怀禽兽，加无道于臣，则单于长婴大罪，必遁逃远舍，不敢近边。没一使以安百姓，国之计，臣之愿也。愿送至庭。"上以示朝者，禹复争，以为吉往必为国取悔生事，不可许。右将军冯奉世以为可遣，上许焉。既至，郅支单于怒，竟杀吉等。自知负汉，又闻呼韩邪益强，遂西奔康居。康居王以女妻郅支，郅支亦以女予康居王。康居甚尊敬郅支，欲倚其威以胁诸国。郅支数借兵击乌孙，深入至赤谷城，杀略民人，敺畜产，乌孙不敢追，西边空虚，不居者且千里。郅支单于自以大国，威名尊重，又乘胜骄，不为康居王礼，怒杀康居王女及贵人、人民数百，或支解投都赖水中。发民作城，日作五百人，二岁乃已。又遣使责阖苏、大宛诸国岁遗，不敢不予。汉遣使三辈至康居求谷吉等死，郅支困辱使者，不肯奉诏，而因都护上书言："居困戹，愿归计强汉，遣子入

因没有按实际情况推举贤才而犯罪，削减二百户食邑，张勃正好在当时去世，因此朝廷赐他谥号为缪侯。陈汤被关入监牢治罪。后来陈汤又被举荐为郎官，他多次请求出使外国。过了很久，朝廷调任他为西域副校尉，与甘延寿一同出使西域。

先前，宣帝的时候匈奴内部发生动乱，五个单于争夺王位，呼韩邪单于与郅支单于都把儿子送到汉朝作为人质，汉朝接受了两方的请求。后来呼韩邪单于亲自到汉朝称臣朝见，郅支单于以为呼韩邪部落衰弱投降了汉朝，不能再回西域，就向西攻占匈奴西部地区。正好碰上汉朝派兵送呼韩邪单于回西域，郅支单于因此西逃击溃了呼偈国、坚昆国、丁令国，兼并了三国并把他们统一起来。郅支单于怨恨汉朝维护呼韩邪单于而不帮助自己，就扣押并羞辱汉朝使者江乃始等人。元帝初元四年（前45），郅支单于派遣使者向汉朝进贡，趁机要求带走在汉朝做人质的儿子，说自己愿意前来归附朝廷。汉朝商议派遣卫司马谷吉护送郅支单于的儿子。御史大夫贡禹、博士匡衡认为《春秋》大义讲“对夷狄的要求不能全部满足”，现在郅支单于趋从教化的心还不纯粹，他所在的地方离汉朝又特别远，应该派使者把他的儿子送到边境就返回来。谷吉上书说道：“中国与夷狄有牵连不断的关系，如今既然抚养他的孩子已经有十年的时间了，德泽很深厚了，现在他前往边远之地却不派人去护送，一到边境就返回，这是表示汉朝抛弃他不再喜爱他，使他们没有了归顺的心意。他们必定会抛弃以前对汉朝的恩情，今后产生对汉朝的怨恨，这对汉朝怀柔西域的政策不利。讨论的人看见以前江乃始没有应付敌人的办法，缺少智慧和勇气，以致于遭受耻辱，才预先替臣担忧。臣有幸手持强大汉朝的符节，秉承圣明君主的诏令，宣谕汉朝深厚的恩德，匈奴就不应该对汉使凶暴。如果匈奴怀有禽兽之心，对臣施加不合道义的行为，那么单于就会永久犯下滔天大罪，一定会逃到远方居住，不敢靠近汉朝边境。失去一个使臣换来百姓的安定，这是国家的大计，也是臣的愿望。臣愿意把他送到郅支朝廷。”皇上把谷吉的奏书给大臣们阅览，贡禹又为此事争辩，认为谷吉前去一定会给国家带来祸患制造麻烦，不应准许他的奏书。右将军冯奉世认为可以派遣谷

侍。”其骄嫚如此。

建昭三年，汤与延寿出西域。汤为人沈勇有大虑，多策谋，喜奇功，每过城邑山川，常登望。既领外国，与延寿谋曰：“夷狄畏服大种，其天性也。西域本属匈奴，今郅支单于威名远闻，侵陵乌孙、大宛，常为康居画计，欲降服之。如得此二国，北击伊列，西取安息，南排月氏、山离乌弋，数年之间，城郭诸国危矣。且其人剽悍，好战伐，数取胜，久畜之，必为西域患。郅支单于虽所在绝远，蛮夷无金城强弩之守，如发屯田吏士，敺从乌孙众兵，直指其城下，彼亡则无所之，守则不足自保，千载之功可一朝而成也。”延寿亦以为然，欲奏请之，汤曰：“国家与公卿议，大策非凡所见，事必不从。”延寿犹与不听。会其久病，汤独矫制发城郭诸国兵、车师戊己校尉屯田吏士。延寿闻之，惊起，欲止焉。汤怒，按剑叱延寿曰：“大众已集会，竖子欲沮众邪？”延寿遂从之，部勒行陈，益置扬威、白

吉前去，皇上答应了谷吉的奏请。谷吉到达郅支王庭后，郅支单于很生气，竟然杀了谷吉等人。郅支单于自己知道辜负了汉朝，又听说呼韩邪部落更加强大，随即向西逃到康居国。康居王让女儿做郅支单于的妻子，郅支单于也把女儿嫁给了康居王。康居人很尊敬郅支单于，打算依仗他的势力来胁迫西域各国屈服。郅支单于多次向康居国借兵出击乌孙国，一直深入到赤谷城，残杀侵略人民，抢夺畜产，乌孙国不敢追击，致使乌孙国西部边境空虚，有一千多里远的地方没人居住。郅支单于自认为自己的国家是大国，名声威盛受人尊重，又因战胜乌孙国骄傲不已，不对康居王以礼相待，竟然在愤怒中杀死康居王的女儿和康居贵族、百姓几百人，有的人被支解后扔到都赖水中。郅支单于征发百姓筑城，每天用五百人劳作，过了两年才停止。他又派遣使者责令阖苏、大宛各国每年向他进贡，这些国家不敢不给。汉朝派遣三批使者到康居国索要谷吉等人的尸体，郅支单于扣押汉朝使者并凌辱他们，不肯奉行诏令，还通过西域都护上书说："我身居困苦危难之中，愿归依强大的汉朝，送儿子到汉朝奉侍朝廷。"郅支单于骄傲怠慢到如此地步。

元帝建昭三年（前36），陈汤与甘延寿出使西域。陈汤为人沉着勇敢有远大的谋略，有很多计谋，喜欢建立不平凡的功勋，他每次经过城邑山川，常登高远望。陈汤接到出使西域的差事后，就与甘延寿商量说："夷狄畏服强大的部落，这是他们的天性。西域本来就属于匈奴的势力范围，如今郅支单于威名远闻，他侵犯乌孙、大宛等国，经常为康居国筹谋计策，想降服乌孙与大宛这两个国家。如果郅支单于真能得到这两个国家，向北攻打伊列，向西攻取安息，向南威胁月氏、山离乌弋，几年之间，西域的城郭诸国就危险了。况且郅支单于的人个个剽悍，喜欢战争，多次取胜，如果长久纵容他们，必定成为西域的祸患。虽然郅支单于居住的地方特别远，但蛮夷没有坚固的城池和强劲的弓弩来守卫，如果发动屯田的吏士，率领乌孙国的部队，直击郅支单于的城下，他们逃亡又无处可去，放手又难以自保，千载功业能在一朝之间成就。"甘延寿也认同陈汤的话，就准备上奏朝廷，陈汤又说："国家大事都要让公卿商量，重大的谋略不是凡人

虎、合骑之校，汉兵胡兵合四万余人，延寿、汤上疏自劾奏矫制，陈言兵状。

即日引军分行，别为六校，其三校从南道逾忽领径大宛，其三校都护自将，发温宿国，从北道入赤谷，过乌孙，涉康居界，至阗池西。而康居副王抱阗将数千骑，寇赤谷城东，杀略大昆弥千余人，敺畜产甚多。从后与汉军相及，颇寇盗后重。汤纵胡兵击之，杀四百六十人，得其所略民四百七十人，还付大昆弥，其马牛羊以给军食。又捕得抱阗贵人伊奴毒。

入康居东界，令军不得为寇。间呼其贵人屠墨见之，谕以威信，与饮盟遣去。径引行，未至单于城可六十里，止营。复捕得康居贵人贝色子男开牟以为导。贝色子即屠墨母之弟，皆怨单于，由是具知郅支情。

明日引行，未至城三十里，止营。单于遣使问汉兵何以来，应曰："单于上书言居困阸，愿归计强汉，身入朝见。天子哀闵单于弃大国，屈意康居，故使都护将军来迎单于妻子，恐左右惊动，故未敢至城下。"使数往来相答报。延寿、汤因让之："我为单于远来，而至今无名王大人见将军受事者，何单于忽大计，失客主之礼也！兵来道远，人畜罢极，食度且尽，恐无以自还，愿单于与大臣审

能预料到的，这件事情一定不能得到朝廷的准许。”甘延寿犹犹豫豫没有听从。正好他很长时间一直有病，陈汤独自假托朝廷命令征发城郭诸国士兵、车师国戊己校尉的屯田吏士。甘延寿听说后，惊慌地从床上坐起来，想要阻止他。陈汤非常恼怒，按剑大声呵斥甘延寿说：“大军已经集合到一处了，你想破坏大事吗？”甘延寿于是就听从陈汤的话，统御行军，增设扬威、白虎、合骑三校，汉兵、胡兵加起来共四万多人，甘延寿、陈汤上奏朝廷自我弹劾假借朝廷之命的起因，并陈述他们现在的用兵情况。

当天他们就率领军队分道前进，分为六校，其中三校从南道越过葱岭行经大宛国，其余的三校由都护亲自率领，从温宿国出发，从北道进赤谷，过乌孙国，到达康居国边界，一直到阗池西。而康居国的副王抱阗率领几千骑兵，入侵赤谷城东，杀戮掳掠乌孙国大昆弥一千多人，抢走很多牲畜。又在后面同汉朝军队相遇，因为副王抱阗的部队劫掠了太多物资，部队的辎重行走缓慢。陈汤派胡兵攻打他们，杀死四百六十人，追回他们所掳掠的四百七十名百姓，交还给乌孙国的大昆弥，缴获的马、牛、羊就用来供给军食。还抓获了抱阗手下的贵人伊奴毒。

大军到了康居国的东部边界，陈汤命令西域军队不得有掠夺的行为。他又暗中把康居国的贵人屠墨叫来相见，向他晓谕汉朝的威信，并与他歃酒盟誓之后放他回去。陈汤从小道带领军队前行，到了距离单于城大约六十里的地方，军队就停止前进并安营。陈汤又捕获了康居国贵人贝色的儿子开牟，作为向导。贝色的儿子就是屠墨母亲的弟弟，他们都憎恨单于，陈汤从他们那里知道郅支的很多情况。

第二天陈汤、甘延寿又带领军队前行，在离城还有三十里的地方，军队停止前进扎营休息。郅支单于派遣使者问汉军因何前来，他们回答道：“郅支单于上书说身居困苦危难之中，愿意归依强大的汉朝，亲自入汉朝朝见天子。天子可怜郅支单于抛弃匈奴的大国地位，在康居国屈就，所以派都护将军前来迎接您的妻子儿女，又恐怕惊动了您的左右，因此不敢屯兵城下。”双方使者多次往来互通情况。甘延寿、陈汤于是谴责单于道：“我们为了单于长途跋涉来到这里，

计策。”

明日，前至郅支城都赖水上，离城三里，止营傅陈。望见单于城上立五采幡织，数百人披甲乘城，又出百余骑往来驰城下，步兵百余人夹门鱼鳞陈，讲习用兵。城上人更招汉军曰“斗来！”百余骑驰赴营，营皆张弩持满指之，骑引却。颇遣吏士射城门骑步兵，骑步兵皆入。延寿、汤令军闻鼓音皆薄城下，四面围城，各有所守，穿堑，塞门户，卤楯为前，戟弩为后，卬射城中楼上人，楼上人下走。土城外有重木城，从木城中射，颇杀伤外人。外人发薪烧木城。夜，数百骑欲出外，迎射杀之。

初，单于闻汉兵至，欲去，疑康居怨己，为汉内应，又闻乌孙诸国兵皆发，自以无所之。郅支已出，复还，曰：“不如坚守。汉兵远来，不能久攻。”单于乃被甲在楼上，诸阏氏夫人数十皆以弓射外人。外人射中单于鼻，诸夫人颇死。单于下骑，传战大内。夜过半，木城穿，中人却入土城，乘城呼。时康居兵万余骑分为十余处，四面环城，亦与相应和。夜，数犇营，不利，辄却。平明，四面火起，吏士喜，大呼乘之，钲鼓声动地。康居兵引却。汉兵四面推卤楯，并入土城中。单于男女百余人走入大内。汉兵纵火，吏士争入，单于被创死。军候假丞杜勋斩单于首，得汉使节二及谷吉等所赍帛书。诸卤获以畀得者。凡斩阏氏、太子、名王以下千五百一十八级，生虏百四十五人，降虏千余人，赋予城郭诸国所发十五王。

到现在还没有有名望的王侯大臣来拜见将军商议大事，单于为何这样忽视重大的谋略，失去对待客人的礼仪呢！我们的军队远道而来，人马都特别困乏，粮食也快没有了，恐怕不能自己回去，希望单于与大臣仔细思考拟定策略。”

第二天，军队前行到达郅支城的都赖水边，在距离郅支城三里的地方，军队停下安营布阵。他们望见单于城上立着五彩旗帜，几百个匈奴人披着铠甲登城守备，匈奴又派出一百多名骑兵在城下往来奔驰，一百多名步兵在城门两边摆鱼鳞阵，还操演阵法。城上的匈奴招呼汉军说：“上来跟我斗！”一百多名匈奴骑兵冲向汉军营地，汉军营地的士兵都拉满弓指向匈奴骑兵，匈奴骑兵退却。汉军多次派士卒射击匈奴人的城门的骑兵和步兵，匈奴骑兵和步兵都退到里面。甘延寿和陈汤命令军队听到击鼓声后都冲向城下，从四面围困郅支城，汉军士兵各有职守，有的挖防御用的濠沟，有的堵塞城门，手持大盾牌的士兵在前面，拿戟弩的士兵跟在后面，向城楼上的匈奴人射击，楼上的匈奴人退走。匈奴在土城外面还有一座木城，他们从木城中向外射击，杀伤了很多外面的汉军，外面的汉军就点起柴火烧毁了木城。夜里，几百名匈奴骑兵想冲出城外，被汉军迎头射死。

起初，郅支单于听说汉朝的军队到了，就想逃走，又怀疑康居国王怨恨自己，会给汉军当内应，还听说乌孙各国都派出了军队，自认为没有可去的地方。郅支单于已经逃了出来，想到这些又重新回去，说：“不如坚守。汉军远道而来，不可能长久进攻。”郅支单于就穿上铠甲站在城楼上，几十名阏氏夫人都拿着弓箭射杀城下的人。城外的汉军射中郅支单于的鼻子，几十个阏氏夫人也多被射死。郅支单于下楼骑上马，转战到自己的大内。夜过半，木城被烧穿，里面的匈奴退入土城，登上城楼高呼。当时康居国的一万多援助郅支城的骑兵分散在土城外围十多个地方，从土城四面环绕城墙，也和城上的匈奴互相呼应。夜晚，康居国援军多次冲击汉军营地，没成功，就退回去了。第二天天亮的时候，郅支城四面着火，汉军士兵非常高兴，大声呼喊着勇猛杀敌，进击的鼓声地动山摇。康居兵只好撤离战场。汉军就从四面拥着大盾牌，一同冲进匈奴的土城中。郅支单于

于是延寿、汤上疏曰："臣闻天下之大义，当混为一，昔有唐虞，今有强汉。匈奴呼韩邪单于已称北藩，唯郅支单于叛逆，未伏其辜，大夏之西，以为强汉不能臣也。郅支单于惨毒行于民，大恶通于天。臣延寿、臣汤将义兵，行天诛，赖陛下神灵，阴阳并应，天气精明，陷陈克敌，斩郅支首及名王以下。宜县头槁街蛮夷邸间，以示万里，明犯强汉者，虽远必诛。"事下有司。丞相匡衡、御史大夫繁延寿以为"郅支及名王首更历诸国，蛮夷莫不闻知。《月令》春'掩骼埋胔'之时，宜勿县。"车骑将军许嘉、右将军王商以为"春秋夹谷之会，优施笑君，孔子诛之，方盛夏，首足异门而出。宜县十日乃埋之。"有诏将军议是。

初，中书令石显尝欲以姊妻延寿，延寿不取。及丞相、御史亦恶其矫制，皆不与汤。汤素贪，所卤获财物入塞多不法。司隶校尉移书道上，系吏士按验之。汤上疏言："臣与吏士共诛郅支单于，幸得禽灭，万里振旅，宜有使者迎劳道路。今司隶反逆，收系按验，是为郅支报仇也！"上立出吏士，令县道具酒食以过军。既至，论功，石显、匡衡以为"延寿、汤擅兴师矫制，幸得不诛，如复加爵土，则

带着一百多名男女跑进他的内宫。汉兵在宫外放火，士兵争着冲进郅支单于的内宫，郅支单于受伤身亡。军候假丞杜勋砍下郅支单于的头，在内宫找到汉朝使者的两个符节以及谷吉等人所带去的帛书。将所有缴获的东西都归个人所有。汉军共斩杀阏氏、太子、名王以下一千五百一十八人，俘获一百四十五人，降汉也有一千多人，汉军将投降的匈奴人都赏赐给了参战的十五位国王。

于是甘延寿、陈汤上奏说："臣等听说天下的大义，应当是合为一体，以前有唐尧和虞舜，如今有强大的汉朝。匈奴呼韩邪单于已经自称为北藩，只有郅支单于叛逆汉朝，没有伏法，他身居大夏以西的地方，认为强大的汉朝不能令他称臣。郅支单于虐待百姓手段残忍，罪恶滔天。臣甘延寿、陈汤率领义兵，替天诛杀恶人，依赖陛下的英明，阴阳相和，天气晴明，汉军冲锋陷阵打败匈奴，砍下郅支单于的首级以及杀死名王以下的众人。臣奏请把郅支单于以及明王的首级挂在长安城槁街的蛮夷的府邸间，以昭示万里之外的西域各国，让他们明白触犯我强大汉朝者，即使距离汉朝再远也一定会被诛杀。"这件事情交给有关部门处理。丞相匡衡、御史大夫繁延寿认为"郅支单于以及名王的首级正在送往汉朝的路上，途经各国，蛮夷没有不知道这件事的。《礼记·月令》讲，春天是'掩埋腐烂尸体'的时候，还是不要把头悬挂起来的好。"车骑将军许嘉、右将军王商认为"春秋时夹谷会盟，优施嘲笑国君，孔夫子杀了他，当时正是盛夏，优施的手和脚从不同的门运送出去。所以郅支单于以及明王的头应该悬挂十天后再掩埋。"元帝下诏认为车骑将军许嘉、右将军王商的意见正确。

起初，中书令石显曾经想把自己的姐姐嫁给甘延寿，甘延寿不同意。后来丞相、御史也厌恶甘延寿、陈汤矫诏行事，都不赞同陈汤。陈汤平时就很贪婪，他所掳掠的财物大多以非法手段带入汉朝边境。司隶校尉给沿途的官员写信，要求逮捕陈汤官兵来核验这件事。陈汤上奏说道："臣与官兵共同诛杀郅支单于，侥幸得以擒拿并消灭他们，在万里之外班师回朝，应有使者在路上迎接并犒劳汉军。如今司隶却逆道而行，肆意抓捕官兵审问，这是在为郅支单于报

后奉使者争欲乘危侥幸，生事于蛮夷，为国招难，渐不可开。”元帝内嘉延寿、汤功，而重违衡、显之议，议久不决。

故宗正刘向上疏曰：“郅支单于囚杀使者吏士以百数，事暴扬外国，伤威毁重，群臣皆闵焉。陛下赫然欲诛之，意未尝有忘。西域都护延寿、副校尉汤承圣指，倚神灵，总百蛮之君，揽城郭之兵，出百死，入绝域，遂蹈康居，屠五重城，搴歙侯之旗，斩郅支之首，县旌万里之外，扬威昆山之西，扫谷吉之耻，立昭明之功，万夷慑伏，莫不惧震。呼韩邪单于见郅支已诛，且喜且惧，乡风驰义，稽首来宾，愿守北藩，累世称臣。立千载之功，建万世之安，群臣之勋莫大焉。昔周大夫方叔、吉甫为宣王诛猃狁而百蛮从，其《诗》曰：‘啴啴焞焞，如霆如雷，显允方叔，征伐猃狁，蛮荆来威。’《易》曰：‘有嘉折首，获匪其丑。’言美诛首恶之人，而诸不顺者皆来从也。今延寿、汤所诛震，虽《易》之折首、《诗》之雷霆不能及也。论大功者不录小过，举大美者不疵细瑕。《司马法》曰‘军赏不逾月’，欲民速得为善之利也。盖急武功，重用人也。吉甫之归，周厚赐之，其《诗》曰：‘吉甫宴喜，既多受祉，来归自镐，我行永久。’千里之镐犹以为远，况万里之外，其勤至矣！延寿、汤既未获受祉之报，反屈捐命之功，久挫于刀笔之前，非所以劝有功厉戎士也。昔齐桓前有尊周之功，后有灭项之罪，君子以功覆过而为之讳行事。贰师将军李广利捐五万之师，靡亿万之费，经四年之劳，而厪获骏马三十匹，虽斩宛王毋鼓之首，犹不足以复费，其私罪恶甚多。孝武以为万里征伐，不录其过，遂封拜两侯、三卿、二千石百有余人。今康居国

仇啊！”于是皇上马上派出官吏，命令各县准备酒食来犒劳经过的汉军。陈汤率军返回京师后，朝廷论功行赏，石显、匡衡认为“甘延寿、陈汤擅自矫诏征发大军，侥幸没被诛杀，如果再加官进爵赐封食邑，那么以后奉命出使西域的使者都会争相冒着危险以求获得侥幸的胜利，在蛮夷中生事，给国家带来灾难，这个先例不能开。”元帝心里赞许甘延寿、陈汤的功劳，但却难以否决匡衡、石显的意见，拖了很长时间也没有做出决议。

以前的宗正刘向上奏说：“郅支单于囚禁杀戮汉朝使者和官兵数以百计，这件事情在西域各国大肆传扬，严重地损害汉朝在西域各国的威望，破坏汉朝的形象，群臣都为此忧愁。陛下发怒想要诛杀郅支单于，心里一直没有忘记此事。西域都护甘延寿、副校尉陈汤秉承圣主的旨意，倚靠神灵的护佑，统率西域各国的君主，带领城郭的军队，出生入死，进入偏远之地，踏平康居国，攻破五重城门，拔取歙侯的旗帜，斩下郅支单于的首级，在离汉朝万里之外的地方悬挂旌旗，在昆山之西远播汉朝威名，洗雪了谷吉被杀的耻辱，建立了显赫的功业，万夷因畏惧而臣服，无不震惊。呼韩邪单于看到郅支单于已被诛杀，又高兴又害怕，他敬仰汉朝的风尚，崇尚德义而来，甘愿俯首称臣，愿意守护汉朝北藩，历代臣服于汉朝。甘延寿、陈汤建立了千年不朽的功业，奠定了万代不变的安宁，群臣中的功勋没有比他们大的了。从前的周朝大夫方叔、尹吉甫为周宣王杀了猃狁而使各少数民族都来归顺，《诗经》赞颂他们说：‘战车隆隆作响滚滚向前，好像雷霆震动天地，英明诚信的方叔，亲率大军讨伐猃狁，蛮荆因为畏惧前来称臣。’《易经》讲：‘有嘉折首，获匪其丑。’这是赞美那些诛杀首恶的人，他们可以使其它不顺从朝廷的人都前来归顺。如今甘延寿、陈汤诛杀西域郅支单于以及明王所带来的震动，即使是《易经》讲的诛灭敌首，《诗经》讲的功绩显赫有如雷霆也比不上啊。评价大的功绩不应在乎小的过失，赞许大的功业就不应该介意细小的瑕疵。《司马法》讲‘军中的赏赐不超过一个月’，说的是希望立功的人尽早获得他们功绩所应得的奖赏。这是君王重视功绩，重视人才的原因。尹吉甫回师后，周王厚赏了他，《诗经》讲：‘尹吉甫

强于大宛，郅支之号重于宛王，杀使者罪甚于留马，而延寿、汤不烦汉士，不费斗粮，比于贰师，功德百之。且常惠随欲击之乌孙，郑吉迎自来之日逐，犹皆裂土受爵。故言威武勤劳则大于方叔、吉甫，列功覆过则优于齐桓、贰师，近事之功则高于安远、长罗，而大功未著，小恶数布，臣窃痛之！宜以时解县通籍，除过勿治，尊宠爵位，以劝有功。”

于是天子下诏曰：“匈奴郅支单于背畔礼义，留杀汉使者、吏士，甚逆道理，朕岂忘之哉！所以优游而不征者，重动师众，劳将率，故隐忍而未有云也。今延寿、汤睹便宜，乘时利，结城郭诸国，擅兴师矫制而征之，赖天地宗庙之灵，诛讨郅支单于，斩获其首，及阏氏贵人名王以下千数。虽逾义干法，内不烦一夫之役，不开府库之臧，因敌之粮以赡军用，立功万里之外，威震百蛮，名显四海。为国除残，兵革之原息，边竟得以安。然犹不免死亡之患，罪当在于奉宪，朕甚闵之！其赦延寿、汤罪，勿治。”诏公卿议封焉。议者

被周王宴请之后心中高兴，他接受了很多赏赐，他从镐京立功回来，为此征战了好久。’千里之外的镐京还被认为很远，更何况万里之外的西域，他们的劳苦已经到了极点啊！甘延寿、陈汤既没有获得赏赐的回报，反而因为不顾及自己的生命取得的功劳受到委屈，在刀笔吏面前长期受挫，这不是勉励有功之人、砥砺士兵的方法。从前齐桓公前有尊周之功，后有灭项之罪，君子以其功劳而抵偿他的过失，为齐桓公避讳所犯的错事。贰师将军李广利损失了五万人的军队，浪费了亿万的费用，经历了四年征战的劳苦，却只缴获了敌军三十匹良马，虽然斩下宛王毋鼓的头，也不足以补偿耗费的军费，而且他自己也有太多的罪恶。孝武帝认为他到万里之远的西域去征伐敌人，不计较他的过失，随即封拜两侯、三卿、二千石的官位有一百多人。如今的康居国比大宛国强大，郅支单于的名号重于宛王，他们杀害汉朝使者的罪过比大宛国留住良马要大得多，而且甘延寿、陈汤没有劳动汉朝的士兵，没有消耗一斗军粮，他们和贰师将军相比，功德是他的百倍。而且常惠依从乌孙国的愿望攻打匈奴，郑吉迎接主动前来归顺的日逐王，他们都被赏赐食邑封为侯爵。所以说甘延寿、陈汤的战功和劳苦远大于方叔、尹吉甫，在功大于过的方面又优于齐桓公、贰师将军，他们的功劳远远大于近期的安远侯郑吉、长罗侯常惠，但他们的大功却没有得到显扬，小过却被一一公布，臣感到痛心！陛下应及时解除对他们的禁令，免除他们的过错不予追究，赐封他们尊宠的爵位，用来劝勉更多的人们为国立功。”

于是天子下诏说：“匈奴郅支单于背信弃义，扣押并残害汉朝使者、吏士，大逆不道，朕怎么能忘记此事！朕之所以犹豫不决不去讨伐他们，是因为担心兴师动众，使将帅劳苦，因此一直隐忍着没有提这件事。如今甘延寿、陈汤看到合适的机会，就乘着形势的便利，集结城郭诸国，擅自发动士兵矫诏讨伐敌人，他们依靠天地与祖先的保佑，征讨并斩下郅支单于的头颅，以及阏氏夫人、贵人、名王以及部下一千多人。虽然他们违背了道义触犯了法律，但没有烦劳国内一人服兵役，没有动用国家府库的财物，缴获敌人的粮食来供给军用，他们在万里之外建立功勋，声威震慑西域各族，在四海名声显扬。为

皆以为宜如军法捕斩单于令。匡衡、石显以为“郅支本亡逃失国，窃号绝域，非真单于。”元帝取安远侯郑吉故事，封千户，衡、显复争。乃封延寿为义成侯，赐汤爵关内侯，食邑各三百户，加赐黄金百斤。告上帝、宗庙，大赦天下。拜延寿为长水校尉，汤为射声校尉。

延寿迁城门校尉，护军都尉，薨于官。成帝初即位，丞相衡复奏“汤以吏二千石奉使，颛命蛮夷中，不正身以先下，而盗所收康居财物，戒官属曰绝域事不覆校。虽在赦前，不宜处位。”汤坐免。

后汤上言康居王侍子非王子也。按验，实王子也。汤下狱当死。太中大夫谷永上疏讼汤曰：“臣闻楚有子玉得臣，文公为之仄席而坐；赵有廉颇、马服，强秦不敢窥兵井陉；近汉有郅都、魏尚，匈奴不敢南乡沙幕。由是言之，战克之将，国之爪牙，不可不重也。盖‘君子闻鼓鼙之声，则思将率之臣’。窃见关内侯陈汤，前使副西域都护，忿郅支之无道，闵王诛之不加，策虑愊亿，义勇奋发，卒兴师奔逝，横厉乌孙，逾集都赖，屠三重城，斩郅支首，报十年之逋诛，雪边吏之宿耻，威震百蛮，武畅西海，汉元以来，征伐方外之将，未尝有也。今汤坐言事非是，幽囚久系，历时不决，执宪之吏欲致之大辟。昔白起为秦将，南拔郢都，北坑赵括，以纤介之过，赐死杜邮，秦民怜之，莫不陨涕。今汤亲秉钺，席卷喋血万里之外，荐

国家除去残暴的郅支单于，断绝战争的根源，使边境得以安宁。然而他们还避免不了自己对死亡的忧患，罪责在于应当奉行国家法令，朕深深地怜悯他们！今特赦免甘延寿、陈汤的罪过，不再惩处他们。”此后元帝诏令公卿讨论封赏甘延寿、陈汤的事。讨论此事的人都认为应该按军法中捕杀单于的功劳授予他们爵位。匡衡、石显认为“郅支单于本来就是亡国逃亡在外的人，他只是在边远的地方私自称王，并不是真的单于。”元帝就比照安远侯郑吉的先例，封甘延寿、陈汤食邑千户，匡衡、石显又为此事争辩。于是朝廷封甘延寿为义成侯，赐陈汤爵位为关内侯，赏赐每人三百户食邑，加赐黄金一百斤。此后元帝祭告上天、宗庙，大赦天下。封甘延寿为长水校尉，陈汤为射声校尉。

甘延寿升为城门校尉，护军都尉，在官位上去世。成帝刚即位，丞相匡衡又上奏称：“陈汤以二千石官员的身份奉命出使西域，不奉行上命而在蛮夷中自由行事，不修正自己为部下做出榜样，反而盗取从康居国缴获的财物，还告诫官员们不要再调查边远地方的事。虽然在之前朝廷已经赦免了他的罪，他还是不应该身居官位。”陈汤因此被免官。

后来陈汤上书说康居王送来汉朝的侍子并不是真王子。经过核验其事，确实是真王子。按照汉法陈汤应该被关进监狱处死。太中大夫谷永上书为陈汤争辩说：“臣听说春秋时期的楚国有子玉得臣，晋文公因为他而侧坐于席；赵国因为有将领廉颇与马服，强秦不敢在井陉炫耀武力；汉朝有郅都、魏尚，匈奴就不敢向沙漠南下。从这些情况来看，能战胜敌人的将领，是国家的勇士，不能不重视。所以‘君子听到鼓鼙的声音，就能想到率兵作战的大臣’。臣看见关内侯陈汤，以副都护身份出使西域，愤恨郅支单于无道，忧患君王不能加以惩处他，越想内心越是郁结不畅，出于道义而振奋精神，突然之间带兵飞驰而去，横越乌孙国，集结于都赖水上，击溃三重城墙，斩下郅支单于的头颅，报了汉朝十年的大仇，洗雪了边境官兵积年的耻辱，威震百蛮，耀武西海，汉朝建立以来，征讨西域各国的将领中，还没有这样的现象。现在陈汤因为所说的事情不实而犯法，被囚禁

功祖庙，告类上帝，介胄之士靡不慕义。以言事为罪，无赫赫之恶。《周书》曰：'记人之功，忘人之过，宜为君者也。'夫犬马有劳于人，尚加帷盖之报，况国之功臣者哉！窃恐陛下忽于鼓鼙之声，不察《周书》之意，而忘帷盖之施，庸臣遇汤，卒从吏议，使百姓介然有秦民之恨，非所以厉死难之臣也。"书奏，天子出汤，夺爵为士伍。

后数岁，西域都护段会宗为乌孙兵所围，驿骑上书，愿发城郭敦煌兵以自救。丞相王商、大将军王凤及百僚议数日不决。凤言"汤多筹策，习外国事，可问。"上召汤见宣室。汤击郅支时中寒病，两臂不诎申。汤入见，有诏毋拜，示以会宗奏。汤辞谢，曰："将相九卿皆贤材通明，小臣罢癃，不足以策大事。"上曰："国家有急，君其毋让。"对曰："臣以为此必无可忧也。"上曰："何以言之？"汤曰："夫胡兵五而当汉兵一，何者？兵刃朴钝，弓弩不利。今闻颇得汉巧，然犹三而当一。又兵法曰'客倍而主人半然后敌'，今围会宗者人众不足以胜会宗，唯陛下勿忧！且兵轻行五十里，重行三十里，今会宗欲发城郭敦煌，历时乃至，所谓报仇之兵，非救急之用也。"上曰："奈何？其解可必乎？度何时解？"汤知乌孙瓦合，不能久攻，故事不过数日，因对曰："已解矣！"诎指计其日，曰："不出五日，当有吉语闻。"居四日，军书到，言已解。大将军凤奏以为从事中郎，莫府事壹决于汤。汤明法令，善因事为势，纳说多从。常受人金钱作章奏，卒以此败。

已久，陛下经过很长时间还不做决断，执法的官吏想对他处以死刑。以前白起是秦国将领，他在南面攻下郢都，在北面坑杀赵括，可是却因为一点儿小小的过错，在杜邮被赐死，秦国百姓怜悯他，没有不落泪的。如今陈汤亲自执掌兵权，在距离汉朝万里之外的地方席卷敌境，喋血沙场，以战功献祭祖庙，祭告上天，武士没有不仰慕他的节义的。陈汤因为陈述事情而构成犯罪，并没有显著的罪恶。《周书》讲：'记人之功，忘人之过，宜为君者也。'况且犬马为了人类付出劳苦，尚且能得到搭建窝厩的回报，更何况国家的有功之臣呢！臣担心陛下忽略了鼙鼓的声音，不能明察《周书》的含义，而忘了给狗马搭建窝厩的施舍之恩，以庸臣来礼遇陈汤，最后听从了官吏对陈汤的非议，使百姓像秦民一样对白起的死怀恨在心，这不是激励以身赴难的臣子的方法。"奏书呈上去后，天子就释放了陈汤，削去他的爵位成为普通士兵。

后来的几年，西域都护段会宗被乌孙国的军队围困，驿站派人骑马向朝廷报告，希望征调西域城郭国家以及敦煌郡的军队援救。丞相王商、大将军王凤以及百官商量了几天还没有结果。王凤说："陈汤擅于谋略，他又熟悉西域的情况，可以向他咨询。"皇上就在宣室召见陈汤。陈汤在攻打郅支单于时得了寒病，两只手臂不能曲伸。陈汤进到宣室拜见皇上，皇上下诏不让他跪拜，把段会宗的奏书给他看。陈汤推辞说："将相九卿都是贤能之人，通晓事理，小臣老病残疾，不足以对国家大事出谋划策。"皇上说："国家有急事，您就不要辞让了。"陈汤回答道："臣认为这件事不值得忧虑。"皇上问："您为什么这样讲？"陈汤回答说："胡兵五人才能相当于一个汉兵，为什么呢？因为胡人的兵器不锐利，弓弩不锋利。如今我听说胡人学到很多汉人的技巧，但仍然要三个胡人才能相当于一个汉兵。再者兵法讲：'客兵要多于主兵一倍的兵力，才能取胜'，现在胡人围住段会宗的人数不足以战胜段会宗，希望陛下不要忧虑！况且军队轻装疾行一天走五十里路，负重前行只能走三十里，现在段会宗想征调西域城郭国家以及敦煌郡的军队，需要很长时间才能到达，这就是所谓的报仇之兵，并不是在救急时能用得上的。"皇上说："那

初，汤与将作大匠解万年相善。自元帝时，渭陵不复徙民起邑。成帝起初陵，数年后，乐霸陵曲亭南，更营之。万年与汤议，以为“武帝时工杨光以所作数可意自致将作大匠，及大司农中丞耿寿昌造杜陵赐爵关内侯，将作大匠乘马延年以劳苦秩中二千石；今作初陵而营起邑居，成大功，万年亦当蒙重赏。子公妻家在长安，儿子生长长安，不乐东方，宜求徙，可得赐田宅，俱善。”汤心利之，即上封事言：“初陵，京师之地，最为肥美，可立一县。天下民不徙诸陵三十余岁矣，关东富人益众，多规良田，役使贫民，可徙初陵，以强京师，衰弱诸侯，又使中家以下得均贫富。汤愿与妻子家属徙初陵，为天下先。”于是天子从其计，果起昌陵邑，后徙内郡国民。万年自诡三年可成，后卒不就，群臣多言其不便者。下有司议，皆曰：“昌陵因卑为高，积土为山，度便房犹在平地上，客土之中不保幽冥之灵，浅外不固，卒徒工庸以钜万数，至爇脂火夜作，取土东山，且与谷同贾。作治数年，天下遍被其劳，国家罢敝，府臧空虚，下至众庶，熬熬苦之。故陵因天性，据真土，处势高敞，旁近祖考，前又已有十年功绪，宜还复故陵，勿徙民。”上乃下诏罢昌陵，语在《成纪》。丞相御史请废昌陵邑中室，奏未下，人以问汤：“第宅不彻，得毋复发徙？”汤曰：“县官且顺听群臣言，犹且复发徙之也。”

该怎么办呢？段会宗一定能解除围困吗？估计什么时候就能解除围困？”陈汤了解乌孙军队是乌合之众，不能对汉军持久进攻，以前遇到这种战事也不过持续几天的时间，就回答道：“应该已经解除围困了！”陈汤屈指计算了一下日子，说：“不出五天，应该就能听到好消息。”过了四天，西域的军书到，说段会宗已经解除围困。大将军王凤上奏任命陈汤为从事中郎，幕府中的事全由陈汤来处理。陈汤明晓法令，善于根据形势分析事情，他的谏言多数被皇上采纳。陈汤经常接受别人的金钱为别人写奏章，他最终也因为这些而被贬黜。

起初，陈汤与将作大臣解万年交情不错。从元帝时候起，渭陵地区不再迁徙百姓建造城邑。成帝最初就在这里建造陵墓，几年后，他又喜欢上霸陵县曲亭南面的一块地方，就更换到那里重新再建陵墓。解万年与陈汤商量，认为“武帝时候，工匠杨光因为自己建造了几次工程都让皇上中意，就谋得将作大匠一职，后来大司农中丞耿寿昌，因为建造了杜陵被赐关内侯爵位，将作大匠乘马延年因为辛苦劳作被赐为中二千石的职位；现在我建造初陵并营建城邑，成就大功业，我解万年也应该蒙受皇上的重赏。你的妻子住在长安，儿子在长安生长，不愿在东方居住，就应当请求迁徙到初陵居住，还可以得到皇上赏赐的田宅，这样大家都有好处。”陈汤心中认为这样做对自己有利，就上奏密封的奏章给皇上说：“初陵，是京城的宝地，最为肥美，可以建立一个县。天下老百姓已经有三十多年没有迁徙到各皇陵了，关东的富户众多，霸占了很多良田，役使当地的贫民，可以把他们迁到初陵居住，以增强京城，削弱诸侯势力，又使得中等人家以下的人都能贫富均匀。陈汤愿意与妻子儿女以及家属迁徙到初陵居住，为天下人做榜样。”皇上就听从了他的计谋，果然在昌陵建造城邑，然后迁徙内地郡县的国民到昌陵邑居住。解万年自己诡称三年就可以完工，后来最终也没有完成，群臣大多说在昌陵建造城邑不合适。皇上就把这件事交给相关官员讨论，他们都说：“在昌陵建造城邑是把低地填高，积土为山，便房必须建造在平地上，从外地运来的土不能保护幽冥之中的灵魂，土层浅了外面就不牢固，最终会白白地浪费数以万计的劳动力，甚至点燃脂火在夜晚劳作，何况要到东

时成都侯商新为大司马卫将军辅政，素不善汤。商闻此语，白汤惑众，下狱治，按验诸所犯。汤前为骑都尉王莽上书言："父早死，独不封，母明君共养皇太后，尤劳苦，宜封。"竟为新都侯。后皇太后同母弟苟参为水衡都尉，死，子伋为侍中，参妻欲为伋求封，汤受其金五十斤，许为求比上奏。弘农太守张匡坐臧百万以上，狡猾不道，有诏即讯，恐下狱，使人报汤。汤为讼罪，得逾冬月，许谢钱二百万，皆此类也。事在赦前。后东莱郡黑龙冬出，人以问汤，曰："是所谓玄门开。微行数出，出入不时，故龙以非时出也。"又言当复发徙，传相语者十余人。丞相御史奏"汤惑众不道，妄称诈归异于上，非所宜言，大不敬。"廷尉增寿议，以为"不道无正法，以所犯剧易为罪，臣下承用失其中，故移狱廷尉，无比者先以闻，所以正刑罚，重人命也。明主哀悯百姓，下制书罢昌陵勿徙吏民，已申布。汤妄以意相谓且复发徙，虽颇惊动，所流行者少，百姓不为变，不可谓惑众。汤称诈，虚设不然之事，非所宜言，大不敬也。"制曰："廷尉增寿当是。汤前有讨郅支单于功，其免汤为庶人，徙边。"又曰："故将作大匠万年佞邪不忠，妄为巧诈，多赋敛，烦繇役，兴卒暴之作，卒徒蒙辜，死者连属，毒流众庶，海内怨望，虽蒙赦令，不宜居京师。"于是汤与万年俱徙焞煌。

山取土，其费用将等于同谷价。建造初陵已经有几年的时间了，天下人都因此劳累不堪，国家疲敝，国库空虚，下到老百姓，都为了此事发出愁苦哀怨的声音。所以建造陵墓是根据自然地形，依据本地自然形成的土壤，处于高大宽敞之地，旁边又靠近祖先的陵墓，以前已经有了十年建造的功绩，应该还回到旧陵继续建造，不必迁徙百姓。”皇上就下诏停止昌陵的工程，详见《成帝纪》。丞相、御史请求拆掉昌陵邑新建的住宅，奏章还没有下达，就有人问陈汤：“第宅还没有拆除，难道我们要再次迁徙了吗？”陈汤说：“朝廷也得听从群臣的建议，到时候还是会再次迁徙百姓的。”

当时成都侯王商刚刚被封为大司马卫将军，在朝中辅助政事，平时就与陈汤不友善。王商听到陈汤说的话后，就说他蛊惑百姓，陈汤被抓进监狱治罪，相关官员核验他所犯的各种罪行并对他治罪。陈汤以前为骑都尉王莽上书说道：“王莽的父亲早早死去，惟独他没有得到封地，他的母亲明君供养皇太后，特别劳苦，应当为王莽封地授爵。”王莽竟然因此被封为新都侯。后来皇太后的同母弟弟苟参担任水衡都尉，去世后，他的儿子苟伋担任侍中，苟参的妻子打算为儿子苟伋请求皇上赐予封地，陈汤接受了她贿赂的五十斤金子，许诺找到类似的案例后为他上奏。弘农太守张匡因为贪污百万以上的款项，他狡猾不仁，皇帝下诏立即审讯，他害怕被关进监狱，就派人向陈汤报告。陈汤就为他辩解罪过，得到许可过了冬月再说，张匡许诺陈汤两百万钱以示谢意，陈汤犯的罪都是这类事情。这些事都发生在大赦以前。后来东莱郡在冬天出现黑龙，有人就问陈汤这件事，陈汤说：“这是所谓的玄门大开。皇帝几次微服出行，出入都不是时候，所以龙就会在不该出现的时候出现。”陈汤又说应该重新迁徙人口到昌陵，传说这话的有十多人。丞相、御史上奏弹劾：“陈汤妖言惑众无道，狂妄地将异象的出现归因于皇上，这不是他该说的话，这是对皇上的大不敬。”廷尉赵增寿上奏议论，认为：“惩治无道没有特定的刑法，应按照罪行的轻重来定罪，臣下沿用此法却往往在判罪当中失去平衡，所以把案子移交到廷尉审理，之前没有同类案例可以参照的，就把事情首先报告给皇上，这是为了申明刑罚，珍视

久之，焞煌太守奏“汤前亲诛郅支单于，威行外国，不宜近边塞。”诏徙安定。

议郎耿育上书言便宜，因冤讼汤曰：“延寿、汤为圣汉扬钩深致远之威，雪国家累年之耻，讨绝域不羁之君，系万里难制之虏，岂有比哉！先帝嘉之，仍下明诏，宣著其功，改年垂历，传之无穷。应是，南郡献白虎，边陲无警备。会先帝寝疾，然犹垂意不忘，数使尚书责问丞相，趣立其功。独丞相匡衡排而不予，封延寿、汤数百户，此功臣战士所以失望也。孝成皇帝承建业之基，乘征伐之威，兵革不动，国家无事，而大臣倾邪，谗佞在朝，曾不深惟本末之难，以防未然之戒，欲专主威，排妒有功，使汤块然被冤拘囚，不能自明，卒以无罪，老弃焞煌，正当西域通道，令威名折冲之臣旋踵及身，复为郅支遗虏所笑，诚可悲也！至今奉使外蛮者，未尝不陈郅支之诛以扬汉国之盛。夫援人之功以惧敌，弃人之身以快谗，岂不痛哉！且安不忘危，盛必虑衰，今国家素无文帝累年节俭富饶之畜，又无武帝荐延枭俊禽敌之臣，独有一陈汤耳！假使异世不及陛下，尚望国家追录其功，封表其墓，以劝后进也。汤幸得身当圣世，

人命。圣明的君主怜悯百姓，颁布诏书停止建造昌陵，不要迁徙官吏和百姓，诏令已经公布。陈汤却妄自把自己的意向告诉其他人说将要重新迁徙到昌陵，虽然人们颇受惊动，但传言流传的范围很小，百姓没有因此产生混乱，这就不能说他是妖言惑众。陈汤妄加推断，虚构不实的事情，这是他不应该说的话，是对皇上的大不敬。”皇上下诏说：“廷尉赵增寿的裁定是正确的。陈汤以前有征讨郅支单于的功劳，现将陈汤贬为庶人，流放到边疆。”皇上又下令说：“前将作大匠解万年佞邪不忠，胡作非为奸巧诡诈，大量征收赋税，征发繁多的徭役，在紧迫之中兴起工程，使百姓白白受罪，死去的人接连不断，祸害百姓，国内的人都充满怨恨，他虽然蒙受皇上的赦令，但也不宜住在京城。”于是陈汤与解万年一同被流放到敦煌郡。

过了很久，敦煌太守上奏说：“陈汤以前亲自率领军队诛杀了郅支单于，在西域各国有很大的威望，不应该靠近边塞。”皇帝下诏将陈汤迁徙到安定郡居住。

议郎耿育上书言说对国家有利的事，趁机为陈汤申诉冤屈道：“甘延寿、陈汤为我大汉弘扬了诛灭远敌之国威，洗雪国家多年的耻辱，征讨边远地区不服王道的郅支单于，抓捕了万里以外难以制服的贼寇，难道还有能与他们相比的人吗！先帝赞许他们，频繁颁布英明的诏令，宣扬昭彰他们的功劳，改换年号，记录他们的功绩，以便万世流传。与此相对应的征兆是，南郡贡献白虎，边疆不用警备。正碰上先帝卧病在床，仍然关心他们，没有忘记，多次派尚书责问丞相，赶快为他们论功行赏。只是丞相匡衡排斥他们不给记功，只封了甘延寿、陈汤几百户作为食邑，这就是功臣和战士失望的原因啊。现在孝成皇帝继承了汉朝的基业，享受着当年征伐西域的威势，没有发生战争，国家太平无事，但有大臣奸邪乖僻，在朝廷又有进谗言的人，颠倒事情的本末，以防患于未然为借口，想夺取君主的权威，排斥妒忌有功之臣，使陈汤孤独地遭受冤屈被囚禁，不能自己辩白，最终虽然无罪，但在年老时被发配到敦煌郡，敦煌郡正位于往来西域的要道上，让威名远扬的大臣顷刻间就祸及自身，被郅支残敌所耻笑，实在令人痛心！直到现在奉命出使外蛮的使臣，没有不讲述郅支

功曾未久，反听邪臣鞭逐斥远，使亡逃分窜，死无处所。远览之士，莫不计度，以为汤功累世不可及，而汤过人情所有，汤尚如此，虽复破绝筋骨，暴露形骸，犹复制于唇舌，为嫉妒之臣所系虏耳。此臣所以为国家尤戚戚也。”书奏，天子还汤，卒于长安。

死后数年，王莽为安汉公秉政，既内德汤旧恩，又欲谄皇太后，以讨郅支功尊元帝庙称高宗。以汤、延寿前功大赏薄，及候丞杜勋不赏，乃益封延寿孙迁千六百户，追谥汤曰破胡壮侯，封汤子冯为破胡侯，勋为讨狄侯。

段会宗字子松，天水上邽人也。竟宁中，以杜陵令五府举为西域都护、骑都尉光禄大夫，西域敬其威信。三岁，更尽还，拜为沛郡太守。以单于当朝，徙为雁门太守。数年，坐法免。西域诸国上书愿得会宗，阳朔中复为都护。

会宗为人好大节，矜功名，与谷永相友善。谷永闵其老复远出，予书戒曰：“足下以柔远之令德，复典都护之重职，甚休甚休！若子之材，可优游都城而取卿相，何必勒功昆山之仄，总领百蛮，

单于被诛杀的事，以此来宣扬汉朝的强盛。借助别人的功绩来使敌人惧怕汉朝，抛弃他人的身家性命使进谗言的人开心，这难道不叫人痛心吗！况且居安思危，强盛的时候必定要考虑衰落的隐患，如今国家没有文帝当年那种节俭所积累的财富，又没有武帝时通过举荐得到而任用的贤才，能够杀敌致胜的大臣，名将只有一个陈汤罢了！假使陈汤去世没能遇到陛下，还希望国家表彰他生前的功劳，增修坟墓，以劝勉后辈。陈汤有幸得以生活在当今圣明的时代，他建立功业还没有多久，反而听任奸邪之臣排斥疏远他，使他逃亡藏匿，至死也没有安身之处。考虑问题深远的人士，无不认为陈汤的功劳累世都没人能比，而陈汤的罪过每个人都可能会犯，陈汤尚且落得如此下场，即使再有人为国受伤，甚至战死沙场，还是要被奸佞大臣的言论控制，被嫉妒他的大臣所陷害。这是臣为国家深感忧惧的原因啊。”奏书呈上去后，成帝就让陈汤从敦煌郡回来，陈汤最终在长安去世。

陈汤死后几年，王莽被封为安汉公执政，他既在内心感激陈汤旧日对自己的恩德，又想谄媚皇太后王政君，就以讨伐郅支单于的大功尊奉元帝庙号为高宗。又以过去陈汤、甘延寿的功劳巨大而封赏太少，以及斩杀郅支单于的候丞杜勋还没有封赏为由，加封甘延寿的孙子甘迁一千六百户作为食邑，为陈汤追加谥号为破胡壮侯，封陈汤的儿子陈冯为破胡侯，封杜勋为讨狄侯。

段会宗字子松，天水郡上邽县人。元帝竟宁年间，段会宗以杜陵令的身份被五府举荐为西域都护、骑都尉光禄大夫，西域人敬重他的威严与信用。三年后，他任期届满更换职务返回京城，朝廷封他为沛郡太守。因为单于要来汉朝觐见，段会宗又转任雁门郡太守。过了几年，段会宗因犯法被免去官职。西域各国上书表示希望派段会宗担任西域都护，成帝阳朔年间他又被委任为西域都护。

段会宗为人崇尚节操，看重功名，同谷永相处很好。谷永怜悯段会宗年纪很大又要到远方任职，就写信告诫他说：“足下以能安抚远方西域各国的美德，又担任西域都护这一重要官职，很好很好！像你这样的才能，可以在都城闲暇自得地担任卿相，何必去昆山之

怀柔殊俗？子之所长，愚无以喻。虽然，朋友以言赠行，敢不略意。方今汉德隆盛，远人宾服，傅、郑、甘、陈之功没齿不可复见，愿吾子因循旧贯，毋求奇功，终更亟还，亦足以复雁门之踦。万里之外以身为本。愿详思愚言。”

会宗既出。诸国遣子弟郊迎。小昆弥安日前为会宗所立，德之，欲往谒，诸翎侯止不听，遂至龟兹谒。城郭甚亲附。康居太子保苏匿率众万余人欲降，会宗奏状，汉遣卫司马逢迎。会宗发戊己校尉兵随司马受降。司马畏其众，欲令降者皆自缚，保苏匿怨望，举众亡去。会宗更尽还，以擅发戊己校尉之兵乏兴，有诏赎论。拜为金城太守，以病免。

岁余，小昆弥为国民所杀，诸翎侯大乱。征会宗为左曹中郎将光禄大夫，使安辑乌孙，立小昆弥兄末振将，定其国而还。

明年，末振将杀大昆弥，会病死，汉恨诛不加。元延中，复遣会宗发戊己校尉诸国兵，即诛末振将太子番丘。会宗恐大兵入乌孙，惊番丘，亡逃不可得，即留所发兵垫娄地，选精兵三十弩，径至昆弥所在，召番丘，责以“末振将骨肉相杀，杀汉公主子孙，未伏诛而死，使者受诏诛番丘。”即手剑击杀番丘。官属以下惊恐，驰归。小昆弥乌犁靡者，末振将兄子也，勒兵数千骑围会宗，会宗为言来诛之意：“今围守杀我，如取汉牛一毛耳。宛王郅支头县槁街，乌孙所知也。”昆弥以下服，曰：“末振将负汉，诛其子可也，独不可告我，

侧建立功勋，统率百蛮，怀柔异域人呢？你的才能，我就不多说了。即使这样，朋友间在临别赠言，怎敢不略表心意呢。当今汉朝恩德隆盛，边远地区的少数民族都来臣服，傅介子、郑吉、甘延寿、陈汤的功绩永远都不可能再次出现，希望你遵循旧有的法则，不要追求奇功伟业，任职到期就马上回来，这些也足以抵销在雁门郡受到的打击，你在万里之外的西域应以身体为根本。希望你能仔细地思考我的话。”

段会宗出使西域后，西域各国派子弟到城郊迎接他。乌孙小昆弥安日被段会宗立为王，对段会宗很感激，准备前去拜访段会宗，众翎侯阻止他前去，他不听从，随即到龟兹国拜访。城郭各国都对段会宗亲近依附。康居太子保苏匿率领一万多人想投降汉朝，段会宗就写奏章上报朝廷，汉朝派遣卫司马负责接待。段会宗征发戊己校尉的军队随同卫司马接受投降的人。卫司马面对那么多投降的人感到害怕，就叫归降的人都自己受绑，保苏匿听后心下怨恨卫司马，就率领部下逃走。段会宗任职期满回来，因为自作主张征发戊己校尉的军队，违反军律应被治罪，成帝下诏可以花钱赎罪。之后成帝又封他为金城太守，他因病免官。

一年多后，乌孙小昆弥被他的国民杀害，众翎侯陷入混乱之中。皇上征召段会宗担任左曹中郎将光禄大夫，让他安定乌孙国，他立小昆弥的哥哥末振将为新一任昆弥，安定了乌孙国后就回到汉朝中央。

第二年，末振将杀死了大昆弥，正好他也生病死去，汉朝廷遗憾没能亲自杀了他。成帝元延年间，朝廷又派遣段会宗征发戊己校尉以及西域各国的军队，即刻诛杀末振将的太子番丘。段会宗担心大部队进入乌孙国后，会惊动番丘，让他逃跑后不能再抓住，就把所派遣的军队留在垫娄地，挑选三十位持弩的精兵，直接到了乌孙昆弥的住所，他召来番丘，责备他说：“末振将杀害自己的至亲，杀了汉朝公主的子孙，汉朝没有诛杀他就死了，现在汉朝使者禀承皇帝的诏命诛杀番丘。”随即手起剑落杀死了番丘。番丘的官员和下属惊慌失措，骑着马逃了回去。乌孙国的小昆弥乌犁靡，是末振将哥哥的

令饮食之邪？”会宗曰：“豫告昆弥，逃匿之，为大罪。即饮食以付我，伤骨肉恩，故不先告。”昆弥以下号泣罢去。会宗还奏事，公卿议会宗权得便宜，以轻兵深入乌孙，即诛番丘，宣明国威，宜加重赏。天子赐会宗爵关内侯，黄金百斤。

是时，小昆弥季父卑爰疐拥众欲害昆弥，汉复遣会宗使安辑，与都护孙建并力。明年，会宗病死乌孙中，年七十五矣，城郭诸国为发丧立祠焉。

赞曰：自元狩之际，张骞始通西域，至于地节，郑吉建都护之号，讫王莽世，凡十八人，皆以勇略选，然其有功迹者具此。廉褒以恩信称，郭舜以廉平著，孙建用威重显，其余无称焉。陈汤傥募，不自收敛，卒用困穷，议者闵之，故备列云。

儿子，他指挥几千名骑兵包围了段会宗，段会宗就对他们解释前来杀死番丘的意思，他说：“你们现在围攻并杀死我，如同取走汉朝的一根牛毛。之前宛王、郅支单于的头悬挂在稾街示众，你们乌孙国的人是知道的。”乌孙昆弥以下的人都很害怕就顺从了，他们说：“末振将负汉，杀了他的儿子就可以了，难道就不能告诉我们，让我们供给他最后一顿饭菜吗？”段会宗说道：“如果事先告诉你们要杀死昆弥，就会让番丘逃走藏起来，你们就会犯下大罪。如果让你们供给他最后一顿饭菜再交给我，那就伤害了你们骨肉之间的恩情，所以就没事先告知你们。”昆弥和部下大声哭泣着撤兵离开。段会宗回去把情况上奏，公卿议论觉得段会宗能权衡利弊见机行事，靠行动迅疾的小股部队深入乌孙国，随即诛杀番丘，宣扬彰显了汉朝在西域各国的名望与声威，应给予厚赏。天子封段会宗为关内侯，赐一百斤黄金。

当时，乌孙小昆弥的季父卑爰疐聚众想加害昆弥，汉朝又派遣段会宗出使乌孙安抚他们，他与都护孙建并力处理乌孙的事。第二年，段会宗在乌孙国中生病死去，享年七十五岁，城郭诸国为他发丧，建立祠堂。

赞辞说：从武帝元狩年间，张骞开始与西域来往，到了宣帝地节年间，郑吉建立了西域都护的称号，一直到王莽篡位为止，共有十八人出使西域，他们都既勇猛又有谋略，凡是有功绩的人都记载在这里了。廉褒凭借恩德信义得到人们的赞扬，郭舜因为清廉公平而出名，孙建因为办事威严受到人们的尊重并且地位显赫，其余的人不值得称道。陈汤行为不羁，不加收敛，最终因此处境窘迫，议论的人都可怜他，所以把他也列记在这里。

卷七十一

隽疏于薛平彭传第四十一

隽不疑字曼倩，勃海人也。治《春秋》，为郡文学，进退必以礼，名闻州郡。

武帝末，郡国盗贼群起，暴胜之为直指使者，衣绣衣，持斧，逐捕盗贼，督课郡国，东至海，以军兴诛不从命者，威振州郡。胜之素闻不疑贤，至勃海，遣吏请与相见。不疑冠进贤冠，带櫑具剑，佩环玦，褒衣博带，盛服至门上谒。门下欲使解剑，不疑曰："剑者君子武备，所以卫身，不可解。请退。"吏白胜之。胜之开阁延请，望见不疑容貌尊严，衣冠甚伟，胜之躧履起迎。登堂坐定，不疑据地曰："窃伏海濒，闻暴公子威名旧矣，今乃承颜接辞。凡为吏，太刚则折，太柔则废，威行施之以恩，然后树功扬名，永终天禄。"胜之知不疑非庸人，敬纳其戒，深接以礼意，问当世所施行。门下诸从事皆州郡选吏，侧听不疑，莫不惊骇。至昏夜，罢去。胜之遂表荐不疑，征诣公车，拜为青州刺史。

久之，武帝崩，昭帝即位，而齐孝王孙刘泽交结郡国豪桀谋反，欲先杀青州刺史。不疑发觉，收捕，皆伏其辜。擢为京兆尹，赐

隽不疑字曼倩，是勃海郡人。研习《春秋》，担任郡文学一职，行动举止必定遵从礼仪，名闻州郡。

汉武帝末年，郡国盗贼群起，暴胜之担任直指使者，穿着绣衣，手持斧钺，到各地追捕盗贼，督察考核郡国政事，其管辖范围远至东海一带，对不服从命令的人，暴胜之就用严厉的军法处置，他的威名震动了各州郡。暴胜之一向听说隽不疑有德有才，因此，他一到勃海郡，就派小吏请隽不疑来见。隽不疑戴上进贤冠，腰挎櫑具剑，身佩玉环、玉玦，穿着袍子，系着宽带，衣着隆重前去拜见暴胜之。暴胜之府前门吏让隽不疑解下櫑具剑，隽不疑说："剑是君子的武器，是用来防身的，不可以随便解下来。若执意要解，请让我现在就告退吧。"门吏将这一情况禀报暴胜之。暴胜之打开官署的门邀请隽不疑入府，远远看见隽不疑容貌尊严，衣冠整齐，相貌威武，暴胜之拖着鞋子就起身迎接。待宾主登堂坐定后，隽不疑席地而坐说："我隐居在沿海地区，很早就听到暴公子的威名，今天有幸与您会面交谈。大凡做官，太刚直就容易被折断，太软弱就会被废弃，所以施行威严要兼用恩泽，然后才可以建功扬名，永远享用天赐的福禄。"暴胜之知道隽不疑不是一个平常人，恭敬地接受他的警告，以礼相待，表示深深的敬意，并向他询问在当前的形势下应施行什么。暴胜之门下诸从事都是从各州郡选拔出来的官吏，他们在旁边听到隽不疑的言谈，无不惊骇叹服。一直谈到深夜，隽不疑才离开。暴胜之于是上奏朝廷举荐隽不疑，武帝下诏把隽不疑召到公车署，并任用他担任青州刺史。

过了一段时间，汉武帝驾崩，汉昭帝即位，这时齐孝王的孙子刘泽交结郡国豪杰谋反，他们打算先杀青州刺史。隽不疑及时发觉，将他们全抓起来关进监狱，刘泽等人都伏法认罪。隽不疑因此被

钱百万。京师吏民敬其威信。每行县录囚徒还，其母辄问不疑："有所平反，活几何人？"即不疑多有所平反，母喜笑，为饮食语言异于他时；或亡所出，母怒，为之不食。故不疑为吏，严而不残。

始元五年，有一男子乘黄犊车，建黄旐，衣黄襜褕，著黄冒，诣北阙，自谓卫太子。公车以闻，诏使公卿将军中二千石杂识视。长安中吏民聚观者数万人。右将军勒兵阙下，以备非常。丞相御史中二千石至者并莫敢发言。京兆尹不疑后到，叱从吏收缚。或曰："是非未可知，且安之。"不疑曰："诸君何患于卫太子！昔蒯聩违命出奔，辄距而不纳，《春秋》是之。卫太子得罪先帝，亡不即死，今来自诣，此罪人也。"遂送诏狱。

天子与大将军霍光闻而嘉之，曰："公卿大臣当用经术明于大谊。"繇是名声重于朝廷，在位者皆自以不及也。大将军光欲以女妻之，不疑固辞，不肯当。久之，以病免，终于家。京师纪之。后赵广汉为京兆尹，言："我禁奸止邪，行于吏民，至于朝廷事，不及不疑远甚。"廷尉验治何人，竟得奸诈。本夏阳人，姓成名方遂，居湖，以卜筮为事。有故太子舍人尝从方遂卜，谓曰："子状貌甚似卫太子。"方遂心利其言，几得以富贵，即诈自称诣阙。廷尉逮召乡里识知者张宗禄等，方遂坐诬罔不道，要斩东市。一云姓张名延年。

提拔为京兆尹，赐钱百万，京师的官吏和百姓都很敬重他的威信。每次他到县里省察囚徒回到家，他的母亲就问："有多少冤案被平反？有多少人被你救活？"如果得知隽不疑审案平反的案件多，母亲就喜笑颜开，甚至连饮食说话都不同于平时；如果得知没有使蒙冤的囚犯得到平反，母亲就会生气，不肯吃饭。所以隽不疑为官，严厉而不残酷。

汉昭帝始元五年（前82），有一个男子乘着黄犊车，插着黄色龟蛇旗，穿着黄色直襟单衣，戴着黄帽子，来到皇宫北面的门楼，称自己是卫太子。公车令将这件事情奏报皇帝，皇帝下诏让朝中公卿、将军、中二千石等官员共同去确认。长安城中官员和百姓聚观者达数万人。右将军统率军队驻扎在阙下，防备意外情况发生。前来确认的丞相御史中二千石等官吏都不敢说什么。京兆尹隽不疑后到，他大声呵叱随从吏卒将此人捆起来。有人劝他说："是非现在还弄不清楚，暂且慢点。"隽不疑说："诸君为什么对卫太子这样害怕？春秋时期蒯聩因违抗父命出逃国外，他的儿子蒯辄拒不接纳，孔夫子在《春秋》中肯定了蒯辄的做法。卫太子也曾得罪于先帝，他逃亡在外即使没死去，现在自投罗网，此人也是我朝的罪人。"于是就将此人送到诏狱。

汉昭帝和大将军霍光听到这件事后嘉奖隽不疑，说："公卿大臣们应当明晰经书来彰显大义。"从此隽不疑在朝廷更被人们重视，在位的官吏们都自认为比不上他。大将军霍光打算把女儿嫁给他为妻，隽不疑坚定拒绝，不愿答应。过了一段时间，隽不疑因病辞官，最终逝世于家中。京都长安的人都纪念他。后来赵广汉担任京兆尹，说："我力戒奸邪之事，无论是在吏民中审理案件，还是对待朝廷大事，都远不及隽不疑。"廷尉审查前述自称卫太子之人，果然是冒充的。那人本是夏阳县人，姓成名方遂，家住湖县，以卜筮为生。有一个原本的卫太子舍人曾向成方遂问卜，他见到成方遂说："您的相貌很像卫太子。"成方遂心想自己可以冒充卫太子，因此而得到富贵，就谎称自己是卫太子来到阙门。廷尉传唤乡里认识成方遂的张宗禄等人前来辨认，成方遂便以诬罔不道之罪被腰斩于东市。也有人说成

疏广字仲翁，东海兰陵人也。少好学，明《春秋》，家居教授，学者自远方至。征为博士太中大夫。地节三年，立皇太子，选丙吉为太傅，广为少傅。数月，吉迁御史大夫，广徙为太傅，广兄子受字公子，亦以贤良举为太子家令。受好礼恭谨，敏而有辞。宣帝幸太子宫，受迎谒应对，及置酒宴，奉觞上寿，辞礼闲雅，上甚欢说。顷之，拜受为少傅。

太子外祖父特进平恩侯许伯以为太子少，白使其弟中郎将舜监护太子家。上以问广，广对曰："太子国储副君，师友必于天下英俊，不宜独亲外家许氏。且太子自有太傅少傅，官属已备，今复使舜护太子家，视陋，非所以广太子德于天下也。"上善其言，以语丞相魏相，相免冠谢曰："此非臣等所能及。"广繇是见器重，数受赏赐。太子每朝，因进见，太傅在前，少傅在后。父子并为师傅，朝廷以为荣。

在位五岁，皇太子年十二，通《论语》《孝经》。广谓受曰："吾闻'知足不辱，知止不殆'，'功遂身退，天之道'也。今仕官至二千石，宦成名立，如此不去，惧有后悔，岂如父子相随出关，归老故乡，以寿命终，不亦善乎？"受叩头曰："从大人议。"即日父子俱移病。满三月赐告，广遂称笃，上疏乞骸骨。上以其年笃老，皆许之，加赐黄金二十斤，皇太子赠以五十斤。公卿大夫故人邑子设祖道，供张东都门外，送者车数百两，辞决而去。及道路观者皆曰："贤哉二大夫！"或叹息为之下泣。

方遂姓张名延年。

疏广字仲翁，东海郡兰陵县人。从小就好学，通晓《春秋》，在家里传授学业，向他求学的人从很远的地方来。后来朝廷征召他担任博士太中大夫。汉宣帝地节三年（前67），册封皇太子，任命丙吉担任太傅，疏广担任少傅。数月以后，丙吉调升御史大夫，疏广改任太傅。疏广哥哥的儿子疏受，字公子，也因贤良被推荐为太子家令。疏受守礼谦恭，思维敏捷而又善辞令。一次，汉宣帝驾临太子东宫，疏受接驾拜谒并应对汉宣帝的提问，并设置酒席，捧觞为汉宣帝祝寿，言辞符合礼仪而又闲静文雅，汉宣帝非常欢喜。不久，疏受担任太子少傅。

太子的外祖父特进平恩侯许伯以太子年少为由，向汉宣帝建议让许伯的弟弟中郎将许舜监护太子。宣帝拿此事召问疏广，疏广回答说："太子是国家的储君，他的师友必须在天下杰出的人士中选拔，不应该只信任外公许氏一家。况且，太子本来有太傅少傅，官员已经很完备，如今又让许舜监护太子，这种见识实在太浅薄了，这并不能将太子的美德推广于天下。"皇上很赞赏疏广的看法，把这些话告诉了丞相魏相，魏相听后摘下官帽叩谢说："疏广的这种远见并非臣等能够赶得上的。"疏广受到宣帝的器重，屡次受到赏赐。太子每次朝见皇上，总是太傅在前，少傅在后。疏广、疏受叔侄并为太子师傅，朝廷上下都以此事为荣。

疏广叔侄任职五年，皇太子十二岁时，已精通《论语》《孝经》。疏广对疏受说："我听说'懂得知足就不会受辱，明白适可而止就不会有危险'，'功成身退，这是自然规律啊'。现在我们叔侄官至二千石，官高名重，如果我们此时不离开，恐怕将来后悔，不如我们叔侄相随辞官出关，回乡养老，以终天年，岂不是更好？"疏受叩头说："听从您的安排。"当日叔侄二人一起上书称病。三个月病假期满后，疏广又推说年老病重，上疏皇上请求告老还乡。皇上认为疏广的确年老，便准许了他们的请求，加赐黄金二十斤，皇太子又赠金五十斤。公卿大夫故交同乡以及京城人士为他们设宴饯行，在都城东门外设置帏帐，送行的车有数百辆，叔侄二人辞别而去。道旁看到这一

广既归乡里，日令家共具设酒食，请族人故旧宾客，与相娱乐。数问其家金余尚有几所，趣卖以共具。居岁余，广子孙窃谓其昆弟老人广所爱信者曰："子孙几及君时颇立产业基址，今日饮食费且尽。宜从丈人所，劝说君买田宅。"老人即以闲暇时为广言此计，广曰："吾岂老悖不念子孙哉？顾自有旧田庐，令子孙勤力其中，足以共衣食，与凡人齐。今复增益之以为赢余，但教子孙怠堕耳。贤而多财，则损其志；愚而多财，则益其过。且夫富者，众人之怨也；吾既亡以教化子孙，不欲益其过而生怨。又此金者，圣主所以惠养老臣也，故乐与乡党宗族共飨其赐，以尽吾余日，不亦可乎！"于是族人说服。皆以寿终。

于定国字曼倩，东海郯人也。其父于公为县狱史，郡决曹，决狱平，罗文法者于公所决皆不恨。郡中为之生立祠，号曰于公祠。

东海有孝妇，少寡，亡子，养姑甚谨，姑欲嫁之，终不肯。姑谓邻人曰："孝妇事我勤苦，哀其亡子守寡。我老，久絫丁壮，奈何？"其后姑自经死，姑女告吏："妇杀我母。"吏捕孝妇，孝妇辞不杀姑。吏验治，孝妇自诬服。具狱上府，于公以为此妇养姑十余年，以孝闻，必不杀也。太守不听，于公争之，弗能得，乃抱其具狱，哭于府上，因辞疾去。太守竟论杀孝妇。郡中枯旱三年。后太守至，卜筮其故，于公曰："孝妇不当死，前太守强断之，咎党在是乎？"于是太守杀牛自祭孝妇冢，因表其墓，天立大雨，岁孰。郡中以此大敬重于公。

幕的人都感叹说："这两位大夫真是贤德啊！"还有人叹息不已而掉下泪来。

疏广回乡后，每天都让家人准备酒菜饭食，邀请同族以及旧日熟识的宾客，大家共同娱乐。他多次询问家里还剩多少黄金，并催促家人卖掉黄金以供应每天的酒食。过了一年多，疏广的子孙私下对疏广所亲近和信任的兄弟中的老人说："子孙们希望趁他老人家健在时多置办些产业，如今终日吃喝家财将尽。他老人家会听从您们的话，请你们劝说他买些田地房产。"老人们就在闲暇时向疏广谈起此事，疏广说："我难道真的是老糊涂了不知为子孙们着想吗？我们家已有一些田产房屋，子孙们努力耕种，足够他们穿衣吃饭，使他们过上同普通人一样的生活。如果现在再增加田产作为赢余，将来只能使子孙们偷懒松懈罢了。贤德而多财，就会损害他们的志向；愚昧而多财，则会增加他们的过失。况且富贵的人，往往会成为众人怨恨的对象；我即使不能够教导子孙，也不准备增加他们的过失致使众人怨恨。再说，这些黄金是皇上恩赐给我养老的，所以我乐意同乡亲宗族们共同分享皇上的恩赐，以此来度过我的晚年，难道不可以吗！"听了疏广的这番话，族人都心悦诚服。疏广、疏受叔侄都以长寿善终。

于定国字曼倩，东海郡郯县人。他的父亲于公曾做过县狱吏，郡决曹，处理狱讼案件很公平，凡是于公审理的案件，当事人从不心存怨恨。郡中的百姓为他建立有生祠，号称于公祠。

东海郡有个孝妇，很年轻就失去丈夫，又没有子女，她侍奉婆婆很恭谨，婆婆希望她改嫁，她始终不肯。婆婆对邻居说："我这孝顺媳妇侍奉我很辛苦，可怜她年轻守寡又没有子嗣。我年纪大了，长期拖累她，这可怎么办啊？"其后婆婆竟然自己上吊死了，老太太的女儿却报告官府说："这个妇人杀害了我母亲"。官吏拘捕了孝妇，孝妇不承认杀害了婆婆。但在县吏的严刑拷问下，孝妇最后只好含冤招认。此案卷上报到郡曹府定案，于公认为这个妇人奉养婆婆十余年，以孝顺闻名于乡里，一定不会去杀害她婆婆。太守根本不听于公的分析，于公极力辩解，最终还是没能说服太守，于是他抱着定罪的全部案卷，在郡曹府堂上大哭，并称病辞官而去。最后太守竟然以谋

定国少学法于父，父死，后定国亦为狱史，郡决曹，补廷尉史，以选与御史中丞从事治反者狱，以材高举侍御史，迁御史中丞。会昭帝崩，昌邑王征即位，行淫乱，定国上书谏。后王废，宣帝立，大将军光领尚书事，条奏群臣谏昌邑王者皆超迁。定国繇是为光禄大夫，平尚书事，甚见任用。数年，迁水衡都尉，超为廷尉。

定国乃迎师学《春秋》，身执经，北面备弟子礼。为人谦恭，尤重经术士，虽卑贱徒步往过，定国皆与钧礼，恩敬甚备，学士咸称焉。其决疑平法，务在哀鳏寡，罪疑从轻，加审慎之心。朝廷称之曰："张释之为廷尉，天下无冤民；于定国为廷尉，民自以不冤。"定国食酒至数石不乱，冬月治请谳，饮酒益精明。为廷尉十八岁，迁御史大夫。

甘露中，代黄霸为丞相，封西平侯。三年，宣帝崩，元帝立，以定国任职旧臣，敬重之。时陈万年为御史大夫，与定国并位八年，论议无所拂。后贡禹代为御史大夫，数处驳议，定国明习政事，率常丞相议可。然上始即位，关东连年被灾害，民流入关，言事者归咎于大臣。上于是数以朝日引见丞相、御史，入受诏，条责以职事，曰："恶吏负贼，妄意良民，至亡辜死。或盗贼发，吏不亟追而反系亡家，后不敢复告，以故寖广。民多冤结，州郡不理，连上书者交于

杀罪将孝妇处以死刑。此后郡中大旱三年。后来的太守到任，卜筮其中的原因，于公说：“那位孝妇不应被判死罪，前任太守强行判决，灾祸原因或许就在此吧？”太守就杀牛亲自去孝妇坟前祭祀，并为她刻了墓碑表彰她的孝道，天上立即降下大雨，那年该郡喜获丰收。郡中人由此格外敬重于公。

于定国年少时在父亲教育下学习法律条文，父亲去世后，于定国也做过狱史，郡决曹，后补任廷尉史，并被选拔参与御史中丞从事处理反叛者的狱讼，因为才能出众被推举为侍御史，又提升为御史中丞。恰巧碰上汉昭帝驾崩，昌邑王被征召登上皇位，他行为淫乱，于定国上书劝谏。后来昌邑王被废，汉宣帝登基，大将军霍光兼任尚书事务，他上书奏请皇上，凡是具文上奏劝谏过昌邑王的大臣都越级提拔。于定国因此担任了光禄大夫，治理尚书事，很受器重。几年之后，又调任水衡都尉，后越级升迁为廷尉。

于定国拜师学习《春秋》，他手持典籍，面北站立，恭行弟子之礼。他为人谦恭，特别尊重精通经书的士人，即使是地位卑贱徒步来访的人，于定国都平等相待，礼仪周到，因此，受到学士们的普遍赞誉。于定国审案定刑时，尽可能同情鳏寡之人，对于存在疑问的罪犯，都尽量从轻发落，以非常审慎的态度对待案件。朝廷上下称赞他说：“张释之担任廷尉，天下没有受冤枉的民众；于定国担任廷尉，民众都自认为不冤枉。”于定国很能喝酒，连饮数石都很清醒，冬月请他办理案件，饮酒后更加精细明察。他担任廷尉十八年，后调任御史大夫。

宣帝甘露年间，于定国代替黄霸接任丞相，被封为西平侯。三年后，宣帝驾崩，元帝即位，因为于定国是先帝的旧臣，汉元帝很尊敬他。当时陈万年担任御史大夫，与于定国共事八年，两人商讨朝中政事从未发生过冲突。后来贡禹代为御史大夫，屡次与于定国政见不同，因为于定国比较熟悉政事，所以汉元帝在许多问题上往往认同他的意见。然而，皇上刚即位，关东地区连年遇到灾害，大批百姓流离失所向关内涌入，有官员上书将责任归罪于主管大臣的身上。元帝于是因此数次在上朝之日召见丞相、御史，他们进宫后，皇帝下达诏

阙廷。二千石选举不实，是以在位多不任职。民田有灾害，吏不肯除，收趣其租，以故重困。关东流民饥寒疾疫，已诏吏转漕，虚仓廪开府臧相振救，赐寒者衣，至春犹恐不赡。今丞相、御史将欲何施以塞此咎？悉意条状，陈朕过失。”定国上书谢罪。

永光元年，春霜夏寒，日青亡光，上复以诏条责曰：“郎有从东方来者，言民父子相弃。丞相、御史案事之吏匿不言邪？将从东方来者加增之也？何以错缪至是？欲知其实。方今年岁未可预知也，即有水旱，其忧不细。公卿有可以防其未然，救其已然者不？各以诚对，毋有所讳。”定国惶恐，上书自劾，归侯印，乞骸骨。上报曰：“君相朕躬，不敢怠息，万方之事，大录于君。能毋过者，其唯圣人。方今承周秦之敝，俗化陵夷，民寡礼谊，阴阳不调，灾咎之发，不为一端而作，自圣人推类以记，不敢专也，况于非圣者乎！日夜惟思所以，未能尽明。经曰：‘万方有罪，罪在朕躬。’君虽任职，何必颛焉？其勉察郡国守相群牧，非其人者毋令久贼民。永执纲纪，务悉聪明，强食慎疾。”定国遂称笃，固辞。上乃赐安车驷马、黄金六十斤，罢就第。数岁，七十余薨，谥曰安侯。

书，逐条责备他们，说：“地方上那些凶暴奸佞的官吏，因捕拿盗贼不力而害怕遭受责罚，反而任意怀疑并且加害良民，以至于无辜之人冤屈而死。有的盗贼作案被官吏发现后，没有立即去追捕，反而去拘捕丢失财物的人，百姓后来都不敢向官府报告，使得灾祸逐渐扩展。老百姓多有冤气郁结，州郡官吏却不处理，不断有上书给朝廷反映情况的。由于二千石一级官员的选拔名不符实，故而在位的官员多不称职。农田遭受灾害，官吏不肯免除赋税，反而加紧催收，所以百姓穷困重重。关东流亡的百姓饥寒交迫，疾病不断，虽然朕已下诏，令官吏转运粮食，打开官府粮仓，来赈救灾民，发放御寒衣物给灾民，这些措施维持到明年春季恐怕还不够赈济灾民。现在丞相、御史打算采取什么措施来弥补这些过错呢？你们尽心地逐条写下情况，陈述朕的过失。”于定国便上书认罪。

永光元年（前43），春季霜降，夏季天寒，太阳昏暗无光，汉元帝又降诏逐条责问说：“有东部来的郎官，说那里的民众遭受饥饿，父子不能互相保全。主管政事的丞相、御史为什么隐瞒不报？还是从东部来的官员夸大其词虚报呢？为什么双方所反映的情况差异这样大呢？朕想了解那里的真实情况。今年的收成还难以预料，一旦出现水旱之灾，后果令人堪忧。公卿大臣们可有防患于未然，或挽救已发生灾害的办法？请诸位如实相告，不必隐瞒。”于定国内心惶恐不安，上书自我弹劾，并归还侯印，请求退职告老还乡。汉元帝答复说：“您辅佐朕治理天下，不敢有丝毫松懈，各项政务，都是靠您统管。能够没有过错的人，恐怕只有圣人了。当今我汉朝沿袭了周、秦以来的衰败敝政，民俗风化败坏，百姓礼仪缺失，阴阳不调，灾祸的发生，不是单一原因所致，即使圣人再世，也要逐条解决，不敢独自承担，更何况我们都不是圣人呢！朕日思夜想，招致此灾的原因，还是没有完全弄明白。经书上说：‘天下人有罪，应归罪于我一国之主的身上。’您虽任丞相职，又何必一人承担呢？希望您勉励督促郡国的太守、国相等地方官吏们，不称职的不要让他继续残害百姓。请您永远秉持法纪，务必都要明察，还应多进饮食，保重身体。”于定国又上书称病重，坚决请辞。元帝才赐给他驷马安车、黄金六十斤，免去他的丞相

子永嗣。少时，耆酒多过失，年且三十，乃折节修行，以父任为侍中中郎将、长水校尉。定国死，居丧如礼，孝行闻。由是以列侯为散骑光禄勋，至御史大夫。尚馆陶公主施。施者，宣帝长女，成帝姑也，贤有行，永以选尚焉。上方欲相之，会永薨。子恬嗣。恬不肖，薄于行。

始定国父于公，其闾门坏，父老方共治之。于公谓曰："少高大闾门，令容驷马高盖车。我治狱多阴德，未尝有所冤，子孙必有兴者。"至定国为丞相，永为御史大夫，封侯传世云。

薛广德字长卿，沛郡相人也。以《鲁诗》教授楚国，龚胜、舍师事焉。萧望之为御史大夫，除广德为属，数与论议，器之，荐广德经行宜充本朝。为博士，论石渠，迁谏大夫，代贡禹为长信少府、御史大夫。

广德为人温雅有酝藉。及为三公，直言谏争。始拜旬日间，上幸甘泉，郊泰畤，礼毕，因留射猎。广德上书曰："窃见关东困极，人民流离。陛下日撞亡秦之钟，听郑卫之乐，臣诚悼之。今士卒暴露，从官劳倦，愿陛下亟反宫，思与百姓同忧乐，天下幸甚。"上即日还。其秋，上酎祭宗庙，出便门，欲御楼船，广德当乘舆车，免冠顿首曰："宜从桥。"诏曰："大夫冠。"广德曰："陛下不听臣，臣自刎，以血污车轮，陛下不得入庙矣！"上不说。先驱光禄大夫张猛进曰："臣闻主圣臣直。乘船危，就桥安，圣主不乘危。御史大夫言可听。"上曰："晓人不当如是邪！"乃从桥。

职位让他回家。过了几年，于定国在七十多岁时去世，谥号为安侯。

于定国去世后，他的儿子于永继承了他的爵位。于永年少时由于嗜酒犯下许多过错，年近三十的时候，才克制自己，修养品行，并因为父亲的荫庇出任侍中中郎将、长水校尉。于定国逝世后，他遵照礼仪居丧，以孝行闻名。因此以列侯的身份担任散骑光禄勋，直到御史大夫。迎娶馆陶公主刘施为妻。刘施是汉宣帝的长女，汉成帝的姑母，贤淑有德，于永因贤德被选为驸马。皇上打算拜于永为宰相，于永却在此时去世了。于永的儿子于恬继承爵位。于恬不似其父祖那样贤德，德行浅薄。

起初于定国的父亲于公，家里的闾门坏了，同乡的父老打算共同修理。于公对大家说："稍微把闾门修建得高大些，使其能让驷马高盖车通过。我掌管狱讼之事积累了很多阴德，从来没有制造过冤案，我的子孙一定会发迹的。"后来于定国果真官至丞相，于永也官至御史大夫，两人都封侯传世。

薛广德，字长卿，沛郡相县人。在楚国教授《鲁诗》，是龚胜、龚舍兄弟二人的老师。萧望之担任御史大夫时，任用薛广德为自己的属官，多次与他谈论事情，非常器重他，曹望之向朝廷举荐说薛广德通晓经术，品行端正，适宜在朝廷中任职。薛广德后来被征召为博士，因在石渠阁研讨经学，被提升为谏议大夫，代替贡禹担任长信少府、御史大夫。

薛广德为人温和文雅，又宽容大度。位列三公时，他敢于直言谏诤。当初他刚担任御史大夫才十天，恰逢皇帝驾临甘泉宫，并郊祀于泰畤坛，祭礼结束后，皇帝要留下来打猎。薛广德上书说："臣下看见关东地区处境艰难，百姓流离失所。陛下您却每日撞响亡秦的编钟，欣赏着郑卫的音乐，臣下实在感到悲伤。现在随从的士卒们曝露野外，随从的官员们也劳累不堪，希望陛下您赶快返回宫中，思虑与百姓同忧同乐，这才是天下人的幸运。"皇帝当天就回京了。这年秋季，皇帝用酿好的醇酒去祭祀宗庙，从便门出来后，打算驾楼船前往，薛广德主张乘舆车，他脱下帽子叩首说："陛下适宜乘车从桥上过去。"皇上下诏说："请大夫戴上帽子吧。"薛广德坚持说："陛下

后月余，以岁恶民流，与丞相定国、大司马车骑将军史高俱乞骸骨，皆赐安车驷马、黄金六十斤，罢。广德为御史大夫，凡十月免。东归沛，太守迎之界上。沛以为荣，县其安车传子孙。

平当字子思，祖父以訾百万，自下邑徙平陵。当少为大行治礼丞，功次补大鸿胪文学，察廉为顺阳长，栒邑令，以明经为博士，公卿荐当论议通明，给事中。每有灾异，当辄傅经术，言得失。文雅虽不能及萧望之、匡衡，然指意略同。

自元帝时，韦玄成为丞相，奏罢太上皇寝庙园，当上书言："臣闻孔子曰：'如有王者，必世而后仁。'三十年之间，道德和洽，制礼兴乐，灾害不成，祸乱不作。今圣汉受命而王，继体承业二百余年，孜孜不怠，政令清矣。然风俗未和，阴阳未调，灾害数见，意者大本有不立与？何德化休征不应之久也！祸福不虚，必有因而至者焉。宜深迹其道而务修其本。昔者帝尧南面而治，先'克明俊德，以亲九族'，而化及万国。《孝经》曰：'天地之性人为贵，人之行莫大于孝，孝莫大于严父，严父莫大于配天，则周公其人也。'夫孝子善述人之志，周公既成文武之业而制作礼乐，修严父配天之事，知文王不欲以子临父，故推而序之，上极于后稷而以配天。此圣人之德，亡以加于孝也。高皇帝圣德受命，有天下，尊太上皇，犹周文武之追王太王、王季也。此汉之始祖，后嗣所宜尊奉以广盛德，孝之

若是不听从臣下的劝告，臣下就自刎于此，让臣下的血玷污您的车轮，陛下就不能进入宗庙了！”皇上心中不悦。开道的光禄大夫张猛说：“臣听说国君圣明，臣下才敢直谏。乘坐楼船渡河危险，从桥上过去安全，圣明的君主不应乘危船。御史大夫的谏言可以采纳。”皇上说：“擅于进谏的人就应该这样说话！”于是皇帝乘车从桥上过去。

后来又过了一个多月，由于年成不好，百姓流离失所，薛广德与丞相于定国、大司马车骑将军史高都请求辞官归乡，他们都被皇上恩赐了安车驷马，黄金六十斤，回归故里。薛广德担任御史大夫仅十个月就免了职。他东归家乡沛郡时，郡太守在边界上亲自迎接他。沛郡人以他为荣，将皇上赐给他的安车高悬流传给子孙后代。

平当，字子思，其祖父因有百万资产，从下邑县迁到平陵县。平当年少时曾做过大行治礼丞，按功绩补为大鸿胪文学，因为廉洁，经过考察又被选任顺阳长、拘邑令，又因通晓经术被朝廷征召做了博士，公卿们因他谈论经学通透明白，又推荐他做了给事中。每逢国家有灾异之事出现，平当就根据经术，评论治政的得失。他文辞雅洁，虽然不及萧望之与匡衡，然而意旨却大略相同。

汉元帝时，韦玄成担任丞相，上书请求停建太上皇陵寝和庙园，平当上书说：“臣下听闻孔夫子说过：‘若有王者兴起，一定需要三十年才能达到仁政的效果。’三十年之间，道德融洽，制定礼乐，灾害不起，祸乱不兴。现在大汉王朝承受天命而统治天下，继承先王传承的基业已经二百多年，勤勉努力不敢懈怠，政治清明。但是，风俗还未和畅，阴阳还未协调，灾害频发，我猜想还有什么重要的事情尚未做好呢？为何仁德教化与吉凶的征兆这么久不能相应呢！祸与福的降临是有原因的。应当深入探求原因，并努力修正其根本。从前尧帝南面为王治理天下，首先‘修养德行，弘扬于天下，使各族都和睦相处’，而后将教化推及天下。《孝经》上说：‘天地之间以人为贵，人的行为中没有什么比孝道更重要了，孝道中没有什么比尊敬父亲更重要，尊敬父亲没有什么比祭天时以祖先配享更重要了，周公就是这样的人。’孝子善于表述先辈的志向，周公辅助成王完成了文王、武王开创的事业，制定礼乐制度，修治尊父配享天地之事，明智的文

至也。《书》云：‘正稽古建功立事，可以永年，传于亡穷。’”上纳其言，下诏复太上皇寝庙园。

顷之，使行流民幽州，举奏刺史二千石劳徕有意者，言勃海盐池可且勿禁，以救民急。所过见称，奉使者十一人为最，迁丞相司直。坐法，左迁朔方刺史，复征入为太中大夫给事中，絫迁长信少府、大鸿胪、光禄勋。

先是太后姊子卫尉淳于长白言昌陵不可成，下有司议。当以为作治连年，可遂就。上既罢昌陵，以长首建忠策，复下公卿议封长。当又以为长虽有善言，不应封爵之科。坐前议不正，左迁钜鹿太守。后上遂封长。当以经明《禹贡》，使行河，为骑都尉，领河堤。

哀帝即位，征当为光禄大夫诸吏散骑，复为光禄勋，御史大夫，至丞相。以冬月，赐爵关内侯。明年春，上使使者召，欲封当。当病笃，不应召。室家或谓当：“不可强起受侯印为子孙邪？”当曰：“吾居大位，已负素餐之责矣，起受侯印，还卧而死，死有余罪。今不起者，所以为子孙也。”遂上书乞骸骨。上报曰：“朕选于众，以君为相，视事日寡，辅政未久，阴阳不调，冬无大雪，旱气为灾，朕之不德，何必君罪？君何疑而上书乞骸骨，归关内侯爵邑？使尚书令谭赐君养牛一，上尊酒十石。君其勉致医药以自持。”后月余，卒。子晏以明经历位大司徒，封防乡侯。汉兴，唯韦、平父子至宰相。

王不愿身为人子而临驾于父祖之上，所以类推而按次第排列，上自太王、王季到后稷，在祭天时配享。这就是圣人的德性，没有什么比孝道还高的。我汉朝高皇帝因圣德受命于天，享有天下，尊奉太上皇，犹如周文王、周武王追尊太王、王季一样。太上皇是汉朝的祖先，后代应当尊奉他来推广盛德，这是至孝的行为。《尚书》说：'能够正确地考察上古之道用以建功立业，便可以永享天年，传于无穷后世。'"元帝采纳了他的谏言，下诏恢复建造太上皇的陵寝庙园。

不久，朝廷派平当出巡幽州考察流民的情况，平当上奏推举刺史、二千石一级的官吏中能够为民办好事的官员，奏言朝廷暂且废除渤海盐池的禁令，以缓解民众的谋生急需。他所到之处，民众无不称颂，是奉命出使的官员中政绩最好的，被提升为丞相司直。后来平当因犯法，降职担任朔方郡刺史，后不久又被征召到朝廷，担任太中大夫兼给事中，连续提升为长信少府、大鸿胪、光禄勋。

在此之前，太后姐姐的儿子卫尉淳于长上奏昌陵不可再建，皇帝下令有司讨论此事。平当认为昌陵已兴建多年，可以将其完成。皇帝决定停止兴建昌陵，又认为淳于长首先建议这一良策，因此下诏公卿大臣们讨论封赏淳于长。平当又认为淳于长虽然有好的建议，但却不够封爵的资格。皇上以平当前议不正确为由，将平当降职为钜鹿太守，后来皇上仍然封赏了淳于长。平当因为精通经书《禹贡》，被派出去巡行黄河，担任骑都尉，负责总领黄河堤防。

汉哀帝即位后，征召平当担任光禄大夫诸吏散骑，又先后担任光禄勋，御史大夫，官至丞相。当时正值冬月，不适合封侯，因此哀帝先赐平当为关内侯。第二年春季，皇上派使者召见平当，打算正式封他为侯。平当因病势严重，不能应召入朝。家里人对他说："您难道不能为子孙着想，勉强起来去接受封侯吗？"平当回答说："我位居高位，已经背负尸位素餐的罪责了，强撑起来去接受封侯，回家卧床死去，即使死去也有罪啊。我现在不起床去接受封侯，就是在为子孙着想啊。"于是平当上书请求辞官。皇上答复说："朕在群臣中经过挑选，把您任命为丞相，您处理朝政的时日还短，辅政也没有多久，如今天下阴阳不和谐，冬季没下大雪，久旱成灾，这都是朕德行不够

彭宣字子佩，淮阳阳夏人也。治《易》，事张禹，举为博士，迁东平太傅。禹以帝师见尊信，荐宣经明有威重，可任政事，繇是入为右扶风，迁廷尉，以王国人出为太原太守。数年，复入为大司农、光禄勋、右将军。哀帝即位，徙为左将军。岁余，上欲令丁、傅处爪牙官，乃策宣曰："有司数奏言诸侯国人不得宿卫，将军不宜典兵马，处大位。朕唯将军任汉将之重，而子又前取淮阳王女，婚姻不绝，非国之制。使光禄大夫曼赐将军黄金五十斤、安车驷马，其上左将军印绶，以关内侯归家。"

宣罢数岁，谏大夫鲍宣数荐宣。会元寿元年正月朔日蚀，鲍宣复言，上乃召宣为光禄大夫，迁御史大夫，转为大司空，封长平侯。

会哀帝崩，新都侯王莽为大司马，秉政专权。宣上书言："三公鼎足承君，一足不任，则覆乱美实。臣资性浅薄，年齿老眊，数伏疾病，昏乱遗忘，愿上大司空、长平侯印绶，乞骸骨归乡里，竢寘沟壑。"莽白太后，策宣曰："惟君视事日寡，功德未效，迫于老眊昏乱，非所以辅国家，绥海内也。使光禄勋丰册诏君，其上大司空印绶，便就国。"莽恨宣求退，故不赐黄金安车驷马。宣居国数年，薨，谥曰顷侯。传子至孙，王莽败，乃绝。

造成的，何必怪罪于您呢？您何必有疑虑而上书辞官，并归还关内侯的封爵和食邑呢？朕派尚书令谭送给您牛一头，醇酒十石。希望您积极就医问药，保重自己。”又过了一个多月，平当去世。他的儿子平晏因精通经义任大司徒，被封为防乡侯。自汉朝建立以来，唯有韦贤和平当两家，父子都官至宰相。

彭宣字子佩，淮阳郡阳夏县人。致力于研究《易经》，拜张禹为师，被推荐做了博士，又升任东平王太傅。张禹因为是汉成帝的老师而被尊重，因彭宣精通经义，为人声名威重，张禹向皇上推荐了他，认为他可以担任朝中政务，彭宣入朝做了右扶风，不久又升为廷尉，后因彭宣是诸侯国人，只好离京出任太原郡太守。数年后，又召入京城担任大司农、光禄勋、右将军等职务。汉哀帝即位后，彭宣调任左将军。过了一年多，汉哀帝想让丁、傅家族的人担任要职，于是下诏对彭宣说：“有关部门屡次上奏说诸侯国的人不能在宫中担任警卫，所以将军不宜掌管兵马，身居重要位置。朕考虑您担任汉将之重职，而您儿子先前又娶了淮阳王的女儿，您与诸侯有姻亲关系，这不符合国家制度。现派光禄大夫曼赏赐将军黄金五十斤，安车驷马，希望您上交左将军的印绶，以关内侯的爵位回归故乡。”

彭宣被朝廷罢官的数年间，谏大夫鲍宣曾数次推举彭宣。恰逢元寿元年正月初一出现日食，鲍宣又一次推举他，汉哀帝就召彭宣担任光禄大夫，又升为御史大夫，后转为大司空，封为长平侯。

汉哀帝驾崩后，新都侯王莽担任大司马，掌握朝政专权。彭宣上书说：“三公就好像鼎之三足，一起辅佐君主，若是其中一足不能胜任，那么就会倾覆鼎内的美食。臣下天资愚钝，年纪也老了，又屡遭疾病，神志昏乱又健忘，希望允许臣上交大司空、长平侯的印绶，请求退职归乡，等待入土为安。”王莽把此事告诉太后，太后下诏说：“考虑你治理政事的时间不久，功德还没显现，却迫于年老昏乱，不能再辅佐国家，安抚海内。我派光禄勋丰诏告于你，希望你上交大司空的印绶，回到你的封地去吧。”王莽因怨恨彭宣在他专擅朝政时提出告老还乡，所以不赐彭宣黄金和安车驷马。彭宣回到封地过了几

赞曰：隽不疑学以从政，临事不惑，遂立名迹，终始可述。疏广行止足之计，免辱殆之絫，亦其次也。于安国父子哀鳏哲狱，为任职臣。薛广德保县车之荣，平当逡遁有耻，彭宣见险而止，异乎"苟患失之"者矣。

年，就去世了，谥号顷侯。他的封爵传给儿子和孙子，王莽败亡后，封国就此断绝。

赞辞说：隽不疑学而优则仕，临事不迷惑，建立功名，有始有终。疏广知足知止，避免受辱和遭受危险，也是不错的。于定国父子同情鳏寡，公正审案，是称职能干的大臣。薛广德晚年保有悬车的荣誉，平当自动隐退，有廉耻心，彭宣遇险恶而毅然止步，不同于“怕失去利益而无所不用的那些人”啊。

卷七十二

王贡两龚鲍传第四十二

昔武王伐纣，迁九鼎于雒邑，伯夷、叔齐薄之，饿死于首阳，不食其禄，周犹称盛德焉。然孔子贤此二人，以为“不降其志，不辱其身”也。而孟子亦云：“闻伯夷之风者，贪夫廉，懦夫有立志；”“奋乎百世之上，百世之下莫不兴起，非贤人而能若是乎！”

汉兴有园公、绮里季、夏黄公、甪里先生，此四人者，当秦之世，避而入商雒深山，以待天下之定也。自高祖闻而召之，不至。其后吕后用留侯计，使皇太子卑辞束帛致礼，安车迎而致之。四人既至，从太子见，高祖客而敬焉，太子得以为重，遂用自安。语在《留侯传》。

其后谷口有郑子真，蜀有严君平，皆修身自保，非其服弗服，非其食弗食。成帝时，元舅大将军王凤以礼聘子真，子真遂不诎而终。君平卜筮于成都市，以为“卜筮者贱业，而可以惠众人。有邪恶非正之问，则依蓍龟为言利害。与人子言依于孝，与人弟言依于顺，与人臣言依于忠，各因势导之以善，从吾言者，已过半矣。”裁日阅数人，得百钱足自养，则闭肆下帘而授《老子》。博览亡不通，依老子、严周之指著书十余万言。杨雄少时从游学，以而仕京师显名，数为朝廷在位贤者称君平德。杜陵李彊素善雄，久之为益州牧，喜谓雄曰：“吾真得严君平矣。”雄曰：“君备礼以待之，彼人可见而不可得诎也。”彊心以为不然。及至蜀，致礼与相见，卒不敢言以为从

从前周武王讨伐商纣王之后，把宝物九鼎从商都迁到洛邑，伯夷、叔齐蔑视武王且以吃周粟为耻辱，在首阳山饿死，他们不享受周朝的俸给，就连周人也称赞他们崇高的品德。孔子也称赞他们二人是贤士，认为他们“不降低自己的志向，不侮辱自己的身份。”孟子也讲：“听到伯夷高风亮节的事迹，贪婪的人也会变得廉洁，懦弱的人也会树立志向；”“在百世之前奋发向上，百世之后的人无不感动奋起，如果不是贤人谁能这样做呢！”

汉朝建立后，有园公、绮里季、夏黄公、角里先生，这四个人，在秦朝的时候，逃避乱世到商洛深山，在那里等待天下安定。汉高祖听说后就召见他们，他们不肯出来。后来吕后采纳留侯张良的计谋，让皇太子用谦恭的言辞，带着束帛当作礼物，用安车把他们四人迎接到自己的府邸。四人到来后，跟随太子拜见高祖，高祖以客礼相待，很敬重他们，太子也因此受到重视，保住了太子之位。详见《留侯传》。

那以后，谷口有郑子真，蜀地有严君平，他们都修身自保，不是自己的衣服就不穿，不是自己的饭菜就不吃。汉成帝时候，成帝的大舅大将军王凤用厚礼征聘郑子真，郑子真不屈服权贵，在隐居的地方寿终正寝。严君平在成都街市上以占卜为业，他认为“占卜是低贱的职业，却可以给众人带来好处。如果有占卜邪恶不正之事的，就依照蓍草和龟甲对他们说清楚其中的利害。给身为人子的人占卜就依从孝道解卦，给身为人弟的人占卜就告诉他恭敬顺服的道理，给身为人臣的人占卜就告诉他们忠心为国的道理，依照每个占卜者的情况因势利导，引导人们走向善良，如今愿意遵从我言论的人，已超过半数。”严君平每天只给几个人占卜，收入百钱足够维持自己的生活，然后关上店门拉下帘子回家教授《老子》。他博览群书无不通晓，依照

事，乃叹曰："杨子云诚知人！"君平年九十余，遂以其业终，蜀人爱敬，至今称焉。及雄著书言当世士，称此二人。其论曰："或问：君子疾没世而名不称，盍势诸名卿可幾？曰：君子德名为幾。梁、齐、楚、赵之君非不富且贵也，恶虖成其名！谷口郑子真不诎其志，耕于岩石之下，名震于京师，岂其卿？岂其卿？楚两龚之絜，其清矣乎！蜀严湛冥，不作苟见，不治苟得，久幽而不改其操，虽随、和何以加诸？举兹以旃，不亦宝乎！"

自园公、绮里季、夏黄公、角里先生、郑子真、严君平皆未尝仕，然其风声足以激贪厉俗，近古之逸民也。若王吉、贡禹，两龚之属，皆以礼让进退云。

王吉字子阳，琅邪皋虞人也。少好学明经，以郡吏举孝廉为郎，补若卢右丞，迁云阳令。举贤良为昌邑中尉，而王好游猎，驱驰国中，动作亡节，吉上疏谏，曰：

臣闻古者师日行三十里，吉行五十里。《诗》云："匪风发兮，匪车揭兮，顾瞻周道，中心焍兮。"说曰：是非古之风也，发发者；是非古之车也，揭揭者。盖伤之也。今者大王幸方与，曾不半日而驰二百

老子、庄周的宗旨著书十多万字。杨雄年少时跟着他游学，后来在京师为官名声显扬，他多次向朝廷贤德的官员称赞严君平的德行。杜陵人李彊平时和杨雄交情不错，后来担任益州牧，他高兴地对杨雄说："这下我真要见到严君平了。"杨雄说："你要准备好礼物谦恭地对待他，他这个人可以与你见面却不会屈从于你。"李彊心里认为不会这样。等李彊到任蜀地后，便带上礼品与严君平相见，却始终不敢提出让严君平为自己做事的话，于是感叹道："杨子云确实了解人啊！"严君平活到九十多岁，到死都以占卜为业，蜀人都很敬重他，至今仍然称赞有加。后来杨雄著书立言评价当世贤人，特别称赞严君平与郑子真。杨雄评论说："有人问：君子最担心的就是死后自己的名字不被人称道，何不依附公卿成就自己的名声？我觉得：君子有德，就会有名。梁、齐、楚、赵等诸侯王都是非富即贵之人，却没能成就他们的好名声！谷口的郑子真不委屈自己的意志，在岩石下面耕作，名声却震动整个京城，他难道是公卿吗？他难道是公卿吗？楚地的龚胜、龚舍廉洁高雅，他们是真正的清正啊！蜀地的严君平深沉玄默，不做苟且之事，不行苟且之业，长久隐居而不改变他的操守，即便是随侯珠、和氏璧，又怎能与他相比呢？列举这样的人以警世人，不也是士人珍视的榜样吗！"

园公、绮里季、夏黄公、角里先生、郑子真、严君平等都没出仕，然而他们的声望足以戒贪励俗，劝勉民风世俗，是近代品行脱俗，遁世隐居的人。就像王吉、贡禹、龚胜、龚舍等人，出仕与隐退都守礼谦让。

王吉字子阳，琅琊皋虞人。他年少时喜欢学习，通晓经术，最初以郡吏的身份被举荐为孝廉而担任郎官，后来补任若卢右丞，又升任云阳县令。又通过举荐贤良担任昌邑中尉，而昌邑王喜欢打猎，常常在国内策马快奔，举止不符合礼仪，王吉因此上书劝谏说：

臣听说古时候行军一日三十里，为吉事而行也不超过五十里，《诗经》讲："那大风呼呼作响，那车轮疾驰远去，回头看向大道，心中很忧伤。"意思是说：这呼呼作响的疾风，已经不是古时候的疾风了；这疾驰的车轮，已经不是古时候的车轮了。因此才为之伤感啊。

里，百姓颇废耕桑，治道牵马，臣愚以为民不可数变也。昔召公述职，当民事时，舍于棠下而听断焉。是时人皆得其所，后世思其仁恩，至虖不伐甘棠，《甘棠》之诗是也。

大王不好书术而乐逸游，冯式撙衔，驰骋不止，口倦乎叱咤，手苦于箠辔，身劳乎车舆；朝则冒雾露，昼则被尘埃，夏则为大暑之所暴炙，冬则为风寒之所匽薄。数以耎脆之玉体犯勤劳之烦毒，非所以全寿命之宗也，又非所以进仁义之隆也。

夫广夏之下，细旃之上，明师居前，劝诵在后，上论唐虞之际，下及殷周之盛，考仁圣之风，习治国之道，䜣䜣焉发愤忘食，日新厥德，其乐岂徒衔橛之间哉！休则俯仰诎信以利形，进退步趋以实下，吸新吐故以练藏，专意积精以适神，于以养生，岂不长哉！大王诚留意如此，则心有尧舜之志，体有乔松之寿，美声广誉登而上闻，则福禄其臻而社稷安矣。

皇帝仁圣，至今思慕未怠，于宫馆囿池弋猎之乐未有所幸，大王宜夙夜念此，以承圣意。诸侯骨肉，莫亲大王，大王于属则子也，于位则臣也，一身而二任之责加焉，恩爱行义孅介有不具者，于以上闻，非飨国之福也。臣吉愚戆，愿大王察之。

王贺虽不遵道，然犹知敬礼吉，乃下令曰："寡人造行不能无惰，中尉甚忠，数辅吾过。使谒者千秋赐中尉牛肉五百斤，酒五石，

如今大王到方与县巡幸，半日之内就驱驰二百里，百姓耽误了农事，来修筑道路为大王引马，臣愚昧地认为不应该耽误百姓的农活儿。从前召公任职的时候，正值农事繁忙的时候，就在甘棠树下办公。当时百姓可以忙于农活，各得其所，后世百姓思念召公的仁义恩德，以至于不再砍伐甘棠树，以此来纪念他。《诗经·甘棠》就是歌颂召公的。

大王不喜欢读书和学术却喜欢放纵游乐，整日驾车纵马，疾驰飞奔，因为不停地呼喝而口干舌燥，因为不停地挥鞭拉缰绳而手臂酸痛，因为车马颠簸而使身体疲劳；大王早晨冒着雾露的侵蚀，白天身上落满尘埃，夏季被暑热所炙烤，冬季被刺骨的风寒风所侵迫。多次以疲弱的身体去承受苦累的劳烦，这既不利于保全性命的宗旨啊，也不利于仁义的培养啊。

在高大的房间里，在精致的毛毡上，贤明的老师在前面认真地讲解，过后还要殷勤督促，上论尧舜时期的事迹，下论殷周时期的兴盛，考察仁者圣人的风范，学习治国理政之道，发奋忘食，日新月异，不断增进自己的德行，这其中的快乐又岂是驰骋游猎所能相比的！休息的时候就弯腰俯身来活动身体，进出都步行来锻炼腿脚，吸进清气吐出浊气以锻炼五脏，专心一意聚精会神以涵养精神，用这样的方法颐养身体，难道还不能长寿！大王您如果能真正在这方面用心，那么大王的心里就会有尧舜的志向，身体就会像乔、松一样长寿，人们对大王的赞美和好名声就会被皇上听到，您就会福禄齐至而国家安定啊。

当今皇上仁德圣明，至今仍对先帝思慕不已，他对宫馆囿池以及弋猎之乐都不曾涉猎，大王也应该时时念及这些，以顺从圣上的旨意。在诸侯皇亲中，大王与皇上的关系最为亲近，大王从辈分来看属于子辈，按地位来说是人臣，大王身负双重责任，如果在恩德行义方面稍有不周全的地方，皇上知道了，大王就不能再享有统治封国的福分了。臣王吉愚直，希望大王仔细思量臣的话。

昌邑王刘贺虽然不遵循正道，但是还懂得恭敬王吉，一直对他以礼相待，于是昌邑王刘贺下令说：“寡人修养品行不可能没有怠

脯五束。”其后复放从自若。吉辄谏争，甚得辅弼之义，虽不治民，国中莫不敬重焉。

久之，昭帝崩，亡嗣，大将军霍光秉政，遣大鸿胪宗正迎昌邑王。吉即奏书戒王曰：“臣闻高宗谅闇，三年不言。今大王以丧事征，宜日夜哭泣悲哀而已，慎毋有所发。且何独丧事，凡南面之君何言哉？天不言，四时行焉，百物生焉，愿大王察之。大将军仁爱勇智，忠信之德天下莫不闻，事孝武皇帝二十余年未尝有过。先帝弃群臣，属以天下，寄幼孤焉，大将军抱持幼君襁褓之中，布政施教，海内晏然，虽周公、伊尹亡以加也。今帝崩亡嗣，大将军惟思可以奉宗庙者，攀援而立大王，其仁厚岂有量哉！臣愿大王事之敬之，政事壹听之，大王垂拱南面而已。愿留意，常以为念。”

王既到，即位二十余日以行淫乱废。昌邑群臣坐在国时不举奏王罪过，令汉朝不闻知，又不能辅道，陷王大恶，皆下狱诛。唯吉与郎中令龚遂以忠直数谏正得减死，髡为城旦。

起家复为益州刺史，病去官，复征为博士谏大夫。是时宣帝颇修武帝故事，宫室车服盛于昭帝。时外戚许、史、王氏贵宠，而上躬亲政事，任用能吏。吉上疏言得失，曰：

陛下躬圣质，总万方，帝王图籍日陈于前，惟思世务，将兴太平。

惰的地方，中尉王吉对寡人非常忠心，多次指正寡人的过错。命令谒者千秋赏赐中尉王吉五百斤牛肉，五石酒，五束肉干。”那以后刘贺又故态萌发。王吉就经常直言规劝，深得辅佐的大义，他虽然不治理民事，但封国中的百姓都很敬重他。

很久之后，昭帝驾崩，没有后人，大将军霍光执掌朝政，派大鸿胪和宗正迎昌邑王进京。王吉马上上奏提醒昌邑王说：“臣听说商朝高宗居丧时，三年不说话。现在大王在昭帝丧事期间被征召，应该时时悲哀哭泣，一定要慎重，不要轻举妄动。况且不止丧事应该这样，凡是南面称王的君主何须多言呢？上天不言不语，四季正常运行，万物生生不息，希望大王仔细地研究臣说的话。大将军霍光仁义智勇，他忠诚的品德天下皆知，侍奉孝武皇帝二十多年不曾有过闪失。孝武皇帝去世前，把天下和幼主托付于他，大将军扶助幼主，统理朝政，施行教化，国家安定祥和，即使是周公、伊尹也很难达到这样的效果。如今皇帝驾崩没有后嗣，大将军霍光思考能够继承汉室宗庙的人只有大王最合适，就迎立大王为国君，他的仁爱宽厚真是无与伦比！臣希望大王对待他要尊敬，国家政事都听从他的安排，大王只需要垂衣拱手南面称君就可以了。希望大王留意微臣的建议，常常放在心上琢磨。”

昌邑王到长安后，登上皇位才二十多天就因为荒淫无道被废黜。昌邑国的群臣因为在封国时没上奏举报昌邑王的罪过，使朝廷不知道昌邑王的为人，又因为未能尽到辅佐昌邑王刘贺走向正道的责任，导致他陷入大恶的深渊，结果都被关入监狱诛杀。只有王吉与郎中令龚遂因为多次直言规劝而免于死罪，被判处剃掉头发修筑四年城池的劳役。

后来王吉在家被起用，任益州刺史，他因病辞官，又被征召为博士谏大夫。当时宣帝效法武帝时的制度，宫室、车乘、服饰都比昭帝时期隆重。当时外戚许氏、史氏、王氏受到宠幸，身居显贵，而宣帝亲理朝政，任用有才能的官吏。王吉上奏评论宣帝执政的是非成败，说：

陛下凡事都亲力亲为，统领各方事务，每天都把国家地图与户籍

诏书每下，民欣然若更生。臣伏而思之，可谓至恩，未可谓本务也。

欲治之主不世出，公卿幸得遭遇其时，言听谏从，然未有建万世之长策，举明主于三代之隆也。其务在于期会簿书，断狱听讼而已，此非太平之基也。

臣闻圣王宣德流化，必自近始。朝廷不备，难以言治；左右不正，难以化远。民者，弱而不可胜，愚而不可欺也。圣主独行于深宫，得则天下称诵之，失则天下咸言之。行发于近，必见于远，故谨选左右，审择所使；左右所以正身也，所使所以宣德也。《诗》云："济济多士，文王以宁。"此其本也。

《春秋》所以大一统者，六合同风，九州共贯也。今俗吏所以牧民者，非有礼义科指可世世通行者也，独设刑法以守之。其欲治者，不知所繇，以意穿凿，各取一切，权谲自在，故一变之后不可复修也。是以百里不同风，千里不同俗，户异政，人殊服，诈伪萌生，刑罚亡极，质朴日销，恩爱寖薄。孔子曰"安上治民，莫善于礼"，非空言也。王者未制礼之时，引先王礼宜于今者而用之。臣愿陛下承天心，发大业，与公卿大臣延及儒生，述旧礼，明王制，驱一世之民济之仁寿之域，则俗何以不若成康，寿何以不若高宗？窃见当世趋务不合于道者，谨条奏，唯陛下财择焉。

陈列在眼前，只想着治理国家大事，以便实现天下太平。陛下每次下达诏书，百姓都非常欢喜，好像重生一般。臣深深地佩服并仔细地思量，觉得陛下的做法虽然是对天下人最大的恩惠了，但还不能说是致力于治政的根本。

能使天下大治的君主不是每世都有，公卿大臣有幸能处于这样的时代，使得明君能听从公卿大臣的劝谏，但是公卿大臣却没提出建立万世基业的完全之策，没帮助明君打造出像夏、商、周三代那样的兴盛时代。只注重于朝廷的征收赋税的期限与登记钱粮出纳的册子，以及判决诉讼和审理案件这样的事情罢了，这不是建立太平盛世的基础啊。

臣听说圣王宣扬美德，广传教化，必定要从眼前的小事做起。如果朝廷内部不整治，就很难使国家达到大治；如果君王身边的人不正派，就很难教化远方的百姓。百姓，虽然处于弱势，但却不可以随意摆弄他们，虽然不聪明，但却不可以欺骗他们。圣主独居深宫，如果处理政事深得人心则天下称颂，如果处理政事失去人心则天下都有怨言。君王的行为虽然只在眼前，但影响却很深远，所以一定要谨慎地选择身边的大臣，小心翼翼地选择为君王办事的人；君王身边的大臣是为了归正君王，为君王办事的人，是为了宣扬君王的德行。《诗经》讲："周朝人才济济，文王统治的天下才得以安宁。"这就是治理国家的根本。

《春秋》所推崇的大一统，是指天下风俗教化相同，九州贯通一理。如今那些庸俗无远见的官吏治理百姓，不是依靠世代都可以通行的礼义准则来进行教化，而是单独依靠刑法来治理。那些想治理好百姓的官吏，又不知道该怎么做，只能根据自己的想法牵强附会，各取所需，奸巧诡诈，为所欲为，因此一旦形势发生变化就难以恢复修正了。所以造成了百里之内风俗不同，千里之内习俗各异，家家户户执行着不同的政策，人人穿着相差很远的衣服，巧诈虚伪在百姓中间萌芽生长，官场滥用刑罚无始无终，质朴的民风日益消失，彼此之间真切的关爱越来越淡薄。孔子讲"安上治民，莫善于礼"，并非空话。国君在没有制订出新的礼制的时候，首先应当引用先王

吉意以为“夫妇，人伦大纲，夭寿之萌也。世俗嫁娶太早，未知为人父母之道而有子，是以教化不明而民多夭。聘妻送女亡节，则贫人不及，故不举子。又汉家列侯尚公主，诸侯则国人承翁主，使男事女，夫诎于妇，逆阴阳之位，故多女乱。古者衣服车马贵贱有章，以褒有德而别尊卑，今上下僭差，人人自制，是以贪财诛利，不畏死亡。周之所以能致治，刑措而不用者，以其禁邪于冥冥，绝恶于未萌也。”又言“舜、汤不用三公九卿之世而举皋陶、伊尹，不仁者远。今使俗吏得任子弟，率多骄骜，不通古今，至于积功治人，亡益于民，此《伐檀》所为作也。宜明选求贤，除任子之令。外家及故人可厚以财，不宜居位。去角抵，减乐府，省尚方，明视天下以俭。古者工不造雕瑑，商不通侈靡，非工商之独贤，政教使之然也。民见俭则归本，本立而末成。”其指如此，上以其言迂阔，不甚宠异也。吉遂谢病归琅邪。

的礼制中适合当今形势的制度予以施行。臣希望陛下禀承上天的意志，开展治国的大业，与公卿大臣以及儒生共同遵循旧礼，阐明朝廷的典章制度，带领天下万民到达德高寿昌的盛世，这样一来，我们的民风教化怎么能比不上成、康之世，我们的国运怎么能比不上殷商时代的高宗武丁呢？臣看到当今社会中不符合治国之道的地方，臣慎重地逐条呈上，希望陛下权衡选择。

臣王吉认为"夫妇，是世人伦常的重要纲领，是世人长寿获短命的根本。当今世上的百姓嫁娶太早，夫妇之间还不懂得为人父母的道理就生下孩子，所以教化不明致使百姓大多夭折。在娶妻嫁女方面的花费没有节制，贫苦人家财力不足，所以不敢多生育孩子。再者，汉朝的列侯娶公主为妻，诸侯国中的国人娶翁主为妻，因为地位悬殊，使得丈夫侍奉妻子，丈夫在妻子面前卑微屈服，使阴阳之位颠倒，所以多发生女人淫乱的事情。古时候衣服的式样和驾驭的车马，依据地位的贵贱都各有规定，以赞扬贤德之人，分别长幼尊卑，现在却上下僭越，人人自作主张，于是人们贪恋财物、追名逐利，不惧怕死亡。周朝之所以能够达到安定清平，刑罚置放一边不用的原因，是因为周朝的礼制将奸邪禁止在无形之中，在罪恶还没萌芽的时候就杜绝了它啊。"王吉又讲："虞舜、商汤不任用三公九卿治世，而选拔皋陶、伊尹为臣，使那些不仁之人远离朝廷。如今允许庸俗无远见的官吏子弟为官，他们大多桀骜不驯，不通古今，至于建功立业和治理百姓方面，则毫无建树，这就是《诗经·伐檀》篇中所讽刺的现象。朝廷应当严明地选任官吏，访求贤能的人，废除因父兄的功绩任用子弟的制度。朝中的外戚以及故旧可以厚增资财，但不宜身居官位，应去除角抵游戏，削减乐府，减少尚方人员，向天下表明推崇节俭的意图。古时候的工匠不制造刻有花纹的器物，商人不流通奢侈淫靡的商品，并不是这些工匠和商人独自懂得贤明的道理，而是统治者的政治教化使他们这样。老百姓看到朝廷俭朴治国的风尚，就会回归根本，根本确立了，与之相关的各项事务也就能正常发展。"王吉上奏的意思大概就是这些，皇上认为他的言论不切合实际，因此不是太重视他。王吉随即称病返回琅琊。

始吉少时学问，居长安。东家有大枣树垂吉庭中，吉妇取枣以啖吉。吉后知之，乃去妇。东家闻而欲伐其树，邻里共止之，因固请吉令还妇。里中为之语曰："东家有树，王阳妇去；东家枣完，去妇复还。"其厉志如此。

吉与贡禹为友，世称"王阳在位，贡公弹冠"，言其取舍同也。元帝初即位，遣使者征贡禹与吉。吉年老，道病卒，上悼之，复遣使者吊祠云。

初，吉兼通《五经》，能为驺氏《春秋》，以《诗》《论语》教授，好梁丘贺说《易》，令子骏受焉。骏以孝廉为郎。左曹陈咸荐骏贤父子，经明行修，宜显以厉俗。光禄勋匡衡亦举骏有专对材。迁谏大夫，使责淮阳宪王。迁赵内史。吉坐昌邑王被刑后，戒子孙毋为王国吏，故骏道病，免官归。起家复为幽州刺史，迁司隶校尉，奏免丞相匡衡，迁少府。八岁，成帝欲大用之，出骏为京兆尹，试以政事。先是京兆有赵广汉、张敞、王尊、王章，至骏皆有能名，故京师称曰："前有赵、张，后有三王。"而薛宣从左冯翊代骏为少府，会御史大夫缺，谷永奏言："圣王不以名誉加于实效。考绩用人之法，薛宣政事已试。"上然其议。宣为少府月余，遂超御史大夫，至丞相。骏乃代宣为御史大夫，并居位。六岁病卒，翟方进代骏为大夫。数月，薛宣免，遂代为丞相。众人为骏恨不得封侯。骏为少府时，妻死，因不复娶，或问之，骏曰："德非曾参，子非华、元，亦何敢娶？"

起初王吉年少求学时，居住于长安。东边的邻居家有一棵大枣树，枝条垂进王吉的庭院里，王吉的妻子摘了一些枣给王吉吃。王吉后来知道是邻居家树上结的枣，就休了妻子。邻居知道后就想砍掉枣树，其他乡邻一起阻止了他，并坚决请求王吉迎回妻子。乡里人就这件事议论说："东家有树，王阳妇去；东家枣完，去妇复还。"王吉就是这样严格要求自己的品行。

王吉与贡禹是好友，世人称"王阳在位，贡公弹冠"，是说他们两人的是非观念相同。汉元帝刚登基不久，就派使者征召贡禹和王吉。王吉因为年老，在去京城的路上生病去世，汉元帝深切悼念他，又派出使者吊祭他。

起初，王吉兼通《五经》，熟悉驺氏的《春秋》，以《诗经》《论语》传授学生，他喜欢梁丘贺解说的《易经》，让儿子王骏跟随梁丘贺学习。王骏因为被举为孝廉在朝中担任郎官。左曹陈咸举荐王骏说他父子二人都是贤德之才，经学博洽，德行美善，应当让他们显贵以勉励世人。光禄勋匡衡也推荐王骏，说他有随机应变的才华。于是，王骏被升迁为谏大夫，朝廷任命他出使淮阳，让他戴白朝廷问责宪王刘钦的不当行为。后王骏又改任赵国内史。王吉因昌邑王的事件被牵连受刑后，告诫子孙不要担任诸侯国的官吏，因此王骏声称自己有病，辞官回家。后来王骏又从家中被起用为幽州刺史，后升迁为司隶校尉，他上奏罢免了丞相匡衡后，又改任少府。八年后，成帝打算重用他，让王骏出任京兆尹，试着考察他治政的能力。在此之前，出任京兆尹的有赵广汉、张敞、王尊、王章，一直到王骏，他们都有能干的名声，京师人称赞他们说："前有赵广汉、张敞，后有王尊、王章、王骏三王。"而薛宣从左冯翊的官位代替王骏担任少府，正碰上御史大夫的职位空缺，谷永上奏说："圣王用人不注重名誉而注重实际的功效。用人之法是必须考核其政绩，薛宣在处理政事上已经通过了考察。"成帝采纳了谷永的建议。薛宣任少府一个多月，就越级升迁为御史大夫，最后担任丞相，王骏就代替薛宣担任御史大夫，二人并居高位。过了六年，王骏因病去世，翟方进代替王骏担任御史大夫。几个月后，薛宣免官，翟方进就代替薛宣担任丞相。众人都遗憾王骏

骏子崇以父任为郎，历刺史、郡守，治有能名。建平三年，以河南太守征入为御史大夫数月。是时成帝舅安成恭侯夫人放寡居，共养长信宫，坐祝诅下狱，崇奏封事，为放言。放外家解氏与崇为昏，哀帝以崇为不忠诚，策诏崇曰："朕以君有累世之美，故逾列次。在位以来，忠诚匡国未闻所繇，反怀诈谖之辞，欲以攀救旧姻之家，大逆之辜，举错专恣，不遵法度，亡以示百僚。"左迁为大司农，后徙卫尉左将军。平帝即位，王莽秉政，大司空彭宣乞骸骨罢，崇代为大司空，封扶平侯。岁余，崇复谢病乞骸骨，皆避王莽，莽遣就国。岁余，为傅婢所毒，薨，国除。

自吉至崇，世名清廉，然材器名称稍不能及父，而禄位弥隆。皆好车马衣服，其自奉养极为鲜明，而亡金银锦绣之物。及迁徙去处，所载不过囊衣，不畜积余财。去位家居，亦布衣疏食。天下服其廉而怪其奢，故俗传"王阳能作黄金"。

贡禹字少翁，琅邪人也。以明经絜行著闻，征为博士，凉州刺史，病去官。复举贤良为河南令。岁余，以职事为府官所责，免冠谢。禹曰："冠壹免，安复可冠也！"遂去官。

元帝初即位，征禹为谏大夫，数虚己问以政事。是时年岁不登，郡国多困，禹奏言：

没有封侯。王骏担任少府时，他的妻子去世，就没再续娶，有人问他不续娶妻子的原因，王骏说："我没有曾参那样的德行，也没有像曾华、曾元那样贤能的儿子，怎敢再续娶妻子呢？"

王骏的儿子王崇因为父亲的荫庇在朝中担任郎官，历任刺史、郡守职位，在治理政事方面名声很好。汉哀帝建平三年（前4），王崇任职河南太守时被朝廷征召担任了几个月御史大夫。当时汉成帝的舅舅安成恭侯的夫人放寡居，由长信宫供养，因祝诅罪被关进监狱，王崇上密奏，替放求情。放的娘家解氏与王崇是亲家，汉哀帝因为这件事认为王崇对朝廷不忠，便下策书责备王崇说："朕因为你家世代的美名，所以越级录用你。可是你担任御史大夫以来，没有做出什么忠诚为国的善举，反而说出虚假的言辞，想要救助你的亲家，这是大逆之罪，你的举措专横放肆，不遵循法律制度，不能作为百官的表率。"于是将王崇贬为大司农，后来又调任卫尉左将军。汉平帝登基后，王莽执掌朝政大权，大司空彭宣请求辞官回家，王崇便代替他担任大司空，朝廷封他为扶平侯。一年多后，王崇也以生病为借口请求辞官归乡，其实他们都是为了避开王莽，王莽就让王崇回封地养老。过了一年多时间，王崇被侍婢毒死，封地废除。

从王吉至王崇，王氏几代都有清正廉洁的好名声，然而王崇的才能、气度、名声都稍逊于他的父辈祖辈，只是俸禄官位却越来越高。王氏几代都喜欢车马衣服，他们自己的饮食起居非常奢华，但却没有金银锦绣之物。他们每次搬家，车上所载的不过是一口袋衣物，他们不储备多余的财物。即使辞职在家居住时，也只是布衣粗食。天下人都佩服他们的清廉，却也奇怪他们在车马衣服上的奢侈，因此民间传说"王阳能作黄金"。

贡禹字少翁，琅琊郡人。以通晓学问，品行高洁著称，被朝廷征召为博士，凉州刺史，后来因病辞官回家。之后又被举荐贤良担任河南令。一年多后，因职事被府官问责，贡禹免冠谢罪。贡禹说："一旦把官帽摘下来，怎么又能戴上呢！"于是辞官离去。

汉元帝刚刚登基，征召贡禹为谏大夫，元帝多次虚心向他咨询朝政。当时粮食歉收，郡国多处境困顿，贡禹上奏说：

古者宫室有制，宫女不过九人，秣马不过八匹；墙涂而不雕，木摩而不刻，车舆器物皆不文画，苑囿不过数十里，与民共之；任贤使能，什一而税，亡它赋敛繇戍之役，使民岁不过三日，千里之内自给，千里之外各置贡职而已。故天下家给人足，颂声并作。

至高祖、孝文、孝景皇帝，循古节俭，宫女不过十余，厩马百余匹。孝文皇帝衣绨履革，器亡雕文金银之饰。后世争为奢侈，转转益甚，臣下亦相放效，衣服履绔刀剑乱于主上，主上时临朝入庙，众人不能别异，甚非其宜。然非自知奢僭也，犹鲁昭公曰："吾何僭矣？"

今大夫僭诸侯，诸侯僭天子，天子过天道，其日久矣。承衰救乱，矫复古化，在于陛下。臣愚以为尽如太古难，宜少放古以自节焉。《论语》曰："君子乐节礼乐。"方今宫室已定，亡可奈何矣，其余尽可减损。故时齐三服官输物不过十笥，方今齐三服官作工各数千人，一岁费数巨万。蜀广汉主金银器，岁各用五百万。三工官官费五千万，东西织室亦然。厩马食粟将万匹。臣禹尝从之东宫，见赐杯案，尽文画金银饰，非当所以赐食臣下也。东宫之费亦不可胜计。天下之民所为大饥饿死者，是也。今民大饥而死，死又不葬，为犬猪食。人至相食，而厩马食粟，苦其大肥，气盛怒至，乃日步作之。王者受命于天，为民父母，固当若此乎！天不见邪？武帝时，又多取好女至数千人，以填后宫。及弃天下，昭帝幼弱，霍光专事，不知礼正，妄多臧金钱财物，鸟兽鱼鳖牛马虎豹生禽，凡百九十物，

古时候帝王的宫殿规格有制度，宫女不能超过九人，饲养的马匹不能超过八匹；宫墙只粉刷而不雕饰，木料只是打磨平整而不雕刻；车舆器物都不雕饰彩画，皇家的苑囿方圆不能超过几十里，还要与老百姓共用；要任用贤德有才能的人，只收取百姓收入的十分之一作为赋税，除此之外再没有其他要征收的赋税以及戍守边疆的劳役，百姓服徭役的时间每年不能超过三天，在国都千里之内的地区供养天子，在国都千里之外的地方则各自贡赋而已。因此天下百姓家家丰衣足食，颂扬之声处处可闻。

到高祖、孝文帝、孝景皇帝之时，世人仍能遵循古道，崇尚节俭，宫女只有十多人，厩中的马匹只有一百多匹。孝文皇帝身着粗缯的衣服，皮革的鞋子，所用的器物没有雕刻的花纹，没有镶嵌金银来装饰。后世却争相奢侈，故而奢侈的风尚日益严重，臣子也争相效仿，衣服鞋裤以及所佩的刀剑不按礼制，甚至僭越君主，君主临朝入庙的时候，众人竟不能从车乘服饰上区别出上下尊卑，这种情形特别不合时宜。然而那些大臣根本不知道自己的奢侈僭越，正像鲁昭公所说：“我哪有僭越的地方呢？”

如今大夫僭越诸侯，诸侯僭越天子，天子超过天道允许的范围，这种情况持续的时日已久。继承衰世，拯救混乱，恢复古时候的教化，这些都依靠陛下了。臣愚昧地认为，要完全恢复到古时代的教化已经很难做到了，应该适当地仿效古礼以自我约束就可以了。《论语》讲：“君子乐节礼乐。”当前宫室已经建成，没法改变了，要在其余的方面尽可能地节俭。以前齐地的三服官每年送来为天子制作的服装不超过十笥，现在齐地的三服官各有几千人做工，每年耗费大量的钱财。蜀郡与广汉郡主要为朝廷制作金银器物，每年各耗费五百万。三工官的官费每年有五千万，东西织室也是如此的花销。马棚里食粟的马将近一万匹。臣曾经跟着陛下您到东宫，东宫赏赐臣的酒席所用的酒杯、几案，都雕饰着彩画和金银装饰，这些不适宜赐食臣下啊。东宫的花费也不可胜数。天下的老百姓饥饿而死，就是这些原因。现在百姓有很多因为饥饿死去，死后又没有财力安葬，只能抛尸荒野，被猪狗吃掉，甚至到了人吃人的地步，可是宫里的马却每

尽瘗臧之，又皆以后宫女置于园陵，大失礼，逆天心，又未必称武帝意也。昭帝晏驾，光复行之。至孝宣皇帝时，陛下恶有所言，群臣亦随故事，甚可痛也！故使天下承化，取女皆大过度，诸侯妻妾或至数百人，豪富吏民畜歌者至数十人，是以内多怨女，外多旷夫。及众庶葬埋，皆虚地上以实地下。其过自上生，皆在大臣循故事之罪也。

唯陛下深察古道，从其俭者，大减损乘舆服御器物，三分去二。子产多少有命，审察后宫，择其贤者留二十人，余悉归之。及诸陵园女亡子者，宜悉遣。独杜陵宫人数百，诚可哀怜也。厩马可亡过数十匹。独舍长安城南苑地以为田猎之囿，自城西南至山西至鄠皆复其田，以与贫民。方今天下饥馑，可亡大自损减以救之，称天意乎？天生圣人，盖为万民，非独使自娱乐而已也。故《诗》曰："天难谌斯，不易惟王；""上帝临女，毋贰尔心。""当仁不让"，独可以圣心参诸天地，揆之往古，不可与臣下议也。若其阿意顺指，随君上下，臣禹不胜拳拳，不敢不尽愚心。

天子纳善其忠，乃下诏令太仆减食谷马，水衡减食肉兽，省宜

天饱食粟米，因太肥壮而使人们发愁，马匹精力充沛容易发怒，马倌便天天出去遛马以便消耗它们过剩的精力。君王接受天命，是百姓的父母，难道就应该这样处事吗！难道上天就看不见吗？武帝在位的时候，又征召了好多漂亮的女子，足够几千人，用来充实后宫。等武帝驾崩后，昭帝幼小，霍光执掌政权，不懂得礼仪正道，他自作主张大量收藏金钱财物，畜养鸟兽鱼鳖牛马虎豹等生禽，共一百九十种物件，都作了武帝的殉葬品，又把后宫的女子安置在园陵守陵，完全违反了礼制，违逆了上天的旨意，也不一定符合武帝的心意。昭帝驾崩后，大将军霍光又做同样的事情。到孝宣皇帝时，陛下对丧葬之事也不能接受进谏，群臣也就按照老规矩行事，实在是令人痛心！所以使得天下人都受这样的风气影响，娶妻的花费都大大超出了自己的限度，诸侯的妻妾甚至达到几百人，有的豪富吏民畜养的歌女多达几十人，所以宫内有很多未嫁的女子，宫外有很多未娶的男子。至于百姓的丧事，都不惜耗尽活人的用度，以充实地下的死人。这种错误来自君主，根源是大臣遵循旧例造成的。

希望陛下能深刻领会上古的治国之道，遵循那时候俭朴的作风，大量减少宫内的乘舆服饰器物，可以裁减三分之二的用度。后嗣有很多是命中注定，希望陛下详细勘察后宫女子，选择二十名贤德的留下，剩下的都让她们回家。至于各陵园内守陵的女子中没有子嗣的，也都遣返回家。仅杜陵就有几百名宫女，实在是让人同情。宫中的厩马不要超过几十匹。只留下长安城南苑地作为田猎的苑囿，自城西南至山西直至鄠地都恢复为农田，分给贫苦百姓耕种。现今天下遭遇大饥荒，不大量减少宫中的吃穿用度来救助百姓，难道是顺应天意的做法吗？天生圣人，就是为了拯救天下苍生，并不是让圣人自己欢娱快乐啊。所以《诗经·大雅》讲："天命难以承接，做一代明君很不容易""上天注视着你，不可怀有贰心。"《论语》讲"遇到仁义的事情，就不必推让"，陛下只能以圣人之心参照天地的法则，揆度往古的事理，而不可以和臣下商议。如果臣子对陛下阿谀奉承，随着陛下的意志行事，臣贡禹怀着真挚之心，不敢不奉献臣的忠心啊。

汉元帝赞赏他的忠诚，接受了他的建议，便下诏让太仆减少吃

春下苑以与贫民，又罢角抵诸戏及齐三服官。迁禹为光禄大夫。

顷之，禹上书曰：“臣禹年老贫穷，家訾不满万钱，妻子糠豆不赡，裋褐不完。有田百三十亩，陛下过意征臣，臣卖田百亩以供车马。至，拜为谏大夫，秩八百石，奉钱月九千二百。廪食太官，又蒙赏赐四时杂缯绵絮衣服酒肉诸果物，德厚甚深。疾病侍医临治，赖陛下神灵，不死而活。又拜为光禄大夫，秩二千石，奉钱月万二千。禄赐愈多，家日以益富，身日以益尊，诚非中茅愚臣所当蒙也。伏自念终亡以报厚德，日夜惭愧而已。臣禹犬马之齿八十一，血气衰竭，耳目不聪明，非复能有补益，所谓素餐尸禄洿朝之臣也。自痛去家三千里，凡有一子，年十二，非有在家为臣具棺椁者也。诚恐一旦蹎仆气竭，不复自还，洿席荐于宫室，骸骨弃捐，孤魂不归。不胜私愿，愿乞骸骨，及身生归乡里，死亡所恨。”

天子报曰：“朕以生有伯夷之廉，史鱼之直，守经据古，不阿当世，孳孳于民，俗之所寡，故亲近生，几参国政。今未得久闻生之奇论也，而云欲退，意岂有所恨与？将在位者与生殊乎？往者尝令金敞语生，欲及生时禄生之子，既已谕矣，今复云子少。夫以王命辨护生家，虽百子何以加？传曰亡怀土，何必思故乡！生其强饭慎疾以自辅。”后月余，以禹为长信少府。会御史大夫陈万年卒，禹代为御史大夫，列于三公。

自禹在位，数言得失，书数十上。禹以为古民亡赋算口钱，起武帝征伐四夷，重赋于民，民产子三岁则出口钱，故民重困，至于生子

粮食的马匹，令水衡都尉减少食肉之兽，省出宜春下苑的土地分给贫民，又废除了角抵等游戏以及齐地的三服官。升迁贡禹为光禄大夫。

不久，贡禹上书道："当初臣年老贫穷，家资不满万钱，妻子儿女连糠豆也吃不饱，衣衫褴褛。臣家有一百三十亩田地，承蒙陛下看重微臣，臣卖掉百亩田地来购买车马。到达京城后，陛下任命臣为谏大夫，官秩八百石，俸钱每月九千二百。太官供给粮食，又承蒙陛下赏赐四季所用的杂缯绵絮衣服酒肉以及各种果物，德泽深厚。臣患病的时候，陛下派御医来为臣诊治，臣托陛下的福，不死而活。之后又封臣为光禄大夫，官秩二千石，俸钱每月一万二千。臣俸禄赏赐比以前更多，家境日益富足，身份日益尊贵，臣如茅草一样微贱，这样的恩赐臣不敢当啊。臣私下考虑难以报答陛下的厚德，只能日夜惭愧不已。臣贡禹如今已经八十一岁了，血气衰竭，耳聋眼花，不能再辅佐朝廷了，我是所谓空受俸禄而无所作为，污损朝廷形象的臣子罢了。臣又暗自痛心离家三千里，仅有一个儿子，今年刚满十二岁，家里没人能为臣置办棺椁。臣担心一旦跌倒气绝，不能返回故里，玷污了宫室的席子，落得身死异乡，孤魂回不到故地。臣有此私愿，希望能辞官回家，如果能活着回归故里，臣死而无憾。"

元帝回复道："朕认为先生像伯夷一样的清廉，像史鱼一样的刚直，固守经义，遵行古道，不逢迎当世权贵，勤勉不怠为民请命，当今俗世少有这样贤良的人，故而亲近先生，希望先生参与国家政事。如今还没多听先生的奇伟论说，先生却说要辞官回家，难道先生心里有什么怨恨吗？还是因为在位的其他官吏与先生不融洽呢？以前朕曾命令金敞对先生说过，想在先生有生之年就让您的儿子受荫庇，您既然已经明白了朕的心意，现在却又说儿子还小。朕现在以君王之命照顾先生一家，即使先生有一百个儿子又怎能与此相比呢？俗话说不要思念故土，先生又何必思念家乡呢！请先生加强饮食谨防生病保重身体。"一个多月后，朝廷封贡禹为长信少府。正碰上御史大夫陈万年去世，贡禹便接替他担任御史大夫，位列三公。

贡禹任职以来，多次进言政事得失，上书几十次。贡禹认为古时候回家不向百姓没有征收赋算和口钱，自从汉武帝征伐四夷起，开

辄杀，甚可悲痛。宜令儿七岁去齿乃出口钱，年二十乃算。

又言古者不以金钱为币，专意于农，故一夫不耕，必有受其饥者。今汉家铸钱，及诸铁官皆置吏卒徒，攻山取铜铁，一岁功十万人已上，中农食七人，是七十万人常受其饥也。凿地数百丈，销阴气之精，地臧空虚，不能含气出云，斩伐林木亡有时禁，水旱之灾未必不繇此也。自五铢钱起已来七十余年，民坐盗铸钱被刑者众，富人积钱满室，犹亡厌足。民心动摇，商贾求利，东西南北各用智巧，好衣美食，岁有十二之利，而不出租税。农夫父子暴露中野，不避寒暑，捽中杷土，手足胼胝，已奉谷租，又出稿税，乡部私求，不可胜供。故民弃本逐末，耕者不能半。贫民虽赐之田，犹贱卖以贾，穷则起为盗贼。何者？末利深而惑于钱也。是以奸邪不可禁，其原皆起于钱也。疾其末者绝其本，宜罢采珠玉金银铸钱之官，亡复以为币。市井勿得贩卖，除其租铢之律，租税禄赐皆以布帛及谷。使百姓壹归于农，复古道便。

又言诸离宫及长乐宫卫可减其太半，以宽繇役。又诸官奴婢十万余人戏游亡事，税良民以给之，岁费五六巨万，宜免为庶人，廪食，令代关东戍卒，乘北边亭塞候望。

始向老百姓加重征收赋税，百姓生下儿子才三岁，就开始征收口钱，因此百姓生活特别困顿，甚至于生下儿子马上杀死，十分可怜。朝廷应当规定小孩儿在七岁换牙以后再交口钱，年满二十再交赋算。

贡禹又说上古时候不用金钱等贵金属作为货币，百姓一心一意从事耕田，所以，如果有一个农夫不耕作，必定就有人挨饿。现在朝廷铸造铜钱，每个铁官都设置官吏和服劳役的人，开山来挖掘铜铁矿，一年需要耗费十万以上的劳工，一个农夫平均可以养活七人，因此每年就有七十万人要忍饥挨饿。挖掘的矿洞深达几百丈，破坏了阴气的精华，导致地藏空虚，不能生成云气，对于毁林伐木也没有相应限制，水旱之灾未必不是因此而起。五铢钱使用已有七十多年，百姓因为私自铸钱而犯罪被判刑的人特别多，富人的钱财堆满房屋，还不知足。民心浮动，不愿务农，都想从商谋利，四面八方的商人各自使用计谋与巧诈，他们穿着漂亮的衣服享受着美食，每年拥有十分之二的利润，却不用交纳租税。而农夫父子却在田野辛苦劳作，不避寒暑，锄草耕田，手脚因长期劳动而生出厚茧，缴纳了谷租后，又要缴纳稿税，乡里官吏还要私下搜刮勒索，缴纳的各种税金名目繁多。所以人们都丢弃农业而从事工商业，农夫数量还不到总人口的一半。贫苦农民虽然获赐田地，但他们还是将田地低价卖掉，去从事商业，一旦穷困潦倒就起而为盗贼。这是为什么？因为商业利润太大而人们深受金钱的诱惑啊。因此奸邪之事不能禁止，根源都来源于金钱的诱惑。要消除这种现象，就必须从根本上治理，应该取缔珠玉金银的采集，撤除铸造钱币的官吏，不再以金钱作为货币。市场里不再有贱买贵卖的交易，废除原来以杂物、钱币代替租税的制度，租税、俸禄和赏赐都用布帛和谷物支付，让老百姓都回归到农业，恢复上古时候的治国方法，于国于政都有好处。

贡禹又进言说各地行宫以及长乐宫的禁卫可以削减一大半，以松缓百姓的徭役。再者各官府的十万多奴婢整日游戏玩乐无所事事，还要征收良民的赋税来供给他们食用，每年耗费达五、六万之巨，应当将他们免为庶人，朝廷供给他们口粮，让他们代替镇守关东的士兵，驻扎在北边亭塞担任侦察兵。

又欲令近臣自诸曹侍中以上，家亡得私贩卖，与民争利，犯者辄免官削爵，不得仕宦。禹又言：

孝文皇帝时，贵廉絜，贱贪污，贾人、赘婿及吏坐臧者皆禁锢不得为吏，赏善罚恶，不阿亲戚，罪白者伏其诛，疑者以与民，亡赎罪之法，故令行禁止，海内大化，天下断狱四百，与刑错亡异。武帝始临天下，尊贤用士，辟地广境数千里，自见功大威行，遂从耆欲，用度不足，乃行壹切之变，使犯法者赎罪，入谷者补吏，是以天下奢侈，官乱民贫，盗贼并起，亡命者众。郡国恐伏其诛，则择便巧史书习于计簿能欺上府者，以为右职；奸轨不胜，则取勇猛能操切百姓者，以苛暴威服下者，使居大位。故亡义而有财者显于世，欺谩而善书者尊于朝，悖逆而勇猛者贵于官。故俗皆曰："何以孝弟为？财多而光荣。何以礼义为？史书而仕宦。何以谨慎为？勇猛而临官。"故黥劓而髡钳者犹复攘臂为政于世，行虽犬彘，家富势足，目指气使，是为贤耳。故谓居官而置富者为雄桀，处奸而得利者为壮士，兄劝其弟，父勉其子，俗之坏败，乃至于是！察其所以然者，皆以犯法得赎罪，求士不得真贤，相守崇财利，诛不行之所致也。

今欲兴至治，致太平，宜除赎罪之法。相守选举不以实，及有臧者，辄行其诛，亡但免官，则争尽力为善，贵孝弟，贱贾人，进真贤，举实廉，而天下治矣。孔子，匹夫之人耳，以乐道正身不解之

贡禹又想奏请皇上下诏让各部近臣自侍中以上的官员，不得私自贩卖商品，与民争利，违反者则免去官职削去爵位，不得再为官。贡禹又说：

孝文皇帝时，重视廉洁，鄙薄贪污，商人、赘婿以及曾贪污官吏，都不准入仕，终身不得为官，文帝赏善罚恶，不偏袒亲戚，凡犯罪者一旦罪证确凿就按汉律惩罚，不确定罪证的就从轻发落，没有赎罪一说，因此，有令即行，有禁则止，天下得到教化，一年之内全国的案件只有四百起，如同闲置刑法而不用。汉武帝开始治理天下时，尊敬贤者，任用士人，开疆拓土几千里，他自认为成就空前，威势震慑四方，便沉溺于奢侈淫逸，朝廷用度不足，就施行权宜之法，让犯法者出钱来赎罪，上交一定的谷物就可以补任官吏，因此天下竞相攀比奢侈，百官混乱，百姓贫穷，盗贼并起，亡命之徒越来越多。各郡国担心受到惩罚，就选择机灵的文吏、熟悉赋税簿籍、善于蒙骗上级的人担任高官；犯法作乱的事情不胜枚举，便任用勇猛有力能镇服百姓的人，和能以苛刻暴虐的手段威吓百姓的人，让他们身居显贵的官位。因此那些无道义而多财的人便显赫于当世，说假话会和善于编写文书的人在朝廷内特别尊贵，违背正道而凶恶彪悍的人位居高官。所以，民间流传着这样的话：“要孝悌何用？财物多就光荣。要礼义何用？善于文书就能出仕为官。要谨慎何用？凶狠暴虐就能做官。”所以那些受过黥、劓、髡、钳等各种刑罚的人也重新复出参政，他们的行为虽然像猪狗一样，却家庭富有，权势强大，盛气凌人，这就是所谓的贤人啊。所以因做官而致富就是才智出众的人，因奸诈而求得利益的人被称为壮士，哥哥以此劝说弟弟，父亲以此劝勉儿子，风俗败坏，已经到了这种地步！考察社会成为这样的原因，都是因为犯了法能用财物赎罪，任用士人却得不到真正的贤者，诸侯国相、郡太守贪财好利，惩处措施不能真正施行导致的啊。

如今陛下想要使国家兴盛，得到治理，使天下太平，就应该废除用钱财赎罪的法律。如果诸侯国相与郡守选取贤才名不副实，或者有贪污行为的，就坚决诛杀他们，不能只是免除官职而已，这样一来，则人人争着去为善，重视孝悌之道，鄙视商人，推荐真正贤能的人，

故，四海之内，天下之君，微孔子之言亡所折中。况乎以汉地之广，陛下之德，处南面之尊，秉万乘之权，因天地之助，其于变世易俗，调和阴阳，陶冶万物，化正天下，易于决流抑队。自成康以来，几且千岁，欲为治者甚众，然而太平不复兴者，何也？以其舍法度而任私意，奢侈行而仁义废也。

陛下诚深念高祖之苦，醇法太宗之治，正己以先下，选贤以自辅，开进忠正，致诛奸臣，远放謟佞，放出园陵之女，罢倡乐，绝郑声，去甲乙之帐，退伪薄之物，修节俭之化，驱天下之民皆归于农，如此不解，则三王可侔，五帝可及。唯陛下留意省察，天下幸甚。

天子下其议，令民产子七岁乃出口钱，自此始。又罢上林宫馆希幸御者，及省建章、甘泉宫卫卒，减诸侯王庙卫卒省其半。余虽未尽从，然嘉其质直之意。禹又奏欲罢郡国庙，定汉宗庙迭毁之礼，皆未施行。

为御史大夫数月卒，天子赐钱百万，以其子为郎，官至东郡都尉。禹卒后，上追思其议，竟下诏罢郡国庙，定迭毁之礼。然通儒或非之，语在《韦玄成传》。

两龚皆楚人也，胜字君宾，舍字君倩。二人相友，并著名节，故世谓之楚两龚。少皆好学明经，胜为郡吏，舍不仕。

保举真正清廉的人，天下就能安定了。孔夫子，只是一位普通人，就因为他以守道为乐，在修身上毫不怠惰，以致于四海之内，天下的君子，无不认为孔夫子的话公平公正。何况汉朝的疆域如此辽阔，陛下的德行如此深厚，处于君临天下的尊贵地位，执掌国家大权，借助天地的护佑，要改变世事转移风气，调和阴阳，教化万物，匡正整治天下，比掘开欲流之水，阻止将坠之物还要容易。自周朝的成康盛世以来，差不多有一千年的历史了，有很多想要治理天下的人，然而成康盛世的太平景象再也没有出现过，这是为什么呢？就因为他们舍弃法律制度而放任自己的私欲做事，崇尚奢侈而废弃仁义啊。

如果陛下能深入考虑高祖创业的劳苦，效法太宗孝文帝治理国家的方法，就必须端正自己的言行举止为臣下作表率，选出贤德的人才来辅佐自己，起用忠诚正直的人，尽力惩处奸臣，远离花言巧语的人，放还各园陵的守陵女子，罢除歌舞杂耍表演，杜绝郑国的靡靡之音，废除汉武帝时期遗留下来的甲帐乙帐，摒弃浮华轻巧之物，整修勤俭节约的教化，劝勉天下百姓都回归到农业生产上，如能就这样坚持不懈地做下去，陛下就可与三皇等同，就能达到五帝的盛世伟绩。希望陛下能留意反省自己，这就是天下最大的幸事啊。

天子批准了贡禹的建议，诏令百姓在小孩七岁后再上交口钱，这个规定就是从那时开始的。皇上又撤除了上苑中很少使用的行宫，以及裁减了建章宫、甘泉宫的卫兵，将各诸侯王庙的卫士削减了一半。贡禹的其他建议，元帝虽没有完全接受，但元帝很赞赏他的朴实正直。贡禹又上书想要撤除郡国的宗庙，制定汉家宗庙的迭毁之礼，这些都没能实行。

贡禹担任御史大夫几个月后去世，元帝赏赐他丧葬费百万钱，任命贡禹的儿子为郎官，后来官至东郡都尉。贡禹去世后，元帝又深入思考他的建议，最终下诏撤除了郡国的宗庙，确定了迭毁礼。但这些措施遭到了大儒的非议，详见《韦玄成传》。

两龚都是楚国人，龚胜字君宾，龚舍字君倩。他们是好朋友，都以名节著称于世，因此世人称他们为楚地两龚。两龚在年少时都喜欢学习经书，龚胜担任郡吏，龚舍不做官。

久之，楚王入朝，闻舍高名，聘舍为常侍，不得已随王，归国固辞，愿卒学，复至长安。而胜为郡吏，三举孝廉，以王国人不得宿卫。补吏，再为尉，壹为丞，胜辄至官乃去。州举茂材，为重泉令，病去官。大司空何武、执金吾阎崇荐胜，哀帝自为定陶王固已闻其名，征为谏大夫。引见，胜荐龚舍及亢父宁寿、济阴侯嘉，有诏皆征。胜曰："窃见国家征医巫，常为驾，征贤者宜驾。"上曰："大夫乘私车来邪？"胜曰："唯唯。"有诏为驾。龚舍、侯嘉至，皆为谏大夫。宁寿称疾不至。

胜居谏官，数上书求见，言百姓贫，盗贼多，吏不良，风俗薄，灾异数见，不可不忧。制度泰奢，刑罚泰深，赋敛泰重，宜以俭约先下。其言祖述王吉、贡禹之意。为大夫二岁余，迁丞相司直，徙光禄大夫，守右扶风。数月，上知胜非拨烦吏，乃复还胜光禄大夫诸吏给事中。胜言董贤乱制度，繇是逆上指。

后岁余，丞相王嘉上书荐故廷尉梁相等，尚书劾奏嘉"言事恣意，迷国罔上，不道"。下将军中朝者议，左将军公孙禄、司隶鲍宣、光禄大夫孔光等十四人皆以为嘉应迷国不道法。胜独书议曰："嘉资性邪僻，所举多贪残吏。位列三公，阴阳不和，诸事并废，咎皆繇嘉，迷国不疑，今举相等，过微薄。"日暮议者罢。明旦复会，左将军禄问胜："君议亡所据，今奏当上，宜何从？"胜曰："将军以胜议不可者，通劾之。"博士夏侯常见胜应禄不和，起至胜前谓曰："宜如奏所言。"胜以手推常曰："去！"

很长时间之后，楚王打算觐见天子，他听说龚舍名声显赫，就聘请龚舍任常侍，龚舍不得已只好跟着楚王进京，回到楚国后他坚决请求辞官，希望致力于研究学问，后来又来到长安。龚胜为郡吏，被三次举荐为孝廉，但因为是楚国人不能在宫中担任宿卫。后补为小吏，他两次任尉，一次任丞，每次都任职不久就辞官离去。后来龚胜被州里举荐为茂才，任重泉县令，他又称病辞官。大司空何武、执金吾阎崇举荐龚胜，汉哀帝还是定陶王时就已听闻龚胜的名声，于是征召龚胜为谏大夫。龚胜入京谒见哀帝时，向哀帝举荐了龚舍以及亢父的宁寿、济阴的侯嘉，哀帝把他们全部征召入朝。龚胜说："臣私下看见国家征召医生和巫师时，常常准备车乘迎接他们，征召贤人也应该配备车马。"哀帝问："你是乘自家车马而来的吗？"龚胜说："是的。"于是哀帝下诏为龚舍等人准备车马。龚舍、侯嘉奉诏而来，都任谏大夫。宁寿称病没有奉诏前去。

龚胜担任谏官之后，多次上书求见皇上，说老百姓的生活很穷困，盗贼很多，官吏不称职，风俗浇薄，自然灾害屡屡出现，不能不为此担忧。他又说国家用度过于奢侈，国家刑罚过于苛刻，国家赋税过于沉重，天子应当俭省节约以表率天下。他的言论承袭王吉、贡禹的意思。龚胜任谏大夫两年多，升为丞相司直，又迁为光禄大夫，代理右扶风。几个月后，哀帝了解龚胜不善于处理繁杂的政务，又让他担任光禄大夫诸吏给事中。龚胜指责董贤惑乱朝廷制度，因此违逆了哀帝的旨意。

一年多以后，丞相王嘉上书举荐前廷尉梁相等人，尚书上奏弹劾王嘉"随意议论政事，迷惑国人，欺骗陛下，不行正道。"皇上将此奏书让朝中将军大臣们讨论，左将军公孙禄、司隶鲍宣、光禄大夫孔光等十四人都认为王嘉确实有迷惑国人不行正道的过错。惟独龚胜上书说："王嘉生性品行不端，他所举荐的人大多是贪婪凶残的官吏。王嘉位列三公，却使得天下阴阳不和，诸事荒废，这些罪过都是因为王嘉，他犯了迷惑国人之罪没有丝毫疑问，不过他这次举荐梁相等人，没什么大的过错。"大臣们直到傍晚时分讨论仍然没有结果，只能暂时作罢。第二天继续讨论这个问题，左将军公孙禄问龚

后数日，复会议可复孝惠、孝景庙不，议者皆曰宜复。胜曰："当如礼。"常复谓胜："礼有变。"胜疾言曰："去！是时之变。"常恚，谓胜曰："我视君何若，君欲小与众异，外以采名，君乃申徒狄属耳！"

先是常又为胜道高陵有子杀母者。胜白之，尚书问："谁受？"对曰："受夏侯常。"尚书使胜问常，常连恨胜，即应曰："闻之白衣，戒君勿言也。奏事不详，妄作触罪。"胜穷，亡以对尚书，即自劾奏与常争言，洿辱朝廷。事下御史中丞，召诘问，劾奏"胜吏二千石，常位大夫，皆幸得给事中，与论议，不崇礼义，而居公门下相非恨，疾言辩讼，媠谩亡状，皆不敬"。制曰："贬秩各一等。"胜谢罪，乞骸骨。上乃复加赏赐，以子博为侍郎，出胜为渤海太守。胜谢病不任之官，积六月免归。

上复征为光禄大夫，胜常称疾卧，数使子上书乞骸骨，会哀帝崩。

初，琅邪邴汉亦以清行征用，至京兆尹，后为太中大夫。王莽秉政，胜与汉俱乞骸骨。自昭帝时，涿郡韩福以德行征至京师，赐策书束帛遣归。诏曰："朕闵劳以官职之事，其务修孝弟以教乡里。行

胜说："你昨天的议论没有任何依据，今天就要回复皇上，你到底认同哪种意见？"龚胜说："将军您如果认为我的意见不正确，就一并弹劾我好了。"博士夏侯常看到龚胜与公孙禄意见不和，就起身走到龚胜跟前对他说："应当同意尚书的劾奏。"龚胜用手推开夏侯常说："走开！"

几天后，众大臣又商讨是否应该恢复孝惠帝、孝景帝祭庙的问题，参与讨论的人都说应该恢复，龚胜却说："应当依照礼制行事。"夏侯常又对龚胜说："礼制也会有改变。"龚胜快速反驳道："你走开！是当前的形势变了。"夏侯常很恼怒，对龚胜说："你知道我怎么看你吗，你心胸狭窄与众人的意见不同，是想在外面博取好名声，你就是殷商末年申徒狄一类的人啊！"

起先夏侯常曾告诉龚胜说高陵有个人杀死母亲。龚胜就把这件事向上禀告，尚书问："谁告诉你这件事？"龚胜回答说："夏侯常说的。"尚书又让龚胜向夏侯常进一步询问，夏侯常因接连与龚胜发生冲突，因而恼恨龚胜，就回答说："我是听官府中的小吏说的，我告诫过你不要乱说，你不了解事件的详情，怎么就向上陈述这件事呢，随便妄言是要犯罪的。"龚胜理屈词穷，没办法向尚书交待，就上书弹劾自己说因与夏侯常争吵，辱没了朝廷。朝廷将此事下放御史中丞处理，御史中丞召龚胜和夏侯常前去责问他们，并上奏弹劾说："龚胜身居二千石的要位，夏侯常身居大夫之职，都有幸成为给事中，他们参与议政，却不遵循朝廷礼仪，身居公门却相互怨恨，言辞激烈，轻慢无礼，都不敬重朝廷。"哀帝下诏说："两人各贬职一等。"龚胜承认错误，请求辞官回家。皇上又加以赏赐，让他的儿子龚博担任侍郎，让龚胜担任渤海郡太守。龚胜托病没去赴任，过了六个月免官回家。

哀帝又征召龚胜担任光禄大夫，龚胜常称病卧床不起，多次让他的儿子上书请求免官回家，正好碰上哀帝驾崩。

起初，琅琊人邴汉也因德行出众被朝廷征用，官至京兆尹，后又任太中大夫。王莽专权后，龚胜与邴汉都请求辞官回家。昭帝在位时，涿郡人韩福因德行高尚被征召到京师，后来昭帝赐他策书束帛送

道舍传舍，县次具酒肉，食从者及马。长吏以时存问，常以岁八月赐羊壹头，酒二斛。不幸死者，赐复衾一，祠以中牢。”于是王莽依故事，白遣胜、汉。策曰：“惟元始二年六月庚寅，光禄大夫、太中大夫耆艾二人以老病罢。太皇太后使谒者仆射策诏之曰：盖闻古者有司年至则致仕，所以恭让而不尽其力也。今大夫年至矣，朕愍以官职之事烦大夫，其上子若孙若同产、同产子一人。大夫其修身守道，以终高年。赐帛及行道舍宿，岁时羊酒衣衾，皆如韩福故事。所上子男皆除为郎。”于是胜、汉遂归老于乡里。汉兄子曼容亦养志自修，为官不肯过六百石，辄自免去，其名过出于汉。

初，龚舍以龚胜荐，征为谏大夫，病免。复征为博士，又病去。顷之，哀帝遣使者即楚拜舍为太山太守。舍家居在武原，使者至县请舍，欲令至廷拜授印绶。舍曰：“王者以天下为家，何必县官？”遂于家受诏，便道之官。既至数月，上书乞骸骨。上征舍，至京兆东湖界，固称病笃。天子使使者收印绶，拜舍为光禄大夫。数赐告，舍终不肯起，乃遣归。

舍亦通《五经》，以《鲁诗》教授。舍、胜既归乡里，郡二千石长吏初到官皆至其家，如师弟子之礼。舍年六十八，王莽居摄中卒。

莽既篡国，遣五威将帅行天下风俗，将帅亲奉羊酒存问胜。

他回家。昭帝下诏说:“朕不忍心韩福这么大年纪还因为公务操劳,请回家后务必修正孝悌以教化乡里。在回家的途中可在经过的各官府驿站传舍中食宿,沿途各县都要置备酒肉,供给韩福一行人以及马匹饮食。涿郡的地方官吏都要按时慰问韩福,每年八月赐一头羊,二斛酒。如果韩福不幸去世,官府要赐给他複衾一袭,并按中牢之礼对他祭祀。”于是王莽依照先例,上奏允许送龚胜、邴汉回家。并下策书说:“元始二年(2)六月庚寅日,光禄大夫、太中大夫两位尊长因为年老生病辞官回家。太皇太后派谒者仆射向他们传达诏令说:听说古时候的有司到了一定的年纪就辞去官职,以此谦让自己不能为国家尽力。如今二位大夫都已年老,朕不忍心再以公务烦劳两位,你们可以从自己的儿子或孙子或兄弟、或者兄弟的儿子中选出一人到朝廷担任职务。你们回家后请修身守道,以尽天年。赐予布帛及准许在沿途各驿站传舍休息饮食,每年官府按时供给羊酒衣衾,都依照当年韩福的旧例去办理。邴汉、龚胜所推荐的子弟都在朝廷担任郎官。”于是龚胜、邴汉随即告老还乡回到家里。邴汉兄长的儿子曼容也能修养德性,做官不肯超过六百石官阶,如果超过,就自行免官回家,他的名声超过了邴汉。

起初,龚舍因为龚胜推荐,被朝廷征召为谏大夫,他因病免官。后来朝廷又征召他担任博士,他又因病离职。不久,汉哀帝派遣使者到楚国封龚舍为泰山郡太守。龚舍在武原县居住,使者到县里请龚舍,打算让龚舍在县衙大堂上拜受印绶。龚舍说:“王者以天下为家,何必要到县衙大堂上拜受印绶呢?”于是龚舍就在家里接受了诏命,随即就任官职。上任几个月后,龚舍就上书恳请辞官还乡。皇上又征召龚舍,让他到京兆东部的湖县任职,龚舍以病重予以辞谢。天子就派使者收回印绶,封龚舍担任光禄大夫。天子多次允许他休假养病,龚舍始终不肯上任,天子就只好遣返他回家。

龚舍也通晓《五经》,主要教授弟子《鲁诗》。龚舍、龚胜辞官回家后,他们郡县二千石的官吏初到任时都要拜访他们,行师生之礼。龚舍在六十八岁王莽摄政时去世。

王莽篡国后,派遣五威将帅考察天下教化,到达龚胜的家乡时,

明年，莽遣使者即拜胜为讲学祭酒，胜称疾不应征。后二年，莽复遣使者奉玺书，太子师友祭酒印绶，安车驷马迎胜，即拜，秩上卿，先赐六月禄直以办装，使者与郡太守、县长吏、三老官属、行义诸生千人以上入胜里致诏。使者欲令胜起迎，久立门外。胜称病笃，为床室中户西南牖下，东首加朝服拕绅。使者入户，西行南面立，致诏付玺书，迁延再拜奉印绶，内安车驷马，进谓胜曰："圣朝未尝忘君，制作未定，待君为政，思闻所欲施行，以安海内。"胜对曰："素愚，加以年老被病，命在朝夕，随使君上道，必死道路，无益万分。"使者要说，至以印绶就加胜身，胜辄推不受。使者即上言："方盛夏暑热，胜病少气，可须秋凉乃发。"有诏许。使者五日壹与太守俱问起居，为胜两子及门人高晖等言："朝廷虚心待君以茅土之封，虽疾病，宜动移至传舍，示有行意，必为子孙遗大业。"晖等白使者语，胜自知不见听，即谓晖等："吾受汉家厚恩，亡以报，今年老矣，旦暮入地，谊岂以一身事二姓，下见故主哉？"胜因敕以棺敛丧事："衣周于身，棺周于衣。勿随俗动吾冢，种柏，作祠堂。"语毕，遂不复开口饮食，积十四日死，死时七十九矣。使者、太守临敛，赐复衾祭祠如法。门人衰绖治丧者百数。有老父来吊，哭甚哀，既而曰："嗟乎！薰以香自烧，膏以明自销。龚生竟夭天年，非吾徒也。"遂趋而出，莫知其谁。胜居彭城廉里，后世刻石表其里门。

五威将帅亲自带着羊与酒问候龚胜。第二年，王莽派遣使者前去封龚胜为讲学祭酒，龚胜称病没去应征。二年后，王莽又派遣使者拿着封有印信的诏书以及太子师友祭酒的印绶，并派出安车驷马迎接龚胜，准备拜授他官位，位列上卿，朝廷先赐予他六个月的俸禄以便他筹备行装，使者和郡太守、县长吏、三老属官、有名望的人以及众多弟子等一千多人都到龚胜居住的地方听从诏令。使者想让龚胜起身到外面迎接他，因此在门外站了很久。龚胜声称自己病重，就在中户的西南窗下摆了一张床，自己身穿朝服拖着长带，头朝东躺在床上。使者进到屋里，往西走到床边面南而立，宣读诏令，交付玺书，然后退后一步拜了两拜，奉上印绶，将安车驷马送到院里，又进去对龚胜说："圣朝一直都没有忘记您，现在天下制度还没有完善，期待您参政，按照您的所思所闻对国家大政方针加以施行，以安定天下。"龚胜回答说："我向来愚笨，再加上年纪大了疾病缠身，命在朝夕，如果这就跟随使君您上路，必定在途中死去，这样对谁都没有丝毫益处。"使者尽力相劝，甚至将印绶强加在龚胜身上，龚胜就是推辞不接受。使者回去上报王莽说："现在盛夏暑热，龚胜正在生病，气弱体虚，可否等待秋凉后再出发。"王莽下诏同意。于是使者每五天就与太守一起前来问候龚胜的饮食起居，还对龚胜的两个儿子和门人高晖等人说："朝廷虚位以待龚胜先生，还要封他侯爵之位，虽然他病重，也应该移住到朝廷设立的传舍居住，以表示自己的赴任心意，这样做必定会为子孙后代留下大的基业。"高晖等人把使者的话告诉了龚胜，龚胜知道自己的想法不被听从，就对高晖等人说："我蒙受汉朝的厚恩，无以为报，如今我年纪大了，随时都有入土的可能，难道还要一身侍奉二姓，下到黄泉再去见旧主吗？"龚胜就嘱咐为他准备棺敛丧事，龚胜说："我死后所穿的衣服只要能遮住身体就行，棺材不露出衣服即可。不要按照世俗陪葬许多物品，以免招人盗墓，也不要在墓旁种植柏树，也不要建立祠堂。"龚胜吩咐完后事，就不再吃喝，这样持续了十四天后去世，死时七十九岁。使者、太守都来吊唁，依据汉法赐予複衾并以中牢之礼祭祠他。有一百多龚胜的门人身穿丧服办理丧事。一位老父前来吊唁，哭得很悲伤，一

鲍宣字子都，渤海高城人也。好学明经，为县乡啬夫，守束州丞。后为都尉太守功曹，举孝廉为郎，病去官，复为州从事。大司马卫将军王商辟宣，荐为议郎，后以病去。哀帝初，大司空何武除宣为西曹掾，甚敬重焉，荐宣为谏大夫，迁豫州牧。岁余，丞相司直郭钦奏“宣举错烦苛，代二千石署吏听讼，所察过诏条。行部乘传去法驾，驾一马，舍宿乡亭，为众所非。”宣坐免。归家数月，复征为谏大夫。

宣每居位，常上书谏争，其言少文多实。是时帝祖母傅太后欲与成帝母俱称尊号，封爵亲属，丞相孔光、大司空师丹、何武、大司马傅喜始执正议，失傅太后指，皆免官。丁、傅子弟并进，董贤贵幸，宣以谏大夫从其后，上书谏曰：

窃见孝成皇帝时，外亲持权，人人牵引所私以充塞朝廷，妨贤人路，浊乱天下，奢泰亡度，穷困百姓，是以日蚀且十，彗星四起。危亡之征，陛下所亲见也，今奈何反覆剧于前乎！朝臣亡有大儒骨鲠，白首耆艾，魁垒之士；论议通古今，喟然动众心，忧国如饥渴者，臣未见也。敦外亲小童及幸臣董贤等在公门省户下，陛下欲与此共承天地，安海内，甚难。今世俗谓不智者为能，谓智者为不能。昔尧放四罪而天下服，今除一吏而众皆惑；古刑人尚服，今赏人反惑。请寄为奸，群小日进。国家空虚，用度不足。民流亡，去城郭，盗

会儿老父说："嗟乎！薰草因自带芳香而自燃，脂油因能照明而自融。龚生竟在未满天年就夭折，不像我们这些人啊。"说完就快步走出门去，无人认识他。龚胜住在彭城廉里，后世在里门为他刻石，以表彰他的品行。

鲍宣字子都，渤海高城人。他能够刻苦钻研学问，通晓经书，担任县乡啬夫，代理束州丞。后来又担任都尉太守功曹，被州里举荐为孝廉，在朝廷担任郎官，因病免官，后又任州从事。大司马卫将军王商曾召鲍宣任职，推举他为议郎，后又因病免官。哀帝最初登基的时候，大司空何武封鲍宣为西曹掾，对他很尊敬，推荐他为谏大夫，又转任豫州牧。一年多后，丞相司直郭钦上奏"鲍宣施政措施繁杂苛细，他还代替二千石官员审理诉讼案件，监督官员超出了皇上颁发的条令。他巡察地方乘坐传车驿马也不按照规定去做，只驾着一匹马拉的车，夜宿乡亭，被众人非议。"鲍宣因此被免官。他回家几个月后，又被朝廷征召为谏大夫。

鲍宣每次身居官位时，常常上书直言规劝，他的谏诤很少有空洞的说辞，多是质朴可行的建议。当时哀帝的祖母傅太后想与成帝的母亲俱称尊号，并为自己的亲属讨要封爵，丞相孔光、大司空师丹、何武、大司马傅喜等人一直秉持公正，因而违逆了傅太后的懿旨，他们都被免去官职。丁氏、傅氏的子弟都得以进升，董贤得到君王的宠幸，官位显贵，鲍宣以谏大夫的身份继丞相孔光、大司空师丹、何武、傅喜等人之后，上书劝谏说：

臣看见孝成皇帝时，外戚执掌政权，人人都拉拢自己的亲信来充塞朝廷，妨害了贤人的晋升道路，搅扰天下，太过奢侈，百姓穷困潦倒，因此天上的日食发生了将近十次，彗星出现了四次。这些危亡的征兆，陛下也亲眼看见了，现在怎么反而比以前更严重了呢！朝廷大臣中没有正直的大儒，没有经验丰富的尊长，没有壮伟的武士；能够通晓古今，打动人心，如饥似渴的忧国忧民之人，臣还没见到。陛下偏爱的外亲小童及宠幸之臣董贤等人在朝廷身居要职，陛下想与他们一起承奉天地，安定海内，是很难办到的。现今民间流传说没有智慧的人是能人，有智慧的人则是无能的。从前唐尧流放共工、

贼并起，吏为残贼，岁增于前。

凡民有七亡：阴阳不和，水旱为灾，一亡也；县官重责更赋租税，二亡也；贪吏并公，受取不已，三亡也；豪强大姓蚕食亡厌，四亡也；苛吏繇役，失农桑时，五亡也；部落鼓鸣，男女遮迣，六亡也；盗贼劫略，取民财物，七亡也。七亡尚可，又有七死：酷吏殴杀，一死也；治狱深刻，二死也；冤陷亡辜，三死也；盗贼横发，四死也；怨仇相残，五死也；岁恶饥饿，六死也；时气疾疫，七死也。民有七亡而无一得，欲望国安，诚难；民有七死而无一生，欲望刑措，诚难。此非公卿守相贪残成化之所致邪？群臣幸得居尊官，食重禄，岂有肯加恻隐于细民，助陛下流教化者邪？志但在营私家，称宾客，为奸利而已。以苟容曲从为贤。以拱默尸禄为智，谓如臣宣等为愚。陛下擢臣岩穴，诚冀有益豪毛，岂徒欲使臣美食大官，重高门之地哉！

天下乃皇天之天下也，陛下上为皇天子，下为黎庶父母，为天牧养元元，视之当如一，合《尸鸠》之诗。今贫民菜食不厌，衣又穿空，父子夫妇不能相保，诚可为酸鼻。陛下不救，将安所归命乎？奈何独私养外亲与幸臣董贤，多赏赐以大万数，使奴从宾客浆酒霍

骓兜、三苗、鲧四个罪人而天下臣服，如今朝廷每任命一个官吏而众人都深感疑惑；古时候施行刑罚而人人顺服，如今奖赏人们反生疑虑。朝中大臣相互请托狼狈为奸，一众小人日益受到重用。国库空虚，朝廷用度不足。百姓流离失所，远离城郭，盗贼并起，官吏残忍暴虐，这样的情况一年比一年严重。

百姓流亡有七个原因：阴阳不和，水旱为灾，这是第一个原因；朝廷严厉催缴租税更赋，这是第二个原因；贪官损公肥私，不停受贿，这是第三个原因；豪强大户贪得无厌，这是第四个原因；酷吏和徭役，贻误了农时，这是第五个原因；村落时时响起警戒盗贼的鼓声，男女都得出动围捕，这是第六个原因；盗贼四处劫掠，强取百姓财物，这是第七个原因。除了这七种导致百姓流亡的祸端之外，又有七种导致百姓死亡的原因：被酷吏杀害，这是第一个原因；刑狱严峻苛刻，这是第二个原因；冤枉无罪之人，这是第三个原因；盗贼猖獗，这是第四个原因；结怨残杀，这是第五个原因；粮食欠收，导致饥饿，这是第六个原因；疾病瘟疫四处流行，这是第七个原因。百姓有七个流亡的原因却没有一件益事能使他们心安，希望国家安定，很难做到；百姓有七种死亡的原因却没有一线生机，想要刑罚搁置不用，确实很难啊。这难道不是公卿及郡守与国相贪婪凶暴成风造成的吗？群臣有幸身居尊位，享受着丰厚的俸禄，难道有肯同情百姓疾苦，帮助陛下传播德泽，教化民风的官吏？他们的愿望都只是在经营自己的利益，满足宾客的需求，非法谋取自身利益而已。大家都以苟且顺从为贤德。以拱手缄默空受俸禄为智慧，大家都认为像大臣鲍宣这样敢于直言的人是愚蠢。陛下在山野洞穴之中提拔臣，实在是希望臣能对朝廷有一丝一毫的帮助，难道陛下只是想让臣享受高官美食，以提高朝廷的威严吗！

天下是皇天的天下，陛下上为皇天之子，下为百姓的父母，代替皇天养育百姓，陛下应当对他们一视同仁，正如《诗经·尸鸠》一诗所讲的一样。现在贫苦百姓食不裹腹，衣衫破敝，父子夫妇不能相互保全，实在是令人泪目。陛下不帮助他们解脱苦难，他们将归附哪里？陛下为什么只私下优待外戚和宠臣董贤，给他们的赏赐大到以万来

肉，苍头庐儿皆用致富！非天意也。及汝昌侯傅商亡功而封。夫官爵非陛下之官爵，乃天下之官爵也。陛下取非其官，官非其人，而望天说民服，岂不难哉！

方阳侯孙宠、宜陵侯息夫躬辩足以移众，强可用独立，奸人之雄，或世尤剧者也，宜以时罢退。及外亲幼童未通经术者，皆宜令休就师傅。急征故大司马傅喜使领外亲。故大司空何武、师丹、故丞相孔光、故左将军彭宣，经皆更博士，位皆历三公，智谋威信，可与建教化，图安危。龚胜为司直，郡国皆慎选举，三辅委输官不敢为奸，可大委任也。陛下前以小不忍退武等，海内失望。陛下尚能容亡功德者甚众，曾不能忍武等邪！治天下者当用天下之心为心，不得自专快意而已也。上之皇天见谴，下之黎庶怨恨，次有谏争之臣，陛下苟欲自薄而厚恶臣，天下犹不听也。臣虽愚戆，独不知多受禄赐，美食太官，广田宅，厚妻子，不与恶人结仇怨以安身邪？诚迫大义，官以谏争为职，不敢不竭愚。惟陛下少留神明，览《五经》之文，原圣人之至意，深思天地之戒。臣宣呐钝于辞，不胜惓惓，尽死节而已。

上以宣名儒，优容之。

是时郡国地震，民讹言行筹，明年正月朔日蚀，上乃征孔光，免孙宠、息夫躬，罢侍中诸曹黄门郎数十人。宣复上书言：

陛下父事天，母事地，子养黎民，即位已来，父亏明，母震动，子讹言相惊恐。今日蚀于三始，诚可畏惧。小民正月朔日尚恐毁败器物，何况于日亏乎！陛下深内自责，避正殿，举直言，求过失，罢退

计数，以至于他们的奴仆宾客都视酒肉为粗食，仆役家奴都跟着富裕起来！这不是皇天的意旨啊。至于汝昌侯傅商没有任何功绩却封为侯爵。官爵不是陛下的官爵，而是天下的官爵。陛下拿着不属于自己的官爵，封授不应该担任此官爵的人，还指望天悦民服，能不难吗！

方阳侯孙宠、宜陵侯息夫躬二人的辩才足够打动人心，他们势力强大足以独立，他们是奸人中的首脑，或者说是当世最邪恶的人物，陛下应当及时罢免他们。至于那些外戚幼童中不通晓经术的人，就应该让他们离开职位跟着老师学习。陛下应立即征召原大司马傅喜，让他统领外戚。原大司空何武、师丹、原丞相孔光，原左将军彭宣，他们都担任过博士，且皆位列三公，他们的才智谋略以及名望威信，都可以兴盛教化，图谋国家的安危。龚胜担任司直，郡国都慎重地对待选拔人才，三辅委输官不敢狼狈为奸，陛下可以大力任用他。陛下之前因小事不忍而辞退了何武等人，举国上下都很失望。陛下尚且能容忍那么多没有功德的人，怎么就不能容纳何武等人呢！治理天下者应当用天下民心为心，不能独断专行，依据自己的好恶行事啊。上有皇天谴责，下有百姓怨恨，还有敢于直言劝谏的大臣直言无讳，陛下如果想要削减自己的德行而加重恶臣的势力，天下人也不会听从陛下啊。臣虽愚直，难道不知道多多接受俸禄和赏赐，享用美食，位居高官，增加田宅，优待妻子儿女，不与恶人结仇以安身吗？臣实在是迫于大义，官以直言劝谏为操守，臣不敢不竭尽愚忠。希望陛下稍留神明，阅览《五经》之文，追寻圣人极为深远的用意，深思天地的告诫。臣鲍宣语言迟钝，出于真挚诚恳，尽忠职守，愿意尽节而死。

哀帝因为鲍宣是名儒，因此对他很优待，没有责备他。

当时郡国发生地震，谣言四起，百姓纷纷占卜吉凶，第二年正月初一发生日食，哀帝于是征召孔光，免去孙宠、息夫躬的官职，又遣返侍中诸曹黄门郎几十人。鲍宣又上书说：

陛下侍奉上天如同侍奉父亲，侍奉大地如同侍奉母亲，养育黎民如同养育自己的孩子，即位以来，上天缺损光明，大地发生震动，百姓因为谣言四起惊恐不已。如今日食在正月初一出现，确实使人生

外亲及旁仄素餐之人，征拜孔光为光禄大夫，发觉孙宠、息夫躬过恶，免官遣就国，众庶歙然，莫不说喜。天人同心，人心说则天意解矣。乃二月丙戌，白虹奸日，连阴不雨，此天有忧结未解，民有怨望未塞者也。

侍中驸马都尉董贤本无葭莩之亲，但以令色谀言自进，赏赐亡度，竭尽府藏，并合三第尚以为小，复坏暴室。贤父子坐使天子使者将作治第，行夜吏卒皆得赏赐。上冢有会，辄太官为供。海内贡献当养一君，今反尽之贤家，岂天意与民意邪！天不可久负，厚之如此，反所以害之也。诚欲哀贤，宜为谢过天地，解仇海内，免遣就国，收乘舆器物，还之县官。如此，可以父子终其性命；不者，海内之所仇，未有得久安者也。

孙宠、息夫躬不宜居国，可皆免以视天下。复征何武、师丹、彭宣、傅喜，旷然使民易视，以应天心，建立大政，以兴太平之端。

高门去省户数十步，求见出入，二年未省，欲使海濒仄陋自通，远矣！愿赐数刻之间，极竭毣毣之思，退入三泉，死亡所恨。

上感大异，纳宣言，征何武、彭宣，旬月皆复为三公。拜宣为司隶。时哀帝改司隶校尉但为司隶，官比司直。

丞相孔光四时行园陵，官属以令行驰道中，宣出逢之，使吏钩

畏。百姓在正月初一尚且担心出现毁败器物的事情，更何况是日蚀呢！陛下能发自内心地自责，避开正殿，敢于任用直谏之士，以检讨自己治国的过失，罢免外戚以及您左右无功劳而空享俸禄的人，征拜孔光为光禄大夫，发觉孙宠、息夫躬的错误，免去他们的官职派遣他们回到自己的封国中去，众人和睦，无不喜悦。天人同心，人心和乐则上天和乐。到二月丙戌，白虹侵犯太阳，连阴不雨，这是上天还有忧虑未释，百姓心中还有怨恨啊。

侍中驸马都尉董贤与皇室本来就没有任何亲属关系，他却靠着巴结奉承得以晋升，陛下对他的赏赐没有限度，耗尽国库财物，一并赏赐他三处宅第还觉得狭小，又将暴室之地赐予他。董贤父子坐在那里指挥着天子的使者工匠营造宅第，就连夜间巡逻的吏卒都能得到赏赐。他家上坟或宴会，都要太官为他们提供食物。海内进贡的物品本来只供养皇上一人，现在反而都送到董贤家里，这难道是天意与民意吗？我们不可以长久辜负天意，对待董贤如此优厚，这样做反而是在害他。陛下如果确实怜悯董贤，就应为他的错误向天地谢罪，消除举国上下对他的怨恨，免去他的官职遣返他回归封国，没收他的乘舆器物，还给朝廷。这样一来，他们父子就能保全性命安度余生；否则，他们被举国上下所仇恨，不会过上长久安稳日子的。

孙宠、息夫躬二人不宜治理自己的封国，陛下可以罢免他们以警示天下。再征用何武、师丹、彭宣、傅喜等人，让百姓看到截然不同的新气象，改变对朝廷的看法，以顺应上天的心意，建立大政，以开创太平基业。

臣身居高门，距离陛下的宫门仅仅几十步，臣请求出入宫门进见陛下，却二年没有得到陛下的许可，在这种情况下，想要去海滨狭窄简陋的地方，又太远了！希望陛下恩赐臣数刻时间，让臣陈说自己的忠言，即使身赴黄泉，死而无憾。

哀帝读了鲍宣的奏书，深为震惊，于是采纳了他的建议，征召何武、彭宣入朝，在一个月之内复任他们为三公。封鲍宣为司隶。当时哀帝改司隶校尉为司隶，官级与司直相当。

丞相孔光一年四季都要在园陵巡行，他的属官无视皇帝的命

止丞相掾史，没入其车马，摧辱宰相。事下御史中丞，侍御史至司隶官，欲捕从事，闭门不肯内。宣坐距闭使者，亡人臣礼，大不敬，不道，下廷尉狱。博士弟子济南王咸举幡太学下，曰：“欲救鲍司隶者会此下。”诸生会者千余人。朝日，遮丞相孔光自言，丞相车不得行，又守阙上书。上遂抵宣罪减死一等，髡钳。宣既被刑，乃徙之上党，以为其地宜田牧，又少豪俊，易长雄，遂家于长子。

平帝即位，王莽秉政，阴有篡国之心，乃风州郡以罪法案诛诸豪桀，及汉忠直臣不附己者，宣及何武等皆死。时名捕陇西辛兴，兴与宣女婿许绀俱过宣，一饭去，宣不知情，坐系狱，自杀。

自成帝至王莽时，清名之士，琅邪又有纪逡王思，齐则薛方子容，太原则郇越臣仲、郇相稚宾，沛郡则唐林子高、唐尊伯高，皆以明经饬行显名于世。

纪逡、两唐皆仕王莽，封侯贵重，历公卿位。唐林数上疏谏正，有忠直节。唐尊衣敝履空，以瓦器饮食，又以历遗公卿，被虚伪名。

郇越、相，同族昆弟也，并举州郡孝廉茂材，数病，去官。越散其先人訾千余万，以分施九族州里，志节尤高。相王莽时征为太子四友，病死，莽太子遣使裞以衣衾，其子攀棺不听，曰：“死父遗言，师友之送勿有所受，今于皇太子得托友官，故不受也。”京师

令而违规在驰道中乘车行走，鲍宣外出正好碰到他们，鲍宣就让官吏扣押了丞相掾史，没收了车马，以此来羞辱丞相。后来这件事情被移交到御史中丞那里查办，侍御史来到司隶官署，想逮捕鲍宣的从事官，鲍宣闭门不让他进去。鲍宣因此以闭门拒见使者，没有人臣之礼，大不敬，不道等罪，被关入廷尉狱。博士弟子济南人王咸举着大旗来到太学门前，说："想救鲍司隶的人来此集中。"一时间，那里聚集了一千多太学生。到了上朝之日，他们拦住丞相孔光为鲍宣进言，丞相的车马不能前行，众人又守在宫阙门前向哀帝上书。哀帝只好将鲍宣的死罪减免一级，改为剃发之刑，用铁圈束颈。鲍宣被判刑后，便迁徙到上党居住，他认为上党那里适宜农业与牧业，又少豪强人物，容易成为杰出的人，他随即把家安在长子县。

汉平帝即位后，王莽执掌政权，他私下有篡国之心，于是暗示各州郡编造罪名以法律的名义查明豪杰之士的罪行并处以死刑，对于那些忠于汉朝，不愿归附自己的大臣，就像鲍宣、何武等人都被处死。当时朝廷指名逮捕陇西人辛兴，辛兴与鲍宣的女婿许绀一起拜访鲍宣，吃了一顿饭就离去，鲍宣不知内情，因受牵连被关进监狱自杀死去。

从成帝到王莽执政时期，清正守节之士，琅琊郡还有纪逡字王思，齐地则有薛方字子容，太原郡则有郇越字臣仲、郇相字稚宾，沛郡则有唐林字子高、唐尊字伯高，他们都以明晓经义，行为合礼而在当世名声显扬。

纪逡、两唐都在王莽执政时为官，他们都被封侯，位尊官显，位列公卿。唐林多次上书劝谏，有忠诚正直的气节。唐尊衣服破旧，鞋子穿孔，用瓦器吃饭，又拿着瓦器到处赠送公卿大臣，赢得了虚伪的名声。

郇越、郇相，是同族兄弟，一起被州郡推举为孝廉茂材，他们几次因生病而辞官回家。郇越将祖辈留下的千余万家产，分别送给州里九族家人，节气尤其高尚。郇相在王莽时被征为太子四友，他病死后，王莽太子派使者赠送衣被，郇相的儿子守着棺材不肯接受，他说："我父亲去世时留下遗言，师友所赠送的物品一概不接受，现

称之。

薛方尝为郡掾祭酒，尝征不至，及莽以安车迎方，方因使者辞谢曰：“尧舜在上，下有巢由，今明主方隆唐虞之德，小臣欲守箕山之节也。”使者以闻，莽说其言，不强致。方居家以经教授，喜属文，著诗赋数十篇。

始隃麋郭钦，哀帝时为丞相司直，奏免豫州牧鲍宣、京兆尹薛修等，又奏董贤，左迁卢奴令，平帝时迁南郡太守。而杜陵蒋诩元卿为兖州刺史，亦以廉直为名。王莽居摄，钦、诩皆以病免官，归乡里，卧不出户，卒于家。

齐栗融客卿、北海禽庆子夏、苏章游卿、山阳曹竟子期皆儒生，去官不仕于莽。莽死，汉更始征竟以为丞相，封侯，欲视致贤人，销寇贼。竟不受侯爵。会赤眉入长安，欲降竟，竟手剑格死。

世祖即位，征薛方，道病卒。两龚、鲍宣子孙皆见褒表，至大官。

赞曰：《易》称“君子之道也，或出或处，或默或语”，言其各得道之一节，譬诸草木，区以别矣。故曰山林之士往而不能反，朝廷之士入而不能出，二者各有所短。春秋列国卿大夫及至汉兴将相名臣，怀禄耽宠以失其世者多矣！是故清节之士于是为贵。然大率多能自治而不能治人。王、贡之材，优于龚、鲍。守死善道，胜实蹈焉。贞而不谅，薛方近之。郭钦、蒋诩好遁不污，绝纪、唐矣！

在，我父亲对于皇太子来说算是友官，所以不能接受太子赠送的物品。”京城的人们都称赞他的行为。

薛方曾被任命为郡掾祭酒，朝廷曾经征召他，他没有接受，后来王莽用安车迎接他，薛方通过使者推辞说：“上有唐尧、虞舜，下有巢父、许由，现在圣明的君主正兴起唐尧虞舜的德政，小臣想效法巢父、许由等人，以遵守箕山的节操。”使者把薛方的话转告王莽，王莽听了很开心，就不再强行征兆。薛方居家教授经书，喜欢写文章，他著有几十篇诗赋。

最初隃麋人郭钦，在哀帝时担任丞相司直，他曾经奏请罢免豫州牧鲍宣、京兆尹薛修等人，又上奏弹劾董贤，被贬为卢奴县令，郭钦在平帝时升任南郡太守。而杜陵人蒋诩字元卿任兖州刺史，也因为廉直出名。王莽摄政期间，郭钦、蒋翊都因生病免去官职，回到乡里，卧病不出门，在家中去世。

齐人栗融字客卿、北海人禽庆字子夏、苏章字游卿、山阳人曹竟字子期都是儒生，他们在王莽篡国后都去官不仕。王莽死后，东汉更始年间，刘玄征召曹竟担任丞相，封地立侯，想让天下人看到他招贤纳士，消除寇贼的决心。曹竟不接受侯爵之位。正碰上赤眉军攻入长安，想要降服曹竟，曹竟手持宝剑与赤眉军格斗死去。

世祖刘秀登基以后，征召薛方，薛方在进京的路上病死。龚胜、龚舍、鲍宣的子孙都被嘉奖表彰，都在朝廷担任要职。

赞辞说：《易经》讲“君子之道也，或出或处，或默或语”，是说他们各自符合道的一个环节，好像草木一样，虽然类别不同，而有各自的芬芳。所以说山林之士远离朝廷不再入仕，朝廷之士在朝为官不再隐归山林，两方各有长短。春秋列国卿大夫及至汉朝建立以后的将相名臣，留恋爵禄贪恋荣宠以致于断送一生的人有很多啊！因此清廉守节之士犹其难能可贵。然而大多数人只能自我修身却不能管理百姓。像王吉、贡禹这样的人才，比龚胜、龚舍、鲍宣优秀。至死坚守正道，龚胜确实遵循了这样的正道。坚贞而不拘于小信，薛方就接近这一类人。郭钦、蒋翊远离王莽新政，不污其节，超过纪逡、唐林、唐尊等人啊！

卷七十三

韦贤传第四十三

韦贤字长孺，鲁国邹人也。其先韦孟，家本彭城，为楚元王傅，傅子夷王及孙王戊。戊荒淫不遵道，孟作诗风谏。后遂去位，徙家于邹，又作一篇。其谏诗曰：

肃肃我祖，国自豕韦，黼衣朱绂，四牡龙旂。彤弓斯征，抚宁遐荒，总齐群邦，以翼大商，迭彼大彭，勋绩惟光。至于有周，历世会同。王赧听谮，寔绝我邦。我邦既绝，厥政斯逸，赏罚之行，非繇王室。庶尹群后，靡扶靡卫，五服崩离，宗周以队。我祖斯微，迁于彭城，在予小子，勤诶厥生，厄此嫚秦，耒耜以耕。悠悠嫚秦，上天不宁，乃眷南顾，授汉于京。

於赫有汉，四方是征，靡适不怀，万国逌平。乃命厥弟，建侯于楚，俾我小臣，惟傅是辅。兢兢元王，恭俭净壹，惠此黎民，纳彼辅弼。飨国渐世，垂烈于后，乃及夷王，克奉厥绪。咨命不永，唯王统祀，左右陪臣，此惟皇士。

如何我王，不思守保，不惟履冰，以继祖考！邦事是废，逸游是娱，犬马繇繇，是放是驱。务彼鸟兽，忽此稼苗，烝民以匮，我王以媮。所弘非德，所亲非俊，唯囿是恢，唯谀是信。睮睮谄夫，咢咢

韦贤字长孺，是鲁国邹县人。他的祖先韦孟，本来居住在彭城，曾是楚元王的老师，又做过楚元王儿子夷王和孙子刘戊的老师。刘戊荒淫无道，韦孟就作诗进行劝谏，希望他改正错误。后来韦孟辞去官职，把家搬迁到邹县，又写了一首诗劝谏刘戊。内容如下：

我们庄重肃穆的祖先，自豕韦氏就拥有封国，身穿绣有黑白斧形的礼服系着红色丝带，驾驭着四马之车，上面插着龙旃。手握朱漆弓专司征伐，安抚蛮荒的百姓，总领众多诸侯国，成为大商的辅助之臣，随后有大彭国兴起，也是功绩显赫。直到周朝的时候，我们韦氏几代诸侯，都参加会盟。周赧王后来听信谮言，剥夺了我们在周朝的爵位。既然我们与周朝已经断绝关系，周朝颁布的政令就不能在我国施行，周王朝也不再决定赏功罚罪的事。周朝的大臣和诸侯，也都不再护卫辅佐周朝，周朝都城周围的五服之地，都已经分崩离析，宗周就这样瓦解了。我们祖先也开始衰微了，便迁徙到彭城居住，直到我们这一辈，生活可真是勤苦啊，我们遭遇了强秦的侮辱，失去爵位，先祖只好亲自耕田种地维持生计。秦国专横轻慢，上天绝不护佑他们，上天眷顾南方，将秦朝的京都授予汉朝。

汉朝建立后真是神武，征伐四面八方，所到之处全部归降，万国都悠然安定。汉高祖任命他的兄弟，在楚地建立封国，让我这个小臣民，来辅佐楚王。元王兢兢业业，恭敬俭朴持续久长，惠及万民，任用贤良辅弼朝政。元王享有国家直到去世，留下遗业传给后嗣，夷王后来继承王位，能够承继先帝遗风。可惜夷王命不长久，我王登基继位，身边的诸位臣子，皆是正人君子国家栋梁。

为何我们的大王，从来不考虑守护祖宗基业，为何不想着如履薄冰的小心行事，以此继承祖上基业！大王将国中大事荒废不管，整天游逸娱乐，猎犬骏马悠游自在，前驱后放东奔西跑。只在意禽兽，

黄发，如何我王，曾不是察！既藐下臣，追欲从逸，嫚彼显祖，轻兹削黜。

嗟嗟我王，汉之睦亲，曾不夙夜，以休令闻！穆穆天子，临尔下土，明明群司，执宪靡顾。正遐繇近，殆其怙兹，嗟嗟我王，曷不此思！

非思非鉴，嗣其罔则，弥弥其失，岌岌其国。致冰匪霜，致队靡嫚，瞻惟我王，昔靡不练。兴国救颠，孰违悔过，追思黄发，秦缪以霸。岁月其徂，年其逮耇，於昔君子，庶显于后。我王如何，曾不斯览！黄发不近，胡不时监！

其在邹诗曰：

微微小子，既耇且陋，岂不牽位，秽我王朝。王朝肃清，唯俊之庭，顾瞻余躬，惧秽此征。

我之退征，请于天子，天子我恤，矜我发齿。赫赫天子，明悊且仁，县车之义，以洎小臣。嗟我小子，岂不怀土？庶我王寤，越迁于鲁。

既去祢祖，惟怀惟顾，祁祁我徒，戴负盈路。爰戾于邹，鬋茅作堂，我徒我环，筑室于墙。

我即逷逝，心存我旧，梦我渎上，立于王朝。其梦如何？梦争王室。其争如何？梦王我弼。寤其外邦，叹其喟然，念我祖考，泣涕

却忽视农事，百姓生活贫困潦倒，我们大王却以此为乐。大王所弘扬的事情不是德行，所亲近的人也不是俊才，只想着扩建苑囿，只愿意相信阿谀小人。对于谄媚奉迎的小人，和刚正直言的正人君子，为何大王不分辨明察！却慢待轻视你的臣民，沉迷于纵欲享受，侮辱了你那圣明的先人，轻视自己被废黜国家被削弱。

可悲啊我们的大王，虽是汉朝宗亲，却不能勤政爱民，来弘扬祖先的美名！庄重的天子，统领四方国土，贤能的大臣，公正秉政无所忌讳。想要教化远方的人就要从端正自己开始，依仗自己是汉室宗亲就胡作非为而置身于险地，可叹我们的大王，为何不考虑这些！

不深思也不借鉴，子孙后代就会无法可循，有这么重大的失误，会使整个国家岌岌可危。寒冰由霜微凝结扩散而成，国家的崩溃起始于君王的轻慢，用心参考先王的治政，做事没有不考虑周详的。拯救危难振兴国家，必须要经常反省，虚心向忠直的老臣请教，秦穆公才能称霸天下。岁月流逝，年岁将老，昔日的那些君子，能够反省自己，所以显明于后世。大王您将如何呢，竟然看不到这些！不去亲近忠直的大臣，不借鉴以往的教训！

韦孟在邹县写的谏诗中说：

卑微的小臣，既老又丑，莫非我对自己的官位不在意，是朝廷太污秽了我才离去。朝廷应当整顿纲纪，成为俊杰英才汇集的地方，看看自己现在的境况，仔细一想，我害怕污秽的状况，还是赶快离开吧。

我辞官归隐的时候，去向天子请罪，天子体恤我年迈体衰。堂堂天子，圣明仁义，准许我辞官回家，以恩惠小臣。哎呀我这个人，难道不怀恋故土吗？希望我们的君王也能够醒悟，让我迁居到鲁地。

离开了父庙与祖庙，我伤心地连连回首，我众多的弟子，背着行囊挤满道路。于是我们到达了邹县，割下茅草建造房屋，我的弟子围绕着我的屋舍，建造了房子。

我虽然搬到这里，心中还想念着故土，梦里见到了我在渎上的故居，梦到我还立于朝廷上。梦到又如何呢？梦到我在王室中争论

其涟。微微老夫，咨既迁绝，洋洋仲尼，视我遗烈。济济邹鲁，礼义唯恭，诵习弦歌，于异他邦。我虽鄙耇，心其好而，我徒侃尔，乐亦在而。

孟卒于邹。或曰其子孙好事，述先人之志而作是诗也。

自孟至贤五世。贤为人质朴少欲，笃志于学，兼通《礼》《尚书》，以《诗》教授，号称邹鲁大儒。征为博士，给事中，进授昭帝《诗》，稍迁光禄大夫詹事，至大鸿胪。昭帝崩，无嗣，大将军霍光与公卿共尊立孝宣帝。帝初即位，贤以与谋议，安宗庙，赐爵关内侯，食邑。徙为长信少府。以先帝师，甚见尊重。本始三年，代蔡义为丞相，封扶阳侯，食邑七百户。时贤七十余，为相五岁，地节三年，以老病乞骸骨，赐黄金百斤，罢归，加赐第一区。丞相致仕自贤始。年八十二薨，谥曰节侯。

贤四子：长子方山为高寝令，早终；次子弘，至东海太守；次子舜，留鲁守坟墓；少子玄成，复以明经历位至丞相。故邹鲁谚曰：“遗子黄金满籝，不如一经。”

玄成字少翁，以父任为郎，常侍骑。少好学，修父业，尤谦逊下士。出遇知识步行，辄下从者，与载送之，以为常。其接人，贫贱者益加敬，繇是名誉日广。以明经擢为谏大夫，迁大河都尉。

政事。争论又如何呢？梦到君王厌恶不接受受我的建议。醒后发现我仍在异乡，我喟然感叹，想念我的祖先，涕泣不已。我已经年迈老朽，既然迁居，与旧居已经隔绝，伟大的孔夫子，向我显示他的遗业。雄美的邹鲁之地，人们恭敬遵从礼义，诵读经典、研习礼乐，与其他地方大不相同。我虽然已经年迈，内心却很喜欢这些事，我的弟子们非常开心，也乐在其中。

韦孟最终在邹县去世。有人说这是他的子孙，为了陈述先祖的志向而作了这首诗。

自韦孟到韦贤共五辈人。韦贤为人质朴少欲，专心致志专研学问，对《礼记》《尚书》都非常精通，他传授《诗经》教育学生，号称邹鲁的大儒。后来韦贤被朝廷征召为博士，担任给事中，在宫中给昭帝讲解《诗经》，昭帝慢慢地提升他为光禄大夫詹事，后来一直做到大鸿胪。昭帝驾崩，没有后嗣，大将军霍光与公卿大臣共同拥立孝宣帝。宣帝刚刚即位，韦贤因为参与拥立宣帝的谋议，安定宗庙社稷有功，被赐爵关内侯，享受封地食邑。后来又调任长信宫少府。韦贤曾经是先帝的老师，因而非常受尊重。在宣帝本始三年（前71），韦贤代替蔡义担任丞相，被封为扶阳侯，食邑七百户。当时韦贤已七十多岁，担任丞相五年，到宣帝地节三年（前67），因为年老有病，向朝廷请求辞官，皇上赏赐他一百斤黄金，准许他回归故里，另外赐他一处住宅。丞相退休这一惯例就是从韦贤开始。韦贤在八十二岁时死去，皇上赐他谥号为节侯。

韦贤有四个儿子：长子韦方山担任高寝县令，英年早逝；次子韦弘，官至东海郡太守；三儿子叫韦舜，留在鲁地守候韦氏墓地；小儿子韦玄成，也因为精通经术多次被提升官位，一直到丞相。因此在邹鲁地方流传谚语说："遗留给儿子黄金满箩筐，不如留给他一部经典。"

韦玄成字少翁，因为父亲的荫庇担任郎官，常侍散骑。他从小好学，能够继承父业，尤其能礼贤下士。有时外出遇到步行的熟人，他总是让随从下车，载送熟人回家，而且习以为常。韦玄成对待贫贱者更为礼敬，由此他的名声日益显扬。因为他精通典籍，被提拔为谏大

初，玄成兄弘为太常丞，职奉宗庙，典诸陵邑，烦剧多罪过。父贤以弘当为嗣，故敕令自免。弘怀谦，不去官。及贤病笃，弘竟坐宗庙事系狱，罪未决。室家问贤当为后者，贤恚恨不肯言。于是贤门下生博士义倩等与宗家计议，共矫贤令，使家丞上书言大行，以大河都尉玄成为后。贤薨，玄成在官闻丧，又言当为嗣，玄成深知其非贤雅意，即阳为病狂，卧便利，妄笑语昏乱。征至长安，既葬，当袭爵，以病狂不应召。大鸿胪奏状，章下丞相御史案验。玄成素有名声，士大夫多疑其欲让爵辟兄者。案事丞相史乃与玄成书曰："古之辞让，必有文义可观，故能垂荣于后。今子独坏容貌，蒙耻辱，为狂痴，光曜晻而不宣。微哉！子之所托名也。仆素愚陋，过为宰相执事，愿少闻风声。不然，恐子伤高而仆为小人也。"玄成友人侍郎章亦上疏言："圣王贵以礼让为国，宜优养玄成，勿枉其志，使得自安衡门之下。"而丞相御史遂以玄成实不病，劾奏之。有诏勿劾，引拜。玄成不得已受爵。宣帝高其节，以玄成为河南太守。兄弘太山都尉，迁东海太守。

数岁，玄成征为未央卫尉，迁太常。坐与故平通侯杨恽厚善，恽诛，党友皆免官。后以列侯侍祀孝惠庙，当晨入庙，天雨淖，不驾驷马车而骑至庙下。有司劾奏，等辈数人皆削爵为关内侯。玄成自伤贬黜父爵，叹曰："吾何面目以奉祭祀！"作诗自劾责，曰：

夫，又调任大河郡都尉。

起初，韦玄成的哥哥韦弘担任太常丞，职责是侍奉宗庙，掌管诸皇陵园邑，事务烦杂并且容易出差错。父亲韦贤想让韦弘将来做韦家的继承人，所以让韦弘托病辞去太常丞的官职。韦弘却另有想法，不愿去官。等到韦贤病重时，韦弘因奉守宗庙出错进了监狱，暂时还没有判决。家里人询问韦贤谁来担任韦家的继承人，韦贤心有怨恨始终没有说话。于是韦贤的门下学生、博士义倩等人与韦贤的同族商量，假说是韦贤的遗愿，让韦家家丞上书大行令，立大河郡都尉韦玄成担任韦家的继承人。韦贤去世以后，韦玄成在职位上闻知噩耗，又听说自己被定为继承人，韦玄成深知这不是父亲韦贤的本意，就假装犯了痴狂病，睡卧在大小便上，胡言乱语。朝廷征召韦玄成到长安，把父亲安葬完毕，应该继承父亲的爵位了，他假装有病发狂不去应召。大鸿胪上奏说明情况，皇上把奏章下发给丞相、御史，要求他们查讯证实。韦玄成一向名声美好，士大夫中许多人怀疑他想哥哥继承爵位。于是负责调查的丞相府长史给韦玄成写信，说：“古时的辞让，必定要有合适的名义，所以才能垂荣后世。而你现在只是一味地毁坏自己的外貌，使自己受辱，假装癫狂，韬光隐晦。格局太小了！你这种做法是在博取虚名。我向来愚钝浅陋，朝廷还重用我，让我担任宰相执事，希望能了解你的真实想法。不然的话，恐怕你会有损于道义而我也会成为小人。”韦玄成的友人侍郎章也向朝廷上奏说：“圣明的君王崇尚以礼让治理国家，对韦玄成应当宽容，不要让他的志向受损，让他安贫乐道就好。”但是丞相、御史以韦玄成装病为由，上奏弹劾他。皇上下诏，不让弹劾韦玄成，派人召他来担任官职。韦玄成不得已继承了官爵。宣帝认为他的气节高尚，任命他为河南郡太守。让他的兄长韦弘担任太山郡都尉，后来调任东海郡太守。

几年后，韦玄成被朝廷任命为未央宫卫尉，又迁为太常。后来韦玄成因为与平通侯杨恽相好被牵连获罪，杨恽被诛杀，他的同党和朋友全部被免去官职。后来韦玄成以列侯身份助祭孝惠帝庙，在早晨入庙时，因为下雨道路泥泞，他们没有乘马车而是骑马进庙。遭到主管官员的上书弹劾，韦玄成等几人因此都被削爵为关内侯。韦玄成

赫矣我祖，侯于豕韦，赐命建伯，有殷以绥。厥绩既昭，车服有常，朝宗商邑，四牡翔翔。德之令显，庆流于裔，宗周至汉，群后历世。

肃肃楚傅，辅翼元、夷，厥驷有庸，惟慎惟祇。嗣王孔佚，越迁于邹，五世圹僚，至我节侯。

惟我节侯，显德遐闻，左右昭、宣，五品以训。既耇致位，惟懿惟奂，厥赐祁祁，百金洎馆。国彼扶阳，在京之东，惟帝是留，政谋是从。绎绎六辔，是列是理，威仪济济，朝享天子。天子穆穆，是宗是师，四方遐尔，观国之辉。

茅土之继，在我俊兄，惟我俊兄，是让是形。於休厥德，於赫有声，致我小子，越留于京。惟我小子，不肃会同，媠彼车服，黜此附庸。

赫赫显爵，自我队之；微微附庸，自我招之。谁能忍愧，寄之我颜；谁将遐征，从之夷蛮。於赫三事，匪俊匪作，於蔑小子，终焉其度。谁谓华高，企其齐而；谁谓德难，厉其庶而。嗟我小子，于贰其尤，队彼令声，申此择辞。四方群后，我监我视，威仪车服，唯肃是履！

初，宣帝宠姬张婕妤男淮阳宪王好政事，通法律，上奇其材，有意欲以为嗣，然用太子起于细微，又早失母，故不忍也。久之，

感伤因犯错致使父亲的爵位被贬黜，叹息道："我有何面目面来奉祀祖庙啊！"于是作诗自责，诗文说：

我们伟大的祖先啊，自从豕韦氏被封侯，受赐伯爵，辅助殷商安定天下。以为功勋卓著，朝廷封赏给我们朝服车驾，去商朝都城觐见天子，四匹骏马驾车跑的飞快。祖先的美德昭显，影响教育了后裔，从周朝一直到汉朝，历代享受爵位。

严肃恭敬的楚国太傅韦孟是我的先辈，辅佐了楚元王和楚夷王，连车马都有赏赐，他对此十分谨慎。后来的戊王荒淫放荡，我的祖先于是迁到了邹地，从此后五代人都没有仕官，一直到我的父亲被封为节侯。

我的父亲节侯，德行显赫，辅弼昭帝、宣帝，以五教来劝导他们。年纪渐老时他辞官回归故里，德美仪盛，朝廷对他的赏赐丰厚，使者来来往往，皇帝赐予百金送到府邸。他的封地在扶阳，在京城的东面，皇帝常常在那里驻跸，听取他对国政的筹谋。父亲乘着和顺的六辔安车，非常安稳，仪表威严十分整齐，前去朝拜天子。天子肃穆威仪，将他当作宗师，远近四方的民众，都仰慕我们封国的光环。

继承祖先的封邑，应当是我那才智出众的长兄，只是我那才智出众的长兄，却一再地谦让。他的品德多么美好啊，他的名声多么响亮，祖先的官爵遗留给我，于是我留在了京都。可是浅薄的我呀，却对重大朝会不知敬重，对车舆礼服很是懈怠，才被朝廷贬为附庸。

祖上显赫的爵位，被我给毁坏了；附庸的卑微地位，因我而招致。谁能够忍受这样的羞愧啊，使我无颜面对；谁准备去遥远的地方出征，我将跟从他去到那蛮夷之地。三公的荣耀，不是俊杰不可以担任，我虽然现在鄙薄，最终一定会坐到显赫的高位上。谁说华山高峻，我希望与它一样平齐；谁说崇德难修，希望我能通过立志并努力达到。哎呀鄙薄的我呀，不能专心修德才犯下这样的过错，败坏了自己的美名，说出了这些辩解的话。四方的诸侯王啊，要以我为鉴，常常检点自己，威严的礼服车仗，必须要注重庄重肃穆！

起初，宣帝的宠姬张婕妤所生的皇子淮阳宪王刘钦擅于处理政务，精通律法，宣帝非常欣赏他的才能，有意让他做继承人，但是又

上欲感风宪王，辅以礼让之臣，乃召拜玄成为淮阳中尉。是时王未就国，玄成受诏，与太子太傅萧望之及《五经》诸儒杂论同异于石渠阁，条奏其对。及元帝即位，以玄成为少府，迁太子太傅，至御史大夫。永光中，代于定国为丞相。贬黜十年之间，遂继父相位，封侯故国，荣当世焉。玄成复作诗，自著复玷缺之艰难，因以戒示子孙，曰：

於肃君子，既令厥德，仪服此恭，棣棣其则。咨余小子，既德靡逮，曾是车服，荒嫚以队。

明明天子，俊德烈烈，不遂我遗，恤我九列。我既兹恤，惟夙惟夜，畏忌是申，供事靡惰。天子我监，登我三事，顾我伤队，爵复我旧。

我既此登，望我旧阶，先后兹度，涟涟孔怀。司直御事，我熙我盛；群公百僚，我嘉我庆。于异卿士，非同我心，三事惟艰，莫我肯矜。赫赫三事，力虽此毕，非我所度，退其罔日。昔我之队，畏不此居，今我度兹，戚戚其惧。

嗟我后人，命其靡常，靖享尔位，瞻仰靡荒。慎尔会同，戒尔车服，无媠尔仪，以保尔域。尔无我视，不慎不整；我之此复，惟禄之幸。於戏后人，惟肃惟栗。无忝显祖，以蕃汉室！

因为太子的出身于寒微，母亲又早早地去世了，因此宣帝不忍心将太子废掉。过了很久以后，宣帝想晓谕宪王，便打算任用谦恭礼让的臣子去辅佐他，于是就召见韦玄成，任命他为淮阳中尉。此时宪王还没回到封国，韦玄成又接受诏令，与太子太傅萧望之以及研究《五经》的朝中儒士们，在石渠阁一起研讨经书的同异，讨论的结果逐条上奏皇上。元帝即位以后，封韦玄成为少府，后来又升迁为太子太傅，一直到御史大夫。元帝永光年间，韦玄成代替于定国担任丞相。韦玄成被贬黜了十年左右，终于继承了父亲原来的丞相官位，封邑也在原来的地方，荣耀于当世。韦玄成又作了一首诗，自述改正过错的艰难，借此训导后世子孙，诗中说：

庄严的君子，完善自己的德行，恭敬的对待礼仪服饰，雍容文雅可做天下人的楷模。哎，卑微的我，德行无法与他们相比，曾因为车舆礼服之事犯错，丧失官位，并被削夺了爵位。

圣明的天子，美德显著，最终没有抛弃我，体恤我使我位列九卿。我蒙受如此恩遇，日夜难安，告诫自己谨慎从事，为政做官不可以松懈。天子经过对的我考察，晋升我担任丞相，使我位列三公，考虑到我一直为以前的过失而伤感，就恢复了我的爵位。

我荣登丞相后，回望家中的旧台阶和房子，先父曾住在这里，回想起来我十分怀念并伤心流泪。丞相司直这些人，帮助我，使政事越来越顺利；公卿及百官，都来向我道贺。这些执政的卿大夫们，与我的心思不同，多么艰难的三公之事，没有人肯怜悯我。繁多的三公之事，虽然我的精力全都花在这上边了，恐怕这个官位不是我可以长居的，也许哪一天就会被罢黜。我被罢黜官爵时，害怕自己再也不能担任这样的职位，如今我担任了丞相，内心却十分恐惧。

哎呀我的后世子孙们，要明白命运无常啊，做事要周密地考虑，以使自己称职，恭敬处事不要荒怠。要慎重对待朝政大事，要注意服饰车驾这些事，仪表不能不成体统，自己的封地要好好保护。你们不能效仿我，如同我一样不谨慎不严整；我恢复了官位，那是上天垂青。呜呼我的后辈们，一定要小心谨慎。千万不要玷污了我们显赫的祖先，来捍卫大汉王朝！

玄成为相七年，守正持重不及父贤，而文采过之。建昭三年薨，谥曰共侯。初，贤以昭帝时徙平陵，玄成别徙杜陵，病且死，因使者自白曰：“不胜父子恩，愿乞骸骨，归葬父墓。”上许焉。

子顷侯宽嗣。薨，子僖侯育嗣。薨，子节侯沉嗣。自贤传国至玄孙乃绝。玄成兄高寝令方山子安世历郡守，大鸿胪，长乐卫尉，朝廷称有宰相之器，会其病终。而东海太守弘子赏亦明《诗》。哀帝为定陶王时，赏为太傅。哀帝即位，赏以旧恩为大司马车骑将军，列为三公，赐爵关内侯，食邑千户，亦年八十余，以寿终。宗族至吏二千石者十余人。

初，高祖时，令诸侯王都皆立太上皇庙。至惠帝尊高帝庙为太祖庙，景帝尊孝文庙为太宗庙，行所尝幸郡国各立太祖、太宗庙。至宣帝本始二年，复尊孝武庙为世宗庙，行所巡狩亦立焉。凡祖宗庙在郡国六十八，合百六十七所。而京师自高祖下至宣帝，与太上皇、悼皇考各自居陵旁立庙，并为百七十六。又园中各有寝、便殿。日祭于寝，月祭于庙，时祭于便殿。寝，日四上食；庙，岁二十五祠；便殿，岁四祠。又月一游衣冠。而昭灵后、武哀王、昭哀后、孝文太后、孝昭太后、卫思后、戾太子、戾后各有寝园，与诸帝合，凡三十所。一岁祠，上食二万四千四百五十五，用卫士四万五千一百二十九人，祝宰乐人万二千一百四十七人，养牺牲卒不在数中。

韦玄成担任丞相七年，在保持节操，谨慎稳重方面不如他父亲韦贤，但是文章著述方面却超过了其父。韦玄成在元帝建昭三年（前36）去世，谥号为共侯。当初，韦贤在昭帝年间迁居到平陵居住，韦玄成后来迁居到杜陵，韦玄成患病去世前，通过使者向朝廷奏请说："臣下忍受不了父子情深却分葬两地，希望皇上准许臣下辞官，死后能够与父亲葬在一起。"皇帝批准了他的请求。

韦玄成的儿子顷侯韦宽继承了爵位。韦宽去世以后，他的儿子僖侯韦育继承了爵位。韦育去世以后，他的儿子节侯韦沉继承了爵位。封国一直从韦贤传承到玄孙才断绝。韦玄成的兄长高寝县令韦方山的儿子韦安世，历任郡守、大鸿胪、长乐宫卫尉，朝廷称赞他有宰相的才能，可惜他得病死了。东海郡太守韦弘的儿子韦赏也精通《诗经》。哀帝还是定陶王的时候，韦赏担任他的太傅。哀帝即位后，因为韦赏做过哀帝的老师，就担任了大司马车骑将军，位列三公，皇上封赏他关内侯的爵位，食邑千户，韦赏一直活到了八十多岁，寿终正寝。韦氏宗族中官至二千石的有十多个人。

起初，高祖在位的时候，诏令各诸侯王都修建太上皇庙。到了惠帝执政时，将高帝庙尊为太祖庙，到景帝时将孝文庙尊为太宗庙，并诏令在皇帝所居住过的地方、曾经巡幸过的郡国全部要修建太祖、太宗庙。到了宣帝本始二年（前72），又将孝武庙尊为世宗庙，皇帝所居住过的地方和曾经巡视、狩猎过的地方也要修建世宗庙。在汉朝的六十八个诸侯国中，供奉汉室祖先的宗庙总共有一百六十七所。而在京城，从高祖至宣帝，与太上皇、悼皇考都在陵墓旁修建宗庙，总共有一百七十六所。另外在园陵中分别又有正殿与别殿，每日都在陵寝的正殿举行祭祀，每月一次在宗庙举行祭祀，不时地还在偏殿里也进行祭祀。在陵寝正殿里的祭祀，每日上供四次祭食；宗庙每年祭祀二十五次；别殿一年当中举行祭祀四次。每月还有一次在陵寝与祭庙之间抬着先皇帝的衣冠出游。而昭灵后、武哀王、昭哀后、孝文太后、孝昭太后、卫思后、戾太子、戾后各自都有陵园，与诸位先皇帝们的祭庙陵园都合在一起，总共有三十所。每年举行的祭祀活动，负责祭食上供的人需要用二万四千四百五十五

至元帝时，贡禹奏言："古者天子七庙，今孝惠、孝景庙皆亲尽，宜毁。及郡国庙不应古礼，宜正定。"天子是其议，未及施行而禹卒。永光四年，乃下诏先议罢郡国庙，曰："朕闻明王之御世也，遭时为法，因事制宜。往者天下初定，远方未宾，因尝所亲以立宗庙，盖建威销萌，一民之至权也。今赖天地之灵，宗庙之福，四方同轨，蛮貊贡职，久遵而不定，令疏远卑贱共承尊祀，殆非皇天祖宗之意，朕甚惧焉。传不云乎？'吾不与祭，如不祭。'其与将军、列侯、中二千石、二千石、诸大夫、博士、议郎议。"丞相玄成、御史大夫郑弘、太子太傅严彭祖、少府欧阳地馀、谏大夫尹更始等七十人皆曰："臣闻祭，非自外至者也，繇中出，生于心也。故唯圣人为能飨帝，孝子为能飨亲。立庙京师之居，躬亲承事，四海之内各以其职来助祭，尊亲之大义，五帝三王所共，不易之道也。《诗》云：'有来雍雍，至止肃肃，相维辟公，天子穆穆。'《春秋》之义，父不祭于支庶之宅，君不祭于臣仆之家，王不祭于下土诸侯。臣等愚以为宗庙在郡国，宜无修，臣请勿复修。"奏可。因罢昭灵后、武哀王、昭哀后、卫思后、戾太子、戾后园，皆不奉祠，裁置吏卒守焉。

个，护卫的士兵四万五千一百二十九人，需要用男巫、宰人、乐人一万二千一百四十七人，饲养祭祀牲畜的人员还没有包括在内。

到汉元帝时，贡禹上奏说："在古代，礼制规定天子可保留七座庙，如今孝惠庙、孝景庙的嫡系亲人均已离世，宗庙现在也应该拆毁。各诸侯国的宗庙，凡是不符合古代礼制的，也应该改正。"元帝很赞同贡禹的建议，但是还没有来得及施行，贡禹就去世了。永光四年（前40），皇帝下诏让群臣先商议撤除各郡国中的宗庙，诏书说："朕听说圣明的君王在治理天下时，随着时间的推移而修定法令，根据事情的不同情况采取妥善的处理方法。汉朝建立初期，天下刚刚安定，边远地方的人还没有归附，因而要在先皇曾经到过的地方建立宗庙，是为了树立朝廷的威望，消除反叛的隐患，使天下人树立统一于汉室的思想。如今大汉仰赖天地的护佑，靠祖宗的福荫，天下得到统一，边远的蛮夷民族臣服纳贡，后代君主依然遵从先帝原来的礼制，毫无改变，使得疏远卑微的人也一起参与先帝的祭祀，这不是上天和祖宗原先的想法，因此朕十分忧虑。《论语》上不是说过？'我如果不亲自参加祭祀，就像没祭祀一样。'如今就请将军、各诸侯王、中二千石的官员、二千石的官员、各位大夫、博士、议郎一起讨论此事。"丞相韦玄成、御史大夫郑弘、太子太傅严彭祖、少府欧阳地馀、谏大夫尹更始等七十人讨论后一起回奏说："臣下听说，祭祀祖先，不是受到外界的影响，而是发自内心的愿望。因此只有圣人才能真正祭祀先帝，只有孝子才能真正祭祀父亲。在京都设立宗庙，皇帝亲自主持祭祀，全国各地的官员都按照自己的职责来助祭，这是崇奉祖先的大义，五帝三王也都是这样做的，这是万世不变的道理。《诗经》中说：'来助祭的人雍容沉静，十分肃敬地进入庙堂，参加助祭的人有卿士与诸侯，天子主持祭祀时，庄严肃穆。'《春秋》的大义，祭祀先父，不设在旁支庶子的家里，祭祀先君，不设在大臣家中，祭祀先王，不设在下边的诸侯领地。臣等愚昧地认为，设在各诸侯国的宗庙，没有再修建的必要，臣请求不必再修复了。"大臣们的奏议得到皇帝的批准。此后便撤除了昭灵后、武哀王、昭哀后、卫思后、戾太子、戾后的陵园，这些地方不再设置祭祀，并相应地裁减了

罢郡国庙后月余，复下诏曰："盖闻明王制礼，立亲庙四，祖宗之庙，万世不毁，所以明尊祖敬宗，著亲亲也。朕获承祖宗之重，惟大礼未备，战栗恐惧，不敢自颛，其与将军、列侯、中二千石、二千石、诸大夫、博士议。"玄成等四十四人奏议曰："《礼》，王者始受命，诸侯始封之君，皆为太祖。以下，五庙而迭毁，毁庙之主臧乎太祖，五年而再殷祭，言壹禘壹祫也。祫祭者，毁庙与未毁庙之主皆合食于太祖，父为昭，子为穆，孙复为昭，古之正礼也。祭义曰：'王者禘其祖自出，以其祖配之，而立四庙。'言始受命而王，祭天以其祖配，而不为立庙，亲尽也。立亲庙四，亲亲也。亲尽而迭毁，亲疏之杀，示有终也。周之所以七庙者，以后稷始封，文王、武王受命而王，是以三庙不毁，与亲庙四而七。非有后稷始封，文、武受命之功者，皆当亲尽而毁。成王成二圣之业，制礼作乐，功德茂盛，庙犹不世，以行为谥而已。《礼》，庙在大门之内，不敢远亲也。臣愚以为高帝受命定天下，宜为帝者太祖之庙，世世不毁，承后属尽者宜毁。今宗庙异处，昭穆不序，宜入就太祖庙而序昭穆如礼。太上皇、孝惠、孝文、孝景庙皆亲尽宜毁，皇考庙亲未尽，如故。"大司马车骑将军许嘉等二十九人以为孝文皇帝除诽谤，去肉刑，躬节俭，不受献，罪人不帑，不私其利，出美人，重绝人类，宾赐长老，收恤孤独，德厚侔天地，利泽施四海，宜为帝者太宗之庙。廷尉忠以为孝武皇帝改正朔，易服色，攘四夷，宜为世宗之庙。谏大夫尹更始等十八人以为皇考庙上序于昭穆，非正礼，宜毁。

守陵的官吏与士卒。

撤除了各诸侯国的宗庙以后，过了一个多月，皇帝再一次下诏说："朕听说，圣明的君主制定礼仪，建立四个尊亲的祭庙，祖宗的祭庙永远保留，以此来明示敬重祖宗，孝敬父母双亲的道理。朕继承了祖宗的基业，只因这样重大的礼仪至今还没有完善，内心常常感到惶恐，朕不敢自己独断专行，现将此事与将军、诸侯、中二千石、二千石、各位大夫、博士共同商议。"韦玄成等四十四人经过议论后提出奏议："《礼记》上说，最早受命的开国帝王，最早受封为王的诸侯王，都应该称为太祖。这以后的祭庙，建立五座以后，前面的祭庙就应该相继折毁，庙里的神主，收藏在太祖庙中，每五年举行一次大祭，叫做一禘一祫。祫祭的时候，把已毁庙的神主与没有被毁庙的神主，都收集到太祖庙里一起受祭，父亲辈为昭，儿子辈为穆，孙子辈再为昭，这是古时候正规的礼法。祭义说：'君王敬祭自己的祖先，让太祖的神主共同配祭，从而再设立四座祭庙。'意思是最初从先辈那里受命而继承王位，在祭祀上天的时候，以祖庙中的神主配祭，而不再为他立庙，是由于嫡系亲属已经没有了。在世的皇帝为自己的先辈设立四座祭庙，以此表明孝敬父辈亲人。嫡系亲属没有了，祭庙也就相继地折毁，表明亲属关系逐渐疏远，是表示亲情有终了。周代之所以建立七座庙，除了后稷作为受封始祖的原因外，文王、武王受祭的原因是他们受天命而称王，因此为了祭祀他们而设立三的座祭庙不能毁弃，在加上至亲先辈的四座祭庙，成为七座祭庙。只有像后稷那样作为始祖，或者像文王与武王那样受天命而建立功勋，才可以永久建庙，否则一旦后世嫡系子孙死尽，就应该把祭庙折毁。周成王成就了文王、武王一样的丰功伟业，制定礼乐、功高德盛，可是他的祭庙也没有世代相传，只是按他生前的行为赠他相应的谥号而已。《礼记》上说，先帝的庙要修建在宫中的大门之内，意思是不敢疏远亲人。臣等以为高皇帝接受天命统治天下，应当设立太祖庙，世代保存不毁弃，后面皇帝的祭庙，一旦嫡系子孙死尽了，祭庙都要毁弃。如今祖宗祭庙到处都是，宗庙的辈次排列毫无次序，应当将他们的神主都迁入太祖庙中，按礼仪排列昭穆次序。太上皇、孝惠帝、

于是上重其事，依违者一年，乃下诏曰："盖闻王者祖有功而宗有德，尊尊之大义也；存亲庙四，亲亲之至恩也。高皇帝为天下诛暴除乱，受命而帝，功莫大焉。孝文皇帝国为代王，诸吕作乱，海内摇动，然群臣黎庶靡不壹意，北面而归心，犹谦辞固让而后即位，削乱秦之迹，兴三代之风，是以百姓晏然，咸获嘉福，德莫盛焉。高皇帝为汉太祖，孝文皇帝为太宗，世世承祀，传之无穷，朕甚乐之。孝宣皇帝为孝昭皇帝后，于义壹体。孝景皇帝庙及皇考庙皆亲尽，其正礼仪。"玄成等奏曰："祖宗之庙世世不毁，继祖以下，五庙而迭毁。今高皇帝为太祖，孝文皇帝为太宗，孝景皇帝为昭，孝武皇帝为穆，孝昭皇帝与孝宣皇帝俱为昭。皇考庙亲未尽。太上、孝惠庙皆亲尽，宜毁。太上庙主宜瘗园，孝惠皇帝为穆，主迁于太祖庙，寝园皆无复修。"奏可。

孝文帝、孝景帝的祭庙，因为他们的嫡传子孙都已死尽，祭庙都应该拆毁，皇考的祭庙因其子孙还在世，就还可以保留。”大司马车骑将军许嘉等二十九人认为孝文皇帝在世时，废除诽谤令，撤销了肉刑，亲身躬行节俭，不接受贡品，有罪之人受处罚家属不受牵连，不贪私利，释放宫中的美人，慎重对待百姓后嗣的继承，优待年长之人，抚恤收养幼无父、老无子的人，孝文皇帝功德之高堪比天地，恩惠广施四海，应当为他设立太宗庙。廷尉尹忠认为孝武皇帝确定了正朔历法，改变人们服饰的颜色，安抚四边的少数民族，应当为他设立世宗庙。谏大夫尹更始等十八人认为，皇考庙放在昭穆里排序，不符合正统礼仪，应当排除在外。

对这些议奏，皇上感到难以决定，迟疑了一年的时间，才发下诏书说：“朕听说君王的谥号为祖是为了表明始封的功绩，谥号为宗是为了表明仁德，是尊崇祖先的大义；保留四座直系亲属宗庙祭庙，是为了表明对至亲的至恩。高皇帝为天下百姓诛除暴政，消除动乱，接受天命而做了皇帝，没有比这更大的功劳了。孝文皇帝在封国时是代王，吕氏家族的人谋反叛乱，海内混乱，然而群臣与百姓都一心想要尊崇文帝，但是文帝十分谦下，坚决谦让，然后才继承了皇位，文帝努力消除当初暴秦的乱象，重振三代的礼仪风俗，百姓才得以过上了悠闲安适的生活，文帝的德行深厚无人能比。朕认为高皇帝应该被尊为汉太祖，孝文皇帝应该被尊为太宗，世代享有后人的祭祀，保存祭庙传之无穷，朕非常乐意这样做。孝宣皇帝是孝昭皇帝的继承人，从礼义角度来说属于一体。孝景皇帝的祭庙与皇考庙都因为嫡传子孙无人在世，应当按照礼制予以拆毁。”韦玄成等人上书说：“祖宗的祭庙世世代代不可拆毁，从祖宗以下的祭庙，传到五代就可以相继拆毁。如今高皇帝为太祖，孝文皇帝为太宗，孝景皇帝排次序为昭，孝武皇帝为穆，孝昭皇帝与孝宣皇帝均排为昭。皇考庙因为嫡传子孙在世不该毁弃。太上皇、孝惠帝庙因亲属无人在世已疏远，应该拆除。太上皇庙里的神主应该埋藏在陵园中，孝惠皇帝排次序为穆，神主应该迁入太祖庙中供奉，陵寝园邑都不必再修建了。”皇上批准了他们的奏书。

议者又以为《清庙》之诗言交神之礼无不清静，今衣冠出游，有车骑之众，风雨之气，非所谓清静也。“祭不欲数，数则渎，渎则不敬。”宜复古礼，四时祭于庙，诸寝园日月间祀皆可勿复修。上亦不改也。明年，玄成复言：“古者制礼，别尊卑贵贱，国君之母非適不得配食，则荐于寝，身没而已。陛下躬至孝，承天心，建祖宗，定迭毁，序昭穆，大礼既定，孝文太后、孝昭太后寝祠园宜如礼勿复修。”奏可。

后岁余，玄成薨，匡衡为丞相。上寝疾，梦祖宗谴罢郡国庙，上少弟楚孝王亦梦焉。上诏问衡，议欲复之，衡深言不可。上疾久不平，衡惶恐，祷高祖、孝文、孝武庙曰：“嗣曾孙皇帝恭承洪业，夙夜不敢康宁，思育休烈，以章祖宗之盛功。故动作接神，必因古圣之经。往者有司以为前因所幸而立庙，将以系海内之心，非为尊祖严亲也。今赖宗庙之灵，六合之内莫不附亲，庙宜一居京师，天子亲奉，郡国庙可止毋修。皇帝祗肃旧礼，尊重神明，即告于祖宗而不敢失。今皇帝有疾不豫，乃梦祖宗见戒以庙，楚王梦亦有其序。皇帝悼惧，即诏臣衡复修立。谨案上世帝王承祖祢之大礼，皆不敢不自亲。郡国吏卑贱，不可使独承。又祭祀之义以民为本，间者岁数不登，百姓困乏，郡国庙无以修立。《礼》，凶年则岁事不举，以祖祢之意为不乐，是以不敢复。如诚非礼义之中，违祖宗之心，咎尽在臣衡，当受其殃，大被其疾，队在沟渎之中。皇帝至孝肃慎，宜蒙祐福。唯高皇帝、孝文皇帝、孝武皇帝省察，右飨皇帝之孝，开赐皇帝眉寿亡疆，令所疾日瘳，平复反常，永保宗庙，天下幸甚！”

议事的大臣又认为《诗经·清庙》中提到祭祀神主的礼仪都要求清静，可如今每次抬着先皇的衣冠在陵寝与祭庙间游行，后面还跟着成队的车马，沾染风雨的气息，这不能算是清静啊。大臣们认为“祭祀的次数不能太频繁，太频繁就是亵渎神主，亵渎神主就是不尊敬祖先。”应当恢复古礼，在四季祭祀宗庙，那些几日或几个月祭祀一次的寝园都不必再建造。皇帝没有批准。第二年，韦玄成又上书说：“古代制定礼仪，是为了分别尊卑贵贱，国君的母亲如果不是嫡氏就不能与先皇一起享受祭品，就在陵寝进献食物祭祀，皇帝驾崩后陵寝祭祀也就停止了。陛下是至孝之人，秉承天意，建立祖宗祭庙，制定更替毁弃的祭庙制度，排列昭穆顺序，大礼已经定好了，孝文太后、孝昭太后的陵寝园地应该按照礼法停止修建。”元帝批准了他的奏议。

过了一年多，韦玄成去世，匡衡担任丞相。元帝卧床养病，梦见祖宗责怪自己毁弃了各郡国的祭庙，元帝的弟弟楚孝王也做了同样的梦。元帝诏问匡衡，商议着想恢复各封国郡县的祭庙，匡衡坦言不能这样做。可是元帝的病很长时间不见好，匡衡心中惶恐，在高祖、孝文帝、孝武帝的庙中祈祷说：“您的后代曾孙皇帝恭敬地继承先帝伟大的基业，日夜勤劳，不敢想着享乐，一心想着发扬祖宗盛大的基业，来昭彰祖宗隆盛的功绩。所以皇帝的行为，以及对待神灵，都遵从古代圣人的常道。以前相关官员认为先前在皇帝巡行过的地方建立宗庙，是为了维系海内人心，并不是尊奉祖先。现在大汉依赖祖宗的神灵，六合之内没人不归附汉朝，祖宗的祭庙应当全部建在京城，由天子亲自祭祀，各封国郡县的祭庙就可以停止修建了。皇帝敬奉过去的礼制，尊重神明，向祖宗祷告不敢有丝毫闪失。如今皇帝生病很久不能痊愈，还梦见祖宗因为他毁弃宗庙而告诫他，楚王也梦到同样的梦。皇帝心下恐惧，立即诏令臣匡衡再恢复修建祭庙。臣恭敬地认为上世帝王在主持祭祀先祖先父大礼的时候，都要亲自到场。诸侯国与郡县的官吏地位低微，不能让他们单独主持祭祀祖先这样的大事。再者，祭祀的要义是以百姓为根本，以前几年粮食连连歉收，百姓生活困苦，各封国郡县物力修建祭庙。《礼记》讲，遇到荒年的

又告谢毁庙曰："往者大臣以为在昔帝王承祖宗之休典，取象于天地，天序五行，人亲五属，天子奉天，故率其意而尊其制。是以禘尝之序，靡有过五。受命之君躬接于天，万世不堕。继烈以下，五庙而迁，上陈太祖，间岁而祫，其道应天，故福禄永终。太上皇非受命而属尽，义则当迁。又以为孝莫大于严父，故父之所尊子不敢不承，父之所异子不敢同。礼，公子不得为母信，为后则于子祭，于孙止，尊祖严父之义也。寝日四上食，园庙间祠，皆可亡修。皇帝思慕悼惧，未敢尽从。惟念高皇帝圣德茂盛，受命溥将，钦若稽古，承顺天心，子孙本支，陈锡亡疆。诚以为迁庙合祭，久长之策，高皇帝之意，乃敢不听？即以令日迁太上、孝惠庙，孝文太后、孝昭太后寝，将以昭祖宗之德，顺天人之序，定无穷之业。今皇帝未受兹福，乃有不能共职之疾。皇帝愿复修立承祀，臣衡等咸以为礼不得。如不合高皇帝、孝惠皇帝、孝文皇帝、孝武皇帝、孝昭皇帝、孝宣皇帝、太上皇、孝文太后、孝昭太后之意，罪尽在臣衡等，当受其咎。今皇帝尚未平，诏中朝臣具复毁庙之文。臣衡中朝臣咸复以为天子之祀义有所断，礼有所承，违统背制，不可以奉先祖，皇天不祐，鬼神不飨。《六艺》所载，皆言不当，无所依缘，以作其文。事如失指，罪乃在臣衡，当深受其殃。皇帝宜厚蒙祉福，嘉气日兴，疾病平复，永保宗庙，与天亡极，群生百神，有所归息。"诸庙皆同文。

时候可以不举行整年的祭祀，如果那样做先祖先父会不高兴，所以不敢恢复。如果确实是因为朝廷的做法不合乎礼义，违逆了祖宗的心意，所有的罪过全在匡衡一人身上，匡衡应当遭受灾祸，应该生一场大病，掉到沟渠之中。皇帝至孝肃慎，应该蒙受祖宗赐福。希望高皇帝、孝文皇帝、孝武皇帝审察其事，佑助降福孝顺的皇帝，恩赐皇帝万寿无疆，让他的病早日痊愈，恢复正常，永保宗庙，天下人就十分幸运了！”

匡衡又就毁庙的事请罪说：“以往大臣们都认为以前的帝王承袭祖先的美善法典，取象于天地，上天安排了五行顺序，人的亲属关系是在五服之内，天子尊崇上天，所以要遵循天意而敬重上天制定的规范。所以谛礼与尝礼的次序，没有超过五代。受命于天的君主恭敬地对待天命，祷告自己的基业万世不毁。开国帝王以后的君主，他们的祭庙经过五代就要拆除，其神主移到太祖庙中，每隔一年在太祖庙里举行一次合祭，这样的祭祀上合天意，所以能永享福禄。太上皇不是受命于天的开国君主，五服之内的嫡传子孙也早已死尽，按照礼义太上皇的祭庙就应该拆毁。再者，孝莫大于尊敬父亲，所以父亲所尊奉的事情，儿子就不敢不继承，父亲反对的事情，儿子就不敢认同。礼法规定，儿子不能为母亲过多地祭祀，做为宗族的后代，儿子可以祭祀母亲，到孙子辈就不能祭祀了，这是尊敬祖先、父亲的意思。陵寝在祭祀时，每日要上四次祭品，园庙也要不定时的祭祀，可以不再修建。皇帝追思先帝，悼念畏惧，不敢完全依照礼法行事。唯独思虑高皇帝至高无上的德行，受命于浩大的上天，孝顺和善，乐于古事，顺承天心，后代子孙承袭厚福，无穷无尽。臣确实认为把宗庙的神主迁到主庙合祭，是长久之策，高皇帝的旨意，谁敢不听从？这就选择吉日，把太上皇、孝惠帝的神主迁入主庙，把孝文太后、孝昭太后的神主迁入陵寝，用来昭彰祖宗的仁德，顺承天人之序，奠定无穷之业。如今皇帝还没有蒙受这样的福祉，却因病不能供奉先祖。皇帝希望再重新修整已经拆除的宗庙，继承之前的祭祀制度，臣匡衡等人都认为这不符合礼制。如果臣等的建议不合高皇帝、孝惠皇帝、孝文皇帝、孝武皇帝、孝昭皇帝、孝宣皇帝、太上皇、孝文

久之，上疾连年，遂尽复诸所罢寝庙园，皆修祀如故。初，上定迭毁礼，独尊孝文庙为太宗，而孝武庙亲未尽，故未毁。上于是乃复申明之，曰："孝宣皇帝尊孝武庙曰世宗，损益之礼，不敢有与焉。他皆如旧制。"唯郡国庙遂废云。

元帝崩，衡奏言："前以上体不平，故复诸所罢祠，卒不蒙福。案卫思后、戾太子、戾后园，亲未尽。孝惠、孝景庙亲尽，宜毁。及太上皇、孝文、孝昭太后、昭灵后、昭哀后、武哀王祠，请悉罢，勿奉。"奏可。初，高后时患臣下妄非议先帝宗庙寝园官，故定著令，敢有擅议者弃市。至元帝改制，蠲除此令。成帝时以无继嗣，河平元年复复太上皇寝庙园，世世奉祠。昭灵后、武哀王、昭哀后并食于太上寝庙如故，又复擅议宗庙之命。

成帝崩，哀帝即位。丞相孔光、大司空何武奏言："永光五年制书，高皇帝为汉太祖，孝文皇帝为太宗。建昭五年制书，孝武皇帝为世宗。损益之礼，不敢有与。臣愚以为迭毁之次，当以时定，非

太后、孝昭太后之意，这些罪过都在于臣匡衡等人，理应受到责罚。现在皇帝还没有痊愈，就下诏命令朝中大臣就恢复被毁坏的宗庙撰写文书。臣匡衡与朝中大臣都认为天子要恢复祭祀从礼义上要有根据，在礼制上也要有规范可遵循，如果违背传统、逆反礼制，就不可以祭祀先祖，皇天也不会护佑，鬼神也不会享用祭物。据《六经》记载的祭祀礼仪看，都说在过多建庙不合适，臣等没有什么依据，只好写这篇祝文。如果这些事不符合先祖的心意，罪在匡衡，臣应当遭受惩罚。皇帝应该厚蒙祖先的赐福，瑞气日兴，疾病痊愈，永保宗庙，与天地一样久远，让众生神灵，都有所归息。”各宗庙都用这篇祭文。

过了许久，元帝连年生病，于是下令恢复了以前撤销的全部陵寝、园庙，还像以前那样修建祭祀，起初，元帝制定迭毁制度，只尊奉孝文庙为太宗庙，而孝武帝因为嫡系子孙还没有绝世，所以没有拆毁。元帝又再次申明说：“孝宣皇帝尊孝武帝为世宗，损益之礼，朕不敢参与其中。其他的祭祀都按原来的礼制处理。”只是各郡国的宗庙废弃了。

元帝驾崩，匡衡上奏说：“先前因为皇帝的身体欠佳，所以又恢复了所有被拆毁的祭庙，但是皇帝最终也没能蒙受福祉。臣考察卫思后、戾太子、戾后园，他们的嫡系子孙还没有死尽。孝惠帝、孝景帝的嫡系子孙都已死尽，应该拆毁他们的祭庙。以及太上皇、孝文太后、孝昭太后、昭灵后、昭哀后、武哀王的祀庙，请一起拆毁，不再祭祀。”他的奏书得到准许。起初，高后执政的时候担心大臣们妄自非议先君先祖的宗庙、陵寝、园庙，所以制定命令，有敢擅自非议宗庙之事的以弃市论罪。到元帝执政之时改变祭祀制度，废除了这条法令。成帝时因为没有后嗣，在河平元年（前28）又恢复了太上皇的寝庙园庙祭祀制度，世代祭祀。把昭灵后、武哀王、昭哀后的神主一并请到太上皇的寝庙里，像以前那样祭祀，又恢复了擅自议论宗庙制度的律令。

成帝驾崩后，哀帝登上皇位。丞相孔光、大司空何武上奏说：“永光五年（前39）朝廷颁布制书，要尊称高皇帝为汉太祖，孝文皇帝为太宗。元帝建昭五年（前34）颁布制书，要尊称孝武皇帝为世

令所为擅议宗庙之意也。臣请与群臣杂议。”奏可。于是，光禄勋彭宣、詹事满昌、博士左咸等五十三人皆以为继祖宗以下，五庙而迭毁，后虽有贤君，犹不得与祖宗并列。子孙虽欲褒大显扬而立之，鬼神不飨也。孝武皇帝虽有功烈，亲尽宜毁。

太仆王舜、中垒校尉刘歆议曰：“臣闻周室既衰，四夷并侵，猃狁最强，于今匈奴是也。至宣王而伐之，诗人美而颂之曰‘薄伐猃狁，至于太原’，又曰‘啴啴推推，如霆如雷，显允方叔，征伐猃狁，荆蛮来威’，故称中兴。及至幽王，犬戎来伐，杀幽王，取宗器。自是之后，南夷与北夷交侵，中国不绝如线。《春秋》纪齐桓南伐楚，北伐山戎，孔子曰：‘微管仲，吾其被发左衽矣。’是故弃桓之过而录其功，以为伯首。及汉兴，冒顿始强，破东胡，禽月氏，并其土地，地广兵强，为中国害。南越尉佗总百粤，自称帝。故中国虽平，犹有四夷之患，且无宁岁。一方有急，三面救之，是天下皆动而被其害也。孝文皇帝厚以货赂，与结和亲，犹侵暴无已。甚者，兴师十余万众，近屯京师及四边，岁发屯备虏，其为患久矣，非一世之渐也。诸侯郡守连匈奴及百粤以为逆者非一人也。匈奴所杀郡守都尉，略取人民，不可胜数。孝武皇帝愍中国罢劳无安宁之时，乃遣大将军、骠骑、伏波、楼船之属，南灭百粤，起七郡；北攘匈奴，降昆邪十万之众，置五属国，起朔方，以夺其肥饶之地；东伐朝鲜，起玄菟、乐浪，以断匈奴之左臂；西伐大宛，并三十六国，结乌孙，起敦煌、酒泉、张掖，以鬲婼羌，裂匈奴之右肩。单于孤特，远遁于幕北。四垂无事，斥地远境，起十余郡。功业既定，乃封丞相为富民侯，以大安天下，富实百姓，其规橅可见。又招集天下贤俊，与协心同谋，兴

宗。这些增减的重大礼制，臣等不敢参与。臣等愚昧地认为相继折庙的次序，应当按照当时形势来执行，这并不是擅自非议宗庙祭祀制度的意思。臣等请求与群臣商议此事。”哀帝批准了他们的奏书。于是，光禄勋彭宣、詹事满昌、博士左咸等五十三人都认为祖宗以后的各代皇帝，都应该在五代之后执行迭毁制度，后代即使有贤明的君主，也不能与祖宗并列。子孙后人即便是想光大而立了宗庙，鬼神也不会享受祭祀。孝武皇帝虽然有功绩，但他的嫡系子孙离世后祭庙也应折毁。

太仆王舜、中垒校尉刘歆提出奏议说：“臣等听说周王室衰败后，四夷并侵，其中猃狁最为强大，当时的猃狁就是现在的匈奴。到周宣王执掌国政时开始讨伐他们，诗人称赞而歌颂说‘讨伐猃狁，到了太原’，又说‘众多强大的军队，犹如雷霆万钧，英明忠诚的方叔，征伐猃狁，荆蛮对此也很畏惧’，所以宣王被称为中兴的君主。等到了周幽王时，犬戎侵犯中原，杀死了幽王，夺走姬周宗庙祭器。从那以后，南蛮与北夷交替侵犯，中原王朝处境危险。《春秋》记载齐桓公向南讨伐楚国，向北讨伐山戎国，孔夫子说：‘如果没有管仲帮助齐桓公攻打蛮夷，我们这些人都要披着头发、衣襟向左，被蛮夷同化了。’所以孔夫子忽略了齐桓公的过错而记录他的功绩，称齐桓公为五霸之首。等到汉朝兴起，单于冒顿开始变得强大，他击溃东胡，擒拿月氏国王，吞并了他们的土地，地广兵强，成了中原的祸害。南越王尉佗统领南方各地，自称皇帝。所以中原虽然平安无事，但还是有被四方少数民族侵扰的祸患，没有安宁的岁月。如果一方有急难，三方的人众都要去救助，因此天下都被牵动而深受其害。孝文皇帝拿出许多财货赠送匈奴，以和亲来安抚他们，可他们还是不停地侵扰中原。情况比较严重的时候，匈奴发动十多万士兵，逼近京城以及边境要塞，朝廷每年征调士兵防御匈奴，匈奴对中原造成长期危害，并非短暂的侵扰。诸侯王、郡守勾结匈奴以及百越，叛逆朝廷的不止一人。匈奴所杀害的汉朝郡守都尉和掠取的百姓，不可胜数。孝武皇帝可怜中原百姓疲惫不堪，没有安宁的时候，就派遣大将军卫青、骠骑将军霍去病、伏波将军路博德、楼船将军杨仆等人，向南歼灭百越，建

制度，改正朔，易服色，立天地之祠，建封禅，殊官号，存周后，定诸侯之制，永无逆争之心，至今累世赖之。单于守藩，百蛮服从，万世之基也，中兴之功未有高焉者也。高帝建大业，为太祖；孝文皇帝德至厚也，为文太宗；孝武皇帝功至著也，为武世宗：此孝宣帝所以发德音也。《礼记·王制》及《春秋穀梁传》，天子七庙，诸侯五，大夫三，士二。天子七日而殡，七月而葬；诸侯五日而殡，五月而葬：此丧事尊卑之序也，与庙数相应。其文曰：'天子三昭三穆，与太祖之庙而七；诸侯二昭二穆，与太祖之庙而五。'故德厚者流光，德薄者流卑。《春秋左氏传》曰：'名位不同，礼亦异数。'自上以下，降杀以两，礼也。七者，其正法数，可常数者也。宗不在此数中。宗，变也，苟有功德则宗之，不可预为设数。故于殷，太甲为太宗，大戊曰中宗，武丁曰高宗。周公为《毋逸》之戒，举殷三宗以劝成王。繇是言之，宗无数也，然则所以劝帝者之功德博矣。以七庙言之，孝武皇帝未宜毁；以所宗言之，则不可谓无功德。《礼记》祀典曰：'夫圣王之制祀也，功施于民则祀之，以劳定国则祀之，能救大灾则祀之。'窃观孝武皇帝，功德皆兼而有焉。凡在于异姓，犹将特祀之，况于先祖？或说天子五庙无见文，又说中宗、高宗者，宗其道而毁其庙。名与实异，非尊德贵功之意也。《诗》云：'蔽芾甘棠，勿鬋勿伐，邵伯所茇。'思其人犹爱其树，况宗其道而毁其庙乎？迭毁之礼自有常法，无殊功异德，固以亲疏相推及。至祖宗之序，多少之数，经传无明文，至尊至重，难以疑文虚说定也。孝宣皇帝举公卿之议，用众儒之谋，既以为世宗之庙，建之万世，宣布天下。臣愚以为孝武皇帝功烈如彼，孝宣皇帝崇立之如此，不宜毁。"上览其议而从之。制曰："太仆舜、中垒校尉歆议可。"

立七个郡；向北抗击匈奴，降服了昆邪十万部众，设置了五个属国，建起朔方城，以夺取匈奴肥沃富饶的土地；向东攻打朝鲜，建立了玄菟郡、乐浪郡，以斩断匈奴的左臂；向西征讨大宛国，吞并了三十六个西域小国，连合乌孙国，建立了敦煌郡、酒泉郡、张掖郡，来隔断婼羌与匈奴的联系，割裂匈奴的右肩。匈奴单于被孤立，逃向遥远的大漠以北。四方边境得以平安无事，汉朝开拓领土一直到边远的地方，建起十多个郡。大功告成后，武帝封丞相车千秋为富民侯，以示安定天下，富实百姓之意，其功绩浩大随处可见。武帝又招集天下贤俊，同心谋划，修订制度，更改历法，改变衣服的颜色，建立祭祀天地的祀庙，建立封禅制度，区别官职的名称，延续周朝的后嗣，制定诸侯制度，使诸侯永无背叛争夺的心，直到现在的几代人还享受着这些好处。匈奴单于受封为诸侯王，南方蛮夷遵从汉朝命令，奠定了万世的基业，中兴之功没有人能与之相比。高皇帝建立了汉朝大业，尊为太祖；孝文皇帝纯德至厚，尊为文太宗；孝武皇帝功绩最突出，尊为武世宗，这是孝宣帝发出的仁德之音。《礼记·王制》与《春秋穀梁传》记载，天子有七庙，诸侯有五庙，大夫有三庙，士人有二庙。天子驾崩七日后殡殓，七个月后埋葬；诸侯去世五日后殡殓，五个月后埋葬，这是丧事的尊卑顺序，对应于庙的数量。文中这样写：‘天子有三个昭庙三个穆庙，加上太祖的庙一共是七个；诸侯有二个昭庙二个穆庙，加上太祖的庙一共是五个。’因此德厚之人传于后世，德薄之人臭名远扬。《春秋左氏传》讲：‘身份与地位不同，礼制规格也不同。’自上而下，每级减少二个祭庙，这是礼制。七，是礼制的正数，是恒常的礼数。宗不在数中。宗，是变数，如果建功立德的就称为宗，不能预先在宗庙中设定这个数。所以在殷商时代，太甲为太宗，大戊为中宗，武丁为高宗。周公在《尚书·毋逸》中规劝成王，列举殷商三宗规劝他。这么说来，宗在宗庙内是没有数的，是用来劝谏帝王的，只要功德广博就可以被后世立为宗。按天子应有七庙而言，孝武皇帝的祭庙不宜拆毁；从尊称武帝为世宗来说，就不应该说武帝没有功德。《礼记》中有关祭祀的典籍讲：‘圣明的君王制定祭祀制度时，只要君王的功德普施于民就祭祀他，以劳苦安定国家的君主就祭祀他，

歆又以为"礼，去事有杀，故《春秋外传》曰：'日祭，月祀，时享，岁贡，终王。'祖祢则日祭，曾高则月祀，二祧则时享，坛墠则岁贡，大禘则终王。德盛而游广，亲亲之杀也；弥远则弥尊，故禘为重矣。孙居王父之处，正昭穆，则孙常与祖相代，此迁庙之杀也。圣人于其祖，出于情矣，礼无所不顺，故无毁庙。自贡禹建迭毁之议，惠、景及太上寝园废而为虚，失礼意矣。"

至平帝元始中，大司马王莽奏："本始元年丞相义等议，谥孝宣皇帝亲曰悼园，置邑三百家，至元康元年，丞相相等奏，父为士，

能挽救大灾难的君主就祭祀他。’臣等考察孝武皇帝，这三样功德都有。即便是异姓建功立德的人，还会专门祭祀他，更何况是皇帝的先祖？有人说天子设立五座祭庙而没有相关的文字记载，又有人说殷商时期的中宗、高宗，人们都崇尚他们的功德却要拆毁他们的祭庙。这样做名不符实，就不是尊德贵功的意思。《诗经》讲：‘茂盛的甘棠，不要剪不要砍，邵伯在旁边的草舍里住宿。’思念有功德的人还会爱护他种下的树，又怎能崇尚他的道义却拆毁他的祭庙呢？相继毁弃祭庙的迭毁之礼自有相应的规定，如果没立下特殊的功德，本来就要按照亲疏来类推。至于祖宗的祭祀次序，祭庙数量的多少，经传没有明文规定的，祭祀先祖这样重要的事，就很难凭无稽之谈来论定。孝宣皇帝接受公卿大臣们的议论，采纳众儒的谋略，既然建立了武帝的世宗之庙，就打算承传万世之后，所以在天下宣告。臣等愚昧地认为孝武皇帝的功勋业绩那么大，孝宣皇帝又是如此崇尚他而尊称他为世宗，就不应该拆毁武帝的祀庙。”哀帝看了他们的奏议后认同他们的说法。颁布制书说：“太仆王舜、中垒校尉刘歆的奏议可以采纳。”

刘歆又认为“礼制规定，办理不同等级的祭祀要有所区别，所以《春秋外传》讲：‘日祭，月祀，时享，岁贡，以及君王死去的祭祀。’祖宗要日祭，曾祖、高祖要月祀，两位功德突出的远祖要季享，坛墠等祭祀场所要岁贡，君王去世则要大祭。德行盛大的君王，祭祀的时间也要久远，这也是因为亲属关系不同而导致的祭祀区别；对待远祖要更加尊重，所以祖先的大祭特别隆重。后代子孙去世后神主排列在祖父那里，要按照昭穆顺序排列，所以后代子孙与祖先常要相互排列出昭穆顺序，这是迁到祖庙里的排列区别。圣人祭祀祖先，是出于真情实感，没有不顺应礼节的地方，所以就不用拆毁祭庙。自从贡禹主张建立相继折毁祭庙的迭毁制度以来，孝惠帝、孝景帝以及太上皇的寝庙园庙都已折毁变成废墟了，这就失去礼仪的本来意义了。”

平帝元始年间，大司马王莽上奏说：“在宣帝本始元年（前73）丞相蔡义等人商量，把孝宣皇帝父亲的陵寝称为悼园，设置三百户人

子为天子，祭以天子，悼园宜称尊号曰‘皇考’，立庙，益故奉园民满千六百家，以为县。臣愚以为皇考庙本不当立，累世奉之，非是。又孝文太后南陵、孝昭太后云陵园，虽前以礼不复修，陵名未正。谨与大司徒晏等百四十七人议，皆曰孝宣皇帝以兄孙继统为孝昭皇帝后，以数，故孝元世以孝景皇帝及皇考庙亲未尽，不毁。此两统贰父，违于礼制。案义奏亲谥曰‘悼’，裁置奉邑，皆应经义。相奏悼园称‘皇考’，立庙，益民为县，违离祖统，乖缪本义。父为士，子为天子，祭以天子者，乃谓若虞舜、夏禹、殷汤、周文、汉之高祖受命而王者也，非谓继祖统为后者也。臣请皇高祖考庙奉明园毁勿修，罢南陵、云陵为县。”奏可。

司徒掾班彪曰：汉承亡秦绝学之后，祖宗之制因时施宜。自元、成后学者蕃滋，贡禹毁宗庙，匡衡改郊兆，何武定三公，后皆数复，故纷纷不定。何者？礼文缺微，古今异制，各为一家，未易可偏定也。考观诸儒之议，刘歆博而笃矣。

家守护陵园，到宣帝元康元年（前65），丞相魏相等人奏议，如果父亲是一般的士人，儿子为天子，祭祀父亲也要按天子的礼仪，悼园应该尊号为‘皇考’，建祭庙，在陵园原有的基础上增加守园的百姓到一千六百户，建成一个县。臣愚钝地认为皇考庙本就不应建立，而让连续好几代人供奉，这不符合礼制。再者孝文太后的南陵、孝昭太后的云陵园，虽然之前按照礼法不再修缮，但陵寝的名称不正确。臣慎重地与大司徒晏等一百四十七人商议，都认为孝宣皇帝是孝昭皇帝哥哥的孙子，他作为孝昭皇帝的后人继承帝位，按礼数，过去孝元帝时因为孝景皇帝庙以及皇考庙的嫡系子孙都还健在，就没有拆毁。这样一来，国家就有两个根统，宣帝就有两个父亲，违背了礼制。那时蔡义上奏请求把皇父的谥号定为‘悼’，设置奉守园陵的户数，都应该符合经书的意旨。后来魏相奏请尊称悼园为‘皇考’，建立祭庙，增加奉守陵园的户数并建成县，背离了先祖的传统，违逆了礼义的本意。父亲为士人，儿子为天子，就要按天子的礼仪祭祀他的父亲，这指的是像虞舜、夏禹、商汤、周文王、汉高祖那样受命于天的王者，不是继承祖先基业的后世君王。臣请求将皇高祖考庙所在的奉明园拆毁，不再修缮，撤除南陵、云陵，设为县。”平帝批准了王莽的奏书。

司徒掾班彪说：汉朝在秦朝废除各家学说之后兴起，所以汉朝祖县制定制度都是根据具体情况采取适合的措施。自元帝、成帝后，学者繁多，贡禹提倡拆毁宗庙，匡衡主张改变祭坛，何武建议定立三公，这些事情后来都多次反复改动，所以制度纷乱，没有统一。这是为什么？是因为相关的礼制文献缺漏，古今制度相异，众说纷纭，都是片面地论定事情。研究儒生们的言论，刘歆称得上是知识广博，见解深刻。

卷七十四

魏相丙吉传第四十四

魏相字弱翁，济阴定陶人也，徙平陵。少学《易》，为郡卒史，举贤良，以对策高第，为茂陵令。顷之，御史大夫桑弘羊客诈称御史止传，丞不以时谒，客怒缚丞。相疑其有奸，收捕，案致其罪，论弃客市，茂陵大治。

后迁河南太守，禁止奸邪，豪强畏服。会丞相车千秋死，先是千秋子为雒阳武库令，自见失父，而相治郡严，恐久获罪，乃自免去。相使掾追呼之，遂不肯还。相独恨曰："大将军闻此令去官，必以为我用丞相死不能遇其子。使当世贵人非我，殆矣！"武库令西至长安，大将军霍光果以责过相曰："幼主新立，以为函谷京师之固，武库精兵所聚，故以丞相弟为关都尉，子为武库令。今河南太守不深惟国家大策，苟见丞相不在而斥逐其子，何浅薄也！"后人有告相贼杀不辜，事下有司。河南卒戍中都官者二三千人，遮大将军，自言愿复留作一年以赎太守罪。河南老弱万余人守关欲入上书，关吏以闻。大将军用武库令事，遂下相廷尉狱。久系逾冬，会赦出。复有诏守茂陵令，迁杨州刺史。考案郡国守相，多所贬退。相与丙吉相善，时吉为光禄大夫，与相书曰："朝廷已深知弱翁治行，方且大用矣。愿少慎事自重，臧器于身。"相心善其言，为霁威严。居部二岁，征为谏大夫，复为河南太守。

魏相字弱翁，济阴郡定陶县人，后迁徙到平陵县居住。魏相年少时研习《易经》，任郡卒史，后被举荐为贤良，因对答策问时名列前茅，担任茂陵县令。不久，御史大夫桑弘羊的宾客诈称御史大夫桑弘羊要到茂陵县的传舍，县丞没有及时去拜见这位宾客，桑弘羊的宾客一时恼怒就绑了县丞。魏相怀疑此事有诈，就拘捕了宾客，审问后判定他的罪行，判决这个宾客弃市罪，在街头诛杀示众，从此茂陵县大治。

后来魏相升为河南郡太守，他明令禁止奸诈邪恶的事情，豪强畏服。正碰上丞相车千秋去世，起先车千秋的儿子担任洛阳武库令，他自从父亲去世以后，看到魏相在治理郡事方面十分严格，担心时间长了自己会获罪，就自己辞官离开。魏相派自己的属官去追他回来，最终还是没能追回来。魏相独自悔恨地说："大将军霍光听到洛阳武库令辞官，一定以为我因丞相去世就不善待他的儿子。从而使当世的贵人非议我，危险了！"武库令向西走到长安，大将军霍光果然因为这件事责备魏相说："幼主刚刚登上皇位，认为函谷关是京城最牢靠的屏障，武库是精良武器储存的地方，所以让丞相车千秋的弟弟担任函谷关的都尉，他的儿子担任武库令。如今河南太守魏相不深入考虑国家的重大策略，只是看到丞相去世，就驱逐他的儿子，何其浅薄！"后来又有人告发魏相杀死无辜的人，朝廷把这件事交给相关部门处理。河南郡的守军共二三千人驻扎在京都，他们在道上拦住大将军霍光，说愿意再服役一年来赎太守魏相的罪。河南郡一万多老弱百姓聚集在函谷关准备进京上书，关吏把这件事上报朝廷。大将军霍光还是因为武库令离职的事，把魏相交给廷尉治罪。魏相被拘禁了很久，过了冬天，正巧碰上朝廷大赦天下才被释放。朝廷又下诏书命令魏相担任茂陵县令，后来升迁为杨州刺史。朝廷考

数年，宣帝即位，征相入为大司农，迁御史大夫。四岁，大将军霍光薨，上思其功德，以其子禹为右将军，兄子乐平侯山复领尚书事。相因平恩侯许伯奏封事，言：“《春秋》讥世卿，恶宋三世为大夫，及鲁季孙之专权，皆危乱国家。自后元以来，禄去王室，政繇冢宰。今光死，子复为大将军，兄子秉枢机，昆弟诸婿据权势，在兵官。光夫人显及诸女皆通籍长信宫，或夜诏门出入，骄奢放纵，恐寖不制。宜有以损夺其权，破散阴谋，以固万世之基，全功臣之世。”又故事诸上书者皆为二封，署其一曰副，领尚书者先发副封，所言不善，屏去不奏。相复因许伯白，去副封以防雍蔽。宣帝善之，诏相给事中，皆从其议。霍氏杀许后之谋始得上闻。乃罢其三侯，令就第，亲属皆出补吏。于是韦贤以老病免，相遂代为丞相，封高平侯，食邑八百户。及霍氏怨相，又惮之，谋矫太后诏，先召斩丞相，然后废天子。事发觉，伏诛。宣帝始亲万机，厉精为治，练群臣，核名实，而相总领众职，甚称上意。

查郡太守与诸侯国相，许多人被免官。魏相与丙吉交情很好，当时丙吉担任光禄大夫，写信给魏相说："朝廷已深知你的施政措施，马上就要重用你了。希望你处理事情小心谨慎并且要自重，收敛自己的才能，不要外露。"魏相心里认同丙吉的话，就收敛自己的威严。他任刺史二年后，被朝廷征召为谏大夫，之后又担任河南郡太守。

几年后，宣帝登上皇位，征召魏相入朝担任大司农，后来又升任御史大夫。四年后，大将军霍光去世，宣帝思念他的功德，封霍光的儿子霍禹为右将军，霍光的侄子乐平侯霍山又治理尚书事务。魏相通过平恩侯许伯呈上密奏，说："《春秋》讽刺世代为卿的人，厌恶宋国三代都担任卿相的大夫，还有鲁国季氏孙专政擅权，他们都使国家危乱。自武帝后元以来，诸侯王的子弟都能享受国家俸禄，诸侯国的大政方针都要由冢宰决定。现在霍光去世，他的儿子又担任大将军，他的侄子执掌着朝廷重要机构的大权，霍家的兄弟女婿们占据着权势要位，掌握着兵权。霍光的夫人霍显以及霍家的女眷都有能在长信宫自由出入的名籍，有的更是在夜晚从诏门出入，骄奢放纵，恐怕慢慢的就无法控制他们了。陛下应该找个理由削弱他们的权势，消除他们的阴谋，以巩固大汉万世的基业，保全功臣霍光在当世的名声。"再者汉朝旧制规定，呈上奏书的人都要准备二份，其中一份为副本，掌管尚书事务的官员先开启副本阅读，如果奏书的内容不善，就搁置起来不呈给皇帝。魏相又通过许伯告诉皇上，把副本抽去，以防备霍氏的人蒙蔽皇上。宣帝也认同魏相的建议，于是下诏封魏相为给事中，采纳了魏相提出的所有奏议。不久，宣帝知道了霍氏谋杀许皇后的事。就罢免了霍家三侯，命令他们回到自己的府邸思过，霍家的亲属都被驱逐出朝廷在别的地方补任官吏。当时韦贤因为年老生病免官回家，魏相就代替韦贤担任丞相，朝廷封他为高平侯，享受八百户的食邑。霍家的人很怨恨魏相，又忌惮他，就谋划假托太后的诏令，打算先召来丞相魏相把他杀死，然后废去天子。事情还没付诸实际就被发觉，霍氏的人被处以死刑。从此宣帝开始亲自治理国家，面对繁杂的政事，他励精图治，选拔群臣，考核他们的政绩是否名不符实，而由魏相统领的各官署事务，很合皇上的心意。

元康中，匈奴遣兵击汉屯田车师者，不能下。上与后将军赵充国等议，欲因匈奴衰弱，出兵击其右地，使不敢复扰西域。相上书谏曰："臣闻之，救乱诛暴，谓之义兵，兵义者王；敌加于已，不得已而起者，谓之应兵，兵应者胜；争恨小故，不忍愤怒者，谓之忿兵，兵忿者败；利人土地货宝者，谓之贪兵，兵贪者破；恃国家之大，矜民人之众，欲见威于敌者，谓之骄兵，兵骄者灭：此五者，非但人事，乃天道也。间者匈奴尝有善意，所得汉民辄奉归之，未有犯于边境，虽争屯田车师，不足致意中。今闻诸将军欲兴兵入其地，臣愚不知此兵何名者也。今边郡困乏，父子共犬羊之裘，食草莱之实，常恐不能自存，难以动兵。'军旅之后，必有凶年'，言民以其愁苦之气，伤阴阳之和也。出兵虽胜，犹有后忧，恐灾害之变因此以生。今郡国守相多不实选，风俗尤薄，水旱不时。案今年计，子弟杀父兄、妻杀夫者，凡二百二十二人，臣愚以为此非小变也。今左右不忧此，乃欲发兵报纤介之忿于远夷，殆孔子所谓'吾恐季孙之忧不在颛臾而在萧墙之内'也。愿陛下与平昌侯、乐昌侯、平恩侯及有识者详议乃可。"上从相言而止。

相明《易经》，有师法，好观汉故事及便宜章奏，以为古今异制，方今务在奉行故事而已。数条汉兴已来国家便宜行事，及贤臣贾谊、晁错、董仲舒等所言，奏请施行之，曰："臣闻明主在上，贤辅在下，则君安虞而民和睦。臣相幸得备位，不能奉明法，广教化，理四方，以宣圣德。民多背本趋末，或有饥寒之色，为陛下之忧，臣

宣帝元康年间，匈奴派兵出击汉朝在车师屯田的军队，匈奴没能胜利。宣帝与后将军赵充国等人计议，想乘势在匈奴衰弱的时候，派兵攻打其西部，使匈奴不敢再侵犯西域。魏相上书劝谏说："臣听说，平定动乱，诛灭凶暴，称为义兵，师出仁义则会天下无敌；敌人来攻打我们，我们不得已而还击，称之为应兵，应兵出击就一定能胜利；为了小事而斗恨，不能忍受小的愤怒，称之为忿兵，忿兵前去战斗必定会失败；贪图别人的土地谋求别人的珍宝，称之为贪兵，贪兵一定会被击溃；仗着自己国家强大，人口众多，想要在敌人那里展示自己的威力，称之为骄兵，骄兵必定会被歼灭，这五个方面，不仅仅是人事，也涉及到天道。先前匈奴曾经对我们存有一些善意，他们掳掠的汉人财物都好好地送了回来，并没有侵犯汉朝边境，这次匈奴进攻汉朝屯田的车师城，陛下不必放在心上。如今我听说众将军想发兵攻打匈奴西部，臣愚钝不知道这样的军队该以何命名。如今边郡民生困乏，父亲与儿子共穿一件犬羊之皮做成的衣服，吃着野草的果实，常常担心自己存活不下去，这样的现状很难发动战争啊。'军旅之后，必有凶年'，说的是百姓会因为战争而产生的愁苦怨气，会伤害阴阳的协调。即便会胜利，也留下后患，恐怕灾害变故就由此产生。现在郡国的太守、国相多名不副实，风俗浇薄，水灾旱灾不时发生。今年上报的案件统计，儿子杀死父亲，弟弟杀死兄长、妻子杀死丈夫的，一共二百二十二人，臣愚钝地认为这已经不是小变故了。现在陛下的左右大臣不担忧这些，却想发兵报睚眦之忿，攻打边远之地的匈奴，这大概就是孔夫子讲的'吾恐季孙之忧不在颛臾而在萧墙之内'啊。希望陛下与平昌侯、乐昌侯、平恩侯以及有识之士审议之后再实行。"宣帝听从了魏相的谏言，没对匈奴发兵。

魏相通晓《易经》，有名师传承，他喜欢查看汉朝旧日的制度以及有益的奏章，他认为古今制度相异，现在重要的是奉行旧日的制度而已。因此他多次条陈汉朝兴起以来国家有效地处理事情的各种措施，以及贤臣贾谊、晁错、董仲舒等人发表的观点，上奏皇帝请求按照他们的方法施行，魏相说："臣听说圣明的君主在上，辅弼的贤臣在下，这样一来，君主安乐而百姓和睦。臣有幸在朝廷担任丞相，

相罪当万死。臣相知能浅薄，不明国家大体，时用之宜，惟民终始，未得所繇。窃伏观先帝圣德仁恩之厚，勤劳天下，垂意黎庶，忧水旱之灾，为民贫穷发仓廪，赈乏餧；遣谏大夫博士巡行天下，察风俗，举贤良，平冤狱，冠盖交道；省诸用，宽租赋，弛山泽波池，禁秣马酤酒贮积：所以周急继困，慰安元元，便利百姓之道甚备。臣相不能悉陈，昧死奏故事诏书凡二十三事。臣谨案王法必本于农而务积聚，量入制用以备凶灾，亡六年之畜，尚谓之急。元鼎二年，平原、勃海、太山、东郡溥被灾害，民饿死于道路。二千石不豫虑其难，使至于此，赖明诏振捄，乃得蒙更生。今岁不登，谷暴腾踊，临秋收敛犹有乏者，至春恐甚，亡以相恤。西羌未平，师旅在外，兵革相乘，臣窃寒心，宜蚤图其备。唯陛下留神元元，帅繇先帝盛德以抚海内。”上施行其策。

又数表采《易阴阳》及《明堂月令》奏之，曰：“臣相幸得备员，奉职不修，不能宣广教化。阴阳未和，灾害未息，咎在臣等。臣闻《易》曰：‘天地以顺动，故日月不过，四时不忒；圣王以顺动，故刑罚清而民服。’天地变化，必繇阴阳，阴阳之分，以日为纪。日冬夏至，则八风之序立，万物之性成，各有常职，不得相干。东方之神太昊，乘《震》执规司春；南方之神炎帝，乘《离》执衡司夏；西方之神少昊，乘《兑》执矩司秋；北方之神颛顼，乘《坎》执权司冬；

却不能尊奉祖先圣明的法令，广施教化，治理四方，以宣扬陛下的圣德。导致好多百姓舍弃农业追逐商业的利益，甚至有的百姓面露饥色，让陛下担忧，臣罪该万死。臣智能浅薄，不明晓国家大政，没掌握处理事情的有效方法，不了解百姓的初衷与目的，没能找到问题的根源。臣私下考察先帝深厚的圣德仁恩，他为了百姓的幸福不辞辛苦，关心百姓疾苦，担忧水旱灾祸，对贫穷的百姓开仓放粮，救济穷乏的百姓；派遣谏大夫、博士巡行天下，考察风俗民情，举荐贤良人士，平反冤诬的讼案，处理公务的官员来往频繁，不绝于道；先帝节俭各项费用，减轻百姓租赋，开放山泽池塘，不准以粮食喂马，禁止用粮食酿酒，禁止屯积居奇，所有这些举措都是为了救济百姓的急困，使百姓得到安慰，惠民措施特别完备。臣魏相不能全部陈述，冒死上奏先帝处理当时政事的二十三项诏书。臣谨慎地考查先王之法必定是以农业为根本，致力于储备粮食，估量粮食的收入以备凶年灾荒，如果国家没有积攒六年的储备，尚且称作粮食危急。武帝元鼎二年（前115），平原郡、渤海郡、太山郡、东郡普遍遭灾，百姓饿死在路边。当时的二千石官员没能预先做好准备，才导致那样的境况发生，幸亏圣明的武帝及时下达诏书拯救百姓，老百姓才蒙受圣恩获得新生。今年粮食歉收，谷价暴涨，到了秋天收获的季节还有忍饥挨饿的人，到了春天这种情况会更加严重，而朝廷没有能够救济百姓的粮食。何况西羌还没有平定，军队还在外作战，兵革连续不断，臣深感失望和痛心，要早些谋划应急的措施。希望陛下关注百姓，遵循先帝的盛德以安抚天下。”皇上认同魏相的建议，并实行相应的措施。

魏相又多次节选《易阴阳》与《明堂月令》里的内容上奏，他说：“臣魏相有幸在朝廷担任官职，没好好奉行职事，没能宣扬和传播教化。没能调和阴阳之气，导致灾害不断，罪责在臣等。臣听《易经》讲：‘天地顺应自然规律运行，所以日月的运行就不会出现偏差，四季的交替就没有差错；如果圣明的君主能顺应自然规律行事，就能使刑罚公正，百姓信服。’天地的变化，必定来自阴阳的作用；阴阳的分别，是以太阳的运行周期为标志。确定了冬至和夏至，八种季候风则按时来临，万物的特性得以形成，它们各自有固定的职守，不能

中央之神黄帝，乘《坤》《艮》执绳司下土。兹五帝所司，各有时也。东方之卦不可以治西方，南方之卦不可以治北方。春兴《兑》治则饥，秋兴《震》治则华，冬兴《离》治则泄，夏兴《坎》治则雹。明王谨于尊天，慎于养人，故立羲和之官以乘四时，节授民事。君动静以道，奉顺阴阳，则日月光明，风雨时节，寒暑调和。三者得叙，则灾害不生，五谷熟，丝麻遂，中木茂，鸟兽蕃，民不夭疾，衣食有余。若是，则君尊民说，上下亡怨，政教不违，礼让可兴。夫风雨不时，则伤农桑；农桑伤，则民饥寒；饥寒在身，则亡廉耻，寇贼奸宄所繇生也。臣愚以为阴阳者，王事之本，群生之命，自古贤圣未有不繇者也。天子之义，必纯取法天地，而观于先圣。高皇帝所述书《天子所服第八》曰：'大谒者臣章受诏长乐宫，曰："令群臣议天子所服，以安治天下。"相国臣何、御史大夫臣昌谨与将军臣陵、太子太傅臣通等议："春夏秋冬天子所服，当法天地之数，中得人和。故自天子王侯有土之君，下及兆民，能法天地，顺四时，以治国家，身亡祸殃，年寿永究，是奉宗庙安天下之大礼也。臣请法之。中谒者赵尧举春，李舜举夏，兒汤举秋，贡禹举冬，四人各职一时。"大谒者襄章奏，制曰："可。"'孝文皇帝时，以二月施恩惠于天下，赐孝弟力田及罢军卒，祠死事者，颇非时节。御史大夫朝错时为太子家令，奏言其状。臣相伏念陛下恩泽甚厚，然而灾气未息，窃恐诏令有未合当时者也。愿陛下选明经通知阴阳者四人，各主一时，时至明言所职，以和阴阳，天下幸甚！"相数陈便宜，上纳用焉。

互相干扰。东方之神太昊，乘着《震》卦执规司春；南方之神炎帝，乘着《离》卦执衡司夏；西方之神少昊，乘着《兑》卦执矩司秋；北方之神颛顼，乘着《坎》卦执权司冬；中央之神黄帝，乘着《坤》卦、《艮》卦执绳司下土。这五个神所掌管的，各有自己相应的时节。东方卦位的太昊神不可以治理西方，南方卦位的炎帝神不可以治理北方。如果春季来临，《兑》卦上的司秋之神少昊治理东方就会闹饥荒，如果秋季来临，《震》卦上的司春之神太昊治理西方就会华而不实，如果冬季来临，《离》卦上的司夏之神炎帝治理北方就会泄出天地之气，如果夏季来临，《坎》卦上的司冬之神颛顼治理南方就会下冰雹。圣明的君主要恭谨地奉行上天的旨意，慎重地养育百姓，所以才让羲氏和氏那样的官员去分管四季，按时节安排百姓做事。君主的一动一静都要顺应自然之道，以顺从阴阳运行的规律，那样就会日月光明，风雨按时节而至，寒暑调和。此三者能够相得益彰，就不会生出自然灾害，五谷成熟，丝麻丰收，草木茂盛，鸟兽繁殖，百姓没有疾病早夭，衣食有余。如果能够这样，国君就会尊贵，百姓就会开心，上下互不埋怨，不会违背政教，礼让之风就可形成。如果上天不按时令刮风下雨，就会损害庄稼；庄稼受到损害，百姓就会饥寒交迫；如果饥寒缠身，百姓就没有廉耻之心，寇贼因此产生。臣愚昧地认为阴阳，是成就王者大业的根本，是百姓得以生存的命脉，自古以来圣贤没有不遵从阴阳运行规律的。天子治理天下，必须要专一地效法天地的运行法则，并借鉴先圣的治国经验。讲述高皇帝言行的《天子所服第八》上讲：‘大谒者章在长乐宫接受诏令，高皇帝说："命令群臣讨论天子应该穿的衣服，以安定天下。"丞相萧何、御史大夫周昌与将军王陵、太子太傅叔孙通等商议说："天子在春夏秋冬四季应该穿的衣服，应当效法天地对应的礼数，中得人和。所以上至天子王侯，有封地的诸侯国君，下到亿万百姓，如果能效仿天地，顺应四季的变化，以此来治理国家，就能免遭祸殃，永享天年，这是奉祀宗庙安定天下的大礼。臣等请求陛下效法它。应该让中谒者赵尧管理皇帝春天的活动，李舜管理皇帝夏天的活动，兒汤管理皇帝秋天的活动，贡禹管理皇帝冬天的活动，四个人各自管理一个季节。"大谒者

相敕掾史案事郡国及休告从家还至府，辄白四方异闻，或有逆贼风雨灾变，郡不上，相辄奏言之。时丙吉为御史大夫，同心辅政，上皆重之。相为人严毅，不如吉宽。视事九岁，神爵三年薨，谥曰宪侯。子弘嗣，甘露中有罪削爵为关内侯。

丙吉字少卿，鲁国人也。治律令，为鲁狱史。积功劳，稍迁至廷尉右监。坐法失官，归为州从事。武帝末，巫蛊事起，吉以故廷尉监征，诏治巫蛊郡邸狱。时宣帝生数月，以皇曾孙坐卫太子事系，吉见而怜之。又心知太子无事实，重哀曾孙无辜，吉择谨厚女徒，令保养曾孙，置闲燥处。吉治巫蛊事，连岁不决。后元二年，武帝疾，往来长杨、五柞宫，望气者言长安狱中有天子气，于是上遣使者分条中都官诏狱系者，亡轻重一切皆杀之。内谒者令郭穰夜到郡邸狱，吉闭门拒使者不纳，曰："皇曾孙在。他人亡辜死者犹不可，况亲曾孙乎！"相守至天明不得入，穰还以闻，因劾奏吉。武帝亦寤，曰："天使之也。"因赦天下。郡邸狱系者独赖吉得生，恩及四海矣。曾孙病，几不全者数焉，吉数敕保养乳母加致医药，视遇甚有恩惠，以私财物给其衣食。

襄章上奏说明此事后，高皇帝回复说："可行。"'孝文皇帝时，在二月发布恩惠天下的诏令，赏赐孝悌者、努力耕田者以及患病的士兵，祭祀因为国事死去的人，但选择的时间颇不合时节。御史大夫晁错当时担任太子家令，就上奏说明这些情况。臣魏相伏念陛下对天下深厚的恩泽，然而灾难却没有停止，臣私下担心您的诏令有不合时节的地方。愿陛下挑选明晓经术、熟知阴阳的四位大臣，分别管理一个季节，时节一到就明确说明自己应尽的职责，以调和阴阳，如此一来，天下大幸！"魏相多次上书陈说该做的事情，宣帝采用了他的建议。

魏相命令掾史查访各郡、诸侯国的事务，以及掾史休假完毕从家回到官府，就报告各地的奇闻，有时有叛逆者和风雨灾变，郡守还没上报，魏相就上奏皇帝。当时丙吉担任御史大夫，与魏相同心协力匡扶政事，皇帝特别器重他们。魏相为人严正刚毅，不如丙吉宽厚。魏相担任丞相九年，在神爵三年（前59）去世，谥号宪侯。他的儿子魏弘继承了爵位，后在甘露年间因犯罪被削去爵位降为关内侯。

丙吉字少卿，鲁国人。他喜欢研究律令，任鲁国狱史。他累积功劳，慢慢升为廷尉右监。后来丙吉因为犯法丢官，回到州里任从事。武帝末年，发生巫蛊事件，丙吉因为原来担任过廷尉监被朝廷征召，武帝下诏命丙吉管理关在郡邸监狱牵涉到巫蛊案件的罪人。当时宣帝刘询出生才几个月，因为是皇曾孙，也被牵连到卫太子的巫蛊事件进了监狱，丙吉看到皇曾孙后可怜他。再者，丙吉心下知道卫太子并没有犯罪，更加怜悯无辜的皇曾孙刘询，丙吉就选出几个谨慎笃厚的女犯人，命令她们保护抚养皇曾孙刘询，并将她们安置在宽敞干燥的地方。丙吉查办巫蛊案件，连着好几年也没做出判决。后元二年（前87），武帝生病，往来于长杨宫和五柞宫修养，望气者说长安监狱里有天子之气，于是武帝派遣使者把中都官诏狱的犯人分条登记，无论罪过轻重统统杀掉他们。内谒者令郭穰连夜赶到郡邸狱，丙吉紧闭大门拒绝使者入内，他说："皇曾孙刘询在这里。其他无辜的人都不能随意杀死，何况是皇曾孙！"双方一直对峙，内谒者令郭穰守到天亮也没能进去，他只得报告给武帝，并因此弹劾丙吉。当时武帝也醒悟过来，就说："这应该是上天的决定吧。"武帝因此大赦

后吉为车骑将军军市令，迁大将军长史，霍光甚重之，入为光禄大夫给事中。昭帝崩，亡嗣，大将军光遣吉迎昌邑王贺。贺即位，以行淫乱废，光与车骑将军张安世诸大臣议所立，未定。吉奏记光曰："将军事孝武皇帝，受襁褓之属，任天下之寄，孝昭皇帝早崩亡嗣，海内忧惧，欲亟闻嗣主。发丧之日以大谊立后，所立非其人，复以大谊废之，天下莫不服焉。方今社稷宗庙群生之命在将军之壹举。窃伏听于众庶，察其所言，诸侯宗室在位列者，未有所闻于民间也。而遗诏所养武帝曾孙名病已在掖庭外家者，吉前使居郡邸时见其幼少，至今十八九矣，通经术，有美材，行安而节和。愿将军详大议，参以蓍龟，岂宜褒显，先使入侍，令天下昭然知之，然后决定大策，天下幸甚！"光览其议，遂尊立皇曾孙，遣宗正刘德与吉迎曾孙于掖庭。宣帝初即位，赐吉爵关内侯。

吉为人深厚，不伐善。自曾孙遭遇，吉绝口不道前恩，故朝廷莫能明其功也。地节三年，立皇太子，吉为太子太傅，数月，迁御史大夫。及霍氏诛，上躬亲政，省尚书事。是时，掖庭宫婢则令民夫上书，自陈尝有阿保之功。章下掖庭令考问，则辞引使者丙吉知状。掖庭令将则诣御史府以视吉。吉识，谓则曰："汝尝坐养皇曾孙不

天下。监禁在郡邸狱的犯人因为丙吉的坚持得以生还，丙吉的恩德流布四海。后来皇曾孙刘询生病，多次危在旦夕，丙吉多次告诫抚养皇曾孙的乳母寻医用药，对待皇曾孙刘询特别恩惠，丙吉还拿出自己的财物为皇曾孙刘询添补衣食。

后来丙吉担任车骑将军张安世的军市令，又升任大将军霍光的长史，霍光很器重他，就提拔他入朝任光禄大夫给事中。昭帝驾崩后，没有子嗣，大将军霍光派遣丙吉迎接昌邑王刘贺。刘贺即位后，因为行为淫乱被废黜，霍光与车骑将军张安世以及众大臣商议该立谁做皇帝，事情一时之间定不下来。丙吉呈上文书给霍光说："将军您侍奉孝武皇帝，接受孝武皇帝的襁褓之嘱，担负着天下人的希望，孝昭皇帝早早驾崩，没有子嗣，举国上下十分担忧，都急切地想知道谁会继承皇位。孝昭皇帝发丧的那天就是为了顾及皇家宗庙的原则立刘贺为嗣主，只是刘贺不能胜任皇帝之职，您又为了顾全大义而废了他，天下没有不佩服的。现在社稷宗庙、百姓的命运都在于将军的一举一动。我私下打听老百姓的议论，考察他们说的话，了解到现在的那些诸侯宗室，在民间没有什么名声。而遵奉遗诏所抚养武帝的曾孙刘病已，现在就在掖庭外祖父家中，我以前在郡邸时见到他还幼小，到现在已经十八九岁了，他通晓经术，有不凡的资质，行止安详而礼度得当。希望将军慎重地商量这个重大的决策，并参考蓍草与大龟占卜的结果，如果不适宜让他立刻显贵，可以先让他入宫侍奉皇太后，让天下人明白他是一个怎样的人，然后再决定废立大计，天下人将会很幸运！"霍光看完丙吉的奏议，随即尊立皇曾孙刘询，他派宗正刘德与丙吉到掖庭迎请刘询。宣帝刘询刚登基，就赐丙吉为关内侯的爵位。

丙吉为人重情重义，不喜欢夸耀自己。自从皇曾孙刘询做了皇帝，丙吉绝口不提曾经救助刘询的恩情，所以朝廷大臣没人知道他的功劳。地节三年（前67），宣帝刘询立皇太子，丙吉担任太子太傅，几个月后，他升任御史大夫。霍禹谋反霍氏家族被诛灭后，宣帝亲自处理国政，省查尚书府的奏事。当时，掖庭宫里的婢女则让自己以前的丈夫上书，她声称对宣帝有抚养的功劳。宣帝把奏章下达掖庭令，让

谨督笞，汝安得有功？独渭城胡组、淮阳郭徵卿有恩耳。”分别奏组等共养劳苦状。诏吉求组、徵卿，已死，有子孙，皆受厚赏。诏免则为庶人，赐钱十万。上亲见问，然后知吉有旧恩，而终不言。上大贤之，制诏丞相：“朕微眇时，御史大夫吉与朕有旧恩，厥德茂焉。《诗》不云虖：‘亡德不报。’其封吉为博阳侯，邑千三百户。”临当封，吉疾病，上将使人加绋而封之，及其生存也。上忧吉疾不起，太子太傅夏侯胜曰：“此未死也。臣闻有阴德者，必飨其乐以及子孙。今吉未获报而疾甚，非其死疾也。”后病果瘉。吉上书固辞，自陈不宜以空名受赏。上报曰：“朕之封君，非空名也，而君上书归侯印，是显朕之不德也。方今天下少事，君其专精神，省思虑，近医药，以自持。”后五岁，代魏相为丞相。

吉本起狱法小吏，后学《诗》《礼》，皆通大义。及居相位，上宽大，好礼让。掾史有罪臧，不称职，辄予长休告，终无所案验。客或谓吉曰：“君侯为汉相，奸吏成其私，然无所惩艾。”吉曰：“夫以三公之府有案吏之名，吾窃陋焉。”后人代吉，因以为故事，公府不案吏，自吉始。

于官属掾史，务掩过扬善。吉驭吏耆酒，数逋荡，尝从吉出，醉欧丞相车上。西曹主吏白欲斥之，吉曰：“以醉饱之失去士，使此人

他查问这件事，婢女则的供词中说当时的使者丙吉知道事情的来龙去脉。掖庭令将婢女则带到御史府让丙吉查问。丙吉认识则，对她说："你曾经因为养育皇曾孙不谨慎而犯罪，还遭到鞭打，你有什么功劳？唯独渭城的胡组、淮阳的郭徵卿对皇上有养护的恩德。"丙吉于是分别上奏述说胡组等人以前供养皇帝劳苦的情况。宣帝下诏命令丙吉寻找胡组、郭徵卿，发现她们都已离世，只有子孙还在，宣帝重重地赏赐了恩人。宣帝又下诏赦免则为平民，赏给她十万钱。他亲自查问自己小时候的事情，然后才知道丙吉过去对自己有恩，可丙吉始终不说此事。宣帝十分感激丙吉，认为他是一个大贤之人，宣帝下诏告诉丞相魏相说："朕还卑微的时候，御史大夫丙吉就对朕有恩，他的美德无以言表。《诗经》不是讲：'施德总会有回报'嘛。封丙吉为博阳侯，享受一千三百户食邑。"快受封时，丙吉生病在家，宣帝准备派人将印绶带给丙吉封侯，想在丙吉活着的时候赐他侯位。宣帝担心丙吉一病不起，太子太傅夏侯胜说："这不是死症。臣听说有阴德的人，一定会享有相应的快乐，还会把这种快乐传给子孙。现在丙吉还没有获得回报而病情严重，这不是死症。"后来丙吉果然得以痊愈。丙吉上书坚决推辞皇上对自己的封赏，他说自己不应该凭借空名接受赏赐。宣帝回书说："朕封你为博阳侯，并不是空名，而你上书要送回侯印，是彰显朕无德啊。如今天下平安无事，你一定要集中精神，少思虑，好好看医生好好吃药，好好保养自己。"五年后，丙吉代替魏相担任丞相。

丙吉出身于监狱小吏，后来学习《诗经》《礼记》，通晓经中大义。等他身居丞相之位后，崇尚宽大，喜欢礼让他人。掾史犯了罪，或者不称职，丙吉总是让他们长期休假，始终不会治他们的罪。有的宾客对丙吉说："您身为汉朝丞相，奸诈的小吏谋求私利，然而您却没有任何惩治的措施。"丙吉说："如果我三公之府有惩办下属官吏的名声，我会轻视我自己。"后来代替丙吉的丞相，也以此作为老规矩，公府不查办小吏，就是从丙吉开始的。

对于自己的属官掾史，丙吉一定会替他们掩过扬善。丙吉有个驭吏嗜酒，多次旷职游荡，他有一次跟从丙吉外出，因醉酒吐在丙吉

将复何所容？西曹地忍之，此不过污丞相车茵耳。”遂不去也。此驭吏边郡人，习知边塞发犇命警备事，尝出，适见驿骑持赤白囊，边郡发犇命书驰来至。驭吏因随驿骑至公车刺取，知虏入云中、代郡，遽归府见吉白状，因曰：“恐虏所入边郡，二千石长吏有老病不任兵马者，宜可豫视。”吉善其言，召东曹案边长吏，琐科条其人。未已，诏召丞相、御史，问以虏所入郡吏，吉具对。御史大夫卒遽不能详知，以得谴让。而吉见谓忧边思职，驭吏力也。吉乃叹曰：“士亡不可容，能各有所长。向使丞相不先闻驭吏言，何见劳勉之有？”掾史繇是益贤吉。

吉又尝出，逢清道群斗者，死伤横道，吉过之不问，掾史独怪之。吉前行，逢人逐牛，牛喘吐舌，吉止驻，使骑吏问：“逐牛行几里矣？”掾史独谓丞相前后失问，或以讥吉，吉曰：“民斗相杀伤，长安令、京兆尹职所当禁备逐捕，岁竟丞相课其殿最，奏行赏罚而已。宰相不亲小事，非所当于道路问也。方春少阳用事，未可大热，恐牛近行，用暑故喘，此时气失节，恐有所伤害也。三公典调和阴阳，职当忧，是以问之。”掾史乃服，以吉知大体。

五凤三年春，吉病笃。上自临问吉，曰：“君即有不讳，谁可以自代者？”吉辞谢曰：“群臣行能，明主所知，愚臣无所能识。”上固

的车上。属官西曹主吏告诉丙吉说想驱逐这个驭吏，丙吉说："他只是因为喝得太多才吐在车上，如果就因为这点儿小的过失就赶走他，他以后将到那里容身？西曹你就忍耐一下，他不过是弄脏了我车上的座垫而已。"丙吉最终也没有赶走这个驭吏。这个驭吏是边郡人，熟知边塞的事，有紧急情况时，边塞会派快马向朝廷报告，曾有一次外出，驭吏正好看见驿骑手持文书袋，这是边境告急的书信。驭吏便跟着驿骑到公车府打探消息，知道匈奴入侵了云中郡、代郡，他立即赶回丞相府向丙吉报告，并说："恐怕匈奴入侵的边郡，二千石的长吏中有年老多病不能胜任战争的，应该预先审察这些。"丙吉认同他的话，就让东曹考查边郡的长吏，仔细地分类整理并记录他们的情况。还没整理完，宣帝就下诏召见丞相、御史，询问匈奴所入侵的边郡官吏的情况，丙吉做了具体的回答。御史大夫在仓促急遽之间不能做出回答，因此被宣帝责备了一通。而丙吉却被宣帝认为是忧惧边疆、尽忠职守的好官，统御属吏非常得力。丙吉于是感叹地说："士不能不包容人，每个人都各有所长。假如我不是先听到驭吏的建议，怎么会受到陛下的勉励呢？"掾吏因此更尊重丙吉了。

又有一次丙吉外出，碰上扫除道路的人打群架，有死伤者横躺在道上，丙吉从他们旁边经过却不闻不问，随行的掾吏感到奇怪。丙吉一众人继续前行，碰到有人在赶牛，牛喘着粗气吐出舌头，丙吉让车子停下，派骑吏问道："你赶牛走了几里路了？"掾吏认为丞相的行为不当，该问的不问，不该问的却问，有的掾吏还讥笑丙吉，丙吉说："百姓因打斗互相杀伤，该由长安令、京兆尹去制止并追捕，岁末时由丞相考察他们的政绩，奉行赏罚而已。宰相不亲自过问小事，不应该在道路上询问不该问的。现在正是春天少阳用事的时候，不可能太热，我怕的是那头牛走得并不远，是天气太热的缘故才喘气，这就说明时气失调，恐怕会妨害农业啊。三公负责调和阴阳的大事，这是我职位应该忧虑的问题，所以我才询问牛喘气的事。"掾吏们于是更加佩服，认为丙吉识大体。

宣帝五凤三年（前55）春，丙吉病情严重。宣帝亲自前去问候丙吉，说："假如您死了，谁能代替您的职务呢？"丙吉推辞道："大臣们

问，吉顿首曰："西河太守杜延年明于法度，晓国家故事，前为九卿十余年，今在郡治有能名。廷尉于定国执宪详平，天下自以不冤。太仆陈万年事后母孝，惇厚备于行止。此三人能皆在臣右，唯上察之。"上以吉言皆是而许焉。及吉薨，御史大夫黄霸为丞相，征西河太守杜延年为御史大夫，会其年老，乞骸骨，病免。以廷尉于定国代为御史大夫。黄霸薨，而定国为丞相，太仆陈万年代定国为御史大夫，居位皆称职，上称吉为知人。

吉薨，谥曰定侯。子显嗣，甘露中有罪削爵为关内侯，官至卫尉太仆。始显少为诸曹，尝从祠高庙，至夕牲日，乃使出取斋衣。丞相吉大怒，谓其夫人曰："宗庙至重，而显不敬慎，亡吾爵者必显也。"夫人为言，然后乃已。吉中子禹为水衡都尉，少子高为中垒校尉。

元帝时，长安士伍尊上书，言"臣少时为郡邸小吏，窃见孝宣皇帝以皇曾孙在郡邸狱。是时治狱使者丙吉见皇曾孙遭离无辜，吉仁心感动，涕泣凄恻，选择复作胡组养视皇孙，吉常从。臣尊日再侍卧庭上。后遭条狱之诏，吉扞拒大难，不避严刑峻法。既遭大赦，吉谓守丞谁如，皇孙不当在官，使谁如移书京兆尹，遣与胡组俱送京兆尹，不受，复还。及组日满当去，皇孙思慕，吉以私钱顾组，令留与郭徵卿并养数月，乃遣组去。后少内啬夫白吉曰：'食皇孙亡诏令。'时吉得食米肉，月月以给皇孙。吉即时病，辄使臣尊朝夕请问皇孙，视省席蓐燥湿。候伺组、徵卿，不得令晨夜去皇孙敖盪，数奏甘毳食物。所以拥全神灵，成育圣躬，功德已亡量矣。时岂豫

的德行和才能，圣明的君主您心中有数，愚臣真的不知道。”宣帝执意要问，丙吉叩头下拜后说道：“西河郡太守杜延年明晓法度，知道前朝的惯例制度，他以前担任九卿有十多年的时间，现在管理西河郡有能干的名声。廷尉于定国执行法令详审而公平，经过他判决的人都感到不冤枉。太仆陈万年侍奉后母特别孝顺，他一言一行尽显敦厚老实。这三个人的才能都在臣之上，希望陛下留心观察。”宣帝认为丙吉的话都很正确，就答应了他。等到丙吉去世，御史大夫黄霸担任丞相，朝廷征召西河郡太守杜延年任御史大夫，正碰上杜延年因为年老请求辞官，又因生病免去了官职。朝廷就起用廷尉于定国代替杜延年任御史大夫。黄霸去世后，于定国任丞相，太仆陈万年代替于定国任御史大夫，这几个人身居要位都很称职，宣帝认为丙吉有眼光，能了解别人的品行和才能。

丙吉去世后，谥号为定侯。他的儿子丙显继承了侯位，丙显在甘露年间因为犯罪被削爵为关内侯，官至卫尉太仆。最初丙显年少时曾任各部属吏，曾侍奉皇帝去高庙祭祀，到了准备祭品那天，他才派人取出斋戒的衣服。丞相丙吉很生气，对他的夫人说：“宗庙是国家最庄重的地方，而丙显一点儿都不恭敬谨慎，将来丧失我爵位的人必定是丙显。”夫人为儿子不停地求情，此事才罢休。丙吉的次子丙禹任水衡都尉，幼子丙高任中垒校尉。

元帝时，长安士卒名叫尊上书，他说：“臣年少时担任郡邸小吏，曾在郡邸狱中亲眼见到当时还是皇曾孙的孝宣皇帝。当时查办巫蛊案件的使者丙吉见皇曾孙无罪遭难，他的仁爱之心受到触动，流泪悲伤，便选择服刑的女犯胡组养护皇曾孙，丙吉常常照顾。臣多次在郡邸卧庭中侍奉皇曾孙。后来武帝诏令逐条登记巫蛊之犯，然后全部处死，丙吉奋力抵御大难，不避严刑峻法把士兵拒之门外。后来武帝诏令大赦天下，丙吉对守丞谁如说，皇曾孙不应当待在监狱，就让谁如给京兆尹发送公文，并送皇曾孙和胡组一起到京兆尹那里，京兆尹不肯受理，又把皇曾孙和胡组送了回来。当胡组期满该回家时，皇曾孙对胡组恋恋不舍，丙吉就用自己的钱雇佣胡组，让她留下来与郭徵卿一起抚养了皇曾孙几个月，才让胡组离去。后来少内啬夫对丙吉

知天下之福，而徼其报哉！诚其仁恩内结于心也。虽介之推割肌以存君，不足以比。孝宣皇帝时，臣上书言状，幸得下吉，吉谦让不敢自伐，删去臣辞，专归美于组、徽卿。组、徽卿皆以受田宅赐钱，吉封为博阳侯。臣尊不得比组、徽卿。臣年老居贫，死在旦暮，欲终不言，恐使有功不著。吉子显坐微文夺爵为关内侯，臣愚以为宜复其爵邑，以报先人功德。”先是显为太仆十余年，与官属大为奸利，臧千余万，司隶校尉昌案劾，罪至不道，奏请逮捕。上曰：“故丞相吉有旧恩，朕不忍绝。”免显官，夺邑四百户。后复以为城门校尉。显卒，子昌嗣爵关内侯。

成帝时，修废功，以吉旧恩尤重，鸿嘉元年制诏丞相御史：“盖闻褒功德，继绝统，所以重宗庙，广贤圣之路也。故博阳侯吉以旧恩有功而封，今其祀绝，朕甚怜之。夫善善及子孙，古今之通谊也，其封吉孙中郎将关内侯昌为博阳侯，奉吉后。”国绝三十二岁复续云。昌传子至孙，王莽时乃绝。

赞曰：古之制名，必繇象类，远取诸物，近取诸身。故经谓君为元首，臣为股肱，明其一体，相待而成也。是故君臣相配，古今常

说：‘我们也想给皇曾孙提供上好的食用，可是却没有皇上的诏令。’当时丙吉能吃到米和肉，便月月供给皇曾孙。丙吉有时生病，就派臣尊日夜问候皇曾孙，留意席褥的燥湿情况。还常告诫胡组、郭徵卿，不允许她们在清晨或黑夜离开皇曾孙出去游荡，丙吉多次向皇曾孙进奉美食。使得孝宣皇帝的精神得以保全，圣体得到了健康的养护，丙吉功德无量啊。当时他岂能预料到皇曾孙会做皇帝，来徼功求报呢！实在是丙吉内心仁爱。即使是介之推割下自己大腿的肉给晋文公充饥，也不能与丙吉抚养宣帝相比。孝宣皇帝时，臣曾经上书说明当时的情状，结果奏书被丙吉看到，丙吉谦虚不自我夸耀，删去了臣奏书中关于他救助宣帝的事情，把所有的好处归功于胡组和郭徵卿，宣帝赏赐了胡组与郭徵卿田宅金钱，封丙吉为博阳侯。臣尊不能与胡组、郭徵卿相比。臣年纪大了，生活清贫，时时都有可能死去，本想一直不把这些说出来，又害怕有功劳的人终被埋没。丙吉的儿子丙显因小罪被夺去爵位，任关内侯，臣愚昧地认为应该恢复他的爵位和食邑，以此报答他先父丙吉养护宣帝的功德。”在此之前丙显担任了十多年的太仆，他与官属大肆做非法牟利的事，家中积累了一千多万钱财，司隶校尉昌负责审理丙显的案子，判处丙显大逆不道罪，奏请元帝逮捕他。元帝说：“已故丞相丙吉对先帝有旧恩，朕不忍心断绝他的后嗣。”于是丙显被免去官位，削去四百户食邑。后来丙显又担任城门校尉。丙显去世后，他的儿子丙昌继承爵位任关内侯。

汉成帝登基后恢复旧臣的功业，因为丙吉对汉室的旧恩特别深厚，成帝在鸿嘉元年（前20）下诏给丞相、御史大夫，说：“朕听说褒扬有功德的人，就要让功臣断绝的爵位后继有人，以尊崇宗庙，广开圣贤之路。已故博阳侯丙吉因为旧时对先帝有恩而立下功劳被封侯，现在他的祭祀已经绝灭，朕十分怜悯他。善良的行为应该惠及子孙，这是古今的通义，封丙吉的孙子中郎将关内侯丙昌为博阳侯，以供奉丙吉的宗庙。”丙吉的封国在断绝三十二年后又得以继续。后来丙昌把爵位传给儿子直到孙子，到王莽执政时才断绝。

赞辞说：古人制定名称，一定要效仿类似的事物，远处效仿物象，近处效仿自身。所以经书上称人君为首脑，人臣是股肱，这是说

道，自然之势也。近观汉相，高祖开基，萧、曹为冠，孝宣中兴，丙、魏有声。是时黜陟有序，众职修理，公卿多称其位，海内兴于礼让。览其行事，岂虚乎哉！

明人君和人臣本来就是一体，互相依赖而成。所以君臣互相配合，是古今的常道，是自然的趋势。观察近代汉朝的丞相，汉高祖开创汉朝基业，萧何、曹参为众臣之冠，孝宣帝使汉朝的基业由衰复盛，丙吉、魏相留下美名。当时官员升职降黜有序合理，各个职守明确，公卿大臣大多称职，举国上下崇尚礼让。观察他们的行为事迹，难道是虚名吗！

卷七十五

眭两夏侯京翼李传第四十五

眭弘字孟，鲁国蕃人也。少时好侠，斗鸡走马，长乃变节，从嬴公受《春秋》。以明经为议郎，至符节令。

孝昭元凤三年正月，泰山莱芜山南匈匈有数千人声，民视之，有大石自立，高丈五尺，大四十八围，入地深八尺，三石为足。石立后有白乌数千下集其旁。是时昌邑有枯社木卧复生，又上林苑中大柳树断枯卧地，亦自立生，有虫食树叶成文字，曰“公孙病已立”，孟推《春秋》之意，以为“石柳皆阴类，下民之象，泰山者岱宗之岳，王者易姓告代之处。今大石自立，僵柳复起，非人力所为，此当有从匹夫为天子者。枯社木复生，故废之家公孙氏当复兴者也。”孟意亦不知其所在，即说曰：“先师董仲舒有言，虽有继体守文之君，不害圣人之受命。汉家尧后，有传国之运。汉帝宜谁差天下，求索贤人，禅以帝位，而退自封百里，如殷周二王后，以承顺天命。”孟使友人内官长赐上此书。时，昭帝幼，大将军霍光秉政，恶之，下其书廷尉。奏赐、孟妄设袄言惑众，大逆不道，皆伏诛。后五年，孝宣帝兴于民间，即位，征孟子为郎。

夏侯始昌，鲁人也。通《五经》，以《齐诗》《尚书》教授。自董仲舒、韩婴死后，武帝得始昌，甚重之。始昌明于阴阳，先言柏梁台灾日，至期日果灾。时昌邑王以少子爱，上为选师，始昌为太傅。年

眭弘字孟，鲁国蕃人。年少时行侠好义，喜欢斗鸡跑马，长大后喜好作风大变，跟随嬴公学习《春秋》。通过明经做了议郎，官至符节令。

昭帝元凤三年（前78）正月，泰山莱芜山的南面出现了数千人聚集喧扰的声音，百姓前去察看，看到有块大石自己立起来了，高一丈五尺，有四十八人合围那么粗，入地有八尺深，还有三块石头为大石做支撑。大石立起来之后有数千只白色的乌鸦飞下来在旁边聚集。这个时候昌邑社庙中已经枯死倒地的树又复活了，还有上林苑中的大柳树原本已经折断枯萎倒地，也自己竖立起来重获生机，有虫子将树叶啃食成文字，字样是“公孙病已立”，眭弘便推究《春秋》大意，认为“石头和柳树都是阴性的东西，象征底层的百姓，而泰山是群山之首，是改朝换代之后帝王祭告上天的地方。如今大石自立，枯柳复生，这些并不是人力所为，这说明有普通百姓将会成为天子。社庙中枯木复生，这表示遭到废黜的公孙氏一族要复兴了。”眭弘也不知道公孙氏所在何处，就说：“我的先师董仲舒曾说，即使有继承皇位并且遵守先王法度的君主，也不会妨碍圣人受命于天。汉朝是尧的后代，有传位他姓的势态。汉帝应当普告天下，遍求贤者，将帝位禅让给他，而自己退居百里之地，如同殷周二王的后代那样，以承顺天命。”眭弘请他任内官长的朋友赐替他上呈此书。当时，汉昭帝年幼，由大将军霍光执掌朝政，霍光很厌恶此事，就将眭弘的奏书交给廷尉。霍光上奏赐、眭弘妄图妖言惑众，大逆不道，两人都被处死。五年后，孝宣帝从民间起势，继位，征召眭弘的儿子担任郎官。

夏侯始昌，是鲁国人。精通《五经》，教授《齐诗》《尚书》。

自董仲舒、韩婴死后，武帝十分看重夏侯始昌。夏侯始昌精通阴阳之道，他事前预言过柏梁台发生火灾的日期，到了那天果真发生了火

老，以寿终。族子胜亦以儒显名。

夏侯胜字长公。初，鲁共王分鲁西宁乡以封子节侯，别属大河，大河后更名东平，故胜为东平人。胜少孤，好学，从始昌受《尚书》及《洪范五行传》，说灾异。后事蔄卿，又从欧阳氏问。为学精孰，所问非一师也。善说礼服。征为博士、光禄大夫。会昭帝崩，昌邑王嗣立，数出。胜当乘舆前谏曰："天久阴而不雨，臣下有谋上者，陛下出欲何之？"王怒，谓胜为祅言，缚以属吏。吏白大将军霍光，光不举法。是时，光与车骑将军张安世谋欲废昌邑王。光让安世以为泄语，安世实不言。乃召问胜，胜对言："在《洪范传》曰'皇之不极，厥罚常阴，时则下人有伐上者'，恶察察言，故云臣下有谋。"光、安世大惊，以此益重经术士。后十余日，光卒与安世白太后，废昌邑王，尊立宣帝。光以为群臣奏事东宫，太后省政，宜知经术，白令胜用《尚书》授太后。迁长信少府，赐爵关内侯，以与谋废立，定策安宗庙，益千户。

宣帝初即位，欲褒先帝，诏丞相御史曰："朕以眇身，蒙遗德，承圣业，奉宗庙，夙夜惟念。孝武皇帝躬仁谊，厉威武，北征匈奴，单于远遁，南平氐羌、昆明、瓯骆两越，东定薉、貉、朝鲜，廓地斥境，立郡县，百蛮率服，款塞自至，珍贡陈于宗庙；协音律，造乐歌，荐上帝，封太山，立明堂，改正朔，易服色；明开圣绪，尊贤显功，兴灭继绝，褒周之后；备天地之礼，广道术之路。上天报况，

灾。当时昌邑王因为年纪最小而备受宠爱，武帝为他挑选老师，夏侯始昌便担任太傅。夏侯始昌年老寿终。他的同族兄弟之子夏侯胜也是因精通儒学而扬名。

夏侯胜字长公。起初，鲁共王将鲁西宁乡赐给他的儿子刘恬并分封其为节侯，宁乡属于黄河，黄河后来改名为东平，所以夏侯胜是东平人。夏侯胜年少丧父，生性好学，跟随夏侯始昌学习《尚书》和《洪范五行传》，论说灾异。后来拜蕑卿为师，又向欧阳氏求学。夏侯胜治学精通熟练，是因为他的老师不只一人。夏侯胜擅长教授礼制。受召担任博士、光禄大夫。恰逢昭帝驾崩，昌邑王继位，昌邑王经常外出游玩。有一次夏侯胜挡在昌邑王的轿辇前进谏道："天气久阴而不下雨，这是有臣子想谋权篡位，陛下还想去哪里呢？"昌邑王大怒，认为夏侯胜在妖言惑众，将他绑起来交给其他官吏处置。那个官吏将这件事告诉了大将军霍光，霍光没有处罚夏侯胜。当时，霍光和车骑将军张安世正在谋划要废掉昌邑王。霍光责备张安世泄密，而张安世实际并没有泄密。于是他们就问夏侯胜，夏侯胜回答道："在《洪范传》中说：'帝王没有治国之道，就会时常招致上天惩罚，这时就会有臣子谋害君上'，臣只是因为不敢明说，所以只能说有臣子想谋权篡位。"霍光、张安世听后都大吃一惊，从此之后更加看重经学术士。十多天后，霍光和张安世一起奏明太后，废黜昌邑王，尊立宣帝。霍光认为群臣向东宫禀奏政事，太后省视政务，应当知晓经术，于是就让夏侯胜为太后讲授《尚书》。夏侯胜后改任长信少府，赐爵关内侯，因为参与谋划废立之事，祭告宗庙安定社稷，又增加了千户的食邑封地。

宣帝继位之初，想褒扬先帝的功业，就下诏给丞相御史说："朕以微末之身，蒙受祖先的德泽，承继圣业，奉祀宗庙，日夜铭记。孝武皇帝躬行仁义，威武迅猛，北征匈奴，单于远逃，南平氐羌、昆明、瓯骆两越，东定薉、貉、朝鲜，开疆拓土，设立郡县，各个蛮夷之国全都顺服，各国使臣不请自来，珍奇的贡物陈列于宗庙；协调音律，创制乐府之歌，荐享上天，封禅泰山，建立明堂，修改历法，改换服色；开疆拓土，尊重圣贤，奖赏有功之人，新兴汉室，承继前朝，赞扬周的后代；

符瑞并应，宝鼎出，白麟获，海效巨鱼，神人并见，山称万岁。功德茂盛，不能尽宣，而庙乐未称，朕甚悼焉。其与列侯、二千石、博士议。”于是群臣大议廷中，皆曰：“宜如诏书。”长信少府胜独曰：“武帝虽有攘四夷广土斥境之功，然多杀士众，竭民财力，奢泰亡度，天下虚耗，百姓流离，物故者半。蝗虫大起，赤地数千里，或人民相食，畜积至今未复。亡德泽于民，不宜为立庙乐。”公卿共难胜曰：“此诏书也。”胜曰：“诏书不可用也。人臣之谊，宜直言正论，非苟阿意顺指。议已出口，虽死不悔。”于是丞相义、御史大夫广明劾奏胜非议诏书，毁先帝，不道，及丞相长史黄霸阿纵胜，不举劾，俱下狱。有司遂请尊孝武帝庙为世宗庙，奏《盛德》《文始》《五行》之舞，天下世世献纳，以明盛德。武帝巡狩所幸郡国凡四十九，皆立庙，如高祖、太宗焉。

胜、霸既久系，霸欲从胜受经，胜辞以罪死。霸曰：“‘朝闻道，夕死可矣’。”胜贤其言，遂授之。系再更冬，讲论不怠。

至四年夏，关东四十九郡同日地动，或山崩，坏城郭室屋，杀六千余人。上乃素服，避正殿，遣使者吊问吏民，赐死者棺钱。下诏曰：“盖灾异者，天地之戒也。朕承洪业，托士民之上，未能和群生。曩者地震北海、琅邪，坏祖宗庙，朕甚惧焉。其与列侯、中二千石博问术士，有以应变，补朕之阙，毋有所讳。”因大赦，胜出为谏大夫给事中，霸为扬州刺史。

胜为人质朴守正，简易亡威仪。见时谓上为君，误相字于前，

完备天地之礼，广开道术之路。上天给予回赐，吉兆祥瑞一同应验，宝鼎出现，获得白麟，在海里捕到大鱼，神仙和圣人一并出现，连群山也称呼万岁。功德茂盛，不能全部道尽，而宗庙之乐却与此盛功伟业不相称，朕甚是悲伤。所以与列侯、二千石、博士共同商议。”于是群臣在朝廷中议论纷纷，都说：“应当遵照诏书所说的。”而唯独长信少府夏侯胜说道：“武帝虽然有驱赶外族开疆拓土的功绩，但是武帝杀了许多兵士百姓，竭尽民力，奢侈无度，天下虚耗，百姓流离，死去的人超过一半。蝗虫四起，赤地数千里，百姓相食，原先的储备积蓄至今还未恢复。武帝对于百姓没有恩德，不适宜为他创立宗庙之乐。”公卿共同问难夏侯胜说：“这是诏书。”夏侯胜说：“此诏书不可用。为人臣子，应当直言正论，而不能谄媚讨好。我的想法已经说了，即便死我也不会后悔。”于是丞相蔡义、御史大夫田广明弹劾夏侯胜非议诏书，诋毁先帝，大逆不道，而丞相长史黄霸却赞同夏侯胜的说法，没有弹劾夏侯胜，黄霸和夏侯胜都被关进牢狱。有关官员就奏请将武帝庙尊为世宗庙，表演《盛德》《文始》《五行》之舞，天下世代供奉，以彰明盛德。而武帝所巡狩的四十九个郡国，也都建立宗庙，就像高祖庙、太宗庙一样。

夏侯胜、黄霸已经被关了很久，黄霸想跟随夏侯胜学习经术，夏侯胜以自己获死罪为由拒绝。黄霸说：“‘朝闻道，夕死可矣’。”夏侯胜赞同他说的话，便开始教授黄霸经术。这样又过了一个冬天，夏侯胜依旧讲授不曾懈怠。

到本始四年（前70）夏季，关东四十九郡在同一天发生地震，或是山崩，城墙房屋损毁，死了六千余人。宣帝身穿素服，不在正殿上朝，派遣使者慰问官员百姓，赐给死者安葬的费用。宣帝下诏书说：“发生灾异，是天地的警戒。朕承继祖业，虽将士民视为最重要的，但未能让他们安居乐业。以前北海、琅琊发生地震，损坏祖宗庙，朕甚感畏惧。与列侯、中二千石的官员广问术士，若是有应对灾变，能弥补朕的疏漏的办法，不要有所忌讳。”宣帝因此大赦天下。夏侯胜出狱后担任谏大夫给事中，黄霸任扬州刺史。

夏侯胜为人质朴守正，平易近人不拘小节。朝见宣帝时将宣帝

上亦以是亲信之。尝见，出道上语，上闻而让胜，胜曰："陛下所言善，臣故扬之。尧言布于天下，至今见诵。臣以为可传，故传耳。"朝廷每有大议，上知胜素直，谓曰："先生通正言，无惩前事。"

胜复为长信少府，迁太子太傅。受诏撰《尚书》《论语说》，赐黄金百斤。年九十卒官，赐冢茔，葬平陵。太后赐钱二百万，为胜素服五日，以报师傅之恩，儒者以为荣。

始，胜每讲授，常谓诸生曰："士病不明经术；经术苟明，其取青紫如俛拾地芥耳。学经不明，不如归耕。"

胜从父子建字长卿，自师事胜及欧阳高，左右采获，又从《五经》诸儒问与《尚书》相出入者，牵引以次章句，具文饰说。胜非之曰："建所谓章句小儒，破碎大道。"建亦非胜为学疏略，难以应敌。建卒自颛门名经，为议郎博士，至太子少傅。胜子兼为左曹太中大夫，孙尧至长信少府、司农、鸿胪，曾孙蕃郡守、州牧、长乐少府。胜同产弟子赏为梁内史，梁内史子定国为豫章太守。而建子千秋亦为少府、太子少傅。

京房字君明，东郡顿丘人也。治《易》，事梁人焦延寿。延寿字赣。赣贫贱，以好学得幸梁王，王共其资用，令极意学。既成，为郡史，察举补小黄令。以候司先知奸邪，盗贼不得发。爱养吏民，化行

称为君，在宣帝面前又以字相称，这些做法都是不合礼法的，但宣帝知晓他质朴守正反而对他更加亲近信任。宣帝曾召见夏侯胜，夏侯胜出宫之后就将宣帝的话说出去了，宣帝听说后就责问夏侯胜，夏侯胜回答说："陛下所言非常好，故而臣将这些话宣扬出去。尧的话遍布天下，至今仍在诵读。臣认为陛下这些话可以传颂，所以就四处传扬。"朝廷每当要商议国家大事，宣帝知道夏侯胜向来率直，宣帝就会对夏侯胜说："先生可以尽情直言，不要因为以前的事有戒心。"

后来夏侯胜再次任长信少府，后迁任太子太傅。他受诏编撰《尚书》《论语说》，受赐黄金百斤。夏侯胜九十岁时在任上去世，皇帝赐给他墓地，葬于平陵。太后赏赐他二百万钱，并为夏侯胜守丧五日，以报师恩，儒者都以此为荣。

从前，夏侯胜在每次讲课时，常对学生说："士人最怕不懂经术；经术若是精通，那么获得高官厚禄就如同捡起地上的杂草一样容易。若是学习经术不能精通，那还不如回家耕田。"

夏侯胜叔伯辈的儿子中有位名建字长卿的，自从拜夏侯胜和欧阳高为师后，经常会请教有疑义的地方，又向研究《五经》的各位儒士请教与《尚书》相出入的地方，按顺序援引文中章句，但都是徒有其表，虚饰其辞。夏侯胜对此不以为然，他说："夏侯建是那种拘泥于章句文辞的小儒，将儒学正道搞得支离破碎。"夏侯建也认为夏侯胜的学问粗陋浅显，难以应对别人的求教。夏侯建最终在经学上自成一派，他任议郎博士，官至太子少傅。夏侯胜的儿子夏侯兼担任左曹太中大夫，孙子夏侯尧官至长信少府、司农、鸿胪，曾孙夏侯蕃任郡守、州牧、长乐少府。夏侯胜同母弟的儿子夏侯赏任梁内史，夏侯赏的儿子夏侯定国任豫章太守。而夏侯建的儿子夏侯千秋也任少府、太子少傅。

京房字君明，东郡顿丘人。修习《易经》，拜梁人焦延寿为师。焦延寿字赣。焦延寿出身贫贱，因为好学而幸得梁王的赏识，梁王为焦延寿提供学习所需的费用，让他放心学习。学成之后，焦延寿任郡史，并且经察举补任小黄县县令。因为焦延寿能事先预知奸邪之事

县中。举最当迁，三老官属上书愿留赣，有诏许增秩留，卒于小黄。赣常曰："得我道以亡身者，必京生也。"其说长于灾变，分六十卦，更直日用事，以风雨寒温为候：各有占验。房用之尤精。好钟律，知音声。初元四年以孝廉为郎。

永光、建昭间，西羌反，日蚀，又久青亡光，阴雾不精。房数上疏，先言其将然，近数月，远一岁，所言屡中，天子说之。数召见问，房对曰："古帝王以功举贤，则万化成，瑞应著，末世以毁誉取人，故功业废而致灾异。宜令百官各试其功，灾异可息。"诏使房作其事，房奏考功课吏法。上令公卿朝臣与房会议温室，皆以房言烦碎，令上下相司，不可许。上意乡之。时部刺史奏事京师，上召见诸刺史，令房晓以课事，刺史复以为不可行。唯御史大夫郑弘、光禄大夫周堪初言不可，后善之。

是时中书令石显颛权，显友人五鹿充宗为尚书令，与房同经，论议相非。二人用事，房尝宴见，问上曰："幽厉之君何以危？所任者何人也？"上曰："君不明，而所任者巧佞。"房曰："知其巧佞而用之邪，将以为贤也？"上曰："贤之。"房曰："然则今何以知其不贤也？"上曰："以其时乱而君危知之。"房曰："若是，任贤必治，任不肖必乱，必然之道也。幽厉何不觉寤而更求贤，曷为卒任不肖以至于是？"上曰："临乱之君各贤其臣，令皆觉寤，天下安得危亡之君？"房曰："齐桓公、秦二世亦尝闻此君而非笑之，然则

的发生，所以盗贼都不敢作案。焦延寿又爱护体恤下层官吏和百姓，在县中施行教化。经过举荐焦延寿最应当升迁，但小黄县的三老以及县中的官吏都上书希望能留下焦延寿，朝廷下发诏书允许焦延寿留在小黄县并增加了他的俸禄，焦延寿在小黄县去世。焦延寿常说：“能得我道并因此付出生命的，一定会是京房。”焦延寿擅长演说灾变，分六十卦，其中的每一爻又对应一天，又以风雨寒温来观测，各得应验。京房尤其精通此道。京房喜好钟律，通晓音声。初元四年（前45）京房经过举孝廉任郎官。

永光、建昭年间，西羌叛乱，发生日食，天空很久都是昏暗不见阳光，阴雾满天没有丝毫光明。京房数次上书，预言将会发生某件事，近则数月，远则一年，所言屡中，元帝非常高兴。经常召见京房并询问解决的办法，京房回答说：“古代帝王都是以功绩来选举贤能，故而万物得以生发，祥瑞显现，而末世以毁损赞誉来选举人才，因此功业废置而招致灾异。陛下应当让百官各自考察自己的功业，这样灾异就可以止息了。”于是元帝便下诏让京房来做这件事，京房奏明了考核官吏政绩的方法。元帝让公卿朝臣和京房到温室殿进行商议，他们都认为京房所言过于繁杂琐碎，让上下百官互相监察，这并不可能。元帝内心也这样想。当时部刺史到京师奏陈事情，元帝召见诸位刺史，让京房告诉他们要考核官吏政绩的事，刺史们同样认为不可实行。唯有御史大夫郑弘、光禄大夫周堪开始说不可以，后来也认同京房考核官吏的办法。

当时中书令石显专权，石显的朋友五鹿充宗任尚书令，他与京房同学一经，但观点却大相径庭。这二人在朝中当权，京房曾受到元帝空闲时的召见，他问元帝说：“像周幽王、周厉王那样的君主为何会灭亡？他们所任用的是什么人？”元帝回答说：“幽厉二王昏庸无道，他们任用的都是巧言谄媚之人。”京房说：“幽厉二王知道这些人是巧言谄媚之人而任用他们，还是认为他们是贤能之人而任用他们呢？”元帝答道：“是认为他们是贤能之人而任用他们。”京房说：“那么如今又如何知道他们不是贤人呢？”元帝说：“因为当时的动乱和君主的败亡而得知的。”京房说：“如果这样，任用贤能之人

任竖刁、赵高，政治日乱，盗贼满山，何不以幽厉卜之而觉寤乎？”上曰：“唯有道者能以往知来耳。”房因免冠顿首，曰：“《春秋》纪二百四十二年灾异，以视万世之君。今陛下即位已来，日月失明，星辰逆行，山崩泉涌，地震石陨，夏霜冬靁，春凋秋荣，陨霜不杀，水旱螟虫，民人饥疫，盗贼不禁，刑人满市，《春秋》所记灾异尽备。陛下视今为治邪，乱邪？所任用者谁与？”上曰：“然幸其瘉于彼，又以为不在此人也。”房曰：“夫前世之君亦皆然矣。臣恐后之视今，犹今之视前也。”上良久乃曰：“今为乱者谁哉？”房曰：“明主宜自知之。”上曰：“不知也；如知，何故用之？”房曰：“上最所信任，与图事帷幄之中进退天下之士者是矣。”房指谓石显，上亦知之，谓房曰：“已谕。”

房罢出，后上令房上弟子晓知考功课吏事者，欲试用之。房上中郎任良、姚平，“愿以为刺史，试考功法，臣得通籍殿中，为奏事，以防雍塞”。石显、五鹿充宗皆疾房，欲远之，建言宜试以房为郡守。元帝于是以房为魏郡太守，秩八百石，居得以考功法治郡。房自请，愿无属刺史，得除用它郡人，自弟吏千石已下，岁竟乘传奏事。天子许焉。

则国家必会安定，任用不贤之人则国家必会动乱，是必然的道理。那么幽厉二王为何没有觉悟而有所改变去寻求任用贤能之人，却最终任用那些不贤之人，以至于落得灭亡的地步？”元帝说：“身临乱世的君主各有自认为贤能的臣子，如果他们都觉悟了，天下怎会有危亡之君呢？”京房说：“齐桓公、秦二世也曾听闻幽厉二王的事而且嘲笑过他们，但他们依旧任用竖刁、赵高，使得政治日渐混乱，盗贼满山，他们为什么不将幽厉二王的事情作为前车之鉴而有所觉悟呢？”元帝说：“唯有有道之人才能以史为鉴。”京房因而脱帽叩首，说：“《春秋》记载了二百四十二年来的灾异，作为后世君主的前车之鉴。如今陛下继位已来，日月失去光明，星辰倒逆运行，山崩泉涌，地震石陨，夏季落霜，冬季响雷，春季凋零，秋季繁荣，即使石陨落霜也丝毫不减，水旱虫灾，百姓遭受饥荒瘟疫，盗贼屡禁不止，满街都是受刑之人，《春秋》中记载的灾异极尽完备了。请问陛下看如今的天下是安定，还是混乱呢？陛下所任用的是谁呢？”元帝说：“但所幸的是如今的灾异比以前好多了，朕认为这应该不在于朕所任用的人吧。”京房说：“以前的君主也是这样认为，臣担心后世将来看待今天，就像今天看待前朝一样。”元帝过了很久说：“如今为乱的是谁？”京房说：“圣明的君主应当自知。”元帝说：“朕不知道；倘若朕知道了，那为何还会任用他呢？”京房说：“您最信任的，能与您共同运筹帷幄谋划大事，并且可以任免天下士人的那个人便是。”京房指的就是石显，元帝也知道，便对京房说：“朕明白了。”

京房出宫后，元帝命令京房举荐弟子中通晓考核官吏政绩的，想要试用他们。京房举荐中郎任良、姚平，说：“希望让他们任刺史，试着推行考核官吏政绩的方法，臣可以留在朝中，为他们奏明事情，以防止下情堵塞。”石显、五鹿充宗都十分憎恨京房，想让他远离元帝，就建议应当任用京房为郡守。元帝于是让京房出任魏郡太守，俸禄八百石，并让他试用考核官吏政绩的方法来治理魏郡。京房向元帝自请，希望能不受刺史的管辖，能任用其他郡的人，能亲自考核评定俸禄在千石以下的官吏，年末时能乘坐驿站的马车禀奏事情。元帝应允了。

房自知数以论议为大臣所非，内与石显、五鹿充宗有隙，不欲远离左右，及为太守，忧惧。房以建昭二年二月朔拜，上封事曰：“辛酉已来，蒙气衰去，太阳精明，臣独欣然，以为陛下有所定也。然少阴倍力而乘消息。臣疑陛下虽行此道，犹不得如意，臣窃悼惧。守阳平侯凤欲见未得，至己卯，臣拜为太守，此言上虽明下犹胜之效也。臣出之后，恐必为用事所蔽，身死而功不成，故愿岁尽乘传奏事，蒙哀见许。乃辛巳，蒙气复乘卦，太阳侵色，此上大夫覆阳而上意疑也。己卯、庚辰之间，必有欲隔绝臣令不得乘传奏事者。”

房未发，上令阳平侯凤承制诏房，止无乘传奏事。房意愈恐，去至新丰，因邮上封事曰：“臣前以六月中言《遁卦》不效，法曰：‘道人始去，寒，涌水为灾。’至其七月，涌水出。臣弟子姚平谓臣曰：‘房可谓知道，未可谓信道也。房言灾异，未尝不中，今涌水已出，道人当逐死，尚复何言？’臣曰：‘陛下至仁，于臣尤厚，虽言而死，臣犹言也。’平又曰：‘房可谓小忠，未可谓大忠也。昔秦时赵高用事，有正先者，非刺高而死，高威自此成，故秦之乱，正先趣之。’今臣得出守郡，自诡效功，恐未效而死。惟陛下毋使臣塞涌水之异，当正先之死，为姚平所笑。”

房至陕，复上封事曰：“乃丙戌小雨，丁亥蒙气去，然少阴并力而乘消息，戊子益甚，到五十分，蒙气复起。此陛下欲正消息，杂卦之党并力而争，消息之气不胜。强弱安危之机不可不察。己丑夜，

京房自知他屡次的论议遭到了大臣的反对，在朝中又与石显、五鹿充宗存有嫌隙，所以他不想远离元帝左右，等到就任太守，便十分忧虑。京房在建昭二年（前37）二月初一拜见元帝，向元帝上奏一封密奏说："辛酉日以来，阴蒙之气渐渐散去，太阳变得明朗，臣暗自欣喜，认为陛下有所决断。然而少阴的卦象在盛衰变化。臣猜测陛下虽然想要有所改变，但还是不能如意，臣暗自担忧。本来想见到阳平侯王凤却没有见到，直到己卯日，臣任太守，这说明陛下虽然圣明但依旧受到臣子的蒙蔽。臣远离朝廷之后，担心您必会为掌权之人所蒙蔽，使臣身死而功业还未完成，所以希望在年末时能乘车禀奏事情，承蒙您的应允。到了辛巳日，阴蒙之气又重现卦象之上，太阳遭受侵蚀，这说明上大夫在蒙蔽陛下而陛下正感到怀疑。在己卯日、庚辰日之间，必会有想要阻拦臣不让臣乘坐驿站的马车向您禀奏事情的人。"

京房尚未出发，元帝就命令阳平侯王凤秉承旨意而诏令京房，不让他乘坐驿站的马车入朝奏事。京房愈发忧虑，走到新丰时，向元帝呈上一封密奏说："臣之前在六月中旬时所说的《遁卦》没有应验，法说：'有道的人要离开时，天气将变得寒冷，会有水涌出来而成灾。'到了七月，水果然涌出来了。臣的弟子姚平对我说：'您可谓明白术道，但不能说相信道术。您所言灾异，无不应验，如今水已经涌出来了，有道的人就要死了，还要再说什么呢？'臣说：'陛下至仁，对臣格外厚爱，虽然将要死了，但臣还要说出来。'姚平又说：'您可谓小忠，尚且不能说是大忠。从前秦朝赵高当权，有个叫正先的人，因非议赵高而死，赵高的淫威自此树立起来，所以秦朝的动乱，是正先促成的。'如今臣远离朝廷担任郡守，自己尽力报效立功，担心还未立功就死去。唯有希望陛下不要将涌水的异象归咎于臣，就像正先那样死去，而遭到姚平的耻笑。"

京房到了陕县，又呈上一封密奏说："丙戌日天降小雨，丁亥日阴蒙之气散去，但是少阴的卦象盛衰变化，到了戊子日就更厉害了，到日中的第五十分时，阴蒙之气又重新兴起。这是表明陛下想规正运行，而杂卦之党合力而争，消息之气不能战胜它们。强弱安危之机不可不

有还风，尽辛卯，太阳复侵色，至癸巳，日月相薄，此邪阴同力而太阳为之疑也。臣前白九年不改，必有星亡之异。臣愿出任良试考功，臣得居内，星亡之异可去。议者知如此于身不利，臣不可蔽，故云使弟子不若试师。臣为刺史又当奏事，故复云为刺史恐太守不与同心，不若以为太守，此其所以隔绝臣也。陛下不违其言而遂听之，此乃蒙气所以不解，太阳亡色者也。臣去朝稍远，太阳侵色益甚，唯陛下毋难还臣而易逆天意。邪说虽安于人，天气必变，故人可欺，天不可欺也，愿陛下察焉。”房去月余，竟征下狱。

初，淮阳宪王舅张博从房受学，以女妻房。房与相亲，每朝见，辄为博道其语，以为上意欲用房议，而群臣恶其害己，故为众所排。博曰：“淮阳王上亲弟，敏达好政，欲为国忠。今欲令王上书求入朝，得佐助房。”房曰：“得无不可？”博曰：“前楚王朝荐士，何为不可？”房曰：“中书令石显、尚书令五鹿君相与合同，巧佞之人也，事县官十余年；及丞相韦侯，皆久亡补于民，可谓亡功矣。此尤不欲行考功者也。淮阳王即朝见，劝上行考功，事善；不然，但言丞相、中书令任事久而不治，可休丞相，以御史大夫郑弘代之，迁中书令置他官，以钩盾令徐立代之，如此，房考功事得施行矣。”博具从房记诸所说灾异事，因令房为淮阳王作求朝奏草，皆持东与淮阳王。石显微司具知之，以房亲近，未敢言。及房出守郡，显告房与张博通谋，非谤政治，归恶天子，诖误诸侯王，语在《宪王传》。初，房见，道幽厉事，出为御史大夫郑弘言之。房、博皆弃市，弘坐免为庶人。房本姓李，推律自定为京氏，死时年四十一。

察。己丑日夜晚，有暴风，到辛卯日时暴风停息，太阳再次被遮蔽，到了癸巳日，日月相近，这是邪阴合力而太阳为之迷惑。臣之前说过若是九年没有变化，必有星宿隐没不见的异象。臣愿意举荐任良来试行考核官吏政绩的方法，臣留在朝中，那么星宿隐没不见的异象便可消除。廷议的人知道如此会对他们自身不利，臣也不会为他们所蒙蔽，所以他们才说任用弟子不如任用老师。若是臣任刺史又要向陛下奏事，所以他们又说担心臣任刺史不能和太守同心，不如让臣任太守，他们这是想隔绝臣和陛下。陛下没有违背而是听从了他们的话，这就是阴蒙之气不能散去，太阳无光的原因。臣远离朝廷，太阳遭受蒙蔽就越严重，唯愿陛下不要为难臣返回而轻易违逆天意。虽然邪说存在于人心，但天气必会有所变化，所以人可欺，而天不可欺，希望陛下明察。”京房离去一个多月后，最终入狱。

起初，淮阳宪王的舅舅张博跟随京房学习，将他的女儿嫁给京房。京房与张博相互亲近，每次朝见结束，京房总是会将与元帝的对话告诉张博，认为元帝想采用自己的意见，而群臣担心京房会牵连到自己，所以京房遭到众人排挤。张博说：“淮阳王是皇上的亲弟弟，聪敏通达喜好从政，想为国尽忠。如今我想让淮阳王上书请求入朝从政，以帮助你。”京房说：“可能不行吧？”张博说：“以前楚王曾向朝廷举荐士人，我这样做为何不可？”京房说：“中书令石显、尚书令五鹿充宗同流合污，都是虚伪奸佞之人，侍奉天子十余年；以及丞相韦侯，他们都已很久没有补益于民了，可谓是没有什么功绩。这些人就是极其不愿意实行考核官吏政绩制度的人。淮阳王若是能朝见皇上，劝皇上实行考核官吏的制度，这样最好；倘若不行，只要禀明皇上，丞相、中书令为官很久而没有政绩，可以罢免丞相，让御史大夫郑弘来代替，让中书令调任其他官职，让钩盾令徐立来代替他，这样，我京房所提出的考核建议就可以施行了。”张博将京房所说的各种灾异全部记录下来，便让京房为淮阳王起草请求入朝觐见皇上的奏章，将这些全都写予淮阳王。石显暗中观察他们并且全部知晓他们的事情，因为当时京房和皇帝亲近，所以未敢说出来。等到京房出任郡守，石显就告发京房和张博合谋，诽谤朝政，归恶天子，

翼奉字少君，东海下邳人也。治《齐诗》，与萧望之、匡衡同师。三人经术皆明，衡为后进，望之施之政事，而奉惇学不仕，好律历阴阳之占。元帝初即位，诸儒荐之，征待诏宦者署，数言事宴见，天子敬焉。

时，平昌侯王临以宣帝外属侍中，称诏欲从奉学其术。奉不肯与言，而上封事曰："臣闻之于师，治道要务，在知下之邪正。人诚乡正，虽愚为用；若乃怀邪，知益为害。知下之术，在于六情十二律而已。北方之情，好也；好行贪狼，申子主之。东方之情，怒也；怒行阴贼，亥卯主之。贪狼必待阴贼而后动，阴贼必待贪狼而后用，二阴并行，是以王者忌子卯也。《礼经》避之，《春秋》讳焉。南方之情，恶也；恶行廉贞，寅午主之。西方之情，喜也；喜行宽大，巳酉主之。二阳并行，是以王者吉午酉也。《诗》曰：'吉日庚午。'上方之情，乐也；乐行奸邪，辰未主之。下方之情，哀也；哀行公正，戌丑主之。辰未属阴，戌丑属阳，万物各以其类应。今陛下明圣虚静以待物至，万事虽众，何闻而不谕，岂况乎执十二律而御六情！于以知下参实，亦甚优矣，万不失一，自然之道也。乃正月癸未日加申，有暴风从西南来。未主奸邪，申主贪狼，风以大阴下抵建前，是人主左右邪臣之气也。平昌侯比三来见臣，皆以正辰加邪时。辰为客，时为主人。以律知人情，王者之秘道也，愚臣诚不敢以语邪人。"

累及诸侯王，详见《宪王传》。当初，京房拜见元帝，谈及幽厉二王之事，出宫后又向御史大夫郑弘言说。京房、张博都被斩首示众，郑弘也受到牵连而被免为庶人。京房原本姓李，后来经过推演卦象自改为京氏，死时四十一岁。

翼奉字少君，东海下邳人。研习《齐诗》，和萧望之、匡衡随同一位老师学习。三人都通晓经术，匡衡是后辈，萧望之将经术施展在政事上，而翼奉专心求学不走仕途，喜好律历阴阳的占卜之术。元帝继位之初，许多儒者举荐翼奉，他受召在宦者署中，多次上书言事并得到元帝闲暇时的召见，元帝十分敬重他。

当时，平昌侯王临因是宣帝的外戚而任侍中，称诏要向翼奉学习经术。翼奉不肯教授他经术，就上呈一封密奏说："臣听闻身为老师，治道修学的要务，在于知晓为下之人的正邪。如果一个人诚心向善，即使这个人愚笨也会教导；如果他心怀奸邪，那么他的学问越多越是有危害。了解为下之人的方法，在于六情十二律。北方之情，就是喜爱；喜爱多了就会贪婪如狼，申子主北方。东方之情，就是发怒；生发怒气就会以阴气贼害它物，亥卯主东方。贪狼必须等待阴贼而后才动，阴贼也必须等待贪狼而后发挥作用，二阴并行，所以王者忌讳子卯。《礼经》中避开它们，《春秋》中也忌讳它们。南方之情，就是厌恶；有所厌恶就会廉洁忠贞，寅午主南方。西方之情，就是欢喜；心中欢喜做事就会宽仁，巳酉主西方。二阳并行，所以王者认为午酉吉祥。《诗经》中说：'吉日庚午。'上方之情，就是快乐；有了快乐就会产生奸邪，辰未主持上方。下方之情，就是哀伤；心中哀伤就会行事公正，戌丑主下方。辰未属阴，戌丑属阳，万物都有类同的事物与之相应。如今陛下圣明谦逊静待时机到来，世事虽繁多，但没有什么是不能了解知晓的，何况是用十二律来驾驭六情呢！陛下如果能通过知晓情由来验证，这也是很好的了，这将会万无一失，是自然之道。在正月的癸未日申时，有暴风从西南面来。未主奸邪，申主贪狼，风从太阴下至月建之前，这说明皇上身边有邪臣之气。平昌侯接连三次来见臣，都在辰日的邪时。辰为客，时为主人。用十二律来知晓人情，这是王者的秘道，臣着实不敢将这些话告诉邪恶之人。"

上以奉为中郎，召问奉："来者以善日邪时，孰与邪日善时？"奉对曰："师法用辰不用日。辰为客，时为主人。见于明主，侍者为主人。辰正时邪，见者正，侍者邪；辰邪时正，见者邪，侍者正。忠正之见，侍者虽邪，辰时俱正；大邪之见，侍者虽正，辰时俱邪。即以自知侍者之邪，而时邪辰正，见者反邪；即以自知侍者之正，而时正辰邪，见者反正。辰为常事，时为一行。辰疏而时精，其效同功，必参五观之，然后可知。故曰：察其所繇，省其进退，参之六合五行，则可以见人性，知人情。难用外察，从中甚明，故诗之为学，情性而已。五性不相害，六情更兴废。观性以历，观情以律，明主所宜独用，难与二人共也。故曰：'显诸仁，臧诸用。'露之则不神，独行则自然矣，唯奉能用之，学者莫能行。"

是岁，关东大水，郡国十一饥，疫尤甚。上乃下诏江海陂湖园池属少府者以假贫民，勿租税；损大官膳，减乐府员，省苑马，诸宫馆稀御幸者勿缮治；太仆少府减食谷马，水衡省食肉兽。明年二月戊午，地震。其夏，齐地人相食。七月己酉，地复震。上曰："盖闻贤圣在位，阴阳和，风雨时，日月光，星辰静，黎庶康宁，考终厥命。今朕共承天地，托于公侯之上，明不能烛，德不能绥，灾异并臻，连年不息。乃二月戊午，地大震于陇西郡，毁落太上庙殿壁木饰，坏败豲道县城郭官寺及民室屋，厌杀人众，山崩地裂，水泉涌出。一年地再动，天惟降灾，震惊朕躬。治有大亏，咎至于此。夙夜兢兢，不通大变，深怀郁悼，未知其序。比年不登，元元困乏，不胜饥寒，以陷刑辟，朕甚闵焉，憯怛于心。已诏吏虚仓廪，开府臧，振救贫民。群司其茂思天地之戒，有可蠲除减省以便万姓者，各条奏。悉意陈

元帝任命翼奉为中郎，有一次召见询问翼奉说：“来的人应当是在善日邪时更好，还是应当在邪日善时更好？”翼奉回答说：“按照老师教授的方法是用辰不用日。辰为客，时为主人。觐见明主，则侍奉的臣子为主人。若辰正时邪，那么接见的人为正，侍奉的人为邪；若辰邪时正，那么接见的人为邪，侍奉的人为正。如果忠心正直的人觐见，即使侍奉的人为邪，但辰、时都为正，就会是大正压小邪；如果大邪的人觐见，即使侍奉的人为正，但辰、时都为邪，就会是大邪压小正。就算是自知侍奉的人为邪，而时邪辰正，那么接见的人反而会变为邪；就算是自知侍奉的人为正，而时正辰邪，那么接见的人反而会变为正。辰是常态，而时是一时。辰疏而时精，它们的效用是相同的，一定要交错来看，然后便可知晓。所以说：观察它的缘由，审查它的经过，参考六合五行，就可以明白人性，知晓人情。很难从外表观察，从内里观察就很清楚了，所以诗这种学问，只是出于情性而已。五性相互没有冲突，六情交替兴废。以日来观察五行，以十二律来观察六情，这应当是明主独自运用的，难以与第二人共用。所以说：‘彰显仁义，隐藏效用。’表露出来就不会灵验了，独自运用就自然随心了，唯有臣翼奉能运用这些东西，还在学习的人不能实践。”

这一年（初元元年，前48年），关东发生水灾，郡国有十分之一发生饥荒，瘟疫极为严重。元帝于是下诏，那些属于少府管辖的江海湖泊园林水池，全都暂时让那些贫民使用，不要征收税赋；减省官员的膳食用度，裁减乐府中的官员，减少马苑中的马，宫中很少去的宫馆就不要修缮；太仆少府减少用来喂马的粮食，水衡官署减少用来饲养兽类的肉食。第二年（前47）二月戊午日，发生地震。到了夏天，齐郡发生人吃人的惨剧。七月己酉日，再次发生地震。元帝说：“朕听闻圣贤的君主在位，阴阳平和，风调雨顺，日月明亮，星辰宁静，百姓安居乐业，老人尽享天年。如今朕承继宗庙，位在公侯之上，而光明不能俯照大地，恩德不能安抚百姓，灾异并至，连年不息。在今年二月戊午日，陇西郡发生地震，太上庙殿壁上的木饰毁坏掉落，豲道县城郭官署以及百姓的房屋损毁倒塌，压死很多人，山崩地裂，水泉涌出。一年之内发生两次地震，上天降灾，朕极为震惊。这是朕治国有

朕过失，靡有所讳。”因赦天下，举直言极谏之士。奉奏封事曰：

臣闻之于师曰，天地设位，悬日月，布星辰，分阴阳，定四时，列五行，以视圣人，名之曰道。圣人见道，然后知王治之象，故画州土，建君臣，立律历，陈成败，以视贤者，名之曰经。贤者见经，然后知人道之务，则《诗》《书》《易》《春秋》《礼》《乐》是也。《易》有阴阳，《诗》有五际，《春秋》有灾异，皆列终始，推得失，考天心，以言王道之安危。至秦乃不说，伤之以法，是以大道不通，至于灭亡。今陛下明圣，深怀要道，烛临万方，布德流惠，靡有阙遗。罢省不急之用，振救困贫，赋医药，赐棺钱，恩泽甚厚。又举直言，求过失，盛德纯备，天下幸甚。

臣奉窃学《齐诗》，闻五际之要《十月之交》篇，知日蚀地震之效昭然可明，犹巢居知风，穴处知雨，亦不足多，适所习耳。臣闻人气内逆，则感动天地；天变见于星气日蚀，地变见于奇物震动。所以然者，阳用其精，阴用其形，犹人之有五臧六体，五臧象天，六体象地。故臧病则气色发于面，体病则欠申动于貌。今年太阴建于甲戌，律以庚寅初用事，历以甲午从春。历中甲庚，律得参阳，性中仁义，情得公正贞廉，百年之精岁也。正以精岁，本首王位，日临中时接律而地大震，其后连月久阴，虽有大令，犹不能复，阴气盛矣。古者朝廷必有同姓以明亲亲，必有异姓以明贤贤，此圣王之所以大通天下也。同姓亲而易进，异姓疏而难通，故同姓一，异姓五，乃为平

很大的缺失，以致招来灾祸。朕终日战战兢兢，不知道还会有什么大的变故，内心深感忧伤，不知该如何是好。连年歉收，百姓窘困，不胜饥寒，以至于触犯法令，朕非常怜悯他们，内心悲痛。朕已经下诏让官吏打开国库和粮仓，救济百姓。百官要警醒天地降下的告诫，有可以免除减省而对百姓有利的地方，都可以上奏禀明。尽心指出朕的过失，不要有所避忌。”元帝大赦天下，选任直言进谏的士人。翼奉呈上密章说：

臣听闻老师说，天地确定位序，高悬日月，布列星辰，分别阴阳，定立四时，排列五行，彰显给圣人来看，名为道。圣人见道，然后知道帝王治理的征兆，所以划分州土，建立君臣，制定律历，述说成败，彰显给贤人来看，名为经。贤人见经，然后知道为人该做的要务，那就是《诗经》《尚书》《易经》《春秋》《礼记》《乐经》。《易经》讲述阴阳，《诗经》讲述五际，《春秋》讲述灾异，都是列出灾难的终始，推求政治得失，考察天意，以言明王道的安危。到秦朝时，秦始皇不喜欢《诗经》《尚书》等经典，下令损毁它们，故而使大道不通，秦王朝最终灭亡。如今陛下圣明，深知治国要道，恩德遍施天下，没有遗漏。减省不急的费用，赈济贫困百姓，给予医药，赐予安葬费用，恩泽甚厚。又选任直言不讳的人，请求别人指出自己的过失，盛德纯备，天下之幸。

臣翼奉学习《齐诗》，听闻五际的要点在于《十月之交》之中，知道日食地震的效验就十分明白了，就如同住在巢中知晓风向，住在洞穴中知晓避雨，这也并不值得赞许，只是长久变成习惯而已。臣听闻气在人体内运行，天地就会有所感应；天象变化显现在星气日食上，地的变化显现在奇物地震上。之所以这样，是因为阳用其精，阴用其形，犹如人有五脏六腑，五脏象征天，六腑象征地。所以五脏出现病症就会表现在气色上，六腑出现病症就会表现打哈欠、伸懒腰等动作上。今年太阴落在甲戌日，黄钟律在庚寅日初行事，历法在甲午日立春。历中的甲庚日，按律是三阳，这时人的品性仁义，性情也会公正贞廉，这些都是百年中最好年头的表现。正值春季，本来居于首王之位，但太阳在正中时接近黄钟律而引发大地震，之后接连数月一

均。今左右亡同姓，独以舅后之家为亲，异姓之臣又疏。二后之党满朝，非特处位，势尤奢僭过度，吕、霍、上官足以卜之，甚非爱人之道，又非后嗣之长策也。阴气之盛，不亦宜乎！

臣又闻未央、建章、甘泉宫才人各以百数，皆不得天性。若杜陵园，其已御见者，臣子不敢有言，虽然，太皇太后之事也。及诸侯王园，与其后宫，宜为设员，出其过制者，此损阴气应天救邪之道也。今异至不应，灾将随之。其法大水，极阴生阳，反为大旱，甚则有火灾，春秋宋伯姬是矣。唯陛下财察。

明年夏四月乙未，孝武园白鹤馆灾。奉自以为中，上疏曰："臣前上五际地震之效，曰极阴生阳，恐有火灾。不合明听，未见省答，臣窃内不自信。今白鹤馆以四月乙未，时加于卯，月宿亢灾，与前地震同法。臣奉乃深知道之可信也。不胜拳拳，愿复赐间，卒其终始。"

上复延问以得失。奉以为祭天地于云阳汾阴，及诸寝庙不以亲疏迭毁，皆烦费，违古制。又宫室苑囿，奢泰难供，以故民困国虚，亡累年之畜。所繇来久，不改其本，难以末正，乃上疏曰：

直是阴天，虽有皇上开仓救济的诏令，但依旧不能恢复，这是因为阴气过盛。古时的朝廷中必定会任用和皇帝同姓的宗室来表示亲切之意，也必定会任用异姓的大臣来表示敬重贤者，这是圣王之所以能使得天下大治的原因。同姓宗亲与皇帝关系亲近而容易委以重任，异姓臣子与皇帝关系疏远而难以得到信任，所以朝中须有同姓一人，异姓五人，这样便平均了。如今陛下左右没有同姓宗亲，只将外戚家族视作亲信，而异姓大臣又遭疏远。满朝都是太后和皇后两家的外戚党羽，非但身居高位，而且奢靡无度，僭越礼制，吕氏、霍氏、上官氏这些外戚家族的下场就足以得知后果，这并不是在爱护他们，也并不是为后世留下的长久之策。阴气如此盛行，同样不应该这么做啊！

臣又听闻未央宫、建章宫、甘泉宫中各有数百名宫人，全都杜绝男女之事。像杜陵园的宫人，有的已经得皇帝临幸，臣子都不敢说什么，即便如此，这也是太皇太后所掌管的事情。还有诸侯王的陵寝，以及诸侯王的后宫，最好设定宫人的名额，超过定额的就应当让她们出宫，这是减损阴气顺应天命挽救奸邪的方法。如今异像显现而不改过，灾祸将会随之而来。这些就表现在发生大水，极阴便会生阳，反而会出现大旱，甚至发生火灾，就像春秋时宋国的伯姬。唯愿陛下圣裁。

第二年（初元三年，前46年）夏天四月乙未日，孝武园白鹤馆发生火灾。翼奉自以为他所说的应验了，便上书说："臣之前所奏关于五际地震的预言，是说极阴便会生阳，恐有火灾。这些话不合皇上心意，未见皇上应答，臣那时也对自己所言没有自信。如今白鹤馆在四月乙未日，时间又在卯时，月亮在亢位时发生火灾，与此前的地震是相同。这时臣才深知臣所预言之事是可信的。不胜诚恳迫切之心，希望陛下再赐予臣一段时间，钻研清楚它的来龙去脉。"

元帝又向翼奉询问政治得失。翼奉认为在云阳、汾阴祭祀天地，以及各个寝庙没有因亲疏关系而逐次拆毁，这些事情都花费巨大，而且违背古制。还有宫室苑囿，因过于奢靡而国库难以供给，因此百姓生活困顿国库空虚，耗费多年的积蓄。这些事情由来已久，若是不从根本上改变，就难以矫正枝末，于是翼奉上书说：

臣闻昔者盘庚改邑以兴殷道，圣人美之。窃闻汉德隆盛，在于孝文皇帝躬行节俭，外省繇役。其时未有甘泉、建章及上林中诸离宫馆也。未央宫又无高门、武台、麒麟、凤皇、白虎、玉堂、金华之殿，独有前殿、曲台、渐台、宣室、温室、承明耳。孝文欲作一台，度用百金，重民之财，废而不为，其积土基，至今犹存，又下遗诏，不起山坟。故其时天下大和，百姓洽足，德流后嗣。

如令处于当今，因此制度，必不能成功名。天道有常，王道亡常，亡常者所以应有常也。必有非常之主，然后能立非常之功。臣愿陛下徙都于成周，左据成皋，右阻黾池，前乡崧高，后介大河，建荥阳，扶河东，南北千里以为关，而入敖仓；地方百里者八九，足以自娱；东厌诸侯之权，西远羌胡之难，陛下共己亡为，按成周之居，兼盘庚之德，万岁之后，长为高宗。汉家郊兆寝庙祭祀之礼多不应古，臣奉诚难亶居而改作，故愿陛下迁都正本。众制皆定，亡复缮治宫馆不急之费，岁可余一年之畜。

臣闻三代之祖积德以王，然皆不过数百年而绝。周至成王，有上贤之材，因文武之业，以周召为辅，有司各敬其事，在位莫非其人。天下甫二世耳，然周公犹作诗书深戒成王，以恐失天下。《书》则曰：“王毋若殷王纣。”其《诗》则曰：“殷之未丧师，克配上帝；宜监于殷，骏命不易。”今汉初取天下，起于丰沛，以兵征伐，德化未洽，后世奢侈，国家之费当数代之用，非直费财，又乃费士。孝武之世，暴骨四夷，不可胜数。有天下虽未久，至于陛下八世九主矣，虽有成王之明，然亡周召之佐。今东方连年饥馑，加之以疾疫，百姓菜色，或至相食。地比震动，天气溷浊，日光侵夺。繇此言之，执国

臣听闻过去盘庚迁都使得殷朝再次兴盛，圣人称赞他。臣又听闻汉朝德业的兴隆昌盛，在于孝文皇帝力行节俭，减省徭役。当时还没有甘泉宫、建章宫以及上林苑中各处的行宫别馆。未央宫也没有高门、武台、麒麟、凤皇、白虎、玉堂、金华这些宫室，仅有前殿、曲台、渐台、宣室、温室、承明这些宫室罢了。当时孝文皇帝想要建造一座高台，预计要花费百金，但孝文皇帝想到要以民为重，就废弃不再兴建，那个用土堆砌的地基，保留至今，孝文皇帝又留下遗诏，不要为他修建高大的坟墓。所以那时天下太平安定，百姓和乐富足，德业流传于后世。

假如身处当今，因循这样的制度，必定不能成就功名。天道有常，王道无常，这是以无常的王道来对应有常的天道。这样必会有非同寻常的君主，然后才能建立非同寻常的功业。臣希望陛下迁都成周，成周左面依仗成皋，右面倚靠黾池，前面面向嵩山，后面阻隔黄河，整修荥阳，扶持河东，将南北千里当作关隘，如同进入了敖仓；有八九个方圆百里的地方，足以自娱；向东镇压诸侯的权势，向西远离羌胡的兵患，陛下就可以无为而治，若能定都成周，再兼有盘庚之德，万年之后，陛下的庙号就可定为高宗。汉家设立祭坛以及祭祀寝庙大多不合古制，臣认为如果依旧定都长安就很难更正制度，所以希望陛下可以迁都以矫正本源。各项制度重新确定之后，就不会再有整修宫馆这类不急需的耗费，可以省出一年的积蓄。

臣听闻须有三代的先祖积功累德才得以称王天下，但都不过是几百年就衰亡了。周朝到了成王时，成王有上贤之才，承继文王、武王的功业，又有周公、召公的辅佐，官吏们各司其职，尽忠职守，任用的大臣也都是贤德之人。天下刚传了两代，周公就写诗文劝诫成王，担心成王失去天下。《尚书》中说："大王切勿像殷王纣那样沉迷享乐，奢靡成性。"《诗经》中说："在帝乙之前，殷商还未失去天下时，都能遵循天道，敬奉天命；应当以殷商为戒，知晓帝王功业的艰难。"汉室夺取天下之初，高祖从丰沛起兵，以武力征伐，德业教化尚未推行，后世君主却奢侈靡费，国家的花费可抵得上数代的费用，不仅耗费财力，而且浪费人才。孝武帝时，在四夷暴尸荒野的数量，不

政者岂可以不怀怵惕而戒万分之一乎！故臣愿陛下因天变而徙都，所谓与天下更始者也。天道终而复始，穷则反本，故能延长而亡穷也。今汉道未终，陛下本而始之，于以永世延祚，不亦优乎！如因丙子之孟夏，顺太阴以东行，到后七年之明岁，必有五年之余蓄，然后大行考室之礼，虽周之隆盛，亡以加此。唯陛下留神，详察万世之策。

书奏，天子异其意，答曰："问奉：今园庙有七，云东徙，状何如？"奉对曰："昔成王徙洛，般庚迁殷，其所避就，皆陛下所明知也。非有圣明，不能一变天下之道。臣奉愚戆狂惑，唯陛下裁赦。"

其后，贡禹亦言当定迭毁礼，上遂从之。及匡衡为丞相，奏徙南北郊，其议皆自奉发之。

奉以中郎为博士、谏大夫，年老以寿终。子及孙，皆以学在儒官。

李寻字子长，平陵人也。治《尚书》，与张孺、郑宽中同师。宽中等守师法教授，寻独好《洪范》灾异，又学天文月令阴阳。事丞相翟方进，方进亦善为星历，除寻为吏，数为翟侯言事。帝舅曲阳侯王根为大司马票骑将军，厚遇寻。是时多灾异，根辅政，数虚己问寻。寻见汉家有中衰厄会之象，其意以为且有洪水为灾，乃说根曰：

《书》云"天聪明"，盖言紫宫极枢，通位帝纪，太微四门，广

可胜数。汉室拥有天下虽不长久，但到陛下这一代也经历了八世九位皇帝了，陛下虽有成王那样的圣明，却没有周公、召公那样的人来辅佐。如今东面连年遭受饥荒，再加上疾疫，百姓面黄肌瘦，甚至出现人人相食的惨状。地震频发，天象浑浊，日光不明。由此看来，执政者怎能不心怀惊惧而警惕这万分之一的异象！所以臣希望陛下可以根据天象的变化迁都，这就是所谓的与天下重新开始。天道终而复始，穷尽而返本，所以能绵延不息而无穷无尽。如今汉室的气运尚未终结，陛下可以从根本上重新开始，从而使得国祚世代绵延相传，不也是很好的事情吗！如果从丙子日的孟夏开始，顺着太阴向东行，到之后七年的第二年，必定会有五年的积蓄储藏，然后再隆重地举行定都的考室祭祀之礼，即便是周朝那时的昌盛，也不过如此。愿陛下留神，详察万世长久之策。

翼奉的奏书呈上之后，天子觉得翼奉的意见十分独到，便回复道："问翼奉：如今先帝的寝庙有七处，你说要东迁，这些寝庙怎么办？"翼奉回答说："过去周成王迁都洛阳，盘庚迁都到殷，这些决定的原委，陛下都很清楚。若不是有圣明之德，就不能一举改变天下之道。臣愚昧狂妄，唯愿陛下裁决。"

后来，贡禹也奏言应当定立宗庙逐代拆毁的迭毁制度，元帝就采纳了他的意见。后来匡衡任丞相，上奏迁到南北郊，这些论议都是由翼奉发起的。

翼奉从中郎历任博士、谏大夫，年老寿终。翼奉的儿子和孙子，都通过学问而担任儒官。

李寻字子长，平陵县人。修习《尚书》，与张孺、郑宽中师从同一位老师。郑宽中等人谨遵老师的教诲，教授弟子《尚书》，唯独李寻喜好《洪范五行传》这类的灾异之说，又学习了天文月令和阴阳。李寻奉事丞相翟方进，翟方进也擅长星象历法，任命李寻为属吏，李寻数次与翟方进谈论政事。成帝的舅舅曲阳侯王根任大司马骠骑将军，厚待李寻。当时灾异频发，王根辅政，经常虚心请教李寻。李寻看到汉家有衰微多难之象，认为将会发生洪涝灾害，便劝说王根道：

《尚书》中说"上天聪敏通达"，这是说紫宫中的北极星轮转往

开大道，五经六纬，尊术显士，翼张舒布，烛临四海，少微处士，为比为辅，故次帝廷，女宫在后。圣人承天，贤贤易色，取法于此。天官上相上将，皆颛面正朝，忧责甚重，要在得人。得人之效，成败之机，不可不勉也。昔秦穆公说諓諓之言，任仡仡之勇，身受大辱，社稷几亡。悔过自责，思惟黄发，任用百里奚，卒伯西域，德列王道。二者祸福如此，可不慎哉！

夫士者，国家之大宝，功名之本也。将军一门九侯，二十朱轮，汉兴以来，臣子贵盛，未尝至此。夫物盛必衰，自然之理，唯有贤友强辅，庶几可以保身命，全子孙，安国家。

《书》曰"历象日月星辰"，此言仰视天文，俯察地理，观日月消息，候星辰行伍，揆山川变动，参人民繇俗，以制法度，考祸福。举错悖逆，咎败将至，征兆为之先见。明君恐惧修正，侧身博问，转祸为福；不可救者，即蓄备以待之，故社稷亡忧。

窃见往者赤黄四塞，地气大发，动土竭民，天下扰乱之征也。彗星争明，庶雄为桀，大寇之引也。此二者已颇效矣。城中讹言大水，奔走上城，朝廷惊骇，女孽入宫，此独未效。间者重以水泉涌溢，旁宫阙仍出。月、太白入东井，犯积水，缺天渊。日数湛于极阳之色。羽气乘宫，起风积云，又错以山崩地动，河不用其道。盛冬靁电，潜龙为孽。继以陨星流彗，维、填上见，日蚀有背乡。此亦高下易居，洪水之征也。不忧不改，洪水乃欲荡涤，流彗乃欲埽除；改之，则有年亡期。故属者颇有变改，小贬邪猾，日月光精，时雨气应，此皇天右汉亡已也，何况致大改之！

复，它与天帝是互为一体，太微的四门，广开大道，五经六纬，尊崇经术名士，翼星、张星散布，普照四海，少微主管有才华而不仕的士人，为辅佐太微的星宿，所以次于太微，女宫星在后。圣人顺承天命，尊贤轻色，便是效法于此。天宫中的上相上将，都是专管一面并且匡正天朝的政事，身负重任，要点在于找到合适的人才。任用人才是功业成败的关键，不可不勤励慎重。从前秦穆公听信花言巧语，任用勇猛的将士，而自己身受大辱，国家也几近败亡。之后秦穆公悔过自责，反思朝中老人的谏言，任用百里奚，终于在西边成就霸业，功德归于王道。这二者的祸福差异，怎可不谨慎！

士人，是国家的瑰宝，是成就功名的根基。将军一门之中有九人赐封为侯，二十人在朝为官，汉朝自建立以来，臣子的显贵繁盛，还没有像将军这样的。万物盛极必衰，这是自然之理，唯有贤友以及强大的辅佐，才可以保全性命，顾全子孙，安定国家。

《尚书》中说“历象日月星辰”，这是说仰观天象，俯察地理，观察日月的运行轨迹，观望星辰的排列顺序，度量山川的变动，考察百姓的民谣习俗，以此来制定法度，考究祸福。若是政策悖逆，那么灾祸将会来临，而灾祸的征兆也会事先显现。明君见到后会心生恐惧并且修正过失，广泛询问身边臣子，这才能转祸为福；若是有无法挽救的，就积蓄准备来等待，这样社稷便不会再有忧虑了。

臣见到之前四处都是赤黄之气，地气喷薄而发，使得土地震动，民力枯竭，这是天下大乱的预兆。彗星与日月争明，这是表明平民之中将会出现英雄豪杰，将会招致匪寇的出现。这两者已经应验了。城中又有流言说要发大水，百姓纷纷逃到城墙上，朝廷为之惊骇，有个叫陈持弓的不祥之女进入宫中，这些还没有应验。这期间泉水喷涌而出，附近的宫殿也频繁出现泉水。月亮、太白进入东井星，冒犯了积水星，从天渊星拂过。太阳的光辉屡次沉没在极阳之色当中而暗淡无光。臣子之气胜于君主，起风而云层变厚，还夹杂山崩地动，河水改道流淌。隆冬时节打雷闪电，这是潜藏着的龙在作祟。继而又出现陨石和彗星，地维星、四填星这样的妖星也都出现了，日食出现在不同的位置。这是高下之位将要变换，将要发生洪水的征兆。倘若

宜急博求幽隐，拔擢天士，任以大职。诸阘茸佞谄，抱虚求进，及用残贼酷虐闻者，若此之徒，皆嫉善憎忠，坏天文，败地理，涌趯邪阴，湛溺太阳，为主结怨于民，宜以时废退，不当得居位。诚必行之，凶灾销灭，子孙之福不旋日而至。政治感阴阳，犹铁炭之低卬，见效可信者也。及诸蓄水连泉，务通利之。修旧堤防，省池泽税，以助损邪阴之盛。案行事，考变易，讹言之效，未尝不至。请征韩放，掾周敞、王望可与图之。

根于是荐寻。哀帝初即位，召寻待诏黄门，使侍中卫尉傅喜问寻曰："间者水出地动，日月失度，星辰乱行，灾异仍重，极言毋有所讳。"寻对曰：

陛下圣德，尊天敬地，畏命重民，悼惧变异，不忘疏贱之臣，幸使重臣临问，愚臣不足以奉明诏。窃见陛下新即位，开大明，除忌讳，博延名士，靡不并进。臣寻位卑术浅，过随众贤待诏，食太官，衣御府，久污玉堂之署。比得召见，亡以自效。复特见延问至诚，自以逢不世出之命，愿竭愚心，不敢有所避，庶几万分有一可采。唯弃须臾之间，宿留瞽言，考之文理，稽之《五经》，揆之圣意，以参天心。夫变异之来，各应象而至，臣谨条陈所闻。

没有因此忧虑没有改过，那么洪水将会冲刷掉一切，彗星也将会扫除掉祸患；若是有所改变，便能消除灾异。所以最近要颇有些改变，贬退奸猾之人，日月重现光明，风调雨顺，这是上天护佑汉室国祚长久，何况是从根本改过呢！

将军首先应当广求幽隐之士，提拔通晓天道的人，让他们担任朝中要职。那些卑鄙、奸佞、谄媚逢迎，一味地只想掌权，以及用残暴手段迫害他人的人，像这些人，都是妒嫉贤善，憎恨忠良，破坏天象，败坏地理，使得邪阴之势踊跃，遮蔽太阳，致使君主与百姓结怨，将军应当即时将他们罢免驱退，让他们不得身居要职。倘若将军真能这么做，凶灾将会消失，子孙的福泽指日可待。政治感通阴阳，犹如铁和炭的高低变化，产生的效果是可信的。那些连接泉水的蓄水池，一定要疏通并加以利用。修整旧的堤防，减省池泽的赋税，这样有助于减损邪阴之势的盛行。查验所做的事，考察出现的变化，流言未尝不会应验。请征召韩放，掾史周敞、王望，可以与他们一起谋划这些事情。

王根于是举荐李寻。哀帝刚刚继位，便征召李寻任待诏黄门，派侍中卫尉傅喜向李寻请教说："先前发生地震，泉水涌出，日月失序，星辰紊乱，灾异频现，希望您畅所欲言，不要有所避讳。"李寻回答道：

陛下圣德，尊天敬地，敬畏天命重视百姓，恐惧灾异，不忘远离朝堂和地位卑下的臣子，有幸派遣重臣前来询问，臣愚钝不足以承奉圣明的诏书。臣见到陛下刚刚继位，便广开言路，消除忌讳，广求名士，无一不是精进。臣李寻地位卑微学问浅薄，十分惭愧与众多贤者一起任待诏黄门，享用太官提供的饮食，身穿御府所制的衣服，长期在玉堂官署中任职。虽然经常得到召见，但自己却没有什么贡献。如今陛下又特意派使臣前来询问，臣自认为遇到了贤圣非凡的君命，臣愿竭尽自己的心力，不敢有所避讳，希望其中万分有一可以得到采纳。希望陛下能有须臾片刻的空闲，留心臣毫无根据的奏言，通过天象地理来考察，用《五经》核验，揣测圣意，以知晓天意。灾异之事的到来，都有各自的征兆出现，臣恭谨陈述自己所闻。

《易》曰："县象著明，莫大乎日月。"夫日者，众阳之长，辉光所烛，万里同晷，人君之表也。故日将旦，清风发，群阴伏，君以临朝，不牵于色。日初出，炎以阳，君登朝，佞不行，忠直进，不蔽障。日中辉光，君德盛明，大臣奉公。日将入，专以壹，君就房，有常节。君不修道，则日失其度，晻昧亡光。各有云为。其于东方作，日初出时，阴云邪气起者，法为牵于女谒，有所畏难；日出后，为近臣乱政；日中，为大臣欺诬；日且入，为妻妾役使所营。间者日尤不精，光明侵夺失色，邪气珥蜺数作。本起于晨，相连至昏，其日出后至日中间差瘉。小臣不知内事，窃以日视陛下志操，衰于始初多矣。其咎恐有以守正直言而得罪者，伤嗣害世，不可不慎也。唯陛下执乾刚之德，强志守度，毋听女谒邪臣之态。诸保阿乳母甘言悲辞之托，断而勿听。勉强大谊，绝小不忍；良有不得已，可赐以财货，不可私以官位，诚皇天之禁也。日失其光，则星辰放流。阳不能制阴，阴桀得作。间者太白正昼经天。宜隆德克躬，以执不轨。

臣闻月者，众阴之长，销息见伏，百里为品，千里立表，万里连纪，妃后大臣诸侯之象也。朔晦正终始，弦为绳墨，望成君德，春夏南，秋冬北。间者，月数以春夏与日同道，过轩辕上后受气，入太微帝廷扬光辉，犯上将近臣，列星皆失色，厌厌如灭，此为母后与政乱朝，阴阳俱伤，两不相便。外臣不知朝事，窃信天文即如此，近臣已不足杖矣。屋大柱小，可为寒心。唯陛下亲求贤士，无强所恶，以崇社稷，尊强本朝。

《易经》中说："天象的昭彰显著，莫过于日月。"太阳，是众阳之首，阳光所照，万里充满光亮，是人君的象征。所以太阳将要升起时，清风吹过，群阴躲避潜藏，表示君主临朝，不受美色牵制。日出后，炎热明亮，表示君主临朝，奸佞不得横行，忠直之臣进谏，君主不会受到蒙蔽。日中时的光辉耀眼，表示君德盛明，大臣奉公。将要日落时，集中专一，表示君主回到寝殿，有常礼。若君主不修正道，那么太阳将会失序，暗淡无光。这其中各有对应事象征兆。当太阳从东方初升之时，阴云邪气跟着升起，这说明君主受到了后宫女子谗言的牵制，有所畏难；阴云邪气出现在日出之后，那就说明有近臣扰乱朝政；阴云邪气出现在日中时分，那就说明有大臣欺瞒君主；阴云邪气出现在将要日落时，那就说明君主被妻妾奴仆所纠缠。近来太阳格外昏暗，光辉遭到侵夺黯然失色，邪气光晕数次出现。从清晨出现，一直到黄昏，日出之后到日中，在这期间更严重。臣不知道宫内的事，但见到陛下的志向和节操，比刚继位时颓废了不少。这或许是因为守正直言的大臣得罪了陛下，这样做将会危害后世，不可不慎啊。希望陛下能保持刚毅的品德，坚持志向，遵循法度，切勿听信后宫女子以及奸臣的谗言。对于乳母说的那些美言和哀求，陛下断然不要听从。要坚守正道，绝对不要为美言所动；倘若万不得已，陛下可以赐予他们一些钱财货物，但不可以赐予他们官职，这些着实是上天所禁止的。假如太阳失去光亮，那么星辰就会肆意运行。假如阳不能制阴，那么狡诈奸佞就会兴风作浪。近来太白星正在白昼时经过天空。陛下应当勤勉修德，严于律己，以惩治心怀不轨之人。

臣听闻月亮，是众阴之首，消长盈缺，百里之内的景致相同，千里之内要通过时间推测来观景，万里之内则要标记星宿的位置，月亮是后妃、大臣、诸侯的象征。每月的初一和最后一日是一个始终，弦月代表准则，圆月代表君王的德性，春夏在南，秋冬在北。近来，月亮在春夏时却数次和太阳在同一条轨道上运行，经过轩辕星又受轩辕星之气所染，进入太微时散发光辉，冒犯上将近臣，众星全都暗然失色，微弱暗淡就像要熄灭了，这是说明母后扰乱朝政，阴阳俱伤，两不相融。臣身为外臣不知宫内的事，只能姑且相信天象所表现

臣闻五星者，五行之精，五帝司命，应王者号令为之节度。岁星主岁事，为统首，号令所纪，今失度而盛，此君指意欲有所为，未得其节也。又填星不避岁星者，后帝共政，相留于奎、娄，当以义断之。荧惑往来亡常，周历两宫，作态低卬，入天门，上明堂，贯尾乱宫。太白发越犯库，兵寇之应也。贯黄龙，入帝庭，当门而出，随荧惑入天门，至房而分，欲与荧惑为患，不敢当明堂之精。此陛下神灵，故祸乱不成也。荧惑厥弛，佞巧依势，微言毁誉，进类蔽善。太白出端门，臣有不臣者。火入室，金上堂，不以时解，其忧凶。填、岁相守，又主内乱。宜察萧墙之内，毋忽亲疏之微，诛放佞人，防绝萌牙，以荡涤浊濊，消散积恶，毋使得成祸乱。辰星主正四时，当效于四仲；四时失序，则辰星作异。今出于岁首之孟，天所以谴告陛下也。政急则出蚤，政缓则出晚，政绝不行则伏不见而为彗茀。四孟皆出，为易王命；四季皆出，星家所讳。今幸独出寅孟之月，盖皇天所以笃右陛下也，宜深自改。

治国故不可以戚戚，欲速则不达。《经》曰："三载考绩，三考黜陟。"加以号令不顺四时，既往不咎，来事之师也。间者春三月治大狱，时贼阴立逆，恐岁小收；季夏举兵法，时寒气应，恐后有霜雹之灾；秋月行封爵，其月土湿奥，恐后有雷雹之变。夫以喜怒赏罚，

的征兆是这样的，近臣已经不足以依仗了。辅臣的责任重大，应当选贤任能，否则将令人担心。希望陛下亲求贤士，不要任用奸佞邪恶之徒，要以国家社稷为重，切勿宠信奸邪而使他们势力强大。

臣听闻金、木、水、火、土五星，是五行的精华，作为五帝的司命，响应王者的号令并受王者管辖。木星掌管一年的事务，为统领，主管发布号令制定法度，而如今木星的运行失序十分严重，这说明君主想要有所作为，只是还未到合适的时机。而且土星不避开木星，这说明帝后一同执政，双双留在奎宿、娄宿中，君王应当以义而断。火星往来无常，遍游紫微和太微两宫，忽高忽低，进入天门，登上房宿，贯穿尾宿侵扰后宫。太白金星疾速冲犯了奎宿，这是兵灾的征兆。金星贯穿轩辕星，进入太微，当门而出，随着火星进入天门，到了房宿分开，想要和火星一起为祸，但最终又不敢阻挡房宿的精气。这说明陛下圣明，所以祸乱才没有酿成。火星动摇，说明佞巧之徒仗势，微言毁谤，勾结同党，蔽退贤良。金星在太微正南门出现，说明有臣子不守臣子的本分，犯上作乱。火星进入室宿，金星进入房宿，若是不及时化解，恐会有凶灾。土星、木星相守，又主内乱。陛下应当省察宫中的内乱，不要忽略了亲疏之间微细的事情，诛罚流放奸佞之人，防止杜绝祸乱的萌芽，应当涤荡污秽，消除积怨，不要使它形成祸乱。水星主掌四季，应当在每季的第二个月有所征验；若四季失序，那么水星也会出现异象。如今却出现在一年中的正月，这是上天对于陛下的谴责和警告。政令紧急就早些发布，政令宽缓就晚些发布，不发布政令水星就会隐藏不见，而会出现彗星和孛星。若在每季的首月都出现，那是为了改变王命；若一年四季全都出现，那就是占星家所忌讳的了。如今幸运的是只在正月出现，这大概是上天厚佑陛下，陛下应当反躬自省，深刻悔过。

治国不可操之过急，欲速则不达。《尚书》中说：“三年进行一次考核，三次考核之后决定官吏升降。”发布的号令没有顺应四季，既往不咎，让它们成为将来做事的前车之鉴。以前在春天的三月审理案件，那时贼阴之气立刻兴起，恐怕这一年会歉收；在夏末时动用兵戈，那时感应到寒气，恐怕此后会有霜雹之灾；在秋季时赐官封

而不顾时禁，虽有尧舜之心，犹不能致和。善言天者，必有效于人。设上农夫而欲冬田，肉袒深耕，汗出种之，然犹不生者，非人心不至，天时不得也。《易》曰："时止则止，时行则行，动静不失其时，其道光明。"《书》曰："敬授民时。"故古之王者，尊天地，重阴阳，敬四时，严月令。顺之以善政，则和气可立致，犹枹鼓之相应也。今朝廷忽于时月之令，诸侍中尚书近臣宜皆令通知月令之意，设群下请事；若陛下出令有谬于时者，当知争之，以顺时气。

臣闻五行以水为本，其星玄武婺女，天地所纪，终始所生。水为准平，王道公正修明，则百川理，落脉通；偏党失纲，则踊溢为败。《书》云"水曰润下"，阴动而卑，不失其道。天下有道，则河出图，洛出书，故河、洛决溢，所为最大。今汝、颍畎浍皆川水漂踊，与雨水并为民害，此《诗》所谓"烨烨震电，不宁不令，百川沸腾"者也。其咎在于皇甫卿士之属。唯陛下留意诗人之言，少抑外亲大臣。

臣闻地道柔静，阴之常义也。地有上中下，其上位震，应妃后不顺，中位应大臣作乱，下位应庶民离畔。震或于其国，国君之咎也。四方中央连国历州俱动者，其异最大。间者关东地数震，五星作异，亦未大逆，宜务崇阳抑阴，以救其咎；固志建威，闭绝私路，拔进英隽，退不任职，以强本朝。夫本强则精神折冲，本弱则招殃致凶，为邪谋所陵。闻往者淮南王作谋之时，其所难者，独有汲黯，

爵，那个月土地潮湿温暖，恐怕此后会有雷雹之变。君王若以喜怒来进行赏罚，却不顾四季时令的忌讳，虽有尧舜之心，但依旧不能使天下安定。擅长言说天象，一定会在人的身上得到效验。假设一个老练的农民想在冬天种田，袒露四肢精心耕作，汗流浃背，但依旧不能长出庄稼，这并不是没有用心，而是因为不合天时。《易经》中说：“到了该停止的时候就停止，到了该进行的时候就进行，进行或是停止不违背天时，那么道路会很光明。”《尚书》中说：“授予百姓四季的使命，不可不敬。”所以古代君王，尊敬天地，重视阴阳，敬畏四时，严守月令。顺从四季时令来完善统治，则和气就会降临，犹如鼓槌和鼓一样互相呼应。如今朝廷疏忽了时节月令，诸位侍中尚书以及近臣都应当通晓时节月令的知识，依照时节月令来设立僚属，请示政务；假如陛下发布的诏令有违时令，臣子应当知道谏诤，从而以顺应时令节气。

臣听闻五行以水为本，而玄武的婺女星，是天地的统帅，是阴阳终始轮转生发的地方。水为测量平衡的准则，假如王道公正修明，那么百川和谐，经络通畅；假如王道偏私，有失法纪，那么江河就会奔腾而出，酿成灾祸。《尚书》中说“水能润下”，阴动而卑下，但不失其道。若天下有道，那么黄河则会出现《河图》，洛水出现《洛书》，否则黄河、洛水就会决堤，洪水泛滥，所以黄河、洛水的隐患是最大的。但如今汝水、颍河的溪流水势汹涌，与大雨一并成为水患，这是《诗经》中所说的“电闪雷鸣，阴阳失和，所以百川沸腾”。过错就在于那些受宠的女子士族身上。希望陛下留意诗人所言，对外戚大臣稍加压制。

臣听说地之道柔静，是阴的常义。土地有上中下之分，上位出现震动，说明后妃不顺从，中位震动说明有大臣作乱，下位震动说明百姓背离。若是在国中出现地震，说明过错在于一国之君。四方中央连带各个州郡全都震动，这样的灾异是最严重的。此前关东发生了数次地震，五星也显现异象，尚且还没有什么大变，陛下应当崇阳抑阴，以此来补救过错；坚守志向树立威望，断绝以权谋私，选任贤良英才，罢退不称职的官员，从而使国家强盛。国家强盛则能折挫

以为公孙弘等不足言也。弘，汉之名相，于今亡比，而尚见轻，何况亡弘之属乎？故曰朝廷亡人，则为贼乱所轻，其道自然也。天下未闻陛下奇策固守之臣也。语曰，何以知朝廷之衰？人人自贤，不务于通人，故世陵夷。

马不伏历，不可以趋道；士不素养，不可以重国。《诗》曰“济济多士，文王以宁”，孔子曰“十室之邑，必有忠信”，非虚言也。陛下秉四海之众，曾亡柱干之固守闻于四境，殆开之不广，取之不明，劝之不笃。传曰：“士之美者善养禾，君之明者善养士。”中人皆可使为君子。诏书进贤良，赦小过，无求备，以博聚英俊。如近世贡禹，以言事忠切蒙尊荣，当此之时，士厉身立名者多。禹死之后，日日以衰。及京兆尹王章坐言事诛灭，智者结舌，邪伪并兴，外戚颛命，君臣隔塞，至绝继嗣，女宫作乱。此行事之败，诚可畏而悲也。

本在积任母后之家，非一日之渐，往者不可及，来者犹可追也。先帝大圣，深见天意昭然，使陛下奉承天统，欲矫正之也。宜少抑外亲，选练左右，举有德行道术通明之士充备天官，然后可以辅圣德，保帝位，承大宗。下至郎吏从官，行能亡以异，又不通一艺，及博士无文雅者，宜皆使就南亩，以视天下，明朝廷皆贤材君子，于以重朝尊君，灭凶致安，此其本也。臣自知所言害身，不辟死亡之诛，唯财留神，反覆覆愚臣之言。

奸邪，国家衰弱则会招致灾殃，为邪臣所欺辱。听闻从前淮南王谋反时，让他感到困难的，只有大臣汲黯，淮南王认为公孙弘等人不足挂齿。公孙弘，汉朝名相，至今也无人能及，但他尚且还要遭到轻视，更何况当今朝中没有像公孙弘这样的人呢？所以说朝廷无人，就会为乱臣贼子所轻视，这是自然之理。天下人尚未听闻陛下任用了能出奇制胜而保全国家的贤臣。有人问，如何知道朝廷的衰败？人人都认为自己已经非常贤能，便不会再举荐贤才，因此朝廷渐渐会变得颓靡。

马没有粮草，就无法远行；士人不注重平时的修养，就不能担起国家大任。《诗经》中说“因为有众多的贤才，所以文王才得以安享天下”，孔子说“就算是只有十户人家的小地方，也必定会有忠信之人”，这些并非虚言。陛下拥有广阔的领土，却尚未听说国内有足以保国安民的栋梁之材，大概是因为言路不够宽广，选拔任用人才不够英明，谏言劝勉不够真诚。传说：“肥沃的土地善于养育禾苗，贤明的君主善于蓄养人才。”中等的人才都可以通过劝勉成为君子。陛下应当下诏选任贤良，赦免小过，不要谋求完美，因而才能广聚英才。譬如近世的贡禹，因为言事诚恳而蒙享尊荣，在那个时候，士人中会有很多磨砺自身成就功名的人。在贡禹死后，这种风气就日渐衰微了。等到京兆尹王章因为言事而遭诛杀时，智者都闭口不言，而奸邪诈伪之风盛行，外戚专权，君臣心生隔阂，以至于绝嗣，赵飞燕姊妹作乱。这样行事的失败，实在令人可畏可悲。

这些问题的根源就在于长期放任外戚家族，这不是一天就能造成的，过去的事已经无法改变了，但将来的事还是能来得及的。先帝十分圣明，深知天意，让陛下承继大统，是想让陛下来矫正前朝的过失疏漏。陛下应当对外戚稍加压制，挑选训练左膀右臂，选任有德行精通道术的士人来担任官职，然后才可以辅弼圣德，保全帝位，承继大宗。下到郎吏属官，能力上没有出众特别之处，又不通一门经学的，以及博士中没有学问才华的，全都应当遣返回乡种田，以此昭告天下，表明朝中都是贤才君子，使得百姓敬重朝廷尊重君主，消除凶灾安居乐业，这些才是根本。臣自知所言恐会祸及自身，但臣不会畏

是时哀帝初立，成帝外家王氏未甚抑黜，而帝外家丁、傅新贵，祖母傅太后尤骄恣，欲称尊号。丞相孔光、大司空师丹执政谏争，久之，上不得已，遂免光、丹而尊傅太后。语在《丹传》。上虽不从寻言，然采其语，每有非常，辄问寻。寻对屡中，迁黄门侍郎。以寻言且有水灾，故拜寻为骑都尉，使护河堤。

初，成帝时，齐人甘忠可诈造《天官历》《包元太平经》十二卷，以言“汉家逢天地之大终，当更受命于天，天帝使真人赤精子，下教我此道。”忠可以教重平夏贺良、容丘丁广世、东郡郭昌等，中垒校尉刘向奏忠可假鬼神罔上惑众，下狱治服，未断病死。贺良等坐挟学忠可书以不敬论，后贺良等复私以相教。哀帝初立，司隶校尉解光亦以明经通灾异得幸，白贺良等所挟忠可书。事下奉车都尉刘歆，歆以为不合《五经》，不可施行。而李寻亦好之。光曰：“前歆父向奏忠可下狱，歆安肯通此道？”时郭昌为长安令，劝寻宜助贺良等。寻遂白贺良等皆待诏黄门，数召见，陈说“汉历中衰，当更受命。成帝不应天命，故绝嗣。今陛下久疾，变异屡数，天所以谴告人也。宜急改元易号，乃得延年益寿，皇子生，灾异息矣。得道不得行，咎殃且亡，不有洪水将出，灾火且起，涤荡民人。”

哀帝久寝疾，几其有益，遂从贺良等议。于是诏制丞相御史：“盖闻《尚书》‘五曰考终命’，言大运壹终，更纪天元人元，考文

惧杀身之祸，希望陛下裁断留意，反复思量愚臣所言。

当时哀帝刚刚继位，成帝的外戚王氏尚未遭到废黜，而哀帝的外戚丁氏、傅氏又是新贵，祖母傅太后尤为骄横放纵，想要赐封尊号。当时丞相孔光、大司空师丹执政，劝谏哀帝，过了一段时间，哀帝不得已，罢免了孔光、师丹，赐封了傅太后尊号。详见《师丹传》。哀帝虽然没有遵照李寻的谏言去做，但也接受了他的谏言，每当遇到非常的事情，哀帝总会询问李寻。李寻所言屡次得到应验，后来李寻升任黄门侍郎。因为李寻曾说将会有水灾发生，所以哀帝命李寻拜任骑都尉，命他守卫河堤。

起初，成帝时，齐人甘忠可胡乱编造《天官历》《包元太平经》十二卷，书中说“汉家正逢天地将其终结的劫数，应当重新承受天命，天帝派真人赤精子，下凡教授我此道。”甘忠可教授重平人夏贺良、容丘人丁广世、东郡人郭昌等人，中垒校尉刘向奏言甘忠可借鬼神之名罔上惑众，于是朝廷下令将甘忠可下狱治罪，但甘忠可还未经审判就病死了。夏贺良等人也因学习甘忠可所著的书籍而犯有不敬罪，后来夏贺良等人又在私下里互相议论。哀帝继位之初，司隶校尉解光也因为通晓经术和灾异之事而得到宠信，解光上书禀奏哀帝说夏贺良等人还藏着甘忠可的书籍。哀帝将这件事交由奉车都尉刘歆审理，刘歆认为甘忠可所著的书籍不符合《五经》，不可推行。而李寻却喜好这些书。解光说：“此前刘歆的父亲刘向上奏将甘忠可下狱，刘歆怎么肯通晓此道呢？”当时郭昌任长安县令，劝李寻应当帮助夏贺良等人。李寻便上书奏请让夏贺良等人都任待诏黄门，他们经常得到哀帝的召见，夏贺良陈奏说“汉室正经历中途衰落，应当重新承受天命。成帝没有顺应天命，所以绝嗣。如今陛下患病已久，灾变频现，这是上天在谴责警告世人。陛下应当赶紧改元易号，方能延年益寿，降生皇子，平息灾异。知道却不能实行，必会出现灾殃，甚至灭亡，否则将会有洪水泛滥，火灾发生，这些灾难会使百姓处于水深火热之中。”

哀帝患病已久，希望这么做会略有益处，就听从了夏贺良等人的论议。于是哀帝给丞相御史下诏说：“听闻《尚书》中有句话是‘人

正理，推历定纪，数如甲子也。朕以眇身入继太祖，承皇天，总百僚，子元元，未有应天心之效。即位出入三年，灾变数降，日月失度，星辰错谬，高下贸易，大异连仍，盗贼并起。朕甚惧焉，战战兢兢，唯恐陵夷。惟汉至今二百载，历纪开元，皇天降非材之右，汉国再获受命之符，朕之不德，曷敢不通夫受天之元命，必与天下自新。其大赦天下，以建平二年为太初元年，号曰陈圣刘太平皇帝。漏刻以百二十为度。布告天下，使明知之。”后月余，上疾自若。贺良等复欲妄变政事，大臣争以为不可许。贺良等奏言大臣皆不知天命，宜退丞相御史，以解光、李寻辅政。上以其言亡验，遂下贺良等吏，而下诏曰：“朕获保宗庙，为政不德，变异屡仍，恐惧战栗，未知所繇。待诏贺良等建言改元易号，增益漏刻，可以永安国家。朕信道不笃，过听其言，几为百姓获福。卒无嘉应，久旱为灾。以问贺良等，对当复改制度，皆背经谊，违圣制，不合时宜。夫过而不改，是为过矣。六月甲子诏书，非赦令也，皆蠲除之。贺良等反道惑众，奸态当穷竟。”皆下狱，光禄勋平当、光禄大夫毛莫如与御史中丞、廷尉杂治，当贺良等执左道，乱朝政，倾覆国家，诬罔主上，不道。贺良等皆伏诛。寻及解光减死一等，徙敦煌郡。

赞曰：幽赞神明，通合天人之道者，莫著乎《易》《春秋》。然子赣犹云“夫子之文章可得而闻，夫子之言性与天道不可得而闻”已矣。汉兴推阴阳言灾异者，孝武时有董仲舒、夏侯始昌，昭、宣则眭孟、夏侯胜，元、成则京房、翼奉、刘向、谷永，哀、平则李寻、田

生的第五福是善终’，这是说大运一旦终结，就应当更改天元人元，考究文献匡正事理，推究历法定立纪元，就如同六十甲子一样。朕以微末之身继位太祖功业，承奉皇天之命，总领朝中百官，抚育天下百姓，但还是没有得到顺应天心的成效。继位已有三年，灾变数降，日月失序，星辰错乱，山崩川竭，大难频发，盗贼并起。朕甚感忧惧，战战兢兢，唯恐国家走向衰亡。汉室自建国至今已有两百年，经历一纪，开创新纪元，朕不才得到上天护佑，汉室重获承受天命的符瑞，朕不德，怎敢不顺承天命，必将与天下臣民一同除旧迎新。现在诏令大赦天下，将建平二年（前5）改为太初元年，朕的称号为陈圣刘太平皇帝。漏刻改为一百二十度。将此布告天下，让百姓全都清楚。”一个多月后，哀帝依旧久病不愈。夏贺良等人又企图乱改朝政，大臣进谏认为不能这样做。夏贺良等人却奏言说大臣全都不知天命，应当罢退丞相御史，以解光、李寻辅政。哀帝因夏贺良等人此前所言没有应验，便将夏贺良等人交由有关官吏处置，并下诏说：“朕虽继位，但治国无德，灾异频发，朕深感恐惧战栗，不知其中原因。待诏夏贺良等人谏言应当改元易号，增加漏刻的度数，可以永保国家安定。朕对此深信不疑，误听了他们的谏言，期望百姓因此获得福佑。但最终也没有祥瑞显现，依旧长旱成灾。因而责问夏贺良等人，他们却回答说要再将制度更改，所言全都背离经义，违逆圣制，不合时宜。有过却不改，才算是过错。六月甲子日所颁布的诏书，除了赦令之外，其余一律废除。夏贺良等人违背正道，妖言惑众，奸诈行径要彻查到底。”哀帝下令将他们全都拘押入狱，光禄勋平当、光禄大夫毛莫如与御史中丞、廷尉会审，经裁决夏贺良等人使用旁门左道，扰乱朝政，倾覆国家，欺君罔上，以大逆不道论处。夏贺良等人全都被处死。李寻和解光减免死罪一等，流放至敦煌郡。

赞辞说：能阐明神异之事，通合天人之道的，莫过于《易经》《春秋》。子贡说“夫子的文章可以在书中见到，夫子关于性与天道的言论却无处听闻”。自汉朝建立以来，推崇阴阳言说灾异的人，孝武帝时有董仲舒、夏侯始昌，昭帝、宣帝时有眭孟、夏侯胜，元帝、成帝时有京房、翼奉、刘向、谷永，哀帝、平帝时有李寻、田终术。这些

终术。此其纳说时君著明者也。察其所言，仿佛一端。假经设谊，依托象类，或不免乎“亿则屡中”。仲舒下吏，夏侯囚执，眭孟诛戮，李寻流放，此学者之大戒也。京房区区，不量浅深，危言刺讥，构怨强臣，罪辜不旋踵，亦不密以失身，悲夫！

都是当时的君主采纳了他们所提谏言的名臣。审察他们所说的言论，似乎都是千篇一律。他们都是假借经书，依托异象灾变，但有时也不免“屡猜屡中”。董仲舒遭下狱审讯，夏侯胜遭囚禁，眭孟遭诛杀，李寻遭流放，这些都是学者的大戒。京房区区一介郎官，不顾量深浅，直言讥讽朝政，与当朝权贵结怨，罪罚转眼降临己身，也是由于行为不谨慎不周密而丢掉性命，着实可悲啊！

卷七十六

赵尹韩张两王传第四十六

赵广汉字子都，涿郡蠡吾人也，故属河间。少为郡吏、州从事，以廉絜通敏下士为名。举茂材，平准令。察廉为阳翟令。以治行尤异，迁京辅都尉，守京兆尹。会昭帝崩，而新丰杜建为京兆掾，护作平陵方上。建素豪侠，宾客为奸利，广汉闻之，先风告。建不改，于是收案致法。中贵人豪长者为请无不至，终无所听。宗族宾客谋欲篡取，广汉尽知其计议主名起居，使吏告曰："若计如此，且并灭家。"令数吏将建弃市，莫敢近者。京师称之。

是时，昌邑王征即位，行淫乱，大将军霍光与群臣共废王，尊立宣帝。广汉以与议定策，赐爵关内侯。

迁颍川太守。郡大姓原、褚宗族横恣，宾客犯为盗贼，前二千石莫能禽制。广汉既至数月，诛原、褚首恶，郡中震栗。

先是，颍川豪桀大姓相与为婚姻，吏俗朋党。广汉患之，厉使其中可用者受记，出有案问，既得罪名，行法罚之，广汉故漏泄其语，令相怨咎。又教吏为缿筩，及得投书，削其主名，而托以为豪桀大姓子弟所言。其后强宗大族家家结为仇雠，奸党散落，风俗大改。吏民相告讦，广汉得以为耳目，盗贼以故不发，发又辄得。壹切

赵广汉字子都，涿郡蠡吾县人，蠡吾县原本属于河间国。赵广汉年少时任郡吏、州从事，因为廉洁正直、通达聪慧、礼贤下士而有名。因为他德才兼备经过举荐，任管理物价的平准令。后经过举廉任阳翟令。因为政绩十分优异，升任京辅都尉，代任京兆尹。当时正值昭帝驾崩，而新丰县的杜建任京兆掾，负责修建昭帝陵寝。杜建素来蛮横，让门客们从中非法谋利，赵广汉听闻此事，起初婉转相劝。杜建不改，于是赵广汉就将他抓捕归案。朝中贵官和当地的乡绅富豪无不前来为杜建求情，赵广汉丝毫没有听从。杜建的族人和门客密谋想要劫狱，赵广汉得知了他们全部的计划以及主谋的名字和居所，派吏卒告诉他们说："如果依旧照计划行事，你们将会全家被灭。"赵广汉命令众吏卒将杜建斩首示众，没有人敢靠近他。京师里都在称颂赵广汉的功绩。

当时，昌邑王应召前往京城继位，但他品行荒淫，大将军霍光与群臣共同废黜了昌邑王，尊立宣帝。赵广汉因为参与尊立宣帝的决策，被宣帝赐爵关内侯。

后来，赵广汉迁任颍川太守。郡中的大姓原、褚两大宗族专横跋扈，肆无忌惮，他们的门客抢掠，前任二千石的官员无人能捉拿制服他们。赵广汉到任之后数月，便诛灭了原、褚两大宗族的首恶，郡中人都为之恐惧战栗。

在此之前，颍川的豪杰大姓相互缔结婚姻，官民勾结。赵广汉对此非常担忧，便奖励大姓中可用的豪杰，事先让他们知晓案件内容，对他们进行审问，等他们告发抓到罪犯获得罪名之后，就依法治罪，赵广汉又故意泄露这些人的话，使他们相互埋怨。他又让吏卒做了接受告密信的竹筒，等到收到了告发的信件，就削去告发者的名字，而假托是豪杰大姓的子弟所言。从此之后强宗大族家家都结成

治理，威名流闻，及匈奴降者言匈奴中皆闻广汉。

本始二年，汉发五将军击匈奴，征遣广汉以太守将兵，属蒲类将军赵充国。从军还，复用守京兆尹，满岁为真。

广汉为二千石，以和颜接士，其尉荐待遇吏，殷勤甚备。事推功善，归之于下，曰：“某掾卿所为，非二千石所及。”行之发于至诚。吏见者皆输写心腹，无所隐匿，咸愿为用，僵仆无所避。广汉聪明，皆知其能之所宜，尽力与否。其或负者，辄先闻知，风谕不改，乃收捕之，无所逃，案之罪立具，即时伏辜。

广汉为人强力，天性精于吏职。见吏民，或夜不寝至旦。尤善为钩距，以得事情。钩距者，设欲知马贾，则先问狗，已问羊，又问牛，然后及马，参伍其贾，以类相准，则知马之贵贱不失实矣。唯广汉至精能行之，它人效者莫能及也。郡中盗贼，闾里轻侠，其根株窟穴所在，及吏受取请求铢两之奸，皆知之。长安少年数人会穷里空舍谋共劫人，坐语未讫，广汉使吏捕治具服。富人苏回为郎，二人劫之。有顷，广汉将吏到家，自立庭下，使长安丞龚奢叩堂户晓贼，曰：“京兆尹赵君谢两卿，无得杀质，此宿卫臣也。释质，束手，得善相遇，幸逢赦令，或时解脱。”二人惊愕，又素闻广汉名，即开户出，下堂叩头，广汉跪谢曰：“幸全活郎，甚厚！”送狱，敕吏谨遇，给酒肉。至冬当出死，豫为调棺，给敛葬具，告语之，皆曰：“死无所恨！”

仇敌，奸党分崩离析，风俗得以大大改观。吏卒百姓相互告发，赵广汉将他们当作耳目，盗贼因此不敢作案，一旦作案就会被逮捕。郡中一切都得到了治理，赵广汉威名远播，就连投降的匈奴人说他们都听说过赵广汉。

本始二年（前72），朝廷派五将军讨伐匈奴，征召赵广汉以太守的身份率兵，隶属蒲类将军赵充国指挥。从军归来后，赵广汉继续代任京兆尹，一年后正式就任京兆尹。

赵广汉身为二千石的官员，对待士人和颜悦色，安慰属吏并且真诚举荐，殷勤备至。事情成功之后就归功于属下，说："这是某掾史所为的，并非我这个二千石的官员所做的。"这些行为发自于赵广汉至诚之心。属吏见到这样的情景都会倾吐心事，毫不隐藏，都愿意为他所用，就算是牺牲也不会逃避。赵广汉生性聪明，知道属吏他们的能力都适合干什么，做事是否尽力了。若是其中有人背弃他，赵广汉总会事先知晓，劝告不改的，就会抓捕，没有一个能逃脱，按其罪行依法定罪，立马就会认罪。

赵广汉为人精明强干，天生通晓为官之道。面见属吏和百姓，可以通宵达旦。尤其善于钩距之术，以此了解事情的真实情况。所谓钩距之术，就是假设想知道马的价格，就先询问狗的价格，再询问羊的价格，之后询问牛的价格，然后询问马的价格，相较这些价格，以此类推，就能知道马价格的贵贱而不会有失真实了。唯有赵广汉最为精通而且能够实施钩距之术，他人仿效没有能做到的。郡中的盗贼，闾巷里的侠客，他们的根基巢穴所在之处，以及属吏收受贿赂妄想有铢两之微的犯法作乱，赵广汉都能知晓。长安有数名少年在里巷隐蔽的空屋中共谋抢劫，话音未落，赵广汉就派属吏将他们拘捕治罪。富人苏回任郎官，有两人劫持了他。过了一会儿，赵广汉带领属吏来到劫匪家，赵广汉站在堂前，让长安丞龚奢敲门告诉劫匪，说："京兆尹赵君拜谢二位，请不要杀害人质，这个人是宫中的侍卫。若是能放了人质，束手就擒，将会善待你们，要是有幸遇上赦免的命令，或许还可以免罪。"两名劫匪十分惊愕，又素来听闻赵广汉的名声，立即就开门出来，下堂叩头，赵广汉跪谢说："幸好你们保全

广汉尝记召湖都亭长，湖都亭长西至界上，界上亭长戏曰："至府，为我多谢问赵君。"亭长既至，广汉与语，问事毕，谓曰："界上亭长寄声谢我，何以不为致问？"亭长叩头服实有之。广汉因曰："还为吾谢界上亭长，勉思职事，有以自效，京兆不忘卿厚意。"其发奸擿伏如神，皆此类也。

广汉奏请，令长安游徼狱吏秩百石，其后百石吏皆差自重，不敢枉法妄系留人。京兆政清，吏民称之不容口。长老传以为自汉兴以来治京兆者莫能及。左冯翊、右扶风皆治长安中，犯法者从迹喜过京兆界。广汉叹曰："乱吾治者，常二辅也！诚令广汉得兼治之，直差易耳。"

初，大将军霍光秉政，广汉事光。及光薨后，广汉心知微指，发长安吏自将，与俱至光子博陆侯禹第，直突入其门，廋索私屠酤，椎破卢罂，斧斩其门关而去。时光女为皇后，闻之，对帝涕泣。帝心善之，以召问广汉。广汉由是侵犯贵戚大臣。所居好用世吏子孙新进年少者，专厉强壮蠭气，见事风生，无所回避，率多果敢之计，莫为持难。广汉终以此败。

初，广汉客私酤酒长安市，丞相吏逐去。客疑男子苏贤言之，以语广汉。广汉使长安丞案贤，尉史禹故劾贤为骑士屯霸上，不诣

了郎官的性命，你们待人很好！”之后将两人送到牢狱，赵广汉告诫狱卒要殷谨相待，供给两人酒肉。到了冬季这两人就要被处死，赵广汉提前为他们置备棺木，给他们殓葬的用具，并告诉他们，两人都说：“死无所恨！”

赵广汉曾经发文召见湖县的都亭长，都亭长西行路过界上，界上的亭长开玩笑说：“到了京兆尹府，替我多多问候赵君。”都亭长到了京兆尹府，赵广汉与他谈话，谈完事情之后，赵广汉又问他说：“界上的亭长托你向我转达问候，为什么没有听你提起呢？”都亭长叩头承认确实有这件事。赵广汉接着说：“回去时替我问候界上亭长，转告他要努力勤勉，忠于职守，尽心尽力，京兆尹不会忘记他的厚意。”赵广汉揭露隐藏的坏人坏事，大多都像这样料事如神。

赵广汉奏请，请求将长安游徼狱吏的俸禄增加到百石，此后俸禄百石的官吏都能恪尽职守，不敢枉法随意扣押百姓。在他治理下的京兆政治清明，官吏百姓对他赞不绝口。年老的人都认为自汉以来治理京兆的官吏无人能及赵广汉。左冯翊、右扶风都在治理长安城中，犯法者经常越到京兆的地界逃窜。赵广汉感叹说：“扰乱我治理的，往往是左冯翊、右扶风二辅啊！如果能让我赵广汉兼治二辅，治理长安就很容易了。”

起初，大将军霍光执政，赵广汉侍奉霍光。到了霍光去世之后，赵广汉心中明白宣帝对待霍家的微妙意旨，赵广汉召集并亲自率领长安的吏卒，一齐来到霍光之子博陆侯霍禹的宅第，径直闯入府中，搜查他私下屠宰、酿酒的罪证，砸坏了酿酒的用具，用斧子斩断门闩而去。当时霍光的女儿是皇后，听闻这件事，便对宣帝哭诉。宣帝于心不忍，因而召见赵广汉并询问他。赵广汉因此得罪了贵戚大臣。赵广汉喜欢任用那些世代为吏人家中年少新进的子弟，他们生性张扬强壮有锋锐之气，遇事雷厉风行，无所顾忌，大多有当机立断、敢作敢为的个性，没有人替他支撑危难局面。赵广汉最终因此败亡。

起初，赵广汉的门客私自在长安的集市中卖酒，丞相的属吏将他赶走。门客怀疑是男子苏贤告密，便将这件事告诉了赵广汉。赵广汉派长安丞调查苏贤，一位叫禹的尉史故意诬陷苏贤是屯驻在霸上

屯所，乏军兴。贤父上书讼罪，告广汉，事下有司覆治。禹坐要斩，请逮捕广汉。有诏即讯，辞服，会赦，贬秩一等。广汉疑其邑子荣畜教令，后以他法论杀畜。人上书言之，事下丞相御史，案验甚急。广汉使所亲信长安人为丞相府门卒，令微司丞相门内不法事。地节三年七月中，丞相傅婢有过，自绞死。广汉闻之，疑丞相夫人妒杀之府舍。而丞相奉斋酎入庙祠，广汉得此，使中郎赵奉寿风晓丞相，欲以胁之，毋令穷正己事。丞相不听，案验愈急。广汉欲告之，先问太史知星气者，言今年当有戮死大臣，广汉即上书告丞相罪。制曰："下京兆尹治。"广汉知事迫切，遂自将吏卒突入丞相府，召其夫人跪庭下受辞，收奴婢十余人去，责以杀婢事。丞相魏相上书自陈："妻实不杀婢。广汉数犯罪法不伏辜，以诈巧迫胁臣相，幸臣相宽不奏。愿下明使者治广汉所验臣相家事。"事下廷尉治，实丞相自以过谴笞傅婢，出至外弟乃死，不如广汉言。司直萧望之劾奏："广汉摧辱大臣，欲以劫持奉公，逆节伤化，不道。"宣帝恶之，下广汉廷尉狱，又坐贼杀不辜，鞠狱故不以实，擅斥除骑士乏军兴数罪。天子可其奏。吏民守阙号泣者数万人，或言"臣生无益县官，愿代赵京兆死，使得牧养小民。"广汉竟坐要斩。

广汉虽坐法诛，为京兆尹廉明，威制豪强，小民得职。百姓追思，歌之至今。

的骑士，没有回到屯所，贻误了军机。苏贤的父亲上书申诉，控告赵广汉，这件事交由有关官员重新审理。禹获罪腰斩，有关官员请求逮捕赵广汉。皇帝有诏命要立刻审讯，赵广汉认罪，但恰逢有赦免令，只是降了一级俸禄。赵广汉怀疑这件事是同乡男子荣畜指使的，后来以其他罪名处死了荣畜。有人上书告发这件事，宣帝将这件事交给丞相和御史大夫来审理，案情追查得很急。赵广汉便派亲信，某个长安人去作丞相府的门卒，让他暗中打探丞相府中违法的事。地节三年（前67）七月中旬，丞相的侍婢有过错，自缢而死。赵广汉听闻这件事，怀疑是丞相夫人因妒忌而在府内杀了她。而当时丞相正随宣帝在宗庙举行祭祀，赵广汉得知后，便派中郎赵奉寿暗中警告丞相，想以此要挟他，使他不要深究自己的案子。丞相不听，反而追查得更加紧急。赵广汉想要告发丞相，便事先询问知晓星象的太史，太史说今年将有大臣被处死，赵广汉就立刻上书告发丞相府的罪行。宣帝下制令说："这件事交由京兆尹审理。"赵广汉知道这件事非常急迫，就亲自带领吏卒闯入丞相府，命令丞相夫人跪在庭下听取她的供词，并且收押了十多个奴婢，责问丞相夫人杀害侍婢的事。丞相魏相上书自陈："臣的妻子确实没有杀害侍婢。赵广汉数次犯罪，拒不认罪，他还以欺诈威胁的手段来胁迫臣，幸得臣宽容没有奏明。希望陛下派贤明的使者来查明赵广汉查验臣家事的事情。"事情交由廷尉审理，的确是丞相自己因侍婢犯错而问责鞭笞她，侍婢被逐出丞相府后才死的，并不像赵广汉所言。司直萧望之上奏弹劾："赵广汉折辱大臣，想以此要挟丞相，违逆法律，有伤风化，是不道之罪。"宣帝对此十分憎恶，将赵广汉关押至廷尉牢狱，赵广汉又坐实了杀害无辜，故意不据实审理案件，擅自以贻误军机抓捕骑士等数罪。天子批准了廷尉的奏书将赵广汉予以处死。有数万名官吏和百姓守在宫门旁哭号，有的人说"我活着对朝廷没有益处，愿意代替赵京兆去死，使他能活着治理百姓。"赵广汉最终被腰斩。

赵广汉虽犯法被诛，但他任京兆尹时为官廉正清明，压制豪强，百姓各得其所。百姓追思，至今还会歌颂他。

尹翁归字子兄，河东平阳人也，徙杜陵。翁归少孤，与季父居。为狱小吏，晓习文法。喜击剑，人莫能当。是时大将军霍光秉政，诸霍在平阳，奴客持刀兵入市斗变，吏不能禁，及翁归为市吏，莫敢犯者。公廉不受馈，百贾畏之。

后去吏居家。会田延年为河东太守，行县至平阳，悉召故吏五六十人，延年亲临见，令有文者东，有武者西。阅数十人，次到翁归，独伏不肯起，对曰："翁归文武兼备，唯所施设。" 功曹以为此吏倨敖不逊，延年曰："何伤？" 遂召上辞问，甚奇其对，除补卒史，便从归府。案事发奸，穷竟事情，延年大重之，自以能不及翁归，徙署督邮。河东二十八县，分为两部，闳孺部汾北，翁归部汾南。所举应法，得其罪辜，属县长吏虽中伤，莫有怨者。举廉为缑氏尉，历守郡中，所居治理，迁补都内令，举廉为弘农都尉。

征拜东海太守，过辞廷尉于定国。定国家在东海，欲属托邑子两人，令坐后堂待见。定国与翁归语终日，不敢见其邑子。既去，定国乃谓邑子曰："此贤将，汝不任事也，又不可干以私。"

翁归治东海明察，郡中吏民贤不肖，及奸邪罪名尽知之。县县各有记籍。自听其政，有急名则少缓之；吏民小解，辄披籍。县县收取黠吏豪民，案致其罪，高至于死。收取人必于秋冬课吏大会中，及出行县，不以无事时。其有所取也，以一警百，吏民皆服，恐惧改行自新。东海大豪郯许仲孙为奸猾，乱吏治，郡中苦之。二千石欲

尹翁归字子兄，河东平阳人，后来迁居杜陵。尹翁归在年少时失去双亲，与叔父住在一起。后来他任牢狱小吏，通晓法令。尹翁归喜爱击剑，没有人能挡得住他。当时大将军霍光执政，其他霍氏族人住在平阳，霍氏的家奴门客持兵器在街市中私斗，吏卒都不能制止，等到尹翁归任市吏，没有人再敢犯法作乱。他为人公正廉洁不接受馈赠，商人们都敬畏他。

后来尹翁归辞官在家。恰逢田延年任河东太守，巡行各县来到了平阳，将以往的五六十名吏卒全部召集来，田延年亲自接见，让文职站在东边，武职站在西边。见了数十人，轮到尹翁归，唯独他伏地不肯起来，并回答道："翁归文武兼备，任随您安排。"功曹认为这个吏卒倨傲不逊，田延年说："这又有什么妨碍？"于是召尹翁归上前问话，田延年对尹翁归的对答感到十分惊奇，便让尹翁归补任太守府的卒史，让他跟随回了太守府。尹翁归审理案情揭发坏人坏事，深究事情的原委，田延年非常器重他，自认为能力尚且不及尹翁归，便将严翁归调职代任督邮。河东有二十八县，分为两部，闳孺治理汾水以北，尹翁归治理汾水以南。尹翁归的所为都依照法令，抓捕到那些犯法的官吏，属县长吏虽然遭受罪罚，但也没有人会怨恨他。经过考核尹翁归任缑氏尉，历任郡中之职，所到之地都治理得很好，后来尹翁归升迁补任都内令，经过考核又任弘农都尉。

后来尹翁归被征召任东海太守，前去向廷尉于定国辞行。于定国家在东海，想要将两个同乡的儿子托付给尹翁归，就让他俩先坐在后堂等待拜见尹翁归。于定国与尹翁归交谈了一整天，也不敢让他俩前来拜见。尹翁归走了之后，于定国才对他俩说："他是个贤明的官吏，你们尚且还不能担当事务，我也不能以私相求。"

尹翁归治理东海郡，明察秋毫，吏治清明，郡中官吏百姓贤与不贤，以及奸邪罪名全都知道。各县都有记载。他亲自处理各县的政务，或是有治理过于严格的，就稍宽松一些；官吏和百姓稍有懈怠，就按原有罪犯的名册进行披露。各县拘捕的奸猾吏卒以及当地的豪强，尹翁归经过审讯定立罪名，最高处以死刑。拘捕犯人必定在秋冬考核官吏的大会之间，以及出外巡行各县的时间，并不在无事的时

捕者，辄以力势变诈自解，终莫能制。翁归至，论弃仲孙市，一郡怖栗，莫敢犯禁。东海大治。

以高第入守右扶风，满岁为真。选用廉平疾奸吏以为右职，接待以礼，好恶与同之；其负翁归，罚亦必行。治如在东海故迹，奸邪罪名亦县县有名籍。盗贼发其比伍中，翁归辄召其县长吏，晓告以奸黠主名，教使用类推迹盗贼所过抵，类常如翁归言，无有遗脱。缓于小弱，急于豪强。豪强有论罪，输掌畜官，使斫莝，责以员程，不得取代。不中程，辄笞督，极者至以鈇自刭而死。京师畏其威严，扶风大治，盗贼课常为三辅最。

翁归为政虽任刑，其在公卿之间清絜自守，语不及私，然温良嗛退，不以行能骄人，甚得名誉于朝廷。视事数岁，元康四年病卒。家无余财，天子贤之，制诏御史："朕夙兴夜寐，以求贤为右，不异亲疏近远，务在安民而已。扶风翁归廉平乡正，治民异等，早夭不遂，不得终其功业，朕甚怜之。其赐翁归子黄金百斤，以奉其祭祠。"

翁归三子皆为郡守。少子岑历位九卿，至后将军。而闳孺亦至广陵相，有治名。由是世称田延年为知人。

韩延寿字长公，燕人也，徙杜陵。少为郡文学。父义为燕郎中。剌王之谋逆也，义谏而死，燕人闵之。是时昭帝富于春秋，大

候。尹翁归之所以在那些时候拘捕犯人，是为了以一警百，官吏和百姓全都心服，犯罪的人也因恐惧而改过自新。东海大豪绅郯县的许仲孙，为人奸诈，扰乱吏治，郡中都苦于他祸乱一方。以前二千石的官员想拘捕许仲孙，他总是能凭借势力狡诈逃脱，一直没有人能制服他。尹翁归到任之后，就将许仲孙斩首示众，全郡都震惊战栗，没有人再敢触犯法令。东海因此安定。

尹翁归因政绩卓著而代任右扶风，一年后正式就任右扶风。他选用清廉公正憎恶奸邪的吏卒辅佐自己，以礼相待，好恶与他们相同；若是有背叛尹翁归的，也一定会受到惩罚。尹翁归治理扶风的方法和治理东海郡时的方法一样，奸邪罪名在各县也有记载。只要发现了盗贼，尹翁归就召来当地的官吏，告诉他们主犯的名字，教他们用类推的方法找寻盗贼所经过的痕迹，常如尹翁归所言，无一遗漏脱逃的。对待弱小就施以宽政，对待豪强就严加惩处。若有豪强被判罪的，就交给掌畜官，让其割草，每人每日都有定量，不得替代。如果达不到定量的要求，就施以鞭笞，有的罪犯不堪忍受就用铡刀自刎而死。京师都敬畏尹翁归的威严，扶风因此安定，考核捕获盗贼的政绩，尹翁归常常是三辅之最。

尹翁归为政虽重用刑罚，但在公卿之间清廉自守，言语之间从不言及私事，温良谦逊，不以自己的才能和政绩傲视他人，因此在朝廷中享有美誉。尹翁归任职多年，元康四年（前62）病逝。尹翁归家中没有多余的财物，天子感怀他的贤明，给御史下诏："朕夙兴夜寐，以求贤为重，不分亲疏远近，务求安定百姓而已。扶风尹翁归廉明公正，治理百姓政绩卓著，早早病逝，不能继续完成他的功业，朕甚感哀怜。赐尹翁归之子黄金百斤，以供他祭祀家祠。"

尹翁归的三个儿子都任过郡守。小儿子尹岑历任九卿，官至后将军。而闳孺也官至广陵相，有善治的美名。因此世人称道田延年有知人善任的能力。

韩延寿字长公，燕人，后迁居杜陵。年少时担任郡文学。父亲韩义是燕国的郎中。燕刺王谋反，韩义因劝谏而死，燕国人很同情他。当时昭帝年少，大将军霍光执政，征召郡国的贤良文学，向他们询问

将军霍光持政，征郡国贤良文学，问以得失。时魏相以文学对策，以为“赏罚所以劝善禁恶，政之本也。日者燕王为无道，韩义出身强谏，为王所杀。义无比干之亲而蹈比干之节，宜显赏其子，以示天下，明为人臣之义。”光纳其言，因擢延寿为谏大夫，迁淮阳太守。治甚有名，徙颍川。

颍川多豪强，难治，国家常为选良二千石。先是，赵广汉为太守，患其俗多朋党，故构会吏民，令相告讦，一切以为聪明，颍川由是以为俗，民多怨雠。延寿欲改更之，教以礼让，恐百姓不从，乃历召郡中长老为乡里所信向者数十人，设酒具食，亲与相对，接以礼意，人人问以谣俗，民所疾苦，为陈和睦亲爱销除怨咎之路。长老皆以为便，可施行，因与议定嫁娶丧祭仪品，略依古礼，不得过法。延寿于是令文学校官诸生皮弁执俎豆，为吏民行丧嫁娶礼。百姓遵用其教，卖偶车马下里伪物者，弃之市道。数年，徙为东郡太守，黄霸代延寿居颍川，霸因其迹而大治。

延寿为吏，上礼义，好古教化，所至必聘其贤士，以礼待用，广谋议，纳谏争；举行丧让财，表孝弟有行；修治学官，春秋乡射，陈钟鼓管弦，盛升降揖让，及都试讲武，设斧钺旌旗，习射御之事。治城郭，收赋租，先明布告其日，以期会为大事，吏民敬畏趋乡之。又置正、五长，相率以孝弟，不得舍奸人。闾里仟佰有非常，吏辄闻知，奸人莫敢入界。其始若烦，后吏无追捕之苦，民无箠楚之忧，皆便安之。接待下吏，恩施甚厚而约誓明。或欺负之者，延寿痛自刻责：“岂其负之，何以至此？”吏闻者自伤悔，其县尉至自刺死。及门下掾自刭，人救不殊，因瘖不能言。延寿闻之，对掾史涕泣，遣吏

政治得失。当时魏相以文学的身份来对答策问，认为“赏罚是为了劝善禁恶，这是施政的根本。以往燕王大逆不道，韩义舍身力谏，被燕王所杀。韩义虽没有像比干与纣王那样的宗亲关系，却保持了像比干一样的节操，应当厚赏韩义的儿子，以示天下，表明为人臣的道义。”霍光接纳了他的建议，提拔韩延寿任谏大夫，后韩延寿又升任淮阳太守。因为韩延寿政绩卓著，后又调职颍川。

颍川多有豪强，很难治理，国家常为之选派优秀能干的人任太守。在此之前，赵广汉任太守，忧虑当地风俗多会聚朋结党，相互勾结，所以让官吏和百姓，相互告发，原以为这种计策解决了当时的问题，但颍川却因此形成风气，百姓多结仇怨。韩延寿想改变这种风气，以礼让来教化，又担心百姓不从，就召见郡中以及乡里所信任敬重的数十位长老，置办酒宴，亲自陪奉，以礼相待，向每个人询问当地的风俗习惯，百姓疾苦，告诉他们和睦亲爱消除怨仇的办法。长老们都认为很好，可以施行，因而共同议定了嫁娶丧祭的礼制，略依古礼，但不能逾越法令。韩延寿命令文学、校官、诸位儒生，头戴皮弁冠，手执俎豆等礼器，为官吏和百姓演示婚丧嫁娶等礼仪。百姓遵照他的教导，售卖那些仿真的车马木偶人，都将那些东西丢在路旁。几年之后，韩延寿调任东郡太守，黄霸代替韩延寿治理颍川，黄霸沿用他的方法而颍川政治清明，百姓安定。

韩延寿为官，崇尚礼义，喜好古时的教化，每到一处必会聘请当地的贤士，以礼相待并任用他们，广泛听取他们的谋议，采纳他们的劝谏；韩延寿推崇举行丧事推让财产的风气，表彰践行孝悌的品行；他修建学校，在春秋两季举行乡射时，在射场陈列钟鼓管弦，相互往来都行揖让之礼，以及在都试讲演武事时，在考场陈设刀斧旌旗，演习射御之事。每当在修建城墙，征收赋租时，都会事先明确布告具体的日期，将到期召集视为一件大事，官吏和百姓都很敬畏他并能遵照礼法。韩延寿又任命乡正、伍长，作为孝悌的表率，不可包庇奸人。闾巷中一旦发生非常情况，官吏就会知道，奸人都不敢进入他管辖的地界。这些事情开始实施时很繁琐，后来吏卒就省去了追捕之苦，百姓也没有受刑之忧，全都适应了这种治法。韩延寿对待下

医治视，厚复其家。

延寿尝出，临上车，骑吏一人后至，敕功曹议罚白。还至府门，门卒当车，愿有所言。延寿止车问之，卒曰："《孝经》曰：'资于事父以事君，而敬同，故母取其爱，而君取其敬，兼之者父也。'今旦明府早驾，久驻未出，骑吏父来至府门，不敢入。骑吏闻之，趋走出谒，适会明府登车。以敬父而见罚，得毋亏大化乎？"延寿举手舆中曰："微子，太守不自知过。"归舍，召见门卒。卒本诸生，闻延寿贤，无因自达，故代卒，延寿遂待用之。其纳善听谏，皆此类也。在东郡三岁，令行禁止，断狱大减，为天下最。

入守左冯翊，满岁称职为真。岁余，不肯出行县。丞掾数白："宜循行郡中，览观民俗，考长吏治迹。"延寿曰："县皆有贤令长，督邮分明善恶于外，行县恐无所益，重为烦扰。"丞掾皆以为方春月，可壹出劝耕桑。延寿不得已，行县至高陵，民有昆弟相与讼田自言，延寿大伤之，曰："幸得备位，为郡表率，不能宣明教化，至令民有骨肉争讼，既伤风化，重使贤长吏、啬夫、三老、孝弟受其耻，咎在冯翊，当先退。"是日移病不听事，因入卧传舍，闭阁思过。一县莫知所为，令丞、啬夫、三老亦皆自系待罪。于是讼者宗族传相责让，此两昆弟深自悔，皆自髡肉袒谢，愿以田相移，终死不敢复争。延寿大喜，开阁延见，内酒肉与相对饮食，厉勉以意告乡部，有

层的吏卒，施以厚恩但约法明确。若是吏卒有欺骗背叛他的，韩延寿就会深深自责："难道是我背弃了他吗，他为何会这样做呢？"背叛韩延寿的吏卒听了自惭形秽，懊悔不已，以致于他的县尉要自尽。还有门下的掾史要自刎，后被人救下，因而成了哑巴不能说话。韩延寿听说了这件事，对着掾史哭泣，并派吏卒医生治疗看护，厚待掾史的家人。

韩延寿曾有一次要出门，临上车，有一个骑马的吏卒迟到了，韩延寿让功曹议定他的罪罚然后上报给他。韩延寿返回走到府门前时，有一个门卒挡住了马车，有话要说。韩延寿停下车问他，门卒说："《孝经》中说：'以事父之道来事君，而会有相同的敬畏之心，因此侍奉母亲出于爱，侍奉君主出于敬，则侍奉父亲是敬爱兼有的。'今天一早您要出门，马车停留了很久还未出发，骑吏的父亲来到府门，不敢进去。骑吏听闻后，赶紧走出来拜见父亲，恰逢您要上车。骑吏因为敬事父亲而受到惩罚，难道不是有损教化吗？"韩延寿在车中举手说道："要是没有你，我还不知道自己的过错。"回到府中，韩延寿又召见门卒。门卒原本是儒生，听说韩延寿为人贤明，没有途径自荐，所以替别人做了门卒，于是韩延寿就留用了他。韩延寿纳善听谏的事例，都像这样。韩延寿在东郡三年，令行禁止，案件大减，是全天下之最。

韩延寿代任左冯翊，一年后正式就任。任职一年多，韩延寿不肯出外巡行各县。丞掾多次禀报说："您应当巡行郡中，观览民俗，考核长吏的政绩。"韩延寿说："各县都有贤明的县令，还有督邮在外监督，分辨善恶，巡行各县恐怕没有什么益处，只是白白增添烦扰罢了。"丞掾都认为正值春季，可以外出勉励百姓耕种养蚕。韩延寿不得已，巡行至高陵县，看到百姓中有两兄弟为了田地而相互争讼并向韩延寿陈说，韩延寿非常悲痛，说："有幸得了这个官职，做一郡的表率，却不能宣明教化，以至于百姓中有骨肉至亲相互争讼，既有伤风化，又使贤明的长吏、啬夫、三老、孝弟蒙受这样的耻辱，过错在我，我应当辞官。"当天韩延寿就称病不理公事，回到客栈中，闭门思过。一县的官吏不知道该做些什么，使得令丞、啬夫、三老都自缚待

以表劝悔过从善之民。延寿乃起听事，劳谢令丞以下，引见尉荐。郡中歙然，莫不传相敕厉，不敢犯。延寿恩信周遍二十四县，莫复以辞讼自言者。推其至诚，吏民不忍欺绐。

延寿代萧望之为左冯翊，而望之迁御史大夫。侍谒者福为望之道延寿在东郡时放散官钱千余万。望之与丞相丙吉议，吉以为更大赦，不须考。会御史当问东郡，望之因令并问之。延寿闻知，即部吏案校望之在冯翊时廪牺官钱放散百余万。廪牺吏掠治急，自引与望之为奸。延寿劾奏，移殿门禁止望之。望之自奏“职在总领天下，闻事不敢不问，而为延寿所拘持”。上由是不直延寿，各令穷竟所考。望之卒无事实，而望之遣御史案东郡，具得其事。延寿在东郡时，试骑士，治饰兵车，画龙虎朱爵。延寿衣黄纨方领，驾四马，傅总，建幢棨，植羽葆，鼓车歌车。功曹引车，皆驾四马，载棨戟。五骑为伍，分左右部，军假司马、千人持幢旁毂。歌者先居射室，望见延寿车，噭咷楚歌。延寿坐射室，骑吏持戟夹陛列立，骑士从者带弓鞬罗后。令骑士兵车四面营陈，被甲鞮鍪居马上，抱弩负籣。又使骑士戏车弄马盗骖。延寿又取官铜物，候月蚀铸作刀剑钩镡，放效尚方事。及取官钱帛，私假繇使吏。及治饰车甲三百万以上。

罪。于是相互争讼的两兄弟的族人们都在相互责备，这两兄弟也深感懊悔，他们都剃掉头发袒露身体前来谢罪，愿意将田地让给对方，至死不敢再争。韩延寿大喜，开门接见，在屋内置备酒肉与他们相对饮食，勉励他们将他们的事情告诉乡里的官署，以此来表彰劝勉那些悔过从善的百姓。韩延寿继续出来处理事务，感谢前来请罪的令丞和以下官吏，并接见安慰他们。郡中从此和谐安定，无不相互告诫勉励，不敢犯法。韩延寿的恩德信义遍及二十四县，不再有人前来争讼。推究他的至诚之心，官吏和百姓都不忍欺骗他。

韩延寿代替萧望之任左冯翊，而萧望之升任御史大夫。有一位叫福的侍者告诉萧望之，韩延寿在东郡时私自发放了一千多万的官钱。萧望之与丞相丙吉商议，丙吉认为恰逢大赦，无须追查。恰好御史的属下在东郡巡查，萧望之就让他一并查问这件事。韩延寿听闻后，就安排吏卒查核萧望之在担任冯翊时，廪牺吏发放了一百多万官钱的事情。廪牺吏受到拷打讯问，自己招认是与萧望之狼狈为奸。韩延寿上奏弹劾，想以天子制止萧望之。萧望之自奏“臣的职责在于监察百官，听闻事情不敢不去查问，却遭到韩延寿的阻挠”。宣帝因此认为韩延寿的行为欠妥，就分别派人调查清楚事实。萧望之的案件没有事实依据，而萧望之派属下查问东郡的案件，却查到了许多关于韩延寿的事实。韩延寿在东郡时，检阅骑士，修饰兵车，绘上龙虎朱雀图案。韩延寿身穿用黄绢制成的儒服，乘着四匹马的车子，系上流苏，在车上竖起旌旗和棨戟，立起鸟羽装饰的华盖，在车上击鼓歌唱。功曹在前面引导马车，也都是驾着四匹马的车，车上载着棨戟。五名骑士为一伍，分列左右两旁，军假司马、千人手持幢幡跟在车旁。载有歌唱者的车子先进入射堂，望见韩延寿的车来了，就高唱楚歌。韩延寿坐在射堂，骑吏手持长戟分列台阶两旁，骑士随从拿着弓箭立在后面。韩延寿让骑士兵车在四面结营布阵，身穿战甲头盔骑在马上，备好箭弩。韩延寿又让骑士表演车技、骑术，考核盗骖的技艺。韩延寿又取用官府的铜器，等到月食时铸成刀剑兵器，仿效尚方署的做法。以及取用官钱布帛，私雇吏卒为自己劳作。以及置办装饰车甲花费官钱三百万以上。

于是望之劾奏延寿上僭不道，又自陈："前为延寿所奏，今复举延寿罪，众庶皆以臣怀不正之心，侵冤延寿。愿下丞相、中二千石、博士议其罪。"事下公卿，皆以延寿前既无状，后复诬愬典法大臣，欲以解罪，狡猾不道。天子恶之，延寿竟坐弃市。吏民数千人送至渭城，老小扶持车毂，争奏酒炙。延寿不忍距逆，人人为饮，计饮酒石余。使掾史分谢送者："远苦吏民，延寿死无所恨。"百姓莫不流涕。

延寿三子皆为郎吏。且死，属其子勿为吏，以己为戒。子皆以父言去官不仕。至孙威，乃复为吏至将军。威亦多恩信，能拊众，得士死力。威又坐奢僭诛，延寿之风类也。

张敞字子高，本河东平阳人也。祖父孺为上谷太守，徙茂陵。敞父福事孝武帝，官至光禄大夫。敞后随宣帝徙杜陵。敞本以乡有秩补太守卒史，察廉为甘泉仓长，稍迁太仆丞，杜延年甚奇之。会昌邑王征即位，动作不由法度，敞上书谏曰："孝昭皇帝蚤崩无嗣，大臣忧惧，选贤圣承宗庙，东迎之日，唯恐属车之行迟。今天子以盛年初即位，天下莫不拭目倾耳，观化听风。国辅大臣未褒，而昌邑小辇先迁，此过之大者也。"后十余日王贺废，敞以切谏显名，擢为豫州刺史。以数上事有忠言，宣帝征敞为太中大夫，与于定国并平尚书事。以正违忤大将军霍光，而使主兵车出军省减用度，复出为函谷关都尉。宣帝初即位，废王贺在昌邑，上心惮之，徙敞为山阳太守。

于是萧望之便上奏弹劾韩延寿越位逾制、大逆不道，萧望之又自己辩白说：“我之前遭到韩延寿弹劾，现在又揭发韩延寿的罪行，众人都认为臣心怀不正之心，欺侮冤枉韩延寿。希望由丞相、中二千石、博士议定韩延寿的罪名。”宣帝将这件事情交由公卿审理，百官都认为韩延寿之前的行为失检，后来又诬告典法大臣，想要以此脱罪，奸诈狡猾。宣帝听闻之后非常憎恶韩延寿，韩延寿最终被斩首示众。数千名官吏和百姓为其送行到渭城，老少扶着车毂，争相献上酒肉。韩延寿不忍拒绝，每个人的酒都饮尽，饮酒达一石有余。韩延寿让掾史拜谢前来送行的人：“劳烦大家前来远送，我韩延寿死无所恨。”百姓无不哭泣。

韩延寿的三个儿子都任郎官。他在临死前，嘱咐他的儿子不要做官，要以自己为戒。他的儿子听从父亲的嘱咐，全都辞官。到了孙子韩威，又重新为官，官至将军。韩威也能多施恩德信义，能体恤百姓，得以属下信服，誓死效命。但韩威也因奢侈僭越而被诛杀，落得与韩延寿一样的下场。

张敞字子高，原本是河东平阳人。祖父张孺任上谷太守，后迁居茂陵。张敞的父亲张福曾经侍奉过孝武帝，官至光禄大夫。张敞后来跟随宣帝迁居杜陵。张敞本来是以乡中有秩官的身份补任太守卒史，经过举廉而任甘泉仓长，后升任太仆丞，杜延年十分器重张敞。正逢昌邑王刘贺回京继位，昌邑王的所为不遵法度，张敞便上书劝谏道：“孝昭皇帝早崩无嗣，大臣为此担忧，便选择贤德圣明的人承继宗庙，东出迎接陛下之日，唯恐马车走得太慢。如今陛下盛年继位，天下人没有不殷切期盼，希望看到好的政治教化。辅国大臣尚未褒奖，而昌邑国的挽辇小臣却先得到褒奖，这是大错。”过了十余天，昌邑王刘贺遭到废黜，张敞因直言极谏而名声显扬，得到提拔任豫州刺史。因为张敞数次禀奏事情言语忠恳，宣帝就征召张敞任太中大夫，与于定国共同处理尚书省的政务。因为张敞刚正不阿而背逆了大将军霍光，所以宣帝让张敞掌管减省军费支出的事情，后又任函谷关都尉。宣帝继位之初，废王刘贺住在昌邑，宣帝内心忌惮他，就命张敞任山阳太守。

久之，大将军霍光薨，宣帝始亲政事，封光兄孙山、云皆为列侯，以光子禹为大司马。顷之，山、云以过归第，霍氏诸婿亲属颇出补吏。敞闻之，上封事曰："臣闻公子季友有功于鲁，大夫赵衰有功于晋，大夫田完有功于齐，皆畴其庸，延及子孙，终后田氏篡齐，赵氏分晋，季氏颛鲁。故仲尼作《春秋》，迹盛衰，讥世卿最甚。乃者大将军决大计，安宗庙，定天下，功亦不细矣。夫周公七年耳，而大将军二十岁，海内之命，断于掌握。方其隆时，感动天地，侵迫阴阳，月朓日蚀，昼冥宵光，地大震裂，火生地中，天文失度，祆祥变怪，不可胜记，皆阴类盛长，臣下颛制之所生也。朝臣宜有明言，曰陛下褒宠故大将军以报功德足矣。间者辅臣颛政，贵戚太盛，君臣之分不明，请罢霍氏三侯皆就弟。及卫将军张安世，宜赐几杖归休，时存问召见，以列侯为天子师。明诏以恩不听，群臣以义固争而后许，天下必以陛下为不忘功德，而朝臣为知礼，霍氏世世无所患苦。今朝廷不闻直声，而令明诏自亲其文，非策之得者也。今两侯以出，人情不相远，以臣心度之，大司马及其枝属必有畏惧之心。夫近臣自危，非完计也，臣敞愿于广朝白发其端，直守远郡，其路无由。夫心之精微口不能言也，言之微眇书不能文也，故伊尹五就桀，五就汤，萧相国荐淮阴累岁乃得通，况乎千里之外，因书文谕事指哉！唯陛下省察。"上甚善其计，然不征也。

久之，勃海、胶东盗贼并起，敞上书自请治之，曰："臣闻忠孝之道，退家则尽心于亲，进宦则竭力于君。夫小国中君犹有奋不顾

过了一段时间，大将军霍光去世，宣帝开始亲理政事，将霍光兄长的孙子霍山、霍云都封为列侯，将霍光的儿子霍禹封为大司马。过了不久，霍山、霍云就因过错免官归府，霍氏的女婿亲属有很多补任官吏的。张敞听闻后，便呈上封奏说："臣听闻公子季友有功于鲁，大夫赵衰有功于晋，大夫田完有功于齐，他们的国君都厚赏他们，恩赏延及子孙，最终导致田氏篡齐，赵氏分晋，季氏在鲁专权。因而孔子撰写《春秋》，记述王朝盛衰的变化，讥讽世卿也是最为厉害的。从前大将军霍光决断国家大事，安定宗庙，平定天下，功绩也十分显著。但周公执政只有七年，而大将军掌权二十年，海内之事，都在他的决断掌握之中。当他气运隆盛的时候，可以感动天地，侵犯阴阳，月损日食，昼暗夜明，土地震裂，地中生火，天文失度，灾异多变，不可胜记，这都是因为阴类过盛，臣下专权才出现的状况。朝臣应有明言，说陛下褒奖宠信已故大将军已经足以报答他的功德。近来辅臣专权，贵戚势力太盛，君臣之分不明，请陛下罢免霍氏三侯，让他们全都归府。以及卫将军张安世，应当赏赐坐几手杖让他归隐，不时慰问召见，以列侯的身份作为天子的老师。陛下公开颁布诏书给予恩典而他们没有接受，群臣以义力谏而后才接纳，天下必会认为陛下不忘霍氏功德，认为朝臣都知晓礼义，这样霍氏一族世代就没有忧虑和困苦。如今朝廷中听不到正直的劝谏，而使得陛下亲自颁布诏令，这并非良策。现在两位列侯已经罢免，人情还没有因此疏远，以臣的心思猜测，大司马以及他的支系亲属必会有畏惧之心。近臣自危，这并非良计，臣张敞愿意在朝中挑起开端，但臣在偏远的郡县任职，没有机会在朝中进言。内心的精微之处口中不能言表，言语的微妙之处笔下无法写明，所以伊尹五次被推荐给夏桀，五次又返回奉事商汤，萧相国举荐淮阴侯，数年才得以重用，况且臣在千里之外，凭藉上书禀明事由！唯愿陛下明察。"宣帝非常赞许张敞的计策，但依旧没有征用他。

过了一段时间，勃海、胶东盗贼频发，张敞上书自请前去治理，说："臣听闻忠孝之道，便是退居在家则尽心侍奉双亲，进身为官则竭力奉事君主。那些小国的君主尚且还有奋不顾身的臣子，何况是

身之臣，况于明天子乎！今陛下游意于太平，劳精于政事，亹亹不舍昼夜。群臣有司宜各竭力致身。山阳郡户九万三千，口五十万以上，讫计盗贼未得者七十七人，它课诸事亦略如此。臣敞愚驽，既无以佐思虑，久处闲郡，身逸乐而忘国事，非忠孝之节也。伏闻胶东、勃海左右郡岁数不登，盗贼并起，至攻官寺，篡囚徒，搜市朝，劫列侯。吏失纲纪，奸轨不禁。臣敞不敢爱身避死，唯明诏之所处，愿尽力摧挫其暴虐，存抚其孤弱。事即有业，所至郡条奏其所由废及所以兴之状。"书奏，天子征敞，拜胶东相，赐黄金三十斤。敞辞之官，自请治剧郡非赏罚无以劝善惩恶，吏追捕有功效者，愿得壹切比三辅尤异。天子许之。

敞到胶东，明设购赏，开群盗令相捕斩除罪。吏追捕有功，上名尚书调补县令者数十人。由是盗贼解散，传相捕斩。吏民歙然，国中遂平。

居顷之，王太后数出游猎，敞奏书谏曰："臣闻秦王好淫声，叶阳后为不听郑卫之乐；楚严好田猎，樊姬为不食鸟兽之肉。口非恶旨甘，耳非憎丝竹也，所以抑心意，绝耆欲者，将以率二君而全宗祀也。礼，君母出门则乘辎軿，下堂则从傅母，进退则鸣玉佩，内饰则结绸缪。此言尊贵所以自敛制，不从恣之义也。今太后资质淑美，慈爱宽仁，诸侯莫不闻，而少以田猎纵欲为名，于以上闻，亦未宜也。唯观览于往古，全行乎来今，令后姬得有所法则，下臣有所称诵，臣敞幸甚！"书奏，太后止不复出。

是时颍川太守黄霸以治行第一入守京兆尹。霸视事数月，不

圣明的天子呢！如今陛下力求天下太平，劳心政事，勤勉理政，夜以继日。群臣有司应当各尽其职，尽心竭力。臣治下的山阳郡有九万三千户，人口五十万以上，总计尚未捕获的盗贼有七十七人，其他各项赋税政务也像这样记载得很详尽。臣张敞愚钝，已经没有什么能帮陛下分忧的了，久居安闲的州郡，身享逸乐而忘却国事，这不是忠孝的气节。听闻胶东、渤海附近的郡县多年歉收，盗贼并起，以至于侵扰官署，掳走囚徒，搜抢集市，劫持列侯。官吏枉顾法令纲纪，奸邪屡禁不止。臣张敞不敢自惜生命而躲避死亡，只要陛下圣诏明示，臣愿意竭尽全力打击暴虐行径，抚慰孤弱百姓。诸事有所进展了，臣会将所到各郡的政治兴废的原因逐一上奏。”奏书呈上之后，宣帝召见张敞，任张敞为胶东相，赐黄金三十斤。张敞辞行赴任，又向宣帝进言，说自请治理这些繁难之地，不用赏罚就无法劝善惩恶，倘若官吏追捕犯法者有功，请求给予比三辅更大的权利。宣帝应允张敞的请求。

张敞到了胶东之后，公开悬赏捉拿盗贼，颁布政令，群盗相互抓捕斩杀的可以减轻罪责。吏卒追捕盗贼有功的，可以禀明尚书补任官职，因而调补县令的有数十人。此后盗贼溃散，相互抓捕斩杀。官吏和百姓得以安居乐业，胶东国中终于安定。

过了不久，胶东王太后多次外出游猎，张敞便上书谏言：“臣听闻秦王喜好淫邪的乐声，叶阳王后为此不再听郑卫的淫乐；楚庄王喜爱打猎，樊姬为此不再吃鸟兽之肉。她们并非讨厌美味的食物，并非憎恶美妙的乐声，她们之所以会压抑欲望，断绝嗜欲，是为了给两位君主做出表率而保全宗庙社稷。依礼，君主的母亲出门要乘坐带有屏障的车子，走至堂下要有傅母侍女跟随，进退则玉佩要发出声响，内里的饰物要紧缚身体。这是说尊贵的人自己要约束克制，不能恣意放纵。如今太后资质淑美，慈爱宽仁，诸侯无不听闻，若是偶以田猎纵欲的名声，传到朝廷中，也不合适。唯愿您观览古事，完善今天的行为，使后姬们能有所效法，下臣有所称诵，臣张敞将不胜荣幸！”奏书呈上之后，胶东王太后便停止游猎不再外出。

当时颍川太守黄霸因政绩第一调职入京代任京兆尹。黄霸就任

称，罢归颍川。于是制诏御史：“其以胶东相敞守京兆尹。”自赵广汉诛后，比更守尹，如霸等数人，皆不称职。京师寖废，长安市偷盗尤多，百贾苦之。上以问敞，敞以为可禁。敞既视事，求问长安父老，偷盗酋长数人，居皆温厚，出从童骑，闾里以为长者。敞皆召见责问，因贳其罪，把其宿负，令致诸偷以自赎。偷长曰：“今一旦召诣府，恐诸偷惊骇，愿壹切受署。”敞皆以为吏，遣归休。置酒，小偷悉来贺，且饮醉，偷长以赭污其衣裾。吏坐里闾阅出者，污赭辄收缚之，一日捕得数百人。穷治所犯，或一人百余发，尽行法罚。由是枹鼓稀鸣，市无偷盗，天子嘉之。

敞为人敏疾，赏罚分明，见恶辄取，时时越法纵舍，有足大者。其治京兆，略循赵广汉之迹。方略耳目，发伏禁奸，不如广汉，然敞本治《春秋》，以经术自辅，其政颇杂儒雅，往往表贤显善，不醇用诛罚，以此能自全，竟免于刑戮。

京兆典京师，长安中浩穰，于三辅尤为剧。郡国二千石以高弟入守，及为真，久者不过二三年，近者数月一岁，辄毁伤失名，以罪过罢。唯广汉及敞为久任职。敞为京兆，朝廷每有大议，引古今，处便宜，公卿皆服，天子数从之。然敞无威仪，时罢朝会，过走马章台街，使御吏驱，自以便面拊马。又为妇画眉，长安中传张京兆眉怃。有司以奏敞。上问之，对曰：“臣闻闺房之内，夫妇之私，有过于画眉者。”上爱其能，弗备责也。然终不得大位。

数月，不称职，遭罢免回到颍川。于是宣帝命令御史：“让胶东相张敞代任京兆尹。”自赵广汉被诛杀之后，频频更换数任京兆尹，比如黄霸等人，都不称职。京师的治理渐渐松懈废弃，长安城中的盗贼格外多，商贾们为此痛苦不堪。宣帝询问张敞是否可以解决，张敞认为可以解决。张敞任京兆尹之后，向长安的父老探访，查出偷盗的几个首领，家境富足，外出有僮奴骑马相随，乡里将他们视作长者。张敞将他们全部召来责问，暂缓对他们的惩处，抓住他们过去的罪行，让他们引来其余的盗贼来赎罪。某个盗贼首领说：“如果一旦将他们召来官府，恐怕他们会恐惧害怕，希望能授予我们官职。”张敞让他们都做了吏卒，并且放回家去。首领置办酒席，其余的盗贼全都来庆贺，喝醉后，首领用赤土在他们的衣襟上做了标记。吏卒在乡里的门边查阅进出的人，衣服上沾有赤土的就进行拘捕，一天就拘捕到了数百人。深究他们所犯的案子，有的一个人就有犯案百余起，全都依法惩处。从此以后警示的枹鼓就很少敲响了，市中没有盗贼，宣帝嘉奖了张敞。

张敞为人聪慧机敏，赏罚分明，见到恶人就立即拘捕，但也时常超越法令宽大处理犯人，这一点受人称道。张敞治理京兆，大略依循赵广汉的方法。他的方法谋略和广设耳目揭露惩治奸邪等方面，不如赵广汉，但是张敞的治下依照《春秋》，以经术为辅，他的治理颇杂儒雅，往往表彰贤良显扬善举，不纯用诛罚，最终张敞也因此得以保全自身，免于处死。

京兆尹治理京师治安，长安城中人口众多，三辅地区尤其难以治理。郡国中的二千石的官吏因政绩卓著入京代任京兆尹，等到正试就职后，任职长的不过两三年，短的只有数月或一年，就会遭人毁谤中伤，声败名裂，因罪罢免。唯有赵广汉和张敞在任很久。张敞任京兆尹时，朝廷每有大事要商议，他都会引古据今，处置得宜，公卿都很信服，天子也多次采纳他的意见。但是张敞没有威仪，不拘小节，有时朝会结束，骑马经过章台街，张敞会让御吏先行回府，自己手执扇子抚摸着马自由闲逛。张敞还会为妻子画眉，长安城中传言张京兆眉毛画得很娇媚。有关官员以此劾奏张敞。宣帝询问他，张敞回答说：

敞与萧望之、于定国相善。始敞与定国俱以谏昌邑王超迁。定国为大夫平尚书事。敞出为刺史，时望之为大行丞。后望之先至御史大夫，定国后至丞相，敞终不过郡守。为京兆九岁，坐与光禄勋杨恽厚善，后恽坐大逆诛，公卿奏恽党友，不宜处位，等比皆免，而敞奏独寝不下。敞使贼捕掾絮舜有所案验。舜以敞劾奏当免，不肯为敞竟事，私归其家。人或谏舜，舜曰："吾为是公尽力多矣，今五日京兆耳，安能复案事？"敞闻舜语，即部吏收舜系狱。是时冬月未尽数日，案事吏昼夜验治舜，竟致其死事。舜当出死，敞使主簿持教告舜曰："五日京兆竟何如？冬月已尽，延命乎？"乃弃舜市。会立春，行冤狱使者出，舜家载尸，并编敞教，自言使者。使者奏敞贼杀不辜。天子薄其罪，欲令敞得自便利，即先下敞前坐杨恽不宜处位奏，免为庶人。敞免奏既下，诣阙上印绶，便从阙下亡命。

数月，京师吏民解弛，枹鼓数起，而冀州部中有大贼。天子思敞功效，使使者即家在所召敞。敞身被重劾，及使者至，妻子家室皆泣惶惧，而敞独笑曰："吾身亡命为民，郡吏当就捕，今使者来，此天子欲用我也。"装随使者诣公车上书曰："臣前幸得备位列卿，待罪京兆，坐杀贼捕掾絮舜。舜本臣敞素所厚吏，数蒙恩贷，以臣有章劾当免，受记考事，便归卧家，谓臣'五日京兆'，背恩忘义，伤化薄俗。臣窃以舜无状，枉法以诛之。臣敞贼杀无辜，鞠狱故不直，虽伏明法，死无所恨。"天子引见敞，拜为冀州刺史。敞起亡命，复

“臣听闻闺房之内，夫妇之私，还有远胜过画眉的事情。”宣帝爱惜张敞的才华，没有责备他。但张敞始终没有得到升迁。

张敞与萧望之、于定国交好。起初张敞与于定国都是因为谏言昌邑王而得以升迁。于定国任大夫处理尚书省的政务。张敞任刺史，当时萧望之任大行丞。后来萧望之先任御史大夫，于定国后任丞相，张敞始终不过是郡守。张敞任京兆尹九年，因与光禄勋杨恽交情深厚而受到牵连，后来杨恽因大逆罪处死，公卿都向宣帝禀奏杨恽的朋党，不应该再继续为官，按例都要免官，而宣帝惜才，唯独将弹劾张敞的奏章暗中扣留下来。张敞派主管捕贼的吏卒絮舜调查案件。絮舜认为张敞遭到弹劾要被免官了，不肯再为张敞做事，就私自回家了。有人为此劝谏絮舜，絮舜说：“我为这位大人尽心竭力做事，如今他只有五天的京兆尹可做了，如何再继续办案呢？”张敞听闻絮舜的话，立刻派吏卒拘捕絮舜下狱。当时只剩几天冬月就结束了，办案的吏卒昼夜查验絮舜的案件，最终判絮舜的死罪。絮舜要被处死了，张敞派主簿告诉絮舜说：“这五日京兆尹究竟如何？冬月已尽，你不想延命吗？”于是将絮舜斩首示众。正值立春，朝中派负责平反冤狱的使者外出巡察，絮舜的家人就载着他的尸首，并且编写了控告张敞的文章，亲自向使者诉说。使者便上奏张敞滥杀无辜。宣帝认为这件事并不严重，想让张敞免于刑罚，就先批准了此前弹劾张敞因杨恽朋党不应为官的奏书，将张敞免为庶人。免为庶人的奏书一下达，张敞就到宫中交还印绶，从宫中逃亡。

数月之后，京师的官吏和百姓都懈怠放纵，警示的枹鼓又频频响起，而且冀州出现了大盗。宣帝想起张敞治理有功，便派使者到他家中征召他。张敞因滥杀无辜而身遭重劾，看到使者前来，妻子家人全都哭泣恐惧，唯独张敞笑道：“我本是亡命之人，郡中的吏卒就可以前来拘捕我，如今使者前来，这是天子想重新起用我。”张敞立即整理行装随使者到了公车署，张敞上书说：“臣此前有幸官至列卿，待罪京兆，因诛杀主管捕贼的吏卒絮舜而获罪。絮舜原本是臣张敞素来厚待的吏卒，臣多次恩赏宽待他，但他认为臣遭到弹劾要被免官，臣让他调查案件，他却私自回家，说臣是‘五日京兆’，背恩忘义，伤

奉使典州。既到部，而广川王国群辈不道，贼连发，不得。敞以耳目发起贼主名区处，诛其渠帅。广川王姬昆弟及王同族宗室刘调等通行为之囊橐，吏逐捕穷窘，踪迹皆入王宫。敞自将郡国吏，车数百两，围守王宫，搜索调等，果得之殿屋重轑中。敞傅吏皆捕格断头，县其头王宫门外。因劾奏广川王。天子不忍致法，削其户。敞居部岁余，冀州盗贼禁止。守太原太守，满岁为真，太原郡清。

顷之，宣帝崩。元帝初即位，待诏郑朋荐敞先帝名臣，宜傅辅皇太子。上以问前将军萧望之，望之以为敞能吏，任治烦乱，材轻非师傅之器。天子使使者征敞，欲以为左冯翊。会病卒。敞所诛杀太原吏吏家怨敞，随至杜陵刺杀敞中子璜。敞三子官皆至都尉。

初，敞为京兆尹，而敞弟武拜为梁相。是时梁王骄贵，民多豪强，号为难治。敞问武："欲何以治梁？"武敬惮兄，谦不肯言。敞使吏送至关，戒吏自问武。武应曰："驭黠马者利其衔策，梁国大都，吏民凋敝，且当以柱后惠文弹治之耳。"秦时狱法吏冠柱后惠文，武意欲以刑法治梁。吏还道之，敞笑曰："审如掾言，武必辨治梁矣。"武既到官，其治有迹，亦能吏也。

敞孙竦，王莽时至郡守，封侯，博学文雅过于敞，然政事不及也。竦死，敞无后。

风败俗。臣自认为絮舜的罪行不可言状，枉背法律而诛杀了他。臣张敞滥害无辜，审理案件不公正，虽然受到惩处，但死而无恨。”天子召见张敞，任他为冀州刺史。张敞在亡命中重新起用，又奉命出使治理州郡。张敞到任之后，而广川王的国中百姓大多不守道义，盗贼频发，始终得不到解决。张敞派耳目查清盗贼首领的名字和居处，诛杀了盗贼首领。广川王姬的兄弟以及广川王的同族宗室刘调等人常常包庇窝藏盗贼，吏卒穷追不舍，他们全都逃入了王宫。张敞亲自带领郡国的官吏，驾数百辆车，围守王宫，搜捕刘调等人，果然在宫内的重椽中将他们捕获。张敞亲自监督吏卒将他们全部处死，将头颅悬在王宫门外。张敞上奏弹劾广川王。天子不忍将广川王治罪惩处，就削去他的封户。张敞就任一年多，冀州的盗贼消失了。后来张敞又代任太原太守，满一年正式就任，太原郡也因此安定，政治清明。

不久之后，宣帝驾崩。元帝继位，待诏郑朋举荐张敞是先帝时名臣，适合做皇太子的老师。元帝询问前将军萧望之的意见，萧望之认为张敞是有才能的官吏，可以处理烦乱的事务，但是才德疏浅并非做老师的材料。元帝派使者前去征召张敞，想让他任左冯翊。但恰逢张敞病逝。张敞在太原郡时所诛杀的吏卒的家属怨恨张敞，便跟随来到杜陵刺杀了张敞的二儿子张璜。张敞的三个儿子都官至都尉。

起初，张敞任京兆尹，而他的弟弟张武任梁相。当时梁王骄横，百姓大多强横，号称难以治理。张敞问张武：“你想如何治理梁国？”张武素来敬畏兄长，谦逊不肯言说。张敞派吏卒将张武送到关外，张敞嘱咐吏卒要询问张武那个问题。张武回答说：“驾驭强悍狡猾的马就要善用马嚼子和马鞭，梁国是大都邑，官民难以教化，应当用刑罚来弹压治理他们。”秦朝时掌管狱法的官吏都戴柱后惠文冠，张武是想要以刑法治理梁国。吏卒回来之后将这些话告诉了张敞，张敞笑道：“倘若确实如那吏卒所说，那张武必能治理好梁国。”张武到任之后，治理得颇有成效，也是一个有才能的官吏。

张敞的孙子张竦，王莽时任郡守，封侯，博学文雅胜过张敞，但理政不如张敞。张竦死后，张敞无后。

王尊字子赣，涿郡高阳人也。少孤，归诸父，使牧羊泽中。尊窃学问，能史书。年十三，求为狱小吏。数岁，给事太守府，问诏书行事，尊无不对。太守奇之，除补书佐，署守属监狱。久之，尊称病去，事师郡文学官，治《尚书》《论语》，略通大义。复召署守属治狱，为郡决曹史。数岁，以令举幽州刺史从事。而太守察尊廉，补辽西盐官长。数上书言便宜事，事下丞相御史。

初元中，举直言，迁虢令，转守槐里，兼行美阳令事。春正月，美阳女子告假子不孝，曰："儿常以我为妻，妒笞我。"尊闻之，遣吏收捕验问，辞服。尊曰："律无妻母之法，圣人所不忍书，此经所谓造狱者也。"尊于是出坐廷上，取不孝子县磔著树，使骑吏五人张弓射杀之，吏民惊骇。

后上行幸雍，过虢，尊供张如法而办。以高弟擢为安定太守。到官，出教告属县曰："令长丞尉奉法守城，为民父母，抑强扶弱，宣恩广泽，甚劳苦矣。太守以今日至府，愿诸君卿勉力正身以率下。故行贪鄙，能变更者与为治。明慎所职，毋以身试法。"又出教敕掾功曹"各自底厉，助太守为治。其不中用，趣自避退，毋久妨贤。夫羽翮不修，则不可以致千里；阃内不理，无以整外。府丞悉署吏行能，分别白之。贤为上，毋以富。贾人百万，不足与计事。昔孔子治鲁，七日诛少正卯，今太守视事已一月矣，五官掾张辅怀虎狼之心，贪污不轨，一郡之钱尽入辅家，然适足以葬矣。今将辅送狱，直符史诣阁下，从太守受其事。丞戒之戒之！相随入狱矣！"辅系狱数日死，尽得其狡猾不道，百万奸臧。威震郡中，盗贼分散，入傍郡界。豪强多诛伤伏辜者。坐残贼免。

王尊字子赣，涿郡高阳人。年少时双亲去世，跟随叔父生活，叔父让他在水泽边放羊。王尊私下学习，能书写隶书。十三岁时，王尊请求做了狱中小吏。过了几年，王尊到了太守府供职，太守问他诏书行事，王尊无不对答如流。太守感到十分惊奇，就让王尊补任书佐，兼管监狱囚事。过了一段时间，王尊称病离去，后王尊拜郡中的文学官为师，修习《尚书》《论语》，大略明白了其中的意义。再次应召兼管监狱囚事，任郡中决曹史。过了几年，王尊经过举荐任幽州刺史从事。而太守发觉王尊廉正，让他补任辽西盐官长。王尊多次上书谏言益于国家的事，皇帝将这些事情交由丞相御史处理。

初元年间，朝中举荐直言大臣，王尊升任虢县令，转而代任槐里县令，又兼管美阳县的事务。春正月，美阳县有位女子状告她的养子不孝，说："养子经常把我视作他的妻子，忌恨我还打我。"王尊听说后，派遣吏卒将养子抓来审问核查，养子认罪。王尊说："律例中没有关于妻母的法令，圣人不忍书写，这就是新造杀戮之法的原因。"于是王尊出来坐在庭院中，将不孝子吊在树上，让五位骑马的吏卒张弓射杀他，县里的官民为之惊骇。

后来元帝外出巡行雍县，经过虢县，王尊依照规定置办皇帝巡行所需的用品。因政绩显著升任安定太守。王尊到任之后，发布公文告知属县说："县中的县令、丞尉奉法守卫县城，为民父母，抑强扶弱，广宣恩泽，异常劳苦。太守今日到任，希望诸位君卿能勤勉尽职，正身率下。以前品行贪鄙的，希望可以改过并与太守一同治理本郡。忠于职守，慎重行事，不要以身试法。"又发出文书教诫郡中的功曹"各自磨砺，协助太守处理政事。若是有不中用的，赶紧自行退避，不要总是妨碍贤者发挥才能。鸟羽不修，则不可以飞行千里；内部不整饬，则无法治理好外面的事务。府丞将所属吏卒的品行才能逐一记录。以贤为上，不得以富取人。即便商人家富百万，也不足以与他共商政事。从前孔子治理鲁国，上任七日就将少正卯诛杀，如今太守到任已经一月，五官掾张辅怀有虎狼之心，贪污不轨，一郡的钱财全都流入他家，这足以将他自己葬送。现在就将张辅送狱，直符史到太守府，接受太守安排的事情。各位县丞要以张辅为戒！否则将会随

起家，复为护羌将军转校尉，护送军粮委输。而羌人反，绝转道，兵数万围尊。尊以千余骑奔突羌贼。功未列上，坐擅离部署，会赦，免归家。

涿郡太守徐明荐尊不宜久在闾巷，上以尊为郿令，迁益州刺史。先是，琅邪王阳为益州刺史，行部至邛郲九折阪，叹曰："奉先人遗体，奈何数乘此险！"后以病去。及尊为刺史，至其阪，问吏曰："此非王阳所畏道邪？"吏对曰："是。"尊叱其驭曰："驱之！王阳为孝子，王尊为忠臣。"尊居部二岁，怀来徼外，蛮夷归附其威信。博士郑宽中使行风俗，举奏尊治状，迁为东平相。

是时，东平王以至亲骄奢不奉法度，傅相连坐。及尊视事，奉玺书至庭中，王未及出受诏，尊持玺书归舍，食已乃还。致诏后，谒见王，太傅在前说《相鼠》之诗。尊曰："毋持布鼓过雷门！"王怒，起入后宫。尊亦直趋出就舍。先是王数私出入，驱驰国中，与后姬家交通。尊到官，召敕厩长："大王当从官属，鸣和鸾乃出，自今有令驾小车，叩头争之，言相教不得。"后尊朝王，王复延请登堂。尊谓王曰："尊来为相，人皆吊尊也，以尊不容朝廷，故见使相王耳。天下皆言王勇，顾但负贵，安能勇？如尊乃勇耳。"王变色视尊，意欲格杀之，即好谓尊曰："愿观相君佩刀。"尊举掖，顾谓傍侍郎："前引佩刀视王，王欲诬相拔刀向王邪？"王情得，又雅闻尊高名，大为尊屈，酌酒具食，相对极欢。太后徵史奏尊"为相倨慢不臣，

他入狱！”张辅下狱后几天就死了，官府查明确定了张辅狡猾不道的罪名，百万奸财全部查处缴获。王尊威震郡中，盗贼四散，流窜到邻郡。郡中的豪强大多是认罪伏法。但王尊也因惩治罪犯过于残忍而遭免官。

王尊重新受召出任官职，又任护羌将军麾下主管转运事务的校尉，负责护送军粮。羌人反叛，阻断了转运的道路，数万羌兵围住了王尊。王尊率领千余骑兵突出重围。但他的功劳没有上报天子，却因擅离部署而获罪，恰遇朝廷恩赦，免官还家。

涿郡太守徐明举荐王尊，认为王尊不应该久在闾巷，赋闲在家，元帝让王尊任郿县县令，后升任益州刺史。在此之前，琅琊人王阳任益州刺史，巡行各县来到了邛郲九折阪，感叹道：“蒙受先人给予的身体，为何要多次登临险境！”后来王阳以病辞官。等到王尊任刺史时，也来到邛郲九折阪，他问吏卒说：“这难道不就是当年王阳所畏惧的险境吗？”吏卒回答说：“是。”王尊便喝叱车夫说：“赶紧离开！王阳是孝子，王尊是忠臣。”王尊在任两年，因为他的威信远扬，引来边塞百姓以及蛮夷前来归附。博士郑宽中巡视各地风俗，上书禀明王尊施政的成绩，王尊升任东平相。

当时，东平王因为是元帝至亲而品性骄奢、不奉法度，之前辅佐他的太傅和丞相因此遭受牵连而获罪。等到王尊就任，奉玺书来到王宫，东平王还未来得及出来受诏，王尊就拿着玺书回到居所，吃完饭又回到王宫。王尊宣读了诏书后，拜见东平王，太傅在前面解说《诗经》中的《相鼠》。王尊说：“不要在我面前卖弄！”东平王大怒，起身去了后宫。王尊也径直出宫回了居所。在此之前东平王曾经常私下出入，驰骋在国中，与后姬的家人交往。王尊到任后，召来厩长训诫道：“大王外出应有属官相随，并且要鸣车铃，今后大王若有令要驾小车外出，你们要叩头谏言，劝大王不可以这样。”后来王尊朝见东平王，东平王又请王尊进入殿中。王尊对东平王说：“我前来东平国任国相，众人都为我感到哀伤，认为我不能在朝廷中立足，所以受召前来辅佐大王。天下人都说大王果敢英勇，依我看大王只是依仗着尊贵的身份，怎能是果敢英勇呢？像我这样才是果敢英勇。”东平

王血气未定，不能忍。愚诚恐母子俱死。今妾不得使王复见尊。陛下不留意，妾愿先自杀，不忍见王之失义也。”尊竟坐免为庶人。大将军王凤奏请尊补军中司马，擢为司隶校尉。

初，中书谒者令石显贵幸，专权为奸邪。丞相匡衡、御史大夫张谭皆阿附畏事显，不敢言。久之，元帝崩，成帝初即位，显徙为中太仆，不复典权。衡、谭乃奏显旧恶，请免显等。尊于是劾奏：“丞相衡、御史大夫谭位三公，典五常九德，以总方略，壹统类，广教化，美风俗为职。知中书谒者令显等专权擅势，大作威福，纵恣不制，无所畏忌，为海内患害，不以时白奏行罚，而阿谀曲从，附下罔上，怀邪迷国，无大臣辅政之义也，皆不道，在赦令前。赦后，衡、谭举奏显，不自陈不忠之罪，而反扬著先帝任用倾覆之徒，妄言百官畏之，甚于主上。卑君尊臣，非所宜称，失大臣体。又正月行幸曲台，临飨罢卫士，衡与中二千石大鸿胪赏等会坐殿门下，衡南乡，赏等西乡。衡更为赏布东乡席，起立延赏坐，私语如食顷。衡知行临，百官共职，万众会聚，而设不正之席，使下坐上，相比为小惠于公门之下，动不中礼，乱朝廷爵秩之位。衡又使官大奴入殿中，问行起居，还言漏上十四刻行临到，衡安坐，不变色改容。无怵惕肃敬之心，骄慢不谨。皆不敬。”有诏勿治。于是衡惭惧，免冠谢罪，上丞相、侯印绶。天子以新即位，重伤大臣，乃下御史丞问状。劾奏尊“妄诋欺非谤赦前事，猥历奏大臣，无正法，饰成小过，以涂污宰相，摧辱公卿，轻薄国家，奉使不敬。”有诏左迁尊为高陵令，数

王顿时变了脸色看着王尊，内心想杀了他，但立马又转为平和对王尊说：“我想看看国相的佩刀。”王尊举起胳膊，回头对旁边的侍郎说：“请上前解下佩刀呈给大王，大王是想诬陷国相拔刀向王吗？”王尊猜到了东平王的用意。东平王又素闻王尊盛名，大为王尊受屈，东平王便置办酒宴，与他对饮甚欢。东平太后召史官书写奏书“王尊任国相傲慢无礼，不合为臣之道，东平王血气未定，不能容忍。妾着实担心妾母子都会因此而死。现在妾已经不准东平王再见到王尊。陛下若是不放在心上，妾愿先自杀，不忍心看见东平王失去道义。”王尊最终因此获罪被免为庶人。大将军王凤上书奏请王尊补任军中司马，后王尊得到提拔升任司隶校尉。

起初，中书谒者令石显位尊并受到皇上宠信，独断专权而且品行奸邪。丞相匡衡、御史大夫张谭都奉承畏惧石显，不敢多说话。过了一段时间，元帝驾崩，成帝继位，石显迁任中太仆，不再掌权。匡衡、张谭才上奏告发石显过去的恶行，请求免去石显等人的官职。王尊因此劾奏道：“丞相匡衡、御史大夫张谭位列三公，掌管五常九德，以总领方略，统一纲纪，广扬教化，转变风俗为职责。明知中书谒者令石显等人专权擅势，大作威福，肆意放纵，不加克制，无所畏忌，成为海内祸害，当时没有禀奏朝廷施以刑罚，而是阿谀曲从，附下罔上，心怀邪佞，迷乱国家，毫无大臣辅政之义，他们都有大逆不道的行为，这在赦令颁布之前。陛下赦令颁布之后，匡衡、张谭告发劾奏石显，不但不陈述自己不忠之罪，反而禀奏宣扬先帝任用倾覆社稷之徒，妄言百官畏惧石显，胜过畏惧主上。卑君尊臣，这并不合适，有失大臣的体度。又在正月天子巡幸曲台宫，亲临犒赏卫士，匡衡与中二千石大鸿胪赏等人一同坐在殿门下，匡衡向南坐，赏等人向西坐。匡衡又将赏的席位改为东向，起立请赏入座，他们私下交谈有一餐饭的功夫。匡衡明知天子驾临时，百官应当各在其位，在万众会聚的地方，却安置不正当的席位，使下位之人坐上席，在公门之下互施小惠，行为不合礼法，打乱朝廷官位的次序。匡衡又派奴仆进入殿中，询问天子驾临的时间，回报说漏上十四刻天子将会驾临，匡衡便安坐不动，面色不改。丝毫没有畏上敬肃之心，骄慢放纵，这都是不

月，以病免。

会南山群盗傰宗等数百人为吏民害，拜故弘农太守傅刚为校尉，将迹射士千人逐捕，岁余不能禽。或说大将军凤：“贼数百人在毂下，发军击之不能得，难以视四夷。独选贤京兆尹乃可。”于是凤荐尊，征为谏大夫，守京辅都尉，行京兆尹事。旬月间盗贼清。迁光禄大夫，守京兆尹，后为真，凡三岁。坐遇使者无礼。司隶遣假佐放奉诏书白尊发吏捕人，放谓尊：“诏书所捕宜密。”尊曰：“治所公正，京兆善漏泄人事。”放曰：“所捕宜今发吏。”尊又曰：“诏书无京兆文，不当发吏。”及长安系者三月间千人以上。尊出行县，男子郭赐自言尊：“许仲家十余人共杀赐兄赏，公归舍。”吏不敢捕。尊行县还，上奏曰：“强不陵弱，各得其所，宽大之政行，和平之气通。”御史大夫中奏尊暴虐不改，外为大言，倨嫚姗上，威信日废，不宜备位九卿。尊坐免，吏民多称惜之。

湖三老公乘兴等上书讼尊治京兆功效日著：“往者南山盗贼阻山横行，剽劫良民，杀奉法吏，道路不通，城门至以警戒。步兵校尉使逐捕，暴师露众，旷日烦费，不能禽制。二卿坐黜，群盗寖强，吏气伤沮，流闻四方，为国家忧。当此之时，有能捕斩，不爱金爵重赏。关内侯宽中使问所征故司隶校尉王尊捕群盗方略，拜为谏大

敬之罪。”成帝有诏不治罪。于是匡衡自觉羞愧恐慌，便免冠谢罪，交还丞相、侯爵的印绶。成帝因刚刚继位，不便重伤大臣，就将这件事交予御史丞来察问其中情由。御史丞劾奏王尊：“妄图诋毁诽谤赦令前的事，多次弹劾大臣，没有正法，将小过饰成大罪，企图侮辱宰相，折辱公卿，轻视国家历法，为官不敬。”成帝有诏将王尊降为高陵令，数月之后，王尊因病免官。

当初正逢南山有群盗，以傰宗为首等数百人危害官民，朝廷任原弘农太守傅刚为校尉，率领一千名能寻迹追踪的弓箭手前去抓捕，一年多也没能擒获盗贼。有人向大将军王凤谏言：“数百名盗贼在京城之中，出动军队抓捕却不能擒获，如此下去将会很难治理四夷。唯有选任贤明的京兆尹才行。”于是王凤举荐王尊，征召王尊为谏大夫，代任京辅都尉，掌管京兆尹的事务。一月之间王尊就将盗贼清除干净了。王尊升任光禄大夫，代任京兆尹，后来正式就职，任职共三年。王尊又因对待使者无礼而获罪。司隶派遣名叫放的假佐官，奉诏书告知王尊让他派吏卒捕人，放对王尊说：“诏书中的抓捕事宜应当保密。”王尊说：“司隶官署行事公正，而京兆尹善于泄露政事。”放说：“要实施抓捕现在就应该安排吏卒了。”王尊又说：“诏书中没有关于京兆的文字，不应当派出吏卒。”后来长安三个月之间拘捕关押的犯人达到千人以上。王尊外出巡行各县，有个叫郭赐的男子向王尊申诉：“许仲家十余人共同杀了我的兄长郭赏，之后公然回家。”吏卒不敢抓捕。王尊巡县回来，上奏说：“各县中强不凌弱，各得其所，施政宽大，和平之气才能通达。”御史大夫在朝中劾奏王尊暴虐不改，对外大言不惭，傲慢无礼，诽谤上级，威信日益衰减，不适宜位列九卿。王尊因此免官，官民大多为他惋惜。

湖县三老公乘兴等人上书为王尊申辩，陈述王尊治理京兆尹功效日益显著说：“从前南山的盗贼阻断山道，肆意横行，劫掠百姓，杀害官吏，道路不通，以至于引起朝廷警戒。步兵校尉奉命派兵追捕，军队兵众风餐露宿，耗废时日金钱，最终也未能擒获盗贼。前两位京兆尹因此遭到贬黜，群盗更加猖狂，官吏的士气萎靡不振，因此传言四散，成为国家的忧患。当此之时，若是有能捕杀盗贼的，朝廷

夫，守京辅都尉，行京兆尹事。尊尽节劳心，夙夜思职，卑体下士，厉奔北之吏，起沮伤之气，二旬之间，大党震坏，渠率效首。贼乱蠲除，民反农业，拊循贫弱，锄耘豪强。长安宿豪大猾东市贾万、城西萬章、翦张禁、酒赵放、杜陵杨章等皆通邪结党，挟养奸轨，上干王法，下乱吏治，并兼役使，侵渔小民，为百姓豺狼。更数二千石，二十年莫能禽讨，尊以正法案诛，皆伏其辜。奸邪销释，吏民说服。尊拨剧整乱，诛暴禁邪，皆前所稀有，名将所不及。虽拜为真，未有殊绝褒赏加于尊身。今御史大夫奏尊'伤害阴阳，为国家忧，无承用诏书之意，靖言庸违，象龚滔天。'原其所以，出御史丞杨辅，故为尊书佐，素行阴贼，恶口不信，好以刀笔陷人于法。辅常醉过尊大奴利家，利家捽搏其颊，兄子闳拔刀欲刭之。辅以故深怨疾毒，欲伤害尊。疑辅内怀怨恨，外依公事，建画为此议，傅致奏文，浸润加诬，以复私怨。昔白起为秦将，东破韩、魏，南拔郢都，应侯谮之，赐死杜邮；吴起为魏守西河，而秦、韩不敢犯，谗人间焉，斥逐奔楚。秦听浸润以诛良将，魏信谗言以逐贤守，此皆偏听不聪，失人之患也。臣等窃痛伤尊修身絜己，砥节首公，刺讥不惮将相，诛恶不避豪强，诛不制之贼，解国家之忧，功著职修，威信不废，诚国家爪牙之吏，折冲之臣，今一旦无辜制于仇人之手，伤于诋欺之文，上不得以功除罪，下不得蒙棘木之听，独掩怨雠之偏奏，被共工之大恶，无所陈怨愬罪。尊以京师废乱，群盗并兴，选贤征用，起家为卿，贼乱既除，豪猾伏辜，即以佞巧废黜。一尊之身，三期之间，乍贤乍佞，岂不甚哉！孔子曰：'爱之欲其生，恶之欲其死，是惑也。''浸润之谮不行焉，可谓明矣。'愿下公卿大夫博士议郎，定尊素行。夫人臣而伤害阴阳，死诛之罪也；靖言庸违，放殛之刑也。审如御史章，尊乃当伏观阙之诛，放于无人之域，不得苟免。及任举尊者，当获选举之辜，不可但已。即不如章，饰文深诋以愬无罪，亦宜有诛，以惩谗贼之口，绝诈欺之路。唯明主参详，使白黑分别。"书奏，天

不惜重赏钱财爵位。关内侯郑宽中派人向原受召任司隶校尉的王尊询问抓捕群盗的计策，朝廷让王尊任谏大夫，代任京辅都尉，掌管京兆尹的事务。王尊尽忠职守，殚精竭虑，体恤属下，激励败逃的吏卒，振奋颓丧的士气，两旬之内，贼党溃败，魁首伏法斩首。贼乱根除，百姓返归耕种劳作，抚慰贫弱，铲除豪强。长安城中的豪强有东市的贾万、城西的萬章、制剪的张禁、制酒的赵放、杜陵的杨章等人都相互勾结，豢养一些为非作歹之徒，上干王法，下乱吏治，吞并土地，奴役百姓，鱼肉乡里，势同豺狼。历任二千石的官吏，二十年未能擒获他们，王尊依据法律查明罪行并诛杀了他们，他们全都伏法认罪。奸邪之徒得以肃清根除，官民心悦诚服。王尊整饬混乱，诛暴禁邪，都是从前难以解决，名将所不能及的。王尊虽然正式就任京兆尹，但是朝廷没有褒赏授予王尊。如今御史大夫上奏弹劾王尊'伤害阴阳，成为国家的忧患，没有遵照诏书的意旨，欺君罔上，行为乖违，貌似恭敬实际上过恶漫天。'深究原由，源于御史丞杨辅，他原是王尊的书佐，行事素来阴狠，口恶心不诚，喜好用刀笔诬陷他人使他人遭受刑罚。杨辅曾在醉酒时找过王尊的家奴利家，利家捉住杨辅并扇了他巴掌，利家兄长的儿子利闳拔刀想要杀杨辅。杨辅因此心怀怨恨，想要报复王尊。因而怀疑是杨辅心怀怨恨，表面遵照公事，筹划这件事情，杨辅罗织罪名，编造构陷，以报复私怨。从前白起为秦国的将领，东破韩、魏，南拔郢都，因为应侯的诬陷，白起被赐死在杜邮；吴起为魏国戍守西河，秦、韩不敢侵犯，有人进献谗言挑拨离间，吴起遭到驱逐而投奔楚国。秦君听信谗言而诛杀良将，魏君听信谗言而赶走贤能的守将，这都是听信一面之词，折损贤臣良将的祸患。臣等私下为王尊感到痛心惋惜，王尊洁身自修，磨砺气节，一心为公，刺讥不忌惮将相，诛恶不避豪强，诛杀不法之徒，解国家之忧，功绩卓著，恪尽职守，威信不废，着实是国家勇猛得力的官吏，王尊击溃奸邪的大臣，如今却无端受制于仇人之手，被毁谤陷害之文所伤，上不能以功抵罪，下不能由公卿听讼断狱，唯独包庇了仇人的构陷，遭受共工那样的恶运，无处陈述冤情。当初王尊因京师颓败动乱，群盗并起，经朝廷选贤而被征用，从平民晋任卿士，如今贼乱已经根

子复以尊为徐州刺史，迁东郡太守。

久之，河水盛溢，泛浸瓠子金堤，老弱奔走，恐水大决为害。尊躬率吏民，投沉白马，祀水神河伯。尊亲执圭璧，使巫策祝，请以身填金堤，因止宿，庐居堤上。吏民数千万人争叩头救止尊，尊终不肯去。及水盛堤坏，吏民皆奔走，唯一主簿泣在尊旁，立不动。而水波稍却回还。吏民嘉壮尊之勇节，白马三老朱英等奏其状。下有司考，皆如言。于是制诏御史："东郡河水盛长，毁坏金堤，未决三尺，百姓惶恐奔走。太守身当水冲，履咫尺之难，不避危殆，以安众心，吏民复还就作，水不为灾，朕甚嘉之。秩尊中二千石，加赐黄金二十斤。"

数岁，卒官，吏民纪之。尊子伯亦为京兆尹，坐耎弱不胜任免。

王章字仲卿，泰山钜平人也。少以文学为官，稍迁至谏大夫，在朝廷名敢直言。元帝初，擢为左曹中郎将，与御史中丞陈咸相善，共毁中书令石显，为显所陷，咸减死髡，章免官。成帝立，征章

除，强横狡诈之徒认罪伏法，就以谗佞巧诈废黜了王尊。同是一个王尊，三年之间，有时是贤臣，有时是佞贼，难道不是极其过分吗！孔子说：‘喜爱他时就想让他活着，讨厌他时就想让他死去，令人不解啊。’‘不听信谗言，可谓是圣明了。’希望陛下能将奏文交予公卿、大夫、博士、议郎核查，来评定王尊平日的品行。身为人臣而伤害阴阳，是死罪；欺君罔上，行为乖违，是要遭受流放或诛杀。若是真如御史所奏，王尊就应该当众受诛，流放到无人之域，不仅是免官而已。以及那些举荐过王尊的人，也应当承受举荐不贤的罪名，罪罚不能仅此而已。即便不像奏章中所写的那样，而是修饰文辞极力诋毁以诉说无罪，也应该有所诛罚，用来惩谗贼之口，绝诈欺之路。唯愿圣明的君主详察，使得是非黑白分明。”奏章呈上之后，天子又让王尊任徐州刺史，后王尊升任东郡太守。

过了一段时间，黄河水暴涨，淹没了瓠子金堤，当地老弱的百姓全都逃离，担心河水泛滥决堤造成灾害。王尊亲自率领官吏和百姓，将白马沉入河中，祭祀水神河伯。王尊亲执圭璧，让巫师祭祀祝告，请求以自身来填补瓠子金堤，于是王尊留下住在了堤坝上。数千万官吏百姓争相叩头阻止王尊，王尊始终不肯离去。等到水势汹涌，堤坝要被冲毁，官吏百姓全都逃离。只有一名主簿在王尊身旁哭泣，王尊屹立不动。洪水稍稍退却。官吏百姓都赞叹王尊勇猛无畏的气节，白马县的三老朱英等人向朝廷禀奏了王尊的壮举。成帝下派有关官员进行考察，都如奏书所言。于是成帝诏令御史：“东郡河水泛滥，冲毁金堤，洪水只差三尺就没过堤坝，百姓都惶恐逃离。东郡太守以身抵挡洪水，面临咫尺之间的险地，依旧履行自己的职责，不避危难，以安众心，官吏百姓重新返回，抵挡洪水，没有造成灾殃，朕非常欣赏。将王尊升为中二千石，加赐黄金二十斤。”

几年之后，王尊死于任上，官吏百姓都很怀念他。王尊的儿子王伯后来也任京兆尹，但因为人软弱、不堪胜任而遭免官。

王章字仲卿，泰山钜平人。年少时通过文学为官，后升任谏大夫，在朝廷中因敢于直言而有名。元帝继位之初，王章升任左曹中郎将，与御史中丞陈咸交好，两人共同弹劾中书令石显，为石显所陷害，

为谏大夫，迁司隶校尉，大臣贵戚敬惮之。王尊免后，代者不称职，章以选为京兆尹。时帝舅大将军凤辅政，章虽为凤所举，非凤专权，不亲附凤。会日有蚀之，章奏封事，召见，言凤不可任用，宜更选忠贤。上初纳受章言，后不忍退凤。章由是见疑，遂为凤所陷，罪至大逆。语在《元后传》。

初，章为诸生学长安，独与妻居。章疾病，无被，卧牛衣中，与妻决，涕泣。其妻呵怒之曰："仲卿！京师尊贵在朝廷人谁逾仲卿者？今疾病困厄，不自激卬，乃反涕泣，何鄙也！"

后章任官历位，及为京兆，欲上封事，妻又止之曰："人当知足，独不念牛衣中涕泣时邪？"章曰："非女子所知也。"书遂上，果下廷尉狱，妻子皆收系。章小女年可十二，夜起号哭曰："平生狱上呼囚，数常至九，今八而止。我君素刚，先死者必君。"明日问之，章果死。妻子皆徙合浦。

大将军凤薨后，弟成都侯商复为大将军辅政，白上还章妻子故郡。其家属皆完具，采珠致产数百万，时萧育为泰山太守，皆令赎还故田宅。

章为京兆二岁，死不以其罪，众庶冤纪之，号为三王。王骏自有传，骏即王阳子也。

赞曰：自孝武置左冯翊、右扶风、京兆尹，而吏民为之语曰："前有赵、张，后有三王。"然刘向独序赵广汉、尹翁归、韩延寿，

陈咸减免了死罪改受髡刑，王章遭免官。成帝继位之后，征召王章任谏大夫，后王章升任司隶校尉，大臣贵戚都很敬畏王章。王尊遭免官后，接任的官员不称职，王章因此任京兆尹。当时成帝的舅舅大将军王凤辅政，虽然王章是王凤举荐的，但王章反对王凤专权，并不亲附王凤。当时恰好出现日食，王章便呈上密奏，成帝召见他，王章对成帝说王凤不可任用，应当选任忠诚贤能的大臣来辅政。成帝最初接纳了王章的谏言，后来不忍心罢免王凤。王章因此受到怀疑，最终遭王凤陷害，罪至大逆。详见《元后传》。

起初，王章作为儒生在长安求学，他和妻子住在一起。有一次王章患病，家中没有被子，只能躺在用来给牛保暖的乱麻被之中，哭着与妻子决别。他的妻子怒斥他说："仲卿！京师中那些尊贵的人、在朝中为官的人有谁能超过你？如今遇到疾病困厄，自己不激励自己，反而哭泣，真是鄙陋啊！"

后来王章做官任职，等到他任京兆尹，想呈上密奏，妻子又阻止他说："人应当知足，难道你不念及以前躺在乱麻被中哭泣的时候吗？"王章说："这些事情并非女子所能知晓的。"于是王章呈上密奏，果然遭拘捕下了廷尉的牢狱，妻儿也都遭到了拘捕。王章的小女儿刚十二岁，夜晚起来号哭说："先前听到狱卒点阅囚犯，常喊到的有九人，现在只有八人喊到就停止了。我父亲素来刚直，先死的一定是我父亲。"第二天询问，王章果然死了。后来王章的妻儿都被流放到了合浦。

大将军王凤死后，他的弟弟成都侯王商接任大将军辅政，王商禀奏成帝，让王章的妻儿回到故乡。王章的家人都健在，他们在合浦采珍珠，累积了数百万的家业，当时萧育任泰山太守，让他们将原有的田宅全部赎回。

王章任京兆尹两年，最终却不因罪论刑而死，百姓都纪念他的冤屈，将他与王尊、王骏并称三王。王骏自己著有传记，王骏就是王阳的儿子。

赞辞说：自从孝武帝设立左冯翊、右扶风、京兆尹以来，官吏百姓就说："前有赵、张，后有三王。"但刘向在编著《新序》时只编写

冯商传王尊，扬雄亦如之。广汉聪明，下不能欺，延寿厉善，所居移风，然皆讦上不信，以失身堕功。翁归抱公絜己，为近世表。张敞衎衎，履忠进言，缘饰儒雅，刑罚必行，纵赦有度，条教可观，然被轻媠之名。王尊文武自将，所在必发，谲诡不经，好为大言。王章刚直守节，不量轻重，以陷刑戮，妻子流迁，哀哉！

了赵广汉、尹翁归、韩延寿，冯商续写《史记》为王尊作传，扬雄编著《法言》也称赞王尊。赵广汉聪明善察，下属不能欺骗他，韩延寿严肃仁善，所到之处得以移风易俗，但这两人都因揭发他人而不为天子所信任，以至于失去生命毁失功绩。尹翁归洁身自好克己奉公，为近世的表率。张敞刚正，忠心进言，文辞儒雅，刑罚必行，松赦有度，条令清晰，但也身受轻浮懒惰之名。王尊文武兼备，所到之处明察秋毫、令行禁止，但他为人谲诡荒诞，爱说大话。王章刚直守节，不知轻重，因此遭受陷害诛罚，妻儿也受牵连而流放，悲哀啊！

卷七十七

盖诸葛刘郑孙毋将何传第四十七

盖宽饶字次公，魏郡人也。明经为郡文学，以孝廉为郎。举方正，对策高第，迁谏大夫，行郎中户将事。劾奏卫将军张安世子侍中阳都侯彭祖不下殿门，并连及安世居位无补。彭祖时实下门，宽饶坐举奏大臣非是，左迁为卫司马。

先是时，卫司马在部，见卫尉拜谒，常为卫官繇使市买。宽饶视事，案旧令，遂揖官属以下行卫者。卫尉私使宽饶出，宽饶以令诣官府门上谒辞。尚书责问卫尉，由是卫官不复私使候、司马。候、司马不拜，出先置卫，辄上奏辞，自此正焉。

宽饶初拜为司马，未出殿门，断其禅衣，令短离地，冠大冠，带长剑，躬案行士卒庐室，视其饮食居处，有疾病者身自抚循临问，加致医药，遇之甚有恩。及岁尽交代，上临飨罢卫卒，卫卒数千人皆叩头自请，愿复留共更一年，以报宽饶厚德。宣帝嘉之，以宽饶为太中大夫，使行风俗，多所称举贬黜，奉使称意。擢为司隶校尉，刺举无所回避，小大辄举，所劾奏众多，廷尉处其法，半用半不用，公卿贵戚及郡国吏繇使至长安，皆恐惧莫敢犯禁，京师为清。

平恩侯许伯入第，丞相、御史、将军、中二千石皆贺，宽饶不行。许伯请之，乃往，从西阶上，东乡特坐。许伯自酌曰：“盖君后

盖宽饶字次公，魏郡人。通过明经任郡中的文学官，又以孝廉的身份任郎官。经过举荐方正，参加殿试对答皇帝策问，盖宽饶成绩优异，升任谏大夫，负责郎中户将的政务。盖宽饶弹劾卫将军张安世的儿子，侍中阳都侯张彭祖在殿门前不下车，并提及张安世在为官期间没有什么政绩。事实上张彭祖在殿门前下了车，盖宽饶因劾奏大臣失实，贬为卫司马。

在此之前，卫司马若在官衙中，见到卫尉要行拜礼，还要常常为卫尉役使出去采买。盖宽饶就任卫司马后，按照原先的制度，就以卫尉属吏的身份向卫尉行揖礼。卫尉派盖宽饶外出为自己办私事，盖宽饶依循制度到尚书衙门求见尚书。尚书责问卫尉，从此之后卫尉不再私自遣派候、司马。候、司马也不再向卫尉行拜礼，天子出行，卫尉要作为先导，就先上奏书，自此步入正规。

盖宽饶任司马之初，未出殿门，将他的单衣剪短，使它离开地面，头戴大冠，佩长剑，亲自巡视士兵的居所，察看他们的饮食起居，有疾病的士兵亲自安抚慰问，并给他们医药，对待他们恩德深厚。等到年终士兵退役交接时，皇上亲自设宴犒赏那些退伍的士兵，数千名士兵都叩头自请，希望留下来再服役一年，以报答盖宽饶的厚德。宣帝嘉奖了盖宽饶，让他任太中大夫，让他视察各地风俗，他多次赞誉举荐士民、贬斥罢免官员，尽心履职，宣帝十分满意。因而盖宽饶升任司隶校尉，检举官员无所避讳，无论小事大事都会上奏，遭弹劾的官员众多，廷尉依法处置，对盖宽饶的意见一半采用一半不采用，公卿贵戚以及奉命出使到长安的郡国官吏，都因害怕被盖宽饶弹劾而不敢犯禁，京城因而清明。

平恩侯许伯乔迁新居，丞相、御史、将军、以及中二千石的官员都前去庆贺，只有盖宽饶没去。许伯邀请他，他才去，盖宽饶从西面

至。”宽饶曰：“无多酌我，我乃酒狂。”丞相魏侯笑曰：“次公醒而狂，何必酒也？”坐者皆属目卑下之。酒酣乐作，长信少府檀长卿起舞，为沐猴与狗斗，坐皆大笑。宽饶不说，卬视屋而叹曰：“美哉！然富贵无常，忽则易人，此如传舍，所阅多矣。唯谨慎为得久，君侯可不戒哉！”因起趋出，劾奏长信少府以列卿而沐猴舞，失礼不敬。上欲罪少府，许伯为谢，良久，上乃解。

宽饶为人刚直高节，志在奉公。家贫，奉钱月数千，半以给吏民为耳目言事者。身为司隶，子常步行自戍北边，公廉如此。然深刻喜陷害人，在位及贵戚人与为怨，又好言事刺讥，奸犯上意。上以其儒者，优容之，然亦不得迁。同列后进或至九卿，宽饶自以行清能高，有益于国，而为凡庸所越，愈失意不快，数上疏谏争。太子庶子王生高宽饶节，而非其如此，予书曰：“明主知君絜白公正，不畏强御，故命君以司察之位，擅君以奉使之权，尊官厚禄已施于君矣。君宜夙夜惟思当世之务，奉法宣化，忧劳天下，虽日有益，月有功，犹未足以称职而报恩也。自古之治，三王之术各有制度。今君不务循职而已，乃欲以太古久远之事匡拂天子，数进不用难听之语以摩切左右，非所以扬令名全寿命者也。方今用事之人皆明习法令，言足以饰君之辞，文足以成君之过，君不惟蘧氏之高踪，而慕子胥之末行，用不訾之躯，临不测之险，窃为君痛之。夫君子直而不挺，曲而不诎。《大雅》云：‘既明且哲，以保其身。’狂夫之言，圣人择焉。唯裁省览。”宽饶不纳其言。

的台阶上到厅堂，向东而坐。许伯亲自为盖宽饶斟酒说："盖君晚到了。"盖宽饶说："无须为我多斟酒，我喝醉了会发狂。"丞相魏侯笑着说："你清醒的时候也会发狂，何必要喝酒呢？"在座的人都用轻视的眼光注视着盖宽饶。酒酣兴浓，奏起音乐，长信少府檀长卿起舞，扮作猕猴与狗相斗，在座的人都大笑。盖宽饶不悦，仰头看着屋顶感叹道："美啊！但富贵无常，忽然间就会换了主人，物是人非，这就像客栈一样，来往的人极多。只有谨慎小心才得以长久，君侯怎能不当心呢！"于是起身快步离去，盖宽饶劾奏长信少府身为列卿而扮作猕猴跳舞，失礼不敬。宣帝想治罪少府，许伯替他谢罪，过了许久，宣帝才不追究了。

盖宽饶为人刚直，高风亮节，志在奉公。他家境贫困，每月的俸禄只有数千，但他还会拿出一半给为他做耳目反映情况的官吏和百姓。盖宽饶身为司隶校尉，他的儿子却常常步行到北方边境去戍守，他的公正廉明如此。但是盖宽饶为人刻薄喜欢陷害别人，在位的官员和皇亲国戚都怨恨他，盖宽饶又喜欢讥讽妄议政事，冒犯宣帝的旨意。宣帝因为他是位儒者，便对他很宽容，但他也得不到晋升。与盖宽饶官职相同或后比他入仕的人已官至九卿，盖宽饶自诩清廉能干，对国家有贡献，却让平庸的人所超越，更加失意不快，数次上奏谏言。太子庶子王生赞赏盖宽饶的品行气节，但不赞成他的行为做法，便写信给他说："圣上知晓您清廉公正，不畏强暴，所以让您任督察百官的职位，授予您相应的权力，已经给予您高官厚禄。您应当日夜思虑当今的要务，奉行法令，宣扬教化，忧心天下，即使日日有补益，月月有功劳，但依旧不能以称职来报答皇上的恩德。自古以来的治国，夏商周三代就已各有治国的制度。如今您不过是依循制度履行职责而已，却想用上古久远之事来匡正辅佐天子，数次进谏不被采用就以难听的话来影射皇上的左右大臣，这不是宣扬美名保全性命的做法。现今掌权的人都熟知法令，他们的话足以粉饰您的言辞，文章足以成就您的过错，您不去学蘧伯玉的高行远见，却要像伍子胥那样自取灭亡，用您的宝贵的身躯，面临意料不到的险境，我为您感到痛惜。君子正直却不生硬，纡曲但志向不会屈挠。《诗经·大雅》

是时上方用刑法，信任中尚书宦官，宽饶奏封事曰：“方今圣道寖废，儒术不行，以刑余为周召，以法律为《诗》《书》。”又引《韩氏易传》言：“五帝官天下，三王家天下，家以传子，官以传贤，若四时之运，功成者去，不得其人则不居其位。”书奏，上以宽饶怨谤终不改，下其书中二千石。时执金吾议，以为宽饶指意欲求禮，大逆不道。谏大夫郑昌愍伤宽饶忠直忧国，以言事不当意而为文吏所诋挫，上书颂宽饶曰：“臣闻山有猛兽，藜藿为之不采；国有忠臣，奸邪为之不起。司隶校尉宽饶居不求安，食不求饱，进有忧国之心，退有死节之义，上无许、史之属，下无金、张之托，职在司察，直道而行，多仇少与，上书陈国事，有司劾以大辟，臣幸得从大夫之后，官以谏为名，不敢不言。”上不听，遂下宽饶吏。宽饶引佩刀自刭北阙下，众莫不怜之。

诸葛丰字少季，琅邪人也。以明经为郡文学，名特立刚直。贡禹为御史大夫，除丰为属，举侍御史。元帝擢为司隶校尉，刺举无所避，京师为之语曰：“间何阔，逢诸葛。”上嘉其节，加丰秩光禄大夫。

时侍中许章以外属贵幸，奢淫不奉法度，宾客犯事，与章相连。丰案劾章，欲奏其事，适逢许侍中私出，丰驻车举节诏章曰：“下！”欲收之。章迫窘，驰车去，丰追之。许侍中因得入宫门，自归上。丰亦上奏，于是收丰节。司隶去节自丰始。

云：'既明且哲，以保其身。'我这些狂夫之言，希望圣人也有所采纳。也希望您裁夺审阅。"盖宽饶并没有采纳王生的建议。

当时宣帝正以刑法治国，信任重用中尚书宦官，盖宽饶呈上密奏说："如今圣贤之道渐渐废弃，儒术得不到施行，陛下却将阉人当作周公召公，将法律当作《诗经》《尚书》。"又引《韩氏易传》说："五帝公天下，三王家天下，家天下传位给子孙，公天下传位给贤人，如同四季的运行，功成的人会离去，不是合适的人就不能在位。"密奏呈上之后，宣帝认为盖宽饶怨怼诽谤始终没有悔改，就将他的奏章交予中二千石的官员。当时执金吾论议，认为盖宽饶的意图是想让皇帝禅让，大逆不道。谏大夫郑昌哀悯盖宽饶忠直忧国，认为盖宽饶论议国事不合皇帝心意而遭到文吏的诋毁中伤，于是郑昌便上书称颂盖宽饶说："臣听闻山中有猛兽，野菜因此不被人摘采；国家有忠臣，奸邪之风因此不敢兴起。司隶校尉盖宽饶居不求安，食不求饱，进身为官有忧国之心，退居闲处有为保持节操而死之义，上不投靠许伯、史高，下不依托金日磾、张安世，盖宽饶的职责在于监察，直道而行，仇人多同道少，盖宽饶上陈奏国事，有关官吏以大辟之罪来弹劾他，臣有幸官任大夫，职责也是谏诤，不敢不谏言。"宣帝没有采纳郑昌的话，仍然将盖宽饶交给有关官吏。盖宽饶拔出佩刀在北阙门下自刎了，众人无不感到痛惜。

诸葛丰字少季，琅琊人。通过明经任郡中的文学官，以特立独行、刚正不阿而闻名。贡禹任御史大夫，让诸葛丰任属官，后又举荐诸葛丰任侍御史。元帝提升诸葛丰任司隶校尉，检举百官无所避讳，京城中的人因而会说："为何久别不见，因为遇见诸葛。"元帝欣赏诸葛丰的气节，加封他为光禄大夫。

当时侍中许章因为是外戚而得到显贵的地位和元帝的宠信，骄奢淫逸不奉法度，许章的门客犯事，与许章有牵连。诸葛丰因而调查并劾奏许章，想向元帝奏明这件事，恰逢许侍中私自外出，诸葛丰就停下车子，举起符节命令许章说："下来！"诸葛丰想要逮捕许章。许章非常窘迫，驾车而逃，诸葛丰在后面追。许侍中得以逃入宫门，许章向元帝归诚乞哀。诸葛丰也呈上奏书，但元帝没收了诸葛丰的符节。自诸

丰上书谢曰："臣丰驽怯，文不足以劝善，武不足以执邪。陛下不量臣能否，拜为司隶校尉，未有以自效，复秩臣为光禄大夫，官尊责重，非臣所当处也。又迫年岁衰暮，常恐卒填沟渠，无以报厚德，使论议士讥臣无补，长获素餐之名。故常愿捐一旦之命，不待时而断奸臣之首，县于都市，编书其罪，使四方明知为恶之罚，然后却就斧钺之诛，诚臣所甘心也。夫以布衣之士，尚犹有刎颈之交，今以四海之大，曾无伏节死谊之臣，率尽苟合取容，阿党相为，念私门之利，忘国家之政。邪秽浊溷之气上感于天，是以灾变数见，百姓困乏。此臣下不忠之效也，臣诚耻之亡已。凡人情莫不欲安存而恶危亡，然忠臣直士不避患害者，诚为君也。今陛下天覆地载，物无不容，使尚书令尧赐臣丰书曰：'夫司隶者刺举不法，善善恶恶，非得颛之也。勉处中和，顺经术意。'恩深德厚，臣丰顿首幸甚。臣窃不胜愤懑，愿赐清宴，唯陛下裁幸。"上不许。

是后所言益不用，丰复上书言："臣闻伯奇孝而弃于亲，子胥忠而诛于君，隐公慈而杀于弟，叔武弟而杀于兄。夫以四子之行，屈平之材，然犹不能自显而被刑戮，岂不足以观哉！使臣杀身以安国，蒙诛以显君，臣诚愿之。独恐未有云补，而为众邪所排，令谗夫得遂，正直之路雍塞，忠臣沮心，智士杜口，此愚臣之所惧也。"

丰以春夏系治人，在位多言其短。上徙丰为城门校尉，丰上书告光禄勋周堪、光禄大夫张猛。上不直丰，乃制诏御史："城门校尉丰，前与光禄勋堪、光禄大夫猛在朝之时，数称言堪、猛之美。丰

葛丰开始司隶校尉便不持符节了。

诸葛丰上书谢罪说：“臣驽钝怯弱，文不足以劝励善行，武不足以压制恶行。陛下没有考量臣的能力与否，让臣任司隶校尉，臣还未做出什么政绩，又加封臣为光禄大夫，官尊责重，这并不是臣所能担任的。而且臣年老迟暮，时常担心猝然离世，无以报答陛下厚德，使得论议的士人讥笑臣对社稷没有贡献，长久落得尸位素餐、无功受禄的名声。所以臣常希望能牺牲剩余的生命，随时斩下奸臣之首，悬挂在街市上，编写出他们的罪状，让四面八方的人知晓做恶的罪罚，这样就算臣以后遭免职而受诛罚，也的确是臣心甘情愿的。布衣之士，尚且还有生死之交，如今四海如此广大，竟没有殉节死义之臣，而大都是谄媚迎合，结党营私，只念自身利益，忘却国家政事。邪恶污浊之气感动上天，所以现在灾变多次出现，百姓困顿贫乏。这是臣下不忠的后果，臣实在为此感到羞耻难当。凡是人之常情无不希望生活安定而厌恶危亡，但是忠臣直士不会躲避患害，这样做着实是君子所为。如今陛下如天之覆、如地之载，容纳万物，请派遣尚书令尧赐给臣一封诏书：‘司隶校尉检举不法之人，褒奖善人诛罚恶人，不得独断专行。要按照中和的原则，依循经术的意思行事。’陛下恩深德厚，臣向您叩拜，不甚荣幸。臣承受不了愤懑，希望陛下赐予臣清闲，唯愿陛下裁断。”元帝没有应允。

此后诸葛丰的谏言越来越不被元帝采用，诸葛丰再次上书说：“臣听闻伯奇孝顺却遭父母遗弃，伍子胥忠心却遭君王诛杀，隐公仁慈却遭弟弟杀害，叔武敬重兄长却遭兄长杀害。以这四人的德行，屈原的才华，尚且还不能令自己通达显明反遭刑戮，难道还不能引以为鉴吗！假使臣献出生命可以安定国家，蒙受诛罚可以显扬君主，臣确实心甘情愿。臣只是担心尚未对国家有所补益，而为众邪所排挤，让那些进献谗言的人得逞，正直之道为之堵塞，忠臣寒心，智者闭口，这正是臣所忧惧的。”

诸葛丰在春夏两季惩治罪犯，朝中大臣有很多人在议论他。元帝将诸葛丰调任城门校尉，诸葛丰上书告发光禄勋周堪、光禄大夫张猛。元帝不信任诸葛丰，就给御史下诏说：“城门校尉诸葛丰，以

前为司隶校尉，不顺四时，修法度，专作苛暴，以获虚威，朕不忍下吏，以为城门校尉。不内省诸己，而反怨堪、猛，以求报举，告案无证之辞，暴扬难验之罪，毁誉恣意，不顾前言，不信之大者也。朕怜丰之耆老，不忍加刑，其免为庶人。”终于家。

刘辅，河间宗室人也。举孝廉，为襄贲令。上书言得失，召见，上美其材，擢为谏大夫。会成帝欲立赵倢伃为皇后，先下诏封倢伃父临为列侯。辅上书言：“臣闻天之所与必先赐以符瑞，天之所违必先降以灾变，此神明之征应，自然之占验也。昔武王、周公承顺天地，以飨鱼乌之瑞，然犹君臣祇惧，动色相戒，况于季世，不蒙继嗣之福，屡受威怒之异者虖！虽夙夜自责，改过易行，畏天命，念祖业，妙选有德之世，考卜窈窕之女，以承宗庙，顺神祇心，塞天下望，子孙之祥犹恐晚暮，今乃触情纵欲，倾于卑贱之女，欲以母天下，不畏于天，不愧于人，惑莫大焉。里语曰：‘腐木不可以为柱，卑人不可以为主。’天人之所不予，必有祸而无福，市道皆共知之，朝廷莫肯壹言，臣窃伤心。自念得以同姓拔擢，尸禄不忠，污辱谏争之官，不敢不尽死，唯陛下深察。”书奏，上使侍御史收缚辅，系掖庭秘狱，群臣莫知其故。

于是中朝左将军辛庆忌、右将军廉褒、光禄勋师丹、太中大夫谷永俱上书曰：“臣闻明王垂宽容之听，崇谏争之官，广开忠直之路，不罪狂狷之言，然后百僚在位，竭忠尽谋，不惧后患，朝廷无讇

前与光禄勋周堪、光禄大夫张猛在朝共事时，数次称赞周堪、张猛。诸葛丰此前任司隶校尉，不按四季行事，不遵循法度，独断专行苛刻暴虐，以此获得虚假的威名，朕不忍心惩处诸葛丰，就让他调任城门校尉。诸葛丰不反躬自省，反而怨怼周堪、张猛，弹劾他们以图报复，告发的言辞没有实证，揭露一些难以查验的罪行，肆意毁谤称誉他人，不顾自己以前所说的称赞之言，极其不讲求信用。朕怜惜诸葛丰年迈，不忍施加刑罚，就将他免为庶人。”后来诸葛丰老死在家中。

刘辅，是河间国的汉室宗亲。经过举孝廉，任襄贲县令。刘辅上书论议政治得失，而得到成帝的召见，成帝欣赏他的才干，提拔他任谏大夫。恰逢成帝想立赵婕妤为皇后，成帝就先下诏赐封赵婕妤的父亲赵临为列侯。刘辅上书说：“臣听闻上天若是有所赞同必会赐以吉兆，上天若是有所反对必会降下灾变，这是神明的征验，自然的兆象。从前武王、周公承顺天地，因而出现白鱼赤乌的祥瑞，但君臣仍然感到忧惧，面色无不改变，互相劝诫，何况在如今朝代衰亡，陛下不蒙继嗣之福，却屡受上天震怒而降下的灾异！陛下即使日夜自责，改过易行，敬畏天命，感念祖宗的功业，精心选择有德世家，卜问窈窕女子，以承继宗庙，顺应神明的心意，满足天下百姓的期望，尚且还会担心子孙绵延的福分来得晚，如今陛下却动情纵欲，倾心于卑贱之女，想让她母仪天下，对上天没有敬畏，对百姓没有愧疚，没有比这更加难以理解的了。俗话说：‘腐木不可以为柱，卑人不可以为主。’上天和百姓都不赞同的，那必定有祸而无福，这是市井百姓都明白的道理，朝廷中却没有人敢说一句，臣十分伤心。臣自认为是汉室宗亲又得到提拔，光享俸禄而无所作为，将会污辱了谏诤的职责，所以臣不敢不冒死进言，唯愿陛下深察。”奏书呈上之后，成帝派侍御史逮捕了刘辅，将他秘密关押在掖庭狱，朝中大臣都不知道其中的缘故。

于是中朝左将军辛庆忌、右将军廉褒、光禄勋师丹、太中大夫谷永全都上书说：“臣听闻英明的君主可以宽容地听取意见，重视谏诤之官，广开忠直的言路，不怪罪狂妄偏急的言论，然后百官恪尽职守，

谀之士，元首无失道之僭。窃见谏大夫刘辅，前以县令求见，擢为谏大夫，此其言必有卓诡切至，当圣心者，故得拔至于此。旬日之间，收下秘狱，臣等愚，以为辅幸得托公族之亲，在谏臣之列，新从下土来，未知朝廷体，独触忌讳，不足深过。小罪宜隐忍而已，如有大恶，宜暴治理官，与众共之。昔赵简子杀其大夫鸣犊，孔子临河而还。今天心未豫，灾异屡降，水旱迭臻，方当隆宽广问，褒直尽下之时也。而行惨急之诛于谏争之臣，震惊群下，失忠直心。假令辅不坐直言，所坐不著，天下不可户晓。同姓近臣本以言显，其于治亲养忠之义诚不宜幽囚于掖庭狱。公卿以下见陛下进用辅亟，而折伤之暴，人有惧心，精锐销耎，莫敢尽节正言，非所以昭有虞之听，广德美之风也。臣等窃深伤之，唯陛下留神省察。”

上乃徙系辅共工狱，减死罪一等，论为鬼薪。终于家。

郑崇字子游，本高密大族，世与王家相嫁娶。祖父以訾徙平陵。父宾明法律，为御史，事贡公，名公直。崇少为郡文学史，至丞相大车属。弟立与高武侯傅喜同门学，相友善。喜为大司马，荐崇，哀帝擢为尚书仆射。数求见谏争，上初纳用之。每见曳革履，上笑曰：“我识郑尚书履声。”

久之，上欲封祖母傅太后从弟商，崇谏曰：“孝成皇帝封亲舅五侯，天为赤黄昼昏，日中有黑气。今祖母从昆弟二人已侯。孔乡侯，皇后父；高武侯以三公封，尚有因缘。今无故欲复封商，坏乱制

竭忠尽谋，不惧后患，朝中没有阿谀谄媚的官员，君主没有背离道义的过失。臣看谏大夫刘辅，以前以县令的身份求见，刘辅后来升任谏大夫，这一定是因为他的言辞卓越超常、恳切合理，合乎圣意，所以才得以提拔而任这个官职。但在十日之间，就遭拘捕关押在掖庭狱中，臣等愚顿，认为刘辅有幸身为皇族宗亲，官至谏官之列，刚从下位提拔上来，尚不知朝廷体制，触犯陛下的忌讳，不足以深究。小罪应当隐忍，若是刘辅犯了重罪，那就应当交由司法官员审理，公开他的罪状加以严惩。从前赵简子诛杀大夫鸣犊，孔子走到黄河边听闻了死讯又回去了。如今天意不悦，灾异屡降，旱涝接连不断，这正是陛下应当仁慈宽厚，广开言路，褒扬正直之士，宽以待下的时候。陛下反而对于谏诤之臣施加严苛峻急的诛罚，使得群臣惊惧，失去忠诚正直之心。假如刘辅不是因为直言进谏而获罪，对他的罪行不公开，天下就不知道所犯何事。身为宗亲近臣本因敢于直言而通达显贵，对于匡正宗亲、培养忠贞之士的心意来说实在不应该将刘辅关押在掖庭狱中。公卿大臣以及百官看到陛下非常急迫地将刘辅提拔上来，却又迅速严惩刘辅，这样人人都心怀畏惧，精进锐取的意志渐渐衰亡，没有人敢再尽忠守节、进献正言，这不是显扬虞舜之善听，广宣德美之风气的作法。臣等为此深感痛心，希望陛下留意审察。”

成帝将刘辅转到少府所属的诏狱，减死罪一等，判为苦力服劳役。最终刘辅老死在家中。

郑崇字子游，本是高密县的大族，世代与王家联姻。祖父因为家产富足迁居平陵。父亲郑宾精通法令，任御史，奉事贡禹，以公正刚直而闻名。郑崇年少时任郡中的文学史，后来任丞相的御属。弟弟郑立与高武侯傅喜师从同一位老师，相互交好。傅喜任大司马，举荐郑崇，哀帝提拔郑崇任尚书仆射。郑崇数次求见哀帝进献谏言，哀帝起初采纳他的意见。每次听到他的皮鞋声，哀帝都笑着说：“我能听出来这是郑尚书的脚步声。”

过了一段时间，哀帝想封赏祖母傅太后的堂弟傅商，郑崇进谏道：“孝成皇帝封五位亲舅舅为侯，上天因此变色，白昼变得昏暗，太阳中显现黑气。如今陛下祖母的两位堂兄弟已经封侯。孔乡侯，是皇

度，逆天人之心，非傅氏之福也。臣闻师曰：‘逆阳者厥极弱，逆阴者厥极凶短折，犯人者有乱亡之患，犯神者有疾夭之祸。’故周公著戒曰：‘惟王不知艰难，唯耽乐是从，时亦罔有克寿。’故衰世之君夭折蚤没，此皆犯阴之害也。臣愿以身命当国咎。”崇因持诏书案起。傅太后大怒曰：“何有为天子乃反为一臣所颛制邪！”上遂下诏曰：“朕幼而孤，皇太太后躬自养育，免于襁褓，教道以礼，至于成人，惠泽茂焉。‘欲报之德，皞天罔极。’前追号皇太太后父为崇祖侯，惟念德报未殊，朕甚恧焉。侍中光禄大夫商，皇太太后父同产子，小自保大，恩义最亲。其封商为汝昌侯，为崇祖侯后，更号崇祖侯为汝昌哀侯。”

崇又以董贤贵宠过度谏，由是重得罪。数以职事见责，发疾颈痈，欲乞骸骨，不敢。尚书令赵昌佞謟，素害崇，知其见疏，因奏崇与宗族通，疑有奸，请治。上责崇曰：“君门如市人，何以欲禁切主上？”崇对曰：“臣门如市，臣心如水。愿得考覆。”上怒，下崇狱，穷治，死狱中。

孙宝字子严，颍川鄢陵人也。以明经为郡吏。御史大夫张忠辟宝为属，欲令授子经，更为除舍，设储偫。宝自劾去，忠固还之，心内不平。后署宝主簿，宝徙入舍，祭灶请比邻。忠阴察，怪之，使所亲问宝：“前大夫为君设除大舍，子自劾去者，欲为高节也。今两府高士俗不为主簿，子既为之，徙舍甚说，何前后不相副也？”宝曰：“高士不为主簿，而大夫君以宝为可，一府莫言非，士安得独自高？

后的父亲；高武侯因为位列三公而封侯，这些都还有一定的原由。如今陛下又想无故封赏傅商，坏乱制度，违逆天意人心，这并非傅氏之福。臣听老师说过：‘违逆阳者的结果会变得极为衰弱，违逆阴者的结果会变得极为凶恶而且短命，侵犯他人会有败乱灭亡的忧患，冒犯神明会有疾病夭折的灾殃。’因此周公写下诫训说：‘君王不知稼穑的艰难，一味地享乐，没有不早夭的。’所以衰世之君夭折早逝，这都是犯阴所致的殃祸。臣愿意以自身性命来承受国家的灾难。”郑崇于是拿着诏书代替哀帝书写。傅太后大怒说：“怎会有天子反被一个臣子控制呢！”哀帝便下诏说：“朕幼时成了孤儿，皇太太后亲自养育，免于夭折在襁褓之中，教导朕礼义，一直到长大成人，对于朕的恩泽甚为深厚。‘想报答养育的恩德，苍天哪，我的心意至诚无二。’从前追封皇太太后的父亲为崇祖侯，想到养育的恩德报答得还不够，朕十分惭愧。侍中光禄大夫傅商，是皇太太后父亲的亲侄子，皇太太后将其从小养大，恩义最亲。封傅商为汝昌侯，为崇祖侯之后，将崇祖侯改号为汝昌哀侯。”

郑崇又因为哀帝过度宠信董贤而进谏，因此彻底得罪哀帝。郑崇好几次因为职务内的事情而受到责问，郑崇的颈部长了痈疽，想要辞官还乡，却不敢上奏。尚书令赵昌为人巧佞谄媚，素来厌恶郑崇，赵昌知道郑崇已遭哀帝疏远，因而上奏说郑崇与宗亲相互勾结，怀疑郑崇有奸邪行径，请求哀帝核查。哀帝责问郑崇说：“你自己门庭若市，为何还要干涉制约一国之君？”郑崇回答说：“臣虽门庭若市，但心却平静如水。臣愿意接受审察。”哀帝大怒，将郑崇下狱，彻查严惩，后郑崇死在狱中。

孙宝字子严，颍川鄢陵人。通过明经任郡吏。御史大夫张忠征召孙宝为属下，想让孙宝教授自己的儿子经学，为孙宝装饰清扫房舍，置办日常器物。孙宝自请离去，张忠再三挽留他，内心为孙宝的离去感到十分不满。后来张忠让孙宝暂代主簿，孙宝迁入新的舍宅，祭祀灶神，宴请邻居。张忠暗自察探，感到非常奇怪，便派亲信询问孙宝：“以前御史大夫为您装饰清扫房舍，您却自请离去，是想显示自己的高尚节操。如今丞相、御史大夫两府的高洁之士一般不愿担

前日君男欲学文，而移宝自近。礼有来学，义无往教；道不可诎，身诎何伤？且不遭者可无不为，况主簿乎！”忠闻之，甚惭，上书荐宝经明质直，宜备近臣。为议郎，迁谏大夫。

鸿嘉中，广汉群盗起，选为益州刺史。广汉太守扈商者，大司马车骑将军王音姊子，软弱不任职。宝到部，亲入山谷，谕告群盗，非本造意。渠率皆得悔过自出，遣归田里。自劾矫制，奏商为乱首，《春秋》之义，诛首恶而已。商亦奏宝所纵或有渠率当坐者。商征下狱，宝坐失死罪免。益州吏民多陈宝功效，言为车骑将军所排。上复拜宝为冀州刺史，迁丞相司直。

时帝舅红阳侯立使客因南郡太守李尚占垦草田数百顷，颇有民所假少府陂泽，略皆开发，上书愿以入县官。有诏郡平田予直，钱有贵一万万以上。宝闻之，遣丞相史按验，发其奸，劾奏立、尚怀奸罔上，狡猾不道。尚下狱死。立虽不坐，后兄大司马卫将军商薨，次当代商，上度立而用其弟曲阳侯根为大司马票骑将军。

会益州蛮夷犯法，巴蜀颇不安，上以宝著名西州，拜为广汉太

任主簿，而您却愿意担任主簿，迁入新宅甚为喜悦，为何前后不一呢？”孙宝回答说：“高洁之士不愿担任主簿，而御史大夫认为我能胜任，全府的人也不认为有什么不合适，身为士人怎能抬高自己呢？之前御史大夫的儿子想学习经学，而让我搬过去。依礼学生应当到老师这里来学习，而没有老师前往学生那里去施教的道理；师道不可废，自身受些委屈又有何妨？况且以我现在的处境没有什么是不能做的，更何况担任主簿呢！”张忠听闻这些话，甚感惭愧，便上书举荐孙宝，说他通晓经学为人正直，适合做皇帝的近臣。孙宝受任议郎，后又升任谏大夫。

鸿嘉年间，广汉郡贼盗群起，朝廷选任孙宝为益州刺史。广汉郡太守扈商，是大司马车骑将军王音的外甥，性格懦弱不足以胜任。孙宝到任之后，亲自深入山谷，告知群盗，只要不是犯法作乱的首倡者。无论是否身为首领都可以悔过自首，遣归回乡。随后孙宝向朝廷检举自己的过失说自己擅自放走盗贼，还劾奏扈商是导致祸乱的根源，依照《春秋》大义，应当诛除首恶。扈商也劾奏孙宝擅自放归的那些盗贼中有应当被判罪的首领。后来扈商遭拘捕下狱，孙宝也因放走那些本应处死的盗贼而遭免职。益州的吏民大多陈述孙宝的功绩，说孙宝被车骑将军所排挤。成帝重新任孙宝为冀州刺史，后迁任丞相司直。

当时成帝的舅舅红阳侯王立派遣门客通过南郡太守李尚霸占了数百顷开垦过的田地，其中有许多是百姓向少府租用的湖泽，大都已经开发耕种，王立将这些田地重新开垦以据为己有，并上书说愿意将这块新开垦出来的田地上交朝廷。成帝下诏让郡府按照田地的市场价格付给王立，价格超过一万万钱。孙宝听闻之后，派遣丞相史进行查验，发现了他们奸猾的行径，孙宝便劾奏王立、李尚心怀奸诈，欺君罔上，狡猾无道。李尚经拘捕下狱，死在狱中。王立虽然没有被定罪，后来王立的哥哥大司马卫将军王商去世，依照次序应当由王立接替王商，但成帝却越过王立而将他的弟弟曲阳侯王根任为大司马骠骑将军。

当时恰逢益州的蛮夷动乱，巴蜀一带颇不安定，成帝认为孙宝

守，秩中二千石，赐黄金三十斤。蛮夷安辑，吏民称之。

征为京兆尹。故吏侯文以刚直不苟合，常称疾不肯仕，宝以恩礼请文，欲为布衣友，日设酒食，妻子相对。文求受署为掾，进见如宾礼。数月，以立秋日署文东部督邮。入见，敕曰："今日鹰隼始击，当顺天气取奸恶，以成严霜之诛，掾部渠有其人乎？"文卬曰："无其人不敢空受职。"宝曰："谁也？"文曰："霸陵杜稚季。"宝曰："其次。"文曰："豺狼横道，不宜复问狐狸。"宝默然。稚季者大侠，与卫尉淳于长、大鸿胪萧育等皆厚善。宝前失车骑将军，与红阳侯有郤，自恐见危，时淳于长方贵幸，友宝，宝亦欲附之，始视事而长以稚季托宝，故宝穷，无以复应文。文怪宝气索，知其有故，因曰："明府素著威名，今不敢取稚季，当且阖阁，勿有所问。如此竟岁，吏民未敢诬明府也。即度稚季而谴它事，众口讙哗，终身自堕。"宝曰："受教。"稚季耳目长，闻知之，杜门不通水火，穿舍后墙为小户，但持锄自治园，因文所厚自陈如此。文曰："我与稚季幸同土壤，素无睚眦，顾受将命，分当相直。诚能自改，严将不治前事，即不更心，但更门户，适趣祸耳。"稚季遂不敢犯法，宝亦竟岁无所谴。明年，稚季病死。宝为京兆尹三岁，京师称之。会淳于长败，宝与萧育等皆坐免官。文复去吏，死于家。稚季子杜苍，字君敖，名出稚季右，在游侠中。

在巴蜀地区很有名望，便让他担任广汉太守，俸禄为中二千石，赐黄金三十斤。蛮夷安定之后，官吏和百姓都称赞孙宝。

孙宝被征召任京兆尹。原先的吏卒侯文因为刚强正直不愿迎合，常常称病不愿做官，孙宝以礼邀请侯文，想与他结为布衣之交，孙宝每天置备酒食，让妻儿作陪。侯文便请求受任为掾史，进见时孙宝依旧像接待宾客一样对待侯文。数月之后，在立秋那天孙宝让侯文任东部督邮。侯文入室见孙宝，孙宝嘱咐他道："从今天起鹰隼要出击了，应当顺应天时拘捕奸恶，严厉诛罚不法之徒，管辖的区域中有这样的人吗？"侯文抬起头说："若是没有这样的人我就不敢空受官职了。"孙宝说："是谁？"侯文说："霸陵的杜稚季。"孙宝说："其次是谁？"侯文说："豺狼当道，不应再问狐狸在哪。"孙宝沉默不语。杜稚季是一位侠客，与卫尉淳于长、大鸿胪萧育等人交情深厚。孙宝此前得罪了车骑将军王音，又与红阳侯王立有嫌隙，自己担心会遭受危险，当时淳于长正值显贵而且深受皇帝宠信，与孙宝交好，而孙宝也想依附淳于长，在孙宝刚上任时，淳于长就将杜稚季托付给孙宝，所以孙宝陷入两难，无法回应侯文。侯文见孙宝气势不足，感到奇怪，知道其中一定有原因，就说："您素来威明显著，如今却不敢拘捕杜稚季，那就不如关闭门户，不再过问不法之事。如此到了年末，官吏和百姓也不敢再毁谤您。若是放过杜稚季，另去惩处其他罪犯，众人就会议论纷纷，您将会身败名裂。"孙宝说："我受教了。"杜稚季耳目众多，听闻这件事后，就闭门谢客，在屋子的后墙开了一扇小门，只是拿着锄头管理园圃，杜稚季通过与侯文交好的人陈述自己的所作所为。侯文说："我有幸与杜稚季是同乡，素来无冤无仇，只是有太守的受命，从职分来说理当相互对立。如果杜稚季真的能改过自新，我也不会追究以前的事，如果依旧不改，仅仅改换门面，祸患只会来得更快。"杜稚季不敢再犯法，孙宝也在这一年没有惩处其他罪犯。第二年，杜稚季病逝。孙宝任京兆尹三年，京城中人人称道。恰好遇上淳于长败亡，孙宝和萧育等都因受到牵连而免官。侯文再次辞去官职，后死在家中。杜稚季的儿子杜苍，字君敖，在游侠中比杜稚季更负盛名。

哀帝即位，征宝为谏大夫，迁司隶。初，傅太后与中山孝王母冯太后俱事元帝，有郤，傅太后使有司考冯太后，令自杀，众庶冤之。宝奏请覆治，傅太后大怒，曰："帝置司隶，主使察我。冯氏反事明白，故欲擿觖以扬我恶。我当坐之。"上乃顺指下宝狱。尚书仆射唐林争之，上以林朋党比周，左迁敦煌鱼泽障候。大司马傅喜、光禄大夫龚胜固争，上为言太后，出宝复官。

顷之，郑崇下狱，宝上书曰："臣闻疏不图亲，外不虑内。臣幸得衔命奉使，职在刺举，不敢避贵幸之势，以塞视听之明。按尚书令昌奏仆射崇，下狱覆治，榜掠将死，卒无一辞，道路称冤。疑昌与崇内有纤介，浸润相陷，自禁门内枢机近臣，蒙受冤谮，亏损国家，为谤不小。臣请治昌，以解众心。"书奏，天子不说，以宝名臣不忍诛，乃制诏丞相大司空："司隶宝奏故尚书仆射崇冤，请狱治尚书令昌。案崇近臣，罪恶暴著，而宝怀邪，附下罔上，以春月作诋欺，遂其奸心，盖国之贼也。传不云乎？'恶利口之覆国家。'其免宝为庶人。"

哀帝崩，王莽白王太后征宝以为光禄大夫，与王舜等俱迎中山王。平帝立，宝为大司农。会越嶲郡上黄龙游江中，太师孔光、大司徒马宫等咸称莽功德比周公，宜告祠宗庙。宝曰："周公上圣，召公大贤。尚犹有不相说，著于经典，两不相损。今风雨未时，百姓不足，每有一事，群臣同声，得无非其美者。"时大臣皆失色，侍中奉车都尉甄邯即时承制罢议者。会宝遣吏迎母，母道病，留弟家，独遣妻子。司直陈崇以奏宝，事下三公即讯。宝对曰："年七十悖眊，

哀帝继位，将孙宝征为谏大夫，后迁任司隶校尉。最初，傅太后与中山孝王的母亲冯太后曾经都是元帝的妃嫔，二人有嫌隙，傅太后派有关官员审问冯太后，致使冯太后自杀，百姓都觉得冯太后冤枉。孙宝奏请复查，傅太后大怒，说："皇上设置司隶校尉，并来审问我。冯氏谋反的事情已然明白清楚，这是有人故意从中挑剔来宣扬我的过恶。我要定他的罪。"哀帝只能顺从傅太后的旨意将孙宝收监。尚书仆射唐林为此谏诤，哀帝认为唐林结党营私，将唐林贬为敦煌鱼泽障候。大司马傅喜、光禄大夫龚胜再三力谏，哀帝替他们向太后求情，才将孙宝从牢狱放出来并恢复官职。

过了不久，郑崇被收监，孙宝上书说："臣听闻关系疏远的人不会图谋关系亲近的，外人不会思虑别人的家事。臣有幸得以领受任命，履行检举之责，不敢躲避朝中权贵宠臣之势，以阻塞皇上的视听。尚书令赵昌劾奏仆射郑崇，将郑崇关入牢狱审问，严刑拷打，奄奄一息，最终却没有一句供辞，百姓都为郑崇喊冤。臣怀疑赵昌与郑崇内有嫌隙，长此以往从而相互陷害，郑崇是皇上的近臣，蒙受冤屈，有损于国家，众人议论纷纷。臣请求惩处赵昌，以解众心。"奏书呈上之后，哀帝不悦，但因孙宝是有名望的大臣所以不忍施加诛罚，于是哀帝就给丞相和大司空下诏："司隶校尉孙宝禀奏原尚书仆射郑崇蒙冤，奏请将尚书令赵昌下狱审问。经调查郑崇身为近臣，罪恶昭著，而孙宝心怀奸邪，附下罔上，在春月中毁谤朝臣，以实现他的奸心，实为国家之贼。《论语》中不是有讲吗？'厌恶巧言诡辩颠覆国家的人。'将孙宝贬为庶人。"

哀帝驾崩，王莽请求王太后将孙宝征为光禄大夫，与王舜等人一同迎接中山王。平帝继位，孙宝任大司农。恰逢越巂郡上报有黄龙游于江中，太师孔光、大司徒马宫等人都称道王莽的功德比肩周公，应当祭告宗庙。孙宝说："周公至圣，召公大贤。尚且还会有互不和睦的时候，这些都在经典中有记载，但对于二人都没有损害。如今尚未风调雨顺，百姓依旧困顿，每当有一件事，群臣全都同声附和，这恐怕不是什么好兆头吧。"当时群臣脸色骤变，侍中奉车都尉甄邯立刻奉诏制止群臣继续议论。恰逢孙宝派遣吏卒前去迎接母亲，母亲在途

恩衰共养，营妻子，如章。”宝坐免，终于家。建武中，录旧德臣，以宝孙伉为诸长。

毋将隆字君房，东海兰陵人也。大司马车骑将军王音内领尚书，外典兵马，踵故选置从事中郎与参谋议，奏请隆为从事中郎，迁谏大夫。成帝末，隆奏封事言：“古者选诸侯入为公卿，以褒功德，宜征定陶王使在国邸，以填万方。”其后上竟立定陶王为太子，隆迁冀州牧、颍川太守。哀帝即位，以高第入为京兆尹，迁执金吾。

时侍中董贤方贵，上使中黄门发武库兵，前后十辈，送董贤及上乳母王阿舍。隆奏言：“武库兵器，天下公用，国家武备，缮治造作，皆度大司农钱。大司农钱自乘舆不以给共养，共养劳赐，壹出少府。盖不以本臧给末用，不以民力共浮费，别公私，示正路也。古者诸侯方伯得颛征伐，乃赐斧钺。汉家边吏，职在距寇，亦赐武库兵，皆任其事然后蒙之。《春秋》之谊，家不臧甲，所以抑臣威，损私力也。今贤等便僻弄臣，私恩微妾，而以天下公用给其私门，契国威器共其家备。民力分于弄臣，武兵设于微妾，建立非宜，以广骄僭，非所以示四方也。孔子曰：‘奚取于三家之堂！’臣请收还武库。”上不说。

顷之，傅太后使谒者买诸官婢，贱取之，复取执金吾官婢八人。隆奏言贾贱，请更平直。上于是制诏丞相、御史大夫：“交让之

中生病了，便留在弟弟家中，只将妻儿接来京城。司直陈崇就以这件事劾奏孙宝，平帝将这件事交由三公立即审讯。孙宝回答说："臣年已七十，心志昏乱，供养母亲日渐淡薄，只顾妻儿，正如奏章所言。"孙宝因而免官，老死在家中。建武年间，朝廷录用以前有德的臣子，让孙宝的孙子孙伉任诸县的县长。

毋将隆字君房，东海兰陵人。大司马车骑将军王音在朝中内领尚书，外典兵马，依循旧例选任从事中郎参与谋议，王音便奏请让毋将隆任从事中郎，毋将隆后迁任谏大夫。成帝末年，毋将隆呈上密奏说："古时候挑选诸侯入朝担任公卿，是为了褒奖功德，应当征召定陶王让他住在京城里的诸侯王居所，以镇抚天下。"之后成帝立定陶王为太子，毋将隆迁任冀州牧、颍川太守。哀帝继位后，毋将隆因政绩卓著而任京兆尹，后迁任执金吾。

当时侍中董贤正得哀帝宠信，哀帝派中黄门调发武库中的兵器，前后共十批，送到董贤以及哀帝乳母王阿的家中。毋将隆上奏说："武库的兵器，是为天下公用，是国家的军备，兵器的修理和制造，所需资金都出自大司农。大司农的资金即使是皇上的车马器物也不能从中支取，皇上所需的供养和赏赐，都来源于少府。不能将国家的财政收入用作不必要的开支，不能将民力去供朝廷的靡费，公私分明，这样才能显示正道。古时候诸侯方伯奉命得以专职征讨，帝王便会赐予斧钺。汉室边境的官吏，职责在于抵抗敌寇，因此也要赐予他们武库的兵器，这都是因为担任这样的职务然后才能接受这些兵器。《春秋》之义，家中不许私藏兵甲，这是为了抑制臣下的威势，减损私人的势力。如今董贤等人只是得皇上宠信的弄臣，有私人恩惠的贱妾，却要将天下公器赐予私人，将象征国家威严的器具供给私家储备。将民力分予弄臣，将兵器置于贱妾家中，一开始行为不合礼法，将会滋长骄横僭越的风气，这样的行为不能昭示天下。孔子说：'天子的礼制怎能出现在三家大夫的家中呢！'臣奏请收还兵器。"哀帝因此不悦。

不久，傅太后让谒者官买一些官婢，以贱价购得，又带走八名执金吾那里的官婢。毋将隆上奏说购买官婢的价格太低，请求付与公

礼兴，则虞芮之讼息。隆位九卿，既无以匡朝廷之不逮，而反奏请与永信宫争贵贱之贾，程奏显言，众莫不闻。举错不由谊理，争求之名自此始，无以示百僚，伤化失俗。”以隆前有安国之言，左迁为沛郡都尉，迁南郡太守。

王莽少时，慕与隆交，隆不甚附。哀帝崩，莽秉政，使大司徒孔光奏隆前为冀州牧治中山冯太后狱冤陷无辜，不宜处位在中土。本中谒者令史立、侍御史丁玄自典考之，但与隆连名奏事。史立时为中太仆，丁玄泰山太守，及尚书令赵昌谮郑崇者为河内太守，皆免官，徙合浦。

何並字子廉，祖父以吏二千石自平舆徙平陵。並为郡吏，至大司空掾，事何武。武高其志节，举能治剧，为长陵令，道不拾遗。

初，邛成太后外家王氏贵，而侍中王林卿通轻侠，倾京师。后坐法免，宾客愈盛，归长陵上冢，因留饮连日。並恐其犯法，自造门上谒，谓林卿曰：“冢间单外，君宜以时归。”林卿曰：“诺。”先是林卿杀婢婿埋冢舍，並具知之，以非己时，又见其新免，故不发举，欲无令留界中而已，即且遣吏奉谒传送。林卿素骄，惭于宾客，並度其为变，储兵马以待之。林卿既去，北度泾桥，令骑奴还至寺门，拔刀剥其建鼓。並自从吏兵追林卿。行数十里，林卿迫窘，乃令奴冠其冠被其襜褕自代，乘车从童骑，身变服从间径驰去。会日暮追及，收缚冠奴，奴曰：“我非侍中，奴耳。”並心自知已失林卿，乃曰：“王君困，自称奴，得脱死邪？”叱吏断头持还，县所剥鼓置都亭下，署曰：“故侍中王林卿坐杀人埋冢舍，使奴剥寺门鼓。”吏民惊

平的价格。哀帝于是给丞相、御史大夫下诏说：“相互谦让而礼义得以盛行，就像周朝虞芮两国的诉讼自然平息。毋将隆位至九卿，既没有匡正朝廷的不足之处，反而要奏请与永信宫争论价格的贵贱，公开上奏明言，使得众人没有一个不知道的。毋将隆的行为不合义理，追求名利的风气从此开始，不能警示百官，将会伤风败俗。”因为毋将隆先前有征召定陶王住在京城的诸侯王居所，以安定国家的谏言，所以毋将隆仅被贬为沛郡都尉，后又迁任南郡太守。

王莽年轻时，很想与毋将隆结交，毋将隆不愿趋附王莽。哀帝驾崩后，王莽执政，让大司徒孔光劾奏毋将隆先前任冀州牧时，审理中山冯太后的案子，冤枉陷害了无辜，不适合再在朝中为官。这个案子原本是由中谒者令史立、侍御史丁玄查验审问，毋将隆仅是与他们联名奏事。当时史立任中太仆，丁玄任泰山太守，以及当时曾诬陷郑崇的尚书令赵昌，任河内太守，他们全都遭免官，流放到合浦。

何並字子廉，祖父以二千石官吏的身份从平舆迁居平陵。何並任郡吏，官至大司空的掾史，奉事何武。何武欣赏他志向节操，举荐何並，认为何並能处理繁杂难办的政务，于是何並担任长陵县令，经过何並的治理，县中道不拾遗。

起初，邛成太后的娘家王氏地位显贵，侍中王林卿与江湖游侠交往，京师皆知。后来王林卿因犯法而遭免官，前来拜访王林卿的门客依然络绎不绝，王林卿回到长陵扫墓，便和门客宴饮，流连数日。何並担心王林卿会犯法，便亲自登门拜访，对王林卿说：“坟冢孤露在外，您应当及早返回。”王林卿说：“好。”在此之前王林卿曾杀死一个婢女的奸夫，将尸体埋在守墓的房舍里，这些事情何並全都知晓，认为事情不是在自己任职期间发生的，又见王林卿刚被免官，所以没有告发他，只是不想让王林卿继续逗留在长陵县境内了，就派属吏拿了名帖去催促他。王林卿素来骄傲，在门客前丢了丑，何並猜测王林卿会制造变故，就事先安排了兵马等待他。王林卿出发之后，向北经过了泾桥，便派了一个骑马跟随的仆人返回县衙，拔刀砍烂了县衙门前悬挂的鼓。何並亲自率领属吏和士兵追赶王林卿。追了数十里，王林卿无计可施，便让仆人戴上他的帽子穿上他的衣服假扮他，

骇。林卿因亡命，众庶讙哗，以为实死。成帝太后以邛成太后爱林卿故，闻之涕泣，为言哀帝。哀帝问状而善之，迁並陇西太守。

徙颍川太守，代陵阳严诩。诩本以孝行为官，谓掾史为师友，有过辄闭阁自责，终不大言。郡中乱，王莽遣使征诩，官属数百人为设祖道，诩据地哭。掾史曰："明府吉征，不宜若此。"诩曰："吾哀颍川士，身岂有忧哉！我以柔弱征，必选刚猛代。代到，将有僵仆者，故相吊耳。"诩至，拜为美俗使者。是时颍川钟元为尚书令，领廷尉，用事有权。弟威为郡掾，臧千金。並为太守，过辞钟廷尉，廷尉免冠为弟请一等之罪，愿蚤就髡钳。並曰："罪在弟身与君律，不在于太守。"元惧，驰遣人呼弟。阳翟轻侠赵季、李款多畜宾客，以气力渔食闾里，至奸人妇女，持吏长短，从横郡中，闻並且至，皆亡去。並下车求勇猛晓文法吏且十人，使文吏治三人狱，武吏往捕之，各有所部。敕曰："三人非负太守，乃负王法，不得不治。钟威所犯多在赦前，驱使入函谷关，勿令污民间；不入关，乃收之。赵、李桀恶，虽远去，当得其头，以谢百姓。"钟威负其兄，止雒阳，吏格杀之。亦得赵、李它郡，持头还，並皆县头及其具狱于市。郡中清静，表善好士，见纪颍川，名次黄霸。性清廉，妻子不至官舍。数年，卒。疾病，召丞掾作先令书，曰："告子恢，吾生素餐日久，死虽当得法赙，勿受。葬为小椁，亶容下棺。"恢如父言。王莽擢恢为关

并且换乘车马让其他仆人依旧骑马跟随，王林卿则调换着装从小路逃跑。恰好何並在日暮时分追了上来，将那身着王林卿衣物的仆人抓了起来，那仆人说："我不是侍中，只是他的仆人。"何並自知王林卿已经逃走，便说："王君已然被拘捕，还自称是仆人，难道是想逃脱死罪吗？"于是何並命令属吏砍下他的头带走，悬挂在被砍烂的鼓上，并置于都亭下，贴出告示："原侍中王林卿犯杀人罪，并将尸体埋在守墓的房舍内，又让仆人砍烂了县衙门前的鼓。"官吏和百姓大为惊惧。王林卿因而得以逃命，众人议论纷纷，以为王林卿真的死了。成帝太后因为邛成太后喜爱王林卿，听闻这个消息后痛哭流涕，并将这件事告诉了哀帝。哀帝向何並询问事由并觉得做得很好，便让何並升任陇西太守。

后来何並调任颍川太守，接替陵阳人严诩。严诩原本因孝行为官，他将府内掾史视为师友，掾史有了过失他就闭门自责，却始终没有指出对方的过错。后来郡中动乱，王莽派人征召严诩，数百名官属为他设宴送行，严诩伏地痛哭。掾史说："您今日受征是吉兆，不应当如此。"严诩说："我是在为颍川的百姓感到哀伤，我自身有什么可担忧的呢！我因为性格柔弱而受到征召，那么朝廷必会选择刚猛的人来接替我。接替的人到任之后，有人将会受到严惩，因而我难过。"严诩到达朝廷之后，被任命为宣美风俗教化的使者。当时颍川人钟元任尚书令，总领廷尉，行事有权。他的弟弟钟威任郡掾，贪污上千金。何並任太守时，就将这件事告诉了钟廷尉，钟廷尉就脱帽替自己的弟弟求情，请求能减死罪一等，希望改判为髡钳之刑。何並说："怎样判罪在于你弟弟自身和您的法令，而不在我这个太守。"钟元听后十分恐惧，就立马派人去告知弟弟。阳翟县的游侠赵季、李款门下养着许多门客，凭借势力侵夺邻里，甚至奸人妻女，抓着官吏的短处，在郡中为非作歹，听闻何並将要到来，全都四散而逃。何並一到任就招揽勇猛并且通晓法令的吏卒近十人，派文吏审查这三人的案件，派武吏前去抓捕他们，各有各的部署。下令说："这三个人不是有负太守，而是有负王法，不得不严惩。钟威犯的罪大多在赦令之前，将他驱赶进函谷关，不要让他再为祸民间；若是钟威不入关，就

都尉。建武中以並孙为郎。

赞曰：盖宽饶为司臣，正色立于朝，虽《诗》所谓“国之司直”无以加也。若采王生之言以终其身，斯近古之贤臣矣。诸葛、刘、郑虽云狂瞽，有异志焉。孔子曰：“吾未见刚者。”以数子之名迹，然毋将污于冀州，孙宝桡于定陵，况俗人乎！何並之节，亚尹翁归云。

将他逮捕。赵季、李款极为凶恶，虽然他们已经远逃，但也应当斩首示众，向百姓谢罪。”钟威仗着他哥哥的权势，留在洛阳，追捕的官吏将他诛杀。属吏也在其他郡抓获了赵季、李款，将他们的首级带了回来，何並将他们的首级和罪状全都悬挂在街市上。郡中从此清明安宁，何並在任时宣扬善行，亲近士人，治理颍川政绩卓著，名声次于黄霸。何並生性清廉，妻儿没有到官府的房舍中居住。几年后，何並去世。在他病重时，让丞掾写下遗嘱，说：“告知我的儿子何恢，我一生为官日久，死后会得到朝廷赠予的治丧财物，不要接受。就用小椁埋葬，只要能放得下棺材就可以了。”何恢遵照了父亲的遗嘱。后来王莽提拔何恢任关都尉。建武年间何並的孙子任郎官。

赞辞说：盖宽饶身为监察之臣，刚正不阿立于朝堂，就算是《诗经》中所讲的“国之司直”也不过如此。如果盖宽饶能采纳王生的话直到终老，那也是近于古代的贤臣了。诸葛丰、刘辅、郑崇虽说有些狂妄无知，但也心怀独特的志向。孔子说：“我尚未见过刚正的人。”以这些人的声名和事迹，毋将隆在冀州任职时禀奏冯太后之事，孙宝屈从于定陵侯淳于长的托付，何况是俗人！只有何並的节操，仅次于尹翁归。

卷七十八

萧望之传第四十八

萧望之字长倩，东海兰陵人也，徙杜陵。家世以田为业，至望之，好学，治《齐诗》，事同县后仓且十年。以令诣太常受业，复事同学博士白奇，又从夏侯胜问《论语》《礼服》。京师诸儒称述焉。

是时大将军霍光秉政，长史丙吉荐儒生王仲翁与望之等数人，皆召见。先是左将军上官桀与盖主谋杀光，光既诛桀等，后出入自备。吏民当见者，露索去刀兵，两吏挟持。望之独不肯听，自引出阁曰："不愿见。"吏牵持匈匈。光闻之，告吏勿持。望之既至前，说光曰："将军以功德辅幼主，将以流大化，致于洽平，是以天下之士延颈企踵，争愿自效，以辅高明。今士见者皆先露索挟持，恐非周公相成王躬吐握之礼，致白屋之意。"于是光独不除用望之，而仲翁等皆补大将军史。三岁间，仲翁至光禄大夫给事中，望之以射策甲科为郎，署小苑东门候。仲翁出入从仓头庐儿，下车趋门，传呼甚宠，顾谓望之曰："不肯录录，反抱关为。"望之曰："各从其志。"

后数年，坐弟犯法，不得宿卫，免归为郡吏。及御史大夫魏相除望之为属，察廉为大行治礼丞。

时大将军光薨，子禹复为大司马，兄子山领尚书，亲属皆宿卫内侍。地节三年夏，京师雨雹，望之因是上疏，愿赐清闲之宴，口陈

萧望之字长倩，东海兰陵人，后来迁居杜陵。世代以种田为生，到了萧望之这一代，他生性好学，研习《齐诗》，拜同县的后仓为师将近十年。后萧望之因诏令到太常寺学习，又拜以前的同学、后来担任博士的白奇为师，又向夏侯胜请教《论语》《仪礼·丧服》。京师的众儒生都称赞他。

当时大将军霍光执政，长史丙吉举荐儒生王仲翁和萧望之等数人，霍光召见了他们。在此之前左将军上官桀与盖长公主密谋刺杀霍光，霍光诛杀了上官桀等人，之后将军府的进出都严加防备。前来拜见的官吏百姓，都要脱衣搜身，搜去兵器，由两个属吏挟持着去拜见。唯独萧望之不肯听从，自行从小门退出说："我不愿前去拜见。"属吏粗暴地拉扯他。霍光听闻这件事，让官吏不要挟持他。萧望之上前，劝说霍光："将军凭借功德辅佐幼主，应当施行教化，使得四海升平，这样天下的士人都会翘首企盼，争相愿意效力，来辅佐高明之君。如今前来拜见您的人都要先脱衣搜身，遭受挟持，这恐怕不是周公辅佐成王时一饭三吐哺，一沐三握发，以表达对士人的敬意吧。"于是霍光唯独不任用萧望之，而王仲翁等人都补任大将军史。三年之间，王仲翁官至光禄大夫给事中，萧望之则通过甲科射策任郎官，暂代小苑东门候。王仲翁出入有仆从跟随，下车进门，前呼后拥，极为尊宠，王仲翁回头对萧望之说："当年你不肯依例搜身，现在不过是作了个守门官。"萧望之说："人各有志。"

数年之后，萧望之因弟弟犯法而受到牵连，萧望之不再任皇宫守卫，免职回乡任郡吏。后御史大夫魏相让萧望之担任属官，经过举孝廉任大行治礼丞。

当时大将军霍光去世，霍光的儿子霍禹继任大司马，霍光哥哥的孙子霍山总领尚书，霍氏的亲属都负责宫中守卫或担任侍从。地节

灾异之意。宣帝自在民间闻望之名，曰："此东海萧生邪？下少府宋畸问状，无有所讳。"望之对，以为"《春秋》昭公三年大雨雹，是时季氏专权，卒逐昭公。乡使鲁君察于天变，宜亡此害。今陛下以圣德居位，思政求贤，尧舜之用心也。然而善祥未臻，阴阳不和，是大臣任政，一姓擅势之所致也。附枝大者贼本心，私家盛者公室危。唯明主躬万机，选同姓，举贤材，以为腹心，与参政谋，令公卿大臣朝见奏事，明陈其职，以考功能。如是，则庶事理，公道立，奸邪塞，私权废矣。"对奏，天子拜望之为谒者。时上初即位，思进贤良，多上书言便宜，辄下望之问状，高者请丞相御史，次者中二千石试事，满岁以状闻，下者报闻，或罢归田里，所白处奏皆可。累迁谏大夫，丞相司直，岁中三迁，官至二千石。其后霍氏竟谋反诛，望之寖益任用。

是时选博士谏大夫通政事者补郡国守相，以望之为平原太守。望之雅意在本朝，远为郡守，内不自得，乃上疏曰："陛下哀愍百姓，恐德化之不究，悉出谏官以补郡吏，所谓忧其末而忘其本者也。朝无争臣则不知过，国无达士则不闻善。愿陛下选明经术，温故知新，通于几微谋虑之士以为内臣，与参政事。诸侯闻之，则知国家纳谏忧政，亡有阙遗。若此不怠，成康之道其庶几乎！外郡不治，岂足忧哉？"书闻，征入守少府。宣帝察望之经明持重，论议有余，材任宰相，欲详试其政事，复以为左冯翊。望之从少府出为

三年（前67）夏天，京师天降冰雹，萧望之为此上奏，希望宣帝在空闲时，允许他陈述对于灾异的看法。宣帝在民间时就听闻萧望之的名声，说："这是东海的萧生吗？将他带至少府宋畸那里问明情况，让他不要有所避讳。"萧望之说出看法，他认为"《春秋》中记载鲁昭公三年（前539）天降冰雹，当时季氏专权，最后驱逐鲁昭公。假如鲁昭公能察觉到上天的异变，就不会遭此横祸。如今陛下以圣德在位，思虑政事，遍求贤能，这是有如尧舜治理天下的用心。然而祥瑞未至，阴阳不和，这是说明大臣当政，一姓独揽大权所致。枝条过大就会损伤主干，大臣的势力过大就会危及国家社稷。希望明主能亲理政事，选拔同姓宗亲，举用贤才，将他们视作心腹，与他们共同议政，命令公卿大臣前来朝见奏事，清楚陈述自己的职责，以便考察他们的政绩。若能如此，则万事就能得以处理，公道得以树立，奸邪将会被阻塞，私人权利将会被废止。"这番谏言上呈宣帝后，宣帝便让萧望之拜任谒者官。当时宣帝刚刚继位，求贤若渴，很多人上书陈奏有利国家的谏言，宣帝总是将这些奏书交由萧望之，询问他的看法，其中提议最好的就请丞相、御史共同论议，将他们破格提拔，次一等的交予中二千石的官员予以职事，满一年后将试行提议的情况和他们任职的情况上报，才干不足的经过批阅，或是免官遣回家乡，萧望之所禀奏处理的事情都得到了宣帝的认同。萧望之连续升任谏大夫，丞相司直，一年之内三次升迁，官至二千石。最终霍氏一族竟因谋反而遭诛灭，萧望之逐渐得到重用。

当时朝廷正在挑选通达政事的博士和谏大夫补任郡守和诸侯国相，让萧望之任平原太守。萧望之本意是想在朝中任职，宣帝让他远离朝廷担任郡守，内心不太合意，就上书说："陛下哀悯百姓，唯恐德政教化不能普及，让谏官全都出外补任郡吏，这就是所谓的忧虑事物的末梢而忘记了根本。朝中若是没有谏官就不能察觉过错，朝中若是没有明达之士就听不到善言。希望陛下选拔那些明白经术，温故知新，通达细微变动的谋虑之士作为朝中大臣，让他们共同参议政务。诸侯听闻这些情况，那就会知晓国家采纳谏言，忧心政治，没有缺失疏漏。陛下若能像这样坚持不懈，那么像周成王、周康王

左迁，恐有不合意，即移病。上闻之，使侍中成都侯金安上谕意曰：“所用皆更治民以考功。君前为平原太守日浅，故复试之于三辅，非有所闻也。”望之即视事。

是岁西羌反，汉遣后将军征之。京兆尹张敞上书言：“国兵在外，军以夏发，陇西以北，安定以西，吏民并给转输，田事颇废，素无余积，虽羌虏以破，来春民食必乏。穷辟之处，买亡所得，县官谷度不足以振之。愿令诸有罪，非盗受财杀人及犯法不得赦者，皆得以差入谷此八郡赎罪。务益致谷以豫备百姓之急。”事下有司，望之与少府李彊议，以为“民函阴阳之气，有好义欲利之心，在教化之所助。尧在上，不能去民欲利之心，而能令其欲利不胜其好义也；虽桀在上，不能去民好义之心，而能令其好义不胜其欲利也。故尧、桀之分，在于义利而已，道民不可不慎也。今欲令民量粟以赎罪，如此则富者得生，贫者独死，是贫富异刑而法不壹也。人情，贫穷，父兄囚执，闻出财得以生活，为人子弟者将不顾死亡之患，败乱之行，以赴财利，求救亲戚。一人得生，十人以丧，如此，伯夷之行坏，公绰之名灭。政教壹倾，虽有周召之佐，恐不能复。古者臧于民，不足则取，有余则予。《诗》曰‘爰及矜人，哀此鳏寡’，上惠下也。又曰‘雨我公田，遂及我私’，下急上也。今有西边之役，民失作业，虽户赋口敛以赡其困乏，古之通义，百姓莫以为非。以死救生，恐未可也。陛下布德施教，教化既成，尧舜亡以加也。今议开利路以伤既成之化，臣窃痛之。”

那个时候的太平盛世也就会实现了！外郡不得治理，哪里值得忧虑呢？”奏书呈上之后，萧望之就受征调入朝中代任少府。宣帝观察萧望之通晓经学，处事持重，论议有余，才干足以胜任宰相，就想详细考察萧望之处理政务的能力，又让他任左冯翊。萧望之从少府调出贬职任左冯翊，唯恐行事不合宣帝的心意，就上书称病。宣帝听闻之后，就派侍中成都侯金安上表明旨意说：“朝廷所用之人都要通过治理百姓来考察政绩。您从前任平原太守的时间很短，所以陛下又让您到三辅去任职，并不是听闻有什么不好的事情。”萧望之听后，便即刻到任。

这一年西羌造反，汉朝派后将军去征讨。京兆尹张敞上书说：“国家的军队出征在外，军队在夏天出发，那么陇西郡以北，安定郡以西，官吏和百姓都要负责供给和运输粮草，这样农业大多会荒废，素来也没有囤积余粮，即使朝廷平定了西羌的叛乱，来年春天百姓也必定出现粮食匮乏的情况。贫穷偏僻的地方，有钱也买不到粮食，县里粮库的储备不足以赈济他们。希望朝廷让那些有罪的，除去抢劫杀人的盗贼和犯重罪不能赦免的犯人，都可以按级别向这八郡缴纳粮食来赎罪。务必多囤积粮食以预备解决百姓之急。”宣帝将这个事情交予有关官员处理，萧望之和少府李彊商议，认为“百姓有邪正两种思想，既有慷慨助人的想法，又有追求私利的欲望，全在于教化的引导。古代尧帝在位时，虽然不能去除百姓追求私利的欲望，但也能使他们的逐利之欲不超过他们助人之心；即便是夏桀在位时，也不能去除百姓慷慨助人的想法，但也能使他们的助人之心不超过他们逐利之欲。所以尧、桀的区分，只是在于义利而已，引导百姓不可不慎。如今想让百姓通过缴纳粮食来赎罪，这样富人就得以免罪而生，穷人就只有死路一条，贫富就有了不同的刑罚而法律也就不一致了。再者依照人之常情，再贫穷的人，他的父兄被关押下狱，听闻缴纳财物可以救其性命，他们为人子弟也将会不顾生死，不择手段，为了夺取钱财，以求能救出狱中的亲戚。一人得以活命，十人却因此丧生，若是这样，伯夷的德行将会败坏，公绰的美名将会覆灭。政治教化一旦倾废，就算是有周公、召公那样的佐臣，恐怕也难以恢复。古

于是天子复下其议两府，丞相、御史以难问张敞。敞曰："少府左冯翊所言，常人之所守耳。昔先帝征四夷，兵行三十余年，百姓犹不加赋，而军用给。今羌虏一隅小夷，跳梁于山谷间，汉但令罪人出财减罪以诛之，其名贤于烦扰良民横兴赋敛也。又诸盗及杀人犯不道者，百姓所疾苦也，皆不得赎；首匿、见知纵、所不当得为之属，议者或颇言其法可蠲除，今因此令赎，其便明甚，何化之所乱？《甫刑》之罚，小过赦，薄罪赎，有金选之品，所从来久矣，何贼之所生？敞备皂衣二十余年，尝闻罪人赎矣，未闻盗贼起也。窃怜凉州被寇，方秋饶时，民尚有饥乏，病死于道路，况至来春将大困乎！不早虑所以振救之策，而引常经以难，恐后为重责。常人可与守经，未可与权也。敞幸得备列卿，以辅两府为职，不敢不尽愚。"

望之、彊复对曰："先帝圣德，贤良在位，作宪垂法，为无穷之规，永惟边竟之不赡，故《金布令甲》曰'边郡数被兵，离饥寒，夭绝天年，父子相失，令天下共给其费'，固为军旅卒暴之事也。闻天

时候的粮食全都储藏在百姓家中，国库不足时就取之于民，国库有余时就给予他们。《诗经》说‘帝王的恩泽，应当推及那些鳏寡孤独的可怜人’，这是帝王惠泽下民。又说‘雨水先滋润公田，再滋润私田’，这是百姓关切国家的利益。如今有西部边境的征战，当地的百姓荒废了农业，即使按照人口或户口征税来解救当前的困境，这也是自古以来通行的法则，百姓不会认为有什么不对。让那些犯人的子弟冒死去救自己的亲人，恐怕不行。陛下推行德教，教化已成，尧舜也比不上您。现在提议开辟逐利之路而毁伤已成的教化，臣十分痛心。”

于是宣帝再次将他们的论议交予两府，丞相、御史大夫拿这些疑难责问张敞。张敞说：“少府和左冯翊所言，只是常人的见解。以前先帝征讨四夷，战争长达三十多年，百姓的赋税尚且没有增加，而军队的用度供给却依旧充足。如今西羌只是一个角落里的小族，是山谷间的跳梁小丑，汉室只是通过让犯人出钱减罪来诛伐西羌，这样做的名声会远远好于烦扰良民、横加赋税。再者那些盗贼和杀人犯所作无道，为百姓所痛恨，都是不能赎罪的；只是对于那些为首的窝藏犯、知情不报、不阻拦犯罪而被当成同谋，议论法令或是其中有人认为某条刑罚可以免除，现在得此机会可以赎罪，它的益处显而易见，怎会毁伤教化呢？《甫刑》所记载的刑罚，小过可以赦免，轻罪可以赎罪，有缴纳赎金的等级，这种做法由来已久，哪会再次滋生盗贼呢？我张敞为官二十多年，曾经只听说过罪人赎罪，从未听说过赎罪之后再次犯案。我哀怜凉州遭到敌寇侵扰，现在正是秋收时节，百姓尚且饥饿困乏，有的病死在路旁，更何况来年春天将会更加困顿呢！大臣们不及早思虑赈济百姓的计策，反而引用死板不变的常理来责难，恐怕后面还有更大的责任。常人可以和他固守常规，却不能和他商议权变之事。我有幸官至列卿，以辅佐两府作为职责，不敢不讲明自己的愚见。”

萧望之、李彊又说：“先帝圣德，贤良在位，定立宪章，颁布法令，作为长久的法则，时常考虑到边境百姓的生活困苦，所以《金布令甲》中说‘边境郡县履次遭受战乱，百姓饥寒交迫，不能尽享天年而短命夭折，父子离散，令天下各地共同供给边境的用度’，原本就是

汉四年，常使死罪人入五十万钱减死罪一等，豪强吏民请夺假贷，至为盗贼以赎罪。其后奸邪横暴，群盗并起，至攻城邑，杀郡守，充满山谷，吏不能禁，明诏遣绣衣使者以兴兵击之，诛者过半，然后衰止。愚以为此使死罪赎之败也，故曰不便。”时丞相魏相、御史大夫丙吉亦以为羌虏且破，转输略足相给，遂不施敞议。望之为左冯翊三年，京师称之，迁大鸿胪。

先是乌孙昆弥翁归靡因长罗侯常惠上书，愿以汉外孙元贵靡为嗣，得复尚少主，结婚内附，畔去匈奴。诏下公卿议，望之以为乌孙绝域，信其美言，万里结婚，非长策也。天子不听。神爵二年，遣长罗侯惠使送公主配元贵靡。未出塞，翁归靡死，其兄子狂王背约自立。惠从塞下上书，愿留少主敦煌郡。惠至乌孙，责以负约，因立元贵靡，还迎少主。诏下公卿议，望之复以为“不可。乌孙持两端，亡坚约，其效可见。前少主在乌孙四十余年，恩爱不亲密，边境未以安，此已事之验也。今少主以元贵靡不得立而还，信无负于四夷，此中国之大福也。少主不止，繇役将兴，其原起此。”天子从其议，征少主还。后乌孙虽分国两立，以元贵靡为大昆弥，汉遂不复与结婚。

三年，代丙吉为御史大夫。五凤中匈奴大乱，议者多曰匈奴为害日久，可因其坏乱举兵灭之。诏遣中朝大司马车骑将军韩增、诸吏富平侯张延寿、光禄勋杨恽、太仆戴长乐问望之计策，望之对

为突发的战乱而做准备的。听闻天汉四年(前97),朝廷曾经让死刑犯交纳五十万钱,可减死罪一等,当时的豪强、官吏和百姓纷纷借贷,甚至不惜沦为盗贼谋取钱财来赎罪。从此以后奸邪横行,群盗并起,以至于攻打城邑,杀害郡守,这些人充塞山谷,官吏无法禁止,朝廷只能下诏派遣绣衣使者领兵将他们击溃,诛杀的人超过半数,然后盗贼才衰减停止。我们认为这是让死刑犯赎罪的结果,所以说采取这样的政策并不恰当。"当时丞相魏相、御史大夫丙吉也认为西羌的动乱将要被击溃,运输的粮草基本上可以满足了军队所需,就没有采纳张敞的建议。萧望之任左冯翊三年,京城中都在称道,后来萧望之升任大鸿胪。

此前乌孙国王翁归靡通过长罗侯常惠呈上奏书,愿意将汉朝的外孙元贵靡立为继承人,希望能再次迎娶汉朝公主,通过结为姻亲归附汉朝,从而叛离匈奴。宣帝下诏将这件事交由公卿商议,萧望之认为乌孙国是极其边远的地域,轻信他们的美言,相隔万里结为姻亲,这并非长久之计。宣帝没有听从萧望之的建议。神爵二年(前60),派遣长罗侯常惠作为使节护送公主远嫁元贵靡。还未出塞,翁归靡就死了,他哥哥的儿子狂王背弃先前的约定,自立为王。常惠在塞下给宣帝上书,希望将公主暂时留在敦煌郡。常惠先前去乌孙国,责问乌孙国背弃约定之事,遵照约定立元贵靡为王,再回来迎接公主。宣帝又让公卿商议,萧望之依旧认为"不可以让公主远嫁乌孙。乌孙国首鼠两端,不能遵守约定,这样的结果显而易见。此前远嫁的公主在乌孙国四十多年,夫妻并不恩爱,边境也并未因此安定,这已经得到验证了。如今公主因为元贵靡没有继位而返回,并不是有负于四夷,这是汉朝的福祉啊。和亲的公主从未停止,徭役将会大肆兴起,事情的根源就在这里。"宣帝听从了萧望之的建议,召公主回朝。后来乌孙国分裂成为两个国家,以元贵靡为大昆弥,汉朝不再与乌孙国缔结姻亲。

神爵三年(前59),萧望之代替丙吉任御史大夫。五凤年间匈奴内乱,论议的大臣大多认为匈奴为害边境的时日已久,可以趁匈奴内乱时发兵将其诛灭。宣帝下诏派遣中朝大司马车骑将军韩增、富平侯

曰："《春秋》晋士匄帅师侵齐，闻齐侯卒，引师而还，君子大其不伐丧，以为恩足以服孝子，谊足以动诸侯。前单于慕化乡善称弟，遣使请求和亲，海内欣然，夷狄莫不闻。未终奉约，不幸为贼臣所杀，今而伐之，是乘乱而幸灾也，彼必奔走远遁。不以义动兵，恐劳而无功。宜遣使者吊问，辅其微弱，救其灾患，四夷闻之，咸贵中国之仁义。如遂蒙恩得复其位，必称臣服从，此德之盛也。"上从其议，后竟遣兵护辅呼韩邪单于定其国。

是时大司农中丞耿寿昌奏设常平仓，上善之，望之非寿昌。丞相丙吉年老，上重焉，望之又奏言："百姓或乏困，盗贼未止，二千石多材下不任职。三公非其人，则三光为之不明，今首岁日月少光，咎在臣等。"上以望之意轻丞相，乃下侍中建章卫尉金安上、光禄勋杨恽、御史中丞王忠，并诘问望之。望之免冠置对，天子繇是不说。

后丞相司直緐延寿奏："侍中谒者良使承制诏望之，望之再拜已。良与望之言，望之不起，因故下手，而谓御史曰'良礼不备'。故事丞相病，明日御史大夫辄问病；朝奏事会庭中，差居丞相后，丞相谢，大夫少进，揖。今丞相数病，望之不问病；会庭中，与丞相钧礼。时议事不合意，望之曰：'侯年宁能父我邪！'知御史有令不得擅使，望之多使守史自给车马，之杜陵护视家事。少史冠法冠，为妻先引，又使卖买，私所附益凡十万三千。案望之大臣，通经术，居九卿之右，本朝所仰，至不奉法自修，踞慢不逊攘，受所监臧

张延寿、光禄勋杨恽、太仆戴长乐去向萧望之询问计策，萧望之回答说：“《春秋》中记载晋国大夫范宣子率军攻打齐国，在途中听闻齐侯去世，就率军回朝，当时君子都称赞他不在别国居丧时率军征讨，认为范宣子的恩德足以使孝子信服，道义足以感动诸侯。从前单于仰慕我朝的教化，一心向善，归顺我朝，派使者前来请求和亲，四海之内的百姓都很欣喜，夷狄各族无不听闻。奉行约定还没有到底，单于就不幸为叛臣所杀，如今我大汉趁机前去讨伐，这是趁乱而幸灾乐祸的行为，他们必会远逃。不以义而出兵，恐怕会劳而无功。这时我朝应当派遣使者前去吊唁慰问，在他们衰弱的时候给予帮助，在他们身陷灾患的时候给予救助，这样四方夷狄有所听闻，都会称赞汉室的仁义。如果新任的单于蒙恩得以复位，必定会向汉室称臣归附，这是盛德的政策。”宣帝听从了萧望之的建议，最终派军队帮助呼韩邪单于平定了匈奴。

当时大司农中丞耿寿昌上奏建议朝中要设置常平仓的职位，宣帝很赞同，萧望之却反对耿寿昌的提议。丞相丙吉年老，宣帝十分敬重，萧望之又上奏说：“有的百姓生活困顿，盗贼尚未绝迹，二千石的官员大多能力低下而不能胜任。三公的人选并不合适，则日月星辰就会没有光亮，今年正月时日月无光，责任在臣等。”宣帝认为萧望之是在轻视丞相，于是将萧望之的言论交予侍中建章卫尉金安上、光禄勋杨恽、御史中丞王忠，让他们共同质问萧望之。萧望之便脱下官帽对答，宣帝因此不悦。

后来丞相司直緐延寿上奏说：“侍中谒者官良秉承旨意下诏给萧望之，萧望之只是拜了两拜。良和萧望之讲话，萧望之伏在地上不起来，还故意垂下双手，萧望之反而对御史说‘良的礼节不周’。依照旧例丞相生病，第二天御史大夫就要询问病情；上朝时聚会议事时，御史大夫应站在丞相后面，丞相谦让，大夫稍稍前进，作揖还礼。如今丞相生病，萧望之不去探问病情；在朝堂聚会议事时，萧望之与丞相用相同的礼节，没有前后尊卑之分。有时议事观点不合，萧望之说：‘以您的年纪难道还能当我的父亲吗！’萧望之明知御史有令不得擅自用权，萧望之却多次让守吏私驾车马，前往杜陵料理家事。

二百五十以上，请逮捕系治。”上于是策望之曰：“有司奏君责使者礼，遇丞相亡礼，廉声不闻，敖慢不逊，亡以扶政，帅先百僚。君不深思，陷于兹秽，朕不忍致君于理，使光禄勋恽策诏，左迁君为太子太傅，授印。其上故印使者，便道之官。君其秉道明孝，正直是与，帅意亡諐，靡有后言。”

望之既左迁，而黄霸代为御史大夫。数月间，丙吉薨，霸为丞相。霸薨，于定国复代焉。望之遂见废，不得相。为太傅，以《论语》《礼服》授皇太子。

初，匈奴呼韩邪单于来朝，诏公卿议其仪，丞相霸、御史大夫定国议曰：“圣王之制，施德行礼，先京师而后诸夏，先诸夏而后夷狄。《诗》云：‘率礼不越，遂视既发；相土烈烈，海外有截。’陛下圣德充塞天地，光被四表，匈奴单于乡风慕化，奉珍朝贺，自古未之有也。其礼仪宜如诸侯王，位次在下。”望之以为“单于非正朔所加，故称敌国，宜待以不臣之礼，位在诸侯王上。外夷稽首称藩，中国让而不臣，此则羁縻之谊，谦亨之福也。《书》曰‘戎狄荒服’，言其来服，荒忽亡常。如使匈奴后嗣卒有鸟窜鼠伏，阙于朝享，不为畔臣。信让行乎蛮貉，福祚流于亡穷，万世之长策也。”天子采之，下诏曰：“盖闻五帝三王教化所不施，不及以政。今匈奴单于称北藩，朝正朔，朕之不逮，德不能弘覆。其以客礼待之，令单于位在诸侯王上，赞谒称臣而不名。”

少史戴着法冠，为他的妻子在车前引路，萧望之又让官吏为自己做买卖，这些人私下为他赚取十万三千钱。萧望之身为大臣，通晓经术，位居九卿之上，为当朝所敬仰，以至于不能奉法自修，傲慢不逊，贪污受贿达二百五十万钱以上，奏请将萧望之逮捕治罪。”宣帝于是下文策给萧望之说：“有关官员劾奏你无故苛责使者礼节不周，遇到丞相无礼，听不到你清廉的名声，傲慢不逊，无法扶持朝政，不能成为百官的表率。你反而不深思，身陷这些污秽境地，朕不忍心依法处置你，就让光禄勋杨恽前去传达文策，将你贬为太子太傅，授予印绶。将原来的印绶交还使者杨恽，然后即刻上任。你应该秉承道义，明晓孝行，端正自身，不要再有什么过失，也不要再有什么申辩。”

萧望之被贬之后，黄霸继任御史大夫。数月之后，丙吉去世，黄霸继任丞相。黄霸去世之后，于定国又继任丞相，萧望之遭废黜，不再任丞相。而担任太傅，教授皇太子《论语》和《仪礼·丧服》。

起初，匈奴呼韩邪单于要前来朝见，宣帝下诏让公卿大臣论议接见的礼制，丞相黄霸、御史大夫于定国论议以为：“圣王的法制，施行德政，推行礼教，先京师而后诸夏，先诸夏而后夷狄。《诗经》说：‘依循礼节没有僭越，巡察四方得以推行；相土极富威望，四海内外纷纷拥戴。’陛下圣德充塞天地，光辉遍照天下四方，匈奴单于仰慕我朝的民风教化，奉上珍宝前来朝贺，这些盛况自古以来还未有过。应当按照诸侯王的礼制来接见匈奴单于，位次应在诸侯王之下。”萧望之认为“单于并非由我朝亲封，所以称为敌国，不应当以臣下的礼制相待，位次应在诸侯王之上。外夷叩拜自称藩国，我朝谦让而不以其为臣，这是笼络的计策，这是谦虚而得以亨通的福泽。《尚书》说‘戎狄距离京师十分遥远’，这是说外族前来归附，反覆无常。倘若后来继位的匈奴有逃散臣服的行径，没有来朝拜贺，他不要将他们视为叛臣。诚信谦让推行到天下四方，福运流传无穷无尽，这是千秋万代的长远之计。”宣帝采纳了萧望之的建议，下诏说：“听闻五帝三王对于教化尚未推及的地方，也不施加政令。如今匈奴单于自称是北面的藩国，前来朝拜，朕有所不足，德政不能施于远方。就以

及宣帝寝疾，选大臣可属者，引外属侍中乐陵侯史高、太子太傅望之、少傅周堪至禁中，拜高为大司马车骑将军，望之为前将军光禄勋，堪为光禄大夫，皆受遗诏辅政，领尚书事。宣帝崩，太子袭尊号，是为孝元帝。望之、堪本以师傅见尊重，上即位，数宴见，言治乱，陈王事。望之选白宗室明经达学散骑谏大夫刘更生给事中，与侍中金敞并拾遗左右。四人同心谋议，劝道上以古制，多所欲匡正，上甚乡纳之。

初，宣帝不甚从儒术，任用法律，而中书宦官用事。中书令弘恭、石显久典枢机，明习文法，亦与车骑将军高为表里，论议常独持故事，不从望之等。恭、显又时倾仄见诎。望之以为中书政本，宜以贤明之选，自武帝游宴后庭，故用宦者，非国旧制，又违古不近刑人之义，白欲更置士人，繇是大与高、恭、显忤。上初即位，谦让重改作，议久不定，出刘更生为宗正。

望之、堪数荐名儒茂材以备谏官。会稽郑朋阴欲附望之，上疏言车骑将军高遣客为奸利郡国，及言许、史子弟罪过。章视周堪，堪白令朋待诏金马门。朋奏记望之曰："将军体周召之德，秉公绰之质，有卞庄之威。至乎耳顺之年，履折冲之位，号至将军，诚士之高致也。窟穴黎庶莫不欢喜，咸曰将军其人也。今将军规橅云若管晏而休，遂行日仄至周召乃留乎？若管晏而休，则下走将归延陵之皋，修农圃之畴，畜鸡种黍，竢见二子，没齿而已矣。如将军昭然度行积思，塞邪枉之险蹊，宣中庸之常政，兴周召之遗业，亲日仄之

宾客的礼制接待匈奴，让单于的位次在诸侯王之上，谒见时称臣而不称名字。”

后来宣帝卧病在床，挑选可以托付政事的大臣，传召外戚侍中乐陵侯史高、太子太傅萧望之、少傅周堪进宫，让史高拜任大司马车骑将军，萧望之拜任前将军光禄勋，周堪拜任光禄大夫，他们都领受宣帝遗诏辅政，总领尚书事。宣帝驾崩，太子继位，是为孝元帝。萧望之、周堪原本是以太子老师的身份而受到尊重，元帝继位之后，数次在闲暇时召见他们，讨论治国之道，陈述政事。萧望之举荐宗亲中通晓经学的散骑谏大夫刘更生任给事中，和侍中金敞一起在元帝左右查缺补漏。四人同心谋议，劝导元帝采用古制，提出许多匡正意见，元帝十分信任他们并采纳他们的意见。

起初，宣帝不大遵从儒术，而是任用法律，使得中书宦官掌权。中书令弘恭、石显长期管理朝中的关键事务，通晓条文法令，也和车骑将军史高互相勾结，论议朝政唯独他们常常坚持旧例，不听从萧望之等人的意见。弘恭、石显时常论议国事又因意见偏激不正遭元帝驳回。萧望之认为中书是政务的根本，应当选用贤明的人才，自武帝在后宫游玩享乐，重用宦官开始，这些做法并非国家的旧制，又违背了不能亲近宦官的古训，所以萧望之向元帝禀奏要在中书重新选用士人，从此便和史高、弘恭、石显等人相互冲突。元帝继位之初，为表谦让并没有立刻改换士人，这个建议许久不能决定，后来元帝让刘更生担任宗正。

萧望之、周堪数次举荐名儒茂才来任谏官。会稽的郑朋想依附巴结萧望之，就上书奏言车骑将军史高派遣门客在郡国中为非作歹，还言及许、史两家子弟的罪过。元帝把奏章交予周堪看，周堪奏言让郑朋在金马门任待诏。郑朋写文书呈给萧望之说：“将军有周公、召公的德行，秉承孟公绰的品质，拥有卞庄的威严。到了六十岁时，身居重臣之位，号至将军，着实是士人所追求的最高成就。黎民百姓无不欢喜，都说您是担任将军最合适的人选。如今将军的志向是要像管仲、晏子而后停止呢？还是废寝忘食勤于政事如同周公、召公而后停止呢？若像管仲晏子那样而止，那么在下将会像季札那样弃国归隐

兼听，则下走其庶几愿竭区区，底厉锋锷，奉万分之一。”望之见纳朋，接待以意。朋数称述望之，短车骑将军，言许、史过失。

后朋行倾邪，望之绝不与通。朋与大司农史李宫俱待诏，堪独白宫为黄门郎。朋，楚士，怨恨，更求入许、史，推所言许、史事曰：“皆周堪、刘更生教我，我关东人，何以知此？”于是侍中许章白见朋。朋出扬言曰：“我见，言前将军小过五，大罪一。中书令在旁，知我言状。”望之闻之，以问弘恭、石显。显、恭恐望之自讼，下于它吏，即挟朋及待诏华龙。龙者，宣帝时与张子蟜等待诏，以行污濊不进，欲入堪等，堪等不纳，故与朋相结。恭、显令二人告望之等谋欲罢车骑将军疏退许、史状，候望之出休日，令朋、龙上之。事下弘恭问状，望之对曰：“外戚在位多奢淫，欲以匡正国家，非为邪也。”恭、显奏“望之、堪、更生朋党相称举，数谮诉大臣，毁离亲戚，欲以专擅权势，为臣不忠，诬上不道，请谒者召致廷尉。”时上初即位，不省“谒者召致廷尉”为下狱也，可其奏。后上召堪、更生，曰系狱。上大惊曰：“非但廷尉问邪？”以责恭、显，皆叩头谢。上曰：“令出视事。”恭、显因使高言：“上新即位，未以德化闻于天下，而先验师傅，既下九卿大夫狱，宜因决免。”于是制诏丞相御史：“前将军望之傅朕八年，亡它罪过，今事久远，识忘难明。其赦望之罪，收前将军光禄勋印绶，及堪、更生皆免为庶人。”而朋为黄门郎。

延陵山野之中，修整田地，养鸡种黍，待见二子，终此一生而已。若将军能光明正大超越常行深思熟虑，堵塞奸邪行径，宣扬中庸的政治，振兴周公、召公的遗业，亲身力行，废寝忘食，听取各种意见，那么在下将愿意竭尽自己的绵薄之力，磨砺锋芒，奉献万一之力。”萧望之接见了郑朋，以诚心对待郑朋。郑朋也数次称颂萧望之，谈论车骑将军的短处，言说许氏、史氏的过失。

后来郑朋的行为显露奸邪，萧望之和他绝交，再无往来。郑朋和大司农史李宫都是待诏，周堪单独举荐了李宫任黄门郎。郑朋，楚地人，为此心中怨恨，转而投入许、史门下，推脱此前所说许、史两氏过失之事说：“那些都是周堪、刘更生教我的，我是关东人，怎会知道那些事情呢？”于是侍中许章禀奏元帝请求召见郑朋。郑朋出宫后扬言说：“我拜见了皇上，向皇上禀奏了前将军萧望之五条小过，一条大罪。中书令石显当时也在旁边，知道我所说的事情。”萧望之听闻后，就向弘恭、石显询问。石显、弘恭担心萧望之因此而为自己申诉，元帝会将这个案件交由其他官吏来审理，就要挟郑朋以及待诏华龙。华龙，在宣帝时期和张子蟜等人任待诏，因为品行不端没有出仕为官，华龙又想依附周堪等人，周堪等人也没有接纳他，所以华龙和郑朋狼狈为奸。弘恭、石显命令二人揭发萧望之等人，劾奏萧望之等人谋划罢免车骑将军史高并想让元帝疏远许、史两氏的事情，等到萧望之出朝休假时，他们让郑朋、华龙上奏元帝。元帝将这件事交由弘恭查验询问，萧望之回答询问说：“外戚为官大多奢侈淫逸，我想匡正国家，并非要做什么奸邪之事。”弘恭、石显上奏“萧望之、周堪、刘更生互结朋党、互相举荐，多次诋毁大臣，离间皇室宗亲，想要凭此独断专权，为臣不忠，诬上不道，请求谒者传召他们到廷尉查问。”当时元帝刚刚继位，不知道“谒者传召到廷尉查问”就是下狱，就应允了弘恭和石显的奏请。后来元帝要召见周堪、刘更生，有人回答说他们已经收押入狱。元帝大惊说：“不是只让廷尉查问他们吗？”元帝因此责问弘恭、石显，他们都叩头谢罪。元帝说：“放了萧望之等人，让他们回到原职处理政事。”弘恭、石显就让史高向元帝进言：“皇上刚刚继位，还未因德政教化而闻于天下，就先将老师下

后数月，制诏御史："国之将兴，尊师而重傅。故前将军望之傅朕八年，道以经术，厥功茂焉。其赐望之爵关内侯，食邑六百户，给事中，朝朔望，坐次将军。"天子方倚欲以为丞相，会望之子散骑中郎伋上书讼望之前事，事下有司，复奏"望之前所坐明白，无谮诉者，而教子上书，称引亡辜之《诗》，失大臣体，不敬，请逮捕。"弘恭、石显等知望之素高节，不诎辱，建白："望之前为将军辅政，欲排退许、史，专权擅朝。幸得不坐，复赐爵邑，与闻政事，不悔过服罪，深怀怨望，教子上书，归非于上，自以托师傅，怀终不坐。非颇诎望之于牢狱，塞其怏怏心，则圣朝亡以施恩厚。"上曰："萧太傅素刚，安肯就吏？"显等曰："人命至重，望之所坐，语言薄罪，必亡所忧。"上乃可其奏。

显等封以付谒者，敕令召望之手付，因令太常急发执金吾车骑驰围其第。使者至，召望之。望之欲自杀，其夫人止之，以为非天子意。望之以问门下生朱云。云者好节士，劝望之自裁。于是望之卬天叹曰："吾尝备位将相，年逾六十矣，老入牢狱，苟求生活，不亦鄙乎！"字谓云曰："游，趣和药来，无久留我死！"竟饮鸩自杀。天子闻之惊，拊手曰："曩固疑其不就牢狱，果然杀吾贤傅！"是时太官方上昼食，上乃却食，为之涕泣，哀恸左右。于是召显等责问以议

狱查问，既然已经将九卿大夫下狱，应该先判决再赦免。”元帝便下诏给丞相和御史大夫：“前将军萧望之教导朕八年，没有其他罪过，如今这件事情为时已久，记不清楚，难以说明。赦免萧望之的罪责，收回前将军光禄勋的印绶，以及周堪、刘更生全都免为庶人。”后来郑朋担任黄门郎。

数月之后，元帝下诏给御史大夫：“国家将要兴盛，应该尊师重教，原前将军萧望之教导朕八年，教授朕经术，功劳甚厚。赐萧望之关内侯，食邑六百户，任给事中，每月初一、十五进宫朝见，座位次于将军。”元帝正想倚仗萧望之来担任丞相，却恰逢萧望之的儿子散骑中郎萧伋上书申诉萧望之蒙冤的前事，元帝将这件事交由有关官员审理，有关官员回禀“萧望之此前的罪过清楚明白，并非有人故意诬陷毁谤，而萧望之却指使儿子上书，引用《诗经》来表明自己的无辜，有失大臣威仪，对皇上不敬，请求逮捕萧望之。”弘恭、石显等人知道萧望之素来气节高尚，不愿忍受折辱，就向元帝建议说：“萧望之从前任前将军辅政，想要排斥许章、史高，独揽朝政。侥幸没有受到罪罚，之后陛下又赐予他爵位食邑，允许参与朝政，萧望之不但没有悔过服罪，反而深怀怨怼，教子上书，将罪行都归咎于皇上，自以为是皇上的老师，以为自始至终都不会获罪。倘若不让萧望之在牢狱中受些折辱，阻塞他不满的情绪，那么圣朝将无法施以厚恩。”元帝说：“萧太傅的品行素来刚正，怎么肯接受吏员的围捕？”石显等人说：“人的生命是最重要的，萧望之的罪过，是言语上的小罪，一定不会让皇上忧心。”元帝就应允了石显等人的奏请。

石显等人将诏令封好交给谒者，下令要亲手交予萧望之，而后命令太常紧急率领执金吾车骑飞驰前去包围萧望之的府第。使者到达之后，传召萧望之。这时萧望之想自杀，他的夫人制止了他，认为这并非皇帝的旨意。萧望之就此询问他的门生朱云。朱云是一位重名节之士，劝萧望之自杀。萧望之仰天长叹说：“我曾经官至将相，如今也已年过六十，年老却要进监狱，苟且偷生，这岂不鄙陋！”萧望之便叫着朱云的字说：“游，赶紧去取药来，不要再拖了，我宁愿死！”萧望之最终饮鸩自杀了。元帝听闻之后十分震惊，拍手叹惜说：“先

不详。皆免冠谢，良久然后已。

望之有罪死，有司请绝其爵邑。有诏加恩，长子伋嗣为关内侯。天子追念望之不忘，每岁时遣使者祠祭望之冢，终元帝世。望之八子，至大官者育、咸、由。

育字次君，少以父任为太子庶子。元帝即位，为郎，病免，后为御史。大将军王凤以育名父子，著材能，除为功曹，迁谒者，使匈奴副校尉。后为茂陵令，会课，育第六。而漆令郭舜殿，见责问，育为之请，扶风怒曰："君课第六，裁自脱，何暇欲为左右言？"及罢出，传召茂陵令诣后曹，当以职事对。育径出曹，书佐随牵育，育案佩刀曰："萧育杜陵男子，何诣曹也！"遂趋出，欲去官。明旦，诏召入，拜为司隶校尉。育过扶风府门，官属掾史数百人拜谒车下。后坐失大将军指免官。复为中郎将使匈奴。历冀州、青州两部刺史，长水校尉，泰山太守，入守大鸿胪。以鄠名贼梁子政阻山为害，久不伏辜，育为右扶风数月，尽诛子政等。坐与定陵侯淳于长厚善免官。

哀帝时，南郡江中多盗贼，拜育为南郡太守。上以育耆旧名臣，乃以三公使车载育入殿中受策，曰："南郡盗贼群辈为害，朕甚忧之。以太守威信素著，故委南郡太守，之官，其于为民除害，安元元而已，亡拘于小文。"加赐黄金二十斤。育至南郡，盗贼静。病去

前我就觉得他是不愿进牢狱的，如今果真杀了我的好老师啊！”当时太官刚刚端上午膳，元帝绝食，为萧望之痛哭流涕，悲哀之情连左右侍从都为之动容。于是元帝召来石显等人，责问他们思虑不周详。他们都脱帽谢罪，很久才作罢。

萧望之因罪而死，有关的官员奏请废除他的爵位封邑。元帝却下诏施恩，让长子萧伋承袭关内侯爵位。元帝时常追忆萧望之无法忘怀，每年忌日都会派使者前去祭祀萧望之的坟冢，直到元帝驾崩。萧望之有八个儿子，任大官的有萧育、萧咸、萧由。

萧育字次君，年少时因父亲的缘故任太子庶子。元帝继位，（注：若按时间推算，当时应为成帝继位，而萧育不应为太子庶子。）萧育任郎官，因病免官，后任御史。大将军王凤因为萧育父亲的名望，以及萧育自己的才能显著，就让萧育任功曹，迁任谒者，又任出使匈奴的副校尉。后来萧育任茂陵县令，经过考核，萧育位列第六。而漆县县令郭舜殿后，郭舜遭受责备，萧育为他求情，右扶风大怒说：“你的政绩排第六，自己才刚合格，怎么还有闲暇为同僚求情呢？”等到考核结束出场，就传召茂陵令萧育前往后曹，想通过他在任期内的政务来责问他。萧育径直走出后曹，书佐跟随在后并拉住了他，萧育按住佩刀说：“我萧育只是杜陵县的一介白衣，为何要我去后曹！”说完就快步离开，萧育想要辞官。第二天早晨，成帝下诏召萧育进宫，任司隶校尉。萧育经过扶风府的府门时，有数百名官属掾史在萧育的车下拜见。后来萧育因违背大将军的命令而被免官。之后萧育又任中郎将出使匈奴。后任冀州、青州两郡刺史，长水校尉，泰山太守，后进入朝廷代任大鸿胪。又因鄠县有名的盗贼梁子政依仗山势为祸一方，很久都未能伏法抓获，萧育就任右扶风数月，便将梁子政等人全数诛灭。后来萧育因和定陵侯淳于交好而遭受牵连免官。

哀帝时，南郡一带的长江多有盗贼，哀帝让萧育拜任南郡太守。哀帝因萧育是德高望重的老臣，便用三公使用的车子载着萧育进宫接受策命，说：“南郡盗贼成群祸乱一方，朕十分忧心。因为太守素来威信显著，所以朕委任你为南郡太守，到任之后，应当为民除害，安定百姓，不要拘于小节。”并且加赐黄金二十斤。萧育到达南郡后，盗贼绝

官，起家复为光禄大夫执金吾，以寿终于官。

育为人严猛尚威，居官数免，稀迁。少与陈咸、朱博为友，著闻当世。往者有王阳、贡公，故长安语曰“萧、朱结绶，王、贡弹冠”，言其相荐达也。始育与陈咸俱以公卿子显名，咸最先进，年十八为左曹，二十余御史中丞。时朱博尚为杜陵亭长，为咸、育所攀援，入王氏。后遂并历刺史郡守相，及为九卿，而博先至将军上卿，历位多于咸、育，遂至丞相。育与博后有隙，不能终，故世以交为难。

咸字仲，为丞相史，举茂材，好畤令，迁淮阳、泗水内史，张掖、弘农、河东太守。所居有迹，数增秩赐金。后免官，复为越骑校尉、护军都尉、中郎将，使匈奴，至大司农，终官。

由字子骄，为丞相西曹卫将军掾，迁谒者，使匈奴副校尉。后举贤良，为定陶令，迁太原都尉，安定太守。治郡有声，多称荐者。初，哀帝为定陶王时，由为定陶令，失王指，顷之，制书免由为庶人。哀帝崩，为复土校尉、京辅左辅都尉，迁江夏太守。平江贼成重等有功，增秩为陈留太守。元始中，作明堂辟雍，大朝诸侯，征由为大鸿胪，会病，不及宾赞，还归故官，病免。复为中散大夫，终官。家至吏二千石者六七人。

赞曰：萧望之历位将相，籍师傅之恩，可谓亲昵亡间。及至谋泄隙开，谗邪构之，卒为便嬖宦竖所图，哀哉！不然，望之堂堂，折而不桡，身为儒宗，有辅佐之能，近古社稷臣也。

迹。后萧育因病辞官，再重新入仕任光禄大夫执金吾，在任上去世。

萧育为人勇猛刚正，数次遭到免官，很少能得到升迁的机会。年少时与陈咸、朱博为友，在当时盛名远扬。过去与王阳、贡公交好，所以长安有句俗话说："萧、朱结绶出仕，王、贡弹冠相庆"，这是说他们互相举荐得以出仕显达。起初萧育和陈咸都是以公卿子弟而闻名，陈咸是最先入仕的，陈咸十八岁时任左曹，二十多岁时任御史中丞。当时朱博尚且只是杜陵县的亭长，得到了陈咸、萧育的引荐，进入王氏门下。后来他们一同担任刺史、郡守、国相，再后来位列九卿，当时朱博最先官至将军上卿，历任的官职比陈咸、萧育还要多，一直官至丞相。萧育和朱博后来有了嫌隙，友情不能终了，所以世人认为交友很难。

萧咸字仲，任丞相史，经过举荐茂材，任好畤县令，后来升迁任淮阳、泗水内史，以及张掖、弘农、河东太守。到任之处颇有政绩，多次得以增加俸禄和奖赏金钱。后免官，又任越骑校尉、护军都尉、中郎将，出使匈奴，官至大司农，后来在任上去世。

萧由字子骄，任丞相西曹卫将军的掾史，后升任谒者，任出使匈奴的副校尉。后来经过举荐贤良，任定陶县令，升任太原都尉，安定太守。萧由因为治理郡县而颇有声望，获得许多人的称赞和举荐。当初，哀帝还是定陶王时，萧由任定陶令，因为违逆了定陶王的意旨，在定陶王继位之后，就下令将萧由免为庶人。哀帝驾崩后，萧由又任复土校尉、京辅左辅都尉，升任江夏太守。因清剿长江一带的盗贼成重等人有功，朝廷增加了萧由的俸禄并让他任陈留太守。元始年间，朝廷修筑明堂和辟雍，天子召集诸侯大臣，征召萧由任大鸿胪，恰逢萧由生病，无法进行主持典礼导引宾客的职事，便回去就任原来的太守，后来因病免官。萧由之后又任中散大夫，最终在任上去世。萧家任二千石的官员有六七人。

赞辞说：萧望之官至将相，因是元帝的老师，可谓是与元帝亲密无间。等到谋划泄露，产生隔阂，遭到谗言邪说的构陷，最终为宠臣宦官所害，悲哀啊！不然的话，萧望之品行端正，宁折不挠，身为儒宗，又有辅佐天子的才能，可谓是近于古代的社稷之臣了。

卷七十九

冯奉世传第四十九

冯奉世字子明，上党潞人也，徙杜陵。其先冯亭，为韩上党守。秦攻上党，绝太行道，韩不能守，冯亭乃入上党城守于赵。赵封冯亭为华阳君，与赵将括距秦，战死于长平。宗族繇是分散，或留潞，或在赵。在赵者为官帅将，官帅将子为代相。及秦灭六国，而冯亭之后冯毋择、冯去疾、冯劫皆为秦将相焉。

汉兴，文帝时冯唐显名，即代相子也。至武帝末，奉世以良家子选为郎。昭帝时，以功次补武安长。失官，年三十余矣，乃学《春秋》涉大义，读兵法，前将军韩增奏以为军司空令。本始中，从军击匈奴。军罢，复为郎。

先是时，汉数出使西域，多辱命不称，或贪污，为外国所苦。是时乌孙大，有击匈奴之功，而西域诸国新辑，汉方善遇，欲以安之，选可使外国者。前将军增举奉世以卫候使持节送大宛诸国客。至伊修城，都尉宋将言莎车与旁国共攻杀汉所置莎车王万年，并杀汉使者奚充国。时匈奴又发兵攻车师城，不能下而去。莎车遣使扬言北道诸国已属匈奴矣，于是攻劫南道，与歃盟畔汉，从鄯善以西皆绝不通。都护郑吉、校尉司马熹皆在北道诸国间。奉世与其副严昌计，以为不亟击之则莎车日强，其势难制，必危西域。遂以节谕告诸国王，因发其兵，南北道合万五千人进击莎车，攻拔其城。莎车王自杀，传其首诣长安。诸国悉平，威振西域。奉世乃罢兵以闻。宣帝召见韩增，曰："贺将军所举得其人。"奉世遂西至大宛。大宛闻

冯奉世字子明，上党潞县人，后来迁居杜陵。他的祖先冯亭，曾任韩国上党郡郡守。当时秦国攻伐上党，阻塞了太行山的道路，韩国不能守卫，冯亭就将上党城献给赵国并且据城而守。赵国封冯亭为华阳君，与赵国大将赵括共同抵抗秦国，冯亭战死于长平。冯氏宗族此后便分散各地，有的留在潞县，有的留在赵国。留在赵国的冯氏宗亲成为了官员将军，这些官员将军的后人又任代国的国相。等到秦灭六国之后，冯亭的后人冯毋择、冯去疾、冯劫都成为了秦国的将相。

汉朝建立之后，文帝时冯唐名声显赫，冯唐便是代国丞相的儿子。到了武帝末年，冯奉世以良家子弟的身份被选任为郎官。昭帝时，按照冯奉世功绩大小以及官位升迁的次序补任武安县长。后遭免官，当时冯奉世已经三十多岁了，开始修习《春秋》，初涉经典要义，研读兵法，前将军韩增奏请昭帝让冯奉世任军司空令。本始年间，冯奉世从军攻打匈奴。战争结束后，冯奉世继续任郎官。

在此之前，汉室多次派使者出使西域，大多有辱使命，并不称职，要不贪污，要不遭受西域各国的刁难羞辱。当时乌孙国十分强大，有击退匈奴的功劳，而西域各国刚与汉朝修好，汉室正想以礼相待，趁此安抚这些国家，就挑选可以出使的使者。前将军韩增便举荐冯奉世，让冯奉世以卫候使的身份，持符节护送大宛等国的使者回国。走到伊修城时，都尉宋将说莎车国人和周围的几个国家共同杀了汉朝所封的莎车国王万年，还杀了汉朝的使者奚充国。当时匈奴又发兵攻伐车师城，因为没能攻破便离去了。莎车国派使者扬言北道各国都已归降匈奴，就攻伐抢掠南道各国，并与他们歃血为盟叛离汉室，从鄯善国以西的道路都已阻断。都护郑吉、校尉司马熹都受困于北路诸国之间。冯奉世和他的副使严昌商议，认为如果不赶快出击，莎车国将会日益强大，到那时势态将会难以控制，必会危及整个西域。

其斩莎车王，敬之异于它使。得其名马象龙而还。上甚说，下议封奉世。丞相、将军皆曰：“《春秋》之义，大夫出疆，有可以安国家，则颛之可也。奉世功效尤著，宜加爵土之赏。”少府萧望之独以奉世奉使有指，而擅矫制违命，发诸国兵，虽有功效，不可以为后法。即封奉世，开后奉使者利，以奉世为比，争遂发兵，要功万里之外，为国家生事于夷狄。渐不可长，奉世不宜受封。上善望之议，以奉世为光禄大夫、水衡都尉。

元帝即位，为执金吾。上郡属国归义降胡万余人反去。初，昭帝末，西河属国胡伊酋若王亦将众数千人畔，奉世辄持节将兵追击。右将军典属国常惠薨，奉世代为右将军典属国，加诸吏之号。数岁，为光禄勋。

永光二年秋，陇西羌彡姐旁种反，诏召丞相韦玄成、御史大夫郑弘、大司马车骑将军王接、左将军许嘉、右将军奉世入议。是时，岁比不登，京师谷石二百余，边郡四百，关东五百。四方饥馑，朝廷方以为忧，而遭羌变。玄成等漠然莫有对者。奉世曰：“羌虏近在竟内背畔，不以时诛，亡以威制远蛮。臣愿帅师讨之。”上问用兵之数，对曰：“臣闻善用兵者，役不再兴，粮不三载，故师不久暴而天诛亟决。往者数不料敌，而师至于折伤；再三发軵，则旷日烦费，威武亏矣。今反虏无虑三万人，法当倍用六万人。然羌戎弓矛之兵

于是就以符节告知诸位国王，因而发兵，南北两道共有一万五千人进击莎车国，攻破莎车国的城池。莎车王自杀，冯奉世命人将莎车王的首级送到长安。西域各国见此全都安定下来，冯奉世威震西域。冯奉世班师回朝，向朝廷奏明事由。宣帝召见韩增，说："祝贺将军举荐了十分称职的人。"之后冯奉世西行至大宛国。大宛国王听闻冯奉世斩杀了莎车王，对待他十分尊敬，胜过其他使者。冯奉世获得大宛的名马象龙而后返回长安。宣帝十分欢喜，下令让大臣论议如何封赏冯奉世。丞相、将军都说："《春秋》之义，大夫出使边疆，若是遇到有助于安定国家的事情，也可以专权独断。冯奉世的功绩格外卓著，应当封赏爵位和土地。"唯独少府萧望之认为冯奉世奉旨护送西域各国的使者，却擅自假托违逆君命，命令西域诸国发兵，虽有功绩，但不可以为后世所效法。倘若封赏了冯奉世，那就开了后世奉命出使之人的先例，纷纷效法冯奉世，在西域争相发动军队，妄图在万里之外邀功求赏，为国家而在夷狄各族中滋生事端。此例不可开，冯奉世不应受封。宣帝认同了萧望之的建议，让冯奉世任光禄大夫、水衡都尉。

元帝继位之后，冯奉世任执金吾。上郡属国归降汉朝的一万多胡人叛逃。当初，在昭帝末年，西河属国的胡伊酋若王也曾率领数千人叛逃，冯奉世也曾持符节率军追击。在右将军典属国常惠去世之后，冯奉世便接任右将军典属国，并且加封了各种职位的名号。数年后，冯奉世任光禄勋。

永光二年（前42）秋季，陇西郡羌彡姐的旁支造反，元帝下诏让丞相韦玄成、御史大夫郑弘、大司马车骑将军王接、左将军许嘉、右将军冯奉世进宫商议对策。当时，庄稼连年歉收，京师的粮食每石卖二百余文钱，边境郡县每石卖四百文钱，关东卖五百文钱。天下四方遭逢饥荒，朝廷正为此事担忧，却又遭逢羌族叛乱。韦玄成等人沉默无人应答。冯奉世说："羌族在靠近国境以内叛变，若是不及时诛伐，那将无法威震远方的蛮夷。臣愿意率兵前去讨伐。"元帝询问所需军队的数量，冯奉世回答说："臣听闻善用兵的人，不会出现两次征兵，三次运粮的情况，所以军队不宜长久征战在外，应当速战

耳，器不犀利，可用四万人，一月足以决。”丞相、御史、两将军皆以为民方收敛时，未可多发；万人屯守之，且足。奉世曰：“不可。天下被饥馑，士马羸耗，守战之备久废不简，夷狄皆有轻边吏之心，而羌首难。今以万人分屯数处，虏见兵少，必不畏惧，战则挫兵病师，守则百姓不救。如此，怯弱之形见，羌人乘利，诸种并和，相扇而起，臣恐中国之役不得止于四万，非财币所能解也。故少发师而旷日，与一举而疾决，利害相万也。”固争之，不能得。有诏益二千人。

于是遣奉世将万二千人骑，以将屯为名。典属国任立、护军都尉韩昌为偏裨，到陇西，分屯三处。典属国为右军，屯白石；护军都尉为前军，屯临洮；奉世为中军，屯首阳西极上。前军到降同阪，先遣校尉在前与羌争地利，又别遣校尉救民于广阳谷。羌虏盛多，皆为所破，杀两校尉。奉世具上地形部众多少之计，愿益三万六千人乃足以决事。书奏，天子大为发兵六万余人，拜太常弋阳侯任千秋为奋武将军以助焉。奉世上言：“愿得其众，不须烦大将。”因陈转输之费。

上于是以玺书劳奉世，且让之，曰：“皇帝问将兵右将军，甚苦暴露。羌虏侵边境，杀吏民，甚逆天道，故遣将军帅士大夫行天诛。以将军材质之美，奋精兵，诛不轨，百下百全之道也。今乃有畔敌之名，大为中国羞。以昔不闲习之故邪？以恩厚未洽，信约不

速决。以往的将领常常没有衡量敌情，使得军队折损；以至于多次征调粮草，这样历时长久耗费巨大，军队的士气低迷。如今叛贼大约有三万人，依照兵法应当加倍用兵六万人。但羌戎的叛贼只是使用弓矛之类的军队，兵器并不犀利，可以用兵四万人，一个月足以平叛。”丞相、御史、两位将军都认为百姓正值收割粮食的时节，不应当多用兵；一万人戍守，足够了。冯奉世说：“不行。国内正遭受饥荒，士兵、马匹全都疲困虚耗，防守的战备长久废弃，未经训练修整，夷狄各族都有蔑视边疆守吏之心，因此羌族才会首先反叛。如今若是以一万人分守数处，叛贼见我朝兵少，必定不会畏惧，因此交战则会使得军队折损士气受挫，防守则无法救助百姓。若是这样，我朝怯弱的形势将会显露无遗，羌人就会趁此机会，煽动其他各族响应，共同起兵，到时臣恐怕朝廷要征调的就不止四万人了，这不是钱财所能解决的。所以少发兵而空费时日，于一战而速决相比，其中利害相差万倍。”冯奉世坚持谏诤，也没有得到元帝的同意。最终元帝下诏增加两千兵马。

于是元帝派冯奉世率领一万二千兵马，以率兵戍守为名。典属国任立、护军都尉韩昌为偏将，他们到达陇西郡之后，军队分别驻守三处。典属国任立为右军，在白石县驻扎；护军都尉韩昌为前军，在临洮县驻扎；冯奉世为中军，在首阳县西极山上驻扎。前军到达降同阪之后，先派校尉领兵在前和羌人争夺有利地势，又另派校尉到广阳谷救援百姓。羌族叛贼人数众多，派出的军队都被击溃，并且被杀了两位校尉。冯奉世根据地形和双方兵马向元帝上报，请求增兵三万六千人便能解决战乱。奏书呈上之后，元帝下令发兵六万余人，将太常弋阳侯任千秋封为奋武将军前去辅助冯奉世。冯奉世上奏说：“希望调派大批兵马，无须再烦劳大将。”之后冯奉世又奏请运输的费用。

元帝于是以玺书慰劳冯奉世，同时也责备他，说：“皇帝慰问右将军，将军率兵征战在外，辛苦异常。羌族叛贼侵扰我朝边境，杀害我朝官吏百姓，违逆天道，所以派将军率领军中将士遵循天意施行诛伐。以将军杰出的才华，率领精锐军队，诛伐不轨叛贼，足以百战

明也？朕甚怪之。上书言羌虏依深山，多径道，不得不多分部遮要害，须得后发营士，足以决事，部署已定，势不可复置大将，闻之。前为将军兵少，不足自守，故发近所骑，日夜诣，非为击也。今发三辅、河东、弘农越骑、迹射、佽飞、彀者、羽林孤儿及呼速累、嗕种，方急遣。且兵，凶器也，必有成败者，患策不豫定，料敌不审也，故复遣奋武将军。兵法曰大将军出必有偏裨，所以扬威武，参计策，将军又何疑焉？夫爱吏士，得众心，举而无悔，禽敌必全，将军之职也。若乃转输之费，则有司存，将军勿忧。须奋武将军兵到，合击羌虏。"

十月，兵毕至陇西。十一月，并进。羌虏大破，斩首数千级，余皆走出塞。兵未决间，汉复发募士万人，拜定襄太守韩安国为建威将军。未进，闻羌破，还。上曰："羌虏破散创艾，亡逃出塞，其罢吏士，颇留屯田，备要害处。"

明年二月，奉世还京师，更为左将军，光禄勋如故。其后录功拜爵，下诏曰："羌虏桀黠，贼害吏民，攻陇西府寺，燔烧置亭，绝道桥，甚逆天道。左将军光禄勋奉世前将兵征讨，斩捕首虏八千余级，卤马牛羊以万数。赐奉世爵关内侯，食邑五百户，黄金六十斤。"裨将、校尉三十余人，皆拜。

后岁余，奉世病卒。居爪牙官前后十年，为折冲宿将，功名次

百胜。如今却有临阵不敢攻敌的名声，实在给我朝丢脸。难道是因为此前从未抗击过匈奴，不熟悉他们如何用兵的缘故吗？还是因为将军所要给予士兵的恩赏没有兑现，又不能与士兵明确诚信不欺的盟约？朕感到十分奇怪。将军上书说羌族叛贼依仗深山，有许多小路，不得不多处分兵戍守要害，必须要有后援兵马，才足以解决战乱，现在军队部署已经确定，从势态上看不需要再安排大将，朕知道。此前因为缺少兵马，不足以防守，所以调派附近的骑兵，日夜兼程赶到前线，不是为了进攻，是为了帮助将军戍守。现在调派三辅、河东、弘农的越骑、迹射、佽飞、彀者、羽林孤儿和呼速累、嗕种的兵马，正在紧急调派赶往前线。战争，本就是件凶险的事情，必定会有成败，唯恐策略没有事先商定，预测敌情不能审慎，所以朕又派奋武将军前往。兵法说大将军出征必须要有偏将，为了显扬军威，共谋计策，将军又有何怀疑的呢？爱护兵士，赢得人心，采取决策不会后悔，擒敌果断彻底，这是将军的职责。至于运输的费用，则由专门的官吏来负责，将军无须担忧。等到奋武将军率援军到达前线后，合力击退羌族叛贼。”

十月，朝廷增援的军队到达陇西。十一月，共同进攻。击败羌族叛贼，斩杀叛贼首级数千人，余下的都逃出塞外。战争还未结束的时候，汉廷再次征调士兵一万人，将定襄太守韩安国封为建威将军。尚未出发，听闻已经击退了羌族，军队班师回朝。元帝说：“羌族经此一战都已溃散，心生畏惧，逃亡出塞，那些整休的将士，多留一些兵力屯田驻扎，戍守要害之地。”

第二年（永光三年，前41年）二月，冯奉世返回京师，调任左将军，光禄勋的职位没有变。之后为其记录功绩封授爵位，元帝下诏说：“羌族叛贼凶恶狡诈，残害官吏百姓，攻击陇西郡府衙，焚烧驿站邮亭，阻绝道路桥梁，违逆天道。左将军光禄勋冯奉世此前率军征讨，斩获首级、俘虏叛贼八千余人，掠取马牛羊的数量有上万只。赐封冯奉世为关内侯，食邑五百户，黄金六十斤。”偏将、校尉共三十余人，都受到封赏。

一年多后（建昭元年，前38年），冯奉世病逝。他任武官前后十

赵充国。

奋武将军任千秋者，其父宫，昭帝时以丞相征事捕斩反者左将军上官桀，封侯，宣帝时为太常，薨。千秋嗣后，复为太常。成帝时，乐昌侯王商代奉世为左将军，而千秋为右将军，后亦为左将军。子孙传国，至王莽乃绝云。

奉世死后二年，西域都护甘延寿以诛郅支单于封为列侯。时丞相匡衡亦用延寿矫制生事，据萧望之前议，以为不当封，而议者咸美其功，上从众而侯之。于是杜钦上疏，追讼奉世前功曰："前莎车王杀汉使者，约诸国背畔。左将军奉世以卫候便宜发兵诛莎车王，策定城郭，功施边境。议者以奉世奉使有指，《春秋》之义亡遂事，汉家之法有矫制，故不得侯。今匈奴郅支单于杀汉使者，亡保康居，都护延寿发城郭兵屯田吏士四万余人以诛斩之，封为列侯。臣愚以为比罪则郅支薄，量敌则莎车众，用师则奉世寡，计胜则奉世为功于边境安，虑败则延寿为祸于国家深。其违命而擅生事同，延寿割地封，而奉世独不录。臣闻功同赏异则劳臣疑，罪钧刑殊则百姓惑；疑生无常，惑生不知所从；亡常则节趋不立，不知所从则百姓无所措手足。奉世图难忘死，信命殊俗，威功白著，为世使表，独抑厌而不扬，非圣主所以塞疑厉节之意也。愿下有司议。"上以先帝时事，不复录。

年，是位冲锋陷阵、久经沙场的老将，功名仅次于赵充国。

奋武将军任千秋，父亲任宫，任宫在昭帝时，任丞相征事并拘捕斩杀了谋反的左将军上官桀，因而赐封侯爵，任宫在宣帝时任太常，后来去世。任千秋承袭爵位，也任太常。任千秋在成帝时，乐昌侯王商代替冯奉世任左将军，而任千秋为右将军，后来任千秋也任左将军。子孙世代承袭爵位，直到王莽时才停止。

冯奉世死后两年（建昭三年，前36年），西域都护甘延寿因诛杀了郅支单于而受封为列侯。当时丞相匡衡也以甘延寿假托君命而滋生事端上奏，依据萧望之此前的论议，匡衡认为不应当赐封甘延寿为列侯，但其他论议的大臣都赞美甘延寿的功绩，元帝听从众人的意见将甘延寿封为列侯。于是杜钦上书，追颂冯奉世之前的功绩说：“从前莎车王残杀汉朝使者，联合西域各国背叛汉朝。左将军冯奉世以卫候的身份便宜行事发兵诛杀莎车王，运用谋略安定城邑，卓著功绩施及边境。论议的大臣认为冯奉世奉旨出使，《春秋》之义中认为臣下遇事，依情状之前的命令可以不必遵循，汉朝律法规定臣下擅改诏令，虽有功但无赏，所以冯奉世不得封侯。如今匈奴郅支单于残杀汉朝使者，逃亡到康居国，都护甘延寿调派城中的兵马和屯田驻守的将士四万余人前去诛杀郅支单于，而朝廷将甘延寿封为列侯。臣愚见认为相比两者的罪行，则郅支单于的罪行要比莎车王轻，衡量兵力则莎车国的兵力较多，我朝征调的军队则冯奉世用兵比甘延寿要少，若论结果则冯奉世平定叛乱，为边境的安宁立下功劳，而甘延寿擅改诏令，带给国家的灾祸更加深远。虽然他们都是违逆君命而擅生事端，但甘延寿割地封侯，冯奉世却不记功劳。臣听闻功劳相同而赏赐不同就会使得功臣心生疑虑，罪行相同而刑罚不同就会使得百姓心生困惑；疑虑导致大臣变化无常，迷惑导致百姓不知所从；变化无常则致使志向不能明确，不知所从则致使百姓不知所措。冯奉世解除国难，忘死征战，不辱使命，功绩卓著，是世代使者的表率，却唯独要遭受压制而得不到宣扬表彰，这不是圣主断绝疑虑、鼓励高尚节操的用意。希望皇上将这件事交由有关官员商议。”元帝认为这是先帝时候的事情了，没有采纳杜钦的建议。

奉世有子男九人，女四人。长女媛以选充后宫，为元帝昭仪，产中山孝王。元帝崩，媛为中山太后，随王就国。奉世长子谭，太常举孝廉为郎，功次补天水司马。奉世击西羌，谭为校尉，随父从军有功，未拜病死。谭弟野王、逡、立、参至大官。

野王字君卿，受业博士，通《诗》。少以父任为太子中庶子。年十八，上书愿试守长安令。宣帝奇其志，问丞相魏相，相以为不可许。后以功次补当阳长，迁为栎阳令，徙夏阳令。元帝时，迁陇西太守，以治行高，入为左冯翊。岁余，而池阳令并素行贪污，轻野王外戚年少，治行不改。野王部督邮掾祋祤赵都案验，得其主守盗十金罪，收捕。并不首吏，都格杀。并家上书陈冤，事下廷尉。都诣吏自杀以明野王，京师称其威信，迁为大鸿胪。

数年，御史大夫李延寿病卒，在位多举野王。上使尚书选第中二千石，而野王行能第一。上曰："吾用野王为三公，后世必谓我私后宫亲属，以野王为比。"乃下诏曰："刚强坚固，确然亡欲，大鸿胪野王是也。心辨善辞，可使四方，少府五鹿充宗是也。廉絜节俭，太子少傅张谭是也。其以少傅为御史大夫。"上繇下第而用谭，越次避嫌不用野王，以昭仪兄故也。野王乃叹曰："人皆以女宠贵，我兄弟独以贱！"野王虽不为三公，甚见器重，有名当世。

成帝立，有司奏野王王舅，不宜备九卿。以秩出为上郡太守，加

冯奉世有九个儿子，四个女儿。长女冯媛被选入宫中，为元帝昭仪，生下中山孝王。元帝驾崩后，冯媛为中山太后，随中山孝王去往封国。冯奉世的长子冯谭，经过太常举孝廉而任郎官，依照功绩大小和官阶升迁的先后顺序，补任天水司马。冯奉世征讨西羌时，冯谭为校尉，随父从军有功，但还未得封赐官职就病逝了。冯谭的弟弟冯野王、冯逡、冯立、冯参都做到了大官。

冯野王字君卿，拜博士为师跟随其学习，通晓《诗经》。年少时因父亲的缘故任太子中庶子。十八岁时，冯野王向宣帝上书愿意代任长安县令。宣帝对他的请求感到十分惊奇，便询问丞相魏相，魏相则认为不能应允。后来冯野王依照功绩大小和官阶升迁的顺序补任当阳县长，后冯野王升迁任栎阳县令，又调任夏阳县令。元帝时，冯野王升迁任陇西郡太守，因为政绩卓著，任左冯翊。一年多后，池阳县令并素来贪污，而且轻视冯野王年少还是外戚，屡教不改。冯野王安排督邮掾史祋祤县人赵都查验这件事，经过调查发现并监守自盗十金，下令将县令並逮捕。县令并不服法，赵都将其格杀。县令并的家人上书陈冤，宣帝将此事交由廷尉处理。赵都在廷尉官吏面前自杀来证明此事和冯野王无关，京师的人都称赞冯野王的威信，后来冯野王升迁任大鸿胪。

数年之后，御史大夫李延寿病逝，朝中大臣大多举荐冯野王继任御史大夫。元帝派尚书挑选评定中二千石的官员，而冯野王的品行和才能都为第一。元帝说："如果朕任用冯野王为三公，后世一定会认为朕偏私后宫妃嫔的亲属，并会以冯野王为例。"于是就下诏说："刚强坚毅，确无私心，那便是大鸿胪冯野王。能言善辩，能出使四方，那便是少府五鹿充宗。廉洁节俭，那便是太子少傅张谭。让少傅张谭任御史大夫。"元帝从后次排名之中任用提拔了张谭，越过顺序为了避嫌而没有提拔冯野王，因为冯野王是昭仪哥哥。冯野王因而感叹说："别人都是因为家中女子入宫为妃而得到尊荣，唯独我们兄弟却因此更为卑贱！"冯野王虽然没有就任三公，却十分得元帝器重，在当时负有盛名。

成帝继位后，有关官员奏言冯野王是诸侯王的舅舅，不合适官至

赐黄金百斤。朔方刺史萧育奏封事，荐言“野王行能高妙，内足与图身，外足以虑化。窃惜野王怀国之宝，而不得陪朝廷与朝者并。野王前以王舅出，以贤复入，明国家乐进贤也。”上自为太子时闻知野王。会其病免，复以故二千石使行河堤，因拜为琅邪太守。是时，成帝长舅阳平侯王凤为大司马大将军，辅政八九年矣，时数有灾异，京兆尹王章讥凤颛权不可任用，荐野王代凤。上初纳其言，而后诛章，语在《元后传》。于是野王惧不自安，遂病，满三月赐告，与妻子归杜陵就医药。大将军凤风御史中丞劾奏野王赐告养病而私自便，持虎符出界归家，奉诏不敬。杜钦时在大将军莫府，钦素高野王父子行能，奏记于凤，为野王言曰：“窃见令曰，吏二千石告，过长安谒，不分别予赐。今有司以为予告得归，赐告不得，是一律两科，失省刑之意。夫三最予告，令也；病满三月赐告，诏恩也。令告则得，诏恩则不得，失轻重之差。又二千石病赐告得归有故事，不得去郡亡著令。传曰：‘赏疑从予，所以广恩劝功也；罚疑从去，所以慎刑，阙难知也。’今释令与故事而假不敬之法，甚违阙疑从去之意。即以二千石守千里之地，任兵马之重，不宜去郡，将以制刑为后法者，则野王之罪，在未制令前也。刑赏大信，不可不慎。”凤不听，竟免野王。郡国二千石病赐告不得归家，自此始。

九卿。所以依照冯野王的官阶出外担任上郡太守，加赐黄金百斤。朔方刺史萧育呈上密章，举荐说“冯野王的品行能力高尚卓越，内足以反思自身，外足以思虑教化。只可惜冯野王身为国家栋梁，却不能在朝中辅政与朝中大臣并立。冯野王以前因为诸侯舅舅的身份而远离朝廷，又因为贤良召回朝廷，这样就会彰显国家重用贤良之臣。”成帝还在太子时就听说过冯野王的盛名。恰逢冯野王因病免职，之后又以原来二千石的官阶去治理黄河堤岸，接着冯野王拜任琅琊太守。当时，成帝的长舅阳平侯王凤任大司马大将军，已经辅政八九年了，当时灾异频发，京兆尹王章讥讽王凤独断专权不可再继续为官，并举荐冯野王代替王凤。起初成帝还会采纳王章的建议，后来成帝诛杀了王章，详见《元后传》。于是冯野王恐惧难安，便称病在家，三月的病假已满，冯野王又续请病假，和妻儿回到杜陵县治病。大将军王凤暗中指使御史中丞劾奏冯野王续假养病是在贪图享乐，持虎符出界回家，这是奉诏不敬。杜钦当时是大将军王凤幕府的幕僚，杜钦向来敬重冯野王父子的品行和才能，于是向王凤呈上文书，为冯野王说情：“我见法令规定说，二千石的官吏告假，经过长安需要禀告，不区分用于休假的予告和续请病假的赐告。如今有关官员认为予告可以回家，赐告却不行，这是同一律法两样标准，有失减轻刑罚的用意。有三次的政绩考核成绩最突出的可以予告，这是法令的规定；病假满三个月奏请续假的赐告，这是天子赐予的恩惠。法令的规定可行，天子的恩惠却不行，这样有失轻重。还有二千石的官员因病赐告可以回家是有旧例在前，律法中没有规定不能离开所管辖的郡县。古语说：‘不清楚是否当赏时，这时就应当给予赏赐，为的是广施恩惠劝勉立功；不清楚是否当罚时，这时就应当免去罪罚，为的是审慎运用刑罚，不处理难以知晓的事。’如今废置法令和旧例而假托不敬法令，甚是违背了疑难从去的意思。即便有二千石的官吏戍守千里之外的地域，担任军事要职，也不宜离开自己所管辖的郡县，将为后者制定法令刑罚，则冯野王的罪行，在于此前尚未制订法令。赏罚应当要有信誉，不可不慎。”王凤没有听从，最终将冯野王免官。郡国二千石的官员赐告不得回家，自此开始。

初，野王嗣父爵为关内侯，免归。数年，年老，终于家。子座嗣爵，至孙坐中山太后事绝。

逡字子产，通《易》。太常察孝廉为郎，补谒者。建昭中，选为复土校尉。光禄勋于永举茂材，为美阳令。功次迁长乐屯卫司马，清河都尉，陇西太守。治行廉平，年四十余卒。为都尉时，言河堤方略，在《沟洫志》。

立字圣卿，通《春秋》。以父任为郎，稍迁诸曹。竟宁中，以王舅出为五原属国都尉。数年，迁五原太守，徙西河、上郡。立居职公廉，治行略与野王相似，而多知有恩贷，好为条教。吏民嘉美野王、立相代为太守，歌之曰："大冯君，小冯君，兄弟继踵相因循，聪明贤知惠吏民，政如鲁、卫德化钧，周公、康叔犹二君。"后迁为东海太守，下湿病痹。天子闻之，徙立为太原太守。更历五郡，所居有迹。年老卒官。

参字叔平，学通《尚书》。少为黄门郎给事中，宿卫十余年。参为人矜严，好修容仪，进退恂恂，甚可观也。参，昭仪少弟，行又敕备，以严见惮，终不得亲近侍帷幄。竟宁中，以王舅出补渭陵食官令。以数病徙为寝中郎，有诏勿事。阳朔中，中山王来朝，参擢为上河农都尉。病免官，复为渭陵寝中郎。永始中，超迁代郡太守。以边郡道远，徙为安定太守。数岁，病免，复为谏大夫，使领护左冯翊都水。绥和中，立定陶王为皇太子，以中山王见废，故封王舅参为宜乡侯，以慰王意。参之国，上书愿至中山见王、太后。行未到而王薨。王病时，上奏愿贬参爵以关内侯食邑留长安。上怜之，下诏曰："中山孝王短命早薨，愿以舅宜乡侯参为关内侯，归家，朕甚愍之。其

起初，冯野王承袭父亲的爵位为关内侯，后来免官回家。数年之后，冯野王年老，在家中去世。儿子冯座承袭爵位，直到孙子因受到了中山太后一案的牵连而被削去爵位，爵位断绝。

冯逡字子产，通晓《易经》。经过太常察举孝廉而任郎官，后来补任谒者。建昭年间，冯逡选任为复土校尉。经过光禄勋于永举茂材，冯逡得以任美阳县令。依照功绩的大小和官阶升迁的次序，冯逡升任长乐宫屯卫司马，清河都尉，陇西太守。冯逡的清廉公正，四十多岁去世。冯逡在任都尉时，曾奏言关于治理黄河堤坝的方法和计策，详见《沟洫志》。

冯立字圣卿，通晓《春秋》。因父亲的缘故而任郎官，之后升任曹官。竟宁年间，冯立因是诸侯王的舅舅而出外任五原郡属国都尉。几年之后，冯立升任五原太守，后调任西河、上郡太守。冯立为官清廉公正，施政措施和冯野王相似，而且足智多谋予人恩泽，喜施教化。官吏百姓都称赞冯野王、冯立前后相继任太守，歌颂他们说："大冯君，小冯君，兄弟相继为太守，聪明贤达惠吏民，政如鲁、卫德遍施，周公、康叔犹二君。"冯立后来升任东海太守，东海的地势低而且潮湿，他因此患了风湿病。天子听闻后，便将冯立调任太原太守。冯立先后历任五郡太守，所到之处政绩卓著。后来冯立年老在任上去世。

冯参字叔平，精通《尚书》。年少时任黄门郎给事中，宿卫皇宫十余年。冯参为人庄重严肃，喜好修整仪容，进退谨慎守信，很有风度。冯参是冯昭仪的幼弟，他行为谨慎周全，因为严肃而令人畏惧，始终不能为皇帝的近臣，不得皇帝的重用。竟宁年间，冯参因是诸侯王的舅舅出外补任渭陵食官令。后因经常生病调任寝中郎，皇帝下诏命冯参不必劳累。阳朔年间，中山王前来朝拜天子，冯参升任上河农都尉。又因病免官，之后冯参再次任渭陵寝中郎。永始年间，冯参得到越级提拔任代郡太守。因为边郡路途遥远，又调任安定太守。几年之后，冯参因病免官，之后冯参又任谏大夫，又任左冯翊都水。绥和年间，定陶王被立为太子，中山王便无法继承皇位，所以天子封身为诸侯王舅舅的冯参为宜乡侯，以此安抚中山王。冯参到达封地后，

还参京师，以列侯奉朝请。”五侯皆敬惮之。丞相翟方进亦甚重焉，数谓参：“物禁太甚。君侯以王舅见废，不得在公卿位，今五侯至尊贵也，与之并列，宜少诎节卑体，视有所宗。而君侯盛修容貌以威严加之，此非所以下五侯而自益者也。”参性好礼仪，终不改其恒操。顷之，哀帝即位，帝祖母傅太后用事，追怨参姊中山太后，陷以祝诅大逆之罪，语在《外戚传》。参以同产当相坐，谒者承制召参诣廷尉，参自杀。且死，仰天叹曰：“参父子兄弟皆备大位，身至封侯，今被恶名而死，姊弟不敢自惜，伤无以见先人于地下！”死者十七人，众莫不怜之。宗族徙归故郡。

赞曰：《诗》称“抑抑威仪，惟德之隅”。宜乡侯参鞠躬履方，择地而行，可谓淑人君子，然卒死于非罪，不能自免，哀哉！谗邪交乱，贞良被害，自古而然。故伯奇放流，孟子宫刑，申生雉经，屈原赴湘，《小弁》之诗作，《离骚》之辞兴。《经》曰：“心之忧矣，涕既陨之。”冯参姊弟，亦云悲矣！

向皇帝上书想到中山国看望中山王、中山太后。但尚未到达中山王就去世了。中山王在病中时，曾上奏希望贬去冯参宜乡侯的爵位，只以关内侯的食邑留在长安。皇帝怜悯中山王的奏请，便下诏说：“中山孝王短命早逝，生前希望让舅舅宜乡侯冯参改封为关内侯，返回长安，朕甚为怜悯他。让冯参返回京师，以列侯之位参加朝会。”王氏五侯都敬畏冯参。丞相翟方进也十分尊重冯参，数次对冯参说：“万物不可太过。您因是诸侯王的舅舅而出外任职，不得位居公卿，如今王氏五侯的地位最为尊贵，您和他们并列，应当略微卑下谦逊，以表示有所尊重。而您却更加注重修整仪容并以威严来对待他们，这不是表现对五侯的谦卑并且益于自身的方式。”冯参生性注重礼仪，始终没有改变他平素的操行。很快，哀帝继位，哀帝的祖母傅太后掌权，追讨曾与冯参的姐姐中山太后的仇怨，以咒诅大逆之罪来诬陷中山太后，详见《外戚传》。冯参因与中山太后是亲姐弟而受到牵连，谒者官奉诏让冯参前往廷尉，冯参自杀。冯参将死时，仰天长叹说：“我冯参父子兄弟都位居高位，身至封侯，如今却要身披恶名而死，姐弟不敢自惜性命，悲痛的是以何颜面见先人于地下！”因此事而死的有十七人，众人无不哀怜。之后冯氏宗族全都迁回了故乡。

赞辞说：《诗经》中说“审慎的威仪，持心端方廉正”。宜乡侯冯参鞠躬尽瘁，品行方正，言辞谨慎，可谓淑人君子，然而最终却死于无罪，不能自免，悲哀呀！谗言邪说共同作乱，贞良被害，自古以来都是这样。所以伯奇遭到流放，寺人孟子遭受宫刑，申生自缢而死，屈原身投湘江，因此才会创作出《小弁》之诗，兴起《离骚》之辞。《诗经·小雅·小弁》说：“心怀忧伤，潸然涕下。”冯参姐弟，令人悲痛呀！

卷八十

宣元六王传第五十

孝宣皇帝五男。许皇后生孝元帝，张倢伃生淮阳宪王钦，卫倢伃生楚孝王嚣，公孙倢伃生东平思王宇，戎倢伃生中山哀王竟。

淮阳宪王钦，元康三年立，母张倢伃有宠于宣帝。霍皇后废后，上欲立张倢伃为后。久之，惩艾霍氏欲害皇太子，乃更选后宫无子而谨慎者，乃立长陵王倢伃为后，令母养太子。后无宠，希御见，唯张倢伃最幸。而宪王壮大，好经书法律，聪达有材，帝甚爱之。太子宽仁，喜儒术，上数嗟叹宪王，曰："真我子也！"常有意欲立张倢伃与宪王，然用太子起于微细，上少依倚许氏，及即位而许后以杀死，太子蚤失母，故弗忍也。久之，上以故丞相韦贤子玄成阳狂让侯兄，经明行高，称于朝廷，乃召拜玄成为淮阳中尉，欲感谕宪王，辅以推让之臣，由是太子遂安。宣帝崩，元帝即位，乃遣宪王之国。

时张倢伃已卒，宪王有外祖母，舅张博兄弟三人岁至淮阳见亲，辄受王赐。后王上书：请徙外家张氏于国。博上书：愿留守坟墓，独不徙。王恨之。后博至淮阳，王赐之少。博言："负责数百万，愿王为偿。"王不许。博辞去，令弟光恐云王遇大人益解，博欲上书为大人乞骸骨去。王乃遣人持黄金五十斤送博。博喜，还书谢，为谄语盛称誉王，因言："当今朝廷无贤臣，灾变数见，足为寒心。万姓咸归望于大王，大王奈何恬然不求入朝见，辅助主上乎？"使弟

孝宣皇帝有五个儿子。许皇后生孝元帝，张婕妤生淮阳宪王刘钦，卫婕妤生楚孝王刘嚣，公孙婕妤生东平思王刘宇，戎婕妤生中山哀王刘竟。

淮阳宪王刘钦，元康三年（前63）受封为王，母亲张婕妤得到宣帝的宠爱。霍皇后被废后，宣帝想立张婕妤为皇后。一段时间之后，宣帝吸取此前霍氏想加害皇太子之事的教训，就改变主意挑选后宫无子并且为人谨慎的嫔妃，于是宣帝立长陵人王婕妤为皇后，并让她养育太子。皇后不得宠，很少能见到宣帝，唯独张婕妤最得宣帝宠爱。宪王渐渐长大，喜好经书和法律，聪明而且有才干，宣帝十分喜爱他。太子宽仁，喜好儒术，宣帝多次赞许宪王，说："真不愧是我的儿子啊！"宣帝时常有意想立张婕妤所生的宪王为太子，但是因为太子在民间长大，宣帝年少时依托许氏，等到继位时许皇后已经遭人害死，太子幼年丧母，所以不忍心。一段时间之后，宣帝因原丞相韦贤之子韦玄成假装疯癫将侯爵让给兄长，韦玄成因为精通经学、品行高尚，在朝廷中备受称赞，宣帝便召见韦玄成并拜任其为淮阳中尉，想让韦玄成感化宪王，用谦让之臣辅佐宪王，自此太子的地位才稳固了。宣帝驾崩之后，元帝继位，便遣送宪王前往封国。

当时张婕妤已经去世，宪王有外祖母，舅舅张博兄弟三人每年要到淮阳谒见他的母亲，总会受到宪王的赏赐。后来宪王上书：请求将自己的外祖张氏迁居到淮阳国。张博上书：愿意留守祖坟，不愿迁居。宪王为此心生怨恨。后来张博来到淮阳国，宪王给他的赏赐就少了。张博说："我负债数百万还未偿还。希望宪王帮我偿还。"宪王没有答应。张博告辞离去，让弟弟张光恐吓宪王，说宪王对待外祖母日益懈怠，张博想上书请求将自己的母亲接回家。宪王便派人送给张博五十斤黄金。张博大喜，回信表示感谢，用谄媚奉承的言语极力称

光数说王宜听博计，令于京师说用事贵人为王求朝。王不纳其言。

后光欲至长安，辞王，复言“愿尽力与博共为王求朝。王即日至长安，可因平阳侯。”光得王欲求朝语，驰使人语博。博知王意动，复遗王书曰：“博幸得肺腑，数进愚策，未见省察。北游燕赵，欲循行郡国求幽隐之士，闻齐有驷先生者，善为《司马兵法》，大将之材也，博得谒见，承间进问五帝三王究竟要道，卓尔非世俗之所知。今边境不安，天下骚动，微此人其莫能安也。又闻北海之濒有贤人焉，累世不可逮，然难致也。得此二人而荐之，功亦不细矣。博愿驰西以此赴助汉急，无财币以通显之。赵王使谒者持牛酒，黄金三十斤劳博，博不受；复使人愿尚女，聘金二百斤，博未许。会得光书云大王已遣光西，与博并力求朝。博自以弃捐，不意大王还意反义，结以朱颜，愿杀身报德。朝事何足言！大王诚赐咳唾，使得尽死，汤禹所以成大功也。驷先生蓄积道术，书无不有，愿知大王所好，请得辄上。”王得书喜说，报博书曰：“子高乃幸左顾存恤，发心恻隐，显至诚，纳以嘉谋，语以至事，虽亦不敏，敢不谕意！今遣有司为子高偿责二百万。”

是时，博女婿京房以明《易》《阴阳》得幸于上，数召见言事。自谓为石显、五鹿充宗所排，谋不得用，数为博道之。博常欲诳耀

赞宪王，信中说："当今朝廷中没有贤臣，灾变频繁出现，使人寒心。百姓都将希望寄托在大王身上，大王为什么还是安然自得，而不请求入宫朝见，辅佐皇帝呢？"张博多次派弟弟张光劝说宪王听从他的计策，又派人到京师游说当朝显贵为宪王进宫朝见而求情。宪王依旧没有采纳张博的意见。

后来张光想前往长安，向宪王辞行时，又说"愿意尽力和张博共同为大王求情。大王即刻前往长安，可以依靠平阳侯。"张光得到宪王愿意请求朝见天子的回应，便立刻派人快马加鞭告知张博。张博知道宪王心意转变，又写信给宪王说："我张博有幸成为大王的亲戚，数次进献愚策，没有得到您的重视。我北游燕赵，想前往各郡国拜求幽隐之士，听闻齐国有位驷先生，精通《司马兵法》，有大将之才，张博曾得拜见这位驷先生，趁机会询问了五帝三王的治国要道，驷先生德才高远，绝非世俗之人所能了解的。如今边境不安，天下骚动，除了此人，其他人无法安定天下。我又听闻北海附近有贤人出现，有累世都不可及的才华，然而却难以招揽。若是得到这两人并将他们举荐给朝廷，这样功劳也不小了。我张博愿意向西飞驰到长安，向朝廷举荐这两人以救助汉室的危急，但苦于没有钱向朝中显贵之人通信。赵王曾派谒者拿着牛和酒，黄金三十斤前来犒劳我，我没有接受；他又派人来求娶我的女儿，聘金二百斤，我没有应允。恰逢收到张光的书信说大王已经派他前往长安，与我共同为大王请求朝见而尽力。我自认为大王已经放弃此事，不料大王竟然回心转意，认同我的意见，我愿意以性命报答您的恩德。进宫朝见天子的事何足挂齿！大王只要下令吩咐，我愿舍弃性命为大王做事，这是商汤、大禹之所以能成就大业的原因。驷先生道术高深，藏书无所不有，愿知大王的喜好，得以及时进献。"宪王收到书信十分喜悦，给张博回信说："幸得子高你屈尊心存顾念，萌发恻隐之心，彰显至诚，进献上好的计谋，为我言说最重要的事，我虽然不聪明，也不敢不明白你的心意！现在我派有关官员替你偿还二百万的债务。"

当时，张博的女婿京房因为精通《易经》《阴阳》而得到元帝的宠信，数次召见京房商讨国事。京房自以为遭到石显、五鹿充宗的排

淮阳王，即具记房诸所说灾异及召见密语，持予淮阳王以为信验，诈言“已见中书令石君求朝，许以金五百斤。贤圣制事，盖虑功而不计费。昔禹治鸿水，百姓罢劳，成功既立，万世赖之。今闻陛下春秋未满四十，发齿堕落，太子幼弱，佞人用事，阴阳不调，百姓疾疫饥馑死者且半，鸿水之害殆不过此。大王绪欲救世，将比功德，何可以忽？博已与大儒知道者为大王为便宜奏，陈安危，指灾异，大王朝见，先口陈其意而后奏之，上必大说。事成功立，大王即有周、邵之名，邪臣散亡，公卿变节，功德亡比，而梁、赵之宠必归大王，外家亦将富贵，何复望大王之金钱？”王喜说，报博书曰：“乃者诏下，止诸侯朝者，寡人憯然不知所出。子高素有颜冉之资，臧武之智，子贡之辩，卞庄子之勇，兼此四者，世之所鲜。既开端绪，愿卒成之。求朝，义事也，奈何行金钱乎！”博报曰：“已许石君，须以成事。”王以金五百斤予博。

会房出为郡守，离左右，显具得此事告之。房漏泄省中语，博兄弟诖误诸侯王，诽谤政治，狡猾不道，皆下狱。有司奏请逮捕钦，上不忍致法，遣谏大夫王骏赐钦玺书曰：“皇帝问淮阳王。有司奏王，王舅张博数遗王书，非毁政治，谤讪天子，褒举诸侯，称引周、汤，以諂惑王，所言尤恶，悖逆无道。王不举奏而多与金钱，报以好言，辠至不赦，朕恻焉不忍闻，为王伤之。推原厥本，不祥自博，惟王之心，匪同于凶。已诏有司勿治王事，遣谏大夫骏申谕朕意。《诗》不云乎？‘靖恭尔位，正直是与。’王其勉之！”

挤，所提的计谋建议不被采用，屡次向张博说起。张博时常想诓骗淮阳王并向他炫耀，就将京房所说的各次灾异和元帝召见他所谈论的机秘全部记录下来，拿给淮阳王当作凭证，来诓骗淮阳王说："已经见到中书令石显为大王的朝见上书奏请，许诺给他五百斤黄金。圣贤之人做事，只考虑事情成功而不吝惜花费。从前大禹治水时，百姓虽然疲劳不堪，但在治水成功之后，千秋万代都能受益。如今听闻陛下不到四十岁，头发牙齿已经脱落，太子幼弱，佞臣掌权，阴阳不调，因疾疫饥荒而死的百姓将近半数，当年洪水的殃祸也不过如此。大王想拯救世人，将要和古代圣贤对比功德，怎能将这些事情怠忘了呢？我已经和通晓道术的大儒在合适的时机为大王禀奏，陈述国家的安危，指明灾异的原因，大王前来朝见时，先讲明意见而后呈上奏书，皇上必会十分高兴。事成功立，大王就有了周公、召公的名声，邪佞之臣溃散逃窜，公卿改变原来的气节，功德无人能比，而当年梁王、赵王得到的宠信必会回归大王，外祖也将会因此富贵，何须再指望大王的金钱？"淮阳宪王看后十分喜悦，给张博回信说："之前朝廷曾有诏令，禁止诸侯进宫朝见，寡人内心忧伤不知该用什么计策。子高你素来有颜渊、冉耕的天资，臧武仲的才智，子贡的辩才，卞庄子的勇猛，兼有这四种长处，世间罕见。既然已经开端，希望最终可以成功。为寡人请求朝见，这是件合乎道义的事，我怎能吝惜金钱呢！"张博回信说："已经答应了石显，等待钱财成事。"淮阳宪王给张博五百斤黄金。

恰逢京房出外任郡守，远离皇帝左右，石显知晓这件事的全部情由并向元帝禀告。京房外泄宫中的机密谈话，张博兄弟误导诓骗诸侯王，诽谤朝政，狡猾无道，元帝下诏将京房和张博全都逮捕入狱。有关官员奏请逮捕宪王刘钦，元帝不忍将刘钦依法治罪，便派谏大夫王骏前去赐予刘钦玺书说："皇帝问淮阳王。有关官员劾奏你，说你的舅舅张博多次给你写信，诋毁朝政，诽谤天子，褒举诸侯，援引周公、商汤，来谄媚惑乱大王，所言十分鄙恶，悖逆无道。你非但不举奏他还经常给予金钱，并以好言回应，罪至不赦，朕心生恻隐不忍听闻，为你感到痛心。推求这件事的根源，这种不好的事情源于张

骏谕指曰："礼为诸侯制相朝聘之义，盖以考礼壹德，尊事天子也。且王不学《诗》乎?《诗》云：'俾侯于鲁，为周室辅。'今王舅博数遗王书，所言悖逆。王幸受诏策，通经术，知诸侯名誉不当出竟。天子普覆，德布于朝，而恬有博言，多予金钱，与相报应，不忠莫大焉。故事，诸侯王获罪京师，罪恶轻重，纵不伏诛，必蒙迁削贬黜之罪，未有但已者也。今圣主赦王之罪，又怜王失计忘本，为博所惑，加赐玺书，使谏大夫申谕至意，殷勤之恩，岂有量哉！博等所犯恶大，群下之所共攻，王法之所不赦也。自今以来，王毋复以博等累心，务与众弃之。《春秋》之义，大能变改。《易》曰'藉用白茅，无咎'，言臣子之道，改过自新，絜己以承上，然后免于咎也。王其留意慎戒，惟思所以悔过易行，塞重责，称厚恩者。如此，则长有富贵，社稷安矣。"

于是淮阳王钦免冠稽首谢曰："奉藩无状，过恶暴列，陛下不忍致法，加大恩，遣使者申谕道术守藩之义。伏念博罪恶尤深，当伏重诛。臣钦愿悉心自新，奉承诏策。顿首死罪。"

京房及博兄弟三人皆弃市，妻子徙边。

至成帝即位，以淮阳王属为叔父，敬宠之，异于它国。王上书自陈舅张博时事，颇为石显等所侵，因为博家属徙者求还。丞相御史复劾钦："前与博相遗私书，指意非诸侯王所宜，蒙恩勿治，事

博，你的用心，有别于那些凶恶的始作俑者。朕已经下诏有司不再治你的罪，派谏大夫王骏讲明朕的意思。《诗经》中不是说了吗？‘恭谨奉守你的职责，结交正直之人。’你应当勉励自己！”

王骏又讲明元帝另外的旨意说：“礼法是为诸侯制定的朝拜天子的规定，所以礼法规定诸侯要一心不二，敬奉天子。况且大王不是研习过《诗经》吗？《诗经》中说：‘分封诸侯到鲁国，成为周王室的藩辅。’如今王舅张博多次给大王写信，所言悖逆。大王有幸受到诏令的约束，通晓经术，知道诸侯不应当越出自己封国的国境。天子普施恩惠，仁德遍布朝野，而大王却安然听信张博所言，经常给予金钱，书信往来，不忠之罪莫过于此。依照旧例，如果诸侯王获罪京师，罪行无论轻重，即使不被诛杀，也一定会受到被流放贬黜、收回封地的罪罚，没有空获罪名却不施加处罚的。如今圣主赦免大王的罪行，又怜惜您失策忘记本分，被张博所蛊惑，便加赐大王玺书，派谏大夫讲明天子的旨意，皇上的深情厚意，怎能估量啊！张博等人罪行深重，遭到群臣的一致弹劾，是王法所不能赦免的。从今往后，大王不要再因张博等人烦心，务必和众人一起与他划清界限。《春秋》之义，最重要的是有过能改。《易经》说‘祭祀用白茅垫在下面，不会有什么差错’，这是说臣子之道，在于改过自新，净洁自身来辅佐皇帝，然后才能免受罪罚灾祸。大王应当留心谨慎，思虑如何悔过易行，弥补重大过失，称颂天子的恩德。若能这样，那么大王就会长享富贵，国家社稷也会安定无患。”

于是淮阳王刘钦免冠叩头谢罪说：“臣奉命守藩，却没能尽忠职守，罪恶昭彰，陛下不忍心将臣依法治罪，还加赐大恩，派使者讲明为臣之道和守藩之义。念及张博的罪恶尤为深重，理当处以极刑。臣刘钦愿意尽心改过，求以自新，奉承诏令。卑臣顿首死罪。”

京房以及张博兄弟三人都被斩首示众，他们的妻儿全都被流放到边境。

到成帝继位时，因淮阳王是成帝的叔父，备受成帝敬重宠信，远超其他诸侯王。淮阳王又上书自陈当时舅舅张博的事情，奏言说遭受了石显等人的诬陷，因而请求让遭受流放的张博家属还乡。丞相和

在赦前。不悔过而复称引，自以为直，失藩臣体，不敬。”上加恩，许王还徙者。

三十六年薨。子文王玄嗣，二十六年薨。子績嗣，王莽时绝。

楚孝王囂，甘露二年立为定陶王，三年徙楚。成帝河平中入朝，时被疾，天子闵之，下诏曰：“盖闻‘天地之性人为贵，人之行莫大于孝’。楚王囂素行孝顺仁慈，之国以来二十余年，孅介之过未尝闻，朕甚嘉之。今乃遭命，离于恶疾，夫子所痛，曰：‘蔑之，命矣夫，斯人也而有斯疾也！’朕甚闵焉。夫行纯茂而不显异，则有国者将何勖哉？《书》不云乎？‘用德章厥善。’今王朝正月，诏与子男一人俱，其以广戚县户四千三百封其子勋为广戚侯。”明年，囂薨。子怀王文嗣，一年薨，无子，绝。明年，成帝复立文弟平陆侯衍，是为思王。二十一年薨，子纡嗣，王莽时绝。

初，成帝时又立纡弟景为定陶王。广戚侯勋薨，谥曰炀侯，子显嗣。平帝崩，无子，王莽立显子婴为孺子，奉平帝后。莽篡位，以婴为定安公。汉既诛莽，更始时婴在长安，平陵方望等颇知天文，以为更始必败，婴本统当立者也，共起兵将婴至临泾，立为天子。更始遣丞相李松击破杀婴云。

东平思王宇，甘露二年立。元帝即位，就国。壮大，通奸犯法，

御史大夫再次弹劾淮阳王刘钦："从前淮阳王和张博私下互通书信，内心产生了诸侯王不应该有的意图，承蒙天子厚恩不予治罪，此事发生在赦令之前。淮阳王不但不悔过反而再次上奏，自以为刚直，有失诸侯礼制，实为不敬。"成帝再次施恩，准许淮阳王的请求，让张博流放的家属还乡。

淮阳宪王刘钦在位三十六年去世。儿子文王刘玄承袭诸侯王位，在位二十六年去世。儿子刘縯承袭诸侯王位，直到王莽时停止。

楚孝王刘嚻，甘露二年（前52）被封为定陶王，甘露三年（前51）改封为楚王。成帝河平年间楚孝王入宫朝见，当时楚孝王患病，成帝怜悯他，下诏说："听闻'天地之间人是最为尊贵的，人的行为中没有比孝顺更为重要的了'。楚王刘嚻品行素来孝顺仁慈，治理封国以来二十余年，从未听说过有什么细微的过错，朕十分赞赏。如今却遭受厄运，身患恶疾，曾经孔夫子为伯牛感到痛惜，说：'无常呀，命运啊，如此仁善的人竟会得这样的恶疾！'朕深感痛心。楚孝王的品行仁善高尚并且没有炫耀身份的特殊，有封国的诸侯们还将如何勉励呢？《尚书》中不是说了吗？'褒奖有德之人以彰显他的善行。'如今楚孝王正月前来朝见，诏命楚孝王和他的一个儿子一同入宫朝见，将广戚县四千三百户分封给他的儿子刘勋并封其为广戚侯。"第二年，刘嚻去世。儿子怀王刘文承袭诸侯王位，一年之后去世，怀王因无子，承袭断绝。第二年，成帝又赐封刘文的弟弟平陆侯刘衍，是为楚思王。楚思王在位二十一年去世，儿子刘纡承袭诸侯王位，直到王莽时终止。

起初，成帝时又将刘纡的弟弟刘景封为定陶王。后来广戚侯刘勋去世，谥号炀侯，儿子刘显承袭侯爵。平帝驾崩后，因无子，王莽立刘显的儿子刘婴为孺子，承继平帝之后。后来王莽篡位，将刘婴封为定安公。汉朝民众起义，诛杀王莽之后，更始年间刘婴还在长安，平陵县方望等人精通天文，认为更始帝刘玄必会失败，刘婴先前已经身为正统继承了皇位，于是就共同发兵将刘婴带到临泾，立为天子。更始帝便派丞相李松击破他们并杀了刘婴。

东平思王刘宇，甘露二年（前52）受封为王。元帝继位之后，刘

上以至亲贳弗罪，傅相连坐。

久之，事太后，内不相得，太后上书言之，求守杜陵园。上于是遣太中大夫张子蟜奉玺书敕谕之，曰："皇帝问东平王。盖闻亲亲之恩莫重于孝，尊尊之义莫大于忠，故诸侯在位不骄以致孝道，制节谨度以翼天子，然后富贵不离于身，而社稷可保。今闻王自修有阙，本朝不和，流言纷纷，谤自内兴，朕甚憯焉，为王惧之。《诗》不云乎？'毋念尔祖，述修厥德，永言配命，自求多福。'朕惟王之春秋方刚，忽于道德，意有所移，忠言未纳，故临遣太中大夫子蟜谕王朕意。孔子曰：'过而不改，是谓过矣。'王其深惟孰思之，无违朕意。"

又特以玺书赐王太后，曰："皇帝使诸吏宦者令承问东平王太后。朕有闻，王太后少加意焉。夫福善之门莫美于和睦，患咎之首莫大于内离。今东平王出襁褓之中而托于南面之位，加以年齿方刚，涉学日寡，骜忽臣下，不自它于太后，以是之间，能无失礼义者，其唯圣人乎！传曰：'父为子隐，直在其中矣。'王太后明察此意，不可不详。闺门之内，母子之间，同气异息，骨肉之恩，岂可忽哉！岂可忽哉！昔周公戒伯禽曰：'故旧无大故，则不可弃也，毋求备于一人。'夫以故旧之恩，犹忍小恶，而况此乎！已遣使者谕王，王既悔过服罪，太后宽忍以贳之，后宜不敢。王太后强餐，止思念，慎疾自爱。"

宇惭惧，因使者顿首谢死罪，愿洒心自改。诏书又敕傅相曰："夫人之性皆有五常，及其少长，耳目牵于耆欲，故五常销而邪心

宇前往封国。刘宇长大之后，因勾结奸邪而犯法，元帝因为刘宇是自己的至亲而赦免了他，没有治罪，而刘宇的太傅和国相因没有尽心辅佐东平王而遭牵连受到惩处。

过了一段时间之后，东平思王侍奉母亲公孙太后，母子不合，太后向朝廷上书说了这件事，请求前去杜陵守护陵园。元帝就派遣太中大夫张子蟜带着玺书前去告诫东平王，说："皇帝问东平王。听闻敬爱亲人最重要的莫过于孝顺，敬重尊贵之人最重要的莫过于忠诚，所以诸侯在位应当不骄不躁以尽孝道，克己复礼以辅佐天子，如此才能永保富贵，而且可保社稷安定。如今听说你德行有失，朝中不和，流言纷纷，宫内传出毁谤之言，朕甚感痛惜，替你感到忧惧。《诗经》中不是说了吗？'应当思念你先祖的德行，修养自身品德，永远敬奉天命，才能自求多福。'朕知道你正当年轻气盛，血气方刚之时，疏忽自身道德，受到奸邪的影响，心意有所转移，不能采纳忠言，所以朕亲自派遣太中大夫张子蟜告知你朕的意思。孔子说：'有过不改，可谓是真正的过错。'你应当深思熟虑，不要违背朕的意思。"

元帝又特意赐予东平王太后玺书，说："皇帝派诸吏宦者令承问东平王太后。您所奏言之事朕略有耳闻，王太后不要放在心上。福善之门中最为美满的莫过于家庭和睦，灾难祸患的罪魁祸首莫过于内部分裂。东平王已经长大成人并受封诸侯王之位，再加上年轻气盛，血气方刚，学习的时间很短，轻慢大臣，对待太后又不同于其他人，在这之间，若是能不失礼节，或许只有圣人能做到吧！《论语》说：'父亲替儿子隐瞒过错，正直就在其中了。'王太后明察此意，不可不详。闺门之内，母子之间，血脉相连，骨肉之恩，怎可忽视！怎可忽视！从前周公告诫伯禽说：'故人没有大错，不要抛弃他，不要要求某个人完美无缺。'因为仅仅是有过去的恩情，尚且要容忍他的小过错，更何况骨肉亲情呢！朕已经派使者告知东平思王，他已经悔过认错了，太后应当宽厚容忍原谅东平王，以后东平王不敢再为非作歹了。您要努力吃饭，不要再为此忧虑，自己多加保重。"

刘宇十分惭愧，通过使者向元帝叩头谢罪，表示愿意洗心革面，改过自新。元帝又下诏告诫太傅和国相说："人生性都有仁、义、

作，情乱其性，利胜其义，而不失厥家者，未之有也。今王富于春秋，气力勇武，获师傅之教浅，加以少所闻见，自今以来，非《五经》之正术，敢以游猎非礼道王者，辄以名闻。”

宇立二十年，元帝崩。宇谓中谒者信等曰：“汉大臣议天子少弱，未能治天下，以为我知文法，建欲使我辅佐天子。我见尚书晨夜极苦，使我为之，不能也。今暑热，县官年少，持服恐无处所，我危得之！”比至下，宇凡三哭，饮酒食肉，妻妾不离侧。又姬朐臑故亲幸，后疏远，数叹息呼天。宇闻，斥朐臑为家人子，扫除永巷，数笞击之。朐臑私疏宇过失，数令家告之。宇觉知，绞杀朐臑。有司奏请逮捕，有诏削樊、亢父二县。后三岁，天子诏有司曰：“盖闻仁以亲亲，古之道也。前东平王有阙，有司请废，朕不忍。又请削，朕不敢专。惟王之至亲，未尝忘于心。今闻王改行自新，尊修经术，亲近仁人，非法之求，不以奸吏，朕甚嘉焉。传不云乎？朝过夕改，君子与之。其复前所削县如故。”

后年来朝，上疏求诸子及《太史公书》，上以问大将军王凤，对曰：“臣闻诸侯朝聘，考文章，正法度，非礼不言。今东平王幸得来朝，不思制节谨度，以防危失，而求诸书，非朝聘之义也。诸子书或反经术，非圣人，或明鬼神，信物怪；《太史公书》有战国从横权谲之谋，汉兴之初谋臣奇策，天官灾异，地形阸塞：皆不宜在诸侯王。不可予。不许之辞宜曰：‘《五经》圣人所制，万事靡不毕载。王审乐道，傅相皆儒者，旦夕讲诵，足以正身虞意。夫小辩破义，小

礼、智、信五种品德，年龄稍长时，耳濡目染都是关于嗜好欲望，所以五常消失而邪念萌生，情欲侵扰本性，利欲胜过道义，如此这般还不会丧失家国的，这样的人尚未出现。如今东平思王年轻气盛，气力勇武，得到老师的教诲十分浅薄，加上见闻寡陋，从今往后，不是《五经》的正统道学，有人敢教授东平思王游猎等不合礼法之事，立即将名字情由上报。"

刘宇在位二十年，元帝驾崩。刘宇对中谒者官信等人说："朝中大臣论议如今继位的成帝年少，还不足以治理天下，有人认为我知晓法令条文，提议让我来辅佐天子。我见尚书夜以继日，费心劳力，让我来做这些事情，我恐怕无法胜任。如今盛夏炎热，天子年少，守孝恐怕没有住处，我差点得到了皇位！"等到元帝下葬时，刘宇哭了三次，饮酒食肉，妻妾不离左右。刘宇之前宠幸一个名叫朐臑的姬妾，后来疏远，朐臑常常叹息呼天。刘宇听闻后，将朐臑贬为家人子，命她打扫永巷，并且经常鞭打她。朐臑暗中逐一记下刘宇的过失，多次让家人告发他。刘宇有所察觉之后，将朐臑绞杀。有关官员奏请逮捕刘宇，成帝下诏将刘宇的封地削去樊、亢父两县。三年之后，成帝下诏有关官员说："听闻对待自己的亲人要仁慈，这是自古以来的道理。此前东平王有过失，有关官员奏请将他废黜，朕于心不忍。后来又奏请削减东平王的封地，朕不敢独断专行。因为东平王是朕的至亲，从未忘怀。如今听闻东平王改过自新，尊修经术，亲近仁人，不再非法索求，不任用奸吏，朕甚感欣慰。传记中不是说过吗？朝过夕改，君子都会称赞。将此前削去东平王的两个县恢复。"

后年东平王入宫朝见，上书求取诸子百家的书籍和《史记》，成帝向大将军王凤询问，王凤回答说："臣听闻诸侯入宫朝见，必定是考究文章，勘正法度，非礼不言。如今东平王有幸前来朝见，不思虑克己复礼，以防失道而危亡，却要求取书籍，这不是诸侯朝见的应有礼制。诸子百家的书籍中有的反对经术，非议圣人，有的记述鬼神，相信怪象异物；《史记》中记述了战国纵横时的诡谲权谋，汉朝兴建之初时谋臣的奇诡计策，以及天象灾变，地形要塞，这些内容对于诸侯王来说并不适合。不可将这些书籍赐予东平王。不应允的理由

道不通，致远恐泥，皆不足以留意。诸益于经术者，不爱于王。’”对奏，天子如凤言，遂不与。

立三十三年薨，子炀王云嗣。哀帝时，无盐危山土自起覆草，如驰道状，又瓠山石转立。云及后谒自之石所祭，治石象瓠山立石，束倍草，并祠之。建平三年，息夫躬、孙宠等共因幸臣董贤告之。是时，哀帝被疾，多所恶，事下有司，逮王、后谒下狱验治，言使巫傅恭、婢合欢等祠祭诅祝上，为云求为天子。云又与知灾异者高尚等指星宿，言上疾必不愈，云当得天下。石立，宣帝起之表也。有司请诛王，有诏废徙房陵。云自杀，谒弃市。立十七年，国除。

元始元年，王莽欲反哀帝政，白太皇太后，立云太子开明为东平王，又立思王孙成都为中山王。开明立三年，薨，无子。复立开明兄严乡侯信子匡为东平王，奉开明后。王莽居摄，东郡太守翟义与严乡侯信谋举兵诛莽，立信为天子。兵败，皆为莽所灭。

中山哀王竟，初元二年立为清河王。三年，徙中山，以幼少未之国。建昭四年，薨邸，葬杜陵，无子，绝。太后归居外家戎氏。

孝元皇帝三男。王皇后生孝成帝，傅昭仪生定陶共王康，冯昭

应该说：‘《五经》是圣人所著，万事万物无不详载于其中。如果大王确实喜闻儒道经学，东平国的太傅和国相都是儒生，早晚讲诵，足以让大王修正品行心生愉悦。巧言诡辩破坏大义，邪门歪道不通达正道，恐怕将会使人停滞不前，这些方面都无须用心留意。那些有益于修习经术的东西，不会对王有所吝惜。’”王凤对奏之后，成帝听从了王凤所言，没有将书籍给予东平思王。

东平思王在位三十三年去世，儿子炀王刘云承袭诸侯王位。在哀帝时，无盐危山的土地鼓起，上面长满了草，如同车马行走的道路一样，还有瓠山上的石头转动竖立。刘云和王后谒亲自到那里祭祀石头，并且照着瓠山上石头的样子，在宫中也立了一块，扎起一束黄倍草，一同祭祀。建平三年（前4），息夫躬、孙宠等人共同通过宠臣董贤将这件事告发。当时，哀帝患病，对这件事深感厌恶，并将此事交予有关官员审理，有关官员逮捕了炀王、王后谒并收监审问，他们招认说曾让巫师傅恭、婢女合欢等人在祭祀时诅咒皇帝，为刘云祈求成为天子。刘云又与通晓灾异的高尚等人观察星宿，说皇帝患病必定不会痊愈，刘云将要得到天下。当年的石头竖立，随后发生由宣帝继位的事情。有关官员奏请诛杀炀王，哀帝下诏将炀王废黜，流放至房陵。后来刘云自杀，王后谒被斩首示众。刘云在位十七年，朝廷收回封国。

元始元年（1），王莽想更改哀帝当时的诏令，就禀奏太皇太后，将刘云的世子刘开明封为东平王，又将东平思王的孙子刘成都封为中山王。刘开明在位三年，去世，无子。王莽又将刘开明的兄长严乡侯刘信的儿子刘匡封为东平王，承嗣刘开明之后。王莽摄政，东郡太守翟义和严乡侯刘信密谋举兵诛杀王莽，立刘信为天子。兵败，全被王莽所灭。

中山哀王刘竟，初元二年（前47）受封为清河王。三年后，改封中山王，因为年幼没有前往封国。建昭四年（前35），刘竟在府邸中去世，葬在杜陵，因无子，诸侯王位的承袭断绝。中山太后返回戎氏娘家。

孝元皇帝有三个儿子。王皇后生孝成帝，傅昭仪生定陶共王刘

仪生中山孝王兴。

定陶共王康，永光三年立为济阳王。八年，徙为山阳王。八年，徙定陶。王少而爱，长多材艺，习知音声，上奇器之。母昭仪又幸，几代皇后太子。语在《元后》及《史丹传》。

成帝即位，缘先帝意，厚遇异于它王。十九年薨，子欣嗣。十五年，成帝无子，征入为皇太子。上以太子奉大宗后，不得顾私亲，乃立楚思王子景为定陶王，奉共王后。成帝崩，太子即位，是为孝哀帝。即位二年，追尊共王为共皇，置寝庙京师，序昭穆，仪如孝元帝。徙定陶王景为信都王云。

中山孝王兴，建昭二年王为信都王。十四年，徙中山。成帝之议立太子也，御史大夫孔光以为《尚书》有殷及王，兄终弟及，中山王元帝之子，宜为后。成帝以中山王不材，又兄弟，不得相入庙。外家王氏与赵昭仪皆欲用哀帝为太子，故遂立焉。上乃封孝王舅冯参为宜乡侯，而益封孝王万户，以尉其意。三十年，薨，子衎嗣。七年，哀帝崩，无子，征中山王衎入即位，是为平帝。太皇太后以帝为成帝后，故立东平思王孙桃乡顷侯子成都为中山王，奉孝王后。王莽时绝。

赞曰：孝元之后，遍有天下，然而世绝于孙，岂非天哉！淮阳宪王于时诸侯为聪察矣，张博诱之，几陷无道。《诗》云“贪人败类”，古今一也。

康，冯昭仪生中山孝王刘兴。

定陶共王刘康，永光三年（前41）被封为济阳王。八年后，改封山阳王。又过了八年，改封定陶王。定陶共王在年少时，元帝就十分喜爱他，长大后才华横溢，精通音律，元帝十分器重定陶共王。定陶王的母亲傅昭仪又备受元帝宠幸，几乎可以取代皇后和太子。详见《元后传》和《史丹传》。

成帝继位之后，遵循先帝遗愿，厚待定陶共王不同于其他诸侯王。定陶共王在位十九年去世，儿子刘欣承袭王位。在位十五年后，因成帝无子，刘欣受召入宫为皇太子。成帝因让太子继奉大宗之后，就不能再顾及自己的亲属，便将楚思王的儿子刘景封为定陶王，承嗣定陶共王之后。成帝驾崩后，太子继位，是为孝哀帝。哀帝继位两年之后，追尊父亲定陶共王为共皇，将寝庙建在京师，重新排列宗庙的昭穆顺序，丧仪和孝元帝一样。后又将定陶王刘景改封为信都王。

中山孝王刘兴，建昭二年（前37）被封为信都王。十四年之后，改封中山王。在成帝商议立太子时，御史大夫孔光认为在《尚书》中记载殷商继承王位的顺序，是兄终弟及制，中山王是元帝之子，应当继承皇位。但成帝认为中山王缺少才能，又为兄弟，死后不能同入宗庙。外戚王氏和赵昭仪都想立哀帝，当时的定陶王为太子，所以成帝便立哀帝为太子。成帝将中山孝王的舅舅冯参封为宜乡侯，并且加封万户给中山孝王，以表安慰。中山孝王在位三十年，去世。儿子刘衎承袭诸侯王位。刘衎在位七年，哀帝驾崩，因无子，所以就征召中山王刘衎入宫继位，是为平帝。太皇太后认为平帝承袭成帝之后，所以又将东平思王孙子桃乡顷侯的儿子刘成都封为中山王，承嗣在中山孝王之后。到王莽时断绝。

赞辞说：孝元皇帝的子孙，遍为天子，但到了孙子这一代却无子继承皇位，这岂不是天意！淮阳宪王在当时的诸侯中算是十分聪慧极善明察的了，却遭张博引诱，几乎身陷无道。《诗经》说“不可与贪婪者交好，将会损伤善者”，古今都一样。

卷八十一

匡张孔马传第五十一

匡衡字稚圭，东海承人也。父世农夫，至衡好学，家贫，庸作以供资用，尤精力过绝人。诸儒为之语曰：“无说《诗》，匡鼎来；匡语《诗》，解人颐。”

衡射策甲科，以不应令除为太常掌故，调补平原文学。学者多上书荐衡经明，当世少双，令为文学就官京师；后进皆欲从衡平原，衡不宜在远方。事下太子太傅萧望之、少府梁丘贺问，衡对《诗》诸大义，其对深美。望之奏衡经学精习，说有师道，可观览。宣帝不甚用儒，遣衡归官。而皇太子见衡对，私善之。

会宣帝崩，元帝初即位，乐陵侯史高以外属为大司马车骑将军，领尚书事，前将军萧望之为副。望之名儒，有师傅旧恩，天子任之，多所贡荐。高充位而已，与望之有隙。长安令杨兴说高曰：“将军以亲戚辅政，贵重于天下无二，然众庶论议令问休誉不专在将军者何也？彼诚有所闻也。以将军之莫府，海内莫不卬望，而所举不过私门宾客，乳母子弟，人情忽不自知，然一夫窃议，语流天下。夫富贵在身而列士不誉，是有狐白之裘而反衣之也。古人病其若此，故卑体劳心，以求贤为务。传曰：以贤难得之故因曰事不待贤，以食难得之故而曰饱不待食，或之甚者也。平原文学匡衡材智有余，经学绝伦，但以无阶朝廷，故随牒在远方。将军诚召置莫府，学士歙然归仁，与参事议，观其所有，贡之朝廷，必为国器，以此显示众

匡衡字稚圭，东海承县人。父辈世代务农，到匡衡时却十分好学，由于家贫，匡衡不得已需要受雇为人劳作以获取报酬补贴家用，但匡衡的精力超乎常人。众多儒者赞叹匡衡说："谁也不要讲解《诗经》，匡衡将要到来；匡衡讲解《诗经》，能使人开怀。"

匡衡参加射策甲科的考试，因为文旨不合乎甲科的令条要求，所以只能任太常掌故，后来选调补任平原郡文学。许多学者上书举荐匡衡，奏言匡衡通晓经术，当世无双，应当前往京师任文学官；后辈都愿追随匡衡前往平原郡学习，匡衡不应当在远离朝廷的地方任职。宣帝将奏书交由太子太傅萧望之、少府梁丘贺前往查问，匡衡则用《诗经》大义回答他们的询问，回答得十分周详精彩。萧望之便奏言匡衡精通经学，讲解有师道传承，可以召至朝中。当时宣帝并不重用儒者，便将匡衡遣回原职。但皇太子见到匡衡的问答后，对他甚为赏识。

正逢宣帝驾崩，元帝刚刚继位，乐陵侯史高以外戚的身份被封为大司马车骑将军，总领尚书，前将军萧望之任副手。萧望之身为名儒，又曾是元帝的恩师，元帝甚为器重萧望之，萧望之也多次向元帝推荐人才。而史高只是空有名位而已，史高和萧望之产生嫌隙。长安县令杨兴劝说史高说："将军以外戚亲属的身份辅政，名位尊贵天下无二，然而在众人的论议中，美名赞誉不全在将军身上，为什么？是因为他们有所耳闻，说将军不能为朝廷举荐贤才。将军的幕府，天下世人无不仰慕，而将军所举荐的人不过是私家门客，乳母的子弟，将军因为人情世故而忽视了流言蜚语，却不知做得不对的地方，但是有一人议论，全天下都会流传。将军虽然富贵在身但得不到士人赞誉，这就好比将白色的狐皮裘衣反穿一样。古人诟病这样的情况，所以他们卑身劳心，力求贤才。经传中说：因为贤人难得，所以不能坐等

庶，名流于世。”高然其言，辟衡为议曹史，荐衡于上，上以为郎中，迁博士，给事中。

是时，有日蚀地震之变，上问以政治得失，衡上疏曰：

臣闻五帝不同礼，三王各异教，民俗殊务，所遇之时异也。陛下躬圣德，开太平之路，闵愚吏民触法抵禁，比年大赦，使百姓得改行自新，天下幸甚。臣窃见大赦之后，奸邪不为衰止，今日大赦，明日犯法，相随入狱，此殆导之未得其务也。盖保民者，“陈之以德义”“示之以好恶”，观其失而制其宜，故动之而和，绥之而安。今天下俗贪财贱义，好声色，上侈靡，廉耻之节薄，淫辟之意纵，纲纪失序，疏者逾内，亲戚之恩薄，婚姻之党隆，苟合徼幸，以身设利。不改其原，虽岁赦之，刑犹难使错而不用也。

臣愚以为宜壹旷然大变其俗。孔子曰：“能以礼让为国乎，何有？”朝廷者，天下之桢干也。公卿大夫相与循礼恭让，则民不争；好仁乐施，则下不暴；上义高节，则民兴行；宽柔和惠，则众相爱。四者，明王之所以不严而成化也。何者？朝有变色之言，则下有争斗之患；上有自专之士，则下有不让之人；上有克胜之佐，则下有伤害

贤人来做事，因为食物难得，所以不能坐等食物来享受，更何况还有比这些更要紧的事情。平原文学匡衡才智过人，经学绝伦，但是匡衡对于朝廷没有功绩得以升迁，只能在远离京师的地方任职。倘若将军将匡衡召至幕府任职，天下学士一定会纷纷归附于将军的仁德，让匡衡参与论议政事，观察他的长处，再将匡衡举荐给朝廷，匡衡将来必定会成为国家栋梁，将军也会通过此事向众人展现您的爱才之心，将军的名声也会流传于世。”史高赞同杨兴所言，便将匡衡任命为议曹史，后将匡衡举荐给元帝，元帝命匡衡担任郎中，后匡衡升任博士，给事中。

当时，发生了日食、地震等灾变，元帝询问匡衡，这些灾变与政治得失的关系，匡衡上书说：

臣听说五帝时的礼法不同，三王时的政教各异，民情风俗的差异，是因为时代的变化。陛下遍施圣德，开太平之路，怜悯那些愚昧的触犯法令的官民，连年大赦，使得这些百姓能改过自新，这是天下的一大幸事。但臣却看到在大赦之后，奸邪没有得以减少禁止，今日大赦，明日犯法，紧接着又会再次入狱，这大概就是不得劝导百姓守法向善的要领吧。教化百姓，要“为百姓讲述道义”“给百姓公布善恶的后果”，观察他们的过失再通过适宜的方式来制止，这样百姓生活就会和睦，经过抚慰就会安宁无事。当今天下百姓全都贪图钱财轻贱道义，喜好声色，崇尚奢靡，廉耻的节操日益淡薄，荒淫的风气日渐滋长，纲纪失序，亲近妻妾外戚胜过同姓骨肉，亲戚之间恩情寡淡，通过姻亲结党的行为盛行，相互苟且，心存侥幸，卖身求荣。他们却不知悔改，虽然朝廷连年大赦，但很难达到刑罚弃之不用的效果。

依臣愚见应当彻底改变这种风气。孔子说：“能以礼让而治国，怎会有困难呢？”朝廷，是天下的根基。公卿大夫若能相互循礼恭让，百姓就不会相互争斗；为官者若能好仁乐施，百姓就不会喜用暴力；上位者若能崇尚高风亮节，百姓就会纷纷效仿；上位者若能温和宽容，百姓就会相爱相敬。这四点，就是圣主之所以不施行严酷的刑罚而能教化天下的原因。为什么？若是朝中有冲动无礼的言行，

之心；上有好利之臣，则下有盗窃之民：此其本也。今俗吏之治，皆不本礼让，而上克暴，或忮害好陷人于罪，贪财而慕势，故犯法者众，奸邪不止，虽严刑峻法，犹不为变。此非其天性，有由然也。

臣窃考《国风》之诗，《周南》《召南》被贤圣之化深，故笃于行而廉于色。郑伯好勇，而国人暴虎；秦穆贵信，而士多从死；陈夫人好巫，而民淫祀；晋侯好俭，而民畜聚；太王躬仁，邠国贵恕。由此观之，治天下者审所上而已。今之伪薄忮害，不让极矣。臣闻教化之流，非家至而人说之也。贤者在位，能者布职，朝廷崇礼，百僚敬让。道德之行，由内及外，自近者始，然后民知所法，迁善日进而不自知。是以百姓安，阴阳和，神灵应，而嘉祥见。《诗》曰："商邑翼翼，四方之极；寿考且宁，以保我后生。"此成汤所以建至治，保子孙，化异俗而怀鬼方也。今长安天子之都，亲承圣化，然其习俗无以异于远方，郡国来者无所法则，或见侈靡而放效之。此教化之原本，风俗之枢机，宜先正者也。

臣闻天人之际，精祲有以相荡，善恶有以相推，事作乎下者象动乎上，阴阳之理各应其感，阴变则静者动，阳蔽则明者晻，水旱之灾随类而至。今关东连年饥馑，百姓乏困，或至相食，此皆生于赋敛多，民所共者大，而吏安集之不称之效也。陛下祗畏天戒，哀闵元元，大自减损，省甘泉、建章宫卫，罢珠崖，偃武行文，将欲度

下面就会有争斗的祸患；若是上有专断擅权的士人，下面就会有不懂礼让的百姓；若是上有争强好胜的辅佐，下面就会有相互伤害的心念；若是上有好利的臣子，则下就会有盗窃的民众，这些都是因为上行下效。当今俗吏的治理，都没有依循礼让，而崇尚以暴制胜，或是滥用酷刑喜好诬陷他人犯罪，贪财而倾慕权势，所以犯法的人众多，奸邪不能禁止，就算是有严刑峻法，依旧不会有所改变。这并非百姓天性邪恶，而是因为上位者失于教化。

臣研习《国风》一章，其中的《周南》《召南》对于推行圣贤教化很有帮助，因此重视品行而不在乎外貌。郑庄公喜好勇武，国人就能空手搏虎；秦穆公重视信用，士人大多生死相随；陈夫人爱好巫术，百姓就过度进行祭祀；晋侯崇尚节俭，百姓就会积蓄财物；周太王力行仁义，邠国百姓就崇尚宽忍。从这些来看，君主首先要看治理天下的人所崇尚的是什么。如今的社会风气狡诈浅薄，嫉妒陷害，不知礼让到了极点。臣听闻要想普施教化，并不一定需要前往家家户户向每个人进行说教。只须贤者在位，能者为官，朝廷推崇礼教，百官相互敬让。道德教化的推行，由内及外，自近及远，然后百姓就会知晓法令纲纪，日渐良善而不自知。如此百姓安乐，阴阳和谐，神灵响应，而后祥瑞自会显现。《诗经》说："商都的礼俗恭谨有序，可以效法，它是天下四方的表率；君王长寿康宁，以此保全我的后人。"这就是成汤能实现国家昌盛，保全后世子孙，转变异族风俗而使得远方之人前来归附的原因。如今长安是天子之都，百姓亲身蒙受天子圣明教化，但是这里的习俗与偏远之地没有什么不同，各个郡国前来的人无以从中效法，有的人看到奢靡的行径反而争相效法。这里正是教化的本源，转变风俗的关键，是首要应当端正风气的地方。

臣听闻天人之间，阴阳之气相互浸润激荡形成灾异或祥瑞，善恶相互推移转化，事情发生于下而征兆显现于上，阴阳之理各有感应，阴变而静者变为动，阳蔽而明者转为暗，旱涝灾害随之而来。如今关东连年遭受饥荒，百姓贫乏困顿，甚至出现人相食的情况，这都是因为朝廷征税过多，百姓缴税、所要供给的过重，并且官吏安置百姓不称职所造成的后果。陛下敬畏上天的告诫，哀悯百姓，所以

唐虞之隆，绝殷周之衰也。诸见罢珠崖诏书者，莫不欣欣，人自以将见太平也。宜遂减宫室之度，省靡丽之饰，考制度，修外内，近忠正，远巧佞，放郑卫，进《雅》《颂》，举异材，开直言，任温良之人，退刻薄之吏，显絜白之士，昭无欲之路，览《六艺》之意，察上世之务，明自然之道，博和睦之化，以崇至仁，匡失俗，易民视，令海内昭然咸见本朝之所贵，道德弘于京师，淑问扬乎疆外，然后大化可成，礼让可兴也。

上说其言，迁衡为光禄大夫、太子少傅。

时，上好儒术文辞，颇改宣帝之政，言事者多进见，人人自以为得上意。又傅昭仪及子定陶王爱幸，宠于皇后、太子。衡复上疏曰：

臣闻治乱安危之机，在乎审所用心。盖受命之王务在创业垂统传之无穷，继体之君心存于承宣先王之德而褒大其功。昔者成王之嗣位，思述文武之道以养其心，休烈盛美皆归之二后而不敢专其名，是以上天歆享，鬼神祐焉。其《诗》曰：“念我皇祖，陟降廷止。”言成王常思祖考之业，而鬼神祐助其治也。

陛下圣德天覆，子爱海内，然阴阳未和，奸邪未禁者，殆论议者未丕扬先帝之盛功，争言制度不可用也，务变更之，所更或不可行，而复复之，是以群下更相是非，吏民无所信。臣窃恨国家释乐成之业，而虚为此纷纷也。愿陛下详览统业之事，留神于遵制扬

减省自身用度，减省甘泉宫、建章宫的宿卫，废去珠崖郡，停止武事，推行文教，将要胜过尧舜那时的昌隆盛世，根除殷周那时的败亡恶政。众人见到陛下废去珠崖郡的诏书后，无不欣喜雀跃，世人自以为将要见到太平盛世了。适宜陛下应当缩减宫室的用度，省却奢靡的装饰，考定制度法令，修整朝廷内外，亲近忠正之臣，远离奸佞之徒，驱逐郑卫淫声，宣扬《雅》《颂》正乐，推举异才，广开言路，任用温良之人，罢退刻薄之吏，表彰高洁清白之士，昭明无私奉公之路，博览《六艺》的大意，审察先帝的治国要务，通晓自然之道，取得和睦的教化，来追求至仁的治理，匡正歪邪的风俗，改变百姓的视听，让天下海内都清楚见到本朝重视施政教化的结果，使得道德在京师弘扬光大，美名在疆外远扬称颂，然后深远的教化可以实现，礼让的风气也可振兴。

元帝听了匡衡的话后十分喜悦，将匡衡升为光禄大夫、太子少傅。

当时，元帝喜好儒学，对于宣帝时期的政治颇有改动，上书言事的人大多得到元帝的召见，人人都自以为所言得到元帝的认可。并且当时傅昭仪以及儿子定陶王备受元帝宠爱，甚至超过了皇后、太子。匡衡再次上书说：

臣听闻治乱安危的关键，在于审视做事的用心。承受天命的君王，他的用心在于开创功业并将功业一直承袭延续下去，后世继位的君王，他的用心在于承继宣扬先王的美德并且褒扬光大先王的功绩。以前周成王继位，思虑追述周文王、周武王的功德以修养心性，将治国的功绩都归于文武二王，自己不敢独享美名，所以上天帮助，鬼神护佑。《诗经》说：“思念我的皇祖，鬼神降临到朝廷。”这是说周成王常常思念文武二王的功业，而使得鬼神降临来护佑帮助周成王治国。

陛下广施圣德，爱民如子，但是阴阳尚未调和，奸邪尚未禁止，原因就在于上奏论议的人没有宣扬先帝的功绩，却争相言说先帝所定的制度不可用，要求务必加以更改，而更改之后有的制度不可行，于是再改回来，翻来覆去使得百官面面相觑，吏卒和百姓无所适从。臣愚见认为国家不应当废止百姓已经乐于接受、已成定势的制度规

功，以定群下之心。《大雅》曰："无念尔祖，聿修厥德。"孔子著之《孝经》首章，盖至德之本也。传曰："审好恶，理情性，而王道毕矣。"能尽其性，然后能尽人物之性；能尽人物之性，可以赞天地之化。治性之道，必审己之所有余，而强其所不足。盖聪明疏通者戒于大察，寡闻少见者戒于壅蔽，勇猛刚强者戒于大暴，仁爱温良者戒于无断，湛静安舒者戒于后时，广心浩大者戒于遗忘。必审己之所当戒，而齐之以义，然后中和之化应，而巧伪之徒不敢比周而望进。唯陛下戒所以崇圣德。

臣又闻室家之道修，则天下之理得，故《诗》始《国风》，《礼》本《冠》《婚》。始乎《国风》，原情性而明人伦也；本乎《冠》《婚》，正基兆而防未然也。福之兴莫不本乎室家，道之衰莫不始乎梱内。故圣王必慎妃后之际，别适长之位。礼之于内也，卑不隃尊，新不先故，所以统人情而理阴气也。其尊適而卑庶也。適子冠乎阼，礼之用醴，众子不得与列，所以贵正体而明嫌疑也。非虚加其礼文而已，乃中心与之殊异，故礼探其情而见之外也。圣人动静游燕，所亲物得其序；得其序，则海内自修，百姓从化。如当亲者疏，当尊者卑，则佞巧之奸因时而动，以乱国家。故圣人慎防其端，禁于未然，不以私恩害公义。陛下圣德纯备，莫不修正，则天下无为而治。《诗》云："于以四方，克定厥家。"传曰："正家而天下定矣。"

定，而盲目徒劳地进行更改。希望陛下详察总览国家基业，在遵循祖制、宣扬先王功业方面留神，以此来稳定群臣百姓的心。《诗经·大雅》说："时常思念你的先祖，继承发扬先祖的德行。"孔子将这句话写在《孝经》首章中，因为这是至德的根本。经传上说："审察善恶，管理情性，这样王道也就能成功了。"君王能够管理约束好自己的心性，然后才能管理约束好百姓万物的性情；能管理约束好百姓万物的性情，然后就可以通晓天地变化。管理心性的方法，就是一定能正确审视自己长处，尽力弥补自己的不足。聪明通达的人要谨慎审视大的方面，寡闻少见的人要避免闭塞隔绝，勇猛刚强的人要注意过于暴躁强硬，仁爱温良的人要警惕优柔寡断，沉静安逸的人要防止错过时机，心思广大的人要留心丢三落四。必定要仔细审视自己应当小心留意的地方，并通过义理上的弥补，然后才能管理调和性情使其转变，使得狡诈虚伪之徒不敢结党营私妄图趁虚而入了。希望陛下警惕这些事情以便推崇圣德。

臣还听闻若能管理好家室，就明白了治国的道理，所以《诗经》以《国风》为始，《礼记》以《冠义》《婚义》为本。以《国风》为始，是因为要还原情性从而明晓人伦；以《冠义》《婚义》为本，是因为匡正根本而防患于未然。福瑞的兴起无不源于家室，而道业的衰败也无不始于家室。所以圣王一定谨慎对待皇后和嫔妃的关系，区别出嫡长的位置。内室存有礼法，若能如此位卑的妾室不会僭越位尊的正妻，新娶的不会越过原先的，因此可以统管人的情性而理顺家室关系。尊嫡而卑庶。嫡子可以在厅堂东面的台阶行冠礼，在冠礼上可以用甜酒，其他庶子不得有同样的待遇，这样就是以正统为尊而明示区别的做法。并非虚加些无谓的礼法，而是要在心中明晓嫡庶的悬殊差异，因此礼仪是谈得内心情感并且使之表现在外。圣人或动或静或游玩或宴饮，所接触的物品都有大小贵贱的的次序；有了次序，则天下自会昌盛繁荣，百姓也会遵从教化。倘若本当君主亲近的反而遭到疏远，本当尊贵的反而使其卑贱，这样奸佞巧诈之徒便会趁机而动，扰乱国家。所以圣人谨防这类事情的发生，将这类事情禁于未发之前，不会因为私人好恶而损害国家公义。陛下圣德纯备，没有什

衡为少傅数年，数上疏陈便宜，及朝廷有政义，傅经以对，言多法义。上以为任公卿，由是为光禄勋、御史大夫。建昭三年，代韦玄成为丞相，封乐安侯，食邑六百户。

元帝崩，成帝即位，衡上疏戒妃匹，劝经学威仪之则，曰：

陛下秉至孝，哀伤思慕不绝于心，未有游虞弋射之宴，诚隆于慎终追远，无穷已也。窃愿陛下虽圣性得之，犹复加圣心焉。《诗》云“茕茕在疚”，言成王丧毕思慕，意气未能平也，盖所以就文武之业，崇大化之本也。

臣又闻之师曰：“妃匹之际，生民之始，万福之原。”婚姻之礼正，然后品物遂而天命全。孔子论《诗》以《关雎》为始，言太上者民之父母，后夫人之行不侔乎天地，则无以奉神灵之统而理万物之宜。故《诗》曰：“窈窕淑女，君子好仇。”言能致其贞淑，不贰其操，情欲之感无介乎容仪，宴私之意不形乎动静，夫然后可以配至尊而为宗庙主。此纲纪之首，王教之端也，自上世已来，三代兴废，未有不由此者也。愿陛下详览得失盛衰之效以定大基，采有德，戒声色，近严敬，远技能。

窃见圣德纯茂，专精《诗》《书》，好乐无厌。臣衡材驽，无以辅相善义，宣扬德音。臣闻《六经》者，圣人所以统天地之心，著善恶之归，明吉凶之分，通人道之正，使不悖于其本性者也。故审《六艺》之指，则天人之理可得而和，草木昆虫可得而育，此永永不易

么需要修正，则天下便可无为而治。《诗经》说：“要想治理天下，首先要治理好家室。”《易经》说：“治理好家室而后天下自会安定。”

匡衡任太子少傅数年，多次上书陈奏便宜之事，当朝廷论政时，匡衡也会依照经义来对答，言谈大多遵守法则义理。元帝认为匡衡足以担任公卿，因而让匡衡任光禄勋、御史大夫。建昭三年（前36），匡衡接替韦玄成任丞相，封为乐安侯，食邑六百户。

元帝驾崩，成帝继位，匡衡上书劝诫成帝慎重对待婚配之事，劝勉成帝注重经学威仪，奏书说：

陛下秉性至孝，对先帝哀伤思慕从未停止，从未有过游乐射猎，这着实是谨守孝道没有忘本，诚心追思，了无穷尽。臣希望陛下虽然天性至孝，但有些方面还应当多加留意。《诗经》中说“忧思成疾”，说的是周成王在丧礼结束后，仍旧思念先王，心中情感久久不能平息，这就是周成王能够承继文武二王的功业，推崇教化的根源。

臣又听老师说过：“婚配之事，是人生新的开端，是福瑞的根源。”婚姻的大礼完成之后，才能成就万物而全然承接天命。孔子论说《诗经》从《关雎》开始，这就是说居尊上之位的皇帝是百姓的父母，若是皇后的德行不能与天地相匹配，那就无法敬奉神灵并且治理万物。所以《诗经》中说：“窈窕淑女，君子好仇。”这讲的就是若有女子能够保持贞淑的品行，表里如一，不会将情感挂在心上并表现在仪容上，不会将游玩宴饮的享乐之情表现在行为举止中，这样才能配享至尊之位并且奉祀宗庙。这是国家纲纪首要的内容，也是施行教化的开端，自远古以来，夏商周三代的兴废，无不从这一方面开始。希望陛下详察过去朝代得失兴衰的经验教训，以奠定国之根基，选有德，防声色，近庄重恭敬，远有才无德。

臣见到陛下圣德纯善至美，精通《诗经》《尚书》，爱好礼乐乐此不疲。臣才学鄙陋，不能辅佐陛下治理国家，宣扬德音。臣听闻《六经》，是圣人统一天地之心，彰显善恶归宿，明晓吉凶分别，通达人道正理，使人不违背自己本性的书籍。故而若能审视《六艺》的要旨，那么就知晓人天之理而彼此和合，知晓草木昆虫繁衍不息，这

之道也。及《论语》《孝经》，圣人言行之要，宜究其意。

臣又闻圣王之自为动静周旋，奉天承亲，临朝享臣，物有节文，以章人伦。盖钦翼祗栗，事天之容也；温恭敬逊，承亲之礼也；正躬严恪，临众之仪也；嘉惠和说，飨下之颜也。举错动作，物遵其仪，故形为仁义，动为法则。孔子曰："德义可尊，容止可观，进退可度，以临其民，是以其民畏而爱之，则而象之。"《大雅》云："敬慎威仪，惟民之则。"诸侯正月朝觐天子，天子惟道德，昭穆穆以视之，又观以礼乐，飨醴乃归。故万国莫不获赐祉福，蒙化而成俗。今正月初幸路寝，临朝贺，置酒以飨万方，传曰"君子慎始"，愿陛下留神动静之节，使群下得望盛德休光，以立基桢，天下幸甚！

上敬纳其言。顷之，衡复奏正南北郊，罢诸淫祀，语在《郊祀志》。

初，元帝时，中书令石显用事，自前相韦玄成及衡皆畏显，不敢失其意。至成帝初即位，衡乃与御史大夫甄谭共奏显，追条其旧恶，并及党与。于是司隶校尉王尊劾奏："衡、谭居大臣位，知显等专权势，作威福，为海内患害，不以时白奏行罚，而阿谀曲从，附下罔上，无大臣辅政之义。既奏显等，不自陈不忠之罪，而反扬著先帝任用倾覆之徒，罪至不道。"有诏勿劾。衡惭惧，上疏谢罪，因称病乞骸骨，上丞相乐安侯印绶。上报曰："君以道德修明，位在三公，先帝委政，遂及朕躬。君遵修法度，勤劳公家，朕嘉与君同心合意，庶几有成。今司隶校尉尊妄诋欺，加非于君，朕甚闵焉。方

是永恒不变的道理。还有《论语》《孝经》，这两本书记载圣人言行的纲要，应当深究其中的意义。

臣又听闻圣王的言行举止，都是尊奉天命，承袭祖宗，临朝理政，群臣议事，万事都有礼法，以彰显人伦。因为恭谨敬畏，是承奉天命的仪容；温恭谦逊，是敬事双亲的礼节；端身庄严，是圣驾亲临的威仪；和颜惠下，是对待臣下的仪容。若是举止动作，万事万物都能遵循礼法，那么圣王就会有仁义的形象，足以当作法则的行为。孔子说：“自身品德道义可以得到别人尊敬，仪容举止可以作为典范，进退处世合乎礼法，这样治理百姓，因此百姓将会敬畏并且爱戴他，将会把他当作表率并不断效仿。”《诗经·大雅》中说：“恭敬谨慎的威仪，是百姓行为的典范。”正月时诸侯要来朝见天子，天子遵照道德礼法，以端庄严肃的威仪接见他们，然后表演礼乐，设下酒宴，之后再让诸侯返回封地。因此万国无不获得赏赐以及福祉，都承蒙教化进而形成风俗。今年正月初陛下前往正殿，接受朝贺，设宴款待八方来宾，经传中说：“君子在一开始做事时就十分谨慎”，愿陛下留心举止动作的礼节，使得百官可以仰望陛下的盛德光华，以此来建立国家的根基，如此则天下将会十分幸运！

成帝采纳了他的谏言。不久之后，匡衡再次上书奏言匡正南北郊祭祀的事情，取消各种不合礼制的祭祀，详见《郊祀志》。

起初，元帝时，中书令石显掌权，前任丞相韦玄成和匡衡都畏惧石显，不敢违逆石显的意思。到成帝继位之初，匡衡与御史大夫甄谭共同劾奏石显，逐一陈述石显的罪行，以及石显的党羽。司隶校尉王尊为此劾奏说：“匡衡、甄谭身为大臣，明知石显等人专断擅权，作威作福，成了天下的祸害，但匡衡、甄谭不及时禀奏石显的罪行并加以严惩，反而阿谀奉承，曲意顺从，附下罔上，丝毫没有尽到大臣辅政的职责。既然已经劾奏了石显等人，匡衡、甄谭却不自陈不忠之罪，反而宣扬先帝任用倾覆国家社稷之徒，这样的行为实属大逆不道。”成帝却下诏不要弹劾匡衡。匡衡心生惭愧畏惧，上书谢罪，称病请求辞职还乡，并交还丞相乐安侯的印绶。成帝回复说：“您的道德清明，位至三公，先帝将政事托付给您，现在又辅佐朕。您遵守并

下有司问状，君何疑而上书归侯乞骸骨，是章朕之未烛也。传不云乎？‘礼义不愆，何恤人之言！’君其察焉。专精神，近医药，强食自爱。”因赐上尊酒、养牛。衡起视事。上以新即位，褒优大臣，然群下多是王尊者。衡嘿嘿不自安，每有水旱，风雨不时，连乞骸骨让位。上辄以诏书慰抚，不许。

久之，衡子昌为越骑校尉，醉杀人，系诏狱。越骑官属与昌弟且谋篡昌。事发觉，衡免冠徒跣待罪，天子使谒者诏衡冠履。而有司奏衡专地盗土，衡竟坐免。

初，衡封僮之乐安乡，乡本田堤封三千一百顷，南以闽佰为界。初元元年，郡图误以闽佰为平陵佰。积十余岁，衡封临淮郡，遂封真平陵佰以为界，多四百顷。至建始元年，郡乃定国界，上计簿，更定图，言丞相府。衡谓所亲吏赵殷曰：“主簿陆赐故居奏曹，习事，晓知国界，署集曹掾。”明年治计时，衡问殷国界事：“曹欲奈何？”殷曰：“赐以为举计，令郡实之。恐郡不肯从实，可令家丞上书。”衡曰：“顾当得不耳，何至上书？”亦不告曹使举也，听曹为之。后赐与属明举计曰：“案故图，乐安乡南以平陵佰为界，不足故而以闽佰为界，解何？”郡即复以四百顷付乐安国。衡遣从史之僮，收取所还田租谷千余石入衡家。司隶校尉骏、少府忠行廷尉事劾奏“衡监临盗所主守直十金以上。《春秋》之义，诸侯不得专地，所以壹统尊法制也。衡位三公，辅国政，领计簿，知郡实，正国界，计簿已定而背法制，专地盗土以自益，及赐、明阿承衡意，猥举郡计，乱减县界，附下罔上，擅以地附益大臣，皆不道。”于是上可其奏，勿

修定法令，一心为公，朕十分欣慰能与您同心同德，希望与您共同治理好国家。如今司隶校尉王尊诋毁您，上奏弹劾您，朕十分同情。已经将王尊交由有关官员查问情由，您为何还要上书请求辞职还乡呢，这是表明朕未能洞察。经传中不是说吗？‘只要礼义方面没有过失，为何还要顾及别人的议论呢！’您应当明白。您要修养精神，就医服药，努力进食，珍重自己的身体。”成帝赏赐匡衡上尊酒、允许饲养食肉牛。于是匡衡重新任职理事。成帝因为刚刚继位，褒奖厚待大臣，但是朝中大臣多是王尊一党的人。匡衡时常忐忑不安，每次发生旱涝灾害，风雨不调，匡衡便连连上书辞职还乡奏请让位。成帝总是以诏书安慰劝勉匡衡，依旧不准许匡衡辞职还乡。

之后，匡衡的儿子匡昌任越骑校尉，醉酒杀人，被捕入狱。越骑的属吏与匡昌的弟弟密谋打算劫狱营救匡昌。东窗事发后，匡衡免冠赤脚等待治罪，天子派谒者传召暂免匡衡罪责。但有关官员弹劾匡衡擅自侵占土地，匡衡最终被免官。

起初，匡衡的封地在临淮郡僮县乐安乡，乡中共有三千一百顷田地，南面以闽佰为界。初元元年（前48），临淮郡的地图误将闽佰作成了平陵佰。长达十多年，匡衡分封到临淮郡，便真的将平陵佰当成封地的边界，这样就比原来多出四百顷。到了建始元年（前32），临淮郡重新勘验地界，将户口、赋税等登记造册，编订计簿，更定地图，并将此事报告丞相府。匡衡对心腹赵殷说：“主簿陆赐曾任奏曹，熟知划分封地边界的事情，现任集曹掾。”第二年要统计土地时，匡衡询问赵殷封地边界的事情：“主管这件事的官员想怎么办？”赵殷回答说：“陆赐呈上的计簿，要郡中的官吏将封地的边界改为以平陵佰为准。担心郡中的官员不肯这样改，那样可以让家丞上书。”匡衡说：“主要顾虑的是否应该得到这些土地，何必上书呢？”但匡衡也没有告知主管此事的官员，听任主管此事的官员去办。后来陆赐与一位名叫明的属吏呈报计簿说：“按照原来的地图，乐安乡南面应以平陵佰为界，不按照原来的地图，应以闽佰为界，这该如何？”临淮郡就将四百顷的土地划给了乐安国。匡衡派属吏前往僮县，收取这些土地的田租，有一千多石谷子。司隶校尉王骏、少府张忠履行廷尉职

治，丞相免为庶人，终于家。

子咸亦明经，历位九卿。家世多为博士者。

张禹字子文，河内轵人也，至禹父徙家莲勺。禹为儿，数随家至市，喜观于卜相者前。久之，颇晓其别蓍布卦意，时从旁言。卜者爱之，又奇其面貌，谓禹父："是儿多知，可令学经。"及禹壮，至长安学，从沛郡施雠受《易》，琅邪王阳、胶东庸生问《论语》，既皆明习，有徒众，举为郡文学。甘露中，诸儒荐禹，有诏太子太傅萧望之问。禹对《易》及《论语》大义，望之善焉，奏禹经学精习，有师法，可试事。奏寝，罢归故官。久之，试为博士。初元中，立皇太子，而博士郑宽中以《尚书》授太子，荐言禹善《论语》。诏令禹授太子《论语》，由是迁光禄大夫。数岁，出为东平内史。

元帝崩，成帝即位，征禹、宽中，皆以师赐爵关内侯，宽中食邑八百户，禹六百户。拜为诸吏光禄大夫，秩中二千石，给事中，领尚书事。是时，帝舅阳平侯王凤为大将军辅政专权，而上富于春秋，谦让，方乡经学，敬重师傅。而禹与凤并领尚书，内不自安，数病上书

责弹劾匡衡说："匡衡监守自盗十金以上。依据《春秋》之义，诸侯不得擅自侵占土地，所有人一律要遵循守法令。匡衡位至三公，辅佐朝政，掌握计簿，知晓郡地的实际情况，确定封地边界，可是在重新勘验封地边界、编订计簿之后，匡衡依旧违背法令，擅自侵占土地以谋私利，以及属吏陆赐、明阿谀逢迎匡衡，歪曲呈报临淮郡的计簿，乱减县界，欺上瞒下，擅自侵占土地归己所有，这些都是无道的行径。"于是成帝批准两人的奏书，但没有治匡衡的罪，只是免去丞相职务，贬为庶人，匡衡最终在家中去世。

匡衡的儿子匡咸也通过明经入仕，官至九卿。家族中也有很多人担任博士。

张禹字子文，河内郡轵县人，到他父亲这一代时，迁居莲勺县。张禹在儿时，便经常跟随家人到集市上，张禹喜欢观看占卜、看相。时间长了，就渐渐知晓蓍草分布所代表的卦象的吉凶含义，不时从旁言说。占卜的人十分喜欢他，又认为他相貌不凡，便对张禹的父亲说："这个孩子天资聪颖，可以让他学习经术。"等到张禹长大之后，前往长安求学，师从沛郡人施雠研习《易经》，后又跟随琅琊人王阳、胶东人庸生求教《论语》，张禹精通这些经典之后，便开始授徒传经，后来经人举荐人郡文学。甘露年间，许多儒生举荐张禹，宣帝下诏让太子太傅萧望之考察张禹。张禹回答《易经》和《论语》的大义，萧望之对他十分赞赏，禀奏宣帝说张禹精通经学，又有师承，可以试着委派张禹一些职事。但宣帝没有准许这个建议，张禹返还原职。很久以后，宣帝才让张禹试任博士。初元年间，元帝立皇太子，博士郑宽中教授太子《尚书》，郑宽中举荐张禹，说他精通《论语》。于是元帝下诏让张禹教授太子《论语》，因此张禹升任光禄大夫。数年后，张禹出外任东平国内史。

元帝驾崩，成帝继位，征召张禹、郑宽中，因他们都曾是成帝的老师而赐爵关内侯，郑宽中食邑八百户，张禹食邑六百户。张禹拜任诸吏光禄大夫，俸禄为中二千石，兼任给事中，总领尚书事。当时，成帝的舅舅阳平侯王凤任大将军辅政掌权，而成帝年少，为人谦逊敬让，喜爱经学，敬重老师。张禹与王凤共同管理尚书事务，张禹内心

乞骸骨，欲退避凤。上报曰："朕以幼年执政，万机惧失其中，君以道德为师，故委国政。君何疑而数乞骸骨，忽忘雅素，欲避流言？朕无闻焉。君其固心致思，总秉诸事，推以孳孳，无违朕意。"加赐黄金百斤、养牛、上尊酒，太官致餐，侍医视疾，使者临问。禹惶恐，复起视事，河平四年代王商为丞相，封安昌侯。

为相六岁，鸿嘉元年以老病乞骸骨，上加优再三，乃听许。赐安车驷马，黄金百斤，罢就第，以列侯朝朔望，位特进，见礼如丞相，置从事史五人，益封四百户。天子数加赏赐，前后数千万。

禹为人谨厚，内殖货财，家以田为业。及富贵，多买田至四百顷，皆泾、渭溉灌，极膏腴上贾。它财物称是。禹性习知音声，内奢淫，身居大第，后堂理丝竹筦弦。

禹成就弟子尤著者，淮阳彭宣至大司空，沛郡戴崇至少府九卿。宣为人恭俭有法度，而崇恺弟多智，二人异行。禹心亲爱崇，敬宣而疏之。崇每候禹，常责师宜置酒设乐与弟子相娱。禹将崇入后堂饮食，妇女相对，优人筦弦铿锵极乐，昏夜乃罢。而宣之来也，禹见之于便坐，讲论经义，日晏赐食，不过一肉卮酒相对。宣未尝得至后堂。及两人皆闻知，各自得也。

禹年老，自治冢茔，起祠室，好平陵肥牛亭部处地，又近延陵，奏请求之，上以赐禹，诏令平陵徙亭它所。曲阳侯根闻而争之：

不安，数次称病上书请求辞官还乡，想避开王凤。成帝回复说："朕幼年继位，许多政务唯恐处理失当，您因道德高尚而成为朕的老师，因此朕委以国政。您有什么可担忧的，为什么要数次请求辞官还乡，是忘记了您对朕的师徒恩情，还是想避开什么流言蜚语？朕从未听到过任何诋毁之言。您安下心来，继续总领各种政务，拿出兢兢业业、勤勉不怠的精神，不要违背朕的心意。"又加赐给张禹黄金百斤、准许养食肉牛、赏赐上尊酒，并让太官负责张禹的饮食，让御医为张禹诊病，还派遣使者亲临慰问。张禹深感惶恐不安，于是他重新处理政务，河平四年（前25）张禹接替王商任丞相，封安昌侯。

张禹任丞相六年，鸿嘉元年（前20）以年老多病，请求辞官还乡，成帝思虑再三，还是准许张禹的请求。并赐予张禹安车驷马，黄金百斤，张禹辞官后回到府宅，以列侯的身份在初一、十五时进宫朝见，位至特进，拜见皇帝时依旧按照丞相所行的礼仪，并为张禹设从事史五人，增加食邑四百户。成帝数次为张禹增加封赏，先后有数千万。

张禹为人恭谨仁厚，另外还在经商，家中以农耕为业。张禹家中富足，便多买了四百顷良田，这些田地都是由泾水、渭水灌溉，极其肥沃上等的田地。其他财物也相当的多。张禹精通音律，生活奢靡，身居广大的府第中，经常在后堂弹奏乐器。

张禹的弟子中颇有成就的，有淮阳人彭宣，官至大司空，还有沛郡人戴崇，官至少府九卿。彭宣为人恭敬节俭遵守法度，而戴崇却亲和聪慧，二人品行迥异。张禹心中更喜欢戴崇，对待彭宣则是敬而远之。戴崇每次前去拜访张禹，经常要求老师应当置酒设乐，与自己同乐。张禹便将戴崇引至后堂用餐，并让妇女相陪，让优人弹唱，尽享欢乐，直至深夜才离去。而彭宣前来拜访时，张禹则在偏室接待他，与他讲论经义，天色晚了用餐，不过是一样肉食，一杯酒而已。彭宣从未去过后堂。戴崇和彭宣两人都知道各自的待遇，却也自得其乐。

张禹年老时，为自己修坟茔，建祠堂，张禹想将平陵肥牛亭这块地方作为自己的坟茔，又靠近延陵，于是张禹向成帝奏请，成帝便

“此地当平陵寝庙衣冠所出游道，禹为师傅，不遵谦让，至求衣冠所游之道，又徙坏旧亭，重非所宜。孔子称‘赐爱其羊，我爱其礼’，宜更赐禹它地。”根虽为舅，上敬重之不如禹，根言虽切，犹不见从，卒以肥牛亭地赐禹。根由是害禹宠，数毁恶之。天子愈益敬厚禹。禹每病，辄以起居闻，车驾自临问之。上亲拜禹床下，禹顿首谢恩，因归诚，言：“老臣有四男一女，爱女甚于男，远嫁为张掖太守萧咸妻，不胜父子私情，思与相近。”上即时徙咸为弘农太守。又禹小子未有官，上临候禹，禹数视其小子，上即禹床下拜为黄门郎，给事中。

禹虽家居，以特进为天子师，国家每有大政，必与定议。永始、元延之间，日蚀地震尤数，吏民多上书言灾异之应，讥切王氏专政所致。上惧变异数见，意颇然之，未有以明见，乃车驾至禹弟，辟左右，亲问禹以天变，因用吏民所言王氏事示禹。禹自见年老，子孙弱，又与曲阳侯不平，恐为所怨。禹则谓上曰：“春秋二百四十二年间，日蚀三十余，地震五，或为诸侯相杀，或夷狄侵中国。灾变之异深远难见，故圣人罕言命，不语怪神。性与天道，自子赣之属不得闻，何况浅见鄙儒之所言！陛下宜修政事以善应之，与下同其福喜，此经义意也。新学小生，乱道误人，宜无信用，以经术断之。”上雅信爱禹，由此不疑王氏。后曲阳侯根及诸王子弟闻知禹言，皆喜说，遂亲就禹。禹见时有变异，若上体不安，择日絜斋露蓍，正衣冠立筮，得吉卦则献其占，如有不吉，禹为感动忧色。

将这块地方赐予张禹，并下诏将平陵肥牛亭迁至其它地方。曲阳侯王根听闻此事进谏道："这个地方是平陵寝庙衣冠出游的道路，张禹作为老师，不知谦让，前来求取衣冠所游之道，又要毁坏原来的亭子，这样做很不合适。孔子曾说：'子贡爱惜祭祀所用的活羊，而我却爱的是告朔之礼'，皇上应当将其他地方赐给张禹。"王根虽然是成帝的舅舅，但成帝对他的敬重不如张禹，即便王根言辞恳切，成帝也没有听从王根的劝阻，最终还是将肥牛亭这块地方赐给了张禹。王根因此嫉妒张禹得成帝宠信，多次诋毁张禹。而成帝却对张禹更加敬重。张禹每当生病，成帝总会询问他的起居，甚至亲自前去看望张禹。成帝亲自来到张禹床前，张禹感激不尽，叩首谢恩，并借此机会向皇上投诚，说道："老臣有四儿一女，疼爱女儿胜过儿子，但她远嫁张掖太守萧咸，臣时常想念她，希望她能离臣近一些。"成帝立即让萧咸调任弘农太守。张禹的小儿子还没有官职，成帝每次前来看望他时，张禹就多次看向自己的小儿子，成帝便在张禹的床前让他的小儿子拜任黄门郎，给事中。

张禹虽然已经闲赋在家，但仍以特进官的身份做天子的老师，每当国家有重大决策，张禹一定会参与论议。永始、元延年间，日食、地震频发，官吏和百姓纷纷上书奏言灾异的感应，讥讽是由王氏专权所致。成帝十分害怕灾异频发，对于大臣和百姓的奏言颇有认同，但也没有明确表态，成帝就乘车前往张禹的府第，屏退左右，亲自询问张禹对天灾异变的看法，并告诉张禹官员百姓对王氏专权的议论。张禹想到自己年纪渐老，子孙势力弱小，又曾与曲阳侯王根结怨，担心子孙会遭到曲阳侯的怨恨报复。张禹便对成帝说："春秋二百四十二年间，共出现日食三十余次，地震五次，其间要不发生诸侯自相残杀，若不是夷狄侵扰我朝，灾变之异深远难见，所以圣人很少谈论天命，也不言说怪力乱神。性与天道，从子贡之辈起就没有听闻孔子提及过，何况是那些浅见鄙陋的儒官所说的话！陛下应当修善国政以应对时局变化，与群臣百姓同享福祉，这些都是经义中的意思。后进的新学小生，乱道误人，不应相信他们所言，可以用经术来判断。"成帝素来信任张禹，因此成帝不再怀疑王氏。后来曲阳侯王

成帝崩，禹及事哀帝，建平二年薨，谥曰节侯。禹四子，长子宏嗣侯，官至太常，列于九卿。三弟皆为校尉散骑诸曹。

初，禹为师，以上难数对己问经，为《论语章句》献之。始鲁扶卿及夏侯胜、王阳、萧望之、韦玄成皆说《论语》，篇第或异。禹先事王阳，后从庸生，采获所安，最后出而尊贵。诸儒为之语曰："欲为《论》，念张文。"由是学者多从张氏，余家浸微。

孔光字子夏，孔子十四世之孙也。孔子生伯鱼鲤，鲤生子思伋，伋生子上帛，帛生子家求，求生子真箕，箕生子高穿。穿生顺，顺为魏相。顺生鲋，鲋为陈涉博士，死陈下。鲋弟子襄为孝惠博士，长沙太傅。襄生忠，忠生武及安国，武生延年。延年生霸，字次孺。霸生光焉。安国、延年皆以治《尚书》为武帝博士。安国至临淮太守。霸亦治《尚书》，事太傅夏侯胜，昭帝末年为博士，宣帝时为太中大夫，以选授皇太子经，迁詹事，高密相。是时，诸侯王相在郡守上。

元帝即位，征霸，以师赐爵关内侯，食邑八百户，号褒成君，给事中，加赐黄金二百斤，第一区，徙名数于长安。霸为人谦退，不好权势，常称爵位泰过，何德以堪之！上欲致霸相位，自御史大夫贡禹卒，及薛广德免，辄欲拜霸。霸让位，自陈至三，上深知其至诚，乃

根及各位诸侯王子弟听闻了张禹所言，都十分高兴，于是便开始亲近张禹。张禹看到时局发生变化，若是成帝的身体欠佳，张禹就会择日沐浴斋戒，将蓍草放于星宿下，端正衣冠进行占卜，如果卜得吉卦，张禹就将结果呈奏皇上，如果结果不吉，张禹便感到忧虑。

成帝驾崩，张禹继续奉事哀帝，张禹在建平二年（前5）去世，谥号节侯。张禹有四个儿子，长子张宏承袭侯爵，官至太常，位列九卿。其余的三个弟弟都任校尉散骑等官职。

起初，张禹担任成帝的老师时，因为成帝经常向自己请教学习经文中遇到的疑难问题，张禹就将这些都记录下来，编撰成《论语章句》献给成帝。当时鲁扶卿以及夏侯胜、王阳、萧望之、韦玄成都在讲述《论语》，所讲述的内容、观点各不相同。张禹先师从王阳，后师从庸生学习《论语》，博采众家之长，最后脱颖而出，独成一派。众位儒生因而都会说："想要研习《论语》，那就先学习张禹的文章。"此后求学者大多会学习张禹所著的关于《论语》的文章，其余各学派的解说日渐衰微。

孔光字子夏，是孔子第十四代孙。孔子生孔鲤字伯鱼，孔鲤生孔伋字子思，孔伋生孔帛字子上，孔帛生孔求字子家，孔求生孔箕字子真，孔箕生孔穿字子高。孔穿生孔顺，孔顺曾任魏国丞相。孔顺生孔鲋，孔鲋曾在陈涉麾下任博士，后死于陈地。孔鲋的弟弟子襄曾在孝惠帝时任博士，长沙太傅。子襄生孔忠，孔忠生孔武和孔安国，孔武生孔延年。孔延年生孔霸，字次儒。孔霸所生便是孔光。孔安国、孔延年都因研习《尚书》得以在武帝时担任博士。孔安国官至临淮太守。孔霸也研习《尚书》，奉事太傅夏侯胜，昭帝末年任博士，宣帝时任太中大夫，因为通过选任教授皇太子经学，而升任詹事，还在高密国任国相。当时，诸侯王的国相都在郡守之上。

元帝继位后，征召孔霸入朝，因为孔霸曾任自己的老师，便赐给孔霸关内侯的爵位，食邑八百户，号褒成君，任给事中，加赐黄金二百斤，最上等的居所，并将孔霸的户籍迁至长安。孔霸为人谦逊，不好权势，时常称自己的爵位过高，何德何能恬居高位！元帝想让孔霸担任丞相，自御史大夫贡禹去世后，再到薛广德遭免官，元帝总想让孔

弗用。以是敬之，赏赐甚厚。及霸薨，上素服临吊者再，至赐东园秘器钱帛，策赠以列侯礼，谥曰烈君。

霸四子，长子福嗣关内侯。次子捷、捷弟喜皆列校尉诸曹。光，最少子也，经学尤明，年未二十，举为议郎。光禄勋匡衡举光方正，为谏大夫。坐议有不合，左迁虹长，自免归教授。成帝初即位，举为博士，数使录冤狱，行风俗，振赡流民，奉使称旨，由是知名。是时，博士选三科，高为尚书，次为刺史，其不通政事，以久次补诸侯太傅。光以高第为尚书，观故事品式，数岁明习汉制及法令。上甚信任之，转为仆射，尚书令。有诏光周密谨慎，未尝有过，加诸吏官，以子男放为侍郎，给事黄门。数年，迁诸吏光禄大夫，秩中二千石，给事中，赐黄金百斤，领尚书事。后为光禄勋，复领尚书，诸吏给事中如故。凡典枢机十余年，守法度，修故事。上有所问，据经法以心所安而对，不希指苟合；如或不从，不敢强谏争，以是久而安。时有所言，辄削草槁，以为章主之过，以奸忠直，人臣大罪也。有所荐举，唯恐其人之闻知。沐日归休，兄弟妻子燕语，终不及朝省政事。或问光："温室省中树皆何木也？"光嘿不应，更答以它语，其不泄如是。光帝师傅子，少以经行自著，进官蚤成。不结党友，养游说，有求于人。既性自守，亦其势然也。徙光禄勋为御史大夫。

霸拜任丞相。但孔霸再三推让，说自己德才不够，元帝知道他态度恳切真诚，便不再强求。在这之后，元帝更加敬重孔霸，赏赐也甚为丰厚。等到孔霸去世之后，元帝两次身穿丧服亲临哀悼，赐予东园所制的棺材、金钱和丝帛，并以策书赐以列侯的礼仪下葬，谥号烈君。

孔霸有四子，长子孔福承袭关内侯的爵位。次子孔捷、孔捷的弟弟孔喜都担任校尉等官职。孔光，是孔霸最小的儿子，对经学颇为精通，不满二十岁，就经人举荐任议郎。光禄勋匡衡举荐孔光，经过方正担任谏大夫。因为孔光的论议不合元帝的意思，孔光被贬为虹县县令，于是孔光自请免职，回家教授经学。成帝继位之初，经举荐孔光又任博士，成帝经常下召让他平反冤案，整饬风俗，赈济灾民，孔光每次奉召都能圆满完成，因此孔光盛名远扬。当时，朝廷将博士分为三科并从中选任官职，成绩优异的选任为尚书，次等的选任为刺史，那些不通政事的，就按年资长短补任诸侯太傅。孔光以成绩优异担任尚书，他考察前代典章制度和礼法条文，数年之后对汉室的制度以及法令已经了如指掌。成帝十分信任孔光，孔光先后转任仆射，尚书令。成帝下召嘉奖孔光行事周密谨慎，从未有过差错，加封诸吏的官衔，并让他的儿子孔放担任侍郎，给事黄门。数年之后，孔光又升任诸吏光禄大夫，俸禄为中二千石，担任给事中，赐予孔光黄金百斤，总领尚书事。后来孔光又升任光禄勋，仍旧总领尚书事务，像以往一样担任诸吏给事中。孔光身居要职十余年，谨遵法度，修整旧制。成帝有政事询问孔光，孔光总会依据经义法令，以自己认为适当的方式来回答，不会刻意迎合成帝的意愿；如果成帝没有采纳，孔光也不会强硬谏诤，所以孔光为官时间很长而且安稳。有时孔光有所奏言，会将已经写好的奏书反复删改，孔光认为上书彰显君主的过失，以此博得忠直之名，这是为人臣子的大罪。孔光在举荐别人时，唯恐这个人知晓。休息日回家，与兄弟、妻儿闲谈时，孔光始终不会提及朝中政事。有人问孔光："长乐宫中的温室殿，都种了些什么树？"孔光只是嘿嘿一笑，没有回答，然后转移话题讨论其他东西，孔光不泄露宫中事务就像这样。孔光是先帝老师的儿子，年少时就以经学而名声显著，很早便为官入仕。孔光从不结交朋党，扶植游说

绥和中，上即位二十五年，无继嗣，至亲有同产弟中山孝王及同产弟子定陶王在。定陶王好学多材，于帝子行。而王祖母傅太后阴为王求汉嗣，私事赵皇后、昭仪及帝舅大司马骠骑将军王根，故皆劝上。上于是召丞相翟方进、御史大夫光、右将军廉褒、后将军朱博，皆引入禁中，议中山、定陶王谁宜为嗣者。方进、根以为定陶王帝弟之子，《礼》曰“昆弟之子犹子也”“为其后者为之子也”，定陶王宜为嗣。褒、博皆如方进、根议。光独以为礼立嗣以亲，中山王先帝之子，帝亲弟也，以《尚书·盘庚》殷之及王为比，中山王宜为嗣。上以《礼》兄弟不相入庙，又皇后、昭仪欲立定陶王，故遂立为太子。光以议不中意，左迁廷尉。

光久典尚书，练法令，号称详平。时定陵侯淳于长坐大逆诛，长小妻乃始等六人皆以长事未发觉时弃去，或更嫁。及长事发，丞相方进、大司空武议，以为“令，犯法者各以法时律令论之，明有所讫也。长犯大逆时，乃始等见为长妻，已有当坐之罪，与身犯法无异。后乃弃去，于法无以解。请论。”光议以为“大逆无道，父母妻子同产无少长皆弃市，欲惩后犯法者也。夫妇之道，有义则合，无义则离。长未自知当坐大逆之法，而弃去乃始等，或更嫁，义已绝，而欲以为长妻论杀之，名不正，不当坐。”有诏光议是。

之徒，也从不有求于人。孔光能保持自己的操行，年少便有所成就，也无须结党为援。后来孔光由光禄勋升任御史大夫。

绥和年间，成帝继位已有二十五年，但无子继承皇位，至亲有异母弟中山孝王以及异母弟定陶共王的儿子定陶王。定陶王博学多才，成帝视如己出。定陶王的祖母傅太后暗中谋划让定陶王继承皇位，私下勾结赵皇后、赵昭仪以及成帝的舅舅大司马骠骑将军王根，因而他们都极力劝成帝立定陶王为太子。于是成帝召丞相翟方进、御史大夫孔光、右将军廉褒、后将军朱博进宫，论议中山孝王、定陶王谁更适合立为皇位继承人。翟方进、王根都认为定陶王是皇上弟弟的儿子，《礼记》中说“兄弟的儿子如同自己的儿子”“他人的后代也可以当做自己的儿子”，所以应当立定陶王为皇位继承人。廉褒、朱博的意见也都和翟方进、王根的意见一样。唯独孔光认为，依礼应按照亲缘关系来选立继承人，中山王是先帝的儿子，皇上的亲弟弟，依照《尚书·盘庚》中所记载的，殷商时期兄终弟及的继位顺序为例，认为应当立中山王为皇位继承人。成帝认为依照《礼记》的记载，兄弟不能同入宗庙，再加上皇后、赵昭仪想立定陶王为继承人，所以成帝立定陶王为皇太子。孔光因为论议与成帝的意思不合，被贬为廷尉。

孔光长期主持尚书事务，熟知法令，行事号称详细公平。当时定陵侯淳于长因犯大逆罪遭诛杀，淳于长的小妾迺始等六人都在淳于长事发之前就离他而去，有的已经改嫁。等到淳于长事发之后，丞相翟方进、大司空何武论议，认为“若依法令，犯法的人要依照犯法时的法令来论处，这一点已经有明确的规定。淳于长在犯大逆罪时，迺始等人还是他的妻妾，已经犯有连坐之罪，与以身犯法无异。后来她们虽然离他而去，但依照法律不能免罪。请皇上裁决。”而孔光认为“大逆无道，要将犯法者的父母妻儿亲属，无论年纪长幼，全都斩首示众，这是为了以此来警戒后世的犯法者。而夫妇之道，有义则合，无义则离。淳于长尚未知道自己触犯了大逆罪，便抛弃了迺始等人，其中有人已经改嫁，夫妻情义已绝，倘若还要将她们以淳于长妻妾的罪名来论罪处死，这样做名不正，不应当判她们的罪。”成帝

是岁，右将军褒、后将军博坐定陵、红阳侯皆免为庶人。以光为左将军，居右将军官职，执金吾王咸为右将军，居后将军官职。罢后将军官。数月，丞相方进薨，召左将军光，当拜，已刻侯印书赞，上暴崩，即其夜于大行前拜受丞相博山侯印绶。

哀帝初即位，躬行俭约，省减诸用，政事由己出，朝廷翕然，望至治焉。褒赏大臣，益封光千户。时成帝母太皇太后自居长乐宫，而帝祖母定陶傅太后在国邸，有诏问丞相、大司空："定陶共王太后宜当何居？"光素闻傅太后为人刚暴，长于权谋，自帝在襁褓而养长教道至于成人，帝之立又有力。光心恐傅太后与政事，不欲令与帝旦夕相近，即议以为定陶太后宜改筑宫。大司空何武曰："可居北宫。"上从武言。北宫有紫房复道通未央宫，傅太后果从复道朝夕至帝所，求欲称尊号，贵宠其亲属，使上不得直道行。顷之，太后从弟子傅迁在左右尤倾邪，上免官遣归故郡。傅太后怒，上不得已复留迁。光与大司空师丹奏言："诏书'侍中驸马都尉迁巧佞无义，漏泄不忠，国之贼也，免归故郡。'复有诏止。天下疑惑，无所取信，亏损圣德，诚不小愆。陛下以变异连见，避正殿，见群臣，思求其故，至今未有所改。臣请归迁故郡，以销奸党，应天戒。"卒不得遣，复为侍中。胁于傅太后，皆此类也。

下召同意了孔光的意见。

同年，右将军廉褒、后将军朱博因与定陵侯淳于长、红阳侯王立交好而受到牵连，都被免为庶人。成帝下诏命孔光任左将军，担负右将军的职责，执金吾王咸任右将军，担负后将军的职责。成事废除了后将军的职位。数月之后，丞相翟方进去世，成帝召左将军孔光，打算让孔光继任丞相，已经刻好了侯印，写好了授任丞相的诏书，但这时成帝骤然崩逝，孔光便在成帝驾崩当夜拜任丞相，接受博山侯的印绶。

哀帝继位之初，力行节俭，减省各处用度，朝政都由自己亲自处理裁决，朝中一片和顺的气象，众人都盼望安定昌盛的时局到来。哀帝褒奖大臣，加封孔光一千户的食邑。当时成帝的母亲太皇太后住在长乐宫，而哀帝的祖母定陶傅太后住在封国设在长安的官邸中，哀帝下诏询问丞相、大司空："定陶共王太后应当在哪里居住？"孔光素来听闻傅太后为人刚烈暴戾，擅长权谋，在哀帝还在襁褓之中时，便由傅太后抚养，教导哀帝直至成人，在哀帝继位时傅太后又曾出过力。孔光担心傅太后会干涉朝政，不想让傅太后与哀帝走得很近，于是就奏议认为应当为定陶太后另修宫殿居住。大司空何武说："傅太后可以居于北宫。"哀帝听从了何武的建议。北宫的紫房有上下重叠的道路通向未央宫，傅太后果真从这条道路早晚前往哀帝的居所，请求哀帝赐予尊号，厚待宠信她的亲属，使得哀帝不能依正直之道秉公行事。不久，傅太后堂弟的儿子傅迁在哀帝左右，傅迁为人奸邪不正，哀帝便罢免傅迁的官职，将他遣回故地。傅太后知道后大怒，哀帝不得已再次将傅迁召回。孔光与大司空师丹上奏说："陛下曾下诏书说'侍中驸马都尉傅迁巧佞无义，泄露朝中密要，对上不忠，是国家的贼害，将其免官，遣回故地。'但之后陛下再次召回傅迁。天下为此感到疑惑，无法赢得百姓的信任，这样有损陛下的圣德，属实不是小过。陛下因为灾变频发，因而避开正殿，召见群臣，思索探求灾异的原因，但过去不周到的地方至今都没有改正完善。臣等恳请陛下将傅迁遣回故地，以根除奸党，回应遵从上天的警告。"但是陛下最终没有将傅迁遣回故地，重新任命为侍中。哀帝遭受傅太后的胁迫，很

又傅太后欲与成帝母俱称尊号，群下多顺指，言母以子贵，宜立尊号以厚孝道。唯师丹与光持不可。上重违大臣正议，又内迫傅太后，猗违者连岁。丹以罪免，而朱博代为大司空。光自先帝时议继嗣有持异之隙矣，又重忤傅太后指，由是傅氏在位者与朱博为表里，共毁谮光。后数月遂策免光曰："丞相者，朕之股肱，所与共承宗庙，统理海内，辅朕之不逮以治天下也。朕既不明，灾异重仍，日月无光，山崩河决，五星失行，是章朕之不德而股肱之不良也。君前为御史大夫，辅翼先帝，出入八年，卒无忠言嘉谋，今相朕，出入三年，忧国之风复无闻焉。阴阳错谬，岁比不登，天下空虚，百姓饥馑，父子分散，流离道路，以十万数。而百官群职旷废，奸轨放纵，盗贼并起，或攻官寺，杀长吏。数以问君，君无怵惕忧惧之意，对毋能为。是以群卿大夫咸惰哉莫以为意，咎由君焉。君秉社稷之重，总百僚之任，上无以匡朕之阙，下不能绥安百姓。《书》不云乎？'毋旷庶官，天工人其代之。'於乎！君其上丞相博山侯印绶，罢归。"

光退闾里，杜门自守。而朱博代为丞相，数月，坐承傅太后指妄奏事自杀。平当代为丞相，数月薨。王嘉复为丞相，数谏争忤指。旬岁间阅三相，议者皆以为不及光。上由是思之。

会元寿元年正月朔日有蚀之，后十余日傅太后崩。是月征光诣公车，问日蚀事。光对曰："臣闻日者，众阳之宗，人君之表，至尊之象。君德衰微，阴道盛强，侵蔽阳明，则日蚀应之。《书》曰'羞

多事情都像这样。

而且傅太后又想与成帝的母亲得到一样的尊号，群臣大多顺应她的旨意，说母以子贵，应当为傅太后定立尊号以彰显孝道。唯有师丹和孔光认为不可。哀帝在外难违群臣的论议，在内又遭到傅太后的胁迫，这件事连续几年迟迟没有商定。师丹因罪而遭免官，朱博接替师丹任大司空。先帝时孔光商议皇位继承人的观点不同因而与哀帝不合，之后又违逆傅太后的旨意，因此朝中在位的傅氏官员与大司空朱博相互勾结，共同诋毁诬蔑孔光，数月之后哀帝便下诏罢免孔光说："丞相，是朕的左膀右臂，与朕一同承继宗庙，统理海内，辅佐朕的不周之处以治理天下。朕昏昧不明，灾异频发，日月无光，山崩河决，五星失序，这些都说明了朕德行缺失以及辅佐朕的大臣不够贤良。您此前担任御史大夫，辅佐先帝，前后共有八年，却始终没有提出忠诚的谏言和高明的计谋，现在又身为朕的丞相，前后三年，同样也没有听到关于忧国忧民的谏言。近来阴阳错乱，连年歉收，天下空虚，百姓饥馑，父子分散，流离失所，灾民多达十万余人。而朝中百官懈怠，奸佞横行，盗贼并起，有的甚至攻击官府，残杀官吏。多次询问您的意见，您反而没有忧虑恐惧之意，认为盗贼不会造成什么危害。因此百官全都懈怠起来，不以为然，过错都在您身上。您秉承社稷之重，总领百官，可是您对上不能匡正朕的过错，对下不能抚慰百姓。《尚书》不是说吗？'不可以任用不称职的官员，代行天职的官员一定要称职。'哎！您交还丞相和博山侯的印绶，回家吧。"

孔光遭免官回乡之后，闭门自守。朱博接替孔光任丞相，数月之后，朱博就因承奉傅太后旨意妄奏政事而获罪自杀了。平当接替朱博任丞相，数月之后便去世了。王嘉再次接任丞相，数次谏言，忤逆了哀帝的旨意。一年之间先后更换了三位丞相，大臣论议都认为这三人的才干不及孔光。哀帝也常常想念孔光。

正巧元寿元年（前2）正月十五发生了日食，十多天之后傅太后去世。就在这个月哀帝征召孔光前往公车官署，询问关于日食的事情。孔光回答说："臣听闻太阳，是阳气的本源，是人君的表率，是至尊的象征。倘若君主的德行衰微，臣子之道强盛，将会侵犯遮蔽

用五事’‘建用皇极’。如貌、言、视、听、思失，大中之道不立，则咎征荐臻，六极屡降。皇之不极，是为大中不立，其传曰‘时则有日月乱行’，谓朓、侧匿，甚则薄蚀是也。又曰‘六沴之作’，岁之朝曰三朝，其应至重。乃正月辛丑朔日有蚀之，变见三朝之会。上天聪明，苟无其事，变不虚生。《书》曰‘惟先假王正厥事’，言异变之来，起事有不正也。臣闻师曰，天左与王者，故灾异数见，以谴告之，欲其改更。若不畏惧，有以塞除，而轻忽简诬，则凶罚加焉，其至可必。《诗》曰：‘敬之敬之，天惟显思，命不易哉！’又曰：‘畏天之威，于时保之。’皆谓不惧者凶，惧之则吉也。陛下圣德聪明，兢兢业业，承顺天戒，敬畏变异，勤心虚己，延见群臣，思求其故，然后敕躬自约，总正万事，放远谗说之党，援纳断断之介，退去贪残之徒，进用贤良之吏，平刑罚，薄赋敛，恩泽加于百姓，诚为政之大本，应变之至务也。天下幸甚。《书》曰‘天既付命正厥德’，言正德以顺天也。又曰‘天棐谌辞’，言有诚道，天辅之也。明承顺天道在于崇德博施，加精致诚，孳孳而已。俗之祈禳小数，终无益于应天塞异，销祸兴福，较然甚明，无可疑惑。”

书奏，上说，赐光束帛，拜为光禄大夫，秩中二千石，给事中，位次丞相。诏光举可尚书令者封上，光谢曰：“臣以朽材，前比历位典大职，卒无尺寸之效，幸免罪诛，全保首领，今复拔擢，备内朝

了光明，所以就会发生日食。《尚书》说‘进用貌、言、视、听、思五事’‘建立大中至正的治国之道’。如果貌、言、视、听、思这五事有失，大中至正之道没能建立，那么灾祸的征验就会接连出现，凶、恶、疾、贫、弱、忧六种凶恶之事就会频繁发生。没有中正的准则，是因为大中至正之道没有建立，经传中说‘这个时候就会出现日月混乱运行的情况’，就是说日月运行得很快，或是运行得很慢，进而会发生日食。书中又说‘六气不合所作’，正月初一是新的一年、新的一月、新的一日，这个时间的感应最强。正月初一发生日食，异变出现在年、月、日三者开端的交集点。上天聪明，若是没有发生什么事情，异变就不会降临。《尚书》说：‘先代圣王一定要纠正其事’，这是说异变的出现，都是因为有不正的事情发生。臣听老师讲，上天辅佐君王，所以灾异会频发，是想以此来告诫君王，想让他改正过失。如果君王没有心生畏惧，若是敷衍罪责，轻视上天的告诫，傲慢欺毁上天，那么罪罚必会加重，也必定降临。《诗经》说：‘要敬畏上天，上天最为明察，承受天命极为困难！’又说：‘敬畏天威，才能得以安定。’这些都是在讲不敬畏上天则凶，敬畏上天则吉。陛下圣德聪明，兢兢业业，承顺上天的警诫，敬畏异变的出现，勤恳谦虚，召见群臣，思索探求异变的原因，然后以身作则，反躬自省，匡正各项事务，驱逐进献谗言之党，征引忠诚不二之臣，罢退贪婪残暴之徒，进用贤明忠良之吏，公正刑罚，轻徭薄赋，施恩给百姓，这才是治国理政的根本，应对灾变的要务。陛下若能如此将是国家的万幸。《尚书》说：‘既然承受了天命，就应当匡正自身德行’，这是说匡正德行以顺天命。又说‘上天辅佐至诚之辞’，这是说要有至诚之心，上天才会辅佐他。要明白承顺天道在于推崇德义，广施恩泽，再加上真心至诚，勤勉不懈而已。世间那些祈福除祸的末流技艺，最终对于顺应天命、消除灾异毫无益处，除祸求福，其中的道理方法昭然揭示，没有什么可疑惑的。”

奏书呈上之后，哀帝十分高兴，赏赐孔光束帛，命孔光拜任光禄大夫，俸禄为中二千石，任给事中，位次丞相。哀帝下诏让孔光举荐可以担任尚书令的人，奏书密封呈上，孔光上书谢恩说：“臣年老

臣，与闻政事。臣光智谋浅短，犬马齿载，诚恐一旦颠仆，无以报称。窃见国家故事，尚书以久次转迁，非有踔绝之能，不相逾越。尚书仆射敞，公正勤职，通敏于事，可尚书令。谨封上。”敞以举故，为东平太守。敞姓成公，东海人也。

光为大夫月余，丞相嘉下狱死，御史大夫贾延免。光复为御史大夫，二月为丞相，复故国博山侯。上乃知光前免非其罪，以过近臣毁短光者，复免傅嘉，曰：“前为侍中，毁谮仁贤，诬愬大臣，令俊艾者久失其位。嘉倾覆巧伪，挟奸以罔上，崇党以蔽朝，伤善以肆意。《诗》不云乎？‘谗人罔极，交乱四国。’其免嘉为庶人，归故郡。”

明年，定三公官，光更为大司徒。会哀帝崩，太皇太后以新都侯王莽为大司马，征立中山王，是为平帝。帝年幼，太后称制，委政于莽。初，哀帝罢黜王氏，故太后与莽怨丁、傅、董贤之党。莽以光为旧相名儒，天下所信，太后敬之，备礼事光。所欲搏击，辄为草，以太后指风光令上之，睚眦莫不诛伤。莽权日盛，光忧惧不知所出，上书乞骸骨。莽白太后：“帝幼少，宜置师傅。”徙光为帝太傅，位四辅，给事中，领宿卫供养，行内署门户，省服御食物。明年，徙为太师，而莽为太傅。光常称疾，不敢与莽并。有诏朝朔望，领城门兵。莽又风群臣奏莽功德，称宰衡，位在诸侯王上，百官统焉。光愈恐，固称疾辞位。太后诏曰：“太师光，圣人之后，先师之子，德行纯淑，道术通明，居四辅职，辅道于帝。今年耆有疾，俊艾大臣，惟国之重，其犹不可以阙焉。《书》曰‘无遗耇老’，国之将兴，尊师而重傅。其令太师毋朝，十日一赐餐。赐太师灵寿杖，黄门令为太师省

无用，此前历任朝中要职，却始终没有半点政绩，幸得免于诛罚，保全了性命，如今重新得到提拔，可以作为朝臣，参与政事。臣孔光智谋浅陋，日渐年迈，实在担心一旦死去，无以报答陛下厚恩。臣看国家旧例，尚书是依照年资长短逐级提拔上来的，若是没有卓绝的才能，无法越级担任尚书一职。尚书仆射敞，公正勤勉，忠于职守，遇事聪敏通达，可以胜任尚书令。臣谨慎书写，密封呈上。”敞因孔光的举荐担任尚书令，敞曾担任过东平太守。敞姓成公，东海郡人。

孔光任光禄大夫一个月后，丞相王嘉下狱而死，御史大夫贾延遭免官。孔光再次担任御史大夫，两个月后任丞相，再次封为博山侯。哀帝这才知道此前孔光遭免官并非因为孔光犯罪，而是因为身边近臣的诽谤非议，于是再次将傅嘉免官，说：“之前傅嘉任侍中时，诬蔑仁贤，诬告大臣，使得贤能之才，长久不得重用。傅嘉颠倒是非，心怀奸诈，欺君罔上，勾结朋党，专权擅政，中伤忠善，肆意妄为。《诗经》中不是说过吗？‘谄媚小人进献谗言，扰乱天下。’将傅嘉免为庶人，遣回原郡。”

第二年，朝廷定立三公，孔光改任大司徒。恰逢哀帝驾崩，太皇太后将新都侯王莽任命为大司马，征召立中山王为帝，是为平帝。平帝年幼，太皇太后临朝称制，将政事委托于王莽处理。当初，哀帝罢黜王氏，因此太皇太后和王莽怨恨丁氏、傅氏、董贤一党。王莽认为孔光是前朝旧相，是世间名儒，为天下所信服，太皇太后也十分敬重孔光，因此周备礼节前去拜见孔光。王莽想要反击朝臣，总是让孔光起草奏书，说这是太皇太后的旨意，并让孔光上奏，凡是曾与王莽有仇怨的，王莽睚眦必报，没有一个不遭诛杀残害的。王莽的权势日益强盛，孔光内心忧惧，不知道如何是好，于是孔光便上书奏请告老还乡。王莽对太皇太后说：“皇上年幼，应当有一位老师来教导。”太皇太后便让孔光调任平帝的太傅，位列四辅，任给事中，总领宫中宿卫供养，在宫中处理政务，省察吃穿住行。第二年，孔光调任太师，而王莽任太傅。孔光常常称病，不敢与王莽并列朝中。平帝下诏王莽可以在每月初一十五时上朝，并让王莽总领城门守卫。王莽又暗示群臣上奏，称颂自己的功德，平帝赐予王莽宰衡的尊号，位在诸侯王

中坐置几，太师入省中用杖，赐餐十七物，然后归老于第，官属按职如故。”

光凡为御史大夫、丞相各再，壹为大司徒、太傅、太师，历三世，居公辅位前后十七年。自为尚书，止不教授，后为卿，时会门下大生讲问疑难，举大义云。其弟子多成就为博士大夫者，见师居大位，几得其助力，光终无所荐举，至或怨之。其公如此。

光年七十，元始五年薨。莽白太后，使九卿策赠以太师博山侯印绶，赐乘舆秘器，金钱杂帛。少府供张，谏大夫持节与谒者二人使护丧事，博士护行礼。太后亦遣中谒者持节视丧。公卿百官会吊送葬。载以乘舆辒辌及副各一乘，羽林孤儿诸生合四百人挽送，车万余两，道路皆举音以过丧。将作穿复土，可甲卒五百人，起坟如大将军王凤制度。谥曰简烈侯。

初，光以丞相封，后益封，凡食邑万一千户。病甚，上书让还七千户，及还所赐一弟。

子放嗣。莽篡位后，以光兄子永为大司马，封侯。昆弟子至卿大夫四五人。始光父霸以初元元年为关内侯食邑。霸上书求奉孔子祭祀，元帝下诏曰：“其令师褒成君关内侯霸以所食邑八百户祀孔

之上，统率百官。孔光对此更加恐慌，坚持告病辞职。太皇太后下诏说：“太师孔光，圣人之后，先帝老师之子，德行贤善，精通道术，官居四辅，辅佐皇帝。如今年老有疾，是朝中才德出众的贤臣，是国家之栋梁，朝廷不可缺少这样的人才。《尚书》中说‘不能遗忘年老有德之人’，国家将要兴盛，就要尊师重道。诏令太师不必上朝，每十日赏赐一道佳肴。赐予太师灵寿杖，黄门令为太师在宫中置备专门的席位，太师进宫可持杖，并赐十七道菜，然后十日一入朝，其他时间居家养老，而下属官员照常处理政务。”

孔光两次任御史大夫、丞相，一次任大司徒、太傅、太师，历经三朝，位居三公四辅前后共十七年。孔光自担任尚书开始，就停止教授学生，后来孔光担任卿相，时常遇到门下学生讨论提问疑难问题，孔光便为他们讲解大义。孔光的弟子大多有所成就，出任博士或大夫，学生看到自己的老师官居要职，就希望能得到孔光的帮扶，但孔光始终没有举荐自己的学生，以至于有人怨恨他。孔光为人公正，就像这样。

孔光享年七十岁，元始五年（5）去世。王莽向太后谏言，让九卿拟制策书追赠太师为博山侯，并赐予印绶，赏赐车马棺材，金钱布帛。由少府供给丧礼所需的陈设器具，派谏大夫持节与两位谒者官主持丧事，博士主持行礼。太皇太后也派遣中谒者持节前去参加丧礼。公卿百官全都前去吊唁送葬。用辒辌车及副车各一辆作为丧车运送棺椁，羽林骑兵以及众多儒生共四百人送葬，送葬的车子有一万余辆，所到之处，行人无不痛哭，直到送葬的队伍走过之后才停止。有五百名兵士掘穴埋葬，坟墓的修建依照大将军王凤的礼制。谥号简烈侯。

起初，孔光还在任丞相时受封为侯，后来又加封食邑，食邑共一万一千户。孔光病重时，上书交还七千户，并交还赏赐的一座府宅。

孔光的儿子孔放承袭爵位。王莽篡位后，让孔光兄长的儿子孔永任大司马，封侯。孔光同族的子弟官至卿大夫的有四五人。在初元元年（前48）时孔光的父亲孔霸受封为关内侯。孔霸上书奏请尊奉祭祀孔子，元帝下诏说：“老师褒成君关内侯孔霸可以用受封的八百户

子焉。”故霸还长子福名数于鲁，奉夫子祀。霸薨，子福嗣。福薨，子房嗣。房薨，子莽嗣。元始元年，封周公、孔子后为列侯，食邑各二千户。莽更封为褒成侯，后避王莽，更名均。

马宫字游卿，东海戚人也。治《春秋》严氏，以射策甲科为郎，迁楚长史，免官。后为丞相史司直。师丹荐宫行能高絜，迁廷尉平，青州刺史，汝南、九江太守，所在见称。征为詹事，光禄勋，右将军，代孔光为大司徒，封扶德侯。光为太师薨，宫复代光为太师，兼司徒官。

初，宫哀帝时与丞相御史杂议帝祖母傅太后谥，及元始中，王莽发傅太后陵徙归定陶，以民葬之，追诛前议者。宫为莽所厚，独不及，内惭惧，上书谢罪乞骸骨。莽以太皇太后诏赐宫策曰：“太师大司徒扶德侯上书言‘前以光禄勋议故定陶共王母谥，曰“妇人以夫爵尊为号，谥宜曰孝元傅皇后，称渭陵东园。”臣知妾不得体君，卑不得敌尊，而希指雷同，诡经辟说，以惑误上。为臣不忠，当伏斧钺之诛，幸蒙洒心自新，又令得保首领。伏自惟念，入称四辅，出备三公，爵为列侯，诚无颜复望阙廷，无心复居官府，无宜复食国邑。愿上太师大司徒扶德侯印绶，避贤者路。’下君章有司，皆以为四辅之职为国维纲，三公之任鼎足承君，不有鲜明固守，无以居位。如君言至诚可听，惟君之恶在洒心前，不敢文过，朕甚多之，不夺君之爵邑，以著‘自古皆有死’之义。其上太师大司徒印绶使者，以侯就弟。”王莽篡位，以宫为太子师，卒官。

食邑来祭祀孔子。”因而孔霸将长子孔福的户籍迁回鲁地，尊奉祭祀孔子。孔霸去世后，儿子孔福承袭爵位。孔福去世后，儿子孔房承袭爵位。孔房去世后，儿子孔莽承袭爵位。元始元年（1），平帝封周公、孔子的后代为列侯，食邑各两千户。孔莽又改封褒成侯，后来为避开王莽的名讳，孔莽改名为孔均。

马宫字游卿，东海戚县人。修习严氏《春秋》，通过射策甲科任郎官，后来升任楚地长史，但遭免官。后来又担任丞相史司直。师丹举荐马宫说他才德高洁，因而马宫升任廷尉平，后来马宫又担任青州刺史，汝南、九江太守，所到之处受人称赞。因此朝廷征召马宫任詹事，又担任光禄勋，右将军，马宫代替孔光任大司徒，受封扶德侯。孔光在任太师时去世，马宫再次代替孔光任太师，兼任司徒。

起初，哀帝时，马宫与丞相、御史大夫共同商议哀帝祖母傅太后的谥号，等到了元始年间，王莽将傅太后的陵墓迁归定陶，以平民百姓的礼制埋葬，并对此前论议傅太后谥号的大臣追责。马宫因与王莽交好，只有马宫躲过一劫，马宫内心十分惭愧恐惧，上书谢罪，并奏请告老还乡。王莽以太皇太后的名义下诏，赐予马宫策书说：“太师大司徒扶德侯上书说‘此前任光禄勋时曾论议定陶共王母亲的谥号，说“妇人以丈夫的爵位为尊号，所以谥号应当是孝元傅皇后，陵寝称渭陵东园。”臣知道妾不能代替君主，卑贱之人不能与尊者相匹敌，但臣却曲意迎合，与其他人一同上奏附和，背离经教，发表邪僻的言论，以此迷惑了皇上。为臣不忠，理当受到诛伐，幸蒙臣洗心易行，改过自新，又得以保全性命。臣反躬自省，身为四辅，位列三公，封为列侯，实在没有脸面再位列朝中，没有心思再身居要职，也不应该再享受封地食邑。臣愿交还太师大司徒扶德侯的印绶，为贤德之人让路。’朝廷将你的奏章交予有关官员处理，大臣们都认为四辅的职责是为国维护纲纪法度，三公的责任是如同鼎足一般来辅助君主，倘若没有高洁的品德并且能保持气节，就无法身居这一要职。你的奏言至诚可听，但你犯错是在悔过之前，而你上书却没有掩饰过错，朕十分欣赏你，不会削除你的爵位和食邑，以表明‘自古皆有死，民无信不立’的大义。你将太师大司徒印绶交予使者，保留列侯的爵

本姓马矢，宫仕学，称马氏云。

赞曰：自孝武兴学，公孙弘以儒相，其后蔡义、韦贤、玄成、匡衡、张禹、翟方进、孔光、平当、马宫及当子晏咸以儒宗居宰相位，服儒衣冠，传先王语，其酝藉可也，然皆持禄保位，被阿谀之讥。彼以古人之迹见绳，乌能胜其任乎！

位回家养老。”王莽篡位后，让马宫担任太子的老师，后来马宫在任上去世。

马宫本姓马矢，后来马宫为了求学为官，就称作马姓。

赞辞说：自孝武帝时推崇儒学，公孙弘因精通儒学而担任宰相，之后有蔡义、韦贤、韦玄成、匡衡、张禹、翟方进、孔光、平当、马宫以及平当之子平晏，全都是以儒者的身份担任宰相，身着儒者衣冠，传播先王的言论，学识广博，仁厚宽容，但都是为了保全禄位，尸位素餐之人，身受世人阿谀奉承的讥讽。他们只是刻板地遵照古人的刚直之道进行批评弹劾，又怎能胜任宰相呢！

卷八十二

王商史丹傅喜传第五十二

王商字子威，涿郡蠡吾人也，徙杜陵。商父武，武兄无故，皆以宣帝舅封。无故为平昌侯，武为乐昌侯。语在《外戚传》。

商少为太子中庶子，以肃敬敦厚称。父薨，商嗣为侯，推财以分异母诸弟，身无所受，居丧哀戚。于是大臣荐商行可以厉群臣，义足以厚风俗，宜备近臣。繇是擢为诸曹侍中中郎将。元帝时，至右将军、光禄大夫。是时，定陶共王爱幸，几代太子。商为外戚重臣辅政，拥佑太子，颇有力焉。

元帝崩，成帝即位，甚敬重商，徙为左将军。而帝元舅大司马大将军王凤颛权，行多骄僭。商论议不能平凤，凤知之，亦疏商。建始三年秋，京师民无故相惊，言大水至，百姓奔走相蹂躏，老弱号呼，长安中大乱。天子亲御前殿，召公卿议。大将军凤以为太后与上及后宫可御船，令吏民上长安城以避水。群臣皆从凤议。左将军商独曰："自古无道之国，水犹不冒城郭。今政治和平，世无兵革，上下相安，何因当有大水一日暴至？此必讹言也，不宜令上城，重惊百姓。"上乃止。有顷，长安中稍定，问之，果讹言。上于是美壮商之固守，数称其议。而凤大惭，自恨失言。

明年，商代匡衡为丞相，益封千户，天子甚尊任之。为人多质有威重，长八尺余，身体鸿大，容貌甚过绝人。河平四年，单于来

王商字子威，涿郡蠡吾县人，后来迁居杜陵。王商的父亲王武，王武的兄长王无故，都因为是宣帝的舅舅而受封。王无故受封平昌侯，王武受封乐昌侯。详见《外戚传》。

王商年少时任太子中庶子，因为人肃敬敦厚而受人称赞。后来王商的父亲去世，王商承袭爵位为乐昌侯，并将财产都让给了异母的弟弟们，自己什么遗产也没有接受，为父亲守孝时王商悲伤哀痛。于是大臣举荐王商说他品行可以激励群臣，义举足以使民风变得淳厚，适合任用为近臣。因此王商获得提拔任诸曹侍中中郎将。元帝时，王商官至右将军、光禄大夫。当时，定陶共王备受元帝的宠爱，几乎要取代太子。王商作为外戚和重臣辅政，拥立帮扶太子，发挥了重要作用。

元帝驾崩，成帝继位，十分敬重王商，让王商改任左将军。而成帝的长舅大司马大将军王凤专权，行为骄横僭越。王商在论议时表达对王凤的不满，王凤知晓后，也疏远了王商。建始三年（前30）秋天，京中百姓无故恐慌，传言将有洪水来临，百姓奔逃，相互践踏，老弱呼号，长安城中大乱。成帝亲临正殿，召集诸位公卿商议。大将军王凤认为太后和皇上以及嫔妃可以乘船，让官吏百姓登上长安的城墙躲避洪水。群臣都赞同王凤的意见。只有左将军王商说："自古无道的国家，洪水尚且不会淹没城池。如今政治和平，没有兵戈，国家上下安定祥和，怎会有洪水一日之间就会来临？这一定是谣言，不应当让百姓登上城墙，这样会使百姓更加恐慌。"成帝因此作罢。不久，长安城中稍稍安定，经过查问，果然是谣言。于是成帝大为欣赏王商的坚持，多次称赞王商的谏言。而王凤十分羞愧，自恨失言。

第二年（建始四年，前29年），王商代替匡衡担任丞相，加封食邑千户，成帝十分敬重信任他。王商为人朴素，威严庄重，身高八尺

朝，引见白虎殿。丞相商坐未央廷中，单于前，拜谒商。商起，离席与言，单于仰视商貌，大畏之，迁延却退。天子闻而叹曰："此真汉相矣！"

初，大将军凤连昏杨彤为琅邪太守，其郡有灾害十四，已上。商部属按问，凤以晓商，曰："灾异天事，非人力所为。彤素善吏，宜以为后。"商不听，竟奏免彤，奏果寝不下，凤重以是怨商，阴求其短，使人上书言商闺门内事。天子以为暗昧之过，不足以伤大臣，凤固争，下其事司隶。

先是皇太后尝诏问商女，欲以备后宫。时女病，商意亦难之，以病对，不入。及商以闺门事见考，自知为凤所中，惶怖，更欲内女为援，乃因新幸李婕好家白见其女。

会日有蚀之，太中大夫蜀郡张匡，其人佞巧，上书愿对近臣陈日蚀咎。下朝者左将军丹等问匡，对曰："窃见丞相商作威作福，从外制中，取必于上，性残贼不仁，遣票轻吏微求人罪，欲以立威，天下患苦之。前频阳耿定上书言商与父傅通，及女弟淫乱，奴杀其私夫，疑商教使。章下有司，商私怨怼。商子俊欲上书告商，俊妻左将军丹女，持其书以示丹，丹恶其父子乖迕，为女求去。商不尽忠纳善以辅至德，知圣主崇孝，远别不亲，后庭之事皆受命皇太后，太后前闻商有女，欲以备后宫，商言有固疾，后有耿定事，更诡道因李贵人家内女。执左道以乱政，诬罔悖大臣节，故应是而日蚀。《周书》曰：'以左道事君者诛。'《易》曰：'日中见昧，则折其右肱。'往者丞相周勃再建大功，及孝文时纤介怨恨，而日为之蚀，于是退

有余，身材壮硕，仪表堂堂异于常人。河平四年（前25），单于前来朝拜，成帝在未央宫的白虎殿中接见。丞相王商坐在未央宫中，单于路过见到王商，便上前拜谒。王商起身，离席与单于交谈，单于仰视王商的容貌，甚感畏惧，不禁退却。成帝听说后赞叹道："此人真正是我汉朝的丞相啊！"

起初，大将军王凤的亲家杨肜担任琅琊太守，而杨肜所治之郡有十分之四发生灾害，已经上报朝廷。王商安排属下查问，王凤告诉王商，说："灾异是上天降下的，非人力所为。杨肜素来是个好官，不要再查问了。"王商不听，最终上奏请求将杨肜免官，奏书果然被搁置没有下发，王凤因此事更加怨恨王商，暗中搜集王商的过错，派人上书奏言王商的家事。成帝认为这些都是隐私，不足以毁伤大臣，王凤再三争辩，成帝便将这件事交由司隶校尉处理。

此前皇太后曾经召见王商并问及他的女儿，想让她入宫为妃。当时王商的女儿患病，王商也很为难，便以女儿患病来回复，女儿因此没有入宫。等到王商因为家事而遭到弹劾调查时，自知是王凤所为，内心恐惧，因而又想让女儿入宫作为援助，于是王商就依靠新进宠妃李婕妤的帮助，让女儿入宫。

恰逢有日食发生，太中大夫蜀郡人张匡，为人谄佞巧诈，上书说愿向近臣陈述日食的原因。成帝让下朝的左将军史丹等人询问张匡，张匡回答说："我见丞相王商作威作福，身为外戚控制朝廷，自己想得到的，一定要得到，生性残暴不仁，遣罪迅速，蔑视官吏，私下搜集他人的过错，想以此树立威望，天下深受其害。先前频阳人耿定上书劾奏王商与父亲的婢女私通，以及妹妹淫乱，王商家中的奴仆杀了妹妹的奸夫，怀疑是王商唆使的。奏书交予有关官员审理，王商为此心生怨怼。王商的儿子王俊想上书告发王商，王俊的妻子是左将军史丹的女儿，将这份奏书拿给史丹看，史丹十分厌恶王商父子反目不合，就为女儿请求合离。王商不能尽忠职守接纳善言来辅佐君主，明知圣主崇尚孝道，远离女色，后宫之事都听从皇太后的安排，太后之前听闻王商有个女儿，想选她入宫为妃，王商却说他的女儿有固疾，后来发生了耿定上书之事，王商又改变主意通过李贵

勃使就国，卒无怵惕忧。今商无尺寸之功，而有三世之宠，身位三公，宗族为列侯、吏二千石、侍中诸曹，给事禁门内，连昏诸侯王，权宠至盛。审有内乱杀人怨怼之端，宜穷竟考问。臣闻秦丞相吕不韦见王无子，意欲有秦国，即求好女以为妻，阴知其有身而献之王，产始皇帝。及楚相春申君亦见王无子，心利楚国，即献有身妻而产怀王。自汉兴几遭吕、霍之患，今商有不仁之性，乃因怨以内女，其奸谋未可测度。前孝景世七国反，将军周亚夫以为即得雒阳剧孟，关东非汉之有。今商宗族权势，合赀巨万计，私奴以千数，非特剧孟匹夫之徒也。且失道之至，亲戚畔之，闺门内乱，父子相讦，而欲使之宣明圣化，调和海内，岂不谬哉？商视事五年，官职陵夷而大恶著于百姓，甚亏损盛德，有鼎折足之凶。臣愚以为圣主富于春秋，即位以来，未有惩奸之威，加以继嗣未立，大异并见，尤宜诛讨不忠，以遏未然。行之一人，则海内震动，百奸之路塞矣。"

于是左将军丹等奏："商位三公，爵列侯，亲受诏策为天下师，不遵法度以翼国家，而回辟下媚以进其私，执左道以乱政，为臣不忠，罔上不道，《甫刑》之辟，皆为上戮，罪名明白。臣请诏谒者召商诣若卢诏狱。"上素重商，知匡言多险，制曰"勿治"。凤固争之，于是制诏御史："盖丞相以德辅翼国家，典领百寮，协和万国，

人让女儿入宫。王商以歪门邪道祸乱朝政，诬陷毁谤他人，有悖大臣的操节，所以日食才会发生。《周书》中说：‘以歪门邪道奉事君主的人理应诛杀。’《易经》中说：‘日中时太阳却昏暗无光，应当惩处辅佐之臣。’以前丞相周勃两次立下大功，到孝文帝时周勃心生细微的怨恨，而有日食发生，于是孝文帝罢退周勃并遣回封国，最终不再忧惧日食的发生。如今王商没有丝毫功绩，却享受三朝的恩宠，位列三公，宗族受封列侯、二千石的官吏、侍中诸曹等，在宫中供职，与诸侯王结成姻亲，权势荣宠达到了极点。经审查王商有闺闱淫乱、教唆杀人、心怀怨恨的事由，应当查问清楚。臣听闻秦朝丞相吕不韦见秦王无子，意欲占有秦国，就寻找了一位佳人作为自己的妻子，后来吕不韦知道她怀孕了就将她献给秦王，这名女子生下了始皇帝。以及楚国丞相春申君也见楚王无子，同样想占有楚国，就向楚王进献了已经怀孕的妻子并生下怀王。自从汉朝建立以来，几次遭逢吕氏、霍氏的祸患，如今王商生性不仁，因心怀怨恨而让女儿入宫，王商的奸诈计谋不可揣测。先前在景帝时有七国造反，将军周亚夫认为得到了洛阳人剧孟，关东地区也不需要汉室担忧了。如今王商一族权势显赫，家财数以万计，家奴数以千计，这就不仅是像剧孟这样的匹夫之徒了。况且王商无道至极，亲人背离，闺闱淫乱，父子反目，这样的人想让他宣明圣化，调和海内，岂不是很荒谬吗？王商担任丞相五年，官德衰颓而在百姓面前彰显恶行，甚是有损圣德，有佐臣不能胜任，国家为之倾覆的凶兆。臣愚见认为圣主春秋正盛，继位以来，从未惩处过奸邪之徒，再加上继承者还未确立，灾异频现，这时尤其适合诛讨不忠，来遏止还未出现的灾祸。严惩一人，则能使得天下震动，奸邪之路阻塞。”

于是左将军史丹等人回奏成帝说：“王商位至三公，封为列侯，亲受诏书作为天下人的榜样，却不能遵循法度辅佐君主，反而以邪曲不正之心让自己的女儿入宫，用歪门邪道惑乱朝政，为臣不忠，欺君罔上，大逆不道，依照《甫刑》中的罪行，这些都是最重的刑罚，罪名记载得很清楚。臣请求下诏给谒者，将王商召至若卢诏狱。”成帝素来敬重王商，知晓张匡所言多半是阴险之言，便下令说“不要治

为职任莫重焉。今乐昌侯商为丞相，出入五年，未闻忠言嘉谋，而有不忠执左道之辜，陷于大辟。前商女弟内行不修，奴贼杀人，疑商教使，为商重臣，故抑而不穷。今或言商不以自悔而反怨怼，朕甚伤之。惟商与先帝有外亲，未忍致于理。其赦商罪。使者收丞相印绶。”

商免相三日，发病欧血薨，谥曰戾侯。而商子弟亲属为驸马都尉、侍中、中常侍、诸曹大夫郎吏者，皆出补吏，莫得留给事宿卫者。有司奏商罪过未决，请除国邑。有诏长子安嗣爵为乐昌侯，至长乐卫尉、光禄勋。

商死后，连年日蚀地震，直臣京兆尹王章上封事召见，讼商忠直无罪，言凤颛权蔽主。凤竟以法诛章，语在《元后传》。至元始中，王莽为安汉公，诛不附己者，乐昌侯安见被以罪，自杀，国除。

史丹字君仲，鲁国人也，徙杜陵。祖父恭有女弟，武帝时为卫太子良娣，产悼皇考。皇考者，孝宣帝父也。宣帝微时依倚史氏。语在《史良娣传》。及宣帝即尊位，恭已死，三子，高、曾、玄。曾、玄皆以外属旧恩封，曾为将陵侯，玄平台侯。高侍中贵幸，以发举反者大司马霍禹功封乐陵侯。宣帝疾病，拜高为大司马车骑将军，领尚书事。帝崩，太子袭尊号，是为孝元帝。高辅政五年，乞骸骨，赐安车驷马黄金，罢就第。薨，谥曰安侯。

自元帝为太子时，丹以父高任为中庶子，侍从十余年。元帝即位，为驸马都尉侍中，出常骖乘，甚有宠。上以丹旧臣，皇考外属，

罪。”王凤再三谏诤，成帝便下诏给御史：“丞相以德辅佐国家，总领百官，调和万国，职责没有比这更重的了。但如今乐昌侯王商担任丞相，前后五年，从未听闻他提出什么忠诚的谏言，高明的计谋，反而有为臣不忠、施行歪门邪道的罪行，身陷死罪。此前王商的妹妹品行不修，家奴杀人，怀疑是王商唆使，因为王商是朝中重臣，所以朕压下来没有追究。如今有人劾奏王商不但没有悔过反而心生怨怼，朕非常伤心。只因王商是先帝的外戚，不忍将他依法治罪。赦免王商的罪行。让使者收回他的丞相印绶。”

王商遭罢免丞相三日，发病吐血而亡，谥号戾侯。而王商族中担任驸马都尉、侍中、中常侍、诸曹大夫郎吏的子弟亲属，全都出外补任其他官职，没有一个能留在宫中供职或宿卫宫禁。有关官员上奏王商的罪行还未惩处，奏请收回王商的封邑。成帝下诏让王商的长子王安承袭爵位为乐昌侯，后来王安官至长乐宫卫尉、光禄勋。

王商死后，连年发生日食地震，直言谏诤的大臣京兆尹王章呈上密奏得到成帝召见，奏言说王商忠直无罪，说王凤专权蒙蔽君主。王凤竟然以法令将王章诛杀，详见《元后传》。到了元始年间，王莽为安汉公，诛罚不归附自己的人，乐昌侯王安见自己会被加上罪名，便自尽，封邑也随之收回。

史丹字君仲，鲁国人，后来迁居杜陵。祖父史恭有个妹妹，在武帝时是卫国太子的良娣，生下悼皇考。皇考，就是宣帝的父亲。宣帝曾在寒微时倚仗史氏。详见《史良娣传》。等到宣帝继位时，史恭已经去世，史恭有三个儿子，史高、史曾、史玄。史曾、史玄都因是外戚并且对宣帝有旧恩而受封，史曾被封为将陵侯，史玄被封为平台侯。史高担任侍中，受到宣帝的宠信，因检举谋反者大司马霍禹有功而受封为乐陵侯。后来宣帝病重，让史高拜任大司马车骑将军，总领尚书。宣帝驾崩后，太子继位，是为孝元帝。史高辅政五年，后告老还乡，元帝赏赐史高安车驷马和黄金，免去职务回到家中。史高去世，谥号安侯。

在元帝还是太子时，史丹因为父亲史高的缘故担任中庶子，跟随奉侍十多年。元帝继位后，史丹担任驸马都尉侍中，元帝出行常常陪乘随侍，备受宠信。元帝因史丹是旧臣，又是皇考的外戚，十分信

亲信之，诏丹护太子家。是时，傅昭仪子定陶共王有材艺，子母俱爱幸，而太子颇有酒色之失，母王皇后无宠。

建昭之后，元帝被疾，不亲政事，留好音乐。或置鼙鼓殿下，天子自临轩槛上，隤铜丸以擿鼓，声中严鼓之节。后宫及左右习知音者莫能为，而定陶王亦能之，上数称其材。丹进曰："凡所谓材者，敏而好学，温故知新，皇太子是也。若乃器人于丝竹鼓鼙之间，则是陈惠、李微高于匡衡，可相国也。"于是上嘿然而笑。其后，中山哀王薨，太子前吊。哀王者，帝之少弟，与太子游学相长大。上望见太子，感念哀王，悲不能自止。太子既至前，不哀。上大恨曰："安有人不慈仁而可奉宗庙为民父母者乎！"上以责谓丹。丹免冠谢上曰："臣诚见陛下哀痛中山王，至以感损。向者太子当进见，臣窃戒属毋涕泣，感伤陛下。罪乃在臣，当死。"上以为然，意乃解。丹之辅相，皆此类也。

竟宁元年，上寝疾，傅昭仪及定陶王常在左右，而皇后、太子希得进见。上疾稍侵，意忽忽不平，数问尚书以景帝时立胶东王故事。是时，太子长舅阳平侯王凤为卫尉、侍中，与皇后、太子皆忧，不知所出。丹以亲密臣得侍视疾，候上间独寝时，丹直入卧内，顿首伏青蒲上，涕泣言曰："皇太子以適长立，积十余年，名号系于百姓，天下莫不归心臣子。见定陶王雅素爱幸，今者道路流言，为国生意，以为太子有动摇之议。审若此，公卿以下必以死争，不奉诏。臣愿先赐死以示群臣！"天子素仁，不忍见丹涕泣，言又切至，上意大感，喟然太息曰："吾日困劣，而太子、两王幼少，意中恋恋，亦何不念乎！然无有此议。且皇后谨慎，先帝又爱太子，吾岂可违指！驸马都尉安所受此语？"丹即却，顿首曰："愚臣妄闻，罪当死！"上因

任他，下诏让史丹护卫太子。当时，傅昭仪的儿子定陶共王十分有才华，母子都得到元帝的宠爱，而太子却颇有酒色之失，母亲王皇后也不受宠爱。

建昭之后，元帝患病，不能亲理政事，更加留恋音乐。有时将鼙鼓放在大殿下，元帝站在栏杆旁，将铜丸扔出去击中鼙鼓，发出的声音与庄严的鼓乐的节拍相合。后宫嫔妃以及左右熟知音乐的人，没有人能做到，而定陶王却可以做到，元帝数次称赞定陶王的才华。史丹进谏说："凡是所谓的有才之人，应当是敏而好学，温故知新的人，皇太子就是这样。如果只从丝竹鼓鼙之中选择人才，那么陈惠、李微的才华可能还要高于匡衡，可以让他们担任丞相了。"元帝听后只是嘿嘿一笑。后来，中山哀王去世，太子前去吊唁。哀王，是元帝的幼弟，和太子一起长大。元帝望见太子，就会想起哀王，悲不能自止。太子走到元帝面前，没有哀伤之情。元帝十分不满地说："怎么会有不仁慈的人得以奉祀宗庙，为民父母呢！"元帝为此责问史丹。史丹免冠谢罪说："臣看见陛下哀痛悼念中山王，以至于损伤身体。此前太子要进见时，臣嘱咐他不要哭泣，以免陛下见到后悲伤。罪责在臣，当死。"元帝觉得史丹说的对，怒意渐消。史丹辅佐朝政，都像这类事情。

竟宁元年（前33），元帝病重，傅昭仪以及定陶王时常服侍在侧，而皇后、太子很少进见。元帝的病日渐沉重，神智飘忽，数次向尚书询问景帝时立胶东王为太子的旧例。当时，太子的长舅阳平侯王凤担任卫尉、侍中，与皇后、太子全都心生忧虑，不知如何是好。史丹因为是近臣得以进宫侍疾，等到元帝独自休息时，史丹径直闯进元帝的寝室，伏在青缘蒲席上叩拜，哭泣着说："皇太子因是嫡长子而被立，至今已有十多年，受到百姓的赞颂，天下莫不归心于太子。臣见到定陶王素来备受宠爱，如今民间出现流言，说为了汉朝的国运，认为太子的地位出现了动摇。假如真的是这样，公卿以下必定会以死谏诤，不会奉诏。臣愿意最先受死以示群臣！"元帝素来仁慈，不忍见史丹哭泣，言辞又至诚恳切，元帝大为感动，喟然长叹说："我的身体每况愈下，而太子、两位诸侯王年幼，心中眷恋难舍，又怎能不会惦

纳，谓丹曰："吾病寖加，恐不能自还。善辅道太子，毋违我意！"丹嘘唏而起。太子由是遂为嗣矣。

元帝竟崩，成帝初即位，擢丹为长乐卫尉，迁右将军，赐爵关内侯，食邑三百户，给事中，后徙左将军、光禄大夫。鸿嘉元年，上遂下诏曰："夫褒有德，赏元功，古今通义也。左将军丹往时导朕以忠正，秉义醇壹，旧德茂焉。其封丹为武阳侯，国东海郯之武彊聚，户千一百。"

丹为人足知，恺弟爱人，貌若傥荡不备，然心甚谨密，故尤得信于上。丹兄嗣父爵为侯，让不受分。丹尽得父财，身又食大国邑，重以旧恩，数见褒赏，赏赐累千金，僮奴以百数，后房妻妾数十人，内奢淫，好饮酒，极滋味声色之乐。为将军前后十六年，永始中病乞骸骨，上赐策曰："左将军寝病不衰，愿归治疾，朕愍以官职之事久留将军，使躬不瘳。使光禄勋赐将军黄金五十斤，安车驷马，其上将军印绶。宜专精神，务近医药，以辅不衰。"

丹归第数月薨，谥曰顷侯。有子男女二十人，九男皆以丹任并为侍中诸曹，亲近在左右。史氏凡四人侯，至卿大夫二千石者十余人，皆讫王莽乃绝，唯将陵侯曾无子，绝于身云。

傅喜字稚游，河内温人也，哀帝祖母定陶傅太后从父弟。少好学问，有志行。哀帝立为太子，成帝选喜为太子庶子。哀帝初即位，以喜为卫尉，迁右将军。是时，王莽为大司马，乞骸骨，避帝外家。

念呢！但我并没有换太子的想法。况且皇后为人谨慎，先帝又喜爱太子，我怎么能违背先帝的旨意！驸马都尉从哪听来这些话？”史丹立刻退离青缘蒲席，叩头说：“愚臣妄信流言，罪该万死！”元帝采纳了史丹的谏言，对史丹说：“我的病情日益沉重，恐怕无法痊愈。你要好好地辅佐教导太子，不要违背我的心意！”史丹哽咽着站起来。太子因此得以继承皇位。

元帝驾崩，成帝继位，提拔史丹让其担任长乐卫尉，后史丹升任右将军，赐封关内侯，食邑三百户，加官给事中，后又迁任左将军、光禄大夫。鸿嘉元年（前20），成帝下诏说：“称赞有德之人，赏赐首功之臣，这是从古至今通行的道理。左将军史丹往日以忠正的品行来教导朕，秉持道义，至诚专一，往日的德泽政绩十分美善。封史丹为武阳侯，封国在东海郡郯县的武彊聚，食邑一千一百户。”

史丹为人聪明睿智，平易近人，外貌看似放荡不羁，没有防备，但内心却十分谨慎周密，所以格外得成帝的信任。史丹的兄长承袭父亲的爵位，便推辞不再继承遗产。史丹因而继承了父亲的全部遗产，自身又享有封地的食邑，又加上对成帝有旧恩，屡次得到成帝的奖赏，所得到的赏赐累计多达千金，僮仆数以百计，后房妻妾有数十人，居家奢侈淫逸，喜爱饮酒，极尽享受美味声色。史丹担任将军前后十六年，永始年间患病请求告老还乡，成帝赐策书说：“左将军患病日益沉重，希望归家治病，朕十分怜惜将军并以官职久留将军，使得将军的身体不能痊愈。派光禄勋赐将军黄金五十斤，并赐安车驷马，交还将军的印绶。要专一精神，就医服药，早日康复。”

史丹回家数月后去世，谥号顷侯。史丹有子女二十人，九个儿子都因史丹官职的缘故担任侍中诸曹，常在成帝左右成为近臣。史氏共有四人封侯，官至卿大夫和二千石官员的有十多人，都是到王莽时官职爵位才断绝，唯有将陵侯史曾无子，爵位在他自己这一代就断绝了。

傅喜字稚游，河内温县人，是哀帝的祖母定陶傅太后的堂弟。年少时喜欢学问，有志向和操行。哀帝被立为太子后，成帝选傅喜为太子庶子。哀帝继位之初，让傅喜担任卫尉，后升任右将军。当时，

上既听莽退，众庶归望于喜。喜从弟孔乡侯晏亲与喜等，而女为皇后。又帝舅阳安侯丁明，皆亲以外属封。喜执谦称疾。傅太后始与政事，喜数谏之，由是傅太后不欲令喜辅政。上于是用左将军师丹代王莽为大司马，赐喜黄金百斤，上将军印绶，以光禄大夫养病。

大司空何武、尚书令唐林皆上书言："喜行义修絜，忠诚忧国，内辅之臣也，今以寝病，一旦遣归，众庶失望，皆曰傅氏贤子，以论议不合于定陶太后故退，百寮莫不为国恨之。忠臣，社稷之卫，鲁以季友治乱，楚以子玉轻重，魏以无忌折冲，项以范增存亡。故楚跨有南土，带甲百万，邻国不以为难，子玉为将，则文公侧席而坐，及其死也，君臣相庆。百万之众，不如一贤，故秦行千金以间廉颇，汉散万金以疏亚父。喜立于朝，陛下之光辉，傅氏之废兴也。"上亦自重之。明年正月，乃徙师丹为大司空，而拜喜为大司马，封高武侯。

丁、傅骄奢，皆嫉喜之恭俭。又傅太后欲求称尊号，与成帝母齐尊，喜与丞相孔光、大司空师丹共执正议。傅太后大怒，上不得已，先免师丹以感动喜，喜终不顺。后数月，遂策免喜曰："君辅政出入三年，未有昭然匡朕不逮，而本朝大臣遂其奸心，咎由君焉。其上大司马印绶，就第。"傅太后又自诏丞相御史曰："高武侯喜无功而封，内怀不忠，附下罔上，与故大司空丹同心背畔，放命圮族，亏损德化，罪恶虽在赦前，不宜奉朝请，其遣就国。"后又欲夺喜侯，上亦不听。

喜在国三岁余，哀帝崩，平帝即位，王莽用事，免傅氏官爵归

王莽任大司马，奏请辞职，以此避开哀帝的外戚。哀帝准许王莽辞职后，百姓就将希望寄托于傅喜身上。傅喜的堂弟孔乡侯傅晏与傅喜一样都是外戚，而且傅晏的女儿是皇后。还有哀帝的舅舅阳安侯丁明，都因为是外戚而受封。傅喜保持谦逊称病。后来傅太后开始参与政事，傅喜多次劝谏傅太后，因此傅太后不想让傅喜辅政。哀帝便让左将军师丹代替王莽担任大司马，赐予傅喜黄金百斤，交还将军印绶，以光禄大夫的官职养病。

大司空何武、尚书令唐林都上书说："傅喜品行仁义高洁，忠诚忧国，是辅佐朝政的大臣，如今因身患疾病，一旦将傅喜遣归家中养病，那样会令百姓失望，都说傅氏是贤人，因为论议不合定陶太后的心意而遭斥退，百官无不为国家感到遗憾。忠臣，是国家社稷的卫士，鲁国因季友而得到治理，楚国因子玉而强盛，魏国因无忌而能克敌制胜，项羽因范增而决定存亡。所以楚国即便拥有横跨南北的疆土，兵甲百万，但邻国并不畏惧，倘若子玉为将，晋文公便会坐立不安，等到子玉自杀，晋国的君臣相互庆祝。百万之众，不如一贤，所以秦国用千金离间廉颇，汉室用万金使项羽疏远范增。傅喜在朝为官，是陛下的荣耀，也是傅氏兴衰的标志。"哀帝也十分器重傅喜。第二年正月，哀帝让师丹改任大司空，让傅喜拜任大司马，封傅喜为高武侯。

丁氏、傅氏骄横奢靡，都嫉妒傅喜的恭谨节俭。并且傅太后想求得尊号，与成帝的母亲享有同等的尊贵，傅喜与丞相孔光、大司空师丹共同坚持正直的言论。傅太后大怒，哀帝不得已，先将师丹免职来警告傅喜，傅喜始终没有顺服。几个月后，哀帝便下策书将傅喜免职说："你辅政前后三年，没有匡正朕的过错，而本朝大臣变得奸诈，过错出自你身上。交还大司马印绶，遣归府第。"傅太后又擅自给丞相御史下诏说："高武侯傅喜无功而受封，内怀不忠，附下罔上，与原大司空师丹一同背叛，背弃教令，毁伤宗族，有损道德教化，傅喜的罪行虽是在赦令之前，但不适合再定期参加朝会，将傅喜遣回封地。"后来傅太后又想夺去傅喜的爵位，哀帝也没有听从。

傅喜在封地三年后，哀帝驾崩，平帝继位，王莽执政，免去傅氏

故郡，晏将妻子徙合浦。莽白太后下诏曰："高武侯喜姿性端悫，论议忠直，虽与故定陶太后有属，终不顺指从邪，介然守节，以故斥逐就国。传不云乎？'岁寒然后知松柏之后凋也。'其还喜长安，以故高安侯莫府赐喜，位特进，奉朝请。"喜虽外见褒赏，孤立忧惧，后复遣就国，以寿终。莽赐谥曰贞侯。子嗣，莽败乃绝。

赞曰：自宣、元、成、哀外戚兴者，许、史、三王、丁、傅之家，皆重侯累将，穷贵极富，见其位矣，未见其人也。阳平之王多有材能，好事慕名，其势尤盛，旷贵最久。然至于莽，亦以覆国。王商有刚毅节，废黜以忧死，非其罪也。史丹父子相继，高以重厚，位至三公。丹之辅道副主，掩恶扬美，傅会善意，虽宿儒达士无以加焉。及其历房闼，入卧内，推至诚，犯颜色，动寤万乘，转移大谋，卒成太子，安母后之位。"无言不雠"，终获忠贞之报。傅喜守节不倾，亦蒙后凋之赏。哀、平际会，祸福速哉！

的官爵遣归故乡，傅晏带着妻儿被流放到合浦。王莽禀告太后，太后下诏说：“高武侯傅喜品性端正诚谨，论议忠直，虽然是原定陶太后的亲戚，但始终没有顺从意旨屈从邪恶，坚定自己的操守气节，因此遭受罢退遣回封地。《论语》中不是说了吗？‘岁寒然后知松柏之后凋。’应当让傅喜返回长安，将原高安侯的府第赐予傅喜，让傅喜位至特进，可以定期参加朝会。”傅喜虽然表面上收到褒奖，但依旧感到孤立忧惧，后来傅喜再次被遣回封地，寿终正寝。王莽赐傅喜谥号为贞侯。傅喜的儿子承袭爵位，王莽败亡后便断绝了。

赞辞说：自宣帝、元帝、成帝、哀帝以来外戚逐渐强盛，许氏、史氏、三位王氏、丁氏、傅氏这些家族，他们全都赐封侯爵、官至将军，穷极富贵，但只是见到他们显赫的地位，却没见到有人才出现。阳平王凤的家族颇有才能，行事爱好名声，他的权势极为强盛，身居高位却才德不称的时间最久。但到了王莽时期，王氏一族也就倾覆了。王商有刚毅的节操，遭到废黜心生忧惧而死，这并非他的过错。史丹父子相连在朝为官，史高因持重忠厚，位至三公。史丹辅佐教导太子，掩恶扬美，附会善意，就算是老成博学的儒者、通达明理的士人也无法超越他。史丹闯入元帝的寝殿，跪在元帝的卧榻旁，以至诚心陈奏心意，冒犯龙颜，使皇帝醒悟明白，打消了改立太子的想法，最终保全太子，得以继位，太子母亲也安享太后的尊位。“说出去的话无一不会得到回应”，史丹最终得到了忠贞的回报。傅喜保持节操，没有变节，也蒙受坚持不谢、“最后凋零”的奖赏。哀帝、平帝两代帝位交替的时候，不管是祸是福，来得都极其迅速！

卷八十三

薛宣朱博传第五十三

薛宣字赣君，东海郯人也。少为廷尉书佐、都船狱史。后以大司农斗食属察廉，补不其丞。琅邪太守赵贡行县，见宣，甚说其能。从宣历行属县，还至府，令妻子与相见，戒曰：“赣君至丞相，我两子亦中丞相史。”察宣廉，迁乐浪都尉丞。幽州刺史举茂材，为宛句令。大将军王凤闻其能，荐宣为长安令，治果有名，以明习文法诏补御史中丞。

是时，成帝初即位，宣为中丞，执法殿中，外总部刺史，上疏曰：“陛下至德仁厚，哀闵元元，躬有日仄之劳，而亡佚豫之乐，允执圣道，刑罚惟中，然而嘉气尚凝，阴阳不和，是臣下未称，而圣化独有不洽者也。臣窃伏思其一端，殆吏多苛政，政教烦碎，大率咎在部刺史，或不循守条职，举错各以其意，多与郡县事，至开私门，听谗佞，以求吏民过失，谴呵及细微，责义不量力。郡县相迫促，亦内相刻，流至众庶。是故乡党阙于嘉宾之欢，九族忘其亲亲之恩，饮食周急之厚弥衰，送往劳来之礼不行。夫人道不通，则阴阳否鬲，和气不兴，未必不由此也。《诗》云：‘民之失德，干糇以愆。’鄙语曰：‘苛政不亲，烦苦伤恩。’方刺史奏事时，宜明申敕，使昭然知本朝之要务。臣愚不知治道，唯明主察焉。”上嘉纳之。

薛宣字赣君，东海郯县人。年少时任廷尉书佐、都船狱史。后来以大司农斗食属官的身份经过举孝廉，补任不其县丞。琅琊太守赵贡巡行所管辖的县邑，见到了薛宣，十分欣赏薛宣的才华。便让薛宣跟随他一同巡行各县，回到府邸，赵贡让妻儿前来与薛宣见面，赵贡告诫他们说："赣君将会官至丞相，我的两个儿子也会作丞相的属吏。"后来赵贡将薛宣举为孝廉，薛宣得以迁任乐浪都尉丞。幽州刺史举荐才德优异之士，薛宣得以担任宛句令。大将军王凤听闻了薛宣的才能，就举荐薛宣任长安令，薛宣治下果然声名远播，因为薛宣通晓法令条文而受诏补任御史中丞。

当时，成帝刚刚继位，薛宣为御史中丞，在朝中执掌法令，在朝外统领各州郡刺史，薛宣上奏说："陛下至德仁厚，体恤百姓，忙于政事，顾不上吃饭，没有片刻的闲暇，秉持圣道，赏罚公正，然而祥和之气尚未形成，阴阳不和，这说明有臣子还不称职，而且教化还不够全面。臣思考其中原因，大概是朝中官吏大多推行苛政，政教繁碎，责任大致应该在州部刺史身上，有的不能恪守职责，发布政令全凭各自喜好，过多干涉郡县的事务，甚至开始行私请托，接受贿赂，听信谗言，来寻求吏民的过错，遣责喝斥细微的过错，不根据能力过于追求完美齐备。郡县相互催促，内部也相互苛责，这样的风气甚至也散播到了百姓之中。所以乡里之间缺少相互来往的喜悦，九族之间忘记了至亲的恩情，救济危急的品德日益衰减，迎来送往的礼节不再盛行。人道不通，则阴阳闭塞，祥和之气不兴，也未必不是这些原因。《诗经》说：'百姓失去情谊，多是因为招待不周。'俗语说：'苛政会使百姓不亲近，烦扰辛劳会有损皇恩。'当刺史在陈奏政事时，应当对他们加以告诫，使他们清楚明白本朝要务。臣愚顿不懂治国之道，希望明主详察。"成帝十分赞同薛宣的谏言。

宣数言政事便宜，举奏部刺史郡国二千石，所贬退称进，白黑分明，繇是知名。出为临淮太守，政教大行。会陈留郡有大贼废乱，上徙宣为陈留太守，盗贼禁止，吏民敬其威信。入守左冯翊，满岁称职为真。

始高陵令杨湛、栎阳令谢游皆贪猾不逊，持郡短长，前二千石数案不能竟。及宣视事，诣府谒，宣设酒饭与相对，接待甚备。已而阴求其罪臧，具得所受取。宣察湛有改节敬宣之效，乃手自牒书，条其奸臧，封与湛曰："吏民条言君如牒，或议以为疑于主守盗。冯翊敬重令，又念十金法重，不忍相暴章。故密以手书相晓，欲君自图进退，可复伸眉于后。即无其事，复封还记，得为君分明之。"湛自知罪臧皆应记，而宣辞语温润，无伤害意。湛即时解印绶付吏，为记谢宣，终无怨言。而栎阳令游自以大儒有名，轻宣。宣独移书显责之曰："告栎阳令：吏民言令治行烦苛，適罚作使千人以上；贼取钱财数十万，给为非法；卖买听任富吏，贾数不可知。证验以明白，欲遣吏考案，恐负举者，耻辱儒士，故使掾平镌令。孔子曰：'陈力就列，不能者止。'令详思之，方调守。"游得檄，亦解印绶去。

又频阳县北当上郡、西河，为数郡凑，多盗贼。其令平陵薛恭本县孝者，功次稍迁，未尝治民，职不办。而粟邑县小，辟在山中，民谨朴易治。令钜鹿尹赏久郡用事吏，为楼烦长，举茂材，迁在粟。

薛宣屡次奏言关于施政上的便宜之事，薛宣上奏举荐州部刺史和郡国二千石的官吏，薛宣奏言所贬退和所举荐的官员，都是善恶分明，因此薛宣声名远扬。后薛宣出任临淮太守，政教大行。恰逢陈留郡有大盗侵扰百姓，成帝便将薛宣调任为陈留太守，盗贼随之肃清，官吏百姓都敬重薛宣的威信。后来成帝征召薛宣代任左冯翊，满一年后薛宣治政称职而得到了正式任命。

起初高陵令杨湛、栎阳令谢游都是贪婪狡诈，桀骜不驯的人，掌握着郡中官员的把柄，先前二千石的官员多次调查他们都不能彻查到底。到薛宣就任时，他们来到府中拜谒，薛宣设酒与他们一同宴饮，招待得十分周到。结束之后便开始暗中查验他们的罪行，详细了解了他们收受贿赂的情况。薛宣察觉到杨湛有意改过并效忠自己，于是手书一份简牒，将杨湛收受的贿赂逐条列举，密封好后交给杨湛说："百姓告发你的罪状都在这简牒上了，有人说你监守自盗。我身为左冯翊十分敬重你，但又考虑到你收受贿赂达到十金，刑罚会很重，不忍心揭露你。所以手书一封密简来告知，是想让你自己思考进退，诚信改过后也可以扬眉吐气。如果你不再犯法，就将这封简牒再归还于我，我可以为你证实清白。"杨湛自知所得赃物与简牒中所记录的相符，而薛宣言语温和，没有伤害自己的意思。杨湛随即解下印绶交还属吏，并写信感谢薛宣，信中始终没有丝毫怨言。而栎阳令谢游自认为是大儒并且极负名望，轻视薛宣。薛宣单独给谢游发布文书并责问他说："告栎阳令：吏民告发你施政繁杂苛刻，遭受责罚从事劳役的百姓有千人以上；非法敛财数十万，以供自己挥霍；买卖听凭属吏说了算，从中牟利无法估量。现在已经调查清楚，将要派属吏前去审问查究，但又担心有负举荐你的人，使得儒者蒙羞受辱，所以派掾史平前去规劝你。孔子说：'考量自身能力在就任官职，若是不能胜任就应辞去。'你认真反思，我正要另选他人代替你的职务。"谢游收到檄文，也解下印绶离开了。

频阳县北临上郡、西河郡，是数郡的交界，多有盗贼。频阳县令平陵人薛恭是本县的孝子，按照功绩逐次升迁担任县令，但不曾施加治理，任内的事情也办不好。而粟邑县很小，地处山中，十分偏

宣即以令奏赏与恭换县。二人视事数月，而两县皆治。宣因移书劳勉之曰："昔孟公绰优于赵魏而不宜滕薛，故或以德显，或以功举，'君子之道，焉可怃也！'属县各有贤君，冯翊垂拱蒙成。愿勉所职，卒功业。"

宣得郡中吏民罪名，辄召告其县长吏，使自行罚。晓曰："府所以不自发举者，不欲代县治，夺贤令长名也。"长吏莫不喜惧，免冠谢宣归恩受戒者。

宣为吏赏罚明，用法平而必行，所居皆有条教可纪，多仁恕爱利。池阳令举廉吏狱掾王立，府未及召，闻立受囚家钱。宣责让县，县案验狱掾，乃其妻独受系者钱万六千，受之再宿，狱掾实不知。掾惭恐自杀。宣闻之，移书池阳曰："县所举廉吏狱掾王立，家私受赇，而立不知，杀身以自明。立诚廉士，甚可闵惜！其以府决曹掾书立之柩，以显其魂。府掾史素与立相知者，皆予送葬。"

及日至休吏，贼曹掾张扶独不肯休，坐曹治事。宣出教曰："盖礼贵和，人道尚通。日至，吏以令休，所繇来久。曹虽有公职事，家亦望私恩意。掾宜从众，归对妻子，设酒肴，请邻里，壹关相乐，斯亦可矣！"扶惭愧。官属善之。

僻，那里的百姓生性质朴容易治理。县令、钜鹿人尹赏是长期当政并施加治理的官吏，曾任楼烦县长，经举荐才德优异之士，得以升任粟邑县令。薛宣便依令向成帝禀奏让尹赏与薛恭调换职位。两人到任数月之后，两个县都得到了治理。薛宣因而发出文书来慰问勉励他们说："从前孟公绰作赵魏两家的家臣，做得很好，却不适合作滕薛两国的官员，所以有的人是通过德行而显达，有的人是通过功绩而得到举荐，'行业不同，职责不同，君子之道，怎能追求全都兼备呢，只有圣人才能完备！'所属各县都有贤明的县长，我身为左冯翊没有什么付出却空享各县治理的成果。希望你们共勉，尽职尽责，最终成就功业。"

薛宣得知郡中官吏和百姓的罪名，就会召来并告知该县的县长，让他们自行惩处。告知他们说："郡府之所以不自行检举惩处，是不想代替县衙实施治理，夺去贤明县令县长的名声。"所属各县的长官无不是既欢喜又惶恐，一面免冠拜谢薛宣将功名归于他们，一面接受训诫。

薛宣为官赏罚分明，执法公正并且依法执行，凡是薛宣到任之处都有条文教令得以记载，多是仁厚宽容，体恤百姓的内容。池阳县令所举荐的清廉守正的狱掾王立，郡中还没来得及征召，就听闻王立收受囚犯家属的钱财贿赂。薛宣责问池阳县令，县令查问狱掾王立，原来是王立的妻子收受囚犯贿赂一万六千钱，才发生了两个晚上，王立实际并不知晓。王立羞愧自尽。薛宣听闻后，向池阳县令发出文书说："池阳县所举荐的清廉守正的狱掾王立，家人私受贿赂，而王立并不知晓，却自杀以证清白。王立乃廉洁之士，令人甚感哀痛怜惜！追赠王立为郡府的决曹掾，写在王立的灵柩上，以彰显他的英魂。郡县中凡是平素与王立相识的掾史，全都前去送葬。"

到了冬至、夏至官吏休假时，唯独负责抓捕盗贼的贼曹掾张扶不肯休假，仍要到府衙处理公事。薛宣前来教导他说："礼法贵在和谐，人道推崇通法。在冬至、夏至这一天，官吏依照法令休假，由来已久。你虽有公事需要处理，但家人同样也盼着你回家共享天伦。你应当随众，回家陪伴妻儿，备下美酒佳肴，宴请邻里，一同欢歌笑语，

宣为人好威仪，进止雍容，甚可观也。性密静有思，思省吏职，求其便安。下至财用笔研，皆为设方略，利用而省费。吏民称之，郡中清静。迁为少府，共张职办。

月余，御史大夫于永卒，谷永上疏曰："帝王之德莫大于知人，知人则百僚任职，天工不旷。故皋陶曰：'知人则哲，能官人。'御史大夫内承本朝之风化，外佐丞相统理天下，任重职大，非庸材所能堪。今当选于群卿，以充其缺。得其人则万姓欣喜，百僚说服；不得其人则大职堕斁，王功不兴。虞帝之明，在兹壹举，可不致详！窃见少府宣，材茂行絜，达于从政，前为御史中丞，执宪毂下，不吐刚茹柔，举错时当；出守临淮、陈留，二郡称治；为左冯翊，崇教养善，威德并行，众职修理，奸轨绝息，辞讼者历年不至丞相府，赦后余盗贼什分三辅之一。功效卓尔，自左内史初置以来未尝有也。孔子曰：'如有所誉，其有所试。'宣考绩功课，简在两府，不敢过称以奸欺诬之罪。臣闻贤材莫大于治人，宣已有效。其法律任廷尉有余，经术文雅足以谋王体，断国论；身兼数器，有'退食自公'之节。宣无私党游说之助，臣恐陛下忽于《羔羊》之诗，舍公实之臣，任华虚之誉，是用越职，陈宣行能，唯陛下留神考察。"上然之，遂以宣为御史大夫。

开怀畅饮，这也是很快乐的事情啊！”张扶心生惭愧。属吏都赞同薛宣的话。

薛宣为人注重威仪，进退从容大方，甚是可观。薛宣生性稳重有智谋，反思省察郡吏的职责，谋求郡吏便利安适，各尽其才。下至财用笔砚，都会定下计划，使之实用又节省费用。官吏和百姓都纷纷称道，郡中安稳祥和。后来薛宣升任少府，负责置办宫中所需的各种器物，薛宣十分称职，能将事情办理得很好。

一个多月后，御史大夫于永去世，谷永上奏说：“帝王之德莫大于知人善察，知人则百官就会人尽其才，各尽其职，职位就不会有空缺。所以皋陶说：‘知人则有智慧，才能选择人才并予以合适的官职。’御史大夫内承本朝的风俗教化，外佐丞相统理天下，任重职大，并非庸才所能担当的。如今陛下应当从百官中挑选人才，来继任御史大夫。任用合适的人才则天下百姓为之欢喜，百官臣服；没有任用到合适的人才则朝中要职就会遭到败坏，帝王的功业不会因此兴盛。虞帝的贤明，要点就在这一举措上，怎能不审慎详察！臣见到少府薛宣，才学渊博，品行高洁，通晓政务，之前担任御史中丞，在天子脚下执法，公平正直，不会畏强欺弱，所做的举措合情合理，恰合时机；薛宣出任临淮、陈留太守时，两郡都得到治理；薛宣担任左冯翊时，崇尚教化，陪养善行，恩威并施，众多职事得到整饬，奸邪不法的行径偃旗息鼓，多年都没有人到丞相府门前争讼，大赦之后三辅一带的盗贼减少了十分之九。治理的政绩十分突出显著，自开始设立左内史之初就不曾有过这样的政绩。孔子说：‘如果要称赞一个人，那就要通过一些职事来考验。’薛宣政绩的考核，在丞相、御史两府中都有详细的记录，臣不敢言过其实而妄加称赞，犯下欺君罔上的罪行。臣听闻贤德的才华莫大于治理百姓，薛宣已经做出了政绩。在法律条令方面，薛宣担任廷尉有余，在经术学问方面，薛宣足以为国家政策出谋划策，决断国家大事的论议；一身兼具多样的才能，有‘减退膳食，节俭清廉’的气节。薛宣没有私党进言游说的帮助，臣担心陛下忽视了《羔羊》这首诗的深意，舍弃公正朴实的臣子，任用徒有虚名的人，因此臣越职，陈奏薛宣的品行才能，唯愿陛下可

数月，代张禹为丞相，封高阳侯，食邑千户。宣除赵贡两子为史。贡者，赵广汉之兄子也，为吏亦有能名。宣为相，府辞讼例不满万钱不为移书，后皆遵用薛侯故事。然官属讥其烦碎无大体，不称贤也。时天子好儒雅，宣经术又浅，上亦轻焉。

久之，广汉郡盗贼群起，丞相御史遣掾史逐捕不能克。上乃拜河东都尉赵护为广汉太守，以军法从事。数月，斩其渠帅郑躬，降者数千人，乃平。会邛成太后崩，丧事仓卒，吏赋敛以趋办。其后上闻之，以过丞相御史，遂册免宣曰："君为丞相，出入六年，忠孝之行，率先百僚，朕无闻焉。朕既不明，变异数见，岁比不登，仓廪空虚，百姓饥馑，流离道路，疾疫死者以万数，人至相食，盗贼并兴，群职旷废，是朕之不德而股肱不良也。乃者广汉群盗横恣，残贼吏民，朕恻然伤之，数以问君，君对辄不如其实。西州鬲绝，几不为郡。三辅赋敛无度，酷吏并缘为奸，侵扰百姓，诏君案验，复无欲得事实之意。九卿以下，咸承风指，同时陷于谩欺之辜，咎繇君焉！有司法君领职解嫚，开谩欺之路，伤薄风化，无以帅示四方。不忍致君于理，其上丞相高阳侯印绶，罢归。"

初，宣为丞相，而翟方进为司直。宣知方进名儒，有宰相器，深结厚焉。后方进竟代为丞相，思宣旧恩，宣免后二岁，荐宣明习文法，练国制度，前所坐过薄，可复进用。上征宣，复爵高阳侯，加宠特进，位次师安昌侯，给事中，视尚书事。宣复尊重。任政数年，后坐善定陵侯淳于长罢就第。

以留神考察。”成帝同意谷永的话，就让薛宣担任御史大夫。

数月后，薛宣代替张禹继任丞相，赐封高阳侯，食邑千户。薛宣将赵贡的两个儿子任命为丞相属吏。赵贡，是赵广汉兄长之子，为官同样有能力卓越的名声。薛宣任丞相，府中受理诉讼的惯例不满一万钱的就不会发出公文，后人都遵用薛侯的旧例。然而有的属吏讥讽薛宣做事繁琐没有要点，不足以称之为贤明。当时天子喜好儒士，而薛宣的经术学问又很浅陋，成帝也不重视他。

一段时间之后，广汉郡盗贼群起，丞相御史派掾史追捕盗贼，都不能平息。成帝让河东都尉赵护拜任广汉太守，依照军法处理政务。数月后，将贼首郑躬斩杀，投降了有数千人，这才将盗贼平息下来。恰逢邛成太后崩逝，丧事办得很匆忙，官吏抓紧征收赋税希望尽快办好。后来成帝听闻了此事，觉得是丞相御史的过错，于是下诏将薛宣免职说：“你担任丞相，已有六年，对于忠孝的行为，为百官做表率，这些事情朕没有听说过。朕不够贤明，灾异数现，连年歉收，仓库空虚，百姓饥馑，颠沛流离，居无定所，因疾疫而死的百姓数以万计，甚至出现了人相食的情况，盗贼并起，百职荒废，这是因为朕的德行不足并且辅佐之臣不够贤良的缘故。此前广汉郡群盗肆意横行，残害吏民，朕为此恻然感伤，屡次向你询问，而你的回答总是不切实际。西州地势隔绝，几乎不成一郡。三辅征税没有节制，酷吏相互勾结为奸，侵扰百姓，朕命你前去调查，你却没有想彻查清楚的意愿。九卿以下，全都依奉你的意旨，同时犯下欺诳的罪名，这些过错都出自你的身上！有关官员依法弹劾你为官懈怠散慢，开欺罔之路，有损风化，不能为天下的表率。朕不忍心将你依法治罪，你交还丞相高阳侯印绶，免官回家。”

起初，薛宣担任丞相，而翟方进担任司直。薛宣知晓翟方进是名儒，有担任宰相的才能，因而与翟方进交情深厚。后来翟方进接替薛宣担任丞相，翟方进感念薛宣的旧恩，在薛宣遭免职的两年后，翟方进举荐薛宣精通法令条文，熟知国家制度，先前犯下的过错很小，可以重新征用。于是成帝征召薛宣，再次封其为高阳侯，外加特进的恩赏，位序次于成帝的老师安昌侯，任给事中，负责尚书事务。薛宣再

初，宣有两弟，明、修。明至南阳太守。修历郡守、京兆尹、少府，善交接，得州里之称。后母常从修居官。宣为丞相时，修为临菑令，宣迎后母，修不遣。后母病死，修去官持服。宣谓修三年服少能行之者，兄弟相驳不可，修遂竟服，繇是兄弟不和。

久之，哀帝初即位，博士申咸给事中，亦东海人也，毁宣不供养行丧服，薄于骨肉，前以不忠孝免，不宜复列封侯在朝省。宣子况为右曹侍郎，数闻其语，赇客杨明，欲令创咸面目，使不居位。会司隶缺，况恐咸为之，遂令明遮斫咸宫门外，断鼻唇，身八创。

事下有司，御史中丞众等奏："况朝臣，父故宰相，再封列侯，不相敕丞化，而骨肉相疑，疑咸受修言以谤毁宣。咸所言皆宣行迹，众人所共见，公家所宜闻。况知咸给事中，恐为司隶举奏宣，而公令明等迫切宫阙，要遮创戮近臣于大道人众中，欲以鬲塞聪明，杜绝论议之端。桀黠无所畏忌，万众讙哗，流闻四方，不与凡民忿怒争斗者同。臣闻敬近臣，为近主也。礼，下公门，式路马，君畜产且犹敬之。《春秋》之义，意恶功遂，不免于诛，上浸之源不可长也。况首为恶，明手伤，功意俱恶，皆大不敬。明当以重论，及况皆弃市。"廷尉直以为"律曰'斗以刃伤人，完为城旦，其贼加罪一等，与谋者同罪。'诏书无以诋欺成罪。传曰：'遇人不以义而见疻者，与痏人之罪钧，恶不直也。'咸厚善修，而数称宣恶，流闻不谊，不可谓直。况以故伤咸，计谋已定，后闻置司隶，因前谋而趣明，非以恐咸为司隶故造谋也。本争私变，虽于掖门外伤咸道中，

次得到敬重信任。薛宣为官数年，后又因与定陵侯淳于长交好而受牵连，再次免职回家。

起初，薛宣有两个弟弟，薛明、薛修。薛明官至南阳太守。薛修历任郡守、京兆尹、少府，擅长交际，得到乡里百姓的称赞。他们的后母常随薛修居住。薛宣任丞相时，薛修任临菑县令，薛宣想接走后母，但薛修不肯。后来后母病逝，薛修辞官守孝。薛宣对薛修说很少人能做到守孝三年，兄弟之间意见不合，相互争执，最终薛修守孝三年期满，兄弟之间也因此不和。

一段时间之后，哀帝继位之初，博士申咸担任给事中，也是东海人，诋毁薛宣不侍奉母亲，不为母亲守孝，骨肉之情淡薄，先前因不忠不孝而遭免官，就不应当再次赐封列侯位列朝中。薛宣的儿子薛况任右曹侍郎，数次听到这些话，便贿赂门客杨明，想让杨明将申咸的面容毁伤，使他不能再为官。正好司隶校尉一职空缺，薛况担心申咸会出任司隶校尉，就让杨明在宫门外拦下申咸，砍掉了他的鼻子嘴唇，身上也有八处创伤。

这件事交由有关官员来处理，御史中丞众等人禀奏："薛况身为朝臣，父亲原是宰相，两次受封列侯，非但没有相互告诫，承接教化，反而骨肉手足相互猜疑，疑心申咸听信薛修的挑拨而出言诋毁薛宣。申咸所言之事都是薛宣曾做过的事情，是众人有目共睹，朝廷也都知晓。薛况知道申咸为给事中，害怕申咸担任司隶校尉后会上奏弹劾薛宣，就公然命令杨明在宫门外，大庭广众之下阻拦砍伤近臣，并且想以此来隔绝朝廷的视听，杜绝众人的议论。薛况残暴狡诈，无所畏忌，百姓议论纷纷，流播四方，这和平民百姓的忿怒争斗不同。臣听说尊敬近臣，便是敬重君主。依礼，大臣经过公门应当下车，见到为君主驾车的马应当倚扶车前的横木，君主的牲畜尚且都要尊敬它们。《春秋》之义，本心不善，即使事情成功，也要遭受诛罚，伤害大臣，侵犯皇威的风气不可助长。薛况是首恶，杨明出手伤人，本心与行为都十分邪恶，都是大不敬。杨明应当从重论罪，和薛况一样应当斩首示众。"廷尉直认为："律令中规定'打斗用利刃伤人，应当判处完刑和城旦刑，伤人者罪加一等，和主谋同罪。'诏书中没有

与凡民争斗无异。杀人者死，伤人者刑，古今之通道，三代所不易也。孔子曰：‘必也正名。’名不正，则至于刑罚不中；刑罚不中，而民无所错手足。今以况为首恶，明手伤为大不敬，公私无差。《春秋》之义，原心定罪。原况以父见谤发忿怒，无它大恶。加诋欺，辑小过成大辟，陷死刑，违明诏，恐非法意，不可施行。圣王不以怒增刑。明当以贼伤人不直，况与谋者皆爵减完为城旦。”上以问公卿议臣。丞相孔光、大司空师丹以中丞议是，自将军以下至博士议郎皆是廷尉。况竟减罪一等，徙敦煌。宣坐免为庶人，归故郡，卒于家。

宣子惠亦至二千石。始惠为彭城令，宣从临淮迁至陈留，过其县，桥梁邮亭不修。宣心知惠不能，留彭城数日，案行舍中，处置什器，观视园菜，终不问惠以吏事。惠自知治县不称宣意，遣门下掾送宣至陈留，令掾进见，自从其所问宣不教戒惠吏职之意。宣笑曰：“吏道以法令为师，可问而知。及能与不能，自有资材，何可学也？”众人传称，以宣言为然。

初，宣后封为侯时，妻死，而敬武长公主寡居，上令宣尚焉。及宣免归故郡，公主留京师。后宣卒，主上书愿还宣葬延陵，奏可。况

诋毁诽谤的罪名。经传中说：‘不以义对待遭受殴伤的人，和打人者同罪，错在不正直。’申咸与薛修交好，反而多次宣扬薛宣的过恶，散布流言，行为不义，称不上正直。薛况因为那些流言中伤自己父亲的缘故而打伤申咸，计谋早已定下，但后来听闻朝廷在挑选就任司隶校尉的人选，就催促杨明依照原先的计谋行事，并不是因为担心申咸要就任司隶校尉而设下的计谋。相互争斗本是因为私事，虽然是在宫门外的路上砍伤了申咸，但与平民百姓的争斗无异。杀人者处死，伤人者受刑，这是古今通行的法则，历经三代也无法改变。孔子说：‘必须要端正名分。’名不正，则刑罚就不中正；刑罚不中正，百姓就会不知所措。如今以薛况定为首恶，杨明出手伤人定为大不敬罪，于公于私没有差别。《春秋》之义，推究本心而定罪。这件事情原本是薛况因为父亲受到诽谤而发怒，并没有其他大恶。反而要加上诋毁之辞，集小过而成大罪，让人身受死刑，违背明诏，这恐怕并非是制定法律的本意，这样做不可行。圣王不会因发怒而增加刑罚。杨明应当是收受贿赂而出手伤人，薛况和其他同谋全都削减爵位，判处完刑和城旦刑。”哀帝询问公卿大臣的意见。丞相孔光、大司空师丹赞同御史中丞的论议，自将军以下至博士议郎都赞同廷尉的论议。最终薛况减罪一等，被流放到敦煌。薛宣也因此免为庶人，回到故乡，在家中去世。

薛宣的儿子薛惠同样官至二千石。当初薛惠任彭城县令时，薛宣从临淮郡调职到陈留郡，经过薛惠治理的属县，见到县里的桥梁邮亭都没有整修。薛宣就明白薛惠的才干不足，薛宣在彭城县待了几天，巡视县衙，安置生活器具，察看菜园，却始终不询问薛惠的政务。薛惠自知治理的成果不称父亲心意，于是派门下掾史送父亲前往陈留郡赴任，门下掾史拜见薛宣，掾史便以自己的名义请教薛宣没有教戒薛惠为官职责的用意。薛宣笑着说：“为官之道是以法令为师，只要查阅法令便可得知。至于治理能力与否，各有天资，怎么能是通过学习就会的呢？”众人传扬称颂，赞同薛宣的话。

起初，薛宣再次受封高阳侯时，妻子去世，而敬武长公主寡居，成帝命薛宣娶公主为妻。等到薛宣免职回乡，公主留在京城。后来薛

私从敦煌归长安，会赦，因留与主私乱。哀帝外家丁、傅贵，主附事之，而疏王氏。元始中，莽自尊为安汉公，主又出言非莽。而况与吕宽相善，及宽事觉时，莽并治况，发扬其罪，使使者以太皇太后诏赐主药。主怒曰："刘氏孤弱，王氏擅朝，排挤宗室，且嫂何与取妹披抉其闺门而杀之？"使者迫守主，遂饮药死。况枭首于市。白太后云主暴病薨。太后欲临其丧，莽固争，乃止。

朱博字子元，杜陵人也。家贫，少时给事县为亭长，好客少年，捕搏敢行。稍迁为功曹，伉侠好交，随从士大夫，不避风雨。是时，前将军望之子萧育、御史大夫万年子陈咸以公卿子著材知名，博皆友之矣。时诸陵县属太常，博以太常掾察廉，补安陵丞。后去官入京兆，历曹史列掾，出为督邮书掾，所部职办，郡中称之。

而陈咸为御史中丞，坐漏泄省中语下狱。博去吏，间步至廷尉中，候伺咸事。咸掠治困笃，博诈得为医入狱，得见咸，具知其所坐罪。博出狱，又变姓名，为咸验治数百，卒免咸死罪。咸得论出，而博以此显名，为郡功曹。

久之，成帝即位，大将军王凤秉政，奏请陈咸为长史。咸荐萧育、朱博除莫府属，凤甚奇之，举博栎阳令，徙云阳、平陵二县，以高弟入为长安令。京师治理，迁冀州刺史。

宣去世，公主上书奏请希望可以让薛宣葬在延陵，哀帝同意了奏请。后来薛况私自从敦煌回到长安，恰逢大赦，因此薛况留在了长安并与公主私通。当时哀帝的外戚丁氏、傅氏显贵，公主便攀附他们，而疏远了王氏。元始年间，王莽将自己尊为安汉公，公主又出言诋毁王莽。而薛况与吕宽交好，等到吕宽曾经的行径被察觉时，王莽将吕宽连同薛况一并治罪，宣扬他们的罪恶，并派使者以太皇太后的诏令赐给公主毒药。公主大怒说："刘氏孤弱，王氏擅朝，排挤汉室宗亲，况且皇嫂怎会干涉揭露妹妹的闺房之事，并要杀了妹妹的呢？"使者逼迫公主，公主便喝下毒药自尽。薛况被斩首示众。王莽向太后禀报说公主暴病而亡。太后想亲临公主的丧礼，王莽再三劝谏，太后才没有参加。

朱博字子元，杜陵人。家境贫穷，年少时在县里供职任亭长，喜好与少年宾客交友，追捕搏击无所退避。朱博后来逐渐升迁任功曹，刚正仗义，喜好结交，跟随士大夫，不避风雨。当时，前将军萧望之之子萧育、御史大夫陈万年之子陈咸都是公卿子弟并且才华卓越声名远扬，朱博都与他们交好。当时，各个皇陵所在的县都属太常管辖，朱博时任太常掾经过举廉，补任安陵县丞。后来辞官前往京兆任职，历任曹史列掾，后来朱博出外任督邮书掾，朱博所负责的事务都能尽职办好，郡中都称赞他。

陈咸任御史中丞，因泄露宫禁之中的谈话而被收监。朱博辞去官职，步行到廷尉牢狱，伺机打探陈咸的案子。陈咸被严刑拷打，伤势极重，朱博伪装成医生进入牢狱，见到陈咸，朱博详细了解了陈咸所犯何罪。之后朱博离开监狱，又改名换姓，为替陈咸调查申诉，挨了几百下鞭打，最终为陈咸免去死罪。后来陈咸得以出狱，而朱博也因此名声显扬，后朱博任郡功曹。

一段时间之后，成帝继位，大将军王凤执政，奏请让陈咸担任长史。陈咸举荐萧育、朱博担任幕府属吏，王凤十分惊奇朱博的才华，举荐朱博任栎阳令，后来朱博调任云阳、平陵二县，又因政绩卓著入京担任长安令。京师得到很好的治理，后朱博又升任冀州刺史。

博本武吏，不更文法，及为刺史行部，吏民数百人遮道自言，官寺尽满。从事白请且留此县录见诸自言者，事毕乃发，欲以观试博。博心知之，告外趣驾。既白驾办，博出就车见自言者，使从事明敕告吏民："欲言县丞尉者，刺史不察黄绶，各自诣郡。欲言二千石墨绶长吏者，使者行部还，诣治所。其民为吏所冤，及言盗贼辞讼事，各使属其部从事。"博驻车决遣，四五百人皆罢去，如神。吏民大惊，不意博应事变乃至于此。后博徐问，果老从事教民聚会。博杀此吏，州郡畏博威严。徙为并州刺史、护漕都尉，迁琅邪太守。

齐部舒缓养名，博新视事，右曹掾史皆移病卧。博问其故，对言"惶恐！故事二千石新到，辄遣吏存问致意，乃敢起就职。"博奋髯抵几曰："观齐儿欲以此为俗邪！"乃召见诸曹史书佐及县大吏，选视其可用者，出教置之。皆斥罢诸病吏，白巾走出府门。郡中大惊。顷之，门下掾赣遂耆老大儒，教授数百人，拜起舒迟。博出教主簿："赣老生不习吏礼，主簿且教拜起，闲习乃止。"又敕功曹："官属多褒衣大袑，不中节度，自今掾史衣皆令去地三寸。"博尤不爱诸生，所至郡辄罢去议曹，曰："岂可复置谋曹邪！"文学儒吏时有奏记称说云云，博见谓曰："如太守汉吏，奉三尺律令以从事耳，亡奈生所言圣人道何也！且持此道归，尧舜君出，为陈说之。"其折逆人如此。视事数年，大改其俗，掾史礼节如楚、赵吏。

朱博原本是名武吏，没有担任过文职，不了解法令条文，等到担任刺史需要巡行所属郡县时，数百名官吏和百姓拦住去路申诉，官府中也挤满了人。从事禀告请求朱博暂且留在此县，将这些前来申诉的人逐一接见并记录下他们的冤情，记录好再出发，想要以此试探朱博。朱博心知肚明，让随从立刻准备车马。从事禀告车马已经备好，朱博出来登车，接见这些申诉的人，派从事明白地告知申诉的官吏百姓："想告发县中丞尉的，刺史不考察这些系黄绶带的官员，各自到所属郡里去告发。想告发二千石墨色绶带的长官的，等到刺史巡行归来后，到府衙去告发。若是百姓为官吏所冤，以及申诉盗贼或诉讼之事的，到各自所属的县衙去申诉。"朱博在车上就将这些事情全都审理解决完毕，四五百人全都散去，处事如神。官吏百姓为之大惊，不曾料想朱博应对事情处理变故竟然如此厉害。后来朱博仔细查问，知晓果然是一位老从事教唆百姓聚集闹事。朱博将这位从事斩杀，从此州郡中人都畏惧朱博的威严。后来朱博调任并州刺史、护漕都尉，后朱博又升任琅琊太守。

齐部的民风，百姓性情迟缓，高傲自大博取虚名，朱博到任之初，右曹掾史全都称病告假。朱博询问缘由，有人回答说"惶恐！依照旧例二千石的长官到任之初，总会派遣属吏前来表达慰问之意，然后才能正式就任。"朱博勃然大怒，拍案而起说："齐郡小儿竟将这种行径当作惯例！"于是朱博召见各个曹史书佐以及各县长官，从中挑选可用之人，下令让他们取代称病告假的吏员。将告病的吏员全都斥退罢免，贬为平民百姓离开府衙。郡中为之大惊。不久之后，门下掾史赣遂是德高望重的大儒，教授数百人，拜见行礼行动迟缓。朱博见此情景便告知主簿说："赣遂年老，不熟悉吏礼，主簿教他行礼拜见，直到熟习为止。"朱博又告诫功曹："如今的属吏大多身穿宽大的衣裤，这不合规矩，自今日起掾史的衣服都要离地三寸。"朱博不喜欢儒生，凡是朱博所到任的郡都会罢黜议曹一职，朱博说："怎可再设议曹一职呢！"文学儒吏时常向朱博陈奏言事会引经据典，朱博看到他们对他们说："像太守这样的汉朝官吏，遵奉三尺律令来处理政务，你们所说的圣人之道没有什么用！暂且将这些道理

博治郡，常令属县各用其豪桀以为大吏，文武从宜。县有剧贼及它非常，博辄移书以诡责之。其尽力有效，必加厚赏；怀诈不称，诛罚辄行。以是豪强慹服。姑幕县有群辈八人报仇廷中，皆不得。长吏自系书言府，贼曹掾史自白请至姑幕。事留不出。功曹诸掾即皆自白，复不出。于是府丞诣阁，博乃见丞掾曰："以为县自有长吏，府未尝与也，丞掾谓府当与之邪？"阁下书佐入，博口占檄文曰："府告姑幕令丞：言贼发不得，有书。檄到，令丞就职，游徼王卿力有余，如律令！"王卿得敕惶怖，亲属失色，昼夜驰骛，十余日间捕得五人。博复移书曰："王卿忧公甚效！檄到，赍伐阅诣府。部掾以下亦可用，渐尽其余矣。"其操持下，皆此类也。

以高弟入守左冯翊，满岁为真。其治左冯翊，文理聪明殊不及薛宣，而多武谲，网络张设，少爱利，敢诛杀。然亦纵舍，时有大贷，下吏以此为尽力。

长陵大姓尚方禁少时尝盗人妻，见斫，创著其颊。府功曹受赂，白除禁调守尉。博闻知，以它事召见，视其面，果有瘢。博辟左右问禁："是何等创也？"禁自知情得，叩头服状。博笑曰："丈夫固时有是。冯翊欲洒卿耻，拔拭用禁，能自效不？"禁且喜且惧，对曰："必死！"博因敕禁："毋得泄语，有便宜，辄记言。"因亲信之以为

拿回去，等到尧舜这样的圣人再现时，再拿出来陈说。”朱博就是像这样拒绝别人。朱博就任数年，大大改变了齐郡的风俗，郡中掾史变得和楚、赵的官吏一样知礼了。

朱博治理郡中，经常让属县各自任用当地豪杰作长官，无论文武各取其才。县里若有大贼以及其他意外之事，朱博就会发出文告责问他们。若有尽力治理并有成效的，必会厚赏；若有心怀奸诈不能称职的，必会立刻惩处。因此豪强畏惧臣服。姑幕县有八个贼人在县廷中报仇杀人，这些人全都没有抓捕归案。县长亲写文书上报郡府，郡府的贼曹掾史自荐请求前往姑幕县。朱博却将事情搁置，没有下令。诸位功曹掾史纷纷自荐，朱博依旧没有下令。于是府丞来到郡府，朱博接见丞掾说：“我认为县里自己有县长，郡府从未干涉他们的政务，丞掾认为郡府应当干涉县里的政务吗？”朱博让书佐进来，口述檄文说：“府告姑幕令丞：姑幕县上报说盗贼犯案没能抓捕归案，并呈上文书。檄文一下达，令丞便可以着手处理，县里负责捕盗的游徼王卿能力卓越，依照律令抓捕盗贼！”王卿收到檄文十分惶恐，亲属也都惊慌失色，王卿夜以继日奔走调查，十多天就抓获了五人。朱博再次发出文告说：“王卿忧劳公事，查办案件成效显著！檄文一下达，就将王卿的功绩、办案的过程上报到郡府。所率领前去抓捕盗贼的掾史以下的吏员也可以任用，逐渐将其余几人抓捕归案。”朱博安排下属，都像这样。

后来朱博因政绩显著入京代任左冯翊，一年后正式就任。朱博治理左冯翊，在礼仪文教、聪明善察方面不及薛宣，但朱博多用武力和手段，张设罗网，搜捕罪犯，很少会施予爱护恩惠，敢于诛杀惩处。但朱博也很包容，时常宽恕属下，属吏也因此为他竭尽全力。

长陵县的大姓尚方禁年少时曾经与别人的妻子私通，遭人砍伤，在脸上留下了创口。郡府功曹收受贿赂，禀告朱博说尚方禁可以担任调守尉。朱博听后，以其他事由召见尚方禁，看尚方禁的脸，果然有疤痕。朱博退避左右询问尚方禁：“脸上是什么伤？”尚方禁自知朱博已经知晓实情，叩头认罪。朱博笑着说：“大丈夫难免会有情欲之事。我身为左冯翊想为你洗刷耻辱，重新任用你，你愿意为我效

耳目。禁晨夜发起部中盗贼及它伏奸，有功效。博擢禁连守县令。久之，召见功曹，闭阁数责以禁等事，与笔札使自记，“积受取一钱以上，无得有所匿。欺谩半言，断头矣！”功曹惶怖，具自疏奸臧，大小不敢隐。博知其对以实，乃令就席，受敕自改而已。投刀使削所记，遣出就职。功曹后常战栗，不敢蹉跌，博遂成就之。

迁为大司农。岁余，坐小法，左迁犍为太守。先是南蛮若兒数为寇盗，博厚结其昆弟，使为反间，袭杀之，郡中清。

徙为山阳太守，病免官。复征为光禄大夫，迁廷尉，职典决疑，当谳平天下狱。博恐为官属所诬，视事，召见正监典法掾史，谓曰：“廷尉本起于武吏，不通法律，幸有众贤，亦何忧！然廷尉治郡断狱以来且二十年，亦独耳剽日久，三尺律令，人事出其中。掾史试与正监共撰前世决事吏议难知者数十事，持以问廷尉，得为诸君覆意之。”正监以为博苟强，意未必能然，即共条白焉。博皆召掾史，并坐而问，为平处其轻重，十中八九。官属咸服博之疏略，材过人也。每迁徙易官，所到辄出奇谲如此，以明示下为不可欺者。

久之，迁后将军，与红阳侯立相善。立有罪就国，有司奏立党友，博坐免。后岁余，哀帝即位，以博名臣，召见，起家复为光禄大夫，迁为京兆尹，数月超为大司空。

力吗？”尚方禁既欣喜又害怕，回答说：“必定誓死效力！”朱博因此告诫尚方禁：“我们之间谈话不得外泄，如果有便宜之事，我会记下来告诉你。”此后朱博亲近信任尚方禁，将他当作自己的耳目。尚方禁夜以继日地揭发调查郡县之中的盗贼以及其他隐藏的奸邪之徒，颇有功效。朱博便提拔尚方禁代任县令。过了一段时间，朱博召见功曹，关上门责问关于尚方禁的事情，朱博给他纸笔，让他自己写出来，并对他说“收受贿赂前后累计达一文钱以上的，不得有所隐瞒。若有半句假话，就处死！”功曹惶恐，将自己收受的贿赂全部写出来，无论多少不敢隐瞒。朱博知晓功曹写的是实情，便让他就坐，训诫功曹要改过自新。扔下刀子让功曹削去所写的内容，让他出去继续就任原职。功曹常常感到后怕，不敢再有失误。朱博也提拔了他。

后来朱博升任大司农。一年后，因犯小错，贬为犍为太守。在此之前南蛮的豪强若兒屡为盗贼，朱博便与他的兄弟结交，让他作内应，袭杀若兒，此后郡中安定太平。

后来朱博调任山阳太守，又因病免官。后朱博再次受召任光禄大夫，又升任廷尉，负责疑难案件，审议天下刑狱。朱博担心受属官蒙骗，到任之后，便召见正监典法掾史，对他们说：“我虽身为廷尉但原本是武吏出身，不通法律，幸得有诸位贤才，没有什么可忧虑的！但我治理郡县、审断狱讼将近二十年，单单是耳闻目染也有很久了，三尺律令，人事都出自其中。掾史尝试与正监一起列出数十件以往难以审判定罪的案件，拿来给我，我会为诸位重新审理。”正监以为朱博是在逞强，料想朱博未必能审断清楚，就共同列出疑难案件呈给朱博。朱博将掾史全都召来，一同坐下询问，朱博为他们分析案件的轻重，十中八九。属官都敬服朱博的谋略，才华过人。朱博每次改换官职，所到之处总会像这样有些奇异诡谲的行为，以此告知属下官吏自己不会受骗。

过了一段时间，朱博升任后将军，与红阳侯王立交好。王立有罪被遣回封国，有关官员劾奏王立的朋党，朱博因此受到牵连而被免官。一年后，哀帝继位，因朱博是名臣，哀帝召见朱博，朱博重新得到起用，担任光禄大夫，后朱博升任京兆尹，数月后得到提拔任大司空。

初，汉兴袭秦官，置丞相、御史大夫、太尉。至武帝罢太尉，始置大司马以冠将军之号，非有印绶官属也。及成帝时，何武为九卿，建言“古者民朴事约，国之辅佐必得贤圣，然犹则天三光，备三公官，各有分职。今末俗之弊，政事烦多，宰相之材不能及古，而丞相独兼三公之事，所以久废而不治也。宜建三公官，定卿大夫之任，分职授政，以考功效。”其后上以问师安昌侯张禹，禹以为然。时曲阳侯王根为大司马票骑将军，而何武为御史大夫。于是上赐曲阳侯根大司马印绶，置官属，罢票骑将军官，以御史大夫何武为大司空，封列侯，皆增奉如丞相，以备三公官焉。议者多以为古今异制，汉自天子之号下至佐史皆不同于古，而独改三公，职事难分明，无益于治乱。是时御史府吏舍百余区井水皆竭；又其府中列柏树，常有野乌数千栖宿其上，晨去暮来，号曰“朝夕乌”，乌去不来者数月，长老异之。后二岁余，朱博为大司空，奏言“帝王之道不必相袭，各繇时务。高皇帝以圣德受命，建立鸿业，置御史大夫，位次丞相，典正法度，以职相参，总领百官，上下相监临，历载二百年，天下安宁。今更为大司空，与丞相同位，未获嘉祐。故事，选郡国守相高第为中二千石，选中二千石为御史大夫，任职者为丞相，位次有序，所以尊圣德，重国相也。今中二千石未更御史大夫而为丞相，权轻，非所以重国政也。臣愚以为大司空官可罢，复置御史大夫，遵奉旧制。臣愿尽力，以御史大夫为百僚率。”哀帝从之，乃更拜博为御史大夫。会大司马喜免，以阳安侯丁明为大司马卫将军，置官属，大司马冠号如故事。后四岁，哀帝遂改丞相为大司徒，复置大司空、大司马焉。

起初，汉朝建立时承袭秦朝官制，设立丞相、御史大夫、太尉。到武帝时废黜太尉，开始设立大司马并冠以将军的名号，没有印绶属官。到成帝时，何武为九卿，谏言说："古时候百姓淳朴，政事简明，国家的辅佐大臣一定会选任圣贤，但还是会仿效天上的日月星，设立三公，各自有各自的职责。如今世风日下，政事繁多，宰相的才干不及古时候，而丞相独自兼任三公的职事，这是政治久衰而不能得到治理的原因。陛下应当设立三公的官位，定立卿大夫的职责，各司其职，授与政事，以便考核政绩。"之后成帝向老师安昌侯张禹请教，张禹赞同何武的意见。当时曲阳侯王根为大司马骠骑将军，而何武为御史大夫。于是成帝赐予曲阳侯王根大司马印绶，并设立属官，废除了骠骑将军的官职，将御史大夫何武任命为大司空，封列侯，将他们的俸禄全都增加到和丞相一样，以此来为设立三公做准备。论议的大臣大多认为古今的制度不同，汉朝从天子的名号到佐吏的名称都不同于古代，而现在只改动三公，职事难以分明，无益于治理朝政。当时御史府的一百多处官吏居所的井水全都枯竭；还有御史府中众多的柏树，常有数千只野乌鸦栖息在树上，晨去暮来，时人称之为"朝夕乌"，而在之后有数月乌鸦飞走就没有回来，老人们对此感到十分惊奇。之后又过了两年，朱博任大司空，奏言说"帝王的治国之道不必沿袭古代，因为时势各有不同。高皇帝以圣德承受天命，建立王业，设立御史大夫，位序次于丞相，匡正朝廷法度，依照职权参政议政，总领百官，上下官员相互监察，历经两百年，天下安宁。如今陛下将御史大夫改为大司空，与丞相同级，这么做却没有得到神明的庇佑。遵照旧例，从郡国守相中挑选政绩卓越的担任中二千石的官员，再从中二千石的官员中挑选来担任御史大夫，能够胜任的官员再担任丞相，位次有序，这是尊圣德，重国相的表现。如今中二千石的官员未经历任御史大夫就直接担任丞相，权力轻微，这样做并非重视国政。臣愚见认为可以废除大司空的职位，重新设立御史大夫，遵奉旧制。臣愿担任御史大夫，竭尽全力作百官的表率。"哀帝听从了朱博的谏言，就让朱博改任御史大夫。当时恰逢大司马傅喜被免官，哀帝便让阳安侯丁明任大司马卫将军，设立属官，和过去一样在大司马后

初，何武为大司空，又与丞相方进共奏言："古选诸侯贤者以为州伯，《书》曰'咨十有二牧'，所以广聪明，烛幽隐也。今部刺史居牧伯之位，秉一州之统，选第大吏，所荐位高至九卿，所恶立退，任重职大。《春秋》之义，用贵治贱，不以卑临尊。刺史位下大夫，而临二千石，轻重不相准，失位次之序。臣请罢刺史，更置州牧，以应古制。"奏可。及博奏复御史大夫官，又奏言："汉家至德溥大，宇内万里，立置郡县。部刺史奉使典州，督察郡国，吏民安宁。故事，居部九岁举为守相，其有异材功效著者辄登擢，秩卑而赏厚，咸劝功乐进。前丞相方进奏罢刺史，更置州牧，秩真二千石，位次九卿。九卿缺，以高弟补，其中材则苟自守而已，恐功效陵夷，奸轨不禁。臣请罢州牧，置刺史如故。"奏可。

博为人廉俭，不好酒色游宴。自微贱至富贵，食不重味，案上不过三杯。夜寝早起，妻希见其面。有一女，无男。然好乐士大夫，为郡守九卿，宾客满门，欲仕宦者荐举之，欲报仇怨者解剑以带之。其趋事待士如是，博以此自立，然终用败。

初，哀帝祖母定陶太后欲求称尊号，太后从弟高武侯傅喜为大司马，与丞相孔光、大司空师丹共持正议。孔乡侯傅晏亦太后从弟，谄谀欲顺指，会博新征用为京兆尹，与交结，谋成尊号，以广孝道。繇是师丹先免，博代为大司空，数燕见奏封事，言"丞相光志

冠以将军的名号。之后又过了四年，哀帝还是将丞相改为大司徒，重新设立大司空、大司马。

起初，何武担任大司空，又与丞相翟方进一同上奏说：“古时候选任诸侯中的贤者担任州伯，《尚书》中说‘与十二个州牧商议’，这可以广开视听，明察隐微之处。如今州部刺史担任牧伯之位，他们主持一州的纲纪，选任官员，他们所举荐的官员可以位至九卿，违法的官员他们也可以立刻斥退，责任重大。但《春秋》之义，是用尊贵的人来治理卑贱的人，而不以卑贱的人临驾在尊贵的人之上。刺史的位序是六百石的下大夫，却要对照二千石的官员，轻重不相称，有失位次的顺序。臣奏请废除刺史，重新设立州牧，以应古制。”奏书得到了准许。等朱博再次奏请恢复御史大夫的官职时，又上奏说：“汉家至德广大，方圆万里，设立郡县。州部刺史奉命管理一州，督察郡国，使得官吏和百姓生活安定。遵照旧例，在州部任职九年可以经举荐担任守相，若是有才能特殊、政绩显著的可以得到提拔，官阶虽低但奖赏丰厚，官员都自勉积极立功。先前丞相翟方进奏请废除刺史，重新设立州牧，俸禄为真二千石，位次九卿。九卿若有空缺，就用政绩卓越的州牧来补任，而中等才能的人则会苟且自保罢了，这样恐怕政治将会渐衰，奸邪之徒将会难以禁止。臣奏请废除州牧，依照旧例设立刺史。”奏书得到了准许。

朱博为人清廉节俭，不喜爱酒色宴饮。从刚开始的地位卑微到后来富足显贵，吃饭一直都不用两种菜肴，几案上不超过三杯酒。晚睡早起，妻子很少能见到他。朱博只有一个女儿，没有儿子。但朱博喜欢结交士大夫，担任郡守九卿时，宾客满门，有人想要做官，朱博就举荐他，有人想要报仇，朱博就解下佩剑交予他。朱博就是这样来行事待人，朱博因此凭自己的才能立身于世，但最终也因此败亡。

起初，哀帝的祖母定陶太后想求称尊号，太后的堂弟高武侯傅喜担任大司马，与丞相孔光、大司空师丹共同坚持公正的论议。孔乡侯傅晏也是太后的堂弟，为人谄媚奉承想顺从太后的意旨，当时朱博刚刚受召担任京兆尹，傅晏便和朱博相互勾结，为太后图谋尊号，以广扬孝道。因此师丹最先遭免官，朱博接替师丹任大司空，数次

在自守，不能忧国；大司马喜至尊至亲，阿党大臣，无益政治。”上遂罢喜遣就国，免光为庶人，以博代光为丞相，封阳乡侯，食邑二千户。博上书让曰：“故事封丞相不满千户，而独臣过制，诚惭惧，愿还千户。”上许焉。傅太后怨傅喜不已，使孔乡侯晏风丞相，令奏免喜侯。博受诏，与御史大夫赵玄议，玄言“事已前决，得无不宜？”博曰：“已许孔乡侯有指。匹夫相要，尚相得死，何况至尊？博唯有死耳！”玄即许可。博恶独斥奏喜，以故大司空汜乡侯何武前亦坐过免就国，事与喜相似，即并奏：“喜、武前在位，皆无益于治，虽已退免，爵土之封非所当得也。请皆免为庶人。”上知傅太后素常怨喜，疑博、玄承指，即召玄诣尚书问状。玄辞服，有诏左将军彭宣与中朝者杂问。宣等劾奏：“博宰相，玄上卿，晏以外亲封位特进，股肱大臣，上所信任，不思竭诚奉公，务广恩化，为百寮先，皆知喜、武前已蒙恩诏决，事更三赦，博执左道，亏损上恩，以结信贵戚，背君乡臣，倾乱政治，奸人之雄，附下罔上，为臣不忠不道；玄知博所言非法，枉义附从，大不敬；晏与博议免喜，失礼不敬。臣请诏谒者召博、玄、晏诣廷尉诏狱。”制曰：“将军、中二千石、二千石、诸大夫、博士、议郎议。”右将军蟜望等四十四人以为“如宣等言，可许。”谏大夫龚胜等十四人以为“《春秋》之义，奸以事君，常刑不舍。鲁大夫叔孙侨如欲颛公室，谮其族兄季孙行父于晋，晋执囚行父以乱鲁国，《春秋》重而书之。今晏放命圮族，干乱朝政，要大臣以罔上，本造计谋，职为乱阶，宜与博、玄同罪，罪皆不道。”上减玄死罪三等，削晏户四分之一，假谒者节召丞相诣廷尉诏狱。博自杀，国除。

在哀帝闲暇时呈上密章，奏言说“丞相孔光志在自保，不能为国分忧；大司马傅喜是至尊至亲，却勾结大臣，无益于政治。”哀帝便罢免傅喜，并将他遣回封国，将孔光免为庶人，让朱博接替孔光担任丞相，封阳乡侯，食邑二千户。朱博上书推让说：“依照旧例赐予丞相的封邑不满一千户，唯独臣超过法制，着实羞愧惶恐，臣愿意交还一千户。”哀帝准许了朱博的奏请。傅太后依旧怨恨傅喜，派孔乡侯傅晏暗示丞相，让其上奏请哀帝免去傅喜的爵位。朱博受诏之后，与御史大夫赵玄商议，赵玄说：“事情预先就已经有了决断，岂不是不太合适？”朱博说：“我已经答应了孔乡侯，他有太后的意旨。匹夫相求，尚且会为他效死相助，肝脑涂地，何况是身份至尊的人呢？我唯有一死了！”赵玄答应了。朱博不愿意单独劾奏傅喜，因原来的大司空汜乡侯何武此前也因过错而遭免职回到封国，事由和傅喜相似，就一并劾奏：“傅喜、何武先前任职，都对治理国家没有益处，纵使已经将他们罢退免官，但爵位和封地他们也不应再继续享有。臣请求将他们都免为庶人。”哀帝知晓傅太后素来怨恨傅喜，怀疑朱博、赵玄是奉了太后的旨意，就召赵玄到尚书省接受审问。赵玄认罪，哀帝下诏让左将军彭宣与中朝官员进行会审。彭宣等人劾奏道：“朱博身为宰相，赵玄身为上卿，傅晏因是外戚而受封特进官，他们都是股肱大臣，皇上所信任的人，他们却不思考尽职尽忠，奉公职守，力求广施恩泽教化，担当百官的表率，他们都知道傅喜、何武在此前已经蒙受皇恩，事情也已有决断，况且事情已经经历了三次赦令，而朱博却依旧用旁门左道，损害皇恩，以此勾结信任贵戚，背主向臣，倾乱政治，是奸人之首，附下罔上，为臣不忠，大逆不道；赵玄知道朱博所言不合法令，枉顾道义依附顺从，是大不敬；傅晏与朱博商议免去傅喜的爵位，是失礼不敬。臣奏请皇上下诏命谒者将朱博、赵玄、傅晏召至廷尉诏狱。”哀帝下诏说：“命将军、中二千石、二千石的官员、诸位大夫、博士、议郎论议此事。”右将军蟜望等四十四人认为“彭宣等人所言，可以准许。”谏大夫龚胜等十四人认为“依照《春秋》之义，臣子以奸邪奉事君主，国法难容。鲁国大夫叔孙侨如妄图专政，便向晋国诬陷他的族兄季孙行父，晋国将季孙行父拘捕囚禁，以此

初博以御史为丞相，封阳乡侯，玄以少府为御史大夫，并拜于前殿，延登受策，有音如钟声。语在《五行志》。

赞曰：薛宣、朱博皆起佐史，历位以登宰相。宣所在而治，为世吏师，及居大位，以苛察失名，器诚有极也。博驰骋进取，不思道德，已亡可言，又见孝成之世委任大臣，假借用权。世主已更，好恶异前，复附丁、傅，称顺孔乡。事发见诘，遂陷诬罔，辞穷情得，仰药饮鸩。孔子曰："久矣哉，由之行诈也！"博亦然哉！

扰乱鲁国，《春秋》对于这件事由详细的记载。如今傅晏违背教令，诋毁亲族，扰乱朝政，勾结大臣来欺君罔上，他是这件事的主谋，是祸乱的根源，应当和朱博、赵玄同罪，罪名都是大逆不道。”哀帝减赵玄死罪三等，削减傅晏四分之一的食邑，让谒者持节将丞相召至廷尉诏狱。后来朱博自杀，哀帝收回了他的封邑。

起初，朱博以御史大夫升任丞相，封阳乡侯，赵玄以少府升任御史大夫，一同在正殿受封拜任，两人上殿接受策命时，出现了如同钟声一样宏亮的声音。详见《五行志》。

赞辞说：薛宣、朱博都是佐史出身，历任各级官职逐步官至宰相。薛宣所到之处都能治理得很好，是当世官吏的楷模，等到他身居要职时，因将苛刻烦琐当成明察而失去声名，一个器物也是有限度的。朱博驰骋进取，不思量道德，他的做法不足为人称道，又见孝成帝时将政事委托给大臣，大臣滥用权力。已经改朝换代，当世君主的好恶也与先帝不同，朱博又依附丁氏、傅氏，奉承迎合孔乡侯。事发后遭到责问，身陷欺君罔上的罪名，无言辩驳，实情昭彰，仰头服毒。孔子说：“时间久了，子路的行径也变得狡诈起来！”朱博也是如此！

卷八十四

翟方进传第五十四

翟方进字子威，汝南上蔡人也。家世微贱，至方进父翟公，好学，为郡文学。方进年十二三，失父孤学，给事太守府为小史，号迟顿不及事，数为掾史所詈辱。方进自伤，乃从汝南蔡父相问己能所宜。蔡父大奇其形貌，谓曰："小史有封侯骨，当以经术进，努力为诸生学问。"方进既厌为小史，闻蔡父言，心喜，因病归家，辞其后母，欲西至京师受经。母怜其幼，随之长安，织屦以给方进读，经博士受《春秋》。积十余年，经学明习，徒众日广，诸儒称之。以射策甲科为郎。二三岁，举明经，迁议郎。

是时宿儒有清河胡常，与方进同经。常为先进，名誉出方进下，心害其能，论议不右方进。方进知之，候伺常大都授时，遣门下诸生至常所问大义疑难，因记其说。如是者久之，常知方进之宗让己，内不自得，其后居士大夫之间未尝不称述方进，遂相亲友。

河平中，方进转为博士。数年，迁朔方刺史，居官不烦苛，所察应条辄举，甚有威名。再三奏事，迁为丞相司直。从上甘泉，行驰道中，司隶校尉陈庆劾奏方进，没入车马。既至甘泉宫，会殿中，庆与廷尉范延寿语，时庆有章劾，自道："行事以赎论，今尚书持我事来，当于此决。前我为尚书时，尝有所奏事，忽忘之，留月余。"方

翟方进字子威，汝南上蔡人。家境世代贫贱，直至翟方进的父亲翟公这一代，翟公好学，担任郡文学。翟方进十二三岁时，父亲去世无法继续学习，便在太守府供职做了小吏，被人认为反应迟钝办事不力，经常遭到掾史辱骂。翟方进为此十分悲伤，于是到汝南蔡父那里看相，询问自己适合做什么。蔡父对翟方进的形貌大为惊奇，对他说："你有封侯的骨象，应当苦钻经术，努力修习儒家学问。"翟方进已经厌倦了在太守府当差，听闻蔡父所言，心中十分欣喜，后来翟方进称病辞职回家，拜别他的后母，想西行前往京师学习经术。他的母亲可怜翟方进年幼，便与他一同来到长安，翟方进的母亲靠织鞋供给他读书，翟方进跟随博士学习《春秋》。如此苦读十余年，翟方进通晓经术，学生也日益增多，诸位儒者都称赞他。后来翟方进通过射策甲科担任郎官。两三年后，翟方进又通过明经举荐，迁任议郎。

当时有个清河的老儒者名叫胡常，和翟方进同修一经。胡常学习的时间比翟方进早，但名誉却不及翟方进，胡常内心嫉妒翟方进的才能，在论议时经常诋毁翟方进。翟方进知道后，等到胡常聚集学生讲授经义时，就派门下的学生到胡常那里询问疑难之处，并且记录下胡常的讲解。就这样一段时间之后，胡常知晓翟方进如此尊敬谦让自己，内心感到不安，此后胡常在士大夫之间无不称赞翟方进，二人因此亲近为友。

河平年间，翟方进转任博士。数年后，翟方进迁任朔方刺史，为官时不会烦琐苛责，所监察合乎法令，甚有威名。翟方进多次向朝廷奏事，后来迁任丞相司直。翟方进跟随成帝前往甘泉宫，走到半路，司隶校尉陈庆弹劾翟方进，并因此没收了翟方进的车马。到了甘泉宫后，在殿内集会，陈庆和廷尉范延寿交流，当时陈庆正遭受弹劾，陈庆说："过往的事情当以无罪论处，如今尚书要弹劾我，应当在这里

进于是举劾庆曰："案庆奉使刺举大臣，故为尚书，知机事周密壹统，明主躬亲不解。庆有罪未伏诛，无恐惧心，豫自设不坐之比。又暴扬尚书事，言迟疾无所在，亏损圣德之聪明，奉诏不谨，皆不敬，臣谨以劾。"庆坐免官。

会北地浩商为义渠长所捕，亡，长取其母，与豭猪连系都亭下。商兄弟会宾客，自称司隶掾、长安县尉，杀义渠长妻子六人，亡。丞相、御史请遣掾史与司隶校尉、部刺史并力逐捕，察无状者，奏可。司隶校尉涓勋奏言："《春秋》之义，王人微者序乎诸侯之上，尊王命也。臣幸得奉使，以督察公卿以下为职，今丞相宣请遣掾史，以宰士督察天子奉使命大夫，甚悖逆顺之理。宣本不师受经术，因事以立奸威。案浩商所犯，一家之祸耳，而宣欲专权作威，乃害于乃国，不可之大者。愿下中朝特进列侯、将军以下，正国法度。"议者以为丞相掾不宜移书督趣司隶。会浩商捕得伏诛，家属徙合浦。

故事，司隶校尉位在司直下，初除，谒两府，其有所会，居中二千石前，与司直并迎丞相、御史。初，方进新视事，而涓勋亦初拜为司隶，不肯谒丞相、御史大夫，后朝会相见，礼节又倨。方进阴察之，勋私过光禄勋辛庆忌，又出逢帝舅成都侯商道路，下车立，须过，乃就车。于是方进举奏其状，因曰："臣闻国家之兴，尊尊而敬长，爵位上下之礼，王道纲纪。《春秋》之义，尊上公谓之宰，海内无不统焉。丞相进见圣主，御坐为起，在舆为下。群臣宜皆承顺圣化，以视四方。勋吏二千石，幸得奉使，不遵礼仪，轻谩宰相，贱易

审断。从前我担任尚书时，曾经有要陈奏的事情，忽然忘记，搁置了一个多月没有上奏。”翟方进于是以此弹劾陈庆说：“请调查陈庆奉命监察大臣，曾经担任尚书，知晓机密要事需要保密，明主亲自处理没有懈怠。陈庆有罪尚未受到惩处，心中没有恐惧，预先为自己设下不会遭受惩处的例子。并且外泄尚书事务，说处理政事快慢无所谓，有损圣德的视听，奉行诏命不谨慎，这些都犯了不敬罪，臣谨以劾。”陈庆因此被免官。

恰逢北地人浩商被义渠县长逮捕，后来逃亡，县长将浩商的母亲抓来，将他的母亲和公猪一起绑在都亭下。浩商的兄弟宴请宾客，自称是司隶掾史、长安县尉，杀了义渠县长的妻儿六人，而后逃亡。丞相、御史奏请派遣掾史和司隶校尉、州部刺史合力抓捕，调查浩商以及义渠的罪行，奏书得到了准许。司隶校尉涓勋奏言说：“依照《春秋》之义，就算是朝中官职卑微的官员也要排在诸侯之上，这是尊重王命。臣有幸接受使命，得以督察公卿以下的官员，如今丞相薛宣奏请派遣掾史，以丞相属官的身份来督察奉天子之命的司隶校尉，这是有悖逆顺之理。薛宣原本不懂经术，因职事而树立淫威。审察浩商所犯之事，是一家人的灾难，而薛宣却想以此专权作威，这是损害国家的行径，不能赞成这么做。希望将这件事交由中朝特进列侯、将军以下官员处理，以匡正国家法度。”论议是大臣认为丞相掾史不适合拿着文告来督促司隶校尉。这时恰逢浩商被抓捕归案，俯首认罪，他的家属被流放到合浦。

遵照旧例，司隶校尉位在司直之下，在担任司隶校尉之初，要到丞相府和御史府拜谒，在朝会时，司隶校尉位在中二千石的官员之前，与司直一同迎接丞相、御史。起初，翟方进刚刚任职，而涓勋也刚刚担任司隶校尉，涓勋却不肯拜谒丞相、御史大夫，后来朝会时相见，涓勋的礼节又十分傲慢。翟方进暗中观察，发现涓勋私下拜访过光禄勋辛庆忌，又在路上碰见了成帝舅舅成都侯王商的车子，涓勋下车站在一旁，等王商经过之后，涓勋才上车。翟方进因此上奏检举涓勋的行为，说：“臣听闻国家兴盛，在于敬重长者，遵循尊卑上下的礼节，这是王道纲纪的重要之处。依照《春秋》之义，上公尊称为

上卿，而又诎节失度，邪讇无常，色厉内荏。堕国体，乱朝廷之序，不宜处位。臣请下丞相免勋。”

时大中大夫平当给事中，奏言“方进国之司直，不自敕正以先群下，前亲犯令行驰道中，司隶庆平心举劾，方进不自责悔而内挟私恨，伺记庆之从容语言，以诋欺成罪。后丞相宣以一不道贼，请遣掾督趣司隶校尉，司隶校尉勋自奏暴于朝廷，今方进复举奏勋。议者以为方进不以道德辅正丞相，苟阿助大臣，欲必胜立威，宜抑绝其原。勋素行公直，奸人所恶，可少宽假，使遂其功名。”上以方进所举应科，不得用逆诈废正法，遂贬勋为昌陵令。方进旬岁间免两司隶，朝廷由是惮之。丞相宣甚器重焉，常诫掾史：“谨事司直，翟君必在相位，不久。”

是时起昌陵，营作陵邑，贵戚近臣子弟宾客多辜榷为奸利者，方进部掾史覆案，发大奸臧数千万。上以为任公卿，欲试以治民，徙方进为京兆尹，搏击豪强，京师畏之。时胡常为青州刺史，闻之，与方进书曰：“窃闻政令甚明，为京兆能，则恐有所不宜。”方进心知所谓，其后少弛威严。

居官三岁，永始二年迁御史大夫。数月，会丞相薛宣坐广汉盗贼群起及太皇太后丧时三辅吏并征发为奸，免为庶人。方进亦坐为京兆尹时奉丧事烦扰百姓，左迁执金吾。二十余日，丞相官缺，群

宰，统领海内。丞相进见君主，君主要起身，君主路遇丞相，丞相迎接拜见，君主要下车。群臣都应当承顺圣化，以此昭示天下。而涓勋身为二千石的官员，有幸得到皇上的任命，却不遵礼仪，轻慢宰相，轻蔑上卿，而且还曲意迎合，有失法度，奸邪谄谀，行为无常，色厉内荏。败坏国家体制，扰乱朝廷秩序，涓勋不适合再担任司隶校尉。臣请求由丞相将涓勋免职。”

当时太中大夫平当担任给事中，上奏说：“翟方进身为司直，不能严以律己做他人的表率，此前在前往甘泉宫的路上亲犯法令，司隶校尉陈庆平心上奏检举，翟方进不仅不自责悔过反而内挟私恨，窥伺陈庆从容的话语，以诋毁诽谤定罪。后来丞相薛宣因为一名杀人犯，派遣丞相府掾史督促司隶校尉，司隶校尉涓勋向皇上陈奏其中道理，如今翟方进却再次弹劾涓勋。论议的大臣认为翟方进不能以道德辅佐匡正丞相，却一味袒护大臣，想一定会取胜并以此立威，应当遏止这种事情的源头。涓勋素来行事公正，为奸人所厌恶，可以适当宽恕涓勋的罪过，让他成就功名。”成帝认为翟方进的弹劾符合法令，不能因事先的猜忌觉得别人心存欺诈而废弃正法，于是将涓勋贬为昌陵令。翟方进一年内罢免了两位司隶校尉，朝廷上下因此都忌惮他。丞相薛宣却十分器重翟方进，时常告诫掾史说：“谨慎奉事司直，翟君不久必定会官至相位。”

当时起建昌陵，建造陵园的城邑，贵戚近臣的子弟宾客大多是以权谋私之人，翟方进安排掾史调查，查出了脏款数千万。成帝认为翟方进可以胜任公卿之职，想让他尝试着治理百姓，成帝让翟方进调任京兆尹，翟方进打击豪强权贵，京师为之感到畏惧。当时胡常任青州刺史，听闻了翟方进的做法之后，就写信给翟方进说：“我听闻你治下的政令极为严明，有京兆尹的才能，但我担心日后会有贵戚豪强报复你。”翟方进心知胡常所言，此后行事稍有放松。

翟方进担任京兆尹三年，永始二年（前15）升任御史大夫。数月后，恰逢丞相薛宣因广汉郡盗贼群起以及太皇太后丧葬时三辅官吏征调徭役赋税，作奸犯科，遭免职贬为庶人。翟方进也因在担任京兆尹时奉命办理丧事而烦扰到了百姓，遭贬担任执金吾。二十多天，

臣多举方进，上亦器其能，遂擢方进为丞相，封高陵侯，食邑千户。身既富贵，而后母尚在，方进内行修饰，供养甚笃。及后母终，既葬三十六日，除服起视事，以为身备汉相，不敢逾国家之制。为相公絜，请托不行郡国。持法刻深，举奏牧守九卿，峻文深诋，中伤者尤多。如陈咸、朱博、萧育、逢信、孙闳之属，皆京师世家，以材能少历牧守列卿，知名当世，而方进特立后起，十余年间至宰相，据法以弹咸等，皆罢退之。

初，咸最先进，自元帝初为御史中丞显名朝廷矣。成帝初即位，擢为部刺史，历楚国、北海、东郡太守。阳朔中，京兆尹王章讥切大臣，而荐琅邪太守冯野王可代大将军王凤辅政，东郡太守陈咸可御史大夫。是时方进甫从博士为刺史云。后方进为京兆尹，咸从南阳太守入为少府，与方进厚善。先是逢信已从高弟郡守历京兆、太仆为卫尉矣，官簿皆在方进之右。及御史大夫缺，三人皆名卿，俱在选中，而方进得之。会丞相宣有事与方进相连，上使五二千石杂问丞相、御史，咸诘责方进，冀得其处，方进心恨。初大将军凤奏除陈汤为中郎，与从事。凤薨后，从弟车骑将军音代凤辅政，亦厚汤。逢信、陈咸皆与汤善，汤数称之于凤、音所。久之，音薨，凤弟成都侯商复为大司马卫将军辅政。商素憎陈汤，白其罪过，下有司案验，遂免汤，徙敦煌。时方进新为丞相，陈咸内惧不安，乃令小冠杜子夏往观其意，微自解说。子夏既过方进，揣知其指，不敢发言。居亡何，方进奏咸与逢信"邪枉贪污，营私多欲。皆知陈汤奸佞倾覆，利口不轨，而亲交赂遗，以求荐举。后为少府，数馈遗汤。信、咸幸得备九卿，不思尽忠正身，内自知行辟亡功效，而官媚邪臣，欲以侥幸，苟得亡耻。孔子曰：'鄙夫可与事君也与哉！'咸、信之谓也。过恶暴见，不宜处位，臣请免以示天下。"奏可。

丞相的职位空缺，群臣大多举荐翟方进，成帝也十分器重翟方进，于是提拔翟方进担任丞相，封高陵侯，食邑千户。翟方进当时已经富有显贵，而后母尚在人世，翟方进注重平日的修养操行，供奉后母十分孝顺。等到后母去世，下葬三十六天后，翟方进才脱去丧服开始办公，翟方进认为自己身为汉朝丞相，不敢逾越国家的制度。翟方进担任丞相廉洁公正，不因私事而求助于四方郡国。持法严苛，上奏检举牧守九卿，依照苛细的法令条文极力劾奏，中伤者很多。比如陈咸、朱博、萧育、逢信、孙闳等人，都是京城的世家，他们因才华年少时历任牧守列卿，在当时极负盛名，而翟方进是因坚持志向操守而后来居上，十几年间官至宰相，依法弹劾陈咸等人，将他们纷纷罢退。

起初，陈咸最先入仕为官，自元帝初年担任御史中丞时就在朝廷之中已是声名显扬了。成帝继位之初，将陈咸提拔担任州部刺史，之后陈咸历任楚国、北海、东郡太守。阳朔年间，京兆尹王章举奏大臣，而举荐琅琊太守冯野王可以代替大将军王凤辅政，东郡太守陈咸可以担任御史大夫。当时翟方进刚刚从博士升任刺史。后来翟方进担任京兆尹，陈咸从南阳太守转入朝中担任少府，并与翟方进交好。在此之前逢信已经因政绩卓著从郡守历任京兆尹、太仆而担任卫尉了，他们为官的资历都胜过翟方进。等到御史大夫一职空缺，陈咸、翟方进、逢信三人都是名卿，全在备选之列，而最后翟方进担任御史大夫。当时正逢丞相薛宣犯罪与翟方进有关联，成帝让五名二千石的官员共同审问丞相、御史，陈咸诘问翟方进，想趁此得到御史大夫的职位，翟方进心生恨意。当初大将军王凤奏请让陈汤担任中郎，让王凤一同参与谋议政事。王凤去世后，王凤的堂弟车骑将军王音代替王凤辅政，同样很重视陈汤。逢信、陈咸都与陈汤交好，陈汤也经常在王凤、王音面前称赞逢信和陈咸。过了一段时间，王音去世，王凤的弟弟成都侯王商担任大司马卫将军辅政。王商素来憎恶陈汤，便陈奏陈汤的罪过，成帝让有关官员审理调查，最终罢免了陈汤，将陈汤流放到敦煌。当时翟方进刚刚担任丞相，陈咸心中忧惧难安，便让小冠杜子夏去打探翟方进的心意，暗中为自己辩解。杜子夏拜访了翟方进后，揣测探知了翟方进的意图，却不敢为陈咸说话。过了没

后二岁余，诏举方正直言之士，红阳侯立举咸对策，拜为光禄大夫给事中。方进复奏："咸前为九卿，坐为贪邪免，自知罪恶暴陈，依托红阳侯立侥幸，有司莫敢举奏。冒浊苟容，不顾耻辱，不当蒙方正举，备内朝臣。"并劾红阳侯立选举故不以实。有诏免咸，勿劾立。

后数年，皇太后姊子侍中卫尉定陵侯淳于长有罪，上以太后故，免官勿治罪。有司奏请遣长就国，长以金钱与立，立上封事为长求留曰："陛下既托文以皇太后故，诚不可更有它计。"后长阴事发，遂下狱。方进劾立"怀奸邪，乱朝政，欲倾误要主上，狡猾不道，请下狱。"上曰："红阳侯，朕之舅，不忍致法，遣就国。"于是方进复奏立党友曰："立素行积为不善，众人所共知。邪臣自结，附托为党，庶几立与政事，欲获其利。今立斥逐就国，所交结尤著者，不宜备大臣，为郡守。案后将军朱博、钜鹿太守孙闳、故光禄大夫陈咸与立交通厚善，相与为腹心，有背公死党之信，欲相攀援，死而后已；皆内有不仁之性，而外有俊材，过绝人伦，勇猛果敢，处事不疑，所居皆尚残贼酷虐，苛刻惨毒以立威，而亡纤介爱利之风。天下所共知，愚者犹惑。孔子曰：'人而不仁如礼何！人而不仁如乐

多久，翟方进便上奏弹劾陈咸与逢信“奸邪狡诈，贪脏枉法，以权谋私。他们二人都知晓陈汤奸佞谄媚，反复无常，能言善辩，不遵法度，却依旧要与他亲厚并向陈汤行贿，以求得举荐。后来陈咸担任少府，数次向陈汤赠送财物。逢信、陈咸有幸官至九卿，却不思考尽忠职守，匡正己身，内心明知这种邪僻的行径没有结果，却依旧要谄媚邪臣，心存侥幸，丧失廉耻苟且求得。孔子说：‘这样鄙陋的人可以和他一起奉事君王吗！’说的就是陈咸、逢信这类人。他们的过恶已经显现无遗，不适合再在朝中为官，臣奏请将他们罢免以此昭示天下。”成帝准许了奏请。

两年多后，成帝下诏向朝廷举荐刚正不阿、敢于直言的士人，红阳侯王立举荐陈咸回答策问，成帝将陈咸任命为光禄大夫给事中。翟方进再次上奏：“陈咸此前官至九卿，因行为贪邪而遭免官，陈咸自知罪恶昭彰，便依托红阳侯王立侥幸重新获得官职，有关官员没人敢上奏检举。陈咸贪脏枉法，屈从攀附以求容身，不顾耻辱，不应得到举荐，位列朝中。”翟方进还弹劾红阳侯王立没有据实挑选举荐人才。成帝下诏将陈咸免官，不要弹劾王立。

数年后，皇太后姐姐的儿子侍中卫尉定陵侯淳于长有罪，成帝因为皇太后的缘故，只是将淳于长免官并没有治罪。有关官员奏请将淳于长遣回封国，淳于长用金钱贿赂王立，王立呈上密奏为淳于长求情，希望淳于长可以留在长安，王立说：“陛下既然因皇太后的缘故已经下了诏书，着实不应再有其他的决定呀。”后来淳于长因其他隐蔽的罪行遭人揭发，便因此入狱。翟方进弹劾王立“心怀奸邪，惑乱朝政，意欲倾误要挟皇上，狡猾诈伪，大逆不道，奏请将王立下狱。”成帝说：“红阳侯，是朕的舅舅，朕不忍心将其依法治罪，就将其遣回封国。”于是翟方进再次弹劾王立的朋党说：“王立素来品行不善，众所周知。邪臣自会相互勾结，攀附依托结为朋党，他们希望王立可以参与政事，想以此谋求私利。如今王立遭驱逐遣回封国，与他交情深厚的人，不适合再身为大臣，或是担任郡守。经调查将军朱博、钜鹿太守孙闳、原光禄大夫陈咸与王立往来密切，互为心腹，他们之间有违背公义、结成死党的盟约，想以此相互攀援，死而后已；

何！’言不仁之人，亡所施用；不仁而多材，国之患也。此三人皆内怀奸猾，国之所患，而深相与结，信于贵戚奸臣，此国家大忧，大臣所宜没身而争也。昔季孙行父有言曰：‘见有善于君者爱之，若孝子之养父母也；见不善者诛之，若鹰鹯之逐鸟爵也。’翅翼虽伤，不避也。贵戚强党之众诚难犯，犯之，众敌并怨，善恶相冒。臣幸得备宰相，不敢不尽死。请免博、闳、咸归故郡，以销奸雄之党，绝群邪之望。”奏可。咸既废锢，复徙故郡，以忧发疾而死。

方进知能有余，兼通文法吏事，以儒雅缘饰法律，号为通明相，天子甚器重之，奏事亡不当意，内求人主微指以固其位。初，定陵侯淳于长虽外戚，然以能谋议为九卿，新用事，方进独与长交，称荐之。及长坐大逆诛，诸所厚善皆坐长免，上以方进大臣，又素重之，为隐讳。方进内惭，上疏谢罪乞骸骨。上报曰：“定陵侯长已伏其辜，君虽交通，传不云乎，朝过夕改，君子与之，君何疑焉？其专心壹意毋怠，近医药以自持。”方进乃起视事，条奏长所厚善京兆尹孙宝、右扶风萧育，刺史二千石以上免二十余人，其见任如此。

方进虽受《穀梁》，然好《左氏传》、天文星历，其《左氏》则国师刘歆，星历则长安令田终术师也。厚李寻，以为议曹。为相九

他们都是内有不仁的品性，外有出众的才华，超过常人，勇猛果敢，处事不疑，平日都推崇残忍暴虐，通过苛刻狠毒来立威，却没有丝毫仁慈爱护的作风。天下所共知，愚人都为此感到疑惑。孔子说：‘任用不仁之人，那礼教该怎么办啊！任用不仁之人，那音乐该怎么办啊！’这是说不仁之人，没有地方会用他；不仁却多才，这是国家的祸患。这三人都内怀奸狡，为国家所忧患，而他们彼此勾结，与贵戚奸臣狼狈为奸，这是国家的大患，这些都是大臣们应该舍身谏诤的。从前季孙行父曾说：‘见到对君主有利的要爱护他，如同孝子奉养父母一样；见到对君主不利的要诛伐他，如同鹰鹯捕食鸟雀一样。’自身的羽翼即便有损，也不会逃避。贵戚朋党人数众多确实难以冲犯，如果一旦有所冲犯，他们一定群起而怨恨，到那时将会善恶颠倒，是非不分。臣有幸官至宰相，不敢不尽死。奏请将朱博、孙闳、陈咸免职并遣归故乡，以此歼灭奸诈之党，断绝群邪之念。”成帝准许了翟方进的奏请。陈咸已经遭到免职，终身不得为官，又被遣归故乡，因此心生忧愤发病而亡。

翟方进博学多识，兼通法令政事，以儒学完善法律，号称通明相，成帝十分器重他，翟方进奏事无不合成帝心意，并且在内窥探成帝隐微的旨意来巩固自己的官位。当初，定陵侯淳于长虽是外戚，但也因善于谋议而位列九卿，刚任职时，翟方进只与淳于长有来往，并且也称赞举荐过淳于长。等到淳于长因大逆罪遭到诛杀，所有与淳于长交好的人全都受到牵连而遭免职，成帝因翟方进是朝中大臣，又素来器重他，为其隐瞒。翟方进内心羞愧，上书谢罪请求辞官。成帝答复说：“定陵侯淳于长已经伏罪，你虽与他交好，经传中不是有讲吗，朝过夕改，君子也会称赞他，你还有什么疑虑呢？你要专心一意处理政务，不要懈怠，生病要就医用药，保重身体。”于是翟方进又重新处理政务，逐一弹劾与淳于长交好的京兆尹孙宝、右扶风萧育，刺史二千石以上的官员因此遭免职的有二十余人，翟方进得到成帝的信任就像这样。

翟方进虽学习过《穀梁传》，但也喜好《左氏传》、天文星历，国师刘歆拜翟方进为师学习《左氏传》，长安令田终术拜翟方进为师

岁，绥和二年春荧惑守心，寻奏记言："应变之权，君侯所自明。往者数白，三光垂象，变动见端，山川水泉，反理视患，民人讹谣，斥事感名。三者既效，可为寒心。今提扬眉，矢贯中，狼奋角，弓且张，金历库，土逆度，辅湛没，火守舍，万岁之期，近慎朝暮。上无恻怛济世之功，下无推让避贤之效，欲当大位，为具臣以全身，难矣！大责日加，安得但保斥逐之戮？阖府三百余人，唯君侯择其中，与尽节转凶。"

方进忧之，不知所出。会郎贲丽善为星，言大臣宜当之。上乃召见方进。还归，未及引决，上遂赐册曰："皇帝问丞相：君有孔子之虑，孟贲之勇，朕嘉与君同心一意，庶几有成。惟君登位，于今十年，灾害并臻，民被饥饿，加以疾疫溺死，关门牡开，失国守备，盗贼党辈。吏民残贼，殴杀良民，断狱岁岁多前。上书言事，交错道路，怀奸朋党，相为隐蔽，皆亡忠虑，群下凶凶，更相嫉妒，其咎安在？观君之治，无欲辅朕富民便安元元之念。间者郡国谷虽颇孰，百姓不足者尚众，前去城郭，未能尽还，夙夜未尝忘焉。朕惟往时之用，与今一也，百僚用度各有数。君不量多少，一听群下言，用度不足，奏请一切增赋，税城郭堧及园田，过更，算马牛羊，增益盐铁，变更无常。朕既不明，随奏许可。后议者以为不便，制诏下君，君云卖酒醪，后请止。未尽月，复奏议令卖酒醪。朕诚怪君，何持容容之计，无忠固意，将何以辅朕帅道群下？而欲久蒙显尊之位，岂不难哉！传曰：'高而不危，所以长守贵也。'欲退君位，尚未忍。君其孰念详计，塞绝奸原，忧国如家，务便百姓以辅朕。朕既已改，君其自思，强食慎职。使尚书令赐君上尊酒十石，养牛一，君审

学习天文星历。翟方进看重李寻，让李寻担任议曹。翟方进担任丞相九年，绥和二年（前7）春季，火星进入心宿，李寻向翟方进陈奏说：“应变的方法，您自己清楚。过去我多次向您禀告，日月星出现异象，九年之中出现了三次日食，月亮的消长升降发生变化，彗星冲撞了营室宿、东井宿，火星进入心宿，山川水泉，也出现异象，违反了常理，给人们显示出灾患，百姓流传谣言，说井水外溢得到了应验。这三件事已经发生，让人胆战心惊。如今摄提星光芒显耀，枉矢星贯穿摄提星，狼星显露光芒，天弓九星散发光芒，金星越过奎星，土星逆行，辅星沉没不见，火星进入心宿，死亡之期，近在朝夕。上无忧心救济天下之功，下无推辞避让贤人之效，却想身居高位，做无功之臣以自保，太难了！罪罚日益加重，怎么能仅仅是遭到驱逐？丞相全府有三百余人，希望您从中挑选合适的人，共同竭尽全力转凶为吉。”

翟方进心生忧虑，不知该如何是好。恰逢郎官贲丽善于观测星相，贲丽奏言说大臣应该为这些异象负责。成帝于是召见翟方进。翟方进回家后，还没有裁决的结果，成帝就赐册书说：“皇帝问丞相：你有孔子的思虑，孟贲的勇猛，朕很高兴能和你同心一意，希望能有所成就。只是你担任丞相，至今已有十年，灾害并至，百姓饥馑，加上疾疫洪水，城门的门闩无故丢失，国家失去防卫，盗贼群起。吏民残暴，殴杀良民，案件一年比一年多。你上书言事，在路上互相交谈，心怀奸邪勾结朋党，相互隐瞒包庇，这些都失去了忠心，臣下骚动不安，互相嫉妒，这些过错都出自哪里？观察你的治理，没有想辅佐朕使得百信富足安定的念头。最近几年郡国的粮食虽然丰收，但依旧还有许多百姓衣食不足，此前流离失所的人，还未能全部返回家乡，朕日夜未曾忘怀。朕想到往日的财用，和现在一样，百官的用度也各有定数。你不衡量多少，一味听从下属的进言，只要听说用度不足，便奏请暂时增加赋税，向城邑外的田地以及百姓的园田征税，出钱代替徭役，并且按照马牛羊的数量征税，将盐铁的赋税增加，变化无常。朕不懂这些事情，只是依照奏书准许实行。后来有人认为这样不行，朕就下诏给你，你禀奏说卖酒的商贩也应当征税，后来废止。不到一个月，你又上奏说要向卖酒的商贩征税。朕实在感到奇怪，你

处焉。”

方进即日自杀。上秘之，遣九卿册赠以丞相高陵侯印绶，赐乘舆秘器，少府供张，柱槛皆衣素。天子亲临吊者数至，礼赐异于它相故事。谥曰恭侯。长子宣嗣。

宣字太伯，亦明经笃行，君子人也。及方进在，为关都尉、南郡太守。

少子曰义。义字文仲，少以父任为郎，稍迁诸曹，年二十出为南阳都尉。宛令刘立与曲阳侯为婚，又素著名州郡，轻义年少。义行太守事，行县至宛，丞相史在传舍。立持酒肴谒丞相史，对饮未讫，会义亦往，外吏白都尉方至，立语言自若。须臾义至，内谒径入，立乃走下。义既还，大怒，阳以它事召立至，以主守盗十金，贼杀不辜，部掾夏恢等收缚立，传送邓狱。恢亦以宛大县，恐见篡夺，白义可因随后行县送邓。义曰：“欲令都尉自送，则如勿收邪！”载环宛市乃送，吏民不敢动，威震南阳。

立家轻骑驰从武关入语曲阳侯，曲阳侯白成帝，帝以问丞相。

为什么总要听从下属的话，而没有坚定不变的想法，就像这样如何辅佐朕并且率领朝臣呢？而你想久居显赫尊贵之位，岂不是很困难吗！《孝经》中说：‘居高而没有败亡的危险，这样才能长久保持尊贵。’朕想免去你的职位，尚不忍心。你要深思熟虑，断绝奸邪的源头，忧国如忧家，务必要以便利百姓来辅佐朕。朕已经悔改，你也要反思，保重自身，忠于职守。朕派尚书令赐予你十石好酒，一头牛，你要好好反思。”

翟方进当天就自尽了。成帝将这件事隐瞒了下来，派九卿以册书追赠授予翟方进丞相高陵侯印绶，又赐予车马棺材，由少府供给丧葬用具，屋柱栏杆都挂上白布。成帝多次亲临吊唁，礼遇和赏赐也不同于其他丞相的旧例。翟方进谥号恭侯，翟方进的长子翟宣承袭爵位。

翟宣字太伯，也通晓经术品行纯厚，是位君子。翟方进还在世时，翟宣就已经担任关都尉、南郡太守。

翟方进的小儿子叫翟义。翟义字文仲，年少时因父亲的官职而担任郎官，逐渐升迁担任诸曹，二十岁时翟义出外担任南阳都尉。宛县县令刘立与曲阳侯结为姻亲，又素来在州郡中负有盛名，轻视翟义年少。翟义代行太守的职责，巡行属县来到宛县，丞相掾史在驿站休息。刘立拿着美酒佳肴前去拜见丞相掾史，两人对饮还没有结束，恰逢翟义也要前往驿站，外吏进来禀报说都尉将要前来，刘立却依旧把酒言欢。不一会儿翟义到了，通报姓名后便径直走进去，这时刘立才起身。翟义回去后，大怒，假装以其他事情召见刘立，以刘立身为县令却监守自盗多达十金，滥害无辜，让掾史夏恢等人将刘立抓起来，押送到邓县的监狱。夏恢认为宛县是大县，担心会有人来劫夺人犯，禀报翟义可以在随后巡行到邓县时再将刘立亲自押送到邓县。翟义说：“若要让我亲自押送，那还不如一开始就不抓他！”便用囚车载着刘立在宛县市中绕了一圈才送往邓县，宛县的吏民不敢有所举动，翟义因此威震南阳。

刘立的家人派轻骑飞驰从武关入京，将这件事告知曲阳侯，曲

方进遣吏敕义出宛令。宛令已出，吏还白状。方进曰：“小儿未知为吏也，其意以为入狱当辄死矣。”

后义坐法免，起家而为弘农太守，迁河内太守，青州牧。所居著名，有父风烈。徙为东郡太守。

数岁，平帝崩，王莽居摄，义心恶之，乃谓姊子上蔡陈丰曰：“新都侯摄天子位，号令天下，故择宗室幼稚者以为孺子，依托周公辅成王之义，且以观望，必代汉家，其渐可见。方今宗室衰弱，外无强蕃，天下倾首服从，莫能亢扞国难。吾幸得备宰相子，身守大郡，父子受汉厚恩，义当为国讨贼，以安社稷。欲举兵西诛不当摄者，选宗室子孙辅而立之。设令时命不成，死国埋名，犹可以不惭于先帝。今欲发之，乃肯从我乎？”丰年十八，勇壮，许诺。

义遂与东郡都尉刘宇、严乡侯刘信、信弟武平侯刘璜结谋。及东郡王孙庆素有勇略，以明兵法，征在京师，义乃诈移书以重罪传逮庆。于是以九月都试日斩观令，因勒其车骑材官士，募郡中勇敢，部署将帅。严乡侯信者，东平王云子也。云诛死，信兄开明嗣为王，薨，无子，而信子匡复立为王，故义举兵并东平，立信为天子。义自号大司马柱天大将军，以东平王傅苏隆为丞相，中尉皋丹为御史大夫，移檄郡国，言莽鸩杀孝平皇帝，矫摄尊号，今天子已立，共行天罚。郡国皆震，比至山阳，众十余万。

莽闻之，大惧，乃拜其党亲轻车将军成武侯孙建为奋武将军，

阳侯禀奏成帝，成帝向丞相询问这件事。翟方进派官吏命令翟义放了宛县县令刘立。刘立出狱后，官吏回京禀报。翟方进说：“小儿不懂如何做官，他认为只要入狱就一定会判处死罪。”

后来翟义因为犯法遭免职，再次从家中被起用担任弘农太守，后翟义调任河内太守，青州牧。所到之处声名显著，有他父亲的作风。后翟义升任东郡太守。

几年后，平帝驾崩，王莽摄政，翟义厌恶王莽，便对姐姐的儿子上蔡人陈丰说：“新都侯摄政，号令天下，所以才会在宗室之中选择一位幼子来做孺子，依托周公辅佐成王之义，以此来试探天下人心，王莽将来一定会取代汉室，他的心思已经渐渐彰显出来了。如今汉朝宗室衰弱，在外没有强大的藩国保护，天下只能俯首屈从于王莽，没有能抵御国难的能力。我有幸身为宰相之子，官至大郡太守，父子深受汉室厚恩，理当为国讨贼，以此安定社稷。我想举兵西行前去诛伐不应摄政的人，选择宗室子孙从旁辅佐并拥立他继位。假如时机不对没有成功，为国而死，身埋而名立，也可以无愧于先帝。我现在就想举兵，你愿意跟随我吗？”陈丰当时十八岁，勇敢威猛，答应了翟义。

于是翟义便和东郡都尉刘宇、严乡侯刘信、刘信的弟弟武平侯刘璜结盟。东郡人王孙庆素来勇猛善于谋略，因通晓兵法，受召留在京城，翟义便伪造文书以重罪将王孙庆逮捕下狱。于是翟义在九月的都试日斩杀观县县令，因此占有了观县的车骑兵士，招募郡中的勇敢之士，部署将帅。严乡侯刘信，是东平王刘云之子。刘云被杀后，刘信的哥哥刘开明承袭诸侯王位，后来刘开明去世，无子，而刘信的儿子刘匡再次承袭诸侯王位立为东平王，因此翟义举兵兼并东平国，立刘信为天子。翟义自号大司马柱天大将军，让东平王的老师苏隆担任丞相，中尉皋丹担任御史大夫，向各个郡国发出檄文，声讨王莽鸩杀了孝平皇帝，自封尊号，如今天子已立，希望各郡国一同代替上天诛罚逆臣。郡国都为之震惊，等翟义的军队到达山阳郡，人数已多达十余万人。

王莽闻讯，大为惊惧，便下令让他的朋党宗亲轻车将军成武侯

光禄勋成都侯王邑为虎牙将军，明义侯王骏为强弩将军，春王城门校尉王况为震威将军，宗伯忠孝侯刘宏为奋冲将军，中少府建威侯王昌为中坚将军，中郎将震羌侯窦兄为奋威将军，凡七人，自择除关西人为校尉军吏，将关东甲卒，发奔命以击义焉。复以太仆武让为积弩将军屯函谷关，将作大匠蒙乡侯逯并为横野将军屯武关，羲和红休侯刘歆为扬武将军屯宛，太保后丞丞阳侯甄邯为大将军屯霸上，常乡侯王恽为车骑将军屯平乐馆，骑都尉王晏为建威将军屯城北，城门校尉赵恢为城门将军，皆勒兵自备。

莽日抱孺子会群臣而称曰：“昔成王幼，周公摄政，而管蔡挟禄父以畔，今翟义亦挟刘信而作乱。自古大圣犹惧此，况臣莽之斗筲！”群臣皆曰：“不遭此变，不章圣德。”莽于是依《周书》作《大诰》，曰：

惟居摄二年十月甲子，摄皇帝若曰：大诰道诸侯王、三公、列侯于汝卿大夫、元士御事。不吊，天降丧于赵、傅、丁、董。洪惟我幼冲孺子，当承继嗣无疆大历服事，予未遭其明悊能道民于安，况其能往知天命！熙！我念孺子，若涉渊水，予惟往求朕所济度，奔走以傅近奉承高皇帝所受命，予岂敢自比于前人乎！天降威明，用宁帝室，遗我居摄宝龟。太皇太后以丹石之符，乃绍天明意，诏予即命居摄践祚，如周公故事。

反虏故东郡太守翟义擅兴师动众，曰“有大难于西土，西土人亦不靖。”于是动严乡侯信，诞敢犯祖乱宗之序。天降威遗我宝龟，固知我国有呰灾，使民不安，是天反复右我汉国也。粤其闻日，宗室之俊有四百人，民献仪九万夫，予敬以终于此谋继嗣图功。我有大事，休，予卜并吉，故我出大将告郡太守、诸侯相、令、长曰：“予得

孙建担任奋武将军，光禄勋成都侯王邑担任虎牙将军，明义侯王骏担任强弩将军，春王城门校尉王况担任震威将军，宗伯忠孝侯刘宏担任奋冲将军，中少府建威侯王昌担任中坚将军，中郎将震羌侯窦况担任奋威将军，共七人，王莽亲自选任关西人担任校尉军吏，率领关东的军队，并下发紧急命令调动军队去迎击翟义。王莽又让太仆武让担任积弩将军屯兵驻守函谷关，将作大匠蒙乡侯逯并担任横野将军屯兵驻守武关，羲和红休侯刘歆担任扬武将军屯兵驻守宛县，太保后丞丞阳侯甄邯担任大将军屯兵驻守霸上，常乡侯王恽担任车骑将军屯兵驻守平乐馆，骑都尉王晏担任建威将军屯兵驻守城北，城门校尉赵恢担任城门将军，全都各自率兵进行防卫。

王莽抱着孺子会见群臣并声称："过去成王年幼，周公摄政，而管叔和蔡叔挟持禄父造反，如今翟义也挟持刘信而作乱。自古以来的圣人尚且畏惧这种事情发生，何况是臣王莽这样才识短浅的人呢！"群臣都说："不遭逢这样的变故，不能彰显圣德。"王莽于是效仿《周书》中的《大诰》，也写了一篇典诰，说：

居摄二年十月甲子，摄皇帝下诏：以典诰告知诸侯王、三公、列侯以及汝卿大夫、元士御事。上天不怜悯庇佑，给赵氏、傅氏、丁氏、董氏降下祸端。深思我朝年幼的孺子，应当承继汉室大统，亲理政事，我还没有遇到明智的人辅佐自己来教导百姓安居乐业，更何况是能知晓天命的人呢！唉！我念及孺子，如果面临深渊，我定当会去寻求渡过去的方法，奔走尽力，不辞辛劳，奉承高皇帝所授予的天命，我岂敢与周公相比呢！天降明威，安定汉室，而让我代为理政并且赐予我占卜吉凶的宝龟。太皇太后以丹石的符信，承继天命彰明天意，下诏让我摄政，代行天子之职，就如同周公辅政的旧例一样。

叛贼原东郡太守翟义擅自举兵，兴师动众，说"京城有大难降临，京城百姓也不安定。"于是翟义鼓动严乡侯刘信，胆大妄为冒犯扰乱祖宗定下的秩序。天降明威并赐予我占卜吉凶的宝龟，知道我们的国家会有灾难，使得百姓不安，这是上天再三庇佑我汉室。翟义造反传到朝廷之日，刘氏宗室的还有四百名才俊，天下之中还有九万名贤者，我与这些人共谋国事，终将会成功。国家将有兵事，战略谋

吉卜，予惟以汝于伐东郡严乡逋播臣。”尔国君或者无不反曰：“难大，民亦不静，亦惟在帝宫诸侯宗室，于小子族父，敬不可征。”帝不违卜，故予为冲人长思厥难曰：“乌乎！义、信所犯，诚动鳏寡，哀哉！”予遭天役遗，大解难于予身，以为孺子，不身自恤。

予义彼国君泉陵侯上书曰：“成王幼弱，周公践天子位以治天下，六年，朝诸侯于明堂，制礼乐，班度量，而天下大服。太皇太后承顺天心，成居摄之义。皇太子为孝平皇帝子，年在襁褓，宜且为子，知为人子道，令皇太后得加慈母恩。畜养成就，加元服，然后复子明辟。”

熙！为我孺子之故，予惟赵、傅、丁、董之乱，遏绝继嗣，变剥適庶，危乱汉朝，以成三阸，队极厥命。乌乎！害其可不旅力同心戒之哉！予不敢僭上帝命。天休于安帝室，兴我汉国，惟卜用克绥受兹命。今天其相民，况亦惟卜用！

太皇太后肇有元城沙鹿之右，阴精女主圣明之祥，配元生成，以兴我天下之符，遂获西王母之应，神灵之征，以祐我帝室，以安我大宗，以绍我后嗣，以继我汉功。厥害適统不宗元绪者，辟不违亲，辜不避戚。夫岂不爱？亦惟帝室。是以广立王侯，并建曾玄，俾屏我京师，绥抚宇内；博征儒生，讲道于廷，论序乖缪，制礼作乐，同律度量，混壹风俗；正天地之位，昭郊宗之礼，定五畤庙祧，咸秩亡文；建灵台，立明堂，设辟雍，张太学，尊中宗、高宗之号。昔我高宗崇德建武，克绥西域，以受白虎威胜之瑞，天地判合，《乾》《坤》序德。太皇太后临政，有龟龙麟凤之应，五德嘉符，相因而备。《河

划十分周详，我又卜得吉卦，所以我派大将告知郡太守、诸侯国相、县令、县长说："我卜得吉卦，我希望你们共同讨伐东郡、严乡叛逃的臣子。"或许你们的封国国君会无不反对说："祸难已经很严重了，百姓也不得安宁，而且刘信也是汉室宗亲，是孺子的叔父，应当加以礼敬，不可征讨。"既然已经卜得吉卦，君主就不应当违背天命，所以我替幼帝深思当前的患难说："唉！翟义、刘信所犯之事，使得无妻无夫之人都同受其害，悲哀啊！"上天将汉室交托给我，让我为汉室解除患难，所以我征讨反贼为孺子除乱，并非担忧自身。

我赞同泉陵侯刘庆的上书，他的奏书说："成王年幼，周公摄政暂居天子之位治理天下，前后六年，在明堂接见诸侯，制定礼乐，颁布度量衡，天下顺服。太皇太后承顺天心，同意由我来摄政。皇太子是孝平皇帝之子，尚在襁褓之中，既为人子，应当明白为人子的道理，让皇太后多加慈母般的抚育。等到皇太子长大成人，行冠礼之后，就将政事交还皇太子。"

唉！为了我朝孺子的缘故，我想到赵氏、傅氏、丁氏、董氏的动乱，断绝了汉室的后嗣，扰乱嫡庶，祸乱朝纲，遭受了这么多的祸患灾难，几乎断送了汉朝的国运。唉！怎么能不万众一心，竭尽全力防止这种事情再次发生呢！我不敢违背天命。上天希望能安定宗室，兴我汉国，所以我卜得吉卦，得以安心受命。如今上天想帮助百姓，更何况是占卜，可想而知也是吉利的！

起初太皇太后有元城县沙鹿那样的庇佑，有阴精女主那样圣明的吉祥，与元帝结合生下成帝，而有天下的祥瑞降临，于是获得西王母的感应，神灵的验证，以此来护佑宗室，安定嫡系，绵延后嗣，承继汉朝的功业。那些危害国家正统，不尊大业的人，应当迅速施以刑罚，不会因是亲戚而有所回避。这样的人我岂会不爱？只是因为皇室不能这么做。所以我广立王侯，惠及后代，守卫京城，安抚天下；广征儒生，在朝中讲学，论议过错，制定礼乐，统一度量衡，统一风俗；匡正天地的位序，昭示祭祀的礼制，确定祭祀的场所，将那些没有文籍记载的已经不再祭祀的宗庙也都举行祭祀；修筑灵台，建立明堂，设立辟雍，开设太学，尊中宗、高宗之号。从前高宗推崇德业兴建武政，

图》《雒书》远自昆仑，出于重野。古谶著言，肆今享实。此乃皇天上帝所以安我帝室，俾我成就洪烈也。乌乎！天明威辅汉始而大大矣。尔有惟旧人泉陵侯之言，尔不克远省，尔岂知太皇太后若此勤哉！

天毖劳我成功所，予不敢不极卒安皇帝之所图事。肆予告我诸侯王公列侯卿大夫元士御事：天辅诚辞，天其累我以民，予害敢不于祖宗安人图功所终？天亦惟劳我民，若有疾，予害敢不于祖宗所受休辅？予闻孝子善继人之意，忠臣善成人之事。予思若考作室，厥子堂而构之；厥父菑，厥子播而获之。予害敢不于身抚祖宗之所受大命？若祖宗乃有效汤武伐厥子，民长其劝弗救。乌虖肆哉！诸侯王公列侯卿大夫元士御事，其勉助国道明！亦惟宗室之俊，民之表仪，迪知上帝命。粤天辅诚，尔不得易定！况今天降定于汉国，惟大艰人翟义、刘信大逆，欲相伐于厥室，岂亦知命之不易乎？予永念曰天惟丧翟义、刘信，若啬夫，予害敢不终予亩？天亦惟休于祖宗，予害其极卜，害敢不于从？率宁人有旨疆土，况今卜并吉！故予大以尔东征，命不僭差，卜陈惟若此。

乃遣大夫桓谭等班行谕告当反位孺子之意。还，封谭为明告里附城。

平定西域，接受了白虎威胜的祥瑞，高宗已有威德，太后又承受祥瑞，则是天地乾坤夫妻之义相结合。太皇太后临政，出现了龟龙麟凤的吉兆，五德祥瑞，相袭完备。《河图》出自昆仑，《洛书》出自重壄。古代有预言，而现在得到证实。这是上天要安定汉室，助我成就功业。唉！天降明威辅佐汉朝，历经此难会更加强盛。你们应当思虑旧人泉陵侯所言，你们若是不能深刻反省往事，又岂会知道太皇太后的辛劳呢！

上天告诫劝勉我汉室成功的原因，我不敢不尽力完成祖宗留下的功业，安定汉室所谋划的大事。我将其中事理告知诸侯王公列卿大夫元士御事：对于那些有至诚之辞的人上天会庇护辅佐，上天将百姓托付于我，我怎敢不尽心完成祖宗安定天下的功业？上天也抚慰百姓，若是百姓遭受疾苦，我怎敢不顺承祖宗之意让百姓休养生息并且帮助他们？我听说孝子善于体察长辈的心意，忠臣善于成就君主的功业。父亲有想建造房舍的意愿，那么儿子就应当挖掘地基架好房梁；父亲想要耕田，那么儿子就应当播种等待丰收。造屋耕种的百姓都没有舍弃自己的本分，我又怎敢辜负了祖宗托付的重任呢？譬如有人来讨伐自己的儿子，自己反而不会帮助自己的儿子，祖宗效法汤武嫉恶如仇，征讨暴君一样，如今的征讨不得避亲循私，当以公义为重。应当竭尽全力！诸侯王公列卿大夫元士御事，应该作出明智之举以辅助国家匡扶汉室！也希望宗室的才俊，百姓的表率，应当遵天道知天命。上天辅佐忠诚之士，你们不得改变上天的定命！何况如今上天为汉室降下安定，只有奸邪之徒翟义、刘信大逆不道，想自相残杀诛伐汉室，他们难道不知道天命不可改变吗？我深信上天要将翟义、刘信覆灭，如同农夫除草耕种，我怎敢不完成除草耕种之事？上天也称赞祖宗的功业，我怎么能不进行占卜，怎敢不服从上天的旨意？我应当遵循祖宗的功业，力求安定百姓、维护国家，何况现在占卜的卦象也是吉兆！因此我要率领你们东征，一定要相信我说的话，不会有什么差错，占卜的卦象便是这样。

于是王莽派大夫桓谭等人告知天下要拥立孺子的旨意。桓谭回来后，王莽将他封为明告里附城。

诸将东至陈留菑，与义会战，破之，斩刘璜首。莽大喜，复下诏曰："太皇太后遭家不造，国统三绝，绝辄复续，恩莫厚焉，信莫立焉。孝平皇帝短命蚤崩，幼嗣孺冲，诏予居摄。予承明诏，奉社稷之任，持大宗之重，养六尺之托，受天下之寄，战战兢兢，不敢安息。伏念太皇太后惟经艺分析，王道离散，汉家制作之业独未成就，故博征儒士，大兴典制，备物致用，立功成器，以为天下利。王道粲然，基业既著，千载之废，百世之遗，于今乃成，道德庶几于唐虞，功烈比齐于殷周。今翟义、刘信等谋反大逆，流言惑众，欲以篡位，贼害我孺子，罪深于管蔡，恶甚于禽兽。信父故东平王云，不孝不谨，亲毒杀其父思王，名曰巨鼠，后云竟坐大逆诛死。义父故丞相方进，险诐阴贼，兄宣静言令色，外巧内嫉，所杀乡邑汝南者数十人。今积恶二家，迷惑相得，此时命当殄，天所灭也。义始发兵，上书言宇、信等与东平相辅谋反，执捕械系，欲以威民，先自相被以反逆大恶，转相捕械，此其破殄之明证也。已捕斩断信二子谷乡侯章、德广侯鲔，义母练、兄宣、亲属二十四人皆磔暴于长安都市四通之衢。当其斩时，观者重叠，天气和清，可谓当矣。命遣大将军共行皇天之罚，讨海内之仇，功效著焉，予甚嘉之。《司马法》不云乎？'赏不逾时。'欲民速睹为善之利也。今先封车骑都尉孙贤等五十五人皆为列侯，户邑之数别下。遣使者持黄金印、赤韨縌、朱轮车，即军中拜授。"因大赦天下。

于是吏士精锐遂攻围义于圉城，破之，义与刘信弃军庸亡。至固始界中捕得义，尸磔陈都市。卒不得信。

众将领东行前往陈留菑，和翟义交战，打败了翟义，将刘璜的首级斩下。王莽大喜，再次下诏说："太皇太后遭逢家族不幸，三朝皇帝无子，现在继承者又接续上了，没有比这更深厚的恩德，没有比这更坚定的信义。孝平皇帝短命早崩，继位的孺子年幼，下诏命我摄政。我接受圣明的诏令，承奉社稷之任，秉持正统之重，受托养育六尺之孤，承担天下寄予的厚望，战战兢兢，不敢有片刻安息。顾念太皇太后忧虑经书分散，王道没落，唯独汉家著述的功业还未完成，所以我广征儒士，大兴典制，置办器物供人使用，立功成才，以此利于天下人。王道昭彰，基业也已建立，千年之间所废弃的，百世之间所遗失的，至今全都完成，道德近似唐虞，功业比肩殷周。如今翟义、刘信等人谋反大逆，流言惑众，意欲篡位，残害孺子，比管叔、蔡叔的罪行还要深重，比禽兽还要邪恶。刘信的父亲原东平王刘云，为人不孝不谨，亲手毒杀了他的父亲东平思王，刘云称他的父亲为巨鼠，后来刘云因大逆罪而被诛杀。翟义的父亲原丞相翟方进，阴险狠毒，翟义的兄长翟宣巧言令色，外表仁厚内心嫉恨，残杀乡里汝南人数十名。如今这作恶多端的两家人，相互勾结，狼狈为奸，这是命运要将他们铲除，上天要将他们消灭。翟义发兵之初，上书说刘宇、刘信等人和东平国相辅谋反，将他们拘捕，想以此震慑百姓，事先他们内部就相互加上谋反不道的恶名，互相拘捕对方，这就是他们败亡的明证。现已捕杀了刘信的两个儿子谷乡侯刘章、德广侯刘鲔，翟义的母亲练、兄长翟宣、亲属二十四人也都在长安都市繁华的街道上被斩首示众。在斩首时，围观的人层层叠叠，天气晴朗，可谓是合乎天意。朝廷下令派大将军实施天罚，征讨海内的仇敌，功绩卓越，我非常欣喜。《司马法》不是说过吗？'应当及时行赏。'要让百姓早些看到为善的好处。如今将车骑都尉孙贤等五十五人都封为列侯，分封的食邑另行公布。派使者拿着黄金印、红绶带、红轮车，来到军中拜任授职。"王莽之后大赦天下。

于是兵士精锐在圉城围攻翟义，最终将城池攻破，翟义和刘信弃军逃亡。王莽的军队在固始县的边境抓到了翟义，翟义最终在集市上被斩首示众。但始终没有抓到刘信。

初，三辅闻翟义起，自茂陵以西至汧二十三县盗贼并发，赵明、霍鸿等自称将军，攻烧官寺，杀右辅都尉及斄令，劫略吏民，众十余万，火见未央宫前殿。莽昼夜抱孺子祷宗庙。复拜卫尉王级为虎贲将军，大鸿胪望乡侯阎迁为折冲将军，与甄邯、王晏西击赵明等。正月，虎牙将军王邑等自关东还，便引兵西。强弩将军王骏以无功免，扬武将军刘歆归故官。复以邑弟侍中王奇为扬武将军，城门将军赵恢为强弩将军，中郎将李棽为厌难将军，复将兵西。二月，明等殄灭，诸县悉平，还师振旅。莽乃置酒白虎殿，劳飨将帅，大封拜。先是益州蛮夷及金城塞外羌反畔，时州郡击破之。莽乃并录，以小大为差，封侯伯子男凡三百九十五人，曰"皆以奋怒，东指西击，羌寇蛮盗，反虏逆贼，不得旋踵，应时殄灭，天下咸服"之功封云。莽于是自谓大得天人之助，至其年十二月，遂即真矣。

初，义所收宛令刘立闻义举兵，上书愿备军吏为国讨贼，内报私怨。莽擢立为陈留太守，封明德侯。

始，义兄宣居长安，先义未发，家数有怪，夜闻哭声，听之不知所在。宣教授诸生满堂，有狗从外入，啮其中庭群雁数十，比惊救之，已皆断头。狗走出门，求不知处。宣大恶之，谓后母曰："东郡太守文仲素俶傥，今数有恶怪，恐有妄为而大祸至也。大夫人可归，为弃去宣家者以避害。"母不肯去，后数月败。

莽尽坏义第宅，污池之。发父方进及先祖冢在汝南者，烧其棺柩，夷灭三族，诛及种嗣，至皆同坑，以棘五毒并葬之。而下诏曰："盖闻古者伐不敬，取其鳢鲵筑武军，封以为大戮，于是乎有京观

起初，三辅听闻翟义起兵，从茂陵以西到汧县的二十三个县盗贼群起，赵明、霍鸿等人自称将军，进攻烧毁官府，杀害右辅都尉以及斄县县令，劫掠官民，多达十多万人，在未央宫的前殿都能见到大火。王莽昼夜抱着孺子在宗庙中祈祷。王莽又将卫尉王级封为虎贲将军，大鸿胪望乡侯阎迁封为折冲将军，和甄邯、王晏一起向西讨伐赵明等人。正月，虎牙将军王邑等人从关东回朝，也率军队西行讨伐。强弩将军王骏因无功而免，扬武将军刘歆恢复原来的官职。王莽又将王邑的弟弟侍中王奇封为扬武将军，城门将军赵恢封为强弩将军，中郎将李棽封为厌难将军，再次率军西行讨伐。二月，赵明等人被剿灭，各县也都得以平定，军队凯旋班师回朝。王莽便在白虎殿设宴，犒劳将帅，大肆地进行封赏。在此之前益州的蛮夷和金城塞外的羌族反叛，当时是州郡的军队将他们击败。王莽将这些事情一并记下，以功绩的大小，赐封侯伯子男的爵位共三百九十五人，说“你们都十分愤怒，东征西讨，羌寇蛮盗，反敌逆贼，顷刻之间，全都歼灭，使天下都信服”并对这些功劳进行封赏。王莽因此认为自己已经获得了天人的帮助，到了当年十二月，王莽篡位称帝。

起初，翟义曾拘捕的宛县县令刘立听闻翟义举兵造反，便向王莽上书请愿说愿意担当军吏为国讨贼，实际是想报私怨。王莽便将刘立提拔担任陈留太守，封明德侯。

一开始，翟义的兄长翟宣住在长安，在翟义还未举兵之前，家中经常有怪事发生，夜晚听到哭声，却不知到哭声来自何处。翟宣在为满堂的学生上课，有一只狗从外面闯进来，咬死庭院里数十只鹅，等到人们发觉去救鹅的时候，它们的头都已经被狗咬断。狗跑出门外，不知所踪。翟宣十分不高兴，对后母说：“东郡太守翟文仲素来放荡不羁，如今家中屡有怪事发生，恐怕翟文仲有所妄为，将要大祸临头。大夫人可回到娘家，断绝与翟氏的关系以躲避祸难。”后母不肯离去，数月后果然翟氏败亡。

王莽将翟义的府宅全部损毁，制成了污水池。将翟义的父亲翟方进以及凡是在汝南县的先祖的坟冢，全都挖出来，将他们的棺椁焚毁，将翟义的三族全部诛杀，包括族中的后代，将尸首全都埋在一

以惩淫慝。乃者反虏刘信、翟义悖逆作乱于东，而芒竹群盗赵明、霍鸿造逆西土，遣武将征讨，咸伏其辜。惟信、义等始发自濮阳，结奸无盐，殄灭于圉。赵明依阻槐里环堤，霍鸿负倚盩厔芒竹，咸用破碎，亡有余类。其取反虏逆贼之鱷鲵，聚之通路之旁，濮阳、无盐、圉、槐里、盩厔凡五所，各方六丈，高六尺，筑为武军，封以为大戮，荐树之棘。建表木，高丈六尺。书曰‘反虏逆贼鱷鲵’，在所长吏常以秋循行，勿令坏败，以惩淫慝焉。”

初，汝南旧有鸿隙大陂，郡以为饶，成帝时，关东数水，陂溢为害。方进为相，与御史大夫孔光共遣掾行视，以为决去陂水，其地肥美，省堤防费而无水忧，遂奏罢之。及翟氏灭，乡里归恶，言方进请陂下良田不得而奏罢陂云。王莽时常枯旱，郡中追怨方进，童谣曰：“坏陂谁？翟子威。饭我豆食羹芋魁。反乎覆，陂当复。谁云者？两黄鹄。”

司徒掾班彪曰：“丞相方进以孤童携老母，羁旅入京师，身为儒宗，致位宰相，盛矣。当莽之起，盖乘天威，虽有贲育，奚益于敌？义不量力，怀忠愤发，以陨其宗，悲夫！”

个坑内，放入五毒草一同埋葬。王莽下诏说："听闻古时候讨伐犯上不敬的人，要斩杀贼首堆成高垒，封土并以此陈尸示众，于是乎筑成高丘以此惩戒那些奸邪之徒。此前叛贼刘信、翟义在东面举兵作乱，而芒竹群盗赵明、霍鸿在西面造反，我派武将前去征讨，他们已经全部伏罪。刘信、翟义等人最初从濮阳举兵，又在无盐结盟，最后在圉县遭到诛灭。赵明凭借着槐里县回环曲折的土堤，霍鸿依仗着盩厔芒竹水曲而多竹，但他们全都被攻破，没有人能逃脱。将那些贼首的尸体，聚在大路两边，在濮阳、无盐、圉县、槐里县、盩厔县共五处，各自筑起方六丈，高六尺陈尸的高垒，封土以此陈尸示众，又放入荆棘。再用木板标明，高一丈六尺。上面写上'反叛逆贼首领'，当地的官吏要在秋季经常来巡视，不要让它损坏，以此来惩戒那些奸邪之徒。"

起初，汝南原有一个名为鸿隙的大池塘，郡中因它而富足，成帝时，关东数次发生水灾，池塘也泛滥成灾。当时翟方进担任宰相，和御史大夫孔光共同派遣掾史前去巡察，他们认为将池塘中的水排放干净，之后露出的土地十分肥美，既省去了修筑堤防的费用并且还没有水灾的忧患，于是便上奏停止修筑堤防。等到翟氏遭到诛灭之后，乡里百姓都归罪于翟方进，奏言说翟方进是因为奏请想得到池塘下良田却未获得允准，所以才奏请停止修筑堤防。王莽当权时郡中就时常干旱，郡中的百姓再次埋怨翟方进，童谣说："是谁毁坏了池塘？是翟子威。我只能吃豆子和芋根羹。世事反复无常，池塘总会重新出现。这些话是谁说的？是两只黄鹄所说的。"

司徒掾班彪曾说："丞相翟方进年幼丧父，带着老母，一同客居京师，身为儒宗，官至宰相，已经十分富足显赫了。当王莽篡位时，依靠上天的神威，就算是有孟贲、夏育那样的勇士，又怎能与王莽抗衡？翟义不自量力，心怀忠诚，愤然起兵，却使得整个家族败亡，可悲啊！"

卷八十五

谷永杜邺传第五十五

谷永字子云，长安人也。父吉，为卫司马，使送郅支单于侍子，为郅支所杀，语在《陈汤传》。永少为长安小史，后博学经书。建昭中，御史大夫繁延寿闻其有茂材，除补属，举为太常丞，数上疏言得失。

建始三年冬，日食地震同日俱发，诏举方正直言极谏之士，太常阳城侯刘庆忌举永待诏公车。对曰：

陛下秉至圣之纯德，惧天地之戒异，饬身修政，纳问公卿，又下明诏，帅举直言，燕见绌绎，以求咎愆，使臣等得造明朝，承圣问。臣材朽学浅，不通政事。窃闻明王即位，正五事，建大中，以承天心，则庶征序于下，日月理于上；如人君淫溺后宫，般乐游田，五事失于躬，大中之道不立，则咎征降而六极至。凡灾异之发，各象过失，以类告人。乃十二月朔戊申，日食婺女之分，地震萧墙之内，二者同日俱发，以丁宁陛下，厥咎不远，宜厚求诸身。意岂陛下志在闺门，未恤政事，不慎举错，娄失中与？内宠大盛，女不遵道，嫉妒专上，妨继嗣与？古之王者废五事之中，失夫妇之纪，妻妾得意，谒行于内，势行于外，至覆倾国家，或乱阴阳。昔褒姒用国，宗周以丧；阎妻骄扇，日以不臧。此其效也。经曰："皇极，皇建其有极。"传曰："皇之不极，是谓不建，时则有日月乱行。"

谷永字子云，长安人。父亲谷吉，曾经担任卫司马，奉命担任使者护送郅支单于的儿子回国，遭郅支所杀，详见《陈汤传》。谷永年少时担任长安的差役，后来博学经书。建昭年间，御史大夫繁延寿听闻谷永才能卓越，就让谷永作自己的属吏，后举荐谷永担任太常丞，谷永多次上书奏言政治得失。

建始三年（前30）冬季，日食和地震在同一天发生，成帝下令举荐刚正直言、尽力劝谏的士人，太常阳城侯刘庆忌举荐谷永在公车署担任待诏。谷永回答成帝的策问说：

陛下秉持着至圣的纯德，畏惧天地的警示，整饬自身修明政教，询问采纳公卿的谏言，又颁下明诏，让朝中百官举荐直言劝谏的士人，在闲暇时召见他们探求灾异发生的原委，来追究罪责，使臣等得以身在圣明的朝廷，接受圣上的询问。臣才疏学浅，不通政事。听闻圣明的君主在位，将会匡正貌、言、视、听、思五事，建立中正之道，以此承顺天心，若能如此众多吉兆才会相继显现，日月才会运行有序；假如君主沉溺于后宫，安于游乐打猎，五事荒废，中正之道不能建立，祸难就会降临并且六种灾异也会显现。凡是灾异的出现，都有各自所象征的过失，以此警告世人。在十二月初一戊申日时，日食在婺女宿中出现，在宫中也发生了地震，两者在同一天发生，以此再三警告陛下，其他的灾殃已经不远了，陛下应当反躬自省。天意岂会是因为陛下沉迷女色，未曾亲理政事，诏令举措不谨慎，屡次失去中正吗？还是因为陛下过于宠信姬妾，女子不守本分，嫉妒专擅，妨碍子孙绵延吗？古代的君主荒废五事，有失夫妇间的伦理纲常，妻妾受宠得意，在内有求必应，在外专擅用权，以至于倾覆国家，惑乱阴阳。从前褒姒当权，周朝因此覆灭；阎妻骄横，因此日食出现。这是灾异的征兆。《尚书》中说：“帝王统治天下的准则，应当是大中至正

陛下践至尊之祚为天下主，奉帝王之职以统群生，方内之治乱，在陛下所执。诚留意于正身，勉强于力行，损燕私之闲以劳天下，放去淫溺之乐，罢归倡优之笑，绝却不享之义，慎节游田之虞，起居有常，循礼而动，躬亲政事，致行无倦，安服若性。经曰："继自今嗣王，其毋淫于酒，毋逸于游田，惟正之共。"未有身治正而臣下邪者也。

夫妻之际，王事纲纪，安危之机，圣王所致慎也。昔舜饬正二女，以崇至德；楚庄忍绝丹姬，以成伯功；幽王惑于褒姒，周德降亡；鲁桓胁于齐女，社稷以倾。诚修后宫之政，明尊卑之序，贵者不得嫉妒专宠，以绝骄嫚之端，抑褒、阎之乱，贱者咸得秩进，各得厥职，以广继嗣之统，息《白华》之怨，后宫亲属，饶之以财，勿与政事，以远皇父之类，损妻党之权，未有闺门治而天下乱者也。

治远自近始，习善在左右。昔龙筦纳言，而帝命惟允；四辅既备，成王靡有过事。诚敕正左右齐栗之臣，戴金貂之饰、执常伯之职者，皆使学先王之道，知君臣之义，济济谨孚，无敖戏骄恣之过，则左右肃艾，群僚仰法，化流四方。经曰："亦惟先正克左右。"未有左右正而百官枉者也。

治天下者尊贤考功则治，简贤违功则乱。诚审思治人之术，欢乐得贤之福，论材选士，必试于职，明度量以程能，考功实以定德，无用比周之虚誉，毋听寖润之谮愬，则抱功修职之吏无蔽伤之忧，

之道。”经传中说：“统治天下的准则不中正，这就叫做没有纲纪，日月运行就会出现混乱。”

陛下继承皇位成为天下之主，承奉帝王之职统理百姓，四方之内的安定与动乱，全在于陛下的举措。陛下应当留心修正己身，努力身体力行，减少闲暇时间来操劳国事，舍弃酒色的享乐，停止倡优的欢愉，杜绝不善的行为，慎重对待出游打猎的玩乐，起居有常，遵循礼法行事，亲理政事，安心力行，不知倦怠，犹如天性自然一样。《尚书》中说：“从今以后继位的君王，不可沉迷饮酒，不可放纵游猎，唯有正己修身。”没有君主自身持正而臣下心怀奸邪的。

君王夫妻之间的关系，是国家政事的纲纪，社稷安危的关键，是圣王最应当审慎的。过去舜告诫两位妻子要端正言行，要崇尚至高的品德；楚庄王忍痛不再与丹姬见面，因而成就霸业；周幽王受到褒姒的迷惑，周朝因此衰亡；鲁桓公遭到齐女的胁迫，社稷因此倾覆。陛下应当整饬后宫事务，明确尊卑顺序，地位尊贵的嫔妃不得善妒专宠，杜绝傲慢骄纵的风气，抑制褒姒、阎妻那样的祸患，地位低微的嫔妃都能依照次序侍奉君主，克尽厥职，繁衍后嗣，平息《白华》之怨，后宫亲属，可以厚赏他们财物，但不能让他们参与政事，以此来远离像皇父那样依靠宠幸而为官的人，减损妻党的权势，没有闺门治理得很好而天下混乱的。

治理远处要从近处开始，修养品行要从身边开始。过去舜帝的大臣龙执掌谏言，而舜的命令使人信服；四辅既已完备，成王施政便不会有过失。陛下应当告诫申饬左右恭谨辅佐的大臣，穿戴金貂之饰、执掌常伯之职的人，都要让他们学习先王之道，知晓君臣之义，尽忠职守，没有嬉闹骄纵的过失，那么左右的大臣就会恭敬信服，群臣遵守法令，教化可以推行四方。《尚书》中说：“君王要先匡正左右近臣。”没有左右近臣刚正而百官会枉法的。

治理天下的人尊重贤才考核政绩则天下太平，轻慢贤才不能考核政绩则天下动乱。陛下应当审慎思虑治理国家的方法，为求得贤才而心生欢喜，按照才能挑选士人，通过委任职事来考察，明确标准来衡量他们的才能，考核政绩来评定他们的品德，不要采纳朋党之

比周邪伪之徒不得即工，小人日销，俊艾日隆。经曰：“三载考绩，三考黜陟幽明。”又曰：“九德咸事，俊艾在官。”未有功赏得于前众贤布于官而不治者也。

尧遭洪水之灾，天下分绝为十二州，制远之道微而无乖畔之难者，德厚恩深，无怨于下也。秦居平土，一夫大呼而海内崩析者，刑罚深酷，吏行残贼也。夫违天害德，为上取怨于下，莫甚乎残贼之吏。诚放退残贼酷暴之吏锢废勿用，益选温良上德之士以亲万姓，平刑释冤以理民命，务省繇役，毋夺民时，薄收赋税，毋殚民财，使天下黎元咸安家乐业，不苦逾时之役，不患苛暴之政，不疾酷烈之吏，虽有唐尧之大灾，民无离上之心。经曰：“怀保小人，惠于鳏寡。”未有德厚吏良而民畔者也。

臣闻灾异，皇天所以谴告人君过失，犹严父之明诫。畏惧敬改，则祸销福降；忽然简易，则咎罚不除。经曰：“飨用五福，畏用六极。”传曰：“六沴作见，若不共御，六罚既侵，六极其下。”今三年之间，灾异锋起，小大毕具，所行不享上帝，上帝不豫，炳然甚著。不求之身，无所改正，疏举广谋，又不用其言，是循不享之迹，无谢过之实也，天责愈深。此五者，王事之纲纪，南面之急务，唯陛下留神。

对奏，天子异焉，特召见永。

间虚伪的赞誉，不要听信日渐加深的馋言，那么政绩卓越尽忠职守的官吏就没有遭受蒙蔽中伤的的忧虑，勾结成奸邪恶狡诈的人无法得到官位，小人日渐减少，才德出众之士日渐增多。《尚书》中说：“三年一次考核政绩，三次考核决定官员的升降。”又说：“九德之人都在任职，俊杰治能之士都在为官。”没有功赏实施在前，众贤都委任以官职而国家得不到治理的。

尧帝时遭受洪水之灾，天下分成十二个州，控制远方的力量很微弱却没有背离造反的患难，这是因为尧帝的恩德深厚，百姓没有怨言。秦地处平原之地，一人大呼而四海之内分崩离析，这是因为秦的刑罚十分严酷，官吏的行径凶残暴虐。违逆天意损害道德，君主与百姓结下怨仇，没有什么危害会比凶残暴虐的官吏更严重。陛下应当驱逐罢退那些凶残暴虐的官吏并且永远不再任用，多多选任那些温良上德的士人来爱养百姓，公正断案平反冤屈，顺理民众的意愿，力求减少徭役，切勿抢占农时，力求减省赋税，切勿殚尽民财，使得天下黎民都能安居乐业，不会苦于逾时的徭役，不会忧惧苛暴的政治，不会害怕暴虐的酷吏，即便唐尧时有大灾大难，百姓也没有叛离君上的念头。《尚书》中说：“爱护抚慰百姓，施予恩惠给鳏寡。”没有君主恩德深厚官吏温良而百姓反叛的。

臣听闻灾异，是上天遣责警告人君的过失，犹如严父的训诫。君王心生畏惧而改过，则灾祸就会消失，福瑞就会降临；忽视这些警告，则罪罚就不会消除。《尚书》说：“君王行事要顺承天意，则五福就会降临，行事若违逆天意，则六极就会降临。”《尚书》中又说：“六种灾殃显现，若是人君不能恭肃己身严修德业来抵御灾殃，六种罪罚便会侵入，六种灾异便会降临。”如今三年之间，灾异群起，大灾小难都显现了，这是因为陛下行事不合天心，上帝不高兴，显而易见。陛下不从自身上寻求原因，不能改正过错，四处举荐士人，广泛征求意见，却又不听从采纳他们的谏言，这是依旧遵循着不合天意的行迹，没有谢罪悔过的事实，上天的责罚将会愈加深重。这五件事，是政事的纲纪，是身为君王的要务，希望陛下留神。

谷永的回答呈上之后，成帝十分惊异，特意召见谷永。

其夏，皆令诸方正对策，语在《杜钦传》。永对毕。因曰：“臣前幸得条对灾异之效，祸乱所极，言关于圣聪。书陈于前，陛下委弃不纳，而更使方正对策，背可惧之大异，问不急之常论，废承天之至言，角无用之虚文，欲末杀灾异，满谰诬天，是故皇天勃然发怒，甲己之间暴风三溱，拔树折木，此天至明不可欺之效也。”上特复问永，永对曰：“日食地震，皇后贵妾专宠所致。”语在《五行志》。

是时，上初即位，谦让委政元舅大将军王凤，议者多归咎焉。永知凤方见柄用，阴欲自托，乃复曰：

方今四夷宾服，皆为臣妾，北无薰粥冒顿之患，南无赵佗、吕嘉之难，三垂晏然，靡有兵革之警。诸侯大者乃食数县，汉吏制其权柄，不得有为，亡吴、楚、燕、梁之势。百官盘互，亲疏相错，骨肉大臣有申伯之忠，洞洞属属，小心畏忌，无重合、安阳、博陆之乱。三者无毛发之辜，不可归咎诸舅。此欲以政事过差丞相父子、中尚书宦官，槛塞大异，皆瞽说欺天者也。窃恐陛下舍昭昭之白过，忽天地之明戒，听晻昧之瞽说，归咎乎无辜，倚异乎政事。重失天心，不可之大者也。

陛下即位，委任遵旧，未有过政。元年正月，白气较然起乎东方，至其四月，黄浊四塞，覆冒京师，申以大水，著以震蚀。各有占应，相为表里，百官庶事无所归倚，陛下独不怪与？白气起东方，贱人将兴之表也；黄浊冒京师，王道微绝之应也。夫贱人当起而京师道微，二者已丑。陛下诚深察愚臣之言，致惧天地之异，长思宗庙之计，改往反过，抗湛溺之意，解偏驳之爱，奋乾刚之威，平天覆之

这年夏季，成帝下令诸位方正都来对策，详见《杜钦传》。谷永对答结束之后，接着说道："臣此前有幸得以向陛下条陈灾异的原因，祸乱的降临，言论关于陛下的视听。奏书呈上之后，陛下丢弃一旁没有采纳，反而又让方正前来对策，没有正视令人忧惧的异象，却要询问不紧要的常理，废弃顺承天意的至理之言，却争相进献无用的虚文，想抹杀灾异，欺罔天意，所以上天勃然大怒，自甲至己共六日发生了三次暴风，拔树折木，这是因为上天极为清明不可欺骗的缘故。"成帝特意再次询问谷永，谷永回答道："日食地震，是因为皇后贵妾专宠所致。"详见《五行志》。

当时，成帝刚刚继位，为表谦让，将政事委托给长舅大将军王凤处理，论议的大臣将灾异发生的原因多归咎于王凤。谷永知道王凤执掌大权，暗中想攀附王凤，于是谷永又说：

如今四夷臣服，都成了汉室的臣下，北面没有匈奴进犯的忧患，南面没有赵佗、吕嘉的兵难，三面边陲安定，没有兵革的警示。诸侯之中位置高的才能享受数县的封地，朝廷任命的官吏在诸侯国中掌握着权力，使得诸侯们不能有什么行动，没有吴、楚、燕、梁四面的威胁。百官相互勾结，亲疏关系交杂，骨肉大臣有申伯那样的忠心，恭敬谨慎，小心畏忌，没有莽通、上官桀、霍禹那样的叛乱。既然这三方面没有丝毫的罪过，就不可将过错都归咎于陛下的诸位舅舅。这和想将政事上的过错归咎于丞相父子、中伤尚书宦官一样，搪塞异象的说法，都是以谬论欺罔上天。臣担心陛下留下昭彰的过错，忽视天地的明诫，听信愚昧之人的谬论，将过错归咎于无辜的人，将灾异归依到政事上。重失天心，这是万万不可以的。

陛下继位，委任官职依循旧例，在政事上没有过失。建始元年（前32）正月，在东方有明显的白气升起，到了四月，黄色的浊气充塞四方，覆盖京师，又有大水发生，还有地震和日食出现。这些灾异的发生各有相应的征兆和验证，与所犯的过失相为表里，百官诸事没有可依仗的，陛下不感到奇怪吗？白气从东方升起，这是身份低贱的人将要兴起的表现；黄色的浊气覆盖京师，这是王道衰微的征兆。身份低贱的人将要兴起而京师王道衰微，这两者的征兆不是很

施，使列妾得人人更进，犹尚未足也，急复益纳宜子妇人，毋择好丑，毋避尝字，毋论年齿。推法言之，陛下得继嗣于微贱之间，乃反为福。得继嗣而已，母非有贱也。后宫女史使令有直意者，广求于微贱之间，以遇天所开右，慰释皇太后之忧愠，解谢上帝之谴怒，则继嗣蕃滋，灾异讫息。陛下则不深察愚臣之言，忽于天地之戒，咎根不除，水雨之灾，山石之异，将发不久；发则灾异已极，天变成形，臣虽欲捐身关策，不及事已。

疏贱之臣，至敢直陈天意，斥讥帷幄之私，欲间离贵后盛妾，自知忤心逆耳，必不免于汤镬之诛。此天保右汉家，使臣敢直言也。三上封事，然后得召；待诏一旬，然后得见。夫由疏贱纳至忠，甚苦；由至尊闻天意，甚难。语不可露，愿具书所言，因侍中奏陛下，以示腹心大臣。腹心大臣以为非天意，臣当伏妄言之诛；即以为诚天意也，奈何忘国家大本，背天意而从欲！唯陛下省察熟念，厚为宗庙计。

时对者数十人，永与杜钦为上第焉。上皆以其书示后宫。后上尝赐许皇后书，采永言以责之，语在《外戚传》。

永既阴为大将军凤说矣，能实最高，由是擢为光禄大夫。永奏书谢凤曰："永斗筲之材，质薄学朽，无一日之雅，左右之介，将军说其狂言，擢之皂衣之吏，厕之争臣之末，不听浸润之谮，不食肤受之愬，虽齐桓晋文用士笃密，察父悊兄覆育子弟，诚无以加！昔豫子吞炭坏形以奉见异，齐客陨首公门以报恩施，知氏、孟尝犹有

好。陛下应当深察愚臣之言，忧惧天地所现的异象，深思关乎宗庙的大计，改过自新，洗心易行，抵抗沉溺的欲望，消解偏颇的宠爱，振奋刚强的威势，普施上天的恩惠，使得众位姬妾人人都能得到陛下的宠幸，如果还不够，就再多征召一些容易生子的妇人，不要嫌弃美丑，不要避讳过往，不要谈论年龄。依照这个常理来论，陛下若能从这些卑贱的人之间得到子嗣，反而也是福气。假如有了子嗣，其母也不会卑贱了。陛下可派遣后宫女史，在卑贱的女子中广泛找寻，以遇到上天所护佑的女子，宽慰皇太后的忧郁，解除上帝的遣责，则子嗣将会繁衍，灾异将会停息。若是陛下不能深察愚臣之言，忽视天地的警示，那么灾祸的本源将不能根除，水雨之灾，山石之异，将会在不久后发生；发生的灾异已经达到了极点，灾祸已经形成，臣即便想舍身献策，也无可奈何了。

疏贱之臣，敢于直陈天意，斥责后宫私事，想离间皇后和宠妃，臣自知言语忤逆不合圣心，一定不可避免汤镬之刑的诛罚。这是上天护佑汉室，让臣敢于直言。臣三次呈上密奏，然后才得到陛下召见；等待诏令一旬，然后才得以进见圣上。由疏贱的臣子进献忠言，十分劳苦；在至尊的位置上闻晓天意，也十分困难。这些话不可外露，臣愿意将所言具体写下来，通过侍中呈奏给陛下，将它拿给心腹大臣过目。心腹大臣认为这并非天意，臣理应承受妄言的诛罚；如果心腹大臣认为这是天意，那么陛下为何会忽略国家根本，背逆天意而放纵私欲！希望陛下能审慎思虑，多为宗庙打算。

当时对奏的有数十人，谷永与杜钦的对奏是其中的第一等。成帝将他们的奏书拿给后宫看。之后成帝赐给许皇后诏书，引用谷永的话来指责她，详见《外戚传》。

谷永暗中已经为大将军王凤游说，他又是最有才最能干的，因此得到提拔担任光禄大夫。谷永便上书感谢王凤说："我才疏学浅，资质平庸，与将军素来没有交情，也没有得到别人的举荐，将军欣赏我的狂妄之言，将我从下级小吏的职位上提拔上来，使我得以身处诤臣之列，将军不听信日渐积聚的谗言，不受纳日益深重的诋毁，即便是齐桓公、晋文公任用士人深信不疑，明父智兄养育子弟，也比不上

死士，何况将军之门！”凤遂厚之。

数年，出为安定太守。时上诸舅皆修经书，任政事。平阿侯谭年次当继大将军凤辅政，尤与永善。阳朔中，凤薨。凤病困，荐从弟御史大夫音以自代。上从之，以音为大司马车骑将军，领尚书事，而平阿侯谭位特进，领城门兵。永闻之。与谭书曰：“君侯躬周召之德，执管晏之操，敬贤下士，乐善不倦，宜在上将久矣，以大将军在，故抑郁于家，不得舒愤。今大将军不幸蚤薨，累亲疏，序材能，宜在君侯。拜吏之日，京师士大夫怅然失望。此皆永等愚劣，不能褒扬万分。属闻以特进领城门兵，是则车骑将军秉政雍容于内，而至戚贤舅执管籥于外也。愚窃不为君侯喜。宜深辞职，自陈浅薄不足以固城门之守，收太伯之让，保谦谦之路，阖门高枕，为知者首。愿君侯与博览者参之，小子为君侯安此。”谭得其书大感，遂辞让不受领城门职。由是谭、音相与不平。

永远为郡吏，恐为音所危，病满三月免。音奏请永补营军司马，永数谢罪自陈，得转为长史。

音用从舅越亲辅政，威权损于凤时。永复说音曰：“将军履上将之位，食膏腴之都，任周召之职，拥天下之枢，可谓富贵之极，人臣无二，天下之责四面至矣，将何以居之？宜夙夜孳孳，执伊尹之

将军！从前豫子衅面吞炭，毁容变声，为了给智伯报仇，意欲刺杀赵襄子，齐国孟尝君的门客在公门前自刎以报答孟尝君的恩惠，智氏、孟尝尚且还有这样的死士，更何况是将军的门下呢！”王凤于是重视谷永。

数年后，谷永担任安定太守。当时成帝的几位舅舅都在修习经书，执掌朝政。平阿侯王谭依照年龄顺序应当接任大将军王凤继续辅政，王谭与谷永十分交好。阳朔年间，王凤去世。王凤在病重时，举荐堂弟御史大夫王音接替自己。成帝听从了王凤的建议，让王音担任大司马车骑将军，总领尚书事务，而平阿侯王谭位至特进，总领城门守卫。谷永听闻后。给王谭写了一封信说：“您身有周公、召公的德行，保持管子、晏子的节操，敬重贤才，礼贤下士，乐善好施，不知疲倦，早就应当官至大将军，只是因为有大将军王凤还在，所以只能抑郁在家，不能舒展心中愤懑。如今大将军王凤不幸早逝，依照亲疏次序，依照才能高低，您应该继任大将军。在拜任赐官那天，京师的士大夫都怅然失望。这都是由于我们这些人愚顿拙劣，不能褒扬您德行的万分之一。最近听闻您身居特进之位总领城门守卫，这是因为车骑将军在内有条不紊的执政，至亲贤舅在外执掌至关重要的城门守卫。我没有为您感到高兴。您应当辞去官职，陈奏自己才能浅薄不足以稳固城门的防守，以此博取太伯谦让的名声，保持谦逊的形象，然后闭门高枕安卧，为智者之首。希望您与博学多闻的人共同斟酌思量这件事，我为您提出这样的建议。”王谭看过书信后大有感触，于是辞让不接受总领城门守卫的官职。自此王谭、王音之间就不再和睦。

谷永在远方担任郡吏，担心遭到王音的报复，病假满三个月就奏请辞官。王音奏请让谷永补任营军司马，谷永多次谢罪自陈情状，得以转任长史。

王音以成帝堂舅的身份越过成帝的至亲来辅政，威势权力不及当时的王凤。谷永再次游说王音说：“将军身居上将的职位，享受土地肥沃的城邑，担负如同周公、召公的职责，掌握着天下的枢机，可谓富贵之极，人臣无二，天下的指责意见就会从四面而来，您将怎么

强德，以守职匡上，诛恶不避亲爱，举善不避仇雠，以章至公，立信四方。笃行三者，乃可以长堪重任，久享盛宠。太白出西方六十日，法当参天，今已过期，尚在桑榆之间，质弱而行迟，形小而光微。荧惑角怒明大，逆行守尾。其逆，常也；守尾，变也。意岂将军忘湛渐之义，委曲从顺，所执不强，不广用士，尚有好恶之忌，荡荡之德未纯，方与将相大臣乖离之萌也？何故始袭司马之号，俄而金火并有此变？上天至明，不虚见异，唯将军畏之慎之，深思其故，改求其路，以享天意。”音犹不平，荐永为护菀使者。

音薨，成都侯商代为大司马卫将军，永乃迁为凉州刺史。奏事京师讫，当之部，时有黑龙见东莱，上使尚书问永，受所欲言。永对曰：

臣闻王天下有国家者，患在上有危亡之事，而危亡之言不得上闻；如使危亡之言辄上闻，则商周不易姓而迭兴，三正不变改而更用。夏商之将亡也，行道之人皆知之，晏然自以若天有日莫能危，是故恶日广而不自知，大命倾而不寤。《易》曰：“危者有其安者也，亡者保其存者也。”陛下诚垂宽明之听，无忌讳之诛，使刍荛之臣得尽所闻于前，不惧于后患，直言之路开，则四方众贤不远千里，辐凑陈忠，群臣之上愿，社稷之长福也。

汉家行夏正，夏正色黑，黑龙，同姓之象也。龙阳德，由小之

面对？将军应当朝夕勤勉不怠，保持伊尹那样的盛德，以此尽忠职守，匡扶皇上，诛罚奸恶不避亲人，举荐贤才不避仇敌，以此彰显您至公的德行，得以在天下四方树立威信。切实做到这三方面，便可以长久担当重任，长久身享盛宠。太白金星出现在西方已有六十天了，按照惯例应当高悬空中，现在已经过了期限，若将军却还在桑榆之间，本质微弱而且行动迟缓，形状小而且星光微细。荧惑星的形状大而明亮，逆行到尾宿中。荧惑星逆行，是常理；但荧惑星在尾宿中，就是异象。难道是将军忘记了深沉潜藏之义，曲意顺从，意愿不坚定，不能广用贤士，待人处事依旧有好恶的避讳，坦荡的品德不够纯粹，这不正是与将相大臣相互背离的开端吗？为何在您刚承袭了司马的官职后不久，金星和火星就一并发生异变？上天极其圣明，不会凭空出现异象，希望将军有所畏惧和慎重，深思出现异象的原因，改变自身的做法和不足，来承顺天意。”王音心中依旧不能平静，举荐谷永担任护苑使者。

王音去世后，成都侯王商接替他担任大司马卫将军，谷永迁任凉州刺史。谷永在京师奏事完毕后，应当返回凉州，当时在东莱有黑龙出现，成帝派尚书询问谷永，并接受谷永所言。谷永回答说：

臣所闻称王天下拥有国家的人，忧患在于君主的行为有危身亡国的倾向，而君主却听不到警醒危亡的谏言；假如使警醒危亡的谏言能立刻让君主听到，那么商周就不会改名换姓而相继更迭兴起，三代也不会改变历法而继续沿用。夏商将要灭亡，路上的行人全都知晓，而君主却安然自若，自以为如同天上的太阳无人能危害他，因此危机日益严重而君主却不自知，社稷将要倾覆而君主仍然没有醒悟。《易经》上说：“居安思危，存不忘亡，这样才能长久存在。”陛下若是真能有宽宏清明的视听，没有因忌讳的诛罚，使得粗浅鄙陋之臣能将自己的所见所闻全都陈奏给陛下，不会忧惧后患，打开直言之路，那么四方众贤将会不远千里，聚集到朝中陈述忠言，这是群臣最大的愿望，也是社稷得以长久的福气。

汉室实行夏历，以正月为岁首，夏历推崇黑色，黑龙，是同姓

大，故为王者瑞应。未知同姓有见本朝无继嗣之庆，多危殆之隙，欲因扰乱举兵而起者邪？将动心冀为后者，残贼不仁，若广陵、昌邑之类？臣愚不能处也。元年九月黑龙见，其晦，日有食之。今年二月己未夜星陨，乙酉，日有食之。六月之间，大异四发，二而同月，三代之末，春秋之乱，未尝有也。臣闻三代所以陨社稷丧宗庙者，皆由妇人与群恶沈湎于酒。《书》曰："乃用妇人之言，自绝于天；""四方之逋逃多罪，是宗是长，是信是使。"《诗》云："燎之方阳，宁或灭之？赫赫宗周，褒姒威之！"《易》曰："濡其首，有孚失是。"秦所以二世十六年而亡者，养生泰奢，奉终泰厚也。二者陛下兼而有之，臣请略陈其效。

《易》曰"在中餽，无攸遂"，言妇人不得与事也。《诗》曰："懿厥悊妇，为枭为鸱；""匪降自天，生自妇人。"建始、河平之际，许、班之贵，顷动前朝，熏灼四方，赏赐无量，空虚内臧，女宠至极，不可上矣；今之后起，天所不飨，什倍于前。废先帝法度，听用其言，官秩不当，纵释王诛，骄其亲属，假之威权，从横乱政，刺举之吏，莫敢奉宪。又以掖庭狱大为乱阱，榜箠瘩于炮格，绝灭人命，主为赵、李报德复怨，反除白罪，建治正吏，多系无辜，掠立迫恐，至为人起责，分利受谢。生入死出者，不可胜数。是以日食再既，以昭其辜。

的象征。龙象征阳德，从小至大，所以是上天为王者降下的祥瑞的感应。不知是有同姓之人见到本朝没有继嗣，多有危急的迹象，想趁此时机举兵造反？还是有所动心想继承皇位，残暴不仁，如同广陵、昌邑那样的人出现？臣愚钝不能做出断决。元年九月黑龙出现，又在这个月的最后一天，发生了日食。今年二月己未日的夜晚有星体陨落，乙酉日时，再次发生了日食。六个月之间，出现了四次重大的异象，其中两次发生在同一个月，就算是在夏商周三朝之末，春秋之乱时，也从未有过这样的异象。臣听闻夏商周之所以社稷覆亡宗庙衰败，都是因为妇人和一些奸邪之徒在朝中作乱，以及君主沉迷于酒色。《尚书》上说："商纣王听信妲己之言，最终自取灭亡；""商纣王接纳四处逃亡的有罪之人，尊重他们，亲信并任用他们。"《诗经》中说："大火熊熊燃烧，有人能将它熄灭吗？昌盛太平的周朝，褒姒将它毁灭！"《易经》中说："沉迷于饮酒，毫无节制，信义由此丧失。"秦朝历经两世十六年就败亡的原因，是因为皇帝生活过于奢侈，丧葬过于靡费。这两方面陛下全都有，臣奏请大略陈述它们的后果。

《易经》中说"妇人掌管家中事务，没有什么可自专的事情"，这是说妇人不能干预政事。《诗经》上说："周幽王以褒姒为美，但实为奸险恶人；""西周灭亡的灾祸并非从天而降，而是因为专宠褒姒而生。"建始、河平年间，许氏、班氏两族地位显贵，倾动前朝，威震四方，赏赐无量，以至于国库空虚，宠爱已经达到极点，无法再增加了；如今后世的嫔妃，天不赐福，赵、李两人出身卑贱，但恩宠比此前更胜十倍。陛下荒废先帝的法度，听信她们的言论，授予朝臣不当的官爵俸禄，纵容王法应当诛杀的罪人，骄纵她们的亲属，赐予外戚的威势权力，横行无忌，扰乱朝政，检举揭发的官吏，无人敢奉行法令。又在掖庭狱中大肆挖掘关押犯人的坑阱，鞭笞拷打比炮烙之刑还要惨痛，残害人命，只是因为赵、李的报复，那些罪行已经查明的人反而逍遥法外，公正的官吏建议弹劾惩治，那些遭受拘捕的无辜之人，经过严刑拷打认罪并以此定立罪名，甚至有富人为外戚放债，收取利息，共同分赃，或是收取其他财物作为答谢。活着入狱死着

王者必先自绝，然后天绝之。陛下弃万乘之至贵，乐家人之贱事，厌高美之尊号，好匹夫之卑字，崇聚僄轻无义小人以为私客，数离深宫之固，挺身晨夜，与群小相随，乌集杂会，饮醉吏民之家，乱服共坐，流湎媟嫚，溷殽无别，闵免遁乐，昼夜在路。典门户奉宿卫之臣执干戈而守空宫，公卿百僚不知陛下所在，积数年矣。

王者以民为基，民以财为本，财竭则下畔，下畔则上亡。是以明王爱养基本，不敢穷极，使民如承大祭。今陛下轻夺民财，不爱民力，听邪臣之计，去高敞初陵，捐十年功绪，改作昌陵，反天地之性，因下为高，积土为山，发徒起邑，并治宫馆，大兴繇役，重增赋敛，征发如雨，役百乾谿，费疑骊山，靡敝天下，五年不成而后反故。又广旴营表，发人冢墓，断截骸骨，暴扬尸柩。百姓财竭力尽，愁恨感天，灾异娄降，饥馑仍臻。流散冗食，餧死于道，以百万数。公家无一年之畜，百姓无旬日之储，上下俱匮，无以相救。《诗》云：“殷监不远，在夏后之世。”愿陛下追观夏、商、周、秦所以失之，以镜考己行。有不合者，臣当伏妄言之诛！

汉兴九世，百九十余载，继体之主七，皆承天顺道，遵先祖法度，或以中兴，或以治安。至于陛下，独违道纵欲，轻身妄行，当盛壮之隆，无继嗣之福，有危亡之忧，积失君道，不合天意，亦已多矣。为人后嗣，守人功业，如此，岂不负哉！方今社稷宗庙祸福安危之机在于陛下，陛下诚肯发明圣之德，昭然远寤，畏此上天之威

出来的人，不可胜数。因此出现两次日食，以彰显他们的罪过。

王者必先自取灭亡，然后上天才会让他灭亡。陛下舍弃万乘的至尊地位，却喜好平民的财物田产，厌恶高美的尊号，却喜好匹夫卑贱的字号，将轻浮无义的小人聚集起来当作私客，数次离开皇宫，微服出游，与一众小人相随，如鸟兽一般聚散不定，在官吏百姓家中纵情宴饮，乱穿服饰混坐一榻，放纵无度，轻视怠慢，尊卑不分，尽情享乐，早晚沉迷其中不知返回。负责门户执掌宿卫的大臣手持干戈却守护着空荡荡的皇宫，朝中公卿百官不知道陛下所在，已经有很多年了。

王者以民为基，民以财为本，民财竭尽则百姓就会反叛，百姓反叛则国家就会败亡。所以明王十分爱惜长养根本，不敢让它们穷尽，使用民力如同进行祭祀一样慎重敬畏。如今陛下侵夺民财，不爱民力，听信邪臣的计策，离开高大宽敞的初陵，捐弃十年的功绩，改作昌陵，违背天地之性，将低处堆成高地，积土成山，征调百姓修建城邑，一并修建宫馆，大兴徭役，增收赋税，征调百姓如雨般密集，劳役比楚灵王时期还严重百倍，花费相当于秦始皇修建的骊山陵，耗尽天下的财物，五年时间也没有修成最终返回原来的陵寝。而且扩建陵寝，挖掘出百姓的坟冢，使得骸骨散落，棺椁暴露在外。百姓财竭力尽，心中愁怨感动上天，使得灾异屡降，饥荒频发。百姓流离失所，虽然陛下下诏开仓放粮，但百姓依旧会饿死路边，饿死的人多达百万。国库没有一年的积蓄，百姓没有十日的储藏，国家上下全都匮乏不堪，无法赈济。《诗经》上说："殷商的前车之鉴不远，在夏朝之后。"希望陛下能回顾夏、商、周、秦灭亡的原因，以此审察反观自身的行为。若臣所言有违背事实的地方，理应接受妄言的诛罚！

汉朝建立已历经九世，一百九十余年，有七位君主继位，都承顺天道，遵循先祖法度，有的实现中兴，有的治理国家安定太平。到了陛下这一世，唯独背逆天道放纵欲望，轻贱自身胡作非为，正当壮年，却没有子嗣的福泽，而有危亡的忧患，长久亡失为君之道，不合天意，也已经十分严重了。陛下身为先祖的后世子孙，坚守先祖的功业，像这样行事，岂不是有负于先祖吗！如今社稷宗庙祸福安危的关

怒，深惧危亡之征兆，荡涤邪辟之恶志，厉精致政，专心反道，绝群小之私客，免不正之诏除，悉罢北宫私奴车马媠出之具，克己复礼，毋贰微行出饮之过，以防迫切之祸，深惟日食再既之意，抑损椒房玉堂之盛宠，毋听后宫之请谒，除掖庭之乱狱，去炮格之陷阱，诛戮佞邪之臣及左右执左道以事上者，以塞天下之望，且寝初陵之作，止诸缮治宫室，阙更减赋，尽休力役，存恤振捄困乏之人，以弭远方，厉崇忠直，放退残贼，无使素餐之吏久尸厚禄，以次贯行，固执无违，夙夜孳孳，娄省无怠，旧愆毕改，新德既章，纤介之邪不复载心，则赫赫大异庶几可销，天命去就庶几可复，社稷宗庙庶几可保。唯陛下留神反覆，熟省臣言。臣幸得备边部之吏，不知本朝失得，瞽言触忌讳，罪当万死。

成帝性宽而好文辞，又久无继嗣，数为微行，多近幸小臣，赵、李从微贱专宠，皆皇太后与诸舅夙夜所常忧。至亲难数言，故推永等使因天变而切谏，劝上纳用之。永自知有内应，展意无所依违，每言事辄见答礼。至上此对，上大怒。卫将军商密擿永令发去。上使侍御史收永，敕过交道厩者勿追。御史不及永，还，上意亦解，自悔。明年，征永为太中大夫，迁光禄大夫给事中。

元延元年，为北地太守。时灾异尤数，永当之官，上使卫尉淳于长受永所欲言。永对曰：

键在于陛下,陛下若真的肯发扬明圣之德,幡然醒悟,畏惧上天的震怒,害怕危亡的征兆,涤荡邪恶不正的志趣,励精图治,一心一意回归正道,杜绝一众小人作为私客,免去那些任用官员不公正的诏令,将北宫的私奴车马以及游玩享乐的用具悉数废置,克己复礼,不能再犯微服出宫饮酒享乐的过错,以防止迫在眉睫的祸端,深思两次日食出现的用意,减少对皇后嫔妃的宠幸,不得听信后宫的请求,清除掖庭的乱狱,废弃用于炮烙之刑的坑阱,诛戮邪佞之臣以及用邪门旁道事上的左右大臣,以此满足天下人的期望,暂停初陵的修建,停止修缮各个宫室,削减服役的兵卒,减轻赋税,停止力役使民力得到休养,抚慰赈济困乏之人,以此安定天下,勉励推崇忠直之臣,驱逐斥退残暴之徒,不要让官吏长久在位却尸位素餐,以上所说的事情应当依照次第相续推行,坚持不懈不要违背,孜孜不倦,经常反躬自省,没有倦怠,将旧的过错全部改正,那么新的德行就已经彰显出来了,微细的邪念不再存于心中,重大灾异或许可以消失,天命的去留或许可以继续,社稷宗庙也或许可以保全了。希望陛下留神不要再犯,仔细思考臣的话。臣有幸担任边郡的官吏,不清楚本朝的政治得失,妄言触犯忌讳,罪该万死。

成帝生性宽仁喜好文辞,而且长久以来没有子嗣,又多次微服出行,经常宠信无德之臣,赵、李出身微贱却得到成帝的专宠,这些都是皇太后和诸位舅舅日夜忧虑的。至亲很难经常劝说,所以举荐谷永等人,让他们借着天象异变直言劝谏,劝谏成帝采纳他们的话。谷永自知有内应,便畅所欲言没有迟疑,每次奏事后朝廷都会赐予厚礼表示答谢。到了这次呈上奏章后,成帝大怒。卫将军王商暗中指使谷永让他逃走。成帝派侍御史抓捕谷永,下令若谷永若过了交道厩就不要追了。侍御史追不上谷永,回宫禀奏,成帝的怒气也消了,深感懊悔。第二年,成帝征召谷永担任太中大夫,后来谷永升任光禄大夫给事中。

元延元年(前12),谷永担任北地太守。当时灾异频发,谷永要赴任时,成帝派卫尉淳于长前去询问听受谷永想要说的话。谷永回答道:

臣永幸得以愚朽之材为太中大夫，备拾遗之臣，从朝者之后，进不能尽思纳忠辅宣圣德，退无被坚执锐讨不义之功，猥蒙厚恩，仍迁至北地太守。绝命陨首，身膏野草，不足以报塞万分。陛下圣德宽仁，不遗易忘之臣，垂周文之听，下及刍荛之愚，有诏使卫尉受臣永所欲言。臣闻事君之义，有言责者尽其忠，有官守者修其职。臣永幸得免于言责之辜，有官守之任，当毕力遵职，养绥百姓而已，不宜复关得失之辞。忠臣之于上，志在过厚，是故远不违君，死不忘国。昔史鱼既没，余忠未讫，委柩后寝，以尸达诚；汲黯身外思内，发愤舒忧，遗言李息。经曰："虽尔身在外，乃心无不在王室。"臣永幸得给事中出入三年，虽执干戈守边垂，思慕之心常存于省闼，是以敢越郡吏之职，陈累年之忧。

臣闻天生蒸民，不能相治，为立王者以统理之，方制海内非为天子，列土封疆非为诸侯，皆以为民也。垂三统，列三正，去无道，开有德，不私一姓，明天下乃天下之天下，非一人之天下也。王者躬行道德，承顺天地，博爱仁恕，恩及行苇，籍税取民不过常法，宫室车服不逾制度，事节财足，黎庶和睦，则卦气理效，五征时序，百姓寿考，庶屮蕃滋，符瑞并降，以昭保右。失道妄行，逆天暴物，穷奢极欲，湛湎荒淫，妇言是从，诛逐仁贤，离逖骨肉，群小用事，峻刑重赋，百姓愁怨，则卦气悖乱，咎征著邮，上天震怒，灾异娄降，日月薄食，五星失行，山崩川溃，水泉踊出，妖孽并见，茀星耀光，饥馑荐臻，百姓短折，万物夭伤。终不改寤，恶洽变备，不复谴告，更命有德。《诗》云："乃眷西顾，此惟予宅。"

臣谷永有幸以愚朽之才担任太中大夫，身为拾遗补缺的大臣，上朝跟随在大臣们的后面，进不能尽心效忠辅佐君主宣扬圣德，退没有身披坚固甲胄手持锐利兵器征讨不义的功劳，却依旧辱蒙厚恩，迁任北地太守。就算是臣断命陨首，暴尸荒野，也不足以报答皇恩万分之一。陛下圣德宽仁，不会遗忘微不足道的臣子，如周文王一样广开言路倾听谏言，下到割草砍柴的愚人，陛下下诏让卫尉询问听受臣谷永想要说的话。臣听闻奉事君主的要义，就是进谏要竭尽忠诚，为官任职要奉公尽职。臣谷永虽有幸免于谏诤的罪责，但有身为郡守的责任，臣应当尽忠职守，抚慰百姓而已，不应当再有涉及政治得失的言辞。忠臣对于君主，志在尽忠，所以他们即便远离朝廷也不会背叛君主，至死不会忘记国家。从前史鱼去世后，余忠却没有终止，留下遗言将自己的灵柩放在后堂，以尸谏卫灵公；汲黯虽身在外却忧思朝中，抒发愤懑和担忧，给李息提出建议。《尚书》中说：“虽然你身在朝外，但内心无时不在王室。”臣谷永有幸担任给事中前后已有三年，虽手持干戈守护边陲，但内心常牵挂宫中，因此臣僭越郡守的职责，陈述多年的忧虑。

臣听闻上天创造百姓，百姓之间无法相互治理，所以就为他们设立君主统理他们，统治海内并非为了天子，列土分疆并非为了诸侯，这些都是为了百姓。大汉沿用夏商周的历法，定立天地人的正道，摒弃暴虐无道，遍施仁厚有德，不会偏私某一姓氏，明确天下是天下人的天下，并不是某一人的天下。君主亲身力行道德，承顺天地，博爱宽容，恩泽惠及路边芦苇，征收赋税征调徭役不能超过常法，宫室车马用度不能逾越制度，行事节俭财用富足，百姓和睦，则卦气便会和顺，五种自然现象按照季节先后出现，百姓长寿，草木繁茂，祥瑞并降，以此彰显上天的庇祐。若是君主违背道义胡作非为，背逆天意暴殄天物，穷奢极欲，沉迷酒色纵情享乐，听从妇人之言，诛杀贬斥仁贤之臣，疏远骨肉，宵小当权，刑法严峻，赋税繁重，百姓因此心生愁怨，则卦气便会悖乱，灾祸的应验尤为显著，上天盛怒，灾异屡降，日月相掩而食，五星运行混乱，山崩川溃，泉水喷涌，妖孽并现，孛星散发光芒，饥荒接踵而至，百姓短寿，万物折损。君王却始

夫去恶夺弱，迁命贤圣，天地之常经，百王之所同也。加以功德有厚薄，期质有修短，时世有中季，天道有盛衰。陛下承八世之功业，当阳数之标季，涉三七之节纪，遭《无妄》之卦运，直百六之灾阸。三难异科，杂焉同会。建始元年以来二十载间，群灾大异，交错锋起，多于《春秋》所书。八世著记，久不塞除，重以今年正月己亥朔日有食之，三朝之会，四月丁酉四方众星白昼流陨，七月辛未彗星横天。乘三难之际会，畜众多之灾异，因之以饥馑，接之以不赡。彗星，极异也，土精所生，流陨之应出于饥变之后，兵乱作矣，厥期不久，隆德积善，惧不克济。内则为深宫后庭将有骄臣悍妾醉酒狂悖卒起之败，北宫苑囿街巷之中臣妾之家幽闲之处徵舒、崔杼之乱；外则为诸夏下土将有樊並、苏令、陈胜、项梁奋臂之祸。内乱朝暮，日戒诸夏，举兵以火角为期。安危之分界，宗庙之至忧，臣永所以破胆寒心，豫言之累年。下有其萌，然后变见于上，可不致慎！

祸起细微，奸生所易。愿陛下正君臣之义，无复与群小媟黩燕饮；中黄门后庭素骄慢不谨尝以醉酒失臣礼者，悉出勿留。勤三纲之严，修后宫之政，抑远骄妒之宠，崇近婉顺之行，加惠失志之人，怀柔怨恨之心。保至尊之重，秉帝王之威，朝觐法出而后驾，陈兵清道而后行，无复轻身独出，饮食臣妾之家。三者既除，内乱之路塞矣。

诸夏举兵，萌在民饥馑而吏不恤，兴于百姓困而赋敛重，发于

终没有悔改醒悟，灾祸厄运频现，上天就不会再告诫，而会另立有德之人。《诗经》说："上天向西回望，将天下赐予文王。"

舍弃恶人夺去弱者的王位，将天命赐予圣贤，这是天地之中永恒的规律，历代帝王都是一样的。再加上功德有厚薄，寿命有长短，时世有先后，天道有盛衰。陛下继承了汉朝八世的功业，正当阳九的末季，到了三七的纪年，遭受无妄的卦运，正值百六的灾厄。三种不同的灾异，相互交杂一同出现。建始元年以来已有二十多年，重大的灾异，交错频发，超过了《春秋》中所记载的灾异。从高祖至元帝已有八世，他们所记载的灾异尚未消除，再者今年正月己亥初一时有日食出现，当时正值正月初一，岁日月三朝起始，四月丁酉时四方众星在白天坠落，七月辛未时有彗星横越天空。在这三种灾难聚合频发之际，积聚了众多的灾异，紧接着是饥荒，再者就是贫困。彗星，是极其严重的异象，它为土精所生，彗星的陨落出现在饥荒之后，那就说明将会发生兵乱，时间不会相隔太久，修德积善，尚且还害怕不能安然度过。征兆就是在内则深宫后庭将有骄臣悍妾醉酒狂悖突发灾祸，北宫园囿街巷之中臣妾之家幽闲之处发生徵舒、崔杼之类以下弑上的叛乱；在外则诸侯国以及边远地方的将领有樊並、苏令、陈胜、项梁起兵为患。内乱则祸在早晚之间，外乱则要终日警戒兵患，举兵叛乱是以荧惑星的光芒为期。这些事情是安危的分界，是宗庙的最大忧患，臣谷永因此甚为忧惧，预言了多年。在下萌生祸端，然后在上将会出现灾变，怎能不慎重！

祸乱起于细微之处，奸邪生于轻视之间。愿陛下匡正君臣之义，不要再和那些宵小之人进行轻慢淫秽的宴饮；中黄门后庭之中有素来骄慢放纵、曾因醉酒有失臣礼的，将他们悉数逐出，一概不留。勤修三纲，整饬后宫事务，抑制并疏远骄矜嫉妒的专宠，崇尚温婉和顺的品行，施予恩惠给失意之人，抚慰怨恨之心。保全至尊之重，秉持帝王之威，朝觐要有副车跟随，部署卫兵清道后再出行，不要再独自微服出行，不要在臣子嫔妃家中宴饮。这三方面改正之后，内乱的途径也就阻塞了。

诸侯国举兵造反，萌发于百姓遭逢饥荒而官吏却不加以抚恤，

下怨离而上不知。《易》曰:“屯其膏,小贞吉,大贞凶。”传曰:“饥而不损兹谓泰,厥灾水,厥咎亡。”《訞辞》曰:“关动牡飞,辟为无道,臣为非,厥咎乱臣谋篡。”王者遭衰难之世,有饥馑之灾,不损用而大自润,故凶;百姓困贫无以共求,愁悲怨恨,故水;城关守国之固,固将去焉,故牡飞。往年郡国二十一伤于水灾,禾黍不入。今年蚕麦咸恶。百川沸腾,江河溢决,大水泛滥郡国十五有余。比年丧稼,时过无宿麦。百姓失业流散,群辈守关。大异较炳如彼,水灾浩浩,黎庶穷困如此,宜损常税小自润之时,而有司奏请加赋,甚缪经义,逆于民心,布怨趋祸之道也。牡飞之状,殆为此发。古者谷不登亏膳,灾娄至损服,凶年不塈涂,明王之制也。《诗》云:“凡民有丧,扶服捄之。”《论语》曰:“百姓不足,君孰予足?”臣愿陛下勿许加赋之奏,益减大官、导官、中御府、均官、掌畜、廪牺用度,止尚方、织室、京师郡国工服官发输造作,以助大司农。流恩广施,振赡困乏,开关梁,内流民,恣所欲之,以救其急。立春,遣使者循行风俗,宣布圣德,存恤孤寡,问民所苦,劳二千石,敕劝耕桑,毋夺农时,以慰绥元元之心,防塞大奸之隙。诸夏之乱,庶几可息。

臣闻上主可与为善而不可与为恶,下主可与为恶而不可与为善。陛下天然之性,疏通聪敏,上主之姿也。少省愚臣之言,感寤

兴起于百姓生活困顿而赋税日渐加重，发生于百姓心生怨恨而背离，君主却茫然不知。《易经》中说："恩泽不能遍施于下，处理小事尚且为吉，处理国家大事则为凶。"《尚书》中说："饥年没有折损是为泰，发生其他灾祸或洪水，因此就会灭亡。"《訞辞》中说："门闩松动自行脱落，象征君主无道，臣子胡作非为，因此就会发生乱臣贼子谋逆篡位。"王者遭逢衰败艰难之世，有饥馑之灾，不但不减省用度反而更加奢侈靡费，就会发生祸患；百姓因困顿贫乏无法供给君主所求，心中充满愁悲怨恨，就会发生水灾；城门是用来固守国家的，安定稳固的国家将要失去，门闩就会自行脱落。往年遭受水灾的郡国有二十一个，庄稼歉收。今年养蚕与麦子的收成都不好。百川汹涌奔腾，长江黄河决堤，大水泛滥殃及的郡国超过十五个。庄稼连年歉收，百姓错过农时无法种植冬麦。百姓失业流散，官吏把守城门不收容难民。重大的灾异十分昭著明显，水灾浩荡，黎民百姓如此穷乏困顿，本应减少税收，减省用度之时，有关官员却奏请增加赋税，简直背谬经义，违逆民心，这是广招怨恨靠近祸患的做法。门闩自行脱落的情形，大概就是为这些事情而发。古时候粮食歉收则会减少饮食，灾祸频发则会减损服饰，凶年时不会建造房屋，这些都是明王的制度。《诗经》中说："凡是百姓有灾祸，竭尽全力去赈救他们。"《论语》中说："百姓不富足，君主怎能富足？"臣希望陛下不要其他大臣批准增加赋税的奏请，应当减少大官、导官、中御府、均官、掌畜、廪牺的用度，停止尚方、织室、京师郡国官服的制作和运输，节省钱财帮助大司农。广施恩德，赈济困乏的百姓，打开关口桥梁，收容流民，让他们去自己想去的地方，以此救济百姓的急难。立春时，朝廷应派遣使者巡行民间风俗，宣扬圣德，抚恤孤寡，询问百姓疾苦，慰劳勉励二千石的官吏，告诫劝勉耕田养蚕，不要占用农时，以此抚慰民心，防备杜绝奸邪作乱的空隙。诸侯国的叛乱，基本就可以平息了。

臣听闻可以与明君为善而不可与他为恶，可以与昏君为恶而不可与他为善。陛下天性通达聪敏，具有明君的资质。希望陛下能稍加思考愚臣所言，领悟三种灾难的危害，对于重大灾异深感畏惧，定心为

三难，深畏大异，定心为善，捐忘邪志，毋贰旧愆，厉精致政至诚应天，则积异塞于上，祸乱伏于下，何忧患之有？窃恐陛下公志未专，私好颇存，尚爱群小，不肯为耳！

对奏，天子甚感其言。

永于经书，泛为疏达，与杜钦、杜邺略等，不能洽浃如刘向父子及扬雄也。其于天官、《京氏易》最密，故善言灾异，前后所上四十余事，略相反覆，专攻上身与后宫而已。党于王氏，上亦知之，不甚亲信也。

永所居任职，为北地太守岁余，卫将军商薨，曲阳侯根为票骑将军，荐永，征入为大司农。岁余，永病，三月，有司奏请免。故事，公卿病，辄赐告，至永独即时免。数月，卒于家。本名並，以尉氏樊並反，更名永云。

杜邺字子夏，本魏郡繁阳人也。祖父及父积功劳皆至郡守，武帝时徙茂陵。邺少孤，其母张敞女。邺壮，从敞子吉学问，得其家书。以孝廉为郎。

与车骑将军王音善。平阿侯谭不受城门职，后薨，上闵悔之，乃复令谭弟成都侯商位特进，领城门兵，得举吏如将军府。邺见音前与平阿有隙，即说音曰："邺闻人情，恩深者其养谨，爱至者其求详。夫戚而不见殊，孰能无怨？此《棠棣》《角弓》之诗所为作也。昔秦伯有千乘之国，而不能容其母弟，《春秋》亦书而讥焉。周召则不然，忠以相辅，义以相匡，同己之亲，等己之尊，不以圣德独兼国宠，又不为长专受荣任，分职于陕，并为弼疑。故内无感恨之隙，外无侵侮之羞，俱享天祐，两荷高名者，盖以此也。窃见成都侯以特进领城门兵，复有诏得举吏如五府，此明诏所欲宠也。将军宜承顺

善，忘却邪念，不要再犯一样的过失，励精图治，至诚应天，那么各种灾异将会遏止于上，祸乱将会潜伏于下了，还有什么值得忧患的呢？臣担心陛下勤政为公的志向尚未专一，自身的喜好依旧存在，仍然与一众宵小交好，不愿去做！

谷永的对奏呈上之后，成帝对他的话深有感触。

谷永对于经书，普遍都通晓，才学与杜钦、杜邺相当，但不如刘向父子以及扬雄一样广博精通。谷永对于天官、《京氏易》最为熟悉，所以谷永善谈灾异，前后共陈奏了四十多件事情，略有重复，专论成帝自身的过失以及后宫的问题而已。谷永与王氏结为朋党，交往甚密，成帝也知晓这些事情，并不是十分亲近信任谷永。

谷永任职之处都很称职，担任北地太守一年多，卫将军王商去世，曲阳侯王根担任骠骑将军，举荐谷永，朝廷征召谷永入京担任大司农。一年多后，谷永患病，三个月后，有关官员奏请免去谷永的官职。遵照旧例，公卿患病，皇帝应当赐假归家治病，唯独到了谷永成帝将其立刻免职。几个月后，谷永在家中去世。谷永本名谷並，但因为尉氏的樊並曾造反，便改名为永。

杜邺字子夏，原本是魏郡繁阳人。他的祖父和父亲全都因积累功劳而官至郡守，武帝时迁居茂陵。杜邺年少丧父，杜邺的母亲是张敞的女儿。杜邺长大后，跟随张敞的儿子张吉求学，学习张吉家中的藏书。通过举孝廉杜邺担任郎官。

杜邺与车骑将军王音交好。平阿侯王谭没有领受守卫城门的官职，后来王谭去世，成帝为此哀伤懊悔，便又诏令王谭的弟弟成都侯王商位至特进，总领城门守卫，可以像将军府一样举荐官吏。杜邺见到王音先前与平阿侯王谭有嫌隙，便游说王音说：“我听闻人之常情，对待恩深的人要谨慎奉养，对待至爱的人要有求必应。关系亲近的待遇却与关系疏远的无异，这样做谁能没有怨气？这就是《棠棣》《角弓》之诗之所以创作出来的目的。从前秦景公拥有千乘之国，却容不下他同母的弟弟，《春秋》也有记载而讥讽秦景公。周公、召公则不这么做，他们忠心辅助天子，心存道义加以匡正，公平对待自己的亲属，与自己享有同等的尊位，不因圣德而独占国家的恩宠，又不

圣意，加异往时，每事凡议，必与及之，指为诚发，出于将军，则孰敢不说谕？昔文侯寤大雁之献而父子益亲，陈平共壹饭之篑而将相加欢，所接虽在楹阶俎豆之间，其于为国折冲厌难，岂不远哉！窃慕仓唐、陆子之义，所白奥内，唯深察焉。"音甚嘉其言，由是与成都侯商亲密，二人皆重邺。后以病去郎。商为大司马卫将军，除邺主簿，以为腹心，举侍御史。哀帝即位，迁为凉州刺史。邺居职宽舒，少威严，数年以病免。

是时，帝祖母定陶傅太后称皇太太后，帝母丁姬称帝太后，而皇后即傅太后从弟子也。傅氏侯者三人，丁氏侯者二人。又封傅太后同母弟子郑业为阳信侯。傅太后尤与政专权。元寿元年正月朔，上以皇后父孔乡侯傅晏为大司马卫将军，而帝舅阳安侯丁明为大司马票骑将军。临拜，日食，诏举方正直言。扶阳侯韦育举邺方正，邺对曰：

臣闻禽息忧国，碎首不恨；卞和献宝，刖足愿之。臣幸得奉直言之诏，无二者之危，敢不极陈！臣闻阳尊阴卑，卑者随尊，尊者兼卑，天之道也。是以男虽贱，各为其家阳；女虽贵，犹为其国阴。故礼明三从之义，虽有文母之德，必系于子。《春秋》不书纪侯之母，阴义杀也。昔郑伯随姜氏之欲，终有叔段篡国之祸；周襄王内迫惠

因年长专受官职的荣耀，以陕州为界各司其职，共同辅佐天子。所以在内没有怨恨不满的嫌隙，在外没有侵犯欺侮的耻辱，他们之所以都得到上天的庇佑，享有盛名，大概就是因为这些。我见到成都侯位至特进，总领城门守卫，皇上又诏令成都侯可以像将军府一样举荐官吏，这明显就是皇上想宠信成都侯。将军应当承顺圣意，与以往不同，凡是有事需要商议时，一定要让成都侯参与其中，初心都是出于忠诚，并且由将军提出，那么谁会不高兴呢？从前魏文侯因赵仓唐进献大雁有所感悟而父子之间更加亲近，陈平采纳陆贾的建议为绛侯提供一餐饮食而将相关系愈加和睦，这些交往虽然只是在平常生活之间，但它能为国家消除患难御敌制胜，这些行为的意义岂不远大！我仰慕赵仓唐、陆贾的道义，我所言其中的隐奥之处，希望将军深思。”王音听后十分欣赏杜邺的话，因此与成都侯王商的关系变得亲密，二人都器重杜邺。后来杜邺因病辞去郎官的职务。王商担任大司马卫将军时，让杜邺担任主簿，将他视作心腹，并举荐他担任侍御史。哀帝继位后，杜邺升任凉州刺史。杜邺为官宽缓，少有威严，数年后因病免官。

当时，哀帝的祖母定陶傅太后尊称为皇太太后，哀帝的母亲丁姬尊称为帝太后，哀帝的皇后是傅太后堂弟的女儿。傅氏一族封侯的有三人，丁氏一族封侯的有两人。哀帝又将傅太后同母弟的儿子郑业封为阳信侯。傅太后更是干预政事独断专权。元寿元年（前2）正月初一，哀帝将皇后的父亲孔乡侯傅晏任命为大司马卫将军，将舅舅阳安侯丁明任命为大司马骠骑将军。等到拜授官职时，出现了日食，哀帝下令举荐刚正不阿，敢于直言的士人。扶阳侯韦育举荐杜邺为人正直，杜邺对奏说：

臣听闻秦大夫禽息忧国，头破血流也没有怨恨；楚人卞和进献宝玉，双足被砍去也心甘情愿。臣有幸得以承奉直言之诏，没有前两者的危机，又怎敢不尽力谏言！臣听闻阳尊阴卑，卑者依顺尊者，尊者包容卑者，这是自然规律。所以男子即便卑贱，就算是在各自家庭中也是属阳；女子即便尊贵，就算是贵为一国之尊也是属阴。因此在礼法中明确了三从的义理，就算是有文王之妃太姒的德行，也必须

后之难，而遭居郑之危。汉兴，吕太后权私亲属，又以外孙为孝惠后，是时继嗣不明，凡事多晻，昼昏冬雷之变，不可胜载。窃见陛下行不偏之政，每事约俭，非礼不动，诚欲正身与天下更始也。然嘉瑞未应，而日食地震，民讹言行筹，传相惊恐。案《春秋》灾异，以指象为言语，故在于得一类而达之也。日食，明阳为阴所临，《坤卦》乘《离》，《明夷》之象也。《坤》以法地，为土为母，以安静为德。震，不阴之效也。占象甚明，臣敢不直言其事！

昔曾子问从令之义，孔子曰："是何言与！"善闵子骞守礼不苟，从亲所行，无非理者，故无可间也。前大司马新都侯莽退伏弟家，以诏策决，复遣就国。高昌侯宏去蕃自绝，犹受封土。制书侍中驸马都尉迁不忠巧佞，免归故郡，间未旬月，则有诏还，大臣奏正其罚，卒不得遣，而反兼官奉使，显宠过故。及阳信侯业，皆缘私君国，非功义所止。诸外家昆弟无贤不肖，并侍帷幄，布在列位，或典兵卫，或将军屯，宠意并于一家，积贵之势，世所希见所希闻也。至乃并置大司马将军之官。皇甫虽盛，三桓虽隆，鲁为作三军，无以甚此。当拜之日，晻然日食。不在前后，临事而发者，明陛下谦逊无专，承指非一，所言辄听，所欲辄随，有罪恶者不坐辜罚，无功能者毕受官爵，流渐积猥，正尤在是，欲令昭昭以觉圣朝。昔诗人所刺，《春秋》所讥，指象如此，殆不在它。由后视前，忿邑非之，逮身所行，不自镜见，则以为可，计之过者。疏贱独偏见，疑内亦有此类。天变不空，保右世主如此之至，奈何不应！

依附于她的儿子。《春秋》之中之所以没有记载纪侯的母亲，是因为减少降低女子的干预。从前郑伯听任姜氏的贪欲，最终发生叔段篡国之祸；周襄王在国内遭受惠后的勾结之难，最终出逃避居郑国。汉朝建立之后，吕太后凭借权势偏私亲属，又让外孙女做孝惠帝的皇后，当时惠帝子嗣不明，凡事大多晦暗，像白昼昏暗冬季打雷之类的异变，多得难以记载。臣见到陛下施行公正不偏的政治，每件事情简单俭省，不合乎礼法就不会去做，着实是想严正自身与天下一同除旧革新。然而祥瑞还没有应验，就发生了日食地震，百姓听信谣言行筹占卜，流传散布惊惶不安。查阅《春秋》中记载的灾异，上天都是通过异象作为言语示意人们，因此在于知道一类异象的含义就通晓其他异象的含义了。日食，表示阳为阴所覆盖，《坤卦》凌驾于《离》之上，这是《明夷》之象。《坤》代表地，为土为母，以安静为德。地震出现，说明是不遵阴德的表现。卦象十分明了清楚，臣怎敢不直言这些事情！

从前曾子询问孔子遵从父命的义理，孔子说："这是什么话！"孔子称赞闵子骞恪守礼法，遵从父母所行，没有违背情理之处，所以没有可离间的地方。此前大司马新都侯王莽被罢黜住在弟弟家中，因为有诏书的决断，王莽再次被遣归封国。高昌侯董宏离开藩地自行断绝与朝廷的关系，却依旧享有封土。陛下又下诏侍中驸马都尉傅迁奸猾不忠，免去傅迁的官职遣归故郡，还不满一个月，又召他回来，大臣奏请要求严正惩处傅迁，但最终没有遣回故郡，反而身兼数职、奉命出使，显贵恩宠胜过从前。以及阳信侯郑业，都是因为私恩而得到封爵享有封国，并非因功绩而封侯。众多外戚兄弟不论是否贤能，都在陛下左右，位列朝中，有的执掌宿卫，有的率领军队，恩宠集于一家，长久显贵之势，世间罕见，闻所未闻。陛下甚至并列设立大司马将军的官职。曾经春秋时期的皇甫一族纵然兴盛，鲁国的三桓纵然强大，在鲁国分领三军，也无法与当今相比。到了拜授官职之日，天空昏暗有日食发生。发生的时间不前不后，刚好在拜授官职时才发生，这是告诫陛下谦逊没有专权，但陛下不能总是顺从太皇太后的旨意，太皇太后所言全都听从，太皇太后所欲全都顺从，有罪恶者不

臣闻野鸡著怪，高宗深动；大风暴过，成王怛然。愿陛下加致精诚，思承始初，事稽诸古，以厌下心，则黎庶群生无不说喜，上帝百神收还威怒，祯祥福禄何嫌不报！

邺未拜，病卒。邺言民讹言行筹，及谷永言王者买私田，彗星陨石牡飞之占，语在《五行志》。

初，邺从张吉学，吉子竦又幼孤，从邺学问，亦著于世，尤长小学。邺子林，清静好古，亦有雅材，建武中历位列卿，至大司空。其正文字过于邺、竦，故世言小学者由杜公。

赞曰：孝成之世，委政外家，诸舅持权，重于丁、傅在孝哀时。故杜邺敢讥丁、傅，而钦、永不敢言王氏，其势然也。及钦欲挹损凤权，而邺附会音、商。永陈三七之戒，斯为忠焉，至其引申伯以阿凤，隙平阿于车骑，指金火以求合，可谓谅不足而谈有余者。孔子称“友多闻”，三人近之矣。

定罪惩处，无才能者却奉享官爵，这样的风气逐渐扩展，日益深重，这正是原因所在，上天想用明白清楚的事情来让圣朝察觉。以往诗人所指责的，《春秋》所讥讽的，其中的用意景象就是这样，并不在其它方面。后人回顾前事，心中愤恨加以非难，到了自身所行，却没有引以为戒，自认为是正确的，这是施政的错误。陛下当局者迷，臣旁观者清，臣怀疑后宫之中也有如傅迁、郑业这样妄受恩宠的人。上天的警示不是空泛的，如此尽力地保佑历代君主，君主为什么不顺应天戒勤修德政！

臣听闻野鸡飞到鼎耳上，商高宗因此大为触动，内心忧惧而勤修德政；大风席卷而过，周成王因此惊恐不安，消除疑心而诚心悔过。希望陛下愈加至诚，思考当初承继大统的初心，每件事考查借鉴古时候的事例，以此满足民心，这样做黎民百姓将无不喜悦，上天百神也会收回怒气，吉兆福禄何愁不会到来！

杜邺还未拜任官职，便病逝了。杜邺所言的百姓听信谣言行筹占卜，以及谷永所言君王购买私田，出现彗星陨石、门闩自行脱落的占验，详见《五行志》。

起初，杜邺跟随张吉学习，张吉的儿子张竦同样幼年丧父，张竦跟随杜邺求学，也在当时负有盛名，尤其善于文字之学。杜邺的儿子杜林，性格沉稳安静，喜好古代的事物，也有异于常人的才华，建武年间历位列卿，官至大司空。杜林考正文字的学问超过杜邺、张竦，因此世人都说文字之学始于杜公。

赞辞说：孝成帝时，朝中政事交托于外戚，诸位舅舅把持政权，权势比孝哀帝时的丁氏、傅氏还要大。因此杜邺敢讥讽丁氏、傅氏，而杜钦、谷永不敢弹劾王氏，这是形势所致。以及杜钦想减损王凤在朝中的权力，而杜邺却攀附王音、王商，原因也是如此。谷永陈奏三七的警戒，这是忠心，谷永又引用申伯的例子来迎合奉承王凤，劝说平阿侯王谭不要接受城门守卫的官职，因而离间平阿侯王谭与车骑将军王音，之后又言说金星火星的变化以求与王音和解，可谓是诚信不足而谈说有余。孔子说“与博学多闻的人交友”，杜邺、杜钦、谷永都是这样。

卷八十六

何武王嘉师丹传第五十六

何武字君公，蜀郡郫县人也。宣帝时，天下和平，四夷宾服，神爵、五凤之间娄蒙瑞应。而益州刺史王襄使辩士王褒颂汉德，作《中和》《乐职》《宣布》诗三篇。武年十四五，与成都杨覆众等共习歌之。是时，宣帝循武帝故事，求通达茂异士，召见武等于宣室。上曰："此盛德之事，吾何足以当之哉！"以褒为待诏，武等赐帛罢。

武诣博士受业，治《易》。以射策甲科为郎，与翟方进交志相友。光禄勋举四行，迁为鄠令，坐法免归。

武兄弟五人，皆为郡吏，郡县敬惮之。武弟显家有市籍，租常不入，县数负其课。市啬夫求商捕辱显家，显怒，欲以吏事中商。武曰："以吾家租赋繇役不为众先，奉公吏不亦宜乎！"武卒白太守，召商为卒吏，州里闻之皆服焉。

久之，太仆王音举武贤良方正，征对策，拜为谏大夫，迁扬州刺史。所举奏二千石长吏必先露章，服罪者为亏除，免之而已；不服，极法奏之，抵罪或至死。

九江太守戴圣，《礼经》号小戴者也，行治多不法，前刺史以其大儒，优容之。及武为刺史，行部录囚徒，有所举以属郡。圣曰："后进生何知，乃欲乱人治！"皆无所决。武使从事廉得其罪，圣

何武字君公，蜀郡郫县人。宣帝时，天下和平，四夷归顺，神爵、五凤年间多次降下祥瑞。而益州刺史王襄命辩士王褒称颂汉室的德业，王褒作《中和》《乐职》《宣布》诗三篇。何武当时十四五岁，与成都杨覆众等人共同学习歌唱这些诗。当时，宣帝遵循武帝时的旧例，征召通达事理德才出众的士人，宣帝在宣室召见何武等人。宣帝说："这是盛德之事，我如何能承担啊！"宣帝将王褒任命为待诏，赏赐何武等人布帛。

何武拜博士为师学习，修习《易经》。通过射策甲科担任郎官，与翟方进志趣相投，互为好友。光禄勋举荐质朴、敦厚、逊让、有行义这四个方面的人才，因此何武得以升任鄠县县令，后来何武因过错遭免职回家。

何武兄弟五人，全都担任郡中属吏，郡县的百姓都很敬畏他们。何武的弟弟何显家中有商贾的户籍，经常不缴纳赋税，县中经常亏欠税收。县里负责收取赋税的官吏求商因此侮辱何显家人，何显大怒，想以政事中伤求商。何武说："因为我家的赋税徭役不能作为百姓的表率，也就不适合担任奉公职守的官吏了！"何武上报太守，征召求商担任卒吏，乡里百姓听闻这件事后都十分敬服何武。

一段时间之后，太仆王音举荐何武为贤良方正，宣帝征召何武回答策问，宣帝因此命何武担任谏议大夫，后来何武升任扬州刺史。何武弹劾检举二千石的官吏一定会将奏章中纠举的内容公开，服罪的官吏就为他们减轻罪责，将他们免官；不服罪的，就以重罪上奏他们的罪行，让他们受到应有的罪罚，有的甚至判处死罪。

九江太守戴圣，《礼经》中号称小戴，戴圣在任职期间多有不遵守法令的行为，以前的刺史因为戴圣是大儒，就宽容对待。等到何武担任刺史时，巡行审查拘捕到案的罪犯，将一部分罪犯交由郡中审

惧，自免。后为博士，毁武于朝廷。武闻之，终不扬其恶。而圣子宾客为群盗，得，系庐江，圣自以子必死。武平心决之，卒得不死。自是后，圣惭服。武每奏事至京师，圣未尝不造门谢恩。

武为刺史，二千石有罪，应时举奏，其余贤与不肖敬之如一，是以郡国各重其守相，州中清平。行部必先即学官见诸生，试其诵论，问以得失，然后入传舍，出记问垦田顷亩，五谷美恶，已乃见二千石，以为常。

初，武为郡吏时，事太守何寿。寿知武有宰相器，以其同姓故厚之。后寿为大司农，其兄子为庐江长史。时武奏事在邸，寿兄子适在长安，寿为具召武弟显及故人杨覆众等，酒酣，见其兄子，曰："此子扬州长史，材能驽下，未尝省见。"显等甚惭，退以谓武，武曰："刺史古之方伯，上所委任，一州表率也，职在进善退恶。吏治行有茂异，民有隐逸，乃当召见，不可有所私问。"显、覆众强之，不得已召见，赐卮酒。岁中，庐江太守举之。其守法见惮如此。

为刺史五岁，入为丞相司直，丞相薛宣敬重之。出为清河太守，数岁，坐郡中被灾害什四以上免。久之，大司马曲阳侯王根荐武，征为谏大夫。迁兖州刺史，入为司隶校尉，徙京兆尹。二岁，坐举方正所举者召见槃辟雅拜，有司以为诡众虚伪。武坐左迁楚内

理。戴圣说："后辈知道什么，就想要扰乱别人的治理！"戴圣就没有审理这些案件。何武便派从事调查戴圣的罪行，戴圣害怕，自请辞官。后来戴圣担任了博士，在朝廷上毁谤何武。何武听闻后，自始至终都没有宣扬过戴圣的恶行。再后来戴圣之子的门客沦为盗贼，遭到官吏抓捕，关押在庐江，戴圣自以为儿子必死无疑。何武公平审判这件案子，戴圣的儿子最终免于死罪。自此以后，戴圣深感羞愧。何武每年前往京师陈奏政事，戴圣无不登门谢恩。

何武担任刺史，二千石官吏若是有罪，他就会立刻检举上奏，其余的官吏不论贤与不贤何武都一视同仁，所以郡国之中都很重视他们的郡守和国相，州中清明太平。何武在巡行所属郡县时一定会先前往学校接见诸位学生，考查他们的功课，询问学业上的收获，然后再回到驿站，拿出记录查问田地的数量，五谷的优劣，之后再接见二千石的官吏，何武经常按照这样的顺序巡行郡县。

起初，何武担任郡中官吏时，曾奉事太守何寿。何寿知晓何武有胜任宰相的才干，又因与自己同姓所以十分厚待何武。后来何寿担任大司农，何寿兄长的儿子担任庐江长史。当时何武在何寿的官邸陈奏事情，何寿兄长的儿子恰好也在长安，何寿为何武的弟弟何显以及故人杨覆众等人设下酒宴，酒喝得正畅快尽兴时，何寿让他兄长的儿子出来拜见众人，说："这孩子是扬州郡属县的长史，才能低劣，不为何武所赏识提拔。"何显等人感到十分惭愧，宴会结束后将这件事告诉了何武，何武说："刺史就像古时候的方伯，是皇上所委任的，是一州的表率，职责在于举荐贤善屏退邪恶。政绩卓越出众的官吏，隐居不仕的高人，才会召见，不能私下询问。"何显、杨覆众都极力勉强何武，何武不得已召见了何寿兄长的儿子，并赐给他一卮酒。年中时，庐江太守举荐了何寿兄长的儿子。何武就是这样遵守法令害怕徇私。

何武担任了五年的刺史，后入京升任丞相司直，丞相薛宣十分敬重何武。便让何武出任清河太守，几年后，何武因郡中有十分之四以上的地区受灾而被免官。过了一段时间，大司马曲阳侯王根举荐何武，朝廷征召何武担任谏大夫。后何武升任兖州刺史，之后何武又入京担任司隶校尉，再调任京兆尹。两年后，何武举荐方正，但因所

史，迁沛郡太守，复入为廷尉。绥和元年，御史大夫孔光左迁廷尉，武为御史大夫。成帝欲修辟雍，通三公官，即改御史大夫为大司空。武更为大司空，封氾乡侯，食邑千户。氾乡在琅邪不其，哀帝初即位，褒赏大臣，更以南阳犨之博望乡为氾乡侯国，增邑千户。

武为人仁厚，好进士，奖称人之善。为楚内史厚两龚，在沛郡厚两唐，及为公卿，荐之朝廷。此人显于世者，何侯力也，世以此多焉。然疾朋党，问文吏必于儒者，问儒者必于文吏，以相参检。欲除吏，先为科例以防请托。其所居亦无赫赫名，去后常见思。

及为御史大夫司空，与丞相方进共奏言："往者诸侯王断狱治政，内史典狱事，相总纲纪辅王，中尉备盗贼。今王不断狱与政，中尉官罢，职并内史，郡国守相委任，所以壹统信，安百姓也。今内史位卑而权重，威职相逾，不统尊者，难以为治。臣请相如太守，内史如都尉，以顺尊卑之序，平轻重之权。"制曰："可。"以内史为中尉。初武为九卿时，奏言宜置三公官，又与方进共奏罢刺史，更置州牧，后皆复复故，语在《朱博传》。唯内史事施行。

多所举奏，号为烦碎，不称贤公。功名略比薛宣，其材不及也，而经术正直过之。武后母在郡，遣吏归迎。会成帝崩，吏恐道路有盗贼，后母留止，左右或讥武事亲不笃。哀帝亦欲改易大臣，遂策

举荐的人在皇帝召见时转身跪拜，有关官员就认为这个人虚伪狡猾。何武因此受到牵连而被贬为楚国内史，何武后迁任沛郡太守，之后再次入京担任廷尉。绥和元年（前8），御史大夫孔光被贬为廷尉，何武接任御史大夫。成帝想修建学校，设立三公官，就将御史大夫改为大司空。何武因此改任大司空，封汜乡侯，食邑一千户。汜乡侯的封地在琅琊郡不其县，哀帝继位之初，褒赏大臣，就将南阳犨县的博望乡改成汜乡侯的封地，并且增加了一千户的食邑。

何武为人仁厚，喜好举荐士人，鼓励赞扬别人的善行。何武任楚国内史时与龚胜、龚舍二人交好，在沛郡时与唐林、唐尊二人交好，等到何武担任公卿，便向朝廷举荐他们四人。后来他们四人得以显达于世，都是得到了何武的举荐，世人因此十分敬重何武。但何武憎恶朋党，考察文官时一定会先向儒者询问，考察儒者时也一定会先向文官询问，以此相互参考察验。何武想任命官吏时，就先制定好条例规章以防私相求托。何武任职期间也没有显赫的名声，离开后却常为人们所思念。

等到何武担任御史大夫大司空时，与丞相翟方进一同奏言说："以往诸侯王审断狱讼处理政事，内史掌管刑狱事务，国相总领纲纪法令辅佐诸侯王，中尉负责盗贼。如今诸侯王不再审断狱案参与政务，中尉的官职已被废除，职责并入内史，郡国的守相已经由朝廷委任，因此法令统一，百姓安定。如今内史位卑权重，权势超过了职位，不能统率地位尊贵的官员，很难实施治理。臣请求诸侯国相的职位权力应当如同太守一般，内史的职位权力应当如同都尉一般，以此顺应尊卑之序，平衡轻重之权。"成帝制诏说："可以。"朝廷便将内史改为中尉。起初何武担任九卿时，奏言说应当设立三公官，又与翟方进共同奏请废除刺史，改设州牧，后来又恢复成原来的刺史，详见《朱博传》。只有奏言内史的这一件事情施行下去了。

何武多次上奏言事，但十分烦琐细碎，不能称得上是贤公。虽然何武功名与薛宣不相上下，但才能不如薛宣，而在经术方面要超过薛宣。何武的后母在郡中居住，何武便派属吏前去迎回母亲。恰逢成帝驾崩，属吏担心路上有盗贼出没，就让何武的后母留在了郡中，左右

免武曰：“君举错烦苛，不合众心，孝声不闻，恶名流行，无以率示四方。其上大司空印绶，罢归就国。”后五岁，谏大夫鲍宣数称冤之，天子感丞相王嘉之对，而高安侯董贤亦荐武，武由是复征为御史大夫。月余，徙为前将军。

先是，新都侯王莽就国，数年，上以太皇太后故征莽还京师。莽从弟成都侯王邑为侍中，矫称太皇太后指白哀帝，为莽求特进给事中。哀帝复请之，事发觉。太后为谢，上以太后故不忍诛之，左迁邑为西河属国都尉，削千户。后有诏举大常，莽私从武求举，武不敢举。后数月，哀帝崩，太后即日引莽入，收大司马董贤印绶，诏有司举可大司马者。莽故大司马，辞位辟丁、傅，众庶称以为贤，又太后近亲，自大司徒孔光以下举朝皆举莽。武为前将军，素与左将军公孙禄相善，二人独谋，以为往时孝惠、孝昭少主之世，外戚吕、霍、上官持权，几危社稷，今孝成、孝哀比世无嗣，方当选立亲近辅幼主，不宜令异姓大臣持权，亲疏相错，为国计便。于是武举公孙禄可大司马，而禄亦举武。太后竟自用莽为大司马。莽风有司劾奏武、公孙禄互相称举，皆免。

武就国后，莽寖盛，为宰衡，阴诛不附己者。元始三年，吕宽等事起。时大司空甄丰承莽风指，遣使者乘传案治党与，连引诸所欲诛，上党鲍宣，南阳彭伟、杜公子，郡国豪桀坐死者数百人。武在见诬中，大理正槛车征武，武自杀。众人多冤武者，莽欲厌众意，令武子况嗣为侯，谥武曰剌侯。莽篡位，免况为庶人。

近臣有人讥讽何武事亲不至诚。哀帝也想改换大臣，于是下诏罢免何武说道："你的政令烦琐苛细，不合众心，不曾听闻孝顺的名声，反而恶名远扬，无法成为天下的表率。请交还大司空印绶，免官返回封地。"五年后，谏大夫鲍宣数次为何武伸冤，哀帝也被丞相王嘉的言论所感动，而且高安侯董贤也举荐何武，因此何武再次得到征召担任御史大夫。一个多月后，何武迁任前将军。

此前，新都侯王莽被遣回封国，数年后，哀帝因太皇太后的缘故再次征召王莽返回京师。王莽的堂弟成都侯王邑担任侍中，诈称是太皇太后的旨意上报哀帝，替王莽请求特进之位以及给事中的官职。哀帝又向太皇太后询问，王邑所做的事情败露。太皇太后替他谢罪求情，哀帝因太皇太后的缘故不忍将王邑判处死罪，便将王邑贬为西河属国都尉，削减食邑千户。后来哀帝下诏举荐太常，王莽私下请求何武举荐自己，何武不敢。数月之后，哀帝驾崩，太皇太后当天就将王莽召入宫中，并收回大司马董贤的印绶，下诏让有关官员举荐能胜任大司马的人。王莽原来担任大司马，因为了避开丁氏、傅氏就辞去了官位，众人称赞认为王莽是位贤臣，又是太皇太后的近亲，自大司徒孔光以下的朝中官员全都举荐王莽。当时何武担任前将军，素来与左将军公孙禄交好，两人暗中商议，认为以往孝惠帝、孝昭帝时都是年幼继位，外戚吕氏、霍氏、上官氏当权，几乎倾覆社稷，如今孝成帝、孝哀帝接连没有子嗣，这时应当选任宗亲来辅佐幼主，不应当再让异姓大臣掌权，避免亲疏相错，如此才能有益于国家社稷。于是何武举荐说公孙禄可胜任大司马，而公孙禄同样举荐何武。太皇太后最终命王莽担任大司马。王莽暗示有关官员弹劾何武、公孙禄相互称赞举荐，因此两人都遭免官。

何武返回封国后，王莽的权势日渐强大，之后王莽官至宰衡，暗中诛杀不顺服自己的官员。元始三年（3），吕宽等人事发。当时大司空甄丰依照王莽的意旨，派遣使者乘坐驿车查办吕宽的党羽，牵连涉及到众多王莽想要诛杀的大臣，上党人鲍宣，南阳人彭伟以及杜公子，郡国中因此获罪处死的豪杰有数百人。何武也在其中，大理官前去抓捕何武，何武自杀。众人大多认为何武是冤枉的，王莽为堵住悠悠众

王嘉字公仲，平陵人也。以明经射策甲科为郎，坐户殿门失阑免。光禄勋于永除为掾，察廉为南陵丞，复察廉为长陵尉。鸿嘉中，举敦朴能直言，召见宣室，对政事得失，超迁太中大夫。出为九江、河南太守，治甚有声。征入为大鸿胪，徙京兆尹，迁御史大夫。建平三年代平当为丞相，封新甫侯，加食邑千一百户。

嘉为人刚直严毅有威重，上甚敬之。哀帝初立，欲匡成帝之政，多所变动，嘉上疏曰：

臣闻圣王之功在于得人。孔子曰："材难，不其然与！""故继世立诸侯，象贤也。"虽不能尽贤，天子为择臣，立命卿以辅之。居是国也，累世尊重，然后士民之众附焉，是以教化行而治功立。今之郡守重于古诸侯，往者致选贤材，贤材难得，拔擢可用者，或起于囚徒。昔魏尚坐事系，文帝感冯唐之言，遣使持节赦其罪，拜为云中太守，匈奴忌之。武帝擢韩安国于徒中，拜为梁内史，骨肉以安。张敞为京兆尹，有罪当免，黠吏知而犯敞，敞收杀之，其家自冤，使者覆狱，劾敞贼杀人，上逮捕不下，会免，亡命数十日，宣帝征敞拜为冀州刺史，卒获其用。前世非私此三人，贪其材器有益于公家也。

孝文时，吏居官者或长子孙，以官为氏，仓氏、库氏则仓库吏之后也。其二千石长吏亦安官乐职，然后上下相望，莫有苟且之

口，便让何武的儿子何况承袭侯爵，何武的谥号为刺侯。后来王莽篡位，将何况免为庶人。

王嘉字公仲，平陵人。通过明经射策甲科担任郎官，因看守殿门时未能阻拦不应进入的人闯入而获罪免官。光禄勋于永让王嘉担任掾史，王嘉通过举廉担任南陵县丞，后来再次通过举廉担任长陵县尉。鸿嘉年间，成帝下召举荐敦朴敢于直言的人，成帝在宣室召见了王嘉，让王嘉回答政事得失，之后王嘉越级升任太中大夫。其后王嘉出外担任九江、河南太守，治理颇有盛名。后来王嘉受召入京担任大鸿胪，又迁任京兆尹，之后又升任御史大夫。建平三年（前4）王嘉代替平当担任丞相，封新甫侯，加封食邑一千一百户。

王嘉为人正直刚毅有威严，天子十分敬重他。哀帝继位之初，想匡正成帝时政事上的过错，有很多变动，王嘉上书说：

臣听闻圣王的功绩在于求得人才。孔子说："贤才难得，难道不是这样吗！""所以继承先祖而定立为诸侯，要像先祖一样贤能。"就算是不能完全做到贤能，天子也可以为他们选任大臣，任命卿士来辅佐他们。生活在诸侯国中，历代国君都尊重贤才，然后士人百姓便会依附他，所以教化推行而治理国家的政绩便会建立。如今郡守的职责比古代的诸侯还重要，以往挑选贤才，贤才难得，从中提拔可用的人，有的人是囚徒出身。从前的魏尚因犯罪被关押入狱，文帝有感于冯唐所言，便派使者持节赦免魏尚的罪行，并且让魏尚拜任云中太守，匈奴也忌惮魏尚。武帝将韩安国从判处服劳役的人中提拔上来，让他担任梁国内史，梁孝王因此免于罪罚。张敞担任京兆尹，有罪要被免官，一位奸猾的属吏知道后冒犯张敞，张敞将他拘捕诛杀，他的家人为他伸冤，使者重审此案，弹劾张敞杀害属吏，奏请逮捕张敞，宣帝没有准许，恰逢赦免天下，张敞逃亡数十日后，宣帝征召张敞让他拜任冀州刺史，最终张敞得以发挥他的才能。前朝并不是偏私这三人，而是惜才并且他们有益于国家治理。

孝文帝时，为官者，有的官职可以延及子孙，他们便以官职当作姓氏，仓氏、库氏则是负责仓库的官吏的后代。那些二千石的官吏也

意。其后稍稍变易，公卿以下传相促急，又数改更政事，司隶、部刺史察过悉劾，发扬阴私，吏或居官数月而退，送故迎新，交错道路。中材苟容求全，下材怀危内顾，壹切营私者多，二千石益轻贱，吏民慢易之。或持其微过，增加成罪，言于刺史、司隶，或至上书章下；众庶知其易危，小失意则有离畔之心。前山阳亡徒苏令等从横，吏士临难，莫肯伏节死义，以守相威权素夺也。孝成皇帝悔之，下诏书，二千石不为纵，遣使者赐金，尉厚其意，诚以为国家有急，取办于二千石，二千石尊重难危，乃能使下。

孝宣皇帝爱其良民吏，有章劾，事留中，会赦壹解。故事，尚书希下章，为烦扰百姓，证验系治，或死狱中，章文必有"敢告之"字乃下。唯陛下留神于择贤，记善忘过，容忍臣子，勿责以备。二千石、部刺史、三辅县令有材任职者，人情不能不有过差，宜可阔略，令尽力者有所劝。此方今急务，国家之利也。前苏令发，欲遣大夫使逐问状，时见大夫无可使者，召盩厔令尹逢拜为谏大夫遣之。今诸大夫有材能者甚少，宜豫畜养可成就者，则士赴难不爱其死；临事仓卒乃求，非所以明朝廷也。

嘉因荐儒者公孙光、满昌及能吏萧咸、薛修等，皆故二千石有

忠于职守、尽心竭力，然后上下相望，没有人会心生苟且之意。以后稍有变动，公卿以下的官吏更递频繁，而且多次改变政事制度，司隶校尉、州部刺史考察官吏过于苛细，无论事情大小全都要上奏弹劾，揭发他人隐秘的罪行，有的官吏在位数月就被罢退，送故迎新，在路上相互往来。中等才能的官员苟且度日以求保全自身，下等才能的官员常恐获罪，每次都为自身考虑，一旦结党营私的官员多了，二千石的官吏就会更加轻贱，属吏百姓都会轻视怠慢他们。有的官吏掌握了别人细微的过失，就夸大其词，使得罪名成立，并向刺史、司隶校尉上报，有的官员就会依照所呈上的奏章下令惩处他们；众人知道这类官员容易覆灭败亡，稍有失意便会产生叛离之心。以前山阳郡的亡命之徒苏令等人肆意横行，官吏面对祸难，没有人愿意恪守正义为此牺牲殉节，这是因为郡守、国相的威权早已被剥夺了。孝成皇帝深感懊悔，因此下发诏书，二千石官吏不以故意纵容他人犯罪而获罪，派遣使者赐予他们黄金，并施予抚慰，让他们认为国家有急，需要二千石的官吏处理事务，二千石官吏得到尊重，他们的权威在危难时得以发挥，这样才能统领属下。

孝宣皇帝十分爱护那些能治理百姓的官吏，有人上奏弹劾他们，孝宣皇帝就把奏章压下来，等到颁布赦令时一并解除。遵照旧例，尚书很少颁发典章，因为担心这样会烦扰百姓，官吏查验审理案件，有的罪犯死在狱中，奏章中一定要有“敢告之”的字样才会发布。希望陛下在选任贤才上留神，记善忘过，容忍臣子，不要因为追求完备而指责他们。有才华能够胜任二千石、州部刺史、三辅县令的官员，他们在人情方面不可能没有过错，陛下应当宽恕小错，使得尽职尽责的官吏有所劝勉激励。这些是当今的紧要事务，对国家有利的事情。以前苏令等人身为盗贼，天子本来想派遣大夫前去追问情况，但当时见到没有能够胜任的大夫，便召见盩厔县令尹逢拜任谏大夫并派他前往。如今有才能的大夫很少，应当事先培养这类有所成就的人才，这样有人便能赴救国难不惧牺牲；面对祸患仓促找寻这样的人，这不是朝廷进行治理的明智选择。

王嘉因此举荐儒者公孙光、满昌和有才能的官吏萧咸、薛修等人，

名称。天子纳而用之。

会息夫躬、孙宠等因中常侍宋弘上书告东平王云祝诅，又与后舅伍宏谋弑上为逆，云等伏诛，躬、宠擢为吏二千石。是时，侍中董贤爱幸于上，上欲侯之而未有所缘，傅嘉劝上因东平事以封贤。上于是定躬、宠告东平本章，掇去宋弘，更言因董贤以闻，欲以其功侯之，皆先赐爵关内侯。顷之，欲封贤等，上心惮嘉，乃先使皇后父孔乡侯傅晏持诏书视丞相御史。于是嘉与御史大夫贾延上封事言："窃见董贤等三人始赐爵，众庶匈匈，咸曰贤贵，其余并蒙恩，至今流言未解。陛下仁恩于贤等不已，宜暴贤等本奏语言，延问公卿大夫博士议郎，考合古今，明正其义，然后乃加爵土；不然，恐大失众心，海内引领而议。暴平其事，必有言当封者，在陛下所从；天下虽不说，咎有所分，不独在陛下。前定陵侯淳于长初封，其事亦议。大司农谷永以长当封，众人归咎于永，先帝不独蒙其讥。臣嘉、臣延材驽不称，死有余责。知顺指不迕，可得容身须臾，所以不敢者，思报厚恩也。"上感其言，止，数月，遂下诏封贤等，因以切责公卿曰："朕居位以来，寝疾未瘳，反逆之谋，相连不绝，贼乱之臣，近侍帷幄。前东平王云与后谒祝诅朕，使侍医伍宏等内侍案脉，几危社稷，殆莫甚焉！昔楚有子玉得臣，晋文为之侧席而坐；近事，汲黯折淮南之谋。今云等至有图弑天子逆乱之谋者，是公卿股肱莫能悉心务聪明以销厌未萌之故。赖宗庙之灵，侍中驸马都尉贤等发觉以闻，咸伏厥辜。《书》不云乎？'用德章厥善。'其封贤为高安侯、南阳太守宠为方阳侯、左曹光禄大夫躬为宜陵侯。"

他们原来都是二千石的官吏并负有盛名。天子接受并任用了他们。

恰逢息夫躬、孙宠等人通过中常侍宋弘上书告发东平王刘云诅咒哀帝，又与东平王后的舅舅伍宏谋划弑君造反，刘云等人伏法被诛，息夫躬、孙宠得到提拔担任二千石的官吏。当时，侍中董贤深受哀帝宠信，哀帝想封董贤为侯却没有合适的理由，傅嘉劝哀帝可以借东平王之事来赐封董贤。哀帝于是修改了息夫躬、孙宠告发东平王的奏章，去掉宋弘的名字，改成通过董贤听闻此事，想以此赐封董贤为侯，哀帝先将他们三人赐封为关内侯。不久之后，哀帝想封赏董贤等人，但哀帝心中忌惮王嘉，就让皇后的父亲孔乡侯傅晏先将诏书拿给丞相御史看。因而丞相王嘉与御史大夫贾延呈上密奏说："臣见到董贤三人赐封爵位，众人议论纷纷，都说董贤因深受宠信而得到封赏，其余人也因董贤而蒙受恩赏，至今流言没有消散。陛下不断向董贤等人施予恩赏，应当将董贤等人的奏章公之于众，向公卿大夫博士议郎询问，考察是否符合古今事例，明确赐封的缘由，然后再赐予他爵位封地；否则，恐怕会失去人心，天下人也会因此议论纷纷。将这件事公开，一定有人会说应当封侯，到那时就在于陛下是否听从建议；天下就算是有人会不高兴，责任也会有所分摊，不会单单集中在陛下一个人身上。此前定陵侯淳于长在封侯之初，也出现过议论。大司农谷永认为淳于长应当受封侯爵，众人便将责任归罪于谷永身上，先帝因此没有独自承受那些责难。臣王嘉、臣贾延才能鄙陋、不能称职，死有余责。明知顺从陛下的旨意不违逆，可以有片刻容身，但之所以没有顺从的原因，是想报答陛下的厚恩。"哀帝被他们的奏言感动，就将这件事暂停，几个月后，哀帝下诏封赏董贤等人，并且严厉指责公卿说："朕继位以来，久病未愈，造反叛乱之事，相连不绝，乱臣贼子，亲近侍奉在左右。此前东平王刘云与王后谒诅咒朕，派侍医伍宏等内侍前来为朕诊脉，几乎危害社稷，没有比这更严重的事情了！从前楚国有子玉得臣，晋文公因此不得安坐；近来，有大臣汲黯挫败了淮南王的阴谋。如今刘云等人企图弑杀天子造反叛乱的阴谋，这是因为公卿辅臣没有人能尽心力求广开视听，将这些阴谋消灭在萌芽之中。仰赖宗庙之灵，侍中驸马都尉董贤等人察觉阴谋并上报给

后数月，日食，举直言，嘉复奏封事曰：

臣闻咎繇戒帝舜曰："亡敖佚欲有国，兢兢业业，一日二日万机。"箕子戒武王曰："臣无有作威作福，亡有玉食；臣之有作威作福玉食，害于而家，凶于而国，人用侧颇辟，民用僭慝。"言如此则逆尊卑之序，乱阴阳之统，而害及王者，其国极危。国人倾仄不正，民用僭差不壹，此君不由法度，上下失序之败也。武王躬履此道，隆至成康。自是以后，纵心恣欲，法度陵迟，至于臣弑君，子弑父。父子至亲，失礼患生，何况异姓之臣？孔子曰："道千乘之国，敬事而信，节用而爱人，使民以时。"孝文皇帝备行此道，海内蒙恩，为汉太宗。孝宣皇帝赏罚信明，施与有节，记人之功，忽于小过，以致治平。孝元皇帝奉承大业，温恭少欲，都内钱四十万万，水衡钱二十五万万，少府钱十八万万。尝幸上林，后宫冯贵人从临兽圈，猛兽惊出，贵人前当之，元帝嘉美其义，赐钱五万。掖庭见亲，有加赏赐，属其人勿众谢。示平恶偏，重失人心，赏赐节约。是时外戚赀千万者少耳，故少府水衡见钱多也。虽遭初元、永光凶年饥馑，加有西羌之变，外奉师旅，内振贫民，终无倾危之忧，以府臧内充实也。孝成皇帝时，谏臣多言燕出之害，及女宠专爱，耽于酒色，损德伤年，其言甚切，然终不怨怒也。宠臣淳于长、张放、史育，育数贬退，家赀不满千万，放斥逐就国，长榜死于狱。不以私爱害公义，故虽多内讥，朝廷安平，传业陛下。

朕，因而那些乱臣贼子全都服罪受到惩处。《尚书》中不是说吗？‘任用有德之人，彰显他们的贤善。’就此赐封董贤为高安侯、南阳太守孙宠为方阳侯、左曹光禄大夫息夫躬为宜陵侯。”

数月之后，有日食发生，哀帝下诏举见敢于直言的人，王嘉再次呈上密奏说：

臣听闻咎繇劝诫舜帝说：“治理国家的人不能傲慢，不能放纵，应当兢兢业业，日理万机。”箕子劝诫周武王说：“臣子不能作威作福，不能锦衣玉食；倘若臣子作威作福，锦衣玉食，则会危害家庭，有损国家，百姓将会邪佞不正，怀有二心。”这是说这样的行为将会违逆尊卑之序，扰乱阴阳之统，而且会损害君王，国家也会危亡。国人乖离不正，僭越失度，怀有二心，这是因为君王没有遵守法度，上下失去了应有的次序。周武王亲自践行遵守法度，到了成康时期，国家昌隆兴盛。但自成康之后，君王放纵欲望，恣意享乐，法度衰颓，以至于臣弑君，子弑父。父子是至亲，却因丧失礼教而祸乱横生，更何况是异姓的臣子？孔子说：“治理千乘之国，应敬谨处事，诚实守信，节俭爱人，让百姓服劳役要有一定的时限。”孝文皇帝完全践行此道，因此天下蒙受恩泽，后为汉太宗。孝宣皇帝赏罚分明，施恩有节，记人之功，忽略小过，因此政治清明，社会安定。孝元皇帝奉承大业，温恭少欲，国库积存四十万万钱，水衡都尉积存二十五万万钱，少府积存十八万万钱。孝元皇帝曾经巡幸上林苑，后宫冯贵人跟随孝元皇帝来到兽圈，猛兽受惊逃出，冯贵人挡在孝元皇帝前面，孝元皇帝嘉奖冯贵人的行为，赏赐她五万钱。掖庭宫内面见亲属，孝元皇帝加以赏赐，并嘱咐他们不要当众道谢。以此彰显公平喜好，重视人心得失，赏赐也很节约。当时外戚的家财很少有超过千万的，所以少府水衡积存的钱很多。即便遭逢初元、永光年间的饥荒，再加上西羌的叛乱，在外要供给军队，在内要赈济贫民，但始终没有国家倾覆的忧患，这是因为国库的储备十分充实。孝成皇帝时，谏臣大多谏言微服出游的危害，以及专宠后宫嫔妃，沉迷酒色，这些都会损害道德减损寿命，谏言十分恳切，但孝成皇帝始终没有心生怨恨忿怒。宠臣淳于长、张放、史育，史育多次遭到贬退，家财不满千万，张放遭到

陛下在国之时，好《诗》《书》，上俭节，征来所过道上称诵德美，此天下所以回心也。初即位，易帷帐，去锦绣，乘舆席缘绨缯而已。共皇寝庙比比当作，忧闵元元，惟用度不足，以义割恩，辄且止息，今始作治。而驸马都尉董贤亦起官寺上林中，又为贤治大第，开门乡北阙，引王渠灌园池，使者护作，赏赐吏卒，甚于治宗庙。贤母病，长安厨给祠具，道中过者皆饮食。为贤治器，器成，奏御乃行，或物好，特赐其工，自贡献宗庙三宫，犹不至此。贤家有宾婚及见亲，诸官并共，赐及仓头奴婢，人十万钱。使者护视，发取市物，百贾震动，道路讙哗，群臣惶惑。诏书罢菀，而以赐贤二千余顷，均田之制从此堕坏。奢僭放纵，变乱阴阳，灾异众多，百姓讹言，持筹相惊，被发徒跣而走，乘马者驰，天惑其意，不能自止。或以为筹者策失之戒也。陛下素仁智慎事，今而有此大讥。

孔子曰："危而不持，颠而不扶，则将安用彼相矣！"臣嘉幸得备位，窃内悲伤不能通愚忠之信；身死有益于国，不敢自惜。唯陛下慎己之所独乡，察众人之所共疑。往者宠臣邓通、韩嫣骄贵失度，逸豫无厌，小人不胜情欲，卒陷罪辜。乱国亡躯，不终其禄，所谓爱之适足以害之者也。宜深览前世，以节贤宠，全安其命。

驱逐遣回封国，淳于长在狱中遭鞭挞而死。成帝没有因为偏私宠爱而损害公义，因此成帝虽因贪恋美色被指责，但朝中依旧安定太平，最终将汉室功业传给陛下。

陛下还在封国为诸侯的时候，喜好《诗经》《尚书》，崇尚节俭，朝廷征召陛下入京时沿路的百姓都称诵陛下的美德，这说明天下人转变心意，将国家得以治理的希望寄托于陛下。陛下继位之初，更换帷帐，去掉华美的锦缎，车马坐席的边缘只用粗厚的丝织品而已。陛下父亲共皇的寝庙屡屡要修建，但陛下忧虑哀怜百姓，念及用度不足，便以义割恩，停止了修建，如今才开始修建。而驸马都尉董贤在上林苑中兴建官署，又修建宅邸，宅门北开，引入官渠灌注园林，并派遣使者主持监督修建，赏赐官吏和兵卒的花费，比修建宗庙还要多。董贤的母亲患病，长安的厨官为她提供祭祀的器具，在道路中举行祝祷，途中的行人都得到了饮食。朝廷为董贤制作器皿，制成之后，需要先向陛下禀奏陛下检验之后才可以使用，有的器皿做得好，陛下还要特别赏赐制作的工匠，陛下自身贡奉天子、太后、皇后的宗庙，也做不到这样的地步。董贤家中举行婚礼、宴请宾客以及会见亲戚，百官都会以职务为董贤提供便利以及财物，赏赐遍及奴仆婢女，每人得到赏赐多达十万钱。董贤的使者护卫，在集市上购买商品，商贾为之震惊，路人因此喧哗，群臣感到惶惑。陛下下诏废除苑囿，反而赐予董贤两千多顷土地，均田制度因此遭到破坏。董贤奢靡放纵，僭越礼制，扰乱阴阳，使得灾异频发，百姓散布谣言，手持算筹惊恐不安，披散头发，赤脚而走，骑马的人飞驰奔跑，上天迷惑了他们的意志，使他们不能自已。有人认为这是筹划者的策略失误的警诫。陛下素来仁厚智敏做事谨慎，如今却受到如此深的责难。

孔子说："国家处于危难时不能支撑，国家将要倾覆时不能帮扶，那么何必要任用这些辅佐的大臣？"臣王嘉有幸得以在朝为官，悲伤得不能表达臣愚忠的心意；倘若臣牺牲会有益于国家，那么臣必不敢自惜生命。希望陛下能谨慎自身，审慎私欲，体察众人所疑虑的事情。此前宠臣邓通、韩嫣骄横显贵有失法度，沉迷享乐，贪得无厌，小人不能克制情欲，最终身受罪责。惑乱国家丧失性命，最终无

于是上浸不说，而愈爱贤，不能自胜。

会祖母傅太后薨，上因托傅太后遗诏，令成帝母王太后下丞相御史，益封贤二千户，及赐孔乡侯、汝昌侯、阳新侯国。嘉封还诏书，因奏封事谏上及太后曰："臣闻爵禄土地，天之有也。《书》云：'天命有德，五服五章哉！'王者代天爵人，尤宜慎之。裂地而封，不得其宜，则众庶不服，感动阴阳，其害疾自深。今圣体久不平，此臣嘉所内惧也。高安侯贤，佞幸之臣，陛下倾爵位以贵之，单货财以富之，损至尊以宠之，主威已黜，府臧已竭，唯恐不足。财皆民力所为，孝文皇帝欲起露台，重百金之费，克己不作。今贤散公赋以施私惠，一家至受千金，往古以来贵臣未尝有此，流闻四方，皆同怨之。里谚曰：'千人所指，无病而死。'臣常为之寒心。今太皇太后以永信太后遗诏，诏丞相御史益贤户，赐三侯国，臣嘉窃惑。山崩地动，日食于三朝，皆阴侵阳之戒也。前贤已再封，晏、商再易邑，业缘私横求，恩已过厚，求索自恣，不知厌足，甚伤尊尊之义，不可以示天下，为害痛矣！臣骄侵罔，阴阳失节，气感相动，害及身体。陛下寝疾久不平，继嗣未立，宜思正万事，顺天人之心，以求福祐，奈何轻身肆意，不念高祖之勤苦垂立制度欲传之于无穷哉！《孝经》曰：'天子有争臣七人，虽无道，不失其天下。'臣谨封上诏书，不敢露见，非爱死而不自法，恐天下闻之，故不敢自劾。愚戆数犯忌讳，唯陛下省察。"

法继续享有俸禄，这就是所谓的宠爱恰好也害了他。陛下应该深思前朝的教训，因而抑制对董贤的宠爱，以此保全董贤的性命。

于是哀帝逐渐心生不悦，反而愈发宠信董贤，不能自胜。

恰逢祖母傅太后去世，哀帝因此假托傅太后遗诏，让成帝的母亲王太后下诏给丞相御史，加封董贤两千户食邑，以及赐给孔乡侯傅宴、汝昌侯傅商、阳新侯郑业封地。王嘉将诏书密封退还，趁此机会呈上密奏劝谏哀帝以及太后说："臣听闻官爵俸禄土地，是上天的资财。《尚书》中说：'上天任命有德的人身居高位，天下公卿士人有五种不同服饰花纹区分尊卑！'君主代替上天赐予众人官爵，应当格外慎重。裂地而封，若是君王分封得不合适，那么百姓就不会信服，致使触动阴阳之气，这样做会危害陛下的健康使陛下身患疾病。如今陛下的身体长期不佳，这是臣王嘉内心所忧惧的事情。高安侯董贤，是因谄媚而受宠的佞臣，陛下却倾尽官爵使他尊贵，竭尽财物使他富足，减损陛下至尊的地位宠信他，君主的威信已经遭到损害，国库的储备已经竭尽，这样做却依旧唯恐不足。国家的财物都是由民力所为的，孝文皇帝曾经想兴建露台，但需要耗费百金，孝文皇帝就克制自己的欲望没有兴建。如今董贤却花费国家的赋税以此作为私恩来施及他人，一家甚至受到千金的赏赐，自古以来显贵的大臣也从来没有做出过这样的事，流言四散，百姓对董贤心生怨恨。乡间谚语说：'千人所指，无病而死。'臣常常为此感到寒心。如今太皇太后以永信太后的遗诏，诏令丞相御史为董贤增加食邑，赐予三个侯爵的封地，臣王嘉感到疑惑。山崩地动，在岁月日之首的正月初一发生日食，这些都是阴冲犯阳的警告。以前董贤已经得到两次封赏，傅晏、傅商也两次改换食邑，郑业因私心而肆意索求，恩赏已经过分的深厚了，但他们却依旧任意索求放纵自己，不知满足，这么做会严重损伤尊敬尊者的大义，不可以将这些事情昭示天下，其中的危害十分严重！臣子骄慢狡诈，擅权欺罔，会使得阴阳失序，气感相动，这将会危及身体。陛下身患疾病长久不愈，继承皇位的后嗣还未确立，应当思虑匡正各项政事，顺应天人之心，以求福佑，陛下为何要轻贱自身、肆意放纵，不顾念高祖辛苦创下的基业并思虑将它传至无穷的后

初，廷尉梁相与丞相长史、御史中丞及五二千石杂治东平王云狱，时冬月未尽二旬，而相心疑云冤，狱有饰辞，奏欲传之长安，更下公卿覆治。尚书令鞫谭、仆射宗伯凤以为可许。天子以相等皆见上体不平，外内顾望，操持两心，幸云逾冬，无讨贼疾恶主仇之意，制诏免相等皆为庶人。后数月大赦，嘉奏封事荐相等明习治狱，"相计谋深沈，谭颇知雅文，凤经明行修，圣王有计功除过，臣窃为朝廷惜此三人。"书奏，上不能平。后二十余日，嘉封还益董贤户事，上乃发怒，召嘉诣尚书，责问以"相等前坐在位不尽忠诚，外附诸侯，操持两心，背人臣之义，今所称相等材美，足以相计除罪。君以道德，位在三公，以总方略一统万类分明善恶为职，知相等罪恶陈列，著闻天下，时辄以自劾，今又称誉相等，云为朝廷惜之。大臣举错，恣心自在，迷国罔上，近由君始，将谓远者何！对状"。嘉免冠谢罪。

事下将军中朝者。光禄大夫孔光、左将军公孙禄、右将军王安、光禄勋马宫、光禄大夫龚胜劾嘉迷国罔上不道，请与廷尉杂治。胜独以为嘉备宰相，诸事并废，咎由嘉生；嘉坐荐相等，微薄，以应迷国罔上不道，恐不可以示天下，遂可光等奏。

光等请谒者召嘉诣廷尉诏狱，制曰："票骑将军、御史大夫、中

世！《孝经》中说：‘天子有七位谏诤的大臣，即便治国无道，也不会丧失天下。’臣恭谨密封退还呈上诏书，不敢外露让他人看到，并非爱惜性命而自己不尊奉诏令，而是担心天下人知晓这件事，所以不敢检举自己的过失。愚臣多次触犯忌讳，希望陛下省察。”

起初，廷尉梁相与丞相长史、御史中丞以及五位二千石的官吏共同审理东平王刘云的案件，当时冬月还未到二旬，梁相怀疑刘云有冤情，狱状存在虚浮不实之处，便上奏朝廷请求将案件转移至长安，交由公卿重新审理。尚书令鞫谭、仆射宗伯凤认为可以准许。哀帝却认为梁相等人都见天子身体不好，内外观望，怀有二心，侥幸希望刘云活过冬天，没有征讨叛贼、疾恶如仇之心，便下诏将梁相等人都免为庶人。数月之后哀帝下诏大赦，王嘉呈上密奏举荐梁相等人熟知如何审理狱案，“梁相谋略深沉，鞫谭颇知规范的文书，宗伯凤精通经学德行端方，圣王应当记下他们的功劳免去他们的罪过，臣为朝廷惋惜这三人。”奏书呈上之后，哀帝心中极为不悦。二十多天之后，王嘉密封退还为董贤增加食邑的诏书，哀帝因此勃然大怒，召王嘉前往尚书省，责问他“梁相等人此前因不能尽忠职守，对外攀附诸侯，怀有二心，背逆人臣之义而获罪，如今你却赞许梁相等人才能卓越，足以将功抵过。你以道义德行，位至三公，以总筹方略、统领百官、分明善恶为职责，明知梁相等人的罪恶显著，昭示天下，当时就检举自己的过失，如今又称誉梁相等人，说是为朝廷惋惜他们。身为大臣，举止措施，随心所欲，迷乱国家，欺君罔上，近臣尚且这样，那么远处为官的官员更是如此！请你回答”。王嘉因此免冠谢罪。

哀帝将这件事情交由将军和中朝的大臣审理。光禄大夫孔光、左将军公孙禄、右将军王安、光禄勋马宫、光禄大夫龚胜劾奏王嘉迷乱国家、欺君罔上、大逆不道，奏请与廷尉共同审理王嘉。唯独龚胜认为王嘉官至宰相，各项政事一并废止，这些责任都要归咎于王嘉身上；王嘉因举荐梁相等人而获罪，过错十分轻微，以迷乱国家、欺君罔上、大逆不道为罪名，恐怕不足以昭示天下，最终哀帝还是同意了孔光等人的奏请。

孔光等人奏请谒者征召王嘉前往廷尉诏狱，哀帝下诏说：“骠

二千石、二千石、诸大夫、博士、议郎议。”卫尉云等五十人以为“如光等言可许”。议郎龚等以为“嘉言事前后相违，无所执守，不任宰相之职，宜夺爵土，免为庶人。”永信少府猛等十人以为“圣王断狱，必先原心定罪，探意立情，故死者不抱恨而入地，生者不衔怨而受罪。明主躬圣德，重大臣刑辟，广延有司议，欲使海内咸服。嘉罪名虽应法，圣王之于大臣，在舆为下，御坐则起，疾病视之无数，死则临吊之，废宗庙之祭，进之以礼，退之以义，诔之以行。案嘉本以相等为罪，罪恶虽著，大臣括发关械、裸躬就笞，非所以重国褒宗庙也。今春月寒气错缪，霜露数降，宜示天下以宽和。臣等不知大义，唯陛下察焉。”有诏假谒者节，召丞相诣廷尉诏狱。

使者既到府，掾史涕泣，共和药进嘉，嘉不肯服。主簿曰：“将相不对理陈冤，相踵以为故事，君侯宜引决。”使者危坐府门上。主簿复前进药，嘉引药杯以击地，谓官属曰：“丞相幸得备位三公，奉职负国，当伏刑都市以示万众。丞相岂儿女子邪，何谓咀药而死！”嘉遂装出，见使者再拜受诏，乘吏小车，去盖不冠，随使者诣廷尉。廷尉收嘉丞相新甫侯印绶，缚嘉载致都船诏狱。

上闻嘉生自诣吏，大怒，使将军以下与五二千石杂治。吏诘问嘉，嘉对曰：“案事者思得实。窃见相等前治东平王狱，不以云为不当死，欲关公卿示重慎；置驿马传囚，势不得逾冬月，诚不见其外内顾望阿附为云验。复幸得蒙大赦，相等皆良善吏，臣窃为国惜

骑将军、御史大夫、中二千石官员、二千石官员、诸大夫、博士、议郎进行论议。”卫尉孙云等五十人认为“若是如孔光等人所言可以准许定罪”。议郎龚等人认为“王嘉言事前后相背，没有固定的准则，不能胜任宰相之职，应当削去他的爵位和封地，免为庶人。”永信少府猛等十人认为“圣王审断狱案，一定会事先根据罪犯的动机和情节定立罪名，探求本意了解详情，这样死者不会含恨而死，生者不会满心怨怼而遭受罪罚。明主亲身力行圣德，重视施加给大臣的刑罚，广泛诏令有关官员论议，想让天下人都信服。王嘉的罪名虽然合乎法律，圣王对待大臣，在车上看见丞相应当下车，丞相进见应当站起来迎接，丞相患病应当多次探望，去世应当亲临祭奠，甚至暂停宗庙的祭祀，进之以礼，退之以义，撰写诔文叙述生平。察验王嘉原本是因为举荐梁相等人而获罪，罪恶虽然显著，而大臣却将王嘉头发束起，佩戴刑具、赤裸身体遭受鞭挞，这样做不是重视国家褒扬宗庙的做法。今年春季寒气错乱，霜露多次降临，这些现象表示应当向天下昭示宽厚仁和。臣等不知大义，希望陛下明察。”哀帝最终下诏将符节交给谒者，征召丞相前往廷尉诏狱。

使者到了王嘉府上之后，府上的掾史痛哭流涕，将毒药递给王嘉，王嘉不肯服下。主簿说：“将相不向廷尉陈冤，这是沿袭已久的旧例，您还是服毒自尽吧。”使者正身危坐在府门前，逼迫王嘉。主簿再次上前递药，王嘉拿起药杯扔到地上，对属吏说：“丞相有幸得以位至三公，奉行职事有负于国家，应当在集市上斩首示众。丞相岂是妇孺之辈，为何要服毒自尽！”王嘉于是穿着官服出来，见到使者拜了两拜接受了诏书，乘坐卒吏的小车，去掉车盖免去官帽，跟随使者前往廷尉。廷尉将王嘉的丞相新甫侯的印绶收回，将王嘉绑起来载到都船诏狱。

哀帝听闻王嘉还活着并且自己前往廷尉诏狱，大怒，派将军以下的官员以及五位二千石官吏会审。狱吏诘问王嘉，王嘉回答说：“察验狱案的人思虑要遵循事实。我见到此前梁相等人审理东平王刘云的案件，并不认为刘云不该判处死罪，只是事关朝中公卿应当慎重；用驿马运送囚犯，势必不会超过冬月，着实没有见到梁相等人有

贤，不私此三人。”狱吏曰：“苟如此，则君何以为罪犹当？有以负国，不空入狱矣。”吏稍侵辱嘉，嘉喟然卬天叹曰：“幸得充备宰相，不能进贤退不肖，以是负国，死有余责。”吏问贤不肖主名，嘉曰：“贤，故丞相孔光、故大司空何武，不能进；恶，高安侯董贤父子，佞邪乱朝，而不能退。罪当死，死无所恨。”嘉系狱二十余日，不食欧血而死。帝舅大司马票骑将军丁明素重嘉而怜之，上遂免明，以董贤代之，语在《贤传》。

嘉为相三年诛，国除。死后上览其对而思嘉言，复以孔光代嘉为丞相，征用何武为御史大夫。元始四年，诏书追录忠臣，封嘉子崇为新甫侯，追谥嘉为忠侯。

师丹字仲公，琅邪东武人也。治《诗》，事匡衡。举孝廉为郎。元帝末，为博士，免。建始中，州举茂材，复补博士，出为东平王太傅。丞相方进、御史大夫孔光举丹论议深博，廉正守道，征入为光禄大夫、丞相司直。数月，复以光禄大夫给事中，由是为少府、光禄勋、侍中，甚见尊重。成帝末年，立定陶王为皇太子，以丹为太子太傅。哀帝即位，为左将军，赐爵关内侯，食邑，领尚书事，遂代王莽为大司马，封高乐侯。月余，徙为大司空。

上少在国，见成帝委政外家，王氏僭盛，常内邑邑。即位，多欲有所匡正。封拜丁、傅，夺王氏权。丹自以师傅居三公位，得信于上，上书言：“古者谅暗不言，听于冢宰，三年无改于父之道。前大行尸柩在堂，而官爵臣等以及亲属，赫然皆贵宠。封舅为阳安侯，

内外观望、攀附刘云的证据。之后又幸得蒙受大赦，梁相等人都是良善的官吏，臣为国家怜惜贤才，并不是偏私这三人。”狱吏说：“如果是这样，那么您为什么依旧会被定罪呢？一定是因为有负于国家，而不是无罪入狱。”狱吏对王嘉稍加凌辱，王嘉仰天长叹道：“我有幸得以位至宰相，却不能举荐贤才、贬退不肖之徒，因此有负于国家，死有余责。”狱吏询问王嘉贤与不肖的人是谁，王嘉说：“贤才，是原丞相孔光、原大司空何武，我却无法举荐保全他们；奸邪之人，是高安侯董贤父子，巧佞邪僻祸乱朝政，我却不能将他们罢免斥退。我罪当死，死无所恨。”王嘉拘押在狱中二十多天，绝食吐血而亡。哀帝的舅舅大司马骠骑将军丁明素来器重王嘉并且深感惋惜哀怜，哀帝还将丁明免职，让董贤代替了丁明，详见《董贤传》。

王嘉担任丞相三年后遭到诛杀，封国被废除。王嘉死后哀帝看了他在狱中的回答并且思考王嘉所言，便再次让孔光代替王嘉担任丞相，征用何武担任御史大夫。元始四年（4），汉平帝颁布诏书追忆忠臣，便将王嘉的儿子王崇封为新甫侯，将王嘉追谥为忠侯。

师丹字仲公，琅琊东武人。修习《诗经》，奉事匡衡。通过举孝廉担任郎官。元帝末年，师丹担任博士，后来遭免职。建始年间，州郡之中推举才德优异之士，师丹又补任博士，后来出外担任东平王太傅。丞相翟方进、御史大夫孔光举荐师丹，说他论议广博，为人廉洁正直坚守道义，因而师丹得到征召入京担任光禄大夫、丞相司直。数月之后，师丹又担任光禄大夫给事中，自此之后孔光又担任少府、光禄勋、侍中，十分受人尊重。成帝末年，册立定陶王为皇太子，任命师丹为太子太傅。哀帝继位后，师丹担任左将军，受封关内侯，赏赐食邑，总领尚书事，后来师丹又代替王莽担任大司马，封高乐侯。一个多月后，师丹又调任大司空。

哀帝年少还在封国时，见到成帝将政事交托于外戚家族，王氏僭越礼法并且权势强盛，内心时常忧郁不乐。哀帝继位之后，多次试图加以匡正。哀帝赐封丁氏、傅氏官爵，削夺王氏的权势。师丹以哀帝老师的身份位居三公，备受哀帝信任，师丹便上书奏言说：“古代皇帝居丧三年不理政事，三年之中百官全都听命于冢宰，三年不改变

皇后尊号未定，豫封父为孔乡侯。出侍中王邑、射声校尉王邯等。诏书比下，变动政事，卒暴无渐。臣纵不能明陈大义，复曾不能牢让爵位，相随空受封侯，增益陛下之过。间者郡国多地动，水出流杀人民，日月不明，五星失行，此皆举错失中，号令不定，法度失理，阴阳溷浊之应也。臣伏惟人情无子，年虽六七十，犹博取而广求。孝成皇帝深见天命，烛知至德，以壮年克己，立陛下为嗣。先帝暴弃天下而陛下继体，四海安宁，百姓不惧，此先帝圣德当合天人之功也。臣闻天威不违颜咫尺，愿陛下深思先帝所以建立陛下之意，且克己躬行以观群下之从化。天下者，陛下之家也，胏附何患不富贵，不宜仓卒。先帝不量臣愚，以为太傅，陛下以臣托师傅，故亡功德而备鼎足，封大国，加赐黄金，位为三公，职在左右，不能尽忠补过，而令庶人窃议，灾异数见，此臣之大罪也。臣不敢言乞骸骨归于海滨，恐嫌于伪。诚惭负重责，义不得不尽死。”书数十上，多切直之言。

初，哀帝即位，成帝母称太皇太后，成帝赵皇后称皇太后，而上祖母傅太后与母丁后皆在国邸，自以定陶共王为称。高昌侯董宏上书言：“秦庄襄王母本夏氏，而为华阳夫人所子，及即位后，俱称太后。宜立定陶共王后为皇太后。”事下有司，时丹以左将军与大司马王莽共劾奏宏“知皇太后至尊之号，天下一统，而称引亡秦以为比喻，诖误圣朝，非所宜言，大不道。”上新立，谦让，纳用莽、丹言，免宏为庶人。傅太后大怒，要上欲必称尊号，上于是追尊定陶

先帝的政策。此前先帝刚刚驾崩，棺椁还在殿堂，而陛下就赐封官爵给百官以及亲属，地位全都赫然显贵备受荣宠。陛下将舅舅封为阳安侯，皇后的尊号还未确定，就事先将皇后的父亲封为孔乡侯。又让侍中王邑、射声校尉王邯等人外调任职。诏书接连下发，变动政事和制度，变动得仓促突然没有循序渐进。臣纵然不能明陈大义，却也不能坚决辞让陛下赐予的爵位，相随其他大臣空受侯爵，这样会增加陛下的过错。期间郡国多次发生地震，河水泛滥淹死百姓，日月不明，五星失序，这都是举措有失中正，号令不定，法度违背事理，阴阳混乱所造成的祸患。臣思虑人之常情中，没有子嗣的人，年纪虽然已有六七十岁，却仍要广娶姬妾而求子。孝成皇帝通晓天命，发觉了陛下至高的德行，在壮年时就克制自己，将陛下立为太子继承皇位。先帝抛却天下驾崩陛下承继大统，四海安宁，百姓没有忧惧，这是先帝圣德合乎天人心意的功劳。臣听闻天威就在陛下眼前，希望陛下常常心怀畏惧，深思先帝之所以册立陛下的用意，并且克己复礼、亲身力行让天下百姓归顺接受教化。天下，是陛下的家，陛下的亲属何患不富贵，陛下做事不应当过于仓促。先帝没有觉得臣愚钝，让臣担任太傅，陛下视臣为老师，因此臣无功而得以身居要职，受封大国，加赐黄金，位列三公，职责在于辅佐陛下，臣不能尽忠补过，而使百姓议论纷纷，灾异多次出现，这是臣的大罪。臣不敢奏言年老辞官回到家乡海滨，唯恐会遭到造作虚伪的怀疑。臣着实惭愧有负于陛下给予的重任，依照道义不得不以死尽忠。”师丹上奏多达数十次，大多是恳切直率之言。

起初，哀帝继位，将成帝的母亲尊称为太皇太后，成帝赵皇后尊称为皇太后，而哀帝的祖母傅太后和母亲丁王后都住在京城的诸侯王的住所，自以定陶共王为称号。高昌侯董宏上书奏言说：“秦庄襄王的母亲原本是夏氏，而华阳夫人却将秦庄襄王收为养子，秦庄襄王继位后，便将两人都尊称为太后。陛下应当尊封定陶共王后为皇太后。”哀帝将事情交予有关官员处理，当时师丹担任左将军与大司马王莽共同弹劾董宏“明知皇太后是至尊之号，如今天下统一，却引用亡秦的事例做比喻，蒙蔽圣朝，这并非为人臣子应当说的话，大

共王为共皇，尊傅太后为共皇太后，丁后为共皇后。郎中令泠褒、黄门郎段犹等复奏言：“定陶共皇太后、共皇后皆不宜复引定陶蕃国之名以冠大号，车马衣服宜皆称皇之意，置吏二千石以下各供厥职，又宜为共皇立庙京师。”上复下其议，有司皆以为宜如褒、犹言。丹议独曰：“圣王制礼取法于天地，故尊卑之礼明则人伦之序正，人伦之序正则乾坤得其位而阴阳顺其节，人主与万民俱蒙祐福。尊卑者，所以正天地之位，不可乱也。今定陶共皇太后、共皇后以定陶共为号者，母从子妻从夫之义也。欲立官置吏，车服与太皇太后并，非所以明尊卑亡二上之义也。定陶共皇号谥已前定，义不得复改。《礼》：‘父为士，子为天子，祭以天子，其尸服以士服。’子亡爵父之义，尊父母也。为人后者为之子，故为所后服斩衰三年，而降其父母期，明尊本祖而重正统也。孝成皇帝圣恩深远，故为共王立后，奉承祭祀，今共皇长为一国泰祖，万世不毁，恩义已备。陛下既继体先帝，持重大宗，承宗庙天地社稷之祀，义不得复奉定陶共皇祭入其庙。今欲立庙于京师，而使臣下祭之，是无主也。又亲尽当毁，空去一国太祖不堕之祀，而就无主当毁不正之礼，非所以尊厚共皇也。”丹由是浸不合上意。

会有上书言古者以龟贝为货，今以钱易之，民以故贫，宜可改币。上以问丹，丹对言可改。章下有司议，皆以为行钱以来久，难卒变易。丹老人，忘其前语，后从公卿议。又丹使吏书奏，吏私写其

逆不道。”哀帝刚刚继位，行事谦让，便听从采纳了王莽、师丹的谏言，将董宏免为庶人。傅太后知道此事后大怒，让哀帝一定要为自己赐封尊号，哀帝于是将定陶共王追尊为共皇，将傅太后尊称为共皇太后，丁王后尊称为共皇后。郎中令泠褒、黄门郎段犹等人再次上书奏言：“定陶共皇太后、共皇后都不应当再将定陶藩国的名称加在尊号之前，车马衣服都应该合乎皇室的标准，设置二千石以下的官员如詹事、太仆、少府等官员并让他们各司其职，还应当在京师为共皇兴建宗庙。”哀帝又将这件事交由有关官员商议，有关官员都认为应当如泠褒、段犹所言去做。只有师丹奏言说：“圣王制定礼法效法于天地，所以尊卑之礼分明而人伦之序严正，人伦之序严正则乾坤会在它应有的位置上而阴阳也顺应时序，这样人主和万民都会承蒙福佑。尊卑，是用来端正天地之位的，不可扰乱。如今定陶共皇太后、共皇后以定陶共为号，这是母从子、妻从夫之义。如果要设置官吏，车马服饰与太皇太后一样，这样就无法明确尊卑，不合乎天无二主之义。定陶共皇的谥号在此之前就已经定立了，依照道理不应当重新更改。《礼记》中说：‘父亲是卿士，儿子是天子，祭礼遵照天子的礼制，但他的丧服还是要使用卿士的服饰。’儿子没有为父亲封爵的道理，这是因为要尊重父母。为人后代为人子，要为自己所出嗣继承的人服丧三年，而将自己父母的孝期减为一年，这样做是明确尊奉本祖而重视正统。孝成皇帝圣恩深远，因此为定陶共王选立后嗣，奉承祭祀，如今共皇尊为一方诸侯国的太祖，万世不毁，恩义已经完备。陛下既然已经继承先帝的皇位，主持嫡系正统，秉承宗庙天地社稷的祭祀，依照道理不应当再将定陶共皇奉入宗庙进行祭祀。如今陛下想在京师为定陶共王兴建宗庙，并且让臣下进行祭祀，这是无主。而且亲情尽了宗庙就会被拆毁，白白废止一方诸侯国太祖万世不毁的祭祀，而来接受无主将会被拆毁的不正当的礼制，这样的做法不是在尊厚共皇。”因此师丹愈加不合哀帝的心意。

当时恰好有人上书奏言说古时候用龟贝当作货币，如今用铜钱取代了，因此百姓变得贫穷，应当更改货币。哀帝就这件事询问师丹，师丹回答说可以更改。哀帝就将奏书交给有关官员论议，论议的大

草，丁、傅子弟闻之，使人上书告丹上封事行道人遍持其书。上以问将军中朝臣，皆对曰："忠臣不显谏，大臣奏事不宜漏泄，令吏民传写流闻四方。'臣不密则失身'，宜下廷尉治。"事下廷尉，廷尉劾丹大不敬。事未决，给事中博士申咸、炔钦上书，言"丹经行无比，自近世大臣能若丹者少。发愤懑，奏封事，不及深思远虑，使主簿书，漏泄之过不在丹。以此贬黜，恐不厌众心。"尚书劾咸、钦："幸得以儒官选擢备腹心，上所折中定疑，知丹社稷重臣，议罪处罚，国之所慎，咸、钦初傅经义以为当治，事以暴列，乃复上书妄称誉丹，前后相违，不敬。"上贬咸、钦秩各二等，遂策免丹曰："夫三公者，朕之腹心也，辅善相过，匡率百僚，和合天下者也。朕既不明，委政于公，间者阴阳不调，寒暑失常，变异娄臻，山崩地震，河决泉涌，流杀人民，百姓流连，无所归心，司空之职尤废焉。君在位出入三年，未闻忠言嘉谋，而反有朋党相进不公之名。乃者以挺力田议改币章示君，君内为朕建可改不疑；以君之言博考朝臣，君乃希众雷同，外以为不便，令观听者归非于朕。朕隐忍不宣，为君受愆。朕疾夫比周之徒虚伪坏化，寖以成俗，故屡以书饬君，几君省过求己，而反不受，退有后言。及君奏封事，传于道路，布闻朝市，言事者以为大臣不忠，辜陷重辟，获虚采名，谤讥匈匈，流于四方。腹心如此，谓疏者何？殆谬于二人同心之利焉，将何以率示群下，附亲远方？朕惟君位尊任重，虑不周密，怀谖迷国，进退违命，反覆异言，甚为君耻之，非所以共承天地，永保国家之意。以君尝托傅位，未忍考于理，已诏有司赦君勿治。其上大司空高乐侯印绶，罢归。"

臣都认为使用铜钱已经很久远了，仓促之间很难立马改变。师丹年老，忘了自己此前所说的话，后来师丹又同意公卿们的论议。又有一次师丹让属吏书写奏书，属吏私自抄写了一份底稿，丁氏、傅氏的子弟听闻后，便派人上书告发师丹，说师丹所呈上的密奏，路上的行人已经全都持有，知晓其中内容了。哀帝就这件事询问将军和中朝大臣，他们都回答说："忠臣不会公开谏诤，大臣奏事不应当外泄，使得官吏百姓竞相抄写流闻四方。'大臣不谨慎周密就会丧失性命'，应该将师丹交由廷尉处置。"哀帝将这件事交由廷尉处理，廷尉以大不敬罪弹劾师丹。事情还未决断，给事中博士申咸、炔钦上书，说"师丹的经学和品行无人可比，自近世以来的大臣能像师丹的很少。师丹抒发心中的愤懑，呈上密奏，来不及深思远虑，让主簿代笔书写，外泄奏书内容的过错不在师丹。倘若因此贬黜师丹，恐怕不能服众。"尚书弹劾申咸、炔钦说："他们有幸以儒官的身份获得选任提拔的机会成为陛下的心腹，陛下采纳他们的话来推断事情判定疑惑之处，明知师丹是社稷重臣，议罪处罚，都会十分慎重，申咸、炔钦当初遵照经义认为师丹应当受到惩处，事情的结果已经公之于众了，却又上书妄图称赞师丹，前后相违，是为不敬。"哀帝将申咸、炔钦的官阶各降两级，哀帝最终下诏罢免师丹："三公大臣，是朕的心腹，是辅佐行善审察过失，匡正统率朝廷百官，和合天下的人。朕既已不够明达，将政事交托于你，期间阴阳不调，寒暑失常，变异屡至，山崩地震，河水泉流决堤喷涌，淹死百姓，使得百姓流离失所，无法心安，司空之职如同废弃。你在位前后三年，从未听闻你提出忠诚的谏言和高明的计谋，反而身负朋党相互举荐不公的名声。此前将特别提拔的力田之人所奏言的更改货币的奏书给你看，你私下向朕建议可以更改没有疑问；朕将你的话拿告知朝臣，让他们一同论议，你又与和众人一样，在朝堂上认为不便更改，使得论议的大臣将过错归咎于朕身上。朕隐忍不宣，为你受过。朕痛恨结党营私之徒，奸诈虚伪损伤风化，逐渐形成风气，所以多次写信告诫你，希望你能反躬自省，你却没有接受，回去后还有所怨言。等到你要呈上的密奏，内容遍传于道路行人之中，散布于集市之中，上奏弹劾的人认为大臣不忠，身

尚书令唐林上疏曰："窃见免大司空丹策书，泰深痛切，君子作文，为贤者讳。丹经为世儒宗，德为国黄耇，亲傅圣躬，位在三公，所坐者微，海内未见其大过，事既已往，免爵大重，京师识者咸以为宜复丹邑爵，使奉朝请，四方所瞻卬也。唯陛下财览众心，有以尉复师傅之臣。"上从林言，下诏赐丹爵关内侯，食邑三百户。

丹既免数月，上用朱博议，尊傅太后为皇太太后，丁后为帝太后，与太皇太后及皇太后同尊，又为共皇立庙京师，仪如孝元皇帝。博迁为丞相，复与御史大夫赵玄奏言："前高昌侯宏首建尊号之议，而为丹所劾奏，免为庶人。时天下衰粗，委政于丹。丹不深惟褒广尊亲之义而妄称说，抑贬尊号，亏损孝道，不忠莫大焉。陛下圣仁，昭然定尊号，宏以忠孝复封高昌侯。丹恶逆暴著，虽蒙赦令，不宜有爵邑，请免为庶人。"奏可。丹于是废归乡里者数年。

平帝即位，新都侯王莽白太皇太后发掘傅太后、丁太后冢，夺其玺绶，更以民葬之，定陶隳废共皇庙。诸造议泠褒、段犹等皆徙

陷死罪，欺世盗名，非议讥刺，沸沸扬扬，流闻四方。心腹近臣尚且如此，关系疏远的大臣又将会怎样呢？大概是错在‘二人同心，其利断金’的说法上，你又如何统率群下，使得远方亲附呢？朕念及你位尊任重，思虑事情却不周密，心存欺诈，迷乱国家，进退违命，言论反复，前后矛盾，为你感到羞耻，这些行为并没有共承天地，永保国家之意。因为你曾受先帝嘱托担任朕的老师，朕不忍心将你依法惩处，已经诏令有关官员赦免你不再加以惩处。请你交还大司空高乐侯的印绶，免官归家。”

尚书令唐林上书说：“臣见到罢免大司空师丹的策书，指责过于深刻痛切了，君子作文，应当是替贤者隐藏过错。师丹的经术学问堪为当世儒宗，道德品行堪称国中长者，师丹亲自教导陛下，位至三公，所犯的罪过也十分轻微，海内之中未曾见到师丹犯下大过，事情既然已经过去了，而免去师丹爵位的责罚过于重了，京师有识之士都认为应该恢复师丹的食邑和爵位，准许师丹可以定期参加朝会，这是天下四方所敬仰的。希望陛下体察众心，回报曾经担任老师的大臣。”哀帝听从了唐林的谏言，下诏赐封师丹为关内侯，食邑三百户。

师丹遭到罢免几个月后，哀帝再次采纳朱博的建议，将傅太后尊称为皇太太后，丁王后尊称为帝太后，与太皇太后以及皇太后同尊，又为共皇在京师兴建宗庙，礼制和孝元皇帝一样。朱博升任丞相，又和御史大夫赵玄一同上奏说：“此前高昌侯董宏最先提出定立尊号的建议，却遭到师丹的弹劾，被免为庶人。当时成帝驾崩，天下新丧，天子三年不理政事，因此将政事交托给师丹。师丹不深念褒扬尊亲之义却在胡说八道，贬低尊号，有损孝道，不忠之心莫过于此。陛下圣仁，定立尊号，董宏因为忠孝再次封为高昌侯。师丹奸邪悖逆，罪行昭著，虽蒙赦令，但也不应当再享有爵位和食邑，臣等奏请将师丹免为庶人。”哀帝批准了奏请。于是师丹遭受罢黜回到家乡度过了数年。

平帝继位后，新都侯王莽向太皇太后禀奏将傅太后、丁太后的坟冢挖出来，夺去她们的玺绶，依照百姓的礼制重新下葬，定陶国也将共皇庙拆毁。当时建议为她们加封尊号的人如泠褒、段犹等人全

合浦，复免高昌侯宏为庶人。征丹诣公车，赐爵关内侯，食故邑。数月，太皇太后诏大司徒、大司空曰："夫褒有德，赏元功，先圣之制，百王不易之道也。故定陶太后造称僭号，甚悖义理。关内侯师丹端诚于国，不顾患难，执忠节，据圣法，分明尊卑之制，确然有柱石之固，临大节而不可夺，可谓社稷之臣矣。有司条奏邪臣建定称号者已放退，而丹功赏未加，殆缪乎先赏后罚之义，非所以章有德报厥功也。其以厚丘之中乡户二千一百封丹为义阳侯。"月余薨，谥曰节侯。子业嗣，王莽败乃绝。

赞曰：何武之举，王嘉之争，师丹之议，考其祸福，乃效于后。当王莽之作，外内咸服，董贤之爱，疑于亲戚，武、嘉区区，以一蒉障江河，用没其身。丹与董宏更受赏罚，哀哉！故曰"依世则废道，违俗则危殆"，此古人所以难受爵位者也。

都流放至合浦县，又将高昌侯董宏免为庶人。并且征召师丹前往公车署，赐爵关内侯，享有原来的食邑。数月之后，太皇太后诏令大司徒、大司空说："褒奖有德，赏赐首功，这是先圣的礼制，历代帝王遵循不变的道理。原定陶太后僭越礼制，妄称尊号，甚是有悖义理。关内侯师丹忠于国家，不顾患难，秉持忠贞的节操，依据圣明的法令，分明尊卑之制，有柱石般的坚定，危难之际气节不可削夺，可谓是社稷的重臣了。有关官员逐条上奏说当时建议定立尊号的邪臣已经遭到罢免，而师丹却还得到封赏，这样恐怕违背了先赏后罚的义理，无法彰显有德回报功臣。现封赏厚丘县中乡二千一百户赐予师丹并封其为义阳侯。"一个多月后，师丹去世，谥号节侯。师丹的儿子师业承袭爵位，王莽败亡后爵位便断了。

赞辞说：何武举荐公孙禄担任大司马，王嘉谏诤为董贤增加食邑，师丹论议丁氏、傅氏不应当定立尊号之事，察验他们最终的祸福，都在日后有所应验。当年王莽作乱举兵，朝廷内外全都臣服，董贤受到的宠信，可以与皇亲国戚相比拟，何武、王嘉区区臣子，如同用一盆黄土来填塞长江、黄河，淹没在水中。师丹和董宏交替接受赏罚，实在是悲哀！所以说"随顺时世则会荒废正道，违逆流俗则会自身危殆"，这是古人之所以很难受封爵位的原因。

文白对照

二 十 四 史 新 译

漢書

五

主编 楼宇烈

执行主编 梁光玉 萧祥剑

〔东汉〕班固 撰 谦德书院 译

团结出版社

图书在版编目（CIP）数据

汉书 /（东汉）班固著；谦德书院译. -- 北京：
团结出版社，2024.12
ISBN 978-7-5234-0578-9

Ⅰ. ①汉… Ⅱ. ①班… ②谦… Ⅲ. ①《汉书》- 译
文Ⅳ. ①K234.104.2

中国国家版本馆CIP数据核字(2023)第208363号

责任编辑：梁光玉
封面设计：肖宇岐

出　版：团结出版社
（北京市东城区东皇城根南街84号　邮编：100006）
电　话：（010）65228880　65244790
网　址：http://www.tjpress.com
E-mail：zb65244790@vip.163.com
经　销：全国新华书店
印　装：天宇万达印刷有限公司

开　本：145mm×210mm　32开
印　张：125.25　　字　数：2395千字
版　次：2024年12月　第1版　　印　次：2024年12月　第1次印刷

书　号：978-7-5234-0578-9
定　价：520.00元（全五册）

目　录

第五册

卷一百下

卷八十七——卷一百

卷八十七上

扬雄传第五十七上

扬雄字子云，蜀郡成都人也。其先出自有周伯侨者，以支庶初食采于晋之扬，因氏焉，不知伯侨周何别也。扬在河、汾之间，周衰而扬氏或称侯，号曰扬侯。会晋六卿争权，韩、魏、赵兴而范、中行、知伯弊。当是时，逼扬侯，扬侯逃于楚巫山，因家焉。楚汉之兴也，扬氏溯江上，处巴江州。而扬季官至庐江太守。汉元鼎间避仇复溯江上，处岷山之阳曰郫，有田一廛，有宅一区，世世以农桑为业。自季至雄，五世而传一子，故雄亡它扬于蜀。

雄少而好学，不为章句，训诂通而已，博览无所不见。为人简易佚荡，口吃不能剧谈，默而好深湛之思，清静亡为，少耆欲，不汲汲于富贵，不戚戚于贫贱，不修廉隅以徼名当世。家产不过十金，乏无儋石之储，晏如也。自有大度，非圣哲之书不好也；非其意，虽富贵不事也。顾尝好辞赋。

先是时，蜀有司马相如，作赋甚弘丽温雅，雄心壮之，每作赋，常拟之以为式。又怪屈原文过相如，至不容，作《离骚》，自投江而死，悲其文，读之未尝不流涕也。以为君子得时则大行，不得时则龙蛇，遇不遇命也，何必湛身哉！乃作书，往往摭《离骚》文而反之，自岷山投诸江流以吊屈原，名曰《反离骚》；又旁《离骚》作重一篇，名曰《广骚》；又旁《惜诵》以下至《怀沙》一卷，名曰《畔牢愁》。《畔牢愁》《广骚》文多不载，独载《反离骚》，其辞曰：

扬雄字子云，蜀郡成都人。他的先祖是周朝姬伯侨的后代，因为庶出旁支的食邑在晋国的扬地，因而以此作为氏，不知伯侨是周王室的哪一支系。扬地在黄河、汾水之间，可能是在周朝衰败后扬氏有人得封侯爵，号称扬侯。恰逢晋国六卿争权，韩氏、魏氏、赵氏逐渐兴起而范氏、中行氏、知伯氏逐渐衰败。当时，扬侯遭到逼迫，扬侯逃往楚国巫山，因此在这里定居。楚汉之争兴起时，扬氏逆着长江而上，来到巴郡的江州县定居。而扬季官至庐江太守。汉朝元鼎年间为了躲避仇敌再次逆着长江而上，扬季来到岷山南面的郫县定居，扬氏拥有一百亩的田地，一处宅院，世代以耕种养蚕为生。从扬季到扬雄，五代都是单传，因此扬雄在蜀郡没有其他扬氏宗亲。

扬雄年少时好学，但并没有研习章句，只是通晓字词意思而已，扬雄博览群书无所不读。为人亲和，不拘小节，因为口吃不能侃侃而谈，生性静默喜爱沉思，生活清静无为，很少有嗜好欲望，不追求富贵，不忧惧贫贱，不故意修养廉洁端方的品性在世间博取名声。家产不超过十金，穷得没有一石粮食的积蓄，却依旧怡然自得。扬雄心胸宽广，不是圣贤之书他不会喜欢；与自己的志向意愿不合的人，就算是可以变得富贵也不会去屈从奉事。扬雄十分喜欢辞赋。

在此之前，蜀郡有司马相如，所作的辞赋十分华丽温雅，扬雄心中十分仰慕司马相如，每当作赋时，扬雄常常模仿司马相如。又惊奇屈原的文才超过司马相如，却不为世人接纳，创作《离骚》，投江自尽而死，扬雄对屈原的辞赋深感悲伤，在阅读时未尝不伤心流泪。扬雄认为君子机缘成熟就大展抱负，机缘不成熟就蛰伏隐藏，是否能遇到机缘在于命运，何必沉江呢！扬雄在写作辞赋时，常常摘取《离骚》中的句子并将意思反过来，再从岷山上将写好的辞赋投入江中以此来悼念屈原，辞赋名为《反离骚》；又依照《离骚》重新创作一

有周氏之蝉嫣兮，或鼻祖于汾隅，灵宗初谍伯侨兮，流于末之扬侯。淑周楚之丰烈兮，超既离虖皇波，因江潭而往记兮，钦吊楚之湘累。

惟天轨之不辟兮，何纯絜而离纷！纷累以其淟涊兮，暗累以其缤纷。

汉十世之阳朔兮，招摇纪于周正，正皇天之清则兮，度后土之方贞。图累承彼洪族兮，又览累之昌辞，带钩矩而佩衡兮，履欃枪以为綦。素初贮厥丽服兮，何文肆而质䵍！资娵娃之珍髢兮，鬻九戎而索赖。

凤皇翔于蓬陼兮，岂駕鹅之能捷！骋骅骝以曲艰兮，驴骡连蹇而齐足。枳棘之榛榛兮，蝯狖拟而不敢下，灵修既信椒、兰之唼佞兮，吾累忽焉而不蚤睹？

衿芰茄之绿衣兮，被夫容之朱裳，芳酷烈而莫闻兮，不如襞而幽之离房。闺中容竞淖约兮，相态以丽佳，知众嫭之嫉妒兮，何必飏累之蛾眉？

懿神龙之渊潜，俟庆云而将举，亡春风之被离兮，孰焉知龙之所处？愍吾累之众芬兮，飏烨烨之芳苓，遭季夏之凝霜兮，庆夭顇而丧荣。

横江、湘以南往兮，云走乎彼苍吾，驰江潭之泛溢兮，将折衷虖重华。舒中情之烦或兮，恐重华之不累与，陵阳侯之素波兮，岂吾累之独见许？

精琼靡与秋菊兮，将以延夫天年；临汨罗而自陨兮，恐日薄于

篇，名为《广骚》；又依照《惜诵》以下至《怀沙》篇再作一卷，名为《畔牢愁》。《畔牢愁》《广骚》的篇幅长不予记载，只将《反离骚》记载如下，赋中说：

与有周氏的亲缘关系，先祖起源于汾水河畔，族谱从伯侨开始有所记载，发展到后世的扬侯。在周朝的楚国受封侯爵，先祖迁居历经长江黄河，在长江边把祭文投入江中，以此悼念沉入湘水的楚国贤臣。

天路不开，使得纯善贞洁之人遭逢祸难！万事万物污浊不堪，各种谗毁交杂纷乱。

汉室历经十世到了阳朔年间，时间在周历正月，自己的品行效法上天的清明，也效法大地的正直。族谱记载你是名门望族之后，又翻阅华美的辞赋，虽佩带着代表持身严正的配饰，却践行恶人的行迹，以至于遭到流放。素来身穿美衣地位显贵，才华横溢却因世人排挤而投江！虽以高洁的品行在楚国为官，却犹如将闾鲰、吴娃的美发卖到九戎去求利，必然不会得志。

凤凰翱翔于蓬莱之洲，野鹅岂能追上！驿骝驰走在曲折险阻中，便与驴骡无异。枳棘杂乱丛生，蝯狖忧虑不敢下去，楚王既然相信令尹子椒、子兰的谗言，你为什么没有及早发觉？

系好芰荷制成的绿衣，身披芙蓉制成的朱裳，芳香浓郁却无人闻到，不如叠好放在屋中。女子为容姿柔美相互竞争，竞相作出佳丽之态使人倾慕，引来众多女子嫉妒，何必崭露头角？

神龙潜伏在深渊之中，等待风云而后腾飞，没有春风吹拂，怎会知道龙的所在？哀悯你博学多识，才华彰显与世，却遭到排挤冷遇，最终投江殒命。

渡过长江、湘江向南行，来到苍梧，顺着长江边的波涛，向舜帝诉说衷肠。倾诉心中烦闷，担心舜帝不能成为志同道合的人，重蹈阳侯的覆辙，怎会单单得到赞许？

食用精细的玉屑和秋菊，想以此延年益寿；奈何自投汨罗江，

西山。解扶桑之总辔兮，纵令之遂奔驰，鸾皇腾而不属兮，岂独飞廉与云师！

卷薜芷与若惠兮，临湘渊而投之；棍申椒与菌桂兮，赴江湖而沤之。费椒稰以要神兮，又勤索彼琼茅，违灵氛而不从兮，反湛身于江皋！

累既𬚪夫傅说兮，奚不信而遂行？徒恐鷤𪄻之将鸣兮，顾先百草为不芳！

初累弃彼虙妃兮，更思瑶台之逸女，抨雄鸩以作媒兮，何百离而曾不壹耦！乘云蜺之旖柅兮，望昆仑以樛流，览四荒而顾怀兮，奚必云女彼高丘？

既亡鸾车之幽蔼兮，驾八龙之委蛇？临江濒而掩涕兮，何有《九招》与《九歌》？夫圣哲之遭兮，固时命之所有；虽增欷以於邑兮，吾恐灵修之不累改。昔仲尼之去鲁兮，斐斐迟迟而周迈，终回复于旧都兮，何必湘渊与涛濑！溷渔父之餔歠兮，絜沐浴之振衣，弃由、聃之所珍兮，蹠彭咸之所遗！

孝成帝时，客有荐雄文似相如者，上方郊祠甘泉泰畤、汾阴后土，以求继嗣，召雄待诏承明之庭。正月，从上甘泉，还奏《甘泉赋》以风，其辞曰：

惟汉十世，将郊上玄，定泰畤，雍神休，尊明号，同符三皇，录功五帝，恤胤锡羡，拓迹开统。于是乃命群僚，历吉日，协灵辰，星陈而天行。诏招摇与泰阴兮，伏钩陈使当兵，属堪舆以壁垒兮，梢夔魖而抶獝狂。八神奔而警跸兮，振殷辚而军装；蚩尤之伦带干将而秉玉戚兮，飞蒙茸而走陆梁。齐总总撙撙，其相胶葛兮，猋骇云讯，奋以方攘；骈罗列布，鳞以杂沓兮，柴虒参差，鱼颉而鸟䀏；翕赫曶

担心日薄西山，你言行相反。解开系在扶桑的缰绳，让它纵横驰骋，鸾皇翱翔无一能及，除了风神和云神！

将薜芷和若蕙，投入湘江中；将大把的申椒和菌桂，浸在江湖中。花费椒稰来祭神，又找寻灵草，既然不听从灵氛的占卜，何必要花费椒稰以及找寻灵草，反而站在江边投水身亡！

你既然攀援傅说，为什么不相信并践行他的行迹？最终却自沉江中，何必担心杜鹃鸟鸣叫，怜惜百草会因此而不再芬芳！

起初抛弃了虑妃，现在又思念瑶台的美女，让雄鸩来作媒，为何雄鸩已经离去却依旧厌恶它的轻佻巧佞！乘着旖旎的云霓，周游流转眺望昆仑，放眼四周而感怀，为何一定要在楚国做官？

既没有鸾车，又怎能驾驭八龙？面对江边流泪哭泣，你又为什么会写出《九招》和《九歌》？自古圣贤都会有不得志的情境，原本是天时和命运所致；你虽然在封地中时常感叹，恐怕楚王最终也不会醒悟改变。从前仲尼离开鲁国，往来周游列国，最终回到故乡，你为何不怀念自己国家而要投身湘江！你以为渔父的饮食很脏，便沐浴清洁抖去衣冠上的灰尘，丢弃了许由、老子所珍重的操守，却重蹈彭咸的覆辙！

孝成帝时，有门客举荐扬雄说他的文辞与司马相如相似，成帝正好要在甘泉宫的泰畤、汾阴的后土进行祭祀，以求子嗣，便下诏让扬雄在承明殿中担任待诏。正月时，扬雄跟随成帝前往甘泉宫，归来呈上《甘泉赋》以此讽谏成帝，赋中说：

汉室第十世天子，将去祭祀上天，重建泰畤神祠，祈求神明赐福，以皇帝之号尊奉祈祷上天，以期德行契同三皇，功绩堪比五帝，忧患无子，祈求上天赐福，开拓基业，延续皇统。故而下令百官，选吉日，择良辰，百官如群星排列，像天体运行。命令招摇与太阴，调遣钩陈星去掌管兵事，嘱托神灵堪舆组成军垒，让他们去击杀如夔、魑、獝狂等作恶多端的精怪恶鬼。八方之神随侍在旁，或护卫两侧或在前清道，整肃车马，身著军装；那些犹如蚩尤一样的勇士，腰佩干

霍，雾集蒙合兮，半散照烂，粲以成章。

于是乘舆乃登夫凤皇兮翳华芝，驷苍螭兮六素虬，蠖略蕤绥，漓乎幓纚。帅尔阴闭，霅然阳开，腾清霄而轶浮景兮，夫何旟旐郅偈之旖柅也！流星旄以电烛兮，咸翠盖而鸾旗。敦万骑于中营兮，方玉车之千乘。声駍隐以陆离兮，轻先疾雷而馺遗风。陵高衍之崰嵸兮，超纡谲之清澄。登椽栾而狃天门兮，驰阊阖而入凌兢。

是时未轃夫甘泉也，乃望通天之绎绎。下阴潜以惨廪兮，上洪纷而相错；直峣峣以造天兮，厥高庆而不可乎疆度。平原唐其坛曼兮，列新雉于林薄；攒并闾与茇苦兮，纷被丽其亡鄂。崇丘陵之駊騀兮，深沟嵚岩而为谷；往往离宫般以相烛兮，封峦石关施靡乎延属。

于是大夏云谲波诡，摧嶉而成观，仰挢首以高视兮，目冥眴而亡见。正浏滥以弘惝兮，指东西之漫漫，徒回回以徨徨兮，魂固眇眇而昏乱。据軨轩而周流兮，忽軮轧而亡垠。翠玉树之青葱兮，壁马犀之瞵㻞。金人仡仡其承钟虡兮，嵌岩岩其龙鳞，扬光曜之燎烛兮，乘景炎之炘炘，配帝居之县圃兮，象泰壹之威神。洪台掘其独出兮，掇北极之嶟嶟，列宿乃施于上荣兮，日月才经于柍桭，雷郁律而岩突兮，电倏忽于墙藩。鬼魅不能自还兮，半长途而下颠。历倒景而绝飞梁兮，浮蔑蠓而撇天。

左欃枪右玄冥兮，前熛阙后应门；阴西海与幽都兮，涌醴汩以

将宝剑，手持玉柄刀斧，跳跃起来杂乱无章，奔跑起来横行无阻。他们或密密麻麻聚集，或错综交杂散开，如风起云涌奋然前行；布阵列队，如鱼鳞般错杂排列，参差不齐，犹如鱼游鸟飞；集合分散迅疾异常，如云似雾突然散开，聚合离散之间，光辉闪烁绚烂多彩。

于是天子登上饰有凤凰的车舆，上覆华盖，架驷苍螭，素虬拉车，行步进止，盘曲升腾，车饰下垂摇摆顿扬。时而云遮雾蔽，时而豁然晴朗，乘舆腾空穿过清霄越过浮云，那绘有鹰隼龟蛇的旗幡随风飘扬，何其轻盈婀娜！饰有星辰的旌旗在空中飞扬，有如流光闪电，竟是前驱的翠盖鸾旗车。上万兵马驻扎于中营，玉饰兵车有千乘并列。车马隆隆前后相续，车骑奔驰似迅雷，马速迅疾追急风。越过高耸的群峰，跨过曲折的清流。登上椽栾而到达天门，驰过天门便进入森寒之境。

此时还未到甘泉宫，远眺通天台兴盛繁荣。台下幽暗不明令人生寒，台上景观宏伟多彩，纵横交错；高耸入云直达苍穹，其高度终不可揣度。平原广阔没有边际，辛夷生于林莽之中；棕榈、薄荷积聚而生，四散分布，无边无涯。高大的丘陵起伏不平，深邃的沟堑化为幽谷；行宫别馆分布四方，交相辉映，封禅的山峦、石关紧紧相连，绵延不断。

于是大厦像云彩和波浪那般变幻莫测，巍峨奇巧，以为奇观，抬头向上看去，令人眼花缭乱不能见顶。回望四周只觉得宽敞明亮，从东往西广袤无边，只觉忧思彷徨，心中恍惚神智昏乱。倚着栏杆向周围看去，顿感天地广大无边。甘泉宫内，翡翠刻的玉树青翠欲滴，璧玉雕的马犀流光溢彩。高大的金人承托着编钟木架，铠甲上的甲片好似龙鳞开张，金辉闪耀恰如火炬光焰炽盛，日光之下更显火焰炽热，甘泉宫观的华美可与天神居处的悬圃相比，威严如同神明泰壹之常居。高台拔地而起，高耸独立，直抵北斗，诸星罗列于它翘起的檐头，日月才经过它的屋檐，雷声低沉轰鸣于山岩深处，电光疾逝于墙垣之上。鬼魅不能攀登，飘至半途就会坠落。楼台高出空中的倒影，超过凌空飞架的桥梁，高浮于空中的尘气直拂天穹。

甘泉宫的左边是彗星，右边是玄冥，前方是赤宫，后方是正门；

生川。蛟龙连蜷于东厓兮，白虎敦圉乎昆仑。览樛流于高光兮，溶方皇于西清。前殿崔巍兮，和氏珑玲，炕浮柱之飞榱兮，神莫莫而扶倾，闶阆阆其寥廓兮，似紫宫之峥嵘。骈交错而曼衍兮，崵嵲隗乎其相婴。乘云阁而上下兮，纷蒙笼以棍成。曳红采之流离兮，飏翠气之冤延。袭琁室与倾宫兮，若登高妙远，肃乎临渊。

回猋肆其砀骇兮，披桂椒，郁移杨。香芬茀以穷隆兮，击薄栌而将荣。芗呹肸以掍根兮，声駍隐而历钟，排玉户而飏金铺兮，发兰惠与穹穷。惟弸彋其拂汩兮，稍暗暗而靓深。阴阳清浊穆羽相和兮，若夔、牙之调琴。般、倕弃其剞劂兮，王尔投其钩绳。虽方征侨与偓佺兮，犹仿佛其若梦。

于是事变物化，目骇耳回，盖天子穆然珍台闲馆琁题玉英蝴蜎蠖濩之中，惟夫所以澄心清魂，储精垂思，感动天地，逆釐三神者。乃搜逑索耦皋、伊之徒，冠伦魁能，函甘棠之惠，挟东征之意，相与齐乎阳灵之宫。靡薜荔而为席兮，折琼枝以为芳，噏清云之流瑕兮，饮若木之露英，集乎礼神之囿，登乎颂祇之堂。建光耀之长旓兮，昭华覆之威威，攀琁玑而下视兮，行游目乎三危，陈众车于东阬兮，肆玉釱而下驰，漂龙渊而还九垠兮，窥地底而上回。风傱傱而扶辖兮，鸾凤纷其御蕤，梁弱水之濎濴兮，蹑不周之逶蛇，想西王母欣然而上寿兮，屏玉女而却虙妃。玉女无所眺其清卢兮，虙妃曾不得施其蛾眉。方揽道德之精刚兮，侔神明与之为资。

于是钦柴宗祈。燎熏皇天，招繇泰壹。举洪颐，树灵旗。樵蒸

遮蔽西海与幽都山，醴泉奔涌而出以成川流。蛟龙蜷曲于东边，白虎雄踞于西面。在高光宫游览曲折幽深之景，在西厢清净之地悠闲漫步。前殿辉煌高耸，璧玉雕饰清透玲珑，梁柱在下支撑着飞椽，恍若神灵暗中扶持而不倒，门庭高深空阔，好似紫微宫之深邃。楼台宫阙相互交错连绵不断，巍然而立环绕相映。登上凌云高阁，与甘泉宫高下相仿，四处景观交错纷呈，浑然天成。台观宏大高耸，阳光下显现出彩虹，飘红扬翠，绚丽缤纷，蜿蜒曲折。甘泉宫继承了夏桀琁室的奢华，殷纣倾宫的巍峨，若登高远眺，想到亡国之危，让人如临深渊。

劲风回旋，激荡草木，吹散桂树、椒树，积聚移树、垂杨。香气馥郁升腾而起，直拂拱柱飘到檐头。香气混合着响声急速排击，砰然鸣响，和谐入耳远胜钟声，吹开玉门掀动金铺，使兰蕙与川芎发出醉人香气。帷幕鼓动随风飘动，直到幽隐才显沉静。风声树香激荡台观，阴阳清浊相应，变音正音相和，好似夔师、伯牙抚琴弹奏。台观楼阁鬼斧神工，鲁班、工倕羞愧丢弃了斧凿，王尔汗颜扔掉了钩绳。纵然是仙人征侨与偓佺来到此地，也恍然如在梦中。

于是事变物化，目见起惊耳听生疑，天子身处珍台闲馆，椽头精玉装饰，在曲折幽深的耀目之中，大概在默然静思，想以此澄净心魄，蓄养精神，祈神降福，感动天地，于三神迎来福祥。于是寻求德才相配之辈，皋繇、伊尹之流，无比贤能，心怀邵公奭仁爱之德，心藏周公旦东征之意，与贤能之臣齐聚于阳灵宫斋戒。编织薜荔作为坐席，折下琼枝装饰衣服，吸食清云上的流霞，畅饮若木上的露英，齐聚祭祀天神的苑囿，登入歌颂地祈的殿堂。竖起旌旗迎风招展，支起华盖鲜亮明丽，攀上琁玑俯瞰大地，目力所及望见三危之山，陈列众车于东岗之上，任随玉辇向下奔驰，顺龙渊漂浮来到九重，窥探地底而又向上返回。风飕飕吹着扶毂而过，鸾凤纷飞绕着御驾装饰，横渡弱水的细小处，踏过不周山的曲折处，想到西王母而欣然祝寿啊，屏退玉女拒绝虙妃。玉女无法送其秋波，虙妃不得挑动其秀眉。才初次掌握了道德的精髓宏旨，取法神灵向其征询其中的奥秘。

于是天子恭敬地焚柴，尊崇地祈福。香烟升腾上皇天，直达招

焜上，配藜四施，东烛仓海，西耀流沙，北爌幽都，南炀丹厓。玄瓒觩𩰪，秬鬯泔淡，肸向丰融，懿懿芬芬。炎感黄龙兮，熛讹硕麟，选巫咸兮叫帝阍，开天庭兮延群神。傧暗蔼兮降清坛，瑞穰穰兮委如山。

于是事毕功弘，回车而归，度三峦兮偈棠梨。天阃决兮地垠开，八荒协兮万国谐。登长平兮雷鼓磕，天声起兮勇士厉，云飞扬兮雨滂沛，于胥德兮丽万世。

乱曰：崇崇圜丘，隆隐天兮，登降峛崺，单埢垣兮。增宫嵾差，骈嵯峨兮，岭巆嶙峋，洞亡厓兮。上天之縡，杳旭卉兮，圣皇穆穆，信厥对兮。俫祇效禋，神所依兮，徘徊招摇，灵迟迟兮。辉光眩耀，隆厥福兮，子子孙孙，长亡极兮。

甘泉本因秦离宫，既奢泰，而武帝复增通天、高光、迎风。宫外近则洪厓、旁皇、储胥、弩陆，远则石关、封峦、枝鹊、露寒、棠梨、师得，游观屈奇瑰伟，非木摩而不彫，墙涂而不画，周宣所考，般庚所迁，夏卑宫室，唐虞棌椽三等之制也。且其为已久矣，非成帝所造，欲谏则非时，欲默则不能已，故遂推而隆之，乃上比于帝室紫宫，若曰此非人力之所为，党鬼神可也。又是时赵昭仪方大幸，每上甘泉，常法从，在属车间豹尾中。故雄聊盛言车骑之众，参丽之驾，非所以感动天地，逆釐三神。又言“屏玉女，却虙妃”，以微戒斋肃之事。赋成奏之，天子异焉。

摇与泰壹。高举洪颐，树起灵旗。薪柴细木架于火上，烟气火焰同升，火光四散，东照沧海，西耀流沙，北晃幽都，南炙丹涯。黑玉为柄的礼器弯曲如角，注满郁金草合黍酿造的美酒，芳香四溢，香味醇厚，浓郁不散。炎火感召黄龙，炽热触动麒麟，指使神巫，叫开天门，天庭大开延请群神。众神纷纷而至，降临于清坛，祥瑞之气累积如山。

于是事毕功成，回车而还，经过三峦观，在棠梨宫休憩。天门开启，天地相通，八方和谐万邦融洽。登上长平坂，鼓声如雷，其声四起激励勇士振奋，彩云飞扬，大雨滂沛，君臣皆仁德，流芳光万世。

总而言之：圆坛巍峨，高耸入云，上下路径，逦迤盘旋。宫观参差错落，林立高耸，殿阁重叠，深邃窔兀茫茫无涯。上天之事，深奥幽昧莫测，圣皇英明，确可与天相配。虔诚祭祀，众神前来归依，徘徊彷徨，神灵得以游息。光辉照耀，降下福祉，子子孙孙，永相昌继。

甘泉宫本是在秦朝离宫的基础上修建的，已经十分奢靡华丽了，武帝又增添扩建了通天宫、高光宫、迎风宫。在宫外，近处有洪厓、旁皇、储胥、弩陆等宫观，远处有石关、封峦、枝鹊、露寒、棠梨、师得等宫观，规模壮观雄伟，瑰丽奇异，木器上无不雕刻花纹，墙壁上无不描绘彩画，周宣王时落成的宫室，般庚时迁都的亳邑，夏朝时的宫室，唐虞时修建宫室只有三等土阶，等等这些制度都不及当今。况且甘泉宫已经年代久远，并非成帝所造，扬雄想加以劝谏却又感觉时机不恰当，想闭口不言却又情不自禁想劝谏，因此夸大比喻，将甘泉宫比作天帝的紫宫，借此比喻说这并非人力所为，是借助鬼神之力所建造的。并且当时赵昭仪备受成帝宠幸，成帝每次前往甘泉宫，通常赵昭仪都会跟随成帝前往，坐在最后一辆随从车马的豹尾车中。所以扬雄姑且夸大说车骑众多，随从车马并驾齐驱，这些不是能感动天地，三神降福的做法。又说“屏退玉女，拒绝虙妃”，以此婉言劝谏成帝恭敬祭祀以及严肃宫中用度之事。辞赋写好后上奏成帝，成帝十分惊异。

其三月，将祭后土，上乃帅群臣横大河，凑汾阴。既祭，行游介山，回安邑，顾龙门，览盐池，登历观，陟西岳以望八荒，迹殷周之虚，眇然以思唐虞之风。雄以为临川羡鱼不如归而结罔，还，上《河东赋》以劝，其辞曰：

伊年暮春，将瘗后土，礼灵祇，谒汾阴于东郊，因兹以勒崇垂鸿，发祥隤祉，钦若神明者，盛哉铄乎，越不可载已！于是命群臣，齐法服，整灵舆，乃抚翠凤之驾，六先景之乘，掉犇星之流旃，彏天狼之威弧。张耀日之玄旄，扬左纛，被云梢。奋电鞭，骖雷辎，鸣洪钟，建五旗。羲和司日，颜伦奉舆，风发飙拂，神腾鬼趡；千乘霆乱，万骑屈桥，嘻嘻旭旭，天地稠嶅。簸丘跳峦，涌渭跃泾。秦神下讋，跖魂负沴；河灵矍踢，刃华蹈衰。遂臻阴宫，穆穆肃肃，蹲蹲如也。

灵祇既乡，五位时叙，絪缊玄黄，将绍厥后。于是灵舆安步，周流容与，以览乎介山。嗟文公而愍推兮，勤大禹于龙门，洒沈菑于豁渎兮，播九河于东濒。登历观而遥望兮，聊浮游以经营。乐往昔之遗风兮，喜虞氏之所耕。瞰帝唐之嵩高兮，脈隆周之大宁。汩低回而不能去兮，行睨垓下与彭城。濊南巢之坎坷兮，易豳岐之夷平。乘翠龙而超河兮，陟西岳之峣崝。云霏霏而来迎兮，泽渗漓而下降，郁萧条其幽蔼兮，滃泛沛以丰隆。叱风伯于南北兮，呵雨师于西东，参天地而独立兮，廓荡荡其亡双。

遵逝乎归来，以函夏之大汉兮，彼曾何足与比功？建《乾》《坤》之贞兆兮，将悉总之以群龙。丽钩芒与骖蓐收兮，服玄冥及祝融。敦众神使式道兮，奋《六经》以摅颂。隃於穆之缉熙兮，过《清

当年三月，成帝将要祭祀后土，便率领群臣横渡黄河，赶往汾阴。在祭祀结束之后，成帝在介山游玩，绕过安邑，游览龙门，观览盐池，攀登历山道观，登上西岳华山瞭望天下，找寻殷周的故址，追思唐虞的民风。扬雄认为与其临川羡鱼不如退而结网，回宫后，呈上《河东赋》对成帝进行劝谏，赋中说：

这一年暮春，天子将要祭祀后土，礼拜灵祇，前往东郊的汾阴祭祀，因此在金石上刻下尊名，将鸿业留传于后世，发祥降福，敬顺神明，这些都是极其盛美的事情，无法详载！故而陛下诏令群臣，整齐法服，整饬天子所乘的革车，手扶翠羽装饰的凤形车驾，车马飞驰常在影前，挥动流星般的赤色旗帜，天狼星和威弧星急张。张开闪耀的黑色旗帜，车马左边的饰物飘扬，覆盖上绘有云彩的旌旗。挥动鞭子如闪电，车轮运转如雷声，敲响洪钟，立起五旗。羲和主掌太阳，颜伦驾驶车马，急速如风，神鬼奔走；千乘奔腾，万骑壮捷，怡然自得，天地动摇。翻越山峦，渡过泾渭。秦神心生惧怕，下入水中，自踏魂魄倚靠堤岸；河灵受到惊动，心生恐惧，掌据华山足蹈衰山。到达汾阴之宫，庄严恭敬，行动有节。

天地之神迎接，五方之神承顺，天玄地黄，天地之气奋然兴起于祭祀之后。于是天子的革车漫步徐行，四处游行，悠闲自得。观览介山。感叹文公而感伤介子推，感念大禹凿穿龙门山以通黄河的艰辛，分流洪水而挖通四河，布散九河于东海之濒。登上历山的道观遥望，漫游闲谈国家的治理。欣赏往昔的遗风，喜好虞舜所耕之处。在嵩山俯瞰帝尧的遗迹，观览盛周的安宁。往意徘徊不能离去，意欲前往睨望垓下和彭城。厌恶南巢的坎坷崎岖，喜爱豳岐的广阔平坦。乘上马匹渡过黄河，登上高峻的华山。云彩飞腾前来迎接，雨露流动下降，隆盛飘零，云起雨落。叱风神于南北，呵雨神于西东，与天地同德而独立，广大无比。

沿路凯旋返回京师，包容诸侯国的大汉天下，尧、舜、殷、周这些朝代又怎能与汉朝比肩？开创《乾卦》《坤卦》的吉兆，乾卦六爻都称为龙。驾驭钩芒和蓐收，役使玄冥和祝融。勉励众神作为表率，诵读《六经》抒发歌颂之情。汉德之盛超过《清庙》中的和乐；胜过

庙》之雍雍；轶五帝之遐迹兮，蹑三皇之高踪。既发轫于平盈兮，谁谓路远而不能从？

其十二月羽猎，雄从。以为昔在二帝三王，宫馆台榭沼池苑囿林麓薮泽财足以奉郊庙，御宾客，充庖厨而已，不夺百姓膏腴谷土桑柘之地。女有余布，男有余粟，国家殷富，上下交足，故甘露零其庭，醴泉流其唐，凤皇巢其树，黄龙游其沼，麒麟臻其囿，神爵栖其林。昔者禹任益虞而上下和，中木茂；成汤好田而天下用足；文王囿百里，民以为尚小；齐宣王囿四十里，民以为大；裕民之与夺民也。武帝广开上林，南至宜春、鼎胡、御宿、昆吾，旁南山而西，至长杨、五柞，北绕黄山，濒渭而东，周袤数百里。穿昆明池象滇河，营建章、凤阙、神明、馺娑，渐台、泰液象海水周流方丈、瀛洲、蓬莱。游观侈靡，穷妙极丽。虽颇割其三垂以赡齐民，然至羽猎田车戎马器械储偫禁御所营，尚泰奢丽夸诩，非尧、舜、成汤、文王三驱之意也。又恐后世复修前好，不折中以泉台，故聊因《校猎赋》以风，其辞曰：

或称戏农，岂或帝王之弥文哉？论者云否，各亦并时而得宜，奚必同条而共贯？则泰山之封，乌得七十而有二仪？是以创业垂统者俱不见其爽，遐迩五三孰知其是非？遂作颂曰：丽哉神圣，处于玄宫，富既与地乎侔訾，贵正与天乎比崇。齐桓曾不足使扶毂，楚严未足以为骖乘；狭三王之阸薜，峤高举而大兴；历五帝之寥廓，涉三皇之登闳；建道德以为师，友仁义与为朋。

五帝的遗踪，追随三皇的圣迹。起自平地向前发展，谁说路远不能跟随？

当年十二月成帝狩猎，士卒携带羽箭跟随，扬雄跟随成帝前往。扬雄认为古代的尧舜二帝以及夏商周三王时，宫馆楼台沼池园囿山林湖泊的产出足以奉祀宗庙，接待宾客，满足厨师烹饪，不会再抢夺百姓肥沃的耕地以及和种桑养蚕的地方。女子纺织有余布，男子耕种有余粮，国家殷实，上下富足，所以甘露飘落在庭园中，甘泉流淌在路上，凤凰在树上筑巢，黄龙在池沼中遨游，麒麟来到园囿，神雀栖息在树林中。从前大禹将益任命为主管山泽的虞官，因此高山土地彼此和谐，草木茂盛；成汤喜好田猎而天下的财用充足；文王所修建的园囿方圆百里，百姓却认为太小；齐宣王所修建的园囿方圆四十里，百姓却认为太大；原因就是使百姓富足还是抢夺百姓财用。武帝拓建上林苑，南至宜春宫、鼎胡宫、御宿苑、昆吾，靠近终南山的西面，直至长杨宫、五柞宫，北绕黄山，紧临渭水东面，周围方圆数百里。模仿滇河挖凿昆明池，修建建章宫、凤阙宫、神明台、馺娑宫，渐台、泰液池仿照方丈、瀛洲、蓬莱这海中的三座山建造。游览奢靡，极尽美妙。就算是将上林苑的三面分割出去给予平民百姓，但狩猎的田车战马器械储备园囿周围宫墙的建制，依旧过于奢侈靡费，并非尧、舜、成汤、文王一年三次狩猎的本意。扬雄又担心成帝也会像前朝那样修建宫殿，不以泉台为前车之鉴，便以《校猎赋》来讽谏，赋中说：

有人称赞伏羲神农的节俭，恐怕是担心后代帝王日益奢侈的缘故吧？论者说不是的，节俭和奢侈各自与当时的时势相适应，何必强求一定要遵循传统制度？倘若因袭陈规，那么泰山的封禅，怎么会有七十二种仪式呢？因此开创基业的帝王都是根据当时形势建立制度，都看不出他们的差错，远至五帝，近到三王，又有谁知道他们的是非呢？于是我作颂词道：壮丽啊，神圣之君，住在玄宫，富既与大地同资财，贵能与上天比高低。齐桓公不足以为您扶翼车轮，楚庄王不足以作为您的陪乘；鄙薄三王的狭陋，您的威望像高山而大兴国

于是玄冬季月，天地隆烈，万物权舆于内，徂落于外，帝将惟田于灵之囿，开北垠，受不周之制，以终始颛顼、玄冥之统。乃诏虞人典泽，东延昆邻，西驰闛阖。储积共偫，戍卒夹道，斩丛棘，夷野草，御自汧、渭，经营酆、镐，章皇周流，出入日月，天与地沓。尔乃虎路三嵕以为司马，围经百里而为殿门。外则正南极海，邪界虞渊，鸿濛沆茫，碣以崇山。营合围会，然后先置乎白杨之南，昆明灵沼之东。贲育之伦，蒙盾负羽，杖镆邪而罗者以万计，其余荷垂天之毕，张竟野之罘，靡日月之朱竿，曳彗星之飞旗。青云为纷，红蜺为缳，属之乎昆仑之虚，涣若天星之罗，浩如涛水之波，淫淫与与，前后要遮，欃枪为闉，明月为候，荧惑司命，天弧发射，鲜扁陆离，骈衍佖路。徽车轻武，鸿絧緁猎，殷殷轸轸，被陵缘阪，穷冥极远者，相与迾乎高原之上；羽骑营营，昈分殊事，缤纷往来，轠轳不绝，若光若灭者，布乎青林之下。

于是天子乃以阳鼌始出乎玄宫，撞鸿钟，建九旒，六白虎，载灵舆，蚩尤并毂，蒙公先驱。立历天之旂，曳捎星之旃，辟历列缺，吐火施鞭。萃傱允溶，淋离廓落，戏八镇而开关；飞廉、云师，吸嚊潚率，鳞罗布列，攒以龙翰。秋秋跄跄，入西园，切神光；望平乐，径竹林，蹂蕙圃，践兰唐。举烽烈火，辔者施披，方驰千驷，校骑万师。虓虎之陈，从横胶輵，猋泣雷厉，驞駍駖磕，汹汹旭旭，天动地岋。羡漫半散，萧条数千万里外。

若夫壮士忼慨，殊乡别趣，东西南北，骋耆奔欲。拕苍豨，跋犀犛，蹶浮麋。斮巨狿，搏玄蝯，腾空虚，歫连卷。踔夭蟜，娭涧

家；经历五帝般辽阔，到达三皇般高大；树立道德规范作为老师，亲近仁义正道作为朋友。

于是严冬腊月，天地寒冷，万物萌芽于内，凋谢于外，成帝想要在灵囿狩猎，就开拓北方边陲，沿袭隆冬肃杀的法则，始终奉行颛顼、玄冥的传统。便命令虞人掌管山泽，东至昆明之边，西达阊阖之门。积蓄物资准备齐全，士卒列在道路两旁，斩除丛棘，夷平野草，自汧水渭水开始禁守，在酆水镐水规划围猎，猎捕范围广阔无垠，日月升落其中，天地之际渺茫广远。藩篱三重，外为司马门，围径百里，内为殿门。藩篱之外，正南到海，左边斜出，虞渊为界，苍苍莽莽，崇山作标。狩猎队伍，营围会合，然后先置供具于白杨观南面，昆明灵沼东面。孟贲夏育之类的勇士，臂托大盾，背负羽箭，手持镆邪，列队站立，数以万计，其余的士卒肩扛垂天大网，铺开覆地猎网，挥动日月旗的朱竿，高举飘扬的彗星旗。青云为旒，虹蜺作穗，连绵在昆仑之丘，光彩闪耀仿佛天星布列，浩浩荡荡如同波涛翻滚，士卒争相向前，前后拦截，彗星作营门，明月为斥候，荧惑掌号令，天弧管发射，队伍轻快参差，士卒连绵满路。徽帜猎车，轻疾迅猛，相连前进，车骑众多，覆盖丘陵，跨越山坡，驶向幽深辽远之地，一起排列在高原之上；负羽骑士，来往奔走，分工鲜明，各有职守，缤纷往来，相连不绝，忽明忽暗，遍布在青林之下。

于是天子在早晨从玄宫出发，撞响大钟，举起龙旗，六匹白马，驾驶车驾，蚩尤并车，蒙恬开路。竖起及天之旗，飘扬拂星之旃，雷鸣电闪，吐火扬鞭。时而聚集，时而分散，天子指挥八镇，使之聚散；飞廉、云师，张口喘息，士卒排列，如鱼鳞密布，似龙毛攒集。众声啾啾，步伐跄跄，进入西园内，靠近神光宫；远望平乐馆，穿越竹林里，踏过蕙草圃，踩过丛兰塘。燃起烽火，烈焰冲天，执辔之人，施展技艺，千辆车驾，并驱齐驰，万名骑兵，争先恐后。勇士猛将，咆哮如虎，排列成阵，纵横交错，如同狂风怒号，雷霆惊响，声响众盛，喧闹猛烈，天动地摇。逐渐分开散落，寂寥数千里外。

至于壮士昂扬，趋向不同，东西南北，随欲奔走。拖苍豨，踏犀犛，踩游麋。斩巨蜓，捕黑猿，腾跃凌空，跳跃曲树。跨越弯枝，嬉戏

门，莫莫纷纷，山谷为之风猋，林丛为之生尘。及至获夷之徒，蹶松柏，掌疾梨；猎蒙茏，辚轻飞；履般首，带修蛇；钩赤豹，摼象犀；跇峦阬，超唐陂。车骑云会，登降暗蔼，泰华为旒，熊耳为缀。木仆山还，漫若天外，储与乎大溥，聊浪乎宇内。

于是天清日晏，逢蒙列眦，羿氏控弦。皇车幽輵，光纯天地，望舒弥辔，翼乎徐至于上兰。移围徙陈，浸淫蹴部，曲队坚重，各案行伍。壁垒天旋，神抶电击，逢之则碎，近之则破，鸟不及飞，兽不得过，军惊师骇，刮野扫地。及至罕车飞扬，武骑聿皇；蹈飞豹，绢嘄阳；追天宝，出一方；应駍声，击流光。野尽山穷，囊括其雌雄，沈沈容容，遥噱乎紘中。三军芒然，穷冘阏与，亶观夫票禽之绁隃，犀兕之抵触，熊罴之挐攫，虎豹之凌遽，徒角抢题注，蹙竦詟怖，魂亡魄失，触辐关脰。妄发期中，进退履获，创淫轮夷，丘累陵聚。

于是禽殚中衰，相与集于靖冥之馆，以临珍池。灌以岐梁，溢以江河，东瞰目尽，西畅亡厓，随珠和氏，焯烁其陂。玉石嶜崟，眩耀青荧，汉女水潜，怪物暗冥，不可殚形。玄鸾孔雀，翡翠垂荣，王雎关关，鸿雁嘤嘤，群娭乎其中，噍噍昆鸣；凫鹥振鹭，上下砰磕，声若雷霆。乃使文身之技，水格鳞虫，凌坚冰，犯严渊，探岩排碕，薄索蛟螭，蹈獱獭，据鼋鼍，抾灵蠵。入洞穴，出苍梧，乘巨鳞，骑京鱼。浮彭蠡，目有虞。方椎夜光之流离，剖明月之珠胎，鞭洛水之虙妃，饷屈原与彭胥。

于兹乎鸿生巨儒，俄轩冕，杂衣裳，修唐典，匡《雅》《颂》，揖让于前。昭光振耀，蠁曶如神，仁声惠于北狄，武义动于南邻。是以旃裘之王，胡貉之长，移珍来享，抗手称臣。前入围口，后陈卢山。群公常伯杨朱、墨翟之徒喟然称曰："崇哉乎德，虽有唐、虞、大

溪涧，烟尘滚滚，山谷因之刮起暴风，丛林因之生起尘埃。至于擅长捕获格杀禽兽之人，脚踏松柏，掌击蒺藜；打猎密林，碾压飞禽；踩踏虎头，缠绕长蛇；钩杀赤豹，牵扯象犀；越过山冈，跨过池塘。车骑云集，时升时降，无法分辨，泰山华山，可作旗旒，熊耳之山，可作旗饰。木倒山转，遍及天外，漫游水边，游荡宇内。

于是天清日朗，逢蒙睁眼，后羿拉弓。天子之车，轰轰隆隆，光照天地，望舒按辔徐行，随意悠闲，缓缓走到上兰之观。转移围阵，慢慢聚集，部曲队伍，坚定从容，各按行列。壁垒天旋，进击如电，遭遇则碎，靠近则破，鸟来不及飞，兽不能通过，军队行动，风扫野地，杀获无余。等到猎车飞奔，武骑轻驰；就踩踏飞豹，网捕狒狒；追寻天宝，出自一方；砰然有声，发出回应，流光闪烁，进行回击。穷尽山野，囊括雌雄，禽兽众多，惊喘在罗网。三军疲惫，穷追无遗，只见飞禽乱窜，犀兕抵触，熊罴搏斗，虎豹惊惧，只能额角触地，恐惧害怕，丧魂落魄，触碰车辐，关颈而死。随意发箭也能射中，进退其间也能踩获，或被兵刃砍中，或被车轮轧死，积聚堆叠，如同丘陵。

于是禽兽猎杀殆尽，箭矢命中减少，君臣共同相聚深闲之馆，来到珍池赏玩。引岐梁二山之水灌入，使长江黄河漫溢，东望极目，西望无尽，随侯珠和氏璧，闪耀珍池堤岸。玉石高锐，闪耀青光，汉女潜入水中，怪物藏于幽深，不能尽显其形。玄鸾孔雀，翡翠之鸟，发出光彩，王雎关关，鸿雁嘤嘤，三五成群，嬉戏池中，噍噍而鸣；凫鹥飞鹭，上下砰磕，声如雷霆。便叫能入水取物之人，格杀鱼鳖，冒着坚冰，潜入深渊，探取岩洞，搜寻曲岸，摸索蛟螭，踩踏獱獭，抓住鼋鼍，捉取灵蠵。深入洞穴，出于苍梧，乘巨鳞，骑大鱼。浮游彭蠡，目视有虞，并且采取光彩绚烂的夜明宝珠，剖开蚌腹之中的明月珠胎，鞭打洛水的虙妃，祭祀屈原、彭咸和伍子胥。

于是造诣高深的大儒，乘轩车，戴高冠，衣裳殊色，遵循尧典，匡正《雅》《颂》，礼乐文德兴于前。发扬显耀，好似声音回响，迅疾如神，仁德声誉惠及北狄，仁义武事感动南邻。因此旃裘之王，胡貉之长，进献宝物，举手称臣。前面入围口，后列在卢山。百官近臣，和像杨朱、墨翟之类的贤德之士，都感叹称赞道："我君之德，多么崇

夏、成周之隆，何以侈兹！太古之觐东岳，禅梁基，舍此世也，其谁与哉？”

上犹谦让而未俞也，方将上猎三灵之流，下决醴泉之滋，发黄龙之穴，窥凤皇之巢，临麒麟之囿，幸神雀之林；奢云梦，侈孟诸，非章华，是灵台，罕徂离宫而辍观游，土事不饰，木功不彫，承民乎农桑，劝之以弗迨，侪男女使莫违；恐贫穷者不遍被洋溢之饶，开禁苑，散公储，创道德之囿，弘仁惠之虞，驰弋乎神明之囿，览观乎群臣之有亡；放雉菟，收罝罘，麋鹿刍荛与百姓共之，盖所以臻兹也。于是醇洪鬯之德，丰茂世之规，加劳三皇，勖勤五帝，不亦至乎！乃祗庄雍穆之徒，立君臣之节，崇贤圣之业，未皇苑囿之丽，游猎之靡也，因回轸还衡，背阿房，反未央。

高，即使是唐尧、虞舜、夏禹、成王周公时的兴隆繁盛，也不能超过当今！自古以来，朝觐泰山，封禅梁父，舍弃今世，谁能相比？”

皇上仍旧谦让不以为然，并将上取三灵之福泽，下疏醴泉之漫流，发掘黄龙洞，窥视凤凰巢，驾临麒麟的苑囿，巡幸神雀的树林；以云梦和孟诸游猎为奢侈，斥责章华，赞赏灵台，少去离宫，停止观游，土建之事，不加粉饰，木材工艺，不用雕绘，勉励百姓，勤奋耕织，劝导他们，不要懈怠，使男女婚配，不违其时；唯恐贫穷之人不能全部享受富饶之利，开放禁苑，发放公储，创建道德苑囿，弘扬仁惠政教，驰射在神明之囿，观察群臣有无事功；放开雉兔，收起罗网，苑囿中的野兽草木，与天下百姓共有，上面的一切大概都是用来达到仁德之政的措施。因而提纯洪畅之德，完善盛世之法，功绩胜过三皇，勤勉超过五帝，不也达到极致吗！那些恭敬庄重之人，树立君臣法度，尊崇圣贤功业，无暇追求苑囿的华丽，游猎的奢靡，因此天子回转车驾，离开阿房，返回未央。

卷八十七下

扬雄传第五十七下

明年，上将大夸胡人以多禽兽，秋，命右扶风发民入南山，西自褒斜，东至弘农，南驱汉中，张罗罔罝罘，捕熊罴豪猪虎豹狖玃狐菟麋鹿，载以槛车，输长杨射熊馆。以罔为周阹，纵禽兽其中，令胡人手搏之，自取其获，上亲临观焉。是时，农民不得收敛。雄从至射熊馆，还，上《长杨赋》，聊因笔墨之成文章，故藉翰林以为主人，子墨为客卿以风。其辞曰：

子墨客卿问于翰林主人曰："盖闻圣主之养民也，仁沾而恩洽，动不为身。今年猎长杨，先命右扶风，左太华而右褒斜，椓巀嶭而为弋，纡南山以为罝，罗千乘于林莽，列万骑于山隅，帅军踤阹，锡戎获胡。搤熊罴，拕豪猪，木雍枪累，以为储胥，此天下之穷览极观也。虽然，亦颇扰于农民。三旬有余，其廑至矣，而功不图，恐不识者，外之则以为娱乐之游，内之则不以为干豆之事，岂为民乎哉？且人君以玄默为神，澹泊为德，今乐远出以露威灵，数摇动以罢车甲，本非人主之急务也，蒙窃或焉。"

翰林主人曰："吁，谓之兹邪！若客，所谓知其一未睹其二，见其外不识其内者也。仆尝倦谈，不能一二其详，请略举凡，而客自览其切焉。"

第二年（元延三年，前10年），成帝又向胡人大肆炫耀国内禽兽繁多，秋季时，成帝下诏让右扶风征调百姓前往终南山捕猎，西自褒斜谷，东至弘农郡，南达汉中郡，百姓大张捕兽的罗网，捕捉熊罴豪猪虎豹猿猴狐兔麋鹿，将猎物装在带笼子的车上，送往长杨宫的射熊馆。四周设网圈起围猎场，把禽兽放入其中，让胡人徒手与它们搏斗，亲自去猎取，成帝亲临现场观看。当时，农民无法收割庄稼。扬雄跟随成帝前往射熊馆，回来之后，扬雄呈上《长杨赋》，以笔墨文章的形式，借“翰林”为主人，以“子墨”为客卿讽谏成帝。赋中说：

客卿子墨问主人翰林说：“我听闻明主养育百姓，应当施以仁爱和恩德，一举一动都不为自己。翰林今年于长杨宫狩猎，先命令右扶风，左自华山右到褒斜谷，在嵯峨山上打上木桩作为栅栏，在终南山周围设置罗网，在林莽中陈列千辆车马，于山脚下排布万骑精兵，指挥军队聚拢结成围阵，让胡人在其中狩猎，捕获归于个人。百姓捕获了熊罴，拖走了豪猪，打下木桩，插好竹枪，四周相连，作为阻拦野兽的栅栏，圈养起来用来狩猎，这真是天下都罕见的极观啊。虽说排场新奇，但也打乱了农民的生产。狩猎的时间长达三旬有余，辛苦到了极点，可是却没有丝毫好处，恐怕不了解事实的人，从表面看来只以为是出于娱乐的游猎，从本质来看则违背了祭祀的本意，这种做法难道是为民吗？况且为人君者应该以沉静无为，不生事扰民为旨，以恬静寡欲，不贪求享乐为德，翰林如今却以远出游猎为乐，以此炫耀武力，田猎时屡次兴师动众，使得车马士卒疲惫不已，本就不是君主当前的急务，在下愚昧，暗自疑惑不已。”

主人翰林说：“唉，你怎能说出这样的话呢！依你所言，就是知其一不知其二，见其外而不识其内了。我已经懒得说了，不能一一详述，只能简单说个大概，而真实情况你自己去观察吧。”

客曰："唯，唯。"

主人曰："昔有强秦，封豕其士，窫窳其民，凿齿之徒相与摩牙而争之，豪俊麋沸云扰，群黎为之不康，于是上帝眷顾高祖，高祖奉命，顺斗极，运天关，横巨海，票昆仑，提剑而叱之，所麾城搟邑，下将降旗，一日之战，不可殚记。当此之勤，头蓬不暇疏，饥不及餐，鞮鍪生虮虱，介胄被沾汗，以为万姓请命乎皇天。乃展民之所诎，振民之所乏，规亿载，恢帝业，七年之间而天下密如也。

"逮至圣文，随风乘流，方垂意于至宁，躬服节俭，绨衣不敝，革鞜不穿，大夏不居，木器无文。于是后宫贱瑇瑁而疏珠玑，却翡翠之饰，除彫瑑之巧，恶丽靡而不近，斥芬芳而不御，抑止丝竹晏衍之乐，憎闻郑卫幼眇之声，是以玉衡正而太阶平也。

"其后熏鬻作虐，东夷横畔，羌戎睚眦，闽越相乱，遐萌为之不安，中国蒙被其难。于是圣武勃怒，爰整其旅，乃命票、卫，汾沄沸渭，云合电发，猋腾波流，机骇蜂轶，疾如奔星，击如震霆，砰轒辒，破穹庐，脑沙幕，髓余吾。遂猎乎王廷。驱橐它，烧熐蠡，分梨单于，磔裂属国，夷坑谷，拔卤莽，刊山石，蹂尸舆厮，系累老弱，兖鋋瘢耆、金镞淫夷者数十万人，皆稽颡树颔，扶服蛾伏，二十余年矣，尚不敢惕息。夫天兵四临，幽都先加，回戈邪指，南越相夷，靡节西征，羌僰东驰。是以遐方疏俗殊邻绝党之域，自上仁所不化，茂德所不绥，莫不蹻足抗手，请献厥珍，使海内澹然，永亡边城之灾，金革之患。

客卿说："好的，好的。"

主人说："昔有暴秦，像封豕暴虐般凶恶残暴，像窫窳吃人般残害百姓，又有如凿齿食人般的帮凶与之一起争相作恶，天下豪杰如糜粥沸腾般不断涌现，百姓因此不安，于是天帝眷顾高祖，高祖奉天行事，顺应天命，若天关运行般合乎天意，其势能横跨巨海，可撼动昆仑，手提利剑大声叱咤，其所过之地，摧毁城池拔除都邑，将士投诚竖起降旗，一天中战斗的次数不可胜数。在如此艰苦的时候，高不且头发蓬乱无暇梳洗，腹中饥饿不及用餐，头盔之中寄生虮虱，铁甲内衣被汗湿透，以此替万千百姓向上天请命。使百姓的冤屈得以申诉，使人民的贫困得到缓解，树立万年的法规，发扬宏伟的帝业，不过七年的时间，天下就安定了。

"等到文帝时，继承高祖遗风，一心想要国家能够长治久安，躬行节俭，粗布衣不坏不换，兽皮鞋不破不换，不居住在大厦之中，木器不加以装饰。因而后宫嫔妃，不看重玳瑁，不喜欢珠宝，除去翡翠的饰品，丢弃雕琢的巧玉，厌恶华服奢衣而不穿着，排斥芬芳脂粉而不使用，不奏丝竹的怪腔异调，不闻郑卫的靡靡之音，所以北斗位正，三台星两两相对并排如阶，政清人和，天下安定。

"其后匈奴犯边作乱，东越放肆反叛，羌戎反目成仇，闽越相互作乱，边民为之不安，中原蒙受灾难。于是武帝勃然大怒，立即整饬军队，下令骠骑将军霍去病和大将军卫青，统率千军万马，锐不可当，势如云聚电发，暴风狂飙，波涛翻滚，羽箭如受惊的蜜蜂疾飞而去，快若流星，出击若雷霆霹雳，粉碎敌人战车，冲破敌人毡帐，使其脑浆涂于沙漠，让其骨髓流入余吾河中。于是大军踏平匈奴王庭。驱散他们的骆驼，烧毁他们的部落，分裂匈奴单于，降汉者成为汉之属国，铲平山谷，拔除草木，砍削山石，践踏敌人的尸体，轮碾死去的厮徒，再老弱者以绳索捆绑，为戈矛击中、为箭镞射中伤势严重者多达数十万。他们都以头叩地，伏地而行，二十多年了，仍不敢轻举妄动。我军如天兵从四面降临，先出兵幽都，再转向南方，又征讨南越，然后率军西征，羌人僰人东来朝贡。因此远方异俗之域，一向交

"今朝廷纯仁，遵道显义，并包书林，圣风云靡；英华沉浮，洋溢八区，普天所覆，莫不沾濡；士有不谈王道者则樵夫笑之。故意者以为事罔隆而不杀，物靡盛而不亏，故平不肆险，安不忘危。乃时以有年出兵，整舆竦戎，振师五莋，习马长杨，简力狡兽，校武票禽。乃萃然登南山，瞰乌弋，西厌月䏰，东震日域。又恐后世迷于一时之事，常以此取国家之大务，淫荒田猎，陵夷而不御也。是以车不安轫，日未靡旃，从者仿佛，骩属而还；亦所以奉太宗之烈。遵文武之度，复三王之田，反五帝之虞；使农不辍耰，工不下机，婚姻以时，男女莫违；出恺弟，行简易，矜劬劳，休力役；见百年，存孤弱，帅与之同苦乐。然后陈钟鼓之乐，鸣鞀磬之和，建碣磍之虡，拮隔鸣球，掉八列之舞；酌允铄，肴乐胥，听庙中之雍雍，受神人之福祜；歌投颂，吹合雅。其勤若此，故真神之所劳也。方将俟元符，以禅梁甫之基，增泰山之高，延光于将来，比荣乎往号，岂徒欲淫览浮观，驰骋粳稻之地，周流梨栗之林，蹂践刍荛，夸诩众庶，盛狖玃之收，多麋鹿之获哉！且盲不见咫尺，而离娄烛千里之隅；客徒爱胡人之获我禽兽，曾不知我亦已获其王侯。"

言未卒，墨客降席再拜稽首曰："大哉体乎！允非小子之所能及也。乃今日发矇，廓然已昭矣！"

往的极远之地，那里仁爱之君不能感化，盛德之主无法安抚，也无不抬足举首，心悦诚服，献上珍奇宝物，使海内安宁无事，永无边城之灾，金戈之患。

"当今朝廷至诚至仁，奉行大道，彰显道义，文人学者皆有，圣明仁风如云广布；皇恩散播天下，遍布八方，普天之下，无人不受滋润；若有士人不谈王道，连山野樵夫都要耻笑。但有人认为凡事兴旺到极点无一不会衰退，凡物满盛则无一不会亏损，所以太平时不忘风险，安定时不忘危难。因而有时在五谷丰熟之年才出兵，整顿战车，激励士兵，于五柞宫整军，于长杨宫习马，通过与猛兽搏斗来选拔勇士，以射猎轻禽考核武功骑射。集合起来登上终南山顶，俯瞰乌弋，向西威服月出之地，向东震慑日出之处。又担心后代沉醉于游猎之事，常常以此为国家大事，荒废政务，纵情游猎，渐趋于衰微不知停止。因此车不履险，旗影未移，随从就放弃游猎，相继而还；这也是孝武皇帝继承高祖的功绩。遵守文帝与武帝的法度，恢复三王时的田猎制度，恢复五帝时的安乐；使农民不辍耕种，女工不下织机，成婚按一定的年纪，男女都不应违逆；天子应当和蔼善良，行为平易近人，同情辛劳，停止劳役；接见老人，慰问孤弱，率先与民同甘共苦。然后陈设钟鼓之乐，演奏鞀磬之音，架起雕镂猛兽的钟架，敲击玉磬，跳起'八佾'之舞；行善政如酌美酒，听礼乐如享佳肴，听庙中祭祀祖先的和谐之音，受神人赐予的福祉；歌声契合颂诗，吹奏合乎雅诗。他们如此辛勤，那真该得到神灵的庇佑啊。等待上天降下符瑞，而于梁甫山上报地之功，于泰山之巅报天之功，将光辉的业绩留于后辈子孙，以美好的声誉与三皇五帝相比，难道只是为了恣意游猎观览，驰骋粳稻之地，踏遍黎栗之林，蹂践薪草，向百姓夸耀，捕获的猿猴和麋鹿的数量之多吗！况且盲人不见咫尺之地，而离娄却能看到千里之外；你只是怜惜胡人拿走我们的禽兽，却不知道我已经得到了他们王侯的归降。"

主人翰林还未说完，客卿子墨就已离座，恭敬跪拜叩首，说道："圣上的心胸是多么宽广啊！实非我这样见识浅薄之人所能理解的。今日听到您的高论，受到启发，所有的迷惑都已消除，心中已然

哀帝时丁、傅、董贤用事，诸附离之者或起家至二千石。时雄方草创《太玄》，有以自守，泊如也。或嘲雄以玄尚白，而雄解之，号曰《解嘲》。其辞曰：

客嘲扬子曰："吾闻上世之士，人纲人纪，不生则已，生则上尊人君，下荣父母，析人之圭，儋人之爵，怀人之符，分人之禄，纡青拕紫，朱丹其毂。今子幸得遭明盛之世，处不讳之朝，与群贤同行，历金门上玉堂有日矣，曾不能画一奇，出一策，上说人主，下谈公卿。目如曜星，舌如电光，壹从壹衡，论者莫当，顾而作《太玄》五千文，支叶扶疏，独说十余万言，深者入黄泉，高者出苍天，大者含元气，纤者入无伦，然而位不过侍郎，擢才给事黄门。意者玄得毋尚白乎？何为官之拓落也？"

扬子笑而应之曰："客徒欲朱丹吾毂，不知一跌将赤吾之族也！往者周罔解结，群鹿争逸，离为十二，合为六七，四分五剖，并为战国。士无常君，国亡定臣，得士者富，失士者贫，矫翼厉翮，恣意所存，故士或自盛以橐，或凿坏以遁。是故驺衍以颉亢而取世资，孟轲虽连蹇，犹为万乘师。

"今大汉左东海，右渠搜，前番禺，后陶涂。东南一尉，西北一候。徽以纠墨，制以质鈇，散以礼乐，风以《诗》《书》，旷以岁月，结以倚庐。天下之士，雷动云合，鱼鳞杂袭，咸营于八区，家家自以为稷契，人人自以为咎繇，戴縰垂缨而谈者皆拟于阿衡，五尺童

通透了！”

哀帝时外戚丁氏、傅氏、宠臣董贤等人执掌朝政，攀附他们的官员有的官至二千石。当时扬雄正在起草《太玄》，用以表达自守之情，淡泊之志。有人嘲笑扬雄没有写成，还没有一官半职，如同将黑色变为白色，扬雄为之写作文章作出解释，名为《解嘲》。赋中说：

有宾客嘲讽扬子说：“我听闻前代的士人，他们遵从纲纪，为世人的模范，不出生于世则已，出生于世则上能尊崇君主，下能荣显父母，能得到君主给予的圭玉，获得君主赏赐的爵位，怀揣君主赐予的符节，享受君主供给的俸禄，佩带显贵的印绶，乘坐高贵的车子。如今您有幸遇到开明盛世，身处没有忌讳的朝堂，与群贤同列，经过金马门、登上玉堂已指日可待了，却从未提出一条出色的谋略，进献一条高明的计策，上劝谏君主，下论议公卿。您目如耀星，舌如电光，纵横言谈，议论的人无人能及，反而您却写作《太玄》五千言，枝叶分布，独自论说十多万言，深奥如直入黄泉，高远如超过苍天，广大如含元之气，微细得无可匹与，但是官位仅仅是侍郎，经过提拔才担任给事黄门。想来是《太玄》还没有写成的缘故吧？为什么你官运如此不佳呢？”

扬子笑着回答说：“您只想让我的车马华丽，地位尊贵，却不知道人一旦失足将会招致灾殃，将会让我的家族遭到诛灭！过去的周朝纲纪废弛，诸侯纷争，天下分为十二个国家，后来合并为六七个，四分五裂，形成战国。士人没有固定的君主，国家没有固定的大臣，得到士人的国家就富强，失去士人的国家就穷困，士人如鸟一样来去自由，去留随意，因此有的士人将自己装在袋子里前往其他国家，有的士人为躲避国君而凿墙逃跑。所以驺衍虽然上下不定却依旧享有盛名，孟轲虽接连遭遇艰难，依旧成为具有万乘之国国君的老师。

“如今大汉东至东海，西至渠搜，南有番禺，北有陶涂。东南面设有一都尉，西北面设有一关候。捆绑以绳索，制裁以刀斧，约束以礼乐，教化以《诗》《书》，长久不断广施礼教，结庐居丧三年方可入仕。天下士人，如雷声震动云彩聚合，如鱼鳞般众多而重叠，散布于天下八方，家家自认为是后稷和契，人人自认为是皋陶，士人臣子将自

子羞比晏婴与夷吾；当涂者入青云，失路者委沟渠，旦握权则为卿相，夕失势则为匹夫；譬若江湖之雀，勃解之鸟，乘雁集不为之多，双凫飞不为之少。昔三仁去而殷虚，二老归而周炽，子胥死而吴亡，种、蠡存而粤伯，五羖入而秦喜，乐毅出而燕惧，范睢以折摺而危穰侯，蔡泽虽噤吟而笑唐举。故当其有事也，非萧、曹、子房、平、勃、樊、霍则不能安；当其亡事也，章句之徒相与坐而守之，亦亡所患。故世乱，则圣哲驰骛而不足；世治，则庸夫高枕而有余。

“夫上世之士，或解缚而相，或释褐而傅；或倚夷门而笑，或横江潭而渔；或七十说而不遇，或立谈间而封侯；或枉千乘于陋巷，或拥帚彗而先驱。是以士颇得信其舌而奋其笔，窒隙蹈瑕而无所诎也。当今县令不请士，郡守不迎师，群卿不揖客，将相不俛眉；言奇者见疑，行殊者得辟，是以欲谈者宛舌而固声，欲行者拟足而投迹。乡使上世之士处乎今，策非甲科，行非孝廉，举非方正，独可抗疏，时道是非，高得待诏，下触闻罢，又安得青紫？

“且吾闻之，炎炎者灭，隆隆者绝；观雷观火，为盈为实，天收其声，地藏其热。高明之家，鬼瞰其室。攫拏者亡，默默者存；位极者宗危，自守者身全。是故知玄知默，守道之极；爰清爰静，游神之廷；惟寂惟寞，守德之宅。世异事变，人道不殊，彼我易时，未知何如。今子乃以鸱枭而笑凤皇，执蝘蜓而嘲龟龙，不亦病乎！子徒

己比作伊尹，五尺童子羞与晏婴、管仲相比；当权者青云直上，不得志者弃之沟渠，早上掌权则为卿相，晚上失势则为匹夫；譬如江湖上的雀，渤海中的鸟，四只大雁聚集不算多，两只野鸭起飞不为少。从前微子、箕子、比干离开殷商而殷商衰亡，伯夷、姜太公回顺周朝而周朝昌盛，伍子胥死后而吴国灭亡，文种、范蠡留在越国而越国称霸，百里奚前往秦国而秦国大喜，乐毅离开而燕国忧惧，范雎牙齿遭人打断而危及穰侯，蔡泽因下巴上曲而受唐举嘲笑。所以当天下动乱时，没有萧何、曹参、张良、陈平、周勃、樊哙、霍去病则不能得以安定天下；当天下太平时，咬文嚼字的儒生聚在一起，也无可忧虑。所以世道混乱，再多的圣贤四处奔走也不够；天下太平，则庸才高枕无忧也绰绰有余。

“前代的士人，有的如管仲去掉束缚而任用为相，有的如宁戚脱去粗麻衣服而担任大夫；有的如侯嬴虽是看守夷门的小卒而见到信陵君返回而笑并将计谋告知信陵君，有的如渔夫临江潭而垂钓；有的如孔子游说了七十多个国君而不得任用，有的如薛公站着谈话之间就得以封侯；有的如稷让齐桓公三次驾临陋巷去见他，有的如邹衍让燕国国君拿着扫帚为他清扫道路。因此士人所说的话能得到信任而奋笔疾书，弥补不足和过失而从未屈服。但如今之世县令不恭请士人，郡守不迎请老师，群卿不礼遇宾客，将相不谦卑行事；言论奇特的会遭到怀疑，行为怪异的会遭受定罪，故而欲谈者就会闭口不言，欲行者就会三思而后行。假如让前代的士人身处今天，那么他们的射策就不能进入甲科，品行就不会称为孝廉，举止就不会举为方正，上书陈奏政事，陈述政令是非，最多也只能担任待诏而已，最差的皇帝一听闻便会下令罢免，又怎能享受高官厚禄呢？

“而且我还听说，熊熊火光终将熄灭，轰轰雷声终将消绝；观火听雷，充盈耳目，但最终上天会收拢雷声，大地会收藏火的热量。高大明亮的家宅，鬼神会窥探他的屋子。争权夺势的人最终会走向灭亡，默默无闻的人则会保全；权位极高的则会危险重重，清虚自守的才能保全自身。所以一个人明白沉默无为，是守道的顶点；保持清静，如同游览神明的殿堂；甘愿寂寞，才是守德之家。世事变迁，但是

笑我《玄》之尚白，吾亦笑子之病甚，不遭臾跗、扁鹊，悲夫！”

客曰：“然则靡《玄》无所成名乎？范、蔡以下何必《玄》哉？”

扬子曰：“范雎，魏之亡命也，折胁拉髂，免于徽索，翕肩蹈背，扶服入橐，激卬万乘之主，界泾阳抵穰侯而代之，当也。蔡泽，山东之匹夫也，顩颐折頞，涕涶流沫，西揖强秦之相，搤其咽，炕其气，附其背而夺其位，时也。天下已定，金革已平，都于雒阳，娄敬委辂脱挽，掉三寸之舌，建不拔之策，举中国徙之长安，适也。五帝垂典，三王传礼，百世不易，叔孙通起于枹鼓之间，解甲投戈，遂作君臣之仪，得也。《甫刑》靡敝，秦法酷烈，圣汉权制，而萧何造律，宜也。故有造萧何律于唐虞之世，则悖矣；有作叔孙通仪于夏殷之时，则惑矣；有建娄敬之策于成周之世，则缪矣；有谈范、蔡之说于金、张、许、史之间，则狂矣。夫萧规曹随，留侯画策，陈平出奇，功若泰山，向若阺隤，唯其人之赡知哉，亦会其时之可为也。故为可为于可为之时，则从；为不可为于不可为之时，则凶。夫蔺先生收功于章臺，四皓采荣于南山，公孙创业于金马，票骑发迹于祁连，司马长卿窃訾于卓氏，东方朔割名于细君。仆诚不能与此数公者并，故默然独守吾《太玄》。”

雄以为赋者，将以风之，必推类而言，极丽靡之辞，闳侈巨

为人之道没有两样，如果让我换一个时代，未必就不如前代那些贤人。如今您以鸱枭来笑话凤凰，拿着蜥蜴来嘲笑龟龙，这不就是极其错误的吗！您嘲笑我《太玄》尚未完成，我也笑您病得厉害，却遇不到臾跗、扁鹊这样的良医，真是可悲啊！”

客人说：“这么说来，难道没有《太玄》就不能成名吗？范雎、蔡泽以下等人何必要靠《太玄》成名呢？”

扬子说：“范雎，是魏国的亡命之徒，受诬遭辱，肋骨折断，才免遭刑罚，耸肩塌背，伏地爬进袋子，后来设法激怒秦国君主，离间泾阳君，诋毁穰侯，最终取代他们，范雎的所为恰到时机。蔡泽，是山东的一介匹夫，曲颈塌鼻，涕泗横流，唾沫四溅，西行前去拜见强秦的宰相范雎，扼住他的咽喉，断绝他的气息，劝说范雎自荐代替他的职位，这是遇到了对的时候。等到天下安定，兵革平息，汉朝建都洛阳，娄敬脱离劳役出仕为官，靠着三寸不烂之舌，向高祖进献绝佳稳妥的计策，提出迁都长安，这是适应了时局变化的形势。五帝留下典籍，三王传下礼法，百世不会改变，叔孙通发迹于兵戈之间，放下兵器，制定君臣礼仪，这确实是十分得当。《甫刑》衰败，秦法酷烈，圣明的汉朝采取权宜之计，而萧何制定法律，这的确十分适宜。所以若是有人在唐尧、虞舜的时代制定如萧何那样的法律，则会是荒谬背乱；若是有人在夏朝、殷朝制订叔孙通的君臣礼仪，则会令人不解；若是有人在盛周时期提出娄敬迁都的计策，则会大错特错；若是有人在金氏、张氏、许氏、史氏之间谈论范雎、蔡泽的主张，则会令人感到狂乱。萧何制定法律，曹参遵循，张良运筹帷幄，陈平屡出奇策，他们的功绩宛若泰山，回响如同山崩，难道只是这些人智慧超群吗，也是恰逢其时可以大有作为。所以一个人在恰当的时机有所作为，则会顺利；在不恰当的时机做出不可为的事情，则会凶险。蔺相如在章台立下功绩，四皓在南山博得美名，公孙弘在金马门出谋划策建立功业，霍去病发迹于祁连山，司马相如占有卓氏的资财，东方朔割取赐肉交予妻子。我着实不能和以上诸公相提并论，因此我默然独守着我所著的《太玄》。”

扬雄认为赋，作用是进行讽谏，若是一定要类推而言，用尽华

衍，竟于使人不能加也，既乃归之于正，然览者已过矣。往时武帝好神仙，相如上《大人赋》，欲以风，帝反缥缥有陵云之志。繇是言之，赋劝而不止，明矣。又颇似俳优淳于髡、优孟之徒，非法度所存，贤人君子诗赋之正也，于是辍不复为。而大潭思浑天，参摹而四分之，极于八十一。旁则三摹九据，极之七百二十九赞，亦自然之道也。故观《易》者，见其卦而名之；观《玄》者，数其画而定之。《玄》首四重者，非卦也，数也。其用自天元推一昼一夜阴阳数度律历之纪，九九大运，与天终始。故《玄》三方、九州、二十七部、八十一家、二百四十三表、七百二十九赞，分为三卷，曰一二三，与《泰初历》相应，亦有颛顼之历焉。揲之以三策，关之以休咎，絣之以象类，播之以人事，文之以五行，拟之以道德仁义礼知。无主无名，要合五经，苟非其事，文不虚生。为其泰曼漶而不可知，故有《首》《冲》《错》《测》《攡》《莹》《数》《文》《掜》《图》《告》十一篇，皆以解剥《玄》体，离散其文，章句尚不存焉。《玄》文多，故不著；观之者难知，学之者难成。客有难《玄》大深，众人之不好也，雄解之，号曰《解难》。其辞曰：

客难扬子曰："凡著书者，为众人之所好也，美味期乎合口，工声调于比耳。今吾子乃抗辞幽说，闳意眇指，独驰骋于有亡之际，而陶冶大炉，旁薄群生，历览者兹年矣，而殊不寤。亶费精神于此，而烦学者于彼，譬画者画于无形，弦者放于无声，殆不可乎？"

扬子曰："俞。若夫闳言崇议，幽微之涂，盖难与览者同也。昔人有观象于天，视度于地，察法于人者，天丽且弥，地普而深，昔人之辞，乃玉乃金。彼岂好为艰难哉？势不得已也。独不见夫翠虬

丽之辞，文章广博繁复，使人们无法将文章改得更好，即便是在末尾言归正传，观看的人只能看的浮华的表面，对于讽谏没有丝毫帮助。从前武帝喜好神仙，司马相如便呈上《大人赋》，想以此讽谏，武帝看后反而飘飘然有凌云之志。由此而言，以赋来劝谏却不能有所阻止，已经十分明显了。又颇似俳优淳于髡、优孟之流滑稽善于讽谏，并非法度所存，应当是贤人君子正直的诗赋，于是扬雄停止不再作赋。便开始深思天象，经过三次剖析将天上星宿的度数分为四份，极于八十一。依照三摹九据，极于七百二十九赞，这些也是自然之道。所以阅读《易经》的人，见到卦象便开始推演；阅读《太玄》的人，依照数字便可以判断。《太玄》最重要的四个方面，不是卦象，而是数字。以岁时运行之理推算一昼一夜阴阳数度律历之纪，九九大运，与天终始。所以《太玄》三方、九州、二十七部、八十一家、二百四十三表、七百二十九赞，分为三卷，叫做一二三卷，和《泰初历》相应，也有颛顼的历法。分为三策，涉及吉凶，相像之处错杂，推布人事，以五行修饰，比拟道德仁义礼智。无主无名，合乎《五经》，如不是确有其事，不会凭空生出这些虚文。但因为过于笼统模糊而不可知，所以有《首》《冲》《错》《测》《攡》《莹》《数》《文》《掜》《图》《告》十一篇，全是用来解释《太玄》，剖析文章的，文中章句没有全部留传下来。《太玄》的篇幅过多，所以没有再次记录；阅读的人难懂，研习的人难成。有宾客责怪《太玄》文太过深奥，众人都不喜欢，扬雄因此作文解释，叫《解难》。辞中说：

有客人责难扬子说：“凡是著书的人，都会迎合众人的喜好，美味佳肴希望合乎口味，妙声美乐在于悦耳动听。如今您言辞高深，意旨宏大，独自驰骋在深奥的意境之间，而又如陶冶大炉一样，激荡群生，读者阅读钻研数年，却依旧不能知晓其中意思。您只是白费精神，对于学习的人来说也是十分厌烦，就像画家绘画无形，演奏者弹奏无声，恐怕不行吧？”

扬子说：“是这样的。对于博大高远的论议，深奥精微的途径，很难与读者的观点相同。从前有人观察天象，审度地理，察验人法，天壮丽广阔，地辽远无边，前人之辞，忠诚完美如金如玉。他们难道

绛螭之将登乎天，必耸身于仓梧之渊；不阶浮云，翼疾风，虚举而上升，则不能撠胶葛，腾九闳。日月之经不千里，则不能烛六合，耀八纮；泰山之高不嶕峣，则不能浡滃云而散歊烝。是以宓牺氏之作《易》也，绵络天地，经以八卦，文王附六爻，孔子错其象而彖其辞，然后发天地之臧，定万物之基。《典》《谟》之篇，《雅》《颂》之声，不温纯深润，则不足以扬鸿烈而章缉熙。盖胥靡为宰，寂寞为尸；大味必淡，大音必希；大语叫叫，大道低回。是以声之眇者不可同于众人之耳，形之美者不可棍于世俗之目，辞之衍者不可齐于庸人之听。今夫弦者，高张急徽，追趋逐耆，则坐者不期而附矣；试为之施《咸池》，揄《六茎》，发《萧韶》，咏《九成》，则莫有和也。是故钟期死，伯牙绝弦破琴而不肯与众鼓；獿人亡，则匠石辍斤而不敢妄斫。师旷之调钟，俟知音者之在后也；孔子作《春秋》，幾君子之前睹也。老聃有遗言，贵知我者希，此非其操与！”

雄见诸子各以其知舛驰，大氐诋訾圣人，即为怪迂，析辩诡辞，以挠世事，虽小辩，终破大道而或众，使溺于所闻而不自知其非也。及太史公记六国，历楚汉，讫麟止，不与圣人同，是非颇谬于经。故人时有问雄者，常用法应之，撰以为十三卷，象《论语》，号曰《法言》。《法言》文多不著，独著其目：

天降生民，倥侗颛蒙，恣于情性，聪明不开，训诸理。撰《学行》第一。

降周迄孔，成于王道，终后诞章乖离，诸子图微。撰《吾子》第二。

喜欢专门写出晦涩难懂的文辞吗？实在是因为情势不得已。难道你没有见过翠虬绛螭将要腾飞登天时，必定会耸身于仓梧之渊；若是不能脚踩浮云，驾驭疾风，乘风而上，则不能翱翔于天空，飞升九天之门。日月若是不能经行千里，则不能遍照六合，光耀天下；泰山若是不能高耸入云，便不能汇聚浮云而疏散雾气。所以伏羲氏编撰《易经》，连接天地，以八卦为经，文王因此重视六爻，孔子交杂卦象写作卦辞，然后可以发挥天地的精华，奠定万物的基础。《典》《谟》之篇，《雅》《颂》之声，如果不是温纯深润，则不足以宣扬鸿业彰显光明。因此以无为作宰，以寂寞为主；至纯之味必定平淡，至美之音必定微细；深奥的言辞流传久远，广阔大道纡回曲折。所以美妙的声音在众人耳中不会相同，美丽的形象在世俗眼中不会一样，深奥的言辞庸人听后不会不认同。如今弹琴的人，琴弦拧紧，迎合众好，则众人就会不期而至；如果有人弹奏《咸池》，弹拨《六茎》，演奏《萧韶》，歌咏《九成》，便无人会附和了。所以钟子期去世，伯牙绝弦破琴不肯再为众人弹奏；獿人死亡，匠人放下斧子不敢再轻易使用。师旷调钟，有后世的知音可以证明；孔子作《春秋》，希望君子可以作为前车之鉴。老子留下遗言，以知我者稀少为贵，这不正是他们的气节吗！”

扬雄见到诸子各自的学识相背离，大多都在毁谤圣人，内容怪诞，巧辩异辞，搅乱时政，虽是细碎言论，但终会毁坏大道迷乱众人，使众人沉溺于所听所闻而不自知是错的。等到太史公编撰六国历史，历经楚汉时期，一直到了汉武帝获得白麟而结束，和圣人观点不同，是非曲直与经义颇有差距。所以时常有人为此询问扬雄，扬雄时常会效法经义来回答他们，扬雄又编撰成十三卷文章，模仿《论语》，定名为《法言》。《法言》篇幅很多不在书中记述，只记载目录：

天生万民，万民蒙昧无知，放纵性情，智慧不开，故而以义理训导万民。编撰《学行》第一。

自周公降生于世直到孔子，推行教化，垂示法则，成就王道，后世风俗鄙薄，法律虚诞，与诸子所讲的微妙之言相背离。编撰《吾

事有本真，陈施于亿，动不克咸，本诸身。撰《修身》第三。

芒芒天道，在昔圣考，过则失中，不及则不至，不可奸罔。撰《问道》第四。

神心曶恍，经纬万方，事系诸道德仁谊礼。撰《问神》第五。

明哲煌煌，旁烛亡疆，逊于不虞，以保天命。撰《问明》第六。

假言周于天地，赞于神明，幽弘横广，绝于迩言。撰《寡见》第七。

圣人聪明渊懿，继天测灵，冠于群伦，经诸范。撰《五百》第八。

立政鼓众，动化天下，莫上于中和，中和之发，在于哲民情。撰《先知》第九。

仲尼以来，国君将相卿士名臣参差不齐，壹概诸圣。撰《重黎》第十。

仲尼之后，讫于汉道，德行颜、闵，股肱萧、曹，爰及名将尊卑之条，称述品藻。撰《渊骞》第十一。

君子纯终领闻，蠢迪检押，旁开圣则。撰《君子》第十二。

孝莫大于宁亲，宁亲莫大于宁神，宁神莫大于四表之欢心。撰《孝至》第十三。

赞曰：雄之自序云尔。初，雄年四十余，自蜀来至游京师，大司马车骑将军王音奇其文雅，召以为门下史，荐雄待诏，岁余，奏《羽猎赋》，除为郎，给事黄门，与王莽、刘歆并。哀帝之初，又与董贤同官。当成、哀、平间，莽、贤皆为三公，权倾人主，所荐莫不拔擢，而雄三世不徙官。及莽篡位，谈说之士用符命称功德获封

子》第二。

凡事有本源，都在万事万物之中，行动无法尽善尽美，原因在自身。编撰《修身》第三。

芒芒天道，成就往昔的圣人，超过则有失中正，不足则存在欠缺，对于圣道不可有奸诈诬罔的事情。编撰《问道》第四。

心神恍惚，天下各地，万事关乎道德仁义礼。编撰《问神》第五。

通达事理，辉煌盛美，便照无疆，品行谦逊恭顺，以保天命。编撰《问明》第六。

妄言周遍天地，称赞神明，深远广大，超过近世之人所言。编撰《寡见》第七。

圣人的聪明智慧深远美好，秉承天命预测神数，超过众人，作为世间典范。编撰《五百》第八。

修立政治劝勉百姓，教化天下，莫过于中和之道，中和之道的兴起，在于体察民情。编撰《先知》第九。

自仲尼以来，国君将相卿士名臣志向不同，一概作为圣人之道。编撰《重黎》第十。

仲尼之后，直到汉朝建立，德行追随颜回、闵子骞，股肱大臣以萧何、曹参为典范，至于名将的尊卑之序，述说评定官阶以及才华。编撰《渊骞》第十一。

君子之道可以善终而不失美名，所作所为都依照法度，发扬圣法。编撰《君子》第十二。

孝道莫过于是使双亲安宁，使得双亲安宁莫过于使其心神安定，使得心神安定莫过于取得天下四方的欢心。编撰《孝至》第十三。

赞辞说：这些都是扬雄的自序。起初，扬雄四十多岁时，从蜀郡前往京师游学，大司马车骑将军王音赞叹扬雄的文采，征召扬雄作他的门下掾史，之后王音举荐扬雄担任待诏，一年多后，扬雄呈上《羽猎赋》，得以担任郎官，给事黄门，和王莽、刘歆并列为官。哀帝初年，又和董贤同官。在成帝、哀帝、平帝年间，王莽、董贤都已经官

爵者甚众，雄复不侯，以耆老久次转为大夫，恬于势利乃如是。实好古而乐道，其意欲求文章成名于后世，以为经莫大于《易》，故作《太玄》；传莫大于《论语》，作《法言》；史篇莫善于《仓颉》，作《训纂》；箴莫善于《虞箴》，作《州箴》；赋莫深于《离骚》，反而广之；辞莫丽于相如，作四赋；皆斟酌其本，相与放依而驰骋云。用心于内，不求于外，于时人皆曶之；唯刘歆及范逡敬焉，而桓谭以为绝伦。

王莽时，刘歆、甄丰皆为上公，莽既以符命自立，即位之后欲绝其原以神前事，而丰子寻、歆子棻复献之。莽诛丰父子，投棻四裔，辞所连及，便收不请。时雄校书天禄阁上，治狱使者来，欲收雄，雄恐不能自免，乃从阁上自投下，几死。莽闻之曰："雄素不与事，何故在此？"间请问其故，乃刘棻尝从雄学作奇字，雄不知情。有诏勿问。然京师为之语曰："惟寂寞，自投阁；爰清静，作符命。"

雄以病免，复召为大夫。家素贫，耆酒，人希至其门。时有好事者载酒肴从游学，而钜鹿侯芭常从雄居，受其《太玄》《法言》焉。刘歆亦尝观之，谓雄曰："空自苦！今学者有禄利，然尚不能明《易》，又如《玄》何？吾恐后人用覆酱瓿也。"雄笑而不应。年七十一，天凤五年卒，侯芭为起坟，丧之三年。

至三公，权倾人主，他们所举荐的人无不得到提拔，而扬雄历经三朝没有得到升迁提拔。等到王莽篡位，谈论的士人通过受命于天的符兆，来称赞王莽的功德而得以赐封爵位的人非常多，扬雄仍没有受封侯爵，因为年老为官时间长而转任大夫，扬雄就是如此淡泊名利。而扬雄又爱好古代的事物，醉心于道义，扬雄想以文章扬名后世，他认为经典最重要的是《易经》，所以编撰《太玄》；传记最重要的是《论语》，所以编撰《法言》；最好的识字书籍莫过于《仓颉》，所以编撰《训纂》；最好的箴谏莫过于《虞箴》，所以编撰《州箴》；最深奥的赋文莫过于《离骚》，而扬雄与其相背来创作新的赋文；最华美的辞章莫过于司马相如所作，所以扬雄编撰四赋；都是在斟酌本源，模仿司马相如，尽情发挥。用心于内，不求于外，而当时的人们都忽略了扬雄的辞赋；只有刘歆和范逡对扬雄非常敬重，并且桓谭认为扬雄的辞赋无与伦比。

王莽时，刘歆、甄丰都担任上公，王莽已经通过受命于天的符兆自立，在继位之后就想禁绝这些符兆之事而神化前事，而甄丰的儿子甄寻、刘歆的儿子刘棻却再次奏献符兆之事。王莽便将甄丰父子诛杀，将刘棻流放到四方边远之地，供辞所牵连到的人，下令将他们立即拘捕不必奏请。当时扬雄在天禄阁上校书，审办案件的使者来到，想将扬雄收押入狱，扬雄担心这一次不能免罪，便从阁上跳下，几近死亡。王莽听闻后说："扬雄素来不参与政事，怎么会牵连其中？"于是派人暗中调查原因，原来是刘棻曾经跟随扬雄学习写过古文中奇异的字，扬雄并不知情。王莽下诏不予追究。然而京师的百姓因此讥讽扬雄道："寂寞校书，从阁上跳下；生性清静，却编造符命。"

扬雄因病免职，后来又受召担任大夫。他家境素来贫寒，又喜爱饮酒，很少有人会登门拜访。当时有敬重扬雄的人带着美酒佳肴跟随他游学，钜鹿侯芭常与扬雄住在一起，向扬雄学习《太玄》《法言》。刘歆也曾见到这样的事情，对扬雄说："自己白白受苦！如今的学者看重利禄，尚且还不能明白《易经》，何况是《太玄》？我担心后人会用它来盖酱坛了。"扬雄笑而不答。扬雄活到七十一岁，天凤五年

时大司空王邑、纳言严尤闻雄死，谓桓谭曰：“子常称扬雄书，岂能传于后世乎？”谭曰：“必传。顾君与谭不及见也。凡人贱近而贵远，亲见扬子云禄位容貌不能动人，故轻其书。昔老聃著虚无之言两篇，薄仁义，非礼学，然后世好之者尚以为过于《五经》，自汉文景之君及司马迁皆有是言。今扬子之书文义至深，而论不诡于圣人，若使遭遇时君，更阅贤知，为所称善，则必度越诸子矣。”诸儒或讥以为雄非圣人而作经，犹春秋吴楚之君僭号称王，盖诛绝之罪也。自雄之没至今四十余年，其《法言》大行，而《玄》终不显，然篇籍具存。

(18) 去世，侯芭为扬雄修建坟冢，守丧三年。

当时大司空王邑、纳言官严尤听闻扬雄去世，对桓谭说："您曾经称赞扬雄的著作，难道扬雄的著作能流传后世吗？"桓谭说："一定会流传。但您和我是看不到了。凡是人都会轻视距离自己较近的而敬重距离自己较远的，我亲眼见过扬子云，他的禄位容貌不足以打动他人，所以世人便轻视他的书。从前老子创作了两篇虚无之论，这两篇的内容都是轻忽仁义，非议礼学，但后世喜欢它们的人尚且会认为它们超过了《五经》，从文帝、景帝开始以及司马迁都是这么认为。如今扬子的著作文义至深，论述没有违背圣人，如果遇到某代君主的欣赏，再经过贤者阅读，为他们所称赞，那么一定会超过诸子的典籍。"有的儒生讥笑扬雄不是圣人反而编撰经典，就如同春秋时吴、楚的国君僭越称王，应当是诛灭绝后的罪行。扬雄去世至今已有四十多年，他的《法言》盛行于世，但《太玄》始终未得彰显，然而扬雄的著作都还在。

卷八十八

儒林传第五十八

古之儒者，博学乎《六艺》之文。《六艺》者，王教之典籍，先圣所以明天道，正人伦，致至治之成法也。周道既衰，坏于幽厉，礼乐征伐自诸侯出，陵夷二百余年而孔子兴，以圣德遭季世，知言之不用而道不行，乃叹曰："凤鸟不至，河不出图，吾已矣夫！""文王既没，文不在兹乎？"于是应聘诸侯，以答礼行谊。西入周，南至楚，畏匡戹陈，奸七十余君。适齐闻《韶》，三月不知肉味；自卫反鲁，然后乐正，《雅》《颂》各得其所。究观古今篇籍，乃称曰："大哉，尧之为君也！唯天为大，唯尧则之。巍巍乎其有成功也，焕乎其有文章！"又曰："周监于二代，郁郁乎文哉！吾从周。"于是叙《书》则断《尧典》，称乐则法《韶舞》，论《诗》则首《周南》。缀周之礼，因鲁《春秋》，举十二公行事，绳之以文武之道，成一王法，至获麟而止。盖晚而好《易》，读之韦编三绝，而为之传。皆因近圣之事，目立先王之教，故曰："述而不作，信而好古；""下学而上达，知我者其天乎！"

仲尼既没，七十子之徒散游诸侯，大者为卿相师傅，小者友教士大夫，或隐而不见。故子张居陈，澹台子羽居楚，子夏居西河，子

古代的儒者，广泛学习《易经》《礼记》《乐经》《诗经》《尚书》《春秋》这些《六艺》之文。《六艺》，是王者推行教化的典籍，是先圣用来明天道，正人伦，使天下安定的成法。周道衰微，教化衰亡于周幽王、周厉王之时，礼乐的征伐从诸侯开始，逐渐衰颓二百多年后孔子出现，因为圣德正在遭逢末世，智言得不到采纳而正道得不到推行，孔子于是慨叹道："凤鸟没有飞来，黄河没有出现河图，我也要完了吧！""周文王已经去世，礼乐文教之事岂不都在我这里吗？"因而孔子接受了诸侯的邀请，以品行礼教作为回礼。孔子西行前往周朝的京城，南行前往楚国，在匡邑遭到匡人的残害，在陈国遭遇绝粮，奔波辗转谒见七十多位诸侯国国君。来到齐国听到了《韶》乐，三月不知肉味；从卫国返回鲁国，然后修正礼乐，使得《雅》《颂》各得其所。深究古今文章典籍，孔子称赞道："尧身为君主多么伟大！唯有上天最伟大，尧帝所行都效法上天。尧帝所成就的功业多么宏伟，典籍法度多么美好闪耀！"还说："周朝依照夏商两代制定礼制法令，因而礼法文教隆盛完备！我赞同周朝的制度。"因此孔子选取《尧典》的内容编撰《尚书》，创作音乐效法于《韶舞》，论述《诗经》则从《周南·关雎》开始。联系周朝礼制，因循鲁国历史编撰《春秋》，书中列举鲁国十二位国君的事迹，以文武之道作为准则，成为统一的王法，一直写到鲁哀公获得麒麟为止。孔子晚年喜欢《易经》，爱不释手以至于穿连竹简的皮带断了数次，后来编写《十翼》注解《易经》。这些都是以近代圣贤之事，来建立先王的教化，所以孔子说："陈述而不创作，诚信而喜好古时的事物；""下学人事，上达天命，知我者唯有上天了！"

孔子去世之后，他的七十多位弟子四散游走于各个诸侯国，有的最高担任卿相师傅，有的最低成为士大夫的师友，有的隐居遁世。

贡终于齐。如田子方、段干木、吴起、禽滑氂之属，皆受业于子夏之伦，为王者师。是时，独魏文侯好学。天下并争于战国，儒术既黜焉，然齐鲁之间学者犹弗废，至于威、宣之际，孟子、孙卿之列咸遵夫子之业而润色之，以学显于当世。

及至秦始皇兼天下，燔《诗》《书》，杀术士，六学从此缺矣。陈涉之王也，鲁诸儒持孔氏礼器往归之，于是孔甲为涉博士，卒与俱死。陈涉起匹夫，欧適戍以立号，不满岁而灭亡，其事至微浅，然而搢绅先生负礼器往委质为臣者何也？以秦禁其业，积怨而发愤于陈王也。

及高皇帝诛项籍，引兵围鲁，鲁中诸儒尚讲诵习礼，弦歌之音不绝，岂非圣人遗化好学之国哉？于是诸儒始得修其经学，讲习大射乡饮之礼。叔孙通作汉礼仪，因为奉常，诸弟子共定者，咸为选首，然后喟然兴于学。然尚有干戈，平定四海，亦未皇庠序之事也。孝惠、高后时，公卿皆武力功臣。孝文时颇登用，然孝文本好刑名之言。及至孝景，不任儒，窦太后又好黄老术，故诸博士具官待问，未有进者。

汉兴，言《易》自淄川田生；言《书》自济南伏生；言《诗》，于鲁则申培公，于齐则辕固生，燕则韩太傅；言《礼》，则鲁高堂生；言《春秋》，于齐则胡毋生，于赵则董仲舒。及窦太后崩，武安君田蚡为丞相，黜黄老、刑名百家之言，延文学儒者以百数，而公孙弘以治《春秋》为丞相封侯，天下学士靡然乡风矣。

因此子张居于陈国，澹台子羽居于楚国，子夏居于西河，子贡死在齐国。譬如田子方、段干木、吴起、禽滑氂等人，都接受过子夏的教诲，成为诸侯国国君的老师。当时，只有魏文侯好学。到了战国时天下纷争，儒术遭到贬黜，然而齐鲁之间的学者还没有舍弃儒学，到了齐威王、齐宣王时，孟子、孙卿等人都依循孔夫子的儒学经教并加以润色，以学问闻名于世。

到了秦始皇兼并天下后，焚毁《诗经》《尚书》，杀害术士，儒家六学从此残缺不全了。在陈涉称王时，鲁国的儒士拿着孔氏礼器前去归附陈涉，于是孔甲成为了陈涉的博士，最终与陈涉一同死于战乱之中。陈涉以匹夫的身份起义，率领因罪谪罚戍边的人起兵自立国号，不满一年就兵败灭亡，这件事本来还在十分微浅的程度，然而那些儒士却要拿着礼器前往归附为臣，为什么？这是因为秦朝焚书坑儒，使得儒家的学问典籍断绝，儒士心中的积怨希望依靠陈王来发泄。

到了高祖皇帝诛杀项籍后，便率兵围攻鲁国，而鲁国的儒士却在讲诵经典，研习礼法，弦歌之声不绝，这样的景象不就是圣人遗留的教化而成就的好学之国吗？于是众多儒士便开始修整经学，讲习大射、乡饮之礼。叔孙通制定汉朝的礼仪，因而担任奉常，与叔孙通共同参与制定礼仪的诸位弟子，全都成为朝廷率先选任的人，然后儒家学术喟然兴于汉朝。但是当时天下尚有干戈，需要平定四海，还未来得及兴办学校。到了孝惠帝、高后时，朝中的公卿都是武官功臣。到了孝文帝时儒士颇得任用，但孝文帝原本喜好刑名家的言论。到了孝景帝时，没有任用儒生，窦太后又喜好黄老之术，所以诸位博士只是空居其位等待皇帝的策问，没有人得到任用。

汉朝建立之后，讲解《易经》从淄川的田生开始；讲解《尚书》从济南的伏生开始；讲解《诗经》的，有鲁国的申培公，齐国的辕固生，燕国的韩太傅；讲解《礼记》的，则是鲁国的高堂生；讲解《春秋》的，有齐国的胡毋生，赵国的董仲舒。到了窦太后去世之后，武安君田蚡担任丞相，罢黜黄老、刑名百家的言论，延请数百名文学儒士，而公孙弘因精通《春秋》担任丞相并得以封侯，天下学士纷纷效仿。

弘为学官，悼道之郁滞，乃请曰："丞相、御史言：制曰'盖闻导民以礼，风之以乐。婚姻者，居室之大伦也。今礼废乐崩，朕甚愍焉，故详延天下方闻之士，咸登诸朝。其令礼官劝学，讲议洽闻，举遗兴礼，以为天下先。太常议，予博士弟子，崇乡里之化，以厉贤材焉。'谨与太常臧、博士平等议，曰：闻三代之道，乡里有教，夏曰校，殷曰庠，周曰序。其劝善也，显之朝廷；其惩恶也，加之刑罚。故教化之行也，建首善自京师始，繇内及外。今陛下昭至德，开大明，配天地，本人伦，劝学兴礼，崇化厉贤，以风四方，太平之原也。古者政教未洽，不备其礼，请因旧官而兴焉。为博士官置弟子五十人，复其身。太常择民年十八以上仪状端正者，补博士弟子。郡国县官有好文学，敬长上，肃政教，顺乡里，出入不悖，所闻，令相长丞上属所二千石。二千石谨察可者，常与计偕，诣太常，得受业如弟子。一岁皆辄课，能通一艺以上，补文学掌故缺；其高第可以为郎中，太常籍奏。即有秀才异等，辄以名闻。其不事学若下材，及不能通一艺，辄罢之，而请诸能称者。臣谨案诏书律令下者，明天人分际，通古今之谊，文章尔雅，训辞深厚，恩施甚美。小吏浅闻，弗能究宣，亡以明布谕下。以治礼掌故以文学礼义为官，迁留滞。请选择其秩比二百石以上及吏百石通一艺以上补左右内史、大行卒史，比百石以下补郡太守卒史，皆各二人，边郡一人。先用诵多者，不足，择掌故以补中二千石属，文学掌故补郡属，备员。请著功令。它如律令。"

公孙弘担任学官，哀念正道停滞不前，就向武帝上书奏请说：“丞相、御史奏言：制书说‘听闻要以礼引导百姓，以乐推行教化。婚姻，是成就家庭的根本伦常。如今礼崩乐坏，朕甚感哀伤，因此尽数延请天下有道博闻之士，全都进入朝廷。命令礼官劝勉学习，讲释经义，广博见闻，寻求举荐前朝遗留的贤才，复兴礼教，成为天下的榜样。太常建议，让博士弟子，推崇乡里教化，以此劝勉贤才。’臣谨与太常孔臧、博士平等人论议，说：听闻夏商周三代的治国之道，乡里有教育之所可以效仿，夏朝称校，殷商称庠，周朝称序。这些地方劝勉善行，使之显达于朝廷；惩处邪恶，施加刑罚。所以教化的推行，应当率先从京师开始，由内及外。如今陛下昭明至德，开创大明，配享天地，依循人伦，劝学兴礼，崇尚教化，劝勉贤才，以此教化四方，这是天下太平的根源。古时候政治教化尚未普及，礼制尚不周密完备，臣等奏请通过旧官来复兴。请为博士官设立弟子五十人，并免除他们的徭役。太常在百姓之中挑选十八岁以上仪容端正的人，让他们补任博士弟子。郡国县官之中有喜好经典，尊敬长上，整肃政教，和睦乡里，出入不悖的官员要呈报上级，听闻部下之中有这样的官员，县令、侯相、县长、县丞要上报所属的二千石官员。二千石官员审慎考察他们认为可以的，跟随掌管簿籍的官吏一同入京，前往太常那里，就如弟子一般跟随老师学习。一年之后全都接受考核，能通晓一艺以上的，就补任文学掌故的空缺；成绩优异的可以担任郎中，太常编选名册上奏。若是有才华卓越的，应当单独上报姓名。其中有不善于学习的下等之才，以及不能通晓一艺的，应当罢退离朝，再奏请那些通晓学业足以胜任的人来补充。臣谨慎考察诏书律令以及朝臣的位序，分明天人之别，贯通古今义理，文章雅正，意义深厚，恩泽盛大。小吏见闻浅薄，无法彻底了解，不能清楚明白地颁布告知百姓。因为治礼掌故的官员本来就是以推行文学礼义为职，朝廷应当提拔那些有学问却遭受留滞的人才。臣等奏请选择俸禄相当二百石以上的官吏以及俸禄为二百石并且精通一艺以上的官吏补任左右内史、大行卒史，俸禄相当百石以下的补任郡太守卒史，这些职位都是内郡各设两人，边郡设一人。先选任精通经义的，若是不足，就从掌

制曰："可。"自此以来，公卿大夫士吏彬彬多文学之士矣。

昭帝时举贤良文学，增博士弟子员满百人，宣帝末增倍之。元帝好儒，能通一经者皆复。数年，以用度不足，更为设员千人，郡国置《五经》百石卒史。成帝末，或言孔子布衣养徒三千人，今天子太学弟子少，于是增弟子员三千人。岁余，复如故。平帝时王莽秉政，增元士之子得受业如弟子，勿以为员，岁课甲科四十人为郎中，乙科二十人为太子舍人，丙科四十人补文学掌故云。

自鲁商瞿子木受《易》孔子，以授鲁桥庇子庸。子庸授江东馯臂子弓。子弓授燕周丑子家。子家授东武孙虞子乘。子乘授齐田何子装。及秦禁学，《易》为筮卜之书，独不禁，故传受者不绝也。汉兴，田何以齐田徙杜陵，号杜田生，授东武王同子中、雒阳周王孙、丁宽、齐服生，皆著《易传》数篇。同授淄川杨何，字叔元，元光中征为太中大夫。齐即墨成，至城阳相。广川孟但，为太子门大夫。鲁周霸、莒衡胡、临淄主父偃，皆以《易》至大官。要言《易》者本之田何。

丁宽字子襄，梁人也。初梁项生从田何受《易》，时宽为项生从者，读易精敏，材过项生，遂事何。学成，何谢宽。宽东归，何谓门人曰："《易》以东矣。"宽至雒阳，复从周王孙受古义，号《周氏传》。景帝时，宽为梁孝王将军距吴楚，号丁将军，作《易说》三万

故中挑选来补任中二千石的属吏，文学掌故补任州郡属吏，配足名额。臣奏请将这条规定写在选举令中。其他的依照律令。”

天子下诏说：“可以”。自此以后，公卿大夫士吏多是彬彬有礼的博学之士。

昭帝时举荐贤良文学，将博士弟子增加到满百人，宣帝末年时又增加了一倍。元帝喜好儒学，能精通一经的士人都可以免除徭役赋税。数年后，因为朝廷用度不足，将博士弟子改为一千人，郡国设置《五经》百石的卒史。成帝末年，有人奏言孔子身为平民百姓却可以教授弟子三千人，如今天子太学的弟子太少，于是朝廷将弟子增加至三千人。一年多后，再次恢复原来的人数。平帝时王莽秉政，增加元士的弟子并让其可以如博士弟子一般跟随老师学习，但不作为固定名额之中，朝廷在每年选任官吏的考核中，从甲科中挑选四十人担任郎中，乙科挑选二十人担任太子舍人，丙科挑选四十人补任文学掌故。

自从鲁商瞿子木跟随孔子学习《易经》，之后瞿子木教授鲁国人桥庇字子庸。子庸教授江东人馯臂字子弓。子弓教授燕国人周丑字子家。子家教授东武人孙虞字子乘。子乘教授齐国人田何字子装。到了秦朝禁止儒学，因为《易经》是占卜之书，只有《易经》没有遭到禁绝，所以传授的人不曾断绝。汉朝建立以后，田何因为是旧齐的田氏贵族而迁居杜陵，号称杜田生，田何教授东武人王同字子中、洛阳人周王孙、丁宽、齐服生，他们都编写了数篇《易传》。王同教授淄川人杨何，字叔元，在元光年间，朝廷征召杨何担任太中大夫。齐国人即墨成，官至城阳相。广川人孟但，担任太子门大夫。鲁国人周霸、莒县人衡胡、临淄人主父偃，他们都是因为通晓《易经》担任了大官。简要来讲《易经》起源于田何。

丁宽字子襄，梁国人。起初梁国人项生跟随田何学习《易经》，当时丁宽是项生的随从，便也跟随项生一同学习《易经》，丁宽聪敏，才华超过项生，于是丁宽便正式拜田何为师。学成之后，田何告诉丁宽可以出师离开了。丁宽回到故乡，田何对门人说：“《易经》传到了东面。”丁宽前往洛阳，继续跟随周王孙学习古义，号称《周氏传》。

言，训故举大谊而已，今《小章句》是也。宽授同郡砀田王孙。王孙授施雠、孟喜、梁丘贺。繇是《易》有施、孟、梁丘之学。

施雠字长卿，沛人也。沛与砀相近，雠为童子，从田王孙受《易》。后雠徙长陵，田王孙为博士，复从卒业，与孟喜、梁丘贺并为门人。谦让，常称学废，不教授。及梁丘贺为少府，事多，乃遣子临分将门人张禹等从雠问。雠自匿不肯见，贺固请，不得已乃授临等。于是贺荐雠："结发事师数十年，贺不能及。"诏拜雠为博士。甘露中与《五经》诸儒杂论同异于石渠阁。雠授张禹、琅邪鲁伯。伯为会稽太守，禹至丞相。禹授淮阳彭宣、沛戴崇子平。崇为九卿，宣大司空。禹、宣皆有传。鲁伯授太山毛莫如少路、琅邪邴丹曼容，著清名。莫如至常山太守。此其知名者也。繇是施家有张、彭之学。

孟喜字长卿，东海兰陵人也。父号孟卿，善为《礼》《春秋》，授后苍、疏广。世所传《后氏礼》《疏氏春秋》，皆出孟卿。孟卿以《礼经》多，《春秋》烦杂，乃使喜从田王孙受《易》。喜好自称誉，得《易》家候阴阳灾变书，诈言师田生且死时枕喜膝，独传喜，诸儒以此耀之。同门梁丘贺疏通证明之，曰："田生绝于施雠手中，时喜归东海，安得此事？"又蜀人赵宾好小数书，后为《易》，饰《易》文，以为"箕子明夷，阴阳气亡箕子；箕子者，万物方荄兹也。"宾持论巧慧，《易》家不能难，皆曰"非古法也"。云受孟喜，喜为名之。后宾死，莫能持其说。喜因不肯仞，以此不见信。喜举孝廉为郎，曲台署长，病免，为丞相掾。博士缺，众人荐喜。上闻喜改师法，遂不用喜。喜授同郡白光少子、沛翟牧子兄，皆为博士。繇是有

景帝时，丁宽担任梁孝王的将军抗击吴楚，号为丁将军，编撰《易说》三万字，用来解释字义，仅是讲述要旨而已，就像现在的《小章句》一样。丁宽教授同郡砀县人的田王孙。田王孙教授施雠、孟喜、梁丘贺。从此《易经》有施、孟、梁丘之学。

施雠字长卿，沛县人。沛县离砀县很近，施雠还是孩童时，就跟随田王孙学习《易经》。后来施雠迁居长陵，田王孙担任博士，施雠继续跟随田王孙学习并完成了学业，施雠和孟喜、梁丘贺同是田王孙的门生。施雠为人谦逊，时常自称学业荒废，不教授他人。等到梁丘贺担任少府后，政事繁多，便让儿子梁丘临带着门人张禹等人前往施雠那里求学。施雠躲起来不肯见，梁丘贺再三请求，不得已施雠教授梁丘临等人。于是梁丘贺举荐施雠说："自束发起跟随老师学习数十年，我还不及施雠。"朝廷下诏让施雠拜任博士。甘露年间施雠和研习《五经》的众多儒士在石渠阁共议事物的异同。施雠教授张禹、琅琊人鲁伯。后来鲁伯担任会稽太守，张禹官至丞相。张禹教授淮阳人彭宣、沛县人戴崇字子平。后来戴崇担任九卿，彭宣担任大司空。张禹、彭宣都有传记。鲁伯教授太山人毛莫如字少路、琅琊人邴丹字曼容，他们清名显著。后来毛莫如官至常山太守。这些都是当时天下知名的人。从此施家学派又有张、彭之学。

孟喜字长卿，东海郡兰陵县人。父亲号孟卿，钻研《礼记》《春秋》，孟卿教授后苍、疏广。后世所流传的《后氏礼》《疏氏春秋》，都是出自孟卿。孟卿因为《礼经》的内容太多，《春秋》的经义烦杂，便让孟喜跟随田王孙学习《易经》。孟喜喜好自吹自擂，得到了关于阴阳灾变的《易经》，谎称是老师田生临终时枕着孟喜的膝盖，单独传授给孟喜的，众多的儒士以此为荣。而同门的梁丘贺辩明真伪后，说："田生临终时施雠在旁，当时孟喜回到了东海郡，怎会有此事？"还有蜀郡人赵宾喜欢一些末枝支流的书，后来赵宾学习《易经》，修饰《易经》中的文章，认为"箕子遭难不得志，阴阳之气使得箕子衰亡；箕子，当时的万物根系生长繁茂。"赵宾的观点奇异巧慧，研习《易经》的儒士无法非难他，都说"不是古法"，心中不服。赵宾说这是从孟喜那里学的，孟喜也为他证明。后来赵宾去世，没人能掌握

翟、孟、白之学。

梁丘贺字长翁，琅邪诸人也。以能心计，为武骑。从太中大夫京房受《易》。房者，淄川杨何弟子也。房出为齐郡太守，贺更事田王孙。宣帝时，闻京房为《易》明，求其门人，得贺。贺时为都司空令，坐事，论免为庶人。待诏黄门数入说教侍中，以召贺。贺入说，上善之，以贺为郎。会八月饮酎，行祠孝昭庙，先驱旄头剑挺堕地，首垂泥中，刃乡乘舆车，马惊。于是召贺筮之，有兵谋，不吉。上还，使有司侍祠。是时霍氏外孙代郡太守任宣坐谋反诛，宣子章为公车丞，亡在渭城界中，夜玄服入庙，居郎间，执戟立庙门，待上至，欲为逆。发觉，伏诛。故事，上常夜入庙，其后待明而入，自此始也。贺以筮有应，繇是近幸，为太中大夫，给事中，至少府。为人小心周密，上信重之。年老终官。传子临，亦入说，为黄门郎。甘露中，奉使问诸儒于石渠。临学精孰，专行京房法。琅邪王吉通《五经》，闻临说，善之。时宣帝选高材郎十人从临讲，吉乃使其子郎中骏上疏从临受《易》。临代五鹿充宗君孟为少府，骏御史大夫，自有传。充宗授平陵士孙张仲方、沛邓彭祖子夏、齐衡咸长宾。张为博士，至扬州牧，光禄大夫给事中，家世传业；彭祖，真定太傅；咸，王莽讲学大夫。繇是梁丘有士孙、邓、衡之学。

他的学说。孟喜就也不再承认，因此孟喜得不到信任。后来孟喜经过举孝廉担任郎官，曲台殿署长，曾因病免职，后来孟喜又担任丞相掾史。博士有空缺，众人举荐孟喜。皇上听闻孟喜曾经擅改师法，便没有任用孟喜。孟喜教授同郡人白光字少子、沛县人翟牧字子兄，他们后来都担任博士。从此《易经》又有了翟、孟、白之学。

梁丘贺字长翁，琅琊郡诸县人。因为擅长心算，就担任武骑。梁丘贺跟随太中大夫京房学习《易经》。京房，是淄川人杨何的弟子。京房出外担任齐郡太守，梁丘贺改向田王孙求学。宣帝时，听闻京房精通《易经》，便找寻京房的门生，找到了梁丘贺。梁丘贺当时担任都司空令，因犯错而获罪，被免为庶人。梁丘贺在黄门担任待诏多次入宫为诸位侍中教授经义，宣帝因此召见梁丘贺。梁丘贺入宫讲解经义，宣帝十分认可，将梁丘贺任命为郎官。当时适逢八月要举行饮酎酒礼，宣帝前往孝昭庙祭祀，队伍先驱的旄头骑兵的剑自行脱落掉在地上，剑首掉入泥中，刃对着宣帝的车马，马受惊。宣帝召梁丘贺进行占卜，结果显示会有兵戈之事，不吉。宣帝回宫后，让有关官员一起陪同祭祀。当时霍氏的女婿，担任代郡太守的任宣因谋反遭到诛杀，任宣的儿子任章担任公车丞，逃亡到渭城界内，夜晚任章穿着黑衣进入宗庙，混在郎官之间，手执戟站在庙门口，等待宣帝到来，伺机行刺。结果被人发觉，判处死刑。依照旧例，皇帝常在晚上进入宗庙祭祀，在此之后皇帝都会等到天明才入庙祭祀。梁丘贺因为占卜得到验证，因而得到宣帝的宠信，担任太中大夫，给事中，官至少府。梁丘贺为人小心周密，宣帝十分器重他。后来梁丘贺年老死于任上。梁丘贺将《易经》传授给儿子梁丘临，梁丘临也入宫讲解经义，担任黄门郎。甘露年间，梁丘临奉命在石渠阁询问诸儒。梁丘临精通经义，专行京房之法。琅琊人王吉通晓《五经》，听闻了梁丘临的讲述，十分赞同。当时宣帝挑选了十名才学超群的郎官跟随梁丘临讲学，王吉就让他的儿子郎中王骏上书请求跟随梁丘临学习《易经》。后来梁丘临代替五鹿充宗字君孟担任少府，王骏担任御史大夫，他们各有传记。五鹿充宗教授平陵人士孙张字仲方、沛县人邓彭祖字子夏、齐国人衡咸字长宾。士孙张担任博士，官至扬州牧，光禄大夫给事中，家中世

京房受《易》梁人焦延寿。延寿云尝从孟喜问《易》。会喜死，房以为延寿《易》即孟氏学，翟牧、白生不肯，皆曰非也。至成帝时，刘向校书，考《易》说，以为诸《易》家说皆祖田何、杨叔元、丁将军，大谊略同，唯京氏为异，党焦延寿独得隐士之说，托之孟氏，不相与同。房以明灾异得幸，为石显所谮诛，自有传。房授东海殷嘉、河东姚平、河南乘弘，皆为郎、博士。繇是《易》有京氏之学。

费直字长翁，东莱人也。治《易》为郎，至单父令。长于卦筮，亡章句，徒以彖象系辞十篇文言解说上下经。琅邪王璜平中能传之。璜又传古文《尚书》。

高相，沛人也。治《易》与费公同时，其学亦亡章句，专说阴阳灾异，自言出于丁将军。传至相，相授子康及兰陵毋将永。康以明《易》为郎，永至豫章都尉。及王莽居摄，东郡太守翟谊谋举兵诛莽，事未发，康候知东郡有兵，私语门人，门人上书言之。后数月，翟谊兵起，莽召问，对受师高康。莽恶之，以为惑众，斩康。繇是《易》有高氏学。高、费皆未尝立于学官。

伏生，济南人也，故为秦博士。孝文时，求能治《尚书》者，天下亡有，闻伏生治之，欲召。时伏生年九十余，老不能行，于是诏太常，使掌故朝错往受之。秦时禁《书》，伏生壁藏之，其后大兵起，流亡。汉定，伏生求其《书》，亡数十篇，独得二十九篇，即以教于齐、鲁之间。齐学者由此颇能言《尚书》，山东大师亡不涉《尚书》

代传授学业；邓彭祖，担任真定太傅；衡咸，担任王莽的讲学大夫。从此梁丘学派有了士孙、邓、衡之学。

京房跟随梁人焦延寿学习《易经》。焦延寿说自己曾经向孟喜请教过《易经》。恰逢孟喜去世，京房认为焦延寿所学的《易经》就是属于孟氏学派，但翟牧、白生并不认同，他们都说不是。到成帝时，刘向校订书籍，考察《易经》的学派，认为各派的《易经》学说都起源于田何、杨叔元、丁将军，他们的要旨大略都一样，唯有京氏的不同，也许焦延寿独得某位隐士的教导，假托为孟氏学派，便与它们不同。京房因预知灾异而得到皇帝的宠信，最终却遭石显诬陷而死，自有传记。京房教授东海人殷嘉、河东人姚平、河南人乘弘，他们后来都担任了郎官、博士。从此《易经》又有了京氏之学。

费直字长翁，东莱郡人。通过研习《易经》担任郎官，官至单父县令。费直擅长卜卦，不分析解释书中章句，只用《彖》《象》《系辞》等十篇解读《易经》的文章来解说上下经义。琅琊人王璜字平中可以传授这些内容。王璜也传授古文《尚书》。

高相，沛县人。研习《易经》并且和费直在同一时期，高相的学说同样不分析解释书中的章句，专讲阴阳灾异，高相自称师承丁将军。传至高相这一代，高相又教授儿子高康和兰陵人毋将永。高康因为精通《易经》而担任郎官，毋将永官至豫章都尉。到了王莽执政时，东郡太守翟谊密谋举兵诛杀王莽，尚未起事，高康就得知了东郡会有兵乱发生，私下告知门生，门生上书奏言此事。数月之后，翟谊起兵，王莽召来高康的门生询问，门生回答说是老师高康所言。王莽心生厌恶，认为高康在妖言惑众，便杀了高康。从此《易经》也有高氏学派。高相、费直的学说都不曾得到学官的认可。

伏生，济南郡人。之前是秦朝的博士。孝文帝时，遍寻精通《尚书》的人，但天下没有这样的人，孝文帝听闻伏生精通《尚书》，就想征召他入朝。但当时伏生已经九十多岁，年老无法远行，于是孝文帝诏令太常，派掌故晁错前往学习。秦朝时禁绝《尚书》，伏生便将《尚书》藏在墙中，后来战乱纷起，伏生四处流亡。汉室平定天下后，伏生找回《尚书》，但已经丢失了数十篇，只找到二十九篇，伏生便

以教。伏生教济南张生及欧阳生。张生为博士，而伏生孙以治《尚书》征，弗能明定。是后鲁周霸、雒阳贾嘉颇能言《尚书》云。

欧阳生字和伯，千乘人也。事伏生，授倪宽。宽又受业孔安国，至御史大夫，自有传。宽有俊材，初见武帝，语经学。上曰："吾始以《尚书》为朴学，弗好，及闻宽说，可观。"乃从宽问一篇。欧阳、大小夏侯氏学皆出于宽。宽授欧阳生子，世世相传，至曾孙高子阳，为博士。高孙地馀长宾以太子中庶子授太子，后为博士，论石渠。元帝即位，地馀侍中，贵幸，至少府。戒其子曰："我死，官属即送汝财物，慎毋受。汝九卿儒者子孙，以廉絜著，可以自成。"及地馀死，少府官属共送数百万，其子不受。天子闻而嘉之，赐钱百万。地馀少子政为王莽讲学大夫。由是《尚书》世有欧阳氏学。

林尊字长宾，济南人也。事欧阳高，为博士，论石渠。后至少府、太子太傅，授平陵平当、梁陈翁生。当至丞相，自有传。翁生信都太傅，家世传业。由是欧阳有平、陈之学。翁生授琅邪殷崇、楚国龚胜。崇为博士，胜右扶风，自有传。而平当授九江朱普公文、上党鲍宣。普为博士，宣司隶校尉，自有传。徒众尤盛，知名者也。

夏侯胜，其先夏侯都尉，从济南张生受《尚书》，以传族子始昌。始昌传胜，胜又事同郡蕳卿。蕳卿者，倪宽门人。胜传从兄子

在齐、鲁之间教学。齐国的学者因此擅长讲解《尚书》，山东的名师大儒在教学时无不涉及到《尚书》。伏生教授济南人张生和欧阳生。后来张生担任博士，而伏生的孙子因研习《尚书》而得到征召，但讲解得还不够明白清楚。此后鲁国的周霸、洛阳人贾嘉都擅长讲解《尚书》。

欧阳生字和伯，千乘郡人。师从伏生，教授倪宽。倪宽又跟随孔安国学习，欧阳生官至御史大夫，有自己的传记。倪宽才华出众，初次拜见武帝时，谈论经学。武帝说："我起初认为《尚书》是质朴之学，并不喜欢，但听闻了倪宽所言，觉得值得一看。"于是武帝询问倪宽《尚书》其中一篇。欧阳生、大小夏侯氏的学说都出自倪宽。倪宽教授欧阳生的儿子，世世相传，到了曾孙欧阳高字子阳时，欧阳高担任博士。欧阳高的孙子欧阳地馀字长宾担任太子中庶子教授太子，后来欧阳地馀担任博士，在石渠阁讲论学问。元帝继位后，欧阳地馀担任侍中，地位尊贵并得到元帝的宠信，官至少府。欧阳地馀告诫他的儿子说："我死后，会有官吏送来财物，你千万不要接受。你是九卿儒者的子孙，应当以廉洁闻名于世，这样便可以自己取得成就。"等到欧阳地馀去世之后，少府的官吏送来数百万的丧葬财物，他的儿子没有接受。天子听闻此事后大为赞赏，赐钱百万。欧阳地馀的小儿子欧阳政担任王莽的讲学大夫。从此《尚书》又有欧阳氏的学派传世。

林尊字长宾，济南郡人。师从欧阳高，林尊担任博士，在石渠阁讲论经学。后来林尊官至少府、太子太傅，教授平陵人平当、梁国人陈翁生。平当官至丞相，他们有各自的传记。陈翁生担任信都太傅，家中世代传授学问。从此之后欧阳氏学派又有了平、陈之学。陈翁生教授琅琊人殷崇、楚国人龚胜。后来殷崇担任博士，龚胜担任右扶风，他们各自都有自己的传记。而平当教授九江人朱普字公文、上党人鲍宣。后来朱普担任博士，鲍宣担任司隶校尉，他们都有自己的传记。林尊的门生众多，大多是知名的人。

夏侯胜，他的先祖夏侯都尉，曾跟随济南人张生学习《尚书》，后以此教授同族兄弟之子夏侯始昌。夏侯始昌又教授夏侯胜，夏侯

建，建又事欧阳高。胜至长信少府，建太子太傅，自有传。由是《尚书》有大小夏侯之学。

周堪字少卿，齐人也。与孔霸俱事大夏侯胜。霸为博士。堪译官令，论于石渠，经为最高，后为太子少傅，而孔霸以太中大夫授太子。及元帝即位，堪为光禄大夫，与萧望之并领尚书事，为石显等所谮，皆免官。望之自杀，上愍之，乃擢堪为光禄勋，语在《刘向传》。堪授牟卿及长安许商长伯。牟卿为博士。霸以帝师赐爵号褒成君，传子光，亦事牟卿，至丞相，自有传。由是大夏侯有孔、许之学。商善为算，著《五行论历》，四至九卿，号其门人沛唐林子高为德行，平陵吴章伟君为言语，重泉王吉少音为政事，齐炔钦幼卿为文学。王莽时，林、吉为九卿，自表上师冢，大夫博士郎吏为许氏学者，各从门人，会车数百两，儒者荣之。钦、章皆为博士，徒众尤盛。章为王莽所诛。

张山拊字长宾，平陵人也。事小夏侯建，为博士，论石渠，至少府。授同县李寻、郑宽中少君、山阳张无故子儒、信都秦恭延君、陈留假仓子骄。无故善修章句，为广陵太傅，守小夏侯说文。恭增师法至百万言，为城阳内史。仓以谒者论石渠，至胶东相。寻善说灾异，为骑都尉，自有传。宽中有俊材，以博士授太子，成帝即位，赐爵关内侯，食邑八百户，迁光禄大夫，领尚书事，甚尊重。会疾卒，谷永上疏曰："臣闻圣王尊师傅，褒贤俊，显有功，生则致其爵禄，死则异其礼谥。昔周公薨，成王葬以变礼，而当天心。公叔文子卒，卫侯加以美谥，著为后法。近事，大司空朱邑、右扶风翁归德茂夭年，孝宣皇帝愍册厚赐，赞命之臣靡不激扬。关内侯郑宽中有颜子之

胜又师从同郡的蔺卿。蔺卿，是倪宽的门生。夏侯胜教授堂兄之子夏侯建，夏侯建又师从欧阳高。后来夏侯胜官至长信少府，夏侯建担任太子太傅，有自己的传记。从此之后《尚书》又有了大小夏侯之学。

周堪字少卿，齐国人。和孔霸都师从夏侯胜。后来孔霸担任博士。周堪担任译官令，他们都在石渠阁讲论经学，周堪的学问造诣最高，后来周堪担任太子少傅，而孔霸以太中大夫的身份教导太子。到了元帝继位时，周堪担任光禄大夫，和萧望之一同总领尚书事，后来遭到石显等人诬陷。两人全被免官。萧望之自杀，元帝为此深感痛心哀悯，便将周堪提拔担任光禄勋，详见《刘向传》。周堪教授牟卿和长安人许商字长伯。牟卿担任博士。孔霸因担任元帝的老师而受封赐爵为褒成君，孔霸又教授自己的儿子孔光，孔光也奉事牟卿，后来孔光官至丞相，有自己的传记。从此之后大夏侯学派又有孔、许之学。许商善于计算，编撰了《五行论历》，四次官至九卿，依照孔子四科将自己的门生分为四类，沛县人唐林字子高擅长德行，平陵人吴章字伟君擅长言语，重泉县人王吉字少音擅长政事，齐国人炔钦字幼卿擅长文学。王莽时，唐林、王吉担任九卿，他们各自上表奏请祭祀老师，朝中大夫博士郎吏凡是身为许氏门生的，都带领各自门人前往祭祀，为此聚集了数百辆车马，儒者以此为荣。炔钦、吴章都担任了博士，他们的门生众多。后来吴章遭王莽杀害。

张山拊字长宾，平陵人。师从夏侯建，担任博士，在石渠阁讲论经学，官至少府。教授同县的李寻、郑宽中字少君、山阳人张无故字子儒、信都人秦恭字延君、陈留人假仓字子骄。张无故擅长修习章句，后来张无故担任广陵太傅，遵奉小夏侯的教诲。秦恭将老师的学说增加到百万字，后来秦恭担任城阳内史。假仓以谒者的身份在石渠阁讲论经学，后来假仓官至胶东相。李寻善于论说灾异，后来李寻官至骑都尉，有自己的传记。郑宽中才华卓越，以博士的身份教导太子，在成帝继位后，郑宽中受赐关内侯的爵位，食邑八百户，郑宽中又迁任光禄大夫，总领尚书事，甚得成帝尊重。当时恰逢郑宽中病逝，谷永上书说："臣听闻圣王尊重老师，褒奖贤俊，彰显有功，在他活着的时候赐予爵禄，死后赐予谥号。从前周公去世，成王以变礼来安

美质，包商、偃之文学，严然总《五经》之眇论，立师傅之显位，入则乡唐虞之闳道，王法纳乎圣听，出则参冢宰之重职，功列施乎政事，退食自公，私门不开，散赐九族，田亩不益，德配周召，忠合《羔羊》，未得登司徒，有家臣，卒然早终，尤可悼痛！臣愚以为宜加其葬礼，赐之令谥，以章尊师褒贤显功之德。”上吊赠宽中甚厚。由是小夏侯有郑、张、秦、假、李氏之学。宽中授东郡赵玄，无故授沛唐尊，恭授鲁冯宾。宾为博士，尊王莽太傅，玄哀帝御史大夫，至大官，知名者也。

孔氏有古文《尚书》，孔安国以今文字读之，因以起其家逸《书》，得十余篇，盖《尚书》兹多于是矣。遭巫蛊，未立于学官。安国为谏大夫，授都尉朝，而司马迁亦从安国问故。迁书载《尧典》《禹贡》《洪范》《微子》《金縢》诸篇，多古文说。都尉朝授胶东庸生。庸生授清河胡常少子，以明《穀梁春秋》为博士、部刺史，又传《左氏》。常授虢徐敖。敖为右扶风掾，又传《毛诗》，授王璜、平陵涂恽子真。子真授河南桑钦君长。王莽时，诸学皆立。刘歆为国师，璜、恽等皆贵显。世所传《百两篇》者，出东莱张霸，分析合二十九篇以为数十，又采《左氏传》《书叙》为作首尾，凡百二篇。篇或数简，文意浅陋。成帝时求其古文者，霸以能为《百两》征，以中书校之，非是。霸辞受父，父有弟子尉氏樊並。时太中大夫平当、侍御史周敞劝上存之。后樊並谋反，乃黜其书。

葬周公，而合乎天意。公叔文子去世，卫侯赐予他褒美的谥号，成为后世所效法的先例。近来所发生的事，大司空朱邑、右扶风翁归品德卓越而盛年早逝，孝宣皇帝下诏抚慰赐予厚赏，朝中大臣无不深受感动。关内侯郑宽中有颜回美好的德行，身兼子夏、子游的文学成就，俨然总括了《五经》的妙论，居于天子老师的高位，于内践行唐虞大道，向天子讲述圣王之法，于外身居冢宰的要职，处理政事，功绩卓越，减少所食俸禄，节俭奉公，不会假公济私，不会打开行私请托的门路，将家财分赐九族，不会增加田地，德行与周公、召公相比肩，忠心与《羔羊》相合，但郑宽中还未能升任司徒，拥有家臣，就猝然早逝，实在令人悲痛！愚臣认为陛下应当增加他的葬礼品级，赐予美好的谥号，以此表明尊重老师、褒奖贤俊、彰显有功之德。”成帝前往吊唁并赠予丰厚的财物。从此小夏侯学派又有郑、张、秦、假、李之学。郑宽中教授东郡人赵玄，张无故教授沛县人唐尊，秦恭教授鲁国人冯宾。后来冯宾担任博士，唐尊在王莽时担任太傅，赵玄在哀帝时担任御史大夫，位至大官，都是负有盛名的人。

孔氏有古文《尚书》，孔安国用当时的文字来解释，因而在家中找到了散失的《尚书》，共有十多篇，自此之后《尚书》比此前有了更多的内容。孔安国遭遇巫蛊之案牵连，未能担任学官。孔安国官居谏大夫，教授都尉朝，而司马迁也向孔安国请教。司马迁所编撰的书中载录了《尧典》《禹贡》《洪范》《微子》《金縢》等篇章，大多是古文的文章学说。都尉朝教授胶东人庸生。庸生教授清河人胡常字少子，胡常因通晓《穀梁春秋》而担任博士、部刺史，胡常又教授了《左氏春秋》。胡常教授虢县人徐敖。后来徐敖担任右扶风掾史，胡常又教授《毛诗》，教授王璜、平陵人涂恽字子真。子真教授河南人桑钦字君长。到了王莽时，各个学派全都存在于世。刘歆位至国师，王璜、涂恽等人都身居高位并且扬名于世。世上所流传的《百两篇》，出自东莱人张霸的伪作，他将《今文尚书》的二十九篇分为数十篇，又采用《左氏传》《书叙》作为书的首尾，共一百零二篇。有的篇章多次省略，文意浅陋。成帝时寻求通晓古文的人，张霸因编撰《百两》得到征召，但与宫中所藏的《尚书》进行校对，两者不一致。张霸的文

申公，鲁人也。少与楚元王交俱事齐人浮丘伯受《诗》。汉兴，高祖过鲁，申公以弟子从师入见于鲁南宫。吕太后时，浮丘伯在长安，楚元王遣子郢与申公俱卒学。元王薨，郢嗣立为楚王，令申公傅太子戊。戊不好学，病申公。及戊立为王，胥靡申公。申公愧之，归鲁退居家教，终身不出门。复谢宾客，独王命召之乃往。弟子自远方至受业者千余人，申公独以《诗经》为训故以教，亡传，疑者则阙弗传。兰陵王臧既从受《诗》，已通，事景帝为太子少傅，免去。武帝初即位，臧乃上书宿卫，累迁，一岁至郎中令。及代赵绾亦尝受《诗》申公，为御史大夫。绾、臧请立明堂以朝诸侯，不能就其事，乃言师申公。于是上使使束帛加璧，安车以蒲裹轮，驾驷迎申公，弟子二人乘轺传从。至，见上，上问治乱之事。申公时已八十余，老，对曰："为治者不至多言，顾力行何如耳。"是时上方好文辞，见申公对，默然。然已招致，即以为太中大夫，舍鲁邸，议明堂事。太皇窦太后喜《老子》言，不说儒术，得绾、臧之过，以让上曰："此欲复为新垣平也！"上因废明堂事，下绾、臧吏，皆自杀。申公亦病免归，数年卒。弟子为博士十余人，孔安国至临淮太守，周霸胶西内史，夏宽城阳内史，砀鲁赐东海太守，兰陵缪生长沙内史，徐偃胶西中尉，邹人阙门庆忌胶东内史，其治官民皆有廉节称。其学官弟子行虽不备，而至于大夫、郎、掌故以百数。申公卒以《诗》《春秋》授，而瑕丘江公尽能传之，徒众最盛。及鲁许生、免中徐公，皆守学教授。韦贤治《诗》，事大江公及许生，又治《礼》，至丞相。传子玄成，以淮阳中尉论石渠，后亦至丞相。玄成及兄子赏以《诗》授哀帝，至大司马车骑将军，自有传。由是《鲁诗》有韦氏学。

辞是由父亲所教导的，他父亲有弟子尉氏县人樊並。当时太中大夫平当、侍御史周敞劝谏成帝保留张霸的《百两篇》。后来樊並谋反，朝廷便废弃了这本书。

申公，鲁国人。年少时和楚元王刘交一起跟随齐国人浮丘伯学习《诗经》。汉朝建立之后，高祖经过鲁国，申公作为弟子跟随老师前往鲁国的南宫拜见高祖。在吕太后时，浮丘伯在长安居住，楚元王派他的儿子刘郢客和申公一起完成学业。楚元王去世后，刘郢客承袭诸侯王位为楚王，让申公作太子刘戊的老师。刘戊不好学，讨厌申公。等到刘戊承袭王位为楚王后，便让申公服劳役。申公感到惭愧，便回到鲁国在家中教书，终身不出门。并且谢绝宾客，只有王命征召申公才会出门前往。从远方前来学习的弟子有一千多人，申公只通过解释《诗经》的要旨来教授学问，不作详细解说，有疑问的地方便空开不作解说。兰陵人王臧跟随申公学习《诗经》，精通之后，便侍奉景帝担任太子少傅，后来被免职。武帝继位之初，王臧上书奏请宿卫皇宫，经过数次升迁，一年后官至郎中令。以及代国人赵绾曾经也跟随申公学习《诗经》，后来赵绾担任御史大夫。赵绾、王臧请求修建明堂来接见诸侯，他们无法完成这件事，便向武帝举荐他们的老师申公。于是武帝派使者带着束帛以及玉璧，安车的轮子上用蒲草包裹，驾着四匹马前去迎接申公，两名弟子乘着轺传马车跟随。前往京师，拜见武帝，武帝询问申公关于治理国家之事。申公当时已有八十多岁了，已是暮暮老年，答道："治理国家不在于多言，还不如尽力行事。"当时武帝喜好文辞，听了申公的回答，沉默不语。既然已经将申公征召来了，武帝便让申公担任太中大夫，居住在京城的鲁国官邸中，商议关于明堂的事情。太皇窦太后喜欢《老子》的学说，不喜欢儒术，得知赵绾、王臧的过失，就责备武帝说："这些人想模仿新垣平的行径！"武帝因而废止了修建明堂之事，将赵绾、王臧下狱，后来他们都自杀了。申公也因病免官归家，数年后去世。申公的弟子有十几人担任博士，孔安国官至临淮太守，周霸担任胶西内史，夏宽担任城阳内史，砀县人鲁赐担任东海太守，兰陵人缪生担任长沙内史，徐偃担任胶西中尉，邹县人阙门庆忌担任胶东内史，他们治理百姓都以廉洁

王式字翁思，东平新桃人也。事免中徐公及许生。式为昌邑王师。昭帝崩，昌邑王嗣立，以行淫乱废，昌邑群臣皆下狱诛，唯中尉王吉、郎中令龚遂以数谏减死论。式系狱当死，治事使者责问曰："师何以亡谏书？"式对曰："臣以《诗》三百五篇朝夕授王，至于忠臣孝子之篇，未尝不为王反复诵之也；至于危亡失道之君，未尝不流涕为王深陈之也。臣以三百五篇谏，是以亡谏书。"使者以闻，亦得减死论，归家不教授。山阳张长安幼君先事式，后东平唐长宾、沛褚少孙亦来事式，问经数篇，式谢曰："闻之于师具是矣，自润色之。"不肯复授。唐生、褚生应博士弟子选，诣博士，抠衣登堂，颂礼甚严，试诵说，有法，疑者丘盖不言。诸博士惊问何师，对曰事式。皆素闻其贤，共荐式。诏除下为博士。式征来，衣博士衣而不冠，曰："刑余之人，何宜复充礼官？"既至，止舍中，会诸大夫博士，共持酒肉劳式，皆注意高仰之。博士江公世为《鲁诗》宗，至江公著《孝经说》，心嫉式，谓歌吹诸生曰："歌《骊驹》。"式曰："闻之于师：客歌《骊驹》，主人歌《客毋庸归》。今日诸君为主人，日尚早，未可也。"江翁曰："经何以言之？"式曰："在《曲礼》。"江翁曰："何狗曲也！"式耻之，阳醉遏地。式客罢，让诸生曰："我本不欲来，诸生强劝我，竟为竖子所辱！"遂谢病免归，终于家。张生、唐生、褚生皆为博士。张生论石渠，至淮阳中尉。唐生楚太傅。由是《鲁诗》有张、唐、褚氏之学。张生兄子游卿为谏大夫，以《诗》授

有节操著称。申公的弟子虽然未立于学官，但官至大夫、郎官、掌故的数以百计。申公自始至终只教授了《诗经》《春秋》，而瑕丘人江公能将这些学问全部传授下去，他的弟子最多。鲁国人许生、免中县人徐公，都能谨守江公所教授的学问。韦贤研习《诗经》，师从江公和许生，韦贤又研习《礼记》，官至丞相。教授儿子韦玄成，韦玄成以淮阳中尉的身份在石渠阁讲论经义，后来韦玄成也官至丞相。韦玄成以及兄长的儿子韦赏教授哀帝《诗经》，后来韦赏官至大司马车骑将军，有自己的传记。从此《鲁诗》有了韦氏学派。

王式字翁思，东平新桃县人。奉事免中人徐公和许生。王式担任昌邑王的老师。昭帝驾崩后，昌邑王继承皇位，因为行径荒淫遭到废黜，昌邑国的群臣全都下狱伏诛，只有中尉王吉、郎中令龚遂因多次劝谏而减免死罪。王式关在狱中应当被处死，审理此事的使者责问王式说："你身为老师为什么没有呈上谏书呢？"王式回答说："臣以《诗经》三百零五篇早晚教导大王，至于忠臣孝子的篇章，未尝不为大王反复读诵；至于危亡失道的君主，未尝不痛哭流涕为大王详细陈说。臣以三百零五篇《诗经》劝谏大王，所以没有呈上谏书。"使者听后，也为王式减免死罪，王式回家后不再教授学生。山阳人张长安字幼君先前拜师王式，之后东平人唐长宾、沛县人褚少孙也拜师王式，向王式请教数篇经义，王式推辞道："我从老师那里所学的就是这些了，若是觉得简略，你们自己加以润色吧。"王式不肯继续教授。唐生、褚生参加博士弟子的选拔，到了博士那里，提衣登堂，仪容庄严，测验诵读解说，十分得法，有疑问的地方就沉默不语。诸位博士惊讶地询问他们的老师是谁，他们回答说师从王式。诸位博士素来听闻王式是位贤才，便一同举荐王式。朝廷下诏让王式拜任博士。王式受召前往，身穿博士的衣服却没有戴帽子，王式说："遭受过刑罚的人，怎能再适合充任礼官？"王式来到京师之后，住在旅舍之中，遇到诸位大夫博士，一同带着酒肉来慰问自己，他们都敬重仰慕王式。博士江公是研究《鲁诗》的宗师，江公编撰了一本《孝经说》，内心嫉妒王式，对歌唱吹奏的几位儒生说："歌唱《骊驹》。"王式说："我听老师讲：客人歌唱《骊驹》，主人歌唱《客毋庸归》。

元帝。其门人琅邪王扶为泗水中尉，陈留许晏为博士。由是张家有许氏学。初，薛广德亦事王式，以博士论石渠，授龚舍。广德至御史大夫，舍泰山太守，皆有传。

辕固，齐人也。以治《诗》孝景时为博士，与黄生争论于上前。黄生曰："汤武非受命，乃杀也。"固曰："不然。夫桀纣荒乱，天下之心皆归汤武，汤武因天下之心而诛桀纣，桀纣之民弗为使而归汤武，汤武不得已而立，非受命为何？"黄生曰："'冠虽敝必加于首，履虽新必贯于足。'何者？上下之分也。今桀纣虽失道，然君上也；汤武虽圣，臣下也。夫主有失行，臣不正言匡过以尊天子，反因过而诛之，代立南面，非杀而何？"固曰："必若云，是高皇帝代秦即天子之位，非邪？"于是上曰："食肉毋食马肝，未为不知味也；言学者毋言汤武受命，不为愚。"遂罢。窦太后好《老子》书，召问固。固曰："此家人言耳。"太后怒曰："安得司空城旦书乎！"乃使固入圈击彘。上知太后怒，而固直言无罪，乃假固利兵。下，固刺彘正中其心，彘应手而倒。太后默然，亡以复罪。后上以固廉直，拜为清河太傅，疾免。武帝初即位，复以贤良征。诸儒多嫉毁曰固老，罢归之。时固已九十余矣。公孙弘亦征，仄目而事固。固曰："公孙子，务正学以言，无曲学以阿世！"诸齐以《诗》显贵，皆固之弟子也。昌邑太傅夏侯始昌最明，自有传。

今天在座诸位是主人，天色还早，不要唱《骊驹》。”江翁说：“经中有这样的说法吗？”王式说：“在《曲礼》中有记载。”江翁说：“这是什么轻贱之书！”王式感到羞耻，佯装醉酒跌倒。王式等客人离开后，责备学生说：“我原本不想来，你们坚持劝我来，竟遭受那小子的侮辱！”于是王式称病辞官回家，在家中去世。后来张生、唐生、褚生都成了博士。张生在石渠阁讲论经义，后来官至淮阳中尉。唐生担任楚国太傅。从此之后《鲁诗》有了张、唐、褚之学。张生兄长的儿子张游卿担任谏大夫，以《诗经》教授元帝。张游卿的门生琅琊人王扶担任泗水中尉，陈留人许晏成为博士。从此张家学派又有许氏之学。起初，薛广德也师从王式，以博士身份在石渠阁讲论经义，教授龚舍。后来薛广德官至御史大夫，龚舍担任泰山太守，他们都有传记。

辕固，齐国人。在孝景帝时因为研习《诗经》而担任博士，在景帝面前与黄生争论。黄生说：“商汤、周武王不是受命于天，而是通过弑杀他们的君主而得到天下。”辕固说：“不对。夏桀、商纣王品行淫乱，天下之心全都归于商汤、周武王，汤武顺应天下之心而讨伐桀纣，桀纣的百姓不听从他们的命令而归顺汤武，汤武不得已而成为天子，这不是受命于天又是什么？”黄生说：“‘帽子虽破也一定要戴在头上，鞋子虽新却必须穿在脚上。’为什么？这是因为上下之分。如今桀纣即便无道，但他们也是君主；汤武即便圣明，但他们也是臣下。君主行为有失，身为臣下没有直言匡正过错来尊崇天子，反而因君主有过错而讨伐君主，取而代之成为天子，这不是弑杀他们的君主又是什么？”辕固说：“若如你所言，那高皇帝取代秦朝成为天子，难道这也是不对的吗？”于是景帝说：“吃肉不吃马肝，不是不知道其中的味道；谈论学问不谈汤武是否受命于天，这不是愚蠢。”他们的争论就此作罢。窦太后喜欢《老子》，召来辕固询问。辕固说：“这是僮仆之言。”窦太后大怒说：“《老子》怎么能与刑律之书相比呢！”便下令将辕固投进猪圈中与猪相互搏斗。景帝知道太后生气，而辕固只是直言并没有过错，便给了辕固一把利器。辕固进入猪圈后，正中刺入猪心，猪应声倒下。太后沉默不语，没有再怪罪辕固。后来景帝

后苍字近君，东海郯人也。事夏侯始昌。始昌通《五经》，苍亦通《诗》《礼》，为博士，至少府，授翼奉、萧望之、匡衡。奉为谏大夫，望之前将军，衡丞相，皆有传。衡授琅邪师丹、伏理斿君、颍川满昌君都。君都为詹事，理高密太傅，家世传业。丹大司空，自有传。由是《齐诗》有翼、匡、师、伏之学。满昌授九江张邯、琅邪皮容，皆至大官，徒众尤盛。

韩婴，燕人也。孝文时为博士，景帝时至常山太傅。婴推诗人之意，而作《内》《外传》数万言，其语颇与齐、鲁间殊，然归一也。淮南贲生受之。燕赵间言《诗》者由韩生。韩生亦以《易》授人，推《易》意而为之传。燕赵间好《诗》，故其《易》微，唯韩氏自传之。武帝时，婴尝与董仲舒论于上前，其人精悍，处事分明，仲舒不能难也。后其孙商为博士。孝宣时，涿郡韩生其后也，以《易》征，待诏殿中，曰："所受《易》即先太傅所传也。尝受《韩诗》，不如韩氏《易》深，太傅故专传之。"司隶校尉盖宽饶本受《易》于孟喜，见涿韩生说《易》而好之，即更从受焉。

赵子，河内人也。事燕韩生，授同郡蔡谊。谊至丞相，自有传。谊授同郡食子公与王吉。吉为昌邑王中尉，自有传。食生为博士，授

以辕固廉洁正直，便让辕固拜任清河太傅，再后来辕固因病免职。武帝继位之初，再次以贤良征召辕固。儒士们都心生嫉妒而诋毁辕固说他已经年老，武帝便将辕固罢免并让他归家。当时辕固已经九十多岁了。公孙弘也受到征召，侍奉辕固而心存畏惧不敢正视辕固。辕固说："公孙子，言行务必要遵照正道学说，不要歪曲自己的学问来谄媚迎合世人！"齐国的儒生因研习《诗经》而显贵，他们全都是辕固的弟子。昌邑太傅夏侯始昌的学问最为显明，有自己的传记。

后苍字近君，东海郯县人。师从夏侯始昌。夏侯始昌通晓《五经》，后仓也通晓《诗经》《礼记》，后来后仓担任博士，官至少府，后仓教授翼奉、萧望之、匡衡。后来翼奉担任谏大夫，萧望之担任前将军，匡衡担任丞相，他们都有传记。匡衡教授琅琊人师丹、伏理字斿君、颍川人满昌字君都。后来君都担任詹事，伏理担任高密太傅，家中世代传授学问。师丹后来担任大司空，有自己的传记。从此之后《齐诗》有了翼、匡、师、伏之学。满昌教授九江人张邯、琅琊人皮容，他们都做了大官，门生众多。

韩婴，燕国人。孝文帝时担任博士，景帝时官至常山太傅。韩婴推究诗人的用意，而编撰了数万字的《韩诗内传》《韩诗外传》，书中所述观点和齐、鲁之地的观点有所不同，但意旨是一致的。淮南人贲生跟随韩婴学习。燕、赵之间讲述《诗经》的人都出自于韩生。韩生也教授《易经》，推究《易经》的意思并且编撰传解。燕、赵之间的百姓喜好《诗经》，因此《易经》不受重视，只有韩氏自己教授《易经》。武帝时，韩婴曾和董仲舒在武帝面前论辩，韩婴为人精明勇锐，处事分明，董仲舒比不过他。后来韩婴的孙子韩商担任博士。孝宣帝时，涿郡人韩生是韩氏后人，因为精通《易经》而得到宣帝征召，在殿中担任待诏，韩生说："我所学的《易经》是先太傅所教授的。我曾学过《韩诗》，不如韩氏《易经》那样学得精深，太傅因此专门教授《易经》。"司隶校尉盖宽饶原本跟随孟喜学习《易经》，见到涿郡人韩生讲解《易经》十分欢喜，便改跟随韩生学习。

赵子，河内人。师从燕国人韩生，教授同郡的蔡谊。蔡谊官至丞相，有自己的传记。蔡谊又教授同郡的食子公和王吉。后来王吉担任

泰山栗丰。吉授淄川长孙顺。顺为博士，丰部刺史。由是《韩诗》有王、食、长孙之学。丰授山阳张就，顺授东海发福，皆至大官，徒众尤盛。

毛公，赵人也。治《诗》，为河间献王博士，授同国贯长卿。长卿授解延年。延年为阿武令，授徐敖。敖授九江陈侠，为王莽讲学大夫。由是言《毛诗》者，本之徐敖。

汉兴，鲁高堂生传《士礼》十七篇，而鲁徐生善为颂。孝文时，徐生以颂为礼官大夫，传子至孙延、襄。襄，其资性善为颂，不能通经；延颇能，未善也。襄亦以颂为大夫，至广陵内史。延及徐氏弟子公户满意、桓生、单次皆为礼官大夫。而瑕丘萧奋以《礼》至淮阳太守。诸言《礼》为颂者由徐氏。

孟卿，东海人也。事萧奋，以授后仓、鲁闾丘卿。仓说《礼》数万言，号曰《后氏曲台记》，授沛闻人通汉子方、梁戴德延君、戴圣次君、沛庆普孝公。孝公为东平太傅。德号大戴，为信都太傅；圣号小戴，以博士论石渠，至九江太守。由是《礼》有大戴、小戴、庆氏之学。通汉以太子舍人论石渠，至中山中尉。普授鲁夏侯敬，又传族子咸，为豫章太守。大戴授琅邪徐良斿卿，为博士、州牧、郡守，家世传业。小戴授梁人桥仁季卿、杨荣子孙。仁为大鸿胪，家世传业，荣琅邪太守。由是大戴有徐氏，小戴有桥、杨氏之学。

胡母生字子都，齐人也。治《公羊春秋》，为景帝博士。与董仲舒同业，仲舒著书称其德。年老，归教于齐，齐之言《春秋》者宗事之，公孙弘亦颇受焉。而董生为江都相，自有传。弟子遂之者，兰陵

昌邑王中尉，有自己的传记。食生担任博士，教授泰山人栗丰。王吉教授淄川人长孙顺。后来长孙顺成为博士，栗丰担任州部刺史。从此之后《韩诗》有了王、食、长孙之学。栗丰教授山阳人张就，长孙顺教授东海人发福，他们都做了大官，门生众多。

毛公，赵国人。研习《诗经》，担任河间献王的博士，教授同国的贯长卿。贯长卿又教授解延年。之后解延年担任阿武县令，教授徐敖。徐敖教授九江人陈侠，陈侠成为了王莽的讲学大夫。因此讲解《毛诗》的人，都出自于徐敖。

汉朝建立之后，鲁国的高堂生教授《士礼》十七篇，而鲁国人徐生通晓礼仪。孝文帝时，徐生因通晓礼仪而担任礼官大夫，徐生教授儿子至孙子徐延、徐襄。徐襄，天生擅长礼仪，但不通晓经义；徐延颇为通晓经义，但不擅长礼仪。徐襄也因为通晓礼仪而担任大夫，官至广陵内史。徐延和徐氏弟子公户满意、桓生、单次都担任礼官大夫。而瑕丘人萧奋因精通《礼记》而官至淮阳太守。各个学派讲解《礼记》演习礼仪的人都出自徐氏。

孟卿，东海人。师从萧奋，教授后仓、鲁国人闾丘卿。后仓为《礼记》编撰了数万字的解说，名为《后氏曲台记》，后仓又教授沛县人闻人通汉字子方、梁国人戴德字延君、戴圣字次君、沛县人庆普字孝公。后来孝公担任东平太傅。戴德号称大戴，担任信都太傅；戴圣号称小戴，以博士的身份在石渠阁讲论经义，后来官至九江太守。从此《礼记》有大戴、小戴、庆氏之学。闻人通汉以太子舍人的身份在石渠阁讲论经义，后来官至中山中尉。庆普教授鲁国人夏侯敬，还教授同族子弟庆咸，后来庆咸担任豫章太守。大戴教授琅琊人徐良字斿卿，后来徐良历任博士、州牧、郡守，家中世代传授学问。小戴教授梁国人桥仁字季卿、杨荣字子孙。桥仁担任大鸿胪，家中世代传授学问，杨荣担任琅琊太守。从此大戴学派又有徐氏之学，小戴学派又有桥氏、杨氏之学。

胡母生字子都，齐国人。修习《公羊春秋》，是景帝时的博士。和董仲舒研习相同的经典。董仲舒在著书时称颂胡母生的德行。胡母生年老后，回到齐国教书，齐国讲解《春秋》的人都将胡母生视为宗

褚大，东平嬴公，广川段仲，温吕步舒。大至梁相，步舒丞相长史，唯嬴公守学不失师法，为昭帝谏大夫，授东海孟卿、鲁眭孟。孟为符节令，坐说灾异诛，自有传。

严彭祖字公子，东海下邳人也。与颜安乐俱事眭孟。孟弟子百余人，唯彭祖、安乐为明，质问疑谊，各持所见。孟曰："《春秋》之意，在二子矣！"孟死，彭祖、安乐各颛门教授。由是《公羊春秋》有颜、严之学。彭祖为宣帝博士，至河南、东郡太守。以高第入为左冯翊，迁太子太傅，廉直不事权贵。或说曰："天时不胜人事，君以不修小礼曲意，亡贵人左右之助，经谊虽高，不至宰相。愿少自勉强！"彭祖曰："凡通经术，固当修行先王之道，何可委曲从俗，苟求富贵乎！"彭祖竟以太傅官终。授琅邪王中，为元帝少府，家世传业。中授同郡公孙文、东门云。云为荆州刺史，文东平太傅，徒众尤盛。云坐为江贼拜辱命，下狱诛。

颜安乐字公孙，鲁国薛人，眭孟姊子也。家贫，为学精力，官至齐郡太守丞，后为仇家所杀。安乐授淮阳泠丰次君、淄川任公。公为少府，丰淄川太守。由是颜家有泠、任之学。始贡禹事嬴公，成于眭孟，至御史大夫，疏广事孟卿，至太子太傅，皆自有传。广授琅邪筦路，路为御史中丞。禹授颍川堂谿惠，惠授泰山冥都，都为丞相史。都与路又事颜安乐，故颜氏复有筦、冥之学。路授孙宝，为大司农，自有传。丰授马宫、琅邪左咸。咸为郡守九卿，徒众尤盛。官至大司徒，自有传。

师来尊崇侍奉，公孙弘也跟随胡毋生学习《春秋》，受益颇多。而董生担任江都相，有自己的传记。胡毋生的弟子之中功成名就的，有兰陵人褚大，东平人嬴公，广川人段仲，温县人吕步舒。褚大官至梁国相，吕步舒担任丞相长史，只有嬴公谨守学业没有违失老师的教诲，在昭帝时担任谏大夫，教授东海人孟卿、鲁国人眭孟。后来眭孟担任符节令，因为论说灾异而遭受诛杀，有自己的传记。

严彭祖字公子，东海下邳人。和颜安乐一同师从眭孟。眭孟的弟子有一百多人，只有严彭祖、颜安乐的学问最为精通，对于疑难问题，各持所见。眭孟说："《春秋》的要意，在这两人之中了！"眭孟死后，严彭祖、颜安乐各自教授门生。因此《公羊春秋》有了颜、严之学。严彭祖在宣帝时担任博士，官至河南、东郡太守。严彭祖因政绩卓越入朝担任左冯翊，后又迁任太子太傅，严彭祖为人廉洁正直不迎合权贵。有人劝他说："天时不会胜过人事，您不会来往迎合、奉承他人，就没有贵人在左右相助，您所知经义虽然高深，但也无法官至宰相。希望您自勉！"严彭祖说："凡是通晓经术，就应当修行先王大道，怎么能屈身折节，随波逐流，苟求富贵呢！"严彭祖担任太傅直到终老。严彭祖教授琅琊人王中，王中在元帝时担任少府，家中世代传授学问。王中教授同郡的公孙文、东门云。后来东门云担任荆州刺史，公孙文担任东平太傅，他们的门生众多。东门云因在江上遇到盗贼而下拜有辱君命，最终下狱被诛。

颜安乐字公孙，鲁国薛县人，是眭孟姐姐的儿子。家境贫寒，求学却专心尽力，颜安乐官至齐郡太守丞，后来遭仇家杀害。颜安乐教授淮阳人泠丰字次君、淄川人任公，任公担任少府，泠丰担任淄川太守。因此颜氏学派有泠、任之学。开始时贡禹师从嬴公，在眭孟那里学成，后来贡禹官至御史大夫，疏广师从孟卿，后来官至太子太傅，他们都有自己的传记。疏广教授琅琊人筦路，后来筦路担任御史中丞。贡禹教授颍川人堂谿惠，堂谿惠教授泰山人冥都，冥都担任丞相史。冥都和筦路又师从颜安乐，所以颜氏学派又有筦、冥之学。筦路教授孙宝，孙宝担任大司农，有自己的传记。泠丰教授马宫、琅琊人左咸。左咸官至郡守九卿，门生众多。马宫官至大司徒，有自己的传记。

瑕丘江公受《穀梁春秋》及《诗》于鲁申公，传子至孙为博士。武帝时，江公与董仲舒并。仲舒通《五经》，能持论，善属文。江公呐于口，上使与仲舒议，不如仲舒。而丞相公孙弘本为《公羊》学，比辑其议，卒用董生。于是上因尊《公羊》家，诏太子受《公羊春秋》，由是《公羊》大兴。太子既通，复私问《穀梁》而善之。其后浸微，唯鲁荣广王孙、皓星公二人受焉。广尽能传其《诗》《春秋》，高材捷敏，与《公羊》大师眭孟等论，数困之，故好学者颇复受《穀梁》。沛蔡千秋少君、梁周庆幼君、丁姓子孙皆从广受。千秋又事皓星公，为学最笃。宣帝即位，闻卫太子好《穀梁春秋》，以问丞相韦贤、长信少府夏侯胜及侍中乐陵侯史高，皆鲁人也，言穀梁子本鲁学，公羊氏乃齐学也，宜兴《穀梁》。时千秋为郎，召见，与《公羊》家并说，上善《穀梁》说，擢千秋为谏大夫给事中，后有过，左迁平陵令。复求能为《穀梁》者，莫及千秋。上愍其学且绝，乃以千秋为郎中户将，选郎十人从受。汝南尹更始翁君本自事千秋，能说矣，会千秋病死，征江公孙为博士。刘向以故谏大夫通达待诏，受《穀梁》，欲令助之。江博士复死，乃征周庆、丁姓待诏保宫，使卒授十人。自元康中始讲，至甘露元年，积十余岁，皆明习。乃召《五经》名儒太子太傅萧望之等大议殿中，平《公羊》《穀梁》同异，各以经处是非。时《公羊》博士严彭祖、侍郎申輓、伊推、宋显，《穀梁》议郎尹更始、待诏刘向、周庆、丁姓并论。《公羊》家多不见从，愿请内侍郎许广，使者亦并内《穀梁》家中郎王亥，各五人，议三十余事。望之等十一人各以经谊对，多从《穀梁》。由是《穀梁》之学大盛。庆、姓皆为博士。姓至中山太傅，授楚申章昌曼君，为博士，至长沙太傅，徒众尤盛。尹更始为谏大夫、长乐户将，又受《左氏传》，取其变理合者以为章句，传子咸及翟方进、琅邪房凤。咸至大司农，方进丞相，自有传。

瑕丘人江公跟随鲁国申公学习《穀梁春秋》和《诗经》，教授儿子至孙子，他们都担任了博士。武帝时，江公和董仲舒同朝。董仲舒通晓《五经》，能发表自己的观点，擅长撰写文章。江公不善言语，武帝让江公和董仲舒论议，江公的口才不及董仲舒。而丞相公孙弘原本研习《公羊春秋》，对比了两人的论议，最终认同董生的观点。于是武帝推崇《公羊》学派，诏令太子学习《公羊春秋》，因此《公羊春秋》大为兴盛。太子精通《公羊春秋》之后，又私下求教《穀梁春秋》并且十分喜爱。之后《穀梁春秋》逐渐衰微，只有鲁国人荣广字王孙、皓星公二人学习。荣广完全能教授《诗经》和《穀梁春秋》，荣广学识渊博，才思敏捷，和研习《公羊春秋》的大师眭孟等人论辩，多次难住眭孟等人，所以好学的人又学习《穀梁春秋》。沛县人蔡千秋字少君、梁国人周庆字幼君、丁姓字子孙都跟随荣广学习。蔡千秋还师从皓星公，求学最为专心诚敬。宣帝继位后，听闻卫太子喜欢《穀梁春秋》，便向丞相韦贤、长信少府夏侯胜以及侍中乐陵侯史高询问请教，他们都是鲁国人，他们说穀梁子本是鲁学，公羊氏本是齐学，应当兴盛《穀梁春秋》。当时蔡千秋担任郎官，得到召见，和研习《公羊春秋》的儒者一起论说，宣帝十分赞同《穀梁春秋》的论述，便将蔡千秋提拔任谏大夫给事中，后来蔡千秋犯错，贬为平陵县令。宣帝又寻求精通《穀梁春秋》的人，无人能及蔡千秋。宣帝怜悯蔡千秋的学问将要灭绝，便让蔡千秋担任郎中户将，挑选十名郎官跟随蔡千秋学习。汝南人尹更始字翁君原本师从蔡千秋，已经能讲解经义，恰逢蔡千秋病逝，宣帝便征召江公的孙子担任博士。刘向原来担任过谏大夫，为人通达事理，等待宣帝的诏命，宣帝让刘向学习《穀梁春秋》，想让他帮扶江博士。后来江博士也去世了，宣帝便征召周庆、丁姓在保宫担任待诏，让他们教成十个人。他们从元康年间开始讲授，直到甘露元年（前53），前后共十多年，这十人全都精通《穀梁春秋》。因而宣帝召来精通《五经》的名儒以及太子太傅萧望之等人在殿中论辩，评议《公羊春秋》与《穀梁春秋》的异同，各自引用经典判定是非。当时研习《公羊春秋》的博士严彭祖、侍郎申輓、伊推、宋显，研习《穀梁春秋》的议郎尹更始、待诏

房凤字子元，不其人也。以射策乙科为太史掌故。太常举方正，为县令都尉，失官。大司马票骑将军王根奏除补长史，荐凤明经通达，擢为光禄大夫，迁五官中郎将。时光禄勋王龚以外属内卿，与奉车都尉刘歆共校书，三人皆侍中。歆白《左氏春秋》可立，哀帝纳之，以问诸儒，皆不对。歆于是数见丞相孔光，为言《左氏》以求助，光卒不肯。唯凤、龚许歆，遂共移书责让太常博士，语在《歆传》。大司空师丹奏歆非毁先帝所立，上于是出龚等补吏，龚为弘农，歆河内，凤九江太守，至青州牧。始江博士授胡常，常授梁萧秉君房，王莽时为讲学大夫。由是《穀梁春秋》有尹、胡、申章、房氏之学。

汉兴，北平侯张苍及梁太傅贾谊、京兆尹张敞、太中大夫刘公子皆修《春秋左氏传》。谊为《左氏传》训故，授赵人贯公，为河间献王博士，子长卿为荡阴令，授清河张禹长子。禹与萧望之同时为御史，数为望之言《左氏》，望之善之，上书数以称说。后望之为太子太傅，荐禹于宣帝，征禹待诏，未及问，会疾死。授尹更始，更始

刘向、周庆、丁姓一同论辩。《公羊》学派大多没有得到认可赞同，他们希望侍郎许广可以参加论辩，监看论辩的使者也同时让《穀梁》学派的中郎王亥参与其中，双方各五人，相互论议三十多件事。萧望之等十一人各自引用经义来对答，大多都赞同《穀梁》学派。因此《穀梁》学派大为兴盛。周庆、丁姓都担任了博士。后来丁姓官至中山太傅，教授楚国人申章昌字曼君，申章昌也成为了博士，官至长沙太傅，门生众多。尹更始担任谏大夫、长乐户将，又学习了《左氏传》，选取其中辩理相合的内容组成章句，教授儿子尹咸以及翟方进、琅琊人房凤。后来尹咸官至大司农，翟方进担任丞相，他们都有自己的传记。

房凤字子元，不其县人。通过射策乙科担任太史掌故。太常举荐方正，因而房凤得以担任县令都尉，后来因失职而被免官。大司马骠骑将军王根奏请填补长史的空缺，举荐房凤说他明晓经义通达事理，朝廷提拔房凤为光禄大夫，后房凤迁任五官中郎将。当时光禄勋王龚身为外戚担任内卿，和奉车都尉刘歆一同校书，三人都为侍中。刘歆禀奏说《左氏春秋》可以在学校中推行，哀帝采纳他的建议，便以此事询问诸位儒生，他们都不赞同。刘歆于是多次拜见丞相孔光，为《左氏春秋》之事寻求孔光的帮助，孔光最终没有答应。只有房凤、王龚赞同刘歆的做法，他们便一起致书责备太常博士，详见《刘歆传》。大司空师丹劾奏刘歆诋毁先帝所立之学，哀帝于是贬黜王龚等人，让他们离开京城出外补任官吏，王龚因而担任弘农太守，刘歆担任河内太守，房凤担任九江太守，房凤后来官至青州牧。起初江博士教授胡常，胡常教授梁国人萧秉字君房，萧秉在王莽时担任讲学大夫。从此《穀梁春秋》有了尹、胡、申章、房氏之学。

汉朝建立之后，北平侯张苍和梁国太傅贾谊、京兆尹张敞、太中大夫刘公子都修习《春秋左氏传》。贾谊给《左氏传》编撰注解，教授赵国人贯公，后来贯公担任河间献王的博士，贯公的儿子贯长卿担任荡阴县令，贯长卿教授清河人张禹字长子。张禹和萧望之同朝担任御史，张禹多次为萧望之讲解《左氏传》，萧望之与张禹交好，多次上书称赞张禹。后来萧望之担任太子太傅，向宣帝举荐张禹，宣帝

传子咸及翟方进、胡常。常授黎阳贾护季君，哀帝时待诏为郎，授苍梧陈钦子佚，以《左氏》授王莽，至将军。而刘歆从尹咸及翟方进受。由是言《左氏》者本之贾护、刘歆。

赞曰：自武帝立五经博士，开弟子员，设科射策，劝以官禄，讫于元始，百有余年，传业者寖盛，支叶蕃滋，一经说至百余万言，大师众至千余人，盖禄利之路然也。初，《书》唯有欧阳，《礼》后，《易》杨，《春秋》公羊而已。至孝宣世，复立《大小夏侯尚书》《大小戴礼》《施》《孟》《梁丘易》《穀梁春秋》。至元帝世，复立《京氏易》。平帝时，又立《左氏春秋》《毛诗》、逸《礼》、古文《尚书》，所以罔罗遗失，兼而存之，是在其中矣。

便征召张禹担任待诏，但还没来得及向张禹请教，张禹就生病去世了。张禹教授尹更始，尹更始教授儿子尹咸以及翟方进、胡常。胡常教授黎阳人贾护字季君，在哀帝时贾护由待诏担任郎官，贾护教授苍梧人陈钦字子佚，陈钦教授王莽《左传》，后来陈钦官至将军。而刘歆跟随尹咸和翟方进学习。因此讲解《左传》的人都来自贾护、刘歆门下。

赞辞说：从武帝设立五经博士之后，广收弟子，设置考试科目，进行射策，劝勉士人入仕为官，直到元始年间为止，前后已有一百多年，传授经术学问的人日益增多，分支流派也日渐繁杂，一经的解说可多达数百万字，成为大师的儒生也多达数千人，这就是身为经学者得以享受爵禄之利的途径。起初，《尚书》只有欧阳学派，《礼记》有后氏学派，《易经》有杨氏学派，《春秋》有公羊学派而已。到了孝宣帝时，又出现了《大小夏侯尚书》《大小戴礼》《施氏易》《孟氏易》《梁丘易》《穀梁春秋》。到元帝时，又出现了《京氏易》。到平帝时，又出现了《左氏春秋》《毛诗》、逸氏《礼记》、古文《尚书》，将它们搜罗回来，各种书籍兼容并存，各种道理也包含其中了。

卷八十九

循吏传第五十九

汉兴之初，反秦之敝，与民休息，凡事简易，禁罔疏阔，而相国萧、曹以宽厚清静为天下帅，民作“画一”之歌。孝惠垂拱，高后女主，不出房闼，而天下晏然，民务稼穑，衣食滋殖。至于文、景，遂移风易俗。是时循吏如河南守吴公、蜀守文翁之属，皆谨身帅先，居以廉平，不至于严，而民从化。

孝武之世，外攘四夷，内改法度，民用彫敝，奸轨不禁。时少能以化治称者，唯江都相董仲舒、内史公孙弘、兒宽，居官可纪。三人皆儒者，通于世务，明习文法，以经术润饰吏事，天子器之。仲舒数谢病去，弘、宽至三公。

孝昭幼冲，霍光秉政，承奢侈师旅之后，海内虚耗，光因循守职，无所改作。至于始元、元凤之间，匈奴乡化，百姓益富，举贤良文学，问民所疾苦，于是罢酒榷而议盐铁矣。

及至孝宣，繇仄陋而登至尊，兴于闾阎，知民事之艰难。自霍光薨后始躬万机，厉精为治，五日一听事，自丞相已下各奉职而进。及拜刺史守相，辄亲见问，观其所繇，退而考察所行以质其言，有名实不相应，必知其所以然。常称曰：“庶民所以安其田里而亡叹息愁恨之心者，政平讼理也。与我共此者，其唯良二千石乎！”以为太守，吏民之本也，数变易则下不安，民知其将久，不可欺罔，乃服从其教化。故二千石有治理效，辄以玺书勉厉，增秩赐金，或爵至

汉朝建立之初，推翻秦朝的暴政，让百姓休养生息，凡事从简，禁令法律也十分宽松，而相国萧何、曹参以为人宽厚、清静治理成为天下表率，百姓因此编了一首“画一”歌来称颂他们。惠帝无为而治，吕后临朝称制，不出宫闱，而天下安定太平，百姓专心耕种，衣食丰足。到文帝、景帝时期，开始移风易俗。当时奉公守法的循吏譬如河南太守吴公、蜀郡太守文翁等人，都能整饬自身，为人表率，为官清廉公正，治下不会过于严苛，而百姓都遵从教化。

武帝时，对外抵抗四夷，对内修整法度，以致民用困顿凋零，奸邪之徒屡禁不止。当时少有以教化治理百姓而闻名的人，只有江都相董仲舒、内史公孙弘、兒宽，他们为官的事迹值得记述。三人都是儒生，他们通晓治世之道，熟知法令条文，以经术帮助自己处理政事，武帝十分器重他们。董仲舒多次因病辞官，而公孙弘、兒宽官至三公。

昭帝幼年继位，霍光执掌朝政，当时国家正值长年征战结束，海内虚耗之时，霍光沿袭旧例恪守职责，没有更改政令。到了始元、元凤年间，匈奴亲附臣服，百姓日渐富足，朝廷便下令举荐贤良文学，询问百姓的疾苦，于是废除了酒税而论议盐铁之利。

到了宣帝时，因为他身经微贱而后继承大统，起于民间，所以深知百姓的艰难。宣帝从霍光去世后开始亲理政事，励精图治，每五天上朝一次，从丞相以下各级官员奉公职守。拜授刺史、郡守、诸侯国相时，宣帝都会亲自接见询问，了解他们的才能，考察他们的行为并且对比他们的言论，有名不符实的官员，必定会了解其中原因。宣帝常说道：“百姓之所以能够安心耕种劳作而没叹息怨恨之心，是因为政治清明，断案公正没有冤案。而与我共同实现这些的人，只有郡守、诸侯国相这些贤良的二千石官吏！”宣帝认为郡守，是治理官吏百

关内侯，公卿缺则选诸所表以次用之。是故汉世良吏，于是为盛，称中兴焉。若赵广汉、韩延寿、尹翁归、严延年、张敞之属，皆称其位，然任刑罚，或抵罪诛。王成、黄霸、朱邑、龚遂、郑弘、召信臣等，所居民富，所去见思，生有荣号，死见奉祀，此廪廪庶几德让君子之遗风矣。

文翁，庐江舒人也。少好学，通《春秋》，以郡县吏察举。景帝末，为蜀郡守，仁爱好教化。见蜀地辟陋有蛮夷风，文翁欲诱进之，乃选郡县小吏开敏有材者张叔等十余人亲自饬厉，遣诣京师，受业博士，或学律令。减省少府用度，买刀布蜀物，赍计吏以遗博士。数岁，蜀生皆成就还归，文翁以为右职，用次察举，官有至郡守刺史者。

又修起学官于成都市中，招下县子弟以为学官弟子，为除更繇，高者以补郡县吏，次为孝弟力田。常选学官僮子，使在便坐受事。每出行县，益从学官诸生明经饬行者与俱，使传教令，出入闺阁。县邑吏民见而荣之，数年，争欲为学官弟子，富人至出钱以求之。繇是大化，蜀地学于京师者比齐鲁焉。至武帝时，乃令天下郡国皆立学校官，自文翁为之始云。

姓的根本，倘若频繁调换则会使得地方不安宁，百姓知道一位郡守可以长期就任，不可随意欺瞒时，便也会服从教化。所以二千石官吏若是治理颇有成效，宣帝总会亲自为其颁布玺书以示勉励，增加他们的俸禄并赏赐重金，或是赐关内侯爵位，公卿的职位有空缺时则会从受到表彰的官员中选任。因此汉朝世代的贤良官吏，在宣帝时层出不穷，最为兴盛，堪称中兴。譬如赵广汉、韩延寿、尹翁归、严延年、张敞这些官员，都能做到尽职尽责，但有的人却滥用刑罚，甚至遭到诛杀。而王成、黄霸、朱邑、龚遂、郑弘、召信臣等人，为官时治下的百姓富足，离任之后百姓思念，他们生前享受荣誉，死后得到供奉祭祀，这样的风采正是仁德谦让的君子遗风。

文翁，庐江郡舒县人。年少时好学，通晓《春秋》，身为郡县官吏时得到察举。景帝末年，文翁担任蜀郡太守，宽仁爱民，喜好推行教化。文翁见到蜀郡地处偏僻，有蛮夷之风，便想引导百姓使得民风改进，文翁便从郡县小吏之中挑选通达敏睿又有才的官吏，如张叔等十多人，亲自诫诲勉励他们，又让他们前往京师，有的跟随博士学习经学，有的跟随文吏学习律令。文翁还减少郡中少府的用度，购买金刀蜀布这类的蜀郡特产，交由负责计簿的官员前往京师呈报时带上，赠送给教导官吏的博士。几年后，这些官员都学成归来，文翁让他们担任郡中要职，再逐渐通过察举来推荐他们，有的人因此官至郡守或刺史。

文翁又在成都的市中兴建学校，招揽成都以下各县的子弟成为学生，并且免除他们的徭役，成绩优异的学生补任郡县官吏，次一等的担任孝弟力田等乡官。文翁经常挑选学校中的年轻学生，让他们在郡府的偏房中帮忙处理政务。每当文翁外出巡行各县时，总会让学校挑选通晓经书、品行端庄的学生跟随自己一同巡行，让他们宣扬教令，甚至一同出入于郡府内室。县邑的官吏百姓看到这样的情形非常羡慕他们，数年之间，百姓争相前往学校学习，甚至富人出钱求学。从此之后蜀郡的教化盛行，前往京师求学的人可以同齐鲁之地相比。到武帝时，朝廷诏令天下的郡国全都设立学校，就是从文翁开始的。

文翁终于蜀，吏民为立祠堂，岁时祭祀不绝。至今巴蜀好文雅，文翁之化也。

王成，不知何郡人也。为胶东相，治甚有声。宣帝最先褒之，地节三年下诏曰："盖闻有功不赏，有罪不诛，虽唐虞不能以化天下。今胶东相成，劳来不怠，流民自占八万余口，治有异等之效。其赐成爵关内侯，秩中二千石。"未及征用，会病卒官。后诏使丞相御史问郡国上计长吏守丞以政令得失，或对言前胶东相成伪自增加，以蒙显赏，是后俗吏多为虚名云。

黄霸字次公，淮阳阳夏人也，以豪桀役使徙云陵。霸少学律令，喜为吏，武帝末以待诏入钱赏官，补侍郎谒者，坐同产有罪劾免。后复入谷沈黎郡，补左冯翊二百石卒史。冯翊以霸入财为官，不署右职，使领郡钱谷计。簿书正，以廉称，察补河东均输长，复察廉为河南太守丞。霸为人明察内敏，又习文法，然温良有让，足知，善御众。为丞，处议当于法，合人心，太守甚任之，吏民爱敬焉。

自武帝末，用法深。昭帝立，幼，大将军霍光秉政，大臣争权，上官桀等与燕王谋作乱，光既诛之，遂遵武帝法度，以刑罚痛绳群下，繇是俗吏上严酷以为能，而霸独用宽和为名。

会宣帝即位，在民间时知百姓苦吏急也，闻霸持法平，召以为廷尉正，数决疑狱，庭中称平。守丞相长史，坐公卿大议廷中知长信少府夏侯胜非议诏书大不敬，霸阿从不举劾，皆下廷尉，系狱当死。霸因从胜受《尚书》狱中，再踰冬，积三岁乃出，语在《胜传》。

文翁在蜀郡去世，当地的官吏百姓为他修建祠堂，每逢时节祠堂祭祀不绝。至今巴蜀一带的百姓喜好文雅，都是文翁推行教化的缘故。

王成，不知是哪郡人。曾担任胶东相，治理地方颇有声望。宣帝最先褒奖他，地节三年（前67）下诏说："听闻有功不赏，有罪不诛，就算是唐尧、虞舜也无法教化天下。如今胶东相王成，劝勉招抚百姓没有懈怠，返回家乡耕种的流民有八万余人，治理地方成效卓越。赐王成关内侯爵位，俸禄为中二千石。"但王成来不及得到征用，就病逝了。后来宣帝又下诏让丞相、御史查问郡国呈奏计簿的官员、长吏、守丞在政令方面的得失，有人奏言说前胶东相王成虚报夸大自己的政绩，以骗取朝廷的厚赏，所以后世有很多庸俗的官吏贪图虚名。

黄霸字次公，淮阳郡阳夏县人，因为家族是豪绅而迁居云陵。黄霸年少学习律令，喜欢为吏，武帝末年时黄霸以待诏的身份捐钱而出仕为官，补任侍郎谒者，但因兄弟犯罪而遭到弹劾罢免。后来黄霸又向沈黎郡捐粮，得以补任左冯翊属下官俸二百石的卒吏。左冯翊因为黄霸是捐钱才得以为官，因此轻视黄霸不让他担任要职，让黄霸掌管郡中钱财、粮食的出入。黄霸记录的账簿没有虚假错漏，以廉洁著称，后经过察举补任河东郡均输长，后再次通过举廉担任河南郡太守丞。黄霸为人明察秋毫，心思敏捷，又熟知法令条文，性情温良谦让，足智多谋，善于统率御下。担任太守丞时，处事决断合乎法度，顺应人心，太守十分信任黄霸，官吏百姓也十分敬爱他。

从武帝末年开始，法律愈加严苛。昭帝继位后，因为年幼，大将军霍光执政，大臣争权，上官桀等人与燕王密谋造反，霍光将他们诛杀之后，依旧遵循武帝时的法度，以严刑峻法治理朝臣百姓，因此俗吏崇尚严酷的刑罚并且视作才能，唯独黄霸以施政宽和而闻名。

恰逢宣帝继位，因为他在民间时便深知百姓对于官吏使用刑法过于严苛而忧愁不已，又听闻黄霸执法公平，便征召黄霸担任廷尉正，黄霸多次审断疑难案件，廷尉的官员都称赞他审案公平。黄霸又代任丞相长史，一次公卿们在朝廷中论议，黄霸明知长信宫少府夏侯胜非议诏书而犯下大不敬罪，却曲从隐瞒没有弹劾，他因此获

胜出，复为谏大夫，令左冯翊宋畸举霸贤良。胜又口荐霸于上，上擢霸为扬州刺史。三岁，宣帝下诏曰："制诏御史：其以贤良高第扬州刺史霸为颍川太守，秩比二千石，居官赐车盖，特高一丈，别驾主簿车，缇油屏泥于轼前，以章有德。"

时上垂意于治，数下恩泽诏书，吏不奉宣。太守霸为选择良吏，分部宣布诏令，令民咸知上意。使邮亭乡官皆畜鸡豚，以赡鳏寡贫穷者。然后为条教，置父老师帅伍长，班行之于民间，劝以为善防奸之意，及务耕桑，节用殖财，种树畜养，去食谷马。米盐靡密，初若烦碎，然霸精力能推行之。吏民见者，语次寻绎，问它阴伏，以相参考。尝欲有所司察，择长年廉吏遣行，属令周密。吏出，不敢舍邮亭，食于道旁，乌攫其肉。民有欲诣府口言事者适见之，霸与语道此。后日吏还谒霸，霸见迎劳之，曰："甚苦！食于道旁乃为乌所盗肉。"吏大惊，以霸具知其起居，所问豪氂不敢有所隐。鳏寡孤独有死无以葬者，乡部书言，霸具为区处，某所大木可以为棺，某亭猪子可以祭，吏往皆如言。其识事聪明如此，吏民不知所出，咸称神明。奸人去入它郡，盗贼日少。

霸力行教化而后诛罚，务在成就全安长吏。许丞老，病聋，督

罪与夏侯胜一起关押在廷尉的监狱，将要判处死罪。黄霸因而在狱中跟随夏侯胜学习《尚书》，度过两个冬天，被关了三年才出狱，详见《夏侯胜传》。夏侯胜出狱后，再次担任谏大夫，让左冯翊宋畸举荐黄霸为贤良。夏侯胜又亲口向宣帝举荐黄霸，宣帝便将黄霸提拔为扬州刺史。三年之后，宣帝下诏说："制诏御史：诏令贤良政绩卓越的扬州刺史黄霸担任颍川太守，俸禄为比二千石，就任时赏赐车盖，特许一丈高，下属别驾和主簿乘坐的车子，车栏前可挂上挡泥的红色油布，以彰显有德。"

当时宣帝正专心于治国理政，多次颁布施予恩泽的诏书，但有的官吏却不让百姓知道。太守黄霸为此挑选了一些贤良的属吏，到各处去宣扬皇帝的诏令，使得百姓都能知道宣帝的旨意。黄霸还让驿馆以及乡中的官吏全都饲养鸡和猪，以此帮助那些鳏寡贫穷的百姓。然后黄霸又制订了法规教令，让乡中父老、师帅和伍长，将这些法令向民间推行，劝说百姓严防奸盗，安心耕种养蚕，节约用度，存积资财，种植树木，饲养牲畜，减省粮食喂养马匹。如同米盐一样细密的政事，起初处理起来十分烦碎，但黄霸却竭尽全力推行政令教化。凡是遇见的官吏百姓，黄霸总会详细查问，询问政令不足的地方，以供自己参考。黄霸曾经想监察某件事，便选择一位年长的廉吏前往调察，并且叮嘱不可外泄。廉吏出发后，不敢在驿馆中歇息，吃东西都在路边，还有乌鸦飞来抢走了廉吏的肉。有百姓要前往郡府陈报事情时恰好看到这一情况，便将此事告诉了黄霸。之后这名廉吏回来拜见黄霸，黄霸迎接并慰劳他，说："你太辛苦了！在路边吃饭还被乌鸦抢走了肉。"廉吏大惊，以为黄霸已经了解清楚他外出的起居情况，所以对黄霸的询问不敢有丝毫的隐瞒。郡中有鳏寡孤独的百姓去世之后没钱安葬的，乡间官吏将情况上书陈奏，黄霸便为他们分别妥善处理，告诉官吏在某处有棵大树可以制成棺材，某处的驿馆有猪可以用作祭祀，官吏前去查看果然如黄霸所言。黄霸了解情况就是如此的清晰细微，官吏百姓不知道原因，都称黄霸是神明。因此奸邪之徒都去往其他的郡县，郡中的盗贼也日渐减少。

黄霸力行教化，若是有不听从的，再施加刑罚，力求成就保全

邮白欲逐之，霸曰："许丞廉吏，虽老，尚能拜起送迎，正颇重听，何伤？且善助之，毋失贤者意。"或问其故，霸曰："数易长吏，送故迎新之费及奸吏缘绝簿书盗财物，公私费耗甚多，皆当出于民，所易新吏又未必贤，或不如其故，徒相益为乱。凡治道，去其泰甚者耳。"

霸以外宽内明得吏民心，户口岁增，治为天下第一。征守京兆尹，秩二千石。坐发民治驰道不先闻，又发骑士诣北军马不适士，劾乏军兴，连贬秩。有诏归颍川太守官，以八百石居治如其前。前后八年，郡中愈治。是时凤皇神爵数集郡国，颍川尤多。天子以霸治行终长者，下诏称扬曰："颍川太守霸，宣布诏令，百姓乡化，孝子弟弟贞妇顺孙日以众多，田者让畔，道不拾遗，养视鳏寡，赡助贫穷，狱或八年亡重罪囚，吏民乡于教化，兴于行谊，可谓贤人君子矣。《书》不云乎？'股肱良哉！'其赐爵关内侯，黄金百斤，秩中二千石。"而颍川孝弟、有行义民、三老、力田，皆以差赐爵及帛。后数月，征霸为太子太傅，迁御史大夫。

五凤三年，代丙吉为丞相，封建成侯，食邑六百户。霸材长于治民，及为丞相，总纲纪号令，风采不及丙、魏、于定国，功名损于治郡。时京兆尹张敞舍鹖雀飞集丞相府，霸以为神雀，议欲以闻。敞奏霸曰："窃见丞相请与中二千石博士杂问郡国上计长吏守丞，为民兴利除害成大化条其对，有耕者让畔，男女异路，道不拾遗，

属下官吏，不会轻易改换。许县县丞年老，耳朵也聋了，督邮向黄霸谏言想将他辞退，黄霸说："许县县丞是位廉洁的官吏，虽然年老，但还能应付拜起送迎，虽然耳聋，那又有什么关系呢？还是要以礼相待，不要让贤德的人失望。"有人向他询问这样做的缘由，黄霸说："经常更换长吏，送旧迎新的花费，以及一些奸吏乘机销毁藏匿账册文书、盗窃财物，公私所耗巨大，这些费用都是取自于民，而换上来的新任官吏又未必贤德，或许还不如前任官吏，白白增加混乱。大凡治理百姓的道理，是要将那些品行过于鄙陋的官员罢退。"

黄霸行事外宽内明，属吏和百姓全都信服他，黄霸治理的州郡户口逐年增长，政绩为天下第一。宣帝征召黄霸代任京兆尹，俸禄为二千石。后来黄霸因调遣百姓修整驰道而没有事先上报朝廷，还有调派骑士前往北方时有军马不相配的情况而获罪，因此遭到弹劾说他影响了军队行动，黄霸接连被贬官降职。后来宣帝下诏让黄霸回到颍川郡担任太守，俸禄还跟从前一样是八百石。前后八年，郡中的治理愈发安定。当时凤凰神雀多次聚集各个郡国，而颍川郡特别多。宣帝认为这是黄霸长期治理并且政绩卓越的缘故，便下诏称赞他说："颍川太守黄霸，宣扬诏令，百姓依从教化，忠孝之子、有悌之弟、贞洁之妇以及乖顺之孙都日渐增多，百姓让田，道不拾遗，奉养鳏寡老人，救济贫苦穷人，在任八年狱中没有重罪的犯人，官吏百姓服从教化，道德兴盛，可谓是贤人君子。《尚书》中不是说吗？'股肱大臣品行贤良！'下令赐黄霸关内侯爵位，黄金百斤，俸禄为中二千石。"而颍川郡中孝弟、仁义的百姓、乡中三老、力田等，全都依照等级赐予爵号和布帛。数月之后，宣帝征召黄霸担任太子太傅，后又调任御史大夫。

五凤三年（前55），黄霸代替丙吉担任丞相，受封建成侯，食邑六百户。黄霸擅长治理百姓，等到他担任了丞相，需要总领国家纲纪和号令，这方面的才能黄霸就不如丙吉、魏相、于定国，黄霸的政绩功名也不及治理州郡时那样优秀卓越。当时京兆尹张敞家中的鹖雀飞到了丞相府，黄霸以为是神雀，便商议想上书向宣帝禀奏。张敞举奏黄霸说："臣见到丞相和中二千石的官员、博士一起查问各个郡国

及举孝子贞妇者为一辈，先上殿，举而不知其人数者次之，不为条教者在后叩头谢。丞相虽口不言，而心欲其为之也。长吏守丞对时，臣敞舍有鹖雀飞止丞相府屋上，丞相以下见者数百人。边吏多知鹖雀者，问之，皆阳不知。丞相图议上奏曰：'臣问上计长吏守丞以兴化条，皇天报下神雀。'后知从臣敞舍来，乃止。郡国吏窃笑丞相仁厚有知略，微信奇怪也。昔汲黯为淮阳守，辞去之官，谓大行李息曰：'御史大夫张汤怀诈阿意，以倾朝廷，公不早白，与俱受戮矣。'息畏汤，终不敢言。后汤诛败，上闻黯与息语，乃抵息罪而秩黯诸侯相，取其思竭忠也。臣敞非敢毁丞相也。诚恐群臣莫白，而长吏守丞畏丞相指，归舍法令，各为私教，务相增加，浇淳散朴，并行伪貌，有名亡实，倾摇解怠，甚者为妖。假令京师先行让畔异路，道不拾遗，其实亡益廉贪贞淫之行，而以伪先天下，固未可也；即诸侯先行之，伪声轶于京师，非细事也。汉家承敝通变，造起律令，所以劝善禁奸，条贯详备，不可复加。宜令贵臣明饬长吏守丞，归告二千石，举三老孝弟力田孝廉廉吏务得其人，郡事皆以义法令捡式，毋得擅为条教；敢挟诈伪以奸名誉者，必先受戮，以正明好恶。"天子嘉纳敞言，召上计吏，使侍中临饬如敞指意。霸甚惭。

前来京师奏报计簿的长吏、守丞，让他们逐一陈奏为民兴利除害、推行教化的情况，凡是陈奏州郡中有百姓让田，男女异路，道不拾遗，以及能举出孝子、贞妇人数的列为一等，让他们先进入府中，有能举出但不知道州郡孝子、贞妇人数的列为次一等，没有制定法令、推行教化的列为最后一等，这类官吏要叩头谢罪。丞相嘴上虽然没这样说，但实际内心希望他们这样做。长吏、守丞在陈奏对答时，恰好臣家中的鹖雀飞到了丞相府的屋宅上，丞相以下有数百名官吏看到鹖雀。边郡的官吏大多认识鹖雀，丞相询问他们，他们都佯装不知。丞相便想上奏陛下说：'臣在查问前来京城奏报计簿的郡国长吏、守丞关于推行政教的情况时，上天降下了神雀。'事后丞相得知鹖雀是从臣的家中飞去的，这才没有上奏。郡国官吏都在嘲笑丞相虽仁厚有智谋，但对于不懂的东西又自以为是大惊小怪。过去汲黯担任淮阳太守，向同僚们辞行离京赴任时，汲黯对大行令李息说：'御史大夫张汤心怀狡诈，阿谀谄媚，妄图倾覆朝廷，你若不及早检举弹劾，恐怕此后你也会与他一同遭受杀身之祸。'但李息畏惧张汤，始终不敢揭发他。后来张汤被诛，当时武帝听闻汲黯对李息所说的话，就将李息判罪而让汲黯担任诸侯相，以表彰汲黯的赤胆忠心。臣不敢毁谤丞相。但也着实担心群臣对此事无人上报，而州郡长吏、守丞又畏惧丞相的旨意，致使法令废弛，暗存私心，相互效仿成风，使得淳朴散失，虚伪横行，有名无实，懈怠政事，迷乱百姓。假如让京城之中先推行百姓让田，男女异路，道不拾遗，但实际却是无益于廉贪贞淫的行为，反而为天下树立了诈伪的先例，这样的做法坚决不可行；即使是诸侯国事先推行，倘若诈伪之风胜过京城，同样也并非小事。汉朝承接了秦朝的弊政，随着时事变通，制定法令，以此劝善民禁奸，法令周详完备，不可增改。陛下应当让大臣清楚地告知长吏、守丞，让他们回去禀告州郡的二千石官员，举荐三老、孝弟、力田、孝廉、廉吏，务必要找到合适的人，一定要名实相副，郡中政事应当以道义、法令为准则，不可擅自制定法令；若是有人敢通过诈伪的行径博取名誉的，一定要先行正法，就地严惩，以表明朝廷的好恶。"宣帝采纳了张敞的谏言，便召集了在京城奏报计簿的长吏、守丞，让侍中亲自

又乐陵侯史高以外属旧恩侍中贵重，霸荐高可太尉。天子使尚书召问霸："太尉官罢久矣，丞相兼之，所以偃武兴文也。如国家不虞，边境有事，左右之臣皆将率也。夫宣明教化，通达幽隐，使狱无冤刑，邑无盗贼，君之职也。将相之官，朕之任焉。侍中乐陵侯高帷幄近臣，朕之所自亲，君何越职而举之？"尚书令受丞相对，霸免冠谢罪，数日乃决。自是后不敢复有所请。然自汉兴，言治民吏，以霸为首。

为丞相五岁，甘露三年薨，谥曰定侯。霸死后，乐陵侯高竟为大司马。霸子思侯赏嗣，为关都尉。薨，子忠侯辅嗣，至卫尉九卿。薨，子忠嗣侯，讫王莽乃绝。子孙为吏二千石者五六人。

始霸少为阳夏游徼，与善相人者共载出，见一妇人，相者言"此妇人当富贵，不然，相书不可用也。"霸推问之，乃其乡里巫家女也。霸即取为妻，与之终身。为丞相后徙杜陵。

朱邑字仲卿，庐江舒人也。少时为舒桐乡啬夫，廉平不苛，以爱利为行，未尝笞辱人，存问耆老孤寡，遇之有恩，所部吏民爱敬焉。迁补太守卒史，举贤良为大司农丞，迁北海太守，以治行第一入为大司农。为人惇厚，笃于故旧，然性公正，不可交以私。天子器之，朝廷敬焉。

是时张敞为胶东相，与邑书曰："明主游心太古，广延茂士，此诚忠臣竭思之时也。直敞远守剧郡，驭于绳墨，匈臆约结，固亡奇

告知他们张敞的谏言。黄霸因此感到十分惭愧。

还有一次乐陵侯史高因是外戚并且对宣帝有旧恩，而担任侍中，地位尊贵，黄霸举荐史高可以胜任太尉。宣帝便让尚书召来黄霸质问说：“太尉一职很久之前就已经废除，由丞相兼任，这是为了偃武修文。假如国家出现意外，边境动乱，左右大臣都可以担任将帅领兵平乱。从而宣明教化，明察隐情，使得狱中没有冤案，邑中没有盗贼，这是你身为丞相的职责。将相的官职，由朕来任命。侍中乐陵侯史高是朕的左右近臣，朕深知他的才干，你何必要越职举荐呢？”尚书让丞相对答，黄霸免官谢罪，数日后才免去他的罪名。自此黄霸再也不敢向宣帝劾奏举荐其他官员。但自从汉朝建立之后，提及治理百姓的官吏，依旧是以黄霸为首。

黄霸担任丞相前后五年，甘露三年（前51）去世，谥号定侯。黄霸死后，乐陵侯史高担任大司马。黄霸的儿子思侯黄赏承袭爵位，担任关都尉。黄赏去世后，黄赏的儿子忠侯黄辅承袭爵位，官至卫尉九卿。黄辅去世后，黄辅的儿子黄忠承袭爵位，直到王莽时才断绝。黄家的子孙中担任二千石官吏的有五、六人。

当初黄霸担任阳夏县游徼，与一位擅长看相的人同车出游，在路边遇见了一位妇人，看相的人说“这位妇人以后将会富贵，不然的话，相书也没有什么用了。”黄霸前去打探这位女子，了解到她是乡间一位巫师之女。黄霸便娶了这位女子为妻，并与她相伴终身。后来黄霸担任丞相后便迁居杜陵。

朱邑字仲卿，庐江郡舒县人。年少时曾担任舒县桐乡负责听讼税收的啬夫官，为人清廉公正，为官不施苛政，生性仁爱为民谋利，从未鞭打欺辱过百姓，慰问关心老人孤寡，朱邑对百姓多施恩惠，他治下的官吏百姓都十分敬爱他。后来朱邑调任太守卒史，经过举荐贤良担任大司农丞，又迁任北海太守，因政绩第一而升任大司农。朱邑为人淳厚，珍惜故旧之情，秉性公正，不徇私情。宣帝十分器重朱邑，朝中大臣也非常敬重他。

当时张敞担任胶东国相，给朱邑写信说：“明主心向远古之风，广招贤善之士，这着实是忠臣竭尽全力、奉公职守的时候。但我此时

也。虽有，亦安所施？足下以清明之德，掌周稷之业，犹饥者甘糟糠，穰岁余粱肉。何则？有亡之势异也。昔陈平虽贤，须魏倩而后进；韩信虽奇，赖萧公而后信。故事各达其时之英俊，若必伊尹、吕望而后荐之，则此人不因足下而进矣。”邑感敞言，贡荐贤士大夫，多得其助者。身为列卿，居处俭节，禄赐以共九族乡党，家亡余财。

神爵元年卒。天子闵惜，下诏称扬曰：“大司农邑，廉洁守节，退食自公，亡强外之交，束脩之馈，可谓淑人君子。遭离凶灾，朕甚闵之其赐邑子黄金百斤，以奉其祭祀。”

初邑病且死，属其子曰：“我故为桐乡吏，其民爱我，必葬桐乡。后世子孙奉尝我，不如桐乡民。”及死，其子葬之桐乡西郭外，民果共为邑起冢立祠，岁时祠祭，至今不绝。

龚遂字少卿，山阳南平阳人也。以明经为官，至昌邑郎中令，事王贺。贺动作多不正，遂为人忠厚，刚毅有大节，内谏争于王，外责傅相，引经义，陈祸福，至于涕泣，蹇蹇亡已。面刺王过，王至掩耳起走，曰：“郎中令善愧人。”及国中皆畏惮焉。王尝久与驺奴宰人游戏饮食，赏赐亡度，遂入见王，涕泣膝行，左右侍御皆出涕。王曰：“郎中令何为哭？”遂曰：“臣痛社稷危也！愿赐清间竭愚。”王辟左右，遂曰：“大王知胶西王所以为无道亡乎？”王曰：“不知也。”曰：“臣闻胶西王有谀臣侯得，王所为儗于桀纣也，得以为尧舜也。王说其谄谀，尝与寝处，唯得所言，以至于是。今大王亲近群小，渐渍邪恶所习，存亡之机，不可不慎也。臣请选郎通经术有行义者与王起居，坐则诵《诗》《书》，立则习礼容，宜有益。”王许

却远守政务繁杂的州郡，受到法令的拘束，胸臆郁结，很难有更大的想法。就算是有，又能在哪施展呢？而您有清明之德，主掌农业，这就如同饥饿的人以糟糠为美味，丰年时剩下许多美食佳肴。为什么？是因为有无之势改变了。从前陈平虽然贤德，但也要有魏倩才得以位居高官；韩信虽是奇才，但也要仰赖萧何的举荐才能得到君主的信任。所以有英雄豪杰生逢其时，却要像伊尹、吕望那样功成名就而后再举荐，那么这样的人才就不会再通过您而得到任用了。”朱邑对张敞所言颇有感触，便向朝廷举荐贤士大夫，有很多人得到了朱邑的帮助。朱邑身为列卿，生活却十分节俭，所得俸禄和赏赐都分给亲人和家乡父老，自家没有余财。

神爵元年（前61）朱邑去世。宣帝十分惋惜，便下诏称扬朱邑的品行说：“大司农朱邑，廉洁守节，生活节俭，没有结交私党，没有收受别人的馈赠，可谓是淑人君子。如今身遭不幸，朕深感哀悯，赐朱邑之子黄金百斤，以便供奉祭祀之需。”

起初朱邑在病危时，嘱咐儿子说：“我原是桐乡的官吏，当地百姓敬爱我，死后一定要将我葬在桐乡。后世子孙祭祀我，不如桐乡的百姓祭祀我。”等到朱邑死后，他的儿子将他葬在桐乡的西城外，桐乡的百姓果真为朱邑起冢立祠，每年都会祭祀，至今没有断绝。

龚遂字少卿，山阳郡南平阳县人。通过明经为官，在昌邑国担任郎中令，侍奉昌邑王刘贺。刘贺行为多有不正，龚遂为人忠厚，刚毅有节操，对内劝谏昌邑王，对外指责太傅、国相，引用经义，陈述祸福，以至于痛哭流涕，忠心无人可比。龚遂当面指出昌邑王的过失，昌邑王不听，掩着耳朵起身而走，说：“郎中令太会羞辱人了。”昌邑国中无人不忌惮龚遂。昌邑王曾经有很长一段时间与车夫和厨师等人一同游戏饮食，赏赐无度，龚遂便进宫拜见昌邑王，失声痛哭，双膝跪地而行，左右侍从无不动容落泪。昌邑王问道：“郎中令为何哭泣？”龚遂回答说：“臣为危及社稷感到悲痛！希望大王留出空闲时间，让臣将自己的愚见讲完。”昌邑王避退左右，龚遂问道：“大王知道胶西王因行为无道而灭亡吗？”昌邑王说：“不知道。”龚遂说：“臣听闻胶西王有一位叫侯得的谄谀之臣，胶西王的所作所为如同

之。遂乃选郎中张安等十人侍王。居数日，王皆逐去安等。久之，宫中数有妖怪，王以问遂，遂以为有大忧，宫室将空，语在《昌邑王传》。会昭帝崩，亡子，昌邑王贺嗣立，官属皆征入。王相安乐迁长乐卫尉，遂见安乐，流涕谓曰："王立为天子，日益骄溢，谏之不复听，今哀痛未尽，日与近臣饮食作乐，斗虎豹，召皮轩，车九流，驱驰东西，所为悖道。古制宽，大臣有隐退，今去不得，阳狂恐知，身死为世戮，奈何？君，陛下故相，宜极谏争。"王即位二十七日，卒以淫乱废。昌邑群臣坐陷王于恶不道，皆诛，死者二百余人，唯遂与中尉王阳以数谏争得减死，髡为城旦。

宣帝即位，久之，渤海左右郡岁饥，盗贼并起，二千石不能禽制。上选能治者，丞相御史举遂可用，上以为渤海太守。时遂年七十余，召见，形貌短小，宣帝望见，不副所闻，心内轻焉，谓遂曰："渤海废乱，朕甚忧之。君欲何以息其盗贼，以称朕意？"遂对曰："海濒遐远，不沾圣化，其民困于饥寒而吏不恤，故使陛下赤子盗弄陛下之兵于潢池中耳。今欲使臣胜之邪，将安之也？"上闻遂对，甚说，答曰："选用贤良，固欲安之也。"遂曰："臣闻治乱民犹治乱绳，不可急也；唯缓之，然后可治。臣愿丞相御史且无拘臣以文法，

夏桀、商纣一般，倰得却说如同尧舜一般。胶西王喜欢倰得的奉承谄谀，和倰得一同起居，对于倰得的妖言邪说胶西王全都采纳，以至于身死国亡。如今大王亲近群小，逐渐沾染上恶习，这些行为关系到国家存亡，不可不慎啊。臣奏请挑选一些通晓经术、品德高尚的郎官和大王一同起居，坐则诵读《诗经》《尚书》，立则修习礼仪，这样做才会有益于大王。”昌邑王同意了龚遂的奏请。龚遂便从郎官中挑选了张安等十人来侍奉昌邑王。但是没过几天，昌邑王就将他们统统驱逐出去了。又过了一段时间，王宫中多次出现异象，昌邑王询问龚遂，龚遂认为会发生大灾难，宫室将要空荡无人，详见《昌邑王传》。当时恰逢昭帝驾崩，没有子嗣，昌邑王刘贺继位，他的属官也全部征召入京。昌邑王的国相安乐迁任长乐宫卫尉，龚遂去见安乐，哭着对安乐说：“现在大王继立为天子，日渐骄横放纵，不再听从别人的劝谏，如今先帝丧期未满，却日日与近臣饮酒作乐，或者斗虎豹，或者召集虎皮装饰的车马，车上插着九条飘带的大旗，四处驰骋，所作所为有悖道义。古时候的法制宽松，大臣可以隐退，如今大臣却不能离去，只能佯装疯癫，想辞官避祸，又怕被别人察觉，一朝身死，会为世人所耻笑，这样又该怎么办？您之前是陛下的国相，应当极力劝谏。”昌邑王继位二十七天，最终因荒淫昏乱而被废。昌邑国来的群臣因为纵容昌邑王陷他于邪恶不道而获罪，全部被处死，多达两百多人，只有龚遂和中尉王阳曾因多次劝谏昌邑王而免于死罪，最终他们被剃去头发，判处城旦刑。

宣帝继位后，过了一段时间，渤海附近的州郡发生饥荒，盗贼群起，二千石官员都无法制服。宣帝想选任一位能够治理这些地方的官员，丞相和御史大夫举荐龚遂认为他可以胜任，宣帝便让龚遂担任渤海太守。当时龚遂已七十多岁了，宣帝召见他，因为龚遂的形貌矮小，宣帝见到之后，与自己所闻不相符，内心就有些轻视龚遂，便对他说：“如今渤海法纪废弛，社会动乱，朕甚感忧虑。你有什么办法来平息州郡中的盗贼，让朕合意放心？”龚遂回答说：“渤海地处遥远，没有受过圣贤的教化，那里的百姓饥寒交迫而且当地的官吏又不加抚恤，所以才让陛下的子民不得已作乱生事罢了。如今陛下是想

得一切便宜从事。”上许焉，加赐黄金，赠遣乘传。至渤海界，郡闻新太守至，发兵以迎，遂皆遣还，移书敕属县悉罢逐捕盗贼吏。诸持鉏钩田器者皆为良民，吏毋得问，持兵者乃为贼。遂单车独行至府，郡中翕然，盗贼亦皆罢。渤海又多劫略相随，闻遂教令，即时解散，弃其兵弩而持钩鉏。盗贼于是悉平，民安土乐业。遂乃开仓廪假贫民，选用良吏，尉安牧养焉。

遂见齐俗奢侈，好末技，不田作，乃躬率以俭约，劝民务农桑，令口种一树榆、百本薤、五十本葱、一畦韭，家二母彘、五鸡。民有带持刀剑者，使卖剑买牛，卖刀买犊，曰：“何为带牛佩犊！”春夏不得不趋田亩，秋冬课收敛，益畜果实菱芡。劳来循行，郡中皆有畜积，吏民皆富实。狱讼止息。

数年，上遣使者征遂，议曹王生愿从。功曹以为王生素耆酒，亡节度，不可使。遂不忍逆，从至京师。王生日饮酒，不视太守。会遂引入宫，王生醉，从后呼，曰：“明府且止，愿有所白。”遂还问其故，王生曰：“天子即问君何以治渤海，君不可有所陈对，宜曰‘皆圣主之德，非小臣之力也’。”遂受其言。既至前，上果问以治状，遂对如王生言。天子说其有让，笑曰：“君安得长者之言而称之？”遂因前曰：“臣非知此，乃臣议曹教戒臣也。”上以遂年老不任公

让臣以武力来解决呢，还是想通过教化去安抚他们呢？”宣帝听了龚遂的回答，十分高兴，便对龚遂说：“选用贤良，原本是为了安抚百姓。”龚遂说：“臣听闻治理乱民就如同理顺乱绳一样，不可着急；只有不着急，缓慢施政，然后才能得到治理。臣希望丞相和御史大夫暂且不要依照法令来约束臣，允许臣便宜行事。”宣帝同意了龚遂的奏请，赏赐龚遂黄金，让他乘坐驿车前去赴任。龚遂来到渤海郡界，郡中的官吏听闻新任太守到了，就派兵前去迎接，龚遂让他们全都回去，并且发出公文告知所属各县停止追捕盗贼。公文中说凡是拿锄头镰刀等农具的都是良民，官吏不得追究，手持兵器的才算盗贼。龚遂独自一人乘车来到郡府，郡中上下一片安定祥和，盗贼也不再骚扰。渤海郡还有很多劫掠的事情发生，听闻了龚遂的教令，也随即解散，丢掉兵器改拿农具。渤海郡中的盗贼于是全部平息，百姓得以安居乐业。龚遂便开仓赈济贫民，选任贤良的官吏，安抚百姓，让他们休养生息。

龚遂见到渤海地区民风奢侈，喜好工商业，不喜欢农耕，他便亲身力行节俭，作为典范，劝勉百姓务农种桑，命令每人种植一株榆树、百棵薤菜、五十棵葱、一畦韭菜，每户饲养两头母猪、五只鸡。百姓中有带刀持剑的，就让他们卖剑买牛，卖刀买犊，说：“为什么要将牛佩带在身上！”春夏时龚遂命令百姓必须到田间耕作，秋冬时就帮助他们收割，还让百姓多多存储果实、菱角、芡实之类的粮食。经过龚遂的不断劝导巡视，郡中家家户户都有积蓄，官吏和百姓都渐渐富足。诉讼案件也慢慢没有了。

数年后，宣帝派使者前去召回龚遂，议曹王生请求跟随龚遂同去。功曹认为王生素来嗜酒成性，没有节制，不可以同去。但龚遂不忍拒绝，便让王生跟随前往京师。王生终日饮酒，从来不去拜见太守。恰逢龚遂受召入宫，王生已经喝醉了，在后面呼喊道：“明府请您等一下，我有些话要告诉您。”龚遂回头问他有什么话要说，王生说：“倘若天子要问您是如何治理渤海的，您不可详细陈述，应当回答说‘这些全靠圣主的德行，并非小臣的能力’。”龚遂听从的王生的建议。龚遂入宫拜见宣帝，宣帝果然询问他治理渤海的情状，龚遂便按

卿，拜为水衡都尉，议曹王生为水衡丞，以褒显遂云。水衡典上林禁苑，共张宫馆，为宗庙取牲，官职亲近，上甚重之。以官寿卒。

召信臣字翁卿，九江寿春人也。以明经甲科为郎，出补谷阳长。举高第，迁上蔡长。其治视民如子，所居见称述。超为零陵太守，病归。复征为谏大夫，迁南阳太守，其治如上蔡。

信臣为人勤力有方略，好为民兴利，务在富之。躬劝耕农，出入阡陌，止舍离乡亭，稀有安居时。行视郡中水泉，开通沟渎，起水门提阏凡数十处，以广溉灌，岁岁增加，多至三万顷。民得其利，畜积有余。信臣为民作均水约束，刻石立于田畔，以防分争。禁止嫁娶送终奢靡，务出于俭约。府县吏家子弟好游敖，不以田作为事，辄斥罢之，甚者案其不法，以视好恶。其化大行，郡中莫不耕稼力田，百姓归之，户口增倍，盗贼狱讼衰止。吏民亲爱信臣，号之曰召父。荆州刺史奏信臣为百姓兴利，郡以殷富，赐黄金四十斤。迁河南太守，治行常为第一，复数增秩赐金。

竟宁中，征为少府，列于九卿，奏请上林诸离远宫馆稀幸御者，勿复缮治共张，又奏省乐府黄门倡优诸戏，及宫馆兵弩什器减过泰半。太官园种冬生葱韭菜茹，覆以屋庑，昼夜爇蕴火，待温气

照王生的话回答。宣帝十分高兴称赞他谦逊有礼，宣帝笑着说："您回答的这些敬重尊长的话是从哪学来的？"龚遂因而上前说："臣并不知道这些话，是臣的议曹教戒臣的。"宣帝因龚遂已经年老，不能胜任公卿的重任，便让他担任水衡都尉，议曹王生担任水衡丞，以此嘉奖龚遂等人。水衡都尉掌管上林禁苑，负责供给宫馆的用度所需，为宗庙祭祀提供牲畜，是天子的近臣，宣帝十分器重龚遂。龚遂最终在任上寿终。

召信臣字翁卿，九江郡寿春县人。通过明经甲科担任郎官，后又出京补任谷阳县长。又因政绩卓越得到举荐，迁任上蔡县长。召信臣爱民如子，在任时深受百姓称颂。后来召信臣被越级提拔为零陵太守，因病辞官归家。病愈后召信臣再次得到征召担任谏大夫，后迁任南阳太守，治理的情况和上蔡县一样。

召信臣为人勤勉足智多谋，喜欢为民谋利，务求百姓生活富足。他亲自劝导百姓耕种，出入田地之间，在乡间野外休息，很少有闲暇的时候。召信臣巡视郡中的水泉，主持开凿沟渠，修建水门提闸共有数十处，扩大灌溉的面积，年年增加，最多时达到了三万顷。百姓从中得利，家家户户囤积有余。召信臣又规定了百姓用水的次序，并将这些规定刻在石碑上，立于田边，以防百姓出现纷争。召信臣还禁止婚丧嫁娶时奢侈靡费，力求节俭。府县官吏家的子弟有喜好游玩的，而这些官吏又不以耕作为职责的，召信臣就会将这些官吏斥退，甚至还要依法惩处，以示好恶。召信臣在任时教化大行，郡中无人不勤于农事，百姓归顺，郡中的户口成倍增加，盗贼争讼逐渐减少平息。官吏百姓都十分爱戴召信臣，将他称为召父。荆州刺史上奏赞扬召信臣为百姓谋利，治理的郡县殷实富足，朝廷赏赐召信臣黄金四十斤。后来召信臣迁任河南太守，政绩常常第一，朝廷又多次增加召信臣的俸禄并且赏赐黄金。

竟宁年间，召信臣受召担任少府，位列九卿，召信臣奏请元帝对上林苑中很少去的偏远宫馆，不要再加以修缮和供应器物，又奏请裁减乐府黄门中倡优的数量，以及将宫馆中的兵弩什器减少过半。而太官园中种植的冬生的葱韭蔬菜，需要搭建暖房，并且要日夜烧火，

乃生，信臣以为此皆不时之物，有伤于人，不宜以奉供养，及它非法食物，悉奏罢，省费岁数千万。信臣年老以官卒。

元始四年，诏书祀百辟卿士有益于民者，蜀郡以文翁，九江以召父应诏书。岁时郡二千石率官属行礼，奉祠信臣冢，而南阳亦为立祠。

有温气蔬菜才能生长，召信臣认为这些蔬菜都不是按节令生长的，食用它们则会有害于人，不应当再继续供给皇宫所需，还有其他不按节令生长的食物，召信臣奏请这种做法一概停止，这样每年节省的花费达数千万。后来召信臣年老在任上去世。

元始四年（4），平帝下诏为百姓做过益事的大臣卿士举行祭祀，蜀郡有文翁，九江有召信臣应诏。每年九江郡中二千石官吏都会率领属下前去行礼，供奉祭拜召信臣的坟冢，在南阳也为召信臣修建了祠堂。

卷九十

酷吏传第六十

孔子曰："导之以政，齐之以刑，民免而无耻；导之以德，齐之以礼，有耻且格。"老氏称："上德不德，是以有德；下德不失德，是以无德。法令滋章，盗贼多有。"信哉是言也！法令者，治之具，而非制治清浊之原也。昔天下之罔尝密矣，然奸轨愈起，其极也，上下相遁，至于不振。当是之时，吏治若救火扬沸，非武健严酷，恶能胜其任而媮快乎？言道德者，溺于职矣。故曰："听讼吾犹人也，必也使无讼乎！""下士闻道大笑之。"非虚言也。

汉兴，破觚而为圜，斫琱而为朴，号为罔漏吞舟之鱼。而吏治蒸蒸，不至于奸，黎民艾安。由是观之，在彼不在此。高后时，酷吏独有侯封，刻轹宗室，侵辱功臣。吕氏已败，遂夷侯封之家。孝景时，晁错以刻深颇用术辅其资，而七国之乱发怒于错，错卒被戮。其后有郅都、宁成之伦。

郅都，河东大阳人也。以郎事文帝。景帝时为中郎将，敢直谏，面折大臣于朝。尝从入上林，贾姬在厕，野彘入厕。上目都，都不行。上欲自持兵救贾姬，都伏上前曰："亡一姬复一姬进，天下所少宁姬等邪？陛下纵自轻，奈宗庙太后何？"上还，彘亦不伤贾姬。太后闻之，赐都金百斤，上亦赐金百斤，由此重都。

孔子说："用政令来治理，用刑罚来约束，百姓虽能免于犯罪，却没有廉耻之心；用道德来引导，用礼法来同化，百姓不但有廉耻之心，还有归服之心。"老子说："道德高尚的人不标榜自己有德，是真正有德；道德低下的人标榜自己没有失德，是真正无德。法令越繁苛，盗贼就越多。"这些话说得都对！法令，是治理国家的工具，但不是统治好坏的根源。过去在秦朝时天下法网严密，犯法作乱之人却越来越多，最严重的时候，造成了上下之间互相欺瞒，以致国家衰败，无法振兴。当此之时，吏治就像用沸水救火，若不使用强硬严酷的手段，如何能胜任其职而感到愉快呢？这种情况下，主张用道德引导的人，就是失职了。所以孔子说："审理诉讼案件我和别人差不多，不同的是我会让争讼之事不再发生！"老子说："愚蠢浅陋之人听到道后就大笑。"这都不是虚言。

汉朝兴起，破除秦朝的严刑峻法，让法律回归本质，法网宽松得可以漏掉吞舟之鱼。而吏治情况蒸蒸日上，没有犯法作乱之人，百姓安居乐业。由此看来，治国的关键并不在于严酷的刑罚。高后时，酷吏只有侯封，欺压宗室，凌辱功臣。吕氏失败后，朝廷就诛灭侯封全家。景帝时，晁错用苛刻的手段辅助自己的才能，而七国之乱也因晁错而兴起，最后晁错被杀。后面又有郅都、宁成等酷吏出现。

郅都，河东郡大阳县人。以郎官身份侍奉文帝。景帝时郅都任中郎将，敢于直言进谏，在朝廷上当面批评大臣的过错。郅都曾经随景帝去上林苑，贾姬上厕所时，野猪也跑了进去。景帝向郅都使眼色，让他去救贾姬，郅都站着不动。景帝想亲自拿兵器去救贾姬，郅都跪在景帝面前阻拦道："失去一个贾姬，可以再找一个，天下缺少的难道是贾姬这种人吗？陛下纵然不珍视自己，一旦有事，怎么向国家和太后交待呢？"景帝听了郅都的话，就退了回来，野猪也没有伤害贾

济南瞷氏宗人三百余家，豪猾，二千石莫能制，于是景帝拜都为济南守。至则诛瞷氏首恶，余皆股栗。居岁余，郡中不拾遗，旁十余郡守畏都如大府。

都为人，勇有气，公廉，不发私书，问遗无所受，请寄无所听。常称曰："已背亲而出，身固当奉职死节官下，终不顾妻子矣。"

都迁为中尉，丞相条侯至贵居也，而都揖丞相。是时，民朴，畏罪自重，而都独先严酷，致行法不避贵戚，列侯宗室见都侧目而视，号曰"苍鹰"。

临江王征诣中尉府对簿，临江王欲得刀笔为书谢上，而都禁吏弗与。魏其侯使人间予临江王。临江王既得，为书谢上，因自杀。窦太后闻之，怒，以危法中都，都免归家。景帝乃使使即拜都为雁门太守，便道之官，得以便宜从事。匈奴素闻郅都节，举边为引兵去，竟都死不近雁门。匈奴至为偶人象都，令骑驰射，莫能中，其见惮如此。匈奴患之。乃中都以汉法。景帝曰："都忠臣。"欲释之。窦太后曰："临江王独非忠臣乎？"于是斩都也。

宁成，南阳穰人也。以郎谒者事景帝。好气，为少吏，必陵其长吏；为人上，操下急如束湿。猾贼任威。稍迁至济南都尉，而郅都为守。始前数都尉步入府，因吏谒守如县令，其畏都如此。及成往，直凌都出其上。都素闻其声，善遇，与结欢。久之，都死，后长安左右

姬。太后听说了此事，赏赐郅都黄金一百斤，景帝也赏赐他黄金一百斤，从此器重郅都。

济南瞯氏宗族有三百多户，强横狡猾，不守法度，郡守对他们毫无办法，于是景帝任命郅都为济南郡守。郅都到任后，马上杀掉了瞯氏宗族的罪魁祸首，其余族人都非常害怕。郅都担任郡守一年多，郡中路不拾遗，附近的十多个郡守都对郅都感到畏惧，就像畏惧上级官府一样。

郅都为人，勇敢有气力，公正廉洁，不拆私人求情信件，不接受别人的馈赠，也不帮忙办事。他自己常说："我离开亲人，出来做官，就应当尽忠职守，守节而死，妻子儿女终究是顾不得了。"

郅都升任中尉，丞相周亚夫位高权重，为人傲慢，但郅都见到他只是作揖，并不拜。当时，民风淳朴，百姓都害怕冒犯达官贵人而谨言慎行，只有郅都率先实行严酷的法令，不避皇亲国戚，列侯宗室见到他都不敢正视，称呼他为"苍鹰"。

临江王刘荣被召往中尉府接受审问，他想得要刀具笔墨写信向景帝谢罪，但郅都禁止狱吏给他。魏其侯窦婴派人暗地送给他。刘荣得到后，就写信向景帝谢罪，然后自杀。窦太后听说这件事，勃然大怒，以玩弄法律中伤郅都，郅都被免除官职，回到家中。景帝于是派人任命他为雁门太守，不用到朝廷谢恩，直接上路赴任，遇事可以不用请示，自行处理。匈奴人一向听说郅都非常有气节，听说他来守卫边境，就领兵撤离，直到郅都去世，都不敢靠近雁门。匈奴人甚至雕刻了一个木偶人，酷似郅都，命令骑兵向它奔驰射箭，没有一人能射中，他们害怕郅都到了如此地步。匈奴人将他视为祸患。没想到窦太后用汉朝的法令中伤郅都。景帝说："郅都是忠臣。"想释放他。窦太后说："临江王难道就不是忠臣了吗？"于是处死了郅都。

宁成，南阳郡穰县人。起初以郎官和谒者的身份侍奉景帝。他喜欢盛气凌人，做下级小吏时，一定要欺凌他的上级长吏；做别人的上司时，使唤下属就像捆扎湿柴一样苛刻急切。奸诈狡猾，作威作福。后来他慢慢升至济南都尉，正好郅都任济南郡守。先前几任都尉都步行进入郡府，通过小吏通传拜谒郡守，就像县令一样，他们畏惧郅都到

宗室多犯法，上召成为中尉。其治效郅都，其廉弗如，然宗室豪桀人皆惴恐。

武帝即位，徙为内史。外戚多毁成之短，抵罪髡钳。是时九卿死即死，少被刑，而成刑极，自以为不复收，乃解脱，诈刻传出关归家。称曰："仕不至二千石，贾不至千万，安可比人乎！"乃贳贷陂田千余顷，假贫民，役使数千家。数年，会赦，致产数千万，为任侠，持吏长短，出从数十骑。其使民，威重于郡守。

周阳由，其父赵兼以淮南王舅侯周阳，故因氏焉。由以宗家任为郎，事文帝。景帝时，由为郡守。武帝即位，吏治尚修谨，然由居二千石中最为暴酷骄恣。所爱者，挠法活之；所憎者，曲法灭之。所居郡，必夷其豪。为守，视都尉如令；为都尉，陵太守，夺之治。汲黯为忮，司马安之文恶，俱在二千石列，同车未尝敢均茵冯。后由为河东都尉，与其守胜屠公争权，相告言，胜屠公当抵罪，议不受刑，自杀，而由弃市。

自宁成、周阳由之后，事益多，民巧法，大抵吏治类多成、由等矣。

赵禹，斄人也。以佐史补中都官，用廉为令史，事太尉周亚夫。

了如此地步。等到宁成前往郡府，直接闯了进去，气势凌驾在郅都之上。郅都一向听说宁成的名声，于是善待他，与他交好。过了很久，郅都死去，后来长安附近的宗室中有很多人触犯法令，景帝召来宁成担任中尉。宁成效法郅都来治理，却没有郅都廉洁，然而宗室豪杰人人都惊恐不安。

武帝即位后，调宁成为内史。外戚多向武帝诋毁宁成的缺点，宁成被判髡钳之刑，剃去头发，用铁圈束住脖子。当时九卿中如果犯罪该处死就处死，很少被判其他刑罚的，而宁成被处以重刑，自认为不会再被起用，就脱去了脖子上的铁圈，伪刻身份证明混出函谷关，逃回家中。他扬言道："做官到不了二千石，经商挣不了一千万，怎能同别人相比！"于是宁成借钱买了一千多顷陂田，再租借给贫民耕种，奴役的百姓有几千家。过了几年，遇到大赦，宁成已经累积数千万家产，喜欢打抱不平，抑强扶弱，手里握有官吏们的短处，随时要挟，出入有几十个人护卫跟随。他役使百姓，威风比郡守还大。

周阳由，他的父亲赵兼以淮南王舅舅的身份被封为周阳侯，所以改姓周阳。周阳由因外戚身份而被任命为郎官，侍奉文帝。景帝时，周阳由担任郡守。武帝即位，吏治崇尚遵循法度，谨慎行事，而周阳由在所有二千石官员中却最为暴虐傲慢。他对待自己喜爱的人，即使犯了死罪也要徇私枉法而放其生路；对待自己憎恶的人，即使没犯死罪也要歪曲法律而将其处死。他在哪个郡为官，一定要铲除那里的豪强。他任太守时，把都尉看作县令；任都尉时，又凌驾在太守之上，剥夺他的权力。汲黯为人刚愎自用，司马安则用文法伤害人，他们都是位列二千石的官员，但与周阳由同车时，也都自动躲避，去另外一边就坐。后来周阳由任河东都尉，与太守胜屠公争权，互相告发，胜屠公被判有罪，他坚持道义，不受刑罚，而后自杀，周阳由被判斩首示众。

自从宁成、周阳由之后，国事更为繁多，百姓玩弄法令，吏治也大多类似宁成和周阳由等人。

赵禹，斄县人。以佐史身份补为中都官，又因廉洁任令中，侍奉

亚夫为丞相，禹为丞相史，府中皆称其廉平。然亚夫弗任，曰：“极知禹无害，然文深，不可以居大府。”武帝时，禹以刀笔吏积劳，迁为御史。上以为能，至中大夫。与张汤论定律令，作见知，吏传相监司以法，尽自此始。

禹为人廉裾，为吏以来，舍无食客。公卿相造请，禹终不行报谢，务在绝知友宾客之请，孤立行一意而已。见法辄取，亦不覆案求官属阴罪。尝中废，已为廷尉。始条侯以禹贼深，及禹为少府九卿，酷急。至晚节，事益多。吏务为严峻，而禹治加缓，名为平。王温舒等后起，治峻禹。禹以老，徙为燕相。数岁，悖乱有罪，免归。后十余年，以寿卒于家。

义纵，河东人也。少年时常与张次公俱攻剽，为群盗。纵有姊，以医幸王太后。太后问：“有子兄弟为官者乎？”姊曰：“有弟无行，不可。”太后乃告上，上拜义姁弟纵为中郎，补上党郡中令。治敢往，少温籍，县无逋事，举第一。迁为长陵及长安令，直法行治，不避贵戚。以捕按太后外孙修成子中，上以为能，迁为河内都尉。至则族灭其豪穰氏之属，河内道不拾遗。而张次公亦为郎，以勇悍从军，敢深入，有功，封为岸头侯。

宁成家居，上欲以为郡守，御史大夫弘曰：“臣居山东为小吏时，宁成为济南都尉，其治如狼牧羊，成不可令治民。”上乃拜成为关都尉。岁余，关吏税肄郡国出入关者，号曰：“宁见乳虎，无直宁

太尉周亚夫。周亚夫任丞相，赵禹任丞相史，府中的人都称赞他清廉公平。但是周亚夫并不重用他，说：“我深知赵禹才能杰出，但是他持法苛刻，不可以担当大任。”武帝时，赵禹以刀笔吏身份累积功劳，升为御史。武帝认为他有才能，又升他为中大夫。他与张汤一起议定法令，制定“见知法”，让官吏互相监督，互相检举，都是从此开始的。

赵禹为人廉洁孤傲，为官以来，家里没有一个食客。公卿们登门晋见，请他去作客，赵禹始终不去，表示谢绝，并称要断绝一切朋友宾客的邀请，只想孤立独行而已。他总是以法为准，也不翻案，向属官求情隐瞒罪行。赵禹中途曾被罢免，后被任命为廷尉。当初条侯周亚夫认为赵禹执法苛刻，等他做了少府九卿，变得更加严酷。到了武帝晚年，国事更为繁多。官吏致力于施行严刑峻法，赵禹此时反而变得宽缓，得到轻平的名声。王温舒等人作为后起酷吏，吏治比赵禹还要严苛。赵禹因为年老，调任燕国国相。几年后，因犯有昏乱悖逆之罪，免官回乡。十多年后，他在家里寿终。

义纵，河东人。他年少时曾与张次公一起抢劫，结为强盗。义纵有一个姐姐，因为通晓医术得到王太后喜爱。王太后问她：“你有兄弟可以做官吗？”义纵姐姐答道：“有一个弟弟品行不好，不能做官。”王太后就把此事告诉了武帝，武帝就任命义姁的弟弟义纵为中郎，后又补任上党郡中令。义纵治理敢作敢为，少有宽容同情，县里没有积压的公事，朝廷考察政绩时，被推举为天下第一。后来他升任长陵及长安县令，能依法治理，不避贵戚。因为逮捕审问太后外孙修成的儿子修中，武帝认为他有能力，就升为河内都尉。他一到任，就铲除了当地的豪强穰氏一族，河内一带变得路不拾遗。而张次公也当了郎官，因勇猛强悍而从军，他敢于深入敌阵，立下战功，被封为岸头侯。

宁成在家闲居时，武帝想让他出任郡守，御史大夫公孙弘说：“我在山东做小吏时，宁成已是济南都尉，他的治理严苛得就像狼牧羊一样，所以宁成不可派去治理百姓。”武帝于是任命他为关都尉。一年多后，有官员查看郡国出入关卡之人的守关官吏，都说：“宁愿

成之怒。”其暴如此。义纵自河内迁为南阳太守，闻宁成家居南阳，及至关，宁成侧行送迎，然纵气盛，弗为礼。至郡，遂按宁氏，破碎其家。成坐有罪，及孔、暴之属皆奔亡，南阳吏民重足一迹。而平氏朱彊、杜衍杜周为纵爪牙之吏，任用，迁为廷尉史。

军数出定襄，定襄吏民乱败，于是徙纵为定襄太守。纵至，掩定襄狱中重罪二百余人，及宾客昆弟私入相视者亦二百余人。纵壹切捕鞠，曰“为死罪解脱”。是日皆报杀四百余人。郡中不寒而栗，猾民佐吏为治。

是时，赵禹、张汤为九卿矣，然其治尚宽，辅法而行，纵以鹰击毛挚为治。后会更五铢钱白金起，民为奸，京师尤甚，乃以纵为右内史，王温舒为中尉。温舒至恶，所为弗先言纵，纵必以气陵之，败坏其功。其治，所诛杀甚多，然取为小治，奸益不胜，直指始出矣。吏之治以斩杀缚束为务，阎奉以恶用矣。纵廉，其治效郅都。上幸鼎湖，病久，已而卒起幸甘泉，道不治。上怒曰：“纵以我为不行此道乎？”衔之。至冬，杨可方受告缗，纵以为此乱民，部吏捕其为可使者。天子闻，使杜式治，以为废格沮事，弃纵市。后一岁，张汤亦死。

王温舒，阳陵人也。少时椎埋为奸。已而试县亭长，数废。数为吏，以治狱至廷尉史。事张汤，迁为御史，督盗贼，杀伤甚多。稍

看母虎发火，也不愿见宁成发怒。”可见宁成的暴烈已经到了如此地步。义纵从河内升任南阳太守，听说宁成在南阳闲居，等他行至关前时，宁成已在路边迎接，然而义纵盛气凌人，不与宁成行礼。义多从一到南阳郡，他就查办宁氏，铲除了他的家族。宁成获罪，而孔氏、暴氏等豪强都逃亡离去，南阳官吏百姓都惧怕义纵，不敢违抗他的命令。而平氏县的朱彊、杜衍县的杜周作为义纵的得力属官，受到任用，升为廷尉史。

当时军队数次从定襄出兵，攻打匈奴，定襄百姓混乱，官吏腐败，于是朝廷又调义纵任定襄太守。义纵一到，就扣住定襄监狱中没有戴刑具的重罪犯人二百多人，以及私自进入监狱探望他们的宾客兄弟二百多人。义纵将他们全部逮捕审问，罪名是“为死罪解脱”。当天义纵就上报获准杀了这四百多人。从此郡中上下都不寒而栗，连刁滑之民也协助官吏来治理地方了。

当时，赵禹、张汤已身为九卿，然而他们的治理还比较宽松，都用法律辅助行事，只有义纵采用严酷的手段进行治理。后来遇上更换五铢钱以及起用白银，百姓中间欺诈盛行，京都尤其严重，朝廷便任命义纵为右内史，任命王温舒为中尉。王温舒非常凶恶，做事从不预先告诉义纵，而义纵一定会以气势相凌，败坏他做的事。他们治理百姓时，杀了很多人，然而只能达到小治，成效不大，奸盗之事反而越来越多，绣衣直指就开始出现了。吏治以斩杀捆绑为主要方法，所以阎奉因为残暴凶恶而被任用。义纵清廉，他治民的方法效仿郅都。武帝驾临鼎湖，病了很久，病好后突然起驾到甘泉去，但前往甘泉宫的路还没有修整好。武帝发怒道：“义纵难道认为我不走这条路吗？”武帝心中记下了此事。到了冬天，杨可正受命处理告缗一事，义纵认为这将扰乱百姓，便派属官逮捕了杨可派来的使者。武帝听说了此事，让杜式去审理，定为“废格罪”，认为他不执行武帝诏令，破坏告缗之事，义纵被斩首示众。过了一年，张汤也死去。

王温舒，阳陵人。年少时曾用锤杀人后加以掩埋，成为强盗。后来补为县亭长，多次被废。在几次被任命为官后，王温舒因善于审理案件升至廷尉史。他在张汤手下做事，升为御史，督捕盗贼，杀死

迁至广平都尉，择郡中豪敢往吏十余人为爪牙，皆把其阴重罪，而纵使督盗贼，快其意所欲得。此人虽有百罪，弗法；即有避回，夷之，亦灭宗。以故齐赵之郊盗不敢近广平，广平声为道不拾遗。上闻，迁为河内太守。

素居广平时，皆知河内豪奸之家。及往，以九月至，令郡具私马五十疋，为驿自河内至长安，部吏如居广平时方略，捕郡中豪猾，相连坐千余家。上书请，大者至族，小者乃死，家尽没入偿臧。奏行不过二日，得可，事论报，至流血十余里。河内皆怪其奏，以为神速。尽十二月，郡中无犬吠之盗。其颇不得，失之旁郡，追求，会春，温舒顿足叹曰："嗟乎，令冬月益展一月，足吾事矣！"其好杀行威不爱人如此。

上闻之，以为能，迁为中尉。其治复放河内，徒请召猜祸吏与从事，河内则杨皆、麻戊，关中扬赣、成信等。义纵为内史，惮之，未敢恣治。及纵死，张汤败后，徙为廷尉。而尹齐为中尉坐法抵罪，温舒复为中尉。为人少文，居它惛惛不辩，至于中尉则心开。素习关中俗，知豪恶吏，豪恶吏尽复为用。吏苛察淫恶少年，投缿购告言奸，置伯落长以收司奸。温舒多谄，善事有势者；即无势，视之如奴。有势家，虽有奸如山，弗犯；无势，虽贵戚，必侵辱。舞文巧请下户之猾，以动大豪。其治中尉如此。奸猾穷治，大氐尽靡烂狱中，行论无出者。其爪牙吏虎而冠。于是中尉部中中猾以下皆伏，有势者为游声誉，称治。数岁，其吏多以权贵富。

打伤很多人。后来他又逐渐升至广平都尉，选择郡中性格果敢的豪杰十多人做自己的得力手下，王温舒把他们身上的重罪都隐瞒下来，而放手让他们督捕盗贼，如果抓住要逮捕的人，王温舒就会感到满意。即使此人身有百罪，也不会惩治；如果有所回避，就会被处死，并诛灭宗族。因此齐赵郊外的盗贼不敢靠近广平，广平一带有了路不拾遗的名声。武帝听说了之后，就升任他为河内太守。

王温舒过去居住广平时，就已熟知河内郡中的豪强奸猾人家。等他到了那里，正好是九月，他便下令郡中准备私马五十匹，从河内到长安的路上设置驿站，又让属官采用原先在广平时的做法，逮捕郡中的豪强和奸民，互相连坐的有一千多家。然后他上奏朝廷，请求将犯有大罪的诛灭其族，犯有小罪的本人处死，并没收他们的全部家产。奏书送去不到两天，就获得了武帝的准许，于是王温舒依令行刑，以致血流十多里。河内百姓对这次上奏都感到奇怪，认为真是神速。到十二月底，郡中已经没有盗贼身影。抓不到的盗贼，全都逃到了附近的郡县，王温舒又派人去追捕，正好到了春天，不能行刑，王温舒顿足叹息道："可惜啊，如果让冬天再延长一月，将盗贼全部抓获，我的事就大功告成了！"可见他喜好杀伐、施展威势、不爱他人到了如此地步。

武帝听说了王温舒的事，认为他有才能，就升任他为中尉。他的治理仿效河内之法，并招请了奸猾生事的官吏一起做事，河内郡则有杨皆、麻戊，关中有扬赣、成信等人。义纵任内史，王温舒因为害怕他，便不敢肆意施行暴政。等到义纵死去，张汤失势以后，王温舒调任廷尉。而尹齐任中尉时因犯法判罪，王温舒又被任命为中尉。王温舒为人缺少文才，在任别的官职时，昏聩无能，又不处理公事，但当了中尉之后却心明眼亮。他一向熟悉关中风俗，了解当地强悍凶恶的官吏，当了中尉后，这些人都重新被任用。官吏严苛伺察凶恶少年，还设了接受投书的瓦器来征求告发犯罪的情况，在村落设置督长来收捕伺察奸民。王温舒喜欢阿谀奉承，善于巴结有权有势的人；而对无权无势的人，则看作奴隶一样。对有权有势的人家，即使奸邪之事如山，也不会去冒犯；对无权无势的人家，即使是皇亲国戚，也一

温舒击东越还，议有不中意，坐以法免。是时，上方欲作通天台而未有人，温舒请覆中尉脱卒，得数万人作。上说，拜为少府。徙右内史，治如其故，奸邪少禁。坐法失官，复为右辅，行中尉，如故操。

岁余，会宛军发，诏征豪吏。温舒匿其吏华成，及人有变告温舒受员骑钱，它奸利事，罪至族，自杀。其时两弟及两婚家亦各自坐它罪而族。光禄勋徐自为曰："悲夫！夫古有三族，而王温舒罪至同时而五族乎！"温舒死，家絫千金。

尹齐，东郡茌平人也。以刀笔吏稍迁至御史。事张汤，汤数称以为廉。武帝使督盗贼，斩伐不避贵势。迁关都尉，声甚于宁成。上以为能，拜为中尉。吏民益彫敝，轻齐木强少文，豪恶吏伏匿而善吏不能为治，以故事多废，抵罪。后复为淮阳都尉。王温舒败后数年，病死，家直不满五十金。所诛灭淮阳甚多，及死，仇家欲烧其尸，妻亡去，归葬。

杨仆，宜阳人也。以千夫为吏。河南守举为御史，使督盗贼关东，治放尹齐，以敢击行。稍迁至主爵都尉，上以为能。南越反，拜

定要加以凌辱。他玩弄法令奏请处理贫民中的奸猾之人，来逼迫那些富豪人家。他当中尉时就是如此行事。那些奸猾之人得到了彻底惩治，大都被打得皮开肉绽，死在狱中，被判有罪的，没有一个人能出来。王温舒的得力手下个个凶暴如虎。于是中尉管辖地区内中等以下的奸猾之人都伏法，有权有势之人为其游说叫好，称赞他治理有方。几年后，王温舒的属官多以权谋私而富贵。

王温舒攻打东越回来后，商议政事时不合武帝之意，因此获罪免官。当时，武帝正要兴建通天台但缺乏人手，王温舒奏请复核任中尉时管辖地区漏服兵役之人，获得数万人手，参与兴建。武帝很高兴，就任命他为少府。后又调任右内史，他的治理依然如故，奸猾邪恶之徒得以减少禁绝。又因获罪免官，后被任命为右辅，兼任中尉之职，治理手段一切如故。

一年多后，恰逢朝廷发兵征讨大宛，武帝下诏征召豪吏。王温舒把他的属官华成藏匿起来，且有人告发王温舒私下接受在额骑兵的赃款，以及其他非法谋利之事，论罪应该诛灭全族，王温舒因此畏罪自杀。当时，他的两个弟弟及弟妻全家也各自因其他罪行而被诛灭全族。光禄勋徐自为说："可悲啊！古时候有诛灭三族之事，而王温舒竟然罪至同时诛灭五族！"王温舒死后，家产有千金。

尹齐，东郡茌平县人。以刀笔吏身份逐渐升至御史。他在张汤手下做事，张汤多次称赞他清廉勇敢。（"帝"为后人所加，此句应为"汤数称以为廉武，使督盗贼"）派他督捕盗贼，他斩杀罪犯之时不避位高权势之人。后升任关都尉，声望超过了宁成。武帝认为他有才能，就任命他为中尉。然而官吏和百姓的生活却更加困苦，尹齐处事死板，缺少文才，强悍凶恶的官吏不肯任职，贤能的官吏又不能处理公事，尹齐也因职事大多荒废而被论罪。后来他又被重新任命为淮阳都尉。王温舒失势后几年，尹齐得病而死，留下的家产不足五十金。因为尹齐在淮阳杀了太多人，等他死后，仇人想要焚烧他的尸体来解恨，他的妻子偷偷把尸体运回来，才得以安葬。

杨仆，宜阳人。以千夫身份捐钱当上小吏。后来河南太守推举他做了御史，派他到关东督捕盗贼，他的治理方法仿效尹齐，敢作敢

为楼船将军，有功，封将梁侯。东越反，上欲复使将，为其伐前劳，以书敕责之曰："将军之功，独有先破石门、寻陿，非有斩将搴旗之实也，乌足以骄人哉！前破番禺，捕降者以为虏，掘死人以为获，是一过也。建德、吕嘉逆罪不容于天下，将军拥精兵不穷追，超然以东越为援，是二过也。士卒暴露连岁，为朝会不置酒，将军不念其勤劳，而造佞巧，请乘传行塞，因用归家，怀银黄，垂三组，夸乡里，是三过也。失期内顾，以道恶为解，失尊尊之序，是四过也。欲请蜀刀，问君贾几何，对曰率数百，武库日出兵而阳不知，挟伪干君，是五过也。受诏不至兰池宫，明日又不对。假令将军之吏问之不对，令之不从，其罪何如？推此心以在外，江海之间可得信乎！今东越深入，将军能率众以掩过不？"仆惶恐，对曰："愿尽死赎罪！"与王温舒俱破东越。后复与左将军荀彘俱击朝鲜，为彘所缚，语在《朝鲜传》。还，免为庶人，病死。

咸宣，杨人也。以佐史给事河东守。卫将军青使买马河东，见宣无害，言上，征为厩丞。官事办，稍迁至御史及中丞，使治主父偃及淮南反狱，所以微文深诋杀者甚众，称为敢决疑。数废数起，为御史及中丞者几二十岁。王温舒为中尉，而宣为左内史。其治米盐，事小大皆关其手，自部署县名曹宝物，官吏令丞弗得擅摇，痛以重法绳之。居官数年，壹切为小治辩，然独宣以小至大，能自行之，难以为经。中废为右扶风，坐怒其吏成信，信亡藏上林中，宣使郿令将吏卒，阑入上林中蚕室门攻亭格杀信，射中苑门，宣下吏，为大

为。逐渐升至主爵都尉，武帝认为他有才能。当时正值南越发生叛乱，杨仆被任命为楼船将军，立下战功，被封为将梁侯。后来东越发生叛乱，武帝想再次起用他为将，因为杨仆自恃从前的功劳，武帝就下诏书责备他说："将军立下的功劳，只有最先攻下石门、寻陿之地这一点，并没有斩杀敌将，拔取敌旗的确实战功，有什么值得骄傲自满呢！从前攻破番禺，抓捕投降者当俘虏，挖掘死人当收获，这是第一个过失。南越王建德、贼相吕嘉叛逆之罪不容于天下，将军坐拥精兵却不穷追到底，使东越得以从容发兵救援，这是第二个过失。军中士卒连年暴露在外，日晒雨淋，朝会之时却没有为他们摆下宴席，将军不念他们的辛劳，而制造巧言，宣扬自己，乘坐驿车，返乡之时，怀揣银印金印，身垂三组绶带，在乡里进行炫耀，这是第三个过失。因思念妻妾而迟归，却以道路险恶为自己辩解，有违君臣礼法，这是第四个过失。想要配备蜀刀，问你价钱多少，答说大概数百钱，武器库天天有兵器进出却装作不知，挟伪犯君，这是第五个过失。收到诏令不来兰池宫见君，第二天又不来解释。如果将军的下属有问不答，有令不听，那他该当何罪呢？如果都像你这样，天地之间还有什么信义可言！现在东越叛军已经深入境内，将军能率军出征将功补过吗？"杨仆听后非常惶恐，回答说："我愿舍命报效朝廷以功赎罪！"后来他与王温舒一起大破东越叛军。又与左将军荀彘一起攻打朝鲜，被荀彘扣押，详见《朝鲜传》。回朝后，杨仆被免去官职，贬为平民，最后得病而死。

咸宣，杨县人。以佐史身份供职于河东太守手下。大将军卫青派人到河东买马，发现咸宣很有能力，便禀告了武帝，于是武帝征召他为厩丞。咸宣尽职尽责处理公事，逐渐升至御史及中丞，武帝派他去审理主父偃及淮南王造反的案件，他用繁苛的法令使人入罪，所以被杀的人很多，而被称赞为敢于判决疑案。他几次被免官又几次被起用，咸宣担任御史及中丞职位差不多有二十年。王温舒任中尉时，咸宣则任左内史。这项差事十分琐碎，不论大事小事他都要亲自处理，还会亲自安排县中各部门财物的保管，官吏令丞都不得擅自挪用，违者将用重法惩治。咸宣为官数年，处理的都是些细小之事，然

逆当族，自杀。而杜周任用。

是时郡守尉诸侯相二千石欲为治者，大抵尽效王温舒等，而吏民益轻犯法，盗贼滋起。南阳有梅免、百政，楚有段中、杜少，齐有徐勃，燕赵之间有坚卢、范主之属。大群至数千人，擅自号，攻城邑，取库兵，释死罪，缚辱郡守都尉，杀二千石，为檄告县趋具食；小群以百数，掠卤乡里者不可称数。于是上始使御史中丞、丞相长史使督之，犹弗能禁，乃使光禄大夫范昆、诸部都尉及故九卿张德等衣绣衣持节，虎符发兵以兴击，斩首大部或至万余级。及以法诛通行饮食，坐相连郡，甚者数千人。数岁，乃颇得其渠率。散卒失亡，复聚党阻山川，往往而群，无可奈何。于是作沈命法，曰："群盗起不发觉，发觉而弗捕满品者，二千石以下至小吏主者皆死。"其后小吏畏诛，虽有盗弗敢发，恐不能得，坐课累府，府亦使不言。故盗贼寖多，上下相为匿，以避文法焉。

田广明字子公，郑人也。以郎为天水司马。功次迁河南都尉，以杀伐为治。郡国盗贼并起，迁广明为淮阳太守。岁余，故城父令公孙勇与客胡倩等谋反，倩诈称光禄大夫，从车骑数十，言使督盗贼，止陈留传舍，太守谒见，欲收取之。广明觉知，发兵皆捕斩

而只有咸宣能以小见大，但他的治理方法只能自己来施行，很难成为广泛适用的常法。咸宣中途被降为右扶风，因此怪罪到属官成信身上，成信就逃到了上林苑中藏身，咸宣派郿县县令带领官兵，擅自闯入上林苑中的茧馆之门击杀成信，射中了苑门，咸宣因此被交给司法官吏去审理，被判大逆不道之罪，应当诛灭全族，咸宣于是自杀。而杜周得到了任用。

当时，郡守、都尉、诸侯相这些俸禄为二千石一级的官吏中想要治理好所管辖的地区，大都效仿王温舒等人的做法，然而这却使得官吏百姓对犯法的事情越发轻视，盗贼也增多。南阳有梅免、百政，楚有段中、杜少，齐有徐勃，燕赵一带有坚卢、范主等人。他们聚众多时可达数千人，擅自立号称王，攻打城邑，取出库中兵器，释放死罪犯人，捆绑羞辱郡守、都尉，甚至将他们杀害，还擅写檄文催促县署为他们准备食物；少时也能聚众上百人，掠夺乡里之事不可胜数。于是武帝开始派御史中丞、丞相长史督捕这些人，但还是不能禁止，又派光禄大夫范昆、各部都尉以及原九卿张德等人身着绣衣，手持符节，以军兴之法用虎符调集兵力攻打这些盗贼，斩杀了大部分，斩获敌首万余级。并按照法令诛杀了供给盗贼饮食的百姓，各郡株连问罪的，多达数千人。几年后，就抓获了许多盗贼的首领。但他们手下的贼兵逃到各处，又聚集成党占山为王，常常人多势众，令当地官署无可奈何。故而朝廷制定了“沈命法”，惩治藏匿纵容盗贼，法令说：“盗贼兴起作乱没有察觉的，以及察觉后抓捕盗贼人数达不到规定的，郡守以下至小吏的负责人都要处死。”在这之后小吏因为害怕被杀，虽然明知有盗贼也不敢告发，害怕不能抓获，因逮捕人数不足考核获罪而连累郡府，郡府也让他们不要多言。因此盗贼越来越多，上下互相欺瞒，用文辞掩饰真相来逃避法令的追究。

田广明，字子公，郑县人。起初以郎官身份担任天水司马。后又因功绩升为河南都尉，用杀伐作为治理手段。当时郡国盗贼四起，朝廷调田广明出任淮阳太守。一年多后，原城父县令公孙勇与宾客胡倩等人一起谋反，胡倩谎称为光禄大夫，有数十车骑跟从，说自己受命前来督捕盗贼，在陈留驿站的传舍休息，太守去进见他，想把他

焉。而公孙勇衣绣衣，乘驷马车至圉，圉使小史侍之，亦知其非是，守尉魏不害与厩啬夫江德、尉史苏昌共收捕之。上封不害为当涂侯，德轑阳侯，昌蒲侯。初，四人俱拜于前，小史窃言。武帝问："言何？"对曰："为侯者得东归不？"上曰："女欲不？贵矣。女乡名为何？"对曰："名遗乡。"上曰："用遗汝矣。"于是赐小史爵关内侯，食遗乡六百户。

上以广明连禽大奸，征入为大鸿胪，擢广明兄云中代为淮阳太守。昭帝时，广明将兵击益州，还，赐爵关内侯，徙卫尉。后出为左冯翊，治有能名。宣帝初立，代蔡义为御史大夫，以前为冯翊与议定策，封昌水侯。岁余，以祁连将军将兵击匈奴，出塞至受降城。受降都尉前死，丧柩在堂，广明召其寡妻与奸。既出不至质，引军空还。下太守杜延年簿责，广明自杀阙下，国除。兄云中为淮阳守，亦敢诛杀，吏民守阙告之，竟坐弃市。

田延年字子宾，先齐诸田也，徙阳陵。延年以材略给事大将军莫府，霍光重之，迁为长史。出为河东太守，选拔尹翁归等以为爪牙，诛鉏豪强，奸邪不敢发。以选入为大司农。会昭帝崩，昌邑王嗣立，淫乱，霍将军忧惧，与公卿议废之，莫敢发言。延年按剑，廷叱群臣，即日议决，语在《光传》。宣帝即位，延年以决疑定策封阳成侯。

先是，茂陵富人焦氏、贾氏以数千万阴积贮炭苇诸下里物。

请回去好好招待。田广明察觉到他们的阴谋，就派兵将乱党全都捕杀。然而公孙勇却身着绣衣，乘着四匹马驾的车逃到了圉县，圉县县令派小史侍候他，也察觉到其中的阴谋，守尉魏不害与厩啬夫江德、尉史苏昌一起拘捕了公孙勇。武帝封魏不害为当涂侯，封江德为轑阳侯，封苏昌为蒲侯。起初，四人都到御前拜见武帝，小史在旁窃窃私语。武帝问道："你在说什么？"小史回答说："被封为侯的人可以不东归吗？"武帝说："你不想回去吗？我也封你一个爵位吧。你家乡叫什么？"小史回答说："叫遗乡。"武帝说："就把它封给你了。"于是武帝赐小史关内侯爵位，把遗乡六百户作为食邑。

武帝因为田广明接连擒获大奸大恶之人，就征召他担任大鸿胪，并提拔田广明的哥哥田云中接替他出任淮阳太守。昭帝时，田广明领兵攻打益州，回朝后，赐关内侯爵位，调任为卫尉。后来又出任左冯翊，因在治理方面才能杰出而闻名。宣帝刚即位时，田广明接替蔡义担任御史大夫，因从前任左冯翊时拥立宣帝有功，封为昌水侯。一年多后，田广明作为祁连将军领兵攻打匈奴，出塞到达受降城。受降城都尉先前死去，灵柩还停放在灵堂里，田广明就召来他守寡的妻子与其通奸。后来他没有到达预定的地方，就率军返回。因此田广明被交给太守杜延年问罪，不久他在宫阙下自杀，封地也被剥夺。他的哥哥田云中任淮阳太守，也敢于施行诛杀，郡中官吏百姓守候宫门告发其事，竟因此获罪，被斩首示众。

田延年，字子宾，是先前齐国田氏的后代，高祖时田氏迁徙到了阳陵。田延年凭借才能谋略供事于大将军的幕府，霍光很看重他，升他担任长史。后来田延年出任河东太守，选拔尹翁归等人作为得力助手，诛灭当地豪强，使奸邪之人不敢再出来惹事生非。因此田延年被选拔到京都担任大司农。恰逢昭帝驾崩，昌邑王刘贺继承帝位，行淫乱之事，霍光大将军对此非常忧虑，就与公卿们商议想要废掉他，但没有人敢发言。这时田延年以手抚剑，在廷上叱责群臣，当日就议定此事，详见《霍光传》。宣帝即位，田延年因为解决疑难，拥立宣帝有功封为阳成侯。

在此之前，茂陵富人焦氏、贾氏用数千万钱买下木炭苇草等丧葬

昭帝大行时，方上事暴起，用度未办，延年奏言“商贾或豫收方上不祥器物，冀其疾用，欲以求利，非民臣所当为。请没入县官。”奏可。富人亡财者皆怨，出钱求延年罪。初，大司农取民牛车三万两为僦，载沙便桥下，送致方上，车直千钱，延年上簿诈增僦直车二千，凡六千万，盗取其半。焦、贾两家告其事，下丞相府。丞相议奏延年“主守盗三千万，不道”。霍将军召问延年，欲为道地，延年抵曰：“本出将军之门，蒙此爵位，无有是事。”光曰：“即无事，当穷竟。”御史大夫田广明谓太仆杜延年：“《春秋》之义，以功覆过。当废昌邑王时，非田子宾之言大事不成。今县官出三千万自乞之何哉？愿以愚言白大将军。”延年言之大将军，大将军曰：“诚然，实勇士也！当发大议时，震动朝廷。”光因举手自抚心曰：“使我至今病悸！谢田大夫晓大司农，通往就狱，得公议之。”田大夫使人语延年，延年曰：“幸县官宽我耳，何面目入牢狱，使众人指笑我，卒徒唾吾背乎！”即闭阁独居齐舍，偏袒持刀东西步。数日，使者召延年诣廷尉。闻鼓声，自刎死，国除。

严延年字次卿，东海下邳人也。其父为丞相掾，延年少学法律丞相府，归为郡吏。以选除补御史掾，举侍御史。是时大将军霍光废昌邑王，尊立宣帝。宣帝初即位，延年劾奏光“擅废立主，无人

用品积存贮藏。昭帝驾崩，操办他的丧事时这些用品的需求突然成为问题，很难办理，田延年因此上奏说“商人中有的预先贮藏丧葬用品这些不祥之物，等到急需时，谋取暴利，这不是百姓和臣下应当做的事。请求将这些东西没收，交由县官处理。”他的奏请获得准许。富人中损失钱财的都非常怨恨他，于是花钱疏通关系要求朝廷将田延年治罪。起初，身为大司农的田延年租用百姓的牛车三万辆，到便桥下运沙，送到陵地，一辆车的雇运费是一千钱，田延年上报时却谎称每辆车的雇运费是二千钱，雇运费总共六千万钱，田延年贪污了其中的一半。焦、贾两家告发了这件事，田延年被交由丞相府审理。丞相上奏皇帝处理意见认为田延年“借主持公事的机会贪污三千万钱，应定为大逆不道之罪”。霍光大将军召问田延年，想为他开脱罪责，田延年抵赖道：“我本出自将军门下，蒙受您的大恩才获得现在的爵位，没有这样的事。”霍光说：“既然没有此事，就应当彻底查清。”御史大夫田广明对太仆杜延年说：“《春秋》中的要义，有将功补过这一点。当初废掉昌邑王刘贺时，如果没有田子宾的仗义执言大事就无法成功。现在县官出了三千万钱自己乞求免罪，又算得了什么呢？我愿意用我的愚蠢之言劝说大将军。”杜延年将这些话禀告了大将军，大将军说：“当然，田延年确实是勇士！当年发表的意见，震动朝廷。”霍光于是抬手抚在心口说：“这件事使我至今都感到痛心！感谢田大夫为大司农辩白，但依照朝廷的法令田延年应该先被下狱，然后等待公议。”田广明大夫派人将这些话告诉了田延年，田延年说：“幸亏县官出来为我开脱，我还有什么脸面去监牢，而让众人讥笑我，狱卒在我的背后唾弃呢！”随即田延年关上房门独居在自己的斋舍之中，解开衣服，袒露一臂，手里拿着刀左右徘徊。几天后，使者来召田延年到廷尉处问罪。田延年听到鼓声，就用刀自刎而死，他的封地也被剥夺。

严延年，字次卿，东海郡下邳县人。他的父亲是丞相的属官，严延年小时候在丞相府学习法律，回到家乡后，就在郡府为官。后来经过选拔，他补任御史属官，又被举荐担任侍御史。当时大将军霍光废掉昌邑王刘贺，拥立宣帝。宣帝刚即位，严延年就上书弹劾霍光“擅

臣礼，不道”。奏虽寝，然朝廷肃焉敬惮。延年后复劾大司农田延年持兵干属车，大司农自讼不干属车。事下御史中丞，谴责延年何以不移书宫殿门禁止大司农，而令得出入宫。于是覆劾延年阑内罪人，法至死。延年亡命。会赦出，丞相御史府征书同日到，延年以御史书先至，诣御史府，复为掾。宣帝识之，拜为平陵令，坐杀不辜，去官。后为丞相掾，复擢好畤令。神爵中，西羌反，强弩将军许延寿请延年为长史，从军败西羌，还为涿郡太守。

时郡比得不能太守，涿人毕野白等由是废乱。大姓西高氏、东高氏，自郡吏以下皆畏避之，莫敢与牾，咸曰：“宁负二千石，无负豪大家。”宾客放为盗贼，发，辄入高氏，吏不敢追。浸浸日多，道路张弓拔刃，然后敢行，其乱如此。延年至，遣掾蠡吾赵绣桉高氏得其死罪。绣见延年新将，心内惧，为两劾，欲先白其轻者，观延年意怒，乃出其重劾。延年已知其如此矣。赵掾至，白其轻者，延年索怀中，得重劾，即收送狱。夜入，晨将至市论杀之，先所按者死，吏皆股弁。更遣吏分考两高，穷竟其奸，诛杀各数十人。郡中震恐，道不拾遗。

三岁，迁河南太守，赐黄金二十斤。豪强胁息，野无行盗，威震

自废立君王，失去了人臣的礼节，犯了大逆不道之罪”。严延年奏章虽被搁置，但朝廷上下却为之震动，人们对严延年非常敬畏。严延年后来又弹劾大司农田延年手握兵器冒犯天子的副车，而大司农自己辩白说没有冒犯天子副车。于是此案交由御史中丞去查办，御史中丞斥责严延年，问他为什么当时不致书给宫殿门卫阻止大司农，而让大司农得以出入宫廷。严延年反被弹劾纵容罪人擅自闯入宫内，依法应当被判死罪。严延年只好逃亡。后来遇到大赦，恰好丞相府和御史府发来的征召文书都在同一天内送达，由于御史府的文书先到，严延年便去了御史府任职，又做了那里的属官。宣帝赏识他，就任命他为平陵县令，任内他又因错杀无辜而获罪，被免去官职。后来他被任命为丞相的属官，接着又提拔为好畤县令。神爵年间，西羌发生叛乱，强弩将军许延寿招请严延年做长史，随军出征打败了西羌叛军，回来后他被任命为涿郡太守。

当时朝廷接连派去涿郡的都是些无能太守，涿郡人毕野白等因此无视法令，扰乱乡里。而豪强大族西高氏和东高氏，就更加猖狂，从郡吏以下的官员都因畏惧而躲避他们，不敢与他们顶撞，都说：“宁可违抗太守，不能违抗豪强。”他们放纵宾客在外偷窃抢劫，一旦事发，就躲进主人家里，官吏便不再敢追捕。时间一长，在路上行人都要张弓拔刀，然后才敢行走，郡中的盗贼作乱，竟然到了如此地步。严延年到任后，派遣郡府的属官蠡吾县人赵绣去调查高氏的罪行，判定他们犯有死罪。赵绣见严延年是新来的太守，心里感到害怕，就起草了轻重两份劾罪书，准备先禀告轻的一份，如果严延年发怒，就把重的那份拿出来。谁知严延年事先就已知道他会这样做。赵绣一来，果然禀告了轻的劾罪书，严延年马上从赵绣怀中搜出了那份重的劾罪书，当即把他送进了监牢。赵绣头一天夜里刚刚入狱，第二天一早就被押赴街市定罪处斩，死在了他所调查的高氏的前面，官吏们都感到非常害怕。严延年再派人分别追查两个高氏家族，彻底查清他们纵奸为盗的罪行，在两家各诛杀了数十人。郡中百姓大为震惊，从此郡内路不拾遗。

过了三年，严延年调任河南太守，赏赐黄金二十斤。河南郡中的

旁郡。其治务在摧折豪强，扶助贫弱。贫弱虽陷法，曲文以出之；其豪桀侵小民者，以文内之。众人所谓当死者，一朝出之；所谓当生者，诡杀之。吏民莫能测其意深浅，战栗不敢犯禁。按其狱，皆文致不可得反。

延年为人短小精悍，敏捷于事，虽子贡、冉有通艺于政事，不能绝也。吏忠尽节者，厚遇之如骨肉，皆亲乡之，出身不顾，以是治下无隐情。然疾恶泰甚，中伤者多，尤巧为狱文，善史书，所欲诛杀，奏成于手，中主簿亲近史不得闻知。奏可论死，奄忽如神。冬月，传属县囚，会论府上，流血数里，河南号曰“屠伯”。令行禁止，郡中正清。

是时张敞为京兆尹，素与延年善。敞治虽严，然尚颇有纵舍，闻延年用刑刻急，乃以书谕之曰：“昔韩卢之取菟也，上观下获，不甚多杀。愿次卿少缓诛罚，思行此术。”延年报曰：“河南天下喉咽，二周余毙，莠盛苗秽，何可不鉏也？”自矜伐其能，终不衰止。时黄霸在颍川以宽恕为治，郡中亦平，娄蒙丰年，凤皇下，上贤焉，下诏称扬其行，加金爵之赏。延年素轻霸为人，及比郡为守，褒赏反在己前，心内不服。河南界中又有蝗虫，府丞义出行蝗，还见延年，延年曰：“此蝗岂凤皇食邪？”义又道司农中丞耿寿昌为常平仓，利百姓，延年曰：“丞相御史不知为也，当避位去。寿昌安得权此？”后左冯翊缺，上欲征延年，符已发，为其名酷复止。延年疑少府梁丘

豪强因为畏惧严延年而收敛行为，郊野之地也没有行劫的盗贼，严延年的声威震动了附近各郡。他治理地方的宗旨是打击豪强，扶助贫弱。贫弱之人即使犯法，严延年也要曲解法令使他们脱罪；而对那些欺压百姓的豪强，则要加重文辞让他们入罪。众人认为会被处死的犯人，说不定什么时候就获释出狱；而那些认为不会被处死的犯人，却又意外地被杀死。官吏百姓都不能揣测严延年执法的尺度，因此大家都十分害怕，不敢违反法令。朝廷核查严延年审理的每宗案件，又都是文案缜密，不用平反。

严延年为人身材短小，精明强干，办事迅速，即使是精通政事的子贡、冉有，也不一定能胜过他。手下官吏中尽忠职守的人，严延年厚待他们就像自己的至亲一样，一心为他们着想，从来不顾个人的得失，所以他管辖的地区内没有什么事情瞒得过他。然而严延年太过痛恨坏人坏事，有很多人受到伤害，尤其是他擅长写狱讼文书，又擅长写隶书，想要杀掉谁，就亲手写成奏书，连掌管文书的中主簿，以及最接近他的属官，都无从得知。奏书获准，判处死刑，迅速得如同神明一样。到了冬天行刑时，他就命令所属各县将犯人押解到郡里，聚集在郡府统一处死，血流数里，所以河南郡的人都称他为“屠伯”。在他管辖的地区内，有令即行，有禁即止，郡中正肃清明，没有邪恶骚乱之事。

当时，张敞任京兆尹一职，他一向与严延年交好。张敞治理地方虽然也采用严刑峻法，但还能对一些犯法之人酌情从宽处理，他听说严延年施用刑罚苛刻严峻，便写信给他劝告说：“古时韩国的良犬韩卢猎取野兔时，都要先观察主人的意图，然后才去追逐捕获，不过多捕杀。因此希望次卿能够稍微放宽刑罚，考虑用这种方法来行事。”严延年回信说：“河南是天下的咽喉要地，东西二周的统治者留下了很多弊端，恶草茂盛而禾苗荒芜，怎么可以不铲除呢？”严延年自负功高，夸耀才能，始终不肯停止刑罚。当时黄霸在颍川用宽容的方法来治理，郡内也很太平，接连遇到丰年，凤凰也从天而降，宣帝很欣赏他的才能，下诏赞扬了他的政绩，并赏赐他黄金和爵位。严延年一向鄙视黄霸的为人，两人在相邻的郡里担任太守，黄霸得的

贺毁之，心恨。会琅邪太守以视事久病，满三月免，延年自知见废，谓丞曰：“此人尚能去官，我反不能去邪？”又延年察狱史廉，有臧不入身，延年坐选举不实贬秩，笑曰：“后敢复有举人者矣！”丞义年老颇悖，素畏延年，恐见中伤。延年本尝与义俱为丞相史，实亲厚之，无意毁伤也，馈遗之甚厚。义愈益恐，自筮得死卦，忽忽不乐，取告至长安，上书言延年罪名十事。已拜奏，因饮药自杀，以明不欺。事下御史丞按验，有此数事，以结延年，坐怨望非谤政治不道弃市。

初，延年母从东海来，欲从延年腊，到雒阳，适见报囚。母大惊，便止都亭，不肯入府。延年出至都亭谒母，母闭阁不见。延年免冠顿首阁下，良久，母乃见之，因数责延年：“幸得备郡守，专治千里，不闻仁爱教化，有以全安愚民，顾乘刑罚多刑杀人，欲以立威，岂为民父母意哉！”延年服罪，重顿首谢，因自为母御，归府舍。母毕正腊，谓延年：“天道神明，人不可独杀。我不意当老见壮子被刑戮也！行矣！去女东归，埽除墓地耳。”遂去，归郡，见昆弟宗人，复为言之。后岁余，果败。东海莫不贤知其母。延年兄弟五人皆有吏材，至大官，东海号曰“万石严妪”。次弟彭祖，至太子太傅，在《儒

奖赏反而在严延年之上，因此严延年内心感到不服。正好河南境内又出现了蝗虫，府丞义去视察蝗灾情况，返回郡后去见严延年，严延年说："这蝗虫难道是凤凰的食物吗？"府丞义又谈到司农中丞耿寿昌在边郡建造常平仓，让百姓受益，严延年说："丞相和御史想不到这种办法，应该让位辞职。耿寿昌怎能擅自作此主张呢？"后来左冯翊一职空缺，宣帝打算任用严延年，征召的符节已经发出，但因为他严酷的名声在外，便又作罢。严延年怀疑少府梁丘贺在宣帝面前诋毁自己，于是怀恨在心。恰逢琅琊太守因为任职期间长久患病，已满三个月而被免职，严延年自知也将被免去官职，就对府丞说："这个人都能被免去官职，我反而不能被免吗？"另外严延年推举狱官为廉洁之士，没想到他犯了贪污罪，而犯有贪污罪的人不能入选，严延年因举荐人才不符实际而获罪，受到贬职处分，被削减俸禄，他笑着说："以后还有谁敢推举人才！"府丞义年老，心神迷乱，他一向畏惧严延年，害怕受到伤害。严延年原来曾与义一同在丞相府担任属官，实际上对他很亲厚，无意伤害他，还送给他许多东西。但义却越来越感到害怕，就自己占卦卜问吉凶，得到死卦，他惘然若失，闷闷不乐，便请假到长安，向宣帝上书列举了严延年十条罪名。奏书递上后，他就服毒自尽，以此来表明自己的忠诚。宣帝把案件交由御史丞查验，发现确有这些事，便给严延年结案定罪，最终严延年因怨恨朝廷、诽谤政事及大逆不道而获罪，被斩首示众。

起初，严延年的母亲从东海郡来，打算与严延年一起举行腊祭，刚到洛阳，就遇上处决囚犯。他的母亲非常震惊，便在都亭休息，不肯进入郡府。严延年出城到都亭拜见母亲，母亲闭门不见。严延年在门外脱下帽子叩头下拜，过了好一会儿，母亲才见他，于是斥责他说："你有幸担任郡守，治理千里之地，没听说你用仁爱教化百姓，保全他们使之平安，反而凭借刑罚，杀了很多人，想以此来树立威信，岂是身为百姓的父母官应该做的事！"严延年连忙认错，重重地叩头谢罪，因而亲自为母亲驾车，一起回到郡府。腊祭完毕后，母亲对严延年说："天道神明在上，杀人者自己也不得善终。我不想在年老时还要亲眼看见壮年的儿子遭受刑罚！我走了！离开你向东归

林传》。

尹赏字子心，钜鹿杨氏人也。以郡吏察廉为楼烦长。举茂材，粟邑令。左冯翊薛宣奏赏能治剧，徙为频阳令，坐残贼免。后以御史举为郑令。

永始、元延间，上怠于政，贵戚骄恣，红阳长仲兄弟交通轻侠，臧匿亡命。而北地大豪浩商等报怨，杀义渠长妻子六人，往来长安中。丞相御史遣掾求逐党与，诏书召捕，久之乃得。长安中奸猾浸多，闾里少年群辈杀吏，受赇报仇，相与探丸为弹，得赤丸者斫武吏，得黑丸者斫文吏，白者主治丧；城中薄暮尘起，剽劫行者，死伤横道，枹鼓不绝。赏以三辅高第选守长安令，得壹切便宜从事。赏至，修治长安狱，穿地方深各数丈，致令辟为郭，以大石覆其口，名为“虎穴”。乃部户曹掾史，与乡吏、亭长、里正、父老、伍人，杂举长安中轻薄少年恶子，无市籍商贩作务，而鲜衣凶服被铠扞持刀兵者，悉籍记之，得数百人。赏一朝会长安吏，车数百两，分行收捕，皆劾以为通行饮食群盗。赏亲阅，见十置一，其余尽以次内虎穴中，百人为辈，覆以大石。数日壹发视，皆相枕藉死，便舆出，瘗寺门桓东，楬著其姓名，百日后，乃令死者家各自发取其尸。亲属号哭，道路皆歔欷。长安中歌之曰：“安所求子死？桓东少年场。生时谅不谨，枯骨后何葬？”赏所置皆其魁宿，或故吏善家子失计随轻黠愿自改者，财数十百人，皆贳其罪，诡令立功以自赎。尽力有效者，因亲用之为爪牙，追捕甚精，甘耆奸恶，甚于凡吏。赏视事数月，盗贼止，郡国亡命散走，各归其处，不敢窥长安。

去，等你死后再将你安葬。”严延年的母亲于是离去，回到家乡，看见他的兄弟同族，又把这些话告诉了他们。一年多以后，严延年果然出事。东海郡的人无不赞扬严母的贤明智慧。严延年兄弟五人都有为官的才能，也都当了大官，因此东海郡的人称呼严母为“万石严妪”。严延年的二弟叫严彭祖，官至太子太傅，他的事迹详见《儒林传》。

尹赏，字子心，钜鹿郡杨氏县人。以郡吏的身份被举荐为廉洁之士而任楼烦县长。后来他又被推举为才德优异之士，任粟邑县令。左冯翊薛宣上奏说尹赏能治理繁杂之地，于是调任频阳县令，他因用刑使犯人致残而获罪，被免去官职。后因御史举荐担任郑县县令。

永始、元延年间，成帝懈怠朝政，外戚骄纵专横，红阳侯王立的两个儿子串通游侠，藏匿亡命之徒。而北地郡的大豪强浩商等人为了报复私仇，杀害了义渠长和他的妻子儿女共六人，并往来于长安城中。丞相、御史派遣属官追查同党，朝廷也下诏书命令抓捕，过了很久才将他们抓获。长安城中盗贼奸民越来越多，里巷中的少年一起杀害官吏，有的还接受他人贿赂帮忙报仇，他们还会提前做好红、黑、白三色弹丸让每人摸取，按照丸色执行不同的任务，得到红色弹丸的去杀害武官，得到黑色弹丸的去杀害文官，得到白色弹丸的就治理死去同党的丧事；城中乌烟四起，盗贼抢劫行人，死伤者当道，鼓声不绝。尹赏以三辅地区考绩优异官吏的身份被选拔担任长安县令，并得到遇事不须请示，自行处理的特权。尹赏到任后，就修建了长安狱，又命令吏民向地下打出数丈深的洞，取出的土做成砖块垒起土郭，然后用大石盖在洞口上，称为“虎穴”。完工后，他就派户曹、属官，与乡吏、亭长、里正、父老、伍人，让他们各自举报长安城中的轻薄少年和恶劣子弟，对没市籍的商贩工匠，而身着华美衣服或便于打斗的衣服如身穿铠甲臂衣，手持兵器的，全都登记在册，共有数百人。此后一天尹赏召集了长安的官吏，并备下数百辆车子，然后分头抓捕被查出者，认定他们都是犯有通行饮食罪的盗贼。尹赏亲自查验，每十人放走一人，其余的都依次被投入虎穴中，每穴各有一百人，然后用大石盖上洞口。几天后，属官打开石头查看，发现洞里的人都已相枕而死，于是属官将尸体用竹轿抬出，埋在寺门华表的

江湖中多盗贼，以赏为江夏太守，捕格江贼及所诛吏民甚多，坐残贼免。南山群盗起，以赏为右辅都尉，迁执金吾，督大奸猾。三辅吏民甚畏之。

数年卒官。疾病且死，戒其诸子曰："丈夫为吏，正坐残贼免，追思其功效，则复进用矣。一坐软弱不胜任免，终身废弃无有赦时，其羞辱甚于贪污坐臧。慎毋然！"赏四子皆至郡守，长子立为京兆尹，皆尚威严，有治办名。

赞曰：自郅都以下皆以酷烈为声，然都抗直，引是非，争大体。张汤以知阿邑人主，与俱上下，时辩当否，国家赖其便。赵禹据法守正。杜周从谀，以少言为重。张汤死后，罔密事丛，寖以秏废，九卿奉职，救过不给，何暇论绳墨之外乎！自是以至哀、平，酷吏众多，然莫足数，此知名见纪者也。其廉者足以为仪表，其污者方略教道，壹切禁奸，亦质有文武焉。虽酷，称其位矣。汤、周子孙贵盛，故别传。

东面，并插上木桩，写下他们的姓名，一百天后，才让死者亲属各自挖出并取回尸首。亲属都放声大哭，路人也都哀叹抽泣。长安城中有歌唱道：“哪里去找孩儿尸？华表东面少年场。生前放荡行奸盗，死后枯骨何处葬？”尹赏释放的都是和他有深交的老熟人，或是曾为官吏和善良人家的子弟因一时糊涂而与盗贼为伍并自愿改正的，只有百十来人，尹赏都对他们予以缓刑，责令他们立功赎罪。其中努力上进的，还因此被尹赏选为得力手下，他们善于追捕奸邪，了解盗贼好恶，在这方面比一般官吏强得多。尹赏到长安任职数月，盗贼就消失了，郡国的亡命之徒也纷纷逃走，各自回到家乡，不敢再有窥伺长安的念头。

因为江湖上盗贼泛滥，所以尹赏又被任命为江夏太守，他捕杀的江湖盗贼及诛杀的官吏百姓非常多，后来因用刑使犯人致残而获罪被免去官职。南山一带群盗四起，尹赏又出任右辅都尉，后来调任执金吾，负责督捕大奸大恶之人。三辅地区的官吏百姓都对他非常畏惧。

几年后，尹赏死于任上。他得病将死时，告诫他的孩子说：“大丈夫做官，即使因‘残贼’获罪而免官，事后追思他的功绩，仍会重新得到任用。一旦因软弱不能胜任其职而免官，就会终身被废弃再没有起用之时，这种羞辱比犯了贪污罪还要严重。你们千万要记得！”尹赏的四个儿子都官至郡守，长子尹立担任京兆尹，他们都崇尚威严，有善于治理的名声。

赞辞说：从郅都以下的官吏都因残酷暴烈而闻名，然而郅都刚直不屈，明辨是非，顾全大局。张汤却以奉承君王，与其一致得到重用，他时常搬弄是非，使国家上下盛行阿谀之风。赵禹依法办事，恪守正道。杜周顺从奉承，凡事以少说为重。张汤死后，法网严密，事情繁多，国家更加混乱荒废，九卿奉行职事时，补救过失都来不及，哪有时间讨论法度以外的事情！从此以后直到哀帝、平帝年间，酷吏众多，但无法统计，这里只记载其中最有名的。清廉的官吏足以作为榜样，污浊的官吏或有教化方法，或敢惩治奸邪，也都有文才武略。他们虽然严酷，但都称职。张汤、杜周的子孙高贵显赫，所以另作传记来详述。

卷九十一

货殖传第六十一

昔先王之制，自天子公侯卿大夫士至于皂隶抱关击柝者，其爵禄奉养宫室车服棺椁祭祀死生之制各有差品，小不得僭大，贱不得逾贵。夫然，故上下序而民志定。于是辩其土地川泽丘陵衍沃原隰之宜，教民种树畜养；五谷六畜及至鱼鳖鸟兽雚蒲材干器械之资，所以养生送终之具，靡不皆育。育之以时，而用之有节。中木未落，斧斤不入于山林；豺獭未祭，罝网不布于野泽；鹰隼未击，矰弋不施于徯隧。既顺时而取物，然犹山不茬蘖，泽不伐夭，蝝鱼麛卵，咸有常禁。所以顺时宣气，蕃阜庶物，稸足功用，如此之备也。然后四民因其土宜，各任智力，夙兴夜寐，以治其业，相与通功易事，交利而俱赡，非有征发期会，而远近咸足。故《易》曰“后以财成辅相天地之宜，以左右民”，“备物致用，立成器以为天下利，莫大乎圣人”，此之谓也。《管子》云古之四民不得杂处。士相与言仁谊于闲宴，工相与议技巧于官府，商相与语财利于市井，农相与谋稼穑于田野，朝夕从事，不见异物而迁焉。故其父兄之教不肃而成，子弟之学不劳而能，各安其居而乐其业，甘其食而美其服，虽见奇丽纷华，非其所习，辟犹戎翟之与于越，不相入矣。是以欲寡而事节，财足而不争。于是在民上者，道之以德，齐之以礼，故民有耻而且敬，贵谊而贱利。此三代之所以直道而行，不严而治之大略也。

过去先王的制度，从天子、公侯、卿大夫到差役、守门、打更，他们的官爵、俸禄、饮食起居、宫室、车服、棺椁、祭祀等死生礼仪的制度各有不同等级，官职小的不得越过官职大的，地位低贱的不得越过地位尊贵的。所以上下有序，民心安定。于是圣贤分辨土地、河川、湖泊、丘陵、平原、沃地、洼地等不同的地理条件，教导百姓种植庄稼和畜养禽畜；这样五谷、六畜乃至鱼、鳖、鸟、兽、芦苇、蒲草、木材、器械等各种物资，百姓用来生活和殡葬的东西，都生产出来了。生产要按照时令，使用也要有所节制。在草木没有凋落时，百姓不能进入山林砍伐；在农历正月前，不能到山野草泽打鱼捕猎；在农历九月前，不能到小路捕射飞鸟。百姓除了要按照时令生产外，还不能在山上砍伐小树，在湖边割掉嫩草，幼小的虫、鱼、兽以及鸟蛋，也都不能伤害采集。这是为了按照时令，发散阳气，让万物得以繁殖，如此一来就可以充分发挥自然的功效，使各种东西获得丰富储备。然后士农工商按照所在地区的地理条件，发挥自己的智力和体力，早起晚睡，治理自己的产业，相互交换各自的产品，互惠互利，满足需要，官府没有额外征调民间的人力和物资，而远近地区的生活需求都能得到满足。所以《易经》说“君主用政令裁定天地之道，辅助天地之宜，教导百姓从事生产”，“生产东西，尽其所用，然后制成器具，让天下都能获益，这是圣人的伟大之处”，就是这个意思。《管子》说古代的士、农、工、商四民，是不能杂居在一处的。士人闲暇无事时相互谈论仁义，工匠在官府里相互谈论技巧，商人在市集上相互谈论财利，农民在田野中相互谈论农事，他们从早到晚只从事这一项职业，不会见异思迁。所以他们的父兄教导不严也能成事，他们的子弟不辛苦学习也能掌握本领，他们各自安定居住在自己的地方，乐于从事自己的职业，觉得食物美味，衣服光鲜，即使见到新奇华丽的物品，因

及周室衰，礼法堕，诸侯刻桷丹楹，大夫山节藻棁，八佾舞于庭，《雍》彻于堂。其流至乎士庶人，莫不离制而弃本，稼穑之民少，商旅之民多，谷不足而货有余。

陵夷至乎桓、文之后，礼谊大坏，上下相冒，国异政，家殊俗，耆欲不制，僭差亡极。于是商通难得之货，工作亡用之器，士设反道之行，以追时好而取世资。伪民背实而要名，奸夫犯害而求利，篡弑取国者为王公，圉夺成家者为雄桀。礼谊不足以拘君子，刑戮不足以威小人。富者木土被文锦，犬马余肉粟，而贫者裋褐不完，唅菽饮水。其为编户齐民，同列而以财力相君，虽为仆虏，犹亡愠色。故夫饰变诈为奸轨者，自足乎一世之间；守道循理者，不免于饥寒之患。其教自上兴，繇法度之无限也。故列其行事，以传世变云。

昔粤王勾践困于会稽之上，乃用范蠡、计然。计然曰："知斗则修备，时用则知物，二者形则万货之情可得见矣。故旱则资舟，水则资车，物之理也。"推此类而修之，十年国富，厚赂战士，遂报强吴，刷会稽之耻。范蠡叹曰："计然之策，十用其五而得意。既以施

为不适合他们的习俗，也不会接受，就像西北边境的戎狄和东南地区的吴越，风俗习惯不能相融一样。故而人们的欲望变少而事情简单，财物充足而没有争夺。于是统治者，用道德来引导，用礼制来统一，所以民众就有廉耻且讲礼貌，看重仁义而轻视财利。这就是夏、商、周三代坚持行正直之道，不用严厉的手段就能治理国家的远大谋略。

到周王室衰微时，礼法崩坏，鲁庄公把其父桓公庙的柱子漆红，椽子雕花，鲁国大夫臧文仲把斗拱刻成山形，把梁上短柱画上藻文，鲁国的世卿季氏在家中演奏八佾舞乐，祭祀祖先时唱着《雍》诗来撤掉祭品，这都是天子所用之礼。这种风气流传到一般的士人和百姓当中，大家无不背离制度，放弃农业，务农的百姓减少，经商的百姓增多，粮食不足而货物有余。

这种衰落的趋势发展到齐桓公、晋文公之后，礼义大肆破坏，上下互相冒犯，诸侯国各自为政，各地风俗也不相同，嗜欲没有节制，僭越失度的行为没有止境。于是商人贩卖奇珍异货，工匠制作无用器物，士人进行违反正道的活动，来追逐世俗所好而获取财货。诈伪之人违背事实骗取名声，奸邪之民侵害他人谋求利益，弑君篡位夺取国家政权的人成为王公，抢夺他人财产建立家业的人成了雄杰。礼义不能够约束君子，刑罚不能让小人畏惧。富人用彩色织锦来装饰房屋墙壁，喂犬马吃肉米还有剩余，而穷人连粗布短衣都穿不上，只能吃豆子喝清水。他们都是被编入户籍的普通平民，虽在同列但因财力不同而地位有别，有人即使成为奴仆，仍然没有怨怒的神色。所以善于欺诈而为非作歹的人，可以让自己一辈子富足；固守正道、遵循义理的人却不能免受饥寒之患。这种风气是从社会上层兴起的，是因为法度的破坏。所以列举这些事情，来记载时代的变化。

过去越王勾践被围困在会稽山上时，才任用范蠡、计然出谋划策。计然说："知道要打仗，就会整治军备，按照时间使用东西，才能真正做到物尽其用，把时间变化与货物供求的关系弄清楚，就可以搞懂各种货物的行情。所以天旱时就买船只防备水灾，洪水时就买车子防备旱灾，这样做符合事物的内在规律。"越国推行计然的

国，吾欲施之家。”乃乘扁舟，浮江湖，变名姓，适齐为鸱夷子皮，之陶为朱公。以为陶天下之中，诸侯四通，货物所交易也，乃治产积居，与时逐而不责于人。故善治产者，能择人而任时。十九年之间三致千金，而再散分与贫友昆弟。后年衰老，听子孙修业而息之，遂至巨万。故言富者称陶朱。

子赣既学于仲尼，退而仕卫，发贮鬻财曹、鲁之间。七十子之徒，赐最为饶，而颜渊箪食瓢饮，在于陋巷。子赣结驷连骑，束帛之币聘享诸侯，所至，国君无不分庭与之亢礼。然孔子贤颜渊而讥子赣，曰：“回也其庶乎，屡空。赐不受命，而货殖焉，意则屡中。”

白圭，周人也。当魏文侯时，李克务尽地力，而白圭乐观时变，故人弃我取，人取我予。能薄饮食，忍嗜欲，节衣服，与用事僮仆同苦乐，趋时若猛兽挚鸟之发。故曰：“吾治生犹伊尹、吕尚之谋，孙吴用兵，商鞅行法是也。故智不足与权变，勇不足以决断，仁不能以取予，强不能以有守，虽欲学吾术，终不告也。”盖天下言治生者祖白圭。

猗顿用盬盐起，邯郸郭纵以铸冶成业，与王者埒富。

乌氏蠃畜牧，及众，斥卖，求奇缯物，间献戎王。戎王十倍其

政策，十年就使得国家富足，越王又用重金奖赏战士，终于向吴国报了仇，洗刷了会稽被围的耻辱。范蠡感叹说：“计然的政策，越王只用了十条中的五条就实现了自己的抱负。既然能用在治国上，我也想用在治家上。”于是他乘着扁舟，漂泊江湖，改变姓名，到齐国叫鸱夷子皮，到陶邑叫朱公。范蠡认为陶邑是天下的中心，四方与诸侯各国相通，交易货物十分便利，于是经营产业，积储货物，随时逐利，不坑害人。所以善于经营产业的人，能够选择适当的人且会把握时机。范蠡在十九年之间三次赚来千金，再分给贫穷友人和远房兄弟。后来他年老体衰，就任由子孙们经营，子孙们都能继承家业并加以发展，最终积累下巨万的财富。所以后世说起富人时就称其为陶朱公。

子贡在孔子那里学习后，就回到卫国做官，又在曹国和鲁国之间做生意赚钱。在孔子的七十个弟子当中，端木赐（即子赣）最富有，另一个弟子颜渊却穷得箪食瓢饮，居住在狭窄简陋的地方。子赣用四马驾车，并辔而行，带着成束布帛聘问诸侯，所到之处，国君无不平等相待。然而孔子却称赞颜渊而讥讽子赣，说：“颜回（即颜渊）的学问修养已经差不多了，但是常常穷得毫无办法。端木赐不受官府之命，而去经商，猜测行情往往很准。”

白圭，是西周人。在魏文侯时，李克为相，致力于提高土地的生产能力，而白圭却喜欢观察市场物价在不同时期的变化，所以当货物滞销廉价抛售时，他就收购，当货物不足高价索求时，他就出售。白圭能够忽视饮食，控制嗜欲，节省穿戴，与办事的奴仆同甘共苦，捕捉赚钱的时机就像猛兽猛禽获取食物一样迅捷。所以白圭说：“我经商谋利就像伊尹、吕尚谋划国事，孙子、吴起用兵打仗，商鞅推行变法一样。所以凡是智慧不够随机应变，勇气不够果断决定，仁德不能正确取舍，强健不能固守原则的人，即使想学习我的致富之道，我也始终不会告诉他。”天下人谈论起经商致富之道都以白圭为典范。

猗顿靠贩卖池盐起家，邯郸人郭纵靠开矿冶铁和铸造铁器成就家业，财富可以同君王相比。

乌氏县的嬴经营畜牧业，等牲畜繁殖很多后，就都卖掉，求购新

偿，予畜，畜至用谷量牛马。秦始皇令嬴比封君，以时与列臣朝请。

巴寡妇清，其先得丹穴，而擅其利数世，家亦不訾。清寡妇能守其业，用财自卫，人不敢犯。始皇以为贞妇而客之，为筑女怀清台。

秦汉之制，列侯封君食租税，岁率户二百。千户之君则二十万，朝觐聘享出其中。庶民农工商贾，率亦岁万息二千，百万之家即二十万，而更繇租赋出其中，衣食好美矣。故曰陆地牧马二百蹄，牛千蹄角，千足羊，泽中千足彘，水居千石鱼波，山居千章之萩。安邑千树枣；燕、秦千树栗；蜀、汉、江陵千树橘；淮北荥南河济之间千树萩；陈、夏千亩桼；齐、鲁千亩桑麻；渭川千亩竹；及名国万家之城，带郭千亩亩钟之田，若千亩卮茜，千畦姜韭：此其人皆与千户侯等。

谚曰："以贫求富，农不如工，工不如商，刺绣文不如倚市门。"此言末业，贫者之资也。通邑大都酤一岁千酿，醯酱千瓨，浆千儋，屠牛羊彘千皮，谷籴千钟，薪槁千车，船长千丈，木千章，竹竿万个，轺车百乘，牛车千两；木器桼者千枚，铜器千钧，素木铁器若卮茜千石，马蹄噭千，牛千足，羊彘千双，童手指千，筋角丹沙千斤，其帛絮细布千钧，文采千匹，荅布皮革千石，桼千大斗，蘖曲盐豉千合，鲐鮆千斤，鲰鲍千钧，枣栗千石者三之，狐貂裘千皮，羔羊裘千石，旃席千具，它果采千种，子贷金钱千贯，节驵侩，贪贾三之，廉贾五之，亦比千乘之家，此其大率也。

奇之物和丝织品，私下献给戎王。戎王以所献物品十倍的东西来偿还，送他牲畜，多到用山谷计算牛马。秦始皇下令给嬴的待遇等同封君，按照规定时间同大臣一起进宫朝见。

巴郡有个寡妇叫清，她的祖先发现一座朱砂矿，几代人独占其利，家财多得不可计算。清是个寡妇，但能守住先人创下的家业，用金钱来保护自己，没有人敢侵犯她。秦始皇认为她是一位贞妇，而用宾客之礼相待，还为她修建了一座女怀清台。

秦汉时期的制度，列侯、封君征收租税，每年每户是二百钱。食邑千户的封君每年的收入就是二十万钱，他们朝见天子、聘问诸侯所需的费用都从这些钱里支出。百姓中的农民、工匠、商人，每年本钱一万可得利息二千，百万财产的人家每年就有二十万钱的收入，更赋、田租、口赋都从这些钱里支出，一般的衣食欲望都能得到很好的满足。所以说陆地养马五十匹，养牛一百六十七头，养羊二百五十只，水泽养猪二百五十口，池塘养鱼千石，山中种植楸树千株。安邑有千株枣树；燕、秦有千株栗树；蜀、汉、江陵有千株橘树；淮河以北、荥水以南，黄河、济水之间有千株楸树；陈、夏有千亩漆树；齐、鲁有千亩桑麻；渭水有千亩竹林；以及各郡国的万户之城，附近有千亩亩产一钟的良田，以及千亩栀子、茜草，千畦生姜、韭菜：凡是这样的人家都同千户侯一样富有。

谚语说：“穷人想要发财致富，种田不如做工，做工不如经商，做刺绣不如做买卖。”这就是说经商是穷人发财致富的可靠手段。四通八达的大城市，一年之中，可以卖出酒千瓮、醋酱千瓶、浆水千坛，宰杀牛、羊、猪千头，买进米千钟，柴草千车，船只千丈，木材千捆，竹竿万根，轺车百辆，牛车千辆；漆饰木器千件，铜器千钧，没上漆的木器，铁器以及栀子、茜草千石，马二百匹，牛二百五十头，羊、猪两千只，奴仆百人，筋角、朱砂千斤，其他帛、絮、细布三万斤，彩缎千匹，粗布、皮革千石，漆千斗，酒曲、盐、豆豉千合，鲐鱼、刀鱼千斤，干鱼、咸鱼三万斤，枣、栗三千石，狐裘、貂裘千件，羔羊裘千石，毡席千条，其它果子千种，高利贷钱千贯，中间人估量物价，从交易中收取酬劳，对贪心的商人，取百分之三，对不贪的商人取百分之五，他们

蜀卓氏之先，赵人也，用铁冶富。秦破赵，迁卓氏之蜀，夫妻推辇行。诸迁虏少有余财，争与吏，求近处，处葭萌。唯卓氏曰："此地狭薄。吾闻岷山之下沃野，下有踆鸱，至死不饥。民工作布，易贾。"乃求远迁。致之临邛，大憙，即铁山鼓铸，运筹算，贾滇、蜀民，富至童八百人，田池射猎之乐拟于人君。

程郑，山东迁虏也，亦冶铸，贾魋结民，富埒卓氏。

程、卓既衰，至成、哀间，成都罗裒訾至巨万。初，裒贾京师，随身数十百万，为平陵石氏持钱。其人强力。石氏訾次如、苴，亲信，厚资遣之，令往来巴蜀，数年间致千余万。裒举其半赂遗曲阳、定陵侯，依其权力，赊贷郡国，人莫敢负。擅盐井之利，期年所得自倍，遂殖其货。

宛孔氏之先，梁人也，用铁冶为业。秦灭魏，迁孔氏南阳，大鼓铸，规陂田，连骑游诸侯，因通商贾之利，有游闲公子之名。然其赢得过当，瘉于孅啬，家致数千金，故南阳行贾尽法孔氏之雍容。

鲁人俗俭啬，而丙氏尤甚，以铁冶起，富至巨万。然家自父兄子弟约，頫有拾，印有取，贳贷行贾遍郡国。邹、鲁以其故，多去文学而趋利。

齐俗贱奴虏，而刀闲独爱贵之。桀黠奴，人之所患，唯刀闲收

的收入也可以同千户侯相比，这是当时的大致情形。

蜀郡卓氏的祖先是赵国人，依靠冶铁致富。秦国攻破赵国时，把卓氏迁居到蜀郡，夫妻俩推着小车上路。同行的人中，稍微有点余财，就争着送给主管官吏，乞求迁居到近处，于是被官史们安置在葭萌县。只有卓氏说："此地狭小贫瘠。我听说岷山脚下有大片沃土，出产大芋，到死也不会挨饿。那里的百姓善于织布，方便经商。"于是他就要求迁居到更远的地方。官吏把他家安置到临邛，全家人都很高兴，就在产铁的矿山开矿冶铁，铸造铁器，精心筹划，努力经营，和滇、蜀地区的百姓做买卖，富到家有奴仆八百人，平时钓鱼打猎，快乐得可以同国君相比。

程郑是从山东迁居到临邛的，也以开矿冶铁，铸造铁器为业，然后把铁器卖给当地少数民族，同卓氏一样富有。

程、卓两家衰落以后，到成帝、哀帝年间，成都人罗裒家产达到巨万。起初，罗裒到京都经商，随身携带着将近一百万钱，他为平陵人石氏掌管钱财。罗裒为人强悍有力。石氏的家产在平陵如氏和苴氏之下，他很信任罗裒，给他很多钱，让他往来于巴蜀之间，几年间就赚了一千多万钱。罗裒拿出其中一半贿赂曲阳侯王根和定陵侯淳于长，依仗他们的权力，把剩余的一半钱放贷给郡国，没有人敢欠他的账。他独占盐井的利润，一年所获是本钱的一倍，就这样赚了很多钱。

宛县孔氏的祖先是梁国人，以冶铁为业。秦灭魏国后，把孔氏迁居到南阳，他大力开矿冶铁，铸造铁器，又规划山田，车马成队，交游诸侯，借此通商牟利，博得了"游闲公子"的美名。但他所赚的钱超过花费的本钱，胜过那些吝啬小气的商人，家中积累的财富多达数千金，所以南阳一带的商人都效仿孔氏的雍容大方。

鲁国民俗节俭吝啬，而丙氏尤为突出，他以冶铁起家，家产达到巨万。但是他家从父兄到子弟都遵守一条家规，弯腰要有所拾，抬头要有所取，一举一动都要获利，他家放贷、经商遍及各郡国。邹、鲁一带的人因为他的关系，很多都放弃做学问而去经商牟利。

齐国风俗轻贱奴仆，而刀闲却喜欢重视奴仆。凶悍狡黠的奴

取，使之逐鱼盐商贾之利，或连车骑交守相，然愈益任之，终得其力，起数千万。故曰“宁爵无刀”，言能使豪奴自饶，而尽其力也。刀闲既衰，至成、哀间，临菑姓伟訾五千万。

周人既孅，而师史尤甚，转毂百数，贾郡国，无所不至。雒阳街居在齐秦楚赵之中，富家相矜以久贾，过邑不入门。设用此等，故师史能致十千万。

师史既衰，至成、哀、王莽时，雒阳张长叔、薛子仲訾亦十千万。莽皆以为纳言士，欲法武帝，然不能得其利。

宣曲任氏，其先为督道仓吏。秦之败也，豪桀争取金玉，任氏独窖仓粟。楚汉相距荥阳，民不得耕种，米石至万，而豪桀金玉尽归任氏，任氏以此起富。富人奢侈，而任氏折节为力田畜。人争取贱贾，任氏独取贵善，富者数世。然任公家约，非田畜所生不衣食，公事不毕则不得饮酒食肉。以此为闾里率，故富而主上重之。

塞之斥也，唯桥桃以致马千匹，牛倍之，羊万，粟以万钟计。

吴楚兵之起，长安中列侯封君行从军旅，赍贷子钱家，子钱家以为关东成败未决，莫肯予。唯毋盐氏出捐千金贷，其息十之。三月，吴楚平。一岁之中，则毋盐氏息十倍，用此富关中。

关中富商大贾，大氏尽诸田，田墙、田兰。韦家栗氏、安陵杜氏亦巨万。前富者既衰，自元、成讫王莽，京师富人杜陵樊嘉，茂陵挚

仆，人们都会感到担忧，只有刀闲收留他们，派他们经营鱼盐，获取利润，有人出门车马成队，结交郡守国相，而刀闲却更加信任他们，最终依靠他们的力量，积累起数千万钱财。所以有人说“宁可不要官爵，不可离开刀闲”，意思是说刀闲能使凶悍狡黠的奴仆个人富有，从而让他们为自己尽心竭力。刀闲没落以后，到成帝、哀帝年间，临淄人姓伟家产有五千万钱。

周人本来就很节俭吝啬，而师史尤为突出，他出动数百辆车子，满载货物去各郡国经商，没有到不了的地方。洛阳地处齐、秦、楚、赵的中心，富人互相夸耀自己在外经商的时间长，常常路过洛阳而不入家门。能使用这种人，所以师史财富多达十千万钱。

师史没落以后，到成帝、哀帝、王莽时，洛阳人张长叔、薛子促家产也多达十千万钱。王莽将他们都任命为纳言士，想效仿武帝以商人为官的做法，但没有从中得到益处。

宣曲县任氏，祖先做过督道掌管仓库的官吏。秦朝败亡时，地方豪杰都在争夺黄金珠玉，只有任氏窖藏仓库的粮食。楚汉在荥阳相争时，农民不能耕种，每石米涨价到一万钱，结果豪杰的黄金珠玉尽归任氏所有，任氏因此发家致富。富人崇尚奢侈，而任氏却降低身份节俭度日，大力进行耕种畜牧。人们争相购买便宜的东西，任氏却只买价贵质高的东西，他家的财富延续了好几代。但任氏定下家规，不是自家耕种畜养得来的东西不吃不穿，公事没做完不许饮酒吃肉。因此任氏成为乡里的榜样，所以他很富有并且得到皇帝的尊重。

边塞地区开发时，只有桥桃能够有马千匹，牛两千头，羊万只，粟以万钟计算。

吴楚七国起兵叛乱时，长安城中的列侯封君要随军出征，于是向高利贷者借钱以供路上使用，高利贷者认为他们的封国在关东地区，胜负未定，都不肯借。只有毋盐氏拿出千金借给他们，收取十倍的利息。三个月后，吴楚七国叛乱被平定。一年之中，毋盐氏就获得了十倍的利息，因此成为关中的富豪。

关中地区钱财丰厚的大商人，大抵都是姓田的人家，如田墙、田兰。韦家栗氏和安陵杜氏也都是家产巨万。前面这些富有的人没落

网，平陵如氏、苴氏，长安丹王君房，豉樊少翁、王孙大卿，为天下高訾。樊嘉五千万，其余皆巨万矣。王孙卿以财养士，与雄杰交，王莽以为京司市师，汉司东市令也。

此其章章尤著者也。其余郡国富民兼业颛利，以货赂自行，取重于乡里者，不可胜数。故秦杨以田农而甲一州，翁伯以贩脂而倾县邑，张氏以卖酱而隃侈，质氏以洒削而鼎食，浊氏以胃脯而连骑，张里以马医而击钟，皆越法矣。然常循守事业，积累赢利，渐有所起。至于蜀卓，宛孔，齐之刀闲，公擅山川铜铁鱼盐市井之入，运其筹策，上争王者之利，下锢齐民之业，皆陷不轨奢僭之恶。又况掘冢搏掩，犯奸成富，曲叔、稽发、雍乐成之徒，犹复齿列，伤化败俗，大乱之道也。

以后，从元帝、成帝到王莽年间，京都的富人有杜陵县的樊嘉、茂陵县的挚网、平陵县的如氏、苴氏，长安卖丹的王君房，卖豆豉的樊少翁、王孙大卿，都是天下资财雄厚的人家。樊嘉家产有五千万钱，其他人的家产都达巨万。王孙卿用钱财供养士人，与雄才俊杰交往，王莽任命他为京司市师，就是汉朝的东市令。

这里记述的都是名声显赫的富商。其余郡国中兼业专利的富人，通过自行贿赂，而闻名于乡里的，更是不可胜数。所以秦杨靠大片农田而富甲一州，翁伯靠贩卖油脂而成为县邑首富，张氏靠卖酱发财而极尽奢华，质氏靠洒水磨刀而鼎食，浊氏靠卖胃脯发家而车马成队，张里靠医马致富而钟鸣，他们的奢侈生活都超过了制度的规定。但是他们通常固守事业，积累盈利，逐渐发展家业，富裕起来。至于蜀人卓氏，宛人孔氏，齐人刀闲，他们公然独揽山川、铜铁、鱼盐、市集的收入，运筹谋划，对上争夺帝王利益，对下专取平民的常业，他们都陷入了不守法度、过度奢侈的罪恶。更何况那些通过盗墓赌博，作奸犯法而致富的人，如曲叔、稽发、雍乐成之流，他们仍然和善良的人并列，败坏教化风俗，致使社会大乱。

卷九十二

游侠传第六十二

古者天子建国，诸侯立家，自卿大夫以至于庶人各有等差，是以民服事其上，而下无觊觎。孔子曰："天下有道，政不在大夫。"百官有司奉法承令，以修所职，失职有诛，侵官有罚。夫然，故上下相顺，而庶事理焉。

周室既微，礼乐征伐自诸侯出。桓文之后，大夫世权，陪臣执命。陵夷至于战国，合从连衡，力政争强。繇是列国公子，魏有信陵，赵有平原，齐有孟尝，楚有春申，皆藉王公之势，竞为游侠，鸡鸣狗盗，无不宾礼。而赵相虞卿弃国捐君，以周穷交魏齐之厄；信陵无忌窃符矫命，戮将专师，以赴平原之急：皆以取重诸侯，显名天下。扼腕而游谈者，以四豪为称首。于是背公死党之议成，守职奉上之义废矣。

及至汉兴，禁网疏阔，未之匡改也。是故代相陈豨从车千乘，而吴濞、淮南皆招宾客以千数。外戚大臣魏其、武安之属竞逐于京师，布衣游侠剧孟、郭解之徒驰骛于闾阎，权行州域，力折公侯。众庶荣其名迹，觊而慕之。虽其陷于刑辟，自与杀身成名，若季路、仇牧，死而不悔。故曾子曰："上失其道，民散久矣。"非明王在上，视之以好恶，齐之以礼法，民曷繇知禁而反正乎！

古代天子建国，诸侯立家，从卿大夫到百姓都各有等级次序，因此使得民众能够臣服上面，而在下面的人也没有非分的企图。孔子说："天下太平，政权就不会掌握在大夫手中。"百官遵守法令，各尽其职，失职得到惩治，侵官得到处罚。如此一来，才能上下通顺，而万事有序。

周王室衰微后，礼乐征伐开始由诸侯自行决定。齐桓公和晋文公之后，大夫掌权，陪臣发令。到了战国，诸侯间开始合纵连横，他们用武力征伐，争为强者。因此列国的公子们，如魏国的信陵君，赵国的平原君，齐国的孟尝君，楚国的春申君，都凭借王公贵族的权势，争相成为游侠，那些鸡鸣狗盗之徒，无不以宾客之礼相待。而赵国国相虞卿不惜抛弃国家和君王，拯救好友魏齐于困境之中；信陵君魏无忌窃取兵符，假传君命，杀死晋鄙，率军出征，解救平原君被秦兵围困之急：他们都以诸侯关系为重，而名扬天下。那些扼腕而游谈的侠义之士，都以信陵君、平原君、孟尝君和春申君这"四豪"为首。于是他们背叛朝廷、结成死党的约定达成，忠于职守、尊奉君主的风气衰退。

等到汉朝建立，法网过于宽松，这种状况没有得到改变。所以代国国相陈豨随从车马有千辆，而吴王刘濞、淮南王刘安都招揽上千宾客。外戚大臣魏其侯窦婴、武安侯田蚡的属下在京都生事，平民游侠剧孟、郭解等人在乡间流窜，他们横行于州县，势力比公侯还大。许多百姓将他们的声名和事迹当作荣耀，既向往又仰慕。即使陷于刑法，他们也会杀身成名，如同季路、仇牧，死而无悔。所以曾子说："统治者违背道义，民心早已丧失了。"没有圣明的君王在上，揭示世间的善恶，制定国家的礼法，民众又从哪里知道禁令而回归正道呢！

古之正法：五伯，三王之罪人也；而六国，五伯之罪人也。夫四豪者，又六国之罪人也。况于郭解之伦，以匹夫之细，窃杀生之权，其罪已不容于诛矣。观其温良泛爱，振穷周急，谦退不伐，亦皆有绝异之姿。惜乎不入于道德，苟放纵于末流，杀身亡宗，非不幸也！

自魏其、武安、淮南之后，天子切齿，卫、霍改节。然郡国豪桀处处各有，京师亲戚冠盖相望，亦古今常道，莫足言者。唯成帝时，外家王氏宾客为盛，而楼护为帅。及王莽时，诸公之间陈遵为雄，闾里之侠原涉为魁。

朱家，鲁人，高祖同时也。鲁人皆以儒教，而朱家用侠闻。所臧活豪士以百数，其余庸人不可胜言。然终不伐其能，饮其德，诸所尝施，唯恐见之。振人不赡，先从贫贱始。家亡余财，衣不兼采，食不重味，乘不过軥牛。专趋人之急，甚于己私。既阴脱季布之厄，及布尊贵，终身不见。自关以东，莫不延颈愿交。楚田仲以侠闻，父事朱家，自以为行弗及也。田仲死后，有剧孟。

剧孟者，洛阳人也。周人以商贾为资，剧孟以侠显。吴楚反时，条侯为太尉，乘传东将，至河南，得剧孟，喜曰："吴楚举大事而不求剧孟，吾知其无能为已。"天下骚动，大将军得之若一敌国云。剧孟行大类朱家，而好博，多少年之戏。然孟母死，自远方送丧盖千乘。及孟死，家无十金之财。而符离王孟，亦以侠称江淮之间。是时，济南瞯氏、陈周肤亦以豪闻。景帝闻之，使使尽诛此属。其后，代诸白、梁韩毋辟、阳翟薛况、陕寒孺，纷纷复出焉。

古代的正统看法：齐桓公、晋文公、秦穆公、宋襄公、楚庄王这五位霸主，是夏禹、商汤、周文王的罪人；而齐、楚、燕、赵、韩、魏这六个国家，又是五霸的罪人。四豪，又是六国的罪人。何况郭解这类人，以低微的平民身份，窃取生杀的权力，他们的罪过已经是处死也不能相抵了。但他们的另一面，却是温良博爱，赈济穷困，救人危难，谦恭礼让，不自夸耀，也都有独特不凡的风采。可惜他们的行为不符合道德规范，只能将其归入末流，最后杀身灭族，并非不幸！

自从魏其侯窦婴、武安侯田蚡和淮南王刘安之后，武帝对他们十分痛恨，卫青、霍去病改变行为。但是郡国中的豪杰各处都有，京都中的亲戚也往来不绝，这也是古今常有的现象，没有什么可说的。只有成帝年间，外戚王氏家中宾客盈门，而以楼护为首。等到王莽时，诸公之间又以陈遵为首，而民间侠士则以原涉为首。

朱家，鲁国人，是与高祖同时代的人。鲁国人都信奉儒家教义，而朱家却以侠义闻名。他蓄养收留了上百豪放任侠之士，其余平庸之人就更是无法尽说。然而他始终不夸耀自己的才能，不因有德于人而自喜，一切施舍，唯恐被人知晓。他赈济别人，先从贫贱者开始。以致家中没有多余的钱财，衣服没有完整的花纹，吃饭没有第二个菜肴，乘坐的不过是小牛车。他喜欢急人所急，把别人的事看得比自己的事更重要。朱家暗中帮助季布摆脱困境之后，等到季布显贵了，却终身不去见他。从函谷关以东，没有人不想要与他结交。楚国的田仲以侠义闻名，把朱家当做父亲一般看待，自认为比不上朱家所做的一切。田仲死后，有剧孟。

剧孟，洛阳人。周人以经商为生，剧孟却以侠义闻名。吴楚七国之乱时，条侯周亚夫任太尉，乘传车由长安东向洛阳出任大将军，刚到河南，得到了剧孟，他高兴地说："吴楚举兵却不去求剧孟，我便知道他们是不能成事的。"当时天下骚动，周亚夫得到了剧孟就如同夺取了一个敌国。剧孟的品行和朱家非常相似，而他又喜欢赌博，经常与少年一起游戏。然而剧孟的母亲死后，从远方来送殡的车子有上千辆。等到剧孟死时，家里却没有什么钱财了。还有符离和王孟，也因侠义闻名于江淮之间。当时，济南的瞷氏、陈郡的周肤也以豪侠

郭解，河内轵人也，温善相人许负外孙也。解父任侠，孝文时诛死。解为人静悍，不饮酒。少时阴贼感概，不快意，所杀甚众。以躯精友报仇，臧命作奸剽攻，休乃铸钱掘冢，不可胜数。适有天幸，窘急常得脱，若遇赦。

及解年长，更折节为俭，以德报怨，厚施而薄望。然其自喜为侠益甚。既已振人之命，不矜其功，其阴贼著于心本发于睚眦如故云。而少年慕其行，亦辄为报仇，不使知也。

解姊子负解之势，与人饮，使之釂，非其任，强灌之。人怒，刺杀解姊子，亡去。解姊怒曰：“以翁伯时人杀吾子，贼不得！”弃其尸道旁，弗葬，欲以辱解。解使人微知贼处。贼窘自归，具以实告解。解曰：“公杀之当，吾儿不直。”遂去其贼，罪其姊子，收而葬之。诸公闻之，皆多解之义，益附焉。

解出，人皆避，有一人独箕踞视之。解问其姓名，客欲杀之。解曰：“居邑屋不见敬，是吾德不修也，彼何罪！”乃阴请尉史曰：“是人吾所重，至践更时脱之。”每至直更，数过，吏弗求。怪之，问其故，解使脱之。箕踞者乃肉袒谢罪。少年闻之，愈益慕解之行。

闻名。景帝听说后，就派人把他们这类人都诛杀了。后来，代郡的白氏、梁国的韩毋辟、阳翟的薛况、陕县的寒孺等，也纷纷出现。

郭解，河内郡轵县人，是温县擅长相面的许负的外孙。郭解的父亲也是任侠之士，在文帝时被杀。郭解为人性格沉静而勇猛强悍，不喜欢饮酒。他年少时阴险狠毒，稍有不快，就动手杀人，很多人被他杀死。他可以不惜性命去报仇，还窝藏亡命违法之徒，进行抢劫，以及铸造假钱、挖掘坟墓，所做坏事不可胜数。幸亏上天保佑，他在危急时才能常常脱身，如同遇到大赦。

等到郭解长大后，就开始改变行为，检点自己，以德报怨，乐善好施而又不求回报。然而他自己越发想当侠义之士。虽然已经做了一些救人性命的善事，也不夸耀自己的功劳，但其阴险狠毒的本性会突然展现眉宇间，仍然同以前一样。而许多少年因为仰慕他的品行，也总是挺而走险，伤人报仇，但郭解本人却并不知道这些事情。

郭解的外甥仗着郭解的声威而横行霸道，有一次他与别人喝酒，非让人饮尽杯中酒，那人不胜酒力，他就强灌那人喝。那人大怒，刺死了郭解的外甥，然后逃走。郭解的姐姐大怒说：“竟然敢在郭解活着的时候杀死我的儿子，不知道是哪个贼人！”于是就把儿子弃尸道旁，也不埋葬，想以此来羞辱郭解。郭解派人暗中打探到了凶手的去处。凶手走投无路，就自己跑来，把实情告诉了郭解。郭解说：“你杀的对，是我家外甥不像话。”于是便放走了凶手，把罪责归到了自己外甥身上，将他的尸体收殓后埋葬了。众人听说了这件事，都非常敬重郭解的仁义，追随他的人也就更多了。

有一次郭解外出，路人都躲避他，只有一人张开了两腿坐在那里看着他。郭解询问他的姓名，他的随从想要杀了那人。郭解说：“在乡间有人对我不敬，是因为我的品德还达不到，他有什么罪呢！”于是暗中告诉尉史说：“此人是我所敬重的，到征用值更之卒时请不要让他去。”每次轮到那人值更时，那人多次前去，管事的官吏都没有让他值更。那人感到很奇怪，就询问其中的原因，官吏告诉他是郭解让他不用值更的。那人于是脱去上衣，袒胸露背向郭解谢罪。少年们听说了这件事，更加仰慕郭解的品行。

洛阳人有相仇者，邑中贤豪居间以十数，终不听。客乃见解。解夜见仇家，仇家曲听。解谓仇家："吾闻洛阳诸公在间，多不听。今子幸而听解，解奈何从它县夺人邑贤大夫权乎！"乃夜去，不使人知，曰："且毋庸，待我去，令洛阳豪居间乃听。"

解为人短小，恭俭，出未尝有骑，不敢乘车入其县庭。之旁郡国，为人请求事，事可出，出之；不可者，各令厌其意，然后乃敢尝酒食。诸公以此严重之，争为用。邑中少年及旁近县豪夜半过门，常十余车，请得解客舍养之。

及徙豪茂陵也，解贫，不中訾。吏恐，不敢不徙。卫将军为言"郭解家贫，不中徙"。上曰："解布衣，权至使将军，此其家不贫！"解徙，诸公送者出千余万。轵人杨季主子为县掾，鬲之，解兄子断杨掾头。解入关，关中贤豪知与不知，闻声争交欢。邑人又杀杨季主，季主家上书人又杀阙下。上闻，乃下吏捕解。解亡，置其母家室夏阳，身至临晋。临晋籍少翁素不知解，因出关。籍少翁已出解，解传太原，所过辄告主人处。吏逐迹至籍少翁，少翁自杀，口绝。久之得解，穷治所犯为，而解所杀，皆在赦前。

轵有儒生侍使者坐，客誉郭解，生曰："解专以奸犯公法，何谓贤？"解客闻之，杀此生，断舌。吏以责解，解实不知杀者，杀者亦

洛阳某人有一个仇人，城中有十多位贤士豪杰从中调解，仇人始终不听劝。那人便来求郭解帮忙。郭解晚上去见仇人，仇人勉强听从了他。郭解对仇人说："我听说洛阳众人从中调解，你都不听。现在有幸能听从我的劝说，可是我又怎能以他乡之人的身份夺取本地贤士的权力呢！"于是郭解趁夜离去，不让别人知道这件事，他告诉仇家说："这次暂且不要听从我的话，等我离去，让洛阳的豪杰从中调解时再听从。"

郭解为人身材短小，恭谨俭约，出门时不曾有随从的车马，也不敢乘车进入县中官署。他去往邻近的郡国，被人请求做事，如果事情可以推脱，就推脱了；如果不可以推脱，就要让每个人满意，然后才敢吃别人的酒食。众人因此都很敬重他，争相求他帮忙。城中的少年及附近县里的豪杰经常半夜登门拜访，在他家门前停着十多辆车子，都是想当他门客而请求郭解收留的。

等到朝廷要将豪民迁徙到茂陵时，郭解因为贫穷，家产不符合迁徙的规定。而管事的官吏害怕，不敢不让他迁徙。卫青将军替向武帝他说情"郭解家中贫穷，不符合迁徙的规定"。武帝说："郭解只是一个平民，竟然能让将军替他说情，可见家中并不贫穷！"郭解只能迁徙，临行时有成千上万的人来相送。轵县人杨季主的儿子在县署担任属吏，阻止送行的众人，郭解的侄子竟然杀死了杨氏属吏，并砍掉了他的头。郭解入关后，关中的贤士豪杰不论认不认识他，听到消息后都争相来与他结交。当地人又杀了杨季主，杨季主的家人上书告状又被杀死在宫阙之下。武帝听说了这件事，就派官吏来逮捕郭解。郭解听到风声后逃走，把母亲安置到夏阳，自己则去了临晋。临晋有个叫籍少翁的人向来不认识郭解，就让他出关。籍少翁放走了郭解，郭解又去了太原，经过哪个地方就把这件事告诉给留宿的主人。抓捕他的官吏追循踪迹找到籍少翁，籍少翁因此自杀，人证就没有了。过了很久官吏才终于抓到郭解，全面调查他所犯的罪行，但他所杀的那些人，都发生在大赦以前，无法追究。

轵县有一个儒生陪同使者坐在一旁，众人都在称赞郭解，而儒生却说："郭解专门为非作歹，触犯法令，怎么能说他是贤人呢？"郭

竟莫知为谁。吏奏解无罪。御史大夫公孙弘议曰:“解布衣为任侠行权,以睚眦杀人,解不知,此罪甚于解知杀之。当大逆无道。”遂族解。

自是之后,侠者极众,而无足数者。然关中长安樊中子,槐里赵王孙,长陵高公子,西河郭翁中,太原鲁翁孺,临淮兒长卿,东阳陈君孺,虽为侠而恂恂有退让君子之风。至若北道姚氏,西道诸杜,南道仇景,东道佗羽公子,南阳赵调之徒,盗跖而居民间者耳,曷足道哉!此乃乡者朱家所羞也。

萬章字子夏,长安人也。长安炽盛,街闾各有豪侠,章在城西柳市,号曰“城西萬子夏”。为京兆尹门下督,从至殿中,侍中诸侯贵人争欲揖章,莫与京兆尹言者。章逡循甚惧。其后京兆不复从也。

与中书令石显相善,亦得显权力,门车常接毂。至成帝初,石显坐专权擅势免官,徙归故郡。显赀巨万,当去,留床席器物数百万直,欲以与章,章不受。宾客或问其故,章叹曰:“吾以布衣见哀于石君,石君家破,不能有以安也,而受其财物,此为石氏之祸,萬氏反当以为福邪?”诸公以是服而称之。

河平中,王尊为京兆尹,捕击豪侠,杀章及箭张回、酒市赵君都、贾子光,皆长安名豪,报仇怨养刺客者也。

楼护字君卿,齐人。父世医也,护少随父为医长安,出入贵戚

解的门客听到了这话，就杀死了这个儒生，并切断了他的舌头。负责此案的官吏又来质问郭解，郭解实在不知道杀人者是谁，杀人者当时没有查清，也确实不知道是谁。官吏便上奏说郭解无罪。御史大夫公孙弘指出："郭解身为平民，却纠结党羽，滥用权力，因为一点小事就随意杀人，他自己不知道杀人者是谁，这种罪行比他知道杀人者是谁还要严重。应当按大逆不道之罪来论处。"于是武帝便下令将郭解全族诛灭。

从此以后，各地虽然出现了非常多的侠士，但却没有值得细说的。然而关中长安的樊中子，槐里的赵王孙，长陵的高公子，西河的郭翁中，太原的鲁翁孺，临淮的兒长卿，东阳的陈君孺等，他们虽然身为侠士却都有恭敬谦让的君子之风。至于北道的姚氏，西道的杜氏，南道的仇景，东道的赵佗、羽公子，南阳的赵调等人，都是流窜在民间盗贼罢了，哪里值得谈论呢！他们是朱家那样的人也会感到耻辱的。

萬章，字子夏，长安人。长安非常繁华，各处街巷都有豪侠之士，萬章住在城西的柳市，称为"城西萬子夏"。后来他做了京兆尹的门下督，曾经跟随京兆尹去过殿中，侍中、诸侯和贵人都争相和萬章作揖行礼，却没有人去与京兆尹交谈。萬章倒退而行，非常害怕。从此以后京兆尹就不再让萬章陪着自己了。

萬章与中书令石显交好，也借由石显的权力，他家门前总是车马不断。到了成帝初年，石显因独揽大权而获罪被免去官职，回到家乡。石显家产巨万，离去的时候，留下的床席器物价值数百万，想要送给萬章，但萬章没有接受。有的宾客询问萬章原因，萬章感叹道："我以平民身份承蒙石君怜爱，现在石君家道衰落，我不能伸出援手，反而接受他的财物，这件石氏的祸事，难道萬氏反当作福气吗？"众人听了这话，无不佩服称赞。

河平年间，王尊出任京兆尹，开始捕杀豪侠，杀了萬章和箭市的张回、酒市的赵君都、贾子光等人，他们都是长安城中有名的豪侠，喜欢报复仇怨和蓄养刺客。

楼护，字君卿，齐国人。父亲家世代行医，楼护小时候跟着父亲

家。护诵医经、本草、方术数十万言，长者咸爱重之，共谓曰："以君卿之材，何不宦学乎？"繇是辞其父，学经传，为京兆吏数年，甚得名誉。

是时王氏方盛，宾客满门，五侯兄弟争名，其客各有所厚，不得左右，唯护尽入其门，咸得其欢心。结士大夫，无所不倾，其交长者，尤见亲而敬，众以是服。为人短小精辩，论议常依名节，听之者皆竦。与谷永俱为五侯上客，长安号曰"谷子云笔札，楼君卿唇舌"，言其见信用也。母死，送葬者致车二三千两，闾里歌之曰："五侯治丧楼君卿。"

久之，平阿侯举护方正，为谏大夫，使郡国。护假贷，多持币帛，过齐，上书求上先人冢，因会宗族故人，各以亲疏与束帛，一日散百金之费。使还，奏事称意，擢为天水太守。数岁免，家长安中。时成都侯商为大司马卫将军，罢朝，欲候护，其主簿谏："将军至尊，不宜入闾巷。"商不听，遂往至护家。家狭小，官属立车下，久住移时，天欲雨，主簿谓西曹诸掾曰："不肯强谏，反雨立闾巷！"商还，或白主簿语，商恨，以它职事去主簿，终身废锢。

后护复以荐为广汉太守。元始中，王莽为安汉公，专政，莽长子宇与妻兄吕宽谋以血涂莽第门，欲惧莽令归政。发觉，莽大怒，杀宇，而吕宽亡。宽父素与护相知，宽至广汉过护，不以事实语也。到数日，名捕宽诏书至，护执宽。莽大喜，征护入为前辉光，封息乡侯，列于九卿。

在长安行医，出入贵戚之家。楼护诵读医经、本草、方术书籍数十万字，长辈都很喜爱看重他，对他说："以你的才能，为什么不学习做官呢？"因此楼护辞别了父亲，开始学习经传之书，当了数年京兆尹的属吏，很有名气。

当时，外戚王氏刚刚兴盛起来，宾客盈门，被封为侯的王氏五兄弟争名夺利，各自厚待宾客，不相往来，只有楼护能被他们一起收入门下，并得到了每人的欢心。楼护结交士大夫，倾尽所有，与长辈交往，表现得更加亲切敬重，众人因此都很佩服他。楼护为人矮小善辩，议论时经常与名誉节操联系起来，让听者都能被劝服。他与谷永都是五侯的贵客，所以长安城中流传着一句话"谷子云笔札，楼君卿唇舌"，说的正是他们各自所长。楼护的母亲去世时，送葬的人所坐车子有二、三千辆，民间有歌唱道："五侯治丧楼君卿。"

过了很久，平阿侯王谭推举楼护为方正，担任谏大夫，又出使郡国。楼护负责给穷人借贷财物，身上持有很多钱币布帛，经过齐国时，上书朝廷请求为祖宗上坟，因此楼护与宗族亲友相会，就按照亲疏关系送了每人一些布帛，一天就花费了百金。出使回朝后，楼护禀报的出使情况令成帝满意，成帝就提拔他做了天水太守。过了几年后楼护被免官，住在长安城中。当时成都侯王商任大司马卫将军，有一次下了朝后，想去看望楼护，他的主薄劝说道："将军这么尊贵的身份，不应该去里巷中。"王商不听，于是前往楼护家。楼护的家非常狭小，随行的属吏只能站在车下，过了一会儿，天要下雨了，主簿对西曹各位属吏说："大将军不听我的劝告，现在反而要站在里巷中淋雨！"王商回去后，有人告诉了他主簿说的这些话，王商非常不满，以公事为由撤了那人主簿的职位，终身没有让他为官。

后来楼护又被举荐担任广汉太守。元始年间，王莽任安汉公，独揽大权，王莽的长子王宇与其妻子的哥哥吕宽密谋用血涂抹在王莽府邸的大门上，想让王莽感到害怕从而交还政权。这件事被发觉后，王莽勃然大怒，杀了王宇，而吕宽却逃走了。吕宽的父亲一向与楼护交好，吕宽到了广汉郡经过楼护的住处，没有将真实情况告诉他。过了几天，指名逮捕吕宽的诏书送到，楼护马上抓住了吕宽。王莽非

莽居摄，槐里大贼赵朋、霍鸿等群起，延入前辉光界，护坐免为庶人。其居位，爵禄赂遗所得亦缘手尽。既退居里巷，时五侯皆已死，年老失势，宾客益衰。至王莽篡位，以旧恩召见护，封为楼旧里附城。而成都侯商子邑为大司空，贵重，商故人皆敬事邑，唯护自安如旧节，邑亦父事之，不敢有阙。时请召宾客，邑居樽下，称“贱子上寿”。坐者百数，皆离席伏，护独东乡正坐，字谓邑曰：“公子贵如何！”

初，护有故人吕公，无子，归护。护身与吕公、妻与吕妪同食。及护家居，妻子颇厌吕公。护闻之，流涕责其妻子曰：“吕公以故旧穷老托身于我，义所当奉。”遂养吕公终身。护卒，子嗣其爵。

陈遵字孟公，杜陵人也。祖父遂，字长子，宣帝微时与有故，相随博弈，数负进。及宣帝即位，用遂，稍迁至太原太守，乃赐遂玺书曰：“制诏太原太守：官尊禄厚，可以偿博进矣。妻君宁时在旁，知状。”遂于是辞谢，因曰：“事在元平元年赦令前。”其见厚如此。元帝时，征遂为京兆尹，至廷尉。

遵少孤，与张竦伯松俱为京兆史。竦博学通达，以廉俭自守，而遵放纵不拘，操行虽异，然相亲友，哀帝之末俱著名字，为后进冠。并入公府，公府掾史率皆羸车小马，不上鲜明，而遵独极舆马衣服之好，门外车骑交错。又日出醉归，曹事数废。西曹以故事適之，侍曹辄诣寺舍白遵曰：“陈卿今日以某事適。”遵曰：“满百乃相

常高兴，征召楼护任前辉光，封为息乡侯，位列九卿之中。

王莽摄政期间，槐里当地的大盗贼赵朋、霍鸿等纷纷兴起作乱，也蔓延到了前辉光管辖的地方，楼护因此获罪被免除官职成为平民。他在位时，所得的俸禄和财物也都顺手用光。退居里巷后，当时五侯都已死去，年老失势，宾客也越来越少。等到王莽篡位后，因为旧日的恩情召见楼护，封他为楼旧里附城。成都侯王商的儿子王邑担任大司空，身份尊贵，王商的老朋友都对王邑恭敬侍候，只有楼护仍然按照过去的礼节对待他，王邑也把他当作父亲看待，不敢有失礼之处。当时王邑邀请宾客，把酒杯举过头顶，称“贱子祝寿”。在坐的上百位宾客，也都离席拜伏在地，只有楼护面向东方正襟端坐，对王邑称字说：“公子（王邑的字）尊贵之身，如何使得！”

起初，楼护有一位老朋友叫吕公，没有儿子，就来楼护家里寄住。楼护与吕公、楼妻与吕妻在一起吃饭。等到楼护免官在家后，他的妻子非常厌烦吕公。楼护听说了这件事，流下眼泪责怪他的妻子说：“吕公因为往日情谊和贫穷年老而寄住到我这里，从道义来讲我们应当侍奉他。”于是楼护终身奉养吕公。楼护去世后，他的儿子承袭了他的爵位。

陈遵，字孟公，杜陵县人。他的祖父叫陈遂，字长子，宣帝微贱时和他交好，经常跟他一起玩六博和围棋，因此多次欠下赌债。等到宣帝即位，就任用陈遂，不久调他做了太原太守，并赐予陈遂诏书说：“制诏太原太守：官尊禄厚，可以偿还赌博时输掉的钱财了。你的妻子君宁当时在场，知道详情。”陈遂于是推辞宣帝，并说：“这些事都发生在元平元年（前74）颁布的赦令前，不应再追究了。”他竟然被宣帝如此厚待。元帝时，征召陈遂担任京兆尹，陈遵后来官至廷尉。

陈遵年少时就失去父母，成了孤儿，后来与张竦字伯松，一起担任京兆尹的属吏。张竦学识渊博，通情达理，自己坚守清廉节俭的品行，而陈遵却自我放纵不拘小节，两个人的操守虽然不同，但互相之间却很亲近友好，哀帝末年时他们都已经很有名气，成为后辈中的佼佼者。两人一起进入公府，公府中的掾史乘坐的都是瘦马破车，也不穿着光鲜亮丽的衣服，只有陈遵极尽华丽的车马衣服，他的门

闻。”故事，有百適者斥，满百，西曹白请斥。大司徒马宫大儒优士，又重遵，谓西曹：“此人大度士，奈何以小文责之？”乃举遵能治三辅剧县，补郁夷令。久之，与扶风相失，自免去。

槐里大贼赵朋、霍鸿等起，遵为校尉，击朋、鸿有功，封嘉威侯。居长安中，列侯近臣贵戚皆贵重之。牧守当之官，及郡国豪桀至京师者，莫不相因到遵门。

遵耆酒，每大饮，宾客满堂，辄关门，取客车辖投井中，虽有急，终不得去。尝有部刺史奏事，过遵，值其方饮，刺史大穷，候遵沾醉时，突入见遵母，叩头自白当对尚书有期会状，母乃令从后阁出去。遵大率常醉，然事亦不废。

长八尺余，长头大鼻，容貌甚伟。略涉传记，赡于文辞。性善书，与人尺牍，主皆臧去以为荣。请求不敢逆，所到，衣冠怀之，唯恐在后。时列侯有与遵同姓字者，每至人门，曰陈孟公，坐中莫不震动，既至而非，因号其人曰陈惊坐云。

王莽素奇遵材，在位多称誉者，繇是起为河南太守。既至官，当遣从史西，召善书吏十人于前，治私书谢京师故人。遵冯几，口占书吏，且省官事，书数百封，亲疏各有意，河南大惊。数月免。

外总是车马交错。每日外出饮酒定要大醉而归，以致公事多次荒废。西曹按照旧有的法令处罚了他，随侍小吏总是到官舍中告诉陈遵说："陈卿今天又因为某事受了处罚。"陈遵说："等到满了一百次再来告诉我。"按照旧有的法令，受罚一百次的人要被免职，后来满了一百次时，西曹就向上级请求将陈遵免职。大司徒马宫是位大儒名士，又敬重陈遵，就对西曹说："这个人非常有才干，怎么能用小法令去责罚他呢？"于是马宫推举陈遵称他能治理三辅地区中政务繁重的县，让他补做了郁夷县令。过了很久，陈遵因为和右扶风的意见不合，便自己辞官而去。

槐里当地的大盗贼赵朋、霍鸿等人群起作乱，陈遵当时担任校尉，他因为打击赵朋、霍鸿等人有功，被封为嘉威侯。他住在长安城中，列侯、近臣、贵戚都很敬重他。州郡长官上任，以及郡国豪杰到京都时，没有不顺便去陈遵门下拜访的。

陈遵喜欢饮酒，每次举行酒宴时，宾客满堂，他总是关上门，把宾客车轴上的键投入井中，即使有急事，也不能出去。曾经有一位部中的刺史因奏陈事情，路过拜访陈遵，正好赶上他在饮酒，刺史十分为难，等到陈遵大醉时，他突然进去拜见了陈遵的母亲，叩头告诉她自己和尚书约好有事相奏，陈遵的母亲就叫他从后门出去。陈遵大致经常喝醉酒，但是公事并没有因此荒废。

陈遵身长八尺多，头长鼻大，容貌非凡。他略微读了些传记，就能写作文辞。生性擅长写字，给他人写的书信，都被对方珍藏起来引以为荣。有事相求大家都不敢拒绝他，所到之处，官吏绅士都想观望他的风采，惟恐落在后面。当时列侯中有一位和陈遵同姓同字的人，每当他去别人家时，称陈孟公前来拜访，在座的人没有不震惊的，等他进了门才发现不是大家想的陈孟公，因此就称此人为陈惊坐。

王莽一向觉得陈遵非常有才能，在位的官吏也大多称赞他，因此起用他为河南太守。陈遵到任后，就派了属吏到西面去，召集了擅写文书的官吏十人到面前，为自己写书信感谢京都中的老朋友。陈遵靠在几上，将意思口述给书吏，并且还在一旁省察公事，很快就写了上

初，遵为河南太守，而弟级为荆州牧，当之官，俱过长安富人故淮阳王外家左氏饮食作乐。后司直陈崇闻之，劾奏“遵兄弟幸得蒙恩超等历位，遵爵列侯，备郡守，级州牧奉使，皆以举直察枉宣扬圣化为职，不正身自慎。始遵初除，乘藩车入闾巷，过寡妇左阿君置酒歌讴，遵起舞跳梁，顿仆坐上，暮因留宿，为侍婢扶卧。遵知饮酒饫宴有节，礼不入寡妇之门，而湛酒溷肴，乱男女之别，轻辱爵位，羞污印韨，恶不可忍闻。臣请皆免。”遵既免，归长安，宾客愈盛，饮食自若。

久之，复为九江及河内都尉，凡三为二千石。而张竦亦至丹阳太守，封淑德侯。后俱免官，以列侯归长安。竦居贫，无宾客，时时好事者从之质疑问事，论道经书而已。而遵昼夜呼号，车骑满门，酒肉相属。

先是黄门郎扬雄作《酒箴》以讽谏成帝，其文为酒客难法度士，譬之于物，曰：“子犹瓶矣。观瓶之居，居井之眉，处高临深，动常近危。酒醪不入口，臧水满怀，不得左右，牵于纆徽。一旦叀碍，为甇所轠，身提黄泉，骨肉为泥。自用如此，不如鸱夷。鸱夷滑稽，腹如大壶，尽日盛酒，人复借酤。常为国器，托于属车，出入两宫，经营公家。繇是言之，酒何过乎！”遵大喜之，常谓张竦：“吾与尔犹是矣。足下讽诵经书，苦身自约，不敢差跌，而我放意自恣，浮湛俗间，官爵功名，不减于子，而差独乐，顾不优邪！”竦曰：“人各有性，长短自裁。子欲为我亦不能，吾而效子亦败矣。虽然，学我者易

百封信，亲疏关系的不同信中的内容也不同，河南郡的人都感到非常吃惊。过了几个月，他就被免了官职。

起初，陈遵任河南太守时，他的弟弟陈级担任荆州牧，上任时，路过一位长安富人的家，此人是原淮阳王的外戚左氏，两人就在他家饮酒作乐。后来有位名叫陈崇的司直听说了这件事，就上奏弹劾“陈遵兄弟有幸蒙受皇恩，超出等级，任职官位，陈遵已到列侯的爵位，官至郡守，陈级也担任州牧，奉命出使，都应当以选任正直之士、明察冤屈之事、宣扬天子教化作为自己的职责，但是他们却不能修身自慎。起初陈遵刚做官时，他乘坐有帷的车子进入里巷，去寡妇左阿君家里摆酒唱歌，陈遵还起舞跳跃，又跌倒在座上，晚上留宿在寡妇家，被侍婢扶着去睡觉。陈遵明知设宴饮酒都应当遵循礼节，按照礼节不能擅入寡妇家门，却仍然沉溺于饮酒享乐中，不顾忌男女有别的礼法，让爵位受辱，使官职蒙羞，这种恶名不忍听闻。因此臣请求将他们两人免职。”陈遵被免职后，又回到了长安，宾客却越来越多，饮酒享乐一如既往。

过了很久，陈遵又重新担任九江及河内两地的都尉，总共做了三次俸禄为二千石的官吏。而张竦也官至丹阳太守，被封为淑德侯。后来他们都被免除官职，以列侯的身份回到长安。张竦生活清贫，没有宾客拜访，经常有好事之人向他提出疑问，询问事情，也不过是谈论经书罢了。而陈遵却日夜叫喊，车马满门，酒肉不断。

先前黄门郎扬雄曾作《酒箴》来讽谏成帝，他在文章中写了一位嗜酒之人责难遵守法令之人，借物喻人，写道：“你就好像一个陶罐。看那陶罐被悬挂在井边，位于高处面临深水，动一下就会有危险。酒不能进入罐口，倒是装满了井水，不能左右晃动，就这样被拴在绳上。一旦绳子挂住，就会被井壁上的砖撞破，散落到黄泉，骨肉化作泥土。你的用处仅此而已，还不如那盛酒的革囊。革囊圆滑，肚大如壶，整天都装满美酒，别人还要借它来买酒。经常被看作国家的贵重之物，放在天子随行的车子中，出入于两宫之中，奔走于官府之间。由此说来，酒有什么过错呢！”陈遵读过后非常喜欢这篇文章，常对张竦说：“我和你就像文中写的那样。你诵读经书，劳苦身体约

持，效子者难将，吾常道也。”

及王莽败，二人俱客于池阳，竦为贼兵所杀。更始至长安，大臣荐遵为大司马护军，与归德侯刘飒俱使匈奴。单于欲胁诎遵，遵陈利害，为言曲直，单于大奇之，遣还。会更始败，遵留朔方，为贼所败，时醉见杀。

原涉字巨先。祖父武帝时以豪桀自阳翟徙茂陵。涉父哀帝时为南阳太守。天下殷富，大郡二千石死官，赋敛送葬皆千万以上，妻子通共受之，以定产业。时又少行三年丧者。及涉父死，让还南阳赙送，行丧冢庐三年，繇是显名京师。礼毕，扶风谒请为议曹，衣冠慕之辐辏。为大司徒史丹举能治剧，为谷口令，时年二十余。谷口闻其名，不言而治。

先是涉季父为茂陵秦氏所杀，涉居谷口半岁所，自劾去官，欲报仇。谷口豪桀为杀秦氏，亡命岁余，逢赦出。郡国诸豪及长安、五陵诸为气节者皆归慕之。涉遂倾身与相待，人无贤不肖阗门，在所闾里尽满客。或讥涉曰：“子本吏二千石之世，结发自修，以行丧推财礼让为名，正复仇取仇，犹不失仁义，何故遂自放纵，为轻侠之徒乎？”涉应曰：“子独不见家人寡妇邪？始自约敕之时，意乃慕宋伯姬及陈孝妇，不幸壹为盗贼所污，遂行淫失，知其非礼，然不能自还。吾犹此矣！”

束自己，不敢有丝毫差池，而我任意放纵自己，在世间沉沦，官爵功名，也不次于你，却能独自享受快乐，这不比你更好嘛！”张竦说：“每个人都有自己的性情，长短要靠自己来裁定。你不能像我一样生活，而我要像你一样生活也会失败。即使这样，学习我的人容易保持，学习你的人难以做到，我这是通常的法则。”

等到王莽失败后，二人都客居在池阳，张竦被贼兵杀死。更始帝到了长安，大臣们举荐陈遵做大司马护军，并与归德侯刘飒一起出使匈奴。单于想要迫使陈遵投降，陈遵向他陈述利害关系，说清是非曲直，单于对他非常佩服，让他返回汉朝。正好遇上更始帝失败，陈遵只能留居在朔方，后来被贼兵打败，在大醉中被杀。

原涉，字巨先。他的祖父在武帝时以豪杰的身份从阳翟县迁徙到茂陵。他的父亲在哀帝时担任南阳太守。天下富足，大郡太守死于任上的，收到别人送来治丧的钱财都在千万以上，妻儿可以得到这笔钱，用来置办产业。当时又很少有人能履行服丧三年之礼。到原涉父亲死后，原涉不仅退还了南阳郡属吏送来的钱财，还住到冢庐里为父亲守丧三年，因此名扬京都。原涉服丧期满后，右扶风就请他去做议曹，仰慕他的官吏绅士也聚集过来。因为大司徒史丹举荐他能处理繁重难办的事务，原涉就当上了谷口县令，当时他只有二十多岁。谷口县的百姓早就听说过他的大名，所以不需要他下达命令就能治理得井井有条。

先前原涉的叔父被茂陵的秦氏杀死，原涉在谷口停留了半年多，因为检举自己的过失而被免官，想要报仇。谷口的豪杰帮原涉杀死秦氏，原涉因此亡命在外一年多，正赶上大赦才又露面。郡国的各位豪杰以及长安、五陵当地有气节的侠义之士都仰慕他。原涉也竭诚对待他们，不论有无才能，品行好坏的人都与原涉结交，宾客盈门，连他居住的里巷也都是客人。有人讥讽原涉说：“你本是郡守的后代，年少时就能修养自身，后来因为给父亲守丧三年和退还钱财守礼谦让而出名，即使因报仇而结仇，仍然没有失去仁义，为什么要放纵自己，做那轻生重义的游侠之徒呢？”原涉回答道：“你难道没见过民间的寡妇吗？最初自我约束的时候，心中仰慕的是宋伯姬和

涉自以为前让南阳赙送，身得其名，而令先人坟墓俭约，非孝也。乃大治起冢舍，周阁重门。初，武帝时，京兆尹曹氏葬茂陵，民谓其道为京兆仟。涉慕之，乃买地开道，立表署曰南阳仟，人不肯从，谓之原氏仟。费用皆卬富人长者，然身衣服车马才具，妻子内困。专以振施贫穷赴人之急为务。人尝置酒请涉，涉入里门，客有道涉所知母病避疾在里宅者。涉即往候，叩门。家哭，涉因入吊，问以丧事。家无所有，涉曰："但洁扫除沐浴，待涉。"还至主人，对宾客叹息曰："人亲卧地不收，涉何心乡此！愿彻去酒食。"宾客争问所当得，涉乃侧席而坐，削牍为疏，具记衣被棺木，下至饭含之物，分付诸客。诸客奔走市买，至日昳皆会。涉亲阅视已，谓主人："愿受赐矣。"既共饮食，涉独不饱，乃载棺物，从宾客往至丧家，为棺敛劳徕毕葬。其周急待人如此。后人有毁涉者曰"奸人之雄也"，丧家子即时刺杀言者。

宾客多犯法，罪过数上闻。王莽数收系欲杀，辄复赦出之。涉惧，求为卿府掾史，欲以避客。文母太后丧时，守复土校尉。已为中郎，后免官。涉欲上冢，不欲会宾客，密独与故人期会。涉单车欧上茂陵，投暮，入其里宅，因自匿不见人。遣奴至市买肉，奴乘涉气与屠争言，斫伤屠者，亡。是时，茂陵守令尹公新视事，涉未谒也，

陈孝妇，不幸被盗贼奸污，就会变得淫荡，虽然知道不合礼节，但自己已经不能回到过去了。我就是这样啊！”

原涉自认为过去退还了南阳郡属吏送来的钱财，虽然获得了名声，但却令父亲的坟墓非常简陋，是不孝的。于是他大修坟墓，在墓旁建造房舍，楼阁回环，层层设门，规模宏大。起初，武帝时，京兆尹曹氏安葬在茂陵，百姓称他的墓道为“京兆仟”。原涉很羡慕，就买下土地，开通墓道，建立表帜，署名为“南阳仟”，人们不肯跟着这么叫，就称它为“原氏仟”。原涉所有的费用都仰仗富贵显赫之人供给，而原涉自己只备有衣服和车马，妻儿还处在贫困中。原涉专做救济穷人、急人所难之事。一次有人摆下酒宴邀请原涉，原涉刚走进里门，有个客人就告诉原涉他所知的母亲因病避居的那家现在就住在里中。原涉马上去登门拜访，叩门。听见家中有哭声，原涉就进去吊唁，又询问丧事办理的情况。看见客人家中一无所有，原涉就说：“只要把房子打扫干净，给死者洗个澡，等我回来就行。”原涉回到摆下酒宴的主人处，对宾客叹息道：“看见别人的母亲去世了，躺在地上不能收殓，我哪有心思享用这些东西啊！希望把酒菜撤去。”宾客争相询问应该置办些什么，原涉因忧伤不安，侧身而坐，削好木简，列出清单，详细记下所需的寿衣、被褥、棺木，以至死者嘴里所含之物，交付各位宾客去置办。宾客分头奔走采买，直到太阳偏西才都回来。原涉亲自查看之后，对主人说：“现在可以享用宴席了。”大家一起吃喝完毕，只有原涉没有吃饱，就用车装着棺木等物，带着宾客前往死者家中，为其入殓，并慰劳宾客，安葬完毕才又离去。原涉就是这样急人所难、诚心待人的。后来有人诋毁原涉说他是“奸人之雄”，死者的儿子马上就杀了说这话的人。

原涉的宾客中有很多犯法的，朝廷也多次听说他们的罪行。王莽几次逮捕监禁想要杀掉这些人，又总是将他们赦免释放。原涉感到害怕，就谋求去王莽堂弟王林属下做掾史，想借此回避宾客。文母太后去世时，原涉临时担任了复土校尉。后面做了中郎，然后被免官。原涉想去冢舍居住，不想会见宾客，只与老朋友秘密约会。他自己驾车去茂陵，傍晚时分，进入里中的住宅，藏匿起来不肯见人。一

闻之大怒。知涉名豪，欲以示众厉俗，遣两吏胁守涉。至日中，奴不出，吏欲便杀涉去。涉迫窘不知所为。会涉所与期上冢者车数十乘到，皆诸豪也，共说尹公。尹公不听，诸豪则曰："原巨先奴犯法不得，使肉袒自缚，箭贯耳，诣廷门谢罪，于君威亦足矣。"尹公许之。涉如言谢，复服遣去。

初，涉与新丰富人祁太伯为友，太伯同母弟王游公素嫉涉，时为县门下掾，说尹公曰："君以守令辱原涉如是，一旦真令至，君复单车归为府吏，涉刺客如云，杀人皆不知主名，可为寒心。涉治冢舍，奢僭逾制，罪恶暴著，主上知之。今为君计，莫若堕坏涉冢舍，条奏其旧恶，君必得真令。如此，涉亦不敢怨矣。"尹公如其计，莽果以为真令。涉繇此怨王游公，选宾客，遣长子初从车二十乘劫王游公家。游公母即祁太伯母也，诸客见之皆拜，传曰"无惊祁夫人"。遂杀游公父及子，断两头去。

涉性略似郭解，外温仁谦逊，而内隐好杀。睚眦于尘中，触死者甚多。王莽末，东方兵起，诸王子弟多荐涉能得士死，可用。莽乃召见，责以罪恶，赦贳，拜镇戎大尹（天水太守）。涉至官无几，长安败，郡县诸假号起兵攻杀二千石长吏以应汉。诸假号素闻涉名，争问原尹何在，拜谒之。时莽州牧使者依附涉者皆得活。传送致涉长安，更始西屏将军申徒建请涉与相见，大重之。故茂陵令尹公坏

天原涉派奴仆去市集买肉，奴仆仗着原涉的威势，与屠夫争吵起来，并砍伤了屠夫，然后逃跑了。当时，代行茂陵县令一职的尹公刚刚上任，原涉没有去拜见，尹公听说此事后勃然大怒。他知道原涉是有名的豪侠，就借由这件事向众人展示威严，整顿风气，于是派了两个小吏守在原涉家门的两旁。到了中午，发现买肉的那个奴仆还不出来，小吏就想杀掉原涉然后离去。原涉处境窘迫，不知道该怎么办。正巧他约好要一起上坟的友人乘着几十辆车到了，他们都是当地的豪杰，决定一同去劝说尹公。尹公不听，各位豪杰说道："原巨先的奴仆犯了法不能抓获，就让他本人脱去上衣，捆绑自己，以箭贯耳，到县署门前来谢罪，这样对您的威严也足够维护了。"尹公答应下来。因而原涉按照豪杰说的办法去谢罪，尹公让他穿上衣服回家去了。

起初，原涉与新丰的富人祁太伯是朋友，而太伯的同母弟弟王游公一向忌恨原涉，王游公当时在县署做小吏，就劝说尹公道："您作为代理县令就如此羞辱原涉，一旦正式县令到任，您还是驾着单车回去做府吏，而原涉的朋友中刺客如云，杀了人都不知道主犯的名字，我非常为您担心。原涉修建冢舍，奢侈逾礼，不合法度，罪恶显著，天子也知道这些事情。现在为您考虑，不如拆毁原涉修建的冢舍，然后逐条上奏他已往的过失，您就一定会做成正式县令。如此一来，原涉也就不敢心怀怨恨了。"尹公按照他的计策行事，王莽果然任命尹公做了正式县令。原涉因此怨恨王游公，就挑选宾客，让长子原初带着人乘上二十辆车去抢劫王游公的家。王游公的母亲也就是祁太伯的母亲，宾客见到她都俯首跪拜，并互相转告"不要惊动祁夫人"。之后杀死了王游公和他的父亲，砍下两人的头，然后离去。

原涉的性情有些像郭解，外表温厚仁爱，谦逊有礼，而内心阴险狠毒，喜欢杀戮。在尘世中结下仇恨，有很多人因为得罪他而被杀死。王莽末年，东方有人起兵反叛，许多王氏子弟向王莽举荐原涉，称他能获得人心，帮他卖命，可以任用。王莽于是召见原涉，因他犯下的罪行而责罚他，然后又赦免了他，并任命他为镇戎大尹（天水太守）。原涉上任不久，长安兵败，附近郡县的豪杰就自立名号纷纷起兵，杀死郡守长吏，响应汉军。那些自立名号的人一向听说原涉的大

涉家舍者为建主簿，涉本不怨也。涉从建所出，尹公故遮拜涉，谓曰："易世矣，宜勿复相怨！"涉曰："尹君，何壹鱼肉涉也！"涉用是怒，使客刺杀主簿。

涉欲亡去，申徒建内恨耻之，阳言："吾欲与原巨先共镇三辅，岂以一吏易之哉！"宾客通言，令涉自系狱谢，建许之。宾客车数十乘共送涉至狱。建遣兵道徼取涉于车上，送车分散驰，遂斩涉，县之长安市。

自哀、平间，郡国处处有豪桀，然莫足数。其名闻州郡者，霸陵杜君敖、池阳韩幼孺、马领绣君宾、西河漕中叔，皆有谦退之风。王莽居慑，诛鉏豪侠，名捕漕中叔，不能得。素善强弩将军孙建，莽疑建藏匿，泛以问建。建曰："臣名善之，诛臣足以塞责。"莽性果贼，无所容忍，然重建，不竟问，遂不得也。中叔子少游，复以侠闻于世云。

名，都争相询问原涉在何处，前去拜见。当时王莽任命的州牧和使者凡是依附原涉的都得以保全性命。原涉被他们送到长安，更始帝的西屏将军申徒建（一作申屠建）请求与原涉相见，对他非常器重。曾经折毁原涉冢舍的原茂陵县令尹公，现在做了申屠建的主簿，原涉本来并不怨恨他。当原涉从申屠建的官府中出来时，尹公故意上前拦住拜见他，并说道："现在已经改朝换代了，您不应该再心怀怨恨！"原涉说："尹君，你为什么专把我当作鱼肉任意宰割啊！"原涉因此被激怒，就派宾客杀死了主簿尹公。

原涉打算逃走，申徒建因为蒙羞而对原涉心怀怨恨，他假意说："我要和原巨先一起安定三辅地区，怎么会因为一个小吏就改变主意呢！"宾客把这话转告给原涉，让他自请囚禁于监牢来谢罪，申屠建同意了。于是宾客乘着几十辆车一同把原涉送到监牢。申屠建派兵中途拦截，在车上将原涉抓捕，护送他的车辆四处逃散奔驰，申屠建当即将原涉斩杀，他的头颅被悬挂到了长安市集上。

从哀帝、平帝年间开始，郡国到处都有豪杰，但无法统计人数。其中闻名于州郡的，有霸陵的杜君敖、池阳的韩幼孺、马领的绣君宾、西河的漕中叔等，他们都有谦恭退让的风范。王莽摄政后，要诛灭豪侠，指名逮捕漕中叔，却没有抓获。漕中叔一向与强弩将军孙建交好，王莽怀疑孙建藏匿了漕中叔，就询问他。孙建说："臣与漕中叔交好，杀了臣足以抵罪了。"王莽性情残暴狠毒，没有容忍之心，但很重视孙建，就不再追问，最终也没有抓到漕中叔。漕中叔的儿子漕少游，后来又以豪侠身份闻名于世。

卷九十三

佞幸传第六十三

汉兴，佞幸宠臣，高祖时则有籍孺，孝惠有闳孺。此两人非有材能，但以婉媚贵幸，与上卧起，公卿皆因关说。故孝惠时，郎侍中皆冠鵔鸃，贝带，傅脂粉，化闳、籍之属也。两人徙家安陵。其后宠臣，孝文时士人则邓通，宦者则赵谈、北宫伯子；孝武时士人则韩嫣，宦者则李延年；孝元时宦者则弘恭、石显；孝成时士人则张放、淳于长；孝哀时则有董贤。孝景、昭、宣时皆无宠臣。景帝唯有郎中令周仁。昭帝时，驸马都尉秺侯金赏嗣父车骑将军日磾爵为侯，二人之宠取过庸，不笃。宣帝时，侍中中郎将张彭祖少与帝微时同席研书，及帝即尊位，彭祖以旧恩封阳都侯，出常参乘，号为爱幸。其人谨敕，无所亏损，为其小妻所毒薨，国除。

邓通，蜀郡南安人也，以濯船为黄头郎。文帝尝梦欲上天，不能，有一黄头郎推上天，顾见其衣尻带后穿。觉而之渐台，以梦中阴目求推者郎，见邓通，其衣后穿，梦中所见也。召问其名姓，姓邓，名通。邓犹登也，文帝甚说，尊幸之，日日异。通亦愿谨，不好外交，虽赐洗沐，不欲出。于是文帝赏赐通巨万以十数，官至上大夫。

文帝时间如通家游戏，然通无他技能，不能有所荐达，独自谨身以媚上而已。上使善相人者相通，曰："当贫饿死。"上曰："能富

汉朝建立以来，因善于谄媚而获得宠幸的臣子就不断出现，高祖时有籍孺，惠帝时有闳孺。这两人没有才能，只是凭借柔顺谄媚而获得宠幸，他们与皇帝同卧同起，关系亲密，公卿大臣也要靠他们来说情。所以惠帝时，郎、侍中都戴着鵕鸃冠，用贝壳装饰腰带，涂脂抹粉，就是受到闳孺、籍孺这类人的影响。他们两人都把家迁到安陵。以后的宠臣，文帝时士人有邓通，宦官有赵谈、北宫伯子；武帝时士人有韩嫣，宦官有李延年；元帝时宦官有弘恭、石显；成帝时士人有张放、淳于长；哀帝时则有董贤。景帝、昭帝、宣帝时都没有宠臣。景帝时只有郎中令周仁。昭帝时，驸马都尉秺侯金赏，承袭其父车骑将军金日磾的爵位为侯，他们两人虽然比一般人受到宠幸，但不是特别过分。宣帝时，侍中中郎将张彭祖年少时与处于微贱的宣帝同坐一处研读诗书，等到宣帝即位，张彭祖便凭借昔日的恩情被封为阳都侯，宣帝出门时经常要他陪乘，称他为宠幸之人。此人谨慎自饬，没有做过有损于人的事，最后被其妾下毒害死，封国也被废除。

邓通，蜀郡南安县人，因为划船戴黄帽而称为黄头郎。文帝曾经在梦中想要升天，却无法做到，忽然有一位黄头郎从后面推他，终于升天，他回头看见那人把上衣束成带状，围在屁股上，穿在身后。文帝醒来后就去往渐台，按照梦中所见寻找那个推他的黄头郎，看见邓通，发现他的衣服正是穿在身后，和梦中所见之人一样。文帝就把他召来询问姓名，邓通说自己姓邓，名通。邓与登读音一样，文帝非常高兴，于是宠幸邓通，一日胜过一日。邓通为人也质朴恭谨，不喜欢同外边打交道，即使文帝赏赐他沐浴休假，也不想出去。因而文帝赏赐邓通巨万的钱财，多达十几次，他后来官至上大夫。

文帝有时会私下去邓通家游乐，但是邓通并没有其他技能，不能有所展现，只能自己小心翼翼地讨好文帝罢了。文帝曾派善于看相

通者在我，何说贫？”于是赐通蜀严道铜山，得自铸钱。邓氏钱布天下，其富如此。

文帝尝病痈，邓通常为上嗽吮之。上不乐，从容问曰：“天下谁最爱我者乎？”通曰：“宜莫若太子。”太子入问疾，上使太子齰痈。太子齰痈而色难之。已而闻通尝为上齰之，太子惭，繇是心恨通。

及文帝崩，景帝立，邓通免，家居。居无何，人有告通盗出徼外铸钱，下吏验问，颇有，遂竟案，尽没入之，通家尚负责数巨万。长公主赐邓通，吏辄随没入之，一簪不得著身。于是长公主乃令假衣食。竟不得名一钱，寄死人家。

赵谈者，以星气幸，北宫伯子长者爱人，故亲近，然皆不比邓通。

韩嫣字王孙，弓高侯颓当之孙也。武帝为胶东王时，嫣与上学书相爱。及上为太子，愈益亲嫣。嫣善骑射，聪慧。上即位，欲事伐胡，而嫣先习兵，以故益尊贵，官至上大夫，赏赐儗邓通。

始时，嫣常与上共卧起。江都王入朝，从上猎上林中。天子车驾跸通未行，先使嫣乘副车，从数十百骑驰视兽。江都王望见，以为天子，辟从者，伏谒道旁。嫣驱不见。既过，江都王怒，为皇太后泣，请得归国入宿卫，比韩嫣。太后繇此衔嫣。

嫣侍，出入永巷不禁，以奸闻皇太后。太后怒，使使赐嫣死。

的许负观察邓通容貌，许负说："他将来会因贫穷饥饿而死。"文帝说："能让邓通富贵的人是我，我作为一国之君，为什么说邓通会贫穷呢？"于是文帝下令赏赐邓通蜀郡严道的铜山，让他可以自己铸造钱币。因此邓通铸造的钱币流通天下，他富有到如此地步。

文帝身上曾经长有脓疮，邓通经常为文帝吸出脓血。文帝闷闷不乐，从容询问邓通："天下最爱我的人是谁呢？"邓通说："应该没有人能比得上太子。"太子进来探问文帝的疾病，文帝就让太子吸出疮中的脓血。太子虽然面露难色但还是吸了。后来太子听说邓通曾经为文帝吸疮，感到惭愧，因此心中怨恨邓通。

等到文帝驾崩，景帝即位，邓通被免去官职，回家居住。邓通回家不久，有人告发他将所铸之钱私自盗运出塞外，景帝派遣官吏前去查问，发现确有此事，就下令彻查，将邓通的家产全部没收，另外还欠下数以巨万的钱财。长公主赏赐给邓通的钱财，官吏也一并没收，连一根簪子也不让他戴在身上。于是长公主就派人借给他衣服和食物。邓通竟然没有一文钱，最终死在所依附的人家中。

赵谈，靠占星望气而获得宠幸，北宫伯子言行仁厚，爱护他人，所以文帝亲近他，但他们都比不上邓通受宠。

韩嫣，字王孙，是弓高侯韩颓当的孙子。武帝做胶东王时，韩嫣与武帝一起读书，互相友爱。等到武帝成为太子，更加亲近韩嫣。韩嫣善于骑射，为人聪慧。武帝即位后，想要攻打匈奴，而韩嫣以前学习过军事，因此受到武帝宠幸，更加尊贵，后来官至上大夫，获得的赏赐可以与邓通相比。

起初，韩嫣经常与武帝同卧同起。有一次江都王入朝，跟着武帝去上林苑中打猎。武帝的车驾因为清道还未出发，就先派韩嫣乘坐副车，率领近百骑兵去查看野兽。江都王望过去，还以为是武帝，就屏退左右，伏在路旁拜见。谁知韩嫣却疾驰而过，没有看见江都王。韩嫣过去后，江都王大怒，向皇太后哭泣，请求把他受封的爵位归还，自己也入宫去当值宿警卫，和韩嫣一样。太后因此心中怨恨韩嫣。

韩嫣侍奉武帝，出入永巷不受阻拦，因为奸情被皇太后知道。

上为谢，终不能得，嫣遂死。

嫣弟说，亦爱幸，以军功封案道侯，巫蛊时为戾太子所杀。子增封龙雒侯，大司马车骑将军，自有传。

李延年，中山人，身及父母兄弟皆故倡也。延年坐法腐刑，给事狗监中。女弟得幸于上，号李夫人，列《外戚传》。延年善歌，为新变声。是时上方兴天地诸祠，欲造乐，令司马相如等作诗颂。延年辄承意弦歌所造诗，为之新声曲。而李夫人产昌邑王，延年繇是贵为协律都尉，佩二千石印绶，而与上卧起，其爱幸埒韩嫣。久之，延年弟季与中人乱，出入骄恣。及李夫人卒后，其爱弛，上遂诛延年兄弟宗族。

是后宠臣，大氐外戚之家也。卫青、霍去病皆爱幸，然亦以功能自进。

石显字君房，济南人；弘恭，沛人也。皆少坐法腐刑，为中黄门，以选为中尚书。宣帝时任中书官，恭明习法令故事，善为请奏，能称其职。恭为令，显为仆射。元帝即位数年，恭死，显代为中书令。

是时，元帝被疾，不亲政事，方隆好于音乐，以显久典事，中人无外党，精专可信任，遂委以政。事无小大，因显白决，贵幸倾朝，百僚皆敬事显。显为人巧慧习事，能探得人主微指，内深贼，持诡辩以中伤人，忤恨睚眦，辄被以危法。初元中，前将军萧望之及光禄大夫周堪、宗正刘更生皆给事中。望之领尚书事，知显专权邪辟，建白以为“尚书百官之本，国家枢机，宜以通明公正处之。武帝游宴后庭，故用宦者，非古制也。宜罢中书宦官，应古不近刑人。”

太后大怒，派人赐死韩嫣。武帝替他向太后谢罪，最终没被接受，韩嫣于是死去。

韩嫣的弟弟韩说，也受到武帝宠幸，他凭借军功被封为案道侯，武帝末年，巫蛊之祸时被戾太子所杀。韩说的儿子韩增后来被封为龙雒侯，大司马车骑将军，他另外有传记。

李延年，中山人，他和他的父母兄弟世代都是乐人。李延年因为犯法受了腐刑，后来掌管天子的猎犬。他妹妹得到武帝宠爱，封为李夫人，她的事迹详见《外戚传》。李延年善于唱歌，并创作了新的歌曲。当时武帝正在修建祭祀天地的各个祠庙，正想创作音乐，就让司马相如等人作诗颂扬。李延年总是秉承武帝的意旨，用琴瑟伴奏来歌唱这些诗，成为新的歌曲。而李夫人后来生下了昌邑王刘髆，李延年因此身份尊贵，做了协律都尉，佩带二千石的印绶，并且和武帝同卧同起，他受到的宠幸可以与韩嫣相比。过了很久，李延年的弟弟李季与宫人淫乱，出入骄纵。等到李夫人死后，他们失去了武帝的宠爱，武帝就下令诛灭了李延年兄弟宗族。

此后的宠臣，大都是外戚之家。卫青、霍去病虽然都受到宠幸，但他们也是凭借着自己的才能而进身为官。

石显，字君房，济南人；弘恭，是沛郡人。他们年轻时都因犯法受过腐刑，后来做了中黄门，又被选为中尚书。宣帝时任中书官，弘恭熟习法令旧事，善于奏请，才能足以胜任其职。弘恭为中书令，石显为中书仆射。元帝即位几年后，弘恭去世，石显代替他担任中书令。

当时，元帝患病，不能亲自处理政事，正沉迷于音乐，因为石显久任此职，而宦官也没有外戚，精诚专一可以信任，元帝就把各种政事都交给石显。不论大小，都由石显奏陈元帝然后裁决，石显的尊贵地位和受到的宠幸超过所有朝臣，百官都恭敬地侍奉着石显。石显为人聪明机灵又熟悉事理，能够体会到天子的深意，但内心阴险狠毒，经常用诡辩来中伤他人，一点小事受到违逆，他就会施加严刑峻法。初元年间，前将军萧望之和光禄大夫周堪、宗正刘更生都担任给事中。萧望之领尚书事，知道石显独揽大权，品行不端，就提出建

元帝不听，繇是大与显忤。后皆害焉，望之自杀，堪、更生废锢，不得复进用，语在《望之传》。后太中大夫张猛、魏郡太守京房、御史中丞陈咸、待诏贾捐之皆尝奏封事，或召见，言显短。显求索其罪，房、捐之弃市，猛自杀于公车，咸抵罪，髡为城旦。及郑令苏建得显私书奏之，后以它事论死。自是公卿以下畏显，重足一迹。

显与中书仆射牢梁、少府五鹿充宗结为党友，诸附倚者皆得宠位。民歌之曰："牢邪石邪，五鹿客邪！印何累累，绶若若邪！"言其兼官据势也。

显见左将军冯奉世父子为公卿著名，女又为昭仪在内，显心欲附之，荐言昭仪兄谒者逡修敕宜侍帷幄。天子召见，欲以为侍中，逡请间言事。上闻逡言显颛权，天子大怒，罢逡归郎官。其后御史大夫缺，群臣皆举逡兄大鸿胪野王行能第一，天子以问显，显曰："九卿无出野王者。然野王亲昭仪兄，臣恐后世必以陛下度越众贤，私后宫亲以为三公。"上曰："善，吾不见是。"乃下诏嘉美野王，废而不用，语在《野王传》。

显内自知擅权事柄在掌握，恐天子一旦纳用左右耳目，有以间己，乃时归诚，取一信以为验。显尝使至诸官有所征发，显先自白，恐后漏尽宫门闭，请使诏吏开门。上许之。显故投夜还，称诏开门

议说“尚书是百官的根本，国家的重要职位，应当让开通贤明又处事公正的人担任此职。武帝在后宫游乐，所以重用宦官，这不符合旧有的制度。陛下应当免除宦官的中书令职位，顺应古代的礼仪制度，不接近宦官。”元帝没有听从萧望之的建议，因此萧望之得罪石显，令他非常恼怒。后来萧望之等人都受到石显的迫害，萧望之自杀而死，周堪、刘更生被革除官职，不再任用，详见《萧望之传》。后来太中大夫张猛、魏郡太守京房、御史中丞陈咸、待诏贾捐之等人都曾上书奏事，有时被元帝召见，也会揭露石显的短处。石显就派人搜寻他们的罪过，京房、贾捐之被斩首示众，张猛在公车署内自杀，陈咸抵偿罪责，被剃去头发，服城旦之刑。后来郑县县令苏建得到石显的秘密书信把它上奏给元帝，石显就以其他理由判其死罪。从此以后，公卿以下的官吏都非常害怕石显，不敢擅作主张。

石显又和中书仆射牢梁、少府五鹿充宗结为同党，那些依附于他们的人都可以获得显要的职位。当时民间有歌唱道：“牢梁啊石显啊，都是五鹿充宗家的客人啊！他们手中的官印是那么多！他们身上的绶带是那么长！”表明了他们兼任很多官职，拥有巨大权势。

石显看见左将军冯奉世父子身为公卿，非常有名，冯奉世的女儿又是元帝后宫的昭仪，就想依附他，于是石显向元帝举荐昭仪的哥哥谒者冯逡，说他为人谨慎，也不逾矩，可以在宫中侍奉。元帝召见冯逡，想任命他为侍中，冯逡趁机向元帝进谏。元帝听到冯逡说石显独揽大权，勃然大怒，当即免除冯逡之职，让他仍去做谒者。后来御史大夫的职位空缺，群臣都推举冯逡的哥哥大鸿胪冯野王，说他的品行才能无人可比，元帝询问石显，石显说：“九卿之中没有人能胜过冯野王。不过冯野王是昭仪的亲兄，臣担心后世会认为陛下不用众多贤才，而亲近后宫的亲属，让他们担任三公之职。”元帝说：“你说的对，我没有看见这个道理。”元帝下诏书称赞冯野王，但将他废弃，没有重用，详见《冯野王传》。

石显心中知道自己独揽大权的事情被人掌握，担心元帝一旦让身边人打探自己的情况，就会得知真相，所以主动向元帝表白过错，显示自己的忠诚，用一件实事来证明身边人所言为诬陷。石显曾到各

入。后果有上书告显颛命矫诏开宫门，天子闻之，笑以其书示显。显因泣曰："陛下过私小臣，属任以事，群下无不嫉妒欲陷害臣者，事类如此非一，唯独明主知之。愚臣微贱，诚不能以一躯称快万众，任天下之怨，臣愿归枢机职，受后宫扫除之役，死无所恨，唯陛下哀怜财幸，以此全活小臣。"天子以为然而怜之，数劳勉显，加厚赏赐，赏赐及赂遗訾一万万。

初，显闻众人匈匈，言已杀前将军萧望之。望之当世名儒，显恐天下学士姗己，病之。是时，明经著节士琅邪贡禹为谏大夫，显使人致意，深自结纳。显因荐禹天子，历位九卿，至御史大夫，礼事之甚备。议者于是称显，以为不妒谮望之矣。显之设变诈以自解免取信人主者，皆此类也。

元帝晚节寝疾，定陶恭王爱幸，显拥祐太子颇有力。元帝崩，成帝初即位，迁显为长信中太仆，秩中二千石。显失倚，离权数月，丞相御史条奏显旧恶，及其党牢梁、陈顺皆免官。显与妻子徙归故郡，忧满不食，道病死。诸所交结，以显为官，皆废罢。少府五鹿充宗左迁玄菟太守，御史中丞伊嘉为雁门都尉。长安谣曰："伊徙雁，鹿徙菟，去牢与陈实无贾。"

淳于长字子孺，魏郡元城人也。少以太后姊子为黄门郎，未进幸。会大将军王凤病，长侍病，晨夜扶丞左右，甚有甥舅之恩。凤且终，以长属托太后及帝。帝嘉长义，拜为列校尉诸曹，迁水衡都尉侍

官署征调民力财物，他事先向元帝说明此事，担心晚上回来的迟，宫门关闭无法进来，请求元帝派人下诏让门吏开门。元帝答应了他。石显故意直到深夜才返回，称说元帝有诏让人开门，得以进入。后来果然有人上书告发石显不奉上命，自由行事，假托诏令，私开宫门，元帝听说后，笑着把那封奏书拿给石显看。石显趁机哭泣说："陛下偏爱小臣，委任我处理政事，群臣无不嫉妒想要陷害我，像这样的事情不止一件，只希望您能知晓我的处境。我低微卑贱，确实不能凭借自身让大众称快，也不能承受天下人的怨恨，臣愿意归还中书令这一重要职位，领受后宫打扫之役，死而无憾，只希望陛下哀怜我，量情采纳，以此保全小臣的性命。"元帝认为他所言属实，对他很同情，就多次慰问勉励石显，给他的赏赐更加丰厚，石显获得的赏赐以及官民赠送的财物多达一万万。

起初，石显听到众人议论纷纷，说他杀了前将军萧望之。萧望之是当代有名的儒者，石显害怕天下的读书人讥讽自己，因此非常担心。当时，明经著节士琅琊人贡禹担任谏大夫，石显派人向他表达了自己的心意，想要与贡禹结交。石显把贡禹举荐给元帝，历任九卿，官至御史大夫，对待他的礼仪非常周全。讨论此事的人于是称颂石显，认为他没有嫉妒诬陷萧望之。石显就像这样运用阴谋诡计给自己解围，从而取信于天子。

元帝晚年卧病不起，定陶恭王刘康受到元帝宠爱，但是石显却非常拥护太子。元帝驾崩后，成帝刚即位，就把石显调往长信宫担任中太仆，俸禄是中二千石。石显失去依靠，离开权位几个月后，丞相匡衡和御史张谭就向成帝逐条上奏石显过去的罪行，他的党羽牢梁、陈顺都被免除官职。石显与妻儿返回故乡时，忧愁苦闷，吃不下饭，病死在路上。过去因为结交石显而获得官职的人，都被罢免。少府五鹿充宗降职为玄菟太守，御史中丞伊嘉降职为雁门都尉。长安有歌谣唱道："伊徙雁，鹿徙菟，去牢与陈实无贾。"

淳于长，字子鸿，魏郡元城县人。年少时因为是太后姐姐的儿子而担任黄门郎，但官位不进，未获宠爱。恰逢大将军王凤生病，淳于长去侍疾，早晚在王凤身边照顾，故而与王凤结下了深厚的甥舅

中，至卫尉九卿。

久之，赵飞燕贵幸，上欲立以为皇后，太后以其所出微，难之。长主往来通语东宫。岁余，赵皇后得立，上甚德之，乃追显长前功，下诏曰："前将作大匠解万年奏请营作昌陵，罢弊海内，侍中卫尉长数白宜止徙家反故处，朕以长言下公卿，议者皆合长计。首建至策，民以康宁。其赐长爵关内侯。"后遂封为定陵侯，大见信用，贵倾公卿。外交诸侯牧守，赂遗赏赐亦累巨万。多畜妻妾，淫于声色，不奉法度。

初，许皇后坐执左道废处长定宫，而后姊嬺为龙頟思侯夫人，寡居。长与嬺私通，因取为小妻。许后因嬺赂遗长，欲求复为倢伃。长受许后金钱乘舆服御物前后千余万，诈许为白上，立以为左皇后。嬺每入长定宫，辄与嬺书，戏侮许后，嫚易无不言。交通书记，赂遗连年。是时，帝舅曲阳侯王根为大司马票骑将军，辅政数岁，久病，数乞骸骨。长以外亲居九卿位，次第当代根。根兄子新都侯王莽心害长宠，私闻长取许嬺，受长定宫赂遗。莽侍曲阳侯疾，因言"长见将军久病，意喜，自以当代辅政，至对衣冠议语署置。"具言其罪过。根怒曰："即如是，何不白也？"莽曰："未知将军意，故未敢言。"根曰："趣白东宫。"莽求见太后，具言长骄佚，欲代曲阳侯，对莽母上车，私与长定贵人姊通，受取其衣物。太后亦怒曰："儿至如此！往白之帝！"莽白上，上乃免长官，遣就国。

之恩。王凤临终前，把淳于长托付给太后和成帝。成帝称赞淳于长的恩义，提拔他担任校尉，在各部官员之列，后来升任水衡都尉侍中，又官至九卿中的卫尉。

过了很久，赵飞燕地位尊贵且深受宠爱，成帝想立她为皇后，太后因为她出身卑微，反对此事。淳于长就专门往来东宫，替成帝向太后讲情。过了一年多，赵飞燕被立为皇后，成帝非常感激淳于长的努力，就表彰淳于长从前的功劳，下诏说："从前将作大匠解万年奏请兴建昌陵，使天下百姓疲惫不堪，侍中卫尉淳于长多次劝说应停建，让已经迁徙的人口返回原籍，朕把淳于长的建议下发给公卿讨论，大家都同意淳于长的建议。淳于长最早提出良策，让百姓能够安宁。现在赏赐淳于长关内侯爵位。"后来淳于长被封为为定陵侯，很受成帝的信任和重用，他的富贵超过了当时的公卿。淳于长在外结交诸侯和牧守，他获得的赏赐以及官民赠送的财物也累积巨万。他还娶了许多妻妾，沉溺于声色享乐，不遵守国家的法度。

起初，许皇后因笃信巫蛊而被废，住在长定宫，许皇后的姐姐许孊是龙頟思侯韩宝的夫人，当时龙頟思侯已死，她独居在家。淳于长趁机与许孊私通，把她娶来做妾。许皇后就通过姐姐许孊贿赂淳于长，想让淳于长在成帝面前说情，恢复为婕妤。淳于长前后接受许皇后送的金钱、车马、衣服、器用等财物，多达千余万，他欺骗许皇后说已经告知成帝，会立她为左皇后。许孊每次去长定宫，淳于长就会让她捎上书信，在信中戏弄许皇后，轻侮之话无所不说。许皇后和淳于长互通书信，往来贿赂的情况持续了好几年。当时，成帝的舅舅曲阳侯王根担任大司马骠骑将军，辅佐朝政已有数年，因为长期患病，多次请求辞职。淳于长凭借外戚的身份位列九卿，按照官位顺序可以取代王根担任其职。王根哥哥的儿子新都侯王莽心中担心淳于长受宠，私下听说淳于长娶了许孊为妾，并接受许皇后的贿赂。王莽在给王根侍疾时，就趁机说道"淳于长看见将军长期患病，心中暗喜，认为可以取代您，辅佐朝政，甚至已经开始议论官吏的人选与安排。"王莽将淳于长的罪过详细告诉王根。王根听后，大怒说："既然他是这样的人，你为什么不早点对我说？"王莽说："之前不知道将军的

初，长为侍中，奉两宫使，亲密。红阳侯立独不得为大司马辅政，立自疑为长毁谮，常怨毒长。上知之。及长当就国也，立嗣子融从长请车骑，长以珍宝因融重遗立，立因为长言。于是天子疑焉，下有司案验。吏捕融，立令融自杀以灭口。上愈疑其有大奸，遂逮长系洛阳诏狱穷治。长具服戏侮长定宫，谋立左皇后，罪至大逆，死狱中。妻子当坐者徙合浦，母若归故郡。红阳侯立就国。将军卿大夫郡守坐长免罢者数十人。莽遂代根为大司马。久之，还长母及子酺于长安。后酺有罪，莽复杀之，徙其家属归故郡。

始长以外亲亲近，其爱幸不及富平侯张放。放常与上卧起，俱为微行出入。

董贤字圣卿，云阳人也。父恭，为御史，任贤为太子舍人。哀帝立，贤随太子官为郎。二岁余，贤传漏在殿下，为人美丽自喜，哀帝望见，说其仪貌，识而问之，曰："是舍人董贤邪？"因引上与语，拜为黄门郎，繇是始幸。问及其父为云中侯，即日征为霸陵令，迁光禄大夫。贤宠爱日甚，为驸马都尉侍中，出则参乘，入御左右，旬月间赏赐絫巨万，贵震朝廷。常与上卧起。尝昼寝，偏藉上袖，上欲起，

想法，所以不敢告诉。”王根说：“快去告诉给太后。”王莽马上去求见太后，详细告知淳于长的种种罪状，说他骄纵放肆，想要取代王根辅政，在王莽母亲之前上车，与许皇后的姐姐私通，并接受许皇后的财物。太后听后，也大怒说：“我这个外甥竟然坏到这种地步！快去向皇帝汇报！”王莽又向成帝历数淳于长的罪过，成帝听后就免除了他的官职，遣送回自己的封国。

起初，淳于长担任侍中，作为使者在成帝和太后之间传话，关系亲密。只有红阳侯王立不能担任大司马之职，辅佐朝政，他怀疑是淳于长在成帝面前诬陷诽谤自己，时常怨恨淳于长。成帝知道这些情况。等到淳于长要回封国时，王立的长子王融向淳于长请求把车骑送给他，淳于长就通过王融用珍宝贿赂王立，王立因此替淳于长说情。成帝看到王立前后态度转变巨大，引起了他的怀疑，下令主管官吏查验此事。官吏逮捕了王融，王立令王融自杀以灭口。成帝更加怀疑其中有不可告人的重大阴谋，就下令将淳于长逮捕并交由洛阳诏狱彻底查办。淳于长服罪，供出自己戏弄许皇后，承诺立她为左皇后等事，犯有大逆不道之罪，后来死在狱中。淳于长的妻儿也一同治罪，被流放到合浦，他的母亲王若遣送回故乡。红阳侯王立也被遣送回自己的封国。受到淳于长牵连，被罢免的将军、卿、大夫、郡守等有数十人。王莽于是接替王根做了大司马。过了很久，王莽把淳于长的母亲及儿子淳于酺迁回长安。后来淳于酺有罪，王莽又杀了他，把他的家属遣送回故乡。

起初，淳于长凭借外戚的身份得以亲近成帝，他受到的宠幸比不上富平侯张放。张放经常和成帝同卧同起，两人还一起微服出行。

董贤，字圣卿，云阳人。他的父亲董恭，担任御史，董贤担任太子舍人。哀帝即位，董贤跟着太子升为郎官。过了两年多，董贤在殿下报时，长得美丽喜人，哀帝望见后，非常喜爱他的容貌，看着他问道：“你是太子舍人董贤吗？”于是哀帝把他召到殿上谈话，授予黄门郎一职，由此董贤开始得宠。哀帝询问后得知他的父亲是云中侯，当即征召为霸陵县令，又提拔为光禄大夫。董贤受到的宠幸日渐加深，后来担任驸马都尉侍中，外出则同车陪乘，入朝就哀帝侍奉左右，十几

贤未觉，不欲动贤，乃断袖而起。其恩爱至此。贤亦性柔和便辟，善为媚以自固。每赐洗沐，不肯出，常留中视医药。上以贤难归，诏令贤妻得通引籍殿中，止贤庐，若吏妻子居官寺舍。又召贤女弟以为昭仪，位次皇后，更名其舍为椒风，以配椒房云。昭仪及贤与妻旦夕上下，并侍左右。赏赐昭仪及贤妻亦各千万数。迁贤父为少府，赐爵关内侯，食邑，复徙为卫尉。又以贤妻父为将作大匠，弟为执金吾。诏将作大匠为贤起大第北阙下，重殿洞门，木土之功穷极技巧，柱槛衣以绨锦。下至贤家僮仆皆受上赐，及武库禁兵，上方珍宝。其选物上弟尽在董氏，而乘舆所服乃其副也。及至东园秘器，珠襦玉柙，豫以赐贤，无不备具。又令将作为贤起冢茔义陵旁，内为便房，刚柏题凑，外为徼道，周垣数里，门阙罘罳甚盛。

上欲侯贤而未有缘。会待诏孙宠、息夫躬等告东平王云后谒祠祀祝诅，下有司治，皆伏其辜。上于是令躬、宠为因贤告东平事者，乃以其功下诏封贤为高安侯，躬宜陵侯，宠方阳侯，食邑各千户。顷之，复益封贤二千户。丞相王嘉内疑东平事冤，甚恶躬等，数谏争，以贤为乱国制度，嘉竟坐言事下狱死。

上初即位，祖母傅太后、母丁太后皆在，两家先贵。傅太后从弟喜先为大司马辅政，数谏，失太后指，免官。上舅丁明代为大司

天时间获得的赏赐已经累积巨万，地位尊贵震动朝廷。他经常与哀帝同卧同起。曾经有一次白天睡觉，他的半边身子压住哀帝的袖子，哀帝想要起身，看见董贤未醒，就不想惊动他，便割断自己的袖子然后起来。董贤受到的恩宠到了这种地步。董贤性情也温和柔顺，谄媚逢迎，善于迎合哀帝让自己地位稳固。哀帝每次赐他休假沐浴，都不肯外出，经常留在宫中照看医药。哀帝因为董贤难得回家，就下令董贤的妻子可以进入殿中，住在董贤的休息的地方，就像官吏的妻子居住在官舍一样。又把董贤的妹妹封为昭仪，地位仅次于皇后，将她的殿改名为椒风，以和皇后的椒房殿相配。昭仪与董贤及其妻早晚一起上下宫殿，共同侍奉哀帝左右。哀帝赏赐给昭仪及董贤的妻子也各有千万钱。将董贤的父亲提拔为少府，并赏赐关内侯爵位，食邑，后来又把他调任为卫尉。又任命董贤的岳父为将作大匠，其弟为执金吾。哀帝下令将作大匠为董贤在北阙旁边修建宏大府第，前后有殿，门门相对，土木之功，穷极技巧，柱子栏杆，雕琢花纹。下至董贤家的奴仆都会受到上等赏赐，连武库中的御用兵器，上方署中的御用珍宝都在其中。进贡的各种物品，上等的都在董贤那里，而哀帝所用都是次一等的。还有东园署的棺木，珠襦玉衣等丧葬之物，都提前赏赐给他，十分齐全。又下令将作大匠为董贤在义陵旁边修建坟墓，里面有便房，供祭拜者休息，并用坚硬的柏木做题凑，外面是禁卫森严的道路，四周围墙绵延数里，门阙罘罳也非常华丽。

哀帝想要封董贤为侯，但一直没有机会。恰逢待诏孙宠、息夫躬等人告发东平王刘云的王后在祭祀时祝告鬼神，使其降祸于哀帝，哀帝下令交由主管官吏审理，东平王刘云的王后等人全都服罪。哀帝就让息夫躬、孙宠二人说是董贤告发的东平王一事，然后因其功劳下诏封董贤为高安侯，息夫躬为宜陵侯，孙宠为方阳侯，每人赏赐食邑千户。不久，又加封给董贤二千户食邑。丞相王嘉心中怀疑东平王一事是冤案，非常厌恶息夫躬等人，多次向哀帝进谏，认为董贤是破坏国家制度，王嘉竟然因直言进谏而获罪，被关入监牢，死在狱中。

哀帝刚即位时，祖母傅太后、母亲丁太后都在世，傅、丁两家最先开始变得尊贵。傅太后堂弟傅喜原先任大司马，辅佐朝政，因多次

马，亦任职，颇害贤宠，及丞相王嘉死，明甚怜之。上寖重贤，欲极其位，而恨明如此，遂册免明曰："前东平王云贪欲上位，祠祭祝诅，云后舅伍宏以医待诏，与校秘书郎杨闳结谋反逆，祸甚迫切。赖宗庙神灵，董贤等以闻，咸伏其辜。将军从弟侍中奉车都尉吴、族父左曹屯骑校尉宣皆知宏及栩丹诸侯王后亲，而宣除用丹为御属，吴与宏交通厚善，数称荐宏。宏以附吴得兴其恶心，因医技进，几危社稷，朕以恭皇后故，不忍有云。将军位尊任重，既不能明威立义，折消未萌，又不深疾云、宏之恶，而怀非君上，阿为宣、吴，反痛恨云等扬言为群下所冤，又亲见言伍宏善医，死可惜也，贤等获封极幸。嫉妒忠良，非毁有功，於戏伤哉！盖'君亲无将，将而诛之'。是以季友鸩叔牙，《春秋》贤之；赵盾不讨贼，谓之弑君。朕闵将军陷于重刑，故以书饬。将军遂非不改，复与丞相嘉相比，令嘉有依，得以罔上。有司致法将军请狱治，朕惟噬肤之恩未忍，其上票骑将军印绶，罢归就第。"遂以贤代明为大司马卫将军，册曰："朕承天序，惟稽古建尔于公，以为汉辅。往悉尔心，统辟元戎，折冲绥远，匡正庶事，允执其中。天下之众，受制于朕，以将为命，以兵为威，可不慎与！"是时贤年二十二，虽为三公，常给事中，领尚书，百官因贤奏事。以父恭不宜在卿位，徙为光禄大夫，秩中二千石。弟宽信代贤为驸马都尉。董氏亲属皆侍中诸曹奉朝请，宠在丁、傅之右矣。

明年，匈奴单于来朝，宴见，群臣在前。单于怪贤年少，以问

进谏，违背太后意旨，被免除官职。哀帝的舅舅丁明取代傅喜任大司马，也很称职，他非常忌恨董贤受宠，当丞相王嘉死后，丁明十分同情。哀帝逐渐器重董贤，想要授予他最高的官位，又恨丁明这样做会妨碍他，就下册书免去丁明的官职，说："从前东平王刘云贪图皇位，在祭祀时祝告鬼神，降祸皇上，刘云王后的舅舅伍宏凭借医术待诏，与校秘书郎杨闳勾结谋反，祸害严重。仰赖宗庙神灵护佑，董贤等人报告此事，这帮人全都服罪。将军堂弟侍中奉车都尉丁吴、同族伯父左曹屯骑校尉丁宣都知道伍宏与诸侯栩丹的王后亲近，而丁宣又任用栩丹为御属，丁吴与伍宏交情深厚，多次举荐伍宏。伍宏因依附丁吴得以兴起险恶用心，凭借医术被提拔，几乎危害社稷，朕因恭皇后的关系，不忍惩罚。将军地位尊贵，责任重大，既然不能彰显威严，奉行大义，消除未发生的祸患，又不责备刘云、伍宏的罪恶，反而心中指责君主，迎合丁宣、丁吴，痛惜刘云等人，扬言被众人陷害，又亲自对朕说伍宏擅长医药，处死他非常可惜，董贤等人受封是极其侥幸的。他们嫉妒忠良，诽谤功臣，唉，多么令人痛心啊！俗话说'君主身边没有要谋反的，有的话就要诛杀'。因此鲁大夫季友毒死了拥戴庆父的叔牙，《春秋》称赞了他；晋大夫赵盾见赵穿攻打灵公而不讨伐逆贼，太史说赵盾杀了国君。朕怜悯将军要陷于重刑，所以下令告知你。将军还是坚持错误而不改正，又与丞相王嘉勾结，让王嘉有所依附，得以欺君罔上。主管官吏依法要把将军送入监牢治罪，朕念及亲情于心不忍，你应交还骠骑将军印绶，辞官回家。"于是哀帝让董贤取代丁明任大司马卫将军，下册书说："朕继承帝位，遵循古制把你提拔到三公之位，成为汉室的辅佐大臣。你要尽心尽力，统领大军，克敌制胜，安定远方，辅佐政事，言行公正。天下大众，受朕治理，以将为命，以兵为威，能不谨慎嘛！"当时董贤只有二十二岁，虽然在三公之位，但经常在宫中办公，领尚书事，百官都通过董贤向哀帝奏陈事情。因父亲董恭不应在卿位，就调任为光禄大夫，俸禄为中二千石。弟弟董宽信接替董贤担任驸马都尉。董氏亲属都在各部担任侍中并参加朝会，获得的恩宠在丁、傅两族之上。

第二年（元寿二年，前1年），匈奴单于前来朝见，哀帝召见，群

译，上令译报曰："大司马年少，以大贤居位。"单于乃起拜，贺汉得贤臣。

初，丞相孔光为御史大夫，时贤父恭为御史，事光。及贤为大司马，与光并为三公，上故令贤私过光。光雅恭谨，知上欲尊宠贤，及闻贤当来也，光警戒衣冠出门待，望见贤车乃却入。贤至中门，光入阁，既下车，乃出拜谒，送迎甚谨，不敢以宾客钧敌之礼。贤归，上闻之喜，立拜光两兄子为谏大夫常侍。贤繇是权与人主侔矣。

是时，成帝外家王氏衰废，唯平阿侯谭子去疾，哀帝为太子时为庶子得幸，及即位，为侍中骑都尉。上以王氏亡在位者，遂用旧恩亲近去疾，复进其弟闳为中常侍。闳妻父萧咸，前将军望之子也，久为郡守，病免，为中郎将。兄弟并列，贤父恭慕之，欲与结婚姻。闳为贤弟驸马都尉宽信求咸女为妇，咸惶恐不敢当，私谓闳曰："董公为大司马，册文言'允执其中'，此乃尧禅舜之文，非三公故事，长老见者，莫不心惧。此岂家人子所能堪邪！"闳性有知略，闻咸言，心亦悟，乃还报恭，深达咸自谦薄之意。恭叹曰："我家何用负天下，而为人所畏如是！"意不说。后上置酒麒麟殿，贤父子亲属宴饮，王闳兄弟侍中中常侍皆在侧。上有酒所，从容视贤笑，曰："吾欲法尧禅舜，何如？"闳进曰："天下乃高皇帝天下，非陛下之有也。陛下承宗庙，当传子孙于亡穷。统业至重，天子亡戏言！"上默然不说，左右皆恐。于是遣闳出，后不得复侍宴。

臣在场。单于奇怪董贤如此年轻，就询问译员，哀帝让译员答复说：“大司马年轻，是因为他非常贤德才能居于高位。”单于于是起身下拜，祝贺汉室得到贤臣。

起初，丞相孔光任御史大夫时，董贤的父亲董恭任御史，是孔光的下属。到董贤任大司马时，与孔光并列为三公，哀帝因此让董贤亲自拜访孔光。孔光文雅恭谨，知道哀帝想要尊宠董贤，当听说董贤要来拜访时，孔光整理衣冠，出门等待，望见董贤的车马后就退了回去。董贤到大门时，孔光进入旁边的小门，下车后，才出来拜见，送迎非常恭谨，不敢用对等的宾客之礼迎接。董贤回去，哀帝听说后很高兴，马上任命孔光两个哥哥的儿子为谏大夫常侍。董贤由此开始权势与君主相等。

当时，成帝的外戚王氏失势，只有平阿侯王谭的儿子王去疾，在哀帝为太子时任庶子而得宠，等到哀帝即位，当了侍中骑都尉。哀帝看到王氏没有人做官，就因为旧日的恩情而亲近王去疾，又提拔他的弟弟王闳为中常侍。王闳的岳丈萧咸，是前将军萧望之的儿子，长期担任郡守，因病被免去官职，后来被任命为中郎将。萧育、萧咸兄弟二人一同为官，董贤的父亲董恭非常仰慕他们，想要与其联姻。王闳替董贤的弟弟驸马都尉董宽信求娶萧咸的女儿，萧咸非常惶恐不敢接受，私下对王闳说：“董公为大司马，册文说‘言行公正’，这是尧让位舜时的文字，不符合三公的先例，长辈听说后，心中无不畏惧。这岂是平民子女所能承受的啊！”王闳生性有智谋，听完萧咸的话，心中也明白了，就答复董恭，详细转达萧咸自谦卑下之意。董恭叹息说：“我家没有对不起天下，但让别人畏惧到这种地步！”于是心中不高兴。后来哀帝在麒麟殿设宴，董贤父子亲属赴宴饮酒，王闳兄弟作为侍中中常侍都在旁边。哀帝带着酒意，从容看向董贤，笑道：“我想效仿尧让位舜的做法，怎么样？”王闳进言道：“天下是高皇帝的天下，不是陛下自己的。陛下继承宗庙，应当传位给子孙，无穷无尽。帝王之业至关重要，天子不能戏言！”哀帝听后沉默不语，很不高兴，左右都惶恐不安。于是哀帝下令将王闳遣送出宫，以后不能再来赴宴。

贤第新成，功坚，其外大门无故自坏，贤心恶之。后数月，哀帝崩。太皇太后召大司马贤，引见东厢，问以丧事调度。贤内忧，不能对，免冠谢。太后曰："新都侯莽前以大司马奉送先帝大行，晓习故事，吾令莽佐君。"贤顿首幸甚。太后遣使者召莽。既至，以太后指使尚书劾贤帝病不亲医药，禁止贤不得入出宫殿司马中。贤不知所为，诣阙免冠徒跣谢。莽使谒者以太后诏即阙下册贤曰："间者以来，阴阳不调，菑害并臻，元元蒙辜。夫三公，鼎足之辅也，高安侯贤未更事理，为大司马不合众心，非所以折冲绥远也。其收大司马印绶，罢归第。"即日贤与妻皆自杀，家惶恐夜葬。莽疑其诈死，有司奏请发贤棺，至狱诊视。莽复风大司徒光奏"贤质性巧佞，翼奸以获封侯，父子专朝，兄弟并宠，多受赏赐，治第宅，造冢圹，放效无极，不异王制，费以万万计，国家为空虚。父子骄蹇，至不为使者礼，受赐不拜，罪恶暴著。贤自杀伏辜，死后父恭等不悔过，乃复以沙画棺四时之色，左苍龙，右白虎，上著金银日月，玉衣珠璧以棺，至尊无以加。恭等幸得免于诛，不宜在中土。臣请收没入财物县官。诸以贤为官者皆免。"父恭、弟宽信与家属徙合浦，母别归故郡钜鹿。长安中小民讙哗，乡其第哭，几获盗之。县官斥卖董氏财凡四十三万万。贤既见发，裸诊其尸，因埋狱中。

贤所厚吏沛朱诩自劾去大司马府，买棺衣收贤尸葬之。王莽闻之而大怒，以它罪击杀诩。诩子浮建武中贵显，至大司马，司空，封侯。而王闳王莽时为牧守，所居见纪，莽败乃去官。世祖下诏曰：

董贤的府第刚刚建成，非常坚固，可外面的大门却无故毁坏，董贤心中非常厌恶。几个月后，哀帝驾崩。太皇太后召见大司马董贤，把他引见到东厢，询问丧事办理的情况。董贤心中不安，不能答复，就脱帽谢罪。太后说："新都侯王莽从前以大司马的身份送葬先帝，通晓旧制，我令王莽辅佐你。"董贤叩头表示非常荣幸。太后派使者召见王莽。王莽到了后，就以太后的名义指使尚书弹劾董贤，在哀帝生病时不亲自侍奉医药，禁止董贤出入宫殿和司马门中。董贤不知道该怎么办，就到宫阙下脱帽赤脚谢罪。王莽派谒者以太后诏令到宫阙下册书给董贤说："近日以来，阴阳不调，灾害并起，百姓受害。三公，是鼎足辅佐之臣，高安侯董贤阅历浅薄，担任大司马不合众心，不能担当起克敌制胜，安定远方的重任。应收回大司马印绶，辞官回家。"当天董贤与妻子双双自杀，家人非常惶恐，连夜将两人埋葬。王莽怀疑其假死，主管官吏奏请开挖墓穴，取其棺木，到狱中察看。王莽又婉言劝谏大司徒孔光上奏说"董贤本性巧言奸佞，与奸人勾结获得封侯，父子独揽朝政，兄弟一同受宠，多受赏赐，建造宅第，修建坟墓，效仿天子，没有节制，与帝王之制没有区别，耗费钱财以万万计，国家因此变得空虚。董氏父子骄纵放肆，甚至对天子的使者也不加礼待，获得赏赐不拜谢，罪恶昭著。董贤已经自杀服罪，死后其父董恭等人还不悔过，仍用朱砂涂棺，雕画四季颜色，左画青龙，右画白虎，上画金银日月，以金缕玉衣和珍珠璧玉入殓，地位尊贵无以复加。董恭等人侥幸得以免于一死，不应在中原地区居住。臣请没收其财物归于官府。因董贤而封官的诸人都予以免职。"董贤的父亲董恭、弟弟董宽信与家属被流放到合浦，母亲则回到故乡钜鹿。长安城中的百姓一片哗然，有人去董贤的府第哭悼，想要趁机盗窃财物。官府变卖董氏财产共四十三万万钱。董贤已被掘坟，裸验其尸，于是埋在狱中。

与董贤关系亲密的官吏沛郡的朱诩弹劾自己后就离开大司马府，买来棺木衣服收敛董贤尸体然后埋葬。王莽听说后大怒，以其他的罪名处死朱翊。朱翊的儿子朱浮在光武帝建武年间显贵，官至大司马，司空，被封为侯。而王闳在王莽时担任郡守，任职时甚可称道，王

“武王克殷，表商容之间。闳修善谨敕，兵起，吏民独不争其头首。今以闳子补吏。”至墨绶卒官。萧咸外孙云。

赞曰：柔曼之倾意，非独女德，盖亦有男色焉。观籍、闳、邓、韩之徒非一，而董贤之宠尤盛，父子并为公卿，可谓贵重人臣无二矣。然进不繇道，位过其任，莫能有终，所谓爱之适足以害之者也。汉世衰于元、成，坏于哀、平。哀、平之际，国多衅矣。主疾无嗣，弄臣为辅，鼎足不强，栋干微挠。一朝帝崩，奸臣擅命，董贤缢死，丁、傅流放，辜及母后，夺位幽废，咎在亲便嬖，所任非仁贤。故仲尼著“损者三友”，王者不私人以官，殆为此也。

莽失败后辞去官职。光武帝下诏说:“武王灭掉商朝,就去里巷表彰贤人商容。王闳以善自勉,谨慎自饬,战事兴起后,官吏百姓唯独不去争相斩杀其头。现在决定让王闳儿子补任为官。”其子官至县令并死在任上。就是萧咸的外孙。

赞辞说:姿容婉媚,迎合人心,并非只有女色可以,男色也可以。纵观籍孺、闳孺、邓通、韩嫣这些人受到的宠爱各不相同,而董贤尤为受宠,父子一同位居公卿,可以说他们获得的尊贵地位在大臣中独一无二。但是这些人不以道德进身,他们的地位超过了自己的能力,所以没有人能善终,这就是所说的宠爱他们反而害了他们。汉朝在元帝、成帝时开始衰微,到哀帝、平帝时开始崩坏。哀帝、平帝年间,国内各种矛盾都爆发出来。皇帝患病无子,弄臣辅政,三公不强,栋梁弱小。一旦皇帝驾崩,奸臣擅自发号施令,董贤被逼上吊而死,丁明、傅喜被流放,灾难殃及皇太后身上,被贬退位,幽禁废黜,造成这种局面的原因在于亲近善于迎合的宠臣,任命的不是仁德贤明之人。所以孔子说“有害的朋友有便辟、善柔、便佞三种”,身为帝王不能凭借私人感情授予官职,大概原因就在于此。

卷九十四上

匈奴传第六十四上

匈奴，其先夏后氏之苗裔，曰淳维。唐虞以上有山戎、猃允、薰粥，居于北边，随草畜牧而转移。其畜之所多则马、牛、羊，其奇畜则橐佗、驴、骡、駃騠、騊駼、驒奚。逐水草迁徙，无城郭常居耕田之业，然亦各有分地。无文书，以言语为约束。儿能骑羊，引弓射鸟鼠，少长则射狐菟，肉食。士力能弯弓，尽为甲骑。其俗，宽则随畜田猎禽兽为生业，急则人习战攻以侵伐，其天性也。其长兵则弓矢，短兵则刀鋋。利则进，不利则退，不羞遁走。苟利所在，不知礼义。自君王以下咸食畜肉，衣其皮革，被旃裘。壮者食肥美，老者饮食其余。贵壮健，贱老弱。父死，妻其后母；兄弟死，皆取其妻妻之。其俗有名不讳而无字。

夏道衰，而公刘失其稷官，变于西戎，邑于豳。其后三百有余岁，戎狄攻太王亶父，亶父亡走于岐下，豳人悉从亶父而邑焉，作周。其后百有余岁，周西伯昌伐畎夷。后十有余年，武王伐纣而营雒邑，复居于酆镐，放逐戎夷泾、洛之北，以时入贡，名曰荒服。其后二百有余年，周道衰，而周穆王伐畎戎，得四白狼四白鹿以归。自是之后，荒服不至。于是作《吕刑》之辟。至穆王之孙懿王时，王室遂衰，戎狄交侵，暴虐中国。中国被其苦，诗人始作，疾而歌之，曰："靡室靡家，猃允之故；""岂不日戒，猃允孔棘。"至懿王曾孙宣王，兴师命将以征伐之，诗人美大其功，曰："薄伐猃允，至于太

匈奴，他们的祖先是夏后氏的后代，叫淳维。在尧舜之前有山戎、猃允、薰粥等分支，居住在北方地区，随水草畜牧而转移。畜牧的牲畜大多是马、牛、羊，奇特的牲畜有骆驼、驴、骡、駃騠、騊駼、驒奚。他们随水草迁徙，没有经常居住的城郭，不开展农业生产，但也各自有划分的土地。匈奴没有文字书籍，只用言语进行约定。男子小时候就能骑羊，拉弓射鸟鼠，稍长大些就射狐狸和兔子，以肉为食。成年男子的力气能弯弓，都能做披甲骑兵。匈奴的风俗，没有战事时，人们就一边畜牧牲畜，一边打猎鸟兽，以此为谋生的手段，有战事时，人人都擅长征战，进攻他人，这是匈奴人的天性。他们的长兵器是弓箭，短兵器是刀矛。战斗时，有利就进攻，不利就后退，不以逃走为耻。有利可图时，就不顾礼义。从君王以下都吃牲畜的肉，穿牲畜的皮革，身披毡裘。年轻人吃肥美的部分，老年人吃剩下的部分。匈奴人的社会看重强壮矫健之人，轻视年老体弱之人。父亲死后，儿子可以娶后母为妻；兄弟死后，都会娶他们兄弟的妻子为妻。他们的习俗是有本名，但不避讳，没有表字。

夏朝衰落后，周族祖先公刘失去了稷官一职，就遵从西戎的风俗，在豳建造城邑。在那之后过了三百多年，戎狄攻打周太王亶父，亶父逃到岐山之下，豳人都跟着亶父到这里定居下来，建造城邑，周国慢慢建成。在那之后过了一百多年，周文王姬昌攻打畎夷。此后十多年里，周武王讨伐商纣王，然后兴建了洛邑，武王又回到酆镐居住，把戎夷放逐到泾水、洛水的北边，让他们按时进贡，将那里称为荒服。在那之后过了二百多年，周朝衰落，而周穆王去攻打畎戎，获得了四匹白狼和四只白鹿然后返回。从此以后，荒服之地的人们不再到周朝进贡了。于是周穆王命吕侯制定了《吕刑》，作为刑法。到了周穆王的孙子周懿王时，周王室衰微，戎狄相继侵犯，践踏中原地区。

原；”“出车彭彭”，“城彼朔方。”是时四夷宾服，称为中兴。

至于幽王，用宠姬褒姒之故，与申侯有隙。申侯怒而与畎戎共攻杀幽王于丽山之下，遂取周之地，卤获而居于泾渭之间，侵暴中国。秦襄公救周，于是周平王去酆镐而东徙于雒邑。当时秦襄公伐戎至岐，始列为诸侯。后六十有五年，而山戎越燕而伐齐，齐釐公与战于齐郊。后四十四年，而山戎伐燕。燕告急齐，齐桓公北伐山戎，山戎走。后二十余年，而戎翟至雒邑，伐周襄王，襄王出奔于郑之氾邑。初，襄王欲伐郑，故取翟女为后，与翟共伐郑。已而黜翟后，翟后怨，而襄王继母曰惠后，有子带，欲立之，于是惠后与翟后、子带为内应，开戎翟，戎翟以故得入，破逐襄王，而立子带为王。于是戎翟或居于陆浑，东至于卫，侵盗尤甚。周襄王既居外四年，乃使使告急于晋。晋文公初立，欲修霸业，乃兴师伐戎翟，诛子带，迎内襄王于雒邑。

当是时，秦晋为强国。晋文公攘戎翟，居于西河圁、洛之间，号曰赤翟、白翟。而秦穆公得由余，西戎八国服于秦。故陇以西有绵诸、畎戎、狄獂之戎，在岐、梁、泾、漆之北有义渠、大荔、乌氏、朐衍之戎，而晋北有林胡、楼烦之戎，燕北有东胡、山戎。各分散溪谷，自有君长，往往而聚者百有余戎，然莫能相壹。

自是之后百有余年，晋悼公使魏绛和戎翟，戎翟朝晋。后百有

中原地区的百姓深受其害，诗人开始作诗，唱出心中对统治者的痛恨，诗歌是："没有房子没有家，都是猃允的缘故；""哪有一天不戒备，猃允攻打很紧急。"到周懿王的曾孙周宣王时，派遣将领带兵出征讨伐猃允，诗人赞美他们的功绩，作诗道："讨伐猃允，直到太原；""兵车战马多又多"，"前往北方去筑城"。当时四方的少数民族都臣服于周朝，称为中兴。

到了周幽王时，因为宠姬褒姒周幽王和申后的父亲申侯有了嫌隙。申侯非常愤怒，联合畎戎，一起攻打周幽王，将他杀死在丽山之下，然后占领了周朝的土地，进行掳掠并居住在泾河、渭河之间，践踏中原地区。秦襄公派兵援救周朝，于是周平王离开了酆镐然后东迁到洛邑。当时秦襄公攻打畎戎直到岐山，开始被封为诸侯。六十五年后，山戎又越过燕国去攻打齐国，齐釐公率军与山戎在齐国郊外交战。四十四年后，山戎又攻打燕国。燕国向齐国求援，齐桓公率军北伐山戎，山戎不敌逃走。二十多年后，戎翟杀到洛邑，攻打周襄王，周襄王出逃到郑国的氾邑。起初，周襄王想攻打郑国，所以娶了戎翟之女为后，与戎翟一起攻打郑国。不久就废黜了翟后，翟后心中怨恨，而襄王的继母叫惠后，有个儿子叫子带，惠后想要立他为王，于是惠后与翟后、子带做内应，打开城门，迎接戎翟，戎翟因此攻入城内，打败并驱逐了襄王，然后立子带为王。自此戎翟有的居住在陆浑，向东到达卫国，侵犯掠夺得更为严重。周襄王在外居住了四年，就派使者向晋国求援。当时晋文公刚刚登上王位，想要建立霸业，就派兵攻打戎翟，杀死子带，将周襄王迎回到洛邑。

当时，秦国、晋国都为强国。晋文公驱逐戎翟后，戎翟居住在西河的圜水、洛水之间，称为赤翟、白翟。而秦穆公得到了由余，西戎八国都臣服于秦国。所以在陇山以西有緜诸、畎戎、狄源等戎族，在岐山、梁山、泾水、漆水以北有义渠、大荔、乌氏、朐衍等戎族，而晋国北面有林胡、楼烦等戎族，燕国北面有东胡、山戎。他们分散居住在溪谷中，各自有首领，往往聚集而居，形成一百多个戎族部落，但不能统一起来。

从此以后过了一百多年，晋悼公派魏绛与戎翟议和，戎翟开始

余年，赵襄子逾句注而破之，并代以临胡貉。后与韩魏共灭知伯，分晋地而有之，则赵有代、句注以北，而魏有西河、上郡，以与戎界边。其后，义渠之戎筑城郭以自守，而秦稍蚕食之，至于惠王，遂拔义渠二十五城。惠王伐魏，魏尽入西河及上郡于秦。秦昭王时，义渠戎王与宣太后乱，有二子。宣太后诈而杀义渠戎王于甘泉，遂起兵伐灭义渠。于是秦有陇西、北地、上郡，筑长城以距胡。而赵武灵王亦变俗胡服，习骑射，北破林胡、楼烦，自代并阴山下至高阙为塞，而置云中、雁门、代郡。其后燕有贤将秦开，为质于胡，胡甚信之。归而袭破东胡，东胡却千余里。与荆轲刺秦王秦舞阳者，开之孙也。燕亦筑长城，自造阳至襄平，置上谷、渔阳、右北平、辽西、辽东郡以距胡。当是时，冠带战国七，而三国边于匈奴。其后赵将李牧时，匈奴不敢入赵边。后秦灭六国，而始皇帝使蒙恬将数十万之众北击胡，悉收河南地，因河为塞，筑四十四县城临河，徙适戍以充之。而通直道，自九原至云阳，因边山险，堑溪谷，可缮者缮之，起临洮至辽东万余里。又度河据阳山北假中。

当是时，东胡强而月氏盛。匈奴单于曰头曼，头曼不胜秦，北徙。十有余年而蒙恬死，诸侯畔秦，中国扰乱，诸秦所徙适边者皆复去，于是匈奴得宽，复稍度河南与中国界于故塞。

单于有太子，名曰冒顿。后有爱阏氏，生少子，头曼欲废冒顿而立少子，乃使冒顿质于月氏。冒顿既质，而头曼急击月氏。月氏欲杀

朝见晋国国君。一百多年后，赵襄子率军越过句注山攻破代国，吞并代国之后靠近胡貉。后来赵襄子与韩、魏两家一起消灭了智伯，瓜分了晋国的土地，各自占有，而赵国占有代地和句注山以北的土地，魏国占有西河郡和上郡，与戎族边界相接。此后，义渠的戎人建造城郭来守卫自己，而秦国慢慢蚕食义渠的土地，到了秦惠王，就攻占了义渠的二十五座城郭。秦惠王攻打魏国，魏国把西河郡和上郡的土地全部献给了秦国。秦昭王时，义渠戎王与宣太后私通，生有两个儿子。后来宣太后把义渠戎王骗到了秦国的甘泉宫，并杀死了他，然后起兵攻打并消灭了义渠。于是秦国占有陇西郡、北地、上郡，开始建造长城来抵御胡人。而赵武灵王也改变本国习俗，穿起胡人的衣服，学习骑马射箭，向北攻破了林胡和楼烦，从代地沿阴山往下一直到高阙作为边塞，并且设置了云中郡、雁门郡、代郡。此后燕国有贤将秦开，在胡地当人质，胡人非常信任他。秦开返回后燕国就率军攻破东胡，东胡因此退后了一千多里。后来和荆轲一起刺杀秦王的秦舞阳，就是秦开的孙子。燕国也建造了长城，从造阳一直到襄平，设置了上谷郡、渔阳郡、右北平郡、辽西郡、辽东郡来抵御胡人。当时，齐、楚、秦、燕、赵、魏、韩这战国七雄中，有秦、燕、赵三个国家与匈奴接壤。此后赵国将军李牧在的时候，匈奴不敢入侵赵国边境。后来秦国灭掉六国，秦始皇派将军蒙恬率领数十万大军向北攻打匈奴，占据了黄河以南的全部土地，凭借黄河作为要塞，在黄河边上建造了四十四座城郭，然后流放那些因罪被罚守边的人去居住。秦国修通了从九原到云阳的直道，又依靠险要山岭，沿着溪谷建造长城，可以修补的地方进行修补，从临洮而起直到辽东共有一万多里。后来秦国又渡过黄河占据阳山的北假地区。

当时，东胡和月氏都很强盛。匈奴单于叫做头曼，头曼无法抵挡秦国，就向北迁徙。过了十多年蒙恬死去，诸侯都背叛秦国，中原地区纷争不断，那些被秦朝流放守边的人都离去了，于是匈奴的处境变好，又慢慢渡过黄河，在南边与中原交界于原先的边塞。

单于有太子，名叫冒顿。后来单于宠爱的阏氏生了个小儿子，头曼单于就想废掉冒顿，立小儿子为太子，就派冒顿到月氏当人质。冒顿

冒顿，冒顿盗其善马，骑亡归。头曼以为壮，令将万骑。冒顿乃作鸣镝，习勒其骑射，令曰："鸣镝所射而不悉射者斩。"行猎兽，有不射鸣镝所射辄斩之。已而，冒顿以鸣镝自射善马，左右或莫敢射，冒顿立斩之。居顷之，复以鸣镝自射其爱妻，左右或颇恐，不敢射，复斩之。顷之，冒顿出猎，以鸣镝射单于善马，左右皆射之。于是冒顿知其左右可用，从其父单于头曼猎，以鸣镝射头曼，其左右皆随鸣镝而射杀头曼，尽诛其后母与弟及大臣不听从者。于是冒顿自立为单于。

冒顿既立，时东胡强，闻冒顿杀父自立，乃使使谓冒顿曰："欲得头曼时号千里马。"冒顿问群臣，群臣皆曰："此匈奴宝马也，勿予。"冒顿曰："奈何与人邻国爱一马乎？"遂与之。顷之，东胡以为冒顿畏之，使使谓冒顿曰："欲得单于一阏氏。"冒顿复问左右，左右皆怒曰："东胡无道，乃求阏氏！请击之。"冒顿曰："奈何与人邻国爱一女子乎？"遂取所爱阏氏予东胡。东胡王愈骄，西侵。与匈奴中间有弃地莫居千余里，各居其边为瓯脱。东胡使使谓冒顿曰："匈奴所与我界瓯脱外弃地，匈奴不能至也，吾欲有之。"冒顿问群臣，或曰："此弃地，予之。"于是冒顿大怒，曰："地者，国之本也，奈何予人！"诸言与者，皆斩之。冒顿上马，令国中有后者斩，遂东袭击东胡。东胡初轻冒顿，不为备。及冒顿以兵至，大破灭东胡王，虏其民众畜产。既归，西击走月氏，南并楼烦、白羊河南王，悉复收秦所使蒙恬所夺匈奴地者，与汉关故河南塞，至朝那、肤施，遂侵燕、代。是时汉方与项羽相距，中国罢于兵革，以故冒顿得自强，控弦之士三十余万。

做了人质后，头曼马上发兵攻打月氏。月氏想要杀死冒顿，冒顿偷了月氏的良马，骑着它逃回了匈奴。头曼认为冒顿非常勇敢，就让他率领一万骑兵。冒顿制作了鸣镝，训练他率领的骑兵射箭，命令他们说："我的鸣镝所射的东西，如果有人不跟着去射就杀了他。"冒顿带人出去打猎，有不跟着射向自己鸣镝所射目标的人就会杀掉。不久，冒顿用鸣镝射向自己的良马，身边人有的不敢跟着射，冒顿马上杀了这些人。过了不久，冒顿又用鸣镝射向自己的爱妻，身边人有的十分害怕，不敢跟着射，冒顿又把这些人杀了。之后，冒顿带人出去打猎，用鸣镝射向单于的良马，身边的人都跟着射。于是冒顿知道身边的人可以为己所用了，他跟着父亲头曼单于出去打猎时，用鸣镝射向头曼，他身边的人都跟着鸣镝射向头曼，将其杀死，冒顿又把后母、弟弟和不听从他的大臣全都杀了。于是冒顿自立为单于。

冒顿当上单于后，当时东胡非常强盛，东胡听说冒顿杀掉父亲自立为单于，就派使者对冒顿说："东胡想要头曼单于那号称千里马的良马。"冒顿询问群臣，群臣都说："这是匈奴的宝马，不能给他们。"冒顿说："与人家做邻国怎么能舍不得一匹马呢？"然后就把千里马送给了东胡。不久，东胡以为冒顿畏惧自己，又派使者对冒顿说："东胡想要单于的一个阏氏。"冒顿又询问身边的人，身边的人都非常愤怒，说："东胡没有道理，竟然向我们索要阏氏！请单于派兵攻打他们。"冒顿说："与人家做邻国怎么能舍不得一个女子呢？"于是就把自己喜爱的阏氏送给了东胡。东胡王更加骄横，向西侵略。匈奴与东胡中间有一片无人居住的荒地，有一千多里，两国各居一边设立土堡哨所。东胡派使者对冒顿说："匈奴与我们交界，设立土堡哨所的那片荒地，匈奴不能到达那里，我们想要占有它。"冒顿询问群臣，有的说："这是一片荒地，就送给他们吧。"冒顿听了后大怒，说："土地是国家的根本，怎么能送给别人！"那些说可以把土地送给东胡的人，都被冒顿杀掉了。冒顿骑上战马，命令国人，有后退的全都杀掉，然后就向东攻打东胡。东胡起初轻视冒顿，不做防备。等到冒顿率军来到时，彻底打败并消灭了东胡王，俘虏了他们的百姓，掠夺了他们的牲畜。回来后，冒顿又派兵向西赶跑了月氏，向南吞并了居于

自淳维以至头曼千有余岁，时大时小，别散分离，尚矣，其世传不可得而次。然至冒顿，而匈奴最强大，尽服从北夷，而南与诸夏为敌国，其世姓官号可得而记云。

单于姓挛鞮氏，其国称之曰“撑犁孤涂单于”。匈奴谓天为“撑犁”，谓子为“孤涂”，单于者，广大之貌也，言其象天单于然也。置左右贤王、左右谷蠡，左右大将，左右大都尉，左右大当户，左右骨都侯。匈奴谓贤曰“屠耆”，故常以太子为左屠耆王。自左右贤王以下至当户，大者万余骑，小者数千，凡二十四长，立号曰“万骑”。其大臣皆世官。呼衍氏，兰氏，其后有须卜氏，此三姓，其贵种也。诸左王将居东方，直上谷以东，接秽貉、朝鲜；右王将居西方，直上郡以西，接氐、羌；而单于庭直代、云中。各有分地，逐水草移徙。而左右贤王、左右谷蠡最大国，左右骨都侯辅政。诸二十四长，亦各自置千长、百长、什长、裨小王、相、都尉、当户、且渠之属。

岁正月，诸长小会单于庭，祠。五月，大会龙城，祭其先、天地、鬼神。秋，马肥，大会蹛林，课校人畜计。其法，拔刃尺者死，坐盗者没入其家；有罪，小者轧，大者死。狱久者不满十日，一国之囚不过数人。而单于朝出营，拜日之始生，夕拜月。其坐，长左而北向。日上戊己。其送死，有棺椁金银衣裳，而无封树丧服；近幸臣妾从死者，多至数十百人。举事常随月，盛壮以攻战，月亏则退兵。其攻战，斩首虏赐一卮酒，而所得卤获因以予之，得人以为奴婢。故

黄河以南的楼烦王、白羊王的土地，将秦朝派蒙恬夺取的匈奴土地全部收复，与汉朝以原来的河南塞作为边界，一直到朝那、肤施，进而入侵燕地、代地。当时汉朝正和项羽交战，中原地区疲于战事，所以冒顿能够强盛起来，拥有三十多万士兵。

从淳维到头曼有一千多年，匈奴占据的土地时大时小，分开零散居住，因为年代久远，他们的世系传承不能依次列出。但到了冒顿单于，是匈奴最强大的时候，北方的少数民族都臣服于他，而与南边的中原地区为敌对之国，它的世系传承、姓氏官号在这时才可以记录下来。

单于姓挛鞮氏，他们国家称为“撑犁孤涂单于”。匈奴称天为“撑犁”，称子为“孤涂”，而单于的意思，就是广大的样子，这个称呼是说单于像天一样大。匈奴设有左右贤王、左右谷蠡王、左右大将、左右大都尉、左右大当户、左右骨都侯。匈奴称贤明为“屠耆”，所以经常由太子担任左屠耆王。从左右贤王以下到当户，大的首领率领一万多骑兵，小的首领率领数千骑兵，共有二十四个首领，设立称号为“万骑”。他们的大臣都是世代承袭官职。呼衍氏、兰氏，此后有须卜氏，这三姓是匈奴的贵族。左王左将都居于东方，面对上谷以东的地区，与秽貉、朝鲜接壤；右王右将居于西方，面对上郡以西的地区，与氐、羌接壤；而单于王庭面对代郡、云中郡的地区。他们各自有划分的土地，随水草迁徙。而左右贤王、左右谷蠡王率领的部落最大，左右骨都侯辅佐政事。二十四个首领，也各自设有千长、百长、什长、裨小王、相、都尉、当户、且渠之类的官职。

每年正月，各部落首领在单于王庭举行小集会，进行春祭。五月，在龙城举行大集会，祭祀他们的祖先、天地、鬼神。秋季，马匹肥壮的时候，在蹛林举行大集会，计算人口、牲畜的数目。他们的法律是，拔刀伤人到一尺的要处死，偷盗的要把他的家产没收；如果犯罪，罪小的要辗碎其趾，防止逃跑，罪大的要处死。坐牢时间长的不到十天，全国的囚犯不过数人。而单于每天早上走出营帐，礼拜刚升起的太阳，晚上则礼拜月亮。他们的座位规矩是，长者在左而面向北。以戊日和己日为吉日。他们的丧葬习俗是，有棺椁、金银、衣裳

其战，人人自为趋利，善为诱兵以包敌。故其逐利，如鸟之集；其困败，瓦解云散矣。战而扶舆死者，尽得死者家财。

后北服浑窳、屈射、丁零、隔昆、新犂之国。于是匈奴贵人大臣皆服，以冒顿为贤。

是时，汉初定，徙韩王信于代，都马邑。匈奴大攻围马邑，韩信降匈奴。匈奴得信，因引兵南逾句注，攻太原，至晋阳下。高帝自将兵往击之。会冬大寒雨雪，卒之堕指者十二三，于是冒顿阳败走，诱汉兵。汉兵逐击冒顿，冒顿匿其精兵，见其羸弱，于是汉悉兵，多步兵，三十二万，北逐之。高帝先至平城，步兵未尽到，冒顿纵精兵三十余万骑围高帝于白登，七日，汉兵中外不得相救饷。匈奴骑，其西方尽白，东方尽駹，北方尽骊，南方尽骍马。高帝乃使使间厚遗阏氏，阏氏乃谓冒顿曰："两主不相困。今得汉地，单于终非能居之。且汉主有神，单于察之。"冒顿与韩信将王黄、赵利期，而兵久不来，疑其与汉有谋，亦取阏氏之言，乃开围一角。于是高皇帝令士皆持满傅矢外乡，从解角直出，得与大军合，而冒顿遂引兵去。汉亦引兵罢，使刘敬结和亲之约。

是后韩信为匈奴将，及赵利、王黄等数背约，侵盗代、雁门、云中。居无几何，陈豨反，与韩信合谋击代。汉使樊哙往击之，复

随葬，却没有坟堆，也不用在坟旁种树，进行服丧；如果单于去世，他宠幸的臣妾要殉葬，多达数十人或者上百人。他们经常随月亮的盈亏而兴兵起事，月满时就攻击，月亏时就退兵。他们攻击时，凡是斩获敌人首级的就赏赐一卮酒，而掳获的东西就归他所有，俘获的人则作为奴婢。所以他们作战时，人人为了求取好处而竭尽全力，擅长引诱敌人然后将其包围歼灭。所以他们追逐利益时，就像鸟聚集在一处；他们受困溃败时，就如瓦破碎，如云飘散。打仗时如果谁抬运死者，扶持伤者，他就可以获得死者的全部家财。

后来冒顿单于又征服了北方的浑窳、屈射、丁零、隔昆、新犂等国。于是匈奴贵族大臣都很佩服冒顿，认为他非常贤明。

当时，汉朝刚刚安定，高祖把韩王信迁徙到代地，建都马邑。匈奴大举围攻马邑时，韩王信投降了匈奴。匈奴得到韩王信后，就率军向南越过句注山，进攻太原，一直到晋阳城下。高祖亲自带兵前去抗击匈奴。恰逢冬天非常寒冷，下起大雪，十分之二三的士卒被冻掉手指，于是冒顿假装战败逃跑，引诱汉军。汉军追击冒顿，冒顿隐藏了自己的精兵，暴露出老弱的士兵，汉军的全部兵马，其中多为步兵，共三十二万人，向北追击冒顿。高祖先率军到达平城，步兵没有全部赶到，冒顿派出精兵三十多万人把高祖围困在白登山，共七天，汉军内外不能援助粮饷。匈奴的骑兵，西方的都是白马，东方的都是青马，北方的都是黑马，南方的都是红马。高祖派使者暗中向阏氏送厚礼，阏氏就对冒顿说："两国君主不应互相围困。现在我们得到汉朝的土地，单于终究不能在这里居住。况且汉朝君主有神明护佑，单于要仔细考虑。"冒顿曾经与韩王信的部将王黄、赵利约好，而两人的军队迟迟不来，冒顿怀疑他们与汉朝有勾结，就听从了阏氏的话，将包围圈打开一角。于是高祖命令士卒都拉满弓，搭上箭，面向外，从解围的一角直冲而出，终于与汉朝大军会合，而冒顿便带兵离去。汉朝也将军队撤走，派刘敬与匈奴和亲。

此后韩王信做了匈奴的将军，和赵利、王黄等人数次违背约定，侵掠代郡、雁门郡、云中郡。过了不久，陈豨造反，与韩王信合谋攻

收代、雁门、云中郡县，不出塞。是时匈奴以汉将数率众往降，故冒顿常往来侵盗代地。于是高祖患之，乃使刘敬奉宗室女翁主为单于阏氏，岁奉匈奴絮缯酒食物各有数，约为兄弟以和亲，冒顿乃少止。后燕王卢绾复反，率其党且万人降匈奴，往来苦上谷以东，终高祖世。

孝惠、高后时，冒顿寖骄，乃为书，使使遗高后曰："孤偾之君，生于沮泽之中，长于平野牛马之域，数至边境，愿游中国。陛下独立，孤偾独居。两主不乐，无以自虞，愿以所有，易其所无。"高后大怒，召丞相平及樊哙、季布等，议斩其使者，发兵而击之。樊哙曰："臣愿得十万众，横行匈奴中。"问季布，布曰："哙可斩也！前陈豨反于代，汉兵三十二万，哙为上将军，时匈奴围高帝于平城，哙不能解围。天下歌之曰：'平城之下亦诚苦！七日不食，不能彀弩。'今歌唫之声未绝，伤痍者甫起，而哙欲摇动天下，妄言以十万众横行，是面谩也。且夷狄譬如禽兽，得其善言不足喜，恶言不足怒也。"高后曰："善。"令大谒者张泽报书曰："单于不忘弊邑，赐之以书，弊邑恐惧。退日自图，年老气衰，发齿堕落，行步失度，单于过听，不足以自污。弊邑无罪，宜在见赦。窃有御车二乘，马二驷，以奉常驾。"冒顿得书，复使使来谢曰："未尝闻中国礼义，陛下幸而赦之。"因献马，遂和亲。

至孝文即位，复修和亲。其三年夏，匈奴右贤王入居河南地为寇，于是文帝下诏曰："汉与匈奴约为昆弟，无侵害边境，所以输遗匈奴甚厚。今右贤王离其国，将众居河南地，非常故。往来入塞，

打代郡。汉朝派樊哙率军前去攻打他们，又收复了代郡、雁门郡、云中郡等郡县，没有出塞作战。当时匈奴因为汉朝将领多次率领部众前去投降，所以冒顿经常往来侵掠代地。于是高祖非常忧虑，就派刘敬奉送宗室之女，汉朝公主去做单于的阏氏，汉朝每年奉送匈奴一定数量的丝帛和酒食，汉匈结为兄弟，进行和亲，冒顿这才稍微停止了侵扰掠夺。后来燕王卢绾又背叛汉朝，率领他的同党将近一万人投降了匈奴，往来侵掠上谷以东地区的百姓，终高祖一朝。

在惠帝、吕后时，冒顿日渐骄横，竟然写了书信，派使者送给吕后说："我是孤独无依的君主，生在沼泽之中，长在平坦空旷放牧牛马的地方，我多次到边境，是希望能去中原游玩。陛下独立为君，也是孤独无依，单独居住。我们两个君主都不快乐，没有什么能让自己快乐，希望我们能用各自有的，交换到各自没有的。"吕后看完信后勃然大怒，马上召见丞相陈平、樊哙、季布等人，商议杀掉匈奴的使者，派兵攻打匈奴。樊哙说："臣愿意带领十万兵马，横行匈奴境内。"吕后询问季布，季布说："可以杀了樊哙！从前陈豨在代地造反，汉兵有三十二万，樊哙是上将军，当时匈奴把高帝围困在平城，樊哙不能解围。天下有歌唱道：'平城之下也太艰苦了！七天吃不上食物，士兵不能拉满弓。'现在吟唱的歌声还没断绝，受伤的人刚能站起，而樊哙却想震动天下，妄言要带十万兵马横行匈奴，这是当面欺骗君主。况且少数民族就像禽兽一样，听到他们的好话不值得高兴，听到坏话也不值得生气。"吕后说："好。"于是命令大谒者张泽写信答复，说："单于没有忘记敝国，赏赐书信，敝国非常害怕。退朝后自己思虑，我年老气衰，头发和牙齿都脱落了，走路也不稳，单于误听别人之言，不值得降低身份，污辱自己。敝国没有罪过，应该被宽恕。我有两辆御车，八匹骏马，奉送给您作为日常车驾。"冒顿得到回信，又派使者来谢罪说："我们不曾听闻中原的礼节，幸好陛下宽恕了我们。"于是献上马匹，汉匈之间开始和亲。

到文帝即位后，又进行汉匈和亲。第三年（前元三年，前177年）夏季，匈奴右贤王入侵黄河以南的地区，骚扰掠夺，于是文帝下诏说："汉朝与匈奴结为兄弟，约定不要侵害边境，所以送给匈奴的东西

捕杀吏卒，驱侵上郡保塞蛮夷，令不得居其故。陵轹边吏，入盗，甚鹜无道，非约也。其发边吏车骑八万诣高奴，遣丞相灌婴将击右贤王。”右贤王走出塞，文帝幸太原。是时，济北王反，文帝归，罢丞相击胡之兵。

其明年，单于遗汉书曰：“天所立匈奴大单于敬问皇帝无恙。前时皇帝言和亲事，称书意合欢。汉边吏侵侮右贤王，右贤王不请，听后义卢侯难支等计，与汉吏相恨，绝二主之约，离昆弟之亲。皇帝让书再至，发使以书报，不来，汉使不至。汉以其故不和，邻国不附。今以少吏之败约，故罚右贤王，使至西方求月氏击之。以天之福，吏卒良，马力强，以灭夷月氏，尽斩杀降下定之。楼兰、乌孙、呼揭及其旁二十六国皆已为匈奴。诸引弓之民并为一家，北州以定。愿寝兵休士养马，除前事，复故约，以安边民，以应古始，使少者得成其长，老者得安其处，世世平乐。未得皇帝之志，故使郎中系虖浅奉书请，献橐佗一，骑马二，驾二驷。皇帝即不欲匈奴近塞，则且诏吏民远舍。使者至，即遣之。”六月中，来至新望之地。书至，汉议击与和亲孰便，公卿皆曰：“单于新破月氏，乘胜，不可击也。且得匈奴地，泽卤非可居也，和亲甚便。”汉许之。

也很多。现在右贤王离开他的国家，率领部众侵占我们黄河以南的土地，这和原先说好的不一样。右贤王往来进入边塞，捕杀我们的官吏士兵，驱赶侵扰我们在上郡守卫边塞的少数民族，使他们不能居住在原来的地方。右贤王欺凌我们边境的官吏，进行偷盗，十分傲慢无道，这不符合原先的约定。现在下令派边境官吏和车马，共八万人，到高奴去，派丞相灌婴率领大军，攻打右贤王。”右贤王被打败，逃出边塞，文帝驾临太原巡视。当时，济北王刘兴居造反，文帝就返回长安，下诏停止了丞相抗击匈奴的战争。

第二年（前元四年，前176年），单于给汉朝来信说：“天所立匈奴大单于敬问汉朝皇帝无恙。先前皇帝说起和亲之事，符合此信的本意，双方都很高兴。汉朝边境官吏欺侮右贤王，右王没有向我请示，听从了后义卢侯难支等人的计策，与汉朝官吏结仇，违背了我们两国君主的约定，割断了两国的兄弟情谊。皇帝指责我们的书信两次送来，我派使者带上书信前去答复，使者没有回来，汉朝的使者也没有到匈奴。汉朝因此与我们不和，我们作为邻国也不得归附。现在因为小吏破坏了两国之间的约定，所以我惩罚了右贤王，派他到西方去攻打月氏。承蒙上天保佑，将士精良，战马强壮，已经消灭了月氏，将他们全部斩杀。平定了楼兰、乌孙、呼揭以及附近的二十六国，它们都已经成为匈奴的一部分。各骑射民族合为一家，北方已经平定。我希望停止战争，使士卒休息，畜养马匹，消除过去不愉快的事情，恢复原先的约定，安定边境百姓，继承两国自古以来的友好传统，使年轻人能够成长，使老年人能够安居，世世代代和平欢乐。不知道皇帝的意思，所以我派郎中系雩浅奉上书信去求见，并献上骆驼一匹，骑乘之马二匹，驾车之马八匹。皇帝如果不想让匈奴靠近边塞，那我就命令官吏百姓去远离边塞的地方居住。使者到后，请马上让他们回来。”六月中旬，匈奴使者来到新望这里。书信送到朝廷，汉朝商议攻打与和亲哪一种有利，公卿都说：“匈奴单于刚刚攻破月氏，正在胜利的势头上，不能攻打他们。况且就算夺得了匈奴的地方，那里也都是盐碱之地不能居住，和亲对我们非常有利。”于是汉朝答应了单于的请求。

孝文前六年，遗匈奴书曰："皇帝敬问匈奴大单于无恙。使系雩浅遗朕书，云，'愿寝兵休士，除前事，复故约，以安边民，世世平乐'，朕甚嘉之。此古圣王之志也。汉与匈奴约为兄弟，所以遗单于甚厚。背约离兄弟之亲者，常在匈奴。然右贤王事已在赦前，勿深诛。单于若称书意，明告诸吏，使无负约，有信，敬如单于书。使者言单于自将并国有功，甚苦兵事。服绣袷绮衣、长襦、锦袍各一，比疏一，黄金饬具带一，黄金犀毗一，绣十匹，锦二十匹，赤绨、绿缯各四十匹，使中大夫意、谒者令肩遗单于。"

后顷之，冒顿死，子稽粥立，号曰老上单于。

老上稽粥单于初立，文帝复遣宗人女翁主为单于阏氏，使宦者燕人中行说傅翁主。说不欲行，汉强使之。说曰："必我也，为汉患者。"中行说既至，因降单于，单于爱幸之。

初，单于好汉缯絮食物，中行说曰："匈奴人众不能当汉之一郡，然所以强之者，以衣食异，无卬于汉。今单于变俗好汉物，汉物不过什二，则匈奴尽归于汉矣。其得汉絮缯，以驰草棘中，衣裤皆裂弊，以视不如旃裘坚善也；得汉食物皆去之，以视不如重酪之便美也。"于是说教单于左右疏记，以计识其人众畜牧。

汉遗单于书，以尺一牍，辞曰"皇帝敬问匈奴大单于无恙"，所以遗物及言语云云。中行说令单于以尺二寸牍，及印封皆令广长大，倨骜其辞曰"天地所生日月所置匈奴大单于敬问汉皇帝无恙"，所以遗物言语亦云云。

文帝前元六年（前174），汉朝送给匈奴的信中说道："皇帝敬问匈奴大单于无恙。您派系雽浅给我送信，说'希望停止战争，使士卒休息，消除过去不愉快的事情，恢复原先的约定，安定边境百姓，世世代代和平欢乐'，我非常赞同您的说法。这是古代圣明君王的心愿。汉朝与匈奴结为兄弟，所以送给单于的东西也很多。之前违背约定，割断兄弟之情的人，经常在匈奴。但右贤王的事情已被宽恕，请您不要过分追究他。单于如果能按照信中的意思去做，明确告诉各位官吏，使他们不要违背约定，言而有信，我们也会恭敬地按照单于信中所说去做。使者说单于亲自带兵，统一他国有功，作战非常辛苦。现在将绣面绮里的夹衣、长袄、锦袍各一件，金发饰一件，黄金腰带一条，黄金带钩一枚，绣品十匹，锦缎二十匹，赤绨、绿缯各四十匹，派中大夫意、谒者令肩送给单于。"

过了不久，冒顿单于死去，他的儿子稽粥继位，称为老上单于。

老上单于稽粥刚刚继位，文帝又派宗室之女，汉朝公主去做单于的阏氏，派宦官燕地人中行说随同公主前往匈奴。中行说不想去，汉朝强迫他去。中行说说："如果一定要让我去，我就会成为汉朝的祸患。"中行说到了匈奴，就向单于投降，单于非常宠幸他。

起初，单于喜爱汉朝的丝帛和食物，中行说对单于说："匈奴的总人数比不上汉朝的一个郡，但能够很强大，就是因为衣服食物与汉人不同，没有什么需要依靠汉朝的。现在单于改变匈奴的习俗，喜爱汉朝的东西，汉朝只要拿十分之二的财物，就能让匈奴人的心归顺汉朝。希望您把获得的汉朝丝帛，让人穿着奔驰在丛生的草木中，使衣服裤子都开裂破烂，来向众人展示它不如毡裘结实；把获得的汉朝食物都扔掉，来向众人展示它不如乳酪美味可口。"于是中行说教单于身边的人分条记录，来统计他们人口和牲畜的数量。

汉朝送给单于书信，用一尺一寸长的木简，开头问候的话语是"皇帝敬问匈奴大单于无恙"，以及赠送的东西和一些话语等等。中行说让单于用一尺二寸长的木简来回信，信的印章和封缄都弄得很大，言辞傲慢，开头问候的话语是"天地所生日月所置匈奴大单于敬问汉皇帝无恙"，以及回赠的东西和一些话语等等。

汉使或言匈奴俗贱老，中行说穷汉使曰："而汉俗屯戍从军当发者，其亲岂不自夺温厚肥美赍送饮食行者乎？"汉使曰："然。"说曰："匈奴明以攻战为事，老弱不能斗，故以其肥美饮食壮健以自卫，如此父子各得相保，何以言匈奴轻老也？"汉使曰："匈奴父子同穹庐卧。父死，妻其后母；兄弟死，尽妻其妻。无冠带之节，阙庭之礼。"中行说曰："匈奴之俗，食畜肉，饮其汁，衣其皮；畜食草饮水，随时转移。故其急则人习骑射，宽则人乐无事。约束径，易行；君臣简，可久。一国之政犹一体也。父兄死，则妻其妻，恶种姓之失也。故匈奴虽乱，必立宗种。今中国虽阳不取其父兄之妻，亲属益疏则相杀，至到易姓，皆从此类也。且礼义之敝，上下交怨，而室屋之极，生力屈焉。夫力耕桑以求衣食，筑城郭以自备，故其民急则不习战攻，缓则罢于作业。嗟土室之人，顾无喋喋佔佔，冠固何当！"自是之后，汉使欲辩论者，中行说辄曰："汉使毋多言，顾汉所输匈奴缯絮米糵，令其量中，必善美而已，何以言为乎？且所给备善则已，不备善而苦恶，则候秋孰，以骑驰蹂乃稼穑也。"日夜教单于候利害处。

孝文十四年，匈奴单于十四万骑入朝那萧关，杀北地都尉卬，虏人民畜产甚多，遂至彭阳。使骑兵入烧回中宫，候骑至雍甘泉。于是文帝以中尉周舍、郎中令张武为将军，发车千乘，十万骑，军长安

汉朝使者中有的说匈奴的风俗轻视老人，中行说质问汉朝使者说：“你们汉朝的风俗，对那些要去守卫边境，参军作战的人，他们的亲人难道有不拿出自己的暖衣美食来送给那些要出发的人的吗？”汉朝使者说：“是这样。”中行说说：“匈奴明确把进攻战斗作为正事，年老体弱之人不能去战斗，所以他们才把肥美的食物给健壮的人吃，用以保卫自己，这样父子都能保全自身，怎么能说匈奴轻视老人呢？”汉朝使者说：“匈奴的父亲与儿子同住在一个毡帐里。父亲死后，儿子可以娶后母为妻；兄弟死后，将他们兄弟的妻子都娶为妻。而且没有装束和朝廷的礼仪。”中行说说：“匈奴的风俗是吃牲畜的肉，喝牲畜的奶，穿牲畜的皮；牲畜吃草喝水，随着季节转移地点。所以有战事时人们就练习骑马射箭，没有战事时人们就安居乐业。匈奴的约定简单，容易实行；君臣关系也直率，所以可以长久维持。整个国家的政事是一个有机的整体。父亲兄长死后，儿子、弟弟就娶他们的妻子为妻，是害怕失去宗族后代。所以匈奴的婚姻生活虽然混乱，却一定要立本宗的后代。现在中原人表面上虽然不娶自己父兄的妻子，亲属却日渐疏远，互相残杀，以至于改朝换代，都是由这些事情引起的。况且中原因为礼仪方面的弊端，使得上下之间互相结怨，而大肆建造宫殿，也消耗了人们的气力。至于汉人努力种田养蚕来求得衣食，修建城郭来自我防卫，所以人民在有战事时不会战斗，没有战事时就疲于劳动。唉，你们这些住在房屋里的人，就不要多说了，衣冠楚楚显得高贵又有什么好处！”从此以后，汉朝使者有想要辩论的，中行说总是说：“汉朝使者不要多说了，只要记着汉朝送给匈奴的丝帛米酒，让它们足数，并且保证质量好就行了，又有什么好说的呢？况且汉朝送来的东西齐备完好就算了，如果不是很好而非常粗劣的话，那么等到秋熟季节，我们便派铁骑去践踏你们的庄稼。”中行说教单于日夜侦察汉朝边境的要害之地。

文帝前元十四年（前166），匈奴单于率领十四万骑兵攻入朝那县的萧关，杀死了北地都尉孙卬，劫掠了很多人口和牲畜，然后到达彭阳县。单于派骑兵攻入回中宫，并放火焚烧，匈奴侦察的骑兵到了雍城的甘泉宫。于是文帝任命中尉周舍、郎中令张武为将军，派出战

旁以备胡寇。而拜昌侯卢卿为上郡将军，宁侯魏遬为北地将军，隆虑侯周灶为陇西将军，东阳侯张相如为大将军，成侯董赤为将军，大发车骑往击胡。单于留塞内月余，汉逐出塞即还，不能有所杀。匈奴日以骄，岁入边，杀略人民甚众，云中、辽东最甚，郡万余人。汉甚患之，乃使使遗匈奴书，单于亦使当户报谢，复言和亲事。

孝文后二年，使使遗匈奴书曰："皇帝敬问匈奴大单于无恙。使当户且渠雕渠难、郎中韩辽遗朕马二匹，已至，敬受。先帝制，长城以北引弓之国受令单于，长城以内冠带之室朕亦制之，使万民耕织，射猎衣食，父子毋离，臣主相安，俱无暴虐。今闻渫恶民贪降其趋，背义绝约，忘万民之命，离两主之欢，然其事已在前矣。书云'二国已和亲，两主欢说，寝兵休卒养马，世世昌乐，翕然更始'，朕甚嘉之。圣者日新，改作更始，使老者得息，幼者得长，各保其首领，而终其天年。朕与单于俱由此道，顺天恤民，世世相传，施之无穷，天下莫不咸嘉。使汉与匈奴邻敌之国，匈奴处北地，寒，杀气早降，故诏吏遗单于秫蘖金帛绵絮它物岁有数。今天下大安，万民熙熙，独朕与单于为之父母。朕追念前事，薄物细故，谋臣计失，皆不足以离昆弟之欢。朕闻天不颇覆，地不偏载。朕与单于皆捐细故，俱蹈大道也，堕坏前恶，以图长久，使两国之民若一家子。元元万民，下及鱼鳖，上及飞鸟，跂行喙息蠕动之类，莫不就安利，避危殆。故来者不止，天之道也。俱去前事，朕释逃虏民，单于毋言章尼等。朕闻古之帝王，约分明而不食言。单于留志，天下大安，和亲之后，汉过不先。单于其察之。"

车千辆，骑兵十万，驻扎在长安城旁来防备匈奴入侵。又任命昌侯卢卿为上郡将军，，宁侯魏遬为北地将军，隆虑侯周灶为陇西将军，东阳侯张相如为大将军，成侯董赤为将军，派出大量战车骑兵去攻打匈奴。单于停留在塞内一个多月，汉军将他们赶出边塞就回来了，没有斩杀敌人。匈奴日益骄横，每年都入侵边境，杀死劫掠很多百姓，云中郡和辽东郡受害最严重，每郡被杀的有一万多人。汉朝非常忧虑，就派使者送信给匈奴，单于也派当户来答谢，双方再次商议和亲之事。

文帝后元二年（前162），汉朝派使者送信给匈奴说："皇帝敬问匈奴大单于无恙。您派当户且渠雕渠难、郎中韩辽送给我两匹马，已经到了，我恭敬地接受了。我们先帝规定，长城以北的骑射民族由单于管辖，长城以内的习礼人家由我来管辖，让百姓能够耕田织布，射猎鸟兽，获得衣食，父子不离，君臣相安，都不要做凶残之事。现在我听说有邪恶之徒贪图利益，背信弃义，违背约定，不顾百姓的性命，离间两国君主的情谊，但这些都是以前的事了。您的信中说'我们两国已经和亲，双方君主都很高兴，要停止战争，使士卒休息，畜养马匹，世世代代兴盛康乐，重新开始安定的局面'，我非常赞赏您的做法。圣人每天都要让自己进步，重新开始，让老年人能够休息调养，年轻人能够顺利成长，各自保全性命，尽享天年。我与单于都应遵循此道，顺应天意，体恤万民，世代相传，以至无穷，天下人没有不称赞的。汉朝与匈奴是势均力敌的邻国，匈奴住在北方，非常冷，寒气早降，所以我命令官吏每年送给单于一定数量的秫蘖、金帛、绵絮等其他物品。现在天下非常安定，百姓和乐，只有我和单于为民父母。我追忆过去，不过是为了一些细微琐碎之事，加上谋臣计策失误造成的，这些都不足以离间我们兄弟间的情谊。我听说天不偏盖，地不偏载。我与单于都应该不拘琐事，都遵循大道，摒弃前嫌，来谋求长久的和平相处，使两国百姓就像一家人。善良百姓，下及鱼鳖，上及飞鸟，还有各种动物，没有不向往安全，躲避危险的。所以不阻止归顺的人，是天理所在。我们应消除过去的误会，我宽恕逃跑及被掳的汉人，单于也不要责怪投降的章尼等人。我听说古代的帝王，清楚

单于既约和亲，于是制诏御史："匈奴大单于遗朕书，和亲已定，亡人不足以益众广地，匈奴无入塞，汉无出塞，犯今约者杀之，可以久亲，后无咎，俱便。朕已许。其布告天下，使明知之。"

后四年，老上单于死，子军臣单于立，而中行说复事之。汉复与匈奴和亲。

军臣单于立岁余，匈奴复绝和亲，大入上郡、云中各三万骑，所杀略甚众。于是汉使三将军军屯北地，代屯句注，赵屯飞狐口，缘边亦各坚守以备胡寇。又置三将军，军长安西细柳、渭北棘门、霸上以备胡。胡骑入代句注边，烽火通于甘泉、长安。数月，汉兵至边，匈奴亦远塞，汉兵亦罢。后岁余，文帝崩，景帝立，而赵王遂乃阴使于匈奴。吴楚反，欲与赵合谋入边。汉围破赵，匈奴亦止。自是后，景帝复与匈奴和亲，通关市，给遗单于，遣翁主如故约。终景帝世，时时小入盗边，无大寇。

武帝即位，明和亲约束，厚遇关市，饶给之。匈奴自单于以下皆亲汉，往来长城下。

汉使马邑人聂翁壹间阑出物与匈奴交易，阳为卖马邑城以诱单于。单于信之，而贪马邑财物，乃以十万骑入武州塞。汉伏兵三十余万马邑旁，御史大夫韩安国为护军将军，护四将军以伏单于。单于既入汉塞，未至马邑百余里，见畜布野而无人牧者，怪之，乃攻

立下约定而不会违背诺言。单于记挂和亲之事，让天下安定，和亲之后，汉朝不会首先违背约定。希望单于仔细考虑这件事。”

单于与汉朝约定和亲后，于是文帝给御史下诏说：“匈奴大单于给我送信，汉匈和亲之事已定，收留逃亡之人不足以增加人口，扩充土地，匈奴人不准进入边塞，汉人也不准远出边塞，触犯现在规定的人要处死，这样汉匈之间就可以长久保持和平局面，以后也没有灾祸，对双方都有利。我已经答应了匈奴。现在布告天下，使天下百姓清楚知道此事。”

四年（后元三年，前161年）后，老上单于死去，他的儿子军臣单于继位，而中行说又开始侍奉他。汉朝再次与匈奴进行和亲。

军臣单于继位一年多后，匈奴又与汉朝断绝和亲，大举侵入上郡、云中郡，每郡派去三万骑兵，杀死劫掠很多人。因而汉朝派了三位将军率军分别驻扎在北地郡，代郡的句注山，赵地的飞狐口，沿边境居住的官民也各自坚守来防备匈奴入侵。又让周亚夫、徐厉、刘礼三位将军，分别驻扎在长安城西的细柳、渭河北岸的棘门和长安东北的霸上，来防备匈奴。匈奴骑兵入侵代郡的句注山边，汉军的烽火传到了甘泉宫、长安城。几个月后，汉军到达边境，匈奴也逃走了，远离边塞，汉军也就撤回了。一年多后，文帝驾崩，景帝继位，而赵王刘遂暗中派人前往匈奴。吴楚七国之乱时，匈奴想与赵国合谋入侵边塞。汉军包围并攻破了赵国，匈奴也就停止了行动。从此以后，景帝又派人与匈奴进行和亲，两国互通关市，按照以前的约定送东西给单于，遣嫁公主为阏氏。终景帝一朝，匈奴经常小规模地入侵劫掠边境，但没有大的侵犯事件发生。

武帝继位后，明确与匈奴的和亲约定，关市上也进行优待，供给充足。匈奴从单于以下的人都亲近汉朝，往来于长城下。

汉朝派马邑人聂翁壹私自带着货物出关与匈奴交易，假装出卖马邑城来诱惑单于。单于相信了他的话，贪图马邑城中的财物，就率领十万骑兵进入武州塞。汉朝在马邑城旁埋伏了三十多万人马，御史大夫韩安国担任护军将军，统领李广、公孙贺、王恢、李息四位将

亭。时雁门尉史行徼，见寇，保此亭，单于得，欲刺之。尉史知汉谋，乃下，具告单于。单于大惊，曰："吾固疑之。"乃引兵还。出曰："吾得尉史，天也。"以尉史为天王。汉兵约单于入马邑而纵兵，单于不至，以故无所得。将军王恢部出代击胡辎重，闻单于还，兵多，不敢出。汉以恢本建造兵谋而不进，诛恢。自是后，匈奴绝和亲，攻当路塞，往往入盗于边，不可胜数。然匈奴贪，尚乐关市，耆汉财物，汉亦通关市不绝以中之。

自马邑军后五岁之秋，汉使四将各万骑击胡关市下。将军卫青出上谷，至龙城，得胡首虏七百人。公孙贺出云中，无所得。公孙敖出代郡，为胡所败七千。李广出雁门，为胡所败，匈奴生得广，广道亡归。汉囚敖、广，敖、广赎为庶人。其冬，匈奴数千人盗边，渔阳尤甚。汉使将军韩安国屯渔阳备胡。其明年秋，匈奴二万骑入汉，杀辽西太守，略二千余人。又败渔阳太守军千余人，围将军安国。安国时千余骑亦且尽，会燕救之，至，匈奴乃去，又入雁门杀略千余人。于是汉使将军卫青将三万骑出雁门，李息出代郡，击胡，得首虏数千。其明年，卫青复出云中以西至陇西，击胡之楼烦、白羊王于河南，得胡首虏数千，羊百余万。于是汉遂取河南地，筑朔方，复缮故秦时蒙恬所为塞，因河而为固。汉亦弃上谷之斗辟县造阳地以予胡。是岁，元朔二年也。

军准备伏击单于。单于进入汉朝边塞后，离马邑城还有一百多里，看见牲畜遍布原野却无人放牧，感到很奇怪，便攻入亭中。当时雁门尉史进行巡察，发现敌人，要去保卫此亭，单于抓住了他，想杀他。尉史知道汉军的计谋，就投降了，并将详细情况告诉给单于。单于大惊失色，说道："我本来就在怀疑此事。"于是单于率军返回。出了边塞后，单于说道："我得到尉史，是天意啊。"于是单于封尉史为天王。汉军本想等单于按照约定进入马邑城后出兵攻击，单于却没有来，因此一无所获。将军王恢率军从代郡出击匈奴的后勤军队，听说单于带兵返回，人数众多，就不敢冒然进攻。汉朝因为伏击单于的计谋本是王恢提出的但他却不出击，就杀了他。从此以后，匈奴就断绝了与汉朝的和亲，攻击要塞，经常入侵边境抢劫，不可胜数。但是匈奴也很贪婪，还是乐于在关市与汉朝进行交易，喜爱汉朝的财物，汉朝也仍然开放关市来满足他们的愿望。

自从马邑伏兵后第五年（元光六年，前129年）的秋季，汉朝派四位将军各自率领一万骑兵在关市附近攻打匈奴。将军卫青从上谷出征，到达龙城，斩获敌首七百级。公孙贺从云中郡出征，一无所获。公孙敖从代郡出征，被匈奴打败，汉军被杀死了七千人。李广从雁门郡出征，被匈奴打败，匈奴生擒了李广，李广在路上逃回汉朝。汉朝囚禁公孙敖、李广，他们赎罪为平民。当年冬季，匈奴有数千人侵犯边境，渔阳受害最严重。汉朝派将军韩安国驻扎在渔阳来防备匈奴入侵。第二年（元朔元年，前128年）秋季，匈奴又有二万骑兵入侵汉朝，杀死辽西太守，劫掠二千多人。又打败渔阳太守的军队一千多人，包围了将军韩安国。当时韩安国率领的一千多骑兵也快匈奴被杀光，正巧燕国军队来解救，援军到了，匈奴才撤去，之后匈奴骑宾又入侵雁门郡，杀死劫掠一千多人。于是汉朝派将军卫青率领三万骑兵从雁门出征，李息从代郡出征，攻打匈奴，斩获敌首数千级。第二年，卫青又从云中郡以西出兵，到达陇西，在黄河以南的地区攻打匈奴的楼烦王、白羊王，斩获敌首数千级，获得一百多万头羊。于是汉朝夺取了黄河以南的地区，修建了朔方城，又整修了原来秦朝大将蒙恬建造的关塞，依靠黄河的地理优势加固关防。汉朝也放弃了上谷郡

其后冬，军臣单于死，其弟左谷蠡王伊穉斜自立为单于，攻败军臣单于太子於单。於单亡降汉，汉封於单为陟安侯，数月死。

伊穉斜单于既立，其夏，匈奴数万骑入代郡，杀太守共友，略千余人。秋，又入雁门，杀略千余人。其明年，又入代郡、定襄、上郡，各三万骑，杀略数千人。匈奴右贤王怨汉夺之河南地而筑朔方，数寇盗边，及入河南，侵扰朔方，杀略吏民甚众。

其明年春，汉遣卫青将六将军十余万人出朔方高阙。右贤王以为汉兵不能至，饮酒醉。汉兵出塞六七百里，夜围右贤王。右贤王大惊，脱身逃走，精骑往往随后去。汉将军得右贤王人众男女万五千人，裨小王十余人。其秋，匈奴万骑入代郡，杀都尉朱央，略千余人。

其明年春，汉复遣大将军卫青将六将军，十余万骑，仍再出定襄数百里击匈奴，得首虏前后万九千余级，而汉亦亡两将军，三千余骑。右将军建得以身脱，而前将军翕侯赵信兵不利，降匈奴。赵信者，故胡小王，降汉，汉封为翕侯，以前将军与右将军并军，介独遇单于兵，故尽没。单于既得翕侯，以为自次王，用其姊妻之，与谋汉。信教单于益北绝幕，以诱罢汉兵，徼极而取之，毋近塞。单于从之。其明年，胡数万骑入上谷，杀数百人。

明年春，汉使票骑将军去病将万骑出陇西，过焉耆山千余里，得胡首虏八千余级，得休屠王祭天金人。其夏，票骑将军复与合骑侯数万骑出陇西、北地二千里，过居延，攻祁连山，得胡首虏三万

斗辟县的造阳地，给了匈奴。这年是元朔二年（前127）。

后一年（元朔三年，前126年）冬季，军臣单于死去，他的弟弟左谷蠡王伊稺斜自立为单于，打败了军臣单于的太子於单。於单逃走，投降了汉朝，汉朝封於单为陟安侯，几个月后他就死了。

伊稺斜单于继位后，当年夏季，匈奴数万骑兵攻入代郡，杀死太守共友，劫掠一千多人。秋季，又入侵雁门郡，杀死劫掠一千多人。第二年（元朔四年，前125年），匈奴又入侵代郡、定襄郡、上郡，每郡有三万骑兵，杀死劫掠数千人。匈奴右贤王怨恨汉朝夺取他们黄河以南的地区并修建朔方城，就多次侵扰劫掠边境，并攻入黄河以南的地区，侵扰朔方城，杀死劫掠很多官民。

第二年（元朔五年，前124年）春季，汉朝派卫青带领六位将军和十多万人从朔方、高阙出征，攻打匈奴。匈奴右贤王认为汉军来不了，就喝醉了酒。汉军出塞六七百里，夜间包围了右贤王。右贤王大惊失色，脱身逃走，匈奴的精锐骑兵纷纷随他离去。汉朝将军俘虏了右贤王的部众男女共一万五千人，裨小王十多人。当年秋季，匈奴一万骑兵入侵代郡，杀死都尉朱央，劫掠一千多人。

第二年（元朔六年，前123年）春季，汉朝又派大将军卫青带领六位将军，十多万骑兵，仍从定襄出征，行军数百里，攻打匈奴，前后斩获敌首一万九千多级，而汉朝也死了两位将军，三千多骑兵。右将军苏建得以只身逃回，而前将军翕侯赵信作战不利，投降了匈奴。赵信，本来是匈奴的一个小王，投降汉朝后，汉朝封他为翕侯，他作为前将军与右将军苏建将军队合并，却单独碰上了单于的大军，所以全军覆没。单于得到翕侯后，封他为仅次于自己的王，并将姐姐嫁给他为妻，与他一起商议如何对付汉朝。赵信教单于往更北的方向去，穿过沙漠，引诱汉军深入，等汉军疲惫不堪时再去攻打，不要靠近边塞。单于听从了赵信的建议。第二年（元狩元年，前122年），匈奴数万骑兵入侵上谷郡，杀死汉朝数百人。

第二年（元狩二年，前121年）春季，汉朝派骠骑将军霍去病率领一万骑兵从陇西出征，翻过焉耆山一千多里，斩获敌首八千多级，得到了休屠王的祭天金人。当年夏季，骠骑将军霍去病又与合骑侯公

余级，裨小王以下十余人。是时，匈奴亦来入代郡、雁门，杀略数百人。汉使博望侯及李将军广出右北平，击匈奴左贤王。左贤王围李广，广军四千人死者过半，杀虏亦过当。会博望侯军救至，李将军得脱，尽亡其军。合骑侯后票骑将军期，及博望侯皆当死，赎为庶人。

其秋，单于怒昆邪王、休屠王居西方为汉所杀虏数万人，欲召诛之。昆邪、休屠王恐，谋降汉，汉使票骑将军迎之。昆邪王杀休屠王，并将其众降汉，凡四万余人，号十万。于是汉已得昆邪，则陇西、北地、河西益少胡寇，徙关东贫民处所夺匈奴河南地新秦中以实之，而减北地以西戍卒半。明年春，匈奴入右北平、定襄各数万骑，杀略千余人。

其明年春，汉谋以为"翕侯信为单于计，居幕北，以为汉兵不能至"。乃粟马，发十万骑，私负从马凡十四万匹，粮重不与焉。令大将军青、票骑将军去病中分军，大将军出定襄，票骑将军出代，咸约绝幕击匈奴。单于闻之，远甚辎重，以精兵待于幕北。与汉大将军接战一日，会暮，大风起，汉兵纵左右翼围单于。单于自度战不能与汉兵，遂独与壮骑数百溃汉围西北遁走。汉兵夜追之不得，行捕斩首虏凡万九千级，北至寘颜山赵信城而还。

单于之走，其兵往往与汉军相乱而随单于。单于久不与其大众相得，右谷蠡王以为单于死，乃自立为单于。真单于复得其众，右谷

孙敖一起带领数万骑兵从陇西、北地出征，行军二千里，经过居延泽，进攻祁连山，斩获敌首三万多级，裨小王以下十多人。当时，匈奴也入侵代郡、雁门郡，杀死劫掠数百人。汉朝派博望侯张骞和将军李广从右北平出兵，攻打匈奴的左贤王。左贤王包围了李广，李广带领的四千人中死者过半，杀死俘获的敌人也超过了自己军队牺牲的人数。正好博望侯张骞的援军来到，李广将军才能脱身，但全军覆灭。合骑侯公孙敖延误了与骠骑将军霍去病约定的时间，他和博望侯张骞都应当处死，赎罪为平民。

当年秋季，单于对驻守西方的昆邪王、休屠王被汉军杀死俘获几万人这件事非常愤怒，想把他们召来杀掉。昆邪王、休屠王非常害怕，商议投降汉朝，汉朝派骠骑将军霍去病去迎接他们。昆邪王杀了休屠王，带领他的部众一起投降汉朝，总共四万多人，号称十万人。于是汉朝得到昆邪王后，陇西、北地、河西这些地方受到匈奴的侵犯更少了，就迁徙关东的贫民到夺取的匈奴黄河以南地区，号称“新秦中”居住，来充实边疆，而减少了一半驻守北地以西地区的士卒。第二年（元狩三年，前120年）春季，匈奴入侵右北平、定襄两郡，每郡有数万骑兵，杀死劫掠一千多人。

第二年（元狩四年，前119年）春季，汉朝商议“翕侯赵信给单于献计，迁居到漠北，认为汉军不能攻到那里”。于是汉军用粮食喂马，派出十万骑兵，另有自带衣服马匹自愿从军的，共十四万人，运送粮食的后勤军队没有计算在内。命令大将军卫青、骠骑将军霍去病各自率领一半军队，卫青从定襄出兵，霍去病从代郡出兵，一同约定穿过沙漠攻打匈奴。单于听说后，将粮草等物资运到远方，率领精兵在漠北迎战。与汉朝大将军卫青交战一天，当时正好天黑，刮起了大风，汉军出动左右两侧的军队包围了单于。单于自我忖度打不过汉军，就单独与数百剽悍骑兵突破汉军的包围，向西北逃走。汉军连夜追击，但没有抓到，途中俘虏斩杀匈奴一万九千多人，向北一直打到窴颜山赵信城才返回。

单于逃走时，他的士兵经常与汉军混在一起追随着单于。单于很长时间不能与自己的部众汇合，右谷蠡王以为单于死了，就自立为

蠡乃去号，复其故位。

票骑之出代二千余里，与左王接战，汉兵得胡首虏凡七万余人，左王将皆遁走。票骑封于狼居胥山，禅姑衍，临翰海而还。

是后匈奴远遁，而幕南无王庭。汉度河自朔方以西至令居，往往通渠置田官，吏卒五六万人，稍蚕食，地接匈奴以北。

初，汉两将大出围单于，所杀虏八九万，而汉士物故者亦万数，汉马死者十余万匹。匈奴虽病，远去，而汉马亦少，无以复往。单于用赵信计，遣使好辞请和亲。天子下其议，或言和亲，或言遂臣之。丞相长史任敞曰："匈奴新困，宜使为外臣，朝请于边。"汉使敞使于单于。单于闻敞计，大怒，留之不遣。先是汉亦有所降匈奴使者，单于亦辄留汉使相当。汉方复收士马，会票骑将军去病死，于是汉久不北击胡。

数岁，伊稚斜单于立十三年死，子乌维立为单于。是岁，元鼎三年也。乌维单于立，而汉武帝始出巡狩郡县。其后汉方南诛两越，不击匈奴，匈奴亦不入边。

乌维立三年，汉已灭两越，遣故太仆公孙贺将万五千骑出九原二千余里，至浮苴井，从票侯赵破奴万余骑出令居数千里，至匈奴河水，皆不见匈奴一人而还。

是时，天子巡边，亲至朔方，勒兵十八万骑以见武节，而使郭吉风告单于。既至匈奴，匈奴主客问所使，郭吉卑体好言曰："吾见单于而口言。"单于见吉，吉曰："南越王头已县于汉北阙下。今单于

单于。真单于后来又找到了自己的人马，右谷蠡王才去掉单于称号，恢复原来的王位。

骠骑将军霍去病从代郡出兵，行军二千多里，与左贤王交战，汉军斩获敌首七万多级，左贤王和部将都逃走了。霍去病在狼居胥山上筑坛祭天，在姑衍山上辟场祭地，到达大漠才返回。

此后匈奴逃亡远处，而漠南没有了单于王庭。汉朝渡过黄河，从朔方向西到达令居，到处开通河渠，设置田官，官吏、士卒有五六万人，逐渐蚕食匈奴的地盘，土地连接到匈奴以北的地区。

起初，汉朝卫青、霍去病两位将军出兵包围单于，斩杀俘虏匈奴八九万人，而汉朝士兵也有几万人死亡，汉军战马死掉十多万匹。匈奴虽然疲惫不堪，逃往远处，而汉军也缺少马匹，不能再去追击。单于采纳赵信的建议，派使者来说好话请求和亲。武帝把这件事交给大臣们商议，大臣们有的说应该与匈奴和亲，有的说应该趁此机会让匈奴称臣。丞相长史任敞说："匈奴刚打了败仗，疲惫不堪，应该让他们做外臣，到边塞朝见天子。"汉朝派任敞出使到单于那里。单于听完任敞的建议后，勃然大怒，将他扣留，不让他返回。在此之前汉朝也有一些匈奴使者归降，单于也总是扣留汉朝使者相抵。汉朝又征集兵马，恰逢骠骑将军霍去病死去，因而汉朝很久没有向北攻打匈奴。

几年后，伊稺斜单于死去，在位十三年。他的儿子乌维继位为单于。这年，是元鼎三年（前114）。乌维单于继位后，汉武帝开始出外巡行各郡县。此后汉朝向南讨伐两越，没有攻打匈奴，匈奴也没有入侵边境。

乌维单于继位三年后，汉朝平定了两越，就派原太仆公孙贺带领一万五千骑兵从九原出征，行军二千多里，到达浮苴井，派从票侯赵破奴带领一万多骑兵从令居出征，行军数千里，到达匈奴河，两军都没有遇见一个匈奴人就返回了。

当时，武帝巡察边境，亲自到了朔方城，指挥十八万骑兵进行操练，显示军威，然后派郭吉为使者劝告单于。郭吉到达匈奴后，匈奴负责接待来客的主客询问郭吉出使的目的，郭吉谦恭地好言道："我想

即能前与汉战，天子自将兵待边；即不能，亟南面而臣于汉。何但远走，亡匿于幕北寒苦无水草之地为？”语卒，单于大怒，立斩主客见者，而留郭吉不归，迁辱之北海上。而单于终不肯为寇于汉边，休养士马，习射猎，数使使好辞甘言求和亲。

汉使王乌等窥匈奴。匈奴法，汉使不去节，不以墨黥其面，不得入穹庐。王乌，北地人，习胡俗，去其节，黥面入庐。单于爱之，阳许曰：“吾为遣其太子入质于汉，以求和亲。”

汉使杨信使于匈奴。是时，汉东拔濊貉、朝鲜以为郡，而西置酒泉郡以隔绝胡与羌通之路。又西通月氏、大夏，以翁主妻乌孙王，以分匈奴西方之援国。又北益广田至眩雷为塞，而匈奴终不敢以为言。是岁，翕侯信死，汉用事者以匈奴已弱，可臣从也。杨信为人刚直屈强，素非贵臣也，单于不亲。欲召入，不肯去节，乃坐穹庐外见杨信。杨信说单于曰：“即欲和亲，以单于太子为质于汉。”单于曰：“非故约。故约，汉常遣翁主，给缯絮食物有品，以和亲，而匈奴亦不复扰边。今乃欲反古，令吾太子为质，无几矣。”匈奴俗，见汉使非中贵人，其儒生，以为欲说，折其辞辩；少年，以为欲刺，折其气。每汉兵入匈奴，匈奴辄报偿。汉留匈奴使，匈奴亦留汉使，必得当乃止。

见到单于后再亲口告诉他。”单于就接见了郭吉，郭吉说道：“南越王的头颅已经悬挂在汉朝皇宫的北阙下了。现在单于如果能前去与汉军交战，汉朝天子将亲自率军在边境等候；如果单于不能前去，应该马上面向南方向汉朝称臣。何必向远方逃走，躲藏在漠北这寒冷困苦、没有水草的地方呢？”郭吉说完后，单于勃然大怒，马上将负责接待的主客杀死，并扣留了郭吉，不让他返回，为了凌辱郭吉，把他流放到北海。而单于最终也不敢侵犯汉朝边境，休养兵马，练习射猎，多次派使者到汉朝说好话请求和亲。

汉朝派王乌等人作为使者去匈奴打探情况。匈奴的法律规定，汉朝使者不去掉符节，不在脸上刺字涂墨，不能进入毡帐。王乌是北地人，熟悉匈奴的习俗，他去掉符节，在脸上刺字涂墨后，进了毡帐。单于喜欢王乌，假装答应他说：“我会派太子到汉朝做人质，请求和亲。”

汉朝派杨信出使匈奴。当时，汉朝攻占了东方的濊貉、朝鲜，设置为郡，在西方设置了酒泉郡来隔绝匈奴与羌人的交通要道。汉朝又与西方的月氏、大夏往来，把公主嫁给乌孙王为妻，分化匈奴在西方的后援国家。又向北进一步扩大土地，直到眩雷，作为汉朝的边塞，而匈奴始终不敢说什么。这年，翕侯赵信死去，武帝认为匈奴已经衰弱，可以让它臣服。杨信为人刚正倔强，一向不是显贵大臣，单于对他不亲近。想召他进帐，杨信不肯去掉符节，于是单于坐在帐外接见杨信。杨信劝说单于道：“如果单于想要与汉朝和亲，就把太子送去汉朝做人质。”单于说：“这不是我们原先的约定。原先约定，汉朝要经常遣嫁公主，送给我们一定数量的丝帛和食物，来和亲，而匈奴也不再侵扰汉朝的边境。现在你们却想违反以往的规定，要我的太子去做人质，看来和亲没有希望了。”匈奴的一般做法是，看见汉朝使者不是受宠的宦官，而是儒生，认为是来劝说的，就驳斥他们的言辞；如果是年轻人，认为是来行刺的，就挫掉他们的锐气。每次汉朝使者（“汉兵”，《史记》作“汉使”）进入匈奴，匈奴总要报复。汉朝扣留匈奴使者，匈奴也会扣留汉朝使者，一定要双方对等才罢休。

杨信既归，汉使王乌等如匈奴。匈奴复讇以甘言，欲多得汉财物，绐王乌曰："吾欲入汉见天子，面相结为兄弟。"王乌归报汉，汉为单于筑邸于长安。匈奴曰："非得汉贵人使，吾不与诚语。"匈奴使其贵人至汉，病，服药欲愈之，不幸而死。汉使路充国佩二千石印绶，使送其丧，厚币直数千金。单于以为汉杀吾贵使者，乃留路充国不归。诸所言者，单于特空绐王乌，殊无意入汉，遣太子来质。于是匈奴数使奇兵侵犯汉边。汉乃拜郭昌为拔胡将军，及浞野侯屯朔方以东，备胡。

乌维单于立十岁死，子詹师庐立，年少，号为儿单于。是岁，元封六年也。自是后，单于益西北，左方兵直云中，右方兵直酒泉、敦煌。

儿单于立，汉使两使，一人吊单于，一人吊右贤王，欲以乖其国。使者入匈奴，匈奴悉将致单于。单于怒而悉留汉使。汉使留匈奴者前后十余辈，而匈奴使来汉，亦辄留之相当。

是岁，汉使贰师将军西伐大宛，而令因杅将军筑受降城。其冬，匈奴大雨雪，畜多饥寒死，而单于年少，好杀伐，国中多不安。左大都尉欲杀单于，使人间告汉曰："我欲杀单于降汉，汉远，汉即来兵近我，我即发。"初汉闻此言，故筑受降城，犹以为远。

其明年春，汉使浞野侯破奴将二万骑出朔方北二千余里，期至浚稽山而还。浞野侯既至期，左大都尉欲发而觉，单于诛之，发兵击浞野侯。浞野侯行捕首虏数千人。还，未至受降城四百里，匈

杨信回来后，汉朝派王乌等人出使匈奴。匈奴仍然用好话奉承他，想多得到汉朝的财物，单于欺骗王乌说："我想去汉朝拜见天子，当面与他结为兄弟。"王乌回来后向朝廷报告，汉朝就为单于在长安城建造了官邸。匈奴说："除非是汉朝的显贵之人来出使，否则我不会给你们说实话。"匈奴派自己的贵人出使汉朝，贵人生病，汉朝给他服药，想治好他，却不幸死去。汉朝让路充国佩戴二千石的印绶，出使匈奴，为匈奴贵人送葬，财物丰厚，价值数千金。单于认为汉朝杀死了匈奴贵人，就扣留路充国，不让他返回。单于所说的话，只是在欺骗王乌，他根本不愿意到汉朝来，也没有派太子做人质。于是匈奴多次派奇兵侵犯汉朝边境，汉朝就任命郭昌为拔胡将军，派他与浞野侯赵破奴一起驻扎在朔方以东，防备匈奴。

乌维单于在位十年后死去，他的儿子詹师庐继位，因为年纪小，称为儿单于。这年，是元封六年（前105）。从此以后，单于进一步向西北迁徙，左方军队面对云中郡，右方军队面对酒泉、敦煌。

儿单于继位后，汉朝派了两位使者，一个人去吊唁单于，一个人去吊唁右贤王，想借此离间匈奴君臣的关系。使者到匈奴后，匈奴人把他们都交给了单于。单于非常生气，将汉朝使者全部扣留。被扣留在匈奴的汉朝使者前后有十多批，而匈奴使者来到汉朝后，汉朝也总是扣留他们相抵。

这年（太初元年，前104年），汉朝派贰师将军李广利向西讨伐大宛国，又派因杅将军公孙敖建造受降城。当年冬季，匈奴下起大雪，牲畜大多因为饥饿寒冷而死，而单于年轻，喜好杀戮，国内很多人都感到不安。左大都尉想杀掉单于，暗中派人告诉汉朝说："我想杀掉单于，投降汉朝，但汉朝离匈奴太远，如果汉朝派兵来接应我，我就发难。"起初汉朝听到这话，所以才建造了受降城。但左大都尉还是认为汉朝离匈奴太远。

第二年（太初二年，前103年）春季，汉朝派浞野侯赵破奴带领二万骑兵从朔方以北出征，行军二千多里，与左大都尉约定到达浚稽山才返回。浞野侯按照约定到达后，左大都尉想要起事却被发觉，

奴八万骑围之。浞野侯夜出自求水，匈奴生得浞野侯，因急击其军。军吏畏亡将而诛，莫相劝而归，军遂没于匈奴。单于大喜，遂遣兵攻受降城，不能下，乃侵入边而去。明年，单于欲自攻受降城，未到，病死。

儿单于立三岁而死。子少，匈奴乃立其季父乌维单于弟右贤王句黎湖为单于。是岁，太初三年也。

句黎湖单于立，汉使光禄勋徐自为出五原塞数百里，远者千里，筑城障列亭至卢朐，而使游击将军韩说、长平侯卫伉屯其旁，使强弩都尉路博德筑居延泽上。

其秋，匈奴大入云中、定襄、五原、朔方，杀略数千人，败数二千石而去，行坏光禄所筑亭障。又使右贤王入酒泉、张掖，略数千人。会任文击救，尽复失其所得而去。闻贰师将军破大宛，斩其王还，单于欲遮之，不敢，其冬病死。

句黎湖单于立一岁死，其弟左大都尉且鞮侯立为单于。

汉既诛大宛，威震外国，天子意欲遂困胡，乃下诏曰："高皇帝遗朕平城之忧，高后时单于书绝悖逆。昔齐襄公复九世之仇，《春秋》大之。"是岁，太初四年也。

且鞮侯单于初立，恐汉袭之，尽归汉使之不降者路充国等于汉。单于乃自谓"我儿子，安敢望汉天子！汉天子，我丈人行。"汉遣中郎将苏武厚币赂遗单于，单于益骄，礼甚倨，非汉所望也。明年，浞野侯破奴得亡归汉。

单于将他诛杀，派出军队攻打浞野侯。浞野侯边退军边俘获匈奴数千人。回军途中，离受降城还有四百里时，被匈奴的八万骑兵包围了。浞野侯夜间自己出去找水，被匈奴生擒，趁机突然袭击他的军队。军中官吏害怕失去将军受到诛杀，没有人相互劝说回归汉朝，汉军于是在匈奴覆没。单于非常高兴，就派军队攻打受降城，不能攻下，便入侵边境，然后离去。第二年（太初三年，前102年），单于想亲自带兵攻打受降城，还没到达，就病死了。

儿单于在位三年就死了。儿子年幼，匈奴就立他的叔父乌维单于的弟弟右贤王句黎湖为单于。这年，是太初三年。

句黎湖单于继位后，汉朝派光禄勋徐自为从五原塞出兵，行军数百里，远到一千里外，建造城堡和瞭望所，直到卢朐，又派游击将军韩说、长平侯卫伉驻扎在附近，派强弩都尉路博德在居延泽边建造城堡。

当年秋季，匈奴大举入侵云中、定襄、五原、朔方等郡，杀死劫掠数千汉人，打败了多位太守，然后离去，在返回的途中，破坏了光禄勋徐自为建造的堡垒。又派右贤王入侵酒泉、张掖，劫掠数千人。恰逢任文率军攻打匈奴，解救汉人，右贤王又失去了全部所得然后离去。匈奴听说贰师将军李广利攻破大宛国，杀死国王后返回，单于想在路上拦截，最后没敢这样做，当年冬季单于就病死了。

句黎湖单于在位一年就死了，他的弟弟左大都尉且鞮侯继位为单于。

汉朝消灭了大宛国后，威震外国，武帝想解决受困匈奴的局面，就下诏说："高皇帝留给我平城被围的忧患，高后时单于的来信非常悖逆。过去齐襄公报九世祖之仇，《春秋公羊传》进行了肯定。"这年，是太初四年（前101）。

且鞮侯单于刚继位，害怕汉朝攻打匈奴，就把汉朝使者中不肯投降的路充国等人全部放回汉朝。单于就自称"我是儿辈，怎么敢埋怨汉天子！汉天子是我的长辈。"汉朝派中郎将苏武送给单于丰厚的礼物，单于更加骄横，礼节上非常傲慢不恭，不是汉朝期望的样子。

其明年，汉使贰师将军将三万骑出酒泉，击右贤王于天山，得首虏万余级而还。匈奴大围贰师，几不得脱。汉兵物故什六七。汉又使因杅将军出西河，与强弩都尉会涿邪山，亡所得。使骑都尉李陵将步兵五千人出居延北千余里，与单于会，合战，陵所杀伤万余人，兵食尽，欲归，单于围陵，陵降匈奴，其兵得脱归汉者四百人。单于乃贵陵，以其女妻之。

后二岁，汉使贰师将军六万骑，步兵七万，出朔方；强弩都尉路博德将万余人，与贰师会；游击将军说步兵三万人，出五原；因杅将军敖将骑万，步兵三万人，出雁门。匈奴闻，悉远其累重于余吾水北，而单于以十万待水南，与贰师接战。贰师解而引归，与单于连斗十余日。游击亡所得。因杅与左贤王战，不利，引归。

明年，且鞮侯单于死，立五年，长子左贤王立为狐鹿姑单于。是岁，太始元年也。

初，且鞮侯两子，长为左贤王，次为左大将，病且死，言立左贤王。左贤王未至，贵人以为有病，更立左大将为单于。左贤王闻之，不敢进。左大将使人召左贤王而让位焉。左贤王辞以病，左大将不听，谓曰："即不幸死，传之于我。"左贤王许之，遂立为狐鹿姑单于。

狐鹿姑单于立，以左大将为左贤王，数年病死，其子先贤掸不得代，更以为日逐王。日逐王者，贱于左贤王。单于自以其子为左贤王。

第二年（天汉元年，前100年），浞野侯赵破奴逃出匈奴返回汉朝。

第二年（天汉二年，前99年），汉朝派贰师将军李广利率领三万骑兵从酒泉出征，在天山攻打右贤王，斩获敌首一万多级然后返回。匈奴大举围攻贰师将军，他几乎不能逃脱。汉兵有十分之六七战死。汉朝又派因杅将军公孙敖从西河郡出兵，与强弩都尉路博德会师涿邪山，一无所获。又派骑都尉李陵带领步兵五千人从居延以北出征，行军一千多里，与单于相遇，双方交战，李陵杀伤匈奴一万多人，武器和食物都耗尽了，想要回来，但被单于包围，李陵向匈奴投降，他的士卒逃回汉朝的有四百人。单于看重李陵，把自己的女儿嫁给他为妻。

两年（天汉四年，前97年）后，汉朝派贰师将军李广利带领六万骑兵，七万步兵，从朔方出征；派强弩都尉路博德带领一万多人，与贰师将军会师，派游击将军韩说带领步兵三万人，从五原出征；派因杅将军公孙敖带领一万骑兵，三万步兵，从雁门出征。匈奴听到消息后，把家眷和财产都运到余吾水北边，而单于带领十万骑兵在余吾水南边等候汉军，与贰师将军交战。贰师将军解围后率军返回，与单于连续交战十多天。游击将军韩说一无所获。因杅将军与左贤王交战，不能取胜，率军返回。

第二年，且鞮侯单于死去，在位五年，他的长子左贤王继位为狐鹿姑单于。这年，是太始元年（前96）。

起初，且鞮侯单于有两个儿子，长子为左贤王，次子为左大将，且鞮侯单于病得将死时，说要立左贤王为单于。左贤王没到，匈奴贵人以为他有病，就改立左大将为单于。左贤王听说后，不敢来王庭。左大将派人去召见左贤王，要让位给他。左贤王称病推辞，左大将不听，说："如果您不幸死了，再传位给我。"左贤王答应了，于是匈奴立左贤王为狐鹿姑单于。

狐鹿姑单于继位后，让弟弟左大将做左贤王，几年后左贤王病死，他的儿子先贤掸没能继位，而是改做日逐王。日逐王的地位低于左贤王。狐鹿姑单于让自己的儿子做了左贤王。

单于既立六年，而匈奴入上谷、五原，杀略吏民。其年，匈奴复入五原、酒泉，杀两部都尉。于是汉遣贰师将军七万人出五原，御史大夫商丘成将三万余人出西河，重合侯莽通将四万骑出酒泉千余里。单于闻汉兵大出，悉遣其辎重，徙赵信城北邸郅居水。左贤王驱其人民度余吾水六七百里，居兜衔山。单于自将精兵左安侯度姑且水。

御史大夫军至追邪径，无所见，还。匈奴使大将与李陵将三万余骑追汉军，至浚稽山合，转战九日，汉兵陷陈却敌，杀伤虏甚众。至蒲奴水，虏不利，还去。

重合侯军至天山，匈奴使大将偃渠与左右呼知王将二万余骑要汉兵，见汉兵强，引去。重合侯无所得失。是时，汉恐车师兵遮重合侯，乃遣闿陵侯将兵别围车师，尽得其王民众而还。

贰师将军将出塞，匈奴使右大都尉与卫律将五千骑要击汉军于夫羊句山狭。贰师遣属国胡骑二千与战，虏兵坏散，死伤者数百人。汉军乘胜追北，至范夫人城，匈奴奔走，莫敢距敌。会贰师妻子坐巫蛊收，闻之忧惧。其掾胡亚夫亦避罪从军，说贰师曰："夫人室家皆在吏，若还不称意，适与狱会，郅居以北可复得见乎？"贰师由是狐疑，欲深入要功，遂北至郅居水上。虏已去，贰师遣护军将二万骑度郅居之水。一日，逢左贤王左大将，将二万骑与汉军合战一日，汉军杀左大将，虏死伤甚众。军长史与决眭都尉煇渠侯谋曰："将军怀异心，欲危众求功，恐必败。"谋共执贰师。贰师闻之，斩长史，引兵还至速邪乌燕然山。单于知汉军劳倦，自将五万骑遮击贰师，相杀伤甚众。夜堑汉军前，深数尺，从后急击之，军大乱败，

狐鹿姑单于继位六年（征和二年，前91年）后，匈奴派兵入侵上谷、五原，杀死劫夺汉朝官吏百姓。第二年（据《武帝纪》，“其年”应为“其明年”，即征和三年，前90年），匈奴又入侵五原、酒泉，杀死了两部都尉。于是汉朝派贰师将军李广利带领七万人从五原出兵，御史大夫商丘成带领三万多人从西河出兵，重合侯莽通带领四万骑兵从酒泉出征，行军一千多里。单于听说汉朝军队大规模出动后，将粮草等物资都运到赵信城以北的郅居水。左贤王率领他的部众渡过余吾水，行军六七百里，驻扎在兜衔山。单于亲自带领精兵与左安侯一起渡过姑且水。

御史大夫的军队到达追邪径后，没有遇见匈奴人，就返回了。匈奴派大将与李陵一起带领三万多骑兵追击汉军，到浚稽山后将汉军包围，双方持续交战九天，汉军攻破敌阵，击退敌人，杀伤很多。到了蒲奴水，匈奴不能取胜，就回去了。

重合侯莽通的军队到达天山，匈奴派大将偃渠与左呼知王、右呼知王带领两万多骑兵拦截汉军，看见汉军强大，就率军离去了。重合侯没有得到和失去什么。当时，汉朝怕车师国的军队拦截重合侯，就派闿陵侯率军包围了车师国，攻破后将国王和民众全都俘虏，然后返回。

贰师将军李广利将要出塞时，匈奴派右大都尉和卫律一起带领五千骑兵在夫羊句山的峡谷截击汉军。贰师将军派属国的两千匈奴兵与其交战，匈奴军队被打垮，纷纷逃散，死伤数百人。汉军乘胜追击败兵，追到范夫人城，匈奴人全都逃走，没有人敢抵抗汉军。恰好这时贰师将军的妻儿因巫蛊之事获罪被收监，他听说后非常担忧害怕。他的下属胡亚夫也因逃避罪行而从军在外，他劝说贰师将军道：“一个人的家族都被官吏收监了，如果回去后不能如愿将他们救出，正好与他们在监牢里相会，到时还能见到郅居以北的地方吗？”贰师将军因此犹豫不决，想要深入匈奴，求取战功，于是率军向北，到达郅居水边。匈奴人已经逃走了，贰师将军派护军带领两万骑兵渡过郅居水。一天，遇到了左贤王和左大将，他们带领两万骑兵与汉军交战了一天，汉军杀死左大将，匈奴死伤很多。汉军长史与决眭都

贰师降。单于素知其汉大将贵臣，以女妻之，尊宠在卫律上。

其明年，单于遣使遗汉书云："南有大汉，北有强胡。胡者，天之骄子也，不为小礼以自烦。今欲与汉闿大关，取汉女为妻，岁给遗我糵酒万石，稷米五千斛，杂缯万匹，它如故约，则边不相盗矣。"汉遣使者报送其使，单于使左右难汉使者，曰："汉，礼义国也。贰师道前太子发兵反，何也？"使者曰："然。乃丞相私与太子争斗，太子发兵欲诛丞相，丞相诬之，故诛丞相。此子弄父兵，罪当笞，小过耳。孰与冒顿单于身杀其父代立，常妻后母，禽兽行也！"单于留使者，三岁乃得还。

贰师在匈奴岁余，卫律害其宠，会母阏氏病，律饬胡巫言先单于怒，曰："胡故时祠兵，常言得贰师以社，今何故不用？"于是收贰师，贰师骂曰："我死必灭匈奴！"遂屠贰师以祠。会连雨雪数月，畜产死，人民疫病，谷稼不孰，单于恐，为贰师立祠室。

自贰师没后，汉新失大将军士卒数万人，不复出兵。三岁，武帝崩。前此者，汉兵深入穷追二十余年，匈奴孕重惰殰，罢极苦之。自单于以下常有欲和亲计。

尉煇渠侯商议说："将军怀有异心，想让大家处在危险中来为自己求取战功，恐怕一定会失败。"二人商议要一起抓住贰师将军。贰师将军听说后，就杀了长史，率军回到速邪乌燕然山。单于知道汉军疲惫不堪，就亲自带领五万骑兵截击贰师将军，双方交战，死伤很多。匈奴趁着夜色在汉军阵营前挖掘壕沟，深达数尺，从汉军背后突然袭击，汉军大乱，因此战败，贰师将军向匈奴投降。单于一向知道他是汉朝的大将军和显贵大臣，就把自己的女儿嫁给他为妻，对他的尊重宠幸在卫律之上。

第二年（征和四年，前84年），单于派使者给汉朝送信说："南方有壮大的汉朝，北方有强盛的匈奴。胡是天之骄子的意思，不为琐碎礼节而自寻烦恼。现在我们想与汉朝大开边关，娶汉朝的女子为妻，汉朝每年送给我们一万石酒，五千斛粮食，各种丝帛一万匹，其他方面还按照过去的约定，那么我们就不会侵犯汉朝边境。"汉朝派使者回复并送回匈奴的使者，单于让身边的人为难汉朝使者，说："汉朝，是礼义之国。但贰师将军说前太子起兵造反，是什么原因呢？"汉朝使者回答道："确有此事。是因为丞相私自与太子争斗，太子起兵想杀了丞相，丞相诬告太子，所以杀了丞相。这是儿子轻率动用父亲的军队，按罪应当笞责，只是小过错罢了。与冒顿单于亲自射杀其父，取代他自立为单于，娶后母为妻相比又算得了什么呢，那是禽兽的行为！"于是单于将汉朝使者扣留，三年后才让他返回。

贰师将军留在匈奴一年多了，卫律嫉妒他受到单于宠幸，正好单于的母亲病了，卫律命令匈奴的巫师说是已故单于发怒了，说："我们过去举行祠兵仪式时，经常说要抓住贰师将军把他杀了祭神，现在抓到了，为什么不用他祭神？"于是单于将贰师将军抓住，贰师将军骂道："我死必灭匈奴！"单于还是杀了贰师将军来祭神。恰好当时匈奴接连下了数月的大雪，牲畜都被冻死，百姓中流行瘟疫，庄稼不能成熟，单于感到害怕，就为贰师将军建立了祠堂，进行祭祀。

自从贰师将军的军队在匈奴覆没后，汉朝损失的大将军和士兵有数万人，因此不再出兵。三年（后元二年，前87年）后，武帝驾崩。在此之前，汉军深入，连续追击二十多年，匈奴怀胎的牲畜流产，百姓

后三年，单于欲求和亲，会病死。初，单于有异母弟为左大都尉，贤，国人乡之，母阏氏恐单于不立子而立左大都尉也，乃私使杀之。左大都尉同母兄怨，遂不肯复会单于庭。又单于病且死，谓诸贵人："我子少，不能治国，立弟右谷蠡王。"及单于死，卫律等与颛渠阏氏谋，匿单于死，诈挢单于令，与贵人饮盟，更立子左谷蠡王为壶衍鞮单于。是岁，始元二年也。

壶衍鞮单于既立，风谓汉使者，言欲和亲。左贤王、右谷蠡王以不得立怨望，率其众欲南归汉。恐不能自致，即胁卢屠王，欲与西降乌孙，谋击匈奴。卢屠王告之，单于使人验问，右谷蠡王不服，反以其罪罪卢屠王，国人皆冤之。于是二王去居其所，未尝肯会龙城。

后二年秋，匈奴入代，杀都尉。单于年少初立，母阏氏不正，国内乖离，常恐汉兵袭之。于是卫律为单于谋"穿井筑城，治楼以藏谷，与秦人守之。汉兵至，无奈我何。"即穿井数百，伐材数千。或曰胡人不能守城，是遗汉粮也，卫律于是止，乃更谋归汉使不降者苏武、马宏等。马宏者，前副光禄大夫王忠使西国，为匈奴所遮，忠战死，马宏生得，亦不肯降。故匈奴归此二人，欲以通善意。是时，单于立三岁矣。

明年，匈奴发左右部二万骑，为四队，并入边为寇。汉兵追之，斩首获虏九千人，生得瓯脱王，汉无所失亡。匈奴见瓯脱王在

疲惫不堪，非常苦于这种生活。从单于往下的人都想与汉朝和亲。

三年后，单于打算向汉朝请求和亲，正好得病死去。起初，单于有一个异母弟弟做了左大都尉，非常贤明，匈奴人都追随他，单于的母亲怕单于不立自己的儿子而立左大都尉，就私下派人杀了他。左大都尉的同母哥哥对此非常怨恨，就不肯再参加单于王庭的朝会。单于病得将死时，对诸位匈奴贵人说："我的儿子年幼，不能治理国家，立我的弟弟右谷蠡王为单于。"等到单于死后，卫律等人与颛渠阏氏商议，将单于的死讯隐瞒，假托单于的命令，与匈奴贵人饮酒盟誓，改立颛渠阏氏的儿子左谷蠡王为壶衍鞮单于。这年，是始元二年（前85）。

壶衍鞮单于继位后，婉言对汉朝使者说想要进行和亲。匈奴的左贤王、右谷蠡王因为没有被立为单于，心中非常怨恨，就想率领自己的部众归降汉朝。他们怕自己到不了汉朝，就威胁卢屠王，要他一起投降西方的乌孙国，然后商议攻打匈奴。卢屠王向单于告知此事，单于就派人查问，右谷蠡王拒不认罪，反而将罪名推到卢屠王身上，匈奴人都认为卢屠王被冤枉。于是左贤王、右谷蠡王回到自己原来的地方居住，再也不肯去龙城参加祭祀了。

两年（始元六年，前81年）后的秋季，匈奴入侵代郡，杀了都尉。单于年轻又刚刚继位，他的母亲行为不端，国内人心涣散，经常害怕汉军来袭击他们。故而卫律给单于提出计策"挖掘水井，建造城池，修建高楼来储藏谷物，与逃入匈奴的中原人一起守卫。汉军就算打来，对我们也无可奈何。"于是匈奴挖了数百口井，砍了数千棵木材。有人说匈奴人不能坚守城池，这样做是给汉军送粮食，卫律就停止了，卫律又提议放回不肯投降的汉朝使者苏武、马宏等人。马宏从前与副光禄大夫王忠出使西域各国，被匈奴拦截，王忠战死，马宏被生擒，也不肯投降。所以匈奴放回这两人，是想向汉朝表达自己的善意。当时，单于已经继位三年了。

第二年（元凤元年，前80年），匈奴派左部与右部的二万骑兵，分为四队，一起入侵边境。汉军追击他们，斩杀俘虏九千人，生擒瓯脱王，汉朝没有什么伤亡。匈奴见瓯脱王被汉朝俘虏，担心汉朝会

汉，恐以为道击之，即西北远去，不敢南逐水草，发人民屯瓯脱。明年，复遣九千骑屯受降城以备汉，北桥余吾，令可度，以备奔走。是时，卫律已死。卫律在时，常言和亲之利，匈奴不信，及死后，兵数困，国益贫。单于弟左谷蠡王思卫律言，欲和亲而恐汉不听，故不肯先言，常使左右风汉使者。然其侵盗益希，遇汉使愈厚，欲以渐致和亲，汉亦羁縻之。其后，左谷蠡王死。明年，单于使犁污王窥边，言酒泉、张掖兵益弱，出兵试击，冀可复得其地。时汉先得降者，闻其计，天子诏边警备。后无几，右贤王、犁污王四千骑分三队，入日勒、屋兰、番和。张掖太守、属国都尉发兵击，大破之，得脱者数百人。属国千长义渠王骑士射杀犁污王，赐黄金二百斤，马二百匹，因封为犁污王。属国都尉郭忠封成安侯。自是后，匈奴不敢入张掖。

其明年，匈奴三千余骑入五原，略杀数千人，后数万骑南旁塞猎，行攻塞外亭障，略取吏民去。是时汉边郡烽火候望精明，匈奴为边寇者少利，希复犯塞。汉复得匈奴降者，言乌桓尝发先单于冢，匈奴怨之，方发二万骑击乌桓。大将军霍光欲发兵邀击之，以问护军都尉赵充国。充国以为“乌桓间数犯塞，今匈奴击之，于汉便。又匈奴希寇盗，北边幸无事。蛮夷自相攻击，而发兵要之，招寇生事，非计也。”光更问中郎将范明友，明友言可击。于是拜明友为度辽将军，将二万骑出辽东。匈奴闻汉兵至，引去。初，光诫明友：“兵不空出，即后匈奴，遂击乌桓。”乌桓时新中匈奴兵，明友既后匈奴，因乘乌桓敝，击之，斩首六千余级，获三王首，还，封为平陵侯。

让他带路来攻打，于是就向西北远去，不敢再向南随水草而居，并派百姓驻扎在瓯脱。第二年（元凤二年，前79年），匈奴又派九千骑兵在受降城驻扎来防备汉军，并在北边的余吾水上架桥，让人能够渡过，预备紧急情况时可以逃走。当时，卫律已经死去。卫律活着时，经常说与汉朝和亲的好处，匈奴人不相信，等到卫律死后，匈奴军队多次被汉军围困，国家更加贫穷。单于的弟弟左谷蠡王想起卫律说的话，觉得有道理，就想与汉朝和亲，又怕汉朝不肯，所以自己不愿意先说，经常让身边的人婉言询问汉朝使者。于是匈奴侵犯汉朝边境的次数更少了，更加厚待汉朝使者，想借此逐渐与汉朝和亲，汉朝也对匈奴采取怀柔政策。此后，左谷蠡王死去。（“明年”为衍文，不译）单于派犁汙王窥伺汉朝边境，他回来后向单于报告说酒泉、张掖的汉军更少了，如果派兵试着去攻打，或许有希望再收复那些地方。当时汉朝提前从投降的人那里，知道了匈奴的计谋，昭帝诏令边境上的汉军警戒守备。后来不久，匈奴右贤王、犁汙王带领四千骑兵分为三队，入侵日勒、屋兰、番和。张掖太守、属国都尉派兵攻打匈奴，大胜敌人，匈奴只有数百人得以逃脱。属国千长义渠王的骑士射死犁汙王，汉朝赏赐给他黄金二百斤，马二百匹，并封他为犁汙王。属国都尉郭忠被封为成安侯。从此以后，匈奴不敢入侵张掖。

第二年（元凤三年，前78年），匈奴派三千多骑兵入侵五原，劫掠杀死数千汉人，后来又派数万骑兵向南靠近边塞猎杀，边走边攻打塞外的堡垒，掠走官吏百姓。当时，汉朝边郡的烽火侦察仔细，入侵边境的匈奴人很少会顺利，因此不再侵犯。汉朝又得到投降的匈奴人，说乌桓曾经挖掘已故匈奴单于的坟墓，匈奴非常怨恨，现在正派了两万骑兵攻打乌桓。大将军霍光想要发兵在中途截击匈奴，因此询问护军都尉赵充国。赵充国认为“乌桓过去多次侵犯汉朝边境，现在匈奴去攻打他们，这对汉朝来说是好事。另外匈奴已经很少侵犯汉境，北方边境没有战事。蛮夷自相攻击，而汉朝派兵截击，招惹匈奴，另生事端，这不是好主意。”霍光又询问中郎将范明友，范明友说可以截击他们。于是汉朝任命范明友为度辽将军，带领二万骑兵从辽东出击。匈奴听说汉军到了，就离去了。起初，霍光告诫范明

匈奴繇是恐，不能出兵。即使使之乌孙，求欲得汉公主。击乌孙，取车延、恶师地。乌孙公主上书，下公卿议救，未决。昭帝崩，宣帝即位，乌孙昆弥复上书，言“连为匈奴所侵削，昆弥愿发国半精兵人马五万匹，尽力击匈奴，唯天子出兵，哀救公主！”本始二年，汉大发关东轻锐士，选郡国吏三百石伉健习骑射者，皆从军。遣御史大夫田广明为祁连将军，四万余骑，出西河；度辽将军范明友三万余骑，出张掖；前将军韩增三万余骑，出云中；后将军赵充国为蒲类将军，三万余骑，出酒泉；云中太守田顺为虎牙将军，三万余骑，出五原：凡五将军，兵十余万骑，出塞各二千余里。及校尉常惠使护发兵乌孙西域，昆弥自将翕侯以下五万余骑从西方入，与五将军兵凡二十余万众。匈奴闻汉兵大出，老弱犇走，驱畜产远遁逃，是以五将少所得。

度辽将军出塞千二百余里，至蒲离候水，斩首捕虏七百余级，卤获马牛羊万余。前将军出塞千二百余里，至乌员，斩首捕虏，至候山百余级，卤马牛羊二千余。蒲类将军兵当与乌孙合击匈奴蒲类泽，乌孙先期至而去，汉兵不与相及。蒲类将军出塞千八百余里，西去候山，斩首捕虏，得单于使者蒲阴王以下三百余级，卤马牛羊七千余。闻虏已引去，皆不至期还。天子薄其过，宽而不罪。祁连将军出塞千六百里，至鸡秩山，斩首捕虏十九级，获牛马羊百余。逢汉使匈奴还者冉弘等，言鸡秩山西有虏众，祁连即戒弘，使言无虏，欲还兵。御史属公孙益寿谏，以为不可，祁连不听，遂引兵还。虎牙将

友说："军队不能白出去一趟，如果错过截击匈奴，就攻打乌桓。"乌桓当时刚受到匈奴军队的攻击，范明友紧随其后，趁乌桓疲惫时，进行攻击，斩首六千多级，斩获三位乌桓王的首级，之后范明友带兵返回，汉朝封他为平陵侯。

匈奴因此非常害怕，不敢再出兵。就派使者去乌孙，想要得到汉朝嫁到乌孙的公主。又派兵攻打乌孙，夺取了车延、恶师等地。嫁到乌孙的解忧公主上书向汉朝求救，天子将此事交给公卿商议，未有决定。当时昭帝驾崩，宣帝继位，乌孙昆弥又上书说"我们接连被匈奴侵夺，我愿意派出国中一半的精兵，共五万人马，全力反击匈奴，希望汉朝天子派兵，救救公主！"本始二年（前72），汉朝派出关东大批的精锐士兵，选拔郡国三百石官吏中体格强健，善于骑射的，一律从军。任命御史大夫田广明为祁连将军，带领四万多骑兵，从西河郡出击；派度辽将军范明友带领三万多骑兵，从张掖出击；前将军韩增带领三万多骑兵，从云中郡出击；任命后将军赵充国为蒲类将军，带领三万多骑兵，从酒泉出击；任命云中太守田顺为虎牙将军，带领三万多骑兵，从五原出击：总共派出五位将军，十多万骑兵，从边塞出征分别行军二千多里。以及让校尉常惠护卫乌孙，发兵西域，昆弥亲自带领翕侯以下的五万多骑兵从西方进攻匈奴，与五位汉朝将军一起共有二十多万人。匈奴听说汉朝派出大批军队，年老体弱的急走，赶着牲畜向远方逃去，所以五位将军没有什么收获。

度辽将军范明友出塞一千二百多里，到达蒲离候水，斩杀俘虏匈奴七百多人，缴获马、牛、羊一万多头。前将军韩增出塞一千二百多里，到达乌员，斩杀俘虏匈奴人，到候山时只有一百多人，缴获马、牛、羊二千多头。蒲类将军赵充国按照约定应当与乌孙军队在蒲类泽一同攻打匈奴，乌孙军队比约定的日期早到然后离去，汉军没能与乌孙军队会合。蒲类将军出塞一千八百多里，向西到达候山，斩杀俘虏匈奴人，共获得单于使者蒲阴王以下三百多人，缴获马、牛、羊七千多头。听说匈奴人已经逃走，这几位将军都没按约定的日期提前回来了。宣帝减轻他们的罪过，宽恕他们没有治罪。祁连将军田广明出塞一千六百多里，到达鸡秩山，斩杀俘虏匈奴十九人，缴获牛、马、羊

军出塞八百余里，至丹余吾水上，即止兵不进，斩首捕虏千九百余级，卤马牛羊七万余，引兵还。上以虎牙将军不至期，诈增卤获，而祁连知虏在前，逗遛不进，皆下吏自杀。擢公孙益寿为侍御史。校尉常惠与乌孙兵至右谷蠡庭，获单于父行及嫂、居次、名王、犁污都尉、千长、将以下三万九千余级，虏马牛羊驴骡橐驼七十余万。汉封惠为长罗侯。然匈奴民众死伤而去者，及畜产远移死亡不可胜数。于是匈奴遂衰耗，怨乌孙。

其冬，单于自将数万骑击乌孙，颇得老弱，欲还。会天大雨雪，一日深丈余，人民畜产冻死，还者不能什一。于是丁令乘弱攻其北，乌桓入其东，乌孙击其西。凡三国所杀数万级，马数万匹，牛羊甚众。又重以饿死，人民死者什三，畜产什五，匈奴大虚弱，诸国羁属者皆瓦解，攻盗不能理。其后汉出三千余骑，为三道，并入匈奴，捕虏得数千人还。匈奴终不敢取当，兹欲乡和亲，而边境少事矣。

壶衍鞮单于立十七年死，弟左贤王立，为虚闾权渠单于。是岁，地节二年也。

虚闾权渠单于立，以右大将女为大阏氏，而黜前单于所幸颛渠阏氏。颛渠阏氏父左大且渠怨望。是时匈奴不能为边寇，于是汉罢外城，以休百姓。单于闻之喜，召贵人谋，欲与汉和亲。左大且渠心

一百多头。路上遇见了从匈奴回来的汉朝使者冉弘等人，说鸡秩山以西有很多匈奴人，田广明就告诫冉弘，让他回去说没有匈奴人了，想带兵返回。御史属公孙益寿劝告田广明，认为不可以这样做，田广明不听从劝告，于是带兵返回。虎牙将军田顺出塞八百多里，到达丹余吾水边，就停下军队，不再前进，斩杀俘获匈奴一千九百多人，缴获马、牛、羊七万多头，然后带兵返回。宣帝因为虎牙将军田顺没按约定的日期提前返回，还谎报俘获人畜的数量，擅自增加，而祁连将军田广明知道前面有匈奴人，却停下军队不再前进，就把两人都交由官吏审问，后来他们都自杀了。之后宣帝提拔公孙益寿为侍御史。校尉常惠与乌孙军队到达右谷蠡王的王庭，俘虏单于的父辈以及嫂子、居次、名王、犁污都尉、千长、将军以下共三万九千多人，缴获马、牛、羊、驴、骡、骆驼共七十多万头。汉朝封常惠为长罗侯。匈奴因死伤而减去的民众，以及因远迁而死亡的牲畜，不可胜数。故而匈奴就衰落了，因此非常怨恨乌孙。

当年（本始三年，前71年）冬季，单于亲自带领数万骑兵攻打乌孙，略微俘获了一些年老体弱之人，就想返回。正好天降大雪，一天下了一丈多深，百姓和牲畜很多被冻死，活着回来的不足十分之一。于是丁令乘匈奴衰弱就从北方攻打，乌桓从东方攻打，乌孙从西方攻打。三个国家共杀死匈奴数万人，抢走数万匹马，还有很多牛羊。另外匈奴还饿死许多人，匈奴的百姓死了有十分之三，牲畜死了有十分之五，匈奴因此大为衰弱，那些附属国都背叛匈奴，互相攻击抢夺，无人治理。此后汉朝派出三千多骑兵，分为三路，一起攻入匈奴，俘获了数千人后返回。匈奴最终也不敢向汉朝报复来得到补偿，只想与汉朝和亲，而汉朝边境从此就安宁少事了。

壶衍鞮单于在位十七年后死去，他的弟弟左贤王继位为虚闾权渠单于。这年，是地节二年（前68）。

虚闾权渠单于继位后，将右大将的女儿立为阏氏，而废黜了前单于宠幸的颛渠阏氏。颛渠阏氏的父亲左大且渠心中怨恨。当时匈奴不敢再去侵犯边境，于是汉朝废弃了塞外防边的城堡，让守卫在那里的百姓得以休息。单于听说此事后很高兴，召见匈奴贵人进行商议，

害其事，曰："前汉使来，兵随其后，今亦效汉发兵，先使使者入。"乃自请与呼卢訾王各将万骑南旁塞猎，相逢俱入。行未到，会三骑亡降汉，言匈奴欲为寇。于是天子诏发边骑屯要害处，使大将军军监治众等四人将五千骑，分三队，出塞各数百里，捕得虏各数十人而还。时匈奴亡其三骑，不敢入，即引去。是岁也，匈奴饥，人民畜产死十六七。又发两屯各万骑以备汉。其秋，匈奴前所得西嗕居左地者，其君长以下数千人皆驱畜产行，与瓯脱战，所战杀伤甚众，遂南降汉。

其明年，西域城郭共击匈奴，取车师国，得其王及人众而去。单于复以车师王昆弟兜莫为车师王，收其余民东徙，不敢居故地。而汉益遣屯士分田车师地以实之。其明年，匈奴怨诸国共击车师，遣左右大将各万余骑屯田右地，欲以侵迫乌孙西域。后二岁，匈奴遣左右奥鞬各六千骑，与左大将再击汉之田车师城者，不能下。其明年，丁令比三岁入盗匈奴，杀略人民数千，驱马畜去。匈奴遣万余骑往击之，无所得。其明年，单于将十万余骑旁塞猎，欲入边寇。未至，会其民题除渠堂亡降汉言状，汉以为言兵鹿奚卢侯，而遣后将军赵充国将兵四万余骑屯缘边九郡备虏。月余，单于病欧血，因不敢入，还去，即罢兵。乃使题王都犁胡次等入汉，请和亲，未报，会单于死。是岁，神爵二年也。

想与汉朝和亲。左大且渠心中忌惮此事，就对单于说："从前汉朝使者到来，军队就紧随其后来攻打我们，现在我们也可以效仿汉朝那样派兵作战，先派使者去汉朝。"于是就向单于请求自己与呼卢訾王分别带领一万骑兵向南靠近边塞猎杀，相遇后一起攻入边塞。匈奴军队还没走到边塞，正好有三个匈奴骑兵逃走投降了汉朝，说匈奴要来入侵了。于是宣帝诏令派边塞上的骑兵驻扎在要害之地，派名为治众的大将军军监等四人带领五千骑兵，分为三队，各自出塞数百里，分别俘获匈奴数十人后返回。当时匈奴因为逃走了三个骑兵，不敢入侵边塞，就带兵离去。这年，匈奴发生饥荒，百姓、牲畜死去的有十分之六七。匈奴又派两屯各一万骑兵来防备汉军。当年秋季，从前归属匈奴居住在左地的西嗕部落，从他们的首领以下的数千人都驱赶牲畜逃离，与匈奴在边界的瓯脱打了起来，战斗中死了许多人，于是向南投降了汉朝。

第二年（地节三年，前67年），西域各国一起攻打匈奴，攻占了车师国，俘虏了车师王和民众后离去。单于又任命车师王的弟弟兜莫为车师王，将剩余的百姓集合起来向东迁徙，不敢居住在原来的地方。而汉朝增派士兵分别驻守在车师各地，充实军队力量。第二年（地节四年，前66年），匈奴因为怨恨西域各国一起攻打车师，就派左右大将分别带领一万骑兵驻守在右地，想以此侵犯逼迫乌孙和西域各国。四年（"后二岁"当作"后四岁"，即元康四年，前62年）后，匈奴派左右奥鞬分别带领六千骑兵，与左大将一起再次攻打汉朝驻守在车师城的军队，没能攻下。第二年（神爵元年，前61年），丁令连续三年入侵匈奴，杀死劫掠匈奴数千人，驱赶着马匹牲畜离去。匈奴派一万多骑兵前去攻打丁令，一无所获。第二年，单于带领十多万骑兵靠近边塞猎杀，想入侵边塞。大军还没走到，正好匈奴人题除渠堂逃走投降了汉朝，向汉朝报告了此事，汉朝封他为言兵鹿奚卢侯，然后派后将军赵充国带领四万多骑兵驻扎在沿着边塞的九个郡，防备匈奴入侵。一个多月后，单于得病吐血，匈奴因此不敢入侵，就回去了，汉朝也将军队撤回。匈奴派题王都犁胡次等人来汉朝，于是请求和亲，还没来得及报告消息，恰逢单于死去。这年，是神爵二年（前60）。

虚闾权渠单于立九年死。自始立而黜颛渠阏氏，颛渠阏氏即与右贤王私通。右贤王会龙城而去，颛渠阏氏语以单于病甚，且勿远。后数日，单于死。郝宿王刑未央使人召诸王，未至，颛渠阏氏与其弟左大且渠都隆奇谋，立右贤王屠耆堂为握衍朐鞮单于。握衍朐鞮单于者，代父为右贤王，乌维单于耳孙也。

握衍朐鞮单于立，复修和亲，遣弟伊酋若王胜之入汉献见。单于初立，凶恶，尽杀虚闾权渠时用事贵人刑未央等，而任用颛渠阏氏弟都隆奇，又尽免虚闾权渠子弟近亲，而自以其子弟代之。虚闾权渠单于子稽侯狦既不得立，亡归妻父乌禅幕。乌禅幕者，本乌孙、康居间小国，数见侵暴，率其众数千人降匈奴，狐鹿姑单于以其弟子日逐王姊妻之，使长其众，居右地。日逐王先贤掸，其父左贤王当为单于，让狐鹿姑单于，狐鹿姑单于许立之。国人以故颇言日逐王当为单于。日逐王素与握衍朐鞮单于有隙，即率其众数万骑归汉。汉封日逐王为归德侯。单于更立其从兄薄胥堂为日逐王。

明年，单于又杀先贤掸两弟。乌禅幕请之，不听，心恚。其后左奥鞬王死，单于自立其小子为奥鞬王，留庭。奥鞬贵人共立故奥鞬王子为王，与俱东徙。单于遣右丞相将万骑往击之，失亡数千人，不胜。时单于已立二岁，暴虐杀伐，国中不附。及太子、左贤王数谗左地贵人，左地贵人皆怨。其明年，乌桓击匈奴东边姑夕王，颇得人民，单于怒。姑夕王恐，即与乌禅幕及左地贵人共立稽侯狦为呼韩邪单于，发左地兵四五万人，西击握衍朐鞮单于，至姑且水北。未战，握衍朐鞮单于兵败走，使人报其弟右贤王曰："匈奴共攻我，若肯发兵助我乎？"右贤王曰："若不爱人，杀昆弟诸贵人。各自死若处，无来污我。"握衍朐鞮单于恚，自杀。左大且渠都隆奇

虚闾权渠单于在位九年后死去。他刚继位就废黜了颛渠阏氏，颛渠阏氏就与右贤王私通。右贤王在龙城大会后离去时，颛渠阏氏告诉他单于病得很严重，让他暂时不要离开。几天后，单于去世。郝宿王刑未央派人召集诸王，还没有到来，颛渠阏氏与弟弟左大且渠都隆奇商议，立右贤王屠耆堂为握衍朐鞮单于。握衍朐鞮单于接替父亲做了右贤王，他是乌维单于的远代子孙。

握衍朐鞮单于继位后，又与汉朝恢复和亲，派弟弟伊酋若王胜之到汉朝进贡朝见。单于刚刚继位，非常凶恶，把在虚闾权渠单于时执政的贵人刑未央等全部杀死，而任用颛渠阏氏的弟弟都隆奇，又把虚闾权渠单于的子弟近亲全部免职，而用自己的子弟取代他们。虚闾权渠单于的儿子稽侯狦没能被立为单于后，逃去了岳丈乌禅幕那里。乌禅幕本来是乌孙与康居间的一个小国，多次受到侵犯，于是率领部众数千人投降了匈奴，狐鹿姑单于将弟弟的儿子日逐王的姐姐嫁给乌禅幕的首领为妻，让他带领自己的部众，居住在右地。日逐王先贤掸的父亲左贤王应当被立为单于，他让位给狐鹿姑单于，于是狐鹿姑单于答应将来会立先贤掸为单于。因此匈奴人大多觉得应当日逐王做单于。日逐王一向与握衍朐鞮单于有嫌隙，就带领自己的部众数万人归降了汉朝。汉朝封日逐王为归德侯。单于改立堂兄薄胥堂为日逐王。

第二年（神爵三年，前59年），单于又杀了先贤掸的两个弟弟。乌禅幕向单于请求不要杀他们，单于不听，乌禅幕心中愤怒。此后左奥鞬王死去，单于立自己的小儿子为奥鞬王，将他留在王庭。奥鞬的贵人共同立已故奥鞬王的儿子为王，和他一起向东迁徙。单于派右丞相带领一万骑兵前去追击他们，伤亡了数千人，没有获胜。当时单于已经继位二年，凶暴残虐，杀戮不断，匈奴国内人心涣散。太子、左贤王多次在单于面前进谗言，诽谤左地贵人，左地贵人都非常怨恨。第二年，乌桓攻打匈奴东边的姑夕王，俘获很多百姓，单于非常生气。姑夕王感到害怕，就与乌禅幕以及左地贵人共同立稽侯狦为呼韩邪单于，派出左地军队四五万人，向西攻打握衍朐鞮单于，到达姑且水以北。双方还未交战，握衍朐鞮单于的军队就逃走了，他派人向弟

亡之右贤王所，其民众尽降呼韩邪单于。是岁，神爵四年也。握衍朐鞮单于立三年而败。

弟右贤王求救说："匈奴人一起攻打我，你肯派兵帮助我吗？"右贤王说："你不怜爱百姓，杀死兄弟和诸位贵人。你就在那里自杀，不要来玷污我。"握衍朐鞮单于心中愤怒，就自杀了。左大且渠都隆奇逃到右贤王那里，他的部众都投降了呼韩邪单于。这年，是神爵四年（前58）。握衍朐鞮单于在位三年就失败了。

卷九十四下

匈奴传第六十四下

呼韩邪单于归庭数月，罢兵使各归故地，乃收其兄呼屠吾斯在民间者立为左谷蠡王，使人告右贤贵人，欲令杀右贤王。其冬，都隆奇与右贤王共立日逐王薄胥堂为屠耆单于，发兵数万人东袭呼韩邪单于。呼韩邪单于兵败走，屠耆单于还，以其长子都涂吾西为左谷蠡王，少子姑瞀楼头为右谷蠡王，留居单于庭。

明年秋，屠耆单于使日逐王先贤掸兄右奥鞬王为乌藉都尉各二万骑，屯东方以备呼韩邪单于。是时，西方呼揭王来与唯犁当户谋，共谗右贤王，言欲自立为乌藉单于。屠耆单于杀右贤王父子，后知其冤，复杀唯犁当户。于是呼揭王恐，遂畔去，自立为呼揭单于。右奥鞬王闻之，即自立为车犁单于。乌藉都尉亦自立为乌藉单于。凡五单于。屠耆单于自将兵东击车犁单于，使都隆奇击乌藉。乌藉、车犁皆败，西北走，与呼揭单于兵合为四万人。乌藉、呼揭皆去单于号，共并力尊辅车犁单于。屠耆单于闻之，使左大将、都尉将四万骑分屯东方，以备呼韩邪单于，自将四万骑西击车犁单于。车犁单于败，西北走，屠耆单于即引西南，留阘敦地。

其明年，呼韩邪单于遣其弟右谷蠡王等西袭屠耆单于屯兵，杀略万余人。屠耆单于闻之，即自将六万骑击呼韩邪单于，行千里，未至嗕姑地，逢呼韩邪单于兵可四万人，合战。屠耆单于兵败，自杀。都隆奇乃与屠耆少子右谷蠡王姑瞀楼头亡归汉，车犁单于东降呼韩邪单于。呼韩邪单于左大将乌厉屈与父呼遬累乌厉温敦皆见匈

呼韩邪单于回到王庭数月后，就撤回军队让他们各自回到原来的地方去，然后召见在民间的哥哥呼屠吾斯，立他为左谷蠡王，又派人告诉右贤贵人，想让他们杀了右贤王。那年（神爵四年，前58年）冬季，都隆奇与右贤王一起立日逐王薄胥堂为屠耆单于，派兵数万人向东袭击呼韩邪单于。呼韩邪单于的军队战败逃走，屠耆单于回到了王庭，立长子都涂吾西为左谷蠡王，立小儿子姑瞀楼头为右谷蠡王，让他们留在单于王庭。

第二年（五凤元年，前57年）秋季，屠耆单于让日逐王先贤掸的哥哥右奥鞬王与乌藉都尉，分别带领两万骑兵，驻守东方来防备呼韩邪单于。当时，西方的呼揭王来与唯犁当户商议，一起在屠耆单于面前进谗言，诽谤右贤王，说他想自立为乌藉单于。屠耆单于杀了右贤王父子，后来他知道右贤王被冤枉，又杀了唯犁当户。于是呼揭王感到害怕，就叛逃了，自立为呼揭单于。右奥鞬王听说此事后，就自立为车犁单于。乌藉都尉也自立为乌藉单于。于是匈奴共有五位单于。屠耆单于亲自率军向东攻打车犁单于，派都隆奇攻打乌藉单于。乌藉单于和车犁单于都被打败，逃向西北，与呼揭单于的军队会合，共有四万人。乌藉都尉与呼揭王都将单于称号去掉，合力辅佐车犁单于。屠耆单于听说后，就派左大将、都尉分别带领四万骑兵驻扎在东方，来防备呼韩邪单于，自己带领四万骑兵向西攻打车犁单于。车犁单于被打败，逃向西北，屠耆单于就率军去往西南，驻扎在闟敦。

第二年（五凤二年，前56年），呼韩邪单于派弟弟右谷蠡王等人率军向西攻打屠耆单于驻扎在闟敦的军队，杀死劫掠一万多人。屠耆单于听说后，就亲自带领六万骑兵攻打呼韩邪单于，行军千里，还没到嗕姑，就遇到了呼韩邪单于近四万人的军队，双方交战。屠耆单于战败，自杀。都隆奇就与屠耆单于的小儿子右谷蠡王姑瞀楼头一起

奴乱，率其众数万人南降汉。封乌厉屈为新城侯，乌厉温敦为义阳侯。是时李陵子复立乌藉都尉为单于，呼韩邪单于捕斩之，遂复都单于庭，然众裁数万人。屠耆单于从弟休旬王将所主五六百骑，击杀左大且渠，并其兵，至右地，自立为闰振单于，在西边。其后，呼韩邪单于兄左贤王呼屠吾斯亦自立为郅支骨都侯单于，在东边。其后二年，闰振单于率其众东击郅支单于。郅支单于与战，杀之，并其兵，遂进攻呼韩邪。呼韩邪破，其兵走，郅支都单于庭。

呼韩邪之败也，左伊秩訾王为呼韩邪计，劝令称臣入朝事汉，从汉求助，如此匈奴乃定。呼韩邪议问诸大臣，皆曰："不可。匈奴之俗，本上气力而下服役，以马上战斗为国，故有威名于百蛮。战死，壮士所有也。今兄弟争国，不在兄则在弟，虽死犹有威名，子孙常长诸国。汉虽强，犹不能兼并匈奴，奈何乱先古之制，臣事于汉，卑辱先单于，为诸国所笑！虽如是而安，何以复长百蛮！"左伊秩訾曰："不然。强弱有时，今汉方盛，乌孙城郭诸国皆为臣妾。自且鞮侯单于以来，匈奴日削，不能取复，虽屈强于此，未尝一日安也。今事汉则安存，不事则危亡，计何以过此！"诸大人相难久之。呼韩邪从其计，引众南近塞，遣子右贤王铢娄渠堂入侍。郅支单于亦遣子右大将驹于利受入侍。是岁，甘露元年也。

明年，呼韩邪单于款五原塞，愿朝三年正月。汉遣车骑都尉

逃走，归降了汉朝，车犁单于向东投降了呼韩邪单于。呼韩邪单于的左大将乌厉屈与父亲呼速累乌厉温敦看见匈奴如此混乱，就带领部众数万人向南投降了汉朝。汉朝封乌厉屈为新城侯，乌厉温敦为义阳侯。当时，李陵的儿子又立乌藉都尉为单于，呼韩邪单于派人将他们抓住并杀死，于是他又建都在王庭，但部众只有数万人。屠耆单于的堂弟休旬王带领手下的五六百骑兵，攻击并杀死了左大且渠，合并了他的军队，到达右地，自立为闰振单于，居住在匈奴西边。此后，呼韩邪单于的哥哥左贤王呼屠吾斯也自立为郅支骨都侯单于，居住在匈奴东边。两年（五凤四年，前54年）后，闰振单于带领部众向东攻打郅支单于。郅支单于与他交战，将其杀死，合并了他的军队，然后进攻呼韩邪单于。呼韩邪单于被打败，军队逃走，郅支单于建都在王庭。

呼韩邪单于被打败后，左伊秩訾王为呼韩邪单于出主意，劝他向汉朝称臣，入朝侍奉天子，从汉朝那里寻求帮助，这样匈奴才能安定。呼韩邪单于与各位大臣商议，询问他们的意见，大臣们都说："不可以这样做。匈奴的习俗，一向崇尚力量，看轻臣服他人，凭借在马上的战斗来建立国家，所以在少数民族中有着威名。死在战场上，是壮士的举动。现在兄弟争夺君位，获胜的不是哥哥就是弟弟，即使战死也还能留下威名，子孙也可以作为首领称雄各国。汉朝虽然强盛，但还不能兼并匈奴，我们怎么能打乱先祖的制度，向汉朝称臣，辱没先单于的名声，被各国嘲笑呢！即使我们这样做了，让匈奴安定下来，又怎么能再称雄少数民族，做他们的首领呢？"左伊秩訾王说："不是这样。强弱不定，现在汉朝正是强大之时，像乌孙那样的西域各国，都向汉朝称臣。从且鞮侯单于以来，匈奴国土日益减少，我们却不能夺回，虽然在这里刚强不屈，却不曾有一天的安宁。现在向汉朝称臣，就能有容身之处，不称臣的话就会灭亡，还有什么计策能比这个更好！"大臣们互相辩驳了很久。最后呼韩邪单于听从了左伊秩訾王的建议，带领部众向南走，靠近汉朝边塞，派儿子右贤王铢娄渠堂入朝侍奉天子。郅支单于也派儿子右大将驹于利受入朝侍奉天子。这年，是甘露元年（前53）。

第二年（甘露二年，前52年），呼韩邪单于到达五原郡的边塞，

韩昌迎，发过所七郡郡二千骑，为陈道上。单于正月朝天子于甘泉宫，汉宠以殊礼，位在诸侯王上，赞谒称臣而不名。赐以冠带衣裳，黄金玺盭绶，玉具剑，佩刀，弓一张，矢四发，棨戟十，安车一乘，鞍勒一具，马十五匹，黄金二十斤，钱二十万，衣被七十七袭，锦绣绮縠杂帛八千匹，絮六千斤。礼毕，使使者道单于先行，宿长平。上自甘泉宿池阳宫。上登长平，诏单于毋谒，其左右当户之群臣皆得列观，及诸蛮夷君长王侯数万，咸迎于渭桥下，夹道陈。上登渭桥，咸称万岁。单于就邸，留月余，遣归国。单于自请愿留居光禄塞下，有急保汉受降城。汉遣长乐卫尉高昌侯董忠、车骑都尉韩昌将骑万六千，又发边郡士马以千数，送单于出朔方鸡鹿塞。诏忠等留卫单于，助诛不服，又转边谷米糒，前后三万四千斛，给赡其食。是岁，郅支单于亦遣使奉献，汉遇之甚厚。明年，两单于俱遣使朝献，汉待呼韩邪使有加。明年，呼韩邪单于复入朝，礼赐如初，加衣百一十袭，锦帛九千匹，絮八千斤。以有屯兵，故不复发骑为送。

始郅支单于以为呼韩邪降汉，兵弱不能复自还，即引其众西，欲攻定右地。又屠耆单于小弟本侍呼韩邪，亦亡之右地，收两兄余兵得数千人，自立为伊利目单于，道逢郅支，合战，郅支杀之，并其兵五万余人。闻汉出兵谷助呼韩邪，即遂留居右地。自度力不能定匈奴，乃益西近乌孙，欲与并力，遣使见小昆弥乌就屠。乌就屠见呼韩邪为汉所拥，郅支亡虏，欲攻之以称汉，乃杀郅支使，持头送

希望第三年（甘露三年，前51年）正月来朝见汉朝天子。汉朝派车骑都尉韩昌去迎接，呼韩邪单于来长安经过的七个郡要发放通行证，每个郡派出两千骑兵，陈列路旁进行护卫。呼韩邪单于正月在甘泉宫朝见天子，汉朝用特别的礼节相待，单于的地位在诸侯王之上，朝见时称臣而不用自报姓名。汉朝天子赐给呼韩邪单于汉朝官服，黄金玺绿绶，饰玉宝剑，佩刀，弓一张，箭四支，缯衣木戟十杆，安车一辆，马鞍、马辔一套，马十五匹，黄金二十斤，钱二十万，衣服七十七套，织锦刺绣、绫绸绉纱以及各色丝帛共八千匹，丝棉六千斤。礼仪完毕后，派使者引导单于先行，留宿长平阪。宣帝从甘泉宫去往池阳宫休息。他登上长平阪，诏令单于不要来拜见，左右当户之类的大臣都允许列观，还有蛮夷首领及王侯共数万人，都在渭桥下迎接，分列道路两旁。宣帝登上渭桥，大家齐呼万岁。单于住在馆舍，停留了一个多月，宣帝派他回国。单于自己请求希望住在光禄塞附近，遇到危急情况时可以守卫汉朝的受降城。汉朝派长乐卫尉高昌侯董忠、车骑都尉韩昌带领一万六千骑兵，又派出数以千计的边郡兵马，护送呼韩邪单于从朔方城的鸡鹿塞出发。宣帝诏令董忠等人留在当地护卫单于，帮助他诛讨不服之人，又前后转运三万四千斛粮食到边塞，供给匈奴人吃。这年，郅支单于也派使者入朝进贡，汉朝非常厚待使者。第二年（甘露四年，前50年），两位单于都派使者入朝进贡，汉朝更厚加礼遇呼韩邪单于的使者。第二年（黄龙元年，前49年），呼韩邪单于又入朝进见，宣帝给予的礼遇和赏赐跟原来一样，又增加了衣服一百一十套，锦帛九千匹，丝棉八千斤。因为汉朝有军队驻扎在匈奴，所以没有再派骑兵护送。

当初郅支单于以为呼韩邪单于投降了汉朝，兵力薄弱不能再回来，便带领部众向西进发，想要攻打平定右地。另外屠耆单于的幼弟本来侍奉呼韩邪单于，现在也逃到右地，招揽两位兄长残余的兵马，得到数千人，自立为伊利目单于，路上遇到郅支单于，双方交战，郅支单于将其杀死，合并了他的军队有五万多人。听说汉朝出兵出粮帮助呼韩邪单于，于是留在右地。郅支单于考虑到自己的力量不能平定匈奴，就更向西去，靠近乌孙，想与乌孙合力，派使者去见小昆弥乌

都护在所，发八千骑迎郅支。郅支见乌孙兵多，其使又不反，勒兵逢击乌孙，破之。因北击乌揭，乌揭降。发其兵西破坚昆，北降丁令，并三国。数遣兵击乌孙，常胜之。坚昆东去单于庭七千里，南去车师五千里，郅支留都之。

元帝初即位，呼韩邪单于复上书，言民众困乏。汉诏云中、五原郡转谷二万斛以给焉。郅支单于自以道远，又怨汉拥护呼韩邪，遣使上书求侍子。汉遣谷吉送之，郅支杀吉。汉不知吉音问，而匈奴降者言闻瓯脱皆杀之。呼韩邪单于使来，汉辄簿责之甚急。明年，汉遣车骑都尉韩昌、光禄大夫张猛送呼韩邪单于侍子，求问吉等，因赦其罪，勿令自疑。昌、猛见单于民众益盛，塞下禽兽尽，单于足以自卫，不畏郅支。闻其大臣多劝单于北归者，恐北去后难约束，昌、猛即与为盟约曰："自今以来，汉与匈奴合为一家，世世毋得相诈相攻。有窃盗者，相报，行其诛，偿其物；有寇，发兵相助。汉与匈奴敢先背约者，受天不祥。令其世世子孙尽如盟。"昌、猛与单于及大臣俱登匈奴诺水东山，刑白马，单于以径路刀金留犁挠酒，以老上单于所破月氏王头为饮器者共饮血盟。昌、猛还奏事，公卿议者以为"单于保塞为藩，虽欲北去，犹不能为危害。昌、猛擅以汉国世世子孙与夷狄诅盟，令单于得以恶言上告于天，羞国家，伤威重，不可得行。宜遣使往告祠天，与解盟。昌、猛奉使无状，罪至不道。"上薄其过，有诏昌、猛以赎论，勿解盟。其后呼韩邪竟北归庭，人众稍稍归之，国中遂定。

就屠。乌就屠见呼韩邪单于受到汉朝拥护，郅支单于逃亡，就想攻打他，迎合汉朝，于是杀了郅支单于的使者，把头送到汉朝都护那里，派出八千骑兵冲着郅支单于而去。郅支单于看见乌孙兵马众多，自己的使者又没有回来，就率军迎击乌孙，将其打败。然后向北攻打乌揭，乌揭向郅支单于投降。郅支单于又派兵向西打败坚昆，向北打败丁令，吞并了这三个国家。郅支单于多次派兵攻打乌孙，经常获胜。坚昆东距单于王庭七千里，南距车师五千里，郅支单于留在这里并建都。

元帝刚即位，呼韩邪单于又上书，说匈奴百姓非常贫困。元帝诏令云中郡、五原郡转运二万斛粮食供给匈奴。郅支单于因为自己离汉朝路远，又对汉朝拥护呼韩邪单于非常怨恨，就派使者上书，要求接回入朝侍奉的儿子。汉朝派谷吉送他回去，郅支单于却杀了谷吉。汉朝不知道谷吉的消息，而投降汉朝的匈奴人都说听闻谷吉在瓯脱被杀。呼韩邪单于派使者前来，汉朝总是非常急切地责问谷吉音信。第二年（初元五年，前44年），汉朝派车骑都尉韩昌、光禄大夫张猛护送呼韩邪单于入朝侍奉的儿子回匈奴，又向他们打听谷吉等人的消息，并宣布赦免匈奴的罪过，不让他们担心汉朝会进行讨伐。韩昌、张猛看见单于的民众变得更多，塞下的禽兽都被猎尽，单于的力量足以自卫，不再畏惧郅支。二人听说很多匈奴大臣劝单于回到北方去，担心匈奴北去后难以管束，韩昌、张猛就与单于订立盟约说："从今往后，汉朝与匈奴就变成一家人了，世世代代不能互相欺骗、互相攻击。有偷窃盗取的事发生，要互相通报，惩罚偷盗之人，赔偿丢失的财物；有敌人兴兵侵犯时，要派兵互相救助。汉朝与匈奴谁先违背盟约，要接受上天的惩罚。让他们的子孙世世代代都像盟约上说的那样，遭受灾祸。"韩昌、张猛与呼韩邪单于以及大臣一起登上匈奴诺水流域的东山，杀了白马，单于用径路刀刻金，放在酒中，再用留犁搅和，用老上单于斩获的月氏王首级做的酒杯，一起饮下血酒，订立盟约。韩昌、张猛回到汉朝后上奏此事，公卿们商议说"单于愿做藩属保护边塞，即使想回到北方去，也不能对汉朝造成危害。韩昌、张猛擅自拿汉朝世世代代的子孙与匈奴歃血为盟，

郅支既杀使者，自知负汉，又闻呼韩邪益强，恐见袭击，欲远去。会康居王数为乌孙所困，与诸翕侯计，以为匈奴大国，乌孙素服属之，今郅支单于困阸在外，可迎置东边，使合兵取乌孙以立之，长无匈奴忧矣。即使使至坚昆通语郅支。郅支素恐，又怨乌孙，闻康居计，大说，遂与相结，引兵而西。康居亦遣贵人，橐它驴马数千匹，迎郅支。郅支人众中寒道死，余财三千人到康居。其后，都护甘延寿与副陈汤发兵即康居诛斩郅支。语在《延寿》《汤传》。

郅支既诛，呼韩邪单于且喜且惧，上书言曰："常愿谒见天子，诚以郅支在西方，恐其与乌孙俱来击臣，以故未得至汉。今郅支已伏诛，愿入朝见。"竟宁元年，单于复入朝，礼赐如初，加衣服锦帛絮，皆倍于黄龙时。单于自言愿婿汉氏以自亲。元帝以后宫良家子王墙字昭君赐单于。单于欢喜，上书愿保塞上谷以西至敦煌，传之无穷，请罢边备塞吏卒，以休天子人民。天子令下有司议，议者皆以为便。郎中侯应习边事，以为不可许。上问状，应曰："周秦以来，匈奴暴桀，寇侵边境，汉兴，尤被其害。臣闻北边塞至辽东，外有阴山，东西千余里，草木茂盛，多禽兽，本冒顿单于依阻其中，治作弓矢，来出为寇，是其苑囿也。至孝武世，出师征伐，斥夺此地，攘之于幕北。建塞徼，起亭隧，筑外城，设屯戍，以守之，然后边境得

让单于能够用恶言上告于天，令国家蒙受羞辱，威严受损，绝不能这样做。应该派使者去进行祭祀，禀告上天，与匈奴解除盟约。韩昌、张猛奉命出使，办事不妥，犯有大逆不道之罪。”元帝减轻他们的罪过，下诏对韩昌、张猛可以赎罪论处，不用解除与匈奴的盟约。此后呼韩邪单于终于回到北方的王庭，匈奴人慢慢都归顺于他，国内于是安定下来。

郅支单于杀了汉朝使者后，自己知道辜负了汉朝，又听说呼韩邪单于更加强大，担心遭到袭击，就想迁徙到远方。正好康居王因多次被乌孙围困，与各位翕侯商议，认为匈奴是大国，乌孙一向顺从它，现在郅支单于流落在外，处境艰难，可以将他接回，安置在东边，双方军队联合攻下乌孙，然后立郅支单于，这样就能长久没有来自匈奴的忧患了。康居王就派使者到坚昆将这些话告诉了郅支单于。郅支单于一向担心受到呼韩邪单于的攻击，又对乌孙心怀怨恨，听到康居王的计谋后，非常高兴，于是与康居结交，率军向西进发。康居也派贵人，带着数千匹骆驼、驴、马，迎接郅支单于。郅支单于的部众中有很多人在路上受冻而死，最后只剩下三千人到达康居。此后，都护甘延寿与副都护陈汤派兵到康居杀了郅支单于。详见《甘延寿传》和《陈汤传》。

郅支单于被杀后，呼韩邪单于又高兴又害怕，上书说：“我经常希望可以拜见天子，实在是因为郅支位于西方，我担心他与乌孙一起来攻打我，因此不能去汉朝。现在郅支已被杀，希望陛下允许我入朝进见。”竟宁元年（前33），呼韩邪单于又来到汉朝，汉朝给予的礼遇和赏赐跟原来一样，又加赐衣服、锦帛、丝棉，都比黄龙年间多一倍。单于说愿意做汉朝的女婿以示亲近。元帝把后宫的良家女子王墙字昭君赐给单于为妻。单于十分欢喜，上书说愿意保卫上谷以西到敦煌的汉朝边塞，让子孙后代永远传下去，请求撤回边塞上驻守的官吏士卒，让天子的人民得以休息。元帝把这事交给主管官吏商议，大臣们都认为可以这样做。郎中令侯应熟悉边塞之事，认为不能答应匈奴。元帝询问他原因，侯应回答说：“自周朝、秦朝以来，匈奴就凶暴强悍，侵犯边境，汉朝建立后，受害尤其严重。我听说北边

用少安。幕北地平，少草木，多大沙，匈奴来寇，少所蔽隐，从塞以南，径深山谷，往来差难。边长老言匈奴失阴山之后，过之未尝不哭也。如罢备塞戍卒，示夷狄之大利，不可一也。今圣德广被，天覆匈奴，匈奴得蒙全活之恩，稽首来臣。夫夷狄之情，困则卑顺，强则骄逆，天性然也。前以罢外城，省亭隧，今裁足以候望通烽火而已。古者安不忘危，不可复罢，二也。中国有礼义之教，刑罚之诛，愚民犹尚犯禁，又况单于，能必其众不犯约哉！三也。自中国尚建关梁以制诸侯，所以绝臣下之觊欲也。设塞徼，置屯戍，非独为匈奴而已，亦为诸属国降民，本故匈奴之人，恐其思旧逃亡，四也。近西羌保塞，与汉人交通，吏民贪利，侵盗其畜产妻子，以此怨恨，起而背畔，世世不绝。今罢乘塞，则生嫚易分争之渐，五也。往者从军多没不还者，子孙贫困，一旦亡出，从其亲戚，六也。又边人奴婢愁苦，欲亡者多，曰'闻匈奴中乐，无奈候望急何！'然时有亡出塞者，七也。盗贼桀黠，群辈犯法，如其窘急，亡走北出，则不可制，八也。起塞以来百有余年，非皆以土垣也，或因山岩石，木柴僵落，溪谷水门，稍稍平之，卒徒筑治，功费久远，不可胜计。臣恐议者不深虑其终始，欲以壹切省繇戍，十年之外，百岁之内，卒有它变，障塞破坏，亭隧灭绝，当更发屯缮治，累世之功不可卒复，九也。如罢戍卒，省候望，单于自以保塞守御，必深德汉，请求无已。小失其意，则不可测。开夷狄之隙，亏中国之固，十也。非所以永持至安，威制百蛮之长策也。"

的边塞直到辽东，外有阴山，东西有一千多里，草木茂盛，禽兽众多，本来是冒顿单于倚仗的地方，他在里面制造弓箭，进出阴山，侵犯我们，这里就是他的苑囿。到了武帝时，出兵讨伐，夺取此地，将他们赶到漠北。建造边境要塞，筑起烽火亭，兴建塞外城堡，设置军队，驻守于此，然后边境才稍微安定下来。漠北地势平坦，草木稀少，很多沙石，匈奴来侵犯时，没什么隐蔽的东西，从边塞往南，山高路远，来往艰难。边境上的老人说匈奴人自从失去阴山之后，每次经过这里时没有不哭的。如果我们撤回驻守边塞的士卒，就将如此有利的条件让给匈奴，不能这样做，这是其一。现在陛下您的恩德遍及四海，像上天一样笼罩着匈奴，匈奴蒙汉朝保全性命之恩，前来俯首称臣。匈奴人的性情，危难时就谦卑恭顺，强盛时就骄横跋扈，这是他们的天性使然。之前汉朝已经废除了塞外城堡，减少了烽火亭，现在军队的人数刚够守望情况、用烽火传递消息罢了。古人说要居安思危，不可以再撤回了，这是其二。我国有礼义作为学习内容，刑罚作为惩治手段，愚民还是敢触犯禁令，又何况单于，能一定让他的部众不违背约定嘛！这是其三。我国从开始就重视建造关口桥梁来挟制诸侯，这样做为了断绝臣子的非分企图。建造边境要塞，设置军队驻守，不只为了防备匈奴，也是为了防备那些属国的俘虏，他们原本是匈奴人，担心他们会思念故乡而逃跑，这是其四。近来西羌保卫汉朝边塞，与汉朝人交往，有些官吏百姓贪图小利，去侵占抢夺人家的牲畜和妻儿，因此让西羌人心怀怨恨，起来背叛汉朝，世世代代不断。现在朝廷放弃守卫边境要塞，慢慢就会发生欺侮纷争之事，这是其五。过去从军的人有很多流落在匈奴没有回来，他们的子孙生活贫困，一旦逃出去，就会跟随自己的亲人，也不回来了，这是其六。另外边民中做奴婢的人忧愁苦闷，想要逃走的人很多，说‘听说匈奴那里很好，无奈哨兵看得太紧！’然而不时还有逃出边塞的，这是其七。盗贼凶悍狡黠，结伙犯法，如果他们被逼急了，向北逃出边塞，就不能对他们进行管束了，这是其八。建立边塞一百多年以来，不都是用土筑墙，有的是凭借山势岩石，树木坠落，溪谷水门，稍稍平整，士卒修筑治理，花费了很多功夫，不能计算。我担心商议的大

对奏，天子有诏："勿议罢边塞事。"使车骑将军口谕单于曰："单于上书愿罢北边吏士屯戍，子孙世世保塞。单于乡慕礼义，所以为民计者甚厚，此长久之策也，朕甚嘉之。中国四方皆有关梁障塞，非独以备塞外也，亦以防中国奸邪放纵，出为寇害，故明法度以专众心也。敬谕单于之意，朕无疑焉。为单于怪其不罢，故使大司马车骑将军嘉晓单于。"单于谢曰："愚不知大计，天子幸使大臣告语，甚厚！"

初，左伊秩訾为呼韩邪画计归汉，竟以安定。其后或谗伊秩訾自伐其功，常鞅鞅，呼韩邪疑之。左伊秩訾惧诛，将其众千余人降汉，汉以为关内侯，食邑三百户，令佩其王印绶。及竟宁中，呼韩邪来朝，与伊秩訾相见，谢曰："王为我计甚厚，令匈奴至今安宁，王之力也，德岂可忘！我失王意，使王去不复顾留，皆我过也。今欲白天子，请王归庭。"伊秩訾曰："单于赖天命，自归于汉，得以安宁，单于神灵，天子之祐也，我安得力！既已降汉，又复归匈奴，是两心也。愿为单于侍使于汉，不敢听命。"单于固请不能得而归。

臣不能深入考虑事情的全部，只想按照眼前的情况减少守卫边境的人数，十年之后，百年之内，一旦有紧急状况，边防要塞已破坏，烽火亭被摧毁，只能再派人驻守修缮，几代积累的功业不能马上就恢复的，这是其九。如果我们撤回驻守的士卒，减少了哨所，单于觉得自己为汉朝保卫边塞，守备防御，对汉朝有莫大的功劳，就会不断提出要求，希望得到满足。一旦不能让他满意，便会发生意想不到的祸端。为匈奴大开方便之门，就会削弱我国稳固的防守力量，这是其十。因此这不是能让边塞永远保持安定，其他少数民族国家受到压制的长久之计。”

侯应奏对后，元帝下诏说：“不要讨论废除边塞的防务了。”元帝派车骑将军许嘉传达口谕给单于，说：“单于上书说希望我们撤回驻守北方边塞的官吏士兵，让匈奴的子孙世世代代来保卫边塞。单于向往礼义，所以非常为百姓考虑，这是两国友好的长久之计，我非常赞赏。我国的四方都有关口桥梁，边防要塞，不单单要防备塞外，也是为了防备我国的奸邪之人不受约束，跑出边塞祸害匈奴，所以申明法度，来统一众心。单于的心意我已知晓，毫不怀疑。担心单于责怪我不废除边防，所以派大司马车骑将军许嘉告知单于原因。”单于称谢说：“我不知道其中的深谋远虑，幸亏天子派大臣来告诉我，我非常感谢！”

起初，左伊秩訾王为呼韩邪单于谋划，让他归顺汉朝，最终匈奴因此安定下来。此后有人向呼韩邪单于进谗言说左伊秩訾王自夸其功，心怀不满，经常闷闷不乐，呼韩邪就对他产生了怀疑。左伊秩訾王害怕被杀掉，就带领自己的部众一千多人投降了汉朝，汉朝封他为关内侯，食邑三百户，还让他佩戴王的印绶。到了竟宁年间，呼韩邪单于前来朝觐，与左伊秩訾王相见，谢罪说：“您当初为我谋划得非常周全，让匈奴至今安宁，这都是您的功劳，我怎么能忘记您的恩德！我和您不和睦，让您离去，不再考虑留在匈奴，这都是我的过错。现在我想禀告天子，请您回王庭。”左伊秩訾王说道：“单于仰赖天命，自己归顺汉朝，匈奴得以安宁，单于英明，是天子的庇佑，我有什么功劳！我既然已经投降了汉朝，如果又回到匈奴，就是有二心。

王昭君号宁胡阏氏，生一男伊屠智牙师，为右日逐王。呼韩邪立二十八年，建始二年死。始呼韩邪嬖左伊秩訾兄呼衍王女二人。长女颛渠阏氏，生二子，长曰且莫车，次曰囊知牙斯。少女为大阏氏，生四子，长曰雕陶莫皋，次曰且麋胥，皆长于且莫车，少子咸、乐二人，皆小于囊知牙斯。又它阏氏子十余人。颛渠阏氏贵，且莫车爱。呼韩邪病且死，欲立且莫车，其母颛渠阏氏曰："匈奴乱十余年，不绝如发，赖蒙汉力，故得复安。今平定未久，人民创艾战斗，且莫车年少，百姓未附，恐复危国。我与大阏氏一家共子，不如立雕陶莫皋。"大阏氏曰："且莫车虽少，大臣共持国事，今舍贵立贱，后世必乱。"单于卒从颛渠阏氏计，立雕陶莫皋，约令传国与弟。呼韩邪死，雕陶莫皋立，为复株累若鞮单于。

复株累若鞮单于立，遣子右致卢儿王醯谐屠奴侯入侍，以且麋胥为左贤王，且莫车为左谷蠡王，囊知牙斯为右贤王。复株累单于复妻王昭君，生二女，长女云为须卜居次，小女为当于居次。

河平元年，单于遣右皋林王伊邪莫演等奉献朝正月。既罢，遣使者送至蒲反。伊邪莫演言："欲降。即不受我，我自杀，终不敢还归。"使者以闻，下公卿议。议者或言宜如故事，受其降。光禄大夫谷永、议郎杜钦以为"汉兴，匈奴数为边害，故设金爵之赏以待降者。今单于诎体称臣，列为北藩，遣使朝贺，无有二心，汉家接之，宜异于往时。今既享单于聘贡之质，而更受其逋逃之臣，是贪一夫之得而失一国之心，拥有罪之臣而绝慕义之君也。假令单于初立，

我愿意做单于的使臣，留在汉朝，要我回去的话，恕难从命。”单于再三请求，始终不能让左伊秩訾王改变心意，就回到了匈奴。

王昭君被称为宁胡阏氏，生了一个儿子叫伊屠智牙师，做了右日逐王。呼韩邪单于在位二十八年，建始二年（前31）死去。当初呼韩邪单于宠爱左伊秩訾王哥哥呼衍王的两个女儿。长女是颛渠阏氏，生了两个儿子，长子叫且莫车，次子叫囊知牙斯。呼衍王的次女是大阏氏，生了四个儿子，长子叫雕陶莫皋，次子叫且麋胥，都比且莫车大，两个小儿子是咸、乐，都比囊知牙斯小。还有其他阏氏生的十多个儿子。颛渠阏氏地位尊贵，且莫车也受到单于宠爱。呼韩邪单于病得将死时，想立且莫车为单于，他的母亲颛渠阏氏说：“匈奴混乱了十多年，局势像就要断掉的发丝一样，幸亏依靠汉朝的帮助，匈奴才能恢复安定。现在国内安定不久，百姓畏惧战斗，且莫车年轻，百姓不能归顺他，如果让他继位，恐怕会再次让匈奴面临危险。我与大阏氏是亲姐妹，生的儿子都一样，不如立雕陶莫皋为单于。”大阏氏说：“且莫车虽然年轻，有大臣共同扶持，处理国事，现在放弃尊贵的，拥立低下的，后世一定会出乱子。”呼韩邪单于最终还是听从了颛渠阏氏的建议，立雕陶莫皋为单于，并立下约定，要他将来把王位传给弟弟。呼韩邪死后，雕陶莫皋继位，称为复株累若鞮单于。

复株累若鞮单于继位后，派儿子右致卢儿王醯谐屠奴侯入朝侍奉天子，让且麋胥做了左贤王，且莫车做了左谷蠡王，囊知牙斯做了右贤王。复株累单于又娶王昭君为妻，生了两个女儿，长女云是须卜居次，小女是当于居次。

河平元年（前28），单于派右皋林王伊邪莫演等人来汉朝进贡，参加正月朝会。朝会完毕，汉朝派使者护送伊邪莫演等人到了蒲阪。伊邪莫演说：“我想投降汉朝。如果不答应我，我就自杀，终归是不回匈奴了。”汉朝使者回来报告此事，成帝把此事交给公卿商议。有人说应该像过去那样，接受投降的人。光禄大夫谷永、议郎杜钦认为“汉朝建立后，匈奴多次侵犯边境，所以设立爵位的封赏，厚待投降的匈奴人。现在单于屈身拜伏，向汉朝称臣，被列为北方的藩国，派使者来朝贺，没有二心，因此汉朝对待投降的人，应该与过去不

欲委身中国，未知利害，私使伊邪莫演诈降以卜吉凶，受之亏德沮善，令单于自疏，不亲边吏；或者设为反间，欲因而生隙，受之适合其策，使得归曲而直责。此诚边竟安危之原，师旅动静之首，不可不详也。不如勿受，以昭日月之信，抑诈谖之谋，怀附亲之心，便。”对奏，天子从之。遣中郎将王舜往问降状。伊邪莫演曰：“我病狂妄言耳。”遣去。归到，官位如故，不肯令见汉使。明年，单于上书愿朝河平四年正月，遂入朝，加赐锦绣缯帛二万匹，絮二万斤，它如竟宁时。

复株累单于立十岁，鸿嘉元年死。弟且麋胥立，为搜谐若鞮单于。

搜谐单于立，遣子左祝都韩王朐留斯侯入侍，以且莫车为左贤王。搜谐单于立八岁，元延元年，为朝二年发行，未入塞，病死。弟且莫车立，为车牙若鞮单于。

车牙单于立，遣子右于涂仇掸王乌夷当入侍，以囊知牙斯为左贤王。车牙单于立四岁，绥和元年死。弟囊知牙斯立，为乌珠留若鞮单于。

乌珠留单于立，以第二阏氏子乐为左贤王，以第五阏氏子舆为右贤王，遣子右股奴王乌鞮牙斯入侍。汉遣中郎将夏侯藩、副校尉韩容使匈奴。时帝舅大司马票骑将军王根领尚书事，或说根曰：“匈

同。现在既然接受了单于进贡的东西，却又接受他们逃亡的大臣，这样做是贪图一人之得而失去一国之心，爱护有罪的大臣而抛弃仰慕仁义的国君。如果因为单于刚继位，想亲近汉朝，但不知道汉朝对自己的态度，私下派伊邪莫演假装投降，来看看吉凶如何，我们接受了投降的人，就会使德行有亏，善行有损，让单于疏远我们，不亲近边塞的官吏；或者是有人设下反间计，想借此让我们和匈奴之间产生嫌隙，我们接受了投降的人，就正好中了他的计谋，使匈奴归罪于汉朝，以正义来责备。这确实是我们边境安危的根本，军队出动的开端，是不能有疑问的。不如不接受投降的人，向匈奴彰显我们如日月般不变的信用，抵制弄虚作假的阴谋，爱护归附亲近的忠心，这才是对我们有利的计策。”成帝听完两人的奏对，听从了他们的建议。派遣中郎将王舜去询问投降的情况。伊邪莫演说：“那是我发疯说的胡话罢了。”汉朝就让他回去了。伊邪莫演回到匈奴后，官位和原来一样，单于不肯让他见汉朝使者。第二年（河平二年，前27年），复株累单于上书，希望来朝见天子。河平四年（前25）正月，复株累单于就入朝，汉朝额外赏赐锦绣缯帛两万匹，丝棉两万斤，其他赏赐和竟宁年间一样。

复株累单于在位十年，鸿嘉元年（前20）死去。他的弟弟且糜胥继位，称为搜谐若鞮单于。

搜谐单于继位后，派儿子左祝都韩王昫留斯侯入朝侍奉天子，让且莫车做了左贤王。搜谐单于在位八年后，元延元年（前12），为了参加第二年正月的朝会，从匈奴出发，还没进入边塞，就病死了。他的弟弟且莫车继位，称为车牙若鞮单于。

车牙单于继位后，派儿子右于涂仇掸王乌夷当入朝侍奉的王子，让囊知牙斯做了左贤王。车牙单于在位四年，绥和元年（前8）死去。他的弟弟囊知牙斯继位，称为乌珠留若鞮单于。

乌珠留单于继位后，让第二阏氏生的儿子乐做了左贤王，让第五阏氏生的儿子舆做了右贤王，派儿子右股奴王乌鞮牙斯入朝侍奉天子。汉朝派中郎将夏侯藩、副校尉韩容出使匈奴。当时成帝的舅舅大

奴有斗入汉地，直张掖郡，生奇材木，箭竿就羽，如得之，于边甚饶，国家有广地之实，将军显功，垂于无穷。”根为上言其利，上直欲从单于求之，为有不得，伤命损威。根即但以上指晓藩，令从藩所说而求之。藩至匈奴，以语次说单于曰：“窃见匈奴斗入汉地，直张掖郡。汉三都尉居塞上，士卒数百人寒苦，候望久劳。单于宜上书献此地，直断阏之，省两都尉士卒数百人，以复天子厚恩，其报必大。”单于曰：“此天子诏语邪，将从使者所求也？”藩曰：“诏指也，然藩亦为单于画善计耳。”单于曰：“孝宣、孝元皇帝哀怜父呼韩邪单于，从长城以北匈奴有之。此温偶駼王所居地也，未晓其形状所生，请遣使问之。”藩、容归汉。后复使匈奴，至则求地。单于曰：“父兄传五世，汉不求此地，至知独求，何也？已问温偶駼王，匈奴西边诸侯作穹庐及车，皆仰此山材木，且先父地，不敢失也。”藩还，迁为太原太守。单于遣使上书，以藩求地状闻。诏报单于曰：“藩擅称诏从单于求地，法当死，更大赦二，今徙藩为济南太守，不令当匈奴。”明年，侍子死，归葬。复遣子左于駼仇掸王稽留昆入侍。

至哀帝建平二年，乌孙庶子卑援疐翕侯人众入匈奴西界，寇盗牛畜，颇杀其民。单于闻之，遣左大当户乌夷泠将五千骑击乌孙，杀数百人，略千余人，驱牛畜去。卑援疐恐，遣子趋逯为质匈

司马骠骑将军王根领尚书事，有人劝告王根说："匈奴有座陡峭的高山接近汉朝的地方，面对着张掖郡，山上长有奇特的木材，加上鹫羽就能做箭竿，如果我们得到它，边塞可以富饶，国家可以扩展土地，将军可以彰显功绩，永远流传后世。"王根向成帝说了这座山带来的好处，成帝正想跟单于要这座山，只是担心他不答应，有损天子的威严，诏命不能实行。王根就把成帝的意思告诉夏侯藩，让他自己向单于提出要求。夏侯藩到了匈奴，交谈之间劝告单于说："我看见匈奴有一座陡峭的高山接近汉朝的地方，面对着张掖郡。汉朝有三个都尉带领数百士卒驻扎在塞上，受寒冻之苦，长久辛苦守望。单于应该上书献出此地，割让给汉朝，这样就可省去驻守的两个都尉和数百士卒，报答天子对匈奴的厚恩，汉朝也一定会重重地回报单于。"单于问道："这是天子诏书上的话呢，还是您的请求呢？"夏侯藩说："这是天子的旨意，但我也是为单于谋划个好计策罢了。"单于说道："宣帝、元帝可怜我父亲呼韩邪单于，答应他们从长城以北的地方归匈奴所有。你们要的这个地方是温偶駼王的居住地，我不知道那里的地形与物产，请让我派人去询问一下。"于是夏侯藩、韩容回到汉朝。后来二人又出使匈奴，到了就向单于要那个地方。单于说："我的父兄相传已有五代，汉朝也不要这个地方，只是到我做单于才来要，为什么呢？我已派人问过温偶駼王，匈奴西边的诸侯国制作毡帐和车辆时，都要靠这座山上的木材，况且它是先父留下的地方，我不敢失去。"夏侯藩返回后，升任太原太守。单于派使者来汉朝上书，将夏侯藩索要土地的情况报告成帝。于是成帝下诏告知单于说："夏侯藩擅自假托天子旨意向单于索要土地，依法应当处死，经过两次大赦，现在把夏侯藩调为济南太守，不让他驻扎在面对匈奴的地方。"第二年（绥和二年，前7年），单于入朝侍奉的儿子死去，汉朝派人送回匈奴安葬。单于又派儿子左于駼仇掸王稽留昆入朝侍奉。

到哀帝建平二年（前5），乌孙的庶子卑援疐翕侯的部众侵入匈奴西方边界，抢走牛羊牲畜，杀了很多匈奴人。单于听说后，派左大当户乌夷泠带领五千骑兵攻打乌孙，杀死数百人，掠走一千多人，把牛羊牲畜都赶了回去。卑援疐感到害怕，派儿子趋逯去匈奴做人质。

奴。单于受，以状闻。汉遣中郎将丁野林、副校尉公乘音使匈奴，责让单于，告令还归卑援疐质子。单于受诏，遣归。

建平四年，单于上书愿朝五年。时哀帝被疾，或言匈奴从上游来厌人，自黄龙、竟宁时，单于朝中国辄有大故。上由是难之，以问公卿，亦以为虚费府帑，可且勿许。单于使辞去，未发，黄门郎扬雄上书谏曰：

臣闻《六经》之治，贵于未乱；兵家之胜，贵于未战。二者皆微，然而大事之本，不可不察也。今单于上书求朝，国家不许而辞之，臣愚以为汉与匈奴从此隙矣。本北地之狄，五帝所不能臣，三王所不能制，其不可使隙甚明。臣不敢远称，请引秦以来明之：

以秦始皇之强，蒙恬之威，带甲四十余万，然不敢窥西河，乃筑长城以界之。会汉初兴，以高祖之威灵，三十万众困于平城，士或七日不食。时奇谲之士石画之臣甚众，卒其所以脱者，世莫得而言也。又高皇后尝忿匈奴，群臣庭议，樊哙请以十万众横行匈奴中，季布曰："哙可斩也，妄阿顺指！"于是大臣权书遗之，然后匈奴之结解，中国之忧平。及孝文时，匈奴侵暴北边，候骑至雍甘泉，京师大骇，发三将军屯细柳、棘门、霸上以备之，数月乃罢。孝武即位，设马邑之权，欲诱匈奴，使韩安国将三十万众徼于便墬，匈奴觉之而去，徒费财劳师，一虏不可得见，况单于之面乎！其后深惟社稷之计，规恢万载之策，乃大兴师数十万，使卫青、霍去病操兵，前后十余年。于是浮西河，绝大幕，破寘颜，袭王庭，穷极其地，追奔逐

单于接受了，将情况报告给汉朝。汉朝派中郎将丁野林、副校尉公乘音出使匈奴，责备单于，让他送回卑援疐做人质的儿子。单于接受诏令，把人放了回去。

建平四年（前3），单于上书希望第五年（建平五年，前2年）来朝见。当时哀帝患病，有的大臣说匈奴从上游来我国，将会带来祸患，从黄龙、竟宁年间以来，单于每次到我国朝见总会发生大的变故。哀帝因此感到为难，就向公卿征求意见，他们也认为如果让单于来朝见，只会白白地消耗国库，可以暂且不要答应单于的要求。单于的使者要告辞回匈奴，还没有走，黄门郎扬雄上书劝谏说：

我听说《六经》中所谈的治国之道，推崇在国家没有混乱前就进行治理；用兵之人对于胜利，推崇在没有交战前就已经获胜。这两种说法都蕴含着精妙的道理，然而国家大事的根源，却不能不明察。现在单于上书请求朝见，国家不答应而进行推辞，我愚昧地认为汉朝与匈奴从此就要产生矛盾了。本来北方的少数民族，就算五帝也不能让他们臣服，三王也不能对他们管束，所以不能让我们之间产生矛盾是显而易见的事。我不敢说得太远，请允许我引用秦朝以来的先例说明情况：

秦朝凭借秦始皇的强大，蒙恬的威武，统领四十多万秦兵，却不敢窥视西河，只是建造长城做为分界。到汉朝刚建立时，凭借高祖的声威，却有三十多万人被困在平城，有的士卒七天都没吃饭。当时高祖身边有很多奇特诡谲的谋士和出谋划策的臣子，最终高祖等人得以脱身，是靠了世人不愿意说的方法。另外高皇后也曾经对匈奴感到气愤，召集群臣在朝廷商议，樊哙请求带领十万人马去攻打，横行匈奴，季布却说：“应该杀了樊哙，如此胡乱地阿谀奉承皇后的旨意！”于是大臣们以权宜之策写了回信，然后大汉与匈奴的矛盾得以解决，威胁我国的忧患得以平息。到文帝时，匈奴侵犯北方边境，侦察的骑兵都到了雍县的甘泉宫，京都震动，文帝派三位将军领兵分别驻扎在细柳、棘门、霸上来防备匈奴入侵，数月后匈奴才撤走。武帝即位后，在马邑设下埋伏，想诱骗匈奴，派韩安国带领三十万人马在便利之地截击，匈奴发觉后离去了，汉朝白白地耗费了钱财，劳师动众，一

北，封狼居胥山，禅于姑衍，以临翰海，虏名王贵人以百数。自是之后，匈奴震怖，益求和亲，然而未肯称臣也。

且夫前世岂乐倾无量之费，役无罪之人，快心于狼望之北哉？以为不壹劳者不久佚，不暂费者不永宁，是以忍百万之师以摧饿虎之喙，运府库之财填卢山之壑而不悔也。至本始之初，匈奴有桀心，欲掠乌孙，侵公主，乃发五将之师十五万骑猎其南，而长罗侯以乌孙五万骑震其西，皆至质而还。时鲜有所获，徒奋扬威武，明汉兵若雷风耳。虽空行空反，尚诛两将军。故北狄不服，中国未得高枕安寝也。逮至元康、神爵之间，大化神明，鸿恩溥洽，而匈奴内乱，五单于争立，日逐、呼韩邪携国归死，扶伏称臣，然尚羁縻之，计不颛制。自此之后，欲朝者不距，不欲者不强。何者？外国天性忿鸷，形容魁健，负力怙气，难化以善，易肄以恶，其强难诎，其和难得。故未服之时，劳师远攻，倾国殚货，伏尸流血，破坚拔敌，如彼之难也；既服之后，慰荐抚循，交接赂遗，威仪俯仰，如此之备也。往时尝屠大宛之城，蹈乌桓之垒，探姑缯之壁，籍荡姐之场，艾朝鲜之旃，拔两越之旗，近不过旬月之役，远不离二时之劳，固已犁其庭，扫其闾，郡县而置之，云彻席卷，后无余菑。唯北狄为不然，真中国之坚敌也，三垂比之悬矣，前世重之兹甚，未易可轻也。

个匈奴人都没见到，何况是单于！后来武帝深入考虑国家之计，规划制定长久之策，然后派出大批军队共数十万人，让卫青、霍去病统领，前后征战十多年。于是汉军渡过西河，越过大漠，攻破寘颜山，袭击王庭，到达了匈奴最远的地方，追击战败逃跑的敌人，在狼居胥山上筑坛祭天，在姑衍山上辟场祭地，一直到了瀚海，俘虏的匈奴王公贵人数以百计。从此之后，匈奴感到震惊害怕，更加想与汉朝和亲，然而还是不肯向汉朝称臣。

况且前代皇帝难道愿意花费无数钱财粮食，让无罪的人去从军，一直打到狼望之北才感到满意吗？认为不经过一次劳苦就不能获得长久的安逸，不暂时消耗人力打败匈奴就不能获得永久的安宁，所以才忍心派出百万军队，冒着如从饿虎嘴里拔牙的危险，去攻打匈奴，将府库储藏的钱粮运往战场，如去填平卢山山壑，而不后悔。到本始初年，匈奴又生出凶暴之心，想侵犯乌孙，掳走汉朝公主，因而汉朝派出五位将军带领十五万骑兵攻打匈奴南方，长罗侯带领乌孙五万骑兵攻打匈奴西方，都是按照约定的期限就返回了。当时收获很少，只是炫耀武力，展示威风，表明汉军如迅雷巨风勇猛罢了。虽然是空手去空手回，还是杀了两位将军。所以匈奴不臣服的话，我国就不能高枕无忧。等到元康、神爵年间，皇帝圣明，遍施恩泽，而匈奴却发生内乱，五个单于争夺王位，日逐王、呼韩邪单于带领部众归顺，向汉朝俯首称臣，然而天子还是施行怀柔政策，认为不能将他们当做臣子对待。从此之后，匈奴单于想来朝见就不拒绝，不想来也不勉强。为什么呢？匈奴人生性凶狠残忍，身材魁梧，仗着气力，难以用仁善教化他们，却容易习惯作恶，他们的倔强难以屈服，他们的和顺非常难得。所以在他们没有臣服之时，朝廷派出军队去远方攻打他们，拿出全国财物支持战争，士卒死亡无数，攻破城池，打败敌人，那样的艰难；在他们臣服之后，朝廷对他们慰问安抚，进行交往，赠送财物，仪态威严，如此的完备。过去我们也曾攻破大宛的城池，踩上乌桓的堡垒，查看姑缯的军营，践踏荡姐的地方，斩断朝鲜的旌旗，拔下两越的旗帜，征服这些地方所花的时间，短的不过一月，长的不过半年，必定已经摧毁他们的庭院，扫清了他们的里巷，

今单于归义，怀款诚之心，欲离其庭，陈见于前，此乃上世之遗策，神灵之所想望，国家虽费，不得已者也。奈何距以来厌之辞，疏以无日之期，消往昔之恩，开将来之隙！夫款而隙之，使有恨心，负前言，缘往辞，归怨于汉，因以自绝，终无北面之心，威之不可，谕之不能，焉得不为大忧乎！夫明者视于无形，聪者听于无声，诚先于未然，即蒙恬、樊哙不复施，棘门、细柳不复备，马邑之策安所设，卫、霍之功何得用，五将之威安所震？不然，壹有隙之后，虽智者劳心于内，辩者毂击于外，犹不若未然之时也。且往者图西域，制车师，置城郭都护三十六国，费岁以大万计者，岂为康居、乌孙能逾白龙堆而寇西边哉？乃以制匈奴也。夫百年劳之，一日失之，费十而爱一，臣窃为国不安也。唯陛下少留意于未乱未战，以遏边萌之祸。

书奏，天子寤焉，召还匈奴使者，更报单于书而许之。赐雄帛五十匹，黄金十斤。单于未发，会病，复遣使愿朝明年。故事，单于朝，从名王以下及从者二百余人。单于又上书言："蒙天子神灵，人民盛壮，愿从五百人入朝，以明天子盛德。"上皆许之。

元寿二年，单于来朝，上以太岁厌胜所在，舍之上林苑蒲陶

在那里设郡置县，如云消散，如席卷起，收拾干净，再无后患。只有匈奴的情况不一样，真是我国的强敌，三方边境与它相比差得太远，前代皇帝对它也是非常重视，不能掉以轻心。

现在单于归附仁义，有忠诚之心，想离开王庭，到天子面前朝见，这是前人留下来的策略，是神灵希望的事情，国家虽然会花费钱财，但也是不得已的事情。怎么能用会带来祸患的话拒绝他，用没有限定的日期疏远他，断绝了从前的恩义，造成将来的矛盾！现在对他慢待疏远，使他心怀怨恨，仗着以往说过的话，因为我们过去的和好之言，让匈奴把怨恨归于汉朝，因此自行断绝双方的关系，最终再无臣服之心，不能用武力制服，也不能跟他们讲道理，怎能不成为我们的大患！目明的人能看见没有形状的东西，耳聪的人能在没有声音的时候听见，如果真能事先就做好防备，那么蒙恬、樊哙不再起到作用，棘门、细柳不再进行驻守，马邑之策又在哪里设下埋伏，卫青、霍去病的功绩又有什么用，五位将军的威风又震慑哪里？不然的话，一旦两国产生矛盾之后，即使有智慧谋略的人在内劳心费神；有能言善辩的人在外频繁交往，也还是不如事情没发生之时就提前做好准备。况且过去我们图谋西域，控制车师，设置城郭都护，统领三十六国，每年的花费数以巨万，难道是因为担心康居、乌孙翻越白龙堆而侵犯西方边境？是为了制服匈奴。百年辛苦积累的功绩，一天就全都失去，以往不惜用十分之费来压制匈奴，如今来朝之费仅占其一竟然吝惜，我真为国家感到不安。只希望陛下能稍微考虑一下国家没有发生混乱、没有发生战争前应该采取的策略，从而遏制边境上居民面临的灾祸。

扬雄的奏章上呈后，哀帝醒悟过来，派人召回了匈奴使者，更改了回复单于的书信，答应了单于的请求。并赏赐扬雄帛五十匹，黄金十斤。恰巧单于还没有出发，就病了，又派使者来说希望能在明年来朝见。依照过去的惯例，单于来朝见，允许名王以下及侍从共二百多人跟随入朝。单于又上书说："承蒙天子神明保佑，匈奴百姓健壮众多，希望能允许我带五百人入朝，以彰显天子的盛德。"哀帝全部答应了。

元寿二年（前1），单于来汉朝进见，哀帝因为太岁和厌胜都在

宫。告之以加敬于单于，单于知之。加赐衣三百七十袭，锦绣缯帛三万匹，絮三万斤，它如河平时。既罢，遣中郎将韩况送单于。单于出塞，到休屯井，北度车田卢水，道里回远。况等乏食，单于乃给其粮，失期不还五十余日。

初，上遣稽留昆随单于去，到国，复遣稽留昆同母兄右大且方与妇入侍。还归，复遣且方同母兄左日逐王都与妇入侍。是时，汉平帝幼，太皇太后称制，新都侯王莽秉政，欲说太后以威德至盛异于前，乃风单于令遣王昭君女须卜居次云入侍太后，所以赏赐之甚厚。

会西域车师后王句姑、去胡来王唐兜皆怨恨都护校尉，将妻子人民亡降匈奴，语在《西域传》。单于受置左谷蠡地，遣使上书言状曰："臣谨已受。"诏遣中郎将韩隆、王昌、副校尉甄阜、侍中谒者帛敞、长水校尉王歙使匈奴，告单于曰："西域内属，不当得受，今遣之。"单于曰："孝宣、孝元皇帝哀怜，为作约束，自长城以南天子有之，长城以北单于有之。有犯塞，辄以状闻；有降者，不得受。臣知父呼韩邪单于蒙无量之恩，死遗言曰：'有从中国来降者，勿受，辄送至塞，以报天子厚恩。'此外国也，得受之。"使者曰："匈奴骨肉相攻，国几绝，蒙中国大恩，危亡复续，妻子完安，累世相继，宜有以报厚恩。"单于叩头谢罪，执二虏还付使者。诏使中郎将王萌待西域恶都奴界上逆受。单于遣使送到国，因请其罪。使者以闻，有诏不听，会西域诸国王斩以示之。乃造设四条：中国人亡入匈奴者，乌孙亡降匈奴者，西域诸国佩中国印绶降匈奴者，乌桓降匈奴者，皆不得受。遣中郎将王骏、王昌、副校尉甄阜、王寻使匈奴，班四条与单于，杂函封，付单于，令奉行，因收故宣帝所为约束封函还。时，莽奏令中国不得有二名，因使使者以风单于，宜上书慕化，

那里的关系，就让单于住在上林苑的蒲陶宫。并派人告诉单于，这是对他格外的款待，单于也明白了哀帝的用意。哀帝又加赐单于衣服三百七十套，锦绣缯帛三万匹，丝棉三万斤，其他赏赐跟河平年间一样。朝会完毕后，汉朝派中郎将韩况护送单于回匈奴。单于出了边塞，到达休屯井，向北渡过车田卢水，路途迂回遥远。韩况等人缺乏粮食，单于就供给他们，过了规定期限五十多天才回来。

起初，哀帝派稽留昆跟随单于一起回去，单于回到匈奴后，又派稽留昆的同母哥哥右大且方及妻子入朝侍奉天子。这次回去后，又派右大且方的同母哥哥左日逐王都及妻子入朝侍奉天子。当时，平帝年幼，太皇太后临朝称制，新都侯王莽执掌政权，王莽想称颂太后的威德至盛来取悦她，就派人婉言告诉单于，要他派王昭君的女儿须卜居次云入朝侍奉太后，所以赏赐的东西非常丰厚。

当时恰巧西域的车师后王姑句、去胡来王唐兜都怨恨都护校尉，就带领妻儿百姓逃走，投降了匈奴，详见《西域传》。单于接受了他们，将他们安置在左谷蠡王的居住地，派使者上书向汉朝报告情况说："我已接受投降的人。"朝廷诏令派中郎将韩隆和王昌、副校尉甄阜、侍中谒者帛敞、长水校尉王歙出使匈奴，告知单于说："西域属于汉朝管辖，单于不应当接受投降的人，马上让他们回去。"单于说："宣帝、元帝哀怜我们，立下约定，从长城往南归天子所有，从长城往北归单于所有。如果有侵犯边塞的，要报告情况；有投降的，不能接受。我知道父亲呼韩邪单于蒙受汉朝的大恩，死前留下话说：'如果有从汉朝来投降的人，不要接受，把他们送到边塞，以报答天子的大恩。'但这次投降的不是汉朝人，我可以接受。"汉朝使者说："当初匈奴骨肉相残，国家几乎灭亡，蒙汉朝大恩，扶助单于，让面临危亡的匈奴存续下来，妻儿得到保全，平安无事，世代相传，匈奴应该报答汉朝的大恩。"单于听完叩头谢罪，将投降的两位西域国王交给了汉朝使者。汉朝诏令派中郎将王萌到西域的恶都奴边界上迎接。单于派使者护送到汉朝，并向汉朝请求宽恕他们的背叛之罪。使者报告朝廷，朝廷下诏不接受单于的请求，并召集西域各国国王，杀了姑句和唐兜，昭示其罪。重新定下四条规定：汉朝逃到匈奴

为一名，汉必加厚赏。单于从之，上书言："幸得备藩臣，窃乐太平圣制，臣故名囊知牙斯，今谨更名曰知。"莽大说，白太后，遣使者答谕，厚赏赐焉。

汉既班四条，后护乌桓使者告乌桓民，毋得复与匈奴皮布税。匈奴以故事遣使者责乌桓税，匈奴人民妇女欲贾贩者皆随往焉。乌桓距曰："奉天子诏条，不当予匈奴税。"匈奴使怒，收乌桓酋豪，缚到悬之。酋豪昆弟怒，共杀匈奴使及其官属，收略妇女马牛。单于闻之，遣使发左贤王兵入乌桓责杀使者，因攻击之。乌桓分散，或走上山，或东保塞。匈奴颇杀人民，驱妇女弱小且千人去，置左地，告乌桓曰："持马畜皮布来赎之。"乌桓见略者亲属二千余人持财畜往赎，匈奴受，留不遣。

王莽之篡位也，建国元年，遣五威将王骏率甄阜、王飒、陈饶、帛敞、丁业六人，多赍金帛，重遗单于，谕晓以受命代汉状，因易单于故印。故印文曰"匈奴单于玺"，莽更曰"新匈奴单于章"。将率既至，授单于印绂，诏令上故印绂。单于再拜受诏。译前，欲解取故印绂，单于举掖授之。左姑夕侯苏从旁谓单于曰："未见新印文，宜且勿与。"单于止，不肯与。请使者坐穹庐，单于欲前为寿。五威将曰："故印绂当以时上。"单于曰："诺。"复举掖授译。苏复曰："未见印文，且勿与。"单于曰："印文何由变更！"遂解故印绂奉

的人，乌孙逃亡投降匈奴的人，西域各国佩戴汉朝印绶投降匈奴的人，乌桓投降匈奴的人，匈奴都不得接受。汉朝派中郎将王骏和王昌、副校尉甄阜和王寻出使匈奴，向单于颁布四条规定，与玺书同封在一函，交给了单于，要他奉行，并收回过去宣帝与匈奴立下的约定，封在函中带回。当时，王莽下令汉朝不得有两个字及两个字以上的名字，并派使者婉言劝说单于，应该向朝廷上书，表示向往汉朝教化，用一个字的名字，汉朝一定会加倍赏赐。单于听从了使者的建议，上书说："我有幸成为拱卫汉朝的臣子，喜欢汉朝太平圣明的礼制，我原名囊知牙斯，现在改名为知。"王莽非常高兴，告诉太后，汉朝派使者答复单于，并给予丰厚的赏赐。

汉朝颁布与匈奴定下的四条规定后，护送乌桓使者告诉乌桓百姓，不要再给匈奴交皮布税。匈奴按照旧例派使者到乌桓征税，想贩卖东西的匈奴妇女都跟着使者一起去了。乌桓人拒绝说："我们遵从天子的诏令，不该给匈奴交税。"匈奴使者非常生气，将乌桓的首领抓了起来，捆绑并吊起。首领的弟弟十分愤怒，就把匈奴使者以及属官全都杀了，将妇女和牛马扣留没收。单于听说后，派使者让左贤王率军攻入乌桓，指责他们杀了匈奴使者，并攻打他们。乌桓被打得分散各处，有人跑上山，有人去东面边塞。匈奴杀了很多乌桓人，掳走近千名妇女小孩，安置在左地，单于派人告诉乌桓说："拿牲畜和皮布来赎你们的人。"乌桓派被掳走的亲属两千多人带着财物和牲畜去赎，匈奴接受了东西，并将人扣下不让他们返回。

王莽篡位后，建国元年(9)，派五威将军王骏带领甄阜、王飒、陈饶、帛敞、丁业六个人，带着许多黄金布匹，送给单于，告知王莽受天之命，取代汉室的情况，并换回单于原来的印玺。原来的印文是"匈奴单于玺"，王莽改为"新匈奴单于章"。王莽的将领们到了匈奴后，授予单于新的印绶，并诏令他上交原来的印绶。单于拜了两次，接受诏书。翻译上前，想解下原来的印绶，单于抬起胳膊让他解。旁边的左姑夕侯苏对单于说："还没有看见新的印文，暂且别给他。"单于就把胳膊放下，不让翻译解了。单于请使者在毡帐落坐，想上前敬酒。五威将军王骏说："原来的印绶应当按时上交。"单于

上，将率受。著新绂，不解视印，饮食至夜乃罢。右率陈饶谓诸将率曰："乡者姑夕侯疑印文，几令单于不与人。如令视印，见其变改，必求故印，此非辞说所能距也。既得而复失之，辱命莫大焉。不如椎破故印，以绝祸根。"将率犹与，莫有应者。饶，燕士，果悍，即引斧椎坏之。明日，单于果遣右骨都侯当白将率曰："汉赐单于印，言'玺'不言'章'，又无'汉'字，诸王已下乃有'汉'言'章'。今即去'玺'加'新'，与臣下无别。愿得故印。"将率示以故印，谓曰："新室顺天制作，故印随将率所自为破坏。单于宜承天命，奉新室之制。"当还白，单于知已无可奈何，又多得赂遗，即遣弟右贤王舆奉马牛随将率入谢，因上书求故印。

将率还到左犁汗王咸所居地，见乌桓民多，以问咸。咸具言状，将率曰："前封四条，不得受乌桓降者，亟还之。"咸曰："请密与单于相闻，得语，归之。"单于使咸报曰："当从塞内还之邪，从塞外还之邪？"将率不敢颛决，以闻。诏报，从塞外还之。

单于始用夏侯藩求地有距汉语，后以求税乌桓不得，因寇略其人民，衅由是生，重以印文改易，故怨恨。乃遣右大且渠蒲呼卢訾等十余人将兵众万骑，以护送乌桓为名，勒兵朔方塞下。朔方太守以闻。

说："好吧。"就又抬起胳膊让翻译来解。左姑夕侯苏又说道："还没有看见印文，暂且别给他。"单于回答道："印文怎么会变呢！"于是接下原来的印绶奉上，将领们接受了。单于戴上新的印绶，也没有解下来看印玺，一直吃喝到晚上才结束。右将军陈饶对各位将领说："刚才左姑夕侯怀疑印文，差点儿不让单于交给我们原来的印玺。如果让单于看了印玺，发现印文变了，一定会要回原来的印玺，这样我们就不能用言辞表示拒绝了。既然现在我们已经得到，又再次失去，那就太有辱使命。不如毁坏原来的印玺，断绝祸根。"将领们都很犹豫，没有人应和。陈饶，是燕地人，果断勇猛，当即拿起斧子砍坏了原来的印玺。第二天，单于果然派右骨都侯当告诉将领们："汉朝赐给单于的印玺，上面是'玺'字，不是'章'字，而且没有'汉'字，王以下的印玺才有'汉'字和'章'字。现在的印玺去掉了'玺'字，加上了'新'字，与臣子没有什么区别了。单于希望拿回原来的印玺。"将领们拿出原来印玺给他看，对他说："新朝遵循天道，制作了新的印玺，原来的印玺允许我们这些将领随意破坏。单于应当顺应天意，奉行新朝的礼制。"右骨都侯回去向单于报告了此事，单于知道已经无可奈何，又得到了很多财物，就派弟弟右贤王舆带着牛马等礼物随将领们入朝称谢，并上书请求得到原来的印玺。

将领们回到了左犁汗王咸居住的地方，看见很多乌桓百姓，就向他询问原因。左犁汗王将情况详细告知，将领们说："之前我们与匈奴定下四条规定，匈奴不能接受乌桓投降的人，马上把他们送回去。"左犁汗王说："请让我私下告知单于，得到答复，就把他们放回去。"单于派左犁汗王回报说："这些投降的人应当从塞内送回去，还是从塞外送回去呢？"将领们不敢擅自决定，将此事报告给朝廷。朝廷下诏，要他们从塞外把人送回去。

单于当初因为夏侯藩向匈奴索要土地被自己拒绝了，后来因为向乌桓征税不成，就侵犯劫掠乌桓的百姓，争端因此产生，再加上印文被改变，所以心怀怨恨。于是派右大且渠蒲呼卢訾等十多人带领一万骑兵，以护送乌桓俘虏的名义，陈兵在朔方的边塞旁。朔方太守将此事报告给了朝廷。

明年，西域车师后王须置离谋降匈奴，都护但钦诛斩之。置离兄狐兰支将人众二千余人，驱畜产，举国亡降匈奴，单于受之。狐兰支与匈奴共入寇，击车师，杀后成长，伤都护司马，复还入匈奴。

时戊己校尉史陈良、终带、司马丞韩玄、右曲候任商等见西域颇背叛，闻匈奴欲大侵，恐并死，即谋劫略吏卒数百人，共杀戊己校尉刀护，遣人与匈奴南犁汗王南将军相闻。匈奴南将军二千骑入西域迎良等，良等尽胁略戊己校尉吏士男女二千余人入匈奴。玄、商留南将军所，良、带径至单于庭，人众别置零吾水上田居。单于号良、带曰乌桓都将军，留居单于所，数呼与饮食。西域都护但钦上书言匈奴南将军右伊秩訾将人众寇击诸国。莽于是大分匈奴为十五单于，遣中郎将蔺苞、副校尉戴级将兵万骑，多赍珍宝至云中塞下，招诱呼韩邪单于诸子，欲以次拜之。使译出塞诱呼右犁汗王咸、咸子登、助三人，至则胁拜咸为孝单于，赐安车鼓车各一，黄金千斤，杂缯千匹，戏戟十；拜助为顺单于，赐黄金五百斤；传送助、登长安。莽封苞为宣威公，拜为虎牙将军；封级为扬威公，拜为虎贲将军。单于闻之，怒曰："先单于受汉宣帝恩，不可负也。今天子非宣帝子孙，何以得立？"遣左骨都侯、右伊秩訾王呼卢訾及左贤王乐将兵入云中益寿塞，大杀吏民。是岁，建国三年也。

是后，单于历告左右部都尉、诸边王，入塞寇盗，大辈万余，中辈数千，少者数百，杀雁门、朔方太守、都尉，略吏民畜产不可胜数，缘边虚耗。莽新即位，怙府库之富欲立威，乃拜十二部将率，发郡国勇士，武库精兵，各有所屯守，转委输于边。议满三十万众，赍

第二年（建国二年，10年），西域的车师后王须置离计划投降匈奴，都护但钦杀了他。置离的哥哥狐兰支带领部众两千多人，驱赶着牲畜，全国逃亡投降了匈奴，单于接受了。狐兰支与匈奴一起入侵，攻打车师，杀死后成的首领，伤了都护司马，又回到匈奴。

当时，戊己校尉史陈良和终带、司马丞韩玄、右曲侯任商等人看见西域很多人背叛中原，又听说匈奴要大举入侵，害怕会被一起杀死，就商议劫走了官吏士卒数百人，共同杀死了戊己校尉刀护，并派人告知匈奴的南犁汗王南将军。匈奴南将军带领两千骑兵进入西域迎接陈良等人，陈良等把戊己校尉属下的官吏士卒男女共两千多人全部掳掠到匈奴。韩玄、任商留在了南将军那里，陈良、终带直接到了单于王庭，带去的众人另外安置在零吾水边居住。单于赐号陈良、终带为乌桓都将军，让他们留在单于王庭，多次把他们叫来一起吃喝。西域都护但钦上书朝廷说匈奴的南将军右伊秩訾王带领人马侵犯西域诸国。王莽于是将匈奴单于的封号大肆增加到十五个，派中郎将蔺苞、副校尉戴级带领一万骑兵，并带着很多珍宝到了云中郡的边塞旁，以此引诱呼韩邪单于的几个儿子，想依次封他们为单于。又派翻译出塞引诱左犁汗王咸（据上文，应为“左犁汗王”）、咸的儿子登、助等三人，他们到来后就强行封左犁汗王为孝单于，赏赐安车、鼓车各一辆，黄金一千斤，杂缯一千匹，有旗的戟十杆；封他的儿子助为顺单于，赏赐黄金五百斤；派车将助、登送往长安。王莽又封蔺苞为宣威公，任命为虎牙将军；封戴级为扬威公，任命为虎贲将军。单于听说后，愤怒地说：“先单于受汉宣帝的大恩，不能辜负汉朝。现在的天子不是宣帝的子孙，怎么能继位为帝？”于是单于派左骨都侯、右伊秩訾王呼卢訾以及左贤王乐率军侵入云中郡的益寿塞，杀了很多官吏和百姓。这年，是建国三年（11）。

此后，单于多次派遣左右部都尉、边境上的诸王，进入边塞侵扰劫掠，大规模的有一万多人，中等规模的有数千人，少的有数百人，杀死雁门、朔方的太守和都尉，掠夺的官吏、百姓和牲畜不可胜数，边塞因此变得虚弱。王莽刚即位，想凭借府库的财物建立威望，就封了十二部将领，派出郡国的勇士，拿出军械库中的精良兵器，让

三百日粮，同时十道并出，穷追匈奴，内之于丁令，因分其地，立呼韩邪十五子。

莽将严尤谏曰："臣闻匈奴为害，所从来久矣，未闻上世有必征之者也。后世三家周、秦、汉征之，然皆未有得上策者也。周得中策，汉得下策，秦无策焉。当周宣王时，猃允内侵，至于泾阳，命将征之，尽境而还。其视戎狄之侵，譬犹蝱虻之螫，驱之而已。故天下称明，是为中策。汉武帝选将练兵，约赍轻粮，深入远戍，虽有克获之功，胡辄报之，兵连祸结三十余年，中国罢耗，匈奴亦创艾，而天下称武，是为下策。秦始皇不忍小耻而轻民力，筑长城之固，延袤万里，转输之行，起于负海，疆境既完，中国内竭，以丧社稷，是为无策。今天下遭阳九之厄，比年饥馑，西北边尤甚。发三十万众，具三百日粮，东援海代，南取江淮，然后乃备。计其道里，一年尚未集合，兵先至者聚居暴露，师老械弊，势不可用，此一难也。边既空虚，不能奉军粮，内调郡国，不相及属，此二难也。计一人三百日食，用糒十八斛，非牛力不能胜；牛又当自赍食，加二十斛，重矣。胡地沙卤，多乏水草，以往事揆之，军出未满百日，牛必物故且尽，余粮尚多，人不能负，此三难也。胡地秋冬甚寒，春夏甚风，多赍鬴鍑薪炭，重不可胜，食糒饮水，以历四时，师有疾疫之忧，是故前世伐胡，不过百日，非不欲久，势力不能，此四难也。辎重自随，则轻锐者少，不得疾行，虏徐遁逃，势不能及，幸而逢虏，又累辎重，如遇险阻，衔尾相随，虏要遮前后，危殆不测，此五难也。大用民力，功不可必立，臣伏忧之。今既发兵，宜纵先至者，令臣尤等深入霆击，且以创艾胡虏。"莽不听尤言，转兵谷如故，天下骚动。

他们分别驻扎在一方，慢慢向边塞转运。计划满三十万人时，带上够三百天吃的粮食，分十路同时出动，对匈奴连续追击，将他们驱逐到丁令境内，然后划分匈奴的土地，立呼韩邪的十五个儿子为单于。

王莽的将领严尤劝谏他说："我听说匈奴祸害中原，从以前到现在很久了，没听说先代一定要去征讨。后代的周、秦、汉三朝去征讨了，但都没有取得上策。周朝得中策，汉朝得下策，秦朝是无策。在周宣王时，猃允入侵，到达了泾阳，周宣王派将军去征讨，打到边境就返回了。周朝对待戎狄的侵犯，就像对待蚊虻的叮咬，赶走就算了。所以天下人称赞为英明的做法，这是中策。汉武帝挑选将领，训练军队，少带粮食，轻装上阵，深入匈奴，戍守边塞，虽然有战胜掳获的功绩，匈奴却总会报复，兵祸持续三十多年，最终使我国疲惫耗损，匈奴也受到重创，天下人称赞为勇武的做法，这是下策。秦始皇不能忍受匈奴侵犯的小耻辱，轻易调动民力，建造坚固的长城，绵延万里，运输的路程，从背靠大海开始，沿边境建完，秦朝国力也耗尽，因此丢掉江山，这是无策。现在天下遭受灾难，连年饥荒，西北边境受灾尤其严重。如果我们出兵三十万人，准备好三百天的粮食，向东搜求海岱之地，向南索取江淮之地，然后才能完备。考虑行军路程，一年还不能集合，先到军队聚居一处，暴露野外，士兵劳累，武器损坏，势必不能战斗，这是第一个难处。边境上已经空虚，不能供给军粮，从内地郡国征调，也不能保证连续不断，这是第二个难处。计算一下一个人三百天的粮食，需要十八斛，不用牛是运不了的；牛又要带上自己的草料，再加上二十斛，已经很重了。匈奴多是含沙盐碱地，缺水缺草，按照过去的经验推测，军队派出不满一百天，牛必定会快死光，剩下的粮食还有很多，人又不能背动，这是第三个难处。匈奴秋冬非常寒冷，春夏经常刮风，只能多带大锅木炭来应付，又会很重，不可负担，吃干粮、喝白水，度过四季，军队有发生瘟疫的忧患，所以前代征讨匈奴，不过一百天，不是不想长时间，而是军事力量达不到，这是第四个难处。军队带着物资，一定会减少轻锐士卒的数量，不能快速前行，匈奴就能慢慢逃走，不能追上他们，侥幸遇上了，我们又会被物资拖累，如果碰到险阻之地，队伍只能

咸既受莽孝单于之号，驰出塞归庭，具以见胁状白单于。单于更以为於粟置支侯，匈奴贱官也。后助病死，莽以登代助为顺单于。

厌难将军陈钦、震狄将军王巡屯云中葛邪塞。是时，匈奴数为边寇，杀将率吏士，略人民，驱畜产去甚众。捕得虏生口验问，皆曰孝单于咸子角数为寇。两将以闻。四年，莽会诸蛮夷，斩咸子登于长安市。

初，北边自宣帝以来，数世不见烟火之警，人民炽盛，牛马布野。及莽挠乱匈奴，与之构难，边民死亡系获，又十二部兵久屯而不出，吏士罢弊，数年之间，北边虚空，野有暴骨矣。

乌珠留单于立二十一岁，建国五年死。匈奴用事大臣右骨都侯须卜当，即王昭君女伊墨居次云之婿也。云常欲与中国和亲，又素与咸厚善，见咸前后为莽所拜，故遂越舆而立咸为乌累若鞮单于。

乌累单于咸立，以弟舆为左谷蠡王。乌珠留单于子苏屠胡本为左贤王，以弟屠耆阏氏子卢浑为右贤王。乌珠留单于在时，左贤王数死，以为其号不祥，更易命左贤王曰“护于”。护于之尊最贵，次当为单于，故乌珠留单于授其长子以为护于，欲传以国。咸怨乌珠留单于贬贱己号，不欲传国，及立，贬护于为左屠耆王。云、当遂劝咸和亲。

前后相接，紧跟行进，要是匈奴拦截我们，前后袭击，危险难料，这是第五个难处。大肆征调民力，却不一定能立下功劳，我感到非常担忧。现在朝廷既然派兵，就应当让先到的军队出击，令我和别人率军深入匈奴，快速攻击，使匈奴受到重创。”王莽没有听从严尤的建议，还像原来一样调兵运粮，弄得天下动荡不安。

匈奴的左犁汗王咸接受了王莽孝单于的封号后，驾马出塞回到王庭，将被胁迫的情况详细告知单于。单于改让他做了於粟置支侯，这是匈奴低贱的官职。后来左犁汗王的儿子助病死，王莽就让他的另一个儿子登取代助做顺单于。

厌难将军陈钦、震狄将军王巡驻守云中郡的葛邪塞。当时，匈奴多次侵犯边塞，杀死将领官兵，劫掠百姓，抢走许多牲畜。抓到匈奴俘虏后审问，都说孝单于咸的儿子角多次带兵侵犯。两位将军把情况报告给朝廷。建国四年（12），王莽召集各少数民族首领，在长安市集斩杀了咸的儿子登。

起初，北方边境从宣帝以来，几代没有见过烽火，遇到过战事，人丁兴旺，牛马遍野。等到王莽搅乱了匈奴，与他们结仇，边境上的百姓有的死亡，有的被俘获，再加上王莽派出的十二部兵马长久驻扎在这里，但不出击，将士疲惫不堪，几年之间，北方边境就变得空虚，原野上有尸骨暴露。

乌珠留单于在位二十一年，建国五年（13）死去。匈奴的执政大臣是右骨都侯须卜当，就是王昭君女儿伊墨居次云的丈夫。云经常希望能与中原和亲，一向又与咸交情深厚，她见到咸前后被王莽封为单于，于是越过地位更高的右贤王舆，立咸为乌累若鞮单于。

乌累单于咸继位后，让弟弟舆做了左谷蠡王。乌珠留单于的儿子苏屠胡原本是左贤王，让弟弟—屠耆阏氏卢浑做了右贤王。乌珠留单于在位时，受封为左贤王的人多次死去，他认为这个封号不吉利，于是把左贤王改为“护于”。护于是匈奴最尊贵的官职，按照次序以后可以做单于，所以乌珠留单于把他的长子封为护于，想把国家传给他。咸怨恨乌珠留单于当初贬低自己的封号，不想把国家传给自己，等到他做了单于，就把护于贬为左屠耆王。云和须卜当就劝咸与中原和亲。

天凤元年，云、当遣人之西河虎猛制虏塞下，告塞吏曰欲见和亲侯。和亲侯王歙者，王昭君兄子也。中部都尉以闻。莽遣歙、歙弟骑都尉展德侯飒使匈奴，贺单于初立，赐黄金衣被缯帛，绐言侍子登在，因购求陈良、终带等。单于尽收四人及手杀校尉刀护贼芝音妻子以下二十七人，皆械槛付使者，遣厨唯姑夕王富等四十人送歙、飒。莽作焚如之刑，烧杀陈良等，罢诸将率屯兵，但置游击都尉。单于贪莽赂遗，故外不失汉故事，然内利寇掠。又使还，知子登前死，怨恨，寇虏从左地入，不绝。使者问单于，辄曰："乌桓与匈奴无状黠民共为寇入塞，譬如中国有盗贼耳！咸初立持国，威信尚浅，尽力禁止，不敢有二心。"

天凤二年五月，莽复遣歙与五威将王咸率伏黯、丁业等六人，使送右厨唯姑夕王，因奉归前所斩侍子登及诸贵人从者丧，皆载以常车。至塞下，单于遣云、当子男大且渠奢等至塞迎。咸等至，多遗单于金珍，因谕说改其号，号匈奴曰"恭奴"，单于曰"善于"，赐印绶。封骨都侯当为后安公，当子男奢为后安侯。单于贪莽金币，故曲听之，然寇盗如故。咸、歙又以陈良等购金付云、当，令自差与之。十二月，还入塞，莽大喜，赐歙钱二百万，悉封黯等。

单于咸立五岁，天凤五年死，弟左贤王舆立，为呼都而尸道皋若鞮单于。匈奴谓孝曰"若鞮"。自呼韩邪后，与汉亲密，见汉谥帝为"孝"，慕之，故皆为"若鞮"。

天凤元年(14),云和须卜当派人去西河郡虎猛县的制虏塞下,告诉边塞官吏想会见和亲侯。和亲侯王歙是王昭君哥哥的儿子。中部都尉将此事报告朝廷。王莽就派王歙和他的弟弟骑都尉展德侯王飒出使匈奴,祝贺单于继位,并赏赐黄金、衣被、缯帛,欺骗单于说他入朝侍奉的儿子登还在中原,并要求单于把陈良、终带等人捉拿。单于把四人都抓起来,还有杀死校尉刁护的贼人芝音的妻儿以下共二十七人,全部关在囚车交给使者,又派厨唯姑夕王富等四十人护送王歙、王飒回朝。王莽设焚如之刑,烧杀了陈良等人,撤回驻守边塞的将领士卒,只设置游击都尉。单于贪图王莽送的财物,所以表面上仍然按照汉朝的旧例行事,但暗地侵掠边塞来获利。另外匈奴使者返回匈奴后,单于知道儿子登之前已被王莽杀死,心中怨恨,就派兵从左地侵入,掳掠不断。王莽的使者责问单于,他总是回答说:"乌桓与匈奴的凶恶狡黠之民一起结伙侵入边塞,就像中原有盗贼一样!我刚刚继位,主持国政,威信还不够高,一定会尽力禁止这种事情发生,不敢有二心。"

天凤二年(15)五月,王莽又派王歙与五威将军王咸,带领伏黯、丁业等六人,护送右厨唯姑夕王回匈奴,并将从前斩杀的侍子登,以及跟随他的贵人的灵柩送回匈奴,都用帷幔之车装载。到了塞下,单于派云和须卜当的儿子大且渠奢等人到边塞迎接。王咸等人到达王庭后,送给单于很多金银珠宝,告知并劝说单于改变国号,匈奴改为"恭奴",单于改为"善于",赐给印绶。封骨都侯须卜当为後安公,封须卜当的儿子奢为後安侯。单于贪图王莽的黄金和缯帛,所以勉强听从了,但还像原来一样侵扰劫掠。王咸、王歙又把朝廷悬赏陈良等人的金钱交给云和须卜当,让他们依次分给下级。十二月,王咸等人返回边塞,王莽非常高兴,赏赐王歙二百万钱,伏黯等人都获封官职。

乌累单于咸在位五年,天凤五年(18)死去,他的弟弟左贤王舆继位,称为呼都而尸道皋若鞮单于。匈奴称"孝"为"若鞮"。从呼韩邪单于以后,匈奴与汉朝关系亲密,看见汉朝皇帝的谥号称为"孝",非常仰慕,所以单于都加上"若鞮"。

呼都而尸单于舆既立，贪利赏赐，遣大且渠奢与云女弟当于居次子醯椟王俱奉献至长安。莽遣和亲侯歙与奢等俱至制虏塞下，与云、当会，因以兵迫胁，将至长安。云、当小男从塞下得脱，归匈奴。当至长安，莽拜为须卜单于，欲出大兵以辅立之。兵调度亦不合，而匈奴愈怒，并入北边，北边由是坏败。会当病死，莽以其庶女陆逯任妻后安公奢，所以尊宠之甚厚，终为欲出兵立之者。会汉兵诛莽，云、奢亦死。

更始二年冬，汉遣中郎将归德侯飒、大司马护军陈遵使匈奴，授单于汉旧制玺绶，王侯以下印绶，因送云、当余亲属贵人从者。单于舆骄，谓遵、飒曰："匈奴本与汉为兄弟，匈奴中乱，孝宣皇帝辅立呼韩邪单于，故称臣以尊汉。今汉亦大乱，为王莽所篡，匈奴亦出兵击莽，空其边境，令天下骚动思汉，莽卒以败而汉复兴，亦我力也，当复尊我！"遵与相掌距，单于终持此言。其明年夏，还。会赤眉入长安，更始败。

赞曰：《书》戒"蛮夷猾夏"，《诗》称"戎狄是膺"，《春秋》"有道守在四夷"，久矣夷狄之为患也。故自汉兴，忠言嘉谋之臣曷尝不运筹策相与争于庙堂之上乎？高祖时则刘敬，吕后时樊哙、季布，孝文时贾谊、朝错，孝武时王恢、韩安国、朱买臣、公孙弘、董仲舒，人持所见，各有同异，然总其要，归两科而已。缙绅之儒则守和亲，介胄之士则言征伐，皆偏见一时之利害，而未究匈奴之终始也。自汉兴以至于今，旷世历年，多于春秋，其与匈奴，有修文而和亲之矣，有用武而克伐之矣，有卑下而承事之矣，有威服而臣畜之矣，诎伸异变，强弱相反，是故其详可得而言也。

呼都而尸单于舆继位后，贪图王莽的赏赐，派大且渠奢与云的妹妹当于居次的儿子醯椟王一起到长安进献贡品。王莽派和亲侯王歙与大且渠奢等人一起到制虏塞下，与云、须卜当会面，然后就用武力威胁，将他们带到长安。云和须卜当的小儿子从塞下逃走，回到匈奴。须卜当到长安后，王莽封他为须卜单于，想派出大军辅佐他做匈奴的单于。但是王莽的军队没有调动起来，而匈奴更加愤怒，各部一起入侵北方边塞，北方边塞因此遭到破坏。恰逢须卜当病死，王莽就将庶出的女儿陆逯任嫁给後安公奢为妻，对他非常尊重宠幸，终究还是想派兵拥立他做单于。恰巧此时汉军诛杀了王莽，云和奢也一起被杀死。

更始二年（24）冬季，汉朝派中郎将归德侯刘飒、大司马护军陈遵出使匈奴，授予单于汉朝原来的玺绶，授予王侯以下的人印绶，同时送回跟随云和须卜当来中原的亲属贵人。单于舆非常骄横，对陈遵、刘飒说："匈奴与汉朝本来是兄弟，匈奴发生内乱时，宣帝辅佐呼韩邪单于继位，所以我们向汉朝称臣，表示尊敬。现在汉朝也发生了内乱，被王莽篡位，匈奴也派兵攻打了王莽，让边境空虚，使天下动荡不安，百姓思念汉朝，最终王莽失败而汉朝复兴，这也是依靠我们的力量，汉朝应当重新尊敬我们！"陈遵与单于争执不下，单于始终坚持这种说法。第二年（更始三年，25年）夏季，刘飒、陈遵返回汉朝。恰巧此时赤眉军攻入长安，更始帝刘玄败亡。

赞辞说：《尚书》告诫"少数民族侵扰中原"，《诗经》称赞"讨伐戎狄"，《春秋》中说"有道之君，四方各族都为其守卫疆土"，夷狄祸害中原由来已久。所以从汉朝建立，那些忠言进谏、计谋出众的大臣们在朝廷上何尝没有筹划计策，一起争论怎么对付夷狄？高祖时有刘敬，吕后时有樊哙、季布，文帝时有贾谊、晁错，武帝时有王恢、韩安国、朱买臣、公孙弘、董仲舒，每人都坚持己见，各有异同，然而总结起来，就是两种意见罢了。宽衣博带的儒者坚持与匈奴和亲，披盔戴甲的武将坚持出兵攻打匈奴，都是只顾一时利害的偏见，而没有深究匈奴从始至终的历史。从汉朝建立至今，历经的年代，比《春秋》还多，汉朝与匈奴的关系，既有修明文教进行和亲之时，

昔和亲之论，发于刘敬。是时天下初定，新遭平城之难，故从其言，约结和亲，赂遗单于，冀以救安边境。孝惠、高后时遵而不违，匈奴寇盗不为衰止，而单于反以加骄倨。逮至孝文，与通关市，妻以汉女，增厚其赂，岁以千金，而匈奴数背约束，边境屡被其害。是以文帝中年，赫然发愤，遂躬戎服，亲御鞍马，从六郡良家材力之士，驰射上林，讲习战陈，聚天下精兵，军于广武，顾问冯唐，与论将帅，喟然叹息，思古名臣，此则和亲无益，已然之明效也。

仲舒亲见四世之事，犹复欲守旧文，颇增其约。以为“义动君子，利动贪人，如匈奴者，非可以仁义说也，独可说以厚利，结之于天耳。故与之厚利以没其意，与盟于天以坚其约，质其爱子以累其心，匈奴虽欲展转，奈失重利何，奈欺上天何，奈杀爱子何。夫赋敛行赂不足以当三军之费，城郭之固无以异于贞士之约，而使边城守境之民父兄缓带，稚子咽哺，胡马不窥于长城，而羽檄不行于中国，不亦便于天下乎！”察仲舒之论，考诸行事，乃知其未合于当时，而有阙于后世也。当孝武时，虽征伐克获，而士马物故亦略相当；虽开河南之野，建朔方之郡，亦弃造阳之北九百余里。匈奴人民每来降汉，单于亦辄拘留汉使以相报复，其桀骜尚如斯，安肯以爱子而为质乎？此不合当时之言也。若不置质，空约和亲，是袭孝文既往之悔，而长匈奴无已之诈也。夫边城不选守境武略之臣，修障隧备塞之具，厉长戟劲弩之械，恃吾所以待边寇。而务赋敛于民，远行货赂，割剥百姓，以奉寇雠。信甘言，守空约，而几胡马之

也有使用武力攻打讨伐之时；既有谦卑恭敬侍奉他们之时，也有用武力征服让他们称臣之时，有屈有伸，变化不同，或强或弱，地位相反，所以我们可以详细谈论一下其中的情况。

过去与匈奴和亲的言论，是由刘敬提出的。当时，天下刚刚平定，汉朝又遭遇了平城被匈奴围困的祸难，所以高祖听从了他的建议，与匈奴约定和亲，送给单于财物，希望可以使边境安定。惠帝、高后时一味地听从匈奴，不敢违抗，匈奴对边境的侵扰劫掠却没有减少停止，而单于反而更加傲慢不恭。到文帝时，与匈奴互通关市，将汉朝女子嫁给匈奴人为妻，大汉朝廷增加送给匈奴的财物，每年要花费千金，匈奴却多次违背约定，汉朝边境屡遭侵犯。所以文帝中年以后，发愤图强，亲自穿上军装，骑上战马，带领六郡有勇有才的良家子弟，在上林苑练习骑射，研究战阵，聚集天下的精锐士卒，驻扎在广武城，文帝询问冯唐意见，和他谈论将帅，喟然长叹，思念古代的名臣。这时汉朝与匈奴和亲毫无益处，效果已经非常明显了。

董仲舒亲眼看到了汉初四朝发生的事情，却仍然想遵循过去的制度，增加与匈奴的约定。他认为“仁义可以感动君子，利益可以鼓动贪婪的人，像匈奴人那样，是不能用仁义劝说的，只能用厚利让他们高兴，和他们对天盟誓。所以应该多让他们获得厚利来改变主意，和他们对天盟誓来使双方的约定更加牢固，让单于的爱子来汉朝做人质来让他的心受到牵挂拖累，即使匈奴想要改变主意，攻击汉朝，也无法不考虑会失去厚利，会欺骗上天，会连累爱子被杀，从而慎重决定。给匈奴送礼征收的钱财，比不上出动三军讨伐匈奴的花费，坚固的城郭带来防守匈奴的效用，与派志节坚定之人与匈奴订立和亲的盟约也没有什么不同，这样做却能使守卫边城人民的父兄宽衣解带，孩子安然吃饭，使匈奴的军队不再侵犯长城之内，羽檄不在我国传递，不也是便利天下的事情嘛！”然而考察一下董仲舒的言论，和一些做法，就会知道他说的那些话并不符合当时的情况，对后世来说也有错误的地方。到武帝时，虽然征伐匈奴，取得胜利，有所掳获，然而死去士卒战马的数量与获得的也大致相当；虽然汉朝开拓了黄河以南的原野，修建了朔方郡，但也放弃了造阳以北九百多

不窥，不已过乎！

至孝宣之世，承武帝奋击之威，直匈奴百年之运，因其坏乱几亡之阸，权时施宜，覆以威德，然后单于稽首臣服，遣子入侍，三世称藩，宾于汉庭。是时边城晏闭，牛马布野，三世无犬吠之警，黎庶亡干戈之役。

后六十余载之间，遭王莽篡位，始开边隙，单于由是归怨自绝，莽遂斩其侍子，边境之祸构矣。故呼韩邪始朝于汉，汉议其仪，而萧望之曰："戎狄荒服，言其来服荒忽无常，时至时去，宜待以客礼，让而不臣。如其后嗣遁逃窜伏，使于中国不为叛臣。"及孝元时，议罢守塞之备，侯应以为不可，可谓盛不忘衰，安必思危，远见识微之明矣。至单于咸弃其爱子，昧利不顾，侵掠所获，岁巨万计，而和亲赂遗，不过千金，安在其不弃质而失重利也？仲舒之言，漏于是矣。

夫规事建议，不图万世之固，而媮恃一时之事者，未可以经远也。若乃征伐之功，秦汉行事，严尤论之当矣。故先王度土，中立封畿，分九州，列五服，物土贡，制外内，或修刑政，或昭文德，远

里的土地。匈奴百姓每次来向汉朝投降，单于也总是扣留汉朝使者作为报复，他们凶暴倔强的性格还是如此，又怎么肯将自己的爱子送到汉朝做人质呢？这就是董仲舒言论不符合当时情况的地方。匈奴如果不送人质来作担保，和亲的盟约就是不切实际的空谈，这就犯了文帝以往的错误，而助长了匈奴无休止的欺诈行为。边城不选拔可以守卫边境，有军事谋略的武将，不修建烽火台，作为防守边塞的手段，不磨砺长戟劲弩等武器，让它们变得锐利，使我们有所依靠防备匈奴的入侵。而一味地向百姓征收赋税，跑到远方贿赂匈奴，剥夺百姓的财物，去送给我们的敌人。相信虚假的好话，信守空谈的盟约，却希望匈奴军队不来侵犯，不是太过分了嘛！

到宣帝时，承继武帝奋力攻击匈奴的余威，赶上匈奴百年难逢的厄运，趁机利用他们局势混乱，几乎亡国的灾难，根据当时的形势随机应变，对匈奴恩威并用，然后单于向汉朝叩首臣服，派儿子入朝侍奉，三代人自称藩国，归顺汉朝。当时，边城安宁，牛马遍野，三代没有匈奴侵扰，百姓不受战乱之苦。

后来的六十多年间，汉朝被王莽篡位，开始挑起边境争端，单于因此埋怨中原，自行断绝关系，王莽就杀了单于入朝侍奉的儿子，由此造成边境的祸端。所以呼韩邪单于当初来汉朝朝见的时候，汉朝商议对待他的礼节仪式，萧望之就说：“戎狄在离京师最远的荒服之地，说的就是匈奴人对汉朝的臣服反复多变，时来时去，应当用宾客的礼节来接待，不让他做臣子。如果他的后代背叛逃走，对我国来说也不是叛臣。”到元帝时，朝廷商议撤回驻守边塞的军队，侯应认为不可以，他的见解可谓是兴盛时不忘衰败，安定时考虑危机，看到细微之处就能想得长远。到单于咸抛弃爱子，贪图利益，不顾其他，侵掠所获的财物，一年就数以巨万计，而和亲送来的财物，不过千金，他怎么会不抛弃做人质的儿子而以利益为重呢？董仲舒的言论，从这里就可以看出浅薄之处。

考虑事情，提出建议，不能从谋求万世之固出发，而苟且依赖一时的形势，这样不能算作长远谋划。至于征伐匈奴的成效，秦汉两朝所做的事情，严尤的言论是正确的。所以先王规划国土，在中原

近之势异也。是以《春秋》内诸夏而外夷狄。夷狄之人贪而好利，被发左衽，人面兽心，其与中国殊章服，异习俗，饮食不同，言语不通，辟居北垂寒露之野，逐草随畜，射猎为生，隔以山谷，雍以沙幕，天地所以绝外内也，是故圣王禽兽畜之，不与约誓，不就攻伐；约之则费赂而见欺，攻之则劳师而招寇。其地不可耕而食也，其民不可臣而畜也，是以外而不内，疏而不戚，政教不及其人，正朔不加其国；来则惩而御之，去则备而守之。其慕义而贡献，则接之以礼让，羁靡不绝，使曲在彼，盖圣王制御蛮夷之常道也。

地区设立王城，将天下划分为九州，王城周围的地方划分为五服，向朝廷进献土产，根据五服远近的不同来制定相应的制度，有的地方施行刑法政令，有的地方昭明礼乐教化，是由地理位置远近造成的情势不同决定的。因此《春秋》中说把华夏视为本族，把夷狄视为外族，夷狄之人贪婪好利，披发左衽，人面兽心，他们与中原人服饰、习俗、饮食不同，言语不通，居住在北方边陲的寒冷荒野之地，随着水草放牧牲畜，进行迁徙，以打猎为生，被山谷隔开，被沙漠阻挡，天地自然将他们与中原断绝，所以圣明的君王对待他们像禽兽一样，不与他们立约盟誓，也不攻打讨伐；与他们缔结盟约既会花费钱财，又会受到欺骗，攻打他们就会让军队劳累，而招致他们的侵犯。他们那里的土地不能耕种，获取食物，他们的人民不能做为臣子，进行养育，所以对他们要排斥而不接纳，疏远而不亲近，不对他们的百姓施加政教，不对他们的国家使用历法；他们入侵就杀伤抵御，他们撤走就防备守卫。他们仰慕仁义，上贡进献，那么就按照礼节，谦让接待他们，有限度的加以控制，进行笼络，不主动断绝关系，让他们处在理亏的一方，这大概就是圣明的君王统治蛮夷通常的方法。

卷九十五

西南夷两粤朝鲜传第六十五

南夷君长以十数，夜郎最大。其西，靡莫之属以十数，滇最大。自滇以北，君长以十数，邛都最大。此皆椎结，耕田，有邑聚。其外，西自桐师以东，北至叶榆，名为嶲、昆明，编发，随畜移徙，亡常处，亡君长，地方可数千里。自嶲以东北，君长以十数，徙、莋都最大。自莋以东北，君长以十数，冉駹最大。其俗，或土著，或移徙。在蜀之西。自駹以东北，君长以十数，白马最大，皆氐类也。此皆巴蜀西南外蛮夷也。

始楚威王时，使将军庄蹻将兵循江上，略巴、黔中以西。庄蹻者，楚庄王苗裔也。蹻至滇池，方三百里，旁平地肥饶数千里，以兵威定属楚。欲归报，会秦击夺楚巴、黔中郡，道塞不通，因乃以其众王滇，变服，从其俗，以长之。秦时尝破，略通五尺道，诸此国颇置吏焉。十余岁，秦灭。及汉兴，皆弃此国而关蜀故徼。巴蜀民或窃出商贾，取其莋马、僰僮、旄牛，以此巴蜀殷富。

建元六年，大行王恢击东粤，东粤杀王郢以报。恢因兵威使番阳令唐蒙风晓南粤。南粤食蒙蜀枸酱，蒙问所从来，曰："道西北牂柯江，江广数里，出番禺城下。"蒙归至长安，问蜀贾人，独蜀出枸酱，多持窃出市夜郎。夜郎者，临牂柯江，江广百余步，足以行船。南粤以财物役属夜郎，西至桐师，然亦不能臣使也。蒙乃上书说上

南夷的首领，数以十计，夜郎最大。它的西面，靡莫之类，数以十计，滇最大。从滇往北，首领数以十计，邛都最大。这些国家的人都梳着椎形的发髻，耕种田地，有自己的村落。此外，西面从桐师以东，北到叶榆，名叫巂、昆明，都结发成辫，随着牲畜进行迁徙，没有固定的居住地，也没有首领，地方大约数千里。从巂往东北，首领数以十计，徙和莋都最大。从莋都往东北，首领数以十计，冉駹最大。那里的习俗，有的世居本地，有的迁徙别处。在蜀郡的西面。从冉駹往东北，首领数以十计，白马最大，这里都是氐族。上面这些都是巴郡、蜀郡西南方以外的蛮夷。

起初，楚威王派将军庄蹻率军沿长江而上，攻占了巴郡和黔中郡以西的地区。庄蹻是楚庄王的后代。庄蹻到了滇池，滇池方圆三百里，旁边是数千里肥沃富饶的平地，他仗着楚军威势平定了这里，让它归属于楚国。庄蹻想回楚国报告，遇上了秦国攻打楚国，夺取了巴郡和黔中郡，道路阻塞不通，于是就依靠他的部众在滇称王，改变自己的服饰，遵从当地的习俗，以便统治那里的夷人。秦朝的时候，曾经攻占了这一地区，夺取并开通了五尺道，给这些国家设置了不少官吏。过了十多年，秦朝灭亡了。到汉朝建立，将这些国家全部舍弃而把蜀地原来的边界作为关塞。巴郡、蜀郡的百姓，有的私自出关在这里经商，换取莋都的马、僰族的奴仆还有牦牛，巴郡、蜀郡因此富足起来。

建元六年（前135），大行令王恢攻打东越（粤越相通），东越人杀死东越王郢后告知王恢。王恢凭借军威让番阳令唐蒙将汉朝出兵的意图婉言晓谕南越。南越人用蜀郡的枸酱招待唐蒙，唐蒙询问枸酱是从哪里来的，南越人回答说：“由西北的牂柯江运来，牂柯江宽数里，从番禺城下流出。”唐蒙回到长安，又询问蜀郡的商人，才知道

曰："南粤王黄屋左纛，地东西万余里，名为外臣，实一州主。今以长沙、豫章往，水道多绝，难行。窃闻夜郎所有精兵可得十万，浮船牂柯，出不意，此制粤一奇也。诚以汉之强，巴蜀之饶，通夜郎道，为置吏，甚易。"上许之。乃拜蒙以郎中将，将千人，食重万余人，从巴苻关入，遂见夜郎侯多同。厚赐，谕以威德，约为置吏，使其子为令。夜郎旁小邑皆贪汉缯帛，以为汉道险，终不能有也，乃且听蒙约。还报，乃以为犍为郡。发巴蜀卒治道，自僰道指牂柯江。蜀人司马相如亦言西夷邛、莋可置郡。使相如以郎中将往谕，皆如南夷，为置一都尉，十余县，属蜀。

当是时，巴蜀四郡通西南夷道，载转相饟。数岁，道不通，士罢饿餧，离暑湿，死者甚众。西南夷又数反，发兵兴击，耗费亡功。上患之，使公孙弘往视问焉。还报，言其不便。及弘为御史大夫，时方筑朔方，据河逐胡，弘等因言西南夷为害，可且罢，专力事匈奴。上许之，罢西夷，独置南夷两县一都尉，稍令犍为自保就。

及元狩元年，博望侯张骞言使大夏时，见蜀布、邛竹杖，问所从来，曰"从东南身毒国，可数千里，得蜀贾人市。"或闻邛西

只有蜀郡出产枸酱，很多蜀人偷偷拿出去卖给夜郎。夜郎靠近牂柯江，江宽百余步，可以行船。南越用财物使夜郎归附，并役使它，南越的影响，西达桐师，但也不能统治夜郎。唐蒙于是上书武帝说："南越王乘坐饰以左纛的黄屋车，占据东西一万多里的地方，名义上是属国藩臣，实际上是一州之主。现在从长沙郡、豫章郡出发征讨，水路多数断绝，难以前行。我听说夜郎大约有十万精兵，乘船沿牂柯江而下，出其不意，这是制服南越的一条奇计。如果凭借汉朝的强大，巴蜀的富饶，开通去往夜郎的道路，为其设置官吏，就会非常容易。"武帝同意了唐蒙的建议。武帝就任命唐蒙为郎中将，带领一千士卒，携带粮食等物资的役夫一万多人，从巴苻关进入夜郎，然后拜见了夜郎侯多同。唐蒙给予多同丰厚的赏赐，同时向他宣扬了汉朝的威势和德政，并与多同约定为夜郎设置官吏，让他的儿子担任县令。夜郎旁边的小国都贪图汉朝的丝绸，又认为汉朝去往这里的道路险阻，终究不能将其占有，于是暂且接受了唐蒙订立的盟约。唐蒙回到汉朝，上报此事，朝廷就把夜郎及附近小国所在的地方设为犍为郡。又征调巴蜀的士卒修建道路，从僰道一直修到牂柯江。蜀人司马相如也上书说西夷的邛都、莋都可以设郡。武帝让司马相如以郎中将的身份前往西夷，将朝廷的意图告知他们，都和南夷一样，汉朝给那里设置了一个都尉，十多个县，归蜀郡管辖。

当时，巴、蜀、广汉、汉中四郡修建通往西南夷的道路，所需的粮饷运输困难。经过数年，道路没有修通，士卒因为疲劳饥饿，遭受炎热潮湿，死了很多人。西南夷又多次叛乱，朝廷派兵攻打，耗费钱财却没有功效。武帝深感忧虑，就派公孙弘前去察看了解情况。公孙弘回来上报，说在那里置县设官并没有带来什么好处。到公孙弘担任御史大夫时，朝廷正修建朔方城，倚仗黄河驱逐匈奴，公孙弘等人就进言开通西南夷道路带来的危害，认为可以暂时停止修建，集中精力对付匈奴。武帝同意他们的建议，废除了西夷的郡县和官吏，只在南夷设置两个县、一个都尉，让犍为郡逐渐完善建制。

到元狩元年（前122），博望侯张骞谈起他出使大夏时，看见蜀郡出产的布匹和邛都出产的竹杖，向人家询问这些东西是从哪里来

可二千里有身毒国。骞因盛言大夏在汉西南，慕中国，患匈奴隔其道，诚通蜀，身毒国道便近，又亡害。于是天子乃令王然于、柏始昌、吕越人等十余辈间出西南夷，指求身毒国。至滇，滇王当羌乃留为求道。四岁余，皆闭昆明，莫能通。滇王与汉使言："汉孰与我大？"及夜郎侯亦然。各自以一州王，不知汉广大。使者还，因盛言滇大国，足事亲附。天子注意焉。

及至南粤反，上使驰义侯因犍为发南夷兵。且兰君恐远行，旁国虏其老弱，乃与其众反，杀使者及犍为太守。汉乃发巴蜀罪人当击南粤者八校尉击之。会越已破，汉八校尉不下，中郎将郭昌、卫广引兵还，行诛隔滇道者且兰，斩首数万，遂平南夷为牂柯郡。夜郎侯始倚南粤，南粤已灭，还诛反者，夜郎遂入朝，上以为夜郎王。南粤破后，及汉诛且兰、邛君，并杀莋侯，冉駹皆震恐，请臣置吏。以邛都为粤巂郡，莋都为沈黎郡，冉駹为文山郡，广汉西白马为武都郡。

使王然于以粤破及诛南夷兵威风谕滇王入朝。滇王者，其众数万人，其旁东北劳深、靡莫皆同姓相杖，未肯听。劳、莫数侵犯使者吏卒。元封二年，天子发巴蜀兵击灭劳深、靡莫，以兵临滇。滇王始首善，以故弗诛。滇王离西夷，滇举国降，请置吏入朝，于是以为

的，回答说“从东南方的身毒国来的，身毒国离这里大约数千里，跟当地蜀郡商人买的。”他又听说邛都西面大约两千里的地方有身毒国。张骞就极力宣称大夏就在汉朝的西南方，它仰慕中国，苦于匈奴隔绝与汉朝交往的通道，如果能开通蜀郡的道路，身毒国可就近与汉朝交往，非常方便，对汉朝有利无害。于是武帝让王然于、柏始昌、吕越人等十多人，寻找小路，从西夷（“南”为衍文，《史记》无此字）出发，找寻身毒国。他们到了滇国，被滇王当羌挽留，并派人为他们寻找道路。过了四年多，探路的人都被昆明阻挡，没有一个能通过。滇王向汉朝使者询问说：“汉朝与我国相比谁更大呢？”汉朝使者到了夜郎，夜郎侯也这样询问，他们都自以为是一州之主，不知道汉朝疆域的广大。使者回来后，就极力宣称滇是大国，值得将来亲近依附。武帝就开始关注此事了。

等到南越叛乱，武帝就派驰义侯通过犍为郡征调南夷的军队。且兰的首领担心自己的军队远行出征后，旁边的国家趁机抢走本国年老体弱之人，便和他的部众一起造反，杀死汉朝使者和犍为太守。汉朝就征调本来应当攻打南越的巴郡、蜀郡的犯人和八校尉的部众一起攻击且兰。恰逢南越已被打败，汉朝的八校尉就没有按照计划沿牂柯江而下，中郎将郭昌、卫广率军返回，讨伐了隔绝汉朝通往滇国道路的且兰，斩首数万级，然后平定南夷，将那里设为牂柯郡。夜郎侯当初倚仗南越，南越灭亡后，汉军返回时又诛杀了叛乱之人，夜郎侯就入朝进见，武帝便封他为夜郎王。南越攻破后，到汉朝诛杀了且兰君和邛都君，并杀死了莋都侯，冉駹的首领都十分惊恐，请求称臣并让汉朝设置官吏，因此汉朝把邛都所在地设为越嶲郡，莋都所在地设为沈黎郡，冉駹所在地设为文山郡，广汉郡西面的白马所在地设为武都郡。

武帝派王然于以攻破东越及讨伐南夷的军威婉言劝告滇王入朝。滇王的部众有数万人，东北方有劳深、靡莫，与滇都是同姓，相互倚仗，不肯听从劝告。劳深、靡莫多次侵犯汉朝的使者、官吏、士卒。元封二年（前104），武帝征调巴郡、蜀郡的军队攻打并消灭了劳深、靡莫，兵临滇国。因为滇王当初对汉朝友好，所以汉朝就没有杀

益州郡，赐滇王王印，复长其民。西南夷君长以百数，独夜郎、滇受王印。滇，小邑也，最宠焉。

后二十三岁，孝昭始元元年，益州廉头、姑缯民反，杀长吏。牂柯、谈指、同并等二十四邑，凡三万余人皆反。遣水衡都尉发蜀郡、犍为犇命万余人击牂柯，大破之。后三岁，姑缯、叶榆复反，遣水衡都尉吕辟胡将郡兵击之。辟胡不进，蛮夷遂杀益州太守，乘胜与辟胡战，士战及溺死者四千余人。明年，复遣军正王平与大鸿胪田广明等并进，大破益州，斩首捕虏五万余级，获畜产十余万。上曰："钩町侯亡波率其邑君长人民击反者，斩首捕虏有功，其立亡波为钩町王。大鸿胪广明赐爵关内侯，食邑三百户。"后间岁，武都氐人反，遣执金吾马适建、龙頟侯韩增与大鸿胪广明将兵击之。

至成帝河平中，夜郎王兴与钩町王禹、漏卧侯俞更举兵相攻。牂柯太守请发兵诛兴等，议者以为道远不可击，乃遣太中大夫蜀郡张匡持节和解。兴等不从命，刻木象汉吏，立道旁射之。杜钦说大将军王凤曰："太中大夫匡使和解蛮夷王侯，王侯受诏，已复相攻，轻易汉使，不惮国威，其效可见。恐议者选耎，复守和解，太守察动静，有变乃以闻。如此，则复旷一时，王侯得收猎其众，申固其谋，党助众多，各不胜忿，必相殄灭。自知罪成，狂犯守尉，远臧温暑毒草之地，虽有孙吴将，贲育士，若入水火，往必焦没，知勇亡所施。屯田守之，费不可胜量。宜因其罪恶未成，未疑汉家加诛，阴敕旁郡守尉练士马，大司农豫调谷积要害处，选任职太守往，以秋凉时入，诛其王侯尤不轨者。即以为不毛之地，亡用之民，圣王不以劳中国，宜罢郡，放弃其民，绝其王侯勿复通。如以先帝所立累世之功

他。滇王脱离西夷，举国投降汉朝，请求汉朝设置官吏，并入朝进见，汉朝就将那里设为益州郡，赐给滇王王印，仍让他统治自己的人民。西南夷的首领数以百计，只有夜郎和滇的首领被赐予王印。滇是个小国，最受汉朝宠爱。

二十三年后，就是昭帝始元元年（前86），益州郡的廉头、姑缯民众造反，杀了长吏。牂柯、谈指、同并等二十四国，共三万多人都开始造反。汉朝派水衡都尉征调蜀郡、犍为郡的犇命士卒一万多人攻打牂柯，大获全胜。三年后，姑缯、叶榆再次叛乱，汉朝派水衡都尉吕辟胡带领郡兵攻打它们。吕辟胡的军队还没到那里，蛮夷就杀了益州太守，乘胜与吕辟胡的军队交战，汉朝士兵战死和溺死的有四千多人。第二年（始元二年，前85年），汉朝又派军正王平与大鸿胪田广明等人一同攻打，大胜益州的叛乱者，斩首俘虏五万多人，缴获牲畜十多万头。武帝说："钩町侯亡波带领管辖的小国首领和人民攻打叛乱者，斩首俘虏敌人有功，现在立亡波为钩町王。赏赐大鸿胪田广明关内侯爵位，食邑三百户。"一年后，武都郡氐族人造反，汉朝派执金吾马适建、龙頟侯韩增与大鸿胪田广明一起带兵攻打叛乱者。

到成帝河平年间，夜郎王兴与钩町王禹、漏卧侯俞又举兵互相攻打。牂柯太守请求朝廷派兵诛讨夜郎王兴等人，大臣们商讨后认为路途遥远不便出击，于是朝廷派太中大夫蜀郡人张匡拿着符节和解蛮夷王侯间的矛盾。夜郎王兴等人不听从命令，雕刻汉朝官吏的木人，立在路边向它射箭。杜钦劝说大将军王凤："太中大夫张匡出使和解蛮夷王侯的矛盾，王侯接受了诏令，却又互相攻打，轻视汉朝使者，不畏惧汉朝声威，和解的效果由此可见。我担心提议出兵的人软弱，重新坚持和解，而太守观察蛮夷的动静，发生了变故才报告朝廷。如此一来，就会再耽误几个月，朝廷不能及早派兵，蛮夷王侯就能趁机收拢自己的部众，坚持自己的计谋，他们党羽众多，又都十分愤怒，一定会互相消灭对方。他们知道自己犯下罪过，就会生出狂悖之心杀死太守和都尉，然后远逃到炎热潮湿、毒草丛生之地藏起来，即使有像孙武、吴起一样的将领，孟贲、夏育一样的勇士，也如同进入水火之中，一旦前往必定会被烧焦淹没，智谋和勇气都不能施

不可堕坏，亦宜因其萌牙，早断绝之，及已成形然后战师，则万姓被害。”

大将军凤于是荐金城司马陈立为牂柯太守。立者，临邛人，前为连然长，不韦令，蛮夷畏之。及至牂柯，谕告夜郎王兴，兴不从命，立请诛之。未报，乃从吏数十人出行县，至兴国且同亭，召兴。兴将数千人往至亭，从邑君数十人入见立。立数责，因断头。邑君曰：“将军诛亡状，为民除害，愿出晓士众。”以兴头示之，皆释兵降。钩町王禹、漏卧侯俞震恐，入粟千斛，牛羊劳吏士。立还归郡，兴妻父翁指与兴子邪务收余兵，迫胁旁二十二邑反。至冬，立奏募诸夷与都尉长史分将攻翁指等。翁指据阸为垒，立使奇兵绝其饟道，纵反间以诱其众。都尉万年曰：“兵久不决，费不可共。”引兵独进，败走，趋立营。立怒，叱戏下令格之。都尉复还战，立引兵救之。时天大旱，立攻绝其水道。蛮夷共斩翁指，持首出降。立已平定西夷，征诣京师。会巴郡有盗贼，复以立为巴郡太守，秩中二千石居，赐爵左庶长。徙为天水太守，劝民农桑为天下最，赐金四十斤。入为左曹卫将军、护军都尉，卒官。

展。屯田防守他们，花费不可估量。应当乘他们还没犯下罪过，不怀疑汉朝要进行诛讨的时候，密令旁边的郡守、都尉挑选士兵、战马，大司农事先调拨粮食运往关键之地，选拔称职的太守前往，在秋凉之时进入那里，诛杀最不守法的王侯。如果认为圣明的君王不以不毛之地、无用之民来耗损中国，就应当废除当地的郡县，放弃那里的人民，断绝与王侯的关系，不再和他们来往。如果因为先帝创立的累世之功不能破坏，也应当乘祸患还在萌芽时，就早日断绝，等到祸患已经形成，然后才派兵攻战，就会有万民受害。”

大将军王凤推荐金城司马陈立担任牂柯太守。陈立，临邛人，过去曾任连然县长、不韦县令，蛮夷十分畏惧他。等陈立到牂柯郡后，将朝廷的意思告知夜郎王兴，兴不听从命令，陈立请求朝廷诛杀他。还没收到回报，陈立就带着数十个官吏去往县里，到了夜郎国的且同亭，召见兴，兴率领数千人前往，到了且同亭，邑君数十人随同兴进去见陈立。陈立责备他们，并趁机斩断了兴的头，将其杀死。见此情形，邑君们说："将军诛杀了无礼之人，为民除害，希望将夜郎王兴的头拿出去示众。"陈立派人将兴的头示众，夜郎王的部众都放下武器投降。钩町王禹、漏卧侯俞十分惊恐，交纳了一千斛粟和若干牛羊慰劳汉朝的官兵。陈立回到牂柯郡，夜郎王兴的岳丈翁指和儿子邪务就收拢残余士兵，胁迫旁边的二十二邑造反。到冬季，陈立上奏朝廷招募众夷，与都尉、长史分别领军攻打翁指等人。翁指占据险要的地势作为堡垒，陈立派奇兵断绝翁指运输粮饷的道路，又用反间计引诱翁指的部众。都尉万年说："军队长期不去战斗，物资已经供给不上了。"万年独自带兵进攻，失败逃走，到了陈立的军营。陈立十分愤怒，在主将大旗下斥责万年，命令他抵抗敌人。都尉万年返回再战，陈立带兵援救他。当时发生大旱，陈立进攻并断绝了翁指的水道。蛮夷一起杀了翁指，拿着他的头出来投降。陈立平定西夷后，成帝召他前往京都。恰逢巴郡有盗贼，成帝又任命陈立为巴郡太守，俸禄为中二千石，赏赐他左庶长爵位。后来又调任天水太守，陈立鼓励百姓务农，成绩最为突出，朝廷赏赐他黄金四十斤。后来陈立入朝担任左曹卫将军、护军都尉，最后死在任上。

王莽篡位，改汉制，贬钩町王以为侯。王邯怨恨，牂柯大尹周钦诈杀邯。邯弟承攻杀钦，州郡击之，不能服。三边蛮夷愁扰尽反，复杀益州大尹程隆。莽遣平蛮将军冯茂发巴、蜀、犍为吏士，赋敛取足于民，以击益州。出入三年，疾疫死者什七，巴、蜀骚动。莽征茂还，诛之。更遣宁始将军廉丹与庸部牧史熊大发天水、陇西骑士，广汉、巴、蜀、犍为吏民十万人，转输者合二十万人，击之。始至，颇斩首数千，其后军粮前后不相及，士卒饥疫，三岁余死者数万。而粤巂蛮夷任贵亦杀太守枚根，自立为邛谷王。会莽败汉兴，诛贵，复旧号云。

南粤王赵佗，真定人也。秦并天下，略定扬粤，置桂林、南海、象郡，以適徙民与粤杂处。十三岁，至二世时，南海尉任嚣病且死，召龙川令赵佗语曰："闻陈胜等作乱，豪桀叛秦相立，南海辟远，恐盗兵侵此。吾欲兴兵绝新道，自备待诸侯变，会疾甚。且番禺负山险阻，南北东西数千里，颇有中国人相辅，此亦一州之主，可为国。郡中长吏亡足与谋者，故召公告之。"即被佗书，行南海尉事。嚣死，佗即移檄告横浦、阳山、湟谿关曰："盗兵且至，急绝道聚兵自守。"因稍以法诛秦所置吏，以其党为守假。秦已灭，佗即击并桂林、象郡，自立为南粤武王。

高帝已定天下，为中国劳苦，故释佗不诛。十一年，遣陆贾立佗为南粤王，与剖符通使，使和辑百粤，毋为南边害，与长沙接境。

王莽篡位后，改变汉朝的制度，将钩町王贬为钩町侯。钩町王邯心中怨恨，牂柯太守周钦用欺诈的手段杀死邯。邯的弟弟承就攻打并杀死周钦，州郡出兵攻打钩町，不能将其制服。三边的蛮夷苦于骚扰，都起兵造反，又杀死益州太守程隆。王莽派平蛮将军冯茂征调巴郡、蜀郡、犍为郡的官吏士卒，从百姓那里征收了充足的赋税，以便攻打益州。冯茂率军出征三年，因瘟疫而死的人占了十分之七，巴郡、蜀郡因此动荡不安。王莽就将冯茂召回，并杀了他。改派宁始将军廉丹与益州牧史熊，大规模征调天水郡、陇西郡的骑兵和广汉郡、巴郡、蜀郡、犍为郡的官吏百姓十万人，加上运输物资的人总共二十万，攻打叛乱者。刚到时，斩首了数千人，此后军粮运输跟不上，后方顾及不到前线，士卒因为饥饿无粮，感染瘟疫，三年多就死了数万人。而越嶲郡蛮夷任贵也杀了太守枚根，自立为邛谷王。恰逢王莽失败，汉朝光武中兴，就杀了任贵，恢复过去的封号。

南越王赵佗，真定县人。秦朝统一天下后，又平定了扬越，设置了桂林郡、南海郡和象郡，将被罚戍边百姓迁徙到那里，与越人混杂而居。过了十三年，到秦二世时，南海尉任嚣得病将死，召来龙川县令赵佗，对他说："我听说陈胜等人起兵作乱，豪杰纷纷叛秦，争相自立为王，南海郡地处偏远，恐怕叛军会攻打这里。我想派兵断绝新道，自行防备，并观察诸侯的动静，恰巧病重。而番禺背靠高山，地势艰险，方圆数千里，又有不少中原人辅佐，也可以成为一州之主，能够建国。郡中长吏中没有能与我谋划此事的人，所以把您召来，告知我的想法。"任嚣随即将相关文书交给赵佗，让他代行南海尉之职。任嚣死后，赵佗马上发布檄文，告知横浦关、阳山关、湟谿关的官吏说："叛军就要攻来了，马上断绝道路，聚兵自守。"然后赵佗慢慢用法令诛杀了秦朝设置的官吏，又用自己的亲信代理郡县的官职。秦朝灭亡后，赵佗就攻打吞并了桂林郡、象郡，自立为南越武王。

高祖平定天下后，因为中原连年战乱，百姓劳累辛苦，所以放过了赵佗，不对他进行诛讨。高祖十一年（前196），汉朝派陆贾追封赵佗为南越王，与他剖分信符，互派使者，让他和睦团结百越，不要为

高后时，有司请禁粤关市铁器。佗曰："高皇帝立我，通使物，今高后听谗臣，别异蛮夷，鬲绝器物，此必长沙王计，欲倚中国，击灭南海并王之，自为功也。"于是佗乃自尊号为南武帝，发兵攻长沙边，败数县焉。高后遣将军隆虑侯灶击之，会暑湿，士卒大疫，兵不能隃领。岁余高后崩，即罢兵。佗因此以兵威财物赂遗闽粤、西瓯骆，役属焉。东西万余里。乃乘黄屋左纛，称制，与中国侔。

文帝元年，初镇抚天下，使告诸侯四夷从代来即位意，谕盛德焉。乃为佗亲冢在真定置守邑，岁时奉祀。召其从昆弟，尊官厚赐宠之。诏丞相平举可使粤者，平言陆贾先帝时使粤。上召贾为太中大夫，谒者一人为副使，赐佗书曰："皇帝谨问南粤王，甚苦心劳意。朕，高皇帝侧室之子，弃外奉北藩于代，道里辽远，壅蔽朴愚，未尝致书。高皇帝弃群臣，孝惠皇帝即世，高后自临事，不幸有疾，日进不衰，以故悖暴乎治。诸吕为变故乱法，不能独制，乃取它姓子为孝惠皇帝嗣。赖宗庙之灵，功臣之力，诛之已毕。朕以王侯吏不释之故，不得不立，今即位。乃者闻王遗将军隆虑侯书，求亲昆弟，请罢长沙两将军。朕以王书罢将军博阳侯，亲昆弟在真定者，已遣人存问，修治先人冢。前日闻王发兵于边，为寇灾不止。当其时长沙苦之，南郡尤甚，虽王之国，庸独利乎！必多杀士卒，伤良将吏，寡人之妻，孤人之子，独人父母，得一亡十，朕不忍为也。朕欲定地犬牙相入者，以问吏，吏曰'高皇帝所以介长沙土也'，朕不得擅变焉。吏曰：'得王之地不足以为大，得王之财不足以为富，服领以南，王自治之。'虽然，王之号为帝。两帝并立，亡一乘之使以通其道，是争也；争而不让，仁者不为也。愿与王分弃前患，终今

害南方边境，南越与汉朝长沙国交界。

高后时，主管官吏奏请禁止南越国在关市购买铁器。赵佗说："高皇帝立我为南越王，双方互派使者、交换物品，现在高后听信谗臣的话，将蛮夷视为异类，断绝器物的流通，这一定是长沙王的计策，他想倚仗汉朝的威势，消灭南越国然后一并统治，为自己谋求功名利禄。"于是赵佗自加尊号为南越武帝，派兵攻打长沙国的周边地区，打败了数个县。高后派将军隆虑侯周灶进行反击，恰逢天气炎热潮湿，士卒中瘟疫流行，军队不能翻过山岭。过了一年多，高后驾崩，汉朝就将军队撤回。赵佗因此用武力威胁，用财物贿赂闽越、西瓯骆，从而役使它们，让其归属南越。如此一来南越国东西达一万多里。赵佗就乘坐饰以左纛的黄屋车，即位称帝，与汉朝看齐。

文帝元年（前179），天子开始安抚天下，派出使者告知诸侯和四夷首领自己从代国来即位的意图，让大家知道自己的恩德。文帝便为在真定的赵佗双亲的坟墓设置守卫的居处，每年按时供奉祭祀。召见赵佗的堂兄弟，用高官厚禄笼络他们。又诏令丞相陈平举荐可以出使南越的人，陈平说陆贾在高祖时曾经出使过南越。文帝召见陆贾，任命他为太中大夫，又任命一位谒者为副使，让他们出使南越文帝给赵佗的信上说："皇帝以最诚挚的心意恭敬地问候南越王。我是高皇帝的庶子，被弃置朝外，治理北方的代国，因为路途遥远，被隔绝蒙蔽，以及自己的质朴愚拙，所以不曾与南越来往通信。高皇帝去世，抛下群臣，孝惠皇帝即位，高后亲自治理政事，不幸患病，日益严重，因此政治残暴，不合常理。吕氏作乱，故意违法，他们不能独掌政权，就把别人的孩子作为孝惠皇帝的继承人。仰赖宗庙神灵的庇佑和功臣们的力量，现在吕氏一族已被诛灭。我一再辞让帝位，但王侯官吏不允许，不得即位皇帝，现在已经即位。前次我听说您给将军隆虑侯周灶写信，请求帮忙寻找您在真定的兄弟，并撤回长沙国的两位将军。我已经按照您信中所提的要求，撤回将军博阳侯陈濞，您在真定的兄弟，我已派人慰问，并修整了您先人的坟墓。前一阵子我听说您派兵攻打，不断为害边境。当时长沙国深受其苦，南郡受害更为严重，纵然如此您的南越国，难道就能独自获利！一定要杀死很多

以来，通使如故。故使贾驰谕告王朕意，王亦受之，毋为寇灾矣。上褚五十衣，中褚三十衣，下褚二十衣，遗王。愿王听乐娱忧，存问邻国。”

陆贾至，南粤王恐，乃顿首谢，愿奉明诏，长为藩臣，奉贡职。于是下令国中曰：“吾闻两雄不俱立，两贤不并世。汉皇帝贤天子。自今以来，去帝制黄屋左纛。”因为书称：“蛮夷大长老夫臣佗昧死再拜上书皇帝陛下：老夫故粤吏也，高皇帝幸赐臣佗玺，以为南粤王，使为外臣，时内贡职。孝惠皇帝即位，义不忍绝，所以赐老夫者厚甚。高后自临用事，近细士，信谗臣，别异蛮夷，出令曰：‘毋予蛮夷外粤金铁田器；马牛羊即予，予牡，毋与牝。’老夫处辟，马牛羊齿已长，自以祭祀不修，有死罪，使内史藩、中尉高、御史平凡三辈上书谢过，皆不反。又风闻老夫父母坟墓已坏削，兄弟宗族已诛论。吏相与议曰：‘今内不得振于汉，外亡以自高异。’故更号为帝，自帝其国，非敢有害于天下也。高皇后闻之大怒，削去南粤之籍，使使不通。老夫窃疑长沙王谗臣，故敢发兵以伐其边。且南方卑湿，蛮夷中西有西瓯，其众半羸，南面称王；东有闽粤，其众数千人，亦称王；西北有长沙，其半蛮夷，亦称王。老夫故敢妄窃帝号，聊以自娱。老夫身定百邑之地，东西南北数千万里，带甲百万有余，然北面而臣事汉，何也？不敢背先人之故。老夫处粤四十九年，于

士卒，伤害优秀的将领和官吏，让妻子失去丈夫，儿子失去父亲，父母失去儿子，为了得到一分就失去十分，我不忍心这样做。我想把两国边境犬牙交错的地方划归南越，询问主管官吏意见，官吏说‘这是高皇帝用来分界长沙国土的’，因此我不能擅自改变。官吏说‘得到南越王的土地不足以让汉朝疆域广大，得到南越王的财物不足以让汉朝更加富裕，服领以南，由南越王统治。’虽然这样，您自号为帝。两帝并立，您竟然没有派出一辆使者的车前来，这是在相争；相争而不谦让，这不是仁德之人所做的事情。我希望与您共弃前嫌，从今以后，还像原来一样互派使者。所以我派陆贾疾驰而去告知您我的想法，希望您接受，不要再为害边境。现在将上等绵衣五十件，中等绵衣三十件，下等绵衣二十件，赠送给您。希望您能听听音乐，排遣忧愁，并慰问闽越和西瓯骆等邻国。”

陆贾到了南越，南越王非常惊恐，便叩头谢罪，愿意遵奉汉朝天子的诏命，长久做汉朝的藩臣，履行贡纳的职责。于是赵佗下令国内说：“我听说两雄不俱立，两贤不并世。汉朝皇帝是贤明的天子。从今以后，南越国废除帝制和黄屋左纛。”又写信给文帝说：“蛮夷大长、老夫臣佗昧死再拜上书皇帝陛下：我过去是南越的官吏，有幸被高皇帝赐予印玺，立我为南越王，使我作为外臣，按时贡纳尽职。孝惠皇帝即位后，恩义不忍断绝，所以给我非常丰厚的赏赐。高后亲自执政后，亲近小人，听信谗臣，将蛮夷视为异类，发布诏令说：‘不给蛮夷南越国铁器和农具；如果给马、牛、羊，只能给公的，不能给母的。’我住在偏远之地，马、牛、羊已经老了，自知不进行祭祀，会有死罪，所以派内史藩、中尉高和御史平总共三次上书谢罪，都没有回复。又传闻说我父母的坟墓已被破坏，兄弟宗族已被定罪诛杀。官吏们互相议论说：‘现在您在内不能得到汉朝的救济。在外也无法表明自己高人一等。’所以我改号为帝，只在南越国内称帝，不敢有害于天下。高皇后听说此事后，勃然大怒，削除南越的藩臣名籍，断绝了使者的互相来往。我怀疑是长沙王进了谗言，诬陷于我，所以才派兵攻打长沙国的边境。况且南方地势低下潮湿，蛮夷中西边有西瓯，那里的人半裸身体，自称为王；东边有闽越，那里只有数千人，也称王；西北

今抱孙焉。然夙兴夜寐，寝不安席，食不甘味，目不视靡曼之色，耳不听钟鼓之音者，以不得事汉也。今陛下幸哀怜，复故号，通使汉如故，老夫死骨不腐，改号不敢为帝矣！谨北面因使者献白璧一双，翠鸟千，犀角十，紫贝五百，桂蠹一器，生翠四十双，孔雀二双。昧死再拜，以闻皇帝陛下。”

陆贾还报，文帝大说。遂至孝景时，称臣遣使入朝请。然其居国，窃如故号；其使天子，称王朝命如诸侯。

至武帝建元四年，佗孙胡为南粤王。立三年，闽粤王郢兴兵南击边邑。粤使人上书曰：“两粤俱为藩臣，毋擅兴兵相攻击。今东粤擅兴兵侵臣，臣不敢兴兵，唯天子诏之。”于是天子多南粤义，守职约，为兴师，遣两将军往讨闽粤。兵未隃领，闽粤王弟馀善杀郢以降，于是罢兵。

天子使严助往谕意，南粤王胡顿首曰：“天子乃兴兵诛闽粤，死亡以报德！”遣太子婴齐入宿卫。谓助曰：“国新被寇，使者行矣。胡方日夜装入见天子。”助去后，其大臣谏胡曰：“汉兴兵诛郢，亦行以惊动南粤。且先王言事天子期毋失礼，要之不可以怵好语入见。入见则不得复归，亡国之势也。”于是胡称病，竟不入见。后十余岁，胡实病甚，太子婴齐请归。胡薨，谥曰文王。

婴齐嗣立，即臧其先武帝、文帝玺。婴齐在长安时，取邯郸摎

边有长沙国，国中一半人是蛮夷，也称王。所以我才妄自称帝，聊以自娱。我亲自平定了百邑之地，方圆有数千万里，披甲之士百万有余，却对汉朝称臣侍奉，是为什么呢？因为我不敢违背先人。我在南越有四十九年，现在已经抱上孙子了。但我夙兴夜寐，寝不安席，食不甘味，目不视华丽之色，耳不听钟鼓之音，都是不能侍奉汉朝造成的。现在幸蒙陛下可怜我，恢复过去的王号，和原来一样与汉朝互派使者，我死也瞑目了，从今以后改号再也不敢称帝了！现在我按照臣礼恭敬地通过使者献上白璧一对，翠鸟千只，犀角十个，紫贝五百枚，桂蠹一瓶，翡翠四十对，孔雀两对。冒死再拜，向皇帝陛下表明我的心意。”

陆贾回来报告，文帝十分高兴。直到景帝时，赵佗称臣，派使者按时入朝进见。但南越王在国内还像原来一样僭用皇帝尊号，只是在使者朝见天子时称王，像诸侯王一样接受朝廷的命令。

到武帝建元四年（前137），赵佗的孙子赵胡立为南越王。他继位三年后，闽越王郢派兵攻打南越边境的城邑。南越王派人上书说：“两越都是汉朝的藩臣，不能擅自派兵互相攻击。现在东越擅自派兵攻打南越，我不敢出兵反击，只能请天子下诏明示。”于是武帝称赞南越忠义，恪守臣子的本分，不擅自兴师动众，派两名将军前往征讨闽越。汉朝军队还没翻过山岭，闽越王的弟弟馀善就杀死郢，向汉朝投降，汉朝因此撤回军队。

武帝派严助前往南越告知朝廷的旨意，南越王赵胡叩头说：“天子竟然为我派兵诛讨闽越，我就算死也不能报答天子的恩德！”赵胡派太子赵婴齐入朝值宿守卫。赵胡对严助说：“南越国刚遭到侵犯，使者请先行一步。我正日夜整顿行装，准备入朝进见天子。”严助走后，南越国的大臣劝谏赵胡说：“汉朝派兵诛杀闽越王，也是借此来震慑南越。况且先王说过侍奉天子只求不失礼节，总之不能被使者的好话迷惑而入朝进见。入朝进见后，就不能再回来了，这是亡国的形势啊。”于是赵胡借口有病，最终没有入朝进见。十多年后，赵胡确实患了重病，太子赵婴齐请求回国。赵胡死后，谥号是文王。

赵婴齐继位为南越王，就藏起先人僭称武帝、文帝的印玺。赵

氏女，生子兴。及即位，上书请立摎氏女为后，兴为嗣。汉数使使者风谕，婴齐犹尚乐擅杀生自恣，惧入见，要以用汉法，比内诸侯，固称病，遂不入见。遣子次公入宿卫。婴齐薨，谥为明王。

太子兴嗣立，其母为太后。太后自未为婴齐妻时，曾与霸陵人安国少季通。及婴齐薨后，元鼎四年，汉使安国少季谕王、王太后入朝，令辩士谏大夫终军等宣其辞，勇士魏臣等辅其决，卫尉路博德将兵屯桂阳，待使者。王年少，太后中国人，安国少季往，复与私通，国人颇知之，多不附太后。太后恐乱起，亦欲倚汉威，劝王及幸臣求内属。即因使者上书，请比内诸侯，三岁壹朝，除边关。于是天子许之，赐其丞相吕嘉银印，及内史、中尉、太傅印，余得自置。除其故黥劓刑，用汉法。诸使者皆留填抚之。王、王太后饬治行装重资，为入朝具。

相吕嘉年长矣，相三王，宗族官贵为长吏七十余人，男尽尚王女，女尽嫁王子弟宗室，及苍梧秦王有连。其居国中甚重，粤人信之，多为耳目者，得众心愈于王。王之上书，数谏止王，王不听。有畔心，数称病不见汉使者。使者注意嘉，势未能诛。王、王太后亦恐嘉等先事发，欲介使者权，谋诛嘉等。置酒请使者，大臣皆侍坐饮。嘉弟为将，将卒居宫外。酒行，太后谓嘉："南粤内属，国之利，而相君苦不便者，何也？"以激怒使者。使者狐疑相杖，遂不敢发。嘉见耳目非是，即趋出。太后怒，欲鏦嘉以矛，王止太后。嘉遂出，介弟兵就舍，称病，不肯见王及使者。乃阴谋作乱。王素亡意诛嘉，嘉知之，以故数月不发。太后独欲诛嘉等，力又不能。

婴齐在长安时，娶邯郸摎氏女子为妻，生有儿子赵兴。等到他即位后，就上书汉朝，请求立摎氏女子为王后，赵兴为太子。汉朝多次派使者婉言劝说赵婴齐入朝进见，但他仍然喜欢擅自诛杀，放纵自己，不受约束，害怕入朝进见后，像内地的诸侯一样，受到汉朝法律的约束，因此坚称自己有病，一直不肯入朝进见。只是派儿子赵次公入朝值宿守卫。赵婴齐去世后，谥号是明王。

太子赵兴继位为南越王，他的母亲摎氏为太后。摎太后未成为赵婴齐的妻子时，曾经与霸陵人安国少季私通。等到赵婴齐死后，元鼎四年（前113），汉朝派安国少季劝说南越王和王太后入朝，又派辩士、谏大夫终军等人传达诏命，勇士魏臣等人辅助决策，卫尉路博德带兵驻扎桂阳县，等待使者。南越王赵兴年少，摎太后是中原人，安国少季前往南越后，又与太后私通，南越国很多人知道这件事，都不依附太后。太后担心发生动乱，也想倚仗汉朝的威势，就劝说南越王和宠幸的大臣请求归附汉朝。于是赵兴通过使者上书，请求和内地诸侯一样，三年入朝进见一次天子，废除边关。武帝答应了他们的要求，并赏赐南越丞相吕嘉银印，以及内史、中尉、太傅印，其余官职可以自行设置，汉朝不赐给印绶。废除南越国原来的黥、劓之刑，改用汉朝的法令。汉朝使者留下来镇守安抚南越。南越王和王太后收拾行装和贵重礼物，为入朝做准备。

南越丞相吕嘉年纪很大了，他先后担任三代国王的丞相，宗族当中官位贵为长吏的有七十多人，吕家男子都娶王室之女为妻，吕家女子都嫁给王室子弟，又与苍梧秦王联姻。吕嘉在南越国中威望很重，南越人都很信任他，大多是他的耳目，比南越王更得民心。南越王上书汉朝，吕嘉多次劝阻，但王不听从。吕嘉因此生出叛逆之心，多次借口有病不见汉朝使者。使者注意到吕嘉的动向，但当时形势不能杀他。南越王和王太后也害怕吕嘉等人先发难，想倚仗汉朝使者的权力，谋杀吕嘉等人。就摆下酒宴邀请汉朝使者，南越大臣都陪坐宴饮。吕嘉的弟弟担任将军，带领士卒在宫外守候。依次斟酒之后，太后对吕嘉说："南越归附汉朝，对国家有利，而丞相却觉得不利，是为什么呢？"想以此激怒汉朝使者。使者犹豫不决，互不相让，

天子闻之，罪使者怯亡决。又以为王、王太后已附汉，独吕嘉为乱，不足以兴兵，欲使庄参以二千人往。参曰："以好往，数人足；以武往，二千人亡足以为也。"辞不可，天子罢参兵。郏壮士故济北相韩千秋奋曰："以区区粤，又有王应，独相嘉为害，愿得勇士三百人，必斩嘉以报。"于是天子遣千秋与王太后弟摎乐将二千人往。入粤境，吕嘉乃遂反，下令国中曰："王年少。太后中国人，又与使者乱，专欲内属，尽持先王宝入献天子以自媚，多从人，行至长安，虏卖以为僮。取自脱一时利，亡顾赵氏社稷为万世虑之意。"乃与其弟将卒攻杀太后、王，尽杀汉使者。遣人告苍梧秦王及其诸郡县，立明王长男粤妻子术阳侯建德为王。而韩千秋兵之入也，破数小邑。其后粤直开道给食，未至番禺四十里，粤以兵击千秋等，灭之。使人函封汉使节置塞上，好为谩辞谢罪，发兵守要害处。于是天子曰："韩千秋虽亡成功，亦军锋之冠。封其子延年为成安侯。摎乐，其姊为王太后，首愿属汉，封其子广德为龒侯。"乃赦天下，曰："天子微弱，诸侯力政，讥臣不讨贼。吕嘉、建德等反，自立晏如，令粤人及江淮以南楼船十万师往讨之。"

最终没敢动手。吕嘉发现酒宴上没有自己的耳目，马上起身出去。太后大怒，想用矛刺杀吕嘉，被南越王阻止。于是吕嘉得以出来，在他弟弟军队的护送下回到自己府中，借口有病，不肯见南越王及汉朝使者。然后阴谋作乱。南越王一向无意杀掉吕嘉，吕嘉也知道此事，所以过了数月也不发难。唯独太后想诛杀吕嘉等人，又无能为力。

武帝听说此事后，怪罪使者怯懦不果断。又认为南越王和王太后已经归附汉朝，只有吕嘉作乱，不足以派兵，打算派庄参带领两千人前往。庄参说："如果为了友好而去，几个人就够了；如果为了战斗而去，两千人是不够成事的。"认为不可而进行推辞，武帝就不再让庄参带兵前往。郏县壮士、原济北国相韩千秋激动地说道："区区南越，又有南越王作为内应，只有吕嘉作乱，我愿带领三百名勇士，一定斩杀吕嘉来回报。"武帝就派韩千秋和王太后的弟弟摎乐带领两千人前往南越。汉军进入南越境内后，吕嘉终于造反，对国内下令说："国王年少。太后是中原人，又与汉朝使者私通，一心想要归附汉朝，将先王所有珍贵的宝物都入朝进献给天子来逢迎巴结，还带了很多随从，到长安后，把他们全都卖为奴仆。太后为了求得自己脱身的一时之利，却不顾赵氏社稷，不为子孙万代考虑。"吕嘉便和他的弟弟率军杀死太后和南越王，又杀光汉朝使者。然后派人告知苍梧秦王及各个郡县，立明王赵婴齐长男、南越妻子生的儿子术阳侯赵建德为王。韩千秋的军队进入南越境内后，攻下了数座小城。此后南越直接让开道路不加阻拦，并供给他们饮食，当他们到达离番禺四十里的地方时，南越就派兵攻打韩千秋的军队，将他们消灭了。吕嘉派人将汉朝使者的符节用匣子装好封上，放到边塞上，又装作友好地说了一些欺骗的话来谢罪，同时派兵守卫要害之地。于是武帝说："韩千秋虽然没有成功，也是先锋之冠。封他的儿子韩延年为成安侯。摎乐，他的姐姐是南越王太后，最先愿意归附汉朝，封他的儿子广德为龒侯。"然后赦免天下的罪人，武帝下诏说："天子势力微弱，诸侯用武力征伐，《春秋》中讽刺臣子不为君主讨伐反贼。吕嘉、赵建德等人造反，自立为王安然无恙，现在命令越人以及江淮以南的楼船水军十万人前往讨伐他们。"

元鼎五年秋，卫尉路博德为伏波将军，出桂阳，下湟水；主爵都尉杨仆为楼船将军，出豫章，下横浦；故归义粤侯二人为戈船、下濑将军，出零陵，或下离水，或抵苍梧；使驰义侯因巴蜀罪人，发夜郎兵，下牂柯江：咸会番禺。

六年冬，楼船将军将精卒先陷寻陿，破石门，得粤船粟，因推而前，挫粤锋，以粤数万人待伏波将军。伏波将军将罪人，道远后期，与楼船会乃有千余人，遂俱进。楼船居前，至番禺，建德、嘉皆城守。楼船自择便处，居东南面，伏波居西北面。会暮，楼船攻败粤人，纵火烧城。粤素闻伏波，莫，不知其兵多少。伏波乃为营，遣使招降者，赐印绶，复纵令相招。楼船力攻烧敌，反驱而入伏波营中。迟旦，城中皆降伏波。吕嘉、建德以夜与其属数百人亡入海。伏波又问降者，知嘉所之，遣人追。故其校司马苏弘得建德，为海常侯；粤郎都稽得嘉，为临蔡侯。

苍梧王赵光与粤王同姓，闻汉兵至，降，为随桃侯。及粤揭阳令史定降汉，为安道侯。粤将毕取以军降，为膫侯。粤桂林监居翁谕告瓯骆四十余万口降，为湘城侯。戈船、下濑将军兵及驰义侯所发夜郎兵未下，南粤已平。遂以其地为儋耳、珠崖、南海、苍梧、郁林、合浦、交阯、九真、日南九郡。伏波将军益封。楼船将军以推锋陷坚为将梁侯。

自尉佗王凡五世，九十三岁而亡。

元鼎五年（前112）秋季，朝廷任命卫尉路博德为伏波将军，从桂阳郡出发，沿湟水而下；主爵都尉杨仆为楼船将军，从豫章郡出发，沿横浦而下；归顺汉朝被封为侯的两名南越人严、甲为戈船、下濑将军，从零陵郡出发，有的沿离水而下，有的到达苍梧郡；派驰义侯征调巴郡、蜀郡的罪人，调集夜郎的军队，沿牂柯江而下；各路兵马都会师番禺。

元鼎六年（前111）冬季，楼船将军杨仆带领精兵率先攻陷寻陿，攻破石门，缴获南越的船只和粮食，乘胜向前推进，又挫败了南越的先锋，用数万越人组成军队，等待伏波将军路博德前来会师。伏波将军带领被赦免的罪人，因为路途遥远而过了规定的期限，与楼船将军会师的才有一千多人，于是一起前进。楼船将军打前阵，到达番禺时，赵建德和吕嘉都在此城守卫。楼船将军选择有利的地势，驻扎在城的东南面，伏波将军驻扎在城的西北面。到了晚上，楼船将军打败了南越的军队，放火烧城。南越人一向听闻伏波将军的大名，因天黑也不知道他的兵马有多少。伏波将军就驻兵扎营，派使者招降南越人，赐给印绶，又将其放回，让他们招降其他人。楼船将军奋力攻打并火烧敌军，反将他们驱赶到伏波将军营中。第二天黎明时，城中官民都投降了伏波将军。吕嘉、赵建德及其随从数百人趁夜逃往海上。伏波将军又审问投降的人，知道吕嘉等人的去向后，派人去追。原校尉、司马苏弘抓住了赵建德，被封为海常侯；南越郎官都稽抓住了吕嘉，被封为临蔡侯。

苍梧王赵光与南越王同姓，听说汉朝军队到来，就投降了，被封为随桃侯。南越揭阳县令史定投降汉朝，被封为安道侯。南越将军毕取率领部众投降，被封为膫侯。南越桂林郡监居翁劝说瓯骆四十多万人投降，被封为湘城侯。戈船将军、下濑将军的军队和驰义侯征调的夜郎军队还没有南下，南越已经平定了。汉朝就在那里设置了儋耳、珠崖、南海、苍梧、郁林、合浦、交阯、九真、日南九个郡。伏波将军路博德获得加封。楼船将军杨仆因冲锋陷阵被封为将梁侯。

从南海郡尉赵佗被立为南越王开始，总共经过五代，九十三年，南越国灭亡了。

闽粤王无诸及粤东海王摇，其先皆粤王勾践之后也，姓驺氏。秦并天下，废为君长，以其地为闽中郡。及诸侯畔秦，无诸、摇率粤归番阳令吴芮，所谓番君者也，从诸侯灭秦。当是时，项羽主命，不王也，以故不佐楚。汉击项籍，无诸、摇帅粤人佐汉。汉五年，复立无诸为闽粤王，王闽中故地，都冶。孝惠三年，举高帝时粤功，曰闽君摇功多，其民便附，乃立摇为东海王，都东瓯，世号曰东瓯王。

后数世，孝景三年，吴王濞反，欲从闽粤，闽粤未肯行，独东瓯从。及吴破，东瓯受汉购，杀吴王丹徒，以故得不诛。

吴王子驹亡走闽粤，怨东瓯杀其父，常劝闽粤击东瓯。建元三年，闽粤发兵围东瓯，东瓯使人告急天子。天子问太尉田蚡，蚡对曰："粤人相攻击，固其常，不足以烦中国往救也。"中大夫严助诘蚡，言当救。天子遣助发会稽郡兵浮海救之，语具在《助传》。汉兵未至，闽粤引兵去。东粤请举国徙中国，乃悉与众处江淮之间。

六年，闽粤击南粤，南粤守天子约，不敢擅发兵，而以闻。上遣大行王恢出豫章，大司农韩安国出会稽，皆为将军。兵未隃领，闽粤王郢发兵距险。其弟馀善与宗族谋曰："王以擅发兵，不请，故天子兵来诛。汉兵众强，即幸胜之，后来益多，灭国乃止。今杀王以谢天子，天子罢兵，固国完。不听乃力战，不胜即亡入海。"皆曰："善。"即鏦杀王，使使奉其头致大行。大行曰："所为来者，诛王。王头至，不战而殒，利莫大焉。"乃以便宜案兵告大司农军，而使使奉王头驰报天子。诏罢两将军兵，曰："郢等首恶，独无诸孙繇君丑不与

闽越王无诸和越东海王摇，他们的祖先都是越王勾践的后代，姓驺。秦朝统一天下后，将他们废为首领，把他们的土地设为闽中郡。等到诸侯背叛秦朝，无诸和摇带领越人归顺了番阳县令吴芮，就是所谓的番君，跟着诸侯推翻了秦朝。当时，项羽主掌号令，不立无诸和摇为王，因此他们没有归顺楚国。汉国攻打项羽，无诸和摇带领越人帮助汉国。汉高祖五年（前202），重新立无诸为闽越王，管辖闽中郡原来的地方，建都在冶。孝惠帝三年（前192），列举高祖时越人的功劳，认为闽君摇的功劳很大，民众愿意顺从依附，立摇为东海王，建都在东瓯，世人称为东瓯王。

数代之后，到孝景帝三年（前154），吴王刘濞造反，想要联合闽越，闽越不肯听从，只有东瓯追随吴国一起叛乱。等到吴国被打败后，东瓯接受了汉朝的收买，在丹徒杀死了吴王刘濞，将功赎罪，因此没有受到汉朝的讨伐。

吴王的儿子刘驹逃到闽越，怨恨东瓯杀死他的父亲，经常劝说闽越攻打东瓯。建元三年（前138），闽越派兵包围东瓯，东瓯派人向武帝告急。武帝向太尉田蚡询问意见，田蚡回答说："越人互相攻击，本来是件平常之事，不足以劳烦汉朝前往援救。"中大夫严助反驳田蚡，认为应当援救。武帝派严助征调会稽郡的军队渡海援救东瓯，此事详见《严助传》。汉朝军队还没到，闽越已经率军撤去。东越请求全国迁往中原，得到武帝准许，东越将所有民众迁到江淮之间。

建元六年（前135），闽越攻打南越，南越遵守与天子的约定，不敢擅自发兵，而将情况上报汉朝。武帝派大行令王恢从豫章郡出兵，大司农韩安国从会稽郡出兵，两人都被任命为将军。汉朝军队还没翻过山岭，闽越王郢已经派兵据守了险要之地。他的弟弟馀善与宗族商议说："王因为擅自发兵，不向天子请示，所以天子派兵来讨伐。汉朝军队人多势众，即使我们侥幸获胜，后面会来更多的兵马，直到把国家灭亡才会停止。现在将王杀死向天子谢罪，如果天子撤军，必定保全了国家。如果天子不听，我们就奋力作战，失败了就逃到海上。"大家都说："好。"馀善当即用矛刺死闽越王郢，派使者将他的

谋。”乃使郎中将立丑为粤繇王，奉闽粤祭祀。

馀善以杀郢，威行国中，民多属，窃自立为王，繇王不能制。上闻之，为馀善不足复兴师，曰：“馀善首诛郢，师得不劳。”因立馀善为东粤王，与繇王并处。

至元鼎五年，南粤反，馀善上书请以卒八千从楼船击吕嘉等。兵至揭阳，以海风波为解，不行，持两端，阴使南粤。及汉破番禺，楼船将军仆上书愿请引兵击东粤。上以士卒劳倦，不许。罢兵，令诸校留屯豫章梅领待命。

明年秋，馀善闻楼船请诛之，汉兵留境，且往，乃遂发兵距汉道，号将军驺力等为“吞汉将军”，入白沙、武林、梅领，杀汉三校尉。是时，汉使大司农张成、故山州侯齿将屯，不敢击，却就便处，皆坐畏懦诛。馀善刻“武帝”玺自立，诈其民，为妄言。上遣横海将军韩说出句章，浮海从东方往；楼船将军仆出武林，中尉王温舒出梅领，粤侯为戈船、下濑将军出如邪、白沙，元封元年冬，咸入东粤。东粤素发兵距崄，使徇北将军守武林，败楼船军数校尉，杀长史。楼船军卒钱唐榬终古斩徇北将军，为语儿侯。自兵未往。

头送给大行令王恢。大行令说:“我们来这里的目的,就是诛杀闽越王。现在闽越王的头已经送来,不用交战他就殒命,没有比这更有利的了。”就趁此止兵不动,并将消息告知大司农的军队,又派使者拿着闽越王的头疾驰而去禀报武帝。武帝诏令两将军撤兵,说:“闽越王郢等人是罪魁祸首,只有无诸的孙子繇君丑没有参与这件事。”于是武帝派郎中将立丑为越繇王,供奉闽越的祭祀。

馀善因为杀掉郢,在闽越国中树立了威信,很多民众依附于他,他就暗中自立为王,繇王丑不能管束他。武帝听说此事,觉得为了馀善不足以再次派兵,就说:“馀善最先诛杀闽越王郢,让军队免受劳累之苦。”汉朝廷立馀善为东越王,与繇王丑并立。

到了元鼎五年(前112),南越发生叛乱,馀善上书天子,请求带领八千士卒跟随楼船将军杨仆攻打南越国相吕嘉等人。东越军队到达揭阳后,就借口海上风浪大,停止前行,怀有二心,暗中派人勾结南越。等到汉军攻破番禺后,楼船将军杨仆就向武帝上书,表示愿意带兵攻打东越。武帝认为士卒很疲劳,没有准许。并下令撤军,留下各营兵马驻守在豫章梅领听候诏命。

第二年(元鼎六年,前111年)秋季,馀善听说楼船将军杨仆请求诛讨他,汉军驻守在边境,将要攻打东越,便派兵据守汉军前进的道路,加号将军驺力等人为“吞汉将军”,派他们攻入白沙、武林、梅领,杀死汉朝的三个校尉。当时,汉朝派遣的大司农张成、原山州侯刘齿就率军驻扎在那里,却不敢出兵迎敌,反而退到安全的地方,两人都因胆怯软弱而获罪被处死。馀善刻了“武帝”字样的印玺,自立为帝,欺骗他的民众,发表妄自尊大的言论。武帝派横海将军韩说从句章出兵,渡海从东方攻打;楼船将军杨仆从武林出兵,中尉王温舒从梅领出兵,归顺汉朝被封为侯的两名南越人严、甲分别为戈船将军、下濑将军从如邪、白沙出兵,元封元年(前110)冬季,各路兵马都进攻东越。东越本来已经派兵据守险要之地,又派徇北将军防守武林,打败了楼船将军的数名校尉,杀死长史。楼船将军的士卒钱唐人榬终古杀死徇北将军,被封为语儿侯。楼船将军自己没有带兵前往武林。

故粤衍侯吴阳前在汉，汉使归谕馀善，不听。及横海军至，阳以其邑七百人反，攻粤军于汉阳。及故粤建成侯敖与繇王居股谋，俱杀馀善，以其众降横海军。封居股为东成侯，万户；封敖为开陵侯；封阳为卯石侯，横海将军说为按道侯，横海校尉福为缭嫈侯。福者，城阳王子，故为海常侯，坐法失爵，从军亡功，以宗室故侯。及东粤将多军，汉兵至，弃军降，封为无锡侯。故瓯骆将左黄同斩西于王，封为下鄜侯。

于是天子曰"东粤狭多阻，闽粤悍，数反复"，诏军吏皆将其民徙处江淮之间。东粤地遂虚。

朝鲜王满，燕人。自始燕时，尝略属真番、朝鲜，为置吏筑障。秦灭燕，属辽东外徼。汉兴，为远难守，复修辽东故塞，至浿水为界，属燕。燕王卢绾反，入匈奴，满亡命，聚党千余人，椎结蛮夷服而东走出塞，度浿水，居秦故空地上下障，稍役属真番、朝鲜蛮夷及故燕、齐亡在者王之，都王险。

会孝惠、高后天下初定，辽东太守即约满为外臣，保塞外蛮夷，毋使盗边；蛮夷君长欲入见天子，勿得禁止。以闻，上许之，以故满得以兵威财物侵降其旁小邑，真番、临屯皆来服属，方数千里。

传子至孙右渠，所诱汉亡人滋多，又未尝入见；真番、辰国欲上书见天子，又雍阏弗通。元封二年，汉使涉何谯谕右渠，终不肯奉诏。何去至界，临浿水，使驭刺杀送何者朝鲜裨王长，即渡水，驰入塞，遂归报天子曰"杀朝鲜将"。上为其名美，弗诘，拜何为辽东东

原越衍侯吴阳先前在汉朝居住，汉朝派他回去劝说馀善，馀善不听。等到横海将军韩说带兵到达东越时，吴阳就带领他封邑的七百人造反，攻打在汉阳城的东越军队。而原东越建成侯敖与繇王居股密谋，一起将馀善杀死，带领他的部众投降横海将军。汉朝封居股为东成侯，食邑一万户；封敖为开陵侯；封吴阳为卯石侯，横海将军韩说为按道侯，横海校尉刘福为缭嫈侯。刘福是城阳共王刘喜的儿子，原来被封为海常侯，因犯法而被削去爵位，他从军也没有立下战功，因为是宗室，所以被封为侯。以及东越将军多军，汉朝军队到来时，弃军投降，被封为无锡侯。原瓯骆左将军黄同杀死西于王，被封为下鄜侯。

于是武帝说“东越地势狭窄又多险阻，民众强悍，多次反复”，诏令军官把越人都迁徙到江淮之间。东越之地因此变得空虚。

朝鲜王卫满，是燕人。从当初的燕国时，就曾经占领真番、朝鲜为属地，并在那里设置官吏，修建堡垒。秦国灭掉燕国后，朝鲜成了辽东郡的边防要塞。汉朝建立后，因为朝鲜地远难守，就重修了辽东郡原来的边塞，东到浿水，作为分界，浿水以西的土地归燕国管辖。燕王卢绾造反，逃入匈奴，卫满也逃亡，聚集了一千多人，梳着椎形发髻，穿着蛮夷的衣服，向东逃出边塞，渡过浿水，居住在原来秦朝空地的上下堡垒中，慢慢役使统治真番、朝鲜的蛮夷和从前燕、齐两国逃到那里的人，在他们当中称王，建都在王险城。

正好惠帝、高后时天下刚刚平定，辽东太守就与卫满约定担任外臣，管理塞外的蛮夷，不让他们侵扰边境；蛮夷首领想要入朝进见天子的，不能阻挠他们。太守将此事上报朝廷，惠帝表示同意，因此卫满可以用武力和财物去侵犯降服附近的蛮夷小国，真番、临屯都来归顺，方圆数千里的地方都被他统治。

卫满死后，王位由儿子传到孙子卫右渠手里，朝鲜引诱的汉朝流民越来越多，朝鲜王又不曾入朝进见；真番、辰国的首领想要上书拜见武帝，又受到朝鲜的阻挠，不能前往。元封二年（前109），汉朝派涉何责问并晓谕右渠，右渠始终不肯接受武帝的诏令。涉何离开朝鲜，到达边界，在浿水岸边时，让车夫刺杀护送自己的朝鲜裨王

部都尉。朝鲜怨何，发兵袭攻，杀何。

天子募罪人击朝鲜。其秋，遣楼船将军杨仆从齐浮勃海，兵五万，左将军荀彘出辽东，诛右渠。右渠发兵距险。左将军卒多率辽东士兵先纵，败散。多还走，坐法斩。楼船将齐兵七千人先至王险。右渠城守，窥知楼船军少，即出击楼船，楼船军败走。将军仆失其众，遁山中十余日，稍求收散卒，复聚。左将军击朝鲜浿水西军，未能破。

天子为两将未有利，乃使卫山因兵威往谕右渠。右渠见使者，顿首谢："愿降，恐将诈杀臣；今见信节，请服降。"遣太子入谢，献马五千匹，及餽军粮。人众万余持兵，方度浿水，使者及左将军疑其为变，谓太子已服降，宜令人毋持兵。太子亦疑使者左将军诈之，遂不度浿水，复引归。山报，天子诛山。

左将军破浿水上军，乃前至城下，围其西北。楼船亦往会，居城南。右渠遂坚城守，数月未能下。

左将军素侍中，幸，将燕代卒，悍，乘胜，军多骄。楼船将齐卒，入海已多败亡，其先与右渠战，困辱亡卒，卒皆恐，将心惭，其围右渠，常持和节。左将军急击之，朝鲜大臣乃阴间使人私约降楼船，往来言，尚未肯决。左将军数与楼船期战，楼船欲就其约，不会。左将军亦使人求间隙降下朝鲜，不肯，心附楼船。以故两将不

长，马上渡过浿水，疾驰进入塞内，然后回朝禀报武帝说“我杀了朝鲜的一位将军”。武帝认为涉何有杀敌的美名，就没有责难，并任命他为辽东东部都尉。朝鲜对涉何的行为感到怨恨，派兵发起攻击，杀死了涉何。

武帝招募有罪之人攻打朝鲜。当年秋季，汉朝派楼船将军杨仆带领五万士卒，从齐郡出发，渡过渤海，左将军荀彘从辽东出兵，一起诛讨右渠。右渠派兵据守险要之地。左将军属下一个叫多的士卒率领辽东军打头阵，战败逃散。多转身逃跑，因触犯军法获罪而被斩首。楼船将军带领齐兵七千人先到王险城。右渠率军守城，打探得知楼船将军兵少，就出击楼船将军的军队，楼船将军的军队战败逃走。将军杨仆失去了部众，逃到山中十多天，慢慢寻找收拢被击溃的士卒，重新聚集起来。左将军进攻朝鲜浿水以西的军队，不能获胜。

因为两位将军作战不利，武帝就派卫山仗着汉朝军威去劝右渠投降。右渠见到汉朝使者，叩头谢罪道：“我愿意投降，但又怕两位将军用欺骗的手段将我杀死；现在看见符节和印信，请允许我投降。”右渠派太子入朝谢罪，进献五千匹马，又向汉朝军队赠送军粮。朝鲜派了一万多名士卒手持兵器护送太子，正要渡过浿水时，使者卫山和左将军荀彘怀疑朝鲜军队想要作乱，就说太子既已投降，就应当命令护送的士卒不要带着兵器，太子也怀疑使者和左将军欺骗他，于是没有渡过浿水，又率军返回了。卫山回来将此事上报武帝，武帝就诛杀了卫山。

左将军荀彘击败了驻守在浿水边的朝鲜军队，然后前进到王险城下，包围了城的西北面。楼船将军也前往会师，率军驻扎在城的南面。右渠坚守王险城，汉朝军队数月都没能将其攻下。

左将军荀彘原来是侍中，受到武帝的宠幸，他带领的燕国和代国士卒，十分强悍，又刚刚获胜，因此军中很多将士傲慢轻敌。楼船将军杨仆带领的齐兵，渡海时已经有很多人逃走，他又先与右渠交战，遭遇惨败，士卒战死，剩下的害怕敌人，将领心中惭愧，因此他包围右渠，经常抱着想与其讲和的目的。左将军加紧攻打王险城，朝鲜大臣就暗中派人与楼船将军私自约定向其投降，往来传话，还没能决

相得。左将军心意楼船前有失军罪，今与朝鲜和善而又不降，疑其有反计，未敢发。天子曰："将率不能前，乃使卫山谕降右渠，不能颛决，与左将军相误，卒沮约。今两将围城又乖异，以故久不决。"使故济南太守公孙遂往正之，有便宜得以从事。遂至，左将军曰："朝鲜当下久矣，不下者，楼船数期不会。"具以素所意告遂曰："今如此不取，恐为大害，非独楼船，又且与朝鲜共灭吾军。"遂亦以为然，而以节召楼船将军入左将军军计事，即令左将军戏下执缚楼船将军。并其军。以报，天子诛遂。

左将军已并两军，即急击朝鲜。朝鲜相路人、相韩陶、尼谿相参、将军王唊相与谋曰："始欲降楼船，楼船今执，独左将军并将，战益急，恐不能与，王又不肯降。"陶、唊、路人皆亡降汉。路人道死。元封三年夏，尼谿相参乃使人杀朝鲜王右渠来降。王险城未下，故右渠之大臣成已又反，复攻吏。左将军使右渠子长、降相路人子最，告谕其民，诛成已。故遂定朝鲜为真番、临屯、乐浪、玄菟四郡。封参为澅清侯，陶为秋苴侯，唊为平州侯，长为几侯。最以父死颇有功，为沮阳侯。左将军征至，坐争功相嫉乖计，弃市。楼船将军亦坐兵至列口当待左将军，擅先纵，失亡多，当诛，赎为庶人。

定。左将军多次与楼船将军商议一起攻城的时间，而楼船将军想要履行与朝鲜大臣的约定，因此没有与左将军会师。左将军也派人寻找机会让朝鲜投降，但其不肯向左将军投降，一心只想归顺楼船将军。因此两位将军不能很好相处。左将军心中怀疑楼船将军先前有失去军队之罪，现在私自与朝鲜交好而朝鲜又不投降，是有背叛汉朝的阴谋，只是没敢行动。武帝说："将领不能率军前进，我才派卫山去劝降右渠，卫山不能决断，与左将军一起谋划失误，最终破坏了右渠向汉朝投降的约定。现在两位将军包围王险城，又不能齐心协力，因此很长时间不能解决事情。"于是派原济南太守公孙遂前往纠正两人的错误，可以不用请示，自行斟酌情势来处理。公孙遂到了朝鲜，左将军荀彘说："朝鲜早该攻下了，不能攻下是因为楼船将军多次不按期会师。"又将自己心中一直以来的怀疑详细告知公孙遂，并说："现在这样的情况，不将他抓起来，恐怕会成为大害，楼船将军不只要背叛汉朝，还将与朝鲜一同消灭我们的军队。"公孙遂也认为是这样，就以商议军事的名义，用符节将楼船将军请到左将军的军营里，随即下令左将军的部下将其捉拿，合并了他的军队。公孙遂上报此事给武帝，武帝于是杀了他。

左将军合并两军后，马上加紧攻打朝鲜。朝鲜相路人、韩陶、尼谿相参、将军王唊一起商议说："本来我们想投降楼船将军，现在楼船将军已被捉拿，只有左将军统领两军，战斗更加激烈，我们恐怕不能抵挡，而王又不肯投降。"于是韩陶、王唊、路人都逃走投降汉朝。路人死在半道上。元封三年（前108）夏季，尼谿相参派人刺杀朝鲜王右渠，然后前来投降。王险城还没攻下，原右渠的大臣成已又起来造反，并进攻不服从他的官吏。左将军荀彘派右渠的儿子卫长、向汉朝投降的朝鲜相路人的儿子路最，前往告知朝鲜百姓，诛杀了成已。因此最终平定了朝鲜，在那里设置了真番、临屯、乐浪、玄菟四个郡。汉朝于是封参为澅清侯，韩陶为秋苴侯，王唊为平州侯，卫长为几侯。路最因为父亲死在投降路上，颇有功劳，被封为沮阳侯。左将军荀彘出征回朝后，因争夺功劳、嫉妒同僚、违背计划而获罪，被斩首示众。楼船将军杨仆也因领兵到达列口后应当等待左将军，但却擅

赞曰：楚、粤之先，历世有土。及周之衰，楚地方五千里，而勾践亦以粤伯。秦灭诸侯，唯楚尚有滇王。汉诛西南夷，独滇复宠。及东粤灭国迁众，繇王居股等犹为万户侯。三方之开，皆自好事之臣。故西南夷发于唐蒙、司马相如，两粤起严助、朱买臣，朝鲜由涉何。遭世富盛，动能成功，然已勤矣。追观太宗填抚尉佗，岂古所谓“招携以礼，怀远以德”者哉！

自首先进攻，损失惨重而获罪，应被处死，他赎罪为平民。

赞辞说：楚、越的祖先，历代都有分封的土地。等到周朝衰落，楚国的土地方圆五千里，而勾践也凭借越国称霸诸侯。秦国消灭诸侯，只有楚国还有滇王。汉朝讨伐西南夷，只有滇再次受宠。等到东越国灭亡迁徙民众，繇王居股等人仍被封为万户侯。三方的开拓，都是来自于好事之臣。所以开拓西南夷始于唐蒙、司马相如，开拓两越起于严助、朱买臣，开拓朝鲜由于涉何。正值国家富裕昌盛的时候，所以每次行动都能成功，但也付出了很大代价。回顾文帝安抚赵佗之事，岂不是古人所说的“用礼来招引怀有二心的人，用德来安抚地处边远的人”嘛！

卷九十六上

西域传第六十六上

西域以孝武时始通，本三十六国，其后稍分至五十余，皆在匈奴之西，乌孙之南。南北有大山，中央有河，东西六千余里，南北千余里。东则接汉，阸以玉门、阳关，西则限以葱岭。其南山，东出金城，与汉南山属焉。其河有两原：一出葱岭山，一出于阗。于阗在南山下，其河北流，与葱岭河合，东注蒲昌海。蒲昌海，一名盐泽者也，去玉门、阳关三百余里，广袤三百里。其水亭居，冬夏不增减，皆以为潜行地下，南出于积石，为中国河云。

自玉门、阳关出西域有两道。从鄯善傍南山北，波河西行至莎车，为南道；南道西逾葱岭则出大月氏、安息。自车师前王廷随北山，波河西行至疏勒，为北道；北道西逾葱岭则出大宛、康居、奄蔡焉。

西域诸国大率土著，有城郭田畜，与匈奴、乌孙异俗，故皆役属匈奴。匈奴西边日逐王置僮仆都尉，使领西域，常居焉耆、危须、尉黎间，赋税诸国，取富给焉。

自周衰，戎狄错居泾渭之北。及秦始皇攘却戎狄，筑长城，界中国，然西不过临洮。

汉兴至于孝武，事征四夷，广威德，而张骞始开西域之迹。其后骠骑将军击破匈奴右地，降浑邪、休屠王，遂空其地，始筑令居以西，初置酒泉郡，后稍发徙民充实之，分置武威、张掖、敦煌，列四郡，据两关焉。自贰师将军伐大宛之后，西域震惧，多遣使来贡献，汉使西域者益得职。于是自敦煌西至盐泽，往往起亭，而轮台、

西域从武帝时开始与中原来往，那里原来是三十六个国家，此后逐渐分为五十多个国家，都位于匈奴以西，乌孙以南。西域南北有大山，中央有河流，东西有六千多里，南北有一千多里。东边与汉朝接壤，以玉门关和阳关为要塞，西边以葱岭为分界。西域的南山，东边起于金城郡，与汉朝的南山相连。西域的河流有两个源头：一个发源于葱岭山，一个发源于于阗。于阗在南山下，其河往北流，与葱岭河汇合后，往东注入蒲昌海。蒲昌海，又名盐泽，离玉门关和阳关三百多里，水面有三百里。其水静止不动，冬夏不增减，都在地下潜流，往南从积石山流出，就是中原地区的黄河。

从玉门关、阳关出发到西域有两条道路。从鄯善顺着南山以北，沿着塔里木河向西走到莎车，是南道；南道向西翻过葱岭就到了大月氏、安息。从车师过去的王庭顺着北山以南，沿着塔里木河向西走到疏勒，是北道；北道向西翻过葱岭就到了大宛、康居、奄蔡。

西域各国人民大都是定居，有城郭、农田、牲畜，与匈奴、乌孙的风俗不同，过去都隶属匈奴并受其役使。匈奴西边的日逐王设置僮仆都尉，负责统管西域，经常居住在焉耆、危须、尉黎等国，向各国征收赋税，非常富足。

从周朝衰落后，戎狄杂居在泾水和渭水以北。到秦始皇时，秦王朝驱逐戎狄，修建长城，分界中原，但秦朝的西边不超过临洮县。

汉朝建立到武帝时，征讨四夷，宣扬威德，而张骞开始打通西域之路。此后骠骑将军霍去病攻破匈奴右地，浑邪王、休屠王投降，右地就空了出来，汉朝开始在令居县以西修建烽火台，设置酒泉郡，然后慢慢征调百姓迁居到此，来充实其地，又分别设置武威、张掖、敦煌，共四郡，据守玉门关、阳关。自从贰师将军李广利攻打大宛后，

渠犁皆有田卒数百人，置使者校尉领护，以给使外国者。

至宣帝时，遣卫司马使护鄯善以西数国。及破姑师，未尽殄，分以为车师前后王及山北六国。时汉独护南道，未能尽并北道也，然匈奴不自安矣。其后日逐王畔单于，将众来降，护鄯善以西使者郑吉迎之。既至汉，封日逐王为归德侯，吉为安远侯。是岁，神爵三年也。乃因使吉并护北道，故号曰都护。都护之起，自吉置矣。僮仆都尉由此罢，匈奴益弱，不得近西域。于是徙屯田，田于北胥鞬，披莎车之地，屯田校尉始属都护。都护督察乌孙、康居诸外国动静，有变以闻。可安辑，安辑之；可击，击之。都护治乌垒城，去阳关二千七百三十八里，与渠犁田官相近，土地肥饶，于西域为中，故都护治焉。

至元帝时，复置戊己校尉，屯田车师前王庭。是时匈奴东蒲类王兹力支将人众千七百余人降都护，都护分车师后王之西为乌贪訾离地以处之。

自宣、元后，单于称藩臣，西域服从，其土地山川王侯户数道里远近翔实矣。

出阳关，自近者始，曰婼羌。婼羌国王号去胡来王。去阳关千八百里，去长安六千三百里，辟在西南，不当孔道。户四百五十，口千七百五十，胜兵者五百人。西与且末接。随畜逐水草，不田作，仰鄯善、且末谷。山有铁，自作兵，兵有弓、矛、服刀、剑、甲。西北至鄯善，乃当道云。

西域各国都感到震惊害怕，很多国家派使者来汉朝进献。汉朝出使西域的人也进一步获得官职。于是从敦煌以西到盐泽，到处建起亭障，而轮台、渠犁都有数百士卒屯田戍边，汉朝设置使者校尉管理，并供给出使外国之人的生活所需。

到宣帝时，派卫司马负责监护鄯善以西的数个国家。等到汉军攻破姑师时，并未将其全部消灭，而是分为车师前王、车师后王和山北六国。当时汉朝只是统管南道，没有将北道全部兼并，但匈奴已经开始不安了。此后日逐王背叛单于，带领部众前来投降汉朝，汉朝监护鄯善以西国家的使者郑吉迎接日逐王。到了汉朝后，日逐王被封为归德侯，郑吉被封为安远侯。这年，是神爵三年（前59）。汉朝就让郑吉一并监护北道，所以号称都护。都护的设置，是从郑吉开始。原先设在西域的僮仆都尉从此被废除，匈奴变得更弱了，不能靠近西域。因而汉朝迁徙百姓屯田在北胥鞬，分莎车的土地，屯田校尉开始归都护管理。都护负责监察乌孙、康居等外国的动静，一旦有变要立即上报朝廷。可以安抚的，就进行安抚；需要攻击的，就予以攻击。都护驻扎在乌垒城，离阳关二千七百三十八里，与渠犁的田官相距不远，土地肥沃，在西域的中央，所以将都护的置所放在这里。

到元帝时，又重新设置戊己校尉，屯田在车师从前的王庭。当时，匈奴东蒲类王兹力支带领部众一千七百多人向都护投降，都护划分车师后王西边的土地为乌贪訾离国，来安置他们。

自宣帝、元帝后，匈奴单于向汉朝称臣，西域各国也都归顺汉朝。西域的土地、山川、王侯、户口数量、路程远近，都被详实记载下来。

从阳关出发向西，从近处的开始，是婼羌。婼羌国王号去胡来王。离阳关一千八百里，离长安六千三百里，偏西南，不在大道上。有住户四百五十，人口一千七百五十，士兵五百人。西边与且末接壤。随牲畜逐水草而居，不耕作，依靠鄯善、且末供给粮食。山上有铁，自己制造兵器，兵器有弓、矛、服刀、剑、甲。西北到鄯善，鄯善在大道上。

鄯善国，本名楼兰，王治扜泥城，去阳关千六百里，去长安六千一百里。户千五百七十，口万四千一百，胜兵二千九百十二人。辅国侯、却胡侯、鄯善都尉、击车师都尉、左右且渠、击车师君各一人，译长二人。西北去都护治所千七百八十五里，至山国千三百六十五里，西北至车师千八百九十里。地沙卤，少田，寄田仰谷旁国。国出玉，多葭苇、柽柳、胡桐、白草。民随畜牧逐水草，有驴马，多橐它。能作兵，与婼羌同。

初，武帝感张骞之言，甘心欲通大宛诸国，使者相望于道，一岁中多至十余辈。楼兰、姑师当道，苦之，攻劫汉使王恢等，又数为匈奴耳目，令其兵遮汉使。汉使多言其国有城邑，兵弱易击。于是武帝遣从票侯赵破奴将属国骑及郡兵数万击姑师。王恢数为楼兰所苦，上令恢佐破奴将兵。破奴与轻骑七百人先至，虏楼兰王，遂破姑师，因暴兵威以动乌孙、大宛之属。还，封破奴为浞野侯，恢为浩侯。于是汉列亭障至玉门矣。

楼兰既降服贡献，匈奴闻，发兵击之，于是楼兰遣一子质匈奴，一子质汉。后贰师军击大宛，匈奴欲遮之，贰师兵盛不敢当，即遣骑因楼兰候汉使后过者，欲绝勿通。时汉军正任文将兵屯玉门关，为贰师后距，捕得生口，知状以闻。上诏文便道引兵捕楼兰王。将诣阙，簿责王，对曰："小国在大国间，不两属无以自安。愿徙国入居汉地。"上直其言，遣归国，亦因使候司匈奴。匈奴自是不甚亲信楼兰。

征和元年，楼兰王死，国人来请质子在汉者，欲立之。质子常坐汉法，下蚕室宫刑，故不遣。报曰："侍子，天子爱之，不能遣。其

鄯善国，原名楼兰，王城在扜泥城，离阳关一千六百里，离长安六千一百里。有住户一千五百七十，人口一万四千一百，士兵二千九百一十二人。有辅国侯、却胡侯、鄯善都尉、击车师都尉、左且渠、右且渠、击车师君各一人，译长二人。西北离西域都护治所乌垒城一千七百八十五里，到山国一千三百六十五里，西北到车师一千八百九十里。多是含沙盐碱地，少农田，只能去附近的国家借地耕种、买入粮食。国家出产玉石，多芦苇、河柳、胡桐、白草。百姓随放牧的牲畜逐水草而居，有驴马，多骆驼。能制造兵器，与婼羌相同。

起初，武帝被张骞的话触动，愿意与大宛各国来往，派出的使者在路上可以互相看见，接连不断，一年中多达十余批。楼兰、姑师在大道上，苦于接待使者，就攻击掠夺了汉使王恢等人，又多次给匈奴做耳目，使匈奴兵拦截汉使。很多汉朝使者说楼兰、姑师有城邑，兵力薄弱，容易攻击。于是武帝派从票侯赵破奴带领属国骑兵及郡中士兵数万人攻打姑师。王恢多次被楼兰攻击，武帝命他协助赵破奴率领军队。赵破奴给王恢轻骑七百人先到楼兰，俘虏了楼兰王，然后攻破姑师，因此显扬军威震动乌孙、大宛等国。他们回朝后，武帝封赵破奴为浞野侯，王恢为浩侯。于是汉朝的亭障修建到玉门关了。

楼兰投降汉朝后，进献物品，匈奴听说了，就派兵攻打。于楼兰王就派了一个儿子到匈奴做人质，一个儿子到汉朝做人质。后来贰师将军攻打大宛，匈奴想拦截汉军，但汉军兵力强大，匈奴不敢阻挡，就派骑兵经楼兰，等候走在后面的汉使，想要阻挡他们，不让通过。当时汉朝军正任文带兵驻扎在玉门关，居后为贰师将军抗击匈奴，抓获俘虏，将知道的情况上报朝廷。武帝诏令任文抄近路带兵逮捕楼兰王。然后将楼兰王押到长安，当场责问其罪状，楼兰王回答说："小国夹在大国之间，不采取分属两方的做法，就无法保证自己的安全。我愿意将国家迁徙到汉朝境内。"武帝肯定了他的直言，就送他回国，也让楼兰侦察匈奴的动静。匈奴从此不是很亲信楼兰了。

征和元年（前92），楼兰王死去，楼兰人来请在汉朝的质子回国，要立他为王。质子经常违反汉朝法令，被下放蚕室，处以宫刑，所

更立其次当立者。”楼兰更立王，汉复责其质子，亦遣一子质匈奴。后王又死，匈奴先闻之，遣质子归，得立为王。汉遣使诏新王，令入朝，天子将加厚赏。楼兰王后妻，故继母也，谓王曰：“先王遣两子质汉皆不还，奈何欲往朝乎？”王用其计，谢使曰：“新立，国未定，愿待后年入见天子。”然楼兰国最在东垂，近汉，当白龙堆，乏水草，常主发导，负水儋粮，送迎汉使，又数为吏卒所寇，惩艾不便与汉通。后复为匈奴反间，数遮杀汉使。其弟尉屠耆降汉，具言状。

元凤四年，大将军霍光白遣平乐监傅介子往刺其王。介子轻将勇敢士，赍金币，扬言以赐外国为名。既至楼兰，诈其王欲赐之，王喜，与介子饮，醉，将其王屏语，壮士二人从后刺杀之，贵人左右皆散走。介子告谕以“王负汉罪，天子遣我诛王，当更立王弟尉屠耆在汉者。汉兵方至，毋敢动，自令灭国矣！”介子遂斩王尝归首，驰传诣阙，县首北阙下。封介子为义阳侯。乃立尉屠耆为王，更名其国为鄯善，为刻印章，赐以宫女为夫人，备车骑辎重，丞相将军率百官送至横门外，祖而遣之。王自请天子曰：“身在汉久，今归，单弱，而前王有子在，恐为所杀。国中有伊循城，其地肥美，愿汉遣一将屯田积谷，令臣得依其威重。”于是汉遣司马一人、吏士四十人，田伊循以填抚之。其后更置都尉。伊循官置始此矣。

以不能送回。汉朝就回复楼兰说:“侍子受到天子的喜爱,所以不能送他回国。你们可以另立一个当继位为王的人。”楼兰就另立了国王,汉朝再次要求楼兰王送质子,楼兰王也派了一个儿子到匈奴做人质。后来楼兰王又死去,匈奴最先知道此事,就派质子回去,继位为王。汉朝派使者诏令新楼兰王,入朝进见,说武帝要给他丰厚的赏赐。楼兰王的后妻,是他原来的继母,对他说:“先王派了两个儿子到汉朝做人质,都没有回来,你为什么还要前往朝见?”楼兰王采纳了她的计策,推辞汉朝使者说:“我刚刚继位为王,国内还不安定,希望等到后年再入朝进见天子。”然而楼兰国在西域的最东边,靠近汉朝,面对白龙堆,缺乏水草,经常负责为汉使做向导,背水担粮,送迎汉使,又多次被汉朝的官吏士卒劫掠,他们吸取过去的教训,认为与汉朝来往是没有好处的。后来楼兰又被匈奴施行反间计,多次拦截杀害汉使。楼兰王的弟弟尉屠耆投降汉朝,详细说了这些情况。

元凤四年(前77),大将军霍光禀报昭帝后,派平乐监傅介子前去刺杀楼兰王。傅介子轻装上路,率领勇士,带着黄金和缯帛,以赐给外国为名故意宣扬。到楼兰后,就骗楼兰王说要赐给他,楼兰王很高兴,与傅介子一起喝酒,酒醉之时,傅介子与楼兰王屏退他人,私下谈话,忽然两个壮士从后面出来刺杀王,楼兰贵人近臣都逃走了。傅介子晓谕众人“楼兰王犯有辜负汉朝之罪,天子派我来将其诛杀,应当另立在汉朝的王弟尉屠耆为王。汉兵就要到了,你们不要乱动,否则就会让你们国家灭亡!”傅介子于是斩下楼兰王尝归的头,用驿站的马车疾驰送到长安,然后把头悬挂在北阙下。汉朝封傅介子为义阳侯。然后立尉屠耆为楼兰王,将国名改为鄯善,为他刻了印章,赐他宫女为夫人,准备了车骑物资,由丞相将军带领百官送到横门外,祭祀路神后,送他回国。鄯善王亲自请求武帝说:“我在汉朝很久了,现在回去,势单力薄,而前王还有儿子在,我恐怕会被他杀死。国内有个伊循城,土地肥沃,希望汉朝派一位将军屯田在那里,并积存粮食,让我可以倚仗他的势力。”于是汉朝派了司马一人、官兵四十人,屯田在伊循来安抚。之此后改设都尉。伊循的官吏设置从此开始。

鄯善当汉道冲，西通且末七百二十里。自且末以往皆种五谷，土地草木，畜产作兵，略与汉同，有异乃记云。

且末国，王治且末城，去长安六千八百二十里。户二百三十，口千六百一十，胜兵三百二十人。辅国侯、左右将、译长各一人。西北至都护治所二千二百五十八里，北接尉犁，南至小宛可三日行。有蒲陶诸果。西通精绝二千里。

小宛国，王治扜零城，去长安七千二百一十里。户百五十，口千五十，胜兵二百人。辅国侯、左右都尉各一人。西北至都护治所二千五百五十八里，东与婼羌接，辟南不当道。

精绝国，王治精绝城，去长安八千八百二十里。户四百八十，口三千三百六十，胜兵五百人。精绝都尉、左右将、译长各一人。北至都护治所二千七百二十三里，南至戎卢国四日行，地阨狭，西通扜弥四百六十里。

戎卢国，王治卑品城，去长安八千三百里。户二百四十，口千六百一十，胜兵三百人。东北至都护治所二千八百五十八里，东与小宛、南与婼羌、西与渠勒接，辟南不当道。

扜弥国，王治扜弥城，去长安九千二百八十里。户三千三百四十，口二万四十，胜兵三千五百四十人。辅国侯、左右将、左右都尉、左右骑君各一人，译长二人。东北至都护治所三千五百五十三里，南与渠勒、东北与龟兹、西北与姑墨接，西通于阗三百九十里。今名宁弥。

渠勒国，王治鞬都城，去长安九千九百五十里。户三百一十，口二千一百七十，胜兵三百人。东北至都护治所三千八百五十二里，东与戎卢、西与婼羌、北与扜弥接。

鄯善在汉朝通往西域的道路上，西到且末七百二十里。从且末向西，都种五谷，土地、草木，饲养的牲畜、制造的兵器，都与汉朝大致相同，有不同的就记载下来。

且末国，王城在且末城，离长安六千八百二十里。有住户二百三十，人口一千六百一十，士兵三百二十人。有辅国侯、左将、右将、译长各一人。西北到西域都护治所乌垒城二千二百五十八里，北边与尉犁接壤，南到小宛要走三天。有葡萄等水果。西到精绝二千里。

小宛国，王城在扜零城，离长安七千二百一十里。有住户一百五十，人口一千零五十，士兵二百人。有辅国侯、左都尉、右都尉各一人。西北到西域都护治所乌垒城二千五百五十八里，东边与婼羌接壤，偏南，不在大道上。

精绝国，王城在精绝城，离长安八千八百二十里。有住户四百八十，人口三千三百六十，士兵五百人。有精绝都尉、左将、右将、译长各一人。北到西域都护治所乌垒城二千七百二十三里，南到戎卢国要走四天，地势险阻狭隘，西到扜弥四百六十里。

戎卢国，王城在卑品城，离长安八千三百里。有住户二百四十，人口一千六百一十，士兵三百人。东北到西域都护治所乌垒城二千八百五十八里，东边与小宛、南边与婼羌、西边与渠勒接壤，偏南，不在大道上。

扜弥国，王城在扜弥城，离长安九千二百八十里。有住户三千三百四十，人口二万零四十，士兵三千五百四十人。有辅国侯、左将、右将、左都尉、右都尉、左骑君、右骑君各一人，译长二人。东北到西域都护治所乌垒城三千五百五十三里，南边与渠勒、东北与龟兹、西北与姑墨接壤，西到于阗三百九十里。现在名叫宁弥。

渠勒国，王城在鞬都城，离长安九千九百五十里。有住户三百一十，人口二千一百七十，士兵三百人。东北到西域都护治所乌垒城三千八百五十二里，东边与戎卢、西与婼羌、北边与扜弥接壤。

于阗国，王治西城，去长安九千六百七十里。户三千三百，口万九千三百，胜兵二千四百人。辅国侯、左右将、左右骑君、东西城长、译长各一人。东北至都护治所三千九百四十七里，南与婼羌接，北与姑墨接。于阗之西，水皆西流，注西海；其东，水东流，注盐泽，河原出焉。多玉石。西通皮山三百八十里。

皮山国，王治皮山城，去长安万五十里。户五百，口三千五百，胜兵五百人。左右将、左右都尉、骑君、译长各一人。东北至都护治所四千二百九十二里，西南至乌秅国千三百四十里，南与天笃接，北至姑墨千四百五十里，西南当罽宾、乌弋山离道，西北通莎车三百八十里。

乌秅国，王治乌秅城，去长安九千九百五十里。户四百九十，口二千七百三十三，胜兵七百四十人。东北至都护治所四千八百九十二里，北与子合、蒲犁，西与难兜接。山居，田石间。有白草。累石为室。民接手饮。出小步马，有驴无牛。其西则有县度，去阳关五千八百八十八里，去都护治所五千二十里。县度者，石山也，溪谷不通，以绳索相引而度云。

西夜国，王号子合王，治呼犍谷，去长安万二百五十里。户三百五十，口四千，胜兵千人。东北到都护治所五千四十六里，东与皮山、西南与乌秅、北与莎车、西与蒲犁接。蒲犁及依耐、无雷国皆西夜类也。西夜与胡异，其种类羌氐行国，随畜逐水草往来。而子合土地出玉石。

蒲犁国，王治蒲犁谷，去长安九千五百五十里。户六百五十，口五千，胜兵二千人。东北至都护治所五千三百九十六里，东至莎车五百四十里，北至疏勒五百五十里，南与西夜子合接，西至无雷五百四十里。侯、都尉各一人。寄田莎车。种俗与子合同。

于阗国，王城在西城，离长安九千六百七十里。有住户三千三百，人口一万九千三百，士兵二千四百人。有辅国侯、左将、右将、左骑君、右骑君、东城长、西城长、译长各一人。东北到西域都护治所乌垒城三千九百四十七里，南边与婼羌接壤，北边与姑墨接壤。于阗以西，水都往西流，注入西海；于阗以东，水都往东流，注入盐泽，黄河发源于此。多玉石。西到皮山三百八十里。

皮山国，王城在皮山城，离长安一万零五十里。有住户五百，人口三千五百，士兵五百人。有左将、右将、左都尉、右都尉、骑君、译长各一人。东北到西域都护治所乌垒城四千二百九十二里，西南到乌秅国一千三百四十里，南边与天笃接壤，北到姑墨一千四百五十里，西南在通往罽宾、乌弋山离的道路上，西北到莎车三百八十里。

乌秅国，王城在乌秅城，离长安九千九百五十里。有住户四百九十，人口二千七百三十三，士兵七百四十人。东北到西域都护治所乌垒城四千八百九十二里，北边与子合、蒲犁，西边与难兜接壤。住在山中，农田分布在石间。有白草。垒石成屋。百姓用手接水饮用。出产小步马，有驴无牛。西边有县度，离阳关五千八百八十八里，离西域都护治所乌垒城五千零二十里。县度是石山，有溪谷不能通行，要从高处沿绳索而下才能过去。

西夜国，国王号子合王，王城在呼犍谷，离长安一万零二百五十里。有住户三百五十，人口四千，士兵一千人。东北到西域都护治所乌垒城五千零四十六里，东边与皮山、西南与乌秅、北边与莎车、西边与蒲犁接壤。蒲犁和依耐、无雷国都与西夜风俗相似。西夜的种族与西域的其他民族不同，与羌、氐等游牧民族相似，随牲畜逐水草而居。子合的土地出产玉石。

蒲犁国，王城在蒲犁谷，离长安九千五百五十里。有住户六百五十，人口五千，士兵二千人。东北到西域都护治所乌垒城五千三百九十六里，东到莎车五百四十里，北到疏勒五百五十里，南边与西夜子合接壤，西到无雷五百四十里。有侯、都尉各一人。在莎车借地耕种。种族、风俗与子合相同。

依耐国，王治去长安万一百五十里。户一百二十五，口六百七十，胜兵三百五十人。东北至都护治所二千七百三十里，至莎车五百四十里，至无雷五百四十里，北至疏勒六百五十里，南与子合接，俗相与同。少谷，寄田疏勒、莎车。

无雷国，王治卢城，去长安九千九百五十里。户千，口七千，胜兵三千人。东北至都护治所二千四百六十五里，南至蒲犁五百四十里，南与乌秅、北与捐毒、西与大月氏接。衣服类乌孙，俗与子合同。

难兜国，王治去长安万一百五十里，户五千，口三万一千，胜兵八千人。东北至都护治所二千八百五十里，西至无雷三百四十里，西南至罽宾三百三十里，南与婼羌、北与休循、西与大月氏接。种五谷、蒲陶诸果。有银铜铁，作兵与诸国同，属罽宾。

罽宾国，王治循鲜城，去长安万二千二百里。不属都护。户口胜兵多，大国也。东北至都护治所六千八百四十里，东至乌秅国二千二百五十里，东北至难兜国九日行，西北与大月氏、西南与乌弋山离接。

昔匈奴破大月氏，大月氏西君大夏，而塞王南君罽宾。塞种分散，往往为数国。自疏勒以西北，休循、捐毒之属，皆故塞种也。

罽宾地平，温和，有目宿，杂草奇木，檀、櫰、梓、竹、漆。种五谷、蒲陶诸果，粪治园田。地下湿，生稻，冬食生菜。其民巧，雕文刻镂，治宫室，织罽，刺文绣，好治食。有金银铜锡，以为器。市列。以金银为钱，文为骑马，幕为人面。出封牛、水牛、象、大狗、沐猴、孔爵、珠玑、珊瑚、虎魄、璧流离。它畜与诸国同。

自武帝始通罽宾，自以绝远，汉兵不能至，其王乌头劳数剽杀

依耐国，王城离长安一万零一百五十里。有住户一百二十五，人口六百七十，士兵三百五十人。东北到西域都护治所乌垒城二千七百三十里，到莎车五百四十里，到无雷五百四十里，北到疏勒六百五十里，南边与子合接壤，风俗与它相同。缺少粮食，在疏勒、莎车借地耕种。

无雷国，王城在卢城，离长安九千九百五十里。有住户一千，人口七千，士兵三千人。东北到西域都护治所乌垒城二千四百六十五里，南到蒲犁五百四十里，南边与乌秅、北边与捐毒、西边与大月氏接壤。衣服与乌孙相似，风俗与子合相同。

难兜国，王城离长安一万零一百五十里。有住户五千，人口三万一千，士兵八千人。东北到西域都护治所乌垒城二千八百五十里，西到无雷三百四十里，西南到罽宾三百三十里，南边与婼羌、北边与休循、西边与大月氏接壤。种植五谷、葡萄等水果，有银、铜、铁，制造的兵器和西域各国相同，隶属罽宾。

罽宾国，王城在循鲜城，离长安一万二千二百里。不隶属西域都护。户口、士兵都很多，是个大国。东北到西域都护治所乌垒城六千八百四十里，东到乌秅国二千二百五十里，东北到难兜国要走九天，西北与大月氏、西南与乌弋山离接壤。

过去匈奴攻破大月氏，大月氏向西迁到大夏重新建国，而塞王向南迁到罽宾重新建国。塞种人从此分散，在各处建立了数个国家。从疏勒往西北，休循、捐毒等国，都是从前的塞种人建立的。

罽宾国土地平坦，气候温和，有苜蓿，有杂草，奇木有檀、槐、梓、竹、漆。种植五谷、葡萄等水果，田地施粪肥。地势低洼潮湿，生长水稻，冬季吃生菜。百姓心灵手巧，擅长雕刻器物的花纹，建造宫室，织毛织品，刺绣，喜好做饭。有金、银、铜、锡，制造器具。市场有成列的商铺。用金、银铸造钱币，钱币正面是骑马图案，背面是人面图案。出产封牛、水牛、象、大狗、猕猴、孔雀、珠宝、珊瑚、琥珀、琉璃。其他牲畜与西域各国相同。

从武帝时开始汉朝与罽宾来往，罽宾认为与汉朝相距遥远，汉

汉使。乌头劳死，子代立，遣使奉献。汉使关都尉文忠送其使。王复欲害忠，忠觉之，乃与容屈王子阴末赴共合谋，攻罽宾，杀其王，立阴末赴为罽宾王，授印绶。后军候赵德使罽宾，与阴末赴相失，阴末赴锁琅当德，杀副已下七十余人，遣使者上书谢。孝元帝以绝域不录，放其使者于县度，绝而不通。

成帝时，复遣使献，谢罪，汉欲遣使者报送其使，杜钦说大将军王凤曰："前罽宾王阴末赴本汉所立，后卒畔逆。夫德莫大于有国子民，罪莫大于执杀使者，所以不报恩，不惧诛者，自知绝远，兵不至也。有求则卑辞，无欲则娇嫚，终不可怀服。凡中国所以为通厚蛮夷，惬快其求者，为壤比而为寇也。今县度之阸，非罽宾所能越也。其乡慕，不足以安西域；虽不附，不能危城郭。前亲逆节，恶暴西域，故绝而不通；今悔过来，而无亲属贵人，奉献者皆行贾贱人，欲通货市买，以献为名，故烦使者送至县度，恐失实见欺。凡遣使送客者，欲为防护寇害也。起皮山南，更不属汉之国四五，斥候士百余人，五分夜击刀斗自守，尚时为所侵盗。驴畜负粮，须诸国禀食，得以自赡。国或贫小不能食，或桀黠不肯给，拥强汉之节，馁山谷之间，乞匄无所得，离一二旬则人畜弃捐旷野而不反。又历大头痛、小头痛之山，赤土、身热之阪，令人身热无色，头痛呕吐，驴畜尽然。又有三池、盘石阪，道狭者尺六七寸，长者径三十里。临峥嵘不测之深，行者骑步相持，绳索相引，二千余里乃到县度。畜队，未半坑谷尽靡碎；人堕，势不得相收视。险阻危害，不可胜言。圣王分九州，制五服，务盛内，不求外。今遣使者承至尊之命，送蛮夷之贾，劳吏士之众，涉危难之路，罢弊所恃以事无用，非久长计也。使者业已受节，可至皮山而还。"于是凤白从钦言。罽宾实利赏赐贾市，其使数年而壹至云。

兵不能到来，罽宾王乌头劳多次劫杀汉使。乌头劳死后，他的儿子继位为王，派使者向汉朝进献。汉朝派关都尉文忠送罽宾使者回国。罽宾王又想杀害文忠，文忠察觉后，就与容屈王的儿子阴末赴合谋，攻打罽宾，杀死国王，立阴末赴为罽宾王，并授予印绶。后来军候赵德出使罽宾，与阴末赴失和，阴末赴捉拿了赵德，杀死副使以下七十多人，又派使者向汉朝上书谢罪。元帝认为罽宾地处边远，不能将罽宾使者逮捕，就把使者驱逐到县度，断绝与罽宾的来往。

成帝时，罽宾又派使者来汉朝进献东西，并谢罪，汉朝想派使者回复，并将罽宾使者送回，杜钦劝说大将军王凤："前罽宾王阴末赴原本是汉朝所立的，后来背叛汉朝。恩德没有比让其拥有国家百姓更大的，罪过没有比杀害我们的使者更大的，罽宾王所以对汉朝不报恩，又不害怕被诛杀，是知道汉朝离他们非常遥远，汉兵不能到。他们有求于汉朝时就言辞谦恭，无求于汉朝时就傲慢跋扈，内心始终不可能归顺服从。中原朝廷所以对蛮夷豁达宽厚，满足他们的要求，是因为他们与中国接壤，容易侵犯。现在县度是险阻之地，不是罽宾所能翻越的。罽宾仰慕汉朝，但不足以安定西域；即使罽宾不归附汉朝，也不能危害西域。从前罽宾国王亲自背叛汉朝，在西域暴露罪行，所以朝廷与其断绝关系，不再往来；现在他们又反悔，派人前来，但进献东西的人中没有国王的亲属贵人，都是一些卑贱的商人，以向天子献礼为名，实际是想做生意，所以我们派使者将他们送到县度，恐怕与事实不符，白白被骗。中原朝廷派使者护送客人，都是为了保护客人免受贼寇侵害。从皮山以南开始，有四五个国家并不隶属汉朝，侦察敌情的哨兵一百多人，五更时分敲击刁斗来自卫，还经常遭受侵犯劫夺。运粮的驴马等牲畜，还要沿途各国供食，才能自足。如果国家贫穷弱小不能供食，或是凶悍狡黠不肯供食，使者就算拿着强大汉朝的符节，但在山谷之间忍饥挨饿，什么也乞求不到，过了一二十天人和牲畜就会死在旷野而不能返回。还要经过大头痛山、小头痛山，以及赤土阪、身热阪，这些地方都会让人全身发热，面无血色，头痛呕吐，驴马牲畜同样如此。又有三池阪、盘石阪，道路狭窄的地方只有一尺六七寸，长的地方有三十里。面临深险

乌弋山离国，王去长安万二千二百里。不属都护。户口胜兵，大国也。东北至都护治所六十日行，东与罽宾、北与扑挑、西与犁靬、条支接。

行可百余日，乃至条支。国临西海，暑湿，田稻。有大鸟，卵如瓮。人众甚多，往往有小君长，安息役属之，以为外国。善眩。安息长老传闻条支有弱水、西王母，亦未尝见也。自条支乘水西行，可百余日，近日所入云。

乌弋地暑热莽平，其草木、畜产、五谷、果菜、食饮、宫室、市列、钱货、兵器、金珠之属皆与罽宾同，而有桃拔、师子、犀牛。俗重妄杀。其钱独文为人头，幕为骑马。以金银饰杖。绝远，汉使希至。自玉门、阳关出南道，历鄯善而南行，至乌弋山离，南道极矣。转北而东得安息。

安息国，王治番兜城，去长安万一千六百里。不属都护。北与康居、东与乌弋山离、西与条支接。土地风气，物类所有，民俗与乌弋、罽宾同。亦以银为钱，文独为王面，幕为夫人面。王死辄更铸钱。有大马爵。其属小大数百城，地方数千里，最大国也。临妫水，商贾车船行旁国。书革，旁行为书记。

不测的山谷，只能骑马的和步行的相互扶持，用绳索牵引，这样走二千多里才到县度。牲畜坠落山谷，还没到谷底就会粉碎；人坠落山谷，彼此不能相救。这些险阻危害，无法尽说。圣明的君王将天下分为九州，又划分五服，是为了让内地强盛，不是为了外围。现在朝廷派遣的使者是奉了天子之命，护送蛮夷的商人，让官吏士兵辛苦，行走在危难之路，消耗汉朝的人力物力，为远方各国做无用之事，这不是长久之计。使者已受派遣，可以将他们送到皮山就返回。”于是王凤上报并听从了杜钦的建议。罽宾确实是贪图汉朝的赏赐，想要做生意，所以他们的使者数年就会来一批。

乌弋山离国，王城离长安一万二千二百里。不隶属西域都护。户口和士兵很多，是大国。东北到西域都护治所乌垒城要走六十天，东与罽宾、北与扑挑、西与犁靬、条支接壤。

从乌弋山离向西走一百多天，就到达条支。条支国靠近西海，气候炎热潮湿，种植水稻。有驼鸟，它的蛋和瓮一样大。人口众多，到处都有小首领，都隶属安息并受其役使，作为藩国。乌弋山离人善于变戏法。安息的老人传说条支有弱水、西王母，也不曾见过。从条支坐船经水路向西，走一百多天，就到了太阳落下的地方。

乌弋天气炎热，地势平坦，草木茂盛，它的草木、牲畜、五谷、果菜、饮食、宫室、市场商铺、钱币、兵器、金银珠宝之类都和罽宾相同，又有桃拔、狮子、犀牛。风俗仁善，不许滥杀。钱币正面为人头图案，背面为骑马图案。用金银装饰手杖。距离汉朝十分遥远，汉朝使者很少来这里。从玉门关、阳关出发，沿着南道，经过鄯善然后往南走，就到达乌弋山离，这是南道的终点。转向北然后向东走，就到达安息。

安息国，王城在番兜城，离长安一万一千六百里。不隶属西域都护。北边与康居、东边与乌弋山离、西边与条支接壤。土地气候、物产、民俗与乌弋、罽宾相同。也用银铸造钱币，钱币正面是国王的脸，背面是夫人的脸。国王死后就重新铸造钱币。有驼鸟。属下有大小数百个城，地方数千里，是最大的国家。靠近妫水，商人用车船去附

武帝始遣使至安息，王令将将二万骑迎于东界。东界去王都数千里，行比至，过数十城，人民相属。因发使随汉使者来观汉地，以大鸟卵及犁靬眩人献于汉，天子大说。安息东则大月氏。

大月氏国，治监氏城，去长安万一千六百里。不属都护。户十万，口四十万，胜兵十万人。东至都护治所四千七百四十里，西至安息四十九日行，南与罽宾接。土地风气，物类所有，民俗钱货，与安息同。出一封橐驼。

大月氏本行国也，随畜移徙，与匈奴同俗。控弦十余万，故强轻匈奴。本居敦煌、祁连间，至冒顿单于攻破月氏，而老上单于杀月氏，以其头为饮器，月氏乃远去，过大宛，西击大夏而臣之，都妫水北为王庭。其余小众不能去者，保南山羌，号小月氏。

大夏本无大君长，城邑往往置小长，民弱畏战，故月氏徙来，皆臣畜之，共禀汉使者。有五翖侯：一曰休密翖侯，治和墨城，去都护二千八百四十一里，去阳关七千八百二里；二曰双靡翖侯，治双靡城，去都护三千七百四十一里，去阳关七千七百八十二里；三曰贵霜翖侯，治护澡城，去都护五千九百四十里，去阳关七千九百八十二里；四曰肸顿翖侯，治薄茅城，去都护五千九百六十二里，去阳关八千二百二里；五曰高附翖侯，治高附城，去都护六千四十一里，去阳关九千二百八十三里。凡五翖侯，皆属大月氏。

康居国，王冬治乐越匿地。到卑阗城。去长安万二千三百里。不属都护。至越匿地马行七日，至王夏所居蕃内九千一百四里。户十二万，口六十万，胜兵十二万人。东至都护治所五千五百五十里。

近国家做生意。在皮革上书写，横向记录。

武帝时开始派使者到安息，安息国王命令将军带领两万骑兵到东面边界迎接汉朝使者。安息国东面边界离王城数千里，去往那里，要经过数十座城，百姓相连，人口众多。汉使回国时，安息也派使者跟随汉使来汉地参观，还向汉朝进献鸵鸟蛋和犁靬变戏法的人，武帝很高兴。安息以东就是大月氏。

大月氏国，王城在监氏城，离长安一万一千六百里。不隶属西域都护。有住户十万，人口四十万，士兵十万人。东到西域都护治所乌垒城四千七百四十里，西至安息要走四十九天，南边与罽宾接壤。土地气候，物产，民俗钱币，与安息相同。出产一个峰的骆驼。

大月氏原来是游牧民族，随牲畜迁徙，与匈奴的风俗相同。大月氏有士兵十多万人，所以凭借自身实力强大而轻视匈奴。本来居住在敦煌和祁连山之间，到匈奴冒顿单于时，攻破月氏，而冒顿单于的儿子老上单于又杀死月氏王，并用他的头做酒器，月氏人于是远走，经过大宛，西击大夏向其称臣，建都妫水以北，作为王庭。其余小部分没有离开的月氏人，就倚仗南山的羌族，称为小月氏。

大夏原来没有国君，各处城邑自立小首领，百姓软弱，害怕战斗，所以月氏人迁来后，都臣服了，大月氏和大夏都受汉朝使者的节度。大夏有五位翖侯：一是休密翖侯，建都和墨城，离西域都护治所乌垒城二千八百四十一里，离阳关七千八百零二里；二是双靡翖侯，建都双靡城，离都护治所三千七百四十一里，离阳关七千七百八十二里；三是贵霜翖侯，建都护澡城，离都护治所五千九百四十里，离阳关七千九百八十二里；四是肸顿翖侯，建都薄茅城，离都护治所五千九百六十二里，离阳关八千二百零二里；五是高附翖侯，建都高附城，离都护治所六千零四十一里，离阳关九千二百八十三里。共五个翖侯，都隶属大月氏。

康居国，王城冬季设在越匿地。到卑阗城。离长安一万二千三百里。不隶属西域都护。到越匿地骑马要走七天，到夏季的王城蕃内九千一百零四里。有住户十二万，人口六十万，士兵十二万

与大月氏同俗。东羁事匈奴。

宣帝时，匈奴乖乱，五单于并争，汉拥立呼韩邪单于，而郅支单于怨望，杀汉使者，西阻康居。其后都护甘延寿、副校尉陈汤发戊己校尉西域诸国兵至康居，诛灭郅支单于，语在《甘延寿》《陈汤传》。是岁，元帝建昭三年也。

至成帝时，康居遣子侍汉，贡献，然自以绝远，独骄嫚，不肯与诸国相望。都护郭舜数上言："本匈奴盛时，非以兼有乌孙、康居故也；及其称臣妾，非以失二国也。汉虽皆受其质子，然三国内相输遗，交通如故，亦相候司，见便则发；合不能相亲信，离不能相臣役。以今言之，结配乌孙竟未有益，反为中国生事。然乌孙既结在前，今与匈奴俱称臣，义不可距。而康居骄黠，讫不肯拜使者。都护吏至其国，坐之乌孙诸使下，王及贵人先饮食已，乃饮啖都护吏，故为无所省以夸旁国。以此度之，何故遣子入侍？其欲贾市为好，辞之诈也。匈奴百蛮大国，今事汉甚备，闻康居不拜，且使单于有自下之意，宜归其侍子，绝勿复使，以章汉家不通无礼之国。敦煌、酒泉小郡及南道八国，给使者往来人马驴橐驼食，皆苦之。空罢耗所过，送迎骄黠绝远之国，非至计也。"汉为其新通，重致远人，终羁縻而未绝。

其康居西北可二千里，有奄蔡国。控弦者十余万人。与康居同俗。临大泽，无崖，盖北海云。

人。东到西域都护治所乌垒城五千五百五十里。与大月氏的风俗相同。东面受制于匈奴。

宣帝时，匈奴发生动乱，五个单于一起争夺王位，汉朝拥立呼韩邪单子，而郅支单于心怀怨恨，杀死汉朝使者，在西方倚仗康居的险阻而与汉朝对抗。此后西域都护甘延寿、副校尉陈汤派戊己校尉和西域各国的士兵到康居，杀死郅支单于，详见《甘延寿传》和《陈汤传》。这年，是元帝建昭三年（前36）。

到成帝时，康居王派儿子入朝侍奉，进献物品，但觉得康居国与汉朝相距遥远，就十分傲慢，不肯与西域各国一样对待汉朝。西域都护郭舜多次上书说："原来匈奴强盛时，并不是因为兼有乌孙、康居才强盛；后来匈奴向汉朝称臣，也不是因为失去乌孙、康居才称臣。汉朝虽然接受了他们的质子，但这三国背地里互相运送，往来如故，等候机会，机会就生事；它们联合时不能互相亲信，分散时也不能互相役使。从现在的情况来说，我们联合乌孙不能获益，反而会为我国生事。但乌孙之前已与我们联合，现在又与匈奴一起向我们称臣，道义上是不能拒绝的。而康居傲慢狡猾，终究不肯对使者行拜礼。都护派官吏到那里，他们竟然让汉朝使者坐在乌孙等国的使者之下，国王和贵人吃完后，才让都护的官吏吃，故意不理汉朝使者，借此向别的国家夸耀。由此推断，他们为什么要派王子入朝侍奉？是想要和好通商，才说这些骗人的话。匈奴是西域蛮族中最大的国家，现在侍奉汉朝非常周到，他们听说康居不拜汉使，单于就觉得自己侍奉汉朝太低下了，朝廷应当送回康居的侍子，不再与其通使，以此彰显我们不与无礼之国来往。敦煌、酒泉小郡和南道八国，要供给往来使者的人、马、驴、骆驼的饮食，都非常辛苦。让经过的地方疲惫耗损，迎送傲慢狡猾而又极其遥远的国家，这不是最好的计策。"但朝廷因为与康居刚刚通使，应以招致异族为重，始终采取怀柔政策，没有断绝与康居的关系。

从康居向西北约二千里，有奄蔡国。有士兵十多万人。与康居的风俗相同。靠近大湖，一望无际，就是北海（即今里海）。

康居有小王五：一曰苏䪢王，治苏䪢城，去都护五千七百七十六里，去阳关八千二十五里；二曰附墨王，治附墨城，去都护五千七百六十七里，去阳关八千二十五里；三曰窳匿王，治窳匿城，去都护五千二百六十六里，去阳关七千五百二十五里；四曰罽王，治罽城，去都护六千二百九十六里，去阳关八千五百五十五里；五曰奥鞬王，治奥鞬城，去都护六千九百六里，去阳关八千三百五十五里。凡五王，属康居。

大宛国，王治贵山城，去长安万二千五百五十里。户六万，口三十万，胜兵六万人。副王、辅国王各一人。东至都护治所四千三十一里，北至康居卑阗城千五百一十里，西南至大月氏六百九十里。北与康居、南与大月氏接，土地风气物类民俗与大月氏、安息同。大宛左右以蒲陶为酒，富人藏酒至万余石，久者至数十岁不败。俗耆酒，马耆目宿。

宛别邑七十余城，多善马。马汗血，言其先天马子也。

张骞始为武帝言之，上遣使者持千金及金马，以请宛善马。宛王以汉绝远，大兵不能至，爱其宝马不肯与。汉使妄言，宛遂攻杀汉使，取其财物。于是天子遣贰师将军李广利将兵前后十余万人伐宛，连四年。宛人斩其王毋寡首，献马三千匹，汉军乃还，语在《张骞传》。贰师既斩宛王，更立贵人素遇汉善者名昧蔡为宛王。后岁余，宛贵人以为昧蔡謟，使我国遇屠，相与共杀昧蔡，立毋寡弟蝉封为王，遣子入侍，质于汉，汉因使使赂赐镇抚之。又发使十余辈，抵宛西诸国求奇物，因风谕以伐宛之威。宛王蝉封与汉约，岁献天马二匹。汉使采蒲陶、目宿种归。天子以天马多，又外国使来众，益种蒲陶、目宿离宫馆旁，极望焉。

康居有五个小王：一是苏韰王，建都苏韰城，离西域都护治所乌垒城五千七百七十六里，离阳关八千零二十五里；二是附墨王，建都附墨城，离都护治所五千七百六十七里，离阳关八千零二十五里；三是窳匿王，建都窳匿城，离都护治所五千二百六十六里，离阳关七千五百二十五里；四是罽王，建都罽城，离都护治所六千二百九十六里，离阳关八千五百五十五里；五是奥鞬王，建都奥鞬城，离都护治所六千九百零六里，离阳关八千三百五十五里。共五个王，都隶属康居。

大宛国，王城在贵山城，离长安一万二千五百五十里。有住户六万，人口三十万，士兵六万人。有副王、辅国王各一人。东到西域都护治所乌垒城四千零三十一里，北到康居卑阗城一千五百一十里，西南到大月氏六百九十里。北边与康居、南边与大月氏接壤，土地、气候、物产、民俗与大月氏、安息相同。大宛用葡萄酿酒，富人家中藏酒达一万多石，长至数十年不坏。百姓喜欢喝酒，马喜欢吃苜蓿。

大宛有别邑七十多城，多良马。马流汗似血，传说它的祖先是天马之子。

张骞刚向武帝报告了大宛的情况，武帝就派使者带着千金和金马，去大宛请求良马。宛王认为汉朝遥远，大军到不了大宛，舍不得他的宝马，不肯给汉朝。汉使谩骂宛王，大宛就杀死汉使，夺取了他的财物。于是武帝派贰师将军李广利前后带兵十多万人攻打大宛，持续了四年时间。大宛人砍下宛王毋寡的头，进献宝马三千匹，汉军才撤回，详见《张骞传》。贰师将军杀死宛王后，另立大宛贵人中一向亲汉名叫昧蔡的人为宛王。一年多后，大宛贵人认为昧蔡逢迎汉朝，让大宛遭到屠戮，于是一起将昧蔡杀死，立毋寡的弟弟蝉封为王，派其子入朝侍奉，到汉朝做人质，汉朝也派使者对宛王进行赏赐，加以安抚。又派十多批使者，到大宛以西的各国寻求珍奇宝物，并婉言炫耀攻打大宛的军威。宛王蝉封与汉朝约定，每年进献天马两匹。汉使采集了一些葡萄、苜蓿种子带了回去。武帝因天马多，外国来的使者也多，就在离宫别馆旁种了更多的葡萄、苜蓿，一望无际。

自宛以西至安息国，虽颇异言，然大同，自相晓知也。其人皆深目，多须髯。善贾市，争分铢。贵女子，女子所言，丈夫乃决正。其地皆丝漆，不知铸铁器。及汉使亡卒降，教铸作它兵器。得汉黄白金，辄以为器，不用为币。

自乌孙以西至安息，近匈奴。匈奴尝困月氏，故匈奴使持单于一信到国，国传送食，不敢留苦。及至汉使，非出币物不得食，不市畜不得骑，所以然者，以远汉，而汉多财物，故必市乃得所欲。及呼韩邪单于朝汉，后咸尊汉矣。

桃槐国，王去长安万一千八十里。户七百，口五千，胜兵千人。

休循国，王治鸟飞谷，在葱领西，去长安万二百一十里。户三百五十八，口千三十，胜兵四百八十人。东至都护治所三千一百二十一里，至捐毒衍敦谷二百六十里，西北至大宛国九百二十里，西至大月氏千六百一十里。民俗衣服类乌孙，因畜随水草，本故塞种也。

捐毒国，王治衍敦谷，去长安九千八百六十里。户三百八十，口千一百，胜兵五百人。东至都护治所二千八百六十一里。至疏勒。南与葱领属，无人民。西上葱领，则休循也。西北至大宛千三十里，北与乌孙接。衣服类乌孙，随水草，依葱领，本塞种也。

莎车国，王治莎车城，去长安九千九百五十里。户二千三百三十九，口万六千三百七十三，胜兵三千四十九人。辅国侯、左右将、左右骑君、备西夜君各一人，都尉二人，译长四人。东北至都护治所四千七百四十六里，西至疏勒五百六十里，西南至蒲犁七百四十里。有铁山，出青玉。

从大宛以西到安息国，虽然语言有些差异，但大致相同，互相可以明白对方的意思。这里的人都眼睛凹陷，多络腮胡。擅长做买卖，分毫必争。看重女子，女子所说的，男子就依从。当地没有丝、漆，不知道铸造铁器。后来汉使逃走的士卒向大宛投降，教会了他们铸造其他兵器。他们得到汉朝的黄金、白银后，就用来制造器具，不用来铸造钱币。

从乌孙以西到安息国，靠近匈奴。匈奴曾让月氏受困，所以匈奴使者拿着单于的一封信到此，月氏就会送上食物，不敢怠慢怕苦。等到汉使前来，不给财物就没有食物，不买牲畜就没有马骑，之所以这样，是因为汉朝遥远，又有很多财物，因此一定要先买东西才能获得想要的。到呼韩邪单于朝见后，这些国家才都尊奉汉朝。

桃槐国，王城离长安万一千八十里。有住户七百，人口五千，士兵一千人。

休循国，王城在鸟飞谷，在葱岭西边，离长安一万零二百一十里。有住户三百五十八，人口一千零三十，士兵四百八十人。东到西域都护治所乌垒城三千一百二十一里，到捐毒衍敦谷二百六十里，西北到大宛国九百二十里，西到大月氏一千六百一十里。民俗、衣服和乌孙相似，随牲畜逐水草而居，原来是塞种人。

捐毒国，王城在衍敦谷，离长安九千八百六十里。有住户三百八十，人口一千一百，士兵五百人。东到西域都护治所乌垒城二千八百六十一里。到疏勒。南边与葱岭连接，没有百姓。向西上葱岭，就是休循。西北到大宛一千零三十里，北边与乌孙接壤。衣服和乌孙相似，逐水草而居，靠近葱岭，原来是塞种人。

莎车国，王城在莎车城，离长安九千九百五十里。有住户二千三百三十九，人口一万六千三百七十三，士兵三千零四十九人。有辅国侯、左将、右将、左骑君、右骑君、备西夜君各一人，都尉二人，译长四人。东北到西域都护治所乌垒城四千七百四十六里，西到疏勒五百六十里，西南到蒲犁七百四十里。有铁矿山，出产青玉。

宣帝时，乌孙公主小子万年，莎车王爱之。莎车王无子死，死时万年在汉。莎车国人计欲自托于汉，又欲得乌孙心，即上书请万年为莎车王。汉许之，遣使者奚充国送万年。万年初立，暴恶，国人不说。莎车王弟呼屠徵杀万年，并杀汉使者，自立为王，约诸国背汉。会卫候冯奉世使送大宛客，即以便宜发诸国兵击杀之，更立它昆弟子为莎车王。还，拜奉世为光禄大夫。是岁，元康元年也。

疏勒国，王治疏勒城，去长安九千三百五十里。户千五百一十，口万八千六百四十七，胜兵二千人。疏勒侯、击胡侯、辅国侯、都尉、左右将、左右骑君、左右译长各一人。东至都护治所二千二百一十里，南至莎车五百六十里。有市列，西当大月氏、大宛、康居道也。

尉头国，王治尉头谷，去长安八千六百五十里。户三百，口二千三百，胜兵八百人。左右都尉各一人，左右骑君各一人。东至都护治所千四百一十一里，南与疏勒接，山道不通，西至捐毒千三百一十四里，径道马行二日，田畜随水草，衣服类乌孙。

宣帝时，乌孙公主的小儿子万年，受到莎车王的喜爱。莎车王没有儿子，死去之时万年正在汉朝。莎车人打算依附汉朝，又想得到乌孙的欢心，就上书请求让万年做莎车王。汉朝表示同意，就派使者奚充国送万年去莎车。万年刚继位为王，残暴凶恶，莎车人非常不满。原莎车王的弟弟呼屠徵将万年杀死，并杀死汉朝使者，自立为王，与各国相约背叛汉朝。恰逢卫候冯奉世作为使者护送大宛客人回国，就乘机征调各国士兵攻打并杀死呼屠徵，另立呼屠徵的侄子为莎车王。冯奉世回朝，宣帝封他为光禄大夫。这年，是元康元年（前65）。

疏勒国，王城在疏勒城，离长安九千三百五十里。有住户一千五百一十，人口一万八千六百四十七，士兵二千人。有疏勒侯、击胡侯、辅国侯、都尉、左将、右将、左骑君、右骑君、左译长、右译长各一人。东到西域都护治所乌垒城二千二百一十里，南到莎车五百六十里。有市场商铺，西边在通往大月氏、大宛、康居的道路上。

尉头国，王城在尉头谷，离长安八千六百五十里。有住户三百，人口二千三百，士兵八百人。有左都尉、右都尉各一人，左骑君、右骑君各一人。东到西域都护治所乌垒城一千四百一十一里，南边与疏勒接壤，不通山路，西到捐毒一千三百一十四里，从小路骑马要走两天。随牲畜逐水草而居，衣服和乌孙相似。

卷九十六下

西域传第六十六下

乌孙国，大昆弥治赤谷城，去长安八千九百里。户十二万，口六十三万，胜兵十八万八千八百人。相，大禄，左右大将二人，侯三人，大将、都尉各一人，大监二人，大吏一人，舍中大吏二人，骑君一人。东至都护治所千七百二十一里，西至康居蕃内地五千里。地莽平。多雨，寒。山多松樠。不田作种树，随畜逐水草，与匈奴同俗。国多马，富人至四五千匹。民刚恶，贪狼无信，多寇盗，最为强国。故服匈奴，后盛大，取羁属，不肯往朝会。东与匈奴、西北与康居、西与大宛、南与城郭诸国相接。本塞地也，大月氏西破走塞王，塞王南越县度，大月氏居其地。后乌孙昆莫击破大月氏，大月氏徙西臣大夏，而乌孙昆莫居之，故乌孙民有塞种、大月氏种云。

始张骞言乌孙本与大月氏共在敦煌间，今乌孙虽强大，可厚赂招，令东居故地，妻以公主，与为昆弟，以制匈奴。语在《张骞传》。武帝即位，令骞赍金币往。昆莫见骞如单于礼，骞大惭，谓曰："天子致赐，王不拜，则还赐。"昆莫起拜，其它如故。

初，昆莫有十余子，中子大禄强，善将，将众万余骑别居。大禄兄太子，太子有子曰岑陬。太子蚤死，谓昆莫曰："必以岑陬为太子。"昆莫哀许之。大禄怒，乃收其昆弟，将众畔，谋攻岑陬。昆莫与岑陬万余骑，令别居，昆莫亦自有万余骑以自备。国分为三，大总羁属昆莫。骞既致赐，谕指曰："乌孙能东居故地，则汉遣公主为夫

乌孙国，大昆弥建都赤谷城，离长安八千九百里。有住户十二万，人口六十三万，士兵十八万八千八百人。有相，大禄，左大将、右大将二人，侯三人，大将、都尉各一人，大监二人，大吏一人，舍中大吏二人，骑君一人。乌孙国东到西域都护治所乌垒城一千七百二十一里，西到康居的蕃内地五千里。地势平坦，草木茂盛。多雨，气候寒冷。山上多松樠。乌孙人不耕作种树，随牲畜逐水草而居，和匈奴的风俗相同。国内多马，富人有马多达四五千匹。百姓性格刚烈，贪狠如狼，不守信用，多盗贼，是最强大的国家。过去曾经归顺匈奴，后来开始强盛，汉朝采取笼络态度，但它不肯前往朝见。乌孙国东边与匈奴、西北与康居、西边与大宛、南边与城郭各国相接。原来是塞种人的土地，大月氏向西攻打并赶走塞王，塞王向南翻过县度，迁居那里，大月氏就占据了他们的土地。后来乌孙昆莫攻破大月氏，大月氏西迁，向大夏称臣，而乌孙昆莫占据了大夏原来的土地，所以乌孙百姓中有塞种人、大月氏人。

最初张骞说乌孙本来与大月氏都在敦煌一带，现在乌孙虽然强大了，还是可用厚礼招揽，让他们回到东边的故地居住，再把公主嫁给昆莫为妻，与其结为兄弟，用来牵制匈奴。详见《张骞传》。武帝即位，命张骞带着黄金和缯帛前往乌孙，赐给昆莫。昆莫如同匈奴单于般接见张骞，张骞十分羞愧，对昆莫说：“天子赐给你的礼物，你不拜谢，就把礼物还回来吧。”昆莫起身拜谢，其他依然如故。

起初，昆莫有十多个儿子，排行居中的儿子大禄很厉害，善于领兵，带领一万多骑兵另居一处。大禄的哥哥是太子，太子有个儿子叫岑陬。太子早死，死前对昆莫说：“一定要立岑陬为太子。”昆莫心中悲痛就答应了他。大禄对此事非常愤怒，就将其他兄弟都抓了起来，带领部众造反，打算攻打岑陬。昆莫给了岑陬一万多骑兵，命他另居

人，结为昆弟，共距匈奴，不足破也。”乌孙远汉，未知其大小，又近匈奴，服属日久，其大臣皆不欲徙。昆莫年老国分，不能专制，乃发使送骞，因献马数十匹报谢。其使见汉人众富厚，归其国，其国后乃益重汉。

匈奴闻其与汉通，怒欲击之。又汉使乌孙，乃出其南，抵大宛、月氏，相属不绝。乌孙于是恐，使使献马，愿得尚汉公主，为昆弟。天子问群臣，议许，曰：“必先内聘，然后遣女。”乌孙以马千匹聘。汉元封中，遣江都王建女细君为公主，以妻焉。赐乘舆服御物，为备官属宦官侍御数百人，赠送甚盛。乌孙昆莫以为右夫人。匈奴亦遣女妻昆莫，昆莫以为左夫人。

公主至其国，自治宫室居，岁时一再与昆莫会，置酒饮食，以币帛赐王左右贵人。昆莫年老，语言不通，公主悲愁，自为作歌曰：“吾家嫁我兮天一方，远托异国兮乌孙王。穹庐为室兮旃为墙，以肉为食兮酪为浆。居常土思兮心内伤，愿为黄鹄兮归故乡。”天子闻而怜之，间岁遣使者持帷帐锦绣给遗焉。

昆莫年老，欲使其孙岑陬尚公主。公主不听，上书言状，天子报曰：“从其国俗，欲与乌孙共灭胡。”岑陬遂妻公主。昆莫死，岑陬代立。岑陬者，官号也，名军须靡。昆莫，王号也，名猎骄靡。后书“昆弥”云。岑陬尚江都公主，生一女少夫。公主死，汉复以楚王戊之孙解忧为公主，妻岑陬。岑陬胡妇子泥靡尚小，岑陬且死，以国与季父大禄子翁归靡，曰：“泥靡大，以国归之。”

一处，自己也有一万多骑兵用来自卫。国家一分为三，总体都受昆莫管辖。张骞将赐给昆莫的礼物送达后，晓谕武帝旨意说："乌孙如果能回到东边的故地居住，汉朝就会遣送公主给乌孙国王做夫人，双结为兄弟，一同对抗匈奴，一定能将其打败。"乌孙远离汉朝，不知道汉朝的大小，又靠近匈奴，加之归顺匈奴已久，大臣们都不愿意东迁。昆莫年老，国家分裂，不能独掌政权，于是派使者送张骞回汉朝，同时进献数十匹马作为答谢。使者见汉朝人口众多，财物丰厚，回国后，乌孙越来越尊重汉朝。

匈奴听说乌孙与汉朝来往，非常愤怒，打算攻打乌孙。另外汉朝使者经过乌孙以南，到达大宛、月氏的，络绎不绝。乌孙于是非常惶恐，就派使者向汉朝进献马匹，表示愿意娶汉朝公主为妻，双方结为兄弟。武帝向群臣询问意见，大臣们商议后表示同意，说："一定要先送聘礼，然后才遣送公主。"乌孙用一千匹马作为聘礼。元封年间，汉朝派江都王刘建的女儿刘细君作为公主，嫁给昆莫为妻。武帝赐给她车马衣服和皇室用的器物，还为她配备属吏、宦官、宫女数百人，赠送的礼物非常丰厚。乌孙昆莫将细君封为右夫人。匈奴也遣送女子嫁给昆莫为妻，昆莫将她封为左夫人。

公主到乌孙后，自己修建宫室居住，一年中与昆莫相会几次，设宴招待，还赏赐昆莫左右的贵人缯帛。昆莫年老，两人语言不通，公主深感悲伤忧愁，自己作歌道："吾家嫁我兮天一方，远托异国兮乌孙王。穹庐为室兮旃为墙，以肉为食兮酪为浆。居常土思兮心内伤，愿为黄鹄兮归故乡。"武帝听说后非常同情她，每隔一年就派使者送帷帐、锦绣等东西给她。

昆莫年老，想让他的孙子岑陬娶公主为妻。公主不听从，向武帝上书说明了情况，武帝回复说："应当遵从乌孙的风俗，我们想与乌孙一起消灭匈奴。"岑陬就娶了公主为妻。昆莫死后，岑陬继位为王。岑陬，是官号，名叫军须靡。昆莫，是王号，名叫猎骄靡。后来称王号为"昆弥"。岑陬娶了江都公主后，生了一个女儿，名叫少夫。公主死后，汉朝又以楚王刘戊的孙女刘解忧作为公主，嫁给岑陬为妻。岑陬娶的匈奴妻子生的儿子泥靡还小，岑陬将死时，将王位传给了叔

翁归靡既立，号肥王，复尚楚主解忧，生三男两女：长男曰元贵靡；次曰万年，为莎车王；次曰大乐，为左大将；长女弟史为龟兹王绛宾妻；小女素光为若呼翖侯妻。

昭帝时，公主上书，言“匈奴发骑田车师，车师与匈奴为一，共侵乌孙，唯天子幸救之！”汉养士马，议欲击匈奴。会昭帝崩，宣帝初即位，公主及昆弥皆遣使上书，言“匈奴复连发大兵侵击乌孙，取车延、恶师地，收人民去，使使谓乌孙趣持公主来，欲隔绝汉。昆弥愿发国半精兵，自给人马五万骑，尽力击匈奴。唯天子出兵以救公主、昆弥。”汉兵大发十五万骑，五将军分道并出。语在《匈奴传》。遣校尉常惠使持节护乌孙兵，昆弥自将翖侯以下五万骑从西方入，至右谷蠡王庭，获单于父行及嫂、居次、名王、犁汙都尉、千长、骑将以下四万级，马牛羊驴橐驼七十余万头，乌孙皆自取所虏获。还，封惠为长罗侯。是岁，本始三年也。汉遣惠持金币赐乌孙贵人有功者。

元康二年，乌孙昆弥因惠上书：“愿以汉外孙元贵靡为嗣，得令复尚汉公主，结婚重亲，畔绝匈奴，愿聘马骡各千匹。”诏下公卿议，大鸿胪萧望之以为“乌孙绝域，变故难保，不可许。”上美乌孙新立大功，又重绝故业，遣使者至乌孙，先迎取聘。昆弥及太子、左右大将、都尉皆遣使，凡三百余人，入汉迎取少主。上乃以乌孙主解忧弟子相夫为公主，置官属侍御百余人，舍上林中，学乌孙言。天子自临平乐观，会匈奴使者、外国君长大角抵，设乐而遣之。使长罗侯光禄大夫惠为副，凡持节者四人，送少主至敦煌。未出塞，闻乌孙昆弥翁归靡死，乌孙贵人共从本约，立岑陬子泥靡代为昆弥，号狂王。惠上书：“愿留少主敦煌，惠驰至乌孙责让不立元贵靡为昆

父大禄的儿子翁归靡，并说："等泥靡长大后，再把王位还给他。"

翁归靡继位后，号肥王，又娶了解忧公主为妻，生了三个儿子和两个女儿：长子叫元贵靡；次子叫万年，是莎车王；三子叫大乐，是左大将；长女叫弟史，是龟兹王绛宾的妻子；小女叫素光，是若呼翎侯的妻子。

昭帝时，解忧公主上书，说"匈奴派骑兵驻扎在车师，车师与匈奴联合，一起侵犯乌孙，希望天子可以救援！"汉朝准备好士兵战马，商议要攻打匈奴。恰逢昭帝驾崩，宣帝刚即位，解忧公主和昆弥都派使者上书，说"匈奴又接连大规模派出军队侵犯乌孙，夺取车延、恶师等地，掠走百姓，还派使者让乌孙赶快将公主送来，想要断绝乌孙与汉朝的关系。昆弥愿意派出全国一半的精兵，自备五万人马，全力攻打匈奴。希望天子出兵救援公主、昆弥。"汉朝大规模派兵十五万骑，由五位将军分别率领，一起出击。详见《匈奴传》。汉朝又派校尉常惠作为使者拿着符节护送乌孙兵，昆弥亲自带领翎侯以下共五万骑从西边攻打匈奴，打到匈奴右谷蠡王庭，俘获单于的父辈和嫂子、居次、名王、犁汙都尉、千长、骑将以下共四万人，马、牛、羊、驴、骆驼七十多万头，乌孙将这些俘获的人和物全都带走。汉军回朝后，宣帝封常惠为长罗侯。这年，是本始三年（前71）。汉朝又派常惠带着黄金和缯帛赐给立下战功的乌孙贵人。

元康二年（前64），乌孙昆弥通过常惠上书说："愿意将汉朝的外孙元贵靡立为继承人，让他也娶汉朝公主为妻，亲上加亲，乌孙断绝与匈奴的关系，愿意用马、骡各一千匹当做聘礼。"宣帝将此事交由公卿商议，大鸿胪萧望之认为"乌孙处于边远之地，难保不发生变故，不要答应他们。"宣帝赞赏乌孙刚立下大功，很难断绝原先的姻亲关系，就遣使者到乌孙，先取回聘礼。昆弥和太子、左大将、右大将、都尉都派出使者，共三百多人，去汉朝迎接少公主。宣帝就以解忧公主的侄女相夫作为公主，设置属吏、宫女等一百多人，住在上林苑中，学习乌孙语言。宣帝亲自到平乐观，会见匈奴使者和外国首领，大演角抵戏，奏起音乐，然后遣送相夫公主出嫁。让长罗侯光禄大夫常惠作为副使，共四人担任使者，送少公主到敦煌。使者还没

弥，还迎少主。”事下公卿，望之复以为“乌孙持两端，难约结。前公主在乌孙四十余年，恩爱不亲密，边竟未得安，此已事之验也。今少主以元贵靡不立而还，信无负于夷狄，中国之福也。少主不止，繇役将兴，其原起此。”天子从之，征还少主。

狂王复尚楚主解忧，生一男鸱靡，不与主和，又暴恶失众。汉使卫司马魏和意、副候任昌送侍子，公主言狂王为乌孙所患苦，易诛也。遂谋置酒会，罢，使士拔剑击之。剑旁下，狂王伤，上马驰去。其子细沈瘦会兵围和意、昌及公主于赤谷城。数月，都护郑吉发诸国兵救之，乃解去。汉遣中郎将张遵持医药治狂王，赐金二十斤，采缯。因收和意、昌系琐，从尉犁槛车至长安，斩之。车骑将军长史张翁留验公主与使者谋杀狂王状，主不服，叩头谢，张翁捽主头骂詈。主上书，翁还，坐死。副使季都别将医养视狂王，狂王从十余骑送之。都还，坐知狂王当诛，见便不发，下蚕室。

初，肥王翁归靡胡妇子乌就屠，狂王伤时惊，与诸翎侯俱去，居北山中，扬言母家匈奴兵来，故众归之。后遂袭杀狂王，自立为昆弥。汉遣破羌将军辛武贤将兵万五千人至敦煌，遣使者案行表，穿卑鞮侯井以西，欲通渠转谷，积居庐仓以讨之。

初，楚主侍者冯嫽能史书，习事，尝持汉节为公主使，行赏赐

出边塞，就听说乌孙昆弥翁归靡已经死去，乌孙贵人遵从岑陬当初的约定，立岑陬的儿子泥靡为昆弥，号狂王。常惠上书说：“希望将少公主暂时留在敦煌，我赶到乌孙，责备他们不立元贵靡为昆弥后，再来接少公主。”宣帝将此事交由公卿商议，萧望之又说“乌孙犹豫不定，很难与其立下约定。解忧公主在乌孙四十多年，两国关系并不亲密，边境也没有获得安宁，此事已被证明。现在少公主因元贵靡不能继位而返回，并未有负于乌孙，是我国的福气。如果少公主还要去乌孙，将会大兴徭役，起源于此。”宣帝听从了萧望之的意见，将少公主接回长安。

狂王又娶解忧公主为妻，生了一个儿子叫鸱靡，狂王与公主不和，又残暴凶恶，失去民心。汉朝派卫司马魏和意、副候任昌送侍子回乌孙，解忧公主说了狂王被乌孙人憎恶之事，应将其诛杀。于是他们商议摆下酒宴邀请狂王，散席后，派人用剑攻击狂王。剑砍到一旁，狂王受伤，上马疾驰而去。他的儿子细沈瘦带兵将魏和意、任昌和解忧公主包围在赤谷城。数月后，西域都护郑吉征调各国的士兵前往救援，细沈瘦才解围离去。汉朝派中郎将张遵带着医药治疗狂王，并赐给他黄金二十斤及各色丝织品。派人将魏和意、任昌逮捕，从尉犁用囚车押解到长安，然后斩首。车骑将军长史张翁留下来调查解忧公主与魏和意、任昌一起谋杀狂王的情况，公主不认罪，向张翁叩头道歉，张翁揪住公主的头发进行辱骂。公主上书宣帝，张翁回朝后，被处死。副使季都另外带人养护照看狂王，返回长安时，狂王带着十多人送他。季都回朝后，因知道狂王其罪当诛，但不能乘机发兵将他逮捕而获罪，季都被下放蚕室，遭受宫刑。

起初，在狂王被砍伤受惊之时，肥王翁归靡所娶匈奴妻子生的儿子乌就屠，与诸位翖侯一起逃走，住在北山中，扬言说他母亲娘家的匈奴兵快来了，所以众人都归顺他。后来他乘狂王不备，将其杀死，自立为昆弥。汉朝派破羌将军辛武贤带兵一万五千人到敦煌，又派使者考察地形，树立标识，在卑鞮侯井以西凿井，想通渠引水，运送粮食，囤积在仓，讨伐乌就屠。

起初，解忧公主的侍者冯嫽，通晓史书，熟悉西域事务，曾拿着

于城郭诸国，敬信之，号曰冯夫人。为乌孙右大将妻，右大将与乌就屠相爱，都护郑吉使冯夫人说乌就屠，以汉兵方出，必见灭，不如降。乌就屠恐，曰："愿得小号。"宣帝征冯夫人，自问状。遣谒者竺次、期门甘延寿为副，送冯夫人。冯夫人锦车持节，诏乌就屠诣长罗侯赤谷城，立元贵靡为大昆弥，乌就屠为小昆弥，皆赐印绶。破羌将军不出塞还。后乌就屠不尽归诸翎侯民众，汉复遣长罗侯惠将三校屯赤谷，因为分别其人民地界，大昆弥户六万余，小昆弥户四万余，然众心皆附小昆弥。

元贵靡、鸱靡皆病死，公主上书言年老土思，愿得归骸骨，葬汉地。天子闵而迎之，公主与乌孙男女三人俱来至京师。是岁，甘露三年也。时年且七十，赐以公主田宅奴婢，奉养甚厚，朝见仪比公主。后二岁卒，三孙因留守坟墓云。

元贵靡子星靡代为大昆弥，弱，冯夫人上书，愿使乌孙镇抚星靡。汉遣之，卒百人送焉。都护韩宣奏，乌孙大吏、大禄、大监皆可以赐金印紫绶，以尊辅大昆弥，汉许之。后都护韩宣复奏，星靡怯弱，可免，更以季父左大将乐代为昆弥，汉不许。后段会宗为都护，招还亡畔，安定之。

星靡死，子雌栗靡代。小昆弥乌就屠死，子拊离代立，为弟日贰所杀。汉遣使者立拊离子安日为小昆弥。日贰亡，阻康居。汉徙己校屯姑墨，欲候便讨焉。安日使贵人姑莫匿等三人诈亡从日贰，刺杀之。都护廉褒赐姑莫匿等金人二十斤，缯三百匹。

汉朝符节作为公主的使者，到西域各国城郭进行赏赐，很受尊敬信任，号称冯夫人。后来她嫁给乌孙右大将为妻，右大将与乌就屠关系亲密，西域都护郑吉就派冯夫人劝说乌就屠，告诉他汉朝正在出兵，乌孙一定会被灭掉，不如早早投降。乌就屠十分害怕，说：“我只希望保留小昆弥的称号。”宣帝将冯夫人召回长安，亲自向她询问乌孙的情况。之后宣帝派遣谒者竺次、期门甘延寿作为副使，送冯夫人回乌孙。冯夫人乘坐锦车、拿着符节，诏令乌就屠去赤谷城长罗侯常惠那里，立元贵靡为大昆弥，乌就屠为小昆弥，都赐给印绶。破羌将军辛武贤还没出塞就回去了。后来乌就屠没有将诸位翎侯的民众全部归还，汉朝又派长罗侯常惠带领三校驻扎在赤谷，并划分乌孙的百姓地界，大昆弥有六万多户，小昆弥有四万多户，可是民心都向着小昆弥。

元贵靡、鸱靡都病死，解忧公主向宣帝上书，说自己年老思乡，希望能回去，将尸骨安葬在汉地。宣帝心中怜悯公主派人将她接回，公主和她的三个孙子孙女都来到长安。这年，是甘露三年（前51）。公主当时已将近七十岁了，宣帝赐给公主田地、房屋、奴婢，生活待遇十分优厚，朝见的礼仪同天子自己的公主一样。两年（黄龙元年，前49年）后，解忧公主去世，三个孙子孙女就留下来看守坟墓。

元贵靡的儿子星靡继位为大昆弥，年纪尚小，冯夫人向宣帝上书，希望出使乌孙安抚星靡。汉朝就派冯夫人出使乌孙，又让一百多士卒送她回去。西域都护韩宣上奏，认为乌孙的大吏、大禄、大监都可以赐给金印紫绶，让他们尊奉辅佐大昆弥，朝廷同意了他的建议。后来韩宣又上奏，说星靡懦弱胆小，可以免去他的大昆弥之位，让他的叔父左大将乐继位为大昆弥，汉朝没有同意。后来段会宗任西域都护，招回了乌孙叛逃的民众，国家得以安定。

星靡死后，儿子雌栗靡继位为大昆弥。小昆弥乌就屠死后，儿子拊离继位为小昆弥，但被他的弟弟日贰杀死。汉朝派使者立拊离的儿子安日为小昆弥。日贰逃走，停留在康居。汉朝调派己校尉驻扎在姑墨，伺机攻打日贰。安日派贵人姑莫匿等三人假装成逃亡之人，投奔日贰，将其刺杀。西域都护廉褒赐给姑莫匿等人黄金二十斤，缯

后安日为降民所杀，汉立其弟末振将代。时大昆弥雌栗靡健，翎侯皆畏服之，告民牧马畜无使入牧，国中大安和翁归靡时。小昆弥末振将恐为所并，使贵人乌日领诈降刺杀雌栗靡。汉欲以兵讨之而未能，遣中郎将段会宗持金币与都护图方略，立雌栗靡季父公主孙伊秩靡为大昆弥。汉没入小昆弥侍子在京师者。久之，大昆弥翎侯难栖杀末振将，末振将兄安日子安犁靡代为小昆弥。汉恨不自诛末振将，复使段会宗即斩其太子番丘。还，赐爵关内侯。是岁，元延二年也。

会宗以翎侯难栖杀末振将，虽不指为汉，合于讨贼，奏以为坚守都尉。责大禄、大吏、大监以雌栗靡见杀状，夺金印紫绶，更与铜墨云。末振将弟卑爰疐本共谋杀大昆弥，将众八万余口北附康居，谋欲藉兵兼并两昆弥。两昆弥畏之，亲倚都护。

哀帝元寿二年，大昆弥伊秩靡与单于并入朝，汉以为荣。至元始中，卑爰疐杀乌日领以自效，汉封为归义侯。两昆弥皆弱，卑爰疐侵陵，都护孙建袭杀之。自乌孙分立两昆弥后，汉用忧劳，且无宁岁。

姑墨国，王治南城，去长安八千一百五十里。户三千五百，口二万四千五百，胜兵四千五百人。姑墨侯、辅国侯、都尉、左右将、左右骑君各一人，译长二人。东至都护治所二千二十一里，南至于阗马行十五日，北与乌孙接。出铜、铁、雌黄。东通龟兹六百七十里。王莽时，姑墨王丞杀温宿王，并其国。

温宿国，王治温宿城，去长安八千三百五十里。户二千二百，

三百匹。

后来安日被俘虏杀死，汉朝又立他的弟弟末振将为小昆弥。当时大昆弥雌栗靡非常勇猛，各翎侯都惧怕服从他，告知百姓放牧马、牛、羊等牲畜时，不要进入大昆弥的牧区，国中非常太平，和翁归靡时一样。小昆弥末振将害怕被吞并，就派贵人乌日领假装向雌栗靡投降，并将其刺杀。汉朝想派兵征讨末振将，但没有出兵，就派中郎将段会宗带着黄金和缯帛去西域与都护郭舜商议策略，立雌栗靡的叔父、解忧公主的孙子伊秩靡为大昆弥。汉朝将小昆弥在长安的侍子没入官署。很久以后，大昆弥的翎侯难栖杀死末振将，末振将哥哥安日的儿子安犁靡继位为小昆弥。汉朝后悔不能亲自杀掉末振将，又让段会宗杀掉他的太子番丘。段会宗回朝后，成帝赏赐关内侯爵位。这年，是元延二年（前11）。

段会宗认为翎侯难栖杀死末振将，虽然不是为了汉朝，但是符合讨伐贼寇的目的，就奏请成帝封他为坚守都尉。汉朝以雌栗靡被杀之事责备大禄、大吏、大监，收回了他们的金印紫绶，改为铜印墨绶。末振将的弟弟卑爰疐原本参与谋杀大昆弥雌栗靡，后来带领部众八万多人向北依附康居，想要借康居的兵马兼并大、小昆弥。大、小昆弥都畏惧卑爰疐，就亲近依附都护。

哀帝元寿二年（前1），大昆弥伊秩靡与匈奴单于一同入朝，汉朝引以为荣。到平帝元始年间，卑爰疐杀掉乌日领自请愿为汉朝效力，汉封他为归义侯。大、小昆弥的势力都很弱小，卑爰疐就不断侵犯欺凌他们，都护孙建乘卑爰疐不备，将其杀死。自从乌孙分立了大、小昆弥后，汉朝忧虑劳苦，没有安宁的日子。

姑墨国，王城在南城，离长安八千一百五十里。有住户三千五百，人口二万四千五百，士兵四千五百人。有姑墨侯、辅国侯、都尉、左将、右将、左骑君、右骑君各一人，译长二人。东到西域都护治所乌垒城二千零二十一里，南到于阗骑马要走十五天，北边与乌孙接壤。出产铜、铁、雌黄。东到龟兹六百七十里。王莽在位时，姑墨王丞杀死了温宿王，将温宿国吞并。

温宿国，王城在温宿城，离长安八千三百五十里。有住户二千二

口八千四百，胜兵千五百人。辅国侯、左右将、左右都尉、左右骑君、译长各二人。东至都护治所二千三百八十里，西至尉头三百里，北至乌孙赤谷六百一十里。土地物类所有与鄯善诸国同。东通姑墨二百七十里。

龟兹国，王治延城，去长安七千四百八十里。户六千九百七十，口八万一千三百一十七，胜兵二万一千七十六人。大都尉丞、辅国侯、安国侯、击胡侯、却胡都尉、击车师都尉、左右将、左右都尉、左右骑君、左右力辅君各一人，东西南北部千长各二人，却胡君三人，译长四人。南与精绝、东南与且末、西南与杅弥、北与乌孙、西与姑墨接。能铸冶，有铅。东至都护治所乌垒城三百五十里。

乌垒，户百一十，口千二百，胜兵三百人。城都尉、译长各一人。与都护同治。其南三百三十里至渠犁。

渠犁，城都尉一人，户百三十，口千四百八十，胜兵百五十人。东北与尉犁、东南与且末、南与精绝接。西有河，至龟兹五百八十里。

自武帝初通西域，置校尉，屯田渠犁。是时军旅连出，师行三十二年，海内虚耗。征和中，贰师将军李广利以军降匈奴。上既悔远征伐，而搜粟都尉桑弘羊与丞相御史奏言："故轮台东捷枝、渠犁皆故国，地广，饶水草，有溉田五千顷以上，处温和，田美，可益通沟渠，种五谷，与中国同时孰。其旁国少锥刀，贵黄金采缯，可以易谷食，宜给足不可乏。臣愚以为可遣屯田卒诣故轮台以东，置校尉三人分护，各举图地形，通利沟渠，务使以时益种五谷。张掖、酒泉遣骑假司马为斥候，属校尉，事有便宜，因骑置以闻。田一岁，有积谷，募民壮健有累重敢徙者诣田所，就畜积为本业，益垦溉田，稍筑列亭，连城而西，以威西国，辅乌孙，为便。臣谨遣征事臣昌分部行边，严敕太守都尉明烽火，选士马，谨斥候，蓄茭草。愿陛下遣使使西国，以安其意。臣昧死请。"

百，人口八千四百，士兵一千五百人。有辅国侯、左将、右将、左都尉、右都尉、左骑君、右骑君、译长各二人。东到西域都护治所乌垒城二千三百八十里，西到尉头三百里，北到乌孙的赤谷六百一十里。土地物产与鄯善等国相同。东到姑墨二百七十里。

龟兹国，王城在延城，离长安七千四百八十里。有住户六千九百七十，人口八万一千三百一十七，士兵二万一千零七十六人。有大都尉丞、辅国侯、安国侯、击胡侯、却胡都尉、击车师都尉、左将、右将、左都尉、右都尉、左骑君、右骑君、左力辅君、右力辅君各一人，东西南北部千长各二人，却胡君三人，译长四人。南边与精绝、东南与且末、西南与杅弥、北边与乌孙、西边与姑墨揖让。能冶炼铸造，有铅。东到西域都护治所乌垒城三百五十里。

乌垒，有住户一百一十，人口一千二百，士兵三百人。有城都尉、译长各一人。与西域都护共同治理乌垒城。往南三百三十里到渠犁。

渠犁，有城都尉一人，住户一百三十，人口一千四百八十，士兵一百五十人。东北与尉犁、东南与且末、南边与精绝接壤。西边有河，到龟兹五百八十里。

自从汉武帝开始与西域往来，设置校尉，在渠犁屯田。当时汉朝军队连续出征，已有三十二年，国力严重消耗。征和年间，贰师将军李广利带领军队投降匈奴。武帝对远征之事非常后悔，而搜粟都尉桑弘羊与丞相、御史上奏说："轮台东边的捷枝、渠犁从前都是我国的，土地广大，水草丰富，有五千顷以上灌溉的农田，气候温和，田地肥美，可以开通更多的沟渠，种植五谷，和中原地区同时成熟。附近的国家缺少锥刀等兵器，珍视黄金和彩色丝织品，汉朝可以用这些东西交换他们的谷物，供给士卒所需，不用担心缺少粮食。臣等认为可派遣士卒到过去轮台以东的地区屯田，设置三名校尉分别率领，各自根据地形绘图，开通沟渠，务必按照季节种植五谷。张掖、酒泉分别派遣骑假司马带兵为其瞭望，骑假司马隶属校尉，遇到特殊情况，可以用驿马上报天子。种田一年，有存粮，就可招募身体强健、有家眷资产又愿意迁徙的民众到屯田之处，以储备的粮食为本业，

上乃下诏，深陈既往之悔，曰："前有司奏，欲益民赋三十助边用，是重困老弱孤独也。而今又请遣卒田轮台。轮台西于车师千余里，前开陵侯击车师时，危须、尉犁、楼兰六国子弟在京师者皆先归，发畜食迎汉军，又自发兵，凡数万人，王各自将，共围车师，降其王。诸国兵便罢，力不能复至道上食汉军。汉军破城，食至多，然士自载不足以竟师，强者尽食畜产，羸者道死数千人。朕发酒泉驴橐驼负食，出玉门迎军。吏卒起张掖，不甚远，然尚厮留甚众。曩者，朕之不明，以军候弘上书言'匈奴缚马前后足，置城下，驰言"秦人，我匄若马"'，又汉使者久留不还，故兴遣贰师将军，欲以为使者威重也。古者卿大夫与谋，参以蓍龟，不吉不行。乃者以缚马书遍视丞相御史二千石诸大夫郎为文学者，乃至郡属国都尉成忠、赵破奴等，皆以'虏自缚其马，不祥甚哉！'或以为'欲以见强，夫不足者视人有余。'《易》之，卦得《大过》，爻在九五，匈奴困败。公车方士、太史治星望气，及太卜龟蓍，皆以为吉，匈奴必破，时不可再得也。又曰'北伐行将，于鬴山必克。'卦诸将，贰师最吉。故朕亲发贰师下鬴山，诏之必毋深入。今计谋卦兆皆反缪。重合侯得虏候者，言'闻汉军当来，匈奴使巫埋羊牛所出诸道及水上以诅军。单于遗天子马裘，常使巫祝之。缚马者，诅军事也。'又卜'汉军一将不吉'。匈奴常言'汉极大，然不能饥渴，失一狼，走千羊。'乃者贰师败，军士死略离散，悲痛常在朕心。今请远田轮台，欲起亭隧，是扰劳天下，非所以优民也。今朕不忍闻。大鸿胪等又议，欲募囚徒送匈奴使者，明封侯之赏以报忿，五伯所弗能为也。且匈奴得汉降者，常提掖搜索，问以所闻。今边塞未正，阑出不禁，障候长吏

广开灌溉的农田，增设一些亭候，各城相连，通向西边，来威慑西方国家，对帮助乌孙国也很有利。臣等谨请派遣征事臣昌分部巡行边境，严令太守、都尉点燃烽火，挑选士马，谨慎侦察，积蓄粮草。希望陛下派使者去西方国家，让它们安心。臣等冒死请求此事。”

武帝于是下诏，深切地陈述了以往的过错，说：“从前主管官吏奏请，想要将口赋增加到每人三十钱，用于边防费用，这是加重老弱孤独之人的困苦。而现在大臣们又奏请派士卒屯田于轮台。轮台在车师西边一千多里，过去开陵侯成娩攻打车师时，危须、尉犁、楼兰等六国在长安的子弟都先回国，征发牲畜粮食迎接汉军，各国又派出自己的士卒，共数万人，由国王亲自带领，一同包围车师，逼迫车师王投降。西域各国的兵马早已疲惫不堪，也无力再去大道上供给汉军粮食。汉军攻破车师城时，粮食非常多，但士卒自己所拿的仍然不足以支撑他们完成战事，返回长安，强壮的吃光牲畜，体弱死在路上的多达数千人。我征调酒泉的驴、骆驼驮着粮食，从玉门关出发迎接汉军。又让张掖的官吏士卒前往迎接，路程不是很远，但掉队滞留的人很多。以前，我不英明，因军候弘上书说‘匈奴人将马的前后蹄捆住，放在长城下，然后骑马喊道“秦人，我给你们送马”’，又因汉朝使者被匈奴扣留，很久没有回来，所以我派贰师将军带兵征讨，想为使者树立威严。古代卿大夫事先谋划，都依照占卜行事，不吉利就不做。此前我把上报匈奴人捆马的奏书拿给丞相、御史大夫、二千石、诸大夫和学问渊博的郎官看，甚至郡和属国的都尉成忠、赵破奴等人也看了，都说‘匈奴人自己捆马，很不祥啊！’也有人认为‘匈奴人想显示自己的强大，就像穷人显示自己富有一样。’我用《易经》占卜，得《大过》卦，爻为九五，预示匈奴将要衰败。公车署的方士、太史观望星象云气，和太卜进行占卜，都认为是吉利之象，匈奴一定会被打败，机会难得。又说‘派兵北伐，鬴山必克。’对诸将进行占卜，贰师将军最为吉利。所以我亲自派贰师将军攻打鬴山，命他一定不要深入。现在看来这些计谋和卦象都与事实相反，实在荒谬。重合侯莽通俘虏了一个匈奴探子，说‘听说汉军快来了，匈奴就让巫师把羊牛埋在汉军经过的各条道路及水上来诅咒汉军。单于送给天子的马

使卒猎兽，以皮肉为利，卒苦而烽火乏，失亦上集不得，后降者来，若捕生口虏，乃知之。当今务在禁苛暴，止擅赋，力本农，修马复令，以补缺，毋乏武备而已。郡国二千石各上进畜马方略补边状，与计对。”由是不复出军。而封丞相车千秋为富民侯，以明休息，思富养民也。

初，贰师将军李广利击大宛，还过杅弥，杅弥遣太子赖丹为质于龟兹。广利责龟兹曰：“外国皆臣属于汉，龟兹何以得受杅弥质？”即将赖丹入至京师。昭帝乃用桑弘羊前议，以杅弥太子赖丹为校尉，将军田轮台，轮台与渠犁地皆相连也。龟兹贵人姑翼谓其王曰：“赖丹本臣属吾国，今佩汉印绶来，迫吾国而田，必为害。”王即杀赖丹，而上书谢汉，汉未能征。

宣帝时，长罗侯常惠使乌孙还，便宜发诸国兵，合五万人攻龟兹，责以前杀校尉赖丹。龟兹王谢曰：“乃我先王时为贵人姑翼所误，我无罪。”执姑翼诣惠，惠斩之。时乌孙公主遣女来至京师学鼓琴，汉遣侍郎乐奉送主女，过龟兹。龟兹前遣人至乌孙求公主

裘，都让巫师诅咒过。将马捆住，也是在诅咒汉军。’又占卜，得‘汉军一将不吉’的话。匈奴常说‘汉朝极大，但是汉人不能忍受饥渴，失一狼，走千羊。’从前贰师将军战败，士卒被杀被掳，四处逃散，悲痛常在我心。现在有人奏请远赴轮台屯田，还要建起烽火亭，这是扰乱天下，劳累百姓，对民众没有任何好处。现在我不忍心听到这件事。大鸿胪等人又商议，想要招募囚徒护送匈奴使者，明确告诉他们如果能刺杀单于，就会被封为侯，这种做法是春秋五霸都不屑于做的。况且匈奴获得投降的汉人，都会挟住两腋将人拎起，搜索看看身上有无带兵器，盘问他们知道的事情。现在边塞管制不严，对擅自出逃的人不加禁止，障候的长吏派士卒打猎，用野兽的皮肉谋利，士卒辛苦，对于烽火一事很少过问，这些情况，都不上报，后面有来投降的，或是抓到俘虏，才知道这些情况。现在的主要任务是禁止官吏对百姓苛刻暴虐，停止官府擅自增加赋税，大力发展农业，实行马复令，减免养马者的赋税和徭役，补充边防所需，不缺军备就行了。郡国的二千石都要上报畜养马匹的方法和补充边防的计划，和上计的官吏一起赴京报告。”从此以后汉朝不再出兵打仗，并封丞相车千秋为富民侯，表明朝廷实行休养生息的政策，思富养民的决心。

起初，贰师将军李广利攻打大宛，经过杅弥，杅弥当时派太子赖丹在龟兹做人质。李广利责备龟兹说：“外国都臣服汉朝，龟兹为什么要接受杅弥的质子？”汉军就将赖丹带回长安。昭帝就采用桑弘羊从前提出的屯田轮台的建议，任命杅弥太子赖丹为校尉，带领军队在轮台屯田，轮台与渠犁的土地相连。龟兹贵人姑翼对龟兹王说：“赖丹本来臣服我国，现在却佩带汉朝的印绶前来，在我国附近屯田，一定会给我们造成危害。”龟兹王就杀死赖丹，然后向汉朝上书谢罪，汉朝没有进行讨伐。

宣帝时，长罗侯常惠出使乌孙，回来的时候，乘机征调各国士兵，共五万人攻打龟兹，责备以前乌孙王杀死校尉赖丹的事。龟兹王谢罪说：“先王在世时被贵人姑翼误导，我没有罪。”然后将姑翼捉拿送到常惠面前，常惠就斩了姑翼。当时解忧公主派女儿到长安学弹琴，汉朝派侍郎乐奉送公主的女儿回乌孙，经过龟兹。龟兹王从前派

女，未还。会女过龟兹，龟兹王留不遣，复使使报公主，主许之。后公主上书，愿令女比宗室入朝，而龟兹王绛宾亦爱其夫人，上书言得尚汉外孙为昆弟，愿与公主女俱入朝。元康元年，遂来朝贺。王及夫人皆赐印绶。夫人号称公主，赐以车骑旗鼓，歌吹数十人，绮绣杂缯琦珍凡数千万。留且一年，厚赠送之。后数来朝贺，乐汉衣服制度，归其国，治宫室，作徼道周卫，出入传呼，撞钟鼓，如汉家仪。外国胡人皆曰："驴非驴，马非马，若龟兹王，所谓骡也。"绛宾死，其子丞德自谓汉外孙，成、哀帝时往来尤数，汉遇之亦甚亲密。

东通尉犁六百五十里。

尉犁国，王治尉犁城，去长安六千七百五十里。户千二百，口九千六百，胜兵二千人。尉犁侯、安世侯、左右将、左右都尉、击胡君各一人，译长二人。西至都护治所三百里，南与鄯善、且末接。

危须国，王治危须城，去长安七千二百九十里。户七百，口四千九百，胜兵二千人。击胡侯、击胡都尉、左右将、左右都尉、左右骑君、击胡君、译长各一人。西至都护治所五百里，至焉耆百里。

焉耆国，王治员渠城，去长安七千三百里。户四千，口三万二千一百，胜兵六千人。击胡侯、却胡侯、辅国侯、左右将、左右都尉、击胡左右君、击车师君、归义车师君各一人，击胡都尉、击胡君各二人，译长三人。西南至都护治所四百里，南至尉犁百里，北与乌孙接。近海水多鱼。

乌贪訾离国，王治于娄谷，去长安万三百三十里。户四十一，

人到乌孙求娶公主的女儿，还没回来。恰巧公主的女儿经过龟兹，龟兹王就留住她不让走，又派使者去乌孙向公主报告此事，公主答应了。后来公主上书宣帝，希望让她的女儿和宗室一样入朝进见，龟兹王绛宾也喜爱他的夫人，上书说自己已经娶汉朝的外孙女而结为兄弟之国，希望与公主的女儿一起入朝。元康元年（前65），龟兹王和夫人一起来朝贺。他们都被赐予印绶。夫人号称公主，宣帝赐给她车马旗鼓，数十名歌唱吹奏之人，价值数千万的各色丝绸和奇珍异宝。留她住了将近一年，又赠给她厚礼送她回国。后来龟兹公主多次来长安朝贺，她喜欢汉朝的衣服和制度，回国后，建造宫室，设置徼道禁卫，出入传呼，撞击钟鼓，如同汉朝礼仪。外国的胡人都说："驴不是驴，马不是马，像龟兹王，就是骡子。"绛宾死后，他的儿子丞德自称是汉朝的外孙，在成帝、哀帝时更是多次往来长安，汉朝对他也很亲密。

龟兹东到尉犁六百五十里。

尉犁国，王城在尉犁城，离长安六千七百五十里。有住户一千二百，人口九千六百，士兵二千人。有尉犁侯、安世侯、左将、右将、左都尉、右都尉、击胡君各一人，译长二人。西到西域都护治所乌垒城三百里，南边与鄯善、且末接壤。

危须国，王城在危须城，离长安七千二百九十里。有住户七百，人口四千九百，士兵二千人。有击胡侯、击胡都尉、左将、右将、左都尉、右都尉、左骑君、右骑君、击胡君、译长各一人。西到西域都护治所乌垒城五百里，到焉耆一百里。

焉耆国，王城在员渠城，离长安七千三百里。有住户四千，人口三万二千一百，士兵六千人。有击胡侯、却胡侯、辅国侯、左将、右将、左都尉、右都尉、击胡左君、击胡右君、击车师君、归义车师君各一人，击胡都尉、击胡君各二人，译长三人。西南到西域都护治所乌垒城四百里，南到尉犁一百里，北边与乌孙接壤。附近的海水里多鱼。

乌贪訾离国，王城在娄谷，离长安一万零三百三十里。有住户

口二百三十一，胜兵五十七人。辅国侯、左右都尉各一人。东与单桓、南与且弥、西与乌孙接。

卑陆国，王治天山东乾当国，去长安八千六百八十里。户二百二十七，口千三百八十七，胜兵四百二十二人。辅国侯、左右将、左右都尉、左右译长各一人。西南至都护治所千二百八十七里。

卑陆后国，王治番渠类谷，去长安八千七百一十里。户四百六十二，口千一百三十七，胜兵三百五十人。辅国侯、都尉、译长各一人，将二人。东与郁立师、北与匈奴、西与劫国、南与车师接。

郁立师国，王治内咄谷，去长安八千八百三十里。户百九十，口千四百四十五，胜兵三百三十一人。辅国侯、左右都尉、译长各一人。东与车师后城长、西与卑陆、北与匈奴接。

单桓国，王治单桓城，去长安八千八百七十里。户二十七，口百九十四，胜兵四十五人。辅国侯、将、左右都尉、译长各一人。

蒲类国，王治天山西疏榆谷，去长安八千三百六十里。户三百二十五，口二千三十二，胜兵七百九十九人。辅国侯、左右将、左右都尉各一人。西南至都护治所千三百八十七里。

蒲类后国，王去长安八千六百三十里。户百，口千七十，胜兵三百三十四人。辅国侯、将、左右都尉、译长各一人。

西且弥国，王治天山东于大谷，去长安八千六百七十里。户三百三十二，口千九百二十六，胜兵七百三十八人。西且弥侯、左右将、左右骑君各一人。西南至都护治所千四百八十七里。

四十一，人口二百三十一，士兵五十七人。有辅国侯、左都尉、右都尉各一人。东边与单桓、南边与且弥、西边与乌孙接壤。

卑陆国，王城在天山以东的乾当谷，离长安八千六百八十里。有住户二百二十七，人口一千三百八十七，士兵四百二十二人。有辅国侯、左将、右将、左都尉、右都尉、左译长、右译长各一人。西南到西域都护治所乌垒城一千二百八十七里。

卑陆后国，王城在番渠类谷，离长安八千七百一十里。有住户四百六十二，人口一千一百三十七，士兵三百五十人。有辅国侯、都尉、译长各一人，将二人。东边与郁立师、北边与匈奴、西边与劫国、南边与车师接壤。

郁立师国，王城在内咄谷，离长安八千八百三十里。有住户一百九十，人口一千四百四十五，士兵三百三十一人。有辅国侯、左都尉、右都尉、译长各一人。东边与车师后城长、西边与卑陆、北边与匈奴接壤。

单桓国，王城在单桓城，离长安八千八百七十里。有住户二十七，人口一百九十四，士兵四十五人。有辅国侯、将、左都尉、右都尉、译长各一人。

蒲类国，王城在天山以西的疏榆谷，离长安八千三百六十里。有住户三百二十五，人口二千零三十二，士兵七百九十九人。有辅国侯、左将、右将、左都尉、右都尉各一人。西南到西域都护治所乌垒城一千三百八十七里。

蒲类后国，王城离长安八千六百三十里。有住户一百，人口一千零七十，士兵三百三十四人。有辅国侯、将、左都尉、右都尉、译长各一人。

西且弥国，王城在天山以东的于大谷，离长安八千六百七十里。有住户三百三十二，人口一千九百二十六，士兵七百三十八人。有西且弥侯、左将、右将、左骑君、右骑君各一人。西南到西域都护治所乌垒城一千四百八十七里。

东且弥国，王治天山东兑虚谷，去长安八千二百五十里。户百九十一，口千九百四十八，胜兵五百七十二人。东且弥侯、左右都尉各一人。西南至都护治所千五百八十七里。

劫国，王治天山东丹渠谷，去长安八千五百七十里。户九十九，口五百，胜兵百一十五人。辅国侯、都尉、译长各一人。西南至都护治所千四百八十七里。

狐胡国，王治车师柳谷，去长安八千二百里。户五十五，口二百六十四，胜兵四十五人。辅国侯、左右都尉各一人。西至都护治所千一百四十七里，至焉耆七百七十里。

山国，王去长安七千一百七十里。户四百五十，口五千，胜兵千人。辅国侯、左右将、左右都尉、译长各一人。西至尉犁二百四十里，西北至焉耆百六十里，西至危须二百六十里，东南与鄯善、且末接。山出铁，民山居，寄田籴谷于焉耆、危须。

车师前国，王治交河城。河水分流绕城下，故号交河。去长安八千一百五十里。户七百，口六千五十，胜兵千八百六十五人。辅国侯、安国侯、左右将、都尉、归汉都尉、车师君、通善君、乡善君各一人，译长二人。西南至都护治所千八百七里，至焉耆八百三十五里。

车师后国，王治务涂谷，去长安八千九百五十里。户五百九十五，口四千七百七十四，胜兵千八百九十人。击胡侯、左右将、左右都尉、道民君、译长各一人。西南至都护治所千二百三十七里。

车师都尉国，户四十，口三百三十三，胜兵八十四人。

车师后城长国，户百五十四，口九百六十，胜兵二百六十人。

东且弥国，王城在天山以东的兑虚谷，离长安八千二百五十里。有住户一百九十一，人口一千九百四十八，士兵五百七十二人。有东且弥侯、左都尉、右都尉各一人。西南到西域都护治所乌垒城一千五百八十七里。

劫国，王城在天山以东的丹渠谷，离长安八千五百七十里。有住户九十九，人口五百，士兵一百一十五人。有辅国侯、都尉、译长各一人。西南到西域都护治所乌垒城一千四百八十七里。

狐胡国，王城在车师柳谷，离长安八千二百里。有住户五十五，人口二百六十四，士兵四十五人。有辅国侯、左都尉、右都尉各一人。西到西域都护治所乌垒城一千一百四十七里，到焉耆七百七十里。

山国，王城离长安七千一百七十里。有住户四百五十，人口五千，士兵一千人。有辅国侯、左将、右将、左都尉、右都尉、译长各一人。西到尉犁二百四十里，西北到焉耆一百六十里，西到危须二百六十里，东南与鄯善、且末接壤。山上产铁，百姓居住其中，到焉耆、危须借地耕种、买入粮食。

车师前国，王城在交河城。河水分流环绕城下，所以叫交河。离长安八千一百五十里。有住户七百，人口六千零五十，士兵一千八百六十五人。有辅国侯、安国侯、左将、右将、都尉、归汉都尉、车师君、通善君、乡善君各一人，译长二人。西南到西域都护治所乌垒城一千八百零七里，到焉耆八百三十五里。

车师后国，王城在务涂谷，离长安八千九百五十里。有住户五百九十五，人口四千七百七十四，士兵一千八百九十人。有击胡侯、左将、右将、左都尉、右都尉、道民君、译长各一人。西南到西域都护治所乌垒城一千二百三十七里。

车师都尉国，有住户四十，人口三百三十三，士兵八十四人。

车师后城长国，有住户一百五十四，人口九百六十，士兵二百六十人。

武帝天汉二年，以匈奴降者介和王为开陵侯，将楼兰国兵始击车师，匈奴遣右贤王将数万骑救之，汉兵不利，引去。征和四年，遣重合侯马通将四万骑击匈奴，道过车师北，复遣开陵侯将楼兰、尉犁、危须凡六国兵别击车师，勿令得遮重合侯。诸国兵共围车师，车师王降服，臣属汉。

昭帝时，匈奴复使四千骑田车师。宣帝即位，遣五将将兵击匈奴，车师田者惊去，车师复通于汉。匈奴怒，召其太子军宿，欲以为质。军宿，焉耆外孙，不欲质匈奴，亡走焉耆。车师王更立子乌贵为太子。及乌贵立为王，与匈奴结婚姻，教匈奴遮汉道通乌孙者。

地节二年，汉遣侍郎郑吉、校尉司马憙将免刑罪人田渠犁，积谷，欲以攻车师。至秋收谷，吉、憙发城郭诸国兵万余人，自与所将田士千五百人共击车师，攻交河城，破之。王尚在其北石城中，未得，会军食尽，吉等且罢兵，归渠犁田。收秋毕，复发兵攻车师王于石城。王闻汉兵且至，北走匈奴求救，匈奴未为发兵。王来还，与贵人苏犹议欲降汉，恐不见信。苏犹教王击匈奴边国小蒲类，斩首，略其人民，以降吉。车师旁小金附国随汉军后盗车师，车师王复自请击破金附。

匈奴闻车师降汉，发兵攻车师，吉、憙引兵北逢之，匈奴不敢前。吉、憙即留一候与卒二十人留守王，吉等引兵归渠犁。车师王恐匈奴兵复至而见杀也，乃轻骑奔乌孙，吉即迎其妻子置渠犁。东奏事，至酒泉，有诏还田渠犁及车师，益积谷以安西国，侵匈奴。吉还，传送车师王妻子诣长安，赏赐甚厚，每朝会四夷，常尊显以示之。于是吉始使吏卒三百人别田车师。得降者言，单于大臣皆曰

武帝天汉二年（前99），封匈奴投降汉朝的介和王为开陵侯，让他带领楼兰国的士兵开始攻打车师，匈奴派右贤王带领数万骑兵援救车师，汉军作战不利，引兵退去。征和四年（前89），汉朝派重合侯马通带领四万骑兵攻打匈奴，路过车师以北，又派开陵侯带领楼兰、尉犁、危须等六国的士兵攻打车师，不让其阻挡重合侯的军队。各国兵马一起包围了车师，车师王投降，臣服汉朝。

昭帝时，匈奴又派四千骑兵驻扎在车师。宣帝即位，派五位将军带兵攻打匈奴，在车师的匈奴驻军感到害怕就逃走了，车师又与汉朝开始往来。匈奴单于非常愤怒，召见车师太子军宿，想将他作为人质。军宿是焉耆王的外孙，不想去匈奴做人质，就逃到焉耆。车师王另立儿子乌贵为太子。等到乌贵继位为王，与匈奴结为姻亲，为匈奴阻拦汉朝去乌孙的使者。

地节二年（前68），汉朝派侍郎郑吉、校尉司马憙带领免去刑罚的罪人在渠犁屯田，积存粮食，准备攻打车师。到秋收时，郑吉和司马憙征调西域各国城郭的士兵共一万多人，与自己手下的屯田士卒一千五百人，一起攻打车师，进攻交河城，将其攻陷。当时车师王还在交河城北的石城中，没有抓获，恰逢汉军粮食吃完，郑吉等人暂时撤兵，回到渠犁，继续屯田。秋收完毕，郑吉等人又派兵进攻在石城的车师王。车师王听说汉兵将要到来，就北逃向匈奴求救，匈奴没有为他发兵。车师王又回国，与贵人苏犹商议想向汉朝投降，又担心汉朝不相信。苏犹建议车师王攻打匈奴边境上的小蒲类国，将国王斩首，劫掠其百姓，再投降郑吉。车师附近的小金附国跟随汉军在后面抢掠车师，车师王又自请攻破金附。

匈奴听说车师向汉朝投降后，就派兵攻打车师，遇上郑吉、司马憙带兵北上，匈奴不敢前进。郑吉、司马憙就留下一个军候和二十个士卒保护车师王，郑吉等人带兵回渠犁。车师王害怕匈奴兵再来自己会被杀，就轻装骑马逃往乌孙，郑吉迎回他的妻子安置在渠犁。郑吉东到酒泉，向宣帝报告此事，宣帝下诏让他回到渠犁和车师屯田，积存更多的粮食，安抚西域各国，准备攻打匈奴。郑吉回到渠犁后，将车师王的妻子送到长安，宣帝给予她丰厚的赏赐，每次朝会四夷首

“车师地肥美，近匈奴，使汉得之，多田积谷，必害人国，不可不争也。”果遣骑来击田者，吉乃与校尉尽将渠犁田士千五百人往田，匈奴复益遣骑来，汉田卒少不能当，保车师城中。匈奴将即其城下谓吉曰：“单于必争此地，不可田也。”围城数日乃解。后常数千骑往来守车师，吉上书言：“车师去渠犁千余里，间以河山，北近匈奴，汉兵在渠犁者势不能相救，愿益田卒。”公卿议以为道远烦费，可且罢车师田者。诏遣长罗侯将张掖、酒泉骑出车师北千余里，扬威武车师旁。胡骑引去，吉乃得出，归渠犁，凡三校尉屯田。

车师王之走乌孙也，乌孙留不遣，遣使上书，愿留车师王，备国有急，可从西道以击匈奴。汉许之。于是汉召故车师太子军宿在焉耆者，立以为王，尽徙车师国民令居渠犁，遂以车师故地与匈奴。车师王得近汉田官，与匈奴绝，亦安乐亲汉。后汉使侍郎殷广德责乌孙，求车师王乌孙贵，将诣阙，赐第与其妻子居。是岁，元康四年也。其后置戊己校尉屯田，居车师故地。

元始中，车师后王国有新道，出五船北，通玉门关，往来差近，戊己校尉徐普欲开以省道里半，避白龙堆之阸。车师后王姑句以道当为拄置，心不便也。地又颇与匈奴南将军地接，普欲分明其界然后奏之，召姑句使证之，不肯，系之。姑句数以牛羊赇吏，求出不得。姑句家矛端生火，其妻股紫陬谓姑句曰：“矛端生火，此兵气也，利以用兵。前车师前王为都护司马所杀，今久系必死，不如降

领时，经常向他们展现汉朝对车师王妻子的尊重优待。于是郑吉开始派官兵三百人在车师屯田。有来投降的匈奴人，说单于的大臣们都说“车师土地肥沃，靠近匈奴，如果让汉朝得到此地，就广开农田，积存粮食，一定会危害其他国家，所以不能不争这里。”果然匈奴派骑兵来攻打汉朝的屯田士卒，郑吉就与校尉司马犁将在渠犁屯田的士卒一千五百人全部带到车师屯田，匈奴又增派骑兵前来，汉朝的屯田士卒太少，不能抵挡匈奴的攻击，就退守在车师的交河城中。匈奴将军到城下对郑吉说：“单于一定要争夺此地，你们不能在这里屯田。”匈奴围城数日后才离去。后来汉朝经常派数千骑兵往来守卫车师，郑吉上书朝廷说：“车师离渠犁一千多里，隔着河山，北边靠近匈奴，在渠犁的汉兵来不及相救，希望增加朝廷车师的屯田士卒。”公卿商议后认为车师的路途遥远，花费太大，可以暂时将车师的屯田士卒撤走。宣帝下诏派长罗侯常惠带领张掖、酒泉的骑兵到车师以北一千多里，宣扬汉朝的威势武力。匈奴引兵退去，郑吉才得以出城，回到渠犁，朝廷安排三个校尉屯田。

车师王逃到乌孙后，乌孙将他留住不让他回国，派使者上书，说愿意留下车师王，以备乌孙有紧急情况时，可以从西道攻打匈奴。汉朝同意了。于是汉朝征召在焉耆的原车师太子军宿，立他为车师王，把车师国的百姓全部迁居渠犁，然后将车师的故地让给匈奴。车师王得以亲近汉朝的田官，与匈奴隔绝，生活安乐，与汉朝关系密切。后来汉朝派侍郎殷广德责备乌孙，要求原车师王乌孙贵，一起到长安，宣帝赐给他宅第，让他与妻子住在一起。这年，是元康四年（前62）。此后汉朝设置戊己校尉屯田，居住在车师的故地。

元始年间，车师后王国有一条新道，从五船以北出发，通往玉门关，往来较近，戊己校尉徐普想要开通这条新道，既可减少一半的路程，又可避开白龙堆的险要之处。车师后王姑句认为新道开通后要为汉使设置帐篷，心中感到不便。新道所在地有些又与匈奴南将军的地相接，徐普想明确划分地界然后上奏朝廷，就召见姑句，让他帮着证明，姑句不肯，徐普就将他捉拿。姑句多次用牛羊贿赂汉朝官吏，请求放他出去，都没成功。姑句家矛的顶端冒出火星，姑句

匈奴。”即驰突出高昌壁，入匈奴。

又去胡来王唐兜，国比大种赤水羌，数相寇，不胜，告急都护。都护但钦不以时救助，唐兜困急，怨钦，东守玉门关。玉门关不内，即将妻子人民千余人亡降匈奴。匈奴受之，而遣使上书言状。是时，新都侯王莽秉政，遣中郎将王昌等使匈奴，告单于西域内属，不当得受。单于谢罪，执二王以付使者。莽使中郎王萌待西域恶都奴界上逢受。单于遣使送，因请其罪。使者以闻，莽不听，诏下会西域诸国王，陈军斩姑句、唐兜以示之。

至莽篡位，建国二年，以广新公甄丰为右伯，当出西域。车师后王须置离闻之，与其右将股鞮、左将尸泥支谋曰："闻甄公为西域太伯，当出，故事给使者牛羊谷刍茭，导译，前五威将过，所给使尚未能备。今太伯复出，国益贫，恐不能称。”欲亡入匈奴。戊己校尉刀护闻之，召置离验问，辞服，乃械致都护但钦在所埒娄城。置离人民知其不还，皆哭而送之。至，钦则斩置离。置离兄辅国侯狐兰支将置离众二千余人，驱畜产，举国亡降匈奴。

是时，莽易单于玺，单于恨怒，遂受狐兰支降，遣兵与共寇击车师，杀后城长，伤都护司马，及狐兰兵复还入匈奴。时戊己校尉刁护病，遣史陈良屯桓且谷备匈奴寇，史终带取粮食，司马丞韩玄领诸壁，右曲候任商领诸垒，相与谋曰："西域诸国颇背叛，匈奴欲大侵，要死。可杀校尉，将人众降匈奴。”即将数千骑至校尉府，胁诸亭令燔积薪，分告诸壁曰："匈奴十万骑来入，吏士皆持兵，后者

的妻子股紫陬对姑句说："矛的顶端冒出火星，这是兵气，有利于打仗。从前车师前王被都护司马杀掉，现在你长时间被关在这里，一定也会死。不如投降匈奴。"于是姑句骑马逃出高昌壁，去往匈奴。

又有去胡来王唐兜，他的国家靠近大种赤水羌，多次被侵犯，唐兜无法获胜，就向都护告急。都护但钦没有及时救助，唐兜受困，情况危急，对但钦心怀怨恨，就向东逃往玉门关。玉门关守将不让他进入，他就带领妻子、人民共一千多人逃亡，投降匈奴。匈奴接受了他们后，就派使者上书报告了这一情况。当时，新都侯王莽执政，派中郎将王昌等人出使匈奴，告知单于西域归附汉朝，匈奴不应当接受唐兜。单于谢罪，将姑句、唐兜二王抓起来交给汉朝使者。王莽派中郎王萌到西域的恶都奴界上等待交接。单于派使者将二王送来，并请求免除他们的罪过。使者将此事报告王莽，王莽不同意，下令召集西域各国国王，陈列军队，在众人面前将二王斩首。

到王莽篡位后，建国二年（10），朝廷任命广新公甄丰为右伯，将要出使西域。车师后王须置离听说后，和他的右将股鞮、左将尸泥支商议说："听说甄丰将担任西域太伯，就要来了，按照旧例我们要供给使者牛、羊、粮食和草料，还有向导、翻译，从前五威将王奇经过这里时，供给的东西尚不能备齐。现在西域太伯又来，我们的国家更加贫穷了，恐怕不能负担此事。"想逃往匈奴。戊己校尉刀护听说后，召见置离查问，置离服罪，就被押往都护但钦所在的埒娄城。置离的百姓知道他不能回来了，都哭着送他。置离到了埒娄城后，但钦就将他斩首。置离的哥哥辅国侯狐兰支带领置离的民众二千多人，驱赶牲畜，举国逃亡投降匈奴。

当时，王莽改换了单于的印玺，单于心中愤恨，狐兰支来降，他就接受了，并派兵和他一起攻打车师，杀死车师后城长，伤了都护司马，狐兰支的军队又撤回匈奴。此时戊己校尉刁护生病，派校尉史陈良带兵驻守桓且谷，防备匈奴侵犯，校尉史终带运送粮食，司马丞韩玄统领各壁，右曲候任商统领各垒，这些人商议说："西域各国很多都已背叛，匈奴又要大规模入侵，我们就要死了。不如杀死校尉，带领众人投降匈奴。"于是他们带领数千骑兵到校尉府，威胁各亭点

斩！”得三四百人，去校尉府数里止，晨火爇。校尉开门击鼓收吏士，良等随入，遂杀校尉刁护及子男四人、诸昆弟子男，独遗妇女小儿。止留戊己校尉城，遣人与匈奴南将军相闻，南将军以二千骑迎良等。良等尽胁略戊己校尉吏士男女二千余人入匈奴。单于以良、带为乌贲都尉。

后三岁，单于死，弟乌累单于咸立，复与莽和亲。莽遣使者多赍金币赂单于，购求陈良、终带等。单于尽收四人及手杀刁护者芝音妻子以下二十七人，皆械槛车付使者。到长安，莽皆烧杀之。其后莽复欺诈单于，和亲遂绝。匈奴大击北边，而西域亦瓦解。焉耆国近匈奴，先叛，杀都护但钦，莽不能讨。

天凤三年，乃遣五威将王骏、西域都护李崇将戊己校尉出西域，诸国皆郊迎，送兵谷。焉耆诈降而聚兵自备。骏等将莎车、龟兹兵七千余人，分为数部入焉耆，焉耆伏兵要遮骏。及姑墨、尉犁、危须国兵为反间，还共袭击骏等，皆杀之。唯戊己校尉郭钦别将兵，后至焉耆。焉耆兵未还，钦击杀其老弱，引兵还。莽封钦为剼胡子。李崇收余士，还保龟兹。数年莽死，崇遂没，西域因绝。

最凡国五十。自译长、城长、君、监、吏、大禄、百长、千长、都尉、且渠、当户、将、相至侯、王，皆佩汉印绶，凡三百七十六人。而康居、大月氏、安息、罽宾、乌弋之属，皆以绝远不在数中，其来贡献则相与报，不督录总领也。

赞曰：孝武之世，图制匈奴，患其兼从西国，结党南羌，乃表河

燃烽火，分头告知各壁说：“匈奴十万兵马来攻，官兵都要拿起武器迎敌，落在后面的要斩首！”他们聚集三四百人，在离校尉府数里时停止前行，天亮后点燃烽火。校尉开门击鼓集合官兵，陈良等人随即进入，杀死校尉刁护及他的四个儿子、兄弟子侄，只留下妇女和小孩不杀。他们停留在戊己校尉城，派人将情况告诉匈奴南将军，南将军派了二千骑兵迎接陈良等人。陈良等将戊己校尉手下的官兵男女二千多人全部掳走投降匈奴。单于任命陈良、终带为乌贲都尉。

三年（建国五年，13年）后，单于死去，他的弟弟乌累单于咸继位，又与王莽和亲。王莽派使者带了很多黄金和缯帛送给单于，要求捉拿陈良、终带等人。单于将四人和亲手杀死刁护的芝音及他们的妻子等二十七人全部逮捕，都关入囚车，交给使者。到长安后，王莽将他们全都烧死。此后王莽又欺骗单于，和亲关系就此断绝。匈奴大举侵犯北方边境，对西域的统治也瓦解了。焉耆国靠近匈奴，首先背叛，杀死都护但钦，王莽没有派兵讨伐。

天凤三年（16），王莽才派五威将王骏、西域都护李崇率戊己校尉郭钦去往西域，西域各国都在郊外迎接，送给军队粮食。焉耆王也假装归降，但暗地集合兵马进行防备。王骏等带领莎车、龟兹等国的士兵七千多人，分成数部进入焉耆，焉耆设下埋伏拦截王骏等人。又有姑墨、尉犁、危须等国士兵反间，一起袭击王骏等人，将他们全都杀死。只有戊己校尉郭钦带领的另一支军队，后来才到焉耆。焉耆士兵出征未回，郭钦将留下来的年老体弱之人都杀死，然后带兵返回。王莽封郭钦为剼胡子。李崇收拢残余的士兵，退守龟兹。数年后王莽死去，李崇就流落西域，西域因此与中原断绝往来。

西域总计有五十个国家。从译长、城长、君、监、吏、大禄、百长、千长、都尉、且渠、当户、将、相到侯、王，都佩带汉朝的印绶，共有三百七十六人。而康居、大月氏、安息、罽宾、乌弋等国，都因距离汉朝极其遥远，不在五十国中，这些国家向汉朝进献物品，汉朝也会予以回赠，并不统领它们。

赞辞说：武帝之时，谋求制服匈奴，但苦于匈奴联合西域各国，与南羌结成党羽，就开发河曲地区，设置武威、酒泉、张掖、敦煌四

曲，列四郡，开玉门，通西域，以断匈奴右臂，隔绝南羌、月氏。单于失援，由是远遁，而幕南无王庭。

遭值文、景玄默，养民五世，天下殷富，财力有余，士马强盛。故能睹犀布、玳瑁则建珠崖七郡，感枸酱、竹杖则开牂柯、越嶲，闻天马、蒲陶则通大宛、安息。自是之后，明珠、文甲、通犀、翠羽之珍盈于后宫，蒲梢、龙文、鱼目、汗血之马充于黄门，巨象、师子、猛犬、大雀之群食于外囿。殊方异物，四面而至。于是广开上林，穿昆明池，营千门万户之宫，立神明通天之台，兴造甲乙之帐，落以随珠和璧，天子负黼依，袭翠被，冯玉几，而处其中。设酒池肉林以飨四夷之客，作《巴俞》都卢、海中《砀极》、漫衍鱼龙、角抵之戏以观视之。及赂遗赠送，万里相奉，师旅之费，不可胜计。至于用度不足，乃榷酒酤，筦盐铁，铸白金，造皮币，算至车船，租及六畜。民力屈，财用竭，因之以凶年，寇盗并起，道路不通，直指之使始出，衣绣杖斧，断斩于郡国，然后胜之。是以末年遂弃轮台之地，而下哀痛之诏，岂非仁圣之所悔哉！且通西域，近有龙堆，远则葱岭，身热、头痛、县度之阸。淮南、杜钦、扬雄之论，皆以为此天地所以界别区域，绝外内也。《书》曰“西戎即序”，禹既就而序之，非上威服致其贡物也。

西域诸国，各有君长，兵众分弱，无所统一，虽属匈奴，不相亲附。匈奴能得其马畜旃罽，而不能统率与之进退。与汉隔绝，道里又远，得之不为益，弃之不为损。盛德在我，无取于彼。故自建武以来，西域思汉威德，咸乐内属。唯其小邑鄯善、车师，界迫匈奴，尚为所拘。而其大国莎车、于阗之属，数遣使置质于汉，愿请属都

郡，打开玉门关，与西域往来，切断匈奴的右臂，隔绝匈奴与南羌、月氏的联系。单于失去了支援，从此逃往远方，而大漠以南再无匈奴王庭。

经历文帝、景帝时的无为而治，百姓休养生息了五代，天下富足，财力有余，兵马强盛。所以武帝能看见犀、象、玳瑁就建立珠崖等七郡，有感于枸酱、竹杖就设置牂柯、越巂等郡，听说天马、葡萄就开通去往大宛、安息的道路。从此之后，明珠、玳瑁、通犀、翠羽等珍宝堆满后宫，蒲梢、龙文、鱼目、汗血等骏马充斥黄门，大象、狮子、猛犬、鸵鸟在苑囿成群觅食。远方的珍奇之物，从四面八方而来。于是武帝广开上林苑，挖掘昆明池，建造千门万户的建章宫，修筑神明、通天二台，制作甲乙帐，系上随侯珠、和氏璧，武帝摆设黑白斧形花纹的屏风，穿上翠羽制成的外衣，靠在玉饰的几案，身处其中。设酒池肉林招待四夷的客人，表演《巴俞》和都卢之歌舞、海中《砀极》之音乐、漫衍鱼龙之魔术、以及角抵之戏来观看。还有赠送财物，万里供给，军队花费，无法计算。以致国家用度不足，朝廷就实行酒类专卖，盐铁专营，铸造白金皮币，征收车船六畜之税。民力用尽，钱财耗光，加之荒年，盗贼并起，道路不通，于是武帝令直指使者暴胜之等人，身穿绣衣，手拿斧头，去郡国斩杀镇压，然后获胜。到武帝末年，放弃屯田轮台，发布哀痛诏书，岂不是仁德圣明君王的悔悟！况且通往西域的路上，近有白龙堆，远有葱岭，还有身热、头痛、县度等险要之地。淮南王刘安、杜钦、扬雄的言论，都认为这是天地用来划分区域，隔绝内外的。《尚书》说“西戎即序”，是说禹在划定九州后，西戎各族都依次归顺，而不是靠武力镇压而让他们进贡的。

西域诸国，各有首领，军队分散，势力弱小，不能统一，虽隶属匈奴，但不亲近依附。匈奴可以获得他们的牲畜毡毯，但不能统领他们一起进退。他们与汉朝隔绝，路程又远，得到他们没有好处，放弃他们没有损失。汉朝的盛德在于我们自己，不是依靠他们而来。所以从建武年间以来，西域各国思念汉朝的威德，都希望归附。只有小国如鄯善、车师，因为靠近匈奴，还被其控制。其他大国如莎

护。圣上远览古今，因时之宜，羁縻不绝，辞而未许。虽大禹之序西戎，周公之让白雉，太宗之却走马，义兼之矣，亦何以尚兹！

车、于阗等，多次派使者去汉朝送质子，并希望准许他们隶属西域都护。光武帝考察古今，根据当时情况，采取怀柔政策，进行推辞，没有同意。虽然大禹划定地域让西戎归顺，周公拒收越裳氏献上的白雉，汉文帝不受别人送来的千里马，都是古代圣贤的美谈，但光武帝兼有他们的道义，也没有比这种做法更高尚的了！

卷九十七上

外戚传第六十七上

自古受命帝王及继体守文之君，非独内德茂也，盖亦有外戚之助焉。夏之兴也以涂山，而桀之放也用末喜；殷之兴也以有娀及有㜪，而纣之灭也嬖妲己；周之兴也以姜嫄及太任、太姒，而幽王之禽也淫褒姒。故《易》基《乾》《坤》，《诗》首《关雎》，《书》美釐降，《春秋》讥不亲迎。夫妇之际，人道之大伦也。礼之用，唯昏姻为兢兢。夫乐调而四时和，阴阳之变，万物之统也，可不慎与！人能弘道，末如命何。甚哉妃匹之爱，君不能得之臣，父不能得之子，况卑下乎！既欢合矣，或不能成子姓，成子姓矣，而不能要其终，岂非命也哉！孔子罕言命，盖难言之。非通幽明之变，恶能识乎性命！

汉兴，因秦之称号，帝母称皇太后，祖母称太皇太后，適称皇后，妾皆称夫人。又有美人、良人、八子、七子、长使、少使之号焉。至武帝制倢伃、娙娥、傛华、充依，各有爵位，而元帝加昭仪之号，凡十四等云。昭仪位视丞相，爵比诸侯王。倢伃视上卿，比列侯。娙娥视中二千石，比关内侯。傛华视真二千石，比大上造。美人视二千石，比少上造。八子视千石，比中更。充依视千石，比左更。七子视八百石，比右庶长。良人视八百石，比左庶长。长使视六百石，比五大夫。少使视四百石，比公乘。五官视三百石。顺常视二百石。无涓、共和、娱灵、保林、良使、夜者皆视百石。上家人子、中家人子视有秩斗食云。五官以下，葬司马门外。

自古以来受命于天的帝王以及继承王位遵循先王法度的君主，不但凭借自身美好的德行，也有外戚的帮助。夏朝的建立离不开涂山氏，而桀被流放是因为听用末喜；殷朝的建立离不开有娀氏和有㜪氏，而纣的灭亡是因为宠幸妲己；周朝的建立离不开姜嫄、太任和太姒，而幽王被擒是因为与褒姒淫乐。所以《易经》从《乾》《坤》两卦开始，《诗经》以《关雎》为首篇，《尚书》赞美尧将两个女儿嫁给舜，《春秋》讽刺鲁隐公不亲自迎娶。夫妇之间的关系，是人伦的大道。礼法之中，只有婚姻之事要小心谨慎。音律和谐，四季才能和谐，阴阳的变化，是万物的根本，怎么能够不慎重呢！人可以弘扬大道，却对天命无可奈何。夫妻之间的感情超越一切，君王不能夺臣下所好，父亲不能改变儿子本意，何况低贱之辈呢！因欢爱而结为夫妻后，有的却不能生育子女，能生育子女的，却不能白头偕老，这些岂不是天命！孔子很少谈论天命，大概是因为难以说清。不明白阴阳的变化，怎么能懂得性命呢！

汉朝建立后，后宫沿袭秦朝的称号，皇帝的母亲称为皇太后，祖母称为太皇太后，嫡妻称为皇后，妾都称为夫人。又有美人、良人、八子、七子、长使、少使等称号。到武帝时，设立婕妤、娙娥、傛华、充依，各有爵位，元帝时设立昭仪的称号，共有十四个等级。昭仪禄位比照丞相，爵位等同诸侯王。婕妤禄位比照上卿，爵位等同列侯。娙娥禄位比照中二千石，爵位等同关内侯。傛华禄位比照真二千石，爵位等同大上造。美人禄位比照二千石，爵位等同少上造。八子禄位比照千石，爵位等同中更。充依禄位比照九百石（据《汉纪》，应为“充依视九百石”），爵位等同左更。七子禄位比照八百石，爵位等同右庶长。良人禄位比照七百石（据《汉纪》，应为“良人视七百石”），爵位等同左庶长。长使禄位比照六百石，爵位等同五大夫。少使禄位

高祖吕皇后，父吕公，单父人也，好相人。高祖微时，吕公见而异之，乃以女妻高祖，生惠帝、鲁元公主。高祖为汉王，元年封吕公为临泗侯，二年立孝惠为太子。

后汉王得定陶戚姬，爱幸，生赵隐王如意。太子为人仁弱，高祖以为不类己，常欲废之而立如意，“如意类我”。戚姬常从上之关东，日夜啼泣，欲立其子。吕后年长，常留守，希见，益疏。如意且立为赵王，留长安，几代太子者数。赖公卿大臣争之，及叔孙通谏，用留侯之策，得无易。

吕后为人刚毅，佐高帝定天下，兄二人皆为列将，从征伐。长兄泽为周吕侯，次兄释之为建成侯，逮高祖而侯者三人。高祖四年，临泗侯吕公薨。

高祖崩，惠帝立，吕后为皇太后，乃令永巷囚戚夫人，髡钳衣赭衣，令舂。戚夫人舂且歌曰：“子为王，母为虏，终日舂薄暮，常与死为伍！相离三千里，当谁使告女？”太后闻之大怒，曰：“乃欲倚子邪？”乃召赵王诛之。使者三反，赵相周昌不遣。太后召赵相，相征至长安。使人复召赵王，王来。惠帝慈仁，知太后怒，自迎赵王霸上，入宫，挟与起居饮食。数月，帝晨出射，赵王不能蚤起，太后伺其独居，使人持鸩饮之。迟帝还，赵王死。太后遂断戚夫人手足，去眼熏耳，饮喑药，使居鞠域中，名曰“人彘”。居数月，乃召惠帝视“人彘”。帝视而问知其戚夫人，乃大哭，因病，岁余不能起。使人请太后曰：“此非人所为。臣为太后子，终不能复治天下！”以此日

比照四百石，爵位等同公乘。五官禄位比照三百石。顺常禄位比照二百石。无涓、共和、娱灵、保林、良使、夜者禄位都比照百石。上家人子、中家人子禄位比照有俸禄的斗食。五官以下的等级，死后安葬在司马门外。

高祖的吕皇后，父亲是吕公，是单父人，喜欢给人看相。高祖微贱的时候，吕公见到他后，觉得他不是平凡之人，就将女儿嫁给他为妻，生了惠帝和鲁元公主。后来高祖做了汉王，元年（前206）封吕公为临泗侯，二年（前205）立惠帝为太子。

后来汉王娶了定陶的戚姬，十分宠爱她，戚姬生了赵隐王刘如意。太子为人仁爱懦弱，高祖认为他不像自己，经常想要废掉太子改立如意，说“如意像我”。戚姬常常跟着高祖去关东，日夜啼哭，希望立自己的儿子为太子。吕后年长，经常留守关中，很少见到高祖，关系更加疏远。如意被立为赵王，留在长安，好多次几乎要取代太子。仰赖公卿大臣规劝，以及叔孙通进谏，采用留侯张良的计策，才没有改立太子。

吕后为人刚强坚毅，辅佐高祖平定天下，两个哥哥都是列将，跟着高祖出征讨伐。大哥吕泽被封为周吕侯，二哥吕释之被封为建成侯，高祖在位时吕氏有三人被封为侯。高祖四年（前203），临泗侯吕公去世。

高祖驾崩，惠帝继位，吕后为皇太后，就下令把戚夫人囚禁在永巷，剃去头发，用铁圈束颈，穿上囚犯的红衣，让她舂米。戚夫人一边舂米一边歌唱道：“儿子为王，母亲为奴，从早到晚舂米，常与死亡为伍！相距三千里，让谁告诉你？”太后听说后勃然大怒，说：“你还想依靠你的儿子吗？”就召见赵王想杀掉他。使者三次往返，赵相周昌不让赵王前往长安。太后就召见赵相，将他召至长安。然后又派人召见赵王，赵王就来了。惠帝仁慈，知道太后动怒，就亲自去霸上迎接赵王，一起入宫，饮食起居都在一块儿。数月后，惠帝早上出去打猎，赵王没有早起，太后趁他独居，就派人拿毒酒给他喝。惠帝回来后，赵王已经死去。太后于是砍断了戚夫人的手脚，挖去眼睛，熏聋耳朵，让她喝下哑药，扔到窟室中，称为“人彘”。过了数月，太

饮为淫乐，不听政，七年而崩。

太后发丧，哭而泣不下。留侯子张辟彊为侍中，年十五，谓丞相陈平曰：“太后独有帝，今哭而不悲，君知其解未？”陈平曰：“何解？”辟彊曰：“帝无壮子，太后畏君等。今请拜吕台、吕产为将，将兵居南北军，及诸吕皆官，居中用事。如此则太后心安，君等幸脱祸矣！”丞相如辟彊计请之，太后说，其哭乃哀。吕氏权由此起。乃立孝惠后宫子为帝，太后临朝称制。复杀高祖子赵幽王友、共王恢及燕王建子。遂立周吕侯子台为吕王，台弟产为梁王，建城侯释之子禄为赵王，台子通为燕王，又封诸吕凡六人皆为列侯，追尊父吕公为吕宣王，兄周吕侯为悼武王。

太后持天下八年，病犬祸而崩，语在《五行志》。病困，以赵王禄为上将军居北军，梁王产为相国居南军，戒产、禄曰：“高祖与大臣约，非刘氏王者天下共击之，今王吕氏，大臣不平。我即崩，恐其为变，必据兵卫宫，慎毋送丧，为人所制。”太后崩，太尉周勃、丞相陈平、朱虚侯刘章等共诛产、禄，悉捕诸吕男女，无少长皆斩之。而迎立代王，是为孝文皇帝。

孝惠张皇后。宣平侯敖尚帝姊鲁元公主，有女。惠帝即位，吕太后欲为重亲，以公主女配帝为皇后。欲其生子，万方终无子，乃使阳为有身，取后宫美人子名之，杀其母，立所名子为太子。

后就叫惠帝来看“人彘”。惠帝见了询问后才知道是戚夫人，就大哭一场，因而生病，一年多不能起身。惠帝派人去请太后说：“这不是人做的事。我是太后的儿子，终究不能再治理天下！”从此惠帝每天饮酒作乐，不理朝政，七年后驾崩。

太后为惠帝发丧，只是哭却没有眼泪。留侯的儿子张辟彊担任侍中，年仅十五，他对丞相陈平说：“太后只有皇上一个儿子，现在哭起来却不悲伤，您知道是什么原因吗？”陈平说：“是什么原因呢？”张辟彊说：“皇上没有成年的儿子，太后畏惧你们这些大臣。现在您请求太后拜吕台、吕产为将军，各自统率南军和北军，再给吕氏诸人都封官，在朝中掌权。如此一来太后就安心了，你们也可幸免于难了！”陈平按照张辟彊的计策奏请太后，太后非常高兴，这时哭声才悲伤起来。吕氏的权势由此而来。吕太后就立惠帝后宫生的儿子为皇帝，太后当政，代行皇帝权力。太后又杀死高祖的儿子赵幽王刘友、共王刘恢以及燕王刘建的儿子。然后立周吕侯的儿子吕台为吕王，吕台的弟弟吕产为梁王，建城侯吕释之的儿子吕禄为赵王，吕台的儿子吕通为燕王，又封吕氏六人为列侯，追尊太后的父亲吕公为吕宣王，哥哥周吕侯吕泽为悼武王。

太后执掌天下八年，因犬祸生病而驾崩，详见《五行志》。太后病重时，任命赵王吕禄为上将军，统率北军，梁王吕产为相国，统率南军，并告诫吕产和吕禄说：“当年高祖与大臣们约定，不是刘氏被封王，天下可共同讨伐，现在吕氏被封王，大臣心中不平。我快死了，担心大臣会作乱，你们一定要带兵守卫皇宫，千万不要去送丧，以免受制于人。”太后驾崩后，太尉周勃、丞相陈平、朱虚侯刘章等人一起杀掉吕产、吕禄，将吕氏诸人全部抓起来，不论长幼都杀死。然后迎立代王，就是孝文皇帝。

孝惠张皇后。宣平侯张敖娶了惠帝的姐姐鲁元公主，生了一个女儿。惠帝即位后，吕太后想要亲上加亲，就把公主的女儿嫁给惠帝为皇后。吕太后希望皇后能生下儿子，但用尽方法皇后还是没有孩子，就让她假装有孕在身，将后宫美人生的儿子夺过来说是皇后所生，然后杀掉孩子的母亲，立这个孩子为太子。

惠帝崩，太子立为帝，四年，乃自知非皇后子，出言曰："太后安能杀吾母而名我！我壮即为所为。"太后闻而患之，恐其作乱，乃幽之永巷，言帝病甚，左右莫得见。太后下诏废之，语在《高后纪》。遂幽死，更立恒山王弘为皇帝，而以吕禄女为皇后。欲连根固本牢甚，然而无益也。吕太后崩，大臣正之，卒灭吕氏。少帝恒山、淮南、济川王，皆以非孝惠子诛。独置孝惠皇后，废处北宫，孝文后元年薨，葬安陵，不起坟。

高祖薄姬，文帝母也。父吴人，秦时与故魏王宗女魏媪通，生薄姬。而薄姬父死山阴，因葬焉。及诸侯畔秦，魏豹立为王，而魏媪内其女于魏宫。许负相薄姬，当生天子。是时项羽方与汉王相距荥阳，天下未有所定。豹初与汉击楚，及闻许负言，心喜，因背汉而中立，与楚连和。汉使曹参等虏魏王豹，以其国为郡，而薄姬输织室。豹已死，汉王入织室，见薄姬，有诏内后宫，岁余不得幸。

始姬少时，与管夫人、赵子儿相爱，约曰："先贵毋相忘！"已而管夫人、赵子儿先幸汉王。汉王四年，坐河南成皋灵台，此两美人侍，相与笑薄姬初时约。汉王问其故，两人俱以实告。汉王心凄然怜薄姬，是日召，欲幸之。对曰："昨暮梦龙据妾胸。"上曰："是贵征也，吾为汝成之。"遂幸，有身。岁中生文帝，年八岁立为代王。自有子后，希见。高祖崩，诸幸姬戚夫人之属，吕后怒，皆幽之不得出宫。而薄姬以希见故，得出从子之代，为代太后。太后弟薄昭从如代。

惠帝驾崩后，太子被立为皇帝，四年（吕后四年，前184年），才知道自己不是皇后所生，口出怨言说：“太后怎么能杀死我的母亲而说我是皇后的儿子呢！我长大以后一定要报仇。”太后听说后很担心，怕他日后作乱，就把他幽禁在永巷，对外宣称皇帝病得很重，连侍从都见不到他。后来太后下诏将他废掉，详见《高后纪》。于是少帝刘恭被幽禁而死，太后改立恒山王刘弘为皇帝，让吕禄的女儿为皇后。希望能从根本上牢牢巩固吕氏的地位，但并没有起到作用。吕太后驾崩，大臣们拨乱反正，最终诛灭了吕氏一族。少帝刘弘、恒山王刘朝、淮阳王刘武（“淮南”应为“淮阳”）、济川王刘太，都因不是惠帝的儿子被诛杀。只留下了孝惠皇后，被废后住在北宫，文帝后元元年（前163），孝惠皇后去世，安葬在安陵，没有建造陵墓。

高祖的薄姬，是文帝的母亲。她的父亲是吴县人，秦朝时和原魏王宗室之女魏媪私通，生了薄姬。后来薄姬的父亲死在山阴，就安葬在那里了。等到诸侯背叛秦朝，魏豹自立为王，魏媪就将女儿送入魏宫。许负给薄姬看相，说她能生天子。当时项羽正和汉王在荥阳相持，天下尚未平定。魏豹起初和汉王一起攻打楚王，听了许负的话后，心中非常高兴，就背叛汉王而中立，又与楚王联合。汉王派曹参等人俘虏魏豹，将他的国家设为郡，而薄姬被送到织室。魏豹死后，汉王去织室，看见薄姬，就下诏把她纳入后宫，但一年多也没得到临幸。

当初薄姬年少时，和管夫人、赵子儿关系亲密，相约说：“谁先受宠也不要忘了对方！”不久管夫人、赵子儿先被汉王宠爱。汉王四年（前203），他在河南成皋的灵台游玩，这两个美人在旁服侍，一起讥笑薄姬当初与她们的约定。汉王询问原因，两人就将实情告诉了他。汉王心中悲伤，觉得薄姬很可怜，当天就召见她，打算临幸。薄姬对汉王说：“昨晚我梦见一条龙盘踞在胸口。”汉王说：“这是显贵的征兆，我来帮你实现它。”于是临幸薄姬，她就怀孕了。这年薄姬生下文帝，八岁时被立为代王。薄姬自从生下儿子后，就很少见到高祖。高祖驾崩后，那些受宠的姬妾如戚夫人等，吕后对她们十分嫉恨，都幽禁起来不能出宫。而薄姬因为很少被高祖召见，得以出宫跟随儿子去往代地，做了代太后。代太后的弟弟薄昭也跟着他们去了代国。

代王立十七年，高后崩。大臣议立后，疾外家吕氏强暴，皆称薄氏仁善，故迎立代王为皇帝，尊太后为皇太后，封弟昭为轵侯。太后母亦前死，葬栎阳北。乃追尊太后父为灵文侯，会稽郡致园邑三百家，长丞以下使奉守寝庙，上食祠如法。栎阳亦置灵文夫人园，令如灵文侯园仪。太后蚤失父，其奉太后外家魏氏有力，乃召复魏氏，赏赐各以亲疏受之。薄氏侯者一人。

太后后文帝二岁，孝景前二年崩，葬南陵。用吕后不合葬长陵，故特自起陵，近文帝。

孝文窦皇后，景帝母也，吕太后时以良家子选入宫。太后出宫人以赐诸王各五人，窦姬与在行中。家在清河，愿如赵，近家，请其主遣宦者吏“必置我籍赵之伍中”。宦者忘之，误置籍代伍中。籍奏，诏可。当行，窦姬涕泣，怨其宦者，不欲往，相强乃肯行。至代，代王独幸窦姬，生女嫖。孝惠七年，生景帝。

代王王后生四男，先代王未入立为帝而王后卒，及代王为帝后，王后所生四男更病死。文帝立数月，公卿请立太子，而窦姬男最长，立为太子。窦姬为皇后，女为馆陶长公主。明年，封少子武为代王，后徙梁，是为梁孝王。

窦皇后亲蚤卒，葬观津。于是薄太后乃诏有司追封窦后父为安成侯，母曰安成夫人，令清河置园邑二百家，长丞奉守，比灵文园法。

窦后兄长君。弟广国字少君，年四五岁时，家贫，为人所略卖，

代王在位十七年后，高后驾崩。大臣们商议确立新帝，因憎恨外戚吕氏强横凶残，都称赞薄氏仁慈善良，所以迎立代王为皇帝，尊奉代太后为皇太后，封太后的弟弟薄昭为轵侯。太后的母亲此前已死，安葬在栎阳以北。于是追尊太后的父亲为灵文侯，在会稽郡修建陵园，设置园邑三百家，让长丞以下的官吏奉守宗庙，按照礼法献食祭祀。栎阳也设置了灵文夫人的陵园，规模和灵文侯的陵园一样。太后早年丧父，母家魏氏将其抚养长大，文帝就召见魏氏诸人，给予优待，按照亲疏关系分别进行赏赐。薄氏一族中封侯的有一人。

薄太后在文帝死后两年，即景帝前元二年（前155）驾崩，安葬在南陵。因为吕后是皇后，她不能与高祖合葬在长陵，所以特地建造陵墓，靠近文帝的霸陵。

孝文窦皇后，是景帝的母亲，吕太后时她以良家子女的身份被选入宫。吕太后想放一些宫人出宫，并将她们赏赐给诸侯王，每人五名，窦姬就在其中。窦姬家在清河，希望去赵国，靠近家乡，就请求负责遣送的宦官“一定将我的名籍放在去赵国的行列里。”宦官却忘了她的嘱托，误将她的名籍放在去代国的行列里。名籍上奏后，惠帝下诏批准。到了出发之时，窦姬不断哭泣，怨恨宦官，不想前往，因为诏令才勉强动身。到了代国，代王只宠爱窦姬，后来生了女儿刘嫖。惠帝七年（前188），她又生了景帝。

代王的王后生了四个儿子，先前代王还未被立为帝时王后已经去世，等到代王做了皇帝后，王后生的四个儿子又接连病死。文帝继位数月后，公卿请求立太子，而窦姬的儿子最年长，就被立为太子。窦姬做了皇后，女儿被封为馆陶长公主。第二年（文帝前元二年，前178年），文帝封窦皇后的小儿子刘武为代王，后来迁到梁国，就是梁孝王。

窦皇后的双亲早亡，安葬在观津。于是薄太后就下诏给主管官吏，追封窦皇后的父亲为安成侯，母亲为安成夫人，下令在清河郡修建陵园，设置园邑二百家，让长丞奉守，规模和薄太后父亲灵文侯的陵园一样。

窦皇后的哥哥叫窦长君。弟弟窦广国字少君，四五岁时，因为家

其家不知处。传十余家至宜阳，为其主人入山作炭。暮卧岸下百余人，岸崩，尽厌杀卧者，少君独脱不死。自卜，数日当为侯。从其家之长安，闻皇后新立，家在观津，姓窦氏。广国去时虽少，识其县名及姓，又尝与其姊采桑，堕，用为符信，上书自陈。皇后言帝，召见问之，具言其故，果是。复问其所识，曰："姊去我西时，与我决传舍中，匄沐沐我，已，饭我，乃去。"于是窦皇后持之而泣，侍御左右皆悲。乃厚赐之，家于长安。绛侯、灌将军等曰："吾属不死，命乃且县此两人。此两人所出微，不可不为择师傅，又复放吕氏大事也。"于是乃选长者之有节行者与居。窦长君、少君由此为退让君子，不敢以富贵骄人。

窦皇后疾，失明。文帝幸邯郸慎夫人、尹姬，皆无子。文帝崩，景帝立，皇后为皇太后，乃封广国为章武侯。长君先死，封其子彭祖为南皮侯。吴楚反时，太后从昆弟子窦婴侠，喜士，为大将军，破吴楚，封魏其侯。窦氏侯者凡三人。

窦太后好黄帝、老子言，景帝及诸窦不得不读《老子》尊其术。太后后景帝六岁，凡立五十一年，元光六年崩，合葬霸陵。遗诏尽以东宫金钱财物赐长公主嫖。至武帝时，魏其侯窦婴为丞相，后诛。

孝景薄皇后，孝文薄太后家女也。景帝为太子时，薄太后取以为太子妃。景帝立，立薄妃为皇后，无子无宠。立六年，薄太后崩，

中贫困，被人劫掠贩卖，家人都不知道他被卖到何处。辗转卖了十多家后他到了宜阳，为他的主人进山烧炭。有一天傍晚，一百多人在山崖下睡觉，山崖忽然崩塌，睡在崖下的人都被压死了，只有少君脱身没死。他占卜后，显示他将成为侯。窦广君跟着主人去了长安，听说刚刚立的皇后，家在观津，姓窦。窦广国离家时虽然年少，但仍然记得家乡和姓氏，又想起曾经和姐姐一起去采桑，不小心从树上掉下，他就以此作为凭据，自己上书陈述身世。窦皇后将此事告诉文帝，又召见窦广国询问，他详细说明了情况，果真如此。又询问他还记得哪些事，他说："姐姐离开我西去时，与我在驿站中辞别，讨来沐具替我洗头，洗完了，又给我吃饭，然后才离去。"就窦皇后拉着他哭了起来，左右侍从也都跟着悲伤。窦皇后于是重赏了窦广国，让他住在长安。绛侯周勃、将军灌婴等人说："我们不死的话，性命就会被这两人掌握在手中。他们出身低微，不能不为其选择良师，否则会重蹈吕氏的覆辙。"周勃灌婴等人就挑选了有节操有品行的长者和他们一起居住。窦长君、窦少君从此成为谦谦君子，不敢因为富贵而傲视他人。

后来窦皇后生病，双目失明。文帝宠爱邯郸慎夫人和尹姬，两人都没有儿子。文帝驾崩，景帝继位后，窦皇后做了皇太后，就封窦广国为章武侯。窦长君早死，就封他的儿子窦彭祖为南皮侯。吴楚七国之乱时，太后的堂侄窦婴为人侠义，喜欢结交勇士，被任命为大将军，打败吴楚，平定叛乱后，被封为魏其侯。窦氏一族中封侯的共有三人。

窦太后喜欢黄帝和老子的学说，景帝和窦氏诸人必须读《老子》，尊奉黄老之术。窦太后在位共四十五年（"五十一年"应为"四十五年"），在景帝死后六年，即建元六年（前135，"元光六年"应为"建元六年"）驾崩，与文帝合葬在霸陵。留下遗诏将东宫的金钱财物都赐给长公主刘嫖。到武帝时，魏其侯窦婴做了丞相，后来被杀。

孝景薄皇后，是孝文薄太后家族之女。景帝做太子时，薄太后为他娶了薄氏为太子妃。景帝继位后，立薄妃为皇后，薄皇后没有儿

皇后废。废后四年薨，葬长安城东平望亭南。

孝景王皇后，武帝母也。父王仲，槐里人也。母臧儿，故燕王臧荼孙也，为仲妻，生男信与两女。而仲死，臧儿更嫁为长陵田氏妇，生男蚡、胜。臧儿长女嫁为金王孙妇，生一女矣，而臧儿卜筮曰两女当贵，欲倚两女，夺金氏。金氏怒，不肯与决，乃内太子宫。太子幸爱之，生三女一男。男方在身时，王夫人梦日入其怀，以告太子，太子曰："此贵征也。"未生而文帝崩，景帝即位，王夫人生男。是时，薄皇后无子。后数岁，景帝立齐栗姬男为太子，而王夫人男为胶东王。

长公主嫖有女，欲与太子为妃，栗姬妒，而景帝诸美人皆因长公主见得贵幸，栗姬日怨怒，谢长主，不许。长主欲与王夫人，王夫人许之。会薄皇后废，长公主日谮栗姬短。景帝尝属诸姬子，曰："吾百岁后，善视之。"栗姬怒不肯应，言不逊，景帝心衔之而未发也。

长公主日誉王夫人男之美，帝亦自贤之。又耳曩者所梦日符，计未有所定。王夫人又阴使人趣大臣立栗姬为皇后。大行奏事，文曰："'子以母贵，母以子贵。'今太子母号宜为皇后。"帝怒曰："是乃所当言邪！"遂案诛大行，而废太子为临江王。栗姬愈恚，不得见，以忧死。卒立王夫人为皇后，男为太子。封皇后兄信为盖侯。

初，皇后始入太子家，后女弟儿姁亦复入，生四男。儿姁蚤卒，四子皆为王。皇后长女为平阳公主，次南宫公主，次隆虑公主。

子，也不受宠。薄皇后在位六年后，薄太后驾崩，她因而被废。薄皇后被废四年后去世，安葬在长安城东的平望亭南面。

孝景王皇后，是武帝的母亲。她的父亲叫王仲，是槐里人。母亲叫臧儿，是原燕王臧荼的孙女，嫁给王仲为妻，生了儿子王信和两个女儿。王仲死后，臧儿又改嫁给长陵田氏为妻，生了儿子田蚡和田胜。臧儿的大女儿嫁给金王孙为妻，生了一个女儿后，臧儿占卜显示两个女儿都将富贵，她想依靠两个女儿，就将大女儿从金家接回。金氏大怒，不肯与妻子断绝关系，臧儿就将大女儿送入太子宫。太子非常宠爱王氏，她后来生了三个女儿和一个儿子。怀着儿子的时候，王夫人梦见太阳扑进怀中，就将此事告诉太子，太子说："这是显贵的征兆。"孩子还没出生，文帝就驾崩了，景帝即位后，王夫人生下一个儿子。当时，薄皇后没有儿子。数年后，景帝立齐人栗姬的儿子为太子，王夫人的儿子为胶东王。

长公主刘嫖有个女儿，想把她嫁给太子为妃，但栗姬善妒，景帝后宫的那些美人都靠长公主才得以见到景帝，受到宠爱，栗姬越发心怀怨恨，就拒绝了长公主，没有同意。长公主又想把女儿嫁给王夫人的儿子，王夫人答应了。正巧薄皇后被废，长公主每日在景帝面前说栗姬的坏话。景帝曾把各位姬妾生的儿子托付给栗姬，说："我去世后，你好好照顾他们。"栗姬十分生气，不肯答应，出言不逊，景帝心中不满但没表现出来。

长公主每日夸赞王夫人的儿子，景帝也认为他有才能。又听说从前他因梦日而生，有祥瑞，景帝考虑再三，没有决定。王夫人又暗中派人催促大臣立栗姬为皇后。大行上奏，写道："'子以母贵，母以子贵。'现在太子母亲的称号应为皇后。"景帝勃然大怒，说："这是你应当说的吗！"于是景帝下令杀了大行，又把太子废为临江王。栗姬更加怨恨，又不能见到景帝，因此忧惧而死。最终景帝立王夫人为皇后，她的儿子为太子。封皇后的哥哥王信为盖侯。

起初，王皇后刚进太子宫，后来她的妹妹兒姁也进了宫，生了四个儿子。兒姁早亡，四个儿子都被封王。王皇后的大女儿被封为平阳公主，二女儿被封为南宫公主，小女儿被封为隆虑公主。

皇后立九年，景帝崩。武帝即位，为皇太后，尊太后母臧儿为平原君，封田蚡为武安侯，胜为周阳侯。王氏、田氏侯者凡三人。盖侯信好酒，田蚡、胜贪，巧于文辞。蚡至丞相，追尊王仲为共侯，槐里起园邑二百家，长丞奉守。及平原君薨，从田氏葬长陵，亦置园邑如共侯法。

初，皇太后微时所为金王孙生女俗，在民间，盖讳之也。武帝始立，韩嫣白之。帝曰："何为不蚤言？"乃车驾自往迎之。其家在长陵小市，直至其门，使左右入求之。家人惊恐，女逃匿。扶将出拜，帝下车立曰："大姊，何藏之深也？"载至长乐宫，与俱谒太后，太后垂涕，女亦悲泣。帝奉酒，前为寿。钱千万，奴婢三百人，公田百顷，甲第，以赐姊。太后谢曰："为帝费。"因赐汤沐邑，号修成君。男女各一人，女嫁诸侯，男号修成子仲，以太后故，横于京师。太后凡立二十五年，后景帝十五岁，元朔三年崩，合葬阳陵。

孝武陈皇后，长公主嫖女也。曾祖父陈婴与项羽俱起，后归汉，为堂邑侯。传子至孙午，午尚长公主，生女。

初，武帝得立为太子，长主有力，取主女为妃。及帝即位，立为皇后，擅宠骄贵，十余年而无子，闻卫子夫得幸，几死者数焉。上愈怒。后又挟妇人媚道，颇觉。元光五年，上遂穷治之，女子楚服等坐为皇后巫蛊祠祭祝诅，大逆无道，相连及诛者三百余人，楚服枭首于市。使有司赐皇后策曰："皇后失序，惑于巫祝，不可以承天命。其上玺绶，罢退居长门宫。"

王皇后在位九年后，景帝驾崩。武帝即位，王皇后做了皇太后，就尊母亲臧儿为平原君，封田蚡为武安侯，田胜为周阳侯。王氏和田氏两族中封侯的共有三人。盖侯王信喜欢饮酒，田蚡、田胜为人贪婪，擅长辞令。田蚡后来官至丞相，又追尊王仲为共侯，在槐里修建陵园，设置园邑二百家，让长丞奉守。等到平原君去世后，与田氏合葬在长陵，也设置了园邑，规模和共侯的陵园一样。

起初，皇太后微贱时给金王孙生了个女儿叫俗，仍在民间，不想被人知道。武帝刚继位时，韩嫣把此事告诉了他。武帝说："你为什么不早说？"武帝就乘车亲自去迎接。金俗的家在长陵的小市集里，武帝直接到了她家门口，派侍从进去请金俗。金家人非常惊恐，金俗也吓得藏了起来。侍从将她扶出拜见武帝，武帝下车就说："大姐，为什么藏得那么深？"武帝用车将她送到长乐宫，一起拜见太后，太后流下眼泪，金俗也悲伤哭泣。武帝向她们敬酒，上前祝寿。然后下令将钱一千万，奴婢三百人，公田一百顷，豪华宅第，赐给姐姐。太后道谢说："让皇上破费了。"又赏赐金俗汤沐邑，封为修成君。修成君后来生了儿女各一人，女儿嫁给诸侯，儿子称为修成子仲，因为太后的关系，横行长安。太后在位共二十五年，在景帝死后十五年，即元朔三年（前126）驾崩，与景帝合葬在阳陵。

孝武陈皇后，是长公主刘嫖的女儿。她的曾祖父陈婴和项羽一同起兵，后来归顺汉王，被封为堂邑侯。爵位经儿子传给孙子陈午，陈午娶了长公主为妻，生了一个女儿。

起初，武帝能被立为太子，离不开长公主的帮忙，武帝因此娶了长公主的女儿为妃。等到武帝即位，陈氏被立为皇后，独受宠爱，骄横跋扈，但十多年都没有儿子，听说卫子夫受到武帝宠爱，多次几乎将她害死。武帝更加生气。陈皇后又用妇人所使的巫祝之术企图取悦武帝，此事渐渐被发觉。元光五年（前130），武帝下令彻底查办，女子楚服等人因替皇后用巫祝之术告祭鬼神加祸于人而获罪，大逆不道，牵连被杀的有三百多人，楚服被砍头示众。武帝派主管官吏赐策书给皇后，说："皇后德行有失，受巫祝蛊惑，不能上承天命。应当交回皇后的玺绶，废去皇后之位，退居长门宫。"

明年，堂邑侯午薨，主男须嗣侯。主寡居，私近董偃。十余年，主薨。须坐淫乱，兄弟争财，当死，自杀，国除。后数年，废后乃薨，葬霸陵郎官亭东。

孝武卫皇后，字子夫，生微也。其家号曰卫氏，出平阳侯邑。子夫为平阳主讴者，武帝即位，数年无子。平阳主求良家女十余人，饰置家。帝祓霸上，还过平阳主。主见所偫美人，帝不说。既饮，讴者进，帝独说子夫。帝起更衣，子夫侍尚衣轩中，得幸。还坐欢甚，赐平阳主金千斤。主因奏子夫送入宫。子夫上车，主拊其背曰：“行矣！强饭勉之。即贵，愿无相忘！”入宫岁余，不复幸。武帝择宫人不中用者斥出之，子夫得见，涕泣请出。上怜之，复幸。遂有身，尊宠。召其兄卫长君、弟青侍中。而子夫生三女，元朔元年生男据，遂立为皇后。

先是卫长君死，乃以青为将军，击匈奴有功，封长平侯。青三子在襁褓中，皆为列侯。及皇后姊子霍去病亦以军功为冠军侯，至大司马票骑将军。青为大司马大将军。卫氏支属侯者五人。青还，尚平阳主。

皇后立七年，而男立为太子。后色衰，赵之王夫人、中山李夫人有宠，皆蚤卒。后有尹倢伃、钩弋夫人更幸。卫后立三十八年，遭巫蛊事起，江充为奸，太子惧不能自明，遂与皇后共诛充，发兵，兵败，太子亡走。诏遣宗正刘长乐、执金吾刘敢奉策收皇后玺绶，自杀。黄门苏文、姚定汉舆置公车令空舍，盛以小棺，瘗之城南桐柏。卫氏悉灭。宣帝立，乃改葬卫后，追谥曰思后，置园邑三百家，长丞

第二年（元光六年，前129年），堂邑侯陈午去世，长公主的儿子陈须继位。长公主守寡在家，与董偃私通。十多年后，长公主去世。陈须因淫乱及与兄弟争夺财物而获罪，应当处死，后来自杀，爵位被废。数年后，被废的陈皇后也死了，安葬在霸陵郎官亭的东面。

孝武卫皇后，字子夫，出身微贱。她家姓卫，来自平阳侯的封邑。卫子夫是平阳公主的歌女，武帝即位后，数年没有儿子。平阳公主就选了十多个良家女子，打扮好了留在家中。武帝去霸上消灾祈福，返回时顺道拜访平阳公主。公主将准备好的美人叫出来，但武帝都不喜欢。喝酒之时，歌女进来，武帝只看上了卫子夫。武帝起身去换衣服，卫子夫在尚衣轩中侍奉，得到临幸。武帝回来坐下后十分高兴，下令赏赐平阳公主黄金一千斤。公主就说要将卫子夫送入皇宫。卫子夫上车时，公主抚摸着她的背说："去吧！要努力加餐，好自为之。如果富贵了，希望不要忘了我！"卫子夫入宫一年多，再没有得到武帝临幸。武帝挑选了一些不合用的宫人遣送出宫，子夫得以见到武帝，哭着请求让自己出宫。武帝对她心生怜爱，再次临幸。卫子夫于是怀孕，受到武帝宠爱。武帝召见她的哥哥卫长君、弟弟卫青，任命为侍中。后来卫子夫生了三个女儿，元朔元年（前128）生了儿子刘据，于是被立为皇后。

此前，卫长君死后，武帝就任命卫青为将军，他因征讨匈奴有功，被封为长平侯。卫青的三个儿子尚在襁褓中，都已封为列侯。卫皇后姐姐的儿子霍去病也因军功被封为冠军侯，官至大司马骠骑将军。卫青是大司马大将军。卫氏亲属中封侯的有五人。卫青出征回来后，娶平阳公主为妻。

卫皇后在位七年后，儿子刘据被立为太子。后来她姿色衰退，赵王的母亲的王夫人、中山王的母亲李夫人受到武帝宠爱，但都早亡。后来又有尹婕妤、钩弋夫人相继受到武帝宠爱。卫皇后在位三十八年后，发生巫蛊之祸，江充使用奸计，太子心中惧怕又不能表明清白，就和卫皇后一起杀了江充，起兵，结果失败，太子逃走。武帝下诏派宗正刘长乐、执金吾刘敢奉命收回皇后的玺绶，卫皇后就自杀了。黄门苏文、姚定汉用车拉上卫皇后的尸体放到公车令的空房中，

周卫奉守焉。

孝武李夫人，本以倡进。初，夫人兄延年性知音，善歌舞，武帝爱之。每为新声变曲，闻者莫不感动。延年侍上起舞，歌曰："北方有佳人，绝世而独立，一顾倾人城，再顾倾人国。宁不知倾城与倾国，佳人难再得！"上叹息曰："善！世岂有此人乎？"平阳主因言延年有女弟，上乃召见之，实妙丽善舞。由是得幸，生一男，是为昌邑哀王。李夫人少而蚤卒，上怜闵焉，图画其形于甘泉宫。及卫思后废后四年，武帝崩，大将军霍光缘上雅意，以李夫人配食，追上尊号曰孝武皇后。

初，李夫人病笃，上自临候之，夫人蒙被谢曰："妾久寝病，形貌毁坏，不可以见帝。愿以王及兄弟为托。"上曰："夫人病甚，殆将不起，一见我属托王及兄弟，岂不快哉？"夫人曰："妇人貌不修饰，不见君父。妾不敢以燕媠见帝。"上曰："夫人弟一见我，将加赐千金，而予兄弟尊官。"夫人曰："尊官在帝，不在一见。"上复言欲必见之，夫人遂转乡歔欷而不复言。于是上不说而起。夫人姊妹让之曰："贵人独不可一见上属托兄弟邪？何为恨上如此？"夫人曰："所以不欲见帝者，乃欲以深托兄弟也。我以容貌之好，得从微贱爱幸于上。夫以色事人者，色衰而爱弛，爱弛则恩绝。上所以挛挛顾念我者，乃以平生容貌也。今见我毁坏，颜色非故，必畏恶吐弃我，意尚肯复追思闵录其兄弟哉！"及夫人卒，上以后礼葬焉。其后，上以夫人兄李广利为贰师将军，封海西侯，延年为协律都尉。

又装入小棺材，埋在城南的桐柏亭。卫氏全族被灭。宣帝继位后，才改葬卫皇后，追加谥号为思后，设置园邑三百家，让长丞禁卫奉守。

孝武帝的李夫人，原本是以歌姬身份进宫的。起初，李夫人的哥哥李延年通晓音律，能歌善舞，武帝很喜欢他。李延年每次演唱新作的乐曲，听的人无不受到感动。他为武帝跳舞时，唱道："北方有佳人，绝世而独立，一顾倾人城，再顾倾人国。宁不知倾城与倾国，佳人难再得！"武帝叹息说："好！世间难道真有这样的美人吗？"平阳公主就说李延年有个妹妹，擅长歌舞，武帝就召见她，确实美丽善舞。因此得宠，生了一个儿子，就是昌邑哀王。李夫人年少早亡，武帝非常怜悯，就命画师将她的容貌画下来挂在甘泉宫。卫思后被废四年后，武帝驾崩，大将军霍光根据武帝的本意，让李夫人在宗庙中配享祭祀，并追加尊号为孝武皇后。

起初，李夫人病重，武帝亲自去探望她，李夫人蒙着被子辞谢说："我卧病已久，容貌丑陋，不可以见陛下。希望把我的儿子和兄弟托付给陛下。"武帝说："夫人病得这么厉害，大概是不能好了，让我见一面再托付儿子和兄弟的事情，难道不好吗？"李夫人说："女子没有经过梳妆打扮，是不能见君王的。我不敢仪容不整地见陛下。"武帝说："夫人只要让我见一面，就另外赏赐你千金，并给你的兄弟高官厚禄。"李夫人说："高官厚禄在于陛下的决定，不在于和我见一面。"武帝又说一定要见她，李夫人就把脸转过去哀叹抽泣，不再说话。于是武帝很不高兴地起身离开。李夫人的姐妹责备她说："您为什么不能和陛下见一面再托付兄弟的事情呢？为什么如此怨恨陛下？"夫人说："我之所以不想见陛下，正是为了能托付兄弟的事情。我凭借美貌，得以从微贱之人受到陛下的宠爱。依靠姿色博取别人欢心的人，姿色衰退就会失去宠爱，失去宠爱就会恩断义绝。陛下之所以还眷恋着我，是因为我原来的容貌。现在如果看见我容貌丑陋，不是原来的样子，一定会厌恶嫌弃我，哪里还肯追思怜悯我，善待我的兄弟呢！"李夫人死后，武帝用皇后的礼节安葬了她。此后，武帝任命李夫人的哥哥李广利为贰师将军，封为海西侯，任命李延年为协律都尉。

上思念李夫人不已，方士齐人少翁言能致其神。乃夜张灯烛，设帷帐，陈酒肉，而令上居他帐，遥望见好女如李夫人之貌，还幄坐而步。又不得就视，上愈益相思悲感，为作诗曰：“是邪，非邪？立而望之，偏何姗姗其来迟！”令乐府诸音家弦歌之。上又自为作赋，以伤悼夫人，其辞曰：

美连娟以修嫮兮，命樔绝而不长，饰新宫以延贮兮，泯不归乎故乡。惨郁郁其芜秽兮，隐处幽而怀伤，释舆马于山椒兮，奄修夜之不阳。秋气憯以凄泪兮，桂枝落而销亡，神茕茕以遥思兮，精浮游而出畺。托沈阴以圹久兮，惜蕃华之未央，念穷极之不还兮，惟幼眇之相羊。函菱荴以俟风兮，芳杂袭以弥章，的容与以猗靡兮，缥飘姚虖愈庄。燕淫衍而抚楹兮，连流视而娥扬，既激感而心逐兮，包红颜而弗明。欢接狎以离别兮，宵寤梦之芒芒，忽迁化而不反兮，魄放逸以飞扬。何灵魂之纷纷兮，哀裴回以踌躇，势路日以远兮，遂荒忽而辞去。超兮西征，屑兮不见。浸淫敞克，寂兮无音，思若流波，怛兮在心。

乱曰：佳侠函光，陨朱荣兮，嫉妒阘茸，将安程兮！方时隆盛，年夭伤兮，弟子增欷，洿沬怅兮。悲愁于邑，喧不可止兮。向不虚应，亦云己兮。嫶妍太息，叹稚子兮，懰栗不言，倚所恃兮。仁者不誓，岂约亲兮？既往不来，申以信兮。去彼昭昭，就冥冥兮，既下新宫，不复故庭兮。呜呼哀哉，想魂灵兮！

其后李延年弟季坐奸乱后宫，广利降匈奴，家族灭矣。

武帝对李夫人思念不已，方士齐人少翁说可以招来李夫人的魂魄。于是在夜晚点上灯烛，挂上帷帐，摆上酒肉，让武帝去别的帐里，他远远望见一位美人，如同李夫人的样子，在帐中坐下，又起身而行。但不能走过去看，武帝就更加思念李夫人，心中悲伤，为她作了一首诗说："是邪，非邪？立而望之，偏何姗姗其来迟！"武帝下令乐府的诸位乐师用琴瑟伴奏歌唱。武帝又亲自写了一篇赋，表示对李夫人的哀伤悼念，赋中说：

你的容貌纤弱美好，可惜生命消逝不长久，我装饰好新宫一直等待着你，你却消失了不再返回故乡。杂草丛生的悲凉景象，你身处幽僻之地令我心怀忧伤，将车马停在山陵，长夜漫漫不知何时才能天明。秋气寒凉令我悲痛在心，芳香的桂枝掉落而消失，我孤寂的灵魂思念着远方的你，精神离开身体去各处漫游。将情怀长久寄托于地下的你啊，痛惜你年岁未半就如繁花早逝，想着天的尽头也许并不遥远，思念你窈窕徜徉的姿态。春花含蕊绽放等待着风，香气袭人更加浓郁，明媚的面容柔顺安逸，在风中飘摇更加端庄。燕子在楹柱间穿梭飞翔，你美目顾盼娥眉扬起，我心有所感追思着你，你却把红颜埋藏不让人看。愉快地相会亲热后又分离，夜里我从梦中醒来四顾茫然，你忽然逝去不会再回来，魂魄无拘无束四方飘扬。灵魂为何纷纷扰扰，你徘徊驻足令我心中悲伤，路途越发遥远，恍惚中你就辞别而去。就像太阳西落，忽然不见了踪影。一切渐渐模糊起来，四下寂静没有声音，对你的思念就像流水一样，哀悼之情永在我心。

总而言之：蕴含美德的佳人，却像红花一样凋零，嫉妒卑贱之人，如何能与你相比！正值大好年华，却夭折而亡，兄弟儿子更加悲伤，涕泪满脸，心中惆怅。悲伤忧愁郁结心中，痛哭之声不绝于耳。我们的悲痛你无从知晓，真是让人无可奈何。叹息你忧伤消瘦，可怜你儿子年幼，你悲怆不语，心中一定有所期待。仁者不用盟誓，难道与亲戚还要约定吗？你虽然已经逝去，我还是要表明心中的诚意。你离开光明的人间，去往昏暗的地下，到了新宫之后，不再回到过去的庭院。多么令人悲哀，我整天思念着你的灵魂！

此后李延年的弟弟李季因淫乱后宫而获罪，李广利投降了匈奴，

孝武钩弋赵倢伃，昭帝母也，家在河间。武帝巡狩过河间，望气者言此有奇女，天子亟使使召之。既至，女两手皆拳，上自披之，手即时伸。由是得幸，号曰拳夫人。先是其父坐法宫刑，为中黄门，死长安，葬雍门。

拳夫人进为倢伃，居钩弋宫，大有宠，太始三年生昭帝，号钩弋子。任身十四月乃生，上曰："闻昔尧十四月而生，今钩弋亦然。"乃命其所生门曰尧母门。后卫太子败，而燕王旦、广陵王胥多过失，宠姬王夫人男齐怀王、李夫人男昌邑哀王皆蚤薨，钩弋子年五六岁，壮大多知，上常言"类我"，又感其生与众异，甚奇爱之，心欲立焉，以其年稚母少，恐女主颛恣乱国家，犹与久之。

钩弋倢伃从幸甘泉，有过见谴，以忧死，因葬云阳。后上疾病，乃立钩弋子为皇太子。拜奉车都尉霍光为大司马大将军，辅少主。明日，帝崩。昭帝即位，追尊钩弋倢伃为皇太后，发卒二万人起云陵，邑三千户。追尊外祖赵父为顺成侯，诏右扶风置园邑二百家，长丞奉守如法。顺成侯有姊君姁，赐钱二百万，奴婢第宅以充实焉。诸昆弟各以亲疏受赏赐。赵氏无在位者，唯赵父追封。

孝昭上官皇后，祖父桀，陇西上邽人也。少时为羽林期门郎，从武帝上甘泉，天大风，车不得行，解盖授桀。桀奉盖，虽风常属车；雨下，盖辄御。上奇其材力，迁未央厩令。上尝体不安，及愈，见马，马多瘦，上大怒："令以我不复见马邪！"欲下吏，桀顿首曰："臣闻圣体不安，日夜忧惧，意诚不在马。"言未卒，泣数行下。上

李氏一族被诛灭了。

孝武帝的钩弋赵婕妤，是昭帝的母亲，家在河间。武帝巡行时路过河间，有擅长观望云气的人说此地有奇异的女子，武帝急忙派人将她召来。她来的时候，两手都握成拳头，武帝亲自去掰，手马上就伸开了。她由此得到武帝的宠爱，称为拳夫人。此前，她的父亲因犯法获罪而被处宫刑，做了中黄门，后来死在长安，安葬在雍门。

拳夫人升为婕妤，住在钩弋宫，大受宠爱，太始三年（前94）生下昭帝，称为钩弋子。她怀孕十四个月才生下孩子，武帝说："听说从前尧就是怀胎十四个月而生，现在钩弋子也是这样。"就称其降生宫殿之门为尧母门。后来卫太子兵败自杀，而燕王刘旦、广陵王刘胥多有过失，宠姬王夫人的儿子齐怀王刘闳、李夫人的儿子昌邑哀王刘髆都早亡，钩弋子五六岁时，长得结实，又非常聪明，武帝常说"像我"，又觉得他的出生也和别人不一样，就特别喜爱他，心中想立他为太子，又因他年幼，母亲还年轻，担心会再出现女主独揽大权，祸乱国家的事，就一直犹豫不决。

钩弋婕妤跟着武帝去甘泉宫，因为犯错被武帝斥责，结果忧惧而死，就安葬在云阳县。后来武帝病重，就立钩弋子为皇太子。又任命奉车都尉霍光为大司马大将军，辅佐幼主。第二天，武帝驾崩。昭帝即位后，追尊钩弋婕妤为皇太后，征调两万名士卒修建云陵，设置园邑三千户。追尊外公赵父为顺成侯，下诏在右扶风修建陵园，设置园邑二百家，让长丞按照礼法奉守。顺成侯有个姐姐叫君姁，昭帝赐给她钱二百万，以及奴婢和宅第，让她生活富足。顺成侯的诸位兄弟按照亲疏关系分别进行赏赐。赵氏一族中没有为官的，只有赵父被追封为侯。

孝昭上官皇后，她的祖父上官桀，是陇西上邽人。他年轻时做羽林期门郎，跟着武帝去甘泉宫，遇上大风，车子不能前行，就解下车盖交给上官桀。上官桀撑着车盖，即使顶着大风也能跟上车子；不久下起雨来，他就用车盖为武帝挡雨。武帝很欣赏他的体力，就升他为未央厩令。武帝曾经身体不适，等到好了后，去看马，发现很多马都瘦了，武帝大怒，说："你认为我不能再见到这些马了吗！"要把他

以为忠，由是亲近，为侍中，稍迁至太仆。武帝疾病，以霍光为大将军，太仆桀为左将军，皆受遗诏辅少主。以前捕斩反者莽通功，封桀为安阳侯。

初，桀子安取霍光女，结婚相亲，光每休沐出，桀常代光入决事。昭帝始立，年八岁，帝长姊鄂邑盖长公主居禁中，共养帝。盖主私近子客河间丁外人。上与大将军闻之，不绝主欢，有诏外人侍长主。长主内周阳氏女，令配耦帝。时上官安有女，即霍光外孙，安因光欲内之。光以为尚幼，不听。安素与丁外人善，说外人曰："闻长主内女，安子容貌端正，诚因长主时得入为后，以臣父子在朝而有椒房之重，成之在于足下，汉家故事常以列侯尚主，足下何忧不封侯乎？"外人喜，言于长主。长主以为然，诏召安女入为倢伃，安为骑都尉。月余，遂立为皇后，年甫六岁。

安以后父封桑乐侯，食邑千五百户，迁车骑将军，日以骄淫。受赐殿中，出对宾客言："与我婿饮，大乐！"见其服饰，使人归，欲自烧物。安醉则裸行内，与后母及父诸良人、侍御皆乱。子病死，仰而骂天。数守大将军光，为丁外人求侯，及桀欲妄官禄外人，光执正，皆不听。又桀妻父所幸充国为太医监，阑入殿中，下狱当死。冬月且尽，盖主为充国入马二十匹赎罪，乃得减死论。于是桀、安父子深怨光而重德盖主。知燕王旦帝兄，不得立，亦怨望，桀、安即记光过失予燕王，令上书告之，又为丁外人求侯。燕王大喜，上书称："子路丧姊，期而不除，孔子非之。子路曰：'由不幸寡兄弟，不忍除之。'故曰'观过知仁'。今臣与陛下独有长公主为姊，陛下幸

交由官吏治罪，上官桀叩头说："我听说皇上身体不适，日夜为您担心，心里确实顾不上马。"话没说完，眼泪就不断落下。武帝认为他很忠心，由此对他亲近，让他担任侍中，慢慢升到太仆。后来武帝病重，任命霍光为大将军，太仆上官桀为左将军，都接受了遗诏辅佐幼主。因为上官桀从前捕杀谋反的莽通有功，武帝就封他为安阳侯。

起初，上官桀的儿子上官安娶了霍光的女儿为妻，两家结为姻亲，关系亲密，霍光每次休假出宫时，上官桀经常代替他进宫处理公务。昭帝刚刚继位，只有八岁，由长姐鄂邑盖长公主住在宫里，一起抚养昭帝。长公主和旅居外地的河间人丁外人私通。昭帝和大将军霍光听说后，没有断绝长公主的私情，就下诏让丁外人侍奉长公主。长公主选了周阳氏的女子送入宫中，把她嫁给昭帝。当时上官安有个女儿，就是霍光的外孙女，上官安就劝说霍光把她送进宫。霍光认为孩子还小，没有同意。上官安平时和丁外人交好，就劝说丁外人："听说长公主要选女子进宫，我的女儿容貌端正，如果趁长公主得势时能进宫做皇后，我们父子在朝为官，又有皇后作依靠，此事成功与否全在于您了，汉朝的旧例常让列侯娶公主为妻，到时您还担心封不了侯吗？"丁外人非常高兴，将此事告诉长公主。长公主认为他说得对，就下诏将上官安的女儿召进宫做了婕妤，上官安被封为骑都尉。一个多月后，就立上官氏为皇后，当时才六岁。

上官安因为是皇后的父亲被封为桑乐侯，食邑一千五百户，升为车骑将军，日益骄纵放荡。他在殿上接受赏赐，出来后对宾客说："和我的女婿一起喝酒，真高兴！"他炫耀得到的服饰，派人拿回家里，想焚烧供品祭祀神明。上官安喝醉了就会光着身子在房中行走，和他的后母以及父亲的侍妾婢女淫乱。他的儿子病死后，就仰头咒骂上天。上官桀多次请求霍光，为丁外人封侯，想不按才德给予他官位和俸禄，霍光秉公处理，都没有答应。上官桀岳丈宠爱的充国担任太医监，擅自跑进殿上，被关入监牢，应当处死。冬天快过去的时候，长公主为充国交了二十匹马来赎罪，才得以免除死罪。于是上官氏父子深深怨恨霍光而对长公主感恩戴德。他们知道昭帝的哥哥燕王刘旦，因没被立为帝，也心怀怨恨，两人就将霍光的过失记录下

使丁外人侍之，外人宜蒙爵号。”书奏，上以问光，光执不许。及告光罪过，上又疑之，愈亲光而疏桀、安。桀、安寖恚，遂结党与谋杀光，诱征燕王至而诛之，因废帝而立桀。或曰：“当如皇后何？”安曰：“逐麋之狗，当顾菟邪！且用皇后为尊，一旦人主意有所移，虽欲为家人亦不可得，此百世之一时也。”事发觉，燕王、盖主皆自杀。语在《霍光传》。桀、安宗族既灭，皇后以年少不与谋，亦光外孙，故得不废。皇后母前死，葬茂陵郭东，追尊曰敬夫人，置园邑二百家，长丞奉守如法。皇后自使私奴婢守桀、安冢。

光欲皇后擅宠有子，帝时体不安，左右及医皆阿意，言宜禁内，虽宫人使令皆为穷绔，多其带，后宫莫有进者。

皇后立十岁而昭帝崩，后年十四五云。昌邑王贺征即位，尊皇后为皇太后。光与太后共废王贺，立孝宣帝。宣帝即位，为太皇太后。凡立四十七年，年五十二，建昭二年崩，合葬平陵。

卫太子史良娣，宣帝祖母也。太子有妃，有良娣，有孺子，妻妾凡三等，子皆称皇孙。史良娣家本鲁国，有母贞君，兄恭。以元鼎四年入为良娣，生男进，号史皇孙。

武帝末，巫蛊事起，卫太子及良娣、史皇孙皆遭害。史皇孙有一男，号皇曾孙，时生数月，犹坐太子系狱，积五岁乃遭赦。治狱使者邴吉怜皇曾孙无所归，载以付史恭。恭母贞君年老，见孙孤，甚哀

来交给燕王，让他上书昭帝告发霍光，又为丁外人请求封侯。燕王非常高兴，就上书昭帝称："子路的姐姐死了，过了一年他还不脱去丧服，孔子批评他。子路就说：'我不幸没有兄弟，因此不忍心脱去丧服。'所以说'观过知仁'。现在我和陛下只有长公主这位姐姐，陛下开恩让丁外人侍奉公主，丁外人应当被赐予爵位。"奏书上呈后，昭帝向霍光询问意见，霍光坚持不同意。等到燕王上书告发霍光的罪过，昭帝越发怀疑，更加亲近霍光而疏远上官氏父子。上官氏父子渐渐怨恨在心，就纠结党羽密谋杀掉霍光，然后诱骗燕王来长安将其杀死，最后废掉昭帝立上官桀为帝。有人说："皇后要怎么办呢？"上官安说："追逐麋鹿的狗，哪里顾得上兔子呢！况且依靠皇后获得高位，一旦皇上改变主意，即使想做平民也不可能了，无论哪个朝代都是如此。"上官氏谋反之事被发觉后，燕王、长公主都自杀。详见《霍光传》。上官氏父子的宗族被诛灭，皇后因为年幼没有参与谋反，又是霍光的外孙女，所以没有被废掉。皇后的母亲先前已死，安葬在茂陵邑的东面，追尊为敬夫人，修建陵园，设置园邑二百家，让长丞按照礼法奉守。皇后派自己的奴婢看守上官氏父子坟墓。

霍光想让皇后独占宠爱，生下儿子，昭帝身体时常不适，侍从和医官都迎合霍光的意思，说应当控制欲望，即使是宫人随从也都要穿上缝裆裤，系上很多衣带，所以后宫女子中没有能被昭帝临幸的。

皇后在位十年后昭帝驾崩，当时皇后只有十四五岁。昌邑王刘贺被召来继位为帝，尊皇后为皇太后。后来霍光与太后共同废掉刘贺，改立孝宣帝。宣帝即位后，太后被尊为太皇太后。她在位共四十七年，五十二岁时，即建昭二年（前37）驾崩，与昭帝合葬在平陵。

卫太子的史良娣，是宣帝的祖母。太子有妃，有良娣，有孺子，妻妾共分三等，儿子都称为皇孙。史良娣家本在鲁国，有母亲叫贞君，哥哥叫史恭。她在元鼎四年（前113）入宫为良娣，生下儿子刘进，称为史皇孙。

武帝末年，发生了巫蛊之祸，卫太子和史良娣、史皇孙都被杀害。史皇孙有一个儿子，称为皇曾孙，当时刚出生数月，也受太子牵连被关入监牢，直到五岁才被赦免。掌管监狱的使者邴吉可怜皇曾孙没

之，自养视焉。

后曾孙收养于掖庭，遂登至尊位，是为宣帝。而贞君及恭已死，恭三子皆以旧恩封。长子高为乐陵侯，曾为将陵侯，玄为平台侯，及高子丹以功德封武阳侯，侯者凡四人。高至大司马车骑将军，丹左将军，自有传。

史皇孙王夫人，宣帝母也，名翁须，太始中得幸于史皇孙。皇孙妻妾无号位，皆称家人子。征和二年，生宣帝。帝生数月，卫太子、皇孙败，家人子皆坐诛，莫有收葬者，唯宣帝得全。即尊位后，追尊母王夫人谥曰悼后，祖母史良娣曰戾后，皆改葬，起园邑，长丞奉守。语在《戾太子传》。地节三年，求得外祖母王媪，媪男无故，无故弟武皆随使者诣阙。时乘黄牛车，故百姓谓之黄牛妪。

初，上即位，数遣使者求外家。久远，多似类而非是。既得王媪，令太中大夫任宣与丞相御史属杂考问乡里识知者，皆曰王妪。妪言名妄人，家本涿郡蠡吾平乡。年十四嫁为同乡王更得妻。更得死，嫁为广望王乃始妇，产子男无故、武，女翁须。翁须年八九岁时，寄居广望节侯子刘仲卿宅，仲卿谓乃始曰：“予我翁须，自养长之。”媪为翁须作缣单衣，送仲卿家。仲卿教翁须歌舞，往来归取冬夏衣。居四五岁，翁须来言“邯郸贾长儿求歌舞者，仲卿欲以我与之。”媪即与翁须逃走，之平乡。仲卿载乃始共求媪，媪惶急，将翁须归，曰：“儿居君家，非受一钱也，奈何欲予它人？”仲卿诈曰：“不也。”后数日，翁须乘长儿车马过门，呼曰：“我果见行，当之柳宿。”媪与乃始之柳宿，见翁须相对涕泣，谓曰：“欲为汝自言。”

有去处，就把他交给史恭抚养。史恭的母亲贞君年迈，看见孩子孤苦无依，感到十分难过，就亲自照顾他。

后来皇曾孙被收养在掖庭，又继位为帝，就是宣帝。这时贞君和史恭已死，史恭的三个儿子都因昔日的恩情获得封赏。长子史高被封为乐陵侯，次子史曾被封为将陵侯，三子史玄被封为平台侯，以及史高的儿子史丹因为功业和德行被封为武阳侯，史氏一族中封侯的共有四人。后来史高官至大司马车骑将军，史丹做了左将军，他们各自有传。

史皇孙的王夫人，是宣帝的母亲，叫翁须，太始年间受到史皇孙的宠爱。皇孙的妻妾没有名号，都称为家人子。征和二年（前91），翁须生下宣帝。宣帝出生数月后，卫太子、史皇孙败亡，家人子都受牵连被杀，没有收殓下葬，只有宣帝保全了性命。宣帝即位后，追尊母亲王夫人谥号为悼后，祖母史良娣为戾后，都另择墓地安葬，修建陵园，设置园邑，让长丞奉守。详见《戾太子传》。地节三年（前67），宣帝找到了外祖母王媪，王媪的儿子王无故，以及无故的弟弟王武都跟着使者到了皇宫。当时他们乘着黄牛车，所以百姓将王媪称为为黄牛妪。

起初，宣帝即位后，多次派使者寻找外祖母家的人。但因为时间久远，有很多人看着相似却并不是。找到王媪后，宣帝命太中大夫任宣与丞相御史的属吏一起去查问乡里认识她的人，都说她是王妪。王妪说自己叫妄人，家本在涿郡蠡吾县平乡。十四岁时嫁给同乡王更得为妻。王更得死后，又嫁给广望人王乃始为妻，生下儿子王无故、王武和女儿翁须。翁须八九岁时，寄居在广望节侯刘忠的儿子刘仲卿家中，仲卿对乃始说："你把翁须给我，我来帮你养大她。"王媪就给翁须做了缣制单衣，送到仲卿家。仲卿教翁须歌舞，翁须回来取了几次冬夏的衣服。过了四五年，翁须回来说"邯郸的贾长儿要擅长歌舞的人，仲卿想把我给他。"王媪就和翁须逃走，去了平乡。仲卿带着乃始一起寻找王媪，王媪非常惊慌，就带着翁须回去，说："我女儿住在你家里，没有收到一点钱，怎么能把她给别人呢？"仲卿欺骗她说："不会的。"数日后，翁须乘坐贾长儿的车经过家门，呼喊道：

翁须曰："母置之，何家不可以居？自言无益也。"媪与乃始还求钱用，随逐至中山卢奴，见翁须与歌舞等比五人同处，媪与翁须共宿。明日，乃始留视翁须，媪还求钱，欲随至邯郸。媪归，粜买未具，乃始来归曰："翁须已去，我无钱用随也。"因绝至今，不闻其问。贾长儿妻贞及从者师遂辞："往二十岁，太子舍人侯明从长安来求歌舞者，请翁须等五人。长儿使遂送至长安，皆入太子家。"及广望三老更始、刘仲卿妻其等四十五人辞，皆验。宣奏王媪悼后母明白，上皆召见，赐无故、武爵关内侯，旬月间，赏赐以巨万计。顷之，制诏御史赐外祖母号为博平君，以博平、蠡吾两县户万一千为汤沐邑。封舅无故为平昌侯，武为乐昌侯，食邑各六千户。

初，乃始以本始四年病死，后三岁，家乃富贵，追赐谥曰思成侯。诏涿郡治冢室，置园邑四百家，长丞奉守如法。岁余，博平君薨，谥曰思成夫人，诏徙思成侯合葬奉明顾成庙南，置园邑长丞，罢涿郡思成园。王氏侯者二人，无故子接为大司马车骑将军，而武子商至丞相，自有传。

孝宣许皇后，元帝母也。父广汉，昌邑人，少时为昌邑王郎。从武帝上甘泉，误取它郎鞍以被其马，发觉，吏劾从行而盗，当死，有诏募下蚕室。后为宦者丞。上官桀谋反时，广汉部索，其殿中庐有索长数尺可以缚人者数千枚，满一箧缄封，广汉索不得，它吏往得之。广汉坐论为鬼薪，输掖庭，后为暴室啬夫。时宣帝养于掖庭，号皇曾孙，与广汉同寺居。时掖庭令张贺，本卫太子家吏，及太子

"我果然被送走了，要去往柳宿。"王媪和廼始到了柳宿，见到翁须后相对哭泣，对她说："我要为你告状。"翁须说："母亲，这事就算了吧，哪家不能住呢？告状也没用。"王媪和廼始回去筹钱，又跟着到了中山国的卢奴县，看见翁须和同伴共五人住在一块儿，王媪和翁须一起睡下。第二天，廼始留下来看护翁须，王媪回去筹钱，想跟着她们再到邯郸。王媪回去后，还没准备好钱财，廼始就回来说："翁须已经走了，我没钱不能跟着去。"因而至今断绝联系，没有听到翁须的音信。贾长儿的妻子贞以及跟随的歌舞老师遂的证词说："二十年前，太子舍人侯明从长安来要擅长歌舞的人，就挑走了翁须等五人。贾长儿让遂把她们送到长安，都进入太子宫中。"又有广望侯国的三老更始、刘仲卿的妻子其等四十五人的证词，都可验证此事。任宣向宣帝上奏说王媪确实是悼后的母亲，宣帝就召见了他们，赏赐王无故、王武关内侯爵位，不到一个月，赏赐就以巨万计。不久，宣帝又下诏御史，赐外祖母封号为博平君，把博平、蠡吾两县的一万一千户作为她的汤沐邑。封舅舅王无故为平昌侯，王武为乐昌侯，食邑各有六千户。

起初，王廼始在本始四年（前70）就病死了，三年后，家族才开始富贵，宣帝就追赐谥号为思成侯。并下诏在涿郡修建陵园，设置园邑四百家，让长丞按照礼法奉守。一年多后，博平君去世，谥号为思成夫人，宣帝下诏与思成侯合葬在奉明县顾成庙的南面，修建陵园，设置园邑及长丞，废除了涿郡的思成园。王氏一族中封侯的有两人，王无故的儿子王接做了大司马车骑将军，而王武的儿子王商官至丞相，他们各自有传。

孝宣许皇后，是元帝的母亲。她的父亲许广汉，是昌邑人，年轻时给昌邑王作郎官。后来跟着武帝去甘泉宫，误把其他郎官的马鞍放到自己马上，被发觉后，官吏检举他跟着皇上出行却进行偷盗，应当处死，武帝下诏将他关入蚕室，处以宫刑。后来他做了宦者丞。上官桀谋反时，广汉部署搜索罪证，上官桀在宫中的居所中有数千条几尺长可以捆人的绳子，满满地装在一个封好的小箱子里，广汉没有找到，其他官吏去时发现了。广汉又因此获罪，被判鬼薪之刑，罚作劳

败，贺坐下刑，以旧恩养视皇曾孙甚厚。及曾孙壮大，贺欲以女孙妻之。是时，昭帝始冠，长八尺二寸。贺弟安世为右将军，与霍将军同心辅政，闻贺称誉皇曾孙，欲妻以女，安世怒曰："曾孙乃卫太子后也，幸得以庶人衣食县官，足矣，勿复言予女事。"于是贺止。时许广汉有女平君，年十四五，当为内者令欧侯氏子妇。临当入，欧侯氏子死。其母将行卜相，言当大贵，母独喜。贺闻许啬夫有女，乃置酒请之，酒酣，为言"曾孙体近，下人，乃关内侯，可妻也。"广汉许诺。明日，妪闻之，怒。广汉重令为介，遂与曾孙，一岁生元帝。数月，曾孙立为帝，平君为倢伃。是时，霍将军有小女，与皇太后有亲。公卿议更立皇后，皆心仪霍将军女，亦未有言。上乃诏求微时故剑，大臣知指，白立许倢伃为皇后。既立，霍光以后父广汉刑人不宜君国，岁余乃封为昌成君。

霍光夫人显欲贵其小女，道无从。明年，许皇后当娠，病。女医淳于衍者，霍氏所爱，尝入宫侍皇后疾。衍夫赏为掖庭户卫，谓衍"可过辞霍夫人行，为我求安池监。"衍如言报显。显因生心，辟左右，字谓衍："少夫幸报我以事，我亦欲报少夫，可乎？"衍曰："夫人所言，何等不可者！"显曰："将军素爱小女成君，欲奇贵之，愿以累少夫。"衍曰："何谓邪？"显曰："妇人免乳大故，十死一生。今皇后当免身，可因投毒药去也，成君即得为皇后矣。如蒙力事成，富贵与少夫共之。"衍曰："药杂治，当先尝，安可？"显曰："在少夫

役，送入掖庭，后来做了暴室的啬夫。当时宣帝被收养在掖庭，称为皇曾孙，和广汉住在一个官舍。而掖庭令张贺，原来是卫太子家的小吏，太子败亡后，他受牵连被处宫刑，因为昔日的恩情非常照顾皇曾孙。等到皇曾孙长大后，张贺想把孙女嫁给他为妻。当时，昭帝刚成年，二十岁，身高八尺二寸。张贺的弟弟张安世担任右将军，和霍光将军同心协力，辅佐朝政，张安世听到张贺称赞皇曾孙，又想把孙女嫁给他，就动怒说："皇曾孙是卫太子的后代，有幸以平民身份被朝廷供给衣食，就足够了，不要再说把孙女嫁给他的事了。"于是张贺只好作罢。当时许广汉有个女儿叫平君，十四五岁，应是内者令欧侯氏的儿媳。到出嫁时，欧侯氏的儿子死了。平君的母亲请人为她占卜看相，卜者说她将来会大富大贵，母亲听后心中十分高兴。张贺听说许啬夫有个女儿，就设宴请他喝酒，喝得尽兴时，就说"皇曾孙和皇上是近亲，就算他是才能平庸之人，应当也能当个关内侯，你可以把女儿嫁给他为妻。"广汉答应了。第二天，平君的母亲听说此事后，非常愤怒。广汉又请张贺作媒，把女儿嫁给皇曾孙，一年后生下元帝。数月后，皇曾孙被立为帝，封许平君为婕妤。这时，霍光将军有个小女儿，和皇太后是亲戚。公卿提议改立皇后，大家都心仪霍光将军的女儿，却没人说话。宣帝就下诏说要找自己微贱时的旧剑，大臣都明白了皇上的意思，就奏请立许婕妤为皇后。许氏被册立后，霍光认为皇后的父亲许广汉是受过宫刑的人，不应当居君位，一年多后才被封为昌成君。

霍光的夫人霍显想让自己的小女儿成为皇后，却没有机会达到目的。第二年（本始三年，前71年），许皇后临产时却生了病。女医生淳于衍，受到霍氏喜爱，曾经进宫为皇后看病。淳于衍的丈夫赏是掖庭户卫，对她说"你向霍夫人辞行时，为我请求安池监的职位。"淳于衍就将此事告诉了霍显。霍显由此想到主意，摒退身边人，对淳于衍说："少夫（淳于衍的字）有事相求，我正好也有事求少夫帮忙，可以吗？"淳于衍说："夫人说的事，哪有什么不可以的！"霍显说："打将军一向疼爱小女儿成君，想让她显贵，要劳烦少夫帮忙。"淳于衍说："这是什么意思？"霍显说："女人生孩子是大事，九死一生。现

为之耳。将军领天下，谁敢言者？缓急相护，但恐少夫无意耳！”衍良久曰：“愿尽力。”即捣附子，赍入长定宫。皇后免身后，衍取附子并合大医大丸以饮皇后。有顷曰：“我头岑岑也，药中得无有毒？”对曰：“无有。”遂加烦懑，崩。衍出，过见显，相劳问，亦未敢重谢衍。后人有上书告诸医侍疾无状者，皆收系诏狱，劾不道。显恐急，即以状具语光，因曰：“既失计为之，无令吏急衍！”光惊鄂，默然不应。其后奏上，署衍勿论。

许后立三年而崩，谥曰恭哀皇后，葬杜南，是为杜陵南园。后五年，立皇太子，乃封太子外祖父昌成君广汉为平恩侯，位特进。后四年，复封广汉两弟，舜为博望侯，延寿为乐成侯。许氏侯者凡三人。广汉薨，谥曰戴侯，无子，绝。葬南园旁，置邑三百家，长丞奉守如法。宣帝以延寿为大司马车骑将军，辅政。元帝即位，复封延寿中子嘉为平恩侯，奉戴侯后，亦为大司马车骑将军。

孝宣霍皇后，大司马大将军博陆侯光女也。母显，既使淳于衍阴杀许后，显因为成君衣补，治入宫具，劝光内之，果立为皇后。

初许后起微贱，登至尊日浅，从官车服甚节俭，五日一朝皇太后于长乐宫，亲奉案上食，以妇道共养。及霍后立，亦修许后故事。而皇太后亲霍后之姊子，故常竦体，敬而礼之。皇后舆驾侍从甚

在皇后就要生了，可以趁机下毒除去她，成君就能做皇后了。如果你出力办成此事，我愿意和少夫共享富贵。”淳于衍说：“药是太医一起配成的，还要先让人尝过，怎么能下毒呢？”霍显说：“这就要靠少夫了。大将军统领天下，谁敢说什么？遇到危急情况时我会保护你的，只怕少夫不愿做！”淳于衍思索良久，说：“愿意尽力去做。”于是她把附子捣成粉，带进长定宫。皇后生下孩子后，淳于衍就取出附子掺在太医的丸药中让皇后吃下去。不久皇后说：“我的头很疼，药里是不是有毒？”淳于衍答道：“没有。”皇后就更加烦闷，最终驾崩。淳于衍出宫后，去见霍显，霍显慰问她，却没敢重谢。后来有人上书告发诸位太医给皇后治病时存在失职，他们都被逮捕入狱，检举其大逆不道的罪行。霍显非常惊慌，就将详细情况告诉了霍光，并说：“既已失策做成此事，你就不要让官吏拷问淳于衍了！”霍光听后非常震惊，沉默不语。然后他上奏宣帝，签署免予追究淳于衍罪责的命令。

许皇后在位三年后驾崩，谥号为恭哀皇后，安葬在杜南，就是杜陵南园。五年后，宣帝立她的儿子为皇太子，并封太子的外祖父昌成君许广汉为平恩侯，授予特进之位。四年后，又加封许广汉的两个弟弟，许舜为博望侯，许延寿为乐成侯。许氏一族中封侯的共有三人。许广汉死后，谥号为戴侯，因为没有儿子，爵位无人继承。宣帝将他安葬在南园旁边，修建陵园，设置园邑三百家，让长丞按照礼法奉守。又任命许延寿为大司马车骑将军，辅佐朝政。元帝即位后，又封许延寿排行居中的儿子许嘉为平恩侯，承袭戴侯爵位，也做了大司马车骑将军。

孝宣霍皇后，是大司马大将军博陆侯霍光的女儿。霍皇后的母亲霍显，派淳于衍暗中毒死许皇后以后，就为成君做嫁衣，准备进宫的东西，劝霍光把女儿送入宫中，果然成君被立为皇后。

起初，许皇后出身微贱，立为皇后的时间很短，侍从车马服饰都十分节俭，每五天去长乐宫朝见一次皇太后，亲自捧着案几向太后献上食物，遵循妇道供养侍奉。到霍皇后时，也按照许皇后的旧例行事。但皇太后是霍皇后姐姐的女儿，所以经常直身而立，以礼相待，

盛，赏赐官属以千万计，与许后时县绝矣。上亦宠之，颛房燕。立三岁而光薨。后一岁，上立许后男为太子，昌成君者为平恩侯。显怒恚不食，欧血，曰：“此乃民间时子，安得立？即后有子，反为王邪！”复教皇后令毒太子。皇后数召太子赐食，保阿辄先尝之，后挟毒不得行。后杀许后事颇泄，显遂与诸婿昆弟谋反，发觉，皆诛灭。使有司赐皇后策曰：“皇后荧惑失道，怀不德，挟毒与母博陆宣成侯夫人显谋欲危太子，无人母之恩，不宜奉宗庙衣服，不可以承天命。乌呼伤哉！其退避宫，上玺绶有司。”霍后立五年，废处昭台宫。后十二岁，徙云林馆，乃自杀，葬昆吾亭东。

初，霍光及兄骠骑将军去病皆自以功伐封侯居位，宣帝以光故，封去病孙山、山弟云，皆为列侯，侯者前后四人。

孝宣王皇后。其先高祖时有功赐爵关内侯，自沛徙长陵，传爵至后父奉光。奉光少时好斗鸡，宣帝在民间数与奉光会，相识。奉光有女年十余岁，每当适人，所当适辄死，故久不行。及宣帝即位，召入后宫，稍进为倢伃。是时，馆陶王母华倢伃及淮阳宪王母张倢伃、楚孝王母卫倢伃皆爱幸。

霍皇后废后，上怜许太子蚤失母，几为霍氏所害，于是乃选后宫素谨慎而无子者，遂立王倢伃为皇后，令母养太子。自为后后，希见，无宠。封父奉光为邛成侯。立十六年，宣帝崩，元帝即位，为皇太后。封太后兄舜为安平侯。后二年，奉光薨，谥曰共侯，葬长门南，置园邑二百家，长丞奉守如法。元帝崩，成帝即位，为太皇太后。复爵太皇太后弟骏为关内侯，食邑千户。王氏列侯二人，关内侯一人。舜子章，章从弟咸，皆至左右将军。时成帝母亦姓王氏，故世

非常尊敬。皇后的车马侍从十分气派，赏赐属吏以千万计，与许皇后时截然不同。宣帝也很宠爱她，有专房之宠。霍皇后在位三年后，霍光去世了。一年后，宣帝立许皇后的儿子为太子，封昌成君许广汉为平恩侯。霍显十分愤怒，吃不下饭，还吐了血，说："这是在民间时生的儿子，怎么可以立为太子呢？如果皇后有了儿子，反而只能当王吗！"她又让霍皇后毒害太子。皇后多次召见太子赏赐食物，但保姆总是先尝，皇后携带毒药却没机会下毒。后来霍显让人毒害许皇后的事渐渐败露，霍显就和女婿子弟一起谋反，被发觉后，宣帝将霍氏灭族。又派主管官吏赐给皇后策书，说："皇后迷惑失道，心怀不轨，携带毒药和母亲博陆宣成侯夫人霍显图谋危害太子，没有为人母亲的恩德，不应当奉祀宗庙，不可以上承天命。唉，多么悲伤！应当退居别宫，交还玺绶给官吏。"霍皇后在位五年后，被废退居昭台宫。十二年后，迁居云林馆，她就自杀了，安葬在昆吾亭的东面。

起初，霍光和他的哥哥骠骑将军霍去病都凭借自身的功劳被封为侯，居于高位，宣帝因为霍光的关系，封霍去病的孙子霍山、霍山的弟弟霍云，都为列侯，霍氏一族中封侯的前后有四人。

孝宣王皇后。她的祖先在高祖时凭借功劳被赐关内侯爵位，从沛县迁到长陵，爵位传给皇后的父亲王奉光。王奉光年少时喜欢斗鸡，宣帝在民间时多次和他相见，彼此认识。奉光有个女儿，十多岁了，每次要嫁人时，对方总会死去，所以很久都没能出嫁。等到宣帝即位，就将她召入后宫，慢慢升为婕妤。当时，馆陶王的母亲华婕妤，淮阳宪王的母亲张婕妤和楚孝王的母亲卫婕妤都受到宣帝宠爱。

霍皇后被废以后，宣帝可怜许太子早早失去母亲，又几乎被霍氏害死，于是挑选后宫中一向谨慎又没有孩子的人，就立王婕妤为皇后，让她抚育太子。王皇后自从当了皇后，很少被宣帝召见，不受宠爱。宣帝封皇后的父亲王奉光为邛成侯。王皇后在位十六年后，宣帝驾崩，元帝即位，王皇后做了皇太后。元帝封太后的哥哥王舜为安平侯。两年后，王奉光去世，谥号为共侯，安葬在长门的南面，元帝下令为他修建陵园，设置园邑二百家，让长丞按照礼法奉守。元帝驾崩，成帝即位后，太后做了太皇太后。成帝又封太皇太后的弟弟王骏关内

号太皇太后为邛成太后。

邛成太后凡立四十九年，年七十余，永始元年崩，合葬杜陵，称东园。奉光孙勋坐法免。元始中，成帝太后下诏曰：“孝宣王皇后，朕之姑，深念奉质共修之义，恩结于心。惟邛成共侯国废祀绝，朕甚闵焉。其封共侯曾孙坚固为邛成侯。”至王莽乃绝。

侯爵位，食邑一千户。王氏一族中封为列侯的有两人，封为关内侯的有一人。王舜的儿子王章，王章的堂弟王咸，都官至左右将军。当时成帝的母亲也姓王，所以世称太皇太后为邛成太后。

邛成太后在位共四十九年，七十多岁时，即永始元年（前16）驾崩，与宣帝合葬在杜陵，称为东园。王奉光的孙子王勋因犯法获罪被废掉爵位。元始年间，成帝的母亲王太后下诏说："孝宣王皇后，是我的婆婆，我十分怀念她的抚育教导之情，将恩惠牢记心中。只是邛成共侯的封国被废，祭祀断绝，对此我非常怜悯。现在封共侯的曾孙王坚固为邛成侯。"到王莽时才被废除。

卷九十七下

外戚传第六十七下

孝元王皇后，成帝母也。家凡十侯，五大司马，外戚莫盛焉。自有传。

孝成许皇后，大司马车骑将军平恩侯嘉女也。元帝悼伤母恭哀后居位日浅而遭霍氏之辜，故选嘉女以配皇太子。初入太子家，上令中常侍黄门亲近者侍送，还白太子欢说状，元帝喜谓左右："酌酒贺我！"左右皆称万岁。久之，有一男，失之。及成帝即位，立许妃为皇后，复生一女，失之。

初后父嘉自元帝时为大司马车骑将军辅政，已八九年矣。及成帝立，复以元舅阳平侯王凤为大司马大将军，与嘉并。杜钦以为故事后父重于帝舅，乃说凤曰："车骑将军至贵，将军宜尊之敬之，无失其意。盖轻细微眇之渐，必生乖忤之患，不可不慎。卫将军之日盛于盖侯，近世之事，语尚在于长老之耳，唯将军察焉。"久之，上欲专委任凤，乃策嘉曰："将军家重身尊，不宜以吏职自累。赐黄金二百斤，以特进侯就朝位。"后岁余薨，谥曰恭侯。

后聪慧，善史书，自为妃至即位，常宠于上，后宫希得进见。皇太后及帝诸舅忧上无继嗣，时又数有灾异，刘向、谷永等皆陈其咎在于后宫。上然其言，于是省减椒房掖廷用度。皇后乃上疏曰：

妾夸布服粝食，加以幼稚愚惑，不明义理，幸得免离茅屋之

孝元王皇后，是成帝的母亲。王氏一族中封侯的共有十人，担任大司马的有五人，外戚中没有比他们更兴盛的。她有自己的传。

孝成许皇后，是大司马车骑将军平恩侯许嘉的女儿。元帝哀伤母亲恭哀皇后在位时间很短就遭到霍氏的毒害，所以选了许嘉的女儿嫁给皇太子。许氏刚入太子宫，元帝派亲信的中常侍和黄门去侍奉送行，他们回来后说了太子喜悦的样子，元帝非常高兴，对侍从说："快来斟酒为我祝贺！"侍从都称万岁。很久以后，许妃生下一个儿子，夭折了。等到成帝即位，立许妃为皇后，她又生下一个女儿，也夭折了。

起初，皇后的父亲许嘉从元帝时就担任大司马车骑将军辅佐朝政，已经八九年了。等到成帝继位，又任命大舅阳平侯王凤为大司马大将军，和许嘉并立。杜钦认为按照旧例皇后的父亲应当比皇帝的舅舅尊贵，就劝说王凤："车骑将军的地位非常尊贵，将军应当尊敬他，不要违背他的意思。哪怕是小的矛盾，也一定会导致不和的祸患，不能不小心。当年卫将军的尊荣超过盖侯，就是近代的事，直到现在还会看到年长之人时常议论，希望将军仔细考虑。"很久以后，成帝只想任用王凤，就赐许嘉策书说："将军家族显赫，身份尊贵，不应当让官职牵累自己。现在赏赐黄金二百斤，以特进之位列于朝廷。"一年多后，许嘉去世，谥号为恭侯。

许皇后为人聪慧，擅长隶书，从成为太子妃到立为皇后，经常得到成帝的宠爱，后宫女子很少能被成帝召见。皇太后和皇帝的舅舅们都担心成帝没有后代，当时又多次发生灾害和异象，刘向、谷永等人都上奏说罪过在于后宫。成帝认为他们说的很对，于是减少了皇后所居椒房殿和掖庭的用度。皇后就上疏说：

我出生在布衣粗食之家，而且幼稚愚昧，不懂义理，有幸得以

下，备后宫埽除。蒙过误之宠，居非命所当托，洿秽不修，旷职尸官，数逆至法，逾越制度，当伏放流之诛，不足以塞责。乃壬寅日大长秋受诏："椒房仪法，御服舆驾，所发诸官署，及所造作，遗赐外家群臣妾，皆如竟宁以前故事。"妾伏自念，入椒房以来，遗赐外家未尝逾故事，每辄决上，可覆问也。今诚时世异制，长短相补，不出汉制而已，纤微之间，未必可同。若竟宁前与黄龙前，岂相放哉？家吏不晓，今壹受诏如此，且使妾摇手不得。今言无得发取诸官，殆谓未央宫不属妾，不宜独取也。言妾家府亦不当得，妾窃惑焉。幸得赐汤沐邑以自奉养，亦小发取其中，何害于谊而不可哉？又诏书言服御所造，皆如竟宁前，吏诚不能揆其意，即且令妾被服所为不得不如前。设妾欲作某屏风张于某所，曰故事无有，或不能得，则必绳妾以诏书矣。此二事诚不可行，唯陛下省察。

宦吏忮佷，必欲自胜。幸妾尚贵时，犹以不急事操人，况今日日益侵，又获此诏，其操约人，岂有所诉？陛下见妾在椒房，终不肯给妾纤微内邪？若不私府小取，将安所仰乎？旧故，中宫乃私夺左右之贱缯，及发乘舆服缯，言为待诏补，已而贸易其中。左右多窃怨者，甚耻为之。又故事以特牛祠大父母，戴侯、敬侯皆得蒙恩以太牢祠，今当率如故事，唯陛下哀之！

今吏甫受诏读记，直豫言使后知之，非可复若私府有所取也。其萌牙所以约制妾者，恐失人理。今但损车驾，及毋若未央宫有所

离开茅屋之下，在后宫扫除侍奉。承蒙陛下错爱，身居不应得的皇后之位，我却同流合污，旷废职守，尸位素餐，多次违背法令，逾越制度，当处流放之刑，也不足以抵罪。故而陛下下令在壬寅日大长秋宣读诏书：“皇后应遵循礼法，衣服车马，取用各官署的财物，以及制作的用具，对外戚群臣的赏赐，都要依照孝元皇帝以前的旧例。”我暗自思量，从做皇后以来，赏赐家人不曾逾越旧例，每次都奏请陛下裁决，然后才敢去做，此事可以查证。现在时世不同，制度改变，增减相补，不超过汉家制度就行了，细节之处，不必相同。孝元皇帝和孝宣皇帝，难道就能事事一样吗？属吏不明白这个道理，现在一旦禀承如此诏命，就会使我动辄得咎。现在宣布不能从各官署取用财物，大概是指未央宫不属于我，不应取用财物。如果说连私府也不可以的话，我就无法理解了。既然我有幸被赐汤沐邑来奉养自己，也从中取用了一些财物，情理上又有什么妨害而不可以呢？陛下诏书中还说服饰车马器用等制作之物，奢俭程度都要和孝元皇帝以前一样，但属吏一定不清楚其中意思，就只是让我的衣服被子等制作之物与过去完全相同。如果我想制作某种屏风放在某处，就会说旧例不允许，或者无旧例可寻，属吏一定会用诏书来约束我。这两件事确实不可行，希望陛下明察。

属吏妒忌狠毒，一定会表现自己。我有幸还处在尊贵的地位时，他们还用不要紧的事约束别人，何况现在他们更加过分，又获此诏书，一旦约束起我来，如何诉说这里面的委屈？陛下对于我这个皇后，竟始终不肯采纳丝毫的意见吗？如果不从私府中稍微取用些财物，我还能有什么依靠呢？旧例，皇后经常私下夺取侍从低劣的布帛，以及车马衣服，假称让待诏修补，然后从中倒手，以劣换优。侍从心中多有怨恨，我也非常耻于去做这种事。旧例用公牛祭祀祖父母，戴侯、敬侯都蒙受皇恩可以用太牢祭祀，现在也应当依照旧例，希望陛下哀怜我！

现在属吏刚接到诏书，宣读完毕，就扬言要让皇后知道，让我不能再像过去那样从私府取用财物了。他们刚开始就要约束我，恐怕不符合人之常情。现在如果只是减少车马用度，以及不从未央宫

发，遗赐衣服如故事，则可矣。其余诚太迫急，奈何？妾薄命，端遇竟宁前。竟宁前于今世而比之，岂可邪？故时酒肉有所赐外家，辄上表乃决。又故杜陵梁美人岁时遗酒一石，肉百斤耳。妾甚少之，遗田八子诚不可若是。事率众多，不可胜以文陈。俟自见，索言之，唯陛下深察焉！

上于是采刘向、谷永之言以报曰：

皇帝问皇后，所言事闻之。夫日者众阳之宗，天光之贵，王者之象，人君之位也。夫以阴而侵阳，亏其正体，是非下陵上，妻乘夫，贱逾贵之变与？春秋二百四十二年，变异为众，莫若日蚀大。自汉兴，日蚀亦为吕、霍之属见。以今揆之，岂有此等之效与？诸侯拘迫汉制，牧相执持之也，又安获齐、赵七国之难？将相大臣褱诚秉忠，唯义是从，又恶有上官、博陆、宣成之谋？若乃徒步豪桀，非有陈胜、项梁之群也；匈奴、夷狄，非有冒顿、郅支之伦也。方外内乡，百蛮宾服，殊俗慕义，八州怀德，虽使其怀挟邪意，犹不足忧，又况其无乎？求于夷狄无有，求于臣下无有，微后宫也当，何以塞之？

日者，建始元年正月，白气出于营室。营室者，天子之后宫也。正月于《尚书》为皇极。皇极者，王气之极也。白者西方之气，其于春当废。今正于皇极之月，兴废气于后宫，视后妾无能怀任保全者，以著继嗣之微，贱人将起也。至其九月，流星如瓜，出于文昌，贯紫宫，尾委曲如龙，临于钩陈，此又章显前尤，著在内也。其后则有北宫井溢，南流逆理，数郡水出，流杀人民。后则讹言传相惊震，女童入殿，咸莫觉知。夫河者水阴，四渎之长，今乃大决，没漂陵邑，斯昭阴盛盈溢，违经绝纪之应也。乃昔之月，鼠巢于树，野鹊变色。五月庚子，鸟焚其巢太山之域。《易》曰：“鸟焚其巢，旅人先

取用财物，依照旧例赏赐外家，就可以了。其余的规定确实太严厉，怎么办呢？我的命不好，正好遇上要遵照孝元皇帝前的旧例。当时与现在相比，难道一样吗？旧时赐给外家酒肉，要上奏才能决定。还有过去每年赐给杜陵梁美人家酒一石，肉一百斤。我觉得太少，赐给田八子家定不能如此。类似的事情还有很多，不能一一列举出来。如能获得陛下召见，会将这些事全部讲出来，希望陛下明察！

成帝就采纳刘向、谷永的话回复皇后说：

皇帝慰问皇后，你说的事情我已听说。太阳是各种阳气的根源，是宝贵的天光，代表王者的气象，君主的地位。如果阴气侵入阳气，亏损了本体，不就会出现以下犯上，妻子凌驾丈夫，卑贱逾越尊贵的异象吗？春秋的二百四十二年中，出现最多的异象，就是日食。自从汉朝建立后，日食也在吕氏、霍氏等外戚掌权时出现。推测现在的情况，难道也是因为这吗？诸侯被汉家的制度束缚，又有州牧王相控制，怎么会有齐、赵七国那样的叛乱？将相等大臣怀有诚心，秉持忠贞，唯义是从，又怎么会有上官氏父子、博陆侯、宣成君那样的谋反？至于平民中的豪杰，没有陈胜、项梁那样的人；匈奴、夷狄，也没有冒顿单于、郅支单于那样的人。异域向往中原，蛮夷臣服汉朝，边远地区仰慕仁义之道，天下百姓心怀恩德，即使他们包藏祸心，也不足为虑，更何况没有呢？无法从夷狄那里找到原因，也无法从臣下那里找到原因，不拿后宫来挡罪，又该怎么应付呢？

从前，在建始元年（前32）正月，有白气出于营室。营室，就是天子的后宫。正月在《尚书》中称为皇极。皇极，就是帝王之气的准则。白气是西方之气，应当在春天衰败。现在正处于皇极之月，这种衰败之气出现在后宫，看来皇后姬妾中没有能怀孕而保全胎儿的，显示皇室没有继承之人，卑贱之人将要兴起。到了九月，有一颗像瓜的流星，出于文昌，穿过紫宫，尾部像龙一样弯曲，降临在钩陈，这又彰显先前的过失，明显出在后宫。此后又有北宫的井水溢出，违背常理向南流淌，数个郡发生洪水，淹死很多百姓。后来又有谣言相传大水将至，京城百姓无不震惊，一个小姑娘进入大殿，却无人发觉。黄河水属阴，是四渎之首，现在泛滥成灾，淹没城邑，更加说明

笑后号咷。丧牛于易，凶。”言王者处民上，如鸟之处巢也，不顾恤百姓，百姓畔而去之，若鸟之自焚也，虽先快意说笑，其后必号而无及也。百姓丧其君，若牛亡其毛也，故称凶。泰山，王者易姓告代之处，今正于岱宗之山，甚可惧也。三月癸未，大风自西摇祖宗寝庙，扬裂帷席，折拔树木，顿僵车辇，毁坏槛屋，灾及宗庙，足为寒心！四月己亥，日蚀东井，转旋且索，与既无异。己犹戊也，亥复水也，明阴盛，咎在内。于戊己，亏君体，著绝世于皇极，显祸败及京都。于东井，变怪众备，末重益大，来数益甚。成形之祸月以迫切，不救之患日浸娄深，咎败灼灼若此，岂可以忽哉！

《书》云“高宗肜日，粤有雊雉。祖己曰：‘惟先假王正厥事。’”又曰“虽休勿休，惟敬五刑，以成三德。”即饬椒房及掖庭耳。今皇后有所疑，便不便，其条刺，使大长秋来白之。吏拘于法，亦安足过？盖矫枉者过直，古今同之。且财币之省，特牛之祠，其于皇后，所以扶助德美，为华宠也。咎根不除，灾变相袭，祖宗且不血食，何戴侯也！《传》不云乎！“以约失之者鲜。”审皇后欲从其奢与？朕亦当法孝武皇帝也，如此则甘泉、建章可复兴矣。世俗岁殊，时变日化，遭事制宜，因时而移，旧之非者，何可放焉！君子之道，乐因循而重改作。昔鲁人为长府，闵子骞曰：“仍旧贯如之何？何必改作！”盖恶之也。《诗》云：“虽无老成人，尚有典刑，曾是莫听，大命以倾。”孝文皇帝，朕之师也。皇太后，皇后成法也。假使太后在彼时不如职，今见亲厚，又恶可以逾乎！皇后其刻心秉德，毋违先

阴气太盛，是违背义理、败坏纲纪的征兆。过去几个月，老鼠在树上做窝，野鹊改变了毛色。二月（据《五行志》，“五月”应为“二月”）庚子日，泰山地区的鸟烧掉自己的巢。《易经》说：“鸟烧掉自己的巢，旅人开始笑着然后放声大哭。丧牛于易，是凶兆。”是说君王处在百姓之上，如同鸟处在巢中，如果君王不怜惜百姓，百姓就会背叛并离开他，就像鸟烧掉自己的巢，虽然刚开始心情舒畅，有说有笑，此后一定会来不及放声大哭。百姓失去了君王，如同牛没有了毛，所以称为凶兆。泰山，是改朝换代，祭告上天的地方，现在这些异象发生在那里，十分可怕。三月癸未日，由西方吹来的大风摇动了祖宗寝庙，撕裂了帷席，折断了树木，车辇不能行走，房屋遭到毁坏，这些灾害竟然殃及宗庙，实在令人害怕！四月己亥日，在东井发生日食，须臾之间就消失了，和没有太阳一样。己、戊都属中宫，为君，亥为水，属阴，又可说明阴气太盛，过失在于后宫。对于戊己来说，就是亏损了君王之体，显示皇室的后嗣将断绝，大祸要殃及京城。对于东井来说，众多的灾变异象集中在这，规模越来越大，次数越来越多。成形之祸，越发急迫，不救之患，日益深远，过失如此明显，怎么可以忽视呢！

《尚书》说“高宗举行肜祭时，有雉鸡鸣叫。祖己说：‘古代明君遭遇灾祸时，就修正德行来对应。’”，又说“认为好的不一定好，应当慎用五刑，来成就三德。”就是要整饬椒房和掖庭。现在皇后如有不清楚的地方，将其中的不便，分条书写，派大长秋来告诉我。属吏拘泥于法令，又有何过错呢？矫枉过正，古今相同。况且减少财物，用公牛祭祀，对于皇后来说，是帮助你成就美德，得到荣宠。祸根不除，灾变接连不断，祖宗尚不能享受祭品，何况戴侯呢！《论语》不是说过吗？“因约束自己而犯错的情况是很少的。”难道皇后想要仿效奢侈的行为吗？朕也应当仿效孝武皇帝，如此一来甘泉宫、建章宫可以重建了。风俗每年不同，时变日化，因事制宜，因时而移，过去的错处，怎么能仿效呢！君子之道，喜欢遵循旧制而不改变。从前鲁国某人掌管长府，闵子骞说：“依照旧例办事怎么样？何必要改变呢！”大概就是对改变厌恶吧。《诗经》说：“虽然没有旧臣，还有常法可依，这样不听人劝，国家就会倾覆。”孝文皇帝，是我学习的

后之制度，力谊勉行，称顺妇道，减省群事，谦约为右。其孝东宫，毋阙朔望，推诚永究，爰何不臧！养名显行，以息众讙，垂则列妾，使有法焉。皇后深惟毋忽！

是时大将军凤用事，威权尤盛。其后，比三年日蚀，言事者颇归咎于凤矣。而谷永等遂著之许氏，许氏自知为凤所不佑。久之，皇后宠亦益衰，而后宫多新爱。后姊平安刚侯夫人谒等为媚道祝謯后宫有身者王美人及凤等，事发觉，太后大怒，下吏考问，谒等诛死，许后坐废处昭台宫，亲属皆归故郡山阳，后弟子平恩侯旦就国。凡立十四年而废，在昭台岁余，还徙长定宫。

后九年，上怜许氏，下诏曰："盖闻仁不遗远，谊不忘亲。前平安刚侯夫人谒坐大逆罪，家属幸蒙赦令，归故郡。朕惟平恩戴侯，先帝外祖，魂神废弃，莫奉祭祀，念之未尝忘于心。其还平恩侯旦及亲属在山阳郡者。"是岁，废后败。先是废后姊孊寡居，与定陵侯淳于长私通，因为之小妻。长绐之曰："我能白东宫，复立许后为左皇后。"废后因孊私赂遗长，数通书记相报谢。长书有悖谩，发觉，天子使廷尉孔光持节赐废后药，自杀，葬延陵交道厩西。

孝成班倢伃，帝初即位选入后宫。始为少使，蛾而大幸，为倢伃，居增成舍，再就馆，有男，数月失之。成帝游于后庭，尝欲与倢伃同辇载，倢伃辞曰："观古图画，贤圣之君皆有名臣在侧，三代末主

榜样。皇太后，是皇后遵循的法令。如果太后在过去衣服器用俭约，多不如制，而现在皇后被太后厚待，又怎么可以逾越过去呢！皇后应当铭记于心，保持美德，不要违背前代皇后的制度，遵循道义，勉力而行，恪守妇道，减省用度，俭约为先。孝顺太后，朔望日的进见之礼不要忘记，以诚相待，一直如此，还能有何不善之事呢！形成美名，彰显德行，平息众议，垂法后宫，使姬妾有法可依。希望皇后深思，不要忽视这些！

当时，大将军王凤执掌朝政，威势权力最大。此后，接连三年发生日食，王章等人都归罪于王凤。但谷永等人把罪过推给许皇后，许皇后知道王凤不会帮自己。很久以后，皇后受到的宠爱也日益衰减，后宫有许多人获得成帝宠爱。皇后的姐姐平安刚侯夫人许谒等用巫祝之术诅咒后宫中怀孕的王美人和王凤等人，事情被发觉后，太后大怒，将这些人交由官吏拷打审问，许谒等人被处死，许皇后也因此获罪被废，退居昭台宫，亲属都迁回家乡山阳，皇后弟弟的儿子平恩侯许旦前往封国。许皇后在位共十四年而被废，在昭台宫住了一年多后，又迁居长定宫。

九年后，成帝怜悯许氏，下诏说：“我听说仁爱不遗弃远方之人，情义不忘记家族亲属。先前平安刚侯夫人许谒因犯大逆不道之罪，她的家人承蒙赦令，返回家乡。我想到平恩戴侯，是先帝的外祖父，灵魂无处安身，无人供奉祭祀，心中念及此事，不曾忘记。现在下令平恩侯许旦和在山阳郡的许氏亲属可以回到长安。”这年（绥和元年，前8年），被废的许皇后去世。此前，许皇后的姐姐许孊寡居在家，和定陵侯淳于长私通，就做了他的妾。淳于长骗她说：“我可以禀告太后，重新立许后为左皇后。”许皇后就通过许孊私下贿赂淳于长，多次互通书信来答谢。淳于长在信中言词狂悖轻慢，被人告发，成帝派廷尉孔光持节赐给许皇后毒药，她最终自杀，死后安葬在延陵交道厩的西面。

孝成帝的班婕妤，在成帝刚即位时就被选入后宫。开始是少使，不久就深受成帝宠爱，做了婕妤，住在增成舍，有两次在外舍产子，生下男孩，数月后夭折。成帝在后宫游玩，曾想和班婕妤一起乘

乃有嬖女，今欲同辇，得无近似之乎？”上善其言而止。太后闻之，喜曰：“古有樊姬，今有班倢伃。”倢伃诵《诗》及《窈窕》《德象》《女师》之篇。每进见上疏，依则古礼。

自鸿嘉后，上稍隆于内宠。倢伃进侍者李平，平得幸，立为倢伃。上曰：“始卫皇后亦从微起。”乃赐平姓曰卫，所谓卫倢伃也。其后赵飞燕姊弟亦从自微贱兴，踰越礼制，浸盛于前。班倢伃及许皇后皆失宠，稀复进见。鸿嘉三年，赵飞燕谮告许皇后、班倢伃挟媚道，祝诅后宫，詈及主上。许皇后坐废。考问班倢伃，倢伃对曰：“妾闻‘死生有命，富贵在天。’修正尚未蒙福，为邪欲以何望？使鬼神有知，不受不臣之诉；如其无知，诉之何益？故不为也。”上善其对，怜闵之，赐黄金百斤。

赵氏姊弟骄妒，倢伃恐久见危，求共养太后长信宫，上许焉。倢伃退处东宫，作赋自伤悼，其辞曰：

承祖考之遗德兮，何性命之淑灵，登薄躯于宫阙兮，充下陈于后庭。蒙圣皇之渥惠兮，当日月之盛明，扬光烈之翕赫兮，奉隆宠于增成。既过幸于非位兮，窃庶几乎嘉时，每寤寐而累息兮，申佩离以自思，陈女图以镜监兮，顾女史而问诗。悲晨妇之作戒兮，哀褒、阎之为郵；美皇、英之女虞兮，荣任、姒之母周。虽愚陋其靡及兮，敢舍心而忘兹？历年岁而悼惧兮，闵蕃华之不滋。痛阳禄与柘馆兮，仍襁褓而离灾，岂妾人之殃咎兮？将天命之不可求。

白日忽已移光兮，遂晻莫而昧幽，犹被覆载之厚德兮，不废捐

辇，班婕妤推辞说：“我看古时的图画，贤明的君王身边都是有名的大臣，夏商周三代的末代君王才会有宠爱的女子，现在陛下如果和我一起乘辇，不就和那些亡国之君相似了吗？”成帝认为她说的很对，于是作罢。太后听说后，高兴地说：“古时有樊姬，现在有班婕妤。”班婕妤诵读《诗经》和《窈窕》《德象》《女师》等诗篇。每次进见成帝或进呈奏疏，都要按照古礼行事。

自鸿嘉年间以后，成帝宠爱的人渐渐增多。班婕妤把侍女李平献给成帝，李平获得宠爱，被立为婕妤。成帝说：“以前卫皇后也是出身微贱。”就赐李平姓卫，就是所说的卫婕妤。此后，赵飞燕姐妹也是出身微贱，逾越礼制，受宠程度超过了从前。班婕妤和许皇后都因此失宠，很少再获成帝召见。鸿嘉三年（前18），赵飞燕诬陷许皇后、班婕妤用巫祝之术，诅咒后宫，甚至辱骂皇上。许皇后因此获罪被废。官吏审问班婕妤时，她回答说：“我听说‘死生有命，富贵在天。’遵行正道还没获得福气，做这种邪僻之事又想借此得到什么呢？如果鬼神有知，不会接受不合臣道的祝告；如果鬼神无知，向它们祝告有何用？所以我不做这种事。”成帝认为她说的对，很怜悯她，就赐给她黄金一百斤。

赵氏姐妹骄矜忌妒，班婕妤担心时间长了会遭到她们陷害，就请求去长信宫侍奉太后，成帝答应了。班婕妤退居东宫，作赋哀叹自己的命运，赋中说：

承蒙祖先的德泽，我的秉性美善灵慧，微薄之躯能够进宫，我在后宫忝列其中。蒙受皇上的厚爱，如同日月之光，天恩多么隆盛，我在增成舍受到宠幸。既蒙宠爱身居高位，自觉或许赶上好时光，日夜常因害怕而叹息，手抚衣带我陷入深思，陈列女图来警戒自身，拜访女史而学作诗歌。感伤妇人干政引以为戒，哀叹褒姒、阎妻罪不可赦；称赞娥皇、女英是虞舜之妻，颂扬太任、太姒母仪周朝。我虽然愚钝浅陋难以比及，又怎敢放松忘记自修？时光逝去感慨悲伤，可怜繁花不再盛开。阳禄和柘馆令我悲痛不已，可怜我儿襁褓中遭逢不幸，难道我注定要遇此灾祸吗？感叹天命不可强求。

太阳已经消失了光芒，人间一片昏暗不明，仍然承蒙皇上的恩

于罪邮。奉共养于东宫兮，托长信之末流，共洒埽于帷幄兮，永终死以为期。愿归骨于山足兮，依松柏之余休。

重曰：潜玄宫兮幽以清，应门闭兮禁闼扃。华殿尘兮玉阶落，中庭萋兮绿草生。广室阴兮帷幄暗，房栊虚兮风泠泠。感帷裳兮发红罗，纷綷縩兮纨素声。神眇眇兮密靓处，君不御兮谁为荣？俯视兮丹墀，思君兮履綦。仰视兮云屋，双涕兮横流。顾左右兮和颜，酌羽觞兮销忧。惟人生兮一世，忽一过兮若浮。已独享兮高明，处生民兮极休。勉虞精兮极乐，与福禄兮无期。《绿衣》兮《白华》，自古兮有之。

至成帝崩，倢伃充奉园陵，薨，因葬园中。

孝成赵皇后，本长安宫人。初生时，父母不举，三日不死，乃收养之。及壮，属阳阿主家，学歌舞，号曰飞燕。成帝尝微行出，过阳阿主，作乐。上见飞燕而说之，召入宫，大幸。有女弟复召入，俱为倢伃，贵倾后宫。

许后之废也，上欲立赵倢伃。皇太后嫌其所出微甚，难之。太后姊子淳于长为侍中，数往来传语，得太后指，上立封赵倢伃父临为成阳侯。后月余，乃立倢伃为皇后。追以长前白罢昌陵功，封为定陵侯。

皇后既立，后宠少衰，而弟绝幸，为昭仪。居昭阳舍，其中庭彤朱，而殿上髹漆，切皆铜沓黄金涂，白玉阶，壁带往往为黄金釭，函蓝田璧，明珠、翠羽饰之，自后宫未尝有焉。姊弟颛宠十余年，卒皆无子。

德，不曾废弃有罪之人。我恭敬地侍奉太后，居于长信宫的后列，在帐幕后面洒水扫地，只等死期到来。只愿埋葬在山下，被松柏的浓荫遮挡。

又说：退居的宫室幽静冷清，正门关闭小门紧锁。华丽的宫殿落满灰尘，玉砌的台阶布满青苔，荒芜的中庭绿草丛生。宽广的厅堂非常昏暗，宫中帐幕也十分破旧，寒风透过破烂的窗户吹个不停。感慨皇上车驾飘动着红罗帷幔，白色绸绢吹拂时好似衣服摩擦的声音。我呆呆远望着安静的宫殿，皇上不肯驾临，这都是为谁布置？俯视殿前的红色台阶，思念着皇上的足迹。仰望着高楼，忍不住涕泪交流。回过头看着身边和蔼的面孔，只能酌酒一杯来消解忧愁。人生这一世，如同浮云匆匆而过。我已经独享了富贵权位，住在平民心中最好的地方。勉励自己应尽情娱乐，荣华富贵是没有穷尽的。《诗经》中的《绿衣》和《白华》，表明自古就有女子抒发失宠后的哀怨。

成帝驾崩后，班婕妤就去奉守陵园，她去世后，就安葬在园中。

孝成赵皇后，原本是遣嫁长安宫人的女儿。她刚出生时，父母不想养她，就将她扔掉，但三天没死，就又抱回来抚养。长大后，她去了阳阿公主家，学习歌舞，称为飞燕。成帝曾经微服出宫，拜访阳阿公主，公主令人奏乐歌舞。成帝见到飞燕后很喜欢，就把她召入宫中，非常宠爱她。飞燕有个妹妹也被召入宫中，两人都被封为婕妤，受宠程度超过整个后宫。

许皇后被废以后，成帝想立赵婕妤为皇后。皇太后嫌弃她出身太微贱，没有同意。太后姐姐的儿子淳于长担任侍中，多次往来传话，成帝知道太后的心思后，就封赵婕妤的父亲赵临为成阳侯。过了一个多月，就立赵婕妤为皇后。又念及淳于长先前禀报停止修建昌陵的功劳，封他为定陵侯。

赵婕妤被立为皇后以后，后来渐渐不再受宠，而她的妹妹最受成帝宠爱，被封为昭仪。她住在昭阳舍，中庭用红色装饰，殿上刷了漆，台阶都是用铜制成，再涂上黄金，用白玉制成阶梯，壁带上往往套着黄金釭，再用蓝田壁、明珠、翠羽装饰，后宫从未有过如此奢华。赵氏姐妹专宠十多年，始终都没有生下儿子。

末年，定陶王来朝，王祖母傅太后私赂遗赵皇后、昭仪，定陶王竟为太子。

明年春，成帝崩。帝素强，无疾病。是时楚思王衍、梁王立来朝，明旦当辞去，上宿供张白虎殿。又欲拜左将军孔光为丞相，已刻侯印书赞。昏夜平善，乡晨，傅绔韈欲起，因失衣，不能言，昼漏上十刻而崩。民间归罪赵昭仪，皇太后诏大司马莽、丞相、大司空曰："皇帝暴崩，群众讙哗怪之。掖庭令辅等在后庭左右，侍燕迫近，杂与御史、丞相、廷尉治问皇帝起居发病状。"赵昭仪自杀。

哀帝既立，尊赵皇后为皇太后，封太后弟侍中驸马都尉钦为新成侯。赵氏侯者凡二人。后数月，司隶解光奏言：

臣闻许美人及故中宫史曹宫皆御幸孝成皇帝，产子，子隐不见。

臣遣从事掾业、史望验问知状者掖庭狱丞籍武，故中黄门王舜、吴恭、靳严，官婢曹晓、道房、张弃，故赵昭仪御者于客子、王偏、臧兼等，皆曰宫即晓子女，前属中宫，为学事史，通《诗》，授皇后。房与宫对食，元延元年中宫语房曰："陛下幸宫。"后数月，晓入殿中，见宫腹大，问宫。宫曰："御幸有身。"其十月中，宫乳掖庭牛官令舍，有婢六人，中黄门田客持诏记，盛绿绨方底，封御史中丞印，予武曰："取牛官令舍妇人新产儿，婢六人，尽置暴室狱，毋问儿男女，谁儿也！"武迎置狱。宫曰："善臧我儿胞，丞知是何等儿也！"后三日，客持诏记与武，问："儿死未？手书对牍背。"武即书对："儿见在，未死。"有顷，客出曰："上与昭仪大怒，奈何不杀？"武叩头啼曰："不杀儿，自知当死；杀之，亦死！"即因客奏封事，曰："陛下未有继嗣，子无贵贱，唯留意！"奏入，客复持诏记予武曰：

成帝末年，定陶王前来朝见，定陶王的祖母傅太后私下贿赂赵皇后和赵昭仪，定陶王最终被立为太子。

第二年（绥和二年，前7年）春季，成帝驾崩。成帝一向身体健康，没有生过病。当时，楚思王刘衍、梁王刘立前来朝见，第二天早上要辞别而去，成帝就陈设帷帐在白虎殿休息。他又想封左将军孔光为丞相，印信和文书都已准备好。夜里无事，早上醒来，穿上裤袜想要起身，却掉下衣服，不能说话，昼漏十刻时分，成帝驾崩。民间将成帝之死的罪过归于赵昭仪，皇太后下诏给大司马王莽、丞相孔光、大司空何武说："皇帝突然死亡，百姓议论纷纷，不知是何原因。掖庭令辅等人就在后宫附近，侍候在皇帝身旁，让他们和御史、丞相、廷尉一起查问皇帝的起居和发病的情况。"随后赵昭仪自杀。

哀帝继位后，尊赵皇后为皇太后，封太后的弟弟侍中驸马都尉赵钦为新成侯。赵氏一族中封侯的共有两人。数月后，司隶解光上奏说：

我听说许美人和原中宫史曹宫都曾被孝成皇帝临幸，生下儿子，孩子却都不见了。

我派从事掾业、从事史望查问知道内情的掖庭狱丞籍武，原中黄门王舜、吴恭、靳严，官婢曹晓、道房、张弃，原赵昭仪的侍从于客子、王偏、臧兼等人，都说曹宫是曹晓的女儿，从前隶属中宫，担任学事史，通晓《诗经》，负责教授皇后。元延元年（前12），曹宫和道房一起吃饭，对她说："陛下临幸了我。"过了数月，曹晓去殿中，看见曹宫的肚子大了，就问她原因。曹宫说："我被陛下临幸，怀孕了。"当年十月，曹宫在掖庭牛官令的房舍中生下一个孩子，有六名婢女在旁服侍，中黄门田客拿着诏书，放在绿色绨制的书囊中，用御史中丞的官印封好，交给籍武说："将牛官令房舍中的妇人和刚生下的孩子，以及六名婢女，全都关进暴室，不要问孩子是男是女，也不要问是谁的孩子！"籍武就将她们关进暴室。曹宫说："您要收好我儿子的胞衣，您知道他是谁的孩子吗！"过了三天，田客拿着诏书给籍武，问道："孩子死了没有？写在木牍背面。"籍武就写道："孩子还活着，

“今夜漏上五刻，持儿与舜，会东交掖门。”武因问客：“陛下得武书，意何如？”曰：“憆也。”武以儿付舜。舜受诏，内儿殿中，为择乳母，告“善养儿，且有赏。毋令漏泄！”舜择弃为乳母，时儿生八九日。后三日，客复持诏记，封如前予武，中有封小绿箧，记曰：“告武以箧中物书予狱中妇人，武自临饮之。”武发箧中有裹药二枚，赫蹏书，曰“告伟能：努力饮此药，不可复入。女自知之！”伟能即宫。宫读书已，曰：“果也，欲姊弟擅天下！我儿男也，额上有壮发，类孝元皇帝。今儿安在？”危杀之矣！奈何令长信得闻之？宫饮药死。后宫婢六人召入，出语武曰：“昭仪言‘女无过。宁自杀邪，若外家也？’我曹言愿自杀。”即自缪死。武皆表奏状。弃所养儿十一日，宫长李南以诏书取儿去，不知所置。

许美人前在上林涿沐馆，数召入饰室中若舍，一岁再三召，留数月或半岁御幸。元延二年褢子，其十一月乳。诏使严持乳医及五种和药丸三，送美人所。后客子、偏、兼闻昭仪谓成帝曰：“常绐我言从中宫来，即从中宫来，许美人儿何从生中？许氏竟当复立邪！”怼，以手自捣，以头击壁户柱，从床上自投地，啼泣不肯食，曰：“今当安置我，欲归耳！”帝曰：“今故告之，反怒为！殊不可晓也。”帝亦不食。昭仪曰：“陛下自知是，不食为何？陛下常自言‘约不负女’，今美人有子，竟负约，谓何？”帝曰：“约以赵氏，故不立许氏。

没有死。”不久，田客出来说：“皇上和赵昭仪非常生气，怎么不杀死他呢？”籍武哭着叩头说：“不杀这孩子，自知当是死罪；杀了他，也是死罪！”籍武就通过田客密奏成帝，说：“陛下没有后代，孩子没有贵贱之分，希望您留下他吧！”田客进去呈上奏章，又拿着诏书给籍武，说：“今晚夜漏五刻时分，把孩子交给王舜，在东交掖门见面。”籍武就问田客：“陛下看到我的奏章，是何反应？”田客回答说：“瞪着眼睛，一直发愣。”籍武把孩子交给王舜。王舜禀承诏命，把孩子接进殿中，为他挑选乳母，并告诉她说“好好照顾孩子，将来会有赏赐。不要把此事泄露出去！”王舜选择张弃做乳母，当时孩子刚生下来八九天。过了三天，田客又拿着诏书，像先前那样封好，交给籍武，里面有个小绿箧，诏书上说：“籍武把箧中的东西和信交给狱中的妇人，籍武亲自去让她吃下。”籍武打开小箧，里面有两枚药丸，一张薄纸，上面写着“告诉伟能：努力吃下此药，不要再来了。你自己明白！”伟能就是曹宫。曹宫读完信后，说：“果然如此，她们姐妹想独揽天下大权！我的孩子是个男孩，前额有浓密的头发，像孝元皇帝。现在孩子在哪里？已被她们害死了吧！怎样才能让太后知道此事呢？”曹宫吃药而死。后来曹宫的六名婢女也被召入宫中，出来后告诉籍武说：“昭仪说‘你们没有过错。是想自杀呢，还是去外面死？’我们说愿意自杀。”然后就自缢而死。籍武将这些情况上奏成帝。张弃养了这个孩子十一天，后来宫长李南拿着诏书抱走孩子，不知安置在何处。

许美人从前在上林苑的涿沐馆，曾多次被成帝召进饰室中的若舍，一年之中再三召见，留住数月或半年，被成帝临幸。元延二年（前11）怀孕，十一月生下孩子。成帝下诏让靳严带着产科医生淳于衍和三枚用五味药和成的药丸，送去许美人那里。后来于客子、王偏、臧兼听到昭仪对成帝说：“你经常骗我说从皇后那来，如果从皇后那来，许美人在宫中为什么会生下孩子？许氏竟然要复立了！”她非常怨恨，用手捶打自己，用头撞墙和柱子，从床上跳下地，一直哭泣不肯吃饭，说：“陛下现在该安置我了，我要回去！”成帝说：“我特意将此事告诉你，你为何反而生气！真不该告诉你。”成帝也不肯吃饭。

使天下无出赵氏上者，毋忧也！”后诏使严持绿囊书予许美人，告严曰：“美人当有以予女，受来，置饰室中帘南。”美人以苇箧一合盛所生儿，缄封，及绿囊报书予严。严持箧书，置饰室帘南去。帝与昭仪坐，使客子解箧缄。未已，帝使客子、偏、兼皆出，自闭户，独与昭仪在。须臾开户，呼客子、偏、兼，使缄封箧及绿绨方底，推置屏风东。恭受诏，持箧方底予武，皆封以御史中丞印，曰：“告武：箧中有死儿，埋屏处，勿令人知。”武穿狱楼垣下为坎，埋其中。

故长定许贵人及故成都、平阿侯家婢王业、任孋、公孙习前免为庶人，诏召入，属昭仪为私婢。成帝崩，未幸梓宫，仓卒悲哀之时，昭仪自知罪恶大，知业等故许氏、王氏婢，恐事泄，而以大婢羊子等赐予业等各且十人，以慰其意，属“无道我家过失。”

元延二年五月，故掖庭令吾丘遵谓武曰：“掖庭丞吏以下皆与昭仪合通，无可与语者，独欲与武有所言。我无子，武有子，是家轻族人，得无不敢乎？掖庭中御幸生子者辄死，又饮药伤墯者无数，欲与武共言之大臣，票骑将军贪耆钱，不足计事，奈何令长信得闻之？”遵后病困，谓武：“今我已死，前所语事，武不能独为也，慎语！”

皆在今年四月丙辰赦令前。臣谨案永光三年男子忠等发长陵傅夫人冢。事更大赦，孝元皇帝下诏曰：“此朕不当所得赦也。”穷

昭仪说："陛下觉得自己没错，为什么不吃饭呢？陛下常说'我立誓绝不辜负你'，现在美人生下孩子，你终究违背了誓言，还有什么可说？"成帝说："我与赵氏有约，所以不会立许氏。让天下没有比赵氏地位更高的人，你不必担忧！"后来成帝下诏让靳严用绿书囊装好诏书交给许美人，又告诉靳严说："美人会有东西给你，你拿回来，放在饰室户帘的南面。"美人用一个苇箧装上生下的孩子，再用绳子捆好，连同放在绿书囊里的回信一起交给靳严。靳严带着苇箧和书信，放到饰室户帘的南面，然后离去。成帝和昭仪坐在那里，让于客子去解箧上的绳子。还没解开，成帝就让于客子、王偏、臧兼都出去，自己关上门，单独和昭仪待在里面。片刻之后，打开门，呼唤于客子、王偏、臧兼，让他们用绳子捆好苇箧和绿书囊，放在屏风东面。吴恭禀承诏命，拿着苇箧和书囊交给籍武，都用御史中丞的官印封好，说："告诉籍武：箧中有个死掉的孩子，埋在隐蔽的地方，不要让人知道。"籍武就在狱楼墙角下面挖了个坑，把孩子埋在其中。

原长定许贵人和原成都侯王商、平阿侯王谭家的婢女王业、任孋、公孙习先前被废为庶人，成帝下诏把她们召入宫中，给昭仪做了私人婢女。成帝驾崩，还未入殓，在众人慌乱悲哀之时，昭仪知道自己罪大恶极，又知道王业等人过去是许氏、王氏家的婢女，担心事情败露，就把大婢女羊子等人赐给王业她们，每人十名，以示安抚，并叮嘱"不要说出我的过失。"

元延二年（前11）五月，原掖庭令吾丘遵对籍武说："掖庭丞吏以下的官吏都和昭仪相互勾结，我没有可以交谈的人，只能和你说说心里话。我没有孩子，你有孩子，担心昭仪轻易将人治罪灭族，恐怕不敢说什么吧？掖庭中被皇上临幸生下儿子的人都要死，吃药堕胎的人不计其数，我想和你一起将此事告诉大臣们，骠骑将军王根贪财，不能与他商议，怎样才能让太后知道呢？"吾丘遵后来病重，就对籍武说："现在我快死了，先前和你说的事，你自己办不成，千万不要泄露出去！"

这些事都发生在今年四月丙辰日发布的赦令前。我谨慎查考后发现永光三年（前41）男子忠等人挖掘了长陵傅夫人的坟墓。恰逢大

治，尽伏辜，天下以为当。鲁严公夫人杀世子，齐桓召而诛焉，《春秋》予之。赵昭仪倾乱圣朝，亲灭继嗣，家属当伏天诛。前平安刚侯夫人谒坐大逆，同产当坐，以蒙赦令，归故郡。今昭仪所犯尤悖逆，罪重于谒，而同产亲属皆在尊贵之位，迫近帏幄，群下寒心，非所以惩恶崇谊示四方也。请事穷竟，丞相以下议正法。

哀帝于是免新成侯赵钦、钦兄子成阳侯䜣，皆为庶人，将家属徙辽西郡。时议郎耿育上疏言：

臣闻继嗣失统，废適立庶，圣人法禁，古今至戒。然大伯见历知適，逡循固让，委身吴粤，权变所设，不计常法，致位王季，以崇圣嗣，卒有天下，子孙承业，七八百载，功冠三王，道德最备，是以尊号追及大王。故世必有非常之变，然后乃有非常之谋。孝成皇帝自知继嗣不以时立，念虽末有皇子，万岁之后未能持国，权柄之重，制于女主，女主骄盛则耆欲无极，少主幼弱则大臣不使，世无周公抱负之辅，恐危社稷，倾乱天下。知陛下有贤圣通明之德，仁孝子爱之恩，怀独见之明，内断于身，故废后宫就馆之渐，绝微嗣祸乱之根，乃欲致位陛下以安宗庙。愚臣既不能深援安危，定金匮之计，又不知推演圣德，述先帝之志，乃反覆校省内，暴露私燕，诬污先帝倾惑之过，成结宠妾妒媚之诛，甚失贤圣远见之明，逆负先帝忧国之意。

夫论大德不拘俗，立大功不合众，此乃孝成皇帝至思所以

赦天下，孝元皇帝下诏说："此事我不应赦免。"于是彻底查办，那些人都被处死，天下都认为这么做是对的。鲁严公夫人哀姜杀死鲁国世子，齐桓公就将她召来然后杀掉，《春秋》对这种行为表示赞同。赵昭仪扰乱朝廷，杀害皇嗣，她的家人也应处以严刑。先前平安刚侯夫人许谒因犯大逆不道之罪，她的家人也受牵连，应被治罪，承蒙赦令，返回家乡。现在昭仪犯下罪行更加悖逆，比许谒还严重，但她的家人亲属都身居尊贵之位，在陛下身旁，令群臣寒心，如此不能向四方昭示惩治罪恶，推崇道义。请求陛下彻底追究此事，让丞相以下的官吏进行商议以正法令。

哀帝于是废除了新成侯赵钦、赵钦哥哥的儿子成阳侯赵䜣的爵位，将他们都贬为庶人，家人流放到辽西郡。当时议郎耿育上疏说：

我听说传宗接代丧失纲纪，就会废嫡立庶，圣人禁止这样做，古今引以为戒。但是太伯看见父亲古公亶父将弟弟王季改名为历，知道他想传位给弟弟后，就再三避让，委身吴越，这是随机应变，不考虑常法，古公亶父传位给王季，推崇圣明的后代，最终得到天下，子孙继承基业，延续七八百年，功绩盖过三王，道德最为高尚，因此给古公亶父追加尊号为太王。所以世间必定会有非常的变故，然后才有非常的谋略。孝成皇帝自己知道不能在当时确立继位之人，又想到即使晚年有了皇子，去世后他也不能执掌政权，国家大权将会掌握在女主手中，女主骄横跋扈就会贪得无厌，少主年幼软弱大臣们就不会听从他，当世没有像周公那样背负成王的辅佐之人，恐怕会危害国家，扰乱天下。知道陛下具有圣明通达的美德，仁孝慈爱的恩义，心怀独特的见解，可以决断大事，所以为了扼杀后宫当政的苗头，杜绝幼主引发祸乱的根源，就想传位给陛下来安定宗庙。愚臣既不能看清安危，提出长久之计，又不知道宣扬陛下的德行，追述先帝的志向，却反复查问宫内，暴露内廷的私生活，诬蔑先帝被女色迷惑，编造宠妾妒忌害人之事，完全失去了贤圣远见之明，违背了先帝忧虑国事的本意。

谈论大德者不会拘泥于世俗，建立大功者不会迎合众人，这就

万万于众臣，陛下圣德盛茂所以符合于皇天也，岂当世庸庸斗筲之臣所能及哉！且褒广将顺君父之美，匡救销灭既往之过，古今通义也。事不当时固争，防祸于未然，各随指阿从，以求容媚，晏驾之后，尊号已定，万事已讫，乃探追不及之事，讦扬幽昧之过，此臣所深痛也！

愿下有司议，即如臣言，宜宣布天下，使咸晓知先帝圣意所起。不然，空使谤议上及山陵，下流后世，远闻百蛮，近布海内，甚非先帝托后之意也。盖孝子善述父之志，善成人之事，唯陛下省察！

哀帝为太子，亦颇得赵太后力，遂不竟其事。傅太后恩赵太后，赵太后亦归心，故成帝母及王氏皆怨之。

哀帝崩，王莽白太后诏有司曰："前皇太后与昭仪俱侍帷幄，姊弟专宠锢寝，执贼乱之谋，残灭继嗣以危宗庙，悖天犯祖，无为天下母之义。贬皇太后为孝成皇后，徙居北宫。"后月余，复下诏曰："皇后自知罪恶深大，朝请希阔，失妇道，无共养之礼，而有狼虎之毒，宗室所怨，海内之雠也，而尚在小君之位，诚非皇天之心。夫小不忍乱大谋，恩之所不能已者义之所割也。今废皇后为庶人，就其园。"是日自杀。凡立十六年而诛。先是有童谣曰："燕燕，尾涎涎，张公子，时相见。木门仓琅根，燕飞来，啄皇孙。皇孙死，燕啄矢。"成帝每微行出，常与张放俱，而称富平侯家，故曰张公子。仓琅根，宫门铜锾也。

孝元傅昭仪，哀帝祖母也。父河内温人，蚤卒，母更嫁为魏郡郑翁妻，生男恽。昭仪少为上官太后才人，自元帝为太子，得进幸。元帝即位，立为倢伃，甚有宠。为人有材略，善事人，下至宫人左右，

是孝成皇帝的深谋远虑胜过群臣的原因，是陛下的崇高圣德符合上天的原因，哪里是当世那些平庸无能、才识短浅的大臣们所能及的呢！况且褒扬光大，顺势促成君父的美德，匡正挽救，消灭除去以前的过失，这是古今的常则。遇事不在当时据理力争，防患于未然，而是顺从圣意，逢迎谄媚，以求欢心，先帝驾崩之后，尊号已经确定，一切事情已经完成，才追究过去之事，揭露不明之过，这是我最为痛恨的行为！

希望陛下将我的看法交由大臣商议，如果同意我的意见，就应当向天下公布，使人们都明白先帝的用意。否则，就会任凭非议牵连先帝，流传后世，百蛮听闻，散布海内，完全违背了先帝托付身后大事的本意。孝子善于述说父亲的志向，善于完成别人的事情，希望陛下明察！

哀帝能做太子，赵太后也从中出了很多力，他就不再追究此事。傅太后感恩赵太后，赵太后也从心底感激傅太后，所以成帝的母亲和王氏一族都十分怨恨。

哀帝驾崩后，王莽禀报太后给官吏下诏说："先前皇太后和昭仪一起侍奉先帝，姐妹独占宠爱，用阴毒的计谋，残杀皇嗣，危害宗庙，违背天命，辜负先帝，不能母仪天下。现在贬皇太后为孝成皇后，迁居北宫。"过了一个多月，又下诏说："皇后知道自己罪恶深重，很少朝见太后，有失妇道，没有侍奉的礼仪，却有虎狼般的狠毒，被宗室怨恨，是海内的仇人，却还在皇后之位，这确实不符合上天的意图。小不忍则乱大谋，为正义公理而割舍私人间的恩情。现在将皇后废为庶人，迁居到陵园。"当天，孝成皇后就自杀了。她在位共十六年而死。此前，有童谣唱道："燕燕，尾涎涎，张公子，时相见。木门仓琅根，燕飞来，啄皇孙。皇孙死，燕啄矢。"成帝每次微服出宫，常和张放一起，自称是富平侯家的人，所以叫张公子。仓琅根，就是宫门的铜环。

孝元帝的傅昭仪，是哀帝的祖母。她的父亲是河内郡温县人，早亡，母亲改嫁给魏郡的郑翁为妻，生下儿子郑恽。傅昭仪年轻时是上官太后的才人，从元帝做了太子，得以侍寝。元帝即位后，就立她

饮酒酹地，皆祝延之。产一男一女，女为平都公主，男为定陶恭王。恭王有材艺，尤爱于上。元帝既重傅倢伃，及冯倢伃亦幸，生中山孝王，上欲殊之于后宫，以二人皆有子为王，上尚在，未得称太后，乃更号曰昭仪，赐以印绶，在倢伃上。昭其仪，尊之也。至成、哀时，赵昭仪、董昭仪皆无子，犹称焉。

元帝崩，傅昭仪随王归国，称定陶太后。后十年，恭王薨，子代为王。王母曰丁姬。傅太后躬自养视，既壮大，成帝无继嗣。时中山孝王在。元延四年，孝王及定陶王皆入朝。傅太后多以珍宝赂遗赵昭仪及帝舅票骑将军王根，阴为王求汉嗣。皆见上无子，欲豫自结为久长计，更称誉定陶王。上亦自器之，明年，遂征定陶王立为太子，语在《哀纪》。月余，天子立楚孝王孙景为定陶王，奉恭王后。太子议欲谢，少傅阎崇以为"《春秋》不以父命废王父命，为人后之礼不得顾私亲，不当谢。"太傅赵玄以为当谢，太子从之。诏问所以谢状，尚书劾奏玄，左迁少府，以光禄勋师丹为太傅。诏傅太后与太子母丁姬自居定陶国邸，下有司议皇太子得与傅太后、丁姬相见不，有司奏议不得相见。顷之，成帝母王太后欲令傅太后、丁姬十日一至太子家，成帝曰："太子丞正统，当共养陛下，不得复顾私亲。"王太后曰："太子小，而傅太后抱养之，今至太子家，以乳母恩耳，不足有所妨。"于是令傅太后得至太子家。丁姬以不小养太子，独不得。

成帝崩，哀帝即位。王太后诏令傅太后、丁姬十日一至未央

为婕妤，十分受宠。她为人有才能谋略，善于奉承人，对待身边的宫人，也能以酒洒地，祝他们长寿。她生了一儿一女，女儿是平都公主，儿子是定陶恭王刘康。恭王有才能技艺，尤其受到元帝喜爱。元帝重视傅婕妤，等到冯婕妤也受宠，生了中山孝王后，元帝想让她们在后宫拥有特殊的地位，因为两人都有儿子被封为王，但自己还在，不能称为太后，就改号为昭仪，赐予印绶，地位在婕妤之上。昭示她们的威仪，表达尊重之意。到成帝、哀帝时，赵昭仪、董昭仪都没有儿子，也沿用了这个封号。

元帝驾崩后，傅昭仪跟着定陶恭王前往封国，称为定陶太后。过了十年，恭王去世，儿子继位为王。他的母亲叫丁姬。定陶王由傅太后亲自抚养，长大后，成帝没有后代。当时中山孝王还在世。元延四年（前9），中山孝王和定陶王都入朝进见成帝。傅太后用很多珍宝贿赂赵昭仪和成帝的舅舅骠骑将军王根，暗中为定陶王谋求太子之位。赵昭仪和王根（据《哀帝纪》，“皆”上当有“昭仪及根”四字）见成帝没有儿子，也想早日与定陶王结交来为长远打算，就都极力夸赞定陶王。成帝也很器重他，第二年，就征召定陶王立为太子，详见《哀帝纪》。过了一个多月，成帝立楚孝王的孙子刘景为定陶王，作为恭王的后代。太子与身边人商议想上奏致谢，少傅阎崇认为“《春秋》中不因父亲的命令而废弃祖父的命令，做了别人的后代就不能顾念自己的亲人，不应当致谢。”太傅赵玄认为应当致谢，太子听从了他的话。于是成帝下诏责问太子致谢的原因，尚书上奏弹劾赵玄，赵玄被贬为少府，成帝让光禄勋师丹担任太傅。又下诏让傅太后和太子的母亲丁姬居住在定陶国的府邸，并交由主管官吏商议皇太子能不能和傅太后、丁姬相见，主管官吏上奏说不能相见。不久，成帝的母亲王太后想让傅太后、丁姬十天到一次太子家，成帝说：“太子继承大统，应当养在宫中，不能再顾念自己的亲人。”王太后说：“太子小的时候，是傅太后将他抚养长大的，现在到太子家，是因为乳母的恩情，没有什么妨碍。”于是下令傅太后可以到太子家。丁姬因为没有从小抚养太子，就不能到太子家。

成帝驾崩，哀帝即位。王太后下诏让傅太后、丁姬十天到一次未

宫。高昌侯董宏希指，上书言宜立丁姬为帝太后。师丹劾奏"宏怀邪误朝，不道。"上初即位，谦让，从师丹言止。后乃白令王太后下诏，尊定陶恭王为恭皇。哀帝因是曰："《春秋》'母以子贵'，尊傅太后为恭皇太后，丁姬为恭皇后，各置左右詹事，食邑如长信宫、中宫。追尊恭皇太后父为崇祖侯，恭皇后父为褒德侯。"后岁余，遂下诏曰："汉家之制，推亲亲以显尊尊，定陶恭皇之号不宜复称定陶。其尊恭皇太后为帝太太后，丁后为帝太后。"后又更号帝太太后为皇太太后，称永信宫，帝太后称中安宫，而成帝母太皇太后本称长信宫，成帝赵后为皇太后，并四太后，各置少府、太仆，秩皆中二千石。为恭皇立寝庙于京师，比宣帝父悼皇考制度，序昭穆于前殿。

傅太后父同产弟四人，曰子孟、中叔、子元、幼君。子孟子喜至大司马，封高武侯。中叔子晏亦大司马，封孔乡侯。幼君子商封汝昌侯，为太后父崇祖侯后，更号崇祖曰汝昌哀侯。太后同母弟郑恽前死，以恽子业为阳信侯，追尊恽为阳信节侯。郑氏、傅氏侯者凡六人，大司马二人，九卿二千石六人，侍中诸曹十余人。

傅太后既尊，后尤骄，与成帝母语，至谓之妪。与中山孝王母冯太后并事元帝，追怨之，陷以祝诅罪，令自杀。元寿元年崩，合葬渭陵，称孝元傅皇后云。

定陶丁姬，哀帝母也，《易》祖师丁将军之玄孙。家在山阳瑕丘，父至庐江太守。始定陶恭王先为山阳王，而丁氏内其女为姬。王后姓张氏，其母郑礼，即傅太后同母弟也。太后以亲戚故，欲其有子，然终无有。唯丁姬河平四年生哀帝。丁姬为帝太后，两兄忠、明。明以帝舅封阳安侯。忠蚤死，封忠子满为平周侯。太后叔父宪、

央宫。高昌侯董宏迎合太后的旨意，就上书说应当立丁姬为帝太后。师丹上奏弹劾董宏说“董宏心存邪念，祸害朝廷，大逆不道。”哀帝刚即位，遇事谦让，听从师丹的话就此作罢。后来哀帝就禀报王太后下诏，尊奉自己的父亲定陶恭王为恭皇。哀帝因此说：“《春秋》说‘母以子贵’，应当尊傅太后为恭皇太后，丁姬为恭皇后，各自设置左右詹事，食邑和皇太后、皇后一样。追尊恭皇太后的父亲为崇祖侯，恭皇后的父亲为褒德侯。”一年多后，又下诏说：“汉朝的制度，推崇天子的至亲，显示对他们的尊重，定陶恭皇的尊号不应再称定陶。现在尊恭皇太后为帝太太后，丁后为帝太后。”后来哀帝又把帝太太后改号为皇太太后，称为永信宫，帝太后称为中安宫，而成帝的母亲太皇太后本来称为长信宫，成帝的赵皇后为皇太后，四位太后并立，各自设置少府、太仆，禄位都是中二千石。又在京城为恭皇修建宗庙，比照宣帝的父亲悼皇考的制度，在前殿排列祖先的位次。

傅太后有四个同父弟弟，叫子孟、中叔、子元、幼君。子孟的儿子傅喜官至大司马，被封为高武侯。中叔的儿子傅晏也担任大司马，被封为孔乡侯。幼君的儿子傅商被封为汝昌侯，继承太后父亲崇祖侯的爵位，将封号由崇祖侯改为汝昌哀侯。太后同母弟弟郑恽已死，就封郑恽的儿子郑业为阳信侯，追尊郑恽为阳信节侯。郑氏、傅氏两族中封侯的共有六人，担任大司马的有两人，官至九卿二千石的有六人，还有十多人做了各部的侍中。

傅太后地位尊贵后，就更加骄横，和成帝的母亲说话时，甚至称她为老妇。她曾与中山孝王的母亲冯太后一起侍奉元帝，回想往事，心怀怨恨，就以诅咒之罪诬陷冯太后，命她自杀。元寿元年（前2），傅太后驾崩，与元帝合葬在渭陵，称为孝元傅皇后。

定陶王的丁姬，是哀帝的母亲，是《易经》之学的祖师丁宽将军的玄孙女。家在山阳郡瑕丘县，父亲官至庐江太守。最初定陶恭王先被封为山阳王，丁氏就将女儿送给他做姬妾。定陶王后姓张，母亲叫郑礼，是傅太后的同母妹妹。太后因为亲戚关系，就想王后能生下儿子，但始终没有。只有丁姬在河平四年（前25）生下哀帝。丁姬被尊为帝太后，她有两个哥哥丁忠、丁明。丁明因为是皇帝的舅舅被封为阳

望。望为左将军，宪为太仆。明为大司马票骑将军，辅政。丁氏侯者凡二人，大司马一人，将军、九卿、二千石六人，侍中诸曹亦十余人。丁、傅以一二 年间暴兴尤盛。然哀帝不甚假以权势，权势不如王氏在成帝世也。

建平二年，丁太后崩。上曰："《诗》云'谷则异室，死则同穴'。昔季武子成寝，杜氏之墓在西阶下，请合葬而许之。附葬之礼，自周兴焉。孝子事亡如事存，帝太后宜起陵恭皇之园。"遣大司马票骑将军明东送葬于定陶，贵震山东。

哀帝崩，王莽秉政，使有司举奏丁、傅罪恶。莽以太皇太后诏皆免官爵，丁氏徙归故郡。莽奏贬傅太后号为定陶共王母，丁太后号曰丁姬。

元始五年，莽复言"共王母、丁姬前不臣妾，至葬渭陵，冢高与元帝山齐，怀帝太后、皇太太后玺绶以葬，不应礼。礼有改葬，请发共王母及丁姬冢，取其玺绶消灭，徙共王母及丁姬归定陶，葬共王冢次，而葬丁姬复其故。"太后以为既已之事，不须复发。莽固争之，太后诏曰："因故棺为致椁作冢，祠以太牢。"谒者护既发傅太后冢，崩压杀数百人；开丁姬椁户，火出炎四五丈，吏卒以水沃灭乃得入，烧燔椁中器物。

莽复奏言："前共王母生，僭居桂宫，皇天震怒，灾其正殿；丁姬死，葬逾制度，今火焚其椁。此天见变以告，当改如媵妾也。臣前奏请葬丁姬复故，非是。共王母及丁姬棺皆名梓宫，珠玉之衣非藩妾服，请更以木棺代，去珠玉衣，葬丁姬媵妾之次。"奏可。既开傅太后棺，臭闻数里。公卿在位皆阿莽指，入钱帛，遣子弟及诸生四

安侯。丁忠早亡，哀帝就封他的儿子丁满为平周侯。太后有两个叔叔丁宪、丁望。丁望担任左将军，丁宪担任太仆。丁明做了大司马骠骑将军，辅佐朝政。丁氏一族中封侯的共有两人，担任大司马的有一人，官至将军、九卿、二千石的共有六人，还有十多人做了各部的侍中。丁氏、傅氏两族在一二年间突然兴盛起来。但哀帝没有给他们很多权势，不如成帝在位时的王氏一族。

建平二年（前5），丁太后驾崩。哀帝说："《诗经》说'生不同室，死则同穴'。过去季武子修建陵寝，杜氏的坟墓正好在西阶下面，就请求合葬，季武子答应了。合葬之礼，从周朝就开始了。孝子侍奉死者和侍奉生者一样，帝太后应当在恭皇的陵园建造陵墓。"于是派大司马骠骑将军丁明向东前往定陶送葬，丁氏的尊贵震动了山东。

哀帝驾崩后，王莽执政，派官吏上奏检举丁氏、傅氏两族的罪行。王莽让太皇太后下诏将他们的官职爵位全都废除，丁氏族人被赶回家乡。王莽奏请将傅太后的尊号贬为定陶共王母，丁太后称为丁姬。

元始五年（5），王莽又说"共王母、丁姬先前不遵循臣妾之道，甚至安葬在渭陵，坟墓和元帝一样高，抱着帝太后、皇太太后的玺绶下葬，不符合礼法。依据礼法应当改葬，现在请求挖掘共王母和丁姬的坟墓，将玺绶取出毁掉，把共王母及丁姬迁回定陶，安葬在共王墓附近，丁姬就按照以前的形式安葬。"太后认为这些都是过去的事情，不用再挖掘坟墓。王莽据理力争，太后就下诏说："在旧棺外面做一层椁，另外修建坟墓，用太牢进行祭祀。"谒者护挖开傅太后的坟墓，导致崩塌压死了数百人；打开丁姬的外椁，里面冒出四五丈高的火焰，吏卒用水把火浇灭才能进入，椁中的器物都被烧毁。

王莽又上奏说："先前共王母在世时，越位逾制，窃居在桂宫，上天震怒，烧毁正殿；丁姬死后，葬礼逾越制度，现在大火烧毁外椁。这是上天降下变故告诉我们，应当按照媵妾的礼仪将她们重新安葬。我先前奏请按照以前的形式安葬丁姬，是不对的。共王母和丁姬的棺木都用了帝后才能用的梓宫，珠玉衣也不是藩王姬妾所应穿的，请求改用木棺替代，去除珠玉衣，按照媵妾的礼仪安葬丁姬。"

夷，凡十余万人，操持作具，助将作掘平共王母、丁姬故冢，二旬间皆平。莽又周棘其处以为世戒云。时有群燕数千，衔土投丁姬穿中。丁、傅既败，孔乡侯晏将家属徙合浦，宗族皆归故郡。唯高武侯喜得全，自有传。

孝哀傅皇后，定陶太后从弟子也。哀帝为定陶王时，傅太后欲重亲，取以配王。王入为汉太子，傅氏女为妃。哀帝即位，成帝大行尚在前殿，而傅太后封傅妃父晏为孔乡侯，与帝舅阳安侯丁明同日俱封。时师丹谏，以为“天下自王者所有，亲戚何患不富贵？而仓卒若是，其不久长矣！”晏封后月余，傅妃立为皇后。傅氏既盛，晏最尊重。哀帝崩，王莽白太皇太后下诏曰：“定陶共王太后与孔乡侯晏同心合谋，背恩忘本，专恣不轨，与至尊同称号，终没，至乃配食于左坐，悖逆无道。今令孝哀皇后退就桂宫。”后月余，复与孝成赵皇后俱废为庶人，就其园自杀。

孝元冯昭仪，平帝祖母也。元帝即位二年，以选入后宫。时父奉世为执金吾。昭仪始为长使，数月至美人，后五年就馆生男，拜为倢伃。时父奉世为右将军光禄勋，奉世长男野王为左冯翊，父子并居朝廷，议者以为器能当其位，非用女宠故也。而冯倢伃内宠与傅昭仪等。

建昭中，上幸虎圈斗兽，后宫皆坐。熊佚出圈，攀槛欲上殿。左右贵人傅昭仪等皆惊走，冯倢伃直前当熊而立，左右格杀熊。上问：“人情惊惧，何故前当熊？”倢伃对曰：“猛兽得人而止，妾恐熊至御坐，故以身当之。”元帝嗟叹，以此倍敬重焉。傅昭仪等皆惭。

奏请被准许了。打开傅太后的棺木后，方圆数里都能闻到臭气。在位的公卿都迎合王莽的心意，交纳钱帛，派遣子弟和四方族人，共十多万人，拿上工具，帮助将作大匠铲平共王母和丁姬原来的坟墓，二十天内就都铲平了。王莽又用荆棘围绕四周，作为后世的警戒。当时有群燕飞过，大约数千只，口含泥土投进丁姬的墓穴中。丁氏、傅氏两族没落后，孔乡侯傅晏将家人迁到合浦，宗族都返回家乡。只有高武侯傅喜得以保全自身，有自己的传。

孝哀傅皇后，是定陶太后堂弟的女儿。哀帝做定陶王时，傅太后想要亲上加亲，就将傅氏女嫁给他为妻。哀帝进京被立为太子，傅氏女就成为太子妃。哀帝即位后，成帝的棺木还停在前殿，傅太后就封傅妃的父亲傅晏为孔乡侯，和哀帝的舅舅阳安侯丁明同日受封。当时师丹进谏，认为“天下都为君王所有，亲戚还担心不富贵吗？如此匆忙行事，恐怕不会长久啊！”傅晏被封为侯一个多月，傅妃被立为皇后。傅氏一族开始兴盛，傅晏的地位最为尊贵。哀帝驾崩后，王莽禀报太皇太后下诏说：“定陶共王太后和孔乡侯傅晏合谋，背弃恩义，忘掉根本，专横放肆，不循法度，和天子用同样的称号，死后，甚至配享宗庙，坐在左边，悖逆无道。现在下令孝哀皇后退居桂宫。”一个多月后，傅皇后又和孝成赵皇后一起被废为庶人，她就在哀帝的陵园自杀了。

孝元帝的冯昭仪，是平帝的祖母。元帝即位两年后，冯昭仪被选进后宫。当时她的父亲冯奉世任执金吾。昭仪最初是长使，数月后升到美人，五年后在侧室生下一个儿子，被封为婕妤。当时她的父亲冯奉世任右将军光禄勋，冯奉世的大儿子冯野王任左冯翊，父子一起在朝廷为官，人们谈论起来都认为他们的才能足以担当其职，不是因为女儿受宠的关系。而冯婕妤获得的宠爱和傅昭仪一样。

建昭年间，元帝去虎圈观看斗兽，后宫都陪坐在旁。忽然一头熊逃出虎圈，攀着殿槛要跑上殿来。身边的贵人如傅昭仪等都惊慌逃走，冯婕妤却径直向前，站在那里，挡住了熊，两旁的侍卫将熊杀死。元帝问道：“人们都惊慌害怕，你为什么要上前挡住熊？”婕妤回答说：“猛兽捉到人后就会停下，我怕熊跑到陛下那里，所以用身体

明年夏，冯倢伃男立为信都王，尊倢伃为昭仪。元帝崩，为信都太后，与王俱居储元宫。河平中，随王之国。后徙中山，是为孝王。

后征定陶王为太子，封中山王舅参为宜乡侯。参，冯太后少弟也。是岁，孝王薨，有一男，嗣为王，时未满岁，有眚病，太后自养视，数祷祠解。

哀帝即位，遣中郎谒者张由将医治中山小王。由素有狂易病，病发怒去，西归长安。尚书簿责擅去状，由恐，因诬言中山太后祝诅上及太后。太后即傅昭仪也，素常怨冯太后，因是遣御史丁玄案验，尽收御者官吏及冯氏昆弟在国者百余人，分系雒阳、魏郡、钜鹿。数十日无所得，更使中谒者令史立与丞相长史、大鸿胪丞杂治。立受傅太后指，几得封侯，治冯太后女弟习及寡弟妇君之，死者数十人。巫刘吾服祝诅。医徐遂成言习、君之曰“武帝时医修氏刺治武帝得二千万耳，今愈上，不得封侯，不如杀上，令中山王代，可得封。”立等劾奏祝诅谋反，大逆。责问冯太后，无服辞。立曰：“熊之上殿何其勇，今何怯也！”太后还谓左右：“此乃中语，前世事，吏何用知之？是欲陷我效也！”乃饮药自杀。

先未死，有司请诛之，上不忍致法，废为庶人，徙云阳宫。既死，有司复奏“太后死在未废前。”有诏以诸侯王太后仪葬之。宜乡侯参、君之、习夫及子当相坐者，或自杀，或伏法。参女弁为孝王后，有两女，有司奏免为庶人，与冯氏宗族徙归故郡。张由以先告赐爵关内侯，史立迁中太仆。

将它挡住。”元帝感叹不已，因此加倍敬重冯婕妤。而傅昭仪等人都感到很惭愧。第二年（建昭二年，前37年）夏季，冯婕妤的儿子被立为信都王，婕妤被尊为昭仪。元帝驾崩后，冯昭仪成为信都太后，和信都王一起住在储元宫。河平年间，跟着儿子前往封国。后来信都王迁到中山，就是中山孝王。

后来成帝征召定陶王进京立为太子，封中山王的舅舅冯参为宜乡侯。冯参，是冯太后的幼弟。这年（绥和元年，前8年），中山孝王去世，有一个儿子，继位为王，当时还不满一岁，得了眚病（即肝厥），太后亲自抚养他，多次向神明求福消灾。

哀帝即位后，派中郎谒者张由带着医生给中山小王治病。张由素来有狂病，发病时一气之下就离开中山，返回长安。尚书责问张由擅自离开的罪状，张由非常害怕，就诬告中山太后诅咒哀帝和太后。太后就是傅昭仪，一向怨恨冯太后，因此派御史丁玄查证这件事，把中山国的侍从、官吏以及冯氏兄弟一百多人全都抓起来，分别关在洛阳、魏郡、钜鹿。数十天一无所获，又派中谒者令史立和丞相长史、大鸿胪丞一起审问。史立迎合傅太后的旨意，希望能被封侯，审问冯太后的妹妹冯习和守寡的弟媳君之，死了数十人。巫师刘吾招认了确有诅咒一事。医生徐遂成说冯习、君之曾说“武帝时医生修氏用针灸治好了武帝的病，得到二千万赏钱，现在将皇上治好，却不能封侯，不如杀死皇上，让中山王取代他，就可以封侯了。”史立等人上奏弹劾冯太后等诅咒皇上，阴谋造反，大逆不道。他们责问冯太后，太后不肯承认罪责。史立说：“熊跑到殿上时你是多么勇敢啊，现在怎么害怕了！”太后回来后对身边人说：“这是宫中的话，前朝的事情，官吏怎么会知道？这是要诬陷我！”于是服毒自杀了。

太后没死之前，官吏奏请杀掉太后，哀帝不忍心将其治罪，就下令把太后废为庶人，迁居云阳宫。太后死后，官吏又上奏“太后死在未被废掉之前。”哀帝就下诏按照诸侯王太后的礼仪进行安葬。宜乡侯冯参、君之、冯习的丈夫和儿子等受其牵连之人，有的自杀，有的被处死。冯参的女儿冯弁是中山孝王后，生下两个女儿，官吏奏请将她废为庶人，和冯氏宗族一起迁回家乡。张由因为首先将此事告发

哀帝崩，大司徒孔光奏“由前诬告骨肉，立陷人入大辟，为国家结怨于天下，以取秩迁，获爵邑，幸蒙赦令，请免为庶人，徙合浦”云。

中山卫姬，平帝母也。父子豪，中山卢奴人，官至卫尉。子豪女弟为宣帝倢伃，生楚孝王；长女又为元帝倢伃，生平阳公主。成帝时，中山孝王无子，上以卫氏吉祥，以子豪少女配孝王。元延四年，生平帝。

平帝年二岁，孝王薨，代为王。哀帝崩，无嗣。太皇太后与新都侯莽迎中山王立为帝。莽欲颛国权，惩丁、傅行事，以帝为成帝后，母卫姬及外家不当得至京师。乃更立宗室桃乡侯子成都为中山王，奉孝王后，遣少傅左将军甄丰赐卫姬玺绶，即拜为中山孝王后，以苦陉县为汤沐邑。又赐帝舅卫宝、宝弟玄爵关内侯。赐帝三妹，谒臣号修义君，哉皮为承礼君，鬲子为尊德君，食邑各二千户。莽长子宇非莽隔绝卫氏，恐久后受祸，即私与卫宝通书记，教卫后上书谢恩，因陈丁、傅旧恶，几得至京师。莽白太皇太后诏有司曰：“中山孝王后深分明为人后之义，条陈故定陶傅太后、丁姬悖天逆理，上僭位号，徙定陶王于信都，为共王立庙于京师，如天子制，不畏天命，侮圣人言，坏乱法度，居非其制，称非其号。是以皇天震怒，火烧其殿，六年之间大命不遂，祸殃仍重，竟令孝哀帝受其余灾，大失天心，夭命暴崩，又令共王祭祀绝废，精魂无所依归。朕惟孝王后深说经义，明镜圣法，惧古人之祸败，近事之咎殃，畏天命，奉圣言，是乃久保一国，长获天禄，而令孝王永享无疆之祀，福祥之大者也。朕甚嘉之。夫褒义赏善，圣王之制，其以中山故安户七千益中山后汤沐邑，加赐及中山王黄金各百斤，增傅相以下秩。”

而赏赐关内侯爵位，史立升为中太仆。

哀帝驾崩后，大司徒孔光上奏说“张由先前诬告皇亲，史立陷害他人致死，让朝廷与天下结怨，以求加俸升官，获得爵位食邑，有幸蒙受赦令，请求把他们废为庶人，流放到合浦”。

中山王的卫姬，是平帝的母亲。她的父亲卫子豪，是中山卢奴人，官至卫尉。卫子豪的妹妹是宣帝的婕妤，生下楚孝王；他的大女儿又是元帝的婕妤，生下平阳公主。成帝时，中山孝王没有儿子，皇上认为卫氏女子非常吉祥，就将卫子豪的小女儿嫁给孝王。元延四年，卫姬生下平帝。

平帝两岁时，孝王去世，他继位为王。哀帝驾崩后，没有后代。太皇太后和新都侯王莽迎立中山王为帝。王莽想把持国政，鉴于先前丁氏、傅氏的教训，便让平帝作为成帝的后代，但他的母亲卫姬和外戚不能到京城。于是又立宗室桃乡侯的儿子刘成都为中山王，作为中山孝王的后代，派少傅左将军甄丰赐给卫姬玺绶，拜为中山孝王后，将苦陉县作为她的汤沐邑。又赐给平帝的舅舅卫宝、卫宝的弟弟卫玄关内侯爵位。赐封号给平帝的三个妹妹，谒臣称为修义君，哉皮称为承礼君，鬲子称为尊德君，食邑各有二千户。王莽的大儿子王宇对父亲隔绝卫氏表示反对，担心将来会遭受灾祸，就私下和卫宝互通书信，教卫后上书谢恩，顺便陈说丁氏、傅氏过去的罪过，希望可以到京城。王莽禀报太皇太后，下诏给官吏说：“中山孝王后深明为后之义，上奏陈说原定陶傅太后、丁姬违背天理，越位逾制，擅加尊号之罪，将定陶王迁到信都，又在京城为共王立庙，按照天子的制度，她们不顺应天命，违背圣人之言，败坏法度，地位与称号都逾越了制度。因此上天震怒，用火烧毁了她们的宫殿，六年之内天命不遂，灾祸频繁，最终令孝哀帝为其所害，失去天心，短命暴亡，又让共王的祭祀断绝，魂魄没有归宿。我希望孝王后深习经书义理，谨遵圣人之法，鉴于古人的祸乱，近世的灾祸，顺应天命，奉行圣人之言，才能长久地保全王国，获得天赐的福禄，让中山孝王永享无尽的祭祀，这就是最大的福德征兆。我对此非常赞许。褒扬仁义，奖

卫后日夜啼泣，思见帝，而但益户邑。宇复教令上书求至京师。会事发觉，莽杀宇，尽诛卫氏支属。卫宝女为中山王后，免后，徙合浦。唯卫后在，王莽篡国，废为家人，后岁余卒，葬孝王旁。

孝平王皇后，安汉公太傅大司马莽女也。平帝即位，年九岁，成帝母太皇太后称制，而莽秉政。莽欲依霍光故事，以女配帝，太后意不欲也。莽设变诈，令女必入，因以自重，事在《莽传》。太后不得已而许之，遣长乐少府夏侯藩、宗正刘宏、少府宗伯凤、尚书令平晏纳采，太师光、大司徒马宫、大司空甄丰、左将军孙建、执金吾尹赏、行太常事太中大夫刘歆及太卜、太史令以下四十九人赐皮弁素绩，以礼杂卜筮，太牢祠宗庙，待吉月日。明年春，遣大司徒宫、大司空丰、左将军建、右将军甄邯、光禄大夫歆奉乘舆法驾，迎皇后于安汉公第。宫、丰、歆授皇后玺绂，登车称警跸，便时上林延寿门，入未央宫前殿。群臣就位行礼，大赦天下。益封父安汉公地满百里，赐迎皇后及行礼者，自三公以下至驺宰执事长乐、未央宫、安汉公第者，皆增秩，赐金帛各有差。皇后立三月，以礼见高庙。尊父安汉公号曰宰衡，位在诸侯王上。赐公夫人号曰功显君，食邑。封公子安为褒新侯，临为赏都侯。

后立岁余，平帝崩。莽立孝宣帝玄孙婴为孺子，莽摄帝位，尊皇后为皇太后。三年，莽即真，以婴为定安公，改皇太后号为定安公太后。太后时年十八矣，为人婉瘱有节操。自刘氏废，常称疾不

赏良善，是圣王之制，现在将故安的七千户增加为中山孝王后的汤沐邑，中山孝王和王后每人加赐黄金一百斤，增加傅、相以下官吏的俸禄。”

卫后日夜啼哭，想要见到平帝，但只增加了食邑。王宇又教她上书请求来京城。恰逢洒狗血一事被发觉，王莽杀死王宇，将卫氏一族全都诛灭。卫宝的女儿是中山王后，被废后，流放到合浦。只有卫后留了下来，王莽篡国后，将她废为庶人，过了一年多去世，安葬在中山孝王的陵墓旁。

孝平王皇后，是安汉公太傅大司马王莽的女儿。平帝即位时，年仅九岁，由成帝的母亲太皇太后代行皇帝的权力，而王莽执政。王莽想要按照霍光的旧例，把女儿嫁给平帝为妻，但太后不想这么做。王莽就用欺诈的手段，让女儿进入宫中，借此使自己的地位更加尊贵，详见《王莽传》。太后不得已只能答应了，派长乐少府夏侯藩、宗正刘宏、少府宗伯凤、尚书令平晏送聘礼，又赏赐太师孔光、大司徒马宫、大司空甄丰、左将军孙建、执金吾尹赏、行太常事太中大夫刘歆以及太卜、太史令以下的官吏共四十九人皮弁冠和素裳，进行各种占卜，用太牢祭祀宗庙，等待吉祥的月份和日子。第二年（元始四年，4年）春季，派大司徒马宫、大司空甄丰、左将军孙建、右将军甄邯、光禄大夫刘歆带着车驾，去安汉公的府第迎娶皇后。马宫、甄丰、刘歆授予皇后玺绶，皇后登上车驾，沿途侍卫警戒，清道止行，在吉祥的时日经过上林苑的延寿门，进入未央宫前殿。群臣就位，行婚嫁之礼，宣布大赦天下平帝。加封皇后的父亲安汉公方圆百里的土地，赏赐迎娶皇后和行礼的人，从三公以下到长乐宫、未央宫和安汉公府第的驺、宰、执事，都增加俸禄，赏赐黄金和布帛，各有等级。皇后被立三个月后，按照礼法拜谒高庙。父亲安汉公加尊号为宰衡，地位在诸侯王之上。安汉公夫人赐号为功显君，并赏赐食邑。封安汉公的儿子王安为褒新侯，王临为赏都侯。

皇后在位一年多，平帝驾崩。王莽立孝宣皇帝的玄孙刘婴为太子，号为孺子，自己代理皇帝之位，尊皇后为皇太后。三年后，王莽正式即位，封刘婴为定安公，将皇太后改号为定安公太后。太后当时只

朝会。莽敬惮伤哀，欲嫁之，乃更号为黄皇室主，令立国将军成新公孙建世子襐饰将医往问疾。后大怒，笞鞭其旁侍御。因发病，不肯起，莽遂不复强也。及汉兵诛莽，燔烧未央宫，后曰："何面目以见汉家！"自投火中而死。

赞曰：《易》著吉凶而言谦盈之效，天地鬼神至于人道靡不同之。夫女宠之兴，繇至微而体至尊，穷富贵而不以功，此固道家所畏，祸福之宗也。序自汉兴，终于孝平，外戚后庭色宠著闻二十有余人，然其保位全家者，唯文、景、武帝太后及邛成后四人而已。至如史良娣、王悼后、许恭哀后身皆夭折不辜，而家依托旧恩，不敢纵恣，是以能全。其余大者夷灭，小者放流，乌呼！鉴兹行事，变亦备矣。

有十八岁，为人温顺娴静，有节操。自从刘氏被废，定安公太后常称病不去朝见。王莽对她敬畏怜悯，想让她改嫁，就改号为黄皇室主，命立国将军成新公孙建的世子盛装打扮，带着医生前往探病。太后大怒，鞭打身边的侍从。从此生病，不肯起来，王莽就不再勉强她了。等到汉军诛杀王莽，焚烧未央宫时，太后说：“我有何脸面去见汉家的人呢！”就跳进火中，自焚而死。

赞辞说：《易经》谈论吉凶时阐述了盈必招损，谦则受益的道理，天地鬼神以至于人无不如此。得到帝王宠爱的女子，地位可以由最低微升至最尊贵，没有功劳却获得富贵，这就是被道家畏惧的，灾祸的根源。从汉朝建立，直到孝平帝，后宫中因姿色得宠而闻名的外戚有二十多人，但能保全地位和全族的，只有文帝、景帝、武帝时的太后和邛成太后四个人。至于像史良娣、王悼后、许恭哀后等人，虽然自身都无辜遇害，但家族依托昔日的恩情，不敢肆意妄为，因此能够保全。其余的人重则灭族，轻则流放，唉！行事有鉴于此，也就可以应付各种事变了。

卷九十八

元后传第六十八

孝元皇后，王莽之姑也。莽自谓黄帝之后，其《自本》曰：黄帝姓姚氏，八世生虞舜。舜起妫汭，以妫为姓。至周武王封舜后妫满于陈，是为胡公，十三世生完。完字敬仲，犇齐，齐桓公以为卿，姓田氏。十一世，田和有齐国，二世称王，至王建为秦所灭。项羽起，封建孙安为济北王。至汉兴，安失国，齐人谓之“王家”，因以为氏。

文、景间，安孙遂字伯纪，处东平陵，生贺，字翁孺。为武帝绣衣御史，逐捕魏郡群盗坚卢等党与，及吏畏懦逗遛当坐者，翁孺皆纵不诛。它部御史暴胜之等奏杀二千石，诛千石以下，及通行饮食坐连及者，大部至斩万余人，语见《酷吏传》。翁孺以奉使不称免，叹曰：“吾闻活千人有封子孙，吾所活者万余人，后世其兴乎！”

翁孺既免，而与东平陵终氏为怨，乃徙魏郡元城委粟里，为三老，魏郡人德之。元城建公曰：“昔春秋沙麓崩，晋史卜之，曰：‘阴为阳雄，土火相乘，故有沙麓崩。后六百四十五年，宜有圣女兴。其齐田乎！’今王翁孺徙，正直其地，日月当之。元城郭东有五鹿之虚，即沙鹿地也。后八十年，当有贵女兴天下”云。

翁孺生禁，字稚君，少学法律长安，为廷尉史。本始三年，生女政君，即元后也。禁有大志，不修廉隅，好酒色，多取傍妻，凡有四女八男：长女君侠，次即元后政君，次君力，次君弟；长男凤孝

孝元皇后，是王莽的姑姑。王莽自称是黄帝的后嗣，他的《自本》说：黄帝姓姚，八世孙是虞舜。舜兴起于妫水隈曲之处，就将妫作为自己的姓。到周武王时，把舜的后嗣妫满封在陈地，就是胡公，十三世孙是陈完。陈完，字敬仲，逃到齐国，齐桓公让他做卿，姓田。到十一世时，田和占有了齐国，两世后称王，到齐王田建时，齐国被秦国灭掉。项羽起兵，封田建的孙子田安为济北王。到汉朝建立，田安失去封国，齐人称其为“王家”，田安就将王作为自己的姓。

文帝、景帝年间，王安的孙子王遂，字伯纪，住在东平陵，生了儿子王贺，字翁孺。翁孺是武帝的绣衣御史，他曾经追捕魏郡盗贼坚卢等人的同党，以及胆怯软弱，停留不前，应当获罪的官吏，翁孺都放了他们，没有处死。其他的御史像暴胜之等人则上奏请示诛杀二千石官吏，一千石以下的官吏，以及那些因来往而牵连涉及的人则不必奏请就可诛杀，重则甚至会杀掉一万多人，详见《酷吏传》。翁孺因奉命出使不称职而被免官，就感叹说：“我听说救活一千人，子孙就会被封赏，我救活了一万多人，后代就要兴盛了吧！”

翁孺被免职后，和东平陵的终氏结仇，就迁到魏郡元城县的委粟里，做了三老，魏郡人都感激他。元城建公说：“从前春秋时沙麓崩塌，晋国太史占卜后，说：‘阴为阳雄，土火相乘，所以沙麓崩塌。六百四十五年后，会有圣德的女子出现。大概是齐国的田氏一族吧！’现在王翁孺迁徙，正好到此地，时间也符合卜辞。元城以东有五鹿的废墟，就是沙鹿原址。八十年后，王氏会有尊贵的女子让天下兴盛”。

王翁孺生了王禁，字稚君，年少时在长安学习法律，后来做了廷尉史。本始三年（前71），生下女儿政君，就是元后。王禁胸怀大志，不求端方，喜好酒色，纳了很多妾，共有四个女儿八个儿子：大女儿君

卿，次曼元卿，谭子元，崇少子，商子夏，立子叔，根稚卿，逢时季卿。唯凤、崇与元后政君同母。母，適妻，魏郡李氏女也。后以妒去，更嫁为河内苟宾妻。

初，李亲任政君在身，梦月入其怀。及壮大，婉顺得妇人道。尝许嫁未行，所许者死。后东平王聘政君为姬，未入，王薨。禁独怪之，使卜数者相政君，“当大贵，不可言”。禁心以为然，乃教书，学鼓琴。五凤中，献政君，年十八矣，入掖庭为家人子。

岁余，会皇太子所爱幸司马良娣病，且死，谓太子曰：“妾死非天命，乃诸娣妾良人更祝诅杀我。”太子怜之，且以为然。及司马良娣死，太子悲恚发病，忽忽不乐，因以过怒诸娣妾，莫得进见者。久之，宣帝闻太子恨过诸娣妾，欲顺适其意，乃令皇后择后宫家人子可以虞侍太子者，政君与在其中。及太子朝，皇后乃见政君等五人，微令旁长御问知太子所欲。太子殊无意于五人者，不得已于皇后，强应曰：“此中一人可。”是时政君坐近太子，又独衣绛缘诸于，长御即以为是。皇后使侍中杜辅、掖庭令浊贤交送政君太子宫，见丙殿。得御幸，有身。先是者，太子后宫娣妾以十数，御幸久者七八年，莫有子，及王妃壹幸而有身。甘露三年，生成帝于甲馆画堂，为世適皇孙。宣帝爱之，自名曰骜，字太孙，常置左右。

后三年，宣帝崩，太子即位，是为孝元帝。立太孙为太子，以母王妃为倢伃，封父禁为阳平侯。后三日，倢伃立为皇后，禁位特进，禁弟弘至长乐卫尉。永光二年，禁薨，谥曰顷侯。长子凤嗣侯，为卫尉侍中。皇后自有子后，希复进见。太子壮大，宽博恭慎，语在《成

侠，二女儿就是元后政君，三女儿君力，小女儿君弟；大儿子王凤，字孝卿，二儿子王曼，字元卿，还有王谭，字子元，王崇，字少子，王商，字子夏，王立，字子叔，王根，字稚卿，王逢时，字季卿。只有王凤、王崇和元后政君是一母所生。他们的母亲是正妻，魏郡李氏的女儿。后来因为妒忌被休，改嫁给河内苟宾为妻。

起初，李氏怀着政君时，梦见月亮扑入怀中。政君长大后，柔和温顺，谨守妇道。曾经王氏将她许配给别人，还没出嫁，对方就死了。后来东平王聘政君为姬妾，还没入宫，东平王也去世了。王禁感到奇怪，就请术士为政君看相，术士说她“贵不可言”。王禁心中也认为如此，就教女儿读书，学习弹琴。五凤年间，王禁送政君进宫，当时她十八岁，在掖庭做家人子。

过了一年多，恰逢皇太子宠爱的司马良娣生病，快死时，她对太子说：“我死不是因为天意，而是诸位姬妾用祝诅之术害我。”太子怜悯她，也认为如此。司马良娣死后，太子心中悲愤生了场病，闷闷不乐，就将怒气撒到诸位姬妾身上，没有人得以进见。很久以后，宣帝听说太子痛恨诸位姬妾，想顺从他的意思，就让皇后在后宫挑选可以侍奉太子，使其快乐的家人子，政君就在其中。等到太子朝见时，皇后将政君等五人叫出来，暗中让身边的长御问太子喜欢哪个。太子本来无意于这五人，不得已应付皇后，就勉强答道：“其中一人还可以。”当时政君靠近太子坐着，只有她穿着红色的宽大上衣，长御就以为是她。皇后派侍中杜辅、掖庭令浊贤把政君送入太子宫中，太子在丙殿召见了她。得到临幸，就怀孕了。此前，太子后宫中有十多位姬妾，长久临幸的有七八年，却没有儿子，而王妃临幸了一次就怀孕了。甘露三年（前51），政君在甲馆画堂生下成帝，是当世的嫡皇孙。宣帝很喜欢他，亲自取名为骜，字太孙，经常把他带在身边。

三年后，宣帝驾崩，太子即位，就是孝元帝。元帝立太孙为太子，封太子的母亲王妃为婕妤，封王婕妤的父亲王禁为阳平侯。三天后，立王婕妤为皇后，赐予王禁特进之位，王禁的弟弟王弘官至长乐卫尉。永光二年（前42），王禁去世，谥号为顷侯。长子王凤承袭侯位，做了卫尉侍中。皇后自从生了儿子后，很少再得到元帝召见。太子长

纪》。其后幸酒，乐燕乐，元帝不以为能。而傅昭仪有宠于上，生定陶共王。王多材艺，上甚爱之，坐则侧席，行则同辇，常有意欲废太子而立共王。时凤在位，与皇后、太子同心忧惧，赖侍中史丹拥右太子，语在《丹传》。上亦以皇后素谨慎，而太子先帝所常留意，故得不废。

元帝崩，太子立，是为孝成帝。尊皇后为皇太后，以凤为大司马大将军领尚书事，益封五千户。王氏之兴自凤始。又封太后同母弟崇为安成侯，食邑万户。凤庶弟谭等皆赐爵关内侯，食邑。

其夏，黄雾四塞终日。天子以问谏大夫杨兴、博士驷胜等，对皆以为“阴盛侵阳之气也。高祖之约也，非功臣不侯，今太后诸弟皆以无功为侯，非高祖之约，外戚未曾有也，故天为见异”。言事者多以为然。凤于是惧，上书辞谢曰：“陛下即位，思慕谅暗，故诏臣凤典领尚书事，上无以明圣德，下无以益政治。今有茀星天地赤黄之异，咎在臣凤，当伏显戮，以谢天下。今谅暗已毕，大义皆举，宜躬亲万机，以承天心。”因乞骸骨辞职。上报曰：“朕承先帝圣绪，涉道未深，不明事情，是以阴阳错缪，日月无光，赤黄之气，充塞天下。咎在朕躬，今大将军乃引过自予，欲上尚书事，归大将军印绶，罢大司马官，是明朕之不德也。朕委将军以事，诚欲庶几有成，显先祖之功德。将军其专心固意，辅朕之不逮，毋有所疑。”

后五年，诸吏散骑安成侯崇薨，谥曰共侯。有遗腹子奉世嗣侯，太后甚哀之。明年，河平二年，上悉封舅谭为平阿侯，商成都侯，立红阳侯，根曲阳侯，逢时高平侯。五人同日封，故世谓之“五侯”。太后同产唯曼蚤卒，余毕侯矣。太后母李亲，苟氏妻，生一男

大后，心胸开阔，谦恭谨慎，详见《成帝纪》。后来太子变得好酒，喜欢宴饮，元帝认为他没有才能。而傅昭仪受到元帝宠爱，生下定陶共王。共王多才多艺，元帝十分喜欢他，吃饭时让他在身边坐着，出行时又让他和自己同车，经常想废掉太子改立共王。当时王凤在朝为官，和皇后、太子一起担忧此事，仰赖侍中史丹拥戴太子，详见《史丹传》。元帝也认为皇后素来谨慎，而太子又被先帝器重，所以没有将他废掉。

元帝驾崩，太子即位，就是孝成帝。尊皇后为皇太后，让王凤担任大司马大将军领尚书事，加封食邑五千户。王氏的兴盛从王凤开始。成帝又封太后的同母弟弟王崇为安成侯，食邑一万户。王凤的庶弟王谭等人都赐关内侯爵位，封赏食邑。

这年（竟宁元年，前33年）夏季，终日黄雾满天。成帝向谏大夫杨兴、博士驷胜等人询问，他们都认为是“阴气太盛侵害阳气。高祖当年订立盟约，不是功臣不能封侯，现在太后的弟弟们都没有功劳却封为侯，违背了高祖的约定，外戚从未有过这种情况，所以上天就降下异象”。很多进谏的人都认为如此。王凤于是害怕，上书辞官说：“陛下即位，专心守丧，就让我领尚书事，我对上不能彰显帝德，对下无益于政治。现在天地出现了彗星和黄雾，罪责在我，当被处死，以谢天下。现在陛下已守完孝，深明大义，应亲自处理政事，顺应天意。”王凤就请求辞官回家。成帝回复说：“朕继承先帝基业，涉世不深，不明事理，因此阴阳错乱，日月无光，黄色雾气，充满天下。罪责在我，现在大将军自己承认过失，想要交付尚书事，归还大将军的印绶，辞去大司马一职，这显示出我缺乏德行。朕将政事委托给将军，确实希望有所成就，彰显先祖的功德。请将军安下心来，一心一意，辅佐我的不足之处，不要有所怀疑。”

过了五年，诸吏散骑安成侯王崇去世，谥号为共侯。王崇有个遗腹子叫王奉世，承袭侯位，太后十分悲痛。第二年，即河平二年（前27），成帝把舅舅们都封为侯，王谭为平阿侯，王商为成都侯，王立为红阳侯，王根为曲阳侯，王逢时为高平侯。五人在同一天受封，所以世人称为“五侯”。太后的同父兄弟只有王曼早亡，其余的都封了

名参，寡居。顷侯禁在时，太后令禁还李亲。太后怜参，欲以田蚡为比而封之。上曰："封田氏，非正也。"以参为侍中水衡都尉。王氏子弟皆卿大夫侍中诸曹，分据势官满朝廷。

大将军凤用事，上遂谦让无所颛。左右常荐光禄大夫刘向少子歆通达有异材。上召见歆，诵读诗赋，甚说之，欲以为中常侍，召取衣冠。临当拜，左右皆曰："未晓大将军。"上曰："此小事，何须关大将军？"左右叩头争之。上于是语凤，凤以为不可，乃止。其见惮如此。

上即位数年，无继嗣，体常不平。定陶共王来朝，太后与上承先帝意，遇共王甚厚，赏赐十倍于它王，不以往事为纤介。共王之来朝也，天子留，不遣归国。上谓共王："我未有子，人命不讳，一朝有它，且不复相见。尔长留侍我矣！"其后天子疾益有瘳，共王因留国邸，旦夕侍上，上甚亲重。大将军凤心不便共王在京师，会日蚀，凤因言"日蚀阴盛之象，为非常异。定陶王虽亲，于礼当奉藩在国。今留侍京师，诡正非常，故天见戒。宜遣王之国。"上不得已于凤而许之。共王辞去，上与相对涕泣而决。

京兆尹王章素刚直敢言，以为凤建遣共王之国非是，乃奏封事言日蚀之咎矣。天子召见章，延问以事，章对曰："天道聪明，佑善而灾恶，以瑞异为符效。今陛下以未有继嗣，引近定陶王，所以承宗庙，重社稷，上顺天心，下安百姓。此正义善事，当有祥瑞，何故致灾异？灾异之发，为大臣颛政者也。今闻大将军猥归日蚀之咎

侯。太后的母亲李亲，是苟氏的妻子，生了一个儿子叫苟参，李亲寡居在家。顷侯王禁在世时，太后让王禁接回李亲。太后怜悯苟参，想按照田蚡的旧例对他进行封赏。成帝说："从前封赏田氏，不符合礼制。"就任命苟参为侍中水衡都尉。王氏一族的子弟都做了各部门的卿、大夫、侍中，分别占据权势，官员遍布朝廷。

大将军王凤执政，成帝就凡事谦让，不敢擅自决断。身边近臣经常推荐光禄大夫刘向的小儿子刘歆，说他明白事理，才能出众。成帝召见刘歆，让他诵读诗赋，他倒背如流，成帝十分高兴，想让他担任中常侍，就命人取来衣冠。将要授予官职的时候，侍从都说："没有告诉大将军，不知道他是否同意。"成帝说："这种小事，还需要告诉大将军吗？"侍从叩头极力规劝。成帝于是告诉了王凤，王凤认为不可以，成帝只能作罢。成帝忌惮王凤到如此地步。

成帝即位数年，没有儿子，身体又经常不适。定陶共王前来朝见，太后和成帝禀承先帝的旨意，对共王厚加礼遇，赏赐的东西十倍于其他诸侯王，不因先帝想立共王为太子而心怀芥蒂。共王来朝后，成帝将他留在京城，不让他回封国。成帝对共王说："我没有儿子，人命无常，无可讳言，一旦有了变故，我们将不再相见。你就长留京城陪在我身边吧！"此后，成帝病情加重，共王就留在京城的住所，日夜侍奉成帝，成帝对他十分亲近器重。大将军王凤觉得共王留在京城对自己不利，当时正好发生了日食，王凤就说"日食是阴气太盛所致，非同寻常的异象。定陶王虽是至亲，按照礼法还是应当奉守藩国。现在留在京城侍奉陛下，违背正道，破坏常规，所以上天降下灾异予以警戒。应当让定陶王回到自己的封国。"成帝不得已只好同意了王凤的建议。共王辞行时，两人相对泪别。

京兆尹王章一向刚直敢言，他认为王凤建议让共王回封国是不对的，就密奏成帝说日食的发生应归罪于其他方面。成帝召见王章，询问此事，王章回答说："上天圣明，保佑良善，惩治邪恶，以祥瑞和异象作为效验。现在陛下因没有后代，亲近定陶王，用来承继宗庙，以社稷为重，对上顺应天意，对下安抚百姓。这是正义的好事，应当有祥瑞降临，为何会导致灾异？灾异的发生，是因为大臣独揽大权。

于定陶王，建遣之国，苟欲使天子孤立于上，颛擅朝事以便其私，非忠臣也。且日蚀，阴侵阳，臣颛君之咎，今政事大小皆自凤出，天子曾不壹举手，凤不内省责，反归咎善人，推远定陶王。且凤诬罔不忠，非一事也。前丞相乐昌侯商本以先帝外属，内行笃，有威重，位历将相，国家柱石臣也，其人守正，不肯诎节随凤委曲，卒用闺门之事为凤所罢，身以忧死，众庶愍之。又凤知其小妇弟张美人已尝适人，于礼不宜配御至尊，托以为宜子，内之后宫，苟以私其妻弟。闻张美人未尝任身就馆也。且羌胡尚杀首子以荡肠正世，况于天子而近已出之女也！此三者皆大事，陛下所自见，足以知其余，及它所不见者。凤不可令久典事，宜退使就第，选忠贤以代之。”

自凤之白罢商后遣定陶王也，上不能平。及闻章言，天子感寤，纳之，谓章曰：“微京兆尹直言，吾不闻社稷计！且唯贤知贤，君试为朕求可以自辅者。”于是章奏封事，荐中山孝王舅琅邪太守冯野王“先帝时历二卿，忠信质直，知谋有余。野王以王舅出，以贤复入，明圣主乐进贤也”。上自为太子时数闻野王先帝名卿，声誉出凤远甚，方倚欲以代凤。

初，章每召见，上辄辟左右。时太后从弟长乐卫尉弘子侍中音独侧听，具知章言，以语凤。凤闻之，称病出就第，上疏乞骸骨，谢上曰：“臣材驽愚戆，得以外属兄弟七人封为列侯，宗族蒙恩，赏赐无量。辅政出入七年，国家委任臣凤，所言辄听，荐士常用。无一功善，阴阳不调，灾异数见，咎在臣凤奉职无状，此臣一当退也。《五

现在听说大将军将日食的发生归罪于定陶王身上，建议让他返回封国，这是想使陛下孤立在上，自己独揽朝政来满足私欲，这不是忠臣的所作所为。况且日食的出现，是阴气侵害阳气，臣子专固君宠而擅权造成的，现在国家政事无论大小都由王凤决断，陛下不能有所作为，王凤不反省自己的过失，反而归罪于好人，推到定陶王身上。况且王凤诬陷他人，心怀不忠，不只是这一件事。前丞相乐昌侯王商本是先帝的外戚，品行忠厚，素有威望，位列将相，是国家重臣，为人恪守正道，不肯放弃节操逢迎王凤，却最终因闺门之事被王凤罢免，忧惧而死，百姓都非常同情他。而且王凤知道自己姬妾的妹妹张美人曾经嫁过人，按照礼法不应再做天子的嫔妃，王凤却借口她宜于生养，将她送入后宫，想为自己姬妾的妹妹谋求私利。听说张美人不曾怀孕去侧室生产。羌胡尚且要杀掉第一个孩子来保证后代血统纯正，何况天子怎能亲近已嫁过的女子！这三件都是大事，陛下自己所见，足以知道其余的事，以及另外那些看不见的事。不能让王凤长久掌权，应当让他免职回家，选择忠诚贤明的大臣来取代他。”

自从王凤建议罢免王商后来又让定陶王回封国，成帝心中十分不满。听了王章的话后，成帝有所感悟，就采纳了王章的意见，对王章说：“如果没有京兆尹的直言，我都不知道这样的治国之策！况且只有贤者才能了解贤者，你试着为我找一些可以辅佐朝政的人。”于是王章密奏成帝，推荐中山孝王的舅舅琅琊太守冯野王说他“先帝时位列二卿，忠诚正直，颇有智谋。冯野王以孝王舅舅的身份出任外官，又因贤明再被召回，正可以彰显明君喜欢委任贤者”。成帝做太子时，就多次听说冯野王是先帝时的名臣，声望远超王凤，就想让他取代王凤。

起初，王章每次被召见时，成帝就屏退左右。当时太后的堂弟长乐卫尉王弘的儿子侍中王音却在旁边偷听了他们的谈话，知道了王章的全部计谋，就告诉了王凤。王凤听完，就称病出宫，返回府第，上疏请求辞官回家，向成帝谢罪说：“我为人愚笨戆直，能够以外戚身份兄弟七人封为列侯，宗族蒙受皇恩，获得无数赏赐。前后辅政七年，国家委任于我，有人进言我就采纳，推荐贤士我经常任用。但没

经》传记，师所诵说，咸以日蚀之咎在于大臣非其人，《易》曰‘折其右肱’，此臣二当退也。河平以来，臣久病连年，数出在外，旷职素餐，此臣三当退也。陛下以皇太后故不忍诛废，臣犹自知当远流放，又重自念，兄弟宗族所蒙不测，当杀身靡骨死辇毂下，不当以无益之故有离寝门之心。诚岁余以来，所苦加侵，日日益甚，不胜大愿，愿乞骸骨，归自治养，冀赖陛下神灵，未埋发齿，期月之间，幸得瘳愈，复望帷幄，不然，必寘沟壑。臣以非材见私，天下知臣受恩深也；以病得全骸骨归，天下知臣被恩见哀，重巍巍也。进退于国为厚，万无纤介之议。唯陛下哀怜！”其辞指甚哀，太后闻之为垂涕，不御食。

上少而亲倚凤，弗忍废，乃报凤曰：“朕秉事不明，政事多阙，故天变娄臻，咸在朕躬。将军乃深引过自予，欲乞骸骨而退，则朕将何向焉！《书》不云乎？‘公毋困我。’务专精神，安心自持，期于亟瘳，称朕意焉。”于是凤起视事。上使尚书劾奏章“知野王前以王舅出补吏，而私荐之，欲令在朝阿附诸侯；又知张美人体御至尊，而妄称引羌胡杀子荡肠，非所宜言”。遂下章吏。廷尉致其大逆罪，以为“比上夷狄，欲绝继嗣之端；背畔天子，私为定陶王”。章死狱中，妻子徙合浦。

自是公卿见凤，侧目而视，郡国守相刺史皆出其门。又以侍中太仆音为御史大夫，列于三公。而五侯群弟，争为奢侈，赂遗珍宝，四面而至；后庭姬妾，各数十人，僮奴以千百数，罗钟磬，舞郑女，

有一件事能做好，导致阴阳不调，灾异多次出现，罪责就在于我奉行职事没有功绩，这是我应当引退的原因之一。《五经》记载，经师诵说，都将日食的发生归罪于大臣任用的不适当上，《易经》说‘折断了右臂’，这是我应当引退的原因之二。河平年间以来，我连年生病，多次出宫在外，旷废职守，空享俸禄，这是我应当引退的原因之三。陛下因为皇太后的关系，不忍心将我诛杀贬斥，我也自知应当流放远方，只是心中又想，我的兄弟宗族蒙受的皇恩无法计算，应当舍弃生命，粉身碎骨，死在京城，不能因为没有用处就有离开宫门的心思。这一年多以来，确实深受其苦，病情日益严重，不能承受宏大的愿望，只求可以辞官回家，自行养病，希望仰赖陛下的神明，有幸不死，一月之间，得以痊愈，再见到陛下，不然，一定深埋地下。我没有才能却得到陛下偏爱，天下都知道我蒙受了深厚的皇恩；我因病辞官回家，天下都知道我受到陛下同情而降下皇恩，彰显了崇高的圣德。我引退对国家大有益处，绝对不会引起什么议论。希望陛下怜悯我！”王凤的文辞意旨十分悲痛，太后听说后为他落泪，不肯吃饭。

成帝从小就亲信倚重王凤，不忍心将他免职，就回复王凤说：“我执事不明，政事上面多有缺失，所以上天多次降下灾异，责任都在于我。将军却自己承认过失，想要辞官回家，那么我将如何呢！《尚书》不是说过吗？‘您不要离去，让我陷入困境。’一定要提起精神，安下心来，自我克制，希望疾病可以很快痊愈，我也就满意了。”于是王凤又出来执政。成帝派尚书弹劾王章，尚书上奏说“王章知道冯野王从前以孝王舅舅的身份出任官职，却私下举荐他，是想让在朝为官之人依附诸侯王；又知道张美人侍奉皇上，却胡乱援引羌胡杀掉第一个孩子来保证后代血统纯正的事，这不是臣子应当说的话”。就把王章交由官吏审问。廷尉给王章定了大逆不道的罪名，认为他“把皇上同夷狄相比，是想断绝皇上的后嗣；背叛皇上，暗中为定陶王谋划”。王章死在狱中，妻儿被流放到合浦。

从此公卿见到王凤，都侧目而视，郡国的守相刺史都出自他的门下。成帝又任命侍中太仆王音为御史大夫，位列三公。而王氏受封为侯的五个弟弟，生活上争相奢侈，受贿的珍宝，从四面而至，后庭

作倡优，狗马驰逐；大治第室，起土山渐台，洞门高廊阁道，连属弥望。百姓歌之曰："五侯初起，曲阳最怒，坏决高都，连竞外杜，土山渐台西白虎。"其奢僭如此。然皆通敏人事，好士养贤，倾财施予，以相高尚。

凤辅政凡十一岁。阳朔三年秋，凤疾，天子数自临问，亲执其手，涕泣曰："将军病，如有不可言，平阿侯谭次将军矣。"凤顿首泣曰："谭等虽与臣至亲，行皆奢僭，无以率导百姓，不如御史大夫音谨敕，臣敢以死保之。"及凤且死，上疏谢上，复固荐音自代，言谭等五人必不可用。天子然之。

初，谭倨，不肯事凤，而音敬凤，卑恭如子，故荐之。凤薨，天子临吊赠宠，送以轻车介士，军陈自长安至渭陵，谥曰敬成侯。子襄嗣侯，为卫尉。御史大夫音竟代凤为大司马车骑将军，而平阿侯谭位特进，领城门兵。谷永说谭，令让不受城门职，由是与音不平，语在《永传》。

音既以从舅越亲用事，小心亲职，岁余，上下诏曰："车骑将军音宿卫忠正，勤劳国家，前为御史大夫，以外亲宜典兵马，入为将军，不获宰相之封，朕甚慊焉！其封音为安阳侯，食邑与五侯等，俱三千户。"

初，成都侯商尝病，欲避暑，从上借明光宫。后又穿长安城，引内沣水注第中大陂以行船，立羽盖，张周帷，辑濯越歌。上幸商第，见穿城引水，意恨，内衔之，未言。后微行出，过曲阳侯第，又见园中土山渐台似类白虎殿。于是上怒，以让车骑将军音。商、根

的姬妾，各有数十人，奴仆成百上千，敲击钟磬，美女起舞，倡优表演，狗马追逐；大修宅邸，建造土山渐台，洞门高廊阁道，连绵不绝，一望无际。百姓歌唱道："五侯刚发迹时，曲阳侯王根最强，引高都水入长安，又与下杜城相连，土山渐台高耸，就像白虎殿一样。"他们奢侈逾礼到如此地步。但他们都通达人情，明白事理，喜欢蓄养贤士，倾其钱财，给予他人，显示自己的高尚。

王凤辅政共十一年。阳朔三年（前22）秋季，王凤病重，成帝多次亲自前往探望，拉着他的手，哭着说："将军病重，如果去世，按顺序应让平阿侯王谭取代将军。"王凤哭着叩头说："王谭等人虽然与我是至亲，行事却奢侈逾礼，不能作为百姓的表率，不如御史大夫王音谨慎自饬，我敢以死保荐。"等到王凤快死时，上疏告诉成帝，还是坚持举荐王音取代自己，说王谭等五人一定不能重用。成帝答应了。

起初，王谭傲慢，不肯侍奉王凤，而王音尊敬王凤，谦卑如子，所以王凤推举了他。王凤死后，成帝亲自吊唁并赠送财物，送给王家轻车武士，送葬的队伍从长安排到渭陵，谥号为敬成侯。王凤的儿子王襄承袭侯位，担任卫尉。御史大夫王音最终取代王凤做了大司马车骑将军，而平阿侯王谭被赐特进之位，掌管京师城门屯兵。谷永劝说王谭，让他不要接受这一职务，从此王谭对王音不满，详见《谷永传》。

王音以堂舅身份越过成帝的至亲执政后，小心谨慎，亲自处理政事，一年多后，成帝下诏说："车骑将军王音在宫中任职，忠诚正直，操劳国事，从前担任御史大夫，作为外戚应掌管军队，又担任将军，但没有得到宰相的封赏，我十分遗憾！现在下令封王音为安阳侯，食邑和五侯一样，都是三千户。"

起初，成都侯王商曾经生病，想去避暑，就向成帝借用明光宫。后来又穿过长安城，将沣水引进府第中注入大池用来行船，树起羽盖，张设帷帐，让划船的人唱起越歌。成帝驾临王商的府第，看见他穿城引水，十分生气，怀恨在心，但没说话。后来他微服出行，路过曲阳侯王根的府第，又看见园中的土山渐台类似白虎殿。于是成帝发

兄弟欲自黥劓谢太后。上闻之大怒，乃使尚书责问司隶校尉、京兆尹“知成都侯商擅穿帝城，决引沣水，曲阳侯根骄奢僭上，赤墀青琐，红阳侯立父子臧匿奸猾亡命，宾客为群盗，司隶、京兆皆阿纵不举奏正法。”二人顿首省户下。又赐车骑将军音策书曰：“外家何甘乐祸败，而欲自黥劓，相戮辱于太后前，伤慈母之心，以危乱国！外家宗族强，上一身寖弱日久，今将一施之。君其召诸侯，令待府舍。”是日，诏尚书奏文帝时诛将军薄昭故事。车骑将军音藉槁请罪，商、立、根皆负斧质谢。上不忍诛，然后得已。

久之，平阿侯谭薨，谥曰安侯，子仁嗣侯。太后怜弟曼蚤死，独不封，曼寡妇渠供养东宫，子莽幼孤不及等比，常以为语。平阿侯谭、成都侯商及在位多称莽者。久之，上复下诏追封曼为新都哀侯，而子莽嗣爵为新都侯。后又封太后姊子淳于长为定陵侯。王氏亲属，侯者凡十人。

上悔废平阿侯谭不辅政而薨也，乃复进成都侯商以特进，领城门兵，置幕府，得举吏如将军。杜邺说车骑将军音令亲附商，语在《邺传》。王氏爵位日盛，唯音为修整，数谏正，有忠节，辅政八年，薨。吊赠如大将军，谥曰敬侯。子舜嗣侯，为太仆侍中。特进成都侯商代音为大司马卫将军，而红阳侯立位特进，领城门兵。商辅政四岁，病乞骸骨，天子闵之，更以为大将军，益封二千户，赐钱百万。商薨，吊赠如大将军故事，谥曰景成侯，子况嗣侯。红阳侯立次当辅政，有罪过，语在《孙宝传》。上乃废立而用光禄勋曲阳侯根为大司马票骑将军，岁余益封千七百户。高平侯逢时无材能名称，是岁

怒，责备车骑将军王音。王商、王根兄弟想在自己的脸上刺字、割掉鼻子向太后谢罪。成帝听说后勃然大怒，就派尚书责问司隶校尉、京兆尹“明知成都侯王商擅自穿过京城，引入沣水，曲阳侯王根骄横奢侈，逾越帝王礼制，将府第的台阶漆成红色，门窗上镂刻着青色连环花纹，红阳侯王立父子藏匿奸猾亡命之人，宾客是盗贼，司隶、京兆尹都庇护纵容，不肯上奏检举，依法惩治。”司隶校尉、京兆尹在尚书省叩头谢罪。又赐策书给车骑将军王音说：“外戚哪会甘心败落，而想自施黥刑劓刑，在太后面前受刑被辱，伤害慈母之心，祸乱国家！外戚宗族强盛，长久以来我的权力日渐被削弱，现在要施加刑罚了。你把诸侯召来，让他们在你家待命。”这天，成帝又诏令尚书上奏文帝时杀掉将军薄昭的旧事。车骑将军王音坐在草垫上，请求治罪，王商、王立、王根都背着斧质来谢罪。成帝不忍心杀掉他们，就此作罢。

很久以后，平阿侯王谭去世，谥号为安侯，儿子王仁继位为侯。太后怜悯弟弟王曼早死，只有他没能封侯，王曼的寡妻渠又侍奉自己，儿子王莽自幼丧父，不能同别人相比，就经常在成帝面前说起他。平阿侯王谭、成都侯王商和很多官员都称赞王莽。过了一段时间，成帝又下诏追封王曼为新都哀侯，他的儿子王莽承袭爵位为新都侯。后来成帝又封太后姐姐的儿子淳于长为定陵侯。王氏亲属中，封侯的共有十人。

成帝后悔罢免平阿侯王谭，他没能辅佐朝政就去世了，就又赐予成都侯王商特进之位，掌管京师城门屯兵，设置幕府，像将军那样推荐官吏。杜邺劝说车骑将军王音亲近依附王商，详见《杜邺传》。王氏一族的爵位越来越高，只有王音遵循法度，多次上书成帝直言相劝，有忠贞的节操，辅佐朝政八年，去世。成帝按大将军王凤的礼制亲自吊唁并赠送财物，谥号为敬侯。王音的儿子王舜承袭侯位，做了太仆侍中。特进成都侯王商取代王音做了大司马卫将军，成帝又赐予红阳侯王立特进之位，掌管京师城门屯兵。王商辅佐朝政四年，因年老病重请求辞官，成帝怜悯他，加封为大将军，增加食邑二千户，赐钱一百万。王商去世，成帝按大将军的旧制亲自吊唁并赠送财物，谥

薨，谥曰戴侯，子买之嗣侯。

绥和元年，上即位二十余年无继嗣，而定陶共王已薨，子嗣立为王。王祖母定陶傅太后重赂遗票骑将军根，为王求汉嗣，根为言，上亦欲立之，遂征定陶王为太子。时根辅政五岁矣，乞骸骨，上乃益封根五千户，赐安车驷马，黄金五百斤，罢就第。

先是定陵侯淳于长以外属能谋议，为卫尉侍中，在辅政之次。是岁，新都侯莽告长伏罪与红阳侯立相连，长下狱死，立就国，语在《长传》。故曲阳侯根荐莽以自代，上亦以为莽有忠直节，遂擢莽从侍中骑都尉光禄大夫为大司马。

岁余，成帝崩，哀帝即位。太后诏莽就第，避帝外家。哀帝初优莽，不听。莽上书固乞骸骨而退。上乃下诏曰："曲阳侯根前在位，建社稷策。侍中太仆安阳侯舜往时护太子家，导朕，忠诚专壹，有旧恩。新都侯莽忧劳国家，执义坚固，庶几与为治，太后诏休就第，朕甚闵焉。其益封根二千户，舜五百户，莽三百五十户。以莽为特进，朝朔望。"又还红阳侯立京师。哀帝少而闻知王氏骄盛，心不能善，以初立，故优之。

后月余，司隶校尉解光奏："曲阳侯根宗重身尊，三世据权，五将秉政，天下辐凑自效。根行贪邪，臧累巨万，纵横恣意，大治室第，第中起土山，立两市，殿上赤墀，户青琐；游观射猎，使奴从者被甲持弓弩，陈为步兵；止宿离宫，水衡共张，发民治道，百姓苦

号为景成侯，王商的儿子王况承袭侯位。红阳侯王立按照顺序应当辅佐朝政，但因有罪作罢，详见《孙宝传》。成帝就罢免王立，任用光禄勋曲阳侯王根为大司马骠骑将军，一年多后又加封食邑一千七百户。高平侯王逢时没有才能声名，这年（元延四年，前9年）去世，谥号为戴侯，儿子王买之承袭侯位。

绥和元年（前8），成帝即位二十多年还是没有后代，而定陶共王已经去世，儿子继位为王。定陶王的祖母定陶傅太后用丰厚财物贿赂骠骑将军王根，想把定陶王立为太子，王根就为其说话，成帝也想立定陶王，于是征召他进京立为太子。当时王根辅政已有五年，请求辞官，成帝就给王根加封食邑五千户，赏赐安车驷马，黄金五百斤，免职回家。

此前，定陵侯淳于长因是外戚能出谋划策，做了卫尉侍中，居于辅政之位。这年，新都侯王莽告发淳于长以往和红阳侯王立勾结的罪行，淳于长被关入监牢并死在狱中，王立回到封国，详见《淳于长传》。所以曲阳侯王根举荐王莽取代自己，成帝也认为王莽有忠诚正直的节操，就将王莽从侍中骑都尉光禄大夫提拔为大司马。

一年多后，成帝驾崩，哀帝即位。太后下诏让王莽免职回家，避开哀帝的外戚。哀帝最初优待王莽，没有同意。王莽上书坚持要辞官回家。哀帝就下诏说："曲阳侯王根在位时，曾建议治国之策。侍中太仆安阳侯王舜从前照顾太子家，开导我，忠诚专一，对我有旧恩。新都侯王莽操劳国事，坚持正义，希望能辅佐我成就治世，太后下诏让他免职回家，我十分惋惜。现在加封王根二千户食邑，王舜五百户，王莽三百五十户。赐予王莽特进之位，朔望日进宫朝见。"又将红阳侯王立召回京城。哀帝年少时听说过王氏一族的骄横跋扈，心中不高兴，因为刚继位，所以优待他们。

一个月后，司隶校尉解光上奏说："曲阳侯王根宗族势力强大，身份尊贵，三代大权在握，五位将军把持朝政，天下都趋炎附势献媚讨好。王根贪婪奸邪，敛财无数，肆意妄为，大修府第，府中建造土山，设立两处市集，殿前台阶漆成红色，门窗上镂刻着青色连环花纹；游玩打猎时，让身边的奴仆身披铠甲，手拿弓弩，排成步兵；他住

其役。内怀奸邪，欲筦朝政，推亲近吏主簿张业以为尚书，蔽上壅下，内塞王路，外交藩臣，骄奢僭上，坏乱制度。案根骨肉至亲，社稷大臣，先帝弃天下，根不悲哀思慕，山陵未成，公聘取故掖庭女乐五官殷严、王飞君等，置酒歌舞，捐忘先帝厚恩，背臣子义。及根兄子成都侯况幸得以外亲继父为列侯侍中，不思报厚恩，亦聘取故掖庭贵人以为妻，皆无人臣礼，大不敬不道。”于是天子曰：“先帝遇根、况父子，至厚也，今乃背忘恩义！”以根尝建社稷之策，遣就国。免况为庶人，归故郡。根及况父商所荐举为官者，皆罢。

后二岁，傅太后、帝母丁姬皆称尊号。有司奏“新都侯莽前为大司马，贬抑尊号之议，亏损孝道，及平阿侯仁臧匿赵昭仪亲属，皆就国”。天下多冤王氏。

谏大夫杨宣上封事言：“孝成皇帝深惟宗庙之重，称述陛下至德以承天序，圣策深远，恩德至厚。惟念先帝之意，岂不欲以陛下自代，奉承东宫哉！太皇太后春秋七十，数更忧伤，敕令亲属引领以避丁、傅。行道之人为之陨涕，况于陛下，时登高远望，独不惭于延陵乎！”哀帝深感其言，复封商中子邑为成都侯。

元寿元年，日蚀。贤良对策多讼新都侯莽者，上于是征莽及平阿侯仁还京师侍太后。曲阳侯根薨，国除。

明年，哀帝崩，无子，太皇太后以莽为大司马，与共征立中山王奉哀帝后，是为平帝。帝年九岁，当年被疾，太后临朝，委政于

在离宫时，让水衡都尉准备用具，派民众修筑道路，百姓深受其苦。他心怀奸邪，想要掌管朝政，举荐与他亲近的官吏主簿张业担任尚书，对上蒙蔽陛下视听，对下堵塞臣子进言，对内阻塞通往朝廷之路，对外结交各地的诸侯王，骄横奢侈，逾越本分，破坏制度。王根是先帝的骨肉至亲，社稷大臣，先帝驾崩后，王根并不悲哀思念，先帝的陵墓还没建成，他就公然聘娶原掖庭的女乐五官殷严、王飞君等人，摆设酒宴，唱歌起舞，忘却了先帝的厚恩，违背了臣子的道义。而王根哥哥的儿子成都侯王况有幸能以外戚的身份继承父亲担任列侯侍中，却不想着报答厚恩，也聘娶了原掖庭的贵人为妻，他们都没有人臣的礼节，犯有大不敬之罪，大逆不道。”于是哀帝说：“先帝对待王根、王况父子，十分优厚，现在他们却背恩忘义！”因为王根曾建议国家大计，帮助哀帝成为太子，哀帝就让他前往封国。将王况免官，贬为庶人，让他回到家乡。受到王根和王况父亲王商举荐做官的人，都被罢免了。

过了两年，傅太后、哀帝的母亲丁姬都加封尊号。丞相朱博上奏说“新都侯王莽先前做大司马时，贬低加封尊号的建议，于孝道有亏，以及平阿侯王仁藏匿赵昭仪的亲属，两人都应前往封国”。天下很多人都觉得王氏冤枉。

谏大夫杨宣密奏哀帝说：“孝成皇帝为宗庙深思远虑，赞扬陛下的盛德而让陛下继位，谋略深远，恩德至厚。念及先帝的心意，岂不是想让陛下代替自己，侍奉太后！太皇太后已经七十岁了，多次经历变故，下令亲属自动避开丁、傅两家。行人都为之流泪，何况是陛下，如果登高远望，岂不觉得愧对先帝！”哀帝对他的话深有感触，又封王商的二儿子王邑为成都侯。

元寿元年（前2），发生了日食。贤良之士回答策问时，很多都为新都侯王莽鸣不平，哀帝就将王莽和平阿侯王仁召回京城侍奉太后。曲阳侯王根去世，封国被废除。

第二年，哀帝驾崩，没有儿子，太皇太后就让王莽担任大司马，一起征召中山王进京作为哀帝的后代，就是平帝。平帝年仅九岁，当年疾病缠身，就由太后代行皇帝权力，由王莽执掌朝政，于是他就独

莽，莽颛威福。红阳侯立莽诸父，平阿侯仁素刚直，莽内惮之，令大臣以罪过奏遣立、仁就国。莽日诳耀太后，言辅政致太平，群臣奏请尊莽为安汉公。后遂遣使者迫守立、仁令自杀，赐立谥曰荒侯，子柱嗣，仁谥曰剌侯，子术嗣。是岁，元始三年也。明年，莽风群臣奏立莽女为皇后。又奏尊莽为宰衡，莽母及两子皆封为列侯，语在《莽传》。

莽既外壹群臣，令称己功德，又内媚事旁侧长御以下，赂遗以千万数。白尊太后姊妹君侠为广恩君，君力为广惠君，君弟为广施君，皆食汤沐邑，日夜共誉莽。莽又知太后妇人厌居深宫中，莽欲虞乐以市其权，乃令太后四时车驾巡狩四郊，存见孤寡贞妇。春幸茧馆，率皇后列侯夫人桑，遵霸水而祓除；夏游篽宿、鄠、杜之间；秋历东馆，望昆明，集黄山宫；冬飨饮飞羽，校猎上兰，登长平馆，临泾水而览焉。太后所至属县，辄施恩惠，赐民钱帛牛酒，岁以为常。太后从容言曰："我始入太子家时，见于丙殿，至今五六十岁尚颇识之。"莽因曰："太子宫幸近，可壹往游观，不足以为劳。"于是太后幸太子宫，甚说。太后旁弄儿病在外舍，莽自亲候之。其欲得太后意如此。

平帝崩，无子，莽征宣帝玄孙选最少者广戚侯子刘婴，年二岁，托以卜相为最吉。乃风公卿奏请立婴为孺子，令宰衡安汉公莽践祚居摄，如周公傅成王故事。太后不以为可，力不能禁，于是莽遂为摄皇帝，改元称制焉。俄而宗室安众侯刘崇及东郡太守翟义等恶之，更举兵欲诛莽。太后闻之，曰："人心不相远也。我虽妇人，亦知莽必以是自危，不可。"其后，莽遂以符命自立为真皇帝，先奉诸

揽权力，作威作福。红阳侯王立是王莽的叔父，平阿侯王仁平素刚直，王莽心中对他们非常忌惮，就让大臣强加罪名给两人并奏请让王立、王仁前往封国。王莽整天欺骗太后，说自己辅政能使天下太平，群臣奏请尊王莽为安汉公。后来王莽就派使者迫使王立、王仁自杀，赐予王立荒侯的谥号，他的儿子王柱承袭侯位，赐予王仁剌侯的谥号，他的儿子王术承袭侯位。这年，是元始三年（3）。第二年，王莽暗示群臣奏请立他的女儿为皇后。群臣又奏请尊王莽为宰衡，王莽的母亲和两个儿子都被封为列侯，详见《王莽传》。

王莽对外统一了群臣言行后，让他们颂扬自己的功德，对内又讨好太后身边长御以下的侍从，贿赂她们的钱财数以千万。又禀报太后尊她的姐妹君侠为广恩君，君力为广惠君，君弟为广施君，都赐予汤沐邑，她们整天在太后面前一起称赞王莽。王莽又知道太后作为妇人，厌恶久居深宫之中，就想通过娱乐活动来换取更大的权力，于是让太后在四时乘着车驾巡行京城郊外，慰问孤儿寡母和贞妇。春季驾临茧馆，带着皇后和列侯的夫人采桑，沿着霸水除灾去邪；夏季在籞宿、鄠县、杜县之间游玩；秋季游历东馆，遥望昆明池，聚在黄山宫；冬季在飞羽殿宴饮，在上兰观围猎，登上长平馆，去泾水观览。太后经过属县，总要施加恩惠，赏赐百姓钱帛牛酒，慢慢形成惯例。太后曾经随意说道："我刚入太子宫时，在丙殿被召见，至今已有五六十年了，还能记得当初的情景。"王莽就说："太子的宫殿就在附近，可前往游览，没有什么劳烦的。"于是太后驾临太子宫，十分高兴。太后身边的弄儿生病，住在外舍，王莽亲自前往探望。他迎合太后的心意到了如此地步。

平帝驾崩，没有儿子，王莽征召宣帝最年幼的玄孙、广戚侯的儿子刘婴入京，他年仅两岁，王莽借口占卜看相后刘婴最为吉利。然后暗示公卿奏请立刘婴为孺子，让宰衡安汉公王莽暂居皇位，代行权力，效仿周公辅佐成王的旧事。太后认为不能这样做，但自己又无法阻止，于是王莽做了摄皇帝，改变年号，代行皇帝权力。不久宗室安众侯刘崇和东郡太守翟义等人因厌恶王莽，相继起兵要杀掉他。太后听到消息后，说："众人所见略同。我虽然是个妇人，也知道王莽必

符瑞以白太后，太后大惊。

初，汉高祖入咸阳至霸上，秦王子婴降于轵道，奉上始皇玺。及高祖诛项籍，即天子位，因御服其玺，世世传受，号曰汉传国玺。以孺子未立，玺臧长乐宫。及莽即位，请玺，太后不肯授莽。莽使安阳侯舜谕指。舜素谨敕，太后雅爱信之。舜既见，太后知其为莽求玺，怒骂之曰："而属父子宗族蒙汉家力，富贵累世，既无以报，受人孤寄，乘便利时，夺取其国，不复顾恩义。人如此者，狗猪不食其余，天下岂有而兄弟邪！且若自以金匮符命为新皇帝，变更正朔服制，亦当自更作玺，传之万世，何用此亡国不祥玺为，而欲求之？我汉家老寡妇，旦暮且死，欲与此玺俱葬，终不可得！"太后因涕泣而言，旁侧长御以下皆垂涕。舜亦悲不能自止，良久乃仰谓太后："臣等已无可言者。莽必欲得传国玺，太后宁能终不与邪！"太后闻舜语切，恐莽欲胁之，乃出汉传国玺，投之地以授舜，曰："我老已死，如而兄弟，今族灭也！"舜既得传国玺，奏之，莽大说，乃为太后置酒未央宫渐台，大纵众乐。

莽又欲改太后汉家旧号，易其玺绶，恐不见听，而莽疏属王谏欲谄莽，上书言："皇天废去汉而命立新室，太皇太后不宜称尊号，当随汉废，以奉天命。"莽乃车驾至东宫，亲以其书白太后。太后曰："此言是也！"莽因曰："此悖德之臣也，罪当诛！"于是冠军张永献符命铜壁，文言"太皇太后当为新室文母太皇太后"。莽乃下诏曰："予视群公，咸曰'休哉！其文字非刻非画，厥性自然'。予伏念皇天命予为子，更命太皇太后为'新室文母太皇太后'，协于新室故交代之际，信于汉氏。哀帝之代，世传行诏筹，为西王母共具之

定因此让自己处于危险的境地，不能这样做。”此后，王莽就用符命自立为真皇帝，先奉上诸多祥瑞来禀报太后，太后大惊。

起初，汉高祖进入咸阳到达霸上，秦王子婴在轵道亭投降，献上秦始皇的印玺。等到高祖杀了项籍，即位为天子，就亲自佩带着印玺，世代相传，称为汉朝传国玺。因为孺子没有继位，传国玺就收藏在长乐宫。等到王莽即位，想要求得传国玺，太后不肯给他。王莽就派安阳侯王舜向太后表明其意。王舜素来谨慎自饬，太后平常很喜欢他，也信任他。王舜进见太后，太后知道他是为王莽求传国玺，就怒骂他说：“你们父子宗族蒙受汉家恩德，数代获得富贵，不进行报答，接受了别人的托孤，却趁机夺取国家，不再顾念恩义。像这样的人，猪狗都不吃他剩下的东西，天下怎么会有你们这样的兄弟！况且自己用金匮符命做了新皇帝，改变了历法和衣服器用的制度，也应当自己重新制作印玺，传之万世，为什么还用这亡国不祥的印玺，而想要求得呢？我是汉家的老寡妇，就快死了，想和此玺一起下葬，你们终究拿不到它！”太后边哭边说，身边长御以下的侍从都流下眼泪。王舜也控制不住自己的悲伤，很久以后才抬起头来对太后说：“事已至此，我们无话可说。王莽一定要得到传国玺，太后岂能始终不给他！”太后听王舜言辞恳切，担心王莽威胁自己，就拿出传国玺，扔在地上给王舜，说：“我年老将死，像你们兄弟这样，王氏就要灭族了！”王舜得到传国玺后，就献给王莽，王莽非常高兴，于是为太后在未央宫的渐台摆下酒宴，纵情享乐。

王莽又想更改太后原来的汉朝封号，改换她的玺绶，担心她不答应，而王莽的远宗王谏想讨好王莽，上书说：“上天废去汉朝而建立新朝，太皇太后不应称尊号，应当随着汉朝一起废去，来顺应天命。”王莽就乘车到了东宫，亲自将奏书内容禀报给太后。太后说：“这话说的对！”王莽就说：“这种违逆道义的臣子，罪当处死！”是时冠军张永献上有符命的铜壁，文字是“太皇太后当为新室文母太皇太后”。王莽就下诏说：“我让群臣看，都说‘多美啊！这文字既不是刻的也不是画的，自然生成’。我想到上天命我为子，又改命太皇太后为‘新室文母太皇太后’，与汉新交替之际相合，又不亏待汉

祥，当为历代为母，昭然著明。予祗畏天命，敢不钦承！谨以令月吉日，亲率群公诸侯卿士，奉上皇太后玺绂，以当顺天心，光于四海焉。”太后听许。莽于是鸩杀王谏，而封张永为贡符子。

初，莽为安汉公时，又谄太后，奏尊元帝庙为高宗，太后晏驾后当以礼配食云。及莽改号太后为新室文母，绝之于汉，不令得体元帝。堕坏孝元庙，更为文母太后起庙，独置孝元庙故殿以为文母篹食堂，既成，名曰长寿宫。以太后在，故未谓之庙。莽以太后好出游观，乃车驾置酒长寿宫，请太后。既至，见孝元庙废彻涂地，太后惊，泣曰：“此汉家宗庙，皆有神灵，与何治而坏之！且使鬼神无知，又何用庙为！如令有知，我乃人之妃妾，岂宜辱帝之堂以陈馈食哉！”私谓左右曰：“此人嫚神多矣，能久得祐乎！”饮酒不乐而罢。

自莽篡位后，知太后怨恨，求所以媚太后无不为，然愈不说。莽更汉家黑貂，著黄貂，又改汉正朔伏腊日。太后令其官属黑貂，至汉家正腊日，独与其左右相对饮酒食。

太后年八十四，建国五年二月癸丑崩。三月乙酉，合葬渭陵。莽诏大夫扬雄作诔曰：“太阴之精，沙麓之灵，作合于汉，配元生成。”著其协于元城沙麓。太阴精者，谓梦月也。太后崩后十年，汉兵诛莽。

初，红阳侯立就国南阳，与诸刘结恩，立少子丹为中山太守。世祖初起，丹降为将军，战死。上闵之，封丹子泓为武桓侯，至今。

氏。哀帝之时，民间传行诏筹，为西王母摆设酒食进行供奉，这是太皇太后当为新朝国母的显明征兆。我敬畏天命，哪敢不顺从！因此恭敬地选择了吉利的月份和日子，亲自带领公卿诸侯，奉上皇太后的玺绶，来顺应天意，明示四海。”太后听从了王莽的建议。王莽就用鸩酒毒杀王谏，而封张永为贡符子。

起初，王莽做安汉公的时候，讨好太后，奏请尊元帝的庙号为高宗，太后驾崩后就能按照礼法在元帝庙配享。等到王莽将太后改号为新室文母后，和汉朝断绝关系，不让她配享元帝。使拆毁了元帝庙，重新给文母太后建起宗庙，还特意把元帝庙原来的正殿作为文母太后设宴聚饮之堂，建成后，取名长寿宫。因为太后还在世，所以没有称为庙。王莽因为太后喜欢出宫游览，就在长寿宫摆下酒宴，用车将太后接过去。太后到了那里，看见元帝庙被彻底损毁，十分震惊，哭着说：“这是汉家的宗庙，都有神灵，与你有何关系，而一定要破坏它！况且如果鬼神无知，又何必修建宗庙呢！如果鬼神有知，我是先帝的妃妾，怎么能辱没了先帝的庙堂而为我摆设祭品呢！”于是她私下对侍从说：“此人多次轻视神明，哪能长久得到保佑啊！”这次饮酒也不欢而散。

王莽自从篡位后，知道太后怨恨在心，就用尽一切办法去讨好太后，但太后更加不高兴了。王莽改变了汉朝侍中穿黑貂的制度，让他们都身穿黄貂，又更改了汉朝的历法和伏腊日。太后让自己的属吏都身穿黑貂，每到汉朝的正腊日，就特地和侍从相对而坐，饮酒吃饭，以示不忘汉朝。

太后八十四岁时，即建国五年（13）二月癸丑日驾崩。三月乙酉日，与元帝合葬在渭陵。王莽下诏让大夫扬雄作诔文说：“太阴之精，沙麓之灵，作合于汉，配元生成。”显示她与元城沙麓相合。太阴之精，是说太后为梦月而生。太后驾崩十年后，汉兵诛杀王莽。

起初，红阳侯王立前往封国南阳，与刘氏诸人结下恩情，王立的小儿子王丹担任中山太守。世祖光武帝刚起兵时，王丹向他投降当了将军，后来战死。世祖怜悯他，就封他的儿子王泓为武桓侯，爵位传

司徒掾班彪曰：三代以来，《春秋》所记，王公国君，与其失世，稀不以女宠。汉兴，后妃之家吕、霍、上官，几危国者数矣。及王莽之兴，由孝元后历汉四世为天下母，飨国六十余载，群弟世权，更持国柄，五将十侯，卒成新都。位号已移于天下，而元后卷卷犹握一玺，不欲以授莽，妇人之仁，悲夫！

到现在。

司徒掾班彪说：夏、商、周三代以来，《春秋》记载的，王公和国君，他们灭亡的原因，很少与宠爱的女子无关。汉朝建立后，后妃家族中的吕氏、霍氏、上官氏，多次几乎危害国家。等到王莽兴起，由于孝元后历经汉朝四代天子，母仪天下，在位六十多年，她的弟弟们相继执政，把持大权，共有五个将军，十位列侯，最终在新都侯王莽时实现了篡国的野心。天下的位号已经改变，但元后仍然忠诚地手握汉朝传国玺，不想交给王莽，妇人之仁，多么可悲啊！

卷九十九上

王莽传第六十九上

王莽字巨君，孝元皇后之弟子也。元后父及兄弟皆以元、成世封侯，居位辅政，家凡九侯、五大司马，语在《元后传》。唯莽父曼蚤死，不侯。莽群兄弟皆将军五侯子，乘时侈靡，以舆马声色佚游相高，莽独孤贫，因折节为恭俭。受《礼经》，师事沛郡陈参，勤身博学，被服如儒生。事母及寡嫂，养孤兄子，行甚敕备。又外交英俊，内事诸父，曲有礼意。阳朔中，世父大将军凤病，莽侍疾，亲尝药，乱首垢面，不解衣带连月。凤且死，以托太后及帝，拜为黄门郎，迁射声校尉。

久之，叔父成都侯商上书，愿分户邑以封莽，及长乐少府戴崇、侍中金涉、胡骑校尉箕闳、上谷都尉阳并、中郎陈汤，皆当世名士，咸为莽言，上由是贤莽。永始元年，封莽为新都侯，国南阳新野之都乡，千五百户。迁骑都尉光禄大夫侍中，宿卫谨敕，爵位益尊，节操愈谦。散舆马衣裘，振施宾客，家无所余。收赡名士，交结将相卿大夫甚众。故在位更推荐之，游者为之谈说，虚誉隆洽，倾其诸父矣。敢为激发之行，处之不惭恧。

莽兄永为诸曹，蚤死，有子光，莽使学博士门下。莽休沐出，振车骑，奉羊酒，劳遗其师，恩施下竟同学。诸生纵观，长老叹息。光

王莽字巨君，是孝元皇后的侄子。元后的父亲和兄弟都在元帝、成帝时赐封侯爵，他们身居要职，辅佐朝政，家族中共有九人封侯，五人位至大司马，详见《元后传》。唯独王莽的父亲王曼早逝，没有被赐封侯爵。王莽的堂兄弟都是将军或者列侯的儿子，他们因是贵戚，生活奢靡不堪，相互攀比，以车马、姬妾、游玩享乐，只有王莽丧父家境贫穷，也因此待人谦卑，生活俭朴。王莽研习《礼经》，师从沛县人陈参，他勤学苦读，博学多识，衣着和普通儒生一样。王莽侍奉母亲和寡嫂，养育年幼丧父的侄儿，言行谨慎周备。并且王莽在外结交才俊，在内侍奉各位叔伯，恭敬谦卑，礼仪完备。阳朔年间，王莽的伯父大将军王凤患病，王莽在旁侍奉，亲尝汤药，蓬头垢面，连续数月没有宽衣解带。王凤在临终之际，将王莽托付给太后和成帝，成帝任命王莽为黄门郎，后来王莽升任射声校尉。

过了一段时间，王莽的叔父成都侯王商上书，愿意将自己的食邑分封给王莽，以及长乐少府戴崇、侍中金涉、胡骑校尉箕闳、上谷都尉阳並、中郎陈汤，这些都是当时的名士，他们都为王莽进言，成帝因此觉得王莽十分贤德。永始元年（前16），成帝将王莽封为新都侯，封国在南阳郡新野县的都乡，食邑有一千五百户。后来王莽迁任骑都尉光禄大夫侍中，负责宿卫，王莽依旧谨饬自身，他的官职爵位日渐尊贵，气节操行却愈加谦恭。王莽将车马衣裘分出去，救济施予来往的宾客，家中没有多余的财物。他又接纳供养名士，结交了许多将相、卿大夫。因此朝中大臣愈加举荐王莽，游学的士人也会为王莽宣扬赞叹，王莽盛名远扬，胜过了他的诸位叔伯。王莽也颇有矫揉造作的行为，却丝毫没有感到羞愧。

王莽的兄长王永担任诸曹，早逝，留下一个儿子名叫王光，王莽让他到博士门下学习。王莽在休假时，坐着车马，带着羊和酒，前去

年小于莽子宇，莽使同日内妇，宾客满堂。须臾，一人言太夫人苦某痛，当饮某药，比客罢者数起焉。尝私买侍婢，昆弟或颇闻知，莽因曰："后将军朱子元无子，莽闻此儿种宜子，为买之。"即日以婢奉子元。其匿情求名如此。

是时，太后姊子淳于长以材能为九卿，先进在莽右。莽阴求其罪过，因大司马曲阳侯根白之，长伏诛，莽以获忠直，语在《长传》。根因乞骸骨，荐莽自代，上遂擢为大司马。是岁，绥和元年也，年三十八矣。莽既拔出同列，继四父而辅政，欲令名誉过前人，遂克己不倦，聘诸贤良以为掾史，赏赐邑钱悉以享士，愈为俭约。母病，公卿列侯遣夫人问疾，莽妻迎之，衣不曳地，布蔽膝。见之者以为僮使，问知其夫人，皆惊。

辅政岁余，成帝崩，哀帝即位，尊皇太后为太皇太后。太后诏莽就第，避帝外家。莽上疏乞骸骨，哀帝遣尚书令诏莽曰："先帝委政于君而弃群臣，朕得奉宗庙，诚嘉与君同心合意。今君移病求退，以著朕之不能奉顺先帝之意，朕甚悲伤焉。已诏尚书待君奏事。"又遣丞相孔光、大司空何武、左将军师丹、卫尉傅喜白太后曰："皇帝闻太后诏，甚悲。大司马即不起，皇帝即不敢听政。"太后复令莽视事。

时哀帝祖母定陶傅太后、母丁姬在，高昌侯董宏上书言："《春秋》之义，母以子贵，丁姬宜上尊号。"莽与师丹共劾宏误朝不道，语在《丹传》。后日，未央宫置酒，内者令为傅太后张幄，坐于太皇

慰劳王光的老师，连同王光所有的同学也都得到了馈赠。引得众多儒生围观，长老纷纷赞叹。王光的年纪比王莽的儿子王宇小，王莽让他俩在同一天娶妻，府中宾客满堂。不一会儿，有一人说家中太夫人患病，要服某种药，等到客人散去后，王莽数次起身坐立难安。王莽曾经私下买了一名婢女，兄弟之间颇有耳闻，王莽便说："后将军朱子元无子，我听闻这名女子可以生儿子，这是为朱子元买的。"当天就将婢女送给了朱子元。王莽就像这样隐藏真情来博得虚名。

当时，太后姐姐的儿子淳于长以才能官至九卿，名位在王莽之上。王莽暗中搜集了淳于长的罪过，通过大司马曲阳侯王根上奏成帝，后来淳于长伏诛，王莽因此博得了忠贞正直的名声，详见《淳于长传》。王根奏请告老还乡，举荐王莽代替自己，成帝便将王莽提拔为大司马。这年，是绥和元年（前8），当时王莽三十八岁。王莽的官职已经超越了同辈，接替四位叔伯继续辅政，王莽还想让自己的名誉超越前人，于是克己复礼，勤勉不倦，他聘请许多贤良之士担任掾史，得到的赏赐以及封邑的税收全都用来招待士人，而王莽自己更加节俭。王莽的母亲生病，公卿列侯让自己的夫人前去探望，王莽的妻子出来迎接，衣服不及地面，布裙也仅到膝盖。见到她的人都以为是王莽府上的奴仆，一问才知道她是王莽的夫人，众人都十分惊讶。

王莽辅政一年多，成帝驾崩，哀帝继位，尊奉皇太后为太皇太后。太后下诏让王莽辞官回家，为哀帝的外戚让权。王莽便上奏请求辞去官职，哀帝派尚书令赐诏书给王莽说："先帝将朝政托付于您而舍下群臣，现在朕得以奉祀宗庙，继承大统，朕着实期望能与您同心同德。如今您上书称病求退，因而彰显朕不能奉顺先帝的意旨，朕深感悲伤。朕已经诏令尚书等候您回朝奏事。"哀帝又派遣丞相孔光、大司空何武、左将军师丹、卫尉傅喜向太后回禀说："皇帝听闻了太后的诏命，十分悲伤。大司马若是不能回朝任职，皇帝就不敢理政。"太后只能让王莽继续任职理政。

当时哀帝的祖母定陶傅太后、母亲丁姬在世，高昌侯董宏上书说："依照《春秋》之义，母以子贵，丁姬应当加封尊号。"王莽和师丹一同弹劾董宏说他迷误朝廷，大逆不道，详见《师丹传》。后来，

太后坐旁。莽案行，责内者令曰："定陶太后藩妾，何以得与至尊并！"彻去，更设坐。傅太后闻之，大怒，不肯会，重怨恚莽。莽复乞骸骨，哀帝赐莽黄金五百斤，安车驷马，罢就第。公卿大夫多称之者，上乃加恩宠，置使家，中黄门十日一赐餐。下诏曰："新都侯莽忧劳国家，执义坚固，朕庶几与为治。太皇太后诏莽就第，朕甚闵焉。其以黄邮聚户三百五十益封莽，位特进，给事中，朝朔望见礼如三公，车驾乘绿车从。"后二岁，傅太后、丁姬皆称尊号，丞相朱博奏："莽前不广尊尊之义，抑贬尊号，亏损孝道，当伏显戮，幸蒙赦令，不宜有爵土，请免为庶人。"上曰："以莽与太皇太后有属，勿免，遣就国。"

莽杜门自守，其中子获杀奴，莽切责获，令自杀。在国三岁，吏上书冤讼莽者以百数。元寿元年，日食，贤良周护、宋崇等对策深颂莽功德，上于是征莽。

始莽就国，南阳太守以莽贵重，选门下掾宛孔休守新都相。休谒见莽，莽尽礼自纳，休亦闻其名，与相答。后莽疾，休候之，莽缘恩意，进其玉具宝剑，欲以为好。休不肯受，莽因曰："诚见君面有瘢，美玉可以灭瘢，欲献其瑑耳。"即解其瑑，休复辞让。莽曰："君嫌其贾邪？"遂椎碎之，自裹以进休，休乃受。及莽征去，欲见休，休称疾不见。

未央宫置酒设宴，内者令为傅太后安排了帷帐，坐在太皇太后旁边。王莽巡查时看到这样的安排，就责问内者令说："定陶傅太后是藩国太后、先帝姬妾，怎能与一国至尊并列！"内者令将帷帐撤掉，更换座位。傅太后听闻此事后，大怒，不肯赴宴，为此她十分怨恨王莽。王莽再次奏请辞官回家，哀帝便赏赐王莽黄金五百斤，四匹马拉的安车，免职归府。公卿大夫经常称赞王莽，哀帝又对他加赐恩宠，安排专使在王莽家中侍奉，让中黄门每十天赏赐王莽一次饭食。哀帝下诏说："新都侯王莽忧劳国家，坚守道义，没有丝毫改变，朕希望能同他一起治理国家。太皇太后诏令王莽免职归家，朕甚感惋惜。现将黄邮聚的三百五十户食邑加封给王莽，位至特进，给事中，每到初一、十五入宫朝见天子，礼节和三公一样，天子出行时王莽可以乘坐绿车跟随。"两年后，傅太后、丁姬都加封了尊号，丞相朱博上奏说："王莽此前没有推行尊敬尊长的道理，贬低尊号，有损孝道，应当明典正刑，斩首示众，王莽有幸承蒙赦令，就不应当再享有爵位和食邑，臣奏请将王莽免为庶人。"哀帝说："因为王莽是太皇太后的亲戚，不免去爵位和食邑，将王莽遣回封地。"

王莽回到封地就闭门谢客，安分守己，他的次子王获杀了一名奴婢，王莽严厉斥责王获，下令让王获自杀。王莽在封国三年，有数以百计的官吏上书为王莽伸冤。元寿元年（前2），天空出现了日食，贤良周护、宋崇等人在回答哀帝策问时称扬王莽的功德，哀帝就重新召回王莽。

起初王莽回到封地时，南阳太守因为王莽地位尊贵，就挑选自己门下的掾吏宛县人孔休代任新都相。孔休谒见王莽，王莽竭尽礼数主动与孔休结交，孔休也听闻王莽的盛名，与王莽相交。后来王莽患病，孔休前去探望，王莽为感谢孔休的深厚情谊，就将自己镶嵌有美玉的宝剑送给孔休，想与孔休结下深厚友谊。孔休不肯接受，王莽便说："我看到您脸上有瘢痕，美玉可以消除瘢痕，我只是想将这个剑鼻送给您罢了。"随即取下剑鼻，孔休再次推辞。王莽说："您是嫌它太贵重了吗？"王莽就将剑鼻摔碎，包起来送给孔休，孔休只能接受。等到王莽受召回到京师时，想见孔休，孔休称病不见。

莽还京师岁余，哀帝崩，无子，而傅太后、丁太后皆先薨，太皇太后即日驾之未央宫收取玺绶，遣使者驰召莽。诏尚书，诸发兵符节，百官奏事，中黄门、期门兵皆属莽。莽白："大司马高安侯董贤年少，不合众心，收印绶。"贤即日自杀。太后诏公卿举可大司马者，大司徒孔光、大司空彭宣举莽，前将军何武、后将军公孙禄互相举。太后拜莽为大司马，与议立嗣。安阳侯王舜莽之从弟，其人修饬，太后所信爱也，莽白以舜为车骑将军，使迎中山王奉成帝后，是为孝平皇帝。帝年九岁，太后临朝称制，委政于莽。莽白赵氏前害皇子，傅氏骄僭，遂废孝成赵皇后、孝哀傅皇后，皆令自杀，语在《外戚传》。

莽以大司徒孔光名儒，相三主，太后所敬，天下信之，于是盛尊事光，引光女婿甄邯为侍中奉车都尉。诸哀帝外戚及大臣居位素所不说者，莽皆傅致其罪，为请奏，令邯持与光。光素畏慎，不敢不上之，莽白太后，辄可其奏。于是前将军何武、后将军公孙禄坐互相举免，丁、傅及董贤亲属皆免官爵，徙远方。红阳侯立太后亲弟，虽不居位，莽以诸父内敬惮之，畏立从容言太后，令己不得肆意，乃复令光奏立旧恶："前知定陵侯淳于长犯大逆罪，多受其赂，为言误朝；后白以官婢杨寄私子为皇子，众言曰吕氏、少帝复出，纷纷为天下所疑，难以示来世，成襁褓之功。请遣立就国。"太后不听。莽曰："今汉家衰，比世无嗣，太后独代幼主统政，诚可畏惧，力用公正先天下，尚恐不从，今以私恩逆大臣议如此，群下倾邪，乱从此起！宜可且遣就国，安后复征召之。"太后不得已，遣立就国。莽之所以胁持上下，皆此类也。

王莽返回京师一年多，哀帝驾崩，无子，而傅太后、丁太后先前就已经去世了，太皇太后当天就前往未央宫收取她们的玺绶，派使者骑马飞驰去征召王莽。并且给尚书下诏，朝中所有调派军队的符节，文武百官陈奏政事，中黄门、护卫皇帝出行的期门兵都由王莽统领。王莽禀告太后说："大司马高安侯董贤年纪尚轻，不合众心，应当收回他的印绶。"董贤当天就自杀了。太后诏命公卿大臣举荐可以胜任大司马的人，大司徒孔光、大司空彭宣举荐王莽，前将军何武、后将军公孙禄互相举荐。太后便让王莽担任大司马，共同商议皇位的继承人。安阳侯王舜是王莽的堂弟，为人谨慎注重仪容，深得太后信赖，王莽禀奏让王舜担任车骑将军，并让王舜前去迎接中山王继嗣成帝之后，是为孝平皇帝。当时平帝才九岁，太后临朝称制，将政务委托于王莽。王莽禀奏此前赵氏残害皇子，傅氏骄横放纵，僭越礼制，请求废黜孝成赵皇后、孝哀傅皇后，让她们自尽，详见《外戚传》。

王莽因大司徒孔光是当世的名儒，辅佐三朝皇帝，被太后敬重，为天下所信任，于是奉事孔光极其尊重，举荐孔光的女婿甄邯担任侍中奉车都尉。哀帝的外戚以及王莽平素不喜欢的身居要职的大臣，他都会搜罗罪名想办法让他们获罪，为此写成奏章，让甄邯交予孔光。孔光素来谨慎，畏惧王莽，不敢不为王莽呈上奏章，王莽又禀奏太后，太后准许这些奏请。前将军何武、后将军公孙禄因互相举荐被免职，丁氏、傅氏和董贤的亲属都被免官削爵，流放到远方。红阳侯王立是太后的亲弟弟，虽然不再为官，但在诸位叔伯之中王莽还是十分敬畏忌惮王立，担心王立会向太后进言，使自己不能肆意妄为，王莽就又让孔光劾奏王立以往的过错说："此前王立知道定陵侯淳于长犯下大逆罪，却多次收受淳于长的贿赂，为淳于长说情，迷误朝廷；后来王立禀奏官婢杨寄的私生子是皇子，说这是吕后、少帝重现于世了，议论纷纷，让天下人怀疑，这样很难昭示后世，辅佐幼主成就功业。臣奏请将王立遣回封国。"太后不听。王莽说："如今汉室衰微，接连几朝没有子嗣，太后独自代替幼主统理朝政，实在令人畏惧，太后应当力用公正垂范天下，这样做尚且还担心有人不会服

于是附顺者拔擢，忤恨者诛灭。王舜、王邑为腹心，甄丰、甄邯主击断，平晏领机事，刘歆典文章，孙建为爪牙。丰子寻、歆子棻、涿郡崔发、南阳陈崇皆以材能幸于莽。莽色厉而言方，欲有所为，微见风采，党与承其指意而显奏之，莽稽首涕泣，固推让焉，上以惑太后，下用示信于众庶。

始，风益州令塞外蛮夷献白雉，元始元年正月，莽白太后下诏，以白雉荐宗庙。群臣因奏言太后“委任大司马莽定策安宗庙。故大司马霍光有安宗庙之功，益封三万户，畴其爵邑，比萧相国。莽宜如光故事”。太后问公卿曰：“诚以大司马有大功当著之邪？将以骨肉故欲异之也？”于是群臣乃盛陈“莽功德致周成白雉之瑞，千载同符。圣王之法，臣有大功则生有美号，故周公及身在而托号于周。莽有定国安汉家之大功，宜赐号曰安汉公，益户，畴爵邑，上应古制，下准行事，以顺天心”。太后诏尚书具其事。

莽上书言：“臣与孔光、王舜、甄丰、甄邯共定策，今愿独条光等功赏，寝置臣莽，勿随辈列。”甄邯白太后下诏曰：“‘无偏无党，王道荡荡。’属有亲者，义不得阿。君有安宗庙之功，不可以骨肉故蔽隐不扬。君其勿辞。”莽复上书让。太后诏谒者引莽待殿东箱，

从，现在太后却因私恩而不听大臣的谏言，则群臣将会心生邪念，祸乱就因此发生！太后应该将王立暂且遣回封国，等国家安定之后再将他征召回来。”太后不得已，将王立遣回封国。王莽威胁朝中上下的手段，大多如此。

故而朝廷中依附顺从王莽的人得到提拔，违逆怨恨王莽的人遭到诛灭。王舜、王邑成为王莽的心腹，甄丰、甄邯执掌审判，平晏掌管国家机密大事，刘歆负责法令制度，孙建成为王莽的爪牙。甄丰的儿子甄寻、刘歆的儿子刘棻、涿郡人崔发、南阳人陈崇都因才能卓越而得到王莽的器重。王莽外表严厉而言语看似正直，想做什么事情，只要在举止神情上略有表示，他的党羽就会遵照他的旨意向上禀奏，之后王莽就会伏地叩首，痛哭流涕，再三推让，对上迷惑太后，对下取信于百姓。

起初，王莽暗示益州令让塞外的蛮夷进献白雉，元始元年(1)正月，王莽禀奏太后，太后下诏，用白雉奉祀宗庙。群臣因而向太后奏言“太后委任大司马王莽拥立新帝，安定宗庙。原大司马霍光有安定宗庙的功劳，宣帝为其加封食邑三万户，并允许后世子孙承袭爵位，恩赏和萧相国一样。王莽也应当遵照此前霍光的旧例”。太后询问朝中公卿说：“真的是因为大司马有丰功伟绩而理当褒奖他呢？还是因为他是我的骨肉至亲而赐予他与众不同的封赏呢？”于是群臣便极力奏言“王莽的功德比肩周成王，招来了同样的白雉之瑞，时隔千年而祥瑞相同。依照圣王之法，臣子有大功则生前就应当享有美名，所以周公在世时则以国号作为他的称号。王莽有安邦定国、稳定汉室的丰功伟绩，应当赐号为安汉公，加封食邑，允许子孙承袭爵位，上顺应古制，下遵循旧例，以此顺承天心。”太后下诏让尚书准备这件事。

王莽上书说：“臣与孔光、王舜、甄丰、甄邯共同拥立新帝，如今臣奏请先列出孔光等人的功劳和赏赐，暂且将臣搁置一边，不要与他们同时封赏。”甄邯禀奏太后，太后下诏书说：“《尚书》中说：‘没有偏袒，没有结党，王道才会宽广而平坦。’对于亲属，依理不能偏私。但您有安定宗庙的功劳，不能因为您是骨肉宗亲就掩盖不予

莽称疾不肯入。太后使尚书令恂诏之曰："君以选故而辞以疾，君任重，不可阙，以时亟起。"莽遂固辞。太后复使长信太仆闳承制召莽，莽固称疾。左右白太后，宜勿夺莽意，但条孔光等，莽乃肯起。太后下诏曰："太傅博山侯光宿卫四世，世为傅相，忠孝仁笃，行义显著，建议定策，益封万户，以光为太师，与四辅之政。车骑将军安阳侯舜积累仁孝，使迎中山王，折冲万里，功德茂著，益封万户，以舜为太保。左将军光禄勋丰宿卫三世，忠信仁笃，使迎中山王，辅导共养，以安宗庙，封丰为广阳侯，食邑五千户，以丰为少傅。皆授四辅之职，畴其爵邑，各赐第一区。侍中奉车都尉邯宿卫勤劳，建议定策，封邯为承阳侯，食邑二千四百户。"四人既受赏，莽尚未起，群臣复上言："莽虽克让，朝所宜章，以时加赏，明重元功，无使百僚元元失望。"太后乃下诏曰："大司马新都侯莽三世为三公，典周公之职，建万世策，功德为忠臣宗，化流海内，远人慕义，越裳氏重译献白雉。其以召陵、新息二县户二万八千益封莽，复其后嗣，畴其爵邑，封功如萧相国。以莽为太傅，干四辅之事，号曰安汉公。以故萧相国甲第为安汉公第，定著于令，传之无穷。"

于是莽为惶恐，不得已而起受策。策曰："汉危无嗣，而公定之；四辅之职，三公之任，而公干之；群僚众位，而公宰之；功德茂著，宗庙以安，盖白雉之瑞，周成象焉。故赐嘉号曰安汉公，辅翼于帝，期于致平，毋违朕意。"莽受太傅安汉公号，让还益封畴爵邑

奖赏。希望您不要推辞。”王莽再次上书推辞。太后诏命谒者让王莽到正殿的东厢房等候，王莽称病不肯进去。太后让尚书令姚恂赐诏王莽说：“您因朝廷要论功行赏而称病推辞，您的责任重大，不能缺席，请您尽快前往。”王莽再三推辞。太后又让长信太仆王闳带着制书去征召王莽，王莽依旧称病推辞。左右大臣禀奏太后，不要强迫王莽，只要列出孔光等人的功劳和赏赐，王莽才会回到朝中。太后便下诏说：“太傅博山侯孔光宿卫皇宫，历经四朝，世代担任太傅、丞相，忠孝仁厚，践行道义，天下闻名，孔光提议拥立新帝，应加封食邑一万户，将孔光任命为太师，参与四辅的政务。车骑将军安阳侯王舜仁孝积厚，迎接中山王，克敌制胜，辗转万里，功德显著，应加封食邑一万户，将王舜任命为太保。左将军光禄勋甄丰宿卫皇宫，历经三朝，忠信仁厚，迎接中山王，辅佐奉养新帝，安定社稷宗庙，将甄丰封为广阳侯，食邑五千户，并将他任命为少傅。你们三人都授予四辅之职，后世子孙可以承袭你们的爵位和食邑，每人赏赐一座府宅。侍中奉车都尉甄邯宿卫皇宫勤恳尽职，提议拥立新帝，将甄邯封为承阳侯，食邑二千四百户。”四人受赏之后，王莽依旧没有回到朝中，群臣又上书奏言说：“王莽虽然谦逊推让，但朝廷还是要有所表示，及时封赏，以彰显朝廷重视首功之臣，不要让百官和百姓失望。”于是太后下诏说：“大司马新都侯王莽历经三朝担任三公，身负周公之职，做出了万世久安的决策，功德是忠臣所尊崇的，教化流布天下，使远方的蛮夷也倾慕王莽的仁义，因此越裳氏辗转翻译进献白雉。下令将召陵、新息两县的二万八千户加封给王莽，免除王莽后世子孙的赋税徭役，允许后世子孙承袭他的爵位和食邑，封赏遵照萧相国的旧例。将王莽任命为太傅，执掌四辅政务，称为安汉公。将原来萧相国的宅邸作为安汉公的府第，将这些记录下来，以便传世于无穷。”

于是王莽表现出惶恐的样子，不得已上朝接受策书。策书中说：“汉室危亡之时，没有子嗣继承皇位，是您安定了国家社稷；四辅之职，三公之任，由您执掌；群僚百官，由您统领；您功德显著，宗庙因此安定，您招致的白雉之瑞，有周公辅佐成王之象。因此赐您嘉号为安汉公，辅佐皇帝，希望天下安定太平，不要违逆朕的旨意。”王

事，云愿须百姓家给，然后加赏。群公复争，太后诏曰：“公自期百姓家给，是以听之。其令公奉、舍人、赏赐皆倍故。百姓家给人足，大司徒、大司空以闻。”莽复让不受，而建言宜立诸侯王后及高祖以来功臣子孙，大者封侯，或赐爵关内侯食邑，然后及诸在位，各有第序。上尊宗庙，增加礼乐，下惠士民鳏寡，恩泽之政无所不施。语在《平纪》。

莽既说众庶，又欲专断，知太后猒政，乃风公卿奏言：“往者，吏以功次迁至二千石，及州部所举茂材异等吏，率多不称，宜皆见安汉公。又太后不宜亲省小事。”令太后下诏曰：“皇帝幼年，朕且统政，比加元服。今众事烦碎，朕春秋高，精气不堪，殆非所以安躬体而育养皇帝者也。故选忠贤，立四辅，群下劝职，永以康宁。孔子曰：‘巍巍乎，舜禹之有天下而不与焉！’自今以来，惟封爵乃以闻。他事，安汉公、四辅平决。州牧、二千石及茂材吏初除奏事者，辄引入至近署对安汉公，考故官，问新职，以知其称否。”于是莽人人延问，致密恩意，厚加赠送，其不合指，显奏免之，权与人主侔矣。

莽欲以虚名说太后，白言“亲承前孝哀丁、傅奢侈之后，百姓未赡者多，太后宜且衣缯练，颇损膳，以视天下”。莽因上书，愿出钱百万，献田三十顷，付大司农助给贫民。于是公卿皆慕效焉。莽

莽接受了太傅的职务和安汉公的称号，交还了增加的食邑以及允许子孙承袭爵位、食邑的恩赏，上奏说愿意等到百姓家家户户全都富足了，然后再加封这些恩赏。群臣再次向太后谏诤，太后下诏说："安汉公希望百姓家家户户都富足再加封恩赏，就听从您的意见。到时将您的俸禄、属吏仆从、赏赐全都增加一倍。等到百姓家家户户富足了，大司徒、大司空要上报。"王莽依旧推辞没有接受，而又谏言应该分封诸侯王的后代以及自高祖以来功臣的子孙，大者封侯，或者赐爵关内侯以及加封食邑，所有在朝为官的大臣，尊卑有序。对上尊奉宗庙，增加礼乐，对下施恩于士人百姓以及鳏寡孤独，这样恩泽德政无不施行。详见《平帝纪》。

王莽在赢得众人的好感之后，又想独断专权，他知道太后对于政事已经心生厌烦，就暗示公卿奏言说："过去，官吏按照政绩依次升到二千石，以及州部所举荐的才能卓越的官吏，有很多都不称职，应当让他们前来拜见安汉公，接受考核。而且太后不适合亲自过问这些小事。"于是奏请太后下诏说："皇帝年幼，朕暂时统理朝政，直到皇帝行冠礼为止。如今政事繁杂，朕年事已高，精神体力都无法胜任，这样下去恐怕不能爱护身体并且育养皇帝。所以选任忠贤之士，设立四辅，百官尽忠职守，这样国家才能永保康宁。孔子说：'多么伟大啊，舜禹治理天下，委任贤臣以成就他们的功绩，而没有亲身参与政事！'从今以后，惟有封爵之事需要上奏。其他政事，交由安汉公、四辅决断处理。州牧、二千石官员以及才能卓越的官吏初次拜授官职禀奏政事的，就让他们前往相关官署向安汉公禀奏，考察原来的官职，查问新任的职务，以清楚他们是否称职。"于是王莽接见询问所有的官吏，表现出周密细致的关心和爱护，并且赠送厚礼，若是有人不合王莽心意，王莽就上奏请求将其免职，王莽的权势渐渐地与皇帝等同了。

王莽又想通过虚名取悦太后，上奏说"承继孝哀帝时丁氏、傅氏的奢侈靡费之后，有很多百姓尚且衣食不足，太后应当身穿没有花纹的衣服，减少美味佳肴，以此昭示天下"。王莽接着再次上书，愿意出钱一百万，献田三十顷，交由大司农救助贫民百姓。于是朝中公卿

帅群臣奏言："陛下春秋尊，久衣重练，减御膳，诚非所以辅精气，育皇帝，安宗庙也。臣莽数叩头省户下，白争未见许。今幸赖陛下德泽，间者风雨时，甘露降，神芝生，蓂荚、朱草、嘉禾，休征同时并至。臣莽等不胜大愿，愿陛下爱精休神，阔略思虑，遵帝王之常服，复太官之法膳，使臣子各得尽欢心，备共养。唯哀省察！"莽又令太后下诏曰："盖闻母后之义，思不出乎门阈。国不蒙佑，皇帝年在襁褓，未任亲政，战战兢兢，惧于宗庙之不安。国家之大纲，微朕孰当统之？是以孔子见南子，周公居摄，盖权时也。勤身极思，忧劳未绥，故国奢则视之以俭，矫枉者过其正，而朕不身帅，将谓天下何！夙夜梦想，五谷丰孰，百姓家给，比皇帝加元服，委政而授焉。今诚未皇于轻靡而备味，庶几与百僚有成，其勖之哉！"每有水旱，莽辄素食，左右以白。太后遣使者诏莽曰："闻公菜食，忧民深矣。今秋幸孰，公勤于职，以时食肉，爱身为国。"

莽念中国已平，唯四夷未有异，乃遣使者赍黄金币帛，重赂匈奴单于，使上书言："闻中国讥二名，故名囊知牙斯今更名知，慕从圣制。"又遣王昭君女须卜居次入侍。所以诳耀媚事太后，下至旁侧长御，方故万端。

莽既尊重，欲以女配帝为皇后，以固其权，奏言："皇帝即位三年，长秋宫未建，液廷媵未充。乃者，国家之难，本从亡嗣，配取不正。请考论《五经》，定取礼，正十二女之义，以广继嗣。博采二王后及周公孔子世列侯在长安者適子女。"事下有司，上众女名，王氏女多在选中者。莽恐其与己女争，即上言："身亡德，子材下，不

全都效仿王莽。王莽率领群臣上奏说:“陛下年事已高,长期身着粗布简衣,减少膳食,实在不能安养精神,养育皇帝,安定宗庙。臣多次在宫中官署叩头请求,但未见允准。如今有幸仰赖陛下德泽,近年来风调雨顺,甘露降临,灵芝出现,蓂荚、朱草、嘉禾,吉兆一同显现。臣等最大的愿望,就是希望陛下可以安养精神,放宽思虑,重新穿着帝王的常服,恢复太官供应帝王的常膳,使臣子都能各尽其心,完备奉养。希望陛下省察!”王莽又让太后下诏说:“听闻太后之义,应当思虑不出宫门。但如今国家没有得到上天的庇佑,皇帝尚在襁褓之中,无法亲理政事,朕战战兢兢,担心宗庙不安。国家的政权,除了朕谁来执掌呢?因此孔子拜见南子,周公摄政,这些都是因为权时的变化。朕勤政操劳,竭尽心神,殚精竭虑,未曾安心,所以国家奢侈成风时则以俭朴的作风来昭示百姓,矫枉过正,倘若朕不率先垂范,将如何治理天下!朕昼夜盼望,五谷丰登,百姓富足,等到皇帝加冠之后,将朝政交还皇帝。如今实在无暇享受细软的服饰和美味的食物,希望与百官有所成就,大家应当共勉!”每逢有水旱灾害发生,王莽总会吃素,左右侍从将这些情况上报太后。太后便派使者诏令王莽说:“听闻您只吃素食,忧民之心极为深切。今年的收成还很丰足,您勤于政事,应当吃些肉食,为了国家您要爱惜身体。”

王莽考虑到国家已经安定,唯有四夷没有什么改变,便派使者带着黄金丝帛,以丰厚的礼物送给匈奴单于,并让匈奴上书说:“听闻中原是两个字的名字,我的原名叫囊知牙斯,如今改名为知,以此表示仰慕遵从圣制。”又派王昭君的女儿须卜居次进宫侍奉太后。王莽为了欺骗谄媚太后,下到太后身边的随从侍女都会笼络,可谓是诡计多端。

王莽位极人臣之后,想将女儿嫁于平帝做皇后,以此巩固自己的权力,王莽上奏说:“皇帝已经继位三年了,还没册立皇后,后妃姬妾尚未充足。过去,国家遭受的危难,原因在于皇帝没有子嗣,婚娶不当。臣奏请考察《五经》,确定嫁娶礼仪,匡正天子须娶十二位妻妾的义理,以此绵延子嗣。臣奏请在商、周二王和周公、孔子的后代以及住在长安的世家列侯的嫡出女子中挑选合适的人选。”太后

宜与众女并采。”太后以为至诚，乃下诏曰：“王氏女，朕之外家，其勿采。”庶民、诸生、郎吏以上守阙上书者日千余人，公卿大夫或诣廷中，或伏省户下，咸言：“明诏圣德巍巍如彼，安汉公盛勋堂堂若此，今当立后，独奈何废公女？天下安所归命！愿得公女为天下母。”莽遣长史以下分部晓止公卿及诸生，而上书者愈甚。太后不得已，听公卿采莽女。莽复自白：“宜博选众女。”公卿争曰：“不宜采诸女以贰正统。”莽白：“愿见女。”太后遣长乐少府、宗正、尚书令纳采见女，还奏言：“公女渐渍德化，有窈窕之容，宜承天序，奉祭祀。”有诏遣大司徒、大司空策告宗庙，杂加卜筮，皆曰：“兆遇金水王相，卦遇父母得位，所谓‘康强’之占，‘逢吉’之符也。”信乡侯佟上言：“《春秋》，天子将娶于纪，则褒纪子称侯，安汉公国未称古制。”事下有司，皆曰：“古者天子封后父百里，尊而不臣，以重宗庙，孝之至也。佟言应礼，可许。请以新野田二万五千六百顷益封莽，满百里。”莽谢曰：“臣莽子女诚不足以配至尊，复听众议，益封臣莽。伏自惟念，得托肺腑，获爵土，如使子女诚能奉称圣德，臣莽国邑足以共朝贡，不须复加益地之宠。愿归所益。”太后许之。有司奏“故事，聘皇后黄金二万斤，为钱二万万”。莽深辞让，受四千万，而以其三千三百万予十一媵家。群臣复言：“今皇后受聘，逾群妾亡几。”有诏，复益二千三百万，合为三千万。莽复以其千万分予九族贫者。

将这件事交由有关官员处理，有关官员呈上众多女子的名单，王氏家族的女儿大多都在候选中。王莽担心其他女子和自己的女儿竞争，就上奏说："臣自身无德，女儿才华低下，不适合与众女子一同参选。"太后以为王莽心意至诚，就下诏说："王氏之女，是朕的外戚，她们不要参选。"百姓、众儒生、郎官以上的官员每天都有一千多人候在宫门前上书，公卿大夫有的在朝堂上，有的跪在宫中官署门前，众人都奏言说："明诏中所示的圣德是那样的崇高，安汉公的丰功伟绩是这样的盛大，而今册立皇后，怎么能单单将安汉公的女儿排除在外呢？天下百姓将向何处去呢！臣等希望安汉公的女儿成为皇后。"王莽派长史以下的官吏分头说服劝阻公卿大臣以及诸位儒生，但是上书请愿的人反而更多了。太后不得已，听从公卿大臣的奏言让王莽的女儿参选。王莽又说："应当在众多的女子中广泛选择。"公卿大臣争辩说："不应当挑选其他女子而扰乱正统，皇后之位当属安汉公之女。"王莽说："愿意让女儿出来与大家相见。"太后派长乐少府、宗正、尚书令去送聘礼并面见王莽的女儿，他们回宫后禀奏道："安汉公之女的品行得到长久的熏习，有窈窕之容，可以承继天序，尊奉祭祀。"太后便下诏派大司徒、大司空策告宗庙，进行占卜，他们都说："卜兆是金水相生，卦象是泰卦，是父母得位之卦，这就是所谓'康强'的占卜，'逢吉'的符瑞。"信乡侯刘佟上奏说："《春秋》中记载，天子将在纪国迎娶王后，则要将纪国国君从子爵升为侯爵，安汉公的封国与古制不合。"太后将这件事交由有关官员处理，他们都说："古时候天子封赏王后的父亲，会赐封方圆百里的土地作为封国，敬重王后的父亲而不将他视为臣子，以此表示重视宗庙，这便是至孝。刘佟所言合乎礼制，可以准许。奏请将新野县的二万五千六百顷田地加封给王莽，这样王莽的封国就满一百里。"王莽辞谢说："臣的女儿着实配不上至尊之位，现在又听到众人的议论，要加封臣的封国。臣暗自思虑，得以成为皇上的近亲，得到了爵位和土地，如果臣的女儿真能承奉圣德，服侍皇上，臣现在的封国食邑足以满足朝见时所需的贡品，不需要再增加封地。臣愿意将其归还。"太后应允了王莽的奏请。有关官员上奏说"依照旧例，皇后的聘礼是黄金二万斤，折合钱

陈崇时为大司徒司直，与张敞孙竦相善。竦者博通士，为崇草奏，称莽功德，崇奏之，曰：

窃见安汉公自初束脩，值世俗隆奢丽之时，蒙两宫厚骨肉之宠，被诸父赫赫之光，财饶势足，亡所牾意，然而折节行仁，克心履礼，拂世矫俗，确然特立；恶衣恶食，陋车驽马，妃匹无二，闺门之内，孝友之德，众莫不闻；清静乐道，温良下士，惠于故旧，笃于师友。孔子曰“未若贫而乐，富而好礼”，公之谓矣。

及为侍中，故定陵侯淳于长有大逆罪，公不敢私，建白诛讨。周公诛管蔡，季子鸩叔牙，公之谓矣。

是以孝成皇帝命公大司马，委以国统。孝哀即位，高昌侯董宏希指求美，造作二统，公手劾之，以定大纲。建白定陶太后不宜在乘舆幄坐，以明国体。《诗》曰“柔亦不茹，刚亦不吐，不侮鳏寡，不畏强圉”，公之谓矣。

深执谦退，推诚让位。定陶太后欲立僭号，惮彼面刺幄坐之义，佞惑之雄，朱博之畴，惩此长、宏手劾之事，上下壹心，谗贼交乱，诡辟制度，遂成篡号，斥逐仁贤，诛残戚属，而公被胥、原之诉，远去就国，朝政崩坏，纲纪废弛，危亡之祸，不隧如发。《诗》云“人之云亡，邦国殄顇”，公之谓矣。

币二万万”。王莽一再辞让，只接受了四千万钱，将其中的三千三百万分给了其他十一位随嫁媵妾的人家。群臣又奏言说：“如今皇后接受的聘礼，不比随嫁的媵妾多。”太后又下诏，聘礼再增加二千三百万，共三千万。王莽又将其中的一千万分给了九族中的穷人。

陈崇当时担任大司徒司直，与张敞的孙子张竦交好。张竦是位博学通达的士人，他为陈崇起草奏章，称赞王莽的功德，陈崇呈上奏章，奏章中写道：

臣见到安汉公在为官之初，正值世俗推崇奢靡之时，安汉公承蒙成帝和太后两宫骨肉至亲的恩宠，身受叔伯显赫的荣光，财多势大，无人能违逆王氏一族的意愿，然而安汉公却能降低身份，践行仁义，克己复礼，违世正俗，特立独行；穿着俭朴，饮食粗劣，车马简陋，没有姬妾，家族之内，孝顺父母、友爱兄弟的美德，无人不闻；安汉公清静乐道，温良谦让，礼贤下士，施恩故旧，忠于师友。孔子说“做人最好的莫过于贫穷而快乐，富有而好礼”，安汉公就是这样的人。

等到安汉公担任侍中，原定陵侯淳于长犯下大逆罪，安汉公不敢偏私，奏请诛讨奸邪。如同周公诛杀管叔、蔡叔，季子鸩杀叔牙，安汉公就是这样的人。

因此孝成皇帝命安汉公担任大司马，将国家大权交托给安汉公。孝哀帝继位后，高昌侯董宏迎合傅太后的意旨，以此博得名位，奏请将丁姬尊为皇太后，形成两个正统，安汉公亲自弹劾他，以定朝纲。安汉公奏请定陶傅太后不宜与太后同在帷幕中就座，以明国体。《诗经》中讲“软弱的不欺，刚硬的不怕，不欺辱鳏寡，不畏惧强权”，安汉公就是这样的人。

安汉公深怀谦恭，诚心推让大司马的职位。定陶太后心存僭越妄称尊号，但定陶太后忌惮安汉公当面指责她，不该与太后同在帷幕中就座，于是用尽谄媚的计谋，迷惑朱博之流，借安汉公曾亲自弹劾淳于长、董宏之事而惩戒他，奸邪之徒上下一心，一同毁谤残害贤良忠臣，违逆歪曲礼制，最终傅太后得以赐封尊号，傅太后驱逐仁贤之士，残害皇室外戚，而安汉公身受伍子胥、屈原那样的诬陷诽谤，远

当此之时，宫亡储主，董贤据重，加以傅氏有女之援，皆自知得罪天下，结仇中山，则必同忧，断金相翼，藉假遗诏，频用赏诛，先除所惮，急引所附，遂诬往冤，更惩远属，事势张见，其不难矣！赖公立入，即时退贤，及其党亲。当此之时，公运独见之明，奋亡前之威，盱衡厉色，振扬武怒，乘其未坚，厌其未发，震起机动，敌人摧折，虽有贲育不及持刺，虽有樗里不及回知，虽有鬼谷不及造次，是故董贤丧其魂魄，遂自绞杀。人不还踵，日不移晷，霍然四除，更为宁朝。非陛下莫引立公，非公莫克此祸。《诗》云"惟师尚父，时惟鹰扬，亮彼武王"，孔子曰"敏则有功"，公之谓矣。

于是公乃白内故泗水相丰、蘩令邯，与大司徒光、车骑将军舜建定社稷，奉节东迎，皆以功德受封益土，为国名臣。《书》曰"知人则哲"，公之谓也。

公卿咸叹公德，同盛公勋，皆以周公为比，宜赐号安汉公，益封二县，公皆不受。传曰申包胥不受存楚之报，晏平仲不受辅齐之封，孔子曰"能以礼让为国乎何有"，公之谓也。

将为皇帝定立妃后，有司上名，公女为首，公深辞让，迫不得已然后受诏。父子之亲天性自然，欲其荣贵甚于为身，皇后之尊侔于天子，当时之会千载希有，然而公惟国家之统，揖大福之恩，事

离朝廷返回封国，当时朝政崩坏，纲纪废弛，危亡之祸，千钧一发。《诗经》中讲“君王为政不善，使贤人逃走，国家将会困顿衰亡”，安汉公就是这样的人。

当时，宫中没有后嗣，董贤窃据要位，再加上傅氏有身为哀帝皇后女儿的帮助，他们都自知得罪于天下，傅太后诬陷中山冯太后祝诅之罪，他们相互勾结，狼狈为奸，假借遗诏，频用赏罚，先铲除忌惮的人，再任用攀附他们的人，诬陷以往结怨的仇敌，再召集远方的宗亲，共立幼主，奸邪计谋表露无遗，不难觉察！幸得安汉公入朝，马上斥退董贤，以及其党亲。就在当时，安汉公运用自身的远见卓识，奋起无人敢挡的威严，举眉扬目，神情严厉，振奋威怒，趁他们之间尚未稳固，控制阴谋于还没开始之时，以雷霆万钧之势，将敌人击退，即便是孟贲、夏育这些勇士也来不及反击，即便是樗里子也未能预料，即便是鬼谷子也来不及应对，最终董贤丧失魂魄，上吊自尽。人们还来不及转身，太阳在日晷上还未移动，天下转眼变得太平，朝廷重新安定。若非陛下则无人能重用安汉公，若非安汉公则无人能平息这场灾祸。《诗经》中将“唯有太师尚父吕望，如同雄鹰翱翔，辅助武王灭商”，孔子说“应对迅速，便能成功”，安汉公就是这样的人。

于是安汉公奏请原泗水国相甄丰、斄县县令甄邯，和大司徒孔光、车骑将军王舜共同商定社稷大计，持节东行迎接新帝，他们都因此受封爵位土地，成为国家名臣。《尚书》中讲“能够鉴察人才则是有智慧”，安汉公就是这样的人。

公卿大臣全都赞叹安汉公的德行，共同赞誉安汉公的功勋，将安汉公与周公相比，认为应当赐号安汉公，增加两个县的封地，这些赏赐安汉公都没有接受。传说申包胥不肯接受保全楚国的犒赏，晏平仲不肯接受辅佐齐景公的赐封，孔子说“能够以礼让的态度治理国家，还会有什么难处呢”，安汉公就是这样的人。

将为皇帝选定皇后妃嫔，有关官员呈送名册，安汉公之女列在首位，安汉公再三推辞，迫不得已接受了诏令。父子之亲是天性，是自然而生的，想让子女尊享荣华的心情胜过自己尊享荣华的欲望，皇

事谦退，动而固辞。《书》曰“舜让于德不嗣”，公之谓矣。

自公受策，以至于今，亹亹翼翼，日新其德，增修雅素以命下国，俊俭隆约以矫世俗，割财损家以帅群下，弥躬执平以逮公卿，教子尊学以隆国化。僮奴衣布，马不秣谷，食饮之用，不过凡庶。《诗》云“温温恭人，如集于木”，孔子曰“食无求饱，居无求安”，公之谓矣。

克身自约，籴食逮给，物物卬市，日阕亡储。又上书归孝哀皇帝所益封邑，入钱献田，殚尽旧业，为众倡始。于是小大乡和，承风从化，外则王公列侯，内则帷幄侍御，翕然同时，各竭所有，或入金钱，或献田亩，以振贫穷，收赡不足者。昔令尹子文朝不及夕，鲁公仪子不茹园葵，公之谓矣。

开门延士，下及白屋，娄省朝政，综管众治，亲见牧守以下，考迹雅素，审知白黑。《诗》云“夙夜匪解，以事一人”，《易》曰“终日乾乾，夕惕若厉”，公之谓矣。

比三世为三公，再奉送大行，秉冢宰职，填安国家，四海辐凑，靡不得所。《书》曰“纳于大麓，列风雷雨不迷”，公之谓矣。

此皆上世之所鲜，禹稷之所难，而公包其终始，一以贯之，可谓备矣！是以三年之间，化行如神，嘉瑞叠累，岂非陛下知人之效，得贤之致哉！故非独君之受命也，臣之生亦不虚矣。是以伯禹锡玄

后之尊与天子等同，当时有千载难逢的机会，但安汉公却在思虑国家大统，没有接受如此宏大的恩宠，安汉公事事谦逊退让，动辄再三推辞。《尚书》中讲“舜认为自己德行浅薄，不足以继承尧帝的功业”，安汉公就是这样的人。

自从安汉公接受策命以来，一直到今天，为人勤勉恭敬，德行日新，增进自己的道德操行来诏令各个诸侯国，亲身力行节俭来矫正社会风气，四散家财来作为群臣的典范，公平理政来带动公卿大臣，教导子女尊师重道来振兴国家的教化。安汉公的奴仆身穿布衣，喂马不用谷物，饮食的花费，没有超过平民百姓。《诗经》中讲“温和谦恭的人，如同群鸟栖息在树上”，孔子说“饮食不求饱足，居住不求安逸”，安汉公就是这样的人。

安汉公克己复礼，买进的粮食仅够食用，所用的器物都是从集市上购买，当天就会用完，没有囤积。安汉公还上奏归还孝哀皇帝所加封的食邑，捐献金钱田地，散尽家财，最先提倡这些事情。于是朝中上下纷纷响应，接受教化，效仿安汉公，外至王公列侯，内至宫禁侍从，大众不谋而合，各人竭尽所有，有的捐献金钱，有的捐献田地，以此救济贫穷百姓，收养衣食不足的人。从前楚国令尹子文倾尽家财来解救国难，以至于朝不保夕，鲁国丞相公仪子将自家院中的葵菜全都拔掉，是为了不与百姓争利，安汉公就是这样的人。

安汉公敞开大门接纳士人，礼贤下士，不断精兵简政，总领百官，亲自接见州牧、郡守以下的官员，考核政绩，查看他们平素的德行操守，审察了解他们的善恶功过。《诗经》中讲“昼夜不会懈怠，奉事天子”，《易经》中讲“终日勤勉不息，夜晚依旧小心谨慎，没有懈怠”，安汉公就是这样的人。

安汉公连续三朝担任三公，为两朝皇帝安葬送行，总领百官，安定国家，四海归顺，各得其所。《尚书》中讲“一国之君若有圣德，即便遇到风雨雷电也不会迷惑”，安汉公就是这样的人。

这些事情都是先代少有的，大禹、后稷也难以完成，而安汉公能善始善终，以一贯之，可谓德行完备！所以三年之间，教化施行如有神助，吉兆祥瑞层出不穷，这不正是陛下慧眼识人，得到贤才辅佐

圭，周公受郊祀，盖以达天之使，不敢擅天之功也。揆公德行，为天下纪；观公功勋，为万世基。基成而赏不配，纪立而褒不副，诚非所以厚国家，顺天心也。

高皇帝褒赏元功，相国萧何邑户既倍，又蒙殊礼，奏事不名，入殿不趋，封其亲属十有余人。乐善无厌，班赏亡遴，苟有一策，即必爵之，是故公孙戎位在充郎，选繇旄头，壹明樊哙，封二千户。孝文皇帝褒赏绛侯，益封万户，赐黄金五千斤。孝武皇帝恤录军功，裂三万户以封卫青，青子三人，或在襁褓，皆为通侯。孝宣皇帝显著霍光，增户命畴，封者三人，延及兄孙。夫绛侯即因汉藩之固，杖朱虚之鲠，依诸将之递，据相扶之势，其事虽丑，要不能遂。霍光即席常任之重，乘大胜之威，未尝遭时不行，陷假离朝，朝之执事，亡非同类，割断历久，统政旷世，虽曰有功，所因亦易，然犹有计策不审过征之累。及至青、戎，摽末之功，一言之劳，然犹皆蒙丘山之赏。课功绛、霍，造之与因也；比于青、戎，地之与天也。而公又有宰治之效，乃当上与伯禹、周公等盛齐隆，兼其褒赏，岂特与若云者同日而论哉？然曾不得蒙青等之厚，臣诚惑之！

臣闻功亡原者赏不限，德亡首者褒不检。是故成王之于周公也，度百里之限，越九锡之检，开七百里之宇，兼商、奄之民，赐以

的结果嘛！所以并不仅是因为君主承受天命，也是因为贤臣生逢其时。大禹受赐玄圭，周公享受郊祀，这也是因为天降贤才辅佐君王，君王表彰臣子的功绩而不敢专擅独享。审察安汉公的德行，可以为天下表率；观察安汉公的功勋，可以为万世基业。基业成就而赏赐不相配，表率树立而褒扬不相称，这着实不是重视国家，顺应天心的做法。

高皇帝褒奖首功之臣，让相国萧何的食邑增加了一倍，并且还享受特殊的礼遇，奏事不必上报姓名，进殿拜见不必快步急行，萧何有十多位亲属得到封赏。高皇帝从善如流，不会厌烦，封赏从不会吝啬，若是有人能献上一策，就必定会封赏爵位，因此公孙戎担任郎官，是从先驱的骑兵中挑选出来的，听闻樊哙造反，公孙戎为樊哙辩明，高皇帝就赏赐他二千户食邑。孝文皇帝褒奖绛侯周勃，加封一万户食邑，赏赐黄金五千斤。孝武皇帝犒赏有军功的将士，封赏卫青三万户食邑，卫青的三个儿子，有的尚在襁褓之中，都受封为通侯。孝宣皇帝表彰霍光，增加食邑，允许后世承袭，霍氏一族中有三人受赏，赏赐延及兄长的孙子。绛侯因汉室外有藩国的坚固屏障，内有朱虚侯的忠心，依仗诸位将士的同心团结，互相帮扶，虽然吕氏一党意欲造反作乱，心怀奸邪，但这件事终究不会成功。霍光长期身居要职，有屡获大胜的威势，未曾遇到时运不佳的时候，即便遭受陷害而远离朝堂，朝中的主要官吏，无一不是霍光的同党，霍光长期专断独行，执掌朝政历经三朝，虽说有功劳，建功立业也十分容易，但依然会有谋略不周，有错立昌邑王之误。至于卫青、公孙戎，不过是微末之功，一言之劳，但他们依旧受到了丰厚的奖赏。考察绛侯、霍光的功绩，是因为时机成熟；安汉公相比于卫青、公孙戎，则是天地之别。而安汉公又有治理国家的功绩，则应当得到与大禹、周公一样的尊崇赞誉，也应当得到和他们同等的奖赏，怎能与绛侯、霍光、卫青、公孙戎同日而论呢？但安汉公尚未得到卫青等人受到的丰厚奖赏，臣着实感到疑惑！

臣听闻赏赐丰功伟绩不应当受限制，褒扬德茂才高不应当受拘束。因此周成王封赏周公，越过了方圆百里的界限，超过了九种礼器

附庸殷民六族，大路大旗，封父之繁弱，夏后之璜，祝宗卜史，备物典策，官司彝器，白牡之牲，郊望之礼。王曰："叔父，建尔元子。"子父俱延拜而受之。可谓不检亡原者矣。非特止此，六子皆封。《诗》曰："亡言不雠，亡德不报。"报当如之，不如非报也。近观行事，高祖之约非刘氏不王，然而番君得王长沙，下诏称忠，定著于令，明有大信不拘于制也。春秋晋悼公用魏绛之策，诸夏服从。郑伯献乐，悼公于是以半赐之。绛深辞让，晋侯曰："微子，寡人不能济河。夫赏，国之典，不可废也。子其受之。"魏绛于是有金石之乐，《春秋》善之，取其臣竭忠以辞功，君知臣以遂赏也。今陛下既知公有周公功德，不行成王之褒赏，遂听公之固辞，不顾《春秋》之明义，则民臣何称，万世何述？诚非所以为国也。臣愚以为宜恢公国，令如周公，建立公子，令如伯禽。所赐之品，亦皆如之。诸子之封，皆如六子。即群下较然输忠，黎庶昭然感德。臣诚输忠，民诚感德，则于王事何有？唯陛下深惟祖宗之重，敬畏上天之戒，仪形虞、周之盛，敕尽伯禽之赐，无遴周公之报，令天法有设，后世有祖，天下幸甚！

太后以视群公，群公方议其事，会吕宽事起。

初，莽欲擅权，白太后："前哀帝立，背恩义，自贵外家丁、傅，

的拘束，开拓了方圆七百里的封国地域，兼并商、奄两国的百姓，将殷商的条氏、徐氏、萧氏、索氏、长勺氏、尾勺氏赐给周公作为附属小国，并且赏赐周公大车和大旗，封父的良弓，夏后的玉璜，为周公设立太祝、太宗、太卜、太史等四官，并置办各种器物和典籍书册，设立百官和祭器，可以用白色的雄兽进行祭祀，和天子一样祭祀天地山川。周成王说："叔父，我要为您的长子分封侯爵。"于是周公父子先后都下拜受封。这可谓是赏赐丰功伟绩不受限制。不仅仅是这些，周公的其他六个儿子都得到封赏。《诗经》上说："没有善言不会被采纳，没有德行高的人得不到回报。"封赏应与德行相称，不相称不如不封赏。反观近代行事，高祖定下规矩，非刘氏不得封王，然而番君吴芮却受封为长沙王，高祖下诏称赞吴芮的忠诚，并在律令中明确记载，这是表示对于有信用的人不必拘于制度的限制。春秋时晋悼公接受了魏绛的计策，使各诸侯国都臣服于他。郑伯前来进献乐器，晋悼公就拿出其中一半赏赐魏绛。魏绛推辞，晋悼公说："没有您，寡人的疆域不能越过黄河。赏赐，是国家的典章制度，不可废弃。您要收下。"魏绛因此可以享受钟磬之乐，《春秋》中称赞晋悼公，认为臣子竭尽忠诚又推辞功劳奖赏，君主要知晓臣子的忠心并给予封赏。如今陛下既然明知安汉公有周公的功德，却没有像周成王那样进行褒奖封赏，却听任安汉公再三推辞，没有顾及到《春秋》之义，这样百姓和臣子将如何称颂，后世子孙将如何记述？这么做着实不是治国的良策。臣愚认为应当扩大安汉公的封国，如同周公，为安汉公的长子分封侯爵，如同伯禽。所赏赐的东西，也都如同周公。安汉公其他儿子的封赏，都应当如同周公的六个儿子。这样群臣才会明白尽忠的结果，百姓才会感激圣德的教化。倘若群臣真的能奉公尽忠，百姓真的能感激圣德，那么朝政还会有什么缺漏呢？希望陛下深思祖宗的重托，敬畏上天的告诫，效法虞舜、周成王的盛德，完备伯禽那样的赏赐，不吝惜周公那样的封赏，使法制完备，后世效仿，这是天下的幸事！

太后将奏章拿给群臣看，群臣论议这件事，恰逢吕宽之事发生。

起初，王莽想独断专权，便向太后禀报说："从前哀帝继位，背

挠乱国家，几危社稷。今帝以幼年复奉大宗，为成帝后，宜明一统之义，以戒前事，为后代法。”于是遣甄丰奉玺绶，即拜帝母卫姬为中山孝王后，赐帝舅卫宝、宝弟玄爵关内侯，皆留中山，不得至京师。莽子宇，非莽隔绝卫氏，恐帝长大后见怨。宇即私遣人与宝等通书，教令帝母上书求入。语在《卫后传》。莽不听。宇与师吴章及妇兄吕宽议其故，章以为莽不可谏，而好鬼神，可为变怪以惊惧之，章因推类说令归政于卫氏。宇即使宽夜持血洒莽第，门吏发觉之，莽执宇送狱，饮药死。宇妻焉怀子，系狱，须产子已，杀之。莽奏言：“宇为吕宽等所诖误，流言惑众，与管蔡同罪，臣不敢隐其诛。”甄邯等白太后下诏曰：“夫唐尧有丹朱，周文王有管蔡，此皆上圣亡奈下愚子何，以其性不可移也。公居周公之位，辅成王之主，而行管蔡之诛，不以亲亲害尊尊，朕甚嘉之。昔周公诛四国之后，大化乃成，至于刑错。公其专意翼国，期于致平。”莽因是诛灭卫氏，穷治吕宽之狱，连引郡国豪桀素非议己者，内及敬武公主、梁王立、红阳侯立、平阿侯仁，使者迫守，皆自杀。死者以百数，海内震焉。大司马护军褒奏言：“安汉公遭子宇陷于管蔡之辜，子爱至深，为帝室故不敢顾私。惟宇遭罪，喟然愤发作书八篇，以戒子孙。宜班郡国，令学官以教授。”事下群公，请令天下吏能诵公戒者，以著官簿，比《孝经》。

弃恩义，只让自己的外戚丁氏、傅氏显贵，扰乱国家，几乎危及社稷。如今平帝年幼便承继大宗，出嗣成帝，应当明白统一社稷的大义，以前朝之事作为鉴戒，为后世所效法。”于是太后派甄丰捧着玺绶，封平帝的母亲卫姬为中山孝王后，赐平帝的舅舅卫宝、卫宝的弟弟卫玄关内侯爵位，让他们都留在中山国，不得前往长安。王莽的儿子王宇，反对王莽将卫氏和平帝分开，担心平帝长大后会心生怨恨。王宇便暗中派人和卫宝等通信，让平帝的母亲上书奏请入宫。详见《卫后传》。王莽没有答应。王宇和他的老师吴章以及妻子的兄长吕宽议论这件事情，吴章认为王莽不会听从劝谏，而王莽喜好相信鬼神，可以通过异象使他感到惊惧，吴章趁机再向王莽谏言让他将朝政归还卫氏。王宇便让吕宽夜晚时将血洒在王莽的府第前，守门的吏卒察觉了这件事，王莽将王宇投进监狱，并让王宇服毒自尽。王宇的妻子吕焉当时怀有身孕，也被关在狱中，等到吕焉产子以后，再将她诛杀。王莽上奏说：“王宇被吕宽等人蒙蔽误导，散布流言，迷惑大众，与管叔、蔡叔同罪，臣不敢有所隐瞒，已经将他诛杀。”甄邯等人禀奏太后，太后下诏说：“唐尧有丹朱，周文王有管叔、蔡叔，这都是前代的圣贤遇到愚子感到无可奈何，因为他们本性难移。安汉公居于周公之位，辅佐成王那样的幼主，施行管叔、蔡叔那样的诛罚，不因为自己的至亲而损害朝廷，朕十分赞赏。以往周公诛灭三监及淮夷的后人，教化才得以完成，以至于制定的刑罚搁置不用。安汉公应当专心辅佐朝政，希望实现天下太平。”王莽因此又诛杀了卫氏，彻查吕宽所犯的罪行，牵连到平素毁谤自己的郡国的众多豪杰，朝中涉及敬武公主、梁王刘立、红阳侯王立、平阿侯王仁，王莽派使者立即前往收捕，他们全都自杀。死的人数以百计，天下为之震惊。名叫褒的大司马护军奏言说：“安汉公遇到儿子王宇身陷管叔、蔡叔那样的罪行，爱子之情虽然至深，但为了皇室不敢徇私。安汉公想到王宇犯罪，感慨愤懑，提笔奋然写下八篇文章，以此告诫子孙。应当将这些文章发到各个郡国，诏令学官进行教授。”太后将这件事交由群臣处理，他们奏请诏令天下凡能背诵安汉公训诫子孙文章的官员，都记录在官吏政绩资历的簿籍中，将安汉公的文章视作《孝经》。

四年春，郊祀高祖以配天，宗祀孝文皇帝以配上帝。四月丁未，莽女立为皇后，大赦天下，遣大司徒司直陈崇等八人分行天下，览观风俗。

太保舜等奏言："《春秋》列功德之义，太上有立德，其次有立功，其次有立言，唯至德大贤然后能之。其在人臣，则生有大赏，终为宗臣，殷之伊尹，周之周公是也。"及民上书者八千余人，咸曰："伊尹为阿衡，周公为太宰，周公享七子之封，有过上公之赏。宜如陈崇言。"章下有司，有司请"还前所益二县及黄邮聚、新野田，采伊尹、周公称号，加公为宰衡，位上公。掾史秩六百石。三公言事，称'敢言之'。群吏毋得与公同名。出从期门二十人，羽林三十人，前后大车十乘。赐公太夫人号曰功显君，食邑二千户，黄金印赤韨。封公子男二人，安为褒新侯，临为赏都侯。加后聘三千七百万，合为一万万，以明大礼"。太后临前殿，亲封拜。安汉公拜前，二子拜后，如周公故事。莽稽首辞让，出奏封事，愿独受母号，还安、临印韨及号位户邑。事下太师光等，皆曰："赏未足以直功，谦约退让，公之常节，终不可听。"莽求见固让。太后下诏曰："公每见，叩头流涕固辞，今移病，固当听其让，令眡事邪？将当遂行其赏，遣归就第也？"光等曰："安、临亲受印韨，策号通天，其义昭昭。黄邮、召陵、新野之田为入尤多，皆止于公，公欲自损以成国化，宜可听许。治平之化当以时成，宰衡之官不可世及。纳征钱，乃以尊皇后，非为公也。功显君户，止身不传。褒新、赏都两国合三千户，甚少矣。忠臣之节，亦宜自屈，而信主上之义。宜遣大司徒、大司空持节承制，诏公亟入眡事。诏尚书勿复受公之让奏。"奏可。

元始四年（4）春季，平帝在郊外祭祀高祖以配上天，在宗庙中祭祀孝文皇帝以配上帝。四月丁未日，王莽的女儿被立为皇后，朝廷宣布大赦天下，派遣大司徒司直陈崇等八人分别前往全国各地，考察当地的风俗。

太保王舜等人上奏说："《春秋》中列举了功德的大义，首先是树立德行，其次是建功立业，再次是著书立说，只有至德大贤才能做到这些。身为臣子，则应当在生前得到丰厚的奖赏，死后成为世人所敬仰的名臣，就像殷商的伊尹，周朝的周公。"另外还有八千多名百姓上书，他们都说："当时伊尹担任阿衡，周公担任太宰，周公的七个儿子都得到了分封，超过了上公的封赏。应当准许陈崇的奏请。"太后将奏章交由有关官员商议，有关官员奏请"归还此前加封安汉公的两个县以及黄邮聚、新野县的田地，用伊尹和周公的官名，加封安汉公宰衡的称号，位居上公。掾史的俸禄为六百石。三公上书言事，开头要说'敢言之'。其他官吏不得与安汉公同名。安国公出入时要有期门骑兵二十人，羽林骑兵三十人跟随，前后各有十辆大车。将安汉公的母亲赐封为功显君，赏赐食邑两千户，授予红色丝带系着的黄金印章。封赏安汉公的两个儿子，将王安封为褒新侯，王临封为赏都侯。将皇后的聘礼再增加三千七百万，共一万万，以彰显礼仪的隆重"。太后驾临前殿，亲自赐爵授官。安汉公在前拜谢，两个儿子在后拜谢，就像周公过去受封一样。王莽叩拜辞让，出宫后向太后呈奏赐封之事，表示只愿意接受母亲的封号，要将王安、王临的印绶以及爵位食邑归还。太后将这件事交由太师孔光等人商议，他们都说："赏赐尚且不足以与功绩相配，谦虚节俭，做事退让，这是安汉公一贯的操行，不必听从他的奏请。"王莽依旧奏请进见太后，一再辞让封赏。太后下诏说："安汉公每次进见，都会叩头泣涕，再三推辞，如今称病，是应当同意他的辞让，让他重回朝中处理政务呢？还是应当实行他的封赏，让他回到自己的府中呢？"孔光等人说："王安、王临亲自接受了侯爵印绶，赐封的爵位称号已经通告上天，这件事情已经清楚明了。黄邮聚、召陵县、新野县的田地税收颇丰，都是因为安汉公，安汉公想减损自己的利益来推行国家的教化，应该同意他的奏请。

莽乃起眂事，上书言："臣以元寿二年六月戊午仓卒之夜，以新都侯引入未央宫；庚申拜为大司马，充三公位；元始元年正月丙辰拜为太傅，赐号安汉公，备四辅官；今年四月甲子复拜为宰衡，位上公。臣莽伏自惟，爵为新都侯，号为安汉公，官为宰衡、太傅、大司马，爵贵号尊官重，一身蒙大宠者五，诚非鄙臣所能堪。据元始三年，天下岁已复，官属宜皆置。《穀梁传》曰：'天子之宰，通于四海。'臣愚以为，宰衡官以正百僚平海内为职，而无印信，名实不副。臣莽无兼官之材，今圣朝既过误而用之，臣请御史刻宰衡印章曰'宰衡太傅大司马印'，成，授臣莽，上太傅与大司马之印。"太后诏曰："可。韨如相国，朕亲临授焉。"莽乃复以所益纳征钱千万，遗与长乐长御奉共养者。太保舜奏言："天下闻公不受千乘之土，辞万金之币，散财施予千万数，莫不乡化。蜀郡男子路建等辍讼惭怍而退，虽文王却虞芮何以加！宜报告天下。"奏可。宰衡出，从大车前后各十乘，直事尚书郎、侍御史、谒者、中黄门、期门羽林。宰衡常持节，所止，谒者代持之。宰衡掾史秩六百石，三公称"敢言之"。

是岁，莽奏起明堂、辟雍、灵台，为学者筑舍万区，作市、常

政治清明社会安定应该及时实现，宰衡的官爵不可世袭。增加聘礼，是为了尊重皇后，不是为了安汉公。功显君的食邑，止于自己，后世不能承袭。褒新、赏都两国共有三千户，已经很少了。忠臣的操行，也应该自我克制，以此申明君主赏罚的大义。太后应当派遣大司徒、大司空持节奉诏，诏令安汉公赶快入朝处理政务。诏令尚书不要再接受安汉公辞让的奏章。”太后同意了孔光等人的奏书。

于是王莽起身处理政事，上书说：“臣在元寿二年（前2）六月戊午日夜晚发生仓促之事，哀帝驾崩，臣得以赐封为新都侯而进入未央宫；庚申日臣拜为大司马，充任三公；元始元年（1）正月丙辰日臣拜为太傅，赐号安汉公，官至四辅；今年（元始四年，4年）四月甲子日再次拜为宰衡，位至上公。臣自己思量，爵位为新都侯，称号为安汉公，官至宰衡、太傅、大司马，爵贵号尊官重，一身承蒙五样恩宠，实在不是鄙臣所能承受的。元始三年（3）以来，天下的收成已经恢复正常，各个官职都应当重新设置。《穀梁传》中讲：‘天子的大臣，通达四海。’臣愚认为，宰衡的职责是匡正百官安定天下，却没有印信，名实不副。臣没有兼任数职的才能，如今朝廷既已失误重用了臣，臣奏请御史篆刻宰衡的官印，名为‘宰衡太傅大司马印’，官印刻好后，授予臣，臣交还太傅和大司马的印绶。”太后下诏说：“可以。印章的系带和相国一样，朕将会亲临朝廷授予安汉公。”王莽便又将皇室所增加聘礼中的一千万，赠给长乐宫中服侍太后的侍从和女官。太保王舜奏言说：“天下听闻安汉公不接受千乘之国的封土，推辞了万金的聘礼，四散财产施予千万人，百姓无不敬仰称道。蜀郡男子路建等人听闻这些事便心生惭愧不再争讼，相互退让而去，就算是当年周文王感化虞、芮两国国君，使得他们放弃田地之争而相互退让，也不过如此！应当将这件事昭告天下。”太后准许了王舜的奏请。宰衡出行，前后跟随的车子各有十辆，有当值的官员，还有尚书郎、侍御史、谒者官、中黄门、期门骑兵和羽林军随行。宰衡常常手持符节，停下时，由谒者代持。宰衡掾史的俸禄为六百石，三公向宰衡陈奏时自称“敢言之”。

同年，王莽奏请兴建明堂、辟雍、灵台，为学生建造一万多间

满仓，制度甚盛。立《乐经》，益博士员，经各五人。征天下通一艺教授十一人以上，及有逸《礼》、古《书》、《毛诗》、《周官》、《尔雅》、天文、图谶、钟律、月令、兵法、《史篇》文字，通知其意者，皆诣公车。网罗天下异能之士，至者前后千数，皆令记说廷中，将令正乖缪，壹异说云。群臣奏言："昔周公奉继体之嗣，据上公之尊，然犹七年制度乃定。夫明堂、辟雍，堕废千载莫能兴，今安汉公起于第家，辅翼陛下，四年于兹，功德烂然。公以八月载生魄庚子奉使朝，用书临赋营筑，越若翊辛丑，诸生、庶民大和会，十万众并集，平作二旬，大功毕成。唐虞发举，成周造业，诚亡以加。宰衡位宜在诸侯王上，赐以束帛加璧，大国乘车、安车各一，骊马二驷。"诏曰："可。其议九锡之法。"

冬，大风吹长安城东门屋瓦且尽。

五年正月，祫祭明堂，诸侯王二十八人，列侯百二十人，宗室子九百余人，征助祭。礼毕，封孝宣曾孙信等三十六人为列侯，余皆益户赐爵，金帛之赏各有数。是时，吏民以莽不受新野田而上书者前后四十八万七千五百七十二人，及诸侯王、公、列侯、宗室见者皆叩头言，宜亟加赏于安汉公。于是莽上书曰："臣以外属，越次备位，未能奉称。伏念圣德纯茂，承天当古，制礼以治民，作乐以移风，四海奔走，百蛮并轃，辞去之日，莫不陨涕。非有款诚，岂可虚致？自诸侯王已下至于吏民，咸知臣莽上与陛下有葭莩之故，又得典职，每归功列德者，辄以臣莽为余言。臣见诸侯面言事于前者，未尝不流汗而惭愧也。虽性愚鄙，至诚自知，德薄位尊，力少任大，夙夜悼

宿舍，修建集市、常满仓，各项典章制度十分完备。在大学开设《乐经》，增加博士的人数，每一种经书各有五人讲授。征召天下通晓一门经学的教授有十一人，以及收藏已经散佚的《礼记》、古文《尚书》、《毛诗》、《周官》、《尔雅》、天文、图谶、音律、月令、兵法、《史籀篇》等经典，通晓这些学问的人，都可以前往公车署。朝廷网罗天下才能卓越之士，来到长安的士人前后数以千计，王莽下令让他们都在朝廷上各抒己见，并且以此纠正有悖事理的说法，统一各种不同的观点。群臣上奏说："从前周公辅佐继位的幼主，身居上公的尊位，但是耗费七年的时间才将法令制度确定完善。明堂和辟雍，已经荒废上千年，无人能复兴重建，如今安汉公出身世家，辅佐陛下，至今才四年，就已经将这些法令制度确定完善，功德已经十分卓越显著。安汉公在八月十六庚子日接受朝廷诏令，拿着部署劳役的文书亲自安排兴建土木的事务，第二天辛丑日，儒生和百姓集会，安汉公又聚集了十万人，平缓从容劳作二十天，就大功告成了。即便是唐尧、虞舜兴起修建，周王修建东都洛邑，也无法匹敌。宰衡之位应当在诸侯王之上，并且赐予束帛和玉璧，以及大国君王所使用的乘车、安车各一辆，并驾的马八匹。"太后下诏说："可以。论议九种礼器的赏赐。"

当年冬季，大风将长安东城门上的屋瓦全部吹落。

元始五年（5）正月，皇帝和太后在明堂中合祭远近祖先，有诸侯王二十八人，列侯一百二十人，宗室子弟九百多人，应征参加祭祀。祭礼结束后，朝廷将孝宣帝曾孙刘信等三十六人赐封为列侯，其他人全都增加食邑，赐封爵位，赏赐的金钱和丝帛各有差异。当时，因王莽不接受新野县的田地而上书的官吏和百姓，前后共有四十八万七千五百七十二人，以及诸侯王、公卿、列侯和进见的宗室，他们全都叩头奏言，应当赶快加赏安汉公。于是王莽上书说："臣身为外戚，超越次序愧居高位，但未能称职。臣念及陛下圣德纯茂，承顺天意，遵循古制，制定礼法来治理百姓，创作音乐来移风易俗，四海来朝，百蛮归附，他们辞别朝廷离开京师之日，无不泣涕落泪。若不是出自真心，怎能凭空招致这么多人？从诸侯王以下到官吏百

粟，常恐污辱圣朝。今天下治平，风俗齐同，百蛮率服，皆陛下圣德所自躬亲，太师光、太保舜等辅政佐治，群卿大夫莫不忠良，故能以五年之间至致此焉。臣莽实无奇策异谋。奉承太后圣诏，宣之于下，不能得什一；受群贤之筹画，而上以闻，不能得什伍。当被无益之辜，所以敢且保首领须臾者，诚上休陛下余光，而下依群公之故也。陛下不忍众言，辄下其章于议者。臣莽前欲立奏止，恐其遂不肯止。今大礼已行，助祭者毕辞，不胜至愿，愿诸章下议者皆寝勿上，使臣莽得尽力毕制礼作乐事。事成，以传示天下，与海内平之。即有所间非，则臣莽当被诖上误朝之罪；如无他谴，得全命赐骸骨归家，避贤者路，是臣之私愿也。惟陛下哀怜财幸！”甄邯等白太后，诏曰：“可。唯公功德光于天下，是以诸侯王、公、列侯、宗室、诸生、吏民翕然同辞，连守阙庭，故下其章。诸侯、宗室辞去之日，复见前重陈，虽晓喻罢遣，犹不肯去。告以孟夏将行厥赏，莫不欢悦，称万岁而退。今公每见，辄流涕叩头言愿不受赏，赏即加不敢当位。方制作未定，事须公而决，故且听公。制作毕成，群公以闻。究于前议，其九锡礼仪亟奏。”

于是公卿大夫、博士、议郎、列侯张纯等九百二人皆曰：“圣

姓，都知道臣与陛下有亲属关系，臣又身居要职，大臣与诸侯每次归功列德时，总要顺带提到臣。臣见到诸侯在陛下面前提及这些事时，未尝不是汗如雨下而满心惭愧。臣虽然生性愚钝，却有自知之明，臣德行浅薄而官位尊贵，能力微小而责任重大，日夜惊惧颤栗，常常担心污损圣朝。如今天下太平，风俗相同，百蛮归服，都是因为陛下圣德，事必躬亲，太师孔光、太保王舜等人辅佐朝政，群臣公卿无不忠良，所以天下四海能在五年之间有如此的盛景。臣着实没有奇策异谋。只是奉承太后的圣旨，告知臣下，但实践的效果还不到十分之一；接受群贤的建议谋划，向上汇报，但最终记住的还不到十分之五。臣本应当承担不称职的罪责，但臣之所以能暂且保全性命，实在是上承陛下恩泽，下依群臣尊重的缘故。陛下不忍拒绝了众人的奏议，总是将奏章交由群臣论议。臣先前想阻止大臣为封赏臣的事情奏言，又担心无法阻止。如今祭礼已经结束，参加的人都已离开，臣最大的愿望，是希望交由群臣论议的有关封赏的奏章全都停止，不要再上报，让臣能倾尽全力完成制作礼乐的相关事宜。这件事完成之后，再将其中内容昭示天下，让海内来评判。若是有的地方受到非议，那么臣应当承担蒙蔽皇上迷误朝廷的罪行；若没有其他罪过，则臣得以保全性命，请陛下准许臣辞官归家，为贤者让路，这是臣的愿望。希望陛下哀怜圣裁！”甄邯等人禀奏太后，太后下诏说：“可以。只是安汉公的功德遍及天下，因此诸侯王、公卿、列侯、宗室、诸位儒生、官吏和百姓才会有相同的意愿，接连不断守候在宫门前，所以要将奏章交予群臣论议。诸侯、宗室离开之日，他们再次来到宫门前上奏，虽然已经告知他们让其散去，但他们依旧不肯离去。后来告诉他们将会在初夏时实行封赏，他们无不欢欣雀跃，高呼万岁离去。如今安汉公每次进见，都是泣涕叩头奏言说不愿意接受赏赐，赏赐增加就不敢担任现在的职位。正值朝廷制作礼乐还没有结束，万事需要安汉公来决断，所以暂且听从安汉公的意见。等到礼乐制作完成了，群臣再将意见呈报上来。再深究以前的论议，尽快陈奏赏赐九锡礼仪的事宜。”

于是公卿大夫、博士、议郎、富平侯张纯等九百零二人都奏言

帝明王招贤劝能，德盛者位高，功大者赏厚。故宗臣有九命上公之尊，则有九锡登等之宠。今九族亲睦，百姓既章，万国和协，黎民时雍，圣瑞毕溱，太平已洽。帝者之盛莫隆于唐虞，而陛下任之；忠臣茂功莫著于伊周，而宰衡配之。所谓异时而兴，如合符者也。谨以《六艺》通义，经文所见，《周官》《礼记》宜于今者，为九命之锡。臣请命锡。”奏可。策曰：

惟元始五年五月庚寅，太皇太后临于前殿，延登，亲诏之曰：公进，虚听朕言。前公宿卫孝成皇帝十有六年，纳策尽忠，白诛故定陵侯淳于长，以弥乱发奸，登大司马，职在内辅。孝哀皇帝即位，骄妾窥欲，奸臣萌动，公手劾高昌侯董宏，改正故定陶共王母之僭坐。自是之后，朝臣论议，靡不据经。以病辞位，归于第家，为贼臣所陷。就国之后，孝哀皇帝觉寤，复还公长安，临病加剧，犹不忘公，复特进位。是夜仓卒，国无储主，奸臣充朝，危殆甚矣。朕惟定国之计莫宜于公，引纳于朝，即日罢退高安侯董贤，转漏之间，忠策辄建，纲纪咸张。绥和、元寿，再遭大行，万事毕举，祸乱不作。辅朕五年，人伦之本正，天地之位定。钦承神祇，经纬四时，复千载之废，矫百世之失，天下和会，大众方辑。《诗》之灵台，《书》之作雒，镐京之制，商邑之度，于今复兴。昭章先帝之元功，明著祖宗之令德，推显严父配天之义，修立郊禘宗祀之礼，以光大孝。是以四海雍雍，万国慕义，蛮夷殊俗，不召自至，渐化端冕，奉珍助祭。寻旧本道，遵术重古，动而有成，事得厥中。至德要道，通于神明，祖考嘉享。光耀显章，天符仍臻，元气大同。麟凤龟龙，众祥之瑞，七百有余。遂制礼作乐，有绥靖宗庙社稷之大勋。普天之下，惟公是赖，官在宰衡，位为上公。今加九命之锡，其以助祭，共文武之职，乃遂及厥祖。於戏，岂不休哉！

说："圣明的帝王招揽贤者，奖赏有才能的人，德盛者位高，功大者赏厚。所以世间所敬仰的名臣可以享受九命上公的尊位，还可以得到超越平常的九种赏赐的恩宠。如今宗族亲睦，百官分明，万国和平，百姓安乐，祥瑞不断降临，太平盛世已经出现。帝王的功业没有比唐尧、虞舜更宏伟的，而陛下已经得到了；忠臣的功绩没有比伊尹、周公更显著的，而宰衡可以与之相匹配。这就是军衡虽然不能与伊尹、周公生在同一时代，但建立的功业却是相同的。谨用《六艺》的义理，经文中所记载的，《周官》《礼记》中适用于现在的，拟定九种赏赐，臣等奏请进行这一封赏。"太后准许了奏请。并颁布策书，说：

元始五年（5）五月庚寅日，太皇太后驾临前殿，召请安汉公进殿，亲自诏令说：安汉公上前，请虚心听朕所言。此前您辅佐孝成皇帝十六年，献策尽忠，谏言要严惩原定陵侯淳于长，因而得以制止动乱，揭发奸邪，荣登大司马之位，在朝中辅佐皇帝。孝哀皇帝继位，骄横的妃妾觊觎尊号，奸佞的臣子妄图造反，您亲自弹劾高昌侯董宏，匡正原定陶共王母亲僭越尊卑位序的座次。自此之后，朝臣论议政事，无不引经据典。后来您称病辞官，回到府中，又遭奸贼陷害。返回封国之后，孝哀皇帝有所醒悟，又征召您返回长安，病重时，依旧对您念念不忘，再次赐予特进之位。当晚哀帝驾崩，国家无人继位，奸臣充斥朝廷，天下社稷十分危急。朕想到安定国家的大计没有人比您更合适了，便将您召入朝中，当天就罢退了高安侯董贤，倾刻之间，忠策嘉谋随即建立，使朝纲法纪得以申张。绥和、元寿年间，两位天子驾崩，万事都能妥善处理，祸乱没有发生。您辅佐朕已有五年，人伦之本得以端正，天地之位得以确定。您敬奉神明，规划四季，恢复千年的典籍，矫正百世的失误，天下祥和，百姓安乐。《诗经》中记载的修建灵台，《尚书》中记载的兴建洛邑，镐京的礼制，商邑的法度，如今又复兴了。彰显先帝的伟大功勋，宣扬祖宗的高尚美德，推显祖先配祭上天的义理，修定祭祀天地祖先的礼法，以此发扬孝道。所以天下和平，万国敬仰，蛮夷风俗相异，但不用征召就自行前来朝拜，逐渐接受教化而改变服饰，进献珍宝以帮助祭祀。您寻求正道，遵循儒术，重视古制，凡是举措必会有成效，处理政事

于是莽稽首再拜，受绿韨衮冕衣裳，玚琫玚珌，句履，鸾路乘马，龙旂九旒，皮弁素积，戎路乘马，彤弓矢，卢弓矢，左建朱钺，右建金戚，甲胄一具，秬鬯二卣，圭瓒二，九命青玉珪二，朱户纳陛。署宗官、祝官、卜官、史官，虎贲三百人，家令丞各一人，宗、祝、卜、史官皆置啬夫，佐安汉公。在中府外第，虎贲为门卫，当出入者傅籍。自四辅、三公有事府第，皆用传。以楚王邸为安汉公第，大缮治，通周卫。祖祢庙及寝皆为朱户纳陛。陈崇又奏："安汉公祠祖祢，出城门，城门校尉宜将骑士从。入有门卫，出有骑士，所以重国也。"奏可。

其秋，莽以皇后有子孙瑞，通子午道。子午道从杜陵直绝南山，径汉中。

风俗使者八人还，言天下风俗齐同，诈为郡国造歌谣，颂功德，凡三万言。莽奏定著令。又奏为市无二贾，官无狱讼，邑无盗贼，野无饥民，道不拾遗，男女异路之制，犯者象刑。刘歆、陈崇等十二人皆以治明堂，宣教化，封为列侯。

都会秉持中正。最完美的品德和最精要的道理，能通于神灵，祖先得到祭祀供奉。光耀彰显，祥瑞降临，天下大同。麒麟、凤凰、神龟、飞龙，众多的祥瑞，前后共有七百多次。于是您制定礼乐，有安定宗庙社稷的伟大功勋。普天之下，唯有您可以仰赖，您官至宰衡，位列上公。如今加封九命的的赏赐，以此来协助祭祀，准许您设置文武百官，您得到的殊荣足以光宗耀祖。呜呼，岂不宏伟！

于是王莽稽首再拜，接受了绿色的蔽膝、上公的礼服和冠冕，美玉装饰的刀，歧头鞋子，四匹马拉着的带响铃的辂车，车上插着九条流苏的大龙旗，白鹿皮制成的冠，白色的下裳，四匹马拉着的兵车，红色弓箭，黑色弓箭，左边立着红色的斧钺，右边立着金色的斧钺，盔甲一套，香酒两坛，玉柄酒器两件，象征九命的青玉圭两只，红色的大门，修建在屋檐内台阶。被准许设置宗官、祝官、卜官、史官，以及虎贲勇士三百人，家令官、家丞官各一人，宗、祝、卜、史等官都设有属官杂役，辅佐安汉公。在王莽的官署和私宅，虎贲勇士担任门卫，有人出入需要登记在册。从四辅、三公起若有事需登府禀奏，都要用符信。朝廷将楚王在长安的官邸赐给安汉公作为府第，大加修缮，四周安排防卫。王莽的祖庙和父庙都受赐红色的大门以及修建在屋檐内的台阶。陈崇再次上奏说："安汉公祭祀祖庙，要从城门出去，城门校尉应当派遣骑士跟随。回府有门卫保护，出城有骑士跟随，这样做显示出重视国家贤臣。"奏请得到了准许。

这年秋季，王莽的女儿王皇后来了月经，可以生育子嗣了，王莽奏请修建子午道。子午道起于杜陵，通过终南山，到达汉中。

此前王莽派出考察民风的八名使者回来了，他们禀奏说天下风俗相同，并且伪造各个郡国的歌谣，以此来歌功颂德，共有三万字。王莽奏请将这些情况记录下来。朝臣们又奏言说市无二价，官府中没有狱案争讼，城邑中没有盗贼，郊野没有饥民，百姓路不拾遗，男女在不同的道路上行走，有犯罪的百姓只是像上古时期一样，让他们穿上异于大众的服饰以示羞辱。刘歆、陈崇等十二人都因奏请兴建明堂，宣扬教化，得以赐封为列侯。

莽既致太平，北化匈奴，东致海外，南怀黄支，唯西方未有加。乃遣中郎将平宪等多持金币诱塞外羌，使献地，愿内属。宪等奏言：“羌豪良愿等种，人口可万二千人，愿为内臣，献鲜水海、允谷盐池，平地美草皆予汉民，自居险阻处为藩蔽。问良愿降意，对曰：‘太皇太后圣明，安汉公至仁，天下太平，五谷成孰，或禾长丈余，或一粟三米，或不种自生，或茧不蚕自成，甘露从天下，醴泉自地出，凤皇来仪，神爵降集。从四岁以来，羌人无所疾苦，故思乐内属。’宜以时处业，置属国领护。”事下莽，莽复奏曰：“太后秉统数年，恩泽洋溢，和气四塞，绝域殊俗，靡不慕义。越裳氏重译献白雉，黄支自三万里贡生犀，东夷王度大海奉国珍，匈奴单于顺制作，去二名，今西域良愿等复举地为臣妾，昔唐尧横被四表，亦亡以加之。今谨案已有东海、南海、北海郡，未有西海郡，请受良愿等所献地为西海郡。臣又闻圣王序天文，定地理，因山川民俗以制州界。汉家地广二帝三王，凡十三州，州名及界多不应经。《尧典》十有二州，后定为九州。汉家廓地辽远，州牧行部，远者三万余里，不可为九。谨以经义正十二州名分界，以应正始。”奏可。又增法五十条，犯者徙之西海。徙者以千万数，民始怨矣。

泉陵侯刘庆上书言：“周成王幼少，称孺子，周公居摄。今帝富于春秋，宜令安汉公行天子事，如周公。”群臣皆曰：“宜如庆言。”

王莽认为天下已经太平，北方教化匈奴，东方招致海外国家，南方感怀黄支国，只有西方还没有佳音传来。便派遣中郎将平宪等人带着丰厚的金银财宝前去引诱塞外的羌族，想让羌族献出土地，以此表示愿意臣服于汉朝。平宪等人奏言说："羌人首领良愿等部落，人口共有一万二千人，他们愿意归属我国，进献鲜水海和允谷的盐池，平地和草原都愿意交给汉室，而他们自己居住在艰险阻塞之处，成为我国的屏障。询问良愿归附的原因，他回答说：'太皇太后圣明，安汉公至仁，天下太平，五谷丰登，有的禾苗有一丈多高，有的一个谷子上长出三个谷穗，有的不需要播种，庄稼自己就能长出来，有的蚕茧不需要蚕吐丝自己就能成茧，甘露从天而降，甘泉从地而出，凤凰飞来，神雀聚集。自从元始四年以来，羌族没有遭受过疾苦，所以愿意归附汉朝。'臣奏请应当及时安排他们的生活，设立属国管理他们。"太后将这件事情交由王莽处理，王莽回奏说："太后秉政数年，恩泽遍施天下，祥和之气充满四方，边远之地风俗不同，无不仰慕道义。越裳氏辗转翻译进献白雉，黄支国从三万里之外进贡活犀牛，东夷王横渡大海奉献国宝，匈奴单于依照我国礼制，改掉两字以上的名字，而今西域良愿等人又进献土地臣服于我国，过去唐尧的恩泽遍及四方，也不过如此。如今经过审慎考察我国已有东海郡、南海郡、北海郡，但还没有西海郡，臣奏请接受良愿等部落所进献的土地，作为西海郡。臣又听闻圣王理顺天文，定立地理，依据山川民俗来划定州界。汉朝的国土比尧舜二帝以及夏商周三王时还要辽阔，共有十二个州，州名以及州界大多与经书的记载不相符。《尧典》中记载原有十二州，后来确定为九州。汉朝疆土辽远，州牧若是要巡行所管辖的区域，最远的要走三万多里，不能只分成九州。谨用经典中所记载的内容分为十二州并确定各州的名称和州界，以此顺应礼法。"太后同意了王莽的奏请。朝廷又增设五十条法令，犯法的人要流放到西海郡。前后流放的人数以千万计，百姓渐渐心生怨恨。

泉陵侯刘庆上书说："周成王年幼时，称为孺子，周公摄政。如今皇帝尚且年幼，应当让安汉公代行天子之事，就和周公一样。"群臣都说："应当依照刘庆所言。"

冬，荧惑入月中。

平帝疾，莽作策，请命于泰畤，戴璧秉圭，愿以身代。藏策金縢，置于前殿，敕诸公勿敢言。十二月平帝崩，大赦天下。莽征明礼者宗伯凤等与定天下吏六百石以上皆服丧三年。奏尊孝成庙曰统宗，孝平庙曰元宗。时元帝世绝，而宣帝曾孙有见王五人，列侯广戚侯显等四十八人，莽恶其长大，曰："兄弟不得相为后。"乃选玄孙中最幼广戚侯子婴，年二岁，托以为卜相最吉。

是月，前辉光谢嚻奏武功长孟通浚井得白石，上圆下方，有丹书著石，文曰"告安汉公莽为皇帝"。符命之起，自此始矣。莽使群公以白太后，太后曰："此诬罔天下，不可施行！"太保舜谓太后："事已如此，无可奈何，沮之力不能止。又莽非敢有它，但欲称摄以重其权，填服天下耳。"太后听许。舜等即共令太后下诏曰："盖闻天生众民，不能相治，为之立君以统理之。君年幼稚，必有寄托而居摄焉，然后能奉天施而成地化，群生茂育。《书》不云乎？'天工，人其代之'。朕以孝平皇帝幼年，且统国政，几加元服，委政而属之。今短命而崩，呜呼哀哉！已使有司征孝宣皇帝玄孙二十三人，差度宜者，以嗣孝平皇帝之后。玄孙年在襁褓，不得至德君子，孰能安之？安汉公莽辅政三世，比遭际会，安光汉室，遂同殊风，至于制作，与周公异世同符。今前辉光嚻、武功长通上言丹石之符，朕深思厥意，云'为皇帝'者，乃摄行皇帝之事也。夫有法成易，非圣人者亡法。其令安汉公居摄践祚，如周公故事，以武功县为安汉公采地，名曰汉光邑。具礼仪奏。"

这年冬季，荧惑星经过月亮。

平帝患病，王莽写下策书，前往泰畤为平帝祈祷，王莽佩戴玉璧，手执玉圭，祈祷愿意以己身代替平帝。模仿周公为武王祈祷，王莽将策书封存在柜中，放在前殿，告诫大臣不要说出去。十二月平帝驾崩，朝廷大赦天下。王莽征召明晓礼仪的宗伯凤等人商定天下六百石以上的官吏全都服丧三年。王莽又奏请太后，将孝成帝的庙号尊为统宗，孝平帝的庙号尊为元宗。当时元帝的后嗣已经断绝，而宣帝的曾孙，健在的诸侯王有五人，还有位至列侯的广戚侯刘显等四十八人，王莽忌惮他们都已长大成人，便说："兄弟之间不能作为后嗣继承帝位。"王莽就在宣帝的玄孙中选择了年龄最小的广戚侯的儿子刘婴立为皇帝，年仅两岁，借口说刘婴的卜相最为吉利。

当月，前辉光谢嚣上奏说武功县县长孟通在挖凿水井时挖出一块白石，白石上圆下方，上面有朱红色文字，写着"告安汉公王莽为皇帝"。承受天命的符兆从此开始。王莽让群臣将这件事禀奏太后，太后说："这是在欺罔天下，不可施行！"太保王舜对太后说："事已至此，无可奈何，想加以制止恐怕不能做到。而且王莽不敢有什么野心，只想拥有摄政之名来扩大权势，镇服天下罢了。"太后听后准许了这件事。王舜等人就共同奏请太后，太后下诏说："听闻天生众民，却不能互相治理，而是为百姓设立君主来治理他们。倘若君主年幼，必定要有接受委托来摄政的人，然后才能承奉天命教化百姓，使得众生可以繁衍生息。《尚书》中不是说过吗？'上天的职能，应由人来代行'。朕因孝平皇帝年幼，暂且统理朝政，等到孝平皇帝行冠礼之后，将朝政交还给他。如今孝平皇帝短命崩逝，呜呼哀哉！朕已命有关官吏征召孝宣皇帝玄孙二十三人，从中挑选合适的人，出嗣孝平皇帝来继承皇位。玄孙尚且在襁褓之中，若是没有至德君子辅佐，如何能安定天下？安汉公王莽辅佐朝政已历经三朝，多次因缘际会，得以安定国家，匡扶汉室，统一全国，又发展到了制作礼乐，虽与周公的时代不同，但功绩是相同的。如今前辉光谢嚣、武功县县长孟通呈奏丹书白石的符兆，朕反复思虑其中意思，丹书中所说的'为皇帝'，应是代行皇帝的职权。有法则容易成就，不是圣人则不能有完备的

于是群臣奏言："太后圣德昭然，深见天意，诏令安汉公居摄。臣闻周成王幼少，周道未成，成王不能共事天地，修文武之烈。周公权而居摄，则周道成，王室安；不居摄，则恐周队失天命。《书》曰：'我嗣事子孙，大不克共上下，遏失前人光，在家不知命不易。天应棐谌，乃亡队命。'说曰：周公服天子之冕，南面而朝群臣，发号施令，常称王命。召公贤人，不知圣人之意，故不说也。《礼明堂记》曰：'周公朝诸侯于明堂，天子负斧依南面而立。'谓'周公践天子位，六年朝诸侯，制礼作乐，而天下大服'也。召公不说。时武王崩，缞粗未除。由是言之，周公始摄则居天子之位，非乃六年而践阼也。《书》逸《嘉禾篇》曰：'周公奉鬯立于阼阶，延登，赞曰："假王莅政，勤和天下。"'此周公摄政，赞者所称。成王加元服，周公则致政。《书》曰'朕复子明辟'，周公常称王命，专行不报，故言我复子明君也。臣请安汉公居摄践阼，服天子韨冕，背斧依于户牖之间，南面朝群臣，听政事。车服出入警跸，民臣称臣妾，皆如天子之制。郊祀天地，宗祀明堂，共祀宗庙，享祭群神，赞曰'假皇帝'，民臣谓之'摄皇帝'，自称曰'予'。平决朝事，常以皇帝之诏称'制'，以奉顺皇天之心，辅翼汉室，保安孝平皇帝之幼嗣，遂寄托之义，隆治平之化。其朝见太皇太后、帝皇后，皆复臣节。自施政教于其宫家国采，如诸侯礼仪故事。臣昧死请。"太后诏曰："可。"明年，改元曰居摄。

法制。现诏令安汉公摄政，代行天子职权，和当年的周公一样，并将武功县赐给安汉公作为采邑，名为汉光邑。具体的典礼仪式，有关官吏再上奏。”

于是群臣奏言：“太后圣德昭彰，深明天意，诏令安汉公摄政。臣等听闻周成王年幼，周朝的王道还未建立，周成王无法敬奉天地，完善周文王和周武王的功业。周公摄政辅佐，则周朝的王道得以确立，王室得以安定；倘若周公没有摄政，则周朝恐怕会丧失天命。《尚书》中说：‘我唯恐继承功业的后世子孙，大多不能恭奉天地，丧失先王的光大之道，身居君位却不知承奉天命的不易。上天会辅助至诚之人，这样才不会丧失天命。’经义的解释说：周公头戴天子的冠冕，面向南方接受群臣朝见，发号施令时，常常称为王命。召公身为贤人，不明白圣人的意图，因此心中不悦。《礼记·明堂记》中讲：‘周公在明堂接见诸侯，如同天子，背靠斧形的屏风，面向南方站立。’以及‘周公居天子之位，六年之间，接见诸侯，制作礼乐，使得天下臣民心悦诚服’。召公心生不悦。当时周武王刚刚驾崩，丧期尚未结束。由此而言，周公开始摄政居天子之位，并不是六年之后才开始代行天子职权的。《尚书》中已经散失的《嘉禾篇》中讲：‘周公捧着香酒站在东阶上，迎接大臣登上大殿，祭祝之辞中说：“代替天子治国理政，使得天下和谐安定。”’这是周公在摄政时，司仪官所称颂的。在周成王行冠礼之后，周公便将朝政交还周成王。《尚书》中讲‘我将朝政归还给您’，周公发布诏令时常常称为王命，独断政务不需要上报，所以周公说我将朝政归还给您。臣等请求让安汉公摄政，代行天子职权，身穿天子的服冠，背靠在门窗之间的斧形的屏风，面向南方接见群臣，处理政务。出入时要清道警戒，臣民都自称臣妾，一切都遵照天子的规制。在郊外祭祀天地，在明堂祭祀祖宗，在宗庙共同祭祀，祭祀群神，祭祝之辞应称安汉公为‘假皇帝’，臣民则称他为‘摄皇帝’，安汉公自称为‘予’。安汉公处理朝政，用皇帝诏书的形式，称为‘制书’，以此承顺天心，辅佐汉室，保全孝平皇帝的幼嗣，完成委托朝政的大义，使国家安定的教化逐渐兴盛。安汉公在朝见太皇太后、帝皇后时，则一切礼仪都要恢复为臣子的礼节。

居摄元年正月，莽祀上帝于南郊，迎春于东郊，行大射礼于明堂，养三老五更，成礼而去。置柱下五史，秩如御史，听政事，侍旁记疏言行。

三月己丑，立宣帝玄孙婴为皇太子，号曰孺子。以王舜为太傅左辅，甄丰为太阿右拂，甄邯为太保后承。又置四少，秩皆二千石。

四月，安众侯刘崇与相张绍谋曰："安汉公莽专制朝政，必危刘氏。天下非之者，乃莫敢先举，此宗室耻也。吾帅宗族为先，海内必和。"绍等从者百余人，遂进攻宛，不得入而败。绍者，张竦之从兄也。竦与崇族父刘嘉诣阙自归，莽赦弗罪。竦因为嘉作奏曰：

建平、元寿之间，大统几绝，宗室几弃。赖蒙陛下圣德，扶服振救，遮扞匡卫，国命复延，宗室明目。临朝统政，发号施令，动以宗室为始，登用九族为先。并录支亲，建立王侯，南面之孤，计以百数。收复绝属，存亡续废，得比肩首，复为人者，嫔然成行，所以藩汉国，辅汉宗也。建辟雍，立明堂，班天法，流圣化，朝群后，昭文德，宗室诸侯，咸益土地。天下喁喁，引领而叹，颂声洋洋，满耳而入。国家所以服此美，膺此名，飨此福，受此荣者，岂非太皇太后日昃之思，陛下夕惕之念哉？何谓？乱则统其理，危则致其安，祸则引其福，绝则继其统，幼则代其任，晨夜屑屑，寒暑勤勤，无时休息，孳孳不已者，凡以为天下，厚刘氏也。臣无愚智，民无男女，皆谕至意。

安汉公可以在自己的封国、采地、私宅中施行教化，按照诸侯的礼制行事。臣等冒死奏请。”太后下诏说：“可以。”第二年，王莽改年号为居摄。

居摄元年（6）正月，王莽在南郊祭祀天帝，在东郊举行迎春祭礼，在明堂举行大射礼，奉养三老、五更，祭礼结束后便回去了。又设置柱下史五人，俸禄和御史一样，参与理政，侍立一旁记录朝臣的言行。

三月己丑日，王莽立宣帝玄孙刘婴为皇太子，号为孺子。将王舜任命为太傅左辅，甄丰为太阿右拂，甄邯为太保后承。又设置四少之职，他们的俸禄都是二千石。

四月，安众侯刘崇与国相张绍密谋说：“安汉公王莽独断专权，必将会危及刘氏皇族。天下反对王莽的人，没有敢率先起事的，这是刘氏宗亲的耻辱。我率先带领宗族起事，天下必定会有所响应。”张绍等一百多人跟随刘崇，于是刘崇举兵进攻宛县，没能攻破而失败。张绍，是张竦的堂兄。张竦和刘崇的伯父刘嘉来到宫中自首请罪，王莽赦免了他们。张竦为刘嘉书写奏章，奏章中说：

建平、元寿年间，皇帝的后嗣几乎断绝，刘氏宗室几乎遭到摒弃。有幸仰赖陛下圣德，竭力挽救，保卫扶持，国家的命脉得以绵延，刘氏宗室看到了希望。陛下临朝统政，发号施令，行事动念以宗室为首，选任人才以九族为先。同时任用旁系亲属，建立诸侯国，受封王侯的人，数以百计。挽回已经除名的宗室，恢复将要灭亡的诸侯国，延续即将断绝的宗族，因此再获尊位，重新显贵的人，多得排列成行，这么做都是为了护卫汉室，辅佐汉室宗亲。陛下又兴建辟雍，设立明堂，颁布法令，传播圣化，使得各方诸侯前往朝拜，使得礼乐教化彰显于世，宗室诸侯，全都加封土地。天下倾慕，引领而叹，称颂之声，滔滔不绝，充斥耳畔。国家之所以能获得如此美誉，得到如此美名，享受如此福祐，承受如此殊荣，岂不正是因为太皇太后日夜思虑，陛下朝夕忧念吗？所致为何要这么说？国家纷乱则会整顿朝纲，社稷危及则让它安定，遇到灾祸则会祈求福祐，后嗣断绝则会选立新帝，天子年幼则代为理政，从早到晚忧心操劳，自寒至暑勤勉

而安众侯崇乃独怀悖惑之心，操畔逆之虑，兴兵动众，欲危宗庙，恶不忍闻，罪不容诛，诚臣子之仇，宗室之仇，国家之贼，天下之害也。是故亲属震落而告其罪，民人溃畔而弃其兵，进不跬步，退伏其殃。百岁之母，孩提之子，同时断斩，悬头竿杪，珠珥在耳，首饰犹存，为计若此，岂不悖哉！

臣闻古者畔逆之国，既以诛讨，则猪其宫室以为污池，纳垢浊焉，名曰凶虚，虽生菜茹，而人不食。四墙其社，覆上栈下，示不得通。辨社诸侯，出门见之，著以为戒。方今天下闻崇之反也，咸欲骞衣手剑而叱之。其先至者，则拂其颈，冲其匈，刃其躯，切其肌；后至者，欲拨其门，仆其墙，夷其屋，焚其器，应声涤地，则时成创。而宗室尤甚，言必切齿焉。何则？以其背畔恩义，而不知重德之所在也。宗室所居或远，嘉幸得先闻，不胜愤愤之愿，愿为宗室倡始，父子兄弟负笼荷锸，驰之南阳，猪崇宫室，令如古制。及崇社宜如亳社，以赐诸侯，用永监戒。愿下四辅公卿大夫议，以明好恶，视四方。

于是莽大说。公卿曰："皆宜如嘉言。"莽白太后下诏曰："惟嘉父子兄弟，虽与崇有属，不敢阿私，或见萌牙，相率告之，及其祸成，同共仇之，应合古制，忠孝著焉。其以杜衍户千封嘉为帅礼侯，

至诚，没有片刻休息，孜孜不倦，您这么做都是为了天下，都是看重刘氏江山。朝臣不论聪明愚笨，百姓不论是男是女，都明白您的良苦用心。

然而安众侯刘崇却独怀乖戾之心，思虑叛乱之谋，兴兵动众，妄图危害宗庙，刘崇的过恶令人不忍听闻，罪不容诛，着实是臣子的仇人，宗室的仇敌，国家的叛贼，天下的祸害。所以亲属为之震惊而要控告他的罪行，百姓背叛离散而使得军队分崩离析，最终他前进不得半步，后退服罪遭殃。使得百岁的母亲，年幼的孩童，遭受牵连同时要被问斩，头颅悬挂在高处，珠玉耳环挂在耳朵上，金银首饰还带在身上，有这样的心思和后果，岂不荒谬！

臣听闻古时候叛乱的诸侯国，在讨伐之后，则会将诸侯的宫殿挖成水池，积存污水，称为凶墟，即便在凶墟周围长出蔬菜，人们也不会食用。在祭庙四周垒起墙壁，在上下方分别用东西覆盖隔绝，使得阴阳之气阻塞不通。应对刘崇的封国祭庙实施这样的惩处，并通报各个诸侯，让他们在各自封国内模仿建造，出门便可见到，引以为戒。如今天下臣民听闻刘崇反叛，全都想提起衣裳、手执刀剑前去叱责他。先到的人，就斩断他的脖颈，刺破他的胸膛，割裂他的躯体，切开他的肌肉；后到的人，就闯进他的房门，推倒他的围墙，铲平他的宅院，烧毁他的用具，随即便是一片狼藉，立刻便是满目疮痍。而刘氏宗室更是十分痛恨刘崇，提及刘崇必定咬牙切齿。为什么？是因为刘崇背弃恩义，而不知道大德之人的所在。有的刘氏宗室居住的很远，臣幸得最先听闻这件事，心中不胜愤懑，愿意为刘氏宗室身先士卒，父子兄弟背着竹筐、带着铁锹，立刻奔赴南阳，将刘崇的宫殿挖成污水池，遵循古时的制度。并且使得刘崇的祭庙和商朝的亳社一样，将刘崇祭庙中的祭器分赐给各个诸侯，以此作为长久的警戒。臣希望将臣的奏章交由四辅和公卿大夫论议，以表明好恶，昭示天下。

王莽看过奏章之后十分高兴。三公九卿都奏言说："应该依照刘嘉所说的办。"王莽禀奏太后，太后下诏说："刘嘉父子兄弟，虽然与刘崇是亲戚，但也不敢徇私，看见刘崇举兵叛乱的萌芽，就相继告发他，等到叛乱发生，共同将刘崇视作仇敌，刘嘉的所作所为符合古

嘉子七人皆赐爵关内侯。”后又封竦为淑德侯。长安为之语曰:“欲求封,过张伯松;力战斗,不如巧为奏。”莽又封南阳吏民有功者百余人,污池刘崇室宅。后谋反者,皆污池云。

群臣复白:“刘崇等谋逆者,以莽权轻也。宜尊重以填海内。”五月甲辰,太后诏莽朝见太后称“假皇帝”。

冬十月丙辰朔,日有食之。

十二月,群臣奏请:“益安汉公宫及家吏,置率更令,庙、厩、厨长丞,中庶子,虎贲以下百余人,又置卫士三百人。安汉公庐为摄省,府为摄殿,第为摄宫。”奏可。

莽白太后下诏曰:“故太师光虽前薨,功效已列。太保舜、大司空丰、轻车将军邯、步兵将军建皆为诱进单于筹策,又典灵台、明堂、辟雍、四郊,定制度,开子午道,与宰衡同心说德,合意并力,功德茂著。封舜子匡为同心侯,林为说德侯,光孙寿为合意侯,丰孙匡为并力侯。益邯、建各三千户。”

是岁,西羌庞恬、傅幡等怨莽夺其地作西海郡,反攻西海太守程永,永奔走。莽诛永,遣护羌校尉窦况击之。

二年春,窦况等击破西羌。

五月,更造货:错刀,一直五千;契刀,一直五百;大钱,一直五十,与五铢钱并行。民多盗铸者。禁列侯以下不得挟黄金,输御府受直,然卒不与直。

制，忠孝之心显露无疑。应当将杜衍县的一千户赐给刘嘉并将他封为帅礼侯，刘嘉的七个儿子都赐爵关内侯。”后来王莽又将张竦封为淑德侯。长安百姓将这件事编成俗语说：“意欲求封，效仿张伯松；奋力战斗，不如巧妙上奏。”王莽又封赏了南阳郡一百多名平叛有功的官吏和百姓，将刘崇的房舍挖成污水池。后来凡是谋反的人，王莽都下令将他的房舍挖成污水池。

群臣又奏言说：“刘崇等人会谋逆，是因为王莽的权力太轻了。应当加重王莽的权力使他更加尊贵，以此威镇天下。”五月甲辰日，太后诏令王莽在朝见太后时可自称“假皇帝”。

冬季十月初一丙辰日，有日食发生。

十二月，群臣奏请道：“应当扩大安汉公的府宅，增加家吏人数，设置率更令，增设祭庙令、厩长丞、厨长丞，中庶子，以及虎贲勇士以下一百多人，又增设卫士三百人。将安汉公值宿时休息的房舍称为摄省，府衙称为摄殿，宅第称为摄宫。”太后准许了群臣的奏请。

王莽禀奏太后，太后下诏说：“原太师孔光虽然已经去世，但他的功绩已经得到记录。太保王舜、大司空甄丰、轻车将军甄邯、步兵将军孙建，他们都曾为诱降单于出谋划策，并且主持修建了灵台、明堂、辟雍、四周郊外的祭坛，制定制度，兴修子午道，与宰衡同心同德，齐心合力，功德显著。现将王舜的儿子王匡封为同心侯，王林封为说德侯，孔光的孙子孔寿封为合意侯，甄丰的孙子甄匡封为并力侯。加封甄邯、孙建各三千户食邑。”

同年，西羌庞恬、傅幡等人对于王莽夺取他们的土地设为西海郡而心生怨恨，他们便反击西海太守程永，程永仓皇出逃。王莽诛杀程永，派遣护羌校尉窦况平定西羌。

居摄二年（7）春季，窦况等人攻破西羌。

五月，王莽铸造新货币：错刀钱，一刀价值五千钱；契刀钱，一枚价值五百钱；大钱，一枚价值五十钱，与五铢钱同时流通。有许多百姓私铸货币。王莽下令禁止列侯以下的官员私存黄金，要送交御府换成同等价值的钱币，然而交换黄金的人却始终得不到同等价值的钱币。

九月，东郡太守翟义都试，勒车骑，因发奔命，立严乡侯刘信为天子，移檄郡国，言莽“毒杀平帝，摄天子位，欲绝汉室，今共行天罚诛莽”。郡国疑惑，众十余万。莽惶惧不能食，昼夜抱孺子告祷郊庙，放《大诰》作策，遣谏大夫桓谭等班于天下，谕以摄位当反政孺子之意。遣王邑、孙建等八将军击义，分屯诸关，守阸塞。槐里男子赵明、霍鸿等起兵，以和翟义，相与谋曰：“诸将精兵悉东，京师空，可攻长安。”众稍多，至且十万人，莽恐，遣将军王奇、王级将兵拒之。以太保甄邯为大将军，受钺高庙，领天下兵，左杖节，右把钺，屯城外。王舜、甄丰昼夜循行殿中。

十二月，王邑等破翟义于圉。司威陈崇使监军上书言：“陛下奉天洪范，心合宝龟，膺受元命，豫知成败，咸应兆占，是谓配天。配天之主，虑则移气，言则动物，施则成化。臣崇伏读诏书下日，窃计其时，圣思始发，而反虏仍破；诏文始书，反虏大败；制书始下，反虏毕斩。众将未及齐其锋芒，臣崇未及尽其愚虑，而事已决矣。”莽大说。

三年春，地震。大赦天下。

王邑等还京师，西与王级等合击明、鸿，皆破灭，语在《翟义传》。莽大置酒未央宫白虎殿，劳赐将帅。诏陈崇治校军功，第其高下。莽乃上奏曰：“明圣之世，国多贤人，故唐虞之时，可比屋而封，至功成事就，则加赏焉。至于夏后涂山之会，执玉帛者万国，诸侯执玉，附庸执帛。周武王孟津之上，尚有八百诸侯。周公居摄，郊祀后稷以配天，宗祀文王于明堂以配上帝，是以四海之内各以其职

九月，东郡太守翟义在举行讲武考试总试骑士之日，统率兵马，下达紧急命令，拥立严乡侯刘信为天子，给各个郡国发布檄文，声讨王莽“毒杀平帝，居天子之位，妄图断绝汉室，如今大众应当共行天罚，讨伐王莽”。各郡国疑惑不已，翟义率军多达十余万。王莽惊惧惶恐吃不下饭，日夜抱着孺子在郊外的祭庙中祈祷，效仿周公所作的《大诰》写了一篇策书，并派谏大夫桓谭等人将这篇策书颁布于天下，告知自己只是代行天子之事，将来会将朝政归还孺子。王莽又派遣王邑、孙建等八位将军镇压翟义，分兵驻扎各处关口，防守险要之地。槐里县男子赵明、霍鸿等人起兵造反，响应翟义，他们相互密谋说：“朝中诸位将领和精兵全都向东征讨，京师空虚，我们可以趁机攻打长安。”他们的军队渐渐壮大，将近十万人，王莽惊恐不安，派遣将军王奇、王级率军抵挡。王莽又将太保甄邯任命为大将军，在高帝庙授予甄邯符节和斧钺，总领天下兵马，甄邯左手执符节，右手握斧钺，驻扎在城外。王舜、甄丰日夜不停地在宫中巡视。

十二月，王邑等人在圉县打败了翟义。司威陈崇受命担任监军，上书奏言说：“陛下承奉天地大法，心愿与占卜的结果相合，承受天命，预知成败，占卜的结果全都应验，可谓是比肩上天。比肩上天之主，思虑则会改变精神，说话则会触动万物，施令则会完成教化。臣恭敬拜读诏书下达的日期，私下计算时间，陛下平叛的念头刚一萌发，反贼就遭受挫败；诏书刚一书写，反贼就大败离散；制书刚一下达，反贼就被全部斩杀。众多将领都来不及展露锋芒，臣来不及陈奏愚见，而这件事已然解决。”王莽看后十分高兴。

居摄三年(8)春季，发生了地震。王莽大赦天下。

王邑等人返回京师，又西行与王级等人合力攻打赵明、霍鸿，将他们全部诛灭，详见《翟义传》。王莽在未央宫白虎殿大设酒宴，犒赏平叛的将帅。诏令陈崇核验军功，确定群臣功绩的大小。王莽就上奏说：“圣明之世，国家贤人辈出，所以尧舜之时，家家户户都能得到封赏，等到功成事就，则可以进行封赏。至于夏禹在涂山会见诸侯，拿着玉帛前来参加涂山之会的诸侯国多达数万，诸侯手执美玉，附属小国手持丝帛。周武王在孟津会盟，有八百诸侯参加。周公摄政，祭

来祭，盖诸侯千八百矣。《礼记王制》千七百余国，是以孔子著《孝经》曰：‘不敢遗小国之臣，而况于公侯伯子男乎？故得万国之欢心以事其先王。’此天子之孝也。秦为亡道，残灭诸侯以为郡县，欲擅天下之利，故二世而亡。高皇帝受命除残，考功施赏，建国数百，后稍衰微，其余仅存。太皇太后躬统大纲，广封功德以劝善，兴灭继绝以永世，是以大化流通，旦暮且成。遭羌寇害西海郡，反虏流言东郡，逆贼惑众西土，忠臣孝子莫不奋怒，所征殄灭，尽备厥辜，天下咸宁。今制礼作乐，实考周爵五等，地四等，有明文；殷爵三等，有其说，无其文。孔子曰：‘周监于二代，郁郁乎文哉！吾从周。’臣请诸将帅当受爵邑者爵五等，地四等。”奏可。于是封者高为侯伯，次为子男，当赐爵关内侯者更名曰附城，凡数百人。击西海者以“羌”为号，槐里以“武”为号，翟义以“虏”为号。

群臣复奏言：“太后修功录德，远者千载，近者当世，或以文封，或以武爵，深浅大小，靡不毕举。今摄皇帝背依践阼，宜异于宰国之时，制作虽未毕已，宜进二子爵皆为公。《春秋》‘善善及子孙’‘贤者之后，宜有土地’。成王广封周公庶子六人，皆有茅土。及汉家名相大将萧、霍之属，咸及支庶。兄子光，可先封为列侯；诸孙，制度毕已，大司徒、大司空上名，如前诏书。”太后诏曰：“进摄皇帝子褒新侯安为新举公，赏都侯临为褒新公，封光为衍功侯。”是时，莽还归新都国，群臣复白以封莽孙宗为新都侯。莽既灭翟

祀天地以后稷配祭，在明堂祭祀祖宗以文王配祭天帝，因此四海之内各自依照职责前来祭祀，大概有一千八百位诸侯。《礼记·王制》中记载有一千七百多个诸侯国，所以孔子在《孝经》写道：‘不敢遗漏小国的臣子，更何况是公侯伯子男的诸侯呢？所以才能赢得万国的欢心，使得他们前来祭祀自己的先王。’这是天子之孝。秦朝荒淫无道，消灭诸侯国改立郡县，意欲独占天下的利益，所以到了秦二世就亡国了。高祖皇帝承受天命，诛灭残暴，考核功绩，实行封赏，建立数百个诸侯国，后来渐渐衰微，保留下来的寥寥无几。太皇太后亲自统领朝纲，广泛封赏功德之人，以此劝勉百姓行善，复兴灭亡的诸侯国，延续已经断绝的后嗣，以此国祚永世延绵，因而广远深入的教化得以推行，朝夕之间就可以完成。此前遇到羌寇入侵西海郡，叛贼在东郡散布谣言，反贼在西方惑乱百姓，忠臣孝子无不震怒，朝廷大军出征剿灭，叛乱者全部认罪服法，天下得以安宁。如今制作礼乐，实际考察周朝的爵位制度，分为五等，封地分为四等，这些有明文记载；殷朝的爵位分为三等，有这样的论说，但没有文字记载。孔子说：‘周朝的法制借鉴于夏、商两代，多么完备兴盛！我赞同周制。’臣奏请诸位将领的封赏，将爵位分为五等，封地分为四等。”奏请得到准许。于是大臣受封等级最高的为侯爵和伯爵，其次为子爵和男爵，应当赐封为关内侯的，将爵位名称改为附城，共有几百人。镇压西海郡的以“羌”字作为封号，平叛槐里县的以“武”字作为封号，剿灭翟义的以“虏”字作为封号。

群臣又上奏说：“太后称颂有功，记录有德，远的可以追溯千年，近的就在当朝，有人因文受封，有人因武赐爵，不论深浅大小，无不封赏齐备。而今摄皇帝背依屏风，代行天子之事，应当与他担任宰衡之时不同，虽然制作礼乐尚未完成，也应当晋封摄皇帝的两个儿子为公。《春秋》上讲‘褒扬善事可以惠及他的子孙’‘贤人的后代，应当享有土地’。周成王封赏周公的六个庶子，让他们全都享有封地。以及汉朝名相大将萧何、霍光等人，恩赏都会惠及旁支子孙。摄皇帝兄长的儿子王光，可以先将他封为列侯；摄皇帝兄长的孙子，等到礼乐制作完成之后，由大司徒、大司空呈上名单，封赏依照之前的诏

义，自谓威德日盛，获天人助，遂谋即真之事矣。

九月，莽母功显君死，意不在哀，令太后诏议其服。少阿、羲和刘歆与博士诸儒七十八人皆曰："居摄之义，所以统立天功，兴崇帝道，成就法度，安辑海内也。昔殷成汤既没，而太子蚤夭，其子太甲幼少不明，伊尹放诸桐宫而居摄，以兴殷道。周武王既没，周道未成，成王幼少，周公屏成王而居摄，以成周道。是以殷有翼翼之化，周有刑错之功。今太皇太后比遭家之不造，委任安汉公宰尹群僚，衡平天下。遭孺子幼少，未能共上下，皇天降瑞，出丹石之符，是以太皇太后则天明命，诏安汉公居摄践祚，将以成圣汉之业，与唐虞三代比隆也。摄皇帝遂开秘府，会群儒，制礼作乐，卒定庶官，茂成天功。圣心周悉，卓尔独见，发得周礼，以明因监，则天稽古，而损益焉，犹仲尼之闻《韶》，日月之不可阶，非圣哲之至，孰能若兹！纲纪咸张，成在一匮，此其所以保佑圣汉，安靖元元之效也。今功显君薨，《礼》'庶子为后，为其母缌。'传曰'与尊者为体，不敢服其私亲也。'摄皇帝以圣德承皇天之命，受太后之诏居摄践祚，奉汉大宗之后，上有天地社稷之重，下有元元万机之忧，不得顾其私亲。故太皇太后建厥元孙，俾侯新都，为哀侯后。明摄皇帝与尊者为体，承宗庙之祭，奉共养太皇太后，不得服其私亲也。《周礼》曰'王为诸侯缌縗''弁而加环绖'，同姓则麻，异姓则葛。摄皇帝当为功显君缌縗，弁而加麻环绖，如天子吊诸侯服，以应圣制。"莽遂行焉，凡壹吊再会，而令新都侯宗为主，服丧三年云。

书。”太后下诏说：“将摄皇帝的儿子褒新侯王安封为新举公，赏都侯王临封为褒新公，封王光为衍功侯。”当时，王莽已经归还了新都国，群臣就再次奏请将王莽的孙子王宗封为新都侯。王莽剿灭翟义之后，自认为威德日益强盛，已经得到天意人心的帮助，便开始谋划登基为帝的事情。

九月，王莽的母亲功显君去世，而王莽的心思已经不在追思服丧之事上了，王莽奏请太后下诏论议有关服丧的问题。少阿、羲和刘歆与博士、儒生等七十八人都说：“摄政的大义，应当是统率天下，完成天命，发扬帝王治国之道，建立完善法度，安定海内。往昔殷商的成汤驾崩之后，太子又早夭，而太子之子太甲年少，并且不听劝谏，伊尹便将太甲驱逐到桐宫，让太甲思过，自己摄政辅佐，以此重振了殷商的王道。周武王驾崩之后，周朝的王道还未完备，周成王年幼，周公拥立周成王而自己摄政辅佐，以此成就了周朝的王道。所以殷商才有兴盛完备的教化，周朝才有刑罚空设，牢狱空荡的功业。如今太皇太后频遭不幸，将朝政委托于安汉公，总领百官，治理天下。却遭逢孺子年幼，无法敬奉天地，上天降下祥瑞，出现丹书白石的符兆，所以太皇太后遵照天意，诏令安汉公摄政，代行天子之事，将通过安汉公来成就大汉的伟业，与唐尧、虞舜、夏商周有相同的盛世。于是摄皇帝修建藏书之处，会集群儒，制礼作乐，定立百官，完成天命。摄皇帝圣心周详，见解卓越独到，宣扬周礼，明确了汉室法制所要继承和借鉴的根本，遵照天意考查古制，不断增减修改，犹如仲尼听闻《韶乐》，犹如日月高不可攀，若非圣贤，谁能如此！纲纪都已确立，成功在即，这些行为将会保佑汉室，安定百姓。如今功显君去世，《礼记》中说‘庶子身为后人，要为他的母亲服丧。’传说‘跟父亲和嫡母形成一体，就不敢为自己的生母守孝。’摄皇帝因圣德秉承天命，接受太后的诏令而摄政代行天子之事，敬奉汉室皇嗣，上有天地社稷的重任，下有百姓朝政的烦忧，不能再顾及自己的至亲。所以太皇太后册立摄皇帝的长孙王宗，将其封为新都侯，作为哀侯王曼之后。表明摄皇帝与天子形成一体，承继宗庙祭祀，尊奉太皇太后，不能再为自己的至亲服丧。《周礼》上说‘君王为诸侯服丧’‘在冠上系

司威陈崇奏，衍功侯光私报执金吾窦况，令杀人，况为收系，致其法。莽大怒，切责光。光母曰：“女自眡孰与长孙、中孙？”遂母子自杀，及况皆死。初，莽以事母、养嫂、抚兄子为名，及后悖虐，复以示公义焉。令光子嘉嗣爵为侯。

莽下书曰：“遏密之义，讫于季冬，正月郊祀，八音当奏。王公卿士，乐凡几等？五声八音，条各云何？其与所部儒生各尽精思，悉陈其义。”

是岁广饶侯刘京、车骑将军千人扈云、大保属臧鸿奏符命。京言齐郡新井，云言巴郡石牛，鸿言扶风雍石，莽皆迎受。十一月甲子，莽上奏太后曰：“陛下至圣，遭家不造，遇汉十二世三七之阸，承天威命，诏臣莽居摄，受孺子之托，任天下之寄。臣莽兢兢业业，惧于不称。宗室广饶侯刘京上书言：‘七月中，齐郡临淄县昌兴亭长辛当一暮数梦，曰：“吾，天公使也。天公使我告亭长曰：‘摄皇帝当为真。’即不信我，此亭中当有新井。”亭长晨起视亭中，诚有新井，入地且百尺。’十一月壬子，直建冬至，巴郡石牛，戊午，雍石文，皆到于未央宫之前殿。臣与太保安阳侯舜等视，天风起，尘冥，风止，得铜符帛图于石前，文曰：‘天告帝符，献者封侯。承天命，用神令。’骑都尉崔发等眡说。及前孝哀皇帝建平二年六月甲子下诏书，更为太初元将元年，案其本事，甘忠可、夏贺良谶书臧兰台。臣莽以为元将元年者，大将居摄改元之文也，于今信矣。《尚书康

上服丧的环状孝带’，同姓诸侯则用麻带，异姓诸侯则用葛带。摄皇帝要为功显君服丧，应当在冠上系上麻制的环状孝带，就和天子吊唁诸侯时的丧服一样，以此顺应圣制。”因此王莽依照奏章行事，举行葬礼进行吊唁，由新都侯王宗主持，服丧三年。

司威陈崇奏言，衍功侯王光教唆执金吾窦况，让窦况为自己杀人，窦况将那个人逮捕，并将其判处死刑。王莽大怒，严厉斥责王光。王光的母亲说：“你认为自己与王莽的关系会比王宇、王获还要亲近吗？”母子两人因此自杀，窦况也死了。起初，王莽因侍奉母亲、奉养寡嫂、抚育孤侄而美名远扬，等到后来行事乖戾暴虐，又通过不宽恕王光的罪行来显示自己的公正无私。王莽让王光的儿子王嘉承袭爵位。

王莽下诏说：“皇帝驾崩，禁止作乐的规定，到今年腊月结束，明年正月要祭祀天地，所有乐器都要奏响。王公卿士，各自使用的乐器应当分为几等？五声八音，具体都有什么内容？让各个官署所属的儒生用心思考，详述它们的含义。”

同年广饶侯刘京、车骑将军千人官扈云、太保属官臧鸿陈奏承受天命的符瑞。刘京说齐郡出现了一口新井，扈云说巴郡出现了一头石牛，臧鸿说扶风雍县出现了一块奇石，这些符瑞王莽全都接受了。十一月甲子日，王莽禀奏太后说：“陛下至圣，汉室屡遭不幸，遇到汉朝十二世皇帝二百一十年的困厄，奉承上天威命，诏令臣摄政，接受辅佐孺子的重托，天下寄希望于臣。臣兢兢业业，唯恐不能称职。刘氏宗室广饶侯刘京上书说：‘七月中旬，齐郡临淄县昌兴亭亭长辛当一个夜晚做了几个梦，梦中有人对他说：“我是天公的使者。天公派我来告知亭长：‘摄皇帝应当登基为帝。’你若是不信我，这个亭中会出现一口新井。”亭长早晨起来察看亭中，确实出现了一口新井，入地将近一百尺深。’十一月壬子日，正值冬至，巴郡出现石牛，戊午日，雍县出现刻有文字的奇石，这些器物都已经送到了未央宫的前殿。臣与太保安阳侯王舜等人前去查看，忽然间狂风大作，尘土飞扬，天昏地暗，等到风停之后，臣在奇石前就看到有铜制的符信和有图像的缣帛，石头上的文字是：‘上天告知皇帝的符命，进献的人要赐封为侯。

诰》'王若曰:"孟侯,朕其弟,小子封。"'此周公居摄称王之文也。《春秋》隐公不言即位,摄也。此二经周公、孔子所定,盖为后法。孔子曰:'畏天命,畏大人,畏圣人之言。'臣莽敢不承用!臣请共事神祇宗庙,奏言太皇太后,孝平皇后,皆称假皇帝。其号令天下,天下奏言事,毋言'摄'。以居摄三年为初始元年,漏刻以百二十为度,用应天命。臣莽夙夜养育隆就孺子,令与周之成王比德,宣明太皇太后威德于万方,期于富而教之。孺子加元服,复子明辟,如周公故事。"奏可。众庶知其奉符命,指意群臣博议别奏,以视即真之渐矣。

期门郎张充等六人谋共劫莽,立楚王。发觉,诛死。

梓潼人哀章学问长安,素无行,好为大言。见莽居摄,即作铜匮,为两检,署其一曰"天帝行玺金匮图",其一署曰"赤帝行玺某传予黄帝金策书"。某者,高皇帝名也。书言王莽为真天子,皇太后如天命。图书皆书莽大臣八人,又取令名王兴、王盛,章因自窜姓名,凡为十一人,皆署官爵,为辅佐。章闻齐井、石牛事下,即日昏时,衣黄衣,持匮至高庙,以付仆射。仆射以闻。戊辰,莽至高庙拜受金匮神嬗。御王冠,谒太后,还坐未央宫前殿,下书曰:"予以不德,托于皇初祖考黄帝之后,皇始祖考虞帝之苗裔,而太皇太后之末属。皇天上帝隆显大佑,成命统序,符契图文,金匮策书,神明诏告,属予以天下兆民。赤帝汉氏高皇帝之灵,承天命,传国金策

承顺天命，遵行神令。’骑都尉崔发等人看过这些文字并解说其中含义。从前孝哀皇帝建平二年（前5）六月甲子日下诏书，将年号改为太初元将元年，察验这件事情的经过，当时甘忠可、夏贺良记载预言应验的书籍还收藏在兰台。臣认为元将元年的含义，就是朝中大将在摄政时更改年号，如今已经应验了。《尚书·康诰》中记载：‘王这样说道：“诸侯之长，是朕的弟弟，名叫姬封。”’这是周公摄政称王的文字记载。《春秋》中的鲁隐公并没有记载他是即位，而是摄政。这两本经典是由周公、孔子编定的，可以为后人效法。孔子说：‘敬畏天命，敬畏尊者，敬畏圣人之言。’臣怎敢不秉承沿用呢！臣奏请敬奉神祇宗庙，当臣向太皇太后，孝平皇后奏事时，都自称为假皇帝。向天下发号施令，天下臣民要上奏言事时，也不要说‘摄’。将居摄三年改为初始元年（8），漏刻改为一百二十度，以此顺应天命。臣日夜养育孺子，希望他的德行可以和周成王相媲美，将太皇太后的威德宣扬四方，希望百姓富足并得到教化。等到孺子行冠礼之后，臣就将朝政归还于他，就像周公当年一样。”太后准许了王莽的奏章。百姓知道王莽奉行符瑞，王莽示意朝中群臣广为论议，再向太后禀奏，以此来显示王莽即将登基为帝。

期门郎张充等六人共同密谋劫持王莽，拥立楚王刘纡为帝。密谋被发觉，被处死。

梓潼县人哀章在长安求学，他素来品行不端，喜好说大话。哀章见到王莽摄政，便制作了一只铜柜，并写了两张封书题笺，其中一张的内容是“天帝行玺金匮图”，另一张的内容是“赤帝行玺某传予黄帝金策书”。某，就是高皇帝的名讳。这些文字的意思是说王莽是真天子，皇太后应当顺应天命。河图符命等书籍都记载着王莽的八位大臣，又选取其他的名字王兴、王盛，哀章因而自己窜改姓名，共十一人，全都署上官爵，作为辅佐朝政的大臣。哀章听闻了齐郡的新井、巴郡的石牛这些事情，就在当天的黄昏，身穿黄色衣服，手持铜柜来到高祖庙，哀章将铜柜交给仆射。仆射将这件事呈报上去。到了戊辰日，王莽前往高祖庙接受禅位的铜柜。王莽头戴王冠，拜见太后，返回后坐在未央宫前殿，下诏说：“我德行浅薄，有幸成为皇初祖考黄

之书，予甚祇畏，敢不钦受！以戊辰直定，御王冠，即真天子位，定有天下之号曰新。其改正朔，易服色，变牺牲，殊徽帜，异器制。以十二月朔癸酉为建国元年正月之朔，以鸡鸣为时。服色配德上黄，牺牲应正用白，使节之旄幡皆纯黄，其署曰'新使五威节'，以承皇天上帝威命也。"

帝的后人，皇始祖考虞帝的子孙，还是太皇太后的支属。皇天上帝赐予厚恩祥佑，天命让我承继大统，符命图文，铜柜策书，这些都是神灵的诏示，将天下万民交托于我。神农氏的后世帝王汉朝高皇帝之灵，秉承天命，将皇位的金策书禅让给我，我甚感敬畏，怎敢不恭敬接受！依照天象占卜的结果定在戊辰日，我头戴王冠，登上帝位，定国号为新。定立新的历法，修改服饰的颜色，改换祭祀所用牲畜的毛色，更换旗帜，更改器具的形制。将今年十二月初一癸酉日作为建国元年的正月初一，以鸡鸣的时间作为一天的开始。服饰崇尚黄色，祭祀用的牲畜应当用白色，使节的旗帜全都用纯黄色，并且在上面写着‘新使五威节’，以此表示承顺皇天上帝的威命。”

卷九十九中

王莽传第六十九中

始建国元年正月朔，莽帅公侯卿士奉皇太后玺韨，上太皇太后，顺符命，去汉号焉。

初，莽妻宜春侯王氏女，立为皇后。本生四男：宇、获、安、临。二子前诛死，安颇荒忽，乃以临为皇太子，安为新嘉辟。封宇子六人：千为功隆公，寿为功明公，吉为功成公，宗为功崇公，世为功昭公，利为功著公。大赦天下。

莽乃策命孺子曰："咨尔婴，昔皇天右乃太祖，历世十二，享国二百一十载，历数在于予躬。《诗》不云乎？'侯服于周，天命靡常。'封尔为定安公，永为新室宾。於戏！敬天之休，往践乃位，毋废予命。"又曰："其以平原、安德、漯阴、鬲、重丘，凡户万，地方百里，为定安公国。立汉祖宗之庙于其国，与周后并，行其正朔、服色。世世以事其祖宗，永以命德茂功，享历代之祀焉。以孝平皇后为定安太后。"读策毕，莽亲执孺子手，流涕歔欷，曰："昔周公摄位，终得复子明辟，今予独迫皇天威命，不得如意！"哀叹良久。中傅将孺子下殿，北面而称臣。百僚陪位，莫不感动。

又按金匮，辅臣皆封拜。以太傅、左辅、骠骑将军安阳侯王舜为太师，封安新公；大司徒就德侯平晏为太傅，就新公；少阿、

始建国元年（9）正月初一，王莽率领公侯卿士手捧新制的皇太后的玺绶，上呈太皇太后，玺绶的文字顺应符瑞所示的意思，去掉了汉朝的国号。

起初，王莽迎娶了宜春侯王咸之女为妻，之后将她立为皇后。王氏女原本生了四个儿子：王宇、王获、王安、王临。有两个儿子此前就已遭诛杀，王安又有些神志不清，王莽便将王临立为皇太子，将王安封为新嘉辟。又赐封王宇的六个儿子：王千封为功隆公，王寿封为功明公，王吉封为功成公，王宗封为功崇公，王世封为功昭公，王利封为功著公。王莽诏令大赦天下。

之后王莽便下策书诏令孺子说："唉，刘婴，从前上天护佑你的太祖，历经十二世，享国二百一十年，如今天命降临在我身上。《诗经》不是说过吗？'殷朝的后世臣服于周朝，成为诸侯，可见天命无常。'现诏令将你封为定安公，永远成为新朝的国宾。呜呼！你应当敬奉天意，前往你的诸侯之位，不要违逆我的诏命。"王莽又说："将平原县、安德县、漯阴县、鬲县、重丘县，共一万户，土地方圆一百里，作为定安公国。将汉室祖宗之庙修建在你的封国内，与周朝的后代一样，可以继续实行汉室的历法、服饰的颜色。世世代代祭祀汉室祖宗，可以继续称颂祖宗的高尚德行和丰功伟绩，汉室祖宗之庙可以享受历代的祭祀。封孝平皇后为定安太后。"策书宣读完毕之后，王莽握着孺子的手，哭泣哀叹，说道："从前周公摄政，最终将朝政归还给周成王，如今我偏偏迫于上天的威命，却不能遵照自己的心意啊！"哀叹良久。中傅将孺子带下殿堂，面向北方而称臣。百官陪立在旁，无不感动。

王莽又依照铜柜所示，为辅政大臣赐爵授官。太傅、左辅、骠骑将军安阳侯王舜担任太师，封为安新公；大司徒就德侯平晏担任太

羲和、京兆尹红休侯刘歆为国师，嘉新公；广汉梓潼哀章为国将，美新公：是为四辅，位上公。太保、后承承阳侯甄邯为大司马，承新公；丕进侯王寻为大司徒，章新公；步兵将军成都侯王邑为大司空，隆新公：是为三公。大阿、右拂、大司空、卫将军广阳侯甄丰为更始将军，广新公；京兆王兴为卫将军，奉新公；轻车将军成武侯孙建为立国将军，成新公；京兆王盛为前将军，崇新公：是为四将。凡十一公。王兴者，故城门令史。王盛者，卖饼。莽案符命求得此姓名十余人，两人容貌应卜相，径从布衣登用，以视神焉。余皆拜为郎。是日，封拜卿大夫、侍中、尚书官凡数百人。诸刘为郡守，皆徙为谏大夫。

改明光宫为定安馆。定安太后居之。以故大鸿胪府为定安公第，皆置门卫使者监领。敕阿乳母不得与语，常在四壁中，至于长大，不能名六畜。后莽以女孙宇子妻之。

莽策群司曰："岁星司肃，东岳太师典致时雨，青炜登平，考景以晷。荧惑司悊，南岳太傅典致时奥，赤炜颂平，考声以律。太白司艾，西岳国师典致时阳，白炜象平，考量以铨。辰星司谋，北岳国将典致时寒，玄炜和平，考星以漏。月刑元股左，司马典致武应，考方法矩，主司天文，钦若昊天，敬授民时，力来农事，以丰年谷。日德元厷右，司徒典致文瑞，考圜合规，主司人道，五教是辅，帅民承上，宣美风俗，五品乃训。斗平元心中，司空典致物图，考度以绳，主司地里，平治水土，掌名山川，众殖鸟兽，蕃茂草木。"各策命以其职，如典诰之文。

傅，封为就新公；少阿、羲和、京兆尹红休侯刘歆担任国师，封为嘉新公；广汉郡梓潼县人哀章担任国将，封为美新公：他们是为四辅，位列上公。太保、后承承阳侯甄邯担任大司马，封为承新公；丕进侯王寻担任大司徒，封为章新公；步兵将军成都侯王邑担任大司空，封为隆新公：他们是为三公。大阿、右拂、大司空、卫将军广阳侯甄丰担任更始将军，封为广新公；京兆人王兴担任卫将军，封为奉新公；轻车将军成武侯孙建担任立国将军，封为成新公；京兆人王盛担任前将军，封为崇新公：他们是为四将。共有十一人赐爵授官。其中王兴原是城门令史。王盛原是卖饼的小贩。王莽依照符命找到十多个与他们同名同姓的人，而这两个人的相貌与占卜看相的结果相符，便直接从平民百姓中起用提拔，以此表示神奇。其他同名同姓的人也都拜任郎官。当天，共有数百人受封拜任卿大夫、侍中、尚书等官职。凡是担任郡守的刘氏宗亲，全都调任谏大夫。

王莽又将明光宫改名为定安馆，让定安太后居住。将原来的大鸿胪府作为定安公的府邸，全都安排门卫和使者监督管理。并且下令乳母不准与定安公讲话，使得定安公常常独自生活在四壁合围的房间里，直到长大，定安公还不会辨认六畜。后来王莽将孙女，王宇的女儿许配给了定安公为妻。

王莽又颁布策书制定百官的职责说：“木星主掌敬肃，位于东方，代表太师，掌管降雨，青色的光辉升腾，使得五谷丰登，以日晷确定时间。火星主掌智慧，位于南方，代表太傅，掌管暑热，红色的光辉出现，歌颂太平盛世，以音律考究音乐。金星主掌安定，位于西方，代表国师，掌管干旱，白色的光辉生发，万物无不成形，以秤杆确定度量衡。水星主掌谋略，位于北方，代表国将，掌管严寒，黑色的光辉显现，万物无不收藏，以漏刻推求五星运行。月亮象征刑罚，如同君王的左膀，代表大司马，掌管武事，依照法令行事，主管天文，敬顺上天，不违农时，劝勉农事，使得五谷丰收。太阳象征德教，如同君王的右臂，代表大司徒，掌管文治，合乎法规，主管人道，以父义、母慈、兄友、弟恭、子孝五种伦常进行教化，垂范百姓，移风易俗，仁义礼智信五种伦常便会正常。北斗象征齐平，如同君王的核心，代表大

置大司马司允，大司徒司直，大司空司若，位皆孤卿。更名大司农曰羲和，后更为纳言，大理曰作士，太常曰秩宗，大鸿胪曰典乐，少府曰共工，水衡都尉曰予虞，与三公司卿凡九卿，分属三公。每一卿置大夫三人，一大夫置元士三人，凡二十七大夫，八十一元士，分主中都官诸职。更名光禄勋曰司中，太仆曰太御，卫尉曰太卫，执金吾曰奋武，中尉曰军正，又置大赘官，主乘舆服御物，后又典兵秩，位皆上卿，号曰六监。改郡太守曰大尹，都尉曰太尉，县令长曰宰，御史曰执法，公车司马曰王路四门，长乐宫曰常乐室，未央宫曰寿成室，前殿曰王路堂，长安曰常安。更名秩百石曰庶士，三百石曰下士，四百石曰中士，五百石曰命士，六百石曰元士，千石曰下大夫，比二千石曰中大夫，二千石曰上大夫，中二千石曰卿。车服黻冕，各有差品。又置司恭、司徒、司明、司聪、司中大夫及诵诗工、彻膳宰，以司过。策曰："予闻上圣欲昭厥德，罔不慎修厥身，用绥于远，是用建尔司于五事。毋隐尤，毋将虚，好恶不愆，立于厥中。於戏，勖哉！"令王路设进善之旌，非谤之木，敢谏之鼓，谏大夫四人常坐王路门受言事者。

封王氏齐缞之属为侯，大功为伯，小功为子，緦麻为男，其女皆为任。男以"睦"、女以"隆"为号焉，皆授印韨。令诸侯立太夫人、夫人、世子，亦受印韨。

司空，掌管水土，依照准则进行考量，主管地理，开垦土地，兴修水利，管理名山大川，使得鸟兽繁衍，草木茂盛。”王莽分别按照各级官员的职务作出了规定，如同典章诏令一样。

王莽设置大司马司允，大司徒司直，大司空司若，这些官职都位至孤卿。王莽又将大司农改名为羲和，后来又改名为纳言，大理改名为作士，太常改名为秩宗，大鸿胪改名为典乐，少府改名为共工，水衡都尉改名为予虞，与三公司卿共为九卿，分属三公管辖。每位卿之下设置三名大夫，每位大夫之下设置三名元士，共二十七位大夫，八十一位元士，分别负责京师中各个官署的各项职务。王莽又将光禄勋改名为司中，太仆改名为太御，卫尉改名为太卫，执金吾改名为奋武，中尉改名为军正，又设置大赘官，执掌天子的车马、服饰和器用，后来又执掌仆役和俸禄，这些官职都位至上卿，称为六监。王莽将郡太守改名为太尹，都尉改名为太尉，县令、县长改名为宰，御史改名为执法，公车司马改名为王路四门，长乐宫改名为常乐室，未央宫改名为寿成室，前殿改名为王路堂，长安改名为常安。将俸禄百石的官员改称庶士，三百石的官员改称下士，四百石的官员改称中士，五百石的官员改称命士，六百石的官员改称元士，千石的官员改称下大夫，比二千石的官员改称中大夫，二千石的官员改称上大夫，中二千石的官员改称卿。他们所使用的车马服饰，各有各的等级。王莽又设置司恭、司徒、司明、司聪、司中等大夫以及诵诗工、彻膳宰等官职，以查验官员的过失。策书说：“我听闻至圣之人想彰明自己的德行，无不慎修自身，并且持之以恒，善始善终，因此设置这些官职是想从貌恭、言顺、视明、听聪、思睿这五个方面进行监督。不要隐瞒过错，从而助长了虚荣，不遵照自己的好恶，处理事情才会公正。於戏，大众一同勉励！”王莽诏令在通往朝廷的大路边设立进呈善言的旗帜、建议批评的木牌，敢于谏诤的大鼓，并派四名谏大夫常坐在通往朝廷的大路边接待前来奏言的人。

王莽赐封王氏之中关系最亲近的亲属为侯爵，其次的亲属为伯爵，再次的亲属为子爵，最疏远的亲属为男爵，族中的女子都封为任爵。男子以“睦”字作为封号、女子以“隆”字作为封号，全都授予印

又曰:“天无二日,土无二王,百王不易之道也。汉氏诸侯或称王,至于四夷亦如之,违于古典,缪于一统。其定诸侯王之号皆称公,及四夷僭号称王者皆更为侯。”

又曰:“帝王之道,相因而通;盛德之祚,百世享祀。予惟黄帝、帝少昊、帝颛顼、帝喾、帝尧、帝舜、帝夏禹、皋陶、伊尹咸有圣德,假于皇天,功烈巍巍,光施于远。予甚嘉之,营求其后,将祚厥祀。”惟王氏,虞帝之后也,出自帝喾;刘氏,尧之后也,出自颛顼。于是封姚恂为初睦侯,奉黄帝后;梁护为修远伯,奉少昊后;皇孙功隆公千,奉帝喾后;刘歆为祁烈伯,奉颛顼后;国师刘歆子叠为伊休侯,奉尧后;妫昌为始睦侯,奉虞帝后;山遵为褒谋子,奉皋陶后;伊玄为褒衡子,奉伊尹后。汉后定安公刘婴,位为宾。周后卫公姬党,更封为章平公,亦为宾。殷后宋公孔弘,运转次移,更封为章昭侯,位为恪。夏后辽西姒丰,封为章功侯,亦为恪。四代古宗,宗祀于明堂,以配皇始祖考虞帝。周公后褒鲁子姬就,宣尼公后褒成子孔钧,已前定焉。

莽又曰:“予前在摄时,建郊宫,定祧庙,立社稷,神祇报况,或光自上复于下,流为乌,或黄气熏烝,昭耀章明,以著黄、虞之烈焉。自黄帝至于济南伯王,而祖世氏姓有五矣。黄帝二十五子,分赐厥姓十有二氏。虞帝之先,受姓曰姚,其在陶唐曰妫,在周曰陈,在齐曰田,在济南曰王。予伏念皇初祖考黄帝,皇始祖考虞帝,以宗祀于明堂,宜序于祖宗之亲庙。其立祖庙五,亲庙四,后夫人皆配食。郊祀黄帝以配天,黄后以配地。以新都侯东弟为大禖,岁时以祀。家之所尚,种祀天下。姚、妫、陈、田、王氏凡五姓者,皆黄、虞苗

绶。并让诸侯册立太夫人、夫人、世子，也都授予了印绶。

王莽又说："天上没有两个太阳，地上没有两个君王，这是百世不变的道理。有的汉室诸侯称王，以至于四方蛮夷也这样称呼，这样做有违古制，与一统的原则相背离。将诸侯王的封号改为公，僭越礼制称王的四方蛮夷改称侯。"

王莽又说："帝王的道统，应当继承延续；盛德的帝王，应当享受长久的祭祀。我想到黄帝、少昊、颛顼、帝喾、唐尧、虞舜、夏禹、皋陶、伊尹都有圣德，他们感动上天，功业显赫，流传深远。我十分敬佩他们，找寻他们的后人，承继他们的祭祀。"王莽认为王氏，是虞舜之后，出自帝喾；刘氏是唐尧之后，出自颛顼。于是王莽将姚恂封为初睦侯，承奉黄帝之后；梁护封为脩远伯，承奉少昊之后；皇孙功隆公王千，承奉帝喾之后；刘歆封为祁烈伯，承奉颛顼之后；国师刘歆的儿子刘叠封为伊休侯，承奉唐尧之后；妫昌封为始睦侯，承奉虞舜之后；山遵封为褒谋子，承奉皋陶之后；伊玄封为褒衡子，承奉伊尹之后。汉室之后定安公刘婴，位为国宾。周朝之后卫公姬党，王莽将其改封为章平公，同样也位为国宾。殷朝之后宋公孔弘，时过境迁，位次也发生了变动，王莽将其改封为章昭侯，位为贵客。夏朝之后辽西郡人姒丰，王莽封其为章功侯，同样也位为贵客。夏朝、殷朝、周朝、汉朝的祖先，全都在明堂中进行祭祀，让他们配祭皇始祖考虞舜。周公之后褒鲁子姬就，宣尼公之后褒成子孔钧，在这之前就已经确定下来了。

王莽又说："我此前还在摄政时，修建祭祀天地的郊庙，确定祭祀远祖的祠庙，设立祭祀土神谷神的祭坛，神明赐予福瑞，有时光华自上而下，照射下来变成了乌鸦，有时黄色的雾气升腾，光彩鲜明，以此彰显黄帝、虞舜功业的余晖。从黄帝直到我的高祖济南伯王，祖辈有五个姓氏。黄帝有二十五个儿子，黄帝分赐他们十二个姓氏。虞舜的先祖，受姓为姚，在陶唐时姓妫，在周朝时姓陈，在齐国时姓田，在济南时姓王。我深念皇初祖考黄帝，皇始祖考虞舜，已经在明堂进行合祭，还应当在祖宗的亲庙供奉祭祀。应当修建五所祖庙，四所亲庙，使得先祖的王后夫人都可以配享祭祀。在祭祀上天

裔，予之同族也。《书》不云乎？‘惇序九族。’其令天下上此五姓名籍于秩宗，皆以为宗室。世世复，无有所与。其元城王氏，勿令相嫁娶，以别族理亲焉。”封陈崇为统睦侯，奉胡王后；田丰为世睦侯，奉敬王后。

天下牧守皆以前有翟义、赵明等领州郡，怀忠孝，封牧为男，守为附城。又封旧恩戴崇、金涉、箕闳、杨并等子皆为男。

遣骑都尉嚣等分治黄帝园位于上都桥畤，虞帝于零陵九疑，胡王于淮阳陈，敬王于齐临淄，愍王于城阳莒，伯王于济南东平陵，孺王于魏郡元城，使者四时致祠。其庙当作者，以天下初定，且祫祭于明堂太庙。

以汉高庙为文祖庙。莽曰：“予之皇始祖考虞帝受嬗于唐，汉氏初祖唐帝，世有传国之象，予复亲受金策于汉高皇帝之灵。惟思褒厚前代，何有忘时？汉氏祖宗有七，以礼立庙于定安国。其园寝庙在京师者，勿罢，祠荐如故。予以秋九月亲入汉氏高、元、成、平之庙。诸刘更属籍京兆大尹，勿解其复，各终厥身，州牧数存问，勿令有侵冤。”

又曰：“予前在大麓，至于摄假，深惟汉氏三七之阸，赤德气尽，思索广求，所以辅刘延期之术，靡所不用。以故作金刀之利，几

时让黄帝配祭，在祭祀大地时黄帝的王后配享祭祀。将新都侯的东宅作为祠庙，每年按时进行祭祀。朝廷已经设立了祠庙，天下百姓应当效仿，祭祀祖先，世代相传，不要断绝。姚氏、妫氏、陈氏、田氏、王氏共五姓，都是黄帝、虞舜的后代子孙，与我同族。《尚书》不是说过吗？'依照长幼次序，使得九族亲厚和睦。'诏令天下将这五姓的名册呈报秩宗官，他们都是宗室。世世代代免除赋税和劳役，不会有什么变动。其中元城县的王氏，不能与其他四姓通婚，以此区别宗族，分理亲疏。"王莽将陈崇封为统睦侯，承奉胡王陈胡公之后；将田丰封为世睦侯，承奉敬王陈敬仲之后。

因为此前发生的翟义、赵明等人的叛乱，天下的州牧和郡守却能镇守州郡，心怀忠孝，王莽便将州牧封为男爵，郡守封为附城。王莽对于旧日的恩人戴崇、金涉、箕闳、杨並等人的儿子，又将他们全都封为男爵。

王莽派遣骑都尉嚣等人分别修整上都桥山之上的黄帝陵墓，零陵郡九疑山上的虞舜陵墓，淮阳郡陈县中的胡王陵墓，齐郡临淄县中的敬王陵墓，城阳国莒县中的齐愍王陵墓，济南郡东平县中的王莽的高祖伯王陵墓，魏郡元城县中的王莽的曾祖孺王陵墓，并派遣使者依照四季进行祭祀。其中需要修缮的祠庙，因为当时天下初定，就暂且在明堂太庙举行合祭。

王莽将汉高祖庙作为文祖庙。王莽说："我的皇始祖考虞舜从唐尧那里接受禅位，汉朝的初祖是尧帝，世代有禅位传国的兆象，我又亲自在汉高皇帝的灵位前接受了金策书。时刻想着褒奖优待前朝，怎敢忘记？汉室的祖宗有七位，应当依照礼制在定安国修建宗庙。而在京师已经有了陵寝祠庙的，不必废除，祭礼照旧。我将要在秋季九月亲自前往汉朝高祖、元帝、成帝、平帝的宗庙进行祭祀。刘氏宗亲的名籍由京兆大尹管理，不要废除他们免除赋税劳役的特权，这项特权在他们这一代终止，州牧要时常前去探问，不要让他们遭受冤屈。"

王莽又说："我此前身居要职，总领百官，直到摄政时，深思汉朝历经二百一十年以来的困厄，汉朝的气运已经到了尽头，我竭尽心

以济之。然自孔子作《春秋》以为后王法，至于哀之十四而一代毕，协之于今，亦哀之十四也。赤世计尽，终不可强济。皇天明威，黄德当兴，隆显大命，属予以天下。今百姓咸言皇天革汉而立新，废刘而兴王。夫‘刘’之为字‘卯、金、刀’也，正月刚卯，金刀之利，皆不得行。博谋卿士，佥曰天人同应，昭然著明。其去刚卯莫以为佩，除刀钱勿以为利，承顺天心，快百姓意。”乃更作小钱，径六分，重一铢，文曰“小钱直一”，与前“大钱五十”者为二品，并行。欲防民盗铸，乃禁不得挟铜炭。

四月，徐乡侯刘快结党数千人起兵于其国。快兄殷，故汉胶东王，时改为扶崇公。快举兵攻即墨，殷闭城门，自系狱。吏民距快，快败走，至长广死。莽曰：“昔予之祖济南愍王困于燕寇，自齐临淄出保于莒。宗人田单广设奇谋，获杀燕将，复定齐国。今即墨士大夫复同心殄灭反虏，予甚嘉其忠者，怜其无辜。其赦殷等，非快之妻子它亲属当坐者皆勿治。吊问死伤，赐亡者葬钱，人五万。殷知大命，深疾恶快，以故辄伏厥辜。其满殷国户万，地方百里。”又封符命臣十余人。

莽曰：“古者，设庐井八家，一夫一妇田百亩，什一而税，则国给民富而颂声作。此唐虞之道，三代所遵行也。秦为无道，厚赋税以自供奉，罢民力以极欲，坏圣制，废井田，是以兼并起，贪鄙生，强者规田以千数，弱者曾无立锥之居。又置奴婢之市，与牛马同兰，

力，遍寻方法，凡是能辅佐刘氏使得社稷延续的办法，无不施行。所以推行金刀钱币，希望能有所助益。然而自从孔子编撰《春秋》成为后世帝王所效法的准则，到鲁哀公十四年（前481）一个时代结束，反观现在，从哀帝以来同样也是十四年。汉朝已经到了尽头，终究无法勉强延续。上天降下威严的旨意，新朝应当兴起，彰显天命，将天下嘱托于我。如今百姓都说上天革除汉朝而建立新朝，废弃刘氏而振兴王氏。'刘'字的结构是'卯、金、刀'，正月卯日的佩饰，以及金刀钱币，都不得再推行。广泛征求公卿大夫的看法，众人都说这是天人互相感应，表现得已经十分清楚明白了。应当停止佩戴卯日的佩饰，停止流通金刀钱币，这样做便能承顺天心，满足民意。"王莽便下令铸造小钱，直径六分，重一铢，钱币上面的文字是"小钱直一"，与此前的"大钱五十"的钱币，共为两类，同时流通。王莽又为了防止百姓私铸钱币，便下令禁止私藏铜炭。

四月，徐乡侯刘快结党数千人在封国起兵造反。刘快的兄长刘殷，原为汉朝的胶东王，当时改封为扶崇公。刘快举兵攻打即墨城，刘殷关闭城门，将自己关进监狱。城中的官吏百姓奋力抵抗刘快，刘快兵败出逃，逃到了长广县身亡。王莽说："从前我的祖先济南愍王遭到燕寇的围困，从齐国临淄城出逃至莒邑以求自保。族人田单多次提出奇谋嘉计，最终将燕国的将帅斩杀，重新平定了齐国。如今即墨城的士大夫再次同心协力剿灭反贼，我十分赞赏那些忠勇之士，哀怜那些无辜百姓。诏令赦免刘殷等人，除了刘快的妻子儿女之外，其他受到牵连而获罪的亲属都不要治罪。慰问死伤者，赐予死者丧葬费，每人五万钱。刘殷知晓天命，对于刘快深恶痛绝，嫉恶如仇，因此刘快伏法受诛。诏令将刘殷的食邑加封至一万户，土地至一百里。"王莽又封赏了十余名进献符命的臣子。

王莽说："古代的井田制，八户人家分为一井，一夫一妇享有一百亩田地，其中收成的十分之一用于交税，这样则使得国家殷实，百姓富足并且称颂之音四起。这是唐尧、虞舜时的治国之道，夏、商、周三代所沿用遵行的。秦朝暴虐无道，增加赋税以满足自己奢靡的享受，竭尽民力以满足自己无穷的欲望，败坏圣人的制度，废除

制于民臣，颛断其命。奸虐之人因缘为利，至略卖人妻子，逆天心，悖人伦，缪于‘天地之性人为贵’之义。《书》曰‘予则奴戮女’，唯不用命者，然后被此辜矣。汉氏减轻田租，三十而税一，常有更赋，罢癃咸出，而豪民侵陵，分田劫假。厥名三十税一，实什税五也。父子夫妇终年耕芸，所得不足以自存。故富者犬马余菽粟，骄而为邪；贫者不厌糟糠，穷而为奸。俱陷于辜，刑用不错。予前在大麓，始令天下公田口井，时则有嘉禾之祥，遭反虏逆贼且止。今更名天下田曰‘王田’，奴婢曰‘私属’，皆不得卖买。其男口不盈八，而田过一井者，分余田予九族邻里乡党。故无田，今当受田者，如制度。敢有非井田圣制，无法惑众者，投诸四裔，以御魑魅，如皇始祖考虞帝故事。”

是时百姓便安汉五铢钱，以莽钱大小两行难知，又数变改不信，皆私以五铢钱市买。讹言大钱当罢，莫肯挟。莽患之，复下书：“诸挟五铢钱，言大钱当罢者，比非井田制，投四裔。”于是农商失业，食货俱废，民人至涕泣于市道。及坐卖买田宅奴婢，铸钱，自诸侯卿大夫至于庶民，抵罪者不可胜数。

秋，遣五威将王奇等十二人班《符命》四十二篇于天下。德祥

井田制，因此兼并土地的事件频繁出现，贪婪卑鄙的行径屡屡发生，强者占有数以千计的田地，弱者却无立锥之地。而且开设买卖奴婢的市场，奴婢与牛马一样关在栏圈中，官吏欺压百姓，擅自决断他们的命运。奸诈暴虐之徒以此牟利，甚至掳掠贩卖他人妻子儿女，违逆天心，有悖人伦，与'天地之间，人类最为尊贵'的义理相背。《尚书》中说'我要奴役你并且还要施加刑戮'，唯有不遵奉天命的人，才会身受这样的罪罚。汉朝减轻田赋，以收成的三十分之一征税，常常还要出钱雇人服兵役，老病残疾都要征收，而且豪强恶霸侵犯欺凌百姓，出租田地再收取佃租来掠夺财物，百姓不仅要缴纳赋税还要缴纳佃租。朝廷名义上按三十分之一征税，实际百姓要缴纳十分之五的赋税。父子夫妇终年辛劳耕种，而所得的收入却不足以维持生计。因此富人家的牲畜有吃不完的粮食，使得他们生性骄奢而行为邪恶；穷人却连糟糠都吃不饱，以致他们境遇穷困而行为奸诈。贫困百姓他们常常会身陷罪行，刑罚也不会闲置。我从前身居要职时，便下令将天下的公田按照人口改为井田，当时就出现了祥瑞，又因遭受反贼叛臣的动乱而暂停。如今将天下的田地改称'王田'，奴婢改称'私属'，都不准买卖。有男丁不满八口的人家，而拥有数量超过一井的田地，就将多余的田地分给九族乡邻。原本没有田地的，如今可以分得田地的人家，遵照制度行事。若是有人敢反对井田制这样的圣制，目无法律惑乱百姓，便将这种人流放到四方极远之地，以抵挡魑魅魍魉，遵照皇始祖考虞帝那时的旧例。"

当时百姓已经习惯于使用汉朝的五铢钱，认为王莽新铸的大小两种钱币难以流通，又认为多次改换难以信任，百姓私下依旧使用五铢钱进行买卖。民间又谣传说大钱将要被废除，没有人愿意携带使用。王莽对此十分忧心，就再一次下诏说："携带使用五铢钱，并造谣说大钱将要废除的人，依照反对井田制的刑罚进行惩治，将这些人流放到四方极远之地。"因此农民商人失业，国家经济全部荒废，百姓甚至在集市路边痛哭流涕。以及因买卖田宅、奴婢，私铸钱币而获罪的，从诸侯、卿大夫下至平民百姓，受到罪罚的人不可胜数。

这年秋季，王莽派遣五威将王奇等十二人将《符命》四十二篇

五事，符命二十五，福应十二，凡四十二篇。其德祥言文、宣之世黄龙见于成纪、新都，高祖考王伯墓门梓柱生枝叶之属。符命言井石、金匮之属。福应言雌鸡化为雄之属。其文尔雅依托，皆为作说，大归言莽当代汉有天下云。总而说之曰："帝王受命，必有德祥之符瑞，协成五命，申以福应，然后能立巍巍之功，传于子孙，永享无穷之祚。故新室之兴也，德祥发于汉三七九世之后。肇命于新都，受瑞于黄支，开王于武功，定命于子同，成命于巴宕，申福于十二应，天所以保祐新室者深矣，固矣！武功丹石出于汉氏平帝末年，火德销尽，土德当代，皇天眷然，去汉与新，以丹石始命于皇帝。皇帝谦让，以摄居之，未当天意，故其秋七月，天重以三能文马。皇帝复谦让，未即位。故三以铁契，四以石龟，五以虞符，六以文圭，七以玄印，八以茂陵石书，九以玄龙石，十以神井，十一以大神石，十二以铜符帛图。申命之瑞，寖以显著，至于十二，以昭告新皇帝。皇帝深惟上天之威不可不畏，故去摄号，犹尚称假，改元为初始，欲以承塞天命，克厌上帝之心。然非皇天所以郑重降符命之意，故是日天复决其以勉书。又侍郎王盱见人衣白布单衣，赤缋方领，冠小冠，立于王路殿前，谓盱曰：'今日天同色，以天下人民属皇帝。'盱怪之，行十余步，人忽不见。至丙寅暮，汉氏高庙有金匮图策：'高帝承天命，以国传新皇帝。'明旦，宗伯忠孝侯刘宏以闻，乃召公卿议，未决，而大神石人谈曰：'趣新皇帝之高庙受命。毋留！'于是新皇帝立登车，之汉氏高庙受命。受命之日，丁卯也。丁，火，汉氏之德也。卯，刘姓所以为字也。明汉刘火德尽，而传于新室也。皇帝谦谦，既备固让，十二符应迫著，命不可辞，惧然祗畏，苇然闵汉氏之终不可济，亹亹在左右之不得从意，为之三夜不御寝，三日不御食。延问公侯卿大夫，佥曰：'宜奉如上天威命。'于是乃改元定号，海内更始。新室既定，神祇欢喜，申以福应，吉瑞累仍。《诗》曰：'宜民宜人，受禄于天；保右命之，自天申之。'此之谓也。"五威

颁布于天下。其中德祥类五篇，符命类二十五篇，福应类十二篇，共四十二篇。其中德祥类中记述了文帝、宣帝时有黄龙在成纪县、新都县出现，王莽的祖先王伯的墓门前的梓木柱子上长出枝叶一类的事情。符命类中记述了出现的新井、刻有文字的石头、高帝庙中的铜柜一类的事情。福应类中记述了母鸡变成公鸡一类的事情。这些文章近于正经，又依据古义作出解释，而文章的宗旨是说王莽理当取代汉朝享有天下。大意都在说："帝王承受天命，必定会有德祥的吉兆，五行相承以受命，以及有福瑞的感应，然后才能建立宏伟卓著的功业，传于子孙，永享无穷的国祚。因此新朝兴起，德祥出现在汉朝二百一十年、九世帝王之后。在新都县最初发迹，在黄支国接受进献的生犀，在武功县创立王业，在子同县接受天命，在巴郡宕渠县完成天命，共出现了十二次福瑞，上天深切护佑新朝，可谓是十分坚决！武功县的丹书白石是在汉朝平帝末年出现，当时汉朝的气数已消耗殆尽，新朝的气数理当取而代之，上天眷顾，舍弃汉朝护佑新朝，以丹书白石将天命授予新朝皇帝。新朝皇帝谦逊辞让，身居摄政之位，并未承顺天意，因此当年秋季的七月，上天又降下三台星和文马予以提醒。新朝皇帝再次谦逊辞让，依旧没有登基为帝，因此第三次上天降下铁契予以提醒，第四次降下石龟，第五次是虞符，第六次是文圭，第七次是玄印，第八次是茂陵县的石书，第九次是玄龙石，第十次是神井，第十一次是大神石，第十二次是铜柜以及绘有图案的丝帛。这些申敕天命的祥瑞，一次比一次显著，多达十二次，以此来昭告新朝皇帝。新朝皇帝深思上天的威命不可不敬畏，所以除去摄政时的称号，依旧称假皇帝，将年号改为初始，想以此填塞敷衍天命，满足上帝的心意。但这并不是上天频繁降下受命符兆的意图，故而上天再次降下铜柜策书，以断绝新朝皇帝的疑虑，劝勉他登基为帝。而且侍郎王盱见到一个人身穿白布单衣，方形衣领上绘有赤色的花纹，头戴小冠，站在王路殿的前面，对王盱说：'今天五方天神的心意相同，要将天下万民交托于新朝皇帝。'王盱感到怪异，走了十几步，那个人忽然不见了。到了丙寅日的夜晚，在汉朝高祖庙中就出现了铜柜策书：'高帝承顺天命，将国家传给新朝皇帝。'第二天早晨，掌管祭祀的宗伯官

将奉《符命》，赍印绶，王侯以下及吏官名更者，外及匈奴、西域，徼外蛮夷，皆即授新室印绶，因收故汉印绶。赐吏爵人二级，民爵人一级，女子百户羊酒，蛮夷币帛各有差。大赦天下。

五威将乘乾文车，驾坤六马，背负鷩鸟之毛，服饰甚伟。每一将各置左右前后中帅，凡五帅。衣冠车服驾马，各如其方面色数。将持节，称太一之使；帅持幢，称五帝之使。莽策命曰："普天之下，迄于四表，靡所不至。"其东出者，至玄菟、乐浪、高句骊、夫馀；南出者，隃徼外，历益州，贬句町王为侯；西出者，至西域，尽改其王为侯；北出者，至匈奴庭，授单于印，改汉印文，去"玺"曰"章"。单于欲求故印，陈饶椎破之，语在《匈奴传》。单于大怒，而句町、西域后卒以此皆畔。饶还，拜为大将军，封威德子。

忠孝侯刘宏将这件事情上报，新朝皇帝便召集公卿大臣商议，尚未作出决断，而大神石突然像人一样说道：‘赶快让新朝皇帝到高祖庙受命。不要再拖延了！’于是新朝皇帝登上马车，前往汉朝高祖庙受命。受命之日，是丁卯日。丁属火，象征着汉朝的气数。卯，是‘刘’字的一部分。这表明了汉朝刘氏的气数已经耗尽，要传于新朝。新朝皇帝谦逊礼让，再三推辞，十二次符瑞急促显著，天命不可推辞，新朝皇帝惊惧敬畏，忐忑不安，哀悯汉朝国祚最终无法延续，千方百计扶助汉室却迫于天命而不能如愿，为此新朝皇帝三夜没有安眠，三天没有吃饭。又向公侯、卿大夫询问，他们都回答说：‘应当奉行上天的威命。’新朝皇帝这才更改年号，定立国号，海内万象更新。新朝已经建立，神明欢喜，上天降下福瑞，吉兆接连不断。《诗经》中说：‘对于百姓有功德，福禄便会从天而降；上天会保佑帮助他，赐予他天命。’说的就是这个意思。”五威将拿着《符命》，带着印信，将王侯以下及各级官吏的官名全都改成新朝的官名，对外涉及匈奴、西域各国，以及塞外的蛮夷，全都授予他们新朝的印绶，并将原来汉朝的印绶收回。王莽又赏赐官吏每人两级爵位，百姓每人一级爵位，每百户女子赏赐羊和酒，赏赐蛮夷钱财丝帛各有等级。王莽宣布大赦天下。

五威将乘坐着有天文图案的车子，驾着六匹雌马，背上插着锦鸡的羽毛，服饰十分庄严威武。每一将又各设置了左右前后中，共五位主帅。他们的衣冠、车驾、服饰以及驾车的马，颜色和数目都依照他们所要前往的方向而定。五威将手持符节，称为太一使者；五位主帅手持旗帜，称为五帝使者。王莽下发策书说：“普天之下，前往四方极远之地，没有什么地方是到达不了的。”东行的将帅，到达玄菟郡、乐浪郡、高句骊国和夫馀国；南行的将帅，越过了边塞，历经益州郡，将句町王贬称为侯；西行的将帅，到达西域，将各个国王的名称全都改为侯；北行的将帅，到达匈奴王庭，授予单于印绶，将汉朝印绶上的文字进行更改，去掉“玺”字改为“章”字。单于想要回原来汉朝赐予的印绶，陈饶便将汉朝的印绶砸碎，详见《匈奴传》。单于大怒，后来句町国、西域各国最终也因此全部背叛王莽。陈饶归来后，王莽将其任命为大将军，赐封其为威德子。

冬，雷，桐华。

置五威司命，中城四关将军。司命司上公以下，中城主十二城门。策命统睦侯陈崇曰："咨尔崇。夫不用命者，乱之原也；大奸猾者，贼之本也；铸伪金钱者，妨宝货之道也；骄奢逾制者，凶害之端也；漏泄省中及尚书事者，'机事不密则害成'也；拜爵王庭，谢恩私门者，禄去公室，政从亡矣，凡此六条，国之纲纪。是用建尔作司命，'柔亦不茹，刚亦不吐，不侮鳏寡，不畏强圉'，帝命帅繇，统睦于朝。"命说符侯崔发曰："'重门击柝，以待暴客。'女作五威中城将军，中德既成，天下说符。"命明威侯王级曰："绕霤之固，南当荆楚。女作五威前关将军，振武奋卫，明威于前。"命尉睦侯王嘉曰："羊头之阸，北当燕赵。女作五威后关将军，壶口捶挖，尉睦于后。"命掌威侯王奇曰："肴黾之险，东当郑卫。女作五威左关将军，函谷批难，掌威于左。"命怀羌子王福曰："汧陇之阻，西当戎狄。女作五威右关将军，成固据守，怀羌于右。"

又遣谏大夫五十人分铸钱于郡国。

是岁长安狂女子碧呼道中曰："高皇帝大怒，趣归我国。不者，九月必杀汝！"莽收捕杀之。治者掌寇大夫陈成自免去官。真定刘都等谋举兵，发觉，皆诛。真定、常山大雨雹。

二年二月，赦天下。

五威将帅七十二人还奏事，汉诸侯王为公者，悉上玺绶为民，无违命者。封将为子，帅为男。

这年冬季，天上打雷，桐树开花。

王莽设置五威司命以及中城四关将军。五威司命负责监察上公以下的官吏，中城四关将军负责守卫京城的十二道城门。王莽诏令统睦侯陈崇道："陈崇啊，你要知道。大臣不奉行命令，是祸乱的源头；大奸大猾，是残暴的根本；铸造假钱，是妨碍货币流通的行为；傲慢奢靡，违反制度，是灾殃的开端；泄露宫中以及尚书省的机密，'机密外泄则不会成功'；在朝廷中授任官爵，却要前往私家表示感谢，授任官爵不是由朝廷决断，这样国家政权将会衰亡，这六条禁令，都是国家的纲纪。因此诏令你担任五威司命，'柔软的不会吃下去，刚硬的不会吐出来，不要欺辱鳏寡，不要畏惧强权'，皇帝的诏令你要遵循，在朝廷监察统领百官。"王莽诏令悦符侯崔发道："'关闭重重门户，夜晚巡逻守夜，严防盗贼侵扰。'你担任五威中城将军，京城的宿卫完善之后，便会天下太平安定。"王莽诏令明威侯王级道："商州之地，地势险要，南面直挡荆楚要塞。你担任五威前关将军，显扬勇武，奋力守卫，于前方彰显威严。"王莽诏令尉睦侯王嘉道："羊头山之地，地势阻塞，北面直挡燕赵要塞。你担任五威后关将军，据守壶口山的险厄地势来攻击，于后方安定抚慰。"王莽诏令掌威侯王奇道："崤山、渑池之地，地势艰险，东面直挡郑卫要地。你担任五威左关将军，在函谷关抗击仇敌，于东方执掌威权。"王莽诏令怀羌子王福道："汧水、陇山之地，地势险阻，西面直挡戎狄蛮夷。你担任五威右关将军，据守成固县，于西方抵御外族。"

王莽又派遣五十名谏大夫分别前往各个郡国铸造钱币。

同年，长安出现了一位名叫碧的疯癫女子在路上呼喊道："高皇帝大怒，赶紧将国家归还。否则，九月必将杀你！"王莽将这名女子拘捕斩杀。主管官吏掌寇大夫陈成自请免官。真定郡刘都等人密谋起兵造反，遭人察觉，他们全被处斩。真定郡、常山郡天降冰雹。

始建国二年（10）二月，王莽大赦天下。

五威将帅七十二人返回长安陈奏使命完成的结果，已经将封号改为公的汉朝的诸侯王，他们全都交还印绶变为平民百姓，没有人违抗诏令。王莽便将五威将赐封为子爵，主帅赐封为男爵。

初设六筦之令。命县官酤酒，卖盐铁器，铸钱，诸采取名山大泽众物者税之。又令市官收贱卖贵，赊贷予民，收息百月三。牺和置酒士，郡一人，乘传督酒利。禁民不得挟弩铠，徙西海。

匈奴单于求故玺，莽不与，遂寇边郡，杀略吏民。

十一月，立国将军建奏："西域将钦上言，九月辛巳，戊己校尉史陈良、终带共贼杀校尉刁护，劫略吏士，自称废汉大将军，亡入匈奴。又今月癸酉，不知何一男子遮臣建车前，自称'汉氏刘子舆，成帝下妻子也。刘氏当复，趣空宫。'收系男子，即常安姓武字仲。皆逆天违命，大逆无道。请论仲及陈良等亲属当坐者。奏可。汉氏高皇帝比著戒云，罢吏卒，为宾食，诚欲承天心，全子孙也。其宗庙不当在常安城中，及诸刘为诸侯者当与汉俱废。陛下至仁，久未定。前故安众侯刘崇、徐乡侯刘快、陵乡侯刘曾、扶恩侯刘贵等更聚众谋反。今狂狡之虏或妄自称亡汉将军，或称成帝子子舆，至犯夷灭，连未止者，此圣恩不蚤绝其萌牙故也。臣愚以为汉高皇帝为新室宾，享食明堂。成帝，异姓之兄弟，平帝，婿也，皆不宜复入其庙。元帝与皇太后为体，圣恩所隆，礼亦宜之。臣请汉氏诸庙在京师者皆罢。诸刘为诸侯者，以户多少就五等之差，其为吏者皆罢，待除于家。上当天心，称高皇帝神灵，塞狂狡之萌。"莽曰："可。嘉新公国师以符命为予四辅，明德侯刘龚、率礼侯刘嘉等凡三十二人皆知天命，或献天符，或贡昌言，或捕告反虏，厥功茂焉。诸刘与三十二人同宗共祖者勿罢，赐姓曰王。"唯国师以女配莽子，故不赐姓。改定安太后号曰黄皇室主，绝之于汉也。

王莽开始设立六项增加税收的财政经济政策。诏令由朝廷负责酒的专卖，盐和铁器的专卖，掌管铸钱，凡是开采山林、从湖泽中获取各种资源的，朝廷要征收赋税。又诏令由管理市场的官员低价购买，高价出售，向百姓发放贷款，每月收取百分之三的利息。掌管全国财赋的大司农之下设置酒士，每郡一人，乘坐驿车监察卖酒的利润。禁止百姓私藏弩弓和铠甲，倘若违犯，将会被流放至西海郡。

匈奴单于索要原来汉朝赐予的印绶，王莽不给，匈奴便侵扰边境的郡县，残杀掳掠郡中的官吏和百姓。

十一月，立国将军孙建奏言说："西域将军但钦上书奏言，九月辛巳日，戊己校尉史陈良、终带共同杀害戊己校尉刁护，劫掠官吏和将士，自称废汉的大将军，已经潜逃至匈奴。又在本月的癸酉日，一名不知哪里来的男子挡在臣孙建的车前，自称'汉室刘子舆，是成帝妃嫔所生。他说刘氏将要复兴，赶快将皇宫空出来。'臣将那名男子收押下狱，那名男子原本是常安人，姓武名仲。这些人都是逆天违命，大逆不道。臣孙建奏请将武仲以及陈良等人受到牵连的亲属治罪。陛下准许了臣的奏请。近来汉朝高皇帝频繁告诫，应当撤去守卫汉室宗庙的官兵，愿意作为新朝的国宾，在王氏宗庙中享受祭祀，这么做着实是想乘顺天意，保全子孙。汉室宗庙不应当继续留在常安城中，以及身为诸侯的刘氏宗亲应当随着汉朝一同废除。陛下至仁，很久都没有作出决定。之前原安众侯刘崇、徐乡侯刘快、陵乡侯刘曾、扶恩侯刘贵等人聚众谋反。如今这些狂妄狡诈之徒，有人妄称是亡汉的将军，有人妄称是成帝之子刘子舆，以至于犯下杀身之祸，祸事接连发生而尚未禁止，这都是因为陛下的圣恩还没有让叛贼企图造反生事的萌芽及早断绝。愚臣以为汉高皇帝可以作为新朝的国宾，在明堂享受祭祀。成帝，是陛下的异姓兄弟，平帝，是陛下的女婿，不应当再将他们供奉在宗庙之中。元帝与皇太后是夫妇一体，是圣恩所尊崇的，也是符合礼制的。臣奏请将设在京师的汉室祠庙全都废除，所有身为诸侯的刘氏诸侯，依照食邑的数量赐封为五等不同的爵位，那些在朝为官的全都废黜，在家中等待拜授新的官职。这样做对上则承顺天意，也随顺了高皇帝的心愿，断绝了狂妄狡诈之徒滋生事端的萌

冬十二月，雷。

更名匈奴单于曰降奴服于。莽曰：“降奴服于知威侮五行，背畔四条，侵犯西域，延及边垂，为元元害，罪当夷灭。命遣立国将军孙建等凡十二将，十道并出，共行皇天之威，罚于知之身。惟知先祖故呼韩邪单于稽侯狦累世忠孝，保塞守徼，不忍以一知之罪，灭稽侯狦之世。今分匈奴国土人民以为十五，立稽侯狦子孙十五人为单于。遣中郎将蔺苞、戴级驰之塞下，召拜当为单于者。诸匈奴人当坐虏知之法者，皆赦除之。”遣五威将军苗䜣、虎贲将军王况出五原，厌难将军陈钦、震狄将军王巡出云中，振武将军王嘉、平狄将军王萌出代郡，相威将军李棽、镇远将军李翁出西河，诛貉将军阳俊、讨秽将军严尤出渔阳，奋武将军王骏、定胡将军王晏出张掖，及偏裨以下百八十人。募天下囚徒、丁男、甲卒三十万人，转众郡委输五大夫衣裘、兵器、粮食，长吏送自负海江淮至北边，使者驰传督趣，以军兴法从事，天下骚动。先至者屯边郡，须毕具乃同时出。

莽以钱币讫不行，复下书曰：“民以食为命，以货为资，是以八政以食为首。宝货皆重则小用不给，皆轻则僦载烦费，轻重大小各有差品，则用便而民乐。”于是造宝货五品，语在《食货志》。百姓不从，但行小大钱二品而已。盗铸钱者不可禁，乃重其法，一家铸

芽。”王莽说：“可以。嘉新公国师刘歆遵照符命担任四辅，明德侯刘龚、率礼侯刘嘉等三十二人都知晓天命，有的进献符瑞，有的提出谏言，有的拘捕告发反贼，功绩卓越。与这三十二人是同宗共祖的刘氏宗亲不要罢黜，赐姓为王。”唯独国师刘歆的女儿因为许配给了王莽的儿子，所以刘歆没有被赐姓。王莽将定安太后的称号改为黄皇室主，表明她与汉室已经断绝了关系。

这年冬季十二月，天上打雷。

王莽将匈奴国王的单于称号改为降奴服于。王莽说：“降奴服于囊知牙斯不敬上天，背叛四条协议，侵犯西域，祸及边垂，危害百姓，其罪当诛。诏令派遣立国将军孙建等共十二位将军，兵分十路，一同昭示上天神威，严惩囊知牙斯。我念及囊知牙斯的先祖原呼韩邪单于稽侯狦世代忠孝，保卫边塞，我不忍心因为囊知牙斯一人的罪行，就诛灭稽侯狦的后世。现在将匈奴的国土和百姓分成十五个小国，册立稽侯狦的十五位子孙为单于。派遣中郎将蔺苞、戴级火速赶往边塞，赐封那些可以册立为单于的人。那些受到反贼囊知牙斯牵连而获罪的匈奴人，全都赦免。”王莽又派遣五威将军苗䜣、虎贲将军王况从五原郡出征，厌难将军陈钦、震狄将军王巡从云中郡出征，振武将军王嘉、平狄将军王萌从代郡出征，相威将军李棽、镇远将军李翁从西河郡出征，诛貉将军阳俊、讨秽将军严尤从渔阳郡出征，奋武将军王骏、定胡将军王晏从张掖郡出征，以及偏将副将以下一百八十名将士。王莽又召集全天下的囚徒、男丁、兵卒三十万人，传令各郡转运五大夫所享有的衣服、兵器、粮食，县级官吏负责从沿海长江、淮河流域运输到北部边境，使者乘坐着驿车在旁督促，依照战争时的法令行事，天下为之骚动。先到达的军队在边郡驻扎，等待全部军队到齐再出发。

王莽因为钱币始终没有流通，再次下诏说：“百姓将粮食视为性命，将钱币视为资财，所以施政的八个方面以粮食为首。钱币的价值过大则小的花费一时就无法满足，价值过小则运送装载就十分费事，轻重大小各有不同的等级，这样做不仅方便而且百姓也乐意使用。”于是新朝铸造了五种钱币，详见《食货志》。然而百姓却不愿使

钱，五家坐之，没入为奴婢。吏民出入，持布钱以副符传，不持者，厨传勿舍，关津苛留。公卿皆持以入宫殿门，欲以重而行之。

是时争为符命封侯，其不为者相戏曰：“独无天帝除书乎？”司命陈崇白莽曰：“此开奸臣作福之路而乱天命，宜绝其原。”莽亦厌之，遂使尚书大夫赵并验治，非五威将率所班，皆下狱。

初，甄丰、刘歆、王舜为莽腹心，倡导在位，褒扬功德；“安汉”“宰衡”之号及封莽母、两子、兄子，皆丰等所共谋，而丰、舜、歆亦受其赐，并富贵矣，非复欲令莽居摄也。居摄之萌，出于泉陵侯刘庆、前辉光谢嚻、长安令田终术。莽羽翼已成，意欲称摄。丰等承顺其意，莽辄复封舜、歆两子及丰孙。丰等爵位已盛，心意既满，又实畏汉宗室、天下豪桀。而疏远欲进者，并作符命，莽遂据以即真，舜、歆内惧而已。丰素刚强，莽觉其不说，故徙大阿、右拂、大司空丰，托符命文，为更始将军，与卖饼儿王盛同列。丰父子默默。时子寻为侍中京兆大尹茂德侯，即作符命，言新室当分陕，立二伯，以丰为右伯，太傅平晏为左伯，如周召故事。莽即从之，拜丰为右伯。当述职西出，未行，寻复作符命，言故汉氏平帝后黄皇室主为寻之妻。莽以诈立，心疑大臣怨谤，欲震威以惧下，因是发怒曰：“黄皇室主天下母，此何谓也！”收捕寻。寻亡，丰自杀。寻随方士入华山，岁余捕得，辞连国师公歆子侍中东通灵将、五司大夫隆威侯棻，棻弟右曹长水校尉伐虏侯泳，大司空邑弟左关将军掌威侯奇，及歆门人侍中骑都尉丁隆等，牵引公卿党亲列侯以下，死者数百人。寻手理有“天子”字，莽解其臂入视之，曰：“此一大子也，或

用，只有小钱和大钱两种流通而已。私自铸钱的行为屡禁不止，王莽便加重刑罚，一家铸钱，五家连坐，将触犯法令的人没入官府为奴为婢。官吏和百姓外出和归来，必须携带与符传相同的布钱作为出入门关的信物，若是没有携带，餐馆客栈就不能住宿，关卡和渡口要盘查询问。公卿大臣也都要带着它才能进宫上殿，想以此来帮助钱币的流通。

当时人们争着进献符瑞以谋求封侯，那些没有这样做的人相互戏谑说："你还没有得到天帝的任命状吗？"五威司命陈崇禀奏王莽说："这种行为开辟了奸臣谋求利禄之路，而且悖乱天命，应当杜绝这种行为的源头。"王莽也憎恶这种行为，便让尚书大夫赵並查验审理，若查明不是五威将所颁布的符命，则进献的人都会下狱。

起初，甄丰、刘歆、王舜都是王莽的心腹，最先提出让王莽身居高位的建议，褒扬王莽的功德；"安汉公"和"宰衡"的封号以及奏请赐封王莽的母亲、两个儿子、王莽兄长之子，这些都是甄丰等人所共同谋划的，因而甄丰、王舜、刘歆也都得到了王莽的赏赐，全都享受富贵，但他们并不想让王莽摄政。王莽摄政的开端，起源于泉陵侯刘庆、前辉光谢嚣、长安令田终术。王莽的羽翼已经丰满，意欲摄政。甄丰等人顺从王莽的意愿，王莽再次封赏了王舜、刘歆的两个儿子以及甄丰的孙子。甄丰等人的爵位已经十分显赫，心满意足，又确实畏惧汉氏宗亲、天下豪杰。而那些远离朝堂想谋求升迁之路的人，便纷纷制造符瑞，王莽便凭借这些符瑞登基为帝，王舜、刘歆内心十分忧惧。甄丰素来刚强，王莽发觉甄丰对自己的不满，就假托符瑞的文辞，将担任大阿、右拂、大司空的甄丰贬为更始将军，使得甄丰与卖饼小贩王盛同列。甄丰父子沉默不言。当时甄丰之子甄寻担任侍中京兆大尹，受封为茂德侯，甄寻便制造符瑞，说新朝应当以陕州为界分为两地，设立两位长官进行治理，可以让甄丰担任右伯，太傅平晏担任左伯，就如同周公、召公的旧例一样。王莽听从了甄寻的建议，诏令甄丰拜任右伯。述职时应当西行，尚未起身，甄寻又制造了一道符瑞，说原汉朝平帝的皇后黄皇室主原本应当是甄寻的妻子。王莽以欺诈手段篡位为帝，心中怀疑大臣会怨恨诽谤，想威震大

曰一六子也。六者，戮也。明寻父子当戮死也。”乃流棻于幽州，放寻于三危，殛隆于羽山，皆驿车载其尸传致云。

莽为人侈口蹷顄，露眼赤精，大声而嘶。长七尺五寸，好厚履高冠，以氂装衣，反膺高视，瞰临左右。是时有用方技待诏黄门者，或问以莽形貌，待诏曰：“莽所谓鸱目虎吻豺狼之声者也，故能食人，亦当为人所食。”问者告之，莽诛灭待诏，而封告者。后常翳云母屏面，非亲近莫得见也。

是岁，以初睦侯姚恂为宁始将军。

三年，莽曰：“百官改更，职事分移，律令仪法，未及悉定，且因汉律令仪法以从事。令公卿大夫诸侯二千石举吏民有德行通政事能言语明文学者各一人，诣王路四门。”

遣尚书大夫赵并使劳北边，还言五原北假膏壤殖谷，异时常置田官。乃以并为田禾将军，发戍卒屯田北假，以助军粮。

是时诸将在边，须大众集，吏士放纵，而内郡愁于征发，民弃城郭流亡为盗贼，并州、平州尤甚。莽令七公六卿号皆兼称将军，遣著武将军逯并等填名都，中郎将、绣衣执法各五十五人，分填缘

臣使他们畏惧，便因此发怒说："黄皇室主是国母，你们竟然讲出此等妄言！"于是王莽下令拘捕甄寻。甄寻逃亡，甄丰自杀。甄寻跟随术士逃进了华山，一年多甄寻被捕入狱，甄寻的供词牵连到国师公刘歆的儿子侍中东通灵将、五司大夫隆威侯刘棻，刘棻的弟弟右曹长水校尉伐虏侯刘泳，大司空王邑的弟弟左关将军掌威侯王奇，以及刘歆的门人侍中骑都尉丁隆等人，公卿、亲族、列侯以下受到牵连的，被处死的官员有数百人。甄寻手掌上的纹理是"天子"的字样，王莽命人将他的手臂砍下送到宫中查看，王莽说道："这是一个'大子'，或者是一个'六子'。六，就是戮，这说明甄寻父子应当处死。"于是王莽将刘棻流放到幽州，将甄寻放逐到三危山，在羽山杀死丁隆，用驿车载着他的尸体辗转各地警示百姓。

王莽的嘴巴大，下巴短，两眼外突，眼球赤红，声音嘶哑。身高七尺五寸，喜好穿厚底鞋子，戴高冠，还要穿坚硬卷曲的毛制里衣，挺胸抬头，俯视左右。当时有个精通医卜星相的人担任待诏黄门，有人向他询问王莽的相貌，待诏说："王莽的眼睛如鹰，嘴巴如虎，声音如豺狼，因而可以吃人，也会为人所食。"询问的人将这些话上报给了王莽，王莽将待诏处死，而封赏了上报的人。此后王莽常常用云母扇遮面，不是亲近的人无法见到王莽的真容。

同年，王莽诏令让初睦侯姚恂担任宁始将军。

始建国三年（11），王莽说："百官名称颇有改动，职事也发生变化，律令礼法，尚未确定，暂且沿用汉朝的律令礼法来行事。诏令公卿大夫、诸侯、二千石官员在官吏百姓之中举荐有德行、精通政事、擅长辞令、通晓经学典籍的各一人，前往王路四门。"

王莽派遣尚书大夫赵并出使慰问北方边境的军队，赵并返回长安后奏言说五原郡北假之地的土壤肥沃，可以种植庄稼，以往朝廷常常设置负责农事的官吏。王莽便将赵并任命为田禾将军，让他率领士兵在北假之地开垦田地，种植粮食，以补助军粮的不足。

当时诸位将领在边境驻扎，等待各路大军到齐，士卒放纵妄为，而内地各郡又为征调兵力和军粮而愁苦不堪，百姓弃城逃亡沦为盗贼，并州、平州尤其严重。王莽诏令七公六卿全都兼称将军，派遣著

边大郡，督大奸猾擅弄兵者，皆便为奸于外，挠乱州郡，货赂为市，侵渔百姓。莽下书曰："虏知罪当夷灭，故遣猛将分十二部，将同时出，一举而决绝之矣。内置司命军正，外设军监十有二人，诚欲以司不奉命，令军人咸正也。今则不然，各为权势，恐猲良民，妄封人颈，得钱者去。毒蠚并作，农民离散。司监若此，可谓称不？自今以来，敢犯此者，辄捕系，以名闻。"然犹放纵自若。

而蔺苞、戴级到塞下，招诱单于弟咸、咸子登入塞，胁拜咸为孝单于，赐黄金千斤，锦绣甚多，遣去；将登至长安，拜为顺单于，留邸。

太师王舜自莽篡位后病悸，寖剧，死。莽曰："昔齐太公以淑德累世，为周氏太师，盖予之所监也。其以舜子延袭父爵，为安新公，延弟褒新侯匡为太师将军，永为新室辅。"

为太子置师友各四人，秩以大夫。以故大司徒马宫为师疑，故少府宗伯凤为傅丞，博士袁圣为阿辅，京兆尹王嘉为保拂，是为四师；故尚书令唐林为胥附，博士李充为犇走，谏大夫赵襄为先后，中郎将廉丹为御侮，是为四友。又置师友祭酒及侍中、谏议、《六经》祭酒各一人，凡九祭酒，秩上卿。琅邪左咸为讲《春秋》、颍川满昌为讲《诗》、长安国由为讲《易》、平阳唐昌为讲《书》、沛郡陈咸为讲《礼》、崔发为讲《乐》祭酒。遣谒者持安车印绶，即拜楚国龚胜为太子师友祭酒，胜不应征，不食而死。

武将军逯并等人镇守大的城邑，中郎将和绣衣执法各五十五人，分别镇守边境的州郡，监察那些擅自兴兵作乱的大奸之徒，这些人都为祸在外，侵扰州郡，公开行贿，掳掠百姓。王莽下诏说：“匈奴单于囊知牙斯其罪当诛，所以派遣猛将兵分十二路，同时出兵，将他们一举歼灭。朝中设置司命军正，军中设置军监十二人，诏令他们监察没有奉命行事的人，使得全军上下全都能正直行事。如今军中却不是这样，军中将士追求权势，恐吓良民，枉顾法令，将铁链拴在百姓的脖子上，强迫百姓成为奴隶，以此勒索钱财，收到钱才会取下铁链。残害百姓的行径并发，致使农民离散逃亡。司命军正和军监做到这一地步，能说得上是称职吗？自今以后，胆敢再有人触犯法令，就将其拘捕下狱，并将名字上报。”然而官员将士依旧放纵妄为。

蔺苞、戴级来到边塞，引诱单于的弟弟咸、咸的儿子登进入边塞，威逼咸并让咸领受拜任孝单于，赏赐咸黄金千斤，还有非常多的绫罗绸缎，之后便将咸打发回去；他们又将登带到长安，王莽将登封为顺单于，留在京师的官邸中。

太师王舜自从王莽篡位之后便患了心悸的毛病，日渐严重，最终病逝。王莽说：“从前齐太公因为德行深厚而流芳百世，成为周朝的太师，这是我所要效法的。诏令让王舜的儿子王延承袭爵位，为安新公，王延的弟弟褒新侯王匡担任太师将军，世代担任新朝的辅佐大臣。”

王莽为太子设置师友各四人，俸禄与大夫相同。王莽诏令原大司徒马宫担任师疑，原少府宗伯凤担任傅丞，博士袁圣担任阿辅，京兆尹王嘉担任保拂，他们是为四师；原尚书令唐林担任胥附，博士李充担任犇走，谏大夫赵襄担任先后，中郎将廉丹担任御侮，他们是为四友。王莽又设置师友祭酒以及侍中祭酒、谏议祭酒、《六经》祭酒各一人，共九位祭酒，俸禄与上卿相同。琅琊人左咸担任《春秋》祭酒、颍川人满昌担任《诗经》祭酒、长安人国由担任《易经》祭酒、平阳县人唐昌担任《尚书》祭酒、沛郡人陈咸担任《礼记》祭酒、崔发担任《乐经》祭酒。王莽派遣谒者官带着安车和印绶，想让楚国人龚胜拜任太子师友祭酒，但龚胜没有接受诏令，绝食而死。

宁始将军姚恂免，侍中崇禄侯孔永为宁始将军。

是岁，池阳县有小人景，长尺余，或乘车马，或步行，操持万物，小大各相称，三日止。

濒河郡蝗生。

河决魏郡，泛清河以东数郡。先是，莽恐河决为元城冢墓害。及决东去，元城不忧水，故遂不堤塞。

四年二月，赦天下。

夏，赤气出东南，竟天。

厌难将军陈钦言捕虏生口，虏犯边者皆孝单于咸子角所为。莽怒，斩其子登于长安，以视诸蛮夷。

大司马甄邯死，宁始将军孔永为大司马，侍中大赘侯辅为宁始将军。

莽每当出，辄先搜索城中，名曰"横搜"。是月，横搜五日。

莽至明堂，授诸侯茅土。下书曰："予以不德，袭于圣祖，为万国主。思安黎元，在于建侯，分州正域，以美风俗。追监前代，爰纲爰纪。惟在《尧典》，十有二州，卫有五服。《诗》国十五，抪遍九州。《殷颂》有'奄有九有'之言。《禹贡》之九州无并、幽，《周礼·司马》则无徐、梁。帝王相改，各有云为。或昭其事，或大其本，厥义著明，其务一矣。昔周二后受命，故有东都、西都之居。予之受命，盖亦如之。其以洛阳为新室东都，常安为新室西都。邦畿连体，各有采任。州从《禹贡》为九，爵从周氏有五。诸侯之员千有八百，附城之数亦如之，以俟有功。诸公一同，有众万户，土方百里。侯伯一国，众户五千，土方七十里。子男一则，众户二千有五百，土方

宁始将军姚恂被免职之后，侍中崇禄侯孔永担任宁始将军。

同年，池阳县出现了许多小人影子，高一尺多，有的乘坐车马，有的步行，他们手中拿着各种各样的器具，车马器具与小人相称，三天才消失。

黄河周边的郡县发生蝗灾。

黄河在魏郡决堤，河水泛滥，殃及到清河郡以东的几个郡县。原先，王莽担心黄河决堤，会破坏位于元城的王氏坟冢。等到河水向东流去，元城不必忧惧洪水泛滥，因此王莽就没有修筑堤坝阻塞洪水。

始建国四年（12）二月，王莽大赦天下。

这年夏季，有红色的云气从东南升起，布满整个天空。

厌难将军陈钦奏言擒获到了俘虏，俘虏招供说侵犯边境的事情都是孝单于咸的儿子角所为。王莽大怒，便将留在长安为人质的咸的儿子登斩杀，以此警示边塞蛮夷。

大司马甄邯去世，宁始将军孔永担任大司马，侍中大赘侯辅担任宁始将军。

王莽每次外出，都会事先在城中搜查，称为“横搜”。这个月，有五天进行横搜。

王莽来到明堂，为诸侯授予象征封国的茅土。王莽下诏说：“我德行鄙陋，继承圣祖的功业，成为万国之主。我深思若想要安定百姓，则在于分封诸侯，分定州郡边界，以此移风易俗。效法古代，援引纲纪。依照《尧典》的记载，天下分为十二州，王畿之外有五服。《诗经》中记载天下有十五国，遍布九州。《殷颂》有‘享有九州’的诗句。《禹贡》中记载九州没有并州、幽州，《周礼·夏官司马》则记载九州没有徐州、梁州。历代帝王作出更改，各有用意。有的是为了彰显功业，有的是为了扩大根基，其中的用意十分明显，他们所力求的目的是相同的。从前周文王、周武王承奉天命，所以有东都洛邑、西都镐京的设立。我承奉天命，理当和他们一样。现将洛阳作为新朝的东都，将常安作为新朝的西都。京城与周围地域连成一体，诸

五十里。附城大者食邑九成，众户九百，土方三十里。自九以下，降杀以两，至于一成。五差备具，合当一则。今已受茅土者，公十四人，侯九十三人，伯二十一人，子百七十一人，男四百九十七人，凡七百九十六人。附城千五百一十一人。九族之女为任者，八十三人。及汉氏女孙中山承礼君、遵德君、修义君更以为任。十有一公，九卿，十二大夫，二十四元士。定诸国邑采之处，使侍中讲理大夫孔秉等与州部众郡晓知地理图籍者，共校治于寿成朱鸟堂。予数与群公祭酒上卿亲听视，咸已通矣。夫褒德赏功，所以显仁贤也；九族和睦，所以褒亲亲也。予永惟匪解，思稽前人，将章黜陟，以明好恶，安元元焉。”以图簿未定，未授国邑，且令受奉都内，月钱数千。诸侯皆困乏，至有庸作者。

中郎区博谏莽曰：“井田虽圣王法，其废久矣。周道既衰，而民不从。秦知顺民之心，可以获大利也，故灭庐井而置阡陌，遂王诸夏，讫今海内未厌其敝。今欲违民心，追复千载绝迹，虽尧舜复起，而无百年之渐，弗能行也。天下初定，万民新附，诚未可施行。”莽知民怨，乃下书曰：“诸名食王田，皆得卖之，勿拘以法。犯私买卖庶人者，且一切勿治。”

侯各自享有食邑封国。州郡遵照《禹贡》分为九州，爵位遵照周制分为五等。诸侯的名额为一千八百位，附城的数量也和诸侯一样，以此来封赏有功之人。公爵的封地称为一同，食邑有一万户，土地方圆一百里。侯爵和伯爵的封地称为一国，食邑五千户，土地方圆七十里。子爵和男爵的封地称为一则，食邑二千五百户，土地方圆五十里。最高等的附城享有九百井的封地，食邑有九百户，土地方圆三十里。自九百井以下，每降一等就减少两百井，直到降低到一百井。五等附城的封地，相当于一则。现在已经接受封国的，有十四位公爵，九十三位侯爵，二十一位伯爵，一百七十一位子爵，四百九十七位男爵，共七百九十六人。接受附城爵位的共有一千五百一十一人。王氏九族中赐封为任爵的女子，有八十三人。以及汉室后裔孙女辈中，有中山国承礼君、遵德君、修义君改封为任爵。还有十一位公爵，九位卿士，十二位大夫，二十四位元士。确定封国、食邑的地域，诏令侍中讲理大夫孔秉等人和各个州部郡县中通晓地理、地图户籍册的人，在寿成室朱鸟堂一同考订整理。我多次和诸公、祭酒、上卿亲自监督查验，已经有所了解。褒德赏功，则可以彰显仁爱贤德；九族和睦，则可以褒扬亲族间的亲近。我常思不可懈怠，思虑要考察古人的做法，公开进行赏罚升降，以此表明好恶，安抚百姓。”因为地图户籍册尚未确定，便没有授予国邑，只是暂且让他们从国库中领取俸禄，每月有数千钱。诸侯都生活困顿，有的诸侯甚至为别人做工以谋求生计。

中郎官区博劝谏王莽说：“井田制虽然是往昔圣王所定立的制度，但已经废除很久了。周朝的王道已经衰败，百姓不愿依从。秦朝知晓随顺民心，这样做可以获得大利，所以秦朝废除井田制而重新划定田界，因此统一天下，至今为止海内百姓尚未厌弃秦制。而如今本朝却要违背民心，追溯恢复千年前已经废除的旧制，即便是尧舜复生，没有耗费上百年的时间来转变，以往的旧制也是无法推行的。如今天下初定，万民归附，实在是不宜施行旧制。”王莽知晓百姓对于井田制心生怨怼，便下诏说：“赏赐而得的田地以及天下所有的田地，都可以买卖，不受法律的限制。有人违犯了私自买卖庶人这条法令，暂且一概不予追究。”

初，五威将帅出，改句町王以为侯，王邯怨怒不附。莽讽牂柯大尹周歆诈杀邯。邯弟承起兵攻杀歆。先是，莽发高句骊兵，当伐胡，不欲行，郡强迫之，皆亡出塞，因犯法为寇。辽西大尹田谭追击之，为所杀。州郡归咎于高句骊侯驺。严尤奏言："貉人犯法，不从驺起，正有它心，宜令州郡且尉安之。今猥被以大罪，恐其遂畔，夫馀之属必有和者。匈奴未克，夫馀、秽貉复起，此大忧也。"莽不尉安，秽貉遂反，诏尤击之。尤诱高句骊侯驺至而斩焉，传首长安。莽大说，下书曰："乃者，命遣猛将，共行天罚，诛灭虏知，分为十二部，或断其右臂，或斩其左腋，或溃其胸腹，或紬其两胁。今年刑在东方，诛貉之部先纵焉。捕斩虏驺，平定东域，虏知殄灭，在于漏刻。此乃天地群神社稷宗庙佑助之福，公卿大夫士民同心将率虓虎之力也。予甚嘉之。其更名高句骊为下句骊，布告天下，令咸知焉。"于是貉人愈犯边，东北与西南夷皆乱云。

莽志方盛，以为四夷不足吞灭，专念稽古之事，复下书曰："伏念予之皇始祖考虞帝，受终文祖，在璇玑玉衡以齐七政，遂类于上帝，禋于六宗，望秩于山川，遍于群神，巡狩五岳，群后四朝，敷奏以言，明试以功。予之受命即真，到于建国五年，已五载矣。阳九之阸既度，百六之会已过。岁在寿星，填在明堂，仓龙癸酉，德在中宫。观晋掌岁，龟策告从，其以此年二月建寅之节东巡狩，具礼仪调度。"群公奏请募吏民人马布帛绵，又请内郡国十二买马，发帛四十五万匹，输常安，前后毋相须。至者过半，莽下书曰："文母太后体不安，其且止待后。"

起初，五威将帅奉命出巡，将句町王改称为侯，句町王邯心中怨怒，不愿依从。王莽便暗示牂柯郡大尹周歆诱杀邯。邯的弟弟承起兵攻杀周歆。此前，王莽调派高句骊的军队，让他们出兵讨伐匈奴，高句骊不想出兵，郡中大尹就强迫他们，而高句骊的兵卒全都出逃到塞外，他们胡作非为沦为贼寇。辽西郡大尹田谭出兵追击，却为贼寇所杀。州郡官员将罪责归咎于高句骊侯驺的身上。严尤奏言说："貉人犯法，不是从驺开始的，如果驺有奸邪之心，应当让州郡暂且对他进行安抚。如今却给他施加重罪，恐怕他们会因此反叛，夫馀国一类的国家必会有所应和。匈奴尚未战胜，夫馀、秽貉又继而反叛，这样便会形成极大的忧患。"王莽并没有安抚驺，秽貉随即反叛，王莽诏令严尤率兵讨伐。严尤引诱高句骊侯驺前来并将其斩杀，将驺的首级传回长安。王莽大喜，下诏说："此前，我派遣猛将，执行天罚，将匈奴单于囊知牙斯剿灭，兵分十二路，或是砍下他的右臂，或是斩断他的左肩，或是刺破他的胸腹，或是抽出他的两肋。今年的刑戮在东方，最先出兵讨伐的是秽貉。捕杀叛贼驺，平定东方，歼灭囊知牙斯，就在片刻之间。这是天地群神社稷宗庙佑助的福运，公卿大夫士人百姓众志成城以及将帅兵卒奋勇抗击的力量。我十分赞赏。诏令将高句骊改称下句骊，布告天下，让百姓全都知晓。"于是貉人更加放肆地侵扰边境，东北和西南的蛮夷纷纷造反。

王莽正值春风得意，觉得四方蛮夷不费吹灰之力就能平定，他本人则专心于考察古事，再次下诏说："我常念皇始祖考虞舜，在文祖庙接受禅让，继承帝位，通过观察天文的仪器，考究清楚日月以及金木水火土五星，于是祭祀上天，祭祀万物，望祭山川，遍祭群神，巡行五岳，接见四方诸侯，让他们陈奏政事，考核他们的政绩。我接受天命登基为帝，到了建国五年，已有五年的时间了。阳九的困厄已然度过，百六的灾殃已然过去。木星运行到寿星，土星运行到明堂，太岁位于癸酉，癸德在中宫。效仿晋文公卯出酉入，用龟甲占卜，在今年二月为寅月，定为岁首，应当巡行东方，有关官员确定出具体的礼仪程序。"诸位公卿大臣奏请向官府百姓征集人员、马匹、布帛丝绵，又奏请内地的十二个郡国购买马匹，征调四十五万匹布帛，运

是岁，改十一公号，以“新”为“心”，后又改“心”为“信”。

五年二月，文母皇太后崩，葬渭陵，与元帝合而沟绝之。立庙于长安，新室世世献祭。元帝配食，坐于床下。莽为太后服丧三年。

大司马孔永乞骸骨，赐安车驷马，以特进就朝位。同风侯逯并为大司马。

是时，长安民闻莽欲都雒阳，不肯缮治室宅，或颇彻之。莽曰：“玄龙石文曰‘定帝德，国雒阳’。符命著明，敢不钦奉！以始建国八年，岁缠星纪，在雒阳之都。其谨缮修常安之都，勿令坏败。敢有犯者，辄以名闻，请其罪。”

是岁，乌孙大小昆弥遣使贡献。大昆弥者，中国外孙也。其胡妇子为小昆弥，而乌孙归附之。莽见匈奴诸边并侵，意欲得乌孙心，乃遣使者引小昆弥使置大昆弥使上。保成师友祭酒满昌劾奏使者曰：“夷狄以中国有礼谊，故诎而服从。大昆弥，君也，今序臣使于君使之上，非所以有夷狄也。奉使大不敬！”莽怒，免昌官。

西域诸国以莽积失恩信，焉耆先畔，杀都护但钦。

十一月，彗星出，二十余日，不见。

送到常安，不需要等待准备完毕，立刻送往长安。送到常安的东西已经过半，王莽下诏说："文母太后身体欠安，暂时停止运送，等待以后再看。"

同年，王莽更改十一位公爵的封号，将"新"改为"心"，后又将"心"改为"信"。

始建国五年（13）二月，文母皇太后去世，葬在渭陵，与元帝合葬在一起，王莽命人在中间挖了一条沟将他们隔开。将祠庙修建在长安，新朝世世代代进行祭祀。元帝配祭，元帝的灵位在文母皇太后的灵位之下。王莽为文母皇太后守丧三年。

大司马孔永奏请辞官还乡，王莽赏赐孔永四匹马拉的安车，以特进的尊位参加朝会。同风侯逯并担任大司马。

当时，长安百姓听闻王莽想迁都洛阳，就不愿意继续修缮房屋，甚至有的人还拆掉了一些房舍。王莽说："玄龙石上的文字说'定立帝王的功德，国都建在洛阳'。符瑞已经十分清楚明白了，怎敢不敬奉！等到了始建国八年，木星会居于星纪之中，那时定都洛阳。你们应当继续修缮常安都城，不要让它残败。若有人敢违犯，将名字呈报上来，要依法治罪。"

同年，乌孙国的大小昆弥派遣使者前来京城进贡。大昆弥是中原民族的外孙。前任昆弥所娶的匈奴妻子所生的儿子是小昆弥，但乌孙国人归附于小昆弥。见到匈奴以及诸多蛮夷一同侵扰边境，就想笼络乌孙国人，王莽便派使者安排座位，让小昆弥所派使者位于大昆弥所派使者之上。保成师友祭酒满昌劾奏使者说："夷狄因为中原讲究礼谊，所以才会臣服于中原。大昆弥是国君，但如今却将臣下所派使者的位置安排在国君所派使者之上，这不是震慑夷狄的做法。安排座位的使者这样做实为大不敬！"王莽大怒，罢免了满昌的官职。

西域各国因为王莽长期有失恩德信义，焉耆国率先反叛，杀了都护但钦。

十一月，有彗星出现，二十多天后，才消失不见。

是岁，以犯挟铜炭者多，除其法。

明年改元曰天凤。

天凤元年正月，赦天下。

莽曰："予以二月建寅之节行巡狩之礼，太官赍糒干肉，内者行张坐卧，所过毋得有所给。予之东巡，必躬载耒，每县则耕，以劝东作。予之南巡，必躬载耨，每县则薅，以劝南伪。予之西巡，必躬载铚，每县则获，以劝西成。予之北巡，必躬载拂，每县则粟，以劝盖藏。毕北巡狩之礼，即于土中居雒阳之都焉。敢有趋讙犯法，辄以军法从事。"群公奏言："皇帝至孝，往年文母圣体不豫，躬亲供养，衣冠稀解。因遭弃群臣悲哀，颜色未复，饮食损少。今一岁四巡，道路万里，春秋尊，非糒干肉之所能堪。且无巡狩，须阕大服，以安圣体。臣等尽力养牧兆民，奉称明诏。"莽曰："群公、群牧、群司、诸侯、庶尹愿尽力相帅养牧兆民，欲以称予，繇此敬听，其勖之哉！毋食言焉。更以天凤七年，岁在大梁，仓龙庚辰，行巡狩之礼。厥明年，岁在实沈，仓龙辛巳，即土之中雒阳之都。"乃遣太傅平晏、大司空王邑之雒阳，营相宅兆，图起宗庙、社稷、郊兆云。

三月壬申晦，日有食之。大赦天下。策大司马逯并曰："日食无光，干戈不戢，其上大司马印韨，就侯氏朝位。太傅平晏勿领尚书事，省侍中诸曹兼官者。以利苗男䜣为大司马。"

莽即真，尤备大臣，抑夺下权，朝臣有言其过失者，辄拔擢。

同年，因为有很多人私藏铜炭，违反禁令，王莽便废除了这条法令。

第二年，王莽将年号改为天凤。

天凤元年（14）正月，王莽大赦天下。

王莽说：“二月为寅月，确定为岁首，我将会巡行四方，太官携带干粮干肉，内廷官准备帷帐席幔，不需要途中经过的那些地方供给。我向东巡行，必定亲自带着耕犁，每到一县都要耕种，以此劝导百姓春耕。我向南巡行，必定亲自带着锄头，每到一县都要锄草，以此劝导百姓管理田地。我向西巡行，必定亲自带着镰刀，每到一县都要收割庄稼，以此劝导百姓秋收。我向北巡行，必定亲自带着连枷，每到一县都要将谷物脱粒，以此劝导百姓储藏粮食。在北方的巡行结束之后，就将国都定在洛阳。若有人敢奔走喧哗触犯法令，就以军法处置。”诸位公卿大臣奏言说：“皇帝至孝，往年文母皇太后圣体欠佳，陛下亲自侍奉，衣不解带。之后文母皇太后去世，群臣悲伤哀痛，陛下的精神也尚未恢复，饮食也减少。如今在一年中巡行四方，路程上万里，陛下年事已高，仅仅带些干粮干肉，无法满足您的身体所需。臣等奏请暂停巡行四方，等待国丧结束，修养好圣体再另行决定。臣等会尽力劝导抚育黎民百姓，奉行陛下的明诏。”王莽说：“诸位公卿、州牧、大臣、诸侯、朝中百官，你们愿意尽力共同劝导抚育黎民百姓，以合我的心愿，所以我也听从你们的谏言，以此相互勉励！不要食言。巡行四方改在天凤七年，木星运行到大梁之中，太岁位于庚辰，可以巡行四方。再到了明年，木星运行到实沈之中，太岁位于辛巳，便迁都洛阳。”于是王莽派太傅平晏、大司空王邑前往洛阳，选择具体的地址，打算兴建宗庙、土神谷神的神庙、祭坛。

三月的最后一天壬申日，有日食发生。王莽大赦天下。并且给大司马逯并下策书说：“日食出现，天空无光，兵戈不息，请你交还大司马的印绶，回到侯爵的位置。太傅平晏不再总领尚书事，免去兼任其他官职的侍中诸曹。将利苗邑的男䜣任命为大司马。”

王莽登基为帝后，十分忌惮大臣，压制削弱大臣的权力，有朝臣

孔仁、赵博、费兴等以敢击大臣，故见信任，择名官而居之。公卿入宫，吏有常数，太傅平晏从吏过例，掖门仆射苛问不逊，戊曹士收系仆射。莽大怒，使执法发车骑数百围太傅府，捕士，即时死。大司空士夜过奉常亭，亭长苛之，告以官名，亭长醉曰："宁有符传邪？"士以马箠击亭长，亭长斩士，亡，郡县逐之。家上书，莽曰："亭长奉公，勿逐。"大司空邑斥士以谢。国将哀章颇不清，莽为选置和叔，敕曰："非但保国将闺门，当保亲属在西州者。"诸公皆轻贱，而章尤甚。

四月，陨霜，杀中木，海濒尤甚。六月，黄雾四塞。七月，大风拔树，飞北阙直城门屋瓦。雨雹，杀牛羊。

莽以《周官》《王制》之文，置卒正、连率、大尹，职如太守；属令、属长，职如都尉。置州牧、部监二十五人，见礼如三公。监位上大夫，各主五郡。公氏作牧，侯氏卒正，伯氏连率，子氏属令，男氏属长，皆世其官。其无爵者为尹。分长安城旁六乡，置帅各一人。分三辅为六尉郡，河东、河内、弘农、河南、颍川、南阳为六队郡，置大夫，职如太守；属正，职如都尉。更名河南大尹曰保忠信卿。益河南属县满三十。置六郊州长各一人，人主五县。及它官名悉改。大郡至分为五。郡县以亭为名者三百六十，以应符命文也。缘边又置竟尉，以男为之。诸侯国闲田，为黜陟增减云。莽下书曰："常安西都曰六乡，众县曰六尉。义阳东都曰六州，众县曰六队。粟米之内曰内郡，其外曰近郡。有鄣徼者曰边郡。合百二十有五郡。九州之内，县二千二百有三。公作甸服，是为惟城；诸在侯服，是为惟宁；

奏言其他大臣的过错，总会得到提拔。孔仁、赵博、费兴等人因为敢于劾奏大臣，所以得到王莽的信任，王莽让他们担任重要的官职。公卿入宫，随从的属吏有定额，有一次太傅平晏的属吏超过了规定，掖门仆射盘问平晏，出言不逊，太傅府的戊曹士拘捕了仆射。王莽大怒，派执法官率领数百辆车马包围了太傅府，逮捕了戊曹士，将其当即处死。又有一次大司空的属吏夜晚经过奉常亭，亭长盘问属吏，属吏将自己的官职告诉了亭长，但亭长喝醉了说："你有什么证据来证明呢？"属吏便用马鞭打了亭长，亭长将属吏斩杀，之后亭长出逃，郡县的官吏追捕亭长。亭长的家人上书申诉，王莽说："亭长奉公职守，不要再追捕他了。"大司空王邑斥责了随从属吏并进宫请罪。国将哀章的品行不正，王莽特意设置了和叔官，告诫和叔官说："你不仅要保护国将的内眷，还要保护国将在西州的亲属。"朝中众臣都遭到轻贱压制，而哀章却依旧受到宠信。

四月，天气出现霜冻，草木全部被冻死，沿海区域尤为严重。六月，黄雾满天。七月，大风将树木吹倒，并且吹走了北面的直城门的瓦片。天降冰雹，将牛羊都砸死了。

王莽依照《周官》《王制》的内容，设置卒正、连率、大尹，职责和太守一样；设置属令、属长，职责和都尉一样。设置二十五名州牧、部监，朝见皇帝的礼节和三公一样。部监位至上大夫，每人管理五郡。公爵担任州牧，侯爵担任卒正，伯爵担任连率，子爵担任属令，男爵担任属长，这些官职都可以世袭。没有爵位的担任大尹。将长安郊区划分为六个乡，每乡设置一名乡帅。将三辅划分为六个尉郡，将河东、河内、弘农、河南、颍川、南阳改为六个队郡，郡中都设置大夫，职责和太守一样；并且设置属正，职责和都尉一样。将河南大尹改称为保忠信卿。将河南的属县增加至满三十个为止。在六郊中各设置一名州长，每人管理五个县。并且将其他官名全部更改。大的州郡一分为五。有三百六十个郡县以"亭"字为名，以此顺应符命的文辞。边境又设置竟尉，由男爵担任。诸侯国之间空闲的田地，留作赏罚之用。王莽下诏说："常安作为西都分为六乡，所属的县称为六尉。义阳作为东都分为六州，所属的县称为六队。将距离王城四五百里以内的

在采、任诸侯，是为惟翰；在宾服，是为惟屏；在揆文教，奋武卫，是为惟垣；在九州之外，是为惟藩：各以其方为称，总为万国焉。”其后，岁复变更，一郡至五易名，而还复其故。吏民不能纪，每下诏书，辄系其故名，曰：“制诏陈留大尹、太尉：其以益岁以南付新平。新平，故淮阳。以雍丘以东付陈定。陈定，故梁郡。以封丘以东付治亭。治亭，故东郡。以陈留以西付祈隧。祈隧，故荥阳。陈留已无复有郡矣。大尹、太尉，皆诣行在所。”其号令变易，皆此类也。

令天下小学，戊子代甲子为六旬首。冠以戊子为元日，昏以戊寅之旬为忌日。百姓多不从者。

匈奴单于知死，弟咸立为单于，求和亲。莽遣使者厚赂之，诈许还其侍子登，因购求陈良、终带等。单于即执良等付使者，槛车诣长安。莽燔烧良等于城北，令吏民会观之。

缘边大饥，人相食。谏大夫如普行边兵，还言“军士久屯塞苦，边郡无以相赡。今单于新和，宜因是罢兵。”校尉韩威进曰：“以新室之威而吞胡虏，无异口中蚤虱。臣愿得勇敢之士五千人，不赍斗粮，饥食虏肉，渴饮其血，可以横行。”莽壮其言，以威为将军。然采普言，征还诸将在边者。免陈钦等十八人，又罢四关填都尉诸屯兵。会匈奴使还，单于知侍子登前诛死，发兵寇边，莽复发

地方称为内郡，以外的地方称为近郡。有边境所建堡垒的地方称为边郡，共有一百二十五郡。九州之内，县有二千二百零三个。公爵的封国在王城之外的五百里至千里，称为惟城；诸侯的封国在王城之外的五百里，称为惟宁；在王城之外一千五百里至两千里的诸侯，称为惟翰；在王城之外两千五百里之外的诸侯，称为惟屏；在距离王城两百里至三百里的诸侯，称为惟垣；在九州以外的诸侯，称为惟篱：各自以方位作为称号，总和起来就是万国。”在此之后，各个郡县的名称每年都会发生变动，甚至某个郡改了五次名称，而有的郡县最后又恢复原来的名称。官吏百姓不能一一记住，所以王莽在每次下诏时，便会附上原来的名称，比如说：“制诏陈留郡大尹、太尉：诏令将益岁县以南的地方划归新平郡。新平郡，原为淮阳郡。将雍丘以东的地方划归陈定郡。陈定郡，原为梁郡。将封丘以东的地方划归治亭郡。治亭郡，原为东郡。将陈留郡以西的地方划归祈隧郡。祈隧郡，原为荥阳郡。陈留郡已经不存在了。大尹和太尉，都到行宫来。”王莽诏令更改名称，都是诸如此类的内容。

王莽诏令天下的学校，用戊子代替甲子作为每六十年的开始。以戊子日作为行冠礼的吉日，将从戊寅开始的十天作为不适合婚丧嫁娶的日子。但大多的百姓并没有依从这种规定。

匈奴单于囊知牙斯去世，他的弟弟咸继任单于，请求与新朝和好。王莽派遣使者赐予咸丰厚的财物，还欺骗他说，会将滞留在京城陪侍皇帝的儿子登送还给他，并出钱悬赏陈良、终带等人。单于将陈良等人捕获交给使者，使者用囚车押送至长安。王莽在长安城北烧死陈良等人，并让官吏百姓前去观看行刑。

边境发生了严重的饥荒，到了人相食的地步。谏大夫如普巡行边境军队，返回后说“将士长期驻守边境，生活清苦，但边郡没有物资供应。如今单于愿意和好，应当趁此机会召回军队。”校尉韩威进谏说：“以新朝的神威消灭匈奴，无异于口中的跳蚤虱子。臣愿意带领勇士五千人，不需要携带粮食，饿了就食匈奴的肉，渴了就饮匈奴的血，我朝的军队可以在匈奴中横行无碍。”王莽赞赏韩威的豪言壮语，便将韩威任命为将军。但王莽还是采纳了如普的谏言，将驻守

军屯。于是边民流入内郡，为人奴婢，乃禁吏民敢挟边民者弃市。

益州蛮夷杀大尹程隆，三边尽反。遣平蛮将军冯茂将兵击之。

宁始将军侯辅免，讲《易》祭酒戴参为宁始将军。

二年二月，置酒王路堂，公卿大夫皆佐酒。大赦天下。

是时，日中见星。

大司马苗䜣左迁司命，以延德侯陈茂为大司马。

讹言黄龙堕死黄山宫中，百姓奔走往观者有万数。莽恶之，捕系问语所从起，不能得。

单于咸既和亲，求其子登尸，莽欲遣使送致，恐咸怨恨害使者，乃收前言当诛侍子者故将军陈钦，以他罪系狱。钦曰："是欲以我为说于匈奴也。"遂自杀。莽选儒生能颛对者济南王咸为大使，五威将琅邪伏黯等为帅，使送登尸。敕令掘单于知墓，棘鞭其尸。又令匈奴却塞于漠北，责单于马万匹，牛三万头，羊十万头，及稍所略边民生口在者皆还之。莽好为大言如此。咸到单于庭，陈莽威德，责单于背畔之罪，应敌从横，单于不能诎，遂致命而还之。入塞，咸病死，封其子为伯，伏黯等皆为子。

边境的诸多将士召回。王莽将陈钦等十八人免职，又撤销了前、后、左、右四关将军和都尉以及各部驻军。当匈奴使者返回匈奴，单于得知留在京城陪侍皇帝的儿子登早已被处死，便出兵进攻边境，王莽再次征调军队前去驻守。于是边境的百姓流亡到内郡，为人奴婢，因此王莽下令禁止官吏百姓让边境流亡的百姓为奴为婢，敢有犯者，斩首示众。

益州的蛮夷杀了大尹程隆，其他三面边境的蛮夷全都造反。王莽派遣平蛮将军冯茂率领军队出击讨伐。

宁始将军侯辅遭免职，《易经》祭酒戴参担任宁始将军。

天凤二年（15）二月，王莽在王路堂置酒设宴，公卿大夫都来参加宴会。王莽大赦天下。

当时，在中午时分天空中出现了星星。

王莽将大司马苗䜣贬为司命，将延德侯陈茂任命为大司马。

谣传说有黄龙在黄山宫中摔落而死，数以万计的百姓都奔走观看。王莽对此十分憎恶，拘捕了一些人询问谣言是从何而起的，但没有找到根源。

单于咸既然已经愿意与新朝和好，便向王莽索要儿子登的尸体，王莽想派遣使者将尸体送还，但又担心咸会心生怨恨而残害使者，便将此前谏言要处死登的原将军陈钦逮捕，以其他罪名将其下狱。陈钦说："这是想拿我来给匈奴一个说法。"随后陈钦便自杀了。王莽挑选能独自随机应对的儒生济南人王咸担任大使，五威将琅琊人伏黯等人担任武官，派他们送还登的尸体。王莽敕令匈奴将前任单于囊知牙斯的坟墓挖出来，用棘条鞭尸。又诏令匈奴退至漠北，责令单于进贡一万匹马，三万头牛和十万只羊，并且要将匈奴掳掠走的边境百姓全都送回来。王莽就是如此地爱说大话。王咸来到单于的王庭，陈述王莽的威德，指责单于的背叛行径，口若悬河，伶牙俐齿，单于无言以对，使者们传达完王莽的诏令便启程返回。他们走到边塞不久，王咸就病死了，王莽便将王咸的儿子封为伯爵，伏黯等人都封为子爵。

莽意以为制定则天下自平，故锐思于地里，制礼作乐，讲合六经之说。公卿旦入暮出，议论连年不决，不暇省狱讼冤结民之急务。县宰缺者，数年守兼，一切贪残日甚。中郎将、绣衣执法在郡国者，并乘权势，传相举奏。又十一公士分布劝农桑，班时令，案诸章，冠盖相望，交错道路，召会吏民，逮捕证左，郡县赋敛，递相赇赂，白黑纷然，守阙告诉者多。莽自见前颛权以得汉政，故务自揽众事，有司受成苟免。诸宝物名、帑藏、钱谷官，皆宦者领之；吏民上封事书，宦官左右开发，尚书不得知。其畏备臣下如此。又好变改制度，政令烦多，当奉行者，辄质问乃以从事，前后相乘，愦眊不渫。莽常御灯火至明，犹不能胜。尚书因是为奸寝事，上书待报者连年不得去，拘系郡县者逢赦而后出，卫卒不交代三岁矣。谷常贵，边兵二十余万人仰衣食，县官愁苦。五原、代郡尤被其毒，起为盗贼，数千人为辈，转入旁郡。莽遣捕盗将军孔仁将兵与郡县合击，岁余乃定，边郡亦略将尽。

邯郸以北大雨雾，水出，深者数丈，流杀数千人。

立国将军孙建死，司命赵闳为立国将军。宁始将军戴参归故官，南城将军廉丹为宁始将军。

三年二月乙酉，地震，大雨雪，关东尤甚，深者一丈，竹柏或

王莽认为在制度定立完善之后，天下自然会太平，所以醉心于地理，制礼作乐，讲求与《六经》的学说相合。公卿大臣早晨进宫，傍晚出宫，论议连年却没有作出相应的决断，以至于无瑕处理诉讼狱案这类关于百姓的紧要事务。有的县缺少县长，数年来都是由其他官员代任，所有贪赃枉法的行径，日渐严重。奉命在郡国的中郎将和绣衣执法，全都凭借权势，相互弹劾检举。还有十一位公爵的属吏分布各地，劝导百姓耕种养蚕，依照时令颁布政令，检查法令制度的施行，官员和使者前后相继，来往不绝，召集当地官吏百姓，逮捕证人，郡县苛捐杂税，相互贿赂，黑白颠倒，清浊不分，为此有许多百姓守在宫门前申冤告状。王莽因为自己从前独断专权而得到了汉室天下，因此一定要自己独揽所有事务，有关官吏接受已经决断好的诏令予以执行，只求可以免除罪责而已。各个机要部门、国库、赋税财政，都由宦官负责；官吏百姓所呈报的密奏，先由宦官拆封查阅，尚书无法了解知晓。王莽就是如此的提防朝臣。王莽又喜好更改制度，政令烦多，下面要执行的官吏，总会反复请示之后才着手执行，以至于前面的政务还未处理完毕，后面的政务又堆积如山，政令反复不明。王莽时常通宵达旦，灯火通明，政务依旧无法处理完毕。尚书因此胡作非为，呈上等待批复的奏章数年没有回应，在郡县中关押入狱的犯人要遇到大赦才得以释放，宿卫的士兵已有三年没有轮换。粮食价格昂贵，边境军队有二十多万人需要衣食，官府对此十分愁苦。五原郡、代郡的境地尤其严重，百姓群起为盗，数千人拉帮结派，流窜到周围的郡县。王莽派遣捕盗将军孔仁率兵与郡县的军队联合镇压，经过一年多才平定，边郡的百姓大多逃亡，沦为贼寇，很少有留下来的。

邯郸以北的区域天降大雨浓雾，大水集聚涌出，水深数丈，淹死了几千人。

立国将军孙建去世，司命赵闳担任立国将军。宁始将军戴参恢复原职，南城将军廉丹担任宁始将军。

天凤三年（16）二月乙酉日，发生地震，天降大雪大雨，关东尤

枯。大司空王邑上书言："视事八年，功业不效，司空之职尤独废顿，至乃有地震之变。愿乞骸骨。"莽曰："夫地有动有震，震者有害，动者不害。《春秋》记地震，《易系》《坤》动，动静辟胁，万物生焉。灾异之变，各有云为。天地动威，以戒予躬，公何辜焉，而乞骸骨，非所以助予者也。使诸吏散骑司禄大卫修宁男遵谕予意焉。"

五月，莽下吏禄制度，曰："予遭阳九之阸，百六之会，国用不足，民人骚动，自公卿以下，一月之禄十緵布二匹，或帛一匹。予每念之，未尝不戚焉。今阸会已度，府帑虽未能充，略颇稍给，其以六月朔庚寅始，赋吏禄皆如制度。"四辅公卿大夫士，下至舆僚，凡十五等。僚禄一岁六十六斛，稍以差增，上至四辅而为万斛云。莽又曰："'普天之下，莫非王土；率土之宾，莫非王臣。'盖以天下养焉。《周礼》膳羞百有二十品，今诸侯各食其同、国、则；辟、任、附城食其邑；公、卿、大夫、元士食其采。多少之差，咸有条品。岁丰穰则充其礼，有灾害则有所损，与百姓同忧喜也。其用上计时通计，天下幸无灾害者，太官膳羞备其品矣；即有灾害，以什率多少而损膳焉。东岳太师立国将军保东方三州一部二十五郡；南岳太傅前将军保南方二州一部二十五郡；西岳国师宁始将军保西方一州二部二十五郡；北岳国将卫将军保北方二州一部二十五郡；大司马保纳卿、言卿、仕卿、作卿、京尉、扶尉、兆队、右队、中部左洎前七部；大司徒保乐卿、典卿、宗卿、秩卿、翼尉、光尉、左队、前队、中部、右部，有五郡；大司空保予卿、虞卿、共卿、工卿、师尉、列尉、祈队、后队、中部洎后十郡；及六司，六卿，皆随所属之公保其灾害，亦以十率多少而损其禄。郎、从官、中都官吏食禄都内之委者，以太官膳羞备损而为节。诸侯、辟、任、附城、群吏亦各保其灾害。几上下同心，劝进农业，安元元焉。"莽之制度烦碎如此，课计不可理，

其严重，雪有一丈深，竹子、柏树有的都枯死了。大司空王邑上奏说：“臣就职八年，施政没有效果，司空的职责几近荒废，以至于发生地震。臣奏请辞官还乡。”王莽说：“地有动有震，地震有害，地动无害。《春秋》之中记载了地震，《易经·系辞》中的《坤卦》记载了地动，地动则开，地静则合，地动而万物由此生发。灾异的发生，各有不同的意义和原因。天地震动，彰显威严，以此警示我自身，您有什么罪过，却要辞官还乡，你这么做不是在辅佐我。派诸吏散骑司禄大卫修宁男遵转告我的旨意。”

五月，王莽颁布了官吏的俸禄制度，说：“我遭遇阳九的困厄，百六的灾殃，国家财政用度不足，百姓骚动，自公卿以下，一个月的俸禄只有两匹粗布，或一匹丝帛。我每每想到此事，无不忧心。如今困厄已然度过，国库虽然尚未充足，但也略微宽裕，从六月初一庚寅日开始，依照制度发放官吏俸禄。”从四辅、公卿、大夫、士人，下至属吏，共十五等。属吏的俸禄是一年六十六斛，按等级逐级增加，上至四辅是一年一万斛。王莽又说：“‘普天之下，没有一处土地不是属于帝王的；天下万物，没有一个不是帝王的臣民。’以天下的财物来供养官员。《周礼》中记载了珍馐佳肴有一百二十种，现在诸侯的俸禄，公侯伯子男从他们的封国中获取；国君、公主、附城从他们的食邑中获取；公、卿、大夫、元士从他们的采邑中获取。多少差异，都有一定的制度。若一年丰收则就备足礼物进贡，若一年歉收则要有所减少，要与百姓同忧同喜。依照年终时所呈上的计簿进行统计，若是天下有幸没有遭受灾害，太官进献的珍馐佳肴可以将种类备齐；若是遭受灾害，按照比例减少进献的种类。东岳太师和立国将军负责东方三州一部二十五郡；南岳太傅和前将军负责南方二州一部二十五郡；西岳国师和宁始将军负责西方一州二部二十五郡；北岳国将和卫将军承担北方二州一部二十五郡；大司马负责纳卿、言卿、仕卿、作卿、京尉、扶尉、兆队、右队、中部以及左部至前部共七个郡；大司徒负责乐卿、典卿、宗卿、秩卿、翼尉、光尉、左队、前队、中部、右部共五个郡；大司空负责予卿、虞卿、共卿、工卿、师尉、列尉、祈队、后队、中部至后部共十个郡；以及六司和六卿，都跟随他们所属的公爵大臣负

吏终不得禄，各因官职为奸，受取赇赂以自共给。

是月戊辰，长平馆西岸崩，邕泾水不流，毁而北行。遣大司空王邑行视，还奏状，群臣上寿，以为《河图》所谓“以土填水”，匈奴灭亡之祥也。乃遣并州牧宋弘、游击都尉任萌等将兵击匈奴，至边止屯。

七月辛酉，霸城门灾，民间所谓青门也。

戊子晦，日有食之。大赦天下，复令公卿大夫诸侯二千石举四行各一人。大司马陈茂以日食免，武建伯严尤为大司马。

十月戊辰，王路朱鸟门鸣，昼夜不绝，崔发等曰：“虞帝辟四门，通四聪。门鸣者，明当修先圣之礼，招四方之士也。”于是令群臣皆贺，所举四行从朱鸟门入而对策焉。

平蛮将军冯茂击句町，士卒疾疫，死者什六七，赋敛民财什取五，益州虚耗而不克，征还下狱死。更遣宁始将军廉丹与庸部牧史熊击句町，颇斩首，有胜。莽征丹、熊，丹、熊愿益调度，必克乃还。复大赋敛，就都大尹冯英不肯给，上言：“自越巂遂久仇牛、同亭邪豆之属反畔以来，积且十年，郡县距击不已。续用冯茂，苟施一切之政。僰道以南，山险高深，茂多驱众远居，费以亿计，吏士离毒气死者什七。今丹、熊惧于自诡期会，调发诸郡兵谷，复訾民取其

责承担所治理地区的灾害，同样也依照比例减少俸禄。由国库发放俸禄的郎官、从官和京城官吏，随着太官进献的珍馐佳肴的多少而增减。诸侯、国君、公主、附城、各级官吏也要承担各自治理地区的灾害。希望上下同心，劝勉鼓励农业生产，安定百姓。”王莽的制度就是如此的烦碎，统计各个郡县的计簿很难有确切的结果，官吏始终得不到应有的俸禄，因此各级官吏假公济私，收受贿赂，以此满足自己的需要。

当月戊辰日，长平馆西岸崩塌，堵住了泾水不再流动，最终泾水决堤向北流去。王莽派遣大司空王邑前去巡察，王邑返回后奏报情况，群臣向王莽祝贺，认为这是《河图》中所说的“以土镇压水”，这是匈奴灭亡的吉兆。于是王莽便派遣并州牧宋弘、游击都尉任萌等人率军攻打匈奴，军队到达边境就驻扎下来。

七月辛酉日，霸城门发生火灾，民间称其为青门。

当月的最后一天戊子日，有日食出现。王莽大赦天下，又诏令公卿大夫、诸侯、二千石的官员举荐质朴、敦厚、逊让、有行义这四个方面的人才各一人。大司马陈茂因为有日食的出现而遭免职，武建伯严尤担任大司马。

十月戊辰日，王路朱鸟门发出声响，昼夜不绝，崔发等人奏言说：“虞帝打开四方城门，使得自己可以听到四方的谏言。朱鸟门发出声响，这表明新朝应当践行先圣之礼，招揽四方之士。”于是王莽诏令群臣都来祝贺，所举荐的四个方面的人才从朱鸟门进入宫中回答皇帝的策问。

平蛮将军冯茂率兵攻打句町，很多士兵传染了疫病，死亡的士兵多达十分之六七，征收赋税高达十分之五，益州民力虚耗殆尽，而战争还未胜利，王莽将冯茂调回，将其下狱严惩，最终冯茂死在狱中。王莽又派宁始将军廉丹和庸部牧史熊攻打句町，斩杀了一些敌人，刚刚取得一点胜利。王莽就又想调回廉丹、史熊，廉丹、史熊希望可以再增调一些军队和物资，一定要彻底打败敌人后再班师回朝。因此再次加大赋税，就都大尹冯英不肯遵从，便向王莽上奏说：“自从越巂郡遂久县的仇牛、同亭郡的邪豆这些蛮夷反叛以来，前后已有十

十四，空破梁州，功终不遂。宜罢兵屯田，明设购赏。”莽怒，免英官。后颇觉寤，曰：“英亦未可厚非。”复以英为长沙连率。

翟义党王孙庆捕得，莽使太医、尚方与巧屠共刳剥之，量度五藏，以竹筳导其脉，知所终始，云可以治病。

是岁，遣大使五威将王骏、西域都护李崇将戊己校尉出西域，诸国皆郊迎贡献焉。诸国前杀都护但钦，骏欲袭之，命佐帅何封、戊己校尉郭钦别将。焉耆诈降，伏兵击骏等，皆死。钦、封后到，袭击老弱，从车师还入塞。莽拜钦为填外将军，封剿胡子，何封为集胡男。西域自此绝。

年，郡县中军队的抗击从未停止过。继而朝廷又任用冯茂，姑且施行了所有的政策。僰道以南的区域，山势险要，冯茂尽可能地将百姓赶到远处居住，所耗费的钱财以亿计算，遭受毒气而死的将士多达十分之七。如今廉丹、史熊忧心自己不能在规定期限完成任务，就征调各郡的士兵和粮食，再次搜刮民财，拿走了百姓十分之四的财物，这使得梁州民穷财尽，但战争始终不能胜利。应当停止战争，让军队驻守并开垦荒地耕种，公开设置奖赏制度。”王莽大怒，将冯英免职。后来王莽有所觉悟，说道：“冯英的谏言也是无可厚非。”王莽便再次将冯英任命为长沙郡连率。

当年翟义造反的党羽王孙庆被捕获，王莽让太医、尚方官和技术纯熟的屠夫一同将王孙庆解剖，测量五脏，用竹枝贯通他的经脉，了解血脉的原理，说这样可以明白治疗疾病的方法。

同年，王莽派遣大使五威将王骏、西域都护李崇率领戊己校尉出使西域，西域各国都到郊外迎接并进献礼物。西域各国在此前杀害了西域都护但钦，王骏就想趁此袭击他们，于是王骏就命佐帅何丰、戊己校尉郭钦单独率兵在后出发。焉耆国诈降，安排军队伏击王骏等人，王骏等人全都牺牲了。郭钦、何封后到，袭击了焉耆国的老弱残余，之后跟随车师国返回进入边塞。王莽将郭钦任命为镇外将军，赐封剿胡子爵，将何丰封为集胡男爵。自此新朝与西域各国断绝了关系。

卷九十九下

王莽传第六十九下

四年五月，莽曰："保成师友祭酒唐林、故谏议祭酒琅邪纪逡，孝弟忠恕，敬上爱下，博通旧闻，德行醇备，至于黄发，靡有愆失。其封林为建德侯，逡为封德侯，位皆特进，见礼如三公。赐弟一区，钱三百万，授几杖焉。"

六月，更授诸侯茅土于明堂，曰："予制作地理，建封五等，考之经艺，合之传记，通于义理，论之思之，至于再三，自始建国之元以来九年于兹，乃今定矣。予亲设文石之平，陈菁茅四色之土，钦告于岱宗泰社后土、先祖先妣，以班授之。各就厥国，养牧民人，用成功业。其在缘边，若江南，非诏所召，遣侍于帝城者，纳言掌货大夫且调都内故钱，予其禄，公岁八十万，侯伯四十万，子男二十万。"然复不能尽得。莽好空言，慕古法，多封爵人，性实遴啬，托以地理未定，故且先赋茅土，用慰喜封者。

是岁，复明六筦之令。每一筦下，为设科条防禁，犯者罪至死，吏民抵罪者浸众。又一切调上公以下诸有奴婢者，率一口出钱三千六百，天下愈愁，盗贼起。纳言冯常以六筦谏，莽大怒，免常官。置执法左右刺奸。选用能吏侯霸等分督六尉、六队，如汉刺史，与三公士郡一人从事。

天凤四年(17)五月，王莽说："保成师友祭酒唐林、原谏议祭酒琅琊人纪逡，忠孝友悌，推己及人，敬上爱下，博闻古今，德行醇备，直至年老，没有什么过失。诏令赐封唐林为建德侯，纪逡为封德侯，全都位至特进，朝见天子的礼仪和三公一样。赏赐宅邸一所，钱三百万，并赐予坐几和手杖。"

六月，王莽又在明堂授予诸侯象征封国的茅土，说道："我创建土地制度，划分五等封爵，查验经典的记载，与传记的解说相符，与义理相通，反复论议，思虑再三，自始建国元年以来至今已有九年，今天才定立下来。我亲自设立有纹理的台阶，陈列菁茅以及四色泥土，在泰山的宗社敬告后土、先代的祖父祖母，然后授予诸侯封国。各个诸侯回到各自的封国，抚育教导百姓，建立丰功伟业。封国在边境的诸侯，或在江南地区的诸侯，不是诏令所征召，受命前往京城来陪侍皇帝的，纳言官掌货大夫调取国库的金钱，为他们发放俸禄，公爵每年八十万钱，侯爵、伯爵每年四十万钱，子爵、男爵每年二十万钱。"然而这些俸禄无法全部得到。王莽爱说空话，倾慕古代的制度，给很多人赐封了官爵，但王莽生性吝啬，借口土地还未划定，因此暂且先授予象征封国的茅土，以此来安慰受封的人。

这一年，王莽再次申明六项增加税收的财政经济政策。每项政策的下达，都要为它设立法令条文予以防范，触犯的人最重可判处死刑，但犯罪受罚的官员百姓反而更多。王莽又对上公以下的、凡是家中有奴婢的官员一律征税，每名奴婢征收三千六百钱，天下愈发怨恨不满，盗贼群起。纳言官冯常对于这六项政策向王莽谏言，王莽大怒，将冯常免职。王莽又设置执法左右刺奸官。选任能力卓越的官吏侯霸等人分别监察六尉、六队，职责和汉朝的刺史一样，与三公的属吏一起，每郡设置一人进行监察。

临淮瓜田仪等为盗贼，依阻会稽长州，琅邪女子吕母亦起。初，吕母子为县吏，为宰所冤杀。母散家财，以酤酒买兵弩，阴厚贫穷少年，得百余人，遂攻海曲县，杀其宰以祭子墓。引兵入海，其众浸多，后皆万数。莽遣使者即赦盗贼，还言“盗贼解，辄复合。问其故，皆曰愁法禁烦苛，不得举手。力作所得，不足以给贡税。闭门自守，又坐邻伍铸钱挟铜，奸吏因以愁民。民穷，悉起为盗贼”。莽大怒，免之。其或顺指，言：“民骄黠当诛”，及言“时运适然，且灭不久”，莽说，辄迁之。

是岁八月，莽亲之南郊，铸作威斗。威斗者，以五石铜为之，若北斗，长二尺五寸，欲以厌胜众兵。既成，令司命负之，莽出在前，入在御旁。铸斗日，大寒，百官人马有冻死者。

五年正月朔，北军南门灾。

以大司马司允费兴为荆州牧，见，问到部方略，兴对曰：“荆、扬之民率依阻山泽，以渔采为业。间者，国张六筦，税山泽，妨夺民之利，连年久旱，百姓饥穷，故为盗贼。兴到部，欲令明晓告盗贼归田里，假贷犁牛种食，阔其租赋，几可以解释安集。”莽怒，免兴官。

天下吏以不得奉禄，并为奸利，郡尹县宰家累千金。莽下诏曰：“详考始建国二年胡虏猾夏以来，诸军吏及缘边吏大夫以上为奸利增产致富者，收其家所有财产五分之四，以助边急。”公府士驰

临淮的瓜田仪等人沦为盗贼，盘踞在会稽郡长州苑，琅琊郡女子吕母也聚众滋事。起初，吕母的儿子担任县吏，却惨遭县令冤杀。吕母散尽家财，通过卖酒购置武器，暗中救济贫穷少年，聚集了一百多人，吕母进攻海曲县，斩杀了那名县令来祭奠她儿子。然后吕母率众到海上活动，跟随她的人逐渐增多，后来多达上万人。王莽派遣使者赦免这些盗贼，使者返回后奏言说："虽然盗贼已经解散，但时常又会聚集起来。询问他们聚集的原因，他们都说苦于朝廷法令繁杂苛细，没有自由。百姓辛勤劳作的收入，还不够缴纳赋税。关门以求自保，却又因为邻居私铸钱币以及私藏铜而受到牵连，奸吏借此勒索百姓。百姓穷困潦倒，走投无路，只好沦为盗贼"。王莽听后大怒，将使者免官。有的官员顺应王莽的旨意，奏言说："暴民骄慢狡猾，理当诛灭"，还说"时运就是这样，不久动乱就会消除"，王莽听后大喜，总会提拔这些人。

这年八月，王莽亲自前往南郊，铸造威斗。威斗，是用五色石头和铜铸成的，形似北斗，长二尺五寸，王莽想以此来威慑动乱滋事的民众。威斗铸成之后，王莽让司命背着威斗，王莽外出时威斗要在前方，王莽回宫要将威斗放在身旁。威斗铸成之日，天气异常寒冷，百官之中甚至有官员和马匹受冻而死。

天凤五年（18）正月初一，北军的南门发生了火灾。

王莽任命大司马司允费兴为荆州牧，王莽召见费兴，询问他到任之后的治理方略，费兴回答说："荆州、扬州的百姓大多仰仗山林湖泽为生，以捕鱼、采集为业。此前，国家推行六项财政经济政策，对于山林湖泽进行征税，损害了百姓的利益，再加上连年久旱，百姓饥饿穷苦，因而沦为盗贼。臣到任之后，想下令告知那些盗贼应当返回家园，重新耕田劳作，官府会借贷给他们一些农具、耕牛、种子、粮食，减免他们的赋税，这样或许可以释然百姓心中的怨怼，安抚百姓。"王莽听后大怒，将费兴免官。

天下的官吏因为得不到俸禄，纷纷以权谋私，狼狈为奸，郡尹县令的家财累至千金。王莽下诏说："仔细考察始建国二年（10）匈奴侵扰中原以来，凡是大夫以上的军官和郡中官吏，以权谋私而致富

传天下，考覆贪饕，开吏告其将，奴婢告其主，几以禁奸，奸愈甚。

皇孙功崇公宗坐自画容貌，被服天子衣冠，刻印三：一曰“维祉冠存己夏处南山臧薄冰”，二曰“肃圣宝继”，三曰“德封昌图”。又宗舅吕宽家前徙合浦，私与宗通，发觉按验，宗自杀。莽曰：“宗属为皇孙，爵为上公，知宽等叛逆族类，而与交通；刻铜印三，文意甚害，不知厌足，窥欲非望。《春秋》之义，‘君亲毋将，将而诛焉’。迷惑失道，自取此辜，乌呼哀哉！宗本名会宗，以制作去二名，今复名会宗。贬厥爵，改厥号，赐谥为功崇缪伯，以诸伯之礼葬于故同穀城郡。”宗姊妨为卫将军王兴夫人，祝诅姑，杀婢以绝口。事发觉，莽使中常侍𨱇恽责问妨，并以责兴，皆自杀。事连及司命孔仁妻，亦自杀。仁见莽免冠谢，莽使尚书劾仁：“乘《乾》车，驾《巛》马，左苍龙，右白虎，前朱雀，后玄武，右杖威节，左负威斗，号曰赤星，非以骄仁，乃以尊新室之威命也。仁擅免天文冠，大不敬。”有诏勿劾，更易新冠。其好怪如此。

以直道侯王涉为卫将军。涉者，曲阳侯根子也。根，成帝世为大司马，荐莽自代，莽恩之，以为曲阳非令称，乃追谥根曰直道让公，涉嗣其爵。

是岁，赤眉力子都、樊崇等以饥馑相聚，起于琅邪，转钞掠，众

的，没收他们所有家财的五分之四，用以资助边防军队的用度。”公府的属吏乘坐着驿车飞驰告知全天下的郡县，彻底审查官员的贪污行径，动员属吏告发他们的将领，奴婢告发他们的主人，希望以此来禁止奸邪之风，但不曾想奸邪之风愈加严重。

皇孙功崇公王宗因为描绘了一幅自己的画像，身穿天子的衣冠，并且刻了三枚印章：第一枚刻的是“维祉冠存己夏处南山臧薄冰”，第二枚刻的是“肃圣宝继”，第三枚刻的是“德封昌图”而获罪。而且王宗的舅舅吕宽以及家属此前被流放到合浦，暗中与王宗有联络，遭人察觉，经过核验查实之后，王宗自杀了。王莽说：“王宗身为皇孙，爵位至上公，明知吕宽等人是叛臣贼子，反而与他们来往；并且刻了三枚铜印，上面所刻文字的意思也十分狂妄，不知满足，心存觊觎。依照《春秋》之义，‘对于君主和父母不能忤逆，即便只有这样的念头也要遭到惩罚’。王宗迷惑而背离正道，自取灭亡，实在可悲！王宗本名王会宗，因为制度的规定而将两字的名改掉，现在改回原名王会宗。降低他的爵位，更改他的封号，赐予他谥号为功崇缪伯，按照伯爵的礼制葬于原来的封国穀城郡。”王宗的姐姐王妨是卫将军王兴的夫人，王妨诅咒她的婆母，为了灭口又杀害婢女。事情遭人发觉之后，王莽派中常侍𩓞恽责问王妨，并且连同王兴一并责问，最终王妨和王兴全都自杀。这件事情还涉及到司命孔仁的妻子，她也自杀了。孔仁拜见王莽，辞官谢罪，王莽让尚书弹劾孔仁：“乘坐天文图案的车子，驾驭着母马，左边描绘着青龙，右边描绘着白虎，前面描绘着朱雀，后面描绘着玄武，右手持威节，左肩负威斗，称为赤星，这些都不是骄纵妄为的做法，而是为了尊奉新朝的威命。而孔仁擅自摘下天文冠，是为大不敬。”之后王莽又下诏不要弹劾孔仁，让他更换一顶新的天文冠就行了。王莽就是如此的喜好神鬼怪异之事。

王莽任命直道侯王涉为卫将军。王涉，是曲阳侯王根的儿子。王根，在成帝时担任大司马，王根曾经举荐王莽接替自己，王莽因此感怀旧恩，认为曲阳不是一个好封号，便追谥王根为直道让公，并让王涉承袭爵位。

同年，赤眉军的力子都、樊崇等人因为饥荒而相聚，在琅琊郡

皆万数。遣使者发郡国兵击之，不能克。

六年春，莽见盗贼多，乃令太史推三万六千岁历纪，六岁一改元，布天下。下书曰："《紫阁图》曰'太一、黄帝皆仙上天，张乐昆仑虔山之上。后世圣主得瑞者，当张乐秦终南山之上。'予之不敏，奉行未明，乃今谕矣。复以宁始将军为更始将军，以顺符命。《易》不云乎？'日新之谓盛德，生生之谓易'。予其飨哉！"欲以诳耀百姓，销解盗贼。众皆笑之。

初献《新乐》于明堂、太庙。群臣始冠麟韦之弁。或闻其乐声，曰："清厉而哀，非兴国之声也。"

是时，关东饥旱数年，力子都等党众寖多，更始将军廉丹击益州不能克，征还。更遣复位后大司马护军郭兴、庸部牧李晔击蛮夷若豆等，太傅牺叔士孙喜清洁江湖之盗贼。而匈奴寇边甚。莽乃大募天下丁男及死罪囚、吏民奴，名曰猪突豨勇，以为锐卒。一切税天下吏民，訾三十取一，缣帛皆输长安。令公卿以下至郡县黄绶皆保养军马，多少各以秩为差。又博募有奇技术可以攻匈奴者，将待以不次之位。言便宜者以万数：或言能度水不用舟楫，连马接骑，济百万师；或言不持斗粮，服食药物，三军不饥；或言能飞，一日千里，可窥匈奴。莽辄试之，取大鸟翮为两翼，头与身皆著毛，通引环纽，飞数百步堕。莽知其不可用，苟欲获其名，皆拜为理军，赐以车马，待发。

造反起事，四处劫掠，率众多达数万人。王莽派遣使者调派郡国的军队出兵征讨，但无法取胜。

天凤六年（19）春季，王莽见到盗贼猖獗，便让太史推算出三万六千年的历法纲纪，每六年改一次年号，并且布告天下。王莽下诏说："《紫阁图》中记载'太一、黄帝都已经飞升成仙，在昆仑山的虔山上演奏仙乐。后世若有获得祥瑞的圣主，应当在秦地的终南山上奏乐。'我不聪明，还没有全部奉行，至今才懂得这些道理。现将将宁始将军再次改名为更始将军，以此承顺符命。《易经》中不是说过吗？'每日都在更新就称为高尚品德，不断变化、生生不息就称为易'。我会享有这样的赞誉！"王莽想以此来欺瞒百姓，清除盗贼。众人无不讥笑这样的做法。

王莽初次在明堂、太庙进献演奏《新乐》。朝中大臣一开始戴着鹿皮冠。有人听闻这首曲子的韵律，说："这首曲子的韵律凄清而哀伤，不是兴国之声。"

当时，关东地区接连数年遭遇旱灾饥荒，力子都等人的党羽日渐增多。更始将军廉丹率兵平定益州却没能取胜，受召返回。王莽又派复位后大司马护军郭兴、庸部牧李晔前去讨伐蛮夷若豆等族，派太傅牺叔士孙喜前去清剿各地的盗贼。而与此同时匈奴侵犯边境也越发猖獗。王莽便大肆招募全天下的男丁以及死刑犯、官吏百姓的家奴，将其起名为猪突豨勇，作为精锐士卒。一切用度向全国的官吏和百姓征收，征收家财的三十分之一，绸绢全都送往长安。王莽又诏令公卿以下直至郡县之中佩带黄色丝带的官吏全都要饲养军马，并且不能出现死伤丢失的情况，饲养马匹的数量依照各级官吏的俸禄而定。王莽又广泛招募有奇技淫巧可以攻打匈奴的特殊人才，并且打算不拘于官阶而授予他们职位。因而涌现出数以万计这样的人：有人说可以不用舟船就能渡水，将战马相连，就可以抵得过百万兵马；有人说不需要携带粮食，只要服食药物，就可以使得军队不会饥饿；有人说可以飞行，一日千里，可以去窥探匈奴的情况。王莽就让这个人展示，这个人拿大鸟的羽毛制成两翼，头上和身上都披上羽毛，全身用环扣缠绕，飞行几百步后就坠落了。王莽知道他们不可取用，但

初，匈奴右骨都侯须卜当，其妻王昭君女也，尝内附。莽遣昭君兄子和亲侯王歙诱呼当至塞下，胁将诣长安，强立以为须卜善于后安公。始欲诱迎当，大司马严尤谏曰："当在匈奴右部，兵不侵边，单于动静，辄语中国，此方面之大助也。于今迎当置长安槁街，一胡人耳，不如在匈奴有益。"莽不听。既得当，欲遣尤与廉丹击匈奴，皆赐姓征氏，号二征将军，当诛单于舆而立当代之。出车城西横厩，未发。尤素有智略，非莽攻伐四夷，数谏不从，著古名将乐毅、白起不用之意及言边事凡三篇，奏以风谏莽。及当出廷议，尤固言匈奴可且以为后，先忧山东盗贼。莽大怒，乃策尤曰："视事四年，蛮夷猾夏不能遏绝，寇贼奸宄不能殄灭，不畏天威，不用诏命，皃很自臧，持必不移，怀执异心，非沮军议。未忍致于理，其上大司马武建伯印韨，归故郡。"以降符伯董忠为大司马。

翼平连率田况奏郡县訾民不实，莽复三十税一。以况忠言忧国，进爵为伯，赐钱二百万。众庶皆詈之。青、徐民多弃乡里流亡，老弱死道路，壮者入贼中。

夙夜连率韩博上言："有奇士，长丈，大十围，来至臣府，曰欲奋击胡虏。自谓巨毋霸，出于蓬莱东南，五城西北昭如海濒，轺车不能载，三马不能胜。即日以大车四马，建虎旗，载霸诣阙。霸卧则

王莽想博得广求贤才的美名，便将他们都任命为理军，赐予他们车马，等待出发。

起初，匈奴右骨都侯须卜当，他的妻子是王昭君的女儿，须卜当曾经愿意归附新朝。王莽派王昭君兄长的儿子和亲侯王歙将须卜当诱骗到边境，又胁迫须卜当前往长安，强行将须卜当册立为须卜善于后安公。一开始王莽意欲诱骗须卜当，大司马严尤就谏言说："须卜当位于匈奴的右部，他的军队从未侵扰过边境，单于有所动静，总会将消息告诉中原朝廷，在这一方面为中原提供了巨大的帮助。如今陛下迎接须卜当并将其留在长安槁街，只不过一个匈奴人而已，不如让他回到匈奴更有利。"王莽不听。将须卜当诱骗到长安之后，就派严尤和廉丹进攻匈奴，并且王莽给严尤和廉丹赐姓徵氏，号称二徵将军，要他们诛灭单于舆而册立须卜当为单于来取代单于舆。军队从长安城西的马厩出兵，还未出发。严尤素来有才智谋略，他反对王莽攻伐西方蛮夷，再三劝谏，王莽都不听，于是严尤撰写了三篇关于古代名将乐毅、白起不被信任的前车之鉴以及陈述边境军事的文章，将文章呈给王莽，想以此讽谏王莽。等到廷议时，严尤再三进言说明匈奴的事情暂且可以放在后面处理，首先应当忧虑的是山东一带的盗贼。王莽听后大怒，便下策书给严尤说："你就任已有四年，蛮夷侵扰中原无法平定，贼寇作奸犯科无法殄灭剿灭，不畏天威，不遵诏命，相貌狠戾，自以为贤善，固执己见，怀执异心，非议朝廷的军事政策。我不忍心将你依法惩治，你交还大司马武建伯的印绶，遣回原籍。"王莽任命降符伯董忠为大司马。

翼平郡连率田况上奏说郡县的百姓上报的家财数量不真实，王莽再次按三十分之一征税。王莽认为田况忠言忧国，将他的爵位升为伯爵，赐钱二百万。郡县的百姓全都咒骂田况。青州、徐州有很多百姓背井离乡，四处流亡，老弱之人都死在路上，年轻力壮的加入了盗贼的队伍。

夙夜郡连率韩博上奏说："有一奇人，身高一丈，腰粗十围，来到臣的府中，说愿意奋力抗击匈奴。自称名叫巨毋霸，出生在蓬莱东南，五城西北的昭如海边，轻便小车无法载他，三匹马无法拖动他。

枕鼓，以铁箸食，此皇天所以辅新室也。愿陛下作大甲高车，贲育之衣，遣大将一人与虎贲百人迎之于道。京师门户不容者，开高大之，以视百蛮，镇安天下。”博意欲以风莽。莽闻恶之，留霸在所新丰，更其姓曰巨母氏，谓因文母太后而霸王符也。征博下狱，以非所宜言，弃市。

明年改元曰地皇，从三万六千岁历号也。

地皇元年正月乙未，赦天下。下书曰：“方出军行师，敢有趋讙犯法者，辄论斩，毋须时，尽岁止。”于是春夏斩人都市，百姓震惧，道路以目。

二月壬申，日正黑。莽恶之，下书曰：“乃者日中见昧，阴薄阳，黑气为变，百姓莫不惊怪。兆域大将军王匡遣吏考问上变事者，欲蔽上之明，是以适见于天，以正于理，塞大异焉。”

莽见四方盗贼多，复欲厌之，又下书曰：“予之皇初祖考黄帝定天下，将兵为上将军，建华盖，立斗献，内设大将，外置大司马五人，大将军二十五人，偏将军百二十五人，裨将军千二百五十人，校尉万二千五百人，司马三万七千五百人，候十一万二千五百人，当百二十二万五千人，士吏四十五万人，士千三百五十万人，应协于《易》‘弧矢之利，以威天下’。予受符命之文，稽前人，将条备焉。”于是置前后左右中大司马之位，赐诸州牧号为大将军，郡卒正、连帅、大尹为偏将军，属令长裨将军，县宰为校尉。乘传使者经历郡国，日且十辈，仓无见谷以给，传车马不能足，赋取道中车马，取办于民。

臣当天就用四匹马拉的大车，树起绘有虎形的旗帜，载着巨毋霸来到京城。巨毋霸头枕着鼓休息，用铁筷子吃饭，这个人是上天派来辅佐新朝的。希望陛下制造一辆高大的甲车，一套像孟贲、夏育这样的勇士所穿的衣服，派一名大将和百名虎贲勇士在路边迎接。京师的城门臣毋霸无法通过，将城门开得再高些、再大些，以此警示各族蛮夷，安定天下。”韩博想以此讽谏王莽。王莽听闻后，憎恶韩博，让巨毋霸留在新丰县，并将其姓氏改为巨母氏，意思是说幸得文母太后降下此人，使得自己成为霸王。王莽将韩博下狱治罪，认为那些话不是他该说的，下令将韩博斩首示众。

第二年王莽将年号改为地皇，是依照三万六千年的历法所改。

地皇元年（20）正月乙未日，王莽大赦天下。下诏说：“正值军队出征行军，若有人敢奔走喧哗，触犯法律，立刻处死，不需要等到行刑的季节，这条诏令到年底为止。”于是无论春夏都在集市中问斩犯人，百姓惊恐，路上相遇，只敢示意以目，不敢交谈。

二月壬申日，日中时分天色黑暗。王莽对此十分厌恶，下诏说：“此前日中时分天色昏暗，这是因为阴气压迫阳气，黑气形成灾变，百姓无不惊异。兆域大将军王匡派遣属吏查问上奏灾变的人，意欲蒙蔽帝王的圣明，因此上天降下责罚，将王匡依法惩治，以阻塞重大灾异的再次发生。”

王莽见到四方盗贼越来越多，便想镇压他们，再次下诏说：“我的皇初祖考黄帝平定天下，亲自率领军队担任上将军，战车树起华盖，立起北斗形的饰物，在内设置大将，在外设置五名大司马，二十五名大将军，一百二十五名偏将军，一千二百五十名裨将军，一万两千五百名校尉，三万七千五百名司马，十一万两千五百名军候官，二十二万五千名当百官，四十五万名士吏，一千三百五十万名士兵，所率领的军队，应与《易经》中所讲的‘弓箭锐利，以此威震天下’相符。我接受上天赐予的符兆，效法古人，我将会逐一设置完备。”于是王莽设置前、后、左、右、中大司马的职位，给各个州牧赐号为大将军，郡中的卒正、连帅、大尹赐号为偏将军，属令、属长赐号为裨将军，县令、县长赐号为校尉。使者乘坐着驿车历经各个郡国，每天大

七月，大风毁王路堂。复下书曰：“乃壬午餔时，有列风雷雨发屋折木之变，予甚弁焉，予甚栗焉，予甚恐焉。伏念一旬，迷乃解矣。昔符命文立安为新迁王，临国雒阳，为统义阳王。是时予在摄假，谦不敢当，而以为公。其后金匮文至，议者皆曰：‘临国雒阳为统，谓据土中为新室统也，宜为皇太子。’自此后，临久病，虽瘳不平，朝见挈茵舆行。见王路堂者，张于西厢及后阁更衣中，又以皇后被疾，临且去本就舍，妃妾在东永巷。壬午，列风毁王路西厢及后阁更衣中室。昭宁堂池东南榆树大十围，东僵，击东阁，阁即东永巷之西垣也。皆破折瓦坏，发屋拔木，予甚惊焉。又候官奏月犯心前星，厥有占，予甚忧之。伏念《紫阁图》文，太一、黄帝皆得瑞以仙，后世褒主当登终南山。所谓新迁王者，乃太一新迁之后也。统义阳王乃用五统以礼义登阳上迁之后也。临有兄而称太子，名不正。宣尼公曰：‘名不正，则言不顺，至于刑罚不中，民无错手足。’惟即位以来，阴阳未和，风雨不时，数遇枯旱蝗螟为灾，谷稼鲜耗，百姓苦饥，蛮夷猾夏，寇贼奸宄，人民正营，无所错手足。深惟厥咎，在名不正焉。其立安为新迁王，临为统义阳王，几以保全二子，子孙千亿，外攘四夷，内安中国焉。”

是月，杜陵便殿乘舆虎文衣废臧在室匣中者出，自树立外堂上，良久乃委地。吏卒见者以闻，莽恶之，下书曰：“宝黄厮赤，其令

约有十批使者，郡国仓库里的粮食不够供应，拉车的马匹无法满足，便向行路的人征用车马，所需的供给来源于百姓。

七月，大风刮毁了王路堂。王莽再次下诏说："此前壬午日傍晚，狂风暴雨，天降惊雷，摧毁了房屋树木，我大为惊惧，战栗不已，甚感恐慌。我思虑十天，才解开了心中的疑惑。此前有符兆显示要册立王安为新迁王，将王临分封在洛阳，为统义阳王。当时我位居摄政，谦让不敢接受，只是赐封他们为公爵。在此之后金匮密函就出现了，议论的人都说：'王临分封在洛阳为统义阳王，这表示王临占据天下的正中，应当成为新朝的继承者，应当将王临立为皇太子。'自此之后，王临便长久患病，后来虽然痊愈，但依旧反复，在朝见时要坐在毯子上，再由别人举起毯子四角放在轿子中前往。在王路堂朝见时，要在西厢和后阁更衣室中张设帷帐休息，后来又因为皇后患病，王临为了侍疾就暂且离开原来的居所而住在这里，其他妃妾住在东永巷。壬午日，狂风摧毁了王路的西厢房和后阁更衣室。昭宁堂中的水池的东南面有一棵十围粗的榆树，向东倒下，砸向了东阁，东阁就是东永巷的西墙。狂风所到之处房屋全都被摧毁，屋瓦全都被毁坏，树木全都被连根拔起，我大为惊恐。又有候官上奏说月亮侵犯心宿的前星，这些灾异的发生都是有预兆的，我甚感忧虑。我思虑《紫阁图》中所记载的内容，太一、黄帝都是获得了祥瑞而成仙，后世的君主应当登上终南山。所谓新迁王，则应当是太一的后人。统义阳王则是根据五伦遵照礼义可以登上皇位的后人。王临有兄长而被封为太子，这样名不正。宣尼公孔子说：'名不正，则言不顺，以至于刑罚不恰当中正，百姓手足无措，无所适从。'想我登基以来，阴阳不和，风雨不调，屡次遭遇旱灾以及蝗螟灾害，粮食短缺，百姓饥馑，蛮夷侵扰中原，贼寇犯法作乱，百姓惶恐不安，手足无措。我深思这些灾殃的原因，在于名不正。诏令册立王安为新迁王，王临为统义阳王，希望这样可以保全我的两个儿子，延绵子孙，对外可以抵御四夷，对内可以安定中原。"

当月，在杜陵的便殿中，早已收藏在内室衣柜里的，已经废弃不用的天子虎纹衣，突然从衣柜中出来，独自竖立在外堂之中，很久

郎从官皆衣绛。”

望气为数者多言有土功象，莽又见四方盗贼多，欲视为自安能建万世之基者，乃下书曰：“予受命遭阳九之戹，百六之会，府帑空虚，百姓匮乏，宗庙未修，且祫祭于明堂太庙，夙夜永念，非敢宁息。深惟吉昌莫良于今年，予乃卜波水之北，郎池之南，惟玉食。予又卜金水之南，明堂之西，亦惟玉食。予将亲筑焉。”于是遂营长安城南，提封百顷。九月甲申，莽立载行视，亲举筑三下。司徒王寻、大司空王邑持节，及侍中常侍执法杜林等数十人将作。崔发、张邯说莽曰：“德盛者文缛，宜崇其制度，宣视海内，且令万世之后无以复加也。”莽乃博征天下工匠诸图画，以望法度算，及吏民以义入钱谷助作者，骆驿道路。坏彻城西苑中建章、承光、包阳、大台、储元宫及平乐、当路、阳禄馆，凡十余所，取其材瓦，以起九庙。是月，大雨六十余日。令民入米六百斛为郎，其郎吏增秩赐爵至附城。九庙：一曰黄帝太初祖庙，二曰帝虞始祖昭庙，三曰陈胡王统祖穆庙，四曰齐敬王世祖昭庙，五曰济北愍王王祖穆庙，凡五庙不堕云；六曰济南伯王尊祢昭庙，七曰元城孺王尊祢穆庙，八曰阳平顷王戚祢昭庙，九曰新都显王戚祢穆庙。殿皆重屋。太初祖庙东西南北各四十丈，高十七丈，余庙半之。为铜薄栌，饰以金银雕文，穷极百工之巧。带高增下，功费数百巨万，卒徒死者万数。

之后才飘落到地上。看到这一景象的吏卒将这件事上报，王莽对此心生厌恶，便下诏说："新朝以黄色为正，厮役以及卑贱之人都穿红色，诏令郎官、侍从全部穿着红色衣服。"

有很多以观察云气来占卜的术士都说有大兴土木的征兆，王莽又见到各地的盗贼越来越多，想借此表示自己是一个心胸坦荡能够建立万世基业的皇帝，便下诏说："我承受天命却遭逢阳九的困厄，百六的灾殃，国库空虚，百姓穷困，宗庙未修，只能暂且在明堂太庙举行合祭，我日夜惦念，未敢忘怀。深思没有比今年更吉祥昌盛的了，我便在波水的北边，郎池的南边进行占卜，结果是吉兆。我又在金水的南边，明堂的西边进行占卜，结果也是吉兆。我要在这里兴建宗庙。"于是王莽让人就在长安城南开始动土修建宄扁，占地面积有一百顷。九月甲申日，王莽站在车上巡视修建的进程，亲自修筑了三下。大司徒王寻、大司空王邑手持符节，以及侍中常侍执法杜林等几十人负责指挥修建。崔发、张邯游说王莽说："德高望众之人礼法必然繁多复杂，应当扩大宗庙的规模使其显得富丽尊贵，让海内全都知晓，并且使得万世之后都无法超越。"王莽便广征天下工匠，画出诸多图纸，测量计算，而且以义捐献钱粮来资助修建的官员百姓，络绎不绝。还将长安城西上林苑中的建章宫、承光宫、包阳宫、大台宫、储元宫以及平乐馆、当路馆、阳禄馆拆毁，共十多处宫殿，取用这些宫殿的木材砖瓦，修建了九座祠庙。当月，大雨连下了六十多天。王莽诏令百姓捐献粮食六百斛可以担任郎官，原本就担任郎官的可以增加俸禄以及封赏直至附城的爵位。所修建的九座祠庙是：第一座是黄帝太初祖庙，第二座是虞帝始祖昭庙，第三座是陈胡王统祖穆庙，第四座是齐敬王世祖昭庙，第五座是济北愍王王祖穆庙，这五座祠庙后世不得拆毁；第六座是济南伯王尊祢昭庙，第七座是元城孺王尊祢穆庙，第八座是阳平顷王戚祢昭庙，第九座是新都显王戚祢穆庙。这些都是层叠的楼阁殿宇。太初祖庙东西南北各长四十丈，高十七丈，其余的祠庙都为一半。斗拱以铜制成，雕刻上金银花纹作为装饰，穷尽百工之巧。原本在高的地方上修建，并将旁边低的地方也填平了，耗资巨大无法估量，死亡的劳役成千上万。

钜鹿男子马適求等谋举燕赵兵以诛莽，大司空士王丹发觉以闻。莽遣三公大夫逮治党与，连及郡国豪杰数千人，皆诛死。封丹为辅国侯。

自莽为不顺时令，百姓怨恨，莽犹安之，又下书曰："惟设此壹切之法以来，常安六乡巨邑之都，枹鼓稀鸣，盗贼衰少，百姓安土，岁以有年，此乃立权之力也。今胡虏未灭诛，蛮僰未绝焚，江湖海泽麻沸，盗贼未尽破殄，又兴奉宗庙社稷之大作，民众动摇。今复壹切行此令，尽二年止之，以全元元，救愚奸。"

是岁，罢大小钱，更行货布，长二寸五分，广一寸，直货钱二十五。货钱径一寸，重五铢，枚直一。两品并行。敢盗铸钱及偏行布货，伍人知不发举，皆没入为官奴婢。

太傅平晏死，以予虞唐尊为太傅。尊曰："国虚民贫，咎在奢泰。"乃身短衣小袖，乘牝马柴车，藉槁，瓦器，又以历遗公卿。出见男女不异路者，尊自下车，以象刑赭幡污染其衣。莽闻而说之，下诏申敕公卿思与厥齐。封尊为平化侯。

是时，南郡张霸、江夏羊牧、王匡等起云杜绿林，号曰下江兵，众皆万余人。武功中水乡民三舍垫为池。

二年正月，以州牧位三公，刺举怠解，更置牧监副，秩元士，冠法冠，行事如汉刺史。

是月，莽妻死，谥曰孝睦皇后，葬渭陵长寿园西，令永侍文母，名陵曰亿年。初莽妻以莽数杀其子，涕泣失明，莽令太子临居中养

钜鹿男子马適求等人密谋在燕赵之地举兵讨伐王莽，大司空属吏王丹发觉这件事，并将此事上报。王莽便派遣三公大夫前去逮捕造反的党羽，各个郡国中受到牵连的豪杰有数千人，全都被处死。王莽赐封王丹为辅国侯。

自从王莽施政不顺时令，百姓对此心生怨恨，而王莽却依旧怡然自得，王莽又下诏说："自从制定这些权宜法令以来，常安六乡这样的大都市，报警的鼓声很少敲响，盗贼也不断减少，百姓安居乐业，庄稼连年丰收，这就是制定这些权宜法令的益处。如今匈奴还未诛灭，西南方的蛮夷还未绝迹，江湖海泽动乱如麻，盗贼还未全部消灭，并且修建宗庙社稷，大兴土木，民心动摇。如今继续实行这些法令，到地皇二年停止，以此保全百姓，挽救愚顽奸诈之人。"

同年，王莽废除大小钱，改用货布，货布长二寸五分，宽一寸，价值等于二十五枚货钱。货钱直径一寸，重五铢，每枚价值一钱。两种货币一起推行流通。若有人敢私自铸钱以及只用货布，同伍的邻居知情不报，所有人都会没入官府为奴为婢。

太傅平晏去世，王莽让虞郡人唐尊担任太傅。唐尊说："国库空虚，百姓贫乏，原因就在于朝廷官员过分奢侈。"唐尊就穿着短衣小袖，乘坐母马拉的简陋车子，坐卧在草垫之上，使用瓦制器具，并且用瓦器装着食物送给公卿大臣。外出时见到男女没有分开行走，唐尊就亲自下车，效仿象刑用沾有红土的布弄脏他们的衣服。王莽听闻唐尊的所为，十分高兴，便下诏敕令公卿大臣向唐尊看齐。王莽赐封唐尊为平化侯。

当时，南郡人张霸、江夏郡人羊牧、王匡等人在云杜县绿林山聚众起义，号称下江兵，所率部众有一万多人。武功县中水乡有三户百姓的房屋塌陷下去形成池沼。

地皇二年（21）正月，王莽将州牧的官阶提升至三公的位置，负责检举懈怠的官吏，王莽又另外设置牧监副，俸禄和元士一样，佩戴法冠，职责和汉朝的刺史一样。

当月，王莽的妻子去世，谥号为孝睦皇后，葬于渭陵长寿园西面，让她永远侍奉文母皇太后，将她的陵寝命名为亿年。当初王莽的

焉。莽妻旁侍者原碧，莽幸之。后临亦通焉，恐事泄，谋共杀莽。临妻愔，国师公女，能为星，语临宫中且有白衣会。临喜，以为所谋且成。后贬为统义阳王，出在外第，愈忧恐。会莽妻病困，临予书曰："上于子孙至严，前长孙、中孙年俱三十而死。今臣临复适三十，诚恐一旦不保中室，则不知死命所在！"莽候妻疾，见其书，大怒，疑临有恶意，不令得会丧。既葬，收原碧等考问，具服奸、谋杀状。莽欲秘之，使杀案事使者司命从事，埋狱中，家不知所在。赐临药，临不肯饮，自刺死。使侍中票骑将军同说侯林赐魂衣玺韨，策书曰："符命文立临为统义阳王，此言新室即位三万六千岁后，为临之后者乃当龙阳而起。前过听议者，以临为太子，有烈风之变，辄顺符命，立为统义阳王。在此之前，自此之后，不作信顺，弗蒙厥佑，夭年陨命，呜呼哀哉！迹行赐谥，谥曰缪王。"又诏国师公："临本不知星，事从愔起。"愔亦自杀。

是月，新迁王安病死。初，莽为侯就国时，幸侍者增秩、怀能、开明。怀能生男兴，增秩生男匡、女晔，开明生女捷，皆留新都国，以其不明故也。及安疾甚，莽自病无子，为安作奏，使上言："兴等母虽微贱，属犹皇子，不可以弃。"章视群公，皆曰："安友于兄弟，宜及春夏加封爵。"于是以王车遣使者迎兴等，封兴为功修公，匡为功建公，晔为睦修任，捷为睦逮任。孙公明公寿病死，旬月四丧

妻子因为王莽数次逼死自己的儿子，痛哭流涕以至于眼睛失明，王莽让太子王临住在宫中侍奉她。王莽妻子身边有一位名叫原碧的侍女，王莽临幸了她。后来王临也与她通奸，两人害怕事情败露，就密谋一同杀死王莽。王临的妻子刘愔，是国师公的女儿，擅长观察星象，刘愔告诉王临宫中将会有丧事发生。王临大喜，以为自己所密谋的事将要成功了。后来王临被贬为统义阳王，迁到宫外的府邸居住，心中越发忧愁恐惧。恰逢王莽妻子病重，王临便给母亲写信说："皇上对待子孙极为严苛，此前长孙、仲孙都是在三十岁时去世。如今儿臣王临也刚好三十岁了，实在担心一旦不能在府中闭门自保，儿臣不知将会死在哪里！"王莽前来探望妻子的病情，见到了这封信，大怒，怀疑王临心存恶意，便不让王临参加其母的丧礼。妻子下葬之后，王莽将原碧等人逮捕下狱严加审问，原碧招认了与王临通奸、并且与王临密谋刺杀王莽等罪行。王莽想将此事掩盖过去，便派人将审理此案的司命从事全部杀死，并将尸体埋在狱中，司命从事的家人也不知道他们去哪了。王莽又赐给王临毒药，王临不肯服毒，最终自杀身亡。王莽派侍中骠骑将军同悦侯王林赐予王临下葬时的衣服和印绶，王莽下发策书说："有符兆显示应当册立王临为统义阳王，这是说新朝在开国三万六千年之后，王临的后人会如潜龙腾飞一般发达昌盛。我此前过于听信论议大臣的意见，将王临立为太子，之后就发生了狂风异变，应当顺从符兆，将王临立为统义阳王。在此之前，自此之后，王临没有顺从符兆，无法再享受福佑，致使短命早亡，可悲啊！根据王临生前的所作所为赐封谥号，谥号缪王。"王莽又诏令国师公说："王临原本不懂星象，事情是因刘愔而起。"刘愔也因此自杀。

当月，新迁王王安病逝。当初，王莽身为列侯还在封国的时候，曾临幸了侍女增秩、怀能、开明。怀能生下了儿子王兴，增秩生下了儿子王匡、女儿王晔，开明生下了女儿王捷，他们全都留在了新都国，因为这些子女的身份不明。等到王安病重时，王莽担心自己以后没有儿子，就为王安写了一封奏章，让王安上奏说："王兴等人的生母虽然身份微贱，但仍是皇子，不可以舍弃他们。"王莽将奏章拿给群臣查阅，群臣都说："王安友爱兄弟，应当在春夏两季为其他的皇子加官

焉。莽坏汉孝武、孝昭庙，分葬子孙其中。

魏成大尹李焉与卜者王况谋，况谓焉曰："新室即位以来，民田奴婢不得卖买，数改钱货，征发烦数，军旅骚动，四夷并侵，百姓怨恨，盗贼并起，汉家当复兴。君姓李，李音徵，徵火也，当为汉辅。"因为焉作谶书，言"文帝发忿，居地下趣军，北告匈奴，南告越人。江中刘信，执敌报怨，复续古先，四年当发军。江湖有盗，自称樊王，姓为刘氏，万人成行，不受赦令，欲动秦、雒阳。十一年当相攻，太白扬光，岁星入东井，其号当行"。又言莽大臣吉凶，各有日期。会合十余万言。焉令吏写其书，吏亡告之。莽遣使者即捕焉，狱治皆死。

三辅盗贼麻起，乃置捕盗都尉官，令执法谒者追击长安中，建鸣鼓攻贼幡，而使者随其后。遣太师牺仲景尚、更始将军护军王党将兵击青、徐，国师和仲曹放助郭兴击句町。转天下谷币诣西河、五原、朔方、渔阳，每一郡以百万数，欲以击匈奴。

秋，陨霜杀菽，关东大饥，蝗。

民犯铸钱，伍人相坐，没入为官奴婢。其男子槛车，儿女子步，以铁锁琅当其颈，传诣钟官，以十万数。到者易其夫妇，愁苦死者什六七。孙喜、景尚、曹放等击贼不能克，军师放纵，百姓重困。

进爵。”于是王莽派遣使者驾着王车前往新都国迎接王兴等人，王莽将王兴封为功修公，王匡封为功建公，王晔封为睦修任，王捷封为睦逮任。王莽的孙子公明公王寿也病逝了，一月之间有四人去世。王莽便将汉朝孝武帝、孝昭帝的祠庙拆毁，将自己的子孙分别埋葬在其中。

魏成郡大尹李焉与占卜之人王况密谋，王况对李焉说：“新朝开国以来，不得买卖田地和奴婢，多次更改币制，频繁征调民力物资，军队有所行动，四夷入侵中原，百姓心生怨恨，盗贼群起，汉朝必当复兴。您姓李，李与徵的读音相似，徵属火，您将会成为汉室的佐臣。”因此王况为李焉书写谶书，说“文帝发怒，在阴间紧急调动军队，北面告知匈奴，南面告知越人。长江中部的刘信，与新朝为敌，意欲报仇，妄图延续汉室功业，将会在地皇四年举兵。江湖上有盗贼，自称樊王，刘姓，徒众党羽有万人，不接受赦令，他们将会侵扰长安、洛阳。地皇十一年将会发生相互攻伐的情况，太白金星光芒闪耀，木星进入了东井宿，号令将会推行。”王况又奏言王莽的大臣的吉凶祸福，各自都有具体的日期。总和起来有十多万字。李焉让属吏抄写这份谶书，属吏外逃并且告发了李焉。王莽派遣使者抓捕李焉，依法治罪判处死刑。

三辅地区的盗贼群起，纷乱如麻，因此王莽设置捕盗都尉官，并且诏令执法谒者官在长安城中追击盗贼，树起鸣鼓和攻贼的旗帜，使者跟随其后进行监督。王莽又派遣太师牺仲景尚、更始将军护军王党率兵平定青州、徐州的动乱，国师和仲曹放辅助郭兴抗击句町人。将全天下的钱粮输送到西河郡、五原郡、朔方郡和渔阳郡，每一郡得到了数以百万计的钱粮，王莽想以此击败匈奴。

这年秋季，天气突然霜冻，将所种的豆类庄稼冻死了，关东发生严重的饥荒，并且有蝗灾发生。

有百姓触犯了私自铸钱的禁令，使得同伍的邻居受到牵连，全都被没入官府为奴为婢。其中男子关在囚车中，妇女孩童步行，他们的脖子用铁链锁住，押送到主掌铸钱的钟官那里，犯法的百姓数以十万计。到达之后重新匹配，他们原来的夫妻关系不复存在，因此有

莽以王况谶言荆楚当兴，李氏为辅，欲厌之，乃拜侍中掌牧大夫李棽为大将军、扬州牧，赐名圣，使将兵奋击。

上谷储夏自请愿说瓜田仪，莽以为中郎，使出仪。仪文降，未出而死。莽求其尸葬之，为起冢、祠室，谥曰瓜宁殇男，几以招来其余，然无肯降者。

闰月丙辰，大赦天下，天下大服民私服在诏书前亦释除。

郎阳成修献符命，言继立民母，又曰："黄帝以百二十女致神仙。"莽于是遣中散大夫、谒者各四十五人分行天下，博采乡里所高有淑女者上名。

莽梦长乐宫铜人五枚起立，莽恶之，念铜人铭有"皇帝初兼天下"之文，即使尚方工镌灭所梦铜人膺文。又感汉高庙神灵，遣虎贲武士入高庙，拔剑四面提击，斧坏户牖，桃汤赭鞭鞭洒屋壁，令轻车校尉居其中，又令中军北垒居高寝。

或言黄帝时建华盖以登仙，莽乃造华盖九重，高八丈一尺，金瑵羽葆，载以秘机四轮车，驾六马，力士三百人黄衣帻，车上人击鼓，挽者皆呼"登仙"。莽出，令在前。百官窃言："此似輀车，非仙物也。"

是岁，南郡秦丰众且万人。平原女子迟昭平能说经博以八投，亦聚数千人在河阻中。莽召问群臣禽贼方略，皆曰："此天囚行尸，

十之六七的百姓愁苦而死。孙喜、景尚、曹放等人讨伐贼寇没有成效，军队肆意妄为，百姓更加困顿。

王莽因为王况的谶书中提及荆楚之地将会有叛乱兴起，李姓将会成为佐臣，便意欲镇压，就将侍中掌牧大夫李棽任命为大将军、扬州牧，赐其名为圣，让他率军奋勇抗击。

上谷郡人储夏请愿前去游说瓜田仪投降，王莽便任命储夏为中郎，让储夏前去游说瓜田仪。瓜田仪呈上文书表示愿意归降，但他还未动身就去世了。王莽将其尸体安葬，并且为瓜田仪修建坟冢和祠庙，赐予他谥号为瓜宁殇男，希望借此招来其余的反贼归降，然而却无人愿意归降。

闰月丙辰日，王莽大赦天下，天下国丧以及百姓各家的丧事都在诏书下发之前结束。

郎官阳成修向王莽进献符命，说应当再册立一位皇后，又说："黄帝拥有一百二十位女子而最后成了神仙。"于是王莽派中散大夫、谒者官各四十五人分别巡行天下各地，广泛采选民间得到百姓称赞的淑女，并将名册上报。

王莽梦到长乐宫有五个铜人站了起来，对此十分憎恶，又想到铜人上还刻着"皇帝初兼天下"的字样，就派尚方署的工匠将自己梦到的铜人所刻着的文字凿去。王莽又感应到汉高祖庙的神灵在谴责他，就派遣虎贲武士前往汉高祖庙，拔剑四面挥舞，用斧子砍坏门窗，将桃木汤洒在四周墙壁上，再用红色鞭子鞭打墙壁，并且让轻车校尉住在高祖庙中，又让中军北垒的兵士戍守高祖的陵寝。

有人说黄帝修造了一辆有华盖的车子得以成仙，王莽便修造了一辆有九层华盖的车子，高八丈一尺，华盖上的爪形弓头用黄金装饰，华盖用鸟羽装饰，内部装着机关，华盖可以自由升降，驾着六匹马，有三百名头戴黄头巾、身穿黄衣服的力士在旁护卫，车上有人击鼓，拉车的人都高呼着"登仙"。王莽外出时，让这辆车子走在前面。朝中百官私下议论说："这像是丧车，并非神仙之物。"

同年，南郡人秦丰率众将近一万人。平原郡女子迟昭平精通经博，能以八箭投掷取胜，迟昭平也在黄河的险要地域聚众达数千

命在漏刻。”故左将军公孙禄征来与议，禄曰：“太史令宗宣典星历，候气变，以凶为吉，乱天文，误朝廷。太傅平化侯饰虚伪以偷名位，‘贼夫人之子’。国师嘉信公颠倒《五经》，毁师法，令学士疑惑。明学男张邯、地理侯孙阳造井田，使民弃土业。牺和鲁匡设六筦，以穷工商。说符侯崔发阿谀取容，令下情不上通。宜诛此数子以慰天下！”又言：“匈奴不可攻，当与和亲。臣恐新室忧不在匈奴，而在封域之中也。”莽怒，使虎贲扶禄出。然颇采其言，左迁鲁匡为五原卒正，以百姓怨非故。六筦非匡所独造，莽厌众意而出之。

初，四方皆以饥寒穷愁起为盗贼，稍稍群聚，常思岁熟得归乡里。众虽万数，亶称巨人、从事、三老、祭酒，不敢略有城邑，转掠求食，日阕而已。诸长吏牧守皆自乱斗中兵而死，贼非敢欲杀之也，而莽终不谕其故。是岁，大司马士按章豫州，为贼所获，贼送付县。士还，上书具言状。莽大怒，下狱以为诬罔。因下书责七公曰：“夫吏者，理也。宣德明恩，以牧养民，仁之道也。抑强督奸，捕诛盗贼，义之节也。今则不然。盗发不辄得，至成群党，遮略乘传宰士。士得脱者，又妄自言：‘我责数贼“何故为是？”贼曰：“以贫穷故耳”。贼护出我。’今俗人议者率多若此。惟贫困饥寒，犯法为非，大者群盗，小者偷穴，不过二科，今乃结谋连党以千百数，是逆乱之大者，岂饥寒之谓邪？七公其严敕卿大夫、卒正、连率、庶尹，谨牧养善民，急捕殄盗贼。有不同心并力，疾恶黜贼，而妄曰饥寒所为，辄捕系，请其罪。”于是群下愈恐，莫敢言贼情者，亦不得擅发兵，贼由是遂不制。

人。王莽召集群臣论议擒贼的方略，群臣都说：“这都是些触犯了天条的罪犯，犹如行尸走肉，他们的性命不过在顷刻之间。”原左将军公孙禄受召前来参加论议，公孙禄说：“太史令宗宣执掌天文历法，预测天气变化，但以凶为吉，混淆天文，迷误朝廷。太傅平化侯言行虚伪并以此窃取名位，‘这样做会害了后世子弟’。国师嘉信公颠倒《五经》，败坏师法，使得学士疑惑不堪。明学男爵张邯、地理侯孙阳复兴井田制，使得百姓放弃农耕。牺和鲁匡设立六项财政税收政策，使得工商业衰败。悦符侯崔发阿谀谄媚以求容身，使得下情无法上达。应当将这几个人处死以慰藉天下！”还说：“匈奴不可以出兵攻伐，应当与他们和亲。臣恐怕新朝的忧患不在匈奴，而是在国内。”王莽大怒，让虎贲勇士将公孙禄扶出去。但王莽还是采纳了公孙禄的谏言，王莽将鲁匡贬为五原郡卒正，这是因为百姓怨恨非议的缘故。六项财政税收政策并不是鲁匡一人所创立的，王莽为了满足民意，将鲁匡贬职，让他离开京城。

起初，各地百姓都因为饥寒穷困而沦为盗贼，逐渐聚集在一起，他们时常盼望着来年庄稼丰收就可以返回家乡。盗贼徒众虽有数万人，为首的只是称作巨人、从事、三老、祭酒，他们不敢攻占城邑，只是四处劫掠食物，只求当天够吃而已。那些县长、州牧、郡守都是在兵乱中自己遭到误伤而身亡的，盗贼并不敢存心残杀这些官吏，而王莽始终没有明白其中原因。同年，大司马士依据奏章的内容前往豫州调查，遭盗贼擒获，盗贼将他送交县衙。这个人回到长安之后，就将自己的遭遇上报朝廷。王莽大怒，将其收押下狱，王莽认为他在欺罔朝廷。于是王莽下诏责备四辅三公说：“吏，就是治理。身为官吏就应当广宣德政，彰显恩泽，治理百姓，这是仁善的原则。镇压强暴，监察奸邪，捕诛盗贼，这是忠义的标准。如今却不是这样了。盗贼出现却不加以惩治，致使盗贼成群结党，掳掠劫持奉命出使的重臣属吏。得以逃脱的属吏，自己又妄言：‘我已经责问了盗贼“为什么会沦为盗贼？”盗贼说：“是因为贫穷”。盗贼放我回来。’如今有很多庸俗之人会这样说。思虑百姓因为贫困饥寒，而作奸犯科，大者聚集成群进行劫掠，小者翻墙越窗进行偷窃，不过是这两

唯翼平连率田况素果敢，发民年十八以上四万余人，授以库兵，与刻石为约。赤糜闻之，不敢入界。况自劾奏，莽让况：“未赐虎符而擅发兵，此弄兵也，厥罪乏兴。以况自诡必禽灭贼，故且勿治。”后况自请出界击贼，所向皆破。莽以玺书令况领青、徐二州牧事。况上言：“盗贼始发，其原甚微，非部吏、伍人所能禽也。咎在长吏不为意，县欺其郡，郡欺朝廷，实百言十，实千言百。朝廷忽略，不辄督责，遂至延曼连州，乃遣将率，多发使者，传相监趣。郡县力事上官，应塞诘对，共酒食，具资用，以救断斩，不给复忧盗贼治官事。将率又不能躬率吏士，战则为贼所破，吏气寖伤，徒费百姓。前幸蒙赦令，贼欲解散，或反遮击，恐入山谷，转相告语，故郡县降贼，皆更惊骇，恐见诈灭，因饥馑易动，旬日之间更十余万人，此盗贼所以多之故也。今雒阳以东，米石二千。窃见诏书，欲遣太师、更始将军，二人爪牙重臣，多从人众，道上空竭，少则亡以威视远方。宜急选牧、尹以下，明其赏罚，收合离乡、小国无城郭者，徙其老弱置大城中，积臧谷食，并力固守。贼来攻城，则不能下，所过无食，势不得群聚。如此，招之必降，击之则灭。今空复多出将率，郡县苦之，反甚于贼。宜尽征还乘传诸使者，以休息郡县。委任臣况以二州盗贼，必平定之。”莽畏恶况，阴为发代，遣使者赐况玺书。使者至，见况，因令代监其兵。况随使者西，到，拜为师尉大夫。况去，齐地遂败。

种方式，如今聚集成群的盗贼数以千百计，这是谋反作乱的大盗，岂会是因为饥寒所致呢？四辅三公应当严厉申敕卿大夫、卒正、连率、各郡大尹，要恭谨治理教化百姓，迅急捕获歼灭盗贼。若有官员心存异念，不能同心合力，对于盗贼不能嫉恶如仇，反而妄言他们是因为饥寒交迫而沦为盗贼，就将这类官员拘捕下狱，依法严惩。”因此诸位官吏愈发惶恐，无人再敢上报盗贼的真实情况，又不敢擅自调动军队，盗贼因此无法根除。

唯有翼平郡连率田况素来果敢，田况征调了十八岁以上的百姓四万多人，将库藏的兵器发给他们，并把军法刻在石头上。赤眉军听闻后，不敢再侵犯郡界。田况举奏自己的过错，王莽责问田况：“尚未赐予虎符而擅自征调军队，这种行为是擅动兵权，与贻误军机同罪。但因为你自己保证一定会将盗贼剿灭，所以姑且不会治罪。”后来田况自请越过郡界征讨盗贼，田况率领的军队所到之处，盗贼无不被击败。王莽颁布玺书诏令田况总领青州、徐州两州州牧的职事。田况上奏说：“盗贼在萌发之初，他们的势力很薄弱，但不是郡县官吏、同伍的士兵所能擒获的。而根源就在于县中的长官对此并不在意，县衙欺瞒郡府，郡府欺罔朝廷，实际有百人，上报只说有十人，实际有千人，上报只说有百人。朝廷忽略此事，没有立即督察责罚，最终盗贼蔓延至数州，朝廷才派遣将帅，派遣多名使者，转相督促。郡县的官员殷勤服事上级长官，敷衍应对上级的诘问，为上级提供美酒佳肴，准备好财物，以求能免除死罪，无暇去忧心盗贼以及处理其他政事。将帅又不能亲自领兵征讨贼寇，双方交战总是被盗贼击败，士气逐渐颓废，白白耗费从百姓那里征缴来的钱粮。此前有幸承蒙朝廷赦令，盗贼意欲解散，军队反而在中途伏击，使得已经解散的盗贼仓皇之间又逃入山谷，他们之间辗转相告，使得原本在各个郡县已经归降的盗贼，全都越发惊骇，担心自己受骗而被斩杀，因为遭遇饥荒而人心易动，所以十几天的时间又增加了十多万人，这就是盗贼越来越猖獗的原因。如今洛阳以东的地区，每石米价值两千钱。臣见到诏书，说陛下将要派遣太师、更始将军前来，他们两人都是朝廷重臣，一定要多带些随从属吏，沿途已经民穷财尽，倘若随从

三年正月，九庙盖构成，纳神主。莽谒见，大驾乘六马，以五采毛为龙文衣，著角，长三尺。华盖车，元戎十乘在前。因赐治庙者司徒、大司空钱各千万，侍中、中常侍以下皆封。封都匠仇延为邯淡里附城。

二月，霸桥灾，数千人以水沃救，不灭。莽恶之，下书曰："夫三皇象春，五帝象夏，三王象秋，五伯象冬。皇王，德运也；伯者，继空续乏以成历数，故其道驳。惟常安御道多以所近为名。乃二月癸巳之夜，甲午之辰，火烧霸桥，从东方西行，至甲午夕，桥尽火灭。大司空行视考问，或云寒民舍居桥下，疑以火自燎，为此灾也。其明旦即乙未，立春之日也。予以神明圣祖黄虞遗统受命，至于地皇四年为十五年。正以三年终冬绝灭霸驳之桥，欲以兴成新室统壹长存之道也。又戒此桥空东方之道。今东方岁荒民饥，道路不通，东岳太师亟科条，开东方诸仓，赈贷穷乏，以施仁道。其更名霸馆为长存馆，霸桥为长存桥。"

太少，则无法威震远方。臣认为应当赶紧在州牧、大尹以下挑选一些官吏，公开赏罚，让他们召回背井离乡、封国太小以至于没有城郭容身的百姓，将这些老弱百姓迁移安置在大城之中，积存粮食，合力坚守。若有盗贼来攻城，则无法攻破，所到之处没有粮食，则盗贼势必不会聚集。这样一来，朝廷若招安这些盗贼，他们必定会归降，若出兵镇压，必定会将他们消灭。如今白白派出再多的将帅，郡县的百姓对此十分忧惧，反而比忧惧盗贼还严重。朝廷应当将乘坐传车的众多使者全部召回，让郡县百姓休养生息。陛下委任臣田况平定两州的盗贼，臣必会将盗贼平定。”王莽憎恶田况，悄悄派人接替田况，王莽派遣使者赐予田况玺书。使者到达之后，见到了田况，便让接替田况的官员监管军队。而田况跟随使者西行，回到长安，王莽让田况拜任师尉大夫。田况离开之后，齐地的盗贼越发猖蹶。

地皇三年（22）正月，九座祠庙修建完成，将神主供奉其中。王莽前往拜谒，按照最高规格，王莽乘坐着六匹马拉的车，马的身上披着用五彩羽毛制成的龙纹衣，马的头上戴着义角，长三尺。王莽乘坐有华盖的车子，十辆战车走在前面。王莽赏赐持掌修建祠庙的大司徒、大司空各一千万钱，侍中、中常侍以下的官员都得到了封赏。王莽赐封负责修建祠庙的大匠仇延为邯淡里附城。

二月，霸桥发生火灾，数千人前去救火，但大火没有熄灭。王莽对此心生憎恶，下诏说：“三皇象征春季，五帝象征夏季，三王象征秋季，五霸象征冬季。从三皇到三王，都是依靠德行来治理国家；到了春秋五霸时，因为当时的天子没有神威，就由王霸承接天运来弥补，所以他们的治国之道杂乱无章。想起常安的街道多以邻近的地方为名。从二月癸巳日的晚上，到甲午日的早晨，霸桥发生火灾，火势从东向西，到了甲午日的傍晚，霸桥烧尽大火熄灭。大司空前往巡行查问，有人说有穷人寄居在桥下，怀疑是他们在烤火取暖时，引发了火灾。明天就是乙未日，是立春之日。我以神明圣祖黄帝、虞帝的后人承受天命，到地皇四年就已经为帝十五年了。恰好在地皇三年的年终将驳杂的霸桥烧尽，这表示新朝将会兴盛并且统一长存。上天又以此桥降下警示，要开拓东方的道路。如今东方遭遇荒年，百姓

是月，赤眉杀太师牺仲景尚。关东人相食。

四月，遣太师王匡、更始将军廉丹东，祖都门外，天大雨，沾衣止。长老叹曰："是为泣军！"莽曰："惟阳九之阸，与害气会，究于去年。枯旱霜蝗，饥馑荐臻，百姓困乏，流离道路，于春尤甚，予甚悼之。今使东岳太师特进褒新侯开东方诸仓，赈贷穷乏。太师公所不过道，分遣大夫谒者并开诸仓，以全元元。太师公因与廉丹大使五威司命位右大司马更始将军平均侯之兖州，填抚所掌，及青、徐故不轨盗贼未尽解散，后复屯聚者，皆清洁之，期于安兆黎矣。"太师、更始合将锐士十余万人，所过放纵。东方为之语曰："宁逢赤眉，不逢太师！太师尚可，更始杀我！"卒如田况之言。

莽又多遣大夫谒者分教民煮草木为酪，酪不可食，重为烦费。莽下书曰："惟民困乏，虽溥开诸仓以赈赡之，犹恐未足。其且开天下山泽之防，诸能采取山泽之物而顺月令者，其恣听之，勿令出税。至地皇三十年如故，是王光上戊之六年也。如令豪吏猾民辜而攉之，小民弗蒙，非予意也。《易》不云乎？'损上益下，民说无疆。'《书》云：'言之不从，是谓不艾。'咨乎群公，可不忧哉！"

饥馑，道路不通，东岳太师赶快制定章程，打开东方各处的粮仓，赈济穷苦百姓，施行仁道。诏令将霸馆改名为长存馆，霸桥改名为长存桥。”

当月，赤眉军杀了太师牺仲景尚。关东地区出现了人吃人的事情。

四月，王莽派遣太师王匡、更始将军廉丹东征，王莽在京城城门外为他们送行，天降大雨，衣服淋湿才结束。有长者叹息道：“这是上天在为军队涕泣！”王莽说：“回想阳九的困厄，又与邪气相逢，这些到去年就结束了。此前干旱、霜冻、蝗灾，饥荒接连发生，百姓困乏，流离失所，到了今年春天更加严重，我甚感哀伤。如今派东岳太师特进褒新侯打开东方各处的粮仓，赈济穷苦百姓。太师公顾及不到的地方，分别派遣大夫以及谒者一并打开各处的粮仓，以此赈济百姓。之后太师公与大使五威司命、位右大司马、更始将军平均侯廉丹前往兖州，镇抚当地的官吏百姓，以及青州、徐州那些原本没有全部解散，后来又重新聚集起来的心存不轨的盗贼，要将他们全部清剿干净，希望可以以此安抚黎民百姓。”太师、更始将军共同率领精兵锐士十多万人，所过之处肆意妄为。东方的百姓为此还编了一段俗语说：“宁可遇到赤眉军，也不要遇到太师兵！太师兵肆意妄为但尚可活命，更始兵则会屠杀我们！”最终的情境和田况所言如出一辙。

王莽又派遣大夫和谒者分道教导百姓将草木煮成糊，煮出来的糊都无法使用，反而白白增加耗费。王莽下诏说：“百姓生活困乏，即便是打开所有的粮仓来赈济百姓，依旧担忧不能满足。暂且取消开采天下山林以及取用湖泽产物的禁令，凡是百姓能顺应时令来开采取用山林湖泽中的产物，就听任他们的行为，不要再让百姓缴税。到地皇三十年再恢复原来的政令，到那时就是王光上戊六年了。若是让仗势欺人的官吏以及刁蛮狡诈的豪强独占这些利益，黎民百姓得不到好处，这就不是我的用意了。《易经》中不是说过吗？‘减损上位者的利益，增益下位者的利益，百姓则无不欢欣鼓舞。’《尚书》中说：‘说了却做不到，这就叫作不善治理。’诸位大臣，怎能不忧心啊！”

是时下江兵盛，新市朱鲔、平林陈牧等皆复聚众，攻击乡聚。莽遣司命大将军孔仁部豫州，纳言大将军严尤、秩宗大将军陈茂击荆州，各从吏士百余人，乘船从渭入河，至华阴乃出乘传，到部募士。尤谓茂曰："遣将不与兵符，必先请而后动，是犹绁韩卢而责之获也。"

夏，蝗从东方来，蜚蔽天，至长安，入未央宫，缘殿阁。莽发吏民设购赏捕击。

莽以天下谷贵，欲厌之，为大仓，置卫交戟，名曰"政始掖门"。

流民入关者数十万人，乃置养赡官禀食之。使者监领，与小吏共盗其禀，饥死者十七八。先是，莽使中黄门王业领长安市买，贱取于民，民甚患之。业以省费为功，赐爵附城。莽闻城中饥馑，以问业。业曰："皆流民也。"乃市所卖粱饭肉羹，持入视莽，曰："居民食咸如此。"莽信之。

冬，无盐索卢恢等举兵反城。廉丹、王匡攻拔之，斩首万余级。莽遣中郎将奉玺书劳丹、匡，进爵为公，封吏士有功者十余人。

赤眉别校董宪等众数万人在梁郡，王匡欲进击之，廉丹以为新拔城罢劳，当且休士养威。匡不听，引兵独进，丹随之。合战成昌，兵败，匡走。丹使吏持其印韨符节付匡曰："小儿可走，吾不可！"遂止，战死。校尉汝云、王隆等二十余人别斗，闻之，皆曰："廉公已死，吾谁为生？"驰犇贼，皆战死。莽伤之，下书曰："惟公多拥选士精兵，众郡骏马仓谷帑藏皆得自调，忽于诏策，离其威

当时下江兵的势力强盛，新市人朱鲔、平林人陈牧等人也都再次聚集部众，攻打乡村。王莽派司命大将军孔仁前去治理豫州，派遣纳言大将军严尤、秩宗大将军陈茂前去平定荆州，各自有一百多名随行的属吏兵士，乘船从渭河进入黄河，到了华阴县再转乘驿车，到了当地之后招募士兵。严尤对陈茂说："陛下调派将领却不给兵符，遇事必须事先请示才能行动，这就犹如将猎犬栓在一处而要求它去捕捉猎物一样。"

这年夏季，有蝗虫从东面飞来，遮蔽天日，一直飞到长安，飞进了未央宫，落在了宫中的殿堂楼阁上。王莽发动官吏和百姓悬赏捕捉蝗虫。

王莽因为天下的粮价昂贵，就想压低价格，修建粮仓，调派兵卒手持剑戟，相交守卫，称为"政始掖门"。

有几十万流民进入函谷关，王莽于是设置养赡官给这些流民发放粮食。王莽派遣使者进行监督管理，但使者却和官吏监守自盗，一起盗取粮食，十之七八的流民因此饿死。在此之前，王莽让中黄门王业掌管长安的买卖，王业向百姓低价收购粮食，百姓十分憎恶王业。王业却因节省花费而立功，赐爵附城。王莽听闻城中发生饥荒，询问王业。王业说："受饿的都是流民。"王业从集市上买来精米肉羹，入宫呈给王莽看，说："城中的居民所食都是这些。"王莽相信了王业所言。

这年冬季，无盐县人索卢恢等人在无盐县举兵造反。廉丹、王匡平叛讨伐，斩首一万多人。王莽派遣中郎将捧着玺书前去慰劳廉丹、王匡，将他们两人进升为公爵，又封赏了十多名有功的官吏和兵卒。

赤眉军另外一位校尉董宪等人率众数万人盘踞在梁郡，王匡想前去围剿，廉丹却认为刚刚攻破城池，将士疲乏，应当让将士休整，养精蓄锐。王匡不听，独自带领军队前进，廉丹只好跟随其后。双方在成昌交战，王匡的军队战败，王匡出逃。廉丹派属吏拿着自己的印绶符节交给王匡说道："小儿可以逃走，我不行！"廉丹留下来，最终战死。校尉汝云、王隆等二十多人在另外一处奋勇战斗，听闻廉丹牺牲的消息，都说："廉公已经战死，我们还在为了谁而活着？"他们便

节，骑马呵噪，为狂刃所害，乌呼哀哉！赐谥曰果公。”

国将哀章谓莽曰：“皇祖考黄帝之时，中黄直为将，破杀蚩尤。今臣居中黄直之位，愿平山东。”莽遣章驰东，与太师匡并力。又遣大将军阳浚守敖仓，司徒王寻将十余万屯雒阳填南宫，大司马董忠养士习射中军北垒，大司空王邑兼三公之职。司徒寻初发长安，宿霸昌厩，亡其黄钺。寻士房扬素狂直，乃哭曰：“此经所谓‘丧其齐斧’者也！”自劾去。莽击杀扬。

四方盗贼往往数万人攻城邑，杀二千石以下。太师王匡等战数不利。莽知天下溃畔，事穷计迫，乃议遣风俗大夫司国宪等分行天下，除井田奴婢山泽六筦之禁，即位以来诏令不便于民者皆收还之。待见未发，会世祖与兄齐武王伯升、宛人李通等帅舂陵子弟数千人，招致新市平林朱鲔、陈牧等合攻拔棘阳。是时严尤、陈茂破下江兵，成丹、王常等数千人别走，入南阳界。

十一月，有星孛于张，东南行，五日不见。莽数召问太史令宗宣，诸术数家皆缪对，言天文安善，群贼且灭。莽差以自安。

四年正月，汉兵得下江王常等以为助兵，击前队大夫甄阜、属正梁丘赐，皆斩之，杀其众数万人。初，京师闻青、徐贼众数十万人，讫无文号旌旗表识，咸怪异之。好事者窃言：“此岂如古三皇无文书号谥邪？”莽亦心怪，以问群臣，群臣莫对。唯严尤曰：“此

奔驰抗击贼军，最终全都战死。王莽心中哀伤，下诏说："廉公拥有众多精锐兵士，各郡的骏马、粮食、钱币都由自己调配，但是忽略了运用战术，将印绶符节交给他人，骑马高呼，为乱刀所杀，可悲呀！赐予廉公谥号为果公。"

国将哀章对王莽说："皇祖考黄帝时，中黄直官担任大将，斩杀蚩尤。如今臣居于中黄直之位，愿意前去平定山东。"王莽便派遣哀章东征，跟太师王匡会合。又派遣大将军阳浚戍守敖仓，大司徒王寻率领十多万人屯兵洛阳，镇守南宫，大司马董忠在中军北垒训练士兵学习骑射，大司空王邑兼任三公之职。大司徒王寻刚刚从长安出发前往洛阳，在霸昌厩过夜，就将他的黄金长斧弄丢了。王寻的属吏房扬素来疏狂直率，便哭着说："这就是经传上所说的'将利斧丢失'！"房扬自请离去。王莽将房扬斩杀。

各处盗贼往往聚集几万人来进攻城邑，斩杀二千石以下的官吏。太师王匡等人屡战屡败。王莽知道天下已经离散背叛，形势已经是山穷水尽，无计可施了，于是王莽派遣风俗大夫司国宪等人分道巡行天下，废除井田制、禁止买卖奴婢、征收山林湖泽税等六项政策的禁令，王莽将登基以来所有不便于百姓的诏令全部收回。使者等待召见还未出发，恰逢世祖刘秀和哥哥齐武王刘伯升、宛县人李通等人率领数千名舂陵子弟，与新市的朱鲔、平林的陈茂等人联合攻破棘阳县。当时严尤、陈茂击败下江兵，成丹、王常等数千人逃亡，逃入南阳郡境内。

十一月，有一颗光芒强盛的彗星出现在张宿中，向东南方运行，五天后消失不见。王莽数次召见太史令宗宣询问这一现象，众多的术数家全都诓骗王莽，他们说这个天文现象表示平安良善，各路叛贼将会灭亡。王莽听后勉强安慰自己。

地皇四年（23）正月，汉军得到下江兵王常等人的支援帮助，反攻前队大夫甄阜、属正梁丘赐，将他们全部斩杀，歼灭了他们的部众数万人。起初，京城听闻青州、徐州的盗贼多达数十万人，但一直没有发布文告、名号、旗帜、标记等，对此感到十分惊异。有些好事的人私下说："难道这些人和古代的三皇一样，不需要文书名号吧？"

不足怪也。自黄帝、汤、武行师，必待部曲旌旗号令，今此无有者，直饥寒群盗，犬羊相聚，不知为之耳。”莽大说，群臣尽服。及后汉兵刘伯升起，皆称将军，攻城略地，既杀甄阜，移书称说。莽闻之忧惧。

汉兵乘胜遂围宛城。初，世祖族兄圣公先在平林兵中。三月辛巳朔，平林、新市、下江兵将王常、朱鲔等共立圣公为帝，改年为更始元年，拜置百官。莽闻之愈恐。欲外视自安，乃染其须发，进所征天下淑女杜陵史氏女为皇后，聘黄金三万斤，车马奴婢杂帛珍宝以巨万计。莽亲迎于前殿两阶间，成同牢之礼于上西堂。备和嫔、美御、和人三，位视公；嫔人九，视卿；美人二十七，视大夫；御人八十一，视元士：凡百二十人，皆佩印韨，执弓韣。封皇后父谌为和平侯，拜为宁始将军，谌子二人皆侍中。是日，大风发屋折木。群臣上寿曰：“乃庚子雨水洒道，辛丑清靓无尘，其夕谷风迅疾，从东北来。辛丑，《巽》之宫日也。《巽》为风为顺，后谊明，母道得，温和慈惠之化也。《易》曰：‘受兹介福，于其王母。’《礼》曰：‘承天之庆，万福无疆。’诸欲依废汉火刘，皆沃灌雪除，殄灭无余杂矣。百谷丰茂，庶草蕃殖，元元欢喜，兆民赖福，天下幸甚！”莽日与方士涿郡昭君等于后宫考验方术，纵淫乐焉。大赦天下，然犹曰：“故汉氏舂陵侯群子刘伯升与其族人婚姻党与，妄流言惑众，悖畔天命，及手害更始将军廉丹、前队大夫甄阜、属正梁丘赐，及北狄胡虏逆舆洎南僰虏若豆、孟迁，不用此书。有能捕得此人者，皆封为上公，食邑万户，赐宝货五千万。”

王莽心中也十分奇怪，就向群臣询问，群臣无人应答。只有严尤说：“这不足为怪。自古黄帝、商汤、周武王行军用兵，必定都会颁布军队的编织、旗帜和号令，而如今这些盗贼没有这些制度，只不过是些因饥寒所迫的盗贼，如同牲畜聚集一般，不足以劳神罢了。”王莽听后大喜，群臣都敬服严尤。等到后来刘伯升率领汉军起事，全都自称为将军，他们攻破城池，占领土地，在斩杀甄阜之后，汉军向天下发布文告，宣扬自己的主张。王莽听闻这件事之后才感到忧惧。

汉军乘胜追击围攻宛城。起初，世祖刘秀的族兄刘圣公参加了平林兵。三月初一辛巳日，平林兵、新市兵、下江兵的将领王常、朱鲔等人一同拥立刘圣公为帝，将年号改为更始元年，设置百官。王莽听闻此事愈发惶恐。王莽想对外显示自己内心安定，便将自己的头发和胡须染黑，召见在天下四海中所征选的淑女，册立杜陵县史氏之女为皇后，聘礼有黄金三万斤，车马、奴婢、丝帛和珍玉等不计其数。王莽在前殿两边的台阶迎亲，在上西堂举行婚礼。另外王莽又册封了和嫔、美御、和人共三人，等级比照三公；九位嫔人，等级比照九卿；二十七位美人，等级比照大夫；八十一位御人，等级比照元士：共一百二十人，她们全都佩带印绶，拿着弓袋。王莽将皇后的父亲史谌封为和平侯，拜任宁始将军，史谌的两个儿子都担任侍中。当天，狂风大作，摧毁了房屋，刮折了树木。群臣向王莽祝贺道：“庚子日雨水洒道，辛丑日清静无尘，这天晚上东风强劲迅猛，从东北方向吹来。辛丑日代表的是《巽卦》。《巽卦》象征风，其中的含义是和顺，代表了皇后之义已经明确，国母之道已然具备，这就是温和慈惠的造化。《易经》中说：‘从君王的母亲那里得到这样的洪福。’《礼记》说：‘承受天道，万福无疆。’那些想依靠已经衰微的汉室、以火德为王的刘氏的叛贼势力，最终都将会被冲刷清除，剿灭干净毫无遗留。而且还预示着庄稼丰收，草木繁殖，百姓欢喜，万民承福，天下幸甚！”王莽每天与方士涿郡人昭君等人在后宫研究房中术，荒淫放纵，肆意享乐。王莽大赦天下，但还要说：“原汉室舂陵侯的后人刘伯升以及其族人、姻亲、党羽，妄图流言惑众，悖逆天命，并且亲手杀害更始将军廉丹、前队大夫甄阜、属正梁丘赐，以及北狄匈奴叛

又诏："太师王匡、国将哀章、司命孔仁、兖州牧寿良、卒正王闳、扬州牧李圣亟进所部州郡兵凡三十万众，迫措青、徐盗贼。纳言将军严尤、秩宗将军陈茂、车骑将军王巡、左队大夫王吴亟进所部州郡兵凡十万众，迫措前队丑虏。明告以生活丹青之信，复迷惑不解散，皆并力合击，殄灭之矣！大司空隆新公，宗室戚属，前以虎牙将军东指则反虏破坏，西击则逆贼靡碎，此乃新室威宝之臣也。如黠贼不解散，将遣大司空将百万之师征伐剿绝之矣！"遣七公干士隗嚣等七十二人分下赦令晓谕云。嚣等既出，因逃亡矣。

四月，世祖与王常等别攻颍川，下昆阳、郾、定陵。莽闻之愈恐，遣大司空王邑驰传至雒阳，与司徒王寻发众郡兵百万，号曰"虎牙五威兵"，平定山东，得颛封爵，政决于邑，除用征诸明兵法六十三家术者，各持图书，受器械，备军吏。倾府库以遣邑，多赍珍宝猛兽，欲视饶富，用怖山东。邑至雒阳，州郡各选精兵，牧守自将，定会者四十二万人，余在道不绝，车甲士马之盛，自古出师未尝有也。

六月，邑与司徒寻发雒阳，欲至宛，道出颍川，过昆阳。昆阳时已降汉，汉兵守之。严尤、陈茂与二公会，二公纵兵围昆阳。严尤曰："称尊号者在宛下，宜亟进。彼破，诸城自定矣。"邑曰："百万之师，所过当灭，今屠此城，喋血而进，前歌后舞，顾不快邪！"遂

贼单于舆和西南叛贼若豆、孟迁两族，以上这些人不再赦令之中。若是有人能抓到这些叛贼，全部封为上公，享有食邑一万户，赏赐五千万钱。”

王莽又下诏说：“太师王匡、国将哀章、司命孔仁、兖州牧寿良、卒正王闳、扬州牧李圣迅速率领所属的州郡军队共三十万人，追击青州、徐州的盗贼。纳言将军严尤、秩宗将军陈茂、车骑将军王巡、左队大夫王吴迅速率领所属的州郡军队共十万人，追击前队的叛敌。明确告知他们倘若归降则不会被斩杀，如果依旧执迷不悟，不解散，那么军队将会奋力围剿，将叛敌全部歼灭！大司空隆新公，是皇室宗亲，此前担任虎牙将军向东行军则反贼四散而逃，向西行军则逆贼分崩离析，这是新朝的栋梁之臣。假如狡猾的叛贼依旧不解散，将会派遣大司空率领百万大军将其彻底剿灭！”王莽派遣三公四辅的干士隗嚣等七十二人分道下发赦令晓谕各地。但是隗嚣等人一出京城，就四散逃亡。

四月，世祖刘秀和王常等人分别攻克了颍川、昆阳、郾县、定陵。王莽听闻此事愈发惶恐，便派遣大司空王邑乘坐驿车前往洛阳，与司徒王寻调派各个郡中的军队达百万人，号称“虎牙五威兵”，平定山东的叛乱，并允许王邑有权自行封赏爵位，所有的军政事务由王邑决断，军队征召任用了的许多精通六十三家兵法的专家，每人都带着兵书，领用武器，位备军吏。并且将府库中所有的物资全都交给王邑调配，又携带着许多珍宝猛兽，想要以此彰显朝廷的富足，震慑山东的叛贼。王邑到达洛阳，各个州郡选派了精兵，由州牧以及郡守亲自率领，按照期限会合的兵卒已有四十二万人，其余的兵卒还在路上，络绎不绝，车马兵卒以及武器的完备盛大，自古以来的军队出征从未有过如此的盛况。

六月，王邑与大司徒王寻从洛阳出发，将要前往宛县，取道颍川，途径昆阳。昆阳当时已经投诚汉军，汉军已经入城戍守。严尤、陈茂与两位将军会合，两位将军调派军队包围昆阳。严尤说：“妄称皇帝尊号的人在宛城，军队应当急速攻进。只要宛城攻破，其他的城邑自然也就能平定了。”王邑说：“百万之师，所过之处敌人应当被

围城数十重。城中请降，不许。严尤又曰："'归师勿遏，围城为之阙'，可如兵法，使得逸出，以怖宛下。"邑又不听。会世祖悉发郾、定陵兵数千人来救昆阳，寻、邑易之，自将万余人行陈，敕诸营皆按部毋得动，独迎，与汉兵战，不利。大军不敢擅相救，汉兵乘胜杀寻。昆阳中兵出并战，邑走，军乱。大风蜚瓦，雨如注水，大众崩坏号呼，虎豹股栗，士卒奔走，各还归其郡。邑独与所将长安勇敢数千人还雒阳。关中闻之震恐，盗贼并起。

又闻汉兵言，莽鸩杀孝平帝。莽乃会公卿以下于王路堂，开所为平帝请命金縢之策，泣以视群臣。命明学男张邯称说其德及符命事，因曰："《易》言：'伏戎于莽，升其高陵，三岁不兴。''莽'皇帝之名。'升'谓刘伯升。'高陵'谓高陵侯子翟义也。言刘升、翟义为伏戎之兵于新皇帝世，犹殄灭不兴也。"群臣皆称万岁。又令东方槛车传送数人，言"刘伯升等皆行大戮"。民知其诈也。

先是，卫将军王涉素养道士西门君惠。君惠好天文谶记，为涉言："星孛扫宫室，刘氏当复兴，国师公姓名是也。"涉信其言，以语大司马董忠，数俱至国师殿中庐道语星宿，国师不应。后涉特往，对歆涕泣言："诚欲与公共安宗族，奈何不信涉也！"歆因为言天文人事，东方必成。涉曰："新都哀侯小被病，功显君素耆酒，疑帝本非我家子也。董公主中军精兵，涉领宫卫，伊休侯主殿中，如同心

清剿干净，如今我要屠城，清剿叛贼，踏血前进，军队前歌后舞，这样岂不痛快吗！”于是王邑下令军队将昆阳城里外包围了数十层。城中的汉军请求投降，王邑没有允许。严尤又说：“‘退归的军队不要阻拦，围城要留下缺口’，可以遵照兵法来行事，让城里的叛贼逃出去一些，借此震慑宛城的叛贼。”王邑还是不听。恰逢世祖刘秀将郾县、定陵的数千军队悉数征调援救昆阳，王寻、王邑不以为然，亲自率领一万多人巡行阵地，并且敕令各营全都按兵不动，王寻、王邑独自迎击汉室的援军，与汉军交战，形势不利。新朝的大军又不敢擅自出兵援救，汉军乘胜将王寻斩杀。昆阳城里的汉军冲出来与援军两面夹击，王邑弃军出逃，新朝军队大乱。狂风大作，吹走了屋瓦，大雨倾盆，如注水一般，新朝的军队崩溃哀号，虎豹也惊恐战栗，士兵四散逃亡，各自回到自己的故乡。只有王邑和他所率领的数千名长安勇士返回洛阳。关中听闻此事，大为震惊惶恐，各地的盗贼纷涌而起。

王莽又听闻汉军传言，当年他毒杀孝平帝。于是王莽在王路堂召集公卿以下的官吏，打开王莽当年所作的为平帝请命祝祷、后来收藏在柜子里的策书，王莽痛哭流涕将策书拿给群臣看。王莽又命令明学男张邯讲述其德行以及关于符兆的事情，因而说：“《易经》中说：‘军队埋伏在草丛之中，登上高丘瞭望，不敢前进，就算是三年也不能兴起。’‘莽’指的是皇帝之名。‘升’指的是刘伯升。‘高陵’指的是高陵侯之子翟义。这就是说刘伯升、翟义在新皇帝朝埋下军队，但他们终会遭到清剿不会兴起。”群臣全都高呼“万岁”。王莽又诏令用囚车载上几个人向东方押送，声称“这就是刘伯升等人，将会斩首示众”。但百姓知道那是假的。

早先，卫将军王涉一直供养着一位名叫西门君惠的道士。西门君惠擅长天文预言，对王涉说：“有彗星横扫宫室，刘氏将会复兴，国师公刘歆的姓名与此相符。”王涉相信了西门君惠的话，并将这些话告诉了大司马董忠，二人多次一同前往国师值宿的房舍中谈论星宿，国师没有应答。后来王涉特意前往国师府，对刘歆涕泣着说：“我确实是想与您一同安定宗族，奈何您不相信我！”于是刘歆为王涉讲述天文人事，刘歆认为东方的军队必会成功。王涉说：“新都哀侯从

合谋，共劫持帝，东降南阳天子，可以全宗族；不者，俱夷灭矣！”伊休侯者，歆长子也，为侍中五官中郎将，莽素爱之。歆怨莽杀其三子，又畏大祸至，遂与涉、忠谋，欲发。歆曰：“当待太白星出，乃可。”忠以司中大赘起武侯孙伋亦主兵，复与伋谋。伋归家，颜色变，不能食。妻怪问之，语其状。妻以告弟云阳陈邯，邯欲告之。七月，伋与邯俱告，莽遣使者分召忠等。时忠方讲兵都肄，护军王咸谓忠谋久不发，恐漏泄，不如遂斩使者，勒兵入。忠不听，遂与歆、涉会省户下。莽令䵍恽责问，皆服。中黄门各拔刃将忠等送庐，忠拔剑欲自刎，侍中王望传言大司马反，黄门持剑共格杀之。省中相惊传，勒兵至郎署，皆拔刃张弩。更始将军史谌行诸署，告郎吏曰：“大司马有狂病，发，已诛。”皆令弛兵，莽欲以厌凶，使虎贲以斩马剑挫忠，盛以竹器，传曰“反虏出”。下书赦大司马官属吏士为忠所诖误，谋反未发觉者。收忠宗族，以醇醯毒药、尺白刃丛棘并一坎而埋之。刘歆、王涉皆自杀。莽以二人骨肉旧臣，恶其内溃，故隐其诛。伊休侯叠又以素谨，歆讫不告，但免侍中中郎将，更为中散大夫。后日殿中钩盾土山仙人掌旁有白头公青衣，郎吏见者私谓之国师公。衍功侯喜素善卦，莽使筮之，曰：“忧兵火。”莽曰：“小儿安得此左道？是乃予之皇祖叔父子侨欲来迎我也。”

小患病，功显君素来嗜酒，我怀疑皇帝并非王氏子弟。董公执掌中军的精兵，我总领皇宫守卫，伊休侯执掌殿中的警卫，若我们几人能同心合谋，共同劫持皇帝，向东面南阳郡的天子投降，则可以保全宗族；否则，将会招来杀身灭族之祸！”伊休侯，是国师公刘歆的长子，担任侍中五官中郎将，王莽素来器重他。刘歆怨恨王莽杀了自己三个儿女，又忧惧大祸临头，便与王涉、董忠密谋，将要行动。刘歆说：“应当等待太白金星出现，方可行动。”董忠因为司中大赘起武侯孙伋也执掌军队，便又与孙伋商议此事。孙伋回家后，脸色大变，食不下咽。孙伋的妻子感到奇怪便询问原因，孙伋就将其中缘由告诉了妻子。妻子又将这件事告诉了她的弟弟云阳县人陈邯，陈邯就想告发他们三人。七月，孙伋和陈邯一同将他们三人告发，王莽便派使者分头征召董忠等人。当时董忠正在讲武练兵，护军王咸对董忠说密谋已久却不举事，恐怕密谋会外泄，不如杀掉使者，率领军队反攻。董忠不听王咸的建议，便与刘歆、王涉在宫门下会合。王莽诏令𧦝恽对他们进行责问，他们全都承认了。宫内太监抽出刀押送董忠等人到值宿的房舍中，董忠拔剑想自刎，侍中王望传话说大司马造反，太监持剑共同将董忠斩杀。宫中一片惊慌，互相散播，正在操练的士兵纷纷涌到郎官的公署，他们无一不是剑拔弩张。更始将军史谌巡行各个公署，告诉郎官说：“大司马患有狂病，刚刚病发，已被诛杀。”命令士兵都放下武器，王莽想以此来抵挡兵乱，便让虎贲勇士用斩马剑将董忠分尸，装在竹器中，四处传话说“反贼来了”。王莽又下诏赦免了遭受董忠所蒙蔽，参与了谋反却尚未发觉的大司马的属吏和士兵。王莽将董忠的宗族拘捕下狱，用浓醋、毒药、一尺长的利刃、荆棘与他们埋在一处。刘歆、王涉全都自杀。王莽因为这二人是自己的亲人以及旧臣，十分憎恶内乱的发生，所以隐瞒了二人的罪行。伊休侯刘叠又因为素来谨慎，刘歆始终没有告诉刘叠谋反的事情，王莽只是将刘叠的侍中中郎将的官职免去，改任他为中散大夫。后来殿中由钩盾管理的假山上的仙人掌旁边出现了一位身穿青衣的白发老头，见到这一情景的郎吏私下说那是国师公。衍功侯王喜素来擅长占卦，王莽让他用蓍草占卜，王喜说：“应当忧虑战乱。”王莽说：“你等小儿怎

莽军师外破，大臣内畔，左右亡所信，不能复远念郡国，欲呼邑与计议。崔发曰："邑素小心，今失大众而征，恐其执节引决，宜有以大慰其意。"于是莽遣发驰传谕邑："我年老毋適子，欲传邑以天下。敕亡得谢，见勿复道。"邑到，以为大司马。大长秋张邯为大司徒，崔发为大司空，司中寿容苗䜣为国师，同说侯林为卫将军。莽忧懑不能食，亶饮酒，啖鳆鱼。读军书倦，因冯几寐，不复就枕矣。性好时日小数，及事迫急，亶为厌胜。遣使坏渭陵、延陵园门罘罳，曰："毋使民复思也。"又以墨洿色其周垣。号将至曰"岁宿"，申水为"助将军"，右庚"刻木校尉"，前丙"耀金都尉"，又曰："执大斧，伐枯木；流大水，灭发火。"如此属不可胜记。

秋，太白星流入太微，烛地如月光。

成纪隗崔兄弟共劫大尹李育，以兄子隗嚣为大将军，攻杀雍州牧陈庆、安定卒正王旬，并其众，移书郡县，数莽罪恶万于桀纣。

是月，析人邓晔、于匡起兵南乡百余人。时析宰将兵数千屯鄡亭，备武关。晔、匡谓宰曰："刘帝已立，君何不知命也！"宰请降，尽得其众。晔自称辅汉左将军，匡右将军，拔析、丹水，攻武关，都尉朱萌降。进攻右队大夫宋纲，杀之，西拔湖。莽愈忧，不知所出。崔发言："《周礼》及《春秋左氏》，国有大灾，则哭以厌之。故《易》称'先号咷而后笑'。宜呼嗟告天以求救。"莽自知败，乃率群臣至南郊，陈其符命本末，仰天曰："皇天既命授臣莽，何不殄灭

么学会了这种旁门左道？这是我的皇祖叔父王子侨前来迎接我了。”

王莽的军队在外打了败仗，朝中的大臣在内谋逆反叛，王莽身边已经无人可以信任了，无法再顾及远方的郡国，王莽想召回王邑与其商议。崔发说：“王邑素来小心谨慎，如今王邑战败将他召回，恐怕王邑会坚守节操而自杀，应当好好慰劳一下王邑。”于是王莽派崔发乘坐着驿车前去晓谕王邑道：“我年纪大了，没有嫡子，想将皇位传给你。你不需要请罪，进宫朝见时也不要再提及那些事情。”王邑回到长安，王莽将其任命为大司马。王莽又任命大长秋张邯为大司徒，崔发为大司空，司中寿容人苗䜣为国师，同悦侯王林为卫将军。王莽心中愁闷食不下咽，只是饮酒，吃海鱼。阅读军书困倦了，就倚着几案小憩片刻，不再上床休息。王莽喜爱占卜吉凶的歪门邪道，遇到事态紧急，就一味使用巫术压制敌人。王莽还派使者将渭陵、延陵的大门屏风损毁，说道：“不要再让百姓念及汉朝。”又用墨汁涂染四周的围墙。又将将军称为“岁宿”，申水称为“助将军”，右庚称为“刻木校尉”，前丙称为“耀金都尉”，又说：“手执大斧，砍伐枯木；大水流出，浇灭大火。”像这类的事情数不胜数。

这年秋季，太白金星运行至太微垣，将地面照得如同月光一样明亮。

成纪县人隗崔兄弟一起劫持了大尹李育，以自己兄长的儿子隗嚣为大将军，斩杀了雍州牧陈庆、安定郡卒正王旬，兼并了他们的军队，又向郡县发布文告，细数王莽的罪行，比夏桀、商纣还要邪恶一万倍。

当月，析县人邓晔、于匡率众一百多人在南乡起兵。当时析县县长率领数千兵马驻守鄡亭，屯兵武关。邓晔、于匡对县长说：“刘氏皇帝已经登基，您为何还不知天命呢！”县长请求投降，邓、于二人将县中的军队全部接收。邓晔自称辅汉左将军，于匡自称辅汉右将军，他们率领军队攻破析县、丹水，后又攻打武关，都尉朱萌投降。起义的军队又进攻右队大夫宋纲，将其斩杀，又向西行进攻破了湖县。王莽对此更加忧虑，不知道该如何是好。崔发说：“《周礼》以及《春秋左氏传》中记载，国家有大灾，则以哭来压制。所以《易经》中

众贼？即令臣莽非是，愿下雷霆诛臣莽！”因搏心大哭，气尽，伏而叩头。又作告天策，自陈功劳千余言。诸生小民会旦夕哭，为设飧粥，甚悲哀及能诵策文者除以为郎，至五千余人。䢅恽将领之。

莽拜将军九人，皆以虎为号，号曰“九虎”，将北军精兵数万人东，内其妻子宫中以为质。时省中黄金万斤者为一匮，尚有六十匮，黄门、钩盾、臧府、中尚方处处各有数匮。长乐御府、中御府及都内、平准帑藏钱帛珠玉财物甚众，莽愈爱之，赐九虎士人四千钱。众重怨，无斗意。九虎至华阴回溪，距隘，北从河南至山。于匡持数千弩，乘堆挑战。邓晔将二万余人从阌乡南出枣街、作姑，破其一部，北出九虎后击之。六虎败走。史熊、王况诣阙归死，莽使使责死者安在，皆自杀；其四虎亡。三虎郭钦、陈翚、成重收散卒保京师仓。

邓晔开武关迎汉，丞相司直李松将二千余人至湖，与晔等共攻京师仓，未下。晔以弘农掾王宪为校尉，将数百人北度渭，入左冯翊界，降城略地。李松遣偏将军韩臣等径西至新丰，与莽波水将军战，波水走。韩臣等追奔，遂至长门宫。王宪北至频阳，所过迎降。大姓栎阳申砀、下邽王大皆率众随宪。属县斄严春、茂陵董喜、蓝田王孟、槐里汝臣、盩厔王扶、阳陵严本、杜陵屠门少之属，众皆数千人，假号称汉将。

说‘先号啕大哭而后欢笑’。应当呼号祝祷上天祈求帮助。”王莽自知已经衰败，便率领群臣前往南郊，陈述自己接受符命的始末，仰天感慨道：“上天既然已经将天命授予臣王莽，为何不将那些盗贼尽数歼灭？假若臣王莽行为不当，希望上天降下雷霆霹死臣王莽！”之后就捶胸大哭，痛心疾首，伏地叩头。王莽又写了一篇祭告天帝的策书，陈述自己的功劳，有一千多字。王莽让儒生和百姓每天早晚聚集在一起痛哭，并为他们准备了粥饭，王莽将哭得十分悲哀的和能够诵读策文的人任命为郎官，如此得到任命的多达五千多人。由饗恽率领他们。

王莽任命了九名将军，他们都以虎作为称号，称为“九虎”，他们率领数万名守卫京师的北军精兵东征，王莽将他们的妻儿留在宫中作为人质。当时宫中储存的黄金，一万斤黄金为一柜，还有六十柜，在黄门、钩盾、臧府、中尚方各处储存着数柜黄金。长乐宫御府、中御府以及都内、平准府库中也存储着非常多的钱币、丝帛、珠玉等各种财物，王莽十分爱财，只赏赐了九虎兵卒每人四千钱。诸位兵卒心生不满，没有斗志。九虎将军所率的军队到达华阴县的回溪，据守险要地带，北起黄河，南到崤山。于匡率领几千名弓箭手，登高作战。邓晔率领两万多人从阌乡县向南行军到达枣街、作姑附近，击败了新朝军队的其中一部，之后又派兵从北面绕到九虎军队的后面攻打他们。其中有六虎溃败逃亡。史熊、王况回到京师等待处死，王莽派使者责问他们所率领的军队在哪里死伤，二人全都自杀；其他四虎逃亡。还有三虎郭钦、陈翚、成重将四散的兵卒召集起来，保卫京师仓。

邓晔打开武关迎接汉军，丞相司直李松率领两千多人前往湖县，与邓晔等人一同攻打京师仓，但尚未攻克。邓晔将弘农郡掾吏王宪任命为校尉，率领数百人向北渡过渭河，进入左冯翊境内，攻克城邑，占领土地。李松派遣偏将军韩臣等人向西行进径直到达新丰县，与王莽的波水将军窦融交战，波水将军兵败逃亡。韩臣等人追击逃兵，直至长门宫。王宪向北行进到达频阳县，所过之处官员百姓都来迎接归降。世家大族栎阳人申砀、下邽人王大都率众追随王宪。京城三辅下辖的有斄人严春、茂陵人董喜、蓝田人王孟、槐里人汝臣、

时李松、邓晔以为京师小小仓尚未可下，何况长安城，当须更始帝大兵到。即引军至华阴，治攻具。而长安旁兵四会城下，闻天水隗氏兵方到，皆争欲先入城，贪立大功卤掠之利。

莽遣使者分赦城中诸狱囚徒，皆授兵，杀豨饮其血，与誓曰："有不为新室者，社鬼记之！"更始将军史谌将度渭桥，皆散走。谌空还。众兵发掘莽妻子父祖冢，烧其棺椁及九庙、明堂、辟雍，火照城中。或谓莽曰："城门卒，东方人，不可信。"莽更发越骑士为卫，门置六百人，各一校尉。

十月戊申朔，兵从宣平城门入，民间所谓都门也。张邯行城门，逢兵见杀。王邑、王林、王巡、𩰚恽等分将兵距击北阙下。汉兵贪莽封力战者七百余人。会日暮，官府邸第尽奔亡。二日己酉，城中少年朱弟、张鱼等恐见卤掠，趋讙并和，烧作室门，斧敬法闼，呼曰："反虏王莽，何不出降？"火及掖庭承明，黄皇室主所居也。莽避火宣室前殿，火辄随之。宫人妇女啼呼曰："当奈何！"时莽绀袀服，带玺韨，持虞帝匕首。天文郎桉栻于前，日时加某，莽旋席随斗柄而坐，曰："天生德于予，汉兵其如予何！"莽时不食，少气困矣。

三日庚戌，晨旦明，群臣扶掖莽，自前殿南下椒除，西出白虎门，和新公王揖奉车待门外。莽就车，之渐台，欲阻池水，犹抱持

盩厔人王扶、阳陵人严本、杜陵人屠门少等人，都率众数千人，自立为汉朝的将军。

当时李松、邓晔认为一个京师的小小仓库尚且不能攻克，更何况是长安城，应当等待更始帝的大军到来。他们便率领军队前往华阴县，准备攻城的武器。而长安附近的军队已经包围了长安城，听闻天水郡隗氏的军队将会到来，全都争先恐后要攻破城池，都贪立大功以及掳掠城中财货。

王莽派遣使者分道赦免城中各个监狱的犯人，发给犯人武器，杀猪饮其血，然后让他们立誓说："假如有人不为新朝效力，那么土地神将会记住他！"更始将军史谌率领这些犯人渡过渭桥，他们都四散逃离。只剩史谌一个人返回。起义的士兵挖掘王莽妻子、儿女、父亲、祖父的坟冢，烧毁他们的棺椁以及所建的九庙、明堂、大学，火光遍照城中。有人对王莽说："守卫城门的士兵，是东面地区的人，不可信。"王莽便将城门守卫换成越人骑兵，每座城门设置六百人，各有一名校尉。

十月初一戊申日，起义的军队从宣平门进入，就是民间所谓的都门。张邯巡视城门，恰好遇到起义的军队，张邯被杀。王邑、王林、王巡、𫘤恽等人分头率军在北面的宫门下抗击。守卫的军队贪图捕获王莽的封赏，因而有七百多人奋勇战斗。恰好天色已晚，达官贵族四散而逃。十月初二己酉日，长安城中的少年朱弟、张鱼等人害怕遭到抢劫，众人奔走喧哗，不约而同聚集在一处，烧毁上方署所属工场的门，砍开敬法殿的小门，呼喊道："反贼王莽，为何不出来投降？"火势蔓延到了掖庭承明殿，这里是黄皇室主的居所。王莽跑到宣室前殿躲避火情，大火紧随其后。宫人妇女哭喊着说："这该怎么办！"当时王莽身穿绀青色的衣服，佩带着玺绶，手持虞帝的匕首。天文郎在前面占卜，不停拨动指针，王莽随着斗柄的方向而旋转座位，说道："上天赋予我美好的品德，汉军能把我怎么样！"王莽当时没有进食，精神有些疲乏。

十月初三庚戌日，早晨天亮之后，群臣搀扶着王莽，从前殿向南走下宫中的陛道，向西走出白虎门，和新公王揖安排好车子候在门

符命、威斗，公卿大夫、侍中、黄门郎从官尚千余人随之。王邑昼夜战，罢极，士死伤略尽，驰入宫，间关至渐台，见其子侍中睦解衣冠欲逃，邑叱之令还，父子共守莽。军人入殿中，呼曰："反虏王莽安在？"有美人出房曰："在渐台。"众兵追之，围数百重。台上亦弓弩与相射，稍稍落去。矢尽，无以复射，短兵接。王邑父子、䢼恽、王巡战死，莽入室。下餔时，众兵上台，王揖、赵博、苗䜣、唐尊、王盛、中常侍王参等皆死台上。商人杜吴杀莽，取其绶。校尉东海公宾就，故大行治礼，见吴问绶主所在。曰："室中西北陬间。"就识，斩莽首。军人分裂莽身，支节肌骨脔分，争相杀者数十人。公宾就持莽首诣王宪。宪自称汉大将军，城中兵数十万皆属焉，舍东宫，妻莽后宫，乘其车服。

六日癸丑，李松、邓晔入长安，将军赵萌、申屠建亦至，以王宪得玺绶不辄上，多挟宫女，建天子鼓旗，收斩之。传莽首诣更始，县宛市，百姓共提击之，或切食其舌。

莽扬州牧李圣、司命孔仁兵败山东，圣格死，仁将其众降，已而叹曰："吾闻食人食者死其事。"拔剑自刺死。及曹部监杜普、陈定大尹沈意、九江连率贾萌皆守郡不降，为汉兵所诛。赏都大尹王钦及郭钦守京师仓，闻莽死，乃降，更始义之，皆封为侯。太师王匡、国将哀章降雒阳，传诣宛，斩之。严尤、陈茂败昆阳下，走至沛郡谯，自称汉将，召会吏民。尤为称说王莽篡位天时所亡圣汉复兴状，茂伏而涕泣。闻故汉钟武侯刘圣聚众汝南称尊号，尤、茂降之。

外。王莽上车后，前往渐台，想以池水作为抵挡，王莽依旧抱着符命和威斗，公卿大夫、侍中、黄门郎等一千多人跟随王莽。王邑昼夜奋战，疲累至极，士兵也死伤殆尽，王邑飞马奔驰回到宫中，几经辗转来到渐台，见到自己的儿子侍中王睦解下衣冠想要逃跑，王邑呵止他回来，王邑父子共同守卫王莽。士兵闯入殿中，喊道："反贼王莽在哪？"有位美人从房间走出来说："他在渐台。"众多士兵前往追击，将渐台包围了数百重。渐台内也有弓箭手与包围的士兵对射，包围的士兵稍稍后退。箭用尽了，没有箭再能射出，于是双方就短兵相接。王邑父子、𨱇恽、王巡战死，王莽逃进内室。申时之后，众多士兵攻入渐台，王揖、赵博、苗䜣、唐尊、王盛、中常侍王参等人都战死在渐台。商人杜吴杀了王莽，取下了王莽的印绶。校尉东海人公宾就，原为大行治礼，见到了杜吴就问他印绶的主人在哪。杜吴回答说："在殿内西北角的房间里。"公宾就认出王莽，将王莽的首级割下。士兵们将王莽分尸，四肢关节、肌肉骨骼都被分成数千块，有数十人争相上前砍杀。公宾就拿着王莽的首级前往王宪那里。王宪自称是汉朝的大将军，城中数十万的军队都由王宪统领，王宪住在东宫，将王莽的妃嫔都纳为己有，使用着王莽的车马、衣物。

十月初六癸丑日，李松、邓晔进入长安，将军赵萌、申屠建也到达长安，因为王宪得到了王莽的玺绶却没有上交，反而在宫中淫奸宫女，并且僭越使用天子仪仗，便将王宪收押问斩。将王莽的首级送给更始帝，又将王莽的首级悬挂在宛城的集市上，百姓都去掷击王莽的首级，还有人将王莽的舌头割下来吃掉。

王莽的扬州牧李圣、司命孔仁兵败山东，李圣战死，孔仁率众投降，之后孔仁又叹息说："我听说接受了别人的恩惠，就要为他誓死效命。"于是孔仁拔剑自杀了。还有曹部监杜普、陈定大尹沈意、九江连率贾萌都坚守郡城不愿投降，最终为汉军所杀。赏都大尹王钦以及郭钦驻守京师仓，听闻王莽已死，他们才投降汉军，更始帝认为他们忠义，便赐封他们为侯爵。太师王匡、国将哀章在洛阳投降，被押送到宛城，将其斩杀。严尤、陈茂兵败昆阳城下，他们逃到沛郡谯县，自称是汉军将领，召集当地官吏和百姓。严尤向他们陈述王莽

以尤为大司马，茂为丞相。十余日败，尤、茂并死。郡县皆举城降，天下悉归汉。

初，申屠建尝事崔发为《诗》，建至，发降之。后复称说，建令丞相刘赐斩发以徇。史谌、王延、王林、王吴、赵闳亦降，复见杀。初，诸假号兵人人望封侯。申屠建既斩王宪，又扬言三辅黠共杀其主。吏民惶恐，属县屯聚，建等不能下，驰白更始。

二年二月，更始到长安，下诏大赦，非王莽子，他皆除其罪，故王氏宗族得全。三辅悉平，更始都长安，居长乐宫。府藏完具，独未央宫烧攻莽三日，死则案堵复故。更始至，岁余政教不行。明年夏，赤眉樊崇等众数十万人入关，立刘盆子，称尊号，攻更始，更始降之。赤眉遂烧长安宫室市里，害更始。民饥饿相食，死者数十万，长安为虚，城中无人行。宗庙园陵皆发掘，唯霸陵、杜陵完。六月，世祖即位，然后宗庙社稷复立，天下艾安。

赞曰：王莽始起外戚，折节力行，以要名誉，宗族称孝，师友归仁。及其居位辅政，成、哀之际，勤劳国家，直道而行，动见称述。岂所谓“在家必闻，在国必闻”“色取仁而行违”者邪？莽既不仁而有佞邪之材，又乘四父历世之权，遭汉中微，国统三绝，而太后寿考为之宗主，故得肆其奸慝，以成篡盗之祸。推是言之，亦天时，

篡位、最终遭天意所灭以及圣汉复兴的情状，陈茂伏地哭泣。听闻原汉朝钟武侯刘圣聚众在汝南同样也自称皇帝，严尤、陈茂便向刘圣投降。刘圣将严尤任命为大司马，陈茂任命为丞相。但他们十多天就失败了，严尤、陈茂都死了。各郡县全都举城投降，天下又都回归了汉朝。

起初，申屠建曾经跟随崔发学习《诗经》，申屠建来到长安，崔发向他投降。后来崔发又妄言符命，不再顺应汉朝，申屠建就让丞相刘赐将崔发斩首示众。史谌、王延、王林、王吴、赵闳也投降了汉朝，但同样被斩杀。起初，各个自立名号的军队之中人人都希望能封侯。申屠建在斩杀王宪之后，又扬言三辅的官员和百姓狡猾奸诈，共同杀了他们的君主。因此三辅的官吏和百姓全都惶恐不安，而三辅下辖的各县聚众坚守，申屠建等人无法攻克，便派人火速向更始帝禀报。

更始二年（24）二月，更始帝到达长安，下诏大赦，除了王莽的子女，其他人全都赦免，因此王氏一族得以保全。三辅全部平定之后，更始帝便定都长安，住在长乐宫。宫中府库的储藏完好，唯独未央宫在围攻王莽时烧了三天，在王莽死后又安定有序恢复了原状。更始帝登基后，过了一年多朝廷没有推行政令教化。第二年夏季，赤眉军樊崇等率众数十万人进军函谷关，拥立刘盆子，尊奉为皇帝，攻伐更始帝，更始帝向他们投降。赤眉军便放火烧毁了长安的宫室和街巷，并且杀了更始帝。百姓饥饿甚至到了人吃人的地步，死亡的人达数十万，长安城变成废墟，城中无人行走。汉室的宗庙园陵全都遭到发掘，唯有霸陵、杜陵完好无损。六月，世祖刘秀登基为帝，然后汉室的宗庙社稷得以重新建立，天下也得以恢复太平。

赞辞说：王莽以外戚的身份起家，屈己礼贤，竭力而行，以此博得美名，王氏宗族称赞他为人忠孝，师友称赞他品行仁厚。等到王莽身居高位，辅佐朝政，在成帝、哀帝朝时，王莽操劳国事，遵照正道行事，所作所为受到人们称颂。王莽岂不就是所谓的“在家族中享有盛名，在朝廷上也享有盛名”，“外表看似仁义宽厚而所作所为却与之违背”的人吗？王莽不仅不仁，而且还为人奸邪狡诈，又利用四位

非人力之致矣。及其窃位南面，处非所据，颠覆之势险于桀纣，而莽晏然自以黄、虞复出也。乃始恣睢，奋其威诈，滔天虐民，穷凶极恶，毒流诸夏，乱延蛮貉，犹未足逞其欲焉。是以四海之内，嚣然丧其乐生之心，中外愤怨，远近俱发，城池不守，支体分裂，遂令天下城邑为虚，丘垅发掘，害遍生民，辜及朽骨，自书传所载乱臣贼子无道之人，考其祸败，未有如莽之甚者也。昔秦燔《诗》《书》以立私议，莽诵《六艺》以文奸言，同归殊涂，俱用灭亡，皆炕龙绝气，非命之运，紫色蠅声，余分闰位，圣王之驱除云尔！

叔伯历经两朝的权力，恰逢汉室中道衰微，三朝没有子嗣继位，而太后又很长寿成为了真正掌权之人，因此放任王莽的奸诈行径，最终造成了王莽篡权盗位的灾祸。总而言之，这样的结果也是因为天时，并非人力所致。等到王莽篡位称帝之后，通过奸诈手段占据尊位，倾覆的趋势比夏桀、商纣还要严重危急，而王莽却安然自得，认为自己是黄帝、虞舜再世。王莽便开始放任暴戾，将自己的淫威以及奸诈行径彰显无遗，罪恶滔天，残害百姓，穷凶极恶，毒流四方，祸延蛮夷，却依旧不能满足他的欲望。因此四海之内，百姓忧愁，逐渐丧失了他们安居乐意的愿望，朝廷内外愤怨不已，远近各处一齐举兵，城池不守，天下分裂，最终使得天下的城邑变成废墟，陵寝遭到发掘，残害百姓，生灵涂炭，殃及尸骨，自书中所记载的那些乱臣贼子大逆不道的人，考验他们所造成的灾祸以及他们的败亡，都没有像王莽这样严重的。从前秦朝焚烧《诗经》《尚书》这些典籍来确立个人的主张，王莽引用《六艺》的内容来掩饰奸言，殊途同归，他们最终全都灭亡，他们全都无德而身居高位，并非上天赋予的命运，王莽没有正王之命，就如同纪年之中的闰月一样，最终光武帝刘秀将其剿灭！

卷一百上

叙传第七十上

班氏之先，与楚同姓，令尹子文之后也。子文初生，弃于瞢中，而虎乳之。楚人谓乳“榖”，谓虎“於檡”，故名榖於檡，字子文。楚人谓虎“班”，其子以为号。秦之灭楚，迁晋、代之间，因氏焉。

始皇之末，班壹避墜于楼烦，致马牛羊数千群。值汉初定，与民无禁，当孝惠、高后时，以财雄边，出入弋猎，旌旗鼓吹，年百余岁，以寿终，故北方多以“壹”为字者。

壹生孺。孺为任侠，州郡歌之。孺生长，官至上谷守。长生回，以茂材为长子令。回生况，举孝廉为郎，积功劳，至上河农都尉，大司农奏课连最，入为左曹越骑校尉。成帝之初，女为倢伃，致仕就第，赀累千金，徙昌陵。昌陵后罢，大臣名家皆占数于长安。

况生三子：伯、斿、穉。伯少受《诗》于师丹。大将军王凤荐伯宜劝学，召见宴昵殿，容貌甚丽，诵说有法，拜为中常侍。时上方乡学，郑宽中、张禹朝夕入说《尚书》《论语》于金华殿中，诏伯受焉。既通大义，又讲异同于许商，迁奉车都尉。数年，金华之业绝，出与王、许子弟为群，在于绮襦纨绔之间，非其好也。

班氏的祖先，与楚国国君同姓，是楚国令尹子文的后人。子文刚出生时，就被抛弃在了云梦泽，后来由老虎哺乳喂养。楚人将哺乳称为“穀”，将老虎称为“於檡”（通於菟），因此子文名为穀於檡，字子文。又楚人将老虎称为“班”，子文的儿子便以班为号。秦国消灭楚国之后，班氏一族便迁居到晋国、代国之间，在此之后便以班为姓。

秦始皇末年，班壹为了避难迁居至楼烦县，所饲养的马牛羊扩大到数千群。当时正值汉朝平定天下之初，朝廷对百姓没有施加禁令，到了孝惠帝、高后时期，班氏一族以家财雄厚而成为边境的豪杰，出入狩猎，旌旗飘扬，鼓乐喧天，班壹享年百余岁，寿终正寝，因此北方有许多人以“壹”为字。

班壹生班孺。班孺行侠仗义，深受州郡百姓所称道。班孺生班长，班长官至上谷太守。班长生班回，班回因为才德出众而担任长子县令。班回生班况，班况通过举孝廉担任郎官，逐渐累积功绩，后来官至上河农都尉，大司农举奏班况的政绩连年第一，后来班况入朝担任左曹越骑校尉。成帝初年，班况的女儿入宫封为婕妤，班况辞官还乡，家财累至千金，后来班况迁居昌陵。再后来昌陵遭废弃，大臣以及世家大族全都上报家中人口，编撰户籍，而后迁往长安。

班况生了三个儿子：班伯、班斿、班稚。班伯年少时跟随师丹研习《诗经》。大将军王凤举荐班伯适合担任劝学，成帝在宴昵殿中召见班伯，班伯容貌俊美，诵读讲解经典甚有章法，成帝便任命他为中常侍。当时成帝正醉心于学习经典，郑宽中、张禹每天早晚进宫，在金华殿讲解《尚书》《论语》，成帝诏令班伯前去学习。在班伯通晓大义之后，又与许商一同论议经典的异同，后来班伯升任奉车都尉。数年后，金华殿的讲学停止，班伯出外与王氏、许氏的子弟交往，但与这些纨绔子弟交往，并非班况所好。

家本北边，志节慷慨，数求使匈奴。河平中，单于来朝，上使伯持节迎于塞下。会定襄大姓石、李群辈报怨，杀追捕吏，伯上状，因自请愿试守期月。上遣侍中中郎将王舜驰传代伯护单于，并奉玺书印绶，即拜伯为定襄太守。定襄闻伯素贵，年少，自请治剧，畏其下车作威，吏民竦息。伯至，请问耆老父祖故人有旧恩者，迎延满堂，日为供具，执子孙礼。郡中益弛。诸所宾礼皆名豪，怀恩醉酒，共谏伯宜颇摄录盗贼，具言本谋亡匿处。伯曰："是所望于父师矣。"乃召属县长吏，选精进掾史，分部收捕，及它隐伏，旬日尽得。郡中震栗，咸称神明。岁余，上征伯。伯上书愿过故郡上父祖冢。有诏，太守都尉以下会。因召宗族，各以亲疏加恩施，散数百金。北州以为荣，长老纪焉。道病中风，既至，以侍中光禄大夫养病，赏赐甚厚，数年未能起。

会许皇后废，班倢伃供养东宫，进侍者李平为倢伃，而赵飞燕为皇后，伯遂称笃。久之，上出过临候伯，伯惶恐，起眂事。

自大将军薨后，富平、定陵侯张放、淳于长等始爱幸，出为微行，行则同舆执辔；入侍禁中，设宴饮之会，及赵、李诸侍中皆引满

班氏一族此前居住在北部边境，班伯志节慷慨忠义，数次向成帝奏请出使匈奴。河平年间，单于前来朝拜，成帝命班伯持节在塞下迎接单于。恰逢定襄郡的世家大族石氏、李氏两族因报私仇而杀人，又将追捕的官吏杀害，班伯上奏，自请愿意暂时代任一个月的定襄太守。成帝派遣侍中中郎将王舜乘坐驿车飞驰前往塞下代替班伯护卫单于，同时带着玺书印绶，就地将班伯任命为定襄太守。定襄百姓听闻班伯的地位一向显贵，又年纪尚轻，并且是自请来这里任职，都害怕班伯任职之后会利用职权滥施刑罚，官吏和百姓都心生恐惧而有所收敛。班伯到任之后，请教慰问父老乡亲以及有旧恩的故人，将他们请来，欢聚满堂，班伯每日为他们准备酒食，依照子孙的礼节对待他们。百姓见到班伯没有滥施刑罚，因而郡中的官吏百姓有所放松。那些受到班伯以礼相待的都是当地的名家大族，感念班伯的款待之恩，酒醉之后，共同向班伯谏言拘捕郡中的盗贼，将盗贼原本逃跑藏匿的地点全都告诉班伯。班伯说："这正是我对于诸位长辈有所求的地方。"于是班伯召集属县官长，挑选精明强干的掾史，分头抓捕，那些藏匿潜伏的盗贼无一逃脱，只用了十天的时间就将盗贼全部抓获。郡中百姓大为震惊，都将班伯视为神明。一年之后，成帝征召班伯。班伯上书想绕道前往故乡祭扫祖坟。成帝下诏，让太守都尉以下的官员一同前往祭奠。于是班伯召集宗族，依照亲疏远近回赠厚礼，散发出去数百金。北部边境都以此为荣，郡中的长老将这件事记录下来。在回京途中，班伯患上中风。回到京城之后，班伯享受着侍中光禄大夫的俸禄在家养病，成帝赐予班伯的赏赐非常丰厚，但班伯多年没有处理政事。

恰逢许皇后被废，班婕妤在东宫侍奉太后，成帝将班婕妤的侍女李平封为婕妤，而将赵飞燕封为皇后，班伯于是称病情严重。一段时间之后，成帝出宫探望班伯，班伯心中惶恐，便起身回朝处理政务。

自从大将军王凤去世后，富平侯张放、定陵侯淳于长等人开始受到成帝的宠信，成帝若微服出行，他们则同驾一辆车；他们若入侍宫中，成帝则设下酒宴，与赵飞燕、李平等诸多侍中一同举杯欢饮，高

举白，谈笑大噱。时乘舆幄坐张画屏风，画纣醉踞妲己作长夜之乐。上以伯新起，数目礼之，因顾指画而问伯："纣为无道，至于是乎？"伯对曰："《书》云'乃用妇人之言'，何有踞肆于朝？所谓众恶归之，不如是之甚者也。"上曰："苟不若此，此图何戒？"伯曰："'沉湎于酒'，微子所以告去也；'式号式呼'，《大雅》所以流连也。《诗》《书》淫乱之戒，其原皆在于酒。"上乃喟然叹曰："吾久不见班生，今日复闻谠言！"放等不怿，稍自引起更衣，因罢出。时长信庭林表适使来，闻见之。

后上朝东宫，太后泣曰："帝间颜色瘦黑，班侍中本大将军所举，宜宠异之，益求其比，以辅圣德。宜遣富平侯且就国。"上曰："诺。"车骑将军王音闻之，以风丞相御史奏富平侯罪过，上乃出放为边都尉。后复征入，太后与上书曰："前所道尚未效，富平侯反复来，其能默乎？"上谢曰："请今奉诏。"是时许商为少府，师丹为光禄勋，上于是引商、丹入为光禄大夫，伯迁水衡都尉，与两师并侍中，皆秩中二千石。每朝东宫，常从；及有大政，俱使谕指于公卿。上亦稍厌游宴，复修经书之业，太后甚悦。丞相方进复奏，富平侯竟就国。会伯病卒，年三十八，朝廷愍惜焉。

斿博学有俊材，左将军史丹举贤良方正，以对策为议郎，迁谏大夫、右曹中郎将，与刘向校秘书。每奏事，斿以选受诏进读群书。上器其能，赐以秘书之副。时书不布，自东平思王以叔父求《太史

声谈笑。当时他们乘坐的车子中有一面绘有图案的屏风，上面画的是商纣王与妲己一起通宵作乐。成帝因为班伯刚刚回朝处理政务，所以目视着班伯以示敬重，成帝回过头指着画问班伯：“商纣王无道，到了这种地步了吗？”班伯回答说：“《尚书》中讲‘听信妇人之言’，怎么能在朝廷上出现这样放肆的行为呢？纣王所谓众恶所归，没有比这更严重的了。”成帝问：“倘若不是这样，那么这张图又在警示什么呢？”班伯回答道：“‘沉迷于酒’，这是微子离开商纣王的原因；‘醉酒呼号’，这是《大雅》中为之感叹的。《诗经》《尚书》中所记载的淫乱的告诫，其中的原因都在于酒。”成帝喟然长叹说：“我很久没有见到班生了，今天再次听到了正直之言！”张放等人听了很不高兴，片刻之后便起身更衣，随后出宫离开。当时长信宫中的林表官派人前来，看见了事情的经过，听到了他们的对话。

后来成帝去东宫拜见太后，太后哭着说：“皇帝近来日渐消瘦，面容发黑，班侍中原本是大将军所举荐的，皇帝应当宠信重用班侍中，多多寻求像班侍中这样的贤才，以便更好地辅佐圣德。应当将富平侯遣回封国。”成帝答道：“是。”车骑将军王音听闻这件事后，暗示丞相御史上书奏言富平侯的罪过，成帝便让张放出外担任边都尉。后来成帝再次将张放召回，于是太后给成帝上书说：“此前我所讲的尚未看到结果，如今富平侯又回到朝中，我怎能沉默不语？”成帝请罪道：“现在奉行您的旨意。”当时许商担任少府，师丹担任光禄勋，成帝就任命许商、师丹二人为光禄大夫，班伯迁任水衡都尉，与许商、师丹二人一同担任侍中，俸禄都是中二千石。成帝每次前往东宫拜见太后，他们常常跟随在后；每逢朝中有大事，成帝就让他们一同向公卿大臣宣示意旨。成帝也渐渐厌烦了游玩宴饮之事，重新开始研习经书，太后甚感喜悦。丞相翟方进再次上书，富平侯张放最终被遣回封国。恰逢班伯病逝，时年三十八岁，朝廷上下对此深感惋惜。

班斿博学多识、才智出众，左将军史丹举荐贤良方正，班斿通过回答策问而担任议郎，后来班斿迁任谏大夫、右曹中郎将，与刘向共同校订宫中藏书。班斿每每奏言校书之事，都能受诏在天子面前诵读经书。成帝十分器重班斿的才能，将藏书的副本赏赐给他。当时这些

公》、诸子书，大将军白不许。语在《东平王传》。斿亦早卒，有子曰嗣，显名当世。

穉少为黄门郎中常侍，方直自守。成帝季年，立定陶王为太子，数遣中盾请问近臣，穉独不敢答。哀帝即位，出穉为西河属国都尉，迁广平相。

王莽少与穉兄弟同列友善，兄事斿而弟畜穉。斿之卒也，修缌麻，赙赗甚厚。平帝即位，太后临朝，莽秉政，方欲文致太平，使使者分行风俗，采颂声，而穉无所上。琅邪太守公孙闳言灾害于公府，大司空甄丰遣属驰至两郡讽吏民，而劾闳空造不祥，穉绝嘉应，嫉害圣政，皆不道。太后曰："不宣德美，宜与言灾害者异罚。且后宫贤家，我所哀也。"闳独下狱诛。穉惧，上书陈恩谢罪，愿归相印，入补延陵园郎，太后许焉。食故禄终身。由是班氏不显莽朝，亦不罹咎。

初，成帝性宽，进入直言，是以王音、翟方进等绳法举过，而刘向、杜邺、王章、朱云之徒肆意犯上，故自帝师安昌侯，诸舅大将军兄弟及公卿大夫、后宫外属史许之家有贵宠者，莫不被文伤诋。唯谷永尝言："建始、河平之际，许、班之贵，倾动前朝，熏灼四方，赏赐无量，空虚内臧，女宠至极，不可尚矣；今之后起，天所不飨，什倍于前"。永指以驳讥赵、李，亦无间云。

书没有公开，就算是东平思王以叔父的名义前来求取《太史公》、各类经典，大将军都没有答应。详见《东平王传》。班斿也是英年早逝，他有个儿子叫班嗣，在当时声名远扬。

班穉年少时担任黄门郎中常侍，为人端方正直，洁身自好。成帝在晚年时，立定陶王为太子，多次派遣中盾官询问近臣的意见，唯独班穉谨慎不敢作答。哀帝继位之后，让班穉出外担任西河属国都尉，后来迁任广平相。

王莽年少时与班穉兄弟年龄相仿而且相互交好，侍奉班斿如同兄长一般，对待班穉如同弟弟一般。班斿去世后，王莽为班斿服丧三个月，送来丰厚的布帛、车马等随葬品。平帝继位之后，太后临朝，王莽秉政，想通过推行文治教化来使得天下太平，朝廷便派遣使者分头前往各地考察风俗，采集颂歌，而班穉没有符瑞颂歌可以呈上。琅琊太守公孙闳在公府谈论灾变，大司空甄丰派遣属吏前往琅琊郡以及广平国告知官吏百姓只讲祥瑞隐瞒灾害，并弹劾公孙闳凭空捏造不祥之事，班穉没有祥瑞呈奏，这些行为都是有损圣政，都是大逆不道。太后说道："不称扬美德，应当与谈论灾变的人有不同的惩罚。况且后宫中的班婕妤为人贤德，我哀悯班氏一族。"因此只有公孙闳被下狱处死。班穉为此心生恐惧，上书谢恩请罪，奏言愿意归还广平相的印绶，补任延陵园郎，太后允准了班穉的奏请。班穉终身享受原来的俸禄。从此之后班氏一族在王莽当权时没有多么显达，也没有遭遇什么祸患。

起初，成帝性情宽厚，能够听从正直的谏言，所以王音、翟方进等人可以依照法令论议天子的过失，而刘向、杜邺、王章、朱云等人则肆意犯上，因此上至成帝的老师安昌侯，成帝的几位舅舅，担任大将军的几位王氏兄弟以及公卿大夫、后宫外戚史氏、许氏的家族中有深受宠信的官员，无不受到诋毁。唯有谷永曾经说："建始、河平年间，许氏、班氏的尊贵显赫，倾动前朝，遍及四方，朝廷赏赐无度，使得国库空虚，后妃得到恩宠已经达到极致，已经无法再超越了；但如今的后宫嫔妃所受到的宠幸，连上天也享受不到，比此前还要超出十倍。"谷永所言意在驳斥赵氏、李氏，并不是在非议班氏。

穉生彪。彪字叔皮，幼与从兄嗣共游学，家有赐书，内足于财，好古之士自远方至，父党扬子云以下莫不造门。

嗣虽修儒学，然贵老严之术。桓生欲借其书，嗣报曰："若夫严子者，绝圣弃智，修生保真，清虚澹泊，归之自然，独师友造化，而不为世俗所役者也。渔钓于一壑，则万物不奸其志；栖迟于一丘，则天下不易其乐。不絓圣人之罔，不齅骄君之饵，荡然肆志，谈者不得而名焉，故可贵也。今吾子已贯仁谊之羁绊，系名声之缰锁，伏周、孔之轨躅，驰颜、闵之极挚，既系挛于世教矣，何用大道为自眩曜？昔有学步于邯郸者，曾未得其仿佛，又复失其故步，遂匍匐而归耳！恐似此类，故不进。"嗣之行己持论如此。

叔皮唯圣人之道然后尽心焉。年二十，遭王莽败，世祖即位于冀州。时隗嚣据垄拥众，招辑英俊，而公孙述称帝于蜀汉，天下云扰，大者连州郡，小者据县邑。嚣问彪曰："往者周亡，战国并争，天下分裂，数世然后乃定，其抑者从横之事复起于今乎？将承运迭兴在于一人也？愿先生论之。"对曰："周之废兴与汉异。昔周立爵五等，诸侯从政，本根既微，枝叶强大，故其末流有从横之事，其势然也。汉家承秦之制，并立郡县，主有专己之威，臣无百年之柄，至于成帝，假借外家，哀、平短祚，国嗣三绝，危自上起，伤不及下。故王氏之贵，倾擅朝廷，能窃号位，而不根于民。是以即真之后，天下莫不引领而叹，十余年间，外内骚扰，远近俱发，假号云合，咸称刘氏，不谋而同辞。方今雄桀带州城者，皆无七国世业之资。《诗》云：'皇矣上帝，临下有赫，鉴观四方，求民之莫。'今民皆讴吟思汉，乡仰刘氏，已可知矣。"嚣曰："先生言周、汉之势，可也，至于但见愚

班穉生班彪。班彪字叔皮，年幼时便跟随堂兄班嗣一同学习。班氏家中有皇帝赐予的藏书，而且家财丰厚，喜好古代经典的士人从远方慕名前来，譬如父辈的朋友扬雄等人无不登门拜访。

班嗣虽然修习儒学，但他也崇尚老子庄周的学说。桓谭想向班嗣借阅书籍，班嗣回复说："像庄周那样的人，摒弃聪慧智巧，返归天真纯朴，修养生命保全纯真，清虚淡泊，回归自然，唯独互为师友的福分，而不应当被世俗所役使。在山壑之中垂钓，则万物不能干扰他的心志；在小山之中隐居，则万物无法改变他的快乐。不受圣人牵绊的束缚，不为君王爵禄所动摇，坦荡淡然快意随心，谈论的人不知道他的名字，因此觉得他的学问非常宝贵。如今你已经习惯了仁谊的羁绊，系上了名声的缰锁，遵从着周公、孔子的教诲，宣扬着颜回、闵子骞的品行，既然你留恋世俗教化，又何必学习老子庄周之道来炫耀呢？往昔有邯郸学步，不但没有学成，反而还忘记了自己原来的步法，最终只能爬了回去！我担心你也会是这样的结果，所以不能将书借给你。"班嗣的立身行事，主张言论就像这样。

班彪唯有对待圣人之道会尽心研习。在班彪二十岁时，恰逢王莽兵败，世祖刘秀在冀州登基为帝。当时隗嚣盘踞陇西拥兵自重，招揽英雄俊杰，而公孙述在蜀汉称帝，天下的贼寇群起造反，纷乱如麻，势力大的占据着州郡，势力小的占据着县邑。隗嚣问班彪："往昔周朝灭亡，战国群起纷争，天下分裂，几世之后才得到安定，难道战国时合纵连横的纷乱，在今日还会再次出现吗？将会有哪个人来承受天命，继往开来呢？希望先生能对此论述。"班彪回答说："周朝的兴衰不同于汉朝。往昔周朝设立爵位分为五等，诸侯国各自为政，如同根系的周王室衰微之后，而如同枝叶的诸侯国却日渐强大，因此在周朝末年出现了诸侯纷争，合纵连横之事，这是时局变化所致。汉朝承继秦朝的制度，设立郡县，君主可以独揽大权，臣子无法成就百年基业，到了成帝时，成帝将政事委托于外戚，哀帝、平帝早逝，导致接连三朝没有后嗣继承皇位，危机是从上面开始的，并没有伤及下面。因此王氏就算是地位显赫，权倾朝野，有足以窃夺皇位篡改国号的权势，但不得民心，没有援军同盟。所以王莽在篡位之后，天

民习识刘氏姓号之故，而谓汉家复兴，疏矣！昔秦失其鹿，刘季逐而掎之，时民复知汉乎！”既感嚣言，又愍狂狡之不息，乃著《王命论》以救时难。其辞曰：

昔在帝尧之禅曰：“咨尔舜，天之历数在尔躬。”舜亦以命禹。暨于稷契，咸佐唐虞，光济四海，奕世载德，至于汤武，而有天下。虽其遭遇异时，禅代不同，至乎应天顺民，其揆一也。是故刘氏承尧之祚，氏族之世，著乎《春秋》。唐据火德，而汉绍之，始起沛泽，则神母夜号，以章赤帝之符，由是言之，帝王之祚，必有明圣显懿之德，丰功厚利积絫之业，然后精诚通于神明，流泽加于生民，故能为鬼神所福飨，天下所归往，未见运世无本，功德不纪，而得屈起在此位者也。世俗见高祖兴于布衣，不达其故，以为适遭暴乱，得奋其剑，游说之士至比天下于逐鹿，幸捷而得之，不知神器有命，不可以智力求也。悲夫！此世所以多乱臣贼子者也。若然者，岂徒暗于天道哉？又不睹之于人事矣！

夫饿馑流隶，饥寒道路，思有裋褐之亵，儋石之畜，所愿不过一金，然终于转死沟壑。何则？贫穷亦有命也。况乎天子之贵，四

下无不为汉室衰落而哀叹，十几年间，内忧外患，天下各地纷纷举兵起义，自立名号的人云集，都自称是刘氏后人，他们不谋而合。而如今即便是占据州城的英雄豪杰，也都没有当年七国时世代相承的基业。《诗经》中讲：‘上天宏伟，俯瞰天下赫然分明，监察众国，寻求能安定天下的人，授予天命。’如今百姓全都歌咏追思汉朝，心向刘氏，这些已经表现得十分清楚了。”隗嚣说：“先生谈论的周朝、汉朝之形势，十分准确，至于仅仅见到愚民已经习惯了刘氏姓号，就认为汉室可以复兴，这就略显粗疏！过去秦朝衰亡丢失了政权，刘邦趁机起兵夺得天下，当时的百姓哪会知晓汉朝呢！”班彪对隗嚣所言有所感触，又哀悯隗嚣生性狂妄狡诈，于是班彪就撰写《王命论》来挽救时难。内容是：

从前唐尧将帝位禅让给虞舜时说：“舜啊，天道的运数都寄托在你的身上。”虞舜禅位时也用这句话来命令夏禹。至于后稷、殷契，都在辅助着唐尧、虞舜，他们的圣德之光普济四海百姓，后世的人都记载他们的盛德，到了商汤、周武王时，才得到天下。从尧舜到汤武，虽然他们所处的时代不一样，朝代更迭不同，或是禅让，或是征伐，但是他们顺应天意民心，这方面都是一样的。汉朝刘氏承继唐尧的国祚，士会返归晋国，刘氏一族的发展记载于《春秋》之中。唐尧以火德王天下，而汉朝承继，高祖在沛泽起兵，有神母夜晚哭嚎，以此彰显赤帝子的符命，由此而言，帝王的尊位，一定要有光明美好的德行，通过丰功厚利积累下来的功业，然后以精诚之心感通神明，流布恩泽遍施百姓，所以才能得到鬼神的护佑，天下百姓的归附，从来没有见过命运没有基础，功德不为人所记得，就可以崛起稳居天子之位的人。世俗人见到高祖从平民百姓中起家，不知道其中的缘由，以为他只是恰逢暴乱之世，得以奋然举兵，游说之士甚至将争夺天下比作逐鹿，侥幸迅捷就能获得，却不知这帝王之位自有天命，而并不只是仅靠智慧和武力就可得到的。悲哀啊！这就是世上有那么多乱臣贼子的原因。那些人，岂只是不明白天道？并且都看不清人事！

那些饥饿流离的贱隶，饥寒交迫流亡在道路上，所想的不过是有一套粗布短衣，一石粟米，所愿的不过一斤黄金而已，但最终还是

海之富，神明之祚，可得而妄处哉？故虽遭罹阸会，窃其权柄，勇如信、布，强如梁、籍，成如王莽，然卒润镬伏质，亨醢分裂，又况幺麿，尚不及数子，而欲暗奸天位者乎！是故驽蹇之乘不骋千里之涂，燕雀之畴不奋六翮之用，楶棁之材不荷栋梁之任，斗筲之子不秉帝王之重。《易》曰“鼎折足，覆公餗”，不胜其任也。

当秦之末，豪桀共推陈婴而王之，婴母止之曰：“自吾为子家妇，而世贫贱，卒富贵不祥，不如以兵属人，事成少受其利，不成祸有所归。”婴从其言，而陈氏以宁。王陵之母亦见项氏之必亡，而刘氏之将兴也。是时陵为汉将，而母获于楚，有汉使来，陵母见之，谓曰：“愿告吾子，汉王长者，必得天下，子谨事之，无有二心。”遂对汉使伏剑而死，以固勉陵。其后果定于汉，陵为宰相封侯。夫以匹妇之明，犹能推事理之致，探祸福之机，而全宗祀于无穷，垂策书于春秋，而况大丈夫之事乎！是故穷达有命，吉凶由人，婴母知废，陵母知兴，审此四者，帝王之分决矣。

盖在高祖，其兴也有五：一曰帝尧之苗裔，二曰体貌多奇异，三曰神武有征应，四曰宽明而仁恕，五曰知人善任使。加之以信诚好谋，达于听受，见善如不及，用人如由己，从谏如顺流，趣时如向赴；当食吐哺，纳子房之策；拔足挥洗，揖郦生之说；寤戍卒之言，断怀土之情；高四皓之名，割肌肤之爱；举韩信于行陈，收陈平于亡命，英雄陈力，群策毕举，此高祖之大略，所以成帝业也。若乃灵

辗转死在沟壑之中。为什么？因为贫穷也是命运使然。更何况天子的尊贵，四海的富有，神明的护佑，哪里能轻易拥有呢？所以就算遇到厄运，窃取权柄，像韩信、英布那样勇猛，像项梁、项籍那样强势，像王莽那样成功，但最终还会遭受烹刑、腰斩，煮成肉酱，车裂身体，更何况那些末流小人，才华谋略尚且不及以上这些人，却一心还想夺取帝位的人呢！所以劣马所驾之车不能驰骋千里之路，燕雀之属不能当作鸿鹄大鹏之用，浅陋小材不能堪当栋梁之任，凡夫俗子不能秉承帝王之重。《易经》中讲“鼎足折断，使得其中的食物倾覆”，就是因为不能胜任的原因。

秦朝末年，豪杰共同拥立陈婴为王，陈婴的母亲劝阻说：“自从我嫁到陈氏做媳妇以来，见陈氏世代贫贱，如今突然之间变得富贵，这是不祥的预兆，不如将兵权交给他人，倘若事情成功，可以稍稍得到恩赏，事情不成，也不会遭受祸难。”陈婴听了母亲的话，因此陈氏得以安宁。王陵的母亲也见到项羽必将败亡，汉王刘邦将会兴起。当时王陵身为汉将，而母亲却被楚人抓获，有汉使者来到楚地，王陵母亲见到使者，对使者说：“希望你转告我儿子，汉王是有德长者，必会得到天下，你要恭谨侍奉汉王，不可怀有二心。”说完后在汉使面前伏剑自杀，以此激励王陵。后来天下果然由汉室平定，王陵担任宰相并且封侯。单凭普通妇人的观察，尚且还能推论事理如此极致细腻，探察祸福的先机，而保全宗祀世代无忧，名载史书流传千古，更何况是大丈夫行事呢！所以贫穷显达都由命所定，吉凶祸福全在人为，陈婴的母亲知道衰亡的道理，王陵的母亲知道兴盛的道理，详审这四点，帝王的名分也就分明了。

高祖兴盛的原因，归纳起来有五点：一是他是帝尧的后裔，二是他的身形外貌有很多奇异之处，三是他神勇威武并有征兆应验，四是他宽厚贤明而仁爱忠恕，五是他能知人善任。再加上他守信和喜好谋略，善于听从采纳谏言，见到别人的长处，唯恐自己赶不上，任用他人如同自己做事一般，听从谏言如同随顺流水，顺应时势如回应响声；吃饭时吐出食物停下不吃，在此接受了张良的计策；洗脚时拔足而起，拜谢郦生的论述；感悟防守士卒的谏言，斩断自己怀念故土的

瑞符应，又可略闻矣。初刘媪任高祖而梦与神遇，震电晦冥，有龙蛇之怪。及其长而多灵，有异于众，是以王、武感物而折券，吕公睹形而进女；秦皇东游以厌其气，吕后望云而知所处；始受命则白蛇分，西入关则五星聚。故淮阴、留侯谓之天授，非人力也。

历古今之得失，验行事之成败，稽帝王之世运，考五者之所谓，取舍不厌斯位，符瑞不同斯度，而苟昧于权利，越次妄据，外不量力，内不知命，则必丧保家之主，失天年之寿，遇折足之凶，伏鈇钺之诛。英雄诚知觉寤，畏若祸戒，超然远览，渊然深识，收陵、婴之明分，绝信、布之觊觎，距逐鹿之瞽说，审神器之有授，毋贪不可几，为二母之所笑，则福祚流于子孙，天禄其永终矣。

知隗嚣终不寤，乃避墬于河西。河西大将军窦融嘉其美德，访问焉。举茂材，为徐令，以病去官。后数应三公之召。仕不为禄，所如不合；学不为人，博而不俗；言不为华，述而不作。

有子曰固，弱冠而孤，作《幽通》之赋，以致命遂志。其辞曰：

系高顼之玄胄兮，氏中叶之炳灵，繇凯风而蝉蜕兮，雄朔野以飏声。皇十纪而鸿渐兮，有羽仪于上京。巨滔天而泯夏兮，考遘愍以

情感；仰慕商山四皓的名节，消除改立太子的意愿；将韩信从军队中提拔起来，收容当时正在逃命的陈平，各路英雄施展才华，各项计策提议列举，这就是高祖的雄才大略，也是他成就帝业的原因。至于说到祥瑞符命的降临显现，也可以略说大概。当初刘媪怀着高祖之时，梦中与神相遇，当时雷电交加，天空昏暗，有龙蛇的异象。到了高祖长大后，有许多灵异之处，异于常人，所以王氏、武氏两位老妇对此颇有感触而毁弃债券，不再索偿之前所欠的酒钱，吕公目睹高祖形貌而将女儿嫁给他；秦始皇东游镇压天子之气，吕后望看云气就知晓高祖的所在；高祖在秉承天命之初则白蛇就遭斩断，西入函谷关则出现五星聚会。所以淮阴侯韩信、留侯张良都认为高祖是上天的授命，并非人力所为。

历数古今的得失，验证行事的成败，稽查帝王的世运，查验五行德运的相承，如果一个人的取舍与他的位置不合，符瑞与他的气度不同，他还贪昧权力，僭越妄居尊位，对外自不量力，在内不知天命，那么必将会使得家族败亡，折损寿命，遭遇鼎足折断的凶险，身受斧钺之刑。英雄倘若真的能有所觉悟，敬畏上天所降的灾祸，超然远观，见识广博，学习王陵、陈婴那样明白自己的本分，断绝韩信、英布那样非分的念想，抵挡逐鹿那样的愚昧之说，明白帝位是由上天授予，不要贪图那些不能得到的妄想，而遭到陈、王二母所嘲笑，这样福泽就可以延及子孙，福禄也就能永世享有了。

班彪知道隗嚣终究不会醒悟，便前往河西避祸。河西大将军窦融赞赏班彪的德行，前去拜访班彪，事事都与班彪商议。班彪通过举荐茂才，担任徐县县令，后来因病辞官。之后屡次受到三公的征召。班彪为官不追求享有厚禄，因此所到之处，不会投其所好，一味迎合；作学问不求他人的赞美，因而学识渊博而不俗陋；言辞不为哗众取宠，只是陈述前人的学说，自己并不创新。

班彪有子名叫班固，班固在二十岁时父亲去世，班固写了一篇《幽通赋》，通过陈述吉凶性命，来阐明自己的志向。赋中说：

我本是古帝高阳氏颛顼的远代子孙，先祖是虎哺育长大的楚国令尹子文，秦灭楚后先祖若蝉蜕般自楚迁北，在北方之野称雄而英

行谣，终保己而贻则兮，里上仁之所庐。懿前烈之纯淑兮，穷与达其必济，咨孤蒙之眇眇兮，将圮绝而罔阶，岂余身之足殉兮？愇世业之可怀。

靖潜处以永思兮，经日月而弥远，匪党人之敢拾兮，庶斯言之不玷。魂茕茕与神交兮，精诚发于宵寐，梦登山而迥眺兮，觌幽人之仿佛，揽葛藟而授余兮，眷峻谷曰勿隧。昒昕寤而仰思兮，心蒙蒙犹未察，黄神邈而靡质兮，仪遗谶以臆对。曰乘高而遌神兮，道遐通而不迷，葛绵绵于樛木兮，咏《南风》以为绥，盖惴惴之临深兮，乃《二雅》之所祗。既谇尔以吉象兮，又申之以炯戒：盍孟晋以迨群兮？辰倏忽其不再。

承灵训其虚徐兮，伫盘桓而且俟，惟天墬之无穷兮，鮮生民之脢在。纷屯亶与蹇连兮，何艰多而智寡！上圣寤而后拔兮，岂群黎之所御！昔卫叔之御昆兮，昆为寇而丧予。管弯弧欲毙雠兮，雠作后而成己。变化故而相诡兮，孰云豫其终始！雍造怨而先赏兮，丁繇惠而被戮；栗取吊于逌吉兮，王膺庆于所感。畔回穴其若兹兮，北叟颇识其倚伏。单治里而外凋兮，张修襮而内逼，欥中龢为庶几兮，颜与冉又不得。溺招路以从己兮，谓孔氏犹未可，安慆慆而不葩兮，卒陨身乎世祸。游圣门而靡救兮，顾覆醢其何补？固行行其必凶兮，免盗乱为赖道；形气发于根柢兮，柯叶汇而灵茂。恐罔蜽之责

名远播。历经十世至汉成帝时，仿佛飞鸿渐进于高位，班氏之女入宫为婕妤，有父子同在京师为官，门庭渐渐显耀。王莽罪恶深重几乎毁灭汉室，先父班彪在祸乱中诵读歌谣，劝阻息乱，既保全了自身又给后人留下了处世法则，并居住在高尚仁德者所居之处。先祖是多么英明贤德啊，无论穷达都不忘救助他人，感叹自己孤弱愚蒙位卑力微，惧将断绝祖业又无路功成名就，我的能力哪里足以经营先人之业？实在是为家业将要断绝而深怀长恨。

在隐居中静下来久久思索，不愿祖先功绩断绝，希望祖业能够长久，不敢与同乡友人并肩更进，只求自己的言行不玷辱先人的德行。心魂孤独无依与神灵交往，确实经常在夜间的睡梦中相会，梦中自己登上高山而远眺，依稀看见幽谷中的神人，他手握葛藟交给我，之后回视险峻的山谷，告诫我不要坠入深渊。黎明时分醒来，仰卧凝思，心中依然是朦朦胧胧，无法分辨吉凶，黄帝相距久远无法向他询问，只好依据他留下的谶书于胸中臆测。书中说登上高山而遇到神灵，道路通达悠远而不觉迷惑，先前我梦见葛藤缠绕樛木，歌咏《南风》是安乐的象征，后来面临深谷而心中恐惧的梦境，那就如《诗经·小雅·小宛》中“惴惴小心，如临于谷”句及《小雅·小旻》中“战战兢兢，如临深渊，如履薄冰”句中的戒劝。梦境已告诉我吉利的征象，又明显地给我以明戒：何不竭力进取赶上大家？时光倏忽而逝不会再来。

刚蒙受神灵训戒不免狐疑，于是徘徊不前而观察等待，只觉天地长久变化无穷，人生短暂时日无几。感到世事纷繁处境艰难，奈何坎坷太多而缺少智慧！上古圣贤遇纷难而睹机能悟，然后自拔，至于凡夫俗子岂能预知并有所防患呢！从前卫叔武诚心迎回其兄，并让君位给其兄，然而其兄却把他当作仇人，最终将其射杀。管仲曾开弓要射杀齐桓公，然而齐桓公即位后竟将管仲任命为宰相。事物的变化是如此云谲波诡，谁能预料到它的终始！雍齿与刘邦深结仇怨反而最先受赏，丁公曾救过刘邦的性命却反遭杀害；孝景帝嫔妃栗姬因有子而心生嫉妒被废，王婕妤因无子而忧愁，却最终被尊奉为邛成太后。世间之事就是如此混乱乖违而变化不定，只有塞北老叟才能

景兮，庆未得其云已。

黎淳耀于高辛兮，芈强大于南汜；嬴取威于百仪兮，姜本支乎三止，既仁得其信然兮，卬天路而同轨。东邻虐而歼仁兮，王合位乎三五；戎女烈而丧孝兮，伯徂归于龙虎，发还师以成性兮，重醉行而自耦。震鳞漦于夏庭兮，匝三正而灭周；巽羽化于宣宫兮，弥五辟而成灾。

道悠长而世短兮，敻冥默而不周，胥仍物而鬼诹兮，乃穷宙而达幽。妫巢姜于孺筮兮，旦算祀于挈龟。宣、曹兴败于下梦兮，鲁、卫名谥于铭谣。妣聆呱而刻石兮，许相理而鞫条。道混成而自然兮，术同原而分流。神先心以定命兮，命随行以消息。斡流迁其不济兮，故遭罹而嬴缩。三栾同于一体兮，虽移盈然不忒。洞参差其纷错兮，斯众兆之所惑。周、贾荡而贡愤兮，齐死生与祸福，抗爽言以矫情兮，信畏牺而忌服。

明白祸福倚伏的道理。鲁国的单豹喜好道术，居于深山，修身养性，远离尘世，但最终却被饿虎所食，还有一个人名叫张毅，注重外表却最终因内热而死，或许中庸之道可以免于祸难，可是颜渊早逝，冉耕身患恶疾，为善之人却不得善报。桀溺曾叫子路跟随自己，说孔子之道不适应当时形势，子路心怀天下不避乱世，最终被剁成肉酱。子路游学于圣贤门下而孔子却无法施救而使子路免于灾难，即便孔子此后见到肉酱就倒掉也无济于事？子路品行刚强必遭凶祸不可避免，免于落于盗乱还有赖于孔圣之道；万物生机皆由根柢所发，根底健壮枝叶才会繁茂。像影外之淡影责备影子行止无定一般，这都是没有抓住事物的本质要领。

楚之祖先黎在高辛时大放光彩，后嗣芈姓一族在长江之南强大起来；秦国是伯益之后，有垂范鸟兽百物之德，秦国因此威震六国，齐国是伯夷之后，主祭天地人鬼之礼，齐国因此强盛，这三王的祖先在人道方面，确实做到了求仁得仁，而从天道来说，亦使其后代成就国君。殷纣王残害三位仁者，周武王得到了岁日月星辰以及三位贤者相助而成就帝业；骊姬酷暴谮杀太子申生，晋伯出归恰逢龙虎之年，武王姬发还师终得天命，重耳醉归竟与天意偶合。二神龙于夏帝宫庭留下涎沫，经过夏商周三朝而亡于褒姒；宣帝时未央宫的軨厩中有雌鸡化雄的异象，之后历经五世，到了平帝时王莽篡位。

天道长远而人世短暂，天道遥远玄深而不可通至，古人就要借助卜筮来询问鬼神，才能穷极古今而明晰幽微。春秋时陈厉公使周史卜，得其子必居齐才能昌盛之卦，周公旦以龟甲占卜居洛，得世三十，年七百的卜辞。周宣王兴于“牧人乃梦”的吉兆，曹伯阳亡于“曹人或梦”的印证，鲁昭公与鲁定公的名号源于童谣，卫灵公的谥号显于石椁上的铭文。叔向母听到孙子伯石的婴啼声就说伯石定是亡晋之人，相士许负观察周亚夫面部纹理而告诫他日后必遭饿死。宇宙万物的本原及变化都是归于自然，而人所追求的事物虽分为不同流派却同出一源。神明在人心之前就决定了他的命运，命运则会随着人的行为而招致灾祸或是福运。人的一生各有各的遭遇，无法每次都得到救济，免于灾祸，各随所逢的事情而有所消长。栾氏祖孙三代

所贵圣人之至论兮，顺天性而断谊。物有欲而不居兮，亦有恶而不避，守孔约而不贰兮，乃輶德而无累。三仁殊而一致兮，夷、惠舛而齐声。木偃息以蕃魏兮，申重茧以存荆。纪焚躬以卫上兮，晧颐志而弗营。侯屮木之区别兮，苟能实而必荣。要没世而不朽兮，乃先民之所程。

观天罔之纮覆兮，实棐谌而相顺，谟先圣之大繇兮，亦凶德而助信。虞《韶》美而仪凤兮，孔忘味于千载。素文信而底麟兮，汉宾祚于异代。精通灵而感物兮，神动气而入微。养游睇而猿号兮，李虎发而石开。非精诚其焉通兮，苟无实其孰信！操末技犹必然兮，矧湛躬于道真！

登孔、颢而上下兮，纬群龙之所经，朝贞观而夕化兮，犹喧己而遗形，若胤彭而偕老兮，诉来哲以通情。

乱曰：天造中昧，立性命兮，复心弘道，惟贤圣兮。浑元运物，流不处兮，保身遗名，民之表兮。舍生取谊，亦道用兮，忧伤夭物，

本是一体相承，善恶所给以后世的报应不差。洞察报应的参差不齐和纷错复杂，而百姓却感到迷惑不解。庄周、贾谊思想愤激狂诞不羁，竟发出死生齐同祸福之辞，他们放言高论来矫饰真情，确实是庄周见牺牛生畏，贾谊忌讳鹏鸟入室。

后世之人应当珍视圣人的学术言论，这些学问能使人顺应天性并且遵照道义来决断事情。比如富贵，人之所欲，不合道义则君子不居，而死亡，人之所恶，道义所在则君子不避，若能坚守道义始终如一，那么就会觉得德轻而易行不为物欲所累。商纣王时的比干、箕子、微子三位忠臣行事虽异，但都被称为仁人，伯夷不食周粟而死、柳下惠三黜不去行为相反，然而都博得美名。段干木安卧魏国竟使国家昌盛，申包胥脚掌磨出厚茧使楚国得以保存。纪信为救刘邦甘愿被项羽烧死，商山四皓坚守气节使社稷免于倾覆。人的操行，所追求的各不相同，犹如草木有别各有本性，人若是能踏实必会昌荣。即使死后也会留下不朽的美名，这是古代圣贤所做出的榜样。

纵观天道广大护佑人世，确实辅助诚信扶助教化，探索先圣的治国之道，也是凭借德行和诚信。虞舜时美妙的《韶》乐招引凤凰来朝，千载之后孔子听到《韶》乐而三月不知肉味。孔子作《春秋》所明礼法而招致麒麟，因此汉王朝以宾礼祚福于孔子后裔。《韶》乐与《春秋》聚天地精气，能招致凤凰与麒麟，其精神在千年之后犹能感人，让人进入一个忘我的境界。养由基善射搭弓转目猿即悲号，李广出猎疑虎射之而中石没镞。这般技能若无至诚之心岂能达到，假如没有实证又有谁会相信！进行射箭这种微末技艺尚且需要至诚之心，何况是立身修德，不知疲倦地全心追求大道这样重大的事情！

上自伏羲下至孔子，从古到今，历代圣贤治经理世，德行完备，清晨闻得天地之大道，即使傍晚死去也无遗憾了，就好像忘却了自我而遗弃了形骸，倘若能与彭祖长命相续，与老聃齐年比寿，这样我就可以与后世哲人言至道而通达情意了。

总而言之：天地草创万物于混沌蒙昧之中，确立了万物的本性与命运，能够心归天地大道的，就只有圣贤啊。天地之气使万物运

忝莫痛兮！昊尔太素，曷渝色兮？尚粤其几，沦神域兮！

永平中为郎，典校秘书，专笃志于博学，以著述为业。或讥以无功，又感东方朔、扬雄自谕以不遭苏、张、范、蔡之时，曾不折之以正道，明君子之所守，故聊复应焉。其辞曰：

宾戏主人曰："盖闻圣人有壹定之论，列士有不易之分，亦云名而已矣。故太上有立德，其次有立功。夫德不得后身而特盛，功不得背时而独章，是以圣哲之治，栖栖皇皇，孔席不煖，墨突不黔。由此言之，取舍者昔人之上务，著作者前列之余事耳。今吾子幸游帝王之世，躬带冕之服，浮英华，湛道德，矕龙虎之文，旧矣。卒不能摅首尾，奋翼鳞，振拔洿涂，跨腾风云，使见之者景骇，闻之者向震。徒乐枕经籍书，纡体衡门，上无所蒂，下无所根。独摅意乎宇宙之外，锐思于豪芒之内，潜神默记，恒以年岁。然而器不贾于当己，用不效于一世，虽驰辩如涛波，摛藻如春华，犹无益于殿最。意者，且运朝夕之策，定合会之计，使存有显号，亡有美谥，不亦优乎？"

主人逌尔而笑曰："若宾之言，斯所谓见势利之华，暗道德之实，守突奥之荧烛，未卬天庭而睹白日也。曩者王涂芜秽，周失其御，侯伯方轨，战国横骛，于是七雄虓阚，分裂诸夏，龙战而虎争。

转，如水流般永不停息，生能保全其身死能留下美名，为后世的表率啊。然不幸舍生取义，亦符合道义德行，自取忧伤而为物所夭，没有比这更令人悲痛的！保持自己天质纯白不染流俗，何愁会有变色的可能呢？倘若能够笃守道善，那就差不多接近了神道的微义精要，而进入了神明之域啊！

永平年间班固担任郎官，主掌校勘藏书，班固专心于学问，以写作撰述为业。有人讥讽班固说做这些没有什么用处，班固又感念东方朔、扬雄的自嘲，认为没有遇到苏秦、张仪、范雎、蔡泽生活的时代，无法用正直的道理去说服他人，表明君子所坚守的气节和志向，所以班固撰写了一篇文章，聊以回应。文章的内容是：

有宾客嘲笑主人道："我听说圣人有永世不变的言论，志士有始终不变的职分，也可以说是为了追求名利而已。因此最高的是立德，其次才是立功。但是德行不会在身死之后发扬兴盛，功劳也不能违逆时势而独自彰显，故而圣哲之人治理天下，常常四处奔走，忙碌不安，孔子周游列国，枕席常常不暖，墨翟四处游说，烟囱都没有被熏黑。由此而言，施行道德和守静无为是先代圣贤的要务，著书立说则是先代圣贤的闲暇余事。而今您有幸游于帝王之世，身穿高官的服冕，外有美名善誉，内则履道崇德，撰写文章的才华十分优秀，已经很久了。然而还不能舒展首尾，振奋羽翼，脱离污泥，腾越风云，使得人们见到影子就惊骇，使得人们听闻声音就震惧。而您只是沉醉于研读经书典籍，居住在这简陋的屋宅，上无所依，下无所托。独自抒发情感于宇宙之外，精思妙想于毫末之内，一心专注于静默记诵，积年累月。然而才华却不能在有生之年展现，功用也不能在当世有所贡献，即使善于辩说，如同波涛汹涌，采用词藻，好比春花怒放，也仍旧无益于考核政绩。细细想来，还是应当暂且运用权变的谋略，确定纵横的计策，使得自己在世时能博得显赫的名誉，去世后又能获得美善的谥号。不也是很好的事情吗？"

主人听了之后，悠然一笑回答说："如果像宾客所说的那样，那就是所谓的只见到世俗利益的花果，而暗昧于精神大道的实质，固守着阴暗角落里的微弱烛光，不能昂首目睹光天化日下的辉煌白日。

游说之徒，风飑电激，并起而救之，其余猋飞景附，煜霅其间者，盖不可胜载。当此之时，搦朽摩钝，铅刀皆能壹断，是故鲁连飞一矢而蹶千金，虞卿以顾眄而捐相印也。夫啾发投曲，感耳之声，合之律度，淫蛙而不可听者，非《韶》《夏》之乐也；因势合变，偶时之会，风移俗易，乖忤而不可通者，非君子之法也。及至从人合之，衡人散之，亡命漂说，羁旅骋辞，商鞅挟三术以钻孝公，李斯奋时务而要始皇，彼皆蹑风云之会，履颠沛之势，据徼乘邪以求一日之富贵，朝为荣华，夕而焦瘁，福不盈眦，祸溢于世，凶人且以自悔，况吉士而是赖乎！且功不可以虚成，名不可以伪立，韩设辩以徼君，吕行诈以贾国。《说难》既酋，其身乃囚；秦货既贵，厥宗亦隧。是故仲尼抗浮云之志，孟轲养浩然之气，彼岂乐为迂阔哉？道不可以贰也。方今大汉洒埽群秽，夷险芟荒，廓帝纮，恢皇纲，基隆于羲、农，规广于黄、唐；其君天下也，炎之如日，威之如神，函之如海，养之如春。是以六合之内，莫不同原共流，沐浴玄德，禀印太和，枝附叶著，譬犹屮木之殖山林，鸟鱼之毓川泽，得气者蕃滋，失时者苓落，参天墬而施化，岂云人事之厚薄哉？今子处皇世而论战国，耀所闻而疑所觌，欲从旄敦而度高乎泰山，怀氿滥而测深乎重渊，亦未至也。”

过去王道荒废，周室衰落，诸侯割据，战国争霸，于是七雄凶猛，分裂华夏，龙争虎斗。游说之徒，擅长论辩，如同暴风激电，几乎同时崛起，争相挽救诸侯分裂之难，其余四处奔跑依附，光明闪烁其间的人，几乎不胜记载。当此之时，才能低下的人也能谋求进取，铅刀虽不锋利，也能割断物品，因此鲁连一箭射入燕城而燕将自杀，解除邯郸之围而拒受千金封赏，虞卿不看重爵禄，舍弃相印而与魏齐逃亡。那些吟吟众声投合世俗的曲调，一时之间也能够悦耳，但要是验之以律度，则与律度不合，是淫邪之乐，不可以听闻，绝对不是《韶》乐、《夏》乐那样的雅乐；那些顺应时势而善于权变，虽然可以暂时遇到得到时运的包容，随着风俗变迁，依旧是与天下大道相违背而无法通行，这不是君子所行的常法。至于主张合纵的人使六国联合，主张连横的人又使六国分裂，亡命游说，客居异地，唇枪舌战，商鞅以治国三策而说动秦孝公，李斯推行当时之务而取信于秦始皇，他们都是趁着天下动荡，时局混乱，利用邪门歪道，以追求一日之间的富贵，早上还是繁荣鲜花，傍晚已为枯枝残叶，福禄转眼消逝，灾祸横溢人世，恶人尚且也会以此自我悔恨，何况是希望求得吉祥的士人，怎么可以依赖于此呢！而且功劳不可以通过虚假的手段而达成，名位不可以通过造假的方法树立，韩非子通过拟设辩词而激发秦君，吕不韦施行诈骗而盗取秦国的相位。《说难》篇一经完稿，韩非子就立刻遭到囚禁；秦国子楚既已富贵，吕氏宗族也马上获罪。因此孔子拒绝不义的富贵，孟轲善养浩然之气，他们难道是乐于去做那些不切实际的事情吗？而是因为他们所行的大道都是一样的。当今的大汉扫尽污秽，消除凶险，扩大王道，恢复朝纲，国家根基比伏羲、神农时还要昌盛，朝廷法制比黄帝、唐尧时还要完善；汉室君临天下，光焰好比红日，武威如同神灵，包容好比大海，育物如同暖春。因此寰宇之内，无不同享恩泽，沐浴圣德光辉，领受太和之气，枝条依附着主干，叶子紧粘着枝柯，好比草木种植于山林，鸟鱼繁育于川泽，得到元气的就发荣滋长，失去时机的就凋零败落，和天地一同而广施教化，哪里可以评论其人事的厚薄呢？而今您身处圣明的时代而议论战国的往事，明白耳闻的远事而怀疑眼见的近事，就好

宾曰："若夫鞅、斯之伦，衰周之凶人，既闻命矣。敢问上古之士，处身行道，辅世成名，可述于后者，默而已乎？"

主人曰："何为其然也！昔咎繇谟虞，箕子访周，言通帝王，谋合圣神；殷说梦发于傅岩，周望兆动于渭滨，齐宁激声于康衢，汉良受书于邳沂，皆俟命而神交，匪词言之所信，故能建必然之策，展无穷之勋也。近者陆子优繇，《新语》以兴；董生下帷，发藻儒林；刘向司籍，辩章旧闻；扬雄覃思，《法言》《太玄》。皆及时君之门闱，究先圣之壸奥，婆娑乎术艺之场，休息乎篇籍之囿，以全其质而发其文，用纳乎圣听，列炳于后人，斯非其亚与！若乃夷抗行于首阳，惠降志于辱仕，颜耽乐于箪瓢，孔终篇于西狩，声盈塞于天渊，真吾徒之师表也。且吾闻之：壹阴壹阳，天墬之方；乃文乃质，王道之纲；有同有异，圣哲之常。故曰：慎修所志，守尔天符，委命共己，味道之腴，神之听之，名其舍诸！宾又不闻龢氏之璧韫于荆石，随侯之珠臧于蜯蛤乎？历世莫眂，不知其将含景耀，吐英精，旷千载而流夜光也。应龙潜于潢污，鱼鼋媟之，不睹其能奋灵德，合风云，超忽荒，而躆颢苍也。故夫泥蟠而天飞者，应龙之神也；先贱而后贵者，龢、随之珍也；时暗而久章者，君子之真也。若乃牙、旷清耳于管弦，离娄眇目于豪分；逢蒙绝技于弧矢，班输榷巧于斧斤；良、乐轶能于相驭，乌获抗力于千钧；和、鹊发精于针石，研、桑心计于无垠。仆亦不任厕技于彼列，故密尔自娱于斯文。"

像想要通过土丘之低而测泰山之高，怀有小溪之见而想探测沧海之深，这样是无法做到的。”

宾客说：“如果说商鞅、李斯之辈，他们是晚周的恶人，这我已经领教了。那么敢问上古之士，他们修养自身，施行正道，辅助君主治世，声名远扬，可以得到后代称颂的，难道也是沉默无闻，了却一生吗？”

主人说：“为何说是这样呢！往昔皋陶为虞舜献计，箕子为周武王谋划，他们的言论通达帝王之意，谋略符合神灵之心；殷朝的傅说依高宗之梦被发现于岩壁之下，周朝初年吕望应文王的占卜而受聘于渭水之滨，齐国的宁戚高歌于大路而受到桓公的重用，汉朝的张良得书于邳岸而帮助高祖建立汉朝，这些人都是依靠天命而和神灵相感通，不是凭着浮词诡辩而取得信任的，所以才能够提出必胜的妙策，施行和建立无穷的功勋。近来的陆贾内心悠然闲适，《新语》因此而得兴；董仲舒下帷研读，文采发扬于儒林；刘向校勘秘籍，辨析章句考证旧闻；扬雄精于深思，于是编撰《法言》《太玄》。这些人的著述都符合当时君主的需要，又能够穷究先圣大道的核心，逍遥于学术的场圃，休息于文章的艺苑，既保持了大道的质朴又发扬了文辞的美妙，才能为圣明的贤君所采纳，且光耀于后代子孙，这些人可以说丝毫不亚于上古的圣贤！伯夷保持高洁于首阳之山，柳下惠降志为官于父母之邦，颜渊隐居陋巷以清苦为乐，孔子著述《春秋》为西狩获麟而心怀感伤，他们的声名充满于天地之间，真可以说是我辈的师表。而且我还听说：一阴一阳，是天地的大道；有质有文，是王道的纲纪；有同有异，是圣哲的常法。所以说：谨慎修养自我的心志，始终坚守自我的天性，听任天命而保全自己，体悟正道的朴实美好，神灵听到也会充满感动，怎么会舍弃而不赐给福音呢！宾客难道不曾听说过和氏之璧，原本埋藏于荆山之石，隋侯之珠，原本蕴藏于蚌蛤之身吗？历世的人都没有发现，不知道其将含光辉，吐英华，经历千年而大放异彩。应龙潜身于水池之中，鱼鳖也会轻贱它，这是因为没有看到龙能发扬灵性，应合风云，超越青空，而行于天穹。所以盘曲泥水之下而能飞行于青天之上，那正体现了龙的神威；先遭到轻

贱而后享受尊贵，那正说明了和氏璧、隋珠的珍奇；一时遭到埋没而终究将显达，那正说明了君子所行的是至真之道。至于伯牙、师旷的静耳善识音乐，离娄的明目善察分毫；逢蒙的技艺超绝于弓箭，班输的工巧精专于斧凿；王良、伯乐之能施展于相马驾御，乌获之力高举于千钧重物；医和、扁鹊的医术发挥于针灸药石，计研、桑弘羊的心智善算于农商盐谷。我的才能技艺实在是不能够和这些人相比列，所以只能私下静心以文史来自我娱乐。”

卷一百下

叙传第七十下

固以为唐虞三代，《诗》《书》所及，世有典籍，故虽尧舜之盛，必有《典》《谟》之篇，然后扬名于后世，冠德于百王，故曰“巍巍乎其有成功，焕乎其有文章也！”汉绍尧运，以建帝业，至于六世，史臣乃追述功德，私作本纪，编于百王之末，厕于秦、项之列。太初以后，阙而不录，故探篹前记，缀辑所闻，以述《汉书》，起元高祖，终于孝平王莽之诛，十有二世，二百三十年，综其行事，旁贯《五经》，上下洽通，为春秋考纪、表、志、传，凡百篇。其叙曰：

皇矣汉祖，纂尧之绪，实天生德，聪明神武。秦人不纲，罔漏于楚，爰兹发迹，断蛇奋旅。神母告符，朱旗乃举，粤蹈秦郊，婴来稽首。革命创制，三章是纪，应天顺民，五星同晷。项氏畔换，黜我巴、汉，西土宅心，战士愤怨。乘衅而运，席卷三秦，割据河山，保此怀民。股肱萧、曹，社稷是经，爪牙信、布，腹心良、平，龚行天罚，赫赫明明。述《高纪》第一。

孝惠短世，高后称制，罔顾天显，吕宗以败。述《惠纪》第二，《高后纪》第三。

太宗穆穆，允恭玄默，化民以躬，帅下以德。农不供贡，罪不

班固认为唐尧、虞舜、夏商周三朝，以及《诗经》《尚书》所提及的，世间都会有典籍记载，所以就算是尧舜时的盛景，也必定会有《尧典》《皋陶谟》这样的文章，然后才能扬名于后世，德行冠于百王之上，所以孔子说“尧舜所建立的功业是多么伟大，所制定的典章制度是多么辉煌！”汉朝秉承了唐尧的功业，创立帝业，到了第六世武帝时，史官司马迁追述前朝功德，编撰了《史记》，将汉朝编写在远古百王之后，混杂在秦朝、项羽之间。太初年间以后，所发生的事情未能记载，因此班固探求参照前人的著作，收集编辑自己所听闻的事件，以此编撰《汉书》，始于高祖，终于孝平帝、王莽被诛，共记述了十二世帝王，历经二百三十年，结合史事，参照《五经》，上下贯通，全书分为帝王本纪、表、志、传四类，共百篇。书中所载顺序和用意如下：

高祖伟大，承继尧的功业，上天赐予圣德，聪明神武。秦朝政治混乱，朝廷丧失纲纪，楚王陈涉起义失败，高祖趁此发迹，斩蛇举兵。神妇告知符命，因而举起战旗，军队直逼秦都郊外，秦王子婴叩拜投降。革命创制，定立三条规章约束军民，顺应天意人心，金木水火土五星同蒙高祖的恩德。项羽跋扈暴戾，将高祖分封至巴蜀、汉中一带，蜀地百姓心向高祖，士兵对项羽的行为愤怒至极。高祖在项羽出外时趁机出兵，席卷三秦，割据项羽的河山，保全了那些怀德归顺的百姓。萧何、曹参为股肱之臣，社稷因此而安定，韩信、英布为爪牙，张良、陈平为心腹，奉行天罚，功绩显赫。撰写《高帝纪》第一。

孝惠帝早逝，高后临朝称制，枉顾天意，最终吕氏宗族因此败亡覆灭。撰写《惠帝纪》第二，《高后纪》第三。

太宗文帝行止端庄，恭谨沉静，亲身教化百姓，以德行垂范率

收孥，宫不新馆，陵不崇墓。我德如风，民应如中，国富刑清，登我汉道。述《文纪》第四。

孝景莅政，诸侯方命，克伐七国，王室以定。匪怠匪荒，务在农桑，著于甲令，民用宁康。述《景纪》第五。

世宗晔晔，思弘祖业，畴咨熙载，髦俊并作。厥作伊何？百蛮是攘，恢我疆宇，外博四荒。武功既抗，亦迪斯文，宪章六学，统壹圣真。封禅郊祀，登秩百神；协律改正，飨兹永年。述《武纪》第六。

孝昭幼冲，冢宰惟忠。燕、盖诪张，实睿实聪，罪人斯得，邦家和同。述《昭纪》第七。

中宗明明，夤用刑名，时举傅纳，听断惟精。柔远能迩，燀耀威灵，龙荒幕朔，莫不来庭。丕显祖烈，尚于有成。述《宣纪》第八。

孝元翼翼，高明柔克，宾礼故老，优繇亮直。外割禁囿，内损御服，离宫不卫，山陵不邑。阉尹之呰，秽我明德。述《元纪》第九。

孝成煌煌，临朝有光，威仪之盛，如圭如璋。壸闱恣赵，朝政在王，炎炎燎火，亦允不阳。述《成纪》第十。

孝哀彬彬，克揽威神，彫落洪支，底剧鼎臣。婉娈董公，惟亮

下。免除百姓的赋税，罪罚不及妻儿，宫中不修建新的宫馆，陵寝不修建高的陵墓。君德如风，百姓响应如草随风飘摇一般，国家富强，刑罚清明，成就了汉室王道。撰写《文帝纪》第四。

孝景帝继位亲政后，诸侯违逆君命，景帝讨伐七国，王室得以安定。景帝对待政事没有懈怠荒废，力推让百姓农耕养蚕，将这一点记录在朝廷所颁布的重要命令之中，百姓生活康宁安乐。撰写《景帝纪》第五。

世宗武帝才华非凡，心系弘扬祖业，访求可以兴国立业的贤人，起用才智杰出的才子。为什么要选任他们呢？为了击退百蛮，恢复我朝疆域，开拓荒芜之地。武事既然可以抵御外敌，同时还要推行文教，朝中的典章制度效法六经，一切都以圣贤学说为主旨。封禅郊祀，祭祀百神；调协音律，改正历法，以便世代享用。撰写《武帝纪》第六。

孝昭帝年幼继位，冢宰大臣尽忠辅佐。燕王、盖长公主欺君罔上，而昭帝聪敏睿智，使罪人最终接受制裁，国家得以祥和安定。撰写《昭帝纪》第七。

中宗宣帝细致明察，慎用刑罚，及时选任贤才，采纳谏言，听讼裁决，力求准确无误。怀柔远方民族，优抚近处百姓，光耀神威，匈奴归附汉室，无不前来朝贡。宣帝大显祖业，汉朝兴盛强大。撰写《宣帝纪》第八。

孝元帝恭敬庄严，虽有高明之度，但为人和柔成就德业，礼敬先朝旧臣，宽恕忠诚直谏的大臣。对外割舍林苑的游乐，对内减损衣食的用度，离开皇宫不设卫队，山陵地区不让百姓迁徙来设置县邑。然而宦官为政，有损了元帝的明德。撰写《元帝纪》第九。

孝成帝诚敬辉耀，上朝时神采奕奕，威仪庄严隆盛，如同美玉一般。在后宫赵氏姐妹极度受宠，在朝堂上又将政事委托于外戚王氏一族，天子盛威原本如燎火之阳，奈何如今变得黯然无光。撰写《成帝纪》第十。

孝哀帝文质兼备，亲理政事，独揽大权，废退王氏，重诛权臣。

天功，《大过》之困，实桡实凶。述《哀纪》第十一。

孝平不造，新都作宰，不周不伊，丧我四海。述《平纪》第十二。

汉初受命，诸侯并政，制自项氏，十有八姓。述《异姓诸侯王表》第一。

太祖元勋，启立辅臣，支庶藩屏，侯王并尊。述《诸侯王表》第二。

侯王之祉，祚及宗子，公族蕃滋，支叶硕茂。述《王子侯表》第三。

受命之初，赞功剖符，奕世弘业，爵土乃昭。述《高惠高后孝文功臣侯表》第四。

景征吴楚，武兴师旅，后昆承平，亦犹有绍。述《景武昭宣元成哀功臣侯表》第五。

亡德不报，爰存二代，宰相外戚，昭韪见戒。述《外戚恩泽侯表》第六。

汉迪于秦，有革有因，粗举僚职，并列其人。述《百官公卿表》第七。

篇章博举，通于上下，略差名号，九品之叙。述《古今人表》第八。

元元本本，数始于一，产气黄钟，造计秒忽。八音七始，五声六律，度量权衡，历算逌出。官失学微，六家分乖，壹彼壹此，庶研其几。述《律历志》第一。

宠信董公，希望与他共同成就功业，《大过》的卦辞预示了困厄，才干鄙陋而担任栋梁，不堪重任，必将会弯折遭遇凶险。撰写《哀帝纪》第十一。

孝平帝早逝，没有成就家业，新都侯王莽担任宰衡，却没有周公、伊尹那样的忠贞，最终使得汉室江山倾覆。撰写《平帝纪》第十二。

汉朝建立之初，诸侯各自治理封国，项羽创立这项制度，共有十八姓的诸侯。撰写《异姓诸侯王表》第一。

太祖奖赏开国元勋，设置辅佐大臣，刘氏的旁系宗亲成为守卫汉家江山的屏障，赐封为诸侯，享受尊荣。撰写《诸侯王表》第二。

侯王的福祉，延及子嗣，宗族绵延，枝叶繁盛。撰写《王子侯表》第三。

汉室受命之初，封赏辅佐建国的功臣，这些丰功伟业可以世代流传，爵位封土世代显耀。撰写《高惠高后孝文功臣侯表》第四。

景帝平叛吴楚，武帝兴师用兵，后世虽然天下太平，但还有因军功而得到爵位和封地的大臣。撰写《景武昭宣元成哀功臣侯表》第五。

无德不报，德泽深远，历经殷周两代，直到汉室及其子孙也可以得到封赏，宰相外戚，彰显有功，惩戒过错。撰写《外戚恩泽侯表》第六。

汉朝承接秦朝，法令制度有的发生变革，有的沿用，粗略列举官职，一同列出任职者的姓名。撰写《百官公卿表》第七。

文篇典籍，包含古今，贯通上下，粗略定出名号，评定九个等级。撰写《古今人表》第八。

万事万物的本源始末，都是从一开始，黄钟律产生阳气，制定微细的计量单位。八音七始，五声六律，度量权衡，历法算术，都由“一”所出。历代朝廷所制定的标准不同，历经六朝，发生变化，每个朝代有不同的历法，各方面都规定得十分详细。撰写《律历志》第一。

上天下泽，春雷奋作，先王观象，爰制礼乐。厥后崩坏，郑卫荒淫，风流民化，湎湎纷纷。略存大纲，以统旧文。述《礼乐志》第二。

雷电皆至，天威震耀，五刑之作，是则是效，威实辅德，刑亦助教。季世不详，背本争末，吴、孙狙诈，申、商酷烈。汉章九法，太宗改作，轻重之差，世有定籍。述《刑法志》第三。

厥初生民，食货惟先。割制庐井，定尔土田，什一供贡，下富上尊。商以足用，茂迁有无，货自龟贝，至此五铢。扬榷古今，监世盈虚。述《食货志》第四。

昔在上圣，昭事百神，类帝禋宗，望秩山川，明德惟馨，永世丰年。季末淫祀，营信巫史，大夫胪岱，侯伯僭畤，放诞之徒，缘间而起。瞻前顾后，正其终始。述《郊祀志》第五。

炫炫上天，县象著明，日月周辉，星辰垂精。百官立法，宫室混成，降应王政，景以烛形。三季之后，厥事放纷，举其占应，览故考新。述《天文志》第六。

《河图》命庖，《洛书》赐禹，八卦成列，九畴逌叙。世代实宝，光演文武，《春秋》之占，咎征是举。告往知来，王事之表。述《五行志》第七。

《坤》作墬势，高下九则，自昔黄、唐，经略万国，燮定东西，疆理南北。三代损益，降及秦、汉，革刬五等，制立郡县。略表山川，彰其剖判。述《地理志》第八。

上仰观天象，下俯瞰池泽，春雷震震，先王观察天文地理，然后据此制定礼乐。后来礼乐崩坏，郑卫的淫靡之声出现，这种风气盛行，而百姓同化，世风日下，社会混乱。保存礼乐大纲，以统一原来的制度。撰写《礼乐志》第二。

雷电并至，天威震耀，制定五刑，效法天威，威严可以衬托恩德，刑罚同样可以协助教化。秦末刑罚没有详尽，舍本逐末，吴起、孙子狡猾奸诈，申不害、商鞅滥用酷刑。汉朝制定九章法律，太宗文帝废除肉刑，刑罚的轻重差别，历代都会载入典籍，以此明确。撰写《刑法志》第三。

天生万民，将粮食和货币列在首位。划分井田，确定百姓的土地，以收成的十分之一征税，百姓富裕，帝王尊贵。商贸足用，货通有无，货币来源于龟、贝，至今发展到五铢钱币。列举古今的发展，纵观历代富足或贫乏。撰写《食货志》第四。

往昔在上圣的时代，供奉百神，祭祀天帝宗亲，望祭山川，唯有盛德才能流芳百世，世代享有丰收之年。末世祭祀泛滥，不合礼法，迷信巫史，大夫违背礼法，祭祀泰山，侯伯心存僭越，修建祭祀上天五帝的祠庙，妄言神仙之术的荒诞方士，乘机而起。考察古今，匡正祭祀的始末。撰写《郊祀志》第五。

上天光耀，天象显著，日月光辉四射，星辰散发光芒。星象象征着百官以及宫室，出现异象则表明了问题所在，若王政有过失，星象就会发生变化，就好像事物的影子。夏、商、周三代之后，事情纷乱复杂，列举占卜应验的事例，反观旧物查验新事。撰写《天文志》第六。

上天将《河图》赐予伏羲，将《洛书》赐给大禹，八卦得以编撰排列，治理天下的九条大法得以记载著述。世代奉为至宝，光辉延续至文王、武王，《春秋》中所记载的占验，已经列举了过失的报应。告知往事预示未来，王事得以明了。撰写《五行志》第七。

《坤》卦代表大地，土地根据地势分为九等，从过去的黄帝、唐尧开始，治理万国，安定东西，统理南北。夏、商、周三代有所增减，到了秦、汉，废除五等，设立郡县。略述山川地势，彰显地理划

夏乘四载，百川是导。唯河为艰，灾及后代。商竭周移，秦决南涯，自兹距汉，北亡八支。文堙枣野，武作《瓠歌》，成有平年，后遂滂沱。爰及沟渠，利我国家。述《沟洫志》第九。

虙羲画卦，书契后作，虞夏商周，孔纂其业，篹《书》删《诗》，缀《礼》正《乐》，彖系大《易》，因史立法。六学既登，遭世罔弘，群言纷乱，诸子相腾。秦人是灭，汉修其缺，刘向司籍，九流以别。爰著目录，略序洪烈。述《艺文志》第十。

上嫚下暴，惟盗是伐，胜、广熛起，梁、籍扇烈。赫赫炎炎，遂焚咸阳，宰割诸夏，命立侯王，诛婴放怀，诈虐以亡。述《陈胜项籍传》第一。

张、陈之交，斿如父子，携手遂秦，拊翼俱起。据国争权，还为豺虎，耳谋甘公，作汉藩辅。述《张耳陈馀传》第二。

三枿之起，本根既朽，枯杨生华，曷惟其旧！横虽雄材，伏于海岛，沐浴尸乡，北面奉首，旅人慕殉，义过《黄鸟》。述《魏豹田儋韩信传》第三。

信惟饿隶，布实黥徒，越亦狗盗，芮尹江湖。云起龙襄，化为侯王，割有齐、楚，跨制淮、梁。绾自同闬，镇我北疆，德薄位尊，非胙惟殃。吴克忠信，胤嗣乃长。述《韩彭英卢吴传》第四。

贾廑从旅，为镇淮、楚。泽王琅邪，权激诸吕。濞之受吴，疆土逾矩，虽戒东南，终用齐斧。述《荆燕吴传》第五。

分。撰写《地理志》第八。

夏朝创造四种交通工具，疏导百川。唯有黄河最难治理，灾祸殃及后代。到了商朝黄河枯竭，到了周朝黄河改道，到了秦朝黄河决堤，直至汉朝，黄河的八条支流消失。文帝堵塞了酸枣县的河道，武帝在瓠子堤作《瓠歌》来哀悼，成帝时治理黄河略有成效，后来又是大水泛滥。修建沟渠，河水便能利国富民。撰写《沟洫志》第九。

伏羲描绘八卦，后来创造文字，历经虞、夏、商、周，孔子修订《春秋》，整理《尚书》，删改《诗经》，编辑《礼记》，修正《乐经》，补充《易经》，修正《春秋》来确定帝王的文法。六经完成之后，世道混乱使得正道无法弘扬，百家争鸣，诸子兴起。秦始皇焚毁典籍，汉朝弥补缺漏，刘向主掌典籍，九流渐渐分明。编写群书目录，概述宏图伟业。撰写《艺文志》第十。

秦二世暴虐无道，残害百姓，逼得百姓揭竿而起，陈胜、吴广骤然兴起，项梁、项籍炽烈强盛。声势浩大如烈火炽盛，项羽火烧咸阳，瓜分中原，分封侯王将相，诛杀子婴放逐怀王，但最终因暴虐而败亡。撰写《陈胜项籍传》第一。

张耳、陈馀的交情，如同父子，两人携手躲避暴秦，奋起抗击。后来据国争权，两人反目，张耳听从甘公的建议，归降汉朝辅佐天子。撰写《张耳陈馀传》第二。

田氏兄弟三人起义，根基已经腐朽，枯杨开花，不会长久！田横虽有雄才伟略，逃往海岛，前往洛阳归降，途径尸乡，趁沐浴时拔剑自刎，门客带着他的首级入朝称臣，门客仰慕，全部自杀。他们的义气胜过了《黄鸟》篇中的秦穆公。撰写《魏豹田儋韩信传》第三。

韩信是个食不饱腹的穷人，英布是个遭受黥刑的犯人，彭越是个惯于盗窃之辈，吴芮是主管江、湖的县令。他们趁时起义，因此受封侯王，占据齐、楚，兼并淮南、梁地。卢绾与高祖同乡，受命镇守北疆，德薄而位尊，福运变为灾殃。吴芮忠实诚信，后嗣绵长。撰写《韩彭英卢吴传》第四。

刘贾从军，勤勉不懈，为汉室镇守淮、楚地区。刘泽受封为琅琊王，吕后封赏吕氏子弟，为平息怨恨而封其为王。刘濞受封为吴王，封

太上四子：伯兮早夭，仲氏王代，斿宅于楚。戊实淫缺，平陆乃绍。其在于京，奕世宗正，劬劳王室，用侯阳成。子政博学，三世成名，述《楚元王传》第六。

季氏之诎，辱身毁节，信于上将，议臣震栗。栾公哭梁，田叔殉赵，见危授命，谊动明主。布历燕、齐，叔亦相鲁，民思其政，或金或社。述《季布栾布田叔传》第七。

高祖八子，二帝六王。三赵不辜，淮厉自亡，燕灵绝嗣，齐悼特昌。掩有东土，自岱徂海，支庶分王，前后九子。六国诛毙，適齐亡祀。城阳、济北，后承我国。赳赳景王，匡汉社稷。述《高五王传》第八。

猗与元勋，包汉举信，镇守关中，足食成军，营都立宫，定制修文。平阳玄默，继而弗革，民用作歌，化我淳德。汉之宗臣，是谓相国。述《萧何曹参传》第九。

留侯袭秦，作汉腹心，图折武关，解阸鸿门。推齐销印，驱致越、信；招宾四老，惟宁嗣君。陈公扰攘，归汉乃安，毙范亡项，走狄禽韩，六奇既设，我罔艰难。安国廷争，致仕杜门。绛侯矫矫，诛吕尊文。亚夫守节，吴楚有勋。述《张陈王周传》第十。

地逾越礼制，虽然镇守东南，高祖告诫其不得谋反，但最终还是谋反。撰写《荆燕吴传》第五。

高祖之父刘太公有四子：长子早夭，次子受封于代国，四子刘交受封为楚元王。刘交之孙刘戊在薄太后丧礼期间饮酒作乐，景帝改立平陆侯刘礼承袭王位。刘礼在京师任职，世代担任宗正之职，身为王室宗亲勤劳奉公，后人刘德受封为阳城侯。刘向博学多识，绵延三代享有盛名。撰写《楚元王传》第六。

季氏受屈，辱身毁节，申敕上将樊哙的过错，议政大臣甚感惊恐。栾布不畏死罪哭祭梁王彭越，田叔甘愿为赵王殉葬，面临危难，不惜生命，情谊感动圣主。栾布先后在燕、齐为官，田叔也担任鲁国丞相，百姓感念他们的治理，在田叔死后有人赠送金钱，在栾布生时有人为其修建祭祀之社。撰写《季布栾布田叔传》第七。

高祖有八子，二子为帝六子为王。三位赵王无罪受诛，淮南厉王绝食自尽，燕灵王绝嗣无后，只有齐悼惠王子嗣昌盛。享有东方的封地，从泰山到大海，旁支受封为王，前后共有九子。其中六国遭到诛灭，嫡系齐王爵位无人承袭。城阳王、济北王，承袭爵位封国。景王威武，匡扶汉室江山社稷。撰写《高五王传》第八。

列举开国元勋，萧何提议攻取汉中并举荐韩信，镇守关中，筹备军饷，组织军队，修建京都，营造汉宫，制定法令。平阳侯曹参守静无为，承继萧何所立的旧制不加变革，百姓歌颂，感化淳德。汉朝所敬仰的名臣，便是相国。撰写《萧何曹参传》第九。

留侯张良偷袭秦始皇，后来成了汉朝的心腹，献计智取武关，解除鸿门之危。劝谏高祖封韩信为齐王，又建议销毁已经制作完成的六国印绶，用计征召彭越、韩信调兵前往垓下援救汉军；为吕后献策延请商山四皓，稳固了太子的地位。陈平动乱逃亡，归降汉王之后得以安定，略施离间计使得范增毙命项羽败亡，赶走匈奴以解平城之围，伪游云梦智擒韩信，六出奇计，使得汉室摆脱困境。安国侯王陵在朝堂上极力谏阻吕氏为王，最后辞官还乡闭门谢客。绛侯周勃英勇威武，诛杀吕氏，拥立文帝。周亚夫坚守节操，平叛吴楚立下汗马功劳。撰写《张陈王周传》第十。

舞阳鼓刀，滕公厩驺，颍阴商贩，曲周庸夫，攀龙附凤，并乘天衢。述《樊郦滕灌傅靳周传》第十一。

北平志古，司秦柱下，定汉章程，律度之绪。建平质直，犯上干色；广阿之廑，食厥旧德。故安执节，责通请错，蹇蹇帝臣，匪躬之故。述《张周赵任申屠传》第十二。

食其监门，长揖汉王，画袭陈留，进收敖仓，塞隘杜津，王基以张。贾作行人，百越来宾，从容风议，博我以文。敬繇役夫，迁京定都，内强关中，外和匈奴。叔孙奉常，与时抑扬，税介免胄，礼义是创。或哲或谋，观国之光。述《郦陆朱娄叔孙传》第十三。

淮南僭狂，二子受殃。安辩而邪，赐顽以荒，敢行称乱，窘世荐亡。述《淮南衡山济北传》第十四。

蒯通壹说，三雄是败，覆郦骄韩，田横颠沛。被之拘系，乃成患害。充、躬罔极，交乱弘大。述《蒯伍江息夫传》第十五。

万石温温，幼寤圣君，宜尔子孙，夭夭伸伸，庆社于齐，不言动民。卫、直、周、张，淑慎其身。述《万石卫直周张传》第十六。

孝文三王，代孝二梁，怀折亡嗣，孝乃尊光。内为母弟，外扞吴楚，怙宠矜功，僭欲失所，思心既霿，牛祸告妖。帝庸亲亲，厥国五分，德不堪宠，四支不传。述《文三王传》第十七。

舞阳侯樊哙以屠狗为业，滕公夏侯婴是驾车养马出身，颍阴侯灌婴曾经身为商贩，曲周侯郦商本是平庸之人，率众投奔高祖，得以受封为侯，平步青云。撰写《樊郦滕灌傅靳周传》第十一。

北平侯张苍记载古事，曾担任秦朝的御史，后来为汉朝制定章程法令，完善律历。建成侯周昌性情耿直，犯上直谏触犯龙颜；广阿侯任敖勤勉奉公，因为曾经击伤看管吕后的小吏，而得以受到封赏享有食邑。故安侯申屠嘉奉公职守，责难邓通怠慢无礼，奏请诛杀晁错，刚正忠直的大臣，做这些事都不是为了自己的私利。撰写《张周赵任申屠传》第十二。

郦食其曾担任守门吏，初见汉王，因汉王没有以礼相待，所以只行长揖礼而没有下拜，智取陈留，占据敖仓，驻守白马津，以此奠定了帝王基业。陆贾担任使臣，游说南越向汉室称臣，从容讽谏，援引历史劝谏高祖。刘敬身为戍守边境的士兵，向高祖谏言迁都长安，对内可以巩固关中，对外可以与匈奴交好。叔孙通官任奉常，依据时局发展，卸下武装，创制礼仪。有智有谋之士，应入朝辅佐帝王，是国家的希望。撰写《郦陆朱娄叔孙传》第十三。

淮南王刘长骄纵僭越，两子也遭受灾殃。刘安善辩但为人邪佞，刘赐愚顽并且行事荒诞，他们犯上作乱，父子两代全都横死。撰写《淮南衡山济北传》第十四。

蒯通善辩，使得三雄败亡，郦食其身受烹刑，游说韩信叛变，田横最终颠沛流亡。刘安囚禁伍被的父母强迫伍被为他的谋反出谋划策，最终伍被自首而受诛，祸及父母。江充、息夫躬谗言不止，倾覆汉家基业。撰写《蒯伍江息夫传》第十五。

万石君石奋谦和恭谨，幼年时敬奉高祖，子孙昌盛，和睦孝悌，石庆在齐国担任国相，齐国为其修建祠庙，不言而齐国大治。卫绾、直不疑、周仁、张驱，恭谨温良。撰写《万石卫直周张传》第十六。

孝文帝有三个儿子受封为王，代孝王刘参、梁孝王刘武、梁怀王刘揖，梁怀王没有后继之人，梁孝王备受宠爱。在内是景帝的同母弟，对外抵御吴楚叛军，恃宠而骄，居功自傲，僭越失度，心思混乱，天降怪牛预示凶灾。景帝顾念亲情，将梁国一分为五，由刘武的

贾生矫矫，弱冠登朝。遭文睿圣，屡抗其疏，暴秦之戒，三代是据。建设藩屏，以强守圉，吴楚合从，赖谊之虑。述《贾谊传》第十八。

子丝慷慨，激辞纳说，揽辔正席，显陈成败。错之琐材，智小谋大，祸如发机，先寇受害。述《爰盎朝错传》第十九。

释之典刑，国宪以平。冯公矫魏，增主之明。长孺刚直，义形于色，下折淮南，上正元服。庄之推贤，于兹为德。述《张冯汲郑传》第二十。

荣如辱如，有机有枢，自下摩上，惟德之隅。赖依忠正，君子采诸。述《贾邹枚路传》第二十一。

魏其翩翩，好节慕声，灌夫矜勇，武安骄盈，凶德相挺，祸败用成。安国壮趾，王恢兵首，彼若天命，此近人咎。述《窦田灌韩传》第二十二。

景十三王，承文之庆。鲁恭馆室，江都訬轻；赵敬险诐，中山淫醟；长沙寂漠，广川亡声；胶东不亮，常山骄盈。四国绝祀，河间贤明，礼乐是修，为汉宗英。述《景十三王传》第二十三。

李广恂恂，实获士心，控弦贯石，威动北邻，躬战七十，遂死于军。敢怨卫青，见讨去病。陵不引决，忝世灭姓。苏武信节，不诎王命。述《李广苏建传》第二十四。

五子承袭，其子德行不堪圣宠，其中四支绝嗣。撰写《文三王传》第十七。

贾谊才华出众，二十岁时入朝为官。遇到文帝圣明睿智，屡次上书谏言，陈述暴秦的前车之鉴，论述夏、商、周三代兴盛的原因。建设保卫汉室的屏障，加强防御，吴、楚的七国之乱，也仰赖贾谊的谋略。撰写《贾谊传》第十八。

子丝慷慨忠义，激烈谏言，挽住缰绳劝阻文帝从陡坡飞车而下，又劝谏文帝嫔妃不可与帝后同席而坐，阐明尊卑利害、存亡成败。晁错才能平庸，智慧浅薄而所谋巨大，祸殃如弩箭迅速降临，在吴楚叛军败亡之前就已经受诛身亡。撰写《爰盎晁错传》第十九。

张释之执掌刑狱，执法公正。冯唐巧言解救魏尚，增加文帝的圣明。汲黯刚正不阿，正义之心彰显于外，在下淮南王谋反时会忌惮汲黯的正直，在上武帝若没有整饬好衣冠则不见汲黯。郑公举荐贤士，廉洁奉公，德高望重。撰写《张冯汲郑传》第二十。

或荣或辱，在于掌握枢机，审时度势，居下直言劝谏，唯有坚守节操、品行端正的人才能做到。仰赖忠正，君子倾慕。撰写《贾邹枚路传》第二十一。

魏其侯窦婴自喜潇洒，崇尚节操喜好声名，灌夫自负勇武，武安侯田蚡骄纵放逸，违背道义，殃及自身，自成祸败。韩安国坠车伤足，抑郁而终，王恢建议发兵，自杀而亡，韩安国似是天命所致，王恢近是人为之过。撰写《窦田灌韩传》第二十二。

景帝的十三子全都受封为王，承蒙文帝的圣德。鲁恭王扩建宫室时得到了古文经传，江都王轻佻狡诈；赵敬王邪僻阴险，中山王嗜酒如命；长沙王沉静寡言，广川王声望平平；胶东王信义丧失，常山王骄横自满。其中四王绝嗣，河间王贤明，修订礼乐，是汉室宗亲之中的英才。撰写《景十三王传》第二十三。

李广谨慎谦恭，深得将士之心，射箭可以穿石，威震匈奴，历经战争七十余次，最终却自刎于军中。李敢怨恨卫青，打伤卫青，最终遭霍去病射杀。李陵投降匈奴没有自裁，连累辱没家族。苏武伸张气节，不辱王命。撰写《李广苏建传》第二十四。

长平桓桓，上将之元，薄伐猃允，恢我朔边，戎车七征，冲輣闲闲，合围单于，北登阗颜。票骑冠军，猋勇纷纭，长驱六举，电击雷震，饮马翰海，封狼居山，西规大河，列郡祁连。述《卫青霍去病传》第二十五。

抑抑仲舒，再相诸侯，身修国治，致仕县车，下帷覃思，论道属书，谠言访对，为世纯儒。述《董仲舒传》第二十六。

文艳用寡，子虚乌有，寓言淫丽，托风终始，多识博物，有可观采，蔚为辞宗，赋颂之首。述《司马相如传》第二十七。

平津斤斤，晚跻金门，既登爵位，禄赐颐贤，布衾疏食，用俭饬身。卜式耕牧，以求其志，忠寤明君，乃爵乃试。兒生亹亹，束发修学，偕列名臣，从政辅治。述《公孙弘卜式兒宽传》第二十八。

张汤遂达，用事任职，媚兹一人，日旰忘食，既成宠禄，亦罗咎慝。安世温良，塞渊其德，子孙遵业，全祚保国。述《张汤传》第二十九。

杜周治文，唯上浅深，用取世资，幸而免身。延年宽和，列于名臣。钦用材谋，有异厥伦。述《杜周传》第三十。

博望杖节，收功大夏；贰师秉钺，身衅胡社。致死为福，每生作祸。述《张骞李广利传》第三十一。

乌呼史迁，薰胥以刑！幽而发愤，乃思乃精，错综群言，古今是经，勒成一家，大略孔明。述《司马迁传》第三十二。

长平侯卫青威武勇猛，是为上将之首，讨伐猃允，扩大汉朝的北方疆域，率军七次北征，战车飞驰，合围单于，北登阗颜山。骠骑将军霍去病受封冠军侯，勇武迅疾，六次征讨匈奴，长驱直入，有如雷震电击，军队抵达翰海，将士登临狼居山，西窥黄河，使得朝廷能在祁连山设立郡县。撰写《卫青霍去病传》第二十五。

董仲舒谨慎谦卑，两次担任诸侯国相，修身治国，辞官致仕，授课讲学，论道著书，直言对策，为一代大儒。撰写《董仲舒传》第二十六。

文辞华丽但少实用，子虚乌有，寓言浮华，寄托事物来讽谏贯穿文章始终，见多识广，博览万物，文章有可借鉴学习的地方，文采华美可为一代宗师，诗赋颂歌也是当世之首。撰写《司马相如传》第二十七。

平津侯公孙弘明察秋毫，晚年官至金马门，受封爵位之后，招揽供养贤人，身穿布衣，饮食粗糙，作风节俭，谨饬自身。卜式耕田放牧，追求自己的志向，忠贞赤诚触动明君，因此得以受封官爵。兒宽勤勉不倦，束发修学，位列名臣，辅佐朝政。撰写《公孙弘卜式兒宽传》第二十八。

张汤通达显贵，行事任职，深受天子器重，处理政事废寝忘食，虽然已经受到宠信，但也会遭受阴谋陷害。张安世为人温良，德行深厚，子孙秉承德业，保全家国。撰写《张汤传》第二十九。

杜周执掌刑狱，遵照天子的旨意，后世子孙相继为官，幸得免受殃罚。杜延年性情宽和，位列名臣。杜钦善于谋略，才华卓越。撰写《杜周传》第三十。

博望侯张骞持节出使，开通丝绸之路，建立功勋；贰师将军李广利率师出征，却向匈奴投降，最终被杀以祭神。张骞不畏死亡反而得以受封为侯，李广利苟且偷生反而招致杀身之祸。撰写《张骞李广利传》第三十一。

呜呼司马迁，无罪身陷牵连而遭受刑罚！继续发愤完成编撰，精深思虑，收集百家言论，贯通古今之事，撰成一家之言，意义深远。

孝武六子，昭、齐亡嗣。燕剌谋逆，广陵祝诅。昌邑短命，昏贺失据。戾园不幸，宣承天序。述《武五子传》第三十三。

六世耽耽，其欲浟浟，文武方作，是庸四克。助、偃、淮南，数子之德，不忠其身，善谋于国。述《严朱吾丘主父徐严终王贾传》第三十四。

东方赡辞，诙谐倡优，讥苑扞偃，正谏举邮，怀肉污殿，弛张沉浮。述《东方朔传》第三十五。

葛绎内宠，屈氂王子。千秋时发，宜春旧仕。敞、义依霍，庶几云已。弘惟政事，万年容己。咸睡厥诲，孰为不子？述《公孙刘田杨王蔡陈郑传》第三十六。

王孙裸葬，建乃斩将。云廷讦禹，福逾刺凤，是谓狂狷，敞近其衷。述《杨胡朱梅云传》第三十七。

博陆堂堂，受遗武皇，拥毓孝昭，末命导扬。遭家不造，立帝废王，权定社稷，配忠阿衡。怀禄耽宠，渐化不详，阴妻之逆，至子而亡。秺侯狄孥，虔恭忠信，奕世载德，貤于子孙。述《霍光金日磾传》第三十八。

兵家之策，惟在不战。营平皤皤，立功立论，以不济可，上谕其信。武贤父子，虎臣之俊。述《赵充国辛庆忌传》第三十九。

义阳楼兰，长罗昆弥，安远日逐，义成郅支。陈汤诞节，救在三

撰写《司马迁传》第三十二。

孝武帝有六子，昭帝、齐王没有子嗣。燕刺王谋逆自缢而亡，广陵王因诅咒皇帝而自尽。昌邑王短命，其子刘贺失去人心而遭到罢黜。戾太子身陷巫蛊之祸，宣帝继承皇位。撰写《武五子传》第三十三。

武帝威严视下，贪图利益，任用文武大臣，希望开拓四方。严助、主父偃、淮南王刘安，他们各自有崇高的品德，没有啬惜自身，尽心为国家出谋划策。撰写《严朱吾丘主父徐严终王贾传》第三十四。

东方朔善于言辞，性格诙谐，谈笑取乐，阻止主父偃修建上林苑，向皇帝进谏善言，自割赐肉送给妻子，酒醉之后在殿上小便，行为放纵，大隐于朝。撰写《东方朔传》第三十五。

葛绎侯公孙贺受到武帝的宠信，刘屈氂是宗室子弟。车千秋适时为太子伸冤，宜春侯王䜣因功封侯。杨敞、蔡义依附霍光，他们都无益于治国。郑弘专心政事，陈万年逢迎谄媚，容身保位。陈咸在听父亲教诲时昏昏欲睡，究竟谁是不肖之子？撰写《公孙刘田杨王蔡陈郑传》第三十六。

杨王孙裸葬，胡建斩杀监军。朱云当廷告发丞相张禹，梅福讥刺大将军王凤，可谓狂妄偏激，而云敞的操行秉持中正。撰写《杨胡朱梅云传》第三十七。

博陆侯霍光容貌庄严，接受武帝遗诏，拥立抚育孝昭帝，武帝临终命霍光可以将汉室发扬光大。昭帝无子，昌邑王荒淫无道，霍光迎立宣帝罢黜昌邑王，安定江山社稷，忠诚之心堪当阿衡。后来霍光留恋爵禄，贪恋荣宠，渐渐出现不祥之兆，隐瞒妻子的谋逆之罪，到了子辈惨遭灭族。秺侯金日磾是匈奴休屠王之子，虔恭忠信，世代称扬他的德行，福延子孙。撰写《霍光金日磾传》第三十八。

用兵的上策，在于不战而胜。营平侯赵充国已至暮年，建功立论，奏言屯田之策，取代出兵西羌族，宣帝听从他的奏言。辛武贤父子，有虎臣的美称。撰写《赵充国辛庆忌传》第三十九。

义阳侯傅介子斩杀楼兰王，长罗侯常惠援救昆弥王，安远侯张

哲；会宗勤事，疆外之桀。述《傅常郑甘陈段传》第四十。

不疑肤敏，应变当理，辞霍不婚，逡遁致仕。疏克有终，散金娱老。定国之祚，于其仁考。广德、当、宣，近于知耻。述《隽疏于薛平彭传》第四十一。

四皓遁秦，古之逸民，不营不拔，严平、郑真。吉困于贺，涅而不缁；禹既黄发，以德来仕。舍惟正身，胜死善道；郭钦、蒋诩，近遁之好。述《王贡两龚鲍传》第四十二。

扶阳济济，闻《诗》闻《礼》。玄成退让，仍世作相。汉之宗庙，叔孙是谟，革自孝元，诸儒变度。国之诞章，博载其路。述《韦贤传》第四十三。

高平师师，惟辟作威，图黜凶害，天子是毗。博阳不伐，含弘光大，天诱其衷，庆流苗裔。述《魏相丙吉传》第四十四。

占往知来，幽赞神明，苟非其人，道不虚行。学微术昧，或见仿佛，疑殆匪阙，违众迕世，浅为尤悔，深作敦害。述《眭两夏侯京翼李传》第四十五。

广汉尹京，克聪克明；延寿作翊，既和且平。矜能讦上，俱陷极刑。翁归承风，帝扬厥声。敞亦平平，文雅自赞；尊实赳赳，邦家之彦；章死非罪，士民所叹。述《赵尹韩张两王传》第四十六。

吉迎降日逐王，义成侯甘延寿斩杀郅支单于。陈汤放纵不羁，后来得到刘向等三人的申诉相救；段会宗勤劳政事，是平定西域的贤臣。撰写《傅常郑甘陈段传》第四十。

隽不疑庄严机敏，察觉了刘泽等人的叛乱，辨认出真假卫太子，拒绝了霍光的姻亲，因病退隐，辞官致仕。疏广得以善终，将钱财全部分给乡亲宗族，欢度晚年。于定国所享有的福运，都承继于他的仁父。薛广德、平当、彭宣三人，不贪恋禄位，近于知耻。撰写《隽疏于薛平彭传》第四十一。

商山四皓逃避暴秦的荼毒，成为古时的隐士，爵禄不能迷乱他的志向，威武不能使他屈服，严平、郑真就是这样。王吉在刘贺时期担任大臣，却能出污泥而不染，免于死难；贡禹年老，因志向相同而出仕辅佐。龚舍意在修身正己，龚胜辞官归乡，得以善终；郭钦、蒋诩，辞官隐遁结局美好。撰写《王贡两龚鲍传》第四十二。

扶阳侯韦贤庄严肃敬，精通《诗经》《礼记》。其子韦玄成谦逊不愿袭爵，担任丞相多年。汉室宗庙，由叔孙通制定礼法制度，自孝元帝开始发生变革，众多儒生更改制度。国家的根本大法，详细记载了这些变革。撰写《韦贤传》第四十三。

高平侯魏相奉行师法，唯有人君掌握权威，谋除凶害，大臣的职责在于辅佐天子。博阳侯丙吉从不自言保护天子之功，心胸宽广为政宽厚，上天宣扬他的忠心，福泽延及子孙后代。撰写《魏相丙吉传》第四十四。

占卜过去和未来，得到神明的帮助，若不是合适的人，则道法不能得以弘扬。学问浅薄道术鄙陋，有人了解事情的大概，没有解决疑难，违背常理，轻者悔恨过错，重者遭受祸害。撰写《眭两夏侯京翼李传》第四十五。

赵广汉担任京兆尹，聪敏贤德；韩延寿担任左冯翊，治理平和。但自居功勋，触怒天子，最终身受极刑。尹翁归担任右扶风，去世之后，皇帝下诏褒扬他的功绩。张敞也是善于论辩，又以礼教辅助治理；王尊勇武威猛，是国家的贤才；王章死于非罪，官吏百姓为之叹息。撰写《赵尹韩张两王传》第四十六。

宽饶正色，国之司直。丰繄好刚，辅亦慕直。皆陷狂狷，不典不式。崇执言责，隆持官守。宝曲定陵，並有立志。述《盖诸葛刘郑毋将孙何传》第四十七。

长倩懊懊，觌霍不举，遇宣乃拔，傅元作辅，不图不虑，见蹶石、许。述《萧望之传》第四十八。

子明光光，发迹西疆，列于御侮，厥子亦良。述《冯奉世传》第四十九。

宣之四子，淮阳聪敏，舅氏蘧蒢，几陷大理。楚孝恶疾，东平失轨，中山凶短，母归戎里。元之二王，孙后大宗，昭而不穆，大命更登。述《宣元六王传》第五十。

乐安褎褎，古之文学，民具尔瞻，困于二司。安昌货殖，朱云作娸。博山惇慎，受莽之疚。述《匡张孔马传》第五十一。

乐昌笃实，不桡不诎，遘闵既多，是用废黜。武阳殷勤，辅导副君，既忠且谋，飨兹旧勋。高武守正，因用济身。述《王商史丹傅喜传》第五十二。

高阳文法，扬乡武略，政事之材，道德惟薄，位过厥任，鲜终其禄。博之翰音，鼓妖先作。述《薛宣朱博传》第五十三。

高陵修儒，任刑养威，用合时宜，器周世资。义得其勇，如虎如貔，进不跬步，宗为鲸鲵。述《翟方进传》第五十四。

统微政缺，灾眚屡发。永陈厥咎，戒在三七。邺指丁、傅，略窥占术。述《谷永杜邺传》第五十五。

盖宽饶刚正不阿，负责监察。诸葛丰刚直，辅佐天子仰慕直谏。他们都陷于谗言，不能作为典范。郑崇肩负进谏的职责，毋将隆谏言奖赏应当公私分明。孙宝依附定陵侯，何並斩杀王林卿的奴仆。撰写《盖诸葛刘郑毋将孙何传》第四十七。

萧望之闲逸安适，拜见霍光却得不到举荐，遇到宣帝才得到提拔，担任元帝的老师，辅佐元帝，没有审慎思虑，最终遭到石显、许章、史高等人的陷害。撰写《萧望之传》第四十八。

冯奉世威武显赫，因征讨西域而发迹，身居抵御外敌的功臣之列，后世子孙也是贤臣良将。撰写《冯奉世传》第四十九。

宣帝有四子，淮阳王刘钦聪敏，他的舅舅张博谄媚邪佞，几乎陷淮阳王于大罪之中。楚孝王身患恶疾，东平王违背法令，中山王短命早逝，其母回归戎氏故乡。元帝有两子封王，孙辈有哀帝、平帝继位，然而有父无子，帝位变革。撰写《宣元六王传》第五十。

乐安侯匡衡博学多识，精通古文经学，位尊职重，受到百姓的瞻仰，然而在位失德，遭到司隶校尉王尊、王骏弹劾。安昌侯张禹种田致富，朱云当廷妄言，丑态百出。博山侯孔光敦厚诚信，但因曲从王莽而有损德行。撰写《匡张孔马传》第五十一。

乐昌侯王商敦厚诚实，不屈不挠，遭受多次排挤陷害，最终被罢免。武阳侯史丹勤勉奉公，教导太子，既忠心又善于谋略，力保太子继位，受封爵位和食邑。高武侯傅喜恪守正道，因而免于祸患。撰写《王商史丹傅喜传》第五十二。

高阳侯薛宣熟知法令，扬乡侯朱博擅长武事，他们是治政之才，然而德行浅薄，位尊责重而难以胜任，最终不能善始善终。朱博拜任出现鼓声，徒有虚名，身居非位。撰写《薛宣朱博传》第五十三。

高陵侯翟方进研习儒学，通过刑罚保持威严，所施行的政令皆合时宜，他的才华为后世所仰慕。翟义勇猛，有如猛虎，激进起兵，最终兵败被诛，殃及家族。撰写《翟方进传》第五十四。

汉室衰微朝政荒废，灾祸异象频发。谷永陈奏灾祸异象出现的原因，应当警惕汉朝建立的二百一十年。杜邺指责丁氏、傅氏，他略

哀、平之恤，丁、傅、莽、贤。武、嘉戚之，乃丧厥身。高乐废黜，咸列贞臣。述《何武王嘉师丹传》第五十六。

渊哉若人！实好斯文。初拟相如，献赋黄门，辍而覃思，草《法》篹《玄》，斟酌《六经》，放《易》象《论》，潜于篇籍，以章厥身。述《扬雄传》第五十七。

犷犷亡秦，灭我圣文，汉存其业，六学析分。是综是理，是纲是纪，师徒弥散，著其终始。述《儒林传》第五十八。

谁毁谁誉，誉其有试。泯泯群黎，化成良吏。淑人君子，时同功异。没世遗爱，民有余思。述《循吏传》第五十九。

上替下陵，奸轨不胜，猛政横作，刑罚用兴。曾是强圉，掊克为雄，报虐以威，殃亦凶终。述《酷吏传》第六十。

四民食力，罔有兼业，大不淫侈，细不匮乏，盖均无贫，遵王之法。靡法靡度，民肆其诈，逼上并下，荒殖其货。侯服玉食，败俗伤化。述《货殖传》第六十一。

开国承家，有法有制，家不臧甲，国不专杀。矧乃齐民，作威作惠，如台不匡，礼法是谓！述《游侠传》第六十二。

彼何人斯，窃此富贵！营损高明，作戒后世。述《佞幸传》第六十三。

於惟帝典，戎夷猾夏；周宣攘之，亦列《风》《雅》。宗幽既昏，淫于褒女，戎败我骊，遂亡酆鄗。大汉初定，匈奴强盛，围我平

知占卜之术。撰写《谷永杜邺传》第五十五。

哀帝、平帝的忧虑，在于丁氏、傅氏、王莽、董贤。何武、王嘉深感悲伤，但最终都是丢了性命。高乐侯师丹遭到罢免，他们三人都位列忠臣。撰写《何武王嘉师丹传》第五十六。

此人博学多识！擅长撰写文章。最初自比司马相如，为宫中进献诗赋，后来不再作赋，草创《法言》撰写《太玄经》，钻研《六经》，仿效《易经》，参照《论语》，潜心研究文章典籍，以此彰显自身。撰写《扬雄传》第五十七。

残暴亡秦，焚毁圣人经典，汉室续存圣人伟业，区分六经。分析综理，明确纲纪，师徒渐渐分为门派，著写发展的始末。撰写《儒林传》第五十八。

官员从政，谁毁谁誉，若有赞誉，可以试用。百姓无知，遵从良吏的教化而形成风俗。淑人君子，时代相同而立下的功业各异。去世之后仍然会将仁爱遗留于后世，百姓还会追思怀念。撰写《循吏传》第五十九。

上下失序，纲纪废堕，犯法作乱不可胜数，暴政横行，刑罚肆虐。任用豪强为官，搜刮民财而称雄，以天威回报残虐百姓的酷吏，最终酷吏遭受诛灭。撰写《酷吏传》第六十。

士、农、工、商自食其力，没有人兼营其他行业，富者不奢靡，贫者不匮乏，施政均衡，没有贫乏之人，遵守国家法度。倘若没有法度，百姓肆意妄为，奸诈狡猾，逼上侵下，肆意经营。僭越礼制，奢靡成风，锦衣玉食，伤风败俗。撰写《货殖传》第六十一。

建立国家，创设法度，家不私藏兵器，国不擅自杀人。何况是平民百姓，作威作福，乱施恩惠，倘若国家不加以匡正，置礼法于何地！撰写《游侠传》第六十二。

他们是什么人，竟然如此的富贵！陷害崇高贤明的大臣，以此警戒后世。撰写《佞幸传》第六十三。

《尚书·舜典》中记载，戎夷侵乱华夏；周宣王击退外敌，同样也载入《诗经》之中。周幽王昏庸无道，宠幸褒姒，戎族讨伐周朝，

城，寇侵边境。至于孝武，爰赫斯怒，王师雷起，霆击朔野。宣承其末，乃施洪德，震我威灵，五世来服。王莽窃命，是倾是覆，备其变理，为世典式。述《匈奴传》第六十四。

西南外夷，种别域殊。南越尉佗，自王番禺。攸攸外寓，闽越、东瓯。爰洎朝鲜，燕之外区。汉兴柔远，与尔剖符。皆恃其岨，乍臣乍骄，孝武行师，诛灭海隅。述《西南夷两越朝鲜传》第六十五。

西戎即序，夏后是表。周穆观兵，荒服不旅。汉武劳神，图远甚勤。王师驒驒，致诛大宛。姼姼公主，乃女乌孙，使命乃通，条支之濒。昭、宣承业，都护是立，总督城郭，三十有六，修奉朝贡，各以其职。述《西域传》第六十六。

诡矣祸福，刑于外戚。高后首命，吕宗颠覆。薄姬碳魏，宗文产德。窦后违意，考盘于代。王氏仄微，世武作嗣。子夫既兴，扇而不终。钩弋忧伤，孝昭以登。上官幼尊，类祃厥宗。史娣、王悼，身遇不祥，及宣飨国，二族后光。恭哀产元，夭而不遂。邛成乘序，履尊三世。飞燕之妖，祸成厥妹。丁、傅僭恣，自求凶害。中山无辜，乃丧冯、卫。惠张、景薄，武陈、宣霍，成许、哀傅，平王之作，人事歆羡，非天所度。怨咎若兹，如何不恪！述《外戚传》第六十七。

元后娠母，月精见表。遭成之逸，政自诸舅。阳平作威，诛加卿宰。成都煌煌，假我明光。曲阳歊歊，亦朱其堂。新都亢极，作乱

在骊山脚下将周幽王斩杀，然后攻破酆京和鄗京，周平王东迁。大汉建国之初，匈奴强盛，围攻平城，侵扰边境。到了孝武帝时，朝廷震怒，王师迅猛出击，雷霆进军攻伐匈奴。宣帝承继余威，屡施洪德，震慑蛮夷，从宣帝到平帝，历经五朝匈奴来朝。王莽篡权夺位，倾覆汉室，记载事理变化，成为后世典则。撰写《匈奴传》第六十四。

西南外夷，种族不同地域特殊。南越的尉佗，在番禺自立为王。遥远的外域，有闽越、东瓯两族。以及朝鲜，燕地以外的区域。汉朝建立之后，怀柔边远蛮夷，将他们分封为诸侯。蛮夷仰仗险阻的地势，时而称臣，时而反叛，武帝出兵讨伐，诛灭沿海之地。撰写《西南夷两越朝鲜传》第六十五。

西戎归顺，夏禹推行德教。周穆王出兵，征服边远的犬戎一族。武帝殚精竭虑，力求征服边远蛮夷。王师人疲马乏，最终诛灭大宛。尊贵公主，远嫁乌孙，出使之路因此畅通，远至条支国境。昭帝、宣帝继承汉室基业，设立都护，管理监督西域城郭，共有三十六座，各国前来修好朝贡，各尽其职。撰写《西域传》第六十六。

福祸相违始终不一，表现在外戚身上。高后是汉朝的首位皇后，但吕氏家族最终覆灭。薄姬最初身在魏国，后来生下文帝。窦后起初想返回故乡，却错往代国，最终却得以安享晚年。王氏出身微贱，生下武帝继承皇位。卫子夫虽然得宠，却不能善终。钩弋夫人忧郁而终，昭帝登上帝位。上官皇后虽然年幼却荣享尊位，但上官家族最终因大逆之罪而遭到诛灭。史良娣、王夫人遇害，到了宣帝继位后她们才受封，两族的后世享受荣耀。恭哀许皇后生下元帝，却遭霍氏毒害无法享受尊荣。邛成太后荣登至尊之位，历经宣帝、元帝、成帝三世。赵飞燕妖艳妩媚，灾祸起于其妹。丁氏、傅氏僭越专横，自召祸患。中山孝王无罪，使得冯氏、卫氏丧失尊位。惠帝张皇后、景帝薄皇后、武帝陈皇后、宣帝霍皇后、成帝许皇后、哀帝傅皇后、平帝王皇后，她们虽身处尊位，人人羡慕，却并非天意。忧怨对错就是这样，如何不令人敬畏！撰述《外戚传》第六十七。

元后的母亲还在怀着她的时候，曾梦到月亮入怀。而成帝放纵享乐，将朝政全都委托给舅舅处理。阳平侯王凤作威作福，诛杀卿

以亡。述《元后传》第六十八。

咨尔贼臣，篡汉滔天，行骄夏癸，虐烈商辛。伪稽黄、虞，缪称典文，众怨神怒，恶复诛臻。百王之极，究其奸昏。述《王莽传》第六十九。

凡《汉书》，叙帝皇，列官司，建侯王。准天地，统阴阳，阐元极，步三光。分州域，物土疆，穷人理，该万方。纬《六经》，缀道纲，总百氏，赞篇章。函雅故，通古今，正文字，惟学林。述《叙传》第七十。

相。成都侯王商骄奢放纵，心存僭越，竟然借用明光宫来避暑。曲阳侯王根傲气凌人，同样心存僭越，用朱漆粉刷台阶。新都侯王莽狂妄之极，篡权夺位最终自取灭亡。撰写《元后传》第六十八。

贼臣王莽，篡夺汉位罪恶滔天，行事比夏桀还要骄纵，性情比商纣还要暴虐。虚假考察黄帝、舜时的古制，妄称制定法令制度，百姓怨恨、神灵震怒，称帝十余年最终被杀。百王之中罪大恶极，深究他的奸邪昏昧。撰写《王莽传》第六十九。

纵观《汉书》，记述皇帝传记，彰列百官职责，谱写王侯世系。记载天文，统理阴阳，推算上极元始以来的律法以及日月星辰运行的度数。分封州郡，划定疆域，穷究古今人伦之理，囊括天地万物。收集完善《六经》，阐述道统纲纪，汇总名人贤者的生平事迹，写下文章以此流传后世。包含了雅训旧例，贯通古今训诫，校正文字，尽在《汉书》之中。撰写《叙传》第七十。